刑者，劍器也。衡平天理，維
繫國脈。博學之，審問之，
慎思之，明辨之，篤行之。
以明人倫，以佑民生。

陳有西

二〇二一年六月

陳有西

定罪量刑指南

第七版

京衡律师事务所　编著

GUIDELINES
ON
CONVICTION
AND
SENTENCING

法律出版社 LAW PRESS · CHINA
北京

图书在版编目(CIP)数据

定罪量刑指南：第七版／京衡律师事务所编著. --新2版. --北京：法律出版社，2024
ISBN 978-7-5197-8989-3

Ⅰ. ①定… Ⅱ. ①京… Ⅲ. ①定罪-基本知识-中国②量刑-基本知识-中国 Ⅳ. ①D924.134

中国国家版本馆CIP数据核字(2024)第064153号

定罪量刑指南(第七版)
DINGZUI LIANGXING ZHINAN(DI QI BAN)

京衡律师事务所 编著

责任编辑 李 群 陈昱希
装帧设计 汪奇峰

出版发行 法律出版社
编辑统筹 法规出版分社
责任校对 赵雪慧
责任印制 耿润瑜
经 销 新华书店

开本 787毫米×1092毫米 1/16
印张 77.5 字数 2127千
版本 2024年5月第2版
印次 2024年5月第1次印刷
印刷 天津嘉恒印务有限公司

地址：北京市丰台区莲花池西里7号(100073)
网址：www.lawpress.com.cn
投稿邮箱：info@lawpress.com.cn
举报盗版邮箱：jbwq@lawpress.com.cn

销售电话：010-83938349
客服电话：010-83938350
咨询电话：010-63939796

书号：ISBN 978-7-5197-8989-3
定价：228.00元

第七版前言

（2024 年 4 月）

陈有西

《定罪量刑指南》自 2021 年 4 月出版第六版后，已近三年。《刑法修正案（十二）》立法通过，三年中司法解释也有一些变化，故需要及时修订出版第七版。除了根据修正案更新了相关的罪名和内容，同时将三年中已经废改的刑事司法法解释，进行新旧更替和修订。截止时间到 2024 年的 4 月。

1997 年《刑法》大修生效后，二十六年时间中，我国对《刑法》又进行了十二次修正。《刑法修正案（一）》主要增加了公司犯罪和证券犯罪；《刑法修正案（二）》主要是增加了非法占用耕地罪；《刑法修正案（三）》主要针对恐怖主义活动的犯罪；《刑法修正案（四）》主要是针对违反环境保护、生态保护、童工保护等犯罪；《刑法修正案（五）》主要是针对金融秩序、信用卡管理犯罪和军事设施犯罪；《刑法修正案（六）》增加了很多重大责任事故犯罪、证券犯罪、公司犯罪、枉法裁判罪；《刑法修正案（七）》主要是同国家监察委员会的反腐败相关规定相衔接，加强了对腐败行为的惩罚力度，扩大了关系人受贿、斡旋受贿罪的适用范围，以及证券犯罪中的老鼠仓行为；《刑法修正案（八）》主要是对刑罚适用问题进行修改，废除了 13 种死刑；提高有期徒刑数罪并罚到最高 25 年，对缓刑、从轻、累犯、进行了规范；《刑法修正案（九）》进一步减少了集资诈骗等财产型犯罪、组织卖淫等风化型犯罪、平时基本没有适用的走私武器、弹药罪，走私核材料罪，阻碍执行军事职务罪，战时造谣惑众犯罪等 9 种的死刑刑种，减少死刑，加重了刑罚财产刑；取消量刑的刚性数额标准，增加了一些危险驾驶等社会管理秩序的犯罪；《刑法修正案（十）》主要是涉及一些罪状新表述和罪名的修改，增加了侮辱国歌罪；《刑法修正案（十一）》主要涉及未成年人犯罪、金融秩序、产权保护、安全生产、食品药品、公共卫生安全、生态环境及妨害社会管理秩序等犯罪；《刑法修正案（十二）》主要修订了两大类内容：一是对民营经济企业权益进行平等保护，对民营企业的高管损害本企业利益的犯罪，同样适用国有经济高管犯罪的规制措施。为亲友非法牟利罪、非法经营同类营业罪、徇私舞弊低价折股、出售国有资产罪，不只限于国企高管，同样适用于非国有经济企业的管理人员。二是对行贿犯罪，进行腐败源头治理，加大了惩治力度，增加了处罚标准。根据这些立法，最高人民法院会同最高人民检察院，连续制订了八个罪名补充规定。新增了很多罪名，另对一些罪名作了调整或者取消。至今，我国《刑法》总共规定了 483 个罪名的犯罪。刑法的发育达到了一个相对稳定的阶段。

经过这十二次的修正和增删，现在的 483 个罪名各章分布情况如下：第一章危害国家安全罪 12 个罪名；第二章危害公共安全罪 54 个罪名；第三章破坏社会主义市场经济秩序罪 110 个罪名（具体为：第一节生产、销售伪劣商品罪 10 罪，第二节走私罪 10 罪，第三节妨害对公司、企业的管理秩序罪 17 罪，第四节破坏金融管理秩序罪 30 罪，第五节金融诈骗罪 8 罪，第六节危害税收征管罪 14 罪，第七节侵犯知识产权罪 8 罪，第八节扰乱市场秩序罪 13 罪）；第四章侵犯公民人身权利、民主权利罪 43 个罪名；第五章侵犯财产罪 13 个罪名；第六章妨害社会管理秩序罪 146 个罪名（具体为：第一节扰乱公共秩序罪56罪,第二节妨害司法罪20罪,第三节妨害国(边)境管理罪8罪,第四节妨害文物管理罪10罪,第五节危害公共卫生罪13罪,第六节破坏环境资源保护罪16罪,第七节走私、贩卖、运输、制造毒品罪12罪,第八节组织、强迫、引诱、容留、介绍卖淫罪6罪,第九节制作、贩卖、传播淫秽物品罪5罪);第七章危害国防利益罪23个罪名;第八章贪污贿赂罪14个罪名;第九章渎职罪37个罪名;第十章军人违反职责罪31个罪名。《刑法》修改的总的趋势是,大量增加市场经济秩序、社会管理秩序、生态保护、社会稳定方面的罪名,而死刑罪名则逐步减少。1997年《刑法》死刑罪名有68个;《刑法修正案(八)》后,保留死刑罪名55个;《刑法修正案(九)》后,我国《刑法》尚有46个死刑罪名。这体现了我国刑法规范的日趋完备。同时同尊重人权、减少死刑、加强犯罪预防和恢复性司法的国际潮流相一致。

本书是目前国内收集、编纂我国刑事法律规范最全、最为方便快捷实用的一本工具书,一百余万字,基本囊括了现行有效的所有刑事法律规范,包括《刑法》条文和十二个修正案条文、立法解释、司法解释、部门相关规定原文和相关刑事鉴定的技术参数。对483个罪名,逐罪进行了编纂梳理和研究归纳,对犯罪构成、条文理解适用、定罪量刑中要特别注意的要点,进行了精要的解读说明。一书在手,一目了然。

我主编这本书前后已经29年了,编纂这样一本实用的刑法工具书,是我在浙江省高级人民法院研究室工作时萌生的念头。那时网络检索信息工具没有现在这样发达便捷,法院审理刑事案件,讨论刑事判决,研究请示答复,审判法官经常为寻找对照多年来的刑事法律规范的改废、效力、含义、冲突、沿革而耗费很大的精力。法律适用方面的内部请示特别多,每年都可以编出一本请示答复和解释的小册子。一些审判人员,会有自己的一个小本子,将相关罪名的解释进行记录摘要,便于检索。由于司法解释的改废频繁,有时仍然难免疏漏,容易影响案件的审判质量和审判效率。当时我就想,为什么不把浩如烟海的刑事法律规范,包括司法解释,按罪名进行整理,去旧取新,去废存精,衔接要义,编纂梳理,方便适用。1994年,我从北京大学法律系高级法官班进修后,回到浙江省高级法院研究室,就开始了本书的写作。1995年,我调到浙江省社会科学院法学研究所主持工作,专门从事法学研究,本书初步完成。1996年,本书第一版《最新定罪量刑指南》在最高人民法院的人民法院出版社问世。书的风格和理念就是权威、原貌、方便、实用。第一次开创性地使用了检索方式和表格分类形式,对刑事法律规范,进行一目了然的整理编纂。围绕"定罪"和"量刑"两个要义,进行逐罪研究。

1996年首版后,1997年《刑法》即发生了大修订,很多罪名内容被增加和修改了。于是,1998年,我组织了一批审判第一线的高级人民法院、中级人民法院法官和相关专家,修订出版了《新刑法定罪量刑指南》。2000年又出了修订本。到2001年第四版,正式定名为《定罪量刑指南》,法院出版社的责编郭继良等编辑,提供了重要的帮助和审订。前面五版,都是由最高人民法院的人民法院出版社出版的,共印刷了十多次,累计印数十多万册,受到刑事司法实务界和理论研究者的欢迎,得到广大读者的好评,一直很畅销。用法条罪名进行编纂的方法、甚至用表格形式表述的体例,也被不少其他刑法实务著作的作者借鉴运用。特别是网上也出现了很多按我这个方式体例的条文解读。许多热心的老读者,特别是法律实务界的朋友,来电来信,查询本书修订新版情况,要求再版。

随后,面对刑事案件高发、审判压力增加的司法现实,随着监察体制改革的推进,我国进一步推进了认罪认罚、认罪减轻、审判简化、检察量刑建议等制度,最高人民法院《关于常见犯罪的量刑指导意见》(已失效)于2014年1月1日实施、2017年4月1日最高人民法院在总结经验的基础上进行了对其全面修订,颁发了《关于实施修订后的〈关于常见犯罪的量刑指导意见〉的通知》。2017年5月1日,最高人民法院又颁发了《关于常见犯罪的量刑指导意见(二)(试行)》,对八种犯罪进行了专门的量刑指导。2021 年 6 月 16 日最高人民法院、最高人民检察院发布《关于常见犯罪的量刑指导意见(试行)》,这些内容,对本书的量刑部分,新增和丰富了很多重要的内容。

这样,我国的刑法,不但在“定罪”概念上,有了犯罪构成要件的明确细致的定义规范,在“量刑”方面,也有了比较明确可循的依据标准。不但定罪的内容更为丰富,关于量刑内容也有了更细致的依据。初步实现了量刑规范化。使本书的“定罪量刑指南”的写作,有了更为扎实的立法基础、司法基础和实践依据,也使本书也有了更权威可靠的适用性。

在《刑法修正案(九)》起草期间,在法律出版社的建议下,我们即着手进行了本书第六版的研究撰写。随着中国刑事法律规范的发展进步,本书第六版容量大增,已经达一百余万字。经同人民法院出版社商量同意,从第六版开始,改由法律出版社出版。

本书不是简单的法律条文分类汇编。而是含有很多的著述内容。对法条部分,我们严格遵循了原文准确性、原始性、权威性的要求,都是按法条照录的方式进行。而在要义解读部分,是总结研究了司法实践中的大量成果的。主要体现在每个条文后面的要义解读,阐明了条文适用中需注意的事项和关键要点。本书的权威性和实用性,是同样具备的。

这三十年是中国刑法产生重大变化和发展的时间阶段,也是中国刑事司法解释充分发育和成熟的三十年。因此第六版我们所花的精力,比前五版要大得多。十二个修正案的总的编纂加入,和衔接统一,工作量确实非同一般。因为有一个历史对照,努力探寻其中的罪名、罪状、量刑的变迁和刑法发展的脉络,要比较甄别、去旧更新,保留沿革脉络,便于对照适用,对于准确定罪量刑非常有价值。在中国,法典编纂还是一个不大为人重视的工作,新旧法的对照、含义的比较、增删、取舍、整理、释义部分对各种学者观点的研究和甄别,实施起来才知道有这样大的工作量。本书从第一版开始,前后参与的作者有 50 多位,主要是资深律师。多数都有法官、检察官、教授、警察、军职、法医、注册会计师等司法实务多岗位的经历,有大量的案例积累,有丰富的实践经验。作者的名字,在前六版中都分别列出了。参加第七版修订的除了我以外,主要有李云、潘风畅、蓝烨贝等三位作者。为体现集体成果,从第七版始,主编署名改作京衡律师事务所编著。

诚挚地感谢广大读者对本书的支持和厚爱。尽管我们的编纂作风是严谨认真的,但由于规范浩繁,内容太多,难免还会有错漏之处。欢迎各位使用者不吝教正,以便本书进一步补正完善。

2024 年 4 月序于杭州

第六版前言

（2021 年 4 月）

陈有西

读者面前的《定罪量刑指南》，已经是第六版了。自 2009 年人民法院出版社的本书第五版出版后，已经过去了十多年。这期间，我国的刑法又有了很大的丰富和发展，立法通过了十一个《刑法修正案》，立法解释和司法解释也有了非常大的发展和修订。作为一本刑事司法领域的实务用书，本书已经非常有必要进行重修。随着最高人民法院、最高人民检察院 2021 年 2 月 26 日发布了《刑法修正案（十一）》的新的罪名补充规定，本书最后定稿出版的时机也终于成就。

这次再版，我们从 2015 年 10 月即已经开始组织二十多位作者分工写作研究修订。到 2017 年 2 月基本完成定稿，在我手中陆续修改也已经有一年多，工作量非常大。利用 2017 年春节十来天的整块时间，终于逐条审定修改完毕。随后，交付法律出版社责任编辑审稿，提出了很多中肯的意见，我和作者之一李云又进行了详细补充修订。随后，《刑法修正案（九）》《刑法修正案（十）》《刑法修正案（十一）》不断陆续出台，使本书无法相对固定地定稿。最高人民法院、最高人民检察院和公安部也陆续出台了很多的新的司法解释和纪要，所以又等了三年。现在，截至 2021 年 4 月的这本刑法工具书，终于完成定稿，可以交付出版了。

1997 年《刑法》生效后，二十多年时间中，我国对《刑法》已进行了十一次修正。《刑法修正案（一）》主要增加了公司犯罪和证券犯罪；《刑法修正案（二）》主要是增加了非法占用耕地罪；《刑法修正案（三）》主要针对恐怖主义活动的犯罪；《刑法修正案（四）》主要是针对违反环境保护、生态保护、童工保护等犯罪；《刑法修正案（五）》主要是针对金融秩序、信用卡管理犯罪和军事设施犯罪；《刑法修正案（六）》增加了很多重大责任事故犯罪、证券犯罪、公司犯罪、枉法裁判罪；《刑法修正案（七）》主要是同国家监察委员会的反腐败相关规定相衔接，加强了对腐败行为的惩罚力度，扩大了关系人受贿、斡旋受贿罪的适用范围，以及证券犯罪中的老鼠仓行为；《刑法修正案（八）》主要是对刑罚适用问题进行修改，废除了 13 种死刑；提高有期徒刑数罪并罚到最高 25 年，对缓刑、从轻、累犯、进行了规范；《刑法修正案（九）》进一步减少了集资诈骗等财产型犯罪、组织卖淫等风化型犯罪、平时基本没有适用的走私武器、弹药罪，走私核材料罪，阻碍执行军事职务罪，战时造谣惑众犯罪等 9 种的死刑刑种，减少死刑，加重了刑罚财产刑；取消量刑的刚性数额标准，增加了一些危险驾驶等社会管理秩序的犯罪；《刑法修正案（十）》主要是涉及一些罪状新表述和罪名的修改，增加了侮辱国歌罪。2020 年 12 月 26 日，十三届全国人大常委会第二十四次会议通过了《刑法修正案（十一）》，自 2021 年 3 月 1 日起施行。这次修订内容更多，在涉未成年人、金融秩序、产权保护、安全生产、食品药品、公共卫生安全、生态环境及妨害社会管理秩序等领域作出诸多重要修改。根据这些立法，最高人民法院会同最高人民检察院，制订了《罪名补充规定（七）》。新增 17 个罪名，另对原 10 个罪名作了调整或者取消。增加和修改了 25 个罪名。至此，我国《刑法》现在总共规定了 483 个罪名的犯罪。刑法的发育达到了一个相对稳定的阶段。

经过这十一次的修正和增删,现在的483个罪名各章分布情况如下:第一章危害国家安全罪12个罪名;第二章危害公共安全罪54个罪名;第三章破坏社会主义市场经济秩序罪110个罪名(具体为:第一节生产、销售伪劣商品罪10罪,第二节走私罪10罪,第三节妨害对公司、企业的管理秩序罪17罪,第四节破坏金融管理秩序罪30罪,第五节金融诈骗罪8罪,第六节危害税收征管罪14罪,第七节侵犯知识产权罪8罪,第八节扰乱市场秩序罪13罪);第四章侵犯公民人身权利、民主权利罪43个罪名;第五章侵犯财产罪13个罪名;第六章妨害社会管理秩序罪146个罪名(具体为:第一节扰乱公共秩序罪56罪,第二节妨害司法罪20罪,第三节妨害国(边)境管理罪8罪,第四节妨害文物管理罪10罪,第五节危害公共卫生罪13罪,第六节破坏环境资源保护罪16罪,第七节走私、贩卖、运输、制造毒品罪12罪,第八节组织、强迫、引诱、容留、介绍卖淫罪6罪,第九节制作、贩卖、传播淫秽物品罪5罪);第七章危害国防利益罪23个罪名;第八章贪污贿赂罪14个罪名;第九章渎职罪37个罪名;第十章军人违反职责罪31个罪名。《刑法》修改的总的趋势是,大量增加市场经济秩序、社会管理秩序、生态保护、社会稳定方面的罪名,而死刑罪名则逐步减少。1997年《刑法》死刑罪名有68个;《刑法修正案(八)》后,保留死刑罪名55个;《刑法修正案(九)》后,我国《刑法》尚有46个死刑罪名。这体现了我国刑法规范的日趋完备。同时同尊重人权、减少死刑、加强犯罪预防和恢复性司法的国际潮流相一致。

本书是目前国内收集、编纂我国刑事法律规范最全、分类实用最为方便快捷的一本工具书,一百余万字,基本囊括了现行有效的所有刑事法律规范,包括《刑法》条文和十一个修正案条文、立法解释、司法解释、部门相关规定原文和相关刑事鉴定的技术参数。对483个罪名,逐罪进行了编纂梳理和研究归纳,一书在手,一目了然。

我主编这本书前后已经26年了,编纂这样一本实用的刑法工具书,是我在浙江省高级人民法院工作时萌生的念头。那时网络检索信息工具没有现在这样发达便捷,法院审理刑事案件,讨论刑事判决,研究请示答复,审判法官经常为寻找对照多年来的刑事法律规范的改废、效力、含义、冲突、沿革而耗费很大的精力。法律适用方面的内部请示特别多,每年都可以编出一本请示答复和解释的小册子。一些审判人员,会有自己的一个小本子,将相关罪名的解释进行记录摘要,便于检索。由于司法解释的改废频繁,有时仍然难免疏漏,容易影响案件的审判质量和审判效率。当时我就想,为什么不把浩如烟海的刑事法律规范,包括司法解释,按罪名进行整理,去旧取新,去废存精,衔接要义,编纂整理,方便适用。1994年,我从北京大学法律系高级法官班进修一年,回到浙江省高级法院研究室,就开始了本书的写作。1995年,我调到浙江省社会科学院法学研究所主持工作,专门从事法学研究,本书完成写作。1996年,本书第一版《最新定罪量刑指南》在人民法院出版社问世。书的风格和理念就是权威、原貌、方便、实用。第一次开创性地使用了检索方式和表格形式,对刑事法律规范,进行一目了然的整理编纂。围绕"定罪"和"量刑"两个要义,进行逐罪研究分析。

1996年首版后,1997年《刑法》即发生了大修订,很多罪名内容增加和修改了。于是,1998年,我组织了一批审判第一线的高级人民法院、中级人民法院法官和相关专家,修订出版了《新刑法定罪量刑指南》,时任最高人民法院研究室主任熊选国参加了主编和审订。2000年又出了修订本。到2001年第四版,正式定名为《定罪量刑指南》,法院出版社的责编郭继良等编辑,提供了重要的帮助和审订。前面五版,都是由最高人民法院的人民法院出版社出版的,共印刷了十多次,累计印数十多万册,广受刑事司法实务界和理论研究者的欢迎,广受广大读者的好评,一直很畅销。许多热心的老读者,特别是法律实务界的朋友,来电来信,查询本书修订新版情况,要求再版,本书的受欢迎程度出乎我的意料。用法条罪名进行编纂的方法、甚至用表格形式表述的体例,也被不少其他刑法实务著作的作者借鉴运用。

随后，面对刑事案件高发、审判压力增加的司法现实，随着监察体制改革的推进，我国进一步推进了认罪认罚、认罪减轻、审判简化、检察量刑建议等制度，最高人民法院《关于常见犯罪的量刑指导意见》（已失效）于2014年1月1日实施、2017年4月1日最高人民法院在总结经验的基础上进行了对其全面修订，颁发了《关于实施修订后的〈关于常见犯罪的量刑指导意见〉的通知》。2017年5月1日，最高人民法院又颁发了《关于常见犯罪的量刑指导意见（二）（试行）》，对八种犯罪进行了专门的量刑指导。这些内容，对本书的量刑部分，新增和丰富了很多重要的内容。

这样，我国的刑法，不但在"定罪"概念上，有了犯罪构成要件的明确细致的定义规范，在"量刑"方面，也有了比较明确可循的依据标准。初步实现了量刑规范化。使本书的"定罪量刑指南"的写作，有了更为扎实的立法基础、司法基础和实践依据，也使本书也有了更权威可靠的适用性。

在《刑法修正案（九）》起草期间，在法律出版社的建议下，我们即着手进行了本书第六版的研究撰写。随着中国刑事法律规范的发展进步，本书第六版容量大增，已经达一百余万字。经同人民法院出版社商量同意，这版改由法律出版社出版。

本书不是简单的法律条文分类汇编，是一种学术著述。但是对法条部分，我们严格遵循了原始性、权威性的要求。尽管不是立法机关的有立法功能的官方编纂，但由于都是按法条照录的方式进行，本书的权威性和实用性，是同样具备的。这二十多年是中国刑法产生重大变化和发展的时间阶段，也是中国刑事司法解释充分发育和成熟的二十多年。十一个修正案的总的编纂加入，和衔接统一，工作量确实非同一般。因此这一版我们所花的精力，比前五版要大得多。原因是要比较甄别、去旧更新，保留沿革脉络，便于对照适用，比新编的工作量还要大。因为有一个历史对照，努力探寻其中的罪名、罪状、量刑的变迁和刑法发展的脉络，对于准确定罪量刑非常有价值。在中国，法典编纂还是一个不大为人重视的工作，新旧法的对照、含义的比较、增删、取舍、整理、释义部分对各种学者观点的研究和甄别，实施起来才知道有这样大的工作量。本书全体作者和责任编辑，付出了长期的艰苦的努力。

本版编写人员，主要是资深律师。多数都有法官、检察官、教授、警察、军职、法医、注册会计师等司法实务多岗位的经历，有大量的案例积累，有丰富的实践经验。具体的分工初编作者如下（按刑法条文顺序列出）：

陈有西	统筹、体例、全书统编、修订、审定	
钱颖刚	第一章　危害国家安全罪	第102～113条
雷天文	第二章　危害公共安全罪	第114～128条
周　葵		第129～139条
王亚军	第三章　破坏社会主义市场经济秩序罪	第158～169条
		第187～191条
李　云		第180～186条
		第192～198条
	协助全书统编、修订、校定	
章海鹰		第201～231条
王程丽		第140～157条
李伟杰		第170～179条
王　军	第四章　侵犯公民人身权利、民主权利罪	第232～262条
张颖乾		第232～239条
赵勤犇		第240～248条

刘　跃　　　　　　　　　　　　　　　　　　第249～262条
窦定凤　第五章　侵犯财产罪　　　　　　　　第263～276条
沈国勇　第六章　妨害社会管理秩序罪　　　　第277～323条
魏勇强　　　　　　　　　　　　　　　　　　第324～346条
钟国林　　　　　　　　　　　　　　　　　　第347～367条
王　伟　第七章　危害国防利益罪　　　　　　第368～376条
宋承泽　　　　　　　　　　　　　　　　　　第377～381条
邓学平　第八章　贪污贿赂罪　　　　　　　　第382～390条
邱　鸿　　　　　　　　　　　　　　　　　　第391～393条
沈国勇　　　　　　　　　　　　　　　　　　第394～396条
翟呈群　第九章　渎职罪　　　　　　　　　　第397～400条
朱阁雯　　　　　　　　　　　　　　　　　　第400～407条
郑元健　　　　　　　　　　　　　　　　　　第408～413条
张　军　　　　　　　　　　　　　　　　　　第414～419条
宋承泽　第十章　军人违反职责罪　　　　　　第421～431条
李道演　　　　　　　　　　　　　　　　　　第432～448条
李迎春　参与校核:总目录和罪名修订
刘　科　参与校核:第一章、第二章、第三章
邓学平　参与校核:第四章、第五章、第六章
沈国勇　参与校核:第七章、第八章、第九章、第十章

特别要感谢李云,她是我在中国人民大学律师学院带教指导的硕士研究生之一,在本书的近两年的最后定稿中,特别是《刑法修正案(十)》《刑法修正案(十一)》修改后的统编工作中,作为我主要的学术助手,为本书的法律解释资料的收集积累、统筹和审核,做了大量细致的工作。没有她的辛苦工作,我在这么繁忙的出庭和管理律师集团事务中,要完成这部百万字的巨著的编审,不知还要拖到何时。法律出版社的戴伟、李群、陈昱希,都为本书的写作和编审出版做了大量工作。本书全体作者和编辑的共同努力付出,将为所有读者,节约更多的宝贵时间,提供极大的方便。相信这一版,会受到更多读者的肯定和欢迎。

诚挚地感谢广大读者对本书的支持和厚爱。尽管我们的编纂作风是严谨认真的,但由于卷帙浩繁,内容太多,时间还不允许进一步精推细敲,难免还会有错漏之处。欢迎各位使用者不吝教正,以待本书日后进一步补正完善。

出版社建议,并由李云具体操持,本书将开设一个网版公号,一可以随时更新司法解释内容,发布重要刑法进展成果,让本书常用常新;二也可以起随时纠错、订正之效。读者可以关注“定罪量刑指南”公号随时更新,了解我国刑法规范的发展变化。

各位使用中如有发现错漏,有任何指教意见,都可以在公号中留言,使本书再版时不断完善。我们在第二次印刷时,也会将相关内容进行补正。

二〇一五年十月. 序于北京
二〇一七年二月. 改于陵水
二〇二一年四月. 定于杭州

编纂凡例

一、本书系对我国现有《刑法》和其他刑事法律规范进行研究整理编纂而成的，是刑事法律适用的大型工具书。为法官、检察官、律师、警察等司法实务人员和普通公民查找刑事法律规范、知悉一般犯罪构成、基本知晓量刑标准，节约大量时间。为使用者提供了极大的方便，提高了工作效率。

二、本书的特点，主要是根据刑法各罪，进行法典原样编纂。同时在说明中，兼备重要的法理研究成果。重在对照和筛选研究，以我国现行《刑法》为主干，收入了截至 2024 年 3 月份的全部现行有效的刑事法律、所有继续有效的司法解释性文件。对原版中已经废止失效和已经修改的刑法条文和司法解释，进行了比对去除，防止错误引用。法条均保持原文照录，便于直接引用。法律规范的效力，都进行了甄别、适用研究、去旧取新，去芜存精。这部分内容主要体现在本书“法律依据”中。

三、本书同时注重学理分析，主要体现在“量刑要素”“要义辨析”两部分。对照甄选研究整理的内容较多。本书全体作者根据长期的司法实践和综合研究，取各家刑法研究观点之长，作出学术阐述。在罪名、定义、法条和司法解释的新旧比较取舍、司法解释针对性的甄别、法律适用的“要义辨析”等方面，都进行了逐条研究。读者可以参照使用。

四、本书按《刑法》分则罪名顺序排列。每罪均列出类罪名（以《刑法》分则中的章、节为准）和具体罪名。《刑法》章以下有节的，中间列出节罪名。例如“类罪名：破坏社会主义市场经济秩序罪/生产、销售伪劣商品罪/罪名：生产、销售假药罪”。罪名的归类，以犯罪的性质和所侵害的犯罪客体为标准。为方便读者查阅，本书设置了边眉罪名查找功能，方便实用。

五、为方便读者，本书提供了两种检索方法：（一）按犯罪归类，根据《刑法》分则的十个章、各节顺序，读者可以从犯罪特征的类型，根据《刑法》各章、节的大致内容，从本书目录罪名中，检索到要找的罪名；（二）直接按《刑法》的条文顺序进行检索。本书目录中，每一罪名之后，均用阿拉伯数字标明相关的刑法条、款，如“聚众斗殴罪（292·1）”“非法狩猎罪（341·2）”，法条和罪名可以互相通用检索，为读者提供极大方便、提高检索效率。

六、罪名的确定，以最高人民法院 1997 年 12 月 9 日公布的《关于执行〈中华人民共和国刑法〉确定罪名的规定》，最高人民检察院 1997 年 12 月 25 日《关于适用刑法分则规定的犯罪的罪名的意见》，最高人民法院、最高人民检察院 2002 年 3 月 15 日联合发布的《关于执行〈中华人民共和国刑法〉确定罪名的补充规定》（以下简称《确定罪名的补充规定》），以及 2003 年 8 月 15 日以后一直到 2023 年 12 月期间“两高”联合发布的七个“确定罪名的补充规定”在本书中梳理一致。

七、为使读者使用和阅读一目了然，本书保持原版中分栏标注量刑标准的体例特色。可以量化的量刑标准，如盗窃罪、贪污罪等，用分栏列出；不能量化的，如危害国家安全罪、杀人罪等，不分栏，则以分层次表述。

八、“法律依据”一栏中，限于法院审判中可以直接引用的《刑法》、修正案、司法解释和一些相关的法律、法规条文。其他有定罪量刑参照作用的纪要说明等内容,在“要义辨析”栏中表述。全国人大常委会在1997年《刑法》实施前公布的刑事方面的“决定”“规定”已经全部废止,纳入了1997年《刑法》,不再收录。其中有重要参考价值的,在“要义辨析”中表述和引用。

九、除现有新的刑事实体方面的司法解释已经全部收入本书外,对于《刑法》修订前的相关司法解释,同《刑法》没有冲突仍可参照适用的,收入“法律依据”一栏;对有些年份较久、内容已经同修订后的《刑法》不甚一致,或可预期在近期进行重新解释的,不收入“法律依据”中,只在“要义辨析”栏目中分析。对法义沿革,重要的理出脉络,在“要义辨析”中进行了说明。

十、“量刑要素”中,按照《刑法》分则各罪名中有特别的规定的,专门列出从重、从轻情节;没有专门规定,只有《刑法》总则中的量刑普遍适用规定,不专门列出。本版将最高人民法院2014年1月1日实施、2017年修订的《关于常见犯罪的量刑指导意见(二)(试行)》(以下简称《指导意见二》)作为附录,附于书后。《指导意见二》对八个个罪有针对性适用的,在各罪“法律依据”“量刑要素”栏目中已经列出。读者可以在查阅罪名量刑标准后,统一参阅该意见。

十一、每个罪名后,均附有“要义辨析”。包括罪名定义、罪名构成要件、罪与非罪、此罪与彼罪区分,及刑法学界的不同观点。不能直接引用的相关规定,如立法说明和《纪要》等,也在此列出,有助于在定罪量刑时全面分析,正确把握。要义分以下几个层次表述:(1)罪名概念。(2)对犯罪构成四要件的表述。(3)若干关键要点:①行为犯、结果犯的规定和争议;②犯罪既遂、未遂的认定;③单位犯罪、自然人犯罪的规定;④共同犯罪、个人犯罪认定;⑤对司法实践中的争议点,作披露和辨析,择最权威得当者录之。(4)罪名的起源,修正沿革,分拆,改废,现状,是不是综合罪名,选择性罪名的表述。本次修订中,对这部分内容进行了全面、扎实的研究,吸收了最近出版的国内权威刑法学专著中的最新成果。对正确定罪量刑有重要参考价值,但这部分只是学理解释,不能作为办案的直接依据。

目　　录

---

[1] 注：（102）即《刑法》第 102 条；（103・1）即《刑法》第 103 条第 1 款；（116，119・1）即《刑法》第 116 条，第 119 条第 1 款。下同。

---

① 根据《刑法修正案(九)》新增的罪名。
② 根据《刑法修正案(九)》新增的罪名。
③ 根据《刑法修正案(九)》新增的罪名。
④ 根据《刑法修正案(九)》新增的罪名。
⑤ 根据《刑法修正案(九)》新增的罪名。
⑥ 根据《刑法修正案(九)》新增的罪名。
⑦ 根据《确定罪名的补充规定(五)》补充。
⑧ 根据《刑法修正案(十一)》新增的罪名。
⑨ 根据《确定罪名的补充规定(七)》修改的罪名。
⑩ 根据《刑法修正案(十一)》新增的罪名。

① 根据《确定罪名的补充规定(七)》修改的罪名。

② 根据《确定罪名的补充规定(七)》修改的罪名。

③ 根据《刑法修正案(十一)》新增的罪名。

④ 根据《确定罪名的补充规定(五)》修改,取消“生产、销售不符合卫生标准的食品罪”罪名。

⑤ 本罪系根据 2009 年 2 月 28 日《刑法修正案(七)》扩大走私对象而增加的新罪名。根据《确定罪名的补充规定(四)》修改,取消“走私珍稀植物、珍稀植物制品罪”罪名。

⑥ 原名“走私固体废物罪”,根据 2002 年 12 月 28 日《刑法修正案(四)》扩大走私物种类而修改罪名。

---

① 根据《刑法修正案(十一)》修改,根据《确定罪名的补充规定(七)》修改的罪名。
② 原名"提供虚假财会报告罪",根据《刑法修正案(六)》修改。
③ 根据《确定罪名的补充规定(五)》补充。
④ 根据《刑法修正案(十二)》修改。
⑤ 根据《刑法修正案(十二)》修改。
⑥ 根据《刑法修正案(十二)》修改,根据《确定罪名的补充规定(八)》修改的罪名。
⑦ 根据《确定罪名的补充规定(四)》补充。

① 根据《刑法修正案(六)》新增的罪名。
② 根据《刑法修正案(六)》新增的罪名。
③ 原罪名“用帐外客户资金非法拆借、发放贷款罪”根据《刑法修正案(六)》修改。

① 根据《刑法修正案(十一)》新增的罪名。
② 根据《刑法修正案(十一)》新增的罪名。

---

① 根据《刑法修正案(四)》新增的罪名。
② 根据《刑法修正案(九)》修改的罪名。
③ 根据《刑法修正案(九)》新增的罪名。
④ 根据《刑法修正案(六)》新增的罪名。
⑤ 根据《刑法修正案(七)》新增的罪名。

① 根据《刑法修正案(十一)》新增的罪名。
② 根据《刑法修正案(九)》修改的罪名。
③ 根据《刑法修正案(九)》新增的罪名。
④ 根据《刑法修正案(十一)》新增的罪名。
⑤ 根据《刑法修正案(九)》修改的罪名。
⑥ 根据《刑法修正案(九)》新增的罪名。
⑦ 根据《刑法修正案(九)》新增的罪名。
⑧ 根据《刑法修正案(九)》新增的罪名。

① 根据《刑法修正案(九)》新增的罪名。
② 根据《刑法修正案(九)》新增的罪名。
③ 根据《刑法修正案(九)》新增的罪名。
④ 根据《刑法修正案(九)》新增的罪名。
⑤ 根据《刑法修正案(十一)》新增的罪名。
⑥ 根据《刑法修正案(十一)》新增的罪名。
⑦ 根据《刑法修正案(十)》新增的罪名。
⑧ 根据《刑法修正案(十一)》新增的罪名。
⑨ 根据《刑法修正案(九)》修改的罪名。
⑩ 根据《刑法修正案(九)》新增的罪名。

---

① 根据《刑法修正案(十一)》新增的罪名。
② 根据《刑法修正案(九)》新增的罪名。
③ 根据《刑法修正案(九)》新增的罪名。
④ 根据《刑法修正案(九)》修改的罪名。

① 根据《刑法修正案(十一)》新增的罪名。
② 根据《刑法修正案(十一)》新增的罪名。
③ 根据《确定罪名的补充规定(七)》修改的罪名。
④ 根据《刑法修正案(十一)》新增的罪名。
⑤ 根据《刑法修正案(十一)》新增的罪名。
⑥ 根据《刑法修正案(十一)》新增的罪名。

① 根据《刑法修正案(九)》修改的罪名。
② 根据《刑法修正案(十一)》新增的罪名。

① 根据《刑法修正案(七)》新增的罪名。
② 原罪名为“非法生产、买卖军用标志罪”,根据《刑法修正案(七)》修改。
③ 根据《刑法修正案(十二)》修改。
④ 根据《刑法修正案(九)》新增的罪名。
⑤ 根据《刑法修正案(十二)》修改。
⑥ 根据《刑法修正案(十二)》修改。

---

① 根据《刑法修正案(十一)》修改的罪名。

第一章
危害国家安全罪

<table>
<tr><td colspan="2">类罪名:危害国家安全罪 | 罪名:背叛国家罪</td></tr>
<tr><td rowspan="2">量刑标准</td><td>构成犯罪的　处无期徒刑或者10年以上有期徒刑,应当附加剥夺政治权利,可以并处没收财产;</td></tr>
<tr><td>对国家和人民危害特别严重、情节特别恶劣的　可以判处死刑,应当剥夺政治权利终身,可以并处没收财产。</td></tr>
</table>

法律依据

一、《刑法》条文

第一百零二条　勾结外国,危害中华人民共和国的主权、领土完整和安全的,处无期徒刑或者十年以上有期徒刑。

与境外机构、组织、个人相勾结,犯前款罪的,依照前款的规定处罚。

第一百一十三条　本章上述危害国家安全罪行中,除第一百零三条第二款、第一百零五条、第一百零七条、第一百零九条外,对国家和人民危害特别严重、情节特别恶劣的,可以判处死刑。

犯本章之罪的,可以并处没收财产。

第五十六条　对于危害国家安全的犯罪分子应当附加剥夺政治权利;对于故意杀人、强奸、放火、爆炸、投毒、抢劫等严重破坏社会秩序的犯罪分子,可以附加剥夺政治权利。

独立适用剥夺政治权利的,依照本法分则的规定。

第五十四条　剥夺政治权利是剥夺下列权利:

(一)选举权和被选举权;

(二)言论、出版、集会、结社、游行、示威自由的权利;

(三)担任国家机关职务的权利;

(四)担任国有公司、企业、事业单位和人民团体领导职务的权利。

第五十五条　剥夺政治权利的期限,除本法第五十七条规定外,为一年以上五年以下。

判处管制附加剥夺政治权利的,剥夺政治权利的期限与管制的期限相等,同时执行。

第五十七条　对于被判处死刑、无期徒刑的犯罪分子,应当剥夺政治权利终身。

在死刑缓期执行减为有期徒刑或者无期徒刑减为有期徒刑的时候,应当把附加剥夺政治权利的期限改为三年以上十年以下。

第六十六条　危害国家安全犯罪、恐怖活动犯罪、黑社会性质的组织犯罪的犯罪分子,在刑罚执行完毕或者赦免以后,在任何时候再犯上述任一类罪的,都以累犯论处。

二、相关法律

《中华人民共和国国家安全法》(2015年7月1日)

第二条　国家安全是指国家政权、主权、统一和领土完整、人民福祉、经济社会可持续发展和国家其他重大利益相对处于没有危险和不受内外威胁的状态,以及保障持续安全状态的能力。

第十一条 中华人民共和国公民、一切国家机关和武装力量、各政党和各人民团体、企业事业组织和其他社会组织,都有维护国家安全的责任和义务。

中国的主权和领土完整不容侵犯和分割。维护国家主权、统一和领土完整是包括港澳同胞和台湾同胞在内的全中国人民的共同义务。

第十三条 国家机关工作人员在国家安全工作和涉及国家安全活动中,滥用职权、玩忽职守、徇私舞弊的,依法追究法律责任。

任何个人和组织违反本法和有关法律,不履行维护国家安全义务或者从事危害国家安全活动的,依法追究法律责任。

要义辨析

一、概念

本罪是指勾结外国或者境外机构、组织、个人,背叛国家,危害中华人民共和国的主权、领土完整和安全的行为。背叛国家罪,以背弃祖国,背叛和危害自己国籍的国家的基础组织和政治机构为基本特征,其目的是危害国家主权、领土完整和国家安全。

二、构成要件

1. 本罪的客体是中华人民共和国的主权、领土完整和安全。

2. 本罪的客观方面表现为勾结外国或者境外机构、组织、个人,危害中国的主权、领土完整和安全的行为。有两个重要特征:一是勾结外国或者境外机构、组织、个人。"勾结"是指通过与境外机构、组织、个人秘密接触,建立联系,以电信往来、接受资助或者其他方法进行通谋、策划活动。"外国"是指对我国怀有侵略、控制、颠覆野心的外国政府,也指外国敌视和破坏我国社会主义制度的政党、政治集团以及其他反动势力,包括外国机构、组织和个人。"境外"是指中华人民共和国领域以外,或者领域以内的特别行政区地域。"境外机构、组织"包括境外机构、组织在中华人民共和国境内设立的分支(代表)机构和分支组织。"境外个人"是指居住在外国和我国台湾地区等地区的人,包括居住在中华人民共和国境内不具有中华人民共和国国籍的人。二是必须有背叛国家、危害国家主权、领土完整和安全的行为。如擅自出让国家领土、出让司法权、帮助外国武装入侵、擅自签订损害中国主权的国际条约,等等。这两个特征不可分割,只有同时具备这两个特征,才能构成本罪。至于这种行为是否已经造成实际后果,不影响本罪的成立。

3. 本罪的主体只能是中国公民,即具有中华人民共和国国籍的人。但外国人、无国籍人可以成为本罪的共犯。基于本罪的特征,是宏观概念的犯罪,这类公民主要是本国中掌握国家重要权力的人。

4. 本罪的主观方面为故意,即明知或应当明知自己勾结外国或者境外机构、组织、个人实施的行为,会危害中国的主权、领土完整和国家安全,仍希望或者放任这种危害后果的发生。

三、要点辨析

1. 本罪既遂的认定。(1)本罪为行为犯而不是结果犯。只要行为人实行了背叛国家的犯罪行为,即构成犯罪既遂,而不考虑行为人最终追求的结果是否已经发生。(2)阴谋和思想尚不能构成本罪。1997年《刑法》删除了"阴谋"两字,因为仅有思想不能为罪。只有将思想付诸行动,实施背叛国家的行为,才构成犯罪。

2. 对本罪要严格控制死刑适用的条件。必须是"对国家和人民危害特别严重、情节特别恶劣"的对象,一般是已经实施并已经造成了严重后果,才能适用死刑。以防止政治性案件的死刑滥用。本罪在构成犯罪的判断上,不考虑后果是不是已经产生,而量刑时必须考虑已经产生的后果的程度。只有"对国家和人民危害特别严重、情节特别恶劣"的,才可能适用死刑。

3. 对判处死刑和无期徒刑的罪犯,《刑法》第

57 条规定"应当剥夺政治权利终身"①。

四、罪名变迁

本罪 1979 年《刑法》第 91 条作了规定，罪名为"背叛祖国罪"。1979 年《刑法》第 102 条将"祖国"改为"中华人民共和国"，罪名改为"背叛国家罪"。

类罪名：危害国家安全罪	**罪名：分裂国家罪**
量刑标准	**首要分子或者罪行重大的**　处无期徒刑或者 10 年以上有期徒刑，应当附加剥夺政治权利，可以并处没收财产；
	积极参加的　处 3 年以上 10 年以下有期徒刑，应当附加剥夺政治权利，可以并处没收财产；
	其他参加的　处 3 年以下有期徒刑、拘役、管制或者剥夺政治权利，可以并处没收财产；
	对国家和人民危害特别严重、情节特别恶劣的　可以判处死刑，应当附加剥夺政治权利终身，可以并处没收财产。

法律依据

一、《刑法》条文

第一百零三条第一款　组织、策划、实施分裂国家、破坏国家统一的，对首要分子或者罪行重大的，处无期徒刑或者十年以上有期徒刑；对积极参加的，处三年以上十年以下有期徒刑；对其他参加的，处三年以下有期徒刑、拘役、管制或者剥夺政治权利。

第一百零六条　与境外机构、组织、个人相勾结，实施本章第一百零三条、第一百零四条、第一百零五条规定之罪的，依照各该条的规定从重处罚。

第一百一十三条　本章上述危害国家安全罪行中，除第一百零三条第二款、第一百零五条、第一百零七条、第一百零九条外，对国家和人民危害特别严重、情节特别恶劣的，可以判处死刑。犯本章之罪的，可以并处没收财产。

第五十六条　对于危害国家安全的犯罪分子应当附加剥夺政治权利；对于故意杀人、强奸、放火、爆炸、投毒、抢劫等严重破坏社会秩序的犯罪分子，可以附加剥夺政治权利。独立适用剥夺政治权利的，依照本法分则的规定。

第六十六条　危害国家安全犯罪、恐怖活动犯罪、黑社会性质的组织犯罪的犯罪分子，在刑罚执行完毕或者赦免以后，在任何时候再犯上述任一类罪的，都以累犯论处。

二、相关法律

《反分裂国家法》(2005 年 3 月 14 日)

第一条　为了反对和遏制"台独"分裂势力分裂国家，促进祖国和平统一，维护台湾海峡地区和平稳定，维护国家主权和领土完整，维护中华民族的根本利益，根据宪法，制定本法。

第二条　世界上只有一个中国，大陆和台湾同属一个中国，中国的主权和领土完整不容分割。维护国家主权和领土完整是包括台湾同胞在内的全中国人民的共同义务。

台湾是中国的一部分。国家绝不允许"台独"分裂势力以任何名义、任何方式把台湾从中国分裂出去。

---

①　这是死刑、无期徒刑的普遍性规定，本书其他罪名凡有死刑、无期徒刑的量刑标准的，一律适用此规定，为节省全书篇幅，只在本罪中首次一次性列出，不再一一赘述。读者适用中注意。

《中华人民共和国国家安全法》(2015 年 7 月 1 日)

第二条 国家安全是指国家政权、主权、统一和领土完整、人民福祉、经济社会可持续发展和国家其他重大利益相对处于没有危险和不受内外威胁的状态,以及保障持续安全状态的能力。

第十一条 中华人民共和国公民、一切国家机关和武装力量、各政党和各人民团体、企业事业组织和其他社会组织,都有维护国家安全的责任和义务。

中国的主权和领土完整不容侵犯和分割。维护国家主权、统一和领土完整是包括港澳同胞和台湾同胞在内的全中国人民的共同义务。

第十三条 国家机关工作人员在国家安全工作和涉及国家安全活动中,滥用职权、玩忽职守、徇私舞弊的,依法追究法律责任。

任何个人和组织违反本法和有关法律,不履行维护国家安全义务或者从事危害国家安全活动的,依法追究法律责任。

三、相关司法解释/文件

《最高人民法院、最高人民检察院关于办理组织、利用邪教组织破坏法律实施等刑事案件适用法律若干问题的解释》①(2017 年 1 月 25 日 法释〔2017〕3 号)

为依法惩治组织、利用邪教组织破坏法律实施等犯罪活动,根据《中华人民共和国刑法》《中华人民共和国刑事诉讼法》有关规定,现就办理此类刑事案件适用法律的若干问题解释如下:

第一条 冒用宗教、气功或者以其他名义建立,神化、鼓吹首要分子,利用制造、散布迷信邪说等手段蛊惑、蒙骗他人,发展、控制成员,危害社会的非法组织,应当认定为刑法第三百条规定的"邪教组织"。

第十条 组织、利用邪教组织破坏国家法律、行政法规实施过程中,又有煽动分裂国家、煽动颠覆国家政权或者侮辱、诽谤他人等犯罪行为的,依照数罪并罚的规定定罪处罚。

量刑要素

与境外机构、组织、个人相勾结,实施《刑法》第 103 条、第 104 条、第 105 条规定之罪的,依照各该条的规定从重处罚。(《刑法》第 106 条)

要义辨析

一、概念

本罪是指组织、策划、实施分裂国家、破坏国家统一的行为。本罪同背叛国家罪不同,不只是背弃自己的国家,主要特征是企图和实施将原本统一的国家分割治理,另立政治实体机构进行管治,同中央合法政权分庭抗礼,分裂国家。

二、构成要件

1. 本罪侵犯的客体是国家的统一。

2. 本罪的客观方面表现为组织、策划、实施分裂国家、破坏国家统一的行为。"分裂国家",是指将统一的国家分裂成几个部分,在中央政府之外又另立政府,对抗中央,割据一方,并自立为国,谋取国际上的承认。"破坏国家统一",是指对实现国家统一的活动和进程进行阻挠、破坏,意图使国家不能实现统一。这里的"组织、策划、实施"是并列行为,都可以单独构成犯罪,构成本罪,并不要求同时具备上述三种行为,具备其中任何一种形式即构成本罪,实施两种以上行为的,仍为一罪,不实行并罚。

3. 犯罪主体为一般主体,既包括中国公民,也

① 本解释自 2017 年 2 月 1 日起施行。《最高人民法院、最高人民检察院关于办理组织和利用邪教组织犯罪案件具体应用法律若干问题的解释》(法释〔1999〕18 号),《最高人民法院、最高人民检察院关于办理组织和利用邪教组织犯罪案件具体应用法律若干问题的解释(二)》(法释〔2001〕19 号),以及《最高人民法院、最高人民检察院关于办理组织和利用邪教组织犯罪案件具体应用法律若干问题的解答》(法发〔2002〕7 号)同时废止。

包括外国人、无国籍人。表现为有相当影响力、能够组织起群体力量分裂国家的个人。对发表一般不满言论和地方黑恶势力的人，不能拔高确定为本罪主体。

4. 主观方面为故意，即明知其行为性质会导致分裂国家、破坏国家统一，而组织、策划、实施、参与，希望或放任其发生。

三、要点辨析

1. 本罪为行为犯。本罪所指的行为不论有无危害结果，只要查明行为人以分裂国家、破坏国家统一为目的，进行了秘密谋划活动，进行了"组织、策划、实施"就构成本罪，即使尚无达到实施分裂国家的结果，也成立分裂国家罪的既遂。

2. 分清本罪与背叛国家罪的界限。二者都可能发生领土被分裂的结果，而且分裂国家者，往往也寻求一些外国的支持，甚至依附于外国。但二者有明显的区别：一是背叛罪必须是行为人勾结外国，没有勾结外国的行为，就不可能构成背叛国家罪，而分裂罪可以国人自行实施，行为人虽然也可能勾结外国，但勾结外国不是本罪构成的必要条件，只是加重处罚的要件；二是背叛罪危害领土完整，是指将本国领土割让给外国，但国家仍是原来的国家，并未设立新的国家政治组织治理结构，而分裂罪的行为人的目的，是割据一方，另立国家和政治实体，使本来统一的国家四分五裂，成为几个国家。

四、罪名变迁

本罪是1979年《刑法》第92条确定的罪名，当时为"阴谋分裂国家罪"。1997年《刑法》删除了"阴谋"一词，以行为犯为特征，更为科学得当。思想不能作为犯罪处理。因而罪名也相应地作了修改。

类罪名：危害国家安全罪 | **罪名：煽动分裂国家罪**	
量刑标准	**构成犯罪的**　处5年以下有期徒刑、拘役、管制或者剥夺政治权利，可以并处没收财产；
	首要分子或者罪行重大的　处5年以上有期徒刑，应当附加剥夺政治权利，可以并处没收财产。

法律依据

一、《刑法》条文

第一百零三条第二款　煽动分裂国家、破坏国家统一的，处五年以下有期徒刑、拘役、管制或者剥夺政治权利；首要分子或者罪行重大的，处五年以上有期徒刑。

第一百零六条　与境外机构、组织、个人相勾结，实施本章第一百零三条、第一百零四条、第一百零五条规定之罪的，依照各该条的规定从重处罚。

第一百一十三条第二款　犯本章之罪的，可以并处没收财产。

第五十六条　对于危害国家安全的犯罪分子应当附加剥夺政治权利；对于故意杀人、强奸、放火、爆炸、投毒、抢劫等严重破坏社会秩序的犯罪分子，可以附加剥夺政治权利。独立适用剥夺政治权利的，依照本法分则的规定。

第六十六条　危害国家安全犯罪、恐怖活动犯罪、黑社会性质的组织犯罪的犯罪分子，在刑罚执行完毕或者赦免以后，在任何时候再犯上述任一类罪的，都以累犯论处。

二、相关法律

《全国人民代表大会常务委员会关于维护互联网安全的决定》（2009年8月27日修正）

二、为了维护国家安全和社会稳定，对有下列行为之一，构成犯罪的，依照刑法有关规定追究刑事责任：

（一）利用互联网造谣、诽谤或者发表、传播其他有害信息，煽动颠覆国家政权、推翻社会主义制度，或者煽动分裂国家、破坏国家统一；

(二)通过互联网窃取、泄露国家秘密、情报或者军事秘密;

(三)利用互联网煽动民族仇恨、民族歧视,破坏民族团结;

(四)利用互联网组织邪教组织、联络邪教组织成员,破坏国家法律、行政法规实施。

三、相关司法解释/文件

《最高人民法院关于审理非法出版物刑事案件具体应用法律若干问题的解释》(1998 年 12 月 17 日 法释〔1998〕30 号)

第一条 明知出版物中载有煽动分裂国家、破坏国家统一或者煽动颠覆国家政权、推翻社会主义制度的内容,而予以出版、印刷、复制、发行、传播的,依照刑法第一百零三条第二款或者第一百零五条第二款的规定,以煽动分裂国家罪或者煽动颠覆国家政权罪定罪处罚。

《最高人民法院、最高人民检察院关于办理妨害预防、控制突发传染病疫情等灾害的刑事案件具体应用法律若干问题的解释》(2003 年 5 月 14 日 法释〔2003〕8 号)

第十条 编造与突发传染病疫情等灾害有关的恐怖信息,或者明知是编造的此类恐怖信息而故意传播,严重扰乱社会秩序的,依照刑法第二百九十一条之一的规定,以编造、故意传播虚假恐怖信息罪定罪处罚。

利用突发传染病疫情等灾害,制造、传播谣言,煽动分裂国家、破坏国家统一,或者煽动颠覆国家政权、推翻社会主义制度的,依照刑法第一百零三条第二款、第一百零五条第二款的规定,以煽动分裂国家罪或者煽动颠覆国家政权罪定罪处罚。

《最高人民法院、最高人民检察院关于办理组织、利用邪教组织破坏法律实施等刑事案件适用法律若干问题的解释》(2017 年 1 月 25 日 法释〔2017〕3 号)

第一条 冒用宗教、气功或者以其他名义建立,神化、鼓吹首要分子,利用制造、散布迷信邪说等手段蛊惑、蒙骗他人,发展、控制成员,危害社会的非法组织,应当认定为刑法第三百条规定的“邪教组织”。

第十条 组织、利用邪教组织破坏国家法律、行政法规实施过程中,又有煽动分裂国家、煽动颠覆国家政权或者侮辱、诽谤他人等犯罪行为的,依照数罪并罚的规定定罪处罚。

《最高人民法院关于依法惩治妨害新型冠状病毒感染肺炎疫情防控违法犯罪的意见》(2020 年 2 月 6 日 法发〔2020〕7 号)

(六)依法严惩造谣传谣犯罪。编造虚假的疫情信息,在信息网络或者其他媒体上传播,或者明知是虚假疫情信息,故意在信息网络或者其他媒体上传播,严重扰乱社会秩序的,依照刑法第二百九十一条之一第二款的规定,以编造、故意传播虚假信息罪定罪处罚。

编造虚假信息,或者明知是编造的虚假信息,在信息网络上散布,或者组织、指使人员在信息网络上散布,起哄闹事,造成公共秩序严重混乱的,依照刑法第二百九十三条第一款第四项的规定,以寻衅滋事罪定罪处罚。

利用新型冠状病毒感染肺炎疫情,制造、传播谣言,煽动分裂国家、破坏国家统一,或者煽动颠覆国家政权、推翻社会主义制度的,依照刑法第一百零三条第二款、第一百零五条第二款的规定,以煽动分裂国家罪或者煽动颠覆国家政权罪定罪处罚。

网络服务提供者不履行法律、行政法规规定的信息网络安全管理义务,经监管部门责令采取改正措施而拒不改正,致使虚假疫情信息或者其他违法信息大量传播的,依照刑法第二百八十六条之一的规定,以拒不履行信息网络安全管理义务罪定罪处罚。

对虚假疫情信息案件,要依法、精准、恰当处置。对恶意编造虚假疫情信息,制造社会恐慌,挑动社会情绪,扰乱公共秩序,特别是恶意攻击党和政府,借机煽动颠覆国家政权、推翻社会主义制度的,要依法严惩。对于因轻信而传播虚假信息,危害不大的,不以犯罪论处。

量刑要素

与境外机构、组织、个人相勾结,实施本罪的,从重处罚。(《刑法》第 106 条)

要义辨析

一、概念

本罪是指煽动分裂国家、破坏国家统一的行为。

二、构成要件

本罪的基本特征，可以参阅前罪“分裂国家罪”，区别只在于煽动、鼓动他人一起进行该种犯罪。

1. 本罪侵犯的客体是国家的完整和统一。

2. 客观方面表现为以煽动、鼓动他人一起进行分裂国家、破坏国家完整、统一的行为。行为人必须具有面向社会或大众进行分裂国家、破坏国家统一的公开宣传、煽动的行为。

3. 犯罪主体为一般主体。既可以是在国内有一定政治影响力的人物，也可以是普通的公民；既可以是中国人，也可以是外国人、无国籍人。

4. 主观方面，是出于分裂国家、破坏国家统一为目的的故意犯罪。行为人进行宣传煽动的目的，是企图用蛊惑、煽动群众的手段，来分裂国家。

三、要点辨析

1. 本罪是行为犯。只要行为人以分裂国家、破坏国家统一为目的，又实施了宣传煽动行为，就成立本罪的既遂。至于群众是否听信，是否构成了实际后果，属于犯罪的量刑情节，不影响定罪。

2. 应将本罪与分裂国家罪中的组织、策划行为区分开来。组织、策划分裂国家的行为其中也可能包含着用言语、文字等方式，但是组织者的行为主要是组织行为，包括组织人力、物力、财力的行为；而策划则是在一起商量、谋划，参与策划者都已决意进行分裂国家、破坏国家统一的行为，策划的目的是如何更周密、更有把握地实施。而煽动行为，主要是鼓动、教唆、蛊惑别人进行或者一起参加分裂国家行为。

3. 严格把握本罪的定性。将本罪同邪教犯罪、寻衅滋事犯罪、妨碍公务犯罪区别开来。行为人进行宣传煽动的目的，是企图用蛊惑、煽动群众的手段，来分裂国家。对于黑恶势力发表一般不满言论、针对基层地方政权层面，进行鼓动对抗的，不能确定为本罪。

四、罪名变迁

本罪是1997年《刑法》增设的罪名。1979年《刑法》第102条规定的反革命宣传煽动罪，并不包括煽动分裂国家的行为。

类罪名：危害国家安全罪	罪名：武装叛乱、暴乱罪
量刑标准	**首要分子或者罪行重大的** 处无期徒刑或者10年以上有期徒刑，应当附加剥夺政治权利，可以并处没收财产；
	积极参加的 处3年以上10年以下有期徒刑，应当附加剥夺政治权利，可以并处没收财产；
	其他参加的 处3年以下有期徒刑、拘役、管制或者剥夺政治权利，可以并处没收财产；
	对国家和人民危害特别严重、情节特别恶劣的 可以判处死刑，应当附加剥夺政治权利终身，可以并处没收财产。

法律依据

《刑法》条文

第一百零四条 组织、策划、实施武装叛乱或者武装暴乱的，对首要分子或者罪行重大的，处无期徒刑或者十年以上有期徒刑；对积极参加的，处三年以上十年以下有期徒刑；对其他参加的，处三年以下有期徒刑、拘役、管制或者剥夺政治权利。

策动、胁迫、勾引、收买国家机关工作人员、武装部队人员、人民警察、民兵进行武装叛乱或者武装暴乱的,依照前款的规定从重处罚。

第一百零六条 与境外机构、组织、个人相勾结,实施本章第一百零三条、第一百零四条、第一百零五条规定之罪的,依照各该条的规定从重处罚。

第一百一十三条 本章上述危害国家安全罪行中,除第一百零三条第二款、第一百零五条、第一百零七条、第一百零九条外,对国家和人民危害特别严重、情节特别恶劣的,可以判处死刑。

犯本章之罪的,可以并处没收财产。

第五十六条 对于危害国家安全的犯罪分子应当附加剥夺政治权利;对于故意杀人、强奸、放火、爆炸、投毒、抢劫等严重破坏社会秩序的犯罪分子,可以附加剥夺政治权利。

独立适用剥夺政治权利的,依照本法分则的规定。

第六十六条 危害国家安全犯罪、恐怖活动犯罪、黑社会性质的组织犯罪的犯罪分子,在刑罚执行完毕或者赦免以后,在任何时候再犯上述任一类罪的,都以累犯论处。

量刑要素

1. 策动、胁迫、勾引、收买国家机关工作人员、武装部队人员、人民警察、民兵进行武装叛乱或者武装暴乱的,依照前款的规定从重处罚。(《刑法》第104条第2款)

2. 与境外机构、组织、个人相勾结,实施本罪的,从重处罚。(《刑法》第106条)

要义辨析

一、概念

本罪是指组织、策划、实施武装叛乱或者武装暴乱的行为。

二、构成要件

1. 本罪侵犯的客体是复杂客体。既侵害我国现国家政权,又同时侵害国家和人民的财产安全以及公民的人身安全,但主要是指侵害国家政权。

2. 客观方面表现为组织、策划、实施武装叛乱或者武装暴乱的行为。行为特征是区别本罪与其他罪的主要特征。具体是指:行为人组织人员,建立一定的组织机构或者团体,制定计划、纲领、章程、具体方案,进行以破坏国家政权和政治秩序为目的的暴动、烧、杀、抢、掠,袭击国家、政府机关和普通居民的行为。叛乱和暴乱具有基本相同的性质,但是暴乱在表现形式上更为剧烈,程度更恶劣,后果也就更严重。叛乱和暴乱行为,不但直接侵犯了政府的政权和政治秩序,在很大程度上也破坏了社会秩序的和平和人民生活的安全和稳定。

3. 本罪的犯罪主体为一般主体。中国人、外国人以及无国籍人都可能成为本罪的犯罪主体。本罪主体的层次分为首要分子、积极参加者、一般参加者。其中,组织策划者即首要分子着重惩处首要分子。在司法实务中应对这三类犯罪主体注意区别,分别量刑。

4. 本罪主观方面为直接故意,并具有武装叛乱、暴乱的目的。

三、要点辨析

1. 本罪是行为犯,不强调是否达到目的、是否已经产生结果。只要有组织、策划、实施武装叛乱、暴乱的行为,即构成本罪。

2. 区分罪与非罪的界限。行为人的目的如果不是针对国家政权,没有政治性企图,不以破坏国家政权政治结构、政治秩序,没有破坏国家安全为意图,只是流氓集团拉帮结伙,侮辱妇女、打架斗殴、抢劫盗窃等侵犯私权性质的犯罪,不具有危害国家政权的目的,不能以本罪定性处罚。

3. 要注意本罪与群众性闹事行为的区别。因为有关部门处理问题不当,引起矛盾激化,引起大规模骚乱,由于没有推翻国家政权的目的和意图,没有针对政权的特征,只是对当地政府若干行为不满的聚众犯罪行为,不能按本罪定罪。

4. 要注意“武装”两字的定义,即行为人使用了枪炮刀械等武器进行暴动,如果只是扔石头、矿泉水瓶、扔鞋等一般性暴力和侮辱行为,不能定本罪。这是严格确定本罪的最重要的特征。

5. 区分一罪与数罪的界限。在武装叛乱、暴乱的过程中，行为人往往同时实施杀人、伤害、爆炸、放火、抢劫、打砸等行为。这些行为已包含于武装叛乱、暴乱的行为之中，属于想象竞合犯，应当按吸收犯原则，择一重罪处罚，不能实行数罪并罚。

6. 本罪属选择性罪名。按照法律规定，行为人只要实施了武装叛乱或者武装暴乱其中一种行为，就构成本罪；实施了两种行为的，仍吸收为一罪，不实行并罚。

四、罪名变迁

本罪1979年《刑法》第93条和第95条分别作了规定，罪名为"策动叛乱罪""持械聚众叛乱罪"。1997年《刑法》将策动、实施行为规定在一个条文中，并且增加了武装暴乱的规定，因而罪名相应地修改为"武装叛乱、暴乱罪"。

类罪名：危害国家安全罪｜**罪名：颠覆国家政权罪**	
量刑标准	**首要分子或者罪行重大的**　处无期徒刑或者10年以上有期徒刑，应当附加剥夺政治权利，可以并处没收财产；
	积极参加的　处3年以上10年以下有期徒刑，应当附加剥夺政治权利，可以并处没收财产；
	其他参加的　处3年以下有期徒刑、拘役、管制或者剥夺政治权利，可以并处没收财产。

法律依据

一、《刑法》条文

第一百零五条第一款　组织、策划、实施颠覆国家政权、推翻社会主义制度的，对首要分子或者罪行重大的，处无期徒刑或者十年以上有期徒刑；对积极参加的，处三年以上十年以下有期徒刑；对其他参加的，处三年以下有期徒刑、拘役、管制或者剥夺政治权利。

第一百零六条　与境外机构、组织、个人相勾结，实施本章第一百零三条、第一百零四条、第一百零五条规定之罪的，依照各该条的规定从重处罚。

第五十六条　对于危害国家安全的犯罪分子应当附加剥夺政治权利；对于故意杀人、强奸、放火、爆炸、投毒、抢劫等严重破坏社会秩序的犯罪分子，可以附加剥夺政治权利。

独立适用剥夺政治权利的，依照本法分则的规定。

第六十六条　危害国家安全犯罪、恐怖活动犯罪、黑社会性质的组织犯罪的犯罪分子，在刑罚执行完毕或者赦免以后，在任何时候再犯上述任一类罪的，都以累犯论处。

二、相关法律

《中华人民共和国国家安全法》(2015年7月1日)

第十五条　国家坚持中国共产党的领导，维护中国特色社会主义制度，发展社会主义民主政治，健全社会主义法治，强化权力运行制约和监督机制，保障人民当家作主的各项权利。

国家防范、制止和依法惩治任何叛国、分裂国家、煽动叛乱、颠覆或者煽动颠覆人民民主专政政权的行为；防范、制止和依法惩治窃取、泄露国家秘密等危害国家安全的行为；防范、制止和依法惩治境外势力的渗透、破坏、颠覆、分裂活动。

三、相关司法解释/文件

《最高人民法院、最高人民检察院关于办理组织、利用邪教组织破坏法律实施等刑事案件适用法律若干问题的解释》(2017年1月25日　法释〔2017〕3号)

第一条　冒用宗教、气功或者以其他名义建立，神化、鼓吹首要分子，利用制造、散布迷信邪说等手段蛊惑、蒙骗他人，发展、控制成员，危害社会的非法组织，应当认定为刑法第三百条规定的"邪教组织"。

第十条 组织、利用邪教组织破坏国家法律、行政法规实施过程中，又有煽动分裂国家、煽动颠覆国家政权或者侮辱、诽谤他人等犯罪行为的，依照数罪并罚的规定定罪处罚。

量刑要素

与境外机构、组织、个人相勾结，实施本罪的，从重处罚。（《刑法》第106条）

要义辨析

一、概念

本罪是指组织、策划、实施颠覆国家政权、推翻社会主义制度的行为。

二、构成要件

1. 本罪侵犯的客体是我国的国家政权和社会主义制度。

2. 客观方面表现为颠覆国家政权、推翻社会主义制度的行为。有的通过直接的军事对抗来进行，有的通过武装叛乱、暴乱进行，也有的通过政变来进行，还有的通过勾结外国势力进行。只要目的是推翻政府和夺取政权，其形式可以是多种多样的。

3. 犯罪主体为一般主体，中国人、外国人、无国籍人都可能成为本罪的犯罪主体，但主要是在党、政、军国家机关内部有一定地位、影响力的人物。可以动员相当多的人追随，进行有组织的系统性的政治行为的人。

4. 主观方面由故意构成，目的是改变国家政权和社会制度。

三、要点辨析

1. 本罪是行为犯，无论有无危害结果发生，只要查明行为以颠覆国家政权为目的，进行了秘密谋划活动，就构成本罪。

2. 注意严格把握罪与非罪的界限。确定本罪必须先严格审查行为人的合法性依据。对于公民追求民主与法治，追求宪法性权利中选举、结社、言论、出版、宗教信仰等基本权利的合法行为，辩护人代理人的法庭上的正当诉求表达，非暴力的群众建议和群体公益性行为，没有行动的政治思想性行为，学术研究行为，不能确定为本罪。

3. 注意行为的严重程度，同一般性针对国家政权的违法行为相区别。在司法实践中，有的群众出现的一时错误政治言行或者一时过激行为，哪怕口头上明确表达了颠覆的口号和说法，仍然要具体分析，不可以言定罪。对总体分析不具有颠覆政府、夺取政权的主观故意和实际可能的个人行为，不能拔高定性为颠覆国家政权罪。

4. 注意以犯罪目的和行为表现来准确确定选择罪名。危害国家安全的行为多种多样，例如叛乱、暴乱、分裂国家等等。有时颠覆国家政权也是以叛乱、暴乱的方式进行的，犯罪人的行为到底属于什么罪，关键要看他的行为目的和客观表现。如果只是叛乱、暴乱，只是破坏国家政权、政治秩序，而不是要颠覆、夺取政权，那么就不能认定是犯了颠覆国家政权罪，要以其他罪定罪处罚。

5. 本罪与分裂国家罪的界限。二者都是为了建立非法政权，但是颠覆是以新的政权取代原有的政权，而分裂则是在中央政权之外另立一个政权实体，割据一方。

6. 本罪与武装暴乱罪的界限。本罪是指采取武装暴乱以外的非法手段进行颠覆，而武装暴乱罪则是采取武装暴乱的手段推翻政权。武装暴乱通常是统治集团外部的人员发动的。以颠覆为目的实施了武装暴乱的，以武装暴乱罪定性。

7. 注意本罪和煽动颠覆国家政权罪的区别。刑法将这两个罪名作了明确区分，二者的特征和惩治力度都是不同的。一个是直接参加实施进行颠覆行为，一个是口头、文字上进行煽动，以造谣、诽谤或者其他方式煽动颠覆国家政权、推翻社会主义制度，而自己没有直接组织、策划、准备和参加颠覆行动。不能因煽动行为情节严重，就将其直接拔高定性为颠覆国家政权罪。是行为性质的区分，不是程度上区分。

四、罪名变迁

1979年《刑法》第92条作了规定，罪名为“阴谋颠覆政府罪”，1997年《刑法》删去了“阴谋”一词，罪名也相应地改为“颠覆国家政权罪”。

类罪名：危害国家安全罪	罪名：煽动颠覆国家政权罪
量刑标准	**构成犯罪的**　处5年以下有期徒刑、拘役、管制或者剥夺政治权利，可以并处没收财产；
	首要分子或者罪行重大的　处5年以上有期徒刑，应当附加剥夺政治权利，可以并处没收财产。

法律依据

一、《刑法》条文

第一百零五条第二款　以造谣、诽谤或者其他方式煽动颠覆国家政权、推翻社会主义制度的，处五年以下有期徒刑、拘役、管制或者剥夺政治权利；首要分子或者罪行重大的，处五年以上有期徒刑。

第一百零六条　与境外机构、组织、个人相勾结，实施本章第一百零三条、第一百零四条、第一百零五条规定之罪的，依照各该条的规定从重处罚。

第一百一十三条第二款　犯本章之罪的，可以并处没收财产。

第五十六条　对于危害国家安全的犯罪分子应当附加剥夺政治权利；对于故意杀人、强奸、放火、爆炸、投毒、抢劫等严重破坏社会秩序的犯罪分子，可以附加剥夺政治权利。

独立适用剥夺政治权利的，依照本法分则的规定。

第六十六条　危害国家安全犯罪、恐怖活动犯罪、黑社会性质的组织犯罪的犯罪分子，在刑罚执行完毕或者赦免以后，在任何时候再犯上述任一类罪的，都以累犯论处。

二、相关法律

《全国人民代表大会常务委员会关于维护互联网安全的决定》（2009年8月27日修正）

二、为了维护国家安全和社会稳定，对有下列行为之一，构成犯罪的，依照刑法有关规定追究刑事责任：

（一）利用互联网造谣、诽谤或者发表、传播其他有害信息，煽动颠覆国家政权、推翻社会主义制度，或者煽动分裂国家、破坏国家统一；

（二）通过互联网窃取、泄露国家秘密、情报或者军事秘密；

（三）利用互联网煽动民族仇恨、民族歧视，破坏民族团结；

（四）利用互联网组织邪教组织、联络邪教组织成员，破坏国家法律、行政法规实施。

三、相关司法解释/文件

《最高人民法院关于审理非法出版物刑事案件具体应用法律若干问题的解释》（1998年12月17日　法释〔1998〕30号）

第一条　明知出版物中载有煽动分裂国家、破坏国家统一或者煽动颠覆国家政权、推翻社会主义制度的内容，而予以出版、印刷、复制、发行、传播的，依照刑法第一百零三条第二款或者第一百零五条第二款的规定，以煽动分裂国家罪或者煽动颠覆国家政权罪定罪处罚。

《最高人民法院、最高人民检察院关于办理妨害预防、控制突发传染病疫情等灾害的刑事案件具体应用法律若干问题的解释》（2003年5月14日　法释〔2003〕8号）

第十条　编造与突发传染病疫情等灾害有关的恐怖信息，或者明知是编造的此类恐怖信息而故意传播，严重扰乱社会秩序的，依照刑法第二百九十一条之一的规定，以编造、故意传播虚假恐怖信息罪定罪处罚。

利用突发传染病疫情等灾害，制造、传播谣言，煽动分裂国家、破坏国家统一，或者煽动颠覆国家政权、推翻社会主义制度的，依照刑法第一百零三条第二款、第一百零五条第二款的规定，以煽动分裂国家罪或者煽动颠覆国家政权罪定罪处罚。

《最高人民法院、最高人民检察院关于办理组织、利用邪教组织破坏法律实施等刑事案件适用法律若干问题的解释》（2017年1月25日　法释〔2017〕3号）

第一条　冒用宗教、气功或者以其他名义建立，神化、鼓吹首要分子，利用制造、散布迷信邪说等手段蛊惑、蒙骗他人，发展、控制成员，危害社会的非法组织,应当认定为刑法第三百条规定的“邪教组织”。

第十条　组织、利用邪教组织破坏国家法律、行政法规实施过程中,又有煽动分裂国家、煽动颠覆国家政权或者侮辱、诽谤他人等犯罪行为的,依照数罪并罚的规定定罪处罚。

《最高人民法院、最高人民检察院、公安部、司法部关于依法惩治妨害新型冠状病毒感染肺炎疫情防控违法犯罪的意见》(2020 年 2 月 6 日　法发〔2020〕7 号)

(六)依法严惩造谣传谣犯罪。编造虚假的疫情信息,在信息网络或者其他媒体上传播,或者明知是虚假疫情信息,故意在信息网络或者其他媒体上传播,严重扰乱社会秩序的,依照刑法第二百九十一条之一第二款的规定,以编造、故意传播虚假信息罪定罪处罚。

编造虚假信息,或者明知是编造的虚假信息,在信息网络上散布,或者组织、指使人员在信息网络上散布,起哄闹事,造成公共秩序严重混乱的,依照刑法第二百九十三条第一款第四项的规定,以寻衅滋事罪定罪处罚。

利用新型冠状病毒感染肺炎疫情,制造、传播谣言,煽动分裂国家、破坏国家统一,或者煽动颠覆国家政权、推翻社会主义制度的,依照刑法第一百零三条第二款、第一百零五条第二款的规定,以煽动分裂国家罪或者煽动颠覆国家政权罪定罪处罚。

网络服务提供者不履行法律、行政法规规定的信息网络安全管理义务,经监管部门责令采取改正措施而拒不改正,致使虚假疫情信息或者其他违法信息大量传播的,依照刑法第二百八十六条之一的规定,以拒不履行信息网络安全管理义务罪定罪处罚。

对虚假疫情信息案件,要依法、精准、恰当处置。对恶意编造虚假疫情信息,制造社会恐慌,挑动社会情绪,扰乱公共秩序,特别是恶意攻击党和政府,借机煽动颠覆国家政权、推翻社会主义制度的,要依法严惩。对于因轻信而传播虚假信息,危害不大的,不以犯罪论处。

量刑要素

与境外机构、组织、个人相勾结,实施本罪的,从重处罚。(《刑法》第 106 条)

要义辨析

一、概念

本罪是指以造谣、诽谤或其他方式煽动颠覆国家政权、推翻社会主义制度的行为。是指用口头、文字和其他方式进行煽动颠覆的犯罪行为。不同于颠覆国家政权罪的直接用行动进行。

二、构成要件

1. 本罪侵犯的客体是我国的国家政权和社会主义制度。

2. 客观方面表现为以造谣、蛊惑、诽谤或其他方式,煽动颠覆国家政权、推翻社会主义制度的行为。行为人必须具有面向社会和大众,进行颠覆政府、推翻社会主义制度的宣传煽动的行为。主要特征是停留在口头上文字上进行鼓动和蛊惑颠覆,而不是直接参加行为进行颠覆。

3. 犯罪主体为一般主体。中国人、外国人、无国籍人都可能成为本罪的犯罪主体,本罪为任意共同犯罪。

4. 主观方面为故意,是以颠覆国家政权、推翻社会主义制度为目的的故意犯罪。行为人进行煽动的目的,是企图用造谣蛊惑、诽谤、煽动群众的手段,颠覆国家政权、推翻社会主义制度。

三、要点辨析

1. 煽动,是指已经向社会扩散和对他人产生影响,仅是自己思考研究,形成有思想的文字,但没有发表和散布,不构成本罪。认定本罪的既遂。只要行为人以颠覆国家政权、推翻社会主义制度为目的,实施了宣传煽动行为,即构成本罪。散布宣传后,群众是否听信,是否产生了实际后果,属于犯罪的量刑情节,不影响定罪。因此,本罪不存在未遂问题。

2. 注意严格把握罪与非罪的界限。严格审查行为人的主观目的和客观行为特征。(1)是否具有把群众煽动起来颠覆国家政权和推翻社会主义制度的目的。(2)是否具有煽动行为。要根据主客观相一致的原则,认真鉴别。不能将公民议论政治,一般性不满言论,扩大化理解定性为本罪。

3.确定本罪要注意保护公民法定宪法性权利。审查和把握行为人言论的合法性依据。对于公民追求民主与法制,追求宪法性权利中选举、结社、言论、出版、宗教信仰等法定的基本权利的行为,辩护人代理人的法庭上的作的正当诉求表达、非暴力的群众上书建议和群体公益性宣传行为,没有付诸行动的政治思想性行为,学术研究行为,不能确定为本罪。

4.注意本罪和颠覆国家政权罪的区别。刑法将这两个罪名作了明确区分,特征和惩治力度都是不同的。只是口头、文字上进行煽动,以造谣、诽谤或者其他方式煽动颠覆国家政权、推翻社会主义制度,而没有直接组织、策划、准备和参加颠覆行动。只能定本罪,不能定性为颠覆国家政权罪。

四、罪名变迁

本罪在1979年《刑法》第102条中的罪名为"反革命宣传煽动罪"。1997年《刑法》取消了"反革命宣传煽动罪",新设了"煽动颠覆国家政权罪"。

类罪名:危害国家安全罪	**罪名:资助危害国家安全犯罪活动罪**
量刑标准	**构成犯罪的**　直接责任人员处5年以下有期徒刑、拘役、管制或者剥夺政治权利,可以并处没收财产;
	情节严重的　处5年以上有期徒刑,应当附加剥夺政治权利,可以并处没收财产。

法律依据

一、《刑法》条文

第一百零七条　境内外机构、组织或者个人资助实施本章第一百零二条、第一百零三条、第一百零四条、第一百零五条规定之罪的,对直接责任人员,处五年以下有期徒刑、拘役、管制或者剥夺政治权利;情节严重的,处五年以上有期徒刑。

第一百一十三条第二款　犯本章之罪的,可以并处没收财产。

第五十六条　对于危害国家安全的犯罪分子应当附加剥夺政治权利;对于故意杀人、强奸、放火、爆炸、投毒、抢劫等严重破坏社会秩序的犯罪分子,可以附加剥夺政治权利。

独立适用剥夺政治权利的,依照本法分则的规定。

二、相关法律

《中华人民共和国国家安全法》(2015年7月1日)

第十五条　国家坚持中国共产党的领导,维护中国特色社会主义制度,发展社会主义民主政治,健全社会主义法治,强化权力运行制约和监督机制,保障人民当家作主的各项权利。

国家防范、制止和依法惩治任何叛国、分裂国家、煽动叛乱、颠覆或者煽动颠覆人民民主专政政权的行为;防范、制止和依法惩治窃取、泄露国家秘密等危害国家安全的行为;防范、制止和依法惩治境外势力的渗透、破坏、颠覆、分裂活动。

要义辨析

一、概念

本罪是指境内外机构、组织或者个人资助实施背叛国家,分裂国家,煽动分裂国家,武装叛乱、暴乱、颠覆国家政权,煽动颠覆国家政权的行为。

二、构成要件

1.本罪侵害的客体是国家安全,即国家的统一和政权的稳定。

2.本罪在客观方面表现为对实施背叛国家罪,

分裂国家罪，武装叛乱、暴乱罪，颠覆国家政权罪等犯罪进行资助的行为。所谓“资助”，是指以提供金钱、财物、器材、设备等物质条件，支持协助境内外组织、个人，实施危害中国国家安全的行为。资助的目的，是帮助他人实施危害国家安全犯罪。

3. 犯罪的主体是境内外机构、组织或个人。实际上是一般主体，不仅包括自然人，而且包括单位；不仅包括境内机构、组织、个人，而且包括境外机构、组织、个人。但是，本条规定的追究责任的对象，只限于这些境内外组织的“直接责任人员”，没有列出追究单位和组织责任。因此，本罪名规定的只是个人犯罪，没有法人、单位犯罪。

4. 主观方面只能是故意。即行为人明知其行为会对中国国家安全造成危害，仍故意实施资助行为。

三、要点辨析

1. 认定罪与非罪的界限。构成本罪，主观上只能是故意，即行为人明知其行为，会对中国国家安全造成危害，仍故意实施资助行为。如果不知道他人进行的是犯罪活动，更不知道其进行的是危害国家安全的犯罪活动，而予以物资方面资助的，不构成本罪。“资助”的中心词是“资”，即提供了金钱、物质上帮助。政治声援、行为帮助等不属于本罪。

2. 划清一罪与数罪的界限。本罪是一个独立的罪名，不是选择性罪名。因此，尽管本罪可以表现为对背叛国家的资助、对武装叛乱、暴乱的资助，对颠覆国家政权的资助，但在罪名上，都只能定本罪一个名称。

四、罪名变迁

本罪是1997年《刑法》增设的新罪名，1979年《刑法》和单行刑法均没有此罪名。《刑法修正案（八）》对本罪的罪状作了修改，删除了对资助对象的规定，但罪名未作修改。

<table>
<tr><th colspan="2">类罪名：危害国家安全罪 ｜ 罪名：投敌叛变罪</th></tr>
<tr><td rowspan="3">量刑标准</td><td>构成犯罪的　处3年以上10年以下有期徒刑，应当附加剥夺政治权利，可以并处没收财产；</td></tr>
<tr><td>情节严重或者带领武装部队人员、人民警察、民兵投敌叛变的　处10年以上有期徒刑或者无期徒刑，应当附加剥夺政治权利，可以并处没收财产；</td></tr>
<tr><td>对国家和人民危害特别严重、情节特别恶劣的　可以判处死刑，应当附加剥夺政治权利终身，可以并处没收财产。</td></tr>
</table>

法律依据

一、《刑法》条文

第一百零八条　投敌叛变的，处三年以上十年以下有期徒刑；情节严重或者带领武装部队人员、人民警察、民兵投敌叛变的，处十年以上有期徒刑或者无期徒刑。

第一百一十三条　本章上述危害国家安全罪行中，除第一百零三条第二款、第一百零五条、第一百零七条、第一百零九条外，对国家和人民危害特别严重、情节特别恶劣的，可以判处死刑。

犯本章之罪的，可以并处没收财产。

第五十六条　对于危害国家安全的犯罪分子应当附加剥夺政治权利；对于故意杀人、强奸、放火、爆炸、投毒、抢劫等严重破坏社会秩序的犯罪分子，可以附加剥夺政治权利。

独立适用剥夺政治权利的，依照本法分则的规定。

二、相关法律

《中华人民共和国国家安全法》（2015年7月1日）

第十五条　国家坚持中国共产党的领导，维护中国特色社会主义制度，发展社会主义民主政治，健全社会主义法治，强化权力运行制约和监督机制，保障人民当家作主的各项权利。

国家防范、制止和依法惩治任何叛国、分裂国家、煽动叛乱、颠覆或者煽动颠覆人民民主专政政权的行为；防范、制止和依法惩治窃取、泄露国家秘密等危害国家安全的行为；防范、制止和依法惩治境外势力的渗透、破坏、颠覆、分裂活动。

要义辨析

一、概念

本罪是指中国公民投靠、投奔敌国或者敌方，投敌叛变，出卖国家和人民利益的行为；或者在被敌人捕、俘后，协助敌方进行危害本方国家和人民利益的行为。

二、构成要件

1. 侵犯的客体是人民民主专政的政权和社会主义制度。无论是战争时期还是和平时期，投靠敌国或者敌方的行为，都会危害本国或者本方的利益。

2. 客观方面表现为实施了投敌叛变的行为。这种行为可能是由于被策动、勾引、收买、胁迫或者是被捕、被俘后经不起考验而发生，也可能是基于敌视人民民主专政或者为了推翻社会主义制度而叛变投敌，但这些起因不影响投敌叛变罪的认定。

3. 本罪的犯罪主体只能是中华人民共和国公民。投敌叛变，既可以单人实施，也可以带领武装部队人员、人民警察、民兵实施，它反映了不同的危害程度和犯罪情节，本罪作了区别量刑。

4. 本罪主观上均表现为故意，至于是主动投敌叛变，还是被捕、俘后被迫投敌叛变，均不影响本罪成立，可在量刑情节中考虑。

三、要点辨析

1. 本罪即政治概念上的“叛徒”。要特别注意定罪不能扩大化。要注意区分被敌人捕获、俘虏，同被捕、被俘后，投敌叛变的本质区别。仅被捕、被俘，没有叛变、出卖己方利益，不是犯罪。行为人在被捕、被俘后，向敌方屈膝投降，出卖国家秘密、协助抓捕自己原阵营的同事、破坏组织机构、提供情报、出卖国家利益，或者进行其他危害国家安全活动的，才构成投敌叛变罪。

2. 对于不是以危害国家安全为目的，而是出于某些个人目的偷越国边境，投奔外国或者境外敌人控制区，没有危害国家利益动机和行为的，不能以投敌叛变罪论处。其中情节严重构成犯罪的，应以偷越国(边)境罪论处。

3. 严格区分本罪与背叛国家罪的界限。主要是侵犯主体、客体的宏观、微观的大小不同。这两种犯罪都是背叛了国家，都是危害国家安全。但两者又有不同：一是犯罪主体身份不同。背叛国家罪的主体虽然也是中国公民，但通常是窃取了党和国家重要权力或者具有一定社会地位和政治影响力的人；而投敌叛变罪的主体可以由其他任何普通公民构成。二是这两种犯罪侵犯的直接客体不同。尽管两者都侵犯了国家安全，但后者侵犯的是大的方面的国家的主权、领土完整和安全，而本罪侵犯的则是具体的比较小范围的属于微观层面的国家利益。

四、罪名变迁

本罪1979年《刑法》第94条新创设罪名，在1997年的《刑法》修订中，对罪状作了修改，但罪名未改。

类罪名：危害国家安全罪	罪名：叛逃罪
量刑标准	**构成犯罪的**　处5年以下有期徒刑、拘役、管制或者剥夺政治权利，可以并处没收财产；
	情节严重的　处5年以上10年以下有期徒刑，应当附加剥夺政治权利，可以并处没收财产。

法律依据

一、《刑法》条文

第一百零九条 国家机关工作人员在履行公务期间,擅离岗位,叛逃境外或者在境外叛逃的,处五年以下有期徒刑、拘役、管制或者剥夺政治权利;情节严重的,处五年以上十年以下有期徒刑。

掌握国家秘密的国家工作人员叛逃境外或者在境外叛逃的,依照前款的规定从重处罚。

第一百一十三条第二款 犯本章之罪的,可以并处没收财产。

第五十六条 对于危害国家安全的犯罪分子应当附加剥夺政治权利;对于故意杀人、强奸、放火、爆炸、投毒、抢劫等严重破坏社会秩序的犯罪分子,可以附加剥夺政治权利。

独立适用剥夺政治权利的,依照本法分则的规定。

第九十三条 本法所称国家工作人员,是指国家机关中从事公务的人员。

国有公司、企业、事业单位、人民团体中从事公务的人员和国家机关、国有公司、企业、事业单位委派到非国有公司、企业、事业单位、社会团体从事公务的人员,以及其他依照法律从事公务的人员,以国家工作人员论。

二、国际公约

联合国《维也纳外交关系公约》(1961 年 4 月 18 日签订,中国于 1975 年 11 月 25 日加入)

第二十条

使馆及其馆长有权在使馆馆舍,及在使馆馆长寓邸与交通工具上使用派遣国之国旗或国徽。

第二十二条

一、使馆馆舍不得侵犯。接受国官吏非经使馆馆长许可,不得进入使馆馆舍。

二、接受国负有特殊责任,采取一切适当步骤保护使馆馆舍免受侵入或损害,并防止一切扰乱使馆安宁或有损使馆尊严之情事。

三、使馆馆舍及设备,以及馆舍内其他财产与使馆交通工具免受搜查、征用、扣押或强制执行。

第二十五条

接受国应给予使馆执行职务之充分便利。

第二十六条

除接受国为国家安全设定禁止或限制进入区域另订法律规章外,接受国应确保所有使馆人员在其境内行动及旅行之自由。

第二十九条

外交代表人身不得侵犯。外交代表不受任何方式之逮捕或拘禁。接受国对外交代表应特示尊重,并应采取一切适当步骤以防止其人身、自由或尊严受有任何侵犯。

第三十条

一、外交代表之私人寓所一如使馆馆舍应享有同样之不得侵犯权及保护。

第四十一条

一、在不妨碍外交特权与豁免之情形下,凡享有此项特权与豁免之人员,均负有尊重接受国法律规章之义务。此等人员并负有不干涉该国内政之义务。

量刑要素

掌握国家秘密的国家工作人员犯前款罪的,从重处罚。(《刑法》第 109 条第 2 款)

要义辨析

一、概念

本罪是指国家机关工作人员或者掌握国家秘密的国家工作人员,在履行公务期间,撤离岗位,叛逃境外或者在境外叛逃的行为。

二、构成要件

1. 本罪侵犯的客体是国家利益和安全。国家机关工作人员或者掌握国家秘密的国家工作人员,在履行公务期间,擅离岗位,叛逃境外或者在境外叛逃的,可能给国家利益和安全造成危害。

2. 叛逃罪的客观方面,是国家机关工作人员或者掌握国家秘密的国家工作人员,在履行公务期间,擅离岗位叛逃境外,或者在境外叛逃的行为。

3. 本罪的犯罪主体为特殊主体，即国家机关工作人员和掌握国家秘密的国家工作人员。国家机关工作人员，是指在国家权力机关、行政机关、司法机关中从事公务的人员。掌握国家秘密的国家工作人员，是指掌握国家秘密的国有公司、企业、事业单位、人民团体中从事公务的人员，包括国家机关、国有公司、企业、事业单位、人民团体委派到非国有公司、企业、事业单位、社会团体从事公务的人员，以及其他依照法律从事公务的人员。同时，这些人员也不是任何时候都可以构成该犯罪主体，时间只限定为“在履行公务期间”。因此本罪实行严格的特殊主体要件。

4. 主观方面为直接故意，即自己故意叛逃，并明知自己的叛逃行为会发生危害国家安全的结果，并且希望和放任这种结果发生。

三、要点辨析

1. 注意划清罪与非罪的界限。关于本罪，《刑法修正案（八）》对其有一个重要修改，即原法条规定要具备“叛逃并有危害国家安全的行为”时，才构成犯罪。修正案去掉了后面的这个要件，变成有叛逃即构罪。不必同时具备危害国家安全的行为。认为叛逃本身即危害了国家安全。这种立法理解是趋严的。但是，如果确实情节显著轻微，危害不大的，也可以不认为是犯罪。在实际司法实践中，仍然要审查有没有具体的危害国家安全的事实发生，而不只是国家信誉受损。“在履行公务期间”“有危害国家安全行为”这两个要件，应当严格掌握。如国家机关工作人员或者掌握国家秘密的国家工作人员，在休假、省亲或自费出国旅游、出国探亲访友等同公务无关的行为期间，偷越国境去国外，滞留不归的，有些是因为客观原因被动出国不归，且没有实施危害国家安全行为的，不能按叛逃罪处理。

2. 划清本罪与投敌叛变罪的界限。(1)犯罪主体不同。叛逃罪的主体是特定主体，只限于国家机关工作人员和掌握国家秘密的国家工作人员；投敌叛变罪的主体是一般主体，中国公民都可以构成犯罪主体。(2)叛逃罪行为人叛逃到任何一个国家，都可以构成犯罪；投敌叛变罪必须是行为人投奔敌国，或者敌方才构成犯罪。(3)叛逃罪必须是犯罪主体在履行公务期间叛逃，投敌叛变罪不限于履行公务期间。(4)量刑惩罚的轻重程度不同。叛逃罪最高量刑10年以下有期徒刑；投敌叛变罪最高量刑可以为死刑。

3. 关于叛逃他国驻中国使领馆问题的定性。根据我国1975年11月25日加入的联合国《维也纳外交关系公约》的规定，各国驻外大使馆、领事馆，不受驻在国的司法管辖，而受派遣国的司法管辖。使领馆在领土上仍属于中国，但是派驻国享有治外法权。就是说该驻我国使馆范围内视同为派遣国法域，适用他国法律。进入使领馆即脱离了中国法律管辖。因此，未经合法手续进入该等使领馆，并从事了危害中国利益的行为，视为叛逃行为。如果是履行职务期间的国家公职人员，叛逃后又危害了中国国家利益，依叛逃罪定罪处刑。

四、罪名变迁

本罪是1997年《刑法》增设的罪名，1979年《刑法》和单行刑法均没有规定此罪名。《刑法修正案（八）》对本罪的罪状作了修改，把握从严，但罪名未改。

类罪名：危害国家安全罪	罪名：间谍罪
量刑标准	**构成犯罪的**　处10年以上有期徒刑或者无期徒刑，应当附加剥夺政治权利，可以并处没收财产；
	情节较轻的　处3年以上10年以下有期徒刑，应当附加剥夺政治权利，可以并处没收财产；
	对国家和人民危害特别严重、情节特别恶劣的　可以判处死刑，应当附加剥夺政治权利终身，可以并处没收财产。

法律依据

一、《刑法》条文

第一百一十条 有下列间谍行为之一,危害国家安全的,处十年以上有期徒刑或者无期徒刑;情节较轻的,处三年以上十年以下有期徒刑:

(一)参加间谍组织或者接受间谍组织及其代理人的任务的;

(二)为敌人指示轰击目标的。

第一百一十三条 本章上述危害国家安全罪行中,除第一百零三条第二款、第一百零五条、第一百零七条、第一百零九条外,对国家和人民危害特别严重、情节特别恶劣的,可以判处死刑。

犯本章之罪的,可以并处没收财产。

第五十六条 对于危害国家安全的犯罪分子应当附加剥夺政治权利;对于故意杀人、强奸、放火、爆炸、投毒、抢劫等严重破坏社会秩序的犯罪分子,可以附加剥夺政治权利。

独立适用剥夺政治权利的,依照本法分则的规定。

二、相关法律

《中华人民共和国反间谍法》(2023年4月26日修订)

第一章 总 则

第一条 为了加强反间谍工作,防范、制止和惩治间谍行为,维护国家安全,保护人民利益,根据宪法,制定本法。

第二条 反间谍工作坚持党中央集中统一领导,坚持总体国家安全观,坚持公开工作与秘密工作相结合、专门工作与群众路线相结合,坚持积极防御、依法惩治、标本兼治,筑牢国家安全人民防线。

第三条 反间谍工作应当依法进行,尊重和保障人权,保障个人和组织的合法权益。

第四条 本法所称间谍行为,是指下列行为:

(一)间谍组织及其代理人实施或者指使、资助他人实施,或者境内外机构、组织、个人与其相勾结实施的危害中华人民共和国国家安全的活动;

(二)参加间谍组织或者接受间谍组织及其代理人的任务,或者投靠间谍组织及其代理人;

(三)间谍组织及其代理人以外的其他境外机构、组织、个人实施或者指使、资助他人实施,或者境内机构、组织、个人与其相勾结实施的窃取、刺探、收买、非法提供国家秘密、情报以及其他关系国家安全和利益的文件、数据、资料、物品,或者策动、引诱、胁迫、收买国家工作人员叛变的活动;

(四)间谍组织及其代理人实施或者指使、资助他人实施,或者境内外机构、组织、个人与其相勾结实施针对国家机关、涉密单位或者关键信息基础设施等的网络攻击、侵入、干扰、控制、破坏等活动;

(五)为敌人指示攻击目标;

(六)进行其他间谍活动。

间谍组织及其代理人在中华人民共和国领域内,或者利用中华人民共和国的公民、组织或者其他条件,从事针对第三国的间谍活动,危害中华人民共和国国家安全的,适用本法。

第五条 国家建立反间谍工作协调机制,统筹协调反间谍工作中的重大事项,研究、解决反间谍工作中的重大问题。

第六条 国家安全机关是反间谍工作的主管机关。

公安、保密等有关部门和军队有关部门按照职责分工,密切配合,加强协调,依法做好有关工作。

第七条 中华人民共和国公民有维护国家的安全、荣誉和利益的义务,不得有危害国家的安全、荣誉和利益的行为。

一切国家机关和武装力量、各政党和各人民团体、企业事业组织和其他社会组织,都有防范、制止间谍行为,维护国家安全的义务。

国家安全机关在反间谍工作中必须依靠人民的支持,动员、组织人民防范、制止间谍行为。

第八条 任何公民和组织都应当依法支持、协助反间谍工作,保守所知悉的国家秘密和反间谍工作秘密。

第九条 国家对支持、协助反间谍工作的个人和组织给予保护。

对举报间谍行为或者在反间谍工作中做出重大贡献的个人和组织,按照国家有关规定给予表彰和奖励。

第十条 境外机构、组织、个人实施或者指使、资助他人实施的，或者境内机构、组织、个人与境外机构、组织、个人相勾结实施的危害中华人民共和国国家安全的间谍行为，都必须受到法律追究。

第十一条　国家安全机关及其工作人员在工作中，应当严格依法办事，不得超越职权、滥用职权，不得侵犯个人和组织的合法权益。

国家安全机关及其工作人员依法履行反间谍工作职责获取的个人和组织的信息，只能用于反间谍工作。对属于国家秘密、工作秘密、商业秘密和个人隐私、个人信息的，应当保密。

第二章　安全防范

第十二条　国家机关、人民团体、企业事业组织和其他社会组织承担本单位反间谍安全防范工作的主体责任，落实反间谍安全防范措施，对本单位的人员进行维护国家安全的教育，动员、组织本单位的人员防范、制止间谍行为。

地方各级人民政府、相关行业主管部门按照职责分工，管理本行政区域、本行业有关反间谍安全防范工作。

国家安全机关依法协调指导、监督检查反间谍安全防范工作。

第十三条　各级人民政府和有关部门应当组织开展反间谍安全防范宣传教育，将反间谍安全防范知识纳入教育、培训、普法宣传内容，增强全民反间谍安全防范意识和国家安全素养。

新闻、广播、电视、文化、互联网信息服务等单位，应当面向社会有针对性地开展反间谍宣传教育。

国家安全机关应当根据反间谍安全防范形势，指导有关单位开展反间谍宣传教育活动，提高防范意识和能力。

第十四条　任何个人和组织都不得非法获取、持有属于国家秘密的文件、数据、资料、物品。

第十五条　任何个人和组织都不得非法生产、销售、持有、使用间谍活动特殊需要的专用间谍器材。专用间谍器材由国务院国家安全主管部门依照国家有关规定确认。

第十六条　任何公民和组织发现间谍行为，应当及时向国家安全机关举报；向公安机关等其他国家机关、组织举报的，相关国家机关、组织应当立即移送国家安全机关处理。

国家安全机关应当将受理举报的电话、信箱、网络平台等向社会公开，依法及时处理举报信息，并为举报人保密。

第十七条　国家建立反间谍安全防范重点单位管理制度。

反间谍安全防范重点单位应当建立反间谍安全防范工作制度，履行反间谍安全防范工作要求，明确内设职能部门和人员承担反间谍安全防范职责。

第十八条　反间谍安全防范重点单位应当加强对工作人员反间谍安全防范的教育和管理，对离岗离职人员脱密期内履行反间谍安全防范义务的情况进行监督检查。

第十九条　反间谍安全防范重点单位应当加强对涉密事项、场所、载体等的日常安全防范管理，采取隔离加固、封闭管理、设置警戒等反间谍物理防范措施。

第二十条　反间谍安全防范重点单位应当按照反间谍技术防范的要求和标准，采取相应的技术措施和其他必要措施，加强对要害部门部位、网络设施、信息系统的反间谍技术防范。

第二十一条　在重要国家机关、国防军工单位和其他重要涉密单位以及重要军事设施的周边安全控制区域内新建、改建、扩建建设项目的，由国家安全机关实施涉及国家安全事项的建设项目许可。

县级以上地方各级人民政府编制国民经济和社会发展规划、国土空间规划等有关规划，应当充分考虑国家安全因素和划定的安全控制区域，征求国家安全机关的意见。

安全控制区域的划定应当统筹发展和安全，坚持科学合理、确有必要的原则，由国家安全机关会同发展改革、自然资源、住房城乡建设、保密、国防科技工业等部门以及军队有关部门共同划定，报省、自治区、直辖市人民政府批准并动态调整。

涉及国家安全事项的建设项目许可的具体实施办法，由国务院国家安全主管部门会同有关部门制定。

第二十二条　国家安全机关根据反间谍工作需要，可以会同有关部门制定反间谍技术防范标准，指导有关单位落实反间谍技术防范措施，对存在隐患的单位，经过严格的批准手续，可以进行反间谍技术防范检查和检测。

第三章　调查处置

第二十三条　国家安全机关在反间谍工作中依法行使本法和有关法律规定的职权。

第二十四条　国家安全机关工作人员依法执行反间谍工作任务时,依照规定出示工作证件,可以查验中国公民或者境外人员的身份证明,向有关个人和组织问询有关情况,对身份不明、有间谍行为嫌疑的人员,可以查看其随带物品。

第二十五条　国家安全机关工作人员依法执行反间谍工作任务时,经设区的市级以上国家安全机关负责人批准,出示工作证件,可以查验有关个人和组织的电子设备、设施及有关程序、工具。查验中发现存在危害国家安全情形的,国家安全机关应当责令其采取措施立即整改。拒绝整改或者整改后仍存在危害国家安全隐患的,可以予以查封、扣押。

对依照前款规定查封、扣押的电子设备、设施及有关程序、工具,在危害国家安全的情形消除后,国家安全机关应当及时解除查封、扣押。

第二十六条　国家安全机关工作人员依法执行反间谍工作任务时,根据国家有关规定,经设区的市级以上国家安全机关负责人批准,可以查阅、调取有关的文件、数据、资料、物品,有关个人和组织应当予以配合。查阅、调取不得超出执行反间谍工作任务所需的范围和限度。

第二十七条　需要传唤违反本法的人员接受调查的,经国家安全机关办案部门负责人批准,使用传唤证传唤。对现场发现的违反本法的人员,国家安全机关工作人员依照规定出示工作证件,可以口头传唤,但应当在询问笔录中注明。传唤的原因和依据应当告知被传唤人。对无正当理由拒不接受传唤或者逃避传唤的人,可以强制传唤。

国家安全机关应当在被传唤人所在市、县内的指定地点或者其住所进行询问。

国家安全机关对被传唤人应当及时询问查证。询问查证的时间不得超过八小时;情况复杂,可能适用行政拘留或者涉嫌犯罪的,询问查证的时间不得超过二十四小时。国家安全机关应当为被传唤人提供必要的饮食和休息时间。严禁连续传唤。

除无法通知或者可能妨碍调查的情形以外,国家安全机关应当及时将传唤的原因通知被传唤人家属。在上述情形消失后,应当立即通知被传唤人家属。

第二十八条　国家安全机关调查间谍行为,经设区的市级以上国家安全机关负责人批准,可以依法对涉嫌间谍行为的人身、物品、场所进行检查。

检查女性身体的,应当由女性工作人员进行。

第二十九条　国家安全机关调查间谍行为,经设区的市级以上国家安全机关负责人批准,可以查询涉嫌间谍行为人员的相关财产信息。

第三十条　国家安全机关调查间谍行为,经设区的市级以上国家安全机关负责人批准,可以对涉嫌用于间谍行为的场所、设施或者财物依法查封、扣押、冻结;不得查封、扣押、冻结与被调查的间谍行为无关的场所、设施或者财物。

第三十一条　国家安全机关工作人员在反间谍工作中采取查阅、调取、传唤、检查、查询、查封、扣押、冻结等措施,应当由二人以上进行,依照有关规定出示工作证件及相关法律文书,并由相关人员在有关笔录等书面材料上签名、盖章。

国家安全机关工作人员进行检查、查封、扣押等重要取证工作,应当对全过程进行录音录像,留存备查。

第三十二条　在国家安全机关调查了解有关间谍行为的情况、收集有关证据时,有关个人和组织应当如实提供,不得拒绝。

第三十三条　对出境后可能对国家安全造成危害,或者对国家利益造成重大损失的中国公民,国务院国家安全主管部门可以决定其在一定期限内不准出境,并通知移民管理机构。

对涉嫌间谍行为人员,省级以上国家安全机关可以通知移民管理机构不准其出境。

第三十四条　对入境后可能进行危害中华人民共和国国家安全活动的境外人员,国务院国家安全主管部门可以通知移民管理机构不准其入境。

第三十五条　对国家安全机关通知不准出境或者不准入境的人员,移民管理机构应当按照国家有关规定执行;不准出境、入境情形消失的,国家安全机关应当及时撤销不准出境、入境决定,并通知移民管理机构。

第三十六条　国家安全机关发现涉及间谍行

为的网络信息内容或者网络攻击等风险，应当依照《中华人民共和国网络安全法》规定的职责分工，及时通报有关部门，由其依法处置或者责令电信业务经营者、互联网服务提供者及时采取修复漏洞、加固网络防护、停止传输、消除程序和内容、暂停相关服务、下架相关应用、关闭相关网站等措施，保存相关记录。情况紧急，不立即采取措施将对国家安全造成严重危害的，由国家安全机关责令有关单位修复漏洞、停止相关传输、暂停相关服务，并通报有关部门。

经采取相关措施，上述信息内容或者风险已经消除的，国家安全机关和有关部门应当及时作出恢复相关传输和服务的决定。

第三十七条　国家安全机关因反间谍工作需要，根据国家有关规定，经过严格的批准手续，可以采取技术侦察措施和身份保护措施。

第三十八条　对违反本法规定，涉嫌犯罪，需要对有关事项是否属于国家秘密或者情报进行鉴定以及需要对危害后果进行评估的，由国家保密部门或者省、自治区、直辖市保密部门按照程序在一定期限内进行鉴定和组织评估。

第三十九条　国家安全机关经调查，发现间谍行为涉嫌犯罪的，应当依照《中华人民共和国刑事诉讼法》的规定立案侦查。

第四章　保障与监督

第四十条　国家安全机关工作人员依法履行职责，受法律保护。

第四十一条　国家安全机关依法调查间谍行为，邮政、快递等物流运营单位和电信业务经营者、互联网服务提供者应当提供必要的支持和协助。

第四十二条　国家安全机关工作人员因执行紧急任务需要，经出示工作证件，享有优先乘坐公共交通工具、优先通行等通行便利。

第四十三条　国家安全机关工作人员依法执行任务时，依照规定出示工作证件，可以进入有关场所、单位；根据国家有关规定，经过批准，出示工作证件，可以进入限制进入的有关地区、场所、单位。

第四十四条　国家安全机关因反间谍工作需要，根据国家有关规定，可以优先使用或者依法征用国家机关、人民团体、企业事业组织和其他社会组织以及个人的交通工具、通信工具、场地和建筑物等，必要时可以设置相关工作场所和设施设备，任务完成后应当及时归还或者恢复原状，并依照规定支付相应费用；造成损失的，应当给予补偿。

第四十五条　国家安全机关因反间谍工作需要，根据国家有关规定，可以提请海关、移民管理等检查机关对有关人员提供通关便利，对有关资料、器材等予以免检。有关检查机关应当依法予以协助。

第四十六条　国家安全机关工作人员因执行任务，或者个人因协助执行反间谍工作任务，本人或者其近亲属的人身安全受到威胁时，国家安全机关应当会同有关部门依法采取必要措施，予以保护、营救。

个人因支持、协助反间谍工作，本人或者其近亲属的人身安全面临危险的，可以向国家安全机关请求予以保护。国家安全机关应当会同有关部门依法采取保护措施。

个人和组织因支持、协助反间谍工作导致财产损失的，根据国家有关规定给予补偿。

第四十七条　对为反间谍工作做出贡献并需要安置的人员，国家给予妥善安置。

公安、民政、财政、卫生健康、教育、人力资源和社会保障、退役军人事务、医疗保障、移民管理等有关部门以及国有企业事业单位应当协助国家安全机关做好安置工作。

第四十八条　对因开展反间谍工作或者支持、协助反间谍工作导致伤残或者牺牲、死亡的人员，根据国家有关规定给予相应的抚恤优待。

第四十九条　国家鼓励反间谍领域科技创新，发挥科技在反间谍工作中的作用。

第五十条　国家安全机关应当加强反间谍专业力量人才队伍建设和专业训练，提升反间谍工作能力。

对国家安全机关工作人员应当有计划地进行政治、理论和业务培训。培训应当坚持理论联系实际、按需施教、讲求实效，提高专业能力。

第五十一条　国家安全机关应当严格执行内部监督和安全审查制度，对其工作人员遵守法律和纪律等情况进行监督，并依法采取必要措施，定期或者不定期进行安全审查。

第五十二条　任何个人和组织对国家安全机关及其工作人员超越职权、滥用职权和其他违法行为,都有权向上级国家安全机关或者监察机关、人民检察院等有关部门检举、控告。受理检举、控告的国家安全机关或者监察机关、人民检察院等有关部门应当及时查清事实,依法处理,并将处理结果及时告知检举人、控告人。

对支持、协助国家安全机关工作或者依法检举、控告的个人和组织,任何个人和组织不得压制和打击报复。

第五章　法律责任

第五十三条　实施间谍行为,构成犯罪的,依法追究刑事责任。

第五十四条　个人实施间谍行为,尚不构成犯罪的,由国家安全机关予以警告或者处十五日以下行政拘留,单处或者并处五万元以下罚款,违法所得在五万元以上的,单处或者并处违法所得一倍以上五倍以下罚款,并可以由有关部门依法予以处分。

明知他人实施间谍行为,为其提供信息、资金、物资、劳务、技术、场所等支持、协助,或者窝藏、包庇,尚不构成犯罪的,依照前款的规定处罚。

单位有前两款行为的,由国家安全机关予以警告,单处或者并处五十万元以下罚款,违法所得在五十万元以上的,单处或者并处违法所得一倍以上五倍以下罚款,并对直接负责的主管人员和其他直接责任人员,依照第一款的规定处罚。

国家安全机关根据相关单位、人员违法情节和后果,可以建议有关主管部门依法责令停止从事相关业务、提供相关服务或者责令停产停业、吊销有关证照、撤销登记。有关主管部门应当将作出行政处理的情况及时反馈国家安全机关。

第五十五条　实施间谍行为,有自首或者立功表现的,可以从轻、减轻或者免除处罚;有重大立功表现的,给予奖励。

在境外受胁迫或者受诱骗参加间谍组织、敌对组织,从事危害中华人民共和国国家安全的活动,及时向中华人民共和国驻外机构如实说明情况,或者入境后直接或者通过所在单位及时向国家安全机关如实说明情况,并有悔改表现的,可以不予追究。

第五十六条　国家机关、人民团体、企业事业组织和其他社会组织未按照本法规定履行反间谍安全防范义务的,国家安全机关可以责令改正;未按照要求改正的,国家安全机关可以约谈相关负责人,必要时可以将约谈情况通报该单位上级主管部门;产生危害后果或者不良影响的,国家安全机关可以予以警告、通报批评;情节严重的,对负有责任的领导人员和直接责任人员,由有关部门依法予以处分。

第五十七条　违反本法第二十一条规定新建、改建、扩建建设项目的,由国家安全机关责令改正,予以警告;拒不改正或者情节严重的,责令停止建设或者使用、暂扣或者吊销许可证件,或者建议有关主管部门依法予以处理。

第五十八条　违反本法第四十一条规定的,由国家安全机关责令改正,予以警告或者通报批评;拒不改正或者情节严重的,由有关主管部门依照相关法律法规予以处罚。

第五十九条　违反本法规定,拒不配合数据调取的,由国家安全机关依照《中华人民共和国数据安全法》的有关规定予以处罚。

第六十条　违反本法规定,有下列行为之一,构成犯罪的,依法追究刑事责任;尚不构成犯罪的,由国家安全机关予以警告或者处十日以下行政拘留,可以并处三万元以下罚款:

(一)泄露有关反间谍工作的国家秘密;

(二)明知他人有间谍犯罪行为,在国家安全机关向其调查有关情况、收集有关证据时,拒绝提供;

(三)故意阻碍国家安全机关依法执行任务;

(四)隐藏、转移、变卖、损毁国家安全机关依法查封、扣押、冻结的财物;

(五)明知是间谍行为的涉案财物而窝藏、转移、收购、代为销售或者以其他方法掩饰、隐瞒;

(六)对依法支持、协助国家安全机关工作的个人和组织进行打击报复。

第六十一条　非法获取、持有属于国家秘密的文件、数据、资料、物品,以及非法生产、销售、持有、使用专用间谍器材,尚不构成犯罪的,由国家安全机关予以警告或者处十日以下行政拘留。

第六十二条　国家安全机关对依照本法查封、

扣押、冻结的财物，应当妥善保管，并按照下列情形分别处理：

（一）涉嫌犯罪的，依照《中华人民共和国刑事诉讼法》等有关法律的规定处理；

（二）尚不构成犯罪，有违法事实的，对依法应当没收的予以没收，依法应当销毁的予以销毁；

（三）没有违法事实的，或者与案件无关的，应当解除查封、扣押、冻结，并及时返还相关财物；造成损失的，应当依法予以赔偿。

第六十三条　涉案财物符合下列情形之一的，应当依法予以追缴、没收，或者采取措施消除隐患：

（一）违法所得的财物及其孳息、收益，供实施间谍行为所用的本人财物；

（二）非法获取、持有的属于国家秘密的文件、数据、资料、物品；

（三）非法生产、销售、持有、使用的专用间谍器材。

第六十四条　行为人及其近亲属或者其他相关人员，因行为人实施间谍行为从间谍组织及其代理人获取的所有利益，由国家安全机关依法采取追缴、没收等措施。

第六十五条　国家安全机关依法收缴的罚款以及没收的财物，一律上缴国库。

第六十六条　境外人员违反本法的，国务院国家安全主管部门可以决定限期出境，并决定其不准入境的期限。未在规定期限内离境的，可以遣送出境。

对违反本法的境外人员，国务院国家安全主管部门决定驱逐出境的，自被驱逐出境之日起十年内不准入境，国务院国家安全主管部门的处罚决定为最终决定。

第六十七条　国家安全机关作出行政处罚决定之前，应当告知当事人拟作出的行政处罚内容及事实、理由、依据，以及当事人依法享有的陈述、申辩、要求听证等权利，并依照《中华人民共和国行政处罚法》的有关规定实施。

第六十八条　当事人对行政处罚决定、行政强制措施决定、行政许可决定不服的，可以自收到决定书之日起六十日内，依法申请复议；对复议决定不服的，可以自收到复议决定书之日起十五日内，依法向人民法院提起诉讼。

第六十九条　国家安全机关工作人员滥用职权、玩忽职守、徇私舞弊，或者有非法拘禁、刑讯逼供、暴力取证、违反规定泄露国家秘密、工作秘密、商业秘密和个人隐私、个人信息等行为，依法予以处分，构成犯罪的，依法追究刑事责任。

第六章　附　　则

第七十条　国家安全机关依照法律、行政法规和国家有关规定，履行防范、制止和惩治间谍行为以外的危害国家安全行为的职责，适用本法的有关规定。

公安机关在依法履行职责过程中发现、惩治危害国家安全的行为，适用本法的有关规定。

第七十一条　本法自 2023 年 7 月 1 日起施行。

要义辨析

一、概念

本罪是指参加间谍组织或者接受间谍组织及其代理人的任务，或者为敌人指示武装打击目标，危害国家安全的行为。

二、构成要件

1. 本罪侵害的客体是国家的安全，即人民民主专政的国家政权和社会主义制度。

2. 本罪的客观方面表现为三种行为：(1) 参加国外间谍组织。“间谍组织”，是指意图损害中国的外国政府或者境外敌对势力，建立的旨在收集其他国家情报，对中国进行颠覆破坏活动，破坏中国国家安全和利益的组织。(2) 接受间谍组织以及间谍组织代理人的任务。(3) 为敌人指示轰击目标。为敌人指示轰击目标，是指为军事侵略我国的敌国，提供关系到我国国家安全的重大军事设施、建设项目、城市等目标的信息的行为。行为人只要实施了上述三种行为之一，即可构成本罪，不要求三者同时具备。

3. 本罪的主体是一般主体，中国人、外国人、无国籍人均可构成本罪的犯罪主体。

4. 在主观方面只能是故意,即行为人明确知道是间谍组织,或者明知是间谍组织及其代理人任务等而参加或者予以接受,主动为敌对势力指引轰击破坏。

三、要点辨析

1. 间谍罪即俗称的"特务破坏、离间、情报犯罪"。注意划清间谍罪与下列行为的界限:

(1)注意主观意图、行为严重程度、实际危害程度的把握,防止拔高定性出现错误。要将间谍罪同传播小道消息,或者违反保密法规,不慎泄密、失密,或者不自觉被敌人利用的行为加以区别。后者属于过失行为,不构成本罪。间谍罪一般要有组织联络,有上下线情报网。(2)注意同泄密罪相区分。国家工作人员违反国家保密法规,泄露国家重要机密,情节严重构成犯罪的,应以泄露国家重要机密罪论处,不能以本罪论处。区别点主要是看是否故意为境外敌对势力服务。

2. 划清一罪与数罪的界限。参加间谍组织或者接受间谍组织及其代理人的任务的,同时有可能实施其他危害国家的行为,如进行暗杀、破坏等活动。如果这些活动是在间谍组织的指令范围内,则以间谍罪一罪论处;如果这些活动超过间谍组织的指令范围,不属于间谍犯罪行为,则除了构成间谍罪以外,还应当根据具体行为,确定适用构成其他犯罪,实行数罪并罚。

3. 间谍组织以外的人员在未收到间谍组织指令的情况下,为境外窃取、刺探、收买、非法提供国家秘密、情报的,我国有另外罪名,构成《刑法》第111条规定的为境外窃取、刺探、收买、非法提供国家秘密、情报罪,不以间谍罪论处。

4. 凡是以下情况:(1)国家机关工作人员、军人在非履行公务期间投敌叛变的;(2)非国家机关工作人员、非军人投敌叛变的,不定《刑法》108条的投敌叛变罪。若实施了本罪三种行为的,按《刑法》第110条规定,以间谍罪处刑。

四、罪名变迁

本罪1979年《刑法》第97条作了规定,1997年《刑法》对罪状作了修改。

类罪名:危害国家安全罪	**罪名:为境外窃取、刺探、收买、非法提供国家秘密、情报罪**
量刑标准	**构成犯罪的**　处5年以上10年以下有期徒刑,应当附加剥夺政治权利,可以并处没收财产;
	情节较轻的　处5年以下有期徒刑、拘役、管制或者剥夺政治权利,可以并处没收财产;
	情节特别严重的　处10年以上有期徒刑或者无期徒刑,应当附加剥夺政治权利,可以并处没收财产;
	对国家和人民危害特别严重、情节特别恶劣的　可以判处死刑,应当附加剥夺政治权利终身,可以并处没收财产。

法律依据

一、《刑法》条文

第一百一十一条　为境外的机构、组织、人员窃取、刺探、收买、非法提供国家秘密或者情报的,处五年以上十年以下有期徒刑;情节特别严重的,处十年以上有期徒刑或者无期徒刑;情节较轻的,处五年以下有期徒刑、拘役、管制或者剥夺政治权利。

第二百八十七条　利用计算机实施金融诈骗、盗窃、贪污、挪用公款、窃取国家秘密或者其他犯罪的,依照本法有关规定定罪处罚。

第一百一十三条　本章上述危害国家安全罪行中,除第一百零三条第二款、第一百零五条、第一百零七条、第一百零九条外，对国家和人民危害特别严重、情节特别恶劣的，可以判处死刑。

犯本章之罪的，可以并处没收财产。

第五十六条　对于危害国家安全的犯罪分子应当附加剥夺政治权利；对于故意杀人、强奸、放火、爆炸、投毒、抢劫等严重破坏社会秩序的犯罪分子，可以附加剥夺政治权利。

独立适用剥夺政治权利的，依照本法分则的规定。

二、相关法律

《全国人民代表大会常务委员会关于维护互联网安全的决定》（2009 年 8 月 27 日修正）

二、为了维护国家安全和社会稳定，对有下列行为之一，构成犯罪的，依照刑法有关规定追究刑事责任：

（一）利用互联网造谣、诽谤或者发表、传播其他有害信息，煽动颠覆国家政权、推翻社会主义制度，或者煽动分裂国家、破坏国家统一；

（二）通过互联网窃取、泄露国家秘密、情报或者军事秘密；

（三）利用互联网煽动民族仇恨、民族歧视，破坏民族团结；

（四）利用互联网组织邪教组织、联络邪教组织成员，破坏国家法律、行政法规实施。

《中华人民共和国保守国家秘密法》（2024 年 2 月 27 日修订）

第二条　国家秘密是关系国家安全和利益，依照法定程序确定，在一定时间内只限一定范围的人员知悉的事项。

第四条　保密工作坚持总体国家安全观，遵循党管保密、依法管理，积极防范、突出重点，技管并重、创新发展的原则，既确保国家秘密安全，又便利信息资源合理利用。

法律、行政法规规定公开的事项，应当依法公开。

第五条　国家秘密受法律保护。

一切国家机关和武装力量、各政党和各人民团体、企业事业组织和其他社会组织以及公民都有保密的义务。

任何危害国家秘密安全的行为，都必须受到法律追究。

第六条　国家保密行政管理部门主管全国的保密工作。县级以上地方各级保密行政管理部门主管本行政区域的保密工作。

第七条　国家机关和涉及国家秘密的单位（以下简称机关、单位）管理本机关和本单位的保密工作。

中央国家机关在其职权范围内管理或者指导本系统的保密工作。

第十三条　下列涉及国家安全和利益的事项，泄露后可能损害国家在政治、经济、国防、外交等领域的安全和利益的，应当确定为国家秘密：

（一）国家事务重大决策中的秘密事项；

（二）国防建设和武装力量活动中的秘密事项；

（三）外交和外事活动中的秘密事项以及对外承担保密义务的秘密事项；

（四）国民经济和社会发展中的秘密事项；

（五）科学技术中的秘密事项；

（六）维护国家安全活动和追查刑事犯罪中的秘密事项；

（七）经国家保密行政管理部门确定的其他秘密事项。

政党的秘密事项中符合前款规定的，属于国家秘密。

第十四条　国家秘密的密级分为绝密、机密、秘密三级。

绝密级国家秘密是最重要的国家秘密，泄露会使国家安全和利益遭受特别严重的损害；机密级国家秘密是重要的国家秘密，泄露会使国家安全和利益遭受严重的损害；秘密级国家秘密是一般的国家秘密，泄露会使国家安全和利益遭受损害。

第十五条　国家秘密及其密级的具体范围（以下简称保密事项范围），由国家保密行政管理部门单独或者会同有关中央国家机关规定。

军事方面的保密事项范围，由中央军事委员会规定。

保密事项范围的确定应当遵循必要、合理原则，科学论证评估，并根据情况变化及时调整。保密事项范围的规定应当在有关范围内公布。

《中华人民共和国反间谍法》（2023 年 4 月 26 日修订）

第四条　本法所称间谍行为，是指下列行为：

（一）间谍组织及其代理人实施或者指使、资

助他人实施,或者境内外机构、组织、个人与其相勾结实施的危害中华人民共和国国家安全的活动;

(二)参加间谍组织或者接受间谍组织及其代理人的任务,或者投靠间谍组织及其代理人;

(三)间谍组织及其代理人以外的其他境外机构、组织、个人实施或者指使、资助他人实施,或者境内机构、组织、个人与其相勾结实施的窃取、刺探、收买、非法提供国家秘密、情报以及其他关系国家安全和利益的文件、数据、资料、物品,或者策动、引诱、胁迫、收买国家工作人员叛变的活动;

(四)间谍组织及其代理人实施或者指使、资助他人实施,或者境内外机构、组织、个人与其相勾结实施针对国家机关、涉密单位或者关键信息基础设施等的网络攻击、侵入、干扰、控制、破坏等活动;

(五)为敌人指示攻击目标;

(六)进行其他间谍活动。

间谍组织及其代理人在中华人民共和国领域内,或者利用中华人民共和国的公民、组织或者其他条件,从事针对第三国的间谍活动,危害中华人民共和国国家安全的,适用本法。

第五十三条　实施间谍行为,构成犯罪的,依法追究刑事责任。

第五十五条　实施间谍行为,有自首或者立功表现的,可以从轻、减轻或者免除处罚;有重大立功表现的,给予奖励。

在境外受胁迫或者受诱骗参加间谍组织、敌对组织,从事危害中华人民共和国国家安全的活动,及时向中华人民共和国驻外机构如实说明情况,或者入境后直接或者通过所在单位及时向国家安全机关如实说明情况,并有悔改表现的,可以不予追究。

第六十一条　非法获取、持有属于国家秘密的文件、数据、资料、物品,以及非法生产、销售、持有、使用专用间谍器材,尚不构成犯罪的,由国家安全机关予以警告或者处十日以下行政拘留。

第六十六条　境外人员违反本法的,国务院国家安全主管部门可以决定限期出境,并决定其不准入境的期限。未在规定期限内离境的,可以遣送出境。

对违反本法的境外人员,国务院国家安全主管部门决定驱逐出境的,自被驱逐出境之日起十年内不准入境,国务院国家安全主管部门的处罚决定为最终决定。

三、相关行政法规

《中华人民共和国保守国家秘密法实施条例》(2014年1月17日)

第三十九条　机关、单位发生泄露国家秘密案件不按照规定报告或者未采取补救措施的,对直接负责的主管人员和其他直接责任人员依法给予处分。

第四十条　在保密检查或者泄露国家秘密案件查处中,有关机关、单位及其工作人员拒不配合,弄虚作假,隐匿、销毁证据,或者以其他方式逃避、妨碍保密检查或者泄露国家秘密案件查处的,对直接负责的主管人员和其他直接责任人员依法给予处分。

企业事业单位及其工作人员协助机关、单位逃避、妨碍保密检查或者泄露国家秘密案件查处的,由有关主管部门依法予以处罚。

四、相关司法解释/文件

《最高人民法院关于审理为境外窃取、刺探、收买、非法提供国家秘密、情报案件具体应用法律若干问题的解释》(2001年1月17日　法释〔2001〕4号)

第二条　为境外窃取、刺探、收买、非法提供国家秘密或者情报,具有下列情形之一的,属于"情节特别严重",处十年以上有期徒刑、无期徒刑,可以并处没收财产:

(一)为境外窃取、刺探、收买、非法提供绝密级国家秘密的;

(二)为境外窃取、刺探、收买、非法提供三项以上机密级国家秘密的;

(三)为境外窃取、刺探、收买、非法提供国家秘密或者情报,对国家安全和利益造成其他特别严重损害的。

实施前款行为,对国家和人民危害特别严重、情节特别恶劣的,可以判处死刑,并处没收财产。

第三条　为境外窃取、刺探、收买、非法提供国家秘密或者情报,具有下列情形之一的,处五年以上十年以下有期徒刑,可以并处没收财产:

(一)为境外窃取、刺探、收买、非法提供机密级国家秘密的;

（二）为境外窃取、刺探、收买、非法提供三项以上秘密级国家秘密的；

（三）为境外窃取、刺探、收买、非法提供国家秘密或者情报，对国家安全和利益造成其他严重损害的。

第四条　为境外窃取、刺探、收买、非法提供秘密级国家秘密或者情报，属于"情节较轻"，处五年以下有期徒刑、拘役、管制或者剥夺政治权利，可以并处没收财产。

第五条　行为人知道或者应当知道没有标明密级的事项关系国家安全和利益，而为境外窃取、刺探、收买、非法提供的，依照刑法第一百一十一条的规定以为境外窃取、刺探、收买、非法提供国家秘密罪定罪处罚。

第六条　通过互联网将国家秘密或者情报非法发送给境外的机构、组织、个人的，依照刑法第一百一十一条的规定定罪处罚；将国家秘密通过互联网予以发布，情节严重的，依照刑法第三百九十八条的规定定罪处罚。

第七条　审理为境外窃取、刺探、收买、非法提供国家秘密案件，需要对有关事项是否属于国家秘密以及属于何种密级进行鉴定的，由国家保密工作部门或者省、自治区、直辖市保密工作部门鉴定。

要义辨析

一、概念

本罪是指为境外的机构、组织、人员，窃取、刺探、收买、非法提供国家秘密或者情报的行为。

二、构成要件

1. 侵犯的客体是国家的安全、情报秘密和利益。无论是国家秘密还是情报，如果被境外机构、组织、人员获取，都会对我国的国家安全和利益造成危害，是否为国家秘密或情报，须由有关部门按照有关法律、法规，按法定程序确定和作出鉴定。

2. 客观方面表现为为境外的机构、组织、人员窃取、刺探、收买、非法提供国家秘密或者情报的行为。

"境外机构"，是指中华人民共和国国边境以外的国家或者地区的机构，如政府、军队及其在中国境内的代表机构，或者分支机构，如外国驻华使、领馆；

"境外组织"，是指中华人民共和国国边境以外的国家或者地区的政党、社会团体和其他事业单位，及其在中国境内的分支机构；

"境外人员"，是指不隶属于任何境外机构、组织的外国公民或者无国籍人。

3. 犯罪主体为一般主体，中国人、外国人、无国籍人都可构成本罪主体。

4. 犯罪的主观方面是故意。一是明知是国家秘密或具有情报价值的信息，而故意窃取、刺探、收买；二是明知是境外的机构、组织、人员，而故意向其提供国家秘密或者情报。

三、要点辨析

1. 分清"经过批准地提供"和"擅自非法提供"的界限。在对外交往和合作中，需要提供国家秘密事项的，应当按照规定的程序，事先向内部明确规定的有权机构的报请批准，"经过审批地提供"是《保守国家秘密法》第37条所允许的，不属于向境外非法提供国家秘密，不构成本罪。经过批准在国家各种新闻发布会上公开的内部信息，也自然解密，不属于国家秘密。

2. 分清本罪与泄露国家秘密罪的界限。泄露国家秘密罪的犯罪特征，是将秘密泄露给不应当知道的人，主要是一种故意和过失的职务犯罪，其犯罪主体主要是国家机关工作人员。其犯罪的主观方面可能是故意也可能是过失。而本罪是犯罪行为人出于各种原因故意提供。提供对象是境外的机构和人员，性质是危害国家安全犯罪，而不单是一种职务犯罪。

3. 分清本罪与间谍罪的界限。这两种犯罪都表现为向境外提供国家秘密、情报。但是二者在行为方式上不同。前者是为境外的机构、组织、人员窃取、刺探、收买、非法提供国家秘密或者情报，只是提供行为；而后者表现为参加间谍组织，或者接受间谍组织及其代理人的任务，或者为敌人指示打击目标。是参与间谍组织其中的行为。

四、罪名变迁

本罪原是《全国人民代表大会常务委员会关于惩治泄露国家秘密犯罪的补充规定》所设立的,后来吸收为《刑法》的具体罪名。

类罪名:危害国家安全罪 | 罪名:资敌罪	
量刑标准	**构成犯罪的** 处10年以上有期徒刑或者无期徒刑,应当附加剥夺政治权利,可以并处没收财产;
	情节较轻的 处3年以上10年以下有期徒刑,应当附加剥夺政治权利,可以并处没收财产;
	对国家和人民危害特别严重、情节特别恶劣的 可以判处死刑,应当剥夺政治权利终身,可以并处没收财产。

法律依据

《刑法》条文

第一百一十二条 战时供给敌人武器装备、军用物资资敌的,处十年以上有期徒刑或者无期徒刑;情节较轻的,处三年以上十年以下有期徒刑。

第一百一十三条 本章上述危害国家安全罪行中,除第一百零三条第二款、第一百零五条、第一百零七条、第一百零九条外,对国家和人民危害特别严重、情节特别恶劣的,可以判处死刑。

犯本章之罪的,可以并处没收财产。

第五十六条 对于危害国家安全的犯罪分子应当附加剥夺政治权利;对于故意杀人、强奸、放火、爆炸、投毒、抢劫等严重破坏社会秩序的犯罪分子,可以附加剥夺政治权利。

独立适用剥夺政治权利的,依照本法分则的规定。

要义辨析

一、概念

本罪是指在战时提供武器装备,或者军用物资,帮助敌人危害国家安全的行为。

二、构成要件

1. 本罪侵害的客体是战时国家的军事利益和国家安全。

2. 客观方面表现为战时供给敌人武器设备、军用物资的行为。所谓战时,是指国家宣布进入战争状态,部队领受作战任务或者遭到敌人突然袭击时。本罪的犯罪对象是战时装备物资,即向国外的或者国内的敌对营垒和敌对武装力量,提供装备物资。供给的内容必须是武器装备、军用物资。所谓供给,是指非法向敌人提供,包括非法出售或者无偿提供。

3. 本罪主体一般为中华人民共和国公民,即具有中华人民共和国国籍的人。外国人或者无国籍人不能成为本罪的主体,但可以成为本罪的共同犯罪的主体。

4. 主观方面表现为故意,即行为人明知其行为会对国家安全造成危害,明知是武器装备和军用物资而向敌人提供。

三、要点辨析

1. 本罪有三个特征:一是"资敌",即是向战争对象一方提供帮助资助。提供,即包括无偿提供,也包括有偿的买卖。二是"战时",即实际上战争进行时期。三是限于"装备",不包括现金。"装备"是特指的,包括枪炮等武器装备,也包括服装粮草等军用物资。

2. 本罪为行为犯,实施了资敌行为即构成犯罪,资敌装备物资是否已为敌人取得,不影响本罪的成立。

3. 本罪因为主体的一般性,和帮助对象的"敌方”特征，区别于《刑法》第十章“军职罪”中的“非法出卖转让武器装备罪”(《刑法》第439条)。本罪主体一般为中华人民共和国公民，即具有中华人民共和国国籍的人，不是特定为军人。故列为危害国家安全犯罪一类，而不是列入军职罪。

4、本罪因为“战时”的特征和“资敌”的特征，区别于刑法第七章“危害国防利益罪”中的“非法生产买卖武装部队服装罪”(《刑法》第375条)。确定罪名时可以重点审查这些特征。

5. 划清本罪与“资助危害国家安全犯罪活动罪”的界限。本罪与“资助危害国家安全犯罪活动罪”的具体区别如下：一是资助对象不同。本罪是资助敌方，为“内向外”。彼罪是资助犯罪人，国外的人向国内犯罪的人提供资助，多为“外向内”。二是资敌罪是“战时”，“资助危害国家安全犯罪活动罪“则是“平时”也可以成立。三是资助的内容不同。资敌罪主要是战时双方急需的武器装备物资，资助危害国家安全活动罪，则主要是金钱和物资。

四、罪名变迁

本罪1979年《刑法》第97条第2项作了规定，1997年《刑法》对罪状作了修改。

第二章

危害公共安全罪

<table>
<tr><td colspan="2">类罪名:危害公共安全罪 | 罪名:放火罪</td></tr>
<tr><td rowspan="2">量刑标准</td><td>尚未造成严重后果的　处 3 年以上 10 年以下有期徒刑,可以附加剥夺政治权利;</td></tr>
<tr><td>致人重伤、死亡或者使公私财产遭受重大损失的　处 10 年以上有期徒刑、无期徒刑或者死刑,可以附加剥夺政治权利。</td></tr>
</table>

法律依据

一、《刑法》条文

第一百一十四条　放火、决水、爆炸以及投放毒害性、放射性、传染病病原体等物质或者以其他危险方法危害公共安全,尚未造成严重后果的,处三年以上十年以下有期徒刑。

第一百一十五条第一款　放火、决水、爆炸以及投放毒害性、放射性、传染病病原体等物质或者以其他危险方法致人重伤、死亡或者使公私财产遭受重大损失的,处十年以上有期徒刑、无期徒刑或者死刑。

第十七条第二、三、四款　已满十四周岁不满十六周岁的人,犯故意杀人、故意伤害致人重伤或者死亡、强奸、抢劫、贩卖毒品、放火、爆炸、投放危险物质罪的,应当负刑事责任。

已满十二周岁不满十四周岁的人,犯故意杀人、故意伤害罪,致人死亡或者以特别残忍手段致人重伤造成严重残疾,情节恶劣,经最高人民检察院核准追诉的,应当负刑事责任。

对依照前三款规定追究刑事责任的不满十八周岁的人,应当从轻或者减轻处罚。

第五十六条　对于危害国家安全的犯罪分子应当附加剥夺政治权利;对于故意杀人、强奸、放火、爆炸、投毒、抢劫等严重破坏社会秩序的犯罪分子,可以附加剥夺政治权利。

独立适用剥夺政治权利的,依照本法分则的规定。

第八十一条第二款　对累犯以及因故意杀人、强奸、抢劫、绑架、放火、爆炸、投放危险物质或者有组织的暴力性犯罪被判处十年以上有期徒刑、无期徒刑的犯罪分子,不得假释。

第五十条第二款　对被判处死刑缓期执行的累犯以及因故意杀人、强奸、抢劫、绑架、放火、爆炸、投放危险物质或者有组织的暴力性犯罪被判处死刑缓期执行的犯罪分子,人民法院根据犯罪情节等情况可以同时决定对其限制减刑。

二、相关司法解释/文件

《最高人民法院、最高人民检察院关于办理组织、利用邪教组织破坏法律实施等刑事案件适用法律若干问题的解释》(2017 年 1 月 25 日　法释〔2017〕3 号)

为依法惩治组织、利用邪教组织破坏法律实施等犯罪活动,根据《中华人民共和国刑法》《中华人民共和国刑事诉讼法》有关规定,现就办理此类刑事案件适用法律的若干问题解释如下:

第一条　冒用宗教、气功或者以其他名义建立,神化、鼓吹首要分子,利用制造、散布迷信邪说等手段蛊惑、蒙骗他人,发展、控制成员,危害社会的非法组织,应当认定为刑法第三百条规定的"邪教组织"。

第十二条　邪教组织人员以自焚、自爆或者其他危险方法危害公共安全的,依照刑法第一百一十四条、第一百一十五条的规定,以放火罪、爆炸罪、以危险方法危害公共安全罪等定罪处罚。

三、相关部委规章

《国家林业局、公安部关于森林和陆生野生动物刑事案件管辖及立案标准》(2001年5月9日林安字〔2001〕156号)

二、森林和陆生野生动物刑事案件的立案标准

(六)放火案

凡故意放火造成森林或者其他林木火灾的都应当立案;过火有林地面积2公顷以上为重大案件;过火有林地面积10公顷以上,或者致人重伤、死亡的,为特别重大案件。

要义辨析

一、概念

本罪是指故意纵火焚烧公私财物,危害公共安全的行为。

二、构成要件

1. 本罪侵犯的客体是公共安全,即不特定多数人的生命、健康或者重大公私财产的安全。也就是说,放火行为一经实施,就可能造成不特定多数人的伤亡,或者使不特定的公私财产遭受难以预料的重大损失。本罪侵犯的对象,主要是公私建筑物或者其他公私财物。

2. 客观方面表现为实施危害公共安全的放火行为。放火,就是故意引起公私财物燃烧损毁的行为,放火的行为方式既可以是作为的,也可以是不作为放任的。以作为的方式实施的放火行为,必须具备三个条件:一是要有火种;二是要有目的物,即要烧毁的财物;三是要让火种与目的物接触。以不作为的方式实施的犯罪,行为人必须负有防止火灾发生的特定义务,而且能够履行这种特定义务,但是行为人并未履行,导致火灾发生。要有明知预见火灾后果而故意放任不作为,并有能力扑灭而故意不扑灭的客观事实。注意同失火罪的完全过失相区别。

3. 犯罪主体为一般主体,《刑法》第17条第2款规定,责任年龄为14周岁以上均应承担刑事责任。

4. 犯罪主观方面为故意,包括直接故意和间接故意,即明知自己的放火行为会引起火灾,危害公共安全并且希望或者放任这种结果发生的心理态度。

三、要点辨析

1. 本罪既遂与未遂的界限。对于放火罪的既遂与未遂的问题,理论界有不同的观点:(1)"独立燃烧说"。该说认为行为人将点火物接触对象物,使对象物达到独立燃烧状态。(2)"效用丧失说"。该说认为行为人已经实施了放火行为,当火力使对象物的重要部分损毁消失,丧失其本来用途时,成立放火罪的既遂。(3)"燃烧说"。该说认为目的物的主要部分要达到开始燃烧的程度时成立既遂。(4)"毁弃说"。该说认为火力对目的物的破坏达到故意毁坏财物罪中的毁坏程度时,成立既遂。我们认为,放火罪是危险犯,只要实施了放火行为,点燃了目的物,致其能够独立燃烧,并且使公共安全处于危险状态,即使没有造成实际危害结果,也构成放火罪的既遂。

2. 注意本罪同"故意毁坏公私财物罪""破坏生产经营罪"(《刑法》第五章侵犯财产罪第275条、第276条)的定性区别。主要看是不是危害了"不特定多数人"的伤亡,或者使"不特定的公私财产"遭受难以预料的重大损失。本罪侵犯的对象,主要是公私建筑物或者其他公私财物。如果只是放火烧毁"特定的"物品、车辆、不会蔓延的无人居住的简易房子、车间设备等,不能定为放火罪。而根据犯罪目的定性为"故意毁坏公私财物罪""破坏生产经营罪"。

3. 放火烧毁自己的财物,但未危及公共安全的,不以本罪论处。一般也可以不作为犯罪论处。

不会危害公共安全,情节显著轻微的一般放火行为,没有造成损失或者损失不大的,也不能以本罪论处。

4. 以放火为手段,故意破坏交通工具、交通设备、电力设备、煤气设备、易燃易爆设备、广播电视设施、公共电信设施,应以与行为相关的罪名(见《刑法》第116~118条、第124条)定罪,不定放火罪。

5. 以放火为手段故意杀害特定个人,不会危害不特定其他人和财物的,应以故意杀人罪论处。

6. 行为人在实施杀人等其他犯罪行为以后,为了毁尸灭迹而放火,又危害公共安全的,应分别定罪,数罪并罚。

四、罪名变迁

本罪1979年《刑法》第105条和第106条作了规定。

类罪名:危害公共安全罪 | 罪名:失火罪		
量刑标准	构成犯罪的	处3年以上7年以下有期徒刑;
	情节较轻的	处3年以下有期徒刑或者拘役。

法律依据

一、《刑法》条文

第一百一十五条 放火、决水、爆炸以及投放毒害性、放射性、传染病病原体等物质或者以其他危险方法致人重伤、死亡或者使公私财产遭受重大损失的,处十年以上有期徒刑、无期徒刑或者死刑。

过失犯前款罪的,处三年以上七年以下有期徒刑;情节较轻的,处三年以下有期徒刑或者拘役。

二、相关司法解释/文件

《最高人民检察院、公安部关于公安机关管辖的刑事案件立案追诉标准的规定(一)》(2008年6月25日 公通字〔2008〕36号)

第一条 过失引起火灾,涉嫌下列情形之一的,应予立案追诉:

(一)导致死亡一人以上,或者重伤三人以上的;

(二)造成公共财产或者他人财产直接经济损失五十万元以上的;

(三)造成十户以上家庭的房屋以及其他基本生活资料烧毁的;

(四)造成森林火灾,过火有林地面积二公顷以上,或者过火疏林地、灌木林地、未成林地、苗圃地面积四公顷以上的;

(五)其他造成严重后果的情形。

本条和本规定第十五条规定的"有林地"、"疏林地"、"灌木林地"、"未成林地"、"苗圃地",按照国家林业主管部门的有关规定确定。

三、相关部委规章

《国家林业局、公安部关于森林和陆生野生动物刑事案件管辖及立案标准》(2001年5月9日 林安字〔2001〕156号)

二、森林和陆生野生动物刑事案件的立案标准

(七)失火案

失火造成森林火灾,过火有林地面积2公顷以上,或者致人重伤、死亡的应当立案;过火有林地面积为10公顷以上,或者致人死亡、重伤5人以上的为重大案件;过火有林地面积为50公顷以上,或者死亡2人以上的,为特别重大案件。

要义辨析

一、概念

本罪是指由于行为人的过失引起火灾,造成严重后果,即致人重伤、死亡和公私财产重大损失,危害公共安全的行为。

二、构成要件

1. 本罪侵害的客体为社会的公共安全，即不特定多数人的生命、健康或者重大公司财产的安全。

2. 客观方面表现为危害公共安全的失火行为。

3. 犯罪主体为一般主体。根据《刑法》第17条第1款，年满16周岁才能构成本罪主体。

4. 主观方面表现为过失，既可以是疏忽大意的过失，也可以出于过于自信的过失。

三、要点辨析

1. 本罪为结果犯，只有因失火造成严重后果的，并达到司法解释确定的标准，才构成本罪。本罪不存在犯罪未遂的问题。

2. "严重后果"，是指因失火致人重伤、死亡或者使公私财产遭受重大损失的后果。

3. 失火罪在特定条件下会转化为间接故意放火罪。即在失火后，有能力及时扑救，而故意放弃扑救，放任其发生了危害公共安全的后果。

4. 区分本罪同重大责任事故罪的区别。后者的判断特征要点，是看有无违反操作规程、违章作业。

5. 区分本罪与玩忽职守罪的区别。后者的判断特征要点，是看有无法定职责和玩忽职守行为。

四、罪名变迁

本罪1979年《刑法》第106条作了规定。

类罪名：危害公共安全罪 | **罪名：决水罪**	
量刑标准	**尚未造成严重后果的**　处3年以上10年以下有期徒刑；
	致人重伤、死亡或者使公私财产遭受重大损失的　处10年以上有期徒刑、无期徒刑或者死刑。

法律依据

一、《刑法》条文

第一百一十四条　放火、决水、爆炸以及投放毒害性、放射性、传染病病原体等物质或者以其他危险方法危害公共安全，尚未造成严重后果的，处三年以上十年以下有期徒刑。

第一百一十五条第一款　放火、决水、爆炸以及投放毒害性、放射性、传染病病原体等物质或者以其他危险方法致人重伤、死亡或者使公私财产遭受重大损失的，处十年以上有期徒刑、无期徒刑或者死刑。

二、相关法律

《中华人民共和国水法》(2016年7月2日修正)

第六十五条　在河道管理范围内建设妨碍行洪的建筑物、构筑物，或者从事影响河势稳定、危害河岸堤防安全和其他妨碍河道行洪的活动的，由县级以上人民政府水行政主管部门或者流域管理机构依据职权，责令停止违法行为，限期拆除违法建筑物、构筑物，恢复原状；逾期不拆除、不恢复原状的，强行拆除，所需费用由违法单位或者个人负担，并处一万元以上十万元以下的罚款。

未经水行政主管部门或者流域管理机构同意，擅自修建水工程，或者建设桥梁、码头和其他拦河、跨河、临河建筑物、构筑物，铺设跨河管道、电缆，且防洪法未作规定的，由县级以上人民政府水行政主管部门或者流域管理机构依据职权，责令停止违法行为，限期补办有关手续；逾期不补办或者补办未被批准的，责令限期拆除违法建筑物、构筑物；逾期不拆除的，强行拆除，所需费用由违法单位或者个人负担，并处一万元以上十万元以下的罚款。

虽经水行政主管部门或者流域管理机构同意，但未按照要求修建前款所列工程设施的，由县级以上人民政府水行政主管部门或者流域管理机构依据职权，责令限期改正，按照情节轻重，处一万元以上十万元以下的罚款。

第六十六条　有下列行为之一，且防洪法未作规定的，由县级以上人民政府水行政主管部门或者流域管理机构依据职权，责令停止违法行为，限期清除障碍或者采取其他补救措施，处一万元以上五

万元以下的罚款:

(一)在江河、湖泊、水库、运河、渠道内弃置、堆放阻碍行洪的物体和种植阻碍行洪的林木及高秆作物的;

(二)围湖造地或者未经批准围垦河道的。

第七十二条 有下列行为之一,构成犯罪的,依照刑法的有关规定追究刑事责任;尚不够刑事处罚,且防洪法未作规定的,由县级以上地方人民政府水行政主管部门或者流域管理机构依据职权,责令停止违法行为,采取补救措施,处一万元以上五万元以下的罚款;违反治安管理处罚法的,由公安机关依法给予治安管理处罚;给他人造成损失的,依法承担赔偿责任:

(一)侵占、毁坏水工程及堤防、护岸等有关设施,毁坏防汛、水文监测、水文地质监测设施的;

(二)在水工程保护范围内,从事影响水工程运行和危害水工程安全的爆破、打井、采石、取土等活动的。

要义辨析

一、概念

本罪是指故意破坏水利设施,制造水患,危害公共安全的行为。

二、构成要件

1. 本罪侵害的客体为社会的公共安全,即不特定多数人生命、健康或者重大公私财产安全。

2. 客观方面表现为采取开挖水坝、毁坏堤防、堵塞水道、破坏水闸、破坏防水设备等方法,使河、湖、池水泛滥成灾,危及生命健康和公私财产安全的行为。

3. 犯罪主体为一般主体,即达到法定刑事责任年龄、具有刑事责任能力的人均可构成。

4. 主观方面表现为故意,即行为人明知其决水行为会危害公共安全,并且希望或者放任危害公共安全的结果的发生。

三、要点辨析

1. 本罪是危险犯和行为犯。本罪是否既遂,应当以法定构成要件是否具备为标准。行为人只要实施了决水行为,并具有足以危害公共安全的现实危险,即构成本罪既遂。后果的产生与否,只是作为量刑的情节予以考虑。

2. 本罪要以达到可能危害不特定多数人的生命健康,或者重大财产损失为构成要件。因一般农村纠纷而决水淹没农作物等行为,不能扩大化当作决水罪惩处。

3. 本罪的决水行为应掌握为“即时发生”的。对于不是以决堤为目的,长期取土挖沙采石等损坏提防水坝,导致在灾害天气溃坝发生的,不能以本罪论处。对于上述行为,应根据客观情况,确定为其他责任或罪名来追究。本罪的行为目的,是期望直接立即发生溃坝决堤的后果。

四、罪名变迁

本罪1979年《刑法》第105条和第106条作了规定。

类罪名:危害公共安全罪	罪名:过失决水罪
量刑标准	构成犯罪的　处3年以上7年以下有期徒刑;
	情节较轻的　处3年以下有期徒刑或者拘役。

法律依据

《刑法》条文

第一百一十五条 放火、决水、爆炸以及投放毒害性、放射性、传染病病原体等物质或者以其他危险方法致人重伤、死亡或者使公私财产遭受重大损失的，处十年以上有期徒刑、无期徒刑或者死刑。

过失犯前款罪的，处三年以上七年以下有期徒刑；情节较轻的，处三年以下有期徒刑或者拘役。

要义辨析

一、概念

本罪是指过失决水，造成水灾，严重危害公共安全的行为。

二、构成要件

1. 侵害的客体为社会的公共安全，即不特定多数人的生命、健康或者重大公私财产的安全。

2. 客观方面表现为由于过失行为引起水灾，致人重伤、死亡或者使公私财产遭受重大损失，危害公共安全的行为。

3. 本罪主体为一般主体。根据《刑法》第 17 条第 1 款，年满 16 周岁才能构成本罪主体。

4. 主观方面表现为过失，包括过于自信的过失和疏忽大意的过失。

三、要点辨析

1. 本罪为结果犯，必须有严重危害公共安全的后果产生方可构成本罪，不存在犯罪未遂。“严重后果”的标准，一般是指致人重伤、死亡或公私财产遭受重大损失的情况。

2. 注意本罪同重大责任事故罪、玩忽职守罪的区别。判断特征要点，后两个罪都要求有管理的职责，看有无违反操作规程、违章作业的情节。违反法定职责和玩忽职守不一定要求犯罪主体在现场。过失决水是因在直接现场的人的行为所导致。

四、罪名变迁

1979 年《刑法》第 106 条对本罪作了规定。

类罪名：危害公共安全罪　**罪名：爆炸罪**	
量刑标准	**尚未造成严重后果的**　处 3 年以上 10 年以下有期徒刑，可以附加剥夺政治权利；
	致人重伤、死亡或者使公私财产遭受重大损失的　处 10 年以上有期徒刑、无期徒刑或者死刑，可以附加剥夺政治权利。

法律依据

一、《刑法》条文

第一百一十四条　放火、决水、爆炸以及投放毒害性、放射性、传染病病原体等物质或者以其他危险方法危害公共安全，尚未造成严重后果的，处三年以上十年以下有期徒刑。

第一百一十五条第一款　放火、决水、爆炸以及投放毒害性、放射性、传染病病原体等物质或者以其他危险方法致人重伤、死亡或者使公私财产遭受重大损失的，处十年以上有期徒刑、无期徒刑或者死刑。

第十七条第二、三、四款　已满十四周岁不满十六周岁的人，犯故意杀人、故意伤害致人重伤或者死亡、强奸、抢劫、贩卖毒品、放火、爆炸、投放危险物质罪的，应当负刑事责任。

已满十二周岁不满十四周岁的人，犯故意杀人、故意伤害罪，致人死亡或者以特别残忍手段致人重伤造成严重残疾，情节恶劣，经最高人民检察院核准追诉的，应当负刑事责任。

对依照前三款规定追究刑事责任的不满十八周岁的人，应当从轻或者减轻处罚。

第五十六条　对于危害国家安全的犯罪分子应当附加剥夺政治权利；对于故意杀人、强奸、放火、爆炸、投毒、抢劫等严重破坏社会秩序的犯罪分子，可以附加剥夺政治权利。

独立适用剥夺政治权利的,依照本法分则的规定。

第八十一条第二款 对累犯以及因故意杀人、强奸、抢劫、绑架、放火、爆炸、投放危险物质或者有组织的暴力性犯罪被判处十年以上有期徒刑、无期徒刑的犯罪分子,不得假释。

第五十条第二款 对被判处死刑缓期执行的累犯以及因故意杀人、强奸、抢劫、绑架、放火、爆炸、投放危险物质或者有组织的暴力性犯罪被判处死刑缓期执行的犯罪分子,人民法院根据犯罪情节等情况可以同时决定对其限制减刑。

二、相关司法解释/文件

《最高人民法院、最高人民检察院关于办理组织、利用邪教组织破坏法律实施等刑事案件适用法律若干问题的解释》(2017年1月25日 法释〔2017〕3号)

为依法惩治组织、利用邪教组织破坏法律实施等犯罪活动,根据《中华人民共和国刑法》《中华人民共和国刑事诉讼法》有关规定,现就办理此类刑事案件适用法律的若干问题解释如下:

第一条 冒用宗教、气功或者以其他名义建立,神化、鼓吹首要分子,利用制造、散布迷信邪说等手段蛊惑、蒙骗他人,发展、控制成员,危害社会的非法组织,应当认定为刑法第三百条规定的"邪教组织"。

第十二条 邪教组织人员以自焚、自爆或者其他危险方法危害公共安全的,依照刑法第一百一十四条、第一百一十五条的规定,以放火罪、爆炸罪、以危险方法危害公共安全罪等定罪处罚。

要义辨析

一、概念

本罪是指故意用爆炸的方法,杀伤不特定多人、毁坏重大公私财物,危害公共安全的行为。

二、构成要件

1. 侵害客体是公共安全,即不特定多数人的生命、健康或者重大公私财产安全。

2. 客观方面表现为用引发爆炸物或者其他方法制造爆炸,危害公共安全的行为。从司法实践来看,使用的爆炸物品,除了炸弹、手榴弹、地雷外,多为炸药、雷管、导火索等起爆器材和各种自制的爆炸装置。实施爆炸的方法很多,但主要是在人群集中或者财产集中的公共场所、交通线路、财物堆放处等地方实施爆炸。

3. 本罪主体为一般主体,责任年龄为14周岁以上,根据《刑法》第17条第2款的规定,已满14周岁不满16周岁的人犯爆炸罪,应当负刑事责任。

4. 主观方面表现为故意,即行为人故意预谋和实施爆炸,或者明知其行为会引起爆炸,危害不特定多数人的生命、健康或者重大公私财产的安全,仍希望或者放任这种危害结果的发生。

三、要点辨析

1. 本罪行为是一种极为危险的犯罪行为,针对的对象是人身安全和财产安全,同时造成社会心理恐慌。只要行为人实施了爆炸行为,危害了公共安全,即使未造成严重结果,也具备了爆炸罪的全部构成要件,属于爆炸罪既遂。造成严重后果的,作为加重情节考虑。

2. 本罪与故意用爆炸方法杀人罪、故意用爆炸方法伤人罪的区别。主要看是否有特定针对的对象,是特定针对某个主体,还是会危害不特定多数人的公共安全。

3. 本罪与危险物品肇事罪的区别。本罪是故意而为,危险物品肇事罪是由于违反相关规定而导致的过失行为,两者不可混淆。

四、罪名变迁

1979年《刑法》第105条和第106条对本罪作了规定。2001年12月29日《刑法修正案(三)》第1条、第2条根据反恐需要,对本罪作了重要修改。

类罪名：危害公共安全罪 罪名：过失爆炸罪		
量刑标准	构成犯罪的	处3年以上7年以下有期徒刑；
	情节较轻的	处3年以下有期徒刑或者拘役。

法律依据

《刑法》条文

第一百一十五条　放火、决水、爆炸以及投放毒害性、放射性、传染病病原体等物质或者以其他危险方法致人重伤、死亡或者使公私财产遭受重大损失的，处十年以上有期徒刑、无期徒刑或者死刑。

过失犯前款罪的，处三年以上七年以下有期徒刑；情节较轻的，处三年以下有期徒刑或者拘役。

要义辨析

一、概念

过失爆炸罪是指由于过失引起爆炸物爆炸，使不特定的多数人伤亡或者公私财产遭受重大损失的行为。

二、构成要件

1. 侵害的客体为社会的公共安全，即不特定多数人的生命、健康或者重大公私财产的安全。

2. 客观方面表现为过失行为引发爆炸物品爆炸，致人重伤、死亡或者使公私财产遭受重大损失，危害公共安全的行为。

3. 本罪主体为一般主体，即凡是达到法定刑事责任年龄、具备刑事责任能力的人均可成为本罪主体。

4. 主观方面表现为过失，既可以是过于自信的过失，也可以是疏忽大意的过失。

5. 本罪是结果犯，只有造成多数人伤亡或者公私财产遭受重大损失危害造成了重大影响的，才构成犯罪。

三、要点辨析

1. 本罪为结果犯，只有因爆炸而造成严重后果的才构成本罪。

2. “严重后果”，是指由于爆炸而致人重伤、死亡或公私财产遭受重大损失的情况。

四、罪名变迁

本罪1979年《刑法》第106条作了规定。

类罪名：危害公共安全罪 罪名：投放危险物质罪	
量刑标准	**尚未造成严重后果的**　处3年以上10年以下有期徒刑，可以附加剥夺政治权利；
	致人重伤、死亡或者使公私财产遭受重大损失的　处10年以上有期徒刑、无期徒刑或者死刑，可以附加剥夺政治权利。

法律依据

一、《刑法》条文

第一百一十四条　放火、决水、爆炸以及投放毒害性、放射性、传染病病原体等物质或者以其他危险方法危害公共安全，尚未造成严重后果的，处三年以上十年以下有期徒刑。

第一百一十五条第一款　放火、决水、爆炸以及投放毒害性、放射性、传染病病原体等物质或者以其他危险方法致人重伤、死亡或者使公私财产遭受重大损失的,处十年以上有期徒刑、无期徒刑或者死刑。

第十七条第二、三、四款 已满十四周岁不满十六周岁的人,犯故意杀人、故意伤害致人重伤或者死亡、强奸、抢劫、贩卖毒品、放火、爆炸、投放危险物质罪的,应当负刑事责任。

已满十二周岁不满十四周岁的人,犯故意杀人、故意伤害罪,致人死亡或者以特别残忍手段致人重伤造成严重残疾,情节恶劣,经最高人民检察院核准追诉的,应当负刑事责任。

对依照前三款规定追究刑事责任的不满十八周岁的人,应当从轻或者减轻处罚。

第五十六条 对于危害国家安全的犯罪分子应当附加剥夺政治权利;对于故意杀人、强奸、放火、爆炸、投毒、抢劫等严重破坏社会秩序的犯罪分子,可以附加剥夺政治权利。

独立适用剥夺政治权利的,依照本法分则的规定。

第八十一条第二款 对累犯以及因故意杀人、强奸、抢劫、绑架、放火、爆炸、投放危险物质或者有组织的暴力性犯罪被判处十年以上有期徒刑、无期徒刑的犯罪分子,不得假释。

第五十条第二款 对被判处死刑缓期执行的累犯以及因故意杀人、强奸、抢劫、绑架、放火、爆炸、投放危险物质或者有组织的暴力性犯罪被判处死刑缓期执行的犯罪分子,人民法院根据犯罪情节等情况可以同时决定对其限制减刑。

二、相关法律

《中华人民共和国传染病防治法》(2013 年 6 月 29 日修正)

第三条 本法规定的传染病分为甲类、乙类和丙类。

甲类传染病是指:鼠疫、霍乱。

乙类传染病是指:传染性非典型肺炎、艾滋病、病毒性肝炎、脊髓灰质炎、人感染高致病性禽流感、麻疹、流行性出血热、狂犬病、流行性乙型脑炎、登革热、炭疽、细菌性和阿米巴性痢疾、肺结核、伤寒和副伤寒、流行性脑脊髓膜炎、百日咳、白喉、新生儿破伤风、猩红热、布鲁氏菌病、淋病、梅毒、钩端螺旋体病、血吸虫病、疟疾。

丙类传染病是指:流行性感冒、流行性腮腺炎、风疹、急性出血性结膜炎、麻风病、流行性和地方性斑疹伤寒、黑热病、包虫病、丝虫病,除霍乱、细菌性和阿米巴性痢疾、伤寒和副伤寒以外的感染性腹泻病。

国务院卫生行政部门根据传染病暴发、流行情况和危害程度,可以决定增加、减少或者调整乙类、丙类传染病病种并予以公布。

第七十四条 违反本法规定,有下列情形之一的,由县级以上地方人民政府卫生行政部门责令改正,通报批评,给予警告,已取得许可证的,可以依法暂扣或者吊销许可证;造成传染病传播、流行以及其他严重后果的,对负有责任的主管人员和其他直接责任人员,依法给予降级、撤职、开除的处分,并可以依法吊销有关责任人员的执业证书;构成犯罪的,依法追究刑事责任:

(一)疾病预防控制机构、医疗机构和从事病原微生物实验的单位,不符合国家规定的条件和技术标准,对传染病病原体样本未按照规定进行严格管理,造成实验室感染和病原微生物扩散的;

(二)违反国家有关规定,采集、保藏、携带、运输和使用传染病菌种、毒种和传染病检测样本的;

(三)疾病预防控制机构、医疗机构未执行国家有关规定,导致因输入血液、使用血液制品引起经血液传播疾病发生的。

三、相关行政法规

《放射性同位素与射线装置安全和防护条例》(2019 年 3 月 2 日修订)

第二条 在中华人民共和国境内生产、销售、使用放射性同位素和射线装置,以及转让、进出口放射性同位素的,应当遵守本条例。

本条例所称放射性同位素包括放射源和非密封放射性物质。

第五十条 违反本条例规定,县级以上人民政府生态环境主管部门有下列行为之一的,对直接负责的主管人员和其他直接责任人员,依法给予行政处分;构成犯罪的,依法追究刑事责任:

(一)向不符合本条例规定条件的单位颁发许可证或者批准不符合本条例规定条件的单位进口、转让放射性同位素的;

(二)发现未依法取得许可证的单位擅自生产、销售、使用放射性同位素和射线装置,不予查处或者接到举报后不依法处理的；

（三）发现未经依法批准擅自进口、转让放射性同位素，不予查处或者接到举报后不依法处理的；

（四）对依法取得许可证的单位不履行监督管理职责或者发现违反本条例规定的行为不予查处的；

（五）在放射性同位素、射线装置安全和防护监督管理工作中有其他渎职行为的。

四、相关司法解释/文件

《最高人民法院、最高人民检察院关于办理妨害预防、控制突发传染病疫情等灾害的刑事案件具体应用法律若干问题的解释》（2003年5月14日法释〔2003〕8号）

第一条第一款　故意传播突发传染病病原体，危害公共安全的，依照刑法第一百一十四条、第一百一十五条第一款的规定，按照以危险方法危害公共安全罪定罪处罚。

要义辨析

一、概念

本罪是指故意投放毒害性、放射性、传染病病原体等物质，危害公共安全，危害人身健康安全，致环境、物质被严重污染的行为。

二、构成要件

1. 本罪侵害的客体是公共安全，即不特定多数人的生命健康及公私财产利益。

2. 客观方面表现为用投放毒害性、放射性、传染病病原体等物质的方法危害公共安全的行为。

3. 本罪主体为一般主体，根据《刑法》第17条第2款规定，责任年龄为14周岁以上。

4. 主观方面表现为故意，即行为人明知自己的投放危险物质行为危害公共安全，有可能造成不特定多数人伤亡或者公私财产的大量损失，仍然希望或者放任这种结果的发生。

三、要点辨析

本罪即原来的“投毒罪”。因《刑法修正案（三）》涵盖的投放有害物质外延变化扩大，变更为“投放危险物质罪”。确定本罪要注意以下几个问题。

1. 对于伤害对象是明确特定的，以投放毒害性、放射性、传染病病原体等物质为手段，故意杀害特定个人的，应以故意杀人罪论处。

以投放毒害性、放射性以及传染病病原体为手段故意杀害特定个人，实际又殃及其他不特定的对象，则以本罪论处。

投放毒害性、放射性、传染病病原体等物质造成大量牲畜死亡使公私财产遭受重大损失的，应以本罪论处。

2. 本罪既遂与未遂的界限。不论后果是否已经造成，只要投放危险物质行为已经实行终了，足以危害公共安全，即构成犯罪既遂。如果投放危险物质行为因意志以外的原因，而未实行终了，比如正要投放即被抓获，则成立本罪未遂。

3. 本罪与危险物品肇事罪的区别。本罪是故意行为，后者是在生产、储存、运输、使用中的重大过失事故。

4. 应区分本罪与一些企业和个人排放有毒有害物质、严重污染环境的行为。二者虽然都是故意的，但目的不同。排污是为了节约成本进行生产，主观上是不期望环境被污染损害的，只是其放任或者作为的行为，在客观上造成了环境被污染损害，但行为没有特定的想要伤害的对象。而本罪则是明确地为了伤害他人人身和损害他人财产的犯罪。

5. 所谓“毒害性物质”，是指含有毒质，能够致人患染疾病、死亡的有机物或者无机物，如氰化钾、砒霜、毒鼠强等禁用剧毒化学品（包括氟乙酰胺、氟乙酸钠、毒鼠硅、甘氟）等。所谓“放射性物质”，是指含有能自发放射穿透力较强射线元素的物质。所谓“传染病病原体”，包括传染病的病毒、细菌、真菌、螺旋体、原虫等。

四、罪名变迁

本罪原罪名为“投毒罪”。2001年12月29日《刑法修正案（三）》修订，增加了投放放射性物质和病原体等新特征有害物质的犯罪，罪状表述，将原法条中“投毒”修改为“投放毒害性、放射性、传染病病原体等物质”，犯罪行为的外延有了扩大，因此罪名也相应变化。原“投毒罪”也改为“投放危险物质罪”。

类罪名:危害公共安全罪	罪名:过失投放危险物质罪
量刑标准	构成犯罪的　处3年以上7年以下有期徒刑;
	情节较轻的　处3年以下有期徒刑或者拘役。

法律依据

一、《刑法》条文

第一百一十五条　放火、决水、爆炸以及投放毒害性、放射性、传染病病原体等物质或者以其他危险方法致人重伤、死亡或者使公私财产遭受重大损失的,处十年以上有期徒刑、无期徒刑或者死刑。

过失犯前款罪的,处三年以上七年以下有期徒刑;情节较轻的,处三年以下有期徒刑或者拘役。

二、相关法律

《中华人民共和国传染病防治法》(2013年6月29日修正)

第三条　本法规定的传染病分为甲类、乙类和丙类。

甲类传染病是指:鼠疫、霍乱。

乙类传染病是指:传染性非典型肺炎、艾滋病、病毒性肝炎、脊髓灰质炎、人感染高致病性禽流感、麻疹、流行性出血热、狂犬病、流行性乙型脑炎、登革热、炭疽、细菌性和阿米巴性痢疾、肺结核、伤寒和副伤寒、流行性脑脊髓膜炎、百日咳、白喉、新生儿破伤风、猩红热、布鲁氏菌病、淋病、梅毒、钩端螺旋体病、血吸虫病、疟疾。

丙类传染病是指:流行性感冒、流行性腮腺炎、风疹、急性出血性结膜炎、麻风病、流行性和地方性斑疹伤寒、黑热病、包虫病、丝虫病,除霍乱、细菌性和阿米巴性痢疾、伤寒和副伤寒以外的感染性腹泻病。

国务院卫生行政部门根据传染病暴发、流行情况和危害程度,可以决定增加、减少或者调整乙类、丙类传染病病种并予以公布。

第七十四条　违反本法规定,有下列情形之一的,由县级以上地方人民政府卫生行政部门责令改正,通报批评,给予警告,已取得许可证的,可以依法暂扣或者吊销许可证;造成传染病传播、流行以及其他严重后果的,对负有责任的主管人员和其他直接责任人员,依法给予降级、撤职、开除的处分,并可以依法吊销有关责任人员的执业证书;构成犯罪的,依法追究刑事责任:

(一)疾病预防控制机构、医疗机构和从事病原微生物实验的单位,不符合国家规定的条件和技术标准,对传染病病原体样本未按照规定进行严格管理,造成实验室感染和病原微生物扩散的;

(二)违反国家有关规定,采集、保藏、携带、运输和使用传染病菌种、毒种和传染病检测样本的;

(三)疾病预防控制机构、医疗机构未执行国家有关规定,导致因输入血液、使用血液制品引起经血液传播疾病发生的。

三、相关行政法规

《放射性同位素与射线装置安全和防护条例》(2019年3月2日修订)

第二条　在中华人民共和国境内生产、销售、使用放射性同位素和射线装置,以及转让、进出口放射性同位素的,应当遵守本条例。

本条例所称放射性同位素包括放射源和非密封放射性物质。

第五十条　违反本条例规定,县级以上人民政府生态环境主管部门有下列行为之一的,对直接负责的主管人员和其他直接责任人员,依法给予行政处分;构成犯罪的,依法追究刑事责任:

(一)向不符合本条例规定条件的单位颁发许可证或者批准不符合本条例规定条件的单位进口、转让放射性同位素的;

(二)发现未依法取得许可证的单位擅自生产、销售、使用放射性同位素和射线装置,不予查处或者接到举报后不依法处理的;

(三)发现未经依法批准擅自进口、转让放射性同位素,不予查处或者接到举报后不依法处理的；

（四）对依法取得许可证的单位不履行监督管理职责或者发现违反本条例规定的行为不予查处的；

（五）在放射性同位素、射线装置安全和防护监督管理工作中有其他渎职行为的。

要义辨析

一、概念

本罪是指因过失投放毒害性、放射性、传染病病原体等物质，严重危害公共安全的行为。

二、构成要件

1. 本罪侵害客体是公共安全，即不特定多数人的生命、健康或者重大公私财产的安全。

2. 客观方面表现为过失投放危险物质，致人重伤、死亡或者使公私财产遭受重大损失的行为。

3. 犯罪主体为一般主体，即达到法定刑事责任年龄、具有刑事责任能力的人均可构成。

4. 主观方面表现为过失，包括过于自信的过失和疏忽大意的过失。

三、要点辨析

1. 所谓“毒害性物质”，是指含有毒质能够致人患染疾病、死亡的有机物或者无机物，如氰化钾、砒霜、毒鼠强等禁用剧毒化学品（包括氟乙酰胺、氟乙酸钠、毒鼠硅、甘氟等）。“放射性物质”，是指含有能自发放射穿透力较强射线元素的物质。“传染病病原体”，包括传染病的病毒、细菌、真菌、螺旋体、原虫等。

2. 只要投放行为已经完成，足以构成对公共安全的威胁，即构成犯罪既遂。如果正在投放因为客观因素没有投放成功，则可以定性为未遂。

3. 同以投毒投危险物品杀人罪要注意区分，主要看是针对特定人的伤害和杀人，还是针对不特定多数人的行为。

四、罪名变迁

本罪原罪名为“过失投毒罪”。2001 年 12 月 29 日《刑法修正案（三）》修订，将本罪的罪状表述中的“投毒”修改为“投放毒害性、放射性、传染病病原体等物质”。由此，“过失投毒罪”也改为“过失投放危险物质罪”。

<table>
<tr><th colspan="2">类罪名：危害公共安全罪｜罪名：以危险方法危害公共安全罪</th></tr>
<tr><td rowspan="2">量刑标准</td><td>尚未造成严重后果的　处 3 年以上 10 年以下有期徒刑；</td></tr>
<tr><td>致人重伤、死亡或者使公私财产遭受重大损失的　处 10 年以上有期徒刑、无期徒刑或者死刑。</td></tr>
</table>

法律依据

一、《**刑法**》条文

第一百一十四条　放火、决水、爆炸以及投放毒害性、放射性、传染病病原体等物质或者以其他危险方法危害公共安全，尚未造成严重后果的，处三年以上十年以下有期徒刑。

第一百一十五条第一款　放火、决水、爆炸以及投放毒害性、放射性、传染病病原体等物质或者以其他危险方法致人重伤、死亡或者使公私财产遭受重大损失的，处十年以上有期徒刑、无期徒刑或者死刑。

二、相关司法解释/文件

《最高人民法院关于印发醉酒驾车犯罪法律适用问题指导意见及相关典型案例的通知》（2009 年 9 月 11 日　法发〔2009〕47 号）

一、准确适用法律，依法严惩醉酒驾车犯罪

刑法规定，醉酒的人犯罪，应当负刑事责任。行为人明知酒后驾车违法、醉酒驾车会危害公共安全，却无视法律醉酒驾车，特别是在肇事后继续驾车冲撞，造成重大伤亡，说明行为人主观上对持续发生的危害结果持放任态度，具有危害公共安全的故意。对此类醉酒驾车造成重大伤亡的，应依法以以危险方法危害公共安全罪定罪。

二、贯彻宽严相济刑事政策，适当裁量刑罚

根据刑法第一百一十五条第一款的规定，醉酒驾车，放任危害结果发生，造成重大伤亡事故，构成以危险方法危害公共安全罪的，应处以十年以上有期徒刑、无期徒刑或者死刑。具体决定对被告人的刑罚时，要综合考虑此类犯罪的性质、被告人的犯罪情节、危害后果及其主观恶性、人身危险性。一般情况下，醉酒驾车构成本罪的，行为人在主观上并不希望、也不追求危害结果的发生，属于间接故意犯罪，行为的主观恶性与以制造事端为目的而恶意驾车撞人并造成重大伤亡后果的直接故意犯罪有所不同，因此，在决定刑罚时，也应当有所区别。此外，醉酒状态下驾车，行为人的辨认和控制能力实际有所减弱，量刑时也应酌情考虑。

三、统一法律适用，充分发挥司法审判职能作用

为依法严肃处理醉酒驾车犯罪案件，遏制酒后和醉酒驾车对公共安全造成的严重危害，警示、教育潜在违规驾驶人员，今后，对醉酒驾车，放任危害结果的发生，造成重大伤亡的，一律按照本意见规定，并参照附发的典型案例，依法以以危险方法危害公共安全罪定罪量刑。

为维护生效裁判的既判力，稳定社会关系，对于此前已经处理过的将特定情形的醉酒驾车认定为交通肇事罪的案件，应维持终审裁判，不再变动。

《最高人民法院、最高人民检察院关于办理组织、利用邪教组织破坏法律实施等刑事案件适用法律若干问题的解释》(2017年1月25日　法释〔2017〕3号)

为依法惩治组织、利用邪教组织破坏法律实施等犯罪活动，根据《中华人民共和国刑法》《中华人民共和国刑事诉讼法》有关规定，现就办理此类刑事案件适用法律的若干问题解释如下：

第一条　冒用宗教、气功或者以其他名义建立，神化、鼓吹首要分子，利用制造、散布迷信邪说等手段蛊惑、蒙骗他人，发展、控制成员，危害社会的非法组织，应当认定为刑法第三百条规定的“邪教组织”。

第十二条　邪教组织人员以自焚、自爆或者其他危险方法危害公共安全的，依照刑法第一百一十四条、第一百一十五条的规定，以放火罪、爆炸罪、以危险方法危害公共安全罪等定罪处罚。

《最高人民法院、最高人民检察院关于办理妨害预防、控制突发传染病疫情等灾害的刑事案件具体应用法律若干问题的解释》(2003年5月14日　法释〔2003〕8号)

第一条第一款　故意传播突发传染病病原体，危害公共安全的，依照刑法第一百一十四条、第一百一十五条第一款的规定，按照以危险方法危害公共安全罪定罪处罚。

《最高人民法院、最高人民检察院、公安部关于依法惩治妨害公共交通工具安全驾驶违法犯罪行为的指导意见》(2019年1月8日)

一、准确认定行为性质，依法从严惩处妨害安全驾驶犯罪

(一)乘客在公共交通工具行驶过程中，抢夺方向盘、变速杆等操纵装置，殴打、拉拽驾驶人员，或者有其他妨害安全驾驶行为，危害公共安全，尚未造成严重后果的，依照刑法第一百一十四条的规定，以以危险方法危害公共安全罪定罪处罚；致人重伤、死亡或者使公私财产遭受重大损失的，依照刑法第一百一十五条第一款的规定，以以危险方法危害公共安全罪定罪处罚。

实施前款规定的行为，具有以下情形之一的，从重处罚：

1. 在夜间行驶或者恶劣天气条件下行驶的公共交通工具上实施的；
2. 在临水、临崖、急弯、陡坡、高速公路、高架道路、桥隧路段及其他易发生危险的路段实施的；
3. 在人员、车辆密集路段实施的；
4. 在实际载客10人以上或者时速60公里以上的公共交通工具上实施的；
5. 经他人劝告、阻拦后仍然继续实施的；
6. 持械袭击驾驶人员的；
7. 其他严重妨害安全驾驶的行为。

实施上述行为，即使尚未造成严重后果，一般也不得适用缓刑。

（二）乘客在公共交通工具行驶过程中，随意殴打其他乘客，追逐、辱骂他人，或者起哄闹事，妨害公共交通工具运营秩序，符合刑法第二百九十三条规定的，以寻衅滋事罪定罪处罚；妨害公共交通工具安全行驶，危害公共安全的，依照刑法第一百一十四条、第一百一十五条第一款的规定，以以危险方法危害公共安全罪定罪处罚。

（三）驾驶人员在公共交通工具行驶过程中，与乘客发生纷争后违规操作或者擅离职守，与乘客厮打、互殴，危害公共安全，尚未造成严重后果的，依照刑法第一百一十四条的规定，以以危险方法危害公共安全罪定罪处罚；致人重伤、死亡或者使公私财产遭受重大损失的，依照刑法第一百一十五条第一款的规定，以以危险方法危害公共安全罪定罪处罚。

（四）对正在进行的妨害安全驾驶的违法犯罪行为，乘客等人员有权采取措施予以制止。制止行为造成违法犯罪行为人损害，符合法定条件的，应当认定为正当防卫。

（五）正在驾驶公共交通工具的驾驶人员遭到妨害安全驾驶行为侵害时，为避免公共交通工具倾覆或者人员伤亡等危害后果发生，采取紧急制动或者躲避措施，造成公共交通工具、交通设施损坏或者人身损害，符合法定条件的，应当认定为紧急避险。

（六）以暴力、威胁方法阻碍国家机关工作人员依法处置妨害安全驾驶违法犯罪行为、维护公共交通秩序的，依照刑法第二百七十七条的规定，以妨害公务罪定罪处罚；暴力袭击正在依法执行职务的人民警察的，从重处罚。

（七）本意见所称公共交通工具，是指公共汽车、公路客运车，大、中型出租车等车辆。

《最高人民法院、最高人民检察院、公安部、司法部关于依法惩治妨害新型冠状病毒感染肺炎疫情防控违法犯罪的意见》（2020年2月6日　法发〔2020〕7号）

二、准确适用法律，依法严惩妨害疫情防控的各类违法犯罪

（一）依法严惩抗拒疫情防控措施犯罪。故意传播新型冠状病毒感染肺炎病原体，具有下列情形之一，危害公共安全的，依照刑法第一百一十四条、第一百一十五条第一款的规定，以以危险方法危害公共安全罪定罪处罚：

1. 已经确诊的新型冠状病毒感染肺炎病人、病原携带者，拒绝隔离治疗或者隔离期未满擅自脱离隔离治疗，并进入公共场所或者公共交通工具的；

2. 新型冠状病毒感染肺炎疑似病人拒绝隔离治疗或者隔离期未满擅自脱离隔离治疗，并进入公共场所或者公共交通工具，造成新型冠状病毒传播的。

其他拒绝执行卫生防疫机构依照传染病防治法提出的防控措施，引起新型冠状病毒传播或者有传播严重危险的，依照刑法第三百三十条的规定，以妨害传染病防治罪定罪处罚。

以暴力、威胁方法阻碍国家机关工作人员（含在依照法律、法规规定行使国家有关疫情防控行政管理职权的组织中从事公务的人员，在受国家机关委托代表国家机关行使疫情防控职权的组织中从事公务的人员，虽未列入国家机关人员编制但在国家机关中从事疫情防控公务的人员）依法履行为防控疫情而采取的防疫、检疫、强制隔离、隔离治疗等措施的，依照刑法第二百七十七条第一款、第三款的规定，以妨害公务罪定罪处罚。暴力袭击正在依法执行职务的人民警察的，以妨害公务罪定罪，从重处罚。

要义辨析

一、概念

本罪是指用放火、决水、爆炸、投放危险物质以外的其他危险方法，严重危害公共安全的行为。所谓“以外”，是指如驾车撞向不特定的人群、私设电网危害不特定人群、利用邪教、故意恶意散布传染病等危害公共安全的行为，这是刑法对不常见的危险方法所作的概括性规定。

二、构成要件

1. 侵犯的客体为社会公共安全，即不特定多数人的生命、健康或公私财产的安全。

2. 客观方面必须实施了足以危害公共安全的其他危险方法，指同决水、放火、爆炸、投放危险物

质的危险性相当的、足以危害公共安全的其他方法。已经有司法解释指出的行为包括驾车撞向不特定的人群、私设电网危害不特定人群、利用邪教害人、故意恶意散布传染病等。对此应严格掌握,不能作任意扩张解释。

3. 犯罪主体为一般主体,必须是达到法定刑事责任年龄、具有刑事责任能力。

4. 主观方面表现为故意,即行为人明知其实施的危险方法会危害公共安全,会发生危及不特定多数人的生命、健康或公私财产安全的严重后果,并且希望或者放任这种结果发生。

三、要点辨析

1. 以危险方法危害公共安全罪,既然属于危害公共安全罪,在认定这种犯罪时,应该严格掌握危害公共安全的特定要件,即危害不特定多数人的人身和财产利益。不能盲目解释,也不能缩小解释,导致定罪不准,量刑不当。现在的实践是根据最高人民法院的明确的司法解释指引。

2. 本罪与故意杀人、故意伤害、故意毁坏公私财物罪的主要区别在于:侵害的客体范围和概念不同,本罪侵犯的客体和犯罪对象要广是不特定的人和财物,危及的是社会的公共安全。后面各罪的侵害对象都是明确特定的。

四、罪名变迁

1979 年《刑法》第 105 条和第 106 条对本罪作了规定。

类罪名:危害公共安全罪	**罪名:过失以危险方法危害公共安全罪**
量刑标准	**构成犯罪的** 处 3 年以上 7 年以下有期徒刑;
	情节较轻的 处 3 年以下有期徒刑或者拘役。

法律依据

一、《刑法》条文

第一百一十五条 放火、决水、爆炸以及投放毒害性、放射性、传染病病原体等物质或者以其他危险方法致人重伤、死亡或者使公私财产遭受重大损失的,处十年以上有期徒刑、无期徒刑或者死刑。

过失犯前款罪的,处三年以上七年以下有期徒刑;情节较轻的,处三年以下有期徒刑或者拘役。

二、相关司法解释/文件

《最高人民法院、最高人民检察院关于办理妨害预防、控制突发传染病疫情等灾害的刑事案件具体应用法律若干问题的解释》(2003 年 5 月 14 日 法释〔2003〕8 号)

第一条第二款 患有突发传染病或者疑似突发传染病而拒绝接受检疫、强制隔离或者治疗,过失造成传染病传播,情节严重,危害公共安全的,依照刑法第一百一十五条第二款的规定,按照过失以危险方法危害公共安全罪定罪处罚。

要义辨析

一、概念

本罪是指过失以放火、决水、爆炸、投放危险物质以外的危险方法,严重危害公共安全的行为。

二、构成要件

1. 侵害的客体是社会公共安全,即不特定多数人的生命、健康或公私财产的安全。

2. 客观方面表现为过失实施了与放火、决水、爆炸、投放危险物质的危险性相当、足以危害公共安全并且已经造成了严重后果的行为。

3. 犯罪主体为一般主体,凡达到法定刑事责任年龄、具有刑事责任能力的人均可构成。

4. 主观方面表现为过失，包括过于自信的过失和疏忽大意的过失。

三、要点辨析

1. 本罪是过失犯罪，以结果犯定性。目前已经有明确司法解释指明的，有患有突发传染病或者疑似突发传染病而拒绝接受检疫、强制隔离或者治疗，过失造成传染病传播，情节严重，危害公共安全的行为。另外可能定罪的，有危险驾驶、私设电网、私设狩猎器材等，意外致不特定人伤亡的行为。

2. 本罪与交通肇事罪的区别。过失驾车撞向不特定的人群等危害公共安全的行为，同交通肇事的主观、客观条件非常相似，主要区别如下：交通肇事罪以“违反交通管理法规”为定罪要件之一，且一般要有事故责任认定；而定本罪主要看后果，是否造成了危害人身和财产的公共安全的严重后果。

3. 私设电网的行为一般情况下构成间接放任的故意犯罪，过失定性比较难，但如果荒山野岭私设电网确实无法预见到会危害公共安全的，可以按本罪处理。对此应根据事实证据掌握。

四、罪名变迁

1979 年《刑法》第 106 条对本罪作出了规定。

类罪名：危害公共安全罪	罪名：破坏交通工具罪
量刑标准	**尚未造成严重后果的**　处 3 年以上 10 年以下有期徒刑；
	造成严重后果的　处 10 年以上有期徒刑、无期徒刑或者死刑。

法律依据

一、《刑法》条文

第一百一十六条　破坏火车、汽车、电车、船只、航空器，足以使火车、汽车、电车、船只、航空器发生倾覆、毁坏危险，尚未造成严重后果的，处三年以上十年以下有期徒刑。

第一百一十九条第一款　破坏交通工具、交通设施、电力设备、燃气设备、易燃易爆设备，造成严重后果的，处十年以上有期徒刑、无期徒刑或者死刑。

二、相关法律

《中华人民共和国铁路法》（2015 年 4 月 24 日修正）

第六十一条　故意损毁、移动铁路行车信号装置或者在铁路线路上放置足以使列车倾覆的障碍物的，依照刑法有关规定追究刑事责任。

第六十二条　盗窃铁路线路上行车设施的零件、部件或者铁路线路上的器材，危及行车安全的，依照刑法有关规定追究刑事责任。

《中华人民共和国民用航空法》（2021 年 4 月 29 日修正）

第一百九十三条　违反本法规定，隐匿携带炸药、雷管或者其他危险品乘坐民用航空器，或者以非危险品品名托运危险品的，依照刑法有关规定追究刑事责任。

企业事业单位犯前款罪的，判处罚金，并对直接负责的主管人员和其他直接责任人员依照前款规定追究刑事责任。

隐匿携带枪支子弹、管制刀具乘坐民用航空器的，依照刑法有关规定追究刑事责任。

第一百九十五条　故意在使用中的民用航空器上放置危险品或者唆使他人放置危险品，足以毁坏该民用航空器，危及飞行安全的，依照刑法有关规定追究刑事责任。

三、相关司法解释/文件

《最高人民法院、最高人民检察院、公安部关于办理涉窨井盖相关刑事案件的指导意见》（2020 年 3 月 16 日）

一、盗窃、破坏正在使用中的社会机动车通行道路上的窨井盖，足以使汽车、电车发生倾覆、毁坏危险，尚未造成严重后果的，依照刑法第一百一十七条的规定，以破坏交通设施罪定罪处罚；造成严重后果的,依照刑法第一百一十九条第一款的规定处罚。

过失造成严重后果的,依照刑法第一百一十九条第二款的规定,以过失损坏交通设施罪定罪处罚。

二、盗窃、破坏人员密集往来的非机动车道、人行道以及车站、码头、公园、广场、学校、商业中心、厂区、社区、院落等生产生活、人员聚集场所的窨井盖,足以危害公共安全,尚未造成严重后果的,依照刑法第一百一十四条的规定,以以危险方法危害公共安全罪定罪处罚;致人重伤、死亡或者使公私财产遭受重大损失的,依照刑法第一百一十五条第一款的规定处罚。

过失致人重伤、死亡或者使公私财产遭受重大损失的,依照刑法第一百一十五条第二款的规定,以过失以危险方法危害公共安全罪定罪处罚。

三、对于本意见第一条、第二条规定以外的其他场所的窨井盖,明知会造成人员伤亡后果而实施盗窃、破坏行为,致人受伤或者死亡的,依照刑法第二百三十四条、第二百三十二条的规定,分别以故意伤害罪、故意杀人罪定罪处罚。

过失致人重伤或者死亡的,依照刑法第二百三十五条、第二百三十三条的规定,分别以过失致人重伤罪、过失致人死亡罪定罪处罚。

四、盗窃本意见第一条、第二条规定以外的其他场所的窨井盖,且不属于本意见第三条规定的情形,数额较大,或者多次盗窃的,依照刑法第二百六十四条的规定,以盗窃罪定罪处罚。

故意毁坏本意见第一条、第二条规定以外的其他场所的窨井盖,且不属于本意见第三条规定的情形,数额较大或者有其他严重情节的,依照刑法第二百七十五条的规定,以故意毁坏财物罪定罪处罚。

五、在生产、作业中违反有关安全管理的规定,擅自移动窨井盖或者未做好安全防护措施等,发生重大伤亡事故或者造成其他严重后果的,依照刑法第一百三十四条第一款的规定,以重大责任事故罪定罪处罚。

窨井盖建设、设计、施工、工程监理单位违反国家规定,降低工程质量标准,造成重大安全事故的,依照刑法第一百三十七条的规定,以工程重大安全事故罪定罪处罚。

六、生产不符合保障人身、财产安全的国家标准、行业标准的窨井盖,或者销售明知是不符合保障人身、财产安全的国家标准、行业标准的窨井盖,造成严重后果的,依照刑法第一百四十六条的规定,以生产、销售不符合安全标准的产品罪定罪处罚。

七、知道或者应当知道是盗窃所得的窨井盖及其产生的收益而予以窝藏、转移、收购、代为销售或者以其他方法掩饰、隐瞒的,依照刑法第三百一十二条和《最高人民法院关于审理掩饰、隐瞒犯罪所得、犯罪所得收益刑事案件适用法律若干问题的解释》的规定,以掩饰、隐瞒犯罪所得、犯罪所得收益罪定罪处罚。

八、在窨井盖采购、施工、验收、使用、检查过程中负有决定、管理、监督等职责的国家机关工作人员玩忽职守或者滥用职权,致使公共财产、国家和人民利益遭受重大损失的,依照刑法第三百九十七条的规定,分别以玩忽职守罪、滥用职权罪定罪处罚。

九、在依照法律、法规规定行使窨井盖行政管理职权的公司、企业、事业单位中从事公务的人员以及在受国家机关委托代表国家机关行使窨井盖行政管理职权的组织中从事公务的人员,玩忽职守或者滥用职权,致使公共财产、国家和人民利益遭受重大损失的,依照刑法第三百九十七条和《全国人民代表大会常务委员会关于〈中华人民共和国刑法〉第九章渎职罪主体适用问题的解释》的规定,分别以玩忽职守罪、滥用职权罪定罪处罚。

十、对窨井盖负有管理职责的其他公司、企业、事业单位的工作人员,严重不负责任,导致人员坠井等事故,致人重伤或者死亡,符合刑法第二百三十五条、第二百三十三条规定的,分别以过失致人重伤罪、过失致人死亡罪定罪处罚。

十一、国家机关工作人员利用职务上的便利,收受他人财物,为他人谋取与窨井盖相关利益,同时构成受贿罪和刑法分则第九章规定的渎职犯罪的,除刑法另有规定外,以受贿罪和渎职犯罪数罪并罚。

十二、本意见所称的“窨井盖”,包括城市、城乡结合部和乡村等地的窨井盖以及其他井盖。

要义辨析

一、概念

本罪是指故意破坏火车、汽车、电车、船只、航空器,足以使火车、汽车、电车、船只、航空器发生倾覆、毁坏危险,危害公共安全的行为。

二、构成要件

1. 本罪侵犯客体为交通运输安全。本罪的犯罪对象是特定的,仅指火车、汽车、电车、船只、航空器等大型的现代交通工具,还必须是正在使用中的交通工具,包括运行中的,和交付使用待用期间的交通工具。破坏正在制造或修理中,不在使用和待用状态的交通工具,不会给公共安全造成危险威胁的,不定本罪。情节严重的,应以故意毁坏公私财物罪论处。

2. 客观方面表现为实施破坏火车、汽车、电车、船只、航空器,足以或已经造成交通工具倾覆和毁坏的行为。破坏手段和方法包括拆卸、碰撞、在燃料中参与杂质等能够使交通工具出现危险的各种方法。

3. 犯罪主体为一般主体,即年满16周岁、具有刑事责任能力的自然人均可构成。

4. 主观方面表现为故意,包括直接故意和间接故意,即行为人明知其破坏行为,足以造成交通工具倾覆、毁坏的危险,仍然故意实施,希望或放任这种危险发生。

三、要点辨析

1. 为了保障交通运输安全,《刑法》特意将正在使用中的交通工具作为特殊的保护对象,故行为人无论采用何种手段破坏交通工具,如放火、爆炸手段,只要足以使之发生倾覆、毁坏的危险,就应当以破坏交通工具罪处罚。

2. 确定本罪要注意,被破坏的交通工具必须处于正在使用、待用和试用状态,如系对未验收使用的、已经报废、已经停用的交通工具进行破坏的,不构成本罪,情节严重的,构成故意毁坏公私财物罪。修理人员故意制造验收时不易发现的隐患,导致验收通过交付准备使用的,即使尚未使用,也可定本罪。同时要注意,交通工具被破坏的部位,应是关键的、可能导致事故发生的部位,一般来说,如对座椅、车窗等的损坏,不可定本罪。

四、罪名变迁

本罪1979年《刑法》第107条和第110条作了规定,1997年《刑法》第116条和第119条在罪状部分增加了有关"航空器"的规定。

类罪名:危害公共安全罪	罪名:过失损坏交通工具罪	
量刑标准	构成犯罪的	处3年以上7年以下有期徒刑;
	情节较轻的	处3年以下有期徒刑或者拘役。

法律依据

一、《刑法》条文

第一百一十九条 破坏交通工具、交通设施、电力设备、燃气设备、易燃易爆设备,造成严重后果的,处十年以上有期徒刑、无期徒刑或者死刑。

过失犯前款罪的,处三年以上七年以下有期徒刑;情节较轻的,处三年以下有期徒刑或者拘役。

二、相关司法解释/文件

《最高人民法院、最高人民检察院、公安部关于办理涉窨井盖相关刑事案件的指导意见》(2020年3月16日)

一、盗窃、破坏正在使用中的社会机动车通行道路上的窨井盖,足以使汽车、电车发生倾覆、毁坏危险,尚未造成严重后果的,依照刑法第一百一十七条的规定,以破坏交通设施罪定罪处罚;造成严重后果的,依照刑法第一百一十九条第一款的规定处罚。

过失造成严重后果的,依照刑法第一百一十九条第二款的规定,以过失损坏交通设施罪定罪处罚。

要义辨析

一、概念

本罪是指由于过失而引起火车、汽车、电车、船只、航空器等遭受损坏,造成严重后果,危害公共安全的行为。

二、构成要件

1. 本罪侵犯的客体为交通运输的安全,犯罪对象为正在使用中的火车、汽车、电车、船只和航空器等大型现代交通运输工具。

2. 客观方面表现为造成交通工具倾覆、毁坏,对公共安全造成严重后果的行为。

3. 犯罪主体为一般主体,凡达到法定刑事责任年龄、具有刑事责任能力的人均可成为本罪的主体。

4. 主观方面表现为过失,包括疏忽大意的过失和过于自信的过失,如果行为人对其行为造成的危害交通运输安全的后果既不是出于故意,也不存在过失,属于意外事件,则不构成犯罪。

三、要点辨析

1. 本罪与破坏交通工具罪的区别。(1)主观罪过不同。本罪是过失犯罪,行为人对其行为可能引起的严重后果持否定态度,或者对行为后果应当预见而未预见,或者虽已经预见但轻信能够避免,以致引起严重后果;破坏交通工具罪是故意犯罪,行为人对其破坏行为会发生严重危害结果是明知的,并且持希望或者放任态度。(2)对危害结果要求不同。本罪把造成严重后果作为构成犯罪的法定要件,如果实施破坏交通工具的过失行为尚未造成严重后果,不构成犯罪;破坏交通工具罪只要故意实施破坏交通工具的行为,并足以使之发生倾覆或毁坏危险,无论是否造成严重危害后果,均构成破坏交通工具罪。

2. 本罪与交通肇事罪的界限。二者的主要区别在于:本罪主要表现为行为人因过失而致使火车、汽车、电车、船只、航空器发生倾覆、毁坏,造成严重后果;交通肇事罪表现为行为人包括从事交通运输的人员和非从事交通运输的人员违反交通管理法规而引起重大事故,致人重伤、死亡或者使公私财产遭受重大损失。因此,交通运输人员在驾驶交通工具的过程中,违反交通运输管理法规,过失引起交通工具倾覆、毁坏,造成严重后果,不构成本罪,而构成交通肇事罪。

3. 本罪是结果犯。对交通运输工具的过失损坏,给公共安全造成严重后果,引起重大事故,致人重伤、死亡或者使公私财产遭受重大损失,才构成犯罪。

四、罪名变迁

1979 年《刑法》第 110 条对本罪作了规定。

类罪名:危害公共安全罪	罪名:破坏交通设施罪
量刑标准	尚未造成严重后果的　处 3 年以上 10 年以下有期徒刑;
	造成严重后果的　处 10 年以上有期徒刑、无期徒刑或者死刑。

法律依据

一、《刑法》条文

第一百一十七条　破坏轨道、桥梁、隧道、公路、机场、航道、灯塔、标志或者进行其他破坏活动,足以使火车、汽车、电车、船只、航空器发生倾覆、毁坏危险，尚未造成严重后果的，处三年以上十年以下有期徒刑。

第一百一十九条第一款 破坏交通工具、交通设施、电力设备、燃气设备、易燃易爆设备，造成严重后果的，处十年以上有期徒刑、无期徒刑或者死刑。

二、相关法律

《中华人民共和国铁路法》(2015 年 4 月 24 日修正)

第六十一条 故意损毁、移动铁路行车信号装置或者在铁路线路上放置足以使列车倾覆的障碍物的，依照刑法有关规定追究刑事责任。

第六十二条 盗窃铁路线路上行车设施的零件、部件或者铁路线路上的器材，危及行车安全的，依照刑法有关规定追究刑事责任。

《中华人民共和国民用航空法》(2021 年 4 月 29 日修正)

第一百九十七条 盗窃或者故意损毁、移动使用中的航行设施，危及飞行安全，足以使民用航空器发生坠落、毁坏危险的，依照刑法有关规定追究刑事责任。

三、相关司法解释/文件

《最高人民法院、最高人民检察院、公安部关于办理涉窨井盖相关刑事案件的指导意见》(2020 年 3 月 16 日)

一、盗窃、破坏正在使用中的社会机动车通行道路上的窨井盖，足以使汽车、电车发生倾覆、毁坏危险，尚未造成严重后果的，依照刑法第一百一十七条的规定，以破坏交通设施罪定罪处罚；造成严重后果的，依照刑法第一百一十九条第一款的规定处罚。

过失造成严重后果的，依照刑法第一百一十九条第二款的规定，以过失损坏交通设施罪定罪处罚。

要义辨析

一、概念

本罪是指故意破坏轨道、桥梁、隧道、公路、机场、航道、灯塔、标志等交通设施或者进行其他破坏活动，足以使火车、汽车、电车、船只、航空器发生倾覆、毁坏危险的行为。

二、构成要件

1. 本罪侵犯的客体为交通运输的安全，直接破坏的对象为正在使用中的交通设施，不是交通运输工具。即已经交付使用或者处于正在使用之中的交通设施，而不是正在建设或者正在修理且未交付使用的交通设施，或已废弃不用的交通设施。

2. 客观方面表现为使用各种方法破坏轨道、桥梁、隧道、公路、机场、航道、灯塔、标志等关键性设施，或者进行其他破坏活动，足以使火车、汽车、电车、船只、航空器发生倾覆、毁坏危险的破坏行为。

3. 犯罪主体为一般主体，凡是达到刑事责任年龄、具有刑事责任能力的人均可构成本罪。

4. 主观方面为故意，即行为人明知破坏交通设施，会造成交通工具倾覆、毁坏危险，但仍然故意实施，或者希望、放任这种危险发生。

三、要点辨析

1. 注意区分本罪同一般破坏行为的界限，即只有破坏重要交通设施，并严重到“足以使交通工具发生倾覆、毁坏危险”的程度，方可定本罪。

2. 要注意区分本罪与盗窃罪的界限。以非法占有为目的，盗窃交通设施，严重危害交通运输安全的犯罪，与盗窃罪难以区分。区别以下两点：一是主观目的性不同，前者是非法占有财产，后者是故意破坏制造事故。二是本罪的保护对象是“正在使用中的”交通设施。盗窃处于使用状态中的交通设施，严重危害交通运输安全的，可以视为放任危害后果发生，构成间接故意，虽然其目的仍然只是占有财物变卖获利，但客观上造成了交通设施的破坏，可以择其重者按本罪处理。

四、罪名变迁

1979 年《刑法》第 108 条、第 110 条对本罪作了规定。1997 年《刑法》第 117 条和第 119 条在罪状部分增加了有关“航空器”方面的规定。

类罪名:危害公共安全罪	罪名:过失损坏交通设施罪
量刑标准	构成犯罪的　处3年以上7年以下有期徒刑;
	情节较轻的　处3年以下有期徒刑或者拘役。

法律依据

《刑法》条文

第一百一十九条　破坏交通工具、交通设施、电力设备、燃气设备、易燃易爆设备,造成严重后果的,处十年以上有期徒刑、无期徒刑或者死刑。

过失犯前款罪的,处三年以上七年以下有期徒刑;情节较轻的,处三年以下有期徒刑或者拘役。

要义辨析

一、概念

本罪是指由于过失而使轨道、桥梁、隧道、公路、机场、航道、灯塔、标志等交通设备遭受破坏,造成火车、汽车、电车、船只、航空器发生倾覆、毁坏等严重后果,危害公共安全的行为。

二、构成要件

1. 本罪侵犯的客体为交通运输的安全。

2. 客观方面表现为过失实施损坏上述交通设施,危害公共安全,致使火车等交通工具倾覆或毁坏,并且已经产生了严重的后果的行为。

3. 主体为一般主体,已满16周岁、具备刑事责任能力的自然人均可成为本罪的主体。

4. 主观方面表现为过失,包括过于自信的过失和疏忽大意的过失。

三、要点辨析

本罪是结果犯。以"造成了严重后果"作为犯罪构成要件,没有"严重后果"不构成犯罪。因此,不存在未遂犯罪。同时,要注意"严重后果"同行为人"过失行为"之间的因果关系,如果"严重后果"不是由于行为人过失行为所引起,行为人不负刑事责任。

四、罪名变迁

1979年《刑法》第110条对本罪作了规定。

类罪名:危害公共安全罪	罪名:破坏电力设备罪
量刑标准	尚未造成严重后果的　处3年以上10年以下有期徒刑;
	造成严重后果的　处10年以上有期徒刑、无期徒刑或者死刑。

法律依据

一、《刑法》条文

第一百一十八条　破坏电力、燃气或者其他易燃易爆设备,危害公共安全,尚未造成严重后果的,处三年以上十年以下有期徒刑。

第一百一十九条第一款　破坏交通工具、交通设施、电力设备、燃气设备、易燃易爆设备,造成严重后果的,处十年以上有期徒刑、无期徒刑或者死刑。

二、相关法律

《中华人民共和国电力法》(2018年12月29日修正)

第四条　电力设施受国家保护。

禁止任何单位和个人危害电力设施安全或者非法侵占、使用电能。

第五十三条 电力管理部门应当按照国务院有关电力设施保护的规定，对电力设施保护区设立标志。

任何单位和个人不得在依法划定的电力设施保护区内修建可能危及电力设施安全的建筑物、构筑物，不得种植可能危及电力设施安全的植物，不得堆放可能危及电力设施安全的物品。

在依法划定电力设施保护区前已经种植的植物妨碍电力设施安全的，应当修剪或者砍伐。

第五十四条 任何单位和个人需要在依法划定的电力设施保护区内进行可能危及电力设施安全的作业时，应当经电力管理部门批准并采取安全措施后，方可进行作业。

第五十五条 电力设施与公用工程、绿化工程和其他工程在新建、改建或者扩建中相互妨碍时，有关单位应当按照国家有关规定协商，达成协议后方可施工。

第七十二条 盗窃电力设施或者以其他方法破坏电力设施，危害公共安全的，依照刑法有关规定追究刑事责任。

三、相关行政法规

《电力设施保护条例》(2011 年 1 月 8 日修订)

第八条 发电设施、变电设施的保护范围：

(一)发电厂、变电站、换流站、开关站等厂、站内的设施；

(二)发电厂、变电站外各种专用的管道(沟)、储灰场、水井、泵站、冷却水塔、油库、堤坝、铁路、道路、桥梁、码头、燃料装卸设施、避雷装置、消防设施及其有关辅助设施；

(三)水力发电厂使用的水库、大坝、取水口、引水隧洞(含支洞口)、引水渠道、调压井(塔)、露天高压管道、厂房、尾水渠、厂房与大坝间的通信设施及其有关辅助设施。

第九条 电力线路设施的保护范围：

(一)架空电力线路：杆塔、基础、拉线、接地装置、导线、避雷线、金具、绝缘子、登杆塔的爬梯和脚钉，导线跨越航道的保护设施，巡(保)线站，巡视检修专用道路、船舶和桥梁，标志牌及其有关辅助设施；

(二)电力电缆线路：架空、地下、水底电力电缆和电缆联结装置，电缆管道、电缆隧道、电缆沟、电缆桥，电缆井、盖板、人孔、标石、水线标志牌及其有关辅助设施；

(三)电力线路上的变压器、电容器、电抗器、断路器、隔离开关、避雷器、互感器、熔断器、计量仪表装置、配电室、箱式变电站及其有关辅助设施；

(四)电力调度设施：电力调度场所、电力调度通信设施、电网调度自动化设施、电网运行控制设施。

第十条 电力线路保护区：

(一)架空电力线路保护区：导线边线向外侧水平延伸并垂直于地面所形成的两平行面内的区域，在一般地区各级电压导线的边线延伸距离如下：

1 - 10 千伏	5 米
35 - 110 千伏	10 米
154 - 330 千伏	15 米
500 千伏	20 米

在厂矿、城镇等人口密集地区，架空电力线路保护区的区域可略小于上述规定。但各级电压导线边线延伸的距离，不应小于导线边线在最大计算弧垂及最大计算风偏后的水平距离和风偏后距建筑物的安全距离之和。

(二)电力电缆线路保护区：地下电缆为电缆线路地面标桩两侧各 0.75 米所形成的两平行线内的区域；海底电缆一般为线路两侧各 2 海里(港内为两侧各 100 米)，江河电缆一般不小于线路两侧各 100 米(中、小河流一般不小于各 50 米)所形成的两平行线内的水域。

四、相关司法解释/文件

《最高人民法院关于审理破坏电力设备刑事案件具体应用法律若干问题的解释》(2007 年 8 月 15 日 法释〔2007〕15 号)

第一条 破坏电力设备，具有下列情形之一的，属于刑法第一百一十九条第一款规定的"造成严重后果"，以破坏电力设备罪判处十年以上有期徒刑、无期徒刑或者死刑：

(一)造成一人以上死亡、三人以上重伤或者十人以上轻伤的；

(二)造成一万以上用户电力供应中断六小时以上，致使生产、生活受到严重影响的；

(三)造成直接经济损失一百万元以上的；

(四)造成其他危害公共安全严重后果的。

第二条 过失损坏电力设备，造成本解释第一条规定的严重后果的,依照刑法第一百一十九条第二款的规定,以过失损坏电力设备罪判处三年以上七年以下有期徒刑;情节较轻的,处三年以下有期徒刑或者拘役。

第三条 盗窃电力设备,危害公共安全,但不构成盗窃罪的,以破坏电力设备罪定罪处罚;同时构成盗窃罪和破坏电力设备罪的,依照刑法处罚较重的规定定罪处罚。

盗窃电力设备,没有危及公共安全,但应当追究刑事责任的,可以根据案件的不同情况,按照盗窃罪等犯罪处理。

第四条 本解释所称电力设备,是指处于运行、应急等使用中的电力设备;已经通电使用,只是由于枯水季节或电力不足等原因暂停使用的电力设备;已经交付使用但尚未通电的电力设备。不包括尚未安装完毕,或者已经安装完毕但尚未交付使用的电力设备。

本解释中直接经济损失的计算范围,包括电量损失金额,被毁损设备材料的购置、更换、修复费用,以及因停电给用户造成的直接经济损失等。

《最高人民法院、最高人民检察院、公安部关于办理盗窃油气、破坏油气设备等刑事案件适用法律若干问题的意见》(2018年9月28日 法发〔2018〕18号)

一、关于危害公共安全的认定

在实施盗窃油气等行为过程中,破坏正在使用的油气设备,具有下列情形之一的,应当认定为刑法第一百一十八条规定的“危害公共安全”:

(一)采用切割、打孔、撬砸、拆卸手段的,但是明显未危害公共安全的除外;

(二)采用开、关等手段,足以引发火灾、爆炸等危险的。

要义辨析

一、概念

本罪是指故意破坏电力设备,危害公共安全的行为。

二、构成要件

1. 侵犯的客体是社会的公共安全和电力供应安全,犯罪对象为正在使用中的发电、供电、变电设备及输电线路等。所谓电力设备,是指用于发电、供电、输电、变电的各种设备,而且该电力设备还必须是正在使用中,如果没有使用,如正在制造、运输、安装、架设或尚在库存中,行为人对其进行破坏,不能适用本条,不构成破坏电力设备罪。

2. 客观方面表现为实施各种方法,破坏正在使用中的上述电力设备,危害公共安全的行为。破坏电力设备的方法表现,包括爆炸、放火、毁坏、拆卸重要机件,割断、拆除输电线路,故意违反操作规程、制造事故使设备损毁等。

3. 主体为一般主体,凡是达到刑事责任年龄,具备刑事责任能力,实施破坏电力设备的自然人均可成为破坏电力设备罪的犯罪主体。

4. 主观方面为故意,包括直接故意和间接故意。

三、要点辨析

本罪是侵害对象明确的犯罪。具体确定罪名时,注意以下几点:

1. 本罪与盗窃罪的区别。一是目的不同。前者以破坏为目的,后者以占有财物为目的。二是对象不同,要根据是否为正在使用的电力设备来判断。

出于非法占有目的,盗窃正在使用中的电力设备,危害公共安全,不以盗窃罪论,应当以本罪定性。如果设备是停用、备用状态,行为没有危害公共安全,仅是盗窃财物,可以按照盗窃罪处理。既想占有设备财物,同时又想破坏设施,同时构成盗窃罪和本罪的,依照《刑法》处罚较重的规定择一罪处罚。

2. 本罪与故意毁坏公私财物罪的区别。主要看被破坏的电力设备是否正处在使用中,或正处于一个待用的电力线网系统中。破坏电力设备的行为是否会危害了公共安全。由于《刑法》特地将正在使用中的电力设备作为特殊的保护对象,因此,行为人无论以何种方法破坏正在使用、待用的电力设备,如以放火、爆炸方法破坏电力设备,只要足以危害公共安全,就应当以破坏电力设备罪处罚。

四、罪名变迁

1979年《刑法》第109条和第110条对本罪作了规定。

类罪名:危害公共安全罪	罪名:过失损坏电力设备罪
量刑标准	**构成犯罪的**　处3年以上7年以下有期徒刑;
	情节较轻的　处3年以下有期徒刑或者拘役。

法律依据

一、《刑法》条文

第一百一十九条　破坏交通工具、交通设施、电力设备、燃气设备、易燃易爆设备,造成严重后果的,处十年以上有期徒刑、无期徒刑或者死刑。

过失犯前款罪的,处三年以上七年以下有期徒刑;情节较轻的,处三年以下有期徒刑或者拘役。

二、相关司法解释/文件

《最高人民法院关于审理破坏电力设备刑事案件具体应用法律若干问题的解释》(2007年8月15日　法释〔2007〕15号)

第一条　破坏电力设备,具有下列情形之一的,属于刑法第一百一十九条第一款规定的"造成严重后果",以破坏电力设备罪判处十年以上有期徒刑、无期徒刑或者死刑:

(一)造成一人以上死亡、三人以上重伤或者十人以上轻伤的;

(二)造成一万以上用户电力供应中断六小时以上,致使生产、生活受到严重影响的;

(三)造成直接经济损失一百万元以上的;

(四)造成其他危害公共安全严重后果的。

第二条　过失损坏电力设备,造成本解释第一条规定的严重后果的,依照刑法第一百一十九条第二款的规定,以过失损坏电力设备罪判处三年以上七年以下有期徒刑;情节较轻的,处三年以下有期徒刑或者拘役。

第三条　盗窃电力设备,危害公共安全,但不构成盗窃罪的,以破坏电力设备罪定罪处罚;同时构成盗窃罪和破坏电力设备罪的,依照刑法处罚较重的规定定罪处罚。

盗窃电力设备,没有危及公共安全,但应当追究刑事责任的,可以根据案件的不同情况,按照盗窃罪等犯罪处理。

第四条　本解释所称电力设备,是指处于运行、应急等使用中的电力设备;已经通电使用,只是由于枯水季节或电力不足等原因暂停使用的电力设备;已经交付使用但尚未通电的电力设备。不包括尚未安装完毕,或者已经安装完毕但尚未交付使用的电力设备。

本解释中直接经济损失的计算范围,包括电量损失金额,被毁损设备材料的购置、更换、修复费用,以及因停电给用户造成的直接经济损失等。

要义辨析

一、概念

本罪是指由于过失而导致电力设备遭受损坏,造成严重后果,危害公共安全的行为。

二、构成要件

1. 侵犯的客体是社会公共安全和电力设备安全,即不特定多数人的生命、健康安全或者重大公私财产的安全。

2. 客观方面表现为过失地损坏了电力设备的行为,并且已经产生危害公共安全的严重后果,过失行为同危害后果之间有必然的因果关系。

3. 主体为一般主体,凡是达到刑事责任年龄,具备刑事责任能力,由于自己的过失行为破坏电力设备,危害公共安全,造成严重后果的自然人,都可以成为本罪的犯罪主体。

4. 主观方面表现为过失,包括过于自信的过失和疏忽大意的过失,即行为人应当预见自己的行为可能损坏电力设备,但由于疏忽大意没有预见或者已经预见而轻信能够避免。

三、要点辨析

1. 本罪为结果犯。过失损坏电力设备,须造成前述司法解释第1条规定的严重后果的,才构成犯罪。没有"严重后果"不构成犯罪。因此,不存在未遂犯罪。同时,要注意“严重后果”同行为人“过失行为”之间的因果关系,如果“严重后果”不是由于行为人过失行为所引起,行为人不负刑事责任。

2. 本罪与重大责任事故罪的区别。(1)本罪的犯罪主体为一般主体,但后者的犯罪主体为特殊主体,需有法定的职责。(2)本罪侵犯的客体是公共安全,后者侵犯的客体是生产作业安全。因此,对电力部门负有法定职责的人员,在作业中发生的重大事故,应以重大责任事故罪定罪。

四、罪名变迁

1979 年《刑法》第 110 条对本罪作了规定。

类罪名:危害公共安全罪	**罪名:破坏易燃易爆设备罪**
量刑标准	**尚未造成严重后果的**　处 3 年以上 10 年以下有期徒刑;
	造成严重后果的　处 10 年以上有期徒刑、无期徒刑或者死刑。

法律依据

一、《刑法》条文

第一百一十八条　破坏电力、燃气或者其他易燃易爆设备,危害公共安全,尚未造成严重后果的,处三年以上十年以下有期徒刑。

第一百一十九条第一款　破坏交通工具、交通设施、电力设备、燃气设备、易燃易爆设备,造成严重后果的,处十年以上有期徒刑、无期徒刑或者死刑。

二、相关司法解释/文件

《最高法人民院、最高人民检察院关于办理盗窃油气、破坏油气设备等刑事案件具体应用法律若干问题的解释》(2018 年 9 月 28 日　法发〔2018〕18 号)

一、关于危害公共安全的认定

在实施盗窃油气等行为过程中,破坏正在使用的油气设备,具有下列情形之一的,应当认定为刑法第一百一十八条规定的“危害公共安全”:

(一)采用切割、打孔、撬砸、拆卸手段的,但是明显未危害公共安全的除外;

(二)采用开、关等手段,足以引发火灾、爆炸等危险的。

要义辨析

一、概念

本罪是指故意破坏燃气或者其他易燃易爆设备,危害公共安全的行为。

二、构成要件

1. 侵犯的客体是社会的公共安全,犯罪对象为正在使用中的易燃易爆的设备,如油田设施,用于石油、天然气生产、储存、运输等易燃易爆设备,输油管、锅炉、闸门、发电机,等等。

2. 客观方面表现为破坏正在使用中的燃气等易燃易爆设备,危害公共安全的行为。

3. 主体为一般主体,凡是达到法定刑事责任年龄、具有刑事责任能力的自然人均可成为本罪的犯罪主体。

4. 主观方面表现为故意,包括直接故意和间接故意,即行为人故意实施,或者明知其破坏易燃易爆设备的行为会发生危害公共安全的结果,希望或者放任这种结果发生。

三、要点辨析

1. 本罪与放火罪、爆炸罪的区别。本罪的犯罪对象是易燃易爆的设备,放火罪、爆炸罪的犯罪对象是一般财物。以放火、爆炸方式破坏易燃易爆设备的,按主观犯罪目的,按特别法优于普通法原则,不宜定放火罪、爆炸罪,按本罪定性。

2. 本罪与盗窃罪的区别。主要是犯罪目的不同。盗窃罪是以盗窃占有他人财物为目的,本罪是以破坏设施为目的。

3. 本罪与故意毁坏公私财物罪的区别。主要是看损害的是否为“正在使用或准备使用中”的设备。

四、罪名变迁

1979年《刑法》第109条和第110条对本罪作了规定，1997年《刑法》第118条和第119条增加了“燃气设备”的规定。

类罪名：危害公共安全罪	罪名：过失损坏易燃易爆设备罪
量刑标准	**构成犯罪的**　处3年以上7年以下有期徒刑；
	情节较轻的　处3年以下有期徒刑或者拘役。

法律依据

《刑法》条文

第一百一十九条　破坏交通工具、交通设施、电力设备、燃气设备、易燃易爆设备，造成严重后果的，处十年以上有期徒刑、无期徒刑或者死刑。

过失犯前款罪的，处三年以上七年以下有期徒刑；情节较轻的，处三年以下有期徒刑或者拘役。

要义辨析

一、概念

本罪是指由于过失而引起燃气或者其他易燃易爆设备遭受损坏，造成严重后果，危害公共安全的行为。

二、构成要件

1. 侵犯的客体是社会公共安全，即不特定多数人的生命、健康安全或者重大公私财产的安全。

2. 客观方面表现为过失损坏燃气和其他易燃易爆设备，并且已经产生危害公共安全的严重后果的行为。过失行为与严重后果之间具有因果关系。

3. 主体为一般主体，凡是达到法定刑事责任年龄、具有刑事责任能力的人均可成为本罪的犯罪主体。

4. 主观方面表现为过失，包括过于自信的过失和疏忽大意的过失。

三、要点辨析

1. 本罪是结果犯，以“造成了严重后果”作为犯罪构成要件，没有“严重后果”不构成犯罪，故本罪不存在未遂犯罪。同时，要注意“严重后果”同行为人“过失行为”之间的因果关系，如果严重后果不是由于行为人的过失行为所引起，行为人不负刑事责任。

2. 本罪与重大责任事故罪的区别。(1)本罪的犯罪主体是一般主体，后者的犯罪主体为特殊主体，需要有法定的职责；(2)本罪侵犯的客体是公共安全，后者侵犯的客体是生产作业安全。因此，对有些部门负有法定职责的人员，因工作失职，损坏易燃易爆设备，造成严重后果的，应按重大责任事故罪定罪处罚。

四、罪名变迁

1979年《刑法》第109条和第110条对本罪作了规定，1997年《刑法》第118条和第119条增加了“燃气设备”的规定。

类罪名:危害公共安全罪 | 罪名:组织、领导、参加恐怖组织罪	
量刑标准	**组织、领导恐怖活动组织的**　处10年以上有期徒刑或者无期徒刑,并处没收财产;
	积极参加的　处3年以上10年以下有期徒刑,并处罚金;
	其他参加的　处3年以下有期徒刑、拘役、管制或者剥夺政治权利,可以并处罚金。

法律依据

一、《刑法》条文

第一百二十条　组织、领导恐怖活动组织的,处十年以上有期徒刑或者无期徒刑,并处没收财产;积极参加的,处三年以上十年以下有期徒刑,并处罚金;其他参加的,处三年以下有期徒刑、拘役、管制或者剥夺政治权利,可以并处罚金。

犯前款罪并实施杀人、爆炸、绑架等犯罪的,依照数罪并罚的规定处罚。

第六十六条　危害国家安全犯罪、恐怖活动犯罪、黑社会性质的组织犯罪的犯罪分子,在刑罚执行完毕或者赦免以后,在任何时候再犯上述任一类罪的,都以累犯论处。

二、相关法律

《中华人民共和国反恐怖主义法》(2018年4月27日修正)

第二条　国家反对一切形式的恐怖主义,依法取缔恐怖活动组织,对任何组织、策划、准备实施、实施恐怖活动,宣扬恐怖主义,煽动实施恐怖活动,组织、领导、参加恐怖活动组织,为恐怖活动提供帮助的,依法追究法律责任。

国家不向任何恐怖活动组织和人员作出妥协,不向任何恐怖活动人员提供庇护或者给予难民地位。

第三条　本法所称恐怖主义,是指通过暴力、破坏、恐吓等手段,制造社会恐慌、危害公共安全、侵犯人身财产,或者胁迫国家机关、国际组织,以实现其政治、意识形态等目的的主张和行为。

本法所称恐怖活动,是指恐怖主义性质的下列行为:

(一)组织、策划、准备实施、实施造成或者意图造成人员伤亡、重大财产损失、公共设施损坏、社会秩序混乱等严重社会危害的活动的;

(二)宣扬恐怖主义,煽动实施恐怖活动,或者非法持有宣扬恐怖主义的物品,强制他人在公共场所穿戴宣扬恐怖主义的服饰、标志的;

(三)组织、领导、参加恐怖活动组织的;

(四)为恐怖活动组织、恐怖活动人员、实施恐怖活动或者恐怖活动培训提供信息、资金、物资、劳务、技术、场所等支持、协助、便利的;

(五)其他恐怖活动。

本法所称恐怖活动组织,是指三人以上为实施恐怖活动而组成的犯罪组织。

本法所称恐怖活动人员,是指实施恐怖活动的人和恐怖活动组织的成员。

本法所称恐怖事件,是指正在发生或者已经发生的造成或者可能造成重大社会危害的恐怖活动。

第十二条　国家反恐怖主义工作领导机构根据本法第三条的规定,认定恐怖活动组织和人员,由国家反恐怖主义工作领导机构的办事机构予以公告。

第十三条　国务院公安部门、国家安全部门、外交部门和省级反恐怖主义工作领导机构对于需要认定恐怖活动组织和人员的,应当向国家反恐怖主义工作领导机构提出申请。

第十四条　金融机构和特定非金融机构对国家反恐怖主义工作领导机构的办事机构公告的恐怖活动组织和人员的资金或者其他资产,应当立即予以冻结,并按照规定及时向国务院公安部门、国家安全部门和反洗钱行政主管部门报告。

第十五条　被认定的恐怖活动组织和人员对认定不服的,可以通过国家反恐怖主义工作领导机构的办事机构申请复核。国家反恐怖主义工作领导机构应当及时进行复核，作出维持或者撤销认定的决定。复核决定为最终决定。

国家反恐怖主义工作领导机构作出撤销认定的决定的，由国家反恐怖主义工作领导机构的办事机构予以公告；资金、资产已被冻结的，应当解除冻结。

第十六条　根据刑事诉讼法的规定，有管辖权的中级以上人民法院在审判刑事案件的过程中，可以依法认定恐怖活动组织和人员。对于在判决生效后需要由国家反恐怖主义工作领导机构的办事机构予以公告的，适用本章的有关规定。

第七十九条　组织、策划、准备实施、实施恐怖活动，宣扬恐怖主义，煽动实施恐怖活动，非法持有宣扬恐怖主义的物品，强制他人在公共场所穿戴宣扬恐怖主义的服饰、标志，组织、领导、参加恐怖活动组织，为恐怖活动组织、恐怖活动人员、实施恐怖活动或者恐怖活动培训提供帮助的，依法追究刑事责任。

第八十条　参与下列活动之一，情节轻微，尚不构成犯罪的，由公安机关处十日以上十五日以下拘留，可以并处一万元以下罚款：

（一）宣扬恐怖主义、极端主义或者煽动实施恐怖活动、极端主义活动的；

（二）制作、传播、非法持有宣扬恐怖主义、极端主义的物品的；

（三）强制他人在公共场所穿戴宣扬恐怖主义、极端主义的服饰、标志的；

（四）为宣扬恐怖主义、极端主义或者实施恐怖主义、极端主义活动提供信息、资金、物资、劳务、技术、场所等支持、协助、便利的。

第八十一条　利用极端主义，实施下列行为之一，情节轻微，尚不构成犯罪的，由公安机关处五日以上十五日以下拘留，可以并处一万元以下罚款：

（一）强迫他人参加宗教活动，或者强迫他人向宗教活动场所、宗教教职人员提供财物或者劳务的；

（二）以恐吓、骚扰等方式驱赶其他民族或者有其他信仰的人员离开居住地的；

（三）以恐吓、骚扰等方式干涉他人与其他民族或者有其他信仰的人员交往、共同生活的；

（四）以恐吓、骚扰等方式干涉他人生活习俗、方式和生产经营的；

（五）阻碍国家机关工作人员依法执行职务的；

（六）歪曲、诋毁国家政策、法律、行政法规，煽动、教唆抵制人民政府依法管理的；

（七）煽动、胁迫群众损毁或者故意损毁居民身份证、户口簿等国家法定证件以及人民币的；

（八）煽动、胁迫他人以宗教仪式取代结婚、离婚登记的；

（九）煽动、胁迫未成年人不接受义务教育的；

（十）其他利用极端主义破坏国家法律制度实施的。

第八十二条　明知他人有恐怖活动犯罪、极端主义犯罪行为，窝藏、包庇，情节轻微，尚不构成犯罪的，或者在司法机关向其调查有关情况、收集有关证据时，拒绝提供的，由公安机关处十日以上十五日以下拘留，可以并处一万元以下罚款。

三、相关司法解释/文件

《最高人民法院关于充分发挥审判职能作用切实维护公共安全的若干意见》（2015 年 9 月 16 日　法发〔2015〕12 号）

二、依法严惩严重刑事犯罪，有效维护社会稳定

3. 依法严惩暴力恐怖犯罪活动。暴力恐怖犯罪严重危害广大人民群众的生命财产安全，严重危害社会和谐稳定。对暴力恐怖犯罪活动，要坚持严打方针不动摇，对首要分子、骨干成员、罪行重大者，该判处重刑乃至死刑的应当依法判处；要立足打早打小打苗头，对已经构成犯罪的一律依法追究刑事责任，对因被及时发现、采取预防措施而没有造成实际损害的暴恐分子，只要符合犯罪构成条件的，该依法重判的也要依法重判；要注意区别对待，对自动投案、检举揭发，特别是主动交代、协助抓捕幕后指使的，要体现政策依法从宽处理。要通过依法裁判，树立法治威严，坚决打掉暴恐分子的嚣张气焰，有效维护人民权益和社会安宁。

要义辨析

一、概念

本罪是指以危害社会公共安全为主要目的,组织、领导、参加恐怖活动组织的行为。

二、构成要件

1. 侵犯的客体主要是社会的公共安全,以及社会的安定和谐的生活环境。即不特定多数人的生命、健康和财产安全。犯罪对象可以是本国国民,也可以是针对外国人。

2. 客观方面表现为组织、领导、参加恐怖活动组织的行为,采取的犯罪手段主要为杀人、绑架人质、劫持公共运输工具、爆炸、在公共场所制造事件等国际上公认的造成公众恐慌的行为,其目的有的是带有政治性的,有的是带有经济性的。行为特征是组织和领导,如果实施了杀人绑架等行为,同时适用其他罪名数罪并罚。

3. 犯罪主体为一般主体,凡是达到刑事责任年龄、具备刑事责任能力的人均可构成本罪。

4. 主观方面为直接故意,并具有进行恐怖活动的目的,即行为人以长期实施某种或某几种恐怖活动犯罪活动为目的,明知组织、领导恐怖组织是危害公共安全的犯罪行为,却仍然组织、领导;或者明知是恐怖组织而积极参加或参加。

三、要点辨析

1. 本罪罪与非罪的界限。本罪是一个选择性罪名,行为人只要实施组织、领导、参加恐怖组织行为之一即构成本罪。司法实践中,对于参加恐怖组织罪而言,行为人必须明知是恐怖组织而自愿参加,才可以构成本罪。

2. 本罪一罪与数罪的界限。本罪是选择性罪名,行为人只要实施了组织、领导、积极参加或者参加恐怖组织行为之一,便构成本罪。行为人如果组织、领导、参加恐怖组织后又实施了杀人、爆炸、绑架等恐怖活动犯罪的,则应将组织、领导、参加恐怖组织罪与其他相关的犯罪实行数罪并罚。

3. 本罪是严重犯罪,但最高刑只到无期徒刑。法条规定,组织、领导恐怖活动组织的,处10年以上有期徒刑或者无期徒刑,并处没收财产。这样立法的原因,是本罪只针对组织、领导行为,不包括暴力杀人、绑架等具体行为。因此对于有组织领导,同时又有其他暴力犯罪的,实行的是数罪并罚,其他的罪名中有死刑,本罪可以没收财产。因此打击的力度是很大的。《刑法修正案(三)》加重了本罪的处罚,增加了“组织领导”一个量刑档次,从10年起刑。对“积极参加者”保留原规定的3到10年的量刑幅度。“其他参加者”的量刑幅度为3年以下。细化了量刑标准,且注意了打击首恶的原则。各档次的特征区分,主要参考其在组织中的地位、时间、作案次数、参与程度、具体罪行严重程度、危害后果等因素。《刑法修正案(九)》对恐怖活动犯罪作了重大修改,增加了罪名,对本罪则增加规定了财产刑,规定“并处没收财产”“可以并处罚金”。

四、罪名变迁

本罪是1997年《刑法》新增设的罪名,《刑法修正案(三)》加重了本罪的处罚,《刑法修正案(九)》增加规定了财产刑。

类罪名:危害公共安全罪	罪名:帮助恐怖活动罪	
量刑标准	构成犯罪的	处5年以下有期徒刑、拘役、管制或者剥夺政治权利,并处罚金;
	情节严重的	处5年以上有期徒刑,并处罚金或者没收财产;
	单位犯该罪的	处罚金,对直接主管人员和直接责任人员,依前述规定处罚。

法律依据

一、《刑法》条文

第一百二十条之一　资助恐怖活动组织、实施恐怖活动的个人的，或者资助恐怖活动培训的，处五年以下有期徒刑、拘役、管制或者剥夺政治权利，并处罚金；情节严重的，处五年以上有期徒刑，并处罚金或者没收财产。

为恐怖活动组织、实施恐怖活动或者恐怖活动培训招募、运送人员的，依照前款的规定处罚。

单位犯前两款罪的，对单位判处罚金，并对其直接负责的主管人员和其他直接责任人员，依照该各款的规定处罚。

二、相关法律

《中华人民共和国反恐怖主义法》(2018年4月27日修正)

第二条　国家反对一切形式的恐怖主义，依法取缔恐怖活动组织，对任何组织、策划、准备实施、实施恐怖活动，宣扬恐怖主义，煽动实施恐怖活动，组织、领导、参加恐怖活动组织，为恐怖活动提供帮助的，依法追究法律责任。

国家不向任何恐怖活动组织和人员作出妥协，不向任何恐怖活动人员提供庇护或者给予难民地位。

第三条　本法所称恐怖主义，是指通过暴力、破坏、恐吓等手段，制造社会恐慌、危害公共安全、侵犯人身财产，或者胁迫国家机关、国际组织，以实现其政治、意识形态等目的的主张和行为。

本法所称恐怖活动，是指恐怖主义性质的下列行为：

(一)组织、策划、准备实施、实施造成或者意图造成人员伤亡、重大财产损失、公共设施损坏、社会秩序混乱等严重社会危害的活动的；

(二)宣扬恐怖主义，煽动实施恐怖活动，或者非法持有宣扬恐怖主义的物品，强制他人在公共场所穿戴宣扬恐怖主义的服饰、标志的；

(三)组织、领导、参加恐怖活动组织的；

(四)为恐怖活动组织、恐怖活动人员、实施恐怖活动或者恐怖活动培训提供信息、资金、物资、劳务、技术、场所等支持、协助、便利的；

(五)其他恐怖活动。

本法所称恐怖活动组织，是指三人以上为实施恐怖活动而组成的犯罪组织。

本法所称恐怖活动人员，是指实施恐怖活动的人和恐怖活动组织的成员。

本法所称恐怖事件，是指正在发生或者已经发生的造成或者可能造成重大社会危害的恐怖活动。

第七十九条　组织、策划、准备实施、实施恐怖活动，宣扬恐怖主义，煽动实施恐怖活动，非法持有宣扬恐怖主义的物品，强制他人在公共场所穿戴宣扬恐怖主义的服饰、标志，组织、领导、参加恐怖活动组织，为恐怖活动组织、恐怖活动人员、实施恐怖活动或者恐怖活动培训提供帮助的，依法追究刑事责任。

三、相关司法解释/文件

《最高人民法院关于审理洗钱等刑事案件具体应用法律若干问题的解释》(2009年11月4日　法释〔2009〕15号)

第五条　刑法第一百二十条之一规定的"资助"，是指为恐怖活动组织或者实施恐怖活动的个人筹集、提供经费、物资或者提供场所以及其他物质便利的行为。

刑法第一百二十条之一规定的"实施恐怖活动的个人"，包括预谋实施、准备实施和实际实施恐怖活动的个人。

《最高人民检察院、公安部关于公安机关管辖的刑事案件立案追诉标准的规定(二)》(2022年4月6日　公通字〔2022〕12号)

一、危害公共安全案

第一条　〔帮助恐怖活动案(刑法第一百二十条之一第一款)〕资助恐怖活动组织、实施恐怖活动的个人的，或者资助恐怖活动培训的，应予立案追诉。

要义辨析

一、概念

本罪是指资助、帮助恐怖活动组织或者实施恐怖活动的个人,或者资助恐怖活动培训,或者为恐怖活动组织、实施恐怖活动或者恐怖活动培训招募、运送人员的行为。

二、构成要件

1. 本罪侵犯的客体是公共安全,即不特定多数人的生命、健康和财产安全。

2. 客观方面表现为行为人资助、帮助恐怖组织或者实施恐怖活动的个人,或者资助恐怖活动培训,或者为恐怖活动组织、实施恐怖活动或者恐怖活动培训招募、运送人员的行为。

3. 犯罪主体为一般主体,凡是达到刑事责任年龄、具备刑事责任能力人均可成为本罪的犯罪主体,单位亦可以构成本罪主体。

4. 主观方面由故意构成,过失不构成犯罪。

三、要点辨析

本罪是对资助、帮助恐怖犯罪的行为进行惩处的规定。要注意把握罪与非罪的界限:

1. 一般性的生活帮助,不知情的人道帮助、资助款,非本人意愿地被移用于恐怖活动,不能以本罪定性。

2. 被迫向恐怖组织交纳“保护费”,或者受恐怖组织勒索、绑架,被迫提供金钱、物资或者其他便利的行为,不能以本罪定性。

3. 对于恐怖主义的概念,《反恐怖主义法》第3条已经作了明确规定。

四、罪名变迁

本罪是《刑法修正案(三)》第4条增设的罪名,《刑法修正案(九)》对本罪罪状进行了修改,增加了帮助犯罪的条款:“为恐怖活动组织、实施恐怖活动或者恐怖活动培训招募、运送人员的,依照前款的规定处罚。”罪名也从“资助恐怖活动罪”改为“帮助恐怖活动罪”。

类罪名:危害公共安全罪	罪名:准备实施恐怖活动罪	
量刑标准	构成犯罪的	处5年以下有期徒刑、拘役、管制或者剥夺政治权利,并处罚金;
	情节严重的	处5年以上有期徒刑,并处罚金或者没收财产。

法律依据

一、《刑法》条文

第一百二十条之二 有下列情形之一的,处五年以下有期徒刑、拘役、管制或者剥夺政治权利,并处罚金;情节严重的,处五年以上有期徒刑,并处罚金或者没收财产:

(一)为实施恐怖活动准备凶器、危险物品或者其他工具的;

(二)组织恐怖活动培训或者积极参加恐怖活动培训的;

(三)为实施恐怖活动与境外恐怖活动组织或者人员联系的;

(四)为实施恐怖活动进行策划或者其他准备的。

有前款行为,同时构成其他犯罪的,依照处罚较重的规定定罪处罚。

二、相关法律

《中华人民共和国反恐怖主义法》(2018年4月27日修正)

第二条 国家反对一切形式的恐怖主义,依法取缔恐怖活动组织,对任何组织、策划、准备实施、实施恐怖活动,宣扬恐怖主义,煽动实施恐怖活动,组织、领导、参加恐怖活动组织,为恐怖活动提供帮助的,依法追究法律责任。

国家不向任何恐怖活动组织和人员作出妥协,

不向任何恐怖活动人员提供庇护或者给予难民地位。

第三条　本法所称恐怖主义，是指通过暴力、破坏、恐吓等手段，制造社会恐慌、危害公共安全、侵犯人身财产，或者胁迫国家机关、国际组织，以实现其政治、意识形态等目的的主张和行为。

本法所称恐怖活动，是指恐怖主义性质的下列行为：

（一）组织、策划、准备实施、实施造成或者意图造成人员伤亡、重大财产损失、公共设施损坏、社会秩序混乱等严重社会危害的活动的；

（二）宣扬恐怖主义，煽动实施恐怖活动，或者非法持有宣扬恐怖主义的物品，强制他人在公共场所穿戴宣扬恐怖主义的服饰、标志的；

（三）组织、领导、参加恐怖活动组织的；

（四）为恐怖活动组织、恐怖活动人员、实施恐怖活动或者恐怖活动培训提供信息、资金、物资、劳务、技术、场所等支持、协助、便利的；

（五）其他恐怖活动。

本法所称恐怖活动组织，是指三人以上为实施恐怖活动而组成的犯罪组织。

本法所称恐怖活动人员，是指实施恐怖活动的人和恐怖活动组织的成员。

本法所称恐怖事件，是指正在发生或者已经发生的造成或者可能造成重大社会危害的恐怖活动。

第七十九条　组织、策划、准备实施、实施恐怖活动，宣扬恐怖主义，煽动实施恐怖活动，非法持有宣扬恐怖主义的物品，强制他人在公共场所穿戴宣扬恐怖主义的服饰、标志，组织、领导、参加恐怖活动组织，为恐怖活动组织、恐怖活动人员、实施恐怖活动或者恐怖活动培训提供帮助的，依法追究刑事责任。

要义辨析

一、概念

本罪是指为实施恐怖活动，准备凶器、危险物品或者其他工具，组织或者积极参加恐怖活动培训，与境外恐怖活动组织或者人员联系，为实施恐怖活动进行策划或者做其他准备，危害公共安全的行为。

二、构成要件

1. 犯罪客体是公共安全，即不特定多数人的生命、健康和财产安全。

2. 客观方面表现为为了实施恐怖活动，准备凶器、危险物品或者其他工具，组织或者积极参加恐怖活动培训，与境外恐怖活动组织或者人员联系，为实施恐怖活动进行积极策划或者做其他准备。

3. 本罪犯罪主体为一般主体，凡达到刑事责任年龄、具备刑事责任能力的人均可称为本罪的犯罪主体。

4. 主观方面由故意构成，且为直接故意，即明知是实施恐怖活动的各种准备行为而仍然实施，目的是进行恐怖袭击。

三、要点辨析

1. 本罪是准备犯、行为犯。这在刑法规定中是比较少见的，为了防范和惩治恐怖犯罪，将犯罪预备行为，即单独规定为一种犯罪。只要实施了列举的这四种策划和准备行为，即使没有实施恐怖活动，没有造成任何后果，亦可以构成犯罪，情节严重的，加重处罚。

2. 本罪与准备持械斗殴等犯罪准备的区别。确定本罪，要分析其针对社会散布恐怖信息效果的目的，确定为一种恐怖主义的性质，才能定本罪。如果是针对特定的有私仇的私权争斗对象，不能按本罪定性处理。

3. 触犯本罪，同时又构成其他恐怖活动犯罪罪名的，按吸收犯原则，从一重罪处理，不进行数罪并罚。

四、罪名变迁

本罪是新罪名，是针对国际恐怖主义、极端主义势力对中国的影响，根据《刑法修正案（九）》第7条新增设的罪名。

类罪名:危害公共安全罪	罪名:宣扬恐怖主义、极端主义、煽动实施恐怖活动罪
量刑标准	构成犯罪的　处5年以下有期徒刑、拘役、管制或者剥夺政治权利,并处罚金;
	情节严重的　处5年以上有期徒刑,并处罚金或者没收财产。

法律依据

一、《刑法》条文

第一百二十条之三　以制作、散发宣扬恐怖主义、极端主义的图书、音频视频资料或者其他物品,或者通过讲授发布信息等方式宣扬恐怖主义、极端主义的,或者煽动实施恐怖活动的,处五年以下有期徒刑、拘役、管制或者剥夺政治权利,并处罚金;情节严重的,处五年以上有期徒刑,并处罚金或者没收财产。

二、相关法律

《中华人民共和国反恐怖主义法》(2018年4月27日修正)

第二条　国家反对一切形式的恐怖主义,依法取缔恐怖活动组织,对任何组织、策划、准备实施、实施恐怖活动,宣扬恐怖主义,煽动实施恐怖活动,组织、领导、参加恐怖活动组织,为恐怖活动提供帮助的,依法追究法律责任。

国家不向任何恐怖活动组织和人员作出妥协,不向任何恐怖活动人员提供庇护或者给予难民地位。

第三条　本法所称恐怖主义,是指通过暴力、破坏、恐吓等手段,制造社会恐慌、危害公共安全、侵犯人身财产,或者胁迫国家机关、国际组织,以实现其政治、意识形态等目的的主张和行为。

本法所称恐怖活动,是指恐怖主义性质的下列行为:

(一)组织、策划、准备实施、实施造成或者意图造成人员伤亡、重大财产损失、公共设施损坏、社会秩序混乱等严重社会危害的活动的;

(二)宣扬恐怖主义,煽动实施恐怖活动,或者非法持有宣扬恐怖主义的物品,强制他人在公共场所穿戴宣扬恐怖主义的服饰、标志的;

(三)组织、领导、参加恐怖活动组织的;

(四)为恐怖活动组织、恐怖活动人员、实施恐怖活动或者恐怖活动培训提供信息、资金、物资、劳务、技术、场所等支持、协助、便利的;

(五)其他恐怖活动。

本法所称恐怖活动组织,是指三人以上为实施恐怖活动而组成的犯罪组织。

本法所称恐怖活动人员,是指实施恐怖活动的人和恐怖活动组织的成员。

本法所称恐怖事件,是指正在发生或者已经发生的造成或者可能造成重大社会危害的恐怖活动。

第七十九条　组织、策划、准备实施、实施恐怖活动,宣扬恐怖主义,煽动实施恐怖活动,非法持有宣扬恐怖主义的物品,强制他人在公共场所穿戴宣扬恐怖主义的服饰、标志,组织、领导、参加恐怖活动组织,为恐怖活动组织、恐怖活动人员、实施恐怖活动或者恐怖活动培训提供帮助的,依法追究刑事责任。

要义辨析

一、概念

本罪是指以制作、散发宣扬恐怖主义、极端主义的图书、音频视频资料或者其他物品,或者通过讲授、发布信息等方式宣扬恐怖主义、极端主义的,或者煽动实施恐怖活动的行为。

二、构成要件

1. 犯罪客体是社会公共安全,即不特定多数人的生命健康和财产安全。犯罪行为产生恐怖效果破坏社会安定。

2. 客观方面表现为制作、散发宣扬恐怖主义、极端主义的图书、音频视频资料或者其他物品,或者通过发布信息、讲授等方式宣扬恐怖主义、极端主义,或者煽动实施恐怖活动的行为。

3. 犯罪主体为一般主体,凡是达到刑事责任年龄、具备刑事责任能力的人均可构成本罪。

4. 主观方面为故意,即明知是载有恐怖主义、极端主义观念、思想、信息的物品仍然制作、散发,或者明知是恐怖主义、极端主义的观念、思想、主张、信息而仍然向他人讲授、发布,以及明知自己的煽动行为会使他人产生实施恐怖活动犯罪的意图仍然实施煽动行为。①

三、要点辨析

1. 本罪是将宣传、鼓动恐怖主义、极端主义的行为,确定为一种犯罪。

关于"恐怖主义"的定义。"恐怖主义"是指行为人,对社会公众和政府,有组织地使用暴力或以暴力相威胁,通过将一定的对象置于恐怖之中,来达到某种政治目的的行为。国际社会中某些组织或个人往往采取绑架、暗杀、爆炸、空中劫持、扣押人质等恐怖手段,以实现其政治目标或某项具体要求的主张和行动。恐怖主义往往同极端民族主义、种族主义、带有暴力倾向的宗教狂热势力纠合在一起。对这种行为和目的进行宣扬,即确定为犯罪。

关于"极端主义"的定义。"极端主义"是一个政治概念,法律上比较难以把握。一般是指利用民族、宗教等历史矛盾,主张用极端暴力的方式处理问题,强迫他人接受行为人的观念。为了达到个人或者小部分人的某些目的,而不惜一切后果地采取极端的手段对公众或政治领导集团进行威胁。极端主义的定义是指人们往往片面的而非全面地看待事物或行为,同时往往在处理事物时会通过偏激的方式来解决。目前国际通行的认识是所谓的"三股势力",即宗教极端势力、民族分裂势力和国际恐怖势力。极端主义很容易走向恐怖主义。

2. 本罪是行为犯。只要进行了制作、散发宣扬恐怖主义、极端主义的图书、音频视频资料或者其他物品,或者通过讲授发布信息、当面讲授等方式宣扬恐怖主义、极端主义的,或者煽动实施恐怖活动的行为,即使没有开始实施恐怖活动,没有造成任何后果,亦可以构成犯罪。情节严重的,加重处罚。

3. 将宣传宣扬行为确定为一种犯罪,要特别注意分清罪与非罪的界限。以和平的方式,宣传自己的政治主张、提出政治观点,发表学术研究文章,不能扩大化为煽动进行恐怖活动,不能确定构成本罪。只有煽动和主张用暴力、恐怖手段推行自己的主张,策划进行暴力犯罪的行为,才构成本罪。

4. 触犯本罪,同时又构成其他恐怖活动犯罪罪名的,按吸收犯原则,从一重罪处理,不进行并罚。

四、罪名变迁

本罪是针对国际恐怖主义、极端主义势力对中国的影响,根据《刑法修正案(九)》第7条新增设的罪名。

类罪名:危害公共安全罪	罪名:利用极端主义破坏法律实施罪
量刑标准	**构成犯罪的** 处3年以下有期徒刑、拘役或者管制,并处罚金;
	情节严重的 处3年以上7年以下有期徒刑,并处罚金;
	情节特别严重的 处7年以上有期徒刑,并处罚金或者没收财产。

法律依据

《刑法》条文

第一百二十条之四 利用极端主义煽动、胁迫群众破坏国家法律确立的婚姻、司法、教育、社会管理等制度实施的,处三年以下有期徒刑、拘役或者管制,并处罚金;情节严重的,处三年以上七年以下有期徒刑,并处罚金;情节特别严重的,处七年以上有期徒刑,并处罚金或者没收财产。

① 最高人民法院研究室、最高人民法院刑法修改工作小组办公室编著:《〈刑法修正案(九)〉条文及配套司法解释理解与适用》,人民法院出版社2015年版,第95页。

要义辨析

一、概念

本罪是指利用极端主义煽动、胁迫群众破坏国家法律确立的婚姻、司法、教育、社会管理等制度实施的行为。

二、构成要件

1. 本罪侵犯的客体是公共安全以及国家法律秩序。

2. 客观方面表现为利用极端主义煽动、胁迫群众破坏国家法律确立的婚姻、司法、教育、社会管理等制度实施的行为。

3. 犯罪主体为一般主体,凡是达到刑事责任年龄、具备刑事责任能力的人均可成为本罪的犯罪主体。

4. 主观方面由积极的故意构成,即明知自己利用极端主义的煽动、胁迫行为会导致法律制度不能得到实施而仍然实施煽动、胁迫行为。

三、要点辨析

1. 关于"极端主义"的定义,已在宣扬恐怖主义、极端主义、煽动实施恐怖活动罪中作出了阐述,此处不再赘述。

2. 破坏法律实施,是本罪的一个中心特征。即利用极端主义的思想,鼓动民族矛盾,宗教派别对抗,煽动、胁迫群众破坏国家法律确立的婚姻、司法、教育、社会管理等制度实施,抗拒国家合法的正常的法律秩序,使其不能在某一地区某一领域得以实施。

3. 注意区分本罪与组织、利用会道门、邪教组织、利用迷信破坏法律事实罪的区别。前者主要是通过歪曲、篡改宗教教义,制造宗教歧视或者民族隔阂,进而达到分裂国家、制造民族对抗等政治目的;后者主要通过编造鬼神存在、神化首要分子等方式,鼓吹超自然力量的存在,进而达到控制他人、蒙骗财物的目的。

四、罪名变迁

本罪是针对国际恐怖主义、极端主义势力对中国的影响,根据《刑法修正案(九)》第7条新增设的罪名。

类罪名:危害公共安全罪	罪名:强制穿戴宣扬恐怖主义、极端主义服饰、标志罪
量刑标准	构成犯罪的　处3年以下有期徒刑、拘役或者管制,并处罚金。

法律依据

一、《刑法》条文

第一百二十条之五　以暴力、胁迫等方式强制他人在公共场所穿着、佩戴宣扬恐怖主义、极端主义服饰、标志的,处三年以下有期徒刑、拘役或者管制,并处罚金。

二、相关法律

《中华人民共和国反恐怖主义法》(2018年4月27日修正)

第二条　国家反对一切形式的恐怖主义,依法取缔恐怖活动组织,对任何组织、策划、准备实施、实施恐怖活动,宣扬恐怖主义,煽动实施恐怖活动,组织、领导、参加恐怖活动组织,为恐怖活动提供帮助的,依法追究法律责任。

国家不向任何恐怖活动组织和人员作出妥协,不向任何恐怖活动人员提供庇护或者给予难民地位。

第三条　本法所称恐怖主义,是指通过暴力、破坏、恐吓等手段,制造社会恐慌、危害公共安全、侵犯人身财产,或者胁迫国家机关、国际组织,以实现其政治、意识形态等目的的主张和行为。

本法所称恐怖活动,是指恐怖主义性质的下列行为:

(一)组织、策划、准备实施、实施造成或者意图造成人员伤亡、重大财产损失、公共设施损坏、社会秩序混乱等严重社会危害的活动的；

（二）宣扬恐怖主义，煽动实施恐怖活动，或者非法持有宣扬恐怖主义的物品，强制他人在公共场所穿戴宣扬恐怖主义的服饰、标志的；

（三）组织、领导、参加恐怖活动组织的；

（四）为恐怖活动组织、恐怖活动人员、实施恐怖活动或者恐怖活动培训提供信息、资金、物资、劳务、技术、场所等支持、协助、便利的；

（五）其他恐怖活动。

本法所称恐怖活动组织，是指三人以上为实施恐怖活动而组成的犯罪组织。

本法所称恐怖活动人员，是指实施恐怖活动的人和恐怖活动组织的成员。

本法所称恐怖事件，是指正在发生或者已经发生的造成或者可能造成重大社会危害的恐怖活动。

第七十九条 组织、策划、准备实施、实施恐怖活动，宣扬恐怖主义，煽动实施恐怖活动，非法持有宣扬恐怖主义的物品，强制他人在公共场所穿戴宣扬恐怖主义的服饰、标志，组织、领导、参加恐怖活动组织，为恐怖活动组织、恐怖活动人员、实施恐怖活动或者恐怖活动培训提供帮助的，依法追究刑事责任。

要义辨析

一、概念

本罪是指以暴力、胁迫等方式强制他人在公共场所穿着、佩戴宣扬恐怖主义、极端主义服饰、标志的行为。

二、构成要件

1. 本罪侵犯的客体是他人的穿着服饰的自由权利，危害的是社会的良好安宁的环境和公共安全。

2. 本罪的客观方面表现为违背他人的意愿，以暴力、胁迫等方式强制他人在公共场所穿着、佩戴宣扬恐怖主义、极端主义的服饰、标志，宣扬恐怖势力，散布恐怖情绪，影响社会安宁的行为。

3. 犯罪主体为一般主体，凡是达到刑事责任年龄、具备刑事责任能力的人均可成为本罪的犯罪主体。

4. 主观方面由故意强迫构成，行为人明知自己以暴力、胁迫等方式强制他人在公共场所穿着、佩戴宣扬恐怖主义、极端主义服饰、标志会产生危害公共安全的结果，仍希望或者放任这种结果的发生。

三、要点辨析

1. 穿戴服饰本是公民自由权利。本罪是对强迫他人的穿戴服装也规定为一种犯罪的严格立法。因此有很多限定概念，要严格把握。一是“暴力、胁迫等方式强制他人”；二是强迫他人穿戴，不是他人自愿行为；三是在公共场所穿戴；四是穿着佩戴的是宣扬恐怖主义、极端主义的服饰、标志，目的是展示势力，宣扬恐怖，散布恐怖情绪，影响社会安宁。

2. 确定本罪需要注意以下两点：一是行为人要达到用暴力、胁迫等方式强制他人的程度，才构成犯罪。二是迫使他人在公共场所穿着。如果没有达到这两点，都不能认为是犯罪。

3. 确定本罪要注意民族习惯和宗教习惯、历史传统等因素，注意自愿穿戴和强制穿戴的区别。如果是少数民族地区人民，自发地按照习俗、自己愿意穿戴各种服饰的，不能认定为本罪。

4. 触犯本罪，同时又构成其他恐怖活动犯罪罪名的，按吸收犯原则，从一重罪处理，不进行数罪并罚。

四、罪名变迁

本罪是新罪名，是针对国际恐怖主义、极端主义势力对中国的影响，根据《刑法修正案（九）》第7条新增设的罪名。

类罪名：危害公共安全罪	罪名：非法持有宣扬恐怖主义、极端主义物品罪
量刑标准	**情节严重的** 处3年以下有期徒刑、拘役或者管制，并处或者单处罚金。

法律依据

一、《刑法》条文

第一百二十条之六 明知是宣扬恐怖主义、极端主义的图书、音频视频资料或者其他物品而非法持有,情节严重的,处三年以下有期徒刑、拘役或者管制,并处或者单处罚金。

二、相关法律

《中华人民共和国反恐怖主义法》(2018 年 4 月 27 日修正)

第二条 国家反对一切形式的恐怖主义,依法取缔恐怖活动组织,对任何组织、策划、准备实施、实施恐怖活动,宣扬恐怖主义,煽动实施恐怖活动,组织、领导、参加恐怖活动组织,为恐怖活动提供帮助的,依法追究法律责任。

国家不向任何恐怖活动组织和人员作出妥协,不向任何恐怖活动人员提供庇护或者给予难民地位。

第三条 本法所称恐怖主义,是指通过暴力、破坏、恐吓等手段,制造社会恐慌、危害公共安全、侵犯人身财产,或者胁迫国家机关、国际组织,以实现其政治、意识形态等目的的主张和行为。

本法所称恐怖活动,是指恐怖主义性质的下列行为:

(一)组织、策划、准备实施、实施造成或者意图造成人员伤亡、重大财产损失、公共设施损坏、社会秩序混乱等严重社会危害的活动的;

(二)宣扬恐怖主义,煽动实施恐怖活动,或者非法持有宣扬恐怖主义的物品,强制他人在公共场所穿戴宣扬恐怖主义的服饰、标志的;

(三)组织、领导、参加恐怖活动组织的;

(四)为恐怖活动组织、恐怖活动人员、实施恐怖活动或者恐怖活动培训提供信息、资金、物资、劳务、技术、场所等支持、协助、便利的;

(五)其他恐怖活动。

本法所称恐怖活动组织,是指三人以上为实施恐怖活动而组成的犯罪组织。

本法所称恐怖活动人员,是指实施恐怖活动的人和恐怖活动组织的成员。

本法所称恐怖事件,是指正在发生或者已经发生的造成或者可能造成重大社会危害的恐怖活动。

第七十九条 组织、策划、准备实施、实施恐怖活动,宣扬恐怖主义,煽动实施恐怖活动,非法持有宣扬恐怖主义的物品,强制他人在公共场所穿戴宣扬恐怖主义的服饰、标志,组织、领导、参加恐怖活动组织,为恐怖活动组织、恐怖活动人员、实施恐怖活动或者恐怖活动培训提供帮助的,依法追究刑事责任。

要义辨析

一、概念

本罪是指行为人非法持有宣扬恐怖主义、极端主义的图书、音频视频资料或者其他物品,情节严重的行为。

二、构成要件

1. 本罪侵犯的客体是公共安全,即不特定的多数人的生命、健康和财产安全。此处的"持有",是国家法律明确列明禁止的一种非法持有,破坏国家对非法物品的管理秩序。

2. 客观方面表现为非法持有宣扬恐怖主义、极端主义的图书、音频视频资料或者其他物品,情节严重的行为。

3. 犯罪主体为一般主体,凡达到刑事责任年龄、具备刑事责任能力的人均可成为本罪的犯罪主体。

4. 主观方面由故意构成,即行为人明知是宣扬恐怖主义、极端主义的图书、音频视频资料或者其他物品仍非法持有。

三、要点辨析

1. 本罪的基本特征是一种"主动持有"犯罪。持有的物品,是本法条明确列明禁止的宣扬恐怖主义、极端主义内容的图书、音频视频资料或者其他物品。被动持有、留阅宣扬恐怖主义、极端主义的图书、音频视频资料或者其他物品,情节不严重的,不构成本罪。

2. 触犯本罪,同时又构成其他恐怖活动犯罪罪名的,按吸收犯原则,从一重罪处理,不进行数罪并罚。

四、罪名变迁

本罪是根据《刑法修正案(九)》第7条所增设的罪名。

类罪名:危害公共安全罪	罪名:劫持航空器罪
量刑标准	**构成犯罪的**　处10年以上有期徒刑或者无期徒刑;
	致人重伤、死亡或使航空器遭受严重破坏的　处死刑。

法律依据

一、《刑法》条文

第一百二十一条　以暴力、胁迫或者其他方法劫持航空器的,处十年以上有期徒刑或者无期徒刑;致人重伤、死亡或者使航空器遭受严重破坏的,处死刑。

二、相关法律

《中华人民共和国民用航空法》(2021年4月29日修正)

第五条　本法所称民用航空器,是指除用于执行军事、海关、警察飞行任务外的航空器。

第六条　经中华人民共和国国务院民用航空主管部门依法进行国籍登记的民用航空器,具有中华人民共和国国籍,由国务院民用航空主管部门发给国籍登记证书。

国务院民用航空主管部门设立中华人民共和国民用航空器国籍登记簿,统一记载民用航空器的国籍登记事项。

第一百九十一条　以暴力、胁迫或者其他方法劫持航空器的,依照刑法有关规定追究刑事责任。

要义辨析

一、概念

本罪是指以暴力、胁迫或者其他方法劫持航空器的行为。

二、构成要件

1. 侵犯的客体是航空运输的安全,包括旅客、机组人员人身的安全,航空器财产的安全,以及对地面上的不特定多数人的人身和财产的安全。犯罪对象为正在飞行和使用中的航空器。按《海牙公约》规定,"正在飞行",是指从航空器关闭待飞起到到港任何一个机门打开时止。

2. 客观方面表现为以暴力、胁迫或者其他方法劫持航空器的行为。劫持,是指犯罪行为人用暴力、威胁、麻醉等方法,通过胁迫他人驾驶,或者自驾,企图控制或者实际控制飞行器。"航空器",是指在空中飞行的各种航空工具,如飞机、宇宙飞船、热气球等等。

3. 本罪主体为一般主体,凡达到刑事责任年龄、具有刑事责任能力的人均可构成本罪的犯罪主体。

4. 主观方面表现为直接故意,行为人劫持航空器,不论出于何种目的,均不影响本罪的成立。

三、要点辨析

1. 航空器,是指能在大气层内进行可控飞行的各种飞行器,是飞行器中的一个大类,是指通过机身与空气的相对运动(不是由空气对地面发生的反作用)而获得空气动力升空飞行的任何机器。包括气球、飞艇、飞机、滑翔机、旋翼机、直升机、扑翼机、倾转旋翼机等。

飞机是常见的一种航空器。航空器可划分为两大类:轻于空气的航空器和重于空气的航空器。前者靠空气静浮力升空;后者靠空气动力克服自身重力升空。

本罪中的航空器的概念范围,主要是指民用航空器。即具有公共特征的航空器,这是本罪列入危害公共安全犯罪的立法原因。《民用航空法》第5条规定了民用航空器的特定概念:“本法所称民用航空器,是指除用于执行军事、海关、警察飞行任务外的航空器。”

但是,对民用以外的航空器(如军用飞机、警用飞机,甚至大气层外的航空器如宇宙飞船)的劫持,侵犯的对象虽然不是公共安全,而是国防安全、军事利益,但从罪名上,也应该归类本罪,同样适用本罪,没有另外规定罪名。这个问题,因为目前尚无罪例,尚有待司法解释明确。

2. 关于本罪的未遂和即遂的认定。以行为人实际控制航空器作为既遂标准,而不以目的港有无到达,有无入、出境,以及有无达到劫持人意图为既遂标准。

3. 关于本罪与破坏交通工具罪的区别。(1)主观目的不同,后者是以破坏工具为目的,前者是以劫持航空器作为工具达到自己的其他意图为目的。(2)以破坏交通工具为手段,实现劫持的,以目的论,定本罪。航空器正在空中飞行,实际上会产生危害公共安全后果的,定劫持航空器罪。如飞行器在地面静止状态,只是以破坏航空器为最终目的,不会导致公共安全后果,则应定性为破坏交通工具罪。

4. 为实现劫持航空器的最终犯罪目的,而实施的杀人、伤害等行为,不应进行数罪并罚,而应作为量刑的情节,以本罪从重处罚。

5. 关于航空器上犯罪的管辖权。我国已加入保护航空安全方面的《东京公约》《海牙公约》《蒙特利尔公约》,对下列劫持航空器犯罪享有广泛的管辖权:(1)在我国登记的航空器内犯本罪;(2)在我国降落,而犯罪嫌疑人仍在航空器内;(3)光机租赁而租用人在我国有主要营业地或永久住所;(4)不属上述范围的他国地和他国人,对其他国家航空器犯本罪,嫌疑人进入我国,我国不予引渡的,也可适用管辖,以本罪处刑。

四、罪名变迁

本罪是根据从《全国人民代表大会常务委员会关于惩治劫持航空器犯罪分子的决定》,于2009年由《全国人民代表大会常务委员会关于修改部分法律的决定》吸收进《刑法》法条的具体规定的。1979年《刑法》没有劫持航空器罪的规定。

类罪名:危害公共安全罪	罪名:劫持船只、汽车罪
量刑标准	构成犯罪的　处5年以上10年以下有期徒刑;
	造成严重后果的　处10年以上有期徒刑或者无期徒刑。

法律依据

《刑法》条文

第一百二十二条　以暴力、胁迫或者其他方法劫持船只、汽车的,处五年以上十年以下有期徒刑;造成严重后果的,处十年以上有期徒刑或者无期徒刑。

要义辨析

一、概念

本罪是指以暴力、胁迫或者其他方法劫持汽车、船只这两种运输工具、危害公共安全的行为。

二、构成要件

1. 本罪侵害的客体是不特定多数旅客和乘务组人员的生命、健康安全,以及运载物品的船只、汽车等财产的安全。直接对象是正在使用运行中的汽车和船舶。

2. 客观方面表现为以暴力、胁迫或其他手段进行劫持。劫持，是指按自己的意志用暴力、胁迫方式进行控制。

3. 主体为一般主体，凡达到刑事责任年龄、具备刑事责任能力的自然人均可成为本罪的犯罪主体。

4. 主观方面表现为故意，行为人劫持汽车、船只，不论出于何种目的，都不影响本罪的成立。

三、要点辨析

1. 本罪是行为犯。只要行为人劫持并控制了船只、汽车，即构成本罪，后果作为量刑情节。

2. 为实现劫持目的，在劫持行为中又进行杀人、致人重伤的，是否数罪并罚问题，要看行为是连贯进行还是单独进行。如果是劫持行为中实施撞车、沉船等行为致人死亡、受伤的，仍然按本罪处罚。如果故意将驾驶、乘务人员杀死、杀伤，然后又进行劫持，则应按故意杀人罪、故意伤害罪数罪，与本罪进行并罚。

3. “造成严重后果”主要是指造成人员伤亡和重大财产损失。

4. 本罪与抢劫罪的区别。本罪是以劫持控制交通工具为目的，以图完成其他的犯罪，而抢劫罪单纯是为了获得车、船财产及其上面承载的财产。

四、罪名变迁

本罪是 1997 年《刑法》增设的罪名，1979 年《刑法》以及单行刑法均没有规定此罪名。

类罪名：危害公共安全罪	**罪名：暴力危及飞行安全罪**
量刑标准	**尚未造成严重后果的**　处 5 年以下有期徒刑或者拘役；
	造成严重后果的　处 5 年以上有期徒刑。

法律依据

一、《刑法》条文

第一百二十三条　对飞行中的航空器上的人员使用暴力，危及飞行安全，尚未造成严重后果的，处五年以下有期徒刑或者拘役；造成严重后果的，处五年以上有期徒刑。

二、相关法律

《中华人民共和国民用航空法》（2021 年 4 月 29 日修正）

第一百九十二条　对飞行中的民用航空器上的人员使用暴力，危及飞行安全的，依照刑法有关规定追究刑事责任。

要义辨析

一、概念

本罪是指对飞行中的航空器上的人员，使用暴力，危及飞行安全的行为。

二、构成要件

1. 侵犯的客体是复杂客体，即不仅侵犯了航空飞行的公共安全，同时也侵犯了被害人的人身权利。

2. 客观方面表现为针对飞行中的航空器上的人员使用暴力，危及飞行安全的行为。本罪侵犯的对象必须是使用中的航空器。

3. 本罪的主体为一般主体，凡达到刑事责任年龄、具备刑事责任能力的自然人均可成为本罪的犯罪主体。

4. 主观方面为故意，即明知自己对飞行中的航空器上的人员使用暴力，会危及飞行安全，仍希望这种结果发生的心理。

三、要点辨析

1. 本罪是行为犯。只要行为人对航空器上的人员使用了暴力，危及飞行安全的，即构成本罪。

2. 本罪与劫持航空器犯罪的区别。本罪特指实施机上行为暴力,但没有劫机、抢劫等目的的肇事性质的犯罪。劫持航空器犯罪有控制航空器、支配航向实现另外目的的意图,而本罪不具备这一意图,可能纯粹是因日常纠纷、不服机上空乘人员的管理、旅客之间的纠纷引起。本罪的犯罪行为方式仅限于暴力,而劫持还包括胁迫或者其他方法。

四、罪名变迁

本罪是1997年《刑法》增设的罪名,1979年《刑法》以及单行刑法均没有规定此罪名。

类罪名:危害公共安全罪	罪名:破坏广播电视设施、公用电信设施罪
量刑标准	构成犯罪的　处3年以上7年以下有期徒刑;
	造成严重后果的　处7年以上有期徒刑。

法律依据

一、《刑法》条文

第一百二十四条第一款　破坏广播电视设施、公用电信设施,危害公共安全的,处三年以上七年以下有期徒刑;造成严重后果的,处七年以上有期徒刑。

二、相关行政法规

《广播电视设施保护条例》(2000年11月5日)

第二条　在中华人民共和国境内依法设立的广播电视台、站(包括有线广播电视台、站,下同)和广播电视传输网的下列设施的保护,适用本条例:

(一)广播电视信号发射设施,包括天线、馈线、塔桅(杆)、地网、卫星发射天线及其附属设备等;

(二)广播电视信号专用传输设施,包括电缆线路、光缆线路(以下统称传输线路)、塔桅(杆)、微波等空中专用传输通路、微波站、卫星地面接收设施、转播设备及其附属设备等;

(三)广播电视信号监测设施,包括监测接收天线、馈线、塔桅(杆)、测向场强室及其附属设备等。

传输广播电视信号所利用的公用通信等网络设施的保护和管理,依照有关法律、行政法规的规定执行。

三、相关司法解释/文件

《最高人民法院关于审理破坏公用电信设施刑事案件具体应用法律若干问题的解释》(2004年12月30日　法释〔2004〕21号)

第一条　采用截断通信线路、损毁通信设备或者删除、修改、增加电信网计算机信息系统中存储、处理或者传输的数据和应用程序等手段,故意破坏正在使用的公用电信设施,具有下列情形之一的,属于刑法第一百二十四条规定的"危害公共安全",依照刑法第一百二十四条第一款规定,以破坏公用电信设施罪处三年以上七年以下有期徒刑:

(一)造成火警、匪警、医疗急救、交通事故报警、救灾、抢险、防汛等通信中断或者严重障碍,并因此贻误救助、救治、救灾、抢险等,致使人员死亡一人、重伤三人以上或者造成财产损失三十万元以上的;

(二)造成二千以上不满一万用户通信中断一小时以上,或者一万以上用户通信中断不满一小时的;

(三)在一个本地网范围内,网间通信全阻、关口局至某一局向全部中断或网间某一业务全部中断不满二小时或者直接影响范围不满五万(用户×小时)的;

(四)造成网间通信严重障碍,一日内累计二小时以上不满十二小时的;

(五)其他危害公共安全的情形。

第二条　实施本解释第一条规定的行为,具有下列情形之一的,属于刑法第一百二十四条第一款规定的"严重后果",以破坏公用电信设施罪处七年以上有期徒刑:

(一)造成火警、匪警、医疗急救、交通事故报警、救灾、抢险、防汛等通信中断或者严重障碍，并因此贻误救助、救治、救灾、抢险等，致使人员死亡二人以上、重伤六人以上或者造成财产损失六十万元以上的；

（二）造成一万以上用户通信中断一小时以上的；

（三）在一个本地网范围内，网间通信全阻、关口局至某一局向全部中断或网间某一业务全部中断二小时以上或者直接影响范围五万（用户×小时）以上的；

（四）造成网间通信严重障碍，一日内累计十二小时以上的；

（五）造成其他严重后果的。

第三条　故意破坏正在使用的公用电信设施尚未危害公共安全，或者故意毁坏尚未投入使用的公用电信设施，造成财物损失，构成犯罪的，依照刑法第二百七十五条规定，以故意毁坏财物罪定罪处罚。

盗窃公用电信设施价值数额不大，但是构成危害公共安全犯罪的，依照刑法第一百二十四条的规定定罪处罚；盗窃公用电信设施同时构成盗窃罪和破坏公用电信设施罪的，依照处罚较重的规定定罪处罚。

第四条　指使、组织、教唆他人实施本解释规定的故意犯罪行为的，按照共犯定罪处罚。

第五条　本解释中规定的公用电信设施的范围、用户数、通信中断和严重障碍的标准和时间长度，依据国家电信行业主管部门的有关规定确定。

《最高人民法院关于审理危害军事通信刑事案件具体应用法律若干问题的解释》（2007年6月26日　法释〔2007〕13号）

第六条第一、二款　破坏、过失损坏军事通信，并造成公用电信设施损毁，危害公共安全，同时构成刑法第一百二十四条和第三百六十九条规定的犯罪的，依照处罚较重的规定定罪处罚。

盗窃军事通信线路、设备，不构成盗窃罪，但破坏军事通信的，依照刑法第三百六十九条第一款的规定定罪处罚；同时构成刑法第一百二十四条、第二百六十四条和第三百六十九条第一款规定的犯罪的，依照处罚较重的规定定罪处罚。

《最高人民法院关于审理破坏广播电视设施等刑事案件具体应用法律若干问题的解释》（2011年6月7日　法释〔2011〕13号）

第一条　采取拆卸、毁坏设备，剪割缆线，删除、修改、增加广播电视设备系统中存储、处理、传输的数据和应用程序，非法占用频率等手段，破坏正在使用的广播电视设施，具有下列情形之一的，依照刑法第一百二十四条第一款的规定，以破坏广播电视设施罪处三年以上七年以下有期徒刑：

（一）造成救灾、抢险、防汛和灾害预警等重大公共信息无法发布的；

（二）造成县级、地市（设区的市）级广播电视台中直接关系节目播出的设施无法使用，信号无法播出的；

（三）造成省级以上广播电视传输网内的设施无法使用，地市（设区的市）级广播电视传输网内的设施无法使用三小时以上，县级广播电视传输网内的设施无法使用十二小时以上，信号无法传输的；

（四）其他危害公共安全的情形。

第二条　实施本解释第一条规定的行为，具有下列情形之一的，应当认定为刑法第一百二十四条第一款规定的“造成严重后果”，以破坏广播电视设施罪处七年以上有期徒刑：

（一）造成救灾、抢险、防汛和灾害预警等重大公共信息无法发布，因此贻误排除险情或者疏导群众，致使一人以上死亡、三人以上重伤或者财产损失五十万元以上，或者引起严重社会恐慌、社会秩序混乱的；

（二）造成省级以上广播电视台中直接关系节目播出的设施无法使用，信号无法播出的；

（三）造成省级以上广播电视传输网内的设施无法使用三小时以上，地市（设区的市）级广播电视传输网内的设施无法使用十二小时以上，县级广播电视传输网内的设施无法使用四十八小时以上，信号无法传输的；

（四）造成其他严重后果的。

第四条　建设、施工单位的管理人员、施工人员，在建设、施工过程中，违反广播电视设施保护规定，故意或者过失损毁正在使用的广播电视设施，构成犯罪的,以破坏广播电视设施罪或者过失损坏广播电视设施罪定罪处罚。其定罪量刑标准适用本解释第一至三条的规定。

第五条 盗窃正在使用的广播电视设施,尚未构成盗窃罪,但具有本解释第一条、第二条规定情形的,以破坏广播电视设施罪定罪处罚;同时构成盗窃罪和破坏广播电视设施罪的,依照处罚较重的规定定罪处罚。

第六条 破坏正在使用的广播电视设施未危及公共安全,或者故意毁坏尚未投入使用的广播电视设施,造成财物损失数额较大或者有其他严重情节的,以故意毁坏财物罪定罪处罚。

第七条 实施破坏广播电视设施犯罪,并利用广播电视设施实施煽动分裂国家、煽动颠覆国家政权、煽动民族仇恨、民族歧视或者宣扬邪教等行为,同时构成其他犯罪的,依照处罚较重的规定定罪处罚。

第八条 本解释所称广播电视台中直接关系节目播出的设施、广播电视传输网内的设施,参照国家广播电视行政主管部门和其他相关部门的有关规定确定。

《最高人民法院、最高人民检察院、公安部、国家安全部关于依法办理非法生产销售使用"伪基站"设备案件的意见》(2014年3月14日 公通字〔2014〕13号)

一、准确认定行为性质

(二)非法使用"伪基站"设备干扰公用电信网络信号,危害公共安全的,依照《刑法》第一百二十四条第一款的规定,以破坏公用电信设施罪追究刑事责任;同时构成虚假广告罪、非法获取公民个人信息罪、破坏计算机信息系统罪、扰乱无线电通讯管理秩序罪的,依照处罚较重的规定追究刑事责任。

除法律、司法解释另有规定外,利用"伪基站"设备实施诈骗等其他犯罪行为,同时构成破坏公用电信设施罪的,依照处罚较重的规定追究刑事责任。

(三)明知他人实施非法生产、销售"伪基站"设备,或者非法使用"伪基站"设备干扰公用电信网络信号等犯罪,为其提供资金、场所、技术、设备等帮助的,以共同犯罪论处。

《最高人民法院、最高人民检察院、工业和信息化部、公安部公用电信设施损坏经济损失计算方法》(2014年8月28日 工信部联电管〔2014〕372号)

第一条 为保障公用电信设施安全稳定运行,规范公用电信设施损坏经济损失计算,制定本方法。

第二条 中华人民共和国境内由于盗窃、破坏等因素造成公用电信设施损坏所带来的经济损失,根据本方法计算。

第三条 本方法中公用电信设施主要包括:

(一)通信线路类:包括光(电)缆、电力电缆等;交接箱、分(配)线盒等;管道、槽道、人井(手孔);电杆、拉线、吊线、挂钩等支撑加固和保护装置;标石、标志标牌、井盖等附属配套设施。

(二)通信设备类:包括基站、中继站、微波站、直放站、室内分布系统、无线局域网(WLAN)系统、有线接入设备、公用电话终端等。

(三)其他配套设备类:包括通信铁塔、收发信天(馈)线;公用电话亭;用于维系通信设备正常运转的通信机房、空调、蓄电池、开关电源、不间断电源(UPS)、太阳能电池板、油机、变压器、接地铜排、消防设备、安防设备、动力环境设备等附属配套设施。

(四)电信主管部门认定的其他电信设施。

第四条 公用电信设施损坏经济损失,主要包括公用电信设施修复损失、阻断通信业务损失和阻断通信其他损失。

公用电信设施修复损失,是指公用电信设施损坏后临时抢修、正式恢复所需各种修复费用总和,包括人工费、机具使用费、仪表使用费、调遣费、赔补费、更换设施设备费用等。

阻断通信业务损失,是指公用电信设施损坏造成通信中断所带来的业务损失的总和,包括干线光传送网阻断通信损失、城域/本地光传送网阻断通信损失和接入网阻断通信损失。

阻断通信其他损失,是指公用电信设施损坏造成通信中断所带来的除通信业务损失以外的其他损失的总和,包括基础电信企业依法向电信用户支付的赔偿费用等损失。

第五条 公用电信设施修复损失计算

公用电信设施损坏后临时抢修、正式修复所需费用按照《关于发布〈通信建设工程概算、预算编制办法及相关定额〉的通知》（工信部规〔2008〕75号）核实确定。

公用电信设施损坏后通过设置应急通信设备、使用备份设备或迂回路由等方式临时抢修产生的费用，可由当地通信管理局确定。

第六条　阻断通信业务损失计算

阻断通信业务损失 = 阻断通信时间 × 单位时间通信业务价值。

阻断通信时间，是指自该类业务通信阻断发生时始，至该类业务修复后经测试验证后通信可用时止的时间长度。

单位时间通信业务价值，是指阻断通信时间段前三十天对应时段内的平均业务量与业务单价的乘积。

各类业务单价可在该类业务标价和套餐折合最低价之间取值，具体由当地通信管理局根据当地实际情况确定。

（一）干线光传送网阻断通信损失

干线光传送网，按照阻断通信的使用带宽进行计算，即：

干线光传送网阻断通信损失 = 阻断通信时间（分钟）× 前三十天对应时段内平均使用带宽（Mbps）× 单位带宽价格（元/Mbps/分钟）。

单位带宽价格按基础电信企业向当地通信管理局资费备案的互联网 100Mb－ps 专线接入（当地静态路由接入方式）价格的百分之一计算。

（二）城域/本地光传送网阻断通信损失

城域/本地光传送网阻断通信损失参照干线光传送网阻断通信损失计算。

（三）接入网阻断通信损失

接入网可明确区分不同业务类型，应分别计算该网络内不同业务实际阻断通信时间内的损失，并将不同业务类型损失进行叠加。

接入网阻断通信损失包括固定和移动语音业务损失、固定数据业务损失、移动数据业务损失、固定和移动专线出租电路损失、短信业务损失和增值电信业务损失。

固定和移动语音业务损失包括国际长途、国内长途和本地通话三类业务损失，每类业务损失计算公式为：固定和移动语音业务损失 = 前三十天对应时段内平均通话时长（分钟）× 单价（元/分钟）。

固定数据业务损失计算公式为：固定数据业务损失 = 阻断通信时间（分钟）× 月均固定数据业务资费/当月分钟数（元/分钟）。

移动数据业务损失计算公式为：移动数据业务损失 = 前三十天对应时段内平均数据流量（MB/秒）× 阻断时长（秒）× 单价（元/MB）。

固定和移动专线出租电路损失根据基础电信企业和党、政、军机关、事业单位、企业等签订的专线电路租用合同相关条款进行计算。

短信业务损失计算公式为：短信业务阻断损失 = 前三十天对应时段内平均短信量（条）× 单价（元/条）。

增值电信业务损失可由当地通信管理局确定。

第七条　专用电信设施损坏经济损失计算可参照本方法执行。

第八条　各省、自治区、直辖市通信管理局可根据本规定，结合具体情况制定适合本行政区域内的公用电信设施损坏经济损失计算方法。

第九条　本方法由工业和信息化部负责解释。

第十条　本规定自印发之日起实施。

要义辨析

一、概念

本罪是指故意破坏广播电视、公用电信设施，危害公共安全的行为。

二、构成要件

1. 本罪侵犯的客体为广播电视、公用电信设施的正常使用、安全使用的秩序。侵犯对象是与广播电视、公用电信相关的，正在运行、使用中的各种设施。

2. 客观方面表现为用各种手段破坏正在使用中的通讯设施，危害公共安全的行为。

3. 本罪的主体为一般主体，凡是达到法定刑事责任年龄、具有刑事责任能力的人均可成为本罪的犯罪主体，既可以是普通公民，也可以是从事广播、电视通讯业务的人员。

4. 主观方面表现为故意,包括直接故意和间接故意,行为人明知其破坏广播电视、电信设施的行为会危害通讯的公告安全,并且希望或者放任这种危害结果的发生。

三、要点辨析

1. 本罪是结果犯。以"造成严重后果"作为构成犯罪的要件。认定"严重后果"的标准,《最高人民法院关于审理破坏公用电信设施刑事案件具体应用法律若干问题的解释》第2条中已经明确。

2. 公用电信设施损坏经济损失的计算,请参照前述《最高人民法院、最高人民检察院、工业和信息化部、公安部关于印发公用电信设施损坏经济损失计算方法》的规定。

3. 盗窃正在使用的广电设施,尚未构成盗窃罪的,但是已经造成对广电设施造成破坏,根据司法解释的规定,已经具备"严重后果"的,以本罪处罚。同时构成两罪的,亦吸收择一重罪处罚。

4. 破坏广电设施,尚未到"后果严重",但是已经较大损失、情节较重的,按《刑法》第275条"故意毁坏公私财物罪"处罚。

5. 本罪侵犯对象不包括国防用的通讯设备。《刑法》已增设了危害国防利益罪专章及相关具体罪名,用于惩处这类犯罪行为。

四、罪名变迁

在1979年《刑法》第111条中,规定了"破坏通讯设备罪",随着电信和无线传输设备的迅速发展,破坏通讯设备罪的内涵不断增加和丰富。1997年《刑法》第124条对罪状作了修改,罪名也改为"破坏广播电视设施、公用电信设施罪",其后,我国又出台专门条例和司法解释,对本罪作了进一步的规定。

类罪名:危害公共安全罪	罪名:过失损坏广播电视设施、公用电信设施罪	
量刑标准	构成犯罪的	处3年以上7年以下有期徒刑;
	情节较轻的	处3年以下有期徒刑或者拘役。

法律依据

一、《刑法》条文

第一百二十四条　破坏广播电视设施、公用电信设施,危害公共安全的,处三年以上七年以下有期徒刑;造成严重后果的,处七年以上有期徒刑。

过失犯前款罪的,处三年以上七年以下有期徒刑;情节较轻的,处三年以下有期徒刑或者拘役。

二、相关行政法规

《广播电视设施保护条例》(2000年11月5日)

第二条　在中华人民共和国境内依法设立的广播电视台、站(包括有线广播电视台、站,下同)和广播电视传输网的下列设施的保护,适用本条例:

(一)广播电视信号发射设施,包括天线、馈线、塔桅(杆)、地网、卫星发射天线及其附属设备等;

(二)广播电视信号专用传输设施,包括电缆线路、光缆线路(以下统称传输线路)、塔桅(杆)、微波等空中专用传输通路、微波站、卫星地面接收设施、转播设备及其附属设备等;

(三)广播电视信号监测设施,包括监测接收天线、馈线、塔桅(杆)、测向场强室及其附属设备等。

传输广播电视信号所利用的公用通信等网络设施的保护和管理,依照有关法律、行政法规的规定执行。

三、相关司法解释/文件

《最高人民法院关于审理破坏广播电视设施等刑事案件具体应用法律若干问题的解释》(2011年6月7日　法释〔2011〕13号)

第二条　实施本解释第一条规定的行为,具有下列情形之一的，应当认定为刑法第一百二十四条第一款规定的“造成严重后果”，以破坏广播电视设施罪处七年以上有期徒刑：

（一）造成救灾、抢险、防汛和灾害预警等重大公共信息无法发布，因此贻误排除险情或者疏导群众，致使一人以上死亡、三人以上重伤或者财产损失五十万元以上，或者引起严重社会恐慌、社会秩序混乱的；

（二）造成省级以上广播电视台中直接关系节目播出的设施无法使用，信号无法播出的；

（三）造成省级以上广播电视传输网内的设施无法使用三小时以上，地市（设区的市）级广播电视传输网内的设施无法使用十二小时以上，县级广播电视传输网内的设施无法使用四十八小时以上，信号无法传输的；

（四）造成其他严重后果的。

第三条　过失损坏正在使用的广播电视设施，造成本解释第二条规定的严重后果的，依照刑法第一百二十四条第二款的规定，以过失损坏广播电视设施罪处三年以上七年以下有期徒刑；情节较轻的，处三年以下有期徒刑或者拘役。

过失损坏广播电视设施构成犯罪，但能主动向有关部门报告，积极赔偿损失或者修复被损坏设施的，可以酌情从宽处罚。

第四条　建设、施工单位的管理人员、施工人员，在建设、施工过程中，违反广播电视设施保护规定，故意或者过失损毁正在使用的广播电视设施，构成犯罪的，以破坏广播电视设施罪或者过失损坏广播电视设施罪定罪处罚。其定罪量刑标准适用本解释第一至三条的规定。

《最高人民法院、最高人民检察院、工业和信息化部、公安部公用电信设施损坏经济损失计算方法》（2014年8月28日　工信部联电管〔2014〕372号）

第一条　为保障公用电信设施安全稳定运行，规范公用电信设施损坏经济损失计算，制定本方法。

第二条　中华人民共和国境内由于盗窃、破坏等因素造成公用电信设施损坏所带来的经济损失，根据本方法计算。

第三条　本方法中公用电信设施主要包括：

（一）通信线路类：包括光（电）缆、电力电缆等；交接箱、分（配）线盒等；管道、槽道、人井（手孔）；电杆、拉线、吊线、挂钩等支撑加固和保护装置；标石、标志标牌、井盖等附属配套设施。

（二）通信设备类：包括基站、中继站、微波站、直放站、室内分布系统、无线局域网（WLAN）系统、有线接入设备、公用电话终端等。

（三）其他配套设备类：包括通信铁塔、收发信天（馈）线；公用电话亭；用于维系通信设备正常运转的通信机房、空调、蓄电池、开关电源、不间断电源（UPS）、太阳能电池板、油机、变压器、接地铜排、消防设备、安防设备、动力环境设备等附属配套设施。

（四）电信主管部门认定的其他电信设施。

第四条　公用电信设施损坏经济损失，主要包括公用电信设施修复损失、阻断通信业务损失和阻断通信其他损失。

公用电信设施修复损失，是指公用电信设施损坏后临时抢修、正式恢复所需各种修复费用总和，包括人工费、机具使用费、仪表使用费、调遣费、赔补费、更换设施设备费用等。

阻断通信业务损失，是指公用电信设施损坏造成通信中断所带来的业务损失的总和，包括干线光传送网阻断通信损失、城域/本地光传送网阻断通信损失和接入网阻断通信损失。

阻断通信其他损失，是指公用电信设施损坏造成通信中断所带来的除通信业务损失以外的其他损失的总和，包括基础电信企业依法向电信用户支付的赔偿费用等损失。

第五条　公用电信设施修复损失计算

公用电信设施损坏后临时抢修、正式修复所需费用按照《关于发布〈通信建设工程概算、预算编制办法及相关定额〉的通知》（工信部规〔2008〕75号）核实确定。

公用电信设施损坏后通过设置应急通信设备、使用备份设备或迂回路由等方式临时抢修产生的费用，可由当地通信管理局确定。

第六条　阻断通信业务损失计算

阻断通信业务损失 = 阻断通信时间 × 单位时间通信业务价值。

阻断通信时间，是指自该类业务通信阻断发生时始,至该类业务修复后经测试验证后通信可用时止的时间长度。

单位时间通信业务价值,是指阻断通信时间段前三十天对应时段内的平均业务量与业务单价的乘积。

各类业务单价可在该类业务标价和套餐折合最低价之间取值,具体由当地通信管理局根据当地实际情况确定。

(一)干线光传送网阻断通信损失

干线光传送网,按照阻断通信的使用带宽进行计算,即:

干线光传送网阻断通信损失 = 阻断通信时间(分钟) × 前三十天对应时段内平均使用带宽(Mbps) × 单位带宽价格(元/Mbps/分钟)。

单位带宽价格按基础电信企业向当地通信管理局资费备案的互联网 100Mb - ps 专线接入(当地静态路由接入方式)价格的百分之一计算。

(二)城域/本地光传送网阻断通信损失

城域/本地光传送网阻断通信损失参照干线光传送网阻断通信损失计算。

(三)接入网阻断通信损失

接入网可明确区分不同业务类型,应分别计算该网络内不同业务实际阻断通信时间内的损失,并将不同业务类型损失进行叠加。

接入网阻断通信损失包括固定和移动语音业务损失、固定数据业务损失、移动数据业务损失、固定和移动专线出租电路损失、短信业务损失和增值电信业务损失。

固定和移动语音业务损失包括国际长途、国内长途和本地通话三类业务损失,每类业务损失计算公式为:固定和移动语音业务损失 = 前三十天对应时段内平均通话时长(分钟) × 单价(元/分钟)。

固定数据业务损失计算公式为:固定数据业务损失 = 阻断通信时间(分钟) × 月均固定数据业务资费/当月分钟数(元/分钟)。

移动数据业务损失计算公式为:移动数据业务损失 = 前三十天对应时段内平均数据流量(MB/秒) × 阻断时长(秒) × 单价(元/MB)。

固定和移动专线出租电路损失根据基础电信企业和党、政、军机关、事业单位、企业等签订的专线电路租用合同相关条款进行计算。

短信业务损失计算公式为:短信业务阻断损失 = 前三十天对应时段内平均短信量(条) × 单价(元/条)。

增值电信业务损失可由当地通信管理局确定。

第七条 专用电信设施损坏经济损失计算可参照本方法执行。

第八条 各省、自治区、直辖市通信管理局可根据本规定,结合具体情况制定适合本行政区域内的公用电信设施损坏经济损失计算方法。

第九条 本方法由工业和信息化部负责解释。

第十条 本规定自印发之日起实施。

要义辨析

一、概念

本罪是指过失损坏广播电视设施、公用电信通讯设施,造成严重后果,危害公共安全的行为。

二、构成要件

1. 侵犯的客体是通讯方面的公共安全。侵犯的对象是正在运行、使用中的各种广播电视、公用电信设施。

2. 客观方面表现为各种损坏广播电视设施、公用电信设施,危害公共安全,并且已导致严重后果产生的行为。

3. 本罪主体为一般主体,凡是达到刑事责任年龄、具有刑事责任能力的人均可成为本罪的犯罪主体,既可以是普通公民,也可以是从事广播、电视通讯业务的人员。

4. 主观方面表现为过失,即行为人对其破坏广播电视设施、公用设施的行为可能引起的严重后果应当预见,因为疏忽大意而未能预见或虽然已经预见,而轻信能够避免,以致发生了严重后果。

三、要点辨析

1. 本罪是结果犯,根据后果定罪。虽然《刑法》没有明确按结果犯定性,但过失行为没有造成损失的,一般不应定罪。只有造成严重后果的,才依照《刑法》第 124 条第 2 款的规定定罪。

2. 本罪是过失犯罪，没有犯罪未遂。

3. 公用电信设施损坏经济损失的计算，请参照前述《最高人民法院、最高人民检察院、工业和信息化部、公安部关于印发公用电信设施损坏经济损失计算方法》的规定。

四、罪名变迁

1979年《刑法》第111条对本罪作了规定，但罪名为"过失破坏通讯设备罪"。1997年《刑法》第124条第2款修改了罪状，扩大了内涵，罪名变更为"过失损坏广播电视设施、公用电信设施罪"。

类罪名：危害公共安全罪	罪名：非法制造、买卖、运输、邮寄、储存枪支、弹药、爆炸物罪	
量刑标准	构成犯罪的	处3年以上10年以下有期徒刑；
	情节严重的	处10年以上有期徒刑、无期徒刑或者死刑；
	单位犯罪的	处罚金；对直接负责的主管人员和直接责任人员依上述规定处罚。

法律依据

一、《刑法》条文

第一百二十五条第一、三款　非法制造、买卖、运输、邮寄、储存枪支、弹药、爆炸物的，处三年以上十年以下有期徒刑；情节严重的，处十年以上有期徒刑、无期徒刑或者死刑。

单位犯前两款罪的，对单位判处罚金，并对其直接负责的主管人员和其他直接责任人员，依照第一款的规定处罚。

二、相关法律

《中华人民共和国安全生产法》（2021年6月10日修正）

第一百条　未经依法批准，擅自生产、经营、运输、储存、使用危险物品或者处置废弃危险物品的，依照有关危险物品安全管理的法律、行政法规的规定予以处罚；构成犯罪的，依照刑法有关规定追究刑事责任。

《中华人民共和国枪支管理法》（2015年4月24日修正）

第三条　国家严格管制枪支。禁止任何单位或者个人违反法律规定持有、制造（包括变造、装配）、买卖、运输、出租、出借枪支。

国家严厉惩处违反枪支管理的违法犯罪行为。任何单位和个人对违反枪支管理的行为有检举的义务。国家对检举人给予保护，对检举违反枪支管理犯罪活动有功的人员，给予奖励。

第三十二条　严禁邮寄枪支，或者在邮寄的物品中夹带枪支。

第三十九条　违反本法规定，未经许可制造、买卖或者运输枪支的，依照刑法有关规定追究刑事责任。

单位有前款行为的，对单位判处罚金，并对其直接负责的主管人员和其他直接责任人员依照刑法有关规定追究刑事责任。

第四十二条　违反本法规定，运输枪支未使用安全可靠的运输设备、不设专人押运、枪支弹药未分开运输或者运输途中停留住宿不报告公安机关，情节严重的，依照刑法有关规定追究刑事责任；未构成犯罪的，由公安机关对直接责任人员处十五日以下拘留。

第四十四条　违反本法规定，有下列行为之一的，由公安机关对个人或者单位负有直接责任的主管人员和其他直接责任人员处警告或者十五日以下拘留；构成犯罪的，依法追究刑事责任：

（一）未按照规定的技术标准制造民用枪支的；

（二）在禁止携带枪支的区域、场所携带枪支的；

（三）不上缴报废枪支的；

（四）枪支被盗、被抢或者丢失，不及时报告的；

（五）制造、销售仿真枪的。

有前款第（一）项至第（三）项所列行为的，没收其枪支，可以并处五千元以下罚款；有前款第（五）项所列行为的，由公安机关、工商行政管理部门按照各自职责范围没收其仿真枪，可以并处制造、销售金额五倍以下的罚款，情节严重的，由工商行政管理部门吊销营业执照。

第四十六条　本法所称枪支，是指以火药或者压缩气体等为动力，利用管状器具发射金属弹丸或者其他物质，足以致人伤亡或者丧失知觉的各种枪支。

三、相关行政法规

《民用爆炸物品安全管理条例》（2014年7月29日修订）

第三条　国家对民用爆炸物品的生产、销售、购买、运输和爆破作业实行许可证制度。

未经许可，任何单位或者个人不得生产、销售、购买、运输民用爆炸物品，不得从事爆破作业。

严禁转让、出借、转借、抵押、赠送、私藏或者非法持有民用爆炸物品。

第三十条　禁止携带民用爆炸物品搭乘公共交通工具或者进入公共场所。

禁止邮寄民用爆炸物品，禁止在托运的货物、行李、包裹、邮件中夹带民用爆炸物品。

第四十四条第一款　非法制造、买卖、运输、储存民用爆炸物品，构成犯罪的，依法追究刑事责任；尚不构成犯罪，有违反治安管理行为的，依法给予治安管理处罚。

第五十一条　违反本条例规定，携带民用爆炸物品搭乘公共交通工具或者进入公共场所，邮寄或者在托运的货物、行李、包裹、邮件中夹带民用爆炸物品，构成犯罪的，依法追究刑事责任；尚不构成犯罪的，由公安机关依法给予治安管理处罚，没收非法的民用爆炸物品，处1000元以上1万元以下的罚款。

《娱乐场所管理条例》（2020年11月29日修订）

第二条　本条例所称娱乐场所，是指以营利为目的，并向公众开放、消费者自娱自乐的歌舞、游艺等场所。

第二十二条　任何人不得非法携带枪支、弹药、管制器具或者携带爆炸性、易燃性、毒害性、放射性、腐蚀性等危险物品和传染病病原体进入娱乐场所。

迪斯科舞厅应当配备安全检查设备，对进入营业场所的人员进行安全检查。

四、相关司法解释/文件

《最高人民法院关于处理涉枪、涉爆申诉案件有关问题的通知》（2003年1月15日　法〔2003〕8号）

各省、自治区、直辖市高级人民法院，解放军军事法院，新疆维吾尔自治区高级人民法院生产建设兵团分院：

我院于2001年9月17日发出《对执行〈关于审理非法制造、买卖、运输枪支、弹药、爆炸物等刑事案件具体应用法律若干问题的解释〉有关问题的通知》（以下简称《通知》）后，一些高级人民法院向我院请示，对于符合《通知》的要求，但是已经依照我院于2001年5月16日公布的《关于审理非法制造、买卖、运输枪支、弹药、爆炸物等刑事案件具体应用法律若干问题的解释》（以下简称《解释》）作出生效裁判的案件，当事人提出申诉的，人民法院能否根据《通知》精神再审改判等问题。为准确适用法律和司法解释，现就有关问题通知如下：

《解释》公布后，人民法院经审理并已作出生效裁判的非法制造、买卖、运输枪支、弹药、爆炸物等刑事案件，当事人依法提出申诉，经审查认为生效裁判不符合《通知》规定的，人民法院可以根据案件的具体情况，按照审判监督程序重新审理，并依照《通知》规定的精神予以改判。

《最高人民检察院法律政策研究室关于非法制造、买卖、运输、储存以火药为动力发射弹药的大口径武器的行为如何适用法律问题的答复》（2004年11月3日　〔2004〕高检研发第18号）

对于非法制造、买卖、运输、储存以火药为动力发射弹药的大口径武器的行为，应当依照刑法第一百二十五条第一款的规定，以非法制造、买卖、运输、储存枪支罪追究刑事责任。

《最高人民法院关于审理非法制造、买卖、运输枪支、弹药、爆炸物等刑事案件具体应用法律若干问题的解释》（2009年11月16日　法释〔2009〕18号）

第一条　个人或者单位非法制造、买卖、运输、邮寄、储存枪支、弹药、爆炸物，具有下列情形之一的，依照刑法第一百二十五条第一款的规定，以非法制造、买卖、运输、邮寄、储存枪支、弹药、爆炸物罪定罪处罚：

（一）非法制造、买卖、运输、邮寄、储存军用枪支一支以上的；

（二）非法制造、买卖、运输、邮寄、储存以火药为动力发射枪弹的非军用枪支一支以上或者以压缩气体等为动力的其他非军用枪支二支以上的；

（三）非法制造、买卖、运输、邮寄、储存军用子弹十发以上、气枪铅弹五百发以上或者其他非军用子弹一百发以上的；

（四）非法制造、买卖、运输、邮寄、储存手榴弹一枚以上的；

（五）非法制造、买卖、运输、邮寄、储存爆炸装置的；

（六）非法制造、买卖、运输、邮寄、储存炸药、发射药、黑火药一千克以上或者烟火药三千克以上、雷管三十枚以上或者导火索、导爆索三十米以上的；

（七）具有生产爆炸物品资格的单位不按照规定的品种制造，或者具有销售、使用爆炸物品资格的单位超过限额买卖炸药、发射药、黑火药十千克以上或者烟火药三十千克以上、雷管三百枚以上或者导火索、导爆索三百米以上的；

（八）多次非法制造、买卖、运输、邮寄、储存弹药、爆炸物的；

（九）虽未达到上述最低数量标准，但具有造成严重后果等其他恶劣情节的。

介绍买卖枪支、弹药、爆炸物的，以买卖枪支、弹药、爆炸物罪的共犯论处。

第二条　非法制造、买卖、运输、邮寄、储存枪支、弹药、爆炸物，具有下列情形之一的，属于刑法第一百二十五条第一款规定的“情节严重”：

（一）非法制造、买卖、运输、邮寄、储存枪支、弹药、爆炸物的数量达到本解释第一条第（一）、（二）、（三）、（六）、（七）项规定的最低数量标准五倍以上的；

（二）非法制造、买卖、运输、邮寄、储存手榴弹三枚以上的；

（三）非法制造、买卖、运输、邮寄、储存爆炸装置，危害严重的；

（四）达到本解释第一条规定的最低数量标准，并具有造成严重后果等其他恶劣情节的。

第七条　非法制造、买卖、运输、邮寄、储存、盗窃、抢夺、持有、私藏、携带成套枪支散件的，以相应数量的枪支计；非成套枪支散件以每三十件为一成套枪支散件计。

第八条第一款　刑法第一百二十五条第一款规定的“非法储存”，是指明知是他人非法制造、买卖、运输、邮寄的枪支、弹药而为其存放的行为，或者非法存放爆炸物的行为。

第九条　因筑路、建房、打井、整修宅基地和土地等正常生产、生活需要，以及因从事合法的生产经营活动而非法制造、买卖、运输、邮寄、储存爆炸物，数量达到本解释第一条规定标准，没有造成严重社会危害，并确有悔改表现的，可依法从轻处罚；情节轻微的，可以免除处罚。

具有前款情形，数量虽达到本解释第二条规定标准的，也可以不认定为刑法第一百二十五条第一款规定的“情节严重”。

在公共场所、居民区等人员集中区域非法制造、买卖、运输、邮寄、储存爆炸物，或者因非法制造、买卖、运输、邮寄、储存爆炸物三年内受到两次以上行政处罚又实施上述行为，数量达到本解释规定标准的，不适用前两款量刑的规定。

第十条　实施非法制造、买卖、运输、邮寄、储存、盗窃、抢夺、持有、私藏其他弹药、爆炸物品等行为，参照本解释有关条文规定的定罪量刑标准处罚。

《最高人民法院 最高人民检察院 公安部 国家安全监管总局关于依法加强对涉嫌犯罪的非法生产经营烟花爆竹行为刑事责任追究的通知》（2012年9月6日　安监总管三〔2012〕116号）

一、非法生产、经营烟花爆竹及相关行为涉及非法制造、买卖、运输、邮寄、储存黑火药、烟火药，构成非法制造、买卖、运输、邮寄、储存爆炸物罪的，应当依照刑法第一百二十五条的规定定罪处罚；非法生产、经营烟花爆竹及相关行为涉及生产、销售伪劣产品或不符合安全标准产品，构成生产、销售伪劣产品罪或生产、销售不符合安全标准产品罪的，应当依照刑法第一百四十条、第一百四十六条的规定定罪处罚；非法生产、经营烟花爆竹及相关行为构成非法经营罪的，应当依照刑法第二百二十五条的规定定罪处罚。上述非法生产经营烟花爆竹行为的定罪量刑和立案追诉标准，分别按照《最高人民法院关于审理非法制造、买卖、运输枪支、弹药、爆炸物等刑事案件具体应用法律若干问题的解释》(法释〔2009〕18号)、《最高人民法院最高人民检察院关于办理生产、销售伪劣商品刑事案件具体应用法律若干问题的解释》(法释〔2001〕10号)、《最高人民检察院、公安部关于公安机关管辖的刑事案件立案追诉标准的规定(一)》(公通字〔2008〕36号)、《最高人民检察院、公安部关于公安机关管辖的刑事案件立案追诉标准的规定(二)》(公通字〔2010〕23号)等有关规定执行。

《最高人民法院、最高人民检察院关于涉以压缩气体为动力的枪支、气枪铅弹刑事案件定罪量刑问题的批复》(2018年3月8日　法释〔2018〕8号)

各省、自治区、直辖市高级人民法院、人民检察院，解放军军事法院、军事检察院，新疆维吾尔自治区高级人民法院生产建设兵团分院、新疆生产建设兵团人民检察院：

近来，部分高级人民法院、省级人民检察院就如何对非法制造、买卖、运输、邮寄、储存、持有、私藏、走私以压缩气体为动力的枪支、气枪铅弹(用铅、铅合金或者其他金属加工的气枪弹)行为定罪量刑的问题提出请示。经研究，批复如下：

一、对于非法制造、买卖、运输、邮寄、储存、持有、私藏、走私以压缩气体为动力且枪口比动能较低的枪支的行为，在决定是否追究刑事责任以及如何裁量刑罚时，不仅应当考虑涉案枪支的数量，而且应当充分考虑涉案枪支的外观、材质、发射物、购买场所和渠道、价格、用途、致伤力大小、是否易于通过改制提升致伤力，以及行为人的主观认知、动机目的、一贯表现、违法所得、是否规避调查等情节，综合评估社会危害性，坚持主客观相统一，确保罪责刑相适应。

二、对于非法制造、买卖、运输、邮寄、储存、持有、私藏、走私气枪铅弹的行为，在决定是否追究刑事责任以及如何裁量刑罚时，应当综合考虑气枪铅弹的数量、用途以及行为人的动机目的、一贯表现、违法所得、是否规避调查等情节，综合评估社会危害性，确保罪责刑相适应。

此复。

《最高人民法院、最高人民检察院、公安部关于依法收缴非法枪爆等物品严厉打击涉枪涉爆等违法犯罪的通告》(2023年6月13日)

为全面收缴各类非法枪支、弹药、爆炸物品、仿真枪、弩、管制刀具等物品，依法严厉打击涉枪涉爆涉弩涉刀等违法犯罪活动，全力保护人民群众生命财产安全，维护国家安全和社会大局持续稳定，根据《中华人民共和国刑法》《中华人民共和国枪支管理法》《中华人民共和国治安管理处罚法》和《民用爆炸物品安全管理条例》等有关规定，特通告如下：

一、严禁非法制造、买卖、运输、邮寄、储存枪支、弹药、爆炸物品、弩；严禁非法持有、私藏枪支、弹药；严禁非法使用、私藏爆炸物品；严禁盗窃、抢夺、抢劫、走私枪支、弹药、爆炸物品、弩；严禁非法携带枪支、弹药、爆炸物品、弩、管制刀具进入公共场所或者公共交通工具；严禁通过互联网等渠道违法违规制作、复制、发布、传播含有枪支、弹药、爆炸物品、弩、管制刀具的信息；严禁制造、销售仿真枪。

二、凡违反上述规定的，必须立即停止违法犯罪行为并投案自首，将非法枪支、弹药、爆炸物品、仿真枪、弩、管制刀具上交当地公安机关。凡在本通告公布之日起至2023年10月31日前投案自首或者主动交出上述非法物品，构成犯罪的，可以依法从轻、减轻处罚或者免除处罚；构成违反治安管理行为的，依法减轻处罚或者不予处罚。逾期不投案自首、不交出非法物品的，依法从严惩处。

三、犯罪人员有检举、揭发他人涉枪涉爆涉刀等犯罪行为，经查证属实的，或者提供重要线索，从而得以侦破其他涉枪涉爆涉刀等案件等立功表现的，可以依法从轻或者减轻处罚；有重大立功表现的，可以依法减轻或者免除处罚。违法人员检举、揭发他人涉枪涉爆涉刀等违法犯罪行为，有立功表现的，依法减轻处罚或者不予处罚。

四、凡枪支、弹药、爆炸物品、弩被抢、被盗或者丢失的，应当及时报告当地公安机关；不及时报告的，依法追究有关责任单位和人员法律责任。公民发现遗弃的枪支、弹药、仿真枪、弩、管制刀具、爆炸物品或者疑似爆炸物品的，应当立即报告当地公安机关。

五、鼓励、保护广大人民群众积极举报涉枪支、弹药、爆炸物品、仿真枪、弩、管制刀具等违法犯罪活动，提供违法犯罪活动线索，动员、规劝在逃涉枪涉爆涉弩涉刀等案件犯罪人员投案自首。凡举报有功的，按有关规定给予奖励，公安机关将依法保护举报人的个人信息及安全。对窝藏、包庇涉枪涉爆涉弩涉刀等违法犯罪人员，帮助违法犯罪人员毁灭、伪造证据的，依法追究法律责任。对威胁、报复举报人、控告人的，依法从严追究法律责任。

六、本通告所称枪支包括：军用枪、猎枪、射击运动枪、麻醉注射枪、气枪、彩弹枪、火药枪、电磁枪等各类制式枪支、非制式枪支及枪支零部件。弹药包括：以上各类枪支使用的制式、非制式弹丸、弹片。弩是指以机械外力助推箭的发射装置。管制刀具包括：匕首、刺刀、佩刀、三棱刮刀、猎刀、加长弹簧折叠刀等专用刀具，加长砍骨刀、加长西瓜刀、加长分刀、剔骨刀、屠宰刀、多用刀等特殊厨用刀具，开刃的武术、工艺礼品刀具，以及其他管制刀具。本通告所称爆炸物品包括：炸药、雷管、导火索、导爆索、震源弹、黑火药、烟火药、手榴弹、地雷等各类爆炸物品以及列入易制爆危险化学品名录，可用于制造爆炸物品的危险化学品。

本通告自发布之日起实施。

五、相关部委规章

《公安部对部分刀具实行管制的暂行规定》(1983 年 3 月 12 日　〔83〕公发〔治〕31 号)

第二条　本规定所管制的刀具是：匕首、三棱刀（包括机械加工用的三棱刮刀）、带有自锁装置的弹簧刀（跳刀）以及其它相类似的单刃、双刃、三棱尖刀。

第三条　匕首，除中国人民解放军和人民警察作为武器、警械配备的以外，专业狩猎人员和地质、勘探等野外作业人员必须持有的，须由县以上主管单位出具证明，经县以上公安机关批准，发给《匕首佩带证》，方准持有佩带。

佩带匕首人员如果不再从事原来的职业，应将匕首交还配发单位，《匕首佩带证》交回原发证公安机关。

第四条　机械加工使用的三棱刮刀，只限工作人员在工作场所使用，不得随意带出工作场所。

第九条　严禁任何单位和个人非法制造、销售和贩卖匕首、三棱刀、弹簧刀等属于管制范围内的各种刀具。严禁非法携带上述刀具进入车站、码头、机场、公园、商场、影剧院、展览馆或其它公共场所和乘坐火车、汽车、轮船、飞机。

第十三条　违反本规定，非法制造、销售、携带和私自保存管制范围刀具的，公安机关应予取缔，没收其刀具，并按照《中华人民共和国治安管理处罚条例》有关条款予以治安处罚；有妨害公共安全行为，情节严重，触犯刑律的，依法追究刑事责任。

《公安机关涉案枪支弹药性能鉴定工作规定》(2010 年 12 月 7 日　公通字〔2010〕67 号)

为规范对涉案枪支、弹药的鉴定工作，确保鉴定合法、准确、公正，特制定本规定。

一、鉴定范围。公安机关在办理涉枪刑事案件中需要鉴定涉案枪支、弹药性能的，适用本规定。

本规定所称制式枪支、弹药，是指按照国家标准或公安部、军队下达的战术技术指标要求，经国家有关部门或军队批准定型，由合法企业生产的各类枪支、弹药，包括国外制造和历史遗留的各类旧杂式枪支、弹药。

本规定所称非制式枪支、弹药，是指未经有关部门批准定型或不符合国家标准的各类枪支、弹药，包括自制、改制的枪支、弹药和枪支弹药生产企业研制工作中的中间产品。

二、鉴定机关。涉案枪支、弹药的鉴定由地（市）级公安机关负责，当事人或者办案机关有异议的，由省级公安机关复检一次。各地可委托公安机关现有刑事技术鉴定部门开展枪支、弹药的鉴定工作。

三、鉴定标准。

（一）凡是制式枪支、弹药，无论是否能够完成击发动作，一律认定为枪支、弹药。

（二）凡是能发射制式弹药的非制式枪支（包括自制、改制枪支），一律认定为枪支。对能够装填制式弹药，但因缺少个别零件或锈蚀不能完成击发，经加装相关零件或除锈后能够发射制式弹药的非制式枪支，一律认定为枪支。

（三）对不能发射制式弹药的非制式枪支，按照《枪支致伤力的法庭科学鉴定判据》(GA/T 718—2007)的规定，当所发射弹丸的枪口比动能大于等于 1.8 焦耳/平方厘米时，一律认定为枪支。

（四）对制式枪支、弹药专用散件（零部件），能够由制造厂家提供相关零部件图样（复印件）和件号的,一律认定为枪支、弹药散件(零部件)。

(五)对非制式枪支、弹药散件(零部件),如具备与制式枪支、弹药专用散件(零部件)相同功能的,一律认定为枪支、弹药散件(零部件)。

四、鉴定程序。对枪支弹药的鉴定需经过鉴定、复核两个步骤,并应当由不同的人员分别进行。复核人应当按照鉴定操作流程的全过程进行复核,防止发生错误鉴定。鉴定完成后,应当制作《枪支、弹药鉴定书》。《枪支、弹药鉴定书》中的鉴定结论应当准确、简明,同时应当标明鉴定人、复核人身份并附有本人签名,加盖鉴定单位印章。《枪支、弹药鉴定书》应附检材、样本照片等附件。

五、鉴定时限。一般的鉴定和复检应当在十五日内完成。疑难复杂的,应当在三十日内完成。

要义辨析

一、概念

本罪是指违反国家有关枪支、弹药、爆炸物管理的法律法规,非法制造、买卖、运输、邮寄、储存枪支、弹药、爆炸物,危害公共安全的行为。

二、构成要件

1. 侵犯的客体是公共安全,即不特定公民生命、健康和公私财产安全。本罪的犯罪对象包括枪支、弹药及爆炸物。

2. 客观方面表现为非法制造、买卖、运输、邮寄、储存枪支、弹药、爆炸物的行为。所谓"非法",在本罪中是指违反有关法律规定,未经有关部门批准私自进行的有关行为。

3. 犯罪主体是一般主体,自然人和单位均可以成为本罪主体,对单位主管人员和直接责任人员按照本罪的有关规定进行处罚。

4. 主观方面为故意,即明知是枪支、弹药、爆炸物而非法制造、买卖、运输、邮寄、储存。

三、要点辨析

1. 本罪是选择性罪名,具体罪名根据所实施的行为确定。以行为分类,可分为非法制造、买卖、运输、邮寄、储存等不同的行为。以行为针对的物品分类,可分为枪支、弹药、爆炸物等不同的带有伤害性的物品。行为和物品相结合,形成具体罪名。

2. 本罪是行为犯,只要行为人实施非法制造、买卖、运输、邮寄、储存枪支、弹药、爆炸物的其中任何一种行为,即构成本罪,结果如何不影响本罪的成立。

3. 本罪具体适用时要根据具体情节,确定罪与非罪的界限,并不是所有涉及本罪的行为,都一概定罪。对诸如非法制造土枪、猎枪用于狩猎的;非法买卖、运输、邮寄爆炸物用于民用生产,目的明确,数量不大的;退伍军人行李中夹带少量子弹,等等,都要慎重处理。有的火炮鞭炮厂有生产许可证,而生产的产品质量超过生产标准、出厂许可标准的,不宜定本罪。可由行政执法部门按《产品质量法》《民用爆炸物品安全管理条例》进行行政处理。

4. 关于枪支弹药的鉴定问题。公安机关在办理涉枪刑事案件中需要鉴定涉案枪支、弹药性能的,适用公安部《公安机关涉案枪支弹药性能鉴定工作规定》(公通字〔2010〕67 号);枪支弹药称谓参照公安部办公厅《关于规范涉案枪支弹药称谓的通知》(公治〔2009〕354 号)的规定;仿真枪认定参照《公安部关于印发〈仿真枪认定标准〉的通知》(公通字〔2008〕8 号)规定。

5. 关于贩卖仿真枪、汽枪、娱乐用塑料子弹等行为的定罪量刑问题。本罪适用中,要特别注意仿真枪、汽枪、娱乐用塑料子弹等,被当作真枪真弹同等定罪量刑的问题。在司法实践中,已经出现不少量刑过重的类比定罪。这主要是根据《枪支管理法》第 44 条、第 46 条作了扩大理解。根据该法规定,司法机关在适用中,就将仿真枪和塑料子弹,都等同于枪支弹药进行定罪量刑。其实,《枪支管理法》不是《刑法》,其第 44 条规定的是"有前款第(五)项所列行为的,由公安机关、工商行政管理部门按照各自职责范围没收其仿真枪,可以并处制造、销售金额五倍以下的罚款,情节严重的,由工商行政管理部门吊销营业执照",其所指引的处罚方式并不是刑事处罚,而是行政处罚措施。最高人民法院司法解释中,并没有对仿真枪和塑料子弹作出进行同等刑事追究的规定。审判实践中,对仿真枪、塑料子弹的量刑,一般应当比照真枪真弹的本罪减轻处理。

四、罪名变迁

1979年《刑法》第112条对本罪作了规定，罪名为“非法制造、买卖、运输枪支、弹药罪”。1997年《刑法》第125条对罪状作了修改补充，行为方式和行为对象含义都有了扩大，罪名改为“非法制造、买卖、运输、邮寄、储存枪支、弹药、爆炸物罪”。

类罪名：危害公共安全罪	罪名：非法制造、买卖、运输、储存危险物质罪
量刑标准	**构成犯罪的**　处3年以上10年以下有期徒刑；
	情节严重的　处10年以上有期徒刑、无期徒刑或者死刑；
	单位犯本罪的　处罚金；对直接负责的主管人员和直接责任人员依上述标准处罚。

法律依据

一、《刑法》条文

第一百二十五条第二、三款　非法制造、买卖、运输、储存毒害性、放射性、传染病病原体等物质，危害公共安全的，依照前款的规定处罚。

单位犯前两款罪的，对单位判处罚金，并对其直接负责的主管人员和其他直接责任人员，依照第一款的规定处罚。

二、相关行政法规

《中华人民共和国核材料管理条例》（1987年6月15日）

第二条　本条例管制的核材料是：

（一）铀-235，含铀—235的材料和制品；

（二）铀-233，含铀—233的材料和制品；

（三）钚-239，含钚—239的材料和制品；

（四）氚，含氚的材料和制品；

（五）锂-6，含锂—6的材料和制品；

（六）其他需要管制的核材料。

铀矿石及其初级产品，不属于本条例管制范围。已移交给军队的核制品的管制办法由国防部门制定。

三、相关司法解释/文件

《最高人民法院、最高人民检察院关于办理非法制造、买卖、运输、储存毒鼠强等禁用剧毒化学品刑事案件具体应用法律若干问题的解释》（2003年9月4日　法释〔2003〕14号）

第一条　非法制造、买卖、运输、储存毒鼠强等禁用剧毒化学品，危害公共安全，具有下列情形之一的，依照刑法第一百二十五条的规定，以非法制造、买卖、运输、储存危险物质罪，处三年以上十年以下有期徒刑：

（一）非法制造、买卖、运输、储存原粉、原液、制剂50克以上，或者饵料2千克以上的；

（二）在非法制造、买卖、运输、储存过程中致人重伤、死亡或者造成公私财产损失10万元以上的。

第二条　非法制造、买卖、运输、储存毒鼠强等禁用剧毒化学品，具有下列情形之一的，属于刑法第一百二十五条规定的“情节严重”，处十年以上有期徒刑、无期徒刑或者死刑：

（一）非法制造、买卖、运输、储存原粉、原液、制剂500克以上，或者饵料20千克以上的；

（二）在非法制造、买卖、运输、储存过程中致3人以上重伤、死亡，或者造成公私财产损失20万元以上的；

（三）非法制造、买卖、运输、储存原粉、原药、制剂50克以上不满500克，或者饵料2千克以上不满20千克，并具有其他严重情节的。

第三条　单位非法制造、买卖、运输、储存毒鼠强等禁用剧毒化学品的，依照本解释第一条、第二条规定的定罪量刑标准执行。

第四条　对非法制造、买卖、运输、储存毒鼠强等禁用剧毒化学品行为负有查处职责的国家机关工作人员，滥用职权或者玩忽职守，致使公共财产、国家和人民利益遭受重大损失的，依照刑法第三百九十七条的规定，以滥用职权罪或者玩忽职守罪追究刑事责任。

第五条 本解释施行以前,确因生产、生活需要而非法制造、买卖、运输、储存毒鼠强等禁用剧毒化学品饵料自用,没有造成严重社会危害的,可以依照刑法第十三条的规定,不作为犯罪处理。

本解释施行以后,确因生产、生活需要而非法制造、买卖、运输、储存毒鼠强等禁用剧毒化学品饵料自用,构成犯罪,但没有造成严重社会危害,经教育确有悔改表现的,可以依法从轻、减轻或者免除处罚。

第六条 本解释所称"毒鼠强等禁用剧毒化学品",是指国家明令禁止的毒鼠强、氟乙酰胺、氟乙酸钠、毒鼠硅、甘氟(见附表)(略)。

《最高人民检察院、公安部关于公安机关管辖的刑事案件立案追诉标准的规定(一)》(2008年6月25日 公通字〔2008〕36号)

第二条 [非法制造、买卖、运输、储存危险物质案(刑法第一百二十五条第二款)]非法制造、买卖、运输、储存毒害性、放射性、传染病病原体等物质,危害公共安全,涉嫌下列情形之一的,应予立案追诉:

(一)造成人员重伤或者死亡的;

(二)造成直接经济损失十万元以上的;

(三)非法制造、买卖、运输、储存毒鼠强、氟乙酰胺、氟乙酰钠、毒鼠硅、甘氟原粉、原液、制剂五十克以上,或者饵料二千克以上的;

(四)造成急性中毒、放射性疾病或者造成传染病流行、暴发的;

(五)造成严重环境污染的;

(六)造成毒害性、放射性、传染病病原体等危险物质丢失、被盗、被抢或者被他人利用进行违法犯罪活动的;

(七)其他危害公共安全的情形。

要义辨析

一、概念

本罪是指违反国家法律规定,非法从事毒害性、放射性、传染病病原体等物质制造、买卖、运输、储存,危害公共安全的行为。

二、构成要件

1. 侵犯的客体是社会的公共安全和国家的危险物质管理制度。本罪的犯罪对象是毒害性、放射性、传染病病原体等物质。

2. 客观方面表现为非法制造、买卖、运输、储存毒害性、放射性、传染病病原体等物质,危害公共安全的行为。

3. 犯罪主体为一般主体,自然人和单位均可以成为本罪主体,对单位主管人员和直接责任人员按照本罪的有关规定进行处罚。

4. 主观方面为故意,即明知是毒害性、放射性、传染病病原体等物质而非法制造、买卖、运输、储存。

三、要点辨析

1. 本罪所称的危险物质,是指毒害性、放射性、传染病病原体等物质。"毒害性物质",是指含有毒质能够致人患染疾病、死亡的有机物或者无机物,如氰化钾、砒霜、毒鼠强等禁用剧毒化学品(包括氟乙酰胺、氟乙酸钠、毒鼠硅、甘氟)等。"放射性物质",是指含有能自发放射穿透力较强射线元素的物质。"传染病病原体"包括传染病的病毒、细菌、真菌、螺旋体、原虫等。

2. 本罪是行为犯,只要进行了毒害性、放射性、传染病病原体制造、买卖、运输、储存的行为,无论交易是否成交,也不管采用何种手段和方法、借助何种交通工具、最终导致何种结果,均不影响本罪的成立。本罪最大的特点是其犯罪对象是特定的,即毒害性、放射性、传染病病原体。

四、罪名变迁

本罪是1997年《刑法》增设的罪名,1979年《刑法》和单行刑法均没有规定此罪名。2001年12月29日《刑法修正案(三)》对本罪的罪状进行了修改,罪名相应修改为"非法制造、买卖、运输、储存危险物质罪"。

<table>
<tr><th colspan="2">类罪名:危害公共安全罪 | 罪名:违规制造、销售枪支罪</th></tr>
<tr><td rowspan="4">量刑标准</td><td>构成犯罪的　对单位直接负责的主管人员和直接责任人员处 5 年以下有期徒刑;</td></tr>
<tr><td>情节严重的　处 5 年以上 10 年以下有期徒刑;</td></tr>
<tr><td>情节特别严重的　处 10 年以上有期徒刑或者无期徒刑;</td></tr>
<tr><td>单位犯本罪的　判处罚金,并对其直接负责的主管人员和其他直接责任人员依照《刑法》有关规定追究刑事责任。</td></tr>
</table>

法律依据

一、《刑法》条文

第一百二十六条　依法被指定、确定的枪支制造企业、销售企业,违反枪支管理规定,有下列行为之一的,对单位判处罚金,并对其直接负责的主管人员和其他直接责任人员,处五年以下有期徒刑;情节严重的,处五年以上十年以下有期徒刑;情节特别严重的,处十年以上有期徒刑或者无期徒刑:

(一)以非法销售为目的,超过限额或者不按照规定的品种制造、配售枪支的;

(二)以非法销售为目的,制造无号、重号、假号的枪支的;

(三)非法销售枪支或者在境内销售为出口制造的枪支的。

二、相关法律

《中华人民共和国枪支管理法》(2015 年 4 月 24 日修正)

第四十条　依法被指定、确定的枪支制造企业、销售企业,违反本法规定,有下列行为之一的,对单位判处罚金,并对其直接负责的主管人员和其他直接责任人员依照刑法有关规定追究刑事责任;公安机关可以责令其停业整顿或者吊销其枪支制造许可证件、枪支配售许可证件:

(一)超过限额或者不按照规定的品种制造、配售枪支的;

(二)制造无号、重号、假号的枪支的;

(三)私自销售枪支或者在境内销售为出口制造的枪支的。

三、相关司法解释/文件

《最高人民检察院、公安部关于公安机关管辖的刑事案件立案追诉标准的规定(一)》(2008 年 6 月 25 日　公通字〔2008〕36 号)

第三条　[违规制造、销售枪支案(刑法第一百二十六条)]依法被指定、确定的枪支制造企业、销售企业,违反枪支管理规定,以非法销售为目的,超过限额或者不按照规定的品种制造、配售枪支,或者以非法销售为目的,制造无号、重号、假号的枪支,或者非法销售枪支或者在境内销售为出口制造的枪支,涉嫌下列情形之一的,应予立案追诉:

(一)违规制造枪支五支以上的;

(二)违规销售枪支二支以上的;

(三)虽未达到上述数量标准,但具有造成严重后果等其他恶劣情节的。

本条和本规定第四条、第七条规定的"枪支",包括枪支散件。成套枪支散件,以相应数量的枪支计;非成套枪支散件,以每三十件为一成套枪支散件计。

《最高人民法院关于审理非法制造、买卖、运输枪支、弹药、爆炸物等刑事案件具体应用法律若干问题的解释》(2009 年 11 月 16 日　法释〔2009〕18 号)

第三条　依法被指定或者确定的枪支制造、销售企业,实施刑法第一百二十六条规定的行为,具有下列情形之一的,以违规制造、销售枪支罪定罪处罚:

(一)违规制造枪支五支以上的;

(二)违规销售枪支二支以上的;

(三)虽未达到上述最低数量标准,但具有造成严重后果等其他恶劣情节的。

具有下列情形之一的,属于刑法第一百二十六条规定的“情节严重”:

(一)违规制造枪支二十支以上的;

(二)违规销售枪支十支以上的;

(三)达到本条第一款规定的最低数量标准,并具有造成严重后果等其他恶劣情节的。

具有下列情形之一的,属于刑法第一百二十六条规定的“情节特别严重”:

(一)违规制造枪支五十支以上的;

(二)违规销售枪支三十支以上的;

(三)达到本条第二款规定的最低数量标准,并具有造成严重后果等其他恶劣情节的。

第七条 非法制造、买卖、运输、邮寄、储存、盗窃、抢夺、持有、私藏、携带成套枪支散件的,以相应数量的枪支计;非成套枪支散件以每三十件为一成套枪支散件计。

要义辨析

一、概念

本罪是指依法被指定、确定的枪支制造企业、销售企业,违反枪支管理规定,以非法销售为目的,超过限额或者不按照规定的品种制造、配售枪支的,制造无号、重号、假号枪支的,非法销售枪支的或者在境内销售为出口制造的枪支的行为。

二、构成要件

1. 侵犯的客体是社会的公共安全和国家对枪支的管理制度。

2. 客观方面表现为违反枪支管理规定,超过限额或者不按照规定的品种制造、配售枪支,非法制造、销售枪支的行为。

3. 犯罪主体为特定主体,限于单位犯罪,且系本来就有权制造、销售枪支的企业,对单位主管人员和直接责任人员按照本罪的有关规定进行处罚。

4. 主观方面为故意,并且具有非法销售获利的目的。

三、要点辨析

1. 注意本罪“违规制造、买卖枪支罪”与前罪“非法制造、买卖枪支罪”的区别。区别特征就在于有证违规生产,还是完全无证非法生产。前者是有制造许可证的企业单位,制造中违反规定进行多造、变造、跨类制造;后者是根本没有任何资格制造的单位和个人,进行非法制造。如系个人、非指定制枪单位,擅自制售枪支,应适用“非法制造、买卖枪支罪”,而非本罪。

2. 本罪属于行为犯。只要被依法指定、确定的枪支制造和销售企业,违反枪支管理规定,实施《刑法》第126条规定的三种行为之一,无论结果如何,手段如何,均构成本罪。

3. 本罪的立案起刑点和情节严重的标准,司法解释已经明确,可参见前述解释。“情节严重”,一般是指具有以下情形之一的:有多次行为的,制造、配售超限枪支数量大的,制造无号、重号、假号枪支较多的,违规生产的枪支已经流散到社会的。“情节特别严重”,是指具有以下情形之一的:出售的枪支被用于犯罪活动的,出售给境外机构、人员的,出售给犯罪集团的,出售枪支造成多人伤亡的,等等。

4. 本罪为选择性罪名。根据具体行为是制造、还是销售,择一罪名确定。

四、罪名变迁

本罪是1997年《刑法》增设的罪名,1979年《刑法》以及单行刑法均没有规定此罪名。

类罪名:危害公共安全罪	罪名:盗窃、抢夺枪支、弹药、爆炸物、危险物质罪
量刑标准	**构成犯罪的** 处3年以上10年以下有期徒刑;
	情节严重的 处10年以上有期徒刑、无期徒刑或者死刑;
	盗窃、抢夺国家机关、军警人员、民兵的枪支、弹药、爆炸物的 处10年以上有期徒刑、无期徒刑或者死刑。

法律依据

一、《刑法》条文

第一百二十七条 盗窃、抢夺枪支、弹药、爆炸物的,或者盗窃、抢夺毒害性、放射性、传染病病原体等物质,危害公共安全的,处三年以上十年以下有期徒刑;情节严重的,处十年以上有期徒刑、无期徒刑或者死刑。

抢劫枪支、弹药、爆炸物的,或者抢劫毒害性、放射性、传染病病原体等物质,危害公共安全的,或者盗窃、抢夺国家机关、军警人员、民兵的枪支、弹药、爆炸物的,处十年以上有期徒刑、无期徒刑或者死刑。

二、相关司法解释

《最高人民法院关于审理非法制造、买卖、运输枪支、弹药、爆炸物等刑事案件具体应用法律若干问题的解释》(2009年11月16日 法释〔2009〕18号)

第四条 盗窃、抢夺枪支、弹药、爆炸物,具有下列情形之一的,依照刑法第一百二十七条第一款的规定,以盗窃、抢夺枪支、弹药、爆炸物罪定罪处罚:

(一)盗窃、抢夺以火药为动力的发射枪弹非军用枪支一支以上或者以压缩气体等为动力的其他非军用枪支二支以上的;

(二)盗窃、抢夺军用子弹十发以上、气枪铅弹五百发以上或者其他非军用子弹一百发以上的;

(三)盗窃、抢夺爆炸装置的;

(四)盗窃、抢夺炸药、发射药、黑火药一千克以上或者烟火药三千克以上、雷管三十枚以上或者导火索、导爆索三十米以上的;

(五)虽未达到上述最低数量标准,但具有造成严重后果等其他恶劣情节的。

具有下列情形之一的,属于刑法第一百二十七条第一款规定的“情节严重”:

(一)盗窃、抢夺枪支、弹药、爆炸物的数量达到本条第一款规定的最低数量标准五倍以上的;

(二)盗窃、抢夺军用枪支的;

(三)盗窃、抢夺手榴弹的;

(四)盗窃、抢夺爆炸装置,危害严重的;

(五)达到本条第一款规定的最低数量标准,并具有造成严重后果等其他恶劣情节的。

第七条 非法制造、买卖、运输、邮寄、储存、盗窃、抢夺、持有、私藏、携带成套枪支散件的,以相应数量的枪支计;非成套枪支散件以每三十件为一成套枪支散件计。

第十条 实施非法制造、买卖、运输、邮寄、储存、盗窃、抢夺、持有、私藏其他弹药、爆炸物品等行为,参照本解释有关条文规定的定罪量刑标准处罚。

要义辨析

一、概念

本罪是指秘密窃取,或趁人不备公然夺取枪支、弹药、爆炸物的行为,或者盗窃、抢夺毒害性、放射性、传染病病原体等物质,危害公共安全的行为。

二、构成要件

1. 侵犯客体是社会的公共安全,即不特定多数人的生命、健康和财产安全,犯罪对象是枪支、弹药、爆炸物,或者毒害性、放射性、传染病病原体等物质的安全控制管理秩序。

2. 客观方面表现为秘密窃取,或乘人不备公然夺取枪支、弹药、爆炸物、毒害性、放射性、传染病病原体等物质的行为。

3. 犯罪主体为一般主体,凡达到法定责任年龄、具有刑事责任能力的自然人均可构成本罪的犯罪主体。

4. 主观方面只能是直接故意,即明知是枪支、弹药、爆炸物、危险物质而故意窃取、夺取。

三、要点辨析

1. 本罪属于行为犯。只要实施盗窃、抢夺枪支、弹药、爆炸物的行为,或者盗窃、抢夺毒害性、放射性、传染病病原体等物质,危害公共安全的行为,无论手段和结果如何,均不影响本罪的成立。

2. 适用本罪时要注意,对特定人员和对象,即对国家机关、军警、民兵的枪支弹药爆炸物进行盗窃和抢夺的,作为加重情节,视同“情节严重”量刑,即以十年为起刑点。

3. 犯盗窃、抢夺危险物质罪的具体量刑标准，尚无司法解释可依据。实践中，应根据危险物质的种类、可能造成的危害、犯罪手段是否恶劣或者是否造成严重后果等情形，予以综合认定。

4. 本罪是选择性罪名。根据行为特征和对象特征组合罪名。如抢夺枪支罪，盗窃爆炸物品罪。

四、罪名变迁

1979 年《刑法》第 112 条对本罪作了规定。1997 年《刑法》第 127 条对罪状作了修改，罪名为"盗窃、抢夺枪支、弹药、爆炸物罪"。《刑法修正案(三)》第 6 条对罪状再次进行了修改，罪名也相应作了修改。

类罪名:危害公共安全罪	罪名:抢劫枪支、弹药、爆炸物、危险物质罪
量刑标准	犯本罪的　处 10 年以上有期徒刑、无期徒刑或者死刑。

法律依据

《刑法》条文

第一百二十七条第二款　抢劫枪支、弹药、爆炸物的，或者抢劫毒害性、放射性、传染病病原体等物质，危害公共安全的，或者盗窃、抢夺国家机关、军警人员、民兵的枪支、弹药、爆炸物的，处十年以上有期徒刑、无期徒刑或者死刑。

要义辨析

一、概念

本罪是指当场使用暴力、胁迫或者其他方法，强行劫取枪支、弹药、爆炸物，或者抢劫毒害性、放射性、传染病病原体等物质，危害公共安全的行为。

二、构成要件

1. 本罪侵犯的客体是复杂客体，即双重客体，它不仅侵犯了社会的公共安全，同时也侵犯了被抢劫人的人身权利，往往造成人身伤亡。

2. 客观方面表现为使用暴力、胁迫或者其他方法，强行劫取枪支、弹药、爆炸物，或者抢劫毒害性、放射性、传染病病原体等物质的行为。

3. 本罪的主体为一般主体，凡达到刑事责任年龄、具有刑事责任能力的自然人均可成为本罪的犯罪主体。

4. 主观方面为故意，即明知是枪支、弹药、爆炸物、危险物质而抢劫。

三、要点辨析

1. 本罪同抢夺枪支、弹药、爆炸物、危险物质罪的区别，只在于行为特征的严重性。本罪是一种暴力、胁迫的行为，不是乘人不备的抢夺，具备暴力、伤人、胁迫控制等特征。

2. 本罪是行为犯。至于枪支是否已经抢劫到，是确定既遂未遂的标准，都不影响本罪的成立。

四、罪名变迁

1997 年《刑法》第 127 条第 2 款中确立了本罪，《刑法修正案(三)》第 6 条第 2 款对本罪作了修订。

类罪名:危害公共安全罪	罪名:非法持有、私藏枪支、弹药罪
量刑标准	构成犯罪的　处 3 年以下有期徒刑、拘役或者管制；
	情节严重的　处 3 年以上 7 年以下有期徒刑。

法律依据

一、《刑法》条文

第一百二十八条第一款 违反枪支管理规定,非法持有、私藏枪支、弹药的,处三年以下有期徒刑、拘役或者管制;情节严重的,处三年以上七年以下有期徒刑。

二、相关法律

《中华人民共和国枪支管理法》(2015年4月24日修正)

第三条第一款 国家严格管制枪支。禁止任何单位或者个人违反法律规定持有、制造(包括变造、装配)、买卖、运输、出租、出借枪支。

第四十六条 本法所称枪支,是指以火药或者压缩气体等为动力,利用管状器具发射金属弹丸或者其他物质,足以致人伤亡或者丧失知觉的各种枪支。

第六条 下列单位可以配置民用枪支:

(一)经省级人民政府体育行政主管部门批准专门从事射击竞技体育运动的单位、经省级人民政府公安机关批准的营业性射击场,可以配置射击运动枪支;

(二)经省级以上人民政府林业行政主管部门批准的狩猎场,可以配置猎枪;

(三)野生动物保护、饲养、科研单位因业务需要,可以配置猎枪、麻醉注射枪。

猎民在猎区、牧民在牧区,可以申请配置猎枪。猎区和牧区的区域由省级人民政府划定。

配置民用枪支的具体办法,由国务院公安部门按照严格控制的原则制定,报国务院批准后施行。

三、相关司法解释/文件

《最高人民检察院关于将公务用枪用作借债质押的行为如何适用法律问题的批复》(1998年11月3日 高检发释字〔1998〕4号)

依法配备公务用枪的人员,违反法律规定,将公务用枪用作借债质押物,使枪支处于非依法持枪人的控制、使用之下,严重危害公共安全,是刑法第一百二十八条第二款所规定的非法出借枪支行为的一种形式。应以非法出借枪支罪追究刑事责任;对接受枪支质押的人员,构成犯罪的,根据刑法第一百二十八条第一款的规定,应以非法持有枪支罪追究其刑事责任。

《最高人民法院关于审理非法制造、买卖、运输枪支、弹药、爆炸物等刑事案件具体应用法律若干问题的解释》(2009年11月16日 法释〔2009〕18号)

第五条 具有下列情形之一的,依照刑法第一百二十八条第一款的规定,以非法持有、私藏枪支、弹药罪定罪处罚:

(一)非法持有、私藏军用枪支一支的;

(二)非法持有、私藏以火药为动力发射枪弹的非军用枪支一支或者以压缩气体等为动力的其他非军用枪支二支以上的;

(三)非法持有、私藏军用子弹二十发以上,气枪铅弹一千发以上或者其他非军用子弹二百发以上的;

(四)非法持有、私藏手榴弹一枚以上的;

(五)非法持有、私藏的弹药造成人员伤亡、财产损失的。

具有下列情形之一的,属于刑法第一百二十八条第一款规定的"情节严重":

(一)非法持有、私藏军用枪支二支以上的;

(二)非法持有、私藏以火药为动力发射枪弹的非军用枪支二支以上或者以压缩气体等为动力的其他非军用枪支五支以上的;

(三)非法持有、私藏军用子弹一百发以上,气枪铅弹五千发以上或者其他非军用子弹一千发以上的;

(四)非法持有、私藏手榴弹三枚以上的;

(五)达到本条第一款规定的最低数量标准,并具有造成严重后果等其他恶劣情节的。

第七条 非法制造、买卖、运输、邮寄、储存、盗窃、抢夺、持有、私藏、携带成套枪支散件的,以相应数量的枪支计;非成套枪支散件以每三十件为一成套枪支散件计。

第八条第二、三款 刑法第一百二十八条第一款规定的"非法持有",是指不符合配备、配置枪支、弹药条件的人员,违反枪支管理法律、法规的规定,擅自持有枪支、弹药的行为。

刑法第一百二十八条第一款规定的"私藏",是指依法配备、配置枪支、弹药的人员,在配备、配置枪支、弹药的条件消除后,违反枪支管理法律、法规的规定,私自藏匿所配备、配置的枪支、弹药且拒不交出的行为。

第十条 实施非法制造、买卖、运输、邮寄、储存、盗窃、抢夺、持有、私藏其他弹药、爆炸物品等行为,参照本解释有关条文规定的定罪量刑标准处罚。

《最高人民检察院、公安部关于公安机关管辖的刑事案件立案追诉标准的规定(一)》(2008年6月25日 公通字〔2008〕36号)

第四条 [非法持有、私藏枪支、弹药案(刑法第一百二十八条第一款)]违反枪支管理规定,非法持有、私藏枪支、弹药,涉嫌下列情形之一的,应予立案追诉:

(一)非法持有、私藏军用枪支一支以上的;

(二)非法持有、私藏以火药为动力发射枪弹的非军用枪支一支以上,或者以压缩气体等为动力的其他非军用枪支二支以上的;

(三)非法持有、私藏军用子弹二十发以上、气枪铅弹一千发以上或者其他非军用子弹二百发以上的;

(四)非法持有、私藏手榴弹、炸弹、地雷、手雷等具有杀伤性弹药一枚以上的;

(五)非法持有、私藏的弹药造成人员伤亡、财产损失的。

本条规定的"非法持有",是指不符合配备、配置枪支、弹药条件的人员,擅自持有枪支、弹药的行为;"私藏",是指依法配备、配置枪支、弹药的人员,在配备、配置枪支、弹药的条件消除后,私自藏匿所配备、配置的枪支、弹药且拒不交出的行为。

要义辨析

一、概念

本罪是指违反枪支管理规定,非法持有、私藏枪支、弹药的行为。

二、构成要件

1. 侵犯的客体是国家对枪支、弹药的管理制度。

2. 客观方面表现为违反枪支管理规定,非法持有、私藏枪支、弹药的行为。

3. 注意本罪中"非法持有"和"私藏枪支"的区别。私藏的主体为特殊主体,即行为人先前具有配备、配置枪支、弹药的资格,离职和身份变化后不即时交回而私自藏匿占有。而"非法持有"的主体是一般主体。

4. 主观方面表现为故意,即明知是禁止私人持有的枪支、弹药,而故意隐藏不交。

三、要点辨析

1. 本罪是选择性罪名,具体罪名根据所实施的行为确定。

2. 本罪属于行为犯、事实犯,只要行为人实施、事实上非法持有枪支、持有弹药或者私藏枪支、私藏弹药其中任何一种行为,即构成犯罪。

3. 对于情节显著轻微、危害不大的,以及传统狩猎地区一直持有的普通猎枪,因通知追缴不到位、不彻底,一直没有危害社会行为,而持有、私藏枪支、弹药的行为,不能按犯罪处理。如猎人没有按照有关规定及时领取配备猎枪许可证,经指明,补领了许可证,不宜按犯罪处理。

4. 注意主动持有和被动消极持有的区别。有的猎枪是长辈历史上存放家中已经遗忘、有的是朋友关系人委托存放,而没有引起必要注意,不知情、有些出于好奇和朋友鼓动,暂时存放把玩,依照本罪都可以构成犯罪。但是其性质和故意地、积极地持是不同的。要审查是否明知,是否故意。一般在量刑上应当考虑从轻、减轻或者免除处罚。完全不知知的,应当作无罪处理。

5. 枪支的本质特征是必须具有杀伤力,持有不能正常击发的枪支,单纯为了收藏、展览、陈列,而持有不具有击发功能的枪支,不构成非法持有枪支罪。

四、罪名变迁

1979年《刑法》第163条对私藏枪支的行为作了规定。1997年《刑法》第128条对罪状作了修改,将罪名改为"非法持有、私藏枪支、弹药罪"。

类罪名:危害公共安全罪	罪名:非法出租、出借枪支罪
量刑标准	构成犯罪的 处3年以下有期徒刑、拘役或者管制;
	情节严重的 处3年以上7年以下有期徒刑;
	单位犯本罪的 判处罚金;其直接负责的主管人员和其他直接责任人员,依上述标准处罚。

法律依据

一、《刑法》条文

第一百二十八条 违反枪支管理规定,非法持有、私藏枪支、弹药的,处三年以下有期徒刑、拘役或者管制;情节严重的,处三年以上七年以下有期徒刑。

依法配备公务用枪的人员,非法出租、出借枪支的,依照前款的规定处罚。

依法配置枪支的人员,非法出租、出借枪支,造成严重后果的,依照第一款的规定处罚。

单位犯第二款、第三款罪的,对单位判处罚金,并对其直接负责的主管人员和其他直接责任人员,依照第一款的规定处罚。

二、相关法律

《中华人民共和国枪支管理法》(2015年4月24日修正)

第五条 公安机关、国家安全机关、监狱、劳动教养机关的人民警察,人民法院的司法警察,人民检察院的司法警察和担负案件侦查任务的检察人员,海关的缉私人员,在依法履行职责时确有必要使用枪支的,可以配备公务用枪。

国家重要的军工、金融、仓储、科研等单位的专职守护、押运人员在执行守护、押运任务时确有必要使用枪支的,可以配备公务用枪。

配备公务用枪的具体办法,由国务院公安部门会同其他有关国家机关按照严格控制的原则制定,报国务院批准后施行。

第六条 下列单位可以配置民用枪支:

(一)经省级人民政府体育行政主管部门批准专门从事射击竞技体育运动的单位、经省级人民政府公安机关批准的营业性射击场,可以配置射击运动枪支;

(二)经省级以上人民政府林业行政主管部门批准的狩猎场,可以配置猎枪;

(三)野生动物保护、饲养、科研单位因业务需要,可以配置猎枪、麻醉注射枪。

猎民在猎区、牧民在牧区,可以申请配置猎枪。猎区和牧区的区域由省级人民政府划定。

配置民用枪支的具体办法,由国务院公安部门按照严格控制的原则制定,报国务院批准后施行。

第四十五条 公安机关工作人员有下列行为之一的,依法追究刑事责任;未构成犯罪的,依法给予行政处分:

(一)向本法第五条、第六条规定以外的单位和个人配备、配置枪支的;

(二)违法发给枪支管理证件的;

(三)将没收的枪支据为已有的;

(四)不履行枪支管理职责,造成后果的。

第四十六条 本法所称枪支,是指以火药或者压缩气体等为动力,利用管状器具发射金属弹丸或者其他物质,足以致人伤亡或者丧失知觉的各种枪支。

三、相关司法解释/文件

《最高人民检察院、公安部关于公安机关管辖的刑事案件立案追诉标准的规定(一)》(2008年6月25日 公通字〔2008〕36号)

第五条 [非法出租、出借枪支案(刑法第一百二十八条第二、三、四款)]依法配备公务用枪的人员或单位,非法将枪支出租、出借给未取得公务用枪配备资格的人员或单位,或者将公务用枪用作借债质押物的,应予立案追诉。

依法配备公务用枪的人员或单位,非法将枪支出租、出借给具有公务用枪配备资格的人员或单位,以及依法配置民用枪支的人员或单位,非法出租、出借民用枪支,涉嫌下列情形之一的,应予立案追诉:

(一)造成人员轻伤以上伤亡事故的;

(二)造成枪支丢失、被盗、被抢的;

(三)枪支被他人利用进行违法犯罪活动的;

(四)其他造成严重后果的情形。

要义辨析

一、概念

本罪是指依法配备公务用枪的人员和单位,非法出租出借枪支的行为,以及依法配置枪支的人员,非法出租出借枪支并造成严重后果的行为。

二、构成要件

1. 侵犯的客体是社会的公共安全和国家对枪支的管理制度。

2. 本罪的客观方面分为两种情况:(1)依法配备用枪的公务人员,只要非法出租、出借、质押,不论后果如何均构成本罪;(2)其他依法配枪人员,不但要有出租出借的行为,还必须造成了严重后果,才构成本罪。

3. 犯罪主体是特殊主体,为依法配备公务用枪的人员和依法配置枪支的人员,单位可以成为本罪的主体,对单位犯罪实行"双罚"。

4. 主观方面必须是故意。

三、要点辨析

1. 本罪对公务用配枪人员,作出了比其他合法配枪人员更严格的管理规定。公务人员只要有出借即构成犯罪,其他合法持枪人员要出借、有后果两个条件具备才构成犯罪。根据《枪支管理法》的规定,"配备公务用枪的单位和人员",主要是指公安机关、国家安全机关、监狱的人民警察,人民法院、人民检察院的司法警察和担任案件侦查任务的检察人员,海关的缉私人员,重要军工、金融、仓储、科研单位的警护人员。根据《枪支管理法》的规定,"依法配置民用枪支的单位和人员",是指配置各种民用枪支的人员,如竞技体育持枪单位、猎人等。

2. 对于明知租、借枪者将使用枪进行违法犯罪行为,仍向其出租、出借、质押枪支的,按借用人所实施的犯罪的共同犯罪追究刑事责任,而不能以本罪定性。这里"明知"是关键。

3. 合法配枪资格的审查认定,一般可以审查其有没有持枪证、有没有依法配枪的文件和枪支持有使用人登记。

四、罪名变迁

本罪是1997年《刑法》增设的罪名,1979年《刑法》和单行刑法均没有规定此罪名。

类罪名:危害公共安全罪	罪名:丢失枪支不报罪
量刑标准	造成严重后果的　处3年以下有期徒刑或者拘役。

法律依据

一、《刑法》条文

第一百二十九条　依法配备公务用枪的人员,丢失枪支不及时报告,造成严重后果的,处三年以下有期徒刑或者拘役。

二、相关法律

《中华人民共和国枪支管理法》(2015年4月24日修正)

第四十四条第一款　违反本法规定,有下列行为之一的,由公安机关对个人或者单位负有直接责任的主管人员和其他直接责任人员处警告或者十五日以下拘留;构成犯罪的,依法追究刑事责任:

(四)枪支被盗、被抢或者丢失,不及时报告的;

第四十六条　本法所称枪支,是指以火药或者压缩气体等为动力,利用管状器具发射金属弹丸或者其他物质，足以致人伤亡或者丧失知觉的各种枪支。

三、相关司法解释/文件

《最高人民检察院、公安部关于公安机关管辖的刑事案件立案追诉标准的规定（一）》（2008年6月25日　公通字〔2008〕36号）

第六条　［丢失枪支不报案（刑法第一百二十九条）］依法配备公务用枪的人员，丢失枪支不及时报告，涉嫌下列情形之一的，应予立案追诉：

（一）丢失的枪支被他人使用造成人员轻伤以上伤亡事故的；

（二）丢失的枪支被他人利用进行违法犯罪活动的；

（三）其他造成严重后果的情形。

要义辨析

一、概念

本罪是指依法配备公务用枪的人员，丢失枪支不及时报告，造成严重后果的行为。

二、构成要件

1. 本罪侵犯的客体是公共安全和国家对枪支的管理制度。

2. 客观方面表现为依法配备公务用枪的人员，丢失枪支不及时报告，造成了严重后果的行为。“丢失枪支”，是指枪支因非正常状态不在有效控制范围，如被盗、被抢、被骗、遗失等；“不及时报告”，指发现后不及时向单位或有关部门报告；“严重后果”，即《最高人民检察院、公安部关于公安机关管辖的刑事案件立案追诉标准的规定（一）》中所列的内容（该枪支造成轻伤一人以上后果，或者被犯罪分子作为犯罪工具）。

3. 犯罪主体为特殊主体，即依法配备公务用枪的人员。

4. 主观方面为故意，指丢失枪支后故意不报告的故意心态。对于本罪的主观罪过，理论上存在“过失说”，指行为人对后果的发生持过失的心理状态。

三、要点辨析

1. 本罪罪与非罪的界限。构成本罪应同时具备两个要件：一是“丢失枪支不及时报告”，二是必须“造成严重后果”。

2. 本罪行为人对丢失枪支的状态，应当是已经“明知”，或者应当知道枪支已经丢失，而故意不报告。

四、罪名变迁

本罪是1997年《刑法》增设的罪名，1979年《刑法》和单行刑法均没有规定此罪名。

类罪名：危害公共安全罪　罪名：非法携带枪支、弹药、管制刀具、危险物品危及公共安全罪	
量刑标准	**情节严重的**　处3年以下有期徒刑、拘役或者管制。

法律依据

一、《刑法》条文

第一百三十条　非法携带枪支、弹药、管制刀具或者爆炸性、易燃性、放射性、毒害性、腐蚀性物品，进入公共场所或者公共交通工具，危及公共安全，情节严重的，处三年以下有期徒刑、拘役或者管制。

二、相关法律

《中华人民共和国枪支管理法》（2015年4月24日修正）

第四十四条第一款　违反本法规定，有下列行为之一的，由公安机关对个人或者单位负有直接责任的主管人员和其他直接责任人员处警告或者十

五日以下拘留;构成犯罪的,依法追究刑事责任:

(二)在禁止携带枪支的区域、场所携带枪支的;

第四十六条　本法所称枪支,是指以火药或者压缩气体等为动力,利用管状器具发射金属弹丸或者其他物质,足以致人伤亡或者丧失知觉的各种枪支。

《中华人民共和国铁路法》(2015 年 4 月 24 日修正)

第六十条　违反本法规定,携带危险品进站上车或者以非危险品品名托运危险品,导致发生重大事故的,依照刑法有关规定追究刑事责任。企业事业单位、国家机关、社会团体犯本款罪的,处以罚金,对其主管人员和直接责任人员依法追究刑事责任。

携带炸药、雷管或者非法携带枪支子弹、管制刀具进站上车的,依照刑法有关规定追究刑事责任。

三、相关司法解释/文件

《最高人民检察院、公安部关于公安机关管辖的刑事案件立案追诉标准的规定(一)》(2008 年 6 月 25 日　公通字〔2008〕36 号)

第七条　[非法携带枪支、弹药、管制刀具、危险物品危及公共安全案(刑法第一百三十条)]非法携带枪支、弹药、管制刀具或者爆炸性、易燃性、放射性、毒害性、腐蚀性物品,进入公共场所或者公共交通工具,危及公共安全,涉嫌下列情形之一的,应予立案追诉:

(一)携带枪支一支以上或者手榴弹、炸弹、地雷、手雷等具有杀伤性弹药一枚以上的;

(二)携带爆炸装置一套以上的;

(三)携带炸药、发射药、黑火药五百克以上或者烟火药一千克以上、雷管二十枚以上或者导火索、导爆索二十米以上,或者虽未达到上述数量标准,但拒不交出的;

(四)携带的弹药、爆炸物在公共场所或者公共交通工具上发生爆炸或者燃烧,尚未造成严重后果的;

(五)携带管制刀具二十把以上,或者虽未达到上述数量标准,但拒不交出,或者用来进行违法活动尚未构成其他犯罪的;

(六)携带的爆炸性、易燃性、放射性、毒害性、腐蚀性物品在公共场所或者公共交通工具上发生泄漏、遗洒,尚未造成严重后果的;

(七)其他情节严重的情形。

《最高人民法院关于审理非法制造、买卖、运输枪支、弹药、爆炸物等刑事案件具体应用法律若干问题的解释》(2009 年 11 月 16 日　法释〔2009〕18 号)

第六条　非法携带枪支、弹药、爆炸物进入公共场所或者公共交通工具,危及公共安全,具有下列情形之一的,属于刑法第一百三十条规定的“情节严重”:

(一)携带枪支或者手榴弹的;

(二)携带爆炸装置的;

(三)携带炸药、发射药、黑火药五百克以上或者烟火药一千克以上、雷管二十枚以上或者导火索、导爆索二十米以上的;

(四)携带的弹药、爆炸物在公共场所或者公共交通工具上发生爆炸或者燃烧,尚未造成严重后果的;

(五)具有其他严重情节的。

行为人非法携带本条第一款第(三)项规定的爆炸物进入公共场所或者公共交通工具,虽未达到上述数量标准,但拒不交出的,依照刑法第一百三十条的规定定罪处罚;携带的数量达到最低数量标准,能够主动、全部交出的,可不以犯罪论处。

第七条　非法制造、买卖、运输、邮寄、储存、盗窃、抢夺、持有、私藏、携带成套枪支散件的,以相应数量的枪支计;非成套枪支散件以每三十件为一成套枪支散件计。

《最高人民法院、最高人民检察院、公安部、司法部、国家卫生和计划生育委员会关于依法惩处涉医违法犯罪维护正常医疗秩序的意见》(2014 年 4 月 22 日　法发〔2014〕5 号)

二、严格依法惩处涉医违法犯罪

(五)非法携带枪支、弹药、管制器具或者爆炸性、放射性、毒害性、腐蚀性物品进入医疗机构的,依照治安管理处罚法第三十条、第三十二条的规定处罚;危及公共安全情节严重,构成非法携带枪支、弹药、管制刀具、危险物品危及公共安全罪的,依照刑法的有关规定定罪处罚。

要义辨析

一、概念

本罪是指非法携带枪支、弹药和管制刀具或者危险物品进入公共场所或者公共交通工具，危及公共安全，情节严重的行为。

二、构成要件

1. 本罪侵犯的客体是国家对公共场所或者公共交通工具的正常管理活动，以及公民的人身、财产安全。

2. 客观方面表现为非法携带枪支、弹药、管制刀具或者具有爆炸性、易燃性、放射性、毒害性、腐蚀性物品，进入公共场所或公共交通工具，危及公共安全，情节严重的行为。

3. 本罪的犯罪主体为一般主体，凡达到刑事责任年龄、具有刑事责任能力的自然人均可成为本罪的犯罪主体。

4. 主观方面由故意构成，即行为人明知自己不能携带枪支、弹药和危险物品进入公共场所或公共交通工具的规定，仍违法携带。"公共场所"，指社会公众活动和出入场所，如车站、机场、广场、公园、影剧院等。"公共交通工具"，指用于公共交通运输的工具，如地铁、列车、公交车、飞机、轮船等。

三、要点辨析

1. 本罪是行为犯，但是考虑情节和后果来认定犯罪。以情节严重作为犯罪要件。

2. 注意本罪罪与非罪的界限。对不是出于故意携带而误带危险物品的，数量很少，能马上主动交出的，可不按本罪处理。

3. 注意本罪与私藏枪支弹药罪的区别。本罪客观方面表现为带入公共场所和交通工具，危及公共交通安全和旅客人身安全。而私藏枪支弹药罪则是在自己私密地方持有。

4. 对于有证据证明其携带上述危险物品，进入公共场所或公共交通工具中，是为了实施故意杀人、伤害、爆炸、抢劫、绑架等犯罪活动而预备的，应以相应其他犯罪论处，不按本罪定性。

四、罪名变迁

本罪是1997年《刑法》增设的罪名，1979年《刑法》和单行刑法均没有规定此罪名。

类罪名：危害公共安全罪	罪名：重大飞行事故罪
量刑标准	**造成严重后果的**　处3年以下有期徒刑或者拘役；
	造成飞机坠毁或者人员死亡的　处3年以上7年以下有期徒刑。

法律依据

一、《刑法》条文

第一百三十一条　航空人员违反规章制度，致使发生重大飞行事故，造成严重后果的，处三年以下有期徒刑或者拘役；造成飞机坠毁或者人员死亡的，处三年以上七年以下有期徒刑。

二、相关法律

《中华人民共和国民用航空法》(2021年4月29日修正)

第一百九十九条　航空人员玩忽职守，或者违反规章制度，导致发生重大飞行事故，造成严重后果的，依照刑法有关规定追究刑事责任。

要义辨析

一、概念

本罪是指航空人员违反规章制度,致使发生重大飞行事故,造成严重后果的行为。

二、构成要件

1. 本罪侵犯的客体是航空飞行运输安全,即不特定多数旅客和机组人员的生命、健康、运载物品和航空器的安全,以及地面上的人员和财产的安全。

2. 客观方面表现为航空人员违反有关规章制度,致使发生重大飞行事故,造成严重后果的行为。

3. 犯罪主体是特定主体,即只有航空人员才能构成本罪,包括空勤人员和地勤人员。

4. 主观方面由过失构成,包括疏忽大意和过于自信的两种过失。

三、要点辨析

1. 本罪是过失犯罪,必须是有特定职责的人,违反了航空管理的规章制度,致使发生重大飞行事故的后果,才构成犯罪。分析犯罪构成要注意:(1)行为人有无违反规章制度;(2)主观上有无过失;(3)行为有无造成严重后果;(4)行为与损害后果之间有无因果关系。

2. 本罪是结果犯。根据后果确定是否应当追究刑事责任。必须发生重大飞行事故才能构成本罪。"特别重大飞行事故"则作为上一档次量刑参考,"一般飞行事故"则达不到刑事追究标准。因此,本罪的事故等级认定,是刑事侦查的必要环节。

3. 本罪与"暴力危及飞行安全罪"的区别。(1)本罪是特定主体,后者是一般主体;(2)本罪是结果犯,有后果才构成犯罪,后者是行为犯;(3)本罪是过失,后者是故意犯罪。

四、罪名变迁

本罪是1997年《刑法》增设的罪名,1979年《刑法》和单行刑法均没有此罪名。

类罪名:危害公共安全罪	**罪名:铁路运营安全事故罪**
量刑标准	造成严重后果的　处3年以下有期徒刑或者拘役;
	造成特别严重后果的　处3年以上7年以下有期徒刑。

法律依据

一、《刑法》条文

第一百三十二条　铁路职工违反规章制度,致使发生铁路运营安全事故,造成严重后果的,处三年以下有期徒刑或者拘役;造成特别严重后果的,处三年以上七年以下有期徒刑。

二、相关法律

《中华人民共和国铁路法》(2015年4月24日修正)

第七十一条　铁路职工玩忽职守、违反规章制度造成铁路运营事故的,滥用职权、利用办理运输业务之便谋取私利的,给予行政处分;情节严重、构成犯罪的,依照刑法有关规定追究刑事责任。

三、相关司法解释

《最高人民法院、最高人民检察院关于办理危害生产安全刑事案件适用法律若干问题的解释》(2015年12月14日　法释〔2015〕22号)

第六条　实施刑法第一百三十二条、第一百三十四条第一款、第一百三十五条、第一百三十五条之一、第一百三十六条、第一百三十九条规定的行为,因而发生安全事故,具有下列情形之一的,应当认定为"造成严重后果"或者"发生重大伤亡事故或者造成其他严重后果",对相关责任人员,处三年以下有期徒刑或者拘役:

(一)造成死亡一人以上,或者重伤三人以上的;

（二）造成直接经济损失一百万元以上的；

（三）其他造成严重后果或者重大安全事故的情形。

实施刑法第一百三十四条第二款规定的行为，因而发生安全事故，具有本条第一款规定情形的，应当认定为“发生重大伤亡事故或者造成其他严重后果”，对相关责任人员，处五年以下有期徒刑或者拘役。

实施刑法第一百三十七条规定的行为，因而发生安全事故，具有本条第一款规定情形的，应当认定为“造成重大安全事故”，对直接责任人员，处五年以下有期徒刑或者拘役，并处罚金。

实施刑法第一百三十八条规定的行为，因而发生安全事故，具有本条第一款第一项规定情形的，应当认定为“发生重大伤亡事故”，对直接责任人员，处三年以下有期徒刑或者拘役。

第七条 实施刑法第一百三十二条、第一百三十四条第一款、第一百三十五条、第一百三十五条之一、第一百三十六条、第一百三十九条规定的行为，因而发生安全事故，具有下列情形之一的，对相关责任人员，处三年以上七年以下有期徒刑：

（一）造成死亡三人以上或者重伤十人以上，负事故主要责任的；

（二）造成直接经济损失五百万元以上，负事故主要责任的；

（三）其他造成特别严重后果、情节特别恶劣或者后果特别严重的情形。

实施刑法第一百三十四条第二款规定的行为，因而发生安全事故，具有本条第一款规定情形的，对相关责任人员，处五年以上有期徒刑。

实施刑法第一百三十七条规定的行为，因而发生安全事故，具有本条第一款规定情形的，对直接责任人员，处五年以上十年以下有期徒刑，并处罚金。

实施刑法第一百三十八条规定的行为，因而发生安全事故，具有下列情形之一的，对直接责任人员，处三年以上七年以下有期徒刑：

（一）造成死亡三人以上或者重伤十人以上，负事故主要责任的；

（二）具有本解释第六条第一款第一项规定情形，同时造成直接经济损失五百万元以上并负事故主要责任的，或者同时造成恶劣社会影响的。

第十二条 实施刑法第一百三十二条、第一百三十四条至第一百三十九条之一规定的犯罪行为，具有下列情形之一的，从重处罚：

（一）未依法取得安全许可证件或者安全许可证件过期、被暂扣、吊销、注销后从事生产经营活动的；

（二）关闭、破坏必要的安全监控和报警设备的；

（三）已经发现事故隐患，经有关部门或者个人提出后，仍不采取措施的；

（四）一年内曾因危害生产安全违法犯罪活动受过行政处罚或者刑事处罚的；

（五）采取弄虚作假、行贿等手段，故意逃避、阻挠负有安全监督管理职责的部门实施监督检查的；

（六）安全事故发生后转移财产意图逃避承担责任的；

（七）其他从重处罚的情形。

实施前款第五项规定的行为，同时构成刑法第三百八十九条规定的犯罪的，依照数罪并罚的规定处罚。

第十三条 实施刑法第一百三十二条、第一百三十四条至第一百三十九条之一规定的犯罪行为，在安全事故发生后积极组织、参与事故抢救，或者积极配合调查、主动赔偿损失的，可以酌情从轻处罚。

第十四条 国家工作人员违反规定投资入股生产经营，构成本解释规定的有关犯罪的，或者国家工作人员的贪污、受贿犯罪行为与安全事故发生存在关联性的，从重处罚；同时构成贪污、受贿犯罪和危害生产安全犯罪的，依照数罪并罚的规定处罚。

第十六条 对于实施危害生产安全犯罪适用缓刑的犯罪分子，可以根据犯罪情况，禁止其在缓刑考验期限内从事与安全生产相关联的特定活动；对于被判处刑罚的犯罪分子，可以根据犯罪情况和预防再犯罪的需要，禁止其自刑罚执行完毕之日或者假释之日起三年至五年内从事与安全生产相关的职业。

要义辨析

一、概念

本罪是指铁路职工违反规章制度,致使发生铁路安全运营事故,并造成严重后果的行为。

二、构成要件

1. 本罪侵犯的客体是铁路运输安全和铁路运输的正常秩序。

2. 客观方面表现为铁路职工违反保障铁路运输安全管理的有关规章制度,致使发生铁路运营安全事故,造成严重后果的行为。

3. 犯罪主体为特殊主体,即只有铁路职工才能构成本罪。

4. 主观方面由过失构成,包括疏忽大意的过失和过于自信的过失。

三、要点辨析

1. 本罪是过失犯罪,必须是有特定职责的人,由于"违反规章制度",致使铁路运营列车发生事故,才构成犯罪。以违反规章制度作为构罪的必要条件。分析犯罪构成要注意:(1)行为人有无违反规章制度;(2)主观上有无过失;(3)行为有无造成严重后果;(4)行为与损害后果之间有无因果关系。

2. 本罪是结果犯。根据后果确定是否应当追究刑事责任。"发生了安全事故,造成严重后果"作为构成犯罪的要件。所谓严重后果,是指列车出轨、颠覆、爆炸、相撞等事故,造成重大财产损失或者人员伤亡。

3. 本罪与"重大飞行事故罪"有一点区别。本罪并没有要求达到"重大事故"才追究,而是将"造成严重后果的"作为要件。

四、罪名变迁

本罪是 1997 年《刑法》增设的罪名,1979 年《刑法》和单行刑法均没有此罪名。

类罪名:危害公共安全罪 | **罪名:交通肇事罪**	
量刑标准	**构成犯罪的**　处 3 年以下有期徒刑或者拘役;
	肇事后逃逸的或者有其他特别恶劣情节的　处 3 年以上 7 年以下有期徒刑;
	因逃逸致人死亡的　处 7 年以上有期徒刑;
	单位主管人员、车辆所有人、承包人,指使、强令他人违章驾驶,构成犯罪的　依本罪处罚。

法律依据

一、《刑法》条文

第一百三十三条　违反交通运输管理法规,因而发生重大事故,致人重伤、死亡或者使公私财产遭受重大损失的,处三年以下有期徒刑或者拘役;交通运输肇事后逃逸或者有其他特别恶劣情节的,处三年以上七年以下有期徒刑;因逃逸致人死亡的,处七年以上有期徒刑。

二、相关法律

《中华人民共和国道路交通安全法》(2021 年 4 月 29 日修正)

第一百零一条　违反道路交通安全法律、法规的规定,发生重大交通事故,构成犯罪的,依法追究刑事责任,并由公安机关交通管理部门吊销机动车驾驶证。

造成交通事故后逃逸的,由公安机关交通管理部门吊销机动车驾驶证,且终生不得重新取得机动车驾驶证。

第七十三条　公安机关交通管理部门应当根据交通事故现场勘验、检查、调查情况和有关的检验、鉴定结论,及时制作交通事故认定书,作为处理交通事故的证据。交通事故认定书应当载明交通事故的基本事实、成因和当事人的责任,并送达当事人。

第七十四条 对交通事故损害赔偿的争议，当事人可以请求公安机关交通管理部门调解，也可以直接向人民法院提起民事诉讼。

经公安机关交通管理部门调解，当事人未达成协议或者调解书生效后不履行的，当事人可以向人民法院提起民事诉讼。

第七十七条 车辆在道路以外通行时发生的事故，公安机关交通管理部门接到报案的，参照本法有关规定办理。

三、相关行政法规

《中华人民共和国道路交通安全法实施条例》（2017 年 10 月 7 日修订）

第九十一条 公安机关交通管理部门应当根据交通事故当事人的行为对发生交通事故所起的作用以及过错的严重程度，确定当事人的责任。

第九十二条 发生交通事故后当事人逃逸的，逃逸的当事人承担全部责任。但是，有证据证明对方当事人也有过错的，可以减轻责任。

当事人故意破坏、伪造现场、毁灭证据的，承担全部责任。

四、相关司法解释/文件

《最高人民法院关于审理交通肇事刑事案件具体应用法律若干问题的解释》（2000 年 11 月 15 日 法释〔2000〕33 号）

第一条 从事交通运输人员或者非交通运输人员，违反交通运输管理法规发生重大交通事故，在分清事故责任的基础上，对于构成犯罪的，依照刑法第一百三十三条的规定定罪处罚。

第二条 交通肇事具有下列情形之一的，处三年以下有期徒刑或者拘役：

（一）死亡 1 人或者重伤 3 人以上，负事故全部或者主要责任的；

（二）死亡 3 人以上，负事故同等责任的；

（三）造成公共财产或者他人财产直接损失，负事故全部或者主要责任，无能力赔偿数额在 30 万元以上的。

交通肇事致 1 人以上重伤，负事故全部或者主要责任，并具有下列情形之一的，以交通肇事罪定罪处罚：

（一）酒后、吸食毒品后驾驶机动车辆的；

（二）无驾驶资格驾驶机动车辆的；

（三）明知是安全装置不全或者安全机件失灵的机动车辆而驾驶的；

（四）明知是无牌证或者已报废的机动车辆而驾驶的；

（五）严重超载驾驶的；

（六）为逃避法律追究逃离事故现场的。

第三条 “交通运输肇事后逃逸”，是指行为人具有本解释第二条第一款规定和第二款第（一）至（五）项规定的情形之一，在发生交通事故后，为逃避法律追究而逃跑的行为。

第四条 交通肇事具有下列情形之一的，属于“有其他特别恶劣情节”，处三年以上七年以下有期徒刑：

（一）死亡 2 人以上或者重伤 5 人以上，负事故全部或者主要责任的；

（二）死亡 6 人以上，负事故同等责任的；

（三）造成公共财产或者他人财产直接损失，负事故全部或者主要责任，无能力赔偿数额在 60 万元以上的。

第五条 “因逃逸致人死亡”，是指行为人在交通肇事后为逃避法律追究而逃跑，致使被害人因得不到救助而死亡的情形。

交通肇事后，单位主管人员、机动车辆所有人、承包人或者乘车人指使肇事人逃逸，致使被害人因得不到救助而死亡的，以交通肇事罪的共犯论处。

第六条 行为人在交通肇事后为逃避法律追究，将被害人带离事故现场后隐藏或者遗弃，致使被害人无法得到救助而死亡或者严重残疾的，应当分别依照刑法第二百三十二条、第二百三十四条第二款的规定，以故意杀人罪或者故意伤害罪定罪处罚。

第七条 单位主管人员、机动车辆所有人或者机动车辆承包人指使、强令他人违章驾驶造成重大交通事故，具有本解释第二条规定情形之一的，以交通肇事罪定罪处罚。

第八条 在实行公共交通管理的范围内发生重大交通事故的，依照刑法第一百三十三条和本解释的有关规定办理。

在公共交通管理的范围外,驾驶机动车辆或者使用其他交通工具致人伤亡或者致使公共财产或者他人财产遭受重大损失,构成犯罪的,分别依照刑法第一百三十四条、第一百三十五条、第二百三十三条等规定定罪处罚。

第九条 各省、自治区、直辖市高级人民法院可以根据本地实际情况,在30~60万元、60~100万元的幅度内,确定本地区执行本解释第二条第一款第(三)项、第四条第(三)项的起点数额标准,并报最高人民法院备案。

《最高人民法院关于处理自首和立功若干具体问题的意见》(2010年12月22日 法发〔2010〕60号)

一、关于“自动投案”的具体认定

交通肇事后保护现场、抢救伤者,并向公安机关报告的,应认定为自动投案,构成自首的,因上述行为同时系犯罪嫌疑人的法定义务,对其是否从宽、从宽幅度要适当从严掌握。交通肇事逃逸后自动投案,如实供述自己罪行的,应认定为自首,但应依法以较重法定刑为基准,视情况决定对其是否从宽处罚以及从宽处罚的幅度。

《最高人民法院、最高人民检察院关于常见犯罪的量刑指导意见(试行)》(2021年6月16日 法发〔2021〕21号)

四、常见犯罪的量刑

(一)交通肇事罪

1. 构成交通肇事罪的,根据下列情形在相应的幅度内确定量刑起点:

(1)致人重伤、死亡或者使公私财产遭受重大损失的,在二年以下有期徒刑、拘役幅度内确定量刑起点。

(2)交通运输肇事后逃逸或者有其他特别恶劣情节的,在三年至五年有期徒刑幅度内确定量刑起点。

(3)因逃逸致一人死亡的,在七年至十年有期徒刑幅度内确定量刑起点。

2. 在量刑起点的基础上,根据事故责任、致人重伤、死亡的人数或者财产损失的数额以及逃逸等其他影响犯罪构成的犯罪事实增加刑罚量,确定基准刑。

3. 构成交通肇事罪的,综合考虑事故责任、危害后果、赔偿谅解等犯罪事实、量刑情节,以及被告人的主观恶性、人身危险性、认罪悔罪表现等因素,决定缓刑的适用。

要义辨析

一、概念

本罪主要是指从事交通运输的人员,由于违反交通运输规章制度,发生重大事故,致人重伤、死亡或者使公私财产遭受重大损失的行为。

二、构成要件

1. 本罪侵犯的客体是交通运输的正常秩序和安全。

2. 客观方面表现为违法交通管理法规,因而发生重大交通事故,致使人身重伤、死亡或者使公私财产遭受重大损失的行为。

3. 犯罪主体为一般主体,中国人、外国人和无国籍人均可构成本罪的主体。

4. 主观方面由过失构成,包括疏忽大意的过失和过于自信的过失。

三、要点辨析

1. 交通肇事是比较常见的一种过失意外的犯罪。本法条规定了三个层次的量刑标准:肇事的、肇事后逃逸的、逃逸后致人死亡的。前者出于过失,后两者则出于故意,负有抢救事故伤害对象的作为义务,却故意不作为。因此量刑情节逐渐加重。

2. 注意几种不能按本罪定罪处置的情形:

(1)发生了事故但是没有违反交通运输管理法规;

(2)虽然发生了事故,但是没有达到法定应当追究的严重后果。

3. 自行车、三轮车、人力车、畜力车、残疾人专用车等非机动车,发生重大事故,造成人身伤亡的,按本罪论处。

对于本观点,存在不同的意见。一种意见认为,交通肇事罪属于危害公共安全的犯罪,而驾驶非机动车从事交通运输活动,违章肇事,一般只能给特定的个别人造成伤亡或者数量有限的财产损失，不具有危害公共安全的性质，因此不应定交通肇事罪，而应根据具体情况，确定其犯罪的性质，造成他人死亡的，定过失致人死亡罪；造成重伤的，定过失重伤罪。另一种意见认为，它虽一般只能造成特定的个别人的伤亡或者有限的损失，但不能因此而否认其具有危害公共安全的性质，许多城镇交通事故，都直接或间接与非机动车违章行车有关。因此，应当以交通肇事罪论处。本书持第二种意见，司法实践中亦多采用此意见。

4. 本罪与破坏交通工具罪的区别，主要是看是否为故意行为，后者是故意破坏还在使用中的交通工具。本罪是过失起因。故意制造交通事故杀人的，以故意杀人罪论处。

5. 本罪与重大飞行事故罪、铁路运营安全事故罪的区别：一是交通工具种类不同。事故发生场合和载体不同。二是行为主体不同，本罪是驾驶人犯罪，其他两罪是地面管理人员和控制人员犯罪。三是航空运输、铁路运输对行为人要求的特定注意义务内容不同，航空、铁路有更严格规范的操作规程。

6. 本罪与以危险方法危害公共安全罪、用交通工具故意杀人罪、故意伤害罪的区分：一是主观心态不同，一个是过失，一个是故意；二是行为方式不同，一个是在交通运输过程中发生意外事故，一个是将交通工具作为危害公共安全或者故意杀人、故意伤害的犯罪工具，冲撞他人，故意制造危害，并非在从事正常交通运输中出现意外。

7. 本罪与《刑法》第115条“过失以危险方法危害公共安全罪”的区别。两者都是过失犯罪，很多情况下都是车辆肇事，但是基本特征仍有明显不同。（1）交通肇事是有正常的行驶目的，过失以危险方法危害安全，则可能是无目的的、非运输需要的行为导致的后果。（2）交通肇事罪以“违反交通管理法规”为定罪要件之一，且一般要有事故责任认定。而过失以危险方法危害安全罪，主要根据后果的公共安全危害性，不考虑是不是违反了交通法规。司法实践中，过失犯罪，一般不宜拔高定性，以交通肇事定性更为妥当。

8. 关于《交通事故责任认定书》在定罪量刑中的作用。《道路交通安全法实施条例》第91条规定：“公安机关交通管理部门应当根据交通事故当事人的行为对发生交通事故所起的作用以及过错的严重程度，确定当事人的责任。”《道路交通安全法》第73条规定：“公安机关交通管理部门应当根据交通事故现场勘验、检查、调查情况和有关的检验、鉴定结论，及时制作交通事故认定书，作为处理交通事故的证据。交通事故认定书应当载明交通事故的基本事实、成因和当事人的责任，并送达当事人。”第74条规定：“对交通事故损害赔偿的争议，当事人可以请求公安机关交通管理部门调解，也可以直接向人民法院提起民事诉讼。经公安机关交通管理部门调解，当事人未达成协议或者调解书生效后不履行的，当事人可以向人民法院提起民事诉讼。”根据这些法律、法规的规定，公安机关的《交通事故责任认定书》的效力相当于司法鉴定，既有客观鉴定证据的功能，又有行政行为中行政确认的功能。但是对这一行政行为，法律没有提供可诉的救济渠道。没有规定行政复议和重新鉴定的程序。而是直接指引由当事人向法院提起民事诉讼，由法院去判定。据此，对于公安机关出具的《交通事故责任认定书》，法院在刑事审判中一般应作为鉴定证据使用，来确定罪责。但是要进行合法性、真实性、关联性审查，必要时也可以直接由法庭根据审理查明的情况，进行另行委托鉴定认定。

四、罪名变迁

1979年《刑法》第113条对本罪作了规定，1997年《刑法》第133条对本罪的罪状作了修改补充。

类罪名：危害公共安全罪 ｜ 罪名：危险驾驶罪	
量刑标准	**犯本罪的**　处拘役，并处罚金。

法律依据

一、《刑法》条文

第一百三十三条之一 在道路上驾驶机动车,有下列情形之一的,处拘役,并处罚金:

(一)追逐竞驶,情节恶劣的;

(二)醉酒驾驶机动车的;

(三)从事校车业务或者旅客运输,严重超过额定乘员载客,或者严重超过规定时速行驶的;

(四)违反危险化学品安全管理规定运输危险化学品,危及公共安全的。

机动车所有人、管理人对前款第三项、第四项行为负有直接责任的,依照前款的规定处罚。

有前两款行为,同时构成其他犯罪的,依照处罚较重的规定定罪处罚。

二、相关法律

《中华人民共和国道路交通安全法》(2021年4月29日修正)

第九十一条 饮酒后驾驶机动车的,处暂扣六个月机动车驾驶证,并处一千元以上二千元以下罚款。因饮酒后驾驶机动车被处罚,再次饮酒后驾驶机动车的,处十日以下拘留,并处一千元以上二千元以下罚款,吊销机动车驾驶证。

醉酒驾驶机动车的,由公安机关交通管理部门约束至酒醒,吊销机动车驾驶证,依法追究刑事责任;五年内不得重新取得机动车驾驶证。

饮酒后驾驶营运机动车的,处十五日拘留,并处五千元罚款,吊销机动车驾驶证,五年内不得重新取得机动车驾驶证。

醉酒驾驶营运机动车的,由公安机关交通管理部门约束至酒醒,吊销机动车驾驶证,依法追究刑事责任;十年内不得重新取得机动车驾驶证,重新取得机动车驾驶证后,不得驾驶营运机动车。

饮酒后或者醉酒驾驶机动车发生重大交通事故,构成犯罪的,依法追究刑事责任,并由公安机关交通管理部门吊销机动车驾驶证,终生不得重新取得机动车驾驶证。

三、相关司法解释/文件

《最高人民法院、最高人民检察院、公安部、司法部关于办理醉酒危险驾驶刑事案件的意见》(2023年12月13日 高检发办字〔2023〕187号)

第二条 人民法院、人民检察院、公安机关办理醉驾案件,应当全面准确贯彻宽严相济刑事政策,根据案件的具体情节,实行区别对待,做到该宽则宽,当严则严,罚当其罪。

第四条 在道路上驾驶机动车,经呼气酒精含量检测,显示血液酒精含量达到80毫克/100毫升以上的,公安机关应当依照刑事诉讼法和本意见的规定决定是否立案。对情节显著轻微、危害不大,不认为是犯罪的,不予立案。

公安机关应当及时提取犯罪嫌疑人血液样本送检。认定犯罪嫌疑人是否醉酒,主要以血液酒精含量鉴定意见作为依据。

犯罪嫌疑人经呼气酒精含量检测,显示血液酒精含量达到80毫克/100毫升以上,在提取血液样本前脱逃或者找人顶替的,可以以呼气酒精含量检测结果作为认定其醉酒的依据。

犯罪嫌疑人在公安机关依法检查时或者发生道路交通事故后,为逃避法律追究,在呼气酒精含量检测或者提取血液样本前故意饮酒的,可以以查获后血液酒精含量鉴定意见作为认定其醉酒的依据。

第五条 醉驾案件中"道路""机动车"的认定适用道路交通安全法有关"道路""机动车"的规定。

对机关、企事业单位、厂矿、校园、居民小区等单位管辖范围内的路段是否认定为"道路",应当以其是否具有"公共性",是否"允许社会机动车通行"作为判断标准。只允许单位内部机动车、特定来访机动车通行的,可以不认定为"道路"。

第六条 对醉驾犯罪嫌疑人、被告人,根据案件具体情况,可以依法予以拘留或者取保候审。具有下列情形之一的,一般予以取保候审:

(一)因本人受伤需要救治的;

(二)患有严重疾病,不适宜羁押的;

(三)系怀孕或者正在哺乳自己婴儿的妇女;

(四)系生活不能自理的人的唯一扶养人;

(五)其他需要取保候审的情形。

对符合取保候审条件,但犯罪嫌疑人、被告人不能提出保证人,也不交纳保证金的,可以监视居住。对违反取保候审、监视居住规定的犯罪嫌疑人、被告人,情节严重的,可以予以逮捕。

第七条　办理醉驾案件，应当收集以下证据：

（一）证明犯罪嫌疑人情况的证据材料，主要包括人口信息查询记录或者户籍证明等身份证明；驾驶证、驾驶人信息查询记录；犯罪前科记录、曾因饮酒后驾驶机动车被查获或者行政处罚记录、本次交通违法行政处罚决定书等；

（二）证明醉酒检测鉴定情况的证据材料，主要包括呼气酒精含量检测结果、呼气酒精含量检测仪标定证书、血液样本提取笔录、鉴定委托书或者鉴定机构接收检材登记材料、血液酒精含量鉴定意见、鉴定意见通知书等；

（三）证明机动车情况的证据材料，主要包括机动车行驶证、机动车信息查询记录、机动车照片等；

（四）证明现场执法情况的照片，主要包括现场检查机动车、呼气酒精含量检测、提取与封装血液样本等环节的照片，并应当保存相关环节的录音录像资料；

（五）犯罪嫌疑人供述和辩解。

根据案件具体情况，还应当收集以下证据：

（一）犯罪嫌疑人是否饮酒、驾驶机动车有争议的，应当收集同车人员、现场目击证人或者共同饮酒人员等证人证言、饮酒场所及行驶路段监控记录等；

（二）道路属性有争议的，应当收集相关管理人员、业主等知情人员证言、管理单位或者有关部门出具的证明等；

（三）发生交通事故的，应当收集交通事故认定书、事故路段监控记录、人体损伤程度等鉴定意见、被害人陈述等；

（四）可能构成自首的，应当收集犯罪嫌疑人到案经过等材料；

（五）其他确有必要收集的证据材料。

第八条　对犯罪嫌疑人血液样本提取、封装、保管、送检、鉴定等程序，按照公安部、司法部有关道路交通安全违法行为处理程序、鉴定规则等规定执行。

公安机关提取、封装血液样本过程应当全程录音录像。血液样本提取、封装应当做好标记和编号，由提取人、封装人、犯罪嫌疑人在血液样本提取笔录上签字。犯罪嫌疑人拒绝签字的，应当注明。提取的血液样本应当及时送往鉴定机构进行血液酒精含量鉴定。因特殊原因不能及时送检的，应当按照有关规范和技术标准保管检材并在五个工作日内送检。

鉴定机构应当对血液样品制备和仪器检测过程进行录音录像。鉴定机构应当在收到送检血液样本后三个工作日内，按照有关规范和技术标准进行鉴定并出具血液酒精含量鉴定意见，通知或者送交委托单位。

血液酒精含量鉴定意见作为证据使用的，办案单位应当自收到血液酒精含量鉴定意见之日起五个工作日内，书面通知犯罪嫌疑人、被告人、被害人或者其法定代理人。

第九条　具有下列情形之一，经补正或者作出合理解释的，血液酒精含量鉴定意见可以作为定案的依据；不能补正或者作出合理解释的，应当予以排除：

（一）血液样本提取、封装、保管不规范的；

（二）未按规定的时间和程序送检、出具鉴定意见的；

（三）鉴定过程未按规定同步录音录像的；

（四）存在其他瑕疵或者不规范的取证行为的。

第十条　醉驾具有下列情形之一，尚不构成其他犯罪的，从重处理：

（一）造成交通事故且负事故全部或者主要责任的；

（二）造成交通事故后逃逸的；

（三）未取得机动车驾驶证驾驶汽车的；

（四）严重超员、超载、超速驾驶的；

（五）服用国家规定管制的精神药品或者麻醉药品后驾驶的；

（六）驾驶机动车从事客运活动且载有乘客的；

（七）驾驶机动车从事校车业务且载有师生的；

（八）在高速公路上驾驶的；

（九）驾驶重型载货汽车的；

（十）运输危险化学品、危险货物的；

（十一）逃避、阻碍公安机关依法检查的；

（十二）实施威胁、打击报复、引诱、贿买证人、鉴定人等人员或者毁灭、伪造证据等妨害司法行为的；

(十三)二年内曾因饮酒后驾驶机动车被查获或者受过行政处罚的;

(十四)五年内曾因危险驾驶行为被判决有罪或者作相对不起诉的;

(十五)其他需要从重处理的情形。

第十一条 醉驾具有下列情形之一的,从宽处理:

(一)自首、坦白、立功的;

(二)自愿认罪认罚的;

(三)造成交通事故,赔偿损失或者取得谅解的;

(四)其他需要从宽处理的情形。

第十二条 醉驾具有下列情形之一,且不具有本意见第十条规定情形的,可以认定为情节显著轻微、危害不大,依照刑法第十三条、刑事诉讼法第十六条的规定处理:

(一)血液酒精含量不满150毫克/100毫升的;

(二)出于急救伤病人员等紧急情况驾驶机动车,且不构成紧急避险的;

(三)在居民小区、停车场等场所因挪车、停车入位等短距离驾驶机动车的;

(四)由他人驾驶至居民小区、停车场等场所短距离接替驾驶停放机动车的,或者为了交由他人驾驶,自居民小区、停车场等场所短距离驶出的;

(五)其他情节显著轻微的情形。

醉酒后出于急救伤病人员等紧急情况,不得已驾驶机动车,构成紧急避险的,依照刑法第二十一条的规定处理。

第十三条 对公安机关移送审查起诉的醉驾案件,人民检察院综合考虑犯罪嫌疑人驾驶的动机和目的、醉酒程度、机动车类型、道路情况、行驶时间、速度、距离以及认罪悔罪表现等因素,认为属于犯罪情节轻微的,依照刑法第三十七条、刑事诉讼法第一百七十七条第二款的规定处理。

第十四条 对符合刑法第七十二条规定的醉驾被告人,依法宣告缓刑。具有下列情形之一的,一般不适用缓刑:

(一)造成交通事故致他人轻微伤或者轻伤,且负事故全部或者主要责任的;

(二)造成交通事故且负事故全部或者主要责任,未赔偿损失的;

(三)造成交通事故后逃逸的;

(四)未取得机动车驾驶证驾驶汽车的;

(五)血液酒精含量超过180毫克/100毫升的;

(六)服用国家规定管制的精神药品或者麻醉药品后驾驶的;

(七)采取暴力手段抗拒公安机关依法检查,或者实施妨害司法行为的;

(八)五年内曾因饮酒后驾驶机动车被查获或者受过行政处罚的;

(九)曾因危险驾驶行为被判决有罪或者作相对不起诉的;

(十)其他情节恶劣的情形。

第十五条 对被告人判处罚金,应当根据醉驾行为、实际损害后果等犯罪情节,综合考虑被告人缴纳罚金的能力,确定与主刑相适应的罚金数额。起刑点一般不应低于道路交通安全法规定的饮酒后驾驶机动车相应情形的罚款数额;每增加一个月拘役,增加一千元至五千元罚金。

第十六条 醉驾同时构成交通肇事罪、过失以危险方法危害公共安全罪、以危险方法危害公共安全罪等其他犯罪的,依照处罚较重的规定定罪,依法从严追究刑事责任。

醉酒驾驶机动车,以暴力、威胁方法阻碍公安机关依法检查,又构成妨害公务罪、袭警罪等其他犯罪的,依照数罪并罚的规定处罚。

第十七条 犯罪嫌疑人醉驾被现场查获后,经允许离开,再经公安机关通知到案或者主动到案,不认定为自动投案;造成交通事故后保护现场、抢救伤者,向公安机关报告并配合调查的,应当认定为自动投案。

第十八条 根据本意见第十二条第一款、第十三条、第十四条处理的案件,可以将犯罪嫌疑人、被告人自愿接受安全驾驶教育、从事交通志愿服务、社区公益服务等情况作为作出相关处理的考量因素。

第十九条 对犯罪嫌疑人、被告人决定不起诉或者免予刑事处罚的,可以根据案件的不同情况,予以训诫或者责令具结悔过、赔礼道歉、赔偿损失,需要给予行政处罚、处分的,移送有关主管机关处理。

第二十条 醉驾属于严重的饮酒后驾驶机动

车行为。血液酒精含量达到80毫克/100毫升以上,公安机关应当在决定不予立案、撤销案件或者移送审查起诉前,给予行为人吊销机动车驾驶证行政处罚。根据本意见第十二条第一款处理的案件,公安机关还应当按照道路交通安全法规定的饮酒后驾驶机动车相应情形,给予行为人罚款、行政拘留的行政处罚。

人民法院、人民检察院依据本意见第十二条第一款、第十三条处理的案件,对被不起诉人、被告人需要予以行政处罚的,应当提出检察意见或者司法建议,移送公安机关依照前款规定处理。公安机关应当将处理情况通报人民法院、人民检察院。

《最高人民法院关于常见犯罪的量刑指导意见(二)(试行)》(2017年5月1日)

一、八种常见犯罪的量刑

(一)危险驾驶罪

1.构成危险驾驶罪的,可以在一个月至二个月拘役幅度内确定量刑起点。

2.在量刑起点的基础上,可以根据危险驾驶行为等其他影响犯罪构成的犯罪事实增加刑罚量,确定基准刑。

3.对于醉酒驾驶机动车的被告人,应当综合考虑被告人的醉酒程度、机动车类型、车辆行驶道路、行车速度、是否造成实际损害以及认罪悔罪等情况,准确定罪量刑。对于情节显著轻微危害不大的,不予定罪处罚;犯罪情节轻微不需要判处刑罚的,可以免予刑事处罚。

《最高人民法院、最高人民检察院关于常见犯罪的量刑指导意见(试行)》(2021年6月16日 法发〔2021〕21号)

四、常见犯罪的量刑

(二)危险驾驶罪

1.构成危险驾驶罪的,依法在一个月至六个月拘役幅度内确定宣告刑。

2.构成危险驾驶罪的,根据危险驾驶行为、实际损害后果等犯罪情节,综合考虑被告人缴纳罚金的能力,决定罚金数额。

3.构成危险驾驶罪的,综合考虑危险驾驶行为、危害后果等犯罪事实、量刑情节,以及被告人主观恶性、人身危险性、认罪悔罪表现等因素,决定缓刑的适用。

要义辨析

一、概念

本罪是指违反道路交通安全管理法规,在道路上驾驶机动车追逐竞驶,情节恶劣,或者在道路上醉酒驾驶机动车,或者严重超载超速等行为。

二、构成要件

1.本罪侵犯的客体是道路交通安全和公共安全。

2.在客观方面表现为违反道路交通安全管理法规,在道路上驾驶机动车追逐竞驶,情节恶劣,或者在道路上醉酒驾驶机动车的行为;此外,《刑法修正案(九)》增加了两项行为:一是从事校车业务或者旅客运输,严重超过额定乘员载客;二是严重超过规定时速行驶的和违反危险化学品安全管理规定运输危险化学品,危及公共安全的行为。

3.本罪的犯罪主体为特殊主体,即只有驾驶机动车的人,才可以构成本罪的主体。

4.主观方面表现为故意,即明知在道路上驾驶机动车危险而故意追逐竞驶,或者明知自己醉酒,仍然违反道路交通安全法律法规进行驾驶,或者故意超载超速,或者明知危险化学品运输而不做好安全防范措施。

三、要点辨析

1.注意区分酒后驾驶与醉酒驾驶的不同。醉驾入罪,关键在于"醉驾"的判断标准。认定醉驾构成危险驾驶罪,应以公安机关血液酒精含量检验结果为依据。《公安部交管局关于实施〈车辆驾驶人员血液呼气酒精含量阈值与检验〉国家标准的通知》(公交管〔2011〕51号)有明确标准:驾驶员血液中的酒精含量大于或者等于20mg/100ml,小于80mg/100ml属于酒后驾车行为;血液中的酒精含量大于或者等于80mg/100ml就属于醉酒驾车。因此,只要驾驶员血液中酒精含量大于或等于20mg/100ml的,就属于酒后驾驶,违反交通管理法规;大于80mg/100ml的,属于醉酒驾驶,触犯刑事法律。

2.本罪与交通肇事罪的区别。本罪通常属于行为犯,不需要有后果发生。而交通肇事罪在犯罪形态上则属于结果犯,不仅要求行为人实施了具体犯罪构成要件的行为,而且必须发生了法律规定的犯罪结果。

四、罪名变迁

本罪是为了遏制近年来危险竞驶、醉酒驾车现象的高发,根据《刑法修正案(八)》新增加的罪名,纳入《刑法》第133条。《刑法修正案(九)》又增加了两种危险驾驶行为,即校车超载行为和危险化学品不当运输问题。经过两次修正,《刑法》比较全面地概括了所有的危险驾驶行为。

类罪名:危害公共安全罪	罪名:妨害安全驾驶罪
量刑标准	**构成本罪的** 处1年以下有期徒刑、拘役或者管制,并处或者单处罚金。
	同时构成其他犯罪的 依照处罚较重的规定定罪处罚

法律依据

一、《刑法》条文

第一百三十三条之二 对行驶中的公共交通工具的驾驶人员使用暴力或者抢控驾驶操纵装置,干扰公共交通工具正常行驶,危及公共安全的,处一年以下有期徒刑、拘役或者管制,并处或者单处罚金。

前款规定的驾驶人员在行驶的公共交通工具上擅离职守,与他人互殴或者殴打他人,危及公共安全的,依照前款的规定处罚。

有前两款行为,同时构成其他犯罪的,依照处罚较重的规定定罪处罚。

二、相关司法解释/文件

《最高人民法院、最高人民检察院、公安部关于依法惩治妨害公共交通工具安全驾驶违法犯罪行为的指导意见》(2019年1月8日)

一、准确认定行为性质,依法从严惩处妨害安全驾驶犯罪

(一)乘客在公共交通工具行驶过程中,抢夺方向盘、变速杆等操纵装置,殴打、拉拽驾驶人员,或者有其他妨害安全驾驶行为,危害公共安全,尚未造成严重后果的,依照刑法第一百一十四条的规定,以以危险方法危害公共安全罪定罪处罚;致人重伤、死亡或者使公私财产遭受重大损失的,依照刑法第一百一十五条第一款的规定,以以危险方法危害公共安全罪定罪处罚。

实施前款规定的行为,具有以下情形之一的,从重处罚:

1. 在夜间行驶或者恶劣天气条件下行驶的公共交通工具上实施的;

2. 在临水、临崖、急弯、陡坡、高速公路、高架道路、桥隧路段及其他易发生危险的路段实施的;

3. 在人员、车辆密集路段实施的;

4. 在实际载客10人以上或者时速60公里以上的公共交通工具上实施的;

5. 经他人劝告、阻拦后仍然继续实施的;

6. 持械袭击驾驶人员的;

7. 其他严重妨害安全驾驶的行为。

实施上述行为,即使尚未造成严重后果,一般也不得适用缓刑。

(二)乘客在公共交通工具行驶过程中,随意殴打其他乘客,追逐、辱骂他人,或者起哄闹事,妨害公共交通工具运营秩序,符合刑法第二百九十三条规定的,以寻衅滋事罪定罪处罚;妨害公共交通工具安全行驶,危害公共安全的,依照刑法第一百一十四条、第一百一十五条第一款的规定,以以危险方法危害公共安全罪定罪处罚。

(三)驾驶人员在公共交通工具行驶过程中,与乘客发生纷争后违规操作或者擅离职守,与乘客厮打、互殴,危害公共安全,尚未造成严重后果的,依照刑法第一百一十四条的规定,以以危险方法危害公共安全罪定罪处罚;致人重伤、死亡或者使公私财产遭受重大损失的,依照刑法第一百一十五条

第一款的规定,以以危险方法危害公共安全罪定罪处罚。

(四)对正在进行的妨害安全驾驶的违法犯罪行为,乘客等人员有权采取措施予以制止。制止行为造成违法犯罪行为人损害,符合法定条件的,应当认定为正当防卫。

(五)正在驾驶公共交通工具的驾驶人员遭到妨害安全驾驶行为侵害时,为避免公共交通工具倾覆或者人员伤亡等危害后果发生,采取紧急制动或者躲避措施,造成公共交通工具、交通设施损坏或者人身损害,符合法定条件的,应当认定为紧急避险。

(六)以暴力、威胁方法阻碍国家机关工作人员依法处置妨害安全驾驶违法犯罪行为、维护公共交通秩序的,依照刑法第二百七十七条的规定,以妨害公务罪定罪处罚;暴力袭击正在依法执行职务的人民警察的,从重处罚。

(七)本意见所称公共交通工具,是指公共汽车、公路客运车,大、中型出租车等车辆。

二、加强协作配合,有效维护公共交通安全秩序

妨害公共交通工具安全驾驶行为具有高度危险性,极易诱发重大交通事故,造成重大人身伤亡、财产损失,严重威胁公共安全。各级人民法院、人民检察院和公安机关要高度重视妨害安全驾驶行为的现实危害,深刻认识维护公共交通秩序对于保障人民群众生命财产安全与社会和谐稳定的重大意义,准确认定行为性质,依法从严惩处,充分发挥刑罚的震慑、教育作用,预防、减少妨害安全驾驶不法行为发生。

公安机关接到妨害安全驾驶相关警情后要及时处警,采取果断措施予以处置;要妥善保护事发现场,全面收集、提取证据,特别是注意收集行车记录仪、道路监控等视听资料。人民检察院应当对公安机关的立案、侦查活动进行监督;对于公安机关提请批准逮捕、移送审查起诉的案件,符合逮捕、起诉条件的,应当依法予以批捕、起诉。人民法院应当及时公开、公正审判。对于妨害安全驾驶行为构成犯罪的,严格依法追究刑事责任;尚不构成犯罪但构成违反治安管理行为的,依法给予治安管理处罚。

在办理案件过程中,人民法院、人民检察院和公安机关要综合考虑公共交通工具行驶速度、通行路段情况、载客情况、妨害安全驾驶行为的严重程度及对公共交通安全的危害大小、行为人认罪悔罪表现等因素,全面准确评判,充分彰显强化保障公共交通安全的价值导向。

三、强化宣传警示教育,提升公众交通安全意识

人民法院、人民检察院、公安机关要积极回应人民群众关切,对于社会影响大、舆论关注度高的重大案件,在依法办案的同时要视情向社会公众发布案件进展情况。要广泛拓展传播渠道,尤其是充分运用微信公众号、微博等网络新媒体,及时通报案件信息、澄清事实真相,借助焦点案事件向全社会传递公安和司法机关坚决惩治妨害安全驾驶违法犯罪的坚定决心,提升公众的安全意识、规则意识和法治意识。

办案单位要切实贯彻"谁执法、谁普法"的普法责任制,以各种有效形式开展以案释法,选择妨害安全驾驶犯罪的典型案例进行庭审直播,或者邀请专家学者、办案人员进行解读,阐明妨害安全驾驶行为的违法性、危害性。要坚持弘扬社会正气,选择及时制止妨害安全驾驶行为的见义勇为事例进行褒扬,向全社会广泛宣传制止妨害安全驾驶行为的正当性、必要性。

各地各相关部门要认真贯彻执行。执行中遇有问题,请及时上报。

要义辨析

一、概念

本罪是指对行驶中的公共交通工具的驾驶人员使用暴力或者抢控驾驶操纵装置,干扰公共交通工具正常行驶,危及公共安全的行为,或者,驾驶人员在行驶的公共交通工具上擅离职守,与他人互殴或者殴打他人,危及公共安全的行为。

二、构成要件

1. 本罪侵犯的客体是交通运输的正常秩序和

安全。

2. 本罪客观方面表现为对行驶中的公共交通工具的驾驶人员使用暴力或者抢控驾驶操纵装置，干扰公共交通工具正常行驶，危及公共安全的行为；或者，驾驶人员在行驶的公共交通工具上擅离职守，与他人互殴或者殴打他人，危及公共安全的行为。

3. 犯罪主体为一般主体，凡达到刑事责任年龄、具有刑事责任能力的自然人均可成为本罪的犯罪主体。本罪刑法条文第一款中的犯罪主体通常是公共交通工具上的乘客等人员。本罪刑法条文第二款中的犯罪主体是公共交通工具的驾驶人员。

4. 主观方面由故意构成，包括直接故意和间接故意。

三、要义辨析

1. 罪与非罪的界限。

对于妨害安全驾驶的犯罪，其行为不仅要干扰公共交通工具正常行驶，而且还要达到危及公共安全的后果，对于情节轻微、危害不大的行为，不应当按照犯罪来处理。

2. 本罪与正当防卫、紧急避险的界限。

根据《最高人民法院、最高人民检察院、公安部关于依法惩治妨害公共交通工具安全驾驶违法犯罪行为的指导意见》规定，对于正在进行的妨害安全驾驶的违法犯罪行为，乘客等人员有权采取措施予以制止，制止行为造成违法犯罪行为人损害，符合法定条件的，应当认定为正当防卫。正在驾驶公共交通工具的驾驶人员遭到妨害安全驾驶行为侵害时，为避免公共交通工具倾覆或者人员伤亡等危害后果发生，采取紧急制动或者躲避措施，造成公共交通工具、交通设施损坏或者人身损害，符合法定条件的，应当认定为紧急避险。

四、罪名变迁

本罪是《刑法修正案十一》新增加的罪名。

类罪名:危害公共安全罪	罪名:重大责任事故罪
量刑标准	**构成犯罪的**　处3年以下有期徒刑或者拘役;
	情节特别恶劣的　处3年以上7年以下有期徒刑。

法律依据

一、《刑法》条文

第一百三十四条第一款　在生产、作业中违反有关安全管理的规定，因而发生重大伤亡事故或者造成其他严重后果的，处三年以下有期徒刑或者拘役；情节特别恶劣的，处三年以上七年以下有期徒刑。

二、相关法律

《中华人民共和国建筑法》(2019年4月23日修正)

第七十一条第一款　建筑施工企业违反本法规定，对建筑安全事故隐患不采取措施予以消除的，责令改正，可以处以罚款；情节严重的，责令停业整顿，降低资质等级或者吊销资质证书；构成犯罪的，依法追究刑事责任。

《中华人民共和国安全生产法》(2021年6月10日修正)

第九十三条　生产经营单位的决策机构、主要负责人或者个人经营的投资人不依照本法规定保证安全生产所必需的资金投入，致使生产经营单位不具备安全生产条件的，责令限期改正，提供必需的资金；逾期未改正的，责令生产经营单位停产停业整顿。

有前款违法行为，导致发生生产安全事故的，对生产经营单位的主要负责人给予撤职处分，对个人经营的投资人处二万元以上二十万元以下的罚款；构成犯罪的，依照刑法有关规定追究刑事责任。

第九十四条　生产经营单位的主要负责人未履行本法规定的安全生产管理职责的，责令限期改正，处二万元以上五万元以下的罚款；逾期未改正的，处五万元以上十万元以下的罚款，责令生产经营单位停产停业整顿。

生产经营单位的主要负责人有前款违法行为，导致发生生产安全事故的，给予撤职处分；构成犯罪的，依照刑法有关规定追究刑事责任。

生产经营单位的主要负责人依照前款规定受刑事处罚或者撤职处分的，自刑罚执行完毕或者受处分之日起，五年内不得担任任何生产经营单位的主要负责人；对重大、特别重大生产安全事故负有责任的，终身不得担任本行业生产经营单位的主要负责人。

第九十五条　生产经营单位的主要负责人未履行本法规定的安全生产管理职责，导致发生生产安全事故的，由应急管理部门依照下列规定处以罚款：

（一）发生一般事故的，处上一年年收入百分之四十的罚款；

（二）发生较大事故的，处上一年年收入百分之六十的罚款；

（三）发生重大事故的，处上一年年收入百分之八十的罚款；

（四）发生特别重大事故的，处上一年年收入百分之一百的罚款。

第九十六条　生产经营单位的其他负责人和安全生产管理人员未履行本法规定的安全生产管理职责的，责令限期改正，处一万元以上三万元以下的罚款；导致发生生产安全事故的，暂停或者吊销其与安全生产有关的资格，并处上一年年收入百分之二十以上百分之五十以下的罚款；构成犯罪的，依照刑法有关规定追究刑事责任。

第九十七条　生产经营单位有下列行为之一的，责令限期改正，处十万元以下的罚款；逾期未改正的，责令停产停业整顿，并处十万元以上二十万元以下的罚款，对其直接负责的主管人员和其他直接责任人员处二万元以上五万元以下的罚款：

（一）未按照规定设置安全生产管理机构或者配备安全生产管理人员、注册安全工程师的；

（二）危险物品的生产、经营、储存、装卸单位以及矿山、金属冶炼、建筑施工、运输单位的主要负责人和安全生产管理人员未按照规定经考核合格的；

（三）未按照规定对从业人员、被派遣劳动者、实习学生进行安全生产教育和培训，或者未按照规定如实告知有关的安全生产事项的；

（四）未如实记录安全生产教育和培训情况的；

（五）未将事故隐患排查治理情况如实记录或者未向从业人员通报的；

（六）未按照规定制定生产安全事故应急救援预案或者未定期组织演练的；

（七）特种作业人员未按照规定经专门的安全作业培训并取得相应资格，上岗作业的。

第九十八条　生产经营单位有下列行为之一的，责令停止建设或者停产停业整顿，限期改正，并处十万元以上五十万元以下的罚款，对其直接负责的主管人员和其他直接责任人员处二万元以上五万元以下的罚款；逾期未改正的，处五十万元以上一百万元以下的罚款，对其直接负责的主管人员和其他直接责任人员处五万元以上十万元以下的罚款；构成犯罪的，依照刑法有关规定追究刑事责任：

（一）未按照规定对矿山、金属冶炼建设项目或者用于生产、储存、装卸危险物品的建设项目进行安全评价的；

（二）矿山、金属冶炼建设项目或者用于生产、储存、装卸危险物品的建设项目没有安全设施设计或者安全设施设计未按照规定报经有关部门审查同意的；

（三）矿山、金属冶炼建设项目或者用于生产、储存、装卸危险物品的建设项目的施工单位未按照批准的安全设施设计施工的；

（四）矿山、金属冶炼建设项目或者用于生产、储存、装卸危险物品的建设项目竣工投入生产或者使用前，安全设施未经验收合格的。

第九十九条　生产经营单位有下列行为之一的，责令限期改正，处五万元以下的罚款；逾期未改正的，处五万元以上二十万元以下的罚款，对其直接负责的主管人员和其他直接责任人员处一万元以上二万元以下的罚款；情节严重的，责令停产停业整顿；构成犯罪的，依照刑法有关规定追究刑事

责任:

(一)未在有较大危险因素的生产经营场所和有关设施、设备上设置明显的安全警示标志的;

(二)安全设备的安装、使用、检测、改造和报废不符合国家标准或者行业标准的;

(三)未对安全设备进行经常性维护、保养和定期检测的;

(四)关闭、破坏直接关系生产安全的监控、报警、防护、救生设备、设施,或者篡改、隐瞒、销毁其相关数据、信息的;

(五)未为从业人员提供符合国家标准或者行业标准的劳动防护用品的;

(六)危险物品的容器、运输工具,以及涉及人身安全、危险性较大的海洋石油开采特种设备和矿山井下特种设备未经具有专业资质的机构检测、检验合格,取得安全使用证或者安全标志,投入使用的;

(七)使用应当淘汰的危及生产安全的工艺、设备的;

(八)餐饮等行业的生产经营单位使用燃气未安装可燃气体报警装置的。

第一百条 未经依法批准,擅自生产、经营、运输、储存、使用危险物品或者处置废弃危险物品的,依照有关危险物品安全管理的法律、行政法规的规定予以处罚;构成犯罪的,依照刑法有关规定追究刑事责任。

第一百零一条 生产经营单位有下列行为之一的,责令限期改正,处十万元以下的罚款;逾期未改正的,责令停产停业整顿,并处十万元以上二十万元以下的罚款,对其直接负责的主管人员和其他直接责任人员处二万元以上五万元以下的罚款;构成犯罪的,依照刑法有关规定追究刑事责任:

(一)生产、经营、运输、储存、使用危险物品或者处置废弃危险物品,未建立专门安全管理制度、未采取可靠的安全措施的;

(二)对重大危险源未登记建档,未进行定期检测、评估、监控,未制定应急预案,或者未告知应急措施的;

(三)进行爆破、吊装、动火、临时用电以及国务院应急管理部门会同国务院有关部门规定的其他危险作业,未安排专门人员进行现场安全管理的;

(四)未建立安全风险分级管控制度或者未按照安全风险分级采取相应管控措施的;

(五)未建立事故隐患排查治理制度,或者重大事故隐患排查治理情况未按照规定报告的。

第一百零二条 生产经营单位未采取措施消除事故隐患的,责令立即消除或者限期消除,处五万元以下的罚款;生产经营单位拒不执行的,责令停产停业整顿,对其直接负责的主管人员和其他直接责任人员处五万元以上十万元以下的罚款;构成犯罪的,依照刑法有关规定追究刑事责任。

第一百零三条 生产经营单位将生产经营项目、场所、设备发包或者出租给不具备安全生产条件或者相应资质的单位或者个人的,责令限期改正,没收违法所得;违法所得十万元以上的,并处违法所得二倍以上五倍以下的罚款;没有违法所得或者违法所得不足十万元的,单处或者并处十万元以上二十万元以下的罚款;对其直接负责的主管人员和其他直接责任人员处一万元以上二万元以下的罚款;导致发生生产安全事故给他人造成损害的,与承包方、承租方承担连带赔偿责任。

生产经营单位未与承包单位、承租单位签订专门的安全生产管理协议或者未在承包合同、租赁合同中明确各自的安全生产管理职责,或者未对承包单位、承租单位的安全生产统一协调、管理的,责令限期改正,处五万元以下的罚款,对其直接负责的主管人员和其他直接责任人员处一万元以下的罚款;逾期未改正的,责令停产停业整顿。

矿山、金属冶炼建设项目和用于生产、储存、装卸危险物品的建设项目的施工单位未按照规定对施工项目进行安全管理的,责令限期改正,处十万元以下的罚款,对其直接负责的主管人员和其他直接责任人员处二万元以下的罚款;逾期未改正的,责令停产停业整顿。以上施工单位倒卖、出租、出借、挂靠或者以其他形式非法转让施工资质的,责令停产停业整顿,吊销资质证书,没收违法所得;违法所得十万元以上的,并处违法所得二倍以上五倍以下的罚款,没有违法所得或者违法所得不足十万元的,单处或者并处十万元以上二十万元以下的罚款;对其直接负责的主管人员和其他直接责任人员处五万元以上十万元以下的罚款;构成犯罪的,依照刑法有关规定追究刑事责任。

第一百零四条　两个以上生产经营单位在同一作业区域内进行可能危及对方安全生产的生产经营活动，未签订安全生产管理协议或者未指定专职安全生产管理人员进行安全检查与协调的，责令限期改正，处五万元以下的罚款，对其直接负责的主管人员和其他直接责任人员处一万元以下的罚款；逾期未改正的，责令停产停业。

第一百零五条　生产经营单位有下列行为之一的，责令限期改正，处五万元以下的罚款，对其直接负责的主管人员和其他直接责任人员处一万元以下的罚款；逾期未改正的，责令停产停业整顿；构成犯罪的，依照刑法有关规定追究刑事责任：

（一）生产、经营、储存、使用危险物品的车间、商店、仓库与员工宿舍在同一座建筑内，或者与员工宿舍的距离不符合安全要求的；

（二）生产经营场所和员工宿舍未设有符合紧急疏散需要、标志明显、保持畅通的出口、疏散通道，或者占用、锁闭、封堵生产经营场所或者员工宿舍出口、疏散通道的。

第一百零六条　生产经营单位与从业人员订立协议，免除或者减轻其对从业人员因生产安全事故伤亡依法应承担的责任的，该协议无效；对生产经营单位的主要负责人、个人经营的投资人处二万元以上十万元以下的罚款。

第一百零七条　生产经营单位的从业人员不落实岗位安全责任，不服从管理，违反安全生产规章制度或者操作规程的，由生产经营单位给予批评教育，依照有关规章制度给予处分；构成犯罪的，依照刑法有关规定追究刑事责任。

第一百零八条　违反本法规定，生产经营单位拒绝、阻碍负有安全生产监督管理职责的部门依法实施监督检查的，责令改正；拒不改正的，处二万元以上二十万元以下的罚款；对其直接负责的主管人员和其他直接责任人员处一万元以上二万元以下的罚款；构成犯罪的，依照刑法有关规定追究刑事责任。

第一百零九条　高危行业、领域的生产经营单位未按照国家规定投保安全生产责任保险的，责令限期改正，处五万元以上十万元以下的罚款；逾期未改正的，处十万元以上二十万元以下的罚款。

第一百一十条　生产经营单位的主要负责人在本单位发生生产安全事故时，不立即组织抢救或者在事故调查处理期间擅离职守或者逃匿的，给予降级、撤职的处分，并由应急管理部门处上一年年收入百分之六十至百分之一百的罚款；对逃匿的处十五日以下拘留；构成犯罪的，依照刑法有关规定追究刑事责任。

生产经营单位的主要负责人对生产安全事故隐瞒不报、谎报或者迟报的，依照前款规定处罚。

《中华人民共和国电力法》（2018 年 12 月 29 日修正）

第七十四条　电力企业职工违反规章制度、违章调度或者不服从调度指令，造成重大事故的，依照刑法有关规定追究刑事责任。

《中华人民共和国煤炭法》（2016 年 11 月 7 日修正）

第六十五条　煤矿企业的管理人员对煤矿事故隐患不采取措施予以消除，发生重大伤亡事故的，依照刑法有关规定追究刑事责任。

《中华人民共和国港口法》（2018 年 12 月 29 日修正）

第三十二条　港口经营人必须依照《中华人民共和国安全生产法》等有关法律、法规和国务院交通主管部门有关港口安全作业规则的规定，加强安全生产管理，建立健全安全生产责任制等规章制度，完善安全生产条件，采取保障安全生产的有效措施，确保安全生产。

港口经营人应当依法制定本单位的危险货物事故应急预案、重大生产安全事故的旅客紧急疏散和救援预案以及预防自然灾害预案，保障组织实施。

第五十二条　港口经营人违反本法第三十二条关于安全生产的规定的，由港口行政管理部门或者其他依法负有安全生产监督管理职责的部门依法给予处罚；情节严重的，由港口行政管理部门吊销港口经营许可证，并对其主要负责人依法给予处分；构成犯罪的，依法追究刑事责任。

三、相关行政法规

《使用有毒物品作业场所劳动保护条例》（2002 年 5 月 12 日）

第六十条　用人单位违反本条例的规定，有下列情形之一的,由卫生行政部门给予警告,责令限期改正,处5万元以上30万元以下的罚款;逾期不改正的,提请有关人民政府按照国务院规定的权限予以关闭;造成严重职业中毒危害或者导致职业中毒事故发生的,对负有责任的主管人员和其他直接责任人员依照刑法关于重大责任事故罪、重大劳动安全事故罪或者其他罪的规定,依法追究刑事责任:

(一)使用有毒物品作业场所未设置有效通风装置的,或者可能突然泄漏大量有毒物品或者易造成急性中毒的作业场所未设置自动报警装置或者事故通风设施的;

(二)职业卫生防护设备、应急救援设施、通讯报警装置处于不正常状态而不停止作业,或者擅自拆除或者停止运行职业卫生防护设备、应急救援设施、通讯报警装置的。

第六十一条 从事使用高毒物品作业的用人单位违反本条例的规定,有下列行为之一的,由卫生行政部门给予警告,责令限期改正,处5万元以上20万元以下的罚款;逾期不改正的,提请有关人民政府按照国务院规定的权限予以关闭;造成严重职业中毒危害或者导致职业中毒事故发生的,对负有责任的主管人员和其他直接责任人员依照刑法关于重大责任事故罪或者其他罪的规定,依法追究刑事责任:

(一)作业场所职业中毒危害因素不符合国家职业卫生标准和卫生要求而不立即停止高毒作业并采取相应的治理措施的,或者职业中毒危害因素治理不符合国家职业卫生标准和卫生要求重新作业的;

(二)未依照本条例的规定维护、检修存在高毒物品的生产装置的;

(三)未采取本条例规定的措施,安排劳动者进入存在高毒物品的设备、容器或者狭窄封闭场所作业的。

第六十二条 在作业场所使用国家明令禁止使用的有毒物品或者使用不符合国家标准的有毒物品的,由卫生行政部门责令立即停止使用,处5万元以上30万元以下的罚款;情节严重的,责令停止使用有毒物品作业,或者提请有关人民政府按照国务院规定的权限予以关闭;造成严重职业中毒危害或者导致职业中毒事故发生的,对负有责任的主管人员和其他直接责任人员依照刑法关于危险物品肇事罪、重大责任事故罪或者其他罪的规定,依法追究刑事责任。

第六十三条 用人单位违反本条例的规定,有下列行为之一的,由卫生行政部门给予警告,责令限期改正;逾期不改正的,处5万元以上30万元以下的罚款;造成严重职业中毒危害或者导致职业中毒事故发生的,对负有责任的主管人员和其他直接责任人员依照刑法关于重大责任事故罪或者其他罪的规定,依法追究刑事责任:

(一)使用未经培训考核合格的劳动者从事高毒作业的;

(二)安排有职业禁忌的劳动者从事所禁忌的作业的;

(三)发现有职业禁忌或者有与所从事职业相关的健康损害的劳动者,未及时调离原工作岗位,并妥善安置的;

(四)安排未成年人或者孕期、哺乳期的女职工从事使用有毒物品作业的;

(五)使用童工的。

四、相关司法解释/文件

《最高人民检察院、公安部关于公安机关管辖的刑事案件立案追诉标准的规定(一)》(2008年6月25日 公通字〔2008〕36号)

第八条 [重大责任事故案(刑法第一百三十四条第一款)]在生产、作业中违反有关安全管理的规定,涉嫌下列情形之一的,应予立案追诉:

(一)造成死亡一人以上,或者重伤三人以上;

(二)造成直接经济损失五十万元以上的;

(三)发生矿山生产安全事故,造成直接经济损失一百万元以上的;

(四)其他造成严重后果的情形。

《最高人民法院关于进一步加强危害生产安全刑事案件审判工作的意见》(2011年12月30日 法发〔2011〕20号)

二、危害生产安全刑事案件审判工作的原则

3.严格依法,从严惩处。对严重危害生产安全犯罪,尤其是相关职务犯罪,必须始终坚持严格依法、从严惩处。对于人民群众广泛关注、社会反映强烈的案件要及时审结,回应人民群众关切,维护社会和谐稳定。

4. 区分责任,均衡量刑。危害生产安全犯罪,往往涉案人员较多,犯罪主体复杂,既包括直接从事生产、作业的人员,也包括对生产、作业负有组织、指挥或者管理职责的负责人、管理人员、实际控制人、投资人等,有的还涉及国家机关工作人员渎职犯罪。对相关责任人的处理,要根据事故原因、危害后果、主体职责、过错大小等因素,综合考虑全案,正确划分责任,做到罪责刑相适应。

5. 主体平等,确保公正。审理危害生产安全刑事案件,对于所有责任主体,都必须严格落实法律面前人人平等的刑法原则,确保刑罚适用公正,确保裁判效果良好。

三、正确确定责任

6. 审理危害生产安全刑事案件,政府或相关职能部门依法对事故原因、损失大小、责任划分作出的调查认定,经庭审质证后,结合其他证据,可作为责任认定的依据。

7. 认定相关人员是否违反有关安全管理规定,应当根据相关法律、行政法规,参照地方性法规、规章及国家标准、行业标准,必要时可参考公认的惯例和生产经营单位制定的安全生产规章制度、操作规程。

8. 多个原因行为导致生产安全事故发生的,在区分直接原因与间接原因的同时,应当根据原因行为在引发事故中所具作用的大小,分清主要原因与次要原因,确认主要责任和次要责任,合理确定罪责。

一般情况下,对生产、作业负有组织、指挥或者管理职责的负责人、管理人员、实际控制人、投资人,违反有关安全生产管理规定,对重大生产安全事故的发生起决定性、关键性作用的,应当承担主要责任。

对于直接从事生产、作业的人员违反安全管理规定,发生重大生产安全事故的,要综合考虑行为人的从业资格、从业时间、接受安全生产教育培训情况、现场条件、是否受到他人强令作业、生产经营单位执行安全生产规章制度的情况等因素认定责任,不能将直接责任简单等同于主要责任。

对于负有安全生产管理、监督职责的工作人员,应根据其岗位职责、履职依据、履职时间等,综合考察工作职责、监管条件、履职能力、履职情况等,合理确定罪责。

四、准确适用法律

9. 严格把握危害生产安全犯罪与以其他危险方法危害公共安全罪的界限,不应将生产经营中违章违规的故意不加区别地视为对危害后果发生的故意。

10. 以行贿方式逃避安全生产监督管理,或者非法、违法生产、作业,导致发生重大生产安全事故,构成数罪的,依照数罪并罚的规定处罚。

违反安全生产管理规定,非法采矿、破坏性采矿或排放、倾倒、处置有害物质严重污染环境,造成重大伤亡事故或者其他严重后果,同时构成危害生产安全犯罪和破坏环境资源保护犯罪的,依照数罪并罚的规定处罚。

五、准确把握宽严相济刑事政策

13. 审理危害生产安全刑事案件,应综合考虑生产安全事故所造成的伤亡人数、经济损失、环境污染、社会影响、事故原因与被告人职责的关联程度、被告人主观过错大小、事故发生后被告人的施救表现、履行赔偿责任情况等,正确适用刑罚,确保裁判法律效果和社会效果相统一。

15. 相关犯罪中,具有以下情形之一的,依法从重处罚:

(一)国家工作人员违反规定投资入股生产经营企业,构成危害生产安全犯罪的;

(二)贪污贿赂行为与事故发生存在关联性的;

(三)国家工作人员的职务犯罪与事故存在直接因果关系的;

(四)以行贿方式逃避安全生产监督管理,或者非法、违法生产、作业的;

(五)生产安全事故发生后,负有报告职责的国家工作人员不报或者谎报事故情况,贻误事故抢救,尚未构成不报、谎报安全事故罪的;

(六)事故发生后,采取转移、藏匿、毁灭遇难人员尸体,或者毁灭、伪造、隐藏影响事故调查的证据,或者转移财产,逃避责任的;

(七)曾因安全生产设施或者安全生产条件不符合国家规定,被监督管理部门处罚或责令改正,一年内再次违规生产致使发生重大生产安全事故的。

16. 对于事故发生后,积极施救,努力挽回事故损失,有效避免损失扩大;积极配合调查,赔偿受害人损失的,可依法从宽处罚。

六、依法正确适用缓刑和减刑、假释

17. 对于危害后果较轻,在责任事故中不负主要责任,符合法律有关缓刑适用条件的,可以依法适用缓刑,但应注意根据案件具体情况,区别对待,严格控制,避免适用不当造成的负面影响。

18. 对于具有下列情形的被告人,原则上不适用缓刑:

(一)具有本意见第 14 条、第 15 条所规定的情形的;

(二)数罪并罚的。

19. 宣告缓刑,可以根据犯罪情况,同时禁止犯罪分子在缓刑考验期限内从事与安全生产有关的特定活动。

20. 办理与危害生产安全犯罪相关的减刑、假释案件,要严格执行刑法、刑事诉讼法和有关司法解释规定。是否决定减刑、假释,既要看罪犯服刑期间的悔改表现,还要充分考虑原判认定的犯罪事实、性质、情节、社会危害程度等情况。

《最高人民法院关于充分发挥审判职能作用切实维护公共安全的若干意见》(2015 年 9 月 16 日　法发〔2015〕12 号)

三、依法惩治危害安全生产犯罪,促进安全生产形势根本好转

6. 加大对危害安全生产犯罪的惩治力度。坚持发展是第一要务,安全是第一保障。针对近年来非法、违法生产,忽视生产安全的现象十分突出,造成群死群伤的重特大生产安全责任事故屡有发生的严峻形势,充分发挥刑罚的惩罚和预防功能,加大对各类危害安全生产犯罪的惩治力度,用严肃、严格、严厉的责任追究和法律惩罚,推动安全生产责任制的有效落实,促进安全生产形势根本好转,确保人民生命财产安全。

7. 准确把握打击重点。结合当前形势并针对犯罪原因,既要重点惩治发生在危险化学品、民爆器材、烟花爆竹、电梯、煤矿、非煤矿山、油气运送管道、建筑施工、消防、粉尘涉爆等重点行业领域企业,以及港口、码头、人员密集场所等重点部位的危害安全生产犯罪,更要从严惩治发生在这些犯罪背后的国家机关工作人员贪污贿赂和渎职犯罪。既要依法追究直接造成损害的从事生产、作业的责任人员,更要依法从严惩治对生产、作业负有组织、指挥或者管理职责的负责人、管理人、实际控制人、投资人。既要加大对各类安全生产犯罪的惩治力度,更要从严惩治因安全生产条件不符合国家规定被处罚而又违规生产,关闭或者故意破坏安全警示设备,事故发生后不积极抢救人员或者毁灭、伪造、隐藏影响事故调查证据,通过行贿非法获取相关生产经营资质等情节的危害安全生产的犯罪。

8. 依法妥善审理与重大责任事故有关的赔偿案件。对当事人因重大责任事故遭受人身、财产损失而提起诉讼要求赔偿的,应当依法及时受理,保障当事人诉权。对两人以上实施危及他人人身、财产安全的行为,其中一人或者数人的行为造成他人损害,能够确定具体责任人的,由责任人承担赔偿责任,不能确定具体责任人的,由行为人承担连带责任。被告人因重大责任事故既承担刑事、行政责任,又承担民事责任的,其财产应当优先承担民事责任。原告因重大责任事故遭受损失而无法及时履行赡养、抚养等义务,申请先予执行的,应当依法支持。

《最高人民法院、最高人民检察院关于办理危害生产安全刑事案件适用法律若干问题的解释》(2015 年 12 月 14 日　法释〔2015〕22 号)

第一条　刑法第一百三十四条第一款规定的犯罪主体,包括对生产、作业负有组织、指挥或者管理职责的负责人、管理人员、实际控制人、投资人等人员,以及直接从事生产、作业的人员。

第六条　实施刑法第一百三十二条、第一百三十四条第一款、第一百三十五条、第一百三十五条之一、第一百三十六条、第一百三十九条规定的行为,因而发生安全事故,具有下列情形之一的,应当认定为"造成严重后果"或者"发生重大伤亡事故或者造成其他严重后果",对相关责任人员,处三年以下有期徒刑或者拘役:

(一)造成死亡一人以上,或者重伤三人以上的;

(二)造成直接经济损失一百万元以上的;

(三)其他造成严重后果或者重大安全事故的

情形。

实施刑法第一百三十四条第二款规定的行为，因而发生安全事故，具有本条第一款规定情形的，应当认定为“发生重大伤亡事故或者造成其他严重后果”，对相关责任人员，处五年以下有期徒刑或者拘役。

实施刑法第一百三十七条规定的行为，因而发生安全事故，具有本条第一款规定情形的，应当认定为“造成重大安全事故”，对直接责任人员，处五年以下有期徒刑或者拘役，并处罚金。

实施刑法第一百三十八条规定的行为，因而发生安全事故，具有本条第一款第一项规定情形的，应当认定为“发生重大伤亡事故”，对直接责任人员，处三年以下有期徒刑或者拘役。

第七条　实施刑法第一百三十二条、第一百三十四条第一款、第一百三十五条、第一百三十五条之一、第一百三十六条、第一百三十九条规定的行为，因而发生安全事故，具有下列情形之一的，对相关责任人员，处三年以上七年以下有期徒刑：

（一）造成死亡三人以上或者重伤十人以上，负事故主要责任的；

（二）造成直接经济损失五百万元以上，负事故主要责任的；

（三）其他造成特别严重后果、情节特别恶劣或者后果特别严重的情形。

实施刑法第一百三十四条第二款规定的行为，因而发生安全事故，具有本条第一款规定情形的，对相关责任人员，处五年以上有期徒刑。

实施刑法第一百三十七条规定的行为，因而发生安全事故，具有本条第一款规定情形的，对直接责任人员，处五年以上十年以下有期徒刑，并处罚金。

实施刑法第一百三十八条规定的行为，因而发生安全事故，具有下列情形之一的，对直接责任人员，处三年以上七年以下有期徒刑：

（一）造成死亡三人以上或者重伤十人以上，负事故主要责任的；

（二）具有本解释第六条第一款第一项规定情形，同时造成直接经济损失五百万元以上并负事故主要责任的，或者同时造成恶劣社会影响的。

第十条　在安全事故发生后，直接负责的主管人员和其他直接责任人员故意阻挠开展抢救，导致人员死亡或者重伤，或者为了逃避法律追究，对被害人进行隐藏、遗弃，致使被害人因无法得到救助而死亡或者重度残疾的，分别依照刑法第二百三十二条、第二百三十四条的规定，以故意杀人罪或者故意伤害罪定罪处罚。

第十二条　实施刑法第一百三十二条、第一百三十四条至第一百三十九条之一规定的犯罪行为，具有下列情形之一的，从重处罚：

（一）未依法取得安全许可证件或者安全许可证件过期、被暂扣、吊销、注销后从事生产经营活动的；

（二）关闭、破坏必要的安全监控和报警设备的；

（三）已经发现事故隐患，经有关部门或者个人提出后，仍不采取措施的；

（四）一年内曾因危害生产安全违法犯罪活动受过行政处罚或者刑事处罚的；

（五）采取弄虚作假、行贿等手段，故意逃避、阻挠负有安全监督管理职责的部门实施监督检查的；

（六）安全事故发生后转移财产意图逃避承担责任的；

（七）其他从重处罚的情形。

实施前款第五项规定的行为，同时构成刑法第三百八十九条规定的犯罪的，依照数罪并罚的规定处罚。

第十三条　实施刑法第一百三十二条、第一百三十四条至第一百三十九条之一规定的犯罪行为，在安全事故发生后积极组织、参与事故抢救，或者积极配合调查、主动赔偿损失的，可以酌情从轻处罚。

第十四条　国家工作人员违反规定投资入股生产经营，构成本解释规定的有关犯罪的，或者国家工作人员的贪污、受贿犯罪行为与安全事故发生存在关联性的，从重处罚；同时构成贪污、受贿犯罪和危害生产安全犯罪的，依照数罪并罚的规定处罚。

第十六条　对于实施危害生产安全犯罪适用缓刑的犯罪分子，可以根据犯罪情况，禁止其在缓刑考验期限内从事与安全生产相关联的特定活动；

对于被判处刑罚的犯罪分子,可以根据犯罪情况和预防再犯罪的需要,禁止其自刑罚执行完毕之日或者假释之日起三年至五年内从事与安全生产相关的职业。

第十七条　本解释自2015年12月16日起施行。本解释施行后,《最高人民法院、最高人民检察院关于办理危害矿山生产安全刑事案件具体应用法律若干问题的解释》(法释〔2007〕5号)同时废止。最高人民法院、最高人民检察院此前发布的司法解释和规范性文件与本解释不一致的,以本解释为准。

《最高人民法院、最高人民检察院关于办理危害生产安全刑事案件适用法律若干问题的解释(二)》(2022年12月19日　法释〔2022〕19号)

第二条　刑法第一百三十四条之一规定的犯罪主体,包括对生产、作业负有组织、指挥或者管理职责的负责人、管理人员、实际控制人、投资人等人员,以及直接从事生产、作业的人员。

第三条　因存在重大事故隐患被依法责令停产停业、停止施工、停止使用有关设备、设施、场所或者立即采取排除危险的整改措施,有下列情形之一的,属于刑法第一百三十四条之一第二项规定的"拒不执行":

(一)无正当理由故意不执行各级人民政府或者负有安全生产监督管理职责的部门依法作出的上述行政决定、命令的;

(二)虚构重大事故隐患已经排除的事实,规避、干扰执行各级人民政府或者负有安全生产监督管理职责的部门依法作出的上述行政决定、命令的;

(三)以行贿等不正当手段,规避、干扰执行各级人民政府或者负有安全生产监督管理职责的部门依法作出的上述行政决定、命令的。

有前款第三项行为,同时构成刑法第三百八十九条行贿罪、第三百九十三条单位行贿罪等犯罪的,依照数罪并罚的规定处罚。

认定是否属于"拒不执行",应当综合考虑行政决定、命令是否具有法律、行政法规等依据,行政决定、命令的内容和期限要求是否明确、合理,行为人是否具有按照要求执行的能力等因素进行判断。

第四条　刑法第一百三十四条第二款和第一百三十四条之一第二项规定的"重大事故隐患",依照法律、行政法规、部门规章、强制性标准以及有关行政规范性文件进行认定。

刑法第一百三十四条之一第三项规定的"危险物品",依照安全生产法第一百一十七条的规定确定。

对于是否属于"重大事故隐患"或者"危险物品"难以确定的,可以依据司法鉴定机构出具的鉴定意见、地市级以上负有安全生产监督管理职责的部门或者其指定的机构出具的意见,结合其他证据综合审查,依法作出认定。

第五条　在生产、作业中违反有关安全管理的规定,有刑法第一百三十四条之一规定情形之一,因而发生重大伤亡事故或者造成其他严重后果,构成刑法第一百三十四条、第一百三十五条至第一百三十九条等规定的重大责任事故罪、重大劳动安全事故罪、危险物品肇事罪、工程重大安全事故罪等犯罪的,依照该规定定罪处罚。

第十条　有刑法第一百三十四条之一行为,积极配合公安机关或者负有安全生产监督管理职责的部门采取措施排除事故隐患,确有悔改表现,认罪认罚的,可以依法从宽处罚;犯罪情节轻微不需要判处刑罚的,可以不起诉或者免予刑事处罚;情节显著轻微危害不大的,不作为犯罪处理。

第十一条　有本解释规定的行为,被不起诉或者免予刑事处罚,需要给予行政处罚、政务处分或者其他处分的,依法移送有关主管机关处理。

第十二条　本解释自2022年12月19日起施行。最高人民法院、最高人民检察院此前发布的司法解释与本解释不一致的,以本解释为准。

要义辨析

一、概念

本罪是指在生产、作业中违反有关安全管理的规定,从而发生重大伤亡事故,或者造成其他严重后果的行为。

二、构成要件

1. 本罪侵犯的客体是生产、作业中的人身安全和财产安全。

2. 客观方面表现为行为人在生产、作业中违反有关安全管理的规定，从而造成重大伤亡事故或者其他严重后果。本罪以负有遵守安全生产制度义务的人违反了规章制度，作为定罪要件。

3. 根据司法解释，本罪犯罪主体为特殊主体，包括对生产、作业负有组织、指挥或者管理职责的负责人、管理人员、实际控制人、投资人等人员，以及直接从事生产、作业的人员。主要是工厂、矿山、林场、建筑企业或者其他企业、事业单位的管理人员和职工，这些单位既包括国家的，又包括集体和私营企业的。

4. 主观方面由过失构成，包括过于自信的过失和疏忽大意的过失。

三、要点辨析

1. 本罪属结果犯，不存在犯罪未遂情形。本罪的行为特征必须有“违反有关安全管理的规定”“发生重大伤亡事故或者造成其他严重后果”这两个条件。在生产、作业中有没有违反有关安全管理的规定，是区别罪与非罪的重要界线。严重后果的发生是直接定罪条件。

2. 本罪与非罪形态的“自然事故”“技术事故”的区别。“自然事故”，是指由于不能预见和不能控制的自然条件发生变化而引起的事故；“技术事故”，是指由于技术条件限制或者设备条件不良造成的事故。这两种事故，都是不以人的主观意志为转移的，且不存在所谓违反规章制度的行为，不符合本罪的构罪特征，因而不构成本罪。

四、罪名变迁

1979 年《刑法》第 114 条对本罪作了规定，《刑法修正案(六)》第 1 条第 1 款对本罪作了修改，但犯罪构成无实质性变化，只是扩大了犯罪主体适用范围。原法条中列举的“工厂、矿山、林场、建筑企业或者其他企业、事业单位的职工”，修改为总类称谓为“在生产、作业中违反规定者”，外延主体有了扩大，但犯罪与否仍按后果来定，即“发生重大伤亡事故或者造成其他严重后果”。

类罪名：危害公共安全罪	**罪名：强令、组织他人违章冒险作业罪**
量刑标准	**构成犯罪的**　处 5 年以下有期徒刑或者拘役；
	情节特别恶劣的　处 5 年以上有期徒刑。

法律依据

一、《刑法》条文

第一百三十四条第二款　强令他人违章冒险作业，或者明知存在重大事故隐患而不排除，仍冒险组织作业，因而发生重大伤亡事故或者造成其他严重后果的，处五年以下有期徒刑或者拘役；情节特别恶劣的，处五年以上有期徒刑。

二、相关法律

《中华人民共和国劳动法》(2018 年 12 月 29 日修正)

第九十三条　用人单位强令劳动者违章冒险作业，发生重大伤亡事故，造成严重后果的，对责任人员依法追究刑事责任。

《中华人民共和国建筑法》(2019 年 4 月 23 日修正)

第七十一条第二款　建筑施工企业的管理人员违章指挥、强令职工冒险作业，因而发生重大伤亡事故或者造成其他严重后果的，依法追究刑事责任。

《中华人民共和国煤炭法》(2016 年 11 月 7 日修正)

第六十四条　煤矿企业的管理人员违章指挥、强令职工冒险作业，发生重大伤亡事故的，依照刑法有关规定追究刑事责任。

三、相关司法解释/文件

《最高人民检察院、公安部关于公安机关管辖的刑事案件立案追诉标准的规定(一)》(2008年6月25日 公通字〔2008〕36号)

第九条 [强令违章冒险作业案(刑法第一百三十四条第二款)]强令他人违章冒险作业,涉嫌下列情形之一的,应予立案追诉:

(一)造成死亡一人以上,或者重伤三人以上;

(二)造成直接经济损失五十万元以上的;

(三)发生矿山生产安全事故,造成直接经济损失一百万元以上的;

(四)其他造成严重后果的情形。

《最高人民法院、最高人民检察院关于办理危害生产安全刑事案件适用法律若干问题的解释》(2015年12月14日 法释〔2015〕22号)

第二条 刑法第一百三十四条第二款规定的犯罪主体,包括对生产、作业负有组织、指挥或者管理职责的负责人、管理人员、实际控制人、投资人等人员。

第五条 明知存在事故隐患、继续作业存在危险,仍然违反有关安全管理的规定,实施下列行为之一的,应当认定为刑法第一百三十四条第二款规定的"强令他人违章冒险作业":

(一)利用组织、指挥、管理职权,强制他人违章作业的;

(二)采取威逼、胁迫、恐吓等手段,强制他人违章作业的;

(三)故意掩盖事故隐患,组织他人违章作业的;

(四)其他强令他人违章作业的行为。

第六条 实施刑法第一百三十二条、第一百三十四条第一款、第一百三十五条、第一百三十五条之一、第一百三十六条、第一百三十九条规定的行为,因而发生安全事故,具有下列情形之一的,应当认定为"造成严重后果"或者"发生重大伤亡事故或者造成其他严重后果",对相关责任人员,处三年以下有期徒刑或者拘役:

(一)造成死亡一人以上,或者重伤三人以上的;

(二)造成直接经济损失一百万元以上的;

(三)其他造成严重后果或者重大安全事故的情形。

实施刑法第一百三十四条第二款规定的行为,因而发生安全事故,具有本条第一款规定情形的,应当认定为"发生重大伤亡事故或者造成其他严重后果",对相关责任人员,处五年以下有期徒刑或者拘役。

实施刑法第一百三十七条规定的行为,因而发生安全事故,具有本条第一款规定情形的,应当认定为"造成重大安全事故",对直接责任人员,处五年以下有期徒刑或者拘役,并处罚金。

实施刑法第一百三十八条规定的行为,因而发生安全事故,具有本条第一款第一项规定情形的,应当认定为"发生重大伤亡事故",对直接责任人员,处三年以下有期徒刑或者拘役。

第七条 实施刑法第一百三十二条、第一百三十四条第一款、第一百三十五条、第一百三十五条之一、第一百三十六条、第一百三十九条规定的行为,因而发生安全事故,具有下列情形之一的,对相关责任人员,处三年以上七年以下有期徒刑:

(一)造成死亡三人以上或者重伤十人以上,负事故主要责任的;

(二)造成直接经济损失五百万元以上,负事故主要责任的;

(三)其他造成特别严重后果、情节特别恶劣或者后果特别严重的情形。

实施刑法第一百三十四条第二款规定的行为,因而发生安全事故,具有本条第一款规定情形的,对相关责任人员,处五年以上有期徒刑。

实施刑法第一百三十七条规定的行为,因而发生安全事故,具有本条第一款规定情形的,对直接责任人员,处五年以上十年以下有期徒刑,并处罚金。

实施刑法第一百三十八条规定的行为,因而发生安全事故,具有下列情形之一的,对直接责任人员,处三年以上七年以下有期徒刑:

(一)造成死亡三人以上或者重伤十人以上,负事故主要责任的;

(二)具有本解释第六条第一款第一项规定情形,同时造成直接经济损失五百万元以上并负事故主要责任的,或者同时造成恶劣社会影响的。

第十条 在安全事故发生后，直接负责的主管人员和其他直接责任人员故意阻挠开展抢救，导致人员死亡或者重伤，或者为了逃避法律追究，对被害人进行隐藏、遗弃，致使被害人因无法得到救助而死亡或者重度残疾的，分别依照刑法第二百三十二条、第二百三十四条的规定，以故意杀人罪或者故意伤害罪定罪处罚。

第十二条 实施刑法第一百三十二条、第一百三十四条至第一百三十九条之一规定的犯罪行为，具有下列情形之一的，从重处罚：

（一）未依法取得安全许可证件或者安全许可证件过期、被暂扣、吊销、注销后从事生产经营活动的；

（二）关闭、破坏必要的安全监控和报警设备的；

（三）已经发现事故隐患，经有关部门或者个人提出后，仍不采取措施的；

（四）一年内曾因危害生产安全违法犯罪活动受过行政处罚或者刑事处罚的；

（五）采取弄虚作假、行贿等手段，故意逃避、阻挠负有安全监督管理职责的部门实施监督检查的；

（六）安全事故发生后转移财产意图逃避承担责任的；

（七）其他从重处罚的情形。

实施前款第五项规定的行为，同时构成刑法第三百八十九条规定的犯罪的，依照数罪并罚的规定处罚。

第十三条 实施刑法第一百三十二条、第一百三十四条至第一百三十九条之一规定的犯罪行为，在安全事故发生后积极组织、参与事故抢救，或者积极配合调查、主动赔偿损失的，可以酌情从轻处罚。

第十四条 国家工作人员违反规定投资入股生产经营，构成本解释规定的有关犯罪的，或者国家工作人员的贪污、受贿犯罪行为与安全事故发生存在关联性的，从重处罚；同时构成贪污、受贿犯罪和危害生产安全犯罪的，依照数罪并罚的规定处罚。

第十六条 对于实施危害生产安全犯罪适用缓刑的犯罪分子，可以根据犯罪情况，禁止其在缓刑考验期限内从事与安全生产相关联的特定活动；对于被判处刑罚的犯罪分子，可以根据犯罪情况和预防再犯罪的需要，禁止其自刑罚执行完毕之日或者假释之日起三年至五年内从事与安全生产相关的职业。

第十七条 本解释自2015年12月16日起施行。本解释施行后，《最高人民法院、最高人民检察院关于办理危害矿山生产安全刑事案件具体应用法律若干问题的解释》（法释〔2007〕5号）同时废止。最高人民法院、最高人民检察院此前发布的司法解释和规范性文件与本解释不一致的，以本解释为准。

《最高人民法院 最高人民检察院关于办理危害生产安全刑事案件适用法律若干问题的解释（二）》（2022年12月19日 法释〔2022〕19号）

第一条 明知存在事故隐患，继续作业存在危险，仍然违反有关安全管理的规定，有下列情形之一的，属于刑法第一百三十四条第二款规定的“强令他人违章冒险作业”：

（一）以威逼、胁迫、恐吓等手段，强制他人违章作业的；

（二）利用组织、指挥、管理职权，强制他人违章作业的；

（三）其他强令他人违章冒险作业的情形。

明知存在重大事故隐患，仍然违反有关安全管理的规定，不排除或者故意掩盖重大事故隐患，组织他人作业的，属于刑法第一百三十四条第二款规定的“冒险组织作业”。

要义辨析

一、概念

本罪是指强令他人违章冒险作业或明知存在重大隐患而不排除，仍冒险组织作业，因而发生重大伤亡事故或者造成其他严重后果的行为。有的安全事故是因现场管理人以外的因素造成的，规定这一罪名，目的在于依法制约官僚主义和瞎指挥，追究真正责任者的责任。

二、构成要件

1. 本罪侵犯的客体是生产、作业的人身、财产安全。

2. 客观方面表现为强令他人冒险违章作业或者明知存在重大隐患而不排除,仍冒险组织作业,因而发生重大伤亡事故或者造成其他严重后果的行为。

3. 犯罪主体为特定主体,是有特定指挥权力的人。包括对生产、作业负有组织、指挥或者管理职责的负责人、管理人员、实际控制人、投资人等。

4. 主观方面是由过失构成。有时行为人明知违章作业可能导致危险,但是有侥幸心理仍然强令冒险作业,其本质上对后果仍然属于过失心态。

三、要点辨析

1. 本罪属于结果犯。行为人虽然实施了强令他人违章冒险作业或者明知存在重大隐患而不排除,仍冒险组织作业的行为,但如果没有发生重大伤亡事故或者造成其他严重后果,只属于一般事故的,不构成犯罪。

2. 分析本罪有三个基本判断点。一是"强令他人";二是"违章作业";三是造成了"严重后果"。严重后果的标准,可参见《最高人民检察院、公安部关于公安机关管辖的刑事案件立案追诉标准的规定(一)》(公通字〔2008〕36号)第9条的规定。

四、罪名变迁

本罪是根据《刑法修正案(六)》第1条第2款所增设的新罪名,根据《刑法修正案(十一)》进行了修订。

类罪名:危害公共安全罪	罪名:危险作业罪
量刑标准	**构成本罪的**　处1年以下有期徒刑、拘役或者管制。

法律依据

《刑法》条文

第一百三十四条之一　在生产、作业中违反有关安全管理的规定,有下列情形之一,具有发生重大伤亡事故或者其他严重后果的现实危险的,处一年以下有期徒刑、拘役或者管制:

(一)关闭、破坏直接关系生产安全的监控、报警、防护、救生设备、设施,或者篡改、隐瞒、销毁其相关数据、信息的;

(二)因存在重大事故隐患被依法责令停产停业、停止施工、停止使用有关设备、设施、场所或者立即采取排除危险的整改措施,而拒不执行的;

(三)涉及安全生产的事项未经依法批准或者许可,擅自从事矿山开采、金属冶炼、建筑施工,以及危险物品生产、经营、储存等高度危险的生产作业活动的。

要义辨析

一、概念

本罪是指在生产、作业中违反有关安全管理的规定,关闭、破坏直接关系生产安全的监控、报警、防护、救生设备、设施,或者篡改、隐瞒、销毁其相关数据、信息,具有发生重大伤亡事故或者其他严重后果的现实危险的行为;或者是因存在重大事故隐患被依法责令停产停业、停止施工、停止使用有关设备、设施、场所或者立即采取排除危险的整改措施,而拒不执行,具有发生重大伤亡事故或者其他严重后果的现实危险的行为;又或者是涉及安全生产的事项未经依法批准或者许可,擅自从事矿山开采、金属冶炼、建筑施工,以及危险物品生产、经营、储存等高度危险的生产作业活动，具有发生重大伤亡事故或者其他严重后果的现实危险的行为。

二、构成要件

1. 本罪侵犯的客体是生产安全，即劳动者的生命、健康和重大公司财产安全。

2. 客观方面表现为在生产、作业中违反有关安全管理的规定，关闭、破坏直接关系生产安全的监控、报警、防护、救生设备、设施，或者篡改、隐瞒、销毁其相关数据、信息；因存在重大事故隐患被依法责令停产停业、停止施工、停止使用有关设备、设施、场所或者立即采取排除危险的整改措施，而拒不执行；涉及安全生产的事项未经依法批准或者许可，擅自从事矿山开采、金属冶炼、建筑施工，以及危险物品生产、经营、储存等高度危险的生产作业活动。并且，发生了重大伤亡事故或者其他严重后果。

3. 犯罪主体为一般主体，凡达到刑事责任年龄、具有刑事责任能力的自然人均可成为本罪的犯罪主体。

4. 主观方面由故意构成，包括直接故意和间接故意。

三、罪名变迁

本罪是《刑法修正案（十一）》新增设的罪名。

类罪名：危害公共安全罪	**罪名：重大劳动安全事故罪**
量刑标准	**构成犯罪的**　对直接负责的主管人员和其他直接责任人员处3年以下有期徒刑或者拘役；
	情节特别恶劣的　处3年以上7年以下有期徒刑。

法律依据

一、《刑法》条文

第一百三十五条　安全生产设施或者安全生产条件不符合国家规定，因而发生重大伤亡事故或者造成其他严重后果的，对直接负责的主管人员和其他直接责任人员，处三年以下有期徒刑或者拘役；情节特别恶劣的，处三年以上七年以下有期徒刑。

二、相关法律

《中华人民共和国劳动法》（2018年12月29日修正）

第九十二条　用人单位的劳动安全设施和劳动卫生条件不符合国家规定或者未向劳动者提供必要的劳动防护用品和劳动保护设施的，由劳动行政部门或者有关部门责令改正，可以处以罚款；情节严重的，提请县级以上人民政府决定责令停产整顿；对事故隐患不采取措施，致使发生重大事故，造成劳动者生命和财产损失的，对责任人员依照刑法有关规定追究刑事责任。

《中华人民共和国建筑法》（2019年4月23日修正）

第七十一条第一款　建筑施工企业违反本法规定，对建筑安全事故隐患不采取措施予以消除的，责令改正，可以处以罚款；情节严重的，责令停业整顿，降低资质等级或者吊销资质证书；构成犯罪的，依法追究刑事责任。

《中华人民共和国安全生产法》（2021年6月10日修正）

第九十七条　生产经营单位有下列行为之一的，责令限期改正，处十万元以下的罚款；逾期未改正的，责令停产停业整顿，并处十万元以上二十万元以下的罚款，对其直接负责的主管人员和其他直接责任人员处二万元以上五万元以下的罚款：

（一）未按照规定设置安全生产管理机构或者配备安全生产管理人员、注册安全工程师的；

（二）危险物品的生产、经营、储存、装卸单位以及矿山、金属冶炼、建筑施工、运输单位的主要负责人和安全生产管理人员未按照规定经考核合格的；

（三）未按照规定对从业人员、被派遣劳动者、实习学生进行安全生产教育和培训，或者未按照规定如实告知有关的安全生产事项的；

(四)未如实记录安全生产教育和培训情况的;

(五)未将事故隐患排查治理情况如实记录或者未向从业人员通报的;

(六)未按照规定制定生产安全事故应急救援预案或者未定期组织演练的;

(七)特种作业人员未按照规定经专门的安全作业培训并取得相应资格,上岗作业的。

第九十八条　生产经营单位有下列行为之一的,责令停止建设或者停产停业整顿,限期改正,并处十万元以上五十万元以下的罚款,对其直接负责的主管人员和其他直接责任人员处二万元以上五万元以下的罚款;逾期未改正的,处五十万元以上一百万元以下的罚款,对其直接负责的主管人员和其他直接责任人员处五万元以上十万元以下的罚款;构成犯罪的,依照刑法有关规定追究刑事责任:

(一)未按照规定对矿山、金属冶炼建设项目或者用于生产、储存、装卸危险物品的建设项目进行安全评价的;

(二)矿山、金属冶炼建设项目或者用于生产、储存、装卸危险物品的建设项目没有安全设施设计或者安全设施设计未按照规定报经有关部门审查同意的;

(三)矿山、金属冶炼建设项目或者用于生产、储存、装卸危险物品的建设项目的施工单位未按照批准的安全设施设计施工的;

(四)矿山、金属冶炼建设项目或者用于生产、储存、装卸危险物品的建设项目竣工投入生产或者使用前,安全设施未经验收合格的。

第九十九条　生产经营单位有下列行为之一的,责令限期改正,处五万元以下的罚款;逾期未改正的,处五万元以上二十万元以下的罚款,对其直接负责的主管人员和其他直接责任人员处一万元以上二万元以下的罚款;情节严重的,责令停产停业整顿;构成犯罪的,依照刑法有关规定追究刑事责任:

(一)未在有较大危险因素的生产经营场所和有关设施、设备上设置明显的安全警示标志的;

(二)安全设备的安装、使用、检测、改造和报废不符合国家标准或者行业标准的;

(三)未对安全设备进行经常性维护、保养和定期检测的;

(四)关闭、破坏直接关系生产安全的监控、报警、防护、救生设备、设施,或者篡改、隐瞒、销毁其相关数据、信息的;

(五)未为从业人员提供符合国家标准或者行业标准的劳动防护用品的;

(六)危险物品的容器、运输工具,以及涉及人身安全、危险性较大的海洋石油开采特种设备和矿山井下特种设备未经具有专业资质的机构检测、检验合格,取得安全使用证或者安全标志,投入使用的;

(七)使用应当淘汰的危及生产安全的工艺、设备的;

(八)餐饮等行业的生产经营单位使用燃气未安装可燃气体报警装置的。

第一百零一条　生产经营单位有下列行为之一的,责令限期改正,处十万元以下的罚款;逾期未改正的,责令停产停业整顿,并处十万元以上二十万元以下的罚款,对其直接负责的主管人员和其他直接责任人员处二万元以上五万元以下的罚款;构成犯罪的,依照刑法有关规定追究刑事责任:

(一)生产、经营、运输、储存、使用危险物品或者处置废弃危险物品,未建立专门安全管理制度、未采取可靠的安全措施的;

(二)对重大危险源未登记建档,未进行定期检测、评估、监控,未制定应急预案,或者未告知应急措施的;

(三)进行爆破、吊装、动火、临时用电以及国务院应急管理部门会同国务院有关部门规定的其他危险作业,未安排专门人员进行现场安全管理的;

(四)未建立安全风险分级管控制度或者未按照安全风险分级采取相应管控措施的;

(五)未建立事故隐患排查治理制度,或者重大事故隐患排查治理情况未按照规定报告的。

三、相关行政法规

《使用有毒物品作业场所劳动保护条例》(2002年5月12日)

第六十条　用人单位违反本条例的规定,有下列情形之一的,由卫生行政部门给予警告,责令限期改正,处5万元以上30万元以下的罚款;逾期不改正的，提请有关人民政府按照国务院规定的权限予以关闭；造成严重职业中毒危害或者导致职业中毒事故发生的，对负有责任的主管人员和其他直接责任人员依照刑法关于重大责任事故罪、重大劳动安全事故罪或者其他罪的规定，依法追究刑事责任：

（一）使用有毒物品作业场所未设置有效通风装置的，或者可能突然泄漏大量有毒物品或者易造成急性中毒的作业场所未设置自动报警装置或者事故通风设施的；

（二）职业卫生防护设备、应急救援设施、通讯报警装置处于不正常状态而不停止作业，或者擅自拆除或者停止运行职业卫生防护设备、应急救援设施、通讯报警装置的。

第六十六条　用人单位违反本条例的规定，有下列情形之一的，由卫生行政部门给予警告，责令限期改正，处5000元以上2万元以下的罚款；逾期不改正的，责令停止使用有毒物品作业，或者提请有关人民政府按照国务院规定的权限予以关闭；造成严重职业中毒危害或者导致职业中毒事故发生的，对负有责任的主管人员和其他直接责任人员依照刑法关于重大劳动安全事故罪、危险物品肇事罪或者其他罪的规定，依法追究刑事责任：

（一）使用有毒物品作业场所未与生活场所分开或者在作业场所住人的；

（二）未将有害作业与无害作业分开的；

（三）高毒作业场所未与其他作业场所有效隔离的；

（四）从事高毒作业未按照规定配备应急救援设施或者制定事故应急救援预案的。

四、相关司法解释/文件

《最高人民检察院、公安部关于公安机关管辖的刑事案件立案追诉标准的规定（一）》（2008年6月25日　公通字〔2008〕36号）

第十条　［重大劳动安全事故案（刑法第一百三十五条）］安全生产设施或者安全生产条件不符合国家规定，涉嫌下列情形之一的，应予立案追诉：

（一）造成死亡一人以上，或者重伤三人以上；

（二）造成直接经济损失五十万元以上的；

（三）发生矿山生产安全事故，造成直接经济损失一百万元以上的；

（四）其他造成严重后果的情形。

《最高人民法院研究室关于被告人阮某重大劳动安全事故案有关法律适用问题的答复》（2009年12月25日　法研〔2009〕228号）

用人单位违反《职业病防治法》的规定，职业病危害预防设施不符合国家规定，因而发生重大伤亡事故或者造成其他严重后果的，对直接负责的主管人员和其他直接责任人员，可以依照刑法第一百三十五条的规定，以重大劳动安全事故罪定罪处罚。

《最高人民法院、最高人民检察院关于办理危害生产安全刑事案件适用法律若干问题的解释》（2015年12月14日　法释〔2015〕22号）

第三条　刑法第一百三十五条规定的“直接负责的主管人员和其他直接责任人员”，是指对安全生产设施或者安全生产条件不符合国家规定负有直接责任的生产经营单位负责人、管理人员、实际控制人、投资人，以及其他对安全生产设施或者安全生产条件负有管理、维护职责的人员。

第六条　实施刑法第一百三十二条、第一百三十四条第一款、第一百三十五条、第一百三十五条之一、第一百三十六条、第一百三十九条规定的行为，因而发生安全事故，具有下列情形之一的，应当认定为“造成严重后果”或者“发生重大伤亡事故或者造成其他严重后果”，对相关责任人员，处三年以下有期徒刑或者拘役：

（一）造成死亡一人以上，或者重伤三人以上的；

（二）造成直接经济损失一百万元以上的；

（三）其他造成严重后果或者重大安全事故的情形。

实施刑法第一百三十四条第二款规定的行为，因而发生安全事故，具有本条第一款规定情形的，应当认定为“发生重大伤亡事故或者造成其他严重后果”，对相关责任人员，处五年以下有期徒刑或者拘役。

实施刑法第一百三十七条规定的行为，因而发生安全事故，具有本条第一款规定情形的，应当认定为“造成重大安全事故”，对直接责任人员，处五年以下有期徒刑或者拘役，并处罚金。

实施刑法第一百三十八条规定的行为，因而发生安全事故，具有本条第一款第一项规定情形的，应当认定为“发生重大伤亡事故”,对直接责任人员,处三年以下有期徒刑或者拘役。

第七条 实施刑法第一百三十二条、第一百三十四条第一款、第一百三十五条、第一百三十五条之一、第一百三十六条、第一百三十九条规定的行为,因而发生安全事故,具有下列情形之一的,对相关责任人员,处三年以上七年以下有期徒刑:

(一)造成死亡三人以上或者重伤十人以上,负事故主要责任的;

(二)造成直接经济损失五百万元以上,负事故主要责任的;

(三)其他造成特别严重后果、情节特别恶劣或者后果特别严重的情形。

实施刑法第一百三十四条第二款规定的行为,因而发生安全事故,具有本条第一款规定情形的,对相关责任人员,处五年以上有期徒刑。

实施刑法第一百三十七条规定的行为,因而发生安全事故,具有本条第一款规定情形的,对直接责任人员,处五年以上十年以下有期徒刑,并处罚金。

实施刑法第一百三十八条规定的行为,因而发生安全事故,具有下列情形之一的,对直接责任人员,处三年以上七年以下有期徒刑:

(一)造成死亡三人以上或者重伤十人以上,负事故主要责任的;

(二)具有本解释第六条第一款第一项规定情形,同时造成直接经济损失五百万元以上并负事故主要责任的,或者同时造成恶劣社会影响的。

第十二条 实施刑法第一百三十二条、第一百三十四条至第一百三十九条之一规定的犯罪行为,具有下列情形之一的,从重处罚:

(一)未依法取得安全许可证件或者安全许可证件过期、被暂扣、吊销、注销后从事生产经营活动的;

(二)关闭、破坏必要的安全监控和报警设备的;

(三)已经发现事故隐患,经有关部门或者个人提出后,仍不采取措施的;

(四)一年内曾因危害生产安全违法犯罪活动受过行政处罚或者刑事处罚的;

(五)采取弄虚作假、行贿等手段,故意逃避、阻挠负有安全监督管理职责的部门实施监督检查的;

(六)安全事故发生后转移财产意图逃避承担责任的;

(七)其他从重处罚的情形。

实施前款第五项规定的行为,同时构成刑法第三百八十九条规定的犯罪的,依照数罪并罚的规定处罚。

第十三条 实施刑法第一百三十二条、第一百三十四条至第一百三十九条之一规定的犯罪行为,在安全事故发生后积极组织、参与事故抢救,或者积极配合调查、主动赔偿损失的,可以酌情从轻处罚。

第十四条 国家工作人员违反规定投资入股生产经营,构成本解释规定的有关犯罪的,或者国家工作人员的贪污、受贿犯罪行为与安全事故发生存在关联性的,从重处罚;同时构成贪污、受贿犯罪和危害生产安全犯罪的,依照数罪并罚的规定处罚。

第十六条 对于实施危害生产安全犯罪适用缓刑的犯罪分子,可以根据犯罪情况,禁止其在缓刑考验期限内从事与安全生产相关联的特定活动;对于被判处刑罚的犯罪分子,可以根据犯罪情况和预防再犯罪的需要,禁止其自刑罚执行完毕之日或者假释之日起三年至五年内从事与安全生产相关的职业。

要义辨析

一、概念

本罪是指负有直接责任的行为人,组织企业单位进行生产时,安全生产设施或者安全生产条件不符合国家规定,因而发生重大伤亡事故或者造成其他严重后果的行为。

二、构成要件

1. 本罪侵犯的客体是生产安全,即劳动者的生命、健康和重大公私财产安全。

2. 客观方面表现为安全生产设施或者安全生产条件不符合国家规定,因而发生重大伤亡事故或者造成其他严重后果的行为。

3. 犯罪主体为特定主体，是指对矿山安全生产设施或者安全生产条件，不符合国家规定负有直接责任的矿山生产经营单位负责人、管理人员、实际控制人、投资人以及对安全生产设施或者安全生产条件，负有管理、维护职责的电工、瓦斯检查工等人员。

4. 主观方面由过失构成，有关负责的主管人员和其他直接责任人员在主观心态上没有预见会发生事故，主观心态表现为过失。

三、要点辨析

1. "安全生产设施"，是指用于保护劳动者安全的各种设备设施，如防护网、防护支架、逃生通道、报警设备。"安全生产条件"，是指特定产业安全生产中必不可少的安全防护用品和措施，如防毒、防火、防爆、通风、防尘等生产条件配备。

2. 本罪属于结果犯。以"发生重大伤亡事故或者造成其他严重后果"作为构罪必要条件。

3. 本罪与重大责任事故罪相比，两罪均为过失犯罪，均是涉及违反安全生产规定的犯罪。在适用范围上，本罪更强调劳动场所的硬件设施，或者对劳动者提供的安全生产防护用品和防护措施不符合国家规定，强调的是单位责任。在具体处罚上，本罪只追究"直接负责的主管人员和其他直接责任人员"的刑责，追究的是主管人，不对单位处罚，属于单罚制的单位犯罪。而重大责任事故罪主要强调自然人在生产、作业的过程中违章操作等，违反有关安全管理的规定，因而发生重大伤亡事故或者造成其他严重后果的情形，处罚的对象是违章操作的本人、自然人。

四、罪名变迁

《刑法修正案（六）》第2条对本罪作了修改，但犯罪构成没有实质性变化，只是扩大了犯罪主体的适用范围，罪名不变。

<table>
<tr><td colspan="2">类罪名：危害公共安全罪｜罪名：大型群众性活动重大安全事故罪</td></tr>
<tr><td rowspan="2">量刑标准</td><td>构成犯罪的　对直接负责的主管人员和其他直接责任人员处3年以下有期徒刑或者拘役；</td></tr>
<tr><td>情节特别恶劣的　处3年以上7年以下有期徒刑。</td></tr>
</table>

法律依据

一、《刑法》条文

第一百三十五条之一　举办大型群众性活动违反安全管理规定，因而发生重大伤亡事故或者造成其他严重后果的，对直接负责的主管人员和其他直接责任人员，处三年以下有期徒刑或者拘役；情节特别恶劣的，处三年以上七年以下有期徒刑。

二、相关法律

《中华人民共和国治安管理处罚法》（2012年10月26日修正）

第二十四条　有下列行为之一，扰乱文化、体育等大型群众性活动秩序的，处警告或者二百元以下罚款；情节严重的，处五日以上十日以下拘留，可以并处五百元以下罚款：

（一）强行进入场内的；

（二）违反规定，在场内燃放烟花爆竹或者其他物品的；

（三）展示侮辱性标语、条幅等物品的；

（四）围攻裁判员、运动员或者其他工作人员的；

（五）向场内投掷杂物，不听制止的；

（六）扰乱大型群众性活动秩序的其他行为。

因扰乱体育比赛秩序被处以拘留处罚的，可以同时责令其十二个月内不得进入体育场馆观看同类比赛；违反规定进入体育场馆的，强行带离现场。

三、相关行政法规

《大型群众性活动安全管理条例》（2007年9月14日）

第二十一条　承办者或者大型群众性活动场

所管理者违反本条例规定致使发生重大伤亡事故、治安案件或者造成其他严重后果构成犯罪的,依法追究刑事责任;尚不构成犯罪的,对安全责任人和其他直接责任人员依法给予处分、治安管理处罚,对单位处1万元以上5万元以下罚款。

第二十二条 在大型群众性活动举办过程中发生公共安全事故,安全责任人不立即启动应急救援预案或者不立即向公安机关报告的,由公安机关对安全责任人和其他直接责任人员处5000元以上5万元以下罚款。

四、相关司法解释/文件

《最高人民检察院、公安部关于公安机关管辖的刑事案件立案追诉标准的规定(一)》(2008年6月25日 公通字〔2008〕36号)

第十一条 [大型群众性活动重大安全事故案(刑法第一百三十五条之一)]举办大型群众性活动违反安全管理规定,涉嫌下列情形之一的,应予立案追诉:

(一)造成死亡一人以上,或者重伤三人以上;

(二)造成直接经济损失五十万元以上的;

(三)其他造成严重后果的情形。

《最高人民法院、最高人民检察院关于办理危害生产安全刑事案件适用法律若干问题的解释》(2015年12月14日 法释〔2015〕22号)

第六条 实施刑法第一百三十二条、第一百三十四条第一款、第一百三十五条、第一百三十五条之一、第一百三十六条、第一百三十九条规定的行为,因而发生安全事故,具有下列情形之一的,应当认定为"造成严重后果"或者"发生重大伤亡事故或者造成其他严重后果",对相关责任人员,处三年以下有期徒刑或者拘役:

(一)造成死亡一人以上,或者重伤三人以上的;

(二)造成直接经济损失一百万元以上的;

(三)其他造成严重后果或者重大安全事故的情形。

实施刑法第一百三十四条第二款规定的行为,因而发生安全事故,具有本条第一款规定情形的,应当认定为"发生重大伤亡事故或者造成其他严重后果",对相关责任人员,处五年以下有期徒刑或者拘役。

实施刑法第一百三十七条规定的行为,因而发生安全事故,具有本条第一款规定情形的,应当认定为"造成重大安全事故",对直接责任人员,处五年以下有期徒刑或者拘役,并处罚金。

实施刑法第一百三十八条规定的行为,因而发生安全事故,具有本条第一款第一项规定情形的,应当认定为"发生重大伤亡事故",对直接责任人员,处三年以下有期徒刑或者拘役。

第七条 实施刑法第一百三十二条、第一百三十四条第一款、第一百三十五条、第一百三十五条之一、第一百三十六条、第一百三十九条规定的行为,因而发生安全事故,具有下列情形之一的,对相关责任人员,处三年以上七年以下有期徒刑:

(一)造成死亡三人以上或者重伤十人以上,负事故主要责任的;

(二)造成直接经济损失五百万元以上,负事故主要责任的;

(三)其他造成特别严重后果、情节特别恶劣或者后果特别严重的情形。

实施刑法第一百三十四条第二款规定的行为,因而发生安全事故,具有本条第一款规定情形的,对相关责任人员,处五年以上有期徒刑。

实施刑法第一百三十七条规定的行为,因而发生安全事故,具有本条第一款规定情形的,对直接责任人员,处五年以上十年以下有期徒刑,并处罚金。

实施刑法第一百三十八条规定的行为,因而发生安全事故,具有下列情形之一的,对直接责任人员,处三年以上七年以下有期徒刑:

(一)造成死亡三人以上或者重伤十人以上,负事故主要责任的;

(二)具有本解释第六条第一款第一项规定情形,同时造成直接经济损失五百万元以上并负事故主要责任的,或者同时造成恶劣社会影响的。

第十二条 实施刑法第一百三十二条、第一百三十四条至第一百三十九条之一规定的犯罪行为,具有下列情形之一的,从重处罚:

(一)未依法取得安全许可证件或者安全许可证件过期、被暂扣、吊销、注销后从事生产经营活动的;

(二)关闭、破坏必要的安全监控和报警设

备的；

（三）已经发现事故隐患，经有关部门或者个人提出后，仍不采取措施的；

（四）一年内曾因危害生产安全违法犯罪活动受过行政处罚或者刑事处罚的；

（五）采取弄虚作假、行贿等手段，故意逃避、阻挠负有安全监督管理职责的部门实施监督检查的；

（六）安全事故发生后转移财产意图逃避承担责任的；

（七）其他从重处罚的情形。

实施前款第五项规定的行为，同时构成刑法第三百八十九条规定的犯罪的，依照数罪并罚的规定处罚。

第十三条　实施刑法第一百三十二条、第一百三十四条至第一百三十九条之一规定的犯罪行为，在安全事故发生后积极组织、参与事故抢救，或者积极配合调查、主动赔偿损失的，可以酌情从轻处罚。

第十四条　国家工作人员违反规定投资入股生产经营，构成本解释规定的有关犯罪的，或者国家工作人员的贪污、受贿犯罪行为与安全事故发生存在关联性的，从重处罚；同时构成贪污、受贿犯罪和危害生产安全犯罪的，依照数罪并罚的规定处罚。

第十六条　对于实施危害生产安全犯罪适用缓刑的犯罪分子，可以根据犯罪情况，禁止其在缓刑考验期限内从事与安全生产相关联的特定活动；对于被判处刑罚的犯罪分子，可以根据犯罪情况和预防再犯罪的需要，禁止其自刑罚执行完毕之日或者假释之日起三年至五年内从事与安全生产相关的职业。

要义辨析

一、概念

本罪是指组织、举办大型群众性活动中，负有直接责任的行为人违反安全管理规定，因而发生重大伤亡事故，或者造成其他严重后果的行为。

二、构成要件

1. 本罪侵犯的客体是组织群众大型活动的安全秩序、人民群众的生命财产安全。

2. 客观方面表现为举办大型群众性活动违反安全管理规定，因而发生重大伤亡事故或者造成其他严重后果的行为。

3. 犯罪主体为发生大型群众性活动重大安全事故的“直接负责的主管人员和其他直接责任人员”。

4. 主观方面由过失构成。行为人应当预见到自己在大型群众性活动中的违反安全管理规定的行为，可能会造成重大伤亡事故或者其他严重后果，却因为疏忽大意而没有预见，或者虽已经预见，但轻信能够避免，因而造成重大伤亡事故或其他严重后果。

三、要点辨析

1. 本罪是结果犯，如果没有发生重大伤亡事故或者造成其他严重后果，则不构成犯罪。

2. 确定本罪，对责任人要审查其法定的职责分工，判断是否为他的分管责任，审查他的行为过失、过错同重大事故的因果关系。防止按伤亡人数确定责任级别人员，而不考虑分管职责和因果关系的机械执法现象。刑事责任同行政问责规定不同，必须强调行为和结果的因果关联性。

四、罪名变迁

本罪是2006年6月29日《刑法修正案（六）》第3条增设的新罪名。

类罪名：危害公共安全罪	罪名：危险物品肇事罪
量刑标准	**造成严重后果的**　处3年以下有期徒刑或者拘役；
	后果特别严重的　处3年以上7年以下有期徒刑。

法律依据

一、《刑法》条文

第一百三十六条 违反爆炸性、易燃性、放射性、毒害性、腐蚀性物品的管理规定,在生产、储存、运输、使用中发生重大事故,造成严重后果的,处三年以下有期徒刑或者拘役;后果特别严重的,处三年以上七年以下有期徒刑。

二、相关法律

《中华人民共和国铁路法》(2015 年 4 月 24 日修正)

第六十条第一款 违反本法规定,携带危险品进站上车或者以非危险品品名托运危险品,导致发生重大事故的,依照刑法有关规定追究刑事责任。企业事业单位、国家机关、社会团体犯本款罪的,处以罚金,对其主管人员和直接责任人员依法追究刑事责任。

《中华人民共和国民用航空法》(2021 年 4 月 29 日修正)

第一百九十四条 公共航空运输企业违反本法第一百零一条的规定运输危险品的,由国务院民用航空主管部门没收违法所得,可以并处违法所得一倍以下的罚款。

公共航空运输企业有前款行为,导致发生重大事故的,没收违法所得,判处罚金;并对直接负责的主管人员和其他直接责任人员依照刑法有关规定追究刑事责任。

三、相关行政法规

《中华人民共和国核材料管理条例》(1987 年 6 月 15 日)

第二条 本条例管制的核材料是:

(一)铀-235,含铀-235 的材料和制品;

(二)铀-233,含铀-233 的材料和制品;

(三)钚-239,含钚-239 的材料和制品;

(四)氚,含氚的材料和制品;

(五)锂-6,含锂-6 的材料和制品;

(六)其他需要管制的核材料。

铀矿石及其初级产品,不属于本条例管制范围。已移交给军队的核制品的管制办法由国防部门制定。

第三条 国家对核材料实行许可证制度。

第四条 核材料管制的基本要求是:

(一)保证符合国家利益及法律的规定;

(二)保证国家和人民群众的安全;

(三)保证国家对核材料的控制,在必要时国家可以征收所有核材料。

第五条 一切持有、使用、生产、储存、运输和处置第二条所列核材料的部门和单位必须遵守本条例。

第十九条 凡违反本条例的规定,有下列行为之一的,国家核安全局可依其情节轻重,给予警告、限期改进、罚款和吊销许可证的处罚,但吊销许可证的处罚需经核工业部同意。

(一)未经批准或违章从事核材料生产、使用、贮存和处置的;

(二)不按照规定报告或谎报有关事实和资料的;

(三)拒绝监督检查的;

(四)不按照规定管理,造成事故的。

第二十一条 对于不服从核材料管制、违反规章制度,因而发生重大事故,造成严重后果的,或者盗窃、抢劫、破坏本条例管制的核材料,构成犯罪的,由司法机关依法追究刑事责任。

《使用有毒物品作业场所劳动保护条例》(2002 年 5 月 12 日)

第六十二条 在作业场所使用国家明令禁止使用的有毒物品或者使用不符合国家标准的有毒物品的,由卫生行政部门责令立即停止使用,处 5 万元以上 30 万元以下的罚款;情节严重的,责令停止使用有毒物品作业,或者提请有关人民政府按照国务院规定的权限予以关闭;造成严重职业中毒危害或者导致职业中毒事故发生的,对负有责任的主管人员和其他直接责任人员依照刑法关于危险物品肇事罪、重大责任事故罪或者其他罪的规定,依法追究刑事责任。

第六十四条 违反本条例的规定,未经许可,擅自从事使用有毒物品作业的,由工商行政管理部门、卫生行政部门依据各自职权予以取缔;造成职业中毒事故的,依照刑法关于危险物品肇事罪或者其他罪的规定,依法追究刑事责任;尚不够刑事处罚的,由卫生行政部门没收经营所得,并处经营所得3倍以上5倍以下的罚款；对劳动者造成人身伤害的，依法承担赔偿责任。

第六十五条　从事使用有毒物品作业的用人单位违反本条例的规定，在转产、停产、停业或者解散、破产时未采取有效措施，妥善处理留存或者残留高毒物品的设备、包装物和容器的，由卫生行政部门责令改正，处2万元以上10万元以下的罚款；触犯刑律的，对负有责任的主管人员和其他直接责任人员依照刑法关于重大环境污染事故罪、危险物品肇事罪或者其他罪的规定，依法追究刑事责任。

第六十六条　用人单位违反本条例的规定，有下列情形之一的，由卫生行政部门给予警告，责令限期改正，处5000元以上2万元以下的罚款；逾期不改正的，责令停止使用有毒物品作业，或者提请有关人民政府按照国务院规定的权限予以关闭；造成严重职业中毒危害或者导致职业中毒事故发生的，对负有责任的主管人员和其他直接责任人员依照刑法关于重大劳动安全事故罪、危险物品肇事罪或者其他罪的规定，依法追究刑事责任：

（一）使用有毒物品作业场所未与生活场所分开或者在作业场所住人的；

（二）未将有害作业与无害作业分开的；

（三）高毒作业场所未与其他作业场所有效隔离的；

（四）从事高毒作业未按照规定配备应急救援设施或者制定事故应急救援预案的。

《危险化学品安全管理条例》（2013年12月7日修订）

第三条　本条例所称危险化学品，是指具有毒害、腐蚀、爆炸、燃烧、助燃等性质，对人体、设施、环境具有危害的剧毒化学品和其他化学品。

危险化学品目录，由国务院安全生产监督管理部门会同国务院工业和信息化、公安、环境保护、卫生、质量监督检验检疫、交通运输、铁路、民用航空、农业主管部门，根据化学品危险特性的鉴别和分类标准确定、公布，并适时调整。

第七十五条　生产、经营、使用国家禁止生产、经营、使用的危险化学品的，由安全生产监督管理部门责令停止生产、经营、使用活动，处20万元以上50万元以下的罚款，有违法所得的，没收违法所得；构成犯罪的，依法追究刑事责任。

有前款规定行为的，安全生产监督管理部门还应当责令其对所生产、经营、使用的危险化学品进行无害化处理。

违反国家关于危险化学品使用的限制性规定使用危险化学品的，依照本条第一款的规定处理。

第七十六条　未经安全条件审查，新建、改建、扩建生产、储存危险化学品的建设项目的，由安全生产监督管理部门责令停止建设，限期改正；逾期不改正的，处50万元以上100万元以下的罚款；构成犯罪的，依法追究刑事责任。

未经安全条件审查，新建、改建、扩建储存、装卸危险化学品的港口建设项目的，由港口行政管理部门依照前款规定予以处罚。

第七十七条　未依法取得危险化学品安全生产许可证从事危险化学品生产，或者未依法取得工业产品生产许可证从事危险化学品及其包装物、容器生产的，分别依照《安全生产许可证条例》、《中华人民共和国工业产品生产许可证管理条例》的规定处罚。

第八十条　生产、储存、使用危险化学品的单位有下列情形之一的，由安全生产监督管理部门责令改正，处5万元以上10万元以下的罚款；拒不改正的，责令停产停业整顿直至由原发证机关吊销其相关许可证件，并由工商行政管理部门责令其办理经营范围变更登记或者吊销其营业执照；有关责任人员构成犯罪的，依法追究刑事责任：

（一）对重复使用的危险化学品包装物、容器，在重复使用前不进行检查的；

（二）未根据其生产、储存的危险化学品的种类和危险特性，在作业场所设置相关安全设施、设备，或者未按照国家标准、行业标准或者国家有关规定对安全设施、设备进行经常性维护、保养的；

（三）未依照本条例规定对其安全生产条件定期进行安全评价的；

（四）未将危险化学品储存在专用仓库内，或者未将剧毒化学品以及储存数量构成重大危险源的其他危险化学品在专用仓库内单独存放的；

（五）危险化学品的储存方式、方法或者储存数量不符合国家标准或者国家有关规定的；

（六）危险化学品专用仓库不符合国家标准、行业标准的要求的；

(七)未对危险化学品专用仓库的安全设施、设备定期进行检测、检验的。

从事危险化学品仓储经营的港口经营人有前款规定情形的,由港口行政管理部门依照前款规定予以处罚。

第八十二条 生产、储存、使用危险化学品的单位转产、停产、停业或者解散,未采取有效措施及时、妥善处置其危险化学品生产装置、储存设施以及库存的危险化学品,或者丢弃危险化学品的,由安全生产监督管理部门责令改正,处5万元以上10万元以下的罚款;构成犯罪的,依法追究刑事责任。

生产、储存、使用危险化学品的单位转产、停产、停业或者解散,未依照本条例规定将其危险化学品生产装置、储存设施以及库存危险化学品的处置方案报有关部门备案的,分别由有关部门责令改正,可以处1万元以下的罚款;拒不改正的,处1万元以上5万元以下的罚款。

第八十六条 有下列情形之一的,由交通运输主管部门责令改正,处5万元以上10万元以下的罚款;拒不改正的,责令停产停业整顿;构成犯罪的,依法追究刑事责任:

(一)危险化学品道路运输企业、水路运输企业的驾驶人员、船员、装卸管理人员、押运人员、申报人员、集装箱装箱现场检查员未取得从业资格上岗作业的;

(二)运输危险化学品,未根据危险化学品的危险特性采取相应的安全防护措施,或者未配备必要的防护用品和应急救援器材的;

(三)使用未依法取得危险货物适装证书的船舶,通过内河运输危险化学品的;

(四)通过内河运输危险化学品的承运人违反国务院交通运输主管部门对单船运输的危险化学品数量的限制性规定运输危险化学品的;

(五)用于危险化学品运输作业的内河码头、泊位不符合国家有关安全规范,或者未与饮用水取水口保持国家规定的安全距离,或者未经交通运输主管部门验收合格投入使用的;

(六)托运人不向承运人说明所托运的危险化学品的种类、数量、危险特性以及发生危险情况的应急处置措施,或者未按照国家有关规定对所托运的危险化学品妥善包装并在外包装上设置相应标志的;

(七)运输危险化学品需要添加抑制剂或者稳定剂,托运人未添加或者未将有关情况告知承运人的。

第八十七条 有下列情形之一的,由交通运输主管部门责令改正,处10万元以上20万元以下的罚款,有违法所得的,没收违法所得;拒不改正的,责令停产停业整顿;构成犯罪的,依法追究刑事责任:

(一)委托未依法取得危险货物道路运输许可、危险货物水路运输许可的企业承运危险化学品的;

(二)通过内河封闭水域运输剧毒化学品以及国家规定禁止通过内河运输的其他危险化学品的;

(三)通过内河运输国家规定禁止通过内河运输的剧毒化学品以及其他危险化学品的;

(四)在托运的普通货物中夹带危险化学品,或者将危险化学品谎报或者匿报为普通货物托运的。

在邮件、快件内夹带危险化学品,或者将危险化学品谎报为普通物品交寄的,依法给予治安管理处罚;构成犯罪的,依法追究刑事责任。

邮政企业、快递企业收寄危险化学品的,依照《中华人民共和国邮政法》的规定处罚。

第八十八条 有下列情形之一的,由公安机关责令改正,处5万元以上10万元以下的罚款;构成违反治安管理行为的,依法给予治安管理处罚;构成犯罪的,依法追究刑事责任:

(一)超过运输车辆的核定载质量装载危险化学品的;

(二)使用安全技术条件不符合国家标准要求的车辆运输危险化学品的;

(三)运输危险化学品的车辆未经公安机关批准进入危险化学品运输车辆限制通行的区域的;

(四)未取得剧毒化学品道路运输通行证,通过道路运输剧毒化学品的。

第九十三条 伪造、变造或者出租、出借、转让危险化学品安全生产许可证、工业产品生产许可证,或者使用伪造、变造的危险化学品安全生产许可证、工业产品生产许可证的,分别依照《安全生产许可证条例》、《中华人民共和国工业产品生产许可证管理条例》的规定处罚。

伪造、变造或者出租、出借、转让本条例规定的其他许可证，或者使用伪造、变造的本条例规定的其他许可证的，分别由相关许可证的颁发管理机关处10万元以上20万元以下的罚款，有违法所得的，没收违法所得；构成违反治安管理行为的，依法给予治安管理处罚；构成犯罪的，依法追究刑事责任。

第九十五条　发生危险化学品事故，有关地方人民政府及其有关部门不立即组织实施救援，或者不采取必要的应急处置措施减少事故损失，防止事故蔓延、扩大的，对直接负责的主管人员和其他直接责任人员依法给予处分；构成犯罪的，依法追究刑事责任。

第九十六条　负有危险化学品安全监督管理职责的部门的工作人员，在危险化学品安全监督管理工作中滥用职权、玩忽职守、徇私舞弊，构成犯罪的，依法追究刑事责任；尚不构成犯罪的，依法给予处分。

四、相关司法解释/文件

《最高人民检察院、公安部关于公安机关管辖的刑事案件立案追诉标准的规定(一)》(2008年6月25日　公通字〔2008〕36号)

第十二条　［危险物品肇事案(刑法第一百三十六条)］违反爆炸性、易燃性、放射性、毒害性、腐蚀性物品的管理规定，在生产、储存、运输、使用中发生重大事故，涉嫌下列情形之一的，应予立案追诉：

(一)造成死亡一人以上，或者重伤三人以上；

(二)造成直接经济损失五十万元以上的；

(三)其他造成严重后果的情形。

《最高人民法院、最高人民检察院关于办理危害生产安全刑事案件适用法律若干问题的解释》(2015年12月14日　法释〔2015〕22号)

第六条　实施刑法第一百三十二条、第一百三十四条第一款、第一百三十五条、第一百三十五条之一、第一百三十六条、第一百三十九条规定的行为，因而发生安全事故，具有下列情形之一的，应当认定为“造成严重后果”或者“发生重大伤亡事故或者造成其他严重后果”，对相关责任人员，处三年以下有期徒刑或者拘役：

(一)造成死亡一人以上，或者重伤三人以上的；

(二)造成直接经济损失一百万元以上的；

(三)其他造成严重后果或者重大安全事故的情形。

实施刑法第一百三十四条第二款规定的行为，因而发生安全事故，具有本条第一款规定情形的，应当认定为“发生重大伤亡事故或者造成其他严重后果”，对相关责任人员，处五年以下有期徒刑或者拘役。

实施刑法第一百三十七条规定的行为，因而发生安全事故，具有本条第一款规定情形的，应当认定为“造成重大安全事故”，对直接责任人员，处五年以下有期徒刑或者拘役，并处罚金。

实施刑法第一百三十八条规定的行为，因而发生安全事故，具有本条第一款第一项规定情形的，应当认定为“发生重大伤亡事故”，对直接责任人员，处三年以下有期徒刑或者拘役。

第七条　实施刑法第一百三十二条、第一百三十四条第一款、第一百三十五条、第一百三十五条之一、第一百三十六条、第一百三十九条规定的行为，因而发生安全事故，具有下列情形之一的，对相关责任人员，处三年以上七年以下有期徒刑：

(一)造成死亡三人以上或者重伤十人以上，负事故主要责任的；

(二)造成直接经济损失五百万元以上，负事故主要责任的；

(三)其他造成特别严重后果、情节特别恶劣或者后果特别严重的情形。

实施刑法第一百三十四条第二款规定的行为，因而发生安全事故，具有本条第一款规定情形的，对相关责任人员，处五年以上有期徒刑。

实施刑法第一百三十七条规定的行为，因而发生安全事故，具有本条第一款规定情形的，对直接责任人员，处五年以上十年以下有期徒刑，并处罚金。

实施刑法第一百三十八条规定的行为，因而发生安全事故，具有下列情形之一的，对直接责任人员，处三年以上七年以下有期徒刑：

(一)造成死亡三人以上或者重伤十人以上,负事故主要责任的;

(二)具有本解释第六条第一款第一项规定情形,同时造成直接经济损失五百万元以上并负事故主要责任的,或者同时造成恶劣社会影响的。

第十二条 实施刑法第一百三十二条、第一百三十四条至第一百三十九条之一规定的犯罪行为,具有下列情形之一的,从重处罚:

(一)未依法取得安全许可证件或者安全许可证件过期、被暂扣、吊销、注销后从事生产经营活动的;

(二)关闭、破坏必要的安全监控和报警设备的;

(三)已经发现事故隐患,经有关部门或者个人提出后,仍不采取措施的;

(四)一年内曾因危害生产安全违法犯罪活动受过行政处罚或者刑事处罚的;

(五)采取弄虚作假、行贿等手段,故意逃避、阻挠负有安全监督管理职责的部门实施监督检查的;

(六)安全事故发生后转移财产意图逃避承担责任的;

(七)其他从重处罚的情形。

实施前款第五项规定的行为,同时构成刑法第三百八十九条规定的犯罪的,依照数罪并罚的规定处罚。

第十三条 实施刑法第一百三十二条、第一百三十四条至第一百三十九条之一规定的犯罪行为,在安全事故发生后积极组织、参与事故抢救,或者积极配合调查、主动赔偿损失的,可以酌情从轻处罚。

第十四条 国家工作人员违反规定投资入股生产经营,构成本解释规定的有关犯罪的,或者国家工作人员的贪污、受贿犯罪行为与安全事故发生存在关联性的,从重处罚;同时构成贪污、受贿犯罪和危害生产安全犯罪的,依照数罪并罚的规定处罚。

第十六条 对于实施危害生产安全犯罪适用缓刑的犯罪分子,可以根据犯罪情况,禁止其在缓刑考验期限内从事与安全生产相关联的特定活动;对于被判处刑罚的犯罪分子,可以根据犯罪情况和预防再犯罪的需要,禁止其自刑罚执行完毕之日或者假释之日起三年至五年内从事与安全生产相关的职业。

要义辨析

一、概念

本罪是指违反针对爆炸性、易燃性、放射性、毒害性、腐蚀性物品的管理规定,在生产、储存、运输、使用中发生重大事故,造成严重后果的行为。

二、构成要件

1. 本罪侵犯的客体是社会的公共安全,即不特定多数人的生命。健康和重大公私财产的安全。本罪的犯罪对象是能够引起重大事故的发生,致使他人重伤、死亡或者对公私财产造成重大损失的危险物品。

2. 客观方面表现为违反爆炸性、易燃性、放射性、毒害性、腐蚀性物品的管理规定,在生产、存储、运输、使用中发生重大事故,造成严重后果的行为。

3. 犯罪主体为一般主体,主要是从事生产、保管、运输和使用危险物品的职工。

4. 主观方面由过失构成,即行为人对违反危险物品管理规定的行为所造成的危害结果具有疏忽大意或者过于自信的主观心理。

三、要点辨析

1. 本罪是对危险物品管理不严、使用不当,导致重大危害事件发生的刑法规定。所谓危险物品,主要是指能够危害人身安全的爆炸性物品、易燃性物质、放射性核材料、毒害性剧毒物、腐蚀性化学物品。本罪是结果犯,要在使用中发生了重大事故,造成了严重后果,才构成犯罪。

2. 本罪与过失爆炸罪的区别,在于有没有违反正常的管理规定,遵守正常的操作规程。必须是在违反管理规定的情况下导致后果,才构成本罪。过失爆炸罪是在日常生活中不注意安全导致。

3. 本罪与重大责任事故罪的区别在于前者是着重对社会危险物品的管理,后者主要是针对行为人的管理。

四、罪名变迁

本罪1979年《刑法》第115条作了规定，罪名为“违反危险物品管理规定肇事罪”。1997年《刑法》第136条将罪名改为“危险物品肇事罪”。

类罪名：危害公共安全罪	罪名：工程重大安全事故罪
量刑标准	**构成犯罪的**　对直接责任人员处5年以下有期徒刑或者拘役，并处罚金；
	后果特别严重的　处5年以上10年以下有期徒刑，并处罚金。

法律依据

一、《刑法》条文

第一百三十七条　建设单位、设计单位、施工单位、工程监理单位违反国家规定，降低工程质量标准，造成重大安全事故的，对直接责任人员，处五年以下有期徒刑或者拘役，并处罚金；后果特别严重的，处五年以上十年以下有期徒刑，并处罚金。

二、相关法律

《中华人民共和国建筑法》（2019年4月23日修正）

第六十九条　工程监理单位与建设单位或者建筑施工企业串通，弄虚作假、降低工程质量的，责令改正，处以罚款，降低资质等级或者吊销资质证书；有违法所得的，予以没收；造成损失的，承担连带赔偿责任；构成犯罪的，依法追究刑事责任。

工程监理单位转让监理业务的，责令改正，没收违法所得，可以责令停业整顿，降低资质等级；情节严重的，吊销资质证书。

第七十二条　建设单位违反本法规定，要求建筑设计单位或者建筑施工企业违反建筑工程质量、安全标准，降低工程质量的，责令改正，可以处以罚款；构成犯罪的，依法追究刑事责任。

第七十三条　建筑设计单位不按照建筑工程质量、安全标准进行设计的，责令改正，处以罚款；造成工程质量事故的，责令停业整顿，降低资质等级或者吊销资质证书，没收违法所得，并处罚款；造成损失的，承担赔偿责任；构成犯罪的，依法追究刑事责任。

第七十四条　建筑施工企业在施工中偷工减料的，使用不合格的建筑材料、建筑构配件和设备的，或者有其他不按照工程设计图纸或者施工技术标准施工的行为的，责令改正，处以罚款；情节严重的，责令停业整顿，降低资质等级或者吊销资质证书；造成建筑工程质量不符合规定的质量标准的，负责返工、修理，并赔偿因此造成的损失；构成犯罪的，依法追究刑事责任。

三、相关行政法规

《建设工程安全生产管理条例》（2003年11月24日）

第六条　建设单位应当向施工单位提供施工现场及毗邻区域内供水、排水、供电、供气、供热、通信、广播电视等地下管线资料，气象和水文观测资料，相邻建筑物和构筑物、地下工程的有关资料，并保证资料的真实、准确、完整。

建设单位因建设工程需要，向有关部门或者单位查询前款规定的资料时，有关部门或者单位应当及时提供。

第十二条　勘察单位应当按照法律、法规和工程建设强制性标准进行勘察，提供的勘察文件应当真实、准确，满足建设工程安全生产的需要。

勘察单位在勘察作业时，应当严格执行操作规程，采取措施保证各类管线、设施和周边建筑物、构筑物的安全。

第二十条　施工单位从事建设工程的新建、扩建、改建和拆除等活动，应当具备国家规定的注册资本、专业技术人员、技术装备和安全生产等条件，依法取得相应等级的资质证书，并在其资质等级许可的范围内承揽工程。

四、相关司法解释/文件

《最高人民检察院、公安部关于公安机关管辖的刑事案件立案追诉标准的规定(一)》(2008 年 6 月 25 日 公通字〔2008〕36 号)

第十三条 [工程重大安全事故案(刑法第一百三十七条)]建设单位、设计单位、施工单位、工程监理单位违反国家规定,降低工程质量标准,涉嫌下列情形之一的,应予立案追诉:

(一)造成死亡一人以上,或者重伤三人以上;

(二)造成直接经济损失五十万元以上的;

(三)其他造成严重后果的情形。

《最高人民法院、最高人民检察院关于办理危害生产安全刑事案件适用法律若干问题的解释》(2015 年 12 月 14 日 法释〔2015〕22 号)

第六条 实施刑法第一百三十二条、第一百三十四条第一款、第一百三十五条、第一百三十五条之一、第一百三十六条、第一百三十九条规定的行为,因而发生安全事故,具有下列情形之一的,应当认定为"造成严重后果"或者"发生重大伤亡事故或者造成其他严重后果",对相关责任人员,处三年以下有期徒刑或者拘役:

(一)造成死亡一人以上,或者重伤三人以上的;

(二)造成直接经济损失一百万元以上的;

(三)其他造成严重后果或者重大安全事故的情形。

实施刑法第一百三十四条第二款规定的行为,因而发生安全事故,具有本条第一款规定情形的,应当认定为"发生重大伤亡事故或者造成其他严重后果",对相关责任人员,处五年以下有期徒刑或者拘役。

实施刑法第一百三十七条规定的行为,因而发生安全事故,具有本条第一款规定情形的,应当认定为"造成重大安全事故",对直接责任人员,处五年以下有期徒刑或者拘役,并处罚金。

实施刑法第一百三十八条规定的行为,因而发生安全事故,具有本条第一款第一项规定情形的,应当认定为"发生重大伤亡事故",对直接责任人员,处三年以下有期徒刑或者拘役。

第七条 实施刑法第一百三十二条、第一百三十四条第一款、第一百三十五条、第一百三十五条之一、第一百三十六条、第一百三十九条规定的行为,因而发生安全事故,具有下列情形之一的,对相关责任人员,处三年以上七年以下有期徒刑:

(一)造成死亡三人以上或者重伤十人以上,负事故主要责任的;

(二)造成直接经济损失五百万元以上,负事故主要责任的;

(三)其他造成特别严重后果、情节特别恶劣或者后果特别严重的情形。

实施刑法第一百三十四条第二款规定的行为,因而发生安全事故,具有本条第一款规定情形的,对相关责任人员,处五年以上有期徒刑。

实施刑法第一百三十七条规定的行为,因而发生安全事故,具有本条第一款规定情形的,对直接责任人员,处五年以上十年以下有期徒刑,并处罚金。

实施刑法第一百三十八条规定的行为,因而发生安全事故,具有下列情形之一的,对直接责任人员,处三年以上七年以下有期徒刑:

(一)造成死亡三人以上或者重伤十人以上,负事故主要责任的;

(二)具有本解释第六条第一款第一项规定情形,同时造成直接经济损失五百万元以上并负事故主要责任的,或者同时造成恶劣社会影响的。

第十二条 实施刑法第一百三十二条、第一百三十四条至第一百三十九条之一规定的犯罪行为,具有下列情形之一的,从重处罚:

(一)未依法取得安全许可证件或者安全许可证件过期、被暂扣、吊销、注销后从事生产经营活动的;

(二)关闭、破坏必要的安全监控和报警设备的;

(三)已经发现事故隐患,经有关部门或者个人提出后,仍不采取措施的;

(四)一年内曾因危害生产安全违法犯罪活动受过行政处罚或者刑事处罚的;

(五)采取弄虚作假、行贿等手段,故意逃避、阻挠负有安全监督管理职责的部门实施监督检查的;

(六)安全事故发生后转移财产意图逃避承担责任的;

（七）其他从重处罚的情形。

实施前款第五项规定的行为，同时构成刑法第三百八十九条规定的犯罪的，依照数罪并罚的规定处罚。

第十三条　实施刑法第一百三十二条、第一百三十四条至第一百三十九条之一规定的犯罪行为，在安全事故发生后积极组织、参与事故抢救，或者积极配合调查、主动赔偿损失的，可以酌情从轻处罚。

第十四条　国家工作人员违反规定投资入股生产经营，构成本解释规定的有关犯罪的，或者国家工作人员的贪污、受贿犯罪行为与安全事故发生存在关联性的，从重处罚；同时构成贪污、受贿犯罪和危害生产安全犯罪的，依照数罪并罚的规定处罚。

第十六条　对于实施危害生产安全犯罪适用缓刑的犯罪分子，可以根据犯罪情况，禁止其在缓刑考验期限内从事与安全生产相关联的特定活动；对于被判处刑罚的犯罪分子，可以根据犯罪情况和预防再犯罪的需要，禁止其自刑罚执行完毕之日或者假释之日起三年至五年内从事与安全生产相关的职业。

要义辨析

一、概念

本罪是指建设单位、建筑设计单位、施工单位、工程监理单位违反国家规定，降低工程质量标准，造成重大安全事故的行为。

二、构成要件

1. 本罪侵犯的客体是国家对建筑工程的管理制度和建筑工程的质量安全性。

2. 客观方面表现为建设单位、设计单位、施工单位、工程监理单位违反国家规定，降低工程质量标准，造成重大安全事故的行为。

3. 犯罪主体为特殊主体，即只有建设单位、建筑设计单位、施工单位和工程监理单位才能构成本罪。单位为犯罪主体，但是承担责任的具体主体，是针对直接责任人员，由自然人负责。

4. 主观方面由过失构成，包括疏忽大意和过于自信的过失。

三、要点辨析

1. “工程重大安全事故”，是指建设或使用中，因工程质量不达标，导致建筑物坍塌、断裂、严重倾斜等后果，造成严重经济损失或者人员伤亡。

2. 本罪属于实行单罚制的单位犯罪，因单位责任而起，但只处罚单位的直接责任人员，并对个人有罚金刑，对单位没有罚金刑。

四、罪名变迁

本罪是 1997 年《刑法》增设的罪名，1979 年《刑法》和单行刑法均没有此罪名。

<table>
<tr><td colspan="2">类罪名：危害公共安全罪｜罪名：教育设施重大安全事故罪</td></tr>
<tr><td rowspan="2">量刑标准</td><td>构成犯罪的　对直接责任人员处 3 年以下有期徒刑或者拘役；</td></tr>
<tr><td>后果特别严重的　处 3 年以上 7 年以下有期徒刑。</td></tr>
</table>

法律依据

一、《刑法》条文

第一百三十八条　明知校舍或者教育教学设施有危险，而不采取措施或者不及时报告，致使发生重大伤亡事故的，对直接责任人员，处三年以下有期徒刑或者拘役；后果特别严重的，处三年以上七年以下有期徒刑。

二、相关法律

《中华人民共和国教育法》（2021 年 4 月 29 日修正）

第七十三条　明知校舍或者教育教学设施有

危险,而不采取措施,造成人员伤亡或者重大财产损失的,对直接负责的主管人员和其他直接责任人员,依法追究刑事责任。

三、相关司法解释/文件

《最高人民检察院、公安部关于公安机关管辖的刑事案件立案追诉标准的规定(一)》(2008年6月25日　公通字〔2008〕36号)

第十四条　[教育设施重大安全事故案(刑法第一百三十八条)]明知校舍或者教育教学设施有危险,而不采取措施或者不及时报告,涉嫌下列情形之一的,应予立案追诉:

(一)造成死亡一人以上、重伤三人以上或者轻伤十人以上的;

(二)其他致使发生重大伤亡事故的情形。

《最高人民法院、最高人民检察院关于办理危害生产安全刑事案件适用法律若干问题的解释》(2015年12月14日　法释〔2015〕22号)

第六条　实施刑法第一百三十二条、第一百三十四条第一款、第一百三十五条、第一百三十五条之一、第一百三十六条、第一百三十九条规定的行为,因而发生安全事故,具有下列情形之一的,应当认定为"造成严重后果"或者"发生重大伤亡事故或者造成其他严重后果",对相关责任人员,处三年以下有期徒刑或者拘役:

(一)造成死亡一人以上,或者重伤三人以上的;

(二)造成直接经济损失一百万元以上的;

(三)其他造成严重后果或者重大安全事故的情形。

实施刑法第一百三十四条第二款规定的行为,因而发生安全事故,具有本条第一款规定情形的,应当认定为"发生重大伤亡事故或者造成其他严重后果",对相关责任人员,处五年以下有期徒刑或者拘役。

实施刑法第一百三十七条规定的行为,因而发生安全事故,具有本条第一款规定情形的,应当认定为"造成重大安全事故",对直接责任人员,处五年以下有期徒刑或者拘役,并处罚金。

实施刑法第一百三十八条规定的行为,因而发生安全事故,具有本条第一款第一项规定情形的,应当认定为"发生重大伤亡事故",对直接责任人员,处三年以下有期徒刑或者拘役。

第七条　实施刑法第一百三十二条、第一百三十四条第一款、第一百三十五条、第一百三十五条之一、第一百三十六条、第一百三十九条规定的行为,因而发生安全事故,具有下列情形之一的,对相关责任人员,处三年以上七年以下有期徒刑:

(一)造成死亡三人以上或者重伤十人以上,负事故主要责任的;

(二)造成直接经济损失五百万元以上,负事故主要责任的;

(三)其他造成特别严重后果、情节特别恶劣或者后果特别严重的情形。

实施刑法第一百三十四条第二款规定的行为,因而发生安全事故,具有本条第一款规定情形的,对相关责任人员,处五年以上有期徒刑。

实施刑法第一百三十七条规定的行为,因而发生安全事故,具有本条第一款规定情形的,对直接责任人员,处五年以上十年以下有期徒刑,并处罚金。

实施刑法第一百三十八条规定的行为,因而发生安全事故,具有下列情形之一的,对直接责任人员,处三年以上七年以下有期徒刑:

(一)造成死亡三人以上或者重伤十人以上,负事故主要责任的;

(二)具有本解释第六条第一款第一项规定情形,同时造成直接经济损失五百万元以上并负事故主要责任的,或者同时造成恶劣社会影响的。

第十二条　实施刑法第一百三十二条、第一百三十四条至第一百三十九条之一规定的犯罪行为,具有下列情形之一的,从重处罚:

(一)未依法取得安全许可证件或者安全许可证件过期、被暂扣、吊销、注销后从事生产经营活动的;

(二)关闭、破坏必要的安全监控和报警设备的;

(三)已经发现事故隐患,经有关部门或者个人提出后,仍不采取措施的;

(四)一年内曾因危害生产安全违法犯罪活动受过行政处罚或者刑事处罚的;

(五)采取弄虚作假、行贿等手段,故意逃避、阻挠负有安全监督管理职责的部门实施监督检查的;

（六）安全事故发生后转移财产意图逃避承担责任的；

（七）其他从重处罚的情形。

实施前款第五项规定的行为，同时构成刑法第三百八十九条规定的犯罪的，依照数罪并罚的规定处罚。

第十三条　实施刑法第一百三十二条、第一百三十四条至第一百三十九条之一规定的犯罪行为，在安全事故发生后积极组织、参与事故抢救，或者积极配合调查、主动赔偿损失的，可以酌情从轻处罚。

第十四条　国家工作人员违反规定投资入股生产经营，构成本解释规定的有关犯罪的，或者国家工作人员的贪污、受贿犯罪行为与安全事故发生存在关联性的，从重处罚；同时构成贪污、受贿犯罪和危害生产安全犯罪的，依照数罪并罚的规定处罚。

第十六条　对于实施危害生产安全犯罪适用缓刑的犯罪分子，可以根据犯罪情况，禁止其在缓刑考验期限内从事与安全生产相关联的特定活动；对于被判处刑罚的犯罪分子，可以根据犯罪情况和预防再犯罪的需要，禁止其自刑罚执行完毕之日或者假释之日起三年至五年内从事与安全生产相关的职业。

要义辨析

一、概念

本罪是指明知校舍或者教育教学设施有危险，而不采取措施或者不及时报告，致使发生重大伤亡事故的行为。

二、构成要件

1. 本罪侵犯的客体是教学活动的安全和校内师生的人身安全。

2. 客观方面表现为明知校舍或者教育教学设施有危险，而不采取措施或者不及时报告，致使发生重大伤亡事故的行为。

3. 犯罪主体为特殊主体，即学校和其他对教育教学设施安全负有领导、管理责任的人员以及学校上级机关、有关房管部门的主管人员。特别是校长、教师、后勤负责人等直接知悉校舍和教学设施安全状况的责任人。

4. 主观方面表现为过失，是一种不作为犯罪。

三、要点辨析

1. 本罪是专门为保障学校教学设施安全、保护师生安全而设立的罪名。目的在于提高学校设施管理人员的责任心。本罪体现为平时疏于管理的不作为的犯罪。对教育秩序和师生安全负有责任的管理者，疏于职守，应该警示报告而不报告，导致重大伤亡事故发生的，应当追究刑事责任。

2. “重大伤亡事故”的标准，由司法解释确定，一般是指死亡 1 人以上，或重伤 3 人以上。《刑法》仅限于人身伤亡才追究责任，而《教育法》第 73 条则规定造成“重大财产损失的”，也要追究刑事责任。按特别法、专门法优于一般法的原则，定罪量刑应适用《刑法》规定。财产损失可以以行政处罚等其他方式追究责任。

四、罪名变迁

本罪是 1997 年《刑法》增设的罪名，1979 年《刑法》和单行刑法均没有此罪名。

类罪名：危害公共安全罪	罪名：消防责任事故罪	
量刑标准	造成严重后果的	对直接责任人员处 3 年以下有期徒刑或者拘役；
	后果特别严重的	处 3 年以上 7 年以下有期徒刑。

法律依据

一、《刑法》条文

第一百三十九条　违反消防管理法规，经消防监督机构通知采取改正措施而拒绝执行，造成严重后果的，对直接责任人员，处三年以下有期徒刑或者拘役；后果特别严重的，处三年以上七年以下有期徒刑。

二、相关法律

《中华人民共和国消防法》（2021 年 4 月 29 日修正）

第五十四条　消防救援机构在消防监督检查中发现火灾隐患的，应当通知有关单位或者个人立即采取措施消除隐患；不及时消除隐患可能严重威胁公共安全的，消防救援机构应当依照规定对危险部位或者场所采取临时查封措施。

第五十五条　消防救援机构在消防监督检查中发现城乡消防安全布局、公共消防设施不符合消防安全要求，或者发现本地区存在影响公共安全的重大火灾隐患的，应当由应急管理部门书面报告本级人民政府。

接到报告的人民政府应当及时核实情况，组织或者责成有关部门、单位采取措施，予以整改。

第七十条　第二款、第三款　被责令停止施工、停止使用、停产停业的，应当在整改后向作出决定的部门或者机构报告，经检查合格，方可恢复施工、使用、生产、经营。

当事人逾期不执行停产停业、停止使用、停止施工决定的，由作出决定的部门或者机构强制执行。

第七十二条　违反本法规定，构成犯罪的，依法追究刑事责任。

三、相关司法解释/文件

《最高人民检察院、公安部关于公安机关管辖的刑事案件立案追诉标准的规定（一）》（2008 年 6 月 25 日　公通字〔2008〕36 号）

第十五条　［消防责任事故案（刑法第一百三十九条）］违反消防管理法规，经消防监督机构通知采取改正措施而拒绝执行，涉嫌下列情形之一的，应予立案追诉：

（一）造成死亡一人以上，或者重伤三人以上；

（二）造成直接经济损失五十万元以上的；

（三）造成森林火灾，过火有林地面积二公顷以上，或者过火疏林地、灌木林地、未成林地、苗圃地面积四公顷以上的；

（四）其他造成严重后果的情形。

《最高人民法院、最高人民检察院关于办理危害生产安全刑事案件适用法律若干问题的解释》（2015 年 12 月 14 日　法释〔2015〕22 号）

第六条　实施刑法第一百三十二条、第一百三十四条第一款、第一百三十五条、第一百三十五条之一、第一百三十六条、第一百三十九条规定的行为，因而发生安全事故，具有下列情形之一的，应当认定为“造成严重后果”或者“发生重大伤亡事故或者造成其他严重后果”，对相关责任人员，处三年以下有期徒刑或者拘役：

（一）造成死亡一人以上，或者重伤三人以上的；

（二）造成直接经济损失一百万元以上的；

（三）其他造成严重后果或者重大安全事故的情形。

实施刑法第一百三十四条第二款规定的行为，因而发生安全事故，具有本条第一款规定情形的，应当认定为“发生重大伤亡事故或者造成其他严重后果”，对相关责任人员，处五年以下有期徒刑或者拘役。

实施刑法第一百三十七条规定的行为，因而发生安全事故，具有本条第一款规定情形的，应当认定为“造成重大安全事故”，对直接责任人员，处五年以下有期徒刑或者拘役，并处罚金。

实施刑法第一百三十八条规定的行为，因而发生安全事故，具有本条第一款第一项规定情形的，应当认定为“发生重大伤亡事故”，对直接责任人员，处三年以下有期徒刑或者拘役。

第七条　实施刑法第一百三十二条、第一百三十四条第一款、第一百三十五条、第一百三十五条之一、第一百三十六条、第一百三十九条规定的行为，因而发生安全事故，具有下列情形之一的，对相关责任人员，处三年以上七年以下有期徒刑：

（一）造成死亡三人以上或者重伤十人以上，负事故主要责任的；

（二）造成直接经济损失五百万元以上，负事故主要责任的；

（三）其他造成特别严重后果、情节特别恶劣或者后果特别严重的情形。

实施刑法第一百三十四条第二款规定的行为，因而发生安全事故，具有本条第一款规定情形的，对相关责任人员，处五年以上有期徒刑。

实施刑法第一百三十七条规定的行为，因而发生安全事故，具有本条第一款规定情形的，对直接责任人员，处五年以上十年以下有期徒刑，并处罚金。

实施刑法第一百三十八条规定的行为，因而发生安全事故，具有下列情形之一的，对直接责任人员，处三年以上七年以下有期徒刑：

（一）造成死亡三人以上或者重伤十人以上，负事故主要责任的；

（二）具有本解释第六条第一款第一项规定情形，同时造成直接经济损失五百万元以上并负事故主要责任的，或者同时造成恶劣社会影响的。

第十二条 实施刑法第一百三十二条、第一百三十四条至第一百三十九条之一规定的犯罪行为，具有下列情形之一的，从重处罚：

（一）未依法取得安全许可证件或者安全许可证件过期、被暂扣、吊销、注销后从事生产经营活动的；

（二）关闭、破坏必要的安全监控和报警设备的；

（三）已经发现事故隐患，经有关部门或者个人提出后，仍不采取措施的；

（四）一年内曾因危害生产安全违法犯罪活动受过行政处罚或者刑事处罚的；

（五）采取弄虚作假、行贿等手段，故意逃避、阻挠负有安全监督管理职责的部门实施监督检查的；

（六）安全事故发生后转移财产意图逃避承担责任的；

（七）其他从重处罚的情形。

实施前款第五项规定的行为，同时构成刑法第三百八十九条规定的犯罪的，依照数罪并罚的规定处罚。

第十三条 实施刑法第一百三十二条、第一百三十四条至第一百三十九条之一规定的犯罪行为，在安全事故发生后积极组织、参与事故抢救，或者积极配合调查、主动赔偿损失的，可以酌情从轻处罚。

第十四条 国家工作人员违反规定投资入股生产经营，构成本解释规定的有关犯罪的，或者国家工作人员的贪污、受贿犯罪行为与安全事故发生存在关联性的，从重处罚；同时构成贪污、受贿犯罪和危害生产安全犯罪的，依照数罪并罚的规定处罚。

第十六条 对于实施危害生产安全犯罪适用缓刑的犯罪分子，可以根据犯罪情况，禁止其在缓刑考验期限内从事与安全生产相关联的特定活动；对于被判处刑罚的犯罪分子，可以根据犯罪情况和预防再犯罪的需要，禁止其自刑罚执行完毕之日或者假释之日起三年至五年内从事与安全生产相关的职业。

要义辨析

一、概念

本罪是指违反消防管理法规，经消防监督机构通知采取改正措施而拒绝执行，造成严重后果的行为。

二、构成要件

1. 本罪侵犯的客体是消防管理制度和公共安全。

2. 客观方面表现为违反消防管理法规，经消防监督机构通知要求采取改正措施而拒绝执行，造成严重后果的行为。

3. 犯罪主体为一般主体，凡是达到刑事责任年龄、具有刑事责任能力的自然人均可成为本罪的犯罪主体。

4. 主观方面由过失构成，可以是疏忽大意的过失，也可以是过于自信的过失。

三、要点辨析

1. 本罪是结果犯，即必须具有重大后果造成。所谓“重大后果”，主要是指有重大直接经济损失，或有严重人员伤亡发生，或其他严重情节，给生产、工作或他人生活带来重大损害。

2. 司法实践中,必须严格划清本罪与失火罪的界线。虽然都是过失犯罪,都有火灾出现,但消防责任事故罪是有法定职责的犯罪,并要同时具备两个要素才构成犯罪:(1)必须具备违反消防管理法规的事实;(2)有拒不执行消防监督机构要其采取改正措施的行为。第二个要素一般要有《消防整改通知书》等客观证据。而失火罪,则不需要具备上述条件。

四、罪名变迁

本罪是 1997 年《刑法》增设的罪名,1979 年《刑法》和单行刑法均没有此罪名。

类罪名:危害公共安全罪	罪名:不报、谎报安全事故罪
量刑标准	**构成犯罪的** 处 3 年以下有期徒刑或者拘役;
	情节特别严重的 处 3 年以上 7 年以下有期徒刑。

法律依据

一、《刑法》条文

第一百三十九条之一 在安全事故发生后,负有报告职责的人员不报或者谎报事故情况,贻误事故抢救,情节严重的,处三年以下有期徒刑或者拘役;情节特别严重的,处三年以上七年以下有期徒刑。

二、相关法律

《中华人民共和国安全生产法》(2021 年 6 月 10 日修正)

第八十三条 生产经营单位发生生产安全事故后,事故现场有关人员应当立即报告本单位负责人。

单位负责人接到事故报告后,应当迅速采取有效措施,组织抢救,防止事故扩大,减少人员伤亡和财产损失,并按照国家有关规定立即如实报告当地负有安全生产监督管理职责的部门,不得隐瞒不报、谎报或者迟报,不得故意破坏事故现场、毁灭有关证据。

第八十四条 负有安全生产监督管理职责的部门接到事故报告后,应当立即按照国家有关规定上报事故情况。负有安全生产监督管理职责的部门和有关地方人民政府对事故情况不得隐瞒不报、谎报或者迟报。

第一百一十条 生产经营单位的主要负责人在本单位发生生产安全事故时,不立即组织抢救或者在事故调查处理期间擅离职守或者逃匿的,给予降级、撤职的处分,并由应急管理部门处上一年年收入百分之六十至百分之一百的罚款;对逃匿的处十五日以下拘留;构成犯罪的,依照刑法有关规定追究刑事责任。

生产经营单位的主要负责人对生产安全事故隐瞒不报、谎报或者迟报的,依照前款规定处罚。

第一百一十一条 有关地方人民政府、负有安全生产监督管理职责的部门,对生产安全事故隐瞒不报、谎报或者迟报的,对直接负责的主管人员和其他直接责任人员依法给予处分;构成犯罪的,依照刑法有关规定追究刑事责任。

三、相关行政法规

《国务院关于特大安全事故行政责任追究的规定》(2001 年 4 月 21 日)

第十六条 特大安全事故发生后,有关县(市、区)、市(地、州)和省、自治区、直辖市人民政府及政府有关部门应当按照国家规定的程序和时限立即上报,不得隐瞒不报、谎报或者拖延报告,并应当配合、协助事故调查,不得以任何方式阻碍、干涉事故调查。

特大安全事故发生后,有关地方人民政府及政府有关部门违反前款规定的,对政府主要领导人和政府部门正职负责人给予降级的行政处分。

四、相关司法解释/文件

《最高人民法院关于进一步加强危害生产安全刑事案件审判工作的意见》(2011年12月30日　法发〔2011〕20号)

11. 安全事故发生后，负有报告职责的国家工作人员不报或者谎报事故情况，贻误事故抢救，情节严重，构成不报、谎报安全事故罪，同时构成职务犯罪或其他危害生产安全犯罪的，依照数罪并罚的规定处罚。

《最高人民法院、最高人民检察院关于办理危害生产安全刑事案件适用法律若干问题的解释》(2015年12月14日　法释〔2015〕22号)

第六条　实施刑法第一百三十二条、第一百三十四条第一款、第一百三十五条、第一百三十五条之一、第一百三十六条、第一百三十九条规定的行为，因而发生安全事故，具有下列情形之一的，应当认定为“造成严重后果”或者“发生重大伤亡事故或者造成其他严重后果”，对相关责任人员，处三年以下有期徒刑或者拘役：

（一）造成死亡一人以上，或者重伤三人以上的；

（二）造成直接经济损失一百万元以上的；

（三）其他造成严重后果或者重大安全事故的情形。

实施刑法第一百三十四条第二款规定的行为，因而发生安全事故，具有本条第一款规定情形的，应当认定为“发生重大伤亡事故或者造成其他严重后果”，对相关责任人员，处五年以下有期徒刑或者拘役。

实施刑法第一百三十七条规定的行为，因而发生安全事故，具有本条第一款规定情形的，应当认定为“造成重大安全事故”，对直接责任人员，处五年以下有期徒刑或者拘役，并处罚金。

实施刑法第一百三十八条规定的行为，因而发生安全事故，具有本条第一款第一项规定情形的，应当认定为“发生重大伤亡事故”，对直接责任人员，处三年以下有期徒刑或者拘役。

第七条　实施刑法第一百三十二条、第一百三十四条第一款、第一百三十五条、第一百三十五条之一、第一百三十六条、第一百三十九条规定的行为，因而发生安全事故，具有下列情形之一的，对相关责任人员，处三年以上七年以下有期徒刑：

（一）造成死亡三人以上或者重伤十人以上，负事故主要责任的；

（二）造成直接经济损失五百万元以上，负事故主要责任的；

（三）其他造成特别严重后果、情节特别恶劣或者后果特别严重的情形。

实施刑法第一百三十四条第二款规定的行为，因而发生安全事故，具有本条第一款规定情形的，对相关责任人员，处五年以上有期徒刑。

实施刑法第一百三十七条规定的行为，因而发生安全事故，具有本条第一款规定情形的，对直接责任人员，处五年以上十年以下有期徒刑，并处罚金。

实施刑法第一百三十八条规定的行为，因而发生安全事故，具有下列情形之一的，对直接责任人员，处三年以上七年以下有期徒刑：

（一）造成死亡三人以上或者重伤十人以上，负事故主要责任的；

（二）具有本解释第六条第一款第一项规定情形，同时造成直接经济损失五百万元以上并负事故主要责任的，或者同时造成恶劣社会影响的。

第十二条　实施刑法第一百三十二条、第一百三十四条至第一百三十九条之一规定的犯罪行为，具有下列情形之一的，从重处罚：

（一）未依法取得安全许可证件或者安全许可证件过期、被暂扣、吊销、注销后从事生产经营活动的；

（二）关闭、破坏必要的安全监控和报警设备的；

（三）已经发现事故隐患，经有关部门或者个人提出后，仍不采取措施的；

（四）一年内曾因危害生产安全违法犯罪活动受过行政处罚或者刑事处罚的；

（五）采取弄虚作假、行贿等手段，故意逃避、阻挠负有安全监督管理职责的部门实施监督检查的；

（六）安全事故发生后转移财产意图逃避承担责任的；

（七）其他从重处罚的情形。

实施前款第五项规定的行为，同时构成刑法第三百八十九条规定的犯罪的,依照数罪并罚的规定处罚。

第十三条　实施刑法第一百三十二条、第一百三十四条至第一百三十九条之一规定的犯罪行为,在安全事故发生后积极组织、参与事故抢救,或者积极配合调查、主动赔偿损失的,可以酌情从轻处罚。

第十四条　国家工作人员违反规定投资入股生产经营,构成本解释规定的有关犯罪的,或者国家工作人员的贪污、受贿犯罪行为与安全事故发生存在关联性的,从重处罚;同时构成贪污、受贿犯罪和危害生产安全犯罪的,依照数罪并罚的规定处罚。

第十六条　对于实施危害生产安全犯罪适用缓刑的犯罪分子,可以根据犯罪情况,禁止其在缓刑考验期限内从事与安全生产相关联的特定活动;对于被判处刑罚的犯罪分子,可以根据犯罪情况和预防再犯罪的需要,禁止其自刑罚执行完毕之日或者假释之日起三年至五年内从事与安全生产相关的职业。

《最高人民检察院、公安部关于公安机关管辖的刑事案件立案追诉标准的规定(一)的补充规定》(2017年4月27日　公通字〔2017〕12号)

一、在《最高人民检察院公安部关于公安机关管辖的刑事案件立案追诉标准的规定(一)》(以下简称《立案追诉标准(一)》)第15条后增加一条,作为第15条之一:[不报、谎报安全事故案(刑法第139条之一)]在安全事故发生后,负有报告职责的人员不报或者谎报事故情况,贻误事故抢救,涉嫌下列情形之一的,应予立案追诉:

(一)导致事故后果扩大,增加死亡1人以上,或者增加重伤3人以上,或者增加直接经济损失100万元以上的;

(二)实施下列行为之一,致使不能及时有效开展事故抢救的:

1. 决定不报、迟报、谎报事故情况或者指使、串通有关人员不报、迟报、谎报事故情况的;

2. 在事故抢救期间擅离职守或者逃匿的;

3. 伪造、破坏事故现场,或者转移、藏匿、毁灭遇难人员尸体,或者转移、藏匿受伤人员的;

4. 毁灭、伪造、隐匿与事故有关的图纸、记录、计算机数据等资料以及其他证据的;

(三)其他不报、谎报安全事故情节严重的情形。

本条规定的"负有报告职责的人员",是指负有组织、指挥或者管理职责的负责人、管理人员、实际控制人、投资人,以及其他负有报告职责的人员。

要义辨析

一、概念

本罪是指安全事故发生后,负有报告职责的人员不报或者谎报事故情况,贻误事故抢救时机,情节严重的行为。

二、构成要件

1. 本罪侵犯的客体是公共安全和安全事故监管制度,具体是安全事故报告制度。

2. 客观方面表现为在安全事故发生后,负有报告职责的人员不报或者谎报事故情况,贻误事故抢救时机,情节严重的行为。

3. 犯罪主体为对安全事故"负有报告职责的人员"。

4. 主观方面由故意构成,包括作为和不作为,其中"瞒报""谎报"是作为,"不报"是不作为。

三、要点辨析

1. 注意本罪的罪与非罪的界限。"不报""谎报"只有导致"贻误事故抢救时机"的后果,才是构成本罪的一个要件。如果不报或谎报行为没有导致贻误抢救时机,不能构成本罪。

2. 不报、谎报安全事故,贻误事故抢救的行为,如果没有达到情节严重的程度,则属于一般违法行为,也不能按本罪追究行为人的刑事责任。

四、罪名变迁

本罪是2006年6月29日《刑法修正案(六)》第4条新增设的罪名,主要针对现实中存在的行为人对已经发生的矿难和其他安全事故故意隐瞒不报、造成无法及时救险的严重后果的行为,并对此规定了刑事责任。不报、谎报不仅导致事故被隐瞒,无法查究,更恶劣的是贻误最佳救援时机,直接损害事故人员的生命健康,故须用《刑法》来规制。

第三章
破坏社会主义市场经济秩序罪

第一节　生产、销售伪劣商品罪

<table>
<tr><td colspan="2">类罪名：破坏社会主义市场经济秩序罪/生产、销售伪劣商品罪｜罪名：生产、销售伪劣产品罪</td></tr>
<tr><td rowspan="5">量刑标准</td><td>销售金额5万元以上不满20万元的　处2年以下有期徒刑或者拘役，并处或者单处销售金额50%以上2倍以下罚金；</td></tr>
<tr><td>销售金额20万元以上不满50万元的　处2年以上7年以下有期徒刑，并处销售金额50%以上2倍以下罚金；</td></tr>
<tr><td>销售金额50万元以上不满200万元的　处7年以上有期徒刑，并处销售金额50%以上2倍以下罚金；</td></tr>
<tr><td>销售金额200万元以上的　处15年有期徒刑或者无期徒刑，并处销售金额50%以上2倍以下罚金，或没收财产；</td></tr>
<tr><td>单位犯本罪的　处罚金；并对直接负责的主管人员和直接责任人员依上述规定处罚。</td></tr>
</table>

法律依据

一、《刑法》条文

第一百四十条　生产者、销售者在产品中掺杂、掺假，以假充真，以次充好，或者以不合格产品冒充合格产品，销售金额五万元以上不满二十万元的，处二年以下有期徒刑或者拘役，并处或者单处销售金额百分之五十以上二倍以下罚金；销售金额二十万元以上不满五十万元的，处二年以上七年以下有期徒刑，并处销售金额百分之五十以上二倍以下罚金；销售金额五十万元以上不满二百万元的，处七年以上有期徒刑，并处销售金额百分之五十以上二倍以下罚金；销售金额二百万元以上的，处十五年有期徒刑或者无期徒刑，并处销售金额百分之五十以上二倍以下罚金或者没收财产。

第一百四十九条　生产、销售本节第一百四十一条至第一百四十八条所列产品，不构成各该条规定的犯罪，但是销售金额在五万元以上的，依照本节第一百四十条的规定定罪处罚。生产、销售本节第一百四十一条至第一百四十八条所列产品，构成各该条规定的犯罪，同时又构成本节第一百四十条规定之罪的，依照处罚较重的规定定罪处罚。

第一百五十条　单位犯本节第一百四十条至第一百四十八条规定之罪的，对单位判处罚金，并对其直接负责的主管人员和其他直接责任人员，依照各该条的规定处罚。

二、相关法律

《全国人民代表大会常务委员会关于维护互联网安全的决定》(2009年8月27日修正)

一、为了维护社会主义市场经济秩序和社会管理秩序,对有下列行为之一,构成犯罪的,依照刑法有关规定追究刑事责任:

(一)利用互联网销售伪劣产品或者对商品、服务作虚假宣传;

(二)故意制作、传播计算机病毒等破坏性程序,攻击计算机系统及通信网络,致使计算机系统及通信网络遭受损害;

(三)违反国家规定,擅自中断计算机网络或者通信服务,造成计算机网络或者通信系统不能正常运行。

《中华人民共和国农产品质量安全法》(2022年9月2日修订)

第二条 本法所称农产品,是指来源于种植业、林业、畜牧业和渔业等的初级产品,即在农业活动中获得的植物、动物、微生物及其产品。

本法所称农产品质量安全,是指农产品质量达到农产品质量安全标准,符合保障人的健康、安全的要求。

第十二条 农民专业合作社和农产品行业协会等应当及时为其成员提供生产技术服务,建立农产品质量安全管理制度,健全农产品质量安全控制体系,加强自律管理。

第二十九条 农产品生产经营者应当依照有关法律、行政法规和国家有关强制性标准、国务院农业农村主管部门的规定,科学合理使用农药、兽药、饲料和饲料添加剂、肥料等农业投入品,严格执行农业投入品使用安全间隔期或者休药期的规定;不得超范围、超剂量使用农业投入品危及农产品质量安全。

禁止在农产品生产经营过程中使用国家禁止使用的农业投入品以及其他有毒有害物质。

第三十四条 销售的农产品应当符合农产品质量安全标准。

农产品生产企业、农民专业合作社应当根据质量安全控制要求自行或者委托检测机构对农产品质量安全进行检测;经检测不符合农产品质量安全标准的农产品,应当及时采取管控措施,且不得销售。

农业技术推广等机构应当为农户等农产品生产经营者提供农产品检测技术服务。

第三十五条 农产品在包装、保鲜、储存、运输中所使用的保鲜剂、防腐剂、添加剂、包装材料等,应当符合国家有关强制性标准以及其他农产品质量安全规定。

储存、运输农产品的容器、工具和设备应当安全、无害。禁止将农产品与有毒有害物质一同储存、运输,防止污染农产品。

第三十六条 有下列情形之一的农产品,不得销售:

(一)含有国家禁止使用的农药、兽药或者其他化合物;

(二)农药、兽药等化学物质残留或者含有的重金属等有毒有害物质不符合农产品质量安全标准;

(三)含有的致病性寄生虫、微生物或者生物毒素不符合农产品质量安全标准;

(四)未按照国家有关强制性标准以及其他农产品质量安全规定使用保鲜剂、防腐剂、添加剂、包装材料等,或者使用的保鲜剂、防腐剂、添加剂、包装材料等不符合国家有关强制性标准以及其他质量安全规定;

(五)病死、毒死或者死因不明的动物及其产品;

(六)其他不符合农产品质量安全标准的情形。

对前款规定不得销售的农产品,应当依照法律、法规的规定进行处置。

第三十七条 农产品批发市场应当按照规定设立或者委托检测机构,对进场销售的农产品质量安全状况进行抽查检测;发现不符合农产品质量安全标准的,应当要求销售者立即停止销售,并向所在地市场监督管理、农业农村等部门报告。

农产品销售企业对其销售的农产品,应当建立健全进货检查验收制度;经查验不符合农产品质量安全标准的,不得销售。

食品生产者采购农产品等食品原料,应当依照《中华人民共和国食品安全法》的规定查验许可证和合格证明,对无法提供合格证明的,应当按照规定进行检验。

第三十八条　农产品生产企业、农民专业合作社以及从事农产品收购的单位或者个人销售的农产品，按照规定应当包装或者附加承诺达标合格证等标识的，须经包装或者附加标识后方可销售。包装物或者标识上应当按照规定标明产品的品名、产地、生产者、生产日期、保质期、产品质量等级等内容；使用添加剂的，还应当按照规定标明添加剂的名称。具体办法由国务院农业农村主管部门制定。

第三十九条　农产品生产企业、农民专业合作社应当执行法律、法规的规定和国家有关强制性标准，保证其销售的农产品符合农产品质量安全标准，并根据质量安全控制、检测结果等开具承诺达标合格证，承诺不使用禁用的农药、兽药及其他化合物且使用的常规农药、兽药残留不超标等。鼓励和支持农户销售农产品时开具承诺达标合格证。法律、行政法规对畜禽产品的质量安全合格证明有特别规定的，应当遵守其规定。

从事农产品收购的单位或者个人应当按照规定收取、保存承诺达标合格证或者其他质量安全合格证明，对其收购的农产品进行混装或者分装后销售的，应当按照规定开具承诺达标合格证。

农产品批发市场应当建立健全农产品承诺达标合格证查验等制度。

县级以上人民政府农业农村主管部门应当做好承诺达标合格证有关工作的指导服务，加强日常监督检查。

农产品质量安全承诺达标合格证管理办法由国务院农业农村主管部门会同国务院有关部门制定。

第七十八条　违反本法规定，构成犯罪的，依法追究刑事责任。

《中华人民共和国产品质量法》（2018 年 12 月 29 日修正）

第十三条　可能危及人体健康和人身、财产安全的工业产品，必须符合保障人体健康和人身、财产安全的国家标准、行业标准；未制定国家标准、行业标准的，必须符合保障人体健康和人身、财产安全的要求。

禁止生产、销售不符合保障人体健康和人身、财产安全的标准和要求的工业产品。具体管理办法由国务院规定。

第二十六条　生产者应当对其生产的产品质量负责。

产品质量应当符合下列要求：

（一）不存在危及人身、财产安全的不合理的危险，有保障人体健康和人身、财产安全的国家标准、行业标准的，应当符合该标准；

（二）具备产品应当具备的使用性能，但是，对产品存在使用性能的瑕疵作出说明的除外；

（三）符合在产品或者其包装上注明采用的产品标准，符合以产品说明、实物样品等方式表明的质量状况。

第三十二条　生产者生产产品，不得掺杂、掺假，不得以假充真、以次充好，不得以不合格产品冒充合格产品。

第三十九条　销售者销售产品，不得掺杂、掺假，不得以假充真、以次充好，不得以不合格产品冒充合格产品。

第四十九条　生产、销售不符合保障人体健康和人身、财产安全的国家标准、行业标准的产品的，责令停止生产、销售，没收违法生产、销售的产品，并处违法生产、销售产品（包括已售出和未售出的产品，下同）货值金额等值以上三倍以下的罚款；有违法所得的，并处没收违法所得；情节严重的，吊销营业执照；构成犯罪的，依法追究刑事责任。

第五十条　在产品中掺杂、掺假，以假充真，以次充好，或者以不合格产品冒充合格产品的，责令停止生产、销售，没收违法生产、销售的产品，并处违法生产、销售产品货值金额百分之五十以上三倍以下的罚款；有违法所得的，并处没收违法所得；情节严重的，吊销营业执照；构成犯罪的，依法追究刑事责任。

《中华人民共和国道路交通安全法》（2021 年 4 月 29 日修正）

第一百零三条　国家机动车产品主管部门未按照机动车国家安全技术标准严格审查，许可不合格机动车型投入生产的，对负有责任的主管人员和其他直接责任人员给予降级或者撤职的行政处分。

机动车生产企业经国家机动车产品主管部门许可生产的机动车型，不执行机动车国家安全技术标准或者不严格进行机动车成品质量检验，致使质量不合格的机动车出厂销售的,由质量技术监督部门依照《中华人民共和国产品质量法》的有关规定给予处罚。

擅自生产、销售未经国家机动车产品主管部门许可生产的机动车型的,没收非法生产、销售的机动车成品及配件,可以并处非法产品价值三倍以上五倍以下罚款;有营业执照的,由工商行政管理部门吊销营业执照,没有营业执照的,予以查封。

生产、销售拼装的机动车或者生产、销售擅自改装的机动车的,依照本条第三款的规定处罚。

有本条第二款、第三款、第四款所列违法行为,生产或者销售不符合机动车国家安全技术标准的机动车,构成犯罪的,依法追究刑事责任。

《中华人民共和国消费者权益保护法》(2013年10月25日修正)

第十八条 经营者应当保证其提供的商品或者服务符合保障人身、财产安全的要求。对可能危及人身、财产安全的商品和服务,应当向消费者作出真实的说明和明确的警示,并说明和标明正确使用商品或者接受服务的方法以及防止危害发生的方法。

宾馆、商场、餐馆、银行、机场、车站、港口、影剧院等经营场所的经营者,应当对消费者尽到安全保障义务。

第十九条 经营者发现其提供的商品或者服务存在缺陷,有危及人身、财产安全危险的,应当立即向有关行政部门报告和告知消费者,并采取停止销售、警示、召回、无害化处理、销毁、停止生产或者服务等措施。采取召回措施的,经营者应当承担消费者因商品被召回支出的必要费用。

第四十九条 经营者提供商品或者服务,造成消费者或者其他受害人人身伤害的,应当赔偿医疗费、护理费、交通费等为治疗和康复支出的合理费用,以及因误工减少的收入。造成残疾的,还应当赔偿残疾生活辅助具费和残疾赔偿金。造成死亡的,还应当赔偿丧葬费和死亡赔偿金。

第五十六条 经营者有下列情形之一,除承担相应的民事责任外,其他有关法律、法规对处罚机关和处罚方式有规定的,依照法律、法规的规定执行;法律、法规未作规定的,由工商行政管理部门或者其他有关行政部门责令改正,可以根据情节单处或者并处警告、没收违法所得、处以违法所得一倍以上十倍以下的罚款,没有违法所得的,处以五十万元以下的罚款;情节严重的,责令停业整顿、吊销营业执照:

(一)提供的商品或者服务不符合保障人身、财产安全要求的;

(二)在商品中掺杂、掺假,以假充真,以次充好,或者以不合格商品冒充合格商品的;

(三)生产国家明令淘汰的商品或者销售失效、变质的商品的;

(四)伪造商品的产地,伪造或者冒用他人的厂名、厂址,篡改生产日期,伪造或者冒用认证标志等质量标志的;

(五)销售的商品应当检验、检疫而未检验、检疫或者伪造检验、检疫结果的;

(六)对商品或者服务作虚假或者引人误解的宣传的;

(七)拒绝或者拖延有关行政部门责令对缺陷商品或者服务采取停止销售、警示、召回、无害化处理、销毁、停止生产或者服务等措施的;

(八)对消费者提出的修理、重作、更换、退货、补足商品数量、退还货款和服务费用或者赔偿损失的要求,故意拖延或者无理拒绝的;

(九)侵害消费者人格尊严、侵犯消费者人身自由或者侵害消费者个人信息依法得到保护的权利的;

(十)法律、法规规定的对损害消费者权益应当予以处罚的其他情形。

经营者有前款规定情形的,除依照法律、法规规定予以处罚外,处罚机关应当记入信用档案,向社会公布。

第五十七条 经营者违反本法规定提供商品或者服务,侵害消费者合法权益,构成犯罪的,依法追究刑事责任。

三、相关行政法规

《特种设备安全监察条例》(2009年1月24日修订)

第十条 特种设备生产单位,应当依照本条例规定以及国务院特种设备安全监督管理部门制订并公布的安全技术规范(以下简称安全技术规范)的要求,进行生产活动。

特种设备生产单位对其生产的特种设备的安全性能和能效指标负责，不得生产不符合安全性能要求和能效指标的特种设备，不得生产国家产业政策明令淘汰的特种设备。

第七十三条　锅炉、气瓶、氧舱和客运索道、大型游乐设施以及高耗能特种设备的设计文件，未经国务院特种设备安全监督管理部门核准的检验检测机构鉴定，擅自用于制造的，由特种设备安全监督管理部门责令改正，没收非法制造的产品，处5万元以上20万元以下罚款；触犯刑律的，对负有责任的主管人员和其他直接责任人员依照刑法关于生产、销售伪劣产品罪、非法经营罪或者其他罪的规定，依法追究刑事责任。

第七十五条　未经许可，擅自从事锅炉、压力容器、电梯、起重机械、客运索道、大型游乐设施、场(厂)内专用机动车辆及其安全附件、安全保护装置的制造、安装、改造以及压力管道元件的制造活动的，由特种设备安全监督管理部门予以取缔，没收非法制造的产品，已经实施安装、改造的，责令恢复原状或者责令限期由取得许可的单位重新安装、改造，处10万元以上50万元以下罚款；触犯刑律的，对负有责任的主管人员和其他直接责任人员依照刑法关于生产、销售伪劣产品罪、非法经营罪、重大责任事故罪或者其他罪的规定，依法追究刑事责任。

第七十九条　锅炉、压力容器、压力管道元件、起重机械、大型游乐设施的制造过程和锅炉、压力容器、电梯、起重机械、客运索道、大型游乐设施的安装、改造、重大维修过程，以及锅炉清洗过程，未经国务院特种设备安全监督管理部门核准的检验检测机构按照安全技术规范的要求进行监督检验的，由特种设备安全监督管理部门责令改正，已经出厂的，没收违法生产、销售的产品，已经实施安装、改造、重大维修或者清洗的，责令限期进行监督检验，处5万元以上20万元以下罚款；有违法所得的，没收违法所得；情节严重的，撤销制造、安装、改造或者维修单位已经取得的许可，并由工商行政管理部门吊销其营业执照；触犯刑律的，对负有责任的主管人员和其他直接责任人员依照刑法关于生产、销售伪劣产品罪或者其他罪的规定，依法追究刑事责任。

四、相关司法解释/文件

《最高人民法院、最高人民检察院关于办理生产、销售伪劣商品刑事案件具体应用法律若干问题的解释》(2001年4月9日　法释〔2001〕10号)

为依法惩治生产、销售伪劣商品犯罪活动，根据刑法有关规定，现就办理这类案件具体应用法律的若干问题解释如下：

第一条　《刑法》第一百四十条规定的"在产品中掺杂、掺假"，是指在产品中掺入杂质或者异物，致使产品质量不符合国家法律、法规或者产品明示质量标准规定的质量要求，降低、失去应有使用性能的行为。

刑法第一百四十条规定的"以假充真"，是指以不具有某种使用性能的产品冒充具有该种使用性能的产品的行为。

刑法第一百四十条规定的"以次充好"，是指以低等级、低档次产品冒充高等级、高档次产品，或者以残次、废旧零配件组合、拼装后冒充正品或者新产品的行为。

刑法第一百四十条规定的"不合格产品"，是指不符合《产品质量法》第二十六条第二款规定的质量要求的产品。

对本条规定的上述行为难以确定的，应当委托法律、行政法规规定的产品质量检验机构进行鉴定。

第二条　《刑法》第一百四十条、第一百四十九条规定的"销售金额"，是指生产者、销售者出售伪劣产品后所得和应得的全部违法收入。

伪劣产品尚未销售，货值金额达到刑法第一百四十条规定的销售金额三倍以上的，以生产、销售伪劣产品罪(未遂)定罪处罚。

货值金额以违法生产、销售的伪劣产品的标价计算；没有标价的，按照同类合格产品的市场中间价格计算。货值金额难以确定的，按照国家计划委员会、最高人民法院、最高人民检察院、公安部1997年4月22日联合发布的《扣押、追缴、没收物品估价管理办法》的规定，委托指定的估价机构确定。

多次实施生产、销售伪劣产品行为，未经处理的，伪劣产品的销售金额或者货值金额累计计算。

第九条　知道或者应当知道他人实施生产、销售伪劣商品犯罪,而为其提供贷款、资金、账号、发票、证明、许可证件,或者提供生产、经营场所或者运输、仓储、保管、邮寄等便利条件,或者提供制假生产技术的,以生产、销售伪劣商品犯罪的共犯论处。

第十条 实施生产、销售伪劣商品犯罪,同时构成侵犯知识产权、非法经营等其他犯罪的,依照处罚较重的规定定罪处罚。

第十一条 实施刑法第一百四十条至第一百四十八条规定的犯罪,又以暴力、威胁方法抗拒查处,构成其他犯罪的,依照数罪并罚的规定处罚。

第十二条 国家机关工作人员参与生产、销售伪劣商品犯罪的,从重处罚。

《最高人民法院关于审理生产、销售伪劣商品刑事案件有关鉴定问题的通知》(2001 年 5 月 21 日 法〔2001〕70 号)

一、对于提起公诉的生产、销售伪劣产品、假冒商标、非法经营等严重破坏社会主义市场经济秩序的犯罪案件,所涉生产、销售的产品是否属于"以假充真"、"以次充好"、"以不合格产品冒充合格产品"难以确定的,应当根据《最高人民法院、最高人民检察院关于办理生产、销售伪劣商品刑事案件具体应用法律若干问题的解释》第一条第五款的规定,由公诉机关委托法律、行政法规规定的产品质量检验机构进行鉴定。

三、经鉴定确系伪劣商品,被告人的行为既构成生产、销售伪劣产品罪,又构成生产、销售假药罪或者生产、销售不符合卫生标准的食品罪,或者同时构成侵犯知识产权、非法经营等其他犯罪的,根据刑法第一百四十九条第二款和《最高人民法院、最高人民检察院关于办理生产、销售伪劣商品刑事案件具体应用法律若干问题的解释》第十条的规定,应当依照处罚较重的规定定罪处罚。

《最高人民法院、最高人民检察院关于办理妨害预防、控制突发传染病疫情等灾害的刑事案件具体应用法律若干问题的解释》(2003 年 5 月 14 日 法释〔2003〕8 号)

第二条 在预防、控制突发传染病疫情等灾害期间,生产、销售伪劣的防治、防护产品、物资,或者生产、销售用于防治传染病的假药、劣药,构成犯罪的,分别依照刑法第一百四十条、第一百四十一条、第一百四十二条的规定,以生产、销售伪劣产品罪,生产、销售假药罪或者生产、销售劣药罪定罪,依法从重处罚。

《最高人民法院、最高人民检察院、公安部、国家烟草专卖局关于办理假冒伪劣烟草制品等刑事案件适用法律问题座谈会纪要》(2003 年 12 月 23 日 高检会〔2003〕4 号)

一、关于生产、销售伪劣烟草制品行为适用法律问题

(一)关于生产伪劣烟草制品尚未销售或者尚未完全销售行为定罪量刑问题

根据《刑法》第一百四十条的规定,生产、销售伪劣烟草制品,销售金额在五万元以上的,构成生产、销售伪劣产品罪。

根据《最高人民法院、最高人民检察院关于办理生产、销售伪劣商品刑事案件具体应用法律若干问题的解释》的有关规定,销售金额是指生产者、销售者出售伪劣烟草制品后所得和应得的全部违法收入。伪劣烟草制品尚未销售,货值金额达到《刑法》第一百四十条规定的销售金额三倍(十五万元)以上的,以生产、销售伪劣产品罪(未遂)定罪处罚。货值金额以违法生产、销售的伪劣产品的标价计算;没有标价的,按照同类合格产品的市场中间价格计算。货值金额难以确定的,按照国家计划委员会、最高人民法院、最高人民检察院、公安部 1997 年 4 月 22 日联合发布的《扣押、追缴、没收物品估价管理办法》的规定,委托指定的估价机构确定。

伪劣烟草制品尚未销售,货值金额分别达到十五万元以上不满二十万元、二十万元以上不满五十万元、五十万元以上不满二百万元、二百万元以上的,分别依照刑法第一百四十条规定的各量刑档次定罪处罚。

伪劣烟草制品的销售金额不满五万元,但与尚未销售的伪劣烟草制品的货值金额合计达到十五万元以上的,以生产、销售伪劣产品罪(未遂)定罪处罚。

生产伪劣烟草制品尚未销售,无法计算货值金额,有下列情形之一的,以生产、销售伪劣产品罪(未遂)定罪处罚:

1. 生产伪劣烟用烟丝数量在 1000 公斤以上的;

2. 生产伪劣烟用烟叶数量在 1500 公斤以上的。

（二）关于非法生产、拼装、销售烟草专用机械行为定罪处罚问题

非法生产、拼装、销售烟草专用机械行为，依照刑法第一百四十条的规定，以生产、销售伪劣产品罪追究刑事责任。

四、关于共犯问题

知道或者应当知道他人实施本《纪要》第一条至第三条规定的犯罪行为，仍实施下列行为之一的，应认定为共犯，依法追究刑事责任：

1. 直接参与生产、销售假冒伪劣烟草制品或者销售假冒烟用注册商标的烟草制品或者直接参与非法经营烟草制品并在其中起主要作用的；

2. 提供房屋、场地、设备、车辆、贷款、资金、账号、发票、证明、技术等设施和条件，用于帮助生产、销售、储存、运输假冒伪劣烟草制品、非法经营烟草制品的；

3. 运输假冒伪劣烟草制品的。

上述人员中有检举他人犯罪经查证属实，或者提供重要线索，有立功表现的，可以从轻或减轻处罚；有重大立功表现的，可以减轻或者免除处罚。

五、国家机关工作人员参与实施本《纪要》第一条至第三条规定的犯罪行为的处罚问题

根据《最高人民法院、最高人民检察院关于办理生产、销售伪劣商品刑事案件具体应用法律若干问题的解释》的规定，国家机关工作人员参与实施本《纪要》第一条至第三条规定的犯罪行为的，从重处罚。

六、关于一罪与数罪问题

行为人的犯罪行为同时构成生产、销售伪劣产品罪、销售假冒注册商标的商品罪、非法经营罪等罪的，依照处罚较重的规定定罪处罚。

十一、关于烟草制品、卷烟的范围

本纪要所称烟草制品指卷烟、雪茄烟、烟丝、复烤烟叶、烟叶、卷烟纸、滤嘴棒、烟用丝束。本纪要所称卷烟包括散支烟和成品烟。

《最高人民检察院、公安部关于公安机关管辖的刑事案件立案追诉标准的规定（一）》（2008 年 6 月 25 日　公通字〔2008〕36 号）

第十六条　［生产、销售伪劣产品案（刑法第一百四十条）］生产者、销售者在产品中掺杂、掺假，以假充真，以次充好或者以不合格产品冒充合格产品，涉嫌下列情形之一的，应予立案追诉：

（一）伪劣产品销售金额五万元以上的；

（二）伪劣产品尚未销售，货值金额十五万元以上的；

（三）伪劣产品销售金额不满五万元，但将已销售金额乘以三倍后，与尚未销售的伪劣产品货值金额合计十五万元以上的。

本条规定的“在产品中掺杂、掺假”，是指在产品中掺入杂质或者异物，致使产品质量不符合国家法律、法规或者产品明示质量标准规定的质量要求，降低、失去应有使用性能的行为；“以假充真”，是指以不具有某种使用性能的产品冒充具有该种使用性能的产品的行为；“以次充好”，是指以低等级、低档次产品冒充高等级、高档次产品，或者以残次、废旧零配件组合、拼装后冒充正品或者新产品的行为；“不合格产品”，是指不符合《产品质量法》第二十六条第二款规定的质量要求的产品。

对本条规定的上述行为难以确定的，应当委托法律、行政法规规定的产品质量检验机构进行鉴定。本条规定的“销售金额”，是指生产者、销售者出售伪劣产品后所得和应得的全部违法收入；“货值金额”，以违法生产、销售的伪劣产品的标价计算；没有标价的，按照同类合格产品的市场中间价格计算。货值金额难以确定的，按照《扣押、追缴、没收物品估价管理办法》的规定，委托估价机构进行确定。

《最高人民法院、最高人民检察院关于办理非法生产、销售烟草专卖品等刑事案件具体应用法律若干问题的解释》（2010 年 3 月 2 日　法释〔2010〕7 号）

第一条第一款　生产、销售伪劣卷烟、雪茄烟等烟草专卖品，销售金额在五万元以上的，依照刑法第一百四十条的规定，以生产、销售伪劣产品罪定罪处罚。

第二条　伪劣卷烟、雪茄烟等烟草专卖品尚未销售，货值金额达到刑法第一百四十条规定的销售金额定罪起点数额标准的三倍以上的，或者销售金额未达到五万元，但与未销售货值金额合计达到十

五万元以上的,以生产、销售伪劣产品罪(未遂)定罪处罚。

销售金额和未销售货值金额分别达到不同的法定刑幅度或者均达到同一法定刑幅度的,在处罚较重的法定刑幅度内酌情从重处罚。

查获的未销售的伪劣卷烟、雪茄烟,能够查清销售价格的,按照实际销售价格计算。无法查清实际销售价格,有品牌的,按照该品牌卷烟、雪茄烟的查获地省级烟草专卖行政主管部门出具的零售价格计算;无品牌的,按照查获地省级烟草专卖行政主管部门出具的上年度卷烟平均零售价格计算。

第五条 行为人实施非法生产、销售烟草专卖品犯罪,同时构成生产、销售伪劣产品罪、侵犯知识产权犯罪、非法经营罪的,依照处罚较重的规定定罪处罚。

第六条 明知他人实施本解释第一条所列犯罪,而为其提供贷款、资金、账号、发票、证明、许可证件,或者提供生产、经营场所、设备、运输、仓储、保管、邮寄、代理进出口等便利条件,或者提供生产技术、卷烟配方的,应当按照共犯追究刑事责任。

第七条 办理非法生产、销售烟草专卖品等刑事案件,需要对伪劣烟草专卖品鉴定的,应当委托国务院产品质量监督管理部门和省、自治区、直辖市人民政府产品质量监督管理部门指定的烟草质量检测机构进行。

《最高人民法院、最高人民检察院关于办理危害食品安全刑事案件适用法律若干问题的解释》(2021年12月30日 法释〔2021〕24号)

第十三条 生产、销售不符合食品安全标准的食品,有毒、有害食品,符合刑法第一百四十三条、第一百四十四条规定的,以生产、销售不符合安全标准的食品罪或者生产、销售有毒、有害食品罪定罪处罚。同时构成其他犯罪的,依照处罚较重的规定定罪处罚。

生产、销售不符合食品安全标准的食品,无证据证明足以造成严重食物中毒事故或者其他严重食源性疾病,不构成生产、销售不符合安全标准的食品罪,但构成生产、销售伪劣产品罪,妨害动植物防疫、检疫罪等其他犯罪的,依照该其他犯罪定罪处罚。

《最高人民法院、最高人民检察院关于办理危害药品安全刑事案件适用法律若干问题的解释》(2022年3月3日 高检发释字〔2022〕1号)

第十一条 以提供给他人生产、销售、提供药品为目的,违反国家规定,生产、销售不符合药用要求的原料、辅料,符合刑法第一百四十条规定的,以生产、销售伪劣产品罪从重处罚;同时构成其他犯罪的,依照处罚较重的规定定罪处罚。

《最高人民法院、最高人民检察院、公安部、司法部关于依法惩治妨害新型冠状病毒感染肺炎疫情防控违法犯罪的意见》(2020年2月6日 法发〔2020〕7号)

(三)依法严惩制假售假犯罪。在疫情防控期间,生产、销售伪劣的防治、防护产品、物资,或者生产、销售用于防治新型冠状病毒感染肺炎的假药、劣药,符合刑法第一百四十条、第一百四十一条、第一百四十二条规定的,以生产、销售伪劣产品罪,生产、销售假药罪或者生产、销售劣药罪定罪处罚。

在疫情防控期间,生产不符合保障人体健康的国家标准、行业标准的医用口罩、护目镜、防护服等医用器材,或者销售明知是不符合标准的医用器材,足以严重危害人体健康的,依照刑法第一百四十五条的规定,以生产、销售不符合标准的医用器材罪定罪处罚。

量刑要素

1. 构成本罪同时又构成《刑法》第141条至第148条犯罪的,依照处刑较重的规定定罪处罚。

2. 国家机关工作人员犯本罪的,从重处罚。

3. 在预防、控制突发传染病疫情等灾害期间,生产、销售伪劣产品,依法从重处罚。

要义辨析

一、概念

本罪是指生产者、销售者在产品中掺杂、掺假,以假充真,以次充好或者以不合格产品冒充合格产品,且销售金额在5万元以上的行为。

二、构成要件

1. 本罪侵犯的客体是复杂客体,包括国家对产品质量的管理秩序,以及消费者的权益。

2. 本罪的客观方面表现为生产者、销售者,违反国家的产品质量管理法律、法规,生产、销售伪劣产品,销售金额在5万元以上的行为。具体表现为:掺杂、掺假(在产品中掺入杂质或者异物,致使产品质量不符合国家法律、法规或者产品明示质量标准规定的质量要求,降低、失去应有使用性能),以假充真(以不具有某种使用性能的产品冒充具有该种使用性能的产品),以次充好(以低等级、低档次产品冒充高等级、高档次产品,或者以残次、废旧零配件组合、拼装后冒充正品或者新产品),以不合格产品冒充合格产品(以不符合《产品质量法》第26条第2款规定的质量要求的产品冒充符合质量要求的产品)。

3. 本罪主体是一般主体,个人和单位均可构成。凡是商品的生产者和销售者,都可能成为犯罪主体。这里的"生产者、销售者"是广义的。即不论何人,从事了伪劣产品的生产、销售,即构成本罪主体,无须审查其有无经营执照和许可证,有无生产经营和销售资格。

4. 本罪主观方面表现为故意犯罪,即在明知合格产品质量标准的情况下,故意掺杂、掺假,以假充真,以次充好,以不合格产品当合格产品。由于疏忽大意、不负责任而过失生产、销售这类产品的,不构成本罪。

三、要点辨析

1. 本罪属于行为犯,只要行为人实施了掺杂、掺假、以假充真、以次充好、以不合格产品冒充合格产品的行为,且销售金额在5万元以上,就构成犯罪。

2. 个人和单位均可以成为本罪的犯罪主体。单位犯本罪的,处罚金,并对直接负责的主管人员和直接责任人员依本罪规定处罚。

3. 知道或者应当知道他人实施本罪,而为其提供贷款、资金、账号、发票、证明、许可证件,或者提供生产、经营场所或者运输、仓储、保管、邮寄等便利条件,或者提供制假生产技术的,以共犯论处。

四、罪名变迁

本罪在1979年《刑法》中并无专门规定,是1997年《刑法》依《全国人民代表大会常务委员会关于惩治生产、销售伪劣商品犯罪的决定》第1条的规定,从1979年《刑法》第117条的"投机倒把罪"中分解而来,设立了本罪名。同时,将前述决定中的"违法所得数额"改为"销售金额"。其后,各类型的司法解释,逐渐丰富了本罪的具体内涵和定罪标准。

类罪名:破坏社会主义市场经济秩序罪/生产、销售伪劣商品罪 丨 罪名:生产、销售、提供假药罪	
量刑标准	**犯本罪的**　处3年以下有期徒刑或者拘役,并处罚金;
	对人体健康造成严重危害或者有其他严重情节的　处3年以上10年以下有期徒刑,并处罚金;
	致人死亡或者有其他特别严重情节的　处10年以上有期徒刑、无期徒刑或者死刑,并处罚金或者没收财产;
	单位犯本罪的　处罚金;并对直接负责的主管人员和直接责任人员依上述规定处罚;
	尚不构成本罪,但违法销售额达五万元以上的　依第140条处罚。

法律依据

一、《刑法》条文

第一百四十一条　生产、销售假药的，处三年以下有期徒刑或者拘役，并处罚金；对人体健康造成严重危害或者有其他严重情节的，处三年以上十年以下有期徒刑，并处罚金；致人死亡或者有其他特别严重情节的，处十年以上有期徒刑、无期徒刑或者死刑，并处罚金或者没收财产。

药品使用单位的人员明知是假药而提供给他人使用的，依照前款的规定处罚。

第一百四十九条　生产、销售本节第一百四十一条至第一百四十八条所列产品，不构成各该条规定的犯罪，但是销售金额在五万元以上的，依照本节第一百四十条（生产销售伪劣产品罪）的规定定罪处罚。

生产、销售本节第一百四十一条至第一百四十八条所列产品，构成各该条规定的犯罪，同时又构成本节第一百四十条规定之罪的，依照处罚较重的规定定罪处罚。

第一百五十条　单位犯本节第一百四十条至第一百四十八条规定之罪的，对单位判处罚金，并对其直接负责的主管人员和其他直接责任人员，依照各该条的规定处罚。

二、相关法律

《中华人民共和国药品管理法》（2019 年 8 月 26 日修订）

第九十八条　禁止生产（包括配制，下同）、销售、使用假药、劣药。

有下列情形之一的，为假药：

（一）药品所含成份与国家药品标准规定的成份不符；

（二）以非药品冒充药品或者以他种药品冒充此种药品；

（三）变质的药品；

（四）药品所标明的适应症或者功能主治超出规定范围。

有下列情形之一的，为劣药：

（一）药品成份的含量不符合国家药品标准；

（二）被污染的药品；

（三）未标明或者更改有效期的药品；

（四）未注明或者更改产品批号的药品；

（五）超过有效期的药品；

（六）擅自添加防腐剂、辅料的药品；

（七）其他不符合药品标准的药品。

禁止未取得药品批准证明文件生产、进口药品；禁止使用未按照规定审评、审批的原料药、包装材料和容器生产药品。

三、相关行政法规

《中药品种保护条例》（2018 年 9 月 18 日修订）

第二十三条　违反本条例第十六条的规定，擅自仿制中药保护品种的，由县级以上人民政府负责药品监督管理的部门以生产假药依法论处。伪造《中药保护品种证书》及有关证明文件进行生产、销售的，由县级以上卫生行政部门没收其全部有关药品及违法所得，并可以处以有关药品正品价格三倍以下罚款。上述行为构成犯罪的，由司法机关依法追究刑事责任。

《中华人民共和国药品管理法实施条例》（2019 年 3 月 2 日修订）

第六十三条　医疗机构使用假药、劣药的，依照《药品管理法》第七十四条、第七十五条的规定给予处罚。

第七十三条　违反《药品管理法》和本条例的规定，有下列行为之一的，由药品监督管理部门在《药品管理法》和本条例规定的处罚幅度内从重处罚：

（一）以麻醉药品、精神药品、医疗用毒性药品、放射性药品冒充其他药品，或者以其他药品冒充上述药品的；

（二）生产、销售以孕产妇、婴幼儿及儿童为主要使用对象的假药、劣药的；

（三）生产、销售的生物制品、血液制品属于假药、劣药的；

（四）生产、销售、使用假药、劣药，造成人员伤害后果的；

（五）生产、销售、使用假药、劣药，经处理后重犯的；

（六）拒绝、逃避监督检查，或者伪造、销毁、隐匿有关证据材料的，或者擅自动用查封、扣押物品的。

四、相关司法解释/文件

《最高人民法院、最高人民检察院关于办理生产、销售伪劣商品刑事案件具体应用法律若干问题的解释》（2001 年 4 月 9 日　法释〔2001〕10 号）

第三条　经省级以上药品监督管理部门设置或者确定的药品检验机构鉴定，生产、销售的假药具有下列情形之一的，应认定为刑法第一百四十一条规定的“足以严重危害人体健康”：

（一）含有超标准的有毒有害物质的；

（二）不含所标明的有效成份，可参贻误诊治的；

（三）所标明的适应症或者功能主治超出规定范围，可能造成贻误诊治的；

（四）缺乏所标明的急救必需的有效成份的。

生产、销售的假药被使用后，造成轻伤、重伤或者其他严重后果的，应认定为“对人体健康造成严重危害”。

生产、销售的假药被使用后，致人严重残疾，三人以上重伤，十人以上轻伤或者造成其他特别严重后果的，应认定为“对人体健康造成特别严重危害”。

《最高人民法院关于审理生产、销售伪劣商品刑事案件有关鉴定问题的通知》（2001 年 5 月 21 日　法〔2001〕70 号）

二、根据《解释》第三条和第四条的规定，人民法院受理的生产、销售假药犯罪案件和生产、销售不符合卫生标准的食品犯罪案件，均需有“省级以上药品监督管理部门设置或者确定的药品检验机构”和“省级以上卫生行政部门确定的机构”出具的鉴定结论。

三、经鉴定确系伪劣商品，被告人的行为既构成生产、销售伪劣产品罪，又构成生产、销售假药罪或者生产、销售不符合卫生标准的食品罪，或者同时构成侵犯知识产权、非法经营等其他犯罪的，根据刑法第一百四十九条第二款和《最高人民法院、最高人民检察院关于办理生产、销售伪劣商品刑事案件具体应用法律若干问题的解释》第十条的规定，应当依照处罚较重的规定定罪处罚。

《最高人民法院、最高人民检察院关于办理妨害预防、控制突发传染病疫情等灾害的刑事案件具体应用法律若干问题的解释》（2003 年 5 月 14 日　法释〔2003〕8 号）

第二条　在预防、控制突发传染病疫情等灾害期间，生产、销售伪劣的防治、防护产品、物资，或者生产、销售用于防治传染病的假药、劣药，构成犯罪的，分别依照刑法第一百四十条、第一百四十一条、第一百四十二条的规定，以生产、销售伪劣产品罪，生产、销售假药罪或者生产、销售劣药罪定罪，依法从重处罚。

《最高人民检察院、公安部关于公安机关管辖的刑事案件立案追诉标准的规定（一）的补充规定》（2017 年 4 月 27 日　公通字〔2017〕12 号）

二、将《立案追诉标准（一）》第 17 条修改为：［生产、销售假药案（刑法第 141 条）］生产、销售假药的，应予立案追诉。但销售少量根据民间传统配方私自加工的药品，或者销售少量未经批准进口的国外、境外药品，没有造成他人伤害后果或者延误诊治，情节显著轻微危害不大的除外。

以生产、销售假药为目的，具有下列情形之一的，属于本条规定的“生产”：

（一）合成、精制、提取、储存、加工炮制药品原料的；

（二）将药品原料、辅料、包装材料制成成品过程中，进行配料、混合、制剂、储存、包装的；

（三）印制包装材料、标签、说明书的。

医疗机构、医疗机构工作人员明知是假药而有偿提供给他人使用，或者为出售而购买、储存的，属于本条规定的“销售”。

本条规定的“假药”，是指依照《中华人民共和国药品管理法》的规定属于假药和按假药处理的药品、非药品。是否属于假药难以确定的，可以根据地市级以上药品监督管理部门出具的认定意见等相关材料进行认定。必要时，可以委托省级以上药品监督管理部门设置或者确定的药品检验机构进行检验。

《最高人民法院、最高人民检察院关于办理危害药品安全刑事案件适用法律若干问题的解释》（2022 年 3 月 3 日　高检发释字〔2022〕1 号）

第一条　生产、销售、提供假药，具有下列情形

之一的,应当酌情从重处罚:

(一)涉案药品以孕产妇、儿童或者危重病人为主要使用对象的;

(二)涉案药品属于麻醉药品、精神药品、医疗用毒性药品、放射性药品、生物制品,或者以药品类易制毒化学品冒充其他药品的;

(三)涉案药品属于注射剂药品、急救药品的;

(四)涉案药品系用于应对自然灾害、事故灾难、公共卫生事件、社会安全事件等突发事件的;

(五)药品使用单位及其工作人员生产、销售假药的;

(六)其他应当酌情从重处罚的情形。

第二条 生产、销售、提供假药,具有下列情形之一的,应当认定为刑法第一百四十一条规定的"对人体健康造成严重危害":

(一)造成轻伤或者重伤的;

(二)造成轻度残疾或者中度残疾的;

(三)造成器官组织损伤导致一般功能障碍或者严重功能障碍的;

(四)其他对人体健康造成严重危害的情形。

第三条 生产、销售、提供假药,具有下列情形之一的,应当认定为刑法第一百四十一条规定的"其他严重情节":

(一)引发较大突发公共卫生事件的;

(二)生产、销售、提供假药的金额二十万元以上不满五十万元的;

(三)生产、销售、提供假药的金额十万元以上不满二十万元,并具有本解释第一条规定情形之一的;

(四)根据生产、销售、提供的时间、数量、假药种类、对人体健康危害程度等,应当认定为情节严重的。

第四条 生产、销售、提供假药,具有下列情形之一的,应当认定为刑法第一百四十一条规定的"其他特别严重情节":

(一)致人重度残疾以上的;

(二)造成三人以上重伤、中度残疾或者器官组织损伤导致严重功能障碍的;

(三)造成五人以上轻度残疾或者器官组织损伤导致一般功能障碍的;

(四)造成十人以上轻伤的;

(五)引发重大、特别重大突发公共卫生事件的;

(六)生产、销售、提供假药的金额五十万元以上的;

(七)生产、销售、提供假药的金额二十万元以上不满五十万元,并具有本解释第一条规定情形之一的;

(八)根据生产、销售、提供的时间、数量、假药种类、对人体健康危害程度等,应当认定为情节特别严重的。

第五条 生产、销售、提供劣药,具有本解释第一条规定情形之一的,应当酌情从重处罚。

生产、销售、提供劣药,具有本解释第二条规定情形之一的,应当认定为刑法第一百四十二条规定的"对人体健康造成严重危害"。

生产、销售、提供劣药,致人死亡,或者具有本解释第四条第一项至第五项规定情形之一的,应当认定为刑法第一百四十二条规定的"后果特别严重"。

第六条 以生产、销售、提供假药、劣药为目的,合成、精制、提取、储存、加工炮制药品原料,或者在将药品原料、辅料、包装材料制成成品过程中,进行配料、混合、制剂、储存、包装的,应当认定为刑法第一百四十一条、第一百四十二条规定的"生产"。

药品使用单位及其工作人员明知是假药、劣药而有偿提供给他人使用的,应当认定为刑法第一百四十一条、第一百四十二条规定的"销售";无偿提供给他人使用的,应当认定为刑法第一百四十一条、第一百四十二条规定的"提供"。

第七条 实施妨害药品管理的行为,具有下列情形之一的,应当认定为刑法第一百四十二条之一规定的"足以严重危害人体健康":

(一)生产、销售国务院药品监督管理部门禁止使用的药品,综合生产、销售的时间、数量、禁止使用原因等情节,认为具有严重危害人体健康的现实危险的;

(二)未取得药品相关批准证明文件生产药品或者明知是上述药品而销售,涉案药品属于本解释第一条第一项至第三项规定情形的;

(三)未取得药品相关批准证明文件生产药品

或者明知是上述药品而销售，涉案药品的适应症、功能主治或者成分不明的；

（四）未取得药品相关批准证明文件生产药品或者明知是上述药品而销售，涉案药品没有国家药品标准，且无核准的药品质量标准，但检出化学药成分的；

（五）未取得药品相关批准证明文件进口药品或者明知是上述药品而销售，涉案药品在境外也未合法上市的；

（六）在药物非临床研究或者药物临床试验过程中故意使用虚假试验用药品，或者瞒报与药物临床试验用药品相关的严重不良事件的；

（七）故意损毁原始药物非临床研究数据或者药物临床试验数据，或者编造受试动物信息、受试者信息、主要试验过程记录、研究数据、检测数据等药物非临床研究数据或者药物临床试验数据，影响药品的安全性、有效性和质量可控性的；

（八）编造生产、检验记录，影响药品的安全性、有效性和质量可控性的；

（九）其他足以严重危害人体健康的情形。

对于涉案药品是否在境外合法上市，应当根据境外药品监督管理部门或者权利人的证明等证据，结合犯罪嫌疑人、被告人及其辩护人提供的证据材料综合审查，依法作出认定。

对于“足以严重危害人体健康”难以确定的，根据地市级以上药品监督管理部门出具的认定意见，结合其他证据作出认定。

第八条　实施妨害药品管理的行为，具有本解释第二条规定情形之一的，应当认定为刑法第一百四十二条之一规定的“对人体健康造成严重危害”。

实施妨害药品管理的行为，足以严重危害人体健康，并具有下列情形之一的，应当认定为刑法第一百四十二条之一规定的“有其他严重情节”：

（一）生产、销售国务院药品监督管理部门禁止使用的药品，生产、销售的金额五十万元以上的；

（二）未取得药品相关批准证明文件生产、进口药品或者明知是上述药品而销售，生产、销售的金额五十万元以上的；

（三）药品申请注册中提供虚假的证明、数据、资料、样品或者采取其他欺骗手段，造成严重后果的；

（四）编造生产、检验记录，造成严重后果的；

（五）造成恶劣社会影响或者具有其他严重情节的情形。

实施刑法第一百四十二条之一规定的行为，同时又构成生产、销售、提供假药罪、生产、销售、提供劣药罪或者其他犯罪的，依照处罚较重的规定定罪处罚。

第九条　明知他人实施危害药品安全犯罪，而有下列情形之一的，以共同犯罪论处：

（一）提供资金、贷款、账号、发票、证明、许可证件的；

（二）提供生产、经营场所、设备或者运输、储存、保管、邮寄、销售渠道等便利条件的；

（三）提供生产技术或者原料、辅料、包装材料、标签、说明书的；

（四）提供虚假药物非临床研究报告、药物临床试验报告及相关材料的；

（五）提供广告宣传的；

（六）提供其他帮助的。

第十条　办理生产、销售、提供假药、生产、销售、提供劣药、妨害药品管理等刑事案件，应当结合行为人的从业经历、认知能力、药品质量、进货渠道和价格、销售渠道和价格以及生产、销售方式等事实综合判断认定行为人的主观故意。具有下列情形之一的，可以认定行为人有实施相关犯罪的主观故意，但有证据证明确实不具有故意的除外：

（一）药品价格明显异于市场价格的；

（二）向不具有资质的生产者、销售者购买药品，且不能提供合法有效的来历证明的；

（三）逃避、抗拒监督检查的；

（四）转移、隐匿、销毁涉案药品、进销货记录的；

（五）曾因实施危害药品安全违法犯罪行为受过处罚，又实施同类行为的；

（六）其他足以认定行为人主观故意的情形。

第十一条　以提供给他人生产、销售、提供药品为目的，违反国家规定，生产、销售不符合药用要求的原料、辅料，符合刑法第一百四十条规定的，以生产、销售伪劣产品罪从重处罚；同时构成其他犯罪的，依照处罚较重的规定定罪处罚。

第十二条　广告主、广告经营者、广告发布者违反国家规定，利用广告对药品作虚假宣传，情节严重的,依照刑法第二百二十二条的规定,以虚假广告罪定罪处罚。

第十三条 明知系利用医保骗保购买的药品而非法收购、销售,金额五万元以上的,应当依照刑法第三百一十二条的规定,以掩饰、隐瞒犯罪所得罪定罪处罚;指使、教唆、授意他人利用医保骗保购买药品,进而非法收购、销售,符合刑法第二百六十六条规定的,以诈骗罪定罪处罚。

对于利用医保骗保购买药品的行为人是否追究刑事责任,应当综合骗取医保基金的数额、手段、认罪悔罪态度等案件具体情节,依法妥当决定。利用医保骗保购买药品的行为人是否被追究刑事责任,不影响对非法收购、销售有关药品的行为人定罪处罚。

对于第一款规定的主观明知,应当根据药品标志、收购渠道、价格、规模及药品追溯信息等综合认定。

第十四条 负有药品安全监督管理职责的国家机关工作人员,滥用职权或者玩忽职守,构成药品监管渎职罪,同时构成商检徇私舞弊罪、商检失职罪等其他渎职犯罪的,依照处罚较重的规定定罪处罚。

负有药品安全监督管理职责的国家机关工作人员滥用职权或者玩忽职守,不构成药品监管渎职罪,但构成前款规定的其他渎职犯罪的,依照该其他犯罪定罪处罚。

负有药品安全监督管理职责的国家机关工作人员与他人共谋,利用其职务便利帮助他人实施危害药品安全犯罪行为,同时构成渎职犯罪和危害药品安全犯罪共犯的,依照处罚较重的规定定罪从重处罚。

第十五条 对于犯生产、销售、提供假药罪、生产、销售、提供劣药罪、妨害药品管理罪的,应当结合被告人的犯罪数额、违法所得,综合考虑被告人缴纳罚金的能力,依法判处罚金。罚金一般应当在生产、销售、提供的药品金额二倍以上;共同犯罪的,对各共同犯罪人合计判处的罚金一般应当在生产、销售、提供的药品金额二倍以上。

第十六条 对于犯生产、销售、提供假药罪、生产、销售、提供劣药罪、妨害药品管理罪的,应当依照刑法规定的条件,严格缓刑、免予刑事处罚的适用。对于被判处刑罚的,可以根据犯罪情况和预防再犯罪的需要,依法宣告职业禁止或者禁止令。《中华人民共和国药品管理法》等法律、行政法规另有规定的,从其规定。

对于被不起诉或者免予刑事处罚的行为人,需要给予行政处罚、政务处分或者其他处分的,依法移送有关主管机关处理。

第十七条 单位犯生产、销售、提供假药罪、生产、销售、提供劣药罪、妨害药品管理罪的,对单位判处罚金,并对直接负责的主管人员和其他直接责任人员,依照本解释规定的自然人犯罪的定罪量刑标准处罚。

单位犯罪的,对被告单位及其直接负责的主管人员、其他直接责任人员合计判处的罚金一般应当在生产、销售、提供的药品金额二倍以上。

第十八条 根据民间传统配方私自加工药品或者销售上述药品,数量不大,且未造成他人伤害后果或者延误诊治的,或者不以营利为目的实施带有自救、互助性质的生产、进口、销售药品的行为,不应当认定为犯罪。

对于是否属于民间传统配方难以确定的,根据地市级以上药品监督管理部门或者有关部门出具的认定意见,结合其他证据作出认定。

第十九条 刑法第一百四十一条、第一百四十二条规定的"假药""劣药",依照《中华人民共和国药品管理法》的规定认定。

对于《中华人民共和国药品管理法》第九十八条第二款第二项、第四项及第三款第三项至第六项规定的假药、劣药,能够根据现场查获的原料、包装,结合犯罪嫌疑人、被告人供述等证据材料作出判断的,可以由地市级以上药品监督管理部门出具认定意见。对于依据《中华人民共和国药品管理法》第九十八条第二款、第三款的其他规定认定假药、劣药,或者是否属于第九十八条第二款第二项、第三款第六项规定的假药、劣药存在争议的,应当由省级以上药品监督管理部门设置或者确定的药品检验机构进行检验,出具质量检验结论。司法机关根据认定意见、检验结论,结合其他证据作出认定。

第二十条 对于生产、提供药品的金额,以药品的货值金额计算;销售药品的金额,以所得和可得的全部违法收入计算。

第二十一条　本解释自2022年3月6日起施行。本解释公布施行后,《最高人民法院、最高人民检察院关于办理危害药品安全刑事案件适用法律若干问题的解释》(法释〔2014〕14号)、《最高人民法院、最高人民检察院关于办理药品、医疗器械注册申请材料造假刑事案件适用法律若干问题的解释》(法释〔2017〕15号)同时废止。

《最高人民法院、最高人民检察院、公安部、司法部关于依法惩治妨害新型冠状病毒感染肺炎疫情防控违法犯罪的意见》(2020年2月6日　法发〔2020〕7号)

(三)依法严惩制假售假犯罪。在疫情防控期间,生产、销售伪劣的防治、防护产品、物资,或者生产、销售用于防治新型冠状病毒感染肺炎的假药、劣药,符合刑法第一百四十条、第一百四十一条、第一百四十二条规定的,以生产、销售伪劣产品罪,生产、销售假药罪或者生产、销售劣药罪定罪处罚。

在疫情防控期间,生产不符合保障人体健康的国家标准、行业标准的医用口罩、护目镜、防护服等医用器材,或者销售明知是不符合标准的医用器材,足以严重危害人体健康的,依照刑法第一百四十五条的规定,以生产、销售不符合标准的医用器材罪定罪处罚。

量刑要素

1. 构成本罪同时构成《刑法》第140条"生产、销售伪劣产品罪"的,依照处刑较重的规定定罪处罚。

2. 在预防、控制突发传染病疫情等灾害期间生产、销售假药从重处罚。

3. 生产、销售假药,具有下列情形之一的,应当酌情从重处罚:

(1)生产、销售的假药以孕产妇、婴幼儿、儿童或者危重病人为主要使用对象的;

(2)生产、销售的假药属于麻醉药品、精神药品、医疗用毒性药品、放射性药品、避孕药品、血液制品、疫苗的;

(3)生产、销售的假药属于注射剂药品、急救药品的;

(4)医疗机构、医疗机构工作人员生产、销售假药的;

(5)在自然灾害、事故灾难、公共卫生事件、社会安全事件等突发事件期间,生产、销售用于应对突发事件的假药的;

(6)两年内曾因危害药品安全违法犯罪活动受过行政处罚或者刑事处罚的;

(7)其他应当酌情从重处罚的情形。

4. 国家机关工作人员犯本罪的,从重处罚。

要义辨析

一、概念

本罪是指生产者、销售者违反国家药品管理法规,故意生产、销售假药的行为。

二、构成要件

1. 本罪侵犯的客体为国家药品管理制度和公众的生命健康权利。犯罪对象为假药,假药的界定参见"法律依据"中2019年8月26日修订的《药品管理法》第98条的规定。

2. 犯罪客观方面表现为生产、销售以及提供假药的行为。

3. 本罪的主体为一般主体。主要为经过批准合法生产经营药品的企业,未经审查批准,没有取得生产经营药品合格证而从事药品生产、批发、零售的个体、私营企业、集体全民企业等也可成为本罪的主体。

4. 犯罪主观方面为故意,即明知为假药仍继续生产、销售、提供。

三、要点辨析

1. 关于"药品""假药""劣药"的概念。(1)关于"药品"的概念。根据《药品管理法》第2条的规定,本法所称药品,是指用于预防、治疗、诊断人的疾病,有目的地调节人的生理机能并规定有适应症或者功能主治、用法和用量的物质,包括中药、化学药和生物制品等。(2)关于"假药"的概念。根据《刑法》第141条的指引,"假药"是指《药品管理法》规定属于假药和按假药处理的药品、非药品。

2019年8月26日《药品管理法》第98条规定的假药是:①药品所含成份与国家药品标准规定的成份不符;②以非药品冒充药品或者以他种药品冒充此种药品;③变质的药品;④药品所标明的适应症或者功能主治超出规定范围。

2. 关于中药中的"药品"和"药材"的认定。中国的传统的中医中药,是指在中医理论指导下,用于预防、治疗、诊断疾病并具有康复与保健作用的物质。中药主要来源于天然药及其加工品,包括植物药、动物药、矿物药及部分化学、生物制品类药物。因此,中药包括中成药、天然药物的提取物及其制剂,和中药人工制成品。对一些植物、动物的药材,经过洗净、晾干、包装,直接作为药品来使用。药材和药品完全同一。除了一些药丸、药片、药剂有粉碎加工配方外,有的中药批发市场的药材,是直接由医院和药店作为处方药销售使用的。如果将医院药店销售的中药,理解为将药材冒充药品销售,就会出现销售假药罪的错判。司法实践中,已经出现很多这种错案。对这类案件,要审查中医传统、中药名录、医治处方,对于历史上不需要加工、不需要改变药理成份和物理特性,就一直可以入药的,不能以销售假药论处。

3. 本罪为行为犯,即只要实施生产、销售假药的行为即构成犯罪。以实施生产、销售假药行为,作为犯罪既遂的标准。

4. 知道或者应当知道他人生产、销售假药、劣药,而有下列情形之一的,以生产、销售假药罪或者生产、销售劣药罪等犯罪的共犯论处:(1)提供资金、贷款、账号、发票、证明、许可证件的;(2)提供生产、经营场所、设备或者运输、仓储、保管、邮寄等便利条件的;(3)提供生产技术,或者提供原料、辅料、包装材料的;(4)提供广告等宣传的。

5. 本罪个人和单位均可以成为本罪的犯罪主体。单位犯本罪的,处罚金,并对直接负责的主管人员和直接责任人员依本罪规定处罚。

四、罪名变迁

本罪原为1979年《刑法》第164条"制造、贩卖假药罪",依《全国人民代表大会常务委员会关于惩治生产、销售伪劣商品犯罪的决定》第2条修改为"生产、销售假药罪"。《刑法修正案(八)》第23条删去了原法条中"足以危害人体健康的"要件,立法趋严。本罪后又根据《刑法修正案(十一)》进行了修订。

类罪名:破坏社会主义市场经济秩序罪/生产、销售伪劣商品罪	罪名:生产、销售、提供劣药罪
量刑标准	**对人体健康造成严重危害的** 处3年以上10年以下有期徒刑,并处销售金额50%以上2倍以下罚金;
	后果特别严重的 处10年以上有期徒刑或者无期徒刑,并处销售金额50%以上2倍以下罚金或者没收财产;
	单位犯本罪的 处罚金;对直接负责的主管人员和其他直接责任人员依上述标准处罚;
	尚不构成本罪,但违法销售额5万元以上的 依第140条处罚。

法律依据

一、《刑法》条文

第一百四十二条 生产、销售劣药,对人体健康造成严重危害的,处三年以上十年以下有期徒刑,并处罚金;后果特别严重的,处十年以上有期徒刑或者无期徒刑,并处罚金或者没收财产。

药品使用单位的人员明知是劣药而提供给他人使用的,依照前款的规定处罚。

第一百四十九条 生产、销售本节第一百四十一条至第一百四十八条所列产品，不构成各该条规定的犯罪，但是销售金额在五万元以上的，依照本节第一百四十条的规定定罪处罚。

生产、销售本节第一百四十一条至第一百四十八条所列产品，构成各该条规定的犯罪，同时又构成本节第一百四十条规定之罪的，依照处罚较重的规定定罪处罚。

第一百五十条　单位犯本节第一百四十条至第一百四十八条规定之罪的，对单位判处罚金，并对其直接负责的主管人员和其他直接责任人员，依照各该条的规定处罚。

二、相关法律

《中华人民共和国药品管理法》（2019 年 8 月 26 日修订）

第九十八条　禁止生产（包括配制，下同）、销售、使用假药、劣药。

有下列情形之一的，为假药：

（一）药品所含成份与国家药品标准规定的成份不符；

（二）以非药品冒充药品或者以他种药品冒充此种药品；

（三）变质的药品；

（四）药品所标明的适应症或者功能主治超出规定范围。

有下列情形之一的，为劣药：

（一）药品成份的含量不符合国家药品标准；

（二）被污染的药品；

（三）未标明或者更改有效期的药品；

（四）未注明或者更改产品批号的药品；

（五）超过有效期的药品；

（六）擅自添加防腐剂、辅料的药品；

（七）其他不符合药品标准的药品。

禁止未取得药品批准证明文件生产、进口药品；禁止使用未按照规定审评、审批的原料药、包装材料和容器生产药品。

三、相关司法解释/文件

《最高人民法院、最高人民检察院关于办理妨害预防、控制突发传染病疫情等灾害的刑事案件具体应用法律若干问题的解释》（2003 年 5 月 14 日　法释〔2003〕8 号）

第二条　在预防、控制突发传染病疫情等灾害期间，生产、销售伪劣的防治、防护产品、物资，或者生产、销售用于防治传染病的假药、劣药，构成犯罪的，分别依照刑法第一百四十条、第一百四十一条、第一百四十二条的规定，以生产、销售伪劣产品罪，生产、销售假药罪或者生产、销售劣药罪定罪，依法从重处罚。

《最高人民检察院、公安部关于公安机关管辖的刑事案件立案追诉标准的规定（一）》（2008 年 6 月 25 日　公通字〔2008〕36 号）

第十八条　［生产、销售劣药案（刑法第一百四十二条）］生产（包括配制）、销售劣药，涉嫌下列情形之一的，应予立案追诉：

（一）造成人员轻伤、重伤或者死亡的；

（二）其他对人体健康造成严重危害的情形。

本条规定的劣药，是指依照《药品管理法》的规定，药品成份的含量不符合国家药品标准的药品和按劣药论处的药品。

《最高人民法院、最高人民检察院关于办理危害药品安全刑事案件适用法律若干问题的解释》（2022 年 3 月 3 日　高检发释字〔2022〕1 号）

第二条　生产、销售、提供假药，具有下列情形之一的，应当认定为刑法第一百四十一条规定的“对人体健康造成严重危害”：

（一）造成轻伤或者重伤的；

（二）造成轻度残疾或者中度残疾的；

（三）造成器官组织损伤导致一般功能障碍或者严重功能障碍的；

（四）其他对人体健康造成严重危害的情形。

第三条　生产、销售、提供假药，具有下列情形之一的，应当认定为刑法第一百四十一条规定的“其他严重情节”：

（一）引发较大突发公共卫生事件的；

（二）生产、销售、提供假药的金额二十万元以上不满五十万元的；

（三）生产、销售、提供假药的金额十万元以上不满二十万元，并具有本解释第一条规定情形之一的；

（四）根据生产、销售、提供的时间、数量、假药种类、对人体健康危害程度等，应当认定为情节严重的。

第四条 生产、销售、提供假药,具有下列情形之一的,应当认定为刑法第一百四十一条规定的"其他特别严重情节":

(一)致人重度残疾以上的;

(二)造成三人以上重伤、中度残疾或者器官组织损伤导致严重功能障碍的;

(三)造成五人以上轻度残疾或者器官组织损伤导致一般功能障碍的;

(四)造成十人以上轻伤的;

(五)引发重大、特别重大突发公共卫生事件的;

(六)生产、销售、提供假药的金额五十万元以上的;

(七)生产、销售、提供假药的金额二十万元以上不满五十万元,并具有本解释第一条规定情形之一的;

(八)根据生产、销售、提供的时间、数量、假药种类、对人体健康危害程度等,应当认定为情节特别严重的。

第五条 生产、销售、提供劣药,具有本解释第一条规定情形之一的,应当酌情从重处罚。

生产、销售、提供劣药,具有本解释第二条规定情形之一的,应当认定为刑法第一百四十二条规定的"对人体健康造成严重危害"。

生产、销售、提供劣药,致人死亡,或者具有本解释第四条第一项至第五项规定情形之一的,应当认定为刑法第一百四十二条规定的"后果特别严重"。

第六条 以生产、销售、提供假药、劣药为目的,合成、精制、提取、储存、加工炮制药品原料,或者在将药品原料、辅料、包装材料制成成品过程中,进行配料、混合、制剂、储存、包装的,应当认定为刑法第一百四十一条、第一百四十二条规定的"生产"。

药品使用单位及其工作人员明知是假药、劣药而有偿提供给他人使用的,应当认定为刑法第一百四十一条、第一百四十二条规定的"销售";无偿提供给他人使用的,应当认定为刑法第一百四十一条、第一百四十二条规定的"提供"。

《最高人民检察院法律政策研究室对〈关于具有药品经营资质的企业通过非法渠道从私人手中购进药品后销售的如何适用法律问题〉的请示的答复》(2015年10月26日　高检研〔2015〕19号)

北京市人民检察院法律政策研究室:

你院《关于具有药品经营资质的企业通过非法渠道从私人手中购进药品后销售的如何适用法律问题的请示》(京检字〔2015〕76号)收悉。经研究,答复如下:

司法机关应当根据《中华人民共和国药品管理法》的有关规定,对具有药品经营资质的企业通过非法渠道从私人手中购销的药品的性质进行认定,区分不同情况,分别定性处理:一是对于经认定属于假药、劣药,且达到"两高"《关于办理危害药品安全刑事案件适用法律若干问题的解释》(以下称《药品解释》)规定的销售假药罪、销售劣药罪的定罪量刑标准的,应当以销售假药罪、销售劣药罪依法追究刑事责任。二是对于经认定属于劣药,但尚未达到《药品解释》规定的销售劣药罪的定罪量刑标准的,可以依据刑法第一百四十九条、第一百四十条的规定,以销售伪劣产品罪追究刑事责任。三是对于无法认定属于假药、劣药的,可以由药品监督管理部门依照《中华人民共和国药品管理法》的规定给予行政处罚,不宜以非法经营罪追究刑事责任。

《最高人民法院、最高人民检察院、公安部、司法部关于依法惩治妨害新型冠状病毒感染肺炎疫情防控违法犯罪的意见》(2020年2月6日　法发〔2020〕7号)

(三)依法严惩制假售假犯罪。在疫情防控期间,生产、销售伪劣的防治、防护产品、物资,或者生产、销售用于防治新型冠状病毒感染肺炎的假药、劣药,符合刑法第一百四十条、第一百四十一条、第一百四十二条规定的,以生产、销售伪劣产品罪,生产、销售假药罪或者生产、销售劣药罪定罪处罚。

在疫情防控期间,生产不符合保障人体健康的国家标准、行业标准的医用口罩、护目镜、防护服等医用器材,或者销售明知是不符合标准的医用器材,足以严重危害人体健康的,依照刑法第一百四十五条的规定,以生产、销售不符合标准的医用器材罪定罪处罚。

量刑要素

1. 国家机关工作人员犯本罪的，从重处罚。（法释〔2001〕10号第12条）

2. 在预防、控制突发传染病疫情等灾害期间生产、销售劣药从重处罚（法释〔2003〕8号第2条）

要义辨析

一、概念

本罪是指生产者、销售者明知是劣药而故意生产、销售，并对人体健康造成严重后果的行为，或者药品使用单位的人员明知是劣药，而提供给他人使用，并对人体造成严重后果的行为。

二、构成要件

1. 本罪侵犯的客体为药品管理制度和公众的健康。犯罪对象为劣药，劣药的界定参见“法律依据”中2019年8月26日修订的《药品管理法》第98条的规定。所谓“对人体健康造成严重危害”，是指对人体造成轻伤或者重伤的，造成轻度残疾或者中度残疾的，或者造成器官组织损伤导致一般功能障碍或者严重功能障碍等。

2. 本罪的客观方面表现为明知是劣药而生产、销售，对人体健康造成严重危害的行为，或者是药品使用单位的人员明知是劣药，而提供给他人使用，对人体造成严重后果的行为。

3. 本罪主体为一般主体，主要为经过批准合法生产经营药品的企业，未经审查批准，没有取得生产经营药品合格证而从事药品生产、批发、零售的个体、私营企业、集体全民企业等也可成为本罪的主体。

4. 本罪的主观方面表现为故意，即生产、销售者明知药品不符合标准、属于劣药，仍然进行生产和销售，或者药品使用者明知是劣药而进行提供。

三、要点辨析

1. 本罪与生产、销售、提供假药罪的区别。假药和劣药的区分，一般情况下，前者是一般是无证生产，当然也有有证而生产假药的情况，后者是有证生产了不符合质量标准的药。假药，是药品所含成份与国家药品标准规定的成份不符的，以非药品冒充药品或者以他种药品冒充此种药品的，《药品管理法》列举了8种假药。劣药，是质量不合格的药品，《药品管理法》也列举了7种劣药。《药品管理法》第98条规定的劣药是：(1)药品成份的含量不符合国家药品标准；(2)被污染的药品；(3)未标明或者更改有效期的药品；(4)未注明或者更改产品批号的药品；(5)超过有效期的药品；(6)擅自添加防腐剂、辅料的药品；(7)其他不符合药品标准的药品。

2. 本罪为结果犯，对人体健康造成严重危害才构成犯罪，无后果则不构成犯罪。

3. 知道或者应当知道他人生产、销售劣药，而有下列情形之一的，以共犯论处：(1)提供资金、贷款、账号、发票、证明、许可证件的；(2)提供生产、经营场所、设备或者运输、仓储、保管、邮寄等便利条件的；(3)提供生产技术，或者提供原料、辅料、包装材料的；(4)提供广告等宣传的。

4. 自然人和单位均可成为本罪主体，单位犯本罪的，处罚金，并对直接负责的主管人员和直接责任人员，依本罪规定处罚。

四、罪名变迁

1979年《刑法》中并未规定本罪，本罪是1997《刑法》依《全国人民代表大会常务委员会关于惩治生产、销售伪劣商品犯罪的决定》第2条的规定而设立的一个罪名，并将上述决定中的“并处罚金”改为确定的罚金幅度。本罪后又根据《刑法修正案（十一）》进行了修订。

类罪名:破坏社会主义市场经济秩序罪/生产、销售伪劣商品罪	罪名:妨害药品管理罪
量刑标准	**构成本罪的** 处3年以下有期徒刑或者拘役,并处或者单处罚金;
	对人体健康造成严重危害或者有其他严重情节的 处3年以上7年以下有期徒刑,并处罚金;
	构成本罪同时又构成本法第141条、第142条规定之罪或者其他犯罪的 依照处罚较重的规定定罪处罚。

法律依据

一、《刑法》条文

第一百四十二条之一 违反药品管理法规,有下列情形之一,足以严重危害人体健康的,处三年以下有期徒刑或者拘役,并处或者单处罚金;对人体健康造成严重危害或者有其他严重情节的,处三年以上七年以下有期徒刑,并处罚金:

(一)生产、销售国务院药品监督管理部门禁止使用的药品的;

(二)未取得药品相关批准证明文件生产、进口药品或者明知是上述药品而销售的;

(三)药品申请注册中提供虚假的证明、数据、资料、样品或者采取其他欺骗手段的;

(四)编造生产、检验记录的。

有前款行为,同时又构成本法第一百四十一条、第一百四十二条规定之罪或者其他犯罪的,依照处罚较重的规定定罪处罚。

二、相关法律

《中华人民共和国药品管理法》(2019年8月26日修订)

第一百一十四条 违反本法规定,构成犯罪的,依法追究刑事责任。

要义辨析

一、概念

本罪是指违反药品管理法规,生产、销售国务院药品监督管理部门禁止使用的药品;未取得药品相关批准证明文件生产、进口药品或者明知是上述药品而销售;药品申请注册中提供虚假的证明、数据、资料、样品或者采取其他欺骗手段或者是编造生产、检验记录足以严重危害人体健康的行为。

二、构成要件

1. 本罪侵犯的客体为国家食品卫生管理制度和公众的人体健康。

2. 客观方面表现为违反药品管理法规,生产、销售国务院药品监督管理部门禁止使用的药品,未取得药品相关批准证明文件生产、进口药品或者明知是上述药品而销售,药品申请注册中提供虚假的证明、数据、资料、样品或者采取其他欺骗手段或者是编造生产、检验记录足以严重危害人体健康的行为。

3. 本罪的主体主要为从事药品生产、经营的单位和个人。

4. 主观方面表现为故意。

三、要点辨析

根据《刑法》本条第2款的规定,构成本罪,又构成其他犯罪,应当按照处罚较重的规定定罪处罚,这里主要指的是如何处理好本条规定的犯罪与《刑法》第141条以及《刑法》第142条等其他罪名的关系。

四、罪名变迁

本罪是《刑法修正案(十一)》新增加的罪名。

<table>
<tr><td colspan="2">类罪名：破坏社会主义市场经济秩序罪/生产、销售伪劣商品罪｜罪名：生产、销售不符合安全标准的食品罪</td></tr>
<tr><td rowspan="3">量刑标准</td><td>足以造成严重食物中毒事故或者其他严重食源性疾病的　处3年以下有期徒刑或者拘役，并处罚金；</td></tr>
<tr><td>对人体健康造成严重危害或者有其他严重情节的　处3年以上7年以下有期徒刑，并处罚金；</td></tr>
<tr><td>后果特别严重的　处7年以上有期徒刑或者无期徒刑，并处罚金或者没收财产。</td></tr>
</table>

法律依据

一、《刑法》条文

第一百四十三条　生产、销售不符合食品安全标准的食品，足以造成严重食物中毒事故或者其他严重食源性疾病的，处三年以下有期徒刑或者拘役，并处罚金；对人体健康造成严重危害或者有其他严重情节的，处三年以上七年以下有期徒刑，并处罚金；后果特别严重的，处七年以上有期徒刑或者无期徒刑，并处罚金或者没收财产。

第一百四十九条　生产、销售本节第一百四十一条至第一百四十八条所列产品，不构成各该条规定的犯罪，但是销售金额在五万元以上的，依照本节第一百四十条的规定定罪处罚。

生产、销售本节第一百四十一条至第一百四十八条所列产品，构成各该条规定的犯罪，同时又构成本节第一百四十条规定之罪的，依照处罚较重的规定定罪处罚。

第一百五十条　单位犯本节第一百四十条至第一百四十八条规定之罪的，对单位判处罚金，并对其直接负责的主管人员和其他直接责任人员，依照各该条的规定处罚。

二、相关法律

《中华人民共和国食品安全法》（2021年4月29日修正）

第三十三条　食品生产经营应当符合食品安全标准，并符合下列要求：

（一）具有与生产经营的食品品种、数量相适应的食品原料处理和食品加工、包装、贮存等场所，保持该场所环境整洁，并与有毒、有害场所以及其他污染源保持规定的距离；

（二）具有与生产经营的食品品种、数量相适应的生产经营设备或者设施，有相应的消毒、更衣、盥洗、采光、照明、通风、防腐、防尘、防蝇、防鼠、防虫、洗涤以及处理废水、存放垃圾和废弃物的设备或者设施；

（三）有专职或者兼职的食品安全专业技术人员、食品安全管理人员和保证食品安全的规章制度；

（四）具有合理的设备布局和工艺流程，防止待加工食品与直接入口食品、原料与成品交叉污染，避免食品接触有毒物、不洁物；

（五）餐具、饮具和盛放直接入口食品的容器，使用前应当洗净、消毒，炊具、用具用后应当洗净，保持清洁；

（六）贮存、运输和装卸食品的容器、工具和设备应当安全、无害，保持清洁，防止食品污染，并符合保证食品安全所需的温度、湿度等特殊要求，不得将食品与有毒、有害物品一同贮存、运输；

（七）直接入口的食品应当使用无毒、清洁的包装材料、餐具、饮具和容器；

（八）食品生产经营人员应当保持个人卫生，生产经营食品时，应当将手洗净，穿戴清洁的工作衣、帽等；销售无包装的直接入口食品时，应当使用无毒、清洁的容器、售货工具和设备；

（九）用水应当符合国家规定的生活饮用水卫生标准；

（十）使用的洗涤剂、消毒剂应当对人体安全、

无害;

(十一)法律、法规规定的其他要求。

非食品生产经营者从事食品贮存、运输和装卸的,应当符合前款第六项的规定。

第四十六条 食品生产企业应当就下列事项制定并实施控制要求,保证所生产的食品符合食品安全标准:

(一)原料采购、原料验收、投料等原料控制;

(二)生产工序、设备、贮存、包装等生产关键环节控制;

(三)原料检验、半成品检验、成品出厂检验等检验控制;

(四)运输和交付控制。

三、相关行政法规

《食盐加碘消除碘缺乏危害管理条例》(2017年3月1日修订)

第二十六条 违反本条例的规定,在缺碘地区的食用盐市场销售不合格碘盐或者擅自销售非碘盐的,由县级以上人民政府盐业主管机构没收其经营的全部盐产品和违法所得,可以并处该盐产品价值3倍以下的罚款;情节严重,构成犯罪的,依法追究刑事责任。

《食盐专营办法》(2017年12月26日修订)

第十九条 禁止销售不符合食品安全标准的食盐。

禁止将下列产品作为食盐销售:

(一)液体盐(含天然卤水);

(二)工业用盐和其他非食用盐;

(三)利用盐土、硝土或者工业废渣、废液制作的盐;

(四)利用井矿盐卤水熬制的盐;

(五)外包装上无标识或者标识不符合国家有关规定的盐。

第三十二条 违反本办法的规定,构成违反治安管理行为的,依法给予治安管理处罚;构成犯罪的,依法追究刑事责任。

四、相关司法解释/文件

《最高人民法院、最高人民检察院关于办理生产、销售伪劣商品刑事案件具体应用法律若干问题的解释》(2001年4月9日 法释〔2001〕10号)

第四条 经省级以上卫生行政部门确定的机构鉴定,食品中含有可能导致严重食物中毒事故或者其他严重食源性疾患的超标准的有害细菌或者其他污染物的,应认定为刑法第一百四十三条规定的“足以造成严重食物中毒事故或者其他严重食源性疾患”。

生产、销售不符合卫生标准的食品被食用后,造成轻伤、重伤或者其他严重后果的,应认定为“对人体健康造成严重危害”。

生产、销售不符合卫生标准的食品被食用后,致人死亡、严重残疾、三人以上重伤,十人以上轻伤或者造成其他特别严重后果的。应认定为“后果特别严重”。

第九条 知道或者应当知道他人实施生产、销售伪劣商品犯罪,而为其提供贷款、资金、账号、发票、证明、许可证件,或者提供生产、经营场所或者运输、仓储、保管、邮寄等便利条件,或者提供制假生产技术的,以生产、销售伪劣商品犯罪的共犯论处。

第十条 实施生产、销售伪劣商品犯罪,同时构成侵犯知识产权、非法经营等其他犯罪的,依照处罚较重的规定定罪处罚。

第十一条 实施刑法第一百四十条至第一百四十八条规定的犯罪,又以暴力、威胁方法抗拒查处,构成其他犯罪的,依照数罪并罚的规定处罚。

第十二条 国家机关工作人员参与生产、销售伪劣商品犯罪的,从重处罚。

《最高人民法院、最高人民检察院、公安部关于依法严惩“地沟油”犯罪活动的通知》(2012年1月9日 公通字〔2012〕1号)

二、准确理解法律规定,严格区分犯罪界限

(四)虽无法查明“食用油”是否系利用“地沟油”生产、加工,但犯罪嫌疑人、被告人明知该“食用油”来源可疑,而予以销售的,应分别情形处理:经鉴定,检出有毒、有害成分的,依照《刑法》第144条销售有毒、有害食品罪的规定追究刑事责任;属于不符合安全标准的食品的,依照刑法第143条销售不符合安全标准的食品罪追究刑事责任;属于以假充真、以次充好、以不合格产品冒充合格产品或者假冒注册商标,构成犯罪的,依照刑法第140条销售伪劣产品罪或者第213条假冒注册商标罪、第214条销售假冒注册商标的商品罪追究刑事责任。

《最高人民法院、最高人民检察院关于办理危害食品安全刑事案件适用法律若干问题的解释》（2021年12月30日 法释〔2021〕24号）

第一条 生产、销售不符合食品安全标准的食品，具有下列情形之一的，应当认定为刑法第一百四十三条规定的“足以造成严重食物中毒事故或者其他严重食源性疾病”：

（一）含有严重超出标准限量的致病性微生物、农药残留、兽药残留、生物毒素、重金属等污染物质以及其他严重危害人体健康的物质的；

（二）属于病死、死因不明或者检验检疫不合格的畜、禽、兽、水产动物肉类及其制品的；

（三）属于国家为防控疾病等特殊需要明令禁止生产、销售的；

（四）特殊医学用途配方食品、专供婴幼儿的主辅食品营养成分严重不符合食品安全标准的；

（五）其他足以造成严重食物中毒事故或者严重食源性疾病的情形。

第二条 生产、销售不符合食品安全标准的食品，具有下列情形之一的，应当认定为刑法第一百四十三条规定的“对人体健康造成严重危害”：

（一）造成轻伤以上伤害的；

（二）造成轻度残疾或者中度残疾的；

（三）造成器官组织损伤导致一般功能障碍或者严重功能障碍的；

（四）造成十人以上严重食物中毒或者其他严重食源性疾病的；

（五）其他对人体健康造成严重危害的情形。

第三条 生产、销售不符合食品安全标准的食品，具有下列情形之一的，应当认定为刑法第一百四十三条规定的“其他严重情节”：

（一）生产、销售金额二十万元以上的；

（二）生产、销售金额十万元以上不满二十万元，不符合食品安全标准的食品数量较大或者生产、销售持续时间六个月以上的；

（三）生产、销售金额十万元以上不满二十万元，属于特殊医学用途配方食品、专供婴幼儿的主辅食品的；

（四）生产、销售金额十万元以上不满二十万元，且在中小学校园、托幼机构、养老机构及周边面向未成年人、老年人销售的；

（五）生产、销售金额十万元以上不满二十万元，曾因危害食品安全犯罪受过刑事处罚或者二年内因危害食品安全违法行为受过行政处罚的；

（六）其他情节严重的情形。

第四条 生产、销售不符合食品安全标准的食品，具有下列情形之一的，应当认定为刑法第一百四十三条规定的“后果特别严重”：

（一）致人死亡的；

（二）造成重度残疾以上的；

（三）造成三人以上重伤、中度残疾或者器官组织损伤导致严重功能障碍的；

（四）造成十人以上轻伤、五人以上轻度残疾或者器官组织损伤导致一般功能障碍的；

（五）造成三十人以上严重食物中毒或者其他严重食源性疾病的；

（六）其他特别严重的后果。

第五条 在食品生产、销售、运输、贮存等过程中，违反食品安全标准，超限量或者超范围滥用食品添加剂，足以造成严重食物中毒事故或者其他严重食源性疾病的，依照刑法第一百四十三条的规定以生产、销售不符合安全标准的食品罪定罪处罚。

在食用农产品种植、养殖、销售、运输、贮存等过程中，违反食品安全标准，超限量或者超范围滥用添加剂、农药、兽药等，足以造成严重食物中毒事故或者其他严重食源性疾病的，适用前款的规定定罪处罚。

第六条 生产、销售有毒、有害食品，具有本解释第二条规定情形之一的，应当认定为刑法第一百四十四条规定的“对人体健康造成严重危害”。

第七条 生产、销售有毒、有害食品，具有下列情形之一的，应当认定为刑法第一百四十四条规定的“其他严重情节”：

（一）生产、销售金额二十万元以上不满五十万元的；

（二）生产、销售金额十万元以上不满二十万元，有毒、有害食品数量较大或者生产、销售持续时间六个月以上的；

（三）生产、销售金额十万元以上不满二十万元，属于特殊医学用途配方食品、专供婴幼儿的主辅食品的；

（四）生产、销售金额十万元以上不满二十万

元,且在中小学校园、托幼机构、养老机构及周边面向未成年人、老年人销售的;

(五)生产、销售金额十万元以上不满二十万元,曾因危害食品安全犯罪受过刑事处罚或者二年内因危害食品安全违法行为受过行政处罚的;

(六)有毒、有害的非食品原料毒害性强或者含量高的;

(七)其他情节严重的情形。

第八条 生产、销售有毒、有害食品,生产、销售金额五十万元以上,或者具有本解释第四条第二项至第六项规定的情形之一的,应当认定为刑法第一百四十四条规定的“其他特别严重情节”。

第九条 下列物质应当认定为刑法第一百四十四条规定的“有毒、有害的非食品原料”:

(一)因危害人体健康,被法律、法规禁止在食品生产经营活动中添加、使用的物质;

(二)因危害人体健康,被国务院有关部门列入《食品中可能违法添加的非食用物质名单》《保健食品中可能非法添加的物质名单》和国务院有关部门公告的禁用农药、《食品动物中禁止使用的药品及其他化合物清单》等名单上的物质;

(三)其他有毒、有害的物质。

第十条 刑法第一百四十四条规定的“明知”,应当综合行为人的认知能力、食品质量、进货或者销售的渠道及价格等主、客观因素进行认定。

具有下列情形之一的,可以认定为刑法第一百四十四条规定的“明知”,但存在相反证据并经查证属实的除外:

(一)长期从事相关食品、食用农产品生产、种植、养殖、销售、运输、贮存行业,不依法履行保障食品安全义务的;

(二)没有合法有效的购货凭证,且不能提供或者拒不提供销售的相关食品来源的;

(三)以明显低于市场价格进货或者销售且无合理原因的;

(四)在有关部门发出禁令或者食品安全预警的情况下继续销售的;

(五)因实施危害食品安全行为受过行政处罚或者刑事处罚,又实施同种行为的;

(六)其他足以认定行为人明知的情形。

第十一条 在食品生产、销售、运输、贮存等过程中,掺入有毒、有害的非食品原料,或者使用有毒、有害的非食品原料生产食品的,依照刑法第一百四十四条的规定以生产、销售有毒、有害食品罪定罪处罚。

在食用农产品种植、养殖、销售、运输、贮存等过程中,使用禁用农药、食品动物中禁止使用的药品及其他化合物等有毒、有害的非食品原料,适用前款的规定定罪处罚。

在保健食品或者其他食品中非法添加国家禁用药物等有毒、有害的非食品原料的,适用第一款的规定定罪处罚。

第十二条 在食品生产、销售、运输、贮存等过程中,使用不符合食品安全标准的食品包装材料、容器、洗涤剂、消毒剂,或者用于食品生产经营的工具、设备等,造成食品被污染,符合刑法第一百四十三条、第一百四十四条规定的,以生产、销售不符合安全标准的食品罪或者生产、销售有毒、有害食品罪定罪处罚。

第十三条 生产、销售不符合食品安全标准的食品,有毒、有害食品,符合刑法第一百四十三条、第一百四十四条规定的,以生产、销售不符合安全标准的食品罪或者生产、销售有毒、有害食品罪定罪处罚。同时构成其他犯罪的,依照处罚较重的规定定罪处罚。

生产、销售不符合食品安全标准的食品,无证据证明足以造成严重食物中毒事故或者其他严重食源性疾病,不构成生产、销售不符合安全标准的食品罪,但构成生产、销售伪劣产品罪,妨害动植物防疫、检疫罪等其他犯罪的,依照该其他犯罪定罪处罚。

第十四条 明知他人生产、销售不符合食品安全标准的食品,有毒、有害食品,具有下列情形之一的,以生产、销售不符合安全标准的食品罪或者生产、销售有毒、有害食品罪的共犯论处:

(一)提供资金、贷款、账号、发票、证明、许可证件的;

(二)提供生产、经营场所或者运输、贮存、保管、邮寄、销售渠道等便利条件的;

(三)提供生产技术或者食品原料、食品添加剂、食品相关产品或者有毒、有害的非食品原料的;

(四)提供广告宣传的;

（五）提供其他帮助行为的。

第十五条　生产、销售不符合食品安全标准的食品添加剂，用于食品的包装材料、容器、洗涤剂、消毒剂，或者用于食品生产经营的工具、设备等，符合刑法第一百四十条规定的，以生产、销售伪劣产品罪定罪处罚。

生产、销售用超过保质期的食品原料、超过保质期的食品、回收食品作为原料的食品，或者以更改生产日期、保质期、改换包装等方式销售超过保质期的食品、回收食品，适用前款的规定定罪处罚。

实施前两款行为，同时构成生产、销售不符合安全标准的食品罪，生产、销售不符合安全标准的产品罪等其他犯罪的，依照处罚较重的规定定罪处罚。

第十六条　以提供给他人生产、销售食品为目的，违反国家规定，生产、销售国家禁止用于食品生产、销售的非食品原料，情节严重的，依照刑法第二百二十五条的规定以非法经营罪定罪处罚。

以提供给他人生产、销售食用农产品为目的，违反国家规定，生产、销售国家禁用农药、食品动物中禁止使用的药品及其他化合物等有毒、有害的非食品原料，或者生产、销售添加上述有毒、有害的非食品原料的农药、兽药、饲料、饲料添加剂、饲料原料，情节严重的，依照前款的规定定罪处罚。

第十七条　违反国家规定，私设生猪屠宰厂（场），从事生猪屠宰、销售等经营活动，情节严重的，依照刑法第二百二十五条的规定以非法经营罪定罪处罚。

在畜禽屠宰相关环节，对畜禽使用食品动物中禁止使用的药品及其他化合物等有毒、有害的非食品原料，依照刑法第一百四十四条的规定以生产、销售有毒、有害食品罪定罪处罚；对畜禽注水或者注入其他物质，足以造成严重食物中毒事故或者其他严重食源性疾病的，依照刑法第一百四十三条的规定以生产、销售不符合安全标准的食品罪定罪处罚；虽不足以造成严重食物中毒事故或者其他严重食源性疾病，但符合刑法第一百四十条规定的，以生产、销售伪劣产品罪定罪处罚。

第十八条　实施本解释规定的非法经营行为，非法经营数额在十万元以上，或者违法所得数额在五万元以上的，应当认定为刑法第二百二十五条规定的“情节严重”；非法经营数额在五十万元以上，或者违法所得数额在二十五万元以上的，应当认定为刑法第二百二十五条规定的“情节特别严重”。

实施本解释规定的非法经营行为，同时构成生产、销售伪劣产品罪，生产、销售不符合安全标准的食品罪，生产、销售有毒、有害食品罪，生产、销售伪劣农药、兽药罪等其他犯罪的，依照处罚较重的规定定罪处罚。

第十九条　违反国家规定，利用广告对保健食品或者其他食品作虚假宣传，符合刑法第二百二十二条规定的，以虚假广告罪定罪处罚；以非法占有为目的，利用销售保健食品或者其他食品诈骗财物，符合刑法第二百六十六条规定的，以诈骗罪定罪处罚。同时构成生产、销售伪劣产品罪等其他犯罪的，依照处罚较重的规定定罪处罚。

第二十条　负有食品安全监督管理职责的国家机关工作人员，滥用职权或者玩忽职守，构成食品监管渎职罪，同时构成徇私舞弊不移交刑事案件罪、商检徇私舞弊罪、动植物检疫徇私舞弊罪、放纵制售伪劣商品犯罪行为罪等其他渎职犯罪的，依照处罚较重的规定定罪处罚。

负有食品安全监督管理职责的国家机关工作人员滥用职权或者玩忽职守，不构成食品监管渎职罪，但构成前款规定的其他渎职犯罪的，依照该其他犯罪定罪处罚。

负有食品安全监督管理职责的国家机关工作人员与他人共谋，利用其职务行为帮助他人实施危害食品安全犯罪行为，同时构成渎职犯罪和危害食品安全犯罪共犯的，依照处罚较重的规定定罪从重处罚。

第二十一条　犯生产、销售不符合安全标准的食品罪，生产、销售有毒、有害食品罪，一般应当依法判处生产、销售金额二倍以上的罚金。

共同犯罪的，对各共同犯罪人合计判处的罚金一般应当在生产、销售金额的二倍以上。

第二十二条　对实施本解释规定之犯罪的犯罪分子，应当依照刑法规定的条件，严格适用缓刑、免予刑事处罚。对于依法适用缓刑的，可以根据犯罪情况，同时宣告禁止令。

对于被不起诉或者免予刑事处罚的行为人，需要给予行政处罚、政务处分或者其他处分的，依法移送有关主管机关处理。

第二十三条 单位实施本解释规定的犯罪的，对单位判处罚金，并对直接负责的主管人员和其他直接责任人员，依照本解释规定的定罪量刑标准处罚。

第二十四条 “足以造成严重食物中毒事故或者其他严重食源性疾病”“有毒、有害的非食品原料”等专门性问题难以确定的，司法机关可以依据鉴定意见、检验报告、地市级以上相关行政主管部门组织出具的书面意见，结合其他证据作出认定。必要时，专门性问题由省级以上相关行政主管部门组织出具书面意见。

第二十五条 本解释所称“二年内”，以第一次违法行为受到行政处罚的生效之日与又实施相应行为之日的时间间隔计算确定。

第二十六条 本解释自2022年1月1日起施行。本解释公布实施后，《最高人民法院、最高人民检察院关于办理危害食品安全刑事案件适用法律若干问题的解释》(法释〔2013〕12号)同时废止；之前发布的司法解释与本解释不一致的，以本解释为准。

《最高人民检察院、公安部关于公安机关管辖的刑事案件立案追诉标准的规定(一)的补充规定》(2017年4月27日 公通字〔2017〕12号)

三、将《立案追诉标准(一)》第十九条修改为：［生产、销售不符合安全标准的食品案(刑法第143条)］生产、销售不符合食品安全标准的食品，涉嫌下列情形之一的，应予立案追诉：

(一)食品含有严重超出标准限量的致病性微生物、农药残留、兽药残留、重金属、污染物质以及其他危害人体健康的物质的；

(二)属于病死、死因不明或者检验检疫不合格的畜、禽、兽、水产动物及其肉类、肉类制品的；

(三)属于国家为防控疾病等特殊需要明令禁止生产、销售的食品的；

(四)婴幼儿食品中生长发育所需营养成分严重不符合食品安全标准的；

(五)其他足以造成严重食物中毒事故或者严重食源性疾病的情形。

在食品加工、销售、运输、贮存等过程中，违反食品安全标准，超限量或者超范围滥用食品添加剂，足以造成严重食物中毒事故或者其他严重食源性疾病的，应予立案追诉。

在食用农产品种植、养殖、销售、运输、贮存等过程中，违反食品安全标准，超限量或者超范围滥用添加剂、农药、兽药等，足以造成严重食物中毒事故或者其他严重食源性疾病的，应予立案追诉。

量刑要素

1. 国家机关工作人员犯本罪的，从重处罚。(法释〔2001〕10号第12条)

2. 构成本罪同时又构成《刑法》第140条“生产、销售伪劣产品罪”的，依照处刑较重的规定定罪处罚。(《刑法》第149条第2款)

要义辨析

一、概念

本罪是指生产者、销售者生产、销售不符合卫生标准的食品，足以造成严重食物中毒事故，或者其他严重食源性疾患的行为。

二、构成要件

1. 本罪侵犯客体为国家食品卫生管理制度和公众的人体健康。犯罪对象为不符合食品安全标准的食品，即指不符合《食品卫生法》规定的食品卫生标准。

2. 客观方面表现为具有生产、销售不符合安全标准的食品的行为。对已经造成严重食物中毒或食源性疾患结果的，加重处刑。所谓“食源性疾患”，是指由于食用不符合食品卫生标准的动植物而引发的人体功能性障碍及疾病。所谓“严重食源性疾患”，是指造成他人死亡或多人患食源性疾病的情形。

3. 本罪的主体主要为从事食品生产、经营的单位和个人，没有营业执照而进行食品生产、销售的个人、单位，也可以成为本罪的犯罪主体。

4. 主观方面表现为故意。

三、要点辨析

1. 本罪为危险犯。只要行为人实施了生产、销售不符合卫生标准的食品的行为，且到达足以造成严重食物中毒事故或者其他严重食源性疾患的程度，就成立本罪的既遂。是否已经造成人体损害，不是必要要件，只作为量刑情节。

2. 个人和单位均可以成为本罪的犯罪主体。单位犯本罪的，处罚金，并对直接负责的主管人员和直接责任人员依本罪规定处罚。

3. 明知他人生产、销售不符合食品安全标准的食品，有毒、有害食品，具有下列情形之一的，以生产、销售不符合安全标准的食品罪或者生产、销售有毒、有害食品罪的共犯论处：(1)提供资金、贷款、账号、发票、证明、许可证件的；(2)提供生产、经营场所或者运输、贮存、保管、邮寄、网络销售渠道等便利条件的；(3)提供生产技术或者食品原料、食品添加剂、食品相关产品的；(4)提供广告等宣传的。

四、罪名变迁

本罪在1979年《刑法》中并无规定，是1997年《刑法》依《全国人民代表大会常务委员会关于惩治生产、销售伪劣商品犯罪的决定》第3条的规定而设立，罪名为“生产销售不符合卫生标准的食品罪”。《刑法修正案（八）》对本罪名作了修改，将“不符合卫生标准的食品罪”修改为“不符合食品安全标准的食品”，“卫生标准”改为“安全标准”，表述更为准确。《刑法修正案（八）》还修改了罚金刑的处罚原则。

类罪名：破坏社会主义市场经济秩序罪/生产、销售伪劣商品罪｜罪名：生产、销售有毒、有害食品罪

量刑标准	**在生产、销售的食品中掺入有毒、有害的非食品原料的，或者销售明知掺有有毒、有害的非食品原料的食品的**　处5年以下有期徒刑，并处罚金；
	对人体健康造成严重危害或者有其他严重情节的　处5年以上10年以下有期徒刑，并处罚金；
	致人死亡或者有其他特别严重情节的　依照本法第141条的规定处罚；
	单位犯本罪的　处罚金；对直接负责的主管人员和其他直接责任人员依上述规定处罚；
	尚不构成本罪，但违法销售额达5万元以上的　依第140条处罚。

法律依据

一、《刑法》条文

第一百四十四条　在生产、销售的食品中掺入有毒、有害的非食品原料的，或者销售明知掺有有毒、有害的非食品原料的食品的，处五年以下有期徒刑，并处罚金；对人体健康造成严重危害或者有其他严重情节的，处五年以上十年以下有期徒刑，并处罚金；致人死亡或者有其他特别严重情节的，依照本法第一百四十一条的规定处罚。

第一百四十九条　生产、销售本节第一百四十一条至第一百四十八条所列产品，不构成各该条规定的犯罪，但是销售金额在五万元以上的，依照本节第一百四十条的规定定罪处罚。

生产、销售本节第一百四十一条至第一百四十八条所列产品，构成各该条规定的犯罪，同时又构成本节第一百四十条规定之罪的，依照处罚较重的规定定罪处罚。

第一百五十条　单位犯本节第一百四十条至第一百四十八条规定之罪的，对单位判处罚金，并对其直接负责的主管人员和其他直接责任人员,依照各该条的规定处罚。

二、相关法律

《中华人民共和国食品安全法》(2021年4月29日修正)

第三十四条 禁止生产经营下列食品、食品添加剂、食品相关产品:

(一)用非食品原料生产的食品或者添加食品添加剂以外的化学物质和其他可能危害人体健康物质的食品,或者用回收食品作为原料生产的食品;

(二)致病性微生物,农药残留、兽药残留、生物毒素、重金属等污染物质以及其他危害人体健康的物质含量超过食品安全标准限量的食品、食品添加剂、食品相关产品;

(三)用超过保质期的食品原料、食品添加剂生产的食品、食品添加剂;

(四)超范围、超限量使用食品添加剂的食品;

(五)营养成分不符合食品安全标准的专供婴幼儿和其他特定人群的主辅食品;

(六)腐败变质、油脂酸败、霉变生虫、污秽不洁、混有异物、掺假掺杂或者感官性状异常的食品、食品添加剂;

(七)病死、毒死或者死因不明的禽、畜、兽、水产动物肉类及其制品;

(八)未按规定进行检疫或者检疫不合格的肉类,或者未经检验或者检验不合格的肉类制品;

(九)被包装材料、容器、运输工具等污染的食品、食品添加剂;

(十)标注虚假生产日期、保质期或者超过保质期的食品、食品添加剂;

(十一)无标签的预包装食品、食品添加剂;

(十二)国家为防病等特殊需要明令禁止生产经营的食品;

(十三)其他不符合法律、法规或者食品安全标准的食品、食品添加剂、食品相关产品。

三、相关司法解释/文件

《最高人民法院、最高人民检察院关于办理生产、销售伪劣商品刑事案件具体应用法律若干问题的解释》(2001年4月9日 法释〔2001〕10号)

第四条 经省级以上卫生行政部门确定的机构鉴定,食品中含有可能导致严重食物中毒事故或者其他严重食源性疾患的超标准的有害细菌或者其他污染物的,应认定为刑法第一百四十三条规定的“足以造成严重食物中毒事故或者其他严重食源性疾患”。

生产、销售不符合卫生标准的食品被食用后,造成轻伤、重伤或者其他严重后果的,应认定为“对人体健康造成严重危害”。

生产、销售不符合卫生标准的食品被食用后,致人死亡、严重残疾、三人以上重伤,十人以上轻伤或者造成其他特别严重后果的。应认定为“后果特别严重”。

第五条 生产、销售的有毒、有害食品被食用后,造成轻伤、重伤或者其他严重后果的,应认定为刑法第一百四十四条规定的“对人体健康造成严重危害”。

生产、销售的有毒、有害食品被食用后,致人严重残疾、三人以上重伤、十人以上轻伤或者造成其他特别严重后果的,应认定为“对人体健康造成特别严重危害”。

第十一条 实施刑法第一百四十条至第一百四十八条规定的犯罪,又以暴力、威胁方法抗拒查处,构成其他犯罪的,依照数罪并罚的规定处罚。

《最高人民法院、最高人民检察院关于办理非法生产、销售、使用禁止在饲料和动物饮用水中使用的药品等刑事案件具体应用法律若干问题的解释》(2002年8月16日 法释〔2002〕26号)

第三条 使用盐酸克仑特罗(又称“瘦肉精”)等禁止在饲料和动物饮用水中使用的药品或者含有该类药品的饲料养殖供人食用的动物,或者销售明知是使用该类药品或者含有该类药品的饲料养殖的供人食用的动物的,依照刑法第一百四十四条的规定,以生产、销售有毒、有害食品罪追究刑事责任。

第四条 明知是使用盐酸克仑特罗等禁止在饲料和动物饮用水中使用的药品或者含有该类药品的饲料养殖的供人食用的动物,而提供屠宰等加工服务,或者销售其制品的,依照刑法第一百四十四条的规定,以生产、销售有毒、有害食品罪追究刑事责任。

《最高人民检察院、公安部关于依法严惩“地沟油”犯罪活动的通知》(2012 年 1 月 9 日 公通字〔2012〕1 号)

为依法严惩“地沟油”犯罪活动,切实保障人民群众的生命健康安全,根据刑法和有关司法解释的规定,现就有关事项通知如下:

一、依法严惩“地沟油”犯罪,切实维护人民群众食品安全

“地沟油”犯罪,是指用餐厨垃圾、废弃油脂、各类肉及肉制品加工废弃物等非食品原料,生产、加工“食用油”,以及明知是利用“地沟油”生产、加工的油脂而作为食用油销售的行为。“地沟油”犯罪严重危害人民群众身体健康和生命安全,严重影响国家形象,损害党和政府的公信力。各级公安机关、检察机关、人民法院要认真贯彻《刑法修正案(八)》对危害食品安全犯罪从严打击的精神,依法严惩“地沟油”犯罪,坚决打击“地沟油”进入食用领域的各种犯罪行为,坚决保护人民群众切身利益。对于涉及多地区的“地沟油”犯罪案件,各地公安机关、检察机关、人民法院要在案件管辖、调查取证等方面通力合作,形成打击合力,切实维护人民群众食品安全。

二、准确理解法律规定,严格区分犯罪界限

(一)对于利用“地沟油”生产“食用油”的,依照刑法第 144 条生产有毒、有害食品罪的规定追究刑事责任。

(二)明知是利用“地沟油”生产的“食用油”而予以销售的,依照刑法第 144 条销售有毒、有害食品罪的规定追究刑事责任。认定是否“明知”,应当结合犯罪嫌疑人、被告人的认知能力,犯罪嫌疑人、被告人及其同案人的供述和辩解,证人证言,产品质量,进货渠道及进货价格、销售渠道及销售价格等主、客观因素予以综合判断。

(三)对于利用“地沟油”生产的“食用油”,已经销售出去没有实物,但是有证据证明系已被查实生产、销售有毒、有害食品犯罪事实的上线提供的,依照刑法第 144 条销售有毒、有害食品罪的规定追究刑事责任。

(四)虽无法查明“食用油”是否系利用“地沟油”生产、加工,但犯罪嫌疑人、被告人明知该“食用油”来源可疑而予以销售的,应分别情形处理:经鉴定,检出有毒、有害成分的,依照刑法第 144 条销售有毒、有害食品罪的规定追究刑事责任;属于不符合安全标准的食品的,依照刑法第 143 条销售不符合安全标准的食品罪追究刑事责任;属于以假充真、以次充好、以不合格产品冒充合格产品或者假冒注册商标,构成犯罪的,依照刑法第 140 条销售伪劣产品罪或者第 213 条假冒注册商标罪、第 214 条销售假冒注册商标的商品罪追究刑事责任。

(五)知道或应当知道他人实施以上第(一)、(二)、(三)款犯罪行为,而为其掏捞、加工、贩运“地沟油”,或者提供贷款、资金、账号、发票、证明、许可证件,或者提供技术、生产、经营场所、运输、仓储、保管等便利条件的,依照本条第(一)、(二)、(三)款犯罪的共犯论处。

(六)对违反有关规定,掏捞、加工、贩运“地沟油”,没有证据证明用于生产“食用油”的,交由行政部门处理。

(七)对于国家工作人员在食用油安全监管和查处“地沟油”违法犯罪活动中滥用职权、玩忽职守、徇私枉法,构成犯罪的,依照刑法有关规定追究刑事责任。

三、准确把握宽严相济刑事政策在食品安全领域的适用

在对“地沟油”犯罪定罪量刑时,要充分考虑犯罪数额、犯罪分子主观恶性及其犯罪手段、犯罪行为对人民群众生命安全和身体健康的危害、对市场经济秩序的破坏程度、恶劣影响等。对于具有累犯、前科、共同犯罪的主犯、集团犯罪的首要分子等情节,以及犯罪数额巨大、情节恶劣、危害严重,群众反映强烈,给国家和人民利益造成重大损失的犯罪分子,依法严惩,罪当判处死刑的,要坚决依法判处死刑。对在同一条生产销售链上的犯罪分子,要在法定刑幅度内体现严惩源头犯罪的精神,确保生产环节与销售环节量刑的整体平衡。对于明知是“地沟油”而非法销售的公司、企业,要依法从严追究有关单位和直接责任人员的责任。对于具有自首、立功、从犯等法定情节的犯罪分子,可以依法从宽处理。要严格把握适用缓刑、免予刑事处罚的条件。对依法必须适用缓刑的,一般同时宣告禁止令,禁止其在缓刑考验期内从事与食品生产、销售

等有关的活动。

《最高人民法院、最高人民检察院关于办理危害食品安全刑事案件适用法律若干问题的解释》(2021年12月30日 法释〔2021〕24号)

第二条 生产、销售不符合食品安全标准的食品,具有下列情形之一的,应当认定为刑法第一百四十三条规定的"对人体健康造成严重危害":

(一)造成轻伤以上伤害的;

(二)造成轻度残疾或者中度残疾的;

(三)造成器官组织损伤导致一般功能障碍或者严重功能障碍的;

(四)造成十人以上严重食物中毒或者其他严重食源性疾病的;

(五)其他对人体健康造成严重危害的情形。

第六条 生产、销售有毒、有害食品,具有本解释第二条规定情形之一的,应当认定为刑法第一百四十四条规定的"对人体健康造成严重危害"。

第七条 生产、销售有毒、有害食品,具有下列情形之一的,应当认定为刑法第一百四十四条规定的"其他严重情节":

(一)生产、销售金额二十万元以上不满五十万元的;

(二)生产、销售金额十万元以上不满二十万元,有毒、有害食品数量较大或者生产、销售持续时间六个月以上的;

(三)生产、销售金额十万元以上不满二十万元,属于特殊医学用途配方食品、专供婴幼儿的主辅食品的;

(四)生产、销售金额十万元以上不满二十万元,且在中小学校园、托幼机构、养老机构及周边面向未成年人、老年人销售的;

(五)生产、销售金额十万元以上不满二十万元,曾因危害食品安全犯罪受过刑事处罚或者二年内因危害食品安全违法行为受过行政处罚的;

(六)有毒、有害的非食品原料毒害性强或者含量高的;

(七)其他情节严重的情形。

第八条 生产、销售有毒、有害食品,生产、销售金额五十万元以上,或者具有本解释第四条第二项至第六项规定的情形之一的,应当认定为刑法第一百四十四条规定的"其他特别严重情节"。

第十一条 在食品生产、销售、运输、贮存等过程中,掺入有毒、有害的非食品原料,或者使用有毒、有害的非食品原料生产食品的,依照刑法第一百四十四条的规定以生产、销售有毒、有害食品罪定罪处罚。

在食用农产品种植、养殖、销售、运输、贮存等过程中,使用禁用农药、食品动物中禁止使用的药品及其他化合物等有毒、有害的非食品原料,适用前款的规定定罪处罚。

在保健食品或者其他食品中非法添加国家禁用药物等有毒、有害的非食品原料的,适用第一款的规定定罪处罚。

第十二条 在食品生产、销售、运输、贮存等过程中,使用不符合食品安全标准的食品包装材料、容器、洗涤剂、消毒剂,或者用于食品生产经营的工具、设备等,造成食品被污染,符合刑法第一百四十三条、第一百四十四条规定的,以生产、销售不符合安全标准的食品罪或者生产、销售有毒、有害食品罪定罪处罚。

第十三条 生产、销售不符合食品安全标准的食品,有毒、有害食品,符合刑法第一百四十三条、第一百四十四条规定的,以生产、销售不符合安全标准的食品罪或者生产、销售有毒、有害食品罪定罪处罚。同时构成其他犯罪的,依照处罚较重的规定定罪处罚。

生产、销售不符合食品安全标准的食品,无证据证明足以造成严重食物中毒事故或者其他严重食源性疾病,不构成生产、销售不符合安全标准的食品罪,但构成生产、销售伪劣产品罪,妨害动植物防疫、检疫罪等其他犯罪的,依照该其他犯罪定罪处罚。

第十四条 明知他人生产、销售不符合食品安全标准的食品,有毒、有害食品,具有下列情形之一的,以生产、销售不符合安全标准的食品罪或者生产、销售有毒、有害食品罪的共犯论处:

(一)提供资金、贷款、账号、发票、证明、许可证件的;

(二)提供生产、经营场所或者运输、贮存、保管、邮寄、销售渠道等便利条件的;

(三)提供生产技术或者食品原料、食品添加剂、食品相关产品或者有毒、有害的非食品原料的;

（四）提供广告宣传的；

（五）提供其他帮助行为的。

第十七条 违反国家规定，私设生猪屠宰厂（场），从事生猪屠宰、销售等经营活动，情节严重的，依照刑法第二百二十五条的规定以非法经营罪定罪处罚。

在畜禽屠宰相关环节，对畜禽使用食品动物中禁止使用的药品及其他化合物等有毒、有害的非食品原料，依照刑法第一百四十四条的规定以生产、销售有毒、有害食品罪定罪处罚；对畜禽注水或者注入其他物质，足以造成严重食物中毒事故或者其他严重食源性疾病的，依照刑法第一百四十三条的规定以生产、销售不符合安全标准的食品罪定罪处罚；虽不足以造成严重食物中毒事故或者其他严重食源性疾病，但符合刑法第一百四十条规定的，以生产、销售伪劣产品罪定罪处罚。

最高人民检察院、公安部《关于公安机关管辖的刑事案件立案追诉标准的规定（一）的补充规定》（2017年4月27日 公通字〔2017〕12号）

四、将《立案追诉标准（一）》第20条修改为：［生产、销售有毒、有害食品案（刑法第144条）］在生产、销售的食品中掺入有毒、有害的非食品原料的，或者销售明知掺有有毒、有害的非食品原料的食品的，应予立案追诉。

在食品加工、销售、运输、贮存等过程中，掺入有毒、有害的非食品原料，或者使用有毒、有害的非食品原料加工食品的，应予立案追诉。

在食用农产品种植、养殖、销售、运输、贮存等过程中，使用禁用农药、兽药等禁用物质或者其他有毒、有害物质的，应予立案追诉。

在保健食品或者其他食品中非法添加国家禁用药物等有毒、有害物质的，应予立案追诉。

下列物质应当认定为本条规定的“有毒、有害的非食品原料”：

（一）法律、法规禁止在食品生产经营活动中添加、使用的物质；

（二）国务院有关部门公布的《食品中可能违法添加的非食用物质名单》《保健食品中可能非法添加的物质名单》中所列物质；

（三）国务院有关部门公告禁止使用的农药、兽药以及其他有毒、有害物质；

（四）其他危害人体健康的物质。

量刑要素

1. 国家机关工作人员犯本罪的，从重处罚。（法释〔2001〕10号第12条）

2. 构成本罪同时构成《刑法》第140条“生产、销售伪劣产品罪”的，依照处刑较重的规定定罪处罚。（《刑法》第149条第2款）

要义辨析

一、概念

本罪是指生产、销售者，故意在生产、销售的食品中掺入有毒、有害的非食品原料，或者销售明知掺有有毒、有害的非食品原料的食品的行为。

二、构成要件

1. 本罪的客体是国家对食品卫生的管理制度以及消费者的生命健康。犯罪对象为有毒、有害的非食品原料。它是指那些既无营养价值，又对人体有害的非食品原料，如工业酒精、工业染料、色素、受污染的水源、化学合成剂、精神药品等。

2. 客观方面表现为在生产、销售的食品中，掺入有毒、有害的非食品原料，或者销售明知掺有有毒、有害的非食品原料的食品的行为。

3. 本罪的主体为一般主体，主要为具有许可执照的食品生产者、销售者，但非法存在的无照经营者，也可成为本罪的主体。

4. 主观方面表现为故意，即行为人明知或应当明知掺入食品中的物质，为有毒有害的非食品原料，并对可能由此引起的食物中毒等严重食源性疾患采取积极追求或放任结果发生态度。

三、要点辨析

1. 本罪为行为犯，一旦实施了该行为，即构成本罪，而不以是否已经产生了危害后果作为构成要件。

2. 行为人实施了在生产、销售的食品中,掺入有毒、有害的非食品原料,或者销售明知掺有有毒、有害的非食品原料的食品的行为,就构成本罪既遂。如果实施上述行为,对人体健康造成了严重危害,属于结果加重犯。致人死亡和对人体造成特别严重危害的,按《刑法》第141条"生产销售假药罪"处罚,即最高可判死刑。

3. 个人和单位均可以成为本罪的犯罪主体。单位犯本罪的,处罚金,并对直接负责的主管人员和直接责任人员依本罪规定处罚。

4. 明知他人生产、销售不符合食品安全标准的食品,有毒、有害食品,具有下列情形之一的,以生产、销售不符合安全标准的食品罪或者生产、销售有毒、有害食品罪的共犯论处:(1)提供资金、贷款、账号、发票、证明、许可证件的;(2)提供生产、经营场所或者运输、贮存、保管、邮寄、网络销售渠道等便利条件的;(3)提供生产技术或者食品原料、食品添加剂、食品相关产品的;(4)提供广告等宣传的。

四、罪名变迁

1979年《刑法》未规定本罪,是依《全国人民代表大会常务委员会关于惩治生产、销售伪劣商品犯罪的决定》第3条而设立的罪名。《刑法修正案(八)》对本罪作了以下修改:取消单处罚金和拘役刑,加重刑罚;将"造成严重食物中毒事故,或者其他严重食源性疾患,对人体健康造成严重危害"修改为"对人体健康造成严重危害或者有其他严重情节";删去了罚金的具体数额。

类罪名:破坏社会主义市场经济秩序罪/生产、销售伪劣商品罪 | 罪名:生产、销售不符合标准的医用器材罪	
量刑标准	**犯本罪足以严重危害人体健康的** 处3年以下有期徒刑或者拘役,并处销售金额50%以上2倍以下罚金;
	对人体健康造成严重危害的 处3年以上10年以下有期徒刑,并处销售金额50%以上2倍以下罚金;
	后果特别严重的 处10年以上有期徒刑或者无期徒刑,并处销售金额50%以上2倍以下罚金或者没收财产;
	单位犯本罪的 处罚金;对直接负责的主管人员和其他直接责任人员依上述标准处刑;
	尚不构成犯罪,但违法销售数额在5万元以上的 依第140条定罪处罚。

法律依据

一、《刑法》条文

第一百四十五条 生产不符合保障人体健康的国家标准、行业标准的医疗器械、医用卫生材料,或者销售明知是不符合保障人体健康的国家标准、行业标准的医疗器械、医用卫生材料,足以严重危害人体健康的,处三年以下有期徒刑或者拘役,并处销售金额百分之五十以上二倍以下罚金;对人体健康造成严重危害的,处三年以上十年以下有期徒刑,并处销售金额百分之五十以上二倍以下罚金;后果特别严重的,处十年以上有期徒刑或者无期徒刑,并处销售金额百分之五十以上二倍以下罚金或者没收财产。

第一百四十九条　生产、销售本节第一百四十一条至第一百四十八条所列产品，不构成各该条规定的犯罪，但是销售金额在五万元以上的，依照本节第一百四十条的规定定罪处罚。

生产、销售本节第一百四十一条至第一百四十八条所列产品，构成各该条规定的犯罪，同时又构成本节第一百四十条规定之罪的，依照处罚较重的规定定罪处罚。

第一百五十条　单位犯本节第一百四十条至第一百四十八条规定之罪的，对单位判处罚金，并对其直接负责的主管人员和其他直接责任人员，依照各该条的规定处罚。

二、相关司法解释/文件

《最高人民法院、最高人民检察院关于办理生产、销售伪劣商品刑事案件具体应用法律若干问题的解释》(2001 年 4 月 9 日　法释〔2001〕10 号)

第六条　生产、销售不符合标准的医疗器械、医用卫生材料，致人轻伤或者其他严重后果的，应认定为刑法第一百四十五条规定的“对人体健康造成严重危害”。

生产、销售不符合标准的医疗器械、医用卫生材料，造成感染病毒性肝炎等难以治愈的疾病、一人以上重伤、三人以上轻伤或者其他严重后果的，应认定为“后果特别严重”。

生产、销售不符合标准的医疗器械、医用卫生材料，致人死亡、严重残疾、感染艾滋病、三人以上重伤、十人以上轻伤或者造成其他特别严重后果的，应认定为“情节特别恶劣”。

医疗机构或者个人，知道或者应当知道是不符合保障人体健康的国家标准、行业标准的医疗器械、医用卫生材料而购买、使用，对人体健康造成严重危害的，以销售不符合标准的医用器材罪定罪处罚。没有国家标准、行业标准的医疗器械，注册产品标准可视为“保障人体健康的行业标准”。

《最高人民法院、最高人民检察院关于办理妨害预防、控制突发传染病疫情等灾害的刑事案件具体应用法律若干问题的解释》(2003 年 5 月 14 日　法释〔2003〕8 号)

第三条　在预防、控制突发传染病疫情等灾害期间，生产用于防治传染病的不符合保障人体健康的国家标准、行业标准的医疗器械、医用卫生材料，或者销售明知是用于防治传染病的不符合保障人体健康的国家标准、行业标准的医疗器械、医用卫生材料，不具有防护、救治功能，足以严重危害人体健康的，依照刑法第一百四十五条的规定，以生产、销售不符合标准的医用器材罪定罪，依法从重处罚。

医疗机构或者个人，知道或者应当知道系前款规定的不符合保障人体健康的国家标准、行业标准的医疗器械、医用卫生材料而购买并有偿使用的，以销售不符合标准的医用器材罪定罪，依法从重处罚。

《最高人民检察院、公安部关于公安机关管辖的刑事案件立案追诉标准的规定(一)》(2008 年 6 月 25 日　公通字〔2008〕36 号)

第二十一条　［生产、销售不符合标准的医用器材案(刑法第一百四十五条)］生产不符合保障人体健康的国家标准、行业标准的医疗器械、医用卫生材料，或者销售明知是不符合保障人体健康的国家标准、行业标准的医疗器械、医用卫生材料，涉嫌下列情形之一的，应予立案追诉：

(一)进入人体的医疗器械的材料中含有超过标准的有毒有害物质的；

(二)进入人体的医疗器械的有效性指标不符合标准要求，导致治疗、替代、调节、补偿功能部分或者全部丧失，可能造成贻误诊治或者人体严重损伤的；

(三)用于诊断、监护、治疗的有源医疗器械的安全指标不符合强制性标准要求，可能对人体构成伤害或者潜在危害的；

(四)用于诊断、监护、治疗的有源医疗器械的主要性能指标不合格，可能造成贻误诊治或者人体严重损伤的；

(五)未经批准，擅自增加功能或者适用范围，可能造成贻误诊治或者人体严重损伤的；

(六)其他足以严重危害人体健康或者对人体健康造成严重危害的情形。

医疗机构或者个人知道或者应当知道是不符合保障人体健康的国家标准、行业标准的医疗器械、医用卫生材料而购买并有偿使用的，视为本条规定的“销售”。

《最高人民法院、最高人民检察院、公安部、司法部关于依法惩治妨害新型冠状病毒感染肺炎疫情防控违法犯罪的意见》(2020年2月6日　法发〔2020〕7号)

(三)依法严惩制假售假犯罪。在疫情防控期间,生产、销售伪劣的防治、防护产品、物资,或者生产、销售用于防治新型冠状病毒感染肺炎的假药、劣药,符合刑法第一百四十条、第一百四十一条、第一百四十二条规定的,以生产、销售伪劣产品罪,生产、销售假药罪或者生产、销售劣药罪定罪处罚。

在疫情防控期间,生产不符合保障人体健康的国家标准、行业标准的医用口罩、护目镜、防护服等医用器材,或者销售明知是不符合标准的医用器材,足以严重危害人体健康的,依照刑法第一百四十五条的规定,以生产、销售不符合标准的医用器材罪定罪处罚。

三、相关部委规章

《医疗器械新产品管理暂行办法》(1990年9月13日)

第三条　本办法所指的医疗器械是用于人体疾病诊断、治疗、预防,调节人体生理功能或替代人体器官的仪器、设备、装置、器具、植入物、材料、和相关物品。

第四条　本办法所指的医疗器械新产品,是指采用新技术原理、新设计构思或在结构、材质、工艺等几方面或其中一方面比医疗器械老产品有明显改进,并且显著提高了医疗器械产品性能或扩大了使用功能的医疗器械产品。

研制与现有产品结构原理相似、使用功能相同的医疗器械产品移植医疗器械产品,与国外合作研制和生产的医疗器械产品,视同医疗器械新产品。

《医疗器械管理暂行办法》(1991年4月10日)

第四条　国家对医疗器械实行分类管理。

第一类是指植入人体、用于生命支持,技术结构复杂,对人体可能具有潜在危险,其安全性、有效性必须严格控制的医疗器械。

第二类是指产品机理已取得国际国内认可、技术成熟,其安全性、有效性必须加以控制的医疗器械。

第三类是指通过常规管理可以保证安全性、有效性的医疗器械。

《医疗器械监督管理条例》(2021年2月9日修订)

第一百零三条　本条例下列用语的含义:

医疗器械,是指直接或者间接用于人体的仪器、设备、器具、体外诊断试剂及校准物、材料以及其他类似或者相关的物品,包括所需要的计算机软件;其效用主要通过物理等方式获得,不是通过药理学、免疫学或者代谢的方式获得,或者虽然有这些方式参与但是只起辅助作用;其目的是:

(一)疾病的诊断、预防、监护、治疗或者缓解;

(二)损伤的诊断、监护、治疗、缓解或者功能补偿;

(三)生理结构或者生理过程的检验、替代、调节或者支持;

(四)生命的支持或者维持;

(五)妊娠控制;

(六)通过对来自人体的样本进行检查,为医疗或者诊断目的提供信息。

医疗器械注册人、备案人,是指取得医疗器械注册证或者办理医疗器械备案的企业或者研制机构。

医疗器械使用单位,是指使用医疗器械为他人提供医疗等技术服务的机构,包括医疗机构、计划生育技术服务机构、血站、单采血浆站、康复辅助器具适配机构等。

大型医用设备,是指使用技术复杂、资金投入量大、运行成本高、对医疗费用影响大且纳入目录管理的大型医疗器械。

量刑要素

1. 在预防、控制突发传染病疫情等灾害期间,生产用于防治传染病的不符合保障人体健康的国家标准、行业标准的医疗器械、医用卫生材料,或者销售明知是用于防治传染病的不符合保障人体健康的国家标准、行业标准的医疗器械、医用卫生材料,不具有防护、救治功能,足以严重危害人体健康的，依照《刑法》第145条的规定，以生产、销售不符合标准的医用器材罪定罪，依法从重处罚。

医疗机构或者个人，知道或者应当知道系前款规定的不符合保障人体健康的国家标准、行业标准的医疗器械、医用卫生材料而购买并有偿使用的，以销售不符合标准的医用器材罪定罪，依法从重处罚。（法释〔2003〕8号第3条）

2. 国家机关工作人员犯本罪的，从重处罚。（法释〔2001〕10号第12条）

3. 构成本罪同时构成《刑法》第140条“生产、销售伪劣产品罪”的，依照处刑较重的规定定罪处罚。（《刑法》第149条第2款）

要义辨析

一、概念

本罪是指生产者、销售者生产不符合保障人体健康的国家标准、行业标准的医疗器械、医用卫生材料，或者销售明知是不符合人体健康的国家标准、行业标准的医疗器械、医用卫生材料，足以对人体健康造成严重危害的行为。

二、构成要件

1. 本罪侵害客体，既包括国家对医用卫生材料的专门管理制度，又包括不特定多人的生命健康权利。侵害对象为医疗器械、医用卫生材料的合格性和适用性。

2. 本罪的客观方面表现为生产或销售不符合保障人体健康的国家标准、行业标准的医疗器械、医用卫生材料的行为。

3. 本罪主体为医疗器械、医用卫生材料的专门生产者或销售者。但其他单位或个人也可以成为本罪的犯罪主体。

4. 本罪的主观方面表现为故意，即明知或应当明知所生产的医疗器械医用卫生材料不符合保障人体健康的国家标准、行业标准而生产、销售的；或对人体健康可能造成的严重危害后果，采取积极追求或放任结果发生态度的。

三、要点辨析

1. 医疗器械，是指用于诊断、治疗、预防疾病、调节生理功能或替代人体器官的仪器、设备、装置、器具、植入物等物品。医用卫生材料，是指用于诊断、治疗、预防疾病、调节生理功能的辅助材料。

2. 本罪为危险犯，故意生产或销售不符合保障人体健康的国家标准、行业标准的医疗器械、医用卫生材料，足以严重危害人体健康的，就构成犯罪。

3. 行为人生产不符合保障人体健康的国家标准、行业标准的医疗器械、医用卫生材料，或者销售明知是不符合保障人体健康的国家标准、行业标准的医疗器械、医用卫生材料，足以严重危害人体健康的，即构成本罪既遂。

4. 个人和单位均可以成为本罪的犯罪主体。单位犯本罪的，处罚金，并对直接负责的主管人员和直接责任人员依本罪规定处罚。

5. 知道或者应当知道他人实施生产、销售伪劣商品犯罪，而为其提供贷款、资金、账号、发票、证明、许可证件，或者提供生产、经营场所或者运输、仓储、保管、邮寄等便利条件，或者提供制假生产技术的，以生产、销售伪劣商品犯罪的共犯论处。

四、罪名变迁

本罪在1979年《刑法》中并无规定，是1997年《刑法》依《全国人民代表大会常务委员会关于惩治生产、销售伪劣商品犯罪的决定》第4条的规定而设立的。《刑法修正案（四）》将本罪修改为危险犯，并调整了法定刑。

类罪名:破坏社会主义市场经济秩序罪/生产、销售伪劣商品罪 | 罪名:生产、销售不符合安全标准的产品罪	
量刑标准	**造成严重后果的** 处5年以下有期徒刑,并处销售金额50%以上2倍以下罚金;
	后果特别严重的 处5年以上有期徒刑,并处销售金额50%以上2倍以下罚金;
	单位犯本罪的 处罚金;直接负责的主管人员和其他直接责任人员,依上述标准处罚;
	尚不构成犯罪,但违法销售额5万元以上的 依第140条定罪处罚。

法律依据

一、《刑法》条文

第一百四十六条 生产不符合保障人身、财产安全的国家标准、行业标准的电器、压力容器、易燃易爆产品或者其他不符合保障人身、财产安全的国家标准、行业标准的产品,或者销售明知是以上不符合保障人身、财产安全的国家标准、行业标准的产品,造成严重后果的,处五年以下有期徒刑,并处销售金额百分之五十以上二倍以下罚金;后果特别严重的,处五年以上有期徒刑,并处销售金额百分之五十以上二倍以下罚金。

第一百四十九条 生产、销售本节第一百四十一条至第一百四十八条所列产品,不构成各该条规定的犯罪,但是销售金额在五万元以上的,依照本节第一百四十条的规定定罪处罚。

生产、销售本节第一百四十一条至第一百四十八条所列产品,构成各该条规定的犯罪,同时又构成本节第一百四十条规定之罪的,依照处罚较重的规定定罪处罚。

第一百五十条 单位犯本节第一百四十条至第一百四十八条规定之罪的,对单位判处罚金,并对其直接负责的主管人员和其他直接责任人员,依照各该条的规定处罚。

二、相关法律

《中华人民共和国标准化法》(2017年11月4日修订)

第三十七条 生产、销售、进口产品或者提供服务不符合强制性标准的,依照《中华人民共和国产品质量法》、《中华人民共和国进出口商品检验法》、《中华人民共和国消费者权益保护法》等法律、行政法规的规定查处,记入信用记录,并依照有关法律、行政法规的规定予以公示;构成犯罪的,依法追究刑事责任。

三、相关行政法规

《中华人民共和国标准化法实施条例》(1990年4月6日)

第十八条 国家标准、行业标准分为强制性标准和推荐性标准。

下列标准属于强制性标准:

(一)药品标准,食品卫生标准,兽药标准;

(二)产品及产品生产、储运和使用中的安全、卫生标准,劳动安全、卫生标准,运输安全标准;

(三)工程建设的质量、安全、卫生标准及国家需要控制的其他工程建设标准;

(四)环境保护的污染物排放标准和环境质量标准;

(五)重要的通用技术术语、符号、代号和制图方法;

(六)通用的试验、检验方法标准;

(七)互换配合标准;

(八)国家需要控制的重要产品质量标准。

国家需要控制的重要产品目录由国务院标准化行政主管部门会同国务院有关行政主管部门确定。

强制性标准以外的标准是推荐性标准。

省、自治区、直辖市人民政府标准化行政主管部门制定的工业产品的安全、卫生要求的地方标准，在本行政区域内是强制性标准。

第三十四条　生产、销售、进口不符合强制性标准的产品，造成严重后果，构成犯罪的，由司法机关依法追究直接责任人员的刑事责任。

四、相关司法解释/文件

《最高人民检察院、公安部关于公安机关管辖的刑事案件立案追诉标准的规定(一)》(2008年6月25日　公通字〔2008〕36号)

第二十二条　［生产、销售不符合安全标准的产品案(刑法第一百四十六条)］生产不符合保障人身、财产安全国家标准、行业标准的电器、压力容器、易燃易爆或者其他不符合保障人身、财产安全的国家标准、行业标准的产品，或者销售明知是以上不符合保障人身、财产安全的国家标准、行业标准的产品，涉嫌下列情形之一的，应予立案追诉：

(一)造成人员重伤或者死亡的；

(二)造成直接经济损失十万元以上的；

(三)其他造成严重后果的情形。

量刑要素

1. 国家机关工作人员犯本罪的，从重处罚。(法释〔2001〕10号第12条)

2. 构成本罪同时又构成《刑法》第140条“生产、销售伪劣产品罪”的，依照处刑较重的规定定罪处罚。(《刑法》第149条第2款)

要义辨析

一、概念

本罪是指故意生产、销售不符合保障人身、财产安全国家标准、行业标准的产品，造成严重后果的行为。

二、构成要件

1. 本罪的客体既包括国家的专门监督管理制度，又包括不特定人的人身安全或财产安全。犯罪对象为能够危害人身、财产安全的电器、压力容器、易燃易爆产品、其他产品等。

2. 客观方面表现为行为人违反有关产品质量的法律规定，生产或者销售不符合保障人身、财产安全的国家标准、行业标准的电器、压力容器、易燃易爆产品或者其他不符合保障人身、财产安全的国家标准、行业标准的产品。

3. 本罪的主体一般为某一类产品的生产者或销售者，其他单位或个人也可成为本罪的主体。

4. 主观方面表现为故意，这种故意在生产环节上表现为对所生产的电器、压力容器等产品是否符合标准采取放任的态度，或者明知所生产的产品不符合保障人身、财产安全的有关标准而仍然继续生产的；在销售环节上表现为，明知所销售的产品不符合标准而仍然予以出售的。

三、要点辨析

1. 本罪为结果犯，即只有“造成严重后果的”行为方可追究刑事责任。

2. 生产不符合保障人身、财产安全的国家标准、行业标准的电器、压力容器、易燃易爆产品或者其他不符合保障人身、财产安全的国家标准、行业标准的产品，或者销售明知是以上不符合保障人身、财产安全的国家标准、行业标准的产品，造成严重后果的，构成本罪的既遂。

3. 个人和单位均可以成为本罪的犯罪主体。单位犯本罪的，处罚金，并对直接负责的主管人员和直接责任人员，依本罪规定处罚。

4. 知道或者应当知道他人实施生产、销售伪劣商品犯罪，而为其提供贷款、资金、账号、发票、证明、许可证件，或者提供生产、经营场所或者运输、仓储、保管、邮寄等便利条件，或者提供制假生产技术的，以生产、销售伪劣商品犯罪的共犯论处。

四、罪名变迁

1979年《刑法》未规定本罪，是1997年《刑法》依《全国人民代表大会常务委员会关于惩治生产、销售伪劣商品犯罪的决定》第5条的规定而设立的。

类罪名:破坏社会主义市场经济秩序罪/生产、销售伪劣商品罪	罪名:生产、销售伪劣农药、兽药、化肥、种子罪
量刑标准	**使生产遭受较大损失的(2 万元)** 处 3 年以下有期徒刑或者拘役,并处或者单处销售金额 50% 以上 2 倍以下罚金;
	使生产遭受重大损失的(10 万元) 处 3 年以上 7 年以下有期徒刑,并处销售金额 50% 以上 2 倍以下罚金;
	使生产遭受特别重大损失的(50 万元) 处 7 年以上有期徒刑或者无期徒刑,并处销售金额 50% 以上 2 倍以下罚金或者没收财产;
	单位犯本罪的 处罚金,并对直接负责的主管人员和直接责任人员依上述标准处刑;
	尚不构成上述情节,但违法销售金额在 5 万元以上的 依《刑法》第 140 条处刑。

法律依据

一、《刑法》条文

第一百四十七条 生产假农药、假兽药、假化肥,销售明知是假的或者失去使用效能的农药、兽药、化肥、种子,或者生产者、销售者以不合格的农药、兽药、化肥、种子冒充合格的农药、兽药、化肥、种子,使生产遭受较大损失的,处三年以下有期徒刑或者拘役,并处或者单处销售金额百分之五十以上二倍以下罚金;使生产遭受重大损失的,处三年以上七年以下有期徒刑,并处销售金额百分之五十以上二倍以下罚金;使生产遭受特别重大损失的,处七年以上有期徒刑或者无期徒刑,并处销售金额百分之五十以上二倍以下罚金或者没收财产。

第一百四十九条 生产、销售本节第一百四十一条至第一百四十八条所列产品,不构成各该条规定的犯罪,但是销售金额在五万元以上的,依照本节第一百四十条的规定定罪处罚。生产、销售本节第一百四十一条至第一百四十八条所列产品,构成各该条规定的犯罪,同时又构成本节第一百四十条规定之罪的,依照处罚较重的规定定罪处罚。

第一百五十条 单位犯本节第一百四十条至第一百四十八条规定之罪的,对单位判处罚金,并对其直接负责的主管人员和其他直接责任人员,依照各该条的规定处罚。

二、相关法律

《中华人民共和国农业法》(2012 年 12 月 28 日修正)

第二十五条 农药、兽药、饲料和饲料添加剂、肥料、种子、农业机械等可能危害人畜安全的农业生产资料的生产经营,依照相关法律法规、行政法规的规定实行登记或者许可制度。

各级人民政府应当建立健全农业生产资料的安全使用制度,农民和农业生产经营组织不得使用国家明令淘汰和禁止使用的农药、兽药、饲料添加剂等农业生产资料和其他禁止使用的产品。

农业生产资料的生产者、销售者应当对其生产、销售的产品的质量负责,禁止以次充好、以假充真、以不合格的产品冒充合格的产品;禁止生产和销售国家明令淘汰的农药、兽药、饲料添加剂、农业机械等农业生产资料。

《中华人民共和国种子法》(2021 年 12 月 24 日修正)

第二条 在中华人民共和国境内从事品种选育、种子生产经营和管理等活动,适用本法。

本法所称种子,是指农作物和林木的种植材料或者繁殖材料,包括籽粒、果实、根、茎、苗、芽、叶、花等。

三、相关行政法规

《退耕还林条例》(2016年2月6日修订)

第六十条　销售、供应未经检验合格的种苗或者未附具标签、质量检验合格证、检疫合格证的种苗的,依照刑法关于生产、销售伪劣种子罪或者其他罪的规定,依法追究刑事责任;尚不够刑事处罚的,由县级以上人民政府林业、农业行政主管部门或者工商行政管理机关依照种子法的规定处理;种子法未作规定的,由县级以上人民政府林业、农业行政主管部门依据职权处以非法经营额2倍以上5倍以下的罚款。

《兽药管理条例》(2020年3月27日修正)

第四十六条　兽医行政管理部门依法进行监督检查时,对有证据证明可能是假、劣兽药的,应当采取查封、扣押的行政强制措施,并自采取行政强制措施之日起7个工作日内作出是否立案的决定;需要检验的,应当自检验报告书发出之日起15个工作日内作出是否立案的决定;不符合立案条件的,应当解除行政强制措施;需要暂停生产的,由国务院兽医行政管理部门或者省、自治区、直辖市人民政府兽医行政管理部门按照权限作出决定;需要暂停经营、使用的,由县级以上人民政府兽医行政管理部门按照权限作出决定。

未经行政强制措施决定机关或者其上级机关批准,不得擅自转移、使用、销毁、销售被查封或者扣押的兽药及有关材料。

第四十七条　有下列情形之一的,为假兽药:

(一)以非兽药冒充兽药或者以他种兽药冒充此种兽药的;

(二)兽药所含成分的种类、名称与兽药国家标准不符合的。

有下列情形之一的,按照假兽药处理:

(一)国务院兽医行政管理部门规定禁止使用的;

(二)依照本条例规定应当经审查批准而未经审查批准即生产、进口的,或者依照本条例规定应当经抽查检验、审查核对而未经抽查检验、审查核对即销售、进口的;

(三)变质的;

(四)被污染的;

(五)所标明的适应症或者功能主治超出规定范围的。

第四十八条　有下列情形之一的,为劣兽药:

(一)成分含量不符合兽药国家标准或者不标明有效成分的;

(二)不标明或者更改有效期或者超过有效期的;

(三)不标明或者更改产品批号的;

(四)其他不符合兽药国家标准,但不属于假兽药的。

第五十六条　违反本条例规定,无兽药生产许可证、兽药经营许可证生产、经营兽药的,或者虽有兽药生产许可证、兽药经营许可证,生产、经营假、劣兽药的,或者兽药经营企业经营人用药品的,责令其停止生产、经营,没收用于违法生产的原料、辅料、包装材料及生产、经营的兽药和违法所得,并处违法生产、经营的兽药(包括已出售的和未出售的兽药,下同)货值金额2倍以上5倍以下罚款,货值金额无法查证核实的,处10万元以上20万元以下罚款;无兽药生产许可证生产兽药,情节严重的,没收其生产设备;生产、经营假、劣兽药,情节严重的,吊销兽药生产许可证、兽药经营许可证;构成犯罪的,依法追究刑事责任;给他人造成损失的,依法承担赔偿责任。生产、经营企业的主要负责人和直接负责的主管人员终身不得从事兽药的生产、经营活动。

擅自生产强制免疫所需兽用生物制品的,按照无兽药生产许可证生产兽药处罚。

《农药管理条例》(2022年3月29日修正)

第二条　本条例所称农药,是指用于预防、控制危害农业、林业的病、虫、草、鼠和其他有害生物以及有目的地调节植物、昆虫生长的化学合成或者来源于生物、其他天然物质的一种物质或者几种物质的混合物及其制剂。

前款规定的农药包括用于不同目的、场所的下列各类:

(一)预防、控制危害农业、林业的病、虫(包括昆虫、蜱、螨)、草、鼠、软体动物和其他有害生物;

(二)预防、控制仓储以及加工场所的病、虫、鼠和其他有害生物;

(三)调节植物、昆虫生长;

(四)农业、林业产品防腐或者保鲜;

(五)预防、控制蚊、蝇、蜚蠊、鼠和其他有害

生物;

(六)预防、控制危害河流堤坝、铁路、码头、机场、建筑物和其他场所的有害生物。

第四十四条 有下列情形之一的,认定为假农药:

(一)以非农药冒充农药;

(二)以此种农药冒充他种农药;

(三)农药所含有效成分种类与农药的标签、说明书标注的有效成分不符。

禁用的农药,未依法取得农药登记证而生产、进口的农药,以及未附具标签的农药,按照假农药处理。

第四十五条 有下列情形之一的,认定为劣质农药:

(一)不符合农药产品质量标准;

(二)混有导致药害等有害成分。

超过农药质量保证期的农药,按照劣质农药处理。

第五十五条 农药经营者有下列行为之一的,由县级以上地方人民政府农业主管部门责令停止经营,没收违法所得、违法经营的农药和用于违法经营的工具、设备等,违法经营的农药货值金额不足1万元的,并处5000元以上5万元以下罚款,货值金额1万元以上的,并处货值金额5倍以上10倍以下罚款;构成犯罪的,依法追究刑事责任:

(一)违反本条例规定,未取得农药经营许可证经营农药;

(二)经营假农药;

(三)在农药中添加物质。

有前款第二项、第三项规定的行为,情节严重的,还应当由发证机关吊销农药经营许可证。

取得农药经营许可证的农药经营者不再符合规定条件继续经营农药的,由县级以上地方人民政府农业主管部门责令限期整改;逾期拒不整改或者整改后仍不符合规定条件的,由发证机关吊销农药经营许可证。

四、相关司法解释/文件

《最高人民法院全国法院维护农村稳定刑事审判工作座谈会纪要》(1999年10月27日 法〔1999〕217号)

(四)关于破坏农业生产坑农害农案件

对于起诉到法院的坑农害农案件,要及时依法处理。对犯罪分子判处刑罚时,要注意尽最大可能挽回农民群众的损失。被告人积极赔偿损失的,可以考虑适当从轻处罚。被害人提起刑事自诉的,要分别不同情况处理:受害群众较多的,应依靠当地党委,并与有关政法部门协调,尽量通过公诉程序处理;被害人直接向法院起诉并符合自诉案件立案规定的,应当立案并依法审理。对于生产、销售伪劣农药、兽药、化肥、种子罪所造成的损失数额标准,在最高人民法院作出司法解释前,各高级法院可结合本地具体情况制定参照执行的标准。

《最高人民法院、最高人民检察院关于办理生产、销售伪劣商品刑事案件具体应用法律若干问题的解释》(2001年4月9日 法释〔2001〕10号)

第七条 刑法第一百四十七条规定的生产、销售伪劣农药、兽药、化肥、种子罪中"使生产遭受较大损失",一般以二万元为起点;"重大损失",一般以十万元为起点;"特别重大损失",一般以五十万元为起点。

第八条 国家机关工作人员徇私舞弊,对生产、销售伪劣商品犯罪不履行法律规定的查处职责,具有下列情形之一的,属于刑法第四百一十四条规定的"情节严重":

(一)放纵生产、销售假药或者有毒、有害食品犯罪行为的;

(二)放纵依法可能判处二年有期徒刑以上刑罚的生产、销售伪劣商品犯罪行为的;

(三)对三个以上有生产、销售伪劣商品犯罪行为的单位或者个人不履行追究职责的;

(四)致使国家和人民利益遭受重大损失或者造成恶劣影响的。

第九条 知道或者应当知道他人实施生产、销售伪劣商品犯罪,而为其提供贷款、资金、账号、发票、证明、许可证件,或者提供生产、经营场所或者运输、仓储、保管、邮寄等便利条件,或者提供制假生产技术的,以生产、销售伪劣商品犯罪的共犯论处。

第十条 实施生产、销售伪劣商品犯罪,同时构成侵犯知识产权、非法经营等其他犯罪的,依照处罚较重的规定定罪处罚。

第十一条 实施刑法第一百四十条至第一百四十八条规定的犯罪,又以暴力、威胁方法抗拒查处，构成其他犯罪的，依照数罪并罚的规定处罚。

第十二条　国家机关工作人员参与生产、销售伪劣商品犯罪的，从重处罚。

《最高人民检察院、公安部关于公安机关管辖的刑事案件立案追诉标准的规定（一）》（2008年6月25日　公通字〔2008〕36号）

第二十三条　［生产、销售伪劣农药、兽药、化肥、种子罪（刑法第一百四十七条）］生产假农药、假兽药、假化肥，销售明知是假的或者失去使用效能的农药、兽药、化肥、种子，或者生产者、销售者以不合格的农药、兽药、化肥、种子冒充合格的农药、兽药、化肥、种子，涉嫌下列情形之一的，应予立案追诉：

（一）使生产遭受损失二万元以上的；

（二）其他使生产遭受较大损失的情形。

《最高人民法院、最高人民检察院关于办理危害食品安全刑事案件适用法律若干问题的解释》（2021年12月30日　法释〔2021〕24号）

第十六条　以提供给他人生产、销售食品为目的，违反国家规定，生产、销售国家禁止用于食品生产、销售的非食品原料，情节严重的，依照刑法第二百二十五条的规定以非法经营罪定罪处罚。

以提供给他人生产、销售食用农产品为目的，违反国家规定，生产、销售国家禁用农药、食品动物中禁止使用的药品及其他化合物等有毒、有害的非食品原料，或者生产、销售添加上述有毒、有害的非食品原料的农药、兽药、饲料、饲料添加剂、饲料原料，情节严重的，依照前款的规定定罪处罚。

第十八条　实施本解释规定的非法经营行为，非法经营数额在十万元以上，或者违法所得数额在五万元以上的，应当认定为刑法第二百二十五条规定的“情节严重”；非法经营数额在五十万元以上，或者违法所得数额在二十五万元以上的，应当认定为刑法第二百二十五条规定的“情节特别严重”。

实施本解释规定的非法经营行为，同时构成生产、销售伪劣产品罪，生产、销售不符合安全标准的食品罪，生产、销售有毒、有害食品罪，生产、销售伪劣农药、兽药罪等其他犯罪的，依照处罚较重的规定定罪处罚。

量刑要素

1. 国家机关工作人员犯本罪的，从重处罚。（法释〔2001〕10号第12条）

2. 构成本罪同时又构成《刑法》第140条“生产销售伪劣产品罪”的，依照处刑较重的规定处罚。（《刑法》第149条第2款）

要义辨析

一、概念

本罪是指故意生产假农药、假兽药、假化肥，或者销售明知是假的或者是失去使用效能的农药、兽药、化肥、种子，或者以不合格的上述农资产品替代冒充合格产品，使生产遭受较大损失的行为。

二、构成要件

1. 本罪侵害的客体，一是国家对农业生产资料的管理制度，二是农业生产。

2. 客观方面表现为生产假农药、假兽药、假化肥，或者销售明知是假的或者是失去使用效能的农药、兽药、化肥、种子，或者以不合格的上述农资产品替代冒充合格产品，使生产遭受较大损失的行为。

3. 本罪的犯罪主体是一般主体，不论是有合法经营资格的生产者、销售者还是不具经营资格的非法生产者、销售者，任何单位和个人只要实施了本罪的行为，并具有刑事责任能力，均可构成本罪主体。

4. 本罪主观上必须是故意，过失不构成本罪。

三、要点辨析

1. 本罪为结果犯，以客观后果为最重要的成立要件，即视对生产是否构成“重大损失”，量刑亦以此为据。关于使生产遭受“较大损失”“重大损失”“特别重大损失”的数额标准，根据最高人民法院法释〔2001〕10号司法解释第7条确定。

本罪量刑除了生产损失标准外，还有一个量刑参照系是违法销售额。其一,违法销售额作为计算罚金的基数;其二,只要违法销售额达到5万元以上,不论有无造成生产上的损失,均要依《刑法》第140条处刑。

2. 行为人实施故意生产、销售假农药、假兽药、假化肥、假种子的行为,且使生产遭受较大损失时,构成本罪既遂。

3. 个人和单位均可以成为本罪的犯罪主体。单位犯本罪的,处罚金,并对直接负责的主管人员和直接责任人员依本罪规定处罚。

4. 知道或者应当知道他人实施生产、销售伪劣商品犯罪,而为其提供贷款、资金、账号、发票、证明、许可证件,或者提供生产、经营场所或者运输、仓储、保管、邮寄等便利条件,或者提供制假生产技术的,以生产、销售伪劣商品犯罪的共犯论处。

四、罪名变迁

1979年《刑法》未规定本罪,本罪是1997年《刑法》依《全国人大常务委员会关于惩治生产、销售伪劣商品犯罪的决定》第6条的规定而设立的。

类罪名:破坏社会主义市场经济秩序罪/生产、销售伪劣商品罪 丨 罪名:生产、销售不符合卫生标准的化妆品罪	
量刑标准	**造成严重后果的** 处3年以下有期徒刑或者拘役,并处或者单处销售金额50%以上2倍以下罚金;
	单位犯本罪的 处罚金;对直接负责的主管人员和直接责任人员依上述标准处刑;
	尚未构成本罪,但违法销售额在5万元以上的 依第140条处刑。

法律依据

一、《刑法》条文

第一百四十八条 生产不符合卫生标准的化妆品,或者销售明知是不符合卫生标准的化妆品,造成严重后果的,处三年以下有期徒刑或者拘役,并处或者单处销售金额百分之五十以上二倍以下罚金。

第一百四十九条 生产、销售本节第一百四十一条至第一百四十八条所列产品,不构成各该条规定的犯罪,但是销售金额在五万元以上的,依照本节第一百四十条的规定定罪处罚。

生产、销售本节第一百四十一条至第一百四十八条所列产品,构成各该条规定的犯罪,同时又构成本节第一百四十条规定之罪的,依照处罚较重的规定定罪处罚。

第一百五十条 单位犯本节第一百四十条至第一百四十八条规定之罪的,对单位判处罚金,并对其直接负责的主管人员和其他直接责任人员,依照各该条的规定处罚。

二、相关司法解释/文件

《最高人民法院、最高人民检察院关于办理生产、销售伪劣商品刑事案件具体应用法律若干问题的解释》(2001年4月9日 法释〔2001〕10号)

第九条 知道或者应当知道他人实施生产、销售伪劣商品犯罪,而为其提供贷款、资金、账号、发票、证明、许可证件,或者提供生产、经营场所或者运输、仓储、保管、邮寄等便利条件,或者提供制假生产技术的,以生产、销售伪劣商品犯罪的共犯论处。

第十条 实施生产、销售伪劣商品犯罪,同时构成侵犯知识产权、非法经营等其他犯罪的,依照处罚较重的规定定罪处罚。

第十一条 实施刑法第一百四十条至第一百四十八条规定的犯罪,又以暴力、威胁方法抗拒查处,构成其他犯罪的,依照数罪并罚的规定处罚。

第十二条 国家机关工作人员参与生产、销售伪劣商品犯罪的，从重处罚。

《最高人民检察院、公安部关于公安机关管辖的刑事案件立案追诉标准的规定（一）》（2008年6月25日　公通字〔2008〕36号）

第二十四条　［生产、销售不符合卫生标准的化妆品案（刑法第一百四十八条）］生产不符合卫生标准的化妆品，或者销售明知是不符合卫生标准的化妆品，涉嫌下列情形之一的，应予立案追诉：

（一）造成他人容貌毁损或者皮肤严重损伤的；

（二）造成他人器官组织损伤导致严重功能障碍的；

（三）致使他人精神失常或者自杀、自残造成重伤、死亡的；

（四）其他造成严重后果的情形。

三、相关部委规章

《化妆品监督管理条例》（2020年6月16日）

第三条　本条例所称化妆品，是指以涂擦、喷洒或者其他类似方法，施用于皮肤、毛发、指甲、口唇等人体表面，以清洁、保护、美化、修饰为目的的日用化学工业产品。

第五十九条　有下列情形之一的，由负责药品监督管理的部门没收违法所得、违法生产经营的化妆品和专门用于违法生产经营的原料、包装材料、工具、设备等物品；违法生产经营的化妆品货值金额不足1万元的，并处5万元以上15万元以下罚款；货值金额1万元以上的，并处货值金额15倍以上30倍以下罚款；情节严重的，责令停产停业、由备案部门取消备案或者由原发证部门吊销化妆品许可证件，10年内不予办理其提出的化妆品备案或者受理其提出的化妆品行政许可申请，对违法单位的法定代表人或者主要负责人、直接负责的主管人员和其他直接责任人员处以其上一年度从本单位取得收入的3倍以上5倍以下罚款，终身禁止其从事化妆品生产经营活动；构成犯罪的，依法追究刑事责任：

（一）未经许可从事化妆品生产活动，或者化妆品注册人、备案人委托未取得相应化妆品生产许可的企业生产化妆品；

（二）生产经营或者进口未经注册的特殊化妆品；

（三）使用禁止用于化妆品生产的原料、应当注册但未经注册的新原料生产化妆品，在化妆品中非法添加可能危害人体健康的物质，或者使用超过使用期限、废弃、回收的化妆品或者原料生产化妆品。

第六十条　有下列情形之一的，由负责药品监督管理的部门没收违法所得、违法生产经营的化妆品和专门用于违法生产经营的原料、包装材料、工具、设备等物品；违法生产经营的化妆品货值金额不足1万元的，并处1万元以上5万元以下罚款；货值金额1万元以上的，并处货值金额5倍以上20倍以下罚款；情节严重的，责令停产停业、由备案部门取消备案或者由原发证部门吊销化妆品许可证件，对违法单位的法定代表人或者主要负责人、直接负责的主管人员和其他直接责任人员处以其上一年度从本单位取得收入的1倍以上3倍以下罚款，10年内禁止其从事化妆品生产经营活动；构成犯罪的，依法追究刑事责任：

（一）使用不符合强制性国家标准、技术规范的原料、直接接触化妆品的包装材料，应当备案但未备案的新原料生产化妆品，或者不按照强制性国家标准或者技术规范使用原料；

（二）生产经营不符合强制性国家标准、技术规范或者不符合化妆品注册、备案资料载明的技术要求的化妆品；

（三）未按照化妆品生产质量管理规范的要求组织生产；

（四）更改化妆品使用期限；

（五）化妆品经营者擅自配制化妆品，或者经营变质、超过使用期限的化妆品；

（六）在负责药品监督管理的部门责令其实施召回后拒不召回，或者在负责药品监督管理的部门责令停止或者暂停生产、经营后拒不停止或者暂停生产、经营。

量刑要素

1. 国家机关工作人员犯本罪的,从重处罚。(法释〔2001〕10号第12条)

2. 构成本罪同时又构成《刑法》第140条"生产、销售伪劣产品罪"的,依照处刑较重的规定定罪处罚。(《刑法》第149条第2款)

要义辨析

一、概念

本罪是指故意生产、销售不符合卫生标准的化妆品,造成严重后果的行为。

二、构成要件

1. 本罪侵犯的是复杂客体,既侵犯了国家对化妆品生产与销售的管理制度,同时又侵犯了不特定多人的人身健康权利。

2. 客观方面表现为生产或销售了不符合卫生标准的化妆品,并造成严重后果的行为。

3. 本罪的主体为一般主体,只要是化妆品的生产、销售者,无论合法成立,还是无照经营,无论个体、私营还是集体、全民所有制企业,都可成为本罪的犯罪主体。

4. 主观方面为故意,即行为人故意生产不符合卫生标准的化妆品或者明知是不符合卫生标准的化妆品而故意销售,过失不构成本罪。

三、要点辨析

1. 本罪为结果犯,造成"严重后果"才能构成犯罪。尚未造成严重后果的,则为一般违法行为,不构成犯罪。行为人实施生产不符合卫生标准的化妆品,或者销售明知是不符合卫生标准的化妆品的行为,且造成严重后果,则为本罪既遂。

2. 个人和单位均可以成为本罪的犯罪主体。单位犯本罪的,处罚金,并对直接负责的主管人员和直接责任人员依本罪规定处罚。

3. 知道或者应当知道他人实施本罪,而为其提供贷款、资金、账号、发票、证明、许可证件,或者提供生产、经营场所或者运输、仓储、保管、邮寄等便利条件,或者提供制假生产技术的,以共犯论处。

四、罪名变迁

1979年《刑法》未规定本罪,本罪是1997年《刑法》依《全国人大常务委员会关于惩治生产、销售伪劣商品犯罪的决定》第7条的规定而设立。

第二节 走 私 罪

类罪名:破坏社会主义市场经济秩序罪/走私罪	罪名:走私武器、弹药罪
量刑标准	**构成本罪的** 处7年以上有期徒刑,并处罚金或者没收财产;
	情节特别严重的 处无期徒刑,并处没收财产;
	情节较轻的 处3年以上7年以下有期徒刑,并处罚金;
	单位犯本罪的 对单位处罚金;对直接负责的主管人员和直接责任人员,依个人犯罪处罚。

法律依据

一、《刑法》条文

第一百五十一条第一、四款 走私武器、弹药、核材料或者伪造的货币的,处七年以上有期徒刑,并处罚金或者没收财产;情节特别严重的,处无期徒刑,并处没收财产;情节较轻的,处三年以上七年以下有期徒刑,并处罚金。

单位犯本条规定之罪的,对单位判处罚金,并对其直接负责的主管人员和其他直接责任人员,依照本条各款的规定处罚。

第一百五十五条 下列行为,以走私罪论处,依照本节的有关规定处罚:

(一)直接向走私人非法收购国家禁止进口物品的,或者直接向走私人非法收购走私进口的其他货物、物品,数额较大的;

(二)在内海、领海、界河、界湖运输、收购、贩卖国家禁止进出口物品的,或者运输、收购、贩卖国家限制进出口货物、物品,数额较大,没有合法证明的。

第一百五十六条 与走私罪犯通谋,为其提供贷款、资金、账号、发票、证明,或者为其提供运输、保管、邮寄或者其他方便的,以走私罪的共犯论处。

第一百五十七条 武装掩护走私的,依照本法第一百五十一条第一款的规定从重处罚。

以暴力、威胁方法抗拒缉私的,以走私罪和本法第二百七十七条规定的阻碍国家机关工作人员依法执行职务罪,依照数罪并罚的规定处罚。

二、相关法律

《中华人民共和国海关法》(2021年4月29日修正)

第八十二条 违反本法及有关法律、行政法规,逃避海关监管,偷逃应纳税款、逃避国家有关进出境的禁止性或者限制性管理,有下列情形之一的,是走私行为:

(一)运输、携带、邮寄国家禁止或者限制进出境货物、物品或者依法应当缴纳税款的货物、物品进出境的;

(二)未经海关许可并且未缴纳应纳税款、交验有关许可证件,擅自将保税货物、特定减免税货物以及其他海关监管货物、物品、进境的境外运输工具,在境内销售的;

(三)有逃避海关监管,构成走私的其他行为的。

有前款所列行为之一,尚不构成犯罪的,由海关没收走私货物、物品及违法所得,可以并处罚款;专门或者多次用于掩护走私的货物、物品,专门或者多次用于走私的运输工具,予以没收,藏匿走私货物、物品的特制设备,责令拆毁或者没收。

有第一款所列行为之一,构成犯罪的,依法追究刑事责任。

第八十三条 有下列行为之一的,按走私行为论处,依照本法第八十二条的规定处罚:

(一)直接向走私人非法收购走私进口的货物、物品的;

(二)在内海、领海、界河、界湖,船舶及所载人员运输、收购、贩卖国家禁止或者限制进出境的货物、物品,或者运输、收购、贩卖依法应当缴纳税款的货物,没有合法证明的。

第八十四条 伪造、变造、买卖海关单证,与走私人通谋为走私人提供贷款、资金、帐号、发票、证明、海关单证,与走私人通谋为走私人提供运输、保管、邮寄或者其他方便,构成犯罪的,依法追究刑事责任;尚不构成犯罪的,由海关没收违法所得,并处罚款。

第一百零一条 经济特区等特定地区同境内其他地区之间往来的运输工具、货物、物品的监管办法,由国务院另行规定。

三、相关司法解释/文件

《最高人民法院、最高人民检察院关于办理走私刑事案件适用法律若干问题的解释》(2014年8月12日 法释〔2014〕10号)

第一条 走私武器、弹药,具有下列情形之一的,可以认定为刑法第一百五十一条第一款规定的“情节较轻”:

(一)走私以压缩气体等非火药为动力发射枪弹的枪支二支以上不满五支的;

(二)走私气枪铅弹五百发以上不满二千五百发,或者其他子弹十发以上不满五十发的;

(三)未达到上述数量标准,但属于犯罪集团

的首要分子,使用特种车辆从事走私活动,或者走私的武器、弹药被用于实施犯罪等情形的;

(四)走私各种口径在六十毫米以下常规炮弹、手榴弹或者枪榴弹等分别或者合计不满五枚的。

具有下列情形之一的,依照刑法第一百五十一条第一款的规定处七年以上有期徒刑,并处罚金或者没收财产:

(一)走私以火药为动力发射枪弹的枪支一支,或者以压缩气体等非火药为动力发射枪弹的枪支五支以上不满十支的;

(二)走私第一款第二项规定的弹药,数量在该项规定的最高数量以上不满最高数量五倍的;

(三)走私各种口径在六十毫米以下常规炮弹、手榴弹或者枪榴弹等分别或者合计达到五枚以上不满十枚,或者各种口径超过六十毫米以上常规炮弹合计不满五枚的;

(四)达到第一款第一、二、四项规定的数量标准,且属于犯罪集团的首要分子,使用特种车辆从事走私活动,或者走私的武器、弹药被用于实施犯罪等情形的。

具有下列情形之一的,应当认定为刑法第一百五十一条第一款规定的"情节特别严重":

(一)走私第二款第一项规定的枪支,数量超过该项规定的数量标准的;

(二)走私第一款第二项规定的弹药,数量在该项规定的最高数量标准五倍以上的;

(三)走私第二款第三项规定的弹药,数量超过该项规定的数量标准,或者走私具有巨大杀伤力的非常规炮弹一枚以上的;

(四)达到第二款第一项至第三项规定的数量标准,且属于犯罪集团的首要分子,使用特种车辆从事走私活动,或者走私的武器、弹药被用于实施犯罪等情形的。

走私其他武器、弹药,构成犯罪的,参照本条各款规定的标准处罚。

第二条 刑法第一百五十一条第一款规定的"武器、弹药"的种类,参照《中华人民共和国进口税则》及《中华人民共和国禁止进出境物品表》的有关规定确定。

第三条 走私枪支散件,构成犯罪的,依照刑法第一百五十一条第一款的规定,以走私武器罪定罪处罚。成套枪支散件以相应数量的枪支计,非成套枪支散件以每三十件为一套枪支散件计。

第四条 走私各种弹药的弹头、弹壳,构成犯罪的,依照刑法第一百五十一条第一款的规定,以走私弹药罪定罪处罚。具体的定罪量刑标准,按照本解释第一条规定的数量标准的五倍执行。

走私报废或者无法组装并使用的各种弹药的弹头、弹壳,构成犯罪的,依照刑法第一百五十三条的规定,以走私普通货物、物品罪定罪处罚;属于废物的,依照刑法第一百五十二条第二款的规定,以走私废物罪定罪处罚。

弹头、弹壳是否属于前款规定的"报废或者无法组装并使用"或者"废物",由国家有关技术部门进行鉴定。

第五条 走私国家禁止或者限制进出口的仿真枪、管制刀具,构成犯罪的,依照刑法第一百五十一条第三款的规定,以走私国家禁止进出口的货物、物品罪定罪处罚。具体的定罪量刑标准,适用本解释第十一条第一款第六、七项和第二款的规定。

走私的仿真枪经鉴定为枪支,构成犯罪的,依照刑法第一百五十一条第一款的规定,以走私武器罪定罪处罚。不以牟利或者从事违法犯罪活动为目的,且无其他严重情节的,可以依法从轻处罚;情节轻微不需要判处刑罚的,可以免予刑事处罚。

第二十条 直接向走私人非法收购走私进口的货物、物品,在内海、领海、界河、界湖运输、收购、贩卖国家禁止进出口的物品,或者没有合法证明,在内海、领海、界河、界湖运输、收购、贩卖国家限制进出口的货物、物品,构成犯罪的,应当按照走私货物、物品的种类,分别依照刑法第一百五十一条、第一百五十二条、第一百五十三条、第三百四十七条、第三百五十条的规定定罪处罚。

刑法第一百五十五条第二项规定的"内海",包括内河的入海口水域。

第二十一条 未经许可进出口国家限制进出口的货物、物品,构成犯罪的,应当依照刑法第一百五十一条、第一百五十二条的规定,以走私国家禁止进出口的货物、物品罪等罪名定罪处罚;偷逃应缴税额，同时又构成走私普通货物、物品罪的，依照处罚较重的规定定罪处罚。

取得许可，但超过许可数量进出口国家限制进出口的货物、物品，构成犯罪的，依照刑法第一百五十三条的规定，以走私普通货物、物品罪定罪处罚。

租用、借用或者使用购买的他人许可证，进出口国家限制进出口的货物、物品的，适用本条第一款的规定定罪处罚。

第二十二条　在走私的货物、物品中藏匿刑法第一百五十一条、第一百五十二条、第三百四十七条、第三百五十条规定的货物、物品，构成犯罪的，以实际走私的货物、物品定罪处罚；构成数罪的，实行数罪并罚。

第二十三条　实施走私犯罪，具有下列情形之一的，应当认定为犯罪既遂：

（一）在海关监管现场被查获的；

（二）以虚假申报方式走私，申报行为实施完毕的；

（三）以保税货物或者特定减税、免税进口的货物、物品为对象走私，在境内销售的，或者申请核销行为实施完毕的。

第二十四条　单位犯刑法第一百五十一条、第一百五十二条规定之罪，依照本解释规定的标准定罪处罚。

单位犯走私普通货物、物品罪，偷逃应缴税额在二十万元以上不满一百万元的，应当依照刑法第一百五十三条第二款的规定，对单位判处罚金，并对其直接负责的主管人员和其他直接责任人员，处三年以下有期徒刑或者拘役；偷逃应缴税额在一百万元以上不满五百万元的，应当认定为"情节严重"；偷逃应缴税额在五百万元以上的，应当认定为"情节特别严重"。

第二十五条　本解释发布实施后，《最高人民法院关于审理走私刑事案件具体应用法律若干问题的解释》（法释〔2000〕30号）、《最高人民法院关于审理走私刑事案件具体应用法律若干问题的解释（二）》（法释〔2006〕9号）同时废止。之前发布的司法解释与本解释不一致的，以本解释为准。

《最高人民法院、最高人民检察院关于办理破坏野生动物资源刑事案件适用法律若干问题的解释》（2022年4月6日　法释〔2022〕12号）

第一条　具有下列情形之一的，应当认定为刑法第一百五十一条第二款规定的走私国家禁止进出口的珍贵动物及其制品：

（一）未经批准擅自进出口列入经国家濒危物种进出口管理机构公布的《濒危野生动植物种国际贸易公约》附录一、附录二的野生动物及其制品；

（二）未经批准擅自出口列入《国家重点保护野生动物名录》的野生动物及其制品。

第二条　走私国家禁止进出口的珍贵动物及其制品，价值二十万元以上不满二百万元的，应当依照刑法第一百五十一条第二款的规定，以走私珍贵动物、珍贵动物制品罪处五年以上十年以下有期徒刑，并处罚金；价值二百万元以上的，应当认定为"情节特别严重"，处十年以上有期徒刑或者无期徒刑，并处没收财产；价值二万元以上不满二十万元的，应当认定为"情节较轻"，处五年以下有期徒刑，并处罚金。

实施前款规定的行为，具有下列情形之一的，从重处罚：

（一）属于犯罪集团的首要分子的；

（二）为逃避监管，使用特种交通工具实施的；

（三）二年内曾因破坏野生动物资源受过行政处罚的。

实施第一款规定的行为，不具有第二款规定的情形，且未造成动物死亡或者动物、动物制品无法追回，行为人全部退赃退赔，确有悔罪表现的，按照下列规定处理：

（一）珍贵动物及其制品价值二百万元以上的，可以处五年以上十年以下有期徒刑，并处罚金；

（二）珍贵动物及其制品价值二十万元以上不满二百万元的，可以认定为"情节较轻"，处五年以下有期徒刑，并处罚金；

（三）珍贵动物及其制品价值二万元以上不满二十万元的，可以认定为犯罪情节轻微，不起诉或者免予刑事处罚；情节显著轻微危害不大的，不作为犯罪处理。

量刑要素

1. 走私的仿真枪经鉴定为枪支,构成犯罪的,依照《刑法》第151条第1款的规定,以走私武器罪定罪处罚。(法释〔2014〕10号第5条)

2. 武装掩护走私的,从重处罚。(《刑法》第157条第1款)

3. 在走私的普通货物、物品中藏匿《刑法》第151条、第152条、第347条、第350条规定的货物、物品,构成犯罪的,以实际走私的货物、物品定罪处罚;构成数罪的,实行数罪并罚。(法释〔2014〕10号第22条)

要义辨析

一、概念

本罪是指违反海关法规,逃避海关监管,非法从事运输、携带、邮寄国家禁止、限制进出口的武器、弹药,破坏国家对外贸易管理的行为。本罪系选择性罪名,走私任一物品即按其行为特征适用罪名。

二、构成要件

1. 本罪侵犯的客体是国家海关监督管理制度中关于武器、弹药进出口的监管制度,以及国家关于武器、弹药的管理制度。

2. 本罪客观方面表现为违反海关法规,逃避海关监管,非法从事运输、携带、邮寄国家禁止、限制进出口的武器、弹药,破坏国家对外贸易管理的行为。

3. 本罪主体为一般主体,单位犯本罪的应予双罚。

4. 本罪主观方面表现为故意,过失不构成本罪。

三、要点辨析

1. 本罪属于走私罪中的一种,根据走私的物品不同,《刑法》规定了各种不同的罪名。

2. 本罪属于行为犯,只要行为人实施了走私武器、弹药的行为,就构成犯罪。

3. 关于犯罪的既遂。具有下列情形之一的,应当认定为犯罪既遂:(1)在海关监管现场被查获的;(2)以虚假申报方式走私,申报行为实施完毕的;(3)以保税货物或者特定减税、免税进口的货物、物品为对象走私,在境内销售的,或者申请核销行为实施完毕的。

4. 关于单位犯罪。单位犯本罪的,对单位处罚金;对直接负责的主管人员和直接责任人员,依个人犯罪处罚。

5. 关于共同犯罪。与走私罪犯通谋,为其提供贷款、资金、账号、发票、证明,或者为其提供运输、保管、邮寄或者其他方便的,以走私罪的共犯论处。

6. 关于侵害的复杂客体。"破坏社会主义市场经济秩序罪"中的"走私罪"一节,主要是针对国家关税保护的目的,维护的是国家关税利益和国家外贸秩序。而走私枪支弹药,真正的侵犯客体应该是危害公共安全。因此,仅将本罪作为一个关于市场秩序的犯罪进行规制,并不是十分准确。本罪的量刑高于其他走私罪,原因在此。因此,在对本罪定罪量刑时,要结合侵犯客体的实质危害可能,来进行酌定。

7. 关于犯罪对象。本罪司法适用中,要特别注意走私仿真枪、气枪、塑料子弹等有一定杀伤力的类枪支行为的定罪量刑问题。最高人民法院、最高人民检察院2014年的法释〔2014〕10号司法解释已经对此作了区分,"走私以火药为动力发射枪弹的枪支一支,或者以压缩气体等非火药为动力发射枪弹的枪支五支以上不满十支的",这是从量上进行了区分,说明二者的危害性是不同的。对这类枪支弹药,不能与真正的枪支弹药进行同等定罪量刑。

四、罪名变迁

本罪从1979年《刑法》第116条走私罪分解而来,依《全国人大常务委员会关于惩治走私罪的补充规定》第1条而设立。1997年《刑法》原文为"走私武器、弹药、核材料或者伪造的货币的,处七年以上有期徒刑,并处罚金或者没收财产;情节较轻的,处三年以上七年以下有期徒刑,并处罚金",《刑法修正案(八)》第26条增加了"情节特别严重的,处无期徒刑或者死刑,并处没收财产"。《刑法修正案(九)》第9条删去了"或者死刑"。

<table>
<tr><td colspan="2">类罪名:破坏社会主义市场经济秩序罪/走私罪 | 罪名:走私核材料罪</td></tr>
<tr><td rowspan="4">量刑标准</td><td>构成本罪的　处7年以上有期徒刑,并处罚金或者没收财产;</td></tr>
<tr><td>情节特别严重的　处无期徒刑,并处没收财产;</td></tr>
<tr><td>情节较轻的　处3年以上7年以下有期徒刑,并处罚金;</td></tr>
<tr><td>单位犯本罪的　对单位处罚金;对直接负责的主管人员和直接责任人员,依个人犯罪处罚。</td></tr>
</table>

法律依据

一、《刑法》条文

第一百五十一条第一、四款　走私武器、弹药、核材料或者伪造的货币的,处七年以上有期徒刑,并处罚金或者没收财产;情节特别严重的,处无期徒刑,并处没收财产;情节较轻的,处三年以上七年以下有期徒刑,并处罚金。

单位犯本条规定之罪的,对单位判处罚金,并对其直接负责的主管人员和其他直接责任人员,依照本条各款的规定处罚。

第一百五十五条　下列行为,以走私罪论处,依照本节的有关规定处罚:

(一)直接向走私人非法收购国家禁止进口物品的,或者直接向走私人非法收购走私进口的其他货物、物品,数额较大的;

(二)在内海、领海、界河、界湖运输、收购、贩卖国家禁止进出口物品的,或者运输、收购、贩卖国家限制进出口货物、物品,数额较大,没有合法证明的。

第一百五十六条　与走私罪犯通谋,为其提供贷款、资金、账号、发票、证明,或者为其提供运输、保管、邮寄或者其他方便的,以走私罪的共犯论处。

第一百五十七条　武装掩护走私的,依照本法第一百五十一条第一款的规定从重处罚。

以暴力、威胁方法抗拒缉私的,以走私罪和本法第二百七十七条规定的阻碍国家机关工作人员依法执行职务罪,依照数罪并罚的规定处罚。

二、相关法律

《中华人民共和国海关法》(2021年4月29日修正)

第八十二条　违反本法及有关法律、行政法规,逃避海关监管,偷逃应纳税款、逃避国家有关进出境的禁止性或者限制性管理,有下列情形之一的,是走私行为:

(一)运输、携带、邮寄国家禁止或者限制进出境货物、物品或者依法应当缴纳税款的货物、物品进出境的;

(二)未经海关许可并且未缴纳应纳税款、交验有关许可证件,擅自将保税货物、特定减免税货物以及其他海关监管货物、物品、进境的境外运输工具,在境内销售的;

(三)有逃避海关监管,构成走私的其他行为的。

有前款所列行为之一,尚不构成犯罪的,由海关没收走私货物、物品及违法所得,可以并处罚款;专门或者多次用于掩护走私的货物、物品,专门或者多次用于走私的运输工具,予以没收,藏匿走私货物、物品的特制设备,责令拆毁或者没收。

有第一款所列行为之一,构成犯罪的,依法追究刑事责任。

第八十三条　有下列行为之一的,按走私行为论处,依照本法第八十二条的规定处罚:

(一)直接向走私人非法收购走私进口的货物、物品的;

(二)在内海、领海、界河、界湖,船舶及所载人员运输、收购、贩卖国家禁止或者限制进出境的货物、物品,或者运输、收购、贩卖依法应当缴纳税款的货物,没有合法证明的。

第八十四条　伪造、变造、买卖海关单证,与走私人通谋为走私人提供贷款、资金、帐号、发票、证明、海关单证,与走私人通谋为走私人提供运输、保管、邮寄或者其他方便,构成犯罪的,依法追究刑事责任;尚不构成犯罪的,由海关没收违法所得,并处罚款。

第一百零一条 经济特区等特定地区同境内其他地区之间往来的运输工具、货物、物品的监管办法,由国务院另行规定。

三、相关行政法规

《中华人民共和国核出口管制条例》(2006年11月9日修订)

第二条 本条例所称核出口,是指《核出口管制清单》(以下简称《管制清单》)所列的核材料、核设备和反应堆用非核材料等物项及其相关技术的贸易性出口及对外赠送、展览、科技合作和援助等方式进行的转移。

第五条 核出口审查、许可,应当遵循下列准则:

(一)接受方政府保证不将中国供应的核材料、核设备或者反应堆用非核材料以及通过其使用而生产的特种可裂变材料用于任何核爆炸目的。

(二)接受方政府保证对中国供应的核材料以及通过其使用而生产的特种可裂变材料采取适当的实物保护措施。

(三)接受方政府同国际原子能机构订有有效的全面保障协定,本项规定不适用于同国际原子能机构订有自愿保障协定的国家。

(四)接受方保证,未经中国国家原子能机构事先书面同意,不向第三方再转让中国所供应的核材料、核设备或者反应堆用非核材料及其相关技术;经事先同意进行再转让的,接受再转让的第三方应当承担相当于由中国直接供应所承担的义务。

(五)接受方政府保证,未经中国政府同意,不得利用中国提供的铀浓缩设施、技术或者以此技术为基础的任何设施生产富集度高于20%的浓缩铀。

第六条 核出口由国务院指定的单位专营,任何其他单位或者个人不得经营。

第十八条 违反本条例规定,出口核材料、核设备、反应堆用非核材料的,依照海关法的规定处罚。

违反本条例的规定,出口《管制清单》所列有关技术的,由商务部给予警告,处违法经营额1倍以上5倍以下罚款;违法经营额不足5万元的,处5万元以上25万元以下罚款;有违法所得的,没收违法所得,构成犯罪的,依法追究刑事责任。

附件:核出口管制清单

第一部分:核材料 核材料系指源材料和特种可裂变材料。其中:

1. 源材料系指天然铀、贫化铀和钍,呈金属、合金、化合物或浓缩物形态的上述各种材料。但不包括:

(1)政府确信仅用于非核活动的源材;

(2)在12个月期间内向某一接受国出口:

①少于500千克的天然铀;

②少于1000千克的贫化铀;

③少于1000千克的钍。

2. 特种可裂变材料系指钚-239、铀-233、同位素铀-235或铀-233或兼含铀-233、铀-235其总丰度与铀-238丰度比大于自然界中铀-235与铀-238的丰度比的铀。以及含有上述物质的任何材料。但不包括:

(1)钚-238同位素浓度超过80%的钚;

(2)克量或克量以下用作仪器传感元件的特种可裂变材料;

(3)在12个月期间内向某一接受国出口少于50有效克的特种可裂变材料。

四、相关司法解释/文件

《最高人民法院、最高人民检察院关于办理走私刑事案件适用法律若干问题的解释》(2014年8月12日 法释〔2014〕10号)

第二十条 直接向走私人非法收购走私进口的货物、物品,在内海、领海、界河、界湖运输、收购、贩卖国家禁止进出口的物品,或者没有合法证明,在内海、领海、界河、界湖运输、收购、贩卖国家限制进出口的货物、物品,构成犯罪的,应当按照走私货物、物品的种类,分别依照刑法第一百五十一条、第一百五十二条、第一百五十三条、第三百四十七条、第三百五十条的规定定罪处罚。

刑法第一百五十五条第二项规定的"内海",包括内河的入海口水域。

第二十一条 未经许可进出口国家限制进出口的货物、物品,构成犯罪的,应当依照刑法第一百五十一条、第一百五十二条的规定,以走私国家禁止进出口的货物、物品罪等罪名定罪处罚;偷逃应缴税额，同时又构成走私普通货物、物品罪的，依照处罚较重的规定定罪处罚。

取得许可，但超过许可数量进出口国家限制进出口的货物、物品，构成犯罪的，依照刑法第一百五十三条的规定，以走私普通货物、物品罪定罪处罚。

租用、借用或者使用购买的他人许可证，进出口国家限制进出口的货物、物品的，适用本条第一款的规定定罪处罚。

第二十二条　在走私的货物、物品中藏匿刑法第一百五十一条、第一百五十二条、第三百四十七条、第三百五十条规定的货物、物品，构成犯罪的，以实际走私的货物、物品定罪处罚；构成数罪的，实行数罪并罚。

第二十三条　实施走私犯罪，具有下列情形之一的，应当认定为犯罪既遂：

（一）在海关监管现场被查获的；

（二）以虚假申报方式走私，申报行为实施完毕的；

（三）以保税货物或者特定减税、免税进口的货物、物品为对象走私，在境内销售的，或者申请核销行为实施完毕的。

第二十四条　单位犯刑法第一百五十一条、第一百五十二条规定之罪，依照本解释规定的标准定罪处罚。

单位犯走私普通货物、物品罪，偷逃应缴税额在二十万元以上不满一百万元的，应当依照刑法第一百五十三条第二款的规定，对单位判处罚金，并对其直接负责的主管人员和其他直接责任人员，处三年以下有期徒刑或者拘役；偷逃应缴税额在一百万元以上不满五百万元的，应当认定为“情节严重”；偷逃应缴税额在五百万元以上的，应当认定为“情节特别严重”。

第二十五条　本解释发布实施后，《最高人民法院关于审理走私刑事案件具体应用法律若干问题的解释》（法释〔2000〕30号）、《最高人民法院关于审理走私刑事案件具体应用法律若干问题的解释（二）》（法释〔2006〕9号）同时废止。之前发布的司法解释与本解释不一致的，以本解释为准。

量刑要素

1. 武装掩护走私的，从重处罚。（《刑法》第157条第1款）

2. 在走私的普通货物、物品中藏匿《刑法》第151条、第152条、第347条、第350条规定的货物、物品，构成犯罪的，以实际走私的货物、物品定罪处罚；构成数罪的，实行数罪并罚。（法释〔2014〕10号第22条）

要义辨析

一、概念

本罪是指违反海关法规，逃避海关监管，非法从事运输、携带、邮寄国家禁止、限制进出口的核材料，破坏国家对外贸易管理的行为。

二、构成要件

1. 本罪侵犯的客体是国家海关监督管理制度中关于核材料进出口的监管制度。

2. 本罪客观方面表现为违反海关法规，逃避海关监管，运输、携带、邮寄核材料进出国边境的行为。

3. 本罪主体为一般主体，单位犯本罪的应予双罚。

4. 本罪系故意犯罪，过失不构成本罪。

三、要点辨析

1. 本罪属于走私罪中的一种，根据走私的物品是核材料，《刑法》规定了本罪名。

2. 本罪属于行为犯，只要行为人实施了走私核材料的行为，就构成犯罪。

3. 具有下列情形之一的，应当认定为犯罪既遂：(1)在海关监管现场被查获的；(2)以虚假申报方式走私，申报行为实施完毕的；(3)以保税货物或者特定减税、免税进口的货物、物品为对象走私，在境内销售的，或者申请核销行为实施完毕的。

4. 单位犯本罪的，对单位处罚金；对直接负责的主管人员和直接责任人员，依个人犯罪处罚。

5. 与走私罪犯通谋,为其提供贷款、资金、账号、发票、证明,或者为其提供运输、保管、邮寄或者其他方便的,以走私罪的共犯论处。

四、罪名变迁

1979 年《刑法》中并未规定本罪,1997 年《刑法》新设了本罪。原文为"走私武器、弹药、核材料或者伪造的货币的,处七年以上有期徒刑,并处罚金或者没收财产;情节较轻的,处三年以上七年以下有期徒刑,并处罚金",《刑法修正案(八)》第 26 条增加了"情节特别严重的,处无期徒刑或者死刑,并处没收财产"。《刑法修正案(九)》第 9 条删去了"或者死刑"。

类罪名:破坏社会主义市场经济秩序罪/走私罪	罪名:走私假币罪
量刑标准	**构成本罪的**　处 7 年以上有期徒刑,并处罚金或者没收财产;
	情节特别严重的　处无期徒刑,并处没收财产;
	情节较轻的　处 3 年以上 7 年以下有期徒刑,并处罚金;
	单位犯本罪的　对单位处罚金;对直接负责的主管人员和直接责任人员,依个人犯罪处罚。

法律依据

一、《刑法》条文

第一百五十一条第一、四款　走私武器、弹药、核材料或者伪造的货币的,处七年以上有期徒刑,并处罚金或者没收财产;情节特别严重的,处无期徒刑,并处没收财产;情节较轻的,处三年以上七年以下有期徒刑,并处罚金。

单位犯本条规定之罪的,对单位判处罚金,并对其直接负责的主管人员和其他直接责任人员,依照本条各款的规定处罚。

第一百五十五条　下列行为,以走私罪论处,依照本节的有关规定处罚:

(一)直接向走私人非法收购国家禁止进口物品的,或者直接向走私人非法收购走私进口的其他货物、物品,数额较大的;

(二)在内海、领海、界河、界湖运输、收购、贩卖国家禁止进出口物品的,或者运输、收购、贩卖国家限制进出口货物、物品,数额较大,没有合法证明的。

第一百五十六条　与走私罪犯通谋,为其提供贷款、资金、账号、发票、证明,或者为其提供运输、保管、邮寄或者其他方便的,以走私罪的共犯论处。

第一百五十七条　武装掩护走私的,依照本法第一百五十一条第一款、第四款的规定从重处罚。

以暴力、威胁方法抗拒缉私的,以走私罪和本法第二百七十七条规定的阻碍国家机关工作人员依法执行职务罪,依照数罪并罚的规定处罚。

二、相关法律

《中华人民共和国海关法》(2021 年 4 月 29 日修正)

第八十二条　违反本法及有关法律、行政法规,逃避海关监管,偷逃应纳税款、逃避国家有关进出境的禁止性或者限制性管理,有下列情形之一的,是走私行为:

(一)运输、携带、邮寄国家禁止或者限制进出境货物、物品或者依法应当缴纳税款的货物、物品进出境的;

(二)未经海关许可并且未缴纳应纳税款、交验有关许可证件,擅自将保税货物、特定减免税货物以及其他海关监管货物、物品、进境的境外运输工具,在境内销售的;

(三)有逃避海关监管,构成走私的其他行为的。

有前款所列行为之一,尚不构成犯罪的,由海关没收走私货物、物品及违法所得,可以并处罚款;专门或者多次用于掩护走私的货物、物品,专门或者多次用于走私的运输工具，予以没收，藏匿走私货物、物品的特制设备，责令拆毁或者没收。

有第一款所列行为之一，构成犯罪的，依法追究刑事责任。

第八十三条　有下列行为之一的，按走私行为论处，依照本法第八十二条的规定处罚：

（一）直接向走私人非法收购走私进口的货物、物品的；

（二）在内海、领海、界河、界湖，船舶及所载人员运输、收购、贩卖国家禁止或者限制进出境的货物、物品，或者运输、收购、贩卖依法应当缴纳税款的货物，没有合法证明的。

第八十四条　伪造、变造、买卖海关单证，与走私人通谋为走私人提供贷款、资金、帐号、发票、证明、海关单证，与走私人通谋为走私人提供运输、保管、邮寄或者其他方便，构成犯罪的，依法追究刑事责任；尚不构成犯罪的，由海关没收违法所得，并处罚款。

第一百零一条　经济特区等特定地区同境内其他地区之间往来的运输工具、货物、物品的监管办法，由国务院另行规定。

三、相关司法解释/文件

《公安部办公厅关于若干经济犯罪案件如何统计涉案总价值、挽回经济损失数额的批复》（2008年11月5日　公经〔2008〕214号）

三、走私假币案、伪造货币案、出售、购买、运输假币案、金融工作人员购买假币、以假币换取货币案、持有、使用假币案、变造货币案，按照已经查证属实的伪造、变造的货币的面值统计涉案总价值。

伪造、变造的外国货币以及香港、澳门、台湾地区货币的面值，按照立案时国家外汇管理机关公布的外汇牌价折算成人民币后统计。

五、挽回经济损失额按照实际追缴的赃款以及赃物折价统计。

《最高人民检察院、公安部关于公安机关管辖的刑事案件立案追诉标准的规定（二）》（2022年4月6日　公通字〔2022〕12号）

第二条　〔走私假币案（刑法第一百五十一条第一款）〕走私伪造的货币，涉嫌下列情形之一的，应予立案追诉：

（一）总面额在二千元以上或者币量在二百张（枚）以上的；

（二）总面额在一千元以上或者币量在一百张（枚）以上，二年内因走私假币受过行政处罚，又走私假币的；

（三）其他走私假币应予追究刑事责任的情形。

第九十一条　本规定中的“以上”，包括本数。

《最高人民法院、最高人民检察院关于办理走私刑事案件适用法律若干问题的解释》（2014年8月12日　法释〔2014〕10号）

第六条　走私伪造的货币，数额在二千元以上不满二万元，或者数量在二百张（枚）以上不满二千张（枚）的，可以认定为刑法第一百五十一条第一款规定的“情节较轻”。

具有下列情形之一的，依照刑法第一百五十一条第一款的规定处七年以上有期徒刑，并处罚金或者没收财产：

（一）走私数额在二万元以上不满二十万元，或者数量在二千张（枚）以上不满二万张（枚）的；

（二）走私数额或者数量达到第一款规定的标准，且具有走私的伪造货币流入市场等情节的。

具有下列情形之一的，应当认定为刑法第一百五十一条第一款规定的“情节特别严重”：

（一）走私数额在二十万元以上，或者数量在二万张（枚）以上的；

（二）走私数额或者数量达到第二款第一项规定的标准，且属于犯罪集团的首要分子，使用特种车辆从事走私活动，或者走私的伪造货币流入市场等情形的。

第七条　刑法第一百五十一条第一款规定的“货币”，包括正在流通的人民币和境外货币。伪造的境外货币数额，折合成人民币计算。

第二十条　直接向走私人非法收购走私进口的货物、物品，在内海、领海、界河、界湖运输、收购、贩卖国家禁止进出口的物品，或者没有合法证明，在内海、领海、界河、界湖运输、收购、贩卖国家限制进出口的货物、物品，构成犯罪的，应当按照走私货物、物品的种类，分别依照刑法第一百五十一条、第一百五十二条、第一百五十三条、第三百四十七条、第三百五十条的规定定罪处罚。

刑法第一百五十五条第二项规定的“内海”，

包括内河的入海口水域。

第二十一条 未经许可进出口国家限制进出口的货物、物品,构成犯罪的,应当依照刑法第一百五十一条、第一百五十二条的规定,以走私国家禁止进出口的货物、物品罪等罪名定罪处罚;偷逃应缴税额,同时又构成走私普通货物、物品罪的,依照处罚较重的规定定罪处罚。

取得许可,但超过许可数量进出口国家限制进出口的货物、物品,构成犯罪的,依照刑法第一百五十三条的规定,以走私普通货物、物品罪定罪处罚。

租用、借用或者使用购买的他人许可证,进出口国家限制进出口的货物、物品的,适用本条第一款的规定定罪处罚。

第二十二条 在走私的货物、物品中藏匿刑法第一百五十一条、第一百五十二条、第三百四十七条、第三百五十条规定的货物、物品,构成犯罪的,以实际走私的货物、物品定罪处罚;构成数罪的,实行数罪并罚。

第二十三条 实施走私犯罪,具有下列情形之一的,应当认定为犯罪既遂:

(一)在海关监管现场被查获的;

(二)以虚假申报方式走私,申报行为实施完毕的;

(三)以保税货物或者特定减税、免税进口的货物、物品为对象走私,在境内销售的,或者申请核销行为实施完毕的。

第二十四条 单位犯刑法第一百五十一条、第一百五十二条规定之罪,依照本解释规定的标准定罪处罚。

单位犯走私普通货物、物品罪,偷逃应缴税额在二十万元以上不满一百万元的,应当依照刑法第一百五十三条第二款的规定,对单位判处罚金,并对其直接负责的主管人员和其他直接责任人员,处三年以下有期徒刑或者拘役;偷逃应缴税额在一百万元以上不满五百万元的,应当认定为"情节严重";偷逃应缴税额在五百万元以上的,应当认定为"情节特别严重"。

第二十五条 本解释发布实施后,《最高人民法院关于审理走私刑事案件具体应用法律若干问题的解释》(法释〔2000〕30号)、《最高人民法院关于审理走私刑事案件具体应用法律若干问题的解释(二)》(法释〔2006〕9号)同时废止。之前发布的司法解释与本解释不一致的,以本解释为准。

量刑要素

1. 武装掩护走私的,从重处罚。(《刑法》第157条第1款)

2. 在走私的普通货物、物品中藏匿《刑法》第151条、第152条、第347条、第350条规定的货物、物品,构成犯罪的,以实际走私的货物、物品定罪处罚;构成数罪的,实行数罪并罚。(法释〔2014〕10号第22条)

要义辨析

一、概念

本罪是指违反海关法规,逃避海关监管,非法从事运输、携带、邮寄国家禁止进出口的伪造的货币,破坏国家对外贸易管理的行为。

二、构成要件

1. 本罪侵犯的客体是国家海关监督管理制度中关于禁止假币进出口的监管制度,以及国家的货币管理制度。行为对象为伪造的货币,包括可在国内市场流通或者兑换的人民币、境外货币以及正在国外市场流通的境外货币。

2. 本罪的客观方面表现为违反海关法规,逃避海关监管,运输、携带、邮寄伪造的货币进出国边境的行为。

3. 本罪主体为一般主体,单位犯本罪的应予双罚。

4. 本罪系故意犯罪,过失不构成本罪。走私的主观意图,一般是为追求非法获利。但由于本罪犯罪对象是违禁品,是否追求获利均可构成本罪。如果走私假币又在境内进行运输和销售的,按牵连犯原则择一重罪按走私假币罪定罪处刑,不作数罪并罚。

三、要点辨析

1. 货币，根据司法解释的规定，《刑法》第151条第1款规定的“货币”，包括正在流通的人民币和境外货币。伪造的境外货币数额，折合成人民币计算。假币，是指以伪造、变造等方式仿制的用以冒充真实货币有价使用的虚假纸币和硬币。电子货币无法走私，不属于本罪的犯罪对象。

2. 本罪为行为犯，只要实施走私假币的行为就构成本罪，不要求特定结果的产生。

3. 具有下列情形之一的，应当认定为犯罪既遂：(1)在海关监管现场被查获的；(2)以虚假申报方式走私，申报行为实施完毕的；(3)以保税货物或者特定减税、免税进口的货物、物品为对象走私，在境内销售的，或者申请核销行为实施完毕的。

4. 单位犯本罪的，对单位处罚金；对直接负责的主管人员和直接责任人员，依个人犯罪处罚。

5. 与走私罪犯通谋，为其提供贷款、资金、账号、发票、证明，或者为其提供运输、保管、邮寄或者其他方便的，以走私罪的共犯论处。

四、罪名变迁

本罪是从1979年《刑法》第116条走私罪中分解而来，依《全国人民代表大会常务委员会关于惩治走私罪的补充规定》第1条而设立。1997年《刑法》原文为“走私武器、弹药、核材料或者伪造的货币的，处七年以上有期徒刑，并处罚金或者没收财产；情节较轻的，处三年以上七年以下有期徒刑，并处罚金”，《刑法修正案(八)》第26条增加了“情节特别严重的，处无期徒刑或者死刑，并处没收财产”。《刑法修正案(九)》第9条删去了“或者死刑”。

类罪名：破坏社会主义市场经济秩序罪/走私罪	罪名：走私文物罪
量刑标准	**构成本罪的**　处5年以上10年以下有期徒刑，并处罚金；
	情节特别严重的　处10年以上有期徒刑或者无期徒刑，并处没收财产；
	情节较轻的　处5年以下有期徒刑，并处罚金；
	单位犯本罪的　对单位处罚金；对直接负责的主管人员和直接责任人员，依个人犯罪处罚。

法律依据

一、《刑法》条文

第一百五十一条第二、四款　走私国家禁止出口的文物、黄金、白银和其他贵重金属或者国家禁止进出口的珍贵动物及其制品的，处五年以上十年以下有期徒刑，并处罚金；情节特别严重的，处十年以上有期徒刑或者无期徒刑，并处没收财产；情节较轻的，处五年以下有期徒刑，并处罚金。

单位犯本条规定之罪的，对单位判处罚金，并对其直接负责的主管人员和其他直接责任人员，依照本条各款的规定处罚。

第一百五十五条　下列行为，以走私罪论处，依照本节的有关规定处罚：

(一)直接向走私人非法收购国家禁止进口物品的，或者直接向走私人非法收购走私进口的其他货物、物品，数额较大的；

(二)在内海、领海、界河、界湖运输、收购、贩卖国家禁止进出口物品的，或者运输、收购、贩卖国家限制进出口货物、物品，数额较大，没有合法证明的。

第一百五十六条　与走私罪犯通谋，为其提供贷款、资金、账号、发票、证明，或者为其提供运输、保管、邮寄或者其他方便的，以走私罪的共犯论处。

第一百五十七条　武装掩护走私的，依照本法第一百五十一条第一款的规定从重处罚。

以暴力、威胁方法抗拒缉私的，以走私罪和本法第二百七十七条规定的阻碍国家机关工作人员依法执行职务罪,依照数罪并罚的规定处罚。

二、相关法律

《中华人民共和国海关法》(2021年4月29日修正)

第八十二条 违反本法及有关法律、行政法规,逃避海关监管,偷逃应纳税款、逃避国家有关进出境的禁止性或者限制性管理,有下列情形之一的,是走私行为:

(一)运输、携带、邮寄国家禁止或者限制进出境货物、物品或者依法应当缴纳税款的货物、物品进出境的;

(二)未经海关许可并且未缴纳应纳税款、交验有关许可证件,擅自将保税货物、特定减免税货物以及其他海关监管货物、物品、进境的境外运输工具,在境内销售的;

(三)有逃避海关监管,构成走私的其他行为的。

有前款所列行为之一,尚不构成犯罪的,由海关没收走私货物、物品及违法所得,可以并处罚款;专门或者多次用于掩护走私的货物、物品,专门或者多次用于走私的运输工具,予以没收,藏匿走私货物、物品的特制设备,责令拆毁或者没收。

有第一款所列行为之一,构成犯罪的,依法追究刑事责任。

第八十三条 有下列行为之一的,按走私行为论处,依照本法第八十二条的规定处罚:

(一)直接向走私人非法收购走私进口的货物、物品的;

(二)在内海、领海、界河、界湖,船舶及所载人员运输、收购、贩卖国家禁止或者限制进出境的货物、物品,或者运输、收购、贩卖依法应当缴纳税款的货物,没有合法证明的。

第八十四条 伪造、变造、买卖海关单证,与走私人通谋为走私人提供贷款、资金、帐号、发票、证明、海关单证,与走私人通谋为走私人提供运输、保管、邮寄或者其他方便,构成犯罪的,依法追究刑事责任;尚不构成犯罪的,由海关没收违法所得,并处罚款。

第一百零一条 经济特区等特定地区同境内其他地区之间往来的运输工具、货物、物品的监管办法,由国务院另行规定。

《中华人民共和国文物保护法》(2017年11月4日修正)

第六十条 国有文物、非国有文物中的珍贵文物和国家规定禁止出境的其他文物,不得出境;但是依照本法规定出境展览或者因特殊需要经国务院批准出境的除外。

第六十一条 文物出境,应当经国务院文物行政部门指定的文物进出境审核机构审核。经审核允许出境的文物,由国务院文物行政部门发给文物出境许可证,从国务院文物行政部门指定的口岸出境。

任何单位或者个人运送、邮寄、携带文物出境,应当向海关申报;海关凭文物出境许可证放行。

第六十二条 文物出境展览,应当报国务院文物行政部门批准;一级文物超过国务院规定数量的,应当报国务院批准。

一级文物中的孤品和易损品,禁止出境展览。

出境展览的文物出境,由文物进出境审核机构审核、登记。海关凭国务院文物行政部门或者国务院的批准文件放行。出境展览的文物复进境,由原文物进出境审核机构审核查验。

第六十三条 文物临时进境,应当向海关申报,并报文物进出境审核机构审核、登记。

临时进境的文物复出境,必须经原审核、登记的文物进出境审核机构审核查验;经审核查验无误的,由国务院文物行政部门发给文物出境许可证,海关凭文物出境许可证放行。

第六十四条 违反本法规定,有下列行为之一,构成犯罪的,依法追究刑事责任:

(一)盗掘古文化遗址、古墓葬的;

(二)故意或者过失损毁国家保护的珍贵文物的;

(三)擅自将国有馆藏文物出售或者私自送给非国有单位或者个人的;

(四)将国家禁止出境的珍贵文物私自出售或者送给外国人的;

(五)以牟利为目的倒卖国家禁止经营的文物的;

(六)走私文物的;

(七)盗窃、哄抢、私分或者非法侵占国有文物的;

(八)应当追究刑事责任的其他妨害文物管理

行为。

三、相关司法解释/文件

《最高人民法院、最高人民检察院关于办理走私刑事案件适用法律若干问题的解释》(2014年8月12日　法释〔2014〕10号)

第八条　走私国家禁止出口的三级文物二件以下的,可以认定为刑法第一百五十一条第二款规定的"情节较轻"。

具有下列情形之一的,依照刑法第一百五十一条第二款的规定处五年以上十年以下有期徒刑,并处罚金:

(一)走私国家禁止出口的二级文物不满三件,或者三级文物三件以上不满九件的;

(二)走私国家禁止出口的三级文物不满三件,且具有造成文物严重毁损或者无法追回等情节的。

具有下列情形之一的,应当认定为刑法第一百五十一条第二款规定的"情节特别严重":

(一)走私国家禁止出口的一级文物一件以上,或者二级文物三件以上,或者三级文物九件以上的;

(二)走私国家禁止出口的文物达到第二款第一项规定的数量标准,且属于犯罪集团的首要分子,使用特种车辆从事走私活动,或者造成文物严重毁损、无法追回等情形的。

第二十二条　在走私的货物、物品中藏匿刑法第一百五十一条、第一百五十二条、第三百四十七条、第三百五十条规定的货物、物品,构成犯罪的,以实际走私的货物、物品定罪处罚;构成数罪的,实行数罪并罚。

《最高人民法院、最高人民检察院关于办理妨害文物管理等刑事案件适用法律若干问题的解释》(2015年12月30日　法释〔2015〕23号)

第一条　刑法第一百五十一条规定的"国家禁止出口的文物",依照《中华人民共和国文物保护法》规定的"国家禁止出境的文物"的范围认定。

走私国家禁止出口的二级文物的,应当依照刑法第一百五十一条第二款的规定,以走私文物罪处五年以上十年以下有期徒刑,并处罚金;走私国家禁止出口的一级文物的,应当认定为刑法第一百五十一条第二款规定的"情节特别严重";走私国家禁止出口的三级文物的,应当认定为刑法第一百五十一条第二款规定的"情节较轻"。

走私国家禁止出口的文物,无法确定文物等级,或者按照文物等级定罪量刑明显过轻或者过重的,可以按照走私的文物价值定罪量刑。走私的文物价值在二十万元以上不满一百万元的,应当依照刑法第一百五十一条第二款的规定,以走私文物罪处五年以上十年以下有期徒刑,并处罚金;文物价值在一百万元以上的,应当认定为刑法第一百五十一条第二款规定的"情节特别严重";文物价值在五万元以上不满二十万元的,应当认定为刑法第一百五十一条第二款规定的"情节较轻"。

第十二条　针对不可移动文物整体实施走私、盗窃、倒卖等行为的,根据所属不可移动文物的等级,依照本解释第一条、第二条、第六条的规定定罪量刑:

(一)尚未被确定为文物保护单位的不可移动文物,适用一般文物的定罪量刑标准;

(二)市、县级文物保护单位,适用三级文物的定罪量刑标准;

(三)全国重点文物保护单位、省级文物保护单位,适用二级以上文物的定罪量刑标准。

针对不可移动文物中的建筑构件、壁画、雕塑、石刻等实施走私、盗窃、倒卖等行为的,根据建筑构件、壁画、雕塑、石刻等文物本身的等级或者价值,依照本解释第一条、第二条、第六条的规定定罪量刑。建筑构件、壁画、雕塑、石刻等所属不可移动文物的等级,应当作为量刑情节予以考虑。

第十三条　案件涉及不同等级的文物的,按照高级别文物的量刑幅度量刑;有多件同级文物的,五件同级文物视为一件高一级文物,但是价值明显不相当的除外。

第十四条　依照文物价值定罪量刑的,根据涉案文物的有效价格证明认定文物价值;无有效价格证明,或者根据价格证明认定明显不合理的,根据销赃数额认定,或者结合本解释第十五条规定的鉴定意见、报告认定。

第十五条　在行为人实施有关行为前,文物行政部门已对涉案文物及其等级作出认定的,可以直接对有关案件事实作出认定。

对案件涉及的有关文物鉴定、价值认定等专门性问题难以确定的，由司法鉴定机构出具鉴定意见，或者由国务院文物行政部门指定的机构出具报告。其中，对于文物价值，也可以由有关价格认证机构作出价格认证并出具报告。

第十六条 实施本解释第一条、第二条、第六条至第九条规定的行为，虽已达到应当追究刑事责任的标准，但行为人系初犯，积极退回或者协助追回文物，未造成文物损毁，并确有悔罪表现的，可以认定为犯罪情节轻微，不起诉或者免予刑事处罚。

实施本解释第三条至第五条规定的行为，虽已达到应当追究刑事责任的标准，但行为人系初犯，积极赔偿损失，并确有悔罪表现的，可以认定为犯罪情节轻微，不起诉或者免予刑事处罚。

第十七条 走私、盗窃、损毁、倒卖、盗掘或者非法转让具有科学价值的古脊椎动物化石、古人类化石的，依照刑法和本解释的有关规定定罪量刑。

量刑要素

1. 武装掩护走私的，从重处罚。(《刑法》第157条第1款)

2. 在走私的普通货物、物品中藏匿《刑法》第151条、第152条、第347条、第350条规定的货物、物品，构成犯罪的，以实际走私的货物、物品定罪处罚；构成数罪的，实行数罪并罚。(法释〔2014〕10号第22条)

要义辨析

一、概念

本罪是指违反海关法规，逃避海关监管，非法运输、携带、邮寄国家禁止出口的文物，破坏国家对外贸易管理的行为。

二、构成要件

1. 本罪侵犯的客体是国家文物出口管理制度。行为对象是国家一、二、三级文物和其他国家禁止出口的文物。

2. 本罪的客观方面表现为违反国家海关法规，逃避海关监管，运输、携带、邮寄国家禁止出口的文物出国境的行为。行为内容仅限于将文物从境内走私至境外。

3. 本罪犯罪主体为一般主体，单位犯本罪的应予双罚。

4. 本罪系故意犯罪，过失不构成本罪。

三、要点辨析

1. 本罪为行为犯，只要实施走私文物的行为就构成本罪，不要求特定结果的产生。

2. 具有下列情形之一的，应当认定为犯罪既遂：(1)在海关监管现场被查获的；(2)以虚假申报方式走私，申报行为实施完毕的；(3)以保税货物或者特定减税、免税进口的货物、物品为对象走私，在境内销售的，或者申请核销行为实施完毕的。

3. 单位犯本罪的，对单位处罚金；对直接负责的主管人员和直接责任人员，依个人犯罪处罚。

4. 与走私罪犯通谋，为其提供贷款、资金、账号、发票、证明，或者为其提供运输、保管、邮寄或者其他方便的，以走私罪的共犯论处。

四、罪名变迁

本罪是从1979年《刑法》第116条走私罪分解而来，依《全国人民代表大会常务委员会关于惩治走私罪的补充规定》第2条而设立。原条文为"走私武国家禁止出口的文物、黄金、白银和其他贵重金属或者国家禁止进出口的珍贵动物及其制品的，处五年以上有期徒刑，并处罚金；情节较轻的，处五年以下有期徒刑"，《刑法修正案(八)》第26条增加了"情节特别严重的，处十年以上有期徒刑或者无期徒刑"，并删去了原第4款"犯第一款、第二款罪，情节严重的，处无期徒刑或者死刑，并处没收财产"的规定，废除了死刑。

类罪名:破坏社会主义市场经济秩序罪/走私罪	罪名:走私贵重金属罪
量刑标准	**构成本罪的** 处5年以上10年以下有期徒刑,并处罚金;
	情节特别严重的 处10年以上有期徒刑或者无期徒刑,并处没收财产;
	情节较轻的 处5年以下有期徒刑,并处罚金;
	单位犯本罪的 对单位处罚金;对直接负责的主管人员和直接责任人员,依个人犯罪处罚。

法律依据

一、《刑法》条文

第一百五十一条第二、四款 走私国家禁止出口的文物、黄金、白银和其他贵重金属或者国家禁止进出口的珍贵动物及其制品的,处五年以上十年以下有期徒刑,并处罚金;情节特别严重的,处十年以上有期徒刑或者无期徒刑,并处没收财产;情节较轻的,处五年以下有期徒刑,并处罚金。

单位犯本条规定之罪的,对单位判处罚金,并对其直接负责的主管人员和其他直接责任人员,依照本条各款的规定处罚。

第一百五十五条 下列行为,以走私罪论处,依照本节的有关规定处罚:

(一)直接向走私人非法收购国家禁止进口物品的,或者直接向走私人非法收购走私进口的其他货物、物品,数额较大的;

(二)在内海、领海、界河、界湖运输、收购、贩卖国家禁止进出口物品的,或者运输、收购、贩卖国家限制进出口货物、物品,数额较大,没有合法证明的。

第一百五十六条 与走私罪犯通谋,为其提供贷款、资金、账号、发票、证明,或者为其提供运输、保管、邮寄或者其他方便的,以走私罪的共犯论处。

第一百五十七条 武装掩护走私的,依照本法第一百五十一条第一款的规定从重处罚。

以暴力、威胁方法抗拒缉私的,以走私罪和本法第二百七十七条规定的阻碍国家机关工作人员依法执行职务罪,依照数罪并罚的规定处罚。

二、相关行政法规

《中华人民共和国金银管理条例》(2011年1月8日修订)

第二十五条 携带金银进入中国国境,数量不受限制,但是必须向入境地中国海关申报登记。

第二十六条 携带或者复带金银出境,中国海关凭中国人民银行出具的证明或者原入境时的申报单登记的数量查验放行;不能提供证明的或者超过原入境时申报登记数量的,不许出境。

第二十七条 携带在中国境内供应旅游者购买的金银饰品(包括镶嵌饰品、工艺品、器皿等)出境,中国海关凭国内经营金银制品的单位开具的特种发货票查验放行。无凭据的,不许出境。

第二十八条 在中国境内的中国人、外国侨民和无国籍人出境定居,每人携带金银的限额为:黄金饰品1市两(31.25克),白银饰品10市两(312.50克),银质器皿20市两(625克)。经海关查验符合规定限额的放行。

第二十九条 中国境内的外资企业、中外合资企业,从国外进口金银作产品原料的,其数量不限;出口含金银量较高的产品,须经中国人民银行核准后放行。未经核准或者超过核准出口数量的,不许出境。

三、相关司法解释/文件

《最高人民法院、最高人民检察院关于办理走私刑事案件适用法律若干问题的解释》(2014年8月12日 法释〔2014〕10号)

第二十条 直接向走私人非法收购走私进口的货物、物品,在内海、领海、界河、界湖运输、收购、贩卖国家禁止进出口的物品,或者没有合法证明,在内海、领海、界河、界湖运输、收购、贩卖国家限制进出口的货物、物品,构成犯罪的,应当按照走私货物、物品的种类,分别依照刑法第一百五十一条、第一百五十二条、第一百五十三条、第三百四十七条、第三百五十条的规定定罪处罚。

刑法第一百五十五条第二项规定的“内海”,包括内河的入海口水域。

第二十一条 未经许可进出口国家限制进出口的货物、物品,构成犯罪的,应当依照刑法第一百五十一条、第一百五十二条的规定,以走私国家禁止进出口的货物、物品罪等罪名定罪处罚;偷逃应缴税额,同时又构成走私普通货物、物品罪的,依照处罚较重的规定定罪处罚。

取得许可,但超过许可数量进出口国家限制进出口的货物、物品,构成犯罪的,依照刑法第一百五十三条的规定,以走私普通货物、物品罪定罪处罚。

租用、借用或者使用购买的他人许可证,进出口国家限制进出口的货物、物品的,适用本条第一款的规定定罪处罚。

第二十二条 在走私的货物、物品中藏匿刑法第一百五十一条、第一百五十二条、第三百四十七条、第三百五十条规定的货物、物品,构成犯罪的,以实际走私的货物、物品定罪处罚;构成数罪的,实行数罪并罚。

第二十三条 实施走私犯罪,具有下列情形之一的,应当认定为犯罪既遂:

(一)在海关监管现场被查获的;

(二)以虚假申报方式走私,申报行为实施完毕的;

(三)以保税货物或者特定减税、免税进口的货物、物品为对象走私,在境内销售的,或者申请核销行为实施完毕的。

第二十四条 单位犯刑法第一百五十一条、第一百五十二条规定之罪,依照本解释规定的标准定罪处罚。

单位犯走私普通货物、物品罪,偷逃应缴税额在二十万元以上不满一百万元的,应当依照刑法第一百五十三条第二款的规定,对单位判处罚金,并对其直接负责的主管人员和其他直接责任人员,处三年以下有期徒刑或者拘役;偷逃应缴税额在一百万元以上不满五百万元的,应当认定为“情节严重”;偷逃应缴税额在五百万元以上的,应当认定为“情节特别严重”。

第二十五条 本解释发布实施后,《最高人民法院关于审理走私刑事案件具体应用法律若干问题的解释》(法释〔2000〕30 号)、《最高人民法院关于审理走私刑事案件具体应用法律若干问题的解释(二)》(法释〔2006〕9 号)同时废止。之前发布的司法解释与本解释不一致的,以本解释为准。

四、相关部委规章

《公安部关于对走私倒卖金银饰品几个政策问题给贵州省公安厅的批复》(1990 年 1 月 20 日公复字〔1990〕3 号)

贵州省公安厅:

你厅《关于在侦破走私倒卖金银饰品案件中几个具体政策问题的请示》(黔公讯传〔89〕703 号)收悉。经与中国人民银行研究,现批复如下:

一、对有经营黄金制品权的单位和商店,以盈利为目的,收购个人携带入境或转手的黄金制品加价倒卖的问题,《金银管理条例》(国发〔1983〕95 号)第八条明确规定“金银的收购,统一由中国人民银行办理。除经中国人民银行许可、委托的以外,任何单位和个人不得收购金银。”你省旅游服务公司金居和贵阳市百货大楼工艺首饰柜违反国家规定,非法从个人手中大量收购黄金制品进行倒卖,从中牟取暴利,数额特别巨大,其行为已构成投机倒把犯罪,应按最高人民法院、最高人民检察院、公安部、司法部《关于严厉打击倒卖走私黄金犯罪活动的通知》(〔87〕公发 24 号)的规定处理。即:“国家机关、企事业单位非法进行倒买倒卖、走私黄金二千克以上的,应追究其主管人员和直接责任人的刑事责任,如果主管人员和直接责任人员中饱私囊、情节严重的,应数罪并罚。”工商银行、农业银行为奖售储蓄,用于开办贴水而从个人手中和单位收购黄金制品,虽然不是为了牟利,但数额巨大,根据《金银管理条例》和国务院发布的《投机倒把行政处罚暂行条例》的有关规定,已构成投机倒把行为,应根据其情节轻重依法处理。对个人承包的国家金店建议当地工商行政管理部门予以取缔。

二、对从香港、澳门和沙头角镇等地携带大量黄金饰品入境进行倒卖的,应根据不同情节依法处理。《金银管理条例》第十二条明确规定“个人出售金银,必须卖给中国人民银行”。《海关法》第二十八条、第二十九条对个人携带出入境的物品(含黄金制品)作了明确规定。我们认为,对携带大量黄金入境,虽向海关申报登记,但入境后进行倒卖的，应按投机倒把犯罪处理；对以走私为目的，不向海关申报登记将大量黄金制品偷带入境倒卖的，应按走私罪论处。对其中的严重犯罪分子，特别是重大犯罪集团的首犯、主犯及以走私倒卖黄金为常业的犯罪分子、应按照全国人大常委会《关于严惩严重破坏经济的罪犯的决定》的规定依法从严惩处。

三、凡有黄金制品经营权的单位间相互买卖，加价销售或采取代销的形式销售金银制品的，必须经人民银行同意；对其货物来源渠道合法，经营中没有严重违犯国家法律规定的行为，应视为合法经营。

量刑要素

1. 武装掩护走私的，从重处罚。（《刑法》第157条第1款）

2. 在走私的普通货物、物品中藏匿《刑法》第151条、第152条、第347条、第350条规定的货物、物品，构成犯罪的，以实际走私的货物、物品定罪处罚；构成数罪的，实行数罪并罚。（法释〔2014〕10号第22条）

要义辨析

一、概念

本罪是指违反海关法规，逃避海关监管，非法运输、携带、邮寄国家禁止出口的贵重金属，破坏国家对外贸易管理的行为。

二、构成要件

1. 本罪侵犯的客体是国家海关监督管理制度中关于禁止黄金、白银等贵重金属出口的监管制度，以及国家的金融秩序。行为对象是贵重金属，包括黄金、白银、铂、锇、钌、钯、铱、铑、钛等金属和国家禁止出口的其他贵重金属。

2. 本罪的客观方面表现为违反海关法规，逃避海关监管，运输、携带、邮寄贵重金属出国边境的行为。行为内容仅限于将贵重金属从境内走私至境外的行为

3. 本罪犯罪主体为一般主体，单位犯本罪的应予双罚。

4. 本罪系故意犯罪，过失不构成本罪。

三、要点辨析

1. 本罪为行为犯，只要实施走私贵重金属的行为就构成本罪，不要求特定结果的产生。

2. 具有下列情形之一的，应当认定为犯罪既遂：(1)在海关监管现场被查获的；(2)以虚假申报方式走私，申报行为实施完毕的；(3)以保税货物或者特定减税、免税进口的货物、物品为对象走私，在境内销售的，或者申请核销行为实施完毕的。

3. 单位犯本罪的，对单位处罚金；对直接负责的主管人员和直接责任人员，依个人犯罪处罚。

4. 与走私罪犯通谋，为其提供贷款、资金、账号、发票、证明，或者为其提供运输、保管、邮寄或者其他方便的，以走私罪的共犯论处。

5.《公安部关于对走私倒卖金银饰品几个政策问题给贵州省公安厅的批复》（公复字〔1990〕3号）公布的时间比较早，规定的是对非法买卖黄金的行为按投机倒把罪处罚，现在这个罪名已经取消，一般按非法经营罪进行处理。

四、罪名变迁

本罪是从1979年《刑法》第116条走私罪分解而来，依《全国人民代表大会常务委员会关于惩治走私罪的补充规定》第2条而设立。原条文为“走私国家禁止出口的文物、黄金、白银和其他贵重金属或者国家禁止进出口的珍贵动物及其制品的”，《刑法修正案（八）》第26条增加了“情节特别严重的，处十年以上有期徒刑或者无期徒刑”，并删去了原第4款“犯第一款、第二款罪，情节严重的，处无期徒刑或者死刑，并处没收财产”。

类罪名:破坏社会主义市场经济秩序罪/走私罪 | 罪名:走私珍贵动物、珍贵动物制品罪	
量刑标准	构成本罪的 处5年以上10年以下有期徒刑,并处罚金;
	情节较轻的 处5年以下有期徒刑,并处罚金;
	情节特别严重的 处10年以上有期徒刑或者无期徒刑,并处没收财产;
	单位犯本罪的 对单位处罚金;对直接负责的主管人员和直接责任人员,依个人犯罪处罚。

法律依据

一、《刑法》条文

第一百五十一条第二、四款 走私国家禁止出口的文物、黄金、白银和其他贵重金属或者国家禁止进出口的珍贵动物及其制品的,处五年以上十年以下有期徒刑,并处罚金;情节特别严重的,处十年以上有期徒刑或者无期徒刑,并处没收财产;情节较轻的,处五年以下有期徒刑,并处罚金。

单位犯本条规定之罪的,对单位判处罚金,并对其直接负责的主管人员和其他直接责任人员,依照本条各款的规定处罚。

第一百五十五条 下列行为,以走私罪论处,依照本节的有关规定处罚:

(一)直接向走私人非法收购国家禁止进口物品的,或者直接向走私人非法收购走私进口的其他货物、物品,数额较大的;

(二)在内海、领海、界河、界湖运输、收购、贩卖国家禁止进出口物品的,或者运输、收购、贩卖国家限制进出口货物、物品,数额较大,没有合法证明的。

第一百五十六条 与走私罪犯通谋,为其提供贷款、资金、账号、发票、证明,或者为其提供运输、保管、邮寄或者其他方便的,以走私罪的共犯论处。

第一百五十七条 武装掩护走私的,依照本法第一百五十一条第一款的规定从重处罚。

以暴力、威胁方法抗拒缉私的,以走私罪和本法第二百七十七条规定的阻碍国家机关工作人员依法执行职务罪,依照数罪并罚的规定处罚。

二、相关法律

《中华人民共和国野生动物保护法》(2022年12月30日修正)

第三十七条 中华人民共和国缔结或者参加的国际公约禁止或者限制贸易的野生动物或者其制品名录,由国家濒危物种进出口管理机构制定、调整并公布。

进出口列入前款名录的野生动物或者其制品,或者出口国家重点保护野生动物或者其制品的,应当经国务院野生动物保护主管部门或者国务院批准,并取得国家濒危物种进出口管理机构核发的允许进出口证明书。海关凭允许进出口证明书办理进出境检疫,并依法办理其他海关手续。

涉及科学技术保密的野生动物物种的出口,按照国务院有关规定办理。

列入本条第一款名录的野生动物,经国务院野生动物保护主管部门核准,按照本法有关规定进行管理。

第五十六条 违反本法第三十七条规定,进出口野生动物及其制品的,由海关、公安机关、海警机构依照法律、行政法规和国家有关规定处罚;构成犯罪的,依法追究刑事责任。

三、相关司法解释/文件

《最高人民法院、最高人民检察院、海关总署关于办理走私刑事案件适用法律若干问题的意见》(2002年7月8日 法〔2002〕139号)

四、关于走私犯罪嫌疑人的逮捕条件

对走私犯罪嫌疑人提请逮捕和审查批准逮捕,应当依照刑事诉讼法第六十条[①]规定的逮捕条件来办理。一般按照下列标准掌握:

(一)有证据证明有走私犯罪事实

---

① 与现行的《刑事诉讼法》对应的是第79条。——编者注

1. 有证据证明发生了走私犯罪事实

有证据证明发生了走私犯罪事实，须同时满足下列两项条件：

(1)有证据证明发生了违反国家法律、法规，逃避海关监管的行为；

(2)查扣的或者有证据证明的走私货物、物品的数量、价值或者偷逃税额达到刑法及相关司法解释规定的起刑点。

2. 有证据证明走私犯罪事实系犯罪嫌疑人实施的

有下列情形之一，可认为走私犯罪事实系犯罪嫌疑人实施的：

(1)现场查获犯罪嫌疑人实施走私犯罪的；

(2)视听资料显示犯罪嫌疑人实施走私犯罪的；

(3)犯罪嫌疑人供认的；

(4)有证人证言指证的；

(5)有同案的犯罪嫌疑人供述的；

(6)其他证据能够证明犯罪嫌疑人实施走私犯罪的。

3. 证明犯罪嫌疑人实施走私犯罪行为的证据已经查证属实的

符合下列证据规格要求之一，属于证明犯罪嫌疑人实施走私犯罪行为的证据已经查证属实的：

(1)现场查获犯罪嫌疑人实施犯罪，有现场勘查笔录、留置盘问记录、海关扣留查问笔录或者海关查验(检查)记录等证据证实的；

(2)犯罪嫌疑人的供述有其他证据能够印证的；

(3)证人证言能够相互印证的；

(4)证人证言或者同案犯供述能够与其他证据相互印证的；

(5)证明犯罪嫌疑人实施走私犯罪的其他证据已经查证属实的。

(二)可能判处有期徒刑以上的刑罚

是指根据刑法第一百五十一条、第一百五十二条、第一百五十三条、第三百四十七条、第三百五十条等规定和《最高人民法院关于审理走私刑事案件具体应用法律若干问题的解释》①等有关司法解释的规定，结合已查明的走私犯罪事实，对走私犯罪嫌疑人可能判处有期徒刑以上的刑罚。

(三)采取取保候审、监视居住等方法，尚不足以防止发生社会危险性而有逮捕必要的

主要是指：走私犯罪嫌疑人可能逃跑、自杀、串供、干扰证人作证以及伪造、毁灭证据等妨碍刑事诉讼活动的正常进行的，或者存在行凶报复、继续作案可能的。

七、关于走私珍贵动物制品行为的处罚问题

走私珍贵动物制品的，应当根据刑法第一百五十一条第二、四、五款和《最高人民法院关于审理走私刑事案件具体应用法律若干问题的解释》(以下简称《解释》)第四条的有关规定予以处罚，但同时具有下列情形，情节较轻的，一般不以犯罪论处：

(一)珍贵动物制品购买地允许交易；

(二)入境人员为留作纪念或者作为礼品而携带珍贵动物制品进境，不具有牟利目的的。

同时具有上述两种情形，达到《解释》第四条第三款规定的量刑标准的，一般处五年以下有期徒刑，并处罚金；达到《解释》第四条第四款规定的量刑标准的，一般处五年以上有期徒刑，并处罚金。

《最高人民法院、最高人民检察院关于办理走私刑事案件适用法律若干问题的解释》(2014 年 8 月 12 日　法释〔2014〕10 号)

第九条　走私国家一、二级保护动物未达到本解释附表中(一)规定的数量标准，或者走私珍贵动物制品数额不满二十万元的，可以认定为刑法第一百五十一条第二款规定的"情节较轻"。

具有下列情形之一的，依照刑法第一百五十一条第二款的规定处五年以上十年以下有期徒刑，并处罚金：

(一)走私国家一、二级保护动物达到本解释附表中(一)规定的数量标准的；

(二)走私珍贵动物制品数额在二十万元以上不满一百万元的；

(三)走私国家一、二级保护动物未达到本解释附表中(一)规定的数量标准，但具有造成该珍贵动物死亡或者无法追回等情节的。

具有下列情形之一的，应当认定为刑法第一百五十一条第二款规定的"情节特别严重"：

(一)走私国家一、二级保护动物达到本解释

① 该文件已失效/废止。——编者注

附表中(二)规定的数量标准的;

(二)走私珍贵动物制品数额在一百万元以上的;

(三)走私国家一、二级保护动物达到本解释附表中(一)规定的数量标准,且属于犯罪集团的首要分子,使用特种车辆从事走私活动,或者造成该珍贵动物死亡、无法追回等情形的。

不以牟利为目的,为留作纪念而走私珍贵动物制品进境,数额不满十万元的,可以免予刑事处罚;情节显著轻微的,不作为犯罪处理。

第十条 刑法第一百五十一条第二款规定的"珍贵动物",包括列入《国家重点保护野生动物名录》中的国家一、二级保护野生动物,《濒危野生动植物种国际贸易公约》附录Ⅰ、附录Ⅱ中的野生动物,以及驯养繁殖的上述动物。

走私本解释附表中未规定的珍贵动物的,参照附表中规定的同属或者同科动物的数量标准执行。

走私本解释附表中未规定珍贵动物的制品的,按照《最高人民法院、最高人民检察院、国家林业局、公安部、海关总署关于破坏野生动物资源刑事案件中涉及的CITES附录Ⅰ和附录Ⅱ所列陆生野生动物制品价值核定问题的通知》(林濒发〔2012〕239号)的有关规定核定价值。

第二十条 直接向走私人非法收购走私进口的货物、物品,在内海、领海、界河、界湖运输、收购、贩卖国家禁止进出口的物品,或者没有合法证明,在内海、领海、界河、界湖运输、收购、贩卖国家限制进出口的货物、物品,构成犯罪的,应当按照走私货物、物品的种类,分别依照刑法第一百五十一条、第一百五十二条、第一百五十三条、第三百四十七条、第三百五十条的规定定罪处罚。

刑法第一百五十五条第二项规定的"内海",包括内河的入海口水域。

第二十一条 未经许可进出口国家限制进出口的货物、物品,构成犯罪的,应当依照刑法第一百五十一条、第一百五十二条的规定,以走私国家禁止进出口的货物、物品罪等罪名定罪处罚;偷逃应缴税额,同时又构成走私普通货物、物品罪的,依照处罚较重的规定定罪处罚。

取得许可,但超过许可数量进出口国家限制进出口的货物、物品,构成犯罪的,依照刑法第一百五十三条的规定,以走私普通货物、物品罪定罪处罚。

租用、借用或者使用购买的他人许可证,进出口国家限制进出口的货物、物品的,适用本条第一款的规定定罪处罚。

第二十二条 在走私的货物、物品中藏匿刑法第一百五十一条、第一百五十二条、第三百四十七条、第三百五十条规定的货物、物品,构成犯罪的,以实际走私的货物、物品定罪处罚;构成数罪的,实行数罪并罚。

第二十三条 实施走私犯罪,具有下列情形之一的,应当认定为犯罪既遂:

(一)在海关监管现场被查获的;

(二)以虚假申报方式走私,申报行为实施完毕的;

(三)以保税货物或者特定减税、免税进口的货物、物品为对象走私,在境内销售的,或者申请核销行为实施完毕的。

第二十四条 单位犯刑法第一百五十一条、第一百五十二条规定之罪,依照本解释规定的标准定罪处罚。

单位犯走私普通货物、物品罪,偷逃应缴税额在二十万元以上不满一百万元的,应当依照刑法第一百五十三条第二款的规定,对单位判处罚金,并对其直接负责的主管人员和其他直接责任人员,处三年以下有期徒刑或者拘役;偷逃应缴税额在一百万元以上不满五百万元的,应当认定为"情节严重";偷逃应缴税额在五百万元以上的,应当认定为"情节特别严重"。

第二十五条 本解释发布实施后,《最高人民法院关于审理走私刑事案件具体应用法律若干问题的解释》(法释〔2000〕30号)、《最高人民法院关于审理走私刑事案件具体应用法律若干问题的解释(二)》(法释〔2006〕9号)同时废止。之前发布的司法解释与本解释不一致的,以本解释为准。

四、相关部委规章

《国家重点保护野生动物名录》(2021 年 2 月 1 日)

中文名	学名	保护级别		备注
脊索动物门 CHORDATA				
哺乳纲 MAMMALIA				
灵长目#	PRIMATES			
懒猴科	Lorisidae			
蜂猴	*Nycticebus bengalensis*	一级		
倭蜂猴	*Nycticebus pygmaeus*	一级		
猴科	Cercopithecidae			
短尾猴	*Macaca arctoides*		二级	
熊猴	*Macaca assamensis*		二级	
台湾猴	*Macaca cyclopis*	一级		
北豚尾猴	*Macaca leonina*	一级		原名“豚尾猴”
白颊猕猴	*Macaca leucogenys*		二级	
猕猴	*Macaca mulatta*		二级	
藏南猕猴	*Macaca munzala*		二级	
藏酋猴	*Macaca thibetana*		二级	
喜山长尾叶猴	*Semnopithecus schistaceus*	一级		
印支灰叶猴	*Trachypithecus crepusculus*	一级		
黑叶猴	*Trachypithecus francoisi*	一级		
菲氏叶猴	*Trachypithecus phayrei*	一级		
戴帽叶猴	*Trachypithecus pileatus*	一级		
白头叶猴	*Trachypithecus leucocephalus*	一级		
肖氏乌叶猴	*Trachypithecus shortridgei*	一级		
滇金丝猴	*Rhinopithecus bieti*	一级		
黔金丝猴	*Rhinopithecus brelichi*	一级		
川金丝猴	*Rhinopithecus roxellana*	一级		
怒江金丝猴	*Rhinopithecus strykeri*	一级		
长臂猿科	Hylobatidae			
西白眉长臂猿	*Hoolock hoolock*	一级		
东白眉长臂猿	*Hoolock leuconedys*	一级		
高黎贡白眉长臂猿	*Hoolock tianxing*	一级		
白掌长臂猿	*Hylobates lar*	一级		

续表

中文名	学名	保护级别		备注
西黑冠长臂猿	*Nomascus concolor*	一级		
东黑冠长臂猿	*Nomascus nasutus*	一级		
海南长臂猿	*Nomascus hainanus*	一级		
北白颊长臂猿	*Nomascus leucogenys*	一级		
鳞甲目#	PHOLIDOTA			
鲮鲤科	Manidae			
印度穿山甲	*Manis crassicaudata*	一级		
马来穿山甲	*Manis javanica*	一级		
穿山甲	*Manis pentadactyla*	一级		
食肉目	CARNIVORA			
犬科	Canidae			
狼	*Canis lupus*		二级	
亚洲胡狼	*Canis aureus*		二级	
豺	*Cuon alpinus*	一级		
貉	*Nyctereutes procyonoides*		二级	仅限野外种群
沙狐	*Vulpes corsac*		二级	
藏狐	*Vulpes ferrilata*		二级	
赤狐	*Vulpes vulpes*		二级	
熊科#	Ursidae			
懒熊	*Melursus ursinus*		二级	
马来熊	*Helarctos malayanus*	一级		
棕熊	*Ursus arctos*		二级	
黑熊	*Ursus thibetanus*		二级	
大熊猫科#	Ailuropodidae			
大熊猫	*Ailuropoda melanoleuca*	一级		
小熊猫科#	Ailuridae			
小熊猫	*Ailurus fulgens*		二级	
鼬科	Mustelidae			
黄喉貂	*Martes flavigula*		二级	
石貂	*Martes foina*		二级	
紫貂	*Martes zibellina*	一级		
貂熊	*Gulo gulo*	一级		

续表

中文名	学名	保护级别		备注
＊小爪水獭	*Aonyx cinerea*		二级	
＊水獭	*Lutra lutra*		二级	
＊江獭	*Lutrogale perspicillata*		二级	
灵猫科	Viverridae			
大斑灵猫	*Viverra megaspila*	一级		
大灵猫	*Viverra zibetha*	一级		
小灵猫	*Viverricula indica*	一级		
椰子猫	*Paradoxurus hermaphroditus*		二级	
熊狸	*Arctictis binturong*	一级		
小齿狸	*Arctogalidia trivirgata*	一级		
缟灵猫	*Chrotogale owstoni*	一级		
林狸科	Prionodontidae			
斑林狸	*Prionodon pardicolor*		二级	
猫科#	Felidae			
荒漠猫	*Felis bieti*	一级		
丛林猫	*Felis chaus*	一级		
野猫	*Felis silvestris*		二级	原名“草原斑猫”
渔猫	*Felis viverrinus*		二级	
兔狲	*Otocolobus manul*		二级	
猞猁	*Lynx lynx*		二级	
云猫	*Pardofelis marmorata*		二级	
金猫	*Pardofelis temminckii*	一级		
豹猫	*Prionailurus bengalensis*		二级	
云豹	*Neofelis nebulosa*	一级		
豹	*Panthera pardus*	一级		
虎	*Panthera tigris*	一级		
雪豹	*Panthera uncia*	一级		
海狮科#	Otariidae			
＊北海狗	*Callorhinus ursinus*		二级	
＊北海狮	*Eumetopias jubatus*		二级	
海豹科#	Phocidae			
＊西太平洋斑海豹	*Phoca largha*	一级		原名“斑海豹”

续表

中文名	学名	保护级别		备注
*髯海豹	*Erignathus barbatus*		二级	
*环海豹	*Pusa hispida*		二级	
长鼻目#	PROBOSCIDEA			
象科	Elephantidae			
亚洲象	*Elephas maximus*	一级		
奇蹄目	PERISSODACTYLA			
马科	Equidae			
普氏野马	*Equus ferus*	一级		原名“野马”
蒙古野驴	*Equus hemionus*	一级		
藏野驴	*Equus kiang*	一级		原名“西藏野驴”
偶蹄目	ARTIODACTYLA			
骆驼科	Camelidae			原名“驼科”
野骆驼	*Camelus ferus*	一级		
鼷鹿科#	Tragulidae			
威氏鼷鹿	*Tragulus williamsoni*	一级		原名“鼷鹿”
麝科#	Moschidae			
安徽麝	*Moschus anhuiensis*	一级		
林麝	*Moschus berezovskii*	一级		
马麝	*Moschus chrysogaster*	一级		
黑麝	*Moschus fuscus*	一级		
喜马拉雅麝	*Moschus leucogaster*	一级		
原麝	*Moschus moschiferus*	一级		
鹿科	Cervidae			
獐	*Hydropotes inermis*		二级	原名“河麂”
黑麂	*Muntiacus crinifrons*	一级		
贡山麂	*Muntiacus gongshanensis*		二级	
海南麂	*Muntiacus nigripes*		二级	
豚鹿	*Axis porcinus*	一级		
水鹿	*Cervus equinus*		二级	
梅花鹿	*Cervus nippon*	一级		仅限野外种群
马鹿	*Cervus canadensis*		二级	仅限野外种群
西藏马鹿(包括白臀鹿)	*Cervus wallichii*(*C. w. macneilli*)	一级		

续表

中文名	学名	保护级别		备注
塔里木马鹿	*Cervus yarkandensis*	一级		仅限野外种群
坡鹿	*Panolia siamensis*	一级		
白唇鹿	*Przewalskium albirostris*	一级		
麋鹿	*Elaphurus davidianus*	一级		
毛冠鹿	*Elaphodus cephalophus*		二级	
驼鹿	*Alces alces*	一级		
牛科	Bovidae			
野牛	*Bos gaurus*	一级		
爪哇野牛	*Bos javanicus*	一级		
野牦牛	*Bos mutus*	一级		
蒙原羚	*Procapra gutturosa*	一级		原名“黄羊”
藏原羚	*Procapra picticaudata*		二级	
普氏原羚	*Procapra przewalskii*	一级		
鹅喉羚	*Gazella subgutturosa*		二级	
藏羚	*Pantholops hodgsonii*	一级		
高鼻羚羊	*Saiga tatarica*	一级		
秦岭羚牛	*Budorcas bedfordi*	一级		
四川羚牛	*Budorcas tibetanus*	一级		
不丹羚牛	*Budorcas whitei*	一级		
贡山羚牛	*Budorcas taxicolor*	一级		原名“扭角羚”
赤斑羚	*Naemorhedus baileyi*	一级		
长尾斑羚	*Naemorhedus caudatus*		二级	
缅甸斑羚	*Naemorhedus evansi*		二级	
喜马拉雅斑羚	*Naemorhedus goral*	一级		原名“斑羚”
中华斑羚	*Naemorhedus griseus*		二级	
塔尔羊	*Hemitragus jemlahicus*	一级		
北山羊	*Capra sibirica*		二级	
岩羊	*Pseudois nayaur*		二级	
阿尔泰盘羊	*Ovis ammon*		二级	原名“盘羊”
哈萨克盘羊	*Ovis collium*		二级	
戈壁盘羊	*Ovis darwini*		二级	
西藏盘羊	*Ovis hodgsoni*	一级		

走私珍贵动物、珍贵动物制品罪

续表

中文名	学名	保护级别		备注
天山盘羊	*Ovis karelini*		二级	
帕米尔盘羊	*Ovis polii*		二级	
中华鬣羚	*Capricornis milneedwardsii*		二级	原名"鬣羚"
红鬣羚	*Capricornis rubidus*		二级	
台湾鬣羚	*Capricornis swinhoei*	一级		
喜马拉雅鬣羚	*Capricornis thar*	一级		
啮齿目	RODENTIA			
河狸科	Castoridae			
河狸	*Castor fiber*	一级		
松鼠科	Sciuridae			
巨松鼠	*Ratufa bicolor*		二级	
兔形目	LAGOMORPHA			
鼠兔科	Ochotonidae			
贺兰山鼠兔	*Ochotona argentata*		二级	
伊犁鼠兔	*Ochotona iliensis*		二级	
兔科	Leporidae			
粗毛兔	*Caprolagus hispidus*		二级	
海南兔	*Lepus hainanus*		二级	
雪兔	*Lepus timidus*		二级	
塔里木兔	*Lepus yarkandensis*		二级	
海牛目#	SIRENIA			
儒艮科	Dugongidae			
* 儒艮	*Dugong dugon*	一级		
鲸目#	CETACEA			
露脊鲸科	Balaenidae			
* 北太平洋露脊鲸	*Eubalaena japonica*	一级		
灰鲸科	Eschrichtiidae			
* 灰鲸	*Eschrichtius robustus*	一级		
须鲸科	Balaenopteridae			
* 蓝鲸	*Balaenoptera musculus*	一级		
* 小须鲸	*Balaenoptera acutorostrata*	一级		
* 塞鲸	*Balaenoptera borealis*	一级		

续表

中文名	学名	保护级别		备注
* 布氏鲸	*Balaenoptera edeni*	一级		
* 大村鲸	*Balaenoptera omurai*	一级		
* 长须鲸	*Balaenoptera physalus*	一级		
* 大翅鲸	*Megaptera novaeangliae*	一级		
白鱀豚科	Lipotidae			
* 白鱀豚	*Lipotes vexillifer*	一级		
恒河豚科	Platanistidae			
* 恒河豚	*Platanista gangetica*	一级		
海豚科	Delphinidae			
* 中华白海豚	*Sousa chinensis*	一级		
* 糙齿海豚	*Steno bredanensis*		二级	
* 热带点斑原海豚	*Stenella attenuata*		二级	
* 条纹原海豚	*Stenella coeruleoalba*		二级	
* 飞旋原海豚	*Stenella longirostris*		二级	
* 长喙真海豚	*Delphinus capensis*		二级	
* 真海豚	*Delphinus delphis*		二级	
* 印太瓶鼻海豚	*Tursiops aduncus*		二级	
* 瓶鼻海豚	*Tursiops truncatus*		二级	
* 弗氏海豚	*Lagenodelphis hosei*		二级	
* 里氏海豚	*Grampus griseus*		二级	
* 太平洋斑纹海豚	*Lagenorhynchus obliquidens*		二级	
* 瓜头鲸	*Peponocephala electra*		二级	
* 虎鲸	*Orcinus orca*		二级	
* 伪虎鲸	*Pseudorca crassidens*		二级	
* 小虎鲸	*Feresa attenuata*		二级	
* 短肢领航鲸	*Globicephala macrorhynchus*		二级	
鼠海豚科	Phocoenidae			
* 长江江豚	*Neophocaena asiaeorientalis*	一级		
* 东亚江豚	*Neophocaena sunameri*		二级	
* 印太江豚	*Neophocaena phocaenoid*		二级	
抹香鲸科	Physeteridae			
* 抹香鲸	*Physeter macrocephalus*	一级		

续表

中文名	学名	保护级别		备注
* 小抹香鲸	*Kogia breviceps*		二级	
* 侏抹香鲸	*Kogia sima*		二级	
喙鲸科	Ziphidae			
* 鹅喙鲸	*Ziphius cavirostris*		二级	
* 柏氏中喙鲸	*Mesoplodon densirostris*		二级	
* 银杏齿中喙鲸	*Mesoplodon ginkgodens*		二级	
* 小中喙鲸	*Mesoplodon peruvianus*		二级	
* 贝氏喙鲸	*Berardius bairdii*		二级	
* 朗氏喙鲸	*Indopacetus pacificus*		二级	
鸟纲 AVES				
鸡形目	GALLIFORMES			
雉科	Phasianidae			
环颈山鹧鸪	*Arborophila torqueola*		二级	
四川山鹧鸪	*Arborophila rufipectus*	一级		
红喉山鹧鸪	*Arborophila rufogularis*		二级	
白眉山鹧鸪	*Arborophila gingica*		二级	
白颊山鹧鸪	*Arborophila atrogularis*		二级	
褐胸山鹧鸪	*Arborophila brunneopectus*		二级	
红胸山鹧鸪	*Arborophila mandellii*		二级	
台湾山鹧鸪	*Arborophila crudigularis*		二级	
海南山鹧鸪	*Arborophila ardens*	一级		
绿脚树鹧鸪	*Tropicoperdix chloropus*		二级	
花尾榛鸡	*Tetrastes bonasia*		二级	
斑尾榛鸡	*Tetrastes sewerzowi*	一级		
镰翅鸡	*Falcipennis falcipennis*		二级	
松鸡	*Tetrao urogallus*		二级	
黑嘴松鸡	*Tetrao urogalloides*	一级		原名"细嘴松鸡"
黑琴鸡	*Lyrurus tetrix*	一级		
岩雷鸟	*Lagopus muta*		二级	
柳雷鸟	*Lagopus lagopus*		二级	
红喉雉鹑	*Tetraophasis obscurus*	一级		原名"雉鹑"
黄喉雉鹑	*Tetraophasis szechenyii*	一级		

续表

中文名	学名	保护级别		备注
暗腹雪鸡	*Tetraogallus himalayensis*		二级	
藏雪鸡	*Tetraogallus tibetanus*		二级	
阿尔泰雪鸡	*Tetraogallus altaicus*		二级	
大石鸡	*Alectoris magna*		二级	
血雉	*Ithaginis cruentus*		二级	
黑头角雉	*Tragopan melanocephalus*	一级		
红胸角雉	*Tragopan satyra*	一级		
灰腹角雉	*Tragopan blythii*	一级		
红腹角雉	*Tragopan temminckii*		二级	
黄腹角雉	*Tragopan caboti*	一级		
勺鸡	*Pucrasia macrolopha*		二级	
棕尾虹雉	*Lophophorus impejanus*	一级		
白尾梢虹雉	*Lophophorus sclateri*	一级		
绿尾虹雉	*Lophophorus lhuysii*	一级		
红原鸡	*Gallus gallus*		二级	原名“原鸡”
黑鹇	*Lophura leucomelanos*		二级	
白鹇	*Lophura nycthemera*		二级	
蓝腹鹇	*Lophura swinhoii*	一级		原名“蓝鹇”
白马鸡	*Crossoptilon crossoptilon*		二级	原名“藏马鸡”
藏马鸡	*Crossoptilon harmani*		二级	
褐马鸡	*Crossoptilon mantchuricum*	一级		
蓝马鸡	*Crossoptilon auritum*		二级	
白颈长尾雉	*Syrmaticus ellioti*	一级		
黑颈长尾雉	*Syrmaticus humiae*	一级		
黑长尾雉	*Syrmaticus mikado*	一级		
白冠长尾雉	*Syrmaticus reevesii*	一级		
红腹锦鸡	*Chrysolophus pictus*		二级	
白腹锦鸡	*Chrysolophus amherstiae*		二级	
灰孔雀雉	*Polyplectron bicalcaratum*	一级		原名“孔雀雉”
海南孔雀雉	*Polyplectron katsumatae*	一级		
绿孔雀	*Pavo muticus*	一级		
雁形目	ANSERIFORMES			

续表

中文名	学名	保护级别		备注
鸭科	Anatidae			
栗树鸭	*Dendrocygna javanica*		二级	
鸿雁	*Anser cygnoid*		二级	
白额雁	*Anser albifrons*		二级	
小白额雁	*Anser erythropus*		二级	
红胸黑雁	*Branta ruficollis*		二级	
疣鼻天鹅	*Cygnus olor*		二级	
小天鹅	*Cygnus columbianus*		二级	
大天鹅	*Cygnus cygnus*		二级	
鸳鸯	*Aix galericulata*		二级	
棉凫	*Nettapus coromandelianus*		二级	
花脸鸭	*Sibirionetta formosa*		二级	
云石斑鸭	*Marmaronetta angustirostris*		二级	
青头潜鸭	*Aythya baeri*	一级		
斑头秋沙鸭	*Mergellus albellus*		二级	
中华秋沙鸭	*Mergus squamatus*	一级		
白头硬尾鸭	*Oxyura leucocephala*	一级		
白翅栖鸭	*Cairina scutulata*		二级	
䴙䴘目	PODICIPEDIFORMES			
䴙䴘科	Podicipedidae			
赤颈䴙䴘	*Podiceps grisegena*		二级	
角䴙䴘	*Podiceps auritus*		二级	
黑颈䴙䴘	*Podiceps nigricollis*		二级	
鸽形目	COLUMBIFORMES			
鸠鸽科	Columbidae			
中亚鸽	*Columba eversmanni*		二级	
斑尾林鸽	*Columba palumbus*		二级	
紫林鸽	*Columba punicea*		二级	
斑尾鹃鸠	*Macropygia unchall*		二级	
菲律宾鹃鸠	*Macropygia tenuirostris*		二级	
小鹃鸠	*Macropygia ruficeps*	一级		原名"棕头鹃鸠"
橙胸绿鸠	*Treron bicinctus*		二级	

续表

中文名	学名	保护级别		备注
灰头绿鸠	*Treron pompadora*		二级	
厚嘴绿鸠	*Treron curvirostra*		二级	
黄脚绿鸠	*Treron phoenicopterus*		二级	
针尾绿鸠	*Treron apicauda*		二级	
楔尾绿鸠	*Treron sphenurus*		二级	
红翅绿鸠	*Treron sieboldii*		二级	
红顶绿鸠	*Treron formosae*		二级	
黑颏果鸠	*Ptilinopus leclancheri*		二级	
绿皇鸠	*Ducula aenea*		二级	
山皇鸠	*Ducula badia*		二级	
沙鸡目	PTEROCLIFORMES			
沙鸡科	Pteroclidae			
黑腹沙鸡	*Pterocles orientalis*		二级	
夜鹰目	CAPRIMULGIFORMES			
蛙口夜鹰科	Podargidae			
黑顶蛙口夜鹰	*Batrachostomus hodgsoni*		二级	
凤头雨燕科	Hemiprocnidae			
凤头雨燕	*Hemiprocne coronata*		二级	
雨燕科	Apodidae			
爪哇金丝燕	*Aerodramus fuciphagus*		二级	
灰喉针尾雨燕	*Hirundapus cochinchinensis*		二级	
鹃形目	CUCULIFORMES			
杜鹃科	Cuculidae			
褐翅鸦鹃	*Centropus sinensis*		二级	
小鸦鹃	*Centropus bengalensis*		二级	
鸨形目#	OTIDIFORMES			
鸨科	Otididae			
大鸨	*Otis tarda*	一级		
波斑鸨	*Chlamydotis macqueenii*	一级		
小鸨	*Tetrax tetrax*	一级		
鹤形目	GRUIFORMES			
秧鸡科	Rallidae			

续表

中文名	学名	保护级别		备注
花田鸡	*Coturnicops exquisitus*		二级	
长脚秧鸡	*Crex crex*		二级	
棕背田鸡	*Zapornia bicolor*		二级	
姬田鸡	*Zapornia parva*		二级	
斑胁田鸡	*Zapornia paykullii*		二级	
紫水鸡	*Porphyrio porphyrio*		二级	
鹤科#	Gruidae			
白鹤	*Grus leucogeranus*	一级		
沙丘鹤	*Grus canadensis*		二级	
白枕鹤	*Grus vipio*	一级		
赤颈鹤	*Grus antigone*	一级		
蓑羽鹤	*Grus virgo*		二级	
丹顶鹤	*Grus japonensis*	一级		
灰鹤	*Grus grus*		二级	
白头鹤	*Grus monacha*	一级		
黑颈鹤	*Grus nigricollis*	一级		
鸻形目	CHARADRIIFORMES			
石鸻科	Burhinidae			
大石鸻	*Esacus recurvirostris*		二级	
鹮嘴鹬科	Ibidorhynchidae			
鹮嘴鹬	*Ibidorhyncha struthersii*		二级	
鸻科	Charadriidae			
黄颊麦鸡	*Vanellus gregarius*		二级	
水雉科	Jacanidae			
水雉	*Hydrophasianus chirurgus*		二级	
铜翅水雉	*Metopidius indicus*		二级	
鹬科	Scolopacidae			
林沙锥	*Gallinago nemoricola*		二级	
半蹼鹬	*Limnodromus semipalmatus*		二级	
小杓鹬	*Numenius minutus*		二级	
白腰杓鹬	*Numenius arquata*		二级	
大杓鹬	*Numenius madagascariensis*		二级	

续表

中文名	学名	保护级别		备注
小青脚鹬	*Tringa guttifer*	一级		
翻石鹬	*Arenaria interpres*		二级	
大滨鹬	*Calidris tenuirostris*		二级	
勺嘴鹬	*Calidris pygmeus*	一级		
阔嘴鹬	*Calidris falcinellus*		二级	
燕鸻科	Glareolidae			
灰燕鸻	*Glareola lactea*		二级	
鸥科	Laridae			
黑嘴鸥	*Saundersilarus saundersi*	一级		
小鸥	*Hydrocoloeus minutus*		二级	
遗鸥	*Ichthyaetus relictus*	一级		
大凤头燕鸥	*Thalasseus bergii*		二级	
中华凤头燕鸥	*Thalasseus bernsteini*	一级		原名“黑嘴端凤头燕鸥”
河燕鸥	*Sterna aurantia*	一级		原名“黄嘴河燕鸥”
黑腹燕鸥	*Sterna acuticauda*		二级	
黑浮鸥	*Chlidonias niger*		二级	
海雀科	Alcidae			
冠海雀	*Synthliboramphus wumizusume*		二级	
鹱形目	PROCELLARIIFORMES			
信天翁科	Diomedeidae			
黑脚信天翁	*Phoebastria nigripes*	一级		
短尾信天翁	*Phoebastria albatrus*	一级		
鹳形目	CICONIIFORMES			
鹳科	Ciconiidae			
彩鹳	*Mycteria leucocephala*	一级		
黑鹳	*Ciconia nigra*	一级		
白鹳	*Ciconia ciconia*	一级		
东方白鹳	*Ciconia boyciana*	一级		
秃鹳	*Leptoptilos javanicus*		二级	
鲣鸟目	SULIFORMES			
军舰鸟科	Fregatidae			
白腹军舰鸟	*Fregata andrewsi*	一级		

续表

中文名	学名	保护级别		备注
黑腹军舰鸟	*Fregata minor*		二级	
白斑军舰鸟	*Fregata ariel*		二级	
鲣鸟科#	Sulidae			
蓝脸鲣鸟	*Sula dactylatra*		二级	
红脚鲣鸟	*Sula sula*		二级	
褐鲣鸟	*Sula leucogaster*		二级	
鸬鹚科	Phalacrocoracidae			
黑颈鸬鹚	*Microcarbo niger*		二级	
海鸬鹚	*Phalacrocorax pelagicus*		二级	
鹈形目	PELECANIFORMES			
鹮科	Threskiornithidae			
黑头白鹮	*Threskiornis melanocephalus*	一级		原名“白鹮”
白肩黑鹮	*Pseudibis davisoni*	一级		原名“黑鹮”
朱鹮	*Nipponia nippon*	一级		
彩鹮	*Plegadis falcinellus*	一级		
白琵鹭	*Platalea leucorodia*		二级	
黑脸琵鹭	*Platalea minor*	一级		
鹭科	Ardeidae			
小苇鳽	*Ixobrychus minutus*		二级	
海南鳽	*Gorsachius magnificus*	一级		原名“海南虎斑鳽”
栗头鳽	*Gorsachius goisagi*		二级	
黑冠鳽	*Gorsachius melanolophus*		二级	
白腹鹭	*Ardea insignis*	一级		
岩鹭	*Egretta sacra*		二级	
黄嘴白鹭	*Egretta eulophotes*	一级		
鹈鹕科#	Pelecanidae			
白鹈鹕	*Pelecanus onocrotalus*	一级		
斑嘴鹈鹕	*Pelecanus philippensis*	一级		
卷羽鹈鹕	*Pelecanus crispus*	一级		
鹰形目#	ACCIPITRIFORMES			
鹗科	Pandionidae			
鹗	*Pandion haliaetus*		二级	

续表

中文名	学名	保护级别		备注
鹰科	Accipitridae			
黑翅鸢	*Elanus caeruleus*		二级	
胡兀鹫	*Gypaetus barbatus*	一级		
白兀鹫	*Neophron percnopterus*		二级	
鹃头蜂鹰	*Pernis apivorus*		二级	
凤头蜂鹰	*Pernis ptilorhynchus*		二级	
褐冠鹃隼	*Aviceda jerdoni*		二级	
黑冠鹃隼	*Aviceda leuphotes*		二级	
兀鹫	*Gyps fulvus*		二级	
长嘴兀鹫	*Gyps indicus*		二级	
白背兀鹫	*Gyps bengalensis*	一级		原名"拟兀鹫"
高山兀鹫	*Gyps himalayensis*		二级	
黑兀鹫	*Sarcogyps calvus*	一级		
秃鹫	*Aegypius monachus*	一级		
蛇雕	*Spilornis cheela*		二级	
短趾雕	*Circaetus gallicus*		二级	
凤头鹰雕	*Nisaetus cirrhatus*		二级	
鹰雕	*Nisaetus nipalensis*		二级	
棕腹隼雕	*Lophotriorchis kienerii*		二级	
林雕	*Ictinaetus malaiensis*		二级	
乌雕	*Clanga clanga*	一级		
靴隼雕	*Hieraaetus pennatus*		二级	
草原雕	*Aquila nipalensis*	一级		
白肩雕	*Aquila heliaca*	一级		
金雕	*Aquila chrysaetos*	一级		
白腹隼雕	*Aquila fasciata*		二级	
凤头鹰	*Accipiter trivirgatus*		二级	
褐耳鹰	*Accipiter badius*		二级	
赤腹鹰	*Accipiter soloensis*		二级	
日本松雀鹰	*Accipiter gularis*		二级	
松雀鹰	*Accipiter virgatus*		二级	
雀鹰	*Accipiter nisus*		二级	

续表

中文名	学名	保护级别		备注
苍鹰	*Accipiter gentilis*		二级	
白头鹞	*Circus aeruginosus*		二级	
白腹鹞	*Circus spilonotus*		二级	
白尾鹞	*Circus cyaneus*		二级	
草原鹞	*Circus macrourus*		二级	
鹊鹞	*Circus melanoleucos*		二级	
乌灰鹞	*Circus pygargus*		二级	
黑鸢	*Milvus migrans*		二级	
栗鸢	*Haliastur indus*		二级	
白腹海雕	*Haliaeetus leucogaster*	一级		
玉带海雕	*Haliaeetus leucoryphus*	一级		
白尾海雕	*Haliaeetus albicilla*	一级		
虎头海雕	*Haliaeetus pelagicus*	一级		
渔雕	*Ichthyophaga humilis*		二级	
白眼鵟鹰	*Butastur teesa*		二级	
棕翅鵟鹰	*Butastur liventer*		二级	
灰脸鵟鹰	*Butastur indicus*		二级	
毛脚鵟	*Buteo lagopus*		二级	
大鵟	*Buteo hemilasius*		二级	
普通鵟	*Buteo japonicus*		二级	
喜山鵟	*Buteo refectus*		二级	
欧亚鵟	*Buteo buteo*		二级	
棕尾鵟	*Buteo rufinus*		二级	
鸮形目#	STRIGIFORMES			
鸱鸮科	Strigidae			
黄嘴角鸮	*Otus spilocephalus*		二级	
领角鸮	*Otus lettia*		二级	
北领角鸮	*Otus semitorques*		二级	
纵纹角鸮	*Otus brucei*		二级	
西红角鸮	*Otus scops*		二级	
红角鸮	*Otus sunia*		二级	
优雅角鸮	*Otus elegans*		二级	

续表

中文名	学名	保护级别		备注
雪鸮	*Bubo scandiacus*		二级	
雕鸮	*Bubo bubo*		二级	
林雕鸮	*Bubo nipalensis*		二级	
毛腿雕鸮	*Bubo blakistoni*	一级		
褐渔鸮	*Ketupa zeylonensis*		二级	
黄腿渔鸮	*Ketupa flavipes*		二级	
褐林鸮	*Strix leptogrammica*		二级	
灰林鸮	*Strix aluco*		二级	
长尾林鸮	*Strix uralensis*		二级	
四川林鸮	*Strix davidi*	一级		
乌林鸮	*Strix nebulosa*		二级	
猛鸮	*Surnia ulula*		二级	
花头鸺鹠	*Glaucidium passerinum*		二级	
领鸺鹠	*Glaucidium brodiei*		二级	
斑头鸺鹠	*Glaucidium cuculoides*		二级	
纵纹腹小鸮	*Athene noctua*		二级	
横斑腹小鸮	*Athene brama*		二级	
鬼鸮	*Aegolius funereus*		二级	
鹰鸮	*Ninox scutulata*		二级	
日本鹰鸮	*Ninox japonica*		二级	
长耳鸮	*Asio otus*		二级	
短耳鸮	*Asio flammeus*		二级	
草鸮科	Tytonidae			
仓鸮	*Tyto alba*		二级	
草鸮	*Tyto longimembris*		二级	
栗鸮	*Phodilus badius*		二级	
咬鹃目#	TROGONIFORMES			
咬鹃科	Trogonidae			
橙胸咬鹃	*Harpactes oreskios*		二级	
红头咬鹃	*Harpactes erythrocephalus*		二级	
红腹咬鹃	*Harpactes wardi*		二级	
犀鸟目	BUCEROTIFORMES			

续表

中文名	学名	保护级别		备注
犀鸟科#	*Bucerotidae*			
白喉犀鸟	*Anorrhinus austeni*	一级		
冠斑犀鸟	*Anthracoceros albirostris*	一级		
双角犀鸟	*Buceros bicornis*	一级		
棕颈犀鸟	*Aceros nipalensis*	一级		
花冠皱盔犀鸟	*Rhyticeros undulatus*	一级		
佛法僧目	CORACIIFORMES			
蜂虎科	Meropidae			
赤须蜂虎	*Nyctyornis amictus*		二级	
蓝须蜂虎	*Nyctyornis athertoni*		二级	
绿喉蜂虎	*Merops orientalis*		二级	
蓝颊蜂虎	*Merops persicus*		二级	
栗喉蜂虎	*Merops philippinus*		二级	
彩虹蜂虎	*Merops ornatus*		二级	
蓝喉蜂虎	*Merops viridis*		二级	
栗头蜂虎	*Merops leschenaultia*		二级	原名“黑胸蜂虎”
翠鸟科	Alcedinidae			
鹳嘴翡翠	*Pelargopsis capensis*		二级	原名“鹳嘴翠鸟”
白胸翡翠	*Halcyon smyrnensis*		二级	
蓝耳翠鸟	*Alcedo meninting*		二级	
斑头大翠鸟	*Alcedo hercules*		二级	
啄木鸟目	PICIFORMES			
啄木鸟科	Picidae			
白翅啄木鸟	*Dendrocopos leucopterus*		二级	
三趾啄木鸟	*Picoides tridactylus*		二级	
白腹黑啄木鸟	*Dryocopus javensis*		二级	
黑啄木鸟	*Dryocopus martius*		二级	
大黄冠啄木鸟	*Chrysophlegma flavinucha*		二级	
黄冠啄木鸟	*Picus chlorolophus*		二级	
红颈绿啄木鸟	*Picus rabieri*		二级	
大灰啄木鸟	*Mulleripicus pulverulentus*		二级	
隼形目#	FALCONIFORMES			

续表

中文名	学名	保护级别		备注
隼科	Falconidae			
红腿小隼	*Microhierax caerulescens*		二级	
白腿小隼	*Microhierax melanoleucus*		二级	
黄爪隼	*Falco naumanni*		二级	
红隼	*Falco tinnunculus*		二级	
西红脚隼	*Falco vespertinus*		二级	
红脚隼	*Falco amurensis*		二级	
灰背隼	*Falco columbarius*		二级	
燕隼	*Falco subbuteo*		二级	
猛隼	*Falco severus*		二级	
猎隼	*Falco cherrug*	一级		
矛隼	*Falco rusticolus*	一级		
游隼	*Falco peregrinus*		二级	
鹦形目#	PSITTACIFORMES			
鹦鹉科	Psittacidae			
短尾鹦鹉	*Loriculus vernalis*		二级	
蓝腰鹦鹉	*Psittinus cyanurus*		二级	
亚历山大鹦鹉	*Psittacula eupatria*		二级	
红领绿鹦鹉	*Psittacula krameri*		二级	
青头鹦鹉	*Psittacula himalayana*		二级	
灰头鹦鹉	*Psittacula finschii*		二级	
花头鹦鹉	*Psittacula roseata*		二级	
大紫胸鹦鹉	*Psittacula derbiana*		二级	
绯胸鹦鹉	*Psittacula alexandri*		二级	
雀形目	PASSERIFORMES			
八色鸫科#	Pittidae			
双辫八色鸫	*Pitta phayrei*		二级	
蓝枕八色鸫	*Pitta nipalensis*		二级	
蓝背八色鸫	*Pitta soror*		二级	
栗头八色鸫	*Pitta oatesi*		二级	
蓝八色鸫	*Pitta cyanea*		二级	
绿胸八色鸫	*Pitta sordida*		二级	

续表

中文名	学名	保护级别		备注
仙八色鸫	*Pitta nympha*		二级	
蓝翅八色鸫	*Pitta moluccensis*		二级	
阔嘴鸟科#	Eurylaimidae			
长尾阔嘴鸟	*Psarisomus dalhousiae*		二级	
银胸丝冠鸟	*Serilophus lunatus*		二级	
黄鹂科	Oriolidae			
鹊鹂	*Oriolus mellianus*		二级	
卷尾科	Dicruridae			
小盘尾	*Dicrurus remifer*		二级	
大盘尾	*Dicrurus paradiseus*		二级	
鸦科	Corvidae			
黑头噪鸦	*Perisoreus internigrans*	一级		
蓝绿鹊	*Cissa chinensis*		二级	
黄胸绿鹊	*Cissa hypoleuca*		二级	
黑尾地鸦	*Podoces hendersoni*		二级	
白尾地鸦	*Podoces biddulphi*		二级	
山雀科	Paridae			
白眉山雀	*Poecile superciliosus*		二级	
红腹山雀	*Poecile davidi*		二级	
百灵科	Alaudidae			
歌百灵	*Mirafra javanica*		二级	
蒙古百灵	*Melanocorypha mongolica*		二级	
云雀	*Alauda arvensis*		二级	
苇莺科	Acrocephalidae			
细纹苇莺	*Acrocephalus sorghophilus*		二级	
鹎科	Pycnonotidae			
台湾鹎	*Pycnonotus taivanus*		二级	
莺鹛科	Sylviidae			
金胸雀鹛	*Lioparus chrysotis*		二级	
宝兴鹛雀	*Moupinia poecilotis*		二级	
中华雀鹛	*Fulvetta striaticollis*		二级	
三趾鸦雀	*Cholornis paradoxus*		二级	

续表

中文名	学名	保护级别		备注
白眶鸦雀	*Sinosuthora conspicillata*		二级	
暗色鸦雀	*Sinosuthora zappeyi*		二级	
灰冠鸦雀	*Sinosuthora przewalskii*	一级		
短尾鸦雀	*Neosuthora davidiana*		二级	
震旦鸦雀	*Paradoxornis heudei*		二级	
绣眼鸟科	Zosteropidae			
红胁绣眼鸟	*Zosterops erythropleurus*		二级	
林鹛科	Timaliidae			
淡喉鹩鹛	*Spelaeornis kinneari*		二级	
弄岗穗鹛	*Stachyris nonggangensis*		二级	
幽鹛科	Pellorneidae			
金额雀鹛	*Schoeniparus variegaticeps*	一级		
噪鹛科	Leiothrichidae			
大草鹛	*Babax waddelli*		二级	
棕草鹛	*Babax koslowi*		二级	
画眉	*Garrulax canorus*		二级	
海南画眉	*Garrulax owstoni*		二级	
台湾画眉	*Garrulax taewanus*		二级	
褐胸噪鹛	*Garrulax maesi*		二级	
黑额山噪鹛	*Garrulax sukatschewi*	一级		
斑背噪鹛	*Garrulax lunulatus*		二级	
白点噪鹛	*Garrulax bieti*	一级		
大噪鹛	*Garrulax maximus*		二级	
眼纹噪鹛	*Garrulax ocellatus*		二级	
黑喉噪鹛	*Garrulax chinensis*		二级	
蓝冠噪鹛	*Garrulax courtoisi*	一级		
棕噪鹛	*Garrulax berthemyi*		二级	
橙翅噪鹛	*Trochalopteron elliotii*		二级	
红翅噪鹛	*Trochalopteron formosum*		二级	
红尾噪鹛	*Trochalopteron milnei*		二级	
黑冠薮鹛	*Liocichla bugunorum*	一级		
灰胸薮鹛	*Liocichla omeiensis*	一级		

续表

中文名	学名	保护级别		备注
银耳相思鸟	*Leiothrix argentauris*		二级	
红嘴相思鸟	*Leiothrix lutea*		二级	
旋木雀科	Certhiidae			
四川旋木雀	*Certhia tianquanensis*		二级	
䴓科	Sittidae			
滇䴓	*Sitta yunnanensis*		二级	
巨䴓	*Sitta magna*		二级	
丽䴓	*Sitta formosa*		二级	
椋鸟科	Sturnidae			
鹩哥	*Gracula religiosa*		二级	
鸫科	Turdidae			
褐头鸫	*Turdus feae*		二级	
紫宽嘴鸫	*Cochoa purpurea*		二级	
绿宽嘴鸫	*Cochoa viridis*		二级	
鹟科	Muscicapidae			
棕头歌鸲	*Larvivora ruficeps*	一级		
红喉歌鸲	*Calliope calliope*		二级	
黑喉歌鸲	*Calliope obscura*		二级	
金胸歌鸲	*Calliope pectardens*		二级	
蓝喉歌鸲	*Luscinia svecica*		二级	
新疆歌鸲	*Luscinia megarhynchos*		二级	
棕腹林鸲	*Tarsiger hyperythrus*		二级	
贺兰山红尾鸲	*Phoenicurus alaschanicus*		二级	
白喉石䳭	*Saxicola insignis*		二级	
白喉林鹟	*Cyornis brunneatus*		二级	
棕腹大仙鹟	*Niltava davidi*		二级	
大仙鹟	*Niltava grandis*		二级	
岩鹨科	Prunellidae			
贺兰山岩鹨	*Prunella koslowi*		二级	
朱鹀科	Urocynchramidae			
朱鹀	*Urocynchramus pylzowi*		二级	
燕雀科	Fringillidae			

续表

中文名	学名	保护级别		备注
褐头朱雀	*Carpodacus sillemi*		二级	
藏雀	*Carpodacus roborowskii*		二级	
北朱雀	*Carpodacus roseus*		二级	
红交嘴雀	*Loxia curvirostra*		二级	
鹀科	Emberizidae			
蓝鹀	*Emberiza siemsseni*		二级	
栗斑腹鹀	*Emberiza jankowskii*	一级		
黄胸鹀	*Emberiza aureola*	一级		
藏鹀	*Emberiza koslowi*		二级	
爬行纲 REPTILIA				
龟鳖目	TESTUDINES			
平胸龟科#	Platysternidae			
* 平胸龟	*Platysternon megacephalum*		二级	仅限野外种群
陆龟科#	Testudinidae			
缅甸陆龟	*Indotestudo elongata*	一级		
凹甲陆龟	*Manouria impressa*	一级		
四爪陆龟	*Testudo horsfieldii*	一级		
地龟科	Geoemydidae			
* 欧氏摄龟	*Cyclemys oldhami*		二级	
* 黑颈乌龟	*Mauremys nigricans*		二级	仅限野外种群
* 乌龟	*Mauremys reevesii*		二级	仅限野外种群
* 花龟	*Mauremys sinensis*		二级	仅限野外种群
* 黄喉拟水龟	*Mauremys mutica*		二级	仅限野外种群
* 闭壳龟属所有种	*Cuora spp.*		二级	仅限野外种群
* 地龟	*Geoemyda spengleri*		二级	
* 眼斑水龟	*Sacalia bealei*		二级	仅限野外种群
* 四眼斑水龟	*Sacalia quadriocellata*		二级	仅限野外种群
海龟科#	Cheloniidae			
* 蠵龟	*Caretta caretta*	一级		
* 绿海龟	*Chelonia mydas*	一级		
* 玳瑁	*Eretmochelys imbricata*	一级		
* 太平洋丽龟	*Lepidochelys olivacea*	一级		

走私珍贵动物、珍贵动物制品罪

续表

中文名	学名	保护级别		备注
棱皮龟科#	Dermochelyidae			
*棱皮龟	*Dermochelys coriacea*	一级		
鳖科	Trionychidae			
*鼋	*Pelochelys cantorii*	一级		
*山瑞鳖	*Palea steindachneri*		二级	仅限野外种群
*斑鳖	*Rafetus swinhoei*	一级		
有鳞目	SQUAMATA			
壁虎科	Gekkonidae			
大壁虎	*Gekko gecko*		二级	
黑疣大壁虎	*Gekko reevesii*		二级	
球趾虎科	Sphaerodactylidae			
伊犁沙虎	*Teratoscincus scincus*		二级	
吐鲁番沙虎	*Teratoscincus roborowskii*		二级	
睑虎科#	Eublepharidae			
英德睑虎	*Goniurosaurus yingdeensis*		二级	
越南睑虎	*Goniurosaurus araneus*		二级	
霸王岭睑虎	*Goniurosaurus bawanglingensis*		二级	
海南睑虎	*Goniurosaurus hainanensis*		二级	
嘉道理睑虎	*Goniurosaurus kadoorieorum*		二级	
广西睑虎	*Goniurosaurus kwangsiensis*		二级	
荔波睑虎	*Goniurosaurus liboensis*		二级	
凭祥睑虎	*Goniurosaurus luii*		二级	
蒲氏睑虎	*Goniurosaurus zhelongi*		二级	
周氏睑虎	*Goniurosaurus zhoui*		二级	
鬣蜥科	Agamidae			
巴塘龙蜥	*Diploderma batangense*		二级	
短尾龙蜥	*Diploderma brevicandum*		二级	
侏龙蜥	*Diploderma drukdaypo*		二级	
滑腹龙蜥	*Diploderma laeviventre*		二级	
宜兰龙蜥	*Diploderma luei*		二级	
溪头龙蜥	*Diploderma makii*		二级	
帆背龙蜥	*Diploderma vela*		二级	

续表

中文名	学名	保护级别		备注
蜡皮蜥	*Leiolepis reevesii*		二级	
贵南沙蜥	*Phrynocephalus guinanensis*		二级	
大耳沙蜥	*Phrynocephalus mystaceus*	一级		
长鬣蜥	*Physignathus cocincinus*		二级	
蛇蜥科#	Anguidae			
细脆蛇蜥	*Ophisaurus gracilis*		二级	
海南脆蛇蜥	*Ophisaurus hainanensis*		二级	
脆蛇蜥	*Ophisaurus harti*		二级	
鳄蜥科	Shinisauridae			
鳄蜥	*Shinisaurus crocodilurus*	一级		
巨蜥科#	Varanidae			
孟加拉巨蜥	*Varanus bengalensis*	一级		
圆鼻巨蜥	*Varanus salvator*	一级		原名“巨蜥”
石龙子科	Scincidae			
桓仁滑蜥	*Scincella huanrenensis*		二级	
双足蜥科	Dibamidae			
香港双足蜥	*Dibamus bogadeki*		二级	
盲蛇科	Typhlopidae			
香港盲蛇	*Indotyphlops lazelli*		二级	
筒蛇科	Cykindrophiidae			
红尾筒蛇	*Cylindrophis ruffus*		二级	
闪鳞蛇科	Xenopeltidae			
闪鳞蛇	*Xenopeltis unicolor*		二级	
蚺科#	Boidae			
红沙蟒	*Eryx miliaris*		二级	
东方沙蟒	*Eryx tataricus*		二级	
蟒科#	Pythonidae			
蟒蛇	*Python bivittatus*		二级	原名“蟒”
闪皮蛇科	Xenodermidae			
井冈山脊蛇	*Achalinus jinggangensis*		二级	
游蛇科	Colubridae			
三索蛇	*Coelognathus radiatus*		二级	

续表

中文名	学名	保护级别		备注
团花锦蛇	*Elaphe davidi*		二级	
横斑锦蛇	*Euprepiophis perlaceus*		二级	
尖喙蛇	*Rhynchophis boulengeri*		二级	
西藏温泉蛇	*Thermophis baileyi*	一级		
香格里拉温泉蛇	*Thermophis shangrila*	一级		
四川温泉蛇	*Thermophis zhaoermii*	一级		
黑网乌梢蛇	*Zaocys carinatus*		二级	
瘰鳞蛇科	Acrochordidae			
* 瘰鳞蛇	*Acrochordus granulatus*		二级	
眼镜蛇科	Elapidae			
眼镜王蛇	*Ophiophagus hannah*		二级	
* 蓝灰扁尾海蛇	*Laticauda colubrina*		二级	
* 扁尾海蛇	*Laticauda laticaudata*		二级	
* 半环扁尾海蛇	*Laticauda semifasciata*		二级	
* 龟头海蛇	*Emydocephalus ijimae*		二级	
* 青环海蛇	*Hydrophis cyanocinctus*		二级	
* 环纹海蛇	*Hydrophis fasciatus*		二级	
* 黑头海蛇	*Hydrophis melanocephalus*		二级	
* 淡灰海蛇	*Hydrophis ornatus*		二级	
* 棘眦海蛇	*Hydrophis peronii*		二级	
* 棘鳞海蛇	*Hydrophis stokesii*		二级	
* 青灰海蛇	*Hydrophis caerulescens*		二级	
* 平颏海蛇	*Hydrophis curtus*		二级	
* 小头海蛇	*Hydrophis gracilis*		二级	
* 长吻海蛇	*Hydrophis platurus*		二级	
* 截吻海蛇	*Hydrophis jerdonii*		二级	
* 海蝰	*Hydrophis viperinus*		二级	
蝰科	Viperidae			
泰国圆斑蝰	*Daboia siamensis*		二级	
蛇岛蝮	*Gloydius shedaoensis*		二级	
角原矛头蝮	*Protobothrops cornutus*		二级	
莽山烙铁头蛇	*Protobothrops mangshanensis*	一级		

续表

中文名	学名	保护级别		备注
极北蝰	*Vipera berus*		二级	
东方蝰	*Vipera renardi*		二级	
鳄目	CROCODYLIA			
鼍科#	Alligatoridae			
*扬子鳄	*Alligator sinensis*	一级		
两栖纲 AMPHIBIA				
蚓螈目	GYMNOPHIONA			
鱼螈科	Ichthyophiidae			
版纳鱼螈	*Ichthyophis bannanicus*		二级	
有尾目	CAUDATA			
小鲵科#	Hynobiidae			
*安吉小鲵	*Hynobius amjiensis*	一级		
*中国小鲵	*Hynobius chinensis*	一级		
*挂榜山小鲵	*Hynobius guabangshanensis*	一级		
*猫儿山小鲵	*Hynobius maoershansis*	一级		
*普雄原鲵	*Protohynobius puxiongensis*	一级		
*辽宁爪鲵	*Onychodactylus zhaoermii*	一级		
*吉林爪鲵	*Onychodactylus zhangyapingi*		二级	
*新疆北鲵	*Ranodon sibiricus*		二级	
*极北鲵	*Salamandrella keyserlingii*		二级	
*巫山巴鲵	*Liua shihi*		二级	
*秦巴巴鲵	*Liua tsinpaensis*		二级	
*黄斑拟小鲵	*Pseudohynobius flavomaculatus*		二级	
*贵州拟小鲵	*Pseudohynobius guizhouensis*		二级	
*金佛拟小鲵	*Pseudohynobius jinfo*		二级	
*宽阔水拟小鲵	*Pseudohynobius kuankuoshuiensis*		二级	
*水城拟小鲵	*Pseudohynobius shuichengensis*		二级	
*弱唇褶山溪鲵	*Batrachuperus cochranae*		二级	
*无斑山溪鲵	*Batrachuperus karlschmidti*		二级	
*龙洞山溪鲵	*Batrachuperus londongensis*		二级	
*山溪鲵	*Batrachuperus pinchonii*		二级	
*西藏山溪鲵	*Batrachuperus tibetanus*		二级	

续表

中文名	学名	保护级别		备注
* 盐源山溪鲵	*Batrachuperus yenyuanensis*		二级	
* 阿里山小鲵	*Hynobius arisanensis*		二级	
* 台湾小鲵	*Hynobius formosanus*		二级	
* 观雾小鲵	*Hynobius fuca*		二级	
* 南湖小鲵	*Hynobius glacialis*		二级	
* 东北小鲵	*Hynobius leechii*		二级	
* 楚南小鲵	*Hynobius sonani*		二级	
* 义乌小鲵	*Hynobius yiwuensis*		二级	
隐鳃鲵科	Cryptobranchidae			
* 大鲵	*Andrias davidianus*		二级	仅限野外种群
蝾螈科	Salamandroidae			
* 潮汕蝾螈	*Cynops orphicus*		二级	
* 大凉螈	*Liangshantriton taliangensis*		二级	原名"大凉疣螈"
* 贵州疣螈	*Tylototriton kweichowensis*		二级	
* 川南疣螈	*Tylototriton pseudoverrucosus*		二级	
* 丽色疣螈	*Tylototriton pulcherrima*		二级	
* 红瘰疣螈	*Tylototriton shanjing*		二级	
* 棕黑疣螈	*Tylototriton verrucosus*		二级	原名"细瘰疣螈"
* 滇南疣螈	*Tylototriton yangi*		二级	
* 安徽瑶螈	*Yaotriton anhuiensis*		二级	
* 细痣瑶螈	*Yaotriton asperrimus*		二级	原名"细痣疣螈"
* 宽脊瑶螈	*Yaotriton broadoridgus*		二级	
* 大别瑶螈	*Yaotriton dabienicus*		二级	
* 海南瑶螈	*Yaotriton hainanensis*		二级	
* 浏阳瑶螈	*Yaotriton liuyangensis*		二级	
* 莽山瑶螈	*Yaotriton lizhenchangi*		二级	
* 文县瑶螈	*Yaotriton wenxianensis*		二级	
* 蔡氏瑶螈	*Yaotriton ziegleri*		二级	
* 镇海棘螈	*Echinotriton chinhaiensis*	一级		原名"镇海疣螈"
* 琉球棘螈	*Echinotriton andersoni*		二级	
* 高山棘螈	*Echinotriton maxiquadratus*		二级	
* 橙脊瘰螈	*Paramesotriton aurantius*		二级	

续表

中文名	学名	保护级别		备注
* 尾斑瘰螈	*Paramesotriton caudopunctatus*		二级	
* 中国瘰螈	*Paramesotriton chinensis*		二级	
* 越南瘰螈	*Paramesotriton deloustali*		二级	
* 富钟瘰螈	*Paramesotriton fuzhongensis*		二级	
* 广西瘰螈	*Paramesotriton guangxiensis*		二级	
* 香港瘰螈	*Paramesotriton hongkongensis*		二级	
* 无斑瘰螈	*Paramesotriton labiatus*		二级	
* 龙里瘰螈	*Paramesotriton longliensis*		二级	
* 茂兰瘰螈	*Paramesotriton maolanensis*		二级	
* 七溪岭瘰螈	*Paramesotriton qixilingensis*		二级	
* 武陵瘰螈	*Paramesotriton wulingensis*		二级	
* 云雾瘰螈	*Paramesotriton yunwuensis*		二级	
* 织金瘰螈	*Paramesotriton zhijinensis*		二级	
无尾目	ANURA			
角蟾科	Megophryidae			
抱龙角蟾	*Boulenophrys baolongensis*		二级	
凉北齿蟾	*Oreolalax liangbeiensis*		二级	
金顶齿突蟾	*Scutiger chintingensis*		二级	
九龙齿突蟾	*Scutiger jiulongensis*		二级	
木里齿突蟾	*Scutiger muliensis*		二级	
宁陕齿突蟾	*Scutiger ningshanensis*		二级	
平武齿突蟾	*Scutiger pingwuensis*		二级	
哀牢髭蟾	*Vibrissaphora ailaonica*		二级	
峨眉髭蟾	*Vibrissaphora boringii*		二级	
雷山髭蟾	*Vibrissaphora leishanensis*		二级	
原髭蟾	*Vibrissaphora promustache*		二级	
南澳岛角蟾	*Xenophrys insularis*		二级	
水城角蟾	*Xenophrys shuichengensis*		二级	
蟾蜍科	Bufonidae			
史氏蟾蜍	*Bufo stejnegeri*		二级	
鳞皮小蟾	*Parapelophryne scalpta*		二级	
乐东蟾蜍	*Qiongbufo ledongensis*		二级	

续表

中文名	学名	保护级别		备注
无棘溪蟾	*Torrentophryne aspinia*		二级	
叉舌蛙科	Dicroglossidae			
* 虎纹蛙	*Hoplobatrachus chinensis*		二级	仅限野外种群
* 脆皮大头蛙	*Limnonectes fragilis*		二级	
* 叶氏肛刺蛙	*Yerana yei*			二级
蛙科	Ranidae			
* 海南湍蛙	*Amolops hainanensis*		二级	
* 香港湍蛙	*Amolops hongkongensis*		二级	
* 小腺蛙	*Glandirana minima*		二级	
* 务川臭蛙	*Odorrana wuchuanensis*		二级	
树蛙科	Rhacophoridae			
巫溪树蛙	*Rhacophorus hongchibaensis*		二级	
老山树蛙	*Rhacophorus laoshan*		二级	
罗默刘树蛙	*Liuixalus romeri*		二级	
洪佛树蛙	*Rhacophorus hungfuensis*		二级	
文昌鱼纲 AMPHIOXI				
文昌鱼目	AMPHIOXIFORMES			
文昌鱼科#	Branchiostomatidae			
* 厦门文昌鱼	*Branchiostoma belcheri*		二级	仅限野外种群。原名“文昌鱼”。
* 青岛文昌鱼	*Branchiostoma tsingdauense*		二级	仅限野外种群
圆口纲 CYCLOSTOMATA				
七鳃鳗目	PETROMYZONTIFORMES			
七鳃鳗科#	Petromyzontidae			
* 日本七鳃鳗	*Lampetra japonica*		二级	
* 东北七鳃鳗	*Lampetra morii*		二级	
* 雷氏七鳃鳗	*Lampetra reissneri*		二级	
软骨鱼纲 CHONDRICHTHYES				
鼠鲨目	LAMNIFORMES			
姥鲨科	Cetorhinidae			
* 姥鲨	*Cetorhinus maximus*		二级	
鼠鲨科	Lamnidae			

续表

中文名	学名	保护级别		备注
* 噬人鲨	*Carcharodon carcharias*		二级	
须鲨目	ORECTOLOBIFORMES			
鲸鲨科	Rhincodontidae			
* 鲸鲨	*Rhincodon typus*		二级	
鲼目	MYLIOBATIFORMES			
魟科	Dasyatidae			
* 黄魟	*Dasyatis bennettii*		二级	仅限陆封种群
硬骨鱼纲 OSTEICHTHYES				
鲟形目#	ACIPENSERIFORMES			
鲟科	Acipenseridae			
* 中华鲟	*Acipenser sinensis*	一级		
* 长江鲟	*Acipenser dabryanus*	一级		原名“达氏鲟”
* 鳇	*Huso dauricus*	一级		仅限野外种群
* 西伯利亚鲟	*Acipenser baerii*		二级	仅限野外种群
* 裸腹鲟	*Acipenser nudiventris*		二级	仅限野外种群
* 小体鲟	*Acipenser ruthenus*		二级	仅限野外种群
* 施氏鲟	*Acipenser schrenckii*		二级	仅限野外种群
匙吻鲟科	Polyodontidae			
* 白鲟	*Psephurus gladius*	一级		
鳗鲡目	ANGUILLIFORMES			
鳗鲡科	Anguillidae			
* 花鳗鲡	*Anguilla marmorata*		二级	
鲱形目	CLUPEIFORMES			
鲱科	Clupeidae			
* 鲥	*Tenualosa reevesii*	一级		
鲤形目	CYPRINIFORMES			
双孔鱼科	Gyrinocheilidae			
* 双孔鱼	*Gyrinocheilus aymonieri*		二级	仅限野外种群
裸吻鱼科	Psilorhynchidae			
* 平鳍裸吻鱼	*Psilorhynchus homaloptera*		二级	
亚口鱼科	Catostomidae			原名“胭脂鱼科”
* 胭脂鱼	*Myxocyprinus asiaticus*		二级	仅限野外种群

续表

中文名	学名	保护级别		备注
鲤科	Cyprinidae			
* 唐鱼	*Tanichthys albonubes*		二级	仅限野外种群
* 稀有𬶋鲫	*Gobiocypris rarus*		二级	仅限野外种群
* 鯮	*Luciobrama macrocephalus*		二级	
* 多鳞白鱼	*Anabarilius polylepis*		二级	
* 山白鱼	*Anabarilius transmontanus*		二级	
* 北方铜鱼	*Coreius septentrionalis*	一级		
* 圆口铜鱼	*Coreius guichenoti*		二级	仅限野外种群
* 大鼻吻𬶋	*Rhinogobio nasutus*		二级	
* 长鳍吻𬶋	*Rhinogobio ventralis*		二级	
* 平鳍鳅鮀	*Gobiobotia homalopteroidea*		二级	
* 单纹似鳡	*Luciocyprinus langsoni*		二级	
* 金线鲃属所有种	*Sinocyclocheilus* spp.		二级	
* 四川白甲鱼	*Onychostoma angustistomata*		二级	
* 多鳞白甲鱼	*Onychostoma macrolepis*		二级	仅限野外种群
* 金沙鲈鲤	*Percocypris pingi*		二级	仅限野外种群
* 花鲈鲤	*Percocypris regani*		二级	仅限野外种群
* 后背鲈鲤	*Percocypris retrodorslis*		二级	仅限野外种群
* 张氏鲈鲤	*Percocypris tchangi*		二级	仅限野外种群
* 裸腹盲鲃	*Typhlobarbus nudiventris*		二级	
* 角鱼	*Akrokolioplax bicornis*		二级	
* 骨唇黄河鱼	*Chuanchia labiosa*		二级	
* 极边扁咽齿鱼	*Platypharodon extremus*		二级	仅限野外种群
* 细鳞裂腹鱼	*Schizothorax chongi*		二级	仅限野外种群
* 巨须裂腹鱼	*Schizothorax macropogon*		二级	
* 重口裂腹鱼	*Schizothorax davidi*		二级	仅限野外种群
* 拉萨裂腹鱼	*Schizothorax waltoni*		二级	仅限野外种群
* 塔里木裂腹鱼	*Schizothorax biddulphi*		二级	仅限野外种群
* 大理裂腹鱼	*Schizothorax taliensis*		二级	仅限野外种群
* 扁吻鱼	*Aspiorhynchus laticeps*	一级		原名“新疆大头鱼”
* 厚唇裸重唇鱼	*Gymnodiptychus pachycheilus*		二级	仅限野外种群
* 斑重唇鱼	*Diptychus maculatus*		二级	

续表

中文名	学名	保护级别		备注
* 尖裸鲤	*Oxygymnocypris stewartii*		二级	仅限野外种群
* 大头鲤	*Cyprinus pellegrini*		二级	仅限野外种群
* 小鲤	*Cyprinus micristius*		二级	
* 抚仙鲤	*Cyprinus fuxianensis*		二级	
* 岩原鲤	*Procypris rabaudi*		二级	仅限野外种群
* 乌原鲤	*Procypris merus*		二级	
* 大鳞鲢	*Hypophthalmichthys harmandi*		二级	
鳅科	Cobitidae			
* 红唇薄鳅	*Leptobotia rubrilabris*		二级	仅限野外种群
* 黄线薄鳅	*Leptobotia flavolineata*		二级	
* 长薄鳅	*Leptobotia elongata*		二级	仅限野外种群
条鳅科	Nemacheilidae			
* 无眼岭鳅	*Oreonectes anophthalmus*		二级	
* 拟鲇高原鳅	*Triplophysa siluroides*		二级	仅限野外种群
* 湘西盲高原鳅	*Triplophysa xiangxiensis*		二级	
* 小头高原鳅	*Triphophysa minuta*		二级	
爬鳅科	Balitoridae			
* 厚唇原吸鳅	*Protomyzon pachychilus*		二级	
鲇形目	SILURIFORMES			
鲿科	Bagridae			
* 斑鳠	*Hemibagrus guttatus*		二级	仅限野外种群
鲇科	Siluridae			
* 昆明鲇	*Silurus mento*		二级	
𩷋科	Pangasiidae			
* 长丝𩷋	*Pangasius sanitwangsei*	一级		
钝头鮠科	Amblycipitidae			
* 金氏䱀	*Liobagrus kingi*		二级	
鮡科	Sisoridae			
* 长丝黑鮡	*Gagata dolichonema*		二级	
* 青石爬鮡	*Euchiloglanis davidi*		二级	
* 黑斑原鮡	*Glyptosternum maculatum*		二级	
* 𫚉	*Bagarius bagarius*		二级	

续表

中文名	学名	保护级别		备注
* 红魾	*Bagarius rutilus*		二级	
* 巨魾	*Bagarius yarrelli*		二级	
鲑形目	SALMONIFORMES			
鲑科	Salmonidae			
* 细鳞鲑属所有种	*Brachymystax* spp.		二级	仅限野外种群
* 川陕哲罗鲑	*Hucho bleekeri*	一级		
* 哲罗鲑	*Hucho taimen*		二级	仅限野外种群
* 石川氏哲罗鲑	*Hucho ishikawai*		二级	
* 花羔红点鲑	*Salvelinus malma*		二级	仅限野外种群
* 马苏大马哈鱼	*Oncorhynchus masou*		二级	
* 北鲑	*Stenodus leucichthys*		二级	
* 北极茴鱼	*Thymallus arcticus*		二级	仅限野外种群
* 下游黑龙江茴鱼	*Thymallus tugarinae*		二级	仅限野外种群
* 鸭绿江茴鱼	*Thymallus yaluensis*		二级	仅限野外种群
海龙鱼目	SYNGNATHIFORMES			
海龙鱼科	Syngnathidae			
* 海马属所有种	*Hippocampus* spp.		二级	仅限野外种群
鲈形目	PERCIFORMES			
石首鱼科	Sciaenidae			
* 黄唇鱼	*Bahaba taipingensis*	一级		
隆头鱼科	Labridae			
* 波纹唇鱼	*Cheilinus undulatus*		二级	仅限野外种群
鲉形目	SCORPAENIFORMES			
杜父鱼科	Cottidae			
* 松江鲈	*Trachidermus fasciatus*		二级	仅限野外种群。原名“松江鲈鱼”
半索动物门 HEMICHORDATA				
肠鳃纲 ENTEROPNEUSTA				
柱头虫目	BALANOGLOSSIDA			
殖翼柱头虫科	Ptychoderidae			
* 多鳃孔舌形虫	*Glossobalanus polybranchioporus*	一级		
* 三崎柱头虫	*Balanoglossus misakiensis*		二级	

续表

中文名	学名	保护级别		备注
＊短殖舌形虫	*Glossobalanus mortenseni*		二级	
＊肉质柱头虫	*Balanoglossus carnosus*		二级	
＊黄殖翼柱头虫	*Ptychodera flava*		二级	
史氏柱头虫科	Spengeliidae			
＊青岛橡头虫	*Glandiceps qingdaoensis*		二级	
玉钩虫科	Harrimaniidae			
＊黄岛长吻虫	*Saccoglossus hwangtauensis*	一级		
节肢动物门 ARTHROPODA				
昆虫纲 INSECTA				
双尾目	DIPLURA			
铗虮科	Japygidae			
伟铗虮	*Atlasjapyx atlas*		二级	
䗛目	PHASMATODEA			
叶䗛科#	Phyllidae			
丽叶䗛	*Phyllium pulchrifolium*		二级	
中华叶䗛	*Phyllium sinensis*		二级	
泛叶䗛	*Phyllium celebicum*		二级	
翔叶䗛	*Phyllium westwoodi*		二级	
东方叶䗛	*Phyllium siccifolium*		二级	
独龙叶䗛	*Phyllium drunganum*		二级	
同叶䗛	*Phyllium parum*		二级	
滇叶䗛	*Phyllium yunnanense*		二级	
藏叶䗛	*Phyllium tibetense*		二级	
珍叶䗛	*Phyllium rarum*		二级	
蜻蜓目	ODONATA			
箭蜓科	Gomphidae			
扭尾曦春蜓	*Heliogomphus retroflexus*		二级	原名“尖板曦箭蜓”
棘角蛇纹春蜓	*Ophiogomphus spinicornis*		二级	原名“宽纹北箭蜓”
缺翅目	ZORAPTERA			
缺翅虫科	Zorotypidae			
中华缺翅虫	*Zorotypus sinensis*		二级	
墨脱缺翅虫	*Zorotypus medoensis*		二级	

走私珍贵动物、珍贵动物制品罪

续表

中文名	学名	保护级别		备注
蛩蠊目	GRYLLOBLATTODAE			
蛩蠊科	Grylloblattidae			
中华蛩蠊	*Galloisiana sinensis*	一级		
陈氏西蛩蠊	*Grylloblattella cheni*	一级		
脉翅目	NEUROPTERA			
旌蛉科	Nemopteridae			
中华旌蛉	*Nemopistha sinica*		二级	
鞘翅目	COLEOPTERA			
步甲科	Carabidae			
拉步甲	*Carabus lafossei*		二级	
细胸大步甲	*Carabus osawai*		二级	
巫山大步甲	*Carabus ishizukai*		二级	
库班大步甲	*Carabus kubani*		二级	
桂北大步甲	*Carabus guibeicus*		二级	
贞大步甲	*Carabus penelope*		二级	
蓝鞘大步甲	*Carabus cyaneogigas*		二级	
滇川大步甲	*Carabus yunanensis*		二级	
硕步甲	*Carabus davidi*		二级	
两栖甲科	Amphizoidae			
中华两栖甲	*Amphizoa sinica*		二级	
长阎甲科	Synteliidae			
中华长阎甲	*Syntelia sinica*		二级	
大卫长阎甲	*Syntelia davidis*		二级	
玛氏长阎甲	*Syntelia mazuri*		二级	
臂金龟科	Euchiridae			
戴氏棕臂金龟	*Propomacrus davidi*		二级	
玛氏棕臂金龟	*Propomacrus muramotoae*		二级	
越南臂金龟	*Cheirotonus battareli*		二级	
福氏彩臂金龟	*Cheirotonus fujiokai*		二级	
格彩臂金龟	*Cheirotonus gestroi*		二级	
台湾长臂金龟	*Cheirotonus formosanus*		二级	
阳彩臂金龟	*Cheirotonus jansoni*		二级	

续表

中文名	学名	保护级别		备注
印度长臂金龟	*Cheirotonus macleayii*		二级	
昭沼氏长臂金龟	*Cheirotonus terunumai*		二级	
金龟科	Scarabaeidae			
艾氏泽蜣螂	*Scarabaeus erichsoni*		二级	
拜氏蜣螂	*Scarabaeus babori*		二级	
悍马巨蜣螂	*Heliocopris bucephalus*		二级	
上帝巨蜣螂	*Heliocopris dominus*		二级	
迈达斯巨蜣螂	*Heliocopris midas*		二级	
犀金龟科	Dynastidae			
戴叉犀金龟	*Trypoxylus davidis*		二级	原名“叉犀金龟”
粗尤犀金龟	*Eupatorus hardwickii*		二级	
细角尤犀金龟	*Eupatorus gracilicornis*		二级	
胫晓扁犀金龟	*Eophileurus tetraspermexitus*		二级	
锹甲科	Lucanidae			
安达刀锹甲	*Dorcus antaeus*		二级	
巨叉深山锹甲	*Lucanus hermani*		二级	
鳞翅目	LEPIDOPTERA			
凤蝶科	Papilionidae			
喙凤蝶	*Teinopalpus imperialism*		二级	
金斑喙凤蝶	*Teinopalpus aureus*	一级		
裳凤蝶	*Troides helena*		二级	
金裳凤蝶	*Troides aeacus*		二级	
荧光裳凤蝶	*Troides magellanus*		二级	
鸟翼裳凤蝶	*Troides amphrysus*		二级	
珂裳凤蝶	*Troides criton*		二级	
楔纹裳凤蝶	*Troides cuneifera*		二级	
小斑裳凤蝶	*Troides haliphron*		二级	
多尾凤蝶	*Bhutanitis lidderdalii*		二级	
不丹尾凤蝶	*Bhutanitis ludlowi*		二级	
双尾褐凤蝶	*Bhutanitis mansfieldi*		二级	
玄裳尾凤蝶	*Bhutanitis nigrilima*		二级	
三尾褐凤蝶	*Bhutanitis thaidina*		二级	

续表

中文名	学名	保护级别		备注
玉龙尾凤蝶	*Bhutanitis yulongensisn*		二级	
丽斑尾凤蝶	*Bhutanitis pulchristriata*		二级	
锤尾凤蝶	*Losaria coon*		二级	
中华虎凤蝶	*Luehdorfia chinensis*		二级	
蛱蝶科	Nymphalidae			
最美紫蛱蝶	*Sasakia pulcherrima*		二级	
黑紫蛱蝶	*Sasakia funebris*		二级	
绢蝶科	Parnassidae			
阿波罗绢蝶	*Parnassius apollo*		二级	
君主绢蝶	*Parnassius imperator*		二级	
灰蝶科	Lycaenidae			
大斑霾灰蝶	*Maculinea arionides*		二级	
秀山霾灰蝶	*Phengaris xiushani*		二级	
蛛形纲 ARACHNIDA				
蜘蛛目	ARANEAE			
捕鸟蛛科	Theraphosidae			
海南塞勒蛛	*Cyriopagopus hainanus*		二级	
肢口纲 MEROSTOMATA				
剑尾目	XIPHOSURA			
鲎科#	Tachypleidae			
* 中国鲎	*Tachypleus tridentatus*		二级	
* 圆尾蝎鲎	*Carcinoscorpius rotundicauda*		二级	
软甲纲 MALACOSTRACA				
十足目	DECAPODA			
龙虾科	Palinuridae			
* 锦绣龙虾	*Panulirus ornatus*		二级	仅限野外种群
软体动物门 MOLLUSCA				
双壳纲 BIVALVIA				
珍珠贝目	PTERIOIDA			
珍珠贝科	Pteriidae			
* 大珠母贝	*Pinctada maxima*		二级	仅限野外种群
帘蛤目	VENEROIDA			

续表

中文名	学名	保护级别		备注
砗磲科#	Tridacnidae			
＊大砗磲	*Tridacna gigas*	一级		原名“库氏砗磲”
＊无鳞砗磲	*Tridacna derasa*		二级	仅限野外种群
＊鳞砗磲	*Tridacna squamosa*		二级	仅限野外种群
＊长砗磲	*Tridacna maxima*		二级	仅限野外种群
＊番红砗磲	*Tridacna crocea*		二级	仅限野外种群
＊砗蚝	*Hippopus hippopus*		二级	仅限野外种群
蚌目	UNIONIDA			
珍珠蚌科	Margaritanidae			
＊珠母珍珠蚌	*Margarritiana dahurica*		二级	仅限野外种群
蚌科	Unionidae			
＊佛耳丽蚌	*Lamprotula mansuyi*		二级	
＊绢丝丽蚌	*Lamprotula fibrosa*		二级	
＊背瘤丽蚌	*Lamprotula leai*		二级	
＊多瘤丽蚌	*Lamprotula polysticta*		二级	
＊刻裂丽蚌	*Lamprotula scripta*		二级	
截蛏科	Solecurtidae			
＊中国淡水蛏	*Novaculina chinensis*		二级	
＊龙骨蛏蚌	*Solenaia carinatus*		二级	
头足纲 CEPHALOPODA				
鹦鹉螺目	NAUTILIDA			
鹦鹉螺科	Nautilidae			
＊鹦鹉螺	*Nautilus pompilius*	一级		
腹足纲 GASTROPODA				
田螺科	Viviparidae			
＊螺蛳	*Margarya melanioides*		二级	
蝾螺科	Turbinidae			
＊夜光蝾螺	*Turbo marmoratus*		二级	
宝贝科	Cypraeidae			
＊虎斑宝贝	*Cypraea tigris*		二级	
冠螺科	Cassididae			
＊唐冠螺	*Cassis cornuta*		二级	原名“冠螺”

续表

中文名	学名	保护级别		备注
法螺科	Charoniidae			
＊法螺	*Charonia tritonis*		二级	
刺胞动物门 CNIDARIA				
珊瑚纲 ANTHOZOA				
角珊瑚目#	ANTIPATHARIA			
＊角珊瑚目所有种	ANTIPATHARIA spp.		二级	
石珊瑚目#	SCLERACTINIA			
＊石珊瑚目所有种	SCLERACTINIA spp.		二级	
苍珊瑚目	HELIOPORACEA			
苍珊瑚科#	Helioporidae			
＊苍珊瑚科所有种	Helioporidae spp.		二级	
软珊瑚目	ALCYONACEA			
笙珊瑚科#	Tubiporidae			
＊笙珊瑚	*Tubipora musica*		二级	
红珊瑚科#	Coralliidae			
＊红珊瑚科所有种	Coralliidae spp.	一级		
竹节柳珊瑚科	Isididae			
＊粗糙竹节柳珊瑚	*Isis hippuris*		二级	
＊细枝竹节柳珊瑚	*Isis minorbrachyblasta*		二级	
＊网枝竹节柳珊瑚	*Isis reticulata*		二级	
水螅纲 HYDROZOA				
花裸螅目	ANTHOATHECATA			
多孔螅科#	Milleporidae			
＊分叉多孔螅	*Millepora dichotoma*		二级	
＊节块多孔螅	*Millepora exaesa*		二级	
＊窝形多孔螅	*Millepora foveolata*		二级	
＊错综多孔螅	*Millepora intricata*		二级	
＊阔叶多孔螅	*Millepora latifolia*		二级	
＊扁叶多孔螅	*Millepora platyphylla*		二级	
＊娇嫩多孔螅	*Millepora tenera*		二级	
柱星螅科#	Stylasteridae			
＊无序双孔螅	*Distichopora irregularis*		二级	

续表

中文名	学名	保护级别		备注
*紫色双孔螅	*Distichopora violacea*		二级	
*佳丽刺柱螅	*Errina dabneyi*		二级	
*扇形柱星螅	*Stylaster flabelliformis*		二级	
*细巧柱星螅	*Stylaster gracilis*		二级	
*佳丽柱星螅	*Stylaster pulcher*		二级	
*艳红柱星螅	*Stylaster sanguineus*		二级	
*粗糙柱星螅	*Stylaster scabiosus*		二级	
注:1.标“*”者,由渔业行政主管部门主管;未标“*”者,由林业和草原主管部门主管; 2.标“#”者,代表该分类单元所有种均列入名录。				

《国家林业局、公安部关于森林和陆生野生动物刑事案件管辖及立案标准》(2001年5月9日 林安字〔2001〕156号)

一、森林公安机关管辖在其辖区内发生的刑法规定的下列森林和陆生野生动物刑事案件

(五)走私珍稀植物、珍稀植物制品案件(第一百五十一条第三款);

(十三)走私珍贵陆生野生动物、珍贵陆生野生动物制品案件(第一百五十一条第二款);

二、森林和陆生野生动物刑事案件的立案标准

(五)走私珍稀植物、珍稀植物制品案

走私国家禁止进出口的珍稀植物、珍稀植物制品的应当立案;走私珍稀植物2株以上、珍稀植物制品价值在2万元以上的,为重大案件;走私珍稀植物10株以上、珍稀植物制品价值在10万元以上的,为特别重大案件。

(十一)走私珍贵动物、珍贵动物制品案

走私国家重点保护和《濒危野生动植物种国际贸易公约》附录一、附录二的陆生野生动物及其制品的应当立案;走私国家重点保护的陆生野生动物重大案件和特别重大案件按附表的标准执行。

走私国家重点保护和《濒危野生动植物种国际贸易公约》附录一、附录二的陆生野生动物制品价值10万元以上的,应当立为重大案件;走私国家重点保护和《濒危野生动植物种国际贸易公约》附录一、附录二的陆生野生动物制品价值20万元以上的,应当立为特别重大案件。

量刑要素

1. 武装掩护走私的,从重处罚。(《刑法》第157条第1款)

2. 在走私的普通货物、物品中藏匿《刑法》第151条、第152条、第347条、第350条规定的货物、物品,构成犯罪的,以实际走私的货物、物品定罪处罚;构成数罪的,实行数罪并罚。(法释〔2014〕10号第22条)

要义辨析

一、概念

本罪是指违反海关法规,逃避海关监管,非法运输、携带、邮寄国家禁止出口的珍贵动物、珍贵动物制品,破坏国家对外贸易管理的行为。“珍贵动物”的定义,司法解释已经明确界定。

二、构成要件

1. 本罪侵犯的客体是国家海关监督管理制度,以及国家的野生动物保护制度。行为对象是珍贵

动物、珍贵动物制品。

2. 本罪的客观方面表现为违反海关法规，逃避海关监管，运输、携带、邮寄珍贵动物、珍贵动物制品进出国边境的行为。

3. 本罪犯罪主体为一般主体，单位犯本罪的应予双罚。

4. 本罪系故意犯罪，过失不构成本罪。

三、要点辨析

1. 本罪为行为犯，只要实施走私珍贵动物、珍贵动物制品的行为就构成本罪，不要求特定结果的产生。

2. 具有下列情形之一的，应当认定为犯罪既遂：(1)在海关监管现场被查获的；(2)以虚假申报方式走私，申报行为实施完毕的；(3)以保税货物或者特定减税、免税进口的货物、物品为对象走私，在境内销售的，或者申请核销行为实施完毕的。

3. 单位犯本罪的，对单位处罚金；对直接负责的主管人员和直接责任人员，依个人犯罪处罚。

4. 与走私罪犯通谋，为其提供贷款、资金、账号、发票、证明，或者为其提供运输、保管、邮寄或者其他方便的，以走私罪的共犯论处。

四、罪名变迁

本罪是从1979年《刑法》第116条走私罪中分解而来，依《全国人民代表大会常务委员会关于惩治走私罪的补充规定》第2条而设立。原条文为“走私武国家禁止出口的文物、黄金、白银和其他贵重金属或者国家禁止进出口的珍贵动物及其制品的，处五年以上有期徒刑，并处罚金；情节较轻的，处五年以下有期徒刑”，《刑法修正案(八)》第26条增加了“情节特别严重的，处十年以上有期徒刑或者无期徒刑”，并删去了原第4款“犯第一款、第二款罪，情节严重的，处无期徒刑或者死刑，并处没收财产”。

<table>
<tr><td colspan="2">类罪名：破坏社会主义市场经济秩序罪/走私罪 ｜ 罪名：走私国家禁止进出口的货物、物品罪</td></tr>
<tr><td rowspan="3">量刑标准</td><td>构成犯罪的　处5年以下有期徒刑或者拘役，并处或者单处罚金；</td></tr>
<tr><td>情节严重的　处5年以上有期徒刑，并处罚金；</td></tr>
<tr><td>单位犯本罪的　对单位处罚金，对直接负责的主管人员和直接责任人员，依个人犯罪处罚。</td></tr>
</table>

法律依据

一、《刑法》条文

第一百五十一条第三、四款　走私珍稀植物及其制品等国家禁止进出口的其他货物、物品的，处五年以下有期徒刑或者拘役，并处或者单处罚金；情节严重的，处五年以上有期徒刑，并处罚金。

单位犯本条规定之罪的，对单位判处罚金，并对其直接负责的主管人员和其他直接责任人员，依照本条各款的规定处罚。

第一百五十五条　下列行为，以走私罪论处，依照本节的有关规定处罚：

(一)直接向走私人非法收购国家禁止进口物品的，或者直接向走私人非法收购走私进口的其他货物、物品，数额较大的；

(二)在内海、领海、界河、界湖运输、收购、贩卖国家禁止进出口物品的，或者运输、收购、贩卖国家限制进出口货物、物品，数额较大，没有合法证明的。

第一百五十六条　与走私罪犯通谋，为其提供贷款、资金、账号、发票、证明，或者为其提供运输、保管、邮寄或者其他方便的，以走私罪的共犯论处。

第一百五十七条　武装掩护走私的，依照本法第一百五十一条第一款的规定从重处罚。

以暴力、威胁方法抗拒缉私的，以走私罪和本法第二百七十七条规定的阻碍国家机关工作人员依法执行职务罪，依照数罪并罚的规定处罚。

二、相关行政法规

《野生药材资源保护管理条例》(1987年10月30日)

第四条　国家重点保护的野生药材物种分为三级:

一级:濒临灭绝状态的稀有珍贵野生药材物种(以下简称一级保护野生药材物种);

二级:分布区域缩小、资源处于衰竭状态的重要野生药材物种(以下简称二级保护野生药材物种);

三级:资源严重减少的主要常用野生药材物种(以下简称三级保护野生药材物种)。

第六条　禁止采猎一级保护野生药材物种。

第十三条　一级保护野生药材物种属于自然淘汰的,其药用部分由各级药材公司负责经营管理,但不得出口。

第十五条　二、三级保护野生药材物种的药用部分,除国家另有规定外,实行限量出口。实行限量出口和出口许可证制度的品种,由国家医药管理部门会同国务院有关部门确定。

第二十条　违反本条例第十三条、第十四条、第十五条规定的,由工商行政管理部门或有关部门没收其野生药材和全部违法所得,并处以罚款。

第二十三条　破坏野生药材资源情节严重,构成犯罪的,由司法机关依法追究刑事责任。

《中华人民共和国野生植物保护条例》(2017年10月7日修订)

第十条　野生植物分为国家重点保护野生植物和地方重点保护野生植物。

国家重点保护野生植物分为国家一级保护野生植物和国家二级保护野生植物。国家重点保护野生植物名录,由国务院林业行政主管部门、农业行政主管部门(以下简称国务院野生植物行政主管部门)商国务院环境保护、建设等有关部门制定,报国务院批准公布。

地方重点保护野生植物,是指国家重点保护野生植物以外,由省、自治区、直辖市保护的野生植物。地方重点保护野生植物名录,由省、自治区、直辖市人民政府制定并公布,报国务院备案。

第二十五条　非法进出口野生植物的,由海关依照海关法的规定处罚。

第二十八条　违反本条例规定,构成犯罪的,依法追究刑事责任。

三、相关司法解释/文件

《最高人民法院、最高人民检察院关于办理走私刑事案件适用法律若干问题的解释》(2014年8月12日　法释〔2014〕10号)

第十一条　走私国家禁止进出口的货物、物品,具有下列情形之一的,依照刑法第一百五十一条第三款的规定处五年以下有期徒刑或者拘役,并处或者单处罚金:

(一)走私国家一级保护野生植物五株以上不满二十五株,国家二级保护野生植物十株以上不满五十株,或者珍稀植物、珍稀植物制品数额在二十万元以上不满一百万元的;

(二)走私重点保护古生物化石或者未命名的古生物化石不满十件,或者一般保护古生物化石十件以上不满五十件的;

(三)走私禁止进出口的有毒物质一吨以上不满五吨,或者数额在二万元以上不满十万元的;

(四)走私来自境外疫区的动植物及其产品五吨以上不满二十五吨,或者数额在五万元以上不满二十五万元的;

(五)走私木炭、硅砂等妨害环境、资源保护的货物、物品十吨以上不满五十吨,或者数额在十万元以上不满五十万元的;

(六)走私旧机动车、切割车、旧机电产品或者其他禁止进出口的货物、物品二十吨以上不满一百吨,或者数额在二十万元以上不满一百万元的;

(七)数量或者数额未达到本款第一项至第六项规定的标准,但属于犯罪集团的首要分子,使用特种车辆从事走私活动,造成环境严重污染,或者引起甲类传染病传播、重大动植物疫情等情形的。

具有下列情形之一的,应当认定为刑法第一百五十一条第三款规定的"情节严重":

(一)走私数量或者数额超过前款第一项至第六项规定的标准的;

(二)达到前款第一项至第六项规定的标准,且属于犯罪集团的首要分子,使用特种车辆从事走私活动,造成环境严重污染,或者引起甲类传染病传播、重大动植物疫情等情形的。

第十二条　刑法第一百五十一条第三款规定

的“珍稀植物”，包括列入《国家重点保护野生植物名录》《国家重点保护野生药材物种名录》《国家珍贵树种名录》中的国家一、二级保护野生植物、国家重点保护的野生药材、珍贵树木，《濒危野生动植物种国际贸易公约》附录Ⅰ、附录Ⅱ中的野生植物，以及人工培育的上述植物。

本解释规定的“古生物化石”，按照《古生物化石保护条例》的规定予以认定。走私具有科学价值的古脊椎动物化石、古人类化石，构成犯罪的，依照刑法第一百五十一条第二款的规定，以走私文物罪定罪处罚。

第二十条 直接向走私人非法收购走私进口的货物、物品，在内海、领海、界河、界湖运输、收购、贩卖国家禁止进出口的物品，或者没有合法证明，在内海、领海、界河、界湖运输、收购、贩卖国家限制进出口的货物、物品，构成犯罪的，应当按照走私货物、物品的种类，分别依照刑法第一百五十一条、第一百五十二条、第一百五十三条、第三百四十七条、第三百五十条的规定定罪处罚。

刑法第一百五十五条第二项规定的“内海”，包括内河的入海口水域。

第二十一条 未经许可进出口国家限制进出口的货物、物品，构成犯罪的，应当依照刑法第一百五十一条、第一百五十二条的规定，以走私国家禁止进出口的货物、物品罪等罪名定罪处罚；偷逃应缴税额，同时又构成走私普通货物、物品罪的，依照处罚较重的规定定罪处罚。

取得许可，但超过许可数量进出口国家限制进出口的货物、物品，构成犯罪的，依照刑法第一百五十三条的规定，以走私普通货物、物品罪定罪处罚。

租用、借用或者使用购买的他人许可证，进出口国家限制进出口的货物、物品的，适用本条第一款的规定定罪处罚。

第二十二条 在走私的货物、物品中藏匿刑法第一百五十一条、第一百五十二条、第三百四十七条、第三百五十条规定的货物、物品，构成犯罪的，以实际走私的货物、物品定罪处罚；构成数罪的，实行数罪并罚。

第二十三条 实施走私犯罪，具有下列情形之一的，应当认定为犯罪既遂：

(一)在海关监管现场被查获的；

(二)以虚假申报方式走私，申报行为实施完毕的；

(三)以保税货物或者特定减税、免税进口的货物、物品为对象走私，在境内销售的，或者申请核销行为实施完毕的。

第二十四条 单位犯刑法第一百五十一条、第一百五十二条规定之罪，依照本解释规定的标准定罪处罚。

单位犯走私普通货物、物品罪，偷逃应缴税额在二十万元以上不满一百万元的，应当依照刑法第一百五十三条第二款的规定，对单位判处罚金，并对其直接负责的主管人员和其他直接责任人员，处三年以下有期徒刑或者拘役；偷逃应缴税额在一百万元以上不满五百万元的，应当认定为“情节严重”；偷逃应缴税额在五百万元以上的，应当认定为“情节特别严重”。

第二十五条 本解释发布实施后，《最高人民法院关于审理走私刑事案件具体应用法律若干问题的解释》(法释〔2000〕30号)、《最高人民法院关于审理走私刑事案件具体应用法律若干问题的解释(二)》(法释〔2006〕9号)同时废止。之前发布的司法解释与本解释不一致的，以本解释为准。

四、相关部委规章

《国家重点保护野生植物名录》(2021年9月7日)

中文名	学名	保护级别		备注
苔藓植物 Bryophytes				
白发藓科	Leucobryaceae			
桧叶白发藓	*Leucobryum juniperoideum*		二级	
泥炭藓科	Sphagnaceae			

续表

中文名	学名	保护级别		备注
多纹泥炭藓 *	*Sphagnum multifibrosum*		二级	
粗叶泥炭藓 *	*Sphagnum squarrosum*		二级	
藻苔科	Takakiaceae			
角叶藻苔	*Takakia ceratophylla*		二级	
藻苔	*Takakia lepidozioides*		二级	
石松类和蕨类植物 Lycophytes and Ferns				
石松科	Lycopodiaceae			
石杉属（所有种）	*Huperzia* spp.		二级	
马尾杉属(所有种)	*Phlegmariurus* spp.		二级	
水韭科	Isoëtaceae			
水韭属（所有种）*	*Isoëtes* spp.	一级		
瓶尔小草科	Ophioglossaceae			
七指蕨	*Helminthostachys zeylanica*		二级	
带状瓶尔小草	*Ophioglossum pendulum*		二级	
合囊蕨科	Marattiaceae			
观音座莲属(所有种)	*Angiopteris* spp.		二级	
天星蕨	*Christensenia assamica*		二级	Flora of China 使用 *Christensenia aesculifolia*
金毛狗科	Cibotiaceae			
金毛狗属(所有种)	*Cibotium* spp.		二级	其他常用中文名：金毛狗蕨属
桫椤科	Cyatheaceae			
桫椤科(所有种，小黑桫椤和粗齿桫椤除外)	Cyatheaceae spp.（excl. *Alsophila metteniana* & *A. denticulata*）		二级	
凤尾蕨科	Pteridaceae			
荷叶铁线蕨 *	*Adiantum nelumboides*	一级		
水蕨属(所有种) *	*Ceratopteris* spp.		二级	
冷蕨科	Cystopteridaceae			
光叶蕨	*Cystopterischinensis*	一级		
铁角蕨科	Aspleniaceae			
对开蕨	*Asplenium komarovii*		二级	
乌毛蕨科	Blechnaceae			

续表

中文名	学名	保护级别		备注
苏铁蕨	*Brainea insignis*		二级	
水龙骨科	Polypodiaceae			
鹿角蕨	*Platycerium wallichii*		二级	其他常用中文名:绿孢鹿角蕨
裸子植物 Gymnosperms				
苏铁科	Cycadaceae			
苏铁属(所有种)	*Cycas* spp.	一级		
银杏科	Ginkgoaceae			
银杏	*Ginkgo biloba*	一级		
罗汉松科	Podocarpaceae			
罗汉松属(所有种)	*Podocarpus* spp.		二级	
柏科	Cupressaceae			
翠柏	*Calocedrus macrolepis*		二级	
岩生翠柏	*Calocedrus rupestris*		二级	
红桧	*Chamaecyparis formosensis*		二级	
岷江柏木	*Cupressus chengiana*		二级	
巨柏	*Cupressus gigantea*	一级		
西藏柏木	*Cupressus torulosa*	一级		
福建柏	*Fokienia hodginsii*		二级	
水松	*Glyptostrobus pensilis*	一级		
水杉	*Metasequoia glyptostroboides*	一级		
台湾杉(秃杉)	*Taiwania cryptomerioides*		二级	包括 *Taiwania flousiana*
朝鲜崖柏	*Thuja koraiensis*		二级	
崖柏	*Thuja sutchuenensis*	一级		
越南黄金柏	*Xanthocyparis vietnamensis*		二级	
红豆杉科	Taxaceae			
穗花杉属(所有种)	*Amentotaxus* spp.		二级	
海南粗榧	*Cephalotaxus hainanensis*		二级	
贡山三尖杉	*Cephalotaxus lanceolata*		二级	
篦子三尖杉	*Cephalotaxus oliveri*		二级	
白豆杉	*Pseudotaxus chienii*		二级	
红豆杉属(所有种)	*Taxus* spp.	一级		

续表

中文名	学名	保护级别		备注
榧树属(所有种)	*Torreya* spp.		二级	
松科	Pinaceae			
百山祖冷杉	*Abies beshanzuensis*	一级		
资源冷杉	*Abies beshanzuensis* var. *ziyuanensis*	一级		
秦岭冷杉	*Abies chensiensis*		二级	
梵净山冷杉	*Abies fanjingshanensis*	一级		
元宝山冷杉	*Abies yuanbaoshanensis*	一级		
银杉	*Cathaya argyrophylla*	一级		
油杉属(所有种,铁坚油杉、云南油杉、油杉除外)	*Keteleeria* spp. (excl. *K. davidiana* var. *davidiana*, *K. evelyniana* & *K. fortunei*)		二级	
大果青扦	*Picea neoveitchii*		二级	
大别山五针松	*Pinus dabeshanensis*	一级		其他常用学名:*Pinus armandii* var. *dabeshanensis*, *Pinus fenzeliana*var. *dabeshanensis*
兴凯赤松	*Pinus densiflora*var. *ussuriensis*		二级	
红松	*Pinus koraiensis*		二级	
华南五针松	*Pinus kwangtungensis*		二级	
雅加松	*Pinus massoniana* var. *hainanensis*		二级	
巧家五针松	*Pinus squamata*	一级		
长白松	*Pinus sylvestris*var. *sylvestriformis*		二级	
毛枝五针松	*Pinus wangii*	一级		
金钱松	*Pseudolarix amabilis*		二级	
黄杉属(所有种)	*Pseudotsuga* spp.		二级	
麻黄科	Ephedraceae			
斑子麻黄	*Ephedra rhytidosperma*		二级	
被子植物 Angiosperms				
莼菜科	Cabombaceae			
莼菜 *	*Brasenia schreberi*		二级	
睡莲科	Nymphaeaceae			
雪白睡莲 *	*Nymphaea candida*		二级	

走私国家禁止进出口的货物、物品罪

续表

中文名	学名	保护级别		备注
五味子科	Schisandraceae			
地枫皮	*Illicium difengpi*		二级	属的系统学位置发生变动
大果五味子	*Schisandra macrocarpa*		二级	
马兜铃科	Aristolochiaceae			
囊花马兜铃	*Aristolochia utriformis*		二级	
金耳环	*Asarum insigne*		二级	
马蹄香	*Saruma henryi*		二级	
肉豆蔻科	Myristicaceae			
风吹楠属(所有种)	*Horsfieldia* spp.		二级	
云南肉豆蔻	*Myristica yunnanensis*		二级	
木兰科	Magnoliaceae			
长蕊木兰	*Alcimandra cathcartii*		二级	
厚朴	*Houpoëa officinalis*		二级	包括种下等级,凹叶厚朴并入本种。
长喙厚朴	*Houpoëa rostrata*		二级	其他常用学名:*Magnolia rostrata*
大叶木兰	*Lirianthe henryi*		二级	其他常用学名:*Magnolia henryi*
馨香玉兰(馨香木兰)	*Lirianthe odoratissima*		二级	其他常用学名:*Magno-liaodoratissima*
鹅掌楸(马褂木)	*Liriodendron chinense*		二级	
香木莲	*Manglietia aromatica*		二级	
大叶木莲	*Manglietia dandyi*		二级	
落叶木莲	*Manglietia decidua*		二级	
大果木莲	*Manglietia grandis*		二级	
厚叶木莲	*Manglietia pachyphylla*		二级	
毛果木莲	*Manglietia ventii*		二级	
香子含笑(香籽含笑)	*Michelia hypolampra*		二级	
广东含笑	*Michelia guangdongensis*		二级	
石碌含笑	*Michelia shiluensis*		二级	
峨眉含笑	*Michelia wilsonii*		二级	

续表

中文名	学名	保护级别		备注
圆叶天女花（圆叶玉兰）	*Oyama sinensis*		二级	其他常用学名：*Magnolia sinensis*
西康天女花（西康玉兰）	*Oyama wilsonii*		二级	其他常用学名：*Magnolia wilsonii*
华盖木	*Pachylarnax sinica*	一级		
峨眉拟单性木兰	*Parakmeria omeiensis*	一级		
云南拟单性木兰	*Parakmeria yunnanensis*		二级	
合果木	*Paramichelia baillonii*		二级	其他常用学名：*Michelia baillonii*
焕镛木（单性木兰）	*Woonyoungia septentrionalis*	一级		
宝华玉兰	*Yulania zenii*		二级	其他常用学名：*Magnolia zenii*
番荔枝科	Annonaceae			
蕉木	*Chieniodendron hainanense*		二级	其他常用学名：*Meiogynehainanensis*
文采木	*Wangia saccopetaloides*		二级	其他常用中文名：囊瓣亮花木、亮花假鹰爪
蜡梅科	Calycanthaceae			
夏蜡梅	*Calycanthus chinensis*		二级	
莲叶桐科	Hernandiaceae			
莲叶桐	*Hernandia nymphaeifolia*		二级	
樟科	Lauraceae			
油丹	*Alseodaphne hainanensis*		二级	
皱皮油丹	*Alseodaphne rugosa*		二级	
茶果樟	*Cinnamomum chago*		二级	
天竺桂	*Cinnamomum japonicum*		二级	其他常用中文名：普陀樟
油樟	*Cinnamomum longepaniculatum*		二级	
卵叶桂	*Cinnamomum rigidissimum*		二级	
润楠	*Machilus nanmu*		二级	
舟山新木姜子	*Neolitsea sericea*		二级	
闽楠	*Phoebe bournei*		二级	
浙江楠	*Phoebe chekiangensis*		二级	
细叶楠	*Phoebe hui*		二级	

续表

中文名	学名	保护级别		备注
楠木	*Phoebe zhennan*		二级	
孔药楠	*Sinopora hongkongensis*		二级	其他常用学名:*Syndiclishongkongensis*
泽泻科	Alismataceae			
拟花蔺 *	*Butomopsis latifolia*		二级	
长喙毛茛泽泻 *	*Ranalisma rostrata*		二级	
浮叶慈菇 *	*Sagittaria natans*		二级	
水鳖科	Hydrocharitaceae			
高雄茨藻 *	*Najas browniana*		二级	
海菜花属(所有种) *	*Ottelia* spp.		二级	其他常用中文名:水车前属
冰沼草科	Scheuchzeriaceae			
冰沼草 *	*Scheuchzeria palustris*		二级	
翡若翠科	Velloziaceae			
芒苞草	*Acanthochlamys bracteata*		二级	
藜芦科	Melanthiaceae			
重楼属(所有种,北重楼除外) *	*Paris* spp. (excl. *P. verticillata*)		二级	
百合科	Liliaceae			
荞麦叶大百合 *	*Cardiocrinum cathayanum*		二级	
贝母属(所有种) *	*Fritillaria* spp.		二级	
秀丽百合 *	*Lilium amabile*		二级	
绿花百合 *	*Lilium fargesii*		二级	
乳头百合 *	*Lilium papilliferum*		二级	
天山百合 *	*Lilium tianschanicum*		二级	
青岛百合 *	*Lilium tsingtauense*		二级	
郁金香属(所有种) *	*Tulipa* spp.		二级	
兰科	Orchidaceae			
香花指甲兰	*Aerides odorata*		二级	
金线兰属(所有种) *	*Anoectochilus* spp.		二级	其他常用中文名:开唇兰属
白及 *	*Bletilla striata*		二级	
美花卷瓣兰	*Bulbophyllum rothschildianum*		二级	

续表

中文名	学名	保护级别		备注
独龙虾脊兰	*Calanthe dulongensis*		二级	
大黄花虾脊兰	*Calanthe striatavar. sieboldii*	一级		其他常用学名：*Calanthe sieboldii*
独花兰	*Changnienia amoena*		二级	
大理铠兰	*Corybas taliensis*		二级	
杜鹃兰	*Cremastra appendiculata*		二级	
兰属（所有种，被列入一级保护的美花兰和文山红柱兰除外。兔耳兰未列入名录）	*Cymbidium* spp.（excl. *C. insigne*, *C. wenshanense*, *C. lancifolium*）		二级	
美花兰	*Cymbidium insigne*	一级		
文山红柱兰	*Cymbidium wenshanense*	一级		
杓兰属（所有种，被列入一级保护的暖地杓兰除外。离萼杓兰未列入名录）	*Cypripedium* spp.（excl. *C. subtropicum*, *C. plectrochilum*）		二级	
暖地杓兰	*Cypripedium subtropicum*	一级		包括 *Cypripedium singchii*
丹霞兰属（所有种）	*Danxiaorchis* spp.		二级	
石斛属（所有种，被列入一级保护的曲茎石斛和霍山石斛除外）*	*Dendrobium* spp.（excl. *D. flexicaule*, *D. huoshanense*）		二级	
曲茎石斛 *	*Dendrobium flexicaule*	一级		
霍山石斛 *	*Dendrobium huoshanense*	一级		
原天麻 *	*Gastrodia angusta*		二级	
天麻 *	*Gastrodia elata*		二级	
手参 *	*Gymnadenia conopsea*		二级	
西南手参 *	*Gymnadenia orchidis*		二级	
血叶兰	*Ludisia discolor*		二级	
兜兰属（所有种，被列入二级保护的带叶兜兰和硬叶兜兰除外）	*Paphiopedilum* spp.（excl. *P. hirsutissimum*, *P. micranthum*）	一级		
带叶兜兰	*Paphiopedilum hirsutissimum*		二级	
硬叶兜兰	*Paphiopedilum micranthum*		二级	

续表

中文名	学名	保护级别		备注
海南鹤顶兰	*Phaius hainanensis*		二级	
文山鹤顶兰	*Phaius wenshanensis*		二级	
罗氏蝴蝶兰	*Phalaenopsis lobbii*		二级	
麻栗坡蝴蝶兰	*Phalaenopsis malipoensis*		二级	
华西蝴蝶兰	*Phalaenopsis wilsonii*		二级	
象鼻兰	*Phalaenopsis zhejiangensis*	一级		
独蒜兰属(所有种)	*Pleione* spp.		二级	
火焰兰属(所有种)	*Renanthera* spp.		二级	
钻喙兰	*Rhynchostylis retusa*		二级	
大花万代兰	*Vanda coerulea*		二级	
深圳香荚兰	*Vanilla shenzhenica*		二级	
鸢尾科	Iridaceae			
水仙花鸢尾 *	*Iris narcissiflora*		二级	
天门冬科	Asparagaceae			
海南龙血树	*Dracaena cambodiana*		二级	其他常用中文名:柬埔寨龙血树
剑叶龙血树	*Dracaena cochinchinensis*		二级	
兰花蕉科	Lowiaceae			
海南兰花蕉	*Orchidantha insularis*		二级	
云南兰花蕉	*Orchidantha yunnanensis*		二级	
姜科	Zingiberaceae			
海南豆蔻 *	*Amomum hainanense*		二级	
宽丝豆蔻 *	*Amomum petaloideum*		二级	其他常用中文名:拟豆蔻;其他常用学名:*Paramomumpetaloideum*
细莪术 *	*Curcuma exigua*		二级	
茴香砂仁	*Etlingera yunnanensis*		二级	
长果姜	*Siliquamomum tonkinense*		二级	
棕榈科	Arecaceae			
董棕	*Caryota obtusa*		二级	
琼棕	*Chuniophoenix hainanensis*		二级	
矮琼棕	*Chuniophoenix humilis*		二级	

续表

中文名	学名	保护级别		备注
水椰 *	*Nypa fruticans*		二级	
小钩叶藤	*Plectocomia microstachys*		二级	
龙棕	*Trachycarpus nanus*		二级	
香蒲科	Typhaceae			
无柱黑三棱 *	*Sparganium hyperboreum*		二级	其他常用中文名：北方黑三棱
禾本科	Poaceae			
短芒芨芨草 *	*Achnatherum breviaristatum*		二级	
沙芦草	*Agropyron mongolicum*		二级	
三刺草	*Aristida triseta*		二级	
山涧草	*Chikusichloa aquatica*		二级	
流苏香竹	*Chimonocalamus fimbriatus*		二级	
莎禾	*Coleanthus subtilis*		二级	
阿拉善披碱草 *	*Elymus alashanicus*		二级	
黑紫披碱草 *	*Elymus atratus*		二级	
短柄披碱草 *	*Elymus brevipes*		二级	
内蒙披碱草 *	*Elymus intramongolicus*		二级	
紫芒披碱草 *	*Elymus purpuraristatus*		二级	
新疆披碱草 *	*Elymus sinkiangensis*		二级	
无芒披碱草	*Elymus sinosubmuticus*		二级	
毛披碱草	*Elymus villifer*		二级	
铁竹	*Ferrocalamus strictus*	一级		
贡山竹	*Gaoligongshania megalothyrsa*		二级	
内蒙古大麦	*Hordeum innermongolicum*		二级	
纪如竹	*Hsuehochloa calcarea*		二级	
水禾 *	*Hygroryza aristata*		二级	
青海以礼草	*Kengyilia kokonorica*		二级	
青海固沙草 *	*Orinus kokonorica*		二级	
稻属(所有种) *	*Oryza* spp.		二级	
华山新麦草	*Psathyrostachys huashanica*	一级		
三蕊草	*Sinochasea trigyna*		二级	
拟高粱 *	*Sorghum propinquum*		二级	

续表

中文名	学名	保护级别		备注
箭叶大油芒	*Spodiopogon sagittifolius*		二级	
中华结缕草 *	*Zoysia sinica*		二级	
罂粟科	Papaveraceae			
石生黄堇	*Corydalis saxicola*		二级	其他常用中文名:岩黄连
久治绿绒蒿	*Meconopsis barbiseta*		二级	
红花绿绒蒿	*Meconopsis punicea*		二级	
毛瓣绿绒蒿	*Meconopsis torquata*		二级	
防己科	Menispermaceae			
古山龙	*Arcangelisia gusanlung*		二级	
藤枣	*Eleutharrhena macrocarpa*		二级	
小檗科	Berberidaceae			
八角莲属(所有种)	*Dysosma* spp.		二级	其他常用中文名:鬼臼属
小叶十大功劳	*Mahonia microphylla*		二级	
靖西十大功劳	*Mahonia subimbricata*		二级	
桃儿七	*Sinopodophyllum hexandrum*		二级	
星叶草科	Circaeasteraceae			
独叶草	*Kingdonia uniflora*		二级	
毛茛科	Ranunculaceae			
北京水毛茛 *	*Batrachium pekinense*		二级	
槭叶铁线莲 *	*Clematis acerifolia*		二级	含种下等级
黄连属(所有种) *	*Coptis* spp.		二级	
莲科	Nelumbonaceae			
莲 *	*Nelumbo nucifera*		二级	
昆栏树科	Trochodendraceae			
水青树	*Tetracentron sinense*		二级	
芍药科	Paeoniaceae			
芍药属牡丹组(所有种,被列入一级保护的卵叶牡丹和紫斑牡丹除外,牡丹未列入名录) *	*Paeonia* sect. *Moutan* spp. (excl. *P. qiui*, *P. rockii* & *P. suffruticosa*)		二级	牡丹为栽培物种,不列入保护植物
卵叶牡丹 *	*Paeonia qiui*	一级		
紫斑牡丹 *	*Paeonia rockii*	一级		

续表

中文名	学名	保护级别		备注
白花芍药＊	*Paeonia sterniana*		二级	
阿丁枫科	Altingiaceae			
赤水蕈树	*Altingia multinervis*		二级	
金缕梅科	Hamamelidaceae			
山铜材	*Chunia bucklandioides*		二级	
长柄双花木	*Disanthus cercidifolius* subsp. *longipes*		二级	
四药门花	*Loropetalum subcordatum*		二级	
银缕梅	*Parrotia subaequalis*	一级		
连香树科	Cercidiphyllaceae			
连香树	*Cercidiphyllum japonicum*		二级	
景天科	Crassulaceae			
长白红景天	*Rhodiola angusta*		二级	
大花红景天	*Rhodiola crenulata*		二级	
长鞭红景天	*Rhodiola fastigiata*		二级	
喜马红景天	*Rhodiola himalensis*		二级	其他常用中文名:喜马拉雅红景天
四裂红景天	*Rhodiola quadrifida*		二级	
红景天	*Rhodiola rosea*		二级	
库页红景天	*Rhodiola sachalinensis*		二级	
圣地红景天	*Rhodiola sacra*		二级	
唐古红景天	*Rhodiola tangutica*		二级	
粗茎红景天	*Rhodiola wallichiana*		二级	
云南红景天	*Rhodiola yunnanensis*		二级	
小二仙草科	Haloragaceae			
乌苏里狐尾藻＊	*Myriophyllum ussuriense*		二级	
锁阳科	Cynomoriaceae			
锁阳＊	*Cynomorium songaricum*		二级	其他常用学名: *Cynomoriumcoccineum* subsp. *songaricum*
葡萄科	Vitaceae			
百花山葡萄	*Vitis baihuashanensis*	一级		

走私国家禁止进出口的货物、物品罪

续表

中文名	学名	保护级别		备注
浙江蘡薁	*Vitis zhejiang – adstricta*		二级	
蒺藜科	Zygophyllaceae			
四合木	*Tetraena mongolica*		二级	
豆科	Fabaceae			
沙冬青	*Ammopiptanthus mongolicus*		二级	
棋子豆	*Archidendron robinsonii*		二级	
紫荆叶羊蹄甲	*Bauhinia cercidifolia*		二级	
丽豆 *	*Calophaca sinica*		二级	
黑黄檀	*Dalbergia cultrata*		二级	
海南黄檀	*Dalbergia hainanensis*		二级	
降香	*Dalbergia odorifera*		二级	其他常用中文名:降香黄檀
卵叶黄檀	*Dalbergia ovata*		二级	
格木	*Erythrophleum fordii*		二级	
山豆根 *	*Euchresta japonica*		二级	
绒毛皂荚	*Gleditsia japonica* var. *velutina*	一级		
野大豆 *	*Glycine soja*		二级	其他常用学名:*Glycine max* subsp. *soja*
烟豆 *	*Glycine tabacina*		二级	
短绒野大豆 *	*Glycine tomentella*		二级	
胀果甘草	*Glycyrrhiza inflata*		二级	
甘草	*Glycyrrhiza uralensis*		二级	其他常用中文名:乌拉尔甘草
浙江马鞍树	*Maackia chekiangensis*		二级	
红豆属(所有种,被列入一级保护的小叶红豆除外。)	*Ormosia* spp. (excl. *O. microphylla*)		二级	
小叶红豆	*Ormosia microphylla*	一级		
冬麻豆属(所有种)	*Salweenia* spp.		二级	
油楠	*Sindora glabra*		二级	
越南槐	*Sophora tonkinensis*		二级	其他常用中文名:广豆根
海人树科	Surianaceae			
海人树	*Suriana maritima*		二级	

续表

中文名	学名	保护级别		备注
蔷薇科	Rosaceae			
太行花	*Geum rupestre*		二级	其他常用学名：*Taihangia rupestris*
山楂海棠 *	*Malus komarovii*		二级	
丽江山荆子 *	*Malus rockii*		二级	
新疆野苹果 *	*Malus sieversii*		二级	
锡金海棠 *	*Malus sikkimensis*		二级	
绵刺 *	*Potaninia mongolica*		二级	
新疆野杏 *	*Prunus armeniaca*		二级	其他常用学名：*Armeniaca vulgaris*
新疆樱桃李 *	*Prunus cerasifera*		二级	其他常用中文名：樱桃李
甘肃桃 *	*Prunus kansuensis*		二级	其他常用学名：*Amygdaluskansuensis*
蒙古扁桃 *	*Prunus mongolica*		二级	其他常用学名：*Amygdalusmongolica*
光核桃 *	*Prunus mira*		二级	其他常用学名：*Amygdalus mira*
矮扁桃（野巴旦，野扁桃）*	*Prunus nana*		二级	其他常用学名：*Amygdalus nana*
政和杏 *	*Prunus zhengheensis*		二级	其他常用学名：*Armeniacazhengheensis*
银粉蔷薇	*Rosa anemoniflora*		二级	
小檗叶蔷薇	*Rosa berberifolia*		二级	
单瓣月季花	*Rosa chinensis* var. *spontanea*		二级	
广东蔷薇	*Rosa kwangtungensis*		二级	
亮叶月季	*Rosa lucidissima*		二级	
大花香水月季	*Rosa odorata* var. *gigantea*		二级	
中甸刺玫	*Rosa praelucens*		二级	
玫瑰	*Rosa rugosa*		二级	
胡颓子科	Elaeagnaceae			
翅果油树	*Elaeagnus mollis*		二级	
鼠李科	Rhamnaceae			
小勾儿茶	*Berchemiella wilsonii*		二级	

续表

中文名	学名	保护级别		备注
榆科	Ulmaceae			
长序榆	*Ulmus elongata*		二级	
大叶榉树	*Zelkova schneideriana*		二级	
桑科	Moraceae			
南川木波罗	*Artocarpus nanchuanensis*		二级	
奶桑	*Morus macroura*		二级	
川桑 *	*Morus notabilis*		二级	
长穗桑 *	*Morus wittiorum*		二级	
荨麻科	Urticaceae			
光叶苎麻 *	*Boehmeria leiophylla*		二级	Flora of China 将本种处理为腋球苎麻 *Boehmeria glomerulifera*
长圆苎麻 *	*Boehmeria oblongifolia*		二级	Flora of China 将本种处理为腋球苎麻 *Boehmeria glomerulifera*
壳斗科	Fagaceae			
华南锥	*Castanopsis concinna*		二级	其他常用中文名:华南栲
西畴青冈	*Cyclobalanopsis sichourensis*		二级	其他常用学名:*Quercus sichourensis*
台湾水青冈	*Fagus hayatae*		二级	
三棱栎	*Formanodendron doichangensis*		二级	
霸王栎	*Quercus bawanglingensis*		二级	其他常用中文名:坝王栎
尖叶栎	*Quercus oxyphylla*		二级	
胡桃科	Juglandaceae			
喙核桃	*Annamocarya sinensis*		二级	
贵州山核桃	*Carya kweichowensis*		二级	
桦木科	Betulaceae			
普陀鹅耳枥	*Carpinus putoensis*	一级		
天台鹅耳枥	*Carpinus tientaiensis*		二级	
天目铁木	*Ostrya rehderiana*	一级		
葫芦科	Cucurbitaceae			
野黄瓜 *	*Cucumis sativus* var. *xishuangbannanensis*		二级	

续表

中文名	学名	保护级别		备注
四数木科	Tetramelaceae			
四数木	*Tetrameles nudiflora*		二级	
秋海棠科	Begoniaceae			
蛛网脉秋海棠＊	*Begonia arachnoidea*		二级	
阳春秋海棠＊	*Begonia coptidifolia*		二级	
黑峰秋海棠＊	*Begonia ferox*		二级	其他常用中文名：刺秋海棠
古林箐秋海棠＊	*Begonia gulinqingensis*		二级	
古龙山秋海棠＊	*Begonia gulongshanensis*		二级	
海南秋海棠＊	*Begonia hainanensis*		二级	
香港秋海棠＊	*Begonia hongkongensis*		二级	
卫矛科	Celastraceae			
永瓣藤	*Monimopetalum chinense*		二级	
斜翼	*Plagiopteron suaveolens*		二级	
安神木科	Centroplacaceae			
膝柄木	*Bhesa robusta*	一级		
金莲木科	Ochnaceae			
合柱金莲木	*Sauvagesia rhodoleuca*		二级	
川苔草科	Podostemaceae			
川苔草属（所有种）＊	*Cladopus* spp.		二级	
川藻属（所有种）＊	*Dalzellia* spp.		二级	
水石衣＊	*Hydrobryum griffithii*		二级	
藤黄科	Clusiaceae			
金丝李	*Garcinia paucinervis*		二级	
双籽藤黄＊	*Garcinia tetralata*		二级	
青钟麻科	Achariaceae			
海南大风子	*Hydnocarpus hainanensis*		二级	
杨柳科	Salicaceae			
额河杨	*Populus* × *irtyschensis*		二级	发表时名称：*Populus* × *jrtyschensis*
大花草科	Rafflesiaceae			
寄生花	*Sapria himalayana*		二级	

走私国家禁止进出口的货物、物品罪

续表

中文名	学名	保护级别		备注
大戟科	Euphorbiaceae			
东京桐	*Deutzianthus tonkinensis*		二级	
使君子科	Combretaceae			
萼翅藤	*Getonia floribunda*	一级		
红榄李 *	*Lumnitzera littorea*	一级		
千果榄仁	*Terminalia myriocarpa*		二级	
千屈菜科	Lythraceae			
小果紫薇	*Lagerstroemia minuticarpa*		二级	
毛紫薇	*Lagerstroemia villosa*		二级	
水芫花	*Pemphis acidula*		二级	
细果野菱(野菱) *	*Trapa incisa*		二级	
野牡丹科	Melastomataceae			
虎颜花 *	*Tigridiopalma magnifica*		二级	
漆树科	Anacardiaceae			
林生杧果	*Mangifera sylvatica*		二级	
无患子科	Sapindaceae			
梓叶槭	*Acer amplum*subsp. *catalpifolium*		二级	
庙台槭	*Acer miaotaiense*		二级	羊角槭并入本种
五小叶槭	*Acer pentaphyllum*		二级	其他常用中文名:五小叶枫
漾濞槭	*Acer yangbiense*		二级	其他常用中文名:漾濞枫
龙眼 *	*Dimocarpus longan*		二级	
云南金钱槭	*Dipteronia dyeriana*		二级	
伞花木	*Eurycorymbus cavaleriei*		二级	
掌叶木	*Handeliodendron bodinieri*		二级	
爪耳木	*Lepisanthes unilocularis*		二级	
野生荔枝 *	*Litchi chinensis* var. *euspontanea*		二级	Flora of China 使用名称 *Litchichinensis*
韶子 *	*Nephelium chryseum*		二级	
海南假韶子	*Paranephelium hainanense*		二级	
芸香科	Rutaceae			

续表

中文名	学名	保护级别		备注
宜昌橙＊	*Citrus cavaleriei*		二级	其他常用学名：*Citrus ichangensis*
道县野桔＊	*Citrus daoxianensis*		二级	Flora of China 使用名称：柑橘 *Citrus reticulata*
红河橙＊	*Citrus hongheensis*		二级	Flora of China 使用名称：宜昌橙 *Citrus cavaleriei*
莽山野桔＊	*Citrus mangshanensis*		二级	Flora of China 使用名称：柑橘 *Citrus reticulata*
山橘＊	*Fortunella hindsii*		二级	Flora of China 使用名称：金柑 *Citrus japonica*
金豆＊	*Fortunella venosa*		二级	Flora of China 使用名称：金柑 *Citrus japonica*
黄檗	*Phellodendron amurense*		二级	其他常用中文名：黄波椤
川黄檗	*Phellodendron chinense*		二级	
富民枳＊	*Poncirus* × *polyandra*		二级	Flora of China 使用名称 *Citrus* × *polytrifolia*
楝科	Meliaceae			
望谟崖摩	*Aglaia lawii*		二级	
红椿	*Toona ciliata*		二级	毛红椿并入本种
木果楝	*Xylocarpusgranatum*		二级	
锦葵科	Malvaceae			
柄翅果	*Burretiodendron esquirolii*		二级	
滇桐	*Craigia yunnanensis*		二级	
海南椴	*Diplodiscus trichospermus*		二级	
蚬木	*Excentrodendron tonkinense*		二级	
广西火桐	*Erythropsis kwangsiensis*	一级		其他常用学名：*Firmianakwangsiensis*
梧桐属（所有种，梧桐除外）	*Firmiana* spp.（excl. *F. simplex*）		二级	
蝴蝶树	*Heritiera parvifolia*		二级	
平当树	*Paradombeya sinensis*		二级	
景东翅子树	*Pterospermum kingtungense*		二级	
勐仑翅子树	*Pterospermum menglunense*		二级	
粗齿梭罗	*Reevesia rotundifolia*		二级	

续表

中文名	学名	保护级别		备注
紫椴	*Tilia amurensis*		二级	
瑞香科	Thymelaeaceae			
土沉香	*Aquilaria sinensis*		二级	
云南沉香	*Aquilaria yunnanensis*		二级	
半日花科	Cistaceae			
半日花 *	*Helianthemum songaricum*		二级	
龙脑香科	Dipterocarpaceae			
东京龙脑香	*Dipterocarpus retusus*	一级		
狭叶坡垒	*Hopea chinensis*		二级	多毛坡垒并入本种
坡垒	*Hopea hainanensis*	一级		
翼坡垒(铁凌)	*Hopea reticulata*		二级	
西藏坡垒	*Hopea shingkeng*		二级	
望天树	*Parashorea chinensis*	一级		
云南娑罗双	*Shorea assamica*	一级		
广西青梅	*Vatica guangxiensis*	一级		
青梅	*Vatica mangachapoi*		二级	
叠珠树科	Akaniaceae			
伯乐树(钟萼木)	*Bretschneidera sinensis*		二级	
铁青树科	Olacaceae			
蒜头果	*Malania oleifera*		二级	
瓣鳞花科	Frankeniaceae			
瓣鳞花	*Frankenia pulverulenta*		二级	
柽柳科	Tamaricaceae			
疏花水柏枝	*Myricaria laxiflora*		二级	
蓼科	Polygonaceae			
金荞麦 *	*Fagopyrum dibotrys*		二级	其他常用中文名:金荞
茅膏菜科	Droseraceae			
貉藻 *	*Aldrovanda vesiculosa*	一级		
石竹科	Caryophyllaceae			
金铁锁	*Psammosilene tunicoides*		二级	
苋科	Amaranthaceae			
苞藜 *	*Baolia bracteata*		二级	

续表

中文名	学名	保护级别		备注
阿拉善单刺蓬 *	*Cornulaca alaschanica*		二级	
蓝果树科	Nyssaceae			
珙桐	*Davidia involucrata*	一级		含种下等级,光叶珙桐并入本种
云南蓝果树	*Nyssa yunnanensis*	一级		
绣球花科	Hydrangeaceae			
黄山梅	*Kirengeshoma palmata*		二级	
蛛网萼	*Platycrater arguta*		二级	
五列木科	Pentaphylacaceae			
猪血木	*Euryodendron excelsum*	一级		
山榄科	Sapotaceae			
滇藏榄	*Diploknema yunnanensis*	一级		其他常用中文名:云南藏榄
海南紫荆木	*Madhuca hainanensis*		二级	
紫荆木	*Madhuca pasquieri*		二级	
柿树科	Ebenaceae			
小萼柿 *	*Diospyros minutisepala*		二级	
川柿 *	*Diospyros sutchuensis*		二级	
报春花科	Primulaceae			
羽叶点地梅 *	*Pomatosace filicula*		二级	
山茶科	Theaceae			
圆籽荷	*Apterosperma oblata*		二级	
杜鹃红山茶	*Camellia azalea*	一级		其他常用中文名:杜鹃叶山茶
山茶属金花茶组(所有种)	*Camellia* sect. *Chrysantha* spp.		二级	
山茶属茶组(所有种，大叶茶、大理茶除外) *	*Camellia* sect. *Thea* spp. (excl. *C. sinensis* var. *assamica*, *C. taliensis*)		二级	
大叶茶	*Camellia sinensis* var. *assamica*		二级	其他常用中文名:普洱茶
大理茶	*Camellia taliensis*		二级	
安息香科	Styracaceae			
秤锤树属(所有种)	*Sinojackia* spp.		二级	
猕猴桃科	Actinidiaceae			

续表

中文名	学名	保护级别		备注
软枣猕猴桃 *	*Actinidia arguta*		二级	
中华猕猴桃 *	*Actinidia chinensis*		二级	
金花猕猴桃 *	*Actinidia chrysantha*		二级	
条叶猕猴桃 *	*Actinidia fortunatii*		二级	
大籽猕猴桃 *	*Actinidia macrosperma*		二级	
杜鹃花科	Ericaceae			
兴安杜鹃	*Rhododendron dauricum*		二级	
朱红大杜鹃	*Rhododendron griersonianum*		二级	
华顶杜鹃	*Rhododendron huadingense*		二级	
井冈山杜鹃	*Rhododendron jingangshanicum*		二级	
江西杜鹃	*Rhododendron kiangsiense*		二级	
尾叶杜鹃	*Rhododendron urophyllum*		二级	
圆叶杜鹃	*Rhododendron williamsianum*		二级	
茜草科	Rubiaceae			
绣球茜	*Dunnia sinensis*		二级	
香果树	*Emmenopterys henryi*		二级	
巴戟天	*Morinda officinalis*		二级	
滇南新乌檀	*Neonauclea tsaiana*		二级	
龙胆科	Gentianaceae			
辐花	*Lomatogoniopsis alpina*		二级	
夹竹桃科	Apocynaceae			
驼峰藤	*Merrillanthus hainanensis*		二级	
富宁藤	*Parepigynum funingense*		二级	
紫草科	Boraginaceae			
新疆紫草 *	*Arnebia euchroma*		二级	其他常用中文名:软紫草
橙花破布木	*Cordia subcordata*		二级	
茄科	Solanaceae			
黑果枸杞 *	*Lycium ruthenicum*		二级	
云南枸杞 *	*Lycium yunnanense*		二级	
木犀科	Oleaceae			

续表

中文名	学名	保护级别		备注
水曲柳	*Fraxinus mandschurica*		二级	其他常用学名：*Fraxinusmandshurica*
天山梣	*Fraxinus sogdiana*		二级	
毛柄木犀	*Osmanthus pubipedicellatus*		二级	
毛木犀	*Osmanthus venosus*		二级	
苦苣苔科	Gesneriaceae			
瑶山苣苔	*Dayaoshania cotinifolia*		二级	
秦岭石蝴蝶	*Petrocosmea qinlingensis*		二级	
报春苣苔	*Primulina tabacum*		二级	
辐花苣苔	*Thamnocharis esquirolii*	一级		
车前科	Plantaginaceae			
胡黄连	*Neopicrorhiza scrophulariiflora*		二级	
丰都车前 *	*Plantago fengdouensis*		二级	
玄参科	Scrophulariaceae			
长柱玄参 *	*Scrophularia stylosa*		二级	
狸藻科	Lentibulariaceae			
盾鳞狸藻 *	*Utricularia punctata*		二级	
唇形科	Lamiaceae			
苦梓	*Gmelina hainanensis*		二级	其他常用中文名：海南石梓
保亭花	*Wenchengia alternifolia*		二级	
列当科	Orobanchaceae			
草苁蓉 *	*Boschniakia rossica*		二级	
肉苁蓉 *	*Cistanche deserticola*		二级	
管花肉苁蓉 *	*Cistanche mongolica*		二级	其他常用学名：*Cistanche tubulosa*
崖白菜	*Triaenophora rupestris*		二级	其他常用中文名：呆白菜
冬青科	Aquifoliaceae			
扣树	*Ilex kaushue*		二级	
桔梗科	Campanulaceae			
刺萼参 *	*Echinocodon draco*		二级	
菊科	Asteraceae			

续表

中文名	学名	保护级别		备注
白菊木	*Leucomeris decora*		二级	
巴朗山雪莲	*Saussurea balangshanensis*		二级	
雪兔子	*Saussurea gossipiphora*		二级	
雪莲	*Saussurea involucrata*		二级	其他常用中文名:雪莲花
绵头雪兔子	*Saussurea laniceps*		二级	
水母雪兔子	*Saussurea medusa*		二级	
阿尔泰雪莲	*Saussurea orgaadayi*		二级	
革苞菊	*Tugarinovia mongolica*		二级	
忍冬科	Caprifoliaceae			
七子花	*Heptacodium miconioides*		二级	
丁香叶忍冬	*Lonicera oblata*		二级	
匙叶甘松	*Nardostachys jatamansi*		二级	其他常用中文名:甘松;其他常用学名:*Nardostachyschinensis*, *N. grandiflora*
五加科	Araliaceae			
人参属(所有种)*	*Panax* spp.		二级	
华参 *	*Sinopanax formosanus*		二级	
伞形科	Apiaceae			
山茴香 *	*Carlesia sinensis*		二级	
明党参 *	*Changium smyrnioides*		二级	
川明参 *	*Chuanminshen violaceum*		二级	
阜康阿魏 *	*Ferula fukanensis*		二级	
麝香阿魏 *	*Ferula moschata*		二级	
新疆阿魏 *	*Ferula sinkiangensis*		二级	
珊瑚菜(北沙参)*	*Glehnia littoralis*		二级	
藻类 Algae				
马尾藻科	Sargassaceae			
硇洲马尾藻 *	*Sargassum naozhouense*		二级	
黑叶马尾藻 *	*Sargassum nigrifolioides*		二级	
墨角藻科	Fucaceae			
鹿角菜 *	*Silvetia siliquosa*		二级	

续表

中文名	学名	保护级别		备注
红翎菜科	Solieriaceae			
珍珠麒麟菜 *	*Eucheuma okamurai*	一级		
耳突卡帕藻 *	*Kappaphycus cottonii*		二级	
念珠藻科	Nostocaceae			
发菜	*Nostoc flagelliforme*	一级		
真菌 Eumycophyta				
线虫草科	Ophiocordycipitaceae			
虫草(冬虫夏草)	*Ophiocordyceps sinensis*		二级	
口蘑科(白蘑科)	Tricholomataceae			
蒙古口蘑 *	*Leucocalocybe mongolica*		二级	
松口蘑(松茸) *	*Tricholoma matsutake*		二级	
块菌科	Tuberaceae			
中华夏块菌 *	*Tuber sinoaestivum*		二级	

注:1. 标 * 者归农业农村主管部门分工管理,其余归林业和草原主管部门分工管理。
2. 本《名录》以《中国生物物种名录(植物卷)》为物种名称的主要参考文献,同时参考目前的分类学和系统学研究成果。
3. Flora of China 指《中国植物志(英文版)》。
4. 本《名录》所保护的对象仅指《中华人民共和国野生植物保护条例》定义的野生植物。

《最高人民法院关于审理走私、非法经营、非法使用兴奋剂刑事案件适用法律若干问题的解释》(2019 年 11 月 18 日　法释〔2019〕16 号)

第一条　运动员、运动员辅助人员走私兴奋剂目录所列物质,或者其他人员以在体育竞赛中非法使用为目的走私兴奋剂目录所列物质,涉案物质属于国家禁止进出口的货物、物品,具有下列情形之一的,应当依照刑法第一百五十一条第三款的规定,以走私国家禁止进出口的货物、物品罪定罪处罚:

(一)一年内曾因走私被给予二次以上行政处罚后又走私的;

(二)用于或者准备用于未成年人运动员、残疾人运动员的;

(三)用于或者准备用于国内、国际重大体育竞赛的;

(四)其他造成严重恶劣社会影响的情形。

实施前款规定的行为,涉案物质不属于国家禁止进出口的货物、物品,但偷逃应缴税额一万元以上或者一年内曾因走私被给予二次以上行政处罚后又走私的,应当依照刑法第一百五十三条的规定,以走私普通货物、物品罪定罪处罚。

对于本条第一款、第二款规定以外的走私兴奋剂目录所列物质行为,适用《最高人民法院、最高人民检察院关于办理走私刑事案件适用法律若干问题的解释》(法释〔2014〕10 号)规定的定罪量刑标准。

量刑要素

1. 武装掩护走私的,从重处罚。(《刑法》第157条第1款)

2. 在走私的普通货物、物品中藏匿《刑法》第151条、第152条、第347条、第350条规定的货物、物品,构成犯罪的,以实际走私的货物、物品定罪处罚;构成数罪的,实行数罪并罚。(法释〔2014〕10号第22条)

要义辨析

一、概念

本罪是指违反海关法规,逃避海关监管,非法从事运输、携带、邮寄国家禁止进出口的货物、物品,破坏国家对外贸易管理的行为。

二、构成要件

1. 本罪侵犯的客体是国家海关监督管理制度。犯罪对象是《刑法》第151条、第152条、第350条、第357条具体列举的武器、弹药、核材料、假币、文物、贵重金属、珍贵动物及其制品、淫秽物品、废物、制毒物品、毒品等以外的国家禁止进出口的其他所有货物、物品。

2. 本罪的客观方面表现为违反海关法规,逃避海关监管,运输、携带、邮寄国家禁止进出口的货物、物品进出国边境的行为。

3. 本罪犯罪主体为一般主体,单位犯本罪的应予双罚。

4. 本罪系故意犯罪,过失不构成本罪。

三、要点辨析

1. 本罪将走私珍稀植物及其制品罪,走私国家禁止进出口的其他货物合并为一个罪名,与走私珍贵动物及制品单独列罪不同。总的概念是"国家禁止进出口的物品"。

2. 本罪为行为犯,只要实施走私珍稀植物及其制品等国家禁止进出口的其他货物、物品的行为就构成本罪,不要求特定结果的产生。

3. 具有下列情形之一的,应当认定为犯罪既遂:(1)在海关监管现场被查获的;(2)以虚假申报方式走私,申报行为实施完毕的;(3)以保税货物或者特定减税、免税进口的货物、物品为对象走私,在境内销售的,或者申请核销行为实施完毕的。

4. 单位犯本罪的,对单位处罚金;对直接负责的主管人员和直接责任人员,依个人犯罪处罚。

5. 与走私罪犯通谋,为其提供贷款、资金、账号、发票、证明,或者为其提供运输、保管、邮寄或者其他方便的,以走私罪的共犯论处。

四、罪名变迁

本罪在1979年《刑法》中并无规定,是1997年《刑法》新设立的罪名。原罪名为"走私珍稀植物、珍贵植物制品罪"。《刑法修正案(七)》第1条修改为"走私珍稀植物及其制品等国家禁止进出口的其他货物、物品",对本罪走私对象范围作了扩大,从原法条中"走私珍稀植物及其制品"改为"走私珍稀植物及其制品等国家禁止进出口的其他货物物品"。2009年10月14日《最高人民法院、最高人民检察院关于执行〈刑法〉确定罪名的补充规定(四)》(法释〔2009〕13号),将罪名改为"走私国家禁止进出口的货物、物品罪",取消了"走私珍稀植物、珍贵植物制品罪"。

<table>
<tr><td colspan="2">类罪名：破坏社会主义市场经济秩序罪/走私罪 | 罪名：走私淫秽物品罪</td></tr>
<tr><td rowspan="4">量刑标准</td><td>构成犯罪的　处3年以上10年以下有期徒刑，并处罚金；</td></tr>
<tr><td>情节严重的　处10年以上有期徒刑或者无期徒刑，并处罚金或者没收财产；</td></tr>
<tr><td>情节较轻的　处3年以下有期徒刑、拘役或者管制，并处罚金；</td></tr>
<tr><td>单位犯本罪的　对单位处罚金；对直接负责的主管人员和直接责任人员按个人犯罪处罚。</td></tr>
</table>

法律依据

一、《刑法》条文

第一百五十二条第一、三款　以牟利或者传播为目的，走私淫秽的影片、录像带、录音带、图片、书刊或者其他淫秽物品的，处三年以上十年以下有期徒刑，并处罚金；情节严重的，处十年以上有期徒刑或者无期徒刑，并处罚金或者没收财产；情节较轻的，处三年以下有期徒刑、拘役或者管制，并处罚金。

单位犯前款罪的，对单位判处罚金，并对其直接负责的主管人员和其他直接责任人员，依照前款的规定处罚。

第一百五十五条　下列行为，以走私罪论处，依照本节的有关规定处罚：

（一）直接向走私人非法收购国家禁止进口物品的，或者直接向走私人非法收购走私进口的其他货物、物品，数额较大的；

（二）在内海、领海、界河、界湖运输、收购、贩卖国家禁止进出口物品的，或者运输、收购、贩卖国家限制进出口货物、物品，数额较大，没有合法证明的。

第一百五十六条　与走私罪犯通谋，为其提供贷款、资金、账号、发票、证明，或者为其提供运输、保管、邮寄或者其他方便的，以走私罪的共犯论处。

第一百五十七条　武装掩护走私的，依照本法第一百五十一条第一款的规定从重处罚。以暴力、威胁方法抗拒缉私的，以走私罪和本法第二百七十七条规定的阻碍国家机关工作人员依法执行职务罪，依照数罪并罚的规定处罚。

二、相关司法解释/文件

《最高人民检察院、公安部关于公安机关管辖的刑事案件立案追诉标准的规定（一）》（2008年6月25日　公通字〔2008〕36号）

第二十五条　［走私淫秽物品案（刑法第一百五十二条第一款）］以牟利或者传播为目的，走私淫秽的影片、录像带、录音带、图片、书刊或者其他通过文字、声音、形象等形式表现淫秽内容的影碟、音碟、电子出版物等物品，涉嫌下列情形之一的，应予立案追诉：

（一）走私淫秽录像带、影碟五十盘（张）以上的；

（二）走私淫秽录音带、音碟一百盘（张）以上的；

（三）走私淫秽扑克、书刊、画册一百副（册）以上的；

（四）走私淫秽照片、画片五百张以上的；

（五）走私其他淫秽物品相当于上述数量的；

（六）走私淫秽物品数量虽未达到本条第（一）项至第（四）项规定标准，但分别达到其中两项以上标准的百分之五十以上的。

《最高人民法院、最高人民检察院关于办理走私刑事案件适用法律若干问题的解释》（2014年8月12日　法释〔2014〕10号）

第十三条　以牟利或者传播为目的，走私淫秽物品，达到下列数量之一的，可以认定为刑法第一百五十二条第一款规定的“情节较轻”：

（一）走私淫秽录像带、影碟五十盘（张）以上不满一百盘（张）的；

（二）走私淫秽录音带、音碟一百盘（张）以上不满二百盘（张）的；

（三）走私淫秽扑克、书刊、画册一百副（册）以上不满二百副（册）的；

（四）走私淫秽照片、画片五百张以上不满一千张的；

（五）走私其他淫秽物品相当于上述数量的。

走私淫秽物品在前款规定的最高数量以上不满最高数量五倍的,依照刑法第一百五十二条第一款的规定处三年以上十年以下有期徒刑,并处罚金。

走私淫秽物品在第一款规定的最高数量五倍以上,或者在第一款规定的最高数量以上不满五倍,但属于犯罪集团的首要分子,使用特种车辆从事走私活动等情形的,应当认定为刑法第一百五十二条第一款规定的"情节严重"。

第二十条　直接向走私人非法收购走私进口的货物、物品,在内海、领海、界河、界湖运输、收购、贩卖国家禁止进出口的物品,或者没有合法证明,在内海、领海、界河、界湖运输、收购、贩卖国家限制进出口的货物、物品,构成犯罪的,应当按照走私货物、物品的种类,分别依照刑法第一百五十一条、第一百五十二条、第一百五十三条、第三百四十七条、第三百五十条的规定定罪处罚。

刑法第一百五十五条第二项规定的"内海",包括内河的入海口水域。

第二十一条　未经许可进出口国家限制进出口的货物、物品,构成犯罪的,应当依照刑法第一百五十一条、第一百五十二条的规定,以走私国家禁止进出口的货物、物品罪等罪名定罪处罚;偷逃应缴税额,同时又构成走私普通货物、物品罪的,依照处罚较重的规定定罪处罚。

取得许可,但超过许可数量进出口国家限制进出口的货物、物品,构成犯罪的,依照刑法第一百五十三条的规定,以走私普通货物、物品罪定罪处罚。

租用、借用或者使用购买的他人许可证,进出口国家限制进出口的货物、物品的,适用本条第一款的规定定罪处罚。

第二十二条　在走私的货物、物品中藏匿刑法第一百五十一条、第一百五十二条、第三百四十七条、第三百五十条规定的货物、物品,构成犯罪的,以实际走私的货物、物品定罪处罚;构成数罪的,实行数罪并罚。

第二十三条　实施走私犯罪,具有下列情形之一的,应当认定为犯罪既遂:

(一)在海关监管现场被查获的;

(二)以虚假申报方式走私,申报行为实施完毕的;

(三)以保税货物或者特定减税、免税进口的货物、物品为对象走私,在境内销售的,或者申请核销行为实施完毕的。

第二十四条　单位犯刑法第一百五十一条、第一百五十二条规定之罪,依照本解释规定的标准定罪处罚。

单位犯走私普通货物、物品罪,偷逃应缴税额在二十万元以上不满一百万元的,应当依照刑法第一百五十三条第二款的规定,对单位判处罚金,并对其直接负责的主管人员和其他直接责任人员,处三年以下有期徒刑或者拘役;偷逃应缴税额在一百万元以上不满五百万元的,应当认定为"情节严重";偷逃应缴税额在五百万元以上的,应当认定为"情节特别严重"。

第二十五条　本解释发布实施后,《最高人民法院关于审理走私刑事案件具体应用法律若干问题的解释》(法释〔2000〕30号)、《最高人民法院关于审理走私刑事案件具体应用法律若干问题的解释(二)》(法释〔2006〕9号)同时废止。之前发布的司法解释与本解释不一致的,以本解释为准。

三、相关部委规章

《海关总署关于严格查禁淫秽物品进出口的实施办法》(1985年6月5日)

第二条　严格禁止任何单位和个人以任何方式进出口各种淫秽物品。

淫秽物品的范围是:具体描写性行为或露骨宣扬色情淫荡形象的音像制品(录像带、录音带、视盘、影片、电视片、幻灯片),印刷品(照片、图画、书籍、报刊、抄本),印有这类图照的玩具、用品,以及淫药、淫具。

夹杂淫秽内容的有艺术价值的文艺作品,表现人体美的美术作品,有关人体的生理、医学知识和其他自然科学作品,不属于淫秽物品的范围。

第八条　对进出口淫秽物品的当事人,视情节按以下规定处理:

(一)对在海关检查前主动交出淫秽物品的,免予罚款;

(二)个人携带或邮寄进出口属于淫秽物品的印刷品、录音带、幻灯片、玩具、用品,以及淫药、淫具,处以一百元以上一千元以下的罚款;

(三)个人携带或邮寄进出口属于淫秽物品的录像带、视盘、影片、电视片,处以五百元以上五千元以下的罚款；

（四）利用货运方式进出口淫秽物品的，处以五千元以上五万元以下的罚款；

（五）对进出口淫秽物品藏匿不报或向海关伪报逃避海关监管构成走私行为的，按上述罚则加倍罚款；

（六）走私淫秽物品情节严重构成犯罪的，除按本条（五）款处以罚款外，送交公安、司法机关依法惩处。

《中华人民共和国海关进出境印刷品及音像制品监管办法》（2018年11月23日）

第二条　本办法适用于海关对运输、携带、邮寄进出境的印刷品及音像制品的监管。

进出境摄影底片、纸型、绘画、剪贴、手稿、手抄本、复印件及其他含有文字、图像、符号等内容的货物、物品的，海关按照本办法有关进出境印刷品的监管规定进行监管。

进出境载有图文声像信息的磁、光、电存储介质的，海关按照本办法有关进出境音像制品的监管规定进行监管。

第三条　进出境印刷品及音像制品的收发货人、所有人及其代理人，应当依法如实向海关申报，并且接受海关监管。

第四条　载有下列内容之一的印刷品及音像制品，禁止进境：

（八）宣扬淫秽、赌博、暴力或者教唆犯罪的；

（十一）国家主管部门认定禁止进境的；

（十二）法律、行政法规和国家规定禁止的其他内容。

第二十一条　违反本办法，构成走私行为、违反海关监管规定行为或者其他违反《海关法》行为的，由海关依照《海关法》和《实施条例》的有关规定予以处理；构成犯罪的，依法追究刑事责任。

第二十五条　本办法下列用语的含义：

印刷品，是指通过将图像或者文字原稿制为印版，在纸张或者其他常用材料上翻印的内容相同的复制品。

音像制品，是指载有内容的唱片、录音带、录像带、激光视盘、激光唱盘等。

散发性宗教类印刷品及音像制品，是指运输、携带、邮寄进境，不属于自用、合理数量范围并且具有明显传播特征，违反国家宗教事务法规及有关政策的印刷品及音像制品。

以下，包括本数在内。

量刑要素

1. 武装掩护走私的，从重处罚。（《刑法》第157条第1款）

2. 在走私的普通货物、物品中藏匿《刑法》第151条、第152条、第347条、第350条规定的货物、物品，构成犯罪的，以实际走私的货物、物品定罪处罚；构成数罪的，实行数罪并罚。（法释〔2014〕10号第22条）

要义辨析

一、概念

本罪是指以牟利或者传播为目的，故意违反海关管理法规，逃避海关监管，运输、携带、邮寄淫秽的影片、录像带、录音带、图片、书刊或者其他的淫秽物品，如通过文字、声音、形象等形式表现的影碟、音碟、电子出版物等进出国（边）境的行为。

二、构成要件

1. 本罪侵犯的客体是国家对淫秽物品禁止进出口的管理制度和社会管理秩序。既侵犯了国家的海关管理制度，也侵犯了国家治安管理制度。

2. 犯罪客观方面表现为行为人违反海关法规，逃避海关监管，非法运输、携带或者邮寄淫秽物品进出国（边）境的行为。所谓逃避海关监管，是指从不设海关的边境出入境，或者采取伪装、藏匿、不如实申报等手段企图蒙混过关的行为。

3. 本罪的犯罪主体既可以是达到法定年龄具有刑事责任能力的自然人，也可以是单位。

4. 犯罪主观方面必须是故意犯罪，而且必须以牟利或者传播为目的。牟利，是指行为人以出卖、出租，或者其他方式，利用淫秽物品牟取非法利润；

传播,是指行为人意图将淫秽物品在社会上扩散。不是为了牟利和传播,携带、邮寄少量淫秽物品进出境的,不构成本罪,而应依照《海关法》的有关规定处罚。

三、要点辨析

1. 关于侵犯的客体问题。本罪规定在"破坏社会主义市场经济秩序罪"的"走私罪"一节中,保护的客体是国家关税制度。但是本罪同走私武器、弹药罪一样,其主要的危害性,并不是关税损失,而是社会治安的污染,损害社会风化。立法条文中已经规定了"以牟利或者传播为目的",可见本罪主要还是具有社会危害性,而不只是影响关税。定罪量刑的考量中要注意这一特点。

2. 本罪为行为犯,只要实施走私淫秽物品的行为就构成本罪,不要求特定结果的产生。

3. 具有下列情形之一的,应当认定为犯罪既遂:(1)在海关监管现场被查获的;(2)以虚假申报方式走私,申报行为实施完毕的;(3)以保税货物或者特定减税、免税进口的货物、物品为对象走私,在境内销售的,或者申请核销行为实施完毕的。

4. 单位犯本罪的,对单位处罚金;对直接负责的主管人员和直接责任人员,依个人犯罪处罚。

5. 与走私罪犯通谋,为其提供贷款、资金、账号、发票、证明,或者为其提供运输、保管、邮寄或者其他方便的,以走私罪的共犯论处。

四、罪名变迁

本罪是1997年《刑法》增设的罪名,依《全国人民代表大会常务委员会关于惩治走私罪的补充规定》第3条修改而来。

类罪名:破坏社会主义市场经济秩序罪/走私罪	罪名:走私废物罪
量刑标准	**情节严重的** 处5年以下有期徒刑,并处或者单处罚金;
	情节特别严重的 处5年以上有期徒刑,并处罚金;
	单位犯本罪的 对单位判处罚金,并对直接负责的主管人员和直接责任人员,依照第152条第1款、第2款规定处罚。

法律依据

一、《刑法》条文

第一百五十二条第二、三款 逃避海关监管将境外固体废物、液态废物和气态废物运输进境,情节严重的,处五年以下有期徒刑,并处或者单处罚金;情节特别严重的,处五年以上有期徒刑,并处罚金。

单位犯前两款罪的,对单位判处罚金,并对其直接负责的主管人员和其他直接责任人员,依照前两款的规定处罚。

第一百五十五条 下列行为,以走私罪论处,依照本节的有关规定处罚:

(一)直接向走私人非法收购国家禁止进口物品的,或者直接向走私人非法收购走私进口的其他货物、物品,数额较大的;

(二)在内海、领海、界河、界湖运输、收购、贩卖国家禁止进出口物品的,或者运输、收购、贩卖国家限制进出口货物、物品,数额较大,没有合法证明的。

第一百五十六条 与走私罪犯通谋,为其提供贷款、资金、账号、发票、证明,或者为其提供运输、保管、邮寄或者其他方便的,以走私罪的共犯论处。

第一百五十七条 武装掩护走私的,依照本法第一百五十一条第一款的规定从重处罚。以暴力、威胁方法抗拒缉私的,以走私罪和本法第二百七十七条规定的阻碍国家机关工作人员依法执行职务罪,依照数罪并罚的规定处罚。

第三百三十九条第三款 以原料利用为名,进口不能用作原料的固体废物、液态废物和气态废物的,依照本法第一百五十二条第二款、第三款的规定定罪处罚。

二、相关司法解释

《最高人民法院、最高人民检察院关于办理走私刑事案件适用法律若干问题的解释》(2014年8月12日　法释〔2014〕10号)

第四条　走私各种弹药的弹头、弹壳,构成犯罪的,依照刑法第一百五十一条第一款的规定,以走私弹药罪定罪处罚。具体的定罪量刑标准,按照本解释第一条规定的数量标准的五倍执行。

走私报废或者无法组装并使用的各种弹药的弹头、弹壳,构成犯罪的,依照刑法第一百五十三条的规定,以走私普通货物、物品罪定罪处罚;属于废物的,依照刑法第一百五十二条第二款的规定,以走私废物罪定罪处罚。

弹头、弹壳是否属于前款规定的"报废或者无法组装并使用"或者"废物",由国家有关技术部门进行鉴定。

第十四条　走私国家禁止进口的废物或者国家限制进口的可用作原料的废物,具有下列情形之一的,应当认定为刑法第一百五十二条第二款规定的"情节严重":

(一)走私国家禁止进口的危险性固体废物、液态废物分别或者合计达到一吨以上不满五吨的;

(二)走私国家禁止进口的非危险性固体废物、液态废物分别或者合计达到五吨以上不满二十五吨的;

(三)走私国家限制进口的可用作原料的固体废物、液态废物分别或者合计达到二十吨以上不满一百吨的;

(四)未达到上述数量标准,但属于犯罪集团的首要分子,使用特种车辆从事走私活动,或者造成环境严重污染等情形的。

具有下列情形之一的,应当认定为刑法第一百五十二条第二款规定的"情节特别严重":

(一)走私数量超过前款规定的标准的;

(二)达到前款规定的标准,且属于犯罪集团的首要分子,使用特种车辆从事走私活动,或者造成环境严重污染等情形的;

(三)未达到前款规定的标准,但造成环境严重污染且后果特别严重的。

走私置于容器中的气态废物,构成犯罪的,参照前两款规定的标准处罚。

第十五条　国家限制进口的可用作原料的废物的具体种类,参照国家有关部门的规定确定。

第二十条　直接向走私人非法收购走私进口的货物、物品,在内海、领海、界河、界湖运输、收购、贩卖国家禁止进出口的物品,或者没有合法证明,在内海、领海、界河、界湖运输、收购、贩卖国家限制进出口的货物、物品,构成犯罪的,应当按照走私货物、物品的种类,分别依照刑法第一百五十一条、第一百五十二条、第一百五十三条、第三百四十七条、第三百五十条的规定定罪处罚。

刑法第一百五十五条第二项规定的"内海",包括内河的入海口水域。

第二十一条　未经许可进出口国家限制进出口的货物、物品,构成犯罪的,应当依照刑法第一百五十一条、第一百五十二条的规定,以走私国家禁止进出口的货物、物品罪等罪名定罪处罚;偷逃应缴税额,同时又构成走私普通货物、物品罪的,依照处罚较重的规定定罪处罚。

取得许可,但超过许可数量进出口国家限制进出口的货物、物品,构成犯罪的,依照刑法第一百五十三条的规定,以走私普通货物、物品罪定罪处罚。

租用、借用或者使用购买的他人许可证,进出口国家限制进出口的货物、物品的,适用本条第一款的规定定罪处罚。

第二十二条　在走私的货物、物品中藏匿刑法第一百五十一条、第一百五十二条、第三百四十七条、第三百五十条规定的货物、物品,构成犯罪的,以实际走私的货物、物品定罪处罚;构成数罪的,实行数罪并罚。

第二十三条　实施走私犯罪,具有下列情形之一的,应当认定为犯罪既遂:

(一)在海关监管现场被查获的;

(二)以虚假申报方式走私,申报行为实施完毕的;

(三)以保税货物或者特定减税、免税进口的货物、物品为对象走私,在境内销售的,或者申请核销行为实施完毕的。

第二十四条　单位犯刑法第一百五十一条、第一百五十二条规定之罪,依照本解释规定的标准定罪处罚。

单位犯走私普通货物、物品罪，偷逃应缴税额在二十万元以上不满一百万元的，应当依照刑法第一百五十三条第二款的规定，对单位判处罚金，并对其直接负责的主管人员和其他直接责任人员，处三年以下有期徒刑或者拘役；偷逃应缴税额在一百万元以上不满五百万元的，应当认定为“情节严重”；偷逃应缴税额在五百万元以上的，应当认定为“情节特别严重”。

第二十五条 本解释发布实施后，《最高人民法院关于审理走私刑事案件具体应用法律若干问题的解释》（法释〔2000〕30 号）、《最高人民法院关于审理走私刑事案件具体应用法律若干问题的解释（二）》（法释〔2006〕9 号）同时废止。之前发布的司法解释与本解释不一致的，以本解释为准。

量刑要素

1. 武装掩护走私的，从重处罚。（《刑法》第157 条第 1 款）

2. 在走私的普通货物、物品中藏匿《刑法》第151 条、第 152 条、第 347 条、第 350 条规定的货物、物品，构成犯罪的，以实际走私的货物、物品定罪处罚；构成数罪的，实行数罪并罚。（法释〔2014〕10号第 22 条）

要义辨析

一、概念

本罪是指违反海关法规，逃避海关监管，非法从事运输、携带、邮寄国家禁止、限制进口国（境）外的工业或生活废物，破坏国内环境保护的行为。

二、构成要件

1. 本罪侵犯的客体海关监管制度和国家禁止固体废物、液态废物、气态废物进境的制度。既侵犯了国家的关税制度，同时也侵犯了国家自然生态环境保护的制度。

2. 本罪的客观方面表现为违反海关法规，逃避海关监管，将境外固体废物、液态废物、气态废物运输进境的行为。

3. 本罪主体是一般主体，单位犯本罪应予双罚。

4. 本罪主观方面是故意，过失不构成本罪。

三、要点辨析

1. 本罪为行为犯，只要实施违反海关法规，逃避海关监管，将境外固体废物、液态废物、气态废物运输进境的行为就构成本罪，不要求特定结果的产生。

2. 具有下列情形之一的，应当认定为犯罪既遂：(1) 在海关监管现场被查获的；(2) 以虚假申报方式走私，申报行为实施完毕的；(3) 以保税货物或者特定减税、免税进口的货物、物品为对象走私，在境内销售的，或者申请核销行为实施完毕的。

3. 单位犯本罪的，对单位处罚金；对直接负责的主管人员和直接责任人员，依个人犯罪处罚。

4. 与走私罪犯通谋，为其提供贷款、资金、账号、发票、证明，或者为其提供运输、保管、邮寄或者其他方便的，以走私罪的共犯论处。

四、罪名变迁

本罪由 1997 年《刑法》第 155 条第 3 项的走私固体废物罪修正而来，原罪名为“走私固体废物罪”，限于“固体废物”。《刑法修正案（四）》第 2 条新增设了本罪名，并将走私对象范围扩大为“境外固体废物、液态废物和气态废物”，因此最高人民法院也将罪名概括改为“走私废物罪”。但《刑法》第六章“妨害社会管理秩序罪”中“破坏环境资源保护罪”一节中第 339 条仍然保留了“非法处置进口的固体废物罪”“擅自进口固体废物罪”，因为该条中仍然将犯罪对象限定为“固体废物”。

<table>
<tr><th colspan="2">类罪名：破坏社会主义市场经济秩序罪/走私罪 ｜ 罪名：走私普通货物、物品罪</th></tr>
<tr><td rowspan="6">量刑标准</td><td>走私货物、物品偷逃应缴税额较大或者 1 年内曾因走私被给予 2 次行政处罚后又走私的　处 3 年以下有期徒刑或者拘役，并处偷逃应缴税额 1 倍以上 5 倍以下罚金；</td></tr>
<tr><td>走私货物、物品偷逃应缴税额巨大或者有其他严重情节的　处 3 年以上 10 年以下有期徒刑，并处偷逃应缴税额 1 倍以上 5 倍以下罚金；</td></tr>
<tr><td>走私货物、物品偷逃应缴税额特别巨大或者有其他特别严重情节的　处 10 年以上有期徒刑或者无期徒刑，并处偷逃应缴税额 1 倍以上 5 倍以下罚金或者没收财产；</td></tr>
<tr><td>单位犯前款罪的　对单位判处罚金，并对其直接负责的主管人员和其他直接责任人员，处 3 年以下有期徒刑或者拘役；</td></tr>
<tr><td>情节严重的　处 3 年以上 10 年以下有期徒刑；</td></tr>
<tr><td>情节特别严重的　处 10 年以上有期徒刑。</td></tr>
</table>

法律依据

一、《刑法》条文

第一百五十三条　走私本法第一百五十一条、第一百五十二条、第三百四十七条规定以外的货物、物品的，根据情节轻重，分别依照下列规定处罚：

（一）走私货物、物品偷逃应缴税额较大或者一年内曾因走私被给予二次行政处罚后又走私的，处三年以下有期徒刑或者拘役，并处偷逃应缴税额一倍以上五倍以下罚金。

（二）走私货物、物品偷逃应缴税额巨大或者有其他严重情节的，处三年以上十年以下有期徒刑，并处偷逃应缴税额一倍以上五倍以下罚金。

（三）走私货物、物品偷逃应缴税额特别巨大或者有其他特别严重情节的，处十年以上有期徒刑或者无期徒刑，并处偷逃应缴税额一倍以上五倍以下罚金或者没收财产。

单位犯前款罪的，对单位判处罚金，并对其直接负责的主管人员和其他直接责任人员，处三年以下有期徒刑或者拘役；情节严重的，处三年以上十年以下有期徒刑；情节特别严重的，处十年以上有期徒刑。

对多次走私未经处理的，按照累计走私货物、物品的偷逃应缴税额处罚。

第一百五十四条　下列走私行为，根据本节规定构成犯罪的，依照本法第一百五十三条的规定定罪处罚：

（一）未经海关许可并且未补缴应缴税额，擅自将批准进口的来料加工、来件装配、补偿贸易的原材料、零件、制成品、设备等保税货物，在境内销售牟利的；

（二）未经海关许可并且未补缴应缴税额，擅自将特定减税、免税进口的货物、物品，在境内销售牟利的。

第一百五十五条　下列行为，以走私罪论处，依照本节的有关规定处罚：

（一）直接向走私人非法收购国家禁止进口物品的，或者直接向走私人非法收购走私进口的其他货物、物品，数额较大的；

（二）在内海、领海运输、收购、贩卖国家禁止进出口物品的，或者运输、收购、贩卖国家限制进出口货物、物品，数额较大，没有合法证明的；

（三）逃避海关监管将境外固体废物运输进境的。

第一百五十六条　与走私罪犯通谋，为其提供贷款、资金、账号、发票、证明，或者为其提供运输、保管、邮寄或者其他方便的，以走私罪的共犯论处。

第一百五十七条 武装掩护走私的,依照本法第一百五十一条第一款的规定从重处罚。

以暴力、威胁方法抗拒缉私的,以走私罪和本法第二百七十七条规定的阻碍国家机关工作人员依法执行职务罪,依照数罪并罚的规定处罚。

二、相关法律

《中华人民共和国烟草专卖法》(2015年4月24日修正)

第三十七条 走私烟草专卖品,构成走私罪的,依照刑法有关规定追究刑事责任;走私烟草专卖品,数额不大,不构成走私罪的,由海关没收走私货物、物品和违法所得,可以并处罚款。

烟草专卖行政主管部门和烟草公司工作人员利用职务上的便利犯前款罪的,依法从重处罚。

《中华人民共和国对外贸易法》(2022年12月30日修正)

第三十三条 在对外贸易活动中,不得有下列行为:

(一)伪造、变造进出口货物原产地标记,伪造、变造或者买卖进出口货物原产地证书、进出口许可证、进出口配额证明或者其他进出口证明文件;

(二)骗取出口退税;

(三)走私;

(四)逃避法律、行政法规规定的认证、检验、检疫;

(五)违反法律、行政法规规定的其他行为。

第六十二条 违反本法第三十三条规定,依照有关法律、行政法规的规定处罚;构成犯罪的,依法追究刑事责任。

国务院对外贸易主管部门可以禁止违法行为人自前款规定的行政处罚决定生效之日或者刑事处罚判决生效之日起一年以上三年以下的期限内从事有关的对外贸易经营活动。

《中华人民共和国海关法》(2021年4月29日修正)

第八十二条 违反本法及有关法律、行政法规,逃避海关监管,偷逃应纳税款、逃避国家有关进出境的禁止性或者限制性管理,有下列情形之一的,是走私行为:

(一)运输、携带、邮寄国家禁止或者限制进出境货物、物品或者依法应当缴纳税款的货物、物品进出境的;

(二)未经海关许可并且未缴纳应纳税款、交验有关许可证件,擅自将保税货物、特定减免税货物以及其他海关监管货物、物品、进境的境外运输工具,在境内销售的;

(三)有逃避海关监管,构成走私的其他行为的。

有前款所列行为之一,尚不构成犯罪的,由海关没收走私货物、物品及违法所得,可以并处罚款;专门或者多次用于掩护走私的货物、物品,专门或者多次用于走私的运输工具,予以没收,藏匿走私货物、物品的特制设备,责令拆毁或者没收。

有第一款所列行为之一,构成犯罪的,依法追究刑事责任。

第八十三条 有下列行为之一的,按走私行为论处,依照本法第八十二条的规定处罚:

(一)直接向走私人非法收购走私进口的货物、物品的;

(二)在内海、领海、界河、界湖,船舶及所载人员运输、收购、贩卖国家禁止或者限制进出境的货物、物品,或者运输、收购、贩卖依法应当缴纳税款的货物,没有合法证明的。

第八十四条 伪造、变造、买卖海关单证,与走私人通谋为走私人提供贷款、资金、账号、发票、证明、海关单证,与走私人通谋为走私人提供运输、保管、邮寄或者其他方便,构成犯罪的,依法追究刑事责任;尚不构成犯罪的,由海关没收违法所得,并处罚款。

三、相关司法解释/文件

《最高人民法院研究室关于如何理解"直接负责的主管人员"和"直接责任人员"问题的复函》(1994年1月27日)

公安部法制司:

你司《关于如何理解"直接负责的主管人员"和"直接责任人员"的批复》收悉,经研究,经研究,提出以下意见供参考:

所谓"直接负责的主管人员",是指在企业事业单位、机关、团体中,对本单位实施走私犯罪起决定作用的、负有组织、决策、指挥责任的领导人员。单位的领导人如果没有参与单位走私的组织、决策、指挥，或者仅是一般参与，并不是起决定作用的，则不应对单位的走私犯罪负刑事责任.

所谓“直接负责人员”，是指直接实施本单位走私犯罪行为或者虽对本单位走私犯罪负有部分组织责任，但对本单位走私犯罪行为不起决定作用，只是具体执行、积极参与的该单位的部门负责人或者一般工作人员。

《公安部关于如何理解走私罪中“直接负责的主管人员”和“直接责任人员”的答复》(1994年3月3日　公法〔1994〕27号)

辽宁省公安厅：

你厅《关于执行全国人大常委会〈关于惩治走私罪的补充规定〉第五条中几个问题的请示》收悉。经商最高人民法院研究室同意，现答复如下：

所谓“直接负责的主管人员”，是指在企业事业单位、机关、团体中，对本单位实施走私犯罪起决定作用的、负有组织、决策、指挥责任的领导人员。单位的领导人如果没有参与单位走私的组织、决策、指挥，或者仅是一般参与，并不是起决定作用的，则不应对单位的走私犯罪负刑事责任.

所谓“直接责任人员”，是指直接实施本单位走私犯罪行为或者虽对本单位走私犯罪负有部分组织责任，但对本单位走私犯罪行为不起决定作用，只是具体执行、积极参与的该单位的部门负责人或者一般工作人员。

对涉及两个或两个以上企事业单位、机关、团体联合走私的，认定“直接负责的主管人员”和“直接责任人员”，按上述原则办理。

《最高人民检察院关于擅自销售进料加工保税货物的行为法律适用问题的解释》(2000年10月16日　高检发释字〔2000〕3号)

为依法办理走私犯罪案件，根据海关法等法律的有关规定，对擅自销售进料加工保税货物的行为法律适用问题解释如下：

保税货物是指经海关批准未办理纳税手续进境，在境内储存、加工、装配后复运出境的货物。经海关批准进口的进料加工的货物属于保税货物。未经海关许可并且未补缴应缴税额，擅自将批准进口的进料加工的原材料、零件、制成品、设备等保税货物，在境内销售牟利，偷逃应缴税额在五万元以上的，依照刑法第一百五十四条、第一百五十三条的规定，以走私普通货物、物品罪追究刑事责任。

《最高人民法院、最高人民检察院、海关总署关于办理走私刑事案件适用法律若干问题的意见》(2002年7月8日　法〔2002〕139号)

五、关于走私犯罪嫌疑人、被告人主观故意的认定问题

行为人明知自己的行为违反国家法律法规，逃避海关监管，偷逃进出境货物、物品的应缴税额，或者逃避国家有关进出境的禁止性管理，并且希望或者放任危害结果发生的，应认定为具有走私的主观故意。

走私主观故意中的“明知”是指行为人知道或者应当知道所从事的行为是走私行为。具有下列情形之一的，可以认定为“明知”，但有证据证明确属被蒙骗的除外：

(一)逃避海关监管，运输、携带、邮寄国家禁止进出境的货物、物品的；

(二)用特制的设备或者运输工具走私货物、物品的；

(三)未经海关同意，在非设关的码头、海(河)岸、陆路边境等地点，运输(驳载)、收购或者贩卖非法进出境货物、物品的；

(四)提供虚假的合同、发票、证明等商业单证委托他人办理通关手续的；

(五)以明显低于货物正常进(出)口的应缴税额委托他人代理进(出)口业务的；

(六)曾因同一种走私行为受过刑事处罚或者行政处罚的；

(七)其他有证据证明的情形。

六、关于行为人对其走私的具体对象不明确的案件的处理问题

走私犯罪嫌疑人主观上具有走私犯罪故意，但对其走私的具体对象不明确的，不影响走私犯罪构成，应当根据实际的走私对象定罪处罚。但是，确有证据证明行为人因受蒙骗而对走私对象发生认识错误的，可以从轻处罚。

八、关于走私旧汽车、切割车等货物、物品的行为的定罪问题

走私刑法第一百五十一条、第一百五十二条、

第三百四十七条、第三百五十条规定的货物、物品以外的,已被国家明令禁止进出口的货物、物品,例如旧汽车、切割车、侵犯知识产权的货物、来自疫区的动植物及其产品等,应当依照刑法第一百五十三条的规定,以走私普通货物、物品罪追究刑事责任。

九、关于利用购买的加工贸易登记手册、特定减免税批文等涉税单证进口货物行为的定性处理问题

加工贸易登记手册、特定减免税批文等涉税单证是海关根据国家法律法规以及有关政策性规定,给予特定企业用于保税货物经营管理和减免税优惠待遇的凭证。利用购买的加工贸易登记手册、特定减免税批文等涉税单证进口货物,实质是将一般贸易货物伪报为加工贸易保税货物或者特定减免税货物进口,以达到偷逃应缴税款的目的,应当适用刑法第一百五十三条以走私普通货物、物品罪定罪处罚。如果行为人与走私分子通谋出售上述涉税单证,或者在出卖批文后又以提供印章、向海关伪报保税货物、特定减免税货物等方式帮助买方办理进口通关手续的,对卖方依照刑法第一百五十六条以走私罪共犯定罪处罚。买卖上述涉税单证情节严重尚未进口货物的,依照刑法第二百八十条的规定定罪处罚。

十、关于在加工贸易活动中骗取海关核销行为的认定问题

在加工贸易经营活动中,以假出口、假结转或者利用虚假单证等方式骗取海关核销,致使保税货物、物品脱离海关监管,造成国家税款流失,情节严重的,依照刑法第一百五十三条的规定,以走私普通货物、物品罪追究刑事责任。但有证据证明因不可抗力原因导致保税货物脱离海关监管,经营人无法办理正常手续而骗取海关核销的,不认定为走私犯罪。

十二、关于出售走私货物已缴纳的增值税应否从走私偷逃应缴税额中扣除的问题

走私犯罪嫌疑人为出售走私货物而开具增值税专用发票并缴纳增值税,是其走私行为既遂后在流通领域获违法所得的一种手段,属于非法开具增值税专用发票。对走私犯罪嫌疑人因出售走私货物而实际缴纳走私货物增值税的,在核定走私货物偷逃应缴税额时,不应当将其已缴纳的增值税额从其走私偷逃应缴税额中扣除。

十三、关于刑法第一百五十四条规定的“销售牟利”的理解问题

刑法第一百五十四条第(一)、(二)项规定的“销售牟利”,是指行为人主观上为了牟取非法利益而擅自销售海关监管的保税货物、特定减免税货物。该种行为是否构成犯罪,应当根据偷逃的应缴税额是否达到刑法第一百五十三条及相关司法解释规定的数额标准予以认定。实际获利与否或者获利多少并不影响其定罪。

十四、关于海上走私犯罪案件如何追究运输人的刑事责任问题

对刑法第一百五十五条第(二)项规定的实施海上走私犯罪行为的运输人、收购人或者贩卖人应当追究刑事责任。对运输人,一般追究运输工具的负责人或者主要责任人的刑事责任,但对于事先通谋的、集资走私的、或者使用特殊的走私运输工具从事走私犯罪活动的,可以追究其他参与人员的刑事责任。

十五、关于刑法第一百五十六条规定的“与走私罪犯通谋”的理解问题

通谋是指犯罪行为人之间事先或者事中形成的共同的走私故意。下列情形可以认定为通谋:

(一)对明知他人从事走私活动而同意为其提供贷款、资金、账号、发票、证明、海关单证,提供运输、保管、邮寄或者其他方便的;

(二)多次为同一走私犯罪分子的走私行为提供前项帮助的。

十八、关于单位走私犯罪及其直接负责的主管人员和直接责任人员的认定问题

具备下列特征的,可以认定为单位走私犯罪:(1)以单位的名义实施走私犯罪,即由单位集体研究决定,或者由单位的负责人或者被授权的其他人员决定、同意;(2)为单位谋取不正当利益或者违法所得大部分归单位所有。

依照《最高人民法院关于审理单位犯罪案件具体应用法律有关问题的解释》第二条的规定,个人为进行违法犯罪活动而设立的公司、企业、事业单位实施犯罪的,或者个人设立公司、企业、事业单位后,以实施犯罪为主要活动的,不以单位犯罪论

处。单位是否以实施犯罪为主要活动，应根据单位实施走私行为的次数、频度、持续时间、单位进行合法经营的状况等因素综合考虑认定。

根据单位人员在单位走私犯罪活动中所发挥的不同作用，对其直接负责的主管人员和其他直接责任人员，可以确定为一人或者数人。对于受单位领导指派而积极参与实施走私犯罪行为的人员，如果其行为在走私犯罪的主要环节起重要作用的，可以认定为单位犯罪的直接责任人员。

十九、关于单位走私犯罪后发生分立、合并或者其他资产重组情形以及单位被依法注销、宣告破产等情况下，如何追究刑事责任的问题

单位走私犯罪后，单位发生分立、合并或者其他资产重组等情况的，只要承受该单位权利义务的单位存在，应当追究单位走私犯罪的刑事责任。走私单位发生分立、合并或者其他资产重组后，原单位名称发生更改的，仍以原单位（名称）作为被告单位。承受原单位权利义务的单位法定代表人或者负责人为诉讼代表人。

单位走私犯罪后，发生分立、合并或者其他资产重组情形，以及被依法注销、宣告破产等情况的，无论承受该单位权利义务的单位是否存在，均应追究原单位直接负责的主管人员和其他直接责任人员的刑事责任。

人民法院对原走私单位判处罚金的，应当将承受原单位权利义务的单位作为被执行人。罚金超出新单位所承受的财产的，可在执行中予以减除。

二十、关于单位与个人共同走私普通货物、物品案件的处理问题

单位和个人（不包括单位直接负责的主管人员和其他直接责任人员）共同走私的，单位和个人均应对共同走私所偷逃应缴税额负责。

对单位和个人共同走私偷逃应缴税额为5万元以上不满25万元的，应当根据其在案件中所起的作用，区分不同情况做出处理。单位起主要作用的，对单位和个人均不追究刑事责任，由海关予以行政处理；个人起主要作用的，对个人依照刑法有关规定追究刑事责任，对单位由海关予以行政处理。无法认定单位或个人起主要作用的，对个人和单位分别按个人犯罪和单位犯罪的标准处理。

单位和个人共同走私偷逃应缴税额超过25万元且能区分主、从犯的，应当按照刑法关于主、从犯的有关规定，对从犯从轻、减轻处罚或者免除处罚。

二十一、关于单位走私犯罪案件自首的认定问题

在办理单位走私犯罪案件中，对单位集体决定自首的，或者单位直接负责的主管人员自首的，应当认定单位自首。认定单位自首后，如实交代主要犯罪事实的单位负责的其他主管人员和其他直接责任人员，可视为自首，但对拒不交代主要犯罪事实或逃避法律追究的人员，不以自首论。

二十二、关于共同走私犯罪案件如何判处罚金刑问题审理共同走私犯罪案件时，对各共同犯罪人判处罚金的总额应掌握在共同走私行为偷逃应缴税额的一倍以上五倍以下。

二十三、关于走私货物、物品、走私违法所得以及走私犯罪工具的处理问题

在办理走私犯罪案件过程中，对发现的走私货物、物品、走私违法所得以及属于走私犯罪分子所有的犯罪工具，走私犯罪侦查机关应当及时追缴，依法予以查扣、冻结。在移送审查起诉时应当将扣押物品文件清单、冻结存款证明文件等材料随案移送，对于扣押的危险品或者鲜活、易腐、易失效、易贬值等不宜长期保存的货物、物品，已经依法先行变卖、拍卖的，应当随案移送变卖、拍卖物品清单以及原物的照片或者录像资料；人民检察院在提起公诉时应当将上述扣押物品文件清单、冻结存款证明和变卖、拍卖物品清单一并移送；人民法院在判决走私罪案件时，应当对随案清单、证明文件中载明的款、物审查确认并依法判决予以追缴、没收；海关根据人民法院的判决和海关法的有关规定予以处理，上缴中央国库。

二十四、关于走私货物、物品无法扣押或者不便扣押情况下走私违法所得的追缴问题

在办理走私普通货物、物品犯罪案件中，对于走私货物、物品因流入国内市场或者投入使用，致使走私货物、物品无法扣押或者不便扣押的，应当按照走私货物、物品的进出口完税价格认定违法所得予以追缴；走私货物、物品实际销售价格高于进出口完税价格的，应当按照实际销售价格认定违法所得予以追缴。

《最高人民法院研究室关于外国公司、企业、事业单位在我国领域内犯罪如何适用法律问题的答复》(2003年10月15日　法研〔2003〕153号)

天津市高级人民法院:

你院津高法〔2003〕30号《关于韩国注册企业在我国犯走私普通货物罪能否按单位犯罪处理的请示》收悉。经研究,答复如下:

符合我国法人资格条件的外国公司、企业、事业单位,在我国领域内实施危害社会的行为,依照我国《刑法》构成犯罪的,应当依照我国《刑法》关于单位犯罪的规定追究刑事责任。

个人为在我国领域内进行违法犯罪活动而设立的外国公司、企业、事业单位实施犯罪的,或者外国公司、企业、事业单位设立后在我国领域内以实施违法犯罪为主要活动的,不以单位犯罪论处。

《最高人民法院关于审理走私犯罪案件适用法律有关问题的通知》(2011年4月26日　法〔2011〕163号)

《刑法修正案(八)》将于2011年5月1日起施行。对走私犯罪作了较大修改。为切实做好走私犯罪审判工作,现就审理走私犯罪案件适用法律的有关问题通知如下:

一、《刑法修正案(八)》取消了走私普通货物、物品罪定罪量刑的数额标准,施行后,新的司法解释出台前,各地人民法院在审理走私普通货物、物品犯罪案件时,可参照适用修正前的刑法及《最高人民法院关于审理走私刑事案件具体应用法律若干问题的解释》(法释〔2000〕30号)规定的数额标准。

二、对于一年内曾因走私被给予二次行政处罚后又走私需要追究刑事责任的,具体的定罪量刑标准可由各地人民法院结合案件具体情况和本地实际确定。各地人民法院要依法审慎稳妥把握好案件的法律适用和政策适用,争取社会效果和法律效果的统一。

《最高人民法院、最高人民检察院、公安部关于办理走私、非法买卖麻黄碱类复方制剂等刑事案件适用法律若干问题的意见》(2012年6月18日　法发〔2012〕12号)

一、关于走私、非法买卖麻黄碱类复方制剂等行为的定性

以加工、提炼制毒物品制造毒品为目的,购买麻黄碱类复方制剂,或者运输、携带、寄递麻黄碱类复方制剂进出境的,依照刑法第三百四十七条的规定,以制造毒品罪定罪处罚。

以加工、提炼制毒物品为目的,购买麻黄碱类复方制剂,或者运输、携带、寄递麻黄碱类复方制剂进出境的,依照刑法第三百五十条第一款、第三款的规定,分别以非法买卖制毒物品罪、走私制毒物品罪定罪处罚。

将麻黄碱类复方制剂拆除包装、改变形态后进行走私或者非法买卖,或者明知是已拆除包装、改变形态的麻黄碱类复方制剂而进行走私或者非法买卖的,依照刑法第三百五十条第一款、第三款的规定,分别以走私制毒物品罪、非法买卖制毒物品罪定罪处罚。

非法买卖麻黄碱类复方制剂或者运输、携带、寄递麻黄碱类复方制剂进出境,没有证据证明系用于制造毒品或者走私、非法买卖制毒物品,或者未达到走私制毒物品罪、非法买卖制毒物品罪的定罪数量标准,构成非法经营罪、走私普通货物、物品罪等其他犯罪的,依法定罪处罚。

实施第一款、第二款规定的行为,同时构成其他犯罪的,依照处罚较重的规定定罪处罚。

《最高人民法院、最高人民检察院关于办理走私刑事案件适用法律若干问题的解释》(2014年8月12日　法释〔2014〕10号)

第十六条　走私普通货物、物品,偷逃应缴税额在十万元以上不满五十万元的,应当认定为刑法第一百五十三条第一款规定的"偷逃应缴税额较大";偷逃应缴税额在五十万元以上不满二百五十万元的,应当认定为"偷逃应缴税额巨大";偷逃应缴税额在二百五十万元以上的,应当认定为"偷逃应缴税额特别巨大"。

走私普通货物、物品,具有下列情形之一,偷逃应缴税额在三十万元以上不满五十万元的,应当认定为刑法第一百五十三条第一款规定的"其他严重情节";偷逃应缴税额在一百五十万元以上不满二百五十万元的,应当认定为"其他特别严重情节":

(一)犯罪集团的首要分子;

(二)使用特种车辆从事走私活动的;

(三)为实施走私犯罪,向国家机关工作人员行贿的;

（四）教唆、利用未成年人、孕妇等特殊人群走私的；

（五）聚众阻挠缉私的。

第十七条　刑法第一百五十三条第一款规定的“一年内曾因走私被给予二次行政处罚后又走私”中的“一年内”，以因走私第一次受到行政处罚的生效之日与“又走私”行为实施之日的时间间隔计算确定；“被给予二次行政处罚”的走私行为，包括走私普通货物、物品以及其他货物、物品；“又走私”行为仅指走私普通货物、物品。

第十八条　刑法第一百五十三条规定的“应缴税额”，包括进出口货物、物品应当缴纳的进出口关税和进口环节海关代征税的税额。应缴税额以走私行为实施时的税则、税率、汇率和完税价格计算；多次走私的，以每次走私行为实施时的税则、税率、汇率和完税价格逐票计算；走私行为实施时间不能确定的，以案发时的税则、税率、汇率和完税价格计算。

刑法第一百五十三条第三款规定的“多次走私未经处理”，包括未经行政处理和刑事处理。

第十九条　刑法第一百五十四条规定的“保税货物”，是指经海关批准，未办理纳税手续进境，在境内储存、加工、装配后应予复运出境的货物，包括通过加工贸易、补偿贸易等方式进口的货物，以及在保税仓库、保税工厂、保税区或者免税商店内等储存、加工、寄售的货物。

第二十条　直接向走私人非法收购走私进口的货物、物品，在内海、领海、界河、界湖运输、收购、贩卖国家禁止进出口的物品，或者没有合法证明，在内海、领海、界河、界湖运输、收购、贩卖国家限制进出口的货物、物品，构成犯罪的，应当按照走私货物、物品的种类，分别依照刑法第一百五十一条、第一百五十二条、第一百五十三条、第三百四十七条、第三百五十条的规定定罪处罚。

刑法第一百五十五条第二项规定的“内海”，包括内河的入海口水域。

第二十一条　未经许可进出口国家限制进出口的货物、物品，构成犯罪的，应当依照刑法第一百五十一条、第一百五十二条的规定，以走私国家禁止进出口的货物、物品罪等罪名定罪处罚；偷逃应缴税额，同时又构成走私普通货物、物品罪的，依照处罚较重的规定定罪处罚。

取得许可，但超过许可数量进出口国家限制进出口的货物、物品，构成犯罪的，依照刑法第一百五十三条的规定，以走私普通货物、物品罪定罪处罚。

租用、借用或者使用购买的他人许可证，进出口国家限制进出口的货物、物品的，适用本条第一款的规定定罪处罚。

第二十二条　在走私的货物、物品中藏匿刑法第一百五十一条、第一百五十二条、第三百四十七条、第三百五十条规定的货物、物品，构成犯罪的，以实际走私的货物、物品定罪处罚；构成数罪的，实行数罪并罚。

第二十三条　实施走私犯罪，具有下列情形之一的，应当认定为犯罪既遂：

（一）在海关监管现场被查获的；

（二）以虚假申报方式走私，申报行为实施完毕的；

（三）以保税货物或者特定减税、免税进口的货物、物品为对象走私，在境内销售的，或者申请核销行为实施完毕的。

第二十四条　单位犯刑法第一百五十一条、第一百五十二条规定之罪，依照本解释规定的标准定罪处罚。

单位犯走私普通货物、物品罪，偷逃应缴税额在二十万元以上不满一百万元的，应当依照刑法第一百五十三条第二款的规定，对单位判处罚金，并对其直接负责的主管人员和其他直接责任人员，处三年以下有期徒刑或者拘役；偷逃应缴税额在一百万元以上不满五百万元的，应当认定为“情节严重”；偷逃应缴税额在五百万元以上的，应当认定为“情节特别严重”。

第二十五条　本解释发布实施后，《最高人民法院关于审理走私刑事案件具体应用法律若干问题的解释》（法释〔2000〕30号）、《最高人民法院关于审理走私刑事案件具体应用法律若干问题的解释（二）》（法释〔2006〕9号）同时废止。之前发布的司法解释与本解释不一致的，以本解释为准。

《最高人民法院关于审理走私、非法经营、非法使用兴奋剂刑事案件适用法律若干问题的解释》（2019年11月18日　法释〔2019〕16号）

第一条　运动员、运动员辅助人员走私兴奋剂目录所列物质,或者其他人员以在体育竞赛中非法使用为目的走私兴奋剂目录所列物质,涉案物质属于国家禁止进出口的货物、物品,具有下列情形之一的,应当依照刑法第一百五十一条第三款的规定,以走私国家禁止进出口的货物、物品罪定罪处罚:

(一)一年内曾因走私被给予二次以上行政处罚后又走私的;

(二)用于或者准备用于未成年人运动员、残疾人运动员的;

(三)用于或者准备用于国内、国际重大体育竞赛的;

(四)其他造成严重恶劣社会影响的情形。

实施前款规定的行为,涉案物质不属于国家禁止进出口的货物、物品,但偷逃应缴税额一万元以上或者一年内曾因走私被给予二次以上行政处罚后又走私的,应当依照刑法第一百五十三条的规定,以走私普通货物、物品罪定罪处罚。

对于本条第一款、第二款规定以外的走私兴奋剂目录所列物质行为,适用《最高人民法院、最高人民检察院关于办理走私刑事案件适用法律若干问题的解释》(法释〔2014〕10 号)规定的定罪量刑标准。

量刑要素

1. 武装掩护走私的,从重处罚。(《刑法》第 157 条第 1 款)

2. 在走私的普通货物、物品中藏匿《刑法》第 151 条、第 152 条、第 347 条、第 350 条规定的货物、物品,构成犯罪的,以实际走私的货物、物品定罪处罚;构成数罪的,实行数罪并罚。(法释〔2014〕10 号第 22 条)

3. 走私犯罪嫌疑人主观上具有走私犯罪故意,但对其走私的具体对象不明确的,不影响走私犯罪构成,应当根据实际的走私对象定罪处罚。但是,确有证据证明行为人因受蒙骗而对走私对象发生认识错误的,可以从轻处罚。(法〔2002〕139 号第 6 条)

4. 单位和个人共同走私偷逃应缴税额超过 25 万元且能区分主、从犯的,应当按照刑法关于主、从犯的有关规定,对从犯从轻、减轻处罚或者免除处罚。(法〔2002〕139 号第 20 条)

要义辨析

一、概念

本罪即是指一般通称的"走私罪",除了《刑法》特别列举的若干种特定物品,如武器、贵金属、珍贵动植物等走私对象外,走私其他的一般物品,违反海关规定的进出口犯罪的都按此罪定罪。本罪是指违反海关法规,逃避海关监管,非法从事运输、携带、邮寄国家禁止、限制进出口或者依法应当缴纳关税而偷逃关税破坏国家对外贸易管理的行为。

二、构成要件

1. 本罪侵犯的客体是国家对普通货物、物品进出口监管、征收关税的制度。

2. 本罪的客观方面表现为违反海关法规,逃避海关监管,运输、携带、邮寄普通货物、物品进出国境,偷逃税款较大或者一年内曾因走私被两次行政处罚后又走私的行为。

3. 本罪主体是一般主体,单位犯本罪应予双罚。

4. 本罪主观方面是故意犯罪,过失不构成本罪。

三、要点辨析

1. 走私罪的概念范围是逐步丰富的。本罪就是原来的"走私罪"。《刑法》将走私武器、走私文物等专门单列罪名后,针对未专门归类的其他走私行为,设立了一个"走私普通货物、物品罪"。

2. 关于本罪的类型。本罪为行为犯与结果犯的结合。实施违反海关法规,逃避海关监管,走私普通货物、物品的行为,偷逃应缴税额较大,或者 1 年内曾因走私被给予 2 次行政处罚后,又走私的,构成本罪。

3. 关于本罪的既遂。具有下列情形之一的,应当认定为犯罪既遂:(1)在海关监管现场被查获的；(2)以虚假申报方式走私，申报行为实施完毕的；(3)以保税货物或者特定减税、免税进口的货物、物品为对象走私，在境内销售的，或者申请核销行为实施完毕的。

4. 关于本罪的单位犯罪。单位犯本罪的，对单位处罚金；对直接负责的主管人员和直接责任人员，依个人犯罪处罚。

5. 关于本罪的共同犯罪认定。与走私罪罪犯通谋，为其提供贷款、资金、账号、发票、证明，或者为其提供运输、保管、邮寄或者其他方便的，以走私罪的共犯论处。判断共同犯罪，要审查把握共同预谋、事先明知、事先同意、共同获利、参与行为等要点，不能一有关联贸易就认定为共同犯罪。通谋，是指犯罪行为人之间事先或者事中形成的共同的走私故意。认定为通谋有以下两种情形：(1)对明知他人从事走私活动而同意为其提供方便的；(2)反复多次协作帮助的。

6. 关于委托进出口、委托报关的主体认定。走私罪，犯罪的直接主体是进口人、出口人、报关人、代理人。损害的主要是国家的关税收入。这是分析走私罪的关键点。但是，由于存在共同犯罪的概念，往往这四个主体以外的上下游企业，包括国内终端购货人、国外原始供货人等，往往也会被认定为参与走私。这要审查他们是否明知和有无通谋，更重要的是审查有没有利益分享。

7. 关于内贸环节参与犯罪的认定。走私犯罪发生在外贸通关环节，国内的内贸合同同走私无关。但是根据《刑法》第155条、《海关法》第83条的规定有以下情形之一的，以走私罪论处：(1)直接向走私人非法收购国家禁止进口物品的，或者直接向走私人非法收购走私进口的其他货物、物品，数额较大的；(2)在内海、领海运输、收购、贩卖国家禁止进出口物品的，或者运输、收购、贩卖国家限制进出口货物、物品，数额较大，没有合法证明的。因此，认定内贸环节是不是参与走私，要点在于是否明知是走私来源的货物、事先事中有无共同通谋。商业利润不能直接认定为走私分利。因为每一个正常内贸环节，也会产生利润。

8. 关于保税物品不返销手册不核销的走私认定。根据《刑法》第154条的规定，以下两种行为都是走私行为：(1)未经海关许可并且未补缴应缴税额，擅自将批准进口的来料加工、来件装配、补偿贸易的原材料、零件、制成品、设备等保税货物，在境内销售牟利的；(2)未经海关许可并且未补缴应缴税额，擅自将特定减税、免税进口的货物、物品，在境内销售牟利的。认定这类走私，要审查核对保税手册和返销核销。审查未出口库存及其原因，有无故意内销，故意失踪保税手册而进行走私的主观犯意。

四、罪名变迁

本罪由《全国人民代表大会常务委员会关于惩治走私罪的补充规定》第4条设立。1997年《刑法》对本罪作了修改，将定罪量刑的依据由“按照走私货物、物品的价额”，改为“按照走私货物、物品的偷逃应缴税额”，删去“2万元以上5万元以下”的这个量刑标准。《刑法修正案(八)》第27条对本条第1款又作了较大修改，将具体的处罚金额标准全部删除。

第三节　妨害对公司、企业的管理秩序罪

类罪名:破坏社会主义市场经济秩序罪/妨害对公司、企业的管理秩序罪｜罪名:虚报注册资本罪	
量刑标准	**虚报注册资本数额巨大、后果严重或者有其他严重情节的**　处3年以下有期徒刑或者拘役,并处或单处虚报注册资本金额1%以上5%以下罚金;
	单位犯罪的　对单位处罚金;对直接负责的主管人员和直接责任人员,处3年以下有期徒刑或拘役。

法律依据

一、《刑法》条文

第一百五十八条　申请公司登记使用虚假证明文件或者采取其他欺诈手段虚报注册资本,欺骗公司登记主管部门,取得公司登记,虚报注册资本数额巨大、后果严重或者有其他严重情节的,处三年以下有期徒刑或者拘役,并处或者单处虚报注册资本金额百分之一以上百分之五以下罚金。

单位犯前款罪的,对单位判处罚金,并对其直接负责的主管人员和其他直接责任人员,处三年以下有期徒刑或者拘役。

二、相关法律

《中华人民共和国公司法》(2023年12月29日修订)

第三十九条　虚报注册资本、提交虚假材料或者采取其他欺诈手段隐瞒重要事实取得公司设立登记的,公司登记机关应当依照法律、行政法规的规定予以撤销。

第四十七条　有限责任公司的注册资本为在公司登记机关登记的全体股东认缴的出资额。全体股东认缴的出资额由股东按照公司章程的规定自公司成立之日起五年内缴足。

法律、行政法规以及国务院决定对有限责任公司注册资本实缴、注册资本最低限额、股东出资期限另有规定的,从其规定。

第四十八条　股东可以用货币出资,也可以用实物、知识产权、土地使用权、股权、债权等可以用货币估价并可以依法转让的非货币财产作价出资;但是,法律、行政法规规定不得作为出资的财产除外。

对作为出资的非货币财产应当评估作价,核实财产,不得高估或者低估作价。法律、行政法规对评估作价有规定的,从其规定。

第四十九条　股东应当按期足额缴纳公司章程规定的各自所认缴的出资额。

股东以货币出资的,应当将货币出资足额存入有限责任公司在银行开设的账户;以非货币财产出资的,应当依法办理其财产权的转移手续。

股东未按期足额缴纳出资的,除应当向公司足额缴纳外,还应当对给公司造成的损失承担赔偿责任。

第五十条　有限责任公司设立时,股东未按照公司章程规定实际缴纳出资,或者实际出资的非货币财产的实际价额显著低于所认缴的出资额的,设立时的其他股东与该股东在出资不足的范围内承担连带责任。

第五十一条　有限责任公司成立后,董事会应当对股东的出资情况进行核查,发现股东未按期足额缴纳公司章程规定的出资的,应当由公司向该股东发出书面催缴书,催缴出资。

未及时履行前款规定的义务,给公司造成损失的,负有责任的董事应当承担赔偿责任。

第二百五十条　违反本法规定,虚报注册资本、提交虚假材料或者采取其他欺诈手段隐瞒重要事实取得公司登记的,由公司登记机关责令改正,对虚报注册资本的公司,处以虚报注册资本金额百分之五以上百分之十五以下的罚款;对提交虚假材

料或者采取其他欺诈手段隐瞒重要事实的公司，处以五万元以上二百万元以下的罚款；情节严重的，吊销营业执照；对直接负责的主管人员和其他直接责任人员处以三万元以上三十万元以下的罚款。

第二百五十一条　公司未依照本法第四十条规定公示有关信息或者不如实公示有关信息的，由公司登记机关责令改正，可以处以一万元以上五万元以下的罚款。情节严重的，处以五万元以上二十万元以下的罚款；对直接负责的主管人员和其他直接责任人员处以一万元以上十万元以下的罚款。

第二百五十二条　公司的发起人、股东虚假出资，未交付或者未按期交付作为出资的货币或者非货币财产的，由公司登记机关责令改正，可以处以五万元以上二十万元以下的罚款；情节严重的，处以虚假出资或者未出资金额百分之五以上百分之十五以下的罚款；对直接负责的主管人员和其他直接责任人员处以一万元以上十万元以下的罚款。

三、相关行政法规

《国务院关于印发注册资本登记制度改革方案的通知》（2014年2月7日　国发〔2014〕7号）

附件：暂不实行注册资本认缴登记制的行业

序号	名　　称	依　　据
1	采取募集方式设立的股份有限公司	《中华人民共和国公司法》
2	商业银行	《中华人民共和国商业银行法》
3	外资银行	《中华人民共和国外资银行管理条例》
4	金融资产管理公司	《金融资产管理公司条例》
5	信托公司	《中华人民共和国银行业监督管理法》
6	财务公司	《中华人民共和国银行业监督管理法》
7	金融租赁公司	《中华人民共和国银行业监督管理法》
8	汽车金融公司	《中华人民共和国银行业监督管理法》
9	消费金融公司	《中华人民共和国银行业监督管理法》
10	货币经纪公司	《中华人民共和国银行业监督管理法》
11	村镇银行	《中华人民共和国银行业监督管理法》
12	贷款公司	《中华人民共和国银行业监督管理法》
13	农村信用合作联社	《中华人民共和国银行业监督管理法》
14	农村资金互助社	《中华人民共和国银行业监督管理法》
15	证券公司	《中华人民共和国证券法》
16	期货公司	《期货交易管理条例》
17	基金管理公司	《中华人民共和国证券投资基金法》
18	保险公司	《中华人民共和国保险法》
19	保险专业代理机构、保险经纪人	《中华人民共和国保险法》
20	外资保险公司	《中华人民共和国外资保险公司管理条例》
21	直销企业	《直销管理条例》
22	对外劳务合作企业	《对外劳务合作管理条例》

续表

序号	名　　称	依　　据
23	融资性担保公司	《融资性担保公司管理暂行办法》
24	劳务派遣企业	2013年10月25日国务院第28次常务会议决定
25	典当行	2013年10月25日国务院第28次常务会议决定
26	保险资产管理公司	2013年10月25日国务院第28次常务会议决定
27	小额贷款公司	2013年10月25日国务院第28次常务会议决定

《中华人民共和国市场主体登记管理条例》(2021年7月27日)

第八条　市场主体的一般登记事项包括:

(一)名称;

(二)主体类型;

(三)经营范围;

(四)住所或者主要经营场所;

(五)注册资本或者出资额;

(六)法定代表人、执行事务合伙人或者负责人姓名。

除前款规定外,还应当根据市场主体类型登记下列事项:

(一)有限责任公司股东、股份有限公司发起人、非公司企业法人出资人的姓名或者名称;

(二)个人独资企业的投资人姓名及居所;

(三)合伙企业的合伙人名称或者姓名、住所、承担责任方式;

(四)个体工商户的经营者姓名、住所、经营场所;

(五)法律、行政法规规定的其他事项。

第十三条　除法律、行政法规或者国务院决定另有规定外,市场主体的注册资本或者出资额实行认缴登记制,以人民币表示。

出资方式应当符合法律、行政法规的规定。公司股东、非公司企业法人出资人、农民专业合作社(联合社)成员不得以劳务、信用、自然人姓名、商誉、特许经营权或者设定担保的财产等作价出资。

第四十五条　实行注册资本实缴登记制的市场主体虚报注册资本取得市场主体登记的,由登记机关责令改正,处虚报注册资本金额5%以上15%以下的罚款;情节严重的,吊销营业执照。

实行注册资本实缴登记制的市场主体的发起人、股东虚假出资,未交付或者未按期交付作为出资的货币或者非货币财产的,或者在市场主体成立后抽逃出资的,由登记机关责令改正,处虚假出资金额5%以上15%以下的罚款。

四、相关司法解释/文件

《最高人民法院关于如何认定国有控股、参股股份有限公司中的国有公司、企业人员的解释》(2005年8月1日　法释〔2005〕10号)

为准确认定刑法分则第三章第三节中的国有公司、企业人员,现对国有控股、参股的股份有限公司中的国有公司、企业人员解释如下:

国有公司、企业委派到国有控股、参股公司从事公务的人员,以国有公司、企业人员论。

《最高人民检察院、公安部关于公安机关管辖的刑事案件立案追诉标准的规定(二)》(2022年4月6日　公通字〔2022〕12号)

第三条　〔虚报注册资本案(刑法第一百五十八条)〕申请公司登记使用虚假证明文件或者采取其他欺诈手段虚报注册资本,欺骗公司登记主管部门,取得公司登记,涉嫌下列情形之一的,应予立案追诉:

(一)法定注册资本最低限额在六百万元以下,虚报数额占其应缴出资数额百分之六十以上的;

(二)法定注册资本最低限额超过六百万元,虚报数额占其应缴出资数额百分之三十以上的;

(三)造成投资者或者其他债权人直接经济损失累计数额在五十万元以上的;

(四)虽未达到上述数额标准,但具有下列情形之一的:

1. 二年内因虚报注册资本受过二次以上行政处罚,又虚报注册资本的;

2. 向公司登记主管人员行贿的；

3. 为进行违法活动而注册的。

（五）其他后果严重或者有其他严重情节的情形。

本条只适用于依法实行注册资本实缴登记制的公司。

《最高人民检察院、公安部关于严格依法办理虚报注册资本和虚假出资抽逃出资刑事案件的通知》（2014年5月20日 公经〔2014〕247号）

各省、自治区、直辖市人民检察院，公安厅、局，新疆生产建设兵团人民检察院、公安局：

2013年12月28日，第十二届全国人民代表大会常务委员会第六次会议通过了关于修改《中华人民共和国公司法》的决定，自2014年3月1日起施行。2014年4月24日，第十二届全国人民代表大会常务委员会第八次会议通过了《全国人民代表大会常务委员会关于〈中华人民共和国刑法〉第一百五十八条、第一百五十九条的解释》。为了正确执行新修改的公司法和全国人大常委会立法解释，现就严格依法办理虚报注册资本和虚假出资、抽逃出资刑事案件的有关要求通知如下：

一、充分认识公司法修改对案件办理工作的影响。新修改的公司法主要涉及三个方面：一是将注册资本实缴登记制改为认缴登记制，除对公司注册资本实缴有另行规定的以外，取消了公司法定出资期限的规定，采取公司股东（发起人）自主约定认缴出资额、出资方式、出资期限等并记载于公司章程的规定。二是放宽注册资本登记条件，除对公司注册资本最低限额有另行规定的以外，取消了公司最低注册资本限制、公司设立时股东（发起人）的首次出资比例以及货币出资比例限制。三是简化登记事项和登记文件，有限责任公司股东认缴出资额、公司实收资本不再作为登记事项，公司登记时不需要提交验资报告。全国人大常委会立法解释规定："刑法第一百五十八条、第一百五十九条的规定，只适用于依法实行注册资本实缴登记制的公司。"新修改的公司法和上述立法解释，必将对公安机关、检察机关办理虚报注册资本和虚假出资、抽逃出资刑事案件产生重大影响。各级公安机关、检察机关要充分认识新修改的公司法和全国人大常委会立法解释的重要意义，深刻领会其精神实质，力争在案件办理工作中准确适用，并及时了解掌握本地区虚报注册资本和虚假出资、抽逃出资案件新情况、新问题以及其他相关犯罪态势，进一步提高办理虚报注册资本和虚假出资、抽逃出资刑事案件的能力和水平。

二、严格把握罪与非罪的界限。根据新修改的公司法和全国人大常委会立法解释，自2014年3月1日起，除依法实行注册资本实缴登记制的公司（参见《国务院关于印发注册资本登记制度改革方案的通知》（国发〔2014〕7号））以外，对申请公司登记的单位和个人不得以虚报注册资本罪追究刑事责任；对公司股东、发起人不得以虚假出资、抽逃出资罪追究刑事责任。对依法实行注册资本实缴登记制的公司涉嫌虚报注册资本和虚假出资、抽逃出资犯罪的，各级公安机关、检察机关依照刑法和《立案追诉标准（二）》的相关规定追究刑事责任时，应当认真研究行为性质和危害后果，确保执法办案的法律效果和社会效果。

三、依法妥善处理跨时限案件。各级公安机关、检察机关对发生在2014年3月1日以前尚未处理或者正在处理的虚报注册资本和虚假出资、抽逃出资刑事案件，应当按照刑法第十二条规定的精神处理：除依法实行注册资本实缴登记制的公司以外，依照新修改的公司法不再符合犯罪构成要件的案件，公安机关已经立案侦查的，应当撤销案件；检察机关已经批准逮捕的，应当撤销批准逮捕决定，并监督公安机关撤销案件；检察机关审查起诉的，应当作出不起诉决定；检察机关已经起诉的，应当撤回起诉并作出不起诉决定；检察机关已经抗诉的，应当撤回抗诉。

四、进一步加强工作联系和沟通。各级公安机关、检察机关应当加强工作联系，对重大、疑难、复杂案件，主动征求意见，共同研究案件定性和法律适用等问题；应当加强与人民法院、工商行政管理等部门的工作联系，建立健全案件移送制度和有关工作协作制度，全面掌握公司注册资本制度改革后面临的经济犯罪态势；上级公安机关、检察机关应当加强对下级公安机关、检察机关的指导，确保虚报注册资本和虚假出资、抽逃出资案件得到依法妥善处理。

各地在执行中遇到的问题，请及时报告最高人民检察院和公安部。

五、相关部委规章

《中华人民共和国市场主体登记管理条例实施细则》(2022年3月1日)

第六条 市场主体应当按照类型依法登记下列事项:

(一)公司:名称、类型、经营范围、住所、注册资本、法定代表人姓名、有限责任公司股东或者股份有限公司发起人姓名或者名称。

(二)非公司企业法人:名称、类型、经营范围、住所、出资额、法定代表人姓名、出资人(主管部门)名称。

(三)个人独资企业:名称、类型、经营范围、住所、出资额、投资人姓名及居所。

(四)合伙企业:名称、类型、经营范围、主要经营场所、出资额、执行事务合伙人名称或者姓名,合伙人名称或者姓名、住所、承担责任方式。执行事务合伙人是法人或者其他组织的,登记事项还应当包括其委派的代表姓名。

(五)农民专业合作社(联合社):名称、类型、经营范围、住所、出资额、法定代表人姓名。

(六)分支机构:名称、类型、经营范围、经营场所、负责人姓名。

(七)个体工商户:组成形式、经营范围、经营场所,经营者姓名、住所。个体工商户使用名称的,登记事项还应当包括名称。

(八)法律、行政法规规定的其他事项。

第七条 市场主体应当按照类型依法备案下列事项:

(一)公司:章程、经营期限、有限责任公司股东或者股份有限公司发起人认缴的出资数额、董事、监事、高级管理人员、登记联络员、外商投资公司法律文件送达接受人。

(二)非公司企业法人:章程、经营期限、登记联络员。

(三)个人独资企业:登记联络员。

(四)合伙企业:合伙协议、合伙期限、合伙人认缴或者实际缴付的出资数额、缴付期限和出资方式、登记联络员、外商投资合伙企业法律文件送达接受人。

(五)农民专业合作社(联合社):章程、成员、登记联络员。

(六)分支机构:登记联络员。

(七)个体工商户:家庭参加经营的家庭成员姓名、登记联络员。

(八)公司、合伙企业等市场主体受益所有人相关信息。

(九)法律、行政法规规定的其他事项。

上述备案事项由登记机关在设立登记时一并进行信息采集。

受益所有人信息管理制度由中国人民银行会同国家市场监督管理总局另行制定。

第十三条 申请人申请登记的市场主体注册资本(出资额)应当符合章程或者协议约定。

市场主体注册资本(出资额)以人民币表示。外商投资企业的注册资本(出资额)可以用可自由兑换的货币表示。

依法以境内公司股权或者债权出资的,应当权属清楚、权能完整,依法可以评估、转让,符合公司章程规定。

第二十三条 市场主体营业执照应当载明名称、法定代表人(执行事务合伙人、个人独资企业投资人、经营者或者负责人)姓名、类型(组成形式)、注册资本(出资额)、住所(主要经营场所、经营场所)、经营范围、登记机关、成立日期、统一社会信用代码。

电子营业执照与纸质营业执照具有同等法律效力,市场主体可以凭电子营业执照开展经营活动。

市场主体在办理涉及营业执照记载事项变更登记或者申请注销登记时,需要在提交申请时一并缴回纸质营业执照正、副本。对于市场主体营业执照拒不缴回或者无法缴回的,登记机关在完成变更登记或者注销登记后,通过国家企业信用信息公示系统公告营业执照作废。

第二十六条 申请办理公司设立登记,还应当提交法定代表人、董事、监事和高级管理人员的任职文件和自然人身份证明。

除前款规定的材料外,募集设立股份有限公司还应当提交依法设立的验资机构出具的验资证明;公开发行股票的,还应当提交国务院证券监督管理机构的核准或者注册文件。涉及发起人首次出资属于非货币财产的，还应当提交已办理财产权转移手续的证明文件。

第三十六条　市场主体变更注册资本或者出资额的，应当办理变更登记。

公司增加注册资本，有限责任公司股东认缴新增资本的出资和股份有限公司的股东认购新股的，应当按照设立时缴纳出资和缴纳股款的规定执行。股份有限公司以公开发行新股方式或者上市公司以非公开发行新股方式增加注册资本，还应当提交国务院证券监督管理机构的核准或者注册文件。

公司减少注册资本，可以通过国家企业信用信息公示系统公告，公告期45日，应当于公告期届满后申请变更登记。法律、行政法规或者国务院决定对公司注册资本有最低限额规定的，减少后的注册资本应当不少于最低限额。

外商投资企业注册资本（出资额）币种发生变更，应当向登记机关申请变更登记。

要义辨析

一、概念

本罪是指申请公司登记者提交虚假的证明文件或者采取欺诈手段隐瞒重要事实，虚报注册资本进而骗取公司登记，虚报资本巨大，后果严重或其他情节严重的行为。

二、构成要件

1. 本罪侵犯的客体是公司登记管理制度。本罪的犯罪对象是注册资本。所谓注册资本，是指有限责任公司和股份有限公司的股东在公司登记机关登记的股东实际缴纳的出资总额。

2. 客观方面表现为使用虚假证明文件或者采取其他欺诈手段虚报注册资本，欺骗公司登记主管部门，取得公司登记，虚报注册资本数额巨大、后果严重或者有其他严重情节的行为。

3. 主体包括单位和个人，对单位犯罪实行双罚。

4. 主观方面表现为直接故意。犯罪目的就是为了欺骗公司登记机关，非法取得公司登记。过失不构成本罪，对于确实不知道公司登记条件，或者因工作疏忽造成注册资本虚假的，不能构成本罪。

三、要点辨析

1. 2013年12月28日第三次修订的《公司法》，对我国公司注册资本制度作了重大改革，从而对本罪也产生了重大影响，原先多见的罪态，现在已经大大降低实际适用。根据全国人大常委会的立法解释，本罪在《公司法》修改公司注册资本认缴制度以后，只适用于依法实行注册资本实缴登记制的公司对其他一般公司已经不适用，仍然适用本罪的只有一些金融类的银行和信托公司。具体37类名录，已经由国务院作出解释规定。

2. 构成本罪必须同时具备两个条件：(1)行为人使用虚假证明文件或者采取其他欺诈手段虚报注册资本，欺骗公司登记主管部门，“取得公司登记”。如果在申请登记过程中，受理申请的工商部门没有予以登记的，不构成本罪。(2)行为人具有“虚报注册资本数额巨大、后果严重或者有其他严重情节”。如果行为人虚报的注册资本数额不大，造成的后果不严重或者没有其他严重情节的，也不构成本罪，可以由工商行政管理部门视情节予以行政处罚。

3. 如果行为人在虚报注册资本，取得公司登记后，又以虚报的注册资本作为资信保证进行其他犯罪活动的，构成犯罪的，应当实行数罪并罚。

四、罪名变迁

1979年《刑法》没有虚报注册资本罪的规定。本罪是从1995年2月28日《全国人民代表大会常务委员会关于惩治违反公司法的犯罪的决定》第1条的规定中产生，然后被吸收到1997年《刑法》的具体罪名中。

<table>
<tr><td colspan="2">类罪名:破坏社会主义市场经济秩序罪/妨害对公司、企业的管理秩序罪 | 罪名:虚假出资、抽逃出资罪</td></tr>
<tr><td rowspan="2">量刑标准</td><td>个人犯本罪的 处5年以下有期徒刑或者拘役,并处或者单处虚假出资金额或者抽逃出资金额2%以上10%以下罚金;</td></tr>
<tr><td>单位犯本罪的 对单位处罚金;对直接负责的主管人员和其他直接责任人员,处5年以下有期徒刑或者拘役。</td></tr>
</table>

法律依据

一、《刑法》条文

第一百五十九条 公司发起人、股东违反公司法的规定未交付货币、实物或者未转移财产权,虚假出资,或者在公司成立后又抽逃其出资,数额巨大、后果严重或者有其他严重情节的,处五年以下有期徒刑或者拘役,并处或者单处虚假出资金额或者抽逃出资金额百分之二以上百分之十以下罚金。

单位犯前款罪的,对单位判处罚金,并对其直接负责的主管人员和其他直接责任人员,处五年以下有期徒刑或者拘役。

二、相关法律

《中华人民共和国公司法》(2023年12月29日修订)

第五十三条 公司成立后,股东不得抽逃出资。

违反前款规定的,股东应当返还抽逃的出资;给公司造成损失的,负有责任的董事、监事、高级管理人员应当与该股东承担连带赔偿责任。

第一百零五条 公司设立时应发行的股份未募足,或者发行股份的股款缴足后,发起人在三十日内未召开成立大会的,认股人可以按照所缴股款并加算银行同期存款利息,要求发起人返还。

发起人、认股人缴纳股款或者交付非货币财产出资后,除未按期募足股份、发起人未按期召开成立大会或者成立大会决议不设立公司的情形外,不得抽回其股本。

第二百五十三条 公司的发起人、股东在公司成立后,抽逃其出资的,由公司登记机关责令改正,处以所抽逃出资金额百分之五以上百分之十五以下的罚款;对直接负责的主管人员和其他直接责任人员处以三万元以上三十万元以下的罚款。

《全国人民代表大会常务委员会关于〈中华人民共和国刑法〉第一百五十八条、第一百五十九条的解释》(2014年4月24日)

全国人大常委会讨论了公司法修改后刑法第一百五十八条、第一百五十九条对实行注册资本实缴登记制、认缴登记制的公司的适用范围问题,解释如下:

刑法第一百五十八条、第一百五十九条的规定,只适用于依法实行注册资本实缴登记制的公司。

三、相关行政法规

《中华人民共和国市场主体登记管理条例》(2021年7月27日)

第八条 市场主体的一般登记事项包括:

(一)名称;

(二)主体类型;

(三)经营范围;

(四)住所或者主要经营场所;

(五)注册资本或者出资额;

(六)法定代表人、执行事务合伙人或者负责人姓名。

除前款规定外,还应当根据市场主体类型登记下列事项:

(一)有限责任公司股东、股份有限公司发起人、非公司企业法人出资人的姓名或者名称;

(二)个人独资企业的投资人姓名及居所;

(三)合伙企业的合伙人名称或者姓名、住所、承担责任方式;

(四)个体工商户的经营者姓名、住所、经营场所;

（五）法律、行政法规规定的其他事项。

第十三条 除法律、行政法规或者国务院决定另有规定外，市场主体的注册资本或者出资额实行认缴登记制，以人民币表示。

出资方式应当符合法律、行政法规的规定。公司股东、非公司企业法人出资人、农民专业合作社（联合社）成员不得以劳务、信用、自然人姓名、商誉、特许经营权或者设定担保的财产等作价出资。

第四十五条 实行注册资本实缴登记制的市场主体虚报注册资本取得市场主体登记的，由登记机关责令改正，处虚报注册资本金额5%以上15%以下的罚款；情节严重的，吊销营业执照。

实行注册资本实缴登记制的市场主体的发起人、股东虚假出资，未交付或者未按期交付作为出资的货币或者非货币财产的，或者在市场主体成立后抽逃出资的，由登记机关责令改正，处虚假出资金额5%以上15%以下的罚款。

四、相关司法解释/文件

《最高人民检察院、公安部关于公安机关管辖的刑事案件立案追诉标准的规定（二）》（2022年4月6日 公通字〔2022〕12号）

第四条 〔虚假出资、抽逃出资案（刑法第一百五十九条）〕公司发起人、股东违反公司法的规定未交付货币、实物或者未转移财产权，虚假出资，或者在公司成立后又抽逃其出资，涉嫌下列情形之一的，应予立案追诉：

（一）法定注册资本最低限额在六百万元以下，虚假出资、抽逃出资数额占其应缴出资数额百分之六十以上的；

（二）法定注册资本最低限额超过六百万元，虚假出资、抽逃出资数额占其应缴出资数额百分之三十以上的；

（三）造成公司、股东、债权人的直接经济损失累计数额在五十万元以上的；

（四）虽未达到上述数额标准，但具有下列情形之一的：

1. 致使公司资不抵债或者无法正常经营的；

2. 公司发起人、股东合谋虚假出资、抽逃出资的；

3. 二年内因虚假出资、抽逃出资受过二次以上行政处罚，又虚假出资、抽逃出资的；

4. 利用虚假出资、抽逃出资所得资金进行违法活动的。

（五）其他后果严重或者有其他严重情节的情形。

本条只适用于依法实行注册资本实缴登记制的公司。

《最高人民检察院、公安部关于严格依法办理虚报注册资本和虚假出资抽逃出资刑事案件的通知》（2014年5月20日 公经〔2014〕247号）

二、严格把握罪与非罪的界限。根据新修改的公司法和全国人大常委会立法解释，自2014年3月1日起，除依法实行注册资本实缴登记制的公司（参见《国务院关于印发注册资本登记制度改革方案的通知》（国发〔2014〕7号））以外，对申请公司登记的单位和个人不得以虚报注册资本罪追究刑事责任；对公司股东、发起人不得以虚假出资、抽逃出资罪追究刑事责任。对依法实行注册资本实缴登记制的公司涉嫌虚报注册资本和虚假出资、抽逃出资犯罪的，各级公安机关、检察机关依照刑法和《立案追诉标准（二）》的相关规定追究刑事责任时，应当认真研究行为性质和危害后果，确保执法办案的法律效果和社会效果。

三、依法妥善处理跨时限案件。各级公安机关、检察机关对发生在2014年3月1日以前尚未处理或者正在处理的虚报注册资本和虚假出资、抽逃出资刑事案件，应当按照刑法第十二条规定的精神处理：除依法实行注册资本实缴登记制的公司以外，依照新修改的公司法不再符合犯罪构成要件的案件，公安机关已经立案侦查的，应当撤销案件；检察机关已经批准逮捕的，应当撤销批准逮捕决定，并监督公安机关撤销案件；检察机关审查起诉的，应当作出不起诉决定；检察机关已经起诉的，应当撤回起诉并作出不起诉决定；检察机关已经抗诉的，应当撤回抗诉。

要义辨析

一、概念

本罪是指公司的发起人、股东未交付货币、实物或者未转移财产权,虚假出资,或者在公司成立后又抽逃其出资、数额巨大、后果严重或者有其他严重情节的行为。后果严重主要是指由于行为人抽逃出资、虚假出资而导致合法债权人无法追回财产,损失巨大的。

二、构成要件

1. 本罪侵犯的客体是国家工商管理制度及其他发起人、股东和债权人的合法权益。

2. 客观方面表现为违反公司的规定,未交付货币、实物或未转移财产权,虚假出资,或者在公司成立后又抽逃出资,数额巨大,后果严重或者有其他严重情节的行为。

3. 本罪主体是虚假出资或抽逃出资的公司发起人和股东。发起人和股东可以是个人或单位,对单位犯罪实行双罚。

4. 主观方面是故意,即故意未交付货币、实物或者未转移财产权,虚假出资,或抽逃出资,过失不构成本罪。

三、要点辨析

1. 2013 年 12 月 28 日第三次修订的《公司法》,对我国公司注册资本制度作了改革,从而对本罪也产生了重大影响,原先多见的罪态已经大大降低实际适用。根据全国人大常委会的立法解释,本罪在《公司法》修改公司注册资本认缴制度以后,只适用于依法实行注册资本实缴登记制的公司,仍然适用本罪的只有一些金融类的银行和信托公司。具体 37 类名录,已经由国务院作出解释规定。

2. 本罪与虚报注册资本罪的界限。(1)犯罪主体不同。本罪的犯罪主体是公司的发起人、股东;而虚报注册资本罪的犯罪主体是申请公司登记的人。(2)诈欺的对象不同。本罪欺诈的对象主要是本公司的其他股东或者发起人、认股人;而虚报注册资本罪的诈欺对象主要是公司登记主管部门。(3)行为方式不同。本罪的行为方式,除有虚假出资外,还包括抽逃出资行为;而虚报注册资本罪没有抽逃出资行为,从一开始申报即是虚假的。(4)行为发生的时间不同。本罪行为既可以发生在公司成立之前、也可能发生于成立之后;而虚报注册资本罪的行为只能发生在公司登记过程之中、公司成立之前。

3. 本罪与诈骗罪的界限。(1)本罪是公司发起人、股东违反《公司法》规定的出资义务,未出资或抽逃出资而欺骗其他股东、债权人和社会公众、虚假或抽逃出资,数额巨大、后果严重、情节严重的欺骗行为。诈骗罪是以非法占有为目的,采取虚构事实或隐瞒事实真相的方法,骗取数额较大的公私财物的行为。(2)两罪在隐瞒事实真相、骗取他人方面有相似之处,但二者在犯罪特征上有不同。一是在客观方面,本罪行为人的欺骗行为是为了使他人相信自己已履行法定出资义务,因此并不表现为非法占有的直接目的;而诈骗罪的诈骗行为在于让财物所有人或占有人"自愿"将财物交给行为人,表现出非法占有的目的。一个是缴出,一个是骗进。二是在主体方面,本罪为特殊主体,即公司发起人、股东;而诈骗罪为一般主体。三是在客体方面,本罪侵害的客体是公司或债权人的权益及公司财产管理制度;而诈骗罪侵害的客体是公私财产所有权。四是在犯罪对象方面,本罪只是行为人自己应缴纳的资产份额,具有特定性;诈骗罪则是公私财物,具有不特定性。五是在主观方面,两罪虽同为故意,但其动机和目的有所不同。六是虚假出资、抽逃出资行为,可以形成合同诈骗罪的基础事实和证据。

4. 本罪与职务侵占罪的界限。本罪与职务侵占罪在犯罪主体上有相似之处,在犯罪客体方面都侵犯了公司的财产权,并损害了其他股东、债权人和社会公众的合法权益,但二者在本质上是有区别的:(1)犯罪对象有所不同。本罪所侵犯的对象为本公司的注册资本,具有特定性;而职务侵占罪所侵犯的对象为本公司、企业的财物,这里的财物不限于本公司,这里的财物泛指一切有经济价值的钱财和物质,包括动产、不动产等。(2)在客观方面,本罪表现为行为人违反公司法的规定虚假或抽逃出资,数额巨大、后果严重或者有其他严重情节的行为。而职务侵占罪表现为行为人利用职务上的便利,将本单位财物非法占为己有。(3)在主体方面,二者虽同为特殊主体,但其特定范围有所不同。本罪主体是公司发起人、股东;而职务侵占罪的主体是公司、企业或者其他单位的人员,范围较前者要广得多。(4)在主观方面,二者都出于故意,但本罪没有将本单位财物非法占为已有的目的,只是不出资,职务侵占罪则有非法占有的目的。

5. 本罪与挪用资金罪的界限。本罪与挪用资金罪在犯罪主体、客体及主观方面有相似之处,但二者在本质上有区别的。(1)在主体方面,本罪为公司发起人、股东;而挪用资金罪的主体是公司、企业或者其他单位的工作人员,范围较前者要广。(2)在主观方面,二者同为直接故意,但挪用资金罪有非法暂时取得本单位资金使用权的目的,而本罪无此目的。(3)在客体方面,两罪同样侵犯了公司的财产权,但本罪侵犯的对象是公司的注册资本,而挪用资金罪侵犯的是本单位的资金,包括流动资金、固定资金。(4)在客观方面,本罪表现为行为人虚假出资或抽逃出资数额巨大、后果严重或者有其他严重情节的行为,而挪用资金罪表现为行为人利用职务上的便利,挪用本单位资金归个人使用或者借款给他人、数额较大,超过三个月未还的,或者虽未超过三个月,但数额较大、进行营利活动的,或者进行非法活动的行为。

四、罪名变迁

1979年《刑法》没有关于虚假出资、抽逃出资罪的规定。本罪是根据1995年2月28日《全国人民代表大会常务委员会关于惩治违反公司法的犯罪的决定》第2条的规定设立的。2013年12月28日第三次修订的《公司法》对我国公司注册资本制度作了改革,从而对本罪的适用范围作了改变。2014年4月24日全国人大常委会作出解释,本罪只适用于注册资本实缴登记制的公司,认缴制的公司已经不适用本罪。

欺诈发行证券罪

类罪名:破坏社会主义市场经济秩序罪/妨害对公司、企业的管理秩序罪 | 罪名:欺诈发行证券罪	
量刑标准	**数额巨大、后果严重或者有其他严重情节的**　处5年以下有期徒刑或者拘役,并处或者单处罚金;
	数额特别巨大、后果特别严重或者有其他特别严重情节的　处5年以上有期徒刑,并处罚金;
	控股股东、实际控制人组织、指使实施前款行为的　处5年以下有期徒刑或者拘役,并处或者单处非法募集资金金额20%以上1倍以下罚金;
	控股股东、实际控制人组织、指使实施前款行为,数额特别巨大、后果特别严重或者有其他特别严重情节的　处5年以上有期徒刑,并处非法募集资金金额20%以上1倍以下罚金;
	单位犯前两款罪的　对单位判处非法募集资金金额20%以上1倍以下罚金,并对其直接负责的主管人员和其他直接责任人员,依照前述规定处罚。

法律依据

一、《刑法》条文

第一百六十条　在招股说明书、认股书、公司、企业债券募集办法等发行文件中隐瞒重要事实或者编造重大虚假内容,发行股票或者公司、企业债券、存托凭证或者国务院依法认定的其他证券,数额巨大、后果严重或者有其他严重情节的,处五年以下有期徒刑或者拘役,并处或者单处罚金;数额特别巨大、后果特别严重或者有其他特别严重情节的,处五年以上有期徒刑,并处罚金。

控股股东、实际控制人组织、指使实施前款行为的,处五年以下有期徒刑或者拘役,并处或者单处非法募集资金金额百分之二十以上一倍以下罚金;数额特别巨大、后果特别严重或者有其他特别严重情节的,处五年以上有期徒刑,并处非法募集资金金额百分之二十以上一倍以下罚金。

单位犯前两款罪的,对单位判处非法募集资金金额百分之二十以上一倍以下罚金,并对其直接负责的主管人员和其他直接责任人员,依照第一款的规定处罚。

二、相关法律

《中华人民共和国公司法》(2023年12月29日修订)

第一百条　发起人向社会公开募集股份,应当公告招股说明书,并制作认股书。认股书应当载明本法第一百五十四条第二款、第三款所列事项,由认股人填写认购的股份数、金额、住所,并签名或者盖章。认股人应当按照所认购股份足额缴纳股款。

第二百零二条　股份有限公司经股东会决议,或者经公司章程、股东会授权由董事会决议,可以发行可转换为股票的公司债券,并规定具体的转换办法。上市公司发行可转换为股票的公司债券,应当经国务院证券监督管理机构注册。

发行可转换为股票的公司债券,应当在债券上标明可转换公司债券字样,并在公司债券持有人名册上载明可转换公司债券的数额。

《中华人民共和国证券法》(2019年12月28日修订)

第十九条　发行人报送的证券发行申请文件,应当充分披露投资者作出价值判断和投资决策所必需的信息,内容应当真实、准确、完整。

为证券发行出具有关文件的证券服务机构和人员,必须严格履行法定职责,保证所出具文件的真实性、准确性和完整性。

第二十四条　国务院证券监督管理机构或者国务院授权的部门对已作出的证券发行注册的决定,发现不符合法定条件或者法定程序,尚未发行证券的,应当予以撤销,停止发行。已经发行尚未上市的,撤销发行注册决定,发行人应当按照发行价并加算银行同期存款利息返还证券持有人;发行人的控股股东、实际控制人以及保荐人,应当与发行人承担连带责任,但是能够证明自己没有过错的除外。

股票的发行人在招股说明书等证券发行文件中隐瞒重要事实或者编造重大虚假内容,已经发行并上市的,国务院证券监督管理机构可以责令发行人回购证券,或者责令负有责任的控股股东、实际控制人买回证券。

第一百八十五条　发行人违反本法第十四条、第十五条的规定擅自改变公开发行证券所募集资金的用途的,责令改正,处以五十万元以上五百万元以下的罚款;对直接负责的主管人员和其他直接责任人员给予警告,并处以十万元以上一百万元以下的罚款。

发行人的控股股东、实际控制人从事或者组织、指使从事前款违法行为的,给予警告,并处以五十万元以上五百万元以下的罚款;对直接负责的主管人员和其他直接责任人员,处以十万元以上一百万元以下的罚款。

三、相关司法解释/文件

《最高人民检察院、公安部关于公安机关管辖的刑事案件立案追诉标准的规定(二)》(2022年4月6日　公通字〔2022〕12号)

第五条　〔欺诈发行证券案(刑法第一百六十条)〕在招股说明书、认股书、公司、企业债券募集办法等发行文件中隐瞒重要事实或者编造重大虚假内容,发行股票或者公司、企业债券、存托凭证或者国务院依法认定的其他证券,涉嫌下列情形之一的,应予立案追诉:

(一)非法募集资金金额在一千万元以上的;

(二)虚增或者虚减资产达到当期资产总额百分之三十以上的;

(三)虚增或者虚减营业收入达到当期营业收入总额百分之三十以上的;

(四)虚增或者虚减利润达到当期利润总额百分之三十以上的;

(五)隐瞒或者编造的重大诉讼、仲裁、担保、关联交易或者其他重大事项所涉及的数额或者连续十二个月的累计数额达到最近一期披露的净资产百分之五十以上的;

(六)造成投资者直接经济损失数额累计在一百万元以上的;

（七）为欺诈发行证券而伪造、变造国家机关公文、有效证明文件或者相关凭证、单据的；

（八）为欺诈发行证券向负有金融监督管理职责的单位或者人员行贿的；

（九）募集的资金全部或者主要用于违法犯罪活动的；

（十）其他后果严重或者有其他严重情节的情形。

要义辨析

一、概念

本罪是指公司、企业在招股说明书、认股书、公司债券、企业债券募集办法等发行文件中隐瞒重要事实或者编造重大虚假内容，发行股票、公司债券、企业债券、存托凭证或者国务院依法认定的其他证券，数额巨大，后果严重或具有其他情节严重的行为。

二、构成要件

1. 本罪侵犯的客体是国家有关公司、企业发行股票、债券的管理制度。

2. 客观方面表现为在招股说明书、认股书、公司债券、企业债券募集办法等发行文件中隐瞒重要事实或者编造重大虚假内容，发行股票或者公司债券、企业债券、存托凭证或者国务院依法认定的其他证券，数额巨大、后果严重或者有其他严重情节的行为。

3. 本罪主体是特殊主体，一般是指公司、企业的股东和高层管理人，只有法律规定有权发行股票、债券的单位和自然人，才可构成本罪。一般是有证券债券发行资格的单位，为了募集更多的资金或不符合条件而进行募集，对公司财务资讯信息进行隐瞒重要事实、虚假申报、虚假披露的弄虚作假行为。

4. 主观方面是故意，过失不构成本罪。即行为人明知自己所制作的招股说明书、认股书、债券募集办法等不是对本公司状况或本次股票、债券发行状况的真实、准确、完整的反映，仍然积极为之。

三、要点辨析

1. 认定本罪要防止扩大化理解。（1）本罪有情节要求，必须是“隐瞒重要事实”“编造重大虚假内容”。因为企业融资非常普遍，对于没有欺骗、金额不大的债券行为和企业自制股权证书募资行为，不能都作为犯罪处理。（2）本罪有后果要求，必须是发行股票、债券，“数额巨大，后果严重”或具有其他“情节严重”的行为，此处的金额标准已经有司法解释规定。（3）本罪有形式要件，即发生了发行股票和债券的行为。以合同、借据、欠条方式筹款募集资金的，不能按本罪认定。

2. 本罪与诈骗罪的界限。（1）本罪是指有资格发行证券、债券的单位，在经过批准的股票债券发行过程中作假；诈骗则是完全非法地发行假股票、假债券。（2）本罪是为了募集资金先期使用，是准备归还的；而诈骗则完全是为了非法占有他人财物不归还。

3. 本罪与集资诈骗罪的界限。本罪与集资诈骗罪，都实施了欺骗他人的行为，但二者的区别是：（1）犯罪主体不同。本罪主体为特殊主体：即股份有限公司的发起人，股份有限公司、有限责任公司和企业；而集资诈骗罪的主体则为一般主体，主要是社会上一些不法分子打着公司的旗号，虚构公司、企业或假冒公司、企业实施的。（2）主观方面不同。两罪虽然在主观上均为故意，但其内容和目的有所不同。本罪有虚假发行股票、公司债券或企业债券的故意和非法募集资金的目的，而非法募集资金是为了筹建公司、企业或发展公司、企业本身的业务，不具有非法占有的目的；而集资诈骗罪则有非法占有他人财产的目的。即行为人具有将非法聚集的资金据为己有的目的，可以根据行为人有没有占有不还的意图或者实际上无力归还的事实来判断其是否具有非法占有的目的。（3）侵犯的客体不同。本罪侵犯的是股东、债权人及社会公众的利益和国家的证券市场管理制度；而集资诈骗罪侵犯的是公私财产所有权和国家金融管理制度。（4）客观方面不同。本罪是违反《公司法》的规定，是在公司发行股票或公司、企业发行债券的领域内犯罪，即以虚假方法制作虚假的招股说明书、认股书、公司、企业债券发行办法来欺诈他人，发行股票、债券一般是通过有关部门审批后进行的；而集资诈骗罪可以采取多种方法,包括虚构事实、隐瞒真相、引人误解等。其行为人以发行股票、债券的方式诈骗,也是未经有关部门批准而非法发行的。

4.本罪与擅自发行股票、公司、企业债券罪的界限。擅自发行股票、公司、企业债券罪是指未经公司法规定的有关主管部门批准,擅自发行股票或者公司、企业债券,数额巨大、后果严重或者有其他严重情节的行为。两罪的共同点在于都违反了《公司法》的规定,都侵犯了国家对证券市场的管理制度以及投资者、股东、社会公众和债权人的利益,主观上也都出于故意。但两罪仍有明显区别,表现在:(1)主体不同。本罪主体为特殊主体,即公司发起人,股份有限公司、有限责任公司或企业；而擅自发行股票、债券罪的主体是一般主体、凡达到刑事责任年龄并具备刑事责任能力的自然人或单位均可构成该罪主体。(2)客观方面不同。本罪行为人是制作虚假的招股说明书、认股书、公司、企业债券发行办法并且一般是经过主管部门批准后发行股票、债券；而擅自发行股票、公司、企业债券罪是未经批准而发行股票、债券,即行为人发行股票、债券的行为是程序不合法,但其本身不具有制作虚假募资文件的欺诈性,强调的是未经审批的擅自发行股票、债券行为。如果行为人既实施了擅自发行股票、债券行为,又采用制作虚假的招股说明书、认股书、公司、企业债券募集办法发行股票或公司、企业债券的,应从其中择一重罪处罚,不实行数罪并罚。

四、罪名变迁

1979年《刑法》没有规定欺诈发行证券罪。本罪是由1995年2月28日《全国人民代表大会常务委员会关于惩治违反公司法的犯罪的决定》第3条,吸收为1997年《刑法》中的具体罪名。

类罪名:破坏社会主义市场经济秩序罪/妨害对公司、企业的管理秩序罪 ｜ 罪名:违规披露、不披露重要信息罪	
量刑标准	**犯本罪的**　对其直接负责的主管人员和其他直接责任人员,处5年以下有期徒刑或者拘役,并处或者单处罚金；
	情节特别严重的　处5年以上10年以下有期徒刑,并处罚金。

法律依据

一、《刑法》条文

第一百六十一条　依法负有信息披露义务的公司、企业向股东和社会公众提供虚假的或者隐瞒重要事实的财务会计报告,或者对依法应当披露的其他重要信息不按照规定披露,严重损害股东或者其他人利益,或者有其他严重情节的,对其直接负责的主管人员和其他直接责任人员,处五年以下有期徒刑或者拘役,并处或者单处罚金；情节特别严重的,处五年以上十年以下有期徒刑,并处罚金。

前款规定的公司、企业的控股股东、实际控制人实施或者组织、指使实施前款行为的,或者隐瞒相关事项导致前款规定的情形发生的,依照前款的规定处罚。

犯前款罪的控股股东、实际控制人是单位的,对单位判处罚金,并对其直接负责的主管人员和其他直接责任人员,依照第一款的规定处罚。

二、相关法律

《中华人民共和国公司法》(2023年12月29日修订)

第二百五十四条　有下列行为之一的,由县级以上人民政府财政部门依照《中华人民共和国会计法》等法律、行政法规的规定处罚:

(一)在法定的会计账簿以外另立会计账簿；

(二)提供存在虚假记载或者隐瞒重要事实的财务会计报告。

《中华人民共和国证券法》(2019年12月28日修订)

第一百九十七条　信息披露义务人未按照本

法规定报送有关报告或者履行信息披露义务的，责令改正，给予警告，并处以五十万元以上五百万元以下的罚款；对直接负责的主管人员和其他直接责任人员给予警告，并处以二十万元以上二百万元以下的罚款。发行人的控股股东、实际控制人组织、指使从事上述违法行为，或者隐瞒相关事项导致发生上述情形的，处以五十万元以上五百万元以下的罚款；对直接负责的主管人员和其他直接责任人员，处以二十万元以上二百万元以下的罚款。

信息披露义务人报送的报告或者披露的信息有虚假记载、误导性陈述或者重大遗漏的，责令改正，给予警告，并处以一百万元以上一千万元以下的罚款；对直接负责的主管人员和其他直接责任人员给予警告，并处以五十万元以上五百万元以下的罚款。发行人的控股股东、实际控制人组织、指使从事上述违法行为，或者隐瞒相关事项导致发生上述情形的，处以一百万元以上一千万元以下的罚款；对直接负责的主管人员和其他直接责任人员，处以五十万元以上五百万元以下的罚款。

《中华人民共和国证券投资基金法》(2015 年 4 月 24 日修正)

第七十四条　基金管理人、基金托管人和其他基金信息披露义务人应当依法披露基金信息，并保证所披露信息的真实性、准确性和完整性。

第七十五条　基金信息披露义务人应当确保应予披露的基金信息在国务院证券监督管理机构规定时间内披露，并保证投资人能够按照基金合同约定的时间和方式查阅或者复制公开披露的信息资料。

第七十六条　公开披露的基金信息包括：

（一）基金招募说明书、基金合同、基金托管协议；

（二）基金募集情况；

（三）基金份额上市交易公告书；

（四）基金资产净值、基金份额净值；

（五）基金份额申购、赎回价格；

（六）基金财产的资产组合季度报告、财务会计报告及中期和年度基金报告；

（七）临时报告；

（八）基金份额持有人大会决议；

（九）基金管理人、基金托管人的专门基金托管部门的重大人事变动；

（十）涉及基金财产、基金管理业务、基金托管业务的诉讼或者仲裁；

（十一）国务院证券监督管理机构规定应予披露的其他信息。

《中华人民共和国会计法》(2017 年 11 月 4 日修正)

第十三条　会计凭证、会计帐簿、财务会计报告和其他会计资料，必须符合国家统一的会计制度的规定。

使用电子计算机进行会计核算的，其软件及其生成的会计凭证、会计帐簿、财务会计报告和其他会计资料，也必须符合国家统一的会计制度的规定。

任何单位和个人不得伪造、变造会计凭证、会计帐簿及其他会计资料，不得提供虚假的财务会计报告。

第四十三条　伪造、变造会计凭证、会计帐簿，编制虚假财务会计报告，构成犯罪的，依法追究刑事责任。

有前款行为，尚不构成犯罪的，由县级以上人民政府财政部门予以通报，可以对单位并处五千元以上十万元以下的罚款；对其直接负责的主管人员和其他直接责任人员，可以处三千元以上五万元以下的罚款；属于国家工作人员的，还应当由其所在单位或者有关单位依法给予撤职直至开除的行政处分；其中的会计人员，五年内不得从事会计工作。

第四十五条　授意、指使、强令会计机构、会计人员及其他人员伪造、变造会计凭证、会计帐簿，编制虚假财务会计报告或者隐匿、故意销毁依法应当保存的会计凭证、会计帐簿、财务会计报告，构成犯罪的，依法追究刑事责任；尚不构成犯罪的，可以处五千元以上五万元以下的罚款；属于国家工作人员的，还应当由其所在单位或者有关单位依法给予降级、撤职、开除的行政处分。

三、相关司法解释/文件

《最高人民检察院、公安部关于公安机关管辖的刑事案件立案追诉标准的规定(二)》(2022 年 4 月 6 日　公通字〔2022〕12 号)

第六条　〔违规披露、不披露重要信息案(刑法第一百六十一条)〕依法负有信息披露义务的公司、企业向股东和社会公众提供虚假的或者隐瞒重要事实的财务会计报告，或者对依法应当披露的其

他重要信息不按照规定披露,涉嫌下列情形之一的,应予立案追诉:

(一)造成股东、债权人或者其他人直接经济损失数额累计在一百万元以上的;

(二)虚增或者虚减资产达到当期披露的资产总额百分之三十以上的;

(三)虚增或者虚减营业收入达到当期披露的营业收入总额百分之三十以上的;

(四)虚增或者虚减利润达到当期披露的利润总额百分之三十以上的;

(五)未按照规定披露的重大诉讼、仲裁、担保、关联交易或者其他重大事项所涉及的数额或者连续十二个月的累计数额达到最近一期披露的净资产百分之五十以上的;

(六)致使不符合发行条件的公司、企业骗取发行核准或者注册并且上市交易的;

(七)致使公司、企业发行的股票或者公司、企业债券、存托凭证或者国务院依法认定的其他证券被终止上市交易的;

(八)在公司财务会计报告中将亏损披露为盈利,或者将盈利披露为亏损的;

(九)多次提供虚假的或者隐瞒重要事实的财务会计报告,或者多次对依法应当披露的其他重要信息不按照规定披露的;

(十)其他严重损害股东、债权人或者其他人利益,或者有其他严重情节的情形。

要义辨析

一、概念

本罪是指依法负有如实披露义务的公司、企业,向股东和社会公众提供虚假的或者隐瞒重要事实的财务会计报告,或者对依法应当披露的其他重要信息不按照规定披露,严重损害股东或者其他人利益,或者有其他严重情节的行为。"违规披露"是指不如实披露;"不披露",是指故意隐瞒、不履行披露义务。

二、构成要件

1. 犯罪客体是复杂客体,既侵犯了国家对公司、企业正常的管理秩序和市场信息公开制度,也侵犯了股东或者其他股权权利人的合法权益。本罪的犯罪对象是财务会计报告或者其他重要信息。

2. 客观方面表现为依法负有信息披露义务的公司、企业向股东和社会公众提供虚假的或者隐瞒重要事实的财务会计报告,或者对依法应当披露的其他重要信息不按照规定披露,严重损害股东或者其他人利益,或者有其他严重情节的行为。

3. 本罪主体为特殊主体,是依法负有信息披露义务的公司、企业及其直接责任人员,包括《公司法》中所规定的在中国境内注册的股份有限公司、有限责任公司及其子公司。

4. 主观方面为故意,过失不构成本罪,即行为人明知提供虚假的财务会计报告会损害到股东或其他人的利益却故意为之。

三、要点辨析

1. 违规披露、不披露重要信息罪,包括两类行为。一类是上市公司在披露信息时违规,弄虚作假,虚假披露。另一类是应当披露的涉及公司资讯的重大信息,故意隐瞒不披露。本罪是基于上市公司的诚信义务、公开性义务,用刑事法来规制上市公司的严厉方式。披露是作为,不披露是不作为,损害的都是同该公司的股权价值有利益关联的其他权利人的利益。

2. 上市公司重要信息,是指能够影响股值、可能损害权利人利益的重要信息。(1)如果不披露,或者违规披露、虚假披露,将造成权利人的损失,丧失公平交易的机会和选择权。因此,这种信息重不重要,应当从严掌握,防止扩大打击面。(2)必须是应当披露却没有披露的重要的信息。如果没有法定义务披露,公司的经营自主权的保护应当兼顾。(3)如实披露的,除关键交易点等国家证券监管机构明令不得披露的时机,其他时候披露的都应当不构成犯罪。

3. 要注意信息披露义务的主体。上市公司财务报告是由有资质的会计师事务所在中立客观的立场下作出的。企业既没有隐瞒数据和财务资料,又没有指使串通会计事务所弄虚作假的,上市公司没有责任,不构成犯罪。即使因财务报告错误,导致公司没有尽披露事项义务,责任也不在公司。会计师事务所的财报没有被撤销，仍然合法有效情况下，公司不构成虚假披露责任的犯罪。只有上市公司故意主动作为，授意、指使、强令会计机构、会计人员及其他人员伪造、变造会计凭证、会计帐簿，编制虚假财务会计报告或者隐匿、故意销毁依法应当保存的会计凭证、会计帐簿、财务会计报告，进行了指使、串通、隐瞒、干预，导致信息虚假和重要财务隐患没有公告的，才可能构成犯罪。

4. 本罪是特殊主体，是单位犯罪，没有个人犯罪。法律责任及于直接负责的主管人员和其他责任人员，因为披露行为人是个人。

四、罪名变迁

本罪是由 1995 年 2 月 28 日《全国人民代表大会常务委员会关于惩治违反公司法的犯罪的决定》第 4 条的规定，吸收改为 1997 年《刑法》的具体规定的，原罪名为"提供虚假财会报告罪"。《刑法修正案（六）》第 5 条对本罪的罪状作了修改，因而罪名也相应作了修改。

类罪名：破坏社会主义市场经济秩序罪/妨害对公司、企业的管理秩序罪 | 罪名：妨害清算罪	
量刑标准	**构成犯罪的**　对直接负责的主管人员和直接责任人员处 5 年以下有期徒刑或者拘役，并处或者单处 2 万元以上 20 万以下罚金。

法律依据

一、《刑法》条文

第一百六十二条　公司、企业进行清算时，隐匿财产，对资产负债表或者财产清单作虚伪记载或者在未清偿债务前分配公司、企业财产，严重损害债权人或者其他人利益的，对其直接负责的主管人员和其他直接责任人员，处五年以下有期徒刑或者拘役，并处或者单处二万元以上二十万元以下罚金。

二、相关法律

《中华人民共和国公司法》（2023 年 12 月 29 日修订）

第二百三十二条　公司因本法第二百二十九条第一款第一项、第二项、第四项、第五项规定而解散的，应当清算。董事为公司清算义务人，应当在解散事由出现之日起十五日内组成清算组进行清算。

清算组由董事组成，但是公司章程另有规定或者股东会决议另选他人的除外。

清算义务人未及时履行清算义务，给公司或者债权人造成损失的，应当承担赔偿责任。

第二百三十三条　公司依照前条第一款的规定应当清算，逾期不成立清算组进行清算或者成立清算组后不清算的，利害关系人可以申请人民法院指定有关人员组成清算组进行清算。人民法院应当受理该申请，并及时组织清算组进行清算。

公司因本法第二百二十九条第一款第四项的规定而解散的，作出吊销营业执照、责令关闭或者撤销决定的部门或者公司登记机关，可以申请人民法院指定有关人员组成清算组进行清算。

第二百三十四条　清算组在清算期间行使下列职权：

（一）清理公司财产，分别编制资产负债表和财产清单；

（二）通知、公告债权人；

（三）处理与清算有关的公司未了结的业务；

（四）清缴所欠税款以及清算过程中产生的税款；

（五）清理债权、债务；

（六）分配公司清偿债务后的剩余财产；

（七）代表公司参与民事诉讼活动。

第二百三十五条　清算组应当自成立之日起十日内通知债权人，并于六十日内在报纸上或者国家企业信用信息公示系统公告。债权人应当自接到通知之日起三十日内，未接到通知的自公告之日起四十五日内，向清算组申报其债权。

债权人申报债权,应当说明债权的有关事项,并提供证明材料。清算组应当对债权进行登记。

在申报债权期间,清算组不得对债权人进行清偿。

第二百三十六条　清算组在清理公司财产、编制资产负债表和财产清单后,应当制订清算方案,并报股东会或者人民法院确认。

公司财产在分别支付清算费用、职工的工资、社会保险费用和法定补偿金,缴纳所欠税款,清偿公司债务后的剩余财产,有限责任公司按照股东的出资比例分配,股份有限公司按照股东持有的股份比例分配。

清算期间,公司存续,但不得开展与清算无关的经营活动。公司财产在未依照前款规定清偿前,不得分配给股东。

第二百三十七条　清算组在清理公司财产、编制资产负债表和财产清单后,发现公司财产不足清偿债务的,应当依法向人民法院申请破产清算。

人民法院受理破产申请后,清算组应当将清算事务移交给人民法院指定的破产管理人。

第二百三十八条　清算组成员履行清算职责,负有忠实义务和勤勉义务。

清算组成员怠于履行清算职责,给公司造成损失的,应当承担赔偿责任;因故意或者重大过失给债权人造成损失的,应当承担赔偿责任。

第二百三十九条　公司清算结束后,清算组应当制作清算报告,报股东会或者人民法院确认,并报送公司登记机关,申请注销公司登记。

第二百五十六条　公司在进行清算时,隐匿财产,对资产负债表或者财产清单作虚假记载,或者在未清偿债务前分配公司财产的,由公司登记机关责令改正,对公司处以隐匿财产或者未清偿债务前分配公司财产金额百分之五以上百分之十以下的罚款;对直接负责的主管人员和其他直接责任人员处以一万元以上十万元以下的罚款。

三、相关司法解释/文件

《最高人民检察院、公安部关于公安机关管辖的刑事案件立案追诉标准的规定(二)》(2022年4月6日　公通字〔2022〕12号)

第七条　〔妨害清算案(刑法第一百六十二条)〕公司、企业进行清算时,隐匿财产,对资产负债表或者财产清单作虚伪记载或者在未清偿债务前分配公司、企业财产,涉嫌下列情形之一的,应予立案追诉:

(一)隐匿财产价值在五十万元以上的;

(二)对资产负债表或者财产清单作虚伪记载涉及金额在五十万元以上的;

(三)在未清偿债务前分配公司、企业财产价值在五十万元以上的;

(四)造成债权人或者其他人直接经济损失数额累计在十万元以上的;

(五)虽未达到上述数额标准,但应清偿的职工的工资、社会保险费用和法定补偿金得不到及时清偿,造成恶劣社会影响的;

(六)其他严重损害债权人或者其他人利益的情形。

要义辨析

一、概念

本罪是指公司、企业进行清算时隐匿财产,对资产负债表或财产清单作虚伪记载,或在未清偿债务前分配公司财产,严重损害债权人或其他人利益的行为。

二、构成要件

1. 犯罪客体是复杂客体。行为人不仅侵犯了国家关于公司、企业的清算管理制度,而且侵犯了债权人和其他人的合法权益。

2. 客观方面表现为公司、企业进行清算时,隐匿财产,对资产负债表或者财产清单作虚伪记载或者在未清偿债务前分配公司、企业财产,严重损害债权人或者其他人利益的行为。

3. 本罪主体是公司、企业,但刑罚由公司直接负责的主管人员和直接责任人员承受。

4. 主观方面是故意,且一般是直接故意。过失不构成本罪。即明知隐匿公司财产、对资产负债表或者财产清单作虚伪记载,或者清偿前分配公司财产会损害债权人或者其他人利益,仍故意实施。

三、要点辨析

1. 本罪应当从严掌握。把握以下三点:一是有伪造账册,隐匿财产,对资产负债表或者财产清单作虚伪记载的行为;二是提前分配公司、企业财产,转移财产,如恶意转让、出租等;三是严重损害债权人或者其他人利益。

2. 本罪与提供虚假财会报告罪的界限。两罪在主观上都出于故意,客观上都存在虚伪记载资产负债表或财产清单的行为,但二者的区别在于:(1)侵犯的客体不同。本罪侵犯的是公司、企业清算制度及债权人和其他人的合法权益,后罪则侵犯的是公司财务会计制度及股东和其他人的利益。(2)客观方面不同。两罪的时间要件不同。本罪只发生在公司、企业清算期间,后罪则是公司正常运作期间;犯罪的行为方式不同。本罪表现为隐匿财产、虚伪记载资产负债表和财产清单或者在未清偿债务前分配公司企业财产,而后罪主要表现为编制或者隐瞒重要事实的财务会计报告。(3)犯罪主体不同。本罪主体为公司、企业清算组的直接负责的主管人员和直接责任人员,而后罪主体则为公司及其直接负责的主管人员和其他直接责任人员。(4)犯罪目的不同。本罪行为人的目的是逃避公司、企业债务,而后罪则是欺骗股东和社会公众,骗取他们的投资。

3. 本罪主体在执行刑事罚金前,如有民事赔偿责任而财产不足支付时,先应承担民事赔偿责任,以保证债权人和其他人的利益。但非因本罪而承担的民事赔偿责任除外。

四、罪名变迁

本罪是由1995年2月《全国人民代表大会常务委员会关于惩治违反公司法的犯罪的决定》第5条的规定,吸收改为1997年《刑法》的具体规定的,1979年《刑法》没有妨害清算罪的规定。

类罪名:破坏社会主义市场经济秩序罪/妨害对公司、企业的管理秩序罪 | 罪名:隐匿、故意销毁会计凭证、会计账簿、财务会计报告罪	
量刑标准	**情节严重的** 处5年以下有期徒刑或者拘役,并处或者单处2万元以上20万元以下罚金;
	单位犯本罪的 对单位处罚金;对直接负责的主管人员和其他直接责任人员按个人犯罪处罚。

法律依据

一、《刑法》条文

第一百六十二条之一 隐匿或者故意销毁依法应当保存的会计凭证、会计账簿、财务会计报告,情节严重的,处五年以下有期徒刑或者拘役,并处或者单处二万元以上二十万元以下罚金。

单位犯前款罪的,对单位判处罚金,并对其直接负责的主管人员和其他直接责任人员,依照前款的规定处罚。

二、相关法律

《中华人民共和国公司法》(2023年12月29日修订)

第二百五十四条 有下列行为之一的,由县级以上人民政府财政部门依照《中华人民共和国会计法》等法律、行政法规的规定处罚:

(一)在法定的会计账簿以外另立会计账簿;

(二)提供存在虚假记载或者隐瞒重要事实的财务会计报告。

第二百五十六条 公司在进行清算时,隐匿财产,对资产负债表或者财产清单作虚假记载,或者在未清偿债务前分配公司财产的,由公司登记机关责令改正,对公司处以隐匿财产或者未清偿债务前分配公司财产金额百分之五以上百分之十以下的罚款;对直接负责的主管人员和其他直接责任人员处以一万元以上十万元以下的罚款。

《中华人民共和国会计法》(2017年11月4日修正)

第四十四条 隐匿或者故意销毁依法应当保存的会计凭证、会计帐簿、财务会计报告,构成犯罪的,依法追究刑事责任。

有前款行为,尚不构成犯罪的,由县级以上人民政府财政部门予以通报,可以对单位并处五千元以上十万元以下的罚款;对其直接负责的主管人员和其他直接责任人员,可以处三千元以上五万元以下的罚款;属于国家工作人员的,还应当由其所在单位或者有关单位依法给予撤职直至开除的行政处分;其中的会计人员,五年内不得从事会计工作。

第四十五条　授意、指使、强令会计机构、会计人员及其他人员伪造、变造会计凭证、会计账簿,编制虚假财务会计报告或者隐匿、故意销毁依法应当保存的会计凭证、会计账簿、财务会计报告,构成犯罪的,依法追究刑事责任;尚不构成犯罪的,可以处五千元以上五万元以下的罚款;属于国家工作人员的,还应当由其所在单位或者有关单位依法给予降级、撤职、开除的行政处分。

三、相关司法解释/文件

《最高人民检察院、公安部关于公安机关管辖的刑事案件立案追诉标准的规定(二)》(2022年4月6日　公通字〔2022〕12号)

第八条　〔隐匿、故意销毁会计凭证、会计帐簿、财务会计报告案(刑法第一百六十二条之一)〕隐匿或者故意销毁依法应当保存的会计凭证、会计帐簿、财务会计报告,涉嫌下列情形之一的,应予立案追诉:

(一)隐匿、故意销毁的会计凭证、会计帐簿、财务会计报告涉及金额在五十万元以上的;

(二)依法应当向监察机关、司法机关、行政机关、有关主管部门等提供而隐匿、故意销毁或者拒不交出会计凭证、会计帐簿、财务会计报告的;

(三)其他情节严重的情形。

要义辨析

一、概念

本罪是指故意隐匿、故意销毁有法定保存义务的会计凭证和账簿、财务报告,情节严重的行为。实施这种犯罪的行为人一般是为了掩盖其违法犯罪行为,故意销毁证据和线索。

二、构成要件

1. 本罪侵犯的客体是会计凭证的完整性、真实性和公司监管、市场经济管理秩序。

2. 犯罪客观方面表现为隐匿或者故意销毁依法应当保存的会计凭证、会计账簿、财务会计报告,情节严重的行为。

3. 主体是一般主体,即所有依《会计法》的规定办理会计事务的国家机关、社会团体、公司、企业、事业单位等组织和个人,都可以成为该罪的主体。不能因为列在“妨碍对公司、企业的管理秩序罪”一节,就简单地将其理解为限于公司、企业人员。

4. 本罪主观上是故意犯罪,过失不构成本罪。

三、要点辨析

1. 注意指使人责任和财务执行人的责任的区分。公司管理人授意、指使、强令会计机构、会计人员及其他人员故意销毁依法应当保存的会计凭证、会计账簿、财务会计报告,情节严重的,构成犯罪。财务人员提出异议未被接受,不得不执行销毁的,应当减轻处罚或者免予刑事责任。行为人因缺乏会计法知识而保存不善主动销毁,公司管理人没有指使也不知情的,只能追究具体财务人员。

2. 认定本罪,要严格掌握标准,防止入罪扩大化。要注意几个要件:一是会计凭证、会计账簿、财务会计报告是“应当保存”的。每个公司每年都有一些次要财务资料要处理销毁,不能将这种行为都理解为本罪。只要公司的基本账户存在,基本记账凭证仍然齐全,电子财务档案可以真实恢复,一些次要的会计资料作为保密废纸处理,是企业经营自主权范围,不能干涉,更不能定罪。会计原始凭证保存完好,账务处理上进行了归纳整理重新调整科目,也不居于销毁行为。二是必须是“情节严重”的销毁,一般是指导致企业财产被隐瞒、流失而无法查明,国家税收因此逃缴,债权人和股东的权益严重受损。隐匿、销毁的东西是不是严格意义的“会计账册凭证”,一般可以由专业会计师事务所进行鉴定认定。

四、罪名变迁

本罪是依1999年12月《刑法修正案(一)》增加的罪名,纳入《刑法》第162条之一。

类罪名：破坏社会主义市场经济秩序罪/妨害对公司、企业的管理秩序罪 | 罪名：虚假破产罪	
量刑标准	**构成犯罪的**　对其直接负责的主管人员和其他直接人员处5年以下有期徒刑或者拘役，并处或者单处2万元以上20万元以下罚金。

法律依据

一、《刑法》条文

第一百六十二条之二　公司、企业通过隐匿财产、承担虚构的债务或者以其他方法转移、处分财产，实施虚假破产，严重损害债权人或者其他人利益的，对其直接负责的主管人员和其他直接责任人员，处五年以下有期徒刑或者拘役，并处或者单处二万元以上二十万元以下罚金。

二、相关法律

《中华人民共和国企业破产法》(2006年8月27日)

第三十三条　涉及债务人财产的下列行为无效：

(一)为逃避债务而隐匿、转移财产的；

(二)虚构债务或者承认不真实的债务的。

第一百二十七条　债务人违反本法规定，拒不向人民法院提交或者提交不真实的财产状况说明、债务清册、债权清册、有关财务会计报告以及职工工资的支付情况和社会保险费用的缴纳情况的，人民法院可以对直接责任人员依法处以罚款。

债务人违反本法规定，拒不向管理人移交财产、印章和账簿、文书等资料的，或者伪造、销毁有关财产证据材料而使财产状况不明的，人民法院可以对直接责任人员依法处以罚款。

第一百二十八条　债务人有本法第三十一条、第三十二条、第三十三条规定的行为，损害债权人利益的，债务人的法定代表人和其他直接责任人员依法承担赔偿责任。

第一百三十一条　违反本法规定，构成犯罪的，依法追究刑事责任。

三、相关司法解释/文件

《最高人民检察院、公安部关于公安机关管辖的刑事案件立案追诉标准的规定(二)》(2022年4月6日　公通字〔2022〕12号)

第九条　〔虚假破产案(刑法第一百六十二条之二)〕公司、企业通过隐匿财产、承担虚构的债务或者以其他方法转移、处分财产，实施虚假破产，涉嫌下列情形之一的，应予立案追诉：

(一)隐匿财产价值在五十万元以上的；

(二)承担虚构的债务涉及金额在五十万元以上的；

(三)以其他方法转移、处分财产价值在五十万元以上的；

(四)造成债权人或者其他人直接经济损失数额累计在十万元以上的；

(五)虽未达到上述数额标准，但应清偿的职工的工资、社会保险费用和法定补偿金得不到及时清偿，造成恶劣社会影响的；

(六)其他严重损害债权人或者其他人利益的情形。

要义辨析

一、概念

本罪是指公司进行通过隐匿财产、承担虚构的债务或者以其他方法转移、处分财产，实施虚假破产，严重损害债权人或者其他人利益的行为。

二、构成要件

1. 本罪侵犯的客体是复杂客体。行为人的行为不仅侵犯了国家对公司、企业的破产管理制度，而且也侵犯了债权人和其他人的合法权益。

2. 客观方面表现为公司、企业通过隐匿财产、承担虚构的债务或者以其他方法转移、处分财产,实施虚假破产,严重损害债权人或者其他人利益。

3. 犯罪主体是特殊主体,即具有实施虚假破产以达到破产逃债目的的公司、企业。

4. 主观方面表现为故意,即明知隐匿财产、承担虚构的债务等会损害债权人或其他人利益,而故意实施。过失不构成本罪。

三、要点辨析

1. 本罪是为了制约"破产逃债"行为而设立的罪名。一些企业股东和实际控制人,为了逃避正常债务,串通他人虚构债权,隐瞒资产,掏空企业,然后虚假破产或者串通"影子交易人"承债收购重整企业,以破产方式损害其他合法债权人的财产权益。《刑法》设立本罪,可以保障正常的破产法律程序得以实施,保护合法债权人和企业相关股东的利益。

2. 本罪虽然是单位犯罪,但其法律责任只及于公司、企业直接负责的主管人员和直接责任人员,单位不进行处罚。

四、罪名变迁

本罪是根据 2006 年 6 月 29 日《刑法修正案(六)》新增加的罪名。

类罪名:破坏社会主义市场经济秩序罪/妨害对公司、企业的管理秩序罪 | 罪名:非国家工作人员受贿罪	
量刑标准	**数额较大的** 处 5 年以下有期徒刑或者拘役并处罚金;
	数额巨大的或者有其他严重情节的 处 3 年以上 10 年以下有期徒刑,并处罚金;
	数额特别巨大或有其他特别严重情节的 处 10 年以上有期徒刑或者无期徒刑,并处罚金。

法律依据

一、《刑法》条文

第一百六十三条 公司、企业或者其他单位的工作人员,利用职务上的便利,索取他人财物或者非法收受他人财物,为他人谋取利益,数额较大的,处三年以下有期徒刑或者拘役,并处罚金;数额巨大或者有其他严重情节的,处三年以上十年以下有期徒刑,并处罚金;数额特别巨大或者有其他特别严重情节的,处十年以上有期徒刑或者无期徒刑,并处罚金。

公司、企业或者其他单位的工作人员在经济往来中,利用职务上的便利,违反国家规定,收受各种名义的回扣、手续费,归个人所有的,依照前款的规定处罚。

国有公司、企业或者其他国有单位中从事公务的人员和国有公司、企业或者其他国有单位委派到非国有公司、企业以及其他单位从事公务的人员有前两款行为的,依照本法第三百八十五条、第三百八十六条的规定定罪处罚。

第三百八十五条 国家工作人员利用职务上的便利,索取他人财物的,或者非法收受他人财物,为他人谋取利益的,是受贿罪。

国家工作人员在经济往来中,违反国家规定,收受各种名义的回扣、手续费,归个人所有的,以受贿论处。

第三百八十六条 对犯受贿罪的,根据受贿所得数额及情节,依照本法第三百八十三条的规定处罚。索贿的从重处罚。

第一百八十四条第一款 银行或者其他金融机构的工作人员在金融业务活动中索取他人财物或者非法收受他人财物,为他人谋取利益的,或者违反国家规定,收受各种名义的回扣、手续费,归个人所有的,依照本法第一百六十三条的规定定罪处罚。

二、相关法律

《中华人民共和国公司法》(2023 年 12 月 29 日修订)

第一百八十条 董事、监事、高级管理人员对公司负有忠实义务，应当采取措施避免自身利益与公司利益冲突，不得利用职权牟取不正当利益。

董事、监事、高级管理人员对公司负有勤勉义务，执行职务应当为公司的最大利益尽到管理者通常应有的合理注意。

公司的控股股东、实际控制人不担任公司董事但实际执行公司事务的，适用前两款规定。

《中华人民共和国商业银行法》（2015 年 8 月 29 日修正）

第五十二条　商业银行的工作人员应当遵守法律、行政法规和其他各项业务管理的规定，不得有下列行为：

（一）利用职务上的便利，索取、收受贿赂或者违反国家规定收受各种名义的回扣、手续费；

（二）利用职务上的便利，贪污、挪用、侵占本行或者客户的资金；

（三）违反规定徇私向亲属、朋友发放贷款或者提供担保；

（四）在其他经济组织兼职；

（五）违反法律、行政法规和业务管理规定的其他行为。

第八十四条　商业银行工作人员利用职务上的便利，索取、收受贿赂或者违反国家规定收受各种名义的回扣、手续费，构成犯罪的，依法追究刑事责任；尚不构成犯罪的，应当给予纪律处分。

有前款行为，发放贷款或者提供担保造成损失的，应当承担全部或者部分赔偿责任。

《中华人民共和国反不正当竞争法》（2019 年 4 月 23 日修正）

第七条　经营者不得采用财物或者其他手段贿赂下列单位或者个人，以谋取交易机会或者竞争优势：

（一）交易相对方的工作人员；

（二）受交易相对方委托办理相关事务的单位或者个人；

（三）利用职权或者影响力影响交易的单位或者个人。

经营者在交易活动中，可以以明示方式向交易相对方支付折扣，或者向中间人支付佣金。经营者向交易相对方支付折扣、向中间人支付佣金的，应当如实入账。接受折扣、佣金的经营者也应当如实入账。

经营者的工作人员进行贿赂的，应当认定为经营者的行为；但是，经营者有证据证明该工作人员的行为与为经营者谋取交易机会或者竞争优势无关的除外。

三、相关司法解释/文件

《最高人民法院、最高人民检察院关于办理商业贿赂刑事案件适用法律若干问题的意见》（2008 年 11 月 20 日　法发〔2008〕33 号）

二、刑法第一百六十三条、第一百六十四条规定的“其他单位”，既包括事业单位、社会团体、村民委员会、居民委员会、村民小组等常设性的组织，也包括为组织体育赛事、文艺演出或者其他正当活动而成立的组委会、筹委会、工程承包队等非常设性的组织。

《最高人民检察院、公安部关于公安机关管辖的刑事案件立案追诉标准的规定（二）》（2022 年 4 月 6 日　公通字〔2022〕12 号）

第十条　〔非国家工作人员受贿案（刑法第一百六十三条）〕公司、企业或者其他单位的工作人员利用职务上的便利，索取他人财物或者非法收受他人财物，为他人谋取利益，或者在经济往来中，利用职务上的便利，违反国家规定，收受各种名义的回扣、手续费，归个人所有，数额在三万元以上的，应予立案追诉。

《最高人民法院、最高人民检察院关于办理贪污贿赂刑事案件适用法律若干问题的解释》（2016 年 4 月 18 日　法释〔2016〕9 号）

第一条　贪污或者受贿数额在三万元以上不满二十万元的，应当认定为刑法第三百八十三条第一款规定的“数额较大”，依法判处三年以下有期徒刑或者拘役，并处罚金。

贪污数额在一万元以上不满三万元，具有下列情形之一的，应当认定为刑法第三百八十三条第一款规定的“其他较重情节”，依法判处三年以下有期徒刑或者拘役，并处罚金：

（一）贪污救灾、抢险、防汛、优抚、扶贫、移民、救济、防疫、社会捐助等特定款物的；

（二）曾因贪污、受贿、挪用公款受过党纪、行政处分的；

（三）曾因故意犯罪受过刑事追究的；

(四)赃款赃物用于非法活动的;

(五)拒不交待赃款赃物去向或者拒不配合追缴工作,致使无法追缴的;

(六)造成恶劣影响或者其他严重后果的。

受贿数额在一万元以上不满三万元,具有前款第二项至第六项规定的情形之一,或者具有下列情形之一的,应当认定为刑法第三百八十三条第一款规定的"其他较重情节",依法判处三年以下有期徒刑或者拘役,并处罚金:

(一)多次索贿的;

(二)为他人谋取不正当利益,致使公共财产、国家和人民利益遭受损失的;

(三)为他人谋取职务提拔、调整的。

第二条 贪污或者受贿数额在二十万元以上不满三百万元的,应当认定为刑法第三百八十三条第一款规定的"数额巨大",依法判处三年以上十年以下有期徒刑,并处罚金或者没收财产。

贪污数额在十万元以上不满二十万元,具有本解释第一条第二款规定的情形之一的,应当认定为刑法第三百八十三条第一款规定的"其他严重情节",依法判处三年以上十年以下有期徒刑,并处罚金或者没收财产。

受贿数额在十万元以上不满二十万元,具有本解释第一条第三款规定的情形之一的,应当认定为刑法第三百八十三条第一款规定的"其他严重情节",依法判处三年以上十年以下有期徒刑,并处罚金或者没收财产。

第三条 贪污或者受贿数额在三百万元以上的,应当认定为刑法第三百八十三条第一款规定的"数额特别巨大",依法判处十年以上有期徒刑、无期徒刑或者死刑,并处罚金或者没收财产。

贪污数额在一百五十万元以上不满三百万元,具有本解释第一条第二款规定的情形之一的,应当认定为刑法第三百八十三条第一款规定的"其他特别严重情节",依法判处十年以上有期徒刑、无期徒刑或者死刑,并处罚金或者没收财产。

受贿数额在一百五十万元以上不满三百万元,具有本解释第一条第三款规定的情形之一的,应当认定为刑法第三百八十三条第一款规定的"其他特别严重情节",依法判处十年以上有期徒刑、无期徒刑或者死刑,并处罚金或者没收财产。

第四条 贪污、受贿数额特别巨大,犯罪情节特别严重、社会影响特别恶劣、给国家和人民利益造成特别重大损失的,可以判处死刑。

符合前款规定的情形,但具有自首,立功,如实供述自己罪行、真诚悔罪、积极退赃,或者避免、减少损害结果的发生等情节,不是必须立即执行的,可以判处死刑缓期二年执行。

符合第一款规定情形的,根据犯罪情节等情况可以判处死刑缓期二年执行,同时裁判决定在其死刑缓期执行二年期满依法减为无期徒刑后,终身监禁,不得减刑、假释。

第十一条 刑法第一百六十三条规定的非国家工作人员受贿罪、第二百七十一条规定的职务侵占罪中的"数额较大""数额巨大"的数额起点,按照本解释关于受贿罪、贪污罪相对应的数额标准规定的二倍、五倍执行。

四、相关部委规章

《国家工商行政管理局关于禁止商业贿赂行为的暂行规定》(1996年11月15日)

第二条 经营者不得违反《反不正当竞争法》第八条规定,采用商业贿赂手段销售或者购买商品。

本规定所称商业贿赂,是指经营者为销售或者购买商品而采用财物或者其他手段贿赂对方单位或者个人的行为。

前款所称财物,是指现金和实物,包括经营者为销售或者购买商品,假借促销费、宣传、赞助费、科研费、劳务费、咨询费、佣金等名义,或者以报销各种费用等方式,给付对方单位或者个人的财物。

第二款所称其他手段,是指提供国内外各种名义的旅游、考察等给付财物以外的其他利益的手段。

第三条 经营者的职工采用商业贿赂手段为经营者销售或者购买商品的行为,应当认定为经营者的行为。

第四条 任何单位或者个人在销售或者购买商品时不得收受或者索取贿赂。

第五条 在帐外暗中给予对方单位或者个人回扣的,以行贿论处;对方单位或者个人在帐外暗中收受回扣的,以受贿论处。

本规定所称回扣,是指经营者销售商品时在帐外暗中以现金、实物或者其他方式退给对方单位或者个人的一定比例的商品价款。

本规定所称帐外暗中，是指未在依法设立的反映其生产经营活动或者行政事业经费收支的财务帐上按照财务会计制度规定明确如实记载，包括不记入财务帐、转入其他财务帐或者做假帐等。

第六条 经营者销售商品，可以以明示方式给予对方折扣。经营者给予对方折扣的，必须如实入帐；经营者或者其他单位接受折扣的，必须如实入帐。

本规定所称折扣，即商品购销中的让利，是指经营者在销售商品时，以明示并如实入帐的方式给予对方的价格优惠，包括支付价款时对价款总额按一定比例即时予以扣除和支付价款总额后再按一定比例予以退还两种形式。

本规定所称明示和入帐，是指根据合同约定的金额和支付方式，在依法设立的反映其生产经营活动或者行政事业经费收支的财务帐上按照财务会计制度规定明确如实记载。

第七条 经营者销售或者购买商品，可以以明示方式给中间人佣金。经营者给中间人佣金的，必须如实入帐；中间人接受佣金的，必须如实入帐。

本规定所称佣金，是指经营者在市场交易中给予为其提供服务的具有合法经营资格中间人的劳务报酬。

第八条 经营者在商品交易中不得向对方单位或者其个人附赠现金或者物品。但按照商业惯例赠送小额广告礼品的除外。

违反前款规定的，视为商业贿赂行为。

第九条 经营者违反本规定以行贿手段销售或者购买商品的，由工商行政管理机关依照《反不正当竞争法》第二十二条的规定，根据情节处以一万元以上二十万元以下的罚款，有违法所得的，应当予以没收；构成犯罪的，移交司法机关依法追究刑事责任。

有关单位或者个人购买或者销售商品时收受贿赂的，由工商行政管理机关按照前款的规定处罚；构成犯罪的，移交司法机关依法追究刑事责任。

要义辨析

一、概念

本罪是指公司、企业或者其他单位的工作人员利用职务上的便利，索取他人财物或者非法收受他人财物，为他人谋取利益，或者在经济往来中，利用职务上的便利，违反国家规定，收受各种名义的回扣、手续费，归个人所有，数额较大的行为。

二、构成要件

1. 本罪侵犯的客体是公司、企业或者其他单位的管理制度和公司、企业或者其他单位工作人员的职务廉洁性。

2. 客观方面表现为公司、企业或者其他单位的工作人员利用职务上的便利，索取他人财物或者非法收受他人财物，为他人谋取利益，数额较大的行为。

3. 犯罪主体是非国家工作人员。根据《刑法修正案（六）》第7条的规定，本罪的犯罪主体由原来的公司、企业中的非国家工作人员扩大到公司、企业或其他单位中的非国家工作人员。

4. 主观方面是故意，过失不构成本罪。

三、要点辨析

1. 非国家工作人员受贿罪，同受贿罪的表现特征相同。本罪之所以没有规定进“贪污贿赂罪”职务犯罪这一章，而是规定在破坏社会主义市场经济秩序一章，是因为本罪与职务犯罪的主体性质和侵犯的客体均不同。认定本罪在法律适用时，要注意“非公职人员”“非国家工作人员职务上的廉洁性”二点。

2. 本罪与受贿罪的界限。本罪是指私营性质的公司、企业或者其他单位的工作人员，利用职务上的便利，索取他人财物或者非法收受他人财物，为他人谋取利益，数额较大的行为。受贿罪是指国家工作人员或以国家工作人员论的委派人员，利用职务上的便利，索取他人财物，或者非法收受他人财物，为他人谋取利益的行为。二者的主要区别在于：(1)犯罪主体不同。非国家工作人员受贿罪的犯罪主体是公司、企业或者其他单位的工作人员，而受贿罪的犯罪主体是国家机关中从事公务的人员，国有公司、企业、事业单位、人民团体中从事公务的人员和国家机关、国有公司、企业、事业单位委派到非国有公司、企业、事业单位、社会团体从事公务的人员,以及其他依照法律从事公务的人员。(2)犯罪客体不同。非国家工作人员受贿罪侵犯的客体是国家对公司、企业以及非国有事业单位、其他组织的工作人员职务活动的管理制度,而受贿罪侵犯的客体是国家机关工作人员的职务廉洁性。

3. 非国有性质的银行或其他金融机构工作人员受贿构成犯罪的,按本罪处罚。国有银行或其他国有金融机构工作人员受贿构成犯罪的,按受贿罪处罚。其他类似的企业单位,根据行为主体的属性和企业是国有性质还是民营性质、侵犯的客体是什么,可以作类似的区分。

4. 国有公司、企业或者其他国有单位中从事公务的人员和国有公司、企业或者其他国有单位委派到非国有公司、企业以及其他单位从事公务的人员实施受贿犯罪行为的,按受贿罪定罪处罚。

5. 2016年4月的《最高人民法院、最高人民检察院的关于办理贪污贿赂刑事案件适用法律若干问题的解释》,对本罪立案标准和定罪量刑标准作了修订,入罪金额作了提高,比照受贿罪的"数额较大""数额巨大"的数额起点的2倍、5倍执行。

四、罪名变迁

本罪由1995年2月《全国人民代表大会常务委员会关于惩治违反公司法的犯罪的决定》第9条的规定,吸收改为《刑法》的规定。原罪名为"公司、企业人员受贿罪"。《刑法修正案(六)》第7条对本罪的罪状作了修改,因而罪名也相应作了修改。

类罪名:破坏社会主义市场经济秩序罪/妨害对公司、企业的管理秩序罪 | 罪名:对非国家工作人员行贿罪

量刑标准	**数额较大的**	处3年以下有期徒刑或者拘役,并处罚金;
	数额巨大的	处3年以上10年以下有期徒刑,并处罚金;
	单位犯本罪的	对单位处罚金;对直接负责的主管人员和其他直接责任人员按个人犯罪规定处罚。

法律依据

一、《刑法》条文

第一百六十四条 为谋取不正当利益,给予公司、企业或者其他单位的工作人员以财物,数额较大的,处三年以下有期徒刑或者拘役,并处罚金;数额巨大的,处三年以上十年以下有期徒刑,并处罚金。

为谋取不正当商业利益,给予外国公职人员或者国际公共组织官员以财物的,依照前款的规定处罚。

单位犯前款罪的,对单位判处罚金,并对其直接负责的主管人员和其他直接责任人员,依照前款的规定处罚。

行贿人在被追诉前主动交待行贿行为的,可以减轻处罚或者免除处罚。

二、相关法律

《中华人民共和国反不正当竞争法》(2019年4月23日修正)

第七条 经营者不得采用财物或者其他手段贿赂下列单位或者个人,以谋取交易机会或者竞争优势:

(一)交易相对方的工作人员;

(二)受交易相对方委托办理相关事务的单位或者个人;

(三)利用职权或者影响力影响交易的单位或者个人。

经营者在交易活动中,可以以明示方式向交易相对方支付折扣,或者向中间人支付佣金。经营者向交易相对方支付折扣、向中间人支付佣金的,应当如实入账。接受折扣、佣金的经营者也应当如实入账。

经营者的工作人员进行贿赂的，应当认定为经营者的行为；但是，经营者有证据证明该工作人员的行为与为经营者谋取交易机会或者竞争优势无关的除外。

第十九条　经营者违反本法第七条规定贿赂他人的，由监督检查部门没收违法所得，处十万元以上三百万元以下的罚款。情节严重的，吊销营业执照。

三、相关司法解释/文件

《最高人民法院、最高人民检察院关于办理商业贿赂刑事案件适用法律若干问题的意见》（2008年11月20日　法发〔2008〕33号）

九、在行贿犯罪中，“谋取不正当利益”，是指行贿人谋取违反法律、法规、规章或者政策规定的利益，或者要求对方违反法律、法规、规章、政策、行业规范的规定提供帮助或者方便条件。

在招标投标、政府采购等商业活动中，违背公平原则，给予相关人员财物以谋取竞争优势的，属于“谋取不正当利益”。

《最高人民检察院、公安部关于公安机关管辖的刑事案件立案追诉标准的规定（二）》（2022年4月6日　公通字〔2022〕12号）

第十一条　〔对非国家工作人员行贿案（刑法第一百六十四条第一款）〕为谋取不正当利益，给予公司、企业或者其他单位的工作人员以财物，个人行贿数额在三万元以上的，单位行贿数额在二十万元以上的，应予立案追诉。

《最高人民法院、最高人民检察院关于办理贪污贿赂刑事案件适用法律若干问题的解释》（2016年4月18日）

第七条　为谋取不正当利益，向国家工作人员行贿，数额在三万元以上的，应当依照刑法第三百九十条的规定以行贿罪追究刑事责任。

行贿数额在一万元以上不满三万元，具有下列情形之一的，应当依照刑法第三百九十条的规定以行贿罪追究刑事责任：

（一）向三人以上行贿的；

（二）将违法所得用于行贿的；

（三）通过行贿谋取职务提拔、调整的；

（四）向负有食品、药品、安全生产、环境保护等监督管理职责的国家工作人员行贿，实施非法活动的；

（五）向司法工作人员行贿，影响司法公正的；

（六）造成经济损失数额在五十万元以上不满一百万元的。

第八条　犯行贿罪，具有下列情形之一的，应当认定为刑法第三百九十条第一款规定的“情节严重”：

（一）行贿数额在一百万元以上不满五百万元的；

（二）行贿数额在五十万元以上不满一百万元，并具有本解释第七条第二款第一项至第五项规定的情形之一的；

（三）其他严重的情节。

为谋取不正当利益，向国家工作人员行贿，造成经济损失数额在一百万元以上不满五百万元的，应当认定为刑法第三百九十条第一款规定的“使国家利益遭受重大损失”。

第十一条　刑法第一百六十四条第一款规定的对非国家工作人员行贿罪中的“数额较大”“数额巨大”的数额起点，按照本解释第七条、第八条第一款关于行贿罪的数额标准规定的二倍执行。

要义辨析

一、概念

本罪是指为谋取不正当经济利益，给予公司、企业的工作人员以数额较大的财物的行为。

二、构成要件

1. 客体是复杂客体，即公司、企业或者其他单位的正常管理活动和市场竞争秩序。

2. 客观方面表现为为谋取不正当利益，给予公司、企业或者其他单位的工作人员以财物，数额较大的行为。

3. 主体为一般主体，单位犯本罪的实行双罚。

4. 主观方面表现为故意,且具有谋取不正当利益的目的。

三、要点辨析

1. 对非国家工作人员行贿罪,同行贿罪表现特征相同。本罪之所以没有规定进"贪污贿赂罪"职务犯罪这一章,而是规定在"破坏社会主义市场经济秩序"一章,是因为本罪的主体性质和侵犯的客体与职务犯罪均不同。法律适用时,要注意"非公职人员""非国家工作人员职务上的廉洁性"这两点特征。

2. 本罪与行贿罪的界限。(1)犯罪主体不同。本罪的主体为商品经济的经营者,具有特定性,而行贿罪的主体为一般主体,其范围较本罪主体更广泛。(2)行贿的对象不同。本罪的行贿对象是非国有的公司、企业人员,没有公共权力的特性,也不是委托从事公务的国企人员,只具有民营企业的经营管理权。而行贿罪的对象,是国家工作人员,是享有国家公共权力的人。(3)侵犯的客体不同。本罪侵犯的客体是私营公司、企业人员对企业的忠诚廉洁、公司正常公正的制度和公司、企业的正常业务及管理活动,侵犯社会主义市场经济的公平竞争秩序。而行贿罪所侵犯的客体,是国家工作人员职务上的廉洁性,国家正当公平的公务行为秩序制度,以及国家机关的正常活动。

3. 要注意区分本罪与一般人情往来、请客送礼的界限。在认定对非国家工作人员行贿时,要注意划清与请客送礼的界限。相对于公权单位,企业人员之间有经济交往、人情往来更为常见和复杂。这里的重要判断基础,是权力相关性,即权力帮助的有无。在现实生活中,礼尚往来的请客送礼一般都以公开的方式进行,且礼品的价值一般较小,行为人没有明显的、直接的谋取不正当利益的动机和目的,这与本罪的行贿行为,有本质区别。

四、罪名变迁

1997年《刑法》对本罪作出了规定。《刑法修正案(六)》第7条将行贿对象由原来公司、企业中的非国家工作人员扩大到公司、企业或者其他单位中的非国家工作人员。《刑法修正案(九)》第10条又扩大了本罪的处罚范围和处罚力度,在第一档量刑幅度内增加了罚金刑。2016年《最高人民法院、最高人民检察院关于办理贪污贿赂刑事案件适用法律若干问题的解释》对本罪立案标准和定罪量刑标准作了修订,放宽了处罚标准。入罪立案的金额有了提高,比照行贿罪的"数额较大""数额巨大"的数额起点的2倍执行。

类罪名:破坏社会主义市场经济秩序罪/妨害对公司、企业的管理秩序罪 │ 罪名:对外国公职人员、国际公共组织官员行贿罪	
量刑标准	**数额较大的** 处3年以下有期徒刑或者拘役,并处罚金;
	数额巨大的 处3年以上10年以下有期徒刑,并处罚金;
	单位犯本罪的 对单位处罚金;对直接负责的主管人员和其他直接责任人员按个人犯罪规定处罚。

法律依据

一、《刑法》条文

第一百六十四条 为谋取不正当利益,给予公司、企业或者其他单位的工作人员以财物,数额较大的,处三年以下有期徒刑或者拘役,并处罚金;数额巨大的,处三年以上十年以下有期徒刑,并处罚金。

为谋取不正当商业利益,给予外国公职人员或者国际公共组织官员以财物的,依照前款的规定处罚。

单位犯前款罪的,对单位判处罚金,并对其直接负责的主管人员和其他直接责任人员,依照前款的规定处罚。

行贿人在被追诉前主动交待行贿行为的，可以减轻处罚或者免除处罚。

二、相关法律

《中华人民共和国反不正当竞争法》（2019年4月23日修正）

第七条 经营者不得采用财物或者其他手段贿赂下列单位或者个人，以谋取交易机会或者竞争优势：

（一）交易相对方的工作人员；

（二）受交易相对方委托办理相关事务的单位或者个人；

（三）利用职权或者影响力影响交易的单位或者个人。

经营者在交易活动中，可以以明示方式向交易相对方支付折扣，或者向中间人支付佣金。经营者向交易相对方支付折扣、向中间人支付佣金的，应当如实入账。接受折扣、佣金的经营者也应当如实入账。

经营者的工作人员进行贿赂的，应当认定为经营者的行为；但是，经营者有证据证明该工作人员的行为与为经营者谋取交易机会或者竞争优势无关的除外。

第十九条 经营者违反本法第七条规定贿赂他人的，由监督检查部门没收违法所得，处十万元以上三百万元以下的罚款。情节严重的，吊销营业执照。

三、相关司法解释/文件

《最高人民法院、最高人民检察院关于办理商业贿赂刑事案件适用法律若干问题的意见》（2008年11月20日 法发〔2008〕33号）

九、在行贿犯罪中，“谋取不正当利益”，是指行贿人谋取违反法律、法规、规章或者政策规定的利益，或者要求对方违反法律、法规、规章、政策、行业规范的规定提供帮助或者方便条件。

在招标投标、政府采购等商业活动中，违背公平原则，给予相关人员财物以谋取竞争优势的，属于“谋取不正当利益”。

《最高人民检察院、公安部关于公安机关管辖的刑事案件立案追诉标准的规定（二）》（2022年4月6日 公通字〔2022〕12号）

第十二条 〔对外国公职人员、国际公共组织官员行贿案（刑法第一百六十四条第二款）〕为谋取不正当商业利益，给予外国公职人员或者国际公共组织官员以财物，个人行贿数额在三万元以上的，单位行贿数额在二十万元以上的，应予立案追诉。

《最高人民法院、最高人民检察院关于办理贪污贿赂刑事案件适用法律若干问题的解释》（2016年4月18日）

第七条 为谋取不正当利益，向国家工作人员行贿，数额在三万元以上的，应当依照刑法第三百九十条的规定以行贿罪追究刑事责任。

行贿数额在一万元以上不满三万元，具有下列情形之一的，应当依照刑法第三百九十条的规定以行贿罪追究刑事责任：

（一）向三人以上行贿的；

（二）将违法所得用于行贿的；

（三）通过行贿谋取职务提拔、调整的；

（四）向负有食品、药品、安全生产、环境保护等监督管理职责的国家工作人员行贿，实施非法活动的；

（五）向司法工作人员行贿，影响司法公正的；

（六）造成经济损失数额在五十万元以上不满一百万元的。

第八条 犯行贿罪，具有下列情形之一的，应当认定为刑法第三百九十条第一款规定的“情节严重”：

（一）行贿数额在一百万元以上不满五百万元的；

（二）行贿数额在五十万元以上不满一百万元，并具有本解释第七条第二款第一项至第五项规定的情形之一的；

（三）其他严重的情节。

为谋取不正当利益，向国家工作人员行贿，造成经济损失数额在一百万元以上不满五百万元的，应当认定为刑法第三百九十条第一款规定的“使国家利益遭受重大损失”。

第十一条 刑法第一百六十四条第一款规定的对非国家工作人员行贿罪中的“数额较大”“数额巨大”的数额起点，按照本解释第七条、第八条第一款关于行贿罪的数额标准规定的二倍执行。

要义辨析

一、概念

本罪是指为谋取不正当商业利益,给予外国公职人员或者国际公共组织官员以财物,数额较大的行为。

二、构成要件

1. 犯罪客体是复杂客体,既破坏了国际间商业活动的正常秩序,也损害了我国涉外经济贸易活动的信誉。

2. 客观方面表现为为谋取不正当利益,给予公司、企业或者其他单位的工作人员以财物,数额较大的行为。

3. 主体为一般主体,单位犯本罪的实行双罚。

4. 主观方面表现为故意,且具有谋取不正当商业利益的目的。

三、要点辨析

1. 本罪同"对非国家工作人员行贿罪"的概念和量刑标准一样,只是针对犯罪对象的特殊门类,《刑法》本条第2款专门设立了一个罪名。

2. 关于外国公职人员、国际公共组织官员的概念和司法认定。《联合国反腐败公约》(以下简称《公约》)中对外国公职人员、国际公共组织官员等术语进行了解释。根据《公约》的规定,外国公职人员系指外国无论是经任命还是经选举而担任立法、行政、行政管理或者司法职务的任何人员;以及为外国,包括为公共机构或者公营企业行使公共职能的任何人员;国际公共组织官员系指国际公务员或者经此种组织授权代表该组织行事的任何人员。有关海外商业贿赂案件刑事司法过程中,可以参考《公约》的相关术语解释。

上述规定中的"公共机构""公营企业""公共职能""国际公务员"等,目前在我国没有能与之对应的国内法规范可作为判断依据,故目前须参考《公约》术语规定,结合我国刑法原理与司法实践,根据海外商业贿赂犯罪的特点,对外国公职人员、国际公共组织官员进行准确认定。重点从相关雇员隶属的公共机构以及其具体实施的职能是否具有公务属性的实质角度进行司法判断。立法机构、行政机构、司法机构均属于公共机构,只要其隶属人员实施的行为,属于行使公共职能,就应认定为外国公职人员。

国际公务员是指在联合国及其他国际组织中工作、从事各类国际性公共事务的人员,其职务高低、合同年限等均不影响国际公务员的身份性质。经国际组织授权行事者不是国际组织的工作人员,但由于国际组织授权其代表国际组织提供公共产品或服务,在法律认定上应视为国际组织官员。

3. 2016年的《最高人民法院、最高人民检察院关于办理贪污贿赂刑事案件适用法律若干问题的解释》,对本罪立案标准和定罪量刑标准作了修订放宽,入罪金额有了提高,比照行贿罪的"数额较大""数额巨大"的数额起点的二倍执行。

四、罪名变迁

本罪是根据《刑法修正案(八)》第29条的规定而增设,将"为谋取不正当商业利益,给予外国公职人员或者国际公共组织官员以财物"的行为,增加规定为一种犯罪。《刑法修正案(九)》第10条扩大了该罪的处罚范围和处罚力度,在第一档量刑幅度内增加了罚金刑。

类罪名:破坏社会主义市场经济秩序罪/妨害对公司、企业的管理秩序罪 | 罪名:非法经营同类营业罪

量刑标准	数额巨大的	处3年以下有期徒刑或者拘役,并处或者单处罚金;
	数额特别巨大的	处3年以上7年以下有期徒刑,并处罚金。

法律依据

一、《刑法》条文

第一百六十五条 国有公司、企业的董事、监事、高级管理人员,利用职务便利,自己经营或者为他人经营与其所任职公司、企业同类的营业,获取非法利益,数额巨大的,处三年以下有期徒刑或者拘役,并处或者单处罚金;数额特别巨大的,处三年以上七年以下有期徒刑,并处罚金。

其他公司、企业的董事、监事、高级管理人员违反法律、行政法规规定,实施前款行为,致使公司、企业利益遭受重大损失的,依照前款的规定处罚。

二、相关法律

《中华人民共和国公司法》(2023 年 12 月 29 日修订)

第一百八十四条 董事、监事、高级管理人员未向董事会或者股东会报告,并按照公司章程的规定经董事会或者股东会决议通过,不得自营或者为他人经营与其任职公司同类的业务。

三、相关司法解释/文件

《最高人民法院关于如何认定国有控股、参股股份有限公司中的国有公司、企业人员的解释》(2005 年 8 月 1 日 法释〔2005〕10 号)

为准确认定刑法分则第三章第三节中的国有公司、企业人员,现对国有控股、参股的股份有限公司中的国有公司、企业人员解释如下:

国有公司、企业委派到国有控股、参股公司从事公务的人员,以国有公司、企业人员论。

要义辨析

一、概念

本罪是指国有或其他公司、企业的董事、监事、高级管理人员利用职务便利,自营或为他人经营与其所任职公司、企业同类的营业,获取非法利益,数额巨大的行为。

二、构成要件

1. 本罪侵犯的客体是复杂客体,行为人的行为同时侵犯了国有或其他公司、企业的管理秩序和经济利益、国有或其他公司管理人员对公司的忠诚义务,以及社会主义市场经济的竞争秩序和国家的经济利益。

2. 客观方面表现为国有或其他公司、企业董事、监事、高级管理人员利用职务便利,自营或为他人经营与其所任职公司、企业同类的营业,获取非法利益,数额巨大的行为。

3. 主体是特殊主体,只有国有或其他公司、企业的董事、监事、高级管理人员才能构成本罪。

4. 主观方面表现为故意,过失不构成本罪。

三、要点辨析

1.《刑法修正案(十二)》实施后,本罪不再只是国有公司管理人员的犯罪,民营企业、外资企业等其他企业的管理人员均可成为本罪主体。国有或其他公司高管未经股东会或者股东大会同意,利用职务便利为自己或者他人谋取属于公司的商业机会,自营或者为他人经营与所任职公司同类的业务,即构成本罪。

2. 本罪的罪与非罪的界限。对此,要重点区分以下几点:(1)行为人经营的是否为自己任职的公司、企业相同的同类营业。构成本罪必须是经营与其所任职公司、企业同类的营业,如果行为人经营的不是同类营业,不构成犯罪。(2)行为人是否利用了职务上的便利,如果行为人并未利用职务之便而经营同类营业的,就不能以犯罪论处,如行为人虽然经营了与其所任职公司、企业同类的营业,并获利巨大,但这一行为与其所任职的职务无关,就不构成犯罪。(3)行为人获取的非法利益是否达到数额巨大。如果行为人利用了职务之便,并且经营与其所任职公司、企业同类的营业,但获取非法利益未达到数额巨大,不能以犯罪论处。

3. 本罪与非国家工作人员受贿罪的界限。本罪与非国家工作人员受贿罪在犯罪的主观方面均为直接故意,都有获取非法利益的目的。但两罪在本质上有明显的区别,表现在:(1)犯罪主体有所不同。非国家工作人员受贿罪的犯罪主体是不具有国家工作人员身份的公司、企业工作人员构成。而本罪的主体包括了国有以及其他公司、企业的董事、监事、高级管理人员。(2)犯罪的客观方面不同。两罪在客观方面虽有利用职务之便的特征,但获取非法利益所采取的客观手段有所不同:一个是通过自己经营或者为他人"竞业经营"来获取非法利益;一个是利用职务便利,直接"索取"或"非法收受"财物,为他人谋利益。

四、罪名变迁

本罪是1997年《刑法》增设的罪名,1979年《刑法》和单行刑法均没有规定此罪名。《刑法修正案(十二)》修改了主体并增加了第二款,将本罪的适用主体从原先的"国有公司、企业的董事、经理"修改为"国有公司、企业的董事、监事、高级管理人员",并扩展到"其他公司、企业的董事、监事、高级管理人员"。

类罪名:破坏社会主义市场经济秩序罪/妨害对公司、企业的管理秩序罪 | 罪名:为亲友非法牟利罪	
量刑标准	**致使国家利益或公司、企业利益遭受重大损失的** 处3年以下有期徒刑或者拘役,并处或者单处罚金;
	致使国家利益或公司、企业利益遭受特别重大损失的 处3年以上7年以下有期徒刑,并处罚金。

法律依据

一、《刑法》条文

第一百六十六条 国有公司、企业、事业单位的工作人员,利用职务便利,有下列情形之一,使国家利益遭受重大损失的,处三年以下有期徒刑或者拘役,并处或者单处罚金;致使国家利益遭受特别重大损失的,处三年以上七年以下有期徒刑,并处罚金:

(一)将本单位的盈利业务交由自己的亲友进行经营的;

(二)以明显高于市场的价格向自己的亲友经营管理的单位采购商品、接受服务或者以明显低于市场的价格向自己的亲友经营管理的单位销售商品、提供服务的;

(三)从自己的亲友经营管理的单位采购、接受不合格商品、服务的。

其他公司、企业的工作人员违反法律、行政法规规定,实施前款行为,致使公司、企业利益遭受重大损失的,依照前款的规定处罚。

二、相关司法解释/文件

《最高人民法院关于如何认定国有控股、参股股份有限公司中的国有公司、企业人员的解释》(2005年8月1日 法释〔2005〕10号)

为准确认定刑法分则第三章第三节中的国有公司、企业人员,现对国有控股、参股的股份有限公司中的国有公司、企业人员解释如下:

国有公司、企业委派到国有控股、参股公司从事公务的人员,以国有公司、企业人员论。

要义辨析

一、概念

本罪是指国家公司、企业、事业单位的工作人员,或其他公司、企业的工作人员,利用职务便利,损公肥私,将本单位盈利业务交由自己的亲友经营,或为亲友的经营活动提供便利,使国家利益或公司、企业利益遭受重大损失的行为。

二、构成要件

1. 本罪侵犯的客体是国有公司、企业、事业单位以及其他公司、企业的管理制度和国有公司、企业、事业单位以及其他公司、企业工作人员职务活动的廉洁性。

2. 客观方面表现为国家公司、企业、事业单位以及其他公司、企业的工作人员，利用职务便利，损公肥私，将本单位盈利业务交由自己的亲友经营，或为亲友的经营活动提供便利，使国家利益或公司、企业利益遭受重大损失的行为。

3. 主体是特殊主体，国有公司、企业、事业单位以及其他公司、企业的工作人员才能构成本罪。

4. 主观方面表现为故意，并具有非法牟利目的。即行为人明知自己利用职务便利为亲友的经营活动提供便利条件是背信经营的行为，但为获取非法利益仍故意实施这种行为。过失不构成本罪。

三、要点辨析

1.《刑法修正案（十二）》实施后，本罪不再只针对国有公司管理人员，民营企业、外资企业等其他公司、企业高管利用权力为亲友提供商业机会输送利益，均能构成本罪。主要有以下几种行为方式：(1)将本单位的盈利业务交由自己的亲友进行经营的；(2)以明显高于市场的价格向自己的亲友经营管理的单位采购商品接受服务或者以明显低于市场的价格向自己的亲友经营管理的单位销售商品、提供服务的；(3)向自己的亲友经营管理的单位采购、接受不合格商品、服务的。

2. 本罪的罪与非罪界限。正确区分本罪与一般背信经营行为，主要应从以下两个方面考察：(1)看行为人是否利用了职务便利。如果行为人没有利用职务便利，即使对其亲友所进行的经营活动提供了帮助，也不能以本罪论处。这里的“帮助”，主要是提供了商业机会。(2)看行为人通过实施背信经营行为而使国家利益或公司、企业利益遭受的损失是否达到重大，只有行为人利用职务便利，实施背信经营行为，使国家利益或公司、企业利益遭受重大损失或特别重大损失，才构成犯罪。如果行为人的背信经营行为未使国家利益或公司、企业利益遭受的损失达到重大的程度，就不能以本罪论处。

3. 本罪与非法经营同类营业罪的区别。在客观方面都利用了职务便利，主观方面都出于故意，但区别表现在：(1)犯罪主体不同。为亲友非法牟利罪的主体是国有公司、企业、事业单位以及其他公司、企业的工作人员，包括员工。而非法经营同类营业罪的主体是国有公司、企业以及其他公司、企业的董事、监事、高级管理人员，不包括普通员工。(2)客观方面不同。本罪是为亲友谋取商业机会来牟利，非法经营同类营业罪是为自己和亲友提供同业经营来牟利。本罪的客观表现为利用职务便利，将本单位的盈利业务交由自己的亲友经营，或者以明显高于市场的价格向自己的亲友进行经营管理的单位采购商品、接受服务或者明显低于市场的价格向自己的亲友经营管理的单位销售商品、提供服务，或者向自己的亲友经营管理的单位采购、接受不合格商品、服务，而使国家利益或公司、企业利益遭受重大损失或特别重大损失。而非法经营同类营业罪在客观方面则表现为行为人利用职务便利，为自己经营或者为他人经营与其所任职公司、企业同类的营业，获取非法利益，数额巨大的行为。

四、罪名变迁

本罪是1997年《刑法》新增设的罪名，1979年《刑法》和单行刑法均没有规定此罪名。《刑法修正案（十二）》微调了第一款、第二款，增加了“接受、提供服务”情形，同时增加了一款作为第三款，将本罪的适用主体从原先的“国有公司、企业、事业单位的工作人员”扩展到“其他公司、企业的工作人员”。

类罪名：破坏社会主义市场经济秩序罪/妨害对公司、企业的管理秩序罪 | 罪名：签订、履行合同失职被骗罪	
量刑标准	致使国家利益遭受重大损失的　处3年以下有期徒刑或者拘役致使国家利益；
	遭受特别重大损失的　处3年以上7年以下有期徒刑。

法律依据

一、《刑法》条文

第一百六十七条 国有公司、企业、事业单位直接负责的主管人员,在签订、履行合同过程中,因严重不负责任被诈骗,致使国家利益遭受重大损失的,处三年以下有期徒刑或者拘役;致使国家利益遭受特别重大损失的,处三年以上七年以下有期徒刑。

二、相关法律

《全国人民代表大会常务委员会关于惩治骗购外汇、逃汇和非法买卖外汇犯罪的决定》(1998年12月29日)

七、金融机构、从事对外贸易经营活动的公司、企业的工作人员严重不负责任,造成大量外汇被骗购或者逃汇,致使国家利益遭受重大损失的,依照刑法第一百六十七条的规定定罪处罚。

八、犯本决定规定之罪的,依法追缴、没收的财物和罚金,一律上缴国库。

三、相关司法解释/文件

《最高人民法院关于如何认定国有控股、参股股份有限公司中的国有公司、企业人员的解释》(2005年8月1日 法释〔2005〕10号)

为准确认定刑法分则第三章第三节中的国有公司、企业人员,现对国有控股、参股的股份有限公司中的国有公司、企业人员解释如下:

国有公司、企业委派到国有控股、参股公司从事公务的人员,以国有公司、企业人员论。

要义辨析

一、概念

本罪是指国有公司、企业、事业单位直接负责的主管人员,在签订、履行经贸合同过程中,因严重不负责任被诈骗,致使国家利益遭受重大损失的行为。

二、构成要件

1. 本罪侵犯的客体是国有公司、企业、事业单位对合同的正常管理秩序和国家利益。

2. 客观方面表现为国有公司、企业、事业单位直接负责的主管人员,在签订、履行合同过程中,因严重不负责任被诈骗,致使国家利益遭受重大损失的行为。

3. 本罪主体是特殊主体,即国有公司、企业、事业单位直接负责的主管人员,非国有单位的工作人员不构成本罪。但根据《全国人民代表大会常务委员会关于惩治骗购外汇、逃汇和非法买卖外汇犯罪的决定》第7条的规定,如果是金融机构、从事对外贸易经营活动的公司、企业工作人员,即使不是国有性质,也能成为该罪的犯罪主体。

4. 本罪主观方面是过失。本罪是追究国有单位失职人员的刑事责任,构成犯罪须以"致使国家利益遭受重大损失"为前提。

三、要点辨析

1. 本罪所指的"被骗",按照最高人民法院刑二庭审判长会议《关于签订、履行合同失职被骗犯罪是否以对方当事人的行为构成诈骗罪为要件的意见》(2001年4月1日),虽然应以对方当事人涉嫌诈骗犯罪为前提,但不以对方当事人已经被人民法院判决构成诈骗犯罪,作为认定本罪的前提。

2. 本罪罪与非罪的界限。区分的关键在于,行为人签订、履行合同失职被骗,是否使国家利益遭受了重大损失,如果在签订、履行合同时虽然被骗,但发现后及时采取了措施,避免了可能造成的损失,不构成犯罪。

3. 本罪与国家机关工作人员签订、履行合同失职被骗罪的比较。两种犯罪的相同之处,在于都是在签订、履行合同过程中,由于严重不负责任而被骗,致使国家利益遭受重大损失,区别在于犯罪主体不同,本罪是公司、企业、事业单位直接负责的主管人员,而后罪仅限于国家机关工作人员。

四、罪名变迁

本罪是1997年《刑法》增设的罪名,1979年《刑法》和单行刑法均没有规定此罪名。

<table>
<tr><td colspan="2">类罪名：破坏社会主义市场经济秩序罪/妨害对公司、企业的管理秩序罪｜罪名：国有公司、企业、事业单位人员失职罪</td></tr>
<tr><td rowspan="2">量刑标准</td><td>致使国家利益遭受重大损失的　处 3 年以下有期徒刑或者拘役；</td></tr>
<tr><td>致使国家利益遭受特别重大损失的　处 3 年以上 7 年以下有期徒刑。</td></tr>
</table>

法律依据

一、《刑法》条文

第一百六十八条 国有公司、企业的工作人员，由于严重不负责任或者滥用职权，造成国有公司、企业破产或者严重损失，致使国家利益遭受重大损失的，处三年以下有期徒刑或者拘役；致使国家利益遭受特别重大损失的，处三年以上七年以下有期徒刑。

国有事业单位的工作人员有前款行为，致使国家利益遭受重大损失的，依照前款的规定处罚。

国有公司、企业、事业单位的工作人员，徇私舞弊，犯前两款罪的，依照第一款的规定从重处罚。

二、相关法律

《中华人民共和国企业破产法》（2006 年 8 月 27 日）

第一百二十五条 企业董事、监事或者高级管理人员违反忠实义务、勤勉义务，致使所在企业破产的，依法承担民事责任。

有前款规定情形的人员，自破产程序终结之日起三年内不得担任任何企业的董事、监事、高级管理人员。

第一百二十八条 债务人有本法第三十一条、第三十二条、第三十三条规定的行为，损害债权人利益的，债务人的法定代表人和其他直接责任人员依法承担赔偿责任。

第一百三十一条 违反本法规定，构成犯罪的，依法追究刑事责任。

三、相关司法解释/文件

《最高人民法院关于审理扰乱电信市场管理秩序案件具体应用法律若干问题的解释》（2000 年 5 月 12 日 法释〔2000〕12 号）

第六条 国有电信企业的工作人员，由于严重不负责任或者滥用职权，造成国有电信企业破产或者严重损失，致使国家利益遭受重大损失的，依照刑法第一百六十八条的规定定罪处罚。

《最高人民法院、最高人民检察院关于办理妨害预防、控制突发传染病疫情等灾害的刑事案件具体应用法律若干问题的解释（2003 年 5 月 14 日 法释〔2003〕8 号）

第四条 国有公司、企业、事业单位的工作人员，在预防、控制突发传染病疫情等灾害的工作中，由于严重不负责任或者滥用职权，造成国有公司、企业破产或者严重损失，致使国家利益遭受重大损失的，依照刑法第一百六十八条的规定，以国有公司、企业、事业单位人员失职罪或者国有公司、企业、事业单位人员滥用职权罪定罪处罚。

《最高人民法院关于如何认定国有控股、参股股份有限公司中的国有公司、企业人员的解释》（2005 年 8 月 1 日 法释〔2005〕10 号）

为准确认定刑法分则第三章第三节中的国有公司、企业人员，现对国有控股、参股的股份有限公司中的国有公司、企业人员解释如下：

国有公司、企业委派到国有控股、参股公司从事公务的人员，以国有公司、企业人员论。

《最高人民法院、最高人民检察院关于办理国家出资企业中职务犯罪案件具体应用法律若干问题的意见》（2010 年 11 月 26 日 法发〔2010〕49 号）

一、关于国家出资企业工作人员在改制过程中隐匿公司、企业财产归个人持股的改制后公司、企业所有的行为的处理

国家工作人员或者受国家机关、国有公司、企业、事业单位、人民团体委托管理、经营国有财产的人员利用职务上的便利，在国家出资企业改制过程中故意通过低估资产、隐瞒债权、虚设债务、虚构产权交易等方式隐匿公司、企业财产，转为本人持有股份的改制后公司、企业所有，应当依法追究刑事

责任的,依照刑法第三百八十二条、第三百八十三条的规定,以贪污罪定罪处罚。贪污数额一般应当以所隐匿财产全额计算;改制后公司、企业仍有国有股份的,按股份比例扣除归于国有的部分。

所隐匿财产在改制过程中已为行为人实际控制,或者国家出资企业改制已经完成的,以犯罪既遂处理。

第一款规定以外的人员实施该款行为的,依照刑法第二百七十一条的规定,以职务侵占罪定罪处罚;第一款规定以外的人员与第一款规定的人员共同实施该款行为的,以贪污罪的共犯论处。

在企业改制过程中未采取低估资产、隐瞒债权、虚设债务、虚构产权交易等方式故意隐匿公司、企业财产的,一般不应当认定为贪污;造成国有资产重大损失,依法构成刑法第一百六十八条或者第一百六十九条规定的犯罪的,依照该规定定罪处罚。

四、关于国家工作人员在企业改制过程中的渎职行为的处理

国家出资企业中的国家工作人员在公司企业改制或者国有资产处置过程中严重不负责任或者滥用职权,致使国家利益遭受重大损失的,依照刑法第一百六十八条的规定,以国有公司、企业人员失职罪或者国有公司、企业人员滥用职权罪定罪处罚。

国家出资企业中的国家工作人员在公司、企业改制或者国有资产处置过程中徇私舞弊,将国有资产低价折股或者低价出售给其本人未持有股份的公司、企业或者其他个人,致使国家利益遭受重大损失的,依照刑法第一百六十九条的规定,以徇私舞弊低价折股、出售国有资产罪定罪处罚。

国家出资企业中的国家工作人员在公司、企业改制或者国有资产处置过程中徇私舞弊,将国有资产低价折股或者低价出售给特定关系人持有股份或者本人实际控制的公司、企业,致使国家利益遭受重大损失的,依照刑法第三百八十二条、第三百八十三条的规定,以贪污罪定罪处罚。贪污数额以国有资产的损失数额计算。

国家出资企业中的国家工作人员因实施第一款、第二款行为收受贿赂,同时又构成刑法第三百八十五条规定之罪的,依照处罚较重的规定定罪处罚。

《最高人民检察院研究室关于中国农业发展银行及其分支机构的工作人员法律适用问题的答复》(2002 年 9 月 23 日　〔2002〕高检研发第 16 号)

湖北省人民检察院研究室:

你院关于中国农业发展银行工作人员法律适用问题的请示(鄂检文〔2001〕50 号)收悉。经研究,答复如下:中国农业发展银行及其分支机构工作人员严重不负责或者滥用职权,构成犯罪的,应当依照刑法第一百六十八条的规定追究刑事责任。

量刑要素

国有公司、企业、事业单位的工作人员,徇私舞弊、犯前两款罪的,依照第 1 款的规定从重处罚。(《刑法》第 168 条第 3 款)

要义辨析

一、概念

本罪是指国有公司、企业、事业单位的工作人员,由于严重不负责任,造成国有公司、企业破产或者国有公司、企业、事业单位严重损失,致使国家利益遭受重大损失的行为。有没有徇私舞弊,不影响本罪的成立,仅作为加重情节。

二、构成要件

1. 犯罪客体是国有公司、企业、事业单位的管理秩序和国家利益。

2. 客观方面表现为国有公司、企业、事业单位的工作人员,由于严重不负责任,造成国有公司、企业破产或者国有公司、企业、事业单位严重损失,致使国家利益遭受重大损失的行为。

3. 主体是特殊主体,只有国有公司、企业、事业单位的工作人员才能构成本罪。

4. 主观方面是表现为过失,故意不构成本罪。

三、罪名变迁

本罪是依 1999 年 12 月 25 日《刑法修正案

(一)》而修改的新罪名,原罪名为"徇私舞弊造成破产、亏损罪"。本罪的修正有四点:(1)原罪名的犯罪主体限于国有公司、企业,现扩大到国有事业单位,原限于"直接负责的主管人员",现扩大到"工作人员";(2)原罪名的客观方面为"造成国有公司、企业破产或者严重亏损",现修正为造成"破产或者严重损失""国家利益遭受重大损失",这样表达更确切,即不亏损,有重大损失,照样构成犯罪;(3)原限于有"徇私舞弊"构成要件的犯罪,现增加了"严重不负责任或者滥用职权",客观要件范围扩大了;(4)将"徇私舞弊"作为从重情节规定,不作为构成犯罪的要件,加重了惩处力度。

类罪名:破坏社会主义市场经济秩序罪/妨害对公司、企业的管理秩序罪 ｜ 罪名:国有公司、企业、事业单位人员滥用职权罪		
量刑标准	致使国家利益遭受重大损失的	处3年以下有期徒刑或者拘役;
	致使国家利益遭受特别重大损失的	处3年以上7年以下有期徒刑。

法律依据

一、《刑法》条文

第一百六十八条　国有公司、企业的工作人员,由于严重不负责任或者滥用职权,造成国有公司、企业破产或者严重损失,致使国家利益遭受重大损失的,处三年以下有期徒刑或者拘役;致使国家利益遭受特别重大损失的,处三年以上七年以下有期徒刑。

国有事业单位的工作人员有前款行为,致使国家利益遭受重大损失的,依照前款的规定处罚。

国有公司、企业、事业单位的工作人员,徇私舞弊,犯前两款罪的,依照第一款的规定从重处罚。

二、相关司法解释/文件

《最高人民法院关于审理扰乱电信市场管理秩序案件具体应用法律若干问题的解释》(2000年4月28日　法释〔2000〕12号)

第六条　国有电信企业的工作人员,由于严重不负责任或者滥用职权,造成国有电信企业破产或者严重损失,致使国家利益遭受重大损失的,依照刑法第一百六十八条的规定定罪处罚。

《最高人民检察院研究室关于中国农业发展银行及其分支机构的工作人员法律适用问题的答复》(2002年9月23日　〔2002〕高检研发第16号)

湖北省人民检察院研究室:

你院关于中国农业发展银行工作人员法律适用问题的请示(鄂检文〔2001〕50号)收悉。经研究,答复如下:

中国农业发展银行及其分支机构工作人员严重不负责或者滥用职权,构成犯罪的,应当依照刑法第一百六十八条的规定追究刑事责任。

《最高人民法院、最高人民检察院关于办理妨害预防、控制突发传染病疫情等灾害的刑事案件具体应用法律若干问题的解释(2003年5月14日　法释〔2003〕8号)

第四条　国有公司、企业、事业单位的工作人员,在预防、控制突发传染病疫情等灾害的工作中,由于严重不负责任或者滥用职权,造成国有公司、企业破产或者严重损失,致使国家利益遭受重大损失的,依照刑法第一百六十八条的规定,以国有公司、企业、事业单位人员失职罪或者国有公司、企业、事业单位人员滥用职权罪定罪处罚。

《最高人民法院关于如何认定国有控股、参股股份有限公司中的国有公司、企业人员的解释》(2005年8月1日　法释〔2005〕10号)

为准确认定刑法分则第三章第三节中的国有公司、企业人员,现对国有控股、参股的股份有限公司中的国有公司、企业人员解释如下:

国有公司、企业委派到国有控股、参股公司从事公务的人员,以国有公司、企业人员论。

《最高人民法院、最高人民检察院关于办理国家出资企业中职务犯罪案件具体应用法律若干问题的意见》(2010年12月2日 法发〔2010〕49号)

一、关于国家出资企业工作人员在改制过程中隐匿公司、企业财产归个人持股的改制后公司、企业所有的行为的处理

国家工作人员或者受国家机关、国有公司、企业、事业单位、人民团体委托管理、经营国有财产的人员利用职务上的便利,在国家出资企业改制过程中故意通过低估资产、隐瞒债权、虚设债务、虚构产权交易等方式隐匿公司、企业财产,转为本人持有股份的改制后公司、企业所有,应当依法追究刑事责任的,依照刑法第三百八十二条、第三百八十三条的规定,以贪污罪定罪处罚。贪污数额一般应当以所隐匿财产全额计算;改制后公司、企业仍有国有股份的,按股份比例扣除归于国有的部分。

所隐匿财产在改制过程中已为行为人实际控制,或者国家出资企业改制已经完成的,以犯罪既遂处理。

第一款规定以外的人员实施该款行为的,依照刑法第二百七十一条的规定,以职务侵占罪定罪处罚;第一款规定以外的人员与第一款规定的人员共同实施该款行为的,以贪污罪的共犯论处。

在企业改制过程中未采取低估资产、隐瞒债权、虚设债务、虚构产权交易等方式故意隐匿公司、企业财产的,一般不应当认定为贪污;造成国有资产重大损失,依法构成刑法第一百六十八条或者第一百六十九条规定的犯罪的,依照该规定定罪处罚。

四、关于国家工作人员在企业改制过程中的渎职行为的处理

国家出资企业中的国家工作人员在公司企业改制或者国有资产处置过程中严重不负责任或者滥用职权,致使国家利益遭受重大损失的,依照刑法第一百六十八条的规定,以国有公司、企业人员失职罪或者国有公司、企业人员滥用职权罪定罪处罚。

国家出资企业中的国家工作人员在公司、企业改制或者国有资产处置过程中徇私舞弊,将国有资产低价折股或者低价出售给其本人未持有股份的公司、企业或者其他个人,致使国家利益遭受重大损失的,依照刑法第一百六十九条的规定,以徇私舞弊低价折股、出售国有资产罪定罪处罚。

国家出资企业中的国家工作人员在公司、企业改制或者国有资产处置过程中徇私舞弊,将国有资产低价折股或者低价出售给特定关系人持有股份或者本人实际控制的公司、企业,致使国家利益遭受重大损失的,依照刑法第三百八十二条、第三百八十三条的规定,以贪污罪定罪处罚。贪污数额以国有资产的损失数额计算。

国家出资企业中的国家工作人员因实施第一款、第二款行为收受贿赂,同时又构成刑法第三百八十五条规定之罪的,依照处罚较重的规定定罪处罚。

量刑要素

国有公司、企业、事业单位的工作人员,徇私舞弊、犯前两款罪的,依照第1款的规定从重处罚。(《刑法》第168条第3款)

要义辨析

一、概念

本罪是指国有公司、企业、事业单位的工作人员,由于滥用职权,造成国有公司、企业破产或者国有公司、企业、事业单位严重损失,致使国家利益遭受重大损失的行为。有没有徇私舞弊,不影响本罪的成立,仅作为加重情节。

二、构成要件

1. 本罪侵犯的客体是国有公司、企业、事业单位的管理秩序和国家利益。

2. 客观方面表现为国有公司、企业、事业单位的工作人员,由于滥用职权,造成国有公司、企业破产或者国有公司、企业、事业单位严重损失,致使国

家利益遭受重大损失的行为。

3. 主体是特殊主体，只有国有公司、企业、事业单位的工作人员才能构成本罪。

4. 主观方面是表现为过失，故意不构成本罪。

三、罪名变迁

本罪是依1999年12月25日《刑法修正案(一)》修改的新罪名。原第168条的罪名为"徇私舞弊造成破产、亏损罪"。本罪的修正有四点：(1)原第168条犯罪主体限于国有公司、企业，现扩大到国有事业单位，原限于"直接负责的主管人员"，现扩大到"工作人员"；(2)原第168条客观方面为"造成国有公司、企业破产或者严重亏损"，现修正为造成"破产或者严重损失""国家利益遭受重大损失"，这样表达更确切，即不亏损有重大损失照样构成犯罪；(3)原限于有"徇私舞弊"构成犯罪，现增加了"严重不负责任或者滥用职权"，客观要件范围扩大了；(4)将"徇私舞弊"作为从重情节规定，加重了惩处力度。

类罪名：破坏社会主义市场经济秩序罪/妨害对公司、企业的管理秩序罪｜罪名：徇私舞弊低价折股、出售公司、企业资产罪	
量刑标准	**致使国家利益或其他公司、企业利益遭受重大损失的**　处3年以下有期徒刑或者拘役；
	致使国家利益或其他公司、企业利益遭受特别重大损失的　处3年以上7年以下有期徒刑。

法律依据

一、《刑法》条文

第一百六十九条　国有公司、企业或者其上级主管部门直接负责的主管人员，徇私舞弊，将国有资产低价折股或者低价出售，致使国家利益遭受重大损失的，处三年以下有期徒刑或者拘役；致使国家利益遭受特别重大损失的，处三年以上七年以下有期徒刑。

其他公司、企业直接负责的主管人员，徇私舞弊，将公司、企业资产低价折股或者低价出售，致使公司、企业利益遭受重大损失的，依照前款的规定处罚。

二、相关法律

《中华人民共和国企业国有资产法》(2008年10月28日)

第三条　国有资产属于国家所有即全民所有。国务院代表国家行使国有资产所有权。

第三十九条　本法所称企业改制是指：

(一)国有独资企业改为国有独资公司；

(二)国有独资企业、国有独资公司改为国有资本控股公司或者非国有资本控股公司；

(三)国有资本控股公司改为非国有资本控股公司。

第四十条　企业改制应当依照法定程序，由履行出资人职责的机构决定或者由公司股东会、股东大会决定。

重要的国有独资企业、国有独资公司、国有资本控股公司的改制，履行出资人职责的机构在作出决定或者向其委派参加国有资本控股公司股东会会议、股东大会会议的股东代表作出指示前，应当将改制方案报请本级人民政府批准。

第四十二条　企业改制应当按照规定进行清产核资、财务审计、资产评估，准确界定和核实资产，客观、公正地确定资产的价值。

企业改制涉及以企业的实物、知识产权、土地使用权等非货币财产折算为国有资本出资或者股份的，应当按照规定对折价财产进行评估，以评估确认价格作为确定国有资本出资额或者股份数额的依据。不得将财产低价折股或者有其他损害出资人权益的行为。

第五十一条　本法所称国有资产转让，是指依法将国家对企业的出资所形成的权益转移给其他单位或者个人的行为;按照国家规定无偿划转国有资产的除外。

第五十五条 国有资产转让应当以依法评估的、经履行出资人职责的机构认可或者由履行出资人职责的机构报经本级人民政府核准的价格为依据,合理确定最低转让价格。

第七十五条 违反本法规定,构成犯罪的,依法追究刑事责任。

三、相关司法解释/文件

《最高人民法院关于如何认定国有控股、参股股份有限公司中的国有公司、企业人员的解释》(2005年8月1日 法释〔2005〕10号)

为准确认定刑法分则第三章第三节中的国有公司、企业人员,现对国有控股、参股的股份有限公司中的国有公司、企业人员解释如下:

国有公司、企业委派到国有控股、参股公司从事公务的人员,以国有公司、企业人员论。

《最高人民法院、最高人民检察院关于办理国家出资企业中职务犯罪案件具体应用法律若干问题的意见》(2010年12月2日 法发〔2010〕49号)

一、关于国家出资企业工作人员在改制过程中隐匿公司、企业财产归个人持股的改制后公司、企业所有的行为的处理

国家工作人员或者受国家机关、国有公司、企业、事业单位、人民团体委托管理、经营国有财产的人员利用职务上的便利,在国家出资企业改制过程中故意通过低估资产、隐瞒债权、虚设债务、虚构产权交易等方式隐匿公司、企业财产,转为本人持有股份的改制后公司、企业所有,应当依法追究刑事责任的,依照刑法第三百八十二条、第三百八十三条的规定,以贪污罪定罪处罚。贪污数额一般应当以所隐匿财产全额计算;改制后公司、企业仍有国有股份的,按股份比例扣除归于国有的部分。

所隐匿财产在改制过程中已为行为人实际控制,或者国家出资企业改制已经完成的,以犯罪既遂处理。

第一款规定以外的人员实施该款行为的,依照刑法第二百七十一条的规定,以职务侵占罪定罪处罚;第一款规定以外的人员与第一款规定的人员共同实施该款行为的,以贪污罪的共犯论处。

在企业改制过程中未采取低估资产、隐瞒债权、虚设债务、虚构产权交易等方式故意隐匿公司、企业财产的,一般不应当认定为贪污;造成国有资产重大损失,依法构成刑法第一百六十八条或者第一百六十九条规定的犯罪的,依照该规定定罪处罚。

四、关于国家工作人员在企业改制过程中的渎职行为的处理

国家出资企业中的国家工作人员在公司企业改制或者国有资产处置过程中严重不负责任或者滥用职权,致使国家利益遭受重大损失的,依照刑法第一百六十八条的规定,以国有公司、企业人员失职罪或者国有公司、企业人员滥用职权罪定罪处罚。

国家出资企业中的国家工作人员在公司、企业改制或者国有资产处置过程中徇私舞弊,将国有资产低价折股或者低价出售给其本人未持有股份的公司、企业或者其他个人,致使国家利益遭受重大损失的,依照刑法第一百六十九条的规定,以徇私舞弊低价折股、出售国有资产罪定罪处罚。

国家出资企业中的国家工作人员在公司、企业改制或者国有资产处置过程中徇私舞弊,将国有资产低价折股或者低价出售给特定关系人持有股份或者本人实际控制的公司、企业,致使国家利益遭受重大损失的,依照刑法第三百八十二条、第三百八十三条的规定,以贪污罪定罪处罚。贪污数额以国有资产的损失数额计算。

国家出资企业中的国家工作人员因实施第一款、第二款行为收受贿赂,同时又构成刑法第三百八十五条规定之罪的,依照处罚较重的规定定罪处罚。

要义辨析

一、概念

本罪是指国有公司、企业或其上级主管部门直接负责的主管人员,以及其他公司、企业直接负责的主管人员,徇私舞弊,将国有资产或其他公司、企

业资产低价折股或低价出售,致使国家利益或其他公司、企业利益遭受重大损失的行为。

二、构成要件

1. 犯罪客体是复杂客体,侵犯的是国家对国有资产和其他公司、企业对其资产的所有权以及国有和其他公司、企业的管理制度。

2. 客观方面表现为国有公司、企业或其上级主管部门直接负责的主管人员,以及其他公司、企业直接负责的主管人员,徇私舞弊,将国有资产或其他公司、企业资产低价折股或低价出售,致使国家利益或其他公司、企业利益遭受重大损失的行为。

3. 主体是特殊主体,国有公司、企业或其上级主管部门直接负责的主管人员,以及其他公司、企业直接负责的主管人员,才能构成本罪。

4. 主观方面是故意,并具有明确的徇私动机,过失不构成本罪。

三、要点辨析

1. 本罪是为了保护公司、企业的财产权专门设立的罪名,《刑法修正案(十二)》实施之后,不再是只针对国有公司、企业或者其上级主管部门直接负责的主管人员,其他公司、企业直接负责的主管人员同样适用本罪。

2. 关于本罪罪与非罪的界限。主要应把握本罪与一般徇私低价处理企业资产行为的界限,程度不同。区分的关键在于行为是否使国家利益遭受了重大损失。如果行为人低价处理资产的行为,未使国家财产或其他公司、企业利益遭受重大损失,不能以本罪定罪处罚。

3. 本罪与职务侵占罪的区别。两罪都侵犯了本单位的财产所有权,主观上都出于故意。但两罪是有区别的:(1)客观方面不同。本罪表现为徇私舞弊、低价变卖资产,致使国家利益或其他公司、企业利益遭受重大损失的行为,而职务侵占罪是公司、企业或者其他单位人员,利用职务上的便利,将本单位财产非法占为己有,数额较大的行为。(2)侵害客体范围不同。本罪所侵犯的客体是国有公司、企业以及其他公司、企业的财产所有权,和企业资产管理制度,而职务侵占罪所侵犯的客体是本单位所有的财产。(3)主体不同。本罪主体为国有公司、企业或者其上级主管部门直接负责的主管人员,以及其他公司、企业直接负责的主管人员,而职务侵占罪主体为公司、企业或者其他单位的工作人员。(4)主观目的不同。本罪的目的是徇私情或获得私利,而职务侵占罪的目的是非法占有单位财产。(5)利益归属不同。一个是利益归他人,一个是利益归自己。本罪是将国有资产或其他公司、企业资产低价折股或低价出售,是徇私舞弊卖给有关系的其他人,而职务侵占罪是自己占有。

四、罪名变迁

本罪是 1997 年《刑法》增设的罪名,1979 年《刑法》和单行刑法均没有规定此罪名。《刑法修正案(十二)》增加了第二款,将本罪的适用主体从原先的"国有公司、企业或者其上级主管部门直接负责任的主管人员"扩展到"其他公司、企业直接负责的主管人员"。

类罪名:破坏社会主义市场经济秩序罪/妨害对公司、企业的管理秩序罪 | 罪名:背信损害上市公司利益罪	
量刑标准	**致使上市公司利益遭受重大损失的** 处 3 年以下有期徒刑或者拘役,并处或者单处罚金;
	致使上市公司利益遭受特别重大损失的 处 3 年以上 7 年以下有期徒刑,并处罚金。

法律依据

一、《刑法》条文

第一百六十九条之一 上市公司的董事、监事、高级管理人员违背对公司的忠实义务,利用职务便利,操纵上市公司从事下列行为之一,致使上市公司利益遭受重大损失的,处三年以下有期徒刑或者拘役,并处或者单处罚金;致使上市公司利益

遭受特别重大损失的,处三年以上七年以下有期徒刑,并处罚金:

(一)无偿向其他单位或者个人提供资金、商品、服务或者其他资产的;

(二)以明显不公平的条件,提供或者接受资金、商品、服务或者其他资产的;

(三)向明显不具有清偿能力的单位或者个人提供资金、商品、服务或者其他资产的;

(四)为明显不具有清偿能力的单位或者个人提供担保,或者无正当理由为其他单位或者个人提供担保的;

(五)无正当理由放弃债权、承担债务的;

(六)采用其他方式损害上市公司利益的。

上市公司的控股股东或者实际控制人,指使上市公司董事、监事、高级管理人员实施前款行为的,依照前款的规定处罚。

犯前款罪的上市公司的控股股东或者实际控制人是单位的,对单位判处罚金,并对其直接负责的主管人员和其他直接责任人员,依照第一款的规定处罚。

二、相关法律

《中华人民共和国公司法》(2023 年 12 月 29 日修订)

第一百八十条　董事、监事、高级管理人员对公司负有忠实义务,应当采取措施避免自身利益与公司利益冲突,不得利用职权牟取不正当利益。

董事、监事、高级管理人员对公司负有勤勉义务,执行职务应当为公司的最大利益尽到管理者通常应有的合理注意。

公司的控股股东、实际控制人不担任公司董事但实际执行公司事务的,适用前两款规定。

第一百八十一条　董事、监事、高级管理人员不得有下列行为:

(一)侵占公司财产、挪用公司资金;

(二)将公司资金以其个人名义或者以其他个人名义开立账户存储;

(三)利用职权贿赂或者收受其他非法收入;

(四)接受他人与公司交易的佣金归为己有;

(五)擅自披露公司秘密;

(六)违反对公司忠实义务的其他行为。

三、相关司法解释/文件

《最高人民检察院、公安部关于公安机关管辖的刑事案件立案追诉标准的规定(二)》(2022 年 4 月 6 日　公通字〔2022〕12 号)

第十三条　〔背信损害上市公司利益案(刑法第一百六十九条之一)〕上市公司的董事、监事、高级管理人员违背对公司的忠实义务,利用职务便利,操纵上市公司从事损害上市公司利益的行为,以及上市公司的控股股东或者实际控制人,指使上市公司董事、监事、高级管理人员实施损害上市公司利益的行为,涉嫌下列情形之一的,应予立案追诉:

(一)无偿向其他单位或者个人提供资金、商品、服务或者其他资产,致使上市公司直接经济损失数额在一百五十万元以上的;

(二)以明显不公平的条件,提供或者接受资金、商品、服务或者其他资产,致使上市公司直接经济损失数额在一百五十万元以上的;

(三)向明显不具有清偿能力的单位或者个人提供资金、商品、服务或者其他资产,致使上市公司直接经济损失数额在一百五十万元以上的;

(四)为明显不具有清偿能力的单位或者个人提供担保,或者无正当理由为其他单位或者个人提供担保,致使上市公司直接经济损失数额在一百五十万元以上的;

(五)无正当理由放弃债权、承担债务,致使上市公司直接经济损失数额在一百五十万元以上的;

(六)致使公司、企业发行的股票或者公司、企业债券、存托凭证或者国务院依法认定的其他证券被终止上市交易的;

(七)其他致使上市公司利益遭受重大损失的情形。

要义辨析

一、概念

本罪是指上市公司的董事、监事、高级管理人员违背对公司的忠实义务,利用职务便利,操纵上市公司,损害上市公司利益,或者上市公司董事、监事、高级管理人员损害上市公司利益，致使遭受重大损失的行为。

二、构成要件

1. 本罪侵犯的客体是复杂客体，包括国家对上市公司的管理制度、上市公司的利益、公众投资者股民的合法权益。

2. 客观方面表现为上市公司的董事、监事、高级管理人员违背对公司的忠实义务，利用职务便利，操纵上市公司，损害上市公司利益，或者上市公司董事、监事、高级管理人员损害上市公司利益，致使上市公司利益遭受重大损失的行为。通常表现为掏空公司、利益输送方式为违背常理的高价或低价交易、明知坏账的故意交易、故意放弃债权承揽债务、损害自身公司利益的关联交易，等等。

3. 主体为特殊主体。限于上市公司的董事、监事、高级管理人员以及控股股东和实际控制人。即能够实际掌握上市公司经营管理决策、进行实际支配的人。

4. 主观上表现为故意，过失不构成犯罪。犯罪的客观方面表现为利用职务便利，以各种不正当的关联交易损害上市公司的利益，为自己和自己的关联人牟取利益，“掏空”上市公司，致使上市公司利益遭受重大损失。

三、要点辨析

1. 背信损害上市公司利益罪，是为了保护上市公司信誉和财产权，防止内部人操纵公司，进行关联交易、有风险地擅自处分公司资产，损害上市公司利益，给公司造成重大损失，而设立的一个罪名。目的是加强上市公司内部管理人的诚信尽责，保障上市公司的财产和信誉。

2. 本罪与为亲友牟取非法利益罪、非法经营同类营业罪不同。本罪没有规定必须是给特定关系人提供利益，才构成犯罪，法条中的表述是“违背对上市公司的忠实义务”。但是，这种背信、掏空公司、利益输送的行为，不是无缘无故的。司法解释中列举的七种行为中的前五种为其他企业提供资助和关联交易的行为，一般情况下都有特殊关系的原因：(1) 无偿向其他单位或者个人提供资金、商品、服务或者其他资产；(2) 以明显不公平的条件，提供或者接受资金、商品、服务或者其他资产；(3) 向明显不具有清偿能力的单位或者个人提供资金、商品、服务或者其他资产；(4) 为明显不具有清偿能力的单位或者个人提供担保，或者无正当理由为其他单位或者个人提供担保；(5) 无正当理由放弃债权、承担债务。上述这五种行为，致使上市公司直接经济损失数额在150万元以上的，即构成犯罪。可以看出，这些人员都是有特定关系的人，才可能行为。因此，判断本罪，虽然没有明确列明为亲友特定关系人牟利的罪状要求，实际上仍然要对此进行判断考量，以同完全属于玩忽职守的过失行为相区别。

3. 正确认定本罪，要注意把握罪与非罪的界限。应注意以下两点：第一，注意授权行为和属于职权范围内行为导致失误的无罪认定。若行为主体所实施的行为是在法规、章程规定的范围之内，且行为人既没有滥用权力，也没有违背忠实义务，即使造成了一定的财产损失，也不能构成本罪。若上市公司为谋求高利润授权由行为人处理相关事务，而自愿甘冒高风险，则行为人处理风险事务，即使已超出一般依法之事务处理范围，亦因股东会董事会先已授权同意，而不成立犯罪。第二，本罪属于结果犯，即只有行为主体实施背信行为致使公司财产遭受重大损失，才属于犯罪。实施其他行为及时进行了补救，并没有使公司财产减少，不成立本罪。如果根据案件事实，情节显著轻微，危害不大的，应根据《刑法》第13条的规定，不以犯罪论处，可作为一般违法行为处理。

4. 注意被公示讨论同意的关联交易的合法性问题。关联交易并不被《公司法》一概禁止。只有损害自身公司利益、并造成“重大损失”的关联交易才可能构成本罪。是否“背信”，也要客观分析。看其行为是不是明显违背市场真实交易状况，是否违背了等价有偿、有利于本公司的交易规则。还要注意该交易中行为人所起的，是不是决定性的作用。

5. 关于认定本罪不能客观归罪问题。市场经济条件下，所有经营行为都是有风险的，不可能不出现失误，包赚不赔。由于不可测因素、事后情势变化因素、出于公司利益目的、和止损目的的交易和决策，舍小保大的损失，不能因为造成了事实上的损失后果，而作为本罪惩处。

四、罪名变迁

本罪是2006年6月29日《刑法修正案（六）》针对上市公司监管需要，而新增设的罪名。

第四节 破坏金融管理秩序罪

<table>
<tr><td colspan="2">类罪名:破坏社会主义市场经济秩序罪/破坏金融管理秩序罪 | 罪名:伪造货币罪</td></tr>
<tr><td rowspan="2">量刑标准</td><td>构成犯罪的 处3年以上10年以下有期徒刑,并处罚金;</td></tr>
<tr><td>伪造货币集团的首要分子,伪造货币数额特别巨大,有特别严重情节的 处10年以上有期徒刑、无期徒刑,并处罚金或者没收财产。</td></tr>
</table>

法律依据

一、《刑法》条文

第一百七十条 伪造货币的,处三年以上十年以下有期徒刑,并处罚金;有下列情形之一的,处十年以上有期徒刑或者无期徒刑,并处罚金或者没收财产:

(一)伪造货币集团的首要分子;

(二)伪造货币数额特别巨大的;

(三)有其他特别严重情节的。

第一百七十一条第三款 伪造货币并出售或者运输伪造的货币的,依照本法第一百七十条的规定定罪从重处罚。

二、相关法律

《中华人民共和国中国人民银行法》(2003年12月27日修正)

第十九条 禁止伪造、变造人民币。禁止出售、购买伪造、变造的人民币。禁止运输、持有、使用伪造、变造的人民币。禁止故意毁损人民币。禁止在宣传品、出版物或者其他商品上非法使用人民币图样。

第四十二条 伪造、变造人民币,出售伪造、变造的人民币,或者明知是伪造、变造的人民币而运输,构成犯罪的,依法追究刑事责任;尚不构成犯罪的,由公安机关处十五日以下拘留、一万元以下罚款。

第四十三条 购买伪造、变造的人民币或者明知是伪造、变造的人民币而持有、使用,构成犯罪的,依法追究刑事责任;尚不构成犯罪的,由公安机关处十五日以下拘留、一万元以下罚款。

三、相关司法解释/文件

《最高人民法院关于审理伪造货币等案件具体应用法律若干问题的解释》(2000年9月8日 法释〔2000〕26号)

为依法惩治伪造货币,出售、购买、运输假币等犯罪活动,根据刑法的有关规定,现就审理这类案件具体应用法律的若干问题解释如下:

第一条 伪造货币的总面额在二千元以上不满三万元或者币量在二百张(枚)以上不足三千张(枚)的,依照刑法第一百七十条的规定,处三年以上十年以下有期徒刑,并处五万元以上五十万元以下罚金。

伪造货币的总面额在三万元以上的,属于“伪造货币数额特别巨大”。

行为人制造货币版样或者与他人事前通谋,为他人伪造货币提供版样的,依照刑法第一百七十条的规定定罪处罚。

第七条 本解释所称“货币”是指可在国内市场流通或者兑换的人民币和境外货币。

货币面额应当以人民币计算,其他币种以案发时国家外汇管理机关公布的外汇牌价折算成人民币。

《全国法院审理金融犯罪案件工作座谈会纪要》(2001年1月21日 法〔2001〕8号)

(二)关于破坏金融管理秩序罪

2. 关于假币犯罪。

假币犯罪的认定。假币犯罪是一种严重破坏金融管理秩序的犯罪。只要有证据证明行为人实施了出售、购买、运输、使用假币行为，且数额较大，就构成犯罪。伪造货币的，只要实施了伪造行为，不论是否完成全部印制工序，即构成伪造货币罪；对于尚未制造出成品，无法计算伪造、销售假币面额的，或者制造、销售用于伪造货币的版样的，不认定犯罪数额，依据犯罪情节决定刑罚。明知是伪造的货币而持有，数额较大，根据现有证据不能认定行为人是为了进行其他假币犯罪的，以持有假币罪定罪处罚；如果有证据证明其持有的假币已构成其他假币犯罪的，应当以其他假币犯罪定罪处罚。

假币犯罪罪名的确定。假币犯罪案件中犯罪分子实施数个相关行为的，在确定罪名时应把握以下原则：

（1）对同一宗假币实施了法律规定为选择性罪名的行为，应根据行为人所实施的数个行为，按相关罪名刑法规定的排列顺序并列确定罪名，数额不累计计算，不实行数罪并罚。

（2）对不同宗假币实施法律规定为选择性罪名的行为，并列确定罪名，数额按全部假币面额累计计算，不实行数罪并罚。

（3）对同一宗假币实施了刑法没有规定为选择性罪名的数个犯罪行为，择一重罪从重处罚。如伪造货币或者购买假币后使用的，以伪造货币罪或购买假币罪定罪，从重处罚。

（4）对不同宗假币实施了刑法没有规定为选择性罪名的数个犯罪行为，分别定罪，数罪并罚。

出售假币被查获部分的处理。在出售假币时被抓获的，除现场查获的假币应认定为出售假币的犯罪数额外，现场之外在行为人住所或者其他藏匿地查获的假币，亦应认定为出售假币的犯罪数额。但有证据证实后者是行为人有实施其他假币犯罪的除外。

制造或者出售伪造的台币行为的处理。对于伪造台币的，应当以伪造货币罪定罪处罚；出售伪造的台币的，应当以出售假币罪定罪处罚。

《最高人民法院关于审理伪造货币等案件具体应用法律若干问题的解释（二）》（2010年10月20日　法释〔2010〕14号）

第一条　仿照真货币的图案、形状、色彩等特征非法制造假币，冒充真币的行为，应当认定为刑法第一百七十条规定的“伪造货币”。

对真货币采用剪贴、挖补、揭层、涂改、移位、重印等方法加工处理，改变真币形态、价值的行为，应当认定为刑法第一百七十三条规定的“变造货币”。

第二条　同时采用伪造和变造手段，制造真伪拼凑货币的行为，依照刑法第一百七十条的规定，以伪造货币罪定罪处罚。

第三条　以正在流通的境外货币为对象的假币犯罪，依照刑法第一百七十条至第一百七十三条的规定定罪处罚。

假境外货币犯罪的数额，按照案发当日中国外汇交易中心或者中国人民银行授权机构公布的人民币对该货币的中间价折合成人民币计算。中国外汇交易中心或者中国人民银行授权机构未公布汇率中间价的境外货币，按照案发当日境内银行人民币对该货币的中间价折算成人民币，或者该货币在境内银行、国际外汇市场对美元汇率，与人民币对美元汇率中间价进行套算。

第四条　以中国人民银行发行的普通纪念币和贵金属纪念币为对象的假币犯罪，依照刑法第一百七十条至第一百七十三条的规定定罪处罚。

假普通纪念币犯罪的数额，以面额计算；假贵金属纪念币犯罪的数额，以贵金属纪念币的初始发售价格计算。

最高人民检察院侦查监督厅关于部分罪案《审查逮捕证据参考标准（试行）》（2003年11月27日　〔2003〕高检侦监发第107号）

九、伪造货币罪案审查逮捕证据参考标准

伪造货币罪，是指触犯《刑法》第170条的规定，仿照人民币或者外币的面额、图案、色彩、质地、式样、规格等，使用各种方法，非法制造假货币、冒充真货币的行为。其他以伪造货币罪定罪处罚的有：行为人销售、伪造货币版样或者与他人事前通谋、为他人伪造货币提供版样的。

对提请批捕的伪造货币案件，应当注意从以下几个方面审查证据：

（一）有证据证明发生了伪造货币犯罪事实。

重点审查：

1. 查获的伪造货币的实物或照片、收缴的犯罪工具或照片等证明发生伪造货币的行为的证据。

2. 证明伪造货币的总面额达到二千元以上，或者币量达到二百张(枚)以上的证据。

3. 证明伪造货币犯罪事实发生的证人证言、犯罪嫌疑人供述等。

4. 证明是假币的有关部门的鉴定。

(二)有证据证明伪造货币犯罪事实是否系犯罪嫌疑人实施的。

重点审查:

1. 现场查获犯罪嫌疑人实施伪造货币犯罪的证据。

2. 犯罪嫌疑人的供认。

3. 证人证言。

4. 同案犯罪嫌疑人的供述。

5. 其他能够证明犯罪嫌疑人实施伪造货币犯罪的证据。

(三)证明犯罪嫌疑人实施伪造货币犯罪行为的证据已有查证属实的。

重点审查:

1. 现场查获犯罪嫌疑人实施犯罪的,现场勘查笔录、收缴的假币、犯罪工具或照片等证据。

2. 其他证据能够印证的犯罪嫌疑人的供述。

3. 能够相互印证的证人证言。

4. 能够与其他证据相互印证的证人证言或者同案犯、被雇人员供述。

5. 其他已有查证属实的证明犯罪嫌疑人实施伪造货币犯罪的证据。

《最高人民法院、最高人民检察院、公安部关于严厉打击假币犯罪活动的通知》(2009年9月15日　公通字〔2009〕45号)

各省、自治区、直辖市高级人民法院,人民检察院,公安厅、局,新疆维吾尔自治区高级人民法院生产建设兵团分院,新疆生产建设兵团人民检察院、公安局:

近年来,全国公安局司法机关始终把严厉打击假币犯罪作为一项重要任务,依法查处了一大批假币犯罪案件,打击了一大批假币犯罪分子,为维护人民币信誉和国家金融管理秩序,保护广大群众切身利益作出了重要贡献。但是,由于各方面因素的影响,当前假币犯罪形势仍然十分严峻,发案量居高不下,犯罪手段越来越隐蔽,查处难度越来越大。为了依法严厉打击假币犯罪,有效遏制假币犯罪活动的蔓延,现就有关工作要求通知如下:

一、统一思想,提高认识。假币犯罪严重影响国家金融秩序和经济安全,侵害群众利益,破坏社会稳定,影响国家形象。世界各国无不对假币犯罪特别重视,严厉打击。特别是在国际金融危机影响不断加深加剧,人民币国际化已经迈出实质性步伐的背景下,严厉打击假币犯罪,意义特别重大。各地公安司法机关要进一步统一思想,提高认识,深刻认识到假币犯罪的严重危害性,把反假币工作作为一项十分重要的任务,始终摆在突出位置抓紧抓好。

二、密切配合,强化合力。在办理假币犯罪案件中,各地公安机关、人民检察院、人民法院要加强协调配合,及时沟通情况,形成打击合力,提高工作成效。公安机关要主动加强与检察机关的沟通,重大案件请检察机关提前介入;需要补充侦查的,要根据检察机关的要求尽快补充侦查。检察机关对公安机关立案侦查的假币犯罪案件,要及时介入,参加对重大案件的讨论,对案件的法律适用和证据的收集、固定等提出意见和建议。人民法院对于重大假币犯罪案件,要加强审理力量,依法快审快结。

根据刑事诉讼法的有关规定,假币犯罪案件的地域管辖应当遵循以犯罪地管辖为主,犯罪嫌疑人居住地管辖为辅的原则。假币犯罪案件中的犯罪地,既包括犯罪预谋地、行为发生地,也包括运输假币的途经地。假币犯罪案件中的犯罪嫌疑人居住地,不仅包括犯罪嫌疑人经常居住地和户籍所在地,也包括其临时居住地。几个公安机关都有权管辖的假币犯罪案件,由最初立案地或者主要犯罪地公安机关管辖;对管辖有争议或者情况特殊的,由共同的上级公安机关指定管辖。如需人民检察院、人民法院指定管辖的,公安机关要及时提出相关建议。经审查需要指定的,人民检察院、人民法院要依法指定管辖。

三、严格依法,从严惩处。各地公安司法机关办理假币犯罪案件要始终坚持依法严惩的原则,坚决杜绝以罚代刑、以拘代刑、重罪轻判、降格处理,充分发挥刑罚的震慑力。公安机关对于涉嫌假币犯罪的,必须依法立案,认真查证;对有证据证明有犯罪事实,可能判处徒刑以上刑罚的犯罪嫌疑人,要尽快提请批准逮捕并抓紧侦办,及时移送审查起诉。检察机关对于公安机关提请批准逮捕、移送审查起诉的假币犯罪案件,符合批捕、起诉条件的,要依法尽快予以批捕、起诉。共同犯罪案件中虽然有同案犯在逃，但对于有证据证明有犯罪事实的已抓获的犯罪嫌疑人，要依法批捕、起诉；对于确实需要补充侦查的案件，要制作具体、详细的补充侦查提纲。人民法院对于假币犯罪要依法从严惩处，对于假币犯罪累犯、惯犯、涉案假币数额巨大或者全部流入社会的犯罪分子，要坚决重判；对于伪造货币集团的首要分子、骨干分子，伪造货币数额特别巨大或有其他特别严重情节，罪行极其严重的犯罪分子，应当判处死刑的，要坚决依法判处死刑。上级法院要加强对下级法院审判工作的指导，保障依法及时正确审判假币犯罪案件。

四、强化宣传，营造声势。各地公安局司法机关要选择典型案例，充分利用各种新闻媒体，采取多种形式，大力开展宣传教育工作，让广大群众充分认识假币犯罪的社会危害性和严重法律后果，自觉抵制并积极检举揭发假币违法犯罪活动，形成严厉打击假币犯罪的强大舆论声势。

各地接此通知后，请迅速传达至各基层人民法院、人民检察院、公安机关，并认真贯彻执行、执行中遇到的问题，请及时报最高人民法院、最高人民检察院、公安部。

《最高人民检察院、公安部关于公安机关管辖的刑事案件立案追诉标准的规定(二)》(2022年4月6日　公通字〔2022〕12号)

第十四条　〔伪造货币案(刑法第一百七十条)〕伪造货币，涉嫌下列情形之一的，应予立案追诉：

(一)总面额在二千元以上或者币量在二百张(枚)以上的；

(二)总面额在一千元以上或者币量在一百张(枚)以上，二年内因伪造货币受过行政处罚，又伪造货币的；

(三)制造货币版样或者为他人伪造货币提供版样的；

(四)其他伪造货币应予追究刑事责任的情形。

四、相关部委规章

《公安部办公厅关于若干经济犯罪案件如何统计涉案总价值、挽回经济损失数额的批复》(2008年11月5日　公经〔2008〕214号)

三、走私假币案、伪造货币案、出售、购买、运输假币案、金融工作人员购买假币、以假币换取货币案、持有、使用假币案、变造货币案，按照已经查证属实的伪造、变造的货币的面值统计涉案总价值。

伪造、变造的外国货币以及香港、澳门、台湾地区货币的面值，按照立案时国家外汇管理机关公布的外汇牌价折算成人民币后统计。

五、挽回经济损失额按照实际追缴的赃款以及赃物折价统计。

量刑要素

1. 伪造货币并出售或运输伪币的，从重处罚。(《刑法》第173条)

2. 要注意依法追究税务、海关、银行工作人员和其他国家机关工作人员玩忽职守犯罪的刑事责任。对上述人员与其他犯罪分子内外勾结或参与金融、财税领域犯罪活动的，要以共犯从重处罚。其中有贪污、受贿的，要数罪并罚，从重判处。

3. 人民法院对于假币犯罪要依法从严惩处，对于假币犯罪累犯、惯犯、涉案假币数额巨大或者全部流入社会的犯罪分子，要坚决重判；对于伪造货币集团的首要分子、骨干分子，伪造货币数额特别巨大或有其他特别严重情节，罪行极其严重的犯罪分子，应当判处死刑的，要坚决依法判处死刑。

要义辨析

一、概念

本罪是特指仿造人民币或外国货币的式样，如图案、形状、色彩、防伪技术特征等，非法制造假的货币，冒充法定货币的行为。

二、构成要件

1. 本罪侵害的客体是国家的货币管理制度和金融秩序,侵害的对象是我国的国家货币即人民币和其他国家或地区的法定流通货币。

2. 本罪的客观方面表现为伪造、变造人民币和其他国家、地区的有价流通货币。行为人只要实施了伪造货币的行为,即构成本罪,不论其是否使用、出售,也不论其是在境内使用还是流向境外。

3. 本罪主体为一般主体,凡达到刑事责任年龄且具备刑事责任能力的自然人均可以构成,单位不能构成本罪主体。

4. 主观方面表现为直接故意构成。间接故意和过失不构成本罪。

三、要点辨析

1. 本罪所指"货币",按照司法解释规定的概念,是指可在国内市场流通或者兑换的人民币和境外货币。货币面额应当以人民币计算,其他币种以案发时国家外汇管理机关公布的外汇牌价折算成人民币。

2. 本罪所指"伪造货币",可以参考《最高人民法院关于审理伪造货币等案件具体应用法律若干问题的解释(二)》(法释〔2010〕14 号)第 1 条的规定:"仿照真货币的图案、形状、色彩等特征非法制造假币,冒充真币的行为,应当认定为刑法第一百七十条规定的'伪造货币'。对真货币采用剪贴、挖补、揭层、涂改、移位、重印等方法加工处理,改变真币形态、价值的行为,应当认定为刑法第一百七十三条规定的'变造货币'。"

3. 本罪为行为犯,只要实施伪造,即构成本罪。但没有造出可以流通使用标准的货币,视为犯罪未遂。

4. 本罪构成没有数额较大的规定,但情节轻微不构成犯罪。最高人民法院司法解释中规定的 2000 元或 200 张可以作为参考的起刑点。

5. 非法运输、携带、邮寄伪造的货币进出国(边)境的,以走私伪币罪论处。行为人既有走私伪币犯罪行为又有伪造货币犯罪的,从一重罪论处;分别构成两罪的,数罪并罚。

四、罪名变迁

本罪 1979 年《刑法》第 122 条规定的是伪造国家货币罪。1995 年的《全国人民代表大会常务委员会关于惩治破坏金融秩序犯罪的决定》第 1 条,对本罪罪状作了具体的规定。2015 年的《刑法修正案(九)》对该罪的罚金刑作了修改。

类罪名:破坏社会主义市场经济秩序罪/破坏金融管理秩序罪 丨 罪名:出售、购买、运输假币罪	
量刑标准	**数额较大的**　处 3 年以下有期徒刑或者拘役,并处 2 万元以上 20 万元以下罚金;
	数额巨大的　处 3 年以上 10 年以下有期徒刑,并处 5 万元以上 50 万元以下罚金;
	数额特别巨大的　处 10 年以上有期徒刑或者无期徒刑,并处 5 万元以上 50 万元以下罚金或者没收财产。

法律依据

一、《刑法》条文

第一百七十一条第一、三款　出售、购买伪造的货币或者明知是伪造的货币而运输,数额较大的,处三年以下有期徒刑或者拘役,并处二万元以上二十万元以下罚金;数额巨大的,处三年以上十年以下有期徒刑,并处五万元以上五十万元以下罚金;数额特别巨大的,处十年以上有期徒刑或者无期徒刑,并处五万元以上五十万元以下罚金或者没收财产。

伪造货币并出售或者运输伪造的货币的,依照本法第一百七十条的规定定罪从重处罚。

二、相关司法解释/文件

《最高人民法院关于审理伪造货币等案件具体应用法律的若干问题的解释》(2000年9月8日 法释〔2000〕26号)

第二条 行为人购买假币后使用,构成犯罪的,依照刑法第一百七十一条的规定,以购买假币罪定罪,从重处罚。

行为人出售、运输假币构成犯罪,同时有使用假币行为的,依照刑法第一百七十一条、第一百七十二条的规定,实行数罪并罚。

第三条 出售、购买假币或者明知是假币而运输,总面额在四千元以上不满五万元的,属于“数额较大”;总面额在五万元以上不满二十万元的,属于“数额巨大”;总面额在二十万元以上的,属于“数额特别巨大”,依照刑法第一百七十一条第一款的规定定罪处罚。

《全国法院审理金融犯罪案件工作座谈会纪要》(2001年1月21日 法〔2001〕8号)

(二)出售假币被查获部分的处理。在出售假币时被抓获的,除现场查获的假币应认定为出售假币的犯罪数额外,现场之外在行为人住所或者其他藏匿地查获的假币,亦应认定为出售假币的犯罪数额。但有证据证实后者是行为人有实施其他假币犯罪的除外。法律依据制造或者出售伪造的台币行为的处理。对于伪造台币的,应当以伪造货币罪定罪处罚;出售伪造的台币的,应当以出售假币罪定罪处罚。

《最高人民检察院、公安部关于公安机关管辖的刑事案件立案追诉标准的规定(二)》(2022年4月6日 公通字〔2022〕12号)

第十五条 〔出售、购买、运输假币案(刑法第一百七十一条第一款)〕出售、购买伪造的货币或者明知是伪造的货币而运输,涉嫌下列情形之一的,应予立案追诉:

(一)总面额在四千元以上或者币量在四百张(枚)以上的;

(二)总面额在二千元以上或者币量在二百张(枚)以上,二年内因出售、购买、运输假币受过行政处罚,又出售、购买、运输假币的;

(三)其他出售、购买、运输假币应予追究刑事责任的情形。

在出售假币时被抓获的,除现场查获的假币应认定为出售假币的数额外,现场之外在行为人住所或者其他藏匿地查获的假币,也应认定为出售假币的数额。

量刑要素

1. 伪造货币并出售或运输伪币的,从重处罚。

2. 见伪造货币罪的从重情节。

要义辨析

一、概念

本罪是指明知是伪造的人民币或外币,而出售、购买或运输,数额较大的行为。

二、构成要件

1. 本罪侵犯的客体是国家的货币管理和金融管理秩序,对象是伪造的人民币或外币。

2. 犯罪在客观上必须有出售、购买、运输伪造的货币的行为。“出售伪造的货币”,是指以盈利为目的,以各种方式或途径,以一定的价格卖出伪造的货币的行为。“购买伪造的货币”,是指行为人以一定的价格用货币买入伪造的货币的行为。“明知是伪造的货币而运输”,是指行为人主观上明知是伪造的货币,而使用汽车、飞机、火车、轮船等交通工具或者以其他方式将伪造的货币从一地运往另外一地的行为。(一般认为,“从一地运往另外一地”是指如从A省运往B省,而在某省某市A区与B区之间的运送不认定为运输而应认定为持有。)

3. 犯罪主体为一般主体,任何达到刑事责任年龄,且具备刑事责任能力的自然人均可构成。

4. 犯罪主观上表现为明知和故意,以明知为条件。

三、要点辨析

1. 注意本罪的罪与非罪的界限。区分出售、购

买、运输假币罪与非罪的界限,主要注意以下两点:

(1)行为人是否"明知"。如果行为人因为上当受骗或出于过失,不知其所出售、购买或者运输的是伪造的货币,其行为不构成犯罪;

(2)数额是否达到较大程度。如果行为人出售、购买或者运输伪造的货币数额未达到较大程度的,即使有其他严重情节也不能以犯罪论处。

2.注意本罪的既遂与未遂的界限。本罪属于行为犯,并不要求有特定结果的发生,因而行为人只要将出售、购买或者运输之行为实施完毕,即可构成既遂。由于本罪为选择性罪名,因而行为人只要将其中任何一种行为而不一定是三种行为实施完毕都可构成既遂。但出售、购买或者运输也存在一个过程,因此也存在行为人因意志以外的因素而未能把行为实施完毕的可能,如行为人在出售或购买伪造货币当中正讨价还价时被抓获的,或者行为人在运输伪造的货币途中被截获的等,都属于犯罪未遂。因此,不能认为行为人一实施出售、购买或者运输伪造的货币的行为就都构成既遂。

3.伪造货币,并出售或运输该宗伪币的,不分别定罪进行并罚,而以伪造货币罪吸收确定为一罪,从重处罚。

4.本罪为选择性罪名。运输并出售伪币的,分别都可以成罪,但不适用数罪并罚。

5.本罪与走私假币罪的区别,在于侵犯的客体不用,后者同时侵犯了国家海关管理制度。此外,客观上的行为特征也不同,后者涉及关税监管环节。

四、罪名变迁

1979年《刑法》规定了贩运伪造的国家货币罪。本罪是从1995年6月30日《全国人民代表大会常务委员会关于惩治破坏金融秩序犯罪的决定》第2条的规定,吸收为《刑法》的具体罪名的。

<table>
<tr><td colspan="2">类罪名:破坏社会主义市场经济秩序罪/破坏金融管理秩序罪 | 罪名:金融工作人员购买假币、以假币换取货币罪</td></tr>
<tr><td rowspan="3">量刑标准</td><td>构成犯罪的　处3年以上10年以下有期徒刑,并处2万元以上20万元以下罚金;</td></tr>
<tr><td>情节较轻的　处3年以下有期徒刑或者拘役,并处或者单处1万元以上10万元以下罚金;</td></tr>
<tr><td>数额巨大或者有其他严重情节的　处10年以上有期徒刑或者无期徒刑,并处2万元以上20万元以下罚金或者没收财产。</td></tr>
</table>

法律依据

一、《刑法》条文

第一百七十一条第二、三款　银行或者其他金融机构的工作人员购买伪造的货币或者利用职务上的便利,以伪造的货币换取货币的,处三年以上十年以下有期徒刑,并处二万元以上二十万元以下罚金;数额巨大或者有其他严重情节的,处十年以上有期徒刑或者无期徒刑,并处二万元以上二十万元以下罚金或者没收财产;情节较轻的,处三年以下有期徒刑或者拘役,并处或者单处一万元以上十万元以下罚金。

伪造货币并出售或者运输伪造的货币的,依照本法第一百七十条的规定定罪从重处罚。

二、相关司法解释/文件

《最高人民法院关于审理伪造货币等案件具体应用法律的若干问题的解释》(2000年9月8日 法释〔2000〕26号)

第四条　银行或者其他金融机构的工作人员购买假币或者利用职务上的便利,以假币换取货币，总面额在四千元以上不满五万元或者币量在四百张（枚）以上不足五千张（枚）的，处三年以上十年以下有期徒刑，并处二万元以上二十万元以下罚金；总面额在五万元以上或者币量在五千张（枚）以上或者有其他严重情节的，处十年以上有期徒刑或者无期徒刑，并处二万元以上二十万元以下罚金或者没收财产；总面额不满人民币四千元或者币量不足四百张（枚）或者具有其他情节较轻情形的，处三年以下有期徒刑或者拘役，并处或者单处一万元以上十万元以下罚金。

第七条 本解释所称"货币"是指可在国内市场流通或者兑换的人民币和境外货币。

货币面额应当以人民币计算，其他币种以案发时国家外汇管理机关公布的外汇牌价折算成人民币。

《最高人民法院、最高人民检察院、公安部关于严厉打击假币犯罪活动的通知》（2009年9月15日 公通字〔2009〕45号）

各省、自治区、直辖市高级人民法院，人民检察院，公安厅、局，新疆维吾尔自治区高级人民法院生产建设兵团分院，新疆生产建设兵团人民检察院、公安局：

近年来，全国公安局司法机关始终把严厉打击假币犯罪作为一项重要任务，依法查处了一大批假币犯罪案件，打击了一大批假币犯罪分子，为维护人民币信誉和国家金融管理秩序，保护广大群众切身利益作出了重要贡献。但是，由于各方面因素的影响，当前假币犯罪形势仍然十分严峻，发案量居高不下，犯罪手段越来越隐蔽，查处难度越来越大。为了依法严厉打击假币犯罪，有效遏制假币犯罪活动的蔓延，现就有关工作要求通知如下：

一、统一思想，提高认识。假币犯罪严重影响国家金融秩序和经济安全，侵害群众利益，破坏社会稳定，影响国家形象。世界各国无不对假币犯罪特别重视，严厉打击。特别是在国际金融危机影响不断加深加剧，人民币国际化已经迈出实质性步伐的背景下，严厉打击假币犯罪，意义特别重大。各地公安司法机关要进一步统一思想，提高认识，深刻认识到假币犯罪的严重危害性，把反假币工作作为一项十分重要的任务，始终摆在突出位置抓紧抓好。

二、密切配合，强化合力。在办理假币犯罪案件中，各地公安机关、人民检察院、人民法院要加强协调配合，及时沟通情况，形成打击合力，提高工作成效。公安机关要主动加强与检察机关的沟通，重大案件请检察机关提前介入；需要补充侦查的，要根据检察机关的要求尽快补充侦查。检察机关对公安机关立案侦查的假币犯罪案件，要及时介入，参加对重大案件的讨论，对案件的法律适用和证据的收集、固定等提出意见和建议。人民法院对于重大假币犯罪案件，要加强审理力量，依法快审快结。

根据刑事诉讼法的有关规定，假币犯罪案件的地域管辖应当遵循以犯罪地管辖为主，犯罪嫌疑人居住地管辖为辅的原则。假币犯罪案件中的犯罪地，既包括犯罪预谋地、行为发生地，也包括运输假币的途经地。假币犯罪案件中的犯罪嫌疑人居住地，不仅包括犯罪嫌疑人经常居住地和户籍所在地，也包括其临时居住地。几个公安机关都有权管辖的假币犯罪案件，由最初立案地或者主要犯罪地公安机关管辖；对管辖有争议或者情况特殊的，由共同的上级公安机关指定管辖。如需人民检察院、人民法院指定管辖的，公安机关要及时提出相关建议。经审查需要指定的，人民检察院、人民法院要依法指定管辖。

三、严格依法，从严惩处。各地公安司法机关办理假币犯罪案件要始终坚持依法严惩的原则，坚决杜绝以罚代刑、以拘代刑、重罪轻判、降格处理，充分发挥刑罚的震慑力。公安机关对于涉嫌假币犯罪的，必须依法立案，认真查证；对有证据证明有犯罪事实，可能判处徒刑以上刑罚的犯罪嫌疑人，要尽快提请批准逮捕并抓紧侦办，及时移送审查起诉。检察机关对于公安机关提请批准逮捕、移送审查起诉的假币犯罪案件，符合批捕、起诉条件的，要依法尽快予以批捕、起诉。共同犯罪案件中虽然有同案犯在逃，但对于有证据证明有犯罪事实的已抓获的犯罪嫌疑人，要依法批捕、起诉；对于确实需要补充侦查的案件，要制作具体、详细的补充侦查提纲。人民法院对于假币犯罪要依法从严惩处，对于假币犯罪累犯、惯犯、涉案假币数额巨大或者全部流入社会的犯罪分子，要坚决重判；对于伪造货币集团的首要分子、骨干分子,伪造货币数额特别巨大或有其他特别严重情节,罪行极其严重的犯罪分子,应当判处死刑的,要坚决依法判处死刑。上级法院要加强对下级法院审判工作的指导,保障依法及时正确审判假币犯罪案件。

四、强化宣传,营造声势。各地公安局司法机关要选择典型案例,充分利用各种新闻媒体,采取多种形式,大力开展宣传教育工作,让广大群众充分认识假币犯罪的社会危害性和严重法律后果,自觉抵制并积极检举揭发假币违法犯罪活动,形成严厉打击假币犯罪的强大舆论声势。

各地接此通知后,请迅速传达至各基层人民法院、人民检察院、公安机关,并认真贯彻执行、执行中遇到的问题,请及时报最高人民法院、最高人民检察院、公安部。

《最高人民检察院、公安部关于公安机关管辖的刑事案件立案追诉标准的规定(二)》(2022年4月6日 公通字〔2022〕12号)

第十六条 〔金融工作人员购买假币、以假币换取货币案(刑法第一百七十一条第二款)〕银行或者其他金融机构的工作人员购买伪造的货币或者利用职务上的便利,以伪造的货币换取货币,总面额在二千元以上或者币量在二百张(枚)以上的,应予立案追诉。

量刑要素

人民法院对于假币犯罪要依法从严惩处,对于假币犯罪累犯、惯犯、涉案假币数额巨大或者全部流入社会的犯罪分子,要坚决重判;对于伪造货币集团的首要分子、骨干分子,伪造货币数额特别巨大或有其他特别严重情节,罪行极其严重的犯罪分子,应当判处死刑的,要坚决依法判处死刑。

要义辨析

一、概念

本罪是指银行或其他金融机构的工作人员购买伪造的货币或者利用职务便利,以伪造的货币换取人民币或外币的行为。

二、构成要件

1. 本罪侵犯的客体是国家金融管理秩序和金融机构的财产所有权。

2. 本罪在客观方面上表现为银行或者其他金融机构工作人员购买伪造的货币,或者利用职务上的便利以伪造的货币换取货币的行为。

3. 犯罪主体是特殊主体,只能是金融机构的从业人员,不区分是国有银行还是私营银行。所谓金融机构,是指专门从事各种金融活动的组织。我国已形成以中央银行即中国人民银行为核心,以商业银行为主体的多种金融机构并存的体系。其中商业银行主要有中国工商银行,中国农业银行、中国银行、中国建设银行以及各种地方性商业银行等。其他金融机构,是指银行以外的城乡信用合作社、融资租赁机构、信托投资公司、保险公司、邮政储蓄机构、证券机构等具有货币资金融通职能的机构。金融机构工作人员即是在上述机构中从事公务的人员。如果不是在上述金融机构而是在其他机构中工作的人员或者虽然是在上述金融机构中工作,但其不是从事公务而是从事劳务的人员,不能构成本罪主体。

4. 主观方面为直接故意,通常以非法牟利为目的。本罪不强调犯罪目的,也没有规定数额较大才构成犯罪,只要有主观故意和客观行为,一经实施便构成犯罪。

三、要点辨析

1. 本罪是为了制约特定主体,即金融机构的内部人,利用工作方便,购买假币和偷换假币的行为。

2. 注意本罪的罪与非罪的界限。主要应注意以下两点:(1)行为人购买伪造的货币或者以伪造的货币换取的货币数额大小。如果数额不大的,则不构成犯罪。(2)行为人主观上是否出于故意。如果行为人在不知情的情况下买进了伪造的货币或者以伪造的货币换取了货币,其行为一般也不构成本罪,如果构成其他犯罪的,以其他犯罪论处。

3. 本罪与购买假币罪的区别。二者在客观行为的性质上并没有不同。区别在于:(1)行为主体不同。本罪客观行为的主体是银行等金融机构的工作人员；而购买假币罪的主体则为一般主体。(2)客观方面不同。本罪只要具有购买的行为，无论其购买数额为多少都可构成本罪；但后罪不仅要求具有购买假币的行为，还要求购买假币的数量达到数额较大的标准，否则即不可能构成犯罪。

4. 本罪与伪造货币罪的区别。前者是购买和偷换，后者是伪造。如果金融工作人员伪造货币后，再用自己伪造的货币换取真币，则又触犯伪造货币罪。由于假币换取真币的行为，是伪造行为的一种后继行为，伪造货币的行为处罚要比本罪重，故可从重择取伪造货币罪处罚，不数罪并罚把以假币换取真币的行为作为一个从重的情节考虑。如果金融工作人员既有伪造货币的行为，又有以不是自己伪造的货币而是以他人伪造的货币换取真币的行为，此时两行为之间没有必然联系，应当分别定伪造货币罪和本罪，实行数罪并罚。

5. 本罪与走私假币罪的区别。行为人如果出于走私的故意，或与走私犯罪分子共谋实施本罪行为，则牵连触犯了走私假币罪。此时应择一重罪即走私假币罪从重处罚。根据走私行为的性质，下列行为，即使为金融工作人员所为，亦应按走私假币罪处罚：(1)直接向走私犯罪分子非法购买国家禁止进出口的伪造的货币的；(2)在内海、领海购买国家禁止进出口的伪造的货币的；(3)与走私伪造的货币的犯罪分子共谋，为其将伪造的货币换取真币的，等等。

6. 本罪是对金融从业人员购换伪币犯罪所作的特别规定，法定刑重于一般的出售、购买伪币犯罪，是特别针对银行金融从业人员设定的一个专门加重罪名。一般人购买假币起点刑期在3年以下，金融从业人员犯罪起刑，则在3年以上到10年以下。

四、罪名变迁

1979年《刑法》没有规定此罪名。本罪是由1995年6月30日《全国人民代表大会常务委员会关于惩治破坏金融秩序犯罪的决定》第2条第2款的规定，吸收改为《刑法》的具体规定的。

类罪名：破坏社会主义市场经济秩序罪/破坏金融管理秩序罪 ｜ 罪名：持有、使用假币罪	
量刑标准	**数额较大的**　处3年以下有期徒刑或者拘役，并处或单处1万元以上10万元以下罚金；
	数额巨大的　处3年以上10年以下有期徒刑，并处2万元以上20万元以下罚金；
	数额特别巨大的　处10年以上有期徒刑，并处5万元以上50万元以下罚金或者没收财产。

法律依据

一、《刑法》条文

第一百七十二条　明知是伪造的货币而持有、使用，数额较大的，处三年以下有期徒刑或者拘役，并处或者单处一万元以上十万元以下罚金；数额巨大的，处三年以上十年以下有期徒刑，并处二万元以上二十万元以下罚金；数额特别巨大的，处十年以上有期徒刑，并处五万元以上五十万元以下罚金或者没收财产。

二、相关司法解释/文件

《最高人民法院关于审理伪造货币等案件具体应用法律的若干问题的解释》(2000年9月8日法释〔2000〕26号)

第五条　明知是假币而持有、使用，总面额在四千元以上不满五万元的，属于“数额较大”；总面额在五万元以上不满二十万元的,属于"数额巨大";总面额在二十万元以上的,属于"数额特别巨大",依照刑法第一百七十二条的规定定罪处罚。

第七条　本解释所称"货币"是指可在国内市场流通或者兑换的人民币和境外货币。

货币面额应当以人民币计算,其他币种以案发时国家外汇管理机关公布的外汇牌价折算成人民币。

《最高人民法院关于审理伪造货币等案件具体应用法律若干问题的解释(二)》(2010 年 10 月 20 日　法释〔2010〕14 号)

第一条　仿照真货币的图案、形状、色彩等特征非法制造假币,冒充真币的行为,应当认定为刑法第一百七十条规定的"伪造货币"。

对真货币采用剪贴、挖补、揭层、涂改、移位、重印等方法加工处理,改变真币形态、价值的行为,应当认定为刑法第一百七十三条规定的"变造货币"。

第二条　同时采用伪造和变造手段,制造真伪拼凑货币的行为,依照刑法第一百七十条的规定,以伪造货币罪定罪处罚。

第三条　以正在流通的境外货币为对象的假币犯罪,依照刑法第一百七十条至第一百七十三条的规定定罪处罚。

假境外货币犯罪的数额,按照案发当日中国外汇交易中心或者中国人民银行授权机构公布的人民币对该货币的中间价折合成人民币计算。中国外汇交易中心或者中国人民银行授权机构未公布汇率中间价的境外货币,按照案发当日境内银行人民币对该货币的中间价折算成人民币,或者该货币在境内银行、国际外汇市场对美元汇率,与人民币对美元汇率中间价进行套算。

第四条　以中国人民银行发行的普通纪念币和贵金属纪念币为对象的假币犯罪,依照刑法第一百七十条至第一百七十三条的规定定罪处罚。

假普通纪念币犯罪的数额,以面额计算;假贵金属纪念币犯罪的数额,以贵金属纪念币的初始发售价格计算。

《最高人民检察院、公安部关于公安机关管辖的刑事案件立案追诉标准的规定(二)》(2022 年 4 月 6 日　公通字〔2022〕12 号)

第十七条　〔持有、使用假币案(刑法第一百七十二条)〕明知是伪造的货币而持有、使用,涉嫌下列情形之一的,应予立案追诉:

(一)总面额在四千元以上或者币量在四百张(枚)以上的;

(二)总面额在二千元以上或者币量在二百张(枚)以上,二年内因持有、使用假币受过行政处罚,又持有、使用假币的;

(三)其他持有、使用假币应予追究刑事责任的情形。

要义辨析

一、概念

本罪是指明知是伪造的货币而持有或使用,数额较大构成犯罪的行为。

二、构成要件

1. 本罪侵犯的客体是国家的货币管理制度。国家的货币管理制度是一个内容广泛的概念,它涉及货币的印刷、发行、流通、回笼等诸多环节,包括货币发行的管理(如发行基金的管理.货币发行与回笼的管理、发行量的管理)、银行出纳的管理、为保护人民币的法定货币地位所实施的有关管理等,并且每个方面的管理都涉及众多的内容。

2. 本罪的客观方面为持有、使用伪造的货币,数额较大的行为。

3. 本罪主体是一般主体,即自然人。

4. 本罪是故意犯罪,以"明知"为必要要件。因缺乏必要知识,不明知是假币而持有或使用的,不构成本罪。

三、要点辨析

1. 本罪的犯罪形态是两类:一类是持有假币,另一类是使用假币。本罪是选择性罪名,使用假币首先应持有,而单纯持有则独立构成犯罪。先持有假币进而使用假币的,以后罪定罪,而不适用并罚。

2. 注意区分本罪同出售假币罪的不同。出售假币是以假币换真币，使用假币是以假币换货物。"使用假币"，一般以交易对方不明知为条件。"出售"则将假币作为商品，对方也明知，是为获取非法利益而同意以低于面值的价格成交。后罪为"对合犯"，即买卖双方均构成"出售、购买、运输假币罪"，而本罪则系单方犯罪。

3. 注意本罪在主观上须明知和故意才构成犯罪。不明知是假币而持有、使用，不构成犯罪。使用假币，也以明知为条件。如果不知是假币而误用被别人发现，查明行为人确实不知晓不识别而误用的，也不构成犯罪。银行和国家其他机构应当在发现时，收缴假币并出具没收凭证。

4. 持有假币，以进行使用为目的，才构成犯罪。对于明确不会进行使用，仅用于收藏、展示、鉴别等目的的持有，不能认为构成本罪。持有假币应当达到一定数量才构成犯罪。如果只是误收而没有上交，数额很少，不能认为是犯罪。

四、罪名变迁

1979 年《刑法》没有规定此罪名。本罪是由 1995 年 6 月 30 日《全国人民代表大会常务委员会关于惩治破坏金融秩序犯罪的决定》第 4 条的规定，吸收改为刑法的具体的规定的。

类罪名：破坏社会主义市场经济秩序罪/破坏金融管理秩序罪	**罪名：变造货币罪**
量刑标准	**数额较大的**　处 3 年以下有期徒刑或拘役，并处或单处 1 万元以上 10 万元以下罚金；
	数额巨大的　处 3 年以上 10 年以下有期徒刑，并处 2 万元以上 20 万元以下罚金。

法律依据

一、《刑法》条文

第一百七十三条　变造货币，数额较大的，处三年以下有期徒刑或者拘役，并处或者单处一万元以上十万元以下罚金；数额巨大的，处三年以上十年以下有期徒刑，并处二万元以上二十万元以下罚金。

二、相关法律

《中华人民共和国中国人民银行法》（2003 年 12 月 27 日修正）

第十九条　禁止伪造、变造人民币。禁止出售、购买伪造、变造的人民币。禁止运输、持有、使用伪造、变造的人民币。禁止故意毁损人民币。禁止在宣传品、出版物或者其他商品上非法使用人民币图样。

第四十二条　伪造、变造人民币，出售伪造、变造的人民币，或者明知是伪造、变造的人民币而运输，构成犯罪的，依法追究刑事责任；尚不构成犯罪的，由公安机关处十五日以下拘留、一万元以下罚款。

三、相关司法解释/文件

《最高人民法院关于审理伪造货币等案件具体应用法律的若干问题的解释》（2000 年 9 月 8 日　法释〔2000〕26 号）

第六条　变造货币的总面额在二千元以上不满三万元的，属于"数额较大"；总面额在三万元以上的，属于"数额巨大"，依照刑法第一百七十三条的规定定罪处罚。

第七条　本解释所称"货币"是指可在国内市场流通或者兑换的人民币和境外货币。

货币面额应当以人民币计算，其他币种以案发时国家外汇管理机关公布的外汇牌价折算成人民币。

《最高人民法院关于审理伪造货币等案件具体应用法律若干问题的解释（二）》（2010 年 10 月 20 日　法释〔2010〕14 号）

第一条　仿照真货币的图案、形状、色彩等特征非法制造假币，冒充真币的行为，应当认定为刑法第一百七十条规定的"伪造货币"。

对真货币采用剪贴、挖补、揭层、涂改、移位、重印等方法加工处理,改变真币形态、价值的行为,应当认定为刑法第一百七十三条规定的"变造货币"。

第三条 以正在流通的境外货币为对象的假币犯罪,依照刑法第一百七十条至第一百七十三条的规定定罪处罚。

假境外货币犯罪的数额,按照案发当日中国外汇交易中心或者中国人民银行授权机构公布的人民币对该货币的中间价折合成人民币计算。中国外汇交易中心或者中国人民银行授权机构未公布汇率中间价的境外货币,按照案发当日境内银行人民币对该货币的中间价折算成人民币,或者该货币在境内银行、国际外汇市场对美元汇率,与人民币对美元汇率中间价进行套算。

第四条 以中国人民银行发行的普通纪念币和贵金属纪念币为对象的假币犯罪,依照刑法第一百七十条至第一百七十三条的规定定罪处罚。

假普通纪念币犯罪的数额,以面额计算;假贵金属纪念币犯罪的数额,以贵金属纪念币的初始发售价格计算。

《最高人民检察院、公安部关于公安机关管辖的刑事案件立案追诉标准的规定(二)》(2022 年 4 月 6 日 公通字〔2022〕12 号)

第十八条 〔变造货币案(刑法第一百七十三条)〕变造货币,涉嫌下列情形之一的,应予立案追诉:

(一)总面额在二千元以上或者币量在二百张(枚)以上的;

(二)总面额在一千元以上或者币量在一百张(枚)以上,二年内因变造货币受过行政处罚,又变造货币的;

(三)其他变造货币应予追究刑事责任的情形。

要义辨析

一、概念

本罪是指以挖补、剪贴、拼接等手法变造人民币或外国有效货币,数额较大的行为。

二、构成要件

1. 本罪侵犯的客体是国家货币金融管理秩序。

2. 本罪在客观方面表现为变造货币,数额较大的行为。

3. 本罪主体是一般主体。任何达到法定刑事责任年龄且具备刑事责任能力的自然人均可构成本罪。

4. 本罪在主观方面须由故意构成。即行为人必须明知是货币并进行变造以增大面值或增多货币量的,才能构成本罪。如果行为人确实不知是货币而进行加工的,不管其加工后的货币的面值或币量变成多大,均不构成犯罪。

三、要点辨析

1. 本罪所指"货币",按照司法解释的规定,是指可在国内市场流通或者兑换的人民币和境外货币。货币面额应当以人民币计算,其他币种以案发时国家外汇管理机关公布的外汇牌价折算成人民币。

2. 本罪所指"变造货币",根据《最高人民法院关于审理伪造货币等案件具体应用法律若干问题的解释(二)》(法释〔2010〕14 号)的规定,对真货币采用剪贴、挖补、揭层、涂改、移位、重印等方法加工处理,改变真币形态、价值的行为,应当认定为《刑法》第 173 条规定的"变造货币"。

3. 本罪是行为犯。没有规定构成本罪必须具有营利或者流通使用的目的,只要行为人出于故意,变造货币且数额较大的,即可构成本罪。

4. 本罪把变造货币的行为从伪造货币的行为中独立出来,把两种犯罪区别开来。本罪最高刑为 10 年,而伪造货币罪,最高刑为死刑,因此正确区分两罪十分重要。区别点为:"变造"是以真货币为基础加以挖补、剪贴、拼接,"伪造"则是以假材料非法仿制真币。变造是在原货币基础上进行加工处理使其虚假增值,伪造则系无中生有,将非货币物质加工为货币。变造后的货币,有原币成分,伪造的货币则完全改变原物质的形态。变造假币一般要投入原币成本,数量也不很大,而伪造则可以大量印刷铸造,危害更大,因此处刑不同。

四、罪名变迁

1979 年《刑法》第 122 条规定的是伪造国家货币罪,没有变造货币罪。1994 年《最高人民法院关于办理伪造国家货币、贩运伪造的国家货币、走私伪造的货币犯罪案件具体应用法律的若干问题的解释》第1条第2款:“对国家货币采用剪贴、挖补、揭层、涂改等方法加工处理,使国家货币改变形态、升值的变造国家货币行为,以伪造国家货币罪论处。”1995年6月30日《全国人民代表大会常务委员会关于惩治破坏金融秩序犯罪的决定》第5条将变造货币行为明确规定为一个独立的罪名,1997年《刑法》吸收了第5条的规定并使之更为具体。《最高人民法院关于审理伪造货币等案件具体应用法律若干问题的解释(二)》,对变造货币的行为作出了明确解释。

类罪名:破坏社会主义市场经济秩序罪/破坏金融管理秩序罪 | 罪名:擅自设立金融机构罪	
量刑标准	**构成犯罪的** 处3年以下有期徒刑或者拘役,并处或者单处2万元以上20万元以下罚金;
	情节严重的 处3年以上10年以下有期徒刑,并处5万元以上50万元以下罚金;
	单位犯本罪的 对单位处罚金;对直接负责的主管人员和直接责任人员依上述标准处罚。

法律依据

一、《刑法》条文

第一百七十四条第一、三款 未经国家有关主管部门批准,擅自设立商业银行、证券交易所、期货交易所、证券公司、期货经纪公司、保险公司或者其他金融机构的,处三年以下有期徒刑或者拘役,并处或者单处二万元以上二十万元以下罚金;情节严重的,处三年以上十年以下有期徒刑,并处五万元以上五十万元以下罚金。

单位犯前两款罪的,对单位判处罚金,并对其直接负责的主管人员和其他直接责任人员,依照第一款的规定处罚。

二、相关法律

《中华人民共和国商业银行法》(2015年8月29日修正)

第十一条 设立商业银行,应当经国务院银行业监督管理机构审查批准。

未经国务院银行业监督管理机构批准,任何单位和个人不得从事吸收公众存款等商业银行业务,任何单位不得在名称中使用“银行”字样。

第七十四条 商业银行有下列情形之一,由国务院银行业监督管理机构责令改正,有违法所得的,没收违法所得,违法所得五十万元以上的,并处违法所得一倍以上五倍以下罚款;没有违法所得或者违法所得不足五十万元的,处五十万元以上二百万元以下罚款;情节特别严重或者逾期不改正的,可以责令停业整顿或者吊销其经营许可证;构成犯罪的,依法追究刑事责任:

(一)未经批准设立分支机构的;

(二)未经批准分立、合并或者违反规定对变更事项不报批的;

(三)违反规定提高或者降低利率以及采用其他不正当手段,吸收存款,发放贷款的;

(四)出租、出借经营许可证的;

(五)未经批准买卖、代理买卖外汇的;

(六)未经批准买卖政府债券或者发行、买卖金融债券的;

(七)违反国家规定从事信托投资和证券经营业务、向非自用不动产投资或者向非银行金融机构和企业投资的;

(八)向关系人发放信用贷款或者发放担保贷

款的条件优于其他借款人同类贷款的条件的。

第七十九条　有下列情形之一,由国务院银行业监督管理机构责令改正,有违法所得的,没收违法所得,违法所得五万元以上的,并处违法所得一倍以上五倍以下罚款;没有违法所得或者违法所得不足五万元的,处五万元以上五十万元以下罚款:

(一)未经批准在名称中使用"银行"字样的;

(二)未经批准购买商业银行股份总额百分之五以上的;

(三)将单位的资金以个人名义开立账户存储的。

《中华人民共和国保险法》(2015 年 4 月 24 日修正)

第一百五十八条　违反本法规定,擅自设立保险公司、保险资产管理公司或者非法经营商业保险业务的,由保险监督管理机构予以取缔,没收违法所得,并处违法所得一倍以上五倍以下的罚款;没有违法所得或者违法所得不足二十万元的,处二十万元以上一百万元以下的罚款。

《中华人民共和国银行业监督管理法》(2006 年 10 月 31 日修正)

第十六条　国务院银行业监督管理机构依照法律、行政法规规定的条件和程序,审查批准银行业金融机构的设立、变更、终止以及业务范围。

第四十五条　银行业金融机构有下列情形之一,由国务院银行业监督管理机构责令改正,有违法所得的,没收违法所得,违法所得五十万元以上的,并处违法所得一倍以上五倍以下罚款;没有违法所得或者违法所得不足五十万元的,处五十万元以上二百万元以下罚款;情节特别严重或者逾期不改正的,可以责令停业整顿或者吊销其经营许可证;构成犯罪的,依法追究刑事责任:

(一)未经批准设立分支机构的;

(二)未经批准变更、终止的;

(三)违反规定从事未经批准或者未备案的业务活动的;

(四)违反规定提高或者降低存款利率、贷款利率的。

第四十六条　银行业金融机构有下列情形之一,由国务院银行业监督管理机构责令改正,并处二十万元以上五十万元以下罚款;情节特别严重或者逾期不改正的,可以责令停业整顿或者吊销其经营许可证;构成犯罪的,依法追究刑事责任:

(一)未经任职资格审查任命董事、高级管理人员的;

(二)拒绝或者阻碍非现场监管或者现场检查的;

(三)提供虚假的或者隐瞒重要事实的报表、报告等文件、资料的;

(四)未按照规定进行信息披露的;

(五)严重违反审慎经营规则的;

(六)拒绝执行本法第三十七条规定的措施的。

《中华人民共和国证券法》(2019 年 12 月 28 日修订)

第二百条　非法开设证券交易场所的,由县级以上人民政府予以取缔,没收违法所得,并处以违法所得一倍以上十倍以下的罚款;没有违法所得或者违法所得不足一百万元的,处以一百万元以上一千万元以下的罚款。对直接负责的主管人员和其他直接责任人员给予警告,并处以二十万元以上二百万元以下的罚款。

证券交易所违反本法第一百零五条的规定,允许非会员直接参与股票的集中交易的,责令改正,可以并处五十万元以下的罚款。

第二百零二条　违反本法第一百一十八条、第一百二十条第一款、第四款的规定,擅自设立证券公司、非法经营证券业务或者未经批准以证券公司名义开展证券业务活动的,责令改正,没收违法所得,并处以违法所得一倍以上十倍以下的罚款;没有违法所得或者违法所得不足一百万元的,处以一百万元以上一千万元以下的罚款。对直接负责的主管人员和其他直接责任人员给予警告,并处以二十万元以上二百万元以下的罚款。对擅自设立的证券公司,由国务院证券监督管理机构予以取缔。

证券公司违反本法第一百二十条第五款规定提供证券融资融券服务的,没收违法所得,并处以融资融券等值以下的罚款;情节严重的,禁止其在一定期限内从事证券融资融券业务。对直接负责的主管人员和其他直接责任人员给予警告,并处以二十万元以上二百万元以下的罚款。

《中华人民共和国证券投资基金法》(2015 年 4 月 24 日修正)

第一百一十九条　违反本法规定,未经批准擅自设立基金管理公司或者未经核准从事公开募集基金管理业务的,由证券监督管理机构予以取缔或者责令改正,没收违法所得,并处违法所得一倍以上五倍以下罚款;没有违法所得或者违法所得不足一百万元的,并处十万元以上一百万元以下罚款。对直接负责的主管人员和其他直接责任人员给予警告,并处三万元以上三十万元以下罚款。

基金管理公司违反本法规定,擅自变更持有百分之五以上股权的股东、实际控制人或者其他重大事项的,责令改正,没收违法所得,并处违法所得一倍以上五倍以下罚款;没有违法所得或者违法所得不足五十万元的,并处五万元以上五十万元以下罚款。对直接负责的主管人员给予警告,并处三万元以上十万元以下罚款。

三、相关司法解释/文件

《最高人民检察院、公安部关于公安机关管辖的刑事案件立案追诉标准的规定(二)》(2022 年 4 月 6 日　公通字〔2022〕12 号)

第十九条　〔擅自设立金融机构案(刑法第一百七十四条第一款)〕未经国家有关主管部门批准,擅自设立金融机构,涉嫌下列情形之一的,应予立案追诉:

(一)擅自设立商业银行、证券交易所、期货交易所、证券公司、期货公司、保险公司或者其他金融机构的;

(二)擅自设立金融机构筹备组织的。

四、相关部委规章

《银行保险机构许可证管理办法》(2021 年 4 月 28 日)

第二条　本办法所称许可证是指中国银行保险监督管理委员会(以下简称银保监会)依法颁发的特许银行保险机构经营金融业务的法律文件。

许可证的颁发、换发、收缴等由银保监会及其授权的派出机构依法行使,其他任何单位和个人不得行使上述职权。

第三条　本办法所称银行保险机构包括政策性银行、大型银行、股份制银行、城市商业银行、民营银行、外资银行、农村中小银行机构等银行机构及其分支机构,保险集团(控股)公司、保险公司、保险资产管理公司、金融资产管理公司、信托公司、企业集团财务公司、金融租赁公司、汽车金融公司、货币经纪公司、消费金融公司、银行理财公司、金融资产投资公司以及经银保监会及其派出机构批准设立的其他非银行金融机构及其分支机构,保险代理集团(控股)公司、保险经纪集团(控股)公司、保险专业代理公司、保险经纪公司、保险兼业代理机构等保险中介机构。

上述银行保险机构开展金融业务,应当依法取得许可证和市场监督管理部门颁发的营业执照。

要义辨析

一、概念

本罪是指未经国家有关主管部门批准,擅自设立商业银行、证券交易所、期货交易所、证券公司、期货经纪公司、保险公司或其他金融机构,从事金融业务的行为。

二、构成要件

1. 本罪侵犯的客体是国家的金融管理秩序。金融机构的设立、开业须经国家有关管理部门如证监会、银保监会、中国人民银行总行的严格审查审批,擅自设立、开业便构成本罪。单位犯本罪的,对单位和有关人员实行双罚。

2. 本罪客观方面表现为未经中国人民银行批准,擅自设立商业银行、擅自设立金融机构罪证券交易所、期货交易所、证券公司、期货经纪公司、保险公司或者其他金融机构的行为。凡未经中国人民银行批准,擅自开业或者经营金融业务,构成犯罪的,以本罪论处。

3. 主体是一般主体。任何达到法定刑事责任年龄且具备刑事责任能力的自然人均可构成本罪。

4. 本罪主观方面必须是故意,过失不构成本罪。

三、要点辨析

1. 本罪所称的"金融机构",是指有相对稳定的名称、场所、人员和对外的宣传声称和开始经营的,以商业银行、证券交易所、期货交易所、证券公司、期货经纪公司、保险公司或者其他金融机构名头活动的机构。如果仅是进行地下金融活动,和不固定的进行融资行为,没有形成实体单位,则不构成本罪,可以对照非法吸取公众存款、非法经营等其他罪进行分析定罪。

2. 行为人犯本罪后,随即非法吸收公众存款或是集资诈骗,其行为即同时触犯其它罪名,应按牵连犯原则,从一重罪处罚,而不并罚。

3. 关于合法机构批准主体的变化。1999 年 12 月 25 日《刑法修正案(一)》将《刑法》第 174 条中的“经人民银行批准”,改为“国家有关部门批准”,这是因为我国金融机构的批准权已发生变化,如证券交易所、期货交易所均已由证监会审批,保险公司由保监会审批。

4. 关于已经获得金融资格机构设立分支机构问题。“擅自设立”,是指没有经过合法批准手续、没有取得金融业务管理资格的单位和个人自行设立。已经取得资格的金融机构,擅立分支机构,不构成本罪,只可进行行政处罚。

5. 本罪同“非法吸收公众存款罪”的区别。两者有密切联系,主要看其是不是作为一个实体金融企业、以金融机构名义在进行经营活动。如果不是用金融机构名义,而是用原企业名义募资,不属于本罪。

6. 本罪属于行为犯,只要机构一经设立,对外挂牌,就构成本罪,经营时间的长短、经营的盈亏,均不影响本罪的成立。但是应当在量刑时考虑有没有造成实际危害后果。

四、罪名变迁

1979 年《刑法》没有关于擅自设立金融机构犯罪的规定。本罪是由 1995 年 6 月 30 日《全国人民代表大会常务委员会关于惩治破坏金融秩序犯罪的决定》第 6 条,吸收改为《刑法》的具体规定的。1997 年《刑法》颁布施行后,立法机关根据形势的发展变化,和金融管理体制的改革,如一些金融机构设置的批准机关由中国人民银行转移到其他机关,对法条内容作了修改。

类罪名:破坏社会主义市场经济秩序罪/破坏金融管理秩序罪 | 罪名:伪造、变造、转让金融机构经营许可证、批准文件罪		
量刑标准	构成本罪的	处 3 年以下有期徒刑或者拘役,并处或者单处 2 万元以上 20 万元以下罚金;
	情节严重的	处 3 年以上 10 年以下有期徒刑,并处 5 万元以上 50 万元以下罚金;
	单位犯罪的	对单位处罚金;对直接负责的主管人员和直接责任人员依上述标准处罚。

法律依据

一、《刑法》条文

第一百七十四条第二、三款 伪造、变造、转让商业银行、证券交易所、期货交易所、证券公司、期货经纪公司、保险公司或者其他金融机构的经营许可证或者批准文件的,依照前款的规定处罚。

单位犯前两款罪的,对单位判处罚金,并对其直接负责的主管人员和其他直接责任人员,依照第一款的规定处罚。

二、相关法律

《中华人民共和国商业银行法》(2015 年 8 月 29 日修正)

第八十一条 未经国务院银行业监督管理机构批准,擅自设立商业银行,或者非法吸收公众存款、变相吸收公众存款,构成犯罪的,依法追究刑事责任；并由国务院银行业监督管理机构予以取缔。

伪造、变造、转让商业银行经营许可证，构成犯罪的，依法追究刑事责任。

三、相关司法解释/文件

《最高人民检察院、公安部关于公安机关管辖的刑事案件立案追诉标准的规定（二）》（2022 年 4 月 6 日　公通字〔2022〕12 号）

第二十条　〔伪造、变造、转让金融机构经营许可证、批准文件案（刑法第一百七十四条第二款）〕伪造、变造、转让商业银行、证券交易所、期货交易所、证券公司、期货公司、保险公司或者其他金融机构的经营许可证或者批准文件的，应予立案追诉。

要义辨析

一、概念

本罪是指非法伪造、变造、转让商业银行、证券交易所、期货交易所、证券公司、期货公司、保险公司或者其他金融机构经营许可证、批准文件给他人擅自经营的行为。

二、构成要件

1. 本罪侵害的客体是国家金融经营许可的管理秩序。根据《商业银行法》等法律、法规的规定，金融机构的设立必须符合一定条件，按照规定的程序提出申请，经中国人民银行批准并颁发经营许可证，并凭该许可证向工商行政管理部门办理登记领取营业执照，始得营业。任何单位和个人不得伪造、变造金融机构经营许可证，金融机构及其有关人员不得转让其经营许可证。伪造、变造、转让金融机构经营许可证的行为将导致金融机构的非法设立或金融业务的非法开展，破坏国家对金融业的监督管理制度，因此，本法将其规定为犯罪予以惩治。

2. 本罪的客观方面表现为非法伪造、变造、转让金融机构经营许可证或者批准文件的行为。

所谓伪造，是指无权制作的单位或个人，依照颁证机关即中国人民银行统一制造的经营金融业务许可证的式样，包括形态、色彩、内容、格式等特征，非法制作假的经营金融业务许可证之行为。既然是假的，就并不要求其与真正的经营金融业务许可证完全一致。只要冠之以此种证件的名称，足以达到以假乱真、蒙蔽他人的目的即可。至于伪造的方式，则可以多种多样，有的是依照印刷，有的是予以复印，有的是用石印、影印、木印、胶印等方法加以复制，有的则是通过手工描绘，无论采用何种方式，只要是依照真的许可证，制造出来假的金融机构经营许可证，即可构成本罪。

所谓变造，是指行为人采取剪裁、挖补、拼凑、涂改、覆盖、揭层等方法对真的经营金融业务许可证加以改造处理，从而使其内容加以改变的行为，如变更经营单位的名称与地址、经营业务的范围、批准的日期、批准单位、批准字号等。变造与伪造不同，其是将真的金融机构经营许可证改变其内容而变为假的行为，其式样、形状等还有属于真的部分，只不过是其内容已发生变化，其或多或少含有原来证件的基本成分。而伪造则是将无变成有，即无论是证件的形式还是内容均是假的，其根本不含有真的成分。

所谓转让，是指行为人将自己或他人的金融机构经营许可证转交给别的单位或个人使用的行为。既包括通过出售、出租等有偿的方式转让，亦包括以出借、赠与等无偿的方式转让；既可永久地交给他人使用，也可以暂时的在一定的时间内交与他人使用；交与的证件既可以是真的，亦可以是伪造或变造等假的；转交的证件既可以是自己的，也可以是通过购买、出租等方式获得的；至于转交的对象，既可以是金融机构，也可以是非金融机构，既包括单位，亦包括个人。总之，上述交付行为的方式、时间、对象等均不会影响转让行为的性质之成立。

本罪为行为犯，即本罪只要行为人出于故意实施了伪造、变造、转让金融机构经营许可证的行为即可构成。至于行为人是否将伪造、变造的经营许可证使用或者出售、转交给他人，以及是否发生了实际危害社会的损害结果，均对本罪构成没有影响。

3. 主体是一般主体，可以是达到刑事责任年龄且具备刑事责任能力的自然人，也可以是单位。

4. 本罪主观方面必须是故意,一般具有营利或谋取其他非法利益的目的,过失不构成本罪。

三、要点辨析

1. 本罪是选择性罪名,实施其中两种以上行为的,仍定一罪,不实行并罚。

2. 本罪与伪造、变造、买卖国家机关公文、证件、印章罪的区别。两者在犯罪对象、犯罪行为方式上都有类似之处,其主要区别在于:(1)伪造变造的对象不同。前者的对象是金融机构经营许可证;后者的对象是公文、证件和印章。金融机构经营许可证当然也是一种证件,因而两者在犯罪对象上有交叉。(2)侵犯的客体不同。前者侵犯的是国家的金融证照的管理制度;后者侵犯的是国家机关、企业事业单位、人民团体的正常的证照管理活动。(3)行为方式不完全相同。前者除伪造、变造外,还有转让;后者除伪造、变造外,还有买卖。

在实践中,如果是伪造、变造、转让金融机构经营许可证的,虽然金融机构经营许可证也属于一种证件,但由于立法上已经作特别门类规定,因此应以伪造、变造、转让金融机构经营许可证罪论处。

四、罪名变迁

1979年《刑法》没有规定此罪名。本罪是从1995年《全国人民代表大会常务委员会关于惩治破坏金融秩序犯罪的决定》第6条第2款,吸收改为1997年《刑法》的具体规定的。原罪名为伪造、变造、转让金融机构经营许可证罪。1999年12月25日《刑法修正案(一)》第3条又对《刑法》第174条的罪状作了修改,因而罪名也相应作了修改。

类罪名:破坏社会主义市场经济秩序罪/破坏金融管理秩序罪	罪名:高利转贷罪
量刑标准	**违法所得数额较大** 处3年以下有期徒刑或者拘役,并处违法所得1倍以上5倍以下罚金;
	数额巨大 处3年以上7年以下有期徒刑,并处违法所得1倍以上5倍以下罚金;
	单位犯本罪 对单位处罚金;对直接负责的主管人员和直接责任人员处3年以下有期徒刑或拘役。

法律依据

一、《刑法》条文

第一百七十五条 以转贷牟利为目的,套取金融机构信贷资金高利转贷他人,违法所得数额较大的,处三年以下有期徒刑或者拘役,并处违法所得一倍以上五倍以下罚金;数额巨大的,处三年以上七年以下有期徒刑,并处违法所得一倍以上五倍以下罚金。

单位犯前款罪的,对单位判处罚金,并对其直接负责的主管人员和其他直接责任人员,处三年以下有期徒刑或者拘役。

二、相关司法解释/文件

《最高人民检察院、公安部关于公安机关管辖的刑事案件立案追诉标准的规定(二)》(2022年4月6日 公通字〔2022〕12号)

第二十一条 〔高利转贷案(刑法第一百七十五条)〕以转贷牟利为目的,套取金融机构信贷资金高利转贷他人,违法所得数额在五十万元以上的,应予立案追诉。

《最高人民法院关于进一步加强金融审判工作的若干意见》(2017年8月4日 法发〔2017〕22号)

二、以服务实体经济作为出发点和落脚点,引导和规范金融交易

9. 依法规制国有企业的贷款通道业务,防范无金融资质的国有企业变相从事金融业务。无金融资质的国有企业变相从事金融业务,套取金融机构信贷资金又高利转贷的,应当根据《最高人民法院关于审理民间借贷案件适用法律若干问题的规定》第十四条的规定,依法否定其放贷行为的法律效力,并通过向相应的主管部门提出司法建议等方式,遏制国有企业的贷款通道业务,引导其回归实

体经济。

10. 依法打击资金掮客和资金融通中的违法犯罪行为，有效规范金融秩序。对于民间借贷中涉及商业银行工作人员内外勾结进行高利转贷、利益输送，或者金融机构工作人员违法发放贷款，以及公司、企业在申请贷款过程中虚构事实、隐瞒真相骗取贷款、实施贷款诈骗构成犯罪的，依法追究刑事责任。

《最高人民法院、最高人民检察院、公安部、司法部关于办理非法放贷刑事案件若干问题的意见》(2019年7月23日)

六、为从事非法放贷活动，实施擅自设立金融机构、套取金融机构资金高利转贷、骗取贷款、非法吸收公众存款等行为，构成犯罪的，应当择一重罪处罚。

为强行索要因非法放贷而产生的债务，实施故意杀人、故意伤害、非法拘禁、故意毁坏财物、寻衅滋事等行为，构成犯罪的，应当数罪并罚。

纠集、指使、雇佣他人采用滋扰、纠缠、哄闹、聚众造势等手段强行索要债务，尚不单独构成犯罪，但实施非法放贷行为已构成非法经营罪的，应当按照非法经营罪的规定酌情从重处罚。

以上规定的情形，刑法、司法解释另有规定的除外。

三、相关部委规章

《贷款通则》(1996年6月28日)

第七十一条　借款人有下列情形之一，由贷款人对其部分或全部贷款加收利息；情节特别严重的，由贷款人停止支付借款人尚未使用的贷款，并提前收回部分或全部贷款：

一、不按借款合同规定用途使用贷款的。

二、用贷款进行股本权益性投资的。

三、用贷款在有价证券、期货等方面从事投机经营的。

四、未依法取得经营房地产资格的借款人用贷款经营房地产业务的；

依法取得经营房地产资格的借款人，用贷款从事房地产投机的。

五、不按借款合同规定清偿贷款本息的。

六、套取贷款相互借贷牟取非法收入的。

要义辨析

一、概念

本罪是指单位或个人以牟利为目的，从金融机构套取信贷资金，高利转贷他人，违法所得数额较大的行为。

二、构成要件

1. 本罪侵犯的直接客体是国家金融管理部门和金融机构对信贷资金的管理秩序以及金融机构信贷资金。

2. 本罪的客观方面表现为，借款人在依正常程序贷得金融机构信贷资金后，以转贷为目的，将贷款高利转贷他人。

3. 本罪主体为特殊主体，即具有信贷资格、已获得信贷资金的个人或单位。这一点对确定本罪十分重要。如何确定本罪意义上的“借款人”，可以参阅1996年6月28日中国人民银行发布的《贷款通则》。

4. 本罪主观方面是故意，并以转贷牟利为目的。

三、要点辨析

1. 本罪是为了保障国家对金融行为的垄断而设立的罪名。国家不允许进行民间转拆借融资，因此这是一个特定时期的罪名。确定本罪，要注意两个要点：一是以转贷牟利为目的，二是套取金融机构信贷资金高利转贷他人。转贷牟利为目的，要考虑行为人贷款时的动机。如果其是通过合法途径贷到款，一时不急于使用，而转借给他人收取民间利息，不是惯常用这种方式牟利，不能定性为有罪。套取金融机构信贷资金高利转贷他人，同样要审查是一贯如此，还是某批沉淀资金偶尔转借。司法实践中，将有银行贷款暂时不用转借他人的，就定为高利转贷罪，出现了一些错案。对于“高利”的标准，也要严格把握。银行利息和民间融资利息之间有差利，如果一概认定，也会出现错案。因此，要看其借出的利息是否同周边实际利息基本相符，而不是同银行贷出利率相比。

2. 认定本罪要注意罪与非罪的把握。要审查主观意图,获得贷款的目的是不是转贷牟利。如果因为贷款后情况变化暂时闲置,或者别人急用而外借,或者一时没有用完为减少损失而出借,都不能认定为本罪。

本罪为结果犯,有非法获利并数额较大达到10万元以上,才构成犯罪。

3. 注意本罪与非法吸收公众存款罪的区别。本罪特指从国家金融机构套取信贷资金,进行转贷。因此同非法吸收公众存款罪,向公众融资再行转借出去,很容易区分。由于民间利率基本由市场决定而无法控制利差,因此向民间融资再转贷的并不多,只会涉及非法吸收公众存款罪。而司法实践中,公众吸收的并非存款,而是借入流动资金。在处理非法吸收公众存款罪中,一些地方将从金融机构的贷出资金,也计入"吸收公众存款"的犯罪金额,这是错误的。本罪的量刑也比非法吸收公众存款罪轻。

四、罪名变迁

本罪是1997年《刑法》增设的罪名,1979年《刑法》和单行刑法均没有规定此罪名。

类罪名:破坏社会主义市场经济秩序罪/破坏金融管理秩序罪 | 罪名:骗取贷款、票据承兑、金融票证罪	
量刑标准	**犯本罪的** 处3年以下有期徒刑或者拘役,并处或者单处罚金;
	给银行或者其他金融机构造成特别重大损失或者有其他特别严重情节的 处3年以上7年以下有期徒刑,并处罚金;
	单位犯前款罪的 对单位判处罚金,并对其直接负责的主管人员和其他直接责任人员,依照前款的规定处罚。

法律依据

一、《刑法》条文

第一百七十五条之一 以欺骗手段取得银行或者其他金融机构贷款、票据承兑、信用证、保函等,给银行或者其他金融机构造成重大损失的,处三年以下有期徒刑或者拘役,并处或者单处罚金;给银行或者其他金融机构造成特别重大损失或者有其他特别严重情节的,处三年以上七年以下有期徒刑,并处罚金。

单位犯前款罪的,对单位判处罚金,并对其直接负责的主管人员和其他直接责任人员,依照前款的规定处罚。

二、相关司法解释/文件

《最高人民检察院、公安部关于公安机关管辖的刑事案件立案追诉标准的规定(二)》(2022年4月6日 公通字〔2022〕12号)

第二十二条 〔骗取贷款、票据承兑、金融票证案(刑法第一百七十五条之一)〕以欺骗手段取得银行或者其他金融机构贷款、票据承兑、信用证、保函等,给银行或者其他金融机构造成直接经济损失数额在五十万元以上的,应予立案追诉。

要义辨析

一、概念

本罪是指单位或个人以欺骗手段取得银行或者其他金融机构贷款、票据承兑、信用证、保函等,给银行或者其他金融机构造成重大损失或者有其他严重情节的行为。

二、构成要件

1. 本罪侵犯的直接客体,是国家金融管理部门和金融机构对信贷资金的管理秩序。

2. 本罪的客观方面表现为行为人在向银行申办贷款的过程中采取了欺骗手段。只要行为人在申请贷款的过程中有虚构事实、掩盖真相的情节,或者在申请贷款过程中,提供了假证明、假材料,或者不如实填写贷款资金真实用途,以骗得贷款的顺利审批的,都属于"欺骗手段"。

3. 本罪主体为一般主体,通常是贷款人,但若担保人、银行职员等帮助贷款人出谋划策,掩盖真相、提供虚假材料等的,也可能构成本罪的共犯。个人和单位均可构成本罪。

4. 本罪主观方面应该为故意,即积极采取欺骗手段,追求获得贷款归贷款人使用的目的。如果贷款人主观上有将贷款占为己有,不再归还的目的,则应当构成贷款诈骗罪。

三、要点辨析

1. 本罪是选择性罪名,包含了骗取贷款、骗取票据承兑、骗取金融票证三种行为。行为人实施了其中一种行为,即可构成犯罪;一个人行为同时涉及本条各罪的,只择一重罪定之,不能进行数罪并罚。

2.《刑法》设立本罪的意义。本罪在主观上不要求行为人以"非法占有为目的",而贷款诈骗罪要求行为人必须以"非法占有为目的"。在原来只有贷款诈骗罪的情形下,在司法实践中认定"以非法占有为目的"比较困难,致使大量的临时骗取银行贷款行为,难以被追究刑事法律责任,导致金融秩序被扰乱。本罪的设立,降低了打击骗取银行贷款和骗取信用行为的门槛,以欺骗手段获得贷款,即使不想占为己有,也构成本罪。为保障银行信贷资产安全,保障真实贷款秩序,提供了处理空间。

3. 注意区分本罪与贷款诈骗罪的区别。(1)犯罪目的不同。本罪是骗取资金后暂时周转一段时间,最后是想要归还的。如果一开始就想骗取不还,即定贷款诈骗罪。(2)犯罪主体范围不同。本罪的主体包括自然人和单位。而贷款诈骗罪的主体只限于自然人。单位实施骗取贷款的行为,不能按照贷款诈骗罪追究刑事责任,符合条件的也只能按照合同诈骗罪定罪。(3)量刑不同。本罪最高刑七年以下有期徒刑,贷款诈骗罪最高无期徒刑。

4. 注意本罪罪与非罪的界限。本罪是结果犯。本罪的成立,要求必须是给银行或其他金融机构造成重大损失或者有其他严重情节,如果行为人的欺骗行为并未造成重大损失,也不具有其他严重情节的,则不构成犯罪。

5. 确定本罪要防止客观归罪。不能因能归还资金,就定无罪或者本罪,不能归还资金,就定贷款诈骗。要审查贷款时的真实主观意图和当时的资信能力。对于当时确实是正常贷款,由于金融环境变化或意外的原因,导致无力归还的,不能确定为本罪。

6. 认定本罪,要严格审查银行金融机构是不是真的被骗,是不是真的不知贷款企业的资信情况,而上当受骗放贷。"以欺骗手段取得银行或者其他金融机构贷款、票据承兑、信用证、保函"是本罪成立的客观要件。司法实践中发现,银行放贷都有严格的审核,如征信审核调查、担保财产实地核查、年报财报审核等,银行同企业长期转贷合作,对贷款企业的情况一般都了如指掌。有的银行为了规避国家一时一地的政策变化而想放贷获利,甚至帮助企业故意伪造贷款用途,或指使企业伪造贷款资料。而一旦贷款出现收贷不能而形成坏账,银行又否认当时知情和参与策划,报案称被骗贷,往往导致法院错判。因此,银行金融机构是否知情,是否有可能被骗,要根据银行的调查能力和情况、银企合作时间、财务资料不实的原因、银行有没有违法发放贷款的故意、有没有参与策划授意、企业不能还款是否有意外原因等,进行综合分析,从严把握。如果是银行工作人员明知骗贷而放贷,内外勾结而放贷,导致银行损失,则构成违法发放贷款罪,而不能追究借款企业。如果银行经办人、审批人员受贿的,同时构成受贿罪。

四、罪名变迁

本罪是2006年6月29日《刑法修正案(六)》第10条增设的罪名,后又根据《刑法修正案(十一)》修改。

<table>
<tr><td colspan="2">**类罪名:破坏社会主义市场经济秩序罪/破坏金融管理秩序罪** | **罪名:非法吸收公众存款罪**</td></tr>
<tr><td rowspan="4">**量刑标准**</td><td>**构成犯罪的** 处3年以下有期徒刑或者拘役,并处或者单处罚金;</td></tr>
<tr><td>**数额巨大或者有其他严重情节的** 处3年以上10年以下有期徒刑,并处罚金;</td></tr>
<tr><td>**数额特别巨大或有其他特别严重情节的** 处10年以上有期徒刑,并处罚金;</td></tr>
<tr><td>**单位犯罪的** 对单位处罚金;对直接负责的主管人员和其他直接责任人员依上述标准处罚。</td></tr>
</table>

法律依据

一、《刑法》条文

第一百七十六条 非法吸收公众存款或者变相吸收公众存款,扰乱金融秩序的,处三年以下有期徒刑或者拘役,并处或者单处罚金;数额巨大或者有其他严重情节的,处三年以上十年以下有期徒刑,并处罚金;数额特别巨大或者有其他特别严重情节的,处十年以上有期徒刑,并处罚金。

单位犯前款罪的,对单位判处罚金,并对其直接负责的主管人员和其他直接责任人员,依照前款的规定处罚。

有前两款行为,在提起公诉前积极退赃退赔,减少损害结果发生的,可以从轻或者减轻处罚。

二、相关法律

《中华人民共和国商业银行法》(2015年8月29日修正)

第十一条 设立商业银行,应当经国务院银行业监督管理机构审查批准。

未经国务院银行业监督管理机构批准,任何单位和个人不得从事吸收公众存款等商业银行业务,任何单位不得在名称中使用"银行"字样。

第四十七条 商业银行不得违反规定提高或者降低利率以及采用其他不正当手段,吸收存款,发放贷款。

第八十一条 未经国务院银行业监督管理机构批准,擅自设立商业银行,或者非法吸收公众存款、变相吸收公众存款,构成犯罪的,依法追究刑事责任;并由国务院银行业监督管理机构予以取缔。

伪造、变造、转让商业银行经营许可证,构成犯罪的,依法追究刑事责任。

三、相关行政法规

《金融违法行为处罚办法》(1999年2月22日)

第二十七条 财务公司不得有下列行为:

(一)超过中国人民银行批准的规模发行财务公司债券;

(二)吸收非集团成员单位存款或者向非集团成员单位发放贷款;

(三)违反规定向非集团成员单位提供金融服务;

(四)违反中国人民银行规定的其他行为。

财务公司有前款所列行为之一的,给予警告,没收违法所得,并处违法所得1倍以上5倍以下的罚款,没有违法所得的,处10万元以上50万元以下的罚款;对该财务公司直接负责的高级管理人员、其他直接负责的主管人员和直接责任人员,给予记过直至开除的纪律处分;情节严重的,责令该财务公司停业整顿,对直接负责的高级管理人员给予撤职直至开除的纪律处分;构成非法吸收公众存款罪、擅自发行股票、公司企业债券罪或者其他罪的,依法追究刑事责任。

第二十八条 信托投资公司不得以办理委托、信托业务名义吸收公众存款、发放贷款,不得违反国家规定办理委托、信托业务。

信托投资公司违反前款规定的,给予警告,没收违法所得,并处违法所得1倍以上5倍以下的罚款,没有违法所得的,处10万元以上50万元以下的罚款;对该信托投资公司直接负责的高级管理人员、其他直接负责的主管人员和直接责任人员,给予记大过直至开除的纪律处分;

情节严重的，暂停或者停止该项业务，对直接负责的高级管理人员给予撤职直至开除的纪律处分；构成非法吸收公众存款罪、集资诈骗罪或者其他罪的，依法追究刑事责任。

《储蓄管理条例》(2011年1月8日修订)

第三条　本条例所称储蓄是指个人将属于其所有的人民币或者外币存入储蓄机构，储蓄机构开具存折或者存单作为凭证，个人凭存折或者存单可以支取存款本金和利息，储蓄机构依照规定支付存款本金和利息的活动。

任何单位和个人不得将公款以个人名义转为储蓄存款。

第四条　本条例所称储蓄机构是指经中国人民银行或其分支机构批准，各银行、信用合作社办理储蓄业务的机构，以及邮政企业依法办理储蓄业务的机构。

第八条　除储蓄机构外，任何单位和个人不得办理储蓄业务。

第三十四条　违反本条例规定，有下列行为之一的单位和个人，由中国人民银行或其分支机构责令其纠正，并可以根据情节轻重处以罚款、停业整顿、吊销《经营金融业务许可证》；情节严重，构成犯罪的，依法追究刑事责任：

（六）储蓄机构采取不正当手段吸收储蓄存款的；

四、相关司法解释/文件

《全国法院审理金融犯罪案件工作座谈会纪要》(2001年1月21日　法〔2001〕8号)

（二）关于破坏金融管理秩序罪

4. 破坏金融管理秩序相关犯罪数额和情节的认定

为正确执行刑法，在其他有关的司法解释出台之前，对假币犯罪以外的破坏金融管理秩序犯罪的数额和情节，可参照以下标准掌握：

关于非法吸收公众存款罪。非法吸收或者变相吸收公众存款的，要从非法吸收公众存款的数额、范围以及给存款人造成的损失等方面来判定扰乱金融秩序造成危害的程度。根据司法实践，具有下列情形之一的，可以按非法吸收公众存款罪定罪处罚：(1)个人非法吸收或者变相吸收公众存款20万元以上的，单位非法吸收或者变相吸收公众存款100万元以上的；(2)个人非法吸收或者变相吸收公众存款30户以上的，单位非法吸收或者变相吸收公众存款150户以上的；(3)个人非法吸收或者变相吸收公众存款给存款人造成损失10万元以上的，单位非法吸收或者变相吸收公众存款给存款人造成损失50万元以上的，或者造成其他严重后果的。个人非法吸收或者变相吸收公众存款100万元以上，单位非法吸收或者变相吸收公众存款500万元以上的，可以认定为“数额巨大”。

由于各地经济发展不平衡，各省、自治区、直辖市高级人民法院可参照上述数额标准或幅度，根据本地的具体情况，确定在本地区掌握的具体标准。

《最高人民检察院、公安部关于公安机关管辖的刑事案件立案追诉标准的规定(二)》(2022年4月6日　公通字〔2022〕12号)

第二十三条　〔非法吸收公众存款案(刑法第一百七十六条)〕非法吸收公众存款或者变相吸收公众存款，扰乱金融秩序，涉嫌下列情形之一的，应予立案追诉：

（一）非法吸收或者变相吸收公众存款数额在一百万元以上的；

（二）非法吸收或者变相吸收公众存款对象一百五十人以上的；

（三）非法吸收或者变相吸收公众存款，给集资参与人造成直接经济损失数额在五十万元以上的；

非法吸收或者变相吸收公众存款数额在五十万元以上或者给集资参与人造成直接经济损失数额在二十五万元以上，同时涉嫌下列情形之一的，应予立案追诉：

（一）因非法集资受过刑事追究的；

（二）二年内因非法集资受过行政处罚的；

（三）造成恶劣社会影响或者其他严重后果的。

《最高人民法院关于审理非法集资刑事案件具体应用法律若干问题的解释》(2022年2月23日修正　法释〔2022〕5号)

第一条　违反国家金融管理法律规定，向社会公众(包括单位和个人)吸收资金的行为，同时具备下列四个条件的，除刑法另有规定的以外，应当

认定为刑法第一百七十六条规定的“非法吸收公众存款或者变相吸收公众存款”:

(一)未经有关部门依法许可或者借用合法经营的形式吸收资金;

(二)通过网络、媒体、推介会、传单、手机信息等途径向社会公开宣传;

(三)承诺在一定期限内以货币、实物、股权等方式还本付息或者给付回报;

(四)向社会公众即社会不特定对象吸收资金。

未向社会公开宣传,在亲友或者单位内部针对特定对象吸收资金的,不属于非法吸收或者变相吸收公众存款。

第二条 实施下列行为之一,符合本解释第一条第一款规定的条件的,应当依照刑法第一百七十六条的规定,以非法吸收公众存款罪定罪处罚:

(一)不具有房产销售的真实内容或者不以房产销售为主要目的,以返本销售、售后包租、约定回购、销售房产份额等方式非法吸收资金的;

(二)以转让林权并代为管护等方式非法吸收资金的;

(三)以代种植(养殖)、租种植(养殖)、联合种植(养殖)等方式非法吸收资金的;

(四)不具有销售商品、提供服务的真实内容或者不以销售商品、提供服务为主要目的,以商品回购、寄存代售等方式非法吸收资金的;

(五)不具有发行股票、债券的真实内容,以虚假转让股权、发售虚构债券等方式非法吸收资金的;

(六)不具有募集基金的真实内容,以假借境外基金、发售虚构基金等方式非法吸收资金的;

(七)不具有销售保险的真实内容,以假冒保险公司、伪造保险单据等方式非法吸收资金的;

(八)以网络借贷、投资入股、虚拟币交易等方式非法吸收资金的;

(九)以委托理财、融资租赁等方式非法吸收资金的;

(十)以提供“养老服务”、投资“养老项目”、销售“老年产品”等方式非法吸收资金的;

(十一)利用民间“会”“社”等组织非法吸收资金的;

(十二)其他非法吸收资金的行为。

第三条 非法吸收或者变相吸收公众存款,具有下列情形之一的,应当依法追究刑事责任:

(一)非法吸收或者变相吸收公众存款数额在100万元以上的;

(二)非法吸收或者变相吸收公众存款对象150人以上的;

(三)非法吸收或者变相吸收公众存款,给存款人造成直接经济损失数额在50万元以上的。

非法吸收或者变相吸收公众存款数额在50万元以上或者给存款人造成直接经济损失数额在25万元以上,同时具有下列情节之一的,应当依法追究刑事责任:

(一)曾因非法集资受过刑事追究的;

(二)二年内曾因非法集资受过行政处罚的;

(三)造成恶劣社会影响或者其他严重后果的。

第四条 非法吸收或者变相吸收公众存款,具有下列情形之一的,应当认定为刑法第一百七十六条规定的“数额巨大或者有其他严重情节”:

(一)非法吸收或者变相吸收公众存款数额在500万元以上的;

(二)非法吸收或者变相吸收公众存款对象500人以上的;

(三)非法吸收或者变相吸收公众存款,给存款人造成直接经济损失数额在250万元以上的。

非法吸收或者变相吸收公众存款数额在250万元以上或者给存款人造成直接经济损失数额在150万元以上,同时具有本解释第三条第二款第三项情节的,应当认定为“其他严重情节”。

第五条 非法吸收或者变相吸收公众存款,具有下列情形之一的,应当认定为刑法第一百七十六条规定的“数额特别巨大或者有其他特别严重情节”:

(一)非法吸收或者变相吸收公众存款数额在5000万元以上的;

(二)非法吸收或者变相吸收公众存款对象5000人以上的;

(三)非法吸收或者变相吸收公众存款,给存款人造成直接经济损失数额在2500万元以上的。

非法吸收或者变相吸收公众存款数额在2500万元以上或者给存款人造成直接经济损失数额在1500万元以上，同时具有本解释第三条第二款第三项情节的，应当认定为“其他特别严重情节”。

《最高人民法院关于非法集资刑事案件性质认定问题的通知》(2011年8月18日　法〔2011〕262号)

为依法、准确、及时审理非法集资刑事案件，现就非法集资性质认定的有关问题通知如下：

一、行政部门对于非法集资的性质认定，不是非法集资案件进入刑事程序的必经程序。行政部门未对非法集资作出性质认定的，不影响非法集资刑事案件的审判。

二、人民法院应当依照刑法和《最高人民法院关于审理非法集资刑事案件具体应用法律若干问题的解释》等有关规定认定案件事实的性质，并认定相关行为是否构成犯罪。

三、对于案情复杂、性质认定疑难的案件，人民法院可以在有关部门关于是否符合行业技术标准的行政认定意见的基础上，根据案件事实和法律规定作出性质认定。

四、非法集资刑事案件的审判工作涉及领域广、专业性强，人民法院在审理此类案件当中要注意加强与有关行政主(监)管部门以及公安机关、人民检察院的配合。审判工作中遇到重大问题难以解决的，请及时报告最高人民法院。

《最高人民法院、最高人民检察院、公安部关于办理非法集资刑事案件适用法律若干问题的意见》(2014年3月25日　公通字〔2014〕16号)

为解决近年来公安机关、人民检察院、人民法院在办理非法集资刑事案件中遇到的问题，依法惩治非法吸收公众存款、集资诈骗等犯罪，根据刑法、刑事诉讼法的规定，结合司法实践，现就办理非法集资刑事案件适用法律问题提出以下意见：

一、关于行政认定的问题

行政部门对于非法集资的性质认定，不是非法集资刑事案件进入刑事诉讼程序的必经程序。行政部门未对非法集资作出性质认定的，不影响非法集资刑事案件的侦查、起诉和审判。

公安机关、人民检察院、人民法院应当依法认定案件事实的性质，对于案情复杂、性质认定疑难的案件，可参考有关部门的认定意见，根据案件事实和法律规定作出性质认定。

二、关于“向社会公开宣传”的认定问题

《最高人民法院关于审理非法集资刑事案件具体应用法律若干问题的解释》第一条第一款第二项中的“向社会公开宣传”，包括以各种途径向社会公众传播吸收资金的信息，以及明知吸收资金的信息向社会公众扩散而予以放任等情形。

三、关于“社会公众”的认定问题

下列情形不属于《最高人民法院关于审理非法集资刑事案件具体应用法律若干问题的解释》第一条第二款规定的“针对特定对象吸收资金”的行为，应当认定为向社会公众吸收资金：

(一)在向亲友或者单位内部人员吸收资金的过程中，明知亲友或者单位内部人员向不特定对象吸收资金而予以放任的；

(二)以吸收资金为目的，将社会人员吸收为单位内部人员，并向其吸收资金的。

四、关于共同犯罪的处理问题

为他人向社会公众非法吸收资金提供帮助，从中收取代理费、好处费、返点费、佣金、提成等费用，构成非法集资共同犯罪的，应当依法追究刑事责任。能够及时退缴上述费用的，可依法从轻处罚；其中情节轻微的，可以免除处罚；情节显著轻微、危害不大的，不作为犯罪处理。

五、关于涉案财物的追缴和处置问题

向社会公众非法吸收的资金属于违法所得。以吸收的资金向集资参与人支付的利息、分红等回报，以及向帮助吸收资金人员支付的代理费、好处费、返点费、佣金、提成等费用，应当依法追缴。集资参与人本金尚未归还的，所支付的回报可予折抵本金。

将非法吸收的资金及其转换财物用于清偿债务或者转让给他人，有下列情形之一的，应当依法追缴：

(一)他人明知是上述资金及财物而收取的；

(二)他人无偿取得上述资金及财物的；

(三)他人以明显低于市场的价格取得上述资金及财物的；

(四)他人取得上述资金及财物系源于非法债

务或者违法犯罪活动的;

(五)其他依法应当追缴的情形。

查封、扣押、冻结的易贬值及保管、养护成本较高的涉案财物,可以在诉讼终结前依照有关规定变卖、拍卖。所得价款由查封、扣押、冻结机关予以保管,待诉讼终结后一并处置。

查封、扣押、冻结的涉案财物,一般应在诉讼终结后,返还集资参与人。涉案财物不足全部返还的,按照集资参与人的集资额比例返还。

六、关于证据的收集问题

办理非法集资刑事案件中,确因客观条件的限制无法逐一收集集资参与人的言词证据的,可结合已收集的集资参与人的言词证据和依法收集并查证属实的书面合同、银行账户交易记录、会计凭证及会计账簿、资金收付凭证、审计报告、互联网电子数据等证据,综合认定非法集资对象人数和吸收资金数额等犯罪事实。

七、关于涉及民事案件的处理问题

对于公安机关、人民检察院、人民法院正在侦查、起诉、审理的非法集资刑事案件,有关单位或者个人就同一事实向人民法院提起民事诉讼或者申请执行涉案财物的,人民法院应当不予受理,并将有关材料移送公安机关或者检察机关。

人民法院在审理民事案件或者执行过程中,发现有非法集资犯罪嫌疑的,应当裁定驳回起诉或者中止执行,并及时将有关材料移送公安机关或者检察机关。

公安机关、人民检察院、人民法院在侦查、起诉、审理非法集资刑事案件中,发现与人民法院正在审理的民事案件属同一事实,或者被申请执行的财物属于涉案财物的,应当及时通报相关人民法院。人民法院经审查认为确属涉嫌犯罪的,依照前款规定处理。

八、关于跨区域案件的处理问题

跨区域非法集资刑事案件,在查清犯罪事实的基础上,可以由不同地区的公安机关、人民检察院、人民法院分别处理。

对于分别处理的跨区域非法集资刑事案件,应当按照统一制定的方案处置涉案财物。

国家机关工作人员违反规定处置涉案财物,构成渎职等犯罪的,应当依法追究刑事责任。

《最高人民法院关于常见犯罪的量刑指导意见(二)(试行)》(2017年5月1日)

一、八种常见犯罪的量刑

(二)非法吸收公众存款罪

1. 构成非法吸收公众存款罪的,可以根据下列不同情形在相应的幅度内确定量刑起点:

(1)犯罪情节一般的,可以在一年以下有期徒刑、拘役幅度内确定量刑起点。

(2)达到数额巨大起点或者有其他严重情节的,可以在三年至四年有期徒刑幅度内确定量刑起点。

2. 在量刑起点的基础上,可以根据非法吸收存款数额等其他影响犯罪构成的犯罪事实增加刑罚量,确定基准刑。

《最高人民法院、最高人民检察院关于常见犯罪的量刑指导意见(试行)》(2021年6月16日 法发〔2021〕21号)

四、常见犯罪的量刑

(三)非法吸收公众存款罪

1. 构成非法吸收公众存款罪的,根据下列情形在相应的幅度内确定量刑起点:

(1)犯罪情节一般的,在一年以下有期徒刑、拘役幅度内确定量刑起点。

(2)达到数额巨大起点或者有其他严重情节的,在三年至四年有期徒刑幅度内确定量刑起点。

(3)达到数额特别巨大起点或者有其他特别严重情节的,在十年至十二年有期徒刑幅度内确定量刑起点。

2. 在量刑起点的基础上,根据非法吸收存款数额等其他影响犯罪构成的犯罪事实增加刑罚量,确定基准刑。

3. 对于在提起公诉前积极退赃退赔,减少损害结果发生的,可以减少基准刑的40%以下;犯罪较轻的,可以减少基准刑的40%以上或者依法免除处罚。

4. 构成非法吸收公众存款罪的,根据非法吸收公众存款数额、存款人人数、给存款人造成的直接经济损失数额等犯罪情节,综合考虑被告人缴纳罚金的能力,决定罚金数额。

5. 构成非法吸收公众存款罪的,综合考虑非法吸收存款数额、存款人人数、给存款人造成的直接经济损失数额、清退资金数额等犯罪事实、量刑情节，以及被告人主观恶性、人身危险性、认罪悔罪表现等因素，决定缓刑的适用。

《最高人民检察院关于办理涉互联网金融犯罪案件有关问题座谈会纪要》（2017年6月2日高检诉〔2017〕14号）

二、准确界定涉互联网金融行为法律性质

5. 互联网金融涉及P2P网络借贷、股权众筹、第三方支付、互联网保险以及通过互联网开展资产管理及跨界从事金融业务等多个金融领域，行为方式多样，所涉法律关系复杂。违法犯罪行为隐蔽性、迷惑性强，波及面广，社会影响大，要根据犯罪行为的实质特征和社会危害，准确界定行为的法律性质和刑法适用的罪名。

（一）非法吸收公众存款行为的认定

6. 涉互联网金融活动在未经有关部门依法批准的情形下，公开宣传并向不特定公众吸收资金，承诺在一定期限内还本付息的，应当依法追究刑事责任。其中，应重点审查互联网金融活动相关主体是否存在归集资金、沉淀资金，致使投资人资金存在被挪用、侵占等重大风险等情形。

7. 互联网金融的本质是金融，判断其是否属于"未经有关部门依法批准"，即行为是否具有非法性的主要法律依据是《商业银行法》、《非法金融机构和非法金融业务活动取缔办法》（国务院令第247号）等现行有效的金融管理法律规定。

8. 对以下网络借贷领域的非法吸收公众资金的行为，应当以非法吸收公众存款罪分别追究相关行为主体的刑事责任：

（1）中介机构以提供信息中介服务为名，实际从事直接或间接归集资金、甚至自融或变相自融等行为，应当依法追究中介机构的刑事责任。特别要注意识别变相自融行为，如中介机构通过拆分融资项目期限、实行债权转让等方式为自己吸收资金的，应当认定为非法吸收公众存款。

（2）中介机构与借款人存在以下情形之一的，应当依法追究刑事责任：中介机构与借款人合谋或者明知借款人存在违规情形，仍为其非法吸收公众存款提供服务的；中介机构与借款人合谋，采取向出借人提供信用担保、通过电子渠道以外的物理场所开展借贷业务等违规方式向社会公众吸收资金的；双方合谋通过拆分融资项目期限、实行债权转让等方式为借款人吸收资金的。在对中介机构、借款人进行追诉时，应根据各自在非法集资中的地位、作用确定其刑事责任。中介机构虽然没有直接吸收资金，但是通过大肆组织借款人开展非法集资并从中收取费用数额巨大、情节严重的，可以认定为主犯。

（3）借款人故意隐瞒事实，违反规定，以自己名义或借用他人名义利用多个网络借贷平台发布借款信息，借款总额超过规定的最高限额，或将吸收资金用于明确禁止的投资股票、场外配资、期货合约等高风险行业，造成重大损失和社会影响的，应当依法追究借款人的刑事责任。对于借款人将借款主要用于正常的生产经营活动，能够及时清退所吸收资金，不作为犯罪处理。（合约及用途均真实用于正常生产经验，亏损致不能偿还，如何认定？）

9. 在非法吸收公众存款罪中，原则上认定主观故意并不要求以明知法律的禁止性规定为要件。特别是具备一定涉金融活动相关从业经历、专业背景或在犯罪活动中担任一定管理职务的犯罪嫌疑人，应当知晓相关金融法律管理规定，如果有证据证明其实际从事的行为应当批准而未经批准，行为在客观上具有非法性，原则上就可以认定其具有非法吸收公众存款的主观故意。在证明犯罪嫌疑人的主观故意时，可以收集运用犯罪嫌疑人的任职情况、职业经历、专业背景、培训经历、此前任职单位或者其本人因从事同类行为受到处罚情况等证据，证明犯罪嫌疑人提出的"不知道相关行为被法律所禁止，故不具有非法吸收公众存款的主观故意"等辩解不能成立。除此之外，还可以收集运用以下证据进一步印证犯罪嫌疑人知道或应当知道其所从事行为具有非法性，比如犯罪嫌疑人故意规避法律以逃避监管的相关证据：自己或要求下属与投资人签订虚假的亲友关系确认书，频繁更换宣传用语逃避监管，实际推介内容与宣传用语、实际经营状况不一致，刻意向投资人夸大公司兑付能力，在培训课程中传授或接受规避法律的方法，等等。

10. 对于无相关职业经历、专业背景，且从业时间短暂，在单位犯罪中层级较低，纯属执行单位领导指令的犯罪嫌疑人提出辩解的，如确实无其他证据证明其具有主观故意的,可以不作为犯罪处理。另外,实践中还存在犯罪嫌疑人提出因信赖行政主管部门出具的相关意见而陷入错误认识的辩解。如果上述辩解确有证据证明,不应作为犯罪处理,但应当对行政主管部门出具的相关意见及其出具过程进行查证,如存在以下情形之一,仍应认定犯罪嫌疑人具有非法吸收公众存款的主观故意:

(1)行政主管部门出具意见所涉及的行为与犯罪嫌疑人实际从事的行为不一致的;

(2)行政主管部门出具的意见未对是否存在非法吸收公众存款问题进行合法性审查,仅对其他合法性问题进行审查的;

(3)犯罪嫌疑人在行政主管部门出具意见时故意隐瞒事实、弄虚作假的;

(4)犯罪嫌疑人与出具意见的行政主管部门的工作人员存在利益输送行为的;

(5)犯罪嫌疑人存在其他影响和干扰行政主管部门出具意见公正性的情形的。

对于犯罪嫌疑人提出因信赖专家学者、律师等专业人士、主流新闻媒体宣传或有关行政主管部门工作人员的个人意见而陷入错误认识的辩解,不能作为犯罪嫌疑人判断自身行为合法性的根据和排除主观故意的理由。

11. 负责或从事吸收资金行为的犯罪嫌疑人非法吸收公众存款金额,根据其实际参与吸收的全部金额认定。但以下金额不应计入该犯罪嫌疑人的吸收金额:

(1)犯罪嫌疑人自身及其近亲属所投资的资金金额;

(2)记录在犯罪嫌疑人名下,但其未实际参与吸收且未从中收取任何形式好处的资金。

吸收金额经过司法会计鉴定的,可以将前述不计入部分直接扣除。但是,前述两项所涉金额仍应计入相对应的上一级负责人及所在单位的吸收金额。

12. 投资人在每期投资结束后,利用投资账户中的资金(包括每期投资结束后归还的本金、利息)进行反复投资的金额应当累计计算,但对反复投资的数额应当作出说明。对负责或从事行政管理、财务会计、技术服务等辅助工作的犯罪嫌疑人,应当按照其参与的犯罪事实,结合其在犯罪中的地位和作用,依法确定刑事责任范围。

13. 确定犯罪嫌疑人的吸收金额时,应当重点审查、运用以下证据:

(1)涉案主体自身的服务器或第三方服务器上存储的交易记录等电子数据;

(2)会计账簿和会计凭证;

(3)银行账户交易记录、POS 机支付记录;

(4)资金收付凭证、书面合同等书证。仅凭投资人报案数据不能认定吸收金额。

《最高人民法院、最高人民检察院、公安部关于办理非法集资刑事案件若干问题的意见》(2019年1月30日　高检会〔2019〕2号)

为依法惩治非法吸收公众存款、集资诈骗等非法集资犯罪活动,维护国家金融管理秩序,保护公民、法人和其他组织合法权益,根据刑法、刑事诉讼法等法律规定,结合司法实践,现就办理非法吸收公众存款、集资诈骗等非法集资刑事案件有关问题提出以下意见:

一、关于非法集资的"非法性"认定依据问题

人民法院、人民检察院、公安机关认定非法集资的"非法性",应当以国家金融管理法律法规作为依据。对于国家金融管理法律法规仅作原则性规定的,可以根据法律规定的精神并参考中国人民银行、中国银行保险监督管理委员会、中国证券监督管理委员会等行政主管部门依照国家金融管理法律法规制定的部门规章或者国家有关金融管理的规定、办法、实施细则等规范性文件的规定予以认定。

二、关于单位犯罪的认定问题

单位实施非法集资犯罪活动,全部或者大部分违法所得归单位所有的,应当认定为单位犯罪。

个人为进行非法集资犯罪活动而设立的单位实施犯罪的,或者单位设立后,以实施非法集资犯罪活动为主要活动的,不以单位犯罪论处,对单位中组织、策划、实施非法集资犯罪活动的人员应当以自然人犯罪依法追究刑事责任。

判断单位是否以实施非法集资犯罪活动为主要活动,应当根据单位实施非法集资的次数、频度、持续时间、资金规模、资金流向、投入人力物力情况、单位进行正当经营的状况以及犯罪活动的影响、后果等因素综合考虑认定。

三、关于涉案下属单位的处理问题

办理非法集资刑事案件中，人民法院、人民检察院、公安机关应当全面查清涉案单位，包括上级单位（总公司、母公司）和下属单位（分公司、子公司）的主体资格、层级、关系、地位、作用、资金流向等，区分情况依法作出处理。

上级单位已被认定为单位犯罪，下属单位实施非法集资犯罪活动，且全部或者大部分违法所得归下属单位所有的，对该下属单位也应当认定为单位犯罪。上级单位和下属单位构成共同犯罪的，应当根据犯罪单位的地位、作用，确定犯罪单位的刑事责任。

上级单位已被认定为单位犯罪，下属单位实施非法集资犯罪活动，但全部或者大部分违法所得归上级单位所有的，对下属单位不单独认定为单位犯罪。下属单位中涉嫌犯罪的人员，可以作为上级单位的其他直接责任人员依法追究刑事责任。

上级单位未被认定为单位犯罪，下属单位被认定为单位犯罪的，对上级单位中组织、策划、实施非法集资犯罪的人员，一般可以与下属单位按照自然人与单位共同犯罪处理。

上级单位与下属单位均未被认定为单位犯罪的，一般以上级单位与下属单位中承担组织、领导、管理、协调职责的主管人员和发挥主要作用的人员作为主犯，以其他积极参加非法集资犯罪的人员作为从犯，按照自然人共同犯罪处理。

四、关于主观故意的认定问题

认定犯罪嫌疑人、被告人是否具有非法吸收公众存款的犯罪故意，应当依据犯罪嫌疑人、被告人的任职情况、职业经历、专业背景、培训经历、本人因同类行为受到行政处罚或者刑事追究情况以及吸收资金方式、宣传推广、合同资料、业务流程等证据，结合其供述，进行综合分析判断。

犯罪嫌疑人、被告人使用诈骗方法非法集资，符合《最高人民法院关于审理非法集资刑事案件具体应用法律若干问题的解释》第四条规定的，可以认定为集资诈骗罪中“以非法占有为目的”。

办案机关在办理非法集资刑事案件中，应当根据案件具体情况注意收集运用涉及犯罪嫌疑人、被告人的以下证据：是否使用虚假身份信息对外开展业务；是否虚假订立合同、协议；是否虚假宣传，明显超出经营范围或者夸大经营、投资、服务项目及盈利能力；是否吸收资金后隐匿、销毁合同、协议、账目；是否传授或者接受规避法律、逃避监管的方法，等等。

五、关于犯罪数额的认定问题

非法吸收或者变相吸收公众存款构成犯罪，具有下列情形之一的，向亲友或者单位内部人员吸收的资金应当与向不特定对象吸收的资金一并计入犯罪数额：

（一）在向亲友或者单位内部人员吸收资金的过程中，明知亲友或者单位内部人员向不特定对象吸收资金而予以放任的；

（二）以吸收资金为目的，将社会人员吸收为单位内部人员，并向其吸收资金的；

（三）向社会公开宣传，同时向不特定对象、亲友或者单位内部人员吸收资金的。

非法吸收或者变相吸收公众存款的数额，以行为人所吸收的资金全额计算。集资参与人收回本金或者获得回报后又重复投资的数额不予扣除，但可以作为量刑情节酌情考虑。

六、关于宽严相济刑事政策把握问题

办理非法集资刑事案件，应当贯彻宽严相济刑事政策，依法合理把握追究刑事责任的范围，综合运用刑事手段和行政手段处置和化解风险，做到惩处少数、教育挽救大多数。要根据行为人的客观行为、主观恶性、犯罪情节及其地位、作用、层级、职务等情况，综合判断行为人的责任轻重和刑事追究的必要性，按照区别对待原则分类处理涉案人员，做到罚当其罪、罪责刑相适应。

重点惩处非法集资犯罪活动的组织者、领导者和管理人员，包括单位犯罪中的上级单位（总公司、母公司）的核心层、管理层和骨干人员，下属单位（分公司、子公司）的管理层和骨干人员，以及其他发挥主要作用的人员。

对于涉案人员积极配合调查、主动退赃退赔、真诚认罪悔罪的，可以依法从轻处罚；其中情节轻微的，可以免除处罚；情节显著轻微、危害不大的，不作为犯罪处理。

七、关于管辖问题

跨区域非法集资刑事案件按照《国务院关于进一步做好防范和处置非法集资工作的意见》（国

发〔2015〕59号)确定的工作原则办理。如果合并侦查、诉讼更为适宜的,可以合并办理。

办理跨区域非法集资刑事案件,如果多个公安机关都有权立案侦查的,一般由主要犯罪地公安机关作为案件主办地,对主要犯罪嫌疑人立案侦查和移送审查起诉;由其他犯罪地公安机关作为案件分办地根据案件具体情况,对本地区犯罪嫌疑人立案侦查和移送审查起诉。

管辖不明或者有争议的,按照有利于查清犯罪事实、有利于诉讼的原则,由其共同的上级公安机关协调确定或者指定有关公安机关作为案件主办地立案侦查。需要提请批准逮捕、移送审查起诉、提起公诉的,由分别立案侦查的公安机关所在地的人民检察院、人民法院受理。

对于重大、疑难、复杂的跨区域非法集资刑事案件,公安机关应当在协调确定或者指定案件主办地立案侦查的同时,通报同级人民检察院、人民法院。人民检察院、人民法院参照前款规定,确定主要犯罪地作为案件主办地,其他犯罪地作为案件分办地,由所在地的人民检察院、人民法院负责起诉、审判。

本条规定的"主要犯罪地",包括非法集资活动的主要组织、策划、实施地,集资行为人的注册地、主要营业地、主要办事机构所在地,集资参与人的主要所在地等。

八、关于办案工作机制问题

案件主办地和其他涉案地办案机关应当密切沟通协调,协同推进侦查、起诉、审判、资产处置工作,配合有关部门最大限度追赃挽损。

案件主办地办案机关应当统一负责主要犯罪嫌疑人、被告人涉嫌非法集资全部犯罪事实的立案侦查、起诉、审判,防止遗漏犯罪事实;并应就全案处理政策、追诉主要犯罪嫌疑人、被告人的证据要求及诉讼时限、追赃挽损、资产处置等工作要求,向其他涉案地办案机关进行通报。其他涉案地办案机关应当对本地区犯罪嫌疑人、被告人涉嫌非法集资的犯罪事实及时立案侦查、起诉、审判,积极协助主办地处置涉案资产。

案件主办地和其他涉案地办案机关应当建立和完善证据交换共享机制。对涉及主要犯罪嫌疑人、被告人的证据,一般由案件主办地办案机关负责收集,其他涉案地提供协助。案件主办地办案机关应当及时通报接收涉及主要犯罪嫌疑人、被告人的证据材料的程序及要求。其他涉案地办案机关需要案件主办地提供证据材料的,应当向案件主办地办案机关提出证据需求,由案件主办地收集并依法移送。无法移送证据原件的,应当在移送复制件的同时,按照相关规定作出说明。

九、关于涉案财物追缴处置问题

办理跨区域非法集资刑事案件,案件主办地办案机关应当及时归集涉案财物,为统一资产处置做好基础性工作。其他涉案地办案机关应当及时查明涉案财物,明确其来源、去向、用途、流转情况,依法办理查封、扣押、冻结手续,并制作详细清单,对扣押款项应当设立明细账,在扣押后立即存入办案机关唯一合规账户,并将有关情况提供案件主办地办案机关。

人民法院、人民检察院、公安机关应当严格依照刑事诉讼法和相关司法解释、文件的规定,依法移送、审查、处理查封、扣押、冻结的涉案财物。对审判时尚未追缴到案或者尚未足额退赔的违法所得,人民法院应当判决继续追缴或者责令退赔,并由人民法院负责执行,处置非法集资职能部门、人民检察院、公安机关等应当予以配合。

人民法院对涉案财物依法作出判决后,有关地方和部门应当在处置非法集资职能部门统筹协调下,切实履行协作义务,综合运用多种手段,做好涉案财物清运、财产变现、资金归集、资金清退等工作,确保最大限度减少实际损失。

根据有关规定,查封、扣押、冻结的涉案财物,一般应在诉讼终结后返还集资参与人。涉案财物不足全部返还的,按照集资参与人的集资额比例返还。退赔集资参与人的损失一般优先于其他民事债务以及罚金、没收财产的执行。

十、关于集资参与人权利保障问题

集资参与人,是指向非法集资活动投入资金的单位和个人,为非法集资活动提供帮助并获取经济利益的单位和个人除外。

人民法院、人民检察院、公安机关应当通过及时公布案件进展、涉案资产处置情况等方式,依法保障集资参与人的合法权利。集资参与人可以推选代表人向人民法院提出相关意见和建议;推选不出代表人的,人民法院可以指定代表人。人民法院可以视案件情况决定集资参与人代表人参加或者旁听庭审，对集资参与人提起附带民事诉讼等请求不予受理。

十一、关于行政执法与刑事司法衔接问题

处置非法集资职能部门或者有关行政主管部门，在调查非法集资行为或者行政执法过程中，认为案情重大、疑难、复杂的，可以商请公安机关就追诉标准、证据固定等问题提出咨询或者参考意见；发现非法集资行为涉嫌犯罪的，应当按照《行政执法机关移送涉嫌犯罪案件的规定》等规定，履行相关手续，在规定的期限内将案件移送公安机关。

人民法院、人民检察院、公安机关在办理非法集资刑事案件过程中，可商请处置非法集资职能部门或者有关行政主管部门指派专业人员配合开展工作，协助查阅、复制有关专业资料，就案件涉及的专业问题出具认定意见。涉及需要行政处理的事项，应当及时移交处置非法集资职能部门或者有关行政主管部门依法处理。

十二、关于国家工作人员相关法律责任问题

国家工作人员具有下列行为之一，构成犯罪的，应当依法追究刑事责任：

（一）明知单位和个人所申请机构或者业务涉嫌非法集资，仍为其办理行政许可或者注册手续的；

（二）明知所主管、监管的单位有涉嫌非法集资行为，未依法及时处理或者移送处置非法集资职能部门的；

（三）查处非法集资过程中滥用职权、玩忽职守、徇私舞弊的；

（四）徇私舞弊不向司法机关移交非法集资刑事案件的；

（五）其他通过职务行为或者利用职务影响，支持、帮助、纵容非法集资的。

量刑要素

在提起公诉前积极退赃退赔、减少损害发生的，可以从轻或减轻处罚。

要义辨析

一、概念

本罪是指未经金融管理部门批准，非法吸收公众存款或者变相吸收公众存款，扰乱金融秩序的行为。

二、构成要件

1. 本罪侵犯的客体是国家的金融管理秩序。未经批准的非金融机构或金融机构，吸收或变相吸收社会公众的存款，既违反国家金融管理法规，又使社会资金处于不安全不稳定的状态，严重扰乱社会金融秩序。该行为实施后达到“扰乱金融秩序”的程度即构成犯罪。

2. 本罪客观方面表现为行为人实施了非法吸收公众存款或变相吸收公众存款的行为。“非法”，是指未经国家有关部门和地方金融监管机构批准。“公众”，是指不特定的社会多数。“存款”，是指以存储获得孳息为目的的、他人存到吸收人这里的款项。司法实践中，“存款”的概念往往被扩大化，一些被吸收来作为企业经营资金的，也被理解为存款，依本罪进行判处，这是有争议的。

3. 本罪主体是一般主体。即年满16周岁具有刑事责任能力的自然人均可构成本罪，单位也可以构成本罪。单位犯本罪的，对单位和有关人员实行双罚。

4. 本罪的主观方面表现为故意，并且只能是直接故意。但行为人不能有非法占有的目的。

三、要点辨析

1. 本罪是近年来我国民间金融领域多发的一种犯罪，影响面广，对社会稳定的危害大，同时也是罪与非罪很难准确把握的一种犯罪。因此，这几年“两高一部”连续不断地出了一系列司法解释，使这个罪解释最完备、发达，也最复杂。因此办案人可以认真研究这些解释，得出准确的界线区分标准。当前实践中，合法的民间借贷、非法吸收公众存款、集资诈骗三种性质的行为，往往容易根据客观归罪的方法，造成混淆。因此，认定罪状一定要特别慎重。

2. 认定本罪,要抓住"非法""公众""存款"这三个要素进行审查。关于非法性、公众性的概念,各时期的司法解释已经充分地作了规定。但对于"存款""资金""经营资本"的概念,司法解释突破了《刑法》罪名中的"存款"的概念,需要特别加以注意。存款,本意是指存入银行、信用合作社里的钱。《储蓄管理条例》(2011 年 1 月 8 日)第 3 条规定,储蓄是指个人将属于其所有的人民币或者外币存入储蓄机构,储蓄机构开具存折或者存单作为凭证,个人凭存折或者存单可以支取存款本金和利息,储蓄机构依照规定支付存款本金和利息的活动。因此,存款是存款人在保留所有权的条件下,把资金或货币暂时转让或存储于银行或其他金融机构,由其转放贷款。存款人则到期拿回本金,获得利息。因此,吸收存款同吸收资金的概念是不同的。企业融入公众资金,同吸收公众存款,概念也是不同的。其中,主要就是用途不同。企业不是将资金再用于放贷赚息,而是用于生产经营。实际上是拆借经营流动资金,不是吸收存款。为此,《最高人民法院关于审理非法集资刑事案件具体应用法律若干问题的解释》(法释〔2010〕18 号)第 3 条第 4 款规定,非法吸收或者变相吸收公众存款,主要用于正常的生产经营活动,能够及时清退所吸收资金,可以免予刑事处罚;情节显著轻微的,不作为犯罪处理。该解释将生产流动资金同存款作了比较明确的区分。借入人没有用于放贷获息,就不是"吸收存款",用于企业经营,就不能按"吸收存款"论处。众多司法解释将《刑法》中的"吸收存款"解释为"吸收资金",导致了两者的混淆,也导致了定罪的扩大化。违背了立法的本意。这是本罪适用中要充分注意的。

3. 本罪要严格区分罪与非罪的界限。有些民间借贷行为、民间借款投资或用于经营行为,很容易被误认为本罪,因此要明确以下几点:(1)数额很小的借款行为不构成本罪;(2)借款确实用于开发项目、投资酒店、企业经营,没有进行存款融资性质的经营的,不构成本罪;(3)非法吸收存款往往同"擅自设立金融机构"联系在一起,其主体的行为特征不同于正常的借款投资,而是为了套取利差。因此,要特别注意"存款"的"存"字这一特征。

4. 要将金融秩序被扰乱作为本罪的一个判断标准。集资诈骗是对财产的犯罪;非法吸收公众存款,则是对国家金融秩序的犯罪。本罪的侵害客体,是其对国家金融秩序的冲击和扰乱。以影响的面和量作为判断标准,要看其行为有没有造成冲击银行的存款稳定的后果。司法解释体现为通过户数、金额、被害人损失额来考察。是不是"高额利息为诱",并不是罪与非罪的标准。因为合法的民间借贷,也有出现超过银行贷款利息 4 倍以上的高利息情形。法院在民事审判中,只是以"不保护"的方式处理,并没有对其判定为违法。另外要审查是不是"公众"。如果是向亲友、内部员工、其他企业、金融机构借款,都不能认定为"公众"。

5. 关于确定本罪与集资诈骗罪的区别。要看其开始行为时,有没有非法占有、骗取不还的目的和意图。两罪都扰乱了金融秩序,但是区别在于,非法吸收存款罪是有临时使用最后归还目的的,而集资诈骗罪则是以非法占有,永远不还为目的。司法实践中,往往以客抵债仍然借入"来判断。其实有很多企业和个人,是受事后的客观因素影响,或者归还银行的在先合法债务等进行融资,并不能截然分开地来判定何时"资不抵债",不能光看案发时是不是"资不抵债"。

6. 注意对"公众宣传"要件的准确把握。所有企业都会对企业形象和经营的项目进行宣传,不能因为有企业形象宣传,就认定其是为了吸收公众存款。如果项目真实,没有引人误解,别人明知企业融资目的和用途情况下,愿意融资给行为人,不能认定为本罪的引诱性"向公众宣传"。

7. 关于非法吸收公众存款犯罪金额的认定。(1)要注意"利滚利"金额重复计算的问题。有的出借人短期重复借款还息,同一笔款同一个人重复计算,往往导致犯罪金额虚高,导致法院在定罪量刑上的错判。(2)要注意侦查环节的审计鉴定的科学性。重复计算部分,高利贷部分,应当剔除。对于向内部人借款、亲友借款、企业间借款、其他类金融机构融入资金,也应当从"不特定公众资金"中剔除。

8. 关于对"间接户数"的认定问题,要注意是否为指使和明知。有的案件看似融资对象没有到 30 户,但是如果间接计算背后的融资集合人,户数就会大大超过30户。这时要特别审查行为人是不是明知他人集资所得，是不是事先就明知这些款是来自于众多其他对象。有没有指使、怂恿、要求融资对象向社会去集资借给他。因为如果所有间接债权人都计算，所有融入资金都会超过30户，司法解释的户数标准限定就变得毫无意义。

四、罪名变迁

1979年《刑法》没有非法吸收公众存款罪的规定。本罪是由1995年6月30日《全国人民代表大会常务委员会关于惩治破坏金融秩序犯罪的决定》第7条，吸收改为1997年《刑法》的具体规定的。

类罪名：破坏社会主义市场经济秩序罪/破坏金融管理秩序罪 | 罪名：伪造、变造金融票证罪	
量刑标准	**构成犯罪的**　处5年以下有期徒刑或者拘役，并处或者单处2万元以上20万元以下罚金；
	情节严重的　处5年以上10年以下有期徒刑，并处5万元以上50万元以下罚金；
	情节特别严重的　处10年以上有期徒刑或者无期徒刑，并处5万元以上50万元以下罚金或者没收财产。单位犯罪的，对单位处罚金；对直接负责的主管人员和其他直接责任人员依上述标准处罚。

法律依据

一、《刑法》条文

第一百七十七条　有下列情形之一，伪造、变造金融票证的，处五年以下有期徒刑或者拘役，并处或者单处二万元以上二十万元以下罚金；情节严重的，处五年以上十年以下有期徒刑，并处五万元以上五十万元以下罚金；情节特别严重的，处十年以上有期徒刑或者无期徒刑，并处五万元以上五十万元以下罚金或者没收财产：

（一）伪造、变造汇票、本票、支票的；

（二）伪造、变造委托收款凭证、汇款凭证、银行存单等其他银行结算凭证的；

（三）伪造、变造信用证或者附随的单据、文件的；

（四）伪造信用卡的。

单位犯前款罪的，对单位判处罚金，并对其直接负责的主管人员和其他直接责任人员，依照前款的规定处罚。

二、相关法律

《中华人民共和国票据法》（2004年8月28日修正）

第十四条　票据上的记载事项应当真实，不得伪造、变造。伪造、变造票据上的签章和其他记载事项的，应当承担法律责任。

票据上有伪造、变造的签章的，不影响票据上其他真实签章的效力。

票据上其他记载事项被变造的，在变造之前签章的人，对原记载事项负责；在变造之后签章的人，对变造之后的记载事项负责；不能辨别是在票据被变造之前或者之后签章的，视同在变造之前签章。

第一百零二条　有下列票据欺诈行为之一的，依法追究刑事责任：

（一）伪造、变造票据的；

（二）故意使用伪造、变造的票据的；

（三）签发空头支票或者故意签发与其预留的本名签名式样或者印鉴不符的支票，骗取财物的；

（四）签发无可靠资金来源的汇票、本票，骗取资金的；

（五）汇票、本票的出票人在出票时作虚假记载，骗取财物的；

（六）冒用他人的票据，或者故意使用过期或者作废的票据，骗取财物的；

(七)付款人同出票人、持票人恶意串通,实施前六项所列行为之一的。

三、相关司法解释/文件

《最高人民检察院、公安部关于公安机关管辖的刑事案件立案追诉标准的规定(二)》(2022年4月6日　公通字〔2022〕12号)

第二十四条　〔伪造、变造金融票证案(刑法第一百七十七条)〕伪造、变造金融票证,涉嫌下列情形之一的,应予立案追诉:

(一)伪造、变造汇票、本票、支票,或者伪造、变造委托收款凭证、汇款凭证、银行存单等其他银行结算凭证,或者伪造、变造信用证或者附随的单据、文件,总面额在一万元以上或者数量在十张以上的;

(二)伪造信用卡一张以上,或者伪造空白信用卡十张以上的。

《最高人民法院、最高人民检察院关于办理妨害信用卡管理刑事案件具体应用法律若干问题的解释》(2018年11月28日　法释〔2018〕19号)

第一条　复制他人信用卡、将他人信用卡信息资料写入磁条介质、芯片或者以其他方法伪造信用卡一张以上的,应当认定为刑法第一百七十七条第一款第四项规定的"伪造信用卡",以伪造金融票证罪定罪处罚。

伪造空白信用卡十张以上的,应当认定为刑法第一百七十七条第一款第四项规定的"伪造信用卡",以伪造金融票证罪定罪处罚。

伪造信用卡,有下列情形之一的,应当认定为刑法第一百七十七条规定的"情节严重":

(一)伪造信用卡五张以上不满二十五张的;

(二)伪造的信用卡内存款余额、透支额度单独或者合计数额在二十万元以上不满一百万元的;

(三)伪造空白信用卡五十张以上不满二百五十张的;

(四)其他情节严重的情形。

伪造信用卡,有下列情形之一的,应当认定为刑法第一百七十七条规定的"情节特别严重":

(一)伪造信用卡二十五张以上的;

(二)伪造的信用卡内存款余额、透支额度单独或者合计数额在一百万元以上的;

(三)伪造空白信用卡二百五十张以上的;

(四)其他情节特别严重的情形。

本条所称"信用卡内存款余额、透支额度",以信用卡被伪造后发卡行记录的最高存款余额、可透支额度计算。

要义辨析

一、概念

本罪是指伪造、变造汇票、本票、支票,伪造、变造委托收款凭证、汇款凭证、银行存单等其他银行结算凭证,伪造、变造信用证或者附随的单据、文件或者伪造信用卡的行为。

二、构成要件

1.本罪侵犯的客体是国家金融管理秩序。犯罪对象是金融票据和银行结算凭证。

2.本罪的客观方面表现为伪造、变造本票、支票、汇票,或伪造、变造委托收款凭证、汇款凭证、银行存单等其他银行结算凭证,或伪造、变造信用证或者随附的单据文件。

3.本罪主体是一般主体,凡达到刑事责任年龄、具备刑事责任能力的自然人和单位,均可成为本罪的主体。单位犯本罪的,对单位和有关人员实行双罚。

4.本罪在主观方面表现为故意,行为人明知自己的行为是在伪造、变造金融票证,并希望这种结果发生的故意行为,构成犯罪。过失不构成本罪。

三、要点辨析

1.关于本罪罪与非罪的界限。行为人故意伪造、变造金融票证的,原则上都构成犯罪,如果行为人是由于过失而误写、错填票证有关内容的,当然不能以犯罪论处。

行为人虽系有意伪造、变造金融票证,但其主观上确实出于自我欣赏、收藏等个人目的,没有想将票据实现流通,而且客观上也确实没有使票证流通的,可视为《刑法》第13条规定的"情节显著轻微危害不大"的情形,而不认为构成犯罪。

2. 本罪与《刑法》第 178 条“伪造、变造国家有价证券罪”的区别。(1)侵犯的客体和犯罪对象不同。前者侵犯的是国家对金融票证的管理制度，犯罪对象是汇票、支票、本票、委托收款凭证、汇款凭证、银行存单、信用证或者附随的单据、文件，以及信用卡等金融票证；后者侵犯的是国家对一般有价证券的管理制度，犯罪对象是上述金融票证以外的其他有价证券，如国库券、政府债券、股票等。(2)客观方面表现不同。“数额较大”是构成伪造、变造国家有价证券罪的要件，本罪入罪则没有“数额较大”这一规定。(3)法定刑轻重不同。本罪最高刑 10 年以下有期徒刑，变造国家有价证券罪最高刑是无期徒刑。

3. 本罪是行为犯，只要实施该行为即可论罪，而不以数额论，数额只是量刑情节之一。

四、罪名变迁

1979 年《刑法》没有伪造、变造金融票证罪的规定。本罪是由 1995 年《全国人民代表大会常务委员会关于惩治破坏金融秩序犯罪的决定》第 11 条，吸收改为《刑法》的具体规定的。

类罪名：破坏社会主义市场经济秩序罪/破坏金融管理秩序罪 | 罪名：妨害信用卡管理罪	
量刑标准	**构成犯罪的**　处 3 年以下有期徒刑或者拘役，并处或者单处 1 万元以上 10 万元以下罚金；
	数量巨大或者有其他严重情节的　处 3 年以上 10 年以下有期徒刑，并处 2 万元以上 20 万元以下罚金。

法律依据

一、《刑法》条文

第一百七十七条之一第一款　有下列情形之一，妨害信用卡管理的，处三年以下有期徒刑或者拘役，并处或者单处一万元以上十万元以下罚金；数量巨大或者有其他严重情节的，处三年以上十年以下有期徒刑，并处二万元以上二十万元以下罚金：

(一)明知是伪造的信用卡而持有、运输的，或者明知是伪造的空白信用卡而持有、运输，数量较大的；

(二)非法持有他人信用卡，数量较大的；

(三)使用虚假的身份证明骗领信用卡的；

(四)出售、购买、为他人提供伪造的信用卡或者以虚假的身份证明骗领的信用卡的。

二、相关法律

《全国人民代表大会常务委员会关于〈中华人民共和国刑法〉有关信用卡规定的解释》(2004 年 12 月 29 日)

全国人民代表大会常务委员会根据司法实践中遇到的情况，讨论了刑法规定的“信用卡”的含义问题，解释如下：

刑法规定的“信用卡”，是指由商业银行或者其他金融机构发行的具有消费支付、信用贷款、转账结算、存取现金等全部功能或者部分功能的电子支付卡。

三、相关司法解释/文件

《最高人民检察院、公安部关于公安机关管辖的刑事案件立案追诉标准的规定(二)》(2022 年 4 月 6 日　公通字〔2022〕12 号)

第二十五条　〔妨害信用卡管理案(刑法第一百七十七条之一第一款)〕妨害信用卡管理，涉嫌下列情形之一的，应予立案追诉：

(一)明知是伪造的信用卡而持有、运输的；

(二)明知是伪造的空白信用卡而持有、运输，数量累计在十张以上的；

(三)非法持有他人信用卡，数量累计在五张以上的；

(四)使用虚假的身份证明骗领信用卡的；

(五)出售、购买、为他人提供伪造的信用卡或者以虚假的身份证明骗领的信用卡的。

违背他人意愿,使用其居民身份证、军官证、士兵证、港澳居民往来内地通行证、台湾居民来往大陆通行证、护照等身份证明申领信用卡的,或者使用伪造、变造的身份证明申领信用卡的,应当认定为"使用虚假的身份证明骗领信用卡"。

《最高人民法院、最高人民检察院关于办理妨害信用卡管理刑事案件具体应用法律若干问题的解释》(2018年11月28日 法释〔2018〕19号)

第二条 明知是伪造的空白信用卡而持有、运输十张以上不满一百张的,应当认定为刑法第一百七十七条之一第一款第一项规定的"数量较大";非法持有他人信用卡五张以上不满五十张的,应当认定为刑法第一百七十七条之一第一款第二项规定的"数量较大"。

有下列情形之一的,应当认定为刑法第一百七十七条之一第一款规定的"数量巨大":

(一)明知是伪造的信用卡而持有、运输十张以上的;

(二)明知是伪造的空白信用卡而持有、运输一百张以上的;

(三)非法持有他人信用卡五十张以上的;

(四)使用虚假的身份证明骗领信用卡十张以上的;

(五)出售、购买、为他人提供伪造的信用卡或者以虚假的身份证明骗领的信用卡十张以上的。

违背他人意愿,使用其居民身份证、军官证、士兵证、港澳居民往来内地通行证、台湾居民来往大陆通行证、护照等身份证明申领信用卡的,或者使用伪造、变造的身份证明申领信用卡的,应当认定为刑法第一百七十七条之一第一款第三项规定的"使用虚假的身份证明骗领信用卡"。

第三条 窃取、收买、非法提供他人信用卡信息资料,足以伪造可进行交易的信用卡,或者足以使他人以信用卡持卡人名义进行交易,涉及信用卡一张以上不满五张的,依照刑法第一百七十七条之一第二款的规定,以窃取、收买、非法提供信用卡信息罪定罪处罚;涉及信用卡五张以上的,应当认定为刑法第一百七十七条之一第一款规定的"数量巨大"。

四、相关部委规章

《银行卡业务管理办法》(1999年1月5日 银发〔1999〕17号)

第二条 本办法所称银行卡,是指由商业银行(含邮政金融机构,下同)向社会发行的具有消费信用、转账结算、存取现金等全部或部分功能的信用支付工具。

商业银行未经中国人民银行批准不得发行银行卡。

第六十一条 任何单位和个人有下列情形之一的,根据《刑法》及相关法规进行处理:

(一)骗领、冒用信用卡的;

(二)伪造、变造银行卡的;

(三)恶意透支的;

(四)利用银行卡及其机具欺诈银行资金的。

要义辨析

一、概念

本罪是指持有、运输明知是伪造的信用卡;或者明知是伪造的空白信用卡而持有、运输,数量较大;非法持有他人信用卡,数量较大;使用虚假的身份证明骗领信用卡;出售、购买、为他人提供伪造的信用卡或者以虚假的身份证明骗领的信用卡,破坏国家金融机构发放信用卡管理秩序的行为。

二、构成要件

1. 本罪侵犯的客体是国家金融管理秩序、银行信用卡的管理秩序。本罪的犯罪对象是信用卡。

2. 客观方面表现为实施了妨害信用卡管理的行为。具体包括四种情形:(1)明知是伪造的信用卡而持有、运输的,或者明知是伪造的空白信用卡而持有、运输,数量较大的;(2)非法持有他人信用卡,数量较大的;(3)使用虚假的身份证明骗领信用卡的;(4)出售、购买、为他人提供伪造的信用卡或者以虚假的身份证明骗领的信用卡的。

3. 本罪的犯罪主体是一般主体。单位不能成为本罪的主体。

4. 本罪主观方面上是故意犯罪,一般均具有牟取非法利益的目的。

三、要点辨析

1. 本罪为选择性罪名，既包含妨害行为（持有、运输、出售、购买、非法提供、骗领）的选择，也包含对象（伪造的信用卡、他人信用卡）的选择，行为人只要实施一种行为、侵害一种对象，即可以成立本罪；行为人实施了两种以上行为，侵害两种对象的，仍为一罪，不实行并罚。

2. 本罪的成立存在结果犯和行为犯两种情况。如果存在“使用虚假的身份证明骗领信用卡的；出售、购买、为他人提供伪造的信用卡或者以虚假的身份证明骗领的信用卡的”，直接可以从行为就认定本罪成立。

如果是“明知是伪造的信用卡而持有、运输的，或者明知是伪造的空白信用卡而持有、运输，数量较大的；非法持有他人信用卡，数量较大的”的情况，必须达到数量较大的标准，才构成本罪。

3. 注意“妨害信用卡管理罪”（《刑法》第177条）同“信用卡诈骗罪”（《刑法》第196条）的不同。本罪是为保护信用卡管理秩序而设立的罪名，信用卡诈骗是金融诈骗的一种，立法目的是保护信用卡财产权。两者的侵犯客体和行为主体范围都有不同。两者的刑罚后果也不同，前者最高量刑为10年以下有期徒刑，后者最高可以判到无期徒刑。但两者之间又有联系，使用伪造的信用卡、骗领信用卡等犯罪，往往是为了进行信用卡诈骗。连续实施两种犯罪行为的，择一重罪，即以信用卡诈骗罪惩处。

四、罪名变迁

本罪是根据2005年2月28日公布的《刑法修正案（五）》新设立的罪名。

类罪名：破坏社会主义市场经济秩序罪/破坏金融管理秩序罪	罪名：窃取、收买、非法提供信用卡信息罪	
量刑标准	**构成犯罪的**　处3年以下有期徒刑或者拘役，并处或者单处1万元以上10万元以下罚金；
	数量巨大或者有其他严重情节的　处3年以上10年以下有期徒刑，并处2万元以上20万元以下罚金；
	银行或者其他金融机构的工作人员利用职务上的便利的　从重处罚。

法律依据

一、《刑法》条文

第一百七十七条之一第二、三款　窃取、收买或者非法提供他人信用卡信息资料的，依照前款规定处罚。

银行或者其他金融机构的工作人员利用职务上的便利，犯第二款罪的，从重处罚。

二、相关司法解释/文件

《最高人民检察院、公安部关于公安机关管辖的刑事案件立案追诉标准的规定（二）》（2022年4月6日　公通字〔2022〕12号）

第二十六条　〔窃取、收买、非法提供信用卡信息案（刑法第一百七十七条之一第二款）〕窃取、收买或者非法提供他人信用卡信息资料，足以伪造可进行交易的信用卡，或者足以使他人以信用卡持卡人名义进行交易，涉及信用卡一张以上的，应予立案追诉。

《最高人民法院、最高人民检察院关于办理妨害信用卡管理刑事案件具体应用法律若干问题的解释》（2018年11月28日　法释〔2018〕19号）

第三条　窃取、收买、非法提供他人信用卡信息资料，足以伪造可进行交易的信用卡，或者足以使他人以信用卡持卡人名义进行交易,涉及信用卡一张以上不满五张的,依照刑法第一百七十七条之一第二款的规定,以窃取、收买、非法提供信用卡信息罪定罪处罚;涉及信用卡五张以上的,应当认定为刑法第一百七十七条之一第一款规定的"数量巨大"。

要义辨析

一、概念

本罪是指窃取、收买或者非法提供他人信用卡信息资料的行为。

二、构成要件

1. 本罪侵犯的客体是公民个人的个人信息资料的保密权利和国家金融管理秩序的安全,犯罪对象是个人不愿公开的银行信用卡信息。

2. 客观表现为窃取、收买或者非法提供。本罪是行为犯,只要进行了窃取、收买或者非法提供,不论有无使用均构成犯罪,只在量刑情节上区别对待。

3. 本罪主体是一般主体。银行或者其他金融机构的工作人员利用职务上的便利,犯本罪的,从重处罚。

4. 本罪主观上是故意。

三、要点辨析

1. 确定本罪,要注意有一定程度的个人金融财产保护的属性。信息资料,是指信用卡的个人信息资料。如果只是一般零散的个人信息,如个人身份证、住址、电话、职业,还不是全面的信用卡资料,则属于其他民事侵权,不构成本罪。

2. 如果行为继续,导致伪造变造金融票证罪、信用卡诈骗罪,则按照想象竞合犯和牵连犯的原则,择一重罪定罪,不进行并罚。

四、罪名变迁

本罪是根据2005年2月28日公布的《刑法修正案(五)》第1条新设立的罪名。

类罪名:破坏社会主义市场经济秩序罪/破坏金融管理秩序罪 | 罪名:伪造、变造国家有价证券罪	
量刑标准	**数额较大的** 处3年以下有期徒刑或者拘役,并处或者单处2万元以上20万元以下罚金;
	数额巨大的 处3年以上10年以下有期徒刑,并处5万元以上50万元以下罚金;
	数额特别巨大 处10年以上有期徒刑或者无期徒刑,并处5万元以上50万元以下罚金或者没收财产;
	单位犯本罪的 对单位判处罚金,并对其直接负责的主管人员和其他直接责任人员,依照前两款的规定处罚。

法律依据

一、《刑法》条文

第一百七十八条第一、三款 伪造、变造国库券或者国家发行的其他有价证券,数额较大的,处三年以下有期徒刑或者拘役,并处或者单处二万元以上二十万元以下罚金;数额巨大的,处三年以上十年以下有期徒刑,并处五万元以上五十万元以下罚金;数额特别巨大的,处十年以上有期徒刑或者无期徒刑,并处五万元以上五十万元以下罚金或者没收财产。

单位犯前两款罪的,对单位判处罚金,并对其直接负责的主管人员和其他直接责任人员，依照前两款的规定处罚。

二、相关司法解释/文件

《最高人民检察院、公安部关于公安机关管辖的刑事案件立案追诉标准的规定（二）》（2022年4月6日　公通字〔2022〕12号）

第二十七条　〔伪造、变造国家有价证券案（刑法第一百七十八条第一款）〕伪造、变造国库券或者国家发行的其他有价证券，总面额在二千元以上的，应予立案追诉。

要义辨析

一、概念

本罪是指伪造、变造国库券或国家发行的其他有价证券，数额较大的行为。

二、构成要件

1. 本罪侵犯的客体是国家金融管理秩序中的对有价证券的正常管理活动，犯罪的对象是国库券和其他有价证券。

2. 本罪的客观方面为伪造、变造国库券或者国家发行的其他有价证券，数额较大的。

3. 本罪主体为一般主体，包括个人和单位。

4. 本罪的主观方面必须是故意，即行为人以使用为目的，故意伪造、变造国家有价证券，并且希望这种结果发生。

三、要点辨析

1. 本罪以数额较大为入罪条件。伪造、编造的有价证券总面额在2000元以上的，才立案追诉。

2. 这里的有价证券仅指国家发行的国库券或者国家发行的其他有价证券，不包括股票、企业债券和金融票据。伪造、变造股票、企业债券的适用本条第2款定伪造、变造股票或公司、企业债券罪。量刑徒刑和罚金刑都要降低很多。

四、罪名变迁

1979年《刑法》第123条对本罪曾有规定，罪名为伪造有价证券罪。1997年修订《刑法》时对罪状作了修改，因而罪名也相应作了修改。

类罪名：破坏社会主义市场经济秩序罪/破坏金融管理秩序罪 丨 罪名：伪造、变造股票、公司、企业债券罪	
量刑标准	**数额较大的**　处3年以下有期徒刑或者拘役，并处或者单处1万元以上10万元以下罚金；
	数额巨大的　处3年以上10年以下有期徒刑，并处2万元以上20万元以下罚金；
	单位犯本罪的　对单位判处罚金，并对其直接负责的主管人员和其他直接责任人员，依照前两款的规定处罚。

法律依据

一、《刑法》条文

第一百七十八条第二、三款　伪造、变造股票或者公司、企业债券，数额较大的，处三年以下有期徒刑或者拘役，并处或者单处一万元以上十万元以下罚金；数额巨大的，处三年以上十年以下有期徒刑，并处二万元以上二十万元以下罚金。

单位犯前两款罪的，对单位判处罚金，并对其直接负责的主管人员和其他直接责任人员，依照前两款的规定处罚。

二、相关司法解释/文件

《最高人民检察院、公安部关于公安机关管辖的刑事案件立案追诉标准的规定（二）》（2022年4月6日　公通字〔2022〕12号）

第二十八条　〔伪造、变造股票、公司、企业债券案(刑法第一百七十八条第二款)〕伪造、变造股票或者公司、企业债券,总面额在三万元以上的,应予立案追诉。

要义辨析

一、概念

本罪是指伪造、变造股票或公司、企业债券,数额较大的行为。债券,是指公司、企业依法发行、并按券面约定在一定期限还本付息的有价证券。

二、构成要件

1. 本罪侵犯的客体是国家对股票、公司企业债券的管理制度,直接客体是公司、企业的财产所有权。

2. 本罪在客观方面的表现为伪造、变造股票或公司、企业债券,数额较大的行为。

3. 本罪主体为一般主体,包括个人和单位。

4. 本罪主观方面是故意。

三、要点辨析

1. 伪造、变造的必须是国家批准的债券才构成本罪。如果伪造企业未经批准自行制作的债券,则不构成本罪,而可能是民事侵权和构成普通诈骗犯罪。

2. 本罪适用的是企业发行的股票、企业债券。变造国家发行的国库券等有价证券,适用本条第1款"伪造变造国家有价证券罪",量刑徒刑和罚金刑都要高得多。

四、罪名变迁

1979年《刑法》第123条对本罪曾有规定,罪名为伪造有价证券罪。1997年修订《刑法》时对罪状作了修改,因而罪名也相应作了修改。

类罪名:破坏社会主义市场经济秩序罪/破坏金融管理秩序罪 | 罪名:擅自发行股票、公司、企业债券罪	
量刑标准	**构成犯罪的**　处5年以下有期徒刑或者拘役,并处或者单处集资金额1%以上5%以下罚金;
	单位犯罪的　对单位处罚金;对直接负责的主管人员处5年以下有期徒刑或者拘役。

法律依据

一、《刑法》条文

第一百七十九条　未经国家有关主管部门批准,擅自发行股票或者公司、企业债券,数额巨大、后果严重或者有其他严重情节的,处五年以下有期徒刑或者拘役,并处或者单处非法募集资金金额百分之一以上百分之五以下罚金。

单位犯前款罪的,对单位判处罚金,并对其直接负责的主管人员和其他直接责任人员,处五年以下有期徒刑或者拘役。

二、相关法律

《中华人民共和国公司法》(2023年12月29日修订)

第一百条　发起人向社会公开募集股份,应当公告招股说明书,并制作认股书。认股书应当载明本法第一百五十四条第二款、第三款所列事项,由认股人填写认购的股份数、金额、住所,并签名或者盖章。认股人应当按照所认购股份足额缴纳股款。

第一百零一条　向社会公开募集股份的股款缴足后,应当经依法设立的验资机构验资并出具证明。

第一百零二条　股份有限公司应当制作股东名册并置备于公司。股东名册应当记载下列事项:

（一）股东的姓名或者名称及住所；

（二）各股东所认购的股份种类及股份数；

（三）发行纸面形式的股票的，股票的编号；

（四）各股东取得股份的日期。

第一百零三条 募集设立股份有限公司的发起人应当自公司设立时应发行股份的股款缴足之日起三十日内召开公司成立大会。发起人应当在成立大会召开十五日前将会议日期通知各认股人或者予以公告。成立大会应当有持有表决权过半数的认股人出席，方可举行。

以发起设立方式设立股份有限公司成立大会的召开和表决程序由公司章程或者发起人协议规定。

《中华人民共和国证券法》（2019 年 12 月 28 日修订）

第九条 公开发行证券，必须符合法律、行政法规规定的条件，并依法报经国务院证券监督管理机构或者国务院授权的部门注册。未经依法注册，任何单位和个人不得公开发行证券。证券发行注册制的具体范围、实施步骤，由国务院规定。

有下列情形之一的，为公开发行：

（一）向不特定对象发行证券；

（二）向特定对象发行证券累计超过二百人，但依法实施员工持股计划的员工人数不计算在内；

（三）法律、行政法规规定的其他发行行为。

非公开发行证券，不得采用广告、公开劝诱和变相公开方式。

第一百八十三条 证券公司承销或者销售擅自公开发行或者变相公开发行的证券的，责令停止承销或者销售，没收违法所得，并处以违法所得一倍以上十倍以下的罚款；没有违法所得或者违法所得不足一百万元的，处以一百万元以上一千万元以下的罚款；情节严重的，并处暂停或者撤销相关业务许可。给投资者造成损失的，应当与发行人承担连带赔偿责任。对直接负责的主管人员和其他直接责任人员给予警告，并处以五十万元以上五百万元以下的罚款。

第一百八十五条 发行人违反本法第十四条、第十五条的规定擅自改变公开发行证券所募集资金的用途的，责令改正，处以五十万元以上五百万元以下的罚款；对直接负责的主管人员和其他直接责任人员给予警告，并处以十万元以上一百万元以下的罚款。

发行人的控股股东、实际控制人从事或者组织、指使从事前款违法行为的，给予警告，并处以五十万元以上五百万元以下的罚款；对直接负责的主管人员和其他直接责任人员，处以十万元以上一百万元以下的罚款。

第二百一十九条 违反本法规定，构成犯罪的，依法追究刑事责任。

三、相关行政法规

《金融违法行为处罚办法》（1999 年 2 月 22 日）

第二十七条 财务公司不得有下列行为：

（一）超过中国人民银行批准的规模发行财务公司债券；

（二）吸收非集团成员单位存款或者向非集团成员单位发放贷款；

（三）违反规定向非集团成员单位提供金融服务；

（四）违反中国人民银行规定的其他行为。

财务公司有前款所列行为之一的，给予警告，没收违法所得，并处违法所得 1 倍以上 5 倍以下的罚款，没有违法所得的，处 10 万元以上 50 万元以下的罚款；对该财务公司直接负责的高级管理人员、其他直接负责的主管人员和直接责任人员，给予记过直至开除的纪律处分；情节严重的，责令该财务公司停业整顿，对直接负责的高级管理人员给予撤职直至开除的纪律处分；构成非法吸收公众存款罪、擅自发行股票、公司企业债券罪或者其他罪的，依法追究刑事责任。

《公司债券发行与交易管理办法》（2023 年 10 月 20 日）

第二条 在中华人民共和国境内，公开发行公司债券并在证券交易所、全国中小企业股份转让系统交易，非公开发行公司债券并在证券交易所、全国中小企业股份转让系统、证券公司柜台转让的，适用本办法。法律法规和中国证券监督管理委员会（以下简称中国证监会）另有规定的，从其规定。本办法所称公司债券，是指公司依照法定程序发行、约定在一定期限还本付息的有价证券。

第三条 公司债券可以公开发行，也可以非公开发行。

第六十九条 违反法律法规及本办法等规定的,中国证监会可以对相关机构和人员采取责令改正、监管谈话、出具警示函、责令公开说明、责令定期报告等相关监管措施;依法应予行政处罚的,依照《证券法》《行政处罚法》等法律法规和中国证监会的有关规定进行处罚;涉嫌犯罪的,依法移送司法机关,追究其刑事责任。

四、相关司法解释/文件

《最高人民法院、最高人民检察院、公安部、中国证券监督管理委员会关于整治非法证券活动有关问题的通知》(2008年1月2日 证监发〔2008〕1号)

二、明确法律政策界限,依法打击非法证券活动

(二)关于擅自发行证券的责任追究。未经依法核准,擅自发行证券,涉嫌犯罪的,依照《刑法》第一百七十九条之规定,以擅自发行股票、公司、企业债券罪追究刑事责任。未经依法核准,以发行证券为幌子,实施非法证券活动,涉嫌犯罪的,依照《刑法》第一百七十六条、第一百九十二条等规定,以非法吸收公众存款罪、集资诈骗罪等罪名追究刑事责任。未构成犯罪的,依照《证券法》和有关法律的规定给予行政处罚。

(三)关于非法经营证券业务的责任追究。任何单位和个人经营证券业务,必须经证监会批准。未经批准的,属于非法经营证券业务,应予以取缔;涉嫌犯罪的,依照《刑法》第二百二十五条之规定,以非法经营罪追究刑事责任。对于中介机构非法代理买卖非上市公司股票,涉嫌犯罪的,应当依照《刑法》第二百二十五条之规定,以非法经营罪追究刑事责任;所代理的非上市公司涉嫌擅自发行股票,构成犯罪的,应当依照《刑法》第一百七十九条之规定,以擅自发行股票罪追究刑事责任。非上市公司和中介机构共谋擅自发行股票,构成犯罪的,以擅自发行股票罪的共犯论处。未构成犯罪的,依照《证券法》和有关法律的规定给予行政处罚。

《最高人民检察院、公安部关于公安机关管辖的刑事案件立案追诉标准的规定(二)》(2022年4月6日 公通字〔2022〕12号)

第二十九条 〔擅自发行股票、公司、企业债券案(刑法第一百七十九条)〕未经国家有关主管部门批准或者注册,擅自发行股票或者公司、企业债券,涉嫌下列情形之一的,应予立案追诉:

(一)非法募集资金金额在一百万元以上的;

(二)造成投资者直接经济损失数额累计在五十万元以上的;

(三)募集的资金全部或者主要用于违法犯罪活动的;

(四)其他后果严重或者有其他严重情节的情形。

本条规定的"擅自发行股票或者公司、企业债券",是指向社会不特定对象发行、以转让股权等方式变相发行股票或者公司、企业债券,或者向特定对象发行、变相发行股票或者公司、企业债券累计超过二百人的行为。

《最高人民法院关于审理非法集资刑事案件具体应用法律若干问题的解释》(2022年2月23日修正 法释〔2022〕5号)

第十条 未经国家有关主管部门批准,向社会不特定对象发行、以转让股权等方式变相发行股票或者公司、企业债券,或者向特定对象发行、变相发行股票或者公司、企业债券累计超过200人的,应当认定为刑法第一百七十九条规定的"擅自发行股票或者公司、企业债券"。构成犯罪的,以擅自发行股票、公司、企业债券罪定罪处罚。

要义辨析

一、概念

本罪是指未经有关主管部门批准,擅自发行股票、公司债券,数额巨大,后果严重或有严重情节的行为。

二、构成要件

1. 侵犯的客体是国家对公司企业债券的发行管理制度。

2. 客观方面表现为未经国家有关主管部门批准,擅自发行股票或者公司、企业债券。

3. 本罪主体是擅自发行股票债券的个人和单位,包括有限责任公司、股份有限公司或其他企事

业单位。

4. 主观方面必须是故意，过失不构成本罪。

三、要点辨析

1. 本罪需要根据违法行为的程度，确定罪与非罪，达到“未经国家有关主管部门批准，擅自发行股票或者公司、企业债券，数额巨大、后果严重或者有其他严重情节的”，才构成犯罪。

2. 有学者认为本罪与欺诈发行股票、债券罪均为非法募集资金的行为，量刑也相同，因此本罪包括了后罪，可只定一个罪名。实际上这两者是有区别的，欺诈发行股票、债券是经过国家部门许可的行为。而擅自发行则完全是自作主张的行为。但同一连贯行为，既进行了欺诈发行，同时又进行了擅自发行，一般可以择一罪定罪，综合量刑。

3. 本罪与集资诈骗罪界限。(1)犯罪客体不同。后者侵犯了他人财产权和金融秩序，本罪侵犯了国家有价证券市场管理制度。(2)犯罪目的不同。后者以非法占有为目的，不再归还，而本罪只是想暂时套取，以后归还。(3)犯罪方法不同。后者为隐瞒真相进行诈骗，本罪为公开活动，非法引进资金。因此二者的量刑惩处的力度是不同的，相差很大。

4. 本罪主体在承担刑事罚没处罚之前，如有民事赔偿责任而其财产不足支付时，首先应承担民事赔偿责任，而不是先执行刑事罚没，但非因本罪而承担的民事赔偿责任除外。

四、罪名变迁

1979 年《刑法》未规定本罪。本罪是由 1995 年 2 月 28 日《全国人民代表大会常务委员会关于惩治违反公司法的犯罪的决定》第 7 条，吸收改为《刑法》的具体规定的。

类罪名:破坏社会主义市场经济秩序罪/破坏金融管理秩序罪 | 罪名:内幕交易、泄露内幕信息罪	
量刑标准	**情节严重的**　处 5 年以下有期徒刑或者拘役，并处或者单处违法所得 1 倍以上 5 倍以下罚金；
	情节特别严重的　处 5 年以上 10 年以下有期徒刑，并处违法所得 1 倍以上 5 倍以下罚金；
	单位犯本罪的　对单位处罚金，并对直接负责的主管人员和其他直接责任人员处 5 年以下有期徒刑或者拘役。

法律依据

一、《刑法》条文

第一百八十条第一、二、三款　证券、期货交易内幕信息的知情人员或者非法获取证券、期货交易内幕信息的人员，在涉及证券的发行，证券、期货交易或者其他对证券、期货交易价格有重大影响的信息尚未公开前，买入或者卖出该证券，或者从事与该内幕信息有关的期货交易，或者泄露该信息，或者明示、暗示他人从事上述交易活动，情节严重的，处五年以下有期徒刑或者拘役，并处或者单处违法所得一倍以上五倍以下罚金；情节特别严重的，处五年以上十年以下有期徒刑，并处违法所得一倍以上五倍以下罚金。

单位犯前款罪的，对单位判处罚金，并对其直接负责的主管人员和其他直接责任人员，处五年以下有期徒刑或者拘役。

内幕信息、知情人员的范围，依照法律、行政法规的规定确定。

二、相关法律

《中华人民共和国证券法》(2019 年 12 月 28 日修订)

第五十条　禁止证券交易内幕信息的知情人和非法获取内幕信息的人利用内幕信息从事证券交易活动。

第五十一条　证券交易内幕信息的知情人

包括:

(一)发行人及其董事、监事、高级管理人员;

(二)持有公司百分之五以上股份的股东及其董事、监事、高级管理人员,公司的实际控制人及其董事、监事、高级管理人员;

(三)发行人控股或者实际控制的公司及其董事、监事、高级管理人员;

(四)由于所任公司职务或者因与公司业务往来可以获取公司有关内幕信息的人员;

(五)上市公司收购人或者重大资产交易方及其控股股东、实际控制人、董事、监事和高级管理人员;

(六)因职务、工作可以获取内幕信息的证券交易场所、证券公司、证券登记结算机构、证券服务机构的有关人员;

(七)因职责、工作可以获取内幕信息的证券监督管理机构工作人员;

(八)因法定职责对证券的发行、交易或者对上市公司及其收购、重大资产交易进行管理可以获取内幕信息的有关主管部门、监管机构的工作人员;

(九)国务院证券监督管理机构规定的可以获取内幕信息的其他人员。

第五十二条 证券交易活动中,涉及发行人的经营、财务或者对该发行人证券的市场价格有重大影响的尚未公开的信息,为内幕信息。

本法第八十条第二款、第八十一条第二款所列重大事件属于内幕信息。

第五十三条 证券交易内幕信息的知情人和非法获取内幕信息的人,在内幕信息公开前,不得买卖该公司的证券,或者泄露该信息,或者建议他人买卖该证券。

持有或者通过协议、其他安排与他人共同持有公司百分之五以上股份的自然人、法人、非法人组织收购上市公司的股份,本法另有规定的,适用其规定。

内幕交易行为给投资者造成损失的,应当依法承担赔偿责任。

第八十条 发生可能对上市公司、股票在国务院批准的其他全国性证券交易场所交易的公司的股票交易价格产生较大影响的重大事件,投资者尚未得知时,公司应当立即将有关该重大事件的情况向国务院证券监督管理机构和证券交易场所报送临时报告,并予公告,说明事件的起因、目前的状态和可能产生的法律后果。

前款所称重大事件包括:

(一)公司的经营方针和经营范围的重大变化;

(二)公司的重大投资行为,公司在一年内购买、出售重大资产超过公司资产总额百分之三十,或者公司营业用主要资产的抵押、质押、出售或者报废一次超过该资产的百分之三十;

(三)公司订立重要合同、提供重大担保或者从事关联交易,可能对公司的资产、负债、权益和经营成果产生重要影响;

(四)公司发生重大债务和未能清偿到期重大债务的违约情况;

(五)公司发生重大亏损或者重大损失;

(六)公司生产经营的外部条件发生的重大变化;

(七)公司的董事、三分之一以上监事或者经理发生变动,董事长或者经理无法履行职责;

(八)持有公司百分之五以上股份的股东或者实际控制人持有股份或者控制公司的情况发生较大变化,公司的实际控制人及其控制的其他企业从事与公司相同或者相似业务的情况发生较大变化;

(九)公司分配股利、增资的计划,公司股权结构的重要变化,公司减资、合并、分立、解散及申请破产的决定,或者依法进入破产程序、被责令关闭;

(十)涉及公司的重大诉讼、仲裁,股东大会、董事会决议被依法撤销或者宣告无效;

(十一)公司涉嫌犯罪被依法立案调查,公司的控股股东、实际控制人、董事、监事、高级管理人员涉嫌犯罪被依法采取强制措施;

(十二)国务院证券监督管理机构规定的其他事项。

公司的控股股东或者实际控制人对重大事件的发生、进展产生较大影响的,应当及时将其知悉的有关情况书面告知公司,并配合公司履行信息披露义务。

第八十一条 发生可能对上市交易公司债券的交易价格产生较大影响的重大事件,投资者尚未得知时，公司应当立即将有关该重大事件的情况向国务院证券监督管理机构和证券交易场所报送临时报告，并予公告，说明事件的起因、目前的状态和可能产生的法律后果。

前款所称重大事件包括：

（一）公司股权结构或者生产经营状况发生重大变化；

（二）公司债券信用评级发生变化；

（三）公司重大资产抵押、质押、出售、转让、报废；

（四）公司发生未能清偿到期债务的情况；

（五）公司新增借款或者对外提供担保超过上年末净资产的百分之二十；

（六）公司放弃债权或者财产超过上年末净资产的百分之十；

（七）公司发生超过上年末净资产百分之十的重大损失；

（八）公司分配股利，作出减资、合并、分立、解散及申请破产的决定，或者依法进入破产程序、被责令关闭；

（九）涉及公司的重大诉讼、仲裁；

（十）公司涉嫌犯罪被依法立案调查，公司的控股股东、实际控制人、董事、监事、高级管理人员涉嫌犯罪被依法采取强制措施；

（十一）国务院证券监督管理机构规定的其他事项。

第一百九十一条　证券交易内幕信息的知情人或者非法获取内幕信息的人违反本法第五十三条的规定从事内幕交易的，责令依法处理非法持有的证券，没收违法所得，并处以违法所得一倍以上十倍以下的罚款；没有违法所得或者违法所得不足五十万元的，处以五十万元以上五百万元以下的罚款。单位从事内幕交易的，还应当对直接负责的主管人员和其他直接责任人员给予警告，并处以二十万元以上二百万元以下的罚款。国务院证券监督管理机构工作人员从事内幕交易的，从重处罚。

违反本法第五十四条的规定，利用未公开信息进行交易的，依照前款的规定处罚。

第二百一十九条　违反本法规定，构成犯罪的，依法追究刑事责任。

三、相关行政法规

《期货交易管理条例》（2017年3月1日修订）

第三条　从事期货交易活动，应当遵循公开、公平、公正和诚实信用的原则。禁止欺诈、内幕交易和操纵期货交易价格等违法行为。

第六十九条　期货交易内幕信息的知情人或者非法获取期货交易内幕信息的人，在对期货交易价格有重大影响的信息尚未公开前，利用内幕信息从事期货交易，或者向他人泄露内幕信息，使他人利用内幕信息进行期货交易的，没收违法所得，并处违法所得1倍以上5倍以下的罚款；没有违法所得或者违法所得不满10万元的，处10万元以上50万元以下的罚款。单位从事内幕交易的，还应当对直接负责的主管人员和其他直接责任人员给予警告，并处3万元以上30万元以下的罚款。

国务院期货监督管理机构、期货交易所和期货保证金安全存管监控机构的工作人员进行内幕交易的，从重处罚。

四、相关司法解释/文件

《最高人民检察院、公安部关于公安机关管辖的刑事案件立案追诉标准的规定（二）》（2022年4月6日　公通字〔2022〕12号）

第三十条　〔内幕交易、泄露内幕信息案（刑法第一百八十条第一款）〕证券、期货交易内幕信息的知情人员、单位或者非法获取证券、期货交易内幕信息的人员、单位，在涉及证券的发行，证券、期货交易或者其他对证券、期货交易价格有重大影响的信息尚未公开前，买入或者卖出该证券，或者从事与该内幕信息有关的期货交易，或者泄露该信息，或者明示、暗示他人从事上述交易活动，涉嫌下列情形之一的，应予立案追诉：

（一）获利或者避免损失数额在五十万元以上的；

（二）证券交易成交额在二百万元以上的；

（三）期货交易占用保证金数额在一百万元以上的；

（四）二年内三次以上实施内幕交易、泄露内幕信息行为的；

（五）明示、暗示三人以上从事与内幕信息相关的证券、期货交易活动的；

（六）具有其他严重情节的。

内幕交易获利或者避免损失数额在二十五万元以上,或者证券交易成交额在一百万元以上,或者期货交易占用保证金数额在五十万元以上,同时涉嫌下列情形之一的,应予立案追诉:

(一)证券法规定的证券交易内幕信息的知情人实施或者与他人共同实施内幕交易行为的;

(二)以出售或者变相出售内幕信息等方式,明示、暗示他人从事与该内幕信息相关的交易活动的;

(三)因证券、期货犯罪行为受过刑事追究的;

(四)二年内因证券、期货违法行为受过行政处罚的;

(五)造成其他严重后果的。

《最高人民法院、最高人民检察院、公安部、中国证监会关于办理证券期货违法犯罪案件工作若干问题的意见》(2011 年 4 月 27 日　证监发〔2011〕30 号)

10. 涉嫌证券期货犯罪的第一审案件,由中级人民法院管辖,同级人民检察院负责提起公诉,地(市)级以上公安机关负责立案侦查。

《最高人民法院关于审理证券行政处罚案件证据若干问题的座谈会纪要》(2011 年 7 月 13 日　法〔2011〕225 号)

四、关于上市公司信息披露违法责任人的证明问题

会议认为,根据证券法第六十八条规定,上市公司董事、监事、高级管理人员对上市公司信息披露的真实性、准确性和完整性应当承担较其他人员更严格的法定保证责任。人民法院在审理证券法第一百九十三条违反信息披露义务行政处罚案件时,涉及到对直接负责的主管人员和其他直接责任人员处罚的,应当区分证券法第六十八条规定的人员和该范围之外其他人员的不同责任标准与证明方式。

监管机构根据证券法第六十八条、第一百九十三条规定,结合上市公司董事、监事、高级管理人员与信息披露违法行为之间履行职责的关联程度,认定其为直接负责的主管人员或者其他直接责任人员并给予处罚,被处罚人不服提起诉讼的,应当提供其对该信息披露行为已尽忠实、勤勉义务等证据。

对上市公司董事、监事、高级管理人员之外的人员,监管机构认定其为上市公司信息披露违法行为直接负责的主管人员或者其他直接责任人员并给予处罚的,应当证明被处罚人具有下列情形之一:(一)实际履行董事、监事和高级管理人员的职责,并与信息披露违法行为存在直接关联;(二)组织、参与、实施信息披露违法行为或直接导致信息披露违法。

五、关于内幕交易行为的认定问题

会议认为,监管机构提供的证据能够证明以下情形之一,且被处罚人不能作出合理说明或者提供证据排除其存在利用内幕信息从事相关证券交易活动的,人民法院可以确认被诉处罚决定认定的内幕交易行为成立:(一)证券法第七十四条规定的证券交易内幕信息知情人,进行了与该内幕信息有关的证券交易活动;(二)证券法第七十四条规定的内幕信息知情人的配偶、父母、子女以及其他有密切关系的人,其证券交易活动与该内幕信息基本吻合;(三)因履行工作职责知悉上述内幕信息并进行了与该信息有关的证券交易活动;(四)非法获取内幕信息,并进行了与该内幕信息有关的证券交易活动;(五)内幕信息公开前与内幕信息知情人或知晓该内幕信息的人联络、接触,其证券交易活动与内幕信息高度吻合。

《最高人民法院、最高人民检察院关于办理内幕交易、泄露内幕信息刑事案件具体应用法律若干问题的解释》(2012 年 3 月 29 日　法释〔2012〕6 号)

为维护证券、期货市场管理秩序,依法惩治证券、期货犯罪,根据刑法有关规定,现就办理内幕交易、泄露内幕信息刑事案件具体应用法律的若干问题解释如下:

第一条　下列人员应当认定为刑法第一百八十条第一款规定的"证券、期货交易内幕信息的知情人员":

(一)证券法第七十四条规定的人员;

(二)期货交易管理条例第八十五条第十二项规定的人员。

第二条　具有下列行为的人员应当认定为刑法第一百八十条第一款规定的"非法获取证券、期货交易内幕信息的人员":

(一)利用窃取、骗取、套取、窃听、利诱、刺探

或者私下交易等手段获取内幕信息的；

（二）内幕信息知情人员的近亲属或者其他与内幕信息知情人员关系密切的人员，在内幕信息敏感期内，从事或者明示、暗示他人从事，或者泄露内幕信息导致他人从事与该内幕信息有关的证券、期货交易，相关交易行为明显异常，且无正当理由或者正当信息来源的；

（三）在内幕信息敏感期内，与内幕信息知情人员联络、接触，从事或者明示、暗示他人从事，或者泄露内幕信息导致他人从事与该内幕信息有关的证券、期货交易，相关交易行为明显异常，且无正当理由或者正当信息来源的。

第三条　本解释第二条第二项、第三项规定的“相关交易行为明显异常”，要综合以下情形，从时间吻合程度、交易背离程度和利益关联程度等方面予以认定：

（一）开户、销户、激活资金账户或者指定交易（托管）、撤销指定交易（转托管）的时间与该内幕信息形成、变化、公开时间基本一致的；

（二）资金变化与该内幕信息形成、变化、公开时间基本一致的；

（三）买入或者卖出与内幕信息有关的证券、期货合约时间与内幕信息的形成、变化和公开时间基本一致的；

（四）买入或者卖出与内幕信息有关的证券、期货合约时间与获悉内幕信息的时间基本一致的；

（五）买入或者卖出证券、期货合约行为明显与平时交易习惯不同的；

（六）买入或者卖出证券、期货合约行为，或者集中持有证券、期货合约行为与该证券、期货公开信息反映的基本面明显背离的；

（七）账户交易资金进出与该内幕信息知情人员或者非法获取人员有关联或者利害关系的；

（八）其他交易行为明显异常情形。

第四条　具有下列情形之一的，不属于刑法第一百八十条第一款规定的从事与内幕信息有关的证券、期货交易：

（一）持有或者通过协议、其他安排与他人共同持有上市公司百分之五以上股份的自然人、法人或者其他组织收购该上市公司股份的；

（二）按照事先订立的书面合同、指令、计划从事相关证券、期货交易的；

（三）依据已被他人披露的信息而交易的；

（四）交易具有其他正当理由或者正当信息来源的。

第五条　本解释所称“内幕信息敏感期”是指内幕信息自形成至公开的期间。

证券法第六十七条第二款所列“重大事件”的发生时间，第七十五条规定的“计划”、“方案”以及期货交易管理条例第八十五条第十一项规定的“政策”、“决定”等的形成时间，应当认定为内幕信息的形成之时。

影响内幕信息形成的动议、筹划、决策或者执行人员，其动议、筹划、决策或者执行初始时间，应当认定为内幕信息的形成之时。

内幕信息的公开，是指内幕信息在国务院证券、期货监督管理机构指定的报刊、网站等媒体披露。

第六条　在内幕信息敏感期内从事或者明示、暗示他人从事或者泄露内幕信息导致他人从事与该内幕信息有关的证券、期货交易，具有下列情形之一的，应当认定为刑法第一百八十条第一款规定的“情节严重”：

（一）证券交易成交额在五十万元以上的；

（二）期货交易占用保证金数额在三十万元以上的；

（三）获利或者避免损失数额在十五万元以上的；

（四）二次以上的；

（五）具有其他严重情节的。

第七条　在内幕信息敏感期内从事或者明示、暗示他人从事或者泄露内幕信息导致他人从事与该内幕信息有关的证券、期货交易，具有下列情形之一的，应当认定为刑法第一百八十条第一款规定的“情节特别严重”：

（一）证券交易成交额在二百五十万元以上的；

（二）期货交易占用保证金数额在一百五十万元以上的；

（三）获利或者避免损失数额在七十五万元以上的；

(四)具有其他特别严重情节的。

第八条 二次以上实施内幕交易或者泄露内幕信息行为,未经行政处理或者刑事处理的,应当对相关交易数额依法累计计算。

第九条 同一案件中,成交额、占用保证金额、获利或者避免损失额分别构成情节严重、情节特别严重的,按照处罚较重的数额定罪处罚。

构成共同犯罪的,按照共同犯罪行为人的成交总额、占用保证金总额、获利或者避免损失总额定罪处罚,但判处各被告人罚金的总额应掌握在获利或者避免损失总额的一倍以上五倍以下。

第十条 刑法第一百八十条第一款规定的"违法所得",是指通过内幕交易行为所获利益或者避免的损失。

内幕信息的泄露人员或者内幕交易的明示、暗示人员未实际从事内幕交易的,其罚金数额按照因泄露而获悉内幕信息人员或者被明示、暗示人员从事内幕交易的违法所得计算。

第十一条 单位实施刑法第一百八十条第一款规定的行为,具有本解释第六条规定情形之一的,按照刑法第一百八十条第二款的规定定罪处罚。

要义辨析

一、概念

本罪是指掌握证券、期货交易内幕信息的知情人,或者非法获取证券、期货交易内幕信息的其他人员,在涉及证券的发行、证券、期货交易或者其他对证券、期货交易的价格有重大影响的信息尚未公开之前,买入或者卖出该证券,或者从事与该内幕信息有关的期货交易,或者泄露该信息,或者明示、暗示他人从事相关交易活动,情节严重的行为。

二、构成要件

1. 侵犯的客体是国家对证券、期货市场的管理秩序和投资者的合法权益和社会的公共利益。

2. 客观方面表现为利用直接或者间接掌握的内幕信息,或者将内幕信息泄露给他人、或者明示、暗示他人进行证券、期货交易,从而使自己或者他人获得交易机会优势,获取经济利益,情节严重的行为。

3. 本罪的主体是特殊主体,即内幕人员以及以不正当手段获取内幕信息的其他人员。

4. 主观方面是故意,即明知是内幕信息而故意利用该信息进行证券、期货交易或者故意将该信息泄露给他人进行证券、期货交易。过失不能构成本罪。

三、要点辨析

1. 根据《刑法》第180条规定,进行内幕交易、泄露内幕信息,情节严重的才能构成犯罪。这是因为在证券监管法律制度尚不健全,正处在不断完善过程中的我国证券、期货市场,内幕交易、非法获取或者泄露内幕信息的情况时有发生,涉及面较广,多数情况下情节比较轻微,不足以影响到证券、期货的市场秩序。只有行为人知悉的内幕信息对证券、期货市场有较大影响,会导致证券、期货市场价格的超常变动,即对投资者、证券、期货发行人的经济利益的得失增减具有重要影响,才能构成本罪。

2. 本罪与故意泄露国家秘密罪的区别。在客观方面。本罪是行为人实施了违反证券、期货法规,泄露了尚未公开但可能影响证券、期货市场价格的重要信息的行为。这里的重要信息是指对证券、期货发行人重大经营决策、经营状况及重大变更以及政府的管理、宏观决策、政策方面的内幕信息。后者则是行为人实施了违反国家保密法规,泄露国家秘密的行为。

3. 审查本罪犯罪构成,信息的来源要特别注意。一种是直接接触内幕信息的知情人员,一种是非法获取内幕信息的人员。没有内幕消息联接点,个人通过社会传播的公开信息进行分析,或者通过自己的研究分析把握准确判断,作出同内幕信息一致的判断信息,从而进行交易行为,不能认定为本罪。也不能因某人突然获利,就倒推为其肯定有内幕信息,必须找到直接的非法信息路线连接点。

4. 内幕信息的利用也应当特别注意。特别是获知时间和交易时间的对应性和因果关系问题。在获知内幕信息前已经进行的交易行为,无论有重大获利和重大止损,都不能计入内幕交易的"情节严重"之中。

5. 获知内幕消息，进行错误的操作，反而导致亏损的，不影响本罪的成立。但是从“情节严重”才入罪来看，如果没有获利，又没有导致社会上证券市场的重大波动，可以不按犯罪论处。

6. 本罪是选择性罪名。如果同时具有内幕交易和泄露内幕信息且情节严重的行为，只能以内幕交易、泄露内幕信息罪一罪处罚，不实行数罪并罚。

四、罪名变迁

本罪是1997年《刑法》增设的罪名，1999年12月25日的《刑法修正案（一）》第4条，将期货方面的内容规定进本罪。2009年2月28日的《刑法修正案（七）》，增加了证券从业人员利用内幕信息进行“老鼠仓”交易犯罪的规定。将《刑法》第180条第1款作了修改。

类罪名：破坏社会主义市场经济秩序罪/破坏金融管理秩序罪 | 罪名：利用未公开信息交易罪	
量刑标准	**情节严重的**　处5年以下有期徒刑或者拘役，并处或者单处违法所得1倍以上5倍以下的罚金；
	情节特别严重的　处5年以上10年以下有期徒刑，并处违法所得1倍以上5倍以下的罚金。

法律依据

一、《刑法》条文

第一百八十条第四款　证券交易所、期货交易所、证券公司、期货公司、基金管理公司、商业银行、保险公司等金融机构的从业人员以及有关监管部门或者行业协会的工作人员，利用职务便利获取内幕信息以外的其他未公开的信息，违反规定，从事与该信息相关的证券、期货交易活动，或者明示、暗示他人从事相关交易活动，情节严重的，依照第一款的规定处罚。

二、相关法律

《中华人民共和国证券法》（2019年12月28日修订）

第五十四条　禁止证券交易场所、证券公司、证券登记结算机构、证券服务机构和其他金融机构的从业人员、有关监管部门或者行业协会的工作人员，利用因职务便利获取的内幕信息以外的其他未公开的信息，违反规定，从事与该信息相关的证券交易活动，或者明示、暗示他人从事相关交易活动。

利用未公开信息进行交易给投资者造成损失的，应当依法承担赔偿责任。

第一百九十一条　证券交易内幕信息的知情人或者非法获取内幕信息的人违反本法第五十三条的规定从事内幕交易的，责令依法处理非法持有的证券，没收违法所得，并处以违法所得一倍以上十倍以下的罚款；没有违法所得或者违法所得不足五十万元的，处以五十万元以上五百万元以下的罚款。单位从事内幕交易的，还应当对直接负责的主管人员和其他直接责任人员给予警告，并处以二十万元以上二百万元以下的罚款。国务院证券监督管理机构工作人员从事内幕交易的，从重处罚。

违反本法第五十四条的规定，利用未公开信息进行交易的，依照前款的规定处罚。

第二百一十九条　违反本法规定，构成犯罪的，依法追究刑事责任。

三、相关司法解释/文件

《最高人民检察院、公安部关于公安机关管辖的刑事案件立案追诉标准的规定（二）》（2022年4月6日　公通字〔2022〕12号）

第三十一条　〔利用未公开信息交易案（刑法第一百八十条第四款）〕证券交易所、期货交易所、证券公司、期货公司、基金管理公司、商业银行、保险公司等金融机构的从业人员以及有关监管部门或者行业协会的工作人员，利用因职务便利获取的内幕信息以外的其他未公开的信息，违反规定，从

事与该信息相关的证券、期货交易活动,或者明示、暗示他人从事相关交易活动,涉嫌下列情形之一的,应予立案追诉:

(一)获利或者避免损失数额在一百万元以上的;

(二)二年内三次以上利用未公开信息交易的;

(三)明示、暗示三人以上从事相关交易活动的;

(四)具有其他严重情节的。

利用未公开信息交易,获利或者避免损失数额在五十万元以上,或者证券交易成交额在五百万元以上,或者期货交易占用保证金数额在一百万元以上,同时涉嫌下列情形之一的,应予立案追诉:

(一)以出售或者变相出售未公开信息等方式,明示、暗示他人从事相关交易活动的;

(二)因证券、期货犯罪行为受过刑事追究的;

(三)二年内因证券、期货违法行为受过行政处罚的;

(四)造成其他严重后果的。

《最高人民法院、最高人民检察院关于办理内幕交易、泄露内幕信息刑事案件具体应用法律若干问题的解释》(2012年3月29日　法释〔2012〕6号)

第十条　刑法第一百八十条第一款规定的“违法所得”,是指通过内幕交易行为所获利益或者避免的损失。

内幕信息的泄露人员或者内幕交易的明示、暗示人员未实际从事内幕交易的,其罚金数额按照因泄露而获悉内幕信息人员或者被明示、暗示人员从事内幕交易的违法所得计算。

《最高人民法院、最高人民检察院关于办理利用未公开信息交易刑事案件适用法律若干问题的解释》(2019年6月27日)

为依法惩治证券、期货犯罪,维护证券、期货市场管理秩序,促进证券、期货市场稳定健康发展,保护投资者合法权益,根据《中华人民共和国刑法》《中华人民共和国刑事诉讼法》的规定,现就办理利用未公开信息交易刑事案件适用法律的若干问题解释如下:

第一条　刑法第一百八十条第四款规定的“内幕信息以外的其他未公开的信息”,包括下列信息:

(一)证券、期货的投资决策、交易执行信息;

(二)证券持仓数量及变化、资金数量及变化、交易动向信息;

(三)其他可能影响证券、期货交易活动的信息。

第二条　内幕信息以外的其他未公开的信息难以认定的,司法机关可以在有关行政主(监)管部门的认定意见的基础上,根据案件事实和法律规定作出认定。

第三条　刑法第一百八十条第四款规定的“违反规定”,是指违反法律、行政法规、部门规章、全国性行业规范有关证券、期货未公开信息保护的规定,以及行为人所在的金融机构有关信息保密、禁止交易、禁止利益输送等规定。

第四条　刑法第一百八十条第四款规定的行为人“明示、暗示他人从事相关交易活动”,应当综合以下方面进行认定:

(一)行为人具有获取未公开信息的职务便利;

(二)行为人获取未公开信息的初始时间与他人从事相关交易活动的初始时间具有关联性;

(三)行为人与他人之间具有亲友关系、利益关联、交易终端关联等关联关系;

(四)他人从事相关交易的证券、期货品种、交易时间与未公开信息所涉证券、期货品种、交易时间等方面基本一致;

(五)他人从事的相关交易活动明显不具有符合交易习惯、专业判断等正当理由;

(六)行为人对明示、暗示他人从事相关交易活动没有合理解释。

第五条　利用未公开信息交易,具有下列情形之一的,应当认定为刑法第一百八十条第四款规定的“情节严重”:

(一)违法所得数额在一百万元以上的;

(二)二年内三次以上利用未公开信息交易的;

(三)明示、暗示三人以上从事相关交易活动的。

第六条　利用未公开信息交易,违法所得数额在五十万元以上，或者证券交易成交额在五百万元以上，或者期货交易占用保证金数额在一百万元以上，具有下列情形之一的，应当认定为刑法第一百八十条第四款规定的“情节严重”：

（一）以出售或者变相出售未公开信息等方式，明示、暗示他人从事相关交易活动的；

（二）因证券、期货犯罪行为受过刑事追究的；

（三）二年内因证券、期货违法行为受过行政处罚的；

（四）造成恶劣社会影响或者其他严重后果的。

第七条 刑法第一百八十条第四款规定的“依照第一款的规定处罚”，包括该条第一款关于“情节特别严重”的规定。

利用未公开信息交易，违法所得数额在一千万元以上的，应当认定为“情节特别严重”。

违法所得数额在五百万元以上，或者证券交易成交额在五千万元以上，或者期货交易占用保证金数额在一千万元以上，具有本解释第六条规定的四种情形之一的，应当认定为“情节特别严重”。

第八条 二次以上利用未公开信息交易，依法应予行政处理或者刑事处理而未经处理的，相关交易数额或者违法所得数额累计计算。

第九条 本解释所称“违法所得”，是指行为人利用未公开信息从事与该信息相关的证券、期货交易活动所获利益或者避免的损失。

行为人明示、暗示他人利用未公开信息从事相关交易活动，被明示、暗示人员从事相关交易活动所获利益或者避免的损失，应当认定为“违法所得”。

第十条 行为人未实际从事与未公开信息相关的证券、期货交易活动的，其罚金数额按照被明示、暗示人员从事相关交易活动的违法所得计算。

第十一条 符合本解释第五条、第六条规定的标准，行为人如实供述犯罪事实，认罪悔罪，并积极配合调查，退缴违法所得的，可以从轻处罚；其中犯罪情节轻微的，可以依法不起诉或者免予刑事处罚。

符合刑事诉讼法规定的认罪认罚从宽适用范围和条件的，依照刑事诉讼法的规定处理。

第十二条 本解释自 2019 年 7 月 1 日起施行。

要义辨析

一、概念

本罪是指证券交易所、期货交易所、证券公司、期货经纪公司、基金管理公司、商业银行、保险公司等金融机构的从业人员以及有关监管部门或者行业协会的工作人员，利用因职务便利获取的内幕信息以外的其他未公开的信息，违反规定，从事与该信息相关的证券、期货交易活动，或者明示、暗示他人从事相关交易活动，情节严重的行为。

二、构成要件

1. 侵犯的客体是国家对证券、期货交易的管理制度和投资者的合法权益。

2. 客观方面表现为利用因职务便利获取的内幕信息以外的其他未公开的信息，违反规定，从事与该信息相关的证券、期货交易活动，或者明示、暗示他人从事相关交易活动，情节严重的行为。

3. 犯罪主体是特殊主体，即证券交易所、期货交易所、证券公司、期货经纪公司、基金管理公司、商业银行、保险公司等金融机构的从业人员以及有关监管部门或者行业协会的工作人员。

4. 主观方面是故意。

三、要点辨析

1. 本罪与内幕交易罪、泄露内幕信息罪的区别。一是从信息的内容上看，内幕信息主要是指围绕上市公司本身的信息，如公司的重组计划、公司高管人员的变动、公司的重大合同、公司的盈利情况等对该公司证券、期货的市场价格有重大影响、按照有关规定应及时向社会公开但还尚未公开的信息；而本罪所利用的信息一般属于单位内部的商业秘密，属于“内幕信息以外的其他未公开的信息”。二是从犯罪行为损害的利益上看，内幕交易罪更多是损害不特定的社会公众投资者和股民的合法权益，而本罪交易更多是损害资产管理机构的客户的利益。

2. 本罪与操纵证券、期货市场罪的界限。本罪主要是通过受托管理的客户资金来承担更多的市场风险从而减少行为人的自身风险,行为的目的是利用机构即将用客户资金购买证券、期货的信息来抢先建仓、提早撤仓并从中获利,主观上并没有操纵证券期货交易价格的目的;而操纵证券、期货市场罪主要是通过资金优势、信息优势或者对倒、对敲来影响证券、期货交易价格或者成交量,从而达到获利的目的。因此,本罪无论从目的还是行为上,都无法构成操纵证券、期货市场罪。

3. 本罪与背信运用受托财产罪的界限。背信运用受托财产罪是单位犯罪,犯罪主体是金融机构,未对金融机构从业人员的刑事责任进行规定,主要是指金融机构擅自运用客户资金和受托财产的决策本身与其受托义务相违背,因而有可能使管理的客户资产陷入极大的风险之中;而本罪是一种个人犯罪,犯罪主体是从事资产管理机构的从业人员,资产管理机构做出的投资购买证券、期货的决策本身并不违背受托义务,不属于擅自运用受托财产,主要打击的是资产管理机构的从业人员利用机构内部信息提前建仓谋取非法利益的行为。

四、罪名变迁

本罪是 2009 年 2 月 28 日的《刑法修正案(七)》第 2 条第 2 款增设的罪名。

类罪名:破坏社会主义市场经济秩序罪/破坏金融管理秩序罪 丨 罪名:编造并传播证券、期货交易虚假信息罪	
量刑标准	**构成犯罪的** 处 5 年以下有期徒刑或者拘役,并处或者单处 1 万元以上 10 万元以下罚金;
	单位犯本罪的 对单位处罚金;对直接负责的主管人员和直接责任人员处 5 年以下有期徒刑或者拘役。

法律依据

一、《刑法》条文

第一百八十一条第一、三款 编造并且传播影响证券、期货交易的虚假信息,扰乱证券、期货交易市场,造成严重后果的,处五年以下有期徒刑或者拘役,并处或者单处一万元以上十万元以下罚金。

单位犯前两款罪的,对单位判处罚金,并对其直接负责的主管人员和其他直接责任人员,处五年以下有期徒刑或者拘役。

二、相关法律

《全国人民代表大会常务委员会关于维护互联网安全的决定》(2009 年 8 月 27 日修正)

三、为了维护社会主义市场经济秩序和社会管理秩序,对有下列行为之一,构成犯罪的,依照刑法有关规定追究刑事责任:

(一)利用互联网销售伪劣产品或者对商品、服务作虚假宣传;

(二)利用互联网损坏他人商业信誉和商品声誉;

(三)利用互联网侵犯他人知识产权;

(四)利用互联网编造并传播影响证券、期货交易或者其他扰乱金融秩序的虚假信息;

(五)在互联网上建立淫秽网站、网页,提供淫秽站点链接服务,或者传播淫秽书刊、影片、音像、图片。

《中华人民共和国证券法》(2019 年 12 月 28 日修订)

第五十六条 禁止任何单位和个人编造、传播虚假信息或者误导性信息,扰乱证券市场。

禁止证券交易场所、证券公司、证券登记结算机构、证券服务机构及其从业人员,证券业协会、证券监督管理机构及其工作人员,在证券交易活动中作出虚假陈述或者信息误导。

各种传播媒介传播证券市场信息必须真实、客观,禁止误导。传播媒介及其从事证券市场信息报道的工作人员不得从事与其工作职责发生利益冲突的证券买卖。

编造、传播虚假信息或者误导性信息，扰乱证券市场，给投资者造成损失的，应当依法承担赔偿责任。

第七十八条　发行人及法律、行政法规和国务院证券监督管理机构规定的其他信息披露义务人，应当及时依法履行信息披露义务。

信息披露义务人披露的信息，应当真实、准确、完整，简明清晰，通俗易懂，不得有虚假记载、误导性陈述或者重大遗漏。

证券同时在境内境外公开发行、交易的，其信息披露义务人在境外披露的信息，应当在境内同时披露。

第一百九十三条　违反本法第五十六条第一款、第三款的规定，编造、传播虚假信息或者误导性信息，扰乱证券市场的，没收违法所得，并处以违法所得一倍以上十倍以下的罚款；没有违法所得或者违法所得不足二十万元的，处以二十万元以上二百万元以下的罚款。

违反本法第五十六条第二款的规定，在证券交易活动中作出虚假陈述或者信息误导的，责令改正，处以二十万元以上二百万元以下的罚款；属于国家工作人员的，还应当依法给予处分。

传播媒介及其从事证券市场信息报道的工作人员违反本法第五十六条第三款的规定，从事与其工作职责发生利益冲突的证券买卖的，没收违法所得，并处以买卖证券等值以下的罚款。

第二百一十九条　违反本法规定，构成犯罪的，依法追究刑事责任。

三、相关行政法规

《期货交易管理条例》(2017年3月1日修订)

第六十七条　期货公司有下列欺诈客户行为之一的，责令改正，给予警告，没收违法所得，并处违法所得1倍以上5倍以下的罚款；没有违法所得或者违法所得不满10万元的，并处10万元以上50万元以下的罚款；情节严重的，责令停业整顿或者吊销期货业务许可证：

(四)隐瞒重要事项或者使用其他不正当手段，诱骗客户发出交易指令的；

(五)向客户提供虚假成交回报的；

四、相关司法解释/文件

《最高人民检察院、公安部关于公安机关管辖的刑事案件立案追诉标准的规定(二)》(2022年4月6日　公通字〔2022〕12号)

第三十二条　〔编造并传播证券、期货交易虚假信息案(刑法第一百八十一条第一款)〕编造并且传播影响证券、期货交易的虚假信息，扰乱证券、期货交易市场，涉嫌下列情形之一的，应予立案追诉：

(一)获利或者避免损失数额在五万元以上的；

(二)造成投资者直接经济损失数额在五十万元以上的；

(三)虽未达到上述数额标准，但多次编造并且传播影响证券、期货交易的虚假信息的；

(四)致使交易价格或者交易量异常波动的；

(五)造成其他严重后果的。

要义辨析

一、概念

本罪是指以扰乱证券、期货交易市场为目的，故意编造并且传播影响证券、期货交易的虚假信息，造成严重后果的行为。

二、构成要件

1. 本罪侵犯的客体是国家对证券、期货交易的管理制度和投资者的合法权益。

2. 本罪的客观方面表现为编造并且传播影响证券、期货交易的虚假信息，影响证券和期货交易市场，造成严重后果的行为。

3. 本罪的主体是一般主体。

4. 主观方面是故意，并且以扰乱证券和期货交易市场为目的。

三、要点辨析

1. 认定本罪要注意以下几点：一是行为人具有编造并且传播影响证券和期货交易的虚假信息的行为。二是行为人必须是故意编造并传播虚假信息、用来扰乱正常的市场。过失不能构成本罪。明确公开表示是个人研究分析的意见,不能构成犯罪。

2. 本罪是结果犯,在犯罪构成上,要求客观方面必须造成严重后果。例如,由于行为人编造并且传播影响证券交易的虚假信息,导致股市、期货市场超常疯涨或狂跌,诱使大批的投资者买进或者卖出,或者由于虚假信息的误导,造成投资者恐慌,心理紊乱,冲击证券市场的,均属于造成了严重后果。如果行为人虽然编造并传播了足以影响证券和期货交易的虚假信息,但投资者并未为之所动,并未造成严重后果,则行为人不构成本罪。

3. 本罪与诱骗投资者买卖证券、期货合约罪在侵犯的客体、主观方面上都相同,所以容易混淆。有以下区别:一是犯罪主体不同。本罪是一般主体,而后者是特殊主体,即证券交易所、证券公司、期货交易所、期货经纪公司的从业人员,证券业协会或者证券管理部门及期货业的协会、证券期货监督管理部门的工作人员才可构成本罪。二是犯罪手段不同。本罪必须是编造并传播编造的虚假信息才构成犯罪,而后者只要故意提供虚假信息就可构成犯罪,提供的即使是他人编造的虚假消息也不影响犯罪的成立。三是对象不同。本罪是一种编造针对不特定多数人的社会性的信息行为,“诱骗投资者买卖证券、期货合约罪”针对的往往是特定的服务对象投资者。

4. 本罪与诈骗罪的区别:一是犯罪的主体不同。本罪可以由自然人和单位构成,而后者只能由自然人构成。二是侵犯的客体不同。本罪侵犯的客体是国家对证券、期货交易的管理制度和投资者的合法权益,而后者侵犯的是公私财产所有权。三是犯罪对象也不同。本罪侵犯的对象是不特定的多数投资者,而后者侵犯的对象只能是特定的某个人或某一些人。

四、罪名变迁

1979 年《刑法》和单行刑法并没有规定本罪名,1997 年《刑法》增设本罪名,1999 年 12 月 25 日的《刑法修正案》对该罪进行了修改。

类罪名:破坏社会主义市场经济秩序罪/破坏金融管理秩序罪 | 罪名:诱骗投资者买卖证券、期货合约罪	
量刑标准	**造成严重后果的** 处 5 年以下有期徒刑或者拘役,并处或者单处 1 万元以上 10 万元以下罚金;
	情节特别恶劣的 处 5 年以上 10 年以下有期徒刑,并处 2 万元以上 20 万元以下罚金;
	单位犯本罪的 对单位处罚金;对直接负责的主管人员和直接责任人员处 5 年以下有期徒刑或者拘役。

法律依据

一、《刑法》条文

第一百八十一条第二、三款 证券交易所、期货交易所、证券公司、期货经纪公司的从业人员,证券业协会、期货业协会或者证券期货监督管理部门的工作人员,故意提供虚假信息或者伪造、变造、销毁交易记录,诱骗投资者买卖证券、期货合约,造成严重后果的,处五年以下有期徒刑或者拘役,并处或者单处一万元以上十万元以下罚金;情节特别恶劣的,处五年以上十年以下有期徒刑,并处二万元以上二十万元以下罚金。

单位犯前两款罪的,对单位判处罚金,并对其直接负责的主管人员和其他直接责任人员,处五年以下有期徒刑或者拘役。

二、相关法律

《中华人民共和国证券法》(2019 年 12 月 28 日修订)

第七十八条 发行人及法律、行政法规和国务院证券监督管理机构规定的其他信息披露义务人,应当及时依法履行信息披露义务。

信息披露义务人披露的信息，应当真实、准确、完整，简明清晰，通俗易懂，不得有虚假记载、误导性陈述或者重大遗漏。

证券同时在境内境外公开发行、交易的，其信息披露义务人在境外披露的信息，应当在境内同时披露。

第八十四条 除依法需要披露的信息之外，信息披露义务人可以自愿披露与投资者作出价值判断和投资决策有关的信息，但不得与依法披露的信息相冲突，不得误导投资者。

发行人及其控股股东、实际控制人、董事、监事、高级管理人员等作出公开承诺的，应当披露。不履行承诺给投资者造成损失的，应当依法承担赔偿责任。

第八十五条 信息披露义务人未按照规定披露信息，或者公告的证券发行文件、定期报告、临时报告及其他信息披露资料存在虚假记载、误导性陈述或者重大遗漏，致使投资者在证券交易中遭受损失的，信息披露义务人应当承担赔偿责任；发行人的控股股东、实际控制人、董事、监事、高级管理人员和其他直接责任人员以及保荐人、承销的证券公司及其直接责任人员，应当与发行人承担连带赔偿责任，但是能够证明自己没有过错的除外。

第一百八十一条 发行人在其公告的证券发行文件中隐瞒重要事实或者编造重大虚假内容，尚未发行证券的，处以二百万元以上二千万元以下的罚款；已经发行证券的，处以非法所募资金金额百分之十以上一倍以下的罚款。对直接负责的主管人员和其他直接责任人员，处以一百万元以上一千万元以下的罚款。

发行人的控股股东、实际控制人组织、指使从事前款违法行为的，没收违法所得，并处以违法所得百分之十以上一倍以下的罚款；没有违法所得或者违法所得不足二千万元的，处以二百万元以上二千万元以下的罚款。对直接负责的主管人员和其他直接责任人员，处以一百万元以上一千万元以下的罚款。

第一百八十二条 保荐人出具有虚假记载、误导性陈述或者重大遗漏的保荐书，或者不履行其他法定职责的，责令改正，给予警告，没收业务收入，并处以业务收入一倍以上十倍以下的罚款；没有业务收入或者业务收入不足一百万元的，处以一百万元以上一千万元以下的罚款；情节严重的，并处暂停或者撤销保荐业务许可。对直接负责的主管人员和其他直接责任人员给予警告，并处以五十万元以上五百万元以下的罚款。

第二百一十九条 违反本法规定，构成犯罪的，依法追究刑事责任。

三、相关行政法规

《期货交易管理条例》(2017 年 3 月 1 日修订)

第五十七条 期货公司的股东有虚假出资或者抽逃出资行为的，国务院期货监督管理机构应当责令其限期改正，并可责令其转让所持期货公司的股权。

在股东按照前款要求改正违法行为、转让所持期货公司的股权前，国务院期货监督管理机构可以限制其股东权利。

四、相关司法解释/文件

《最高人民检察院、公安部关于公安机关管辖的刑事案件立案追诉标准的规定(二)》(2022 年 4 月 6 日 公通字〔2022〕12 号)

第三十三条 〔诱骗投资者买卖证券、期货合约案(刑法第一百八十一条第二款)〕证券交易所、期货交易所、证券公司、期货公司的从业人员，证券业协会、期货业协会或者证券期货监督管理部门的工作人员，故意提供虚假信息或者伪造、变造、销毁交易记录，诱骗投资者买卖证券、期货合约，涉嫌下列情形之一的，应予立案追诉：

(一)获利或者避免损失数额在五万元以上的；

(二)造成投资者直接经济损失数额在五十万元以上的；

(三)虽未达到上述数额标准，但多次诱骗投资者买卖证券、期货合约的；

(四)致使交易价格或者交易量异常波动的；

(五)造成其他严重后果的。

要义辨析

一、概念

本罪是指证券交易所、期货交易所、证券公司和期货经纪公司的从业人员、证券业协会和期货业协会或者证券、期货监督管理部门的工作人员,故意提供虚假信息,或者伪造、变造、销毁交易记录,诱骗投资者买卖证券、期货,造成严重后果的行为。

二、构成要件

1. 本罪侵犯的客体是国家对证券、期货交易的管理制度和投资者的合法权益。犯罪对象具有特定性,即证券、期货的投资人。

2. 本罪在客观方面,表现为以下几种方式:一是故意提供虚假信息;二是伪造、变造,或者销毁交易记录;三是诱骗他人进行某类证券、期货的买入与卖出,造成严重后果的。

3. 本罪的主体是特殊主体。即只能是证券交易所、期货交易所、证券公司或期货经纪公司的从业人员,证券业协会或者期货业协会及其管理部门的工作人员。

4. 主观方面是故意,并且具有诱骗他人买卖证券和期货的目的。

三、要点辨析

1. 构成本罪必须具备以下两个条件:一是在主观上是故意,过失不能构成本罪。在实践中,有些证券从业部门举办的各种证券讲座,其中对证券市场预测往往会出现一定失误,即预测错误。如果因此使投资者买卖证券,并且造成一定损失,不能以本罪论处。二是本罪是结果犯,要求在客观方面具有诱骗投资者买卖证券,造成了严重后果的情节。

2. 本罪与内幕交易、泄露内幕信息罪的区别:一是犯罪主体不同。本罪是特殊主体,一般是指证券交易所、证券公司的从业人员、证券业协会或者证券管理部门的工作人员;而内幕交易、泄露内幕信息罪的主体既有特殊主体,也有一般主体。作为特殊主体,是证券交易内幕信息的知情人员,即内幕人员,其作为一般主体,是指其他非法获取证券交易内幕信息的非内幕人员。二是客观行为不同。本罪是以提供虚假信息或者伪造、变造、销毁交易记录为犯罪手段;而内幕交易、泄露内幕信息罪是指在行为人掌握了对证券的价值有重大影响的信息尚未公布以前,买入或卖出该证券,或者泄露该信息。其中重点应当把握住,前者提供的是虚假信息;而后者泄露的是真实内幕消息,并且是在没有公布以前泄露的。三是行为结果不同。本罪要求行为人实施的行为必须是造成严重的危害;而内幕交易、泄露内幕信息罪要求行为人实施的行为必须达到情节严重的程度。

3. 本罪与编造并传播证券、期货交易虚假信息罪的区别:(1)犯罪主体不同。本罪是特殊主体,即只有证券交易所、证券公司及期货交易所、期货经纪公司的从业人员,证券业协会、期货交易协会或者证券、期货监督管理部门的工作人员才能构成;而后者的犯罪主体是一般主体。(2)犯罪行为方式也有所不同。这两种犯罪虽然都有提供虚假信息的行为,但本罪还可以以伪造、变造、销毁交易记录的方式进行。

4. 本罪与操纵证券、期货市场罪的主要区别在于行为方式不同。本罪是以故意提供虚假信息或者伪造、变造、销毁交易记录为手段,而后者是操纵证券、期货交易市场的行为。

5. 本罪为结果犯,造成严重后果的才追究刑事责任,否则按一般违法行为处理。

四、罪名变迁

1979 年《刑法》和单行刑法均没有规定此罪名,本罪是 1997 年《刑法》增设的罪名,1999 年 12 月 25 日《刑法修正案》增加了期货合约的诱骗行为。

<table>
<tr><td colspan="2">类罪名：破坏社会主义市场经济秩序罪/破坏金融管理秩序罪｜罪名：操纵证券、期货市场罪</td></tr>
<tr><td rowspan="3">量刑标准</td><td>情节严重的　处5年以下有期徒刑或者拘役，并处或者单处罚金；</td></tr>
<tr><td>情节特别严重的　处5年以上10年以下有期徒刑，并处罚金；</td></tr>
<tr><td>单位犯罪的　对单位判处罚金，并且对其直接负责的主管人员和其他直接责任人员，依照上述规定处罚。</td></tr>
</table>

法律依据

一、《刑法》条文

第一百八十二条　有下列情形之一，操纵证券、期货市场，影响证券、期货交易价格或者证券、期货交易量，情节严重的，处五年以下有期徒刑或者拘役，并处或者单处罚金；情节特别严重的，处五年以上十年以下有期徒刑，并处罚金：

（一）单独或者合谋，集中资金优势、持股或者持仓优势或者利用信息优势联合或者连续买卖的；

（二）与他人串通，以事先约定的时间、价格和方式相互进行证券、期货交易的；

（三）在自己实际控制的帐户之间进行证券交易，或者以自己为交易对象，自买自卖期货合约的；

（四）不以成交为目的，频繁或者大量申报买入、卖出证券、期货合约并撤销申报的；

（五）利用虚假或者不确定的重大信息，诱导投资者进行证券、期货交易的；

（六）对证券、证券发行人、期货交易标的公开作出评价、预测或者投资建议，同时进行反向证券交易或者相关期货交易的；

（七）以其他方法操纵证券、期货市场的。

单位犯前款罪的，对单位判处罚金，并对其直接负责的主管人员和其他直接责任人员，依照前款的规定处罚。

二、相关法律

《中华人民共和国证券法》（2019年12月28日修订）

第五十五条　禁止任何人以下列手段操纵证券市场，影响或者意图影响证券交易价格或者证券交易量：

（一）单独或者通过合谋，集中资金优势、持股优势或者利用信息优势联合或者连续买卖；

（二）与他人串通，以事先约定的时间、价格和方式相互进行证券交易；

（三）在自己实际控制的账户之间进行证券交易；

（四）不以成交为目的，频繁或者大量申报并撤销申报；

（五）利用虚假或者不确定的重大信息，诱导投资者进行证券交易；

（六）对证券、发行人公开作出评价、预测或者投资建议，并进行反向证券交易；

（七）利用在其他相关市场的活动操纵证券市场；

（八）操纵证券市场的其他手段。

操纵证券市场行为给投资者造成损失的，应当依法承担赔偿责任

第一百九十二条　违反本法第五十五条的规定，操纵证券市场的，责令依法处理其非法持有的证券，没收违法所得，并处以违法所得一倍以上十倍以下的罚款；没有违法所得或者违法所得不足一百万元的，处以一百万元以上一千万元以下的罚款。单位操纵证券市场的，还应当对直接负责的主管人员和其他直接责任人员给予警告，并处以五十万元以上五百万元以下的罚款。

第二百一十九条　违反本法规定，构成犯罪的，依法追究刑事责任。

三、相关行政法规

《股票发行与交易管理暂行条例》（1993年4月22日）

第七十四条　任何单位和个人违反本条例规

定,有下列行为之一的,根据不同情况,单处或者并处警告、没收非法获取的股票和其他非法所得、罚款:

(三)通过合谋或者集中资金操纵股票市场价格,或者以散布谣言等手段影响股票发行、交易的;

(四)为制造股票的虚假价格与他人串通,不转移股票的所有权或者实际控制,虚买虚卖的;

《期货交易管理条例》(2017 年 3 月 1 日修订)

第三十九条 任何单位或者个人不得编造、传播有关期货交易的虚假信息,不得恶意串通、联手买卖或者以其他方式操纵期货交易价格。

第七十条 任何单位或者个人有下列行为之一,操纵期货交易价格的,责令改正,没收违法所得,并处违法所得 1 倍以上 5 倍以下的罚款;没有违法所得或者违法所得不满 20 万元的,处 20 万元以上 100 万元以下的罚款:

(一)单独或者合谋,集中资金优势、持仓优势或者利用信息优势联合或者连续买卖合约,操纵期货交易价格的;

(二)蓄意串通,按事先约定的时间、价格和方式相互进行期货交易,影响期货交易价格或者期货交易量的;

(三)以自己为交易对象,自买自卖,影响期货交易价格或者期货交易量的;

(四)为影响期货市场行情囤积现货的;

(五)国务院期货监督管理机构规定的其他操纵期货交易价格的行为。

单位有前款所列行为之一的,对直接负责的主管人员和其他直接责任人员给予警告,并处 1 万元以上 10 万元以下的罚款。

四、相关司法解释/文件

《最高人民检察院、公安部关于公安机关管辖的刑事案件立案追诉标准的规定(二)》(2022 年 4 月 6 日 公通字〔2022〕12 号)

第三十四条 〔操纵证券、期货市场案(刑法第一百八十二条)〕操纵证券、期货市场,影响证券、期货交易价格或者证券、期货交易量,涉嫌下列情形之一的,应予立案追诉:

(一)持有或者实际控制证券的流通股份数量达到该证券的实际流通股份总量百分之十以上,实施刑法第一百八十二条第一款第一项操纵证券市场行为,连续十个交易日的累计成交量达到同期该证券总成交量百分之二十以上的;

(二)实施刑法第一百八十二条第一款第二项、第三项操纵证券市场行为,连续十个交易日的累计成交量达到同期该证券总成交量百分之二十以上的;

(三)利用虚假或者不确定的重大信息,诱导投资者进行证券交易,行为人进行相关证券交易的成交额在一千万元以上的;

(四)对证券、证券发行人公开作出评价、预测或者投资建议,同时进行反向证券交易,证券交易成交额在一千万元以上的;

(五)通过策划、实施资产收购或者重组、投资新业务、股权转让、上市公司收购等虚假重大事项,误导投资者作出投资决策,并进行相关交易或者谋取相关利益,证券交易成交额在一千万元以上的;

(六)通过控制发行人、上市公司信息的生成或者控制信息披露的内容、时点、节奏,误导投资者作出投资决策,并进行相关交易或者谋取相关利益,证券交易成交额在一千万元以上的;

(七)实施刑法第一百八十二条第一款第一项操纵期货市场行为,实际控制的账户合并持仓连续十个交易日的最高值超过期货交易所限仓标准的二倍,累计成交量达到同期该期货合约总成交量百分之二十以上,且期货交易占用保证金数额在五百万元以上的;

(八)通过囤积现货,影响特定期货品种市场行情,并进行相关期货交易,实际控制的账户合并持仓连续十个交易日的最高值超过期货交易所限仓标准的二倍,累计成交量达到同期该期货合约总成交量百分之二十以上,且期货交易占用保证金数额在五百万元以上的;

(九)实施刑法第一百八十二条第一款第二项、第三项操纵期货市场行为,实际控制的账户连续十个交易日的累计成交量达到同期该期货合约总成交量百分之二十以上,且期货交易占用保证金数额在五百万元以上的;

(十)利用虚假或者不确定的重大信息,诱导投资者进行期货交易,行为人进行相关期货交易,实际控制的账户连续十个交易日的累计成交量达到同期该期货合约总成交量百分之二十以上,且期货交易占用保证金数额在五百万元以上的；

（十一）对期货交易标的公开作出评价、预测或者投资建议，同时进行相关期货交易，实际控制的账户连续十个交易日的累计成交量达到同期该期货合约总成交量的百分之二十以上，且期货交易占用保证金数额在五百万元以上的；

（十二）不以成交为目的，频繁或者大量申报买入、卖出证券、期货合约并撤销申报，当日累计撤回申报量达到同期该证券、期货合约总申报量百分之五十以上，且证券撤回申报额在一千万元以上、撤回申报的期货合约占用保证金数额在五百万元以上的；

（十三）实施操纵证券、期货市场行为，获利或者避免损失数额在一百万元以上的。

操纵证券、期货市场，影响证券、期货交易价格或者证券、期货交易量，获利或者避免损失数额在五十万元以上，同时涉嫌下列情形之一的，应予立案追诉：

（一）发行人、上市公司及其董事、监事、高级管理人员、控股股东或者实际控制人实施操纵证券、期货市场行为的；

（二）收购人、重大资产重组的交易对方及其董事、监事、高级管理人员、控股股东或者实际控制人实施操纵证券、期货市场行为的；

（三）行为人明知操纵证券、期货市场行为被有关部门调查，仍继续实施的；

（四）因操纵证券、期货市场行为受过刑事追究的；

（五）二年内因操纵证券、期货市场行为受过行政处罚的；

（六）在市场出现重大异常波动等特定时段操纵证券、期货市场的；

（七）造成其他严重后果的。

对于在全国中小企业股份转让系统中实施操纵证券市场行为，社会危害性大，严重破坏公平公正的市场秩序的，比照本条的规定执行，但本条第一款第一项和第二项除外。

《最高人民法院、最高人民检察院关于办理操纵证券、期货市场刑事案件适用法律若干问题的解释》（2019年6月27日　法释〔2019〕9号）

为依法惩治证券、期货犯罪，维护证券、期货市场管理秩序，促进证券、期货市场稳定健康发展，保护投资者合法权益，根据《中华人民共和国刑法》《中华人民共和国刑事诉讼法》的规定，现就办理操纵证券、期货市场刑事案件适用法律的若干问题解释如下：

第一条　行为人具有下列情形之一的，可以认定为刑法第一百八十二条第一款第四项规定的“以其他方法操纵证券、期货市场”：

（一）利用虚假或者不确定的重大信息，诱导投资者作出投资决策，影响证券、期货交易价格或者证券、期货交易量，并进行相关交易或者谋取相关利益的；

（二）通过对证券及其发行人、上市公司、期货交易标的公开作出评价、预测或者投资建议，误导投资者作出投资决策，影响证券、期货交易价格或者证券、期货交易量，并进行与其评价、预测、投资建议方向相反的证券交易或者相关期货交易的；

（三）通过策划、实施资产收购或者重组、投资新业务、股权转让、上市公司收购等虚假重大事项，误导投资者作出投资决策，影响证券交易价格或者证券交易量，并进行相关交易或者谋取相关利益的；

（四）通过控制发行人、上市公司信息的生成或者控制信息披露的内容、时点、节奏，误导投资者作出投资决策，影响证券交易价格或者证券交易量，并进行相关交易或者谋取相关利益的；

（五）不以成交为目的，频繁申报、撤单或者大额申报、撤单，误导投资者作出投资决策，影响证券、期货交易价格或者证券、期货交易量，并进行与申报相反的交易或者谋取相关利益的；

（六）通过囤积现货，影响特定期货品种市场行情，并进行相关期货交易的；

（七）以其他方法操纵证券、期货市场的。

第二条　操纵证券、期货市场，具有下列情形之一的，应当认定为刑法第一百八十二条第一款规定的“情节严重”：

（一）持有或者实际控制证券的流通股份数量达到该证券的实际流通股份总量百分之十以上，实施刑法第一百八十二条第一款第一项操纵证券市场行为，连续十个交易日的累计成交量达到同期该证券总成交量百分之二十以上的；

(二)实施刑法第一百八十二条第一款第二项、第三项操纵证券市场行为,连续十个交易日的累计成交量达到同期该证券总成交量百分之二十以上的;

(三)实施本解释第一条第一项至第四项操纵证券市场行为,证券交易成交额在一千万元以上的;

(四)实施刑法第一百八十二条第一款第一项及本解释第一条第六项操纵期货市场行为,实际控制的账户合并持仓连续十个交易日的最高值超过期货交易所限仓标准的二倍,累计成交量达到同期该期货合约总成交量百分之二十以上,且期货交易占用保证金数额在五百万元以上的;

(五)实施刑法第一百八十二条第一款第二项、第三项及本解释第一条第一项、第二项操纵期货市场行为,实际控制的账户连续十个交易日的累计成交量达到同期该期货合约总成交量百分之二十以上,且期货交易占用保证金数额在五百万元以上的;

(六)实施本解释第一条第五项操纵证券、期货市场行为,当日累计撤回申报量达到同期该证券、期货合约总申报量百分之五十以上,且证券撤回申报额在一千万元以上、撤回申报的期货合约占用保证金数额在五百万元以上的;

(七)实施操纵证券、期货市场行为,违法所得数额在一百万元以上的。

第三条 操纵证券、期货市场,违法所得数额在五十万元以上,具有下列情形之一的,应当认定为刑法第一百八十二条第一款规定的“情节严重”:

(一)发行人、上市公司及其董事、监事、高级管理人员、控股股东或者实际控制人实施操纵证券、期货市场行为的;

(二)收购人、重大资产重组的交易对方及其董事、监事、高级管理人员、控股股东或者实际控制人实施操纵证券、期货市场行为的;

(三)行为人明知操纵证券、期货市场行为被有关部门调查,仍继续实施的;

(四)因操纵证券、期货市场行为受过刑事追究的;

(五)二年内因操纵证券、期货市场行为受过行政处罚的;

(六)在市场出现重大异常波动等特定时段操纵证券、期货市场的;

(七)造成恶劣社会影响或者其他严重后果的。

第四条 具有下列情形之一的,应当认定为刑法第一百八十二条第一款规定的“情节特别严重”:

(一)持有或者实际控制证券的流通股份数量达到该证券的实际流通股份总量百分之十以上,实施刑法第一百八十二条第一款第一项操纵证券市场行为,连续十个交易日的累计成交量达到同期该证券总成交量百分之五十以上的;

(二)实施刑法第一百八十二条第一款第二项、第三项操纵证券市场行为,连续十个交易日的累计成交量达到同期该证券总成交量百分之五十以上的;

(三)实施本解释第一条第一项至第四项操纵证券市场行为,证券交易成交额在五千万元以上的;

(四)实施刑法第一百八十二条第一款第一项及本解释第一条第六项操纵期货市场行为,实际控制的账户合并持仓连续十个交易日的最高值超过期货交易所限仓标准的五倍,累计成交量达到同期该期货合约总成交量百分之五十以上,且期货交易占用保证金数额在二千五百万元以上的;

(五)实施刑法第一百八十二条第一款第二项、第三项及本解释第一条第一项、第二项操纵期货市场行为,实际控制的账户连续十个交易日的累计成交量达到同期该期货合约总成交量百分之五十以上,且期货交易占用保证金数额在二千五百万元以上的;

(六)实施操纵证券、期货市场行为,违法所得数额在一千万元以上的。

实施操纵证券、期货市场行为,违法所得数额在五百万元以上,并具有本解释第三条规定的七种情形之一的,应当认定为“情节特别严重”。

第五条 下列账户应当认定为刑法第一百八十二条中规定的“自己实际控制的账户”:

(一)行为人以自己名义开户并使用的实名账户;

（二）行为人向账户转入或者从账户转出资金，并承担实际损益的他人账户；

（三）行为人通过第一项、第二项以外的方式管理、支配或者使用的他人账户；

（四）行为人通过投资关系、协议等方式对账户内资产行使交易决策权的他人账户；

（五）其他有证据证明行为人具有交易决策权的账户。

有证据证明行为人对前款第一项至第三项账户内资产没有交易决策权的除外。

第六条　二次以上实施操纵证券、期货市场行为，依法应予行政处理或者刑事处理而未经处理的，相关交易数额或者违法所得数额累计计算。

第七条　符合本解释第二条、第三条规定的标准，行为人如实供述犯罪事实，认罪悔罪，并积极配合调查，退缴违法所得的，可以从轻处罚；其中犯罪情节轻微的，可以依法不起诉或者免予刑事处罚。

符合刑事诉讼法规定的认罪认罚从宽适用范围和条件的，依照刑事诉讼法的规定处理。

第八条　单位实施刑法第一百八十二条第一款行为的，依照本解释规定的定罪量刑标准，对其直接负责的主管人员和其他直接责任人员定罪处罚，并对单位判处罚金。

第九条　本解释所称“违法所得”，是指通过操纵证券、期货市场所获利益或者避免的损失。

本解释所称“连续十个交易日”，是指证券、期货市场开市交易的连续十个交易日，并非指行为人连续交易的十个交易日。

第十条　对于在全国中小企业股份转让系统中实施操纵证券市场行为，社会危害性大，严重破坏公平公正的市场秩序的，比照本解释的规定执行，但本解释第二条第一项、第二项和第四条第一项、第二项除外。

第十一条　本解释自 2019 年 7 月 1 日起施行。

要义辨析

一、概念

本罪是指操纵证券、期货交易价格，获取不正当利益，或者转嫁风险，情节严重的行为。

二、构成要件

1. 本罪侵犯的客体是证券和期货市场的正常交易秩序，及证券和期货正常投资者的合法利益。

2. 本罪客观方面表现为利用资金实力优势和联手合谋行为，操纵证券和期货交易市场，情节严重的行为。

3. 本罪犯罪主体为一般主体。

4. 本罪主观方面是故意，并且以获取利益或者减少损失为目的。

三、要点辨析

1. 本罪特定犯罪主体的范围很小，主要分为三种：第一种是拥有庞大资金实力优势的人和单位；第二种是享有信息资源、交易技术优势的人和单位；第三种是多家资金、信息、技术优势的人和单位，才有可以实现对证券、期货市场的操纵交易，因此这类犯罪往往比较容易侦查鉴别。一般的散户的恐慌性抛售和追涨性买入，即使不约而同地在极短时间内大量买入卖出，都不能构成本罪。对于大户合谋、大户联手、大户自己同自己设计买卖等客观表现形式，要仔细查明。

2. 本罪与编造并传播证券、期货交易虚假信息罪和诱骗投资者买卖证券、期货合约罪各不相同。它们的主要区别是：(1)犯罪主体不同。本罪和编造并传播证券、期货交易虚假信息罪属于一般主体；而诱骗投资者买卖证券、期货合约罪是特殊主体，只能由证券交易所、证券公司及期货交易所、期货经纪公司的从业人员，证券业协会或者证券管理部门的工作人员及其所在的单位构成。(2)主观目的不同。本罪不但要求行为人出于故意，而且要求具有获取不正当利益或者转嫁风险的犯罪目的。(3)客观方面不同。本罪的客观方面是行为人通过法定的列举的各种违法操作行为，重在操纵证券、期货交易价格；编造并传播证券、期货交易虚假信息罪，则是行为人通过编造并且影响证券、期货交易的虚假信息，重在扰乱证券、期货交易市场；诱骗投资者买卖证券、期货合约罪则是行为人故意提供虚假信息，或者伪造、变造、销毁交易记录，重在诱骗投资者买卖证券和期货。(4)危害结果方面不同。本罪要求达到情节严重的程度才能构成犯罪,强调情节;而后两者要求行为人所实施的行为,必须造成严重危害后果,强调后果。

3. 本罪与内幕交易罪的区别:一是犯本罪所利用的信息,是指已经公开,但在公开前行为人已经掌握和了解,已经预先作了准备的信息。因此,行为人能在该信息公开后的一日甚至几小时内立即进行大量的证券、期货合约买入或者卖出行为,达到操纵证券、期货交易市场的目的;而内幕交易罪所利用的内幕信息,只能是在没有公开以前,行为人即利用来进行证券、期货合约交易,达到非法获利的目的。二是犯本罪利用内幕信息的行为,是以此人为地导致证券、期货价格变化,再从中非法获利或者转嫁风险;而内幕交易罪的行为人利用内幕信息,是在该信息公开以前,买进或者卖出某证券、期货合约即可获利,不必再进行反方向的操作。

四、罪名变迁

本罪是1997年《刑法》新增设的罪名。在1999年12月25日《刑法修正案》和2006年6月29日《刑法修正案(六)》中进行了两次修正。第一次是加入了“期货”操纵犯罪,第二次对具体罪状进行了细化,后又根据《刑法修正案(十一)》修正。

类罪名:破坏社会主义市场经济秩序罪/破坏金融管理秩序罪 ︱ 罪名:背信运用受托财产罪	
量刑标准	**情节严重的** 对单位判处罚金,并对其直接负责的主管人员和其他直接责任人员处3年以下有期徒刑或者拘役,并处3万元以上30万元以下罚金;
	情节特别严重的 处3年以上10年以下有期徒刑,并处5万元以上50万元以下罚金。

法律依据

一、《刑法》条文

第一百八十五条之一第一款 商业银行、证券交易所、期货交易所、证券公司、期货经纪公司、保险公司或者其他金融机构,违背受托义务,擅自运用客户资金或者其他委托、信托的财产,情节严重的,对单位判处罚金,并对其直接负责的主管人员和其他直接责任人员,处三年以下有期徒刑或者拘役,并处三万元以上三十万元以下罚金;情节特别严重的,处三年以上十年以下有期徒刑,并处五万元以上五十万元以下罚金。

二、相关司法解释/文件

《最高人民检察院、公安部关于公安机关管辖的刑事案件立案追诉标准的规定(二)》(2022年4月6日 公通字〔2022〕12号)

第三十五条 〔背信运用受托财产案(刑法第一百八十五条之一第一款)〕商业银行、证券交易所、期货交易所、证券公司、期货公司、保险公司或者其他金融机构,违背受托义务,擅自运用客户资金或者其他委托、信托的财产,涉嫌下列情形之一的,应予立案追诉:

(一)擅自运用客户资金或者其他委托、信托的财产数额在三十万元以上的;

(二)虽未达到上述数额标准,但多次擅自运用客户资金或者其他委托、信托的财产,或者擅自运用多个客户资金或者其他委托、信托的财产的;

(三)其他情节严重的情形。

要义辨析

一、概念

本罪是指商业银行、证券交易所、期货交易所、证券公司、期货经纪公司、保险公司或者其他金融机构,违背受托义务,擅自运用客户资金或者其他委托、信托的财产,情节严重的行为。

二、构成要件

1. 本罪侵犯的客体是金融管理秩序和客户的合法权益。犯罪对象是客户的信托资产。

2. 本罪在客观方面,表现为违背受托义务,擅自运用客户资金或者其他委托、信托的财产的行为。

3. 本罪犯罪主体是特殊主体,具体是指商业银行、证券交易所、期货交易所、证券公司、期货经纪公司、保险公司或者其他金融机构。

4. 本罪主观方面是故意。

三、要点辨析

1. 本罪虽未规定情节后果要件即可入罪,但是仍然要根据《刑法》第13条规定考量情节是否显著轻微。最高人民检察院和公安部的规定是,达到"擅自运用客户资金或者其他委托、信托的财产数额在三十万元以上的",才进行追究。不仅要有违背受托义务,擅自运用客户资金或者其他委托、信托财产的行为,而且这种行为必须达到情节严重的程度。所谓情节严重,一般是指造成客户财产重大损失,造成金融机构秩序严重紊乱,或者多次擅自运用客户财产,曾经受到行政处罚,然后又擅自运用客户财产等情形。

2. 本罪的主体仅限于依法具有相关金融业务经营资质的金融机构。如果其他单位没有经过许可,非法开展证券、期货投资等委托理财等业务的,并擅自运用客户财产,应视具体情况,以非法吸收公众存款罪或者非法经营罪论处。

3. 本罪与挪用资金罪的区别是前者是单位犯罪,后者是自然人犯罪。如果挪用客户资金的行为是按照有关领导的指令进行的,是以单位的名义、为单位利益实施的,就应该根据情况以本罪论处。反之,如果该行为是金融机构中有关工作人员的个人行为,就应视情况以挪用资金罪或者挪用公款罪论处。在刑罚方面,前者不仅对单位判处罚金,而且对直接负责的主管人员和其他直接责任人员也要判处罚金,而后者没有判处罚金的规定。

四、罪名变迁

2006年6月29日《刑法修正案(六)》增加规定了本罪,目的是保护信托秩序和信托财产的安全。

类罪名:破坏社会主义市场经济秩序罪/破坏金融管理秩序罪 | 罪名:违法运用资金罪	
量刑标准	**情节严重的**　对单位判处罚金,并对其直接负责的主管人员和其他直接责任人员处3年以下有期徒刑或者拘役,并处3万元以上30万元以下罚金;
	情节特别严重的　处3年以上10年以下有期徒刑,并处5万元以上50万元以下罚金。

法律依据

一、《刑法》条文

第一百八十五条之一第二款　社会保障基金管理机构、住房公积金管理机构等公众资金管理机构,以及保险公司、保险资产管理公司、证券投资基金管理公司,违反国家规定运用资金的,对其直接负责的主管人员和其他直接责任人员,依照前款的规定处罚。

二、相关司法解释/文件

《最高人民检察院、公安部关于公安机关管辖的刑事案件立案追诉标准的规定(二)》(2022年4月6日　公通字〔2022〕12号)

第三十六条　〔违法运用资金案(刑法第一百

八十五条之一第二款)〕社会保障基金管理机构、住房公积金管理机构等公众资金管理机构,以及保险公司、保险资产管理公司、证券投资基金管理公司,违反国家规定运用资金,涉嫌下列情形之一的,应予立案追诉:

(一)违反国家规定运用资金数额在三十万元以上的;

(二)虽未达到上述数额标准,但多次违反国家规定运用资金的;

(三)其他情节严重的情形。

要义辨析

一、概念

本罪是指社会保障基金管理机构、住房公积金管理机构等公众资金管理机构,以及保险公司、保险资产管理公司、证券投资基金管理公司,违反国家规定运用资金的行为。

二、构成要件

1. 本罪侵犯的客体是公众资金的管理秩序和资金安全。犯罪对象是社会保障资金和住房公积金等共同资金。社会保障资金,是指在法律的强制规定下,通过向劳动者及其所在用人单位征缴社会保险费,或者由国家财政直接拨款而集中起来,用于社会保险、社会福利、社会救济和公费医疗事业等社会保障事业的一种专项资金,包括养老、失业、医疗、生育、工伤等保险基金。住房公积金,是指各种单位及其在职职工缴存的长期住房储金。

2. 本罪客观方面表现为违反国家规定,运用公众资金的行为。

3. 本罪犯罪主体是特殊主体,具体是社会保障基金管理机构、住房公积金管理机构等公众资金管理机构,以及接受公众资金管理机构委托,对公众资金进行资产管理的保险公司、保险资产管理公司、证券投资基金管理公司。

4. 本罪主观方面是故意。

三、要点辨析

1. 实际上,本罪的准确罪名应当是"违法运用特种资金罪",不是指所有的资金一被运用就构成犯罪。这个资金是有特殊性质的,即社会保障资金、住房公积金、保险金、证券基金等影响到社会信用体系的特种资金,其犯罪对象是特定的。

2. 根据《刑法》的规定,构成本罪虽然没有要求必须造成怎样的严重后果,或者必须违法运用资金达到怎样的数额,但这并不是说只要有违法运用资金的行为就构成犯罪。根据《刑法》第 13 条的规定,如果违法运用资金的行为情节显著轻微,危害不大,没有造成严重后果,不应当以犯罪论处。

3. 本罪是单位犯罪,个人犯罪不能以本罪论处。因此,如果是有关公众资金的管理机构或者受托管理公共资金的机构中的工作人员个人利用职务便利,违法挪用公众资金,应视情况以挪用资金罪、挪用公款罪定罪处刑。

四、罪名变迁

2006 年 6 月 29 日《刑法修正案(六)》第 12 条第 2 款增加了该罪。

类罪名:破坏社会主义市场经济秩序罪/破坏金融管理秩序罪	罪名:违法发放贷款罪
量刑标准	**数额巨大或造成重大损失的** 处 5 年以下有期徒刑或者拘役,并处 1 万元以上 10 万元以下罚金;
	数额特别巨大或造成特别重大损失的 处 5 年以上有期徒刑,并处 2 万元以上 20 万元以下罚金;
	银行或者其他金融机构的工作人员违反国家规定,向关系人发放贷款的 依照前款的规定从重处罚;
	单位犯罪的 对单位处罚金;对直接负责的主管人员和直接责任人员依个人犯罪处罚。

法律依据

一、《刑法》条文

第一百八十六条　银行或者其他金融机构的工作人员违反国家规定发放贷款，数额巨大或者造成重大损失的，处五年以下有期徒刑或者拘役，并处一万元以上十万元以下罚金；数额特别巨大或者造成特别重大损失的，处五年以上有期徒刑，并处二万元以上二十万元以下罚金。

银行或者其他金融机构的工作人员违反国家规定，向关系人发放贷款的，依照前款的规定从重处罚。

单位犯前两款罪的，对单位判处罚金，并对其直接负责的主管人员和其他直接责任人员，依照前两款的规定处罚。

关系人的范围，依照《商业银行法》和有关金融法规确定。

二、相关法律

《中华人民共和国中国人民银行法》(2003 年 12 月 27 日修正)

第三十条　中国人民银行不得向地方政府、各级政府部门提供贷款，不得向非银行金融机构以及其他单位和个人提供贷款，但国务院决定中国人民银行可以向特定的非银行金融机构提供贷款的除外。

中国人民银行不得向任何单位和个人提供担保。

第四十八条　中国人民银行有下列行为之一的，对负有直接责任的主管人员和其他直接责任人员，依法给予行政处分；构成犯罪的，依法追究刑事责任：

(一)违反本法第三十条第一款的规定提供贷款的；

《中华人民共和国商业银行法》(2015 年 8 月 29 日修正)

第四十条　商业银行不得向关系人发放信用贷款；向关系人发放担保贷款的条件不得优于其他借款人同类贷款的条件。

前款所称关系人是指：

(一)商业银行的董事、监事、管理人员、信贷业务人员及其近亲属；

(二)前项所列人员投资或者担任高级管理职务的公司、企业和其他经济组织。

第四十一条　任何单位和个人不得强令商业银行发放贷款或者提供担保。商业银行有权拒绝任何单位和个人强令要求其发放贷款或者提供担保。

第四十七条　商业银行不得违反规定提高或者降低利率以及采用其他不正当手段，吸收存款，发放贷款。

第五十二条　商业银行的工作人员应当遵守法律、行政法规和其他各项业务管理的规定，不得有下列行为：

(三)违反规定徇私向亲属、朋友发放贷款或者提供担保；

第七十四条　商业银行有下列情形之一，由国务院银行业监督管理机构责令改正，有违法所得的，没收违法所得，违法所得五十万元以上的，并处违法所得一倍以上五倍以下罚款；没有违法所得或者违法所得不足五十万元的，处五十万元以上二百万元以下罚款；情节特别严重或者逾期不改正的，可以责令停业整顿或者吊销其经营许可证；构成犯罪的，依法追究刑事责任：

(三)违反规定提高或者降低利率以及采用其他不正当手段，吸收存款，发放贷款的；

三、相关司法解释/文件

《全国法院审理金融犯罪案件工作座谈会纪要》(2001 年 1 月 21 日　法〔2001〕8 号)

(二)关于破坏金融管理秩序罪

4. 破坏金融管理秩序相关犯罪数额和情节的认定

关于违法向关系人发放贷款罪。银行或者其他金融机构工作人员违反法律、行政法规规定，向关系人发放信用贷款或者发放担保贷款的条件优于其他借款人同类贷款条件，造成 10～30 万元以上损失的，可以认定为“造成较大损失”；造成 50～100 万元以上损失的，可以认定为“造成重大损失”。

由于各地经济发展不平衡，各省、自治区、直辖市高级人民法院可参照上述数额标准或幅度，根据本地的具体情况,确定在本地区掌握的具体标准。关于违法发放贷款罪。银行或者其他金融机构工作人员违反法律、行政法规规定,向关系人以外的其他人发放贷款,造成50~100万元以上损失的,可以认定为"造成重大损失";造成300~500万元以上损失的,可以认定为"造成特别重大损失"。

由于各地经济发展不平衡,各省、自治区、直辖市高级人民法院可参照上述数额标准或幅度,根据本地的具体情况,确定在本地区掌握的具体标准。

《最高人民检察院、公安部关于公安机关管辖的刑事案件立案追诉标准的规定(二)》(2022年4月6日　公通字〔2022〕12号)

第三十七条　〔违法发放贷款案(刑法第一百八十六条)〕银行或者其他金融机构及其工作人员违反国家规定发放贷款,涉嫌下列情形之一的,应予立案追诉:

(一)违法发放贷款,数额在二百万元以上的;

(二)违法发放贷款,造成直接经济损失数额在五十万元以上的。

要义辨析

一、概念

本罪是指银行或者其他金融机构及工作人员,违反国家规定发放数额巨大的贷款,或者造成重大损失的行为。

二、构成要件

1. 本罪侵犯的客体是国家对金融机构贷款活动的管理制度和银行财产的安全。

2. 本罪客观方面表现为行为人具有违反法律、行政法规的规定,发放数额巨大的贷款或者造成重大损失的行为。

3. 本罪的主体是银行或者其他金融机构及其工作人员。

4. 主观方面可能是故意,也可能是过失。具体地说,滥用职权发放贷款是故意,玩忽职守发放贷款则是过失,但其违反法律、行政法规的规定则是故意。

三、要点辨析

1. 发放贷款,本来是商业银行的基本权利和基本职能,本身并不违法。对本罪进行立法的基本价值取向,是国家对金融的行政权力计划控制和国家的金融垄断,是对商业银行行为的特别规制管理。本罪的保护对象,一是国家金融秩序的稳定,二是商业银行的资金安全。因此,审理这类案件时,要特别注意立法目的和"法"的审查。对"违法放贷"不能扩大理解,不能将一般违规放贷行为、放贷损失行为都理解为违法放贷。按照《刑法》总则的规定,刑事法上的违法特别限定在国家法律和国务院的行政法规,不包括其他的规章性以下的法律规范。行为人发放贷款,必须是违反了法律法规的规定。如果仅仅是违反银行内部的文件和规定,或者违反了其他规定,而不是违反法律法规的规定,则不构成犯罪。

2. 本罪以情节后果论罪,必须是贷款数额达到巨大,或者是造成重大损失的后果,才构成犯罪。

3. 本罪与玩忽职守罪的区别:(1)犯罪主体不同。本罪的主体只限于银行或者其他金融机构的工作人员,并且包括银行或者其他金融机构等单位犯罪;玩忽职守罪的主体是国家工作人员,其中包括国有银行和其他金融机构中的工作人员,其范围大于本罪。但单位不能成为玩忽职守罪的主体。(2)犯罪主观故意和过失不同。本罪是明知违法而故意发放,或者预见到可能违法而没有特别注意进行了违法发放;玩忽职守罪则完全是过失。(3)客观方面表现不同。本罪仅限于发放贷款和担保贷款中的行为;玩忽职守罪则是在履行所有职务时,滥用职权或者玩忽职守,致使公共财产、国家和人民利益遭受重大损失的。

4. 注意本罪同骗取贷款罪的互相关系。有些内外勾结,或者双方合意为了规避上级银行政策文件而发放贷款,在侦查机关追究责任时,银行为了保全自己的高管和员工,往往否认自己是明知而为,谎称是被骗贷,导致客户骗取贷款罪成立。因此要认真审查证据,对银行能否明知进行客观判断。对一些明显的违法发放贷款行为,应当坚持原则,确定本罪,否定骗取贷款罪的成立,对此追究的对象也应改变。

四、罪名变迁

本罪由2006年6月29日《刑法修正案(六)》第13条修订,旨在加强国家金融管制。

类罪名:破坏社会主义市场经济秩序罪/破坏金融管理秩序罪 | 罪名:吸收客户资金不入账罪	
量刑标准	**数额巨大或者造成重大损失的** 处5年以下有期徒刑或者拘役,并处2万元以上20万元以下罚金;
	数额特别巨大或者造成特别重大损失的 处5年以上有期徒刑,并处5万元以上50万元以下罚金;
	单位犯本罪的 对单位处罚金;对直接负责的主管人员和直接责任人员按个人犯罪处罚。

法律依据

一、《刑法》条文

第一百八十七条 银行或者其他金融机构的工作人员吸收客户资金不入账,数额巨大或者造成重大损失的,处五年以下有期徒刑或者拘役,并处二万元以上二十万元以下罚金;数额特别巨大或者造成特别重大损失的,处五年以上有期徒刑,并处五万元以上五十万元以下罚金。

单位犯前款罪的,对单位判处罚金,并对其直接负责的主管人员和其他直接责任人员,依照前款的规定处罚。

二、相关法律

《中华人民共和国商业银行法》(2015年8月29日修正)

第五十五条 商业银行应当按照国家有关规定,真实记录并全面反映其业务活动和财务状况,编制年度财务会计报告,及时向国务院银行业监督管理机构、中国人民银行和国务院财政部门报送。商业银行不得在法定的会计账册外另立会计账册。

三、相关行政法规

《金融违法行为处罚办法》(1999年2月22日)

第十一条 金融机构不得以下列方式从事账外经营行为:

(一)办理存款、贷款等业务不按照会计制度记账、登记,或者不在会计报表中反映;

(二)将存款与贷款等不同业务在同一账户内轧差处理;

(三)经营收入未列入会计账册;

(四)其他方式的账外经营行为。

金融机构违反前款规定的,给予警告,没收违法所得,并处违法所得1倍以上5倍以下的罚款,没有违法所得的,处10万元以上50万元以下的罚款;对该金融机构直接负责的高级管理人员、其他直接负责的主管人员和直接责任人员,给予开除的纪律处分;情节严重的,责令该金融机构停业整顿或者吊销经营金融业务许可证;构成用账外客户资金非法拆借、发放贷款罪或者其他罪的,依法追究刑事责任。

四、相关司法解释/文件

《全国法院审理金融犯罪案件工作座谈会纪要》(2001年1月21日 法〔2001〕8号)

(二)关于破坏金融管理秩序罪

3.用帐外客户资金非法拆借、发放贷款行为的认定和处罚

银行或者其他金融机构及其工作人员以牟利为目的,采取吸收客户资金不入帐的方式,将客户资金用于非法拆借、发放贷款,造成重大损失的,构成用帐外客户资金非法拆借、发放贷款罪。以牟利为目的,是指金融机构及其工作人员为本单位或者个人牟利,不具有这种目的,不构成该罪。这里的"牟利",一般是指谋取用帐外客户资金非法拆借、

发放贷款所产生的非法收益,如利息、差价等。对于用款人为取得贷款而支付的回扣、手续费等,应根据具体情况分别处理:银行或者其他金融机构用帐外客户资金非法拆借、发放贷款,收取的回扣、手续费等,应认定为"牟利";银行或者其他金融机构的工作人员利用职务上的便利,用帐外客户资金非法拆借、发放贷款,收取回扣、手续费等,数额较小的,以"牟利"论处;银行或者其他金融机构的工作人员将用款人支付给单位的回扣、手续费秘密占为已有,数额较大的,以贪污罪定罪处罚;银行或者其他金融机构的工作人员利用职务便利,用帐外客户资金非法拆借、发放贷款,索取用款人的财物,或者非法收受其他财物,或者收取回扣、手续费等,数额较大的,以受贿罪定罪处罚。吸收客户资金不入帐,是指不记入金融机构的法定存款帐目,以逃避国家金融监管,至于是否记入法定帐目以外设立的帐目,不影响该罪成立。审理银行或者其他金融机构及其工作人员用帐外客户资金非法拆借、发放贷款案件,要注意将用帐外客户资金非法拆借、发放贷款的行为与挪用公款罪和挪用资金罪区别开来。对于利用职务上的便利,挪用已经记入金融机构法定存款帐户的客户资金归个人使用的,或者吸收客户资金不入帐,却给客户开具银行存单,客户也认为将款已存入银行,该款却被行为人以个人名义借贷给他人的,均应认定为挪用公款罪或者挪用资金罪。

4. 破坏金融管理秩序相关犯罪数额和情节的认定。最高人民法院先后颁行了《关于审理伪造货币等案件具体应用法律若干问题的解释》、《关于审理走私刑事案件具体应用法律若干问题的解释》,对伪造货币,走私、出售、购买、运输假币等犯罪的定罪处刑标准以及相关适用法律问题作出了明确规定。为正确执行刑法,在其他有关的司法解释出台之前,对假币犯罪以外的破坏金融管理秩序犯罪的数额和情节,可参照以下标准掌握:

关于用帐外客户资金非法拆借、发放贷款罪。对于银行或者其他金融机构工作人员以牟利为目的,采取吸收客户资金不入帐的方式,将资金用于非法拆借、发放贷款,造成50~100万元以上损失的,可以认定为"造成重大损失";造成300~500万元以上损失的,可以认定为"造成特别重大损失"。

对于单位实施违法发放贷款和用帐外客户资金非法拆借、发放贷款造成损失构成犯罪的数额标准,可按个人实施上述犯罪的数额标准二至四倍掌握。

由于各地经济发展不平衡,各省、自治区、直辖市高级人民法院可参照上述数额标准或幅度,根据本地的具体情况,确定在本地区掌握的具体标准。

《最高人民检察院、公安部关于公安机关管辖的刑事案件立案追诉标准的规定(二)》(2022年4月6日 公通字〔2022〕12号)

第三十八条 〔吸收客户资金不入账案(刑法第一百八十七条)〕银行或者其他金融机构及其工作人员吸收客户资金不入账,涉嫌下列情形之一的,应予立案追诉:

(一)吸收客户资金不入账,数额在二百万元以上的;

(二)吸收客户资金不入账,造成直接经济损失数额在五十万元以上的。

要义辨析

一、概念

本罪是指银行或者其他金融机构的工作人员吸收客户资金不入账,数额巨大或者造成重大损失的行为。

二、构成要件

1. 犯罪客体是国家的金融管理制度和金融秩序,特别是客户资金的管理制度。

2. 犯罪客观方面表现为银行或者其他金融机构的工作人员吸收客户资金不入账的行为。

3. 主体是特殊主体,包括金融机构及其工作人员个人。单位犯前款罪的,对单位判处罚金,并对其直接负责的主管人员和其他直接责任人员,依法处刑。

4. 本罪主观方面只能是故意。

三、要点辨析

制定本罪的立法目的是加强对银行工作人员

职务行为的监管，保障银行信誉和客户资金的安全，防止衍生的金融诈骗、挪用客户资金、导致银行赔偿纠纷。这是针对现实中已经大量发生的案例而进行的新的立法措施。

四、罪名变迁

本罪根据2006年6月的《刑法修正案（六）》第14条作了重要修改，把原来规定的“以牟利为目的”这个要件去除，只要吸存不入帐数额巨大或者造成重大损失，不管行为人有没有牟利目的，均可以构成本罪。对于资金的去向，也删除“用于非法拆借、发放贷款”等要件。因此可见立法趋严。

类罪名：破坏社会主义市场经济秩序罪/破坏金融管理秩序罪 | 罪名：违规出具金融票证罪	
量刑标准	**情节严重的**　处5年以下有期徒刑或者拘役；
	情节特别严重的　处5年以上有期徒刑；
	单位犯罪的　对单位处罚金；对直接负责的主管人员和直接责任人员依个人犯罪处罚。

法律依据

一、《刑法》条文

第一百八十八条　银行或者其他金融机构的工作人员违反规定，为他人出具信用证或者其他保函、票据、存单、资信证明，情节严重的，处五年以下有期徒刑或者拘役；情节特别严重的，处五年以上有期徒刑。

单位犯前款罪的，对单位判处罚金，并对其直接负责的主管人员和其他直接责任人员，依照前款的规定处罚。

第九十六条　本法所称违反国家规定，是指违反全国人民代表大会及其常务委员会制定的法律和决定，国务院制定的行政法规、规定的行政措施、发布的决定和命令。

二、相关行政法规

《金融违法行为处罚办法》（1999年2月22日）

第十三条　金融机构不得出具与事实不符的信用证、保函、票据、存单、资信证明等金融票证。

金融机构弄虚作假，出具与事实不符的信用证、保函、票据、存单、资信证明等金融票证的，给予警告，没收违法所得，并处违法所得1倍以上5倍以下的罚款，没有违法所得的，处10万元以上50万元以下的罚款；对该金融机构直接负责的高级管理人员、其他直接负责的主管人员和直接责任人员，给予开除的纪律处分；构成非法出具金融票证罪或者其他罪的，依法追究刑事责任。

三、相关司法解释/文件

《最高人民检察院、公安部关于公安机关管辖的刑事案件立案追诉标准的规定（二）》（2022年4月6日　公通字〔2022〕12号）

第三十九条　〔违规出具金融票证案（刑法第一百八十八条）〕银行或者其他金融机构及其工作人员违反规定，为他人出具信用证或者其他保函、票据、存单、资信证明，涉嫌下列情形之一的，应予立案追诉：

（一）违反规定为他人出具信用证或者其他保函、票据、存单、资信证明，数额在二百万元以上的；

（二）违反规定为他人出具信用证或者其他保函、票据、存单、资信证明，造成直接经济损失数额在五十万元以上的；

（三）多次违规出具信用证或者其他保函、票据、存单、资信证明的；

（四）接受贿赂违规出具信用证或者其他保函、票据、存单、资信证明的；

（五）其他情节严重的情形。

要义辨析

一、概念

本罪是指银行或其他金融机构工作人员违反规定为他人出具信用证或其他保函、票据、资信证明,情节严重的行为。

二、构成要件

1. 本罪犯罪客体是复杂客体,侵犯的是国家金融管理制度和金融机构的财产权。

2. 本罪客观方面表现为银行或者其他金融机构的工作人员违反规定,为他人出具信用证或者其他保函、票据、存单、资信证明的行为。

3. 本罪犯罪主体是特殊主体,包括自然人和单位,但只有银行或其他金融机构及其工作人员才能成为本罪主体。单位犯本罪的,对单位和个人实行双罚。

4. 本罪主观方面是故意还是过失存在争议。通说认为,故意和过失都可以构成本罪,不过,如行为人明知虚假的金融票证是用于诈骗犯罪活动的,则视情况构成相应犯罪的共犯。

三、要点辨析

1. 违规出具金融票证罪,包括违规出具信用证、保函、票据、存单、资信证明。违规,这里应当是指违反国务院行政法规。按照罪刑法定原则和《刑法》第96条的规定,这里的"规",必须限定在"国务院制定的行政法规规定的行政措施、发布的决定和命令",不能扩大到中国人民银行以及以下等部门规章和规定,更不是本银行的各时期的文件规定。如果这一条把握不当,则容易导致打击扩大化。

2. 要注意业务失误和故意违规出票的界限。有些属于银行正常业务决策范围,由于国家金融政策的临时变化,导致平时是可以,但当时属于违规的出具保函票据行为,不能按《刑法》入罪。出具金融票证,是银行的法定职能。因此,审批是不是超越了规定的职权范围,是审查罪与非罪的重要标准。有的银行设置了风险审核委员会,集体作出了决定,或者银行董事会经过了集体讨论,认为可以出具票证,但是后来导致了风险,就不能按照犯罪,来追究行长和行为职员的刑事责任。重点还是审查出具的票证是不是违规,而不是审查有没有损失,因为银行业务不可能没有风险损失。

3. 关于"事实不符""弄虚作假"问题。《金融违法行为处罚办法》第13条中规定的"金融机构不得出具与事实不符的信用证、保函、票据、存单、资信证明等金融票证。金融机构弄虚作假,出具与事实不符的信用证、保函、票据、存单、资信证明等金融票证的"才构成违规。因此,要看有没有弄虚作假和不实出具。

4. 关于损失额计算问题。本罪以"情节严重"作为入罪要件,"情节特别严重"为5年以上有期徒刑起刑点界线。审查情节是否严重,要看一是有没有故意弄虚作假出票不实,二是有没有造成银行和他人财产巨大损失。最高人民检察院、公安部的立案标准将损失确定在20万元以上。对于违规出具票证,还要审查票据有没有到期,出票担保人的财产是否足以保障,法院诉讼追回有没有穷尽,要根据实际损失认定,不能轻易推定损失。

四、罪名变迁

本罪是2006年6月29日《刑法修正案(六)》第15条修订的罪名,旨在规范商业银行出具票证行为。

类罪名:破坏社会主义市场经济秩序罪/破坏金融管理秩序罪 | **罪名:对违法票据承兑、付款、保证罪**	
量刑标准	**造成重大损失的** 处5年以下有期徒刑或者拘役;
	造成特别重大损失的 处5年以上有期徒刑;
	单位犯本罪的 对单位处罚金;对直接负责的主管人员和直接责任人员按个人犯罪处罚。

法律依据

一、《刑法》条文

第一百八十九条　银行或者其他金融机构的工作人员在票据业务中，对违反票据法规定的票据予以承兑、付款或者保证，造成重大损失的，处五年以下有期徒刑或者拘役；造成特别重大损失的，处五年以上有期徒刑。

单位犯前款罪的，对单位判处罚金，并对其直接负责的主管人员和其他直接责任人员，依照前款的规定处罚。

二、相关法律

《中华人民共和国票据法》(2004年8月28日修正)

第二条　在中华人民共和国境内的票据活动，适用本法。

本法所称票据，是指汇票、本票和支票。

第一百零四条　金融机构工作人员在票据业务中玩忽职守，对违反本法规定的票据予以承兑、付款或者保证的，给予处分；造成重大损失，构成犯罪的，依法追究刑事责任。

由于金融机构工作人员因前款行为给当事人造成损失的，由该金融机构和直接责任人员依法承担赔偿责任。

三、相关行政法规

《金融违法行为处罚办法》(1999年2月22日)

第十四条　金融机构对违反票据法规定的票据，不得承兑、贴现、付款或者保证。

金融机构对违反票据法规定的票据，予以承兑、贴现、付款或者保证的，给予警告，没收违法所得，并处违法所得1倍以上3倍以下的罚款，没有违法所得的，处5万元以上30万元以下的罚款；对该金融机构直接负责的高级管理人员、其他直接负责的主管人员和直接责任人员，给予记大过直至开除的纪律处分；造成资金损失的，对该金融机构直接负责的高级管理人员，给予撤职直至开除的纪律处分；构成对违法票据承兑、付款、保证罪或者其他罪的，依法追究刑事责任。

四、相关司法解释/文件

《最高人民检察院、公安部关于公安机关管辖的刑事案件立案追诉标准的规定(二)》(2022年4月6日　公通字〔2022〕12号)

第四十条　〔对违法票据承兑、付款、保证案(刑法第一百八十九条)〕银行或者其他金融机构及其工作人员在票据业务中，对违反票据法规定的票据予以承兑、付款或者保证，造成直接经济损失数额在五十万元以上的，应予立案追诉。

要义辨析

一、概念

本罪是指金融机构工作人员在票据业务中，对违反《票据法》规定的票据予以承兑、付款或保证，造成金融机构重大损失的行为。

二、构成要件

1. 本罪犯罪客体是票据管理制度、国家金融管理秩序及金融机构的财产权。

2. 本罪的客观方面为银行或者其他金融机构的工作人员在票据业务中，对违反《票据法》规定的票据予以承兑、付款或者保证的行为。

3. 本罪主体是特殊主体，只有银行或其他金融机构及其工作人员可以构成，包括自然人和单位。

4. 本罪的主观方面是故意还是过失，或者是故意加过失，颇有争议。从《刑法》条文看，属于明知状态下的故意犯罪；从《票据法》条文看，属于玩忽职守的过失犯罪。从承兑行为看，属于故意；对损失后果看，又属于过于自信的过失。因此，我们认为本罪的罪过形式，既可能是故意，也可能是过失，还可能是故意加过失的复合罪过形式。

三、要点辨析

1. 本罪为结果犯，造成重大损失才构成犯罪。

2. 本罪同其他许多罪名的“明知”不同，本罪的“明知”是一种客观判断。只要“违反《票据法》规定”进行了“承兑、付款或者保证的”，即构成犯罪，而不去判断主观上是不是已经明知是“违法票据”。

3. 违法票据的概念,明确只限定为违反《票据法》的规定,以此法定含义为准。不能将违规票据、违反其他行政法规、规章以下规定的票据,扩大为"违法票据"。

四、罪名变迁

本罪是1997年《刑法》设立的罪名。目的是规制银行票据行为,保障商业银行资金的安全和金融秩序。

类罪名:破坏社会主义市场经济秩序罪/破坏金融管理秩序罪	罪名:骗购外汇罪
量刑标准	**数额较大的** 处5年以下有期徒刑或者拘役,并处骗购外汇数额5%以上30%以下罚金;
	数额巨大或者有其他严重情节的 处5年以上10年以下有期徒刑,并处骗购外汇数额5%以上30%以下罚金;
	数额特别巨大或者有其他特别严重情节的 处10年以上有期徒刑或者无期徒刑,并处骗购外汇数额5%以上30%以下罚金或者没收财产;
	单位犯本罪的 对单位处罚金;对直接负责的主管人员和直接责任人员按上述标准处罚。

法律依据

一、相关法律

《全国人民代表大会常务委员会关于惩治骗购外汇、逃汇和非法买卖外汇犯罪的决定》(1998年12月29日)

一、有下列情形之一,骗购外汇,数额较大的,处五年以下有期徒刑或者拘役,并处骗购外汇数额百分之五以上百分之三十以下罚金;数额巨大或者有其他严重情节的,处五年以上十年以下有期徒刑,并处骗购外汇数额百分之五以上百分之三十以下罚金;数额特别巨大或者有其他特别严重情节的,处十年以上有期徒刑或者无期徒刑,并处骗购外汇数额百分之五以上百分之三十以下罚金或者没收财产:

(一)使用伪造、变造的海关签发的报关单、进口证明、外汇管理部门核准件等凭证和单据;

(二)重复使用海关签发的报关单、进口证明、外汇管理部门核准件等凭证和单据的;

(三)以其他方式骗购外汇的。

伪造、变造海关签发的报关单、进口证明、外汇管理部门核准件等凭证和单据,并用于骗购外汇的,依照前款的规定从重处罚。

明知用于骗购外汇而提供人民币资金的,以共犯论处。

单位犯前三款罪的,对单位依照第一款的规定判处罚金,并对其直接负责的主管人员和其他直接责任人员,处五年以下有期徒刑或者拘役;数额巨大或者有其他严重情节的,处五年以上十年以下有期徒刑;数额特别巨大或者有其他特别严重情节的,处十年以上有期徒刑或者无期徒刑。

五、海关、外汇管理部门以及金融机构、从事对外贸易经营活动的公司、企业或者其他单位的工作人员与骗购外汇或者逃汇的行为人通谋,为其提供购买外汇的有关凭证或者其他便利的,或者明知是伪造、变造的凭证和单据而售汇、付汇的,以共犯论,依照本决定从重处罚。

八、犯本决定规定之罪的,依法追缴、没收的财物和罚金,一律上缴国库。

二、相关司法解释/文件

《最高人民检察院、公安部关于公安机关管辖的刑事案件立案追诉标准的规定(二)》(2022年4月6日 公通字〔2022〕12号)

第四十二条 〔骗购外汇案《全国人民代表大

会常务委员会关于惩治骗购外汇、逃汇和非法买卖外汇犯罪的决定》第一条)〕骗购外汇,数额在五十万美元以上的,应予立案追诉。

要义辨析

一、概念

本罪是指单位或者自然人,使用各种欺骗方法,如伪造的海关和外汇管理部门的报关单和进口单证、重复使用报关单证以及用其他方法,骗购外汇,数额较大,破坏国家外汇管理秩序的行为。

二、构成要件

1. 本罪侵犯的客体是国家的外汇管理秩序。

2. 本罪客观方面主要表现为伪造、变造、重复使用报关单、进口证明、外汇管理部门的核准件来骗购外汇。

3. 本罪犯罪主体是一般主体,自然人和单位都可以构成。

4. 本罪行为人主观上必须是故意,即明知自己使用欺骗方式到外汇指定银行购买外汇的行为具有社会危害性仍希望或者放任这种骗购外汇结果发生。

三、要点辨析

1. 关于本罪的溯及力,中国人民银行行长戴相龙在《对关于惩治骗购外汇、逃汇和非法买卖外汇犯罪的决定(草案)的说明》中提到,"在'决定'施行前发生的违法行为,按最高人民法院的司法解释追究刑事责任,在'决定'施行后发生的违法行为,即按'决定'惩治"。

2. 本罪的行为主体,从立法原意看,重点是惩处单位犯罪。因为是"伪造、变造、重复使用报关单、进口证明、外汇管理部门的核准件来骗购外汇",只有贸易公司等单位才有可能。但是,《全国人民代表大会常务委员会关于惩治骗购外汇、逃汇和非法买卖外汇犯罪的决定》同时也将个人作为惩处的对象,该决定规定"海关、外汇管理部门以及金融机构、从事对外贸易经营活动的公司、企业或者其他单位的工作人员"与他人通谋,也可构成本罪。因此,这个罪的主体可以是单位或个人。

3. 本罪的骗购对象是国家的法定外汇管理机构和中国银行等商业银行。个人之间和向地下钱庄等非法机构的外汇非法买卖。这些行为用其他的刑法规范处理。

4. 本罪立法受1998年全球金融危机应对的临时措施影响,对外汇的买卖违法行为,设定了最高量刑可以到无期徒刑,量刑过高。有待以后金融外汇秩序恢复正常后,适当修改处刑标准。在没有修改立法前,司法实践中实际量刑应当稳妥把握。

四、罪名变迁

本罪是根据1998年12月29日《全国人民代表大会常务委员会关于惩治骗购外汇、逃汇和非法买卖外汇犯罪的决定》增设的罪名。背景是1997发生亚洲金融危机,对我国产生影响,危及国家外汇储备安全,国家采取法律手段保卫外汇储备。最高人民法院在1998年8月发布了《关于审理骗购外汇、非法买卖外汇刑事案件具体应用法律若干问题的解释》,全国人民代表大会常务委员会又专门作了上述决定。

类罪名:破坏社会主义市场经济秩序罪/破坏金融管理秩序罪 | 罪名:逃汇罪	
量刑标准	**数额较大的** 对单位判处逃汇数额5%以上30%以下罚金;对直接负责的主管人员和直接责任人员处5年以下有期徒刑或者拘役;
	数额巨大或者有其他严重情节的 对单位判处逃汇数额5%以上30%以下罚金;对直接负责的主管人员和直接责任人员处5年以上有期徒刑。

法律依据

一、《刑法》条文

第一百九十条 公司、企业或者其他单位,违反国家规定,擅自将外汇存放境外,或者将境内的外汇非法转移到境外,数额较大的,对单位判处逃汇数额百分之五以上百分之三十以下罚金,并对其直接负责的主管人员和其他直接责任人员处五年以下有期徒刑或者拘役;数额巨大或者有其他严重情节的,对单位判处逃汇数额百分之五以上百分之三十以下罚金,并对其直接负责的主管人员和其他直接责任人员处五年以上有期徒刑。

二、相关法律

《全国人民代表大会常务委员会关于惩治骗购外汇、逃汇和非法买卖外汇犯罪的决定》(1998年12月29日)

五、海关、外汇管理部门以及金融机构、从事对外贸易经营活动的公司、企业或者其他单位的工作人员与骗购外汇或者逃汇的行为人通谋,为其提供购买外汇的有关凭证或者其他便利的,或者明知是伪造、变造的凭证和单据而售汇、付汇的,以共犯论,依照本决定从重处罚。

八、犯本决定规定之罪的,依法追缴、没收的财物和罚金,一律上缴国库。

三、相关行政法规

《中华人民共和国外汇管理条例》(2008年8月1日)

第三条 本条例所称外汇,是指下列以外币表示的可以用作国际清偿的支付手段和资产:

(一)外币现钞,包括纸币、铸币;

(二)外币支付凭证或者支付工具,包括票据、银行存款凭证、银行卡等;

(三)外币有价证券,包括债券、股票等;

(四)特别提款权;

(五)其他外汇资产。

第三十九条 有违反规定将境内外汇转移境外,或者以欺骗手段将境内资本转移境外等逃汇行为的,由外汇管理机关责令限期调回外汇,处逃汇金额30%以下的罚款;情节严重的,处逃汇金额30%以上等值以下的罚款;构成犯罪的,依法追究刑事责任。

第四十条 有违反规定以外汇收付应当以人民币收付的款项,或者以虚假、无效的交易单证等向经营结汇、售汇业务的金融机构骗购外汇等非法套汇行为的,由外汇管理机关责令对非法套汇资金予以回兑,处非法套汇金额30%以下的罚款;情节严重的,处非法套汇金额30%以上等值以下的罚款;构成犯罪的,依法追究刑事责任。

第五十二条 本条例下列用语的含义:

(一)境内机构,是指中华人民共和国境内的国家机关、企业、事业单位、社会团体、部队等,外国驻华外交领事机构和国际组织驻华代表机构除外。

(二)境内个人,是指中国公民和在中华人民共和国境内连续居住满1年的外国人,外国驻华外交人员和国际组织驻华代表除外。

(三)经常项目,是指国际收支中涉及货物、服务、收益及经常转移的交易项目等。

(四)资本项目,是指国际收支中引起对外资产和负债水平发生变化的交易项目,包括资本转移、直接投资、证券投资、衍生产品及贷款等。

《关于骗购外汇、非法套汇、逃汇、非法买卖外汇等违反外汇管理规定行为的行政处分或者纪律处分暂行规定》(2011年1月8日修订)

第六条 经批准经营外汇业务的金融机构、国有外经贸企业的工作人员,有下列逃汇行为之一,数额不满10万美元的,给予撤职处分;数额在10万美元以上不满100万美元的,给予留用察看处分;数额在100万美元以上的,给予开除处分。

(一)违反国家规定,擅自将外汇存放在境外的;

(二)不按照国家规定将外汇卖给外汇指定银行的;

(三)违反国家规定将外汇汇出或者携带出境的;

(四)未经外汇管理部门批准,擅自将外币存款凭证、外币有价证券携带或者邮寄出境的;

(五)明知用于逃汇而提供人民币资金或者其他服务的;

(六)以其他方式逃汇的。

单位有前款行为之一的，对负有直接责任的主管人员和其他直接责任人员，依照前款规定给予纪律处分。

四、相关司法解释/文件

《最高人民法院关于审理骗购外汇、非法买卖外汇刑事案件具体应用法律若干问题的解释》(1998 年 8 月 28 日 法释〔1998〕20 号)

为依法惩处骗购外汇、非法买卖外汇的犯罪行为，根据刑法的有关规定，现对审理骗购外汇、非法买卖外汇案件具体应用法律的若干问题解释如下：

第一条 以进行走私、逃汇、洗钱、骗税等犯罪活动为目的，使用虚假、无效的凭证、商业单据或者采取其他手段向外汇指定银行骗购外汇的，应当分别按照刑法分则第三章第二节、第一百九十条、第一百九十一条和第二百零四条等规定定罪处罚。

非国有公司、企业或者其他单位，与国有公司、企业或者其他国有单位勾结逃汇的，以逃汇罪的共犯处罚。

第五条 海关、银行、外汇管理机关工作人员与骗购外汇的行为人通谋，为其提供购买外汇的有关凭证，或者明知是伪造、变造的凭证和商业单据而出售外汇，构成犯罪的，按照刑法的有关规定从重处罚。

第六条 实施本解释规定的行为，同时触犯二个以上罪名的，择一重罪从重处罚。

第七条 根据刑法第六十四条规定，骗购外汇、非法买卖外汇的，其违法所得予以追缴，用于骗购外汇、非法买卖外汇的资金予以没收，上缴国库。

第八条 骗购、非法买卖不同币种的外汇的，以案发时国家外汇管理机关制定的统一折算率折合后依照本解释处罚。

《最高人民法院、最高人民检察院、公安部关于办理骗汇、逃汇犯罪案件联席会议纪要》(1999 年 3 月 16 日 公通字〔1999〕39 号)

二、全国人大常委会《关于惩治骗购外汇、逃汇和非法买卖外汇犯罪的决定》(以下简称《决定》)公布施行后发生的犯罪行为，应当依照《决定》办理；对于《决定》公布施行前发生的公布后尚未处理或者正在处理的行为，依照修订后的刑法第十二条第一款规定的原则办理。

最高人民法院 1998 年 8 月 28 日发布的《关于审理骗购外汇、非法买卖外汇刑事案件具体应用法律若干问题的解释》(以下简称《解释》)，是对具体应用修订后的刑法有关问题的司法解释，适用于依照修订后的刑法判处的案件。各执法部门对于《解释》应当准确理解，严格执行。

《最高人民检察院、公安部关于公安机关管辖的刑事案件立案追诉标准的规定(二)》(2022 年 4 月 6 日 公通字〔2022〕12 号)

第四十一条 〔逃汇案(刑法第一百九十条)〕公司、企业或者其他单位，违反国家规定，擅自将外汇存放境外，或者将境内的外汇非法转移到境外，单笔在二百万美元以上或者累计数额在五百万美元以上的，应予立案追诉。

量刑要素

1. 海关、外汇管理部门以及金融机构、从事对外贸易经营活动的公司、企业或者其他单位的工作人员与骗购外汇或者逃汇的行为人通谋，为其提供购买外汇的有关凭证或者其他便利的，或者明知是伪造、变造的凭证和单据而售汇、付汇的，以共犯论，依照本决定从重处罚。(《全国人民代表大会常务委员会关于惩治骗购外汇、逃汇和非法买卖外汇犯罪的决定》第 5 条)

2. 海关、银行、外汇管理机关工作人员与骗购外汇的行为人通谋，为其提供购买外汇的有关凭证，或者明知是伪造、变造的凭证和商业单据而出售外汇，构成犯罪的，按照刑法的有关规定从重处罚。(《最高人民法院关于审理骗购外汇、非法买卖外汇刑事案件具体应用法律若干问题的解释》第 5 条)

要义辨析

一、概念

本罪是指公司、企业或其他单位,违反国家规定,擅自将外汇存放境外或者将境内的外汇非法转移到境外,数额较大的行为。

二、构成要件

1. 本罪侵犯的客体是国家外汇管理制度。

2. 本罪客观方面表现为公司、企业或者其他单位,违反国家规定,擅自将外汇存放境外,或者将境内的外汇非法转移到境外的行为。

3. 本罪主体是单位,个人不构成本罪。在帮助犯的定义下,个人可以构成共犯。对单位犯罪定性后,也实行单位和个人一并处罚。

4. 本罪主观方面是故意,过失不构成本罪。

三、要点辨析

1. 关于逃汇的具体表现形式,《关于骗购外汇、非法套汇、逃汇、非法买卖外汇等违反外汇管理规定行为的行政处分或者纪律处分暂行规定》列举了六种。实践中主要有以下情形:(1)未经管汇机关批准,境内机构将收入的外汇私自保存、使用、存放境外;(2)违反《对侨资企业、外资企业、中外合资企业外汇管理施行细则》的规定,将收入的外汇存放境外;(3)境内机构、侨资企业、外资企业、中外合资经营企业以低报出口货价、佣金等手段少报外汇收入,或者以高报进口货价、费用、佣金等手段多报外汇支出,将隐匿的外汇私自保存或者存放境外;(4)驻外机构以及在境外设立的中外合资经营企业的中方投资者,不按国家规定将应当调回的利润留在当地营运或者移作他用;(5)除经管汇机关批准,派往外国或者港澳等地区的代表团、工作组及其人员不按各该专项计划使用外汇,将出国经费或者从事各项业务活动所得外汇存放境外或者移作他用;(6)违反国家规定将外汇汇出或者携带出境的;(7)未经外汇管理部门批准,擅自将外币存款凭证、外币有价证券携带或者邮寄出境的。

2. 本罪要达到数额较大才构成犯罪。单笔逃汇在200万美元以上或者累计数额在500万美元以上的,才立案追究。

3. 本罪危害的结果只影响国家的外汇储备量,但财产本身是行为人自己的,国家财产没有损失。因此量刑主要在罚金刑,对主要责任人以5年以下有期徒刑起刑。

四、罪名变迁

本罪由1998年12月29日《全国人民代表大会常务委员会关于惩治骗购外汇、逃汇和非法买卖外汇犯罪的决定》对《刑法》第190条进行了修改,主要是扩大了犯罪主体和提高了法定刑。

类罪名:破坏社会主义市场经济秩序罪/破坏金融管理秩序罪 | 罪名:洗钱罪	
量刑标准	**构成犯罪的** 没收实施以上犯罪的所得及其产生的收益,处5年以下有期徒刑或者拘役,并处或者单处罚金;
	情节严重的 处5年以上10年以下有期徒刑,并处罚金;
	单位犯本罪的 对单位判处罚金,并对其直接负责的主管人员和其他直接责任人员,依照前述的规定处罚。

法律依据

一、《刑法》条文

第一百九十一条 为掩饰、隐瞒毒品犯罪、黑社会性质的组织犯罪、恐怖活动犯罪、走私犯罪、贪污贿赂犯罪、破坏金融管理秩序犯罪、金融诈骗犯罪的所得及其产生的收益的来源和性质,有下列行为之一的,没收实施以上犯罪的所得及其产生的收益，处五年以下有期徒刑或者拘役，并处或者单处罚金；情节严重的，处五年以上十年以下有期徒刑，并处罚金：

（一）提供资金帐户的；

（二）将财产转换为现金、金融票据、有价证券的；

（三）通过转帐或者其他支付结算方式转移资金的；

（四）跨境转移资产的；

（五）以其他方法掩饰、隐瞒犯罪所得及其收益的来源和性质的。

单位犯前款罪的，对单位判处罚金，并对其直接负责的主管人员和其他直接责任人员，依照前款的规定处罚。

二、相关法律

《中华人民共和国反洗钱法》（2006 年 10 月 31 日）

第二条 本法所称反洗钱，是指为了预防通过各种方式掩饰、隐瞒毒品犯罪、黑社会性质的组织犯罪、恐怖活动犯罪、走私犯罪、贪污贿赂犯罪、破坏金融管理秩序犯罪、金融诈骗犯罪等犯罪所得及其收益的来源和性质的洗钱活动，依照本法规定采取相关措施的行为。

三、相关司法解释/文件

《最高人民法院关于审理骗购外汇、非法买卖外汇刑事案件具体应用法律若干问题的解释》（1998 年 8 月 28 日 法释〔1998〕20 号）

第一条 以进行走私、逃汇、洗钱、骗税等犯罪活动为目的，使用虚假、无效的凭证、商业单据或者采取其他手段向外汇指定银行骗购外汇的，应当分别按照刑法分则第三章第二节、第一百九十条、第一百九十一条和第二百零四条等规定定罪处罚。

非国有公司、企业或者其他单位，与国有公司、企业或者其他国有单位勾结逃汇的，以逃汇罪的共犯处罚。

第五条 海关、银行、外汇管理机关工作人员与骗购外汇的行为人通谋，为其提供购买外汇的有关凭证，或者明知是伪造、变造的凭证和商业单据而出售外汇，构成犯罪的，按照刑法的有关规定从重处罚。

第六条 实施本解释规定的行为，同时触犯二个以上罪名的，择一重罪从重处罚。

第七条 根据刑法第六十四条规定，骗购外汇、非法买卖外汇的，其违法所得予以追缴，用于骗购外汇、非法买卖外汇的资金予以没收，上缴国库。

第八条 骗购、非法买卖不同币种的外汇的，以案发时国家外汇管理机关制定的统一折算率折合后依照本解释处罚。

《最高人民法院关于审理洗钱等刑事案件具体应用法律若干问题的解释》（2009 年 11 月 4 日 法释〔2009〕15 号）

第一条 刑法第一百九十一条、第三百一十二条规定的“明知”，应当结合被告人的认知能力，接触他人犯罪所得及其收益的情况，犯罪所得及其收益的种类、数额，犯罪所得及其收益的转换、转移方式以及被告人的供述等主、客观因素进行认定。

具有下列情形之一的，可以认定被告人明知系犯罪所得及其收益，但有证据证明确实不知道的除外：

（一）知道他人从事犯罪活动，协助转换或者转移财物的；

（二）没有正当理由，通过非法途径协助转换或者转移财物的；

（三）没有正当理由，以明显低于市场的价格收购财物的；

（四）没有正当理由，协助转换或者转移财物，收取明显高于市场的“手续费”的；

（五）没有正当理由，协助他人将巨额现金散存于多个银行账户或者在不同银行账户之间频繁划转的；

（六）协助近亲属或者其他关系密切的人转换或者转移与其职业或者财产状况明显不符的财物的；

（七）其他可以认定行为人明知的情形。

被告人将刑法第一百九十一条规定的某一上游犯罪的犯罪所得及其收益误认为刑法第一百九十一条规定的上游犯罪范围内的其他犯罪所得及其收益的，不影响刑法第一百九十一条规定的“明知”的认定。

第二条 具有下列情形之一的，可以认定为刑法第一百九十一条第一款第（五）项规定的“以其他方法掩饰、隐瞒犯罪所得及其收益的来源和

洗钱罪

性质”:

(一)通过典当、租赁、买卖、投资等方式,协助转移、转换犯罪所得及其收益的;

(二)通过与商场、饭店、娱乐场所等现金密集型场所的经营收入相混合的方式,协助转移、转换犯罪所得及其收益的;

(三)通过虚构交易、虚设债权债务、虚假担保、虚报收入等方式,协助将犯罪所得及其收益转换为“合法”财物的;

(四)通过买卖彩票、奖券等方式,协助转换犯罪所得及其收益的;

(五)通过赌博方式,协助将犯罪所得及其收益转换为赌博收益的;

(六)协助将犯罪所得及其收益携带、运输或者邮寄出入境的;

(七)通过前述规定以外的方式协助转移、转换犯罪所得及其收益的。

第三条 明知是犯罪所得及其产生的收益而予以掩饰、隐瞒,构成刑法第三百一十二条规定的犯罪,同时又构成刑法第一百九十一条或者第三百四十九条规定的犯罪的,依照处罚较重的规定定罪处罚。

第四条 刑法第一百九十一条、第三百一十二条、第三百四十九条规定的犯罪,应当以上游犯罪事实成立为认定前提。上游犯罪尚未依法裁判,但查证属实的,不影响刑法第一百九十一条、第三百一十二条、第三百四十九条规定的犯罪的审判。

上游犯罪事实可以确认,因行为人死亡等原因依法不予追究刑事责任的,不影响刑法第一百九十一条、第三百一十二条、第三百四十九条规定的犯罪的认定。

上游犯罪事实可以确认,依法以其他罪名定罪处罚的,不影响刑法第一百九十一条、第三百一十二条、第三百四十九条规定的犯罪的认定。

本条所称“上游犯罪”,是指产生刑法第一百九十一条、第三百一十二条、第三百四十九条规定的犯罪所得及其收益的各种犯罪行为。

四、相关部委规章

《公安部、中国人民银行关于可疑交易线索核查工作的合作规定》(2005年3月10日 公通字〔2005〕15号)

第一条 为加强公安机关和中国人民银行(以下简称双方)对可交易线索核查工作的协作与配合,严厉打击洗钱等犯罪活动,制定本规定。

第二条 双方本着“控制在先,打防结合,分工协作,依法办案”的原则,切实加强可疑交易线索核查工作的合作。

第三条 中国人民银行负责将金融机构报送的涉嫌洗钱等犯罪可疑交易线索按有关程序及时移送公安机关。协助公安机关办理洗钱等刑事案件调查中属中国人民银行职责的有关事项。

公安机关负责对中国人民银行移送的可疑交易线索进行核查。

第四条 双方对可疑交易线索核查工作的协作与配合,由公安机关经济犯罪侦查部门和中国人民银行反洗钱部门归口管理。

第十条 反洗钱局可将符合下列条件之一以及经过情报会商确定的可疑交易线索及时移送经侦局:

(一)涉及金额在4000万元人民币或500万美元以上的可疑交易线索;

(二)涉及境外、涉嫌恐怖融资等可疑交易线索;

(三)其他认为需要移送经侦局的可疑交易线索。

量刑要素

海关、银行、外汇管理机关工作人员与骗购外汇的行为人通谋,为其提供购买外汇的有关凭证,或者明知是伪造、变造的凭证和商业单据而出售外汇,构成犯罪的,按照刑法的有关规定从重处罚。(《最高人民法院关于审理骗购外汇、非法买卖外汇刑事案件具体应用法律若干问题的解释》第5条)

要义辨析

一、概念

本罪是指明知是毒品犯罪、黑社会性质的组织犯罪、恐怖活动犯罪、走私犯罪、贪污贿赂犯罪、破坏金融管理秩序犯罪、金融诈骗犯罪的违法所得及其产生的收益，为掩饰、隐瞒其来源和性质，通过提供账户、协助将财产转换为现金或者金融票据等方法使非法所得财产合法化的行为。

二、构成要件

1. 本罪侵犯客体是复杂客体，不仅损害国家正常的金融管理秩序和社会管理秩序，还妨害正常的司法活动。

2. 本罪客观方面表现为明知是毒品犯罪、黑社会性质的组织犯罪、恐怖活动犯罪、走私犯罪、贪污贿赂犯罪、破坏金融管理秩序犯罪、金融诈骗犯罪的违法所得及其产生的收益，为掩饰、隐瞒其来源和性质，通过提供帐户、协助将财产转换为现金或者金融票据等方法使非法所得财产合法化的行为。

3. 本罪犯罪主体是一般主体，包括个人和单位。

4. 本罪主观方面必须是故意。

三、要点辨析

1. 本罪洗钱的对象是特定的七种犯罪所得：毒品犯罪、黑社会性质的组织犯罪、恐怖活动犯罪、走私犯罪、贪污贿赂犯罪、破坏金融管理秩序犯罪、金融诈骗犯罪。其他的非法所得进行漂白合法化，不构成本罪。如盗窃、抢劫、诈骗的赃款，按共同犯罪或者隐匿犯罪所得定性。

2. 如果行为人进行了其他九种上游犯罪，同时又进行洗钱行为漂白，按牵连犯原则，择一前重罪吸收，只定一个罪名。洗钱行为只是前一犯罪行为的牵连继续，不另外定罪进行并罚。

3. 对他人违法的钱，以“明知”是本罪明确规定的七类钱为前提。如果不明知，不构成犯罪。

4. 对帮助洗钱的人，按本罪定罪；对被帮助的“赃钱所有者”犯罪人，按其行为已经触犯的罪名定罪，不定洗钱罪。

5. 根据1989年9月我国批准加入的联合国《禁止非法贩运麻醉药品和精神药物公约》，中国对在境外贩毒所得的非法货币，在中国境内进行洗钱的，中国有管辖权。

四、罪名变迁

本罪由《刑法修正案（三）》和《刑法修正案（六）》对《刑法》第191条进行了两次修改，主要是扩大了上游犯罪的范围，增加了恐怖活动犯罪、贪污贿赂犯罪、金融管理秩序犯罪和金融诈骗犯罪四类犯罪。同时，在罪状方面还增加了协助将财产转换为有价证券的规定。《刑法修正案（十一）》又对本罪进行了修改。

第五节　金融诈骗罪

类罪名：破坏社会主义市场经济秩序罪/金融诈骗罪	罪名：集资诈骗罪
量刑标准	**数额较大的**　处3年以上7年以下有期徒刑，并处罚金；
	数额巨大或者有其他严重情节的　处7年以上有期徒刑或者无期徒刑，并处罚金或者没收财产；
	单位犯本款罪的　对单位判处罚金，并对其直接负责的主管人员和其他直接责任人员，依照前述的规定处罚。

法律依据

一、《刑法》条文

第一百九十二条 以非法占有为目的,使用诈骗方法非法集资,数额较大的,处三年以上七年以下有期徒刑,并处罚金;数额巨大或者有其他严重情节的,处七年以上有期徒刑或者无期徒刑,并处罚金或者没收财产。

单位犯前款罪的,对单位判处罚金,并对其直接负责的主管人员和其他直接责任人员,依照前款的规定处罚。

第二百八十六条 利用计算机实施金融诈骗、盗窃、贪污、挪用公款、窃取国家秘密或者其他犯罪的,依照本法有关规定定罪处罚。

二、相关司法解释/文件

《全国法院审理金融犯罪案件工作座谈会纪要》(2001年1月21日 法〔2001〕8号)

(三)关于金融诈骗罪

1. 金融诈骗罪中非法占有目的的认定。

金融诈骗犯罪都是以非法占有为目的的犯罪。在司法实践中,认定是否具有非法占有为目的,应当坚持主客观相一致的原则,既要避免单纯根据损失结果客观归罪,也不能仅凭被告人自己的供述,而应当根据案件具体情况具体分析。根据司法实践,对于行为人通过诈骗的方法非法获取资金,造成数额较大资金不能归还,并具有下列情形之一的,可以认定为具有非法占有的目的:

(1)明知没有归还能力而大量骗取资金的;

(2)非法获取资金后逃跑的;

(3)肆意挥霍骗取资金的;

(4)使用骗取的资金进行违法犯罪活动的;

(5)抽逃、转移资金、隐匿财产,以逃避返还资金的;

(6)隐匿、销毁帐目,或者搞假破产、假倒闭,以逃避返还资金的;

(7)其他非法占有资金、拒不返还的行为。但是,在处理具体案件的时候,对于有证据证明行为人不具有非法占有目的的,不能单纯以财产不能归还就按金融诈骗罪处罚。

3. 集资诈骗罪的认定和处理。集资诈骗罪和欺诈发行股票、债券罪、非法吸收公众存款罪在客观上均表现为向社会公众非法募集资金。区别的关键在于行为人是否具有非法占有的目的。对于以非法占有为目的而非法集资,或者在非法集资过程中产生了非法占有他人资金的故意,均构成集资诈骗罪。但是,在处理具体案件时要注意以下两点:一是不能仅凭较大数额的非法集资款不能返还的结果,推定行为人具有非法占有的目的;二是行为人将大部分资金用于投资或生产经营活动,而将少量资金用于个人消费或挥霍的,不应仅以此便认定具有非法占有的目的。

4. 金融诈骗犯罪定罪量刑的数额标准和犯罪数额的计算。金融诈骗的数额不仅是定罪的重要标准,也是量刑的主要依据。在没有新的司法解释之前,可参照1996年《最高法院关于审理诈骗案件具体应用法律的若干问题的解释》①的规定执行。在具体认定金融诈骗犯罪的数额时,应当以行为人实际骗取的数额计算。对于行为人为实施金融诈骗活动而支付的中介费、手续费、回扣等,或者用于行贿、赠与等费用,均应计入金融诈骗的犯罪数额。但应当将案发前已归还的数额扣除。

《最高人民法院关于依法严厉打击集资诈骗和非法吸收公众存款犯罪活动的通知》(2004年11月15日 法〔2004〕240号)

二、坚决贯彻依法严惩集资诈骗和非法吸收公众存款犯罪的方针,加大对集资诈骗和非法吸收公众存款犯罪的打击力度。金融犯罪一直是我国整顿和规范市场经济秩序工作的打击重点,集资诈骗和非法吸收公众存款犯罪案件,是金融犯罪刑事审判工作的重中之重。集资诈骗和非法吸收公众存款犯罪发案较多的地区,人民法院要积极配合有关部门,开展严厉打击这类犯罪的专项行动,切实维护金融市场秩序和社会政治稳定。对集资诈骗和非法吸收公众存款的犯罪活动,一定要贯彻依法严惩的方针,保持对犯罪的高压态势,以有效震慑不法分子,保护人民群众利益。一旦案件起诉后,即

---

① 这一解释已被2013年1月14日《最高人民法院关于废止1980年1月1日至1997年6月30日期间发布的部分司法解释和司法解释性质文件(第九批)的决定》废止。

应尽快开庭，及时审结。对集资诈骗数额特别巨大并且给国家和人民利益造成特别重大损失，罪行极其严重的犯罪分子，依法应该判处死刑的，要坚决判处死刑，决不手软。在对犯罪分子判处主刑的同时，要依法适用财产刑，并加大赃款赃物的追缴力度，不让犯罪分子在经济上获取非法利益。对集资诈骗和非法吸收公众存款共同犯罪案件中的主犯，一定要依法从严惩处。

三、坚持审判工作法律效果和社会效果有机统一，积极参与金融市场经济秩序的综合治理。各级人民法院在审判集资诈骗和非法吸收公众存款犯罪案件工作中，要把依法审判与法制宣传有机结合起来。注意通过依法公开宣判、新闻媒体宣传等各种行之有效的形式，揭露犯罪骗局，教育广大群众，提高公民防骗意识。要妥善处理涉及众多被害人的犯罪案件，注意追缴犯罪分子的违法所得，及时将被骗的集资款返还被害人，配合地方党委和政府做好案件的善后工作，尽量将犯罪造成的不良后果降到最低限度，确保社会稳定。对办案过程中发现有关部门和单位在资金管理制度和环节上存在的漏洞和隐患，要及时提出司法建议，以做到防患于未然。

《最高人民检察院、公安部关于公安机关管辖的刑事案件立案追诉标准的规定(二)》(2022年4月6日　公通字〔2022〕12号)

第四十四条　〔集资诈骗案(刑法第一百九十二条)〕以非法占有为目的，使用诈骗方法非法集资，数额在十万元以上的，应予立案追诉。

《最高人民法院关于审理非法集资刑事案件具体应用法律若干问题的解释》(2022年2月23日修正　法释〔2022〕5号)

第七条　以非法占有为目的，使用诈骗方法实施本解释第二条规定所列行为的，应当依照刑法第一百九十二条的规定，以集资诈骗罪定罪处罚。

使用诈骗方法非法集资，具有下列情形之一的，可以认定为"以非法占有为目的"：

(一)集资后不用于生产经营活动或者用于生产经营活动与筹集资金规模明显不成比例，致使集资款不能返还的；

(二)肆意挥霍集资款，致使集资款不能返还的；

(三)携带集资款逃匿的；

(四)将集资款用于违法犯罪活动的；

(五)抽逃、转移资金、隐匿财产，逃避返还资金的；

(六)隐匿、销毁账目，或者搞假破产、假倒闭，逃避返还资金的；

(七)拒不交代资金去向，逃避返还资金的；

(八)其他可以认定非法占有目的的情形。

集资诈骗罪中的非法占有目的，应当区分情形进行具体认定。行为人部分非法集资行为具有非法占有目的的，对该部分非法集资行为所涉集资款以集资诈骗罪定罪处罚；非法集资共同犯罪中部分行为人具有非法占有目的，其他行为人没有非法占有集资款的共同故意和行为的，对具有非法占有目的的行为人以集资诈骗罪定罪处罚。

第八条　集资诈骗数额在10万元以上的，应当认定为"数额较大"；数额在100万元以上的，应当认定为"数额巨大"。

集资诈骗数额在50万元以上，同时具有本解释第三条第二款第三项情节的，应当认定为刑法第一百九十二条规定的"其他严重情节"。

集资诈骗的数额以行为人实际骗取的数额计算，在案发前已归还的数额应予扣除。行为人为实施集资诈骗活动而支付的广告费、中介费、手续费、回扣，或者用于行贿、赠与等费用，不予扣除。行为人为实施集资诈骗活动而支付的利息，除本金未归还可予折抵本金以外，应当计入诈骗数额。

第九条　犯非法吸收公众存款罪，判处三年以下有期徒刑或者拘役，并处或者单处罚金的，处五万元以上一百万元以下罚金；判处三年以上十年以下有期徒刑的，并处十万元以上五百万元以下罚金；判处十年以上有期徒刑的，并处五十万元以上罚金。

犯集资诈骗罪，判处三年以上七年以下有期徒刑的，并处十万元以上五百万元以下罚金；判处七年以上有期徒刑或者无期徒刑的，并处五十万元以上罚金或者没收财产。

《最高人民法院、最高人民检察院、公安部关于办理非法集资刑事案件适用法律若干问题的意见》(2014年3月25日　公通字〔2014〕16号)

为解决近年来公安机关、人民检察院、人民法院在办理非法集资刑事案件中遇到的问题，依法惩治非法吸收公众存款、集资诈骗等犯罪，根据刑法、刑事诉讼法的规定，结合司法实践，现就办理非法集资刑事案件适用法律问题提出以下意见：

一、关于行政认定的问题

对于非法集资的性质认定，不是非法集资刑事案件进入刑事诉讼程序的必经程序。行政部门未对非法集资作出性质认定的，不影响非法集资刑事案件的侦查、起诉和审判。

公安机关、人民检察院、人民法院应当依法认定案件事实的性质，对于案情复杂、性质认定疑难的案件，可参考有关部门的认定意见，根据案件事实和法律规定作出性质认定。

二、关于“向社会公开宣传”的认定问题

《最高人民法院关于审理非法集资刑事案件具体应用法律若干问题的解释》第一条第一款第二项中的“向社会公开宣传”，包括以各种途径向社会公众传播吸收资金的信息，以及明知吸收资金的信息向社会公众扩散而予以放任等情形。

三、关于“社会公众”的认定问题

下列情形不属于《最高人民法院关于审理非法集资刑事案件具体应用法律若干问题的解释》第一条第二款规定的“针对特定对象吸收资金”的行为，应当认定为向社会公众吸收资金：

（一）在向亲友或者单位内部人员吸收资金的过程中，明知亲友或者单位内部人员向不特定对象吸收资金而予以放任的；

（二）以吸收资金为目的，将社会人员吸收为单位内部人员，并向其吸收资金的。

四、关于共同犯罪的处理问题

为他人向社会公众非法吸收资金提供帮助，从中收取代理费、好处费、返点费、佣金、提成等费用，构成非法集资共同犯罪的，应当依法追究刑事责任。能够及时退缴上述费用的，可依法从轻处罚；其中情节轻微的，可以免除处罚；情节显著轻微、危害不大的，不作为犯罪处理。

五、关于涉案财物的追缴和处置问题

向社会公众非法吸收的资金属于违法所得。以吸收的资金向集资参与人支付的利息、分红等回报，以及向帮助吸收资金人员支付的代理费、好处费、返点费、佣金、提成等费用，应当依法追缴。集资参与人本金尚未归还的，所支付的回报可予折抵本金。

将非法吸收的资金及其转换财物用于清偿债务或者转让给他人，有下列情形之一的，应当依法追缴：

（一）他人明知是上述资金及财物而收取的；

（二）他人无偿取得上述资金及财物的；

（三）他人以明显低于市场的价格取得上述资金及财物的；

（四）他人取得上述资金及财物系源于非法债务或者违法犯罪活动的；

（五）其他依法应当追缴的情形。

查封、扣押、冻结的易贬值及保管、养护成本较高的涉案财物，可以在诉讼终结前依照有关规定变卖、拍卖。所得价款由查封、扣押、冻结机关予以保管，待诉讼终结后一并处置。

查封、扣押、冻结的涉案财物，一般应在诉讼终结后，返还集资参与人。涉案财物不足全部返还的，按照集资参与人的集资额比例返还。

六、关于证据的收集问题

办理非法集资刑事案件中，确因客观条件的限制无法逐一收集集资参与人的言词证据的，可结合已收集的集资参与人的言词证据和依法收集并查证属实的书面合同、银行账户交易记录、会计凭证及会计账簿、资金收付凭证、审计报告、互联网电子数据等证据，综合认定非法集资对象人数和吸收资金数额等犯罪事实。

七、关于涉及民事案件的处理问题

对于公安机关、人民检察院、人民法院正在侦查、起诉、审理的非法集资刑事案件，有关单位或者个人就同一事实向人民法院提起民事诉讼或者申请执行涉案财物的，人民法院应当不予受理，并将有关材料移送公安机关或者检察机关。

人民法院在审理民事案件或者执行过程中，发现有非法集资犯罪嫌疑的，应当裁定驳回起诉或者中止执行，并及时将有关材料移送公安机关或者检察机关。

公安机关、人民检察院、人民法院在侦查、起诉、审理非法集资刑事案件中，发现与人民法院正在审理的民事案件属同一事实，或者被申请执行的财物属于涉案财物的，应当及时通报相关人民法院。人民法院经审查认为确属涉嫌犯罪的，依照前款规定处理。

八、关于跨区域案件的处理问题

跨区域非法集资刑事案件，在查清犯罪事实的基础上，可以由不同地区的公安机关、人民检察院、人民法院分别处理。

对于分别处理的跨区域非法集资刑事案件，应当按照统一制定的方案处置涉案财物。

国家机关工作人员违反规定处置涉案财物，构成渎职等犯罪的，应当依法追究刑事责任。

《最高人民法院关于常见犯罪的量刑指导意见（二）（试行）》（2017年5月1日）

一、八种常见犯罪的量刑

（三）集资诈骗罪

1. 构成集资诈骗罪的，可以根据下列不同情形在相应的幅度内确定量刑起点：

（1）达到数额较大起点的，可以在二年以下有期徒刑、拘役幅度内确定量刑起点。

（2）达到数额巨大起点或者有其他严重情节的，可以在五年至六年有期徒刑幅度内确定量刑起点。

（3）达到数额特别巨大起点或者有其他特别严重情节的，可以在十年至十二年有期徒刑幅度内确定量刑起点。依法应当判处无期徒刑的除外。

2. 在量刑起点的基础上，根据集资诈骗数额等其他影响犯罪构成的犯罪事实增加刑罚量，确定基准刑。

《最高人民法院、最高人民检察院关于常见犯罪的量刑指导意见（试行）》（2021年6月16日　法发〔2021〕21号）

四、常见犯罪的量刑

（四）集资诈骗罪

1. 构成集资诈骗罪的，根据下列情形在相应的幅度内确定量刑起点：

（1）达到数额较大起点的，在三年至四年有期徒刑幅度内确定量刑起点。

（2）达到数额巨大起点或者有其他严重情节的，在七年至九年有期徒刑幅度内确定量刑起点。依法应当判处无期徒刑的除外。

2. 在量刑起点的基础上，根据集资诈骗数额等其他影响犯罪构成的犯罪事实增加刑罚量，确定基准刑。

3. 构成集资诈骗罪的，根据犯罪数额、危害后果等犯罪情节，综合考虑被告人缴纳罚金的能力，决定罚金数额。

4. 构成集资诈骗罪的，综合考虑犯罪数额、诈骗对象、危害后果、退赃退赔等犯罪事实、量刑情节，以及被告人主观恶性、人身危险性、认罪悔罪表现等因素，决定缓刑的适用。

《最高人民检察院关于办理涉互联网金融犯罪案件有关问题座谈会纪要》（2017年6月1日　高检诉〔2017〕14号）

二、准确界定涉互联网金融行为法律性质

5. 互联网金融涉及P2P网络借贷、股权众筹、第三方支付、互联网保险以及通过互联网开展资产管理及跨界从事金融业务等多个金融领域，行为方式多样，所涉法律关系复杂。违法犯罪行为隐蔽性、迷惑性强，波及面广，社会影响大，要根据犯罪行为的实质特征和社会危害，准确界定行为的法律性质和刑法适用的罪名。

（二）集资诈骗行为的认定

14. 以非法占有为目的，使用诈骗方法非法集资，是集资诈骗罪的本质特征。是否具有非法占有目的，是区分非法吸收公众存款罪和集资诈骗罪的关键要件，对此要重点围绕融资项目真实性、资金去向、归还能力等事实进行综合判断。犯罪嫌疑人存在以下情形之一的，原则上可以认定具有非法占有目的：

（1）大部分资金未用于生产经营活动，或名义上投入生产经营但又通过各种方式抽逃转移资金的；

（2）资金使用成本过高，生产经营活动的盈利能力不具有支付全部本息的现实可能性的；

（3）对资金使用的决策极度不负责任或肆意挥霍造成资金缺口较大的；

（4）归还本息主要通过借新还旧来实现的；

（5）其他依照有关司法解释可以认定为非法占有目的的情形。

15. 对于共同犯罪或单位犯罪案件中，不同层级的犯罪嫌疑人之间存在犯罪目的发生转化或者犯罪目的明显不同的，应当根据犯罪嫌疑人的犯罪目的分别认定。

（1）注意区分犯罪目的发生转变的时间节点。犯罪嫌疑人在初始阶段仅具有非法吸收公众存款的故意,不具有非法占有目的,但在发生经营失败、资金链断裂等问题后,明知没有归还能力仍然继续吸收公众存款的,这一时间节点之后的行为应当认定为集资诈骗罪,此前的行为应当认定为非法吸收公众存款罪。

(2)注意区分犯罪嫌疑人的犯罪目的的差异。在共同犯罪或单位犯罪中,犯罪嫌疑人由于层级、职责分工、获取收益方式、对全部犯罪事实的知情程度等不同,其犯罪目的也存在不同。在非法集资犯罪中,有的犯罪嫌疑人具有非法占有的目的,有的则不具有非法占有目的,对此,应当分别认定为集资诈骗罪和非法吸收公众存款罪。

16. 证明主观上是否具有非法占有目的,可以重点收集、运用以下客观证据:

(1)与实施集资诈骗整体行为模式相关的证据:投资合同、宣传资料、培训内容等;

(2)与资金使用相关的证据:资金往来记录、会计账簿和会计凭证、资金使用成本(包括利息和佣金等)、资金决策使用过程、资金主要用途、财产转移情况等;

(3)与归还能力相关的证据:吸收资金所投资项目内容、投资实际经营情况、盈利能力、归还本息资金的主要来源、负债情况、是否存在虚构业绩等虚假宣传行为等;

(4)其他涉及欺诈等方面的证据:虚构融资项目进行宣传、隐瞒资金实际用途、隐匿销毁账簿;等等。司法会计鉴定机构对相关数据进行鉴定时,办案部门可以根据查证犯罪事实的需要提出重点鉴定的项目,保证司法会计鉴定意见与待证的构成要件事实之间的关联性。

17. 集资诈骗的数额,应当以犯罪嫌疑人实际骗取的金额计算。犯罪嫌疑人为吸收公众资金制造还本付息的假象,在诈骗的同时对部分投资人还本付息的,集资诈骗的金额以案发时实际未兑付的金额计算。案发后,犯罪嫌疑人主动退还集资款项的,不能从集资诈骗的金额中扣除,但可以作为量刑情节考虑。

《最高人民法院、最高人民检察院、公安部关于办理非法集资刑事案件若干问题的意见》(2019年1月30日　高检会〔2019〕2号)

为依法惩治非法吸收公众存款、集资诈骗等非法集资犯罪活动,维护国家金融管理秩序,保护公民、法人和其他组织合法权益,根据刑法、刑事诉讼法等法律规定,结合司法实践,现就办理非法吸收公众存款、集资诈骗等非法集资刑事案件有关问题提出以下意见:

一、关于非法集资的"非法性"认定依据问题

人民法院、人民检察院、公安机关认定非法集资的"非法性",应当以国家金融管理法律法规作为依据。对于国家金融管理法律法规仅作原则性规定的,可以根据法律规定的精神并参考中国人民银行、中国银行保险监督管理委员会、中国证券监督管理委员会等行政主管部门依照国家金融管理法律法规制定的部门规章或者国家有关金融管理的规定、办法、实施细则等规范性文件的规定予以认定。

二、关于单位犯罪的认定问题

单位实施非法集资犯罪活动,全部或者大部分违法所得归单位所有的,应当认定为单位犯罪。

个人为进行非法集资犯罪活动而设立的单位实施犯罪的,或者单位设立后,以实施非法集资犯罪活动为主要活动的,不以单位犯罪论处,对单位中组织、策划、实施非法集资犯罪活动的人员应当以自然人犯罪依法追究刑事责任。

判断单位是否以实施非法集资犯罪活动为主要活动,应当根据单位实施非法集资的次数、频度、持续时间、资金规模、资金流向、投入人力物力情况、单位进行正当经营的状况以及犯罪活动的影响、后果等因素综合考虑认定。

三、关于涉案下属单位的处理问题

办理非法集资刑事案件中,人民法院、人民检察院、公安机关应当全面查清涉案单位,包括上级单位(总公司、母公司)和下属单位(分公司、子公司)的主体资格、层级、关系、地位、作用、资金流向等,区分情况依法作出处理。

上级单位已被认定为单位犯罪,下属单位实施非法集资犯罪活动,且全部或者大部分违法所得归下属单位所有的,对该下属单位也应当认定为单位犯罪。上级单位和下属单位构成共同犯罪的,应当根据犯罪单位的地位、作用,确定犯罪单位的刑事责任。

上级单位已被认定为单位犯罪,下属单位实施

非法集资犯罪活动,但全部或者大部分违法所得归上级单位所有的,对下属单位不单独认定为单位犯罪。下属单位中涉嫌犯罪的人员,可以作为上级单位的其他直接责任人员依法追究刑事责任。

上级单位未被认定为单位犯罪,下属单位被认定为单位犯罪的,对上级单位中组织、策划、实施非法集资犯罪的人员,一般可以与下属单位按照自然人与单位共同犯罪处理。

上级单位与下属单位均未被认定为单位犯罪的,一般以上级单位与下属单位中承担组织、领导、管理、协调职责的主管人员和发挥主要作用的人员作为主犯,以其他积极参加非法集资犯罪的人员作为从犯,按照自然人共同犯罪处理。

四、关于主观故意的认定问题

认定犯罪嫌疑人、被告人是否具有非法吸收公众存款的犯罪故意,应当依据犯罪嫌疑人、被告人的任职情况、职业经历、专业背景、培训经历、本人因同类行为受到行政处罚或者刑事追究情况以及吸收资金方式、宣传推广、合同资料、业务流程等证据,结合其供述,进行综合分析判断。

犯罪嫌疑人、被告人使用诈骗方法非法集资,符合《最高人民法院关于审理非法集资刑事案件具体应用法律若干问题的解释》第四条规定的,可以认定为集资诈骗罪中“以非法占有为目的”。

办案机关在办理非法集资刑事案件中,应当根据案件具体情况注意收集运用涉及犯罪嫌疑人、被告人的以下证据:是否使用虚假身份信息对外开展业务;是否虚假订立合同、协议;是否虚假宣传,明显超出经营范围或者夸大经营、投资、服务项目及盈利能力;是否吸收资金后隐匿、销毁合同、协议、账目;是否传授或者接受规避法律、逃避监管的方法,等等。

五、关于犯罪数额的认定问题

非法吸收或者变相吸收公众存款构成犯罪,具有下列情形之一的,向亲友或者单位内部人员吸收的资金应当与向不特定对象吸收的资金一并计入犯罪数额:

(一)在向亲友或者单位内部人员吸收资金的过程中,明知亲友或者单位内部人员向不特定对象吸收资金而予以放任的;

(二)以吸收资金为目的,将社会人员吸收为单位内部人员,并向其吸收资金的;

(三)向社会公开宣传,同时向不特定对象、亲友或者单位内部人员吸收资金的。

非法吸收或者变相吸收公众存款的数额,以行为人所吸收的资金全额计算。集资参与人收回本金或者获得回报后又重复投资的数额不予扣除,但可以作为量刑情节酌情考虑。

六、关于宽严相济刑事政策把握问题

办理非法集资刑事案件,应当贯彻宽严相济刑事政策,依法合理把握追究刑事责任的范围,综合运用刑事手段和行政手段处置和化解风险,做到惩处少数、教育挽救大多数。要根据行为人的客观行为、主观恶性、犯罪情节及其地位、作用、层级、职务等情况,综合判断行为人的责任轻重和刑事追究的必要性,按照区别对待原则分类处理涉案人员,做到罚当其罪、罪责刑相适应。

重点惩处非法集资犯罪活动的组织者、领导者和管理人员,包括单位犯罪中的上级单位(总公司、母公司)的核心层、管理层和骨干人员,下属单位(分公司、子公司)的管理层和骨干人员,以及其他发挥主要作用的人员。

对于涉案人员积极配合调查、主动退赃退赔、真诚认罪悔罪的,可以依法从轻处罚;其中情节轻微的,可以免除处罚;情节显著轻微、危害不大的,不作为犯罪处理。

七、关于管辖问题

跨区域非法集资刑事案件按照《国务院关于进一步做好防范和处置非法集资工作的意见》(国发〔2015〕59 号)确定的工作原则办理。如果合并侦查、诉讼更为适宜的,可以合并办理。

办理跨区域非法集资刑事案件,如果多个公安机关都有权立案侦查的,一般由主要犯罪地公安机关作为案件主办地,对主要犯罪嫌疑人立案侦查和移送审查起诉;由其他犯罪地公安机关作为案件分办地根据案件具体情况,对本地区犯罪嫌疑人立案侦查和移送审查起诉。

管辖不明或者有争议的,按照有利于查清犯罪事实、有利于诉讼的原则,由其共同的上级公安机关协调确定或者指定有关公安机关作为案件主办地立案侦查。需要提请批准逮捕、移送审查起诉、提起公诉的,由分别立案侦查的公安机关所在地的人民检察院、人民法院受理。

对于重大、疑难、复杂的跨区域非法集资刑事案件，公安机关应当在协调确定或者指定案件主办地立案侦查的同时，通报同级人民检察院、人民法院。人民检察院、人民法院参照前款规定，确定主要犯罪地作为案件主办地，其他犯罪地作为案件分办地，由所在地的人民检察院、人民法院负责起诉、审判。

本条规定的“主要犯罪地”，包括非法集资活动的主要组织、策划、实施地，集资行为人的注册地、主要营业地、主要办事机构所在地，集资参与人的主要所在地等。

八、关于办案工作机制问题

案件主办地和其他涉案地办案机关应当密切沟通协调，协同推进侦查、起诉、审判、资产处置工作，配合有关部门最大限度追赃挽损。

案件主办地办案机关应当统一负责主要犯罪嫌疑人、被告人涉嫌非法集资全部犯罪事实的立案侦查、起诉、审判，防止遗漏犯罪事实；并应就全案处理政策、追诉主要犯罪嫌疑人、被告人的证据要求及诉讼时限、追赃挽损、资产处置等工作要求，向其他涉案地办案机关进行通报。其他涉案地办案机关应当对本地区犯罪嫌疑人、被告人涉嫌非法集资的犯罪事实及时立案侦查、起诉、审判，积极协助主办地处置涉案资产。

案件主办地和其他涉案地办案机关应当建立和完善证据交换共享机制。对涉及主要犯罪嫌疑人、被告人的证据，一般由案件主办地办案机关负责收集，其他涉案地提供协助。案件主办地办案机关应当及时通报接收涉及主要犯罪嫌疑人、被告人的证据材料的程序及要求。其他涉案地办案机关需要案件主办地提供证据材料的，应当向案件主办地办案机关提出证据需求，由案件主办地收集并依法移送。无法移送证据原件的，应当在移送复制件的同时，按照相关规定作出说明。

九、关于涉案财物追缴处置问题

办理跨区域非法集资刑事案件，案件主办地办案机关应当及时归集涉案财物，为统一资产处置做好基础性工作。其他涉案地办案机关应当及时查明涉案财物，明确其来源、去向、用途、流转情况，依法办理查封、扣押、冻结手续，并制作详细清单，对扣押款项应当设立明细账，在扣押后立即存入办案机关唯一合规账户，并将有关情况提供案件主办地办案机关。

人民法院、人民检察院、公安机关应当严格依照刑事诉讼法和相关司法解释的规定，依法移送、审查、处理查封、扣押、冻结的涉案财物。对审判时尚未追缴到案或者尚未足额退赔的违法所得，人民法院应当判决继续追缴或者责令退赔，并由人民法院负责执行，处置非法集资职能部门、人民检察院、公安机关等应当予以配合。

人民法院对涉案财物依法作出判决后，有关地方和部门应当在处置非法集资职能部门统筹协调下，切实履行协作义务，综合运用多种手段，做好涉案财物清运、财产变现、资金归集、资金清退等工作，确保最大限度减少实际损失。

根据有关规定，查封、扣押、冻结的涉案财物，一般应在诉讼终结后返还集资参与人。涉案财物不足全部返还的，按照集资参与人的集资额比例返还。退赔集资参与人的损失一般优先于其他民事债务以及罚金、没收财产的执行。

十、关于集资参与人权利保障问题

集资参与人，是指向非法集资活动投入资金的单位和个人，为非法集资活动提供帮助并获取经济利益的单位和个人除外。

人民法院、人民检察院、公安机关应当通过及时公布案件进展、涉案资产处置情况等方式，依法保障集资参与人的合法权利。集资参与人可以推选代表人向人民法院提出相关意见和建议；推选不出代表人的，人民法院可以指定代表人。人民法院可以视案件情况决定集资参与人代表人参加或者旁听庭审，对集资参与人提起附带民事诉讼等请求不予受理。

十一、关于行政执法与刑事司法衔接问题

处置非法集资职能部门或者有关行政主管部门，在调查非法集资行为或者行政执法过程中，认为案情重大、疑难、复杂的，可以商请公安机关就追诉标准、证据固定等问题提出咨询或者参考意见；发现非法集资行为涉嫌犯罪的，应当按照《行政执法机关移送涉嫌犯罪案件的规定》等规定，履行相关手续，在规定的期限内将案件移送公安机关。

人民法院、人民检察院、公安机关在办理非法集资刑事案件过程中，可商请处置非法集资职能部门或者有关行政主管部门指派专业人员配合开展工作，协助查阅、复制有关专业资料，就案件涉及的专业问题出具认定意见。涉及需要行政处理的事项，应当及时移交处置非法集资职能部门或者有关行政主管部门依法处理。

十二、关于国家工作人员相关法律责任问题

国家工作人员具有下列行为之一，构成犯罪的，应当依法追究刑事责任：

（一）明知单位和个人所申请机构或者业务涉嫌非法集资，仍为其办理行政许可或者注册手续的；

（二）明知所主管、监管的单位有涉嫌非法集资行为，未依法及时处理或者移送处置非法集资职能部门的；

（三）查处非法集资过程中滥用职权、玩忽职守、徇私舞弊的；

（四）徇私舞弊不向司法机关移交非法集资刑事案件的；

（五）其他通过职务行为或者利用职务影响，支持、帮助、纵容非法集资的。

要义辨析

一、概念

本罪是指以非法占有为目的，使用欺骗的方法，虚构事实，隐瞒真相，引人误解，非法集资，数额较大的行为。

二、构成要件

1. 本罪侵犯的客体是双重客体，一方面侵犯了公民财产的所有权，另一方面扰乱了国家正常的金融秩序，这也是该罪和普通诈骗罪的重要区别。

2. 本罪在客观方面，表现为以非法占有为目的，使用欺骗方法非法集资，数额较大的行为。最高人民法院已有详细的司法解释对本罪客观表现和行为特征进行界定，可以认真研析，主要是虚构事实、隐瞒真相、引人误解、骗取财产等方面。

3. 本罪的主体是复杂主体，既可以是自然人，也可以是公司、企业等单位。

4. 主观方面是故意，并且行为人在主观上具有非法占有他人财物的目的。

三、要点辨析

1. 集资诈骗犯罪与一般集资纠纷的区别。一般集资纠纷，可能会在集资之初夸大回报率，但是由于经营不理想，无力按集资条件偿还，集资方主观上一开始并没有非法占有集资款不予偿还的目的，只是因意志以外的因素导致无力归还；而集资诈骗罪的行为人开始时即有非法占有的故意，明知通过隐瞒真相编造事实等手段集资是侵犯他人财产的行为，是违反国家法律的规定，但行为人仍然希望这种危害结果的发生。集资诈骗犯罪与一般集资纠纷的本质区别是行为人是否具有非法占有他人财物的目的。这一主观意图很难准确区分，司法实践中往往陷入客观归罪，以最后能否归还来倒推，是不是有非法占有的目的。因此要根据企业和行为人客观发展事实来判断。

2. 集资诈骗罪与普通诈骗罪的区别：(1)侵犯的对象不同。诈骗罪侵犯的对象一般是特定的个体，是针对某一特定人员和单位的钱财；而集资诈骗罪侵犯的则是指向社会不特定的公众的钱财。(2)犯罪的客体不同。诈骗罪侵犯的客体是单一客体，即财物的所有权关系；而集资诈骗罪侵犯的客体是复杂客体，不仅包括财产的所有权关系，还包括国家正常的金融安全秩序。(3)犯罪的行为不同。诈骗罪的行为通常是通过隐瞒真实意图，编造虚假情况，使财物所有人或者保管人信以为真，以达到使他人的财物归自己所有的目的；而集资诈骗罪不仅要有诈骗的方法，还要具有非法向社会不特定多数人宣传集资的行为。如果行为人没有实施非法向社会集资的行为，不能构成本罪。

3. 集资诈骗罪与非法吸收公众存款罪的区别：(1)犯罪的目的不同。本罪的目的是非法占有所募集的资金；而非法吸收公众存款罪的行为人，在主观上不具有非法占有的目的，而是企图通过这种活动进行盈利，例如，将吸收的资金用于放高利贷或者进行其他方面的投资。(2)犯罪的行为不同。本罪行为人必须使用诈骗的方法；而非法吸收公众存款罪则不以诈骗方法作为犯罪的构成要件之一。(3)侵犯的客体不同。本罪侵犯的是双重客体，既包括他人财产权,也包括国家金融秩序;而非法吸收公众存款罪侵犯的客体是国家的金融管理秩序。当然,还有经营不善等原因,导致无法偿还。但是,这种亏损与直接侵犯公私财产所有权的开始意图不同。(4)侵犯的对象不同。非法吸收公众存款罪侵犯的对象是公众的资金;而本罪侵犯的对象可以是公众的资金,也可以是其他的单位、组织的资金。在以上的区别中,最根本的一点是犯罪目的不同。

4. 集资诈骗罪中竞合行为情形区分。行为人部分非法集资行为具有非法占有目的的,对该部分非法集资行为所涉及集资款以集资诈骗罪定罪处罚;非法集资共同犯罪中部分行为人具有非法占有目的的,其他行为人没有非法占有集资款的共同故意和行为的,对具有非法占有目的的行为人以集资诈骗罪定罪处罚。

四、罪名变迁

1979 年《刑法》本没有规定集资诈骗罪。集资诈骗罪是由 1995 年 6 月 30 日《全国人民代表大会常务委员会关于惩治破坏金融秩序犯罪的决定》第 8 条,吸收改为《刑法》的具体规定的。2011 年 2 月 25 日《刑法修正案(八)》第 30 条、第 31 条对本罪作了修订,增加了《刑法》第 199 条,对本罪增加了死刑。2015 年 11 月 1 日《刑法修正案(九)》,删除了《刑法》第 199 条,废除了本罪死刑。《刑法修正案(十一)》对本罪进行了修改。

类罪名:破坏社会主义市场经济秩序罪/金融诈骗罪	罪名:贷款诈骗罪
量刑标准	**数额较大的** 处 5 年以下有期徒刑或者拘役,并处 2 万元以上 20 万元以下罚金;
	数额巨大或者有其他严重情节的 处 5 年以上 10 年以下有期徒刑,并处 5 万元以上 50 万元以下罚金;
	数额特别巨大或者有其他特别严重情节的 处 10 年以上有期徒刑或者无期徒刑,并处 5 万元以上 50 万元以下罚金或者没收财产。

法律依据

一、《刑法》条文

第一百九十三条 有下列情形之一,以非法占有为目的,诈骗银行或者其他金融机构的贷款,数额较大的,处五年以下有期徒刑或者拘役,并处二万元以上二十万元以下罚金;数额巨大或者有其他严重情节的,处五年以上十年以下有期徒刑,并处五万元以上五十万元以下罚金;数额特别巨大或者有其他特别严重情节的,处十年以上有期徒刑或者无期徒刑,并处五万元以上五十万元以下罚金或者没收财产:

(一)编造引进资金、项目等虚假理由的;

(二)使用虚假的经济合同的;

(三)使用虚假的证明文件的;

(四)使用虚假的产权证明作担保或者超出抵押物价值重复担保的;

(五)以其他方法诈骗贷款的。

第二百八十七条 利用计算机实施金融诈骗、盗窃、贪污、挪用公款、窃取国家秘密或者其他犯罪的,依照本法有关规定定罪处罚。

二、相关法律

《中华人民共和国商业银行法》(2015 年 8 月 29 日修正)

第八十二条 借款人采取欺诈手段骗取贷款,构成犯罪的,依法追究刑事责任。

三、相关司法解释/文件

《全国法院审理金融犯罪案件工作座谈会纪要》(2001 年 1 月 21 日 法〔2001〕8 号)

(三)关于金融诈骗罪

2. 贷款诈骗罪的认定和处理。贷款诈骗犯罪是目前案发较多的金融诈骗犯罪之一。审理贷款诈骗犯罪案件,应当注意以下两个问题:

一是单位不能构成贷款诈骗罪。根据刑法第

三十条和第一百九十三条的规定，单位不构成贷款诈骗罪。对于单位实施的贷款诈骗行为，不能以贷款诈骗罪定罪处罚，也不能以贷款诈骗罪追究直接负责的主管人员和其他直接责任人员的刑事责任。但是，在司法实践中，对于单位十分明显地以非法占有为目的，利用签订、履行借款合同诈骗银行或其他金融机构贷款，符合刑法第二百二十四条规定的合同诈骗罪构成要件的，应当以合同诈骗罪定罪处罚。

二是要严格区分贷款诈骗与贷款纠纷的界限。对于合法取得贷款后，没有按规定的用途使用贷款，到期没有归还贷款的，不能以贷款诈骗罪定罪处罚；对于确有证据证明行为人不具有非法占有的目的，因不具备贷款的条件而采取了欺骗手段获取贷款，案发时有能力履行还贷义务，或者案发时不能归还贷款是因为意志以外的原因，如因经营不善、被骗、市场风险等，不应以贷款诈骗罪定罪处罚。

4. 金融诈骗犯罪定罪量刑的数额标准和犯罪数额的计算。金融诈骗的数额不仅是定罪的重要标准，也是量刑的主要依据。在没有新的司法解释之前，可参照1996年《最高人民法院关于审理诈骗案件具体应用法律的若干问题的解释》①的规定执行。在具体认定金融诈骗犯罪的数额时，应当以行为人实际骗取的数额计算。对于行为人为实施金融诈骗活动而支付的中介费、手续费、回扣等，或者用于行贿、赠与等费用，均应计入金融诈骗的犯罪数额。但应当将案发前已归还的数额扣除。

《最高人民检察院、公安部关于公安机关管辖的刑事案件立案追诉标准的规定（二）》（2022年4月6日　公通字〔2022〕12号）

第四十五条　〔贷款诈骗案（刑法第一百九十三条）〕以非法占有为目的，诈骗银行或者其他金融机构的贷款，数额在五万元以上的，应予立案追诉。

《最高人民法院关于进一步加强金融审判工作的若干意见》（2017年8月4日　法发〔2017〕22号）

二、以服务实体经济作为出发点和落脚点，引导和规范金融交易

10. 依法打击资金掮客和资金融通中的违法犯罪行为，有效规范金融秩序。对于民间借贷中涉及商业银行工作人员内外勾结进行高利转贷、利益输送，或者金融机构工作人员违法发放贷款，以及公司、企业在申请贷款过程中虚构事实、隐瞒真相骗取贷款、实施贷款诈骗构成犯罪的，依法追究刑事责任。

要义辨析

一、概念

本罪是指行为人以非法占有为目的，用欺骗的手段，骗取银行或者其他金融机构的贷款，数额较大的行为。

二、构成要件

1. 本罪侵犯的客体是双重客体。一方面侵犯了国家对贷款的钱款所有权，另一方面侵犯了国家的贷款管理制度。

2. 本罪的客观方面表现为行为人具有以非法占有为目的，诈骗银行或者其他金融机构贷款的行为。本罪具有以下几种行为方式：一是编造引进资金、项目等虚假理由；二是使用虚假的经济合同；三是使用虚假的证明文件；四是以非法占有为目的，使用虚假的产权证明作担保，或者超出抵押物价值重复担保。这里所说的“产权证明”，是指能够证明行为人对房屋等不动产或者汽车、货币、可及时兑付的票据等动产具有所有权的一切文件；五是以其他方法诈骗银行或者其他金融机构贷款的。

3. 本罪的主体是一般主体，即年满16周岁，具有刑事责任能力的自然人。

4. 主观方面是故意，而且行为人具有非法占有银行或者其他金融机构贷款的目的。贷款是虚假

① 这一解释已被2013年1月14日《最高人民法院关于废止1980年1月1日至1997年6月30日期间发布的部分司法解释和司法解释性质文件（第九批）的决定》废止。

的,行为人以贷款为名,实际上是以占有贷款为目的。

三、要点辨析

1. 贷款诈骗罪与贷款民事纠纷的区别。行为人合法取得贷款以后,没有按照规定的用途使用贷款,到期没有归还贷款的,其原因很复杂,不能一律以贷款诈骗罪定罪处罚。

对于确有证据证明行为人不具有非法占有的目的,因为不具备贷款的条件而采取了欺骗手段获取贷款,案发时有能力履行还债义务,或者案发时不能归还贷款是因意志以外的原因导致,如经营不善、被骗、市场风险、自然灾害等,在这种情况下,行为人主观上有一定责任,但并不是故意诈骗贷款,不能认为是贷款诈骗行为。

有的行为人是对自己的偿还能力估计过高,以至于不能按时偿还贷款,虽然主观上有过失,但也不能以贷款诈骗犯罪论处。

只有那些以非法占有为目的,采取欺骗方法,骗取贷款的行为,数额较大的,才能构成贷款诈骗罪。有些贷款人在获得贷款以后,长期拖欠不还,这容易与贷款诈骗混为一谈。

在区分贷款诈骗与借款纠纷的时候,应当注意以下四点:(1)要看行为人在申请贷款时,严重履约能力不足的事实是否已经存在,行为人对此是否清楚。如果无法履约的原因形成于获得贷款以后,或者行为人对这一点根本无法预料并且不十分了解,即使到期不还,也不能认为是贷款诈骗,而应当以借款纠纷处理。(2)要看行为人获取贷款用途,是否积极将贷款用于借贷合同所规定的用途。(3)要看行为人于贷款到期以后,是否积极偿还。如果仅仅口头上承认欠款,而实际上没有积极筹款准备归还的行为,也不能证明行为人没有诈骗的故意。(4)将这些因素综合起来考虑,才能得出正确结论。

2. 贷款诈骗罪与普通诈骗罪的区别是犯罪对象不同。前者的对象是银行或者其他金融机构的贷款,侵犯的客体不但是贷款所有权,而且扰乱了金融机构的贷款秩序。

3. 本罪与高利转贷罪的区别。高利转贷罪的一个重要特征,是以转贷牟利为目的,套取银行或者其他金融机构的信贷资金,再高利转贷他人。"套取"贷款的行为,对金融机构来讲即是骗取贷款,未将贷款用于从金融机构获取贷款时言明的用途。这种套取贷款的行为与《刑法》第193条规定的贷款诈骗罪有明显不同。高利转贷罪的目的是高利转贷他人,最终是要归还贷款。即使因种种原因最终不能归还的,也不能以贷款诈骗罪处罚。而贷款诈骗罪,骗取贷款的目的是要非法占有此笔贷款,不再归还。两罪的犯罪目的有明显不同,应当注意加以区别。

4. 贷款诈骗罪与骗取贷款罪的区别。两者的区别是有没有骗取不还的非法占有为目的。如果一开始就想骗贷不还的,定贷款诈骗罪,如尚不具备贷款条件,弄虚作假骗取贷款;如果是先周转使用,主观上一直想还,并实际上创造一切条件想还,没有证据可以认定行为人有非法占有为目的,则应当定骗取贷款罪。单位不能构成本罪的主体。根据《刑法》第30条和第193条的规定,单位不构成贷款诈骗罪。对于单位实施的贷款诈骗行为,不能以贷款诈骗罪定罪处罚,也不能以贷款诈骗罪追究直接负责的主管人员和其他直接责任人员的刑事责任。这是因为单位贷款,银行有条件也有义务对其进行审核了解其资信,单位不可能完全隐瞒,让银行上当受骗。单位构成以占有为目的的诈骗银行财产,可以按合同诈骗罪进行定性处罚。

5. 按照法律规定,行为人只要实施了《刑法》第19条的诈骗贷款方法中的一种行为,就构成本罪;实施两种以上行为的,仍为一罪,不实行并罚,量刑时可做参考。

四、罪名变迁

1979年《刑法》并没有规定贷款诈骗罪,本罪是系由1995年6月30日《全国人民代表大会常务委员会关于惩治破坏金融秩序犯罪的决定》第10条的规定,吸收改为《刑法》的具体规定增加本罪的。

<table>
<tr><td colspan="2">类罪名：破坏社会主义市场经济秩序罪/金融诈骗罪 ｜ 罪名：票据诈骗罪</td></tr>
<tr><td rowspan="4">量刑标准</td><td>数额较大的　处 5 年以下有期徒刑或者拘役，并处 2 万元以上 20 万元以下罚金；</td></tr>
<tr><td>数额巨大或者有其他严重情节的　处 5 年以上 10 年以下有期徒刑，并处 5 万元以上 50 万元以下罚金；</td></tr>
<tr><td>数额特别巨大或者有其他特别严重情节的　处 10 年以上有期徒刑或者无期徒刑，并处 5 万元以上 50 万元以下罚金或者没收财产；</td></tr>
<tr><td>单位犯罪的　对单位处罚金；对直接负责的主管人员和其他直接责任人员根据情节分别处：5 年以下有期徒刑或者拘役，可以并处罚金（构成犯罪的）、5 年以上 10 年以下有期徒刑，并处罚金（数额巨大或者有其他严重情节的）、10 年以上有期徒刑或者无期徒刑，并处罚金（数额特别巨大或者有其他特别严重情节的）。</td></tr>
</table>

法律依据

一、《刑法》条文

第一百九十四条第一款　有下列情形之一，进行金融票据诈骗活动，数额较大的，处五年以下有期徒刑或者拘役，并处二万元以上二十万元以下罚金；数额巨大或者有其他严重情节的，处五年以上十年以下有期徒刑，并处五万元以上五十万元以下罚金；数额特别巨大或者有其他特别严重情节的，处十年以上有期徒刑或者无期徒刑，并处五万元以上五十万元以下罚金或者没收财产：

（一）明知是伪造、变造的汇票、本票、支票而使用的；

（二）明知是作废的汇票、本票、支票而使用的；

（三）冒用他人的汇票、本票、支票的；

（四）签发空头支票或者与其预留印鉴不符的支票，骗取财物的；

（五）汇票、本票的出票人签发无资金保证的汇票、本票或者在出票时作虚假记载，骗取财物的。

第一百七十七条　有下列情形之一，伪造、变造金融票证的，处五年以下有期徒刑或者拘役，并处或者单处二万元以上二十万元以下罚金；情节严重的，处五年以上十年以下有期徒刑，并处五万元以上五十万元以下罚金；情节特别严重的，处十年以上有期徒刑或者无期徒刑，并处五万元以上五十万元以下罚金或者没收财产：

（一）伪造、变造汇票、本票、支票的；

（二）伪造、变造委托收款凭证、汇款凭证、银行存单等其他银行结算凭证的；

（三）伪造、变造信用证或者附随的单据、文件的；

（四）伪造信用卡的。

单位犯前款罪的，对单位判处罚金，并对其直接负责的主管人员和其他直接责任人员，依照前款的规定处罚。

第二百条　单位犯本节第一百九十四条、第一百九十五条规定之罪的，对单位判处罚金，并对其直接负责的主管人员和其他直接责任人员，处五年以下有期徒刑或者拘役，可以并处罚金；数额巨大或者有其他严重情节的，处五年以上十年以下有期徒刑，并处罚金；数额特别巨大或者有其他特别严重情节的，处十年以上有期徒刑或者无期徒刑，并处罚金。

第二百八十七条　利用计算机实施金融诈骗、盗窃、贪污、挪用公款、窃取国家秘密或者其他犯罪的，依照本法有关规定定罪处罚。

二、相关法律

《中华人民共和国票据法》(2004年8月28日修正)

第一百零二条 有下列票据欺诈行为之一的,依法追究刑事责任:

(一)伪造、变造票据的;

(二)故意使用伪造、变造的票据的;

(三)签发空头支票或者故意签发与其预留的本名签名式样或者印鉴不符的支票,骗取财物的;

(四)签发无可靠资金来源的汇票、本票,骗取资金的;

(五)汇票、本票的出票人在出票时作虚假记载,骗取财物的;

(六)冒用他人的票据,或者故意使用过期或者作废的票据,骗取财物的;

(七)付款人同出票人、持票人恶意串通,实施前六项所列行为之一的。

三、相关司法解释/文件

《最高人民检察院、公安部关于公安机关管辖的刑事案件立案追诉标准的规定(二)》(2022年4月6日 公通字〔2022〕12号)

第四十六条 〔票据诈骗案(刑法第一百九十四条第一款)〕进行金融票据诈骗活动,数额在五万元以上的,应予立案追诉。

要义辨析

一、概念

本罪是指以非法占有为目的,进行金融票据诈骗活动,数额较大的行为。

二、构成要件

1. 本罪侵犯的客体是双重客体,一方面侵犯了他人财产所有权,另一方面侵犯了金融票据管理制度。

2. 本罪客观方面表现为实施金融票据诈骗活动的行为。具体有以下几种情形:一是明知是伪造、变造的汇票、本票、支票而使用;二是明知是作废的汇票、本票、支票而使用;三是冒用他人的汇票、本票、支票;四是签发空头支票或者与其预留印鉴不符的支票,骗取财物;五是汇票、本票的出票人签发无资金保证的汇票、本票或者在出票时作虚假记载,骗取财物;六是使用伪造、变造的委托收款凭证、汇款凭证、银行存单等其他银行结算凭证。

3. 本罪的主体是一般主体,即凡是达到刑事责任年龄,具备刑事责任能力的人都可以构成本罪。单位也可以构成本罪的主体。

4. 主观方面是故意。必须是明知或应当明知这些汇票、本票、支票是伪造、变造或者作废的仍使用,否则不构成本罪。

三、要点辨析

本罪是以票据作为工具进行的诈骗财产的行为。定罪量刑要注意以下几方面因素。

1. 本罪罪与非罪的界限。首先,进行票据诈骗数额较小、情节显著轻微,不构成犯罪的票据欺诈行为,可以由有关部门作违法行为处理。其次,以非法占有为目的,是区分本罪罪与非罪的又一重要界限。如果行为人由于过失或者其他原因,实施了使用伪造、变造的汇票、本票、支票等行为,主观上并不具有诈骗财物的目的,则不构成本罪。

2. 本罪与伪造、变造金融票证罪的区别。伪造、变造金融票证罪所惩治的是伪造、变造行为本身;而票据诈骗罪所惩治的是使用这些金融票据诈骗财产的行为。如果行为人仅仅伪造、变造金融票证,而没有使用意图的,则这种行为仅仅构成伪造、变造金融票证罪。但在实践中,这两种犯罪又往往交织在一起,表现为行为人先伪造、变造汇票、本票、支票或者其他银行结算凭证,然后使用它来进行诈骗活动。这种情形实际上是一种牵连犯的形态,应当按照处理牵连犯的原则,选择其中一个重罪处罚,不实行数罪并罚。

四、罪名变迁

1979年《刑法》没有票据诈骗罪的规定。本罪是由1995年6月30日《全国人民代表大会常务委员会关于惩治破坏金融秩序犯罪的决定》第12条,吸收改为《刑法》的具体规定增加本罪的。

类罪名：破坏社会主义市场经济秩序罪/金融诈骗罪	罪名：金融凭证诈骗罪
量刑标准	**数额较大的**　处5年以下有期徒刑或者拘役，并处2万元以上20万元以下罚金；
	数额巨大或者有其他严重情节的　处5年以上10年以下有期徒刑，并处5万元以上50万元以下罚金；
	数额特别巨大或者有其他特别严重情节的　处10年以上有期徒刑或者无期徒刑，并处5万元以上50万元以下罚金或者没收财产；
	单位犯罪的　对单位处罚金；对直接负责的主管人员和其他直接责任人员根据情节分别处：5年以下有期徒刑或者拘役，可以并处罚金（构成犯罪的）、5年以上10年以下有期徒刑，并处罚金（数额巨大或者有其他严重情节的）、10年以上有期徒刑或者无期徒刑，并处罚金（数额特别巨大或者有其他特别严重情节的）。

法律依据

一、《刑法》条文

第一百九十四条第二款　使用伪造、变造的委托收款凭证、汇款凭证、银行存单等其他银行结算凭证的，依照前款的规定处罚。

第一百七十七条　有下列情形之一，伪造、变造金融票证的，处五年以下有期徒刑或者拘役，并处或者单处二万元以上二十万元以下罚金；情节严重的，处五年以上十年以下有期徒刑，并处五万元以上五十万元以下罚金；情节特别严重的，处十年以上有期徒刑或者无期徒刑，并处五万元以上五十万元以下罚金或者没收财产：

（三）伪造、变造信用证或者附随的单据、文件的；

第二百条　单位犯本节第一百九十四条、第一百九十五条规定之罪的，对单位判处罚金，并对其直接负责的主管人员和其他直接责任人员，处五年以下有期徒刑或者拘役，可以并处罚金；数额巨大或者有其他严重情节的，处五年以上十年以下有期徒刑，并处罚金；数额特别巨大或者有其他特别严重情节的，处十年以上有期徒刑或者无期徒刑，并处罚金

第二百八十七条　利用计算机实施金融诈骗、盗窃、贪污、挪用公款、窃取国家秘密或者其他犯罪的，依照本法有关规定定罪处罚。

二、相关司法解释/文件

《最高人民检察院、公安部关于公安机关管辖的刑事案件立案追诉标准的规定（二）》（2022年4月6日　公通字〔2022〕12号）

第四十七条　〔金融凭证诈骗案（刑法第一百九十四条第二款）〕使用伪造、变造的委托收款凭证、汇款凭证、银行存单等其他银行结算凭证进行诈骗活动，数额在五万元以上的，应予立案追诉。

要义辨析

一、概念

本罪是指以非法占有为目的，使用伪造、变造的委托收款凭证、汇款凭证、银行存单等其他银行结算凭证，诈骗数额较大的行为。

二、构成要件

1. 本罪侵犯的客体是双重客体，一方面侵犯了公私财物所有权，另一方面侵犯了金融凭证管理制度。

2. 本罪客观方面表现为使用伪造、变造的委托收款凭证、汇款凭证、银行存单等其他银行结算凭证进行诈骗活动，涉嫌下列情形之一的行为：(1)个人进行金融凭证诈骗，数额在1万元以上的；(2)单位进行金融凭证诈骗，数额在10万元以上的。

3. 本罪的主体是一般主体，自然人和单位都可以成为本罪的主体。

4. 本罪主观方面是故意。

三、要点辨析

1. 本罪同票据诈骗罪的区别。本罪使用的诈骗工具不是票据，而是伪造、变造的委托收款凭证、汇款凭证、银行存单等其他银行结算凭证。

2. 本罪罪与非罪的界限。(1)如果行为人仅仅是伪造、变造了委托收款凭证、汇款凭证、银行存单等其他银行结算凭证，并未实际使用，则不构成本罪。可以按触犯的伪造票证罪、合同诈骗罪等其他罪名定性。(2)行为人必须明知是伪造、变造的委托收款凭证、汇款凭证、银行存单等其他银行结算凭证而使用的，才构成本罪。如果行为人不明知或者由于其他原因不可能知道伪造或者变造而使用的，则不构成本罪。

3. 本罪与伪造、变造金融票证罪的区别。伪造、变造金融票证罪所处罚的是伪造、变造金融票证的犯罪行为。而金融凭证诈骗罪所处罚的是使用这些伪造、变造的金融凭证进行诈骗的行为。如果行为人只是伪造、变造而没有使用，则构成前罪；伪造、变造而又使用的才构成后罪。对既伪造、变造，又使用的，应当按照其中的重罪，即以金融凭证诈骗罪处罚，而不实行数罪并罚。对明知他人是为了进行诈骗而为他人伪造、变造金融凭证的，应当以金融凭证诈骗罪的共犯，比照主犯从轻处罚。

四、罪名变迁

1979年《刑法》没有金融凭证诈骗罪规定。本罪是系从1995年6月30日《全国人民代表大会常务委员会关于惩治破坏金融秩序犯罪的决定》第12条第2款的规定，吸收改为《刑法》的具体规定增加本罪的。

类罪名：破坏社会主义市场经济秩序罪/金融诈骗罪	罪名：信用证诈骗罪
量刑标准	**构成犯罪的** 处5年以下有期徒刑或者拘役，并处2万元以上20万元以下罚金；
	数额巨大或者有其他严重情节的 处5年以上10年以下有期徒刑，并处5万元以上50万元以下罚金；
	数额特别巨大或者有其他特别严重情节的 处10年以上有期徒刑或者无期徒刑，并处5万元以上50万元以下罚金或者没收财产；
	单位犯罪的 对单位处罚金；对直接负责的主管人员和其他直接责任人员根据情节分别处：5年以下有期徒刑或者拘役，可以并处罚金（构成犯罪的）、5年以上10年以下有期徒刑，并处罚金（数额巨大或者有其他严重情节的）、10年以上有期徒刑或者无期徒刑，并处罚金（数额特别巨大或者有其他特别严重情节的）。

法律依据

一、《刑法》条文

第一百九十五条 有下列情形之一，进行信用证诈骗活动的，处五年以下有期徒刑或者拘役，并处二万元以上二十万元以下罚金；数额巨大或者有其他严重情节的，处五年以上十年以下有期徒刑，并处五万元以上五十万元以下罚金；数额特别巨大或者有其他特别严重情节的，处十年以上有期徒刑或者无期徒刑，并处五万元以上五十万元以下罚金或者没收财产：

（一）使用伪造、变造的信用证或者附随的单据、文件的；

（二）使用作废的信用证的；

（三）骗取信用证的；

（四）以其他方法进行信用证诈骗活动的。

第一百七十七条 有下列情形之一，伪造、变造金融票证的，处五年以下有期徒刑或者拘役，并处或者单处二万元以上二十万元以下罚金；情节严重的，处五年以上十年以下有期徒刑，并处五万元以上五十万元以下罚金；情节特别严重的，处十年以上有期徒刑或者无期徒刑，并处五万元以上五十万元以下罚金或者没收财产：

（三）伪造、变造信用证或者附随的单据、文件的；

第二百条　单位犯本节第一百九十四条、第一百九十五条规定之罪的，对单位判处罚金，并对其直接负责的主管人员和其他直接责任人员，处五年以下有期徒刑或者拘役，可以并处罚金；数额巨大或者有其他严重情节的，处五年以上十年以下有期徒刑，并处罚金；数额特别巨大或者有其他特别严重情节的，处十年以上有期徒刑或者无期徒刑，并处罚金。

第二百八十七条　利用计算机实施金融诈骗、盗窃、贪污、挪用公款、窃取国家秘密或者其他犯罪的，依照本法有关规定定罪处罚。

二、相关司法解释/文件

《全国法院审理金融犯罪案件工作座谈会纪要》(2001年1月21日　法〔2001〕8号)

（三）关于金融诈骗罪

1. 金融诈骗罪中非法占有目的的认定

金融诈骗犯罪都是以非法占有为目的的犯罪。在司法实践中，认定是否具有非法占有为目的，应当坚持主客观相一致的原则，既要避免单纯根据损失结果客观归罪，也不能仅凭被告人自己的供述，而应当根据案件具体情况具体分析。根据司法实践，对于行为人通过诈骗的方法非法获取资金，造成数额较大资金不能归还，并具有下列情形之一的，可以认定为具有非法占有的目的：

（1）明知没有归还能力而大量骗取资金的；

（2）非法获取资金后逃跑的；

（3）肆意挥霍骗取资金的；

（4）使用骗取的资金进行违法犯罪活动的；

（5）抽逃、转移资金、隐匿财产，以逃避返还资金的；

（6）隐匿、销毁账目，或者搞假破产、假倒闭，以逃避返还资金的；

（7）其他非法占有资金、拒不返还的行为。但是，在处理具体案件的时候，对于有证据证明行为人不具有非法占有目的的，不能单纯以财产不能归还就按金融诈骗罪处罚。

4. 金融诈骗犯罪定罪量刑的数额标准和犯罪数额的计算。金融诈骗的数额不仅是定罪的重要标准，也是量刑的主要依据。在没有新的司法解释之前，可参照1996年《最高人民法院关于审理诈骗案件具体应用法律的若干问题的解释》①的规定执行。在具体认定金融诈骗犯罪的数额时，应当以行为人实际骗取的数额计算。对于行为人为实施金融诈骗活动而支付的中介费、手续费、回扣等，或者用于行贿、赠与等费用，均应计入金融诈骗的犯罪数额。但应当将案发前已归还的数额扣除。

《最高人民检察院、公安部关于公安机关管辖的刑事案件立案追诉标准的规定(二)》(2022年4月6日　公通字〔2022〕12号)

第四十八条　〔信用证诈骗案(刑法第一百九十五条)〕进行信用证诈骗活动，涉嫌下列情形之一的，应予立案追诉：

（一）使用伪造、变造的信用证或者附随的单据、文件的；

（二）使用作废的信用证的；

（三）骗取信用证的；

（四）以其他方法进行信用证诈骗活动的。

要义辨析

一、概念

本罪是指使用伪造、变造的信用证或者附随单据、文件，使用作废的信用证、骗取信用证以及其他方法，进行信用证诈骗活动的犯罪行为。

所谓信用证，是指银行应买方要求，按照买方所指定的条件，开给卖方的一种保证付款的凭证。

① 这一解释已被2013年1月14日《最高人民法院关于废止1980年1月1日至1997年6月30日期间发布的部分司法解释和司法解释性质文件(第九批)的决定》废止。

信用证结算方式在异地贸易,特别是国际贸易中广泛使用,是当今世界各国进出口贸易中的一种主要结算方式。

二、构成要件

1. 本罪侵犯的客体是国际金融、贸易秩序和他人的财产所有权。犯罪对象是银行结算信用证。

2. 本罪客观方面表现为利用信用证诈骗的行为。这类行为具体表现为以下几种:(1)使用伪造、变造的信用证或者附随的单据、文件;(2)使用作废的信用;(3)骗取信用证;(4)以其他方法进行信用证诈骗活动,如进行虚假仓单交易,或者提供虚假价值的开证担保,信用证融资中的少交保证金骗取全额赎单承兑等等。

3. 本罪的主体是自然人,即凡是达到刑事责任年龄,具备刑事责任能力的人均可构成本罪主体。根据《刑法》规定,单位也可以构成本罪的主体。

4. 本罪主观方面是故意,过失不能构成本罪。

三、要点辨析

1. 本罪罪与非罪的界限。(1)信用证诈骗一旦发生,可能造成的后果非常严重,因此《刑法》规定,只要行为人实施了信用证诈骗,即使没有造成实际危害后果,也构成本罪。因为只要实施了诈骗行为,银行信用体系就被破坏,信用证结算秩序已经被损害。(2)构成本罪在主观上必须是故意,如果行为人在不明真相的情况下,使用了伪造、变造的信用证或附随单据、文件以及作废的信用证,不能构成本罪。有些信用证的"不符点"导致承兑失败,是失误所致而不是故意而为,就不能按本罪处理。

2. 信用证诈骗罪与诈骗罪的区别。(1)犯罪主体不同。诈骗罪主体仅仅是自然人;而信用证诈骗犯罪主体不仅包括自然人,还包括单位。(2)犯罪手段不同诈骗罪的犯罪手段多样化;而信用证诈骗罪仅仅是利用银行结算信用证,进行诈骗的犯罪。

3. 对于本条第4款"以其他方法进行信用证诈骗活动",有两种行为是比较多见的。(1)利用报关交单的时间差,对进口信用证故意寻找不符点,进行拒付,导致开证银行、兑付银行、出口人陷入诉讼,达到不付货款诈骗财产的目的。这一般在货物跟单信用证中发生,应当依本罪处罚。(2)利用融资性质的信用证,用循环开证的方式,申请人付部分保证金,实现全额开证,国外出口人帮助伪造提单、发票和商检单,承兑提现后,汇还给国内开证人,再循环开小兑大,实现向银行的融资。由于外汇汇率、手续费、开证手续费等损失,这种信用证往往事后无法支付货款,银行追索开证担保人,实现了对担保人的诈骗。

4. 本罪为行为犯,没有造成后果也可以成立犯罪。当前我国此类诈骗表现为骗取信用证项下贷款,骗取信用证项下货物,信用证套汇融资,用假合同、假仓单骗取代理人对外付款,再取回国内自己使用等。

5. 本罪属于选择性罪名。按照法律规定,行为人只要实施了上述四种利用信用证进行诈骗的方法中的一种,就构成本罪,实施了两种或者两种以上诈骗方法的,仍为一罪,不实行并罚,量刑时可作参考。

四、罪名变迁

1979年《刑法》中并没有信用证诈骗罪的规定,本罪是由1995年6月30日《全国人民代表大会常务委员会关于惩治破坏金融秩序犯罪的决定》第13条,吸收改为《刑法》的具体规定的。

类罪名:破坏社会主义市场经济秩序罪/金融诈骗罪	罪名:信用卡诈骗罪
量刑标准	**数额较大的** 处5年以下有期徒刑或者拘役,并处2万元以上20万元以下罚金;
	数额巨大或者有其他严重情节的 处5年以上10年以下有期徒刑,并处5万元以上50万元以下罚金;
	数额特别巨大或者有其他特别严重情节的 处10年以上有期徒刑或者无期徒刑,并处5万元以上50万元以下罚金或者没收财产。

法律依据

一、《刑法》条文

第一百九十六条　有下列情形之一，进行信用卡诈骗活动，数额较大的，处五年以下有期徒刑或者拘役，并处二万元以上二十万元以下罚金；数额巨大或者有其他严重情节的，处五年以上十年以下有期徒刑，并处五万元以上五十万元以下罚金；数额特别巨大或者有其他特别严重情节的，处十年以上有期徒刑或者无期徒刑，并处五万元以上五十万元以下罚金或者没收财产：

（一）使用伪造的信用卡，或者使用以虚假的身份证明骗领的信用卡的；

（二）使用作废的信用卡的；

（三）冒用他人信用卡的；

（四）恶意透支的。

前款所称恶意透支，是指持卡人以非法占有为目的，超过规定限额或者规定期限透支，并且经发卡银行催收后仍不归还的行为。

盗窃信用卡并使用的，依照本法第二百六十四条的规定定罪处罚。

第一百八十七条　利用计算机实施金融诈骗、盗窃、贪污、挪用公款、窃取国家秘密或者其他犯罪的，依照本法有关规定定罪处罚。

二、相关法律

《全国人民代表大会常务委员会关于〈中华人民共和国刑法〉有关信用卡规定的解释》（2004年12月29日）

全国人民代表大会常务委员会根据司法实践中遇到的情况，讨论了刑法规定的“信用卡”的含义问题，解释如下：

刑法规定的“信用卡”，是指由商业银行或者其他金融机构发行的具有消费支付、信用贷款、转账结算、存取现金等全部功能或者部分功能的电子支付卡。

三、相关司法解释/文件

《最高人民检察院关于拾得他人信用卡并在自动柜员机（ATM机）上使用的行为如何定性问题的批复》（2008年4月18日　高检发释字〔2008〕1号）

拾得他人信用卡并在自动柜员机（ATM机）上使用的行为，属于刑法第一百九十六条第一款第（三）项规定的“冒用他人信用卡”的情形，构成犯罪的，以信用卡诈骗罪追究刑事责任。

《最高人民检察院、公安部关于公安机关管辖的刑事案件立案追诉标准的规定（二）》（2022年4月6日　公通字〔2022〕12号）

第四十九条　〔信用卡诈骗案（刑法第一百九十六条）〕进行信用卡诈骗活动，涉嫌下列情形之一的，应予立案追诉：

（一）使用伪造的信用卡、以虚假的身份证明骗领的信用卡、作废的信用卡或者冒用他人信用卡，进行诈骗活动，数额在五千元以上的；

（二）恶意透支，数额在五万元以上的。

本条规定的“恶意透支”，是指持卡人以非法占有为目的，超过规定限额或者规定期限透支，经发卡银行两次有效催收后超过三个月仍不归还的。

恶意透支的数额，是指公安机关刑事立案时尚未归还的实际透支的本金数额，不包括利息、复利、滞纳金、手续费等发卡银行收取的费用。归还或者支付的数额，应当认定为归还实际透支的本金。

恶意透支，数额在五万元以上不满五十万元的，在提起公诉前全部归还或者具有其他情节轻微情形的，可以不起诉。但是，因信用卡诈骗受过二次以上处罚的除外。

《最高人民法院、最高人民检察院、公安部关于信用卡诈骗犯罪管辖有关问题的通知》（2011年8月8日　公通字〔2011〕29号）

各省、自治区、直辖市高级人民法院，人民检察院，公安厅、局，新疆维吾尔自治区高级人民法院生产建设兵团分院、新疆生产建设兵团人民检察院、公安局：

近年来，信用卡诈骗流窜作案逐年增多，受害人在甲地申领的信用卡，被犯罪嫌疑人在乙地盗取了信用卡信息，并在丙地被提现或消费。犯罪嫌疑人企图通过空间的转换逃避刑事打击。为及时有效打击此类犯罪，现就有关案件管辖问题通知如下：

对以窃取、收买等手段非法获取他人信用卡信息资料后在异地使用的信用卡诈骗犯罪案件，持卡人信用卡申领地的公安机关、人民检察院、人民法院可以依法立案侦查、起诉、审判。

《最高人民法院关于常见犯罪的量刑指导意见(二)(试行)》(2017年5月1日 法发〔2017〕74号)

一、八种常见犯罪的量刑

(四)信用卡诈骗罪

1. 构成信用卡诈骗罪的,可以根据下列不同情形在相应的幅度内确定量刑起点:

(1)达到数额较大起点的,可以在二年以下有期徒刑、拘役幅度内确定量刑起点。

(2)达到数额巨大起点或者有其他严重情节的,可以在五年至六年有期徒刑幅度内确定量刑起点。

(3)达到数额特别巨大起点或者有其他特别严重情节的,可以在十年至十二年有期徒刑幅度内确定量刑起点。依法应当判处无期徒刑的除外。

2. 在量刑起点的基础上,可以根据信用卡诈骗数额等其他影响犯罪构成的犯罪事实增加刑罚量,确定基准刑。

《最高人民法院、最高人民检察院关于常见犯罪的量刑指导意见(试行)》(2021年6月16日 法发〔2021〕21号)

(五)信用卡诈骗罪

1. 构成信用卡诈骗罪的,根据下列情形在相应的幅度内确定量刑起点:

(1)达到数额较大起点的,在二年以下有期徒刑、拘役幅度内确定量刑起点。

(2)达到数额巨大起点或者有其他严重情节的,在五年至六年有期徒刑幅度内确定量刑起点。

(3)达到数额特别巨大起点或者有其他特别严重情节的,在十年至十二年有期徒刑幅度内确定量刑起点。依法应当判处无期徒刑的除外。

2. 在量刑起点的基础上,根据信用卡诈骗数额等其他影响犯罪构成的犯罪事实增加刑罚量,确定基准刑。

3. 构成信用卡诈骗罪的,根据诈骗手段、犯罪数额、危害后果等犯罪情节,综合考虑被告人缴纳罚金的能力,决定罚金数额。

4. 构成信用卡诈骗罪的,综合考虑诈骗手段、犯罪数额、危害后果、退赃退赔等犯罪事实、量刑情节,以及被告人主观恶性、人身危险性、认罪悔罪表现等因素,决定缓刑的适用。

《最高人民法院、最高人民检察院关于办理妨害信用卡管理刑事案件具体应用法律若干问题的解释》(2018年1月28日 法释〔2018〕19号)

第五条 使用伪造的信用卡、以虚假的身份证明骗领的信用卡、作废的信用卡或者冒用他人信用卡,进行信用卡诈骗活动,数额在五千元以上不满五万元的,应当认定为刑法第一百九十六条规定的"数额较大";数额在五万元以上不满五十万元的,应当认定为刑法第一百九十六条规定的"数额巨大";数额在五十万元以上的,应当认定为刑法第一百九十六条规定的"数额特别巨大"。

刑法第一百九十六条第一款第三项所称"冒用他人信用卡",包括以下情形:

(一)拾得他人信用卡并使用的;

(二)骗取他人信用卡并使用的;

(三)窃取、收买、骗取或者以其他非法方式获取他人信用卡信息资料,并通过互联网、通讯终端等使用的;

(四)其他冒用他人信用卡的情形。

第六条 持卡人以非法占有为目的,超过规定限额或者规定期限透支,经发卡银行两次有效催收后超过三个月仍不归还的,应当认定为刑法第一百九十六条规定的"恶意透支"。

对于是否以非法占有为目的,应当综合持卡人信用记录、还款能力和意愿、申领和透支信用卡的状况、透支资金的用途、透支后的表现、未按规定还款的原因等情节作出判断。不得单纯依据持卡人未按规定还款的事实认定非法占有目的。

具有以下情形之一的,应当认定为刑法第一百九十六条第二款规定的"以非法占有为目的",但有证据证明持卡人确实不具有非法占有目的的除外:

(一)明知没有还款能力而大量透支,无法归还的;

(二)使用虚假资信证明申领信用卡后透支,无法归还的;

(三)透支后通过逃匿、改变联系方式等手段,逃避银行催收的;

(四)抽逃、转移资金,隐匿财产,逃避还款的;

（五）使用透支的资金进行犯罪活动的；

（六）其他非法占有资金，拒不归还的情形。

第七条　催收同时符合下列条件的，应当认定为本解释第六条规定的“有效催收”：

（一）在透支超过规定限额或者规定期限后进行；

（二）催收应当采用能够确认持卡人收悉的方式，但持卡人故意逃避催收的除外；

（三）两次催收至少间隔三十日；

（四）符合催收的有关规定或者约定。

对于是否属于有效催收，应当根据发卡银行提供的电话录音、信息送达记录、信函送达回执、电子邮件送达记录、持卡人或者其家属签字以及其他催收原始证据材料作出判断。

发卡银行提供的相关证据材料，应当有银行工作人员签名和银行公章。

第八条　恶意透支，数额在五万元以上不满五十万元的，应当认定为刑法第一百九十六条规定的“数额较大”；数额在五十万元以上不满五百万元的，应当认定为刑法第一百九十六条规定的“数额巨大”；数额在五百万元以上的，应当认定为刑法第一百九十六条规定的“数额特别巨大”。

第九条　恶意透支的数额，是指公安机关刑事立案时尚未归还的实际透支的本金数额，不包括利息、复利、滞纳金、手续费等发卡银行收取的费用。归还或者支付的数额，应当认定为归还实际透支的本金。

检察机关在审查起诉、提起公诉时，应当根据发卡银行提供的交易明细、分类账单（透支账单、还款账单）等证据材料，结合犯罪嫌疑人、被告人及其辩护人所提辩解、辩护意见及相关证据材料，审查认定恶意透支的数额；恶意透支的数额难以确定的，应当依据司法会计、审计报告，结合其他证据材料审查认定。人民法院在审判过程中，应当在对上述证据材料查证属实的基础上，对恶意透支的数额作出认定。

发卡银行提供的相关证据材料，应当有银行工作人员签名和银行公章。

第十条　恶意透支数额较大，在提起公诉前全部归还或者具有其他情节轻微情形的，可以不起诉；在一审判决前全部归还或者具有其他情节轻微情形的，可以免予刑事处罚。但是，曾因信用卡诈骗受过两次以上处罚的除外。

第十一条　发卡银行违规以信用卡透支形式变相发放贷款，持卡人未按规定归还的，不适用刑法第一百九十六条‘恶意透支’的规定。构成其他犯罪的，以其他犯罪论处。

第十二条　违反国家规定，使用销售点终端机具（POS机）等方法，以虚构交易、虚开价格、现金退货等方式向信用卡持卡人直接支付现金，情节严重的，应当依据刑法第二百二十五条的规定，以非法经营罪定罪处罚。

实施前款行为，数额在一百万元以上的，或者造成金融机构资金二十万元以上逾期未还的，或者造成金融机构经济损失十万元以上的，应当认定为刑法第二百二十五条规定的“情节严重”；数额在五百万元以上的，或者造成金融机构资金一百万元以上逾期未还的，或者造成金融机构经济损失五十万元以上的，应当认定为刑法第二百二十五条规定的“情节特别严重”。

持卡人以非法占有为目的，采用上述方式恶意透支，应当追究刑事责任的，依照刑法第一百九十六条的规定，以信用卡诈骗罪定罪处罚。

要义辨析

一、概念

本罪是指以非法占有为目的，利用信用卡进行诈骗活动，数额较大的行为。

二、构成要件

1. 本罪侵犯的客体是复杂客体，包括公私财产所有权和国家的金融管理秩序。

2. 本罪客观方面表现为利用信用卡进行诈骗活动的行为。具体有以下几种方式：(1)使用伪造的信用卡。“使用”，包括用信用卡购买商品、在银行支取现金以及接受用信用卡进行支付结算的各种服务。(2)使用作废的信用卡。“作废的信用卡”，是指使用因法定的原因失去效用的信用卡。

(3)冒用他人的信用卡。即是非持卡人以持卡人的名义,使用持卡人的信用卡而骗取财物的行为。例如,使用拣到的信用卡;未经持卡人同意,使用为持卡人代为保管的信用卡进行消费。(4)使用信用卡进行恶意透支。"透支",是银行业务中的术语,是指在银行受理账户的客户,在账户上已经没有资金或者资金不足的情况下,经过银行批准,允许客户以超过其账上资金的额度支用款项的行为。"透支"的实质,是指银行借钱给客户。信用卡的透支,是指持卡人在其发卡银行信用卡账户上资金不足或者已经没有资金的情况下,经过银行批准,持卡人仍然可以使用该信用卡,并进行消费。信用卡的透支,实质上是银行向持卡人提供的消费信贷,即允许持卡人在资金不足的情况下,先进行消费,以后再由持卡人补足资金,并按规定支付一定的利息。

3. 本罪的主体是一般主体,即凡是达到法定刑事责任年龄,具有刑事责任能力的人都可以成为本罪的主体。在司法实践中,有的外国人在中国利用信用卡进行诈骗犯罪活动,对外国人同样应当以本罪处罚。

4. 主观方面,必须是故意,并且具有利用信用卡进行诈骗财物的目的。

三、要点辨析

1. 关于盗窃信用卡并使用是否按本罪处理问题。根据《刑法》第 196 条第 3 款的规定,盗窃他人的信用卡并且使用该信用卡进行诈骗取得财物的,应构成盗窃罪。行为人持所窃取的银行空白支票用假冒身份等方式骗取财物的行为,不构成单独的诈骗。尽管信用卡不同于银行支票,但从盗窃行为的过程看,两种盗窃行为的性质并没有原则差别,都应当认定为盗窃。盗窃信用卡骗取财物,是盗窃犯罪的继续,因此不另定诈骗罪,而应当以盗窃罪一罪来定罪。

2. 对伪造信用卡并使用伪卡诈骗行为的定性问题。行为人伪造信用卡,然后又使用伪造的信用卡,在这种情况下,行为人伪造信用卡构成伪造、变造金融票证罪,行为人使用伪造的信用卡构成信用卡诈骗罪,两种犯罪形成牵连关系,应当选择其中的一个重罪进行处罚。根据《刑法》规定,两种犯罪的法定刑相同,应当以牵连犯中的结果行为即以信用卡诈骗罪处罚。

3. 信用卡诈骗罪与信用证诈骗罪的区别。(1)犯罪手段上有区别。信用证诈骗罪是进行诈骗时所使用的是信用证;而信用卡诈骗罪进行诈骗时所使用的是信用卡,这是两者的根本区别。(2)犯罪主体方面有区别。信用证诈骗罪的犯罪主体包括自然人和单位,也包括外国人和无国籍人。而信用卡诈骗罪的主体是一般主体,单位不能构成这种犯罪的主体。(3)两罪的发生范围也不同。信用证诈骗发生在外贸结算环节,信用卡诈骗发生在国内一般消费现金使用环节。

四、罪名变迁

1979 年《刑法》没有信用卡诈骗罪的规定,本罪是由 1995 年 6 月 30 日《全国人民代表大会常务委员会关于惩治破坏金融秩序犯罪的决定》第 14 条,吸收改为《刑法》的具体规定的。1997 年《刑法》修订后,2005 年 2 月 28 日《刑法修正案(五)》第 2 条对本罪进行了修正。

类罪名:破坏社会主义市场经济秩序罪/金融诈骗罪 | **罪名:有价证券诈骗罪**	
量刑标准	**数额较大的** 处 5 年以下有期徒刑或者拘役,并处 2 万元以上 20 万元以下罚金;
	数额巨大或者有其他严重情节的 处 5 年以上 10 年以下有期徒刑,并处 5 万元以上 50 万元以下罚金;
	数额特别巨大或者有其他特别严重情节的 处 10 年以上有期徒刑或者无期徒刑,并处 5 万元以上 50 万元以下罚金或者没收财产。

法律依据

一、《刑法》条文

第一百九十七条　使用伪造、变造的国库券或者国家发行的其他有价证券，进行诈骗活动，数额较大的，处五年以下有期徒刑或者拘役，并处二万元以上二十万元以下罚金；数额巨大或者有其他严重情节的，处五年以上十年以下有期徒刑，并处五万元以上五十万元以下罚金；数额特别巨大或者有其他特别严重情节的，处十年以上有期徒刑或者无期徒刑，并处五万元以上五十万元以下罚金或者没收财产。

第二百八十七条　利用计算机实施金融诈骗、盗窃、贪污、挪用公款、窃取国家秘密或者其他犯罪的，依照本法有关规定定罪处罚。

二、相关司法解释/文件

《最高人民检察院、公安部关于公安机关管辖的刑事案件立案追诉标准的规定(二)》(2022年4月6日　公通字〔2022〕12号)

第五十条　〔有价证券诈骗案(刑法第一百九十七条)〕使用伪造、变造的国库券或者国家发行的其他有价证券进行诈骗活动，数额在五万元以上的，应予立案追诉。

要义辨析

一、概念

本罪是指使用伪造、变造的国库券或者国家发行的其他有价证券，进行诈骗活动，数额较大的行为。

二、构成要件

1. 本罪侵犯的客体是复杂客体，包括国家对有价证券的正常管理活动和公私财产的所有权。犯罪对象必须是国库券和国家发行的其他有价证券。

2. 本罪客观方面表现为使用伪造、变造的国库券或者国家发行的其他有价证券进行诈骗活动的行为。

3. 本罪的主体是一般主体，即年满16周岁，具有刑事责任能力的自然人。

4. 本罪主观方面是故意，即行为人明知使用的是伪造、变造的有价证券，出于非法占有公私财物的目的，进行诈骗犯罪活动，从而骗取数额较大的公私财物。

三、要点辨析

1. 有价证券诈骗罪的认定。首先，要看行为人主观上必须明知是伪造、变造的国库券或者国家发行的其他有价证券而使用。如果行为人不知道其所使用的国库券或者其他有价证券是伪造、变造的，因为在主观方面缺少故意而不构成本罪。其次，行为人使用伪造、变造的国库券或者国家发行的其他有价证券，骗取财物，只有数额较大的，才能构成犯罪。如果骗取的数额没有达到法定的“数额较大”，可以由有关部门给予行政处罚，而不能以本罪论处。

2. 有价证券诈骗罪与一般诈骗罪的区别。(1)客观方面不同。本罪是使用特殊的手段，即使用伪造、变造的国库券和国家发行的其他有价证券去进行诈骗活动；而诈骗罪是使用虚构事实或者隐瞒真相的方法，使财物所有人、保管人产生错觉，信以为真，从而仿佛自愿地交出财物。客观上，诈骗罪所使用的方法比本罪要广泛得多。(2)侵犯的客体不同。诈骗罪侵犯的客体是公私财产所有权；而本罪侵犯的客体是国家对有价证券的管理秩序和公私财产权。

3. 有价证券诈骗罪与伪造、变造国家有价证券罪的区别。(1)侵犯的客体不同。伪造、变造国家有价证券罪侵犯的是国家对有价证券的管理秩序；而本罪侵犯的除了国家对有价证券的管理活动外，还侵犯了公私财产的所有权。(2)客观方面表现不同。伪造、变造国家有价证券表现为伪造、变造行为；而本罪则是使用伪造、变造有价证券进行诈骗活动。也就是说，本罪是建立在伪造、变造有价证券这个客观事实的基础上，如果行为人使用的不是伪造、变造的有价证券，而是使用其他方法进行诈骗活动，则不构成本罪，而构成诈骗罪。如果伪造有价证券同时利用它进行诈骗，择一重罪处罚。

四、罪名变迁

有价证券诈骗罪是1997年《刑法》增设的罪名，1979年《刑法》和单行刑法《决定》等均没有规定此罪名。

类罪名:破坏社会主义市场经济秩序罪/金融诈骗罪	罪名:保险诈骗罪
量刑标准	**数额较大的** 处5年以下有期徒刑或者拘役,并处1万元以上10万元以下罚金;
	数额巨大或者有其他严重情节的 处5年以上10年以下有期徒刑,并处2万元以上20万元以下罚金;
	数额特别巨大或者有其他特别严重情节的 处10年以上有期徒刑,并处2万元以上20万元以下罚金或者没收财产;
	单位犯罪的 对单位处罚金;对直接负责的主管人员和其他直接责任人员根据情节分别处:5年以下有期徒刑或者拘役(构成犯罪的)、5年以上10年以下有期徒刑(数额巨大或者有其他严重情节的)、10年以上有期徒刑(数额特别巨大或者有其他特别严重情节的)。

法律依据

一、《刑法》条文

第一百九十八条 有下列情形之一,进行保险诈骗活动,数额较大的,处五年以下有期徒刑或者拘役,并处一万元以上十万元以下罚金;数额巨大或者有其他严重情节的,处五年以上十年以下有期徒刑,并处二万元以上二十万元以下罚金;数额特别巨大或者有其他特别严重情节的,处十年以上有期徒刑,并处二万元以上二十万元以下罚金或者没收财产:

(一)投保人故意虚构保险标的,骗取保险金的;

(二)投保人、被保险人或者受益人对发生的保险事故编造虚假的原因或者夸大损失的程度,骗取保险金的;

(三)投保人、被保险人或者受益人编造未曾发生的保险事故,骗取保险金的;

(四)投保人、被保险人故意造成财产损失的保险事故,骗取保险金的;

(五)投保人、受益人故意造成被保险人死亡、伤残或者疾病,骗取保险金的。

有前款第四项、第五项所列行为,同时构成其他犯罪的,依照数罪并罚的规定处罚。

单位犯第一款罪的,对单位判处罚金,并对其直接负责的主管人员和其他直接责任人员,处五年以下有期徒刑或者拘役;数额巨大或者有其他严重情节的,处五年以上十年以下有期徒刑;数额特别巨大或者有其他特别严重情节的,处十年以上有期徒刑。

保险事故的鉴定人、证明人、财产评估人故意提供虚假的证明文件,为他人诈骗提供条件的,以保险诈骗的共犯论处。

第一百八十三条 保险公司的工作人员利用职务上的便利,故意编造未曾发生的保险事故进行虚假理赔,骗取保险金归自己所有的,依照本法第二百七十一条的规定定罪处罚。

国有保险公司工作人员和国有保险公司委派到非国有保险公司从事公务的人员有前款行为的,依照本法第三百八十二条、第三百八十三条的规定定罪处罚。

第二百八十七条 利用计算机实施金融诈骗、盗窃、贪污、挪用公款、窃取国家秘密或者其他犯罪的,依照本法有关规定定罪处罚。

二、相关法律

《中华人民共和国保险法》(2015年4月24日修正)

第一百七十四条 投保人、被保险人或者受益人有下列行为之一,进行保险诈骗活动,尚不构成犯罪的,依法给予行政处罚:

(一)投保人故意虚构保险标的,骗取保险金的;

(二)编造未曾发生的保险事故,或者编造虚假的事故原因或者夸大损失程度,骗取保险金的;

（三）故意造成保险事故，骗取保险金的。

保险事故的鉴定人、评估人、证明人故意提供虚假的证明文件，为投保人、被保险人或者受益人进行保险诈骗提供条件的，依照前款规定给予处罚。

第一百七十九条　违反本法规定，构成犯罪的，依法追究刑事责任。

三、相关司法解释/文件

《最高人民检察院法律政策研究室关于保险诈骗未遂能否按犯罪处理问题的答复》（1998年11月27日　〔1998〕高检研发第20号）

行为人已经着手实施保险诈骗行为，但由于其意志以外的原因未能获得保险赔偿的，是诈骗未遂，情节严重的，应依法追究刑事责任。

《最高人民检察院、公安部关于公安机关管辖的刑事案件立案追诉标准的规定（二）》（2022年4月6日　公通字〔2022〕12号）

第五十一条　〔保险诈骗案（刑法第一百九十八条）〕进行保险诈骗活动，数额在五万元以上的，应予立案追诉。

四、相关部委规章

《中国保险监督管理委员会、公安部关于加强协作配合共同打击保险领域违法犯罪行为的通知》（2009年7月29日　保监发〔2009〕87号）

一、建立案件线索移送制度

（一）保险监管机构在行使监管职能过程中，发现犯罪线索，应当及时向公安机关移送。移送时，应当附下列材料：

1. 涉嫌犯罪案件移送书；

2. 涉嫌犯罪案件情况的调查报告；

3. 涉案物品清单及主要证据目录；

4. 有关的检验报告和鉴定结论；

5. 其他有关涉嫌犯罪的材料。

（二）公安机关接到保险监管机构移送的案件线索后，应立即进行审查，其中符合立案条件的要及时立案侦查，不符合立案条件、不属于公安机关管辖的，要说明理由及时退回原移送单位。

（三）各级公安机关在侦办犯罪案件或者处理道路交通事故过程中，发现涉及保险机构及其从业人员违规、违章、违纪行为的，应及时将有关线索移送保险监管机构。保险监管机构对公安机关移送的案件应当受理并及时进行审查。依法决定立案查处的，应当书面通知移送机构，并及时向对方通报查处情况；依法不予立案的，应当书面说明理由，并书面通知移送机构，退回相关案卷材料。

二、加强办案协作

（一）保险监管机构在查处本行业内的违法、违规案件时，遇到阻碍行政执法行为、违反治安管理行为的，应向公安机关移送，公安机关应当及时依法查处。

（二）保险监管机构在查处本行业内的违法、违规案件时，确有必要对涉案人员采取限制出境措施的，应按有关规定向公安机关提请协助。

（三）对于案情重大、复杂的案件，保险监管机构可联合公安机关对案件进行会商，必要时可组成联合工作组，根据各自职责开展工作。

（四）公安机关在侦办犯罪案件或者处理道路交通事故过程中，依法需要保险监管机构协助调查取证的，保险监管机构应给予积极配合和支持，并做好以下配合工作：

1. 商请有关职能部门或指定派出机构专业人员协助侦查；

2. 需要出具专业认定意见的，作出或提请有关部门、机构作出认定；

3. 协助公安机关查阅、复制有关资料；

4. 协调保险集团公司、保险公司、保险资产管理公司、保险中介公司等，配合公安机关开展查证工作；

5. 依法可以采取的其他措施。

三、严格依法办案

各级保险监管机构和公安机关在查处保险违法违纪案件过程中，要严格把握罪与非罪的界限，对涉嫌犯罪的，要坚决依法惩处，不得以罚代刑，降格处理。对不构成犯罪的，由保险监管机构按照相关法律、法规，给予处罚。

四、建立工作联络和情况通报制度

各级保险监管机构和公安机关要建立相应的工作联络制度，定期和不定期召开联席会议，通报新出台的保险政策、工作举措、法律、法规和一段时期内的保险违法犯罪案件情况、特点，探讨打击和预防保险违法犯罪的对策和措施，建立情况通报制度。

要义辨析

一、概念

本罪是指投保人、被保险人、受益人故意虚构保险标的,或者对已经发生的保险事故编造虚假原因,或者夸大损失程度,或者编造没有发生的保险事故,或者故意制造保险事故,骗取数额较大的保险金的行为。

二、构成要件

1. 本罪侵犯的客体是复杂客体,包括国家对保险事业的管理秩序和公共财产所有权。但主要侵犯的客体是国家的保险制度和秩序。

2. 本罪的客观方面表现为利用保险合同进行诈骗的行为。其表现形式多种多样,主要有:(1)投保人故意虚构保险标的,骗取保险金;(2)对已经发生的保险事故编造虚假的原因,或者夸大损失程度,骗取保险金;(3)编造没有发生的保险事故,骗取保险金;(4)故意制造财产损失的保险事故,骗取保险金;(5)故意造成被保险人死亡、伤残或者疾病,骗取保险金。

3. 本罪的主体是特殊主体,即投保人、被保险人、受益人,本罪主体包括自然人和法人。

4. 本罪的主观方面是故意,并且要有诈骗保险金的意图。

三、要点辨析

1. 本罪一罪与数罪的界限。根据《刑法》第198条第2款的规定,犯本罪的同时又触犯了其他犯罪的,应当依照《刑法》规定实行数罪并罚。这是因为行为人在实施保险诈骗犯罪的过程中,其行为有的可能触犯《刑法》的其他条款。例如,行为人采取放火、爆炸、杀人致死等方法制造保险事故的,无论其保险诈骗行为是否继续实施、是否得逞,其放火、爆炸行为已经触犯了《刑法》关于危害公共安全罪的规定。这样,行为人的行为就可能在保险诈骗罪之外,还构成其他犯罪,对这种情况,应当按照《刑法》的规定实行数罪并罚。如果行为人采取故意伤害或者谋杀等手段,这就同时又构成了保险诈骗罪和故意伤害罪、故意杀人罪等罪,理应数罪并罚。

应当注意的是,在有些情况下,行为人为了达到保险诈骗的目的,其采取的方法本身已经构成独立的犯罪,如故意杀人、放火等。行为所进行的保险诈骗行为由于各种原因,没有或者没能继续实施下去,或者没能够得逞,在这种情况下,其保险诈骗罪虽然不能成立,但并不能因此而影响对其追究故意杀人罪、放火罪等的刑事责任。

2. 本罪共犯的认定。《刑法》第198条第4款规定,保险事故的鉴定人、证明人、财产评估人故意提供虚假的证明文件,为他人诈骗提供条件的,以保险诈骗的共犯论处。这是因为他们所提供的鉴定、证明和财产评估方面的材料,直接影响保险事故调查结果的真伪。至于他们的行为是否构成犯罪,是以保险诈骗已经构成犯罪为前提条件。如果进行保险诈骗的人,还没有骗取保险金,不构成犯罪时,提供虚假文件的鉴定人、证明人、财产评估人的行为也不应当视为犯罪,但可以采取其他方法对其予以制裁,如追究其行政责任等。

3. 保险诈骗的表现形式,主要包括以下几种(1)投保时故意虚构保险标的;(2)对已经发生的保险事故编造虚假原因;(3)伪造火灾、水灾、沉船、交通事故现场,夸大损失程度;(4)编造没有发生的保险事故;(5)故意制造保险事故。

四、罪名变迁

1979年《刑法》没有保险诈骗罪的规定,本罪是由1995年6月30日《全国人民代表大会常务委员会关于惩治破坏金融秩序犯罪的决定》第16条,吸收改为《刑法》的具体规定的。

第六节　危害税收征管罪

<table>
<tr><td colspan="2">类罪名：破坏社会主义市场经济秩序罪/危害税收征管罪 | 罪名：逃税罪</td></tr>
<tr><td rowspan="3">量刑标准</td><td>偷税数额占应纳税额10%～30%且偷税数额在1万～10万元的　或因偷税曾被2次行政处罚又偷税的处3年以下有期徒刑或者拘役，并处偷税数额1倍以上5倍以下罚金；</td></tr>
<tr><td>偷税数额占应纳税额30%以上且偷税数额在10万元以上的　处3年以上7年以下有期徒刑，并处偷税数额1倍以上5倍以下罚金；</td></tr>
<tr><td>单位犯本罪的　处罚金；对直接负责的主管人员和其他责任人员处3年以下有期徒刑或拘役。</td></tr>
</table>

法律依据

一、《刑法》条文

第二百零一条　纳税人采取欺骗、隐瞒手段进行虚假纳税申报或者不申报，逃避缴纳税款数额较大并且占应纳税额百分之十以上的，处三年以下有期徒刑或者拘役，并处罚金；数额巨大并且占应纳税额百分之三十以上的，处三年以上七年以下有期徒刑，并处罚金。

扣缴义务人采取前款所列手段，不缴或者少缴已扣、已收税款，数额较大的，依照前款的规定处罚。

对多次实施前两款行为，未经处理的，按照累计数额计算。

有第一款行为，经税务机关依法下达追缴通知后，补缴应纳税款，缴纳滞纳金，已受行政处罚的，不予追究刑事责任；但是，五年内因逃避缴纳税款受过刑事处罚或者被税务机关给予二次以上行政处罚的除外。

第二百零四条第二款　纳税人缴纳税款后，采取前款规定的欺骗方法，骗取所缴纳的税款的，依照本法第二百零一条的规定定罪处罚；骗取税款超过所缴纳的税款部分，依照前款的规定处罚。

第二百一十一条　单位犯本节第二百零一条、第二百零三条、第二百零四条、第二百零七条、第二百零八条、第二百零九条规定之罪的，对单位判处罚金，并对其直接负责的主管人员和其他直接责任人员，依照各该条的规定处罚。

第二百一十二条　犯本节第二百零一条至第二百零五条规定之罪，被判处罚金，没收财产的，在执行前，应当先由税务机关追缴税款和所骗取的出口退税款。

二、相关法律

《中华人民共和国税收征收管理法》（2015年4月24日修正）

第四条　法律、行政法规规定负有纳税义务的单位和个人为纳税人。

法律、行政法规规定负有代扣代缴、代收代缴税款义务的单位和个人为扣缴义务人。

纳税人、扣缴义务人必须依照法律、行政法规的规定缴纳税款、代扣代缴、代收代缴税款。

第六十三条　纳税人伪造、变造、隐匿、擅自销毁账簿、记账凭证，或者在账簿上多列支出或者不列、少列收入，或者经税务机关通知申报而拒不申报或者进行虚假的纳税申报，不缴或者少缴应纳税款的，是偷税。对纳税人偷税的，由税务机关追缴其不缴或者少缴的税款、滞纳金，并处不缴或者少缴的税款百分之五十以上五倍以下的罚款；构成犯罪的，依法追究刑事责任。

扣缴义务人采取前款所列手段，不缴或者少缴已扣、已收税款，由税务机关追缴其不缴或者少缴的税款、滞纳金，并处不缴或者少缴的税款百分之五十以上五倍以下的罚款；构成犯罪的，依法追究刑事责任。

第八十条　税务人员与纳税人、扣缴义务人勾结,唆使或者协助纳税人、扣缴义务人有本法第六十三条、第六十五条、第六十六条规定的行为,构成犯罪的,依法追究刑事责任;尚不构成犯罪的,依法给予行政处分。

三、相关司法解释/文件

《最高人民检察院、公安部关于公安机关管辖的刑事案件立案追诉标准的规定(二)》(2022年4月6日　公通字〔2022〕12号)

第五十二条　〔逃税案(刑法第二百零一条)〕逃避缴纳税款,涉嫌下列情形之一的,应予立案追诉:

(一)纳税人采取欺骗、隐瞒手段进行虚假纳税申报或者不申报,逃避缴纳税款,数额在十万元以上并且占各税种应纳税总额百分之十以上,经税务机关依法下达追缴通知后,不补缴应纳税款、不缴纳滞纳金或者不接受行政处罚的;

(二)纳税人五年内因逃避缴纳税款受过刑事处罚或者被税务机关给予二次以上行政处罚,又逃避缴纳税款,数额在十万元以上并且占各税种应纳税总额百分之十以上的;

(三)扣缴义务人采取欺骗、隐瞒手段,不缴或者少缴已扣、已收税款,数额在十万元以上的。

纳税人在公安机关立案后再补缴应纳税款、缴纳滞纳金或者接受行政处罚的,不影响刑事责任的追究。

《最高人民法院、最高人民检察院关于办理危害税收征管刑事案件适用法律若干问题的解释》(2024年3月15日　法释〔2024〕4号)

第一条　纳税人进行虚假纳税申报,具有下列情形之一的,应当认定为刑法第二百零一条第一款规定的“欺骗、隐瞒手段”:

(一)伪造、变造、转移、隐匿、擅自销毁账簿、记账凭证或者其他涉税资料的;

(二)以签订“阴阳合同”等形式隐匿或者以他人名义分解收入、财产的;

(三)虚列支出、虚抵进项税额或者虚报专项附加扣除的;

(四)提供虚假材料,骗取税收优惠的;

(五)编造虚假计税依据的;

(六)为不缴、少缴税款而采取的其他欺骗、隐瞒手段。

具有下列情形之一的,应当认定为刑法第二百零一条第一款规定的“不申报”:

(一)依法在登记机关办理设立登记的纳税人,发生应税行为而不申报纳税的;

(二)依法不需要在登记机关办理设立登记或者未依法办理设立登记的纳税人,发生应税行为,经税务机关依法通知其申报而不申报纳税的;

(三)其他明知应当依法申报纳税而不申报纳税的。

扣缴义务人采取第一、二款所列手段,不缴或者少缴已扣、已收税款,数额较大的,依照刑法第二百零一条第一款的规定定罪处罚。扣缴义务人承诺为纳税人代付税款,在其向纳税人支付税后所得时,应当认定扣缴义务人“已扣、已收税款”。

第二条　纳税人逃避缴纳税款十万元以上、五十万元以上的,应当分别认定为刑法第二百零一条第一款规定的“数额较大”、“数额巨大”。

扣缴义务人不缴或者少缴已扣、已收税款“数额较大”、“数额巨大”的认定标准,依照前款规定。

第三条　纳税人有刑法第二百零一条第一款规定的逃避缴纳税款行为,在公安机关立案前,经税务机关依法下达追缴通知后,在规定的期限或者批准延缓、分期缴纳的期限内足额补缴应纳税款,缴纳滞纳金,并全部履行税务机关作出的行政处罚决定的,不予追究刑事责任。但是,五年内因逃避缴纳税款受过刑事处罚或者被税务机关给予二次以上行政处罚的除外。

纳税人有逃避缴纳税款行为,税务机关没有依法下达追缴通知的,依法不予追究刑事责任。

第四条　刑法第二百零一条第一款规定的“逃避缴纳税款数额”,是指在确定的纳税期间,不缴或者少缴税务机关负责征收的各税种税款的总额。

刑法第二百零一条第一款规定的“应纳税额”,是指应税行为发生年度内依照税收法律、行政法规规定应当缴纳的税额,不包括海关代征的增值税、关税等及纳税人依法预缴的税额。

刑法第二百零一条第一款规定的“逃避缴纳税款数额占应纳税额的百分比”,是指行为人在一个纳税年度中的各税种逃税总额与该纳税年度应纳税总额的比例；不按纳税年度确定纳税期的，按照最后一次逃税行为发生之日前一年中各税种逃税总额与该年应纳税总额的比例确定。纳税义务存续期间不足一个纳税年度的，按照各税种逃税总额与实际发生纳税义务期间应纳税总额的比例确定。

逃税行为跨越若干个纳税年度，只要其中一个纳税年度的逃税数额及百分比达到刑法第二百零一条第一款规定的标准，即构成逃税罪。各纳税年度的逃税数额应当累计计算，逃税额占应纳税额百分比应当按照各逃税年度百分比的最高值确定。

刑法第二百零一条第三款规定的“未经处理”，包括未经行政处理和刑事处理。

第十九条 明知他人实施危害税收征管犯罪而仍为其提供账号、资信证明或者其他帮助的，以相应犯罪的共犯论处。

第二十条 单位实施危害税收征管犯罪的定罪量刑标准，依照本解释规定的标准执行。

第二十一条 实施危害税收征管犯罪，造成国家税款损失，行为人补缴税款、挽回税收损失，有效合规整改的，可以从宽处罚；犯罪情节轻微不需要判处刑罚的，可以不起诉或者免予刑事处罚；情节显著轻微危害不大的，不作为犯罪处理。

对于实施本解释规定的相关行为被不起诉或者免予刑事处罚，需要给予行政处罚、政务处分或者其他处分的，依法移送有关主管机关处理。有关主管机关应当将处理结果及时通知人民检察院、人民法院。

《最高人民法院、最高人民检察院关于办理妨害武装部队制式服装、车辆号牌管理秩序等刑事案件具体应用法律若干问题的解释》（2011年7月20日 法释〔2011〕16号）

第六条 实施刑法第三百七十五条规定的犯罪行为，同时又构成逃税、诈骗、冒充军人招摇撞骗等犯罪的，依照处罚较重的规定定罪处罚。

四、相关部委规章

《公安部关于对未依法办理税务登记的纳税人能否成为偷税犯罪主体问题的批复》（2007年5月23日 公复字〔2007〕3号）

甘肃省公安厅：

你厅《关于无证经营的行为能否构成偷税主体的请示》（甘公（法）发〔2007〕17号）收悉。现批复如下：

根据《税收管理法》第四条、第三十七条的规定，未按照规定办理税务登记的从事生产、经营的纳税人以及临时从事经营的纳税人，可以构成偷税罪的犯罪主体。其行为触犯《刑法》第二百零一条规定的，公安机关应当以偷税罪立案侦查，依法追究刑事责任。

2002年1月23日公安部《关于无证经营的行为人能否成为偷税主体问题的批复》（公复字〔2002〕1号）不再适用。

要义辨析

一、概念

本罪是指负有纳税义务和扣缴义务的人或企事业单位及其负有直接责任的主管人员和其他直接责任人员，采取欺骗、隐瞒手段进行虚假纳税申报或者不申报，逃避缴纳税款数额较大并且占应纳税额10%以上，经税务机关依法下达追缴通知后，仍不补缴应纳税款的行为。

二、构成要件

1. 本罪侵犯的客体是国家的税收管理制度和国家财政税收收入。

2. 客观方面为故意逃税的各种行为表现。

3. 犯罪主体包括自然人和单位，既包括直接负有纳税义务的纳税义务人（单位），也包括负有代扣代缴代征税款的人或单位。单位犯本罪的，对单位判处罚金，并对其直接负责的主管人员和其他直接责任人员依照各该条的规定处罚。

4. 主观上为直接故意，并且具有逃避缴纳应交税款的非法获利目的。

三、要点辨析

1.《最高人民法院、最高人民检察院关于执行〈中华人民共和国刑法〉确定罪名的补充规定（四）》（法释〔2019〕13号）将“偷税罪”，改名为“逃税罪”。《最高人民法院关于办理偷税抗税刑事案件具体应用法律的若干问题的解释》（法释

〔2002〕33号),是2002年11月4日最高人民法院审判委员会第1254次会议通过的。2009年2月28日,全国人大常委会审议通过了《刑法修正案(七)》,其中关于本罪的很多内容已经有不同规定。2024年3月15日发布《最高人民法院、最高人民检察院关于办理危害税收征管刑事案件适用法律若干问题的解释》,废止了《最高人民法院关于办理偷税抗税刑事案件具体应用法律若干问题的解释》。

2. 2009年2月28日《刑法修正案》(七)对偷税罪作了重要修改:①将罪名由“偷税罪”改为“逃税罪”。②对逃税的手段不再作具体列举,而采用概括性的表述。以“纳税人采取欺骗、隐瞒手段进行虚假纳税申报或者不申报”来涵盖实践中逃避缴纳税款可能出现的各种复杂情况。③删除《刑法》中对逃避缴纳税款数额占应纳税额10%以上,构成“逃避缴纳税款数额较大”的这一具体数额标准,以及逃税数额占应纳税额30%以上,构成“逃避缴纳税款数额巨大”的这一具体数额标准。

3.《刑法修正案(七)》还有一个特别重要的修订,是有条件地可以不追究逃税罪的规定,即“首罚不刑”。特别条款为:“有第一款行为,经税务机关依法下达追缴通知后,补缴应纳税款,缴纳滞纳金,已受行政处罚的,不予追究刑事责任;但是,五年内因逃避缴纳税款受过刑事处罚或者被税务机关给予二次以上行政处罚的除外。”这是对逃税罪作出的最重大修改。绝大多数能够及时补缴逃漏税款的纳税人,由此可以免遭刑事追究。而对于为了帮助逃税而进行的销毁会计凭证罪等牵连行为,没有“首罚不刑”的规定,可以直接追究责任。

4.《刑法修正案(七)》对达到逃税罪的数额、比例标准不免除刑事责任的情形也作了规定。第4款规定“五年内因逃避缴纳税款受过刑事处罚或者被税务机关给予二次以上行政处罚的除外”。

5. 关于应纳税额鉴定的主体问题。税务司法鉴定,是指依法取得有关税务司法鉴定资格的鉴定机构和鉴定人受司法机关或当事人委托,依据国家有关税务方面的法律法规以及相关的科学技术知识,对涉及诉讼的纳税数额等有关税收方面的专门性问题进行检验、鉴别和判断并提供鉴定意见的活动。纳税鉴定对于本罪定罪量刑影响很大。过去的刑事司法中,将鉴定权赋予了有行政检查权和行政处罚权的税务管理机关和各级海关,导致税务机关既是运动员,也是裁判员,影响了鉴定的客观性和公正性,这是不正确的。鉴定应当由中立客观的鉴定机构进行。

四、罪名变迁

本罪1979年《刑法》第121条已有规定。1992年的《全国人民代表大会常务委员会关于惩治偷税、抗税犯罪的补充规定》(已废止)第1条将偷税罪、抗税罪一分为二,并将本罪由空白罪状改为叙明罪状。1997年《刑法》、2009年《刑法修正案(七)》分别对本罪作了进一步修改。

类罪名:破坏社会主义市场经济秩序罪/危害税收征管罪		罪名:抗税罪
量刑标准	构成犯罪的	处3年以下有期徒刑或拘役,并处拒缴税款1倍以上5倍以下罚金;
	情节严重的	处3年以上7年以下有期徒刑,并处拒缴税款1倍以上5倍以下罚金。

法律依据

一、《刑法》条文

第二百零二条 以暴力、威胁方法拒不缴纳税款的,处三年以下有期徒刑或者拘役,并处拒缴税款一倍以上五倍以下罚金;情节严重的,处三年以上七年以下有期徒刑，并处拒缴税款一倍以上五倍以下罚金。

第二百一十二条　犯本节第二百零一条至第二百零五条规定之罪，被判处罚金、没收财产的，在执行前，应当先由税务机关追缴税款和所骗取的出口退税款。

二、相关法律

《中华人民共和国税收征收管理法》（2015年4月24日修正）

第六十七条　以暴力、威胁方法拒不缴纳税款的，是抗税，除由税务机关追缴其拒缴的税款、滞纳金外，依法追究刑事责任。情节轻微，未构成犯罪的，由税务机关追缴其拒缴的税款、滞纳金，并处拒缴税款一倍以上五倍以下的罚款。

三、相关司法解释/文件

《最高人民检察院、公安部关于公安机关管辖的刑事案件立案追诉标准的规定（二）》（2022年4月6日　公通字〔2022〕12号）

第五十三条　〔抗税案（刑法第二百零二条）〕以暴力、威胁方法拒不缴纳税款，涉嫌下列情形之一的，应予立案追诉：

（一）造成税务工作人员轻微伤以上的；

（二）以给税务工作人员及其亲友的生命、健康、财产等造成损害为威胁，抗拒缴纳税款的；

（三）聚众抗拒缴纳税款的；

（四）以其他暴力、威胁方法拒不缴纳税款的。

《最高人民法院、最高人民检察院关于办理危害税收征管刑事案件适用法律若干问题的解释》（2024年3月15日　法释〔2024〕4号）

第五条　以暴力、威胁方法拒不缴纳税款，具有下列情形之一的，应当认定为刑法第二百零二条规定的“情节严重”：

（一）聚众抗税的首要分子；

（二）故意伤害致人轻伤的；

（三）其他情节严重的情形。

实施抗税行为致人重伤、死亡，符合刑法第二百三十四条或者第二百三十二条规定的，以故意伤害罪或者故意杀人罪定罪处罚。

第十九条　明知他人实施危害税收征管犯罪而仍为其提供账号、资信证明或者其他帮助的，以相应犯罪的共犯论处。

第二十条　单位实施危害税收征管犯罪的定罪量刑标准，依照本解释规定的标准执行。

第二十一条　实施危害税收征管犯罪，造成国家税款损失，行为人补缴税款、挽回税收损失，有效合规整改的，可以从宽处罚；犯罪情节轻微不需要判处刑罚的，可以不起诉或者免予刑事处罚；情节显著轻微危害不大的，不作为犯罪处理。

对于实施本解释规定的相关行为被不起诉或者免予刑事处罚，需要给予行政处罚、政务处分或者其他处分的，依法移送有关主管机关处理。有关主管机关应当将处理结果及时通知人民检察院、人民法院。

抗税罪

要义辨析

一、概念

本罪是指纳税人和扣缴义务人，以暴力、威胁方法，拒不缴纳税款的行为。

二、构成要件

1. 本罪侵犯的客体除了国家的税收管理制度外，还包括税务人员的人身权利。

2. 本罪客观方面表现为以暴力、威胁方法，拒不缴纳税款的行为。具体包括：（1）纳税人或者扣缴义务人使用了暴力、威胁方法；（2）使用暴力、威胁的目的，是拒绝缴纳应缴纳的税款。

3. 本罪犯罪主体是特殊主体，只有纳税人和扣缴义务人才能构成本罪的主体。

4. 本罪主观方面是出于故意。

三、要点辨析

1. 本罪与逃税罪不同，本罪是强烈作为的犯罪。必须是“以暴力、威胁方法拒不缴纳税款”才构成。

2. 抗税的激烈行为特征有明确列举。即《最高人民检察院、公安部关于公安机关管辖的刑事案件立案追诉标准的规定（二）》中的四种情形：（1）造成税务工作人员轻微伤以上的；（2）以给税务工作人员及其亲友的生命、健康、财产等造成损害为威胁，抗拒缴纳税款的；(3)聚众抗拒缴纳税款的；(4)以其他暴力、威胁方法拒不缴纳税款的。

3. 寻求合法救济渠道，如组织多人进行行政诉讼期间拒不缴纳税款，不能视为暴力抗税。

4. 既有逃税，又在征缴中发生抗税的，应该按重罪吸收轻罪的原则，择抗税罪一罪定罪，综合量刑，没有补缴免罪的可能。

5. 抗税故意致人死亡、重伤的，以故意伤害罪、故意杀人罪定罪，从重处罚。过失导致死亡、重伤的，以抗税罪和过失致人死亡、重伤罪定罪，实行数罪并罚。

6. 关于应纳税额鉴定的主体问题。税务司法鉴定，是指依法取得有关税务司法鉴定资格的鉴定机构和鉴定人受司法机关或当事人委托，依据国家有关税务方面的法律法规以及相关的科学技术知识，对涉及诉讼的纳税数额等有关税收方面的专门性问题进行检验、鉴别和判断并提供鉴定意见的活动。纳税鉴定对于本罪定罪量刑影响很大。过去的刑事司法中，将鉴定权赋予了有行政检查权和行政处罚权的税务管理机关和各级海关，导致税务机关既是运动员，也是裁判员，影响了鉴定的客观性和公正性，这是不正确的。鉴定应当由中立客观的鉴定机构进行。

四、罪名变迁

1979年《刑法》第121条对本罪已有规定。1992年《全国人民代表大会常务委员会关于惩治偷税、抗税犯罪的补充规定》（已废止）第6条将本罪由空白罪状改为叙明罪状。1997年《刑法》对本罪作了进一步修改。

类罪名：破坏社会主义市场经济秩序罪/危害税收征管罪　罪名：逃避追缴欠税罪	
量刑标准	**纳税人欠缴应纳税款，数额在1万元以上不满10万元的**　处3年以下有期徒刑或者拘役，并处或者单处欠缴税款1倍以上5倍以下罚金；
	纳税人欠缴应纳税款，数额在10万元以上的　处3年以上7年以下有期徒刑，并处欠缴税款1倍以上5倍以下罚金；
	单位犯本罪的　处罚金；对直接负责的主管人员和其他责任人员依个人犯罪规定处罚。

法律依据

一、《刑法》条文

第二百零三条　纳税人欠缴应纳税款，采取转移或者隐匿财产的手段，致使税务机关无法追缴欠缴的税款，数额在一万元以上不满十万元的，处三年以下有期徒刑或者拘役，并处或者单处欠缴税款一倍以上五倍以下罚金；数额在十万元以上的，处三年以上七年以下有期徒刑，并处欠缴税款一倍以上五倍以下罚金。

第二百一十一条　单位犯本节第二百零一条、第二百零三条、第二百零四条、第二百零七条、第二百零八条、第二百零九条规定之罪的，对单位判处罚金，并对其直接负责的主管人员和其他直接责任人员，依照各该条的规定处罚。

第二百一十二条　犯本节第二百零一条至第二百零五条规定之罪，被判处罚金、没收财产的，在执行前，应当先由税务机关追缴税款和所骗取的出口退税款。

二、相关法律

《中华人民共和国税收征收管理法》（2015年4月24日修正）

第六十五条　纳税人欠缴应纳税款，采取转移或者隐匿财产的手段，妨碍税务机关追缴欠缴的税款的，由税务机关追缴欠缴的税款、滞纳金，并处欠缴税款百分之五十以上五倍以下的罚款；构成犯罪的，依法追究刑事责任。

三、相关司法解释/文件

《最高人民检察院、公安部关于公安机关管辖的刑事案件立案追诉标准的规定(二)》(2022年4月6日 公通字〔2022〕12号)

第五十四条 〔逃避追缴欠税案(刑法第二百零三条)〕纳税人欠缴应纳税款，采取转移或者隐匿财产的手段，致使税务机关无法追缴欠缴的税款，数额在一万元以上的，应予立案追诉。

《最高人民法院、最高人民检察院关于办理危害税收征管刑事案件适用法律若干问题的解释》(2024年3月15日 法释〔2024〕4号)

第六条 纳税人欠缴应纳税款，为逃避税务机关追缴，具有下列情形之一的，应当认定为刑法第二百零三条规定的“采取转移或者隐匿财产的手段”：

(一)放弃到期债权的；

(二)无偿转让财产的；

(三)以明显不合理的价格进行交易的；

(四)隐匿财产的；

(五)不履行税收义务并脱离税务机关监管的；

(六)以其他手段转移或者隐匿财产的。

第十九条 明知他人实施危害税收征管犯罪而仍为其提供账号、资信证明或者其他帮助的，以相应犯罪的共犯论处。

第二十条 单位实施危害税收征管犯罪的定罪量刑标准，依照本解释规定的标准执行。

第二十一条 实施危害税收征管犯罪，造成国家税款损失，行为人补缴税款、挽回税收损失，有效合规整改的，可以从宽处罚；犯罪情节轻微不需要判处刑罚的，可以不起诉或者免予刑事处罚；情节显著轻微危害不大的，不作为犯罪处理。

对于实施本解释规定的相关行为被不起诉或者免予刑事处罚，需要给予行政处罚、政务处分或者其他处分的，依法移送有关主管机关处理。有关主管机关应当将处理结果及时通知人民检察院、人民法院。

要义辨析

一、概念

本罪是指欠税人采取转移或隐匿财产的手段，致使税务机关无法追缴欠缴的税款，并且达到法定无法追缴的欠款数额的行为。

二、构成要件

1. 本罪侵犯的客体是国家的税收征管制度。

2. 本罪客观方面表现为纳税人欠缴应纳税款，采取转移或者隐匿财产的手段，致使税务机关无法追缴欠缴的税款，数额在1万元以上的行为。

3. 本罪犯罪主体是转移或隐匿财产并使税务机关无法追缴欠缴税款，数额达万元以上的欠税人(欠税的个人或单位)。一般欠税的纳税人不构成本罪主体。扣缴义务人也不属于本罪主体。

4. 本罪主观方面由直接故意构成，并且具有逃避缴纳欠缴应纳税款义务的目的。

三、要点辨析

1. 本罪与抗税罪不同，本罪只是隐藏转移，是有财产故意不纳应缴的税，“采取转移或者隐匿财产的手段”，来达到不缴税的目的。因此惩罚的量刑程度不同，抗税罪最高量刑为七年以下有期徒刑，本罪为三年以下有期徒刑。

2. 注意应纳税额与转移金额的不同。本罪的定罪量刑以因为转移而使国家本可以收纳却未得到收纳的税额为准，转移额大于应税额的，不能以转移额为准。

3. 关于应纳税额鉴定的主体问题。税务司法鉴定，是指依法取得有关税务司法鉴定资格的鉴定机构和鉴定人受司法机关或当事人委托，依据国家有关税务方面的法律法规以及相关的科学技术知识，对涉及诉讼的纳税数额等有关税收方面的专门性问题进行检验、鉴别和判断并提供鉴定意见的活动。纳税鉴定对于本罪定罪量刑影响很大。过去的刑事司法中，将鉴定权赋予了有行政检查权和行政处罚权的税务管理机关和各级海关，导致税务机关既是运动员，也是裁判员，影响了鉴定的客观性和公正性，这是不正确的。鉴定应当由中立客观的鉴定机构进行。

四、罪名变迁

本罪是由1992年的《全国人民代表大会常务委员会关于惩治偷税、抗税犯罪的补充规定》(已废止)第2条,吸收改为《刑法》的具体规定的。

类罪名:破坏社会主义市场经济秩序罪/危害税收征管罪	罪名:骗取出口退税罪
量刑标准	**数额较大的** 处5年以下有期徒刑或者拘役,并处骗取税款1倍以上5倍以下罚金;
	数额巨大或者有其他严重情节的 处5年以上10年以下有期徒刑,并处骗取税款1倍以上5倍以下罚金;
	数额特别巨大或者有其他特别严重情节的 处10年以上有期徒刑或者无期徒刑,并处骗取税款1倍以上5倍以下罚金或者没收财产;
	单位犯罪的 对单位判处罚金,并对其直接负责的主管人员和其他直接责任人员,依照各该条的规定处罚。

法律依据

一、《刑法》条文

第二百零四条 以假报出口或者其他欺骗手段,骗取国家出口退税款,数额较大的,处五年以下有期徒刑或者拘役,并处骗取税款一倍以上五倍以下罚金;数额巨大或者有其他严重情节的,处五年以上十年以下有期徒刑,并处骗取税款一倍以上五倍以下罚金;数额特别巨大或者有其他特别严重情节的,处十年以上有期徒刑或者无期徒刑,并处骗取税款一倍以上五倍以下罚金或者没收财产。

纳税人缴纳税款后,采取前款规定的欺骗方法,骗取所缴纳的税款的,依照本法第二百零一条的规定定罪处罚;骗取税款超过所缴纳的税款部分,依照前款的规定处罚。

第二百一十一条 单位犯本节第二百零一条、第二百零三条、第二百零四条、第二百零七条、第二百零八条、第二百零九条规定之罪的,对单位判处罚金,并对其直接负责的主管人员和其他直接责任人员,依照各该条的规定处罚。

第二百一十二条 犯本节第二百零一条至第二百零五条规定之罪,被判处罚金、没收财产的,在执行前,应当先由税务机关追缴税款和所骗取的出口退税款。

二、相关法律

《中华人民共和国税收征收管理法》(2015年4月24日修正)

第六十六条 以假报出口或者其他欺骗手段,骗取国家出口退税款,由税务机关追缴其骗取的退税款,并处骗取税款一倍以上五倍以下的罚款;构成犯罪的,依法追究刑事责任。

对骗取国家出口退税款的,税务机关可以在规定期间内停止为其办理出口退税。

三、相关司法解释/文件

《最高人民法院关于审理骗购外汇、非法买卖外汇刑事案件具体应用法律若干问题的解释》(1998年8月28日 法释〔1998〕20号)

第一条 以进行走私、逃汇、洗钱、骗税等犯罪活动为目的,使用虚假、无效的凭证、商业单据或者采取其他手段向外汇指定银行骗购外汇的,应当分别按照刑法分则第三章第二节、第一百九十条、第一百九十一条和第二百零四条等规定定罪处罚。

第六条 实施本解释规定的行为,同时触犯二个以上罪名的,择一重罪从重处罚。

《最高人民法院、最高人民检察院关于办理危害税收征管刑事案件适用法律若干问题的解释》(2024 年 3 月 15 日　法释〔2024〕4 号)

第七条　具有下列情形之一的,应当认定为刑法第二百零四条第一款规定的"假报出口或者其他欺骗手段":

(一)使用虚开、非法购买或者以其他非法手段取得的增值税专用发票或者其他可以用于出口退税的发票申报出口退税的;

(二)将未负税或者免税的出口业务申报为已税的出口业务的;

(三)冒用他人出口业务申报出口退税的;

(四)虽有出口,但虚构应退税出口业务的品名、数量、单价等要素,以虚增出口退税额申报出口退税的;

(五)伪造、签订虚假的销售合同,或者以伪造、变造等非法手段取得出口报关单、运输单据等出口业务相关单据、凭证,虚构出口事实申报出口退税的;

(六)在货物出口后,又转入境内或者将境外同种货物转入境内循环进出口并申报出口退税的;

(七)虚报出口产品的功能、用途等,将不享受退税政策的产品申报为退税产品的;

(八)以其他欺骗手段骗取出口退税款的。

第八条　骗取国家出口退税款数额十万元以上、五十万元以上、五百万元以上的,应当分别认定为刑法第二百零四条第一款规定的"数额较大"、"数额巨大"、"数额特别巨大"。

具有下列情形之一的,应当认定为刑法第二百零四条第一款规定的"其他严重情节":

(一)两年内实施虚假申报出口退税行为三次以上,且骗取国家税款三十万元以上的;

(二)五年内因骗取国家出口退税受过刑事处罚或者二次以上行政处罚,又实施骗取国家出口退税行为,数额在三十万元以上的;

(三)致使国家税款被骗取三十万元以上并且在提起公诉前无法追回的;

(四)其他情节严重的情形。

具有下列情形之一的,应当认定为刑法第二百零四条第一款规定的"其他特别严重情节":

(一)两年内实施虚假申报出口退税行为五次以上,或者以骗取出口退税为主要业务,且骗取国家税款三百万元以上的;

(二)五年内因骗取国家出口退税受过刑事处罚或者二次以上行政处罚,又实施骗取国家出口退税行为,数额在三百万元以上的;

(三)致使国家税款被骗取三百万元以上并且在提起公诉前无法追回的;

(四)其他情节特别严重的情形。

第九条　实施骗取国家出口退税行为,没有实际取得出口退税款的,可以比照既遂犯从轻或者减轻处罚。

从事货物运输代理、报关、会计、税务、外贸综合服务等中介组织及其人员违反国家有关进出口经营规定,为他人提供虚假证明文件,致使他人骗取国家出口退税款,情节严重的,依照刑法第二百二十九条的规定追究刑事责任。

第十九条　明知他人实施危害税收征管犯罪而仍为其提供账号、资信证明或者其他帮助的,以相应犯罪的共犯论处。

第二十条　单位实施危害税收征管犯罪的定罪量刑标准,依照本解释规定的标准执行。

第二十一条　实施危害税收征管犯罪,造成国家税款损失,行为人补缴税款、挽回税收损失,有效合规整改的,可以从宽处罚;犯罪情节轻微不需要判处刑罚的,可以不起诉或者免予刑事处罚;情节显著轻微危害不大的,不作为犯罪处理。

对于实施本解释规定的相关行为被不起诉或者免予刑事处罚,需要给予行政处罚、政务处分或者其他处分的,依法移送有关主管机关处理。有关主管机关应当将处理结果及时通知人民检察院、人民法院。

《最高人民检察院、公安部关于公安机关管辖的刑事案件立案追诉标准的规定(二)》(2022 年 4 月 6 日　公通字〔2022〕12 号)

第五十五条　〔骗取出口退税案(刑法第二百零四条)〕以假报出口或者其他欺骗手段,骗取国家出口退税款,数额在十万元以上的,应予立案追诉。

要义辨析

一、概念

本罪是指企事业单位以假报出口或者其他欺骗手段,骗取国家出口退税款,数额较大的行为。

二、构成要件

1. 本罪侵犯客体是国家出口退税管理制度和国家税收财产。

2. 本罪客观方面是以假报出口或者其他欺骗手段,骗取国家出口退税款,数额较大的行为。

3. 本罪犯罪主体实际上只能是有出口权或有委托出口业务的企事业单位,除此主体外,其他单位或个人骗取国家出口退税的应构成诈骗罪。有的案件定罪量刑牵连到其他的帮助报关、帮助国内生产和贸易,帮助提供报税发票的单位,是否作为共同犯罪处理,要审查该单位有无事先明知、通谋、共同利益、实际分享利润等。

4. 本罪主观上系故意行为,有骗取国家退税的故意。因过失而导致多报多领出口退税款的不构成本罪。

三、要点辨析

1. 本罪只有在没有缴纳税款的情况下才可能成立。纳税人缴纳税款后,采取假报出口等欺骗方法,骗取所缴纳的税款的,成立逃税罪。对于骗取税款超过所缴纳的税款部分,则应认定为骗取出口退税罪,与逃税罪实行并罚。

2. 本罪与逃税罪不同。(1)量刑与行为方式不同。逃税罪只是逃避不缴,而本罪是反而骗取国家补贴财产,所以本罪量刑更重,最高可以到无期徒刑。(2)犯罪主体不同。逃税罪是有纳税义务的特定主体才构成犯罪,骗取出口退税罪则不一定是纳税主体也可以构成犯罪。

3. 出口退税是我国为鼓励出口创汇,而于1998年1月全面实施的、国家向出口企业单位实行的优惠鼓励政策,个别不法企业以此为手段,采用假报出口的方式骗取国家退税,造成国家财产被骗。

四、罪名变迁

1979年《刑法》没有规定本罪。本罪是由《全国人民代表大会常务委员会关于惩治偷税、抗税犯罪的补充规定》(已废止)第2条,吸收改为《刑法》的具体规定的。

类罪名:破坏社会主义市场经济秩序罪/危害税收征管罪 | 罪名:虚开增值税专用发票、用于骗取出口退税、抵扣税款发票罪	
量刑标准	**构成犯罪的** 处3年以下有期徒刑或者拘役,并处2万元以上20万元以下罚金;
	数额较大或者有其他严重情节的 处3年以上10年以下有期徒刑,并处5万元以上50万元以下罚金;
	数额巨大或者有其他特别严重情节的 处10年以上有期徒刑或者无期徒刑,并处5万元以上50万元以下罚金或者没收财产;
	单位犯罪的 对单位判处罚金,并对其直接负责的主管人员和其他直接责任人员,处3年以下有期徒刑或者拘役;虚开的税款数额较大或者有其他严重情节的,处3年以上10年以下有期徒刑;虚开的税款数额巨大或者有其他特别严重情节的,处10年以上有期徒刑或者无期徒刑。

法律依据

一、《刑法》条文

第二百零五条 虚开增值税专用发票或者虚开用于骗取出口退税、抵扣税款的其他发票的,处三年以下有期徒刑或者拘役,并处二万元以上二十万元以下罚金;虚开的税款数额较大或者有其他严重情节的,处三年以上十年以下有期徒刑,并处五万元以上五十万元以下罚金;虚开的税款数额巨大或者有其他特别严重情节的,处十年以上有期徒刑或者无期徒刑,并处五万元以上五十万元以下罚金或者没收财产。

单位犯本条规定之罪的,对单位判处罚金,并对其直接负责的主管人员和其他直接责任人员,处三年以下有期徒刑或者拘役;虚开的税款数额较大或者有其他严重情节的,处三年以上十年以下有期徒刑;虚开的税款数额巨大或者有其他特别严重情节的,处十年以上有期徒刑或者无期徒刑。

虚开增值税专用发票或者虚开用于骗取出口退税、抵扣税款的其他发票,是指有为他人虚开、为自己虚开、让他人为自己虚开、介绍他人虚开行为之一的。

第二百零八条第二款　非法购买增值税专用发票或者购买伪造的增值税专用发票又虚开或者出售的,分别依照本法第二百零五条、第二百零六条、第二百零七条的规定定罪处罚。

第二百一十二条　犯本节第二百零一条至第二百零五条规定之罪,被判处罚金、没收财产的,在执行前,应当先由税务机关追缴税款和所骗取的出口退税款。

二、相关法律

《全国人民代表大会常务委员会关于〈中华人民共和国刑法〉有关出口退税、抵扣税款的其他发票规定的解释》(2005年12月29日)

全国人大常委会根据司法实践中遇到的情况,讨论了刑法规定的"出口退税、抵扣税款的其他发票"的含义问题,解释如下:

刑法规定的"出口退税、抵扣税款的其他发票",是指除增值税专用发票以外的,具有出口退税、抵扣税款功能的收付款凭证或者完税凭证。

三、相关规定

《国家税务总局关于增值税专用发票使用与管理有关问题的通知》(1995年3月13日　国税发〔1995〕047号)

各省、自治区、直辖市和计划单列市国家税务局:

为了进一步加强增值税专用发票的使用管理,确保稽核检查工作的顺利进行,根据各地的反映和要求,现就增值税专用发票使用管理的有关问题规定如下:

一、专用发票所有栏次必须如实填写。1994年我局发出的《国家税务总局关于增值税专用发票使用问题的通知》(国税明电035号)中规定:根据实际情况,专用发票的"开户银行及帐号"栏和购销双方的电话号码可以不填写。但就近期实际执行情况看,不填写上述两栏,发现问题后,难以及时与购、销方取得联系,不便于对专用发票的稽核检查。经研究决定,从1995年5月1日起,开具增值税专用发票必须填写购销双方的开户银行、帐号和电话号码。

二、各地税务机关要严格执行《增值税专用发票使用规定》,对不按规定开具的专用发票(包括项目填写不全、未盖有财务专用章或发票专用章等),一律不能作为税款的抵扣凭证。

三、各地税务部门要进一步加强对一般纳税人开具专用发票的辅导和培训工作,使其能按规定正确无误地填开专用发票。

四、从1994年7月1日起,全国已开始启用统一印制的新版增值税专用发票(以下简称新版专用发票)。新版专用发票的发票联和抵扣联使用无色莹光油墨套印了防伪字和团花。新版专用发票防伪字和团花共有两种:1994年第一批及第二批第一阶段印制的专用发票防伪字为"国家税务总局监制",团花为八角梅花形,在发票的货物或应税劳务名称栏下面三栏居中位置;1994年第二批第二阶段和1995年印制的专用发票防伪字仍为"国家税务总局监制",团花为四角梅花形,在发票的价税合计栏及备注栏内居中位置。

五、1994年印制的新版专用发票可在1995年继续使用。

四、相关司法解释/文件

《最高人民检察院法律政策研究室关于税务机关工作人员通过企业以"高开低征"的方法代开增值税专用发票的行为如何适用法律问题的答复》(2004年3月17日)

江苏省人民检察院法律政策研究室:

你室《关于税务机关通过企业代开增值税专用发票以"高开低征"的方法吸引税源的行为是否构成犯罪的请示》(苏检研请字〔2003〕第4号)收悉。经研究,答复如下:

税务机关及其工作人员将不具备条件的小规

模纳税人虚报为一般纳税人,并让其采用"高开低征"的方法为他人代开增值税专用发票的行为,属于虚开增值税专用发票。对于造成国家税款损失,构成犯罪的,应当依照刑法第二百零五条的规定追究刑事责任。

《最高人民检察院、公安部关于公安机关管辖的刑事案件立案追诉标准的规定(二)》(2022 年 4 月 6 日　公通字〔2022〕12 号)

第五十六条　〔虚开增值税专用发票、用于骗取出口退税、抵扣税款发票案(刑法第二百零五条)〕虚开增值税专用发票或者虚开用于骗取出口退税、抵扣税款的其他发票,虚开的税款数额在十万元以上或者造成国家税款损失数额在五万元以上的,应予立案追诉。

《最高人民法院关于虚开增值税专用发票定罪量刑标准有关问题的通知》(2018 年 8 月 22 日　法〔2018〕226 号)

一、自本通知下发之日起,人民法院在审判工作中不再参照执行《最高人民法院关于适用〈全国人民代表大会常务委员会关于惩治虚开、伪造和非法出售增值税专用发票犯罪的决定〉的若干问题的解释》(法发〔1996〕30 号)第一条规定的虚开增值税专用发票罪的定罪量刑标准。

二、在新的司法解释颁行前,对虚开增值税专用发票刑事案件定罪量刑的数额标准,可以参照《最高人民法院关于审理骗取出口退税刑事案件具体应用法律若干问题的解释》(法释〔2002〕30 号)第三条的执行规定,即虚开的税款数额在五万元以上的,以虚开增值税专用发票罪处三年以下有期徒刑或者拘役,并处二万元以上二十万元以下罚金;虚开的税款数额在五十万元以上的,认定为刑法第二百零五条规定的"数额较大";虚开的税款数额在二百五十万元以上的,认定为刑法第二百零五条规定的"数额巨大"。

《最高人民法院、最高人民检察院关于办理危害税收征管刑事案件适用法律若干问题的解释》(2024 年 3 月 15 日　法释〔2024〕4 号)

第十条　具有下列情形之一的,应当认定为刑法第二百零五条第一款规定的"虚开增值税专用发票或者虚开用于骗取出口退税、抵扣税款的其他发票":

(一)没有实际业务,开具增值税专用发票、用于骗取出口退税、抵扣税款的其他发票的;

(二)有实际应抵扣业务,但开具超过实际应抵扣业务对应税款的增值税专用发票、用于骗取出口退税、抵扣税款的其他发票的;

(三)对依法不能抵扣税款的业务,通过虚构交易主体开具增值税专用发票、用于骗取出口退税、抵扣税款的其他发票的;

(四)非法篡改增值税专用发票或者用于骗取出口退税、抵扣税款的其他发票相关电子信息的;

(五)违反规定以其他手段虚开的。

为虚增业绩、融资、贷款等不以骗抵税款为目的,没有因抵扣造成税款被骗损失的,不以本罪论处,构成其他犯罪的,依法以其他犯罪追究刑事责任。

第十一条　虚开增值税专用发票、用于骗取出口退税、抵扣税款的其他发票,税款数额在十万元以上的,应当依照刑法第二百零五条的规定定罪处罚;虚开税款数额在五十万元以上、五百万元以上的,应当分别认定为刑法第二百零五条第一款规定的"数额较大"、"数额巨大"。

具有下列情形之一的,应当认定为刑法第二百零五条第一款规定的"其他严重情节":

(一)在提起公诉前,无法追回的税款数额达到三十万元以上的;

(二)五年内因虚开发票受过刑事处罚或者二次以上行政处罚,又虚开增值税专用发票或者虚开用于骗取出口退税、抵扣税款的其他发票,虚开税款数额在三十万元以上的;

(三)其他情节严重的情形。

具有下列情形之一的,应当认定为刑法第二百零五条第一款规定的"其他特别严重情节":

(一)在提起公诉前,无法追回的税款数额达到三百万元以上的;

(二)五年内因虚开发票受过刑事处罚或者二次以上行政处罚,又虚开增值税专用发票或者虚开用于骗取出口退税、抵扣税款的其他发票,虚开税款数额在三百万元以上的;

(三)其他情节特别严重的情形。

以同一购销业务名义,既虚开进项增值税专用发票、用于骗取出口退税、抵扣税款的其他发票,又虚开销项的,以其中较大的数额计算。

以伪造的增值税专用发票进行虚开，达到本条规定标准的，应当以虚开增值税专用发票罪追究刑事责任。

第十九条　明知他人实施危害税收征管犯罪而仍为其提供账号、资信证明或者其他帮助的，以相应犯罪的共犯论处。

第二十条　单位实施危害税收征管犯罪的定罪量刑标准，依照本解释规定的标准执行。

第二十一条　实施危害税收征管犯罪，造成国家税款损失，行为人补缴税款、挽回税收损失，有效合规整改的，可以从宽处罚；犯罪情节轻微不需要判处刑罚的，可以不起诉或者免予刑事处罚；情节显著轻微危害不大的，不作为犯罪处理。

对于实施本解释规定的相关行为被不起诉或者免予刑事处罚，需要给予行政处罚、政务处分或者其他处分的，依法移送有关主管机关处理。有关主管机关应当将处理结果及时通知人民检察院、人民法院。

要义辨析

一、概念

本罪是指有为他人虚开、为自己虚开、让他人为自己虚开、介绍他人虚开增值税专用发票或其他专用发票行为之一的犯罪行为。虚开的发票种类，包括增值税专用发票、出口退税发票、抵税发票等。

二、构成要件

1. 本罪侵犯的客体是国家对增值税发票和其他专用发票的管理制度，更深一层的侵害对象是国家的税款收入安全。

2. 本罪客观方面表现为实施了虚开各种抵税发票如增值税专用发票，或者虚开用于骗取出口退税、抵扣税款发票的行为。

3. 本罪犯罪主体包括个人和单位。除行为人为自己虚开增值税专用发票外，为他人虚开、让他人为自己虚开、介绍他人虚开增值税专用发票的犯罪为二人以上共同犯罪。

4. 本罪主观方面是故意，一般具有营利的目的。

三、要点辨析

1. 本罪的立法目的，是保护国家的税收制度和保障税款不流失，不是以打击发票虚假为主要目的。因此，认定本罪必须抓住这一本质特征。本罪直接的侵害客体，是国家的税款，其次才是发票管理秩序。对于形式上虚开，如主体错误、时间错误、金额差错、品名错误，但是商品交易真实、交易额真实、国家税收并没有实际损失的，不能够以本罪定罪处刑。可以按《刑法》第205条之一的“虚开发票罪”定性，量刑在七年以下。

2. 有的经济发达省份以虚开税款1万元、致使国家税款被骗5000元为定罪起点标准。10万元为虚开税款“数额较大”起点，被骗税5万元为“有其他严重情节”，50万元为虚开税款“数额巨大”起点，被骗税30万元以上为“有其他特别严重情节”，100万元为“数额特别巨大”起点，被骗税50万元以上并在侦查终结无法追回的，为“给国家利益造成特别重大损失”。

3. 本罪为选择性罪名，根据虚开的发票不同，可定“虚开增值税专用发票罪”“虚开用于骗取出口退税发票罪”“虚开用于抵扣税款发票罪”。

四、罪名变迁

本罪是根据我国税制改革后出现大量发票犯罪的情况而新设立的罪名。1993年7月23日，朱镕基副总理在全国财政会议上首次正式提出分税制的想法，增值税在中央与地方之间按75∶25的比例分成。1994年7月1日启用新版增值税发票方式征税，社会上随即出现了很多虚开、假开增值税票抵税骗税的行为。为了遏制这类犯罪，1995年10月30日全国人民代表大会常务委员会通过的《关于惩治虚开、伪造和非法出售增值税专用发票犯罪的决定》设立了严厉惩治的、有死刑的虚开增值税专用发票罪。对骗取国家税款，数额特别巨大、情节特别严重、给国家利益造成特别重大损失的，处无期徒刑或者死刑，并处没收财产。2011年2月25日通过的《刑法修正案（八）》，废除了本罪的死刑，最高刑降为无期徒刑。

<table>
<tr><td colspan="2">类罪名:破坏社会主义市场经济秩序罪/危害税收征管罪 | 罪名:虚开发票罪</td></tr>
<tr><td rowspan="3">量刑标准</td><td>构成犯罪的 处2年以下有期徒刑、拘役或者管制,并处罚金;</td></tr>
<tr><td>情节特别严重的 处2年以上7年以下有期徒刑,并处罚金;</td></tr>
<tr><td>单位犯本罪的 对单位判处罚金,并对其直接负责的主管人员和其他直接责任人员,依照前款的规定处罚。</td></tr>
</table>

法律依据

一、《**刑法**》条文

第二百零五条之一 虚开本法第二百零五条规定以外的其他发票,情节严重的,处二年以下有期徒刑、拘役或者管制,并处罚金;情节特别严重的,处二年以上七年以下有期徒刑,并处罚金。

单位犯前款罪的,对单位判处罚金,并对其直接负责的主管人员和其他直接责任人员,依照前款的规定处罚。

第二百一十二条 犯本节第二百零一条至第二百零五条规定之罪,被判处罚金、没收财产的,在执行前,应当先由税务机关追缴税款和所骗取的出口退税款。

二、**相关司法解释/文件**

《最高人民检察院、公安部关于公安机关管辖的刑事案件立案追诉标准的规定(二)》(2022年4月6日 公通字〔2022〕12号)

第五十七条 〔虚开发票案(刑法第二百零五条之一)〕虚开刑法第二百零五条规定以外的其他发票,涉嫌下列情形之一的,应予立案追诉:

(一)虚开发票金额累计在五十万元以上的;

(二)虚开发票一百份以上且票面金额在三十万元以上的;

(三)五年内因虚开发票受过刑事处罚或者二次以上行政处罚,又虚开发票,数额达到第一、二项标准百分之六十以上的。

《最高人民法院、最高人民检察院关于办理危害税收征管刑事案件适用法律若干问题的解释》(2024年3月15日 法释〔2024〕4号)

第十二条 具有下列情形之一的,应当认定为刑法第二百零五条之一第一款规定的"虚开刑法第二百零五条规定以外的其他发票":

(一)没有实际业务而为他人、为自己、让他人为自己、介绍他人开具发票的;

(二)有实际业务,但为他人、为自己、让他人为自己、介绍他人开具与实际业务的货物品名、服务名称、货物数量、金额等不符的发票的;

(三)非法篡改发票相关电子信息的;

(四)违反规定以其他手段虚开的。

第十三条 具有下列情形之一的,应当认定为刑法第二百零五条之一第一款规定的"情节严重":

(一)虚开发票票面金额五十万元以上的;

(二)虚开发票一百份以上且票面金额三十万元以上的;

(三)五年内因虚开发票受过刑事处罚或者二次以上行政处罚,又虚开发票,票面金额达到第一、二项规定的标准60%以上的。

具有下列情形之一的,应当认定为刑法第二百零五条之一第一款规定的"情节特别严重":

(一)虚开发票票面金额二百五十万元以上的;

(二)虚开发票五百份以上且票面金额一百五十万元以上的;

(三)五年内因虚开发票受过刑事处罚或者二次以上行政处罚,又虚开发票,票面金额达到第一、二项规定的标准60%以上的。

以伪造的发票进行虚开,达到本条第一款规定的标准的,应当以虚开发票罪追究刑事责任。

第十九条 明知他人实施危害税收征管犯罪而仍为其提供账号、资信证明或者其他帮助的,以相应犯罪的共犯论处。

第二十条 单位实施危害税收征管犯罪的定罪量刑标准,依照本解释规定的标准执行。

第二十一条 实施危害税收征管犯罪,造成国家税款损失,行为人补缴税款、挽回税收损失,有效合规整改的，可以从宽处罚；犯罪情节轻微不需要判处刑罚的，可以不起诉或者免予刑事处罚；情节显著轻微危害不大的，不作为犯罪处理。

对于实施本解释规定的相关行为被不起诉或者免予刑事处罚，需要给予行政处罚、政务处分或者其他处分的，依法移送有关主管机关处理。有关主管机关应当将处理结果及时通知人民检察院、人民法院。

要义辨析

一、概念

本罪是指虚开《刑法》第205条规定以外的其他发票，即可以抵扣税款的发票以外的其他发票，情节严重的行为。但应注意的是，这个“以外”属于界限要素，而不是真正的构成要件要素。

二、构成要件

1. 本罪侵犯的客体是国家对普通发票的管理制度。

2. 本罪客观方面表现为违反国家发票管理法规，为他人虚开、为自己虚开除了可以抵扣税款发票以外的其他发票，情节严重的行为。

3. 本罪犯罪主体包括自然人和单位。

4. 本罪主观方面是故意犯罪。

三、要点辨析

1. 本罪是特指为他人虚开、为自己虚开除了可以抵扣税款发票以外的其他发票，情节严重的行为。《刑法》将虚开可以抵税的增值税发票和虚开不能抵税的普通发票区别看来，是因为本罪不会导致国家税款流失，不会出现骗抵，只是扰乱了发票管理秩序，因此本罪的最高量刑也较虚开增值税类发票罪要低。

2. 对于虚开可以用于抵扣税款的发票行为，《刑法》第255条第2款已经规定为“虚开增值税专用发票、用于骗取出口退税、抵扣税款发票罪”，量刑可以到无期徒刑。目的是保护国家的税收制度和保障税款不流失，不只是以打击扰乱发票秩序的虚假发票为主要目的。

3. 对于形式上虚开用于抵扣税款的发票，如主体错误、时间错误、金额差错、品名错误，但是交易额真实、国家税收并没有实际损失的，不能够以虚开增值税专用发票或用于骗取出口退税、抵扣税款发票罪定罪处刑。可以按本罪“虚开发票罪”定性，量刑在七年以下。因为这更符合本罪惩处扰乱发票秩序的立法目的。

四、罪名变迁

本罪是根据2011年2月25日《刑法修正案（八）》第33条所增设的罪名，将虚开可以抵税的增值税类发票和虚开普通发票的惩处标准区别开来。

类罪名：破坏社会主义市场经济秩序罪/危害税收征管罪 | **罪名：伪造、出售伪造的增值税专用发票罪**	
量刑标准	**构成犯罪的**　处3年以下有期徒刑、拘役或者管制，并处2万元以上20万元以下罚金；
	数量较大或者有其他严重情节的　处3年以上10年以下有期徒刑，并处5万元以上50万元以下罚金；
	数量巨大或者有其他特别严重情节的　处10年以上有期徒刑或者无期徒刑，并处5万元以上50万元以下罚金或者没收财产；
	单位犯本罪的　对单位判处罚金；对直接负责的主管人员和直接责任人员根据情节分别处3年以下有期徒刑、拘役或者管制、3年以上10年以下有期徒刑、10年以上有期徒刑或者无期徒刑。

法律依据

一、《刑法》条文

第二百零六条 伪造或者出售伪造的增值税专用发票的,处三年以下有期徒刑、拘役或者管制,并处二万元以上二十万元以下罚金;数量较大或者有其他严重情节的,处三年以上十年以下有期徒刑,并处五万元以上五十万元以下罚金;数量巨大或者有其他特别严重情节的,处十年以上有期徒刑或者无期徒刑,并处五万元以上五十万元以下罚金或者没收财产。

单位犯本条规定之罪的,对单位判处罚金,并对其直接负责的主管人员和其他直接责任人员,处三年以下有期徒刑、拘役或者管制;数量较大或者有其他严重情节的,处三年以上十年以下有期徒刑;数量巨大或者有其他特别严重情节的,处十年以上有期徒刑或者无期徒刑。

第二百零八条第二款 非法购买增值税专用发票或者购买伪造的增值税专用发票又虚开或者出售的,分别依照本法第二百零五条、第二百零六条、第二百零七条的规定定罪处罚。

二、相关司法解释/文件

《最高人民检察院、公安部关于公安机关管辖的刑事案件立案追诉标准的规定(二)》(2022年4月6日 公通字〔2022〕12号)

第五十八条 〔伪造、出售伪造的增值税专用发票案(刑法第二百零六条)〕伪造或者出售伪造的增值税专用发票,涉嫌下列情形之一的,应予立案追诉:

(一)票面税额累计在十万元以上的;

(二)伪造或者出售伪造的增值税专用发票十份以上且票面税额在六万元以上的;

(三)非法获利数额在一万元以上的。

《最高人民法院、最高人民检察院关于办理危害税收征管刑事案件适用法律若干问题的解释》(2024年3月15日 法释〔2024〕4号)

第十四条 伪造或者出售伪造的增值税专用发票,具有下列情形之一的,应当依照刑法第二百零六条的规定定罪处罚:

(一)票面税额十万元以上的;

(二)伪造或者出售伪造的增值税专用发票十份以上且票面税额六万元以上的;

(三)违法所得一万元以上的。

伪造或者出售伪造的增值税专用发票票面税额五十万元以上的,或者五十份以上且票面税额三十万元以上的,应当认定为刑法第二百零六条第一款规定的“数量较大”。

五年内因伪造或者出售伪造的增值税专用发票受过刑事处罚或者二次以上行政处罚,又实施伪造或者出售伪造的增值税专用发票行为,票面税额达到本条第二款规定的标准60%以上的,或者违法所得五万元以上的,应当认定为刑法第二百零六条第一款规定的“其他严重情节”。

伪造或者出售伪造的增值税专用发票票面税额五百万元以上的,或者五百份以上且票面税额三百万元以上的,应当认定为刑法第二百零六条第一款规定的“数量巨大”。

五年内因伪造或者出售伪造的增值税专用发票受过刑事处罚或者二次以上行政处罚,又实施伪造或者出售伪造的增值税专用发票行为,票面税额达到本条第四款规定的标准60%以上的,或者违法所得五十万元以上的,应当认定为刑法第二百零六条第一款规定的“其他特别严重情节”。

伪造并出售同一增值税专用发票的,以伪造、出售伪造的增值税专用发票罪论处,数量不重复计算。

变造增值税专用发票的,按照伪造增值税专用发票论处。

第十五条 非法出售增值税专用发票的,依照本解释第十四条的定罪量刑标准定罪处罚。

第十九条 明知他人实施危害税收征管犯罪而仍为其提供账号、资信证明或者其他帮助的,以相应犯罪的共犯论处。

第二十条 单位实施危害税收征管犯罪的定罪量刑标准,依照本解释规定的标准执行。

第二十一条 实施危害税收征管犯罪,造成国家税款损失,行为人补缴税款、挽回税收损失,有效合规整改的,可以从宽处罚;犯罪情节轻微不需要判处刑罚的,可以不起诉或者免予刑事处罚;情节显著轻微危害不大的,不作为犯罪处理。

对于实施本解释规定的相关行为被不起诉或

者免予刑事处罚，需要给予行政处罚、政务处分或者其他处分的，依法移送有关主管机关处理。有关主管机关应当将处理结果及时通知人民检察院、人民法院。

要义辨析

一、概念

本罪是发票管理秩序方面的犯罪，是指仿照增值税专用发票的样式，非法印制、复制或者使用其他方法制造假增值税专用发票，或非法销售、倒卖伪造的增值税专用发票的行为。

二、构成要件

1. 本罪侵犯的客体是国家对增值税发票的管理制度。

2. 客观方面表现为伪造、出售伪造的增值税专用发票的行为。

3. 本罪主体包括个人和单位。

4. 主观方面是出自故意，行为人主观上必须是故意伪造和明知是伪造的增值税票而故意出售，否则不构成本罪。

三、要点辨析

1. 本罪立法目的是保护增值税发票的真实性，打击制造假发票行为和销售假发票的行为。

2. 本罪为行为犯，而且没有起刑点的规定。这是1993年税制改革时期，为了保障增值税发票政策的推行而立法的。根据《刑法》总则关于犯罪的规定，对于情节轻微、危害不大的制、卖假的增值税发票行为，应当冷静处理，不宜都作为犯罪追究。

3. 本罪是选择性罪名。可定“伪造增值税专用发票罪”“出售伪造的增值税专用发票罪”。如果伪造、销售都是同一主体，应当定伪造、销售增值税发票罪一罪，不能数罪并罚。

四、罪名变迁

本罪是根据2011年2月25日《刑法修正案（八）》第34条新增设的罪名，同时废除了原《刑法》206条第2款“伪造并出售伪造的增值税专用发票，数量特别巨大，情节特别严重，严重破坏经济秩序的，处无期徒刑或者死刑，并处没收财产”中的死刑规定，最高刑为无期徒刑。

非法出售增值税专用发票罪

类罪名：破坏社会主义市场经济秩序罪/危害税收征管罪　罪名：非法出售增值税专用发票罪	
量刑标准	**非法出售增值税专用发票的**　处3年以下有期徒刑、拘役或者管制，并处2万元以上20万元以下罚金；
	数量较大的　处3年以上10年以下有期徒刑，并处5万元以上50万元以下罚金；
	数量巨大的　处10年以上有期徒刑或者无期徒刑，并处5万元以上50万元以下罚金或者没收财产；
	单位犯本罪的　处罚金；对直接负责的主管人员和直接责任人员依个人犯罪处罚。

法律依据

一、《刑法》条文

第二百零七条　非法出售增值税专用发票的，处三年以下有期徒刑、拘役或者管制，并处二万元以上二十万元以下罚金；数量较大的，处三年以上十年以下有期徒刑，并处五万元以上五十万元以下罚金；数量巨大的，处十年以上有期徒刑或者无期徒刑,并处五万元以上五十万元以下罚金或者没收财产。

第二百一十一条 单位犯本节第二百零一条、第二百零三条、第二百零四条、第二百零七条、第二百零八条、第二百零九条规定之罪的,对单位判处罚金,并对其直接负责的主管人员和其他直接责任人员,依照各该条的规定处罚。

第二百零八条第二款 非法购买增值税专用发票或者购买伪造的增值税专用发票又虚开或者出售的,分别依照本法第二百零五条、第二百零六条、第二百零七条的规定定罪处罚。

二、相关司法解释/文件

《最高人民检察院、公安部关于公安机关管辖的刑事案件立案追诉标准的规定(二)》(2022年4月6日 公通字〔2022〕12号)

第五十九条 〔非法出售增值税专用发票案(刑法第二百零七条)〕非法出售增值税专用发票,涉嫌下列情形之一的,应予立案追诉:

(一)票面税额累计在十万元以上的;

(二)非法出售增值税专用发票十份以上且票面税额在六万元以上的;

(三)非法获利数额在一万元以上的。

要义辨析

一、概念

本罪是指无权出售增值税专用发票的单位或个人,非法出售真实有效的增值税专用发票的行为。本罪所指的增值税发票应是真实的,而非伪造的,否则不是本罪,而是其他罪名。

二、构成要件

1. 本罪侵犯的客体是国家对增值税专用发票的管理制度。

2. 客观方面表现为违反国家发票管理法规,非法出售真实有效的增值税专用发票的行为。

3. 本罪主体包括个人和单位。

4. 本罪主观方面是故意。

三、要点辨析

1. 本罪同伪造、出售伪造的增值税专用发票罪的区别在于本罪销售的发票是来自国家税务部门的真实有效发票,行为人自己不用,而进行了非法的出售牟利。法律保护的对象是真实的增值税发票管理秩序。

2. 本罪是行为犯,《刑法》没有规定起刑点数额。但《最高人民检察院、公安部关于公安机关管辖的刑事案件立案追诉标准的规定(二)》规定了起刑点:“非法出售增值税专用发票二十五份以上或者票面额累计在十万元以上的,应予立案追诉。”没有达到这个数量和面额的,不以犯罪论处。

3. 本罪原来的最高量刑同伪造销售假增值税发票罪是有区别的,本罪是无期徒刑,后者是死刑。《刑法修正案(八)》伪造销售假增值税发票罪名废除死刑后,这两个罪的最高刑都是无期徒刑。

四、罪名变迁

本罪是由1995年10月30日《全国人民代表大会常务委员会关于惩治虚开、伪造和非法出售增值税专用发票犯罪的决定》第3条,吸收改为《刑法》的具体规定的。1979年《刑法》没有非法出售增值税专用发票罪的规定。

<table>
<tr><td colspan="2">类罪名:破坏社会主义市场经济秩序罪/危害税收征管罪 | 罪名:非法购买增值税专用发票、购买伪造的增值税专用发票罪</td></tr>
<tr><td rowspan="2">量刑标准</td><td>构成犯罪的 处5年以下有期徒刑或者拘役,并处或者单处2万元以上20万元以下;</td></tr>
<tr><td>单位犯本罪的 对单位判处罚金;对直接负责的主管人员和直接责任人员依个人犯罪处罚。</td></tr>
</table>

法律依据

一、《刑法》条文

第二百零八条　非法购买增值税专用发票或者购买伪造的增值税专用发票的，处五年以下有期徒刑或者拘役，并处或者单处二万元以上二十万元以下罚金。

非法购买增值税专用发票或者购买伪造的增值税专用发票又虚开或者出售的，分别依照本法第二百零五条、第二百零六条、第二百零七条的规定定罪处罚。

第二百一十一条　单位犯本节第二百零一条、第二百零三条、第二百零四条、第二百零七条、第二百零八条、第二百零九条规定之罪的，对单位判处罚金，并对其直接负责的主管人员和其他直接责任人员，依照各该条的规定处罚。

二、相关司法解释/文件

《最高人民检察院、公安部关于公安机关管辖的刑事案件立案追诉标准的规定（二）》（2022年4月6日　公通字〔2022〕12号）

第六十条　〔非法购买增值税专用发票、购买伪造的增值税专用发票案（刑法第二百零八条第一款）〕非法购买增值税专用发票或者购买伪造的增值税专用发票，涉嫌下列情形之一的，应予立案追诉：

（一）非法购买增值税专用发票或者购买伪造的增值税专用发票二十份以上且票面税额在十万元以上的；

（二）票面税额累计在二十万元以上的。

《最高人民法院、最高人民检察院关于办理危害税收征管刑事案件适用法律若干问题的解释》（2024年3月15日　法释〔2024〕4号）

第十六条　非法购买增值税专用发票或者购买伪造的增值税专用发票票面税额二十万元以上的，或者二十份以上且票面税额十万元以上的，应当依照刑法第二百零八条第一款的规定定罪处罚。

非法购买真、伪两种增值税专用发票的，数额累计计算，不实行数罪并罚。

购买伪造的增值税专用发票又出售的，以出售伪造的增值税专用发票罪定罪处罚；非法购买增值税专用发票用于骗取抵扣税款或者骗取出口退税款，同时构成非法购买增值税专用发票罪与虚开增值税专用发票罪、骗取出口退税罪的，依照处罚较重的规定定罪处罚。

第十九条　明知他人实施危害税收征管犯罪而仍为其提供账号、资信证明或者其他帮助的，以相应犯罪的共犯论处。

第二十条　单位实施危害税收征管犯罪的定罪量刑标准，依照本解释规定的标准执行。

第二十一条　实施危害税收征管犯罪，造成国家税款损失，行为人补缴税款、挽回税收损失，有效合规整改的，可以从宽处罚；犯罪情节轻微不需要判处刑罚的，可以不起诉或者免予刑事处罚；情节显著轻微危害不大的，不作为犯罪处理。

对于实施本解释规定的相关行为被不起诉或者免予刑事处罚，需要给予行政处罚、政务处分或者其他处分的，依法移送有关主管机关处理。有关主管机关应当将处理结果及时通知人民检察院、人民法院。

要义辨析

一、概念

本罪是指违反国家发票管理法规，从无权出售增值税专用发票的单位和个人手中，非法购买真实的增值税专用发票，或者购买伪造的增值税专用发票的行为。

二、构成要件

1. 本罪侵犯的客体是国家对增值税专用发票的管理制度。

2. 本罪的客观方面表现为违反国家发票管理法规，非法购买真实的增值税专用发票，或者购买伪造的增值税专用发票的行为。

3. 本罪主体包括个人和单位。

4. 本罪主观方面是故意。

三、要点辨析

1. 本罪是指购买增值税发票行为，不管买的是真的增值税发票，还是伪造的假发票，都构成犯罪，并同等量刑。

2. 本罪为行为犯，《刑法》没有规定起刑点数额,但在《最高人民检察院、公安部关于公安机关管辖的案件立案追诉标准的规定(二)》规定了起刑点:"非法出售增值税专用发票二十五份以上或者票面额累计在十万元以上的,应予立案追诉。"没有达到这个数量和面额的,不以犯罪论处。

3. 本罪是选择性罪名,如果行为人明知是伪造的税票而购买,则定非法购买伪造的增值税专用发票罪;如行为人购买的是真票或误将假票当真票购买,则定非法购买增值税专用发票罪。两种都有的,不作数罪并罚,定一罪,在量刑时按总额考虑。

四、罪名变迁

本罪是由1995年10月30日《全国人民代表大会常务委员会关于惩治虚开、伪造和非法出售增值税专用发票犯罪的决定》第4条,吸收改为《刑法》的具体规定的。1979年《刑法》没有非法购买增值税专用发票、购买伪造的增值税专用发票的规定。

类罪名:破坏社会主义市场经济秩序罪/危害税收征管罪｜罪名:非法制造、出售非法制造的用于骗取出口退税、抵扣税款发票罪

量刑标准	**构成犯罪的**　处3年以下有期徒刑、拘役或者管制,并处2万元以上20万元以下罚金;
	数量巨大的　处3年以上7年以下有期徒刑,并处5万元以上50万元以下罚金;
	数量特别巨大的　处7年以上有期徒刑,并处5万元以上50万元以下罚金或者没收财产;
	单位犯本罪的　对单位判处罚金;对直接负责的主管人员和直接责任人员依个人犯罪处罚。

法律依据

一、《刑法》条文

第二百零九条第一款　伪造、擅自制造或者出售伪造、擅自制造的可以用于骗取出口退税、抵扣税款的其他发票的,处三年以下有期徒刑、拘役或者管制,并处二万元以上二十万元以下罚金;数量巨大的,处三年以上七年以下有期徒刑,并处五万元以上五十万元以下罚金;数量特别巨大的,处七年以上有期徒刑,并处五万元以上五十万元以下罚金或者没收财产。

第二百一十一条　单位犯本节第二百零一条、第二百零三条、第二百零四条、第二百零七条、第二百零八条、第二百零九条规定之罪的,对单位判处罚金,并对其直接负责的主管人员和其他直接责任人员,依照各该条的规定处罚。

二、相关法律

《全国人民代表大会常务委员会关于〈中华人民共和国刑法〉有关出口退税、抵扣税款的其他发票规定的解释》(2005年12月29日)

全国人大常委会根据司法实践中遇到的情况,讨论了刑法规定的"出口退税、抵扣税款的其他发票"的含义问题,解释如下:

刑法规定的"出口退税、抵扣税款的其他发票",是指除增值税专用发票以外的,具有出口退税、抵扣税款功能的收付款凭证或者完税凭证。

三、相关司法解释/文件

《最高人民检察院、公安部关于公安机关管辖的刑事案件立案追诉标准的规定(二)》(2022年4月6日　公通字〔2022〕12号)

第六十一条　〔非法制造、出售非法制造的用于骗取出口退税、抵扣税款发票案(刑法第二百零九条第一款)〕伪造、擅自制造或者出售伪造、擅自制造的用于骗取出口退税、抵扣税款的其他发票,涉嫌下列情形之一的,应予立案追诉:

(一)票面可以退税、抵扣税额累计在十万元以上的;

(二)伪造、擅自制造或者出售伪造、擅自制造的发票十份以上且票面可以退税、抵扣税额在六万元以上的;

(三)非法获利数额在一万元以上的。

《最高人民法院、最高人民检察院关于办理危害税收征管刑事案件适用法律若干问题的解释》(2024年3月15日　法释〔2024〕4号)

第十七条　伪造、擅自制造或者出售伪造、擅自制造的用于骗取出口退税、抵扣税款的其他发票,具有下列情形之一的,应当依照刑法第二百零九条第一款的规定定罪处罚:

(一)票面可以退税、抵扣税额十万元以上的;

(二)伪造、擅自制造或者出售伪造、擅自制造的发票十份以上且票面可以退税、抵扣税额六万元以上的;

(三)违法所得一万元以上的。

伪造、擅自制造或者出售伪造、擅自制造的可以用于骗取出口退税、抵扣税款的其他发票票面可以退税、抵扣税额五十万元以上的,或者五十份以上且票面可以退税、抵扣税额三十万元以上的,应当认定为刑法第二百零九条第一款规定的“数量巨大”;伪造、擅自制造或者出售伪造、擅自制造的可以用于骗取出口退税、抵扣税款的其他发票票面可以退税、抵扣税额五百万元以上的,或者五百份以上且票面可以退税、抵扣税额三百万元以上的,应当认定为刑法第二百零九条第一款规定的“数量特别巨大”。

伪造、擅自制造或者出售伪造、擅自制造刑法第二百零九条第二款规定的发票,具有下列情形之一的,应当依照该款的规定定罪处罚:

(一)票面金额五十万元以上的;

(二)伪造、擅自制造或者出售伪造、擅自制造发票一百份以上且票面金额三十万元以上的;

(三)违法所得一万元以上的。

伪造、擅自制造或者出售伪造、擅自制造刑法第二百零九条第二款规定的发票,具有下列情形之一的,应当认定为“情节严重”:

(一)票面金额二百五十万元以上的;

(二)伪造、擅自制造或者出售伪造、擅自制造发票五百份以上且票面金额一百五十万元以上的;

(三)违法所得五万元以上的。

非法出售用于骗取出口退税、抵扣税款的其他发票的,定罪量刑标准依照本条第一、二款的规定执行。

非法出售增值税专用发票、用于骗取出口退税、抵扣税款的其他发票以外的发票的,定罪量刑标准依照本条第三、四款的规定执行。

第十九条　明知他人实施危害税收征管犯罪而仍为其提供账号、资信证明或者其他帮助的,以相应犯罪的共犯论处。

第二十条　单位实施危害税收征管犯罪的定罪量刑标准,依照本解释规定的标准执行。

第二十一条　实施危害税收征管犯罪,造成国家税款损失,行为人补缴税款、挽回税收损失,有效合规整改的,可以从宽处罚;犯罪情节轻微不需要判处刑罚的,可以不起诉或者免予刑事处罚;情节显著轻微危害不大的,不作为犯罪处理。

对于实施本解释规定的相关行为被不起诉或者免予刑事处罚,需要给予行政处罚、政务处分或者其他处分的,依法移送有关主管机关处理。有关主管机关应当将处理结果及时通知人民检察院、人民法院。

要义辨析

一、概念

本罪是指违反国家发票管理法规,伪造、擅自制造或出售伪造、擅自制造可以用于骗取国家出口退税、抵扣税款的除增值税发票以外的其他发票的行为。

二、构成要件

1. 本罪侵犯的客体是国家对发票的管理制度。

2. 本罪客观方面表现为违反国家发票管理法

规,伪造、擅自制造或者出售伪造、擅自制造的可以用于骗取出口退税、抵扣税款的非增值税专用发票的行为。

3. 本罪主体包括个人和单位。

4. 本罪主观方面是故意。

三、要点辨析

1. 本罪的立法目的是打击购买可以抵扣税款的增值税发票之外的真假发票的行为。

2. 本罪为行为犯,《刑法》没有规定起刑点数额。但《最高人民检察院、公安部关于公安机关管辖的刑事立案追诉标准的规定(二)》规定了起刑点:伪造、擅自制造或者出售伪造、擅自制造的可以用于骗取出口退税、抵扣税款的非增值税专用发票50份以上或者票面额累计在20万元以上的,应予立案追诉。

3. 本罪是选择性罪名,混合行为时,不实行数罪并罚。

四、罪名变迁

本罪是由1995年10月30日《全国人民代表大会常务委员会关于惩治虚开、伪造和非法出售增值税专用发票犯罪的决定》第6条,吸收改为《刑法》的具体规定的。1979年《刑法》没有本罪的规定。

类罪名:破坏社会主义市场经济秩序罪/危害税收征管罪 | 罪名:非法制造、出售非法制造的发票罪	
量刑标准	**构成犯罪的** 处2年以下有期徒刑、拘役或者管制,并处或者单处1万元以上5万元以下罚金;
	情节严重的 处2年以上7年以下有期徒刑,并处5万元以上50万元以下的罚金;
	单位犯本罪的 处罚金;对直接负责的主管人员和直接责任人员依个人犯罪的规定处罚。

法律依据

一、《刑法》条文

第二百零九条第二款 伪造、擅自制造或者出售伪造、擅自制造的前款规定以外的其他发票的,处二年以下有期徒刑、拘役或者管制,并处或者单处一万元以上五万元以下罚金;情节严重的,处二年以上七年以下有期徒刑,并处五万元以上五十万元以下罚金。

第二百一十条 单位犯本节第二百零一条、第二百零三条、第二百零四条、第二百零七条、第二百零八条、第二百零九条规定之罪的,对单位判处罚金,并对其直接负责的主管人员和其他直接责任人员,依照各该条的规定处罚。

二、相关司法解释/文件

《最高人民检察院、公安部关于公安机关管辖的刑事案件立案追诉标准的规定(二)》(2022年4月6日 公通字〔2022〕12号)

第六十二条 〔非法制造、出售非法制造的发票案(刑法第二百零九条第二款)〕伪造、擅自制造或者出售伪造、擅自制造的不具有骗取出口退税、抵扣税款功能的其他发票,涉嫌下列情形之一的,应予立案追诉:

(一)伪造、擅自制造或者出售伪造、擅自制造的不具有骗取出口退税、抵扣税款功能的其他发票一百份以上且票面金额累计在三十万元以上的;

(二)票面金额累计在五十万元以上的;

(三)非法获利数额在一万元以上的。

要义辨析

一、概念

本罪是指违反国家发票管理法规，伪造、擅自制造或者出售伪造、擅自制造的不用于骗取出口退税、抵扣税款的一般其它发票的行为。

二、构成要件

1. 本罪侵犯的客体是国家对发票的管理制度。

2. 客观方面表现为违反国家发票管理法规，伪造、擅自制造或者出售伪造、擅自制造的除增值税专用发票、可用于骗取出口退税、抵扣税款的发票以外的其它一般普通发票的行为。

3. 本罪主体是一般主体，包括个人和单位。

4. 本罪主观方面是故意，通常具有牟利目的。

三、要点辨析

1. 本罪的发票是指各类用来证明购买行为、用于报销的普通空白发票。不包括适用特别专用罪名的“增值税专用发票、可用于骗取出口退税、抵扣税款的发票”。这是本罪区别于他罪的重要特征。

2. 伪造，是指用消字、涂改或虚填的手法制作假发票。擅自制造，是指未经批准，自行非法印制空白发票的行为。

3. 本罪是选择性罪名，本条的多种犯罪行为混合时，择一罪定罪，综合量刑。

四、罪名变迁

本罪是由 1995 年 10 月 30 日《全国人民代表大会常务委员会关于惩治虚开、伪造和非法出售增值税专用发票犯罪的决定》第 6 条，吸收改为《刑法》的具体规定的。1979 年《刑法》没有本罪的规定。

类罪名：破坏社会主义市场经济秩序罪/危害税收征管罪 ｜ 罪名：非法出售用于骗取出口退税、抵扣税款发票罪	
量刑标准	**构成犯罪的**　处 3 年以下有期徒刑、拘役或者管制，并处 2 万元以上 20 万元以下罚金；
	数量巨大的　处 3 年以上 7 年以下有期徒刑，并处 5 万元以上 50 万元以下罚金；
	数量特别巨大的　处 7 年以上有期徒刑，并处 5 万元以上 50 万元以下罚金或者没收财产；
	单位犯本罪的　对单位判处罚金；对直接负责的主管人员和其他直接责任人员依个人犯罪处罚。

法律依据

一、《刑法》条文

第二百零九条第一、三款　伪造、擅自制造或者出售伪造、擅自制造的可以用于骗取出口退税、抵扣税款的其他发票的，处三年以下有期徒刑、拘役或者管制，并处二万元以上二十万元以下罚金；数量巨大的，处三年以上七年以下有期徒刑，并处五万元以上五十万元以下罚金；数量特别巨大的，处七年以上有期徒刑，并处五万元以上五十万元以下罚金或者没收财产。

非法出售可以用于骗取出口退税、抵扣税款的其他发票的，依照第一款的规定处罚。

第二百一十一条　单位犯本节第二百零一条、第二百零三条、第二百零四条、第二百零七条、第二百零八条、第二百零九条规定之罪的，对单位判处罚金，并对其直接负责的主管人员和其他直接责任人员，依照各该条的规定处罚。

二、相关法律

《全国人民代表大会常务委员会关于〈中华人民共和国刑法〉有关出口退税、抵扣税款的其他发票规定的解释》(2005年12月29日)

全国人民代表大会常务委员会根据司法实践中遇到的情况,讨论了刑法规定的"出口退税、抵扣税款的其他发票"的含义问题,解释如下:

刑法规定的"出口退税、抵扣税款的其他发票",是指除增值税专用发票以外的,具有出口退税、抵扣税款功能的收付款凭证或者完税凭证。

三、相关司法解释/文件

《最高人民检察院、公安部关于公安机关管辖的刑事案件立案追诉标准的规定(二)》(2022年4月6日　公通字〔2022〕12号)

第六十三条　〔非法出售用于骗取出口退税、抵扣税款发票案(刑法第二百零九条第三款)〕非法出售可以用于骗取出口退税、抵扣税款的其他发票,涉嫌下列情形之一的,应予立案追诉:

(一)票面可以退税、抵扣税额累计在十万元以上的;

(二)非法出售用于骗取出口退税、抵扣税款的其他发票十份以上且票面可以退税、抵扣税额在六万元以上的;

(三)非法获利数额在一万元以上的。

《最高人民法院、最高人民检察院关于办理危害税收征管刑事案件适用法律若干问题的解释》(2024年3月15日　法释〔2024〕4号)

第十七条　伪造、擅自制造或者出售伪造、擅自制造的用于骗取出口退税、抵扣税款的其他发票,具有下列情形之一的,应当依照刑法第二百零九条第一款的规定定罪处罚:

(一)票面可以退税、抵扣税额十万元以上的;

(二)伪造、擅自制造或者出售伪造、擅自制造的发票十份以上且票面可以退税、抵扣税额六万元以上的;

(三)违法所得一万元以上的。

伪造、擅自制造或者出售伪造、擅自制造的可以用于骗取出口退税、抵扣税款的其他发票票面可以退税、抵扣税额五十万元以上的,或者五十份以上且票面可以退税、抵扣税额三十万元以上的,应当认定为刑法第二百零九条第一款规定的"数量巨大";伪造、擅自制造或者出售伪造、擅自制造的可以用于骗取出口退税、抵扣税款的其他发票票面可以退税、抵扣税额五百万元以上的,或者五百份以上且票面可以退税、抵扣税额三百万元以上的,应当认定为刑法第二百零九条第一款规定的"数量特别巨大"。

伪造、擅自制造或者出售伪造、擅自制造刑法第二百零九条第二款规定的发票,具有下列情形之一的,应当依照该款的规定定罪处罚:

(一)票面金额五十万元以上的;

(二)伪造、擅自制造或者出售伪造、擅自制造发票一百份以上且票面金额三十万元以上的;

(三)违法所得一万元以上的。

伪造、擅自制造或者出售伪造、擅自制造刑法第二百零九条第二款规定的发票,具有下列情形之一的,应当认定为"情节严重":

(一)票面金额二百五十万元以上的;

(二)伪造、擅自制造或者出售伪造、擅自制造发票五百份以上且票面金额一百五十万元以上的;

(三)违法所得五万元以上的。

非法出售用于骗取出口退税、抵扣税款的其他发票的,定罪量刑标准依照本条第一、二款的规定执行。

非法出售增值税专用发票、用于骗取出口退税、抵扣税款的其他发票以外的发票的,定罪量刑标准依照本条第三、四款的规定执行。

第十九条　明知他人实施危害税收征管犯罪而仍为其提供账号、资信证明或者其他帮助的,以相应犯罪的共犯论处。

第二十条　单位实施危害税收征管犯罪的定罪量刑标准,依照本解释规定的标准执行。

第二十一条　实施危害税收征管犯罪,造成国家税款损失,行为人补缴税款、挽回税收损失,有效合规整改的,可以从宽处罚;犯罪情节轻微不需要判处刑罚的,可以不起诉或者免予刑事处罚;情节显著轻微危害不大的,不作为犯罪处理。

对于实施本解释规定的相关行为被不起诉或者免予刑事处罚,需要给予行政处罚、政务处分或者其他处分的,依法移送有关主管机关处理。有关主管机关应当将处理结果及时通知人民检察院、人民法院。

要义辨析

一、概念

本罪是指违反国家税收管理法规，非法出售可以用于骗取出口退税、抵扣税款的除增值税专用发票以外的其它发票的行为。

二、构成要件

1. 本罪侵犯的客体是国家对发票的管理制度。

2. 本罪客观方面表现为非法出售可以用于骗取出口退税、抵扣税款的除增值税发票以外的其它发票的行为。

3. 本罪主体包括个人和单位。

4. 本罪主观方面是故意。

三、要点辨析

1. 可用于出口退税、抵扣税款的其他发票，是指除增值税专用发票以外的，具有出口退税、抵扣税款功能的收付款凭证或者完税凭证。

2. 本罪同非法制造、出法出售非法制造的用于骗取出口退税、抵扣税款发票罪的区别在于发票真伪不同。本罪是非法出售可以用于骗取出口退税、抵扣税款的真的其他发票，后罪是非法制造的假票。

四、罪名变迁

1979 年《刑法》没有关于本罪的规定。本罪是由 1995 年 10 月 30 日《全国人民代表大会常务委员会关于惩治虚开、伪造和非法出售增值税专用发票犯罪的决定》第 6 条，吸收改为《刑法》的具体规定的。

非法出售发票罪

类罪名：破坏社会主义市场经济秩序罪/危害税收征管罪	罪名：非法出售发票罪
量刑标准	**构成犯罪的**　处 2 年以下有期徒刑、拘役或者管制，并处或者单处 1 万元以上 5 万元以下罚金；
	情节严重的　处 2 年以上 7 年以下有期徒刑，并处 5 万元以上 50 万元以下罚金；
	单位犯本罪的　处罚金；对直接负责的主管人员和直接责任人员依个人犯罪的规定处罚。

法律依据

一、《刑法》条文

第二百零九条第二、四款　伪造、擅自制造或者出售伪造、擅自制造的前款规定以外的其他发票的，处二年以下有期徒刑、拘役或者管制，并处或者单处一万元以上五万元以下罚金；情节严重的，处二年以上七年以下有期徒刑，并处五万元以上五十万元以下罚金。

非法出售第三款规定以外的其他发票的，依照第二款的规定处罚。

第二百一十一条　单位犯本节第二百零一条、第二百零三条、第二百零四条、第二百零七条、第二百零八条、第二百零九条规定之罪的，对单位判处罚金，并对其直接负责的主管人员和其他直接责任人员，依照各该条的规定处罚。

二、相关司法解释/文件

《最高人民检察院、公安部关于公安机关管辖的刑事案件立案追诉标准的规定（二）》（2022 年 4 月 6 日　公通字〔2022〕12 号）

第六十四条　〔非法出售发票案（刑法第二百零九条第四款）〕非法出售增值税专用发票、用于骗取出口退税、抵扣税款的其他发票以外的发票，涉嫌下列情形之一的，应予立案追诉：

（一）非法出售增值税专用发票、用于骗取出口退说、抵扣税款的其他发票以外的发票一百份以上且票面金额累计在三十万元以上的；

（二）票面金额累计在五十万元以上的；

（三）非法获利数额在一万元以上的。

要义辨析

一、概念

本罪是指违反国家税收管理法规，非法出售除增值税专用发票、用于骗取出口退税、抵扣税款发票以外的其他一般发票的行为。

二、构成要件

1. 本罪侵犯的客体是国家对发票的管理制度。

2. 本罪客观方面表现为非法出售除增值税专用发票、用于骗取出口退税、抵扣税款发票以外的其他发票的行为。

3. 本罪主体是一般主体，包括个人和单位。

4. 本罪主观方面是故意，通常具有牟利目的。

三、要点辨析

本罪的发票是指各类用来证明购买行为、用于报销的普通空白发票。非法出售，是指没有法定销售资格的单位和个人出售真实发票的行为。

四、罪名变迁

1979 年《刑法》没有关于本罪的规定。本罪是由 1995 年 10 月 30 日《全国人民代表大会常务委员会关于惩治虚开、伪造和非法出售增值税专用发票犯罪的决定》第 6 条，吸收改为《刑法》的具体规定的。

类罪名：破坏社会主义市场经济秩序罪/危害税收征管罪	罪名：持有伪造的发票罪
量刑标准	**数量较大的**　处 2 年以下有期徒刑、拘役或者管制，并处罚金；
	数量巨大的　处 2 年以上 7 年以下有期徒刑，并处罚金；
	单位犯本罪的　对单位判处罚金，并对其直接负责的主管人员和其他直接责任人员，依照前款的规定处罚。

法律依据

一、《刑法》条文

第二百一十条之一　明知是伪造的发票而持有，数量较大的，处二年以下有期徒刑、拘役或者管制，并处罚金；数量巨大的，处二年以上七年以下有期徒刑，并处罚金。

单位犯前款罪的，对单位判处罚金，并对其直接负责的主管人员和其他直接责任人员，依照前款的规定处罚。

二、相关司法解释/文件

《最高人民检察院、公安部关于公安机关管辖的刑事案件立案追诉标准的规定（二）》（2022 年 4 月 6 日　公通字〔2022〕12 号）

第六十五条　〔持有伪造的发票案（刑法第二百一十条之一）〕明知是伪造的发票而持有，涉嫌下列情形之一的，应予立案追诉：

（一）持有伪造的增值税专用发票或者可以用于骗取出口退税、抵扣税款的其他发票五十份以上且票面税额累计在二十五万元以上的；

（二）持有伪造的增值税专用发票或者可以用于骗取出口退税、抵扣税款的其他发票票面税额累计在五十万元以上的；

（三）持有伪造的第一项规定以外的其他发票一百份以上且票面金额在五十万元以上的；

（四）持有伪造的第一项规定以外的其他发票票面金额累计在一百万元以上的。

《最高人民法院、最高人民检察院关于办理危害税收征管刑事案件适用法律若干问题的解释》（2024 年 3 月 15 日　法释〔2024〕4 号）

第十八条　具有下列情形之一的，应当认定为刑法第二百一十条之一第一款规定的“数量较大”：

（一）持有伪造的增值税专用发票或者可以用

于骗取出口退税、抵扣税款的其他发票票面税额五十万元以上的;或者五十份以上且票面税额二十五万元以上的;

(二)持有伪造的前项规定以外的其他发票票面金额一百万元以上的,或者一百份以上且票面金额五十万元以上的。

持有的伪造发票数量、票面税额或者票面金额达到前款规定的标准五倍以上的,应当认定为刑法第二百一十条之一第一款规定的"数量巨大"。

第十九条　明知他人实施危害税收征管犯罪而仍为其提供账号、资信证明或者其他帮助的,以相应犯罪的共犯论处。

第二十条　单位实施危害税收征管犯罪的定罪量刑标准,依照本解释规定的标准执行。

第二十一条　实施危害税收征管犯罪,造成国家税款损失,行为人补缴税款、挽回税收损失,有效合规整改的,可以从宽处罚;犯罪情节轻微不需要判处刑罚的,可以不起诉或者免予刑事处罚;情节显著轻微危害不大的,不作为犯罪处理。

对于实施本解释规定的相关行为被不起诉或者免予刑事处罚,需要给予行政处罚、政务处分或者其他处分的,依法移送有关主管机关处理。有关主管机关应当将处理结果及时通知人民检察院、人民法院。

要义辨析

一、概念

本罪是指明知是伪造的发票而非法持有,数量较大的行为。

二、构成要件

1. 本罪侵犯的客体是国家对发票的管理制度,犯罪对象是发票。

2. 本罪客观方面表现为非法持有伪造的发票数量较大的行为。

3. 犯罪主体是一般主体,自然人和单位都可以构成本罪。

4. 本罪主观方面由故意构成,即明知是伪造的发票而非法持有。过失不构成本罪。

三、要点辨析

本罪是"持有型"犯罪,持有的物是伪造的假发票,行为人应当说清持有的伪造的发票的来源和用途。根据其交代的来源和用途可能构成其他犯罪的,应以构成的其他犯罪处理。

四、罪名变迁

本罪系《刑法修正案(八)》第35条于《刑法》第210条之后所增设的罪名。

第七节　侵犯知识产权罪

类罪名:破坏社会主义市场经济秩序罪/侵犯知识产权罪	罪名:假冒注册商标罪
量刑标准	**情节严重的**　处3年以下有期徒刑或者拘役,并处或者单处罚金;
	情节特别严重的　处3年以上10年以下有期徒刑,并处罚金;
	单位犯本罪的　处罚金;并对直接负责的主管人员和直接责任人员依上述规定处罚。

法律依据

一、《刑法》条文

第二百一十三条　未经注册商标所有人许可,在同一种商品、服务上使用与其注册商标相同的商标,情节严重的,处三年以下有期徒刑,并处或者单处罚金;情节特别严重的,处三年以上十年以下有期徒刑,并处罚金。

第二百二十条　单位犯本节第二百一十三条至第二百一十九条之一规定之罪的,对单位判处罚金,并对其直接负责的主管人员和其他直接责任人员,依照本节各该条的规定处罚。

二、相关法律

《中华人民共和国商标法》(2019 年 4 月 23 日修正)

第六十七条第一款　未经商标注册人许可,在同一种商品上使用与其注册商标相同的商标,构成犯罪的,除赔偿被侵权人的损失外,依法追究刑事责任。

《中华人民共和国烟草专卖法》(2015 年 4 月 24 日修正)

第十九条　卷烟、雪茄烟和有包装的烟丝必须申请商标注册,未经核准注册的,不得生产、销售。

禁止生产、销售假冒他人注册商标的烟草制品。

第三十三条　生产、销售没有注册商标的卷烟、雪茄烟、有包装的烟丝的,由工商行政管理部门责令停止生产、销售,并处罚款。

生产、销售假冒他人注册商标的烟草制品的,由工商行政管理部门责令停止侵权行为,赔偿被侵权人的损失,可以并处罚款;构成犯罪的,依法追究刑事责任。

三、相关司法解释/文件

《最高人民法院、最高人民检察院关于办理侵犯知识产权刑事案件具体应用法律若干问题的解释》(2004 年 12 月 8 日　法释〔2004〕19 号)

第一条　未经注册商标所有人许可,在同一种商品上使用与其注册商标相同的商标,具有下列情形之一的,属于刑法第二百一十三条规定的“情节严重”,应当以假冒注册商标罪判处三年以下有期徒刑或者拘役,并处或者单处罚金:

(一)非法经营数额在五万元以上或者违法所得数额在三万元以上的;

(二)假冒两种以上注册商标,非法经营数额在三万元以上或者违法所得数额在二万元以上的;

(三)其他情节严重的情形。

具有下列情形之一的,属于刑法第二百一十三条规定的“情节特别严重”,应当以假冒注册商标罪判处三年以上七年以下有期徒刑,并处罚金:

(一)非法经营数额在二十五万元以上或者违法所得数额在十五万元以上的;

(二)假冒两种以上注册商标,非法经营数额在十五万元以上或者违法所得数额在十万元以上的;

(三)其他情节特别严重的情形。

第八条　刑法第二百一十三条规定的“相同的商标”,是指与被假冒的注册商标完全相同,或者与被假冒的注册商标在视觉上基本无差别、足以对公众产生误导的商标。

刑法第二百一十三条规定的“使用”,是指将注册商标或者假冒的注册商标用于商品、商品包装或者容器以及产品说明书、商品交易文书,或者将注册商标或者假冒的注册商标用于广告宣传、展览以及其他商业活动等行为。

第十二条　本解释所称“非法经营数额”,是指行为人在实施侵犯知识产权行为过程中,制造、储存、运输、销售侵权产品的价值。已销售的侵权产品的价值,按照实际销售的价格计算。制造、储存、运输和未销售的侵权产品的价值,按照标价或者已经查清的侵权产品的实际销售平均价格计算。侵权产品没有标价或者无法查清其实际销售价格的,按照被侵权产品的市场中间价格计算。

多次实施侵犯知识产权行为,未经行政处理或者刑事处罚的,非法经营数额、违法所得数额或者销售金额累计计算。

第十三条　实施刑法第二百一十三条规定的假冒注册商标犯罪,又销售该假冒注册商标的商品,构成犯罪的,应当依照刑法第二百一十三条的规定,以假冒注册商标罪定罪处罚。

实施刑法第二百一十三条规定的假冒注册商

标犯罪,又销售明知是他人的假冒注册商标的商品,构成犯罪的,应当实行数罪并罚。

第十五条　单位实施刑法第二百一十三条至第二百一十九条规定的行为,按照本解释规定的相应个人犯罪的定罪量刑标准的三倍定罪量刑。

第十六条　明知他人实施侵犯知识产权犯罪,而为其提供贷款、资金、账号、发票、证明、许可证件,或者提供生产、经营场所或者运输、储存、代理进出口等便利条件、帮助的,以侵犯知识产权犯罪的共犯论处。

《最高人民法院、最高人民检察院关于办理侵犯知识产权刑事案件具体应用法律若干问题的解释(二)》(2007 年 4 月 5 日　法释〔2007〕6 号)

第三条　侵犯知识产权犯罪,符合刑法规定的缓刑条件的,依法适用缓刑。有下列情形之一的,一般不适用缓刑:

(一)因侵犯知识产权被刑事处罚或者行政处罚后,再次侵犯知识产权构成犯罪的;

(二)不具有悔罪表现的;

(三)拒不交出违法所得的;

(四)其他不宜适用缓刑的情形。

第四条　对于侵犯知识产权犯罪的,人民法院应当综合考虑犯罪的违法所得、非法经营数额、给权利人造成的损失、社会危害性等情节,依法判处罚金。罚金数额一般在违法所得的一倍以上五倍以下,或者按照非法经营数额的 50% 以上一倍以下确定。

第五条　被害人有证据证明的侵犯知识产权刑事案件,直接向人民法院起诉的,人民法院应当依法受理;严重危害社会秩序和国家利益的侵犯知识产权刑事案件,由人民检察院依法提起公诉。

《最高人民法院、最高人民检察院关于办理侵犯知识产权刑事案件具体应用法律若干问题的解释(三)》(2020 年 9 月 12 日　法释〔2020〕10 号)

第一条　具有下列情形之一的,可以认定为刑法第二百一十三条规定的"与其注册商标相同的商标":

(一)改变注册商标的字体、字母大小写或者文字横竖排列,与注册商标之间基本无差别的;

(二)改变注册商标的文字、字母、数字等之间的间距,与注册商标之间基本无差别的;

(三)改变注册商标颜色,不影响体现注册商标显著特征的;

(四)在注册商标上仅增加商品通用名称、型号等缺乏显著特征要素,不影响体现注册商标显著特征的;

(五)与立体注册商标的三维标志及平面要素基本无差别的;

(六)其他与注册商标基本无差别、足以对公众产生误导的商标。

第八条　具有下列情形之一的,可以酌情从重处罚,一般不适用缓刑:

(一)主要以侵犯知识产权为业的;

(二)因侵犯知识产权被行政处罚后再次侵犯知识产权构成犯罪的;

(三)在重大自然灾害、事故灾难、公共卫生事件期间,假冒抢险救灾、防疫物资等商品的注册商标的;

(四)拒不交出违法所得的。

第九条　具有下列情形之一的,可以酌情从轻处罚:

(一)认罪认罚的;

(二)取得权利人谅解的;

(三)具有悔罪表现的;

(四)以不正当手段获取权利人的商业秘密后尚未披露、使用或者允许他人使用的。

第十条　对于侵犯知识产权犯罪的,应当综合考虑犯罪违法所得数额、非法经营数额、给权利人造成的损失数额、侵权假冒物品数量及社会危害性等情节,依法判处罚金。

罚金数额一般在违法所得数额的一倍以上五倍以下确定。违法所得数额无法查清的,罚金数额一般按照非法经营数额的百分之五十以上一倍以下确定。违法所得数额和非法经营数额均无法查清,判处三年以下有期徒刑、拘役、管制或者单处罚金的,一般在三万元以上一百万元以下确定罚金数额;判处三年以上有期徒刑的,一般在十五万元以上五百万元以下确定罚金数额。

《最高人民法院、最高人民检察院关于办理非法生产、销售烟草专卖品等刑事案件具体应用法律若干问题的解释》(2010 年 3 月 2 日　法释〔2010〕7 号)

第一条第二款　未经卷烟、雪茄烟等烟草专卖品注册商标所有人许可,在卷烟、雪茄烟等烟草专卖品上使用与其注册商标相同的商标,情节严重的,依照刑法第二百一十三条的规定,以假冒注册商标罪定罪处罚。

第五条 行为人实施非法生产、销售烟草专卖品犯罪,同时构成生产、销售伪劣产品罪、侵犯知识产权犯罪、非法经营罪的,依照处罚较重的规定定罪处罚。

第六条 明知他人实施本解释第一条所列犯罪,而为其提供贷款、资金、账号、发票、证明、许可证件,或者提供生产、经营场所、设备、运输、仓储、保管、邮寄、代理进出口等便利条件,或者提供生产技术、卷烟配方的,应当按照共犯追究刑事责任。

第七条 办理非法生产、销售烟草专卖品等刑事案件,需要对伪劣烟草专卖品鉴定的,应当委托国务院产品质量监督管理部门和省、自治区、直辖市人民政府产品质量监督管理部门指定的烟草质量检测机构进行。

第九条 本解释所称"烟草专卖品",是指卷烟、雪茄烟、烟丝、复烤烟叶、烟叶、卷烟纸、滤嘴棒、烟用丝束、烟草专用机械。

本解释所称"卷烟辅料",是指卷烟纸、滤嘴棒、烟用丝束。

本解释所称"烟草专用机械",是指由国务院烟草专卖行政主管部门烟草专用机械名录所公布的,在卷烟、雪茄烟、烟丝、复烤烟叶、烟叶、卷烟纸、滤嘴棒、烟用丝束的生产加工过程中,能够完成一项或者多项特定加工工序,可以独立操作的机械设备。

本解释所称"同类烟草专用机械",是指在卷烟、雪茄烟、烟丝、复烤烟叶、烟叶、卷烟纸、滤嘴棒、烟用丝束的生产加工过程中,能够完成相同加工工序的机械设备。

《最高人民法院、最高人民检察院、公安部关于办理侵犯知识产权刑事案件适用法律若干问题的意见》(2011年1月10日 法发〔2011〕3号)

五、关于刑法第二百一十三条规定的"同一种商品"的认定问题

名称相同的商品以及名称不同但指同一事物的商品,可以认定为"同一种商品"。"名称"是指国家工商行政管理总局商标局在商标注册工作中对商品使用的名称,通常即《商标注册用商品和服务国际分类》中规定的商品名称。"名称不同但指同一事物的商品"是指在功能、用途、主要原料、消费对象、销售渠道等方面相同或者基本相同,相关公众一般认为是同一种事物的商品。

认定"同一种商品",应当在权利人注册商标核定使用的商品和行为人实际生产销售的商品之间进行比较。

六、关于刑法第二百一十三条规定的"与其注册商标相同的商标"的认定问题

具有下列情形之一,可以认定为"与其注册商标相同的商标":

(一)改变注册商标的字体、字母大小写或者文字横竖排列,与注册商标之间仅有细微差别的;

(二)改变注册商标的文字、字母、数字等之间的间距,不影响体现注册商标显著特征的;

(三)改变注册商标颜色的;

(四)其他与注册商标在视觉上基本无差别、足以对公众产生误导的商标。

七、关于尚未附着或者尚未全部附着假冒注册商标标识的侵权产品价值是否计入非法经营数额的问题

在计算制造、储存、运输和未销售的假冒注册商标侵权产品价值时,对于已经制作完成但尚未附着(含加贴)或者尚未全部附着(含加贴)假冒注册商标标识的产品,如果有确实、充分证据证明该产品将假冒他人注册商标,其价值计入非法经营数额。

十五、关于为他人实施侵犯知识产权犯罪提供原材料、机械设备等行为的定性问题

明知他人实施侵犯知识产权犯罪,而为其提供生产、制造侵权产品的主要原材料、辅助材料、半成品、包装材料、机械设备、标签标识、生产技术、配方等帮助,或者提供互联网接入、服务器托管、网络存储空间、通讯传输通道、代收费、费用结算等服务的,以侵犯知识产权犯罪的共犯论处。

十六、关于侵犯知识产权犯罪竞合的处理问题

行为人实施侵犯知识产权犯罪,同时构成生产、销售伪劣商品犯罪的,依照侵犯知识产权犯罪

与生产、销售伪劣商品犯罪中处罚较重的规定定罪处罚。

《最高人民法院、最高人民检察院、公安部关于依法严惩"地沟油"犯罪活动的通知》(2012年1月9日 公通字〔2012〕1号)

二、准确理解法律规定,严格区分犯罪界限

(四)虽无法查明"食用油"是否系利用"地沟油"生产、加工,但犯罪嫌疑人、被告人明知该"食用油"来源可疑而予以销售的,应分别情形处理:经鉴定,检出有毒、有害成分的,依照刑法第144条销售有毒、有害食品罪的规定追究刑事责任;属于不符合安全标准的食品的,依照刑法第143条销售不符合安全标准的食品罪追究刑事责任;属于以假充真、以次充好、以不合格产品冒充合格产品或者假冒注册商标,构成犯罪的,依照刑法第140条销售伪劣产品罪或者第213条假冒注册商标罪、第214条销售假冒注册商标的商品罪追究刑事责任。

要义辨析

一、概念

本罪是指企事业单位或者个人,违反国家商标管理的法律规定,擅自在同一种商品上使用与其注册商标相同或与被假冒的注册商标在视觉上基本无差别、足以对公众产生误导的商标,违法所得数额较大或者有其他严重情节的行为。

二、构成要件

1. 本罪侵犯的客体是国家的商标管理制度和他人的注册商标专用权。

2. 客观方面表现为违反商标管理法规,未经注册商标所有人许可,在同一种商品上使用与其注册商标相同的商标,情节严重的行为。

3. 犯罪主体是一般主体,包括自然人和单位。单位犯罪实行双罚。

4. 主观方面是故意,一般是以营利为目的。如果不知道自己使用的商标是他人已经注册的商标,不构成本罪。

三、要点辨析

1. 分析本罪有四个要点:(1)商标使用未经注册商标所有人许可。有协议约定可以使用的,不构成犯罪。(2)在同一种商品上使用。不同商品上使用的,不构成本罪。其他商品上使用不会构成混淆。(3)与他人注册商标相同的商标。相似、近似的,不构成本罪,可以构成其他罪。(4)情节严重的才构成犯罪。

2. 行为人假冒注册商标犯罪以后,如果又销售这种商品,构成犯罪的,属于牵连犯,则应择一重罪处罚,而不实行数罪并罚。如果行为人实施了假冒注册商标犯罪以后,又销售明知是他人的假冒注册商标的商品,构成犯罪的,属于实质的数罪,应当实行数罪并罚。

3. 关于共同犯罪的认定。行为人明知他人实施侵犯知识产权犯罪而为其提供贷款、资金、账号、发票、证明、许可证件,或者提供生产、经营场所或者运输、储存、代理进出口等便利予以帮助的,或者为其提供生产、制造侵权产品的主要原材料、辅助材料、半成品、包装材料、机械设备、标签标识、生产技术、配方等帮助,或者提供互联网接入、服务器托管、网络存储空间、通讯传输通道、代收费、费用结算等服务的,均应以侵犯知识产权犯罪的共犯论处。

4. 本罪与生产、销售伪劣产品罪不同。如果行为人仅仅是由于没有打开市场,而在自己合格商品上使用他人注册商标,这属于侵犯他人注册商标的犯罪,最高刑为10年以下有期徒刑。如果行为人以劣质产品冒充优质产品,使用他人注册商标非法获利,严重扰乱市场管理秩序,危害更大,则应该认定为《刑法》第140条规定的"生产、销售伪劣产品罪",最高刑为无期徒刑。

四、罪名变迁

1979年《刑法》第127条对本罪作了规定,1997年《刑法》第213条将本罪罪状具体化,由空白罪状改为叙明罪状,后《刑法修正案(十一)》对本罪进行了修订。

<table>
<tr><td colspan="2">类罪名:破坏社会主义市场经济秩序罪/侵犯知识产权罪 | 罪名:销售假冒注册商标的商品罪</td></tr>
<tr><td rowspan="3">量刑标准</td><td>违法所得数额较大或者有其他严重情形的　处3年以下有期徒刑或者拘役,并处或者单处罚金;</td></tr>
<tr><td>违法所得数额巨大或者有其他特别严重情形的　处3年以上10年以下有期徒刑,并处罚金;</td></tr>
<tr><td>单位犯本罪的　对单位判处罚金;对直接负责的主管人员和直接责任人员依前述规定处罚。</td></tr>
</table>

法律依据

一、《刑法》条文

第二百一十四条　销售明知是假冒注册商标的商品,违法所得数额较大或者有其他严重情形的,处三年以下有期徒刑,并处或者单处罚金;违法所得数额巨大或者有其他特别严重情节的,处三年以上十年以下有期徒刑,并处罚金。

第二百二十条　单位犯本节第二百一十三条至第二百一十九条之一规定之罪的,对单位判处罚金,并对其直接负责的主管人员和其他直接责任人员,依照本节各该条的规定处罚。

二、相关法律

《中华人民共和国商标法》(2019年4月23日修正)

第六十七条第三款　销售明知是假冒注册商标的商品,构成犯罪的,除赔偿被侵权人的损失外,依法追究刑事责任。

三、相关司法解释/文件

《最高人民法院、最高人民检察院、公安部、国家烟草专卖局关于印发〈关于办理假冒伪劣烟草制品等刑事案件适用法律问题座谈会纪要〉的通知》(2003年12月23日　高检会〔2003〕4号)

二、关于销售明知是假冒烟用注册商标的烟草制品行为中的"明知"问题

根据刑法第二百一十四条的规定,销售明知是假冒烟用注册商标的烟草制品,销售金额较大的,构成销售假冒注册商标的商品罪。

"明知",是指知道或应当知道。有下列情形之一的,可以认定为"明知":

1. 以明显低于市场价格进货的;

2. 以明显低于市场价格销售的;

3. 销售假冒烟用注册商标的烟草制品被发现后转移、销毁物证或者提供虚假证明、虚假情况的;

4. 其他可以认定为明知的情形。

四、关于共犯问题

知道或者应当知道他人实施本《纪要》第一条至第三条规定的犯罪行为,仍实施下列行为之一的,应认定为共犯,依法追究刑事责任:

1. 直接参与生产、销售假冒伪劣烟草制品或者销售假冒烟用注册商标的烟草制品或者直接参与非法经营烟草制品并在其中起主要作用的;

2. 提供房屋、场地、设备、车辆、贷款、资金、账号、发票、证明、技术等设施和条件,用于帮助生产、销售、储存、运输假冒伪劣烟草制品、非法经营烟草制品的;

3. 运输假冒伪劣烟草制品的。

上述人员中有检举他人犯罪经查证属实,或者提供重要线索,有立功表现的,可以从轻或减轻处罚;有重大立功表现的,可以减轻或者免除处罚。

五、国家机关工作人员参与实施本《纪要》第一条至第三条规定的犯罪行为的处罚问题根据《最高人民法院、最高人民检察院关于办理生产、销售伪劣商品刑事案件具体应用法律若干问题的解释》的规定,国家机关工作人员参与实施本《纪要》第一条至第三条规定的犯罪行为的,从重处罚。

六、关于一罪与数罪问题

行为人的犯罪行为同时构成生产、销售伪劣产品罪、销售假冒注册商标的商品罪、非法经营罪等

罪的，依照处罚较重的规定定罪处罚。

《最高人民法院、最高人民检察院关于办理侵犯知识产权刑事案件具体应用法律若干问题的解释》（2004年12月8日　法释〔2004〕19号）

第二条　销售明知是假冒注册商标的商品，销售金额在五万元以上的，属于刑法第二百一十四条规定的“数额较大”，应当以销售假冒注册商标的商品罪判处三年以下有期徒刑或者拘役，并处或者单处罚金。

销售金额在二十五万元以上的，属于刑法第二百一十四条规定的“数额巨大”，应当以销售假冒注册商标的商品罪判处三年以上七年以下有期徒刑，并处罚金。

第九条　刑法第二百一十四条规定的“销售金额”，是指销售假冒注册商标的商品后所得和应得的全部违法收入。

具有下列情形之一的；应当认定为属于刑法第二百一十四条规定的“明知”：

（一）知道自己销售的商品上的注册商标被涂改、调换或者覆盖的；

（二）因销售假冒注册商标的商品受到过行政处罚或者承担过民事责任、又销售同一种假冒注册商标的商品的；

（三）伪造、涂改商标注册人授权文件或者知道该文件被伪造、涂改的；

（四）其他知道或者应当知道是假冒注册商标的商品的情形。

第十二条第二款　多次实施侵犯知识产权行为，未经行政处理或者刑事处罚的，非法经营数额、违法所得数额或者销售金额累计计算。

第十六条　明知他人实施侵犯知识产权犯罪，而为其提供贷款、资金、账号、发票、证明、许可证件，或者提供生产、经营场所或者运输、储存、代理进出口等便利条件、帮助的，以侵犯知识产权犯罪的共犯论处。

《最高人民法院、最高人民检察院关于办理侵犯知识产权刑事案件具体应用法律若干问题的解释（二）》（2007年4月5日　法释〔2007〕6号）

第三条　侵犯知识产权犯罪，符合刑法规定的缓刑条件的，依法适用缓刑。有下列情形之一的，一般不适用缓刑：

（一）因侵犯知识产权被刑事处罚或者行政处罚后，再次侵犯知识产权构成犯罪的；

（二）不具有悔罪表现的；

（三）拒不交出违法所得的；

（四）其他不宜适用缓刑的情形。

第四条　对于侵犯知识产权犯罪的，人民法院应当综合考虑犯罪的违法所得、非法经营数额、给权利人造成的损失、社会危害性等情节，依法判处罚金。罚金数额一般在违法所得的一倍以上五倍以下，或者按照非法经营数额的50%以上一倍以下确定。

第五条　被害人有证据证明的侵犯知识产权刑事案件，直接向人民法院起诉的，人民法院应当依法受理；严重危害社会秩序和国家利益的侵犯知识产权刑事案件，由人民检察院依法提起公诉。

《最高人民法院、最高人民检察院关于办理侵犯知识产权刑事案件具体应用法律若干问题的解释（三）》（2020年9月12日　法释〔2020〕10号）

第八条　具有下列情形之一的，可以酌情从重处罚，一般不适用缓刑：

（一）主要以侵犯知识产权为业的；

（二）因侵犯知识产权被行政处罚后再次侵犯知识产权构成犯罪的；

（三）在重大自然灾害、事故灾难、公共卫生事件期间，假冒抢险救灾、防疫物资等商品的注册商标的；

（四）拒不交出违法所得的。

第九条　具有下列情形之一的，可以酌情从轻处罚：

（一）认罪认罚的；

（二）取得权利人谅解的；

（三）具有悔罪表现的；

（四）以不正当手段获取权利人的商业秘密后尚未披露、使用或者允许他人使用的。

第十条　对于侵犯知识产权犯罪的，应当综合考虑犯罪违法所得数额、非法经营数额、给权利人造成的损失数额、侵权假冒物品数量及社会危害性等情节，依法判处罚金。

罚金数额一般在违法所得数额的一倍以上五倍以下确定。违法所得数额无法查清的，罚金数额一般按照非法经营数额的百分之五十以上一倍以下确定。违法所得数额和非法经营数额均无法查清,判处三年以下有期徒刑、拘役、管制或者单处罚金的,一般在三万元以上一百万元以下确定罚金数额;判处三年以上有期徒刑的,一般在十五万元以上五百万元以下确定罚金数额。

《最高人民法院、最高人民检察院关于办理非法生产、销售烟草专卖品等刑事案件具体应用法律若干问题的解释》(2010年3月2日　法释〔2010〕7号)

第一条第三款　销售明知是假冒他人注册商标的卷烟、雪茄烟等烟草专卖品,销售金额较大的,依照刑法第二百一十四条的规定,以销售假冒注册商标的商品罪定罪处罚。

第五条　行为人实施非法生产、销售烟草专卖品犯罪,同时构成生产、销售伪劣产品罪、侵犯知识产权犯罪、非法经营罪的,依照处罚较重的规定定罪处罚。

第六条　明知他人实施本解释第一条所列犯罪,而为其提供贷款、资金、账号、发票、证明、许可证件,或者提供生产、经营场所、设备、运输、仓储、保管、邮寄、代理进出口等便利条件,或者提供生产技术、卷烟配方的,应当按照共犯追究刑事责任。

第七条　办理非法生产、销售烟草专卖品等刑事案件,需要对伪劣烟草专卖品鉴定的,应当委托国务院产品质量监督管理部门和省、自治区、直辖市人民政府产品质量监督管理部门指定的烟草质量检测机构进行。

第九条　本解释所称"烟草专卖品",是指卷烟、雪茄烟、烟丝、复烤烟叶、烟叶、卷烟纸、滤嘴棒、烟用丝束、烟草专用机械。

本解释所称"卷烟辅料",是指卷烟纸、滤嘴棒、烟用丝束。

本解释所称"烟草专用机械",是指由国务院烟草专卖行政主管部门烟草专用机械名录所公布的,在卷烟、雪茄烟、烟丝、复烤烟叶、烟叶、卷烟纸、滤嘴棒、烟用丝束的生产加工过程中,能够完成一项或者多项特定加工工序,可以独立操作的机械设备。

本解释所称"同类烟草专用机械",是指在卷烟、雪茄烟、烟丝、复烤烟叶、烟叶、卷烟纸、滤嘴棒、烟用丝束的生产加工过程中,能够完成相同加工工序的机械设备。

《最高人民法院、最高人民检察院、公安部关于办理侵犯知识产权刑事案件适用法律若干问题的意见》(2011年1月10日　法发〔2011〕3号)

七、关于尚未附着或者尚未全部附着假冒注册商标标识的侵权产品价值是否计入非法经营数额的问题

在计算制造、储存、运输和未销售的假冒注册商标侵权产品价值时,对于已经制作完成但尚未附着(含加贴)或者尚未全部附着(含加贴)假冒注册商标标识的产品,如果有确实、充分证据证明该产品将假冒他人注册商标,其价值计入非法经营数额。

八、关于销售假冒注册商标的商品犯罪案件中尚未销售或者部分销售情形的定罪量刑问题

销售明知是假冒注册商标的商品,具有下列情形之一的,依照刑法第二百一十四条的规定,以销售假冒注册商标的商品罪(未遂)定罪处罚:

(一)假冒注册商标的商品尚未销售,货值金额在十五万元以上的;

(二)假冒注册商标的商品部分销售,已销售金额不满五万元,但与尚未销售的假冒注册商标的商品的货值金额合计在十五万元以上的。

假冒注册商标的商品尚未销售,货值金额分别达到十五万元以上不满二十五万元、二十五万元以上的,分别依照刑法第二百一十四条规定的各法定刑幅度定罪处罚。

销售金额和未销售货值金额分别达到不同的法定刑幅度或者均达到同一法定刑幅度的,在处罚较重的法定刑或者同一法定刑幅度内酌情从重处罚。

十五、关于为他人实施侵犯知识产权犯罪提供原材料、机械设备等行为的定性问题

明知他人实施侵犯知识产权犯罪,而为其提供生产、制造侵权产品的主要原材料、辅助材料、半成品、包装材料、机械设备、标签标识、生产技术、配方等帮助,或者提供互联网接入、服务器托管、网络存储空间、通讯传输通道、代收费、费用结算等服务的,以侵犯知识产权犯罪的共犯论处。

十六、关于侵犯知识产权犯罪竞合的处理问题

行为人实施侵犯知识产权犯罪,同时构成生

产、销售伪劣商品犯罪的，依照侵犯知识产权犯罪与生产、销售伪劣商品犯罪中处罚较重的规定定罪处罚。

《最高人民法院、最高人民检察院、公安部关于依法严惩"地沟油"犯罪活动的通知》（2012年1月9日 公通字〔2012〕1号）

二、准确理解法律规定，严格区分犯罪界限

（四）虽无法查明"食用油"是否系利用"地沟油"生产、加工，但犯罪嫌疑人、被告人明知该"食用油"来源可疑而予以销售的，应分别情形处理：经鉴定，检出有毒、有害成分的，依照刑法第144条销售有毒、有害食品罪的规定追究刑事责任；属于不符合安全标准的食品的，依照刑法第143条销售不符合安全标准的食品罪追究刑事责任；属于以假充真、以次充好、以不合格产品冒充合格产品或者假冒注册商标，构成犯罪的，依照刑法第140条销售伪劣产品罪或者第213条假冒注册商标罪、第214条销售假冒注册商标的商品罪追究刑事责任。

要义辨析

一、概念

本罪是指企事业单位或个人，对于明知是假冒注册商标的商品，而故意予以销售，违法所得数额较大的行为。

二、构成要件

1. 本罪侵犯的客体是国家商标管理制度和注册商标专用权。

2. 客观方面表现为销售明知是假冒注册商标的商品，违法所得数额较大的行为。

3. 本罪的犯罪主体是一般主体，无论是企事业单位还是个人，都可以构成本罪。

4. 主观方面是明知故意的行为。

三、要点辨析

1. 审查本罪的罪与非罪，销售人是否"明知"是关键。必须是"明知"是假冒商标产品而故意进行销售，过失或者疏忽大意而导致销售这类产品的，不能认定为本罪。但间接故意犯罪，即明知该产品可能系假冒商标的产品，仍不作了解、不闻不问，采取放任的态度进行销售，仍可以认定为构成本罪。

2. 关于本罪的未遂认定和量刑。根据《最高人民法院、最高人民检察院、公安部关于办理侵犯知识产权刑事案件适用法律若干问题的意见》的规定，行为人销售明知是假冒注册商标的商品，具有下列情形之一的，依照《刑法》第214条的规定，以销售假冒注册商标的商品罪（未遂）定罪处罚：（1）假冒注册商标的商品尚未销售，货值金额在15万元以上的；（2）假冒注册商标的商品部分销售，已销售金额不满5万元，但与尚未销售的假冒注册商标的商品的货值金额合计在15万元以上的。假冒注册商标的商品尚未销售，货值金额分别达到15万元以上不满25万元、25万元以上的，分别依照《刑法》第214条规定的各法定刑幅度定罪处罚。

3. 销售金额和未销售货值金额分别达到不同的法定刑幅度，或者均达到同一法定刑幅度的，在处罚较重的法定刑或者同一法定刑幅度内酌情从重处罚。

四、罪名变迁

1979年《刑法》没有规定本罪。本罪是由1993年2月22日《全国人民代表大会常务委员会关于惩治假冒注册商标犯罪的补充规定》第1条第2款，吸收改为《刑法》的具体规定的。1979年《刑法》对本罪没有规定，《刑法修正案（十一）》对此罪名进行了修订。

类罪名:破坏社会主义市场经济秩序罪/侵犯知识产权罪 罪名:非法制造、销售非法制造的注册商标标识罪	
量刑标准	**情节严重的** 处3年以下有期徒刑,并处或者单处罚金;
	情节特别严重的 处3年以上10年以下有期徒刑,并处罚金;
	单位犯本罪的 处罚金;并对直接负责的主管人员和直接责任人员依上述规定处罚。

法律依据

一、《刑法》条文

第二百一十五条 伪造、擅自制造他人注册商标标识或者销售伪造、擅自制造的注册商标标识,情节严重的,处三年以下有期徒刑,并处或者单处罚金;情节特别严重的,处三年以上十年以下有期徒刑,并处罚金。

第二百二十条 单位犯本节第二百一十三条至第二百一十九条之一规定之罪的,对单位判处罚金,并对其直接负责的主管人员和其他直接责任人员,依照本节各该条的规定处罚。

二、相关法律

《中华人民共和国商标法》(2019年4月23日修正)

第六十七条第二款 伪造、擅自制造他人注册商标标识或者销售伪造、擅自制造的注册商标标识,构成犯罪的,除赔偿被侵权人的损失外,依法追究刑事责任。

《中华人民共和国烟草专卖法》(2015年4月24日修正)

第二十条 烟草制品商标标识必须由省级工商行政管理部门指定的企业印制;非指定的企业不得印制烟草制品商标标识。

第三十四条 违反本法第二十条的规定,非法印制烟草制品商标标识的,由工商行政管理部门销毁印制的商标标识,没收违法所得,并处罚款。

三、相关司法解释/文件

《最高人民法院、最高人民检察院关于办理侵犯知识产权刑事案件具体应用法律若干问题的解释》(2004年12月8日　法释〔2004〕19号)

第三条 伪造、擅自制造他人注册商标标识或者销售伪造、擅自制造的注册商标标识,具有下列情形之一的,属于刑法第二百一十五条规定的“情节严重”,应当以非法制造、销售非法制造的注册商标标识罪判处三年以下有期徒刑、拘役或者管制,并处或者单处罚金:

(一)伪造、擅自制造或者销售伪造、擅自制造的注册商标标识数量在二万件以上,或者非法经营数额在五万元以上,或者违法所得数额在三万元以上的;

(二)伪造、擅自制造或者销售伪造、擅自制造两种以上注册商标标识数量在一万件以上,或者非法经营数额在三万元以上,或者违法所得数额在二万元以上的;

(三)其他情节严重的情形。

具有下列情形之一的,属于刑法第二百一十五条规定的“情节特别严重”,应当以非法制造、销售非法制造的注册商标标识罪判处三年以上七年以下有期徒刑,并处罚金:

(一)伪造、擅自制造或者销售伪造、擅自制造的注册商标标识数量在十万件以上,或者非法经营数额在二十五万元以上,或者违法所得数额在十五万元以上的;

(二)伪造、擅自制造或者销售伪造、擅自制造两种以上注册商标标识数量在五万件以上,或者非法经营数额在十五万元以上,或者违法所得数额在十万元以上的;

(三)其他情节特别严重的情形。

第十二条 本解释所称“非法经营数额”,是指行为人在实施侵犯知识产权行为过程中,制造、储存、运输、销售侵权产品的价值。已销售的侵权产品的价值,按照实际销售的价格计算。制造、储存、运输和未销售的侵权产品的价值,按照标价或者已经查清的侵权产品的实际销售平均价格计算。侵权产品没有标价或者无法查清其实际销售价格的，按照被侵权产品的市场中间价格计算。

多次实施侵犯知识产权行为，未经行政处理或者刑事处罚的，非法经营数额、违法所得数额或者销售金额累计计算。

本解释第三条所规定的“件”，是指标有完整商标图样的一份标识。

第十五条 单位实施刑法第二百一十三条至二百一十九规定的行为，按照本解释规定的相应个人犯罪的定罪量刑标准的三倍定罪量刑。

第十六条 明知他人实施侵犯知识产权犯罪，而为其提供贷款、资金、账号、发票、证明、许可证件，或者提供生产、经营场所或者运输、储存、代理进出口等便利条件、帮助的，以侵犯知识产权犯罪的共犯论处。

《最高人民法院、最高人民检察院关于办理侵犯知识产权刑事案件具体应用法律若干问题的解释(二)》(2007年4月5日 法释〔2007〕6号)

第四条 对于侵犯知识产权犯罪的，人民法院应当综合考虑犯罪的违法所得、非法经营数额、给权利人造成的损失、社会危害性等情节，依法判处罚金。罚金数额一般在违法所得的一倍以上五倍以下，或者按照非法经营数额的50%以上一倍以下确定。

第五条 被害人有证据证明的侵犯知识产权刑事案件，直接向人民法院起诉的，人民法院应当依法受理；严重危害社会秩序和国家利益的侵犯知识产权刑事案件，由人民检察院依法提起公诉。

《最高人民法院、最高人民检察院关于办理侵犯知识产权刑事案件具体应用法律若干问题的解释(三)》(2020年9月12日 法释〔2020〕10号)

第八条 具有下列情形之一的，可以酌情从重处罚，一般不适用缓刑：

(一)主要以侵犯知识产权为业的；

(二)因侵犯知识产权被行政处罚后再次侵犯知识产权构成犯罪的；

(三)在重大自然灾害、事故灾难、公共卫生事件期间，假冒抢险救灾、防疫物资等商品的注册商标的；

(四)拒不交出违法所得的。

第九条 具有下列情形之一的，可以酌情从轻处罚：

(一)认罪认罚的；

(二)取得权利人谅解的；

(三)具有悔罪表现的；

(四)以不正当手段获取权利人的商业秘密后尚未披露、使用或者允许他人使用的。

第十条 对于侵犯知识产权犯罪的，应当综合考虑犯罪违法所得数额、非法经营数额、给权利人造成的损失数额、侵权假冒物品数量及社会危害性等情节，依法判处罚金。

罚金数额一般在违法所得数额的一倍以上五倍以下确定。违法所得数额无法查清的，罚金数额一般按照非法经营数额的百分之五十以上一倍以下确定。违法所得数额和非法经营数额均无法查清，判处三年以下有期徒刑、拘役、管制或者单处罚金的，一般在三万元以上一百万元以下确定罚金数额；判处三年以上有期徒刑的，一般在十五万元以上五百万元以下确定罚金数额。

《最高人民法院、最高人民检察院关于办理非法生产、销售烟草专卖品等刑事案件具体应用法律若干问题的解释》(2010年3月2日 法释〔2010〕7号)

第一条第四款 伪造、擅自制造他人卷烟、雪茄烟注册商标标识或者销售伪造、擅自制造的卷烟、雪茄烟注册商标标识，情节严重的，依照刑法第二百一十五条的规定，以非法制造、销售非法制造的注册商标标识罪定罪处罚。

《最高人民法院、最高人民检察院、公安部关于办理侵犯知识产权刑事案件适用法律若干问题的意见》(2011年1月10日 法发〔2011〕3号)

九、关于销售他人非法制造的注册商标标识犯罪案件中尚未销售或者部分销售情形的定罪问题

销售他人伪造、擅自制造的注册商标标识，具有下列情形之一的，依照刑法第二百一十五条的规定，以销售非法制造的注册商标标识罪(未遂)定罪处罚：

(一)尚未销售他人伪造、擅自制造的注册商标标识数量在六万件以上的；

(二)尚未销售他人伪造、擅自制造的两种以

上注册商标标识数量在三万件以上的;

(三)部分销售他人伪造、擅自制造的注册商标标识,已销售标识数量不满二万件,但与尚未销售标识数量合计在六万件以上的;

(四)部分销售他人伪造、擅自制造的两种以上注册商标标识,已销售标识数量不满一万件,但与尚未销售标识数量合计在三万件以上的。

十五、关于为他人实施侵犯知识产权犯罪提供原材料、机械设备等行为的定性问题

明知他人实施侵犯知识产权犯罪,而为其提供生产、制造侵权产品的主要原材料、辅助材料、半成品、包装材料、机械设备、标签标识、生产技术、配方等帮助,或者提供互联网接入、服务器托管、网络存储空间、通讯传输通道、代收费、费用结算等服务的,以侵犯知识产权犯罪的共犯论处。

十六、关于侵犯知识产权犯罪竞合的处理问题

行为人实施侵犯知识产权犯罪,同时构成生产、销售伪劣商品犯罪的,依照侵犯知识产权犯罪与生产、销售伪劣商品犯罪中处罚较重的规定定罪处罚。

要义辨析

一、概念

本罪是指企事业单位和个人,明知某一商标是他人已经注册的,仍故意进行伪造和擅自制造、情节严重的行为。

二、构成要件

1. 本罪侵犯的客体,是商标管理制度和注册商标人的专利权。

2. 客观方面表现为行为人违反商标管理法规,伪造、擅自制造他人注册商标标识,或者销售伪造、擅自制造的注册商标标识,情节严重的行为。

3. 本罪的主体是一般主体,自然人和单位都可以构成本罪的主体。

4. 主观方面是故意,即明知自己没有得到注册商标所有人的许可而故意非法制造、销售他人注册商标标识,行为人往往具有牟取非法利益的目的。

三、要点辨析

1. 尚未销售或部分销售案件的定罪量刑。根据《最高人民法院、最高人民检察院、公安部关于办理侵犯知识产权刑事案件适用法律若干问题的意见》的规定,行为人销售他人伪造、擅自制造的注册商标标识,具有下列情形之一的,依照《刑法》第215条的规定,以销售非法制造的注册商标标识罪(未遂)定罪处罚:(1)尚未销售他人伪造、擅自制造的注册商标标识数量在6万件以上的;(2)尚未销售他人伪造、擅自制造的两种以上注册商标标识数量在3万件以上的;(3)部分销售他人伪造、擅自制造的注册商标标识,已销售标识数量不满2万件,但与尚未销售标识数量合计在6万件以上的;(4)部分销售他人伪造、擅自制造的两种以上注册商标标识,已销售标识数量不满1万件,但与尚未销售标识数量合计在3万件以上的。

2. 本罪是选择性罪名。在具体适用时,可以确定一个罪名,如"非法制造注册商标标识罪"或者"销售非法制造的注册商标标识罪"。

四、罪名变迁

1979年《刑法》没有规定本罪。本罪是由1993年2月22日《全国人民代表大会常务委员会关于惩治假冒注册商标犯罪的补充规定》(已废止)第2条,吸收改为《刑法》的具体规定的。《刑法修正案(十一)》对本罪进行了修正。

<table>
<tr><th colspan="2">类罪名:破坏社会主义市场经济秩序罪/侵犯知识产权罪 ｜ 罪名:假冒专利罪</th></tr>
<tr><td rowspan="2">量刑标准</td><td>**情节严重的**　处3年以下有期徒刑或者拘役,并处或者单处罚金;</td></tr>
<tr><td>**单位犯本罪的**　对单位判处罚金;对直接负责的主管人员和其他直接责任人员依上述规定处罚。</td></tr>
</table>

法律依据

一、《刑法》条文

第二百一十六条　假冒他人专利，情节严重的，处三年以下有期徒刑或者拘役，并处或者单处罚金。

第二百二十条　单位犯本节第二百一十三条至第二百一十九条之一规定之罪的，对单位判处罚金，并对其直接负责的主管人员和其他直接责任人员，依照本节各该条的规定处罚。

二、相关法律

《中华人民共和国专利法》(2020年10月17日修正)

第六十八条　假冒专利的，除依法承担民事责任外，由负责专利执法的部门责令改正并予公告，没收违法所得，可以并处违法所得五倍以下的罚款；没有违法所得的，可以处二十五万元以下的罚款；构成犯罪的，依法追究刑事责任。

三、相关司法解释/文件

《最高人民法院、最高人民检察院关于办理侵犯知识产权刑事案件具体应用法律若干问题的解释》(2004年12月8日　法释〔2004〕19号)

第四条　假冒他人专利，具有下列情形之一的，属于刑法第二百一十六条规定的“情节严重”，应当以假冒专利罪判处三年以下有期徒刑或者拘役，并处或者单处罚金：

（一）非法经营数额在二十万元以上或者违法所得数额在十万元以上的；

（二）给专利权人造成直接经济损失五十万元以上的；

（三）假冒两项以上他人专利，非法经营数额在十万元以上或者违法所得数额在五万元以上的；

（四）其他情节严重的情形。

第十条　实施下列行为之一的，属于刑法第二百一十六条规定的“假冒他人专利”的行为：

（一）未经许可，在其制造或者销售的产品、产品的包装上标注他人专利号的；

（二）未经许可，在广告或者其他宣传材料中使用他人的专利号，使人将所涉及的技术误认为是他人专利技术的；

（三）未经许可，在合同中使用他人的专利号，使人将合同涉及的技术误认为是他人专利技术的；

（四）伪造或者变造他人的专利证书、专利文件或者专利申请文件的。

第十二条　本解释所称“非法经营数额”，是指行为人在实施侵犯知识产权行为过程中，制造、储存、运输、销售侵权产品的价值。已销售的侵权产品的价值，按照实际销售的价格计算。制造、储存、运输和未销售的侵权产品的价值，按照标价或者已经查清的侵权产品的实际销售平均价格计算。侵权产品没有标价或者无法查清其实际销售价格的，按照被侵权产品的市场中间价格计算。

多次实施侵犯知识产权行为，未经行政处理或者刑事处罚的，非法经营数额、违法所得数额或者销售金额累计计算。

第十五条　单位实施刑法第二百一十三条至二百一十九规定的行为，按照本解释规定的相应个人犯罪的定罪量刑标准的三倍定罪量刑。

第十六条　明知他人实施侵犯知识产权犯罪，而为其提供贷款、资金、账号、发票、证明、许可证件，或者提供生产、经营场所或者运输、储存、代理进出口等便利条件、帮助的，以侵犯知识产权犯罪的共犯论处。

《最高人民法院、最高人民检察院关于办理侵犯知识产权刑事案件具体应用法律若干问题的解释(二)》(2007年4月5日　法释〔2007〕6号)

第三条　侵犯知识产权犯罪，符合刑法规定的缓刑条件的，依法适用缓刑。有下列情形之一的，一般不适用缓刑：

（一）因侵犯知识产权被刑事处罚或者行政处罚后，再次侵犯知识产权构成犯罪的；

（二）不具有悔罪表现的；

（三）拒不交出违法所得的；

（四）其他不宜适用缓刑的情形。

第四条　对于侵犯知识产权犯罪的，人民法院应当综合考虑犯罪的违法所得、非法经营数额、给权利人造成的损失、社会危害性等情节，依法判处罚金。罚金数额一般在违法所得的一倍以上五倍以下，或者按照非法经营数额的50%以上一倍以下确定。

第五条　被害人有证据证明的侵犯知识产权刑事案件,直接向人民法院起诉的,人民法院应当依法受理;严重危害社会秩序和国家利益的侵犯知识产权刑事案件,由人民检察院依法提起公诉。

《最高人民法院、最高人民检察院关于办理侵犯知识产权刑事案件具体应用法律若干问题的解释(三)》(2020年9月12日　法释〔2020〕10号)

第八条　具有下列情形之一的,可以酌情从重处罚,一般不适用缓刑:

(一)主要以侵犯知识产权为业的;

(二)因侵犯知识产权被行政处罚后再次侵犯知识产权构成犯罪的;

(三)在重大自然灾害、事故灾难、公共卫生事件期间,假冒抢险救灾、防疫物资等商品的注册商标的;

(四)拒不交出违法所得的。

第九条　具有下列情形之一的,可以酌情从轻处罚:

(一)认罪认罚的;

(二)取得权利人谅解的;

(三)具有悔罪表现的;

(四)以不正当手段获取权利人的商业秘密后尚未披露、使用或者允许他人使用的。

第十条　对于侵犯知识产权犯罪的,应当综合考虑犯罪违法所得数额、非法经营数额、给权利人造成的损失数额、侵权假冒物品数量及社会危害性等情节,依法判处罚金。

罚金数额一般在违法所得数额的一倍以上五倍以下确定。违法所得数额无法查清的,罚金数额一般按照非法经营数额的百分之五十以上一倍以下确定。违法所得数额和非法经营数额均无法查清,判处三年以下有期徒刑、拘役、管制或者单处罚金的,一般在三万元以上一百万元以下确定罚金数额;判处三年以上有期徒刑的,一般在十五万元以上五百万元以下确定罚金数额。

要义辨析

一、概念

本罪是指以获取非法利益为目的,违反国家专利管理法规,在法定专利有效期限内,未经专利权人许可,进行非法使用,侵犯他人或者单位的专利权益,情节严重的行为。

二、构成要件

1. 本罪侵犯的客体是他人的合法专利权。

2. 本罪的客观方面为行为人必须具有假冒他人或者单位的专利,侵犯他人或者单位的专利权益的行为,且要"情节严重"才构成犯罪。

3. 犯罪主体为一般主体。

4. 主观方面以营利为目的,因科研等使用不构成本罪。

三、要点辨析

假冒专利的认定,主要须核实权利要求书的内容和有无使用他人专利号、有无伪造或者变造他人的专利证书、专利文件或者专利申请文件。对两者的宣传资料和产品特征进行比较,若有的技术来源相同、水平相近的专利是产生自另一渠道,则不构成故意假冒行为。

四、罪名变迁

1979年《刑法》和单行刑法中都没有假冒专利罪的规定。为了加强对专利权的保护,维护专利权人的合法利益,1984年的《专利法》第63条规定,假冒他人专利,依照《专利法》第60条的规定处理;情节严重的,对直接责任人员比照刑法(1979年《刑法》)第127条假冒注册商标罪的规定追究刑事责任(3年以下有期徒刑)。1997年修订《刑法》时,将司法解释的规定吸收为《刑法》的具体条文,并增设了假冒专利罪。

<table>
<tr><th colspan="2">类罪名：破坏社会主义市场经济秩序罪/侵犯知识产权罪 ｜ 罪名：侵犯著作权罪</th></tr>
<tr><td rowspan="3">量刑标准</td><td>违法所得数额较大或有其他严重情节的　处3年以下有期徒刑或者拘役，并处或者单处罚金；</td></tr>
<tr><td>违法所得数额巨大或者有其他特别严重情节的　处3年以上10年以下有期徒刑，并处罚金；</td></tr>
<tr><td>单位犯本罪的　对单位判处罚金；对其直接负责的主管人员及其他直接责任人员依上述规定处罚。</td></tr>
</table>

法律依据

一、《刑法》条文

第二百一十七条　以营利为目的，有下列侵犯著作权或者与著作权有关的权利的情形之一，违法所得数额较大或者有其他严重情节的，处三年以下有期徒刑，并处或者单处罚金；违法所得数额巨大或者有其他特别严重情节的，处三年以上十年以下有期徒刑，并处罚金：

（一）未经著作权人许可，复制发行、通过信息网络向公众传播其文字作品、音乐、美术、视听作品、计算机软件及法律、行政法规规定的其他作品的；

（二）出版他人享有专有出版权的图书的；

（三）未经录音录像制作者许可，复制发行、通过信息网络向公众传播其制作的录音录像的；

（四）未经表演者许可，复制发行录有其表演的录音录像制品，或者通过信息网络向公众传播其表演的；

（五）制作、出售假冒他人署名的美术作品的；

（六）未经著作权人或者与著作权有关的权利人许可，故意避开或者破坏权利人为其作品、录音录像制品等采取的保护著作权或者与著作权有关的权利的技术措施的。

第二百二十条　单位犯本节第二百一十三条至第二百一十九条之一规定之罪的，对单位判处罚金，并对其直接负责的主管人员和其他直接责任人员，依照本节各该条的规定处罚。

二、相关法律

《中华人民共和国著作权法》（2020年11月11日修正）

第五十三条　有下列侵权行为的，应当根据情况，承担本法第五十二条规定的民事责任；侵权行为同时损害公共利益的，由主管著作权的部门责令停止侵权行为，予以警告，没收违法所得，没收、无害化销毁处理侵权复制品以及主要用于制作侵权复制品的材料、工具、设备等，违法经营额五万元以上的，可以并处违法经营额一倍以上五倍以下的罚款；没有违法经营额、违法经营额难以计算或者不足五万元的，可以并处二十五万元以下的罚款；构成犯罪的，依法追究刑事责任：

（一）未经著作权人许可，复制、发行、表演、放映、广播、汇编、通过信息网络向公众传播其作品的，本法另有规定的除外；

（二）出版他人享有专有出版权的图书的；

（三）未经表演者许可，复制、发行录有其表演的录音录像制品，或者通过信息网络向公众传播其表演的，本法另有规定的除外；

（四）未经录音录像制作者许可，复制、发行、通过信息网络向公众传播其制作的录音录像制品的，本法另有规定的除外；

（五）未经许可，播放、复制或者通过信息网络向公众传播广播、电视的，本法另有规定的除外；

（六）未经著作权人或者与著作权有关的权利人许可，故意避开或者破坏技术措施的，故意制造、进口或者向他人提供主要用于避开、破坏技术措施的装置或者部件的，或者故意为他人避开或者破坏技术措施提供技术服务的，法律、行政法规另有规定的除外；

（七）未经著作权人或者与著作权有关的权利人许可，故意删除或者改变作品、版式设计、表演、录音录像制品或者广播、电视上的权利管理信息的，知道或者应当知道作品、版式设计、表演、录音录像制品或者广播、电视上的权利管理信息未经许

可被删除或者改变,仍然向公众提供的,法律、行政法规另有规定的除外;

(八)制作、出售假冒他人署名的作品的。

三、相关司法解释/文件

《最高人民法院、最高人民检察院关于办理侵犯知识产权刑事案件具体应用法律若干问题的解释》(2004年12月8日　法释〔2004〕19号)

第五条第一款　以营利为目的,实施刑法第二百一十七条所列侵犯著作权行为之一,违法所得数额在三万元以上的,属于"违法所得数额较大";具有下列情形之一的,属于"有其他严重情节",应当以侵犯著作权罪判处三年以下有期徒刑或者拘役,并处或者单处罚金:

(二)未经著作权人许可,复制发行其文字作品、音乐、电影、电视、录像作品、计算机软件及其他作品,复制品数量合计在一千张(份)以上的;

第五条第二款　以营利为目的,实施刑法第二百一十七条所列侵犯著作权行为之一,违法所得数额在十五万元以上的,属于"违法所得数额巨大";具有下列情形之一的,属于"有其他特别严重情节",应当以侵犯著作权罪判处三年以上七年以下有期徒刑,并处罚金:

(二)未经著作权人许可,复制发行其文字作品、音乐、电影、电视、录像作品、计算机软件及其他作品,复制品数量合计在五千张(份)以上的;

第十一条　以刊登收费广告等方式直接或者间接收取费用的情形,属于刑法第二百一十七条规定的"以营利为目的"。

刑法第二百一十七条规定的"未经著作权人许可",是指没有得到著作权人授权或者伪造、涂改著作权人授权许可文件或者超出授权许可范围的情形。

通过信息网络向公众传播他人文字作品、音乐、电影、电视、录像作品、计算机软件及其他作品的行为,应当视为刑法第二百一十七条规定的"复制发行"。

第十二条　本解释所称"非法经营数额",是指行为人在实施侵犯知识产权行为过程中,制造、储存、运输、销售侵权产品的价值。已销售的侵权产品的价值,按照实际销售的价格计算。制造、储存、运输和未销售的侵权产品的价值,按照标价或者已经查清的侵权产品的实际销售平均价格计算。侵权产品没有标价或者无法查清其实际销售价格的,按照被侵权产品的市场中间价格计算。

多次实施侵犯知识产权行为,未经行政处理或者刑事处罚的,非法经营数额、违法所得数额或者销售金额累计计算。

第十四条　实施刑法第二百一十七条规定的侵犯著作权犯罪,又销售该侵权复制品,构成犯罪的,应当依照刑法第二百一十七条的规定,以侵犯著作权罪定罪处罚。

实施刑法第二百一十七条规定的侵犯著作权犯罪,又销售明知是他人的侵权复制品,构成犯罪的,应当实行数罪并罚。

第十五条　单位实施刑法第二百一十三条至二百一十九规定的行为,按照本解释规定的相应个人犯罪的定罪量刑标准的三倍定罪量刑。

第十六条　明知他人实施侵犯知识产权犯罪,而为其提供贷款、资金、账号、发票、证明、许可证件,或者提供生产、经营场所或者运输、储存、代理进出口等便利条件、帮助的,以侵犯知识产权犯罪的共犯论处。

《最高人民法院、最高人民检察院关于办理侵犯知识产权刑事案件具体应用法律若干问题的解释(二)》(2007年4月5日　法释〔2007〕6号)

第一条　以营利为目的,未经著作权人许可复制发行其文字作品、音乐、电影、电视、录像作品、计算机软件及其他作品,复制品数量合计在五百张(份)以上的,属于刑法第二百一十七条规定的"有其他严重情节";复制品数量在二千五百张(份)以上的,属于刑法第二百一十七条规定的"有其他特别严重情节"。

第二条　刑法第二百一十七条侵犯著作权罪中的"复制发行",包括复制、发行或者既复制又发行的行为。

侵权产品的持有人通过广告、征订等方式推销侵权产品的,属于刑法第二百一十七条规定的"发行"。

非法出版、复制、发行他人作品,侵犯著作权构成犯罪的,按照侵犯著作权罪定罪处罚。

第三条　侵犯知识产权犯罪,符合刑法规定的缓刑条件的,依法适用缓刑。有下列情形之一的,一般不适用缓刑:

（一）因侵犯知识产权被刑事处罚或者行政处罚后，再次侵犯知识产权构成犯罪的；

（二）不具有悔罪表现的；

（三）拒不交出违法所得的；

（四）其他不宜适用缓刑的情形。

第四条　对于侵犯知识产权犯罪的，人民法院应当综合考虑犯罪的违法所得、非法经营数额、给权利人造成的损失、社会危害性等情节，依法判处罚金。罚金数额一般在违法所得的一倍以上五倍以下，或者按照非法经营数额的50%以上一倍以下确定。

第五条　被害人有证据证明的侵犯知识产权刑事案件，直接向人民法院起诉的，人民法院应当依法受理；严重危害社会秩序和国家利益的侵犯知识产权刑事案件，由人民检察院依法提起公诉。

第六条　单位实施刑法第二百一十三条至第二百一十九条规定的行为，按照《最高人民法院、最高检察院关于办理侵犯知识产权刑事案件具体应用法律若干问题的解释》和本解释规定的相应个人犯罪的定罪量刑标准定罪处罚。

《最高人民法院、最高人民检察院关于办理侵犯知识产权刑事案件具体应用法律若干问题的解释（三）》（2020年9月12日　法释〔2020〕10号）

第二条　在刑法第二百一十七条规定的作品、录音制品上以通常方式署名的自然人、法人或者非法人组织，应当推定为著作权人或者录音制作者，且该作品、录音制品上存在着相应权利，但有相反证明的除外。

在涉案作品、录音制品种类众多且权利人分散的案件中，有证据证明涉案复制品系非法出版、复制发行，且出版者、复制发行者不能提供获得著作权人、录音制作者许可的相关证据材料的，可以认定为刑法第二百一十七条规定的“未经著作权人许可”“未经录音制作者许可”。但是，有证据证明权利人放弃权利、涉案作品的著作权或者录音制品的有关权利不受我国著作权法保护、权利保护期限已经届满的除外。

第八条　具有下列情形之一的，可以酌情从重处罚，一般不适用缓刑：

（一）主要以侵犯知识产权为业的；

（二）因侵犯知识产权被行政处罚后再次侵犯知识产权构成犯罪的；

（三）在重大自然灾害、事故灾难、公共卫生事件期间，假冒抢险救灾、防疫物资等商品的注册商标的；

（四）拒不交出违法所得的。

第九条　具有下列情形之一的，可以酌情从轻处罚：

（一）认罪认罚的；

（二）取得权利人谅解的；

（三）具有悔罪表现的；

（四）以不正当手段获取权利人的商业秘密后尚未披露、使用或者允许他人使用的。

第十条　对于侵犯知识产权犯罪的，应当综合考虑犯罪违法所得数额、非法经营数额、给权利人造成的损失数额、侵权假冒物品数量及社会危害性等情节，依法判处罚金。

罚金数额一般在违法所得数额的一倍以上五倍以下确定。违法所得数额无法查清的，罚金数额一般按照非法经营数额的百分之五十以上一倍以下确定。违法所得数额和非法经营数额均无法查清，判处三年以下有期徒刑、拘役、管制或者单处罚金的，一般在三万元以上一百万元以下确定罚金数额；判处三年以上有期徒刑的，一般在十五万元以上五百万元以下确定罚金数额。

《最高人民法院、最高人民检察院关于办理侵犯著作权刑事案件中涉及录音录像制品有关问题的批复》（2005年10月13日　法释〔2005〕12号）

《最高人民法院、最高人民检察院关于办理侵犯知识产权刑事案件具体应用法律若干问题的解释》发布以后，部分高级人民法院、省级人民检察院就关于办理侵犯著作权刑事案件中涉及录音录像制品的有关问题提出请示。经研究，批复如下：

以营利为目的，未经录音录像制作者许可，复制发行其制作的录音录像制品的行为，复制品的数量标准分别适用《最高人民法院、最高人民检察院关于办理侵犯知识产权刑事案件具体应用法律若干问题的解释》第五条第一款第（二）项、第二款第（二）项的规定。

未经录音录像制作者许可，通过信息网络传播其制作的录音录像制品的行为，应当视为刑法第二百一十七条第（三）项规定的“复制发行”。

《最高人民法院、最高人民检察院、公安部关于办理侵犯知识产权刑事案件适用法律若干问题的意见》(2011年1月10日 法发〔2011〕3号)

十、关于侵犯著作权犯罪案件“以营利为目的”的认定问题

除销售外,具有下列情形之一的,可以认定为“以营利为目的”:

(一)以在他人作品中刊登收费广告、捆绑第三方作品等方式直接或者间接收取费用的;

(二)通过信息网络传播他人作品,或者利用他人上传的侵权作品,在网站或者网页上提供刊登收费广告服务,直接或者间接收取费用的;

(三)以会员制方式通过信息网络传播他人作品,收取会员注册费或者其他费用的;

(四)其他利用他人作品牟利的情形。

十一、关于侵犯著作权犯罪案件“未经著作权人许可”的认定问题

“未经著作权人许可”一般应当依据著作权人或者其授权的代理人、著作权集体管理组织、国家著作权行政管理部门指定的著作权认证机构出具的涉案作品版权认证文书,或者证明出版者、复制发行者伪造、涂改授权许可文件或者超出授权许可范围的证据,结合其他证据综合予以认定。

在涉案作品种类众多且权利人分散的案件中,上述证据确实难以一一取得,但有证据证明涉案复制品系非法出版、复制发行的,且出版者、复制发行者不能提供获得著作权人许可的相关证明材料的,可以认定为“未经著作权人许可”。但是,有证据证明权利人放弃权利、涉案作品的著作权不受我国著作权法保护,或者著作权保护期限已经届满的除外。

十二、关于刑法第二百一十七条规定的“发行”的认定及相关问题

“发行”,包括总发行、批发、零售、通过信息网络传播以及出租、展销等活动。

非法出版、复制、发行他人作品,侵犯著作权构成犯罪的,按照侵犯著作权罪定罪处罚,不认定为非法经营罪等其他犯罪。

十三、关于通过信息网络传播侵权作品行为的定罪处罚标准问题

以营利为目的,未经著作权人许可,通过信息网络向公众传播他人文字作品、音乐、电影、电视、美术、摄影、录像作品、录音录像制品、计算机软件及其他作品,具有下列情形之一的,属于刑法第二百一十七条规定的“其他严重情节”:

(一)非法经营数额在五万元以上的;

(二)传播他人作品的数量合计在五百件(部)以上的;

(三)传播他人作品的实际被点击数达到五万次以上的;

(四)以会员制方式传播他人作品,注册会员达到一千人以上的;

(五)数额或者数量虽未达到第(一)项至第(四)项规定标准,但分别达到其中两项以上标准一半以上的;

(六)其他严重情节的情形。

实施前款规定的行为,数额或者数量达到前款第(一)项至第(五)项规定标准五倍以上的,属于刑法第二百一十七条规定的“其他特别严重情节”。

十四、关于多次实施侵犯知识产权行为累计计算数额问题

依照《最高人民法院、最高人民检察院关于办理侵犯知识产权刑事案件具体应用法律若干问题的解释》第十二条第二款的规定,多次实施侵犯知识产权行为,未经行政处理或者刑事处罚的,非法经营数额、违法所得数额或者销售金额累计计算。

二年内多次实施侵犯知识产权违法行为,未经行政处理,累计数额构成犯罪的,应当依法定罪处罚。实施侵犯知识产权犯罪行为的追诉期限,适用刑法的有关规定,不受前述二年的限制。

十五、关于为他人实施侵犯知识产权犯罪提供原材料、机械设备等行为的定性问题

明知他人实施侵犯知识产权犯罪,而为其提供生产、制造侵权产品的主要原材料、辅助材料、半成品、包装材料、机械设备、标签标识、生产技术、配方等帮助,或者提供互联网接入、服务器托管、网络存储空间、通讯传输通道、代收费、费用结算等服务的,以侵犯知识产权犯罪的共犯论处。

十六、关于侵犯知识产权犯罪竞合的处理问题

行为人实施侵犯知识产权犯罪,同时构成生产、销售伪劣商品犯罪的,依照侵犯知识产权犯罪

与生产、销售伪劣商品犯罪中处罚较重的规定定罪处罚。

《最高人民检察院、公安部关于公安机关管辖的刑事案件立案追诉标准的规定(一)》(2008年6月25日　公通字〔2008〕36号)

第二十六条　[侵犯著作权案(刑法第二百一十七条)]以营利为目的,未经著作权人许可,复制发行其文字作品、音乐、电影、电视、录像作品、计算机软件及其他作品,或者出版他人享有专有出版权的图书,或者未经录音录像制作者许可,复制发行其制作的录音录像,或者制作、出售假冒他人署名的美术作品,涉嫌下列情形之一的,应予立案追诉:

(一)违法所得数额三万元以上的;

(二)非法经营数额五万元以上的;

(三)未经著作权人许可,复制发行其文字作品、音乐、电影、电视、录像作品、计算机软件及其他作品,复制品数量合计五百张(份)以上的;

(四)未经录音录像制作者许可,复制发行其制作的录音录像制品,复制品数量合计五百张(份)以上的;

(五)其他情节严重的情形。

以刊登收费广告等方式直接或者间接收取费用的情形,属于本条规定的"以营利为目的"。

本条规定的"未经著作权人许可",是指没有得到著作权人授权或者伪造、涂改著作权人授权许可文件或者超出授权许可范围的情形。

本条规定的"复制发行",包括复制、发行或者既复制又发行的行为。

通过信息网络向公众传播他人文字作品、音乐、电影、电视、录像作品、计算机软件及其他作品,或者通过信息网络传播他人制作的录音录像制品的行为,应当视为本条规定的"复制发行"。

侵权产品的持有人通过广告、征订等方式推销侵权产品的,属于本条规定的"发行"。

本条规定的"非法经营数额",是指行为人在实施侵犯知识产权行为过程中,制造、储存、运输、销售侵权产品的价值。已销售的侵权产品的价值,按照实际销售的价格计算。制造、储存、运输和未销售的侵权产品的价值,按照标价或者已经查清的侵权产品的实际销售平均价格计算。侵权产品没有标价或者无法查清其实际销售价格的,按照被侵权产品的市场中间价格计算。

要义辨析

一、概念

本罪是指行为人以营利为目的,违反著作权管理法规,未经著作权人许可,复制发行、通过信息网络向公众传播其文字作品、音乐、美术、视听作品、计算机软件及法律、行政法规规定的其他作品;出版他人享有专有出版权的图书;未经录音录像制作者许可,复制发行、通过信息网络向公众传播其制作的录音录像;未经表演者许可,复制发行录有其表演的录音录像制品,或者通过信息网络向公众传播其表演;制作、出售假冒他人署名的美术作品;未经著作权人或者与著作权有关的权利人许可,故意避开或者破坏权利人为其作品、录音录像制品等采取的保护著作权或者与著作权有关的权利的技术措施,违法所得数额较大或有其他严重情节的行为。

二、构成要件

1. 本罪侵犯的客体是复杂客体,包括著作权人对其作品享有的著作权,如身份权、署名权、发表权、作品的完整权、享受报酬权等;著作权相关权益人对其传播作品享有的权利,如出版权、发行权等;国家对文化市场的管理秩序。

2. 本罪的客观方面主要表现为以下几点:(1)未经著作权人许可,复制发行、通过信息网络向公众传播其文字作品、音乐、美术、视听作品、计算机软件及法律、行政法规规定的其他作品的;(2)出版他人享有专有出版权的图书的;(3)未经录音录像制作者许可,复制发行、通过信息网络向公众传播其制作的录音录像的;(4)未经表演者许可,复制发行录有其表演的录音录像制品,或者通过信息网络向公众传播其表演的;(5)制作、出售假冒他人署名的美术作品的;(6)未经著作权人或者与著作权有关的权利人许可,故意避开或者破坏权利人为其作品、录音录像制品等采取的保护著作权或者与著作权有关的权利的技术措施的。

3. 犯罪主体是一般主体,企业、事业单位和自然人都可以成为本罪的主体。

4. 主观方面是故意,并且是以营利为目的。

三、要点辨析

1. 认定侵犯著作权罪,应注意区分罪与非罪的界限。具体有以下几点:(1)行为人主观方面是否"以营利为目的"。如果行为人实施侵犯著作权是出于破坏他人名誉等其他目的的,不构成本罪。(2)注意违法所得数额和其他情节在区分罪与非罪中的作用。违法所得数额较大或者具有其他严重情节是区分侵犯著作权罪与一般违法行为的主要标准。需要指出的是,"违法所得数额较大"和"有其他严重情节"是选择性要件,只要符合其中之一即可构成本罪,无须同时齐备。

同时,在区分罪与非罪的时候也应把握以下几点:

(1)复制、出版或制作行为有无合法根据,是区分罪与非罪的重要标准。

合法的复制、出版或制作行为包括:

①经著作权人许可的行为,根据《著作权法》第24条规定,使用他人作品应当同著作权人订立合同或者取得许可。

②未经著作权人许可,但在法律规定的合理范围内使用其作品的行为。我国《著作权法》第22条规定,可以不经著作权人许可的作品的合理使用范围包括:为个人学习、研究或者欣赏,使用他人已经发表的作品;为介绍、评论某一作品或者说明某一问题,在作品中适当引用他人已经发表的作品;为报道时事新闻,在报纸、期刊、广播、电视节目或者新闻纪录影片中引用已经发表的作品;报纸、期刊、广播电台、电视台刊登或者播放在公众集会上发表的讲话,但作者声明不许刊登、播放的除外;为学校课堂教学或者科学研究,翻译或者少量复制已经发表的作品,供教学或者科研人员使用,但不得出版发行;国家机关为执行公务使用已经发表的作品;图书馆、档案馆、纪念馆、博物馆、美术馆等为陈列或者保存版本的需要,复制本馆收藏的作品;免费表演已经发表的作品;对设置或者陈列在室外公共场所的艺术作品进行临摹、绘画、摄影、录像;作品超过权利保护期的;将已经发表的汉族文字作品翻译成少数民族文字在国内出版发行;将已经发表的作品改成盲文出版。

凡不经著作权人许可即可在法律限定范围使用的作品使用者可以不向著作权人支付报酬,但应当指明作者姓名、作品名称,并且不得侵犯著作权人依照《著作权法》享有的其他权利。

司法实践中,在查处侵犯著作权罪时,应注意掌握《著作权法》中有关著作权人及其权利、著作权归属、权利的保护期、权利的限制等规定,分清侵犯著作权和合法使用作品的界限,以准确惩治侵犯著作权的犯罪行为,保护著作权人、合法使用人等的合法权益。

(2)要注意掌握数额标准,正确区别侵犯著作权罪和民事侵权行为。

违法所得数额较大或者有其他严重情节,是区别侵犯著作权罪和民事侵权行为的重要标准。虽有侵犯著作权的行为,但没有达到违法所得数额较大或者情节并不严重的,属于一般民事侵权行为,不能作为犯罪处理。根据最高人民法院所作的司法解释,这里的"违法所得数额较大"是指个人违法所得数额在3万元以上;"有其他严重情节"是指:①非法经营数额在5万元以上的;②传播他人作品的数量合计在500件(部)以上或未经著作权人许可,复制发行其文字作品、音乐、电影、电视、录像作品、计算机软件及其他作品,复制品数量合计500张(份)以上的;③传播他人作品的实际被点击数达到5万次以上的;④以会员制方式传播他人作品,注册会员达到1000人以上的;⑤数额或数量虽未达到前①~④项规定标准,但分别达到其中两项以上标准一半以上的;⑥其他严重情节的情形。

2. 行为人如果实施了侵犯著作权犯罪,又销售该侵权复制品,构成犯罪的,属于牵连犯罪,应当以侵犯著作权罪定罪处罚,不实行数罪并罚。行为人如果既实施了侵犯著作权犯罪,又销售明知是他人的侵权复制品,构成犯罪的,因为是两个故意,则属于实质性的数罪,应当实行数罪并罚。

四、罪名变迁

1979年《刑法》没有侵犯著作权罪的规定。本罪是由1994年7月5日《全国人民代表大会常务委员会关于惩治侵犯著作权犯罪的决定》第1条,吸收改为《刑法》的具体规定的。《刑法修正案(十一)》对本罪进行了修改。

类罪名：破坏社会主义市场经济秩序罪/侵犯知识产权罪	罪名：销售侵权复制品罪
量刑标准	**违法所得数额巨大的或者有其他严重情节的**　处5年以下有期徒刑，并处或者单处罚金；
	单位犯本罪的　对单位判处罚金；对直接负责的主管人员和其他直接责任人员按上述标准处罚。

法律依据

一、《刑法》条文

第二百一十八条　以营利为目的，销售明知是本法第二百一十七条规定的侵权复制品，违法所得数额巨大的或者有其他严重情节的，处五年以下有期徒刑，并处或者单处罚金。

第二百二十条　单位犯本节第二百一十三条至第二百一十九条之一规定之罪的，对单位判处罚金，并对其直接负责的主管人员和其他直接责任人员，依照本节各该条的规定处罚。

二、相关司法解释/文件

《最高人民法院、最高人民检察院关于办理侵犯知识产权刑事案件具体应用法律若干问题的解释》（2004年12月8日　法释〔2004〕19号）

第六条　以营利为目的，实施刑法第二百一十八条规定的行为，违法所得数额在十万元以上的，属于"违法所得数额巨大"，应当以销售侵权复制品罪判处三年以下有期徒刑或者拘役，并处或者单处罚金。

第十五条　单位实施刑法第二百一十三条至第二百一十九条规定的行为，按照本解释规定的相应个人犯罪的定罪量刑标准的三倍定罪量刑。

第十六条　明知他人实施侵犯知识产权犯罪，而为其提供贷款、资金、账号、发票、证明、许可证件，或者提供生产、经营场所或运输、储存、代理进出口等便利条件、帮助的，以侵犯知识产权犯罪的共犯论处。

《最高人民法院、最高人民检察院关于办理侵犯知识产权刑事案件具体应用法律若干问题的解释（三）》（2020年9月12日　法释〔2020〕10号）

第八条　具有下列情形之一的，可以酌情从重处罚，一般不适用缓刑：

（一）主要以侵犯知识产权为业的；

（二）因侵犯知识产权被行政处罚后再次侵犯知识产权构成犯罪的；

（三）在重大自然灾害、事故灾难、公共卫生事件期间，假冒抢险救灾、防疫物资等商品的注册商标的；

（四）拒不交出违法所得的。

第九条　具有下列情形之一的，可以酌情从轻处罚：

（一）认罪认罚的；

（二）取得权利人谅解的；

（三）具有悔罪表现的；

（四）以不正当手段获取权利人的商业秘密后尚未披露、使用或者允许他人使用的。

第十条　对于侵犯知识产权犯罪的，应当综合考虑犯罪违法所得数额、非法经营数额、给权利人造成的损失数额、侵权假冒物品数量及社会危害性等情节，依法判处罚金。

罚金数额一般在违法所得数额的一倍以上五倍以下确定。违法所得数额无法查清的，罚金数额一般按照非法经营数额的百分之五十以上一倍以下确定。违法所得数额和非法经营数额均无法查清，判处三年以下有期徒刑、拘役、管制或者单处罚金的，一般在三万元以上一百万元以下确定罚金数额；判处三年以上有期徒刑的，一般在十五万元以上五百万元以下确定罚金数额。

《最高人民检察院、公安部关于公安机关管辖的刑事案件立案追诉标准的规定（一）》（2008年6月25日　公通字〔2008〕36号）

第二十七条　［销售侵权复制品案（刑法第二百一十八条）］以营利为目的，销售明知是刑法第二百一十七条规定的侵权复制品，涉嫌下列情形之一的，应予立案追诉：

（一）违法所得数额十万元以上的；

(二)违法所得数额虽未达到上述数额标准,但尚未销售的侵权复制品货值金额达到三十万元以上的。

要义辨析

一、概念

本罪是指以营利为目的,销售明知是侵犯他人著作权的复制品,违法所得数额巨大的行为。

二、构成要件

1. 本罪侵犯的客体是著作权人的著作权和国家对著作权的管理制度。

2. 本罪客观方面表现为销售明知是《刑法》第217条规定的侵权复制品,违法所得数额巨大或有其他严重情节的行为。

3. 本罪的主体是个人或者单位。

4. 本罪主观方面是故意,并且是以营利为目的。

三、要点辨析

1. 本罪所称的侵权复制品,特指销售明知是《刑法》第217条规定的侵犯著作权的复制品。

2. 本罪罪与非罪的界限。判断销售侵权复制品是否构成犯罪,主要可从三个方面进行考察:(1)明知性。看行为人是否明知销售的属于侵权复制品,如果并不明知,即使存在严重过失也不构成犯罪。(2)特定性。看其销售对象是否属于本法第217条规定的侵犯著作权的复制品,不属于上述对象的不构成犯罪。(3)结果犯。看其销售违法所得数额大小,如数额未达巨大的,即使有其他严重情节也不构成犯罪。

3. 本罪与侵犯著作权罪的界限。

(1)主体要件不同。销售侵权复制品罪的主体只能是侵权复制品制作者以外的其他自然人或单位,侵犯著作权罪的主体一般是制作者,有时可能是与制作者通谋的发行者或销售者。

(2)犯罪客观方面不同。销售侵权复制品罪在客观方面表现为销售侵权复制品且违法所得数额巨大的行为;侵犯著作权罪的行为方式则可以是复制发行或出版,也可以是制作、出售,且违法所得数额较大或有其他严重情节的构成犯罪。在实践中,行为人如果实施侵犯著作权或与著作权有关的行为构成犯罪,又销售其制作的侵权复制品而且违法所得数额巨大的,后一行为属于刑法理论上的不可罚之事后行为,对其只以侵犯著作权罪论处,而不能再定一个销售侵权复制品罪而实行数罪并罚;如果行为人销售的侵权复制品并非其本人制作的侵权复制品,这两个行为又符合构成犯罪的数额或情节要求的,则应对其定两个罪实行数罪并罚;如果销售侵权复制品的行为人事先与侵犯著作权罪的行为人通谋的,对其应以侵犯著作权罪论处,这属于共同犯罪问题。

4. 依最高人民法院、最高人民检察院司法解释的规定,复制和销售侵权复制品为同一物的,不实行数罪并罚;非同一物的,应实行数罪并罚。

四、罪名变迁

1979年《刑法》没有销售侵权复制品罪的规定。本罪是由1994年7月5日《全国人民代表大会常务委员会关于惩治侵犯著作权的犯罪的决定》第2条,吸收改为《刑法》的具体规定的。《刑法修正案(十一)》对本罪进行了修订。

<table>
<tr><td colspan="2">类罪名:破坏社会主义市场经济秩序罪/侵犯知识产权罪 | 罪名:侵犯商业秘密罪</td></tr>
<tr><td rowspan="3">量刑标准</td><td>情节严重的 处3年以下有期徒刑,并处或者单处罚金;</td></tr>
<tr><td>情节特别严重的 处3年以上10年以下有期徒刑,并处罚金;</td></tr>
<tr><td>单位犯本罪的 对单位处罚金;对直接负责的主管人员和其他直接责任人员按上述标准处罚。</td></tr>
</table>

法律依据

一、《刑法》条文

第二百一十九条　有下列侵犯商业秘密行为之一，情节严重的，处三年以下有期徒刑，并处或者单处罚金；情节特别严重的，处三年以上十年以下有期徒刑，并处罚金：

（一）以盗窃、贿赂、欺诈、胁迫、电子侵入或者其他不正当手段获取权利人的商业秘密的；

（二）披露、使用或者允许他人使用以前项手段获取的权利人的商业秘密的；

（三）违反保密义务或者违反权利人有关保守商业秘密的要求，披露、使用或者允许他人使用其所掌握的商业秘密的。

明知前款所列行为，获取、披露、使用或者允许他人使用该商业秘密的，以侵犯商业秘密论。

本条所称权利人，是指商业秘密的所有人和经商业秘密所有人许可的商业秘密使用人。

第二百二十条　单位犯本节第二百一十三条至第二百一十九条之一规定之罪的，对单位判处罚金，并对其直接负责的主管人员和其他直接责任人员依照本节各该条的规定处罚。

二、相关法律

《中华人民共和国反不正当竞争法》（2019 年 4 月 23 日修正）

第九条　经营者不得实施下列侵犯商业秘密的行为：

（一）以盗窃、贿赂、欺诈、胁迫、电子侵入或者其他不正当手段获取权利人的商业秘密；

（二）披露、使用或者允许他人使用以前项手段获取的权利人的商业秘密；

（三）违反保密义务或者违反权利人有关保守商业秘密的要求，披露、使用或者允许他人使用其所掌握的商业秘密；

（四）教唆、引诱、帮助他人违反保密义务或者违反权利人有关保守商业秘密的要求，获取、披露、使用或者允许他人使用权利人的商业秘密。

经营者以外的其他自然人、法人和非法人组织实施前款所列违法行为的，视为侵犯商业秘密。

第三人明知或者应知商业秘密权利人的员工、前员工或者其他单位、个人实施本条第一款所列违法行为，仍获取、披露、使用或者允许他人使用该商业秘密的，视为侵犯商业秘密。

本法所称的商业秘密，是指不为公众所知悉、具有商业价值并经权利人采取相应保密措施的技术信息、经营信息等商业信息。

三、相关规定

《国家工商行政管理局关于禁止侵犯商业秘密行为的若干规定》（1998 年 12 月 3 日修正）

第一条　为了制止侵犯商业秘密的行为，保护商业秘密权利人的合法权益，维护社会主义市场经济秩序，根据《中华人民共和国反不正当竞争法》的有关规定，制定本规定。

第二条　本规定所称商业秘密，是指不为公众所知悉、能为权利人带来经济利益、具有实用性并经权利人采取保密措施的技术信息和经营信息。

本规定所称不为公众所知悉，是指该信息是不能从公开渠道直接获取的。

本规定所称能为权利人带来经济利益、具有实用性，是指该信息具有确定的可应用性，能为权利人带来现实的或者潜在的经济利益或者竞争优势。

本规定所称权利人采取保密措施，包括订立保密协议，建立保密制度及采取其他合理的保密措施。

本规定所称技术信息和经营信息，包括设计、程序、产品配方、制作工艺、制作方法、管理诀窍、客户名单、货源情报、产销策略、招投标中的标底及标书内容等信息。

本规定所称权利人，是指依法对商业秘密享有所有权或者使用权的公民、法人或者其它组织。

第三条　禁止下列侵犯商业秘密行为：

（一）以盗窃、利诱、胁迫或者其他不正当手段获取权利人的商业秘密；

（二）披露、使用或者允许他人使用以前项手段获取的权利人的商业秘密；

（三）与权利人有业务关系的单位和个人违反合同约定或者违反权利人保守商业秘密的要求，披露、使用或者允许他人使用其所掌握的权利人的商业秘密；

（四）权利人的职工违反合同约定或者违反权

利人保守商业秘密的要求,披露、使用或者允许他人使用其所掌握的权利人的商业秘密。

第三人明知或者应知前款所列违法行为,获取、使用或者披露他人的商业秘密,视为侵犯商业秘密。

第四条 侵犯商业秘密行为由县级以上工商行政管理机关认定处理。

第五条 权利人(申请人)认为其商业秘密受到侵害,向工商行政管理机关申请查处侵权行为时,应当提供商业秘密及侵权行为存在的有关证据。

被检查的单位和个人(被申请人)及利害关系人、证明人,应当如实向工商行政管理机关提供有关证据。

权利人能证明被申请人所使用的信息与自己的商业秘密具有一致性或者相同性,同时能证明被申请人有获取其商业秘密的条件,而被申请人不能提供或者拒不提供其所使用的信息是合法获得或者使用的证据的,工商行政管理机关可以根据有关证据,认定被申请人有侵权行为。

第六条 对被申请人违法披露、使用、允许他人使用商业秘密将给权利人造成不可挽回的损失的,应权利人请求并由权利人出具自愿对强制措施后果承担责任的书面保证,工商行政管理机关可责令被申请人停止销售使用权利人商业秘密生产的产品。

第七条 违反本规定第三条的,由工商行政管理机关依照《反不正当竞争法》第二十五条的规定,责令停止违法行为,并可以根据情节处以一万元以上二十万元以下的罚款。

工商行政管理机关在依照前款规定予以处罚时,对侵权物品可以作如下处理:

(一)责令并监督侵权人将载有商业秘密的图纸、软件及其他有关资料返还权利人。

(二)监督侵权人销毁使用权利人商业秘密生产的、流入市场将会造成商业秘密公开的产品。但权利人同意收购、销售等其他处理方式的除外。

第八条 对侵权人拒不执行处罚决定,继续实施本规定第三条所列行为的,视为新的违法行为,从重予以处罚。

第九条 权利人因损害赔偿问题向工商行政管理机关提出调解要求的,工商行政管理机关可以进行调解。

权利人也可以直接向人民法院起诉,请求损害赔偿。

第十条 国家机关及其公务人员在履行公务时,不得披露或者允许他人使用权利人的商业秘密。

工商行政管理机关的办案人员在监督检查侵犯商业秘密的不正当竞争行为时,应当对权利人的商业秘密予以保密。

第十一条 本规定由国家工商行政管理局负责解释。

第十二条 本规定自公布之日起施行。

四、相关司法解释/文件

《最高人民法院、最高人民检察院关于办理侵犯知识产权刑事案件具体应用法律若干问题的解释》(2004年12月8日 法释〔2004〕19号)

第七条 实施刑法第二百一十九条规定的行为之一,给商业秘密的权利人造成损失数额在五十万元以上的,属于"给商业秘密的权利人造成重大损失",应当以侵犯商业秘密罪判处三年以下有期徒刑或者拘役,并处或者单处罚金。

给商业秘密的权利人造成损失数额在二百五十万元以上的,属于刑法第二百一十九条规定的"造成特别严重后果",应当以侵犯商业秘密罪判处三年以上七年以下有期徒刑,并处罚金。

第十五条 单位实施刑法第二百一十三条至第二百一十九条规定的行为,按照本解释规定的相应个人犯罪的定罪量刑标准的三倍定罪量刑。

第十六条 明知他人实施侵犯知识产权犯罪,而为其提供贷款、资金、账号、发票、证明、许可证件,或者提供生产、经营场所或运输、储存、代理进出口等便利条件、帮助的,以侵犯知识产权犯罪的共犯论处。

《最高人民法院、最高人民检察院关于办理侵犯知识产权刑事案件具体应用法律若干问题的解释(三)》(2020年9月12日 法释〔2020〕10号)

第三条 采取非法复制、未经授权或者超越授权使用计算机信息系统等方式窃取商业秘密的,应当认定为刑法第二百一十九条第一款第一项规定的“盗窃”。

以贿赂、欺诈、电子侵入等方式获取权利人的商业秘密的，应当认定为刑法第二百一十九条第一款第一项规定的“其他不正当手段”。

第四条　实施刑法第二百一十九条规定的行为，具有下列情形之一的，应当认定为“给商业秘密的权利人造成重大损失”：

（一）给商业秘密的权利人造成损失数额或者因侵犯商业秘密违法所得数额在三十万元以上的；

（二）直接导致商业秘密的权利人因重大经营困难而破产、倒闭的；

（三）造成商业秘密的权利人其他重大损失的。

给商业秘密的权利人造成损失数额或者因侵犯商业秘密违法所得数额在二百五十万元以上的，应当认定为刑法第二百一十九条规定的“造成特别严重后果”。

第五条　实施刑法第二百一十九条规定的行为造成的损失数额或者违法所得数额，可以按照下列方式认定：

（一）以不正当手段获取权利人的商业秘密，尚未披露、使用或者允许他人使用的，损失数额可以根据该项商业秘密的合理许可使用费确定；

（二）以不正当手段获取权利人的商业秘密后，披露、使用或者允许他人使用的，损失数额可以根据权利人因被侵权造成销售利润的损失确定，但该损失数额低于商业秘密合理许可使用费的，根据合理许可使用费确定；

（三）违反约定、权利人有关保守商业秘密的要求，披露、使用或者允许他人使用其所掌握的商业秘密的，损失数额可以根据权利人因被侵权造成销售利润的损失确定；

（四）明知商业秘密是不正当手段获取或者是违反约定、权利人有关保守商业秘密的要求披露、使用、允许使用，仍获取、使用或者披露的，损失数额可以根据权利人因被侵权造成销售利润的损失确定；

（五）因侵犯商业秘密行为导致商业秘密已为公众所知悉或者灭失的，损失数额可以根据该项商业秘密的商业价值确定。商业秘密的商业价值，可以根据该项商业秘密的研究开发成本、实施该项商业秘密的收益综合确定；

（六）因披露或者允许他人使用商业秘密而获得的财物或者其他财产性利益，应当认定为违法所得。

前款第二项、第三项、第四项规定的权利人因被侵权造成销售利润的损失，可以根据权利人因被侵权造成销售量减少的总数乘以权利人每件产品的合理利润确定；销售量减少的总数无法确定的，可以根据侵权产品销售量乘以权利人每件产品的合理利润确定；权利人因被侵权造成销售量减少的总数和每件产品的合理利润均无法确定的，可以根据侵权产品销售量乘以每件侵权产品的合理利润确定。商业秘密系用于服务等其他经营活动的，损失数额可以根据权利人因被侵权而减少的合理利润确定。

商业秘密的权利人为减轻对商业运营、商业计划的损失或者重新恢复计算机信息系统安全、其他系统安全而支出的补救费用，应当计入给商业秘密的权利人造成的损失。

第六条　在刑事诉讼程序中，当事人、辩护人、诉讼代理人或者案外人书面申请对有关商业秘密或者其他需要保密的商业信息的证据、材料采取保密措施的，应当根据案件情况采取组织诉讼参与人签署保密承诺书等必要的保密措施。

违反前款有关保密措施的要求或者法律法规规定的保密义务的，依法承担相应责任。擅自披露、使用或者允许他人使用在刑事诉讼程序中接触、获取的商业秘密，符合刑法第二百一十九条规定的，依法追究刑事责任。

第七条　除特殊情况外，假冒注册商标的商品、非法制造的注册商标标识、侵犯著作权的复制品、主要用于制造假冒注册商标的商品、注册商标标识或者侵权复制品的材料和工具，应当依法予以没收和销毁。

上述物品需要作为民事、行政案件的证据使用的，经权利人申请，可以在民事、行政案件终结后或者采取取样、拍照等方式对证据固定后予以销毁。

第八条　具有下列情形之一的，可以酌情从重处罚，一般不适用缓刑：

（一）主要以侵犯知识产权为业的；

（二）因侵犯知识产权被行政处罚后再次侵犯

知识产权构成犯罪的;

(三)在重大自然灾害、事故灾难、公共卫生事件期间,假冒抢险救灾、防疫物资等商品的注册商标的;

(四)拒不交出违法所得的。

第九条 具有下列情形之一的,可以酌情从轻处罚:

(一)认罪认罚的;

(二)取得权利人谅解的;

(三)具有悔罪表现的;

(四)以不正当手段获取权利人的商业秘密后尚未披露、使用或者允许他人使用的。

第十条 对于侵犯知识产权犯罪的,应当综合考虑犯罪违法所得数额、非法经营数额、给权利人造成的损失数额、侵权假冒物品数量及社会危害性等情节,依法判处罚金。

罚金数额一般在违法所得数额的一倍以上五倍以下确定。违法所得数额无法查清的,罚金数额一般按照非法经营数额的百分之五十以上一倍以下确定。违法所得数额和非法经营数额均无法查清,判处三年以下有期徒刑、拘役、管制或者单处罚金的,一般在三万元以上一百万元以下确定罚金数额;判处三年以上有期徒刑的,一般在十五万元以上五百万元以下确定罚金数额。

要义辨析

一、概念

本罪是指未经商业秘密权利人允许,以不正当手段获取他人的商业秘密,披露、使用或允许他人使用该项商业秘密,给商业秘密权利人造成重大损失的行为。

二、构成要件

1. 本罪侵犯的客体是商业秘密权利人的保密权和商业秘密附随的财产权利。

2. 客观方面必须具有侵犯商业秘密,给商业秘密的权利人造成重大损失的行为。

3. 本罪的主体是一般主体,既可以是自然人,也可以是单位。

4. 主观方面是故意,而且只能是直接故意,通常具有营利的目的。

三、要点辨析

1. 对于侵犯商业秘密的行为,我国有多种制裁措施,包括行政处罚、民事侵权赔偿、追究刑事责任,处理方式的界限往往十分模糊。依本罪进行追究的,一是要造成重大损失,二是情节一般比较恶劣。

2. 商业秘密的特征,在前述的司法解释和行政规章中已经明确。一般是指秘密状态、保密措施、实用价值、经济价值。以刑罚追究,一定要注意行为人的主观恶性和故意犯罪的特征,防止一般的民事侵权和同步研发导致的技术相似,也作为刑事犯罪来打击,阻碍技术借鉴和创新。

3. 注意企业人员流动中的技术借鉴问题,特别要防止用刑事手段打击正常的技术竞争对手。只有有明确的保密措施的商业秘密,而故意违反、恶意盗窃、抢占市场、牟取利益的员工跳槽,情节严重的,才构成刑事犯罪。

4. 根据《刑法》第219条第2款的规定,第三人虽然没有直接实施侵犯商业秘密的行为,也不属于非法获取商业秘密的直接责任人员,但是如果他明知或者应当知道他人实施了侵犯商业秘密的行为,仍然从他人处获取、使用商业秘密,或者披露他人的商业秘密,应当以侵犯商业秘密罪论处。

5. 侵犯商业秘密行为的证据认定问题。

(1)公诉机关指控被告人侵犯商业秘密的举证难。这种举证难主要表现为权利人的不配合。往往权利人对其拥有的商业秘密不愿提供作为证据,更不愿将技术信息送相关部门进行鉴定,这就造成行为人侵犯商业秘密证据上存在问题。

(2)对行为人泄露的信息是否属商业秘密的鉴定问题。如果具备鉴定的条件的话,有关技术信息应当委托专业权威部门进行鉴定。因为在审查行为人泄露的技术信息是否属于商业秘密时,往往会涉及很多复杂的技术问题,法官对这类专业技术又知之甚少,如何来认定该专业技术属于商业秘密?在这种情况下,专业权威的鉴定就显得尤为重要。因为专业人员对专业技术的国内外最新情况比较了解,其通过对资料检索并进行对比分析后得出的鉴定意见,具有一定的科学性和客观性。法官是中立裁判者,据以定案的鉴定意见必须进行当庭质证并听取双方意见后,结合其他证据进行全面审查判断后决定是否采信。

6. 关于损失的计算问题。

《刑法》规定"给商业秘密的权利人造成重大损失"才构成犯罪,如何认定"重大损失"、什么是"重大损失"便成为区分罪与非罪的关键。"造成重大损失"是构成侵犯商业秘密罪必备要件。在刑事诉讼中,"重大损失"一般是指被害人由于犯罪人的犯罪行为而遭受的物质损失,就侵犯商业秘密而言,《刑法》未对"重大损失"的含义明确界定和说明。在司法实践中,商业秘密的"重大损失"的计算大致有以下几种:

(1)以商业秘密权利人因侵权行为遭受的损失作为定罪量刑的依据。商业秘密一旦被泄露,权利人的损失往往是无法弥补的。在刑事审判中普遍认为这种损失应当指实际损失,而实际损失包括直接损失和权利人必然失去的现实利益。而且侵犯商业秘密给权利人造成的损失不能仅仅以数额为标准,应当在重点考虑研制开发成本、利用周期、成熟程度、市场前景等直接因素的基础上,综合考虑各种相关因素,如竞争优势地位的丧失、商业信誉的下降等。

(2)以侵权人因侵权行为获得的利益作为损失。这种损失的计算以侵权人未再向他人泄露为前提。对于将商业秘密出卖给他人的,以其出卖收入加上买受人使用后的获利额为损失额;使用商业秘密进行生产经营活动的,以其获得的利润为损失额。在计算侵权人所获得的利润时,不能简单地以销售额来计算获利额,也不能以已生产的产品总价款乘以平均利润率为获利额。一般情况下,以销售额乘以平均利润率来计算获利额较为妥当。

(3)以不低于商业秘密使用许可的合理使用费作为损失。这是一种以正常许可使用的费用推定损失额的计算法,但并不意味着侵权人就此取得了该商业秘密的合法使用权。需要说明的是,这也不是简单地将商业秘密的自身价值等同于损失。商业秘密是无形财产,其与有形财产有重大区别。侵权人在使用商业秘密的同时,并没有排斥合法权利人的使用。况且,大多数情况下,侵权人实施盗窃等不法行为取得商业秘密后,不久就被发现、制止,给被害人造成的损失远远小于商业秘密自身的价值。

四、罪名变迁

本罪是1997年《刑法》增设的罪名,1979年《刑法》和单行刑法均没有规定此罪名。《刑法修正案(十一)》对本罪进行了修订。

类罪名:破坏社会主义市场经济秩序罪/侵犯知识产权罪 | 罪名:为境外窃取、刺探、收买、非法提供商业秘密罪

量刑标准		
	构成本罪的	处5年以下有期徒刑,并处或者单处罚金;
	情节严重的	处5年以上有期徒刑,并处罚金。

法律依据

《刑法》条文

第二百一十九条之一　为境外的机构、组织、人员窃取、刺探、收买、非法提供商业秘密的,处五年以下有期徒刑,并处或者单处罚金;情节严重的,处五年以上有期徒刑,并处罚金。

要义辨析

一、概念

本罪是为境外的机构、组织、人员窃取、刺探、收买、非法提供商业秘密的行为。

二、构成要件

1. 本罪侵犯的客体是商业秘密权利人的保密权和商业秘密附随的财产权利。

2. 客观方面具有为境外的机构、组织、人员窃取、刺探、收买、非法提供商业秘密的行为。

3. 本罪的主体是一般主体,既可以是自然人,也可以是单位。

4. 主观方面是故意,而且只能是直接故意,通常具有营利的目的。

三、要点辨析

本罪行为相对方为境外的机构、组织、人员,比向境内的机构、组织、人员窃取、刺探、收买、非法提供商业秘密具有更大的社会危害性,因而本罪被规定为行为犯,不以给商业秘密权利人造成重大损失为要件。

四、罪名变迁

本罪为《刑法修正案(十一)》新增罪名。

第八节　扰乱市场秩序罪

类罪名:破坏社会主义市场经济秩序罪/扰乱市场秩序罪 | 罪名:损害商业信誉、商品声誉罪	
量刑标准	**造成重大损失或者有其他严重情节的**　处2年以下有期徒刑或者拘役,并处或者单处罚金;
	单位犯本罪的　对单位处罚金;对直接负责的主管人员和其他直接责任人员按个人犯罪处罚。

法律依据

一、《刑法》条文

第二百二十一条　捏造并散布虚伪事实,损害他人的商业信誉、商品声誉,给他人造成重大损失或者有其他严重情节的,处二年以下有期徒刑或者拘役,并处或者单处罚金。

第二百三十一条　单位犯本节第二百二十一条至第二百三十条规定之罪的,对单位判处罚金,并对其直接负责的主管人员和其他直接责任人员,依照本节各该条的规定处罚。

二、相关法律

《全国人民代表大会常务委员会关于维护互联网安全的决定》(2009年8月27日修正)

三、为了维护社会主义市场经济秩序和社会管理秩序,对有下列行为之一,构成犯罪的,依照刑法有关规定追究刑事责任:

(一)利用互联网销售伪劣产品或者对商品、服务作虚假宣传;

(二)利用互联网损坏他人商业信誉和商品声誉;

(三)利用互联网侵犯他人知识产权;

(四)利用互联网编造并传播影响证券、期货交易或者其他扰乱金融秩序的虚假信息;

(五)在互联网上建立淫秽网站、网页,提供淫秽站点链接服务,或者传播淫秽书刊、影片、音像、图片。

三、相关司法解释/文件

《最高人民法院、最高人民检察院关于办理利用信息网络实施诽谤等刑事案件适用法律若干问题的解释》(2013年9月6日　法释〔2013〕21号)

第九条　利用信息网络实施诽谤、寻衅滋事、敲诈勒索、非法经营犯罪，同时又构成刑法第二百二十一条规定的损害商业信誉、商品声誉罪，第二百七十八条规定的煽动暴力抗拒法律实施罪，第二百九十一条之一规定的编造、故意传播虚假恐怖信息罪等犯罪的，依照处罚较重的规定定罪处罚。

第十条　本解释所称信息网络，包括以计算机、电视机、固定电话机、移动电话机等电子设备为终端的计算机互联网、广播电视网、固定通信网、移动通信网等信息网络，以及向公众开放的局域网络。

《最高人民检察院、公安部关于公安机关管辖的刑事案件立案追诉标准的规定（二）》（2022年4月6日　公通字〔2022〕12号）

第六十六条　〔损害商业信誉、商品声誉案（刑法第二百二十一条）〕捏造并散布虚伪事实，损害他人的商业信誉、商品声誉，涉嫌下列情形之一的，应予立案追诉：

（一）给他人造成直接经济损失数额在五十万元以上的；

（二）虽未达到上述数额标准，但造成公司、企业等单位停业、停产六个月以上，或者破产的；

（三）其他给他人造成重大损失或者有其他严重情节的情形。

要义辨析

一、概念

本罪是指以捏造并散布虚伪事实的方式，损害他人的商业信誉、商品声誉，情节严重或给他人造成重大损失的行为。

二、构成要件

1.本罪侵犯的客体是国家对市场秩序的管理制度和他人的商业信誉权、商品声誉权。

2.客观方面表现为捏造并且散布虚伪事实，损害他人的商业信誉、商品声誉，给他人造成重大损失或者有其他严重情节的行为。

3.本罪的主体是一般主体，包括单位和个人。

4.主观方面是故意，过失不构成本罪。目的是抢占市场，或者纯粹为泄愤而破坏他人市场声誉。如果仅是散布失实的情况，而无损害他人商誉的主观故意，则不构成本罪。

三、要点辨析

1.合法监督行为与损害商誉行为的界限。

认定合法行为与损害商誉行为的界限，应当区分损害商誉行为与新闻监督行为、合法投诉行为。对于新闻机构经过正常采访，公开披露、曝光、批评一些商誉不好的经营者和消费者通过正常渠道（包括在报纸上刊登文章）反映经营者产品有掺假、低劣现象的行为应予以法律保护和支持，这些行为都是合法行为。其法律依据是《最高人民法院关于审理名誉权案件若干问题的解释》，该解释规定："消费者对生产者、经营者、销售者产品质量或服务质量进行批评、评论，不应当认定为侵害他人的名誉权。但借机诽谤、诋毁、损害其名誉的，应当认定为侵害名誉权。新闻单位对生产者、经营者、销售者的产品质量或者服务质量进行批评、评论，内容基本属实，没有侮辱内容的，不应当认定为侵害其名誉权；主要内容失实，损害其名誉的，应当认定为损害名誉权。"例如，国家有关部门每年组织对化妆品、家用电器等进行质量抽查，并将质量不符合标准的产品及生产企业予以曝光。这些行为从表面上看有损于企业的商誉，但真实的披露有利于公众对企业及其产品的正确评价，有利于维护消费者合法权益，不仅不是损害他人商誉的违法行为，而且还是对社会有益的行为。

2.损害商业信誉、商品声誉罪与诋毁商誉行为的界限。

损害商业信誉、商品声誉罪与不正当竞争中的诋毁他人商誉行为都是对从事市场交易的经营者的商业信誉、商品声誉的侵害，具体表现形式相似，但二者存在本质区别：

其一，行为主体上。损害商业信誉、商品声誉罪的行为主体是一般主体，既可以是从事市场交易的商品生产者、经营者，也可以是普通的消费者；而不正当竞争中的诋毁商誉的行为主体，限于参与市场竞争的对手、商品生产者、经营者。诋毁商誉行为的主体较为确定，《反不正当竞争法》第2条第2款规定，本法所称的不正当竞争行为，是指经营者在生产经营活动中，违反本法规定，扰乱市场竞争秩序，损害其他经营者或者消费者的合法权益的行为。第3款规定,本法所称的经营者,是指从事商品生产、经营或者提供服务的自然人、法人和非法人组织。因此,诋毁商誉行为的主体是参与市场竞争、从事相关市场交易活动的行为人,包括法人、其他经济组织和个人。损害商业信誉、商品声誉罪主体相比较而言更为宽泛,不仅包括经营者,还包括出于其他目的的非市场竞争的行为主体。

其二,主观方面上。损害商业信誉、商品声誉罪主观方面是故意,其目的是损害商业信誉、商品声誉,其动机多样,既可以是打击竞争对手实力,也可以是报复泄愤、贪图利益等。诋毁商誉行为的主观方面是强烈故意,最高人民法院将其同诽谤并列为同级,"借机诽谤、诋毁、损害其名誉的,应当认定为侵害名誉权",这不属于过失,行为人是出于竞争占领市场的目的。但是"诋毁行为"是民事司法解释中运用的用词,好像是比本罪的"损害行为"轻。这是不符合汉语词意程度的。以民事侵权处理,还是按损害商业信誉、商品声誉罪处理,要看行为后果程度。

其三,行为性质与法律后果上。损害商业信誉、商品声誉罪是对商品生产者、经营者商业信誉、商品声誉造成侵害的犯罪行为,要求行为必须给他人带来重大损害或者造成严重后果,行为人应承担相应的刑事责任;民事上的诋毁商誉行为属于经济违法行为,只要实施,即构成违法,行为人应承担相应的民事和行政责任。

3. 两种损害商誉行为的具体认定。

行为人针对个人捏造并散布虚伪事实,影响他人商誉,应如何认定?如果行为人针对"经营者",如厂长、经理、职工、个体工商户等,捏造并散布有关商誉的虚伪事实,应认定损害他人的商誉,情节严重的构成损害商业信誉、商品声誉罪。如果捏造并散布的是有关厂长等"个人"的名誉的虚伪事实,间接影响他人的商誉,并具有重大损失和其他严重情节,构成想象竞合犯,依"从一重罪处理"原则予以处理。

损害商业信誉、商品声誉罪侵害的对象是否应具备特定性,即应否指明某企业、某商品?如果行为人没有提及某个经营者的名称或其商品的名称,但从其捏造并散布的事实的内容上完全能推测出明确指向的应认定为损害了他人的商誉权。应当指出的是,损害商业信誉、商品声誉罪对象既可特指某一个企业、商品,也可以是一类企业、商品。例如,某省洗涤剂厂在所生产和出售的洗衣粉商品包装说明上标示"市场上出售的普通洗衣粉、肥皂均含铝、磷,会诱发老年痴呆症、组织学骨软化、非缺性贫血,助长肺病的发展",并告诫人们以后不要再去买其他洗衣粉,这是典型的损害某一类商品声誉。

四、罪名变迁

本罪是1997年《刑法》增设的罪名,1979年《刑法》和单行刑法均没有规定此罪名。

<table>
<tr><th colspan="2">类罪名:破坏社会主义市场经济秩序罪/扰乱市场秩序罪 | 罪名:虚假广告罪</th></tr>
<tr><td rowspan="2">量刑标准</td><td>情节严重的　处2年以下有期徒刑或者拘役,并处或者单处罚金;</td></tr>
<tr><td>单位犯本罪的　对单位判处罚金;对直接负责的主管人员和直接责任人员依个人犯罪处罚。</td></tr>
</table>

法律依据

一、《刑法》条文

第二百二十二条　广告主、广告经营者、广告发布者违反国家规定,利用广告对商品或者服务作虚假宣传,情节严重的,处二年以下有期徒刑或者拘役,并处或者单处罚金。

第二百三十一条　单位犯本节第二百二十一条至第二百三十条规定之罪的,对单位判处罚金,并对其直接负责的主管人员和其他直接责任人员,依照本节各该条的规定处罚。

二、相关法律

《中华人民共和国广告法》(2021 年 4 月 29 日修正)

第二条　在中华人民共和国境内,商品经营者或者服务提供者通过一定媒介和形式直接或者间接地介绍自己所推销的商品或者服务的商业广告活动,适用本法。

本法所称广告主,是指为推销商品或者服务,自行或者委托他人设计、制作、发布广告的自然人、法人或者其他组织。

本法所称广告经营者,是指接受委托提供广告设计、制作、代理服务的自然人、法人或者其他组织。

本法所称广告发布者,是指为广告主或者广告主委托的广告经营者发布广告的自然人、法人或者其他组织。

本法所称广告代言人,是指广告主以外的,在广告中以自己的名义或者形象对商品、服务作推荐、证明的自然人、法人或者其他组织。

第三条　广告应当真实、合法,以健康的表现形式表达广告内容,符合社会主义精神文明建设和弘扬中华民族优秀传统文化的要求。

第四条　广告不得含有虚假或者引人误解的内容,不得欺骗、误导消费者。

广告主应当对广告内容的真实性负责。

第八条　广告中对商品的性能、功能、产地、用途、质量、成分、价格、生产者、有效期限、允诺等或者对服务的内容、提供者、形式、质量、价格、允诺等有表示的,应当准确、清楚、明白。

广告中表明推销的商品或者服务附带赠送的,应当明示所附带赠送商品或者服务的品种、规格、数量、期限和方式。

法律、行政法规规定广告中应当明示的内容,应当显著、清晰表示。

第二十八条　广告以虚假或者引人误解的内容欺骗、误导消费者的,构成虚假广告。

广告有下列情形之一的,为虚假广告:

(一)商品或者服务不存在的;

(二)商品的性能、功能、产地、用途、质量、规格、成分、价格、生产者、有效期限、销售状况、曾获荣誉等信息,或者服务的内容、提供者、形式、质量、价格、销售状况、曾获荣誉等信息,以及与商品或者服务有关的允诺等信息与实际情况不符,对购买行为有实质性影响的;

(三)使用虚构、伪造或者无法验证的科研成果、统计资料、调查结果、文摘、引用语等信息作证明材料的;

(四)虚构使用商品或者接受服务的效果的;

(五)以虚假或者引人误解的内容欺骗、误导消费者的其他情形。

第三十四条　广告经营者、广告发布者应当按照国家有关规定,建立、健全广告业务的承接登记、审核、档案管理制度。

广告经营者、广告发布者依据法律、行政法规查验有关证明文件,核对广告内容。对内容不符或者证明文件不全的广告,广告经营者不得提供设计、制作、代理服务,广告发布者不得发布。

第五十五条　违反本法规定,发布虚假广告的,由市场监督管理部门责令停止发布广告,责令广告主在相应范围内消除影响,处广告费用三倍以上五倍以下的罚款,广告费用无法计算或者明显偏低的,处二十万元以上一百万元以下的罚款;两年内有三次以上违法行为或者有其他严重情节的,处广告费用五倍以上十倍以下的罚款,广告费用无法计算或者明显偏低的,处一百万元以上二百万元以下的罚款,可以吊销营业执照,并由广告审查机关撤销广告审查批准文件、一年内不受理其广告审查申请。

医疗机构有前款规定违法行为,情节严重的,除由市场监督管理部门依照本法处罚外,卫生行政部门可以吊销诊疗科目或者吊销医疗机构执业许可证。

广告经营者、广告发布者明知或者应知广告虚假仍设计、制作、代理、发布的,由市场监督管理部门没收广告费用,并处广告费用三倍以上五倍以下的罚款,广告费用无法计算或者明显偏低的,处二十万元以上一百万元以下的罚款;两年内有三次以上违法行为或者有其他严重情节的,处广告费用五倍以上十倍以下的罚款,广告费用无法计算或者明显偏低的,处一百万元以上二百万元以下的罚款,并可以由有关部门暂停广告发布业务、吊销营业执照。

广告主、广告经营者、广告发布者有本条第一款、第三款规定行为,构成犯罪的,依法追究刑事责任。

第五十六条 违反本法规定,发布虚假广告,欺骗、误导消费者,使购买商品或者接受服务的消费者的合法权益受到损害的,由广告主依法承担民事责任。广告经营者、广告发布者不能提供广告主的真实名称、地址和有效联系方式的,消费者可以要求广告经营者、广告发布者先行赔偿。

关系消费者生命健康的商品或者服务的虚假广告,造成消费者损害的,其广告经营者、广告发布者、广告代言人应当与广告主承担连带责任。

前款规定以外的商品或者服务的虚假广告,造成消费者损害的,其广告经营者、广告发布者、广告代言人,明知或者应知广告虚假仍设计、制作、代理、发布或者作推荐、证明的,应当与广告主承担连带责任。

三、相关司法解释/文件

《最高人民法院、最高人民检察院关于办理妨害预防、控制突发传染病疫情等灾害的刑事案件具体应用法律若干问题的解释》(2003年5月14日 法释〔2003〕8号)

第五条 广告主、广告经营者、广告发布者违反国家规定,假借预防、控制突发传染病疫情等灾害的名义,利用广告对所推销的商品或者服务作虚假宣传,致使多人上当受骗,违法所得数额较大或者有其他严重情节的,依照刑法第二百二十二条的规定,以虚假广告罪定罪处罚。

《最高人民法院关于审理非法集资刑事案件具体应用法律若干问题的解释》(2022年2月23日修正 法释〔2022〕5号)

第十二条 广告经营者、广告发布者违反国家规定,利用广告为非法集资活动相关的商品或者服务作虚假宣传,具有下列情形之一的,依照刑法第二百二十二条的规定,以虚假广告罪定罪处罚:

(一)违法所得数额在10万元以上的;

(二)造成严重危害后果或者恶劣社会影响的;

(三)二年内利用广告作虚假宣传,受过行政处罚二次以上的;

(四)其他情节严重的情形。

明知他人从事欺诈发行证券,非法吸收公众存款,擅自发行股票、公司、企业债券,集资诈骗或者组织、领导传销活动等集资犯罪活动,为其提供广告等宣传的,以相关犯罪的共犯论处。

《最高人民法院、最高人民检察院关于办理危害食品安全刑事案件适用法律若干问题的解释》(2021年12月30日修正 法释〔2021〕24号)

第十九条 违反国家规定,利用广告对保健食品或者其他食品作虚假宣传,符合刑法第二百二十二条规定的,以虚假广告罪定罪处罚;以非法占有为目的,利用销售保健食品或者其他食品诈骗财物,符合刑法第二百六十六条规定的,以诈骗罪定罪处罚。同时构成生产、销售伪劣产品罪等其他犯罪的,依照处罚较重的规定定罪处罚。

《最高人民法院、最高人民检察院关于办理危害药品安全刑事案件适用法律若干问题的解释》(2022年3月3日 高检发释字〔2022〕1号)

第十二条 广告主、广告经营者、广告发布者违反国家规定,利用广告对药品作虚假宣传,情节严重的,依照刑法第二百二十二条的规定,以虚假广告罪定罪处罚。

《最高人民检察院、公安部关于公安机关管辖的刑事案件立案追诉标准的规定(二)》(2022年4月6日 公通字〔2022〕12号)

第六十七条 〔虚假广告案(刑法第二百二十二条)〕广告主、广告经营者、广告发布者违反国家规定,利用广告对商品或者服务作虚假宣传,涉嫌下列情形之一的,应予立案追诉:

(一)违法所得数额在十万元以上的;

(二)假借预防、控制突发事件、传染病防治的名义,利用广告作虚假宣传,致使多人上当受骗,违法所得数额在三万元以上的;

(三)利用广告对食品、药品作虚假宣传,违法所得数额在三万元以上的;

(四)虽未达到上述数额标准,但二年内因利用广告作虚假宣传受过二次以上行政处罚,又利用广告作虚假宣传的;

(五)造成严重危害后果或者恶劣社会影响的;

(六)其他情节严重的情形。

《最高人民法院、最高人民检察院、公安部、司法部关于依法惩治妨害新型冠状病毒感染肺炎疫情防控违法犯罪的意见》(2020 年 2 月 6 日　法发〔2020〕7 号)

(五)依法严惩诈骗、聚众哄抢犯罪。在疫情防控期间,假借研制、生产或者销售用于疫情防控的物品的名义骗取公私财物,或者捏造事实骗取公众捐赠款物,数额较大的,依照刑法第二百六十六条的规定,以诈骗罪定罪处罚。

在疫情防控期间,违反国家规定,假借疫情防控的名义,利用广告对所推销的商品或者服务作虚假宣传,致使多人上当受骗,违法所得数额较大或者有其他严重情节的,依照刑法第二百二十二条的规定,以虚假广告罪定罪处罚。

在疫情防控期间,聚众哄抢公私财物特别是疫情防控和保障物资,数额较大或者有其他严重情节的,对首要分子和积极参加者,依照刑法第二百六十八条的规定,以聚众哄抢罪定罪处罚。

要义辨析

一、概念

本罪是指广告主、广告经营者、广告发布者违反国家规定,利用广告对商品或服务作虚假宣传,情节严重的行为。

二、构成要件

1. 本罪侵犯的客体是国家对广告的管理制度,和受虚假广告欺骗受损的消费者、其他经营者。

2. 客观方面表现为违反法律规定,利用广告对商品或者服务作虚假宣传,情节严重的行为。“情节严重”是构成本罪的条件。

3. 本罪主体是特殊主体,只能由广告主、广告经营者、广告发布者才能构成,包括个人和单位。

4. 本罪主观方面只能是故意,即明知是虚假广告而为之宣传。

三、要点辨析

1. 本罪与非罪的界限。本罪根据情节定罪,区分的关键在于利用虚假广告欺骗用户和消费者的行为是否情节严重。属于情节严重则构成犯罪,如果情节尚属一般则不应以犯罪论处,可以适用民事赔偿或者行政处罚措施。

2. 本罪与假冒注册商标罪的界限。这两个罪的犯罪人主观行为上都有虚假、假冒的一面,但这两个罪仍有重要的不同:(1)直接客体不同。虚假广告罪侵犯的直接客体是国家对广告的管理秩序,而假冒商标罪侵害的直接客体是国家对注册商标的管理秩序。(2)客观行为不同。虚假广告罪的客观方面是使用虚假广告对商品作引人误解的宣传,而假冒注册商标罪的客观方面是假冒他人注册商标的行为。

3. 虚假广告罪与诈骗罪之间的界限。正确区分虚假广告罪与诈骗罪的界限。

诈骗罪是指以非法占有为目的,用虚构事实或存隐瞒真相的方法骗取数额较大的公私财物的行为。虚假广告罪与诈骗罪的主要区别在于:(1)侵犯的客体不同。前者侵犯的是广告市场管理制度和不特定消费者的合法权益,而后者则是侵犯公私财物的所有权。(2)客观方面不同。前者是采用利用广告作虚假宣传的特定手段,而后者则是采用隐瞒真相和虚构事实的欺骗方法。(3)犯罪主体不同。前者是广告主、广告经营者和广告发布者,而后者则是一般主体。

4. 本罪与生产销售伪劣产品罪的界限。如果生产者、销售者在商品中掺杂、掺假,以假充真、以次充好或者以不合格产品冒充合格产品,即触犯了《刑法》第 140 条的规定,同时,生产者、销售者又以虚假广告的方法对商品质量作引人误解的欺骗宣传的,在此情况下只能定生产、销售伪劣商品罪,不能再定虚假广告罪。因为凡是生产、销售伪劣产品的,通常都有以虚假广告作欺骗宣传的行为,这符合牵连犯的规定,故择一重罪处罚,而不适用数罪并罚的原则。但是对于广告经营者和广告发布者来说,在明知或应知的情况下仍为生产、销售伪劣商品者代理、设计、制作、发布虚假广告,情节严重的行为,应单独成立虚假广告罪。

四、罪名变迁

本罪是 1997 年《刑法》新增的罪名,是 1995 年 2 月《广告法》颁布后,针对市场宣传行为严格管理而增设。

<table>
<tr><td colspan="2">类罪名:破坏社会主义市场经济秩序罪/扰乱市场秩序罪 | 罪名:串通投标罪</td></tr>
<tr><td rowspan="2">量刑标准</td><td>情节严重的　处3年以下有期徒刑或者拘役,并处或者单处罚金;</td></tr>
<tr><td>单位犯罪的　对单位判处罚金;对直接负责的主管人员和其他直接责任人员按个人犯罪处罚。</td></tr>
</table>

法律依据

一、《刑法》条文

第二百二十三条　投标人相互串通投标报价,损害招标人或者其他投标人利益,情节严重的,处三年以下有期徒刑或者拘役,并处或者单处罚金。

投标人与招标人串通投标,损害国家、集体、公民的合法利益的,依照前款的规定处罚。

第二百三十一条　单位犯本节第二百二十一条至第二百三十条规定之罪的,对单位判处罚金,并对其直接负责的主管人员和其他直接责任人员,依照本节各该条的规定处罚。

二、相关法律

《中华人民共和国政府采购法》(2014年8月31日修正)

第七十七条　供应商有下列情形之一的,处以采购金额千分之五以上千分之十以下的罚款,列入不良行为记录名单,在一至三年内禁止参加政府采购活动,有违法所得的,并处没收违法所得,情节严重的,由工商行政管理机关吊销营业执照;构成犯罪的,依法追究刑事责任:

(一)提供虚假材料谋取中标、成交的;

(二)采取不正当手段诋毁、排挤其他供应商的;

(三)与采购人、其他供应商或者采购代理机构恶意串通的;

(四)向采购人、采购代理机构行贿或者提供其他不正当利益的;

(五)在招标采购过程中与采购人进行协商谈判的;

(六)拒绝有关部门监督检查或者提供虚假情况的。

供应商有前款第(一)至(五)项情形之一的,中标、成交无效。

第七十八条　采购代理机构在代理政府采购业务中有违法行为的,按照有关法律规定处以罚款,可以依法取消其进行相关业务的资格,构成犯罪的,依法追究刑事责任。

《中华人民共和国招标投标法》(2017年12月27日修正)

第五十三条　投标人相互串通投标或者与招标人串通投标的,投标人以向招标人或者评标委员会成员行贿的手段谋取中标的,中标无效,处中标项目金额千分之五以上千分之十以下的罚款,对单位直接负责的主管人员和其他直接责任人员处单位罚款数额百分之五以上百分之十以下的罚款;有违法所得的,并处没收违法所得;情节严重的,取消其一年至二年内参加依法必须进行招标的项目的投标资格并予以公告,直至由工商行政管理机关吊销营业执照;构成犯罪的,依法追究刑事责任。给他人造成损失的,依法承担赔偿责任。

三、相关司法解释/文件

《最高人民检察院、公安部关于公安机关管辖的刑事案件立案追诉标准的规定(二)》(2022年4月6日　公通字〔2022〕12号)

第六十八条　〔串通投标案(刑法第二百二十三条)〕投标人相互串通投标报价,或者投标人与招标人串通投标,涉嫌下列情形之一的,应予立案追诉:

(一)损害招标人、投标人或者国家、集体、公民的合法利益,造成直接经济损失数额在五十万元以上的;

(二)违法所得数额在二十万元以上的;

(三)中标项目金额在四百万元以上的;

(四)采取威胁、欺骗或者贿赂等非法手段的;

(五)虽未达到上述数额标准,但二年内因串通投标受过二次以上行政处罚,又串通投标的;

(六)其他情节严重的情形。

要义辨析

一、概念

本罪是指投标人相互串通投标报价，损害招标人或其他投标人利益，或者投标人与招标人串通投标，损害国家、集体、公民的合法利益，且情节严重的行为。

二、构成要件

1. 本罪侵犯的客体是投标市场秩序和公平竞争的市场机制。

2. 客观方面表现为在投标过程中，投标人相互串通投标报价，共同损害招标人利益的行为，或者投标人与招标人串通投标，损害国家、集体、其他竞争投标人、其他公民的合法利益，情节严重的行为。

3. 犯罪主体是特殊主体。即必须是介入招标、投标过程的单位或自然人，可以是投标人，也可能是招标人。

4. 主观方面是故意。

三、要点辨析

1. 串通投标的表现形式，具体包括以下三种：(1)投标人相互串通，联合行为，在工程采购类招标中联合抬价，使标额抬高，获取利益，损害招标人利益；(2)投标人相互串通，联合行为，在拍卖类招标中，联合压价，用利益约定限制他人参与积极竞拍，使标额降低，损害拍卖人利益；(3)投标人与招标人相互串通投标，泄露标底，损害了国家、集体、其他投标竞争人、公民合法利益。

2. 本罪与非罪的界限。串通投标罪与串通投标违法行为的界限，是看该行为的情节严重与否，情节严重者构成犯罪，否则不以犯罪论。何为情节严重，由最高人民法院司法解释规定。在认定情节严重与否时，应当考虑犯罪手段是否恶劣、是否多次进行、行为的结果及社会影响等因素，作出综合判断。

3. 本罪与贿赂罪等牵连犯罪的认定。在行为人犯串通投标罪的同时，往往可能牵连犯有贿赂罪、侵犯商业秘密罪等罪名，如投标人贿赂招标人许以特定经济利益，诱使其泄露标底，或者招标人接受贿赂，泄露标底等商业秘密。因此本罪往往出现牵连犯罪的情况。对于此种牵连犯罪应依法理适用以一重罪处断为宜。如果行贿行为相对独立，数额巨大，也可以数罪并罚。

四、罪名变迁

本罪是1997年《刑法》增设的罪名，1979年《刑法》和单行刑法均没有规定此罪名。

类罪名：破坏社会主义市场经济秩序罪/扰乱市场秩序罪	罪名：合同诈骗罪
量刑标准	**数额较大的**　处3年以下有期徒刑或者拘役，并处或者单处罚金；
	数额巨大或者有其他严重情节的　处3年以上10年以下有期徒刑，并处罚金；
	数额特别巨大或者有其他特别严重情节的　处10年以上有期徒刑或者无期徒刑，并处罚金或者没收财产；
	单位犯本罪的　对单位处罚金；对直接负责的主管人员和其他责任人员按个人犯罪处罚。

法律依据

一、《刑法》条文

第二百二十四条　有下列情形之一，以非法占有为目的，在签订、履行合同过程中，骗取对方当事人财物，数额较大的，处三年以下有期徒刑或者拘役，并处或者单处罚金；数额巨大或者有其他严重情节的，处三年以上十年以下有期徒刑，并处罚金；数额特别巨大或者有其他特别严重情节的，处十年以上有期徒刑或者无期徒刑，并处罚金或者没收财产：

(一)以虚构的单位或者冒用他人名义签订合同的；

(二)以伪造、变造、作废的票据或者其他虚假的产权证明作担保的；

(三)没有实际履行能力，以先履行小额合同或者部分履行合同的方法，诱骗对方当事人继续签订和履行合同的；

(四)收受对方当事人给付的货物、货款、预付款或者担保财产后逃匿的；

(五)以其他方法骗取对方当事人财物的。

第二百三十一条　单位犯本节第二百二十一条至第二百三十条规定之罪的，对单位判处罚金，并对其直接负责的主管人员和其他直接责任人员，依照本节各该条的规定处罚。

二、相关司法解释/文件

《最高人民法院关于在审理经济纠纷案件中涉及经济犯罪嫌疑若干问题的规定》(2020年12月29日修正　法释〔2020〕17号)

第二条　单位直接负责的主管人员和其他直接责任人员，以为单位骗取财物为目的，采取欺骗手段对外签订经济合同，骗取的财物被该单位占有、使用或处分构成犯罪的，除依法追究有关人员的刑事责任，责令该单位返还骗取的财物外，如给被害人造成经济损失的，单位应当承担赔偿责任。

第三条　单位直接负责的主管人员和其他直接责任人员，以该单位的名义对外签订经济合同，将取得的财物部分或全部占为己有构成犯罪的，除依法追究行为人的刑事责任外，该单位对行为人因签订、履行该经济合同造成的后果，依法应当承担民事责任。

第四条　个人借用单位的业务介绍信、合同专用章或者盖有公章的空白合同书，以出借单位名义签订经济合同，骗取财物归个人占有、使用、处分或者进行其他犯罪活动，给对方造成经济损失构成犯罪的，除依法追究借用人的刑事责任外，出借业务介绍信、合同专用章或者盖有公章的空白合同书的单位，依法应当承担赔偿责任。但是，有证据证明被害人明知签订合同对方当事人是借用行为，仍与之签订合同的除外。

第五条　行为人盗窃、盗用单位的公章、业务介绍信、盖有公章的空白合同书，或者私刻单位的公章签订经济合同，骗取财物归个人占有、使用、处分或者进行其他犯罪活动构成犯罪的，单位对行为人该犯罪行为所造成的经济损失不承担民事责任。

行为人私刻单位公章或者擅自使用单位公章、业务介绍信、盖有公章的空白合同书以签订经济合同的方法进行的犯罪行为，单位有明显过错，且该过错行为与被害人的经济损失之间具有因果关系的，单位对该犯罪行为所造成的经济损失，依法应当承担赔偿责任。

第六条　企业承包、租赁经营合同期满后，企业按规定办理了企业法定代表人的变更登记，而企业法人未采取有效措施收回其公章、业务介绍信、盖有公章的空白合同书，或者没有及时采取措施通知相对人，致原企业承包人、租赁人得以用原承包、租赁企业的名义签订经济合同，骗取财物占为己有构成犯罪的，该企业对被害人的经济损失，依法应当承担赔偿责任。但是，原承包人、承租人利用擅自保留的公章、业务介绍信、盖有公章的空白合同书以原承包、租赁企业的名义签订经济合同，骗取财物占为己有构成犯罪的，企业一般不承担民事责任。

单位聘用的人员被解聘后，或者受单位委托保管公章的人员被解除委托后，单位未及时收回其公章，行为人擅自利用保留的原单位公章签订经济合同，骗取财物占为己有构成犯罪，如给被害人造成经济损失的，单位应当承担赔偿责任。

《最高人民检察院、公安部关于公安机关管辖的刑事案件立案追诉标准的规定(二)》(2022年4月6日　公通字〔2022〕12号)

第六十九条　〔合同诈骗案(刑法第二百二十四条)〕以非法占有为目的，在签订、履行合同过程中，骗取对方当事人财物，数额在二万元以上的，应予立案追诉。

《最高人民法院关于常见犯罪的量刑指导意见(二)(试行)》(2017年5月1日)

一、八种常见犯罪的量刑

(五)合同诈骗罪

1. 构成合同诈骗罪的，可以根据下列不同情形在相应的幅度内确定量刑起点：

(1)达到数额较大起点的，可以在一年以下有期徒刑、拘役幅度内确定量刑起点。

（2）达到数额巨大起点或者有其他严重情节的，可以在三年至四年有期徒刑幅度内确定量刑起点。

（3）达到数额特别巨大起点或者有其他特别严重情节的，可以在十年至十二年有期徒刑幅度内确定量刑起点。依法应当判处无期徒刑的除外。

2. 在量刑起点的基础上，可以根据合同诈骗数额等其他影响犯罪构成的犯罪事实增加刑罚量，确定基准刑。

《最高人民法院、最高人民检察院关于常见犯罪的量刑指导意见（试行）》（2021 年 6 月 16 日法发〔2021〕21 号）

四、常见犯罪的量刑

（六）合同诈骗罪

1. 构成合同诈骗罪的，根据下列情形在相应的幅度内确定量刑起点：

（1）达到数额较大起点的，在一年以下有期徒刑、拘役幅度内确定量刑起点。

（2）达到数额巨大起点或者有其他严重情节的，在三年至四年有期徒刑幅度内确定量刑起点。

（3）达到数额特别巨大起点或者有其他特别严重情节的，在十年至十二年有期徒刑幅度内确定量刑起点。依法应当判处无期徒刑的除外。

2. 在量刑起点的基础上，根据合同诈骗数额等其他影响犯罪构成的犯罪事实增加刑罚量，确定基准刑。

3. 构成合同诈骗罪的，根据诈骗手段、犯罪数额、损失数额、危害后果等犯罪情节，综合考虑被告人缴纳罚金的能力，决定罚金数额。

4. 构成合同诈骗罪的，综合考虑诈骗手段、犯罪数额、危害后果、退赃退赔等犯罪事实、量刑情节，以及被告人主观恶性、人身危险性、认罪悔罪表现等因素，决定缓刑的适用。

要义辨析

一、概念

本罪是指以非法占有为目的，在签订、履行合同过程中，虚构事实或隐匿真相，骗取对方当事人财物，数额较大的行为。

二、构成要件

1. 本罪侵犯的客体是国家对经济合同的管理秩序和公私财物的所有权。

2. 客观方面表现为在签订、履行合同过程中，骗取对方当事人财物，数额较大的行为。

3. 本罪的主体是一般主体，包括个人和单位。

4. 本罪主观方面是故意，并有非法占有的目的。

三、要点辨析

1. 合同诈骗罪的中心是占有他人财产，签订和履行合同是犯罪手段，是一种载体。虚构事实、隐瞒真相、骗取信任、占有财产是基本特征。

2. 划清合同诈骗与合同纠纷的界限，不能把合同纠纷当作合同诈骗罪来处理。区分二者的关键，在于行为人主观上是否具有非法占有对方当事人财物的目的，客观上是否利用经济合同实施骗取对方当事人数额较大的财物的行为。一开始努力签订和履行合同，由于客观原因导致合同无法履行，财产无法归还，不能用诈骗定性。

3. 出于地方保护和保护当地企业利益的目的，公安机关利用刑事手段插手经济合同纠纷，在当前中国市场治理中屡有发生。检察院、法院在处理中要特别注意罪与非罪的界线。合同主体真实，只是个别要素不符，不是虚构合同主体。合同标的有瑕疵，履行中有争议，不是骗取财产。企业经营资金的调动和移用，因意外情形导致无法归还的，在市场现实中是多见的，不能违背经济现实进行机械认定。纠纷中留置财产，没有占有和灭失，法院能够诉讼保全追索，不能轻易以诈骗论处。现金种类物变成了特定物，导致一时无法归还，也不能用故意诈骗来认定。同一标的物，双方中有一方已经在法院进行诉讼，另一方也已经应诉，公安机关不能介入刑事处理。

四、罪名变迁

本罪是 1997 年《刑法》增设的罪名，1979 年《刑法》和单行刑法均没有规定此罪名。

<table>
<tr><td colspan="2">类罪名:破坏社会主义市场经济秩序罪/扰乱市场秩序罪 | 罪名:组织、领导传销活动罪</td></tr>
<tr><td rowspan="3">量刑标准</td><td>组织、领导传销活动的 处5年以下有期徒刑或者拘役,并处罚金;</td></tr>
<tr><td>情节严重的 处5年以上有期徒刑,并处罚金;</td></tr>
<tr><td>单位犯本罪的 对单位处罚金;对直接负责的主管人员和其他责任人员按个人犯罪处罚。</td></tr>
</table>

法律依据

一、《刑法》条文

第二百二十四条之一 组织、领导以推销商品、提供服务等经营活动为名,要求参加者以缴纳费用或者购买商品、服务等方式获得加入资格,并按照一定顺序组成层级,直接或者间接以发展人员的数量作为计酬或者返利依据,引诱、胁迫参加者继续发展他人参加,骗取财物,扰乱经济社会秩序的传销活动的,处五年以下有期徒刑或者拘役,并处罚金;情节严重的,处五年以上有期徒刑,并处罚金。

第二百三十一条 单位犯本节第二百二十一条至第二百三十条规定之罪的,对单位判处罚金,并对其直接负责的主管人员和其他直接责任人员,依照本节各该条的规定处罚。

二、相关行政法规

《禁止传销条例》(2005年8月23日)

第一条 为了防止欺诈,保护公民、法人和其他组织的合法权益,维护社会主义市场经济秩序,保持社会稳定,制定本条例。

第二条 本条例所称传销,是指组织者或者经营者发展人员,通过对被发展人员以其直接或者间接发展的人员数量或者销售业绩为依据计算和给付报酬,或者要求被发展人员以交纳一定费用为条件取得加入资格等方式牟取非法利益,扰乱经济秩序,影响社会稳定的行为。

第七条 下列行为,属于传销行为:

(一)组织者或者经营者通过发展人员,要求被发展人员发展其他人员加入,对发展的人员以其直接或者间接滚动发展的人员数量为依据计算和给付报酬(包括物质奖励和其他经济利益,下同),牟取非法利益的;

(二)组织者或者经营者通过发展人员,要求被发展人员交纳费用或者以认购商品等方式变相交纳费用,取得加入或者发展其他人员加入的资格,牟取非法利益的;

(三)组织者或者经营者通过发展人员,要求被发展人员发展其他人员加入,形成上下线关系,并以下线的销售业绩为依据计算和给付上线报酬,牟取非法利益的。

第九条 利用互联网等媒体发布含有本条例第七条规定的传销信息的,由工商行政管理部门会同电信等有关部门依照本条例的规定查处。

第十条 在传销中以介绍工作、从事经营活动等名义欺骗他人离开居所地非法聚集并限制其人身自由的,由公安机关会同工商行政管理部门依法查处。

第十三条 工商行政管理部门查处传销行为,对涉嫌犯罪的,应当依法移送公安机关立案侦查;公安机关立案侦查传销案件,对经侦查不构成犯罪的,应当依法移交工商行政管理部门查处。

第二十三条 对于经查证属于传销行为的,工商行政管理部门、公安机关可以向社会公开发布警示、提示。向社会公开发布警示、提示应当经县级以上工商行政管理部门主要负责人或者公安机关主要负责人批准。

第二十四条 有本条例第七条规定的行为,组织策划传销的,由工商行政管理部门没收非法财物,没收违法所得,处50万元以上200万元以下的罚款;构成犯罪的,依法追究刑事责任。

第二十六条 为本条例第七条规定的传销行为提供经营场所、培训场所、货源、保管、仓储等条件的,由工商行政管理部门责令停止违法行为，没收违法所得，处5万元以上50万元以下的罚款。

为本条例第七条规定的传销行为提供互联网信息服务的，由工商行政管理部门责令停止违法行为，并通知有关部门依照《互联网信息服务管理办法》予以处罚。

第二十八条　有本条例第十条规定的行为或者拒绝、阻碍工商行政管理部门的执法人员依法查处传销行为，构成违反治安管理行为的，由公安机关依照治安管理的法律、行政法规规定处罚；构成犯罪的，依法追究刑事责任。

第三十条　本条例自2005年11月1日起施行。

三、相关司法解释/文件

《最高人民检察院、公安部关于公安机关管辖的刑事案件立案追诉标准的规定(二)》(2022年4月6日　公通字〔2022〕12号)

第七十条　〔组织、领导传销活动案(刑法第二百二十四条之一)〕组织、领导以推销商品、提供服务等经营活动为名，要求参加者以缴纳费用或者购买商品、服务等方式获得加入资格，并按照一定顺序组成层级，直接或者间接以发展人员的数量作为计酬或者返利依据，引诱、胁迫参加者继续发展他人参加，骗取财物，扰乱经济社会秩序的传销活动，涉嫌组织、领导的传销活动人员在三十人以上且层级在三级以上的，对组织者、领导者，应予立案追诉。

下列人员可以认定为传销活动的组织者、领导者：

(一)在传销活动中起发起、策划、操纵作用的人员；

(二)在传销活动中承担管理、协调等职责的人员；

(三)在传销活动中承担宣传、培训等职责的人员；

(四)因组织、领导传销活动受过刑事追究，或者一年内因组织、领导传销活动受过行政处罚，又直接或者间接发展参与传销活动人员在十五人以上且层级在三级以上的人员；

(五)其他对传销活动的实施、传销组织的建立、扩大等起关键作用的人员。

《最高人民法院、最高人民检察院、公安部关于办理组织领导传销活动刑事案件适用法律若干问题的意见》(2013年11月14日　公通字〔2013〕37号)

为解决近年来公安机关、人民检察院、人民法院在办理组织、领导传销活动刑事案件中遇到的问题，依法惩治组织、领导传销活动犯罪，根据刑法、刑事诉讼法的规定，结合司法实践，现就办理组织、领导传销活动刑事案件适用法律问题提出以下意见：

一、关于传销组织层级及人数的认定问题

以推销商品、提供服务等经营活动为名，要求参加者以缴纳费用或者购买商品、服务等方式获得加入资格，并按照一定顺序组成层级，直接或者间接以发展人员的数量作为计酬或者返利依据，引诱、胁迫参加者继续发展他人参加，骗取财物，扰乱经济社会秩序的传销组织，其组织内部参与传销活动人员在三十人以上且层级在三级以上的，应当对组织者、领导者追究刑事责任。

组织、领导多个传销组织，单个或者多个组织中的层级已达三级以上的，可将在各个组织中发展的人数合并计算。

组织者、领导者形式上脱离原传销组织后，继续从原传销组织获取报酬或者返利的，原传销组织在其脱离后发展人员的层级数和人数，应当计算为其发展的层级数和人数。

办理组织、领导传销活动刑事案件中，确因客观条件的限制无法逐一收集参与传销活动人员的言词证据的，可以结合依法收集并查证属实的缴纳、支付费用及计酬、返利记录，视听资料，传销人员关系图，银行账户交易记录，互联网电子数据，鉴定意见等证据，综合认定参与传销的人数、层级数等犯罪事实。

二、关于传销活动有关人员的认定和处理问题

下列人员可以认定为传销活动的组织者、领导者：

(一)在传销活动中起发起、策划、操纵作用的人员；

(二)在传销活动中承担管理、协调等职责的人员；

(三)在传销活动中承担宣传、培训等职责的人员；

(四)曾因组织、领导传销活动受过刑事处罚,或者一年以内因组织、领导传销活动受过行政处罚,又直接或者间接发展参与传销活动人员在十五人以上且层级在三级以上的人员;

(五)其他对传销活动的实施、传销组织的建立、扩大等起关键作用的人员。

以单位名义实施组织、领导传销活动犯罪的,对于受单位指派,仅从事劳务性工作的人员,一般不予追究刑事责任。

三、关于"骗取财物"的认定问题

传销活动的组织者、领导者采取编造、歪曲国家政策,虚构、夸大经营、投资、服务项目及盈利前景,掩饰计酬、返利真实来源或者其他欺诈手段,实施刑法第二百二十四条之一规定的行为,从参与传销活动人员缴纳的费用或者购买商品、服务的费用中非法获利的,应当认定为骗取财物。参与传销活动人员是否认为被骗,不影响骗取财物的认定。

四、关于"情节严重"的认定问题

对符合本意见第一条第一款规定的传销组织的组织者、领导者,具有下列情形之一的,应当认定为刑法第二百二十四条之一规定的"情节严重":

(一)组织、领导的参与传销活动人员累计达一百二十人以上的;

(二)直接或者间接收取参与传销活动人员缴纳的传销资金数额累计达二百五十万元以上的;

(三)曾因组织、领导传销活动受过刑事处罚,或者一年以内因组织、领导传销活动受过行政处罚,又直接或者间接发展参与传销活动人员累计达六十人以上的;

(四)造成参与传销活动人员精神失常、自杀等严重后果的;

(五)造成其他严重后果或者恶劣社会影响的。

五、关于"团队计酬"行为的处理问题

传销活动的组织者或者领导者通过发展人员,要求传销活动的被发展人员发展其他人员加入,形成上下线关系,并以下线的销售业绩为依据计算和给付上线报酬,牟取非法利益的,是"团队计酬"式传销活动。

以销售商品为目的、以销售业绩为计酬依据的单纯的"团队计酬"式传销活动,不作为犯罪处理。形式上采取"团队计酬"方式,但实质上属于"以发展人员的数量作为计酬或者返利依据"的传销活动,应当依照刑法第二百二十四条之一的规定,以组织、领导传销活动罪定罪处罚。

六、关于罪名的适用问题

以非法占有为目的,组织、领导传销活动,同时构成组织、领导传销活动罪和集资诈骗罪的,依照处罚较重的规定定罪处罚。

犯组织、领导传销活动罪,并实施故意伤害、非法拘禁、敲诈勒索、妨害公务、聚众扰乱社会秩序、聚众冲击国家机关、聚众扰乱公共场所秩序、交通秩序等行为,构成犯罪的,依照数罪并罚的规定处罚。

七、其他问题

本意见所称"以上"、"以内",包括本数。

本意见所称"层级"和"级",系指组织者、领导者与参与传销活动人员之间的上下线关系层次,而非组织者、领导者在传销组织中的身份等级。

对传销组织内部人数和层级数的计算,以及对组织者、领导者直接或者间接发展参与传销活动人员人数和层级数的计算,包括组织者、领导者本人及其本层级在内。

《最高人民法院、最高人民检察院、公安部、司法部关于依法惩治拐卖妇女儿童犯罪的意见》(2010年3月15日　法发〔2010〕7号)

明知是被拐卖的妇女、儿童而收买,具有下列情形之一的,以收买被拐卖的妇女、儿童罪论处;同时构成其他犯罪的,依照数罪并罚的规定处罚:

(5)组织、诱骗、强迫被收买的妇女、儿童从事乞讨、苦役,或者盗窃、传销、卖淫等违法犯罪活动的;

要义辨析

一、概念

本罪是指行为人组织、领导以推销商品、提供服务等经营活动为名,要求参加者以缴纳费用或者购买商品、服务方式获得加入资格,并按照一定顺序组成层级,直接或者间接以发展人员的数量作为计酬或者返利依据,引诱、胁迫参加者继续发展他人参加，骗取财物，扰乱经济社会秩序的传销活动的行为。

二、构成要件

1. 本罪侵犯的客体是市场经济秩序和终端参与者的财产权利。

2. 本罪的客观方面表现为以组织、领导以推销商品、提供服务等经营活动为名，要求参加者以缴纳费用或者购买商品、服务方式获得加入资格，并按照一定顺序组成层级，直接或者间接以发展人员的数量作为计酬或者返利依据，引诱、胁迫参加者继续发展他人参加，骗取财物的行为。

3. 本罪主体是一般主体，个人和单位都可以构成。但从其行为特征上，只有从事传销经营活动的组织、领导者才能犯本罪。对中间层级参加组织的人不能扩大追究。请注意"引诱、胁迫参加者继续发展他人参加"，此即犯罪的主动性问题。如果参加了中间传销又去组织他人，但不是主动去做，而是被引诱、胁迫的，可以不按本罪追究。

4. 本罪主观方面是故意，并有非法占有的目的。只有以营利为目的"骗取财物、扰乱经济秩序"的才构成犯罪。"引诱、胁迫、骗取"是本罪的外在行为表现特征，可以据此判决行为人是不是"组织、领导者"。

三、要点辨析

1. 关于传销的核心概念。国务院《禁止传销条例》是最早全面系统地规定传销概念的法规。该条例规定组织者或者经营者发展人员，通过被发展人员直接或间接发展人员的数量或者销售业绩为依据计算和给付报酬，或者要求被发展人员以交纳一定费用为条件取得加入资格等方式牟取非法利益，扰乱经济秩序，影响社会稳定的任何行为都属于传销。该条例列举了传销的三种表现形式，即以发展下线的数量为依据计提报酬的传销行为（即"拉人头"），以发展的下线的推销业绩为依据计提报酬的传销行为（即"团队计酬"），以及骗取入门费的传销行为。

2. 本罪虽然列在市场秩序犯罪中，但是本质是商业欺诈的诈骗财产行为，基本特征是附在占有财产的"合同诈骗罪"中，注意本罪同原"非法经营罪"特征的区别：非法经营以经营范围的违反和市场秩序的扰乱，为主要定罪量刑标准，是"计划经济"中经营范围的违背，为基本要件。而本罪现在列入"合同诈骗"条，更注重以非法骗取财产、各行为人的非法所得作为定罪量刑的标准。无论从公安侦查还是律师辩护，过去重在非法经营额（公安侦查往往只审计查明经营额而不查明非法所得），而现在则要高度重视非法所得责任的查明，特别是在共同犯罪的责任区分上。

3. 关于罪与非罪的界限，要注意本罪与商家直销活动的区别。虽然二者都采用多层次计酬的方式，但是仍有很大不同：(1)从是否缴纳入门费上看，多层次计酬的销售人员在获取从业资格时，没有被要求缴纳高额入门费，而拉人头传销要缴纳高额入门费；(2)从经营对象上看，多层次计酬是以销售产品为导向，而拉人头传销根本没有产品销售，或者只是以价格与价值严重背离的"道具商品"为幌子，且不许退货，主要是以发展"下线"人数为主要目的；(3)从人员的收入来源上看，多层次计酬主要根据从业人员的销售业绩和奖金，而拉人头传销主要取决于发展的"下线"人数多少和新入会成员的高额入门费；(4)从组织存在和维系的条件上看，多层次计酬直销公司的生存与发展取决于产品销售业绩和利润，而拉人头传销组织则直接取决于是否有新成员以一定倍率不断加入。

4. 注意"层级"的实质审查。"多级优惠折扣"，不能混同为"多种传销层级"理解。购买多的享受优惠折扣大，根据销售量区分不同优惠等级，是合法的商业模式，不是传销层级。

5. 注意电子商务中的客户自己掌握账户和密码，可以随时用于自己下单购物的资金池模式，同"入门费""保证金"的区别。这些资金如果是客户能够自己随时购买商品兑付的，不能以入门费、保证金论。

以真实购物、物有所值、价格合理的商品购买，作为初级入门条件的，不能认为是入门费。这是一种愿买愿卖的合法的商业行为。即使以后不再参加网购，消费者并没有被商业欺诈，没有损失。

四、罪名变迁

本罪是根据《刑法修正案（七）》增加的新罪名。以前，对传销犯罪都是按照《刑法》第225条"非法经营罪"进行判处，《刑法修正案（七）》颁布以后，按组织、领导传销活动罪进行处理。

类罪名:破坏社会主义市场经济秩序罪/扰乱市场秩序罪	罪名:非法经营罪
量刑标准	**情节严重的**　处5年以下有期徒刑或者拘役,并处或者单处违法所得1倍以上5倍以下罚金;
	情节特别严重的　处5年以上有期徒刑,并处违法所得1倍以上5倍以下罚金或者没收财产;
	单位犯本罪的　对单位处罚金;对直接负责的主管人员和其他直接责任人员按个人犯罪处罚。

法律依据

一、《刑法》条文

第二百二十五条　违反国家规定,有下列非法经营行为之一,扰乱市场秩序,情节严重的,处五年以下有期徒刑或者拘役,并处或者单处违法所得一倍以上五倍以下罚金;情节特别严重的,处五年以上有期徒刑,并处违法所得一倍以上五倍以下罚金或者没收财产:

(一)未经许可经营法律、行政法规规定的专营、专卖物品或者其他限制买卖的物品的;

(二)买卖进出口许可证、进出口原产地证明以及其他法律、行政法规规定的经营许可证或者批准文件的;

(三)未经国家有关主管部门批准非法经营证券、期货、保险业务的,或者非法从事资金支付结算业务的;

(四)其他严重扰乱市场秩序的非法经营行为。

第二百三十一条　单位犯本节第二百二十一条至第二百三十条规定之罪的,对单位判处罚金,并对其直接负责的主管人员和其他直接责任人员,依照本节各该条的规定处罚。

二、相关法律

《全国人民代表大会常务委员会关于惩治骗购外汇、逃汇、非法买卖外汇犯罪的决定》(1998年12月29日)

四、在国家规定的交易场所以外非法买卖外汇,扰乱市场秩序,情节严重的,依照刑法第二百二十五条的规定定罪处罚。

三、相关司法解释/文件

《最高人民法院关于审理骗购外汇、非法买卖外汇刑事案件具体应用法律若干问题的解释》(1998年8月28日　法释〔1998〕20号)

第三条　在外汇指定银行和中国外汇交易中心及其分中心以外买卖外汇,扰乱金融市场秩序,具有下列情形之一的,按照刑法第二百二十五条第(三)项的规定定罪处罚:

(一)非法买卖外汇二十万美元以上的;(二)违法所得五万元人民币以上的。

第四条　公司、企业或者其他单位,违反有关外贸代理业务的规定,采用非法手段、或者明知是伪造、变造的凭证、商业单据,为他人向外汇指定银行骗购外汇,数额在五百万美元以上或者违法所得五十万元人民币以上的,按照刑法第二百二十五条第(三)项的规定定罪处罚。

居间介绍骗购外汇一百万美元以上或者违法所得十万元人民币以上的,按照刑法第二百二十五条第(三)项的规定定罪处罚。

第七条　根据刑法第六十四条规定,骗购外汇、非法买卖外汇的,其违法所得予以追缴,用于骗购外汇、非法买卖外汇的资金予以没收,上缴国库。

《最高人民法院关于审理非法出版物刑事案件具体应用法律若干问题的解释》(1998年12月17日　法释〔1998〕30号)

第十一条　违反国家规定,出版、印刷、复制、发行本解释第一条至第十条规定以外的其他严重危害社会秩序和扰乱市场秩序的非法出版物,情节严重的，依照刑法第二百二十五条第（三）项的规定，以非法经营罪定罪处罚。

第十二条 个人实施本解释第十一条规定的行为，具有下列情形之一的，属于非法经营行为“情节严重”：

（一）经营数额在五万元至十万元以上的；

（二）违法所得数额在二万元至三万元以上的；

（三）经营报纸五千份或者期刊五千本或者图书二千册或者音像制品、电子出版物五百张（盒）以上的。

具有下列情形之一的，属于非法经营行为“情节特别严重”：

（一）经营数额在十五万元至三十万元以上的；

（二）违法所得数额在五万元至十万元以上的；

（三）经营报纸一万五千份或者期刊一万五千本或者图书五千册或者音像制品、电子出版物一千五百张（盒）以上的。

第十三条 单位实施本解释第十一条规定的行为，具有下列情形之一的，属于非法经营行为“情节严重”：

（一）经营数额在十五万元至三十万元以上的；

（二）违法所得数额在五万元至十万元以上的；

（三）经营报纸一万五千份或者期刊一万五千本或者图书五千册或者音像制品、电子出版物一千五百张（盒）以上的。

具有下列情形之一的，属于非法经营行为“情节特别严重”：

（一）经营数额在五十万元至一百万元以上的；

（二）违法所得数额在十五万元至三十万元以上的；

（三）经营报纸五万份或者期刊五万本或者图书一万五千册或者音像制品、电子出版物五千张（盒）以上的。

第十四条 实施本解释第十一条规定的行为，经营数额、违法所得数额或者经营数额、违法所得数额或者经营数量接近非法经营行为“情节严重”、“情节特别严重”的数额、数量起点标准，并具有下列情形之一的，可以认定为非法经营行为“情节严重”、“情节特别严重”：

（一）两年内因出版、印刷、复制、发行非法出版物受过行政处罚两次以上的；

（二）因出版、印刷、复制、发行非法出版物造成恶劣社会影响或者其他严重后果的。

第十五条 非法从事出版物的出版、印刷、复制、发行业务，严重扰乱市场秩序，情节特别严重，构成犯罪的，可以依照刑法第二百二十五条第（三）项的规定，以非法经营罪定罪处罚。

第十六条 出版单位与他人事前通谋，向其出售、出租或者以其他形式转让该出版单位的名称、书号、刊号、版号，他人实施本解释第二条、第四条、第八条、第九条、第十条、第十一条规定的行为，构成犯罪的，对该出版单位应当以共犯论处。

第十七条 本解释所称“经营数额”，是指以非法出版物的定价数额乘以行为人经营的非法出版物数量所得的数额。

本解释所称“违法所得数额”，是指获利数额。

非法出版物没有定价或者以境外货币定价的，其单价数额应当按照行为人实际出售的价格认定。

第十八条 各省、自治区、直辖市高级人民法院可以根据本地的情况和社会治安状况，在本解释第八条、第十条、第十二条、第十三条规定的有关数额、数量标准的幅度内，确定本地执行的具体标准，并报最高人民法院备案。

《最高人民法院、最高人民检察院、公安部关于印发办理骗汇、逃汇犯罪案件联席会议纪要的通知》（1999年3月16日 公通字〔1999〕39号）

《解释》第四条规定：“公司、企业或者其他单位，违反有关外贸代理业务的规定，采用非法手段、或者明知是伪造、变造的凭证、商业单据，为他人向外汇指定银行骗购外汇，数额在五百万美元以上或者违法所得五十万元人民币以上的，按照刑法第二百二十五条第（三）项的规定定罪处罚；居间介绍骗购外汇一百万美元以上或者违法所得十万元人民币以上的，按照刑法第二百二十五条第（三）项的规定定罪处罚。”上述所称“采用非法手段”，是指有国家批准的进出口经营权的外贸代理企业在经营代理进口业务时,不按国家经济主管部门有关规定履行职责,放任被代理方自带客户、自带货源、自带汇票、自行报送,在不见进口产品、不见供货货主、不见外商的情况下代理进口业务,或者采取法律、行政法规和部门规章禁止的其他手段代理进口业务。

认定《解释》第四条所称的“明知”,要结合案件的具体情节予以综合考虑,不能仅仅因为行为人不供述就不予认定。报关行为先于签订外贸代理协议的,或者委托方提供的购汇凭证明显与真实凭证、商业单据不符的,应当认定为明知。

《解释》第四条所称“居间介绍骗购外汇”,是指收取他人人民币、以虚假购汇凭证委托外贸公司、企业骗购外汇,获取非法收益的行为。

《最高人民法院关于审理扰乱电信市场管理秩序案件具体应用法律若干问题的解释》(2000年4月28日 法释〔2000〕12号)

第一条 违反国家规定,采取租用国际专线、私设转接设备或者其他方法,擅自经营国际电信业务或者涉港澳台电信业务进行营利活动,扰乱电信市场管理秩序,情节严重的,依照刑法第二百二十五条第(四)项的规定,以非法经营罪定罪处罚。

第二条 实施本解释第一条规定的行为,具有下列情形之一的,属于非法经营行为“情节严重”:

(一)经营去话业务数额在一百万元以上的;

(二)经营来话业务造成电信资费损失数额在一百万元以上的。

具有下列情形之一的,属于非法经营行为“情节特别严重”:

(一)经营去话业务数额在五百万元以上的;

(二)经营来话业务造成电信资费损失数额在五百万元以上的。

第三条 实施本解释第一条规定的行为,经营数额或者造成电信资费损失数额接近非法经营行为“情节严重”、“情节特别严重”的数额起点标准,并具有下列情形之一的,可以分别认定为非法经营行为“情节严重”、“情节特别严重”:

(一)两年内因非法经营国际电信业务或者涉港澳台电信业务行为受过行政处罚两次以上的;

(二)因非法经营国际电信业务或者涉港澳台电信业务行为造成其他严重后果的。

第四条 单位实施本解释第一条规定的行为构成犯罪的,对单位判处罚金,并对其直接负责的主管人员和其他直接责任人员,依照本解释第二条、第三条的规定处罚。

第五条 违反国家规定,擅自设置、使用无线电台(站),或者擅自占用频率,非法经营国际电信业务或者涉港澳台电信业务进行营利活动,同时构成非法经营罪和刑法第二百八十八条规定的扰乱无线电通讯管理秩序罪的,依照处罚较重的规定定罪处罚。

第十条 本解释所称“经营去话业务数额”,是指以行为人非法经营国际电信业务或者涉港澳台电信业务的总时长(分钟数)乘以行为人每分钟收取的用户使用费所得的数额。

本解释所称“电信资费损失数额”,是指以行为人非法经营国际电信业务或者涉港澳台电信业务的总时长(分钟数)乘以在合法电信业务中我国应当得到的每分钟国际结算价格所得的数额。

《最高人民法院、最高人民检察院关于办理生产、销售伪劣商品刑事案件具体应用法律若干问题的解释》(2001年4月9日 法释〔2001〕10号)

第十条 实施生产、销售伪劣商品犯罪,同时构成侵犯知识产权、非法经营等其他犯罪的,依照处罚较重的规定定罪处罚。

《最高人民法院关于审理生产、销售伪劣商品刑事案件有关鉴定问题的通知》(2001年5月21日 法〔2001〕70号)

第一,对于提起公诉的生产、销售伪劣产品、假冒商标、非法经营等严重破坏社会主义市场经济秩序的犯罪案件,所涉生产、销售的产品是否属于“以假充真”、“以次充好”、“以不合格产品冒充合格产品”难以确定的,应当根据最高人民法院、最高人民检察院《关于办理生产、销售伪劣商品刑事案件具体应用法律若干问题的解释》(以下简称《解释》)第一条第五款的规定,由公诉机关委托法律、行政法规规定的产品质量检验机构进行鉴定。

第三,经鉴定确系伪劣商品,被告人的行为既构成生产、销售伪劣产品罪,又构成生产、销售假药罪或者生产、销售不符合卫生标准的食品罪,或者同时构成侵犯知识产权、非法经营等其他犯罪的,根据刑法第一百四十九条第二款和《解释》第十条的规定，应当依照处罚较重的规定定罪处罚。

《最高人民检察院关于非法经营国际或港澳台地区电信业务行为法律适用问题的批复》(2002年2月6日　高检发释字〔2002〕1号)

福建省人民检察院：

你院《关于如何适用刑法第二百二十五条第(四)项规定的请示》(闽检〔2000〕65号)收悉。经研究，批复如下：

违反《中华人民共和国电信条例》规定，采取租用电信国际专线、私设转接设备或者其他方法，擅自经营国际或者香港特别行政区、澳门特别行政区和台湾地区电信业务进行营利活动，扰乱电信市场管理秩序，情节严重的，应当依照《刑法》第二百二十五条第(四)项的规定，以非法经营罪追究刑事责任。

《最高人民法院、最高人民检察院关于办理非法生产、销售、使用禁止在饲料和动物饮用水中使用的药品等刑事案件具体应用法律若干问题的解释》(2002年8月16日　法释〔2002〕26号)

第一条　未取得药品生产、经营许可证件和批准文号，非法生产、销售盐酸克仑特罗等禁止在饲料和动物饮用水中使用的药品，扰乱药品市场秩序，情节严重的，依照刑法第二百二十五条第(一)项的规定，以非法经营罪追究刑事责任。

第二条　在生产、销售的饲料中添加盐酸克仑特罗等禁止在饲料和动物饮用水中使用的药品，或者销售明知是添加有该类药品的饲料，情节严重的，依照刑法第二百二十五条第(四)项的规定，以非法经营罪追究刑事责任。

《最高人民检察院法律政策研究室关于非法经营行为界定有关问题的复函》(2002年10月25日　〔2002〕高检研发第24号)

文化部文化市场司：

你部《关于非法经营界定有关问题的函》(文市函〔2002〕1449号)收悉。经研究，提出以下意见，供参考：

一、关于经营违法音像制品行为的处理问题。对于经营违法音像制品行为，构成犯罪的，应当根据案件的具体情况，分别依照最高人民法院《关于审理非法出版物刑事案件具体应用法律若干问题的解释》和最高人民检察院、公安部《关于经济犯罪案件追诉标准的规定》等相关规定办理。

二、关于非法经营行为的界定问题，同意你部的意见，即：只要行为人明知是违法音像制品而进行经营即属于非法经营行为，其是否具有音像制品合法经营资格并不影响非法经营行为的认定；非法经营行为包括一系列环节，经营者购进违法音像制品并存放于仓库等场所的行为属于经营行为的中间环节，对此也可以认定为是非法经营行为。

《最高人民法院、最高人民检察院、公安部关于印发〈办理非法经营国际电信业务犯罪案件联席会议纪要〉的通知》(2003年4月22日　公通字〔2002〕29号)

二、《解释》第一条规定："违反国家规定，采取租用国际专线、私设转接设备或者其他方法，擅自经营国际电信业务或者涉港澳台电信业务进行营利活动，扰乱电信市场管理秩序，情节严重的，依照刑法第二百二十五条第(四)项的规定，以非法经营罪定罪处罚。"对于未取得国际电信业务(含涉港澳台电信业务，下同)经营许可证而经营，或被终止国际电信业务经营资格后继续经营，应认定为"擅自经营国际电信业务或者涉港澳台电信业务"；情节严重的，应按上述规定以非法经营罪追究刑事责任。

《解释》第一条所称"其他方法"，是指在边境地区私自架设跨境通信线路；利用互联网跨境传送IP话音并设立转接设备，将国际话务转接至我境内公用电话网或转接至其他国家或地区；在境内以租用、托管、代维等方式设立转接平台；私自设置国际通信出入口等方法。

三、获得国际电信业务经营许可的经营者(含涉港澳台电信业务经营者)明知他人非法从事国际电信业务，仍违反国家规定，采取出租、合作、授权等手段，为他人提供经营和技术条件，利用现有设备或另设国际话务转接设备并从中营利，情节严重的，应以非法经营罪的共犯追究刑事责任。

《最高人民法院、最高人民检察院关于办理妨害预防、控制突发传染病疫情等灾害的刑事案件具体应用法律若干问题的解释》(2003年5月14日　法释〔2003〕8号)

第六条　违反国家在预防、控制突发传染病疫情等灾害期间有关市场经营、价格管理等规定，哄抬物价、牟取暴利，严重扰乱市场秩序，违法所得数额较大或者有其他严重情节的,依照刑法第二百二十五条第(四)项的规定,以非法经营罪定罪,依法从重处罚。

《最高人民法院、最高人民检察院、公安部、国家烟草专卖局关于印发〈关于办理假冒伪劣烟草制品等刑事案件适用法律问题座谈会纪要〉的通知》(2003年12月23日 高检会〔2003〕4号)

三、关于非法经营烟草制品行为适用法律问题

未经烟草专卖行政主管部门许可,无生产许可证、批发许可证、零售许可证,而生产、批发、零售烟草制品,具有下列情形之一的,依照刑法第二百二十五条的规定定罪处罚:

1. 个人非法经营数额在五万元以上的,或者违法所得数额在一万元以上的;

2. 单位非法经营数额在五十万元以上的,或者违法所得数额在十万元以上的;

3. 曾因非法经营烟草制品行为受过二次以上行政处罚又非法经营的,非法经营数额在二万元以上的。

《最高人民法院、最高人民检察院、公安部关于依法开展打击淫秽色情网站专项行动有关工作的通知》(2004年7月16日 公通字〔2004〕53号)

二、充分运用法律武器,突出打击重点

……对于违反国家规定,擅自设立互联网上网服务营业场所,或者擅自从事互联网上网服务经营活动,情节严重,构成犯罪的,以非法经营罪追究刑事责任。

《最高人民法院、最高人民检察院关于办理赌博刑事案件具体应用法律若干问题的解释》(2005年5月11日 法释〔2005〕3号)

第六条 未经国家批准擅自发行、销售彩票,构成犯罪的,依照刑法第二百二十五条第(四)项的规定,以非法经营罪定罪处罚。

《最高人民法院、最高人民检察院关于办理非法生产、销售烟草专卖品等刑事案件具体应用法律若干问题的解释》(2010年3月2日 法释〔2010〕7号)

第一条第五款 违反国家烟草专卖管理法律法规,未经烟草专卖行政主管部门许可,无烟草专卖生产企业许可证、烟草专卖批发企业许可证、特种烟草专卖经营企业许可证、烟草专卖零售许可证等许可证明,非法经营烟草专卖品,情节严重的,依照刑法第二百二十五条的规定,以非法经营罪定罪处罚。

第三条 非法经营烟草专卖品,具有下列情形之一的,应当认定为刑法第二百二十五条规定的"情节严重":

(一)非法经营数额在五万元以上的,或者违法所得数额在二万元以上的;

(二)非法经营卷烟二十万支以上的;

(三)曾因非法经营烟草专卖品三年内受过二次以上行政处罚,又非法经营烟草专卖品且数额在三万元以上的。

具有下列情形之一的,应当认定为刑法第二百二十五条规定的"情节特别严重":

(一)非法经营数额在二十五万元以上,或者违法所得数额在十万元以上的;

(二)非法经营卷烟一百万支以上的。

第四条 非法经营烟草专卖品,能够查清销售或者购买价格的,按照其销售或者购买的价格计算非法经营数额。无法查清销售或者购买价格的,按照下列方法计算非法经营数额:

(一)查获的卷烟、雪茄烟的价格,有品牌的,按照该品牌卷烟、雪茄烟的查获地省级烟草专卖行政主管部门出具的零售价格计算;无品牌的,按照查获地省级烟草专卖行政主管部门出具的上年度卷烟平均零售价格计算;

(二)查获的复烤烟叶、烟叶的价格按照查获地省级烟草专卖行政主管部门出具的上年度烤烟调拨平均基准价格计算;

(三)烟丝的价格按照第(二)项规定价格计算标准的一点五倍计算;

(四)卷烟辅料的价格,有品牌的,按照该品牌辅料的查获地省级烟草专卖行政主管部门出具的价格计算;无品牌的,按照查获地省级烟草专卖行政主管部门出具的上年度烟草行业生产卷烟所需该类卷烟辅料的平均价格计算;

(五)非法生产、销售、购买烟草专用机械的价格按照国务院烟草专卖行政主管部门下发的全国烟草专用机械产品指导价格目录进行计算;目录中没有该烟草专用机械的,按照省级以上烟草专卖行

政主管部门出具的目录中同类烟草专用机械的平均价格计算。

第五条 行为人实施非法生产、销售烟草专卖品犯罪,同时构成生产、销售伪劣产品罪、侵犯知识产权犯罪、非法经营罪的,依照处罚较重的规定定罪处罚。

第六条 明知他人实施本解释第一条所列犯罪,而为其提供贷款、资金、账号、发票、证明、许可证件,或者提供生产、经营场所、设备、运输、仓储、保管、邮寄、代理进出口等便利条件,或者提供生产技术、卷烟配方的,应当按照共犯追究刑事责任。

第七条 办理非法生产、销售烟草专卖品等刑事案件,需要对伪劣烟草专卖品鉴定的,应当委托国务院产品质量监督管理部门和省、自治区、直辖市人民政府产品质量监督管理部门指定的烟草质量检测机构进行。

第九条 本解释所称"烟草专卖品",是指卷烟、雪茄烟、烟丝、复烤烟叶、烟叶、卷烟纸、滤嘴棒、烟用丝束、烟草专用机械。

本解释所称"卷烟辅料",是指卷烟纸、滤嘴棒、烟用丝束。

本解释所称"烟草专用机械",是指由国务院烟草专卖行政主管部门烟草专用机械名录所公布的,在卷烟、雪茄烟、烟丝、复烤烟叶、烟叶、卷烟纸、滤嘴棒、烟用丝束的生产加工过程中,能够完成一项或者多项特定加工工序,可以独立操作的机械设备。

本解释所称"同类烟草专用机械",是指在卷烟、雪茄烟、烟丝、复烤烟叶、烟叶、卷烟纸、滤嘴棒、烟用丝束的生产加工过程中,能够完成相同加工工序的机械设备。

《最高人民检察院、公安部关于公安机关管辖的刑事案件立案追诉标准的规定(二)》(2022年4月6日 公通字〔2022〕12号)

第七十一条 〔非法经营案(刑法第二百二十五条)〕违反国家规定,进行非法经营活动,扰乱市场秩序,涉嫌下列情形之一的,应予立案追诉:

(一)违反国家烟草专卖管理法律法规,未经烟草专卖行政主管部门许可,无烟草专卖生产企业许可证、烟草专卖批发企业许可证、特种烟草专卖经营企业许可证、烟草专卖零售许可证等许可证明,非法经营烟草专卖品,具有下列情形之一的:

1. 非法经营数额在五万元以上,或者违法所得数额在二万元以上的;

2. 非法经营卷烟二十万支以上的;

3. 三年内因非法经营烟草专卖品受过二次以上行政处罚,又非法经营烟草专卖品且数额在三万元以上的。

(二)未经国家有关主管部门批准,非法经营证券、期货、保险业务,或者非法从事资金支付结算业务,具有下列情形之一的:

1. 非法经营证券、期货、保险业务,数额在一百万元以上,或者违法所得数额在十万元以上的;

2. 非法从事资金支付结算业务,数额在五百万元以上,或者违法所得数额在十万元以上的;

3. 非法从事资金支付结算业务,数额在二百五十万元以上不满五百万元,或者违法所得数额在五万元以上不满十万元,且具有下列情形之一的:

(1)因非法从事资金支付结算业务犯罪行为受过刑事追究的;

(2)二年内因非法从事资金支付结算业务违法行为受过行政处罚的;

(3)拒不交代涉案资金去向或者拒不配合追缴工作,致使赃款无法追缴的;

(4)造成其他严重后果的。

4. 使用销售点终端机具(POS机)等方法,以虚构交易、虚开价格、现金退货等方式向信用卡持卡人直接支付现金,数额在一百万元以上的,或者造成金融机构资金二十万元以上逾期未还的,或者造成金融机构经济损失十万元以上的。

(三)实施倒买倒卖外汇或者变相买卖外汇等非法买卖外汇行为,扰乱金融市场秩序,具有下列情形之一的:

1. 非法经营数额在五百万元以上的,或者违法所得数额在十万元以上的;

2. 非法经营数额在二百五十万元以上,或者违法所得数额在五万元以上,且具有下列情形之一的:

(1)因非法买卖外汇犯罪行为受过刑事追究的;

(2)二年内因非法买卖外汇违法行为受过行政处罚的;

(3)拒不交代涉案资金去向或者拒不配合追缴工作,致使赃款无法追缴的;

(4)造成其他严重后果的。

3. 公司、企业或者其他单位违反有关外贸代理业务的规定,采用非法手段,或者明知是伪造、变造的凭证、商业单据,为他人向外汇指定银行骗购外汇,数额在五百万美元以上或者违法所得数额在五十万元以上的;

4. 居间介绍骗购外汇,数额在一百万美元以上或者违法所得数额在十万元以上的。

(四)出版、印刷、复制、发行严重危害社会秩序和扰乱市场秩序的非法出版物,具有下列情形之一的:

1. 个人非法经营数额在五万元以上的,单位非法经营数额在十五万元以上的;

2. 个人违法所得数额在二万元以上的,单位违法所得数额在五万元以上的;

3. 个人非法经营报纸五千份或者期刊五千本或者图书二千册或者音像制品、电子出版物五百张(盒)以上的,单位非法经营报纸一万五千份或者期刊一万五千本或者图书五千册或者音像制品、电子出版物一千五百张(盒)以上的;

4. 虽未达到上述数额标准,但具有下列情形之一的:

(1)二年内因出版、印刷、复制、发行非法出版物受过二次以上行政处罚,又出版、印刷、复制、发行非法出版物的;

(2)因出版、印刷、复制、发行非法出版物造成恶劣社会影响或者其他严重后果的。

(五)非法从事出版物的出版、印刷、复制、发行业务,严重扰乱市场秩序,具有下列情形之一的:

1. 个人非法经营数额在十五万元以上的,单位非法经营数额在五十万元以上的;

2. 个人违法所得数额在五万元以上的,单位违法所得数额在十五万元以上的;

3. 个人非法经营报纸一万五千份或者期刊一万五千本或者图书五千册或者音像制品、电子出版物一千五百张(盒)以上的,单位非法经营报纸五万份或者期刊五万本或者图书一万五千册或者音像制品、电子出版物五千张(盒)以上的;

4. 虽未达到上述数额标准,二年内因非法从事出版物的出版、印刷、复制、发行业务受过二次以上行政处罚,又非法从事出版物的出版、印刷、复制、发行业务的。

(六)采取租用国际专线、私设转接设备或者其他方法,擅自经营国际电信业务或者涉港澳台电信业务进行营利活动,扰乱电信市场管理秩序,具有下列情形之一的:

1. 经营去话业务数额在一百万元以上的;

2. 经营来话业务造成电信资费损失数额在一百万元以上的;

3. 虽未达到上述数额标准,但具有下列情形之一的:

(1)二年内因非法经营国际电信业务或者涉港澳台电信业务行为受过二次以上行政处罚,又非法经营国际电信业务或者涉港澳台电信业务的;

(2)因非法经营国际电信业务或者涉港澳台电信业务行为造成其他严重后果的。

(七)以营利为目的,通过信息网络有偿提供删除信息服务,或者明知是虚假信息,通过信息网络有偿提供发布信息等服务,扰乱市场秩序,具有下列情形之一的:

1. 个人非法经营数额在五万元以上,或者违法所得数额在二万元以上的;

2. 单位非法经营数额在十五万元以上,或者违法所得数额在五万元以上的。

(八)非法生产、销售"黑广播""伪基站"、无线电干扰器等无线电设备,具有下列情形之一的:

1. 非法生产、销售无线电设备三套以上的;

2. 非法经营数额在五万元以上的;

3. 虽未达到上述数额标准,但二年内因非法生产、销售无线电设备受过二次以上行政处罚,又非法生产、销售无线电设备的。

(九)以提供给他人开设赌场为目的,违反国家规定,非法生产、销售具有退币、退分、退钢珠等赌博功能的电子游戏设施设备或者其专用软件,具有下列情形之一的:

1. 个人非法经营数额在五万元以上,或者违法所得数额在一万元以上的;

2. 单位非法经营数额在五十万元以上,或者违法所得数额在十万元以上的;

3. 虽未达到上述数额标准,但二年内因非法生产、销售赌博机行为受过二次以上行政处罚，又进行同种非法经营行为的；

4. 其他情节严重的情形。

（十）实施下列危害食品安全行为，非法经营数额在十万元以上，或者违法所得数额在五万元以上的：

1. 以提供给他人生产、销售食品为目的，违反国家规定，生产、销售国家禁止用于食品生产、销售的非食品原料的；

2. 以提供给他人生产、销售食用农产品为目的，违反国家规定，生产、销售国家禁用农药、食品动物中禁止使用的药品及其他化合物等有毒、有害的非食品原料，或者生产、销售添加上述有毒、有害的非食品原料的农药、兽药、饲料、饲料添加剂、饲料原料的；

3. 违反国家规定，私设生猪屠宰厂（场），从事生猪屠宰、销售等经营活动的。

（十一）未经监管部门批准，或者超越经营范围，以营利为目的，以超过百分之三十六的实际年利率经常性地向社会不特定对象发放贷款，具有下列情形之一的：

1. 个人非法放贷数额累计在二百万元以上的，单位非法放贷数额累计在一千万元以上的；

2. 个人违法所得数额累计在八十万元以上的，单位违法所得数额累计在四百万元以上的；

3. 个人非法放贷对象累计在五十人以上的，单位非法放贷对象累计在一百五十人以上的；

4. 造成借款人或者其近亲属自杀、死亡或者精神失常等严重后果的；

5. 虽未达到上述数额标准，但具有下列情形之一的：

（1）二年内因实施非法放贷行为受过二次以上行政处罚的；

（2）以超过百分之七十二的实际年利率实施非法放贷行为十次以上的。

黑恶势力非法放贷的，按照第 1、2、3 项规定的相应数额、数量标准的百分之五十确定。同时具有第 5 项规定情形的，按照相应数额、数量标准的百分之四十确定。

（十二）从事其他非法经营活动，具有下列情形之一的：

1. 个人非法经营数额在五万元以上，或者违法所得数额在一万元以上的；

2. 单位非法经营数额在五十万元以上，或者违法所得数额在十万元以上的；

3. 虽未达到上述数额标准，但二年内因非法经营行为受过二次以上行政处罚，又从事同种非法经营行为的；

4. 其他情节严重的情形。

法律、司法解释对非法经营罪的立案追诉标准另有规定的，依照其规定。

《最高人民法院关于审理非法集资刑事案件具体应用法律若干问题的解释》（2022 年 2 月 23 日修正　法释〔2022〕5 号）

第十一条　违反国家规定，未经依法核准擅自发行基金份额募集基金，情节严重的，依照刑法第二百二十五条的规定，以非法经营罪定罪处罚。

《最高人民法院、最高人民检察院关于办理危害食品安全刑事案件适用法律若干问题的解释》（2021 年 12 月 30 日　法释〔2021〕24 号）

第十六条　以提供给他人生产、销售食品为目的，违反国家规定，生产、销售国家禁止用于食品生产、销售的非食品原料，情节严重的，依照刑法第二百二十五条的规定以非法经营罪定罪处罚。

以提供给他人生产、销售食用农产品为目的，违反国家规定，生产、销售国家禁用农药、食品动物中禁止使用的药品及其他化合物等有毒、有害的非食品原料，或者生产、销售添加上述有毒、有害的非食品原料的农药、兽药、饲料、饲料添加剂、饲料原料，情节严重的，依照前款的规定定罪处罚。

第十七条　违反国家规定，私设生猪屠宰厂（场），从事生猪屠宰、销售等经营活动，情节严重的，依照刑法第二百二十五条的规定以非法经营罪定罪处罚。

在畜禽屠宰相关环节，对畜禽使用食品动物中禁止使用的药品及其他化合物等有毒、有害的非食品原料，依照刑法第一百四十四条的规定以生产、销售有毒、有害食品罪定罪处罚；对畜禽注水或者注入其他物质，足以造成严重食物中毒事故或者其他严重食源性疾病的，依照刑法第一百四十三条的规定以生产、销售不符合安全标准的食品罪定罪处罚；虽不足以造成严重食物中毒事故或者其他严重食源性疾病,但符合刑法第一百四十条规定的,以生产、销售伪劣产品罪定罪处罚。

第十八条　实施本解释规定的非法经营行为,非法经营数额在十万元以上,或者违法所得数额在五万元以上的,应当认定为刑法第二百二十五条规定的"情节严重";非法经营数额在五十万元以上,或者违法所得数额在二十五万元以上的,应当认定为刑法第二百二十五条规定的"情节特别严重"。

实施本解释规定的非法经营行为,同时构成生产、销售伪劣产品罪,生产、销售不符合安全标准的食品罪,生产、销售有毒、有害食品罪,生产、销售伪劣农药、兽药罪等其他犯罪的,依照处罚较重的规定定罪处罚。

《最高人民法院、最高人民检察院关于办理利用信息网络实施诽谤等刑事案件适用法律若干问题的解释》(2013年9月6日　法释〔2013〕21号)

第七条　违反国家规定,以营利为目的,通过信息网络有偿提供删除信息服务,或者明知是虚假信息,通过信息网络有偿提供发布信息等服务,扰乱市场秩序,具有下列情形之一的,属于非法经营行为"情节严重",依照刑法第二百二十五条第(四)项的规定,以非法经营罪定罪处罚:

(一)个人非法经营数额在五万元以上,或者违法所得数额在二万元以上的;

(二)单位非法经营数额在十五万元以上,或者违法所得数额在五万元以上的。

实施前款规定的行为,数额达到前款规定的数额五倍以上的,应当认定为刑法第二百二十五条规定的"情节特别严重"。

第八条　明知他人利用信息网络实施诽谤、寻衅滋事、敲诈勒索、非法经营等犯罪,为其提供资金、场所、技术支持等帮助的,以共同犯罪论处。

第九条　利用信息网络实施诽谤、寻衅滋事、敲诈勒索、非法经营犯罪,同时又构成刑法第二百二十一条规定的损害商业信誉、商品声誉罪,第二百七十八条规定的煽动暴力抗拒法律实施罪,第二百九十一条之一规定的编造、故意传播虚假恐怖信息罪等犯罪的,依照处罚较重的规定定罪处罚。

第十条　本解释所称信息网络,包括以计算机、电视机、固定电话机、移动电话机等电子设备为终端的计算机互联网、广播电视网、固定通信网、移动通信网等信息网络,以及向公众开放的局域网络。

《最高人民法院、最高人民检察院、公安部关于办理利用赌博机开设赌场案件适用法律若干问题的意见》(2014年7月16日　公通字〔2014〕17号)

四、关于生产、销售赌博机的定罪量刑标准

以提供给他人开设赌场为目的,违反国家规定,非法生产、销售具有退币、退分、退钢珠等赌博功能的电子游戏设施设备或者其专用软件,情节严重的,依照刑法第二百二十五条的规定,以非法经营罪定罪处罚。

实施前款规定的行为,具有下列情形之一的,属于非法经营行为"情节严重":

(一)个人非法经营数额在五万元以上,或者违法所得数额在一万元以上的;

(二)单位非法经营数额在五十万元以上,或者违法所得数额在十万元以上的;

(三)虽未达到上述数额标准,但两年内因非法生产、销售赌博机行为受过二次以上行政处罚,又进行同种非法经营行为的;

(四)其他情节严重的情形。

具有下列情形之一的,属于非法经营行为"情节特别严重":

(一)个人非法经营数额在二十五万元以上,或者违法所得数额在五万元以上的;

(二)单位非法经营数额在二百五十万元以上,或者违法所得数额在五十万元以上的。

《最高人民检察院关于办理涉互联网金融犯罪案件有关问题座谈会纪要》(2017年6月1日　高检诉〔2017〕14号)

二、准确界定涉互联网金融行为法律性质

5. 互联网金融涉及P2P网络借贷、股权众筹、第三方支付、互联网保险以及通过互联网开展资产管理及跨界从事金融业务等多个金融领域,行为方式多样,所涉法律关系复杂。违法犯罪行为隐蔽性、迷惑性强,波及面广,社会影响大,要根据犯罪行为的实质特征和社会危害,准确界定行为的法律性质和刑法适用的罪名。

(三)非法经营资金支付结算行为的认定

18. 支付结算业务(也称支付业务)是商业银行或者支付机构在收付款人之间提供的货币资金

转移服务。非银行机构从事支付结算业务，应当经中国人民银行批准取得《支付业务许可证》，成为支付机构。未取得支付业务许可从事该业务的行为，违反《非法金融机构和非法金融业务活动取缔办法》第四条第一款第（三）、（四）项的规定，破坏了支付结算业务许可制度，危害支付市场秩序和安全，情节严重的，适用刑法第二百二十五条第（三）项，以非法经营罪追究刑事责任。具体情形：

（1）未取得支付业务许可经营基于客户支付账户的网络支付业务。无证网络支付机构为客户非法开立支付账户，客户先把资金支付到该支付账户，再由无证机构根据订单信息从支付账户平台将资金结算到收款人银行账户。

（2）未取得支付业务许可经营多用途预付卡业务。无证发卡机构非法发行可跨地区、跨行业、跨法人使用的多用途预付卡，聚集大量的预付卡销售资金，并根据客户订单信息向商户划转结算资金。

19. 在具体办案时，要深入剖析相关行为是否具备资金支付结算的实质特征，准确区分支付工具的正常商业流转与提供支付结算服务、区分单用途预付卡与多用途预付卡业务，充分考虑具体行为与“地下钱庄”等同类犯罪在社会危害方面的相当性以及刑事处罚的必要性，严格把握入罪和出罪标准。

《最高人民法院、最高人民检察院关于办理妨害信用卡管理刑事案件具体应用法律若干问题的解释》（2018年11月28日　法释〔2018〕19号）

第十二条第一、二款　违反国家规定，使用销售点终端机具（POS机）等方法，以虚构交易、虚开价格、现金退货等方式向信用卡持卡人直接支付现金，情节严重的，应当依据刑法第二百二十五条的规定，以非法经营罪定罪处罚。

实施前款行为，数额在一百万元以上的，或者造成金融机构资金二十万元以上逾期未还的，或者造成金融机构经济损失十万元以上的，应当认定为刑法第二百二十五条规定的“情节严重”；数额在五百万元以上的，或者造成金融机构资金一百万元以上逾期未还的，或者造成金融机构经济损失五十万元以上的，应当认定为刑法第二百二十五条规定的“情节特别严重”。

《最高人民法院、最高人民检察院关于办理非法从事资金支付结算业务、非法买卖外汇刑事案件适用法律若干问题的解释》（2019年1月31日　法释〔2019〕1号）

为依法惩治非法从事资金支付结算业务、非法买卖外汇犯罪活动，维护金融市场秩序，根据《中华人民共和国刑法》《中华人民共和国刑事诉讼法》的规定，现就办理非法从事资金支付结算业务、非法买卖外汇刑事案件适用法律的若干问题解释如下：

第一条　违反国家规定，具有下列情形之一的，属于刑法第二百二十五条第三项规定的“非法从事资金支付结算业务”：

（一）使用受理终端或者网络支付接口等方法，以虚构交易、虚开价格、交易退款等非法方式向指定付款方支付货币资金的；

（二）非法为他人提供单位银行结算账户套现或者单位银行结算账户转个人账户服务的；

（三）非法为他人提供支票套现服务的；

（四）其他非法从事资金支付结算业务的情形。

第二条　违反国家规定，实施倒买倒卖外汇或者变相买卖外汇等非法买卖外汇行为，扰乱金融市场秩序，情节严重的，依照刑法第二百二十五条第四项的规定，以非法经营罪定罪处罚。

第三条　非法从事资金支付结算业务或者非法买卖外汇，具有下列情形之一的，应当认定为非法经营行为“情节严重”：

（一）非法经营数额在五百万元以上的；

（二）违法所得数额在十万元以上的。

非法经营数额在二百五十万元以上，或者违法所得数额在五万元以上，且具有下列情形之一的，可以认定为非法经营行为“情节严重”：

（一）曾因非法从事资金支付结算业务或者非法买卖外汇犯罪行为受过刑事追究的；

（二）二年内因非法从事资金支付结算业务或者非法买卖外汇违法行为受过行政处罚的；

（三）拒不交代涉案资金去向或者拒不配合追缴工作，致使赃款无法追缴的；

（四）造成其他严重后果的。

第四条　非法从事资金支付结算业务或者非

法买卖外汇,具有下列情形之一的,应当认定为非法经营行为"情节特别严重":

(一)非法经营数额在二千五百万元以上的;

(二)违法所得数额在五十万元以上的。

非法经营数额在一千二百五十万元以上,或者违法所得数额在二十五万元以上,且具有本解释第三条第二款规定的四种情形之一的,可以认定为非法经营行为"情节特别严重"。

第五条　非法从事资金支付结算业务或者非法买卖外汇,构成非法经营罪,同时又构成刑法第一百二十条之一规定的帮助恐怖活动罪或者第一百九十一条规定的洗钱罪的,依照处罚较重的规定定罪处罚。

第六条　二次以上非法从事资金支付结算业务或者非法买卖外汇,依法应予行政处理或者刑事处理而未经处理的,非法经营数额或者违法所得数额累计计算。

同一案件中,非法经营数额、违法所得数额分别构成情节严重、情节特别严重的,按照处罚较重的数额定罪处罚。

第七条　非法从事资金支付结算业务或者非法买卖外汇违法所得数额难以确定的,按非法经营数额的千分之一认定违法所得数额,依法并处或者单处违法所得一倍以上五倍以下罚金。

第八条　符合本解释第三条规定的标准,行为人如实供述犯罪事实,认罪悔罪,并积极配合调查,退缴违法所得的,可以从轻处罚;其中犯罪情节轻微的,可以依法不起诉或者免予刑事处罚。

符合刑事诉讼法规定的认罪认罚从宽适用范围和条件的,依照刑事诉讼法的规定处理。

第九条　单位实施本解释第一条、第二条规定的非法从事资金支付结算业务、非法买卖外汇行为,依照本解释规定的定罪量刑标准,对单位判处罚金,并对其直接负责的主管人员和其他直接责任人员定罪处罚。

第十条　非法从事资金支付结算业务、非法买卖外汇刑事案件中的犯罪地,包括犯罪嫌疑人、被告人用于犯罪活动的账户开立地、资金接收地、资金过渡账户开立地、资金账户操作地,以及资金交易对手资金交付和汇出地等。

第十一条　涉及外汇的犯罪数额,按照案发当日中国外汇交易中心或者中国人民银行授权机构公布的人民币对该货币的中间价折合成人民币计算。中国外汇交易中心或者中国人民银行授权机构未公布汇率中间价的境外货币,按照案发当日境内银行人民币对该货币的中间价折算成人民币,或者该货币在境内银行、国际外汇市场对美元汇率,与人民币对美元汇率中间价进行套算。

第十二条　本解释自 2019 年 2 月 1 日起施行。《最高人民法院关于审理骗购外汇、非法买卖外汇刑事案件具体应用法律若干问题的解释》(法释[1998]20 号)与本解释不一致的,以本解释为准。

《最高人民法院、最高人民检察院、公安部、司法部关于办理非法放贷刑事案件若干问题的意见》(2019 年 7 月 23 日　法发〔2019〕24 号)

为依法惩治非法放贷犯罪活动,切实维护国家金融市场秩序与社会和谐稳定,有效防范因非法放贷诱发涉黑涉恶以及其他违法犯罪活动,保护公民、法人和其他组织合法权益,根据刑法、刑事诉讼法及有关司法解释、规范性文件的规定,现对办理非法放贷刑事案件若干问题提出如下意见:

一、违反国家规定,未经监管部门批准,或者超越经营范围,以营利为目的,经常性地向社会不特定对象发放贷款,扰乱金融市场秩序,情节严重的,依照刑法第二百二十五条第(四)项的规定,以非法经营罪定罪处罚。

前款规定中的"经常性地向社会不特定对象发放贷款",是指 2 年内向不特定多人(包括单位和个人)以借款或其他名义出借资金 10 次以上。

贷款到期后延长还款期限的,发放贷款次数按照 1 次计算。

二、以超过 36% 的实际年利率实施符合本意见第一条规定的非法放贷行为,具有下列情形之一的,属于刑法第二百二十五条规定的"情节严重",但单次非法放贷行为实际年利率未超过 36% 的,定罪量刑时不得计入:

(一)个人非法放贷数额累计在 200 万元以上的,单位非法放贷数额累计在 1000 万元以上的;

(二)个人违法所得数额累计在 80 万元以上的,单位违法所得数额累计在 400 万元以上的;

(三)个人非法放贷对象累计在 50 人以上的,

单位非法放贷对象累计在150人以上的；

（四）造成借款人或者其近亲属自杀、死亡或者精神失常等严重后果的。

具有下列情形之一的，属于刑法第二百二十五条规定的“情节特别严重”：

（一）个人非法放贷数额累计在1000万元以上的，单位非法放贷数额累计在5000万元以上的；

（二）个人违法所得数额累计在400万元以上的，单位违法所得数额累计在2000万元以上的；

（三）个人非法放贷对象累计在250人以上的，单位非法放贷对象累计在750人以上的；

（四）造成多名借款人或者其近亲属自杀、死亡或者精神失常等特别严重后果的。

三、非法放贷数额、违法所得数额、非法放贷对象数量接近本意见第二条规定的“情节严重”“情节特别严重”的数额、数量起点标准，并具有下列情形之一的，可以分别认定为“情节严重”“情节特别严重”：

（一）2年内因实施非法放贷行为受过行政处罚2次以上的；

（二）以超过72%的实际年利率实施非法放贷行为10次以上的。

前款规定中的“接近”，一般应当掌握在相应数额、数量标准的80%以上。

四、仅向亲友、单位内部人员等特定对象出借资金，不得适用本意见第一条的规定定罪处罚。但具有下列情形之一的，定罪量刑时应当与向不特定对象非法放贷的行为一并处理：

（一）通过亲友、单位内部人员等特定对象向不特定对象发放贷款的；

（二）以发放贷款为目的，将社会人员吸收为单位内部人员，并向其发放贷款的；

（三）向社会公开宣传，同时向不特定多人和亲友、单位内部人员等特定对象发放贷款的。

五、非法放贷数额应当以实际出借给借款人的本金金额认定。非法放贷行为人以介绍费、咨询费、管理费、逾期利息、违约金等名义和以从本金中预先扣除等方式收取利息的，相关数额在计算实际年利率时均应计入。

非法放贷行为人实际收取的除本金之外的全部财物，均应计入违法所得。

非法放贷行为未经处理的，非法放贷次数和数额、违法所得数额、非法放贷对象数量等应当累计计算。

六、为从事非法放贷活动，实施擅自设立金融机构、套取金融机构资金高利转贷、骗取贷款、非法吸收公众存款等行为，构成犯罪的，应当择一重罪处罚。

为强行索要因非法放贷而产生的债务，实施故意杀人、故意伤害、非法拘禁、故意毁坏财物、寻衅滋事等行为，构成犯罪的，应当数罪并罚。

纠集、指使、雇佣他人采用滋扰、纠缠、哄闹、聚众造势等手段强行索要债务，尚不单独构成犯罪，但实施非法放贷行为已构成非法经营罪的，应当按照非法经营罪的规定酌情从重处罚。

以上规定的情形，刑法、司法解释另有规定的除外。

七、有组织地非法放贷，同时又有其他违法犯罪活动，符合黑社会性质组织或者恶势力、恶势力犯罪集团认定标准的，应当分别按照黑社会性质组织或者恶势力、恶势力犯罪集团侦查、起诉、审判。

黑恶势力非法放贷的，据以认定“情节严重”“情节特别严重”的非法放贷数额、违法所得数额、非法放贷对象数量起点标准，可以分别按照本意见第二条规定中相应数额、数量标准的50%确定；同时具有本意见第三条第一款规定情形的，可以分别按照相应数额、数量标准的40%确定。

八、本意见自2019年10月21日起施行。对于本意见施行前发生的非法放贷行为，依照最高人民法院《关于准确理解和适用刑法中“国家规定”的有关问题的通知》（法发〔2011〕155号）的规定办理。

《最高人民法院关于审理走私、非法经营、非法使用兴奋剂刑事案件适用法律若干问题的解释》（2019年11月18日　法释〔2019〕16号）

第二条　违反国家规定，未经许可经营兴奋剂目录所列物质，涉案物质属于法律、行政法规规定的限制买卖的物品，扰乱市场秩序，情节严重的，应当依照刑法第二百二十五条的规定，以非法经营罪定罪处罚。

《最高人民法院、最高人民检察院、公安部、司法部关于依法惩治妨害新型冠状病毒感染肺炎疫情防控违法犯罪的意见》(2020年2月6日　法发〔2020〕7号)

(四)依法严惩哄抬物价犯罪。在疫情防控期间,违反国家有关市场经营、价格管理等规定,囤积居奇,哄抬疫情防控急需的口罩、护目镜、防护服、消毒液等防护用品、药品或者其他涉及民生的物品价格,牟取暴利,违法所得数额较大或者有其他严重情节,严重扰乱市场秩序的,依照刑法第二百二十五条第四项的规定,以非法经营罪定罪处罚。

要义辨析

一、概念

本罪是指违反国家规定,非法经营专营专卖和国家明确规定要特许的业务,扰乱市场秩序,情节严重的行为。

二、构成要件

1. 本罪侵犯的客体是国家正常的市场管理秩序。

2. 客观方面表现为违反国家规定,非法经营,扰乱市场秩序,情节严重的行为。这主要有以下四方面表现形式:(1)未经许可而经营法律、法规规定的专营、专卖物品或者其他限制买卖的物品的行为。也就是说,没有经过许可,经营国家不准自由买卖的物资。(2)买卖进出口许可证、进出口原产地证明以及其他法律、行政法规规定的经营许可证或者批准文件的行为。(3)非法经营证券、期货、保险业务或者非法从事资金支付结算业务的行为。(4)具有其他严重扰乱市场秩序的非法经营行为。

3. 犯罪主体是一般主体。即可以是自然人,也可以是法人或者其他经济组织。

4. 主观方面是故意,目的是盈利,但不以实际是否获利为犯罪的构成要件。

三、要点辨析

1. 关于本罪的发展和罪与非罪的判断。非法经营罪是从1979年《刑法》的"投机倒把罪"演化发展而来的。对"投机倒把"行为的惩治,产生于计划经济色彩浓重的20世纪六七十年代。以买空卖空、囤积居奇、套购转卖等手段获取利润。在改革开放初期,形成了特殊的"价格双轨制"状态下的腐败。

随着市场经济体制的确立,我国《宪法》将计划经济改为市场经济后,原保障国家计划调节控制的一切界定为违法的行为已经合法化。1997年《刑法》取消"投机倒把罪",《打击投机倒把条例》也于2008年1月被撤销。针对市场经济中的自由竞争行为,为了整治秩序,设立了"非法经营罪"。在市场经济环境下,大多数原界定为违法的行为已经合法化。同投机倒把罪以"超越经营范围就入罪"不同,非法经营罪只保留了特许经营范围的刑法规制,入罪范围已经大大缩小。

2. 目前本罪的入罪构成,是由一个个具体的司法解释作出针对性地规定,因此本罪的特定司法解释很多。适用本罪时,应严格把握立法精神,防止本罪成为新的"口袋罪"。对一般市场违规行为,都用《刑法》去规制,导致新的打击犯罪扩大化。现在国务院提出了"负面清单"概念,即法律没有禁止的都可以作为。"非法经营"不能以违反工商登记就作为入罪标准,而是用特许专卖范围、法律禁止来作为入罪标准。目前我国已经列举的司法解释,有电信、外汇、出版、烟草等十多种禁止性规定。对于还没有专门的司法解释规制的经营行为,按照罪刑法定原则,不能构成犯罪。地方法院审理新型非法经营犯罪时,需要层报最高人民法院专门解释。

四、罪名变迁

1979年《刑法》中,有"投机倒把罪"。1997年《刑法》取消"投机倒把罪",增加了"非法经营罪",《打击投机倒把条例》也于2008年1月被撤销。现行《刑法》第225条第3项经营证券、期货、保险、资金结算等项,是1999年《刑法修正案(八)》中新增加的。

<table>
<tr><td colspan="2">类罪名:破坏社会主义市场经济秩序罪/扰乱市场秩序罪 ｜ 罪名:强迫交易罪</td></tr>
<tr><td rowspan="3">量刑标准</td><td>情节严重的　处3年以下有期徒刑或者拘役,并处或者单处罚金;</td></tr>
<tr><td>情节特别严重的　处3年以上7年以下有期徒刑,并处罚金;</td></tr>
<tr><td>单位犯罪的　对单位处罚金;对直接负责的主管人员和其他直接责任人员按个人犯罪处罚。</td></tr>
</table>

法律依据

一、《刑法》条文

第二百二十六条　以暴力、威胁手段,实施下列行为之一,情节严重的,处三年以下有期徒刑或者拘役,并处或者单处罚金;情节特别严重的,处三年以上七年以下有期徒刑,并处罚金:

(一)强买强卖商品的;

(二)强迫他人提供或者接受服务的;

(三)强迫他人参与或者退出投标、拍卖的;

(四)强迫他人转让或者收购公司、企业的股份、债券或者其他资产的;

(五)强迫他人参与或者退出特定的经营活动的。

第二百三十一条　单位犯本节第二百二十一条至第二百三十条规定之罪的,对单位判处罚金,并对其直接负责的主管人员和其他直接责任人员,依照本节各该条的规定处罚。

二、相关司法解释/文件

《最高人民法院关于审理抢劫、抢夺刑事案件适用法律若干问题的意见》(2005年6月8日　法发〔2005〕8号)

九、关于抢劫罪与相似犯罪的界限

2. 以暴力、胁迫手段索取超出正常交易价钱、费用的钱财的行为定性:

从事正常商品买卖、交易或者劳动服务的人,以暴力、胁迫手段迫使他人交出与合理价钱、费用相差不大钱物,情节严重的,以强迫交易罪定罪处罚;以非法占有为目的,以买卖、交易、服务为幌子采用暴力、胁迫手段迫使他人交出与合理价钱、费用相差悬殊的钱物的,以抢劫罪定罪处刑。在具体认定时,既要考虑超出合理价钱、费用的绝对数额,还要考虑超出合理价钱、费用的比例,加以综合判断。

《最高人民检察院、公安部关于公安机关管辖的刑事案件立案追诉标准的规定(一)的补充规定》(2017年4月27日　公通字〔2017〕12号)

五、将《立案追诉标准(一)》第二十八条修改为:[强迫交易案(刑法第二百二十六条)]以暴力、威胁手段强买强卖商品,强迫他人提供服务或者接受服务,涉嫌下列情形之一的,应予立案追诉:

(一)造成被害人轻微伤的;

(二)造成直接经济损失二千元以上的;

(三)强迫交易三次以上或者强迫三人以上交易的;

(四)强迫交易数额一万元以上,或者违法所得数额二千元以上的;

(五)强迫他人购买伪劣商品数额五千元以上,或者违法所得数额一千元以上的;

(六)其他情节严重的情形。

以暴力、威胁手段强迫他人参与或者退出投标、拍卖,强迫他人转让或者收购公司、企业的股份、债券或者其他资产,强迫他人参与或者退出特定的经营活动,具有多次实施、手段恶劣、造成严重后果或者恶劣社会影响等情形之一的,应予立案追诉。

《最高人民检察院、公安部关于公安机关管辖的刑事案件立案追诉标准的规定(一)的补充规定》(2017年4月27日　公通字〔2017〕12号)

五、将《立案追诉标准(一)》第28条修改为:[强迫交易案(刑法第226条)]以暴力、威胁手段强买强卖商品,强迫他人提供服务或者接受服务,涉嫌下列情形之一的,应予立案追诉:

(一)造成被害人轻微伤的;

(二)造成直接经济损失2千元以上的;

(三)强迫交易3次以上或者强迫3人以上交易的;

(四)强迫交易数额1万元以上,或者违法所得数额2千元以上的;

(五)强迫他人购买伪劣商品数额5千元以上,或者违法所得数额1千元以上的;

(六)其他情节严重的情形。

以暴力、威胁手段强迫他人参与或者退出投标、拍卖,强迫他人转让或者收购公司、企业的股份、债券或者其他资产,强迫他人参与或者退出特定的经营活动,具有多次实施、手段恶劣、造成严重后果或者恶劣社会影响等情形之一的,应予立案追诉。

要义辨析

一、概念

本罪是指以暴力、威胁手段强买强卖商品,强迫他人提供服务或者强迫他人接受服务,强迫他人参与或者退出投标、拍卖,强迫他人转让或者收购公司、企业的股份、债券或者其他资产,强迫他人参与或者退出特定的经营活动,情节严重的行为。

二、构成要件

1. 本罪侵犯的客体是正常的市场管理秩序。

2. 客观方面表现为行为人以暴力、威胁等手段,实施了强买、强卖行为。这里的"暴力""威胁",都必须发生在商品交易或者服务交易中。行为人的主观目的是实现商品交易。只有在这一目的指引下实施的暴力、威胁行为才能构成本罪。

3. 本罪主体是一般主体,包括自然人和单位。

4. 主观方面是故意,而且是直接故意。

三、要点辨析

1. 强迫交易罪虽然规定在市场秩序犯罪这一章,但是其本义特征更接近社会恶势力犯罪,以强迫胁迫手段获得财富。因此,本罪在司法实践中适用最多的是作为惩处黑社会犯罪中的集群罪名中的一个,成为众多涉黑罪名中的一个,需要特别慎重地审查罪状构成。在具体适用时,要特别注意其违反市场自由原则的强迫交易的特征。如果是自愿等价的、利用市场竞争优势的兼并、内部的股权转让、充分协商后的自愿行为,虽然可能有不情愿的成分,也不能以此罪定性。只有利用暴力、胁迫手段强买强卖商品、强迫他人提供服务或者强迫他人接受服务,又达到严重程度的,才能构成本罪。

2. 强迫交易情节的认定。强迫交易行为属于一种扰乱市场管理秩序的违法行为,这种行为在商品交易或服务交易中并不鲜见,因此,本法为了不至于打击面过大,而规定了强行商品交易行为必须达到情节严重的程度才能构成犯罪。所谓情节严重,应当包括以下几点:(1)促成不公平交易,非法获利数额较大的;(2)多次强迫交易的;(3)社会影响恶劣的;(4)给被害人及家庭造成较为严重后果的;(5)强迫交易严重扰乱市场的;(6)二人以上共同实施强迫交易的。行为人用轻微的威胁手段进行强买强卖、强迫他人接受或提供服务,行为很有节制、获利很有限的,情节显著轻微、危害不大的,属于一般违法行为,不能认为是犯罪。强迫交易还要审查企业的优势地位在哪一方,有没有控制、威胁对方的能力;暴力、胁迫、要挟、心理控制的程度,能不能达到双方接受非自愿的交易。

3."交易中"的认定。本罪必须发生在商品交易或服务交易中,行为人与被害人之间有交易事实存在,虽然这种不平等交易,是一方强求另一方接受的交易。如果没有这种交易存在,行为人以非法占有为目的,当场使用暴力、胁迫或其他方法,强行立即劫取财物的,应当认定为抢劫行为,而不构成强迫交易罪。

4. 一罪与数罪的认定。强迫交易罪在实施过程中,因行为人的暴力可能致人伤亡。如果致人伤亡的,尽管在强迫交易罪与伤害(包括故意与过失)、杀人(包括故意与过失)罪之间有牵连关系,但是不应当以牵连犯处罚原则处理,而应当分别定罪量刑,以想象竞合的原则处罚。理由主要在于,强迫交易罪的法定最高刑为有期徒刑5年,法定刑期是较低的,其中没有包含牵连他罪并以一罪处断的刑期,也就是说,如果遇到牵连犯他罪而以强迫交易处罚时，其有期徒刑5年的最高刑吸收不了他罪之刑，因而如以一罪处断将罚不消罪、依罪刑相适应原则，应当对此种情况作数罪并罚处理。

四、罪名变迁

本罪是1997年《刑法》增设的罪名，1979年《刑法》和单行刑法均没有规定此罪名。

<table>
<tr><td colspan="2">类罪名：破坏社会主义市场经济秩序罪/扰乱市场秩序罪 | 罪名：伪造、倒卖伪造的有价票证罪</td></tr>
<tr><td rowspan="3">量刑标准</td><td>数额较大的　处2年以下有期徒刑、拘役或者管制，并处或者单处票证价额1倍以上5倍以下罚金；</td></tr>
<tr><td>数额巨大的　处2年以上7年以下有期徒刑，并处票证价额1倍以上5倍以下罚金；</td></tr>
<tr><td>单位犯本罪的　对单位处罚金；对直接负责的主管人员和其他直接责任人员按个人犯罪处罚。</td></tr>
</table>

法律依据

一、《刑法》条文

第二百二十七条第一款　伪造或者倒卖伪造的车票、船票、邮票或者其他有价票证，数额较大的，处二年以下有期徒刑、拘役或者管制，并处或者单处票证价额一倍以上五倍以下罚金；数额巨大的，处二年以上七年以下有期徒刑，并处票证价额一倍以上五倍以下罚金。

第二百三十一条　单位犯本节第二百二十一条至第二百三十条规定之罪的，对单位判处罚金，并对其直接负责的主管人员和其他直接责任人员，依照本节各该条的规定处罚。

二、相关司法解释/文件

《最高人民法院关于对变造、倒卖变造邮票行为如何适用法律问题的解释》（2000年11月15日　法释〔2000〕41号）

为了正确适用刑法，现对审理变造、倒卖变造邮票案件如何适用法律问题解释如下：

对变造或者倒卖变造的邮票数额较大的，应当依照刑法第二百二十七条第一款的规定定罪处罚。

《最高人民检察院关于非法制作、出售、使用IC电话卡行为如何适用法律问题的答复》（2002年4月2日　〔2003〕高检研发第10号）

辽宁省人民检察院研究室：

你院《关于非法制作、出售IC电话卡的行为如何认定的请示》（辽检发研字〔2002〕8号收悉。经研究，答复如下：

非法制作或者出售非法制作的IC电话卡，数额较大的，应当依照刑法第二百二十七条第一款的规定，以伪造、倒卖伪造的有价票证罪追究刑事责任，犯罪数额可以根据销售数额认定；明知是非法制作的IC电话卡而使用或者购买并使用，造成电信资费损失数额较大的，应当依照刑法第二百六十四条的规定，以盗窃罪追究刑事责任。

《最高人民检察院、公安部关于公安机关管辖的刑事案件立案追诉标准的规定（一）》（2008年6月25日　公通字〔2008〕36号）

第二十九条　［伪造、倒卖伪造的有价票证案（刑法第二百二十七条第一款）］伪造或者倒卖伪造的车票、船票、邮票或者其他有价票证，涉嫌下列情形之一的，应予立案追诉：

（一）车票、船票票面数额累计二千元以上，或者数量累计五十张以上的；

（二）邮票票面数额累计五千元以上，或者数量累计一千枚以上的；

（三）其他有价票证价额累计五千元以上，或

者数量累计一百张以上的;

(四)非法获利累计一千元以上的;

(五)其他数额较大的情形。

要义辨析

一、概念

本罪是指伪造、倒卖伪造的车票、船票、邮票或其他有价票证,数额较大的行为。

二、构成要件

1. 本罪侵犯的客体,是国家对有价票证的管理秩序。

2. 客观方面表现为伪造、倒卖伪造的车票、船票、邮票或者其他的有价票证,而且情节严重的行为。

3. 犯罪主体是一般主体。

4. 主观方面是故意,并且具有使票证能够使用的目的。

三、要点辨析

本罪与《刑法》第178条伪造、变造国家有价证券罪的区别在于犯罪对象不同、量刑也不同。后者特指国家国库券、金融债券等,危害性更大,量刑也更重,最高到无期徒刑。本罪只是打击"黄牛倒假票"行为。

四、罪名变迁

1979年《刑法》第124条只规定了伪造有价票证罪,没有规定倒卖伪造有价票证罪。1997年《刑法》对罪状作了修改,罪名也相应地改为伪造、倒卖伪造的有价票证罪。

类罪名:破坏社会主义市场经济秩序罪/扰乱市场秩序罪 | 罪名:倒卖车票、船票罪	
量刑标准	**情节严重的** 处3年以下有期徒刑、拘役或者管制,并处或者单处票证价额1倍以上5倍以下罚金;
	单位犯本罪的 对单位处罚金;对直接负责的主管人员和其他直接责任人员依个人犯罪之规定处罚。

法律依据

一、《刑法》条文

第二百二十七条第二款 倒卖车票、船票,情节严重的,处三年以下有期徒刑、拘役或者管制,并处或者单处票证价额一倍以上五倍以下罚金。

第二百三十一条 单位犯本节第二百二十一条至第二百三十条规定之罪的,对单位判处罚金,并对其直接负责的主管人员和其他直接责任人员,依照本节各该条的规定处罚。

二、相关法律

《中华人民共和国铁路法》(2015年4月24日修正)

第六十六条 倒卖旅客车票,构成犯罪的,依照刑法有关规定追究刑事责任。铁路职工倒卖旅客车票或者与其他人员勾结倒卖旅客车票的,依照刑法有关规定追究刑事责任。

三、相关司法解释/文件

《最高人民法院关于审理倒卖车票刑事案件有关问题的解释》(1999年9月6日 法释〔1999〕17号)

为依法惩处倒卖车票的犯罪活动,根据刑法的有关规定,现就审理倒卖车票刑事案件的有关问题解释如下:

第一条 高价、变相加价倒卖车票或者倒卖坐席、卧铺签字号及订购车票凭证,票面数额在五千元以上,或者非法获利数额在二千元以上的,构成刑法第二百二十七条第二款规定的"倒卖车票情节严重”。

第二条　对于铁路职工倒卖车票或者与其他人员勾结倒卖车票；组织倒卖车票的首要分子；曾因倒卖车票受过治安处罚两次以上或者被劳动教养一次以上，两年内又倒卖车票，构成倒卖车票罪的，依法从重处罚。

《最高人民检察院、公安部关于公安机关管辖的刑事案件立案追诉标准的规定（一）》（2008年6月25日　公通字〔2008〕36号）

第三十条　［倒卖车票、船票案（刑法第二百二十七条第二款）］倒卖车票、船票或者倒卖车票坐席、卧铺签字号以及订购车票、船票凭证，涉嫌下列情形之一的，应予立案追诉：

（一）票面数额累计五千元以上的；

（二）非法获利累计二千元以上的；

（三）其他情节严重的情形

要义辨析

一、概念

本罪是指倒卖车票、船票，情节严重的行为。通俗地说，本罪是一个打击“黄牛倒票”的罪名。

二、构成要件

1. 本罪侵犯的客体是国家对车票、船票的管理制度。

2. 客观方面表现为倒卖车票、船票，情节严重的行为。其犯罪对象是车票、船票，而不是其他有价票证、证券。

3. 本罪的主体是一般主体，单位和自然人都可以构成本罪的主体。

4. 主观方面是故意，通常具有营利目的，但是否具有营利目的不是构成本罪在主观方面的要件。

三、要点辨析

1. 本罪是情节犯，情节严重才构成犯罪。

2. 本罪从伪造、倒卖其他有价票证罪中分离出来单独设罪，是因为这种犯罪危害性相对较轻，量刑限于3年以下有期徒刑、拘役或管制。

四、罪名变迁

本罪是1997年《刑法》增设的罪名，1979年《刑法》和单行刑法均没有规定此罪名。

类罪名：破坏社会主义市场经济秩序罪/扰乱市场秩序罪 | 罪名：非法转让、倒卖土地使用权罪	
量刑标准	**情节严重的**　处3年以下有期徒刑或者拘役，并处或者单处非法转让、倒卖价额5%以上20%以下罚金；
	情节特别严重的　处3年以上7年以下有期徒刑，并处非法转让、倒卖价额5%以上20%以下罚金；
	单位犯本罪的　对单位处罚金；对直接负责的主管人员和直接责任人员按个人犯罪处罚。

法律依据

一、《刑法》条文

第二百二十八条　以牟利为目的，违反土地管理法规，非法转让、倒卖土地使用权，情节严重的，处三年以下有期徒刑或者拘役，并处或者单处非法转让、倒卖土地使用权价额百分之五以上百分之二十以下罚金；情节特别严重的，处三年以上七年以下有期徒刑，并处非法转让、倒卖土地使用权价额百分之五以上百分之二十以下罚金。

第二百三十一条 单位犯本节第二百二十一条至第二百三十条规定之罪的,对单位判处罚金,并对其直接负责的主管人员和其他直接责任人员,依照本节各该条的规定处罚。

二、相关法律

《中华人民共和国土地管理法》(2019年8月26日修正)

第七十四条 买卖或者以其他形式非法转让土地的,由县级以上人民政府自然资源主管部门没收违法所得;对违反土地利用总体规划擅自将农用地改为建设用地的,限期拆除在非法转让的土地上新建的建筑物和其他设施,恢复土地原状,对符合土地利用总体规划的,没收在非法转让的土地上新建的建筑物和其他设施;可以并处罚款;对直接负责的主管人员和其他直接责任人员,依法给予处分;构成犯罪的,依法追究刑事责任。

三、相关司法解释/文件

《最高人民法院关于审理破坏土地资源刑事案件具体应用法律若干问题的解释》(2000年6月19日 法释〔2000〕14号)

为依法惩处破坏土地资源犯罪活动,根据刑法的有关规定,现就审理这类案件具体应用法律的若干问题解释如下:

第一条 以牟利为目的,违反土地管理法规,非法转让、倒卖土地使用权,具有下列情形之一的,属于非法转让、倒卖土地使用权"情节严重",依照刑法第二百二十八条的规定,以非法转让、倒卖土地使用权罪定罪处罚:

(一)非法转让、倒卖基本农田五亩以上的;

(二)非法转让、倒卖基本农田以外的耕地十亩以上的;

(三)非法转让、倒卖其他土地二十亩以上的;

(四)非法获利五十万元以上的;

(五)非法转让、倒卖土地接近上述数量标准并具有其他恶劣情节的,如曾因非法转让、倒卖土地使用权受过行政处罚或者造成严重后果等。

第二条 实施第一条规定的行为,具有下列情形之一的,属于非法转让、倒卖土地使用权"情节特别严重":

(一)非法转让、倒卖基本农田十亩以上的;

(二)非法转让、倒卖基本农田以外的耕地二十亩以上的;

(三)非法转让、倒卖其他土地四十亩以上的;

(四)非法获利一百万元以上的;

(五)非法转让、倒卖土地接近上述数量标准并具有其他恶劣情节,如造成严重后果等。

第八条 单位犯非法转让、倒卖土地使用权罪、非法占有耕地罪的定罪量刑标准,依照本解释第一条、第二条、第三条的规定执行。

第九条 多次实施本解释规定的行为依法应当追诉的,或者一年内多次实施本解释规定的行为未经处理的,按照累计的数量、数额处罚。

《最高人民检察院、公安部关于公安机关管辖的刑事案件立案追诉标准的规定(二)》(2022年4月6日 公通字〔2022〕12号)

第七十二条 〔非法转让、倒卖土地使用权案(刑法第二百二十八条)〕以牟利为目的,违反土地管理法规,非法转让、倒卖土地使用权,涉嫌下列情形之一的,应予立案追诉:

(一)非法转让、倒卖永久基本农田五亩以上的;

(二)非法转让、倒卖永久基本农田以外的耕地十亩以上的;

(三)非法转让、倒卖其他土地二十亩以上的;

(四)违法所得数额在五十万元以上的;

(五)虽未达到上述数额标准,但因非法转让、倒卖土地使用权受过行政处罚,又非法转让、倒卖土地的;

(六)其他情节严重的情形。

要义辨析

一、概念

本罪是指以牟利为目的,违反土地管理法规,非法转让、倒卖土地使用权,情节严重的行为。

二、构成要件

1. 本罪侵犯的客体,是国家对国有土地的正常管理制度。

2. 客观方面表现为违反土地管理法规，非法转让、倒卖土地使用权的行为。具体表现为以下两种情形：一是转让土地使用权，即没有经过土地主管部门的批准，擅自转让国有或者集体所有的土地使用权。二是倒卖土地使用权，即低价买进、高价卖出土地使用权以牟利。只有在情节严重的情况下，才能构成本罪。

3. 本罪主体是一般主体，包括个人和单位。

4. 本罪主观方面是故意，并有牟利的目的。

三、要点辨析

1. 本罪是情节犯，情节严重才构成犯罪。

2.《土地管理法》规定，土地归国家所有和集体所有，任何个人、单位非经法定程序不得私下转让、倒卖，转让应当依《土地管理法》进行。转让、倒卖是指将土地使用权以牟利为目的再转移的行为，包括出售、交换和赠送。未按合同期限开发利用的，不得转让。转让应当经县以上政府土地管理部门、房产部门批准并进行变更登记，地上物与土地使用权不可分割。

3. 关于企业以转让股权方式转让附随土地问题。由于我国土地一级市场的国家垄断和《公司法》规定的公司股权转让的合法化之间的矛盾，司法实践中产生了大量的以股东之间股权转让方式，实质上转让公司土地的行为。司法实践中争议很大，判决中也有两种结果：一种以倒卖土地论，一种以合法转让股权论。《国土资源部办公厅关于股权转让涉及土地使用权变更有关问题的批复》（国土资厅函〔2004〕24 号）作了相应规定。多数地方公安机关和土地管理部门，对公司正常经营活动中的股权转让，持肯定态度，不按倒卖土地论处。对有些一经拍卖到手，立即转让大部分股权，并以土地价值计算转让的股权价值，获得高额利差的行为，以倒卖土地论处。

4. 关于企业转让自有股权项下土地增值问题。司法实践中，往往将拍得土地时的价格，同转让股权时的价值，作为非法倒卖土地的非法获利，从而倒推是否为非法倒卖土地，这是不正确的。如果公司经营时间很长，土地的财务成本增加，市场价值也都会发生变化，土地的价值变动，是正常的。不能一概以非法所得论。重点要审查，行为人是主观上一开始就想倒卖土地获利，还是企业正常经营决策中正常的转让股权行为。要结合出让人的公司全面情况，是因主观因素出让还是因客观因素出让，并进行分析判断。

四、罪名变迁

本罪是 1997 年《刑法》增设的罪名，1979 年《刑法》和单行刑法均没有规定此罪名。

类罪名：破坏社会主义市场经济秩序罪/扰乱市场秩序罪	罪名：提供虚假证明文件罪
量刑标准	**情节严重、构成犯罪的**　处 5 年以下有期徒刑或者拘役，并处罚金；
	提供与证券发行相关的虚假的资产评估、会计、审计、法律服务、保荐等证明文件，情节特别严重的；提供与重大资产交易相关的虚假的资产评估、会计、审计等证明文件，情节特别严重的；在涉及公共安全的重大工程、项目中提供虚假的安全评价、环境影响评价证明文件，致使公共财产、国家和人民利益遭受特别重大损失的　处 5 年以上 10 年以下有期徒刑，并处罚金；
	单位犯本罪的　处罚金；对直接负责的主管人员和其他直接责任人员依个人犯罪的规定处罚。

法律依据

一、《刑法》条文

第二百二十九条　承担资产评估、验资、验证、会计、审计、法律服务、保荐、安全评价、环境影响评价、环境监测等职责的中介组织的人员故意提供虚

假证明文件,情节严重的,处五年以下有期徒刑或者拘役,并处罚金;有下列情形之一的,处五年以上十年以下有期徒刑,并处罚金:

(一)提供与证券发行相关的虚假的资产评估、会计、审计、法律服务、保荐等证明文件,情节特别严重的;

(二)提供与重大资产交易相关的虚假的资产评估、会计、审计等证明文件,情节特别严重的;

(三)在涉及公共安全的重大工程、项目中提供虚假的安全评价、环境影响评价证明文件,致使公共财产、国家和人民利益遭受特别重大损失的。

前款规定的人员,索取他人财物或者非法收受他人财物,同时构成其他犯罪的,依照处罚较重的规定定罪处罚。

第一款规定的人员,严重不负责任,出具的证明文件有重大失实,造成严重后果的,处三年以下有期徒刑或者拘役,并处或者单处罚金。

第二百三十一条 单位犯本节第二百二十一条至第二百三十条规定之罪的,对单位判处罚金,并对其直接负责的主管人员和其他直接责任人员,依照本节各该条的规定处罚。

二、相关法律

《中华人民共和国公司法》(2023 年 12 月 29 日修订)

第二百五十七条 承担资产评估、验资或者验证的机构提供虚假材料或者提供有重大遗漏的报告的,由有关部门依照《中华人民共和国资产评估法》、《中华人民共和国注册会计师法》等法律、行政法规的规定处罚。

承担资产评估、验资或者验证的机构因其出具的评估结果、验资或者验证证明不实,给公司债权人造成损失的,除能够证明自己没有过错的外,在其评估或者证明不实的金额范围内承担赔偿责任。

《中华人民共和国注册会计师法》(2014 年 8 月 31 日修正)

第三十九条第三款 会计师事务所、注册会计师违反本法第二十条、第二十一条的规定,故意出具虚假审计报告、验资报告,构成犯罪的,依法追究刑事责任。

《中华人民共和国证券法》(2019 年 12 月 28 日修订)

第一百六十三条 证券服务机构为证券的发行、上市、交易等证券业务活动制作、出具审计报告及其他鉴证报告、资产评估报告、财务顾问报告、资信评级报告或者法律意见书等文件,应当勤勉尽责,对所依据的文件资料内容的真实性、准确性、完整性进行核查和验证。其制作、出具的文件有虚假记载、误导性陈述或者重大遗漏,给他人造成损失的,应当与委托人承担连带赔偿责任,但是能够证明自己没有过错的除外。

第二百一十九条 违反本法规定,构成犯罪的,依法追究刑事责任。

《中华人民共和国安全生产法》(2021 年 6 月 10 日修正)

第九十二条 承担安全评价、认证、检测、检验职责的机构出具失实报告的,责令停业整顿,并处三万元以上十万元以下的罚款;给他人造成损害的,依法承担赔偿责任。

承担安全评价、认证、检测、检验职责的机构租借资质、挂靠、出具虚假报告的,没收违法所得;违法所得在十万元以上的,并处违法所得二倍以上五倍以下的罚款,没有违法所得或者违法所得不足十万元的,单处或者并处十万元以上二十万元以下的罚款;对其直接负责的主管人员和其他直接责任人员处五万元以上十万元以下的罚款;给他人造成损害的,与生产经营单位承担连带赔偿责任;构成犯罪的,依照刑法有关规定追究刑事责任。

对有前款违法行为的机构及其直接责任人员,吊销其相应资质和资格,五年内不得从事安全评价、认证、检测、检验等工作;情节严重的,实行终身行业和职业禁入。

三、相关司法解释/文件

《最高人民检察院、公安部关于公安机关管辖的刑事案件立案追诉标准的规定(二)》(2022 年 4 月 6 日 公通字〔2022〕12 号)

第七十三条 〔提供虚假证明文件案(刑法第二百二十九条第一款)〕承担资产评估、验资、验证、会计、审计、法律服务、保荐、安全评价、环境影响评价、环境监测等职责的中介组织的人员故意提供虚假证明文件,涉嫌下列情形之一的,应予立案追诉：

（一）给国家、公众或者其他投资者造成直接经济损失数额在五十万元以上的；

（二）违法所得数额在十万元以上的；

（三）虚假证明文件虚构数额在一百万元以上且占实际数额百分之三十以上的；

（四）虽未达到上述数额标准，但二年内因提供虚假证明文件受过二次以上行政处罚，又提供虚假证明文件的；

（五）其他情节严重的情形。

《最高人民法院、最高人民检察院关于办理妨害信用卡管理刑事案件具体应用法律若干问题的解释》（2018年11月28日　法释〔2018〕19号）

第四条第二款　承担资产评估、验资、验证、会计、审计、法律服务等职责的中介组织或其人员，为信用卡申请人提供虚假的财产状况、收入、职务等资信证明材料，应当追究刑事责任的，依照刑法第二百二十九条的规定，分别以提供虚假证明文件罪和出具证明文件重大失实罪定罪处罚。

《最高人民法院、最高人民检察院关于办理危害生产安全刑事案件适用法律若干问题的解释（二）》（2022年12月19日　法释〔2022〕19号）

第六条　承担安全评价职责的中介组织的人员提供的证明文件有下列情形之一的，属于刑法第二百二十九条第一款规定的"虚假证明文件"：

（一）故意伪造的；

（二）在周边环境、主要建（构）筑物、工艺、装置、设备设施等重要内容上弄虚作假，导致与评价期间实际情况不符，影响评价结论的；

（三）隐瞒生产经营单位重大事故隐患及整改落实情况、主要灾害等级等情况，影响评价结论的；

（四）伪造、篡改生产经营单位相关信息、数据、技术报告或者结论等内容，影响评价结论的；

（五）故意采用存疑的第三方证明材料、监测检验报告，影响评价结论的；

（六）有其他弄虚作假行为，影响评价结论的情形。

生产经营单位提供虚假材料、影响评价结论，承担安全评价职责的中介组织的人员对评价结论与实际情况不符无主观故意的，不属于刑法第二百二十九条第一款规定的"故意提供虚假证明文件"。

有本条第二款情形，承担安全评价职责的中介组织的人员严重不负责任，导致出具的证明文件有重大失实，造成严重后果的，依照刑法第二百二十九条第三款的规定追究刑事责任。

第七条　承担安全评价职责的中介组织的人员故意提供虚假证明文件，有下列情形之一的，属于刑法第二百二十九条第一款规定的"情节严重"：

（一）造成死亡一人以上或者重伤三人以上安全事故的；

（二）造成直接经济损失五十万元以上安全事故的；

（三）违法所得数额十万元以上的；

（四）两年内因故意提供虚假证明文件受过两次以上行政处罚，又故意提供虚假证明文件的；

（五）其他情节严重的情形。

在涉及公共安全的重大工程、项目中提供虚假的安全评价文件，有下列情形之一的，属于刑法第二百二十九条第一款第三项规定的"致使公共财产、国家和人民利益遭受特别重大损失"：

（一）造成死亡三人以上或者重伤十人以上安全事故的；

（二）造成直接经济损失五百万元以上安全事故的；

（三）其他致使公共财产、国家和人民利益遭受特别重大损失的情形。

承担安全评价职责的中介组织的人员有刑法第二百二十九条第一款行为，在裁量刑罚时，应当考虑其行为手段、主观过错程度、对安全事故的发生所起作用大小及其获利情况、一贯表现等因素，综合评估社会危害性，依法裁量刑罚，确保罪责刑相适应。

第八条　承担安全评价职责的中介组织的人员，严重不负责任，出具的证明文件有重大失实，有下列情形之一的，属于刑法第二百二十九条第三款规定的"造成严重后果"：

（一）造成死亡一人以上或者重伤三人以上安全事故的；

（二）造成直接经济损失一百万元以上安全事故的；

(三)其他造成严重后果的情形。

第九条 承担安全评价职责的中介组织犯刑法第二百二十九条规定之罪的,对该中介组织判处罚金,并对其直接负责的主管人员和其他直接责任人员,依照本解释第七条、第八条的规定处罚。

第十一条 有本解释规定的行为,被不起诉或者免予刑事处罚,需要给予行政处罚、政务处分或者其他处分的,依法移送有关主管机关处理。

第十二条 本解释自2022年12月19日起施行。最高人民法院、最高人民检察院此前发布的司法解释与本解释不一致的,以本解释为准。

要义辨析

一、概念

本罪是指承担资产评估、验资验证、会计、审计、法律服务职责的人员或单位故意提供虚假证明文件,情节严重的行为。

二、构成要件

1. 本罪侵犯的客体是正常的国家中介服务市场的管理秩序。

2. 客观方面表现为承担资产评估、验资、验证、会计、审计、法律服务等职责的中介组织人员故意提供虚假证明文件,且情节严重的行为。

3. 主体是特定的,是承担资产评估、验资验证、会计、审计、法律服务职责的人员,或者单位。

4. 主观上只能是故意,过失不构成本罪。单位犯罪实行双罚。

三、要点辨析

1. 依《证券法》规定,本罪主体在执行刑事罚没之前,如有民事赔偿责任而其财产不足以支付时,应先承担民事赔偿责任,以保证他人的民事权益,但非本罪而承担的民事赔偿责任除外。

2. 本罪是情节犯,情节严重的才构成犯罪。

3. 本罪同出具证明文件重大失实罪的主要区别,本罪是故意、后者是过失。

四、罪名变迁

1979年《刑法》没有提供虚假证明文件罪。本罪是由1995年2月28日《全国人民代表大会常务委员会关于惩治违反公司法的犯罪的决定》(已废止)第6条的规定,吸收改为《刑法》的具体规定的。《刑法修正案(十一)》对本罪进行了修订。

类罪名:破坏社会主义市场经济秩序罪/扰乱市场秩序罪 | 罪名:出具证明文件重大失实罪	
量刑标准	**造成严重后果的** 处3年以下有期徒刑或者拘役,并处或者单处罚金;
	单位犯本罪的 对单位处罚金;对直接负责的主管人员和其他直接责任人员处3年以下有期徒刑或者拘役,并处或者单处罚金。

法律依据

一、《刑法》条文

第二百二十九条第一、三款 承担资产评估、验资、验证、会计、审计、法律服务等职责的中介组织的人员故意提供虚假证明文件,情节严重的,处五年以下有期徒刑或者拘役,并处罚金:

(一)提供与证券发行相关的虚假的资产评估、会计、审计、法律服务、保荐等证明文件,情节特别严重的;

(二)提供与重大资产交易相关的虚假的资产评估、会计、审计等证明文件,情节特别严重的;

(三)在涉及公共安全的重大工程、项目中提供虚假的安全评价、环境影响评价等证明文件,致使公共财产、国家和人民利益遭受特别重大损失的。

第一款规定的人员,严重不负责任,出具的证明文件有重大失实,造成严重后果的,处三年以下有期徒刑或者拘役,并处或者单处罚金。

第二百三十一条　单位犯本节第二百二十一条至第二百三十条规定之罪的,对单位判处罚金,并对其直接负责的主管人员和其他直接责任人员,依照本节各该条的规定处罚。

二、相关法律

《中华人民共和国公司法》(2023 年 12 月 29 日修订)

第二百五十七条　承担资产评估、验资或者验证的机构提供虚假材料或者提供有重大遗漏的报告的,由有关部门依照《中华人民共和国资产评估法》、《中华人民共和国注册会计师法》等法律、行政法规的规定处罚。

承担资产评估、验资或者验证的机构因其出具的评估结果、验资或者验证证明不实,给公司债权人造成损失的,除能够证明自己没有过错的外,在其评估或者证明不实的金额范围内承担赔偿责任。

《中华人民共和国公证法》(2017 年 9 月 1 日修正)

第四十二条第一款　公证机构及其公证员有下列行为之一的,由省、自治区、直辖市或者设区的市人民政府司法行政部门对公证机构给予警告,并处二万元以上十万元以下罚款,并可以给予一个月以上三个月以下停业整顿的处罚;对公证员给予警告,并处二千元以上一万元以下罚款,并可以给予三个月以上十二个月以下停止执业的处罚;有违法所得的,没收违法所得;情节严重的,由省、自治区、直辖市人民政府司法行政部门吊销公证员执业证书;构成犯罪的,依法追究刑事责任:

(一)私自出具公证书的;

(二)为不真实、不合法的事项出具公证书的;

(三)侵占、挪用公证费或者侵占、盗窃公证专用物品的;

(四)毁损、篡改公证文书或者公证档案的;

(五)泄露在执业活动中知悉的国家秘密、商业秘密或者个人隐私的;

(六)依照法律、行政法规的规定,应当给予处罚的其他行为。

三、相关司法解释/文件

《最高人民检察院关于公证员出具公证书有重大失实行为如何适用法律问题的批复》(2009 年 1 月 7 日　高检发释字〔2009〕1 号)

《中华人民共和国公证法》施行以后,公证员在履行公证职责过程中,严重不负责任,出具的公证书有重大失实,造成严重后果的,依照刑法第二百二十九条第三款的规定,以出具证明文件重大失实罪追究刑事责任。

《最高人民检察院、公安部关于公安机关管辖的刑事案件立案追诉标准的规定(二)》(2022 年 4 月 6 日　公通字〔2022〕12 号)

第七十四条　〔出具证明文件重大失实案(刑法第二百二十九条第三款)〕承担资产评估、验资、验证、会计、审计、法律服务、保荐、安全评价、环境影响评价、环境监测等职责的中介组织的人员严重不负责任,出具的证明文件有重大失实,涉嫌下列情形之一的,应予立案追诉:

(一)给国家、公众或者其他投资者造成直接经济损失数额在一百万元以上的;

(二)其他造成严重后果的情形。

《最高人民法院、最高人民检察院关于办理妨害信用卡管理刑事案件具体应用法律若干问题的解释》(2018 年 11 月 28 日　法释〔2018〕19 号)

第四条第二款　承担资产评估、验资、验证、会计、审计、法律服务等职责的中介组织或其人员,为信用卡申请人提供虚假的财产状况、收入、职务等资信证明材料,应当追究刑事责任的,依照刑法第二百二十九条的规定,分别以提供虚假证明文件罪和出具证明文件重大失实罪定罪处罚。

要义辨析

一、概念

本罪是指承担资产评估、验资验证、会计、审计、法律服务职责的人员或单位严重不负责任,出具重大失实的证明文件,后果严重的行为。

二、构成要件

1. 本罪侵犯的客体是公司资信的管理秩序。

2. 客观方面表现为中介组织的人员严重不负责任,出具重大失实的证明文件,情节严重的行为。

具体包括:(1)中介组织及其工作人员严重失职,未经查实或未认真查实即出具证明文件;(2)出具的证明文件有重大失实;(3)失实的证明文件使国家、集体、个人利益遭受重大损失,情节严重。这三方面必须同时具备,才能构成本罪。

3. 本罪的主体是特殊主体,即承担资产评估、验资、验证、会计、审计、法律服务等职责的中介组织的工作人员,中介单位也可构成本罪主体。

4. 主观上只能是过失,是因为严重不负责任,导致出具的证明文件有重大失实。

三、要点辨析

1. 本罪与伪证罪的界限。伪证罪,是指在侦查、审判中证人、鉴定人、记录人、翻译人故意做虚假证明、鉴定、记录、翻译,意图陷害他人或隐瞒罪证的行为。本罪与伪证罪的区别主要有以下几个方面:

(1)犯罪主体不同。伪造罪中的犯罪主体是刑事诉讼参与人,包括证人、鉴定人、记录人及翻译人员;而本罪的犯罪主体,主要是从事资产评估、验资、验证、会计、审计、法律服务等的评估师、注册会计师、审计师、律师等。

(2)侵犯的客体不同。伪证罪侵犯的客体是公民的人身权利和司法机关的正常活动;而本罪侵犯的客体是国家对工商企业的管理活动。

(3)行为的表现方式不同。伪证罪的行为人行为方式表现在刑事案件的侦查、审判过程中、故意出具虚假的证言、鉴定意见以及翻译文件等;而本罪行为人的行为是在公司申请登记或公司经营的验资、验证过程中,所出具的虚假证明文件也都是有关公司成立、经营等内容的。

2. 本罪与伪造、变造、买卖或者盗窃、抢夺、毁灭国家机关、企业、事业单位、人民团体的公文、证件、印章罪的界限。

二者的共同点在于:它们都是故意犯罪、犯罪对象都是内容有一定意义的证明文件,但是,两者的区别还是十分明显的。主要表现在:

(1)犯罪客体不同,妨害公文、证件、印章罪侵犯的是国家机关、企业、事业单位、人民团体的正常管理活动及其信誉,其犯罪对象为公文、证件、印章。本罪侵犯的是国家对工商企业的管理活动。其侵犯的对象为有关公司成立或生产经营的证明文件。

(2)犯罪的客观方面不同。后者表现为伪造、变造或者盗窃、抢夺、毁灭公文、证件、印章的行为。所谓伪造,是指无权制作者制作不真实的公文、证件、印章。本罪表现承担资产评估、验资、验证、审计职责的人员或单位故意提供虚假证明文件、情节严重的行为,它是有权制作者出具了不真实的证明文件。

(3)犯罪主体不同。后罪的主体为一般主体,即达到法定年龄,具有刑事责任能力的人都能构成,其主体为自然人,不包括单位。本罪的主体为特殊主体,行为人必须具备一定的身份才能构成。具体说,其主体为承担资产评估、验资、验证、会计、审计、法律服务等职责的中介组织的人员或单位。既包括自然人,也包括单位。

3. 本罪与提供虚假证明文件罪的区别。

(1)主观方面不同。本罪是过失犯罪,行为人由于严重不负责任,过失出具了内容重大失实的证明文件;而后罪的行为人是故意提供虚假证明文件。

(2)对行为的结果要求不同。本罪要求必须是造成严重后果的才构成犯罪,而后者只要情节严重的,就可以构成犯罪。两罪的量刑后果也不同,本罪最高刑为3年以下有期徒刑或拘役,故意犯罪的提供虚假证明文件罪最高刑为10年以下有期徒刑。

四、罪名变迁

本罪是1997年《刑法》增设的罪名,1979年《刑法》和单行刑法均没有规定此罪名。

类罪名:破坏社会主义市场经济秩序罪/扰乱市场秩序罪	罪名:逃避商检罪
量刑标准	犯本罪的　处3年以下有期徒刑或者拘役,并处或者单处罚金;
	单位犯本罪的　处罚金;对直接负责的主管人员和直接责任人员依个人犯罪的规定处罚。

法律依据

一、《刑法》条文

第二百三十条　违反进出口商品检验法的规定，逃避商品检验，将必须经商检机构检验的进口商品未报经检验而擅自销售、使用，或者将必须经商检机构检验的出口商品未报经检验合格而擅自出口，情节严重的，处三年以下有期徒刑或者拘役，并处或者单处罚金。

第二百三十一条　单位犯本节第二百二十一条至第二百三十条规定之罪的，对单位判处罚金，并对其直接负责的主管人员和其他直接责任人员，依照本节各该条的规定处罚。

二、相关法律

《中华人民共和国进出口商品检验法》(2021年4月29日修正)

第三十二条　违反本法规定，将必须经商检机构检验的进口商品未报经检验而擅自销售或者使用的，或者将必须经商检机构检验的出口商品未报经检验合格而擅自出口的，由商检机构没收违法所得，并处货值金额百分之五以上百分之二十以下的罚款；构成犯罪的，依法追究刑事责任。

三、相关司法解释/文件

《最高人民检察院、公安部关于公安机关管辖的刑事案件立案追诉标准的规定(二)》(2022年4月6日　公通字〔2022〕12号)

第七十五条　〔逃避商检案(刑法第二百三十条)〕违反进出口商品检验法的规定，逃避商品检验，将必须经商检机构检验的进口商品未报经检验而擅自销售、使用，或者将必须经商检机构检验的出口商品未报经检验合格而擅自出口，涉嫌下列情形之一的，应予立案追诉：

(一)给国家、单位或者个人造成直接经济损失数额在五十万元以上的；

(二)逃避商检的进出口货物货值金额在三百万元以上的；

(三)导致病疫流行、灾害事故的；

(四)多次逃避商检的；

(五)引起国际经济贸易纠纷，严重影响国家对外贸易关系，或者严重损害国家声誉的；

(六)其他情节严重的情形。

要义辨析

一、概念

本罪是指违反《进出口商品检验法》的规定，逃避商品检验，将必须经过商检机构检验的进出口商品擅自销售、使用或出口，情节严重的行为。

二、构成要件

1. 本罪侵犯的客体是国家对进出口商品检验的管理制度。

2. 客观方面表现为违反《进出口商品检验法》的规定，逃避商品检验，将必须经过商检机构检验的进口商品未报经检验而擅自销售、使用，或者将必须经过商检机构检验的出口商品未报经检验合格而擅自出口，情节严重的行为。

3. 本罪主体是特殊主体，即有义务报商检机构检验进出口商品的个人和单位。没有报检义务者不构成本罪，

4. 本罪主观方面必须是故意，过失不构成本罪，其目的是逃避进出口商品的检验。

三、要点辨析

1. 商品检验，是指商品的产方、买方或者第三方，按照《进出口商品检验法》的规定，将进出口商品提交给国家检验部门，对商品的质量、规格、重量、数量、包装、安全及卫生等方面进行检查，并由国家检验部门作出合格与否或通过验收与否的判定，或为维护买卖双方合法权益，避免或解决各种风险损失和责任划分的争议，便于商品交接结算而出具各种有关证书的业务活动。

2. 本罪要认真审查《商检机构实施检验的进出口商品种类》，查明是不是国家规定的必检商品。逃避商检的非法行为表现为：(1)对应检和必检进口商品，未经报检擅自在境内使用和销售；(2)对应检、必检商品，未经报检合格即擅自出口；(3)经过商检抽查，认为是不合格商品，而仍然进行擅自出口。因此，认定本罪的一个重要界限，即是进出口商品是否为国家规定的必检、应检商品。

对于由当事人可以选择是否检验的商品,未送检的,不构成本罪。

四、罪名变迁

本罪是 1997 年《刑法》增设的罪名,1979 年《刑法》和单行刑法均没有规定此罪名。1989 年《进出口商品检验法》第 26 条规定,对逃避商检行为的,比照玩忽职守罪追究刑事责任。

第四章
侵犯公民人身权利、民主权利罪

<table>
<tr><td colspan="2">类罪名:侵犯公民人身权利、民主权利罪 │ 罪名:故意杀人罪</td></tr>
<tr><td rowspan="2">量刑标准</td><td>构成犯罪的　处死刑、无期徒刑或者10年以上有期徒刑,可以附加剥夺政治权利;</td></tr>
<tr><td>情节较轻的　处3年以上10年以下有期徒刑,可以附加剥夺政治权利。</td></tr>
</table>

法律依据

一、《刑法》条文

第二百三十二条　故意杀人的,处死刑、无期徒刑或者十年以上有期徒刑;情节较轻的,处三年以上十年以下有期徒刑。

第五十六条　对于危害国家安全的犯罪分子应当附加剥夺政治权利;对于故意杀人、强奸、放火、爆炸、投毒、抢劫等严重破坏社会秩序的犯罪分子,可以附加剥夺政治权利。

独立适用剥夺政治权利的,依照本法分则的规定。

第二百三十四条之一　组织他人出卖人体器官的,处五年以下有期徒刑,并处罚金;情节严重的,处五年以上有期徒刑,并处罚金或者没收财产。

未经本人同意摘取其器官,或者摘取不满十八周岁的人的器官,或者强迫、欺骗他人捐献器官的,依照本法第二百三十四条、第二百三十二条的规定定罪处罚。

违背本人生前意愿摘取其尸体器官,或者本人生前未表示同意,违反国家规定,违背其近亲属意愿摘取其尸体器官的,依照本法第三百零二条的规定定罪处罚。

第二百三十八条　非法拘禁他人或者以其他方法非法剥夺他人人身自由的,处三年以下有期徒刑、拘役、管制或者剥夺政治权利。具有殴打、侮辱情节的,从重处罚。

犯前款罪,致人重伤的,处三年以上十年以下有期徒刑;致人死亡的,处十年以上有期徒刑。使用暴力致人伤残、死亡的,依照本法第二百三十四条、第二百三十二条的规定定罪处罚。

为索取债务非法扣押、拘禁他人的,依照前两款的规定处罚。

国家机关工作人员利用职权犯前三款罪的,依照前三款的规定从重处罚。

第二百四十七条　司法工作人员对犯罪嫌疑人、被告人实行刑讯逼供或者使用暴力逼取证人证言的,处三年以下有期徒刑或者拘役。致人伤残、死亡的,依照本法第二百三十四条、第二百三十二条的规定定罪从重处罚。

第二百四十八条　监狱、拘留所、看守所等监管机构的监管人员对被监管人进行殴打或者体罚虐待,情节严重的,处三年以下有期徒刑或者拘役;情节特别严重的,处三年以上十年以下有期徒刑。致人伤残、死亡的,依照本法第二百三十四条、第二百三十二条的规定定罪从重处罚。

监管人员指使被监管人殴打或者体罚虐待其他被监管人的,依照前款的规定处罚。

第二百八十九条　聚众“打砸抢”,致人伤残、死亡的,依照本法第二百三十四条、第二百三十二条的规定定罪处罚。毁坏或者抢走公私财物的,除判令退赔外,对首要分子,依照本法第二百六十三条的规定定罪处罚。

第二百九十二条第二款　聚众斗殴,致人重伤、死亡的,依照本法第二百三十四条、第二百三十二条的规定定罪处罚。

二、相关司法解释/文件

《最高人民法院关于对设置圈套诱骗他人参赌又向索还钱财的受骗者施以暴力或暴力威胁的行为应如何定罪问题的批复》(1995年11月6日　法复〔1995〕8号)

行为人设置圈套诱骗他人参赌获取钱财,属赌博行为,构成犯罪的,应当以赌博罪定罪处罚。参赌者识破骗局要求退还所输钱财,设赌者又使用暴力或者以暴力相威胁,拒绝退还的,应以赌博罪从重处罚;致参赌者伤害或者死亡的,应以赌博罪和故意伤害罪或者故意杀人罪,依法实行数罪并罚。

《最高人民法院关于对故意伤害、盗窃等严重破坏社会秩序的犯罪分子能否附加剥夺政治权利问题的批复》(1997年12月31日　法释〔1997〕11号)

根据刑法第五十六条规定,对于故意杀人、强奸、放火、爆炸、投毒、抢劫等严重破坏社会秩序的犯罪分子,可以附加剥夺政治权利。对故意伤害、盗窃等其他严重破坏社会秩序的犯罪,犯罪分子主观恶性较深、犯罪情节恶劣、罪行严重的,也可以依法附加剥夺政治权利。

《全国法院维护农村稳定刑事审判工作座谈会纪要》(1999年10月27日　法〔1999〕217号)

二、(一)关于故意杀人、故意伤害案件

要准确把握故意杀人犯罪适用死刑的标准。对故意杀人犯罪是否判处死刑,不仅要看是否造成了被害人死亡结果,还要综合考虑案件的全部情况。对于因婚姻家庭、邻里纠纷等民间矛盾激化引发的故意杀人犯罪,适用死刑一定要十分慎重,应当与发生在社会上的严重危害社会治安的其他故意杀人犯罪案件有所区别。对于被害人一方有明显过错或对矛盾激化负有直接责任,或者被告人有法定从轻处罚情节的,一般不应判处死刑立即执行。

要注意严格区分故意杀人罪与故意伤害罪的界限。在直接故意杀人与间接故意杀人案件中,犯罪人的主观恶性程度是不同的,在处刑上也应有所区别。间接故意杀人与故意伤害致人死亡,虽然都造成了死亡后果,但行为人故意的性质和内容是截然不同的。不注意区分犯罪的性质和故意的内容,只要有死亡后果就判处死刑的做法是错误的,这在今后的工作中,应当予以纠正。对于故意伤害致人死亡,手段特别残忍,情节特别恶劣的,才可以判处死刑。

《最高人民法院关于审理交通肇事刑事案件具体应用法律若干问题的解释》(2000年11月15日　法释〔2000〕33号)

第六条　行为人在交通肇事后为逃避法律追究,将被害人带离事故现场后隐藏或者遗弃,致使被害人无法得到救助而死亡或者严重残疾的,应当分别依照刑法第二百三十二条、第二百三十四条第二款的规定,以故意杀人罪或者故意伤害罪定罪处罚。

《最高人民法院关于抢劫过程中故意杀人案件如何定罪问题的批复》(2001年5月23日　法释〔2001〕16号)

上海市高级人民法院:

你院沪高法〔2000〕117号《关于抢劫过程中故意杀人案件定性问题的请示》收悉。经研究,答复如下:

行为人为劫取财物而预谋故意杀人,或者在劫取财物过程中,为制服被害人反抗而故意杀人的,以抢劫罪定罪处罚。

行为人实施抢劫后,为灭口而故意杀人的,以抢劫罪和故意杀人罪定罪,实行数罪并罚。

《最高人民法院关于审理偷税抗税刑事案件具体应用法律若干问题的解释》(2002年11月5日　法释〔2002〕33号)

第六条　实施抗税行为致人重伤、死亡,构成故意伤害罪、故意杀人罪的,分别依照刑法第二百三十四条第二款、第二百三十二条的规定定罪处罚。

与纳税人或者扣缴义务人共同实施抗税行为的,以抗税罪的共犯依法处罚。

《最高人民法院、最高人民检察院关于办理妨害预防、控制突发传染病疫情等灾害的刑事案件具体应用法律若干问题的解释》(2003年5月14日　法释〔2003〕8号)

第九条　在预防、控制突发传染病疫情等灾害期间,聚众"打砸抢",致人伤残、死亡的,依照刑法第二百八十九条、第二百三十四条、第二百三十二条的规定，以故意伤害罪或者故意杀人罪定罪，依法从重处罚。对毁坏或者抢走公私财物的首要分子，依照刑法第二百八十九条、第二百六十三条的规定，以抢劫罪定罪，依法从重处罚。

《最高人民法院关于审理未成年人刑事案件具体应用法律若干问题的解释》（2006年1月11日　法释〔2006〕1号）

第十条　已满十四周岁不满十六周岁的人盗窃、诈骗、抢夺他人财物，为窝藏赃物、抗拒抓捕或者毁灭罪证，当场使用暴力，故意伤害致人重伤或者死亡，或者故意杀人的，应当分别以故意伤害罪或者故意杀人罪定罪处罚。

《最高人民法院、最高人民检察院、公安部、司法部关于依法惩治拐卖妇女儿童犯罪的意见》（2010年3月15日　法发〔2010〕7号）

七、一罪与数罪

25. 拐卖妇女、儿童，又对被拐卖的妇女、儿童实施故意杀害、伤害、猥亵、侮辱等行为，构成其他犯罪的，依照数罪并罚的规定处罚。

八、刑罚适用

28.（第二款）拐卖妇女、儿童，并对被拐卖的妇女、儿童实施故意杀害、伤害、猥亵、侮辱等行为，数罪并罚决定执行的刑罚应当依法体现从严。

《最高人民法院、最高人民检察院、公安部、司法部关于依法惩治性侵害未成年人犯罪的意见》（2013年10月23日　法发〔2013〕12号）

22. 实施猥亵儿童犯罪，造成儿童轻伤以上后果，同时符合刑法第二百三十四条或者第二百三十二条的规定，构成故意伤害罪、故意杀人罪的，依照处罚较重的规定定罪处罚。

对已满十四周岁的未成年男性实施猥亵，造成被害人轻伤以上后果，符合刑法第二百三十四条或者第二百三十二条规定的，以故意伤害罪或者故意杀人罪定罪处罚。

《最高人民法院、最高人民检察院、公安部、司法部、国家卫生和计划生育委员会关于依法惩处涉医违法犯罪维护正常医疗秩序的意见》（2014年4月22日　法发〔2014〕5号）

二、严格依法惩处涉医违法犯罪

（一）在医疗机构内殴打医务人员或者故意伤害医务人员身体、故意损毁公私财物，尚未造成严重后果的，分别依照治安管理处罚法第四十三条、第四十九条的规定处罚；故意杀害医务人员，或者故意伤害医务人员造成轻伤以上严重后果，或者随意殴打医务人员情节恶劣、任意损毁公私财物情节严重，构成故意杀人罪、故意伤害罪、故意毁坏财物罪、寻衅滋事罪的，依照刑法的有关规定定罪处罚。

《最高人民法院、最高人民检察院、公安部、司法部关于依法办理家庭暴力犯罪案件的意见》（2015年3月2日　法发〔2015〕4号）

三、定罪处罚

16. 依法准确定罪处罚。对故意杀人、故意伤害、强奸、猥亵儿童、非法拘禁、侮辱、暴力干涉婚姻自由、虐待、遗弃等侵害公民人身权利的家庭暴力犯罪，应当根据犯罪的事实、犯罪的性质、情节和对社会的危害程度，严格依照刑法的有关规定判处。对于同一行为同时触犯多个罪名的，依照处罚较重的规定定罪处罚。

17.（第二款）准确区分虐待犯罪致人重伤、死亡与故意伤害、故意杀人犯罪致人重伤、死亡的界限，要根据被告人的主观故意、所实施的暴力手段与方式、是否立即或者直接造成被害人伤亡后果等进行综合判断。对于被告人主观上不具有侵害被害人健康或者剥夺被害人生命的故意，而是出于追求被害人肉体和精神上的痛苦，长期或者多次实施虐待行为，逐渐造成被害人身体损害，过失导致被害人重伤或者死亡的；或者因虐待致使被害人不堪忍受而自残、自杀，导致重伤或者死亡的，属于刑法第二百六十条第二款规定的虐待"致使被害人重伤、死亡"，应当以虐待罪定罪处罚。对于被告人虽然实施家庭暴力呈现出经常性、持续性、反复性的特点，但其主观上具有希望或者放任被害人重伤或者死亡的故意，持凶器实施暴力，暴力手段残忍，暴力程度较强，直接或者立即造成被害人重伤或者死亡的，应当以故意伤害罪或者故意杀人罪定罪处罚。

（第四款）准确区分遗弃罪与故意杀人罪的界限，要根据被告人的主观故意、所实施行为的时间与地点、是否立即造成被害人死亡，以及被害人对被告人的依赖程度等进行综合判断。对于只是为了逃避扶养义务，并不希望或者放任被害人死亡，将生活不能自理的被害人弃置在福利院、医院、派出所等单位或者广场、车站等行人较多的场所，希望被害人得到他人救助的，一般以遗弃罪定罪处罚。对于希望或者放任被害人死亡，不履行必要的扶养义务，致使被害人因缺乏生活照料而死亡，或者将生活不能自理的被害人带至荒山野岭等人迹罕至的场所扔弃，使被害人难以得到他人救助的，应当以故意杀人罪定罪处罚。

20. 充分考虑案件中的防卫因素和过错责任。对于长期遭受家庭暴力后，在激愤、恐惧状态下为了防止再次遭受家庭暴力，或者为了摆脱家庭暴力而故意杀害、伤害施暴人，被告人的行为具有防卫因素，施暴人在案件起因上具有明显过错或者直接责任的，可以酌情从宽处罚。对于因遭受严重家庭暴力，身体、精神受到重大损害而故意杀害施暴人；或者因不堪忍受长期家庭暴力而故意杀害施暴人，犯罪情节不是特别恶劣，手段不是特别残忍的，可以认定为刑法第二百三十二条规定的故意杀人"情节较轻"。在服刑期间确有悔改表现的，可以根据其家庭情况，依法放宽减刑的幅度，缩短减刑的起始时间与间隔时间；符合假释条件的，应当假释。被杀害施暴人的近亲属表示谅解的，在量刑、减刑、假释时应当予以充分考虑。

《最高人民法院、最高人民检察院关于办理组织、利用邪教组织破坏法律实施等刑事案件适用法律若干问题的解释》(2017 年 1 月 25 日　法释〔2017〕3 号)

为依法惩治组织、利用邪教组织破坏法律实施等犯罪活动，根据《中华人民共和国刑法》《中华人民共和国刑事诉讼法》有关规定，现就办理此类刑事案件适用法律的若干问题解释如下：

第一条　冒用宗教、气功或者以其他名义建立，神化、鼓吹首要分子，利用制造、散布迷信邪说等手段蛊惑、蒙骗他人，发展、控制成员，危害社会的非法组织，应当认定为刑法第三百条规定的"邪教组织"。

第七条　组织、利用邪教组织，制造、散布迷信邪说，蒙骗成员或者他人绝食、自虐等，或者蒙骗病人不接受正常治疗，致人重伤、死亡的，应当认定为刑法第三百条第二款规定的组织、利用邪教组织"蒙骗他人，致人重伤、死亡"。

第十一条　组织、利用邪教组织，制造、散布迷信邪说，组织、策划、煽动、胁迫、教唆、帮助其成员或者他人实施自杀、自伤的，依照刑法第二百三十二条、第二百三十四条的规定，以故意杀人罪或者故意伤害罪定罪处罚。

第十三条　明知他人组织、利用邪教组织实施犯罪，而为其提供经费、场地、技术、工具、食宿、接送等便利条件或者帮助的，以共同犯罪论处。

第十四条　对于犯组织、利用邪教组织破坏法律实施罪、组织、利用邪教组织致人重伤、死亡罪，严重破坏社会秩序的犯罪分子，根据刑法第五十六条的规定，可以附加剥夺政治权利。

量刑要素

从重情节

1. 国家机关工作人员利用职权非法拘禁他人，使用暴力致人死亡，从重处罚。(《刑法》第 238 条)

2. 司法工作人员刑讯逼供或者暴力取证致人死亡，从重处罚。(《刑法》第 247 条)

3. 监管人员虐待被监管人致死，从重处罚。(《刑法》第 248 条)

4. 在疫病灾害期间聚众"打砸抢"，致人死亡的，从重处罚。(法释〔2003〕8 号第 9 条)

要义辨析

一、概念

本罪是指故意地非法剥夺他人生命的行为，这是最严重的侵犯公民人身权利的犯罪。

二、构成要件

1. 本罪侵犯的客体是他人的生命权利，这是区别于其他各种犯罪的本质特征。

2. 客观方面表现为非法剥夺他人生命的行为。这种行为一般表现为作为，个别的表现为不作为。但对于不作为犯罪，只有那些对防止他人死亡结果的发生负有特定义务的人(如医生、婴儿幼儿的父母、交通事故的加害人、相约自杀者等）不履行自己的义务才能构成。剥夺他人生命的行为必须是非法的，司法工作人员依法执行死刑命令的行为、完全的正当防卫的行为，都是合法的，不构成故意杀人罪。

3. 犯罪主体是一般主体。我国《刑法》规定已满16岁的人应负刑事责任，而犯本罪的，按《刑法》第17条第2款的规定已满14岁不满16岁的人，也应负刑事责任。

4. 主观方面必须具有杀人的故意，包括直接故意和间接故意。动机不影响故意杀人罪的成立。

三、要点辨析

1. 故意杀人罪是行为犯，以主观故意剥夺他人生命为特征，这是故意杀人罪与故意伤害致人死亡罪的主要区别。间接故意的杀人罪，也有放任并期望犯罪对象死亡的特征。一个是积极作为的希望他人死亡的犯罪，一个是消极放任他人死亡的犯罪。如果目的是致人伤害，结果导致了死亡，只能定故意伤害（致人死亡）罪，这要结合犯罪主观方面综合认定。

2. 直接故意杀人与间接故意杀人的不同点：第一，直接故意杀人有明确的杀人目的，对其行为会引起被害人死亡的结果，抱着希望的态度；而间接故意杀人，对被害人是死是活，并不积极要求，而是听之任之，完全采取放任的态度。第二，直接故意杀人有未遂形态，间接故意杀人则不存在未遂。

3. 故意杀人罪既遂的标准，是出现被害人死亡的结果。如果没有出现被害人死亡的结果，则构成故意杀人的未遂。“死亡”的标准，一些国家已经发展为取脑死亡标准，中国则一般认为是心脏停止跳动，人的呼吸停止。

4.《刑法》第234条之一第2款系《刑法修正案（九）》新增的规定。根据该款规定，未经本人同意，摘取其器官，或者摘取不满18周岁的人的器官，或者强迫、欺骗他人捐献器官，造成死亡后果的，应当以故意杀人罪论处。

5. 经他人要求帮助他人自杀的行为是否构成本罪，刑法学界和司法实践中有不同看法，主要是针对老病原因的“安乐死”的合法性问题。我们认为，“安乐死”的法律责任问题应通过立法解决。在立法未能解决前，经他人主动要求或者征得他人同意而剥夺其生命的行为，在中国仍认定构成本罪，原则上应追究行为人的刑事责任，但量刑时应从轻或减轻处罚。

6. 共谋自杀的行为，在相约自杀的过程中，行为人对别人没有强制或者诱骗因素的，不具备本罪特征，不应定本罪，也不予追究刑事责任。如果以情、以力要挟、进行诱劝，致人自杀，应当按本罪追究责任。

7. 故意杀人罪“情节较轻”是指：防卫过当致人死亡的；基于义愤杀人的；因受被害人的长期迫害、家暴、污辱而杀人的，等等。有俗称的“大义灭亲”因素的，量刑时可以从轻或减轻处罚。

8. 对间接故意杀人案件的量刑，一般应轻于直接故意杀人案件。

四、罪名变迁

1979年《刑法》第132条对本罪作了规定。

类罪名：侵犯公民人身权利、民主权利罪	罪名：过失致人死亡罪
量刑标准	**构成犯罪的**　处3年以上7年以下有期徒刑；
	情节较轻的　处3年以下有期徒刑。

法律依据

一、《刑法》条文

第二百三十三条　过失致人死亡的，处三年以上七年以下有期徒刑；情节较轻的，处三年以下有期徒刑。本法另有规定的，依照规定。

二、相关司法解释/文件

《最高人民法院关于审理交通肇事刑事案件具体应用法律若干问题的解释》(2000年11月15日 法释〔2000〕33号)

第八条第二款 在公共交通管理的范围外,驾驶机动车辆或者使用其他交通工具致人伤亡或者致使公共财产或者他人财产遭受重大损失,构成犯罪的,分别依照刑法第一百三十四条、第一百三十五条、第二百三十三条等规定定罪处罚。

要义辨析

一、概念

本罪是指由于过失而致人死亡的行为。

二、构成要件

1. 本罪侵犯的客体是公民的人身权利。

2. 客观方面表现为因过失而致人死亡的行为,该行为与死亡结果之间存在刑法上的因果关系。

3. 犯罪主体为一般主体。任何年满16周岁、有刑事责任能力的人均可构成本罪的主体。

4. 本罪主观方面只能是过失,包括疏忽大意的过失和过于自信的过失。前者是指应当预见自己的行为可能发生被害人死亡的结果,但由于疏忽大意而没有预见;后者是指已经预见而轻信能够避免,以致发生被害人死亡的结果。过失致人死亡罪的本质特征是行为人既没有伤害的故意,也没有杀人的故意,只是由于疏忽大意或者过于自信,才造成被害人死亡结果的发生。

三、要点辨析

1. 过失致人死亡罪是结果犯。

2. 过失致人死亡罪造成他人死亡结果发生,构成犯罪既遂。过失致人死亡罪不存在未遂形态。

3. 在司法实践中,过于自信的过失致人死亡同间接故意杀人有时难以区分。两者的共同点为都预见到自己的行为可能发生被害人死亡的结果,并且都不希望这种结果的发生。区分两者的关键,在于查明行为人对死亡结果是轻信能避免,还是抱着放任的态度。

4. 疏忽大意的过失致人死亡与意外事件有时也难以区分。两者的共同点为行为人的行为引起了被害人死亡结果的发生,但都没有预见。区别点的关键在于查明行为人在当时情况下是否应该预见。行为人在客观上虽然造成他人死亡的结果,但不是出于行为人疏忽大意的过失,而是不能预见的原因引起的,属于意外事件。如果行为人应当预见而疏忽大意没有预见,以致发生死亡结果,则属于过失致人死亡。

5. 在对本罪审理时,《刑法》另有法条规定对过失致人死亡处罚的,按各条的专门规定,不适用本规定。主要包括:失火、过失决水、过失投放危险物质、过失爆炸等致人死亡,交通肇事致人死亡、重大责任事故致人死亡、重大劳动安全事故致人死亡、教育设施重大安全事故致人死亡,都应当按照上述各条的专门规定定罪处罚。

四、罪名变迁

1979年《刑法》第133条对本罪作了规定,但罪名为"过失杀人罪",根据《刑法》第233条的规定,罪名改为"过失致人死亡罪"。

类罪名:侵犯公民人身权利、民主权利罪	**罪名:故意伤害罪**
量刑标准	**构成犯罪的** 处3年以下有期徒刑、拘役或者管制;
	致人重伤的 处3年以上10年以下有期徒刑,可以附加剥夺政治权利;
	致人死亡或者以特别残忍手段致人重伤造成严重残疾的 处10年以上有期徒刑、无期徒刑或者死刑,可以附加剥夺政治权利。

法律依据

一、《刑法》条文

第二百三十四条　故意伤害他人身体的，处三年以下有期徒刑、拘役或者管制。

犯前款罪，致人重伤的，处三年以上十年以下有期徒刑；致人死亡或者以特别残忍手段致人重伤造成严重残疾的，处十年以上有期徒刑、无期徒刑或者死刑。本法另有规定的，依照规定。

第九十五条　本法所称重伤，是指有下列情形之一的伤害：

（一）使人肢体残废或者毁人容貌的；

（二）使人丧失听觉、视觉或者其他器官机能的；

（三）其他对于人身健康有重大伤害的。

第二百三十四条之一　组织他人出卖人体器官的，处五年以下有期徒刑，并处罚金；情节严重的，处五年以上有期徒刑，并处罚金或者没收财产。

未经本人同意摘取其器官，或者摘取不满十八周岁的人的器官，或者强迫、欺骗他人捐献器官的，依照本法第二百三十四条、第二百三十二条的规定定罪处罚。

违背本人生前意愿摘取其尸体器官，或者本人生前未表示同意，违反国家规定，违背其近亲属意愿摘取其尸体器官的，依照本法第三百零二条的规定定罪处罚。

第二百三十八条　非法拘禁他人或者以其他方法非法剥夺他人人身自由的，处三年以下有期徒刑、拘役、管制或者剥夺政治权利。具有殴打、侮辱情节的，从重处罚。

犯前款罪，致人重伤的，处三年以上十年以下有期徒刑；致人死亡的，处十年以上有期徒刑。使用暴力致人伤残、死亡的，依照本法第二百三十四条、第二百三十二条的规定定罪处罚。

为索取债务非法扣押、拘禁他人的，依照前两款的规定处罚。

国家机关工作人员利用职权犯前三款罪的，依照前三款的规定从重处罚。

第二百四十七条　司法工作人员对犯罪嫌疑人、被告人实行刑讯逼供或者使用暴力逼取证人证言的，处三年以下有期徒刑或者拘役。致人伤残、死亡的，依照本法第二百三十四条、第二百三十二条的规定定罪从重处罚。

第二百四十八条　监狱、拘留所、看守所等监管机构的监管人员对被监管人进行殴打或者体罚虐待，情节严重的，处三年以下有期徒刑或者拘役；情节特别严重的，处三年以上十年以下有期徒刑。致人伤残、死亡的，依照本法第二百三十四条、第二百三十二条的规定定罪从重处罚。

监管人员指使被监管人殴打或者体罚虐待其他被监管人的，依照前款的规定处罚。

第二百八十九条　聚众"打砸抢"，致人伤残、死亡的，依照本法第二百三十四条、第二百三十二条的规定定罪处罚。毁坏或者抢走公私财物的，除判令退赔外，对首要分子，依照本法第二百六十三条的规定定罪处罚。

第二百九十二条第二款　聚众斗殴，致人重伤、死亡的，依照本法第二百三十四条、第二百三十二条的规定定罪处罚。

第三百三十三条　非法组织他人出卖血液的，处五年以下有期徒刑，并处罚金；以暴力、威胁方法强迫他人出卖血液的，处五年以上十年以下有期徒刑，并处罚金。

有前款行为，对他人造成伤害的，依照本法第二百三十四条的规定定罪处罚。

二、相关司法解释/文件

《最高人民法院关于对设置圈套诱骗他人参赌又向索还钱财的受骗者施以暴力或暴力威胁的行为应如何定罪问题的批复》（1995年11月6日　法复〔1995〕8号）

行为人设置圈套诱骗他人参赌获取钱财，属赌博行为，构成犯罪的，应当以赌博罪定罪处罚。参赌者识破骗局要求退还所输钱财，设赌者又使用暴力或者以暴力相威胁，拒绝退还的，应以赌博罪从重处罚；致参赌者伤害或者死亡的，应以赌博罪和故意伤害罪或者故意杀人罪，依法实行数罪并罚。

《最高人民法院关于对故意伤害、盗窃等严重破坏社会秩序的犯罪分子能否附加剥夺政治权利问题的批复》（1997年12月31日　法释〔1997〕11号）

根据刑法第五十六条规定，对于故意杀人、强奸、放火、爆炸、投毒、抢劫等严重破坏社会秩序的犯罪分子,可以附加剥夺政治权利。对故意伤害、盗窃等其他严重破坏社会秩序的犯罪,犯罪分子主观恶性较深、犯罪情节恶劣、罪行严重的,也可以依法附加剥夺政治权利。

《全国法院维护农村稳定刑事审判工作座谈会纪要》(1999年10月27日　法〔1999〕217号)

二、(一)关于故意杀人、故意伤害案件

要准确把握故意伤害致人重伤造成"严重残疾"的标准。参照1996年国家技术监督局颁布的《职工工伤与职业病致残程度鉴定标准》(以下简称"工伤标准"),刑法第二百三十四条第二款规定的"严重残疾"是指下列情形之一:被害人身体器官大部缺损、器官明显畸形、身体器官有中等功能障碍、造成严重并发症等。残疾程度可以分为一般残疾(十至七级)、严重残疾(六至三级)、特别严重残疾(二至一级),六级以上视为"严重残疾"。在有关司法解释出台前,可统一参照"工伤标准"确定残疾等级。实践中,并不是只要达到"严重残疾"就判处死刑,还要根据伤害致人"严重残疾"的具体情况,综合考虑犯罪情节和危害后果来决定刑罚。故意伤害致人重伤造成严重残疾,只有犯罪手段特别残忍,后果特别严重的,才能考虑适用死刑(包括死刑,缓期二年执行)。

《最高人民法院关于审理交通肇事刑事案件具体应用法律若干问题的解释》(2000年11月15日　法释〔2000〕33号)

第六条　行为人在交通肇事后为逃避法律追究,将被害人带离事故现场后隐藏或者遗弃,致使被害人无法得到救助而死亡或者严重残疾的,应当分别依照刑法第二百三十二条、第二百三十四条第二款的规定,以故意杀人罪或者故意伤害罪定罪处罚。

《最高人民法院、最高人民检察院关于办理妨害预防、控制突发传染病疫情等灾害的刑事案件具体应用法律若干问题的解释》(2003年5月14日　法释〔2003〕8号)

第九条　在预防、控制突发传染病疫情等灾害期间,聚众"打砸抢",致人伤残、死亡的,依照刑法第二百八十九条、第二百三十四条、第二百三十二条的规定,以故意伤害罪或者故意杀人罪定罪,依法从重处罚。对毁坏或者抢走公私财物的首要分子,依照刑法第二百八十九条、第二百六十三条的规定,以抢劫罪定罪,依法从重处罚。

《最高人民法院关于审理未成年人刑事案件具体应用法律若干问题的解释》(2006年1月11日　法释〔2006〕1号)

第十条第一款　已满十四周岁不满十六周岁的人盗窃、诈骗、抢夺他人财物,为窝藏赃物、抗拒抓捕或者毁灭罪证,当场使用暴力,故意伤害致人重伤或者死亡,或者故意杀人的,应当分别以故意伤害罪或者故意杀人罪定罪处罚。

《最高人民法院、最高人民检察院、公安部、司法部关于依法惩治拐卖妇女儿童犯罪的意见》(2010年3月15日　法发〔2010〕7号)

五、定性

20.明知是被拐卖的妇女、儿童而收买,具有下列情形之一的,以收买被拐卖的妇女、儿童罪论处;同时构成其他犯罪的,依照数罪并罚的规定处罚:

(3)非法剥夺、限制被收买妇女、儿童的人身自由,情节严重,或者对被收买妇女、儿童有强奸、伤害、侮辱、虐待等行为的;

七、一罪与数罪

25.拐卖妇女、儿童,又对被拐卖的妇女、儿童实施故意杀害、伤害、猥亵、侮辱等行为,构成其他犯罪的,依照数罪并罚的规定处罚。

八、刑罚适用

28.……拐卖妇女、儿童,并对被拐卖的妇女、儿童实施故意杀害、伤害、猥亵、侮辱等行为,数罪并罚决定执行的刑罚应当依法体现从严。

《最高人民法院、最高人民检察院、公安部、司法部关于依法惩治性侵害未成年人犯罪的意见》(2013年10月23日　法发〔2013〕12号)

22.实施猥亵儿童犯罪,造成儿童轻伤以上后果,同时符合刑法第二百三十四条或者第二百三十二条的规定,构成故意伤害罪、故意杀人罪的,依照处罚较重的规定定罪处罚。

对已满十四周岁的未成年男性实施猥亵,造成被害人轻伤以上后果,符合刑法第二百三十四条或者第二百三十二条规定的,以故意伤害罪或者故意杀人罪定罪处罚。

《最高人民法院、最高人民检察院、公安部、司法部、国家卫生和计划生育委员会等关于依法惩处涉医违法犯罪维护正常医疗秩序的意见》(2014 年 4 月 22 日 法发〔2014〕5 号)

二、严格依法惩处涉医违法犯罪

(一)在医疗机构内殴打医务人员或者故意伤害医务人员身体、故意损毁公私财物,尚未造成严重后果的,分别依照治安管理处罚法第四十三条、第四十九条的规定处罚;故意杀害医务人员,或者故意伤害医务人员造成轻伤以上严重后果,或者随意殴打医务人员情节恶劣、任意损毁公私财物情节严重,构成故意杀人罪、故意伤害罪、故意毁坏财物罪、寻衅滋事罪的,依照刑法的有关规定定罪处罚。

《最高人民法院、最高人民检察院、公安部、司法部关于依法办理家庭暴力犯罪案件的意见》(2015 年 3 月 2 日 法发〔2015〕4 号)

三、定罪处罚

16. 依法准确定罪处罚。对故意杀人、故意伤害、强奸、猥亵儿童、非法拘禁、侮辱、暴力干涉婚姻自由、虐待、遗弃等侵害公民人身权利的家庭暴力犯罪,应当根据犯罪的事实、犯罪的性质、情节和对社会的危害程度,严格依照刑法的有关规定判处。对于同一行为同时触犯多个罪名的,依照处罚较重的规定定罪处罚。

17. ……准确区分虐待犯罪致人重伤、死亡与故意伤害、故意杀人犯罪致人重伤、死亡的界限,要根据被告人的主观故意、所实施的暴力手段与方式、是否立即或者直接造成被害人伤亡后果等进行综合判断。对于被告人主观上不具有侵害被害人健康或者剥夺被害人生命的故意,而是出于追求被害人肉体和精神上的痛苦,长期或者多次实施虐待行为,逐渐造成被害人身体损害,过失导致被害人重伤或者死亡的;或者因虐待致使被害人不堪忍受而自残、自杀,导致重伤或者死亡的,属于刑法第二百六十条第二款规定的虐待"致使被害人重伤、死亡",应当以虐待罪定罪处罚。对于被告人虽然实施家庭暴力呈现出经常性、持续性、反复性的特点,但其主观上具有希望或者放任被害人重伤或者死亡的故意,持凶器实施暴力,暴力手段残忍,暴力程度较强,直接或者立即造成被害人重伤或者死亡的,应当以故意伤害罪或者故意杀人罪定罪处罚。

《最高人民法院、最高人民检察院关于办理组织、利用邪教组织破坏法律实施等刑事案件适用法律若干问题的解释》(2017 年 1 月 25 日 法释〔2017〕3 号)

为依法惩治组织、利用邪教组织破坏法律实施等犯罪活动,根据《中华人民共和国刑法》《中华人民共和国刑事诉讼法》有关规定,现就办理此类刑事案件适用法律的若干问题解释如下:

第一条 冒用宗教、气功或者以其他名义建立,神化、鼓吹首要分子,利用制造、散布迷信邪说等手段蛊惑、蒙骗他人,发展、控制成员,危害社会的非法组织,应当认定为刑法第三百条规定的"邪教组织"。

第七条 组织、利用邪教组织,制造、散布迷信邪说,蒙骗成员或者他人绝食、自虐等,或者蒙骗病人不接受正常治疗,致人重伤、死亡的,应当认定为刑法第三百条第二款规定的组织、利用邪教组织"蒙骗他人,致人重伤、死亡"。

第十一条 组织、利用邪教组织,制造、散布迷信邪说,组织、策划、煽动、胁迫、教唆、帮助其成员或者他人实施自杀、自伤的,依照刑法第二百三十二条、第二百三十四条的规定,以故意杀人罪或者故意伤害罪定罪处罚。

第十三条 明知他人组织、利用邪教组织实施犯罪,而为其提供经费、场地、技术、工具、食宿、接送等便利条件或者帮助的,以共同犯罪论处。

第十四条 对于犯组织、利用邪教组织破坏法律实施罪、组织、利用邪教组织致人重伤、死亡罪,严重破坏社会秩序的犯罪分子,根据刑法第五十六条的规定,可以附加剥夺政治权利。

《最高人民法院、最高人民检察院关于常见犯罪的量刑指导意见(试行)》(2021 年 6 月 16 日 法发〔2021〕21 号)

四、常见犯罪的量刑

(七)故意伤害罪

1. 构成故意伤害罪的,根据下列情形在相应的幅度内确定量刑起点:

(1)故意伤害致一人轻伤的,在二年以下有期徒刑、拘役幅度内确定量刑起点。

(2)故意伤害致一人重伤的,在三年至五年有期徒刑幅度内确定量刑起点。

(3)以特别残忍手段故意伤害致一人重伤,造成六级严重残疾的,在十年至十三年有期徒刑幅度内确定量刑起点。依法应当判处无期徒刑以上刑罚的除外。

2. 在量刑起点的基础上,根据伤害后果、伤残等级、手段残忍程度等其他影响犯罪构成的犯罪事实增加刑罚量,确定基准刑。

故意伤害致人轻伤的,伤残程度可以在确定量刑起点时考虑,或者作为调节基准刑的量刑情节。

3. 构成故意伤害罪的,综合考虑故意伤害的起因、手段、危害后果、赔偿谅解等犯罪事实、量刑情节,以及被告人的主观恶性、人身危险性、认罪悔罪表现等因素,决定缓刑的适用。

《最高人民法院、最高人民检察院、公安部、司法部关于依法惩治妨害新型冠状病毒感染肺炎疫情防控违法犯罪的意见》(2020年2月6日　法发〔2020〕7号)

(二)依法严惩暴力伤医犯罪。在疫情防控期间,故意伤害医务人员造成轻伤以上的严重后果,或者对医务人员实施撕扯防护装备、吐口水等行为,致使医务人员感染新型冠状病毒的,依照刑法第二百三十四条的规定,以故意伤害罪定罪处罚。

随意殴打医务人员,情节恶劣的,依照刑法第二百九十三条的规定,以寻衅滋事罪定罪处罚。

采取暴力或者其他方法公然侮辱、恐吓医务人员,符合刑法第二百四十六条、第二百九十三条规定的,以侮辱罪或者寻衅滋事罪定罪处罚。

以不准离开工作场所等方式非法限制医务人员人身自由,符合刑法第二百三十八条规定的,以非法拘禁罪定罪处罚。

量刑要素

从重情节

1. 国家机关工作人员利用职权非法拘禁他人,使用暴力致人伤残,从重处罚。(《刑法》第238条)

2. 司法工作人员刑讯逼供或者暴力取证致人伤残,从重处罚。(《刑法》第247条)

3. 监管人员殴打体罚被监管人员致伤残,从重处罚。(《刑法》第248条)

4. 疫病灾害期间聚众"打砸抢"致人伤残,从重处罚。(法释〔2003〕8号第9条)

要义辨析

一、概念

本罪是指故意非法损害他人身体健康致人受伤的行为。

二、构成要件

1. 本罪侵犯的客体是他人的身体健康。损害他人的身体健康,主要是指损害人体组织的完整,或者破坏人体器官的正常功能。故意伤害自己身体健康的,一般不构成犯罪,但是,如果军人在战时为逃避执行军事义务而自伤身体的,应按照《刑法》第434条规定的"战时自伤罪"论处;如果为了诬陷他人而自伤身体的,应按《刑法》第243条规定的"诬告陷害罪"论处。

2. 客观方面表现为非法损害他人身体健康的行为。这种行为必须是非法的,伤害的结果可能是轻伤、重伤,也可能是致人死亡。在司法实践中,应具体区分重伤和轻伤,我国《刑法》第95条对重伤的含义作了原则规定,具体应参照最高人民法院、最高人民检察院、公安部、国家安全部、司法部于2013年8月30日发布、2014年1月1日起施行的《人体损伤程度鉴定标准》。确定伤情的轻重应以受伤时的情况为主,结合治疗后的情况,全面分析,合理认定。

3. 主观方面由故意构成,包括直接故意和间接故意。犯罪动机不影响本罪的成立。

4. 本罪的主体是已满16周岁的人。已满14周岁不满16周岁的人,犯故意伤害致人重伤或者死亡的,也应负刑事责任。

三、要点辨析

1. 司法实践中,区分故意杀人罪和故意伤害罪,要从犯罪的起因、使用的犯罪工具、打击的部位、打击的力度、犯罪的时间、地点、环境,行为人对被害人是否有抢救的意愿或者行为,有无预谋犯罪，以及行为人与被害人之间的关系等方面综合分析、判断。

2. 要分清故意伤害（致人死亡）和直接故意杀人的界限。两者故意的内容不同，前者是伤害的故意，后者是杀人的故意。明显的只有杀人故意，实施杀人行为，造成死亡结果的，按照故意杀人罪定罪。其中杀人未遂，只造成伤害结果的，按故意杀人罪的未遂犯处罚。明显的只有伤害的故意，实施了伤害行为致人死亡的，按故意伤害（致人死亡）罪处罚。对有些案情复杂，是故意杀人还是故意伤害致死一时难以区分，内部分歧意见很大的，为了慎重起见，可以按故意伤害（致人死亡）罪论处。

3. 本罪与故意杀人罪的量刑思路的区别。故意伤害（致人死亡）罪，最高刑也是死刑。但是，同故意杀人罪不同，故意伤害（致人死亡）罪的罪状评判是从低往高来考量量刑，而故意杀人罪是先从死刑开始往低考量。这一立法取向，可以看出我国《刑法》对故意剥夺生命的犯罪和故意伤害他人的犯罪的惩罚力度是不同的。

4. 在司法实践中，故意伤害罪一般以结果犯论。根据被伤害的对象的伤情，来确定伤害罪是否成立。轻伤重伤，则根据鉴定标准确定。伤害他人，造成轻伤以上的犯罪后果，即构成犯罪既遂。

5. 摘取器官犯罪的定罪。《刑法》第 234 条之一第 2 款系《刑法修正案（九）》新增的规定。根据该款规定，未经本人同意摘取其器官，或者摘取不满 18 周岁的人的器官，或者强迫、欺骗他人捐献器官的，造成他人轻伤以上后果的，应当以故意伤害罪论处。

6. 未致轻伤标准的一般性打架斗殴的定性。只造成人体的痛苦，并不损伤人身健康或者伤害情节显著轻微，属于侵犯人身权利的一般违法行为，不应以本罪论处，可视情形按《治安管理处罚法》相关规定，给予治安处罚。

7. 凡因打架斗殴或者群众之间因民事纠纷引起械斗而致人死亡的，除行为人有明显的杀人故意应按故意杀人罪论处外，一般可按故意伤害（致人死亡）罪处罚。凡突然持械行凶的，虽然不像预谋杀人那样有明显的杀人故意，但其特点是不计后果、不顾被害人死活。在这种情况下，一般按实际造成的结果定罪，如果被害人死亡，则按间接故意杀人论处，如果被害人没有死亡的，可按故意伤害罪论处。

8. 对伤情程度介于轻、重伤边缘的案件，在处罚时要慎重。轻伤中伤情重的，可按《刑法》第 234 条第 1 款的规定从重处罚；重伤中伤情轻的，可按同条第 2 款的规定从轻处罚。如果为实施其他犯罪伤害他人，而《刑法》分则其他条文中有专门规定的，应适用该条文的专门规定定罪量刑。

9. 轻伤、重伤、以特别残忍手段致人重伤造成严重残疾的认定。最高人民法院、最高人民检察院、公安部、司法部于 2013 年 8 月 30 日公布、于 2014 年 1 月 1 日起施行的《人体损伤程度鉴定标准》为重伤和轻伤的鉴定提供了科学依据。特别残忍的手段一般是指朝人面部泼硝镪水、硫酸、用刀划破面部等方法严重毁人容颜，挖人眼睛，砍人手脚，剜掉髌骨等特别残忍的手段。严重残疾的标准参照 1996 年国家技术监督局颁布的《职工工伤与职业病致残程度鉴定标准》，是指被害人器官大部缺损、器官明显畸形、身体器官中有中等功能障碍、造成严重并发症等情形之一的。

四、罪名变迁

1979 年《刑法》第 134 条第 1 款对本罪作了规定。

组织出卖人体器官罪

类罪名：侵犯公民人身权利、民主权利罪	**罪名：组织出卖人体器官罪**
量刑标准	**犯本罪的** 处 5 年以下有期徒刑，并处罚金；
	情节严重的 处 5 年以上有期徒刑，并处罚金或者没收财产。

法律依据

《刑法》条文

第二百三十四条之一 组织他人出卖人体器官的,处五年以下有期徒刑,并处罚金;情节严重的,处五年以上有期徒刑,并处罚金或者没收财产。

未经本人同意摘取其器官,或者摘取不满十八周岁的人的器官,或者强迫、欺骗他人捐献器官的,依照本法第二百三十四条、第二百三十二条的规定定罪处罚。

违背本人生前意愿摘取其尸体器官,或者本人生前未表示同意,违反国家规定,违背其近亲属意愿摘取其尸体器官的,依照本法第三百零二条的规定定罪处罚。

要义辨析

一、概念

本罪是指以领导、策划、指挥、招募、雇佣、控制等方式,组织他人出卖人体器官的行为。

二、构成要件

1. 本罪侵犯的客体是公民的生命、健康权利。犯罪对象为人体器官,包括已经死亡的人的人体器官的完整性。

2. 客观方面表现为组织他人出卖人体器官的行为。第一,行为人必须实施了领导、策划、指挥、招募、雇佣、控制他人出卖人体器官的组织行为;第二,行为人必须实施了“出卖行为”,未包括“收买”行为在内;第三,是指组织出卖“他人器官”的行为,是组织的对象。如果没有被人指使组织,只是自愿出卖自己的器官,不构成本罪。

3. 犯罪主体为一般主体。年满16周岁,具有刑事责任能力的人,均可构成本罪的主体。

4. 主观方面由直接故意构成。即行为人明知是组织他人出卖人体器官,而依然为之。不是以营利为目的出卖他人人体器官的行为也构成本罪。

三、要点辨析

1. 出卖者直接将自己的器官出卖给他人,或单纯购买人体器官的行为,不成立本罪。违反《人体器官移植条例》的行为,应按该条例规定的行政处罚或者行政手段来解决。

2. 按照《刑法》第234条之一第2款的规定,只有完全行为能力人才可以自主决定摘除转让利用器官,不满18周岁的人的处分行为是无效的,摘取未满18周岁的人的器官,即便未成年人同意,这种同意也是无效的,摘取行为构成故意伤害罪或者故意杀人罪。未成年人的监护人、法定代理人的同意也是无效的,都构成犯罪。

四、罪名变迁

本罪是《刑法修正案(八)》新增的罪名。对人体器官买卖和非法摘取行为进行惩处,特别是对尸体器官,都进行了刑法保护,是重要的进步。

类罪名:侵犯公民人身权利、民主权利罪	**罪名:过失致人重伤罪**
量刑标准	犯本罪的 处3年以下有期徒刑或者拘役。

法律依据

《刑法》条文

第二百三十五条 过失伤害他人致人重伤的,处三年以下有期徒刑或者拘役。本法另有规定的,依照规定。

第九十五条 本法所称重伤,是指有下列情形之一的伤害:

(一)使人肢体残废或者毁人容貌的；

(二)使人丧失听觉、视觉或者其他器官机能的；

(三)其他对于人身健康有重大伤害的。

第二十一条　为了使国家、公共利益、本人或者他人的人身、财产和其他权利免受正在发生的危险，不得已采取的损害另一较小合法权益的行为，造成损害的，不负刑事责任。

要义辨析

一、概念

本罪是指过失伤害他人身体，致人重伤的行为。

二、构成要件

1. 本罪侵犯的客体是公民的健康权利。

2. 客观方面表现为给他人身体造成重伤的行为。本罪是结果犯，没有达到重伤的不构成犯罪。

3. 犯罪主体为一般主体，但已满 14 岁不满 16 岁的未成年人对本罪不负刑事责任。

4. 主观方面是出于疏忽大意的过失或过于自信的过失。

三、要点辨析

1. 过失致人重伤罪是结果犯，有了后果才追究，以造成他人重伤的结果为既遂标准，不存在未遂形态。

2. 过失致人重伤罪和意外事件的区别：一是要查明行为人主观上有无罪过；二是要查明行为人的过失行为与重伤结果之间有无刑法上的因果关系。如果根据行为人的认识能力、行为的具体时间、地点和条件，证明致人重伤是由于行为人不能预见的原因引起的，则属于意外事件，行为人不负刑事责任。

3. 关于紧急避险致人重伤的责任免除。紧急避险，是指为了使公共利益、本人或者他人的人身和其他权利免受正在发生的危险，不得已而采取的损害较小的另一方的合法利益，以保护较大的合法权益的行为。这种行为不构成犯罪，行为人也不负刑事责任。《刑法》第 21 条规定，为了使国家、公共利益、本人或者他人的人身、财产和其他权利免受正在发生的危险，不得已采取的损害另一较小合法权益的行为，造成损害的，不负刑事责任。成立条件为：(1)为了保护公共利益、本人或者他人的合法权益免受危险的损害；(2)客观上具有正在发生的真实危险；(3)迫不得已而采取的行为；(4)不能超过必要的限度而造成不应有的危害。《刑法》规定，紧急避险超过必要限度造成不应有的危害的，应当负刑事责任，但应当酌情减轻或者免除处罚；对于避免本人危险的规定，不适用于职务上、业务上负有特定责任的人。

四、罪名变迁

1979 年《刑法》第 135 条对本罪作了规定，但罪名为“过失重伤罪”。1997 年《刑法》第 235 条对罪状虽然未作修改，但在确定罪名时，考虑到已将“过失杀人罪”改为“过失致人死亡罪”，因而也将“过失重伤罪”相应地改为“过失致人重伤罪”。

类罪名：侵犯公民人身权利、民主权利罪 | **罪名：强奸罪**	
量刑标准	**构成犯罪的**　处 3 年以上 10 年以下有期徒刑；
	强奸妇女、奸淫幼女，有下列情形之一的：(1)强奸妇女、奸淫幼女情节恶劣的；(2)强奸妇女、奸淫幼女多人的；(3)在公共场所当众强奸妇女、奸淫幼女的；(4)二人以上轮奸的；(5)奸淫不满 10 周岁的幼女或者造成幼女伤害；(6)致使被害人重伤、死亡或者造成其他严重后果的　处 10 年以上有期徒刑、无期徒刑或者死刑。

法律依据

一、《刑法》条文

第二百三十六条 以暴力、胁迫或者其他手段强奸妇女的,处三年以上十年以下有期徒刑。

奸淫不满十四周岁的幼女的,以强奸论,从重处罚。

强奸妇女、奸淫幼女,有下列情形之一的,处十年以上有期徒刑、无期徒刑或者死刑:

(一)强奸妇女、奸淫幼女情节恶劣的;

(二)强奸妇女、奸淫幼女多人的;

(三)在公共场所当众强奸妇女、奸淫幼女的;

(四)二人以上轮奸的;

(五)奸淫不满十周岁的幼女或者造成幼女伤害的;

(六)致使被害人重伤、死亡或者造成其他严重后果的。

第二百四十一条第二款 收买被拐卖的妇女,强行与其发生性关系的,依照本法第二百三十六条的规定定罪处罚。

第二百五十九条第二款 利用职权、从属关系,以胁迫手段奸淫现役军人的妻子,依照本法第二百三十六条的规定定罪处罚。

第三百条第三款 犯第一款罪又有组织和利用会道门、邪教组织或者利用迷信奸淫妇女、诈骗财物等犯罪行为的,依照数罪并罚的规定处罚。分别依照本法第二百三十六条、第二百六十六条的规定定罪处罚。

二、相关司法解释/文件

《最高人民法院关于审理未成年人刑事案件具体应用法律若干问题的解释》(2006 年 1 月 11 日 法释〔2006〕1 号)

第六条 已满十四周岁不满十六周岁的人偶尔与幼女发生性行为,情节轻微、未造成严重后果的,不认为是犯罪。

《最高人民法院、最高人民检察院关于办理强奸、猥亵未成年人刑事案件适用法律若干问题的解释》(2023 年 6 月 1 日 法释〔2023〕3 号)

为依法惩处强奸、猥亵未成年人犯罪,保护未成年人合法权益,根据《中华人民共和国刑法》等法律规定,现就办理此类刑事案件适用法律的若干问题解释如下:

第一条 奸淫幼女的,依照刑法第二百三十六条第二款的规定从重处罚。具有下列情形之一的,应当适用较重的从重处罚幅度:

(一)负有特殊职责的人员实施奸淫的;

(二)采用暴力、胁迫等手段实施奸淫的;

(三)侵入住宅或者学生集体宿舍实施奸淫的;

(四)对农村留守女童、严重残疾或者精神发育迟滞的被害人实施奸淫的;

(五)利用其他未成年人诱骗、介绍、胁迫被害人的;

(六)曾因强奸、猥亵犯罪被判处刑罚的。

强奸已满十四周岁的未成年女性,具有前款第一项、第三项至第六项规定的情形之一,或者致使被害人轻伤、患梅毒、淋病等严重性病的,依照刑法第二百三十六条第一款的规定定罪,从重处罚。

第二条 强奸已满十四周岁的未成年女性或者奸淫幼女,具有下列情形之一的,应当认定为刑法第二百三十六条第三款第一项规定的"强奸妇女、奸淫幼女情节恶劣":

(一)负有特殊职责的人员多次实施强奸、奸淫的;

(二)有严重摧残、凌辱行为的;

(三)非法拘禁或者利用毒品诱骗、控制被害人的;

(四)多次利用其他未成年人诱骗、介绍、胁迫被害人的;

(五)长期实施强奸、奸淫的;

(六)奸淫精神发育迟滞的被害人致使怀孕的;

(七)对强奸、奸淫过程或者被害人身体隐私部位制作视频、照片等影像资料,以此胁迫对被害人实施强奸、奸淫,或者致使影像资料向多人传播,暴露被害人身份的;

(八)其他情节恶劣的情形。

第三条 奸淫幼女,具有下列情形之一的,应当认定为刑法第二百三十六条第三款第五项规定的"造成幼女伤害":

（一）致使幼女轻伤的；

（二）致使幼女患梅毒、淋病等严重性病的；

（三）对幼女身心健康造成其他伤害的情形。

第四条　强奸已满十四周岁的未成年女性或者奸淫幼女，致使其感染艾滋病病毒的，应当认定为刑法第二百三十六第三款第六项规定的“致使被害人重伤”。

第五条　对已满十四周岁不满十六周岁的未成年女性负有特殊职责的人员，与该未成年女性发生性关系，具有下列情形之一的，应当认定为刑法第二百三十六条之一规定的“情节恶劣”：

（一）长期发生性关系的；

（二）与多名被害人发生性关系的；

（三）致使被害人感染艾滋病病毒或者患梅毒、淋病等严重性病的；

（四）对发生性关系的过程或者被害人身体隐私部位制作视频、照片等影像资料，致使影像资料向多人传播，暴露被害人身份的；

（五）其他情节恶劣的情形。

第六条　对已满十四周岁的未成年女性负有特殊职责的人员，利用优势地位或者被害人孤立无援的境地，迫使被害人与其发生性关系的，依照刑法第二百三十六条的规定，以强奸罪定罪处罚。

第七条　猥亵儿童，具有下列情形之一的，应当认定为刑法第二百三十七条第三款第三项规定的“造成儿童伤害或者其他严重后果”：

（一）致使儿童轻伤以上的；

（二）致使儿童自残、自杀的；

（三）对儿童身心健康造成其他伤害或者严重后果的情形。

第八条　猥亵儿童，具有下列情形之一的，应当认定为刑法第二百三十七条第三款第四项规定的“猥亵手段恶劣或者有其他恶劣情节”：

（一）以生殖器侵入肛门、口腔或者以生殖器以外的身体部位、物品侵入被害人生殖器、肛门等方式实施猥亵的；

（二）有严重摧残、凌辱行为的；

（三）对猥亵过程或者被害人身体隐私部位制作视频、照片等影像资料，以此胁迫对被害人实施猥亵，或者致使影像资料向多人传播，暴露被害人身份的；

（四）采取其他恶劣手段实施猥亵或者有其他恶劣情节的情形。

第九条　胁迫、诱骗未成年人通过网络视频聊天或者发送视频、照片等方式，暴露身体隐私部位或者实施淫秽行为，符合刑法第二百三十七条规定的，以强制猥亵罪或者猥亵儿童罪定罪处罚。

胁迫、诱骗未成年人通过网络直播方式实施前款行为，同时符合刑法第二百三十七条、第三百六十五条的规定，构成强制猥亵罪、猥亵儿童罪、组织淫秽表演罪的，依照处罚较重的规定定罪处罚。

第十条　实施猥亵未成年人犯罪，造成被害人轻伤以上后果，同时符合刑法第二百三十四条或者第二百三十二条的规定，构成故意伤害罪、故意杀人罪的，依照处罚较重的规定定罪处罚。

第十一条　强奸、猥亵未成年人的成年被告人认罪认罚的，是否从宽处罚及从宽幅度应当从严把握。

第十二条　对强奸未成年人的成年被告人判处刑罚时，一般不适用缓刑。

对于判处刑罚同时宣告缓刑的，可以根据犯罪情况，同时宣告禁止令，禁止犯罪分子在缓刑考验期限内从事与未成年人有关的工作、活动，禁止其进入中小学校、幼儿园及其他未成年人集中的场所。确因本人就学、居住等原因，经执行机关批准的除外。

第十三条　对于利用职业便利实施强奸、猥亵未成年人等犯罪的，人民法院应当依法适用从业禁止。

第十四条　对未成年人实施强奸、猥亵等犯罪造成人身损害的，应当赔偿医疗费、护理费、交通费、营养费、住院伙食补助费等为治疗和康复支付的合理费用，以及因误工减少的收入。

根据鉴定意见、医疗诊断书等证明需要对未成年人进行精神心理治疗和康复，所需的相关费用，应当认定为前款规定的合理费用。

第十五条　本解释规定的“负有特殊职责的人员”，是指对未成年人负有监护、收养、看护、教育、医疗等职责的人员，包括与未成年人具有共同生活关系且事实上负有照顾、保护等职责的人员。

第十六条　本解释自 2023 年 6 月 1 日起施行。

《最高人民法院、最高人民检察院、公安部、司法部关于依法惩治拐卖妇女儿童犯罪的意见》(2010 年 3 月 15 日 法发〔2010〕7 号)

五、定性

20. 明知是被拐卖的妇女、儿童而收买,具有下列情形之一的,以收买被拐卖的妇女、儿童罪论处;同时构成其他犯罪的,依照数罪并罚的规定处罚:

(3)非法剥夺、限制被收买妇女、儿童的人身自由,情节严重,或者对被收买妇女、儿童有强奸、伤害、侮辱、虐待等行为的;

《最高人民法院、最高人民检察院、公安部、司法部关于依法办理家庭暴力犯罪案件的意见》(2015 年 3 月 2 日 法发〔2015〕4 号)

三、定罪处罚

16. 依法准确定罪处罚。对故意杀人、故意伤害、强奸、猥亵儿童、非法拘禁、侮辱、暴力干涉婚姻自由、虐待、遗弃等侵害公民人身权利的家庭暴力犯罪,应当根据犯罪的事实、犯罪的性质、情节和对社会的危害程度,严格依照刑法的有关规定判处。对于同一行为同时触犯多个罪名的,依照处罚较重的规定定罪处罚。

《最高人民法院、最高人民检察院关于常见犯罪的量刑指导意见(试行)》(2021 年 6 月 16 日 法发〔2021〕21 号)

四、常见犯罪的量刑

(八)强奸罪

1. 构成强奸罪的,根据下列情形在相应的幅度内确定量刑起点:

(1)强奸妇女一人的,在三年至六年有期徒刑幅度内确定量刑起点。

奸淫幼女一人的,在四年至七年有期徒刑幅度内确定量刑起点。

(2)有下列情形之一的,在十年至十三年有期徒刑幅度内确定量刑起点:强奸妇女、奸淫幼女情节恶劣的;强奸妇女、奸淫幼女三人的;在公共场所当众强奸妇女、奸淫幼女的;二人以上轮奸妇女的;奸淫不满十周岁的幼女或者造成幼女伤害的;强奸致被害人重伤或者造成其他严重后果的。依法应当判处无期徒刑以上刑罚的除外。

2. 在量刑起点的基础上,根据强奸妇女、奸淫幼女情节恶劣程度、强奸人数、致人伤害后果等其他影响犯罪构成的犯罪事实增加刑罚量,确定基准刑。

强奸多人多次的,以强奸人数作为增加刑罚量的事实,强奸次数作为调节基准刑的量刑情节。

3. 构成强奸罪的,综合考虑强奸的手段、危害后果等犯罪事实、量刑情节,以及被告人的主观恶性、人身危险性、认罪悔罪表现等因素,从严把握缓刑的适用。

量刑要素

奸淫不满十四周岁的幼女的,从重处罚。	(《刑法》第 236 条第 2 款)

要义辨析

一、概念

本罪是指违背妇女意志,使用暴力、胁迫或者其他手段,强行与妇女发生性行为,或者与不满 14 周岁的幼女发生性行为。

二、构成要件

1. 本罪侵犯的客体是妇女的性的不可侵犯的权利,或者幼女的身心健康。这里所说的妇女,是指能够正常表达自己意志、年满 18 周岁的成年妇女、智力有残障的妇女和 14 周岁以上不满 18 周岁的少女;幼女是指不满 14 周岁的女性。到目前为止,我国《刑法》对于犯罪对象为男性的,不适用本罪处罚。

2. 客观方面表现为以暴力、胁迫或其他手段,使用妇女不能抗拒、不敢抗拒、不知抗拒的手段,违背妇女意志,强行与妇女发生性交以及和幼女发生性关系的行为。不论幼女是否同意或者是否抗拒,只要和幼女发生性关系,就构成本罪。

3. 犯罪主体是年满 14 周岁的男子。妇女可以构成强奸罪的共犯。

4. 主观方面是直接故意,并且具有强行奸淫的目的。由于对象误解和其他因素,导致的过失发生违背妇女意愿的性行为,不构成本罪。间接故意,只要是明知是违背妇女意志的，仍然可以构成本罪，可以在量刑情节上从轻考虑。

三、要点辨析

1. 强奸罪是行为犯，有犯罪未遂状态。有预谋、有行动实施，由于客观因素，没有达到发生性行为的目的的，以强奸未遂论处。由于自己主观上的良心发现停止犯罪，以犯罪中止论处。

2. 关于性行为的法律定义。人类性行为划分为三种类型：一是核心性性行为，即两性性交行为；二是边缘性性行为，如接吻、拥抱、爱抚等；三是类性行为，如观赏刺激满足欲望。强奸罪定义的性行为，是指男性对女性的目的性性行为，就是性交。强奸罪的性行为理论包含两种：一种是插入说，一种是接触说。(1)对于14周岁以上的女性适用插入说；(2)对于14周岁以下女性(即幼女)采用接触说；(3)当接触说适用14周岁以上女性时，就不再定强奸罪，而定性为“猥亵妇女儿童罪”。

3. 强奸罪的既遂标准，因犯罪对象的不同而不同。强奸已满14周岁的妇女的，双方生殖器结合(插入)，构成既遂；与不满14周岁的幼女发生性关系的，只要行为人与幼女的性器官接触，即构成既遂。

4. 半推半就情况下发生的两性关系比较复杂。要对平时双方关系状态、性行为是在什么环境和什么情况下发生的、事后女方态度如何、在什么情况下告发的等事实和情节，认真审查，全面分析，以判明是否确实违反了妇女的意志。以行为时违背妇女意志为基本判断要件。如果第一次发生性行为，女方不同意，但事后未告发，还发展成恋爱或者通奸关系的，一般不宜以强奸论处。如果男女双方原来虽有通奸关系，但女方后来不同意继续保持两性关系，男方使用暴力或者败坏名誉等胁迫手段，强行与妇女发生性关系的，应以强奸论处。

5. 对于在卖淫、性服务行业中发生的强奸罪认定，要特别慎重：(1)在发生性行为时，确实违背妇女意志，即使是平时专门进行性服务的妇女，也应当以强奸罪论处，以保护妇女的性自主权利。但是对嫌犯应当从轻量刑。(2)因男女双方意志误解，女方确实不愿意发生关系，而男方以为女的愿意而故作推托，男方用暴力强行发生关系的，以行为当时的女方意志为判断标准，仍然可以定强奸罪；不以男方误解而免责。(3)对于已经达成性交易意向，进入特定交易场所，谈妥交易报酬，甚至已经收费，妇女在发生性关系时，临时表示不愿意，而男性仍然强行与之发生关系的，一般不能以强奸论处。(4)对于女性为了“放鸽子”引诱抢劫、麻醉抢劫，女性虽然不愿意真正发生关系，因抢劫引诱目的，明确表示愿意发生性关系，导致男性误认为是女性同意，而强行发生了关系的，不能以强奸论处。(5)对于事先商定卖淫，当时双方顺利发生了性关系，事后由于嫖资等发生纠纷，女性事后报案强奸的，应查明真相，不能以强奸定性。

6. 关于与女精神病患者发生性行为如何定性问题：(1)行为人明知妇女是不能正确表达自己意志的精神病患者，妇女不能判断和控制自己的行为意识，而与之发生性行为，不论行为人采取什么手段，被害人是否同意，均以强奸论处；(2)行为人与患有间歇性精神病的妇女，在她未发病期间发生的性行为，妇女同意的，不构成强奸罪；(3)行为人与尚未完全丧失辨认或者控制自己行为能力的精神病妇女，或者精神病已基本痊愈的妇女，在女方自愿的情况下发生性关系的，不能以强奸罪论处；(4)行为人确实不知妇女是青春型精神病患者，将女方的挑逗、追逐等误认为是作风、品质不好，在女方的勾引下与之发生性关系的，不宜以强奸罪论处。

7. 妥善处理奸淫幼女案件中的特殊问题：(1)已满14周岁不满16周岁的未成年人，与不满14周岁的幼女交往密切，双方自愿发生性行为的，情节显著轻微，危害不大，未造成严重后果的，可不认定为强奸罪；(2)与不满12周岁的幼女发生性行为的，一般均认为构成强奸罪；(3)与已满12周岁不满14周岁的幼女发生性行为的，如果根据发育状况、言谈举止、衣着特征、生活作息规律等观察，误认为已满14周岁的，可不以强奸罪论处，但应严格掌握。

8. 在强奸妇女的过程中，因使用暴力而直接导致被害人性器官严重损伤或者造成其他严重伤害，甚至死亡，只能定强奸罪一罪，按照“致人重伤、死亡”的规定从重处罚。如果行为人出于报复、灭口、逃跑等动机，在实施强奸行为以后，又将被害妇女伤害或者杀害的，则应以强奸罪、故意伤害罪或者故意杀人罪，实行数罪并罚。

四、罪名变迁

1979年《刑法》第139条对本罪作了规定。1997年《最高人民法院关于执行〈中华人民共和国刑法〉确定罪名的规定》将1997年《刑法》第236条确定为强奸罪和奸淫幼女罪两个罪名。2002年《最高人民法院、最高人民检察院关于执行〈中华人民共和国刑法〉确定罪名的补充规定》将《刑法》第236条第2款的行为确定为强奸罪,取消了奸淫幼女罪的罪名。《刑法修正案(十一)》对本罪进行了修订。

类罪名:侵犯公民人身权利、民主权利罪 | 罪名:负有照护职责人员性侵罪		
量刑标准	构成本罪的	处3年以下有期徒刑;
	情节恶劣的	处3年以上10年以下有期徒刑。

法律依据

《刑法》条文

第二百三十六条之一 对已满十四周岁不满十六周岁的未成年女性负有监护、收养、看护、教育、医疗等特殊职责的人员,与该未成年女性发生性关系的,处三年以下有期徒刑;情节恶劣的,处三年以上十年以下有期徒刑。

有前款行为,同时又构成本法第二百三十六条规定之罪的,依照该规定定罪处罚。

要义辨析

一、概念

本罪是指对已满14周岁不满16周岁的未成年女性负有监护、收养、看护、教育、医疗等特殊职责的人员,与该未成年女性发生性关系的行为。

二、构成要件

1. 本罪侵犯的客体是已满14周岁不满16周岁的未成年女性的身心健康。

2. 客观方面表现为对已满14周岁不满16周岁的未成年女性负有监护、收养、看护、教育、医疗等特殊职责的人员,与该未成年女性发生性关系的行为。

3. 本罪的主体是对已满14周岁不满16周岁的未成年女性负有监护、收养、看护、教育、医疗等特殊职责的人员。

4. 主观方面是故意。

三、要点辨析

本罪与强奸罪的区别:(1)犯罪主体不同,强奸罪是一般主体,而本罪是特殊主体,即对于已满14周岁不满16周岁的女性未成年人负有监护、收养、看护、教育、医疗等特殊职责的人员,不负有上述职责的人员与已满14周岁不满16周岁的女性未成年人发生性关系的,不构成本罪;(2)客观表现不同,本罪一般表现为行为人未采用暴力、胁迫等手段,强奸罪表现为违背妇女的意志,以暴力、胁迫或者其他手段强行与女性发生性关系。如果对已满14周岁不满16周岁的未成年人负有监护、收养、看护、教育、医护等特殊职责的人员,利用其地位,违背未成年女性的意志,迫使被害人与其发生性关系的,应该构成强奸罪。

四、罪名变迁

本罪为《刑法修正案(十一)》新增罪名。

<table>
<tr><td colspan="2">类罪名：侵犯公民人身权利、民主权利罪 | 罪名：强制猥亵、侮辱罪[①]</td></tr>
<tr><td rowspan="2">量刑标准</td><td>构成犯罪的　处5年以下有期徒刑或者拘役；</td></tr>
<tr><td>聚众或者在公共场所当众犯本罪的或者有其他恶劣情节的　处5年以上有期徒刑。</td></tr>
</table>

法律依据

一、《刑法》条文

第二百三十七条第一、二款　以暴力、胁迫或者其他方法强制猥亵他人或者侮辱妇女的，处五年以下有期徒刑或者拘役。

聚众或者在公共场所当众犯前款罪的，或者有其他恶劣情节的，处五年以上有期徒刑。

二、相关法律

《中华人民共和国妇女权益保障法》(2022年10月30日修订)

第二十八条第一款　妇女的名誉权、荣誉权、隐私权、肖像权等人格权受法律保护。

三、相关司法解释/文件

《最高人民法院、最高人民检察院、公安部、司法部关于依法惩治拐卖妇女儿童犯罪的意见》(2010年3月15日　法发〔2010〕7号)

七、一罪与数罪

25. 拐卖妇女、儿童，又对被拐卖的妇女、儿童实施故意杀害、伤害、猥亵、侮辱等行为，构成其他犯罪的，依照数罪并罚的规定处罚。

八、刑罚适用

28. ……拐卖妇女、儿童，并对被拐卖的妇女、儿童实施故意杀害、伤害、猥亵、侮辱等行为，数罪并罚决定执行的刑罚应当依法体现从严。

《最高人民法院、最高人民检察院、公安部、司法部关于依法惩治性侵害未成年人犯罪的意见》(2013年10月23日　法发〔2013〕12号)

三、准确适用法律

23. 在校园、游泳馆、儿童游乐场等公共场所对未成年人实施强奸、猥亵犯罪，只要有其他多人在场，不论在场人员是否实际看到，均可以依照刑法第二百三十六条第三款、第二百三十七条的规定，认定为在公共场所"当众"强奸妇女，强制猥亵、侮辱妇女，猥亵儿童。

要义辨析

一、概念

本罪是指以暴力、胁迫或者其他方法强制猥亵他人的行为。

二、构成要件

1. 本罪侵犯的客体是他人的人格和名誉。侵害的对象是已满14周岁的人，除《刑法》规定的妇女和已满14周岁未满18周岁的少女以外，《刑法修正案(九)》将已满14周岁的男子，也纳入此罪的犯罪对象。

2. 客观方面表现为以暴力、胁迫或者其他方法强制猥亵他人。

3. 本罪的主体为一般主体。

4. 本罪的主观方面为行为人必须是直接故意，并且具有性刺激和性满足的目的，但对女性不包括出于奸淫的目的，否则属于强奸罪(可能未遂)。但对于男性出于奸淫目的，仍以此罪定罪处罚。

三、要点辨析

1. 强制猥亵罪是行为犯。

---

① 周道鸾、张军等编写的《刑法罪名精释》(第4版)，将本罪与侮辱妇女罪合并为一个罪名"强制猥亵、侮辱妇女罪"，本书为罪名清晰，同时鉴于《刑法修正案(九)》的修改，将猥亵妇女扩大到"他人"这一其他犯罪对象，因此分别列罪。内容一致。

2. 对他人实施了强制猥亵的行为即构成既遂。

3. 只有情节比较严重,才能作为犯罪处理;情节一般,可以根据《治安管理处罚法》的规定,给予治安处罚。

四、罪名变迁

《刑法修正案(九)》对本罪作了修改:一是扩大了适用范围,将本罪的犯罪对象由"妇女"扩充为"他人",即包括男人,增加了已满14周岁的男子,罪名也作相应的修改。二是在第2款增加了加重处刑的规定,对于有情节恶劣情形的,处5年以上有期徒刑。

类罪名:侵犯公民人身权利、民主权利罪 | 罪名:猥亵儿童罪	
量刑标准	**构成犯罪的** 处5年以下有期徒刑或者拘役;
	(1)猥亵儿童多人或者多次的;(2)聚众或者在公共场所当众猥亵儿童的;(3)造成儿童伤害或者其他严重后果的;(4)猥亵手段恶劣或者有其他恶劣情节的 处5年以上有期徒刑。

法律依据

一、《刑法》条文

第二百三十七条第三款 猥亵儿童的,处五年以下有期徒刑;有下列情形之一的,处五年以上有期徒刑:

(一)猥亵儿童多人或者多次的;

(二)聚众猥亵儿童的,或者在公共场所当众猥亵儿童,情节恶劣的;

(三)造成儿童伤害或者其他严重后果的;

(四)猥亵手段恶劣或者有其他恶劣情节的。

二、相关司法解释/文件

《最高人民法院、最高人民检察院、公安部、司法部关于依法惩治拐卖妇女儿童犯罪的意见》(2010年3月15日 法发〔2010〕7号)

五、定性

20. 明知是被拐卖的妇女、儿童而收买,具有下列情形之一的,以收买被拐卖的妇女、儿童罪论处;同时构成其他犯罪的,依照数罪并罚的规定处罚:

(3)非法剥夺、限制被收买妇女、儿童的人身自由,情节严重,或者对被收买妇女、儿童有强奸、伤害、侮辱、虐待等行为的;

七、一罪与数罪

25. 拐卖妇女、儿童,又对被拐卖的妇女、儿童实施故意杀害、伤害、猥亵、侮辱等行为,构成其他犯罪的,依照数罪并罚的规定处罚。

八、刑罚适用

28. (第二款)拐卖妇女、儿童,并对被拐卖的妇女、儿童实施故意杀害、伤害、猥亵、侮辱等行为,数罪并罚决定执行的刑罚应当依法体现从严。

《最高人民法院、最高人民检察院、公安部、司法部关于依法办理家庭暴力犯罪案件的意见》(2015年3月2日 法发〔2015〕4号)

三、定罪处罚

16. 依法准确定罪处罚。对故意杀人、故意伤害、强奸、猥亵儿童、非法拘禁、侮辱、暴力干涉婚姻自由、虐待、遗弃等侵害公民人身权利的家庭暴力犯罪,应当根据犯罪的事实、犯罪的性质、情节和对社会的危害程度,严格依照刑法的有关规定判处。对于同一行为同时触犯多个罪名的,依照处罚较重的规定定罪处罚。

要义辨析

一、概念

本罪是指猥亵不满14周岁的儿童的行为。本罪是"强制猥亵、侮辱妇女罪"的同条罪名，只作为1款加重情节规定。由于侵害对象的不同，单独将第3款列为一个罪名。

二、构成要件

1.本罪侵害的客体是儿童的人格、名誉和身心健康权利。侵害的对象是不满14周岁的儿童，不分男女。

2.犯罪客观方面一般表现为以淫秽下流的方法猥亵儿童的行为，法律并不要求行为人实施暴力、胁迫或者其他方法。不论儿童是否同意，不论儿童是否反抗，只要对儿童实施了猥亵的行为，就构成本罪。

3.本罪的主体为一般主体。

4.主观方面必须是直接故意。

三、要点辨析

1.猥亵儿童罪是行为犯，只要实施即构成犯罪。

2.对儿童实施了猥亵的行为，即构成既遂。

3.本罪与强奸罪的区别，主要看行为目的。如果行为目的是发生性接触的性行为，则构成强奸罪的既遂和未遂；如果只是为了亲近猥亵，对儿童有性行为的条件和可能，而只止于猥亵，则应定本罪。

4.注意本罪的定罪证据严格把握问题。猥亵行为是私密行为，当事人往往只有双方。儿童是无行为能力主体，其陈述证言存在不确定性。而监护人出于内心情绪，往往会对儿童的说法进行引导。而嫌疑人也会出于畏罪而故意隐瞒。因此确定本罪，要特别审查客观证据，如伤情鉴定、物证抽取、现场勘查。特别注意对儿童真实陈述的采集。对儿童取证时监护人应当回避。

四、罪名变迁

本罪是从1979年《刑法》第160条规定的流氓罪分解出来而成为单一罪名的。《刑法修正案(十一)》对本罪进行了修正。

类罪名:侵犯公民人身权利、民主权利罪	罪名:非法拘禁罪
量刑标准	**构成犯罪的**　处3年以下有期徒刑、拘役、管制或者剥夺政治权利;
	致人重伤的　处3年以上10年以下有期徒刑;
	致人死亡的　处10年以上有期徒刑。

法律依据

一、《刑法》条文

第二百三十八条　非法拘禁他人或者以其他方法非法剥夺他人人身自由的，处三年以下有期徒刑、拘役、管制或者剥夺政治权利。具有殴打、侮辱情节的，从重处罚。

犯前款罪，致人重伤的，处三年以上十年以下有期徒刑；致人死亡的，处十年以上有期徒刑。

使用暴力致人伤残、死亡的，依照本法第二百三十四条、第二百三十二条的规定定罪处罚。

为索取债务非法扣押、拘禁他人的，依照前两款的规定处罚。

国家机关工作人员利用职权犯前三款罪的，依照前三款的规定从重处罚。

二、相关司法解释/文件

《最高人民法院关于对为索取法律不予保护的债务非法拘禁他人行为如何定罪问题的解释》(2000年7月13日　法释〔2000〕19号)

为了正确适用刑法，现就为索取高利贷、赌债等法律不予保护的债务，非法拘禁他人行为如何定罪问题解释如下：

行为人为索取高利贷、赌债等法律不予保护的债务,非法扣押、拘禁他人的,依照刑法第二百三十八条的规定定罪处罚。

《最高人民检察院关于渎职侵权犯罪案件立案标准的规定》(2006 年 7 月 26 日 高检发释字〔2006〕2 号)

二、国家机关工作人员利用职权实施的侵害公民人身权利、民主权利犯罪案件

(一)国家机关工作人员利用职权实施的非法拘禁案(第二百三十八条)

非法拘禁罪是指以拘禁或者其他方法非法剥夺他人人身自由的行为。

国家机关工作人员利用职权非法拘禁,涉嫌下列情形之一的,应予立案:

1. 非法剥夺他人人身自由 24 小时以上的;

2. 非法剥夺他人人身自由,并使用械具或者捆绑等恶劣手段,或者实施殴打、侮辱、虐待行为的;

3. 非法拘禁,造成被拘禁人轻伤、重伤、死亡的;

4. 非法拘禁,情节严重,导致被拘禁人自杀、自残造成重伤、死亡,或者精神失常的;

5. 非法拘禁 3 人次以上的;

6. 司法工作人员对明知是没有违法犯罪事实的人而非法拘禁的;

7. 其他非法拘禁应予追究刑事责任的情形。

《最高人民法院、最高人民检察院、公安部、司法部关于依法惩治拐卖妇女儿童犯罪的意见》(2010 年 3 月 15 日 法发〔2010〕7 号)

五、定性

20. 明知是被拐卖的妇女、儿童而收买,具有下列情形之一的,以收买被拐卖的妇女、儿童罪论处;同时构成其他犯罪的,依照数罪并罚的规定处罚:

(3)非法剥夺、限制被收买妇女、儿童的人身自由,情节严重,或者对被收买妇女、儿童有强奸、伤害、侮辱、虐待等行为的;

《最高人民法院、最高人民检察院、公安部、司法部、国家卫生和计划生育委员会关于依法惩处涉医违法犯罪维护正常医疗秩序的意见》(2014 年 4 月 22 日 法发〔2014〕5 号)

二、严格依法惩处涉医违法犯罪

(三)以不准离开工作场所等方式非法限制医务人员人身自由的,依照治安管理处罚法第四十条的规定处罚;构成非法拘禁罪的,依照刑法的有关规定定罪处罚。

《最高人民法院、最高人民检察院、公安部、司法部关于依法办理家庭暴力犯罪案件的意见》(2015 年 3 月 2 日 法发〔2015〕4 号)

三、定罪处罚

16. 依法准确定罪处罚。对故意杀人、故意伤害、强奸、猥亵儿童、非法拘禁、侮辱、暴力干涉婚姻自由、虐待、遗弃等侵害公民人身权利的家庭暴力犯罪,应当根据犯罪的事实、犯罪的性质、情节和对社会的危害程度,严格依照刑法的有关规定判处。对于同一行为同时触犯多个罪名的,依照处罚较重的规定定罪处罚。

《最高人民法院、最高人民检察院关于常见犯罪的量刑指导意见(试行)》(2021 年 6 月 16 日 法发〔2021〕21 号)

四、常见犯罪的量刑

(九)非法拘禁罪

1. 构成非法拘禁罪的,根据下列情形在相应的幅度内确定量刑起点:

(1)犯罪情节一般的,在一年以下有期徒刑、拘役幅度内确定量刑起点。

(2)致一人重伤的,在三年至五年有期徒刑幅度内确定量刑起点。

(3)致一人死亡的,在十年至十三年有期徒刑幅度内确定量刑起点。

2. 在量刑起点的基础上,根据非法拘禁人数、拘禁时间、致人伤亡后果等其他影响犯罪构成的犯罪事实增加刑罚量,确定基准刑。

非法拘禁多人多次的,以非法拘禁人数作为增加刑罚量的事实,非法拘禁次数作为调节基准刑的量刑情节。

3. 有下列情节之一的,增加基准刑的 10% - 20%:

(1)具有殴打、侮辱情节的;

(2)国家机关工作人员利用职权非法扣押、拘禁他人的。

4. 构成非法拘禁罪的,综合考虑非法拘禁的起

因、时间、危害后果等犯罪事实、量刑情节，以及被告人的主观恶性、人身危险性、认罪悔罪表现等因素，决定缓刑的适用。

《最高人民法院、最高人民检察院、公安部、司法部关于依法惩治妨害新型冠状病毒感染肺炎疫情防控违法犯罪的意见》(2020年2月6日　法发〔2020〕7号)

（二）依法严惩暴力伤医犯罪。在疫情防控期间，故意伤害医务人员造成轻伤以上的严重后果，或者对医务人员实施撕扯防护装备、吐口水等行为，致使医务人员感染新型冠状病毒的，依照刑法第二百三十四条的规定，以故意伤害罪定罪处罚。

随意殴打医务人员，情节恶劣的，依照刑法第二百九十三条的规定，以寻衅滋事罪定罪处罚。

采取暴力或者其他方法公然侮辱、恐吓医务人员，符合刑法第二百四十六条、第二百九十三条规定的，以侮辱罪或者寻衅滋事罪定罪处罚。

以不准离开工作场所等方式非法限制医务人员人身自由，符合刑法第二百三十八条规定的，以非法拘禁罪定罪处罚。

量刑要素

从重情节

1. 具有殴打、侮辱情节的，从重处罚。(《刑法》第238条第1款)

2. 国家机关工作人员利用职权犯本罪的，从重处罚。(《刑法》第238条第4款)

要义辨析

一、概念

本罪是指以非法拘留、禁闭或者其他方法，非法剥夺他人人身自由权利的行为。

二、构成要件

1. 本罪侵犯的客体是公民的人身自由权利。

2. 客观方面表现为非法对被害人的身体进行强制，使被害人失去行动自由的行为。

3. 本罪主体为一般主体，有刑事责任能力的所有人均可以构成，国家工作人员犯本罪，只作为加重处刑的情形。

4. 本罪主观上是故意，且以限制他人人身自由为目的，有时是以此来达到索财等目的。

三、要点辨析

1. 非法拘禁罪是行为犯。只要有预谋并开始实施和组织他人实施，即构成犯罪。但是需要达到一定的情节和严重程度，才构成犯罪。实际尚未实现限制他人自由的目的，构成犯罪未遂。构成下列情形之一的，达到追诉标准：(1)非法剥夺他人人身自由24小时以上的；(2)非法剥夺他人人身自由，并使用械具或者捆绑等恶劣手段，或者实施殴打、侮辱、虐待行为的；(3)非法拘禁，造成被拘禁人轻伤、重伤、死亡的；(4)非法拘禁，情节严重，导致被拘禁人自杀、自残造成重伤、死亡，或者精神失常的；(5)非法拘禁3人次以上的；(6)司法工作人员对明知是没有违法犯罪事实的人而非法拘禁的；(7)其他非法拘禁应予追究刑事责任的情形。实际控制了他人自由的，构成本罪的既遂。

2. 司法解释规定了司法工作人员执行公务中的特定行为，也可以成立非法拘禁，即明知是没有违法犯罪事实的人而非法拘禁。另外，对《刑事诉讼法》规定的期限，应严格执行，不能以公权力等合法的形式，掩盖恶意延长拘押时间、变相进行拘禁的行为，在检察机关或者人民法院依法决定解除强制措施后，应当立即释放被拘押者。司法工作人员依照法定程序拘留、收容或者逮捕了某人，后经查明无罪，立即予以释放的，属于错拘错捕，不是非法拘禁。如果已经检察机关或者人民法院依法决定解除强制措施，有关执法人员仍拒不释放或者拖延释放的，则视为非法拘禁的行为，依本罪处刑。另外，对于指定地点监视居住，也要严格把握法定条件，对于当地有长期居所的，应当在家中监居，不得指定地点监视居住。

3. 从司法实践看，非法拘禁他人时间较长的；非法拘禁他人具有殴打、侮辱等情节的；多次非法拘禁他人或者非法拘禁多人,造成很坏影响的;非法拘禁致使他人精神失常或自杀的;非法拘禁造成其他严重后果的等等,应以非法拘禁罪论处。如果非法拘禁行为情节显著轻微,危害不大的,则不构成犯罪。

4. 非法拘禁过程中实施殴打、折磨、伤害致人重伤、死亡的,以较重的行为性质吸收定性,以故意伤害罪、故意杀人罪论处。如果非法拘禁的行为,同其他犯罪行为之间存在牵连关系,如用非法拘禁的方法故意使被害人冻饿而死,就同时触犯了非法拘禁罪和故意杀人罪两个罪名,应当按照处理牵连犯的原则,择一重罪处罚,不必实行并罚。

5. 如果在非法拘禁过程中,起意为非法拘禁,实施中又转变为故意致人重伤或者故意将他人杀害,或者对被害人进行殴打、侮辱的行为已达到犯罪程度的,明确有两个犯罪故意,则应依照《刑法》的有关规定,实行数罪并罚。

6. 以索债为目的,非法剥夺他人人身自由的,主要指近年来社会上出现的因债权债务纠纷引起的"人质型"侵犯公民人身权利的行为,应定性为非法拘禁,一般不以绑架和敲诈勒索罪论处。

7. 确定本罪,要注意共同犯罪中的"实行过限"行为的分别定性。有的主使者明确要求,只是限制自由达到某种目的,明确要求不得伤害他人、杀害他人,而具体实施人进行了伤害、杀害行为,对主使人不能以故意伤害罪、故意杀人罪定性。而只能以非法拘禁罪定性,犯罪后果只作为对其情节加重考量。

8. 犯意发起的行为人请求国家机关对某人依法拘留、逮捕、追究责任,而其委托的是他人冒充的国家机关工作人员,冒充的人实际上进行了非法拘禁、绑架、杀人的行为,行为人误以为其是国家机关人员,而支付了"公关费""办案费"等报酬的,系违背请求人意愿的,是对行为对象和行为方式误解,是上当受骗行为。对实施人按非法拘禁、绑架、敲诈勒索定性,对行为起意的委托人,不能以犯罪行为论处。

四、罪名变迁

1979年《刑法》第143条对本罪作了规定。此后的《刑法》对罪状作了详细规定,逐步丰富。

类罪名:侵犯公民人身权利、民主权利罪	罪名:绑架罪
量刑标准	**构成犯罪的** 处10年以上有期徒刑或者无期徒刑,并处罚金或者没收财产;
	情节较轻的 处5年以上10年以下有期徒刑,并处罚金;
	杀害被绑架人、故意伤害被绑架人致人重伤、死亡的 处无期徒刑或者死刑,并处没收财产。

法律依据

一、《刑法》条文

第二百三十九条 以勒索财物为目的绑架他人的,或者绑架他人作为人质的,处十年以上有期徒刑或者无期徒刑,并处罚金或者没收财产;情节较轻的,处五年以上十年以下有期徒刑,并处罚金。

犯前款罪,杀害被绑架人的,或者故意伤害被绑架人,致人重伤、死亡的,处无期徒刑或者死刑,并处没收财产。

以勒索财物为目的偷盗婴幼儿的,依照前两款的规定处罚。

二、相关司法解释/文件

《最高人民法院关于审理抢劫、抢夺刑事案件适用法律若干问题的意见》(2005年6月8日 法发〔2005〕8号)

九、关于抢劫罪与相似犯罪的界限

3. 抢劫罪与绑架罪的界限

绑架罪是侵害他人人身自由权利的犯罪,其与抢劫罪的区别在于:第一,主观方面不尽相同。抢劫罪中,行为人一般出于非法占有他人财物的故意实施抢劫行为,绑架罪中,行为人既可能为勒索他人财物而实施绑架行为,也可能出于其它非经济目的实施绑架行为;第二,行为手段不尽相同。抢劫罪表现为行为人劫取财物一般应在同一时间、同一地点,具有"当场性";绑架罪表现为行为人以杀害、伤害等方式向被绑架人的亲属或其他人或单位发出威胁,索取赎金或提出其他非法要求,劫取财物一般不具有"当场性"。

绑架过程中又当场劫取被害人随身携带财物的,同时触犯绑架罪和抢劫罪两罪名,应择一重罪定罪处罚。

《最高人民法院关于对在绑架过程中以暴力、胁迫等手段当场劫取被害人财物的行为如何适用法律问题的答复》(2001年11月8日　法函〔2001〕68号)

福建省高级人民法院:

你院闽高法〔2001〕128号《关于在绑架过程中实施暴力或以暴力相威胁当场劫取被害人财物的行为如何适用法律问题的请示》收悉。经研究,答复如下:

行为人在绑架过程中,又以暴力、胁迫等手段当场劫取被害人财物,构成犯罪的,择一重罪处罚。

《最高人民检察院法律政策研究室关于相对刑事责任年龄的人承担刑事责任范围有关问题的答复》(2003年4月18日　〔2003〕高检研发第13号)

四川省人民检察院研究室:

你院关于相对刑事责任年龄的人承担刑事责任范围问题的请示(川检发办〔2002〕47号)收悉。经研究,答复如下:

一、相对刑事责任年龄的人实施了刑法第十七条第二款规定的行为,应当追究刑事责任的,其罪名应当根据所触犯的刑法分则具体条文认定。对于绑架后杀害被绑架人的,其罪名应认定为绑架罪。

二、相对刑事责任年龄的人实施了刑法第二百六十九条规定的行为的,应当依照刑法第二百六十三条的规定,以抢劫罪追究刑事责任。但对情节显著轻微,危害不大的,可根据刑法第十三条的规定,不予追究刑事责任。

要义辨析

一、概念

本罪是指以勒索财物为目的,以人质要挟他人,使用暴力、胁迫或者麻醉等方法,劫持他人或偷盗婴幼儿的行为。

二、构成要件

1. 本罪侵犯的客体是他人的人身权利,本罪的侵犯对象可以是任何人。绑架的目的往往为索财,实际上也牵连到他人的财产权利。

2. 本罪的客观方面表现为使用暴力、胁迫或者其他方法,绑架他人的行为。

3. 本罪的主体为一般主体。已满14周岁不满16周岁的人如果在绑架过程中实施了故意杀人或者故意伤害(致人重伤或者死亡)行为的,则应按照故意杀人罪、故意伤害罪追究其刑事责任。

4. 本罪的主观方面由直接故意构成,并且具有勒索财物或者扣押人质的目的。

三、要点辨析

1. 绑架罪是行为犯,只要进行了预谋并付诸行动,即构成犯罪。

2. 绑架罪的既遂,应以行为人是否将被害人劫持并实际控制为标准。

3. 绑架罪与拐卖妇女、儿童罪最主要的区别,在于犯罪目的不同。前者以勒索被绑架人的财物、扣押人质为目的,后者以出卖被绑架的妇女、儿童为目的。

4. 本罪与"索债型"非法拘禁罪,最主要的区别在于犯罪目的不同,前者以勒索无辜人的财物为目的,后者以逼取已经实际存在的债务为目的,以扣押"人质"作为讨还债务的手段。

5. 对于偷盗婴幼儿的案件,按照犯罪目的不同,分别定罪:一是以勒索财物为目的,偷盗婴幼儿的,应当认定为绑架罪;二是以出卖为目的偷盗婴幼儿的,应当认定为拐卖儿童罪;如果出于收养、抚养等目的偷盗婴幼儿的,应当认定为拐骗儿童罪;如果出于索要债务为目的偷盗婴幼儿,并没有危害人身安全的,应当认定为非法拘禁罪。

四、罪名变迁

2009年2月28日施行的《刑法修正案(七)》对本罪作了修改,增加了一个量刑档次,“情节较轻的,处五年以上十年以下有期徒刑,并处罚金”。这一修正,改变了原先该罪一定罪就要判10年的高量刑标准,5年起刑,有利于根据犯罪事实区别对待。2015年8月29日的《刑法修正案(九)》将本罪的第2款又修改为“犯前款罪,杀害被绑架人的,或者故意伤害被绑架人,致人重伤、死亡的,处无期徒刑或者死刑,并处没收财产”,细化并区分了绑架行为与人身伤害结果之间的因果类型,取消了绝对确定的法定刑,赋予司法机关更多的量刑上自由裁量权,有利于准确定罪量刑。

类罪名:侵犯公民人身权利、民主权利罪	罪名:拐卖妇女、儿童罪
量刑标准	**构成犯罪的** 处5年以上10年以下有期徒刑;
	情节严重的 处10年以上有期徒刑或者无期徒刑,并处罚金或者没收财产;
	情节特别严重的 处死刑,并处没收财产。

法律依据

一、《刑法》条文

第二百四十条 拐卖妇女、儿童的,处五年以上十年以下有期徒刑,并处罚金;有下列情形之一的,处十年以上有期徒刑或者无期徒刑,并处罚金或者没收财产;情节特别严重的,处死刑,并处没收财产:

(一)拐卖妇女、儿童集团的首要分子;

(二)拐卖妇女、儿童三人以上的;

(三)奸淫被拐卖的妇女的;

(四)诱骗、强迫被拐卖的妇女卖淫或者将被拐卖的妇女卖给他人迫使其卖淫的;

(五)以出卖为目的,使用暴力、胁迫或者麻醉方法绑架妇女、儿童的;

(六)以出卖为目的,偷盗婴幼儿的;

(七)造成被拐卖的妇女、儿童或者其亲属重伤、死亡或者其他严重后果的;

(八)将妇女、儿童卖往境外的。

拐卖妇女、儿童是指以出卖为目的,有拐骗、绑架、收买、贩卖、接送、中转妇女、儿童的行为之一的。

第二百四十一条第五款 收买被拐卖的妇女、儿童又出卖的,依照本法第二百四十条的规定定罪处罚。

二、相关法律

《中华人民共和国民法典》(2020年5月28日)

第一千零四十四条第二款 禁止借收养名义买卖未成年人。

《中华人民共和国妇女权益保障法》(2022年10月30日修订)

第二十二条 禁止拐卖、绑架妇女;禁止收买被拐卖、绑架的妇女;禁止阻碍解救被拐卖、绑架的妇女。

各级人民政府和公安、民政、人力资源和社会保障、卫生健康等部门及村民委员会、居民委员会按照各自的职责及时发现报告,并采取措施解救被拐卖、绑架的妇女,做好被解救妇女的安置、救助和关爱等工作。妇女联合会协助和配合做好有关工作。任何组织和个人不得歧视被拐卖、绑架的妇女。

三、相关司法解释/文件

《最高人民法院关于审理拐卖妇女案件适用法律有关问题的解释》(2000年1月3日 法释〔2000〕1号)

第一条 刑法第二百四十条规定的拐卖妇女罪中的“妇女”,既包括具有中国国籍的妇女,也包括具有外国国籍和无国籍的妇女。被拐卖的外国妇女没有身份证明的,不影响对犯罪分子的定罪处罚。

第二条 外国人或者无国籍人拐卖外国妇女到我国境内被查获的,应当根据刑法第六条的规定,适用我国刑法定罪处罚。

第三条 对于外国籍被告人身份无法查明或者其国籍国拒绝提供有关身份证明,人民检察院根据刑事诉讼法第一百二十八条第二款的规定起诉的案件,人民法院应当依法受理。

《最高人民法院、最高人民检察院、公安部、司法部关于依法惩治拐卖妇女儿童犯罪的意见》(2010年3月15日 法发〔2010〕7号)

为加大对妇女、儿童合法权益的司法保护力度,贯彻落实《中国反对拐卖妇女儿童行动计划(2008-2012)》,根据刑法、刑事诉讼法等相关法律及司法解释的规定,最高人民法院、最高人民检察院、公安部、司法部就依法惩治拐卖妇女、儿童犯罪提出如下意见:

一、总体要求

1. 依法加大打击力度,确保社会和谐稳定。自1991年全国范围内开展打击拐卖妇女、儿童犯罪专项行动以来,侦破并依法处理了一大批拐卖妇女、儿童犯罪案件,犯罪分子受到依法严惩。2008年,全国法院共审结拐卖妇女、儿童犯罪案件1353件,比2007年上升9.91%;判决发生法律效力的犯罪分子2161人,同比增长11.05%,其中,被判处五年以上有期徒刑、无期徒刑至死刑的1319人,同比增长10.1%,重刑率为61.04%,高出同期全部刑事案件重刑率45.27个百分点。2009年,全国法院共审结拐卖妇女、儿童犯罪案件1636件,比2008年上升20.9%;判决发生法律效力的犯罪分子2413人,同比增长11.7%,其中被判处五年以上有期徒刑、无期徒刑至死刑的1475人,同比增长11.83%。

但是,必须清醒地认识到,由于种种原因,拐卖妇女、儿童犯罪在部分地区有所上升的势头仍未得到有效遏制。此类犯罪严重侵犯被拐卖妇女、儿童的人身权利,致使许多家庭骨肉分离,甚至家破人亡,严重危害社会和谐稳定。人民法院、人民检察院、公安机关、司法行政机关应当从维护人民群众切身利益、确保社会和谐稳定的大局出发,进一步依法加大打击力度,坚决有效遏制拐卖妇女、儿童犯罪的上升势头。

2. 注重协作配合,形成有效合力。人民法院、人民检察院、公安机关应当各司其职,各负其责,相互支持,相互配合,共同提高案件办理的质量与效率,保证办案的法律效果与社会效果的统一;司法行政机关应当切实做好有关案件的法律援助工作,维护当事人的合法权益。各地司法机关要统一思想认识,进一步加强涉案地域协调和部门配合,努力形成依法严惩拐卖妇女、儿童犯罪的整体合力。

3. 正确贯彻政策,保证办案效果。拐卖妇女、儿童犯罪往往涉及多人、多个环节,要根据宽严相济刑事政策和罪责刑相适应的刑法基本原则,综合考虑犯罪分子在共同犯罪中的地位、作用及人身危险性的大小,依法准确量刑。对于犯罪集团的首要分子、组织策划者、多次参与者、拐卖多人者或者具有累犯等从严、从重处罚情节的,必须重点打击,坚决依法严惩。对于罪行严重,依法应当判处重刑乃至死刑的,坚决依法判处。要注重铲除"买方市场",从源头上遏制拐卖妇女、儿童犯罪。对于收买被拐卖的妇女、儿童,依法应当追究刑事责任的,坚决依法追究。同时,对于具有从宽处罚情节的,要在综合考虑犯罪事实、性质、情节和危害程度的基础上,依法从宽,体现政策,以分化瓦解犯罪,鼓励犯罪人悔过自新。

二、管辖

4. 拐卖妇女、儿童犯罪案件依法由犯罪地的司法机关管辖。拐卖妇女、儿童犯罪的犯罪地包括拐出地、中转地、拐入地以及拐卖活动的途经地。如果由犯罪嫌疑人、被告人居住地的司法机关管辖更为适宜的,可以由犯罪嫌疑人、被告人居住地的司法机关管辖。

5. 几个地区的司法机关都有权管辖的,一般由最先受理的司法机关管辖。犯罪嫌疑人、被告人或者被拐卖的妇女、儿童人数较多,涉及多个犯罪地的,可以移送主要犯罪地或者主要犯罪嫌疑人、被告人居住地的司法机关管辖。

6. 相对固定的多名犯罪嫌疑人、被告人分别在拐出地、中转地、拐入地实施某一环节的犯罪行为,犯罪所跨地域较广,全案集中管辖有困难的,可以由拐出地、中转地、拐入地的司法机关对不同犯罪分子分别实施的拐出、中转和拐入犯罪行为分别管辖。

7. 对管辖权发生争议的,争议各方应当本着有利于迅速查清犯罪事实,及时解救被拐卖的妇女、儿童,以及便于起诉、审判的原则,在法定期间内尽快协商解决;协商不成的,报请共同的上级机关确定管辖。

正在侦查中的案件发生管辖权争议的,在上级机关作出管辖决定前,受案机关不得停止侦查工作。

三、立案

8. 具有下列情形之一,经审查,符合管辖规定的,公安机关应当立即以刑事案件立案,迅速开展侦查工作:

(1)接到拐卖妇女、儿童的报案、控告、举报的;

(2)接到儿童失踪或者已满十四周岁不满十八周岁的妇女失踪报案的;

(3)接到已满十八周岁的妇女失踪,可能被拐卖的报案的;

(4)发现流浪、乞讨的儿童可能系被拐卖的;

(5)发现有收买被拐卖妇女、儿童行为,依法应当追究刑事责任的;

(6)表明可能有拐卖妇女、儿童犯罪事实发生的其他情形的。

9. 公安机关在工作中发现犯罪嫌疑人或者被拐卖的妇女、儿童,不论案件是否属于自己管辖,都应当首先采取紧急措施。经审查,属于自己管辖的,依法立案侦查;不属于自己管辖的,及时移送有管辖权的公安机关处理。

10. 人民检察院要加强对拐卖妇女、儿童犯罪案件的立案监督,确保有案必立、有案必查。

四、证据

11. 公安机关应当依照法定程序,全面收集能够证实犯罪嫌疑人有罪或者无罪、犯罪情节轻重的各种证据。

要特别重视收集、固定买卖妇女、儿童犯罪行为交易环节中钱款的存取证明、犯罪嫌疑人的通话清单、乘坐交通工具往来有关地方的票证、被拐卖儿童的DNA鉴定结论、有关监控录像、电子信息等客观性证据。

取证工作应当及时,防止时过境迁,难以弥补。

12. 公安机关应当高度重视并进一步加强DNA数据库的建设和完善。对失踪儿童的父母,或者疑似被拐卖的儿童,应当及时采集血样进行检验,通过全国DNA数据库,为查获犯罪,帮助被拐卖的儿童及时回归家庭提供科学依据。

13. 拐卖妇女、儿童犯罪所涉地区的办案单位应当加强协作配合。需要到异地调查取证的,相关司法机关应当密切配合;需要进一步补充查证的,应当积极支持。

五、定性

14. 犯罪嫌疑人、被告人参与拐卖妇女、儿童犯罪活动的多个环节,只有部分环节的犯罪事实查证清楚、证据确实、充分的,可以对该环节的犯罪事实依法予以认定。

15. 以出卖为目的强抢儿童,或者捡拾儿童后予以出卖,符合刑法第二百四十条第二款规定的,应当以拐卖儿童罪论处。

以抚养为目的偷盗婴幼儿或者拐骗儿童,之后予以出卖的,以拐卖儿童罪论处。

16. 以非法获利为目的,出卖亲生子女的,应当以拐卖妇女、儿童罪论处。

17. 要严格区分借送养之名出卖亲生子女与民间送养行为的界限。区分的关键在于行为人是否具有非法获利的目的。应当通过审查将子女"送"人的背景和原因、有无收取钱财及收取钱财的多少、对方是否具有抚养目的及有无抚养能力等事实,综合判断行为人是否具有非法获利的目的。

具有下列情形之一的,可以认定属于出卖亲生子女,应当以拐卖妇女、儿童罪论处:

(1)将生育作为非法获利手段,生育后即出卖子女的;

(2)明知对方不具有抚养目的,或者根本不考虑对方是否具有抚养目的,为收取钱财将子女"送"给他人的;

(3)为收取明显不属于"营养费"、"感谢费"的巨额钱财将子女"送"给他人的;

(4)其他足以反映行为人具有非法获利目的的"送养"行为的。

不是出于非法获利目的,而是迫于生活困难,或者受重男轻女思想影响，私自将没有独立生活能力的子女送给他人抚养，包括收取少量“营养费”、“感谢费”的，属于民间送养行为，不能以拐卖妇女、儿童罪论处。对私自送养导致子女身心健康受到严重损害，或者具有其他恶劣情节，符合遗弃罪特征的，可以遗弃罪论处；情节显著轻微危害不大的，可由公安机关依法予以行政处罚。

18. 将妇女拐卖给有关场所，致使被拐卖的妇女被迫卖淫或者从事其他色情服务的，以拐卖妇女罪论处。

有关场所的经营管理人员事前与拐卖妇女的犯罪人通谋的，对该经营管理人员以拐卖妇女罪的共犯论处；同时构成拐卖妇女罪和组织卖淫罪的，择一重罪论处。

19. 医疗机构、社会福利机构等单位的工作人员以非法获利为目的，将所诊疗、护理、抚养的儿童贩卖给他人的，以拐卖儿童罪论处。

20. 明知是被拐卖的妇女、儿童而收买，具有下列情形之一的，以收买被拐卖的妇女、儿童罪论处；同时构成其他犯罪的，依照数罪并罚的规定处罚：

（1）收买被拐卖的妇女后，违背被收买妇女的意愿，阻碍其返回原居住地的；

（2）阻碍对被收买妇女、儿童进行解救的；

（3）非法剥夺、限制被收买妇女、儿童的人身自由，情节严重，或者对被收买妇女、儿童有强奸、伤害、侮辱、虐待等行为的；

（4）所收买的妇女、儿童被解救后又再次收买，或者收买多名被拐卖的妇女、儿童的；

（5）组织、诱骗、强迫被收买的妇女、儿童从事乞讨、苦役，或者盗窃、传销、卖淫等违法犯罪活动的；

（6）造成被收买妇女、儿童或者其亲属重伤、死亡以及其他严重后果的；

（7）具有其他严重情节的。

被追诉前主动向公安机关报案或者向有关单位反映，愿意让被收买妇女返回原居住地，或者将被收买儿童送回其家庭，或者将被收买妇女、儿童交给公安、民政、妇联等机关、组织，没有其他严重情节的，可以不追究刑事责任。

六、共同犯罪

21. 明知他人拐卖妇女、儿童，仍然向其提供被拐卖妇女、儿童的健康证明、出生证明或者其他帮助的，以拐卖妇女、儿童罪的共犯论处。

明知他人收买被拐卖的妇女、儿童，仍然向其提供被收买妇女、儿童的户籍证明、出生证明或者其他帮助的，以收买被拐卖的妇女、儿童罪的共犯论处，但是，收买人未被追究刑事责任的除外。

认定是否“明知”，应当根据证人证言、犯罪嫌疑人、被告人及其同案人供述和辩解，结合提供帮助的人次，以及是否明显违反相关规章制度、工作流程等，予以综合判断。

22. 明知他人系拐卖儿童的“人贩子”，仍然利用从事诊疗、福利救助等工作的便利或者了解被拐卖方情况的条件，居间介绍的，以拐卖儿童罪的共犯论处。

23. 对于拐卖妇女、儿童犯罪的共犯，应当根据各被告人在共同犯罪中的分工、地位、作用，参与拐卖的人数、次数，以及分赃数额等，准确区分主从犯。

对于组织、领导、指挥拐卖妇女、儿童的某一个或者某几个犯罪环节，或者积极参与实施拐骗、绑架、收买、贩卖、接送、中转妇女、儿童等犯罪行为，起主要作用的，应当认定为主犯。

对于仅提供被拐卖妇女、儿童信息或者相关证明文件，或者进行居间介绍，起辅助或者次要作用，没有获利或者获利较少的，一般可认定为从犯。

对于各被告人在共同犯罪中的地位、作用区别不明显的，可以不区分主从犯。

七、一罪与数罪

24. 拐卖妇女、儿童，又奸淫被拐卖的妇女、儿童，或者诱骗、强迫被拐卖的妇女、儿童卖淫的，以拐卖妇女、儿童罪处罚。

25. 拐卖妇女、儿童，又对被拐卖的妇女、儿童实施故意杀害、伤害、猥亵、侮辱等行为，构成其他犯罪的，依照数罪并罚的规定处罚。

26. 拐卖妇女、儿童或者收买被拐卖的妇女、儿童，又组织、教唆被拐卖、收买的妇女、儿童进行犯罪的，以拐卖妇女、儿童罪或者收买被拐卖的妇女、儿童罪与其所组织、教唆的罪数罪并罚。

27. 拐卖妇女、儿童或者收买被拐卖的妇女、儿童，又组织、教唆被拐卖、收买的未成年妇女、儿童进行盗窃、诈骗、抢夺、敲诈勒索等违反治安管理活动的,以拐卖妇女、儿童罪或者收买被拐卖的妇女、儿童罪与组织未成年人进行违反治安管理活动罪数罪并罚。

八、刑罚适用

28. 对于拐卖妇女、儿童犯罪集团的首要分子,情节严重的主犯,累犯,偷盗婴幼儿、强抢儿童情节严重,将妇女、儿童卖往境外情节严重,拐卖妇女、儿童多人多次、造成伤亡后果,或者具有其他严重情节的,依法从重处罚;情节特别严重的,依法判处死刑。

拐卖妇女、儿童,并对被拐卖的妇女、儿童实施故意杀害、伤害、猥亵、侮辱等行为,数罪并罚决定执行的刑罚应当依法体现从严。

29. 对于拐卖妇女、儿童的犯罪分子,应当注重依法适用财产刑,并切实加大执行力度,以强化刑罚的特殊预防与一般预防效果。

30. 犯收买被拐卖的妇女、儿童罪,对被收买妇女、儿童实施违法犯罪活动或者将其作为牟利工具的,处罚时应当依法体现从严。

收买被拐卖的妇女、儿童,对被收买妇女、儿童没有实施摧残、虐待行为或者与其已形成稳定的婚姻家庭关系,但仍应依法追究刑事责任的,一般应当从轻处罚;符合缓刑条件的,可以依法适用缓刑。

收买被拐卖的妇女、儿童,犯罪情节轻微的,可以依法免予刑事处罚。

31. 多名家庭成员或者亲友共同参与出卖亲生子女,或者"买人为妻"、"买人为子"构成收买被拐卖的妇女、儿童罪的,一般应当在综合考察犯意提起、各行为人在犯罪中所起作用等情节的基础上,依法追究其中罪责较重者的刑事责任。对于其他情节显著轻微危害不大,不认为是犯罪的,依法不追究刑事责任;必要时可以由公安机关予以行政处罚。

32. 具有从犯、自首、立功等法定从宽处罚情节的,依法从轻、减轻或者免除处罚。

对被拐卖的妇女、儿童没有实施摧残、虐待等违法犯罪行为,或者能够协助解救被拐卖的妇女、儿童,或者具有其他酌定从宽处罚情节的,可以依法酌情从轻处罚。

33. 同时具有从严和从宽处罚情节的,要在综合考察拐卖妇女、儿童的手段、拐卖妇女、儿童或者收买被拐卖妇女、儿童的人次、危害后果以及被告人主观恶性、人身危险性等因素的基础上,结合当地此类犯罪发案情况和社会治安状况,决定对被告人总体从严或者从宽处罚。

九、涉外犯罪

34. 要进一步加大对跨国、跨境拐卖妇女、儿童犯罪的打击力度。加强双边或者多边"反拐"国际交流与合作,加强对被跨国、跨境拐卖的妇女、儿童的救助工作。依照我国缔结或者参加的国际条约的规定,积极行使所享有的权利,履行所承担的义务,及时请求或者提供各项司法协助,有效遏制跨国、跨境拐卖妇女、儿童犯罪。

《最高人民法院关于审理拐卖妇女儿童犯罪案件具体应用法律若干问题的解释》(2016 年 12 月 21 日　法释〔2016〕28 号)

为依法惩治拐卖妇女、儿童犯罪,切实保障妇女、儿童的合法权益,维护家庭和谐与社会稳定,根据刑法有关规定,结合司法实践,现就审理此类案件具体应用法律的若干问题解释如下:

第一条　对婴幼儿采取欺骗、利诱等手段使其脱离监护人或者看护人的,视为刑法第二百四十条第一款第(六)项规定的"偷盗婴幼儿"。

第二条　医疗机构、社会福利机构等单位的工作人员以非法获利为目的,将所诊疗、护理、抚养的儿童出卖给他人的,以拐卖儿童罪论处。

第三条　以介绍婚姻为名,采取非法扣押身份证件、限制人身自由等方式,或者利用妇女人地生疏、语言不通、孤立无援等境况,违背妇女意志,将其出卖给他人的,应当以拐卖妇女罪追究刑事责任。

以介绍婚姻为名,与被介绍妇女串通骗取他人钱财,数额较大的,应当以诈骗罪追究刑事责任。

第四条　在国家机关工作人员排查来历不明儿童或者进行解救时,将所收买的儿童藏匿、转移或者实施其他妨碍解救行为,经说服教育仍不配合的,属于刑法第二百四十一条第六款规定的"阻碍对其进行解救"。

第五条　收买被拐卖的妇女,业已形成稳定的婚姻家庭关系,解救时被买妇女自愿继续留在当地共同生活的,可以视为"按照被买妇女的意愿,不阻碍其返回原居住地”。

第六条　收买被拐卖的妇女、儿童后又组织、强迫卖淫或者组织乞讨、进行违反治安管理活动等构成其他犯罪的，依照数罪并罚的规定处罚。

第七条　收买被拐卖的妇女、儿童，又以暴力、威胁方法阻碍国家机关工作人员解救被收买的妇女、儿童，或者聚众阻碍国家机关工作人员解救被收买的妇女、儿童，构成妨害公务罪、聚众阻碍解救被收买的妇女、儿童罪的，依照数罪并罚的规定处罚。

第八条　出于结婚目的收买被拐卖的妇女，或者出于抚养目的收买被拐卖的儿童，涉及多名家庭成员、亲友参与的，对其中起主要作用的人员应当依法追究刑事责任。

要义辨析

一、概念

本罪是指以出卖为目的，对妇女、儿童进行拐骗、绑架、收买、贩卖、接送、中转的行为。只要实施其中一种行为的，即构成本罪。

二、构成要件

1. 本罪侵犯的客体是他人的人身自由权利。犯罪对象是妇女和儿童，其中妇女包括中国妇女，也包括外国妇女和无国籍妇女；儿童，是指不满14周岁的人。

2. 客观方面表现为拐骗、绑架、收买、贩卖、接送或者中转妇女、儿童的行为。法律要求只要行为人实施以上六种行为中的一种，就构成本罪，具有两种或者两种以上行为的，仍定一罪，不实行数罪并罚，量刑时可作为参考。从司法实践来看，拐卖妇女、儿童罪的犯罪行为比较复杂，不论贩卖妇女、儿童的犯罪行为采取何种具体形式，只要该形式符合六种行为的行为实质，也应当以本罪论处。同时，无论犯罪分子参与了哪一环节，只要介入合谋，参与拐骗、绑架、收买、贩卖、接送、中转妇女、儿童的犯罪行为的，都是共同犯罪。

3. 主体为一般主体，凡年满16周岁，具有刑事责任能力的人均可以构成本罪的主体。

4. 主观方面是直接故意，并且具有出卖被拐卖的妇女、儿童的目的。只要是基于出卖的目的而拐卖妇女、儿童，即使没有卖成，或者实际上没有得到钱财就被查获，也不影响本罪的成立。

三、要点辨析

1. 本罪是行为犯。凡是拐卖妇女、儿童的，不论是哪个环节，只要是以出卖为目的，有拐骗、绑架、收买、贩卖、接送、中转、窝藏妇女、儿童的行为之一的，不论拐卖人数多少，是否获利，均应以拐卖妇女、儿童罪追究刑事责任。

2. 要区分借送养为名，出卖亲生子女与正当民间送养行为的界限。关键是审查行为人是否具有非法获利的目的。具有下列情形之一的，可以认定属于出卖亲生子女，应当以拐卖妇女、儿童罪论处：(1)将生育作为非法获利手段，生育后即出卖子女的；(2)明知对方不具有抚养目的，或者根本不考虑对方是否有抚养目的，为收取钱财将子女“送”给他人的；(3)为收取明显不属于“抚养费”“感谢费”的巨额钱财，而将“子女”送给他人的；(4)其他足以反映行为人具有非法获利目的的“送养”行为。但对不是出于非法获利目的，而是迫于生活困难、重男轻女思想等原因，将子女送给他人抚养，包括收取少量的“感谢费”“好处费”“生活救助”的行为，属于民间送养行为，不宜以拐卖妇女、儿童罪论处。

3. 本罪的一罪与数罪的界限。应当是行为的主观目的，结合行为的连贯性、主要目的的包容性，进行具体分析。对于以拐卖为目的，附带发生了下列情形的，应当作为犯罪加重情节考量，不单独定罪，不与拐卖妇女、儿童罪实行数罪并罚：

(1)奸淫被拐卖的妇女。这里的“奸淫”，不论行为人是否使用了暴力或者胁迫等强制手段，也不论被害妇女是否有反抗行为，都可以认定为量刑情节，但不能单独定罪。(2)诱骗、强迫被拐卖的妇女卖淫或者将被拐卖的妇女卖给他人迫使其卖淫的。(3)以出卖为目的，使用暴力、胁迫或者麻醉方法绑架妇女、儿童的。(4)以出卖为目的，偷盗婴幼儿的。(5)造成被拐卖的妇女、儿童或者其亲属重伤、死亡或者其他严重后果的。由于犯罪分子拐卖妇女、儿童的行为，直接、间接造成被拐卖的妇女、儿童或其亲属重伤、死亡或者其他严重后果的。例如:由于罪犯采用拘禁、捆绑、虐待等手段,致使被害人重伤、死亡或者其他严重后果的;由于罪犯的拐卖行为以及拐卖中的侮辱、殴打等行为引起被害人或其亲属自杀、精神失常或者其他严重后果的,等等。都以拐卖妇女儿童罪一罪从重处罚。

对在拐卖妇女、儿童的犯罪过程中,另外有主观上的明显故意,犯有其他罪行的,如对被拐卖的妇女、儿童故意杀害、伤害、强奸的,对行为人应以故意杀人罪或者故意伤害罪、强奸罪与拐卖妇女、儿童罪实行并罚。

4. 本罪既遂的标准。应当以行为人是否实施了拐骗、绑架、收买、贩卖、接送、中转、窝藏妇女、儿童的行为其中一种行为为标准,而不以被拐卖的妇女、儿童已经出卖成功作为标准。

四、罪名变迁

1979 年《刑法》第 141 条只有拐卖人口罪的规定。本罪是 1997 年修改《刑法》时,由 1991 年 9 月 4 日《全国人民代表大会常务委员会关于严惩拐卖、绑架妇女、儿童的犯罪分子的决定》第 1 条拐卖妇女、儿童罪和第 2 条绑架妇女、儿童罪的,吸收改为拐卖妇女、儿童罪的。

类罪名:侵犯公民人身权利、民主权利罪	罪名:收买被拐卖的妇女、儿童罪
量刑标准	**构成犯罪的** 处 3 年以下有期徒刑、拘役或者管制;
	对被买儿童没有虐待行为,不阻碍对其进行解救的 可以从轻处罚;
	按照被买妇女的意愿,不阻碍其返回原居住地的 可以从轻或者减轻处罚。

法律依据

一、《刑法》条文

第二百四十一条 收买被拐卖的妇女、儿童的,处三年以下有期徒刑、拘役或者管制。

收买被拐卖的妇女,强行与其发生性关系的,依照本法第二百三十六条的规定定罪处罚。

收买被拐卖的妇女、儿童,非法剥夺、限制其人身自由或者有伤害、侮辱等犯罪行为的,依照本法的有关规定定罪处罚。

收买被拐卖的妇女、儿童,并有第二款、第三款规定的犯罪行为的,依照数罪并罚的规定处罚。

收买被拐卖的妇女、儿童又出卖的,依照本法第二百四十条的规定定罪处罚。

收买被拐卖的妇女、儿童,对被买儿童没有虐待行为,不阻碍对其进行解救的,可以从轻处罚;按照被买妇女的意愿,不阻碍其返回原居住地的,可以从轻或者减轻处罚。

二、相关法律

《中华人民共和国民法典》(2020 年 5 月 28 日)

第一千零四十四条第二款 禁止借收养名义买卖未成年人。

《中华人民共和国妇女权益保障法》(2022 年 10 月 30 日修订)

第二十二条 禁止拐卖、绑架妇女;禁止收买被拐卖、绑架的妇女;禁止阻碍解救被拐卖、绑架的妇女。

各级人民政府和公安、民政、人力资源和社会保障、卫生健康等部门及村民委员会、居民委员会按照各自的职责及时发现报告,并采取措施解救被拐卖、绑架的妇女,做好被解救妇女的安置、救助和关爱等工作。妇女联合会协助和配合做好有关工作。任何组织和个人不得歧视被拐卖、绑架的妇女。

三、相关司法解释/文件

《最高人民法院、最高人民检察院、公安部、司法部关于依法惩治拐卖妇女儿童犯罪的意见》(2010 年 3 月 15 日 法发〔2010〕7 号)

20. 明知是被拐卖的妇女、儿童而收买,具有下列情形之一的,以收买被拐卖的妇女、儿童罪论处;同时构成其他犯罪的,依照数罪并罚的规定处罚:

（1）收买被拐卖的妇女后，违背被收买妇女的意愿，阻碍其返回原居住地的；

（2）阻碍对被收买妇女、儿童进行解救的；

（3）非法剥夺、限制被收买妇女、儿童的人身自由，情节严重，或者对被收买妇女、儿童有强奸、伤害、侮辱、虐待等行为的；

（4）所收买的妇女、儿童被解救后又再次收买，或者收买多名被拐卖的妇女、儿童的；

（5）组织、诱骗、强迫被收买的妇女、儿童从事乞讨、苦役，或者盗窃、传销、卖淫等违法犯罪活动的；

（6）造成被收买妇女、儿童或者其亲属重伤、死亡以及其他严重后果的；

（7）具有其他严重情节的。

31. 多名家庭成员或者亲友共同参与出卖亲生子女，或者"买人为妻"、"买人为子"构成收买被拐卖的妇女、儿童罪的，一般应当在综合考察犯意提起、各行为人在犯罪中所起作用等情节的基础上，依法追究其中罪责较重者的刑事责任。对于其他情节显著轻微危害不大，不认为是犯罪的，依法不追究刑事责任；必要时可以由公安机关予以行政处罚。

《最高人民法院关于审理拐卖妇女儿童犯罪案件具体应用法律若干问题的解释》（2016年12月21日　法释〔2016〕28号）

为依法惩治拐卖妇女、儿童犯罪，切实保障妇女、儿童的合法权益，维护家庭和谐与社会稳定，根据刑法有关规定，结合司法实践，现就审理此类案件具体应用法律的若干问题解释如下：

第四条　在国家机关工作人员排查来历不明儿童或者进行解救时，将所收买的儿童藏匿、转移或者实施其他妨碍解救行为，经说服教育仍不配合的，属于刑法第二百四十一条第六款规定的"阻碍对其进行解救"。

第五条　收买被拐卖的妇女，业已形成稳定的婚姻家庭关系，解救时被买妇女自愿继续留在当地共同生活的，可以视为"按照被买妇女的意愿，不阻碍其返回原居住地"。

第六条　收买被拐卖的妇女、儿童后又组织、强迫卖淫或者组织乞讨、进行违反治安管理活动等构成其他犯罪的，依照数罪并罚的规定处罚。

第七条　收买被拐卖的妇女、儿童，又以暴力、威胁方法阻碍国家机关工作人员解救被收买的妇女、儿童，或者聚众阻碍国家机关工作人员解救被收买的妇女、儿童，构成妨害公务罪、聚众阻碍解救被收买的妇女、儿童罪的，依照数罪并罚的规定处罚。

第八条　出于结婚目的收买被拐卖的妇女，或者出于抚养目的收买被拐卖的儿童，涉及多名家庭成员、亲友参与的，对其中起主要作用的人员应当依法追究刑事责任。

要义辨析

一、概念

本罪是指不以出卖为目的，收买被拐卖的妇女、儿童的行为。

二、构成要件

1. 本罪侵犯的客体是被害妇女、儿童的人身自由权利和人格尊严。

2. 客观方面主要表现为以钱物收买被拐卖的妇女、儿童，并对被害人人身控制的行为。

3. 主体为一般主体，凡年满16周岁，具有刑事责任能力的人均可以构成本罪的主体。

4. 主观方面只能是直接故意，即行为人明知自己所收买的妇女、儿童是被他人拐卖的妇女、儿童，仍然收买。过失不构成犯罪。

三、要点辨析

1. 本罪与拐卖妇女、儿童罪的区别是行为人收买后有否以出卖为目的。收买，只是为了自己收养、缔结婚姻等相对稳定的社会关系。拐卖，则为了转手牟利。对原为收买，而后因各种原因又转卖获利的，以拐卖定罪。

2. 本罪有多种数罪并罚的明确规定。具体见本法条的规定，可以以强奸罪、伤害罪、侮辱罪同本罪一起进行数罪并罚。

四、罪名变迁

在《刑法修正案（九）》颁布前，为了鼓励收买人能够善待被拐卖人,积极配合司法机关进行解救,原法条规定甚至可以不追究收买人的刑事责任,这样的做法虽然有利于解救被害人,但违反了罪责刑相适应的原则,有放纵收买行为之嫌。放纵收买行为,实际上会变相鼓励拐卖行为。收买被拐卖的妇女儿童,与拐卖妇女儿童,原本就是对向犯,收买行为无疑对拐卖行为有促进、鼓励作用,因此对收买妇女、儿童的行为,我国《刑法》趋严,将其作为犯罪处理。《刑法修正案(九)》将本罪第6款修改为“收买被拐卖的妇女、儿童,对被买儿童没有虐待行为,不阻碍对其进行解救的,可以从轻处罚;按照被买妇女的意愿,不阻碍其返回原居住地的,可以从轻、减轻处罚”,较之原条款,由“可不追究刑事责任”改为一律不免除刑事责任。这是一律入罪的加重规定。

类罪名:侵犯公民人身权利、民主权利罪	罪名:聚众阻碍解救被收买的妇女、儿童罪
量刑标准	构成犯罪的　对首要分子处5年以下有期徒刑或者拘役。

法律依据

一、《刑法》条文

第二百四十二条　以暴力、威胁方法阻碍国家机关工作人员解救被收买的妇女、儿童的,依照本法第二百七十七条的规定定罪处罚。

聚众阻碍国家机关工作人员解救被收买的妇女、儿童的首要分子,处五年以下有期徒刑或者拘役;其他参与者使用暴力、威胁方法的,依照前款的规定处罚。

二、相关司法解释/文件

《最高人民法院关于审理拐卖妇女儿童犯罪案件具体应用法律若干问题的解释》(2016年12月21日　法释〔2016〕28号)

为依法惩治拐卖妇女、儿童犯罪,切实保障妇女、儿童的合法权益,维护家庭和谐与社会稳定,根据刑法有关规定,结合司法实践,现就审理此类案件具体应用法律的若干问题解释如下:

第三条　以介绍婚姻为名,采取非法扣押身份证件、限制人身自由等方式,或者利用妇女人地生疏、语言不通、孤立无援等境况,违背妇女意志,将其出卖给他人的,应当以拐卖妇女罪追究刑事责任。

以介绍婚姻为名,与被介绍妇女串通骗取他人钱财,数额较大的,应当以诈骗罪追究刑事责任。

第四条　在国家机关工作人员排查来历不明儿童或者进行解救时,将所收买的儿童藏匿、转移或者实施其他妨碍解救行为,经说服教育仍不配合的,属于刑法第二百四十一条第六款规定的“阻碍对其进行解救”。

第五条　收买被拐卖的妇女,业已形成稳定的婚姻家庭关系,解救时被买妇女自愿继续留在当地共同生活的,可以视为“按照被买妇女的意愿,不阻碍其返回原居住地”。

第七条　收买被拐卖的妇女、儿童,又以暴力、威胁方法阻碍国家机关工作人员解救被收买的妇女、儿童,或者聚众阻碍国家机关工作人员解救被收买的妇女、儿童,构成妨害公务罪、聚众阻碍解救被收买的妇女、儿童罪的,依照数罪并罚的规定处罚。

第八条　出于结婚目的收买被拐卖的妇女,或者出于抚养目的收买被拐卖的儿童,涉及多名家庭成员、亲友参与的,对其中起主要作用的人员应当依法追究刑事责任。

三、相关部委规章

《公安部关于打击拐卖妇女儿童犯罪适用法律和政策有关问题的意见》(2000年3月24日　公通字〔2000〕25号)

五、关于解救工作

(二)要充分依靠当地党委、政府的支持,做好对基层干部和群众的法制宣传和说服教育工作,注意方式、方法,慎用警械、武器,避免激化矛盾,防止出现围攻执法人员、聚众阻碍解救等突发事件。

以暴力、威胁方法阻碍国家机关工作人员解救被收买的妇女、儿童的,以妨害公务罪立案侦查。对聚众阻碍国家机关工作人员解救被收买的妇女、儿童的首要分子,以聚众阻碍解救被收买的妇女、儿童罪立案侦查。其他使用暴力、威胁方法的参与者,以妨害公务罪立案侦查。阻碍解救被收买的妇女、儿童,没有使用暴力、威胁方法的,依照《中华人民共和国治安管理处罚条例》的有关规定处罚。

要义辨析

一、概念

本罪是指为首纠集多人,以暴力、威胁方法,阻碍国家机关工作人员解救被收买的妇女、儿童的行为。

二、构成要件

1. 本罪侵犯的客体为复杂客体,既包括国家机关工作人员依法解救被收买的妇女、儿童的公务活动秩序,同时又包括被收买妇女、儿童的人身权利。

2. 客观方面表现为"聚众"阻碍国家机关工作人员解救被收买的妇女、儿童的行为。不要求行为人实施了暴力、威胁方法,只要实施了聚众阻碍解救被收买的妇女、儿童的行为,就构成犯罪,量刑在五年以下。没有"聚众",个体以暴力、威胁方法阻碍解救的,本条指引到第277条"妨害公务罪"处刑,量刑在3年以下,不进行数罪并罚。

3. 主体为一般主体,凡年满16周岁,具有刑事责任能力的人均可以构成本罪的主体。

4. 主观方面只能是直接故意。

三、要点辨析

1. 本罪最大的特点,是犯罪主体有特定的限制性,即只限于聚众阻碍的首要分子。首要分子可以是一人或者数人。对于一般参加者,以其参与情节,来确定是否有罪,即有"暴力、威胁"的才构成犯罪,且以"妨害公务罪"来定性,不是本罪。如果仅系协助转移、隐匿被收买的妇女、儿童,或者以其他非暴力、威胁方法阻碍解救的,属一般违法行为,不能以犯罪论处。

2. 根据《刑法》第242条第1款的规定,不是首要分子如果使用暴力、威胁方法阻碍解救的,依照《刑法》第277条规定的妨害公务罪定罪处罚。

四、罪名变迁

本罪是基于在解救被拐卖的妇女、儿童的实践中,存在一些地方群众法律观念淡薄,聚众阻碍造成解救不能的严重情况而进行的立法。1991年9月4日,全国人大常委会通过了《关于严惩拐卖、绑架妇女、儿童的犯罪分子的决定》,首次作了此类规定。1997年《刑法》修订时,将之规定进《刑法》,并进一步作了修改完善。

诬告陷害罪

类罪名:侵犯公民人身权利、民主权利罪	罪名:诬告陷害罪
量刑标准	构成犯罪的 处3年以下有期徒刑、拘役或者管制;
量刑标准	情节严重、造成严重后果的 处3年以上10年以下有期徒刑。

法律依据

《刑法》条文

第二百四十三条 捏造事实诬告陷害他人,意图使他人受刑事追究,情节严重的,处三年以下有期徒刑、拘役或者管制;造成严重后果的,处三年以上十年以下有期徒刑。

国家机关工作人员犯前款罪的,从重处罚。

不是有意诬陷,而是错告,或者检举失实的,不适用前两款的规定。

量刑情节

国家机关工作人员犯前款罪的,从重处罚。(《刑法》第243条第2款)

要义辨析

一、概念

本罪是指捏造犯罪事实,向国家机关或者有关单位作虚假告发,意图使他人(包括犯人)受到不当刑事处分的行为。

二、构成要件

1. 本罪侵犯的客体是复杂客体,既侵犯了他人的人身权利,也侵犯了司法机关的正常活动。

2. 客观方面表现为捏造他人没有的犯罪事实,并且向司法机关或有关机关进行了故意告发。

3. 主体为一般主体,具有刑事责任能力的人均可以构成本罪的主体,特别强调国家机关工作人员。

4. 主观方面是故意,并且具有使他人受到刑事追究的目的,至于出于什么动机,不影响定罪。

三、要点辨析

1. 本罪是指捏造犯罪事实,向国家机关或者有关单位作虚假告发,意图使他人(包括犯人)受刑事处分的行为,要与误会的错告、一般诬陷行为(不以使他人受刑事处分为目的),且进行区分"犯罪情节严重"才构成犯罪,而"造成严重后果"作为高一档量刑标准。

2. 本罪的法定从重情节,即国家机关工作人员犯本罪的,从重处罚(《刑法》第243条第2款)。此处应当加重处罚的"国家机关工作人员",是严格限定的狭义的有权人员,是指在国家权力机关工作的人员,即《刑法》第97条第1款规定的"国家权力机关、行政机关、审判机关、检察机关、军事机关中依法从事公务的人员",不是泛指的准国家工作人员。

3. 注意本罪罪与非罪的界限。不是有意诬陷,而是由于信息不准,非其能力范围能够准确判断,不是出于无中生有、诬告陷害的错告,或者出于公心的检举,结果失实的,不能确定为本罪。

四、罪名变迁

1979年《刑法》第138条对本罪作了规定,1997年《刑法》第243条对罪状作了补充和修改。

类罪名:侵犯公民人身权利、民主权利罪	罪名:强迫劳动罪
量刑标准	**构成犯罪的**　处3年以下有期徒刑或者拘役,并处罚金;
	情节严重的　处3年以上10年以下有期徒刑,并处罚金;
	单位犯罪的　对单位判处罚金,并对其直接负责的主管人员和其他直接责任人员,依照第1款的规定处罚。

法律依据

一、《刑法》条文

第二百四十四条　以暴力、威胁或者限制人身自由的方法强迫他人劳动的,处三年以下有期徒刑或者拘役,并处罚金;情节严重的,处三年以上十年以下有期徒刑,并处罚金。

明知他人实施前款行为,为其招募、运送人员或者有其他协助强迫他人劳动行为的,依照前款的规定处罚。

单位犯前两款罪的,对单位判处罚金,并对其直接负责的主管人员和其他直接责任人员,依照第一款的规定处罚。

二、相关法律

《中华人民共和国劳动法》(2018 年 12 月 29 日修正)

第九十六条　用人单位有下列行为之一，由公安机关对责任人员处以十五日以下拘留、罚款或者警告；构成犯罪的，对责任人员依法追究刑事责任：

(一)以暴力、威胁或者非法限制人身自由的手段强迫劳动的；

《中华人民共和国劳动合同法》(2012 年 12 月 28 日修正)

第八十八条　用人单位有下列情形之一的，依法给予行政处罚；构成犯罪的，依法追究刑事责任；给劳动者造成损害的，应当承担赔偿责任：

(一)以暴力、威胁或者非法限制人身自由的手段强迫劳动的；

三、相关司法解释/文件

《最高人民检察院、公安部关于公安机关管辖的刑事案件立案追诉标准的规定(一)》(2008 年 6 月 25 日　公通字〔2008〕36 号)①

第三十一条　［强迫职工劳动案(刑法第二百四十四条)］　用人单位违反劳动管理法规，以限制人身自由方法强迫职工劳动，涉嫌下列情形之一的，应予立案追诉：

(一)强迫他人劳动，造成人员伤亡或者患职业病的；

(二)采用殴打、胁迫、扣发工资、扣留身份证件等手段限制人身自由，强迫他人劳动的；

(三)强迫妇女从事井下劳动、国家规定的第四级体力劳动强度的劳动或者其他禁忌从事的劳动，或者强迫处于经期、孕期和哺乳期妇女从事国家规定的第三级体力劳动强度以上的劳动或者其他禁忌从事的劳动的；

(四)强迫已满十六周岁未满十八周岁的未成年人从事国家规定的第四级体力劳动强度的劳动，或者从事高空、井下劳动，或者在爆炸性、易燃性、放射性、毒害性等危险环境下从事劳动的；

(五)其他情节严重的情形。

《最高人民检察院、公安部关于公安机关管辖的刑事案件立案追诉标准的规定(一)的补充规定》(2017 年 4 月 27 日　公通字〔2017〕12 号)

六、将《立案追诉标准(一)》第三十一条修改为：[强迫劳动案(刑法第二百四十四条)]以暴力、威胁或者限制人身自由的方法强迫他人劳动的，应予立案追诉。

明知他人以暴力、威胁或者限制人身自由的方法强迫他人劳动，为其招募、运送人员或者有其他协助强迫他人劳动行为的，应予立案追诉。

要义辨析

一、概念

本罪是指以暴力、威胁或者限制人身自由方法强迫他人劳动的行为。

二、构成要件

1. 本罪侵犯的客体是公民的人身权利和我国的劳动管理制度。

2. 客观方面表现为以暴力、威胁或者限制人身自由的方法，强迫他人劳动的行为。

3. 犯罪主体为一般主体，单位和自然人均可以构成。但一般是对他人有控制能力的特定的人，如包工头、矿主等。

4. 主观方面由故意构成，过失不构成本罪。

三、要点辨析

1. 构成本罪的主体，一般是强迫职工劳动的直接责任人员，且本罪为“行为犯”。但在实际适用的过程中，要严格认定，并非具有强迫劳动的情节，就要承担刑事责任。应综合全案考虑，特别是考虑情节严重程度。“以暴力、威胁或者限制人身自由的方法”强迫劳动，才构成本罪。如果认定强迫劳动的行为情节显著轻微，危害不大的，可以不认为是犯罪。

2. 本罪与非法拘禁罪不同。主要区别：本罪是强迫他人劳动，并不限制人身自由，非法拘禁罪是限制人身自由，并不强迫他人劳动；本罪的受害人为劳

① 此立案标准发布在《刑法修正案(八)》之前。

强迫劳动罪

动者,非法拘禁罪的被害人可以是任何普通公民。

四、罪名变迁

本罪是2011年2月25日《刑法修正案(八)》第38条修订的罪名。原《刑法》第244条的规定过于宽泛,"用人单位违反劳动管理法规,以限制人身自由方法强迫职工劳动,情节严重的",即可以处刑。现在的修订,突出了"以暴力、威胁或者限制人身自由的方法"强迫劳动,犯罪外延有了缩小。

类罪名:侵犯公民人身权利、民主权利罪	罪名:雇用童工从事危重劳动罪
量刑标准	**构成犯罪的** 对直接责任人员处3年以下有期徒刑或者拘役,并处罚金;
量刑标准	**情节特别严重的** 处3年以上7年以下有期徒刑,并处罚金。

法律依据

一、《刑法》条文

第二百四十四条之一 违反劳动管理法规,雇用未满十六周岁的未成年人从事超强度体力劳动的,或者从事高空、井下作业的,或者在爆炸性、易燃性、放射性、毒害性等危险环境下从事劳动,情节严重的,对直接责任人员,处三年以下有期徒刑或者拘役,并处罚金;情节特别严重的,处三年以上七年以下有期徒刑,并处罚金。

有前款行为,造成事故,又构成其他犯罪的,依照数罪并罚的规定处罚。

二、相关法律

《全国人民代表大会常务委员会关于批准〈准予就业最低年龄公约〉的决定》(1998年12月29日)

第九届全国人民代表大会常务委员会第六次会议决定,批准《准予就业最低年龄公约》;同时,声明如下:

一、在中华人民共和国领土内及中华人民共和国注册的运输工具上就业或者工作的最低年龄为16周岁;

二、在中华人民共和国政府另行通知前,《准予就业最低年龄公约》暂不适用于中华人民共和国香港特别行政区。

三、相关行政法规

《禁止使用童工规定》(2002年10月1日)

第一条 为保护未成年人的身心健康,促进义务教育制度的实施,维护未成年人的合法权益,根据宪法和劳动法、未成年人保护法,制定本规定。

第二条 国家机关、社会团体、企业事业单位、民办非企业单位或者个体工商户(以下统称用人单位)均不得招用不满16周岁的未成年人(招用不满16周岁的未成年人,以下统称使用童工)。

禁止任何单位或者个人为不满16周岁的未成年人介绍就业。

禁止不满16周岁的未成年人开业从事个体经营活动。

第四条 用人单位招用人员时,必须核查被招用人员的身份证;对不满16周岁的未成年人,一律不得录用。用人单位录用人员的录用登记、核查材料应当妥善保管。

第十一条 拐骗童工,强迫童工劳动,使用童工从事高空、井下、放射性、高毒、易燃易爆以及国家规定的第四级体力劳动强度的劳动,使用不满14周岁的童工,或者造成童工死亡或者严重伤残的,依照刑法关于拐卖儿童罪、强迫劳动罪或者其他罪的规定,依法追究刑事责任。

四、相关司法解释/文件

《最高人民检察院、公安部关于公安机关管辖的刑事案件立案追诉标准的规定(一)》(2008年6月25日 公通字〔2008〕36号)

第三十二条 [雇用童工从事危重劳动案(刑法第二百四十四条之一)]违反劳动管理法规,雇用未满十六周岁的未成年人从事国家规定的第四级体力劳动强度的劳动,或者从事高空、井下劳动,或者在爆炸性、易燃性、放射性、毒害性等危险环境下从事劳动，涉嫌下列情形之一的，应予立案追诉：

（一）造成未满十六周岁的未成年人伤亡或者对其身体健康造成严重危害的；

（二）雇用未满十六周岁的未成年人三人以上的；

（三）以强迫、欺骗等手段雇用未满十六周岁的未成年人从事危重劳动的；

（四）其他情节严重的情形。

要义辨析

一、概念

本罪是指违反劳动管理法规，雇用未满16周岁的童工，从事超强度劳动和危险作业、恶劣环境作业，情节严重的行为。

二、构成要件

1. 本罪侵犯的客体是未成年人身心健康。

2. 客观方面表现为违反劳动管理法规，雇用未满16周岁的未成年人从事超强度体力劳动，或者高空、井下作业，或者在爆炸性、易燃性、放射性、毒害性等危险环境下从事劳动，情节严重的行为。

3. 犯罪主体为一般主体，可以是自然人，也可以是单位。

4. 主观方面是故意，过失不构成本罪。

三、要点辨析

1. 关于童工的概念。《全国人民代表大会常务委员会关于批准〈准予就业最低年龄公约〉的决定》声明：在中华人民共和国领土内及中华人民共和国注册的运输工具上就业或者工作的最低年龄为16周岁。《禁止使用童工规定》第2条对“童工”作出了定义：不满16周岁的未成年人。招用不满16周岁的未成年人，统称为使用童工。

2. 我国并不完全禁止童工从事有报酬的劳务。只禁止招用童工进行危重劳动。对于文艺、体育等行业，经过未成年人的监护人的同意，可以招收未成年人培养并给付报酬。因此，本罪对使用童工的禁止性条件仅限于特定的行业，是“雇用童工从事超强度体力劳动的，或者从事高空、井下作业的，或者在爆炸性、易燃性、放射性、毒害性等危险环境下从事劳动，情节严重的”行为，不是这类危重劳动的内容和环境、没有达到这种严重状况的，不构成犯罪。

3. 在司法实践中，处理本罪的案件，应当采取慎重的态度，严格区分罪与非罪、违法与犯罪的界限，防止影响传统产业的就业权利。对一些传统行业，进行学徒形式的培训辅助劳动，不是危重劳动，以及收养性质的辅助劳动，不能以本罪论处。

四、罪名变迁

本罪是根据2002年12月28日《刑法修正案（四）》第4条增加的罪名，体现了我国对雇佣童工情节恶劣行为的制约，也是对我国1998年12月29日批准加入的联合国《准予就业最低年龄公约》的国际公约的遵守。

非法搜查罪

类罪名：侵犯公民人身权利、民主权利罪	罪名：非法搜查罪
量刑标准	构成犯罪的　处3年以下有期徒刑或者拘役。

法律依据

一、《刑法》条文

第二百四十五条　非法搜查他人身体、住宅，或者非法侵入他人住宅的，处三年以下有期徒刑或者拘役。

司法工作人员滥用职权,犯前款罪的,从重处罚。

二、相关法律

《中华人民共和国宪法》(2018年3月11日修正)

第三十九条 中华人民共和国公民的住宅不受侵犯。禁止非法搜查或者非法侵入公民的住宅。

《中华人民共和国人民警察法》(2012年10月26日修正)

第二十二条 人民警察不得有下列行为:

(五)非法剥夺、限制他人人身自由,非法搜查他人的身体、物品、住所或者场所;

第四十八条第一款 人民警察有本法第二十二条所列行为之一的,应当给予行政处分;构成犯罪的,依法追究刑事责任。

《中华人民共和国人民武装警察法》(2020年6月20日修订)

第二十九条 人民武装警察不得有下列行为:

(一)违抗上级决定和命令、行动消极或者临阵脱逃;

(二)违反规定使用警械、武器;

(三)非法剥夺、限制他人人身自由,非法检查、搜查人身、物品、交通工具、住所、场所;

(四)体罚、虐待、殴打监管羁押、控制的对象;

(五)滥用职权、徇私舞弊,擅离职守或者玩忽职守;

(六)包庇、纵容违法犯罪活动;

(七)泄露国家秘密、军事秘密;

(八)其他违法违纪行为。

《中华人民共和国治安管理处罚法》(2012年10月26日修正)

第四十条 有下列行为之一的,处十日以上十五日以下拘留,并处五百元以上一千元以下罚款;情节较轻的,处五日以上十日以下拘留,并处二百元以上五百元以下罚款:

(三)非法限制他人人身自由、非法侵入他人住宅或者非法搜查他人身体的。

三、相关司法解释/文件

《最高人民检察院关于渎职侵权犯罪案件立案标准的规定》(2006年7月26日 高检发释字〔2006〕2号)

二、国家机关工作人员利用职权实施的侵犯公民人身权利、民主权利犯罪案件

(二)国家机关工作人员利用职权实施的非法搜查案(第二百四十五条)

非法搜查罪是指非法搜查他人身体、住宅的行为。

国家机关工作人员利用职权非法搜查,涉嫌下列情形之一的,应予立案:

1. 非法搜查他人身体、住宅,并实施殴打、侮辱等行为的;

2. 非法搜查,情节严重,导致被搜查人或者其近亲属自杀、自残造成重伤、死亡,或者精神失常的;

3. 非法搜查,造成财物严重损坏的;

4. 非法搜查3人(户)次以上的;

5. 司法工作人员对明知是与涉嫌犯罪无关的人身、住宅非法搜查的;

6. 其他非法搜查应予追究刑事责任的情形。

要义辨析

一、概念

本罪是指没有合法手续、没有经过法定机关批准和被搜查人、住宅主人同意,非法地对他人的身体或者住宅进行搜查的行为。

二、构成要件

1. 本罪侵犯的客体是他人的人身权利和住宅不受侵犯的权利。

2. 客观方面表现为非法对他人的身体或者住宅进行搜查的行为。

3. 犯罪主体既可以是一般主体,也可以是特殊主体(司法工作人员)。

4. 主观方面只能由直接故意构成,间接故意和过失不构成本罪。

三、要点辨析

1. 本罪主体是一般主体,并不只限于有执法权力的国家司法机关人员。特定的主体如司法工作人员犯本罪,则作为加重情节。非法搜查往往是司法人员会触犯的行为,需要进行规制。其搜查行为

必须有法律的授权，必须拥有合法搜查的手续。执法中要严格审查其有没有法定手续，一旦滥用职权，很容易对一般公民造成损害。

2. 只是侵入他人住宅，而没有进行搜查的，按"非法侵入住宅罪"定性，虽然是在同条法律中规定，但不能定本罪。

3. 司法人员滥用职权犯本罪的，仍然定本罪，作为加重情节，不按滥用职权罪定性。这里的"司法工作人员"，按照《刑法》第94条进行严格解释，特指有执法搜查权而没有搜查批准手续的滥用职权人员。

四、罪名变迁

1979年《刑法》第144条对本罪作了规定。

类罪名：侵犯公民人身权利、民主权利罪	**罪名：非法侵入住宅罪**
量刑标准	**构成犯罪的**　处3年以下有期徒刑或者拘役。

法律依据

《刑法》条文

第二百四十五条　非法搜查他人身体、住宅，或者非法侵入他人住宅的，处三年以下有期徒刑或者拘役。

司法工作人员滥用职权，犯前款罪的，从重处罚。

要义辨析

一、概念

本罪是指未经法定机关批准和住宅主人允许，非法强行侵入他人住宅的行为。

二、构成要件

1. 本罪侵犯的客体是他人的住宅不受侵犯的权利。

2. 犯罪客观方面表现为未经司法机关批准或者未经住宅主人同意，非法侵入他人住宅，或者经要求退出而拒不退出的行为。

3. 犯罪主体既可以是一般主体，也可以是特殊主体（司法工作人员）。

4. 主观方面只能由直接故意构成，间接故意和过失不构成本罪。

三、要点辨析

1. 注意罪与非罪的区分：(1)本罪只能由故意构成，过失不构成本罪，所以，误入他人住宅，不能构成非法侵入住宅罪。(2)住宅，是指用于生活居住的与外界环境隔开的住所，包括院落、牧民的帐篷、渔民的居住船、歌厅营业等业主的住房、出租用于居住的房子等。(3)根据司法实践经验，对于一般非法侵入他人住宅的行为，可以按照《治安管理处罚法》第40条第3项的规定给予治安处罚，处10日以上15日以下拘留，并处500元以上1000元以下罚款；情节较轻的，处5日以上10日以下拘留，并处200元以上500元以下罚款。(4)非法侵入他人住宅，是司法人员易犯的行为，因为其拥有合法侵入的权力，一旦滥用职权，很容易对一般公民造成损害。因此要严格审查其有没有法定手续。对司法工作人员滥用职权犯本罪的，规定了从重处罚的情节。

2. 本罪与非法搜查罪属于同一法条中的规定，因行为方式不同，另列罪名。本罪是侵入，目的只是非法进入；后者是搜查，目的是查获某类物品。行为特征明显。

3. 司法人员滥用职权犯本罪的，仍然定本罪，作为加重情节，不按滥用职权罪定性。这里的"司法工作人员”,按照《刑法》第94条进行严格解释,特指有执法权的人员。

四、罪名变迁

本罪1979年《刑法》第144条作了规定。

类罪名:侵犯公民人身权利、民主权利罪	罪名:侮辱罪
量刑标准	**情节严重的** 处3年以下有期徒刑、拘役、管制或者剥夺政治权利。

法律依据

一、《刑法》条文

第二百四十六条 以暴力或者其他方法公然侮辱他人或者捏造事实诽谤他人,情节严重的,处三年以下有期徒刑、拘役、管制或者剥夺政治权利。

前款罪,告诉的才处理,但是严重危害社会秩序和国家利益的除外。

通过信息网络实施第一款规定的行为,被害人向人民法院告诉,但提供证据确有困难的,人民法院可以要求公安机关提供协助。

第九十八条 本法所称告诉才处理,是指被害人告诉才处理。如果被害人因受强制、威吓无法告诉的,人民检察院和被害人的近亲属也可以告诉。

二、相关法律

《中华人民共和国宪法》(2018年3月11日修正)

第三十八条 中华人民共和国公民的人格尊严不受侵犯。禁止用任何方法对公民进行侮辱、诽谤和诬告陷害。

《中华人民共和国教师法》(2009年8月27日修正)

第三十五条 侮辱、殴打教师的,根据不同情况,分别给予行政处分或者行政处罚;造成损失的,责令赔偿损失;情节严重的,构成犯罪的,依法追究刑事责任。

第三十七条 教师有下列情形之一的,由所在学校、其他教育机构或者教育行政部门给予行政处分或者解聘:

(二)体罚学生,经教育不改的;

(三)品行不良、侮辱学生,影响恶劣的。

《全国人民代表大会常务委员会关于维护互联网安全的决定》(2009年8月27日修正)

四、为了保护个人、法人和其他组织的人身、财产等合法权利,对有下列行为之一,构成犯罪的,依照刑法有关规定追究刑事责任:

(一)利用互联网侮辱他人或者捏造事实诽谤他人;

三、相关司法解释/文件

《最高人民法院关于审理非法出版物刑事案件具体应用法律若干问题的解释》(1998年12月17日 法释〔1998〕30号)

第六条 在出版物中公然侮辱他人或者捏造事实诽谤他人,情节严重的,依照刑法第二百四十六条的规定,分别以侮辱罪或者诽谤罪定罪处罚。

《最高人民法院、最高人民检察院关于办理组织、利用邪教组织破坏法律实施等刑事案件适用法律若干问题的解释》(2017年1月25日 法释〔2017〕3号)

第十条 组织、利用邪教组织破坏国家法律、行政法规实施过程中,又有煽动分裂国家、煽动颠覆国家政权或者侮辱、诽谤他人等犯罪行为的,依照数罪并罚的规定定罪处罚。

《最高人民法院、最高人民检察院、公安部、司法部关于依法惩治妨害新型冠状病毒感染肺炎疫情防控违法犯罪的意见》(2020年2月6日 法发〔2020〕7号)

(二)依法严惩暴力伤医犯罪。在疫情防控期间,故意伤害医务人员造成轻伤以上的严重后果,或者对医务人员实施撕扯防护装备、吐口水等行为,致使医务人员感染新型冠状病毒的,依照刑法

第二百三十四条的规定，以故意伤害罪定罪处罚。

随意殴打医务人员，情节恶劣的，依照刑法第二百九十三条的规定，以寻衅滋事罪定罪处罚。

采取暴力或者其他方法公然侮辱、恐吓医务人员，符合刑法第二百四十六条、第二百九十三条规定的，以侮辱罪或者寻衅滋事罪定罪处罚。

以不准离开工作场所等方式非法限制医务人员人身自由，符合刑法第二百三十八条规定的，以非法拘禁罪定罪处罚。

《最高人民法院、最高人民检察院、公安部关于依法惩治网络暴力违法犯罪的指导意见》(2023年9月20日　法发〔2023〕14号)

二、准确适用法律，依法严惩网络暴力违法犯罪

3. 依法惩治网络侮辱行为。在信息网络上采取肆意谩骂、恶意诋毁、披露隐私等方式，公然侮辱他人，情节严重，符合刑法第二百四十六条规定的，以侮辱罪定罪处罚。

三、畅通诉讼程序，及时提供有效法律救济

11. 落实公安机关协助取证的法律规定。根据刑法第二百四十六条第三款的规定，对于被害人就网络侮辱、诽谤提起自诉的案件，人民法院经审查认为被害人提供证据确有困难的，可以要求公安机关提供协助。公安机关应当根据人民法院要求和案件具体情况，及时查明行为主体，收集相关侮辱、诽谤信息传播扩散情况及造成的影响等证据材料。网络服务提供者应当依法为公安机关取证提供必要的技术支持和协助。经公安机关协助取证，达到自诉案件受理条件的，人民法院应当决定立案；无法收集相关证据材料的，公安机关应当书面向人民法院说明情况。

12. 准确把握侮辱罪、诽谤罪的公诉条件。根据刑法第二百四十六条第二款的规定，实施侮辱、诽谤犯罪，严重危害社会秩序和国家利益的，应当依法提起公诉。对于网络侮辱、诽谤是否严重危害社会秩序，应当综合侵害对象、动机目的、行为方式、信息传播范围、危害后果等因素作出判定。

实施网络侮辱、诽谤行为，具有下列情形之一的，应当认定为刑法第二百四十六条第二款规定的“严重危害社会秩序”：

(1)造成被害人或者其近亲属精神失常、自杀等严重后果，社会影响恶劣的；

(2)随意以普通公众为侵害对象，相关信息在网络上大范围传播，引发大量低俗、恶意评论，严重破坏网络秩序，社会影响恶劣的；

(3)侮辱、诽谤多人或者多次散布侮辱、诽谤信息，社会影响恶劣的；

(4)组织、指使人员在多个网络平台大量散布侮辱、诽谤信息，社会影响恶劣的；

(5)其他严重危害社会秩序的情形。

要义辨析

一、概念

本罪是指使用暴力或者其他方法，公然贬低、损害他人人格、破坏他人名誉，情节严重的行为。

二、构成要件

1. 本罪侵犯的是他人的人格和名誉权。

2. 客观方面表现为以暴力或者其他方式，公然侮辱他人的行为。

3. 犯罪主体为一般主体。

4. 主观方面为直接故意。

三、要点辨析

1. 侮辱，汉语本义为欺侮羞辱，使人蒙受耻辱，是指使他人的人格或名誉受到损害的行为。刑法语义下的“侮辱”，是指以暴力和其他方法，以口头、文字、漫画、网络语言、能够为大众识别特定对象的影射等具体方法手段，公然贬损他人的人格尊严，破坏他人名誉和社会声誉，情节严重的行为。

侮辱，必须针对特定的人进行，侮辱的方式多种多样，主要包括：(1)暴力行为侮辱，但如果行为人有伤害他人身体健康的故意，则应以故意伤害罪论处；(2)言语侮辱；(3)文字侮辱；(4)漫画侮辱；(5)指向明显的影射侮辱。无论哪种方式的侮辱，都必须是公然进行的，主观方面还必须是直接故意的，否则，不构成本罪。

2. 本罪中“情节严重”是区分罪与非罪的界限，所谓情节严重，主要是指手段恶劣，后果严重，影响很坏的情形。

3. 本罪与诽谤罪的区别。(1)侮辱行为不涉及捏造事实,诽谤则是捏造事实;(2)侮辱有暴力可能,诽谤不使用暴力;(3)侮辱一般当面进行,诽谤则往往在公众场合进行或向第三者散布。

4. 本罪需要满足后果"情节严重"才构成犯罪。

5. 本罪规定"告诉才处理",一般是指自诉刑事案。但危害社会和国家利益、被害人被胁迫不敢起诉等情形,也可以提起国家公诉。对于通过信息网络实施侮辱罪行为,被害人收集自诉证据有困难的,法律规定法院可以要求公安机关协助。

6. 告诉才处理的案件,《刑事诉讼法》第二章第二节用了4条来对其加以规定:第204条自诉案件包括下列案件:(1)告诉才处理的案件;(2)被害人有证据证明的轻微刑事案件;(3)被害人有证据证明对被告人侵犯自己人身、财产权利的行为应当依法追究刑事责任,而公安机关或者人民检察院不予追究被告人刑事责任的案件。关于告诉才处理的案件,在《刑法》、《刑事诉讼法》及相关解释中有规定:只有以下4个罪名,即侮辱、诽谤罪名(第246条),暴力干涉婚姻自由罪(第257条),虐待罪(第260条),侵占罪(第270条)。

7. 根据司法实践经验,对于一般侮辱他人的行为,可以按照《治安管理处罚法》第42条第2项的规定给予治安处罚,处5日以下拘留或者500元以下罚款;情节较重的,处5日以上10日以下拘留,可以并处500元以下罚款。

四、罪名变迁

1979年《刑法》第145条对侮辱罪作出了规定。1997年《刑法》修订时,对该罪罪状作了补充和修改。《刑法修正案(九)》,增设了本罪第3款,规定为"通过信息网络实施第一款规定的行为,被害人向人民法院告诉,但提供证据确有困难的,人民法院可以要求公安机关提供协助"。该条款的增设,是鉴于时代信息技术的发展,大量侮辱诽谤,通过互联网传播,而自诉案件中,被害人基于技术手段匮乏,往往无法有效举证,查不到实名的加害人。人民法院可以要求公安机关协助的做法,赋予了取证层面的有针对性的司法救济途径,对有效打击侮辱、诽谤犯罪,有积极作用。《刑事诉讼法》第204条也对自诉案件作了规定。

类罪名:侵犯公民人身权利、民主权利罪 | **罪名:诽谤罪**	
量刑标准	**情节严重的** 处3年以下有期徒刑、拘役、管制或者剥夺政治权利。

法律依据

一、《刑法》条文

第二百四十六条 以暴力或者其他方法公然侮辱他人或者捏造事实诽谤他人,情节严重的,处三年以下有期徒刑、拘役、管制或者剥夺政治权利。

前款罪,告诉的才处理,但是严重危害社会秩序和国家利益的除外。

通过信息网络实施第一款规定的行为,被害人向人民法院告诉,但提供证据确有困难的,人民法院可以要求公安机关提供协助。

第九十八条 本法所称告诉才处理,是指被害人告诉才处理。如果被害人因受强制、威吓无法告诉的,人民检察院和被害人的近亲属也可以告诉。

二、相关司法解释/文件

《最高人民法院最高人民检察院公安部关于依法惩治网络暴力违法犯罪的指导意见》(2023年9月20日 法发〔2023〕14号)

二、准确适用法律,依法严惩网络暴力违法犯罪

2. 依法惩治网络诽谤行为。在信息网络上制造、散布谣言,贬损他人人格、损害他人名誉,情节严重,符合刑法第二百四十六条规定的,以诽谤罪定罪处罚。

要义辨析

一、概念

本罪是指使故意捏造并散布某些虚构事实，足以损害他人人格，破坏他人名誉，情节严重的行为。

二、构成要件

1. 本罪侵犯的客体是公民的人格权和名誉权。

2. 客观方面表现为以捏造和散布某种能够损害他人人格名誉的虚假事实，故意损害和贬低他人人格和名誉的行为。

3. 犯罪主体为一般主体。

4. 主观方面为直接故意。

三、要点辨析

1. 诽谤，汉语本义是以不实之词毁人。刑法语义下的“诽谤”，是指以捏造和散布某种能够损害他人人格名誉的虚假事实，故意损害和贬低他人人格和名誉，情节严重的行为。

诽谤必须针对特定的人实施，但不一定非要指名道姓，只要绝大多数人能够从诽谤的内容中判断指向的是谁，知道被害人是谁，足以构成对其生存环境的影响和人格的贬损，就可以构成本罪。同时，行为人的行为，必须是直接故意所致，情节必须严重，否则，不构成本罪。所谓情节严重，主要是指手段恶劣、后果严重，影响很坏，给被害人的生存环境造成了明显的破坏的情形。

2. 本罪一般告诉才处理，即法律上一般以刑事自诉为立案条件。对于严重危害社会秩序和国家利益的，也可以直接由国家司法机关侦查、公诉。

3. 诽谤罪与诬告陷害罪的区别。这两种犯罪在客观方面，都是针对特定对象，采用捏造事实的手段实施。主要区别在于：(1)所捏造的事实内容不同。诬陷陷害捏造的是他人根本不存在的可以构成犯罪的事实；诽谤捏造的则是足以损害他人人格、名誉的虚假事实。(2)行为方式不同。诬陷是向政府机关和有关部门告发，通过公权力达到陷害目的；诽谤则是直接进行贬损，当众或者向第三者散布。(3)主观意图不同。诬陷是意图使他人受到刑事处分；诽谤则是意图损害他人的人格、名誉。

4. 诽谤罪与侮辱罪的区别。(1)侮辱不捏造事实，诽谤则是捏造事实；(2)侮辱有暴力可能，诽谤则不使用暴力；(3)侮辱一般当面进行，或者通过受害对象直接能够看到的网络进行，而诽谤则往往在受害人不一定直接能够见到听到的公众场合进行，或向第三者散布。

四、罪名变迁

诽谤罪是1979年《刑法》第145条规定的罪名。1997年《刑法》修订时列为第246条，对罪状作了补充和修改。2015年8月29日的《刑法修正案(九)》，增设了本罪第3款，“通过信息网络实施第一款规定的行为，被害人向人民法院告诉，但提供证据确有困难的，人民法院可以要求公安机关提供协助”。该条款的增设，是鉴于时代信息技术的发展，大量侮辱诽谤是通过互联网传播，而自诉案件中，被害人基于技术手段匮乏，往往无法有效举证，查不到实名的加害人。人民法院可以要求公安机关协助，增加了司法救济途径，对有效打击侮辱、诽谤犯罪有积极作用。

类罪名：侵犯公民人身权利、民主权利罪	罪名：刑讯逼供罪
量刑标准	**构成犯罪的**　处3年以下有期徒刑或者拘役；
	致人伤残、死亡的　依照故意伤害罪、故意杀人罪从重处罚。

法律依据

一、《刑法》条文

第二百四十七条 司法工作人员对犯罪嫌疑人、被告人实行刑讯逼供或者使用暴力逼取证人证言的,处三年以下有期徒刑或者拘役。致人伤残、死亡的,依照本法第二百三十四条、第二百三十二条的规定定罪从重处罚。

第九十四条 本法所称司法工作人员,是指有侦查、检察、审判、监管职责的工作人员。

第二百三十二条 故意杀人的,处死刑、无期徒刑或者十年以上有期徒刑;情节较轻的,处三年以上十年以下有期徒刑。

第二百三十四条 故意伤害他人身体的,处三年以下有期徒刑、拘役或者管制。

犯前款罪,致人重伤的,处三年以上十年以下有期徒刑;

致人死亡或者以特别残忍手段致人重伤造成严重残疾的,处十年以上有期徒刑、无期徒刑或者死刑。

本法另有规定的,依照规定。

二、相关法律

《中华人民共和国人民警察法》(2012 年 10 月 26 日修正)

第二十二条 人民警察不得有下列行为:

(四)刑讯逼供或者体罚、虐待人犯;

第四十八条 人民警察有本法第二十二条所列行为之一的,应当给予行政处分;构成犯罪的,依法追究刑事责任。

《中华人民共和国人民武装警察法》(2020 年 6 月 20 日修订)

第二十九条 人民武装警察不得有下列行为:

(一)违抗上级决定和命令、行动消极或者临阵脱逃;

(二)违反规定使用警械、武器;

(三)非法剥夺、限制他人人身自由,非法检查、搜查人身、物品、交通工具、住所、场所;

(四)体罚、虐待、殴打监管羁押、控制的对象;

(五)滥用职权、徇私舞弊,擅离职守或者玩忽职守;

(六)包庇、纵容违法犯罪活动;

(七)泄露国家秘密、军事秘密;

(八)其他违法违纪行为。

三、相关司法解释/文件

《最高人民检察院关于渎职侵权犯罪案件立案标准的规定》(2006 年 7 月 26 日 高检发释字〔2006〕2 号)

二、国家机关工作人员利用职权实施的侵犯公民人身权利、民主权利犯罪案件

(三)刑讯逼供案(第二百四十七条)

刑讯逼供罪是指司法工作人员对犯罪嫌疑人、被告人使用肉刑或者变相肉刑逼取口供的行为。

涉嫌下列情形之一的,应予立案:

1. 以殴打、捆绑、违法使用械具等恶劣手段逼取口供的;

2. 以较长时间冻、饿、晒、烤等手段逼取口供,严重损害犯罪嫌疑人、被告人身体健康的;

3. 刑讯逼供造成犯罪嫌疑人、被告人轻伤、重伤、死亡的;

4. 刑讯逼供,情节严重,导致犯罪嫌疑人、被告人自杀、自残造成重伤、死亡,或者精神失常的;

5. 刑讯逼供,造成错案的;

6. 刑讯逼供 3 人次以上的;

7. 纵容、授意、指使、强迫他人刑讯逼供,具有上述情形之一的;

8. 其他刑讯逼供应予追究刑事责任的情形。

量刑要素

刑讯逼供致人死亡的,按故意杀人罪定罪,从重处罚。(《刑法》第 247 条)

要义辨析

一、概念

本罪是指司法工作人员对犯罪嫌疑人、被告人使用肉刑或者变相肉刑,逼取口供的行为。

二、构成要件

1. 本罪侵犯的客体是公民的人身权利和司法机关的正常活动。侵害的对象是犯罪嫌疑人、被告人和证人(另见下一罪名:暴力取证罪),包括:依照法律规定,已经拘留、逮捕尚未判决的被羁押人或者被传讯的犯罪嫌疑人;提起公诉的被告人;已经判决正在劳改服刑的罪犯。

2. 客观方面表现为对犯罪嫌疑人、被告人,使用肉刑或者变相肉刑,逼取口供的行为。这种行为的表现形式是多种多样的,如捆绑、吊打、非法使用刑具、日晒、冻饿、体罚、折磨等。

3. 本罪的主体是特殊主体,必须是司法工作人员,并限定为《刑法》第94条规定的司法工作人员,是指有侦查、检察、审判、监管职责的司法工作人员。

4. 本罪主观方面只能是直接故意,并且具有逼取口供的目的。至于是否逼出口供,不影响本罪的成立。如果由于逼取假的口供,发生重大冤案的,作为加重情节处罚。

三、要点辨析

1. 按本义看,本罪是行为犯,而非结果犯。但最高人民检察院司法解释只规定了五种情形的刑讯逼供才构成犯罪,因此要依具体情节定罪,故本罪应属"情节犯"。定罪量刑时要慎重分析,达到一定严重程度的才可以本罪追究。

2. 对于"刑讯逼供"的定义,司法实践中一直有争议。除了明显的暴力刑讯外,对于折磨、疲劳、威胁方式的逼取的虚假口供,往往没有进行追究。最高人民检察院的司法解释将"以较长时间冻、饿、晒、烤等手段逼取口供,严重损害犯罪嫌疑人、被告人身体健康的"行为,明确规定为本罪的罪状之一。今后,侦查机关和批捕机关应当严格执法,予以立案追究,以制约大量存在的此类刑讯逼供行为。

3. 本罪与非法拘禁罪的区别,主要在于是否以逼取口供为目的。同时,本罪只有特定主体才能进行,而非法拘禁则是一般主体。侵犯的客体也不同,本罪侵犯了公民基本权利和国家正常司法秩序,非法拘禁只侵犯公民基本权利这个客体。

4. 关于错案责任和刑讯逼供罪。刑事错案,往往由刑讯逼供导致。但我国现行《刑法》没有规定判错案的刑事责任,只有相关的"刑讯逼供罪"、"枉法裁判罪"(刑案)、"徇私枉法罪"(民事行政),没有徇私和枉法的,错案责任限于行政责任和法官考核层面。因此,无徇私枉法的错案,直接关联的罪名只有刑讯逼供罪。

5. 本案不是以错案大小区分,只以直接的刑讯手段的恶劣程度,和致人死伤和伤残程度来确定。没有刑讯逼供的,即使办出严重错案,亦追究不了刑事责任。

四、罪名变迁

1979年《刑法》第136条对本罪作了规定。

暴力取证罪

类罪名:侵犯公民人身权利、民主权利罪	罪名:暴力取证罪
量刑标准	
构成犯罪的	处3年以下有期徒刑或者拘役;
致人伤残、死亡的	依故意伤害罪、故意杀人罪从重处罚。

法律依据

一、《刑法》条文

第二百四十七条　司法工作人员对犯罪嫌疑人、被告人实行刑讯逼供或者使用暴力逼取证人证言的,处三年以下有期徒刑或者拘役。致人伤残、死亡的,依照本法第二百三十四条、第二百三十二条的规定定罪从重处罚。

第二百三十四条 故意伤害他人身体的,处三年以下有期徒刑、拘役或者管制。

犯前款罪,致人重伤的,处三年以上十年以下有期徒刑;

致人死亡或者以特别残忍手段致人重伤造成严重残疾的,处十年以上有期徒刑、无期徒刑或者死刑。

本法另有规定的,依照规定。

第二百三十二条 故意杀人的,处死刑、无期徒刑或者十年以上有期徒刑;情节较轻的,处三年以上十年以下有期徒刑。

二、相关司法解释/文件

《最高人民检察院关于渎职侵权犯罪案件立案标准的规定》(2006年7月26日 高检发释字〔2006〕2号)

二、国家机关工作利用职权实施的侵犯公民人身权利、民主权利犯罪案件

(四)暴力取证案(第二百四十七条)

暴力取证罪是指司法工作人员以暴力逼取证人证言的行为。

涉嫌下列情形之一的,应予立案:

1. 以殴打、捆绑、违法使用械具等恶劣手段逼取证人证言的;

2. 暴力取证造成证人轻伤、重伤、死亡的;

3. 暴力取证,情节严重,导致证人自杀、自残造成重伤、死亡,或者精神失常的;

4. 暴力取证,造成错案的;

5. 暴力取证3人次以上的;

6. 纵容、授意、指使、强迫他人暴力取证,具有上述情形之一的;

7. 其他暴力取证应予追究刑事责任的情形。

要义辨析

一、概念

本罪是指司法工作人员对证人使用暴力逼取证言的行为。

二、构成要件

1. 本罪侵犯的客体是公民的人身权利和司法机关的正常活动。本罪中特指证人的权利。

2. 本罪的客观方面表现为对刑事案件的证人使用暴力手段,逼取证人证言的行为。

3. 主体是特殊主体,即司法工作人员。

4. 本罪主观方面是故意。

三、要点辨析

1. 本罪与刑讯逼供罪的区别,在于侵害对象不同,刑讯逼供罪为犯罪嫌疑人和被告人,暴力取证罪为被认为有义务作证的证人。

2. 本罪从本义看是行为犯,但要达到一定严重情节才构成犯罪。

3. 本案中的证人,特指刑事诉讼活动中的证人。对于民事活动中的证人,刑事侦查机关本不能介入。但是由于一些人情关系的影响,也不排除国家司法机关人员帮助特定关系人,滥用职权去帮助暴力取证。这种行为,一般可以按滥用职权罪、非法拘禁罪定性处罚。

四、罪名变迁

本罪是1997年《刑法》增设的罪名,1979年《刑法》和单行刑法均没有规定此罪名。

类罪名:侵犯公民人身权利、民主权利罪	罪名:虐待被监管人罪
量刑标准	**构成犯罪的** 处3年以下有期徒刑或者拘役;
	情节特别严重的 处3年以上10年以下有期徒刑;
	致人伤残、死亡的 依故意伤害罪、故意杀人罪从重处罚。

法律依据

一、《刑法》条文

第二百四十八条　监狱、拘留所、看守所等监管机构的监管人员对被监管人进行殴打或者体罚虐待，情节严重的，处三年以下有期徒刑或者拘役；情节特别严重的，处三年以上十年以下有期徒刑。致人伤残、死亡的，依照本法第二百三十四条、第二百三十二条的规定定罪从重处罚。

监管人员指使被监管人殴打或者体罚虐待其他被监管人的，依照前款的规定处罚。

第二百三十四条　故意伤害他人身体的，处三年以下有期徒刑、拘役或者管制。

犯前款罪，致人重伤的，处三年以上十年以下有期徒刑；

致人死亡或者以特别残忍手段致人重伤造成严重残疾的，处十年以上有期徒刑、无期徒刑或者死刑。

本法另有规定的，依照规定。

第二百三十二条　故意杀人的，处死刑、无期徒刑或者十年以上有期徒刑；情节较轻的，处三年以上十年以下有期徒刑。

二、相关法律

《中华人民共和国人民警察法》(2012 年 10 月 26 日修正)

第二十二条　人民警察不得有下列行为：

(四)刑讯逼供或者体罚、虐待人犯；

第四十八条　人民警察有本法第二十二条所列行为之一的，应当给予行政处分；构成犯罪的，依法追究刑事责任。

《中华人民共和国人民武装警察法》(2020 年 6 月 20 日修订)

第二十九条　人民武装警察不得有下列行为：

(一)违抗上级决定和命令、行动消极或者临阵脱逃；

(二)违反规定使用警械、武器；

(三)非法剥夺、限制他人人身自由，非法检查、搜查人身、物品、交通工具、住所、场所；

(四)体罚、虐待、殴打监管羁押、控制的对象；

(五)滥用职权、徇私舞弊，擅离职守或者玩忽职守；

(六)包庇、纵容违法犯罪活动；

(七)泄露国家秘密、军事秘密；

(八)其他违法违纪行为。

三、相关司法解释/文件

《最高人民检察院关于渎职侵权犯罪案件立案标准的规定》(2006 年 7 月 26 日　高检发释字〔2006〕2 号)

二、国家机关工作利用职权实施的侵犯公民人身权利、民主权利犯罪案件

(五)虐待被监管人案(第二百四十八条)

虐待被监管人罪是指监狱、拘留所、看守所、拘役所、劳教所等监管机构的监管人员对被监管人进行殴打或者体罚虐待，情节严重的行为。

涉嫌下列情形之一的，应予立案：

1. 以殴打、捆绑、违法使用械具等恶劣手段虐待被监管人的；

2. 以较长时间冻、饿、晒、烤等手段虐待被监管人，严重损害其身体健康的；

3. 虐待造成被监管人轻伤、重伤、死亡的；

4. 虐待被监管人，情节严重，导致被监管人自杀、自残造成重伤、死亡，或者精神失常的；

5. 殴打或者体罚虐待 3 人次以上的；

6. 指使被监管人殴打、体罚虐待其他被监管人，具有上述情形之一的；

7. 其他情节严重的情形。

要义辨析

一、概念

本罪是指监管机构的监管人员对被监管人进行殴打或者体罚虐待，或者监管人员指使被监管人殴打或者体罚虐待其他被监管人，情节严重的行为。

二、构成要件

1. 本罪的客体是复杂客体，侵犯的是被监管人员的人身权利，也侵犯了监管机构的正常管理秩序。

2. 本罪客观方面，表现为违反国家监管法规，对被监管人进行殴打或者体罚虐待的行为。

3. 犯罪主体为特殊主体,即司法监管人员。

4. 主观方面为直接故意。

三、要点辨析

1. 本罪为情节犯,达到严重情节才构成犯罪。在司法实践中,情节严重一般要达到监管人员一贯虐待被监管人,屡教不改的;体罚虐待被监管人多人、多次的;纵容指示"牢头狱霸"体罚虐待其他被监管人;手段恶劣的,等等。

2. 本罪与刑讯逼供罪的区别,主要是目的不同。刑讯逼供罪是为了获取口供,而虐待被监管人罪是因为各种原因纯粹折磨虐待,是公职人员进行牢头狱霸行为。

四、罪名变迁

1979 年《刑法》第 189 条对本罪作了规定,但是原来是《刑法》分则第八章"渎职罪"中规定的罪名。现在规定进了"侵犯公民人身权利罪"一章。

类罪名:侵犯公民人身权利、民主权利罪	罪名:煽动民族仇恨、民族歧视罪
量刑标准	构成犯罪的　处 3 年以下有期徒刑、拘役、管制或者剥夺政治权利;
	情节特别严重的　处 3 年以上 10 年以下有期徒刑。

法律依据

一、《刑法》条文

第二百四十九条　煽动民族仇恨、民族歧视,情节严重的,处三年以下有期徒刑、拘役、管制或者剥夺政治权利;情节特别严重的,处三年以上十年以下有期徒刑。

二、相关法律

《中华人民共和国宪法》(2018 年 3 月 11 日修正)

第四条第一款　中华人民共和国各民族一律平等。国家保障各少数民族的合法的权利和利益,维护和发展各民族的平等、团结、互助关系。禁止对任何民族的歧视和压迫,禁止破坏民族团结和制造民族分裂的行为。

《全国人民代表大会常务委员会关于维护互联网安全的决定》(2009 年 8 月 27 日修正)

二、为了维护国家安全和社会稳定,对有下列行为之一,构成犯罪的,依照刑法有关规定追究刑事责任:

(三)利用互联网煽动民族仇恨、民族歧视,破坏民族团结;

要义辨析

一、概念

本罪是指行为人故意煽动民族仇恨、民族歧视,情节严重的行为。本罪从内容上,本应列入危害国家多民族团结的"危害国家安全罪"一章,但是全国人大立法时,没有将犯罪客体提升到危害国家层面,而是作为侵犯公民民主权利一种表现。

二、构成要件

1. 本罪侵犯的客体是复杂客体,既侵犯了中华民族的团结,又侵犯了少数民族公民的民主权利。

2. 在客观方面,表现为用各种蛊惑人心的方法,以文字、语言以及其他方式,煽动各民族之间的仇恨,宣传民族歧视,造成不良后果,情节严重的行为。

3. 本罪的主体是一般主体,凡是年满 16 周岁,具有刑事责任能力的自然人均可构成本罪。

4. 主观方面是故意,即明知自己的言行会制造民族仇恨、民族歧视,不利于民族团结,却故意实施该行为。

三、要点辨析

1. 构成本罪必须是"情节严重"。关于什么是本罪中的"情节严重",目前尚没有明确的司法解释。但在司法实践中,一般参照有关规定来认定。

一般认为，具有下列情形之一的属于“情节严重”：(1)蓄意破坏民族团结，煽动行为已经产生民族之间的纠纷甚至骚乱，客观上造成了危害后果的；(2)多次大量出版发行煽动民族仇恨、民族歧视的书刊、画册等宣传物品的；(3)严重损害民族之间的平等、团结、感情或者尊严的；(4)煽动的手段恶劣卑鄙的；(5)组织、策划、指挥煽动的首要分子；(6)经过有关部门多次批评、教育、疏导仍然不思悔改的；(7)具有其他严重情节的。

2. 本罪与煽动分裂国家罪、煽动颠覆国家政权罪的区别。煽动分裂国家罪，是指进行宣传煽动分裂国家、破坏国家统一的行为。煽动颠覆国家政权罪，是指以造谣、诽谤或者其他方式煽动颠覆国家政权，推翻社会主义制度的行为。而本罪与这两种犯罪在客观方面虽然都有煽动的行为，但有重大区别。(1)侵犯的客体不同。本罪侵犯的客体是各民族的团结，尚未上升到国家安全的层面；而后两者侵犯的是国家的安全。(2)主观方面的目的内容也不同。本罪具有破坏民族团结的目的，而后两者具有分裂国家，或者颠覆国家政权的目的。(3)犯罪主体的主观恶性方面也不完全相同。这三种犯罪虽然都是一般主体，但后两种犯罪的主体，一般是有重大政治目的的人，可能是窃据党政军大权的野心家、阴谋家或者是反动的民族分裂主义者，以及敌对的政治势力的代表人物。而本罪则是一般主体。

3. 本罪与非法剥夺公民宗教信仰自由罪、侵犯少数民族风俗习惯罪的区别。客观方面表现不同：本罪的特点在于煽动、挑起民族矛盾、民族仇恨、制造民族歧视，并有可能制造地区性民族不和与动乱；非法剥夺公民宗教信仰自由罪，则是从宗教信仰方面破坏民族团结，主要危害在于对民族宗教信仰的剥夺，有可能引发民族纠纷；侵犯少数民族风俗习惯罪，则是从风俗习惯的角度，破坏民族团结。

四、罪名变迁

本罪是 1997 年《刑法》新增加的罪名。此前没有该罪，其后也没有新的变化。

类罪名：侵犯公民人身权利、民主权利罪	**罪名：出版歧视、侮辱少数民族作品罪**
量刑标准	**构成犯罪的** 处 3 年以下有期徒刑、拘役或者管制。

法律依据

一、《刑法》条文

第二百五十条 在出版物中刊载歧视、侮辱少数民族的内容，情节恶劣，造成严重后果的，对直接责任人员，处三年以下有期徒刑、拘役或者管制。

二、相关行政法规

《出版管理条例》(2020 年 11 月 29 日修订)

第二十五条 任何出版物不得含有下列内容：

(一)反对宪法确定的基本原则的；

(二)危害国家统一、主权和领土完整的；

(三)泄露国家秘密、危害国家安全或者损害国家荣誉和利益的；

(四)煽动民族仇恨、民族歧视，破坏民族团结，或者侵害民族风俗、习惯的；

(五)宣扬邪教、迷信的；

(六)扰乱社会秩序，破坏社会稳定的；

(七)宣扬淫秽、赌博、暴力或者教唆犯罪的；

(八)侮辱或者诽谤他人，侵害他人合法权益的；

(九)危害社会公德或者民族优秀文化传统的；

(十)有法律、行政法规和国家规定禁止的其他内容的。

第六十二条 有下列行为之一，触犯刑律的，依照刑法有关规定,依法追究刑事责任;尚不够刑事处罚的,由出版行政主管部门责令限期停业整顿,没收出版物、违法所得,违法经营额1万元以上的,并处违法经营额5倍以上10倍以下的罚款;违法经营额不足1万元的,可以处5万元以下的罚款;情节严重的,由原发证机关吊销许可证:

(一)出版、进口含有本条例第二十五条、第二十六条禁止内容的出版物的;

(二)明知或者应知出版物含有本条例第二十五条、第二十六条禁止内容而印刷或者复制、发行的;

(三)明知或者应知他人出版含有本条例第二十五条、第二十六条禁止内容的出版物而向其出售或者以其他形式转让本出版单位的名称、书号、刊号、版号、版面,或者出租本单位的名称、刊号的。

三、相关司法解释/文件

《最高人民法院关于审理非法出版物刑事案件具体应用法律若干问题的解释》(1998年12月17日 法释〔1998〕30号)

第七条 出版刊载歧视、侮辱少数民族内容的作品,情节恶劣,造成严重后果的,依照刑法第二百五十条的规定,以出版歧视、侮辱少数民族作品罪定罪处罚。

要义辨析

一、概念

本罪是指在出版物中刊载歧视、侮辱少数民族的内容,情节恶劣,造成严重后果的行为。

二、构成要件

1. 本罪侵犯的客体是复杂客体,但主要是侵犯少数民族荣誉和民族尊严不受侵犯的权利。

2. 客观方面表现为在出版物中刊载歧视、侮辱少数民族的内容,情节恶劣,造成严重后果的行为。

3. 本罪的主体是特殊主体,即在出版物中刊载歧视、侮辱少数民族内容的直接责任人员,主要包括作者、责任编辑以及批准出版者。

4. 主观方面是故意,即明知在出版物中刊载歧视、侮辱少数民族的内容,故意使其出版。至于动机如何,不影响本罪的成立。

三、要点辨析

1. 本条是关于出版歧视、侮辱少数民族作品罪及其处刑的规定。1997年修订《刑法》时,增加规定了在出版物中刊载歧视、侮辱少数民族内容的犯罪行为。根据本条规定,出版歧视、侮辱少数民族作品罪,是指在出版物中刊载歧视、侮辱少数民族的内容,情节恶劣,造成严重后果的行为。

2. 构成本罪必须具备以下几个条件:(1)必须是在出版物中刊载歧视、侮辱少数民族的内容。这里所说的"出版物",包括报纸、期刊、图书、音像制品和电子出版物等。"刊载",包括发表、制作、转载等。如果不是在出版物上刊载,而只是口头表达的,不构成本罪。(2)刊载的必须是歧视、侮辱少数民族的内容。这里所说的"歧视、侮辱少数民族的内容",是指针对少数民族的来源、历史、风俗习惯等,对少数民族进行贬低、诬蔑、嘲讽、辱骂以及其他歧视、侮辱的行为。(3)必须是情节恶劣的行为。这里所说的"情节恶劣",主要是指刊载的内容歪曲历史或者制造谣言,内容污秽恶毒以及多次刊载等。(4)必须是造成严重后果的。这里所说的"造成严重后果",主要是造成恶劣的政治影响,引起民族骚乱、纠纷等。(5)本罪的犯罪主体是在出版物中刊载歧视、侮辱少数民族的内容的直接责任人员。这里所说的"直接责任人员",主要包括作者、责任编辑以及其他对刊载上述内容负有直接责任的人员。需要注意的是,构成本罪的行为,一般出于民族偏见、取笑、猎奇等目的,如果是为激起民族仇恨、民族歧视的目的而进行煽动的,应当依照本法第249条关于煽动民族仇恨、民族歧视罪的规定定罪处罚。

3. 本罪与非法经营罪的区别,在于其出版的作品,具有明确的歧视、侮辱少数民族的内容。不只是违反了国家的出版经营许可规定。同时违反该两罪保护客体的,按吸收犯原则,择一重罪处理,不进行并罚。

四、罪名变迁

本罪是1997年《刑法》增设的罪名。

类罪名:侵犯公民人身权利、民主权利罪	罪名:非法剥夺公民宗教信仰自由罪
量刑标准	构成犯罪的 处2年以下有期徒刑或者拘役。

法律依据

一、《刑法》条文

第二百五十一条 国家机关工作人员非法剥夺公民的宗教信仰自由和侵犯少数民族风俗习惯,情节严重的,处二年以下有期徒刑或者拘役。

二、相关法律

《中华人民共和国宪法》(2018年3月11日修正)

第三十六条 中华人民共和国公民有宗教信仰自由。

任何国家机关、社会团体和个人不得强制公民信仰宗教或者不信仰宗教,不得歧视信仰宗教的公民和不信仰宗教的公民。

国家保护正常的宗教活动。任何人不得利用宗教进行破坏社会秩序、损害公民身体健康、妨碍国家教育制度的活动。

宗教团体和宗教事务不受外国势力的支配。

要义辨析

一、概念

本罪是指国家机关工作人员以强制手段,非法剥夺他人正当的宗教信仰自由,情节严重的行为。

二、构成要件

1. 本罪侵犯的客体是公民信仰宗教自由权。在我国,宗教有佛教、道教、基督教、天主教、伊斯兰教等,教民有相当的数量。宗教问题往往跟民族问题联系在一起,如果非法剥夺宗教信仰自由,就会影响各民族的团结。所以我国《宪法》规定,公民有信仰宗教的自由。如果有人非法剥夺他人信仰宗教自由权,便违犯了《宪法》的规定,有害于国家和人民的利益以及国家的安定团结。对于情节严重的,须依法处罚。

2. 在客观方面,表现为实施了以暴力、胁迫手段,剥夺他人正当的宗教信仰自由权利,情节严重的行为。这里"正当的",是指信仰的宗教是国家承认,受法律保护的,而不是封建迷信和反动会道门。这里的"宗教信仰自由",是指遵循社会主义法律规定信仰宗教的自由,而不是利用宗教进行反社会和反人民的非法活动。

3. 犯罪主体必须是国家机关工作人员,或者是受国家机关、企事业单位、人民团体委托从事公务的人员。因为犯这种罪,必须有一定的控制强制权力,一般是利用职权或者工作上的便利实施的。非上述人员不可能成为本罪的主体,但可以成为本罪的共犯。

4. 犯罪主观方面是故意。

三、要点辨析

1. 这里所指的"宗教信仰自由",包含四个方面的内容:(1)公民既有信仰宗教的自由,也有不信仰宗教的自由;(2)公民有选择信仰各种不同宗教的自由;(3)在同一个宗教内,有信仰不同教派的自由;(4)有信教和退教的自由。任何人和组织不得强制公民信仰宗教或者不信仰宗教,不得歧视信仰宗教的公民和不信仰宗教的公民。

2. 根据《刑法》规定,构成本罪,不仅仅是非法剥夺公民的宗教信仰自由权利,而且必须达到"情节严重"的程度。

3. 要把正当的宗教活动与非正当的宗教活动区别开来,把信仰宗教和搞封建迷信区别开来。如果用宗教活动干预国家行政、司法、教育,强迫群众信教,借讲经传道危害国家,分裂民族,这些都是不正当的,甚至是违反国家法律的,构成犯罪的必须受到制裁。不能把巫婆、神汉搞封建迷信、骗取群众钱财等违法活动，看成是宗教活动，不能把国家机关工作人员制止搞封建迷信，当成非法剥夺宗教信仰自由来看待。

四、罪名变迁

本罪是1979年《刑法》第147条增设的罪名。

类罪名：侵犯公民人身权利、民主权利罪	罪名：侵犯少数民族风俗习惯罪
量刑标准	情节严重的　处2年以下有期徒刑或者拘役。

法律依据

一、《刑法》条文

第二百五十一条　国家机关工作人员非法剥夺公民的宗教信仰自由和侵犯少数民族风俗习惯，情节严重的，处二年以下有期徒刑或者拘役。

二、相关法律

《中华人民共和国民族区域自治法》（2001年2月28日修正）

第十一条　民族自治地方的自治机关保障各民族公民有宗教信仰自由。

任何国家机关、社会团体和个人不得强制公民信仰宗教或者不信仰宗教，不得歧视信仰宗教的公民和不信仰宗教的公民。

国家保护正常的宗教活动。任何人不得利用宗教进行破坏社会秩序、损害公民身体健康、妨碍国家教育制度的活动。

宗教团体和宗教事务不受外国势力的支配。

要义辨析

一、概念

本罪是指国家机关工作人员以强制手段干涉、破坏少数民族风俗习惯或者强迫少数民族改变风俗习惯，情节严重的行为。

二、构成要件

1. 本罪侵犯的客体是各少数民族保持或者改革其民族风俗习惯的权利。

2. 在客观方面表现为以强制方法破坏少数民族风俗习惯，情节严重的行为。如果情节显著轻微，危害不大，则不认为是犯罪，但应当给以必要的批评或者行政处分。

3. 本罪的主体是特殊主体，即只能由国家机关工作人员构成。这是因为国家机关工作人员掌握着一定的职权，如果滥用职权，侵犯少数民族风俗习惯，则影响范围广，容易引起民族纠纷，损害政府形象，不利于民族团结与互助。

4. 在主观方面表现为故意，即明知国家法律允许少数民族保持或者改革风俗习惯，而故意侵犯这种权利。

三、要点辨析

少数民族的风俗习惯，主要是指其民俗、节庆、朝觐、禁忌、礼节等历史上长期形成的独特的传统习惯，是整个民族的约定俗成。侵犯少数民族风俗习惯的行为，如果情节不严重的，则不构成犯罪，不应当追究刑事责任。

四、罪名变迁

本罪是1979年《刑法》第147条增设的罪名。

类罪名：侵犯公民人身权利、民主权利罪	罪名：侵犯通信自由罪
量刑标准	**情节严重的**　处1年以下有期徒刑或者拘役。

法律依据

一、《刑法》条文

第二百五十二条　隐匿、毁弃或者非法开拆他人信件，侵犯公民通信自由权利，情节严重的，处一年以下有期徒刑或者拘役。

二、相关法律

《全国人民代表大会常务委员会关于维护互联网安全的决定》（2009年8月27日修正）

四、为了保护个人、法人和其他组织的人身、财产等合法权利，对有下列行为之一，构成犯罪的，依照刑法有关规定追究刑事责任：

（二）非法截获、篡改、删除他人电子邮件或者其他数据资料，侵犯公民通信自由和通信秘密；

三、相关司法解释/文件

《最高人民法院关于适用〈中华人民共和国刑事诉讼法〉的解释》（2021年1月26日　法释〔2021〕1号）

第一条　人民法院直接受理的自诉案件包括：

（二）人民检察院没有提起公诉，被害人有证据证明的轻微刑事案件：

3.侵犯通信自由案（刑法第二百五十二条规定的）；

要义辨析

一、概念

本罪是指一般公民隐匿、毁弃或者非法开拆他人信件，情节严重的行为。

二、构成要件

1.本罪侵犯的客体是公民的通信自由和通信秘密的权利。

2.在客观方面表现为实施了隐匿、毁弃或者非法开拆他人信件，情节严重的行为。“非法开拆”，是指除了经公安机关或者人民检察院批准的侦查人员可以对“被告人”“犯罪嫌疑人”的邮件、电报开拆以外，其他任何机关、团体或者个人，都无权私自开拆他人信件。如果开拆，便是非法的。随着信息时代新型通讯工具的产生，全国人大又扩大了本罪的适用对象。非法截获、篡改、删除他人电子邮件或者其他数据资料，也一样作为本罪惩处。

3.犯罪主体是一般主体。如果是邮电工作人员利用职务之便，实施了上述犯罪活动，刑法另设专门罪名，按“私自开拆、隐匿、毁弃邮件、电报罪”处罚。

4.主观方面出于故意。过失丢失他人信件不构成本罪。

三、要点辨析

1.本罪除邮政工作人员以外的犯罪主体，只有情节严重，才构成犯罪。情节严重主要是指多次、经常隐匿、毁弃、非法开拆他人信件或者隐匿、毁弃、非法开拆他人信件数量较多或者造成严重后果等。关于侵犯公民通信自由的犯罪的刑罚，依照本条的规定，隐匿、毁弃或者非法开拆他人信件，侵犯公民通信自由权利，情节严重的，处1年以下有期徒刑或者拘役。

2.侵犯通信自由罪，是在纸质传媒时代就有的罪名。根据当时的通讯方式和载体，第252条规定了隐匿、毁弃或者非法开拆他人信件，侵犯公民通信自由权利，情节严重的，为犯罪。随着电子通讯时代的到来，全国人民代表大会常务委员会在2009年8月27日通过了《关于维护互联网安全的决定》，将非法截获、篡改、删除他人电子邮件或者其他数据资料，也列为本罪罪状。

四、罪名变迁

本罪是1979年《刑法》第149条增设的罪名。2009年8月27日全国人大常委会通过《关于维护互联网安全的决定》,对本罪的犯罪内容作了扩充。

类罪名:侵犯公民人身权利、民主权利罪	罪名:私自开拆、隐匿、毁弃邮件、电报罪
量刑标准	犯本罪的 处2年以下有期徒刑或者拘役。

法律依据

一、《刑法》条文

第二百五十三条 邮政工作人员私自开拆或者隐匿、毁弃邮件、电报的,处二年以下有期徒刑或者拘役。

犯前款罪而窃取财物的,依照本法第二百六十四条的规定定罪从重处罚。

二、相关法律

《中华人民共和国邮政法》(2015年4月24日修正)

第三十五条 任何单位和个人不得私自开拆、隐匿、毁弃他人邮件。

除法律另有规定外,邮政企业及其从业人员不得向任何单位或者个人泄露用户使用邮政服务的信息。

三、相关行政法规

《中华人民共和国邮政法实施细则》(1990年11月12日)

第五十八条 邮政工作人员隐匿、毁弃、私拆、盗窃邮件,贪污、冒领用户款项的,邮政企业应当追回赃款赃物,可以并处罚款,还可以根据情节轻重,给予行政处分。具体办法由邮电部规定。

要义辨析

一、概念

本罪是指邮电工作人员私自开拆、隐匿、毁弃邮件、电报,妨碍公民通信自由和国家邮政正常活动的行为。

二、构成要件

1. 本罪侵犯的客体主要是公民通讯自由权利,同时也侵犯了国家的邮电通信管理活动。

2. 在客观方面具有利用职务之便,实施私拆、隐匿、毁弃邮件、电报的行为。具有私拆、隐匿、毁弃行为之一的,就构成本罪。本罪是行为选择和对象选择并存的罪名,只要行为人实施了其中一种行为,或者侵害了其中的一种犯罪对象,即构成本罪。

3. 犯罪主体是特定主体。必须是邮政工作人员,即在邮政部门工作的营业员、投递员、接发员、分拣员、押运员、汇兑员等,利用了职务之便进行行为。

4. 主观方面是故意。

三、要点辨析

1. 本罪量刑较一般人员的"侵犯通信自由罪"要重,体现对邮电工作人员利用职务之便犯罪,应从严处罚的立法精神。构成本罪,也无须"情节严重",一经实施即构成犯罪。

2. 本条所规定的"邮政工作人员",是指邮政部门的营业员、分拣员、投递员、押运员以及其他从事邮政工作的人员。本罪的主体只能是邮政工作人员,而且私自开拆、隐匿、毁弃邮件、电报的行为必须是利用职务之便实施的。如果隐匿、毁弃或者非法开拆他人信件、电报的行为人不是邮政工作人员或者邮政工作人员不是利用职务之便而实施上述行为的,不构成本罪,情节严重的,构成本法第

252条规定的“侵犯通信自由罪”。

3.本条规定了三种妨害邮政通讯的行为，其中“私自开拆”，是指违反国家规定，未经投寄人或者收件人同意，在邮途中非法开拆他人邮件、电报的行为。“隐匿”，是指将他人投寄的邮件、电报予以截留藏匿而不递交给收件人的行为。“毁弃”，是指将他人投寄的邮件、电报予以撕毁、烧毁、抛弃等，致使他人无法查收的行为。私自开拆、隐匿、毁弃邮件、电报是妨害邮政通讯的三种具体行为，只要邮政工作人员故意施行上述三种行为之一，就可构成本罪。邮政工作人员依法检查邮件的行为，属于正当的职务行为，不构成犯罪。这里所说的“邮件”，是指通过邮政部门递寄的信件、印刷品、包裹、汇票、报刊等；“电报”，包括明码、密码电报等。本款规定在执行中需要注意的是，私自开拆、隐匿、毁弃邮件、电报罪只能是故意犯罪，可能出于各种各样的动机，如报复、图财、逃避工作等。因过失而遗失、毁坏邮件、电报的，不构成本罪。依照本款规定，邮政工作人员犯私自开拆、隐匿、毁弃邮件、电报罪的，处2年以下有期徒刑或者拘役。

4.本条第2款是对邮政工作人员私自开拆或者隐匿、毁弃邮件、电报而窃取财物的，依照本法关于“盗窃罪”的规定定罪从重处罚的规定。这里所规定的“窃取财物”，是指邮政工作人员在私自开拆或者隐匿、毁弃邮件的同时，从邮件中窃取财物的行为。这种行为既妨害了邮政通讯，又侵犯了他人的合法财产。依照本款规定，邮政工作人员私自开拆或者隐匿、毁弃邮件、电报同时窃取财物的，构成盗窃罪，应依照本法第264条的规定从重处罚。

5.本罪不包括电子邮件为对象的私自开拆、隐匿、毁弃犯罪。只限于传统的纸质邮件对象。因为电子邮件不经过邮政工作人员这个特定主体。营业员、投递员、接发员、分拣员、押运员、汇兑员等，影响不了电子邮件。其他主体进行的截获、篡改、删除他人电子邮件的行为，可以按“侵犯通信自由罪”定罪处罚。而且随着移动电话普及，现在也基本没有电报通信了。因此这是一个“古董罪名”。

四、罪名变迁

1979年《刑法》第191条对本条作了规定，本罪原是规定在《刑法》分则第八章“渎职罪”中。

类罪名：侵犯公民人身权利、民主权利罪 ｜ **罪名：侵犯公民个人信息罪**	
量刑标准	**犯本罪的**　处3年以下有期徒刑或者拘役，并处或并处罚金；
	情节特别严重的　处3年以上7年以下有期徒刑，并处罚金；
	单位犯本罪的　对单位处罚金，对其直接负责的主管人员和其他直接责任人员按上述标准处刑。

法律依据

一、《刑法》条文

第二百五十三条之一　违反国家有关规定，向他人出售或者提供公民个人信息，情节严重的，处三年以下有期徒刑或者拘役，并处或者单处罚金；情节特别严重的，处三年以上七年以下有期徒刑，并处罚金。

违反国家有关规定，将在履行职责或者提供服务过程中获得的公民个人信息，出售或者提供给他人，依照前款的规定从重处罚。

窃取或者以其他方法非法获取公民个人信息，情节严重的，依照第一款的规定处罚。

单位犯前三款罪的，对单位判处罚金，并对其直接负责的主管人员和其他直接责任人员，依照各该款的规定处罚。

二、相关司法解释/文件

《最高人民法院、最高人民检察院关于办理侵犯公民个人信息刑事案件适用法律若干问题的解释》（2017年5月8日　法释〔2017〕10号）

第一条　刑法第二百五十三条之一规定的“公民个人信息”，是指以电子或者其他方式记录的能够单独或者与其他信息结合识别特定自然人身份或者反映特定自然人活动情况的各种信息,包括姓名、身份证件号码、通信通讯联系方式、住址、账号密码、财产状况、行踪轨迹等。

第二条 违反法律、行政法规、部门规章有关公民个人信息保护的规定的,应当认定为刑法第二百五十三条之一规定的"违反国家有关规定"。

第三条 向特定人提供公民个人信息,以及通过信息网络或者其他途径发布公民个人信息的,应当认定为刑法第二百五十三条之一规定的"提供公民个人信息"。

未经被收集者同意,将合法收集的公民个人信息向他人提供的,属于刑法第二百五十三条之一规定的"提供公民个人信息",但是经过处理无法识别特定个人且不能复原的除外。

第四条 违反国家有关规定,通过购买、收受、交换等方式获取公民个人信息,或者在履行职责、提供服务过程中收集公民个人信息的,属于刑法第二百五十三条之一第三款规定的"以其他方法非法获取公民个人信息"。

第五条 非法获取、出售或者提供公民个人信息,具有下列情形之一的,应当认定为刑法第二百五十三条之一规定的"情节严重":

(一)出售或者提供行踪轨迹信息,被他人用于犯罪的;

(二)知道或者应当知道他人利用公民个人信息实施犯罪,向其出售或者提供的;

(三)非法获取、出售或者提供行踪轨迹信息、通信内容、征信信息、财产信息五十条以上的;

(四)非法获取、出售或者提供住宿信息、通信记录、健康生理信息、交易信息等其他可能影响人身、财产安全的公民个人信息五百条以上的;

(五)非法获取、出售或者提供第三项、第四项规定以外的公民个人信息五千条以上的;

(六)数量未达到第三项至第五项规定标准,但是按相应比例合计达到有关数量标准的;

(七)违法所得五千元以上的;

(八)将在履行职责或者提供服务过程中获得的公民个人信息出售或者提供给他人,数量或者数额达到第三项至第七项规定标准一半以上的;

(九)曾因侵犯公民个人信息受过刑事处罚或者二年内受过行政处罚,又非法获取、出售或者提供公民个人信息的;

(十)其他情节严重的情形。

实施前款规定的行为,具有下列情形之一的,应当认定为刑法第二百五十三条之一第一款规定的"情节特别严重":

(一)造成被害人死亡、重伤、精神失常或者被绑架等严重后果的;

(二)造成重大经济损失或者恶劣社会影响的;

(三)数量或者数额达到前款第三项至第八项规定标准十倍以上的;

(四)其他情节特别严重的情形。

第六条 为合法经营活动而非法购买、收受本解释第五条第一款第三项、第四项规定以外的公民个人信息,具有下列情形之一的,应当认定为刑法第二百五十三条之一规定的"情节严重":

(一)利用非法购买、收受的公民个人信息获利五万元以上的;

(二)曾因侵犯公民个人信息受过刑事处罚或者二年内受过行政处罚,又非法购买、收受公民个人信息的;

(三)其他情节严重的情形。

实施前款规定的行为,将购买、收受的公民个人信息非法出售或者提供的,定罪量刑标准适用本解释第五条的规定。

第七条 单位犯刑法第二百五十三条之一规定之罪的,依照本解释规定的相应自然人犯罪的定罪量刑标准,对直接负责的主管人员和其他直接责任人员定罪处罚,并对单位判处罚金。

第八条 设立用于实施非法获取、出售或者提供公民个人信息违法犯罪活动的网站、通讯群组,情节严重的,应当依照刑法第二百八十七条之一的规定,以非法利用信息网络罪定罪处罚;同时构成侵犯公民个人信息罪的,依照侵犯公民个人信息罪定罪处罚。

第九条 网络服务提供者拒不履行法律、行政法规规定的信息网络安全管理义务,经监管部门责令采取改正措施而拒不改正,致使用户的公民个人信息泄露,造成严重后果的,应当依照刑法第二百八十六条之一的规定,以拒不履行信息网络安全管理义务罪定罪处罚。

第十条 实施侵犯公民个人信息犯罪，不属于“情节特别严重”，行为人系初犯，全部退赃，并确有悔罪表现的，可以认定为情节轻微，不起诉或者免予刑事处罚；确有必要判处刑罚的，应当从宽处罚。

第十一条 非法获取公民个人信息后又出售或者提供的，公民个人信息的条数不重复计算。

向不同单位或者个人分别出售、提供同一公民个人信息的，公民个人信息的条数累计计算。

对批量公民个人信息的条数，根据查获的数量直接认定，但是有证据证明信息不真实或者重复的除外。

第十二条 对于侵犯公民个人信息犯罪，应当综合考虑犯罪的危害程度、犯罪的违法所得数额以及被告人的前科情况、认罪悔罪态度等，依法判处罚金。罚金数额一般在违法所得的一倍以上五倍以下。

《最高人民法院、最高人民检察院、公安部关于依法惩治网络暴力违法犯罪的指导意见》（2023年9月20日 法发〔2023〕14号）

二、准确适用法律，依法严惩网络暴力违法犯罪

4. 依法惩治侵犯公民个人信息行为。组织“人肉搜索”，违法收集并向不特定多数人发布公民个人信息，情节严重，符合刑法第二百五十三条之一规定的，以侵犯公民个人信息罪定罪处罚；依照刑法和司法解释规定，同时构成其他犯罪的，依照处罚较重的规定定罪处罚。

要义辨析

一、概念

本罪是指一般人以非法手段窃取、或者以其他手段非法获取公民个人信息，情节严重的行为。

二、构成要件

1. 本罪侵犯的客体是公民个人信息的享有权和保密权。

2. 在客观方面，表现为窃取或者以其他方法非法获取公民个人信息，情节严重的行为。

3. 犯罪主体是一般主体。

4. 主观方面是故意。

三、要点辨析

1. “公民个人信息”，包括姓名、职业、职务、年龄、婚姻状况、学历、专业资格、工作经历、家庭住址、电话号码、信用卡号码、指纹、网上登录账号和密码等能够识别公民个人身份的信息。应当注意的是，这个信息是单位在履行职责或者提供服务过程中获得的信息，也就是说利用“公权力”或者提供公共服务过程中依法获得的信息。如购买飞机票必须提供本人的身份证号码和在银行等金融机构办理金融业务时，必须提供个人的身份证号码等情况。

2. “出售”，是指将自己掌握的公民信息卖给他人，自己从中牟利的行为。“非法提供”，是指不应将自己掌握的公民信息提供给他人而予以提供的行为。

3. 这里的“他人”，包括单位和个人。行为必须是“情节严重的”，才构成犯罪。

四、罪名变迁

本罪是《刑法修正案（七）》第7条第2款新增设的罪名。《刑法修正案（九）》对本罪罪状作了进一步的修改。

类罪名：侵犯公民人身权利、民主权利罪 | 罪名：报复陷害罪	
量刑标准	**构成犯罪的** 处2年以下有期徒刑或者拘役；
	情节严重的 处2年以上7年以下有期徒刑。

法律依据

一、《刑法》条文

第二百五十四条 国家机关工作人员滥用职权、假公济私,对控告人、申诉人、批评人、举报人实行报复陷害的,处二年以下有期徒刑或者拘役;情节严重的,处二年以上七年以下有期徒刑。

二、相关法律

《中华人民共和国宪法》(2018年3月11日修正)

第四十一条 中华人民共和国公民对于任何国家机关和国家工作人员,有提出批评和建议的权利;对于任何国家机关和国家工作人员的违法失职行为,有向有关国家机关提出申诉、控告或者检举的权利,但是不得捏造或者歪曲事实进行诬告陷害。

对于公民的申诉、控告或者检举,有关国家机关必须查清事实,负责处理。任何人不得压制和打击报复。

由于国家机关和国家工作人员侵犯公民权利而受到损失的人,有依照法律规定取得赔偿的权利。

三、相关司法解释/文件

《最高人民检察院关于渎职侵权犯罪案件立案标准的规定》(2006年7月26日 高检发释字〔2006〕2号)

二、国家机关工作人员利用职权实施的侵犯公民人身权利、民主权利犯罪案件

(六)报复陷害案(第二百五十四条)

报复陷害罪是指国家机关工作人员滥用职权、假公济私,对控告人、申诉人、批评人、举报人实行报复陷害的行为。

涉嫌下列情形之一的,应予立案:

1. 报复陷害,情节严重,导致控告人、申诉人、批评人、举报人或者其近亲属自杀、自残造成重伤、死亡,或者精神失常的;

2. 致使控告人、申诉人、批评人、举报人或者其近亲属的其他合法权利受到严重损害的;

3. 其他报复陷害应予追究刑事责任的情形。

要义辨析

一、概念

本罪是指国家机关工作人员滥用职权、假公济私,对控告人、申诉人、批评人、举报人实行报复陷害的行为。

二、构成要件

1. 本罪侵犯的客体是公民的控告权、申诉权、批评权、举报权和国家机关的正常活动。

2. 客观方面表现为滥用职权、假公济私,对控告人、申诉人、批评人、举报人实行报复陷害的行为。

3. 本罪的主体是特殊主体,即只能由国家机关工作人员构成。非国家机关工作人员不可能滥用职权、假公济私来报复他人。

4. 主观方面必须是直接故意,并且具有滥用职权、假公济私,报复陷害他人的目的。

三、要点辨析

1. 认定本罪应该注意:报复陷害罪是一种特殊主体利用职权进行的行为,行为人和行为对象都是特定的。打击报复如果情节显著轻微,危害不大,不能以本罪论处。必要时,可给以批评教育或者降职、降级、记过或者开除等行政处分。报复陷害他人,致使其民主权利、人身权利和精神严重受损的,手段恶劣,影响极坏的,屡次报复陷害他人等,应当以犯罪论处。如果行为人的行为与其职权无关,尽管同样是出于报复动机,如到批评人、申诉人、控告人和揭发、检举、作证人家中去放火、投毒、伤害、杀人,这些报复行为因为与其职权没有联系,因此不构成报复陷害罪,但可以构成放火、投毒、故意伤害、故意杀人等其他罪名。

2. 本罪与诬告陷害罪的区别。(1)犯罪主体不同。本罪的主体是特殊主体,只能由国家机关工作人员构成;而后者是一般主体,可由任何达到刑事责任年龄、具有刑事责任能力的公民构成。(2)犯罪目的不同。前者的行为人目的是报复陷害他人,并不一定要使被害人受到刑事处罚;而后者的行为人目的是使他人枉受刑事处罚。(3)犯罪手段不同。前者的行为基于职务,滥用职权,假公济私;而后者的行为人捏造犯罪事实,并且向国家机关或者有关单位作虚假告发。(4)犯罪对象不同。前者

的对象仅限于控告人、申诉人、批评人和举报人4种；而后者的对象可以是任何人，包括国家机关工作人员和普通群众。(5)捏造的事实不同。前者捏造的并不是犯罪事实；而后者要求捏造的必须是犯罪事实。

3. 本罪是行为犯。有报复陷害的行为的，即可构成犯罪。但在司法实践适用中，仍要依据具体情节，最高人民检察院的立案标准对此作了明示。

四、罪名变迁

1979年《刑法》第146条对本罪作了规定。

类罪名：侵犯公民人身权利、民主权利罪	罪名：打击报复会计、统计人员罪
量刑标准	犯本罪的　处3年以下有期徒刑或者拘役。

法律依据

一、《刑法》条文

第二百五十五条　公司、企业、事业单位、机关、团体的领导人，对依法履行职责、抵制违反会计法、统计法行为的会计、统计人员实行打击报复，情节恶劣的，处三年以下有期徒刑或者拘役。

二、相关法律

《中华人民共和国会计法》(2017年11月4日修正)

第五条第三款　任何单位或者个人不得对依法履行职责、抵制违反本法规定行为的会计人员实行打击报复。

第四十六条　单位负责人对依法履行职责、抵制违反本法规定行为的会计人员以降级、撤职、调离工作岗位、解聘或者开除等方式实行打击报复，构成犯罪的，依法追究刑事责任；尚不构成犯罪的，由其所在单位或者有关单位依法给予行政处分。对受打击报复的会计人员，应当恢复其名誉和原有职务、级别。

《中华人民共和国统计法》(2009年6月27日修订)

第六条第二款　地方各级人民政府、政府统计机构和有关部门以及各单位的负责人，不得自行修改统计机构和统计人员依法搜集、整理的统计资料，不得以任何方式要求统计机构、统计人员及其他机构、人员伪造、篡改统计资料，不得对依法履行职责或者拒绝、抵制统计违法行为的统计人员打击报复。

第三十七条　地方人民政府、政府统计机构或者有关部门、单位的负责人有下列行为之一的，由任免机关或者监察机关依法给予处分，并由县级以上人民政府统计机构予以通报：

(一)自行修改统计资料、编造虚假统计数据的；

(二)要求统计机构、统计人员或者其他机构、人员伪造、篡改统计资料的；

(三)对依法履行职责或者拒绝、抵制统计违法行为的统计人员打击报复的；

(四)对本地方、本部门、本单位发生的严重统计违法行为失察的。

要义辨析

一、概念

本罪是指公司、企业、事业单位、机关、团体的领导人，对依法履行职责、抵制违反会计法、统计法行为的会计、统计人员实行打击报复，情节恶劣的行为。

二、构成要件

1. 本罪侵犯的客体是复杂客体，既侵犯了会计、统计人员的民主权利，又侵犯了国家对会计、统计的管理制度。

2. 在客观方面表现为行为人对依法履行职责、抵制违反会计法、统计法行为的会计、统计人员实行打击报复,情节恶劣的行为。

3. 本罪的主体是特殊主体,即公司、企业、事业单位、机关、团体的领导人。公司既包括国有、集体所有制性质的公司,也包括私有制性质的公司;既包括股份有限公司,又包括有限责任公司。企业,既包括国有、集体所有制性质的企业,又包括私营企业。

4. 主观方面表现为直接故意,并且具有打击报复的目的。

三、要点辨析

1. 这里所说的"打击报复",主要是对依法履行职责,抵制违反《会计法》《统计法》行为的会计、统计人员,通过调动其工作,撤换其职务,进行处罚以及其他方法进行打击报复的行为。根据本条规定,打击报复会计、统计人员的行为必须是情节恶劣的,才构成犯罪。这里所说的"情节恶劣",主要是指多次或者对多人进行打击报复的,打击报复手段恶劣的,打击报复造成严重后果的,打击报复影响恶劣的,等等。

2. 本罪与报复陷害罪的区别,只是对象是特定的,限定为会计、统计人员。行为主体也要宽一些,公司、企业、事业单位、机关、团体的领导人都可以构成,报复陷害罪的主体只限于国家机关工作人员。

四、罪名变迁

本罪是1997年《刑法》增设的罪名。

类罪名:侵犯公民人身权利、民主权利罪	**罪名:破坏选举罪**
量刑标准	情节严重的　处3年以下有期徒刑、拘役或者剥夺政治权利。

法律依据

一、《刑法》条文

第二百五十六条　在选举各级人民代表大会代表和国家机关领导人员时,以暴力、威胁、欺骗、贿赂、伪造选举文件、虚报选举票数等手段破坏选举或者妨害选民和代表自由行使选举权和被选举权,情节严重的,处三年以下有期徒刑、拘役或者剥夺政治权利。

二、相关法律

《中华人民共和国全国人民代表大会和地方各级人民代表大会选举法》(2020年10月17日修正)

第五十八条　为保障选民和代表自由行使选举权和被选举权,对有下列行为之一,破坏选举,违反治安管理规定的,依法给予治安管理处罚;构成犯罪的,依法追究刑事责任:

(一)以金钱或者其他财物贿赂选民或者代表,妨害选民和代表自由行使选举权和被选举权的;

(二)以暴力、威胁、欺骗或者其他非法手段妨害选民和代表自由行使选举权和被选举权的;

(三)伪造选举文件、虚报选举票数或者有其他违法行为的;

(四)对于控告、检举选举中违法行为的人,或者对于提出要求罢免代表的人进行压制、报复的。

国家工作人员有前款所列行为的,还应当由监察机关给予政务处分或者由所在机关、单位给予处分。

以本条第一款所列违法行为当选的,其当选无效。

三、相关司法解释/文件

《最高人民检察院关于渎职侵权犯罪案件立案标准的规定》(2006年7月26日　高检发释字〔2006〕2号)

二、国家机关工作人员利用职权实施的侵犯公民人身权利、民主权利犯罪案件

(七)国家机关工作人员利用职权实施的破坏选举案(第二百五十六条)

破坏选举罪是指在选举各级人民代表大会代

表和国家机关领导人员时，以暴力、威胁、欺骗、贿赂、伪造选举文件、虚报选举票数或者编造选举结果等手段破坏选举或者妨害选民和代表自由行使选举权和被选举权，情节严重的行为。

国家机关工作人员利用职权破坏选举，涉嫌下列情形之一的，应予立案：

1. 以暴力、威胁、欺骗、贿赂等手段，妨害选民、各级人民代表大会代表自由行使选举权和被选举权，致使选举无法正常进行，或者选举无效，或者选举结果不真实的；

2. 以暴力破坏选举场所或者选举设备，致使选举无法正常进行的；

3. 伪造选民证、选票等选举文件，虚报选举票数，产生不真实的选举结果或者强行宣布合法选举无效、非法选举有效的；

4. 聚众冲击选举场所或者故意扰乱选举场所秩序，使选举工作无法进行的；

5. 其他情节严重的情形。

要义辨析

一、概念

本罪是指在选举各级人民代表大会代表和国家机关领导人员时，以暴力、威胁、欺骗、贿赂、伪造选举文件、虚报选举票数等非法手段破坏选举或者妨害选民和代表自由行使选举权和被选举权，情节严重的行为。

二、构成要件

1. 本罪侵犯的客体是公民的选举权和国家的选举制度。犯罪对象是特定的，即各级人民代表大会代表和国家机关领导人员的选举。不能扩大到其他的选举行为。破坏工会、共青团、企事业单位或者其他社会团体领导人员的选举行为，不构成本罪。

2. 客观方面表现为违反《选举法》的规定，以暴力、威胁、欺骗、贿赂、伪造选举文件、虚报选举票数等非法手段破坏选举或者妨害选民和代表自由行使选举权和被选举权，破坏选举工作的进行，情节严重的行为。

3. 本罪的主体是一般主体，可以是选举工作人员，也可以是普通公民。

4. 主观方面是直接故意，即明知自己的行为会给选举工作造成危害结果，却故意实施，其目的是控制选举或者破坏选举。

三、要点辨析

1. 按照法律规定，破坏选举的行为，情节是否严重，是区分罪与非罪的关键。对破坏政党、工会、妇联、共青团、村民委员会或其他社会团体选举和破坏企业事业单位领导人的选举，不能构成本罪，可视其行为的性质、情节，定为扰乱社会秩序罪、妨害公务罪等，或者给予行政处分或批评教育。

2. 破坏选举的客观犯罪表现形式表现多样。既包括虚假的贿赂选举，也包括违背选民意志的操纵选举。还表现为暴力影响选民意志、欺骗选民操纵投票、伪造选票和选举结果票数作弊、操纵提名限制选民提名、倾向性引导宣传等。凡是影响选举公正、限制选民正常表达真实意志的破坏选举行为，达到情节严重的，都应当受到刑事追究。

四、罪名变迁

1979 年《刑法》第 142 条对本罪作了规定。

类罪名：侵犯公民人身权利、民主权利罪 | 罪名：暴力干涉婚姻自由罪		
量刑标准	构成犯罪的	处 2 年以下有期徒刑或者拘役；
	致使被害人死亡的	处 2 年以上 7 年以下有期徒刑。

法律依据

一、《刑法》条文

第二百五十七条 以暴力干涉他人婚姻自由的,处二年以下有期徒刑或者拘役。

犯前款罪,致使被害人死亡的,处二年以上七年以下有期徒刑。

第一款罪,告诉的才处理。

第九十八条 本法所称告诉才处理,是指被害人告诉才处理。如果被害人因受强制、威吓无法告诉的,人民检察院和被害人的近亲属也可以告诉。

二、相关法律

《中华人民共和国民法典》(2020年5月28日)

第一千零四十二条第一款 禁止包办、买卖婚姻和其他干涉婚姻自由的行为。禁止借婚姻索取财物。

《中华人民共和国老年人权益保障法》(2018年12月29日修正)

第七十六条 干涉老年人婚姻自由,对老年人负有赡养义务、扶养义务而拒绝赡养、扶养,虐待老年人或者对老年人实施家庭暴力的,由有关单位给予批评教育;构成违反治安管理行为的,依法给予治安管理处罚;构成犯罪的,依法追究刑事责任。

要义辨析

一、概念

本罪是指以暴力手段干涉他人恋爱、结婚和离婚自由的行为。

二、构成要件

1. 本罪侵犯的客体是双重客体,但主要是他人的婚姻自由权利,同时也侵犯了他人的人身权利。

2. 在客观方面,具有暴力干涉他人婚姻自由的行为。

3. 本罪的主体是一般主体。在司法实践中,常常是父母、子女、兄弟姐妹,也有的是族人或基层干部等。

4. 主观方面是故意。

三、要点辨析

1. 本罪的基本特征,是"暴力干涉"。如果没有使用暴力,只是使用劝说、断绝子女关系和经济接济、亲人自残要挟、轻微的暴力干涉如打耳光,一般性干涉他人婚姻自由的,属于一般违反婚姻法的行为,不能认定为构成暴力干涉婚姻自由罪。不能认为一有暴力行为就构成本罪。并没有使他人婚姻自由权利受到严重阻碍和威胁的,不能构成本罪。

2. 如果以故意杀人、故意重伤的方法干涉他人婚姻自由的,因为对人身权利的侵害,超过了对婚姻自由的妨害,应以相应的其他犯罪论处,不能只以暴力干涉婚姻自由罪处罚。对于一贯性地、严重地以暴力进行干涉,则构成暴力干涉婚姻自由罪。如果一贯以暴力干涉婚姻自由,而其中又有故意杀人或者故意重伤害行为,则同时构成了暴力干涉婚姻自由罪与故意杀人罪或故意伤害罪,应实行数罪并罚。

3. 夫妻关系尚存的人之间,一般不存在暴力干涉婚姻自由罪的问题。一方因为不同意对方与自己离婚而对其实施暴力,考虑到夫妻之间的特定关系,一般不按本罪处理。如果符合虐待罪或者其他犯罪的构成要件,可按虐待罪或者其他犯罪论处。对于已经离婚的双方,可以构成本罪。

4. 本罪规定了告诉才处理,但被害人如果没有能力告诉,或者因受到强制、威吓无法告诉的除外。《刑事诉讼法》第113条规定,被害人认为公安机关对应当立案侦查的案件而不立案侦查,向人民检察院提出的,人民检察院应当要求公安机关说明不予立案的理由。人民检察院认为公安机关不立案理由不能成立的,应当通知公安机关立案。因此,被害人可以将公安机关应当立案而不立案的情况向检察机关申诉。

四、罪名变迁

1979年《刑法》第179条对本罪作出了规定。

类罪名:侵犯公民人身权利、民主权利罪	罪名:重婚罪
量刑标准	犯本罪的　处2年以下有期徒刑或者拘役。

法律依据

一、《刑法》条文

第二百五十八条　有配偶而重婚的,或者明知他人有配偶而与之结婚的,处二年以下有期徒刑或者拘役。

二、相关法律

《中华人民共和国民法典》(2020年5月28日)

第一千零五十一条　有下列情形之一的,婚姻无效:

(一)重婚的;

三、相关司法解释/文件

《最高人民法院研究室关于重婚案件的被告人长期外逃法院能否中止审理和是否受追诉时效限制问题的电话答复》(1989年8月16日)

陕西省高级人民法院:

你院陕高法研〔1989〕35号《关于重婚案件的被告人长期外逃法院能否中止审理和是否受追诉时效限制问题的请示》收悉。经研究,答复如下:

同意你院意见,即胡应亭诉焦有枝、赵炳信重婚一案,在人民法院对焦有枝采取取保候审的强制措施后,焦有枝潜逃并和赵炳信一直在外流窜,下落不明的情况下,可参照最高人民法院法(研)复〔1988〕29号《关于刑事案件取保候审的被告人在法院审理期间潜逃应宣告中止审理的批复》的规定,中止审理,俟被告人追捕归案后,再恢复审理。关于追诉时效问题,根据刑法第七十七条的规定,对焦有枝追究刑事责任不受追诉期限的限制。对于赵炳信,只要他同焦有枝的非法婚姻关系不解除,他们的重婚犯罪行为就处于一种继续状态,根据刑法第七十八条的规定,人民法院随时都可以对他追究刑事责任。此外,如果公安机关已对赵炳信发布了通缉令,也可以根据刑法第七十七条的规定,对他追究刑事责任,不受追诉期限的限制。

《最高人民法院研究室关于重婚案件中受骗的一方当事人能否作为被害人向法院提起诉讼问题的电话答复》(1992年11月7日)

广东省高级人民法院:

你院《关于重婚案件中受骗的一方当事人能否作为被害人向法院提起诉讼问题的请示》收阅。经研究,答复如下:

基本同意你院的第二种意见,即:重婚案件中的被害人,既包括重婚者在原合法婚姻关系中的配偶,也包括后来受欺骗而与重婚者结婚的人。鉴于受骗一方当事人在主观上不具有重婚的故意,因此,根据你院《请示》中介绍的案情,陈若容可以作为本案的被害人。根据最高人民法院、最高人民检察院1983年7月26日《关于重婚案件管辖问题的通知》中关于"由被害人提出控告的重婚案件……由人民法院直接受理"的规定,陈若容可以作为自诉人,直接向人民法院提起诉讼。

要义辨析

一、概念

本罪是指有配偶又与他人结婚,或者明知他人有配偶而与之结婚的行为。

二、构成要件

1. 本罪侵犯的客体是我国《民法典》所规定的一夫一妻制秩序和社会的公序良俗。

2. 在客观方面表现为以下两种情况:一是登记重婚,又称为法律重婚,是指有配偶的人又与他人再次结婚,或者明知他人有配偶而与其结婚的行为。二是事实重婚,是指有配偶的人,又与他人以夫妻关系的名义共同生活的行为,或者明知他人有配偶而与之以夫妻关系共同生活的行为。所谓

“有配偶”,是指男女结婚以后,其夫妻关系没有依法解除。如果夫妻关系已经依法解除,或者因其配偶已经死亡,而夫妻关系自然消失的,则不再是属于有配偶的人。

3. 本罪的主体是特定主体。

4. 主观方面是故意。有配偶的双方在明知的情况下结婚,或者以夫妻关系共同生活,双方均构成重婚罪。如果有配偶的一方隐瞒事实真相,欺骗没有配偶的人与之结婚,或者以夫妻关系共同生活的,有配偶的一方构成重婚罪,受骗的一方不构成重婚罪。如果无配偶的人明知对方有配偶而与之结婚,或者以夫妻关系共同生活的,也构成重婚罪。

三、要点辨析

1. 本罪的主体是特定的,是指再次结婚或者知道他人已经有婚姻关系而与之结婚或者共同生活的人,一种是已有配偶,在夫妻关系存续期间,又与他人结婚,或以夫妻关系共同生活的;另一种是本人虽然没有配偶,但明知对方有配偶而与之结婚或以夫妻关系共同生活的人。

2.“又与他人结婚”包括骗取合法手续登记结婚,和虽未经登记但以夫妻关系名义共同生活的事实婚姻。

3. 处理重婚案件,应注意区分事实婚与通奸的界限。通奸,男女双方或一方与有配偶的人之间,暗中发生不正当两性关系的行为。在我国,通奸属于违法、违反道德的行为,但不构成刑事犯罪。事实婚姻的判断标准,一般根据周边邻居人群知晓的、公开以夫妻名义同居生活,或者公开有子女出生并共同生活。

4. 人民法院对于构成重婚罪的被告人,在依法追究其刑事责任的同时,对犯重婚罪而形成的非法婚姻关系,应当在判决中予以宣告解除。

四、罪名变迁

1979 年《刑法》第 180 条对本罪作了规定。

类罪名:侵犯公民人身权利、民主权利罪	罪名:破坏军婚罪
量刑标准	犯本罪的　处 3 年以下有期徒刑或者拘役;
	利用职权、从属关系胁迫奸淫现役军人之妻的　依强奸罪处罚。

法律依据

《刑法》条文

第二百五十九条　明知是现役军人的配偶而与之同居或者结婚的,处三年以下有期徒刑或者拘役。

利用职权、从属关系,以胁迫手段奸淫现役军人的妻子的,依照本法第二百三十六条的规定定罪处罚。

第二百三十六条　以暴力、胁迫或者其他手段强奸妇女的,处三年以上十年以下有期徒刑。

第四百五十条　本章①适用于中国人民解放军的现役军官、文职干部、士兵及具有军籍的学员和中国人民武装警察部队的现役警官、文职干部、士兵及具有军籍的学员以及执行军事任务的预备役人员和其他人员。

要义辨析

一、概念

本罪是指明知是现役军人的配偶,而与之同居或者结婚的行为。

二、构成要件

1. 本罪的客体是现役军人的婚姻家庭关系。犯罪对象是现役军人的配偶。

① 《刑法》第十章“军人违反职责罪”

2. 本罪的客观方面，是指明知是现役军人的配偶而与之同居或者结婚，或者利用职权、从属关系，以胁迫手段奸淫现役军人的妻子的行为。

3. 本罪的犯罪主体是一般主体，即具有刑事责任能力的男人和女人。

4. 主观方面是直接故意，即明知对方是现役军人的配偶而与之同居或者结婚。

三、要点辨析

1. 现役军人，是指有军籍正在人民解放军或者人民武装警察部队服役的军人。

2. 利用职权或者从属关系，以胁迫手段奸淫现役军人妻子，或者利用职务上的权利、隶属关系、优势地位，以阻碍招工、改变工种、停职降薪、收回住房、断绝生活来源等手段，威胁现役军人的妻子，使其忍辱屈从，从而达到奸淫的目的，符合强奸妇女罪的条件，不只按破坏军婚罪处罚，依照《刑法》第236条规定，以强奸罪处罚。

3. 本罪的犯罪主体，不包括军人的配偶。刑法本条中表述为“与之同居或者结婚的”，构成犯罪。这一语法表述，已经特指排除了军人配偶本人。这一点同重婚罪是不同的。

4. 本罪与重婚罪的区别是：(1) 破坏军婚罪侵犯的是现役军人的婚姻关系；重婚罪侵犯的是一般的一夫一妻制的婚姻关系。(2) 破坏军婚罪的行为包括与现役军人的配偶结婚或者同居的行为；而重婚罪的行为是有配偶而重婚或者明知他人有配偶而与之结婚。(3) 破坏军婚罪中的现役军人的配偶一般不构成本罪；而重婚罪中的另一方只要符合构成要件，也可以构成重婚罪主体，一并追究。另外，破坏军婚罪的法定刑也重于重婚罪。

四、罪名变迁

1979 年《刑法》第 181 条对本罪作了规定。

类罪名：侵犯公民人身权利、民主权利罪 | 罪名：虐待罪	
量刑标准	**构成犯罪的** 处 2 年以下有期徒刑、拘役或者管制；
	致使被害人重伤、死亡的 处 2 年以上 7 年以下有期徒刑。

法律依据

一、《刑法》条文

第二百六十条 虐待家庭成员，情节恶劣的，处二年以下有期徒刑、拘役或者管制。

犯前款罪，致使被害人重伤、死亡的，处二年以上七年以下有期徒刑。

第一款罪，告诉的才处理，但被害人没有能力告诉，或者因受到强制、威吓无法告诉的除外。

第二百六十条之一 对未成年人、老年人、患病的人、残疾人等负有监护、看护职责的人虐待被监护、看护的人，情节恶劣的，处三年以下有期徒刑或者拘役。

单位犯前款罪的，对单位判处罚金，并对其直接负责的主管人员和其他直接责任人员，依照前款的规定处罚。

有第一款行为，同时构成其他犯罪的，依照处罚较重的规定定罪处罚。

二、相关法律

《中华人民共和国民法典》(2020 年 5 月 28 日)

第二十七条 继父母与继子女间，不得虐待或歧视。

继父或继母和受其抚养教育的继子女间的权利和义务，适用本法对父母子女关系的有关规定。

第四十三条 实施家庭暴力或虐待家庭成员，受害人有权提出请求，居民委员会、村民委员会以及所在单位应当予以劝阻、调解。

对正在实施的家庭暴力，受害人有权提出请求，居民委员会、村民委员会应当予以劝阻；公安机关应当予以制止。

实施家庭暴力或虐待家庭成员，受害人提出请求的,公安机关应当依照治安管理处罚的法律规定予以行政处罚。

第四十五条　对重婚的,对实施家庭暴力或虐待、遗弃家庭成员构成犯罪的,依法追究刑事责任。受害人可以依照刑事诉讼法的有关规定,向人民法院自诉;公安机关应当依法侦查,人民检察院应当依法提起公诉。

《中华人民共和国残疾人保障法》(2018年10月26日修正)

第九条第四款　禁止对残疾人实施家庭暴力,禁止虐待、遗弃残疾人。

《中华人民共和国未成年人保护法》(2020年10月17日修订)

第十条　父母或者其他监护人应当创造良好、和睦的家庭环境,依法履行对未成年人的监护职责和抚养义务。

禁止对未成年人实施家庭暴力,禁止虐待、遗弃未成年人,禁止溺婴和其他残害婴儿的行为,不得歧视女性未成年人或者有残疾的未成年人。

第四十一条　禁止拐卖、绑架、虐待未成年人,禁止对未成年人实施性侵害。

禁止胁迫、诱骗、利用未成年人乞讨或者组织未成年人进行有害其身心健康的表演等活动。

第四十三条　县级以上人民政府及其民政部门应当根据需要设立救助场所,对流浪乞讨等生活无着未成年人实施救助,承担临时监护责任;公安部门或者其他有关部门应当护送流浪乞讨或者离家出走的未成年人到救助场所,由救助场所予以救助和妥善照顾,并及时通知其父母或者其他监护人领回。

对孤儿、无法查明其父母或者其他监护人的以及其他生活无着的未成年人,由民政部门设立的儿童福利机构收留抚养。

未成年人救助机构、儿童福利机构及其工作人员应当依法履行职责,不得虐待、歧视未成年人;不得在办理收留抚养工作中牟取利益。

《中华人民共和国宪法》(2018年3月11日修正)

第四十八条　中华人民共和国妇女在政治的、经济的、文化的、社会的和家庭的生活等各方面享有同男子平等的权利。

第四十九条第一、四款　婚姻、家庭、母亲和儿童受国家的保护。

禁止破坏婚姻自由,禁止虐待老人、妇女和儿童。

三、相关司法解释/文件

《最高人民法院、最高人民检察院、公安部、司法部关于依法办理家庭暴力犯罪案件的意见》(2015年3月2日　法发〔2015〕4号)

三、定罪处罚

17.依法惩处虐待犯罪。采取殴打、冻饿、强迫过度劳动、限制人身自由、恐吓、侮辱、谩骂等手段,对家庭成员的身体和精神进行摧残、折磨,是实践中较为多发的虐待性质的家庭暴力。根据司法实践,具有虐待持续时间较长、次数较多;虐待手段残忍;虐待造成被害人轻微伤或者患较严重疾病;对未成年人、老年人、残疾人、孕妇、哺乳期妇女、重病患者实施较为严重的虐待行为等情形,属于刑法第二百六十条第一款规定的虐待"情节恶劣",应当依法以虐待罪定罪处罚。

准确区分虐待犯罪致人重伤、死亡与故意伤害、故意杀人犯罪致人重伤、死亡的界限,要根据被告人的主观故意、所实施的暴力手段与方式、是否立即或者直接造成被害人伤亡后果等进行综合判断。对于被告人主观上不具有侵害被害人健康或者剥夺被害人生命的故意,而是出于追求被害人肉体和精神上的痛苦,长期或者多次实施虐待行为,逐渐造成被害人身体损害,过失导致被害人重伤或者死亡的;或者因虐待致使被害人不堪忍受而自残、自杀,导致重伤或者死亡的,属于刑法第二百六十条第二款规定的虐待"致使被害人重伤、死亡",应当以虐待罪定罪处罚。对于被告人虽然实施家庭暴力呈现出经常性、持续性、反复性的特点,但其主观上具有希望或者放任被害人重伤或者死亡的故意,持凶器实施暴力,暴力手段残忍,暴力程度较强,直接或者立即造成被害人重伤或者死亡的,应当以故意伤害罪或者故意杀人罪定罪处罚。

要义辨析

一、概念

本罪是指对共同生活的家庭成员、负有监护、看护职责的单位和个人,经常以打骂、捆绑、限制自由、凌辱人格、冻饿等方法,在肉体上和精神上进行摧残迫害,情节恶劣的行为。

二、构成要件

1. 本罪侵犯的客体是人身权利,是家庭成员间的平等关系、在家庭中的合法权益及他们的人身权利。即行为人有意识地对被害人进行肉体和精神上的折磨和摧残。

2. 犯罪客观方面必须具有经常对被害人在肉体上和精神上进行摧残的折磨的行为。虐待行为必须是经常的、一贯的,并且情节恶劣。因此不能把家庭成员之间偶尔的打架、吵架行为、基本平等的势均力敌的打架行为,视为虐待。

3. 犯罪主体是特定主体。共同生活在一个家庭内的成员,相互间有亲属关系或者扶养、赡养关系。非家庭成员的虐待行为不构成虐待罪。

4. 犯罪主观方面必须是故意虐待家庭成员,摧残家庭成员的身体健康。

三、要点辨析

1. 认定本罪应注意虐待行为只有达到"情节恶劣"的程度,才构成犯罪,如经常性地、一贯地进行打骂、冻饿、折磨、虐待、强迫劳动,造成严重后果的,或者虐待动机特别卑劣的。

2. 犯虐待罪没有引起被害人重伤、死亡的,按自诉案程序,只有告诉的才处理,不告不理。

3. 犯虐待罪,引起被害人重伤、死亡的,不适用"告诉才处理"的规定。

4. 因虐待行为,引起被害人自杀的,一般即可以认定为"情节恶劣"构成犯罪的程度。是否适用本罪第2款将量刑提高到二年以上七年以下有期徒刑,有待司法解释明确。一般应当可以这样定性。

5. 犯本罪,致使被害人重伤、死亡的,但是主观上仍然只是想虐待折磨,而没有想杀人和伤害,本法条规定仍是作为加重情节,处2年以上7年以下有期徒刑。但是,对家庭内部的主观上一开始就是想杀害、伤害的故意杀人和故意伤害为目的的犯罪,仍依杀人罪、伤害罪处刑,择一重罪定性,不进行并罚。

6. 认定本罪要划清本罪与其他罪的界限。主要看主观故意,并结合客观上的行为特征分析。(1)与故意杀人罪的界限。虐待行为的手段,有时与故意杀人的手段十分相似,并且,虐待行为有时在客观上也可能造成被害人死亡的后果。二者的区别是:虐待罪的主观方面是故意对被害人进行肉体上和精神上的摧残和折磨;故意杀人罪的主观方面是故意剥夺他人的生命。(2)与故意伤害罪的界限。虐待行为往往会造成被害人身体伤害的后果,容易与故意伤害罪混淆。区分二者主要从主观故意方面判断。如果行为人出于对被害人进行肉体上和精神上摧残和折磨的故意,在实施虐待行为过程中,造成被害人轻伤或者重伤的,其行为构成虐待罪,不构成故意伤害罪;如果行为人在主观上就具有伤害他人身体健康的故意,并且在客观上实施了伤害他人的行为,则其行为构成故意伤害罪,不按虐待罪论处。

四、罪名变迁

1979年《刑法》第181条对本罪作了规定。

类罪名:侵犯公民人身权利、民主权利罪 | 罪名:虐待被监护、看护人罪	
量刑标准	情节恶劣的 处3年以下有期徒刑或拘役

法律依据

《刑法》条文

第二百六十条之一 对未成年人、老年人、患病的人、残疾人等负有监护、看护职责的人虐待被监护、看护的人,情节恶劣的,处三年以下有期徒刑或者拘役。

单位犯前款罪的,对单位判处罚金,并对其直接负责的主管人员和其他直接责任人员,依照前款的规定处罚。

有第一款行为,同时构成其他犯罪的,依照处罚较重的规定定罪处罚。

要义辨析

一、概念

本罪是指对未成年人、老年人、患病的人、残疾人等负有监护、看护职责的人虐待被监护、看护的人,情节恶劣的行为,这里的虐待与第260条的虐待罪中的虐待是一样的。

二、构成要件

1. 本罪侵犯的客体是未成年人、老年人、患病的人、残疾人等被监护、看护的人的人身权利和监护、看护职责。

2. 犯罪客观方面必须具有具有经常对被害人在肉体上和精神上进行摧残的折磨的行为。虐待行为必须是经常的、一贯的,并且情节恶劣。行为人对被监护、看护的人在相当长的时间里,进行持续或连续的肉体摧残、精神折磨,致使被害人的身心遭受严重创伤,通常表现为打骂、冻饿、捆绑、强迫超体力劳动、限制自由、凌辱人格行为等。偶尔发生的打骂、冻饿等行为,不构成犯罪。

3. 犯罪主体是负有监护、看护职责的人,如幼儿园的教师对在园幼儿、养老院的工作人员对在院老人、医生和护士对病人等负有监护、看护职责。这种监护、看护职责通常是基于合同、雇佣、服务等关系确定,也可以通过口头约定、志愿性的服务等形式确定,如邻居受托或自愿代人照顾老人、儿童。

4. 本罪的主观方面表现为故意,即行为人故意对被害人进行肉体或精神上的折磨和摧残,故意实施虐待行为,不论出于何种动机,均不影响本罪的成立。

三、要点辨析

行为人实施虐待行为,往往导致被害人重伤、死亡的后果,可能同时构成伤害、杀人等其他犯罪。在这种情形下,应当依照本款规定,按照处罚较重的罪名定罪处罚。这里需要指出的是,本条第3款规定的"同时构成其他犯罪"中的其他犯罪,应是与虐待行为直接相关的罪名,如过失致人重伤罪、过失致人死亡罪等。如果行为人明显具有伤害、杀人的恶意且实施了严重的暴力行为,直接将被害人殴打成重伤,甚至直接将被害人杀害的,应当根据情况适用故意伤害罪、故意杀人罪定罪处罚或者与本罪实行数罪并罚。如果行为人在实施虐待行为的同时实施了盗窃、抢劫等其他与虐待行为性质不同的犯罪,应当与本罪数罪并罚。

四、罪名变迁

本罪是《刑法修正案(九)》新增的罪名。

类罪名:侵犯公民人身权利、民主权利罪	罪名:遗弃罪
量刑标准	情节恶劣的　处5年以下有期徒刑、拘役或者管制。

法律依据

一、《刑法》条文

第二百六十一条 对于年老、年幼、患病或者其他没有独立生活能力的人,负有扶养义务而拒绝扶养,情节恶劣的,处五年以下有期徒刑、拘役或者管制。

二、相关法律

《中华人民共和国民法典》(2020年5月28日)

第二十六条 父母对未成年子女负有抚养、教育和保护的义务。

成年子女对父母负有赡养、扶助和保护的义务。

第一千零六十七条 父母不履行抚养义务的,未成年子女或者不能独立生活的成年子女,有要求父母给付抚养费的权利。

成年子女不履行赡养义务的,缺乏劳动能力或者生活困难的父母,有要求成年子女给付赡养费的权利。

第一千零七十一条 非婚生子女享有与婚生子女同等的权利,任何组织或者个人不得加以危害和歧视。

不直接抚养非婚生子女的生父或者生母,应当负担未成年子女或者不能独立生活的成年子女的抚养费。

第一千零七十二条 继父母与继子女间,不得虐待或者歧视。

继父或者继母和受其抚养教育的继子女间的权利义务关系,适用本法关于父母子女关系的规定。

第一千零七十四条 有负担能力的祖父母、外祖父母,对于父母已经死亡或者父母无力抚养的未成年孙子女、外孙子女,有抚养的义务。

有负担能力的孙子女、外孙子女,对于子女已经死亡或者子女无力赡养的祖父母、外祖父母,有赡养的义务。

第一千零七十五条 有负担能力的兄、姐,对于父母已经死亡或者父母无力抚养的未成年弟、妹,有扶养的义务。

由兄、姐扶养长大的有负担能力的弟、妹,对于缺乏劳动能力又缺乏生活来源的兄、姐,有扶养的义务。

《中华人民共和国老年人权益保障法》(2018年12月29日修正)

第七十六条 干涉老年人婚姻自由,对老年人负有赡养义务、扶养义务而拒绝赡养、扶养,虐待老年人或者对老年人实施家庭暴力的,由有关单位给予批评教育;构成违反治安管理行为的,依法给予治安管理处罚;构成犯罪的,依法追究刑事责任。

三、相关司法解释/文件

《最高人民法院、最高人民检察院、公安部、司法部关于依法办理家庭暴力犯罪案件的意见》(2015年3月2日 法发〔2015〕4号)

三、定罪处罚

17. 依法惩处遗弃犯罪。负有扶养义务且有扶养能力的人,拒绝扶养年幼、年老、患病或者其他没有独立生活能力的家庭成员,是危害严重的遗弃性质的家庭暴力。根据司法实践,具有对被害人长期不予照顾、不提供生活来源;驱赶、逼迫被害人离家,致使被害人流离失所或者生存困难;遗弃患严重疾病或者生活不能自理的被害人;遗弃致使被害人身体严重损害或者造成其他严重后果等情形,属于刑法第二百六十一条规定的遗弃"情节恶劣",应当依法以遗弃罪定罪处罚。

准确区分遗弃罪与故意杀人罪的界限,要根据被告人的主观故意、所实施行为的时间与地点、是否立即造成被害人死亡,以及被害人对被告人的依赖程度等进行综合判断。对于只是为了逃避扶养义务,并不希望或者放任被害人死亡,将生活不能自理的被害人弃置在福利院、医院、派出所等单位或者广场、车站等行人较多的场所,希望被害人得到他人救助的,一般以遗弃罪定罪处罚。对于希望或者放任被害人死亡,不履行必要的扶养义务,致使被害人因缺乏生活照料而死亡,或者将生活不能自理的被害人带至荒山野岭等人迹罕至的场所扔弃,使被害人难以得到他人救助的,应当以故意杀人罪定罪处罚。

要义辨析

一、概念

本罪是指负有扶养义务的人,对年老、年幼、患病或者其他没有独立生活能力的人拒绝扶养,情节恶劣的行为。

二、构成要件

1. 本罪侵犯的客体是法律规定的扶养义务。

2. 客观方面表现为对没有独立生活能力的家庭成员,应当扶养而拒不扶养,从而使被扶养人陷入极端困难的境地,生命和健康受到严重威胁和损害,情形恶劣的行为,其特点一般是不作为。

3. 本罪的主体是对被遗弃者依法负有扶养义务并且有扶养能力的人。法律上不负有扶养义务的人不能构成本罪。

4. 主观方面由故意构成。即行为人是为了达到某种卑鄙的目的而故意不履行扶养义务的。

三、要点辨析

1. 注意遗弃罪的字面意义与法定概念的不同。本罪不是要有遗弃、抛弃、驱逐行为才构成犯罪,只要有“拒绝扶养”这一行为特征,即可以构成犯罪。

2. 本罪与虐待罪在犯罪主体、客体和主观方面的特征很相似,均为法律上负有扶养义务的人,两者主要区别是犯罪行为表现不同,前者行为人是以不作为的方式不尽扶养义务,没有加害打骂等行为;后者则以作为的方式故意加害,对被害人进行肉体上和精神上的摧残迫害。

3. 区分罪与非罪的界限:(1)行为人和被害人之间在法律上有无扶养义务;(2)被害人是否确实属于不能自食其力、没有独立生活能力或者不能独立生活的人。

4. 行为人拒绝扶养是出于故意,过失,还是自己也确实没有履行义务的能力,只有有扶养能力而故意拒绝扶养的,才构成本罪。

5. 要审查遗弃行为情节是否恶劣。只有情节恶劣的才构成犯罪。所谓情节恶劣,一般是指遗弃动机卑劣、遗弃手段恶劣、遗弃造成的后果严重。

6. 本罪与故意杀人罪不同。本罪是消极不作为,或者抛弃任其自生自灭,而故意杀人罪是故意作为的积极致人死亡。本罪是侵犯家庭成员间互相扶养的义务关系的犯罪;而故意杀人罪是侵犯他人生命权的犯罪。一般情况下,这两种犯罪不容易混淆。但对于遗弃没有独立生活能力的婴儿或者把神志不清、行动困难的老人遗弃于室外的行为,情节比较复杂,不能简单地一律视为遗弃罪。而应当根据案情区别对待:如果把被害人遗弃在容易被发现的地方,例如,把婴儿丢弃在行人很多的路旁或者有关的社会优抚机构门口,被害人可以得到及时援救的,仍然应当认定为遗弃罪;如果把被害人弃于荒野,容易造成生命危险的地点,明知可能无救援可能的,例如,将双目失明的老人领到悬崖边上扔下不管,或者把被害人置于人迹罕至的深山野林,极有可能使其冻死、饿死等危及生命的丢弃行为,已充分表明行为人主观上具有通过丢弃而非法剥夺被害人生命的意图,就应当认定为故意杀人罪。

四、罪名变迁

1979年《刑法》第183条对本罪作出了规定。

类罪名:侵犯公民人身权利、民主权利罪	罪名:拐骗儿童罪
量刑标准	犯本罪的　处5年以下有期徒刑或者拘役。

法律依据

《刑法》条文

第二百六十二条　拐骗不满十四周岁的未成年人,脱离家庭或者监护人的,处五年以下有期徒刑或者拘役。

要义辨析

一、概念

本罪是指用蒙骗、利诱或者其他方法使不满14周岁的未成年人脱离家庭或者监护人的行为。

二、构成要件

1. 本罪侵犯的客体是复杂客体，既侵犯了他人的家庭关系，又侵犯了儿童的合法权益。

2. 客观方面表现为拐骗儿童使其脱离家庭或者监护人的行为。

3. 本罪的主体是一般主体，凡是年满16周岁，具有刑事责任能力的人，均可构成本罪。

4. 主观方面是直接故意。

三、要点辨析

1. 注意本罪的罪与非罪界限，要认真区别主动拐骗和被动收养的关系。构成本罪主观方面是故意。如果是因为自己没有孩子或者其他原因，把被遗弃的婴儿或者与父母失散的儿童领回收养，行为人没有拐骗的故意，也没有拐骗的行为，儿童离开了家长或监护人是因为被遗弃或失散造成的，因此这种领养行为不能构成拐骗儿童罪。如果事先没参与谋划，只是从拐骗者手中收领被拐骗的儿童，对于不知道儿童是被拐骗的，也不按本罪论处；知道儿童是被拐骗的，进行了无收买的收养抚育，也不能按拐骗儿童罪论处。

2. 本罪与拐卖儿童罪的区别：(1)犯罪的动机、目的不同。前者是为了自己收养或者奴役；而后者是为了出卖儿童牟利。(2)侵犯的客体不同。前者侵犯的是他人的家庭关系和儿童的合法权益；后者侵犯的主要是儿童的人身生存和自由权利。

3. 本罪与绑架罪的区别。本罪的目的是收养或奴役。如果拐骗儿童的目的是作人质工具，用来向儿童的家长或监护人勒索钱财，则不属于本罪，而应以绑架罪定罪处刑。

四、罪名变迁

1979年《刑法》第184条对本罪作了规定。

类罪名：侵犯公民人身权利、民主权利罪	罪名：组织残疾人、儿童乞讨罪
量刑标准	**犯本罪的**　处3年以下有期徒刑或者拘役，并处罚金；
	情节严重的　处3年以上7年以下有期徒刑，并处罚金。

法律依据

一、《刑法》条文

第二百六十二条之一　以暴力、胁迫手段组织残疾人或者不满14周岁的未成年人乞讨的，处三年以下有期徒刑或者拘役，并处罚金；情节严重的，处三年以上七年以下有期徒刑，并处罚金。

第二十八条　对于被胁迫参加犯罪的，应当按照他的犯罪情节减轻处罚或者免除处罚。

第二十九条　教唆他人犯罪的，应当按照他在共同犯罪中所起的作用处罚。教唆不满十八周岁的人犯罪的，应当从重处罚。

如果被教唆的人没有犯被教唆的罪，对于教唆犯，可以从轻或者减轻处罚。

二、相关法律

《中华人民共和国治安管理处罚法》(2012年10月26日修正)

第四十一条　胁迫、诱骗或者利用他人乞讨的，处十日以上十五日以下拘留，可以并处一千元以下罚款。

反复纠缠、强行讨要或者以其他滋扰他人的方式乞讨的，处五日以下拘留或者警告。

三、相关司法解释/文件

《最高人民法院、最高人民检察院、公安部、司法部关于依法惩治拐卖妇女儿童犯罪的意见》(2010年3月15日　法发〔2010〕7号)

20. 明知是被拐卖的妇女、儿童而收买，具有下列情形之一的,以收买被拐卖的妇女、儿童罪论处;同时构成其他犯罪的,依照数罪并罚的规定处罚:(1)收买被拐卖的妇女后,违背被收买妇女的意愿,阻碍其返回原居住地的;(2)阻碍对被收买妇女、儿童进行解救的;(3)非法剥夺、限制被收买妇女、儿童的人身自由,情节严重,或者对被收买妇女、儿童有强奸、伤害、侮辱、虐待等行为的;(4)所收买的妇女、儿童被解救后又再次收买,或者收买多名被拐卖的妇女、儿童的;(5)组织、诱骗、强迫被收买的妇女、儿童从事乞讨、苦役,或者盗窃、传销、卖淫等违法犯罪活动的;(6)造成被收买妇女、儿童或者其亲属重伤、死亡以及其他严重后果的;(7)具有其他严重情节的。

要义辨析

一、概念

本罪是指以暴力、胁迫手段组织残疾人或者不满14周岁的未成年人乞讨的行为。本罪是选择性罪名,分别可以定“组织残疾人乞讨罪”“组织儿童乞讨罪”。

二、构成要件

1. 本罪侵犯的客体是残疾人、儿童的身心健康及其合法权益和社会治安管理秩序。

2. 客观方面表现为以暴力、胁迫手段,组织残疾人或者不满14周岁的未成年人进行乞讨的行为。

3. 本罪的主体是一般主体,有刑事责任能力的人都可以构成。其打击对象是特定的,专门指操纵残疾人、未成年人进行乞讨的幕后指使者。

4. 主观方面是直接故意,其目的和动机如何,不影响本罪的成立。

三、要点辨析

1. 根据《刑法》第262条之一的规定,构成本罪,必须同时具备以下两个条件:(1)具有暴力、胁迫手段。(2)具有组织行为。如果是看到了残疾人、或者未满14周岁的未成年人生活困难,帮助他们想办法,进行收留,引导他们乞讨,不是为了自己从中牟取利益,而是为了使残疾人或者未满14周岁的未成年人克服困难,能够生存下去,对这样的行为,不能以本罪论处。

2. 本罪是对象选择罪名。行为人如果只是以暴力、胁迫手段组织残疾人进行乞讨构成犯罪的,应该定组织残疾人乞讨罪;如果是以暴力、胁迫手段组织儿童乞讨构成犯罪的,则应该定组织儿童乞讨罪;如果是以暴力、胁迫手段,组织残疾人和儿童共同进行乞讨构成犯罪的,则应该定组织残疾人、儿童乞讨罪。

3. 行为人在以暴力、胁迫手段组织残疾人、儿童乞讨的过程中,如果又实施了故意伤害,故意致残,非法拘禁,拐骗、拐卖或者强奸、猥亵儿童等行为,甚至故意将健康的儿童搞残疾用为乞讨的工具,构成伤害犯罪的,则应当分别定罪,实行数罪并罚。

4. 本罪在犯罪形态上属于行为犯。行为人只要实施了以暴力、胁迫手段组织残疾人或者儿童进行乞讨的行为,就构成本罪。

四、罪名变迁

本罪是2006年6月29日《刑法修正案(六)》规定的新罪名,针对的是我国出现的控制未成年人,强迫其乞讨的,手法恶劣的犯罪行为。

类罪名:侵犯公民人身权利、民主权利罪 | 罪名:组织未成年人进行违反治安管理活动罪	
量刑标准	犯本罪的　处3年以下有期徒刑或者拘役,并处罚金;
	情节严重的　处3年以上7年以下有期徒刑,并处罚金。

法律依据

一、《刑法》条文

第二百六十二条之二　组织未成年人进行盗窃、诈骗、抢夺、敲诈勒索等违反治安管理活动的，处三年以下有期徒刑或者拘役，并处罚金；情节严重的，处三年以上七年以下有期徒刑，并处罚金。

第二十八条　对于被胁迫参加犯罪的，应当按照他的犯罪情节减轻处罚或者免除处罚。

第二十九条　教唆他人犯罪的，应当按照他在共同犯罪中所起的作用处罚。教唆不满十八周岁的人犯罪的，应当从重处罚。

如果被教唆的人没有犯被教唆的罪，对于教唆犯，可以从轻或者减轻处罚。

二、相关法律

《中华人民共和国治安管理处罚法》（2012年10月26日修正）

第四十条　有下列行为之一的，处十日以上十五日以下拘留，并处五百元以上一千元以下罚款；情节较轻的，处五日以上十日以下拘留，并处二百元以上五百元以下罚款：

（一）组织、胁迫、诱骗不满十六周岁的人或者残疾人进行恐怖、残忍表演的；

三、相关司法解释/文件

《最高人民法院、最高人民检察院、公安部、司法部关于依法惩治拐卖妇女儿童犯罪的意见》（2010年3月15日　法发〔2010〕7号）

七、一罪与数罪

27. 拐卖妇女、儿童或者收买被拐卖的妇女、儿童，又组织、教唆被拐卖、收买的未成年妇女、儿童进行盗窃、诈骗、抢夺、敲诈勒索等违反治安管理活动的，以拐卖妇女、儿童罪或者收买被拐卖的妇女、儿童罪与组织未成年人进行违反治安管理活动罪数罪并罚。

要义辨析

一、概念

本罪是指有刑事责任能力的人，组织未成年人进行盗窃、诈骗、抢夺、敲诈勒索等违反治安管理活动的行为。目的是打击那些幕后操纵未成年人进行违法犯罪活动的犯罪分子。

有的学者拟定本罪罪名为“组织未成年人进行违法犯罪活动罪”。鉴于未成年人责任年龄中盗窃、诈骗、抢夺、敲诈勒索等违法均在治安管理范围，且原法条中亦表达为“违反治安管理”，本书采用“组织未成年人进行违反治安管理活动罪”罪名。一般则可以简称为“组织未成年人违反治安罪”。

二、构成要件

1. 本罪侵犯的客体主要是未成年人的身心健康，同时也包括社会治安管理秩序。

2. 客观方面表现为组织未成年人进行盗窃、诈骗、抢夺、敲诈勒索等违反治安管理活动的行为。

3. 犯罪主体是一般主体。

4. 主观方面是故意，至于动机和目的如何，不影响本罪的成立。

三、要点辨析

1. 本罪的特征是“组织者”才构成本罪，不包括行为人本人单独实施的违反治安管理活动的行为。违反治安管理活动的实施者是被控制的未成年人。

2. 本罪是行为犯。只要组织了未成年人并开始实施本罪所指的各种犯罪行为，有没有后果发生，都构成犯罪。是否“情节严重”，不是构成罪的条件，只作为到3年以上量刑档次的加重情节。

3. 构成本罪要注意具备两个条件：一个是“组织”，另一个是“进行”。如果仅仅是组织未成年人准备进行违反治安管理活动，但由于未成年人的家长发觉后，及时阻止或者告发，而使违反治安管理活动的行为并没有实际进行，则不能以犯罪论处。只有既组织了未成年人，又导致他们实施了盗窃、诈骗、抢夺、敲诈勒索等违反治安管理活动，才构成本罪。

4. 如果组织未成年人一起进行盗窃、诈骗、抢夺、敲诈勒索等行为，已经不是属于轻微的违反治安管理的行为，而是直接由未成年人可以独立行动，未成年人已经独立构成犯罪的行为，就不能依本罪处罚，而应该按照教唆犯罪处理。

四、罪名变迁

本罪是2009年2月28日《刑法修正案（七）》增加规定的新罪名，主要针对我国出现的控制未成年人进行违反治安管理活动，手法恶劣的犯罪行为。

第五章

侵犯财产罪

<table>
<tr><td colspan="2">类罪名:侵犯财产罪 | 罪名:抢劫罪</td></tr>
<tr><td rowspan="2">量刑标准</td><td>构成犯罪的　处3年以上10年以下有期徒刑,并处罚金,可以附加剥夺政治权利;</td></tr>
<tr><td>情节严重的(有本条规定的八种情形之一)　处10年以上有期徒刑、无期徒刑或者死刑,并处罚金或者没收财产,可以附加剥夺政治权利。</td></tr>
</table>

法律依据

一、《刑法》条文

第二百六十三条　以暴力、胁迫或者其他方法抢劫公私财物的,处三年以上十年以下有期徒刑,并处罚金;

有下列情形之一的,处十年以上有期徒刑、无期徒刑或者死刑,并处罚金或者没收财产:

(一)入户抢劫的;

(二)在公共交通工具上抢劫的;

(三)抢劫银行或者其他金融机构的;

(四)多次抢劫或者抢劫数额巨大的;

(五)抢劫致人重伤、死亡的;

(六)冒充军警人员抢劫的;

(七)持枪抢劫的;

(八)抢劫军用物资或者抢险、救灾、救济物资的。

第二百六十七条第二款　携带凶器抢夺的,依照本法第二百六十三条的规定定罪处罚。

第二百六十九条　犯盗窃、诈骗、抢夺罪,为窝藏赃物、抗拒抓捕或者毁灭罪证而当场使用暴力或者以暴力相威胁的,依照本法第二百六十三条的规定定罪处罚。

第二百八十九条　聚众"打砸抢",致人伤残、死亡的,依照本法第二百三十四条、第二百三十二条的规定定罪处罚。毁坏或者抢走公私财物的,除判令退赔外,对首要分子,依照本法第二百六十三条的规定定罪处罚。

第十七条第二、三、四款　已满十四周岁不满十六周岁的人,犯故意杀人、故意伤害致人重伤或者死亡、强奸、抢劫、贩卖毒品、放火、爆炸、投放危险物质罪的,应当负刑事责任。

已满十二周岁不满十四周岁的人,犯故意杀人、故意伤害罪,致人死亡或者以特别残忍手段致人重伤造成严重残疾,情节恶劣,经最高人民检察院核准追诉的,应当负刑事责任。

对依照前三款规定追究刑事责任的不满十八周岁的人,应当从轻或者减轻处罚。

第五十六条　对于危害国家安全的犯罪分子应当附加剥夺政治权利;对于故意杀人、强奸、放火、爆炸、投毒、抢劫等严重破坏社会秩序的犯罪分子,可以附加剥夺政治权利。

独立适用剥夺政治权利的,依照本法分则的规定。

二、相关法律

《中华人民共和国铁路法》(2015年4月24日修正)

第六十五条第一款　在列车内,抢劫旅客财物，伤害旅客的，依照刑法有关规定从重处罚。

三、相关司法解释/文件

《最高人民法院关于审理抢劫案件具体应用法律若干问题的解释》（2000 年 11 月 28 日　法释〔2000〕35 号）

为依法惩处抢劫犯罪活动，根据刑法的有关规定，现就审理抢劫案件具体应用法律的若干问题解释如下：

第一条　刑法第二百六十三条第（一）项规定的"入户抢劫"，是指为实施抢劫行为而进入他人生活的与外界相对隔离的住所，包括封闭的院落、牧民的帐篷、渔民作为家庭生活场所的渔船、为生活租用的房屋等进行抢劫的行为。

对于入户盗窃，因被发现而当场使用暴力或者以暴力相威胁的行为，应当认定为入户抢劫。

第二条　刑法第二百六十三条第（二）项规定的"在公共交通工具上抢劫"，既包括在从事旅客运输的各种公共汽车，大、中型出租车，火车，船只，飞机等正在运营中的机动公共交通工具上对旅客、司售、乘务人员实施的抢劫，也包括对运行途中的机动公共交通工具加以拦截后，对公共交通工具上的人员实施的抢劫。

第三条　刑法第二百六十三条第（三）项规定的"抢劫银行或者其他金融机构"，是指抢劫银行或者其他金融机构的经营资金、有价证券和客户的资金等。

抢劫正在使用中的银行或者其他金融机构的运钞车的，视为"抢劫银行或者其他金融机构"。

第四条　刑法第二百六十三条第（四）项规定的"抢劫数额巨大"的认定标准，参照各地确定的盗窃罪数额巨大的认定标准执行。

第五条　刑法第二百六十三条第（七）项规定的"持枪抢劫"，是指行为人使用枪支或者向被害人显示持有、佩带的枪支进行抢劫的行为。"枪支"的概念和范围，适用《中华人民共和国枪支管理法》的规定。

第六条　刑法第二百六十七条第二款规定的"携带凶器抢夺"，是指行为人随身携带枪支、爆炸物、管制刀具等国家禁止个人携带的器械进行抢夺或者为了实施犯罪而携带其他器械进行抢夺的行为。

《最高人民法院关于抢劫过程中故意杀人案件如何定罪问题的批复》（2001 年 5 月 23 日　法释〔2001〕16 号）

行为人为劫取财物而预谋故意杀人，或者在劫取财物过程中，为制服被害人反抗而故意杀人的，以抢劫罪定罪处罚。

行为人实施抢劫后，为灭口而故意杀人的，以抢劫罪和故意杀人罪定罪，实行数罪并罚。

《最高人民检察院法律政策研究室关于相对刑事责任年龄的人承担刑事责任范围有关问题的答复》（2003 年 4 月 18 日　〔2003〕高检研发第 13 号）

二、相对刑事责任年龄的人实施了刑法第二百六十九条规定的行为的，应当依照刑法第二百六十三条的规定，以抢劫罪追究刑事责任。但对情节显著轻微，危害不大的，可根据刑法第十三条的规定，不予追究刑事责任。

《最高人民法院、最高人民检察院关于办理妨害预防、控制突发传染病疫情等灾害的刑事案件具体应用法律若干问题的解释》（2003 年 5 月 14 日　法释〔2003〕8 号）

第九条　在预防、控制突发传染病疫情等灾害期间，聚众"打砸抢"，致人伤残、死亡的，依照刑法第二百八十九条、第二百三十四条、第二百三十二条的规定，以故意伤害罪或者故意杀人罪定罪，依法从重处罚。对毁坏或者抢走公私财物的首要分子，依照刑法第二百八十九条、第二百六十三条的规定，以抢劫罪定罪，依法从重处罚。

《最高人民法院关于审理抢劫、抢夺刑事案件适用法律若干问题的意见》（2005 年 6 月 8 日　法发〔2005〕8 号）

一、关于"入户抢劫"的认定

根据《抢劫解释》第一条规定，认定"入户抢劫"时，应当注意以下三个问题：一是"户"的范围。"户"在这里是指住所，其特征表现为供他人家庭生活和与外界相对隔离两个方面，前者为功能特征，后者为场所特征。一般情况下，集体宿舍、旅店宾馆、临时搭建工棚等不应认定为"户"，但在特定情况下，如果确实具有上述两个特征的，也可以认定为"户"。二是"入户"目的的非法性。进入他人住所须以实施抢劫等犯罪为目的。抢劫行为虽然发生在户内,但行为人不以实施抢劫等犯罪为目的进入他人住所,而是在户内临时起意实施抢劫的,不属于“入户抢劫”。三是暴力或者暴力胁迫行为必须发生在户内。入户实施盗窃被发现,行为人为窝藏赃物、抗拒抓捕或者毁灭罪证而当场使用暴力或者以暴力相威胁的,如果暴力或者暴力胁迫行为发生在户内,可以认定为“入户抢劫”;如果发生在户外,不能认定为“入户抢劫”。

二、关于“在公共交通工具上抢劫”的认定

公共交通工具承载的旅客具有不特定多数人的特点。根据《抢劫解释》第二条规定,“在公共交通工具上抢劫”主要是指在从事旅客运输的各种公共汽车、大、中型出租车、火车、船只、飞机等正在运营中的机动公共交通工具上对旅客、司售、乘务人员实施的抢劫。在未运营中的大、中型公共交通工具上针对司售、乘务人员抢劫的,或者在小型出租车上抢劫的,不属于“在公共交通工具上抢劫”。

三、关于“多次抢劫”的认定

刑法第二百六十三条第(四)项中的“多次抢劫”是指抢劫三次以上。

对于“多次”的认定,应以行为人实施的每一次抢劫行为均已构成犯罪为前提,综合考虑犯罪故意的产生、犯罪行为实施的时间、地点等因素,客观分析、认定。对于行为人基于一个犯意实施犯罪的,如在同一地点同时对在场的多人实施抢劫的;或基于同一犯意在同一地点实施连续抢劫犯罪的,如在同一地点连续地对途经此地的多人进行抢劫的;或在一次犯罪中对一栋居民楼房中的几户居民连续实施入户抢劫的,一般应认定为一次犯罪。

四、关于“携带凶器抢夺”的认定

《抢劫解释》第六条规定,“携带凶器抢夺”,是指行为人随身携带枪支、爆炸物、管制刀具等国家禁止个人携带的器械进行抢夺或者为了实施犯罪而携带其他器械进行抢夺的行为。行为人随身携带国家禁止个人携带的器械以外的其他器械抢夺,但有证据证明该器械确实不是为了实施犯罪准备的,不以抢劫罪定罪;行为人将随身携带凶器有意加以显示、能为被害人察觉到的,直接适用刑法第二百六十三条的规定定罪处罚;行为人携带凶器抢夺后,在逃跑过程中为窝藏赃物、抗拒抓捕或者毁灭罪证而当场使用暴力或者以暴力相威胁的,适用刑法第二百六十七条第二款的规定定罪处罚。

五、关于转化抢劫的认定

行为人实施盗窃、诈骗、抢夺行为,未达到“数额较大”,为窝藏赃物、抗拒抓捕或者毁灭罪证当场使用暴力或者以暴力相威胁,情节较轻、危害不大的,一般不以犯罪论处;但具有下列情节之一的,可依照刑法第二百六十九条的规定,以抢劫罪定罪处罚:

(1)盗窃、诈骗、抢夺接近“数额较大”标准的;

(2)入户或在公共交通工具上盗窃、诈骗、抢夺后在户外或交通工具外实施上述行为的;

(3)使用暴力致人轻微伤以上后果的;

(4)使用凶器或以凶器相威胁的;

(5)具有其他严重情节的。

六、关于抢劫犯罪数额的计算

抢劫信用卡后使用、消费的,其实际使用、消费的数额为抢劫数额;抢劫信用卡后未实际使用、消费的,不计数额,根据情节轻重量刑。所抢信用卡数额巨大,但未实际使用、消费或者实际使用、消费的数额未达到巨大标准的,不适用“抢劫数额巨大”的法定刑。

为抢劫其他财物,劫取机动车辆当作犯罪工具或者逃跑工具使用的,被劫取机动车辆的价值计入抢劫数额;为实施抢劫以外的其他犯罪劫取机动车辆的,以抢劫罪和实施的其他犯罪实行数罪并罚。

抢劫存折、机动车辆的数额计算,参照执行《关于审理盗窃案件具体应用法律若干问题的解释》的相关规定。

七、关于抢劫特定财物行为的定性

以毒品、假币、淫秽物品等违禁品为对象,实施抢劫的,以抢劫罪定罪;抢劫的违禁品数量作为量刑情节予以考虑。抢劫违禁品后又以违禁品实施其他犯罪的,应以抢劫罪与具体实施的其他犯罪实行数罪并罚。

抢劫赌资、犯罪所得的赃款赃物的,以抢劫罪定罪,但行为人仅以其所输赌资或所赢赌债为抢劫对象,一般不以抢劫罪定罪处罚。构成其他犯罪的,依照刑法的相关规定处罚。

为个人使用,以暴力、胁迫等手段取得家庭成员或近亲属财产的,一般不以抢劫罪定罪处罚,构成其他犯罪的，依照刑法的相关规定处理；教唆或者伙同他人采取暴力、胁迫等手段劫取家庭成员或近亲属财产的，可以抢劫罪定罪处罚。

八、关于抢劫罪数的认定

行为人实施伤害、强奸等犯罪行为，在被害人未失去知觉，利用被害人不能反抗、不敢反抗的处境，临时起意劫取他人财物的，应以此前所实施的具体犯罪与抢劫罪实行数罪并罚；在被害人失去知觉或者没有发觉的情形下，以及实施故意杀人犯罪行为之后，临时起意拿走他人财物的，应以此前所实施的具体犯罪与盗窃罪实行数罪并罚。

九、关于抢劫罪与相似犯罪的界限

1. 冒充正在执行公务的人民警察、联防人员，以抓卖淫嫖娼、赌博等违法行为为名非法占有财物的行为定性

行为人冒充正在执行公务的人民警察“抓赌”、“抓嫖”，没收赌资或者罚款的行为，构成犯罪的，以招摇撞骗罪从重处罚；在实施上述行为中使用暴力或者暴力威胁的，以抢劫罪定罪处罚。行为人冒充治安联防队员“抓赌”、“抓嫖”、没收赌资或者罚款的行为，构成犯罪的，以敲诈勒索罪定罪处罚；在实施上述行为中使用暴力或者暴力威胁的，以抢劫罪定罪处罚。

2. 以暴力、胁迫手段索取超出正常交易价钱、费用的钱财的行为定性

从事正常商品买卖、交易或者劳动服务的人，以暴力、胁迫手段迫使他人交出与合理价钱、费用相差不大钱物，情节严重的，以强迫交易罪定罪处罚；以非法占有为目的，以买卖、交易、服务为幌子采用暴力、胁迫手段迫使他人交出与合理价钱、费用相差悬殊的钱物的，以抢劫罪定罪处刑。在具体认定时，既要考虑超出合理价钱、费用的绝对数额，还要考虑超出合理价钱、费用的比例，加以综合判断。

3. 抢劫罪与绑架罪的界限

绑架罪是侵害他人人身自由权利的犯罪，其与抢劫罪的区别在于：第一，主观方面不尽相同。抢劫罪中，行为人一般出于非法占有他人财物的故意实施抢劫行为，绑架罪中，行为人既可能为勒索他人财物而实施绑架行为，也可能出于其它非经济目的实施绑架行为；第二，行为手段不尽相同。抢劫罪表现为行为人劫取财物一般应在同一时间、同一地点，具有“当场性”；绑架罪表现为行为人以杀害、伤害等方式向被绑架人的亲属或其他人或单位发出威胁，索取赎金或提出其他非法要求，劫取财物一般不具有“当场性”。

绑架过程中又当场劫取被害人随身携带财物的，同时触犯绑架罪和抢劫罪两罪名，应择一重罪定罪处罚。

4. 抢劫罪与寻衅滋事罪的界限

寻衅滋事罪是严重扰乱社会秩序的犯罪，行为人实施寻衅滋事的行为时，客观上也可能表现为强拿硬要公私财物的特征。这种强拿硬要的行为与抢劫罪的区别在于：前者行为人主观上还具有逞强好胜和通过强拿硬要来填补其精神空虚等目的，后者行为人一般只具有非法占有他人财物的目的；前者行为人客观上一般不以严重侵犯他人人身权利的方法强拿硬要财物，而后者行为人则以暴力、胁迫等方式作为劫取他人财物的手段。司法实践中，对于未成年人使用或威胁使用轻微暴力强抢少量财物的行为，一般不宜以抢劫罪定罪处罚。其行为符合寻衅滋事罪特征的，可以寻衅滋事罪定罪处罚。

5. 抢劫罪与故意伤害罪的界限

行为人为索取债务，使用暴力、暴力威胁等手段的，一般不以抢劫罪定罪处罚。构成故意伤害等其他犯罪的，依照刑法第二百三十四条等规定处罚。

十、抢劫罪的既遂、未遂的认定

抢劫罪侵犯的是复杂客体，既侵犯财产权利又侵犯人身权利，具备劫取财物或者造成他人轻伤以上后果两者之一的，均属抢劫既遂；既未劫取财物，又未造成他人人身伤害后果的，属抢劫未遂。据此，刑法第二百六十三条规定的八种处罚情节中除“抢劫致人重伤、死亡的”这一结果加重情节之外，其余七种处罚情节同样存在既遂、未遂问题，其中属抢劫未遂的，应当根据刑法关于加重情节的法定刑规定，结合未遂犯的处理原则量刑。

《最高人民法院关于审理未成年人刑事案件具体应用法律若干问题的解释》（2006年1月11日　法释〔2006〕1号）

第七条　已满十四周岁不满十六周岁的人使

用轻微暴力或者威胁,强行索要其他未成年人随身携带的生活、学习用品或者钱财数量不大,且未造成被害人轻微伤以上或者不敢正常到校学习、生活等危害后果的,不认为是犯罪。

已满十六周岁不满十八周岁的人具有前款规定情形的,一般也不认为是犯罪。

《最高人民检察院关于强迫借贷行为适用法律问题的批复》(2014 年 4 月 17 日　高检发释字〔2014〕1 号)

以暴力、胁迫手段强迫他人借贷,属于《刑法》第二百二十六条第二项规定的“强迫他人提供或者接受服务”,情节严重的,以强迫交易罪追究刑事责任;同时构成故意伤害罪等其他犯罪的,依照处罚较重的规定定罪处罚。以非法占有为目的,以借贷为名采用暴力、胁迫手段获取他人财物,符合《刑法》第二百六十三条或者第二百七十四条规定的,以抢劫罪或者敲诈勒索罪追究刑事责任。

《最高人民法院关于审理抢劫刑事案件适用法律若干问题的指导意见》(2016 年 1 月 6 日　法发〔2016〕2 号)

一、关于审理抢劫刑事案件的基本要求

坚持贯彻宽严相济刑事政策。对于多次结伙抢劫,针对农村留守妇女、儿童及老人等弱势群体实施抢劫,在抢劫中实施强奸等暴力犯罪的,要在法律规定的量刑幅度内从重判处。

对于罪行严重或者具有累犯情节的抢劫犯罪分子,减刑、假释时应当从严掌握,严格控制减刑的幅度和频度。对因家庭成员就医等特定原因初次实施抢劫,主观恶性和犯罪情节相对较轻的,要与多次抢劫以及为了挥霍、赌博、吸毒等实施抢劫的案件在量刑上有所区分。对于犯罪情节较轻,或者具有法定、酌定从轻、减轻处罚情节的,坚持依法从宽处理。

确保案件审判质量。审理抢劫刑事案件,要严格遵守证据裁判原则,确保事实清楚,证据确实、充分。特别是对因抢劫可能判处死刑的案件,更要切实贯彻执行刑事诉讼法及相关司法解释、司法文件,严格依法审查判断和运用证据,坚决防止冤错案件的发生。

对抢劫刑事案件适用死刑,应当坚持“保留死刑,严格控制和慎重适用死刑”的刑事政策,以最严格的标准和最审慎的态度,确保死刑只适用于极少数罪行极其严重的犯罪分子。对被判处死刑缓期二年执行的抢劫犯罪分子,根据犯罪情节等情况,可以同时决定对其限制减刑。

二、关于抢劫犯罪部分加重处罚情节的认定

1. 认定“入户抢劫”,要注重审查行为人“入户”的目的,将“入户抢劫”与“在户内抢劫”区别开来。以侵害户内人员的人身、财产为目的,入户后实施抢劫,包括入户实施盗窃、诈骗等犯罪而转化为抢劫的,应当认定为“入户抢劫”。因访友办事等原因经户内人员允许入户后,临时起意实施抢劫,或者临时起意实施盗窃、诈骗等犯罪而转化为抢劫的,不应认定为“入户抢劫”。

对于部分时间从事经营、部分时间用于生活起居的场所,行为人在非营业时间强行入内抢劫或者以购物等为名骗开房门入内抢劫的,应认定为“入户抢劫”。对于部分用于经营、部分用于生活且之间有明确隔离的场所,行为人进入生活场所实施抢劫的,应认定为“入户抢劫”;如场所之间没有明确隔离,行为人在营业时间入内实施抢劫的,不认定为“入户抢劫”,但在非营业时间入内实施抢劫的,应认定为“入户抢劫”。

2. “公共交通工具”,包括从事旅客运输的各种公共汽车,大、中型出租车,火车,地铁,轻轨,轮船,飞机等,不含小型出租车。对于虽不具有商业营运执照,但实际从事旅客运输的大、中型交通工具,可认定为“公共交通工具”。接送职工的单位班车、接送师生的校车等大、中型交通工具,视为“公共交通工具”。

“在公共交通工具上抢劫”,既包括在处于运营状态的公共交通工具上对旅客及司售、乘务人员实施抢劫,也包括拦截运营途中的公共交通工具对旅客及司售、乘务人员实施抢劫,但不包括在未运营的公共交通工具上针对司售、乘务人员实施抢劫。以暴力、胁迫或者麻醉等手段对公共交通工具上的特定人员实施抢劫的,一般应认定为“在公共交通工具上抢劫”。

3. 认定“抢劫数额巨大”,参照各地认定盗窃罪数额巨大的标准执行。抢劫数额以实际抢劫到的财物数额为依据。对以数额巨大的财物为明确目标,由于意志以外的原因,未能抢到财物或实际抢得的财物数额不大的，应同时认定“抢劫数额巨大”和犯罪未遂的情节，根据刑法有关规定，结合未遂犯的处理原则量刑。

根据《两抢意见》第六条第一款规定，抢劫信用卡后使用、消费的，以行为人实际使用、消费的数额为抢劫数额。由于行为人意志以外的原因无法实际使用、消费的部分，虽不计入抢劫数额，但应作为量刑情节考虑。通过银行转账或者电子支付、手机银行等支付平台获取抢劫财物的，以行为人实际获取的财物为抢劫数额。

4. 认定“冒充军警人员抢劫”，要注重对行为人是否穿着军警制服、携带枪支、是否出示军警证件等情节进行综合审查，判断是否足以使他人误以为是军警人员。对于行为人仅穿着类似军警的服装或仅以言语宣称系军警人员但未携带枪支、也未出示军警证件而实施抢劫的，要结合抢劫地点、时间、暴力或威胁的具体情形，依照常人判断标准，确定是否认定为“冒充军警人员抢劫”。

军警人员利用自身的真实身份实施抢劫的，不认定为“冒充军警人员抢劫”，应依法从重处罚。

三、关于转化型抢劫犯罪的认定

根据刑法第二百六十九条的规定，“犯盗窃、诈骗、抢夺罪，为窝藏赃物、抗拒抓捕或者毁灭罪证而当场使用暴力或者以暴力相威胁的”，依照抢劫罪定罪处罚。“犯盗窃、诈骗、抢夺罪”，主要是指行为人已经着手实施盗窃、诈骗、抢夺行为，一般不考察盗窃、诈骗、抢夺行为是否既遂。但是所涉财物数额明显低于“数额较大”的标准，又不具有《两抢意见》第五条所列五种情节之一的，不构成抢劫罪。“当场”是指在盗窃、诈骗、抢夺的现场以及行为人刚离开现场即被他人发现并抓捕的情形。

对于以摆脱的方式逃脱抓捕，暴力强度较小，未造成轻伤以上后果的，可不认定为“使用暴力”，不以抢劫罪论处。

入户或者在公共交通工具上盗窃、诈骗、抢夺后，为了窝藏赃物、抗拒抓捕或者毁灭罪证，在户内或者公共交通工具上当场使用暴力或者以暴力相威胁的，构成“入户抢劫”或者“在公共交通工具上抢劫”。

两人以上共同实施盗窃、诈骗、抢夺犯罪，其中部分行为人为窝藏赃物、抗拒抓捕或者毁灭罪证而当场使用暴力或者以暴力相威胁的，对于其余行为人是否以抢劫罪共犯论处，主要看其对实施暴力或者以暴力相威胁的行为人是否形成共同犯意、提供帮助。基于一定意思联络，对实施暴力或者以暴力相威胁的行为人提供帮助或实际成为帮凶的，可以抢劫共犯论处。

四、具有法定八种加重处罚情节的刑罚适用

1. 根据刑法第二百六十三条的规定，具有“抢劫致人重伤、死亡”等八种法定加重处罚情节的，处十年以上有期徒刑、无期徒刑或者死刑，并处罚金或者没收财产。应当根据抢劫的次数及数额、抢劫对人身的损害、对社会治安的危害等情况，结合被告人的主观恶性及人身危险程度，并根据量刑规范化的有关规定，确定具体的刑罚。判处无期徒刑以上刑罚的，一般应并处没收财产。

2. 具有下列情形之一的，可以判处无期徒刑以上刑罚：

（1）抢劫致三人以上重伤，或者致人重伤造成严重残疾的；

（2）在抢劫过程中故意杀害他人，或者故意伤害他人，致人死亡的；

（3）具有除“抢劫致人重伤、死亡”外的两种以上加重处罚情节，或者抢劫次数特别多、抢劫数额特别巨大的。

3. 为劫取财物而预谋故意杀人，或者在劫取财物过程中为制服被害人反抗、抗拒抓捕而杀害被害人，且被告人无法定从宽处罚情节的，可依法判处死刑立即执行。对具有自首、立功等法定从轻处罚情节的，判处死刑立即执行应当慎重。对于采取故意杀人以外的其他手段实施抢劫并致人死亡的案件，要从犯罪的动机、预谋、实行行为等方面分析被告人主观恶性的大小，并从有无前科及平时表现、认罪悔罪情况等方面判断被告人的人身危险程度，不能不加区别，仅以出现被害人死亡的后果，一律判处死刑立即执行。

4. 抢劫致人重伤案件适用死刑，应当更加慎重、更加严格，除非具有采取极其残忍的手段造成被害人严重残疾等特别恶劣的情节或者造成特别严重后果的，一般不判处死刑立即执行。

5. 具有刑法第二百六十三条规定的“抢劫致人重伤、死亡”以外其他七种加重处罚情节，且犯罪情节特别恶劣、危害后果特别严重的,可依法判处死刑立即执行。认定“情节特别恶劣、危害后果特别严重”,应当从严掌握,适用死刑必须非常慎重、非常严格。

五、抢劫共同犯罪的刑罚适用

1. 审理抢劫共同犯罪案件,应当充分考虑共同犯罪的情节及后果、共同犯罪人在抢劫中的作用以及被告人的主观恶性、人身危险性等情节,做到准确认定主从犯,分清罪责,以责定刑,罚当其罪。一案中有两名以上主犯的,要从犯罪提意、预谋、准备、行为实施、赃物处理等方面区分出罪责最大者和较大者;有两名以上从犯的,要在从犯中区分出罪责相对更轻者和较轻者。对从犯的处罚,要根据案件的具体事实、从犯的罪责,确定从轻还是减轻处罚。对具有自首、立功或者未成年人且初次抢劫等情节的从犯,可以依法免除处罚。

2. 对于共同抢劫致一人死亡的案件,依法应当判处死刑的,除犯罪手段特别残忍、情节及后果特别严重、社会影响特别恶劣、严重危害社会治安的外,一般只对共同抢劫犯罪中作用最突出、罪行最严重的那名主犯判处死刑立即执行。罪行最严重的主犯如因系未成年人而不适用死刑,或者因具有自首、立功等法定从宽处罚情节而不判处死刑立即执行的,不能不加区别地对其他主犯判处死刑立即执行。

3. 在抢劫共同犯罪案件中,有同案犯在逃的,应当根据现有证据尽量分清在押犯与在逃犯的罪责,对在押犯应按其罪责处刑。罪责确实难以分清,或者不排除在押犯的罪责可能轻于在逃犯的,对在押犯适用刑罚应当留有余地,判处死刑立即执行要格外慎重。

六、累犯等情节的适用

根据刑法第六十五条第一款的规定,对累犯应当从重处罚。抢劫犯罪被告人具有累犯情节的,适用刑罚时要综合考虑犯罪的情节和后果,所犯前后罪的性质、间隔时间及判刑轻重等情况,决定从重处罚的力度。对于前罪系抢劫等严重暴力犯罪的累犯,应当依法加大从重处罚的力度。对于虽不构成累犯,但具有抢劫犯罪前科的,一般不适用减轻处罚和缓刑。对于可能判处死刑的罪犯具有累犯情节的也应慎重,不能只要是累犯就一律判处死刑立即执行;被告人同时具有累犯和法定从宽处罚情节的,判处死刑立即执行应当综合考虑,从严掌握。

七、关于抢劫案件附带民事赔偿的处理原则

要妥善处理抢劫案件附带民事赔偿工作。审理抢劫刑事案件,一般情况下人民法院不主动开展附带民事调解工作。但是,对于犯罪情节不是特别恶劣或者被害方生活、医疗陷入困境,被告人与被害方自行达成民事赔偿和解协议的,民事赔偿情况可作为评价被告人悔罪态度的依据之一,在量刑上酌情予以考虑。

《最高人民法院、最高人民检察院关于常见犯罪的量刑指导意见(试行)》(2021 年 7 月 1 日　法发〔2021〕21 号)

(十)抢劫罪

1. 构成抢劫罪的,根据下列情形在相应的幅度内确定量刑起点:

(1)抢劫一次的,在三年至六年有期徒刑幅度内确定量刑起点。

(2)有下列情形之一的,在十年至十三年有期徒刑幅度内确定量刑起点:入户抢劫的;在公共交通工具上抢劫的;抢劫银行或者其他金融机构的;抢劫三次或者抢劫数额达到数额巨大起点的;抢劫致一人重伤的;冒充军警人员抢劫的;持枪抢劫的;抢劫军用物资或者抢险、救灾、救济物资的。依法应当判处无期徒刑以上刑罚的除外。

2. 在量刑起点的基础上,根据抢劫情节严重程度、抢劫数额、次数、致人伤害后果等其他影响犯罪构成的犯罪事实增加刑罚量,确定基准刑。

3. 构成抢劫罪的,根据抢劫的数额、次数、手段、危害后果等犯罪情节,综合考虑被告人缴纳罚金的能力,决定罚金数额。

4. 构成抢劫罪的,综合考虑抢劫的起因、手段、危害后果等犯罪事实、量刑情节,以及被告人的主观恶性、人身危险性、认罪悔罪表现等因素,从严把握缓刑的适用。

量刑要素

1. 在列车内，抢劫旅客财物，伤害旅客的，从重处罚。

2. 在预防、控制突发传染病疫情等灾害期间，聚众“打砸抢”，对毁坏或者抢走公私财物的首要分子，从重处罚。

要义辨析

一、概念

本罪是指以非法占有为目的，当场使用暴力、胁迫或者其他方法，强行立即抢得公私财物的行为。

二、构成要件

1. 本罪侵犯的客体是复杂客体，也称作双重客体，即不仅侵犯了公私财物所有权，同时也侵犯了被害人的人身权利，往往造成人身伤亡。但是，它的最终目的，还是抢劫财物，但其危害后果，更严重的是及于人身。现以其犯罪目的，将本罪归入侵犯财产罪中。

2. 在客观方面，行为人必须具有对公私财物的所有者、保管者或者守护者当场使用暴力、胁迫或者其他对人身实施强制的方法，立即抢走财物或者迫使被害人立即交出财物的行为。是否抢劫到财物，是确定既遂未遂之根据，不影响本罪的成立。当抢劫行为人实施了严重情节，特别是致人重伤或者死亡，无论其抢到财物与否，都是既遂。由于抢劫罪是当场劫取财物，所以，被抢劫的财物限于动产，非法侵占不动产的，不属于抢劫罪。如果把不动产的一部分强行分离变成动产而抢走的，应定抢劫罪。

3. 在主观方面，本罪只能由直接故意构成，故意的内容必须以非法占有公私财物为目的。如果只是抢回自己被骗取或者赌输的财物，不具有非法占有他人财物的目的，不构成抢劫罪。

4. 本罪的主体是年满 14 周岁的人。

三、要点辨析

1. 由于借贷或者其他财产纠纷，而强行扣留对方财物，用以抵债抵物，或者索还债款、欠物的，因为不是以非法占有他人财物为目的，属于讨债、索物手段不当的行为，应查明情况，妥善处理，不按抢劫罪处理。即行为人为索取合法真实债务，即使使用了暴力、暴力威胁等手段的，一般不以抢劫罪定罪处罚。构成故意伤害、非法拘禁等其他犯罪的，依照《刑法》第 234 条等规定处罚。

2. 本罪与抢劫枪支、弹药、爆炸物罪的主要区别在于犯罪对象不同。本罪的犯罪对象是除了枪支、弹药、爆炸物以外的其他公私财物；而后者的犯罪对象是枪支、弹药、爆炸物。另外，这两种犯罪侵犯的客体也不相同。本罪侵犯的客体是公私财产所有权；而后者侵犯的客体，还包括社会的公共完全。

3. 行为人如果寻衅滋事，强拿硬要公私财物，具有逞强好胜和通过强拿硬要来填补其精神空虚等目的，不以真正占有财产为最终目的，并不严重侵犯他人人身权利的，一般不宜以抢劫罪定罪处罚。符合寻衅滋事罪特征的，可以寻衅滋事罪定罪处罚。

4. 区分本罪与故意杀人罪的区别。没有杀人的直接故意，在抢劫中使用暴力，直接导致被害人重伤、死亡的，或者致人重伤经救治无效死亡的，应定抢劫罪；事先预谋杀人，然后又起意抢劫，也照此实施的，或者在实施抢劫中遭遇顽强抵抗，而决意杀人的，这样两种犯意、两种行为都很明显可以独立存在的，应定故意杀人、抢劫两罪，实行数罪并罚；是否具有两种犯意、两种行为，确实分不清的，可以只定一个抢劫罪；先杀人，因遇意外，没有来得及抢劫的，应定故意杀人罪。

5. 对被抢财物、有价证券的估价和计算，应参照盗窃财物、有价证券的估价和计算方法。

6. 正确认定本罪的既遂与未遂。由于抢劫罪侵犯的是复杂客体，既侵犯财产权利又侵犯人身权利，因此，具备劫取财物或者造成他人轻伤以上后果之一的，均属于犯罪既遂。

四、罪名变迁

1979 年《刑法》第 150 条对本罪作了规定，1997 年《刑法》对原条文作了修改。

类罪名:侵犯财产罪 | 罪名:盗窃罪	
量刑标准	**数额较大或者多次盗窃、入户盗窃、携带凶器盗窃、扒窃的** 处3年以下有期徒刑、拘役或者管制,并处或者单处罚金;
	数额巨大或者有其他严重情节的 处3年以上10年以下有期徒刑,并处罚金,可以附加剥夺政治权利;
	数额特别巨大或者有其他特别严重情节的 处10年以上有期徒刑或者无期徒刑,并处罚金或者没收财产,可以附加剥夺政治权利。

法律依据

一、《刑法》条文

第二百六十四条 盗窃公私财物,数额较大的或者多次盗窃、入户盗窃、携带凶器盗窃、扒窃的,处三年以下有期徒刑、拘役或者管制,并处或者单处罚金;数额巨大或者有其他严重情节的,处三年以上十年以下有期徒刑,并处罚金;数额特别巨大或者有其他特别严重情节的,处十年以上有期徒刑或者无期徒刑,并处罚金或者没收财产。

第一百九十六条第三款 盗窃信用卡并使用的,依照本法第二百六十四条的规定定罪处罚。

第二百一十条第一款 盗窃增值税专用发票或者可以用于骗取出口退税、抵扣税款的其他发票的,依照本法第二百六十四条的规定定罪处罚。

第二百五十三条 邮政工作人员私自开拆或者隐匿、毁弃邮件、电报的,处二年以下有期徒刑或者拘役。

犯前款罪而窃取财物的,依照本法第二百六十四条的规定定罪从重处罚。

第二百六十五条 以牟利为目的,盗接他人通信线路、复制他人电信码号或者明知是盗接、复制的电信设备、设施而使用的,依照本法第二百六十四条的规定定罪处罚。

第二百六十九条 犯盗窃、诈骗、抢夺罪,为窝藏赃物、抗拒抓捕或者毁灭罪证而当场使用暴力或者以暴力相威胁的,依照本法第二百六十三条的规定定罪处罚。

第二百八十七条 利用计算机实施金融诈骗、盗窃、贪污、挪用公款、窃取国家秘密或者其他犯罪的,依照本法有关规定定罪处罚。

二、相关法律

《全国人民代表大会常务委员会关于维护互联网安全的决定》(2009年8月27日修正)

四、为了保护个人、法人和其他组织的人身、财产等合法权利,对有下列行为之一,构成犯罪的,依照刑法有关规定追究刑事责任:

(一)利用互联网侮辱他人或者捏造事实诽谤他人;

(二)非法截获、篡改、删除他人电子邮件或者其他数据资料,侵犯公民通信自由和通信秘密;

(三)利用互联网进行盗窃、诈骗、敲诈勒索。

三、相关司法解释/文件

《最高人民法院关于对故意伤害、盗窃等严重破坏社会秩序的犯罪分子能否附加剥夺政治权利问题的批复》(1997年12月23日 法释〔1997〕11号)

根据刑法第五十六条规定,对于故意杀人、强奸、放火、爆炸、投毒、抢劫等严重破坏社会秩序的犯罪分子,可以附加剥夺政治权利。对故意伤害、盗窃等其他严重破坏社会秩序的犯罪,犯罪分子主观恶性较深、犯罪情节恶劣、罪行严重的,也可以依法附加剥夺政治权利。

《最高人民法院、最高人民检察院、公安部、国家工商行政管理局关于依法查处盗窃、抢劫机动车案件的规定》(1998年5月8日 公通字〔1998〕31号)

为依法严厉打击盗窃、抢劫机动车犯罪活动,堵塞盗窃、抢劫机动车犯罪分子的销赃渠道,保护国家、集体财产和公民的合法财产,根据《刑法》

（以下简称《刑法》）、《中华人民共和国刑事诉讼法》（以下简称《刑事诉讼法》）和其他有关法律、法规的规定，制定本规定。

一、司法机关依法查处盗窃、抢劫机动车案件，任何单位和个人都应当予以协助。以暴力、威胁方法阻碍司法工作人员依法办案的，依照《刑法》第二百七十七条第一款的规定处罚。

二、明知是盗窃、抢劫所得机动车而予以窝藏、转移、收购或者代为销售的，依照《刑法》第三百一十二条的规定处罚。

对明知是盗窃、抢劫所得机动车而予以拆解、改装、拼装、典当、倒卖的，视为窝藏、转移、收购或者代为销售，依照《刑法》第三百一十二条的规定处罚。

三、国家指定的车辆交易市场、机动车经营企业（含典当、拍卖行）以及从事机动车修理、零部件销售企业的主管人员或者其他直接责任人员，明知是盗窃、抢劫的机动车而予以窝藏、转移、拆解、改装、拼装、收购或者代为销售的，依照《刑法》第三百一十二条的规定处罚。单位组织实施上述行为的，由工商行政管理机关予以处罚。

四、本规定第二条和第三条中的行为人事先与盗窃、抢劫机动车辆的犯罪分子通谋的，分别以盗窃、抢劫罪的共犯论处。

五、机动车交易必须在国家指定的交易市场或合法经营企业进行，其交易凭证经工商行政管理机关验证盖章后办理登记或过户手续，私下交易机动车辆属于违法行为，由工商行政管理机关依法处理。

明知是赃车而购买，以收购赃物罪定罪处罚。单位的主管人员或者其他直接责任人员明知是赃车购买的，以收购赃物罪定罪处罚。

明知是赃车而介绍买卖的，以收购、销售赃物罪的共犯论处。

六、非法出售机动车有关发票的，或者伪造、擅自制造或者出售伪造、擅自制造的机动车有关发票的，依照《刑法》第二百零九条的规定处罚。

七、伪造、变造、买卖机动车牌证及机动车入户、过户、验证的有关证明文件的，依照《刑法》第二百八十条第一款的规定处罚。

八、公安、工商行政管理人员利用职务上的便利，索取或者非法收受他人财物，为赃车入户、过户、验证构成犯罪的，依照《刑法》第三百八十五条、第三百八十六条的规定处罚。

九、公安、工商行政管理人员或者其他国家机关工作人员滥用职权或者玩忽职守、徇私舞弊，致使赃车入户、过户、验证的，给予行政处分；致使公共财产、国家和人民利益遭受重大损失的，依照《刑法》第三百九十七条的规定处罚。

十、公安人员对盗窃、抢劫的机动车辆，非法提供机动车牌证或者为其取得机动车牌证提供便利，帮助犯罪分子逃避处罚的，依照《刑法》第四百一十七条规定处罚。

十一、对犯罪分子盗窃、抢劫所得的机动车辆及其变卖价款，应当依照《刑法》第六十四条的规定予以追缴。

十二、对明知是赃车而购买的，应将车辆无偿追缴；对违反国家规定购买车辆，经查证是赃车的，公安机关可以根据《刑事诉讼法》第一百一十条和第一百一十四条规定进行追缴和扣押。对不明知是赃车而购买的，结案后予以退还买主。

十三、对购买赃车后使用非法提供的入户、过户手续或者使用伪造、变造的入户、过户手续为赃车入户、过户的，应当吊销牌证，并将车辆无偿追缴；已将入户、过户车辆变卖的，追缴变卖所得并责令赔偿经济损失。

十四、对直接从犯罪分子处追缴的被盗窃、抢劫的机动车辆，经检验鉴定，查证属实后，可依法先行返还失主，移送案件时附清单、照片及其他证据。在返还失主前，按照赃物管理规定管理，任何单位和个人都不得挪用、损毁或者自行处理。

十五、盗窃、抢劫机动车案件，由案件发生地公安机关立案侦查，赃车流入地公安机关应当予以配合。跨地区系列盗窃、抢劫机动车案件，由最初受理的公安机关立案侦查；必要时，可由主要犯罪地公安机关立案侦查，或者由上级公安机关指定立案侦查。

十六、各地公安机关扣押或者协助管辖单位追回的被盗窃、抢劫的机动车应当移送管辖单位依法处理，不得以任何理由扣留或者索取费用。拖延不交的，给予单位领导行政处分。

十七、本规定所称的“明知”，是指知道或者应

当知道。有下列情形之一的,可视为应当知道,但有证据证明确属被蒙骗的除外:

(一)在非法的机动车交易场所和销售单位购买的;

(二)机动车证件手续不全或者明显违反规定的;

(三)机动车发动机号或者车架号有更改痕迹,没有合法证明的;

(四)以明显低于市场价格购买机动车的。

十八、本规定自公布之日起执行。对侵占、抢夺、诈骗机动车案件的查处参照本规定的原则办理。本规定公布后尚未办结的案件,适用本规定。

《最高人民法院、最高人民检察院、公安部关于铁路运输过程中盗窃罪数额认定标准问题的规定》(1999年2月4日　公发〔1999〕4号)

根据《刑法》第二百六十四条的规定,结合铁路运输的治安状况和盗窃案件特点,现对铁路运输过程中盗窃罪数额认定标准规定如下:

一、个人盗窃公私财物"数额较大",以一千元为起点;

二、个人盗窃公私财物"数额巨大",以一万元为起点;

三、个人盗窃公私财物"数额特别巨大",以六万元为起点。

《全国法院维护农村稳定刑事审判工作座谈会纪要》(1999年10月27日　法〔1999〕217号)

(二)关于盗窃案件

要重点打击的是:盗窃农业生产资料和承包经营的山林、果林、渔塘产品等严重影响和破坏农村经济发展的犯罪;盗窃农民生活资料,严重影响农民生活和社会稳定的犯罪;结伙盗窃、盗窃集团和盗、运、销一条龙的犯罪;盗窃铁路、油田、重点工程物资的犯罪等。

对盗窃集团的首要分子、盗窃惯犯、累犯,盗窃活动造成特别严重后果的,要依法从严惩处。对于盗窃牛、马、骡、拖拉机等生产经营工具或者生产资料的,应当依法从重处罚。对盗窃犯罪的初犯、未成年犯,或者确因生活困难而实施盗窃犯罪,或积极退赃、赔偿损失的,应当注意体现政策,酌情从轻处罚。其中,具备判处管制、单处罚金或者宣告缓刑条件的,应区分不同情况尽可能适用管制、罚金或者缓刑。

最高人民法院《关于审理盗窃案件具体应用法律若干问题的解释》第四条中"入户盗窃"的"户",是指家庭及其成员与外界相对隔离的生活场所,包括封闭的院落、为家庭生活租用的房屋、牧民的帐篷以及渔民作为家庭生活场所的渔船等。集生活、经营于一体的处所,在经营时间内一般不视为"户"。

《最高人民法院关于审理扰乱电信市场管理秩序案件具体应用法律若干问题的解释》(2000年5月12日　法释〔2000〕12号)

第七条　将电信卡非法充值后使用,造成电信资费损失数额较大的,依照刑法第二百六十四条的规定,以盗窃罪定罪处罚。

第八条　盗用他人公共信息网络上网账号、密码上网,造成他人电信资费损失数额较大的,依照刑法第二百六十四条的规定,以盗窃罪定罪处罚。

第十条第二款　本解释所称"电信资费损失数额",是指以行为人非法经营国际电信业务或者涉港澳台电信业务的总时长(分钟数)乘以在合法电信业务中我国应当得到的每分钟国际结算价格所得的数额。

《最高人民法院关于审理破坏森林资源刑事案件适用法律若干问题的解释》(2023年8月13日　法释〔2023〕8号)

第十一条　下列行为,符合刑法第二百六十四条规定的,以盗窃罪定罪处罚:

(一)盗窃国家、集体或者他人所有并已经伐倒的树木的;

(二)偷砍他人在自留地或者房前屋后种植的零星树木的。

非法实施采种、采脂、掘根、剥树皮等行为,符合刑法第二百六十四条规定的,以盗窃罪论处。在决定应否追究刑事责任和裁量刑罚时,应当综合考虑对涉案林木资源的损害程度以及行为人获利数额、行为动机、前科情况等情节;认为情节显著轻微危害不大的,不作为犯罪处理。

《最高人民检察院关于单位有关人员组织实施盗窃行为如何适用法律问题的批复》(2002年8月9日　高检发释字〔2002〕5号)

单位有关人员为谋取单位利益组织实施盗窃

行为，情节严重的，应当依照刑法第二百六十四条的规定以盗窃罪追究直接责任人员的刑事责任。

《最高人民法院关于审理破坏公用电信设施刑事案件具体应用法律若干问题的解释》（2004年12月30日　法释〔2004〕21号）

第三条　故意破坏正在使用的公用电信设施尚未危害公共安全，或者故意毁坏尚未投入使用的公用电信设施，造成财物损失，构成犯罪的，依照刑法第二百七十五条规定，以故意毁坏财物罪定罪处罚。

盗窃公用电信设施价值数额不大，但是构成危害公共安全犯罪的，依照刑法第一百二十四条的规定定罪处罚；盗窃公用电信设施同时构成盗窃罪和破坏公用电信设施罪的，依照处罚较重的规定定罪处罚。

第四条　指使、组织、教唆他人实施本解释规定的故意犯罪行为的，按照共犯定罪处罚。

第五条　本解释中规定的公用电信设施的范围、用户数、通信中断和严重障碍的标准和时间长度，依据国家电信行业主管部门的有关规定确定。

《最高人民法院、最高人民检察院关于办理盗窃油气、破坏油气设备等刑事案件具体应用法律若干问题的解释》（2007年1月15日　法释〔2007〕3号）

为维护油气的生产、运输安全，依法惩治盗窃油气、破坏油气设备等犯罪，根据刑法有关规定，现就办理这类刑事案件具体应用法律的若干问题解释如下：

第一条　在实施盗窃油气等行为过程中，采用切割、打孔、撬砸、拆卸、开关等手段破坏正在使用的油气设备的，属于刑法第一百一十八条规定的“破坏燃气或者其他易燃易爆设备”的行为；危害公共安全，尚未造成严重后果的，依照刑法第一百一十八条的规定定罪处罚。

第二条　实施本解释第一条规定的行为，具有下列情形之一的，属于刑法第一百一十九条第一款规定的“造成严重后果”，依照刑法第一百一十九条第一款的规定定罪处罚：

（一）造成一人以上死亡、三人以上重伤或者十人以上轻伤的；

（二）造成井喷或者重大环境污染事故的；

（三）造成直接经济损失数额在五十万元以上的；

（四）造成其他严重后果的。

第三条　盗窃油气或者正在使用的油气设备，构成犯罪，但未危害公共安全的，依照刑法第二百六十四条的规定，以盗窃罪定罪处罚。

盗窃油气，数额巨大但尚未运离现场的，以盗窃未遂定罪处罚。

为他人盗窃油气而偷开油气井、油气管道等油气设备阀门排放油气或者提供其他帮助的，以盗窃罪的共犯定罪处罚。

第四条　盗窃油气同时构成盗窃罪和破坏易燃易爆设备罪的，依照刑法处罚较重的规定定罪处罚。

第五条　明知是盗窃犯罪所得的油气或者油气设备，而予以窝藏、转移、收购、加工、代为销售或者以其他方法掩饰、隐瞒的，依照刑法第三百一十二条的规定定罪处罚。

实施前款规定的犯罪行为，事前通谋的，以盗窃犯罪的共犯定罪处罚。

第六条　违反矿产资源法的规定，非法开采或者破坏性开采石油、天然气资源的，依照《刑法》第三百四十三条以及最高人民法院《关于审理非法采矿、破坏性采矿刑事案件具体应用法律若干问题的解释》的规定追究刑事责任。

第七条　国家机关工作人员滥用职权或者玩忽职守，实施下列行为之一，致使公共财产、国家和人民利益遭受重大损失的，依照刑法第三百九十七条的规定，以滥用职权罪或者玩忽职守罪定罪处罚：

（一）超越职权范围，批准发放石油、天然气勘查、开采、加工、经营等许可证的；

（二）违反国家规定，给不符合法定条件的单位、个人发放石油、天然气勘查、开采、加工、经营等许可证的；

（三）违反《石油天然气管道保护条例》等国家规定，在油气设备安全保护范围内批准建设项目的；

（四）对发现或者经举报查实的未经依法批准、许可擅自从事石油、天然气勘查、开采、加工、经营等违法活动不予查封、取缔的。

第八条　本解释所称的“油气”，是指石油、天然气。其中，石油包括原油、成品油；天然气包括煤层气。

本解释所称“油气设备”,是指用于石油、天然气生产、储存、运输等易燃易爆设备。

《最高人民法院、最高人民检察院关于办理盗窃刑事案件适用法律若干问题的解释》(2013年4月2日 法释〔2013〕8号)

为依法惩治盗窃犯罪活动,保护公私财产,根据《中华人民共和国刑法》、《中华人民共和国刑事诉讼法》的有关规定,现就办理盗窃刑事案件适用法律的若干问题解释如下:

第一条 盗窃公私财物价值一千元至三千元以上、三万元至十万元以上、三十万元至五十万元以上的,应当分别认定为刑法第二百六十四条规定的“数额较大”、“数额巨大”、“数额特别巨大”。

各省、自治区、直辖市高级人民法院、人民检察院可以根据本地区经济发展状况,并考虑社会治安状况,在前款规定的数额幅度内,确定本地区执行的具体数额标准,报最高人民法院、最高人民检察院批准。

在跨地区运行的公共交通工具上盗窃,盗窃地点无法查证的,盗窃数额是否达到“数额较大”、“数额巨大”、“数额特别巨大”,应当根据受理案件所在地省、自治区、直辖市高级人民法院、人民检察院确定的有关数额标准认定。

盗窃毒品等违禁品,应当按照盗窃罪处理的,根据情节轻重量刑。

第二条 盗窃公私财物,具有下列情形之一的,“数额较大”的标准可以按照前条规定标准的百分之五十确定:

(一)曾因盗窃受过刑事处罚的;

(二)一年内曾因盗窃受过行政处罚的;

(三)组织、控制未成年人盗窃的;

(四)自然灾害、事故灾害、社会安全事件等突发事件期间,在事件发生地盗窃的;

(五)盗窃残疾人、孤寡老人、丧失劳动能力人的财物的;

(六)在医院盗窃病人或者其亲友财物的;

(七)盗窃救灾、抢险、防汛、优抚、扶贫、移民、救济款物的;

(八)因盗窃造成严重后果的。

第三条 二年内盗窃三次以上的,应当认定为“多次盗窃”。

非法进入供他人家庭生活,与外界相对隔离的住所盗窃的,应当认定为“入户盗窃”。

携带枪支、爆炸物、管制刀具等国家禁止个人携带的器械盗窃,或者为了实施违法犯罪携带其他足以危害他人人身安全的器械盗窃的,应当认定为“携带凶器盗窃”。

在公共场所或者公共交通工具上盗窃他人随身携带的财物的,应当认定为“扒窃”。

第四条 盗窃的数额,按照下列方法认定:

(一)被盗财物有有效价格证明的,根据有效价格证明认定;无有效价格证明,或者根据价格证明认定盗窃数额明显不合理的,应当按照有关规定委托估价机构估价;

(二)盗窃外币的,按照盗窃时中国外汇交易中心或者中国人民银行授权机构公布的人民币对该货币的中间价折合成人民币计算;中国外汇交易中心或者中国人民银行授权机构未公布汇率中间价的外币,按照盗窃时境内银行人民币对该货币的中间价折算成人民币,或者该货币在境内银行、国际外汇市场对美元汇率,与人民币对美元汇率中间价进行套算;

(三)盗窃电力、燃气、自来水等财物,盗窃数量能够查实的,按照查实的数量计算盗窃数额;盗窃数量无法查实的,以盗窃前六个月月均正常用量减去盗窃后计量仪表显示的月均用量推算盗窃数额;盗窃前正常使用不足六个月的,按照正常使用期间的月均用量减去盗窃后计量仪表显示的月均用量推算盗窃数额;

(四)明知是盗接他人通信线路、复制他人电信码号的电信设备、设施而使用的,按照合法用户为其支付的费用认定盗窃数额;无法直接确认的,以合法用户的电信设备、设施被盗接、复制后的月缴费额减去被盗接、复制前六个月的月均电话费推算盗窃数额;合法用户使用电信设备、设施不足六个月的,按照实际使用的月均电话费推算盗窃数额;

(五)盗接他人通信线路、复制他人电信码号出售的,按照销赃数额认定盗窃数额。

盗窃行为给失主造成的损失大于盗窃数额的,损失数额可以作为量刑情节考虑。

第五条 盗窃有价支付凭证、有价证券、有价票证的，按照下列方法认定盗窃数额：

（一）盗窃不记名、不挂失的有价支付凭证、有价证券、有价票证的，应当按票面数额和盗窃时应得的孳息、奖金或者奖品等可得收益一并计算盗窃数额；

（二）盗窃记名的有价支付凭证、有价证券、有价票证，已经兑现的，按照兑现部分的财物价值计算盗窃数额；没有兑现，但失主无法通过挂失、补领、补办手续等方式避免损失的，按照给失主造成的实际损失计算盗窃数额。

第六条　盗窃公私财物，具有本解释第二条第三项至第八项规定情形之一，或者入户盗窃、携带凶器盗窃，数额达到本解释第一条规定的"数额巨大"、"数额特别巨大"百分之五十的，可以分别认定为刑法第二百六十四条规定的"其他严重情节"或者"其他特别严重情节"。

第七条　盗窃公私财物数额较大，行为人认罪、悔罪，退赃、退赔，且具有下列情形之一，情节轻微的，可以不起诉或者免予刑事处罚；必要时，由有关部门予以行政处罚：

（一）具有法定从宽处罚情节的；

（二）没有参与分赃或者获赃较少且不是主犯的；

（三）被害人谅解的；

（四）其他情节轻微、危害不大的。

第八条　偷拿家庭成员或者近亲属的财物，获得谅解的，一般可不认为是犯罪；追究刑事责任的，应当酌情从宽。

第九条　盗窃国有馆藏一般文物、三级文物、二级以上文物的，应当分别认定为刑法第二百六十四条规定的"数额较大"、"数额巨大"、"数额特别巨大"。

盗窃多件不同等级国有馆藏文物的，三件同级文物可以视为一件高一级文物。

盗窃民间收藏的文物的，根据本解释第四条第一款第一项的规定认定盗窃数额。

第十条　偷开他人机动车的，按照下列规定处理：

（一）偷开机动车，导致车辆丢失的，以盗窃罪定罪处罚；

（二）为盗窃其他财物，偷开机动车作为犯罪工具使用后非法占有车辆，或者将车辆遗弃导致丢失的，被盗车辆的价值计入盗窃数额；

（三）为实施其他犯罪，偷开机动车作为犯罪工具使用后非法占有车辆，或者将车辆遗弃导致丢失的，以盗窃罪和其他犯罪数罪并罚；将车辆送回未造成丢失的，按照其所实施的其他犯罪从重处罚。

第十一条　盗窃公私财物并造成财物损毁的，按照下列规定处理：

（一）采用破坏性手段盗窃公私财物，造成其他财物损毁的，以盗窃罪从重处罚；同时构成盗窃罪和其他犯罪的，择一重罪从重处罚；

（二）实施盗窃犯罪后，为掩盖罪行或者报复等，故意毁坏其他财物构成犯罪的，以盗窃罪和构成的其他犯罪数罪并罚；

（三）盗窃行为未构成犯罪，但损毁财物构成其他犯罪的，以其他犯罪定罪处罚。

第十二条　盗窃未遂，具有下列情形之一的，应当依法追究刑事责任：

（一）以数额巨大的财物为盗窃目标的；

（二）以珍贵文物为盗窃目标的；

（三）其他情节严重的情形。

盗窃既有既遂，又有未遂，分别达到不同量刑幅度的，依照处罚较重的规定处罚；达到同一量刑幅度的，以盗窃罪既遂处罚。

第十三条　单位组织、指使盗窃，符合刑法第二百六十四条及本解释有关规定的，以盗窃罪追究组织者、指使者、直接实施者的刑事责任。

第十四条　因犯盗窃罪，依法判处罚金刑的，应当在一千元以上盗窃数额的二倍以下判处罚金；没有盗窃数额或者盗窃数额无法计算的，应当在一千元以上十万元以下判处罚金。

《最高人民法院、最高人民检察院关于常见犯罪的量刑指导意见（试行）》（2021年7月1日　法发〔2021〕21号）

（十一）盗窃罪

1. 构成盗窃罪的，根据下列情形在相应的幅度内确定量刑起点：

（1）达到数额较大起点的，二年内三次盗窃的，入户盗窃的，携带凶器盗窃的，或者扒窃的，在一年以下有期徒刑、拘役幅度内确定量刑起点。

（2）达到数额巨大起点或者有其他严重情节

的,在三年至四年有期徒刑幅度内确定量刑起点。

(3)达到数额特别巨大起点或者有其他特别严重情节的,在十年至十二年有期徒刑幅度内确定量刑起点。依法应当判处无期徒刑的除外。

2. 在量刑起点的基础上,根据盗窃数额、次数、手段等其他影响犯罪构成的犯罪事实增加刑罚量,确定基准刑。

多次盗窃,数额达到较大以上的,以盗窃数额确定量刑起点,盗窃次数可以作为调节基准刑的量刑情节;数额未达到较大的,以盗窃次数确定量刑起点,超过三次的次数作为增加刑罚量的事实。

3. 构成盗窃罪的,根据盗窃的数额、次数、手段、危害后果等犯罪情节,综合考虑被告人缴纳罚金的能力,在一千元以上盗窃数额二倍以下决定罚金数额;没有盗窃数额或者盗窃数额无法计算的,在一千元以上十万元以下判处罚金。

4. 构成盗窃罪的,综合考虑盗窃的起因、数额、次数、手段、退赃退赔等犯罪事实、量刑情节,以及被告人的主观恶性、人身危险性、认罪悔罪表现等因素,决定缓刑的适用。

《最高人民法院关于审理破坏土地资源刑事案件具体应用法律若干问题的解释》(2023 年 8 月 13 日　法释〔2023〕8 号)

第十一条　下列行为,符合刑法第二百六十四条规定的,以盗窃罪定罪处罚:

(一)盗窃国家、集体或者他人所有并已经伐倒的树木的;

(二)偷砍他人在自留地或者房前屋后种植的零星树木的。

非法实施采种、采脂、掘根、剥树皮等行为,符合刑法第二百六十四条规定的,以盗窃罪论处。在决定应否追究刑事责任和裁量刑罚时,应当综合考虑对涉案林木资源的损害程度以及行为人获利数额、行为动机、前科情况等情节;认为情节显著轻微危害不大的,不作为犯罪处理。

《最高人民法院、最高人民检察院、公安部关于办理盗窃油气、破坏油气设备等刑事案件适用法律若干问题的意见》(2018 年 9 月 28 日　法发〔2018〕18 号)

二、关于盗窃油气未遂的刑事责任

着手实施盗窃油气行为,由于意志以外的原因未得逞,具有下列情形之一的,以盗窃罪(未遂)追究刑事责任:

(一)以数额巨大的油气为盗窃目标的;

(二)已将油气装入包装物或者运输工具,达到“数额较大”标准三倍以上的;

(三)携带盗油卡子、手摇钻、电钻、电焊枪等切割、打孔、撬砸、拆卸工具的;

(四)其他情节严重的情形。

三、关于共犯的认定

在共同盗窃油气、破坏油气设备等犯罪中,实际控制、为主出资或者组织、策划、纠集、雇佣、指使他人参与犯罪的,应当依法认定为主犯;对于其他人员,在共同犯罪中起主要作用的,也应当依法认定为主犯。

在输油输气管道投入使用前擅自安装阀门,在管道投入使用后将该阀门提供给他人盗窃油气的,以盗窃罪、破坏易燃易爆设备罪等有关犯罪的共同犯罪论处。

四、关于内外勾结盗窃油气行为的处理

行为人与油气企业人员勾结共同盗窃油气,没有利用油气企业人员职务便利,仅仅是利用其易于接近油气设备、熟悉环境等方便条件的,以盗窃罪的共同犯罪论处。

实施上述行为,同时构成破坏易燃易爆设备罪的,依照处罚较重的规定定罪处罚。

五、关于窝藏、转移、收购、加工、代为销售被盗油气行为的处理

明知是犯罪所得的油气而予以窝藏、转移、收购、加工、代为销售或者以其他方式掩饰、隐瞒,符合刑法第三百一十二条规定的,以掩饰、隐瞒犯罪所得罪追究刑事责任。

“明知”的认定,应当结合行为人的认知能力、所得报酬、运输工具、运输路线、收购价格、收购形式、加工方式、销售地点、仓储条件等因素综合考虑。

实施第一款规定的犯罪行为,事前通谋的,以盗窃罪、破坏易燃易爆设备罪等有关犯罪的共同犯罪论处。

六、关于直接经济损失的认定

《最高人民法院、最高人民检察院关于办理盗窃油气、破坏油气设备等刑事案件具体应用法律若

干问题的解释》第二条第三项规定的“直接经济损失”包括因实施盗窃油气等行为直接造成的油气损失以及采取抢修堵漏等措施所产生的费用。

对于直接经济损失数额，综合油气企业提供的证据材料、犯罪嫌疑人、被告人及其辩护人所提辩解、辩护意见等认定；难以确定的，依据价格认证机构出具的报告，结合其他证据认定。

油气企业提供的证据材料，应当有工作人员签名和企业公章。

七、关于专门性问题的认定

对于油气的质量、标准等专门性问题，综合油气企业提供的证据材料、犯罪嫌疑人、被告人及其辩护人所提辩解、辩护意见等认定；难以确定的，依据司法鉴定机构出具的鉴定意见或者国务院公安部门指定的机构出具的报告，结合其他证据认定。

油气企业提供的证据材料，应当有工作人员签名和企业公章。

量刑要素

邮政工作人员犯私自开拆、隐匿、毁弃邮件、电报罪而窃取财物的，依本罪从重处罚。（《刑法》第253条第2款）

要义辨析

一、概念

本罪是指以非法占有为目的，秘密地窃取数额较大的公私财物的行为。

二、构成要件

1. 本罪侵犯的客体是公私财产的所有权。犯罪对象是国家、集体、公民个人所有的财物。

2. 客观方面表现为秘密窃取公私财物的行为。秘密窃取，是指行为人主观上自认为采取不会被财物的所有者、保管者或者经手者发觉的方法，暗中窃取其财物的行为。

3. 犯罪主体为一般主体，即凡年满16周岁并具有刑事责任能力的自然人，都可以构成盗窃罪的主体。

4. 主观方面只能由直接故意构成，并且具有非法占有他人财物的目的。

三、要点辨析

1. 盗窃罪的既遂：数额较大是构成盗窃罪的要件之一，因此，对于偶尔一两次进行盗窃，且数额未达到较大的，一般不能以盗窃罪论处。行为人只要使财物脱离物主的控制，实际置于自己的控制之下，即为既遂。

2. 本罪只能由直接故意构成。至于盗窃得手的财物，是据为己有、赠予他人、交给集体甚至毁弃，或者又被他人非法占有的，都是非法窃取之后的处置、下落问题，改变不了非法侵犯财产所有权的本质，不影响本罪的成立。

3. 单位盗窃如何适用法律问题：根据《最高人民法院、最高人民检察院关于办理盗窃刑事案件适用法律若干问题的解释》第13条规定，单位组织、指使盗窃，符合《刑法》第264条及该解释有关规定的，以盗窃罪追究组织者、指使者、直接实施者的刑事责任。

4. 关于盗窃罪死刑的取消。

盗窃，一直是农业为主的中国社会常见多发犯罪。1979年《刑法》制定时，设定了盗窃最高可以判处死刑。司法解释的量刑标准，一般是发达地区盗窃4万元以上，内地经济相对不发达地区3万元以上，即可以适用死刑。对于惯窃，量刑情节是以次数论，而不是以金额论，死刑标准更低。盗窃不足千元也有处死刑的。在死刑适用中，盗窃罪一直占有很高的比重。

1997年《刑法》作了重大修订，取消了绝大多数盗窃类型的死刑，但是仍然保留了两种特殊的、现实中发生不多的、危害严重的盗窃的死刑，即：“有下列情形之一的，处无期徒刑或者死刑，并处没收财产：(一)盗窃金融机构，数额特别巨大的；(二)盗窃珍贵文物，情节严重的。”同时，1997年《刑法》取消了惯窃罪这个罪名，并入了盗窃罪。

2011年5月1日《刑法修正案(八)》，将《刑法》68个死刑罪名，减至55个，减少了13个。其中第39条,取消了盗窃罪的全部死刑。对盗窃罪的成立条件及标准作了进一步修改完善,增加了"入户盗窃、携带凶器盗窃、扒窃",同时规定了"盗窃金融机构,数额特别巨大的""盗窃珍贵文物,情节严重的"这两项加重处罚条件,但是取消了死刑。

2015年11月1日《刑法修正案(九)》,全国人大再次减少了中国死刑适用范围,将《刑法》原来规定的55个死刑罪名,减少到46个。

四、罪名变迁

本罪在1979年《刑法》第151条和第152条作了规定。1997年《刑法》对罪状作了修改,取消了绝大多数盗窃类型的死刑,但是仍保留盗窃金融机构、盗窃珍贵文物两种特殊盗窃的死刑,并取消惯窃罪名。2011年5月1日《刑法修正案(八)》再次修改罪状,并取消了所有盗窃罪的死刑。

类罪名:侵犯财产罪 | 罪名:诈骗罪	
量刑标准	**数额较大的** 处3年以下有期徒刑、拘役或者管制,并处或者单处罚金;
	数额巨大或者有其他严重情节的 处3年以上10年以下有期徒刑,并处罚金;
	数额特别巨大或者有其他特别严重情节的 处10年以上有期徒刑或者无期徒刑,并处罚金或者没收财产。

法律依据

一、《刑法》条文

第二百六十六条 诈骗公私财物,数额较大的,处三年以下有期徒刑、拘役或者管制,并处或者单处罚金;数额巨大或者有其他严重情节的,处三年以上十年以下有期徒刑,并处罚金;数额特别巨大或者有其他特别严重情节的,处十年以上有期徒刑或者无期徒刑,并处罚金或者没收财产。本法另有规定的,依照规定。

第二百一十条第二款 使用欺骗手段骗取增值税专用发票或者可以用于骗取出口退税、抵扣税款的其他发票的,依照本法第二百六十六条的规定定罪处罚。

第二百六十九条 犯盗窃、诈骗、抢夺罪,为窝藏赃物、抗拒抓捕或者毁灭罪证而当场使用暴力或者以暴力相威胁的,依照本法第二百六十三条的规定定罪处罚。

第二百八十七条 利用计算机实施金融诈骗、盗窃、贪污、挪用公款、窃取国家秘密或者其他犯罪的,依照本法有关规定定罪处罚。

第三百条第三款 犯第一款罪(组织、利用会道门、邪教组织利用迷信破坏法律实施罪)又有奸淫妇女、诈骗财物等犯罪行为的,依照数罪并罚的规定处罚。

二、相关法律

《全国人民代表大会常务委员会关于维护互联网安全的决定》(2009年8月27日修正)

四、为了保护个人、法人和其他组织的人身、财产等合法权利,对有下列行为之一,构成犯罪的,依照刑法有关规定追究刑事责任:

(一)利用互联网侮辱他人或者捏造事实诽谤他人;

(二)非法截获、篡改、删除他人电子邮件或者其他数据资料,侵犯公民通信自由和通信秘密;

(三)利用互联网进行盗窃、诈骗、敲诈勒索。

三、相关司法解释/文件

《最高人民法院关于审理扰乱电信市场管理秩序案件具体应用法律若干问题的解释》(2000年4月28日 法释〔2000〕12号)

第九条 以虚假、冒用的身份证件办理入网手续并使用移动电话,造成电信资费损失数额较大的，依照刑法第二百六十六条的规定，以诈骗罪定罪处罚。

《最高人民检察院法律政策研究室关于通过伪造证据骗取法院民事裁判占有他人财物的行为如何适用法律问题的答复》（2002 年 10 月 24 日　高检研发〔2002〕第 18 号）

以非法占有为目的，通过伪造证据骗取法院民事裁判占有他人财物的行为所侵害的主要是人民法院正常的审判活动，可以由人民法院依照民事诉讼法的有关规定作出处理，不宜以诈骗罪追究行为人的刑事责任。如果行为人伪造证据时，实施了伪造公司、企业、事业单位、人民团体印章的行为，构成犯罪的，应当依照刑法第二百八十条第二款的规定，以伪造公司、企业、事业单位、人民团体印章罪追究刑事责任；如果行为人有指使他人作伪证行为，构成犯罪的应当依照刑法第三百零七条第一款的规定，以妨害作证罪追究刑事责任。

《最高人民法院、最高人民检察院关于办理妨害预防、控制突发传染病疫情等灾害的刑事案件具体应用法律若干问题的解释》（2003 年 5 月 14 日　法释〔2003〕8 号）

第七条　在预防、控制突发传染病疫情等灾害期间，假借研制、生产或者销售用于预防、控制突发传染病疫情等灾害用品的名义，诈骗公私财物数额较大的，依照刑法有关诈骗罪的规定定罪，依法从重处罚。

《最高人民法院关于审理伪造货币等案件具体应用法律若干问题的解释（二）》（2010 年 10 月 20 日　法释〔2010〕14 号）

第五条　以使用为目的，伪造停止流通的货币，或者使用伪造的停止流通的货币的，依照刑法第二百六十六条的规定，以诈骗罪定罪处罚。

《最高人民法院、最高人民检察院关于办理诈骗刑事案件具体应用法律若干问题的解释》（2011 年 3 月 1 日　法释〔2011〕7 号）

为依法惩治诈骗犯罪活动，保护公私财产所有权，根据刑法、刑事诉讼法有关规定，结合司法实践的需要，现就办理诈骗刑事案件具体应用法律的若干问题解释如下：

第一条　诈骗公私财物价值三千元至一万元以上、三万元至十万元以上、五十万元以上的，应当分别认定为刑法第二百六十六条规定的“数额较大”、“数额巨大”、“数额特别巨大”。

各省、自治区、直辖市高级人民法院、人民检察院可以结合本地区经济社会发展状况，在前款规定的数额幅度内，共同研究确定本地区执行的具体数额标准，报最高人民法院、最高人民检察院备案。

第二条　诈骗公私财物达到本解释第一条规定的数额标准，具有下列情形之一的，可以依照刑法第二百六十六条的规定酌情从严惩处：

（一）通过发送短信、拨打电话或者利用互联网、广播电视、报刊杂志等发布虚假信息，对不特定多数人实施诈骗的；

（二）诈骗救灾、抢险、防汛、优抚、扶贫、移民、救济、医疗款物的；

（三）以赈灾募捐名义实施诈骗的；

（四）诈骗残疾人、老年人或者丧失劳动能力人的财物的；

（五）造成被害人自杀、精神失常或者其他严重后果的。

诈骗数额接近本解释第一条规定的“数额巨大”、“数额特别巨大”的标准，并具有前款规定的情形之一或者属于诈骗集团首要分子的，应当分别认定为刑法第二百六十六条规定的“其他严重情节”、“其他特别严重情节”。

第三条　诈骗公私财物虽已达到本解释第一条规定的“数额较大”的标准，但具有下列情形之一，且行为人认罪、悔罪的，可以根据刑法第三十七条、刑事诉讼法第一百四十二条的规定不起诉或者免予刑事处罚：

（一）具有法定从宽处罚情节的；

（二）一审宣判前全部退赃、退赔的；

（三）没有参与分赃或者获赃较少且不是主犯的；

（四）被害人谅解的；

（五）其他情节轻微、危害不大的。

第四条　诈骗近亲属的财物，近亲属谅解的，一般可不按犯罪处理。

诈骗近亲属的财物，确有追究刑事责任必要的，具体处理也应酌情从宽。

第五条　诈骗未遂，以数额巨大的财物为诈骗目标的，或者具有其他严重情节的，应当定罪处罚。

利用发送短信、拨打电话、互联网等电信技术手段对不特定多数人实施诈骗,诈骗数额难以查证,但具有下列情形之一的,应当认定为刑法第二百六十六条规定的"其他严重情节",以诈骗罪(未遂)定罪处罚:

(一)发送诈骗信息五千条以上的;

(二)拨打诈骗电话五百人次以上的;

(三)诈骗手段恶劣、危害严重的。

实施前款规定行为,数量达到前款第(一)、(二)项规定标准十倍以上的,或者诈骗手段特别恶劣、危害特别严重的,应当认定为刑法第二百六十六条规定的"其他特别严重情节",以诈骗罪(未遂)定罪处罚。

第六条　诈骗既有既遂,又有未遂,分别达到不同量刑幅度的,依照处罚较重的规定处罚;达到同一量刑幅度的,以诈骗罪既遂处罚。

第七条　明知他人实施诈骗犯罪,为其提供信用卡、手机卡、通讯工具、通讯传输通道、网络技术支持、费用结算等帮助的,以共同犯罪论处。

第八条　冒充国家机关工作人员进行诈骗,同时构成诈骗罪和招摇撞骗罪的,依照处罚较重的规定定罪处罚。

第九条　案发后查封、扣押、冻结在案的诈骗财物及其孳息,权属明确的,应当发还被害人;权属不明确的,可按被骗款物占查封、扣押、冻结在案的财物及其孳息总额的比例发还被害人,但已获退赔的应予扣除。

第十条　行为人已将诈骗财物用于清偿债务或者转让给他人,具有下列情形之一的,应当依法追缴:

(一)对方明知是诈骗财物而收取的;

(二)对方无偿取得诈骗财物的;

(三)对方以明显低于市场的价格取得诈骗财物的;

(四)对方取得诈骗财物系源于非法债务或者违法犯罪活动的。

他人善意取得诈骗财物的,不予追缴。

《最高人民法院、最高人民检察院关于常见犯罪的量刑指导意见(试行)》(2021年7月1日　法发〔2021〕21号)

(十二)诈骗罪

1. 构成诈骗罪的,根据下列情形在相应的幅度内确定量刑起点:

(1)达到数额较大起点的,在一年以下有期徒刑、拘役幅度内确定量刑起点。

(2)达到数额巨大起点或者有其他严重情节的,在三年至四年有期徒刑幅度内确定量刑起点。

(3)达到数额特别巨大起点或者有其他特别严重情节的,在十年至十二年有期徒刑幅度内确定量刑起点。依法应当判处无期徒刑的除外。

2. 在量刑起点的基础上,根据诈骗数额等其他影响犯罪构成的犯罪事实增加刑罚量,确定基准刑。

3. 构成诈骗罪的,根据诈骗的数额、手段、危害后果等犯罪情节,综合考虑被告人缴纳罚金的能力,决定罚金数额。

4. 构成诈骗罪的,综合考虑诈骗的起因、手段、数额、危害后果、退赃退赔等犯罪事实、量刑情节,以及被告人的主观恶性、人身危险性、认罪悔罪表现等因素,决定缓刑的适用。对实施电信网络诈骗的,从严把握缓刑的适用。

《最高人民法院、最高人民检察院、公安部、司法部关于办理"套路贷"刑事案件若干问题的意见》(2019年4月9日)

为持续深入开展扫黑除恶专项斗争,准确甄别和依法严厉惩处"套路贷"违法犯罪分子,根据刑法、刑事诉讼法、有关司法解释以及最高人民法院、最高人民检察院、公安部、司法部《关于办理黑恶势力犯罪案件若干问题的指导意见》等规范性文件的规定,现对办理"套路贷"刑事案件若干问题提出如下意见:

一、准确把握"套路贷"与民间借贷的区别

1. "套路贷",是对以非法占有为目的,假借民间借贷之名,诱使或迫使被害人签订"借贷"或变相"借贷""抵押""担保"等相关协议,通过虚增借贷金额、恶意制造违约、肆意认定违约、毁匿还款证据等方式形成虚假债权债务,并借助诉讼、仲裁、公证或者采用暴力、威胁以及其他手段非法占有被害人财物的相关违法犯罪活动的概括性称谓。

2. "套路贷"与平等主体之间基于意思自治而形成的民事借贷关系存在本质区别,民间借贷的出借人是为了到期按照协议约定的内容收回本金并获取利息,不具有非法占有他人财物的目的,也不会在签订、履行借贷协议过程中实施虚增借贷金额、制造虚假给付痕迹、恶意制造违约、肆意认定违约、毁匿还款证据等行为。

司法实践中，应当注意非法讨债引发的案件与“套路贷”案件的区别，犯罪嫌疑人、被告人不具有非法占有目的，也未使用“套路”与借款人形成虚假债权债务，不应视为“套路贷”。因使用暴力、威胁以及其他手段强行索债构成犯罪的，应当根据具体案件事实定罪处罚。

3. 实践中，“套路贷”的常见犯罪手法和步骤包括但不限于以下情形：

(1)制造民间借贷假象。犯罪嫌疑人、被告人往往以“小额贷款公司”“投资公司”“咨询公司”“担保公司”“网络借贷平台”等名义对外宣传，以低息、无抵押、无担保、快速放款等为诱饵吸引被害人借款，继而以“保证金”“行规”等虚假理由诱使被害人基于错误认识签订金额虚高的“借贷”协议或相关协议。有的犯罪嫌疑人、被告人还会以被害人先前借贷违约等理由，迫使对方签订金额虚高的“借贷”协议或相关协议。

(2)制造资金走账流水等虚假给付事实。犯罪嫌疑人、被告人按照虚高的“借贷”协议金额将资金转入被害人账户，制造已将全部借款交付被害人的银行流水痕迹，随后便采取各种手段将其中全部或者部分资金收回，被害人实际上并未取得或者完全取得“借贷”协议、银行流水上显示的钱款。

(3)故意制造违约或者肆意认定违约。犯罪嫌疑人、被告人往往会以设置违约陷阱、制造还款障碍等方式，故意造成被害人违约，或者通过肆意认定违约，强行要求被害人偿还虚假债务。

(4)恶意垒高借款金额。当被害人无力偿还时，有的犯罪嫌疑人、被告人会安排其所属公司或者指定的关联公司、关联人员为被害人偿还“借款”，继而与被害人签订金额更大的虚高“借贷”协议或相关协议，通过这种“转单平账”“以贷还贷”的方式不断垒高“债务”。

(5)软硬兼施“索债”。在被害人未偿还虚高“借款”的情况下，犯罪嫌疑人、被告人借助诉讼、仲裁、公证或者采用暴力、威胁以及其他手段向被害人或者被害人的特定关系人索取“债务”。

二、依法严惩“套路贷”犯罪

4. 实施“套路贷”过程中，未采用明显的暴力或者威胁手段，其行为特征从整体上表现为以非法占有为目的，通过虚构事实、隐瞒真相骗取被害人财物的，一般以诈骗罪定罪处罚；对于在实施“套路贷”过程中多种手段并用，构成诈骗、敲诈勒索、非法拘禁、虚假诉讼、寻衅滋事、强迫交易、抢劫、绑架等多种犯罪的，应当根据具体案件事实，区分不同情况，依照刑法及有关司法解释的规定数罪并罚或者择一重处。

5. 多人共同实施“套路贷”犯罪，犯罪嫌疑人、被告人在所参与的犯罪中起主要作用的，应当认定为主犯，对其参与或组织、指挥的全部犯罪承担刑事责任；起次要或辅助作用的，应当认定为从犯。

明知他人实施“套路贷”犯罪，具有以下情形之一的，以相关犯罪的共犯论处，但刑法和司法解释等另有规定的除外：

(1)组织发送“贷款”信息、广告，吸引、介绍被害人“借款”的；

(2)提供资金、场所、银行卡、账号、交通工具等帮助的；

(3)出售、提供、帮助获取公民个人信息的；

(4)协助制造走账记录等虚假给付事实的；

(5)协助办理公证的；

(6)协助以虚假事实提起诉讼或者仲裁的；

(7)协助套现、取现、办理动产或不动产过户等，转移犯罪所得及其产生的收益的；

(8)其他符合共同犯罪规定的情形。

上述规定中的“明知他人实施‘套路贷’犯罪”，应当结合行为人的认知能力、既往经历、行为次数和手段、与同案人、被害人的关系、获利情况、是否曾因“套路贷”受过处罚、是否故意规避查处等主客观因素综合分析认定。

6. 在认定“套路贷”犯罪数额时，应当与民间借贷相区别，从整体上予以否定性评价，“虚高债务”和以“利息”“保证金”“中介费”“服务费”“违约金”等名目被犯罪嫌疑人、被告人非法占有的财物，均应计入犯罪数额。

犯罪嫌疑人、被告人实际给付被害人的本金数额，不计入犯罪数额。

已经着手实施“套路贷”,但因意志以外原因未得逞的,可以根据相关罪名所涉及的刑法、司法解释规定,按照已着手非法占有的财物数额认定犯罪未遂。既有既遂,又有未遂,犯罪既遂部分与未遂部分分别对应不同法定刑幅度的,应当先决定对未遂部分是否减轻处罚,确定未遂部分对应的法定刑幅度,再与既遂部分对应的法定刑幅度进行比较,选择处罚较重的法定刑幅度,并酌情从重处罚;二者在同一量刑幅度的,以犯罪既遂酌情从重处罚。

7. 犯罪嫌疑人、被告人实施“套路贷”违法所得的一切财物,应当予以追缴或者责令退赔;对被害人的合法财产,应当及时返还。有证据证明是犯罪嫌疑人、被告人为实施“套路贷”而交付给被害人的本金,赔偿被害人损失后如有剩余,应依法予以没收。

犯罪嫌疑人、被告人已将违法所得的财物用于清偿债务、转让或者设置其他权利负担,具有下列情形之一的,应当依法追缴:

(1)第三人明知是违法所得财物而接受的;

(2)第三人无偿取得或者以明显低于市场的价格取得违法所得财物的;

(3)第三人通过非法债务清偿或者违法犯罪活动取得违法所得财物的;

(4)其他应当依法追缴的情形。

8. 以老年人、未成年人、在校学生、丧失劳动能力的人为对象实施“套路贷”,或者因实施“套路贷”造成被害人或其特定关系人自杀、死亡、精神失常、为偿还“债务”而实施犯罪活动的,除刑法、司法解释另有规定的外,应当酌情从重处罚。

在坚持依法从严惩处的同时,对于认罪认罚、积极退赃、真诚悔罪或者具有其他法定、酌定从轻处罚情节的被告人,可以依法从宽处罚。

9. 对于“套路贷”犯罪分子,应当根据其所触犯的具体罪名,依法加大财产刑适用力度。符合刑法第三十七条之一规定的,可以依法禁止从事相关职业。

10. 三人以上为实施“套路贷”而组成的较为固定的犯罪组织,应当认定为犯罪集团。对首要分子应按照集团所犯全部罪行处罚。

符合黑恶势力认定标准的,应当按照黑社会性质组织、恶势力或者恶势力犯罪集团侦查、起诉、审判。

三、依法确定“套路贷”刑事案件管辖

11. “套路贷”犯罪案件一般由犯罪地公安机关侦查,如果由犯罪嫌疑人居住地公安机关立案侦查更为适宜的,可以由犯罪嫌疑人居住地公安机关立案侦查。犯罪地包括犯罪行为发生地和犯罪结果发生地。

“犯罪行为发生地”包括为实施“套路贷”所设立的公司所在地、“借贷”协议或相关协议签订地、非法讨债行为实施地、为实施“套路贷”而进行诉讼、仲裁、公证的受案法院、仲裁委员会、公证机构所在地,以及“套路贷”行为的预备地、开始地、途经地、结束地等。

“犯罪结果发生地”包括违法所得财物的支付地、实际取得地、藏匿地、转移地、使用地、销售地等。

除犯罪地、犯罪嫌疑人居住地外,其他地方公安机关对于公民扭送、报案、控告、举报或者犯罪嫌疑人自首的“套路贷”犯罪案件,都应当立即受理,经审查认为有犯罪事实的,移送有管辖权的公安机关处理。

黑恶势力实施的“套路贷”犯罪案件,由侦办黑社会性质组织、恶势力或者恶势力犯罪集团案件的公安机关进行侦查。

12. 具有下列情形之一的,有关公安机关可以在其职责范围内并案侦查:

(1)一人犯数罪的;

(2)共同犯罪的;

(3)共同犯罪的犯罪嫌疑人还实施其他犯罪的;

(4)多个犯罪嫌疑人实施的犯罪存在直接关联,并案处理有利于查明案件事实的。

13. 本意见自2019年4月9日起施行。

《最高人民法院、最高人民检察院、公安部、司法部关于依法惩治妨害新型冠状病毒感染肺炎疫情防控违法犯罪的意见》(2020年2月6日　法发〔2020〕7号)

(五)依法严惩诈骗、聚众哄抢犯罪。在疫情防控期间,假借研制、生产或者销售用于疫情防控的物品的名义骗取公私财物,或者捏造事实骗取公众捐赠款物,数额较大的,依照刑法第二百六十六条的规定,以诈骗罪定罪处罚。

在疫情防控期间,违反国家规定,假借疫情防控的名义,利用广告对所推销的商品或者服务作虚假宣传,致使多人上当受骗,违法所得数额较大或者有其他严重情节的,依照刑法第二百二十二条的规定,以虚假广告罪定罪处罚。

在疫情防控期间,聚众哄抢公私财物特别是疫情防控和保障物资,数额较大或者有其他严重情节的,对首要分子和积极参加者,依照刑法第二百六十八条的规定,以聚众哄抢罪定罪处罚。

量刑要素

疫病灾害期间以灾害用品的名义诈骗,从重处罚。

要义辨析

一、概念

本罪是指以非法占有为目的,用虚构事实、隐瞒真相、引人误解的方法,骗取他人和单位数额较大的公私财物的行为。

二、构成要件

1. 本罪侵犯的客体是公私财物所有权,侵犯的对象仅限于国家、集体或个人的财物,而不是骗取其他非法利益。

2. 客观方面表现为使用骗术,即虚构事实或者隐瞒真相的欺骗方法,使财物所有人、管理人产生误解、错觉,信以为真,从而似乎“自愿地”交出财物。其实,这种“自愿”是受犯罪分子欺骗而上当所致,并非出自被害人的真正意愿。

3. 主观方面应当由直接故意构成,并且具有非法占有公私财物的目的。

4. 犯罪主体为一般主体。凡年满16周岁且具有刑事责任能力的自然人,都可以成为本罪的主体,但单位不能成为诈骗罪的主体。

三、要点辨析

1. 区分本罪罪与非罪的界限:(1)对于诈骗公私财物数额较小,危害不大的行为,不能以诈骗罪论处。(2)《刑法》已经取消了惯骗罪,因此,不能再对虽有多次诈骗行为,但诈骗数额尚未达到较大的行为人,以诈骗罪论处。(3)对以代人购物为名,取走货款,未买到物品,又擅自挪用该货款,且拖欠不还的行为应当查明其真实意图,正确判断其是否具有非法占有的目的。(4)区分诈骗犯罪与一般民事欺诈的界限。对于缺乏诚信、使用欺骗手段久借不还,意图短期占有公私财物,追紧就还,不追就拖,不是明显以永久占有为目的的借款不还行为;一般不宜作为诈骗犯罪对待。

2. 划清本罪与组织、领导传销活动罪的界限。“拉人头”、收取“入门费”式的传销方式也具有诈骗性质,过去司法实践也有按照诈骗罪处理的。《刑法》第224条之一已经将这种行为专门列出定性为“组织、领导传销活动罪”,因此应当根据行为特征,适用此特别规定,不再定诈骗罪。

3.《刑法》另有规定的,应当按照有关规定执行:(1)对《刑法》已经设立新的罪名的行为,如金融诈骗的犯罪,就不能再按照本条规定的诈骗罪论处。(2)根据《刑法》第210条第2款的规定,对于“使用欺骗手段骗取增值税专用发票或者可以用于骗取出口退税、抵扣税款的其他发票的”,应当以诈骗罪定罪处罚。(3)根据《刑法》第300条第3款的规定,对于“组织和利用会道门、邪教组织或者利用迷信破坏法律实施又诈骗财物的”,应当数罪并罚。

四、罪名变迁

1979年《刑法》第151条、第152条对本罪作了规定,1997年《刑法》对本罪设专条作了规定,并取消了惯骗罪的这一罪名。

<table>
<tr><th colspan="2">类罪名:侵犯财产罪 | 罪名:抢夺罪</th></tr>
<tr><td rowspan="3">量刑标准</td><td>数额较大的或者多次抢夺的　处3年以下有期徒刑、拘役或者管制,并处或者单处罚金;</td></tr>
<tr><td>数额巨大或者有其他严重情节的　处3年以上10年以下有期徒刑,并处罚金;</td></tr>
<tr><td>数额特别巨大或者有其他特别严重情节的　处10年以上有期徒刑或者无期徒刑,并处罚金或者没收财产。</td></tr>
</table>

法律依据

一、《刑法》条文

第二百六十七条　抢夺公私财物,数额较大的,或者多次抢夺的,处三年以下有期徒刑、拘役或者管制,并处或者单处罚金;数额巨大或者有其他严重情节的,处三年以上十年以下有期徒刑,并处罚金;数额特别巨大或者有其他特别严重情节的,处十年以上有期徒刑或者无期徒刑,并处罚金或者没收财产。

携带凶器抢夺的,依照本法第二百六十三条的规定定罪处罚。

第二百六十九条　犯盗窃、诈骗、抢夺罪,为窝藏赃物、抗拒抓捕或者毁灭罪证而当场使用暴力或者以暴力相威胁的,依照本法第二百六十三条的规定定罪处罚。

二、**相关司法解释/文件**

《最高人民法院关于审理抢劫案件具体应用法律若干问题的解释》(2000年11月22日　法释〔2000〕35号)

第六条　刑法第二百六十七条第二款规定的"携带凶器抢夺",是指行为人随身携带枪支、爆炸物、管制刀具等国家禁止个人携带的器械进行抢夺或者为了实施犯罪而携带其他器械进行抢夺的行为。

《最高人民法院关于审理抢劫、抢夺刑事案件适用法律若干问题的意见》(2005年6月8日　法发〔2005〕8号)

四、关于"携带凶器抢夺"的认定

《抢劫解释》第六条规定,"携带凶器抢夺",是指行为人随身携带枪支、爆炸物、管制刀具等国家禁止个人携带的器械进行抢夺或者为了实施犯罪而携带其他器械进行抢夺的行为。行为人随身携带国家禁止个人携带的器械以外的其他器械抢夺,但有证据证明该器械确实不是为了实施犯罪准备的,不以抢劫罪定罪;行为人将随身携带凶器有意加以显示、能为被害人察觉到的,直接适用刑法第二百六十三条的规定定罪处罚;行为人携带凶器抢夺后,在逃跑过程中为窝藏赃物、抗拒抓捕或者毁灭罪证而当场使用暴力或者以暴力相威胁的,适用刑法第二百六十七条第二款的规定定罪处罚。

十一、驾驶机动车、非机动车夺取他人财物行为的定性

对于驾驶机动车、非机动车(以下简称"驾驶车辆")夺取他人财物的,一般以抢夺罪从重处罚。但具有下列情形之一,应当以抢劫罪定罪处罚:

(1)驾驶车辆,逼挤、撞击或强行逼倒他人以排除他人反抗,乘机夺取财物的;

(2)驾驶车辆强抢财物时,因被害人不放手而采取强拉硬拽方法劫取财物的;

(3)行为人明知其驾驶车辆强行夺取他人财物的手段会造成他人伤亡的后果,仍然强行夺取并放任造成财物持有人轻伤以上后果的。

《最高人民法院、最高人民检察院关于办理抢夺刑事案件适用法律若干问题的解释》(2013年11月11日　法释〔2013〕25号)

为依法惩治抢夺犯罪,保护公私财产,根据《中华人民共和国刑法》的有关规定,现就办理此类刑事案件适用法律的若干问题解释如下:

第一条　抢夺公私财物价值一千元至三千元

以上、三万元至八万元以上、二十万元至四十万元以上的，应当分别认定为刑法第二百六十七条规定的“数额较大”“数额巨大”“数额特别巨大”。

各省、自治区、直辖市高级人民法院、人民检察院可以根据本地区经济发展状况，并考虑社会治安状况，在前款规定的数额幅度内，确定本地区执行的具体数额标准，报最高法院、最高检察院批准。

第二条　抢夺公私财物，具有下列情形之一的，“数额较大”的标准按照前条规定标准的百分之五十确定：

（一）曾因抢劫、抢夺或者聚众哄抢受过刑事处罚的；

（二）一年内曾因抢夺或者哄抢受过行政处罚的；

（三）一年内抢夺三次以上的；

（四）驾驶机动车、非机动车抢夺的；

（五）组织、控制未成年人抢夺的；

（六）抢夺老年人、未成年人、孕妇、携带婴幼儿的人、残疾人、丧失劳动能力人的财物的；

（七）在医院抢夺病人或者其亲友财物的；

（八）抢夺救灾、抢险、防汛、优抚、扶贫、移民、救济款物的；

（九）自然灾害、事故灾害、社会安全事件等突发事件期间，在事件发生地抢夺的；

（十）导致他人轻伤或者精神失常等严重后果的。

第三条　抢夺公私财物，具有下列情形之一的，应当认定为刑法第二白六十七条规定的“其他严重情节”：

（一）导致他人重伤的；

（二）导致他人自杀的；

（三）具有本解释第二条第三项至第十项规定的情形之一，数额达到本解释第一条规定的“数额巨大”百分之五十的。

第四条　抢夺公私财物，具有下列情形之一的，应当认定为刑法第二百六十七条规定的“其他特别严重情节”：

（一）导致他人死亡的；

（二）具有本解释第二条第三项至第十项规定的情形之一，数额达到本解释第一条规定的“数额特别巨大”百分之五十的。

第五条　抢夺公私财物数额较大，但未造成他人轻伤以上伤害，行为人系初犯，认罪、悔罪，退赃、退赔，且具有下列情形之一的，可以认定为犯罪情节轻微，不起诉或者免予刑事处罚；必要时，由有关部门依法予以行政处罚：

（一）具有法定从宽处罚情节的；

（二）没有参与分赃或者获赃较少，且不是主犯的；

（三）被害人谅解的；

（四）其他情节轻微、危害不大的。

第六条　驾驶机动车、非机动车夺取他人财物，具有下列情形之一的，应当以抢劫罪定罪处罚：

（一）夺取他人财物时因被害人不放手而强行夺取的；

（二）驾驶车辆逼挤、撞击或者强行逼倒他人夺取财物的；

（三）明知会致人伤亡仍然强行夺取并放任造成财物持有人轻伤以上后果的。

三、相关部委规章

《国家林业局、公安部关于森林和陆生野生动物刑事案件管辖及立案标准》（2001年5月9日　林安字〔2001〕156号）

根据《中华人民共和国刑法》《中华人民共和国刑事诉讼法》《公安机关办理刑事案件程序规定》及其他有关规定，现将森林和陆生野生动物刑事案件管辖及立案标准规定如下：

一、森林公安机关管辖在其辖区内发生的刑法规定的下列森林和陆生野生动物刑事案件

（十八）抢夺案件中，抢夺国家重点保护陆生野生动物或其制品的案件（第二百六十七条）；

二、森林和陆生野生动物刑事案件的立案标准

（十二）盗窃、抢夺、抢劫案、窝藏、转移、收购、销售赃物案、破坏生产经营案、聚众哄抢案、非法经营案、伪造变造买卖国家机关公文、证件案，执行相应的立案标准。说明一、本罪是指以非法占有为目的，乘人不备，公开夺取数额较大的公私财物的行为。

《最高人民法院、最高人民检察院关于常见犯罪的量刑指导意见（试行）》（2021年7月1日　法发〔2021〕21号）

（十三）抢夺罪

1. 构成抢夺罪的，根据下列情形在相应的幅度

内确定量刑起点:

(1)达到数额较大起点或者二年内三次抢夺的,在一年以下有期徒刑、拘役幅度内确定量刑起点。

(2)达到数额巨大起点或者有其他严重情节的,在三年至五年有期徒刑幅度内确定量刑起点。

(3)达到数额特别巨大起点或者有其他特别严重情节的,在十年至十二年有期徒刑幅度内确定量刑起点。依法应当判处无期徒刑的除外。

2. 在量刑起点的基础上,根据抢夺数额、次数等其他影响犯罪构成的犯罪事实增加刑罚量,确定基准刑。

多次抢夺,数额达到较大以上的,以抢夺数额确定量刑起点,抢夺次数可以作为调节基准刑的量刑情节;数额未达到较大的,以抢夺次数确定量刑起点,超过三次的次数作为增加刑罚量的事实。

3. 构成抢夺罪的,根据抢夺的数额、次数、手段、危害后果等犯罪情节,综合考虑被告人缴纳罚金的能力,决定罚金数额。

4. 构成抢夺罪的,综合考虑抢夺的起因、数额、手段、次数、危害后果、退赃退赔等犯罪事实、量刑情节,以及被告人的主观恶性、人身危险性、认罪悔罪表现等因素,决定缓刑的适用。

要义辨析

一、概念

本罪是指以非法占有为目的,乘人不备,公然夺取数额较大或者多次抢夺公私财物的行为。

二、构成要件

1. 本罪侵犯的客体实际是公私财产的所有权。犯罪对象仅限于有形的、动产的公私财物。

2. 客观方面表现为乘人不备,公然夺取公私财物,数额较大或者多次抢夺的行为。

3. 犯罪主体为一般主体,即年满16周岁并具有刑事责任能力的自然人,都可以构成本罪。

4. 主观方面由直接故意构成,且故意的内容是以非法占有公私财物为目的,过失不构成本罪。

三、要点辨析

1. 关于本罪罪与非罪的界限。抢夺罪是以数额较大为构成要件的。因此,对于抢夺财物数额不大的,情节显著轻微的,如因生活无着,偶尔抢夺少量食物等行为,不以抢夺罪论处。

2. 抢夺罪同抢劫罪的区别。二者都是公然夺取财物,但它们之间的原则区别是,是否有可能构成危害他人人身损害的暴力行为方式。在实施犯罪过程中,抢劫罪对被害人使用暴力、胁迫或者其他强制方法,抢劫财物同时会危害人身安全。而抢夺罪始终不使用这些方法,只是乘人不备,夺取财物逃跑,不危害人身安全。

3. 预谋犯罪时,作了抢夺与抢劫两手准备,而临场只实施了抢夺行为,或者作案时临时改变了行为方法的,以实际实施的方法属于何种而确定罪名。另外,当众抢夺巨款的,仍属抢夺罪,不能因抢夺财物数额巨大就改定抢劫罪。

4. 抢夺财物时,用力过猛,无意中造成被害人受伤害的,不属于故意使用暴力,仍应定为抢夺罪。如只造成轻伤,可以作为抢夺罪的情节,从重处罚。

5. 携带凶器抢夺的,《刑法》规定依照第263条抢劫罪定罪处罚。而不管其是否已实际使用或显示。但在量刑时,对于没有实际使用凶器和进行威胁的,应作为从轻情节考虑。在抢夺得财物后,为窝赃、拒捕、毁灭罪证而使用暴力的,也以抢劫罪论。

四、罪名变迁

1979年《刑法》第151条、第152条对本罪作了规定,1997年《刑法》对本罪设专条作了规定。

<table>
<tr><td colspan="2">类罪名:侵犯财产罪｜罪名:聚众哄抢罪</td></tr>
<tr><td rowspan="2">量刑标准</td><td>数额较大或者有其他严重情节的　对首要分子和积极参加的处3年以下有期徒刑、拘役或者管制,并处罚金;</td></tr>
<tr><td>数额巨大或者有其他特别严重情节的　处3年以上10年以下有期徒刑,并处罚金。</td></tr>
</table>

法律依据

一、《刑法》条文

第二百六十八条　聚众哄抢公私财物,数额较大或者有其他严重情节的,对首要分子和积极参加的,处三年以下有期徒刑、拘役或者管制,并处罚金;数额巨大或者有其他特别严重情节的,处三年以上十年以下有期徒刑,并处罚金。

二、相关法律

《中华人民共和国铁路法》(2015年4月24日修正)

第六十四条　聚众哄抢铁路运输物资的,对首要分子和骨干分子依照刑法有关规定追究刑事责任。

铁路职工与其他人员勾结犯前款罪的,从重处罚。

三、相关司法解释/文件

《最高人民法院、最高人民检察院、公安部、司法部关于依法惩治妨害新型冠状病毒感染肺炎疫情防控违法犯罪的意见》(2020年2月6日　法发〔2020〕7号)

(五)依法严惩诈骗、聚众哄抢犯罪。在疫情防控期间,假借研制、生产或者销售用于疫情防控的物品的名义骗取公私财物,或者捏造事实骗取公众捐赠款物,数额较大的,依照刑法第二百六十六条的规定,以诈骗罪定罪处罚。

在疫情防控期间,违反国家规定,假借疫情防控的名义,利用广告对所推销的商品或者服务作虚假宣传,致使多人上当受骗,违法所得数额较大或者有其他严重情节的,依照刑法第二百二十二条的规定,以虚假广告罪定罪处罚。

在疫情防控期间,聚众哄抢公私财物特别是疫情防控和保障物资,数额较大或者有其他严重情节的,对首要分子和积极参加者,依照刑法第二百六十八条的规定,以聚众哄抢罪定罪处罚。

要义辨析

一、概念

本罪是指以非法占有为目的,聚众哄抢公私财物,数额较大或者有其他严重情节的行为。

二、构成要件

1. 本罪侵犯的客体是复杂客体,即不仅侵犯了公私财物的所有权,而且侵犯了社会的正常管理秩序,但主要侵犯的是公私财物的所有权。侵犯的对象仅限于有形的、动产的公私财物。

2. 客观方面表现为聚集、纠合多人,采用哄闹、滋扰等方法,一哄而起地公然抢走公私财物,数额较大或者有其他严重情节的行为。

3. 犯罪主体为哄抢公私财物的首要分子和积极参加者。

4. 主观方面由直接故意构成,并且故意的内容是以非法占有公私财物为主要目的。

三、要点辨析

1. 聚众哄抢同抢劫、抢夺的区别主要在于聚众,聚众哄抢是一哄而上暴力抢夺他人财产,行为特征比较容易区分。

2. 划清罪与非罪的界限:聚众哄抢罪,主要打击组织、挑动的首要分子和积极参加的人。对于实施聚众哄抢犯罪行为的一般参与者,或者哄抢行为情节一般,哄抢财物数额较小的,属于一般违法行为,不以聚众哄抢罪论处。

3. 要区分本罪与抢劫罪的界限:(1)犯罪主体不同。哄抢罪是特殊主体,即为组织、挑动者;抢劫罪则是一般主体,已满14周岁的人就可以成为抢劫罪的主体。(2)客观方面表现不同。前者是必要共同犯罪,必须3人以上才能实施,且实施过程中暴力特征不明显;后者可以由单个人进行,且实施犯罪过程中大多数表现为暴力特征。

4. 要区分本罪与抢夺罪的区别:(1)犯罪主体不同。本罪是特殊主体,即只能由实施聚众哄抢罪行为的首要分子和积极参加者构成;而后者则是一般主体。(2)侵犯的客体不同。本罪是复杂客体,不仅侵犯了公私财产所有权,而且妨害了社会管理秩序;而后者则是单一客体,只是侵犯了公私财产所有权。(3)实施犯罪人数上的差异。前者只能由3人以上"聚众"实施;而后者则是可以由一个人实施。

四、罪名变迁

1979年《刑法》没有规定本罪,1990年9月7日颁布的《铁路法》第64条规定,对于"聚众哄抢铁路运输物资的",以抢夺罪论处。1997年《刑法》增设了此罪名。

类罪名:侵犯财产罪	罪名:侵占罪	
量刑标准	数额较大,拒不退还的	处2年以下有期徒刑、拘役或者罚金;
	数额巨大或者有其他严重情节的	处2年以上5年以下有期徒刑,并处罚金。

法律依据

一、《刑法》条文

第二百七十条 将代为保管的他人财物非法占为己有,数额较大,拒不退还的,处二年以下有期徒刑、拘役或者罚金;数额巨大或者有其他严重情节的,处二年以上五年以下有期徒刑,并处罚金。

将他人的遗忘物或者埋藏物非法占为己有,数额较大,拒不交出的,依照前款的规定处罚。

本条罪,告诉的才处理。

二、相关司法解释/文件

《最高人民法院、最高人民检察院关于办理妨害预防、控制突发传染病疫情等灾害的刑事案件具体应用法律若干问题的解释》(2003年5月14日 法释〔2003〕8号)

第十四条 贪污、侵占用于预防、控制突发传染病疫情等灾害的款物或者挪用归个人使用,构成犯罪的,分别依照刑法第三百八十二条、第三百八十三条、第二百七十一条、第三百八十四条、第二百七十二条的规定,以贪污罪、职务侵占罪、挪用公款罪、挪用资金罪定罪,依法从重处罚。

要义辨析

一、概念

本罪是指将委托代为保管的财物、他人的遗忘物或埋藏物非法占为己有,数额较大,拒不退还交出的行为。注意本罪实际上有两种类型,即从物的来源看,一种是基于保管,一种是基于拾得。对于以上两种来源的物品,拒不归还占为己有且数额较大的,均构成犯罪。

二、构成要件

1. 本罪侵犯的客体是公私财物的所有权。侵犯的对象必须是代为保管的他人财物或者他人的遗忘物、埋藏物。

2. 客观方面表现为将他人委托自己代为保管的财物,或者拾得的他人的遗忘物,或者发掘出的他人的埋藏物非法占为己有。

3. 犯罪主体为一般主体,即年满16周岁且具有刑事责任能力的自然人。

4. 主观方面由直接故意构成,即明知自己占有的财物为他人合法所有,自己有义务将该财物交还他人,仍拒不退还或者拒不交出。故意的内容是以非法占有为目的。

三、要点辨析

1. 关于罪与非罪的界限。侵占他人财物的行为，如果数额较小，即使拒不退出或者拒不交出，也不构成犯罪，也按民事纠纷处理。至于“数额较大”的标准，“两高”和公安部目前都没有明确作出司法解释。根据《最高人民法院、最高人民检察院关于办理诈骗刑事案件具体应用法律若干问题的解释》的规定，诈骗公私财物价值3000元至1万元以上，认定为《刑法》第266条规定的诈骗“数额较大”。具体执行中，侵占罪比诈骗的金额标准要放松一些。北京和浙江都确定为2万元为“数额较大”的起点。10万元（浙江）到20万元（北京）为数额巨大的起点。

2. 注意本罪与职务侵占罪的区别。本罪真正的含义，其实是“隐匿、占有代管物、拾得物不还罪”，是一种民间行为中的侵占他人财产“数额较大”的行为，是利用保管之便而占有不还的行为。而职务侵占罪，则是贪污罪的变种，对非国家、集体企业和单位的财产，进行贪污占有，不定贪污罪，而定名为“职务侵占罪”，是利用职务之便占有他人财产。虽然本罪与职务侵占罪名称类似，但主体和立法渊源完全不同。后者只为了保护公司财产而设，是特殊主体侵占特定财物，即公司人员利用职务便利侵占公司财物，同贪污罪相似。本罪则是针对一般人侵占保管物、遗忘物、埋藏物的行为而定。

3. 分清本罪与盗窃罪的界限。本罪的行为人，在实施侵占他人财物行为时，所侵占的财物，就已经在其实际控制之下；而盗窃罪的行为人，在实施盗窃财物行为时，所窃取的财物并不在其实际控制之下，这是两罪在客观方面的显著区别。本罪获得财物时往往是无意的、被动的，占有不还阶段才是故意的；而盗窃从一开始占有到以后持有，一直是主动和故意的。因此，本罪比诈骗罪、盗窃罪，主观恶性都要轻，定罪量刑也应当轻于其他两罪。

4. 在后阶段占有不还的问题上，主观方面必须是故意的，过失不构成本罪，因此《刑法》规定，已知是他人的遗忘物或埋藏物，而拒不退还，作为构成犯罪的必要要件。

5. 本罪必须是财物所有人或他人告诉的才处理。根据《刑法》第87条规定的追诉时效，本罪“数额较大”档次最高处刑2年有期徒刑，属于超过5年追诉时效可以不追诉的范围；“数额巨大”档次最高量刑为5年有期徒刑，属于超过10年追诉时效可以不追诉的范围。

四、罪名变迁

1979年《刑法》没有规定本罪，当时的司法实践中对这类犯罪行为，一般是适用法律类推为侵犯财产罪（或者侵占他人财产罪）、侵占他人遗忘财物罪。1997年《刑法》取消了法律类推制度，专门增设了此罪名。

类罪名：侵犯财产罪	罪名：职务侵占罪
量刑标准	**数额较大的** 处3年以下有期徒刑或者拘役，并处罚金；
	数额巨大的 处3年以上10年以下有期徒刑，并处罚金；
	数额特别巨大的 处10年以上有期徒刑或者无期徒刑，并处罚金。

法律依据

一、《刑法》条文

第二百七十一条 公司、企业或者其他单位的工作人员，利用职务上的便利，将本单位财物非法占为己有，数额较大的，处三年以下有期徒刑或者拘役，并处罚金；数额巨大的，处三年以上十年以下有期徒刑，并处罚金；数额特别巨大的，处十年以上有期徒刑或者无期徒刑，并处罚金。

国有公司、企业或者其他国有单位中从事公务的人员和国有公司、企业或者其他国有单位委派到非国有公司、企业以及其他单位从事公务的人员有前款行为的，依照本法第三百八十二条、第三百八十三条的规定定罪处罚。

第一百八十三条第一款 保险公司的工作人员利用职务上的便利，故意编造未曾发生的保险事故进行虚假理赔,骗取保险金归自己所有的,依照本法第二百七十一条的规定定罪处罚。

二、相关司法解释/文件

《最高人民法院关于村民小组组长利用职务便利非法占有公共财物行为如何定性问题的批复》(1999年6月25日　法释〔1999〕12号)

对村民小组组长利用职务上的便利,将村民小组集体财产非法占为己有,数额较大的行为,

应当依照刑法第二百七十一条第一款的规定,以职务侵占罪定罪处罚。

《全国法院维护农村稳定刑事审判工作座谈会纪要》(1999年10月27日　法〔1999〕217号)

(三)关于村委会和村党支部成员利用职务便利侵吞集体财产犯罪的定性问题

为了保证案件的及时审理,在没有司法解释规定之前,对于已起诉到法院的这类案件,原则上以职务侵占罪定罪处罚。

《最高人民法院关于审理贪污、职务侵占案件如何认定共同犯罪几个问题的解释》(2000年6月30日　法释〔2000〕15号)

第二条　行为人与公司、企业或者其他单位的人员勾结,利用公司、企业或者其他单位人员的职务便利,共同将该单位财物非法占为己有,数额较大的,以职务侵占罪共犯论处。

第三条　公司、企业或者其他单位中,不具有国家工作人员身份的人与国家工作人员勾结,分别利用各自的职务便利,共同将本单位财物非法占为己有的,按照主犯的犯罪性质定罪。

《最高人民法院关于在国有资本控股、参股的股份有限公司中从事管理工作的人员利用职务便利非法占有本公司财物如何定罪问题的批复》(2001年5月23日　法释(2001)17号)

在国有资本控股、参股的股份有限公司中从事管理工作的人员,除受国家机关、国有公司、企业、事业单位委派从事公务的以外,不属于国家工作人员。对其利用职务上的便利,将本单位财物非法占为己有,数额较大的,应当依照刑法第二百七十一条第一款的规定,以职务侵占罪定罪处罚。

《最高人民法院、最高人民检察院关于办理妨害预防、控制突发传染病疫情等灾害的刑事案件具体应用法律若干问题的解释》(2003年5月14日　法释〔2003〕8号)

第十四条　贪污、侵占用于预防、控制突发传染病疫情等灾害的款物或者挪用归个人使用,构成犯罪的,分别依照刑法第三百八十二条、第三百八十三条、第二百七十一条、第三百八十四条、第二百七十二条的规定,以贪污罪、侵占罪、挪用公款罪、挪用资金罪定罪,依法从重处罚。

《最高人民法院关于如何认定国有控股、参股股份有限公司中的国有公司、企业人员的解释》(2005年8月1日　法释〔2005〕10号)

为准确认定刑法分则第三章第三节中的国有公司、企业人员,现对国有控股、参股的股份有限公司中的国有公司、企业人员解释如下:

国有公司、企业委派到国有控股、参股公司从事公务的人员,以国有公司、企业人员论。

《最高人民检察院、公安部关于公安机关管辖的刑事案件立案追诉标准的规定(二)》(2022年4月6日　公通字〔2022〕12号)

第七十六条　〔职务侵占案(刑法第二百七十一条第一款)〕公司、企业或者其他单位的人员,利用职务上的便利,将本单位财物非法占为己有,数额在三万元以上的,应予立案追诉。

《最高人民法院、最高人民检察院关于常见犯罪的量刑指导意见(试行)》(2021年7月1日　法发〔2021〕21号)

(十四)职务侵占罪

1. 构成职务侵占罪的,根据下列情形在相应的幅度内确定量刑起点:

(1)达到数额较大起点的,在一年以下有期徒刑、拘役幅度内确定量刑起点。

(2)达到数额巨大起点的,在三年至四年有期徒刑幅度内确定量刑起点。

(3)达到数额特别巨大起点的,在十年至十一年有期徒刑幅度内确定量刑起点。依法应当判处无期徒刑的除外。

2. 在量刑起点的基础上,根据职务侵占数额等其他影响犯罪构成的犯罪事实增加刑罚量,确定基准刑。

3. 构成职务侵占罪的,根据职务侵占的数额、危害后果等犯罪情节,综合考虑被告人缴纳罚金的能力,决定罚金数额。

4. 构成职务侵占罪的，综合考虑职务侵占的数额、手段、危害后果、退赃退赔等犯罪事实、量刑情节，以及被告人的主观恶性、人身危险性、认罪悔罪表现等因素，决定缓刑的适用。

要义辨析

一、概念

本罪是指公司或其他企业职工，利用职务或工作上的便利，侵占公司或企业的财物，数额较大的行为。

二、构成要件

1. 本罪侵犯的客体是公私财产的所有权，主要是私有财产。侵犯的对象必须是行为人所在单位的合法财物。

2. 客观方面表现为利用职务上的便利，将本单位财物非法占为己有，数额较大的行为。

3. 犯罪主体为特殊主体，即公司、企业或者其他单位的人员才能构成，而且这些人员不属于依法从事公务的国家工作人员。

4. 主观方面由故意构成，且故意的内容为具有将本单位财物非法占为己有的目的。

三、要点辨析

1. 本罪犯罪行为特征同贪污罪相同。只是主体和侵犯的客体不同。本罪是指私营公司的董事、监事和其他职工（包括经理）以及其他企业职工，不包括受委托从事公务的以国家工作人员论的国有企业高管，利用职务或工作便利，非法占有公司或企业财物的行为。这类主体不是国家工作人员，侵犯的财物也不是国有财产。这是本罪区别于贪污罪的关键要点。对国有公司人员犯本罪的，按贪污罪论处。而在犯罪客观方面行为特征、犯罪客体都是企业财产上，两罪则是基本相同的，区别在于侵占的是国有企业单位财产还是私营企业财产。

2. 划清本罪与盗窃罪的界限。(1) 前者的主体必须是公司、企业或者其他单位的人员；而后者的主体则是一般主体；(2) 前者必须是利用职务上的便利；而后者则不是利用职务上的便利，只是暗中窃取；(3) 侵犯的对象不同，前者侵犯的财物必须是本单位的合法财产；而后者则既可以监守自盗，也可以是窃取本单位以外的财物；(4) 前者必须以数额较大为构成要件；后者则不仅可以由数额较大构成，还可以由实施盗窃的次数即多次盗窃构成。

四、罪名变迁

1979 年刑法中没有规定此罪名。1995 年 2 月 28 日《全国人民代表大会常务委员会关于惩治违反公司法的犯罪的决定》第 10 条规定了侵占罪，1997 年修订《刑法》时，侵占罪规定的是民间的占有保管物行为的罪状，对公司侵占的行为规定为职务侵占罪，《刑法修正案（十一）》后又对本罪量刑进行了修改。

类罪名：侵犯财产罪 | **罪名：挪用资金罪**	
量刑标准	**数额较大、超过 3 个月未还的，或者虽未超过 3 个月，但数额较大、进行营利活动的，或者进行非法活动的** 处 3 年以下有期徒刑或者拘役；
	挪用本单位资金数额巨大的 处 3 年以上 7 年以下有期徒刑；
	挪用本单位资金数额特别巨大的 处 7 年以上有期徒刑。

法律依据

一、《刑法》条文

第二百七十二条 公司、企业或者其他单位的工作人员，利用职务上的便利，挪用本单位资金归个人使用或者借贷给他人，数额较大、超过三个月未还的，或者虽未超过三个月，但数额较大、进行营利活动的，或者进行非法活动的，处三年以下有期徒刑或者拘役;挪用本单位资金数额巨大的,处三年以上七年以下有期徒刑;数额特别巨大的,处七年以上有期徒刑。

国有公司、企业或者其他国有单位中从事公务的人员和国有公司、企业或者其他国有单位委派到非国有公司、企业以及其他单位从事公务的人员有前款行为的,依照本法第三百八十四条的规定定罪处罚。

有第一款行为,在提起公诉前将挪用的资金退还的,可以从轻或者减轻处罚。其中,犯罪较轻的,可以减轻或者免除处罚。

第一百八十五条 商业银行、证券交易所、期货交易所、证券公司、期货经纪公司、保险公司或者其他金融机构的工作人员利用职务上的便利,挪用本单位或者客户资金的,依照本法第二百七十二条的规定定罪处罚。

国有商业银行、证券交易所、期货交易所、证券公司、期货经纪公司、保险公司或者其他国有金融机构的工作人员和国有商业银行、证券交易所、期货交易所、证券公司、期货经纪公司、保险公司或者其他国有金融机构委派到前款规定中的非国有机构从事公务的人员有前款行为的,依照本法第三百八十四条的规定定罪处罚。

第三百八十四条 国家工作人员利用职务上的便利,挪用公款归个人使用,进行非法活动的,或者挪用公款数额较大、进行营利活动的,或者挪用公款数额较大、超过三个月未还的,是挪用公款罪,处五年以下有期徒刑或者拘役;情节严重的,处五年以上有期徒刑。挪用公款数额巨大不退还的,处十年以上有期徒刑或者无期徒刑。

挪用用于救灾、抢险、防汛、优抚、扶贫、移民、救济款物归个人使用的,从重处罚。

二、相关法律

《中华人民共和国公司法》(2023年12月29日修订)

第一百八十条 董事、监事、高级管理人员对公司负有忠实义务,应当采取措施避免自身利益与公司利益冲突,不得利用职权牟取不正当利益。

董事、监事、高级管理人员对公司负有勤勉义务,执行职务应当为公司的最大利益尽到管理者通常应有的合理注意。

公司的控股股东、实际控制人不担任公司董事但实际执行公司事务的,适用前两款规定。

第一百八十一条 董事、监事、高级管理人员不得有下列行为:

(一)侵占公司财产、挪用公司资金;

(二)将公司资金以其个人名义或者以其他个人名义开立账户存储;

(三)利用职权贿赂或者收受其他非法收入;

(四)接受他人与公司交易的佣金归为己有;

(五)擅自披露公司秘密;

(六)违反对公司忠实义务的其他行为。

三、相关司法解释/文件

《最高人民法院关于对受委托管理、经营国有财产人员挪用国有资金行为如何定罪问题的批复》(2000年2月16日 法释〔2000〕5号)

对于受国家机关、国有公司、企业、事业单位、人民团体委托,管理、经营国有财产的非国家工作人员,利用职务上的便利,挪用国有资金归个人使用构成犯罪的,应当依照刑法第二百七十二条第一款的规定定罪处罚。

《最高人民法院关于如何理解刑法第二百七十二条规定的“挪用本单位资金归个人使用或者借贷给他人”问题的批复》(2000年7月20日 法释〔2000〕22号)

公司、企业或者其他单位的非国家工作人员,利用职务上的便利,挪用本单位资金归本人或者其他自然人使用,或者挪用人以个人名义将所挪用的资金借给其他自然人和单位,构成犯罪的,应当依照刑法第二百七十二条第一款的规定定罪处罚。

《最高人民检察院关于挪用尚未注册成立公司资金的行为适用法律问题的批复》(2000年10月9日 高检发研字〔2000〕19号)

筹建公司的工作人员在公司登记注册前,利用职务上的便利,挪用准备设立的公司在银行开设的临时账户上的资金,归个人使用或者借贷给他人,数额较大、超过三个月未还的,或者虽未超过三个月,但数额较大、进行营利活动的,或者进行非法活动的,应当根据刑法第二百七十二条的规定,追究刑事责任。

《最高人民法院、最高人民检察院关于办理妨害预防、控制突发传染病疫情等灾害的刑事案件具体应用法律若干问题的解释》(2003 年 5 月 14 日　法释〔2003〕8 号)

第十四条第一款　贪污、侵占用于预防、控制突发传染病疫情等灾害的款物或者挪用归个人使用,构成犯罪的,分别依照刑法第三百八十二条、第三百八十三条、第二百七十一条、第三百八十四条、第二百七十二条的规定,以贪污罪、侵占罪、挪用公款罪、挪用资金罪定罪,依法从重处罚。

《最高人民检察院、公安部关于公安机关管辖的刑事案件立案追诉标准的规定(二)》(2022 年 4 月 6 日　公通字〔2022〕12 号)

第七十七条　〔挪用资金案(刑法第二百七十二条第一款)〕公司、企业或者其他单位的工作人员,利用职务上的便利,挪用本单位资金归个人使用或者借贷给他人,涉嫌下列情形之一的,应予立案追诉:

(一)挪用本单位资金数额在五万元以上,超过三个月未还的;

(二)挪用本单位资金数额在五万元以上,进行营利活动的;

(三)挪用本单位资金数额在三万元以上,进行非法活动的。

具有下列情形之一的,属于本条规定的"归个人使用":

(一)将本单位资金供本人、亲友或者其他自然人使用的;

(二)以个人名义将本单位资金供其他单位使用的;

(三)个人决定以单位名义将本单位资金供其他单位使用,谋取个人利益的。

《最高人民法院、最高人民检察院关于办理国家出资企业中职务犯罪案件具体应用法律若干问题的意见》(2010 年 11 月 26 日　法发〔2010〕49 号)

三、关于国家出资企业工作人员使用改制公司、企业的资金担保个人贷款,用于购买改制公司、企业股份的行为的处理

国家出资企业的工作人员在公司、企业改制过程中为购买公司、企业股份,利用职务上的便利,将公司、企业的资金或者金融凭证、有价证券等用于个人贷款担保的,依照刑法第二百七十二条或者第三百八十四条的规定.以挪用资金罪或者挪用公款罪定罪处罚。

行为人在改制前的国家出资企业持有股份的,不影响挪用数额的认定,但量刑时应当酌情考虑。

经有关主管部门批准或者按照有关政策规定,国家出资企业的工作人员为购买改制公司、企业股份实施前款行为的,可以视具体情况不作为犯罪处理。

量刑要素

提起公诉前将挪用的资金退还的,可以从轻或减轻处罚。其中犯罪较轻的,可以减轻或免除处罚。

要义辨析

一、概念

本罪是指非国有公司董事、监事、职工或其他非国有企业职工利用职务或工作便利,挪用本单位资金构成犯罪的行为。

二、构成要件

1. 本罪侵犯的客体是公私财产的所有权,主要是私有经济的财产权。侵犯的对象是本单位的资金。

2. 客观方面表现为利用公司管理职务上的便利,擅自动用本单位资金,归个人使用或者借贷给其他私人和单位使用的行为。

3. 犯罪主体为特殊主体,即非国有公司、企业或者其他单位中的非国家工作人员。

4. 主观方面只能由直接故意构成,即明知是本单位资金而挪用,目的是非法暂时取得本单位资金的使用权,一般是准备以后归还的。

三、要点辨析

1. 划清本罪与挪用公款罪的界限。本罪除了

犯罪主体和侵害客体不同于挪用公款罪外,其他的犯罪特征完全相同,是针对私有财产权保护而立的低于公有财产权保护标准的另外罪名。本罪最高刑为10年有期徒刑,而挪用公款罪的最高量刑是无期徒刑。这体现了我国刑法对公有财产和私营经济的不同保护力度。

2. 非国有银行或金融机构工作人员、证券代理、结算机构从业人员挪用单位或客户资金构成犯罪的,以本罪论处。按最高人民法院的司法解释,公司、企业、其他系统的非国家工作人员,挪用资金供本人或其他人、单位使用构成犯罪的,也适用本罪。国有银行或金融机构工作人员,挪用单位或客户资金构成犯罪的,则以挪用公款罪论处,量刑更重。

3. 划清本罪与职务侵占罪的界限。(1)二者侵犯的客体不完全相同。前者未涉及资金的处分权;后者则侵犯了财产所有权的全部权能。(2)主观方面的目的不同。前者的目的在于暂时挪用资金,准备以后归还;后者的目的在于将财产占为己有,不打算归还。(3)犯罪手段不同。前者一般不采用掩盖本单位资金被挪用的手段,而后者会用伪造单据、做虚假平账等财务手段,以掩盖职务侵占的事实。

四、罪名变迁

1979年《刑法》没有规定此罪名。《全国人民代表大会常务委员会关于惩治违反公司法的犯罪的决定》第11条规定了挪用资金罪,1997年修订《刑法》时,对本罪罪状作了修改。本罪后又根据《刑法修正案(十一)》进行了修改。

类罪名:侵犯财产罪	罪名:挪用特定款物罪
量刑标准	**情节严重,造成重大损害的** 对直接责任人员处3年以下有期徒刑或者拘役;
	情节特别严重的 处3年以上7年以下有期徒刑。

法律依据

一、《刑法》条文

第二百七十三条 挪用用于救灾、抢险、防汛、优抚、扶贫、移民、救济款物,情节严重,致使国家和人民群众利益遭受重大损害的,对直接责任人员,处三年以下有期徒刑或者拘役;情节特别严重的,处三年以上七年以下有期徒刑。

第三百八十四条第二款 挪用用于救灾、抢险、防汛、优抚、扶贫、移民、救济款物归个人使用的,从重处罚。

二、相关司法解释/文件

《最高检察院关于挪用失业保险基金和下岗职工基本生活保障资金的行为适用法律问题的批复》(2003年1月28日 高检发释字〔2003〕1号)

挪用失业保险基金和下岗职工基本生活保障资金属于挪用救济款物。挪用失业保险基金和下岗职工基本生活保障资金,情节严重,致使国家和人民群众利益遭受重大损害的,对直接责任人员,应当依照刑法第二百七十三条的规定,以挪用特定款物罪追究刑事责任;国家工作人员利用职务上的便利,挪用失业保险基金和下岗职工基本生活保障资金归个人使用,构成犯罪的,应当依照刑法第三百八十四条的规定,以挪用公款罪追究刑事责任。

《最高人民法院、最高人民检察院关于办理妨害预防、控制突发传染病疫情等灾害的刑事案件具体应用法律若干问题的解释》(2003年5月14日 法释〔2003〕8号)

第十四条 贪污、侵占用于预防、控制突发传染病疫情等灾害的款物或者挪用归个人使用,构成犯罪的,分别依照刑法第三百八十二条、第三百八十三条、第二百七十一条、第三百八十四条、第二百七十二条的规定,以贪污罪、侵占罪、挪用公款罪、挪用资金罪定罪,依法从重处罚。

挪用用于预防、控制突发传染病疫情等灾害的救灾、优抚、救济等款物，构成犯罪的，对直接责任人员，依照刑法第二百七十三条的规定，以挪用特定款物罪定罪处罚。

《最高人民法院、最高人民检察院、公安部、司法部关于依法惩治妨害新型冠状病毒感染肺炎疫情防控违法犯罪的意见》（2020年2月6日　法发〔2020〕7号）

（七）依法严惩疫情防控失职渎职、贪污挪用犯罪。在疫情防控工作中，负有组织、协调、指挥、灾害调查、控制、医疗救治、信息传递、交通运输、物资保障等职责的国家机关工作人员，滥用职权或者玩忽职守，致使公共财产、国家和人民利益遭受重大损失的，依照刑法第三百九十七条的规定，以滥用职权罪或者玩忽职守罪定罪处罚。

卫生行政部门的工作人员严重不负责任，不履行或者不认真履行防治监管职责，导致新型冠状病毒感染肺炎传播或者流行，情节严重的，依照刑法第四百零九条的规定，以传染病防治失职罪定罪处罚。

从事实验、保藏、携带、运输传染病菌种、毒种的人员，违反国务院卫生行政部门的有关规定，造成新型冠状病毒毒种扩散，后果严重的，依照刑法第三百三十一条的规定，以传染病毒种扩散罪定罪处罚。

国家工作人员，受委托管理国有财产的人员，公司、企业或者其他单位的人员，利用职务便利，侵吞、截留或者以其他手段非法占有用于防控新型冠状病毒感染肺炎的款物，或者挪用上述款物归个人使用，符合刑法第三百八十二条、第三百八十三条、第二百七十一条、第三百八十四条、第二百七十二条规定的，以贪污罪、职务侵占罪、挪用公款罪、挪用资金罪定罪处罚。挪用用于防控新型冠状病毒感染肺炎的救灾、优抚、救济等款物，符合刑法第二百七十三条规定的，对直接责任人员，以挪用特定款物罪定罪处罚。

量刑要素

挪用用于救灾、抢险、防汛、优抚、扶贫、移民、救济款物归个人使用的，从重处罚。

要义辨析

一、概念

本罪是指违反国家财政经济管理规定，将国家特定用于救灾、抢险、防汛、优抚、扶贫、移民、救济等专项款物挪作他用，情节严重，致使国家和人民群众利益遭受重大损害的行为。

二、构成要件

1. 本罪是专为救灾物资这一特殊重要的种类物所设定的特别保障，而新设立的不同于一般的挪用公款犯罪的罪名。本罪侵犯的客体是复杂客体，既侵犯了国家规定的关于特定款物专用的财经管理制度，又侵犯了公共财产的使用权。侵犯的对象，只能是专门用于救灾、抢险、防汛、优抚、扶贫、移民、救济的特定款物，其中扶贫和移民的特定款物，是1997年《刑法》新增加的内容。

2. 客观方面表现为擅自将特定用于有关救灾、抢险、防汛、优抚、扶贫、移民、救济等专项款物挪作他用，致使国家和人民群众的利益遭受重大损害的行为。

3. 犯罪主体为特殊主体，即保管、分配和使用特定款物的直接责任人员。不以所有制是否国有体制的工作人员论，只以被挪用的标的物的性质论。

4. 主观方面只能是故意，即明知是有关用于救灾、抢险、防汛、优抚、扶贫、移民、救济等专项款物而故意挪作他用。过失不构成本罪。

三、要点辨析

1. 本罪是保护专款专用的一种刑事责任方式。并不是挪给个人使用。是指将七种特定款物，挪作其他公用的行为。如个人将特定款物挪为个人使用，则是构成挪用公款罪。

2. 划清罪与非罪的界限。挪用特定款物，只有达到情节严重，致使国家和人民群众遭受重大损害的，才构成犯罪。对于一般的挪用行为，没有造成直接的后果的，不能按照本罪处理，可予以行政和纪律处罚。

3.划清本罪与挪用公款罪的界限。本罪同挪用公款罪的主要区别是款物的使用去向。将此款物移作公家的别项经费用途,构成本罪;挪去归个人使用,构成挪用公款罪。在挪用公款罪中,挪用本罪规定款物的行为性质更严重,作为从重情节,要从重处罚。

4.划清本罪与挪用资金罪的界限。(1)侵犯的对象不同。前者是有关特定的用于救灾、抢险、防汛、优抚、扶贫、移民、救济的特定款物;后者是本单位的一般资金。(2)挪用的用途不同。前者是挪用特定款物做其他公用,还是在公有性质范围内,而如果挪用特定款物归个人使用,应定为挪用公款罪;挪用资金罪,则是挪用后归自己或者他人使用。

四、罪名变迁

1979年《刑法》第126条对本罪作了规定,1997年《刑法》对本罪罪状作了修改,并将其从破坏社会主义经济秩序罪中,移入侵犯财产罪。

类罪名:侵犯财产罪	**罪名:敲诈勒索罪**
量刑标准	**数额较大的或者多次敲诈勒索的** 处3年以下有期徒刑、拘役或者管制,并处或者单处罚金;
	数额巨大或者有其他严重情节的 处3年以上10年以下有期徒刑,并处罚金;
	数额特别巨大或者有其他特别严重情节的 处10年以上有期徒刑,并处罚金。

法律依据

一、《刑法》条文

第二百七十四条 敲诈勒索公私财物,数额较大或者多次敲诈勒索的,处三年以下有期徒刑、拘役或者管制,并处或者单处罚金;数额巨大或者有其他严重情节的,处三年以上十年以下有期徒刑,并处罚金;数额特别巨大或者有其他特别严重情节的,处十年以上有期徒刑,并处罚金。

二、相关法律

《全国人民代表大会常务委员会关于维护互联网安全的决定》(2009年8月27日修正)

四、为了保护个人、法人和其他组织的人身、财产等合法权利,对有下列行为之一,构成犯罪的,依照刑法有关规定追究刑事责任:

(一)利用互联网侮辱他人或者捏造事实诽谤他人;

(二)非法截获、篡改、删除他人电子邮件或者其他数据资料,侵犯公民通信自由和通信秘密;

(三)利用互联网进行盗窃、诈骗、敲诈勒索。

三、相关司法解释/文件

《最高人民法院、最高人民检察院关于办理敲诈勒索刑事案件适用法律若干问题的解释》(2013年4月23日 法释〔2013〕10号)

为依法惩治敲诈勒索犯罪,保护公私财产权利,根据《刑法》、《刑事诉讼法》的有关规定,现就办理敲诈勒索刑事案件适用法律的若干问题解释如下:

第一条 敲诈勒索公私财物价值二千元至五千元以上、三万元至十万元以上、三十万元至五十万元以上的,应当分别认定为刑法第二百七十四条规定的"数额较大"、"数额巨大"、"数额特别巨大"。

各省、自治区、直辖市高级人民法院、人民检察院可以根据本地区经济发展状况和社会治安状况,在前款规定的数额幅度内,共同研究确定本地区执行的具体数额标准,报最高人民法院、最高人民检察院批准。

第二条 敲诈勒索公私财物,具有下列情形之一的,"数额较大"的标准可以按照本解释第一条规定标准的百分之五十确定:

(一)曾因敲诈勒索受过刑事处罚的;

(二)一年内曾因敲诈勒索受过行政处罚的;

(三)对未成年人、残疾人、老年人或者丧失劳动能力人敲诈勒索的；

（四）以将要实施放火、爆炸等危害公共安全犯罪或者故意杀人、绑架等严重侵犯公民人身权利犯罪相威胁敲诈勒索的；

（五）以黑恶势力名义敲诈勒索的；

（六）利用或者冒充国家机关工作人员、军人、新闻工作者等特殊身份敲诈勒索的；

（七）造成其他严重后果的。

第三条　二年内敲诈勒索三次以上的，应当认定为刑法第二百七十四条规定的“多次敲诈勒索”。

第四条　敲诈勒索公私财物，具有本解释第二条第三项至第七项规定的情形之一，数额达到本解释第一条规定的“数额巨大”、“数额特别巨大”百分之八十的，可以分别认定为刑法第二百七十四条规定的“其他严重情节”、“其他特别严重情节”。

第五条　敲诈勒索数额较大，行为人认罪、悔罪，退赃、退赔，并具有下列情形之一的，可以认定为犯罪情节轻微，不起诉或者免予刑事处罚，由有关部门依法予以行政处罚：

（一）具有法定从宽处罚情节的；

（二）没有参与分赃或者获赃较少且不是主犯的；

（三）被害人谅解的；

（四）其他情节轻微、危害不大的。

第六条　敲诈勒索近亲属的财物，获得谅解的，一般不认为是犯罪；认定为犯罪的，应当酌情从宽处理。

被害人对敲诈勒索的发生存在过错的，根据被害人过错程度和案件其他情况，可以对行为人酌情从宽处理；情节显著轻微危害不大的，不认为是犯罪。

第七条　明知他人实施敲诈勒索犯罪，为其提供信用卡、手机卡、通讯工具、通讯传输通道、网络技术支持等帮助的，以共同犯罪论处。

第八条　对犯敲诈勒索罪的被告人，应当在二千元以上、敲诈勒索数额的二倍以下判处罚金；被告人没有获得财物的，应当在二千元以上十万元以下判处罚金。

《最高人民法院、最高人民检察院关于常见犯罪的量刑指导意见（试行）》（2021年7月1日　法发〔2021〕21号）

（十五）敲诈勒索罪

1. 构成敲诈勒索罪的，根据下列情形在相应的幅度内确定量刑起点：

（1）达到数额较大起点的，或者二年内三次敲诈勒索的，在一年以下有期徒刑、拘役幅度内确定量刑起点。

（2）达到数额巨大起点或者有其他严重情节的，在三年至五年有期徒刑幅度内确定量刑起点。

（3）达到数额特别巨大起点或者有其他特别严重情节的，在十年至十二年有期徒刑幅度内确定量刑起点。

2. 在量刑起点的基础上，根据敲诈勒索数额、次数、犯罪情节严重程度等其他影响犯罪构成的犯罪事实增加刑罚量，确定基准刑。

多次敲诈勒索，数额达到较大以上的，以敲诈勒索数额确定量刑起点，敲诈勒索次数可以作为调节基准刑的量刑情节；数额未达到较大的，以敲诈勒索次数确定量刑起点，超过三次的次数作为增加刑罚量的事实。

3. 构成敲诈勒索罪的，根据敲诈勒索的数额、手段、次数、危害后果等犯罪情节，综合考虑被告人缴纳罚金的能力，在二千元以上敲诈勒索数额的二倍以下决定罚金数额；被告人没有获得财物的，在二千元以上十万元以下判处罚金。

4. 构成敲诈勒索罪的，综合考虑敲诈勒索的手段、数额、次数、危害后果、退赃退赔等犯罪事实、量刑情节，以及被告人的主观恶性、人身危险性、认罪悔罪表现等因素，决定缓刑的适用。

要义辨析

一、概念

本罪是指以非法占有为目的，对被害人实施威胁或者要挟的方法，强索公私财物的行为。犯罪人通常以将暴力加害被害人及其亲属，或者以将要揭露被害人的隐私、毁坏其财产等相威胁。因此，它不仅侵犯公私财产所有权，往往还同时危害被害人的人身权利或者其他权益,这是本罪不同于盗窃罪、诈骗罪的显著特点。本罪实施威胁或者要挟,逼人当场交出财物,或者限期交出限额财物,一般并不直接使用暴力,这是本罪与抢劫罪的区别。

二、构成要件

1. 本罪侵犯的客体是公私财产的所有权,有时也同时侵犯被害人的人身权利或者其他权益。

2. 客观方面表现为对被害人实施威胁或者要挟的方法,迫使其当场或者限期交出较大数额的公私财物或者多次实施敲诈勒索的行为。

3. 犯罪主体为一般主体,即年满16周岁并具有刑事责任能力的人,都可以成为本罪的主体。

4. 主观方面由直接故意构成,并且具有非法占有公私财物的目的。

三、要点辨析

1. 划清罪与非罪的界限。(1)关于敲诈金额较小的行为。1997年《刑法》对敲诈勒索罪增加了"数额较大"这一构成要件。因此,对敲诈勒索财物数额较小的行为,属于一般违法行为,不构成犯罪。(2)关于用不当手法讨回真实存在的合法债务问题。在讨回合法债务的过程中,使用了带有某种威胁性的言辞、举动的行为,也不以敲诈勒索罪论处。(3)关于以弱凌强构不构罪的问题。现在司法实践中,有的个别地方公检法机关在执法中出现了"敲诈政府罪",这是违背本罪的基本法理原则和基本特征的。敲诈勒索是以强凌弱行为,只有强势的一方利用非法的优势地位才有可能。群众以求告、上访、缠访、请愿方式,要求政府给予补偿某种经济利益,主动权始终在政府一方,政府拥有强大的国家机器,不可能被敲诈,不可能构成敲诈勒索罪。

2. 划清本罪与抢劫罪的区别。虽然两者都使用了威胁手段,但是在威胁的内容、方式以及程度、时限上,都有所不同。敲诈勒索罪虽然比抢劫罪威胁的程度面要广一些,但是程度都比较轻,行为方式不暴烈,时限较缓,被害人有回旋的余地,与抢劫罪的直接暴力获取财物不同。

3. 划清本罪与强迫交易罪的界限。两者在行为方式上有许多相似之处,但有严格的区分:(1)犯罪主体不同。本罪只能由自然人构成,强迫交易罪还可以由单位构成;(2)主观方面不同。本罪的行为人是以占有他人财物为目的的,与被害人不存在交易关系,强迫交易罪则以存在交易为前提,有以物易物,或者付出劳务。目的是通过不公平的交易,谋取非法经济利益。

四、罪名变迁

本罪1979年《刑法》第154条就有规定。1997年《刑法》对原条文作了修改,增加了"数额较大"这一构成要件,防止泛犯罪化。《刑法修正案(八)》第40条对条文罪状又作了修改,但罪名未改。

类罪名:侵犯财产罪	**罪名:故意毁坏财物罪**
量刑标准	**数额较大或者有其他严重情节的** 处3年以下有期徒刑、拘役或者罚金;
	数额巨大或者有其他特别严重情节的 处3年以上7年以下有期徒刑。

法律依据

一、《刑法》条文

第二百七十五条 故意毁坏公私财物,数额较大或者有其他严重情节的,处三年以下有期徒刑、拘役或者罚金;数额巨大或者有其他特别严重情节的,处三年以上七年以下有期徒刑。

二、相关司法解释/文件

《最高人民法院关于审理破坏公用电信设施刑事案件具体应用法律若干问题的解释》(2004年12月30日 法释〔2004〕21号)

第三条 故意破坏正在使用的公用电信设施尚

未危害公共安全，或者故意毁坏尚未投入使用的公用电信设施，造成财物损失，构成犯罪的，依照刑法第二百七十五条规定，以故意毁坏财物罪定罪处罚。

《最高人民检察院、公安部关于公安机关管辖的刑事案件立案追诉标准的规定（一）》（2008 年 6 月 25 日　公通字〔2008〕36 号）

第三十三条　［故意毁坏财物案（刑法第二百七十五条）］故意毁坏公私财物，涉嫌下列情形之一的，应予立案追诉：

（一）造成公私财物损失五千元以上的；

（二）毁坏公私财物三次以上的；

（三）纠集三人以上公然毁坏公私财物的；

（四）其他情节严重的情形。

要义辨析

一、概念

本罪是指故意毁灭或者损坏公私财物，情节严重的行为。

二、构成要件

1. 本罪侵犯的客体是公私财物的所有权。

2. 客观方面表现为故意非法毁灭或者损坏公私财物，数额较大或者有其他严重情节的行为。

3. 犯罪主体为一般主体，即年满 16 周岁，且具有刑事责任能力的人。

4. 主观方面由故意构成，并且具有毁坏公私财物的目的，但没有自己非法占有他人财物的目的。这是本罪与其他侵犯财产罪的显著区别。

三、要点辨析

1. 划清罪与非罪的界限。"导致损失数额较大"是 1997 年修订《刑法》时增加的构成要件。因此，如果故意毁坏财物的数额较小，而犯罪情节也不严重，则不能构成本罪。

2. 故意破坏某些特定的财物，危害其他客体，《刑法》上另有规定的，应当依照有关规定处理，不构成故意毁坏公私财物罪。如故意毁坏机器设备、残害耕畜，或者以其他方法破坏生产经营的，应依照《刑法》第 276 条规定的破坏生产经营罪处理。

3. 本罪同抢劫罪、抢夺罪、聚众哄抢罪的区别在于本罪没有以非法占有为目的，这是本罪同其他侵犯财产罪的本质区别。本罪同寻衅滋事罪、聚众扰乱社会秩序罪的区别在于本罪侵害的客体只是毁坏公私财物，既不占有，也不扩大到损害其他客体。

4. 故意毁坏自己财物的定性。本罪的罪状表述为"故意毁坏公私财物"，没有指明是毁坏他人财物。但行为人出于情绪失常、家庭纠纷、愤怒、悲伤等，故意毁坏自己财物的，因没有社会危害性，不给他人财产造成损害，不能认为构成本罪。

四、罪名变迁

1979 年《刑法》第 156 条对本罪作了规定，1997 年《刑法》对原条文作了修改，增加了"数额较大"这一犯罪构成要件。

类罪名：侵犯财产罪	**罪名：破坏生产经营罪**	
量刑标准	**构成犯罪的**	处 3 年以下有期徒刑、拘役或者管制；
	情节严重的	处 3 年以上 7 年以下有期徒刑。

法律依据

一、《刑法》条文

第二百七十六条　由于泄愤报复或者其他个人目的，毁坏机器设备、残害耕畜或者以其他方法破坏生产经营的，处三年以下有期徒刑、拘役或者管制;情节严重的,处三年以上七年以下有期徒刑。

二、相关司法解释/文件

《最高人民检察院、公安部关于公安机关管辖的刑事案件立案追诉标准的规定(一)》(2008年6月25日 公通字〔2008〕36号)

第三十四条 [破坏生产经营案(刑法第二百七十六条)]由于泄愤报复或者其他个人目的,毁坏机器设备、残害耕畜或者以其他方法破坏生产经营,涉嫌下列情形之一的,应予立案追诉:

(一)造成公私财物损失五千元以上的;

(二)破坏生产经营三次以上的;

(三)纠集三人以上公然破坏生产经营的;

(四)其他破坏生产经营应予追究刑事责任的情形。

三、相关部委规章

《国家林业局、公安部关于森林和陆生野生动物刑事案件管辖及立案标准》(2001年5月9日 林安字〔2001〕156号)

一、森林公安机关管辖在其辖区内发生的刑法规定的下列森林和陆生野生动物刑事案件

(九)破坏生产经营案件中,故意毁坏用于造林、育林、护林和木材生产的机械设备或者以其他方法破坏林业生产经营的案件(第二百七十六条);

二、森林和陆生野生动物刑事案件的立案标准

(十二)盗窃、抢夺、抢劫案、窝藏、转移、收购、销售赃物案、破坏生产经营案、聚众哄抢案、非法经营案、伪造变造买卖国家机关公文、证件案,执行相应的立案标准。

要义辨析

一、概念

本罪是指由于泄愤报复或者其他个人目的,毁坏机器设备,残害耕畜或者以其他方法破坏生产经营的行为。

二、构成要件

1. 本罪侵犯的客体是国家、集体或者个人生产经营的正常活动和公私财产利益。侵犯的对象必须是与生产经营正常活动有着直接联系的,并且是正在使用的各种设备和工具。

2. 客观方面表现为毁坏机器设备、残害耕畜或者以其他方法破坏生产经营的行为。

3. 犯罪主体为一般主体,即年满16周岁且具有刑事责任能力的人。

4. 主观方面由故意构成,并且具有泄愤报复或者其他个人的目的。

三、要点辨析

1. 划清罪与非罪的界限。并非破坏生产经营的行为,不分具体情况,一律构成犯罪。按照《最高人民检察院、公安部关于公安机关管辖的刑事案件立案追诉标准(一)》的规定,破坏生产经营的行为,要达到一定的程度标准,才构成犯罪,要有造成公私财物损失5000元以上的,或破坏生产经营3次以上的,或纠集3人以上公然破坏生产经营的或其他破坏生产经营应予追究刑事责任的情形。

2. 注意本罪与放火罪、决水罪、爆炸罪、投放危险物质罪和以危险方法危害公共安全罪等的区别。是看放火行为、决水行为,会不会导致危害公共安全。例如,点火烧掉独立无人的抽水机房破坏生产,不会蔓延到其他房产和危及人身安全,就应当以本罪定性。

3. 关于本罪的牵连犯问题。本罪与放火罪、决水罪、爆炸罪、投放危险物质罪和以危险方法危害公共安全罪等发生牵连,应如何定性的问题。后几种犯罪,有可能被用于破坏生产经营,但也同时触犯这几种罪名,属于牵连犯罪。由于这些犯罪的危害性和量刑都重于破坏生产经营罪,一旦构成彼罪,一般应当按牵连犯择一重罪定性,不进行数罪并罚。

4. 注意本罪与重大责任事故罪的界限。两者的主要区别在于主观方面和侵犯的客体不同。前者是出于故意,而后者则是基于过失;前者侵犯的是国家、集体或者个人生产经营的正常活动以及公私财产利益,而后者侵犯的则是厂矿、企业、事业单位的生产安全。

5. 划清本罪与生产、销售伪劣农药、兽药、化肥、种子罪的界限。两者虽然在危害结果、侵犯的客体等方面有相似相近之处,如造成农作物绝收,

但有很大区别：(1)犯罪目的不同。前者是为了泄愤报复或者其他个人目的；后者则是为了非法牟利。(2)犯罪手段不同。前者采取的是直接毁坏机器设备、残害牲畜或者其他方法；后者则是采取生产、销售伪劣农药、兽药、化肥、种子的方式附带导致后果。(3)犯罪客体不完全相同。虽然两者都破坏了生产，但前者还侵犯了公私财产的所有权；后者则侵犯了国家对农用生产资料质量的监督管理制度。

四、罪名变迁

本罪是从1979年《刑法》第125条规定的破坏集体生产罪演变而来的，1997年《刑法》对原条文修改后，从"破坏社会主义经济秩序罪"中，移入"侵犯财产罪"。

类罪名：侵犯财产罪	**罪名：拒不支付劳动报酬罪**
量刑标准	**数额较大** 经政府有关部门责令支付仍不支付的，处3年以下有期徒刑或者拘役，并处或者单处罚金；造成严重后果的，处3年以上7年以下有期徒刑，并处罚金；
	尚未造成严重后果，在提起公诉前支付劳动者的劳动报酬，并依法承担相应赔偿责任的 可以减轻或者免除处罚。

法律依据

一、《刑法》条文

第二百七十六条之一 以转移财产、逃匿等方法逃避支付劳动者的劳动报酬或者有能力支付而不支付劳动者的劳动报酬，数额较大，经政府有关部门责令支付仍不支付的，处三年以下有期徒刑或者拘役，并处或者单处罚金；造成严重后果的，处三年以上七年以下有期徒刑，并处罚金。

单位犯前款罪的，对单位判处罚金，并对其直接负责的主管人员和其他直接责任人员，依照前款的规定处罚。

有前两款行为，尚未造成严重后果，在提起公诉前支付劳动者的劳动报酬，并依法承担相应赔偿责任的，可以减轻或者免除处罚。

二、相关司法解释/文件

《最高人民法院关于审理拒不支付劳动报酬刑事案件适用法律若干问题的解释》(2013年1月16日 法释〔2013〕3号)

为依法惩治拒不支付劳动报酬犯罪，维护劳动者的合法权益，根据《刑法》有关规定，现就办理此类刑事案件适用法律的若干问题解释如下：

第一条 劳动者依照《劳动法》和《劳动合同法》等法律的规定应得的劳动报酬，包括工资、奖金、津贴、补贴、延长工作时间的工资报酬及特殊情况下支付的工资等，应当认定为刑法第二百七十六条之一第一款规定的"劳动者的劳动报酬"。

第二条 以逃避支付劳动者的劳动报酬为目的，具有下列情形之一的，应当认定为刑法第二百七十六条之一第一款规定的"以转移财产、逃匿等方法逃避支付劳动者的劳动报酬"：

（一）隐匿财产、恶意清偿、虚构债务、虚假破产、虚假倒闭或者以其他方法转移、处分财产的；

（二）逃跑、藏匿的；

（三）隐匿、销毁或者篡改账目、职工名册、工资支付记录、考勤记录等与劳动报酬相关的材料的；

（四）以其他方法逃避支付劳动报酬的。

第三条 具有下列情形之一的，应当认定为刑法第二百七十六条之一第一款规定的"数额较大"：

（一）拒不支付一名劳动者三个月以上的劳动报酬且数额在五千元至二万元以上的；

（二）拒不支付十名以上劳动者的劳动报酬且数额累计在三万元至十万元以上的。

各省、自治区、直辖市高级人民法院可以根据本地区经济社会发展状况,在前款规定的数额幅度内,研究确定本地区执行的具体数额标准,报最高人民法院备案。

第四条 经人力资源社会保障部门或者政府其他有关部门依法以限期整改指令书、行政处理决定书等文书责令支付劳动者的劳动报酬后,在指定的期限内仍不支付的,应当认定为刑法第二百七十六条之一第一款规定的“经政府有关部门责令支付仍不支付”,但有证据证明行为人有正当理由未知悉责令支付或者未及时支付劳动报酬的除外。

行为人逃匿,无法将责令支付文书送交其本人、同住成年家属或者所在单位负责收件的人的,如果有关部门已通过在行为人的住所地、生产经营场所等地张贴责令支付文书等方式责令支付,并采用拍照、录像等方式记录的,应当视为“经政府有关部门责令支付”。

第五条 拒不支付劳动者的劳动报酬,符合本解释第三条的规定,并具有下列情形之一的,应当认定为刑法第二百七十六条之一第一款规定的“造成严重后果”:

(一)造成劳动者或者其被赡养人、被扶养人、被抚养人的基本生活受到严重影响、重大疾病无法及时医治或者失学的;

(二)对要求支付劳动报酬的劳动者使用暴力或者进行暴力威胁的;

(三)造成其他严重后果的。

第六条 拒不支付劳动者的劳动报酬,尚未造成严重后果,在刑事立案前支付劳动者的劳动报酬,并依法承担相应赔偿责任的,可以认定为情节显著轻微危害不大,不认为是犯罪;在提起公诉前支付劳动者的劳动报酬,并依法承担相应赔偿责任的,可以减轻或者免除刑事处罚;在一审宣判前支付劳动者的劳动报酬,并依法承担相应赔偿责任的,可以从轻处罚。

对于免除刑事处罚的,可以根据案件的不同情况,予以训诫、责令具结悔过或者赔礼道歉。

拒不支付劳动者的劳动报酬,造成严重后果,但在宣判前支付劳动者的劳动报酬,并依法承担相应赔偿责任的,可以酌情从宽处罚。

第七条 不具备用工主体资格的单位或者个人,违法用工且拒不支付劳动者的劳动报酬,数额较大,经政府有关部门责令支付仍不支付的,应当依照刑法第二百七十六条之一的规定,以拒不支付劳动报酬罪追究刑事责任。

第八条 用人单位的实际控制人实施拒不支付劳动报酬行为,构成犯罪的,应当依照刑法第二百七十六条之一的规定追究刑事责任。

第九条 单位拒不支付劳动报酬,构成犯罪的,依照本解释规定的相应个人犯罪的定罪量刑标准,对直接负责的主管人员和其他直接责任人员定罪处罚,并对单位判处罚金。

《最高人民法院、最高人民检察院、人力资源和社会保障部、公安部关于加强涉嫌拒不支付劳动报酬犯罪案件查处衔接工作的通知》(2014年12月23日 人社部发〔2014〕100号)

为贯彻执行《刑法》和最高人民法院《关于审理拒不支付劳动报酬刑事案件适用法律若干问题的解释》(法释〔2013〕3号)关于拒不支付劳动报酬罪的相关规定,进一步完善人力资源社会保障行政执法和刑事司法衔接制度,加大对拒不支付劳动报酬犯罪行为的打击力度,切实维护劳动者合法权益,根据《行政执法机关移送涉嫌犯罪案件的规定》(国务院2001年第310号令)及有关规定,现就进一步做好涉嫌拒不支付劳动报酬犯罪案件查处衔接工作通知如下:

一、切实加强涉嫌拒不支付劳动报酬违法犯罪案件查处工作

(一)由于行为人逃匿导致工资账册等证据材料无法调取或用人单位在规定的时间内未提供有关工资支付等相关证据材料的,人力资源社会保障部门应及时对劳动者进行调查询问并制作询问笔录,同时应积极收集可证明劳动用工、欠薪数额等事实的相关证据,依据劳动者提供的工资数额及其他有关证据认定事实。调查询问过程一般要录音录像。

(二)行为人拖欠劳动者劳动报酬后,人力资源社会保障部门通过书面、电话、短信等能够确认其收悉的方式,通知其在指定的时间内到指定的地点配合解决问题,但其在指定的时间内未到指定的地点配合解决问题或明确表示拒不支付劳动报酬的,视为刑法第二百七十六条之一第一款规定的

"以逃匿方法逃避支付劳动者的劳动报酬"。但是,行为人有证据证明因自然灾害、突发重大疾病等非人力所能抗拒的原因造成其无法在指定的时间内到指定的地点配合解决问题的除外。

(三)企业将工程或业务分包、转包给不具备用工主体资格的单位或个人,该单位或个人违法招用劳动者不支付劳动报酬的,人力资源社会保障部门应向具备用工主体资格的企业下达限期整改指令书或行政处罚决定书,责令该企业限期支付劳动者劳动报酬。对于该企业有充足证据证明已向不具备用工主体资格的单位或个人支付了劳动者全部的劳动报酬,该单位或个人仍未向劳动者支付的,应向不具备用工主体资格的单位或个人下达限期整改指令书或行政处理决定书,并要求企业监督该单位或个人向劳动者发放到位。

(四)经人力资源社会保障部门调查核实,行为人拖欠劳动者劳动报酬事实清楚、证据确凿、数额较大的,应及时下达责令支付文书。对于行为人逃匿,无法将责令支付文书送交其同住成年家属或所在单位负责收件人的,人力资源社会保障部门可以在行为人住所地、办公地、生产经营场所、建筑施工项目所在地等地张贴责令支付文书,并采用拍照、录像等方式予以记录,相关影像资料应当纳入案卷。

《最高人民检察院、公安部关于公安机关管辖的刑事案件立案追诉标准的规定(一)的补充规定》(2017年4月27日　公通字〔2017〕12号)

七、在《立案追诉标准(一)》第34条后增加一条,作为第34条之一:[拒不支付劳动报酬案(刑法第276条之一)]以转移财产、逃匿等方法逃避支付劳动者的劳动报酬或者有能力支付而不支付劳动者的劳动报酬,经政府有关部门责令支付仍不支付,涉嫌下列情形之一的,应予立案追诉:

(一)拒不支付1名劳动者3个月以上的劳动报酬且数额在5千元至2万元以上的;

(二)拒不支付10名以上劳动者的劳动报酬且数额累计在3万元至10万元以上的。

不支付劳动者的劳动报酬,尚未造成严重后果,在刑事立案前支付劳动者的劳动报酬,并依法承担相应赔偿责任的,可以不予立案追诉。

量刑要素

尚未造成严重后果,在提起公诉前支付劳动者的劳动报酬,并依法承担相应赔偿责任的,可以减轻或者免除处罚。

要义辨析

一、概念

本罪是指以转移财产、逃匿等方法,有能力支付而不支付劳动者的劳动报酬,数额较大,经政府有关部门责令支付仍不支付的行为。

二、构成要件

1. 本罪侵犯的客体是劳动者的财产所有权。犯罪对象是"劳动者的劳动报酬"。

2. 客观方面表现为行为人以转移财产、逃匿等方法,逃避支付劳动者的劳动报酬,或者有能力支付而不支付劳动者的劳动报酬,数额较大,并经政府有关部门责令支付仍拒不支付的行为。

3. 犯罪主体为一般主体。即任何实施了拒不支付劳动者报酬行为的自然人或者单位。

4. 主观方面只能由直接故意构成,间接故意和过失不构成本罪。

三、要点辨析

1. 划清罪与非罪的界限。对于以下不支付劳动报酬的情形,不应认定为构成犯罪:(1)行为人主观没有恶意拖欠劳动报酬的故意,只是因为客观方面原因,一时资金周转不灵、或者企业经营困难、企业濒临倒闭,造成支付困难或者无法支付,没有有能力支付而不支付的情况。(2)不支付的劳动报酬尚未达到"数额较大"的,劳动者可以依照法定程序,提起劳动仲裁或者民事诉讼,也不能以本罪论处。(3)如果尚未经过"经政府有关部门责令支付"的程序,也不能以本罪论处。(4)拒不支付劳动者的劳动报酬,尚未造成严重后果,在刑事立案前,支付了劳动者的劳动报酬,并依法承担相应赔偿责任的,可以认定为“情节显著轻微危害不大”,不认为是犯罪。

2. 审慎认定“有支付能力而不支付”。不能仅以劳资双方的一面之词,加以简单认定,必要时应当查明账户收支情况,请有关审计、财会核算部门进行审查,根据其审查结论作出认定。

3. 准确认定罪名。不少人主张将本罪定位为“恶意欠薪罪”,最高人民法院、最高人民检察院经征求立法等部门的意见,鉴于本罪设置了前置程序,因而在《最高人民法院、最高人民检察院关于执行〈中华人民共和国刑法〉确定罪名的补充规定(五)》,确定了“拒不支付劳动报酬罪”,是准确得当的。

4. 不具备用工主体资格的单位或者个人,违法用工,且拒不支付劳动者的劳动报酬,数额较大,经政府有关部门责令支付仍不支付的,应当依照《刑法》第276条之一的规定,以拒不支付劳动报酬罪追究刑事责任。

5. 用人单位的实际控制人实施拒不支付劳动报酬行为,构成犯罪的,应当依照《刑法》第276条之一的规定追究刑事责任。

四、罪名变迁

本罪是《刑法修正案(八)》增设的罪名,俗称“欠薪不付罪”“恶意欠薪罪”,是根据维护社会稳定的需要,针对一些企业恶意欠薪,导致社会群体性事件而立法增加的罪名。

第六章
妨害社会管理秩序罪

第一节　扰乱公共秩序罪

<table>
<tr><td colspan="2">类罪名：妨害社会管理秩序罪/扰乱公共秩序罪 │ 罪名：妨害公务罪</td></tr>
<tr><td>量刑标准</td><td>犯本罪的　处3年以下有期徒刑、拘役、管制或者罚金。</td></tr>
</table>

法律依据

一、《刑法》条文

第二百七十七条第一至四款　以暴力、威胁方法阻碍国家机关工作人员依法执行职务的，处三年以下有期徒刑、拘役、管制或者罚金。

以暴力、威胁方法阻碍全国人民代表大会和地方各级人民代表大会代表依法执行代表职务的，依照前款的规定处罚。

在自然灾害和突发事件中，以暴力、威胁方法阻碍红十字会工作人员依法履行职责的，依照第一款的规定处罚。

故意阻碍国家安全机关、公安机关依法执行国家安全工作任务，未使用暴力、威胁方法，造成严重后果的，依照第一款的规定处罚。

第二百四十二条第一款　以暴力、威胁方法阻碍国家机关工作人员解救被收买的妇女、儿童的，依照本法第二百七十七条的规定定罪处罚。

二、相关司法解释/文件

《最高人民检察院关于以暴力威胁方法阻碍事业编制人员依法执行行政执法职务是否可对侵害人以妨害公务罪论处的批复》（2000年4月24日　高检发释字〔2000〕2号）

对于以暴力、威胁方法阻碍国有事业单位人员依照法律、行政法规的规定执行行政执法职务的，或者以暴力、威胁方法阻碍国家机关中受委托从事行政执法活动的事业编制人员执行行政执法职务的，可以对侵害人以妨害公务罪追究刑事责任。

《最高人民法院、最高人民检察院关于办理妨害预防、控制突发传染病疫情等灾害的刑事案件具体应用法律若干问题的解释》（2003年5月14日　法释〔2003〕8号）

第八条　以暴力、威胁方法阻碍国家机关工作人员、红十字会工作人员依法履行为防治突发传染病疫情等灾害而采取的防疫、检疫、强制隔离、隔离治疗等预防、控制措施的，依照刑法第二百七十七条第一款、第三款的规定，以妨害公务罪定罪处罚。

《最高人民法院、最高人民检察院、公安部关于依法严肃查处拒不执行判决裁定和暴力抗拒法院执行犯罪行为有关问题的通知》（2007年8月30日　法发〔2007〕29号）

二、对下列暴力抗拒执行的行为，依照刑法第二百七十七条的规定，以妨害公务罪论处。

（一）聚众哄闹、冲击执行现场，围困、扣押、殴打执行人员，致使执行工作无法进行的；

（二）毁损、抢夺执行案件材料、执行公务车辆

和其他执行器械、执行人员服装以及执行公务证件,造成严重后果的;

(三)其他以暴力、威胁方法妨害或者抗拒执行,致使执行工作无法进行的。

三、负有执行人民法院判决、裁定义务的单位直接负责的主管人员和其他直接责任人员,为了本单位的利益实施本《通知》第一条、第二条所列行为之一的,对该主管人员和其他直接责任人员,依照刑法第三百一十三条和第二百七十七条的规定,分别以拒不执行判决、裁定罪和妨害公务罪论处。

《最高人民法院、最高人民检察院关于办理非法生产、销售烟草专卖品等刑事案件具体应用法律若干问题的解释》(2010年3月2日　法释〔2010〕7号)

第八条　以暴力、威胁方法阻碍烟草专卖执法人员依法执行职务,构成犯罪的,以妨害公务罪追究刑事责任。

《最高人民法院关于审理破坏草原资源刑事案件应用法律若干问题的解释》(2012年11月2日　法释〔2012〕15号)

第四条　以暴力、威胁方法阻碍草原监督检查人员依法执行职务,构成犯罪的,依照刑法第二百七十七条的规定,以妨害公务罪追究刑事责任。

《最高人民法院、最高人民检察院、公安部、司法部关于办理醉酒危险驾驶刑事案件的意见》(2023年12月13日)

第十六条第二款　醉酒驾驶机动车,以暴力、威胁方法阻碍公安机关依法检查,又构成妨害公务罪、袭警罪等其他犯罪的,依照数罪并罚的规定处罚。

《最高人民法院关于审理拐卖妇女儿童犯罪案件具体应用法律若干问题的解释》(2016年12月21日　法释〔2016〕28号)

为依法惩治拐卖妇女、儿童犯罪,切实保障妇女、儿童的合法权益,维护家庭和谐与社会稳定,根据刑法有关规定,结合司法实践,现就审理此类案件具体应用法律的若干问题解释如下:

第七条　收买被拐卖的妇女、儿童,又以暴力、威胁方法阻碍国家机关工作人员解救被收买的妇女、儿童,或者聚众阻碍国家机关工作人员解救被收买的妇女、儿童,构成妨害公务罪、聚众阻碍解救被收买的妇女、儿童罪的,依照数罪并罚的规定处罚。

《最高人民法院、最高人民检察院关于常见犯罪的量刑指导意见(试行)》(2021年7月1日　法发〔2021〕21号)

(十六)妨害公务罪

1. 构成妨害公务罪的,在二年以下有期徒刑、拘役幅度内确定量刑起点。

2. 在量刑起点的基础上,根据妨害公务造成的后果、犯罪情节严重程度等其他影响犯罪构成的犯罪事实增加刑罚量,确定基准刑。

3. 构成妨害公务罪,依法单处罚金的,根据妨害公务的手段、危害后果、造成的人身伤害以及财物毁损情况等犯罪情节,综合考虑被告人缴纳罚金的能力,决定罚金数额。

4. 构成妨害公务罪的,综合考虑妨害公务的手段、造成的人身伤害、财物的毁损及社会影响等犯罪事实、量刑情节,以及被告人的主观恶性、人身危险性、认罪悔罪表现等因素,决定缓刑的适用。

《最高人民法院、最高人民检察院、公安部、司法部关于依法惩治妨害新型冠状病毒感染肺炎疫情防控违法犯罪的意见》(2020年2月6日　法发〔2020〕7号)

二、准确适用法律,依法严惩妨害疫情防控的各类违法犯罪

(一)依法严惩抗拒疫情防控措施犯罪。故意传播新型冠状病毒感染肺炎病原体,具有下列情形之一,危害公共安全的,依照刑法第一百一十四条、第一百一十五条第一款的规定,以以危险方法危害公共安全罪定罪处罚:

1. 已经确诊的新型冠状病毒感染肺炎病人、病原携带者,拒绝隔离治疗或者隔离期未满擅自脱离隔离治疗,并进入公共场所或者公共交通工具的;

2. 新型冠状病毒感染肺炎疑似病人拒绝隔离治疗或者隔离期未满擅自脱离隔离治疗,并进入公共场所或者公共交通工具,造成新型冠状病毒传播的。

其他拒绝执行卫生防疫机构依照传染病防治法提出的防控措施,引起新型冠状病毒传播或者有传播严重危险的,依照刑法第三百三十条的规定,以妨害传染病防治罪定罪处罚。

以暴力、威胁方法阻碍国家机关工作人员（含在依照法律、法规规定行使国家有关疫情防控行政管理职权的组织中从事公务的人员，在受国家机关委托代表国家机关行使疫情防控职权的组织中从事公务的人员，虽未列入国家机关人员编制但在国家机关中从事疫情防控公务的人员）依法履行为防控疫情而采取的防疫、检疫、强制隔离、隔离治疗等措施的，依照刑法第二百七十七条第一款、第三款的规定，以妨害公务罪定罪处罚。暴力袭击正在依法执行职务的人民警察的，以妨害公务罪定罪，从重处罚。

三、相关部委规章

《公安部关于打击拐卖妇女儿童犯罪适用法律和政策有关问题的意见》（2000 年 3 月 24 日公通字〔2000〕25 号）

五、关于解救工作

（二）要充分依靠当地党委、政府的支持，做好对基层干部和群众的法制宣传和说服教育工作，注意方式、方法，慎用警械、武器，避免激化矛盾，防止出现围攻执法人员、聚众阻碍解救等突发事件。

以暴力、威胁方法阻碍国家机关工作人员解救被收买的妇女、儿童的，以妨害公务罪立案侦查。对聚众阻碍国家机关工作人员解救被收买的妇女、儿童的首要分子，以聚众阻碍解救被收买的妇女、儿童罪立案侦查。其他使用暴力、威胁方法的参与者，以妨害公务罪立案侦查。阻碍解救被收买的妇女、儿童，没有使用暴力、威胁方法的，依照《中华人民共和国治安管理处罚条例》的有关规定处罚。

要义辨析

一、概念

本罪是指以暴力、威胁的方法，阻碍国家工作人员、人大代表及特定条件下的红十字会工作人员依法执行职务或履行职责，或者以暴力、威胁以外的方法故意阻碍国家安全机关、公安机关依法执行国家安全工作任务，造成严重后果的行为。

二、构成要件

1. 本罪侵犯的客体是国家机关、人民代表大会的公务活动及特定条件下红十字会的职责活动，也就是指国家机关工作人员、人民代表、红十字会人员依照法律、法规的规定所进行的职务或职责活动。本罪侵害的对象是依法正在履行职务或职责的国家工作人员、人大代表、红十字会工作人员。所谓“依法执行职务”或“履行职责”，是指上述人员履行职务是在法律、法规规定的职权范围内进行的，而不是超越职权范围的活动。对于超越职权范围的活动，或者滥用职权侵犯国家、集体和个人利益的活动，受到他人阻止的，不构成本罪。所谓“正在履行职务”，是指上述人员执行职务已经着手，尚未结束。

2. 本罪的犯罪客观方面表现为两种形式。其一，以暴力、威胁方法，阻碍国家机关工作人员、人大代表和红十字会工作人员依法执行职务或履行职责的行为。所谓“暴力”，是指对依法执行公务的国家工作人员，实施暴力袭击或者人身强制。所谓“威胁”，是指进行精神上的恐吓。其二，未使用暴力、威胁方法故意阻碍国家安全机关、公安机关依法执行国家安全工作任务，造成严重后果的行为，如使用暴力、威胁方法的，当然构成本罪。

3. 本罪的犯罪主体是一般主体，即达到刑事责任年龄和具有刑事责任能力的自然人。

4. 在犯罪主观方面，行为人只能是故意。即明知对方是正在依法执行职务或履行职责，而故意对其实施暴力或者威胁，迫使其不能履行职责。

三、要点辨析

1. 只要行为人实施了以暴力、威胁的方法，阻碍国家工作人员、人大代表及在特定条件下的红十字会工作人员依法执行职务或履行职责的行为，即构成本罪，不要求后果；行为人故意阻碍国家安全机关、公安机关依法执行国家安全工作任务，未使用暴力、威胁方法的，必须要“造成严重后果”方可构成犯罪。

2. 认定本罪应注意划清与拒不执行人民法院判决、裁定罪的界限。两者的共同点是都采用暴力或威胁的方法阻碍国家工作人员依法执行职务。两者主要区别在于后者的行为人只能是诉讼的当事人，其目的是拒绝执行已经生效的判决或者裁定，侵害的是司法机关的正常活动。

3. 对于以暴力、威胁的方法妨害公务,如果故意对执行公务的国家工作人员实施加害行为,造成重伤或者死亡后果的,应按照处理牵连犯的原则,从一重罪,按故意伤害罪或故意杀人罪定罪量刑。

四、罪名变迁

1979 年《刑法》第 157 条对本罪作了规定,1997 年《刑法》第 277 条对罪状作了修改和补充。《刑法修正案(十一)》将袭警行为单独分离出来,作为单独罪名。

类罪名:妨害社会管理秩序罪/扰乱公共秩序罪 | 罪名:袭警罪	
量刑标准	**构成本罪的** 处 3 年以下有期徒刑、拘役或者管制,并处罚金;
	使用枪支、管制刀具,或者以驾驶机动车撞击等手段,严重危及其人身安全的 处 3 年以上 7 年以下有期徒刑。

法律依据

一、《刑法》条文

第二百七十七条第五款 暴力袭击正在依法执行职务的人民警察的,处三年以下有期徒刑、拘役或者管制;使用枪支、管制刀具,或者以驾驶机动车撞击等手段,严重危及其人身安全的,处三年以上七年以下有期徒刑。

二、相关司法解释/文件

《最高人民法院、最高人民检察院、公安部关于依法惩治袭警违法犯罪行为的指导意见》(2020 年 1 月 10 日)

一、对正在依法执行职务的民警实施下列行为的,属于刑法第二百七十七条第五款规定的"暴力袭击正在依法执行职务的人民警察",应当以妨害公务罪定罪从重处罚:

1. 实施撕咬、踢打、抱摔、投掷等,对民警人身进行攻击的;

2. 实施打砸、毁坏、抢夺民警正在使用的警用车辆、警械等警用装备,对民警人身进行攻击的;

对正在依法执行职务的民警虽未实施暴力袭击,但以实施暴力相威胁,符合刑法第二百七十七条第一款规定的,以妨害公务罪定罪处罚。

醉酒的人实施袭警犯罪行为,应当负刑事责任。

教唆、煽动他人实施袭警犯罪行为或者为他人实施袭警犯罪行为提供工具、帮助的,以共同犯罪论处。

对袭警情节轻微或者辱骂民警,尚不构成犯罪,但构成违反治安管理行为的,应当依法从重给予治安管理处罚。

二、实施暴力袭警行为,具有下列情形之一的,在第一条规定的基础上酌情从重处罚:

1. 使用凶器或者危险物品袭警、驾驶机动车袭警的;

2. 造成民警轻微伤或者警用装备严重毁损的;

3. 妨害民警依法执行职务,造成他人伤亡、公私财产损失或者造成犯罪嫌疑人脱逃、毁灭证据等严重后果的;

4. 造成多人围观、交通堵塞等恶劣社会影响的;

5. 纠集多人袭警或者袭击民警二人以上的;

6. 曾因袭警受过处罚,再次袭警的;

7. 实施其他严重袭警行为的。

实施上述行为,构成犯罪的,一般不得适用缓刑。

三、驾车冲撞、碾轧、拖拽、剐蹭民警,或者挤别、碰撞正在执行职务的警用车辆,危害公共安全或者民警生命、健康安全,符合刑法第一百一十四条、第一百一十五条、第二百三十二条、第二百三十四条规定的,应当以以危险方法危害公共安全罪、故意杀人罪或者故意伤害罪定罪，酌情从重处罚。

暴力袭警，致使民警重伤、死亡，符合刑法第二百三十四条、第二百三十二条规定的，应当以故意伤害罪、故意杀人罪定罪，酌情从重处罚。

四、抢劫、抢夺民警枪支，符合刑法第一百二十七条第二款规定的，应当以抢劫枪支罪、抢夺枪支罪定罪。

五、民警在非工作时间，依照《中华人民共和国人民警察法》等法律履行职责的，应当视为执行职务。

六、在民警非执行职务期间，因其职务行为对其实施暴力袭击、拦截、恐吓等行为，符合刑法第二百三十四条、第二百三十二条、第二百九十三条等规定的，应当以故意伤害罪、故意杀人罪、寻衅滋事罪等定罪，并根据袭警的具体情节酌情从重处罚。

三、相关部门规章/文件

《公安部关于公安机关处置信访活动中违法犯罪行为适用法律的指导意见》(2013年7月19日 公通字〔2013〕25号)

四、对妨害社会管理秩序违法犯罪行为的处理

9. 阻碍国家机关工作人员依法执行职务，强行冲闯公安机关设置的警戒带、警戒区，或者阻碍执行紧急任务的消防车、救护车、工程抢险车、警车等车辆通行，符合《治安管理处罚法》第五十条第一款第二项、第三项、第四项规定的，以阻碍执行职务、阻碍特种车辆通行、冲闯警戒带、警戒区依法予以治安管理处罚；阻碍人民警察依法执行职务的，从重处罚；使用暴力、威胁方法阻碍国家机关工作人员依法执行职务，符合《刑法》第二百七十七条规定的，以妨害公务罪追究刑事责任。

要义辨析

一、概念

本罪是指暴力袭击正在执法的人民警察的行为。

二、构成要件

1. 本罪侵犯的客体是人民警察的正常执法活动。

2. 客观方面表现为，暴力袭击正在执法的人民警察的行为。根据《最高人民法院、最高人民检察院、公安部关于依法惩治袭警违法犯罪行为的指导意见》第1条的规定，"暴力袭击"主要是指对人民警察实施撕咬、踢打、抱摔、投掷等，对民警人身进行攻击的行为，以及实施打砸、毁坏、抢夺民警正在使用的警用车辆、警械等警用装备，对民警人身进行攻击的行为。

3. 本罪的犯罪主体是一般主体，即达到刑事责任年龄和具有刑事责任能力的自然人。

4. 在犯罪主观方面，行为人只能是故意。即明知对方是正在依法执行职务或履行职责，而故意对其实施暴力或者威胁，迫使其不能履行职责。

三、要点辨析

1. 本款规定的警察既包括刑事追诉相关的侦查职责的警察，也包括根据其他法律执行治安管理等职责的警察；还包括公安机关、国家安全机关、监狱的人民警察和人民法院、人民检察院的司法警察。

2. 行为人只是辱骂民警，或者袭警行为轻微，不应当认定为构成犯罪，如违反治安管理行为的，应当依法给予治安管理处罚。

3. 对正在依法执行职务的人民警察虽未实施暴力袭击，但以实施暴力相威胁，或者采用其他方法阻碍人民警察执行职务的，则不构成本罪，但是符合刑法第277条第一款规定的，可以以妨害公务罪追究刑事责任。

四、罪名变迁

本罪是根据2021年2月26日《最高人民法院、最高人民检察院关于执行〈中华人民共和国刑法〉确定罪名的补充规定(七)》新设立的罪名。

<table>
<tr><td colspan="2">类罪名:妨害社会管理秩序罪/扰乱公共秩序罪　罪名:煽动暴力抗拒法律实施罪</td></tr>
<tr><td rowspan="2">量刑标准</td><td>构成犯罪的　处3年以下有期徒刑、拘役、管制或者剥夺政治权利;</td></tr>
<tr><td>造成严重后果的　处3年以上7年以下有期徒刑。</td></tr>
</table>

法律依据

一、《刑法》条文

第二百七十八条　煽动群众暴力抗拒国家法律、行政法规实施的,处三年以下有期徒刑、拘役、管制或者剥夺政治权利;造成严重后果的,处三年以上七年以下有期徒刑。

二、相关司法解释/文件

《最高人民法院、最高人民检察院关于办理非法生产、销售烟草专卖品等刑事案件具体应用法律若干问题的解释》(2010年3月2日　法释〔2010〕7号)

第八条第二款　煽动群众暴力抗拒烟草专卖法律实施,构成犯罪的,以煽动暴力抗拒法律实施罪追究刑事责任。

《最高人民法院关于审理破坏草原资源刑事案件应用法律若干问题的解释》(2012年11月2日　法释〔2012〕15号)

第四条第二款　煽动群众暴力抗拒草原法律、行政法规实施,构成犯罪的,依照刑法第二百七十八条的规定,以煽动暴力抗拒法律实施罪追究刑事责任。

《最高人民法院、最高人民检察院关于办理利用信息网络实施诽谤等刑事案件适用法律若干问题的解释》(2013年9月6日　法释〔2013〕21号)

第九条　利用信息网络实施诽谤、寻衅滋事、敲诈勒索、非法经营犯罪,同时又构成刑法第二百二十一条规定的损害商业信誉、商品声誉罪,第二百七十八条规定的煽动暴力抗拒法律实施罪,第二百九十一条之一规定的编造、故意传播虚假恐怖信息罪等犯罪的,依照处罚较重的规定定罪处罚。

要义辨析

一、概念

本罪是指故意煽动群众以暴力形式,抗拒国家法律、行政法规实施的行为。

二、构成要件

1. 本罪侵害的客体是国家的法律秩序。

2. 客观方面,行为人必须有一定的煽动行为,如用语言、文字、图像等来唆使、蛊惑、挑动众人以暴力相抗。"造成严重后果"一般是指确有部分群众被煽动起来闹事或者造成国家法律、行政法规在某一地方无法正常实施等。这里的"国家法律",是指全国人民代表大会及其常委会通过的法律和法律性文件,"行政法规"是指国务院的行政法规。

3. 犯罪主体为一般主体。

4. 主观上行为人只能是故意。即明知自己的行为会造成让群众运用暴力手段抗拒国家法律的实施,仍然实施该行为的。

三、要点辨析

1. 本罪是指对国家执法部门的执行法律行为进行阻挠对抗,为抗拒执法、唆使、蛊惑、挑动、煽动群众对执法人员的围堵、赶走、殴打等暴力行为。一般都是在群体性事件发生之时。

2. 本罪与《刑法》第300条的组织、利用邪教组织破坏法律实施罪不同,本罪是煽动暴力抗拒法律实施,最高刑为7年有期徒刑。后罪利用的是邪教组织抗拒法律实施。《最高人民法院、最高人民检察院关于办理组织、利用邪教组织破坏法律实施等刑事案件适用法律若干问题的解释》专门解释了组织、利用邪教组织破坏国家法律、行政法规实施罪的定义和具体量刑规定,最高量刑为无期徒刑。

3. 本罪是行为犯,只要行为人实施了煽动行为就可构成本罪,群众是否真的被煽动起来则不影响本罪的构成。

4. 本罪同煽动分裂国家罪、煽动颠覆国家政权罪不同。本罪的犯罪目的是仅针对某一法律的实施进行的抗拒阻碍,而后两罪则是以分裂国家和颠覆国家政权为行为目的。

四、罪名变迁

本罪是从1979年《刑法》第102条的规定,吸收为《刑法》的具体规定的,是对原来的反革命宣传煽动罪的分解。

类罪名:妨害社会管理秩序罪/扰乱公共秩序罪	罪名:招摇撞骗罪
量刑标准	**构成犯罪的**　处3年以下有期徒刑、拘役、管制或者剥夺政治权利;
	情节严重的　处3年以上10年以下有期徒刑。

法律依据

《刑法》条文

第二百七十九条　冒充国家机关工作人员招摇撞骗的,处三年以下有期徒刑、拘役、管制或者剥夺政治权利;情节严重的,处三年以上十年以下有期徒刑。

冒充人民警察招摇撞骗的,依照前款的规定从重处罚。

量刑要素

冒充人民警察招摇撞骗,从重处罚。

要义辨析

一、概念

本罪是指以冒充国家机关工作人员进行招摇撞骗活动,损害国家机关的形象、威信和正常活动,扰乱社会公共秩序的行为。

二、构成要件

1. 本罪侵犯的客体是国家机关的形象、威信和社会公共秩序。

2. 客观方面表现为冒充国家机关工作人员进行招摇撞骗活动,行为人冒充的必须是国家工作人员的身份或职称,包括非国家工作人员冒充国家工作人员、此种国家工作人员冒充彼种国家工作人员。

3. 犯罪主体为一般主体,既可以是普通公民,也可以是国家机关工作人员。

4. 主观上为故意,一般具有谋取非法利益的目的。

三、要点辨析

1. 招摇,是指张扬、渲染、显摆;撞骗,意为寻机骗人,假借名义,进行蒙骗欺诈。现行《刑法》上的招摇撞骗罪,特指冒充国家机关工作人员,进行招摇冒充,引人误解,骗取他人财产和其他利益的行为。

2. 本罪犯罪手段或后果,牵连触犯到其他罪名的,应按照处理牵连犯的原则,从一重罪论处。

3. 人民警察,是具有特殊身份的可以即时限制他人自由和人身权利的国家工作人员,冒充其进行招摇撞骗,具有更大的社会危害性,因此根据《刑法》第278条第2款的规定,作为加重情节,应予从重处罚。

四、罪名变迁

1979年《刑法》第166条作了规定,1997年《刑法》第279条对罪状作了修改。

<table>
<tr><td colspan="3">类罪名:妨害社会管理秩序罪/扰乱公共秩序罪 | 罪名:伪造、变造、买卖国家机关公文、证件、印章罪</td></tr>
<tr><td rowspan="2">量刑标准</td><td>构成犯罪的</td><td>处3年以下有期徒刑、拘役、管制或者剥夺政治权利,并处罚金;</td></tr>
<tr><td>情节严重的</td><td>处3年以上10年以下有期徒刑,并处罚金。</td></tr>
</table>

法律依据

一、《刑法》条文

第二百八十条第一款　伪造、变造、买卖或者盗窃、抢夺、毁灭国家机关的公文、证件、印章的,处三年以下有期徒刑、拘役、管制或者剥夺政治权利,并处罚金;情节严重的,处三年以上十年以下有期徒刑,并处罚金。

二、相关法律

《全国人民代表大会常务委员会关于惩治骗购外汇、逃汇和非法买卖外汇犯罪的决定》(1998年12月29日)

二、买卖伪造、变造的海关签发的报关单、进口证明、外汇管理部门核准件等凭证和单据或者国家机关的其他公文、证件、印章的,依照刑法第二百八十条的规定定罪处罚。

《中华人民共和国森林法》(2019年12月28日修订)

第七十七条　违反本法规定,伪造、变造、买卖、租借采伐许可证的,由县级以上人民政府林业主管部门没收证件和违法所得,并处违法所得一倍以上三倍以下的罚款;没有违法所得的,可以处二万元以下的罚款。

第八十二条　公安机关按照国家有关规定,可以依法行使本法第七十四条第一款、第七十六条、第七十七条、第七十八条规定的行政处罚权。

违反本法规定,构成违反治安管理行为的,依法给予治安管理处罚;构成犯罪的,依法追究刑事责任。

《中华人民共和国野生动物保护法》(2022年12月30日修订)

第四十二条　禁止伪造、变造、买卖、转让、租借特许猎捕证、狩猎证、人工繁育许可证及专用标识,出售、购买、利用国家重点保护野生动物及其制品的批准文件,或者允许进出口证明书、进出口等批准文件。

前款规定的有关许可证书、专用标识、批准文件的发放有关情况,应当依法公开。

第六十条　违反本法第四十二条第一款规定,伪造、变造、买卖、转让、租借有关证件、专用标识或者有关批准文件的,由县级以上人民政府野生动物保护主管部门没收违法证件、专用标识、有关批准文件和违法所得,并处五万元以上五十万元以下罚款;构成违反治安管理行为的,由公安机关依法给予治安管理处罚;构成犯罪的,依法追究刑事责任。

《中华人民共和国进出口商品检验法》(2021年4月29日修正)

第三十四条　伪造、变造、买卖或者盗窃商检单证、印章、标志、封识、质量认证标志的,依法追究刑事责任;尚不够刑事处罚的,由商检机构、认证认可监督管理部门依据各自职责责令改正,没收违法所得,并处货值金额等值以下的罚款。

三、相关行政法规

《中华人民共和国核出口管制条例》(2006年11月9日)

第十九条　伪造、变造、买卖核出口许可证的,或者以欺骗等不正当手段获得核出口许可证的,依照有关法律、行政法规的规定处罚;构成犯罪的,依法追究刑事责任。

四、相关司法解释/文件

《最高人民法院关于审理骗购外汇、非法买卖外汇刑事案件具体应用法律若干问题的解释》(1998年8月28日　法释〔1998〕20号)

第二条　伪造、变造、买卖海关签发的报关单、进口证明、外汇管理机关的核准件等凭证或者购买伪造、变造的上述凭证的，按照刑法第二百八十条第一款的规定定罪处罚。

《最高人民检察院法律政策研究室关于买卖伪造的国家机关证件行为是否构成犯罪的问题的答复》（1999 年 6 月 21 日 〔1999〕高检研发第 5 号）

对于买卖伪造的国家机关证件的行为，依法应当追究责任的，可适用刑法第二百八十条第一款的规定，以买卖国家机关证件罪追究刑事责任。

《最高人民法院、最高人民检察院关于办理妨害信用卡管理刑事案件具体应用法律若干问题的解释》（2018 年 11 月 28 日 法释〔2018〕19 号）

第四条第一款 为信用卡申请人制作、提供虚假的财产状况、收入、职务等资信证明材料，涉及伪造、变造、买卖国家机关公文、证件、印章，或者涉及伪造公司、企业、事业单位、人民团体印章，应当追究刑事责任的，依照刑法第二百八十条的规定，分别以伪造、变造、买卖国家机关公文、证件、印章罪和伪造公司、企业、事业单位、人民团体印章罪定罪处罚。

《最高人民法院关于审理破坏土地资源刑事案件具体应用法律若干问题的解释》（2023 年 8 月 13 日 法释〔2023〕8 号）

第十条 伪造、变造、买卖采伐许可证，森林、林地、林木权属证书以及占用或者征用林地审核同意书等国家机关批准的林业证件、文件构成犯罪的，依照刑法第二百八十条第一款的规定，以伪造、变造、买卖国家机关公文、证件罪定罪处罚。

买卖允许进出口证明书等经营许可证明，同时构成刑法第二百二十五条、第二百八十条规定之罪的，依照处罚较重的规定定罪处罚。

要义辨析

一、概念

本罪是指伪造、变造、买卖国家机关的公文、证件、印章的行为。

二、构成要件

1. 本罪侵犯的客体是国家机关的正常管理活动和信誉。本罪的犯罪对象限于国家机关的公文、证件（包括各种商检单证）和印章，是特定对象，不可扩大理解。

2. 本罪在客观上，表现为伪造、变造、买卖三种行为，行为人只要实施这三种行为中的任何一种行为，即构成犯罪。

3. 本罪主体为一般主体。

4. 犯罪主观方面必须是故意。

三、要点辨析

1. 本罪是选择性罪名，根据实际行为，可以分别确定具体的罪名罪状。如伪造国家机关公文罪、变造国家机关印章罪。

2. 本罪为行为犯。只要行为人实施伪造、变造、买卖公文印章三种行为，即构成犯罪。伪造成功进行使用和没有成功使用，作为情节考虑。

3. 伪造非国家机关印章的行为，已单独规定为伪造其他印章罪，见“伪造公司、企业、事业单位、人民团体印章罪”。注意不要与本罪混淆。

4. 伪造、变造、买卖国家机关公文、证件、印章进行其他犯罪活动的，属于牵连犯，从一重罪处罚。

四、罪名变迁

本罪是 1979 年《刑法》第 167 条中即有的罪名，当时罪名为“伪造、变造公文、证件、印章罪”。后来随着《刑法》的发展，增加了买卖行为，对公文、印章、证件也区分是属于国家机关还是企业。对企业的另外定罪。《刑法修正案（九）》修订中，本罪又增加了罚金刑。

<table>
<tr><td colspan="3">类罪名:妨害社会管理秩序罪/扰乱公共秩序罪 | 罪名:盗窃、抢夺、毁灭国家机关公文、证件、印章罪</td></tr>
<tr><td rowspan="2">量刑标准</td><td>构成犯罪的</td><td>处3年以下有期徒刑、拘役、管制或者剥夺政治权利,并处罚金;</td></tr>
<tr><td>情节严重的</td><td>处3年以上10年以下有期徒刑,并处罚金。</td></tr>
</table>

法律依据

《刑法》条文

第二百八十条第一款 伪造、变造、买卖或者盗窃、抢夺、毁灭国家机关的公文、证件、印章的,处三年以下有期徒刑、拘役、管制或者剥夺政治权利,并处罚金;情节严重的,处三年以上十年以下有期徒刑,并处罚金。

要义辨析

一、概念

本罪是指盗窃、抢夺、毁灭国家机关的公文、证件、印章的行为。

二、构成要件

1. 本罪侵犯的客体、犯罪主体、主观方面与伪造、变造、买卖国家机关公文、证件、印章罪相同。

2. 本罪在客观上表现为盗窃、抢夺、毁灭国家机关公文、证件、印章的行为。所谓"盗窃",是指秘密窃取公文、证件、印章的行为;所谓"抢夺",是指乘人不备,公然夺取公文、证件、印章的行为;所谓"毁灭",是指用撕毁、烧毁等方法毁坏公文、证件、印章的行为。

3. 犯罪主观方面必须是故意。

4. 本罪主体为一般主体。

三、要点辨析

1. 本罪为选择性罪名。行为人只要实施其中的任何一种行为,即构成犯罪。

2. 本罪与伪造变造买卖公文印章罪在同条中规定,量刑也一样,只是根据犯罪方式的不同,区分出两个罪名,以盗窃、毁灭为特征。

3. 本罪为行为犯。只要行为人实施盗窃、抢夺、毁灭国家机关的公文、证件、印章,即构成犯罪。

四、罪名变迁

本罪是1979年《刑法》第167条中即有的罪名,《刑法修正案(九)》修订中,本罪增加了罚金刑。

<table>
<tr><td colspan="3">类罪名:妨害社会管理秩序罪/扰乱公共秩序罪 | 罪名:伪造公司、企业、事业单位、人民团体印章罪</td></tr>
<tr><td>量刑标准</td><td>犯本罪的</td><td>处3年以下有期徒刑、拘役、管制或者剥夺政治权利,并处罚金。</td></tr>
</table>

法律依据

一、《刑法》条文

第二百八十条第二款 伪造公司、企业、事业单位、人民团体的印章的,处三年以下有期徒刑、拘役、管制或者剥夺政治权利,并处罚金。

二、相关司法解释/文件

《最高人民法院、最高人民检察院关于办理伪造、贩卖伪造的高等院校学历、学位证明刑事案件如何适用法律问题的解释》(2001年7月3日 法

释〔2001〕22号）

为依法惩处伪造、贩卖伪造的高等院校学历、学位证明的犯罪活动，现就办理这类案件适用法律的有关问题解释如下：

对于伪造高等院校印章制作学历、学位证明的行为，应当依照刑法第二百八十条第二款的规定，以伪造事业单位印章罪定罪处罚。

明知是伪造高等院校印章制作的学历、学位证明而贩卖的，以伪造事业单位印章罪的共犯论处。

《最高人民检察院法律政策研究室关于通过伪造证据骗取法院民事裁判占有他人财物的行为如何适用法律问题的答复》（2002年10月24日　高检研发〔2002〕第18号）

以非法占有为目的，通过伪造证据骗取法院民事裁判占有他人财物的行为所侵害的主要是人民法院正常的审判活动可以由人民法院依照民事诉讼法的有关规定作出处理，不宜以诈骗罪追究行为人的刑事责任。如果行为人伪造证据时，实施了伪造公司、企业、事业单位、人民团体印章的行为，构成犯罪的，应当依照刑法第二百八十条第二款的规定，以伪造公司、企业、事业单位、人民团体印章罪追究刑事责任；如果行为人有指使他人作伪证行为，构成犯罪的应当依照刑法第三百零七条第一款的规定，以妨害作证罪追究刑事责任。

《最高人民法院、最高人民检察院关于办理妨害信用卡管理刑事案件具体应用法律若干问题的解释》（2018年11月28日　法释〔2018〕19号）

第四条第一款　为信用卡申请人制作、提供虚假的财产状况、收入、职务等资信证明材料，涉及伪造、变造、买卖国家机关公文、证件、印章，或者涉及伪造公司、企业、事业单位、人民团体印章，应当追究刑事责任的，依照刑法第二百八十条的规定，分别以伪造、变造、买卖国家机关公文、证件、印章罪和伪造公司、企业、事业单位、人民团体印章罪定罪处罚。

要义辨析

一、概念

本罪是指伪造公司、企业、事业单位、人民团体印章的行为。

二、构成要件

1. 本罪侵犯的客体是公司、企业、事业单位、人民团体的信誉和上述单位的正常活动，犯罪对象是公司、企业、事业单位、人民团体的印章。

2. 本罪在客观上仅表现为伪造公司、企业、事业单位、人民团体印章的行为，即制作假的印章。

3. 本罪主体为一般主体。

4. 犯罪主观方面必须是故意。

三、要点辨析

1. 本罪为行为犯。实施了伪造公司、企业、事业单位、人民团体印章的行为，即构成犯罪。

2. 本罪与伪造、变造、买卖国家机关公文证件印章罪的区别在于犯罪对象的不同。本罪量刑轻，最高量刑为3年有期徒刑。伪造国家机关的公文印章，比本罪要重，最高刑可达10年有期徒刑。两罪区别的关键是印章的主体性质不同。

四、罪名变迁

1979年《刑法》中规定了伪造盗窃公司和人民团体的公文、证件、印章入罪。1997年《刑法》修订时，对企业和人民团体，只规定了“伪造印章”犯罪。企业的公文、证件没有列入。因此，对伪造、变造、盗窃、抢夺、毁灭公司企业事业团伙的公文、证件行为，不构成犯罪，只有伪造变造印章等行为才可以入罪。《刑法修正案（九）》还增加了并处罚金刑。

类罪名：妨害社会管理秩序罪/扰乱公共秩序罪	罪名：伪造、变造、买卖身份证件罪	
量刑标准	构成犯罪的	处3年以下有期徒刑、拘役、管制或者剥夺政治权利，并处罚金；
	情节严重的	处3年以上7年以下有期徒刑，并处罚金。

法律依据

一、《刑法》条文

第二百八十条第三款 伪造、变造、买卖居民身份证、护照、社会保障卡、驾驶证等依法可以用于证明身份的证件的,处三年以下有期徒刑、拘役、管制或者剥夺政治权利,并处罚金;情节严重的,处三年以上七年以下有期徒刑,并处罚金。

二、相关法律

《中华人民共和国居民身份证法》(2011 年 10 月 29 日修正)

第六条第一款 居民身份证式样由国务院公安部门制定。居民身份证由公安机关统一制作、发放。

第十七条 有下列行为之一的,由公安机关处二百元以上一千元以下罚款,或者处十日以下拘留,有违法所得的,没收违法所得:

(二)购买、出售、使用伪造、变造的居民身份证的。

伪造、变造的居民身份证和骗领的居民身份证,由公安机关予以收缴。

第十八条第一款 伪造、变造居民身份证的,依法追究刑事责任。

要义辨析

一、概念

本罪是指伪造、变造、买卖居民身份证、护照、社会保障卡、驾驶证等依法可以用于证明身份的证件的行为。

二、构成要件

1. 本罪侵犯的客体是国家的公民身份管理、社会管理秩序和国家对法定身份证件的专门制作权,犯罪对象是居民身份证、护照、社会保障卡、驾驶证等依法可以用于证明身份的证件。其中,“居民身份证”,是指由我国公安机关根据《居民身份证法》的规定,制作颁发给我国公民的身份证件。

2. 客观方面表现为伪造、变造、买卖居民身份证、护照、社会保障卡、驾驶证等依法可以用于证明身份的证件的行为。“伪造”,是指非法制作;“变造”,是指用涂改、抹擦、拼接等方法在原有基础上进行改制变更。本罪是行为犯。

3. 犯罪主体为一般主体。

4. 主观方面只能为故意。

三、罪名变迁

本罪是 1997 年《刑法》规定的罪名,是根据《居民身份证条例》实施后出现的伪造变造身份证等违法现象的需要而立法。《刑法修正案(九)》增加了本罪的罚金刑。

类罪名:妨害社会管理秩序罪/扰乱公共秩序罪 丨 罪名:使用虚假身份证件、盗用身份证件罪	
量刑标准	**情节严重的** 处拘役或者管制,并处或者单处罚金。

法律依据

《刑法》条文

第二百八十条之一 在依照国家规定应当提供身份证明的活动中,使用伪造、变造的或者盗用他人的居民身份证、护照、社会保障卡、驾驶证等依法可以用于证明身份的证件,情节严重的,处拘役或者管制,并处或者单处罚金。

有前款行为,同时构成其他犯罪的,依照处罚较重的规定定罪处罚。

要义辨析

一、概念

本罪是指在依照国家规定应当提供身份证明的活动中，使用伪造、变造的居民身份证、护照、社会保障卡、驾驶证等依法可以用于证明身份的证件，情节严重的行为。

二、构成要件

1. 本罪侵害客体是国家的公民身份管理、社会管理秩序和国家对法定身份证件的专门制作权。

2. 客观方面是明知居民身份证、护照、社会保障卡、驾驶证等是伪造、变造的，仍然在依照国家规定应当提供身份证明的活动中使用。

3. 本罪主体是一般主体。

4. 主观方面只能是故意，主要是直接故意。

三、要点辨析

1. 本罪所指的身份证件，不限于居民身份证，还包括能够证明身份的其他证件，如护照、社会保障卡、驾驶证等。

2. 明知他人可能会使用伪造、变造的身份证件，仍提供帮助的行为构成共同犯罪。

3. 仅是持有上述证件，不构成本罪，必须在依照国家规定应当提供身份证明的活动中使用，并且要达到情节严重的程度，才构成本罪。

四、罪名变迁

本罪是根据2015年8月29日《刑法修正案（九）》第23条的规定而增加的，是一个新制订的犯罪类型。

类罪名：妨害社会管理秩序罪/扰乱公共秩序罪	罪名：冒名顶替罪
量刑标准	**构成本罪的**　处3年以下有期徒刑、拘役或者管制，并处罚金。

法律依据

《刑法》条文

第二百八十条之二　盗用、冒用他人身份，顶替他人取得的高等学历教育入学资格、公务员录用资格、就业安置待遇的，处三年以下有期徒刑、拘役或者管制，并处罚金。

组织、指使他人实施前款行为的，依照前款的规定从重处罚。

国家机关工作人员有前两款行为，又构成其他犯罪的，依照数罪并罚的规定处罚。

要义辨析

一、概念

本罪是指盗用、冒用他人身份，顶替他人取得的高等学历教育入学资格、公务员录用资格、就业安置待遇的行为。

二、构成要件

1. 本罪侵害的客体是公民的身份管理权益以及社会对公民身份的管理秩序。

2. 客观方面是盗用、冒用他人身份，顶替他人取得的高等学历教育入学资格、公务员录用资格、就业安置待遇。

3. 本罪主体是自然人一般主体。

4. 主观方面表示为故意。

三、要点辨析

本罪与伪造、变造、买卖身份证件罪中都可能存在盗用、冒用他人身份的行为，两罪的区别在于盗用、冒用他人身份的行为是作为目的存在的还是作为手段存在的。在本案中，盗用、冒用他们身份的行为仅是顶替他人取得的高等学历教育入学资格、公务员录用资格、就业安置待遇的手段行为,而非最终目的。

四、罪名变迁

本罪是《刑法修正案(十一)》新增罪名。

类罪名:妨害社会管理秩序罪/扰乱公共秩序罪	罪名:非法生产、买卖警用装备罪
量刑标准	**情节严重的** 处3年以下有期徒刑、拘役或者管制,并处或者单处罚金;
	单位犯罪的 对单位处罚金;对直接负责的主管人员和直接责任人员依照个人犯罪处罚。

法律依据

一、《刑法》条文

第二百八十一条 非法生产、买卖人民警察制式服装、车辆号牌等专用标志、警械,情节严重的,处三年以下有期徒刑、拘役或者管制,并处或者单处罚金。

单位犯前款罪的,对单位判处罚金,并对其直接负责的主管人员和其他直接责任人员,依照前款的规定处罚。

二、相关法律

《中华人民共和国人民警察法》(2012年10月26日修正)

第三十六条 人民警察的警用标志、制式服装和警械,由国务院公安部门统一监制,会同其他有关国家机关管理,其他个人和组织不得非法制造、贩卖。

人民警察的警用标志、制式服装、警械、证件为人民警察专用,其他个人和组织不得持有和使用。

违反前两款规定的,没收非法制造、贩卖、持有、使用的人民警察警用标志、制式服装、警械、证件,由公安机关处十五日以下拘留或者警告,可以并处违法所得五倍以下的罚款;构成犯罪的,依法追究刑事责任。

三、相关司法解释/文件

《最高人民检察院、公安部关于公安机关管辖的刑事案件立案追诉标准的规定(一)》(2008年6月25日 公通字〔2008〕36号)

第三十五条 [非法生产、买卖警用装备案(刑法第二百八十一条)]非法生产、买卖人民警察制式服装、车辆号牌等专用标志、警械,涉嫌下列情形之一的,应予立案追诉:

(一)成套制式服装三十套以上,或者非成套制式服装一百件以上的;

(二)手铐、脚镣、警用抓捕网、警用催泪喷射器、警灯、警报器单种或者合计十件以上的;

(三)警棍五十根以上的;

(四)警衔、警号、胸章、臂章、帽徽等警用标志单种或者合计一百件以上的;

(五)警车号牌、省级以上公安机关专段民用车辆号牌一副以上,或者其他公安机关专段民用车辆号牌三副以上的;

(六)非法经营数额五千元以上,或者非法获利一千元以上的;

(七)被他人利用进行违法犯罪活动的;

(八)其他情节严重的情形。

要义辨析

一、概念

本罪是指违反国家规定,非法生产、买卖人民警察制式警服、专用标志(如车牌号、警徽、警衔、警号等)、警械,情节严重的行为。

二、构成要件

1.本罪侵犯的客体是国家对人民警察专用物品统一监制、生产销售的管理秩序。侵犯的对象是制式警服、专用标志(如车牌号、警徽、警衔、警号等)、警械。

2. 本罪客观方面表现为明知未经批准，而故意违法生产、购买或者销售制式警服、专用标志、警械。只要具有三种行为的一种，即可构成本罪。“情节严重”是成立本罪的要件。情节一般的，可按《人民警察法》第36条的规定进行行政处罚。

3. 犯罪主体为一般主体。

4. 本罪在主观方面只能是故意。

三、要点辨析

1. 单位也可构成本罪，单位犯罪的处罚采用双罚制。

2. 本罪为情节犯，达到“情节严重”的标准，才构成犯罪。情节严重的标准，一是非法生产买卖的数量，二是非法经营额。具体见《最高人民检察院、公安部关于公安机关管辖的刑事案件立案追诉标准的规定（一）》中的规定。

四、罪名变迁

本罪是1997年《刑法》增设的罪名。

类罪名：妨害社会管理秩序罪/扰乱公共秩序罪	罪名：非法获取国家秘密罪
量刑标准	构成犯罪的　处3年以下有期徒刑、拘役、管制或者剥夺政治权利；
	情节严重的　处3年以上7年以下有期徒刑。

法律依据

一、《刑法》条文

第二百八十二条第一款　以窃取、刺探、收买方法，非法获取国家秘密的，处三年以下有期徒刑、拘役、管制或者剥夺政治权利；情节严重的，处三年以上七年以下有期徒刑。

第二百八十七条　利用计算机实施金融诈骗、盗窃、贪污、挪用公款、窃取国家秘密或者其他犯罪的，依照本法有关规定定罪处罚。

二、相关法律

《中华人民共和国保守国家秘密法》（2024年2月27日修订）

第十三条　下列涉及国家安全和利益的事项，泄露后可能损害国家在政治、经济、国防、外交等领域的安全和利益的，应当确定为国家秘密：

（一）国家事务重大决策中的秘密事项；

（二）国防建设和武装力量活动中的秘密事项；

（三）外交和外事活动中的秘密事项以及对外承担保密义务的秘密事项；

（四）国民经济和社会发展中的秘密事项；

（五）科学技术中的秘密事项；

（六）维护国家安全活动和追查刑事犯罪中的秘密事项；

（七）经国家保密行政管理部门确定的其他秘密事项。

政党的秘密事项中符合前款规定的，属于国家秘密。

第五十七条　违反本法规定，有下列情形之一，根据情节轻重，依法给予处分；有违法所得的，没收违法所得：

（一）非法获取、持有国家秘密载体的；

（二）买卖、转送或者私自销毁国家秘密载体的；

（三）通过普通邮政、快递等无保密措施的渠道传递国家秘密载体的；

（四）寄递、托运国家秘密载体出境，或者未经有关主管部门批准，携带、传递国家秘密载体出境的；

（五）非法复制、记录、存储国家秘密的；

（六）在私人交往和通信中涉及国家秘密的；

（七）未按照国家保密规定和标准采取有效保密措施，在互联网及其他公共信息网络或者有线和无线通信中传递国家秘密的；

（八）未按照国家保密规定和标准采取有效保密措施，将涉密信息系统、涉密信息设备接入互联网及其他公共信息网络的；

（九）未按照国家保密规定和标准采取有效保

密措施,在涉密信息系统、涉密信息设备与互联网及其他公共信息网络之间进行信息交换的;

(十)使用非涉密信息系统、非涉密信息设备存储、处理国家秘密的;

(十一)擅自卸载、修改涉密信息系统的安全技术程序、管理程序的;

(十二)将未经安全技术处理的退出使用的涉密信息设备赠送、出售、丢弃或者改作其他用途的;

(十三)其他违反本法规定的情形。

有前款情形尚不构成犯罪,且不适用处分的人员,由保密行政管理部门督促其所在机关、单位予以处理。

要义辨析

一、概念

本罪是指以窃取、刺探、收买方法,非法获取国家秘密的行为。窃取、刺探、收买是非法获取秘密的三种不同手段。其中窃取是秘密进行的,而刺探和收买则既可秘密进行,也可公然进行。

二、构成要件

1. 本罪侵犯的客体是国家的保密制度,直接对象是国家秘密。

2. 客观方面表现为采用窃取、刺探、收买手段,非法获取国家秘密的行为。

3. 本罪的主体为一般主体。

4. 主观上只能是故意。

三、要点辨析

1. 本罪同泄露国家秘密罪的区别:本罪是不持有、无权持有国家秘密的人员,向内部窃取、刺探、收买非法获取国家秘密。后者是持有机密的国家工作人员故意或过失"泄露",是将秘密泄露给不应当知道的人,主要是一种故意和过失的职务犯罪,其犯罪主体主要是国家机关工作人员,犯罪的主观方面可能是故意也可能是过失。而本罪则是外部的人故意去刺探、获取。行为主观上必须是故意的。

2. 本罪与《刑法》第111条"为境外窃取、刺探、收买、非法提供国家秘密、情报罪"的区别。主要是指获得秘密的目的和用途不同,本罪是为自己的目的窃取、刺探、收买,非法获取;而后罪则是为了境外各种势力。所以后者归为危害国家安全罪,本罪则作为社会管理秩序方面的犯罪。

3. 关于利用邪教刺探国家秘密,"两高"作过专门司法解释,即2001年《最高人民法院、最高人民检察院关于办理组织和利用邪教组织犯罪案件具体应用法律若干问题的解释(二)》(法释〔2001〕19号),2017年新的司法解释中已经废除该解释,不再区别是不是利用邪教进行秘密窃取,只要是非法获取国家秘密,不在乎是用什么主体、什么方法途径。

4. 本罪是选择性罪名。只要涉及其中一种,即可以单独构罪。

四、罪名变迁

本罪是1997年《刑法》中增设的罪名。

类罪名:妨害社会管理秩序罪/扰乱公共秩序罪 | 罪名:非法持有国家绝密、机密文件、资料、物品罪	
量刑标准	犯本罪的　处3年以下有期徒刑、拘役或者管制。

法律依据

一、《刑法》条文

第二百八十二条第二款　非法持有属于国家绝密、机密的文件、资料或者其他物品,拒不说明来源与用途的,处三年以下有期徒刑、拘役或者管制。

二、相关法律

《中华人民共和国保守国家秘密法》(2024 年 2 月 27 日修订)

第十三条　下列涉及国家安全和利益的事项，泄露后可能损害国家在政治、经济、国防、外交等领域的安全和利益的，应当确定为国家秘密：

(一)国家事务重大决策中的秘密事项；

(二)国防建设和武装力量活动中的秘密事项；

(三)外交和外事活动中的秘密事项以及对外承担保密义务的秘密事项；

(四)国民经济和社会发展中的秘密事项；

(五)科学技术中的秘密事项；

(六)维护国家安全活动和追查刑事犯罪中的秘密事项；

(七)经国家保密行政管理部门确定的其他秘密事项。

政党的秘密事项中符合前款规定的，属于国家秘密。

第十四条　国家秘密的密级分为绝密、机密、秘密三级。

绝密级国家秘密是最重要的国家秘密，泄露会使国家安全和利益遭受特别严重的损害；机密级国家秘密是重要的国家秘密，泄露会使国家安全和利益遭受严重的损害；秘密级国家秘密是一般的国家秘密，泄露会使国家安全和利益遭受损害。

第十五条　国家秘密及其密级的具体范围(以下简称保密事项范围)，由国家保密行政管理部门单独或者会同有关中央国家机关规定。

军事方面的保密事项范围，由中央军事委员会规定。

保密事项范围的确定应当遵循必要、合理原则，科学论证评估，并根据情况变化及时调整。保密事项范围的规定应当在有关范围内公布。

《中华人民共和国反间谍法》(2023 年 4 月 26 日修订)

第十四条　任何个人和组织都不得非法获取、持有属于国家秘密的文件、数据、资料、物品。

第十五条　任何个人和组织都不得非法生产、销售、持有、使用间谍活动特殊需要的专用间谍器材。专用间谍器材由国务院国家安全主管部门依照国家有关规定确认。

第六十一条　非法获取、持有属于国家秘密的文件、数据、资料、物品，以及非法生产、销售、持有、使用专用间谍器材，尚不构成犯罪的，由国家安全机关予以警告或者处十日以下行政拘留。

第六十三条　涉案财物符合下列情形之一的，应当依法予以追缴、没收，或者采取措施消除隐患：

(一)违法所得的财物及其孳息、收益，供实施间谍行为所用的本人财物；

(二)非法获取、持有的属于国家秘密的文件、数据、资料、物品；

(三)非法生产、销售、持有、使用的专用间谍器材。

《中华人民共和国国家安全法》(2015 年 7 月 1 日)

第一条　为了维护国家安全，保卫人民民主专政的政权和中国特色社会主义制度，保护人民的根本利益，保障改革开放和社会主义现代化建设的顺利进行，实现中华民族伟大复兴，根据宪法，制定本法。

第七十七条　公民和组织应当履行下列维护国家安全的义务：

(一)遵守宪法、法律法规关于国家安全的有关规定；

(二)及时报告危害国家安全活动的线索；

(三)如实提供所知悉的涉及危害国家安全活动的证据；

(四)为国家安全工作提供便利条件或者其他协助；

(五)向国家安全机关、公安机关和有关军事机关提供必要的支持和协助；

(六)保守所知悉的国家秘密；

(七)法律、行政法规规定的其他义务。

任何个人和组织不得有危害国家安全的行为，不得向危害国家安全的个人或者组织提供任何资助或者协助。

要义辨析

一、概念

本罪是指非法持有国家绝密、机密的文件、资料或者其他物品,拒不说明来源与用途的行为。

二、构成要件

1. 本罪侵犯的客体是国家机密级以上物品的管理、保密秩序,直接对象是国家机密级以上的物品。

2. 客观方面表现为非法持有国家绝密、机密的文件、资料或者其他物品,且拒不说明其来源和用途。

3. 犯罪主体为一般主体。既可以是本来就不应持有国家秘密的一般人员,非法获取或者利用工作便利获取而故意持有,也可以是原本有权持有,由于岗位调整、退休等应当移交国家秘密而不移交,故意持有的人员。

4. 主观方面必须是明知和故意。

三、要点辨析

1. 本罪只有非法持有机密级以上的国家秘密文件、资料、物品,才构成犯罪。非法持有秘密级文件、物品的不是犯罪。

2. 要特别注意法条中的"拒不说明来源和用途的",才构成犯罪。如果能够说明合法来源,用途也只是进行自己档案保存、学术研究参考,不是以故意危害国家安全为目的,不能认定为犯罪。

3. 对本罪的定性,要严格掌握,防止定罪扩大化。虽然法律规定是"非法持有"就构成犯罪,但是具体适用中,仍然要认真分析其动机、目的、来源、用途,以及有无实际危害性,和不良使用的目的。任何犯罪都必须具备社会危害性才构成。涉及本罪的主体,一般是原国家机关里的涉密人员,在工作调动和退休后仍然没有移交机密级以上的保密材料。对于夹杂遗忘在自己保存的资料中,未尽必要的注意义务,不知道密级、没有恶意利用泄密的故意的,一般不能认定为犯罪。

4. 不是国家机关里的涉密人员,其本来没有机会接触国家机密,也就不存在非法持有的可能。对于这种持有,要查明密件的来源。如果是无意中获得,如收破烂获得、淘书摊获得,本人也不知是密件,不能认定为犯本罪。对于故意窃取、收买获得而持有,则应当按其他罪状窃密罪一罪定性,不构成本罪,不重复评价,数罪并罚。

四、罪名变迁

本罪是 1997 年《刑法》增设的罪名。

类罪名:妨害社会管理秩序罪/扰乱公共秩序罪 | 罪名:非法生产、销售专用间谍器材、窃听、窃照专用器材罪

量刑标准	犯本罪的	处 3 年以下有期徒刑、拘役或者管制,并处或者单处罚金;
	情节严重的	处 3 年以上 7 年以下有期徒刑,并处罚金。

法律依据

一、《刑法》条文

第二百八十三条 非法生产、销售专用间谍器材或者窃听、窃照专用器材的,处三年以下有期徒刑、拘役或者管制,并处或者单处罚金;情节严重的,处三年以上七年以下有期徒刑,并处罚金。

单位犯前款罪的,对单位判处罚金,并对其直接负责的主管人员和其他直接责任人员,依照前款的规定处罚。

二、相关法律

《中华人民共和国反间谍法》(2023 年 4 月 26 日修订)

第十五条 任何个人和组织都不得非法生产、

销售、持有、使用间谍活动特殊需要的专用间谍器材。专用间谍器材由国务院国家安全主管部门依照国家有关规定确认。

第六十一条　非法获取、持有属于国家秘密的文件、数据、资料、物品,以及非法生产、销售、持有、使用专用间谍器材,尚不构成犯罪的,由国家安全机关予以警告或者处十日以下行政拘留。

第六十三条　涉案财物符合下列情形之一的,应当依法予以追缴、没收,或者采取措施消除隐患:

(一)违法所得的财物及其孳息、收益,供实施间谍行为所用的本人财物;

(二)非法获取、持有的属于国家秘密的文件、数据、资料、物品;

(三)非法生产、销售、持有、使用的专用间谍器材。

三、相关司法解释/文件

《最高人民法院、最高人民检察院、公安部、国家安全部关于依法办理非法生产销售使用"伪基站"设备案件的意见》(2014年3月14日　公通字〔2014〕13号)

一、准确认定行为性质

(一)非法生产、销售"伪基站"设备,经鉴定为专用间谍器材的,依照《刑法》第二百八十三条的规定,以非法生产、销售间谍专用器材罪追究刑事责任;同时构成非法经营罪的,以非法经营罪追究刑事责任。

要义辨析

一、概念

本罪是指违反国家规定,生产、销售间谍专用器材、窃听、窃照专用器材的行为。

二、构成要件

1. 本罪侵犯的客体是国家对间谍专用器材、窃听、窃照专用器材生产、销售的管理秩序。

2. 客观方面表现为行为人实施了非法生产、销售窃听、窃照等间谍专用器材的行为。所谓"非法生产、销售",是指无生产、销售间谍专用器材权的人私自生产、销售的行为,以及虽有生产、销售权但违反规定超范围、超指标生产、销售的行为。

3. 犯罪主体为一般主体。

4. 主观上必须是故意。

三、要点辨析

1. 本罪是针对特种技术装备产品只能控制在国家公权力手中,不能扩散为民间装备、利用、拥有而专门立法的。类似于枪支和警用装备的国家控制。

2. 本罪是选择性罪名,对具体涉罪行为可以分别单独成罪,不适用数罪并罚。

3. 从法律条文看,本罪是行为犯。但根据整个刑法体系及相关法理,仍需要满足一定的情节条件或者达到一定的严重程度,才构成本罪。

4. 本罪为行为犯,有生产、销售禁止性此类产品的行为即构成犯罪,但以生产、销售行为实施完毕,才构成本罪的既遂。

5. 间谍专用器材,是国家安全机关用来进行秘密侦察、联络的工具。这些工具是国家安全机关进行技术侦察,履行安全保卫工作所用,其他主体使用不当则会侵犯公民隐私、企业的商业秘密等。另外,这些特种器材不当使用,也直接关乎国家安全利益。因此,对其生产、配售、使用都必须进行严格的管理。本罪的犯罪对象是国家予以特别管理的窃听、窃照等专用间谍器材,窃听、窃照等专用器材是用来秘密侦听、拍摄侦查对象的言语、行动的工具,其余如空发式收发报机、密码本、密写工具、电子监听、截收器材等是用来进行秘密联络、破译密码、截密的工具。包括:(1)暗藏式窃听、窃照器材;(2)突发式收发报机、一次性密码本、密写工具;(3)用于获取情报的电子监听、截收器材;(4)其他专用间谍器材。

四、罪名变迁

本罪是1997年《刑法》增设的罪名。2015年《刑法修正案(九)》对罪状含义作了扩充,加上了窃听、窃照专用器材,由此罪名也作了修订。

<table>
<tr><th colspan="2">类罪名:妨害社会管理秩序罪/扰乱公共秩序罪 | 罪名:非法使用窃听、窃照专用器材罪</th></tr>
<tr><td>量刑标准</td><td>造成严重后果的　处2年以下有期徒刑、拘役或者管制。</td></tr>
</table>

法律依据

《刑法》条文

第二百八十四条　非法使用窃听、窃照专用器材,造成严重后果的,处二年以下有期徒刑、拘役或者管制。

要义辨析

一、概念

本罪是指违反国家法律、法规规定,使用窃听、窃照专用器材,造成严重后果的行为。

二、构成要件

1. 该罪侵害的客体是国家对窃听、窃照专用器材的专门使用管理制度。

2. 客观方面表现为违反规定,未依照法律的规定使用窃听、窃照专用器材而造成严重后果的行为。

3. 犯罪主体为一般主体。

4. 主观上行为人是出于故意。

三、要点辨析

1. 本罪是结果犯。"造成严重后果的",才构成犯罪。

2. 本罪必须是使用间谍行为特定装备,才构成犯罪。使用普通市面流通的普通相机、录音器材和其他普通方法进行录像录音保存数据,不构成本罪。

3. 区分本罪同侵犯商业秘密罪、非法获取国家秘密罪的界限。本罪着重关注使用的是什么工具,而其他两罪着重关注的是获取的目的和内容。侵犯的客体也不一样。一个是特种器材的国家管理秩序,一个是企业的商业秘密和国家的秘密。

四、罪名变迁

本罪是1997年《刑法》增设的罪名。2015年《刑法修正案(九)》对罪状含义作了扩充,加上了窃听、窃照专用器材,由此罪名也作了修订。

<table>
<tr><th colspan="2">类罪名:妨害社会管理秩序罪/扰乱公共秩序罪 | 罪名:组织考试作弊罪</th></tr>
<tr><td rowspan="2">量刑标准</td><td>构成犯罪的　处3年以下有期徒刑或者拘役,并处或者单处罚金;</td></tr>
<tr><td>情节严重的　处3年以上7年以下有期徒刑,并处罚金。</td></tr>
</table>

法律依据

一、《刑法》条文

第二百八十四条之一第一、二款　在法律规定的国家考试中,组织作弊的,处三年以下有期徒刑或者拘役,并处或者单处罚金;情节严重的,处三年以上七年以下有期徒刑,并处罚金。

为他人实施前款犯罪提供作弊器材或者其他

帮助的，依照前款的规定处罚。

二、相关司法解释/文件

《最高人民法院关于审理走私、非法经营、非法使用兴奋剂刑事案件适用法律若干问题的解释》(2019年11月18日　法释〔2019〕16号)

第四条　在普通高等学校招生、公务员录用等法律规定的国家考试涉及的体育、体能测试等体育运动中，组织考生非法使用兴奋剂的，应当依照刑法第二百八十四条之一的规定，以组织考试作弊罪定罪处罚。

明知他人实施前款犯罪而为其提供兴奋剂的，依照前款的规定定罪处罚。

《最高人民法院最高人民检察院关于办理组织考试作弊等刑事案件适用法律若干问题的解释》(2019年9月2日　法释〔2019〕13号)

第一条　刑法第二百八十四条之一规定的"法律规定的国家考试"，仅限于全国人民代表大会及其常务委员会制定的法律所规定的考试。

根据有关法律规定，下列考试属于"法律规定的国家考试"：

(一)普通高等学校招生考试、研究生招生考试、高等教育自学考试、成人高等学校招生考试等国家教育考试；

(二)中央和地方公务员录用考试；

(三)国家统一法律职业资格考试、国家教师资格考试、注册会计师全国统一考试、会计专业技术资格考试、资产评估师资格考试、医师资格考试、执业药师职业资格考试、注册建筑师考试、建造师执业资格考试等专业技术资格考试；

(四)其他依照法律由中央或者地方主管部门以及行业组织的国家考试。

前款规定的考试涉及的特殊类型招生、特殊技能测试、面试等考试，属于"法律规定的国家考试"。

第二条　在法律规定的国家考试中，组织作弊，具有下列情形之一的，应当认定为刑法第二百八十四条之一第一款规定的"情节严重"：

(一)在普通高等学校招生考试、研究生招生考试、公务员录用考试中组织考试作弊的；

(二)导致考试推迟、取消或者启用备用试题的；

(三)考试工作人员组织考试作弊的；

(四)组织考生跨省、自治区、直辖市作弊的；

(五)多次组织考试作弊的；

(六)组织三十人次以上作弊的；

(七)提供作弊器材五十件以上的；

(八)违法所得三十万元以上的；

(九)其他情节严重的情形。

第三条　具有避开或者突破考场防范作弊的安全管理措施，获取、记录、传递、接收、存储考试试题、答案等功能的程序、工具，以及专门设计用于作弊的程序、工具，应当认定为刑法第二百八十四条之一第二款规定的"作弊器材"。

对于是否属于刑法第二百八十四条之一第二款规定的"作弊器材"难以确定的，依据省级以上公安机关或者考试主管部门出具的报告，结合其他证据作出认定；涉及专用间谍器材、窃听、窃照专用器材、"伪基站"等器材的，依照相关规定作出认定。

第四条　组织考试作弊，在考试开始之前被查获，但已经非法获取考试试题、答案或者具有其他严重扰乱考试秩序情形的，应当认定为组织考试作弊罪既遂。

第五条　为实施考试作弊行为，非法出售或者提供法律规定的国家考试的试题、答案，具有下列情形之一的，应当认定为刑法第二百八十四条之一第三款规定的"情节严重"：

(一)非法出售或者提供普通高等学校招生考试、研究生招生考试、公务员录用考试的试题、答案的；

(二)导致考试推迟、取消或者启用备用试题的；

(三)考试工作人员非法出售或者提供试题、答案的；

(四)多次非法出售或者提供试题、答案的；

(五)向三十人次以上非法出售或者提供试题、答案的；

(六)违法所得三十万元以上的；

(七)其他情节严重的情形。

第六条　为实施考试作弊行为，向他人非法出售或者提供法律规定的国家考试的试题、答案，试题不完整或者答案与标准答案不完全一致的，不影响非法出售、提供试题、答案罪的认定。

第七条 代替他人或者让他人代替自己参加法律规定的国家考试的,应当依照刑法第二百八十四条之一第四款的规定,以代替考试罪定罪处罚。

对于行为人犯罪情节较轻,确有悔罪表现,综合考虑行为人替考情况以及考试类型等因素,认为符合缓刑适用条件的,可以宣告缓刑;犯罪情节轻微的,可以不起诉或者免予刑事处罚;情节显著轻微危害不大的,不以犯罪论处。

第八条 单位实施组织考试作弊、非法出售、提供试题、答案等行为的,依照本解释规定的相应定罪量刑标准,追究组织者、策划者、实施者的刑事责任。

第九条 以窃取、刺探、收买方法非法获取法律规定的国家考试的试题、答案,又组织考试作弊或者非法出售、提供试题、答案,分别符合刑法第二百八十二条和刑法第二百八十四条之一规定的,以非法获取国家秘密罪和组织考试作弊罪或者非法出售、提供试题、答案罪数罪并罚。

第十条 在法律规定的国家考试以外的其他考试中,组织作弊,为他人组织作弊提供作弊器材或者其他帮助,或者非法出售、提供试题、答案,符合非法获取国家秘密罪、非法生产、销售窃听、窃照专用器材罪、非法使用窃听、窃照专用器材罪、非法利用信息网络罪、扰乱无线电通讯管理秩序罪等犯罪构成要件的,依法追究刑事责任。

第十一条 设立用于实施考试作弊的网站、通讯群组或者发布有关考试作弊的信息,情节严重的,应当依照刑法第二百八十七条之一的规定,以非法利用信息网络罪定罪处罚;同时构成组织考试作弊罪、非法出售、提供试题、答案罪、非法获取国家秘密罪等其他犯罪的,依照处罚较重的规定定罪处罚。

第十二条 对于实施本解释规定的犯罪被判处刑罚的,可以根据犯罪情况和预防再犯罪的需要,依法宣告职业禁止;被判处管制、宣告缓刑的,可以根据犯罪情况,依法宣告禁止令。

第十三条 对于实施本解释规定的行为构成犯罪的,应当综合考虑犯罪的危害程度、违法所得数额以及被告人的前科情况、认罪悔罪态度等,依法判处罚金。

第十四条 本解释自2019年9月4日起施行。

三、相关部委规章

《国家教育考试违规处理办法》(2012年1月5日)

第六条 考生违背考试公平、公正原则,在考试过程中有下列行为之一的,应当认定为考试作弊:

(一)携带与考试内容相关的材料或者存储有与考试内容相关资料的电子设备参加考试的;

(二)抄袭或者协助他人抄袭试题答案或者与考试内容相关的资料的;

(三)抢夺、窃取他人试卷、答卷或者胁迫他人为自己抄袭提供方便的;

(四)携带具有发送或者接收信息功能的设备的;

(五)由他人冒名代替参加考试的;

(六)故意销毁试卷、答卷或者考试材料的;

(七)在答卷上填写与本人身份不符的姓名、考号等信息的;

(八)传、接物品或者交换试卷、答卷、草稿纸的;

(九)其他以不正当手段获得或者试图获得试题答案、考试成绩的行为。

要义辨析

一、概念

本罪是指在法律规定的国家考试中,故意组织作弊的行为。

二、构成要件

1. 本罪侵害的客体是国家考试管理秩序及国家考试公平竞争环境。

2. 本罪的客观方面表现为在法律规定的国家考试中组织作弊的行为。司法解释已经详细列明"法律规定的国家考试"范围。

3. 本罪的主体为一般主体,年满16周岁,具备刑事责任能力的自然人都能成为本罪的主体。本罪仅处罚组织考生作弊的组织者,不处罚参与作弊的考生。

4. 本罪的主观方面为故意,即明知自己组织考生进行舞弊的行为会损害国家的考试管理秩序及他人公平参与考试的权利,仍希望或放任这种危害结果的发生。

三、要点辨析

1. 必须是在法律规定的国家考试中作弊,才构成本罪,在其他的一般性考试、地方性考试中组织作弊,不构成本罪,可以按校纪校规和教育管理制度处理。所谓"法律规定的国家考试",是指由国家所颁布的法律中所规定的,由国家相关主管部门确定实施,由经批准的实施考试的机构承办,面向社会公众统一进行的各种考试,包括中考、高考、研究生入学考试等学业考试,全国英语等级考试等社会证书类考试,法律职业资格考试等资格类考试,国家公务员招录考试等招录考试,等等。

2. 所谓"组织",是指倡导、发起、策划、安排他人进行作弊的行为,组织的对象不限于考生,还可以包括考生家长、教师等。

3. 所谓"作弊",是指违反公平、公正原则,通过不正当途径参加考试,或在考试过程中在考试不允许的范围内寻求或者试图寻求答案的行为。

4. 根据《国家教育考试违规处理办法》第6条的规定,考生违背考试公平、公正原则,在考试过程中有下列行为之一的,应当认定为考试作弊:

(1)携带与考试内容相关的材料或者存储有与考试内容相关资料的电子设备参加考试的;

(2)抄袭或者协助他人抄袭试题答案或者与考试内容相关的资料的;

(3)抢夺、窃取他人试卷、答卷或者胁迫他人为自己抄袭提供方便的;

(4)携带具有发送或者接收信息功能的设备的;

(5)由他人冒名代替参加考试的;

(6)故意销毁试卷、答卷或者考试材料的;

(7)在答卷上填写与本人身份不符的姓名、考号等信息的;

(8)传、接物品或者交换试卷、答卷、草稿纸的;

(9)其他以不正当手段获得或者试图获得试题答案、考试成绩的行为。

5. 本罪是行为犯,只要组织实施了就构成犯罪。不需要作弊成功,只需要完成一项完整的组织行为,即构成本罪的既遂。

四、罪名变迁

我国1997年《刑法》和1979年《刑法》中,都没有规定本罪。2015年11月1日实施的《刑法修正案(九)》新设立了本罪。

类罪名:妨害社会管理秩序罪/扰乱公共秩序罪	罪名:非法出售、提供试题、答案罪
量刑标准 构成犯罪的	处3年以下有期徒刑或者拘役,并处或者单处罚金;
量刑标准 情节严重的	处3年以上7年以下有期徒刑,并处罚金。

法律依据

《刑法》条文

第二百八十四条之一第三款　为实施考试作弊行为,向他人非法出售或者提供第一款规定的考试的试题、答案的,依照第一款的规定处罚。

要义辨析

一、概念

本罪是指在法律规定的国家考试中,为实施考试作弊行为,向他人非法出售或者提供考试的试题、答案的行为。

二、构成要件

1. 本罪侵害的客体是国家考试管理秩序及国家考试公平竞争环境。

2. 本罪的客观方面表现为在法律规定的国家考试中,为实施考试作弊行为,向他人非法出售或者提供考试的试题、答案的行为。

3. 本罪的主体为一般主体,年满16周岁,具备刑事责任能力的自然人都能成为本罪的主体。

4. 本罪的主观方面为故意,即明知自己非法出售、提供试题、答案的行为会损害国家的考试管理秩序及他人公平参与考试的权利,但希望或放任这种危害结果的发生。

三、要点辨析

1. 必须是在法律规定的国家考试中,非法出售、提供试题、答案才构成本罪,在其他的考试中非法出售、提供试题、答案的,不构成本罪。

2. 本罪是行为犯,只需要非法出售、提供试题、答案的行为完成,即构成本罪的既遂。

四、罪名变迁

本罪是2015年11月1日《刑法修正案(九)》中专门设立的一个新罪名。1997年《刑法》和1979年《刑法》中都没有规定本罪。

类罪名:妨害社会管理秩序罪/扰乱公共秩序罪	罪名:代替考试罪
量刑标准	构成犯罪的　处拘役或者管制,并处或者单处罚金。

法律依据

《刑法》条文

第二百八十四条之一第四款　代替他人或者让他人代替自己参加第一款规定的考试的,处拘役或者管制,并处或者单处罚金。

要义辨析

一、概念

本罪是指在法律规定的国家考试中,代替他人参加考试,或者让他人代替自己参加考试,进行舞弊的行为。

二、构成要件

1. 本罪侵害的客体是国家考试管理秩序及国家考试公平竞争环境。

2. 本罪的客观方面表现为在法律规定的国家考试中,代替他人参加考试,或者让他人代替自己参加考试,进行舞弊的行为。

3. 本罪的主体为一般主体,年满16周岁,具备刑事责任能力的自然人都能成为本罪的主体。

4. 本罪的主观方面为故意,即明知自己代替他人参加考试,或者让他人代替自己参加考试,进行舞弊的行为会损害国家的考试管理秩序及他人公平参与考试的权利,但希望或放任这种危害结果的发生。

三、要点辨析

1. 代人替考,不管是否以牟利为目的,都破坏了国家公平考试秩序,都构成犯罪。

2. 必须是在法律规定的国家考试中替考,才构成本罪。其他考试中的替考,只构成校规校纪和行政管理法上的违规违法,不是犯罪。

3. 只要替考者进入考场应试答题,即构成本罪的既遂。

四、罪名变迁

本罪是一个新罪名,是2015年11月1日《刑法修正案(九)》专门设立的。1997年《刑法》和1979年《刑法》中都没有规定本罪。

类罪名：妨害社会管理秩序罪/扰乱公共秩序罪	罪名：非法侵入计算机信息系统罪
量刑标准	**犯本罪的** 处3年以下有期徒刑或者拘役。

法律依据

一、《刑法》条文

第二百八十五条第一、四款 违反国家规定，侵入国家事务、国防建设、尖端科学技术领域的计算机信息系统的，处三年以下有期徒刑或者拘役。

单位犯前三款罪的，对单位判处罚金，并对其直接负责的主管人员和其他直接责任人员，依照各该款的规定处罚。

二、相关法律

《全国人民代表大会常务委员会关于维护互联网安全的决定》(2009年8月27日修正)

我国的互联网，在国家大力倡导和积极推动下，在经济建设和各项事业中得到日益广泛的应用，使人们的生产、工作、学习和生活方式已经开始并将继续发生深刻的变化，对于加快我国国民经济、科学技术的发展和社会服务信息化进程具有重要作用。同时，如何保障互联网的运行安全和信息安全问题已经引起全社会的普遍关注。为了兴利除弊，促进我国互联网的健康发展，维护国家安全和社会公共利益，保护个人、法人和其他组织的合法权益，特作如下决定：

一、为了保障互联网的运行安全，对有下列行为之一，构成犯罪的，依照刑法有关规定追究刑事责任：

（一）侵入国家事务、国防建设、尖端科学技术领域的计算机信息系统；

（二）故意制作、传播计算机病毒等破坏性程序，攻击计算机系统及通信网络，致使计算机系统及通信网络遭受损害；

（三）违反国家规定，擅自中断计算机网络或者通信服务，造成计算机网络或者通信系统不能正常运行。

二、为了维护国家安全和社会稳定，对有下列行为之一，构成犯罪的，依照刑法有关规定追究刑事责任：

（一）利用互联网造谣、诽谤或者发表、传播其他有害信息，煽动颠覆国家政权、推翻社会主义制度，或者煽动分裂国家、破坏国家统一；

（二）通过互联网窃取、泄露国家秘密、情报或者军事秘密；

（三）利用互联网煽动民族仇恨、民族歧视，破坏民族团结；

（四）利用互联网组织邪教组织、联络邪教组织成员，破坏国家法律、行政法规实施。

三、为了维护社会主义市场经济秩序和社会管理秩序，对有下列行为之一，构成犯罪的，依照刑法有关规定追究刑事责任：

（一）利用互联网销售伪劣产品或者对商品、服务作虚假宣传；

（二）利用互联网损害他人商业信誉和商品声誉；

（三）利用互联网侵犯他人知识产权；

（四）利用互联网编造并传播影响证券、期货交易或者其他扰乱金融秩序的虚假信息；

（五）在互联网上建立淫秽网站、网页，提供淫秽站点链接服务，或者传播淫秽书刊、影片、音像、图片。

四、为了保护个人、法人和其他组织的人身、财产等合法权利，对有下列行为之一，构成犯罪的，依照刑法有关规定追究刑事责任：

（一）利用互联网侮辱他人或者捏造事实诽谤他人；

（二）非法截获、篡改、删除他人电子邮件或者其他数据资料，侵犯公民通信自由和通信秘密；

（三）利用互联网进行盗窃、诈骗、敲诈勒索。

五、利用互联网实施本决定第一条、第二条、第三条、第四条所列行为以外的其他行为，构成犯罪的，依照刑法有关规定追究刑事责任。

六、利用互联网实施违法行为，违反社会治安管理,尚不构成犯罪的,由公安机关依照《治安管理处罚法》予以处罚;违反其他法律、行政法规,尚不构成犯罪的,由有关行政管理部门依法给予行政处罚;对直接负责的主管人员和其他直接责任人员,依法给予行政处分或者纪律处分。

利用互联网侵犯他人合法权益,构成民事侵权的,依法承担民事责任。

七、各级人民政府及有关部门要采取积极措施,在促进互联网的应用和网络技术的普及过程中,重视和支持对网络安全技术的研究和开发,增强网络的安全防护能力。有关主管部门要加强对互联网的运行安全和信息安全的宣传教育,依法实施有效的监督管理,防范和制止利用互联网进行的各种违法活动,为互联网的健康发展创造良好的社会环境。从事互联网业务的单位要依法开展活动,发现互联网上出现违法犯罪行为和有害信息时,要采取措施,停止传输有害信息,并及时向有关机关报告。任何单位和个人在利用互联网时,都要遵纪守法,抵制各种违法犯罪行为和有害信息。人民法院、人民检察院、公安机关、国家安全机关要各司其职,密切配合,依法严厉打击利用互联网实施的各种犯罪活动。要动员全社会的力量,依靠全社会的共同努力,保障互联网的运行安全与信息安全,促进社会主义精神文明和物质文明建设。

三、相关司法解释/文件

《最高人民法院、最高人民检察院关于办理危害计算机信息系统安全刑事案件应用法律若干问题的解释》(2011年8月1日 法释〔2011〕19号)

第八条 以单位名义或者单位形式实施危害计算机信息系统安全犯罪,达到本解释规定的定罪量刑标准的,应当依照刑法第二百八十五条、第二百八十六条的规定追究直接负责的主管人员和其他直接责任人员的刑事责任。

第九条 明知他人实施刑法第二百八十五条、第二百八十六条规定的行为,具有下列情形之一的,应当认定为共同犯罪,依照刑法第二百八十五条、第二百八十六条的规定处罚:

(一)为其提供用于破坏计算机信息系统功能、数据或者应用程序的程序、工具,违法所得五千元以上或者提供十人次以上的;

(二)为其提供互联网接入、服务器托管、网络存储空间、通讯传输通道、费用结算、交易服务、广告服务、技术培训、技术支持等帮助,违法所得五千元以上的;

(三)通过委托推广软件、投放广告等方式向其提供资金五千元以上的。

实施前款规定行为,数量或者数额达到前款规定标准五倍以上的,应当认定为刑法第二百八十五条、第二百八十六条规定的"情节特别严重"或者"后果特别严重"。

第十条 对于是否属于刑法第二百八十五条、第二百八十六条规定的"国家事务、国防建设、尖端科学技术领域的计算机信息系统"、"专门用于侵入、非法控制计算机信息系统的程序、工具"、"计算机病毒等破坏性程序"难以确定的,应当委托省级以上负责计算机信息系统安全保护管理工作的部门检验。司法机关根据检验结论,并结合案件具体情况认定。

要义辨析

一、概念

本罪是指违反国家的有关规定,擅自侵入有关国家事务、国防建设、尖端科学技术领域的计算机信息系统。

二、构成要件

1. 本罪侵犯的客体是国家事务、国防建设、尖端科学技术领域计算机信息系统的安全。直接对象是国家事务、国防、尖端科技的计算机信息系统和其他计算机信息系统。所谓"计算机信息系统",是指由计算机及其相关的和配套的设备、设施(含网络)构成的,按照一定的应用目标和规则对信息采集、加工、存储、传输、检索等处理的人机系统。

2. 客观上表现为未经准许,非法侵入国家事务、国防、尖端科技的计算机信息系统

3. 本罪主体为一般主体。往往具有比较高的计算机专业知识和娴熟的计算机操作技能,有的是计算机程序设计人员,有的是计算机管理、操作、维

护保养人员。

4. 主观上是故意。即行为人明知自己的行为违反国家规定会产生非法侵入国家重要计算机信息系统的危害结果，而希望这种结果发生。过失侵入国家重要的计算机信息系统的，不构成本罪。行为人实施本罪的动机和目的是多种多样的，有的是出于好奇，有的是泄愤报复，有的是炫耀自己的才能，等等。这些对构成犯罪均无影响。

三、要点辨析

1. 本罪属于行为犯，行为人只要实施了侵入国家事务、国防建设、尖端科学技术领域计算机信息系统的行为即构成本罪。

2. 本罪的客体是特别限定的。不是所有的计算机信息系统的侵入都构成本罪，只限于国家事务、国防建设、尖端科学技术领域的计算机信息系统才构成犯罪，其保护的客体是国家利益的层面。

3. 2011 年 9 月《最高人民法院、最高人民检察院关于办理危害计算机信息系统安全刑事案件应用法律若干问题的解释》（法释〔2011〕19 号）第 8 条增加了单位犯罪的规定。2015 年 11 月《刑法修正案（九）》以立法的方式确认增加了单位犯罪的规定，对单位判处罚金，并对其直接负责的主管人员和其他直接责任人员，依照各该款的规定处罚。

四、罪名变迁

本罪是 1997 年《刑法》增加的罪名，2015 年 11 月《刑法修正案（九）》对本罪作了内容修订。

类罪名：妨害社会管理秩序罪/扰乱公共秩序罪 ｜ 罪名：非法获取计算机信息系统数据、非法控制计算机信息系统罪	
量刑标准	犯本罪的　处 3 年以下有期徒刑或者拘役。

法律依据

一、《刑法》条文

第二百八十五条第二、四款　违反国家规定，侵入前款规定以外的计算机信息系统或者采用其他技术手段，获取该计算机信息系统中存储、处理或者传输的数据，或者对该计算机信息系统实施非法控制，情节严重的，处三年以下有期徒刑或者拘役，并处或者单处罚金；情节特别严重的，处三年以上七年以下有期徒刑，并处罚金。

单位犯前三款罪的，对单位判处罚金，并对其直接负责的主管人员和其他直接责任人员，依照各该款的规定处罚。

二、相关司法解释/文件

《最高人民法院、最高人民检察院关于办理危害计算机信息系统安全刑事案件应用法律若干问题的解释》（2011 年 8 月 1 日　法释〔2011〕19 号）

第一条　非法获取计算机信息系统数据或者非法控制计算机信息系统，具有下列情形之一的，应当认定为刑法第二百八十五条第二款规定的"情节严重"：

（一）获取支付结算、证券交易、期货交易等网络金融服务的身份认证信息十组以上的；

（二）获取第（一）项以外的身份认证信息五百组以上的；

（三）非法控制计算机信息系统二十台以上的；

（四）违法所得五千元以上或者造成经济损失一万元以上的；

（五）其他情节严重的情形。

实施前款规定行为，具有下列情形之一的，应当认定为刑法第二百八十五条第二款规定的"情节特别严重"：

（一）数量或者数额达到前款第（一）项至第（四）项规定标准五倍以上的；

（二）其他情节特别严重的情形。

明知是他人非法控制的计算机信息系统，而对该计算机信息系统的控制权加以利用的,依照前两款的规定定罪处罚。

第八条　以单位名义或者单位形式实施危害计算机信息系统安全犯罪,达到本解释规定的定罪量刑标准的,应当依照刑法第二百八十五条、第二百八十六条的规定追究直接负责的主管人员和其他直接责任人员的刑事责任。

第九条　明知他人实施刑法第二百八十五条、第二百八十六条规定的行为,具有下列情形之一的,应当认定为共同犯罪,依照刑法第二百八十五条、第二百八十六条的规定处罚:

(一)为其提供用于破坏计算机信息系统功能、数据或者应用程序的程序、工具,违法所得五千元以上或者提供十人次以上的;

(二)为其提供互联网接入、服务器托管、网络存储空间、通讯传输通道、费用结算、交易服务、广告服务、技术培训、技术支持等帮助,违法所得五千元以上的;

(三)通过委托推广软件、投放广告等方式向其提供资金五千元以上的。

实施前款规定行为,数量或者数额达到前款规定标准五倍以上的,应当认定为刑法第二百八十五条、第二百八十六条规定的"情节特别严重"或者"后果特别严重"。

要义辨析

一、概念

本罪是指违反国家的有关规定,擅自侵入国家要害系统领域以外的计算机信息系统,或者采取其他技术手段,获取他人计算机信息系统中存储、处理或者传输的数据,或者对该计算机信息系统实施非法控制,情节严重的行为。

二、构成要件

1. 本罪侵犯的客体,是国家对计算机信息系统管理制度和他人计算机系统和存储数据的自控性、保密性和安全性。所谓"计算机信息系统",是指由计算机及其相关的和配套的设备、设施(含网络)构成的,按照一定的应用目标和规则对信息采集、加工、存储、传输、检索等处理的人机系统。其中保存的数据具备保密性、使用性、资料性、价值性特征。

2. 客观上表现为未经准许,非法侵入他人计算机信息系统或采用其他技术手段,获取数据或者对计算机信息系统实施非法控制,情节严重的行为。

3. 本罪主体为一般主体。一般来说,犯本罪的行为人大多具有较高的计算机操作水平和网络技术,对计算机信息系统和计算机网络能熟练利用。

4. 主观上是故意。即行为人明知是侵入计算机信息系统或以其他技术手段获取数据的行为,仍故意为之。

三、要点辨析

1. 本罪同本条第 1 款规定的非法侵入计算机信息系统罪的最大不同,在于后罪保护的是国家特定的国家层面的重要计算机系统,只要一有侵入即构成犯罪。而本罪规定的是一般的民间的计算机系统,只有既有侵入,又故意获取了信息数据,或者控制了其系统,才构成犯罪。

2. 本罪侵犯的客体,比非法侵入计算机信息系统罪的客体要普通。这是两罪区别的要点。同时犯罪构成要素也不同。

3. 不是自己侵入去控制他人的系统,而是明知是他人非法控制的计算机信息系统,而对该计算机信息系统的控制权加以利用的,依照司法解释,按直接侵入控制行为作同等的定罪处罚。

4. 嫁接别人的技术平台和软件工具,对他人系统的数据和系统进行窃取和控制,对帮助犯,也按共同犯罪论处。具体的处罚标准,见相关司法解释。

四、罪名变迁

本罪是 2009 年 2 月 28 日《刑法修正案(七)》增加的一个罪名作了三点修改:(1)扩大到对国家要害计算机系统以外的其他计算机系统,都进行保护;(2)对非法远程控制、提供黑客软件行为进行打击;(3)增加了一个量刑档次,"情节特别严重的,处三年以上七年以下有期徒刑,并处罚金"。

类罪名:妨害社会管理秩序罪/扰乱公共秩序罪 | **罪名:提供侵入、非法控制计算机信息系统程序、工具罪**	
量刑标准	**犯本罪的** 处3年以下有期徒刑或者拘役。

法律依据

一、《刑法》条文

第二百八十五条第三、四款 提供专门用于侵入、非法控制计算机信息系统的程序、工具,或者明知他人实施侵入、非法控制计算机信息系统的违法犯罪行为而为其提供程序、工具,情节严重的,依照前款的规定处罚。

单位犯前三款罪的,对单位判处罚金,并对其直接负责的主管人员和其他直接责任人员,依照各该款的规定处罚。

二、相关司法解释/文件

《最高人民法院、最高人民检察院关于办理危害计算机信息系统安全刑事案件应用法律若干问题的解释》(2011年9月1日 法释〔2011〕19号)

第二条 具有下列情形之一的程序、工具,应当认定为刑法第二百八十五条第三款规定的"专门用于侵入、非法控制计算机信息系统的程序、工具":

(一)具有避开或者突破计算机信息系统安全保护措施,未经授权或者超越授权获取计算机信息系统数据的功能的;

(二)具有避开或者突破计算机信息系统安全保护措施,未经授权或者超越授权对计算机信息系统实施控制的功能的;

(三)其他专门设计用于侵入、非法控制计算机信息系统、非法获取计算机信息系统数据的程序、工具。

第三条 提供侵入、非法控制计算机信息系统的程序、工具,具有下列情形之一的,应当认定为刑法第二百八十五条第三款规定的"情节严重":

(一)提供能够用于非法获取支付结算、证券交易、期货交易等网络金融服务身份认证信息的专门性程序、工具五人次以上的;

(二)提供第(一)项以外的专门用于侵入、非法控制计算机信息系统的程序、工具二十人次以上的;

(三)明知他人实施非法获取支付结算、证券交易、期货交易等网络金融服务身份认证信息的违法犯罪行为而为其提供程序、工具五人次以上的;

(四)明知他人实施第(三)项以外的侵入、非法控制计算机信息系统的违法犯罪行为而为其提供程序、工具二十人次以上的;

(五)违法所得五千元以上或者造成经济损失一万元以上的;

(六)其他情节严重的情形。

实施前款规定行为,具有下列情形之一的,应当认定为提供侵入、非法控制计算机信息系统的程序、工具"情节特别严重":

(一)数量或者数额达到前款第(一)项至第(五)项规定标准五倍以上的;

(二)其他情节特别严重的情形。

第八条 以单位名义或者单位形式实施危害计算机信息系统安全犯罪,达到本解释规定的定罪量刑标准的,应当依照刑法第二百八十五条、第二百八十六条的规定追究直接负责的主管人员和其他直接责任人员的刑事责任。

第九条 明知他人实施刑法第二百八十五条、第二百八十六条规定的行为,具有下列情形之一的,应当认定为共同犯罪,依照刑法第二百八十五条、第二百八十六条的规定处罚:

(一)为其提供用于破坏计算机信息系统功能、数据或者应用程序的程序、工具,违法所得五千元以上或者提供十人次以上的;

(二)为其提供互联网接入、服务器托管、网络存储空间、通讯传输通道、费用结算、交易服务、广告服务、技术培训、技术支持等帮助,违法所得五千元以上的;

(三)通过委托推广软件、投放广告等方式向其提供资金五千元以上的。

实施前款规定行为,数量或者数额达到前款规定标准五倍以上的,应当认定为刑法第二百八十五条、第二百八十六条规定的"情节特别严重"或者"后果特别严重"。

第十条 对于是否属于刑法第二百八十五条、第二百八十六条规定的"国家事务、国防建设、尖端科学技术领域的计算机信息系统"、"专门用于侵入、非法控制计算机信息系统的程序、工具"、"计算机病毒等破坏性程序"难以确定的,应当委托省级以上负责计算机信息系统安全保护管理工作的部门检验。司法机关根据检验结论,并结合案件具体情况认定。

要义辨析

一、概念

本罪是指违反国家的有关规定,向他人提供专门用于侵入、非法控制计算机信息系统的程序、工具,或者明知他人实施侵入、非法控制计算机信息系统的违法犯罪行为而为其提供程序、工具,情节严重的行为。

二、构成要件

1. 本罪侵犯的客体是国家对计算机信息系统管理制度。直接对象是他人的计算机信息系统安全。所谓"计算机信息系统",是指由计算机及其相关的和配套的设备、设施(含网络)构成的,按照一定的应用目标和规则对信息采集、加工、存储、传输、检索等处理的人机系统。

2. 客观上表现为提供专门用于侵入、非法控制计算机信息系统的程序、工具,或者明知他人实施侵入、非法控制计算机信息系统的违法犯罪行为而为其提供程序、工具,情节严重的行为。

3. 本罪主体为一般主体。

4. 主观上是故意。犯罪目的多为销价获利,也有为显示能力而故意破坏他人计算机系统。

三、要点辨析

1. 本罪为情节犯,只有"情节严重"的才构成犯罪。情节严重的具体标准,上述司法解释第3条已经明确。

2. "专门用于侵入、非法控制计算机信息系统的程序、工具",是指具有非法性的专门的程序工具。中性的计算机程序工具不能一概认定为这种工具。一般是指:(1)有非法获取侵入的数据的功能;(2)有突破别人安全保护系统的破网功能;(3)有控制他人计算机系统的功能。

3. "明知他人实施侵入、非法控制计算机信息系统的违法犯罪行为而为其提供程序、工具",这里的工具,即使是合法的工具,由于已经明知他人的目的,只要故意提供了,同样构成本罪。

4. 本罪为帮助犯,可以单独成罪。行为人是不是以营利为目的,有没有实际获利,不是是否构成犯罪的必要条件。获利只是量刑的一个考虑因素。

四、罪名变迁

本罪是2009年2月28日《刑法修正案(七)》新加的罪名。

类罪名:妨害社会管理秩序罪/扰乱公共秩序罪	罪名:破坏计算机信息系统罪
量刑标准	后果严重的　处5年以下有期徒刑或者拘役;
	后果特别严重的　处5年以上有期徒刑。

法律依据

一、《刑法》条文

第二百八十六条 违反国家规定,对计算机信息系统功能进行删除、修改、增加、干扰,造成计算机信息系统不能正常运行,后果严重的,处五年以下有期徒刑或者拘役;后果特别严重的,处五年以上有期徒刑。

违反国家规定,对计算机信息系统中存储、处理或者传输的数据和应用程序进行删除、修改、增加的操作,后果严重的,依照前款的规定处罚。

故意制作、传播计算机病毒等破坏性程序,影响计算机系统正常运行,后果严重的,依照第一款的规定处罚。

单位犯前三款罪的,对单位判处罚金,并对其直接负责的主管人员和其他直接责任人员,依照第一款的规定处罚。

二、相关法律

《全国人民代表大会常务委员会关于维护互联网安全的决定》(2009年8月27日修正)

一、为了保障互联网的运行安全,对有下列行为之一,构成犯罪的,依照刑法有关规定追究刑事责任:

(二)故意制作、传播计算机病毒等破坏性程序,攻击计算机系统及通信网络,致使计算机系统及通信网络遭受损害;

(三)违反国家规定,擅自中断计算机网络或者通信服务,造成计算机网络或者通信系统不能正常运行。

三、相关司法解释/文件

《最高人民法院、最高人民检察院关于办理危害计算机信息系统安全刑事案件应用法律若干问题的解释》(2011年8月1日　法释〔2011〕19号)

第四条　破坏计算机信息系统功能、数据或者应用程序,具有下列情形之一的,应当认定为刑法第二百八十六条第一款和第二款规定的“后果严重”:

(一)造成十台以上计算机信息系统的主要软件或者硬件不能正常运行的;

(二)对二十台以上计算机信息系统中存储、处理或者传输的数据进行删除、修改、增加操作的;

(三)违法所得五千元以上或者造成经济损失一万元以上的;

(四)造成为一百台以上计算机信息系统提供域名解析、身份认证、计费等基础服务或者为一万以上用户提供服务的计算机信息系统不能正常运行累计一小时以上的;

(五)造成其他严重后果的。

实施前款规定行为,具有下列情形之一的,应当认定为破坏计算机信息系统“后果特别严重”:

(一)数量或者数额达到前款第(一)项至第(三)项规定标准五倍以上的;

(二)造成为五百台以上计算机信息系统提供域名解析、身份认证、计费等基础服务或者为五万以上用户提供服务的计算机信息系统不能正常运行累计一小时以上的;

(三)破坏国家机关或者金融、电信、交通、教育、医疗、能源等领域提供公共服务的计算机信息系统的功能、数据或者应用程序,致使生产、生活受到严重影响或者造成恶劣社会影响的;

(四)造成其他特别严重后果的。

第五条　具有下列情形之一的程序,应当认定为刑法第二百八十六条第三款规定的“计算机病毒等破坏性程序”:

(一)能够通过网络、存储介质、文件等媒介,将自身的部分、全部或者变种进行复制、传播,并破坏计算机系统功能、数据或者应用程序的;

(二)能够在预先设定条件下自动触发,并破坏计算机系统功能、数据或者应用程序的;

(三)其他专门设计用于破坏计算机系统功能、数据或者应用程序的程序。

第六条　故意制作、传播计算机病毒等破坏性程序,影响计算机系统正常运行,具有下列情形之一的,应当认定为刑法第二百八十六条第三款规定的“后果严重”:

(一)制作、提供、传输第五条第(一)项规定的程序,导致该程序通过网络、存储介质、文件等媒介传播的;

(二)造成二十台以上计算机系统被植入第五条第(二)、(三)项规定的程序的;

(三)提供计算机病毒等破坏性程序十人次以上的;

(四)违法所得五千元以上或者造成经济损失一万元以上的;

(五)造成其他严重后果的。

实施前款规定行为,具有下列情形之一的,应当认定为破坏计算机信息系统“后果特别严重”:

(一)制作、提供、传输第五条第(一)项规定的

程序,导致该程序通过网络、存储介质、文件等媒介传播,致使生产、生活受到严重影响或者造成恶劣社会影响的;

(二)数量或者数额达到前款第(二)项至第(四)项规定标准五倍以上的;

(三)造成其他特别严重后果的。

第八条 以单位名义或者单位形式实施危害计算机信息系统安全犯罪,达到本解释规定的定罪量刑标准的,应当依照刑法第二百八十五条、第二百八十六条的规定追究直接负责的主管人员和其他直接责任人员的刑事责任。

第九条 明知他人实施刑法第二百八十五条、第二百八十六条规定的行为,具有下列情形之一的,应当认定为共同犯罪,依照刑法第二百八十五条、第二百八十六条的规定处罚:

(一)为其提供用于破坏计算机信息系统功能、数据或者应用程序的程序、工具,违法所得五千元以上或者提供十人次以上的;

(二)为其提供互联网接入、服务器托管、网络存储空间、通讯传输通道、费用结算、交易服务、广告服务、技术培训、技术支持等帮助,违法所得五千元以上的;

(三)通过委托推广软件、投放广告等方式向其提供资金五千元以上的。

实施前款规定行为,数量或者数额达到前款规定标准五倍以上的,应当认定为刑法第二百八十五条、第二百八十六条规定的"情节特别严重"或者"后果特别严重"。

第十条 对于是否属于刑法第二百八十五条、第二百八十六条规定的"国家事务、国防建设、尖端科学技术领域的计算机信息系统"、"专门用于侵入、非法控制计算机信息系统的程序、工具"、"计算机病毒等破坏性程序"难以确定的,应当委托省级以上负责计算机信息系统安全保护管理工作的部门检验。司法机关根据检验结论,并结合案件具体情况认定。

《最高人民法院、最高人民检察院、公安部、国家安全部关于依法办理非法生产销售使用"伪基站"设备案件的意见》(2014 年 3 月 14 日 公通字〔2014〕13 号)

一、准确认定行为性质

(二)非法使用"伪基站"设备干扰公用电信网络信号,危害公共安全的,依照《刑法》第一百二十四条第一款的规定,以破坏公用电信设施罪追究刑事责任;同时构成虚假广告罪、非法获取公民个人信息罪、破坏计算机信息系统罪、扰乱无线电通讯管理秩序罪的,依照处罚较重的规定追究刑事责任。

四、相关部委规章

《公安部关于对破坏未联网的微型计算机信息系统是否适用〈刑法〉第 286 条的请示的批复》(1998 年 11 月 25 日 公复字〔1998〕7 号)

吉林省公安厅:

你厅《关于"破坏未联网计算机财务系统程序和数据的行为是否适用〈刑法〉第 286 条故意破坏计算机信息系统数据应有程序罪"的请示》收悉,现批复如下:

《刑法》第 286 条中的"违反国家规定"是指包括《中华人民共和国计算机信息系统安全保护条例》(以下简称《条例》)在内的有关行政法规、部门规章的规定。《条例》第 5 条第 2 款规定的"未联网的微型计算机的安全保护办法,另行规定",主要是考虑到未联入网络的单台微型计算机系统所处环境和使用情况比较复杂,且基本无安全功能,需针对这些特点另外制定相应的安全管理措施。然而,未联网的计算机信息系统也属计算机信息系统,《条例》第 2、3、7 条的安全保护原则、规定,对未联网的微型计算机系统完全适用。因此破坏未联网的微型计算机信息系统适用《刑法》第 286 条。

要义辨析

一、概念

本罪是指违反国家规定,对计算机信息系统功能和信息系统中存储、处理、传输的数据和应用程序进行破坏,使计算机信息系统不能正常运行,后果严重的行为。

二、构成要件

1. 本罪侵犯的客体是计算机信息系统安全。其侵犯的对象是计算机信息系统功能和计算机信息中存储、处理、传输的数据和应用程序。

2. 客观方面表现为破坏计算机信息系统，后果严重的行为，包括违反规定，对计算机信息系统功能进行增删、修改、干扰，对计算机信息系统数据和应用程序进行增删、修改，后果严重的行为，或者故意制作、传播计算机病毒等破坏性程序，从而影响计算机信息系统的正常运行，后果严重的行为。

3. 犯罪主体为一般主体，即年满 16 周岁具有刑事责任能力的自然人均可构成本罪。实际能构成本罪的，通常是那些精通计算机技术、知识的专业人员，如计算机程序设计人员、计算机操作、管理维修人员等。

4. 主观方面是直接故意，过失不能构成本罪。如果因操作疏忽大意或者技术不熟练甚或失误而致使计算机信息系统功能，或计算机信息系统中存储、处理或者传输的数据、应用程序遭受破坏，则不构成本罪。至于其动机，有的是显示自己在计算机方面的高超才能，有的是想泄愤报复，有的是想窃取秘密，有的是想谋取利益，等等。但不管动机如何，不会影响本罪成立。

三、要点辨析

1. 本罪为结果犯，只有"后果严重"的才构成犯罪。"后果特别严重"的，作为升格量刑的条件。后果严重、后果特别严重的具体标准，上述司法解释已经明确。

2. 本罪不是以获取他人计算机数据为要件，而是以破坏他人计算机数据、破坏他人计算机程序为要件。对未联网的微型计算机系统的破坏，同样适用本罪。

3. 故意制作、传播计算机病毒等破坏性程序，影响计算机系统正常运行的行为，即使没有针对性对象，只要造成了严重后果，同样按本罪处刑。

4. 本罪为非暴力智力型犯罪，是用计算机技术手段进行程序和数据破坏，不呈现暴力性。如果用暴力手段毁损计算机，导致物理损坏，同样会导致计算机程序和数据的破坏，但是这不属于本罪特征。可以按毁坏公私财物罪定罪处刑。

5. 本罪的计算机信息系统，包括没有联入互联网的单机设备。公安部的答复中认为，未联网的计算机信息系统也属计算机信息系统，《计算机信息系统安全保护条例》第 2 条、第 3 条、第 7 条的安全保护原则、规定，对未联网的微型计算机系统完全适用。因此破坏未联网的微型计算机信息系统适用《刑法》第 286 条。

四、罪名变迁

本罪在 1997 年《刑法》就有规定。2015 年《刑法修正案(九)》增加了单位犯罪的规定。

类罪名：妨害社会管理秩序罪/扰乱公共秩序罪 | **罪名：拒不履行信息网络安全管理义务罪**	
量刑标准	**情节严重的**　处 3 年以下有期徒刑、拘役或者管制，并处或者单处罚金。

法律依据

一、《刑法》条文

第二百八十六条之一　网络服务提供者不履行法律、行政法规规定的信息网络安全管理义务，经监管部门责令采取改正措施而拒不改正，有下列情形之一的，处三年以下有期徒刑、拘役或者管制，并处或者单处罚金：

（一）致使违法信息大量传播的；

（二）致使用户信息泄露，造成严重后果的；

（三）致使刑事案件证据灭失，情节严重的；

（四）有其他严重情节的。

单位犯前款罪的，对单位判处罚金，并对其直接负责的主管人员和其他直接责任人员，依照前款的规定处罚。

有前两款行为，同时构成其他犯罪的，依照处罚较重的规定定罪处罚。

二、相关司法解释/文件

《最高人民法院、最高人民检察院关于办理侵犯公民个人信息刑事案件适用法律若干问题的解释》(2017年5月8日 法释〔2017〕10号)

第九条 网络服务提供者拒不履行法律、行政法规规定的信息网络安全管理义务,经监管部门责令采取改正措施而拒不改正,致使用户的公民个人信息泄露,造成严重后果的,应当依照刑法第二百八十六条之一的规定,以拒不履行信息网络安全管理义务罪定罪处罚。

《最高人民法院 最高人民检察院关于办理非法利用信息网络、帮助信息网络犯罪活动等刑事案件适用法律若干问题的解释》(2019年10月21日 法释〔2019〕15号)

第一条 提供下列服务的单位和个人,应当认定为刑法第二百八十六条之一第一款规定的"网络服务提供者":

(一)网络接入、域名注册解析等信息网络接入、计算、存储、传输服务;

(二)信息发布、搜索引擎、即时通讯、网络支付、网络预约、网络购物、网络游戏、网络直播、网站建设、安全防护、广告推广、应用商店等信息网络应用服务;

(三)利用信息网络提供的电子政务、通信、能源、交通、水利、金融、教育、医疗等公共服务。

第二条 刑法第二百八十六条之一第一款规定的"监管部门责令采取改正措施",是指网信、电信、公安等依照法律、行政法规的规定承担信息网络安全监管职责的部门,以责令整改通知书或者其他文书形式,责令网络服务提供者采取改正措施。

认定"经监管部门责令采取改正措施而拒不改正",应当综合考虑监管部门责令改正是否具有法律、行政法规依据,改正措施及期限要求是否明确、合理,网络服务提供者是否具有按照要求采取改正措施的能力等因素进行判断。

第三条 拒不履行信息网络安全管理义务,具有下列情形之一的,应当认定为刑法第二百八十六条之一第一款第一项规定的"致使违法信息大量传播":

(一)致使传播违法视频文件二百个以上的;

(二)致使传播违法视频文件以外的其他违法信息二千个以上的;

(三)致使传播违法信息,数量虽未达到第一项、第二项规定标准,但是按相应比例折算合计达到有关数量标准的;

(四)致使向二千个以上用户账号传播违法信息的;

(五)致使利用群组成员账号数累计三千以上的通讯群组或者关注人员账号数累计三万以上的社交网络传播违法信息的;

(六)致使违法信息实际被点击数达到五万以上的;

(七)其他致使违法信息大量传播的情形。

第四条 拒不履行信息网络安全管理义务,致使用户信息泄露,具有下列情形之一的,应当认定为刑法第二百八十六条之一第一款第二项规定的"造成严重后果":

(一)致使泄露行踪轨迹信息、通信内容、征信信息、财产信息五百条以上的;

(二)致使泄露住宿信息、通信记录、健康生理信息、交易信息等其他可能影响人身、财产安全的用户信息五千条以上的;

(三)致使泄露第一项、第二项规定以外的用户信息五万条以上的;

(四)数量虽未达到第一项至第三项规定标准,但是按相应比例折算合计达到有关数量标准的;

(五)造成他人死亡、重伤、精神失常或者被绑架等严重后果的;

(六)造成重大经济损失的;

(七)严重扰乱社会秩序的;

(八)造成其他严重后果的。

第五条 拒不履行信息网络安全管理义务,致使影响定罪量刑的刑事案件证据灭失,具有下列情形之一的,应当认定为刑法第二百八十六条之一第一款第三项规定的"情节严重":

(一)造成危害国家安全犯罪、恐怖活动犯罪、黑社会性质组织犯罪、贪污贿赂犯罪案件的证据灭失的;

(二)造成可能判处五年有期徒刑以上刑罚犯罪案件的证据灭失的;

（三）多次造成刑事案件证据灭失的；

（四）致使刑事诉讼程序受到严重影响的；

（五）其他情节严重的情形。

第六条　拒不履行信息网络安全管理义务，具有下列情形之一的，应当认定为刑法第二百八十六条之一第一款第四项规定的“有其他严重情节”：

（一）对绝大多数用户日志未留存或者未落实真实身份信息认证义务的；

（二）二年内经多次责令改正拒不改正的；

（三）致使信息网络服务被主要用于违法犯罪的；

（四）致使信息网络服务、网络设施被用于实施网络攻击，严重影响生产、生活的；

（五）致使信息网络服务被用于实施危害国家安全犯罪、恐怖活动犯罪、黑社会性质组织犯罪、贪污贿赂犯罪或者其他重大犯罪的；

（六）致使国家机关或者通信、能源、交通、水利、金融、教育、医疗等领域提供公共服务的信息网络受到破坏，严重影响生产、生活的；

（七）其他严重违反信息网络安全管理义务的情形。

第十三条　被帮助对象实施的犯罪行为可以确认，但尚未到案、尚未依法裁判或者因未达到刑事责任年龄等原因依法未予追究刑事责任的，不影响帮助信息网络犯罪活动罪的认定。

第十四条　单位实施本解释规定的犯罪的，依照本解释规定的相应自然人犯罪的定罪量刑标准，对直接负责的主管人员和其他直接责任人员定罪处罚，并对单位判处罚金。

第十五条　综合考虑社会危害程度、认罪悔罪态度等情节，认为犯罪情节轻微的，可以不起诉或者免予刑事处罚；情节显著轻微危害不大的，不以犯罪论处。

第十六条　多次拒不履行信息网络安全管理义务、非法利用信息网络、帮助信息网络犯罪活动构成犯罪，依法应当追诉的，或者二年内多次实施前述行为未经处理的，数量或者数额累计计算。

第十七条　对于实施本解释规定的犯罪被判处刑罚的，可以根据犯罪情况和预防再犯罪的需要，依法宣告职业禁止；被判处管制、宣告缓刑的，可以根据犯罪情况，依法宣告禁止令。

《最高人民法院、最高人民检察院、公安部、司法部关于依法惩治妨害新型冠状病毒感染肺炎疫情防控违法犯罪的意见》（2020年2月6日　法发〔2020〕7号）

（六）依法严惩造谣传谣犯罪。编造虚假的疫情信息，在信息网络或者其他媒体上传播，或者明知是虚假疫情信息，故意在信息网络或者其他媒体上传播，严重扰乱社会秩序的，依照刑法第二百九十一条之一第二款的规定，以编造、故意传播虚假信息罪定罪处罚。

编造虚假信息，或者明知是编造的虚假信息，在信息网络上散布，或者组织、指使人员在信息网络上散布，起哄闹事，造成公共秩序严重混乱的，依照刑法第二百九十三条第一款第四项的规定，以寻衅滋事罪定罪处罚。

利用新型冠状病毒感染肺炎疫情，制造、传播谣言，煽动分裂国家、破坏国家统一，或者煽动颠覆国家政权、推翻社会主义制度的，依照刑法第一百零三条第二款、第一百零五条第二款的规定，以煽动分裂国家罪或者煽动颠覆国家政权罪定罪处罚。

网络服务提供者不履行法律、行政法规规定的信息网络安全管理义务，经监管部门责令采取改正措施而拒不改正，致使虚假疫情信息或者其他违法信息大量传播的，依照刑法第二百八十六条之一的规定，以拒不履行信息网络安全管理义务罪定罪处罚。

对虚假疫情信息案件，要依法、精准、恰当处置。对恶意编造虚假疫情信息，制造社会恐慌，挑动社会情绪，扰乱公共秩序，特别是恶意攻击党和政府，借机煽动颠覆国家政权、推翻社会主义制度的，要依法严惩。对于因轻信而传播虚假信息，危害不大的，不以犯罪论处。

要义辨析

一、概念

本罪是指网络服务提供者，不履行法律、行政法规规定的信息网络安全管理义务，经监管部门责令采取改正措施而拒不改正，致使违法信息大量传播;致使用户信息泄露,造成严重后果;致使刑事案件证据灭失,情节严重,以及有其他严重情节的行为。

二、构成要件

1. 犯罪客体是国家的互联网信息传播的健康、安全管理秩序。

2. 犯罪客观方面表现为不履行法律、行政法规规定的信息网络安全管理义务,经监管部门责令采取改正措施而拒不改正,导致了严重后果发生的行为。

3. 本罪犯罪主体是特殊主体,特指网络服务提供者和有管理义务的平台服务商。既包括单位,也包括个人。

4. 犯罪主观方面表现为消极不作为的故意,不履行有关部门的指令要求。

三、要点辨析

1. 本罪是结果犯,必须造成法律明示规定的严重后果才构成本罪。

2. 本罪由行政执法作为前置程序。构成本罪必须有不履行法律、行政法规规定的信息网络安全管理义务,并且经监管部门责令采取改正措施,而拒不改正。也即,必须有抗拒行政要求的违法行为在先,不履行监管部门的行政指令在先。

3. "网络服务提供者",一般是指网络服务器和网络运行平台的提供企业以及开办网站和博客平台的个人。既包括单位,也包括个人。"有管理义务",是指法律和相关管理部门设定的有明确书面要求的义务。口头的随机的要求指令,不构成管理义务。"监管部门",是指国家各级网络信息管理部门和治安部门。"责令采取改正措施",应当是有明确的书面的指令。口头指令无以凭据,不构成刑法意义上的"责令采取改正措施"。

四、罪名变迁

本罪是2015年《刑法修正案(九)》增加的罪名。

类罪名:妨害社会管理秩序罪/扰乱公共秩序罪	罪名:非法利用信息网络罪
量刑标准	**情节严重的**　处3年以下有期徒刑或者拘役,并处或者单处罚金。
	单位犯罪的　对单位判处罚金;并对其直接负责的主管人员和其他直接责任人员处3年以下有期徒刑或者拘役。

法律依据

一、《刑法》条文

第二百八十七条之一　利用信息网络实施下列行为之一,情节严重的,处三年以下有期徒刑或者拘役,并处或者单处罚金:

(一)设立用于实施诈骗、传授犯罪方法、制作或者销售违禁物品、管制物品等违法犯罪活动的网站、通讯群组的;

(二)发布有关制作或者销售毒品、枪支、淫秽物品等违禁物品、管制物品或者其他违法犯罪信息的;

(三)为实施诈骗等违法犯罪活动发布信息的。

单位犯前款罪的,对单位判处罚金,并对其直接负责的主管人员和其他直接责任人员,依照第一款的规定处罚。

有前两款行为,同时构成其他犯罪的,依照处罚较重的规定定罪处罚。

二、相关司法解释/文件

《最高人民法院、最高人民检察院关于办理侵犯公民个人信息刑事案件适用法律若干问题的解释》(2017年5月8日　法释〔2017〕10号)

第八条　设立用于实施非法获取、出售或者提供公民个人信息违法犯罪活动的网站、通讯群组,情节严重的,应当依照刑法第二百八十七条之一的规定,以非法利用信息网络罪定罪处罚;同时构成侵犯公民个人信息罪的,依照侵犯公民个人信息罪定罪处罚。

《最高人民法院 最高人民检察院关于办理非法利用信息网络、帮助信息网络犯罪活动等刑事案件适用法律若干问题的解释》(2019 年 10 月 21 日 法释〔2019〕15 号)

第七条 刑法第二百八十七条之一规定的“违法犯罪”,包括犯罪行为和属于刑法分则规定的行为类型但尚未构成犯罪的违法行为。

第八条 以实施违法犯罪活动为目的而设立或者设立后主要用于实施违法犯罪活动的网站、通讯群组,应当认定为刑法第二百八十七条之一第一款第一项规定的“用于实施诈骗、传授犯罪方法、制作或者销售违禁物品、管制物品等违法犯罪活动的网站、通讯群组”。

第九条 利用信息网络提供信息的链接、截屏、二维码、访问账号密码及其他指引访问服务的,应当认定为刑法第二百八十七条之一第一款第二项、第三项规定的“发布信息”。

第十条 非法利用信息网络,具有下列情形之一的,应当认定为刑法第二百八十七条之一第一款规定的“情节严重”:

(一)假冒国家机关、金融机构名义,设立用于实施违法犯罪活动的网站的;

(二)设立用于实施违法犯罪活动的网站,数量达到三个以上或者注册账号数累计达到二千以上的;

(三)设立用于实施违法犯罪活动的通讯群组,数量达到五个以上或者群组成员账号数累计达到一千以上的;

(四)发布有关违法犯罪的信息或者为实施违法犯罪活动发布信息,具有下列情形之一的:

1. 在网站上发布有关信息一百条以上的;

2. 向二千个以上用户账号发送有关信息的;

3. 向群组成员数累计达到三千以上的通讯群组发送有关信息的;

4. 利用关注人员账号数累计达到三万以上的社交网络传播有关信息的;

(五)违法所得一万元以上的;

(六)二年内曾因非法利用信息网络、帮助信息网络犯罪活动、危害计算机信息系统安全受过行政处罚,又非法利用信息网络的;

(七)其他情节严重的情形。

第十一条 为他人实施犯罪提供技术支持或者帮助,具有下列情形之一的,可以认定行为人明知他人利用信息网络实施犯罪,但是有相反证据的除外:

(一)经监管部门告知后仍然实施有关行为的;

(二)接到举报后不履行法定管理职责的;

(三)交易价格或者方式明显异常的;

(四)提供专门用于违法犯罪的程序、工具或者其他技术支持、帮助的;

(五)频繁采用隐蔽上网、加密通信、销毁数据等措施或者使用虚假身份,逃避监管或者规避调查的;

(六)为他人逃避监管或者规避调查提供技术支持、帮助的;

(七)其他足以认定行为人明知的情形。

第十三条 被帮助对象实施的犯罪行为可以确认,但尚未到案、尚未依法裁判或者因未达到刑事责任年龄等原因依法未予追究刑事责任的,不影响帮助信息网络犯罪活动罪的认定。

第十四条 单位实施本解释规定的犯罪的,依照本解释规定的相应自然人犯罪的定罪量刑标准,对直接负责的主管人员和其他直接责任人员定罪处罚,并对单位判处罚金。

第十五条 综合考虑社会危害程度、认罪悔罪态度等情节,认为犯罪情节轻微的,可以不起诉或者免予刑事处罚;情节显著轻微危害不大的,不以犯罪论处。

第十六条 多次拒不履行信息网络安全管理义务、非法利用信息网络、帮助信息网络犯罪活动构成犯罪,依法应当追诉的,或者二年内多次实施前述行为未经处理的,数量或者数额累计计算。

第十七条 对于实施本解释规定的犯罪被判处刑罚的,可以根据犯罪情况和预防再犯罪的需要,依法宣告职业禁止;被判处管制、宣告缓刑的,可以根据犯罪情况,依法宣告禁止令。

《最高人民法院最高人民检察院公安部关于依法惩治网络暴力违法犯罪的指导意见》(2023 年 9 月 20 日 法发〔2023〕14 号)

二、准确适用法律,依法严惩网络暴力违法犯罪

5. 依法惩治借网络暴力事件实施的恶意营销

炒作行为。基于蹭炒热度、推广引流等目的,利用互联网用户公众账号等推送、传播有关网络暴力违法犯罪的信息,符合刑法第二百八十七条之一规定的,以非法利用信息网络罪定罪处罚;依照刑法和司法解释规定,同时构成其他犯罪的,依照处罚较重的规定定罪处罚。

要义辨析

一、概念

本罪是指设立违法网站或者用合法网站进行违法犯罪活动,用于实施诈骗,传授犯罪方法,制作或者销售违禁物品、管制物品,发布有关制售毒品、枪支、淫秽物品等违禁物品、管制物品或者其他违法犯罪信息,为实施诈骗等违法犯罪活动发布信息,情节严重的行为。

二、构成要件

1. 本罪侵害的客体是国家的互联网管理秩序及社会管理秩序。

2. 本罪客观方面是指设立用于实施诈骗、传授犯罪方法、制作或者销售违禁物品、管制物品等违法犯罪活动的网站、通讯群组;发布有关制作或者销售毒品、枪支、淫秽物品等违禁物品、管制物品或者其他违法犯罪信息;为实施诈骗等违法犯罪活动发布信息,情节严重的行为。

3. 本罪犯罪主体是一般主体。只要利用信息网络进行违法犯罪的单位和个人都可以构成。

4. 本罪主观方面是直接故意的,要求明知,过失不构成犯罪。

三、要点辨析

1. 本罪是情节犯,不当利用信息网络,达到情节严重的才构成犯罪。

2. 符合本罪第 1 款、第 2 款的规定,构成本罪,同时构成网络信息中导致的其他犯罪的,应当择一重罪处罚,不实行并罚。

3. 本罪有单位犯罪。单位犯本罪的,对单位判处罚金,并对其直接负责的主管人员和其他直接责任人员,依照第 1 款的规定处罚。

四、罪名变迁

本罪是为了加强国家网络信息安全,防止网络成为传播犯罪方法、犯罪工具、提供犯罪联络方便的平台,而由 2015 年 11 月《刑法修正案(九)》所新增的罪名。

类罪名:妨害社会管理秩序罪/扰乱公共秩序罪	罪名:帮助信息网络犯罪活动罪
量刑标准	**情节严重的** 处 3 年以下有期徒刑或者拘役,并处或者单处罚金;
	单位犯罪的 对单位判处罚金,并对其直接负责的主管人员和其他直接责任人员,处 3 年以下有期徒刑或拘役。

法律依据

一、《刑法》条文

第二百八十七条之二 明知他人利用信息网络实施犯罪,为其犯罪提供互联网接入、服务器托管、网络存储、通讯传输等技术支持,或者提供广告推广、支付结算等帮助,情节严重的,处三年以下有期徒刑或者拘役,并处或者单处罚金。

单位犯前款罪的,对单位判处罚金,并对其直接负责的主管人员和其他直接责任人员,依照第一款的规定处罚。

有前两款行为,同时构成其他犯罪的,依照处罚较重的规定定罪处罚。

二、相关司法解释/文件

《最高人民法院 最高人民检察院关于办理非法利用信息网络、帮助信息网络犯罪活动等刑事案

件适用法律若干问题的解释》(2019年10月21日法释〔2019〕15号)

第十二条　明知他人利用信息网络实施犯罪,为其犯罪提供帮助,具有下列情形之一的,应当认定为刑法第二百八十七条之二第一款规定的“情节严重”:

(一)为三个以上对象提供帮助的;

(二)支付结算金额二十万元以上的;

(三)以投放广告等方式提供资金五万元以上的;

(四)违法所得一万元以上的;

(五)二年内曾因非法利用信息网络、帮助信息网络犯罪活动、危害计算机信息系统安全受过行政处罚,又帮助信息网络犯罪活动的;

(六)被帮助对象实施的犯罪造成严重后果的;

(七)其他情节严重的情形。

实施前款规定的行为,确因客观条件限制无法查证被帮助对象是否达到犯罪的程度,但相关数额总计达到前款第二项至第四项规定标准五倍以上,或者造成特别严重后果的,应当以帮助信息网络犯罪活动罪追究行为人的刑事责任。

第十三条　被帮助对象实施的犯罪行为可以确认,但尚未到案、尚未依法裁判或者因未达到刑事责任年龄等原因依法未予追究刑事责任的,不影响帮助信息网络犯罪活动罪的认定。

第十四条　单位实施本解释规定的犯罪的,依照本解释规定的相应自然人犯罪的定罪量刑标准,对直接负责的主管人员和其他直接责任人员定罪处罚,并对单位判处罚金。

第十五条　综合考虑社会危害程度、认罪悔罪态度等情节,认为犯罪情节轻微的,可以不起诉或者免予刑事处罚;情节显著轻微危害不大的,不以犯罪论处。

第十六条　多次拒不履行信息网络安全管理义务、非法利用信息网络、帮助信息网络犯罪活动构成犯罪,依法应当追诉的,或者二年内多次实施前述行为未经处理的,数量或者数额累计计算。

第十七条　对于实施本解释规定的犯罪被判处刑罚的,可以根据犯罪情况和预防再犯罪的需要,依法宣告职业禁止;被判处管制、宣告缓刑的,可以根据犯罪情况,依法宣告禁止令。

要义辨析

一、概念

本罪是指明知他人在利用信息网络实施犯罪,仍然为其犯罪提供互联网接入、服务器托管、网络存储、通讯传输等技术支持,或者提供广告推广、支付结算等帮助,情节严重的行为。

二、构成要件

1. 犯罪客体是国家的互联网信息安全、网络管理秩序、社会管理秩序。

2. 犯罪客观方面是明知他人在利用信息网络实施犯罪,仍然为其犯罪提供互联网接入、服务器托管、网络存储、通讯传输等技术支持,或者提供广告推广、支付结算等帮助。

3. 本罪主体是一般主体。既包括单位,也包括个人。

4. 主观方面是直接故意和明知的。

三、要点辨析

1. 本罪的特征是帮助和支持他人利用信息网络犯罪,为其提供方便。因此,如果构成本罪,同时自己也参与到帮助对象的犯罪中去,构成了其他犯罪的,应当择一重罪处罚,不进行并罚。

2. 本罪的“服务中”,必须是已经明知他人在利用信息网络实施犯罪,不但不阻止,反而提供各种服务和方便。并且他人利用信息网络实施的行为确实已经确认构成犯罪以后,帮助者才能构成本罪。

3. 本罪规定了单位犯罪。对单位判处罚金,并对其直接负责的主管人员和其他直接责任人员,依照第1款的规定处罚。

四、罪名变迁

本罪是根据2015年11月《刑法修正案(九)》新增的罪名。

<table>
<tr><td colspan="2">类罪名:妨害社会管理秩序罪/扰乱公共秩序罪 | 罪名:扰乱无线电通讯管理秩序罪</td></tr>
<tr><td rowspan="3">量刑标准</td><td>造成严重后果的　处3年以下有期徒刑、拘役或者管制,并处或者单处罚金;</td></tr>
<tr><td>情节特别严重的　处3年以上7年以下有期徒刑,并处罚金;</td></tr>
<tr><td>单位犯本罪的　对单位判处罚金,并对其直接负责的主管人员和其他直接责任人员,依照前述标准处罚。</td></tr>
</table>

法律依据

一、《刑法》条文

第二百八十八条　违反国家规定,擅自设置、使用无线电台(站),或者擅自使用无线电频率,干扰无线电通讯秩序,情节严重的,处三年以下有期徒刑、拘役或者管制,并处或者单处罚金;情节特别严重的,处三年以上七年以下有期徒刑,并处罚金。

单位犯前款罪的,对单位判处罚金,并对其直接负责的主管人员和其他直接责任人员,依照前款的规定处罚。

二、相关行政法规

《中华人民共和国无线电管理条例》(2016年11月11日修订)

第一条　为了加强无线电管理,维护空中电波秩序,有效开发、利用无线电频谱资源,保证各种无线电业务的正常进行,制定本条例。

第二条　在中华人民共和国境内使用无线电频率,设置、使用无线电台(站),研制、生产、进口、销售和维修无线电发射设备,以及使用辐射无线电波的非无线电设备,应当遵守本条例。

第三条　无线电频谱资源属于国家所有。国家对无线电频谱资源实行统一规划、合理开发、有偿使用的原则。

第四条　无线电管理工作在国务院、中央军事委员会的统一领导下分工管理、分级负责,贯彻科学管理、保护资源、保障安全、促进发展的方针。

第六条　任何单位或者个人不得擅自使用无线电频率,不得对依法开展的无线电业务造成有害干扰,不得利用无线电台(站)进行违法犯罪活动。

第十五条　取得无线电频率使用许可,应当符合下列条件:

(一)所申请的无线电频率符合无线电频率划分和使用规定,有明确具体的用途;

(二)使用无线电频率的技术方案可行;

(三)有相应的专业技术人员;

(四)对依法使用的其他无线电频率不会产生有害干扰。

第十六条　无线电管理机构应当自受理无线电频率使用许可申请之日起20个工作日内审查完毕,依照本条例第十五条规定的条件,并综合考虑国家安全需要和可用频率的情况,作出许可或者不予许可的决定。予以许可的,颁发无线电频率使用许可证;不予许可的,书面通知申请人并说明理由。

无线电频率使用许可证应当载明无线电频率的用途、使用范围、使用率要求、使用期限等事项。

第十七条　地面公众移动通信使用频率等商用无线电频率的使用许可,可以依照有关法律、行政法规的规定采取招标、拍卖的方式。

无线电管理机构采取招标、拍卖的方式确定中标人、买受人后,应当作出许可的决定,并依法向中标人、买受人颁发无线电频率使用许可证。

第十八条　无线电频率使用许可由国家无线电管理机构实施。国家无线电管理机构确定范围内的无线电频率使用许可,由省、自治区、直辖市无线电管理机构实施。

国家无线电管理机构分配给交通运输、渔业、海洋系统(行业)使用的水上无线电专用频率,由所在地省、自治区、直辖市无线电管理机构分别会同相关主管部门实施许可;国家无线电管理机构分配给民用航空系统使用的航空无线电专用频率,由国务院民用航空主管部门实施许可。

第十九条　无线电频率使用许可的期限不得超过10年。

无线电频率使用期限届满后需要继续使用的,应当在期限届满30个工作日前向作出许可决定的无线电管理机构提出延续申请。受理申请的无线电管理机构应当依照本条例第十五条、第十六条的规定进行审查并作出决定。

无线电频率使用期限届满前拟终止使用无线电频率的，应当及时向作出许可决定的无线电管理机构办理注销手续。

第二十条　转让无线电频率使用权的，受让人应当符合本条例第十五条规定的条件，并提交双方转让协议，依照本条例第十六条规定的程序报请无线电管理机构批准。

第二十七条　设置、使用无线电台（站）应当向无线电管理机构申请取得无线电台执照，但设置、使用下列无线电台（站）的除外：

（一）地面公众移动通信终端；

（二）单收无线电台（站）；

（三）国家无线电管理机构规定的微功率短距离无线电台（站）。

第二十八条　除本条例第二十九条规定的业余无线电台外，设置、使用无线电台（站），应当符合下列条件：

（一）有可用的无线电频率；

（二）所使用的无线电发射设备依法取得无线电发射设备型号核准证且符合国家规定的产品质量要求；

（三）有熟悉无线电管理规定、具备相关业务技能的人员；

（四）有明确具体的用途，且技术方案可行；

（五）有能够保证无线电台（站）正常使用的电磁环境，拟设置的无线电台（站）对依法使用的其他无线电台（站）不会产生有害干扰。

申请设置、使用空间无线电台，除应当符合前款规定的条件外，还应当有可利用的卫星无线电频率和卫星轨道资源。

第二十九条　申请设置、使用业余无线电台的，应当熟悉无线电管理规定，具有相应的操作技术能力，所使用的无线电发射设备应当符合国家标准和国家无线电管理的有关规定。

第三十一条　无线电管理机构应当自受理申请之日起30个工作日内审查完毕，依照本条例第二十八条、第二十九条规定的条件，作出许可或者不予许可的决定。予以许可的，颁发无线电台执照，需要使用无线电台识别码的，同时核发无线电台识别码；不予许可的，书面通知申请人并说明理由。

无线电台（站）需要变更、增加无线电台识别码的，由无线电管理机构核发。

第三十二条　无线电台执照应当载明无线电台（站）的台址、使用频率、发射功率、有效期、使用要求等事项。

无线电台执照的样式由国家无线电管理机构统一规定。

第三十三条　无线电台（站）使用的无线电频率需要取得无线电频率使用许可的，其无线电台执照有效期不得超过无线电频率使用许可证规定的期限；依照本条例第十四条规定不需要取得无线电频率使用许可的，其无线电台执照有效期不得超过5年。

无线电台执照有效期届满后需要继续使用无线电台（站）的，应当在期限届满30个工作日前向作出许可决定的无线电管理机构申请更换无线电台执照。受理申请的无线电管理机构应当依照本条例第三十一条的规定作出决定。

第三十七条　遇有危及国家安全、公共安全、生命财产安全的紧急情况或者为了保障重大社会活动的特殊需要，可以不经批准临时设置、使用无线电台（站），但是应当及时向无线电台（站）所在地无线电管理机构报告，并在紧急情况消除或者重大社会活动结束后及时关闭。

第七十条　违反本条例规定，未经许可擅自使用无线电频率，或者擅自设置、使用无线电台（站）的，由无线电管理机构责令改正，没收从事违法活动的设备和违法所得，可以并处5万元以下的罚款；拒不改正的，并处5万元以上20万元以下的罚款；擅自设置、使用无线电台（站）从事诈骗等违法活动，尚不构成犯罪的，并处20万元以上50万元以下的罚款。

第七十一条　违反本条例规定，擅自转让无线电频率的，由无线电管理机构责令改正，没收违法所得；拒不改正的，并处违法所得1倍以上3倍以下的罚款；没有违法所得或者违法所得不足10万元的，处1万元以上10万元以下的罚款；造成严重后果的，吊销无线电频率使用许可证。

第七十二条　违反本条例规定，有下列行为之一的，由无线电管理机构责令改正，没收违法所得，

可以并处3万元以下的罚款;造成严重后果的,吊销无线电台执照,并处3万元以上10万元以下的罚款:

(一)不按照无线电台执照规定的许可事项和要求设置、使用无线电台(站);

(二)故意收发无线电台执照许可事项之外的无线电信号,传播、公布或者利用无意接收的信息;

(三)擅自编制、使用无线电台识别码。

第七十三条 违反本条例规定,使用无线电发射设备、辐射无线电波的非无线电设备干扰无线电业务正常进行的,由无线电管理机构责令改正,拒不改正的,没收产生有害干扰的设备,并处5万元以上20万元以下的罚款,吊销无线电台执照;对船舶、航天器、航空器、铁路机车专用无线电导航、遇险救助和安全通信等涉及人身安全的无线电频率产生有害干扰的,并处20万元以上50万元以下的罚款。

第七十四条 未按照国家有关规定缴纳无线电频率占用费的,由无线电管理机构责令限期缴纳;逾期不缴纳的,自滞纳之日起按日加收0.05%的滞纳金。

第七十五条 违反本条例规定,有下列行为之一的,由无线电管理机构责令改正;拒不改正的,没收从事违法活动的设备,并处3万元以上10万元以下的罚款;造成严重后果的,并处10万元以上30万元以下的罚款:

(一)研制、生产、销售和维修大功率无线电发射设备,未采取有效措施抑制电波发射;

(二)境外组织或者个人在我国境内进行电波参数测试或者电波监测;

(三)向境外组织或者个人提供涉及国家安全的境内电波参数资料。

第七十六条 违反本条例规定,生产或者进口在国内销售、使用的无线电发射设备未取得型号核准的,由无线电管理机构责令改正,处5万元以上20万元以下的罚款;拒不改正的,没收未取得型号核准的无线电发射设备,并处20万元以上100万元以下的罚款。

第七十七条 销售依照本条例第四十四条的规定应当取得型号核准的无线电发射设备未向无线电管理机构办理销售备案的,由无线电管理机构责令改正;拒不改正的,处1万元以上3万元以下的罚款。

第七十八条 销售依照本条例第四十四条的规定应当取得型号核准而未取得型号核准的无线电发射设备的,由无线电管理机构责令改正,没收违法销售的无线电发射设备和违法所得,可以并处违法销售的设备货值10%以下的罚款;拒不改正的,并处违法销售的设备货值10%以上30%以下的罚款。

第七十九条 维修无线电发射设备改变无线电发射设备型号核准证核定的技术指标的,由无线电管理机构责令改正;拒不改正的,处1万元以上3万元以下的罚款。

第八十条 生产、销售无线电发射设备违反产品质量管理法律法规的,由产品质量监督部门依法处罚。

进口无线电发射设备,携带、寄递或者以其他方式运输无线电发射设备入境,违反海关监管法律法规的,由海关依法处罚。

第八十一条 违反本条例规定,构成违反治安管理行为的,依法给予治安管理处罚;构成犯罪的,依法追究刑事责任。

第八十二条 无线电管理机构及其工作人员不依照本条例规定履行职责的,对负有责任的领导人员和其他直接责任人员依法给予处分。

三、相关司法解释/文件

《最高人民法院关于审理扰乱电信市场管理秩序案件具体应用法律若干问题的解释》(2000年4月28日 法释〔2000〕12号)

第五条 违反国家规定,擅自设置、使用无线电台(站),或者擅自占用频率,非法经营国际电信业务或者涉港澳台电信业务进行营利活动,同时构成非法经营罪和刑法第二百八十八条规定的扰乱无线电通讯管理秩序罪的,依照处罚较重的规定定罪处罚。

《最高人民法院、最高人民检察院、公安部、国家安全部关于依法办理非法生产销售使用"伪基站"设备案件的意见》(2014年3月14日 公通字〔2014〕13号)

一、准确认定行为性质

(二)非法使用"伪基站"设备干扰公用电信网

络信号，危害公共安全的，依照《刑法》第一百二十四条第一款的规定，以破坏公用电信设施罪追究刑事责任；同时构成虚假广告罪、非法获取公民个人信息罪、破坏计算机信息系统罪、扰乱无线电通讯管理秩序罪的，依照处罚较重的规定追究刑事责任。

《最高人民法院、最高人民检察院关于办理扰乱无线电通讯管理秩序等刑事案件适用法律若干问题的解释》（2017年6月27日 法释〔2017〕11号）

第一条 具有下列情形之一的，应当认定为刑法第二百八十八条第一款规定的“擅自设置、使用无线电台（站），或者擅自使用无线电频率，干扰无线电通讯秩序”：

（一）未经批准设置无线电广播电台（以下简称“黑广播”），非法使用广播电视专用频段的频率的；

（二）未经批准设置通信基站（以下简称“伪基站”），强行向不特定用户发送信息，非法使用公众移动通信频率的；

（三）未经批准使用卫星无线电频率的；

（四）非法设置、使用无线电干扰器的；

（五）其他擅自设置、使用无线电台（站），或者擅自使用无线电频率，干扰无线电通讯秩序的情形。

第二条 违反国家规定，擅自设置、使用无线电台（站），或者擅自使用无线电频率，干扰无线电通讯秩序，具有下列情形之一的，应当认定为刑法第二百八十八条第一款规定的“情节严重”：

（一）影响航天器、航空器、铁路机车、船舶专用无线电导航、遇险救助和安全通信等涉及公共安全的无线电频率正常使用的；

（二）自然灾害、事故灾难、公共卫生事件、社会安全事件等突发事件期间，在事件发生地使用“黑广播”“伪基站”的；

（三）举办国家或者省级重大活动期间，在活动场所及周边使用“黑广播”“伪基站”的；

（四）同时使用三个以上“黑广播”“伪基站”的；

（五）“黑广播”的实测发射功率五百瓦以上，或者覆盖范围十公里以上的；

（六）使用“伪基站”发送诈骗、赌博、招嫖、木马病毒、钓鱼网站链接等违法犯罪信息，数量在五千条以上，或者销毁发送数量等记录的；

（七）雇佣、指使未成年人、残疾人等特定人员使用“伪基站”的；

（八）违法所得三万元以上的；

（九）曾因扰乱无线电通讯管理秩序受过刑事处罚，或者二年内曾因扰乱无线电通讯管理秩序受过行政处罚，又实施刑法第二百八十八条规定的行为的；

（十）其他情节严重的情形。

第三条 违反国家规定，擅自设置、使用无线电台（站），或者擅自使用无线电频率，干扰无线电通讯秩序，具有下列情形之一的，应当认定为刑法第二百八十八条第一款规定的“情节特别严重”：

（一）影响航天器、航空器、铁路机车、船舶专用无线电导航、遇险救助和安全通信等涉及公共安全的无线电频率正常使用，危及公共安全的；

（二）造成公共秩序混乱等严重后果的；

（三）自然灾害、事故灾难、公共卫生事件和社会安全事件等突发事件期间，在事件发生地使用“黑广播”“伪基站”，造成严重影响的；

（四）对国家或者省级重大活动造成严重影响的；

（五）同时使用十个以上“黑广播”“伪基站”的；

（六）“黑广播”的实测发射功率三千瓦以上，或者覆盖范围二十公里以上的；

（七）违法所得十五万元以上的；

（八）其他情节特别严重的情形。

第四条 非法生产、销售“黑广播”“伪基站”、无线电干扰器等无线电设备，具有下列情形之一的，应当认定为刑法第二百二十五条规定的“情节严重”：

（一）非法生产、销售无线电设备三套以上的；

（二）非法经营数额五万元以上的；

（三）其他情节严重的情形。

实施前款规定的行为，数量或者数额达到前款第一项、第二项规定标准五倍以上，或者具有其他情节特别严重的情形的，应当认定为刑法第二百二十五条规定的“情节特别严重”。

在非法生产、销售无线电设备窝点查扣的零件,以组装完成的套数以及能够组装的套数认定;无法组装为成套设备的,每三套广播信号调制器(激励器)认定为一套"黑广播"设备,每三块主板认定为一套"伪基站"设备。

第五条 单位犯本解释规定之罪的,对单位判处罚金,并对直接负责的主管人员和其他直接责任人员,依照本解释规定的自然人犯罪的定罪量刑标准定罪处罚。

第六条 擅自设置、使用无线电台(站),或者擅自使用无线电频率,同时构成其他犯罪的,按照处罚较重的规定定罪处罚。

明知他人实施诈骗等犯罪,使用"黑广播""伪基站"等无线电设备为其发送信息或者提供其他帮助,同时构成其他犯罪的,按照处罚较重的规定定罪处罚。

第七条 负有无线电监督管理职责的国家机关工作人员滥用职权或者玩忽职守,致使公共财产、国家和人民利益遭受重大损失的,应当依照刑法第三百九十七条的规定,以滥用职权罪或者玩忽职守罪追究刑事责任。

有查禁扰乱无线电管理秩序犯罪活动职责的国家机关工作人员,向犯罪分子通风报信、提供便利,帮助犯罪分子逃避处罚的,应当依照刑法第四百一十七条的规定,以帮助犯罪分子逃避处罚罪追究刑事责任;事先通谋的,以共同犯罪论处。

第八条 为合法经营活动,使用"黑广播""伪基站"或者实施其他扰乱无线电通讯管理秩序的行为,构成扰乱无线电通讯管理秩序罪,但不属于"情节特别严重",行为人系初犯,并确有悔罪表现的,可以认定为情节轻微,不起诉或者免予刑事处罚;确有必要判处刑罚的,应当从宽处罚。

第九条 对案件所涉的有关专门性问题难以确定的,依据司法鉴定机构出具的鉴定意见,或者下列机构出具的报告,结合其他证据作出认定:

(一)省级以上无线电管理机构、省级无线电管理机构依法设立的派出机构、地市级以上广播电视主管部门就是否系"伪基站""黑广播"出具的报告;

(二)省级以上广播电视主管部门及其指定的检测机构就"黑广播"功率、覆盖范围出具的报告;

(三)省级以上航空、铁路、船舶等主管部门就是否干扰导航、通信等出具的报告。

对移动终端用户受影响的情况,可以依据相关通信运营商出具的证明,结合被告人供述、终端用户证言等证据作出认定。

要义辨析

一、概念

本罪是指违反国家规定,擅自设置、使用无线电台(站),或者擅自使用无线电频率,干扰无线电通讯秩序,情节严重的行为。

二、构成要件

1. 本罪侵犯的客体是国家对无线电通讯的管理制度和通讯秩序。

2. 客观方面具体表现为,违反规定擅自设置、使用无线电台、站或者占用频率,干扰了合法无线电通讯的正常进行并造成了严重后果。《刑法修正案(九)》对本罪的犯罪客观方面的罪状形态有修改。

3. 本罪主体为一般主体,单位和个人都可构成此罪。

4. 犯罪主观方面为故意。

三、要点辨析

1. 本罪是情节犯,必须造成一定的后果,达到情节严重的才构成犯罪,或者满足一定的情形才够罪。何为"情节严重",一般是指:干扰重要无线电通讯,导致重大信息受阻无法接收危害严重的;干扰无线电导航和其他安全警示,导致人身伤亡和重大财产损失的;干扰国家重要新闻讯号无法传播或者失真的,等等。

2. 国家对设置电台、使用无线电频率,有专门的行政许可规定。1993 年《无线电管理条例》作了比较严格的规定。为了充分利用国家无线电资源,2016 年 12 月 1 日国务院与中央军事委员会对《无线电管理条例》进行了修订,规定构成本罪,必须首先违反国家规定,未取得许可,擅自设置、使用无线电台(站),或者擅自使用无线电频率，干扰无线电通讯秩序，情节严重的，才构成本罪。

3. 根据《无线电管理条例》第 37 条，遇有危及人民生命财产安全的紧急情况，可以临时动用未经批准设置使用的无线电设备，但是应当及时向无线电管理机构报告。这种行为不构成犯罪。

4.《刑法修正案（九）》对罪状有两个重要修改：一是将“擅自占用”无线电频率，改为“擅自使用”无线电频率；二是删除了“经责令停止使用后拒不停止使用”这一构罪前置条件。

四、罪名变迁

本罪是 1997 年《刑法》规定的罪名。2015 年的《刑法修正案（九）》对罪状作了从严修订。2016 年国务院对《无线电管理条例》进行修订，从国家资源利用角度，对无线电台、站的审批和利用有所放宽。

类罪名：妨害社会管理秩序罪/扰乱公共秩序罪	罪名：聚众扰乱社会秩序罪
量刑标准	**情节严重，造成严重损失的** 对首要分子处 3 年以上 7 年以下有期徒刑；
	其他积极参加的 处 3 年以下有期徒刑、拘役、管制或者剥夺政治权利。

法律依据

一、《刑法》条文

第二百九十条第一款 聚众扰乱社会秩序，情节严重，致使工作、生产、营业和教学、科研、医疗无法进行，造成严重损失的，对首要分子，处三年以上七年以下有期徒刑；对其他积极参加的，处三年以下有期徒刑、拘役、管制或者剥夺政治权利。

二、相关司法解释/文件

《最高人民法院、最高人民检察院、公安部、司法部、国家卫生和计划生育委员会印发〈关于依法惩处涉医违法犯罪维护正常医疗秩序的意见〉的通知》（2014 年 4 月 22 日 法发〔2014〕5 号）

（二）在医疗机构私设灵堂、摆放花圈、焚烧纸钱、悬挂横幅、堵塞大门或者以其他方式扰乱医疗秩序，尚未造成严重损失，经劝说、警告无效的，要依法驱散，对拒不服从的人员要依法带离现场，依照治安管理处罚法第二十三条的规定处罚；聚众实施的，对首要分子和其他积极参加者依法予以治安处罚；造成严重损失或者扰乱其他公共秩序情节严重，构成寻衅滋事罪、聚众扰乱社会秩序罪、聚众扰乱公共场所秩序、交通秩序罪的，依照刑法的有关规定定罪处罚。

三、相关部委规章

《公安部关于印发新修订〈关于公安机关处置信访活动中违法犯罪行为适用法律的指导意见〉的通知》（2013 年 7 月 19 日 公通字〔2013〕25 号）

一、对扰乱信访工作秩序违法犯罪行为的处理

6. 聚众扰乱信访工作秩序，情节严重，符合《刑法》第二百九十条第一款规定的，对首要分子和其他积极参加者以聚众扰乱社会秩序罪追究刑事责任。

要义辨析

一、概念

本罪是指组织聚集群众，或者积极参加、多次参加扰乱公共场所的正常的社会秩序，情节严重，致使工作、生产、营业和教学、科研、医疗无法进行，造成严重损失的，应受刑事追究的行为。

二、构成要件

1. 本罪侵犯的客体是公共场所的社会秩序，即正常工作、生产、营业和教学、科研、医疗秩序。这是物理空间概念上的场所，网络虚拟空间上的扰乱，不在此范围内。

2. 本罪的客观方面表现为聚众扰乱社会秩序,致使工作、生产、营业和教学、科研、医疗等无法进行,给国家和社会造成严重损失的行为。

3. 犯罪主体是一般主体。但在情节上,构成本罪的只能是首要分子和积极参加者,以及多次参加者。即要有在“聚众”中有积极作为的情节,一般参加者不构成犯罪。多次组织、资助他人非法聚集,扰乱社会秩序,情节严重者,也构成本罪。

4. 本罪主观方面是故意而为。

三、要点辨析

1. 聚众,是指在首要分子的煽动、策划下,纠集多人共同进行扰乱社会公共场所秩序的活动,一人闹事引起多人围观,没有共同的组织特征的,不应视为聚众。要防止定性错误扩大刑事追究范围。

2. 要注意划清本罪同群众自发闹事、群体性事件的界限。对于公权力机关严重违法引起民愤、严重失职导致矛盾激化、对事件处置失当造成群众自发性重大事件的,应依靠政策教育和改进工作来处置,不能动辄用本罪追究。注意本罪同妨害公务罪的界限,妨害公务罪的侵害对象是公权力机关的正常执行职务的规则和秩序,可以是单个人进行,方式是暴力、威胁等。

3. 注意保护群众依法聚会的权利。所有的公共聚集,一般都会影响社会秩序,但扰乱秩序的不一定都构成犯罪。一些群众性的聚集有正当合理的理由,是一种表达合理诉求的方式,但不一定都获得合法批准。这种情况,不能都定性为本罪,有些要进行合理的疏导。只有恶性聚众,场面失控、严重影响生产、生活秩序,长期无法消除妨碍的,才适用本罪处理。

4.《刑法修正案(九)》对 1997 年《刑法》第 290 条的修改要点为:(1)针对“医闹”事件,增加了医疗秩序为犯罪客体;(2)对犯罪主体,除原规定的打击首要分子外,增加了两种入刑对象:第一种是多次扰乱国家机关工作秩序,经行政处罚后仍不改正,造成严重后果的;第二种是多次组织、资助他人非法聚集,扰乱社会秩序,情节严重的,依照前款的规定三年以下处罚。

5. 注意本案的犯罪对象,必须严格限定在现实物理空间的社会秩序,不包括网络虚拟空间的“聚众扰乱”,防止犯罪外延扩大化。对于网上煽动群众犯罪的行为,按照《刑法》其他罪名审查处理,不构成本罪。

四、罪名变迁

本罪是最早的 1979 年《刑法》第 158 条中即有规定的罪名。根据犯罪现象的丰富变化,1997 年《刑法》及 2015 年的《刑法修正案(九)》都作于进一步明确详尽的规定。

类罪名:妨害社会管理秩序罪/扰乱公共秩序罪	罪名:聚众冲击国家机关罪
量刑标准	对首要分子　处 5 年以上 10 年以下有期徒刑;
	对其他积极参加的　处 5 年以下有期徒刑、拘役、管制或者剥夺政治权利。

法律依据

一、《刑法》条文

第二百九十条第二款　聚众冲击国家机关,致使国家机关工作无法进行,造成严重损失的,对首要分子,处五年以上十年以下有期徒刑;对其他积极参加的,处五年以下有期徒刑、拘役、管制或者剥夺政治权利。

二、相关法律

《中华人民共和国集会游行示威法》(2009 年 8 月 27 日修正)

第二十九条第四款　包围、冲击国家机关,致使国家机关的公务活动或者国事活动不能正常进行的,对集会、游行、示威的负责人和直接责任人员依照刑法有关的规定追究刑事责任。

三、相关部委规章

《公安部关于印发新修订〈关于公安机关处置信访活动中违法犯罪行为适用法律的指导意见〉的通知》（2013 年 7 月 19 日　公通字〔2013〕25 号）

四、对妨害社会管理秩序违法犯罪行为的处理

1. 在国家机关办公场所周围实施静坐，张贴、散发材料，呼喊口号，打横幅，穿着状衣、出示状纸，扬言自伤、自残、自杀等行为或者非法聚集，经有关国家机关工作人员劝阻、批评和教育无效的，依据《信访条例》第四十七条第二款规定，公安机关予以警告、训诫或者制止，收缴相关材料和横幅、状纸、状衣等物品；符合《治安管理处罚法》第二十三条第一款第一项、第二款规定的，以扰乱单位秩序、聚众扰乱单位秩序依法予以治安管理处罚；符合《刑法》第二百九十条第一款规定的，对非法聚集的首要分子和其他积极参加者以聚众扰乱社会秩序罪追究刑事责任；聚集多人围堵、冲击国家机关，扰乱国家机关正常秩序，符合《刑法》第二百九十条第二款规定的，对首要分子和其他积极参加者以聚众冲击国家机关罪追究刑事责任。

要义辨析

一、概念

本罪是指聚众冲击国家机关，致使该机关工作无法进行，并造成严重损失的行为。

二、构成要件

1. 本罪侵犯的客体是特定的，即国家机关的正常工作秩序。应注意本罪与聚众扰乱社会秩序罪（《刑法》第 290 条第 1 款）的区别。

2. 客观方面表现为聚众冲击国家机关，致使该机关工作无法进行并造成严重损失的行为。

3. 本罪主体是一般主体。

4. 本罪主观方面是故意。

三、要点辨析

1. 本罪与聚众扰乱社会秩序罪和聚众扰乱公共场所秩序、交通秩序罪的区别，是犯罪客体和犯罪对象的特定性，限于冲击国家机关的行为。

2. 本罪的犯罪主体有以下三种：(1) 组织、带头聚众冲击国家机关的首要分子和积极参加者；(2) 多次参加扰乱，经行政处罚不改正者；(3) 资助他人非法聚集，扰乱社会秩序，情节严重者。其他一般参与者，则不构成犯罪。

3. 注意本罪对四种不同主观恶性的犯罪行为主体，分为三个等次量刑，体现打击首恶、分而治之的规定。(1) 对首要分子，处 5 年以上 10 年以下有期徒刑；(2) 对其他积极参加的，处 5 年以下有期徒刑、拘役、管制或者剥夺政治权利；(3) 虽一般参加但多次扰乱国家机关工作秩序，经行政处罚后仍不改正，造成严重后果的，处 3 年以下有期徒刑、拘役或者管制；(4) 多次组织资助他人非法聚集，扰乱社会秩序，情节严重的，处 3 年以下有期徒刑、拘役或者管制。

四、罪名变迁

本罪是 1997 年《刑法》修订时，从 1979 年《刑法》的“聚众扰乱社会秩序罪”中单独分离出来的。对“冲击国家机关”进行特别规定，加重了量刑等级，从最高 7 年有期徒刑，提高到 10 年有期徒刑。《刑法修正案（九）》又对主体、罪状进行了丰富和细化。

类罪名：妨害社会管理秩序罪/扰乱公共秩序罪	罪名：扰乱国家机关工作秩序罪
量刑标准	构成犯罪的　处 3 年以下有期徒刑、拘役或者管制。

法律依据

《刑法》条文

第二百九十条第三款　多次扰乱国家机关工作秩序,经行政处罚后仍不改正,造成严重后果的,处三年以下有期徒刑、拘役或者管制。

要义辨析

一、概念

本罪是指多次扰乱国家机关工作秩序,经行政处罚后仍不改正,造成严重后果的行为。

二、构成要件

1. 本罪侵犯的客体是国家机关的正常工作秩序。

2. 本罪的客观方面表现为多次扰乱国家机关工作秩序,经行政处罚后仍不改正,造成严重后果的行为。

3. 本罪的犯罪主体是一般主体。

4. 本罪的主观方面是故意。

三、要点辨析

1. 本罪与过激上访行为的界限。在上访的过程中,由于上访者情绪激动,可能会做出影响国家机关正常工作秩序的行为,我们认为,这些行为可能不太妥当,但上访者并没有主观恶意,应当区别于恶意扰乱国家机关工作秩序的犯罪行为。

2. 本罪与聚众扰乱社会秩序罪的界限。首先,前者侵犯的客体是国家机关的正常工作秩序,而后者侵犯的客体是社会正常秩序但不包括国家机关的正常工作秩序。其次,后者客观方面表现为必须聚集三人以上实施扰乱社会秩序的行为,而本罪单个人即可实施。再者,本罪需经过行政处罚的先前处理才构成犯罪,而后者无此要求。

3. 本罪与聚众冲击国家机关罪的界限。这两个犯罪所侵犯的客体均为国家机关正常的工作秩序,主体均为一般主体,主观方面均为故意。但是,该两罪也存在不同之处:客观方面上,首先,聚众冲击国家机关罪只可表现为冲击国家机关的行为,而扰乱国家机关工作秩序罪既可表现为冲击国家机关,又可表现为其他扰乱国家机关工作秩序的行为;其次,聚众冲击国家机关罪必须纠集三人以上,而扰乱国家机关工作秩序罪行为人数量不超过三人;最后,扰乱国家机关工作秩序罪需经过行政处罚的先前处理才构成,而聚众冲击国家机关罪则没有此要求。主体上,聚众冲击国家机关罪处罚的对象为首要分子和其他积极参加者,对于一般参加者不进行处罚,而本罪中,是参加的人都需处罚。

4. "多次"是指三次以上,三次的计算应当包括受行政处罚前的行为,和受了行政处罚后又实施的行为,即行政处罚前后总计超过三次以上即可。

四、罪名变迁

本罪是《刑法修正案(九)》新增加的罪名。

类罪名:妨害社会管理秩序罪/扰乱公共秩序罪	罪名:组织、资助非法聚集罪
量刑标准	构成犯罪的　处3年以下有期徒刑、拘役或者管制。

法律依据

《刑法》条文

第二百九十条第四款　多次组织、资助他人非法聚集,扰乱社会秩序,情节严重的,依照前款的规定处罚。

要义辨析

一、概念

本罪是指多次组织、资助他人非法聚集，扰乱社会秩序，情节严重的行为。

二、构成要件

1. 本罪侵犯的客体是正常社会秩序。

2. 本罪客观方面表现为多次组织、资助他人非法聚集，情节严重的行为。

3. 犯罪主体是一般主体。

4. 本罪的主观方面表现为故意。

三、要点辨析

1. 罪与非罪的界限。(1)行为人实施的三次以上的组织、资助他人非法聚集的行为，可以三次以上的行为均为组织他人非法聚集的行为，亦可以是均为资助他人非法聚集的行为，也可以是部分行为是组织他人非法聚集的行为，部分行为是资助他人非法聚集的行为。(2)组织、资助他人非法聚集，并不必然导致扰乱社会秩序的结果，必须根据实际情况做具体判断，即聚集是否实际影响了国家机关、公司、企业、事业单位、社会团体的正常工作、生产、营业和教学、科研、医疗秩序。且行为人实施了三次以上的组织、资助他人非法聚集的行为中，其中必须有三次以上的行为扰乱了社会秩序。不能因为行为人实施了三次以上的组织、资助他人非法聚集的行为，而其中的一次行为扰乱了社会秩序，就将其行为认定为组织、资助非法聚众罪。

2. 本罪与聚众冲击国家机关罪的界限。两罪的不同之处在于：(1)客观方面，本罪表不直接针对国家机关设施或工作人员的聚集行为，而聚众冲击国家机关罪则表现为针对国家机关设施或工作人员的冲击行为；(2)本罪要求行为达到情节严重，并不仅限于出现严重损失，而聚众冲击国家机关罪仅要求造成严重损失。

四、罪名变迁

本罪是《刑法修正案(九)》新增加的罪名。

类罪名：妨害社会管理秩序罪/扰乱公共秩序罪 ｜ 罪名：聚众扰乱公共场所秩序、交通秩序罪	
量刑标准	情节严重的　对首要分子处5年以下有期徒刑、拘役或者管制。

法律依据

一、《刑法》条文

第二百九十一条　聚众扰乱车站、码头、民用航空站、商场、公园、影剧院、展览会、运动场或者其他公共场所秩序，聚众堵塞交通或者破坏交通秩序，抗拒、阻碍国家治安管理工作人员依法执行职务，情节严重的，对首要分子，处五年以下有期徒刑、拘役或者管制。

二、相关法律

《中华人民共和国集会游行示威法》(2009年8月27日修正)

第二十九条第五款　占领公共场所、拦截车辆行人或者聚众堵塞交通，严重破坏公共场所秩序、交通秩序的，对集会、游行、示威的负责人和直接责任人员依照刑法有关规定追究刑事责任。

三、相关司法解释/文件

《最高人民法院、最高人民检察院、公安部、司法部、国家卫生和计划生育委员会印发〈关于依法惩处涉医违法犯罪维护正常医疗秩序的意见〉的通知》(2014年4月22日　法发〔2014〕5号)

(二)在医疗机构私设灵堂、摆放花圈、焚烧纸钱、悬挂横幅、堵塞大门或者以其他方式扰乱医疗秩序，尚未造成严重损失，经劝说、警告无效的，要依法驱散,对拒不服从的人员要依法带离现场,依照治安管理处罚法第二十三条的规定处罚;聚众实施的,对首要分子和其他积极参加者依法予以治安处罚;造成严重损失或者扰乱其他公共秩序情节严重,构成寻衅滋事罪、聚众扰乱社会秩序罪、聚众扰乱公共场所秩序、交通秩序罪的,依照刑法的有关规定定罪处罚。

要义辨析

一、概念

本罪是指聚众扰乱车站、码头、民用航空站、商场、公园、影剧院、展览会、运动场以及其他公共场所的秩序,或者聚众堵塞交通或破坏交通秩序,抗拒、阻碍国家治安管理工作人员依法执行职务,情节严重的行为。

二、构成要件

本罪与聚众扰乱社会秩序罪在犯罪主体、客体、主观方面、客观方面基本相同,只是聚众扰乱社会秩序罪的地点和侵害客体不同,更加明确和有特定性。

三、要点辨析

1. 本罪与聚众扰乱社会秩序罪的主要区别在于:(1)犯罪地点和侵犯客体不同。后者发生在某个单位或部门,本罪则发生在公共场所、交通场所;(2)量刑标准也不同。本罪较轻,最高刑5年以下有期徒刑,聚众扰乱社会秩序罪,则最高可以判7年以下有期徒刑。

2. 在各个扰乱公共秩序犯罪中,本罪量刑最轻。原因是这些场所人员众多,聚众事件、秩序混乱状态比特定的机关等地方更为常见和多发,与专门冲击国家机关和特定场所不同,量刑过重处理会难以均衡。

3. 本罪的打击面严格限制。一是要根据情节,要情节严重的才构成犯罪;二是构成本罪的,只限于组织者、聚众破坏公共秩序、交通秩序的首要分子,对其他被诱骗参加,或者不明真相而围观的人,不予追究。

四、罪名变迁

本罪是1979年《刑法》第159条中规定的。1997年《刑法》第291条作了修订。

类罪名:妨害社会管理秩序罪/扰乱公共秩序罪	罪名:投放虚假危险物质罪
量刑标准	严重扰乱社会秩序的　处5年以下有期徒刑、拘役或者管制;
	造成严重后果的　处5年以上有期徒刑。

法律依据

《刑法》条文

第二百九十一条之一第一款　投放虚假的爆炸性、毒害性、放射性、传染病病原体等物质,或者编造爆炸威胁、生化威胁、放射威胁等恐怖信息,或者明知是编造的恐怖信息而故意传播,严重扰乱社会秩序的,处五年以下有期徒刑、拘役或者管制;造成严重后果的,处五年以上有期徒刑。

要义辨析

一、概念

本罪是指投放虚假的爆炸物、毒害性、放射性、传染病病原体等物质,严重扰乱社会秩序的行为。

二、构成要件

1. 本罪侵犯的客体是社会管理秩序，目的是造成人们的恐慌，以达到某种目的。

2. 客观方面表现为投放了虚假的爆炸物、毒害性、放射性、传染病病原体等物质，严重扰乱社会秩序的行为。

3. 犯罪主体是一般主体。

4. 主观方面为故意。

三、要点辨析

1. 本罪是行为犯，由于投放物都是虚假的，因此物质本身，不会造成犯罪后果，但对人的心理和社会安定则会产生严重影响的后果，故而最高量刑为 15 年。

2. 本罪如果投放的物质是真实的危险品，则应按《刑法》第 115 条第 1 款危害公共安全罪中的“投放危险物质罪”定罪量刑，最高刑为死刑，不能定本罪。

四、罪名变迁

本罪是 2001 年 12 月 29 日通过的《刑法修正案(三)》第 8 条增设的罪名，是针对为了制造社会恐慌而故意投放虚假的危险物品扰乱社会秩序的现象而设置的。

类罪名：妨害社会管理秩序罪/扰乱公共秩序罪｜罪名：编造、故意传播虚假恐怖信息罪

量刑标准	严重扰乱社会秩序的	处 5 年以下有期徒刑、拘役或者管制；
	造成严重后果的	处 5 年以上有期徒刑。

法律依据

一、《刑法》条文

第二百九十一条之一第一款　投放虚假的爆炸性、毒害性、放射性、传染病病原体等物质，或者编造爆炸威胁、生化威胁、放射威胁等恐怖信息，或者明知是编造的恐怖信息而故意传播，严重扰乱社会秩序的，处五年以下有期徒刑、拘役或者管制；造成严重后果的，处五年以上有期徒刑。

二、相关司法解释/文件

《最高人民法院、最高人民检察院关于办理妨害预防、控制突发传染病疫情等灾害的刑事案件具体应用法律若干问题的解释》(2003 年 5 月 14 日　法释〔2003〕8 号)

第十条　编造与突发传染病疫情等灾害有关的恐怖信息，或者明知是编造的此类恐怖信息而故意传播，严重扰乱社会秩序的，依照刑法第二百九十一条之一的规定，以编造、故意传播虚假恐怖信息罪定罪处罚。

《最高人民法院关于审理编造、故意传播虚假恐怖信息刑事案件适用法律若干问题的解释》(2013 年 9 月 18 日　法释〔2013〕24 号)

为依法惩治编造、故意传播虚假恐怖信息犯罪活动，维护社会秩序，维护人民群众生命、财产安全，根据刑法有关规定，现对审理此类案件具体适用法律的若干问题解释如下：

第一条　编造恐怖信息，传播或者放任传播，严重扰乱社会秩序的，依照刑法第二百九十一条之一的规定，应认定为编造虚假恐怖信息罪。

明知是他人编造的恐怖信息而故意传播，严重扰乱社会秩序的，依照刑法第二百九十一条之一的规定，应认定为故意传播虚假恐怖信息罪。

第二条　编造、故意传播虚假恐怖信息，具有下列情形之一的，应当认定为刑法第二百九十一条之一的“严重扰乱社会秩序”：

(一)致使机场、车站、码头、商场、影剧院、运动场馆等人员密集场所秩序混乱，或者采取紧急疏

散措施的;

(二)影响航空器、列车、船舶等大型客运交通工具正常运行的;

(三)致使国家机关、学校、医院、厂矿企业等单位的工作、生产、经营、教学、科研等活动中断的;

(四)造成行政村或者社区居民生活秩序严重混乱的;

(五)致使公安、武警、消防、卫生检疫等职能部门采取紧急应对措施的;

(六)其他严重扰乱社会秩序的。

第三条 编造、故意传播虚假恐怖信息,严重扰乱社会秩序,具有下列情形之一的,应当依照刑法第二百九十一条之一的规定,在五年以下有期徒刑范围内酌情从重处罚:

(一)致使航班备降或返航;或者致使列车、船舶等大型客运交通工具中断运行的;

(二)多次编造、故意传播虚假恐怖信息的;

(三)造成直接经济损失20万元以上的;

(四)造成乡镇、街道区域范围居民生活秩序严重混乱的;

(五)具有其他酌情从重处罚情节的。

第四条 编造、故意传播虚假恐怖信息,严重扰乱社会秩序,具有下列情形之一的,应当认定为刑法第二百九十一条之一的"造成严重后果",处五年以上有期徒刑:

(一)造成3人以上轻伤或者1人以上重伤的;

(二)造成直接经济损失50万元以上的;

(三)造成县级以上区域范围居民生活秩序严重混乱的;

(四)妨碍国家重大活动进行的;

(五)造成其他严重后果的。

第五条 编造、故意传播虚假恐怖信息,严重扰乱社会秩序,同时又构成其他犯罪的,择一重罪处罚。

第六条 本解释所称的"虚假恐怖信息",是指以发生爆炸威胁、生化威胁、放射威胁、劫持航空器威胁、重大灾情、重大疫情等严重威胁公共安全的事件为内容,可能引起社会恐慌或者公共安全危机的不真实信息。

三、相关部委规章

《公安部关于印发新修订〈关于公安机关处置信访活动中违法犯罪行为适用法律的指导意见〉的通知》(2013年7月19日 公通字〔2013〕25号)

四、对妨害社会管理秩序违法犯罪行为的处理

8.散布谣言,谎报险情、疫情、警情,投放虚假的爆炸性、毒害性、放射性、腐蚀性物质或者传染病病原体等危险物质,扬言实施放火、爆炸、投放危险物质,制造社会影响、扰乱公共秩序,符合《治安管理处罚法》第二十五条规定的,以虚构事实扰乱公共秩序、投放虚假危险物质扰乱公共秩序、扬言实施放火、爆炸、投放危险物质扰乱公共秩序依法予以治安管理处罚;符合《刑法》第二百九十一条之一规定的,以投放虚假危险物质罪、编造、故意传播虚假恐怖信息罪追究刑事责任。

要义辨析

一、概念

本罪是指编造爆炸威胁、生化威胁、放射性威胁等恐怖信息,或者明知是编造的恐怖信息而故意传播,严重扰乱社会秩序的行为。

二、构成要件

1. 本罪侵犯的客体是社会管理秩序。

2. 客观方面表现为故意编造爆炸威胁、生化威胁、放射性威胁等恐怖信息,或者明知是编造的恐怖信息而故意传播的行为,只要实施这两种行为中的一种,严重扰乱社会秩序的,就构成本罪。

3. 犯罪主体是一般主体。

4. 主观方面为故意。

三、要点辨析

1. 本罪是行为犯,但要达到"严重扰乱社会秩序"才构成犯罪。

2. 注意分清传播者本人也系误解或惊慌、听到恐怖信息不辨真假而进行传播和行为人为了扰乱社会秩序而故意进行编造、传播的区别。非故意编造、不是明知虚假信息而轻信为真而进行传播的,不构成犯罪。

四、罪名变迁

本罪是 2001 年 12 月 29 日通过的《刑法修正案(三)》第 8 条增设的罪名,是针对为了制造社会恐慌而故意编造、传播虚假恐怖信息,扰乱社会秩序的现象而设的。

类罪名:妨害社会管理秩序罪/扰乱公共秩序罪 | 罪名:编造、故意传播虚假信息罪	
量刑标准	**严重扰乱社会秩序的** 处 3 年以下有期徒刑、拘役或者管制;
	造成严重后果的 处 3 年以上 7 年以下有期徒刑。

法律依据

一、《刑法》条文

第二百九十一条之一第二款 编造虚假的险情、疫情、灾情、警情,在信息网络或者其他媒体上传播,或者明知是上述虚假信息,故意在信息网络或者其他媒体上传播,严重扰乱社会秩序的,处三年以下有期徒刑、拘役或者管制;造成严重后果的,处三年以上七年以下有期徒刑。

二、相关司法解释/文件

《最高人民法院、最高人民检察院、公安部、司法部关于依法惩治妨害新型冠状病毒感染肺炎疫情防控违法犯罪的意见》(2020 年 2 月 6 日 法发〔2020〕7 号)

(六)依法严惩造谣传谣犯罪。编造虚假的疫情信息,在信息网络或者其他媒体上传播,或者明知是虚假疫情信息,故意在信息网络或者其他媒体上传播,严重扰乱社会秩序的,依照刑法第二百九十一条之一第二款的规定,以编造、故意传播虚假信息罪定罪处罚。

编造虚假信息,或者明知是编造的虚假信息,在信息网络上散布,或者组织、指使人员在信息网络上散布,起哄闹事,造成公共秩序严重混乱的,依照刑法第二百九十三条第一款第四项的规定,以寻衅滋事罪定罪处罚。

利用新型冠状病毒感染肺炎疫情,制造、传播谣言,煽动分裂国家、破坏国家统一,或者煽动颠覆国家政权、推翻社会主义制度的,依照刑法第一百零三条第二款、第一百零五条第二款的规定,以煽动分裂国家罪或者煽动颠覆国家政权罪定罪处罚。

网络服务提供者不履行法律、行政法规规定的信息网络安全管理义务,经监管部门责令采取改正措施而拒不改正,致使虚假疫情信息或者其他违法信息大量传播的,依照刑法第二百八十六条之一的规定,以拒不履行信息网络安全管理义务罪定罪处罚。

对虚假疫情信息案件,要依法、精准、恰当处置。对恶意编造虚假疫情信息,制造社会恐慌,挑动社会情绪,扰乱公共秩序,特别是恶意攻击党和政府,借机煽动颠覆国家政权、推翻社会主义制度的,要依法严惩。对于因轻信而传播虚假信息,危害不大的,不以犯罪论处。

要义辨析

一、概念

本罪是指无中生有、捕风捉影地编造虚假的险情、疫情、灾情、警情的信息,在信息网络或者其他媒体上传播,或者明知是上述虚假信息,故意在信息网络或者其他媒体上进行传播,严重扰乱了社会秩序,应受刑法追究的行为。

二、构成要件

1. 本罪犯罪客体是国家的信息安全和社会秩序。

2. 本罪的客观方面表现为:编造虚假的险情、疫情、灾情、警情,在信息网络或者其他媒体上传播;或者已经明知是上述虚假信息,故意在信息网络或者其他媒体上进行扩散、转发、传播。

3. 本罪的犯罪主体是一般主体,只要实施了该类行为的,即构成犯罪主体。

4. 本罪主观方面是直接故意,或者明知虚假而参与传播扩散。

三、要点辨析

1. 本罪是结果犯,必须达到严重扰乱社会秩序的程度,才构成本罪。

2. 行为特征是明确列举的。必须是编造并在信息网络或者其他媒体上传播虚假的险情、疫情、灾情、警情,能够让人误解信以为真的。一般普通公众能够识别的、明显的调侃、讽刺、玩笑的网络笑话、段子,不能认定为触犯本罪。

3. 虚假信息只在朋友间玩笑传阅,没有被大量转发传播的,不构成本罪。

4. 对转发、转播行为,必须是已经明知险情、疫情、灾情、警情是虚假的,或者凭常识应知而没有去进行必要的核实,仍然不负责任地故意在信息网络或者其他媒体上传播,才构成本罪。如果主观上不能确定险情、疫情、灾情、警情虚假,或者凭一般常识确实会误以为真,在真假难辨的情况下进行的无主观恶性的传播,不构成本罪。

四、罪名变迁

本罪是针对互联网上信息安全,由《刑法修正案(九)》新增的罪名。

类罪名:妨害社会管理秩序罪/扰乱公共秩序罪 | 罪名:高空抛物罪	
量刑标准	**构成本罪的** 处1年以下有期徒刑、拘役或者管制,并处或者单处罚金。

法律依据

一、《刑法》条文

第二百九十一条之二 从建筑物或者其他高空抛掷物品,情节严重的,处一年以下有期徒刑、拘役或者管制,并处或者单处罚金。

有前款行为,同时构成其他犯罪的,依照处罚较重的规定定罪处罚。

二、相关司法解释/文件

《最高人民法院关于依法妥善审理高空抛物、坠物案件的意见》(2019年10月21日 法发〔2019〕25号)

一、加强源头治理,监督支持依法行政,有效预防和惩治高空抛物、坠物行为

1. 树立预防和惩治高空抛物、坠物行为的基本理念。人民法院要切实贯彻以人民为中心的发展理念,将预防和惩治高空抛物、坠物行为作为当前和今后一段时期的重要任务,充分发挥司法职能作用,保护人民群众生命财产安全。要积极推动预防和惩治高空抛物、坠物行为的综合治理、协同治理工作,及时排查整治安全隐患,确保人民群众“头顶上的安全”,不断增强人民群众的幸福感、安全感。要努力实现依法制裁、救济损害与维护公共安全、保障人民群众安居乐业的有机统一,促进社会和谐稳定。

2. 积极推动将高空抛物、坠物行为的预防与惩治纳入诉源治理机制建设。切实发挥人民法院在诉源治理中的参与、推动、规范和保障作用,加强与公安、基层组织等的联动,积极推动和助力有关部门完善防范高空抛物、坠物的工作举措,形成有效合力。注重发挥司法建议作用,对在审理高空抛物、坠物案件中发现行政机关、基层组织、物业服务企业等有关单位存在的工作疏漏、隐患风险等问题,及时提出司法建议,督促整改。

3. 充分发挥行政审判促进依法行政的职能作用。注重发挥行政审判对预防和惩治高空抛物、坠

物行为的积极作用，切实保护受害人依法申请行政机关履行保护其人身权、财产权等合法权益法定职责的权利，监督行政机关依法行使行政职权、履行相应职责。受害人等行政相对方对行政机关在履职过程中违法行使职权或者不作为提起行政诉讼的，人民法院应当依法及时受理。

二、依法惩处构成犯罪的高空抛物、坠物行为，切实维护人民群众生命财产安全

4. 充分认识高空抛物、坠物行为的社会危害性。高空抛物、坠物行为损害人民群众人身、财产安全，极易造成人身伤亡和财产损失，引发社会矛盾纠纷。人民法院要高度重视高空抛物、坠物行为的现实危害，深刻认识运用刑罚手段惩治情节和后果严重的高空抛物、坠物行为的必要性和重要性，依法惩治此类犯罪行为，有效防范、坚决遏制此类行为发生。

5. 准确认定高空抛物犯罪。对于高空抛物行为，应当根据行为人的动机、抛物场所、抛掷物的情况以及造成的后果等因素，全面考量行为的社会危害程度，准确判断行为性质，正确适用罪名，准确裁量刑罚。

故意从高空抛弃物品，尚未造成严重后果，但足以危害公共安全的，依照刑法第一百一十四条规定的以危险方法危害公共安全罪定罪处罚；致人重伤、死亡或者使公私财产遭受重大损失的，依照刑法第一百一十五条第一款的规定处罚。为伤害、杀害特定人员实施上述行为的，依照故意伤害罪、故意杀人罪定罪处罚。

6. 依法从重惩治高空抛物犯罪。具有下列情形之一的，应当从重处罚，一般不得适用缓刑：(1)多次实施的；(2)经劝阻仍继续实施的；(3)受过刑事处罚或者行政处罚后又实施的；(4)在人员密集场所实施的；(5)其他情节严重的情形。

7. 准确认定高空坠物犯罪。过失导致物品从高空坠落，致人死亡、重伤，符合刑法第二百三十三条、第二百三十五条规定的，依照过失致人死亡罪、过失致人重伤罪定罪处罚。在生产、作业中违反有关安全管理规定，从高空坠落物品，发生重大伤亡事故或者造成其他严重后果的，依照刑法第一百三十四条第一款的规定，以重大责任事故罪定罪处罚。

三、坚持司法为民、公正司法，依法妥善审理高空抛物、坠物民事案件

8. 加强高空抛物、坠物民事案件的审判工作。人民法院在处理高空抛物、坠物民事案件时，要充分认识此类案件中侵权行为给人民群众生命、健康、财产造成的严重损害，把维护人民群众合法权益放在首位。针对此类案件直接侵权人查找难、影响面广、处理难度大等特点，要创新审判方式，坚持多措并举，依法严惩高空抛物行为人，充分保护受害人。

9. 做好诉讼服务与立案释明工作。人民法院对高空抛物、坠物案件，要坚持有案必立、有诉必理，为受害人线上线下立案提供方便。在受理从建筑物中抛掷物品、坠落物品造成他人损害的纠纷案件时，要向当事人释明尽量提供具体明确的侵权人，尽量限缩"可能加害的建筑物使用人"范围，减轻当事人诉累。对侵权人不明又不能依法追加其他责任人的，引导当事人通过多元化纠纷解决机制化解矛盾、补偿损失。

10. 综合运用民事诉讼证据规则。人民法院在适用侵权责任法第八十七条裁判案件时，对能够证明自己不是侵权人的"可能加害的建筑物使用人"，依法予以免责。要加大依职权调查取证力度，积极主动向物业服务企业、周边群众、技术专家等询问查证，加强与公安部门、基层组织等沟通协调，充分运用日常生活经验法则，最大限度查找确定直接侵权人并依法判决其承担侵权责任。

11. 区分坠落物、抛掷物的不同法律适用规则。建筑物及其搁置物、悬挂物发生脱落、坠落造成他人损害的，所有人、管理人或者使用人不能证明自己没有过错的，人民法院应当适用侵权责任法第八十五条的规定，依法判决其承担侵权责任；有其他责任人的，所有人、管理人或者使用人赔偿后向其他责任人主张追偿权的，人民法院应予支持。从建筑物中抛掷物品造成他人损害的，应当尽量查明直接侵权人，并依法判决其承担侵权责任。

12. 依法确定物业服务企业的责任。物业服务企业不履行或者不完全履行物业服务合同约定或者法律法规规定、相关行业规范确定的维修、养护、

管理和维护义务,造成建筑物及其搁置物、悬挂物发生脱落、坠落致使他人损害的,人民法院依法判决其承担侵权责任。有其他责任人的,物业服务企业承担责任后,向其他责任人行使追偿权的,人民法院应予支持。物业服务企业隐匿、销毁、篡改或者拒不向人民法院提供相应证据,导致案件事实难以认定的,应当承担相应的不利后果。

13. 完善相关的审判程序机制。人民法院在审理疑难复杂或社会影响较大的高空抛物、坠物民事案件时,要充分运用人民陪审员、合议庭、主审法官会议等机制,充分发挥院、庭长的监督职责。涉及侵权责任法第八十七条适用的,可以提交院审判委员会讨论决定。

四、注重多元化解,坚持多措并举,不断完善预防和调处高空抛物、坠物纠纷的工作机制

14. 充分发挥多元解纷机制的作用。人民法院应当将高空抛物、坠物民事案件的处理纳入到建设一站式多元解纷机制的整体工作中,加强诉前、诉中调解工作,有效化解矛盾纠纷,努力实现法律效果与社会效果相统一。要根据每一个高空抛物、坠物案件的具体特点,带着对受害人的真挚感情,为当事人解难题、办实事,尽力做好调解工作,力促案结事了人和。

15. 推动完善社会救助工作。要充分运用诉讼费缓减免和司法救助制度,依法及时对经济上确有困难的高空抛物、坠物案件受害人给予救济。通过案件裁判、规则指引积极引导当事人参加社会保险转移风险、分担损失。支持各级政府有关部门探索建立高空抛物事故社会救助基金或者进行试点工作,对受害人损害进行合理分担。

16. 积极完善工作举措。要通过多种形式特别是人民群众喜闻乐见的方式加强法治宣传,持续强化以案释法工作,充分发挥司法裁判规范、指导、评价、引领社会价值的重要作用,大力弘扬社会主义核心价值观,形成良好社会风尚。要深入调研高空抛物、坠物案件的司法适用疑难问题,认真总结审判经验。对审理高空抛物、坠物案件中发现的新情况、新问题,及时层报最高人民法院。

要义辨析

一、概念

本罪是指从建筑物或者其他高空抛掷物品,情节严重的行为。

二、构成要件

1. 本罪侵犯的客体为禁止高空抛物的社会管理秩序。

2. 本罪客观方面表现为从建筑物或者其他高空抛掷物品,情节严重的行为。

3. 本罪主体为一般自然人主体。

4. 本罪主观方面表现为故意。

三、要点辨析

1. 本罪与以危险方法危害公共安全罪的界限。(1)本罪与危害公共安全罪的行为性质不同。刑法第114条规定的以其他危险方法应当是与放火、决水、爆炸、投放危险物质性质相当的危害公共安全行为,而高空抛物虽然存在危害公共安全的可能性,但是实践中,大多数高空抛物并未造成危害后果,有的虽然造成危害后果,但后果也不严重。(2)客体不一样。本罪侵犯的是社会管理秩序,以危险方法危害公共安全犯罪侵犯的是公共安全。(3)两罪构成条件不同,本罪需要达到情节严重才构成犯罪,而以危险方法危害公共安全罪,不需要情节严重,只需要具有一定的现实危险性。

2. 根据《最高人民法院关于依法妥善审理高空抛物、坠物案件的意见》的要求,准确认定高空抛物犯罪,对于高空抛物的行为,应当根据行为人的动机、抛物场所、抛物的情况以及抛物造成的后果等因素,全面考量行为的社会危害程度,准确判断行为性质,正确适用罪名。

四、罪名变迁

本罪系《刑法修正案(十一)》新增罪名。

<table>
<tr><td colspan="2">类罪名：妨害社会管理秩序罪/扰乱公共秩序罪 | 罪名：聚众斗殴罪</td></tr>
<tr><td rowspan="2">量刑标准</td><td>对首要分子和其他积极参加的　处3年以下有期徒刑、拘役或者管制；</td></tr>
<tr><td>多次聚众斗殴的；聚众斗殴人数多规模大社会影响坏的；在公共场所、交通要道聚众斗殴造成社会秩序混乱的；持械聚众斗殴的对首要分子和积极参加者　处3年以上10年以下有期徒刑。</td></tr>
</table>

法律依据

一、《刑法》条文

第二百九十二条　聚众斗殴的，对首要分子和其他积极参加的，处三年以下有期徒刑、拘役或者管制；有下列情形之一的，对首要分子和其他积极参加的，处三年以上十年以下有期徒刑：

（一）多次聚众斗殴的；

（二）聚众斗殴人数多，规模大，社会影响恶劣的；

（三）在公共场所或者交通要道聚众斗殴，造成社会秩序严重混乱的；

（四）持械聚众斗殴的。

聚众斗殴，致人重伤、死亡的，依照本法第二百三十四条、第二百三十二条的规定定罪处罚。

第二百三十二条　故意杀人的，处死刑、无期徒刑或者十年以上有期徒刑；情节较轻的，处三年以上十年以下有期徒刑。

第二百三十四条　故意伤害他人身体的，处三年以下有期徒刑、拘役或者管制。

犯前款罪，致人重伤的，处三年以上十年以下有期徒刑；致人死亡或者以特别残忍手段致人重伤造成严重残疾的，处十年以上有期徒刑、无期徒刑或者死刑。本法另有规定的，依照规定。

二、相关司法解释/文件

《最高人民法院研究室关于对参加聚众斗殴受重伤或者死亡的人及其家属提出的民事赔偿请求能否予以支持问题的答复》（2004年11月11日　法研〔2004〕179号）

江苏省高级人民法院：

你院苏高法《关于对聚众斗殴案件中受伤或死亡的当事人及其家属提出的民事赔偿请求能否予以支持问题的请示》收悉。经研究，答复如下：

根据《刑法》第二百九十二条第一款的规定，聚众斗殴的参加者，无论是否首要分子，均明知自己的行为有可能产生伤害他人以及自己被他人的行为伤害的后果，其仍然参加聚众斗殴的，应当自行承担相应的刑事和民事责任。根据《刑法》第二百九十二条第二款的规定，对于参加聚众斗殴，造成他人重伤或者死亡的，行为性质发生变化，应认定为故意伤害罪或者故意杀人罪。聚众斗殴中受重伤或者死亡的人，既是故意伤害罪或者故意杀人罪的受害人，又是聚众斗殴犯罪的行为人。对于法律依据参加聚众斗殴受重伤或者死亡的人或其家属提出的民事赔偿请求，依法应予支持，并适用混合过错责任原则。

《最高人民检察院、公安部关于公安机关管辖的刑事案件立案追诉标准的规定（一）》（2008年6月25日　公通字〔2008〕36号）

第三十六条　［聚众斗殴案（刑法第二百九十二条第一款）］组织、策划、指挥或者积极参加聚众斗殴的，应予立案追诉。

《最高人民法院、最高人民检察院关于常见犯罪的量刑指导意见（试行）》（2021年7月1日　法发〔2021〕21号）

四、常见犯罪的量刑

（十七）聚众斗殴罪

1. 构成聚众斗殴罪的，根据下列情形在相应的幅度内确定量刑起点：

（1）犯罪情节一般的，在二年以下有期徒刑、拘役幅度内确定量刑起点。

（2）有下列情形之一的，在三年至五年有期徒刑幅度内确定量刑起点：聚众斗殴三次的；聚众斗殴人数多，规模大，社会影响恶劣的；在公共场所或者交通要道聚众斗殴，造成社会秩序严重混乱的；

持械聚众斗殴的。

2. 在量刑起点的基础上,根据聚众斗殴人数、次数、手段严重程度等其他影响犯罪构成的犯罪事实增加刑罚量,确定基准刑。

3. 构成聚众斗殴罪的,综合考虑聚众斗殴的手段、危害后果等犯罪事实、量刑情节,以及被告人的主观恶性、人身危险性、认罪悔罪表现等因素,决定缓刑的适用。

要义辨析

一、概念

本罪是指出于私仇、争霸一方或者其他不正当目的而纠集多人、成帮结伙进行殴斗的行为。

二、构成要件

1. 本罪侵犯的客体是社会公共秩序。

2. 客观方面表现为聚众斗殴的行为。

3. 本罪主体为一般主体,但限于聚众斗殴中的首要分子和积极参加者才构成本罪,一般参加者不作为犯罪处理。要防止为了"打黑除恶"等原因而故意扩大打击面。

4. 主观方面为直接故意。

三、要点辨析

1. 聚众斗殴的双方责任认定。聚众斗殴,是多方行为。认定责任时,不能仅看哪一方有受伤的,就追究相对方。这同故意伤害罪的认定是不同的。一般双方为首的人都要追究。甚至多方一起追究。重点审查哪一方挑起斗殴,谁先准备策划,准备凶器,谁约的时间地点,主场还是客场,谁先动手,谁为主行为。然后再考虑双方死伤情况,区别责任。对于一方上门肇事,另一方已经报警,被迫进行防御的,不应承担责任。一方肇事,另一方没有应对,消极退避的,追究一方责任。

2. 本罪属于行为犯,如果是为首聚众并积极参加组织聚众斗殴,即使没有造成严重后果也构成犯罪,只是量刑上可以从轻。

3. 聚众斗殴致人重伤、死亡的,对直接行为人及直接责任人,依照《刑法》有关故意伤害罪、故意杀人罪的规定处罚。

4. 注意将本罪与因民事纠纷、邻里纠纷而发生的偶发性打架行为区别开来。

四、罪名变迁

本罪是由1979年《刑法》第160条流氓罪,改为1997年《刑法》中的具体罪名。本罪是对流氓罪的分解。

类罪名:妨害社会管理秩序罪/扰乱公共秩序罪	罪名:寻衅滋事罪
量刑标准	犯本罪的　处5年以下有期徒刑、拘役或者管制。

法律依据

一、《刑法》条文

第二百九十三条　有下列寻衅滋事行为之一,破坏社会秩序的,处五年以下有期徒刑、拘役或者管制:

(一)随意殴打他人,情节恶劣的;

(二)追逐、拦截、辱骂、恐吓他人,情节恶劣的;

(三)强拿硬要或者任意损毁、占用公私财物,情节严重的;

(四)在公共场所起哄闹事,造成公共场所秩序严重混乱的。

纠集他人多次实施前款行为,严重破坏社会秩序的,处五年以上十年以下有期徒刑,可以并处罚金。

二、相关司法解释/文件

《最高人民法院、最高人民检察院关于办理妨害预防、控制突发传染病疫情等灾害的刑事案件具体应用法律若干问题的解释》(2003年5月14日 法释〔2003〕8号)

第十一条 在预防、控制突发传染病疫情等灾害期间,强拿硬要或者任意损毁、占用公私财物情节严重,或者在公共场所起哄闹事,造成公共场所秩序严重混乱的,依照刑法第二百九十三条的规定,以寻衅滋事罪定罪,依法从重处罚。

《最高人民法院关于审理抢劫、抢夺刑事案件适用法律若干问题的意见》(2005年6月8日 法发〔2005〕8号)

4.抢劫罪与寻衅滋事罪的界限

寻衅滋事罪是严重扰乱社会秩序的犯罪,行为人实施寻衅滋事的行为时,客观上也可能表现为强拿硬要公私财物的特征。这种强拿硬要的行为与抢劫罪的区别在于:前者行为人主观上还具有逞强好胜和通过强拿硬要来填补其精神空虚等目的,后者行为人一般只具有非法占有他人财物的目的;前者行为人客观上一般不以严重侵犯他人人身权利的方法强拿硬要财物,而后者行为人则以暴力、胁迫等方式作为劫取他人财物的手段。司法实践中,对于未成年人使用或威胁使用轻微暴力强抢少量财物的行为,一般不宜以抢劫罪定罪处罚。其行为符合寻衅滋事罪特征的,可以寻衅滋事罪定罪处罚。

《最高人民检察院、公安部关于公安机关管辖的刑事案件立案追诉标准的规定(一)》(2008年6月25日 公通字〔2008〕36号)

第三十七条 寻衅滋事,破坏社会秩序,涉嫌下列情形之一的,应予立案追诉:

(一)随意殴打他人造成他人身体伤害、持械随意殴打他人或者具有其他恶劣情节的;

(二)追逐、拦截、辱骂他人,严重影响他人正常工作、生产、生活,或者造成他人精神失常、自杀或者具有其他恶劣情节的;

(三)强拿硬要或者任意损毁、占用公私财物价值二千元以上,强拿硬要或者任意损毁、占用公私财物三次以上或者具有其他严重情节的;

(四)在公共场所起哄闹事,造成公共场所秩序严重混乱的。

《最高人民检察院、公安部关于公安机关管辖的刑事案件立案追诉标准的规定(一)的补充规定》(2017年4月27日 公通字〔2017〕12号)

八、将《立案追诉标准(一)》第三十七条修改为:[寻衅滋事案(刑法第二百九十三条)]随意殴打他人,破坏社会秩序,涉嫌下列情形之一的,应予立案追诉:

(一)致一人以上轻伤或者二人以上轻微伤的;

(二)引起他人精神失常、自杀等严重后果的;

(三)多次随意殴打他人的;

(四)持凶器随意殴打他人的;

(五)随意殴打精神病人、残疾人、流浪乞讨人员、老年人、孕妇、未成年人,造成恶劣社会影响的;

(六)在公共场所随意殴打他人,造成公共场所秩序严重混乱的;

(七)其他情节恶劣的情形。

追逐、拦截、辱骂、恐吓他人,破坏社会秩序,涉嫌下列情形之一的,应予立案追诉:

(一)多次追逐、拦截、辱骂、恐吓他人,造成恶劣社会影响的;

(二)持凶器追逐、拦截、辱骂、恐吓他人的;

(三)追逐、拦截、辱骂、恐吓精神病人、残疾人、流浪乞讨人员、老年人、孕妇、未成年人,造成恶劣社会影响的;

(四)引起他人精神失常、自杀等严重后果的;

(五)严重影响他人的工作、生活、生产、经营的;

(六)其他情节恶劣的情形。

强拿硬要或者任意损毁、占用公私财物,破坏社会秩序,涉嫌下列情形之一的,应予立案追诉:

(一)强拿硬要公私财物价值1千元以上,或者任意损毁、占用公私财物价值2千元以上的;

(二)多次强拿硬要或者任意损毁、占用公私财物,造成恶劣社会影响的;

(三)强拿硬要或者任意损毁、占用精神病人、残疾人、流浪乞讨人员、老年人、孕妇、未成年人的财物,造成恶劣社会影响的;

(四)引起他人精神失常、自杀等严重后果的;

(五)严重影响他人的工作、生活、生产、经

营的;

(六)其他情节严重的情形。

在车站、码头、机场、医院、商场、公园、影剧院、展览会、运动场或者其他公共场所起哄闹事,应当根据公共场所的性质、公共活动的重要程度、公共场所的人数、起哄闹事的时间、公共场所受影响的范围与程度等因素,综合判断是否造成公共场所秩序严重混乱。

《最高人民法院、最高人民检察院关于常见犯罪的量刑指导意见(试行)》(2021年7月1日 法发〔2021〕21号)

四、常见犯罪的量刑

(十八)寻衅滋事罪

1. 构成寻衅滋事罪的,根据下列情形在相应的幅度内确定量刑起点:

(1)寻衅滋事一次的,在三年以下有期徒刑、拘役幅度内确定量刑起点。

(2)纠集他人三次寻衅滋事(每次都构成犯罪),严重破坏社会秩序的,在五年至七年有期徒刑幅度内确定量刑起点。

2. 在量刑起点的基础上,根据寻衅滋事次数、伤害后果、强拿硬要他人财物或任意损毁、占用公私财物数额等其他影响犯罪构成的犯罪事实增加刑罚量,确定基准刑。

3. 构成寻衅滋事罪,判处五年以上十年以下有期徒刑,并处罚金的,根据寻衅滋事的次数、危害后果、对社会秩序的破坏程度等犯罪情节,综合考虑被告人缴纳罚金的能力,决定罚金数额。

4. 构成寻衅滋事罪的,综合考虑寻衅滋事的具体行为、危害后果、对社会秩序的破坏程度等犯罪事实、量刑情节,以及被告人的主观恶性、人身危险性、认罪悔罪表现等因素,决定缓刑的适用。

(十九)掩饰、隐瞒犯罪所得、犯罪所得收益罪

1. 构成掩饰、隐瞒犯罪所得、犯罪所得收益罪的,根据下列情形在相应的幅度内确定量刑起点:

(1)犯罪情节一般的,在一年以下有期徒刑、拘役幅度内确定量刑起点。

(2)情节严重的,在三年至四年有期徒刑幅度内确定量刑起点。

2. 在量刑起点的基础上,根据犯罪数额等其他影响犯罪构成的犯罪事实增加刑罚量,确定基准刑。

3. 构成掩饰、隐瞒犯罪所得、犯罪所得收益罪的,根据掩饰、隐瞒犯罪所得及其收益的数额、犯罪对象、危害后果等犯罪情节,综合考虑被告人缴纳罚金的能力,决定罚金数额。

4. 构成掩饰、隐瞒犯罪所得、犯罪所得收益罪的,综合考虑掩饰、隐瞒犯罪所得及其收益的数额、危害后果、上游犯罪的危害程度等犯罪事实、量刑情节,以及被告人的主观恶性、人身危险性、认罪悔罪表现等因素,决定缓刑的适用。

《最高人民法院、最高人民检察院关于办理寻衅滋事刑事案件适用法律若干问题的解释》(2013年7月15日 法释〔2013〕18号)

为依法惩治寻衅滋事犯罪,维护社会秩序,根据《中华人民共和国刑法》的有关规定,现就办理寻衅滋事刑事案件适用法律的若干问题解释如下:

第一条 行为人为寻求刺激、发泄情绪、逞强耍横等,无事生非,实施刑法第二百九十三条规定的行为的,应当认定为"寻衅滋事"。

行为人因日常生活中的偶发矛盾纠纷,借故生非,实施刑法第二百九十三条规定的行为的,应当认定为"寻衅滋事",但矛盾系由被害人故意引发或者被害人对矛盾激化负有主要责任的除外。

行为人因婚恋、家庭、邻里、债务等纠纷,实施殴打、辱骂、恐吓他人或者损毁、占用他人财物等行为的,一般不认定为"寻衅滋事",但经有关部门批评制止或者处理处罚后,继续实施前列行为,破坏社会秩序的除外。

第二条 随意殴打他人,破坏社会秩序,具有下列情形之一的,应当认定为刑法第二百九十三条第一款第一项规定的"情节恶劣":

(一)致一人以上轻伤或者二人以上轻微伤的;

(二)引起他人精神失常、自杀等严重后果的;

(三)多次随意殴打他人的;

(四)持凶器随意殴打他人的;

(五)随意殴打精神病人、残疾人、流浪乞讨人员、老年人、孕妇、未成年人,造成恶劣社会影响的;

(六)在公共场所随意殴打他人,造成公共场所秩序严重混乱的;

（七）其他情节恶劣的情形。

第三条　追逐、拦截、辱骂、恐吓他人，破坏社会秩序，具有下列情形之一的，应当认定为刑法第二百九十三条第一款第二项规定的“情节恶劣”：

（一）多次追逐、拦截、辱骂、恐吓他人，造成恶劣社会影响的；

（二）持凶器追逐、拦截、辱骂、恐吓他人的；

（三）追逐、拦截、辱骂、恐吓精神病人、残疾人、流浪乞讨人员、老年人、孕妇、未成年人，造成恶劣社会影响的；

（四）引起他人精神失常、自杀等严重后果的；

（五）严重影响他人的工作、生活、生产、经营的；

（六）其他情节恶劣的情形。

第四条　强拿硬要或者任意损毁、占用公私财物，破坏社会秩序，具有下列情形之一的，应当认定为刑法第二百九十三条第一款第三项规定的“情节严重”：

（一）强拿硬要公私财物价值一千元以上，或者任意损毁、占用公私财物价值二千元以上的；

（二）多次强拿硬要或者任意损毁、占用公私财物，造成恶劣社会影响的；

（三）强拿硬要或者任意损毁、占用精神病人、残疾人、流浪乞讨人员、老年人、孕妇、未成年人的财物，造成恶劣社会影响的；

（四）引起他人精神失常、自杀等严重后果的；

（五）严重影响他人的工作、生活、生产、经营的；

（六）其他情节严重的情形。

第五条　在车站、码头、机场、医院、商场、公园、影剧院、展览会、运动场或者其他公共场所起哄闹事，应当根据公共场所的性质、公共活动的重要程度、公共场所的人数、起哄闹事的时间、公共场所受影响的范围与程度等因素，综合判断是否“造成公共场所秩序严重混乱”。

第六条　纠集他人三次以上实施寻衅滋事犯罪，未经处理的，应当依照刑法第二百九十三条第二款的规定处罚。

第七条　实施寻衅滋事行为，同时符合寻衅滋事罪和故意杀人罪、故意伤害罪、故意毁坏财物罪、敲诈勒索罪、抢夺罪、抢劫罪等罪的构成要件的，依照处罚较重的犯罪定罪处罚。

第八条　行为人认罪、悔罪，积极赔偿被害人损失或者取得被害人谅解的，可以从轻处罚；犯罪情节轻微的，可以不起诉或者免予刑事处罚。

《最高人民法院、最高人民检察院关于办理利用信息网络实施诽谤等刑事案件适用法律若干问题的解释》（2013年9月6日　法释〔2013〕21号）

第五条　利用信息网络辱骂、恐吓他人，情节恶劣，破坏社会秩序的，依照刑法第二百九十三条第一款第（二）项的规定，以寻衅滋事罪定罪处罚。

编造虚假信息，或者明知是编造的虚假信息，在信息网络上散布，或者组织、指使人员在信息网络上散布，起哄闹事，造成公共秩序严重混乱的，依照刑法第二百九十三条第一款第（四）项的规定，以寻衅滋事罪定罪处罚。

第八条　明知他人利用信息网络实施诽谤、寻衅滋事、敲诈勒索、非法经营等犯罪，为其提供资金、场所、技术支持等帮助的，以共同犯罪论处。

《最高人民法院、最高人民检察院、公安部、司法部、国家卫生和计划生育委员会印发〈关于依法惩处涉医违法犯罪维护正常医疗秩序的意见〉的通知》（2014年4月22日　法发〔2014〕5号）

（二）在医疗机构私设灵堂、摆放花圈、焚烧纸钱、悬挂横幅、堵塞大门或者以其他方式扰乱医疗秩序，尚未造成严重损失，经劝说、警告无效的，要依法驱散，对拒不服从的人员要依法带离现场，依照治安管理处罚法第二十三条的规定处罚；聚众实施的，对首要分子和其他积极参加者依法予以治安处罚；造成严重损失或者扰乱其他公共秩序情节严重，构成寻衅滋事罪、聚众扰乱社会秩序罪、聚众扰乱公共场所秩序、交通秩序罪的，依照刑法的有关规定定罪处罚。

三、相关部委规章

《公安部关于印发新修订〈关于公安机关处置信访活动中违法犯罪行为适用法律的指导意见〉的通知》（2013年7月19日　公通字〔2013〕25号）

四、对妨害社会管理秩序违法犯罪行为的处理

10. 任意损毁、占用信访接待场所、国家机关或者他人财物，符合《治安管理处罚法》第二十六条

第三项规定的,以寻衅滋事依法予以治安管理处罚;符合《刑法》第二百九十三条规定的,以寻衅滋事罪追究刑事责任。

要义辨析

一、概念

本罪指在公共场所或者公众场合,无故挑衅闹事,随意殴打辱骂、追拦、恐吓他人,强拿硬要或损毁、占用公私财物,情节严重或造成公共秩序严重混乱的行为。

二、构成要件

1. 本罪侵犯的客体属复杂客体,既可能是人身权利,也可是财产权利,还可以是公共秩序。直接对象既可以是人,也可以是物,还可以是公共场所的正常活动。

2. 客观表现为寻衅滋事,情节恶劣或者后果严重的行为,具体有随意殴打他人,追逐、拦截、辱骂、恐吓他人,强拿硬要或任意损毁、占用公私财物,情节严重的,或者在公共场所起哄闹事,造成公共场所秩序严重混乱的。

3. 主体为一般主体。

4. 行为人主观上只能是出于故意。

三、要点辨析

1. 认定本罪时要注意区分本罪与聚众扰乱社会秩序罪和聚众扰乱公共场所秩序、交通秩序罪的界限。本罪一般是出于寻求精神刺激、争强好胜、欺凌弱小的动机;而后者一般是为了实现个人某种不合理的政治要求,或者经济利益。

2. 寻衅滋事的侵害对象,一般是特定的有具体个体目标存在的。既可能是人身权利,也可是财产权利,公共秩序只是附带受到影响。直接对象既可以是人,也可以是物,还可以是公共场所的正常活动。虚拟网络空间,不是本罪的侵害客体,不可能成为被寻衅滋事的对象。

3. 寻衅滋事,是指人与人能够接触到的一种挑衅行为,是言论和动作结合的行为。只能发生在现实物理空间,而不能发生在网络虚拟空间。网络虚拟空间的言论挑衅,只能构成破坏商业声誉罪,和侵犯公民的名誉权、人格权的侮辱、诽谤罪。2013年9月6日《最高人民法院、最高人民检察院关于办理利用信息网络实施诽谤等刑事案件适用法律若干问题的解释》第5条:"利用信息网络辱骂、恐吓他人,情节恶劣,破坏社会秩序的,依照刑法第二百九十三条第一款第(二)项的规定,以寻衅滋事罪定罪处罚。"这一规定突破了《刑法》立法本意和犯罪构成的外延,是值得商榷的。在以后的法律规范清理中,这个解释有必要修改。现在司法实践中,也要慎重对待。

4. 2011年2月25日的《刑法修正案(八)》对1997年《刑法》第293条作了修改:一是增加了"恐吓他人"内容,二是对纠集多人滋事,量刑加重到10年以下有期徒刑。同时,本罪已经不是一个轻罪名,涉黑犯罪中,绝大多数都侦查了这个罪名,对此需要慎重把关。

四、罪名变迁

1979年的《刑法》第160条流氓罪中规定了本条内容。1997年《刑法》分解了流氓罪,单独列出本罪。2011年2月25日的《刑法修正案(八)》42条,又将《刑法》本条作了修改,刑罚加重。2013年9月6日《最高人民法院、最高人民检察院关于办理利用信息网络实施诽谤等刑事案件适用法律若干问题的解释》第5条,将本罪规制的行为,扩大到了网络言论。

类罪名:妨害社会管理秩序罪/扰乱公共秩序罪	罪名:催收非法债务罪
量刑标准	构成本罪的　处3年以下有期徒刑、拘役或者管制,并处或者单处罚金。

法律依据

《刑法》条文

第二百九十三条之一 有下列情形之一，催收高利放贷等产生的非法债务，情节严重的，处三年以下有期徒刑、拘役或者管制，并处或者单处罚金：

（一）使用暴力、胁迫方法的；

（二）限制他人人身自由或者侵入他人住宅的；

（三）恐吓、跟踪、骚扰他人的。

要义辨析

一、概念

本罪是指使用暴力、胁迫、非法限制人身自由、恐吓等非法或者不正当手段，催收高利放贷产生的债务或者其他法律不予保护的债务，情节严重的行为。

二、构成要件

1. 本罪客体是合法债务催收管理秩序。

2. 本罪客观方面使用暴力、胁迫、非法限制人身自由、恐吓等非法或者不正当手段，催收高利放贷产生的债务或者其他法律不予保护的债务，情节严重的行为。

3. 本罪主体为一般自然人主体。

4. 本罪主观方面表现为故意，以催收高利放贷产生的债务或者其他法律不予保护的债务为目的。

三、要点辨析

本罪主要体现为“两个违法”。第一个“违法”是催收债务本身是违法的，是法律不予保护的非法债务；第二个“违法”是催收手段上的违法，催收用的是不正当的手段。

四、罪名变迁

本罪是《刑法修正案（十一）》新增罪名。

类罪名：妨害社会管理秩序罪/扰乱公共秩序罪 | 罪名：组织、领导、参加黑社会性质组织罪

量刑标准	**组织、领导者**	处7年以上15年以下有期徒刑，并处没收财产；
	积极参加的	处3年以上7年以下有期徒刑，可以并处罚金或者没收财产；
	其他参加的	处3年以下有期徒刑、拘役、管制或者剥夺政治权利，可以并处罚金。

法律依据

一、《刑法》条文

第二百九十四条第一、四、五款 组织、领导黑社会性质的组织的，处七年以上有期徒刑，并处没收财产；积极参加的，处三年以上七年以下有期徒刑，可以并处罚金或者没收财产；其他参加的，处三年以下有期徒刑、拘役、管制或者剥夺政治权利，可以并处罚金。

犯前三款罪又有其他犯罪行为的，依照数罪并罚的规定处罚。

黑社会性质的组织应当同时具备以下特征：

（一）形成较稳定的犯罪组织，人数较多，有明确的组织者、领导者，骨干成员基本固定；

（二）有组织地通过违法犯罪活动或者其他手段获取经济利益，具有一定的经济实力，以支持该组织的活动；

（三）以暴力、威胁或者其他手段，有组织地多

次进行违法犯罪活动,为非作恶,欺压、残害群众;

(四)通过实施违法犯罪活动,或者利用国家工作人员的包庇或者纵容,称霸一方,在一定区域或者行业内,形成非法控制或者重大影响,严重破坏经济、社会生活秩序。

二、相关法律

《全国人民代表大会常务委员会关于〈中华人民共和国刑法〉第二百九十四条第一款的解释》(2002年4月28日)

全国人民代表大会常务委员会讨论了刑法第二百九十四条第一款规定的"黑社会性质的组织"的含义问题,解释如下:

刑法第二百九十四条第一款规定的"黑社会性质的组织"应当同时具备以下特征:

(一)形成较稳定的犯罪组织,人数较多,有明确的组织者、领导者,骨干成员基本固定;

(二)有组织地通过违法犯罪活动或者其他手段获取经济利益,具有一定的经济实力,以支持该组织的活动;

(三)以暴力、威胁或者其他手段,有组织地多次进行违法犯罪活动,为非作恶,欺压、残害群众;

(四)通过实施违法犯罪活动,或者利用国家工作人员的包庇或者纵容,称霸一方,在一定区域或者行业内,形成非法控制或者重大影响,严重破坏经济、社会生活秩序。

三、相关司法解释/文件

《最高人民法院关于审理黑社会性质组织犯罪的案件具体应用法律若干问题的解释》(2000年12月5日　法释〔2000〕42号)

为依法惩治黑社会性质组织的犯罪活动,根据刑法有关规定,现就审理黑社会性质组织的犯罪案件具体应用法律的若干问题解释如下:

第一条　刑法第二百九十四条规定的"黑社会性质的组织",一般应具备以下特征:

(一)组织结构比较紧密,人数较多,有比较明确的组织者、领导者,骨干成员基本固定,有较为严格的组织纪律;

(二)通过违法犯罪活动或者其他手段获取经济利益,具有一定的经济实力;

(三)通过贿赂、威胁等手段,引诱、逼迫国家工作人员参加黑社会性质组织活动,或者为其提供非法保护;

(四)在一定区域或者行业范围内,以暴力、威胁、滋扰等手段,大肆进行敲诈勒索、欺行霸市、聚众斗殴、寻衅滋事、故意伤害等违法犯罪活动,严重破坏经济、社会生活秩序。

第四条　国家机关工作人员组织、领导、参加黑社会性质组织的,从重处罚。

第七条　对黑社会性质组织和组织、领导、参加黑社会性质组织的犯罪分子聚敛的财物及其收益,以及用于犯罪的工具等,应当依法追缴、没收。

《最高人民法院、最高人民检察院、公安部办理黑社会性质组织犯罪案件座谈会纪要》(2009年12月9日　法〔2009〕382号)

(一)关于黑社会性质组织的认定。黑社会性质组织必须同时具备《立法解释》中规定的"组织特征"、"经济特征"、"行为特征"和"危害性特征"。由于实践中许多黑社会性质组织并非这"四个特征"都很明显,因此,在具体认定时,应根据立法本意,认真审查、分析黑社会性质组织"四个特征"相互间的内在联系,准确评价涉案犯罪组织所造成的社会危害,确保不枉不纵。

1. 关于组织特征。黑社会性质组织不仅有明确的组织者、领导者,骨干成员基本固定,而且组织结构较为稳定,并有比较明确的层级和职责分工。

当前,一些黑社会性质组织为了增强隐蔽性,往往采取各种手段制造"人员频繁更替、组织结构松散"的假象。因此,在办案时,要特别注意审查组织者、领导者,以及对组织运行、活动起着突出作用的积极参加者等骨干成员是否基本固定、联系是否紧密,不要被其组织形式的表象所左右。

关于组织者、领导者、积极参加者和其他参加者的认定。组织者、领导者,是指黑社会性质组织的发起者、创建者,或者在组织中实际处于领导地位,对整个组织及其运行、活动起着决策、指挥、协调、管理作用的犯罪分子,既包括通过一定形式产生的有明确职务、称谓的组织者、领导者,也包括在黑社会性质组织中被公认的事实上的组织者、领导者;积极参加者,是指接受黑社会性质组织的领导和管理,多次积极参与黑社会性质组织的违法犯罪活动，或者积极参与较严重的黑社会性质组织的犯罪活动且作用突出，以及其他在组织中起重要作用的犯罪分子，如具体主管黑社会性质组织的财务、人员管理等事项的犯罪分子；其他参加者，是指除上述组织成员之外，其他接受黑社会性质组织的领导和管理的犯罪分子。根据《司法解释》第三条第二款的规定，对于参加黑社会性质的组织，没有实施其他违法犯罪活动的，或者受蒙蔽、胁迫参加黑社会性质的组织，情节轻微的，可以不作为犯罪处理。

关于黑社会性质组织成员的主观明知问题。在认定黑社会性质组织的成员时，并不要求其主观上认为自己参加的是黑社会性质组织，只要其知道或者应当知道该组织具有一定规模，且是以实施违法犯罪为主要活动的，即可认定。

对于黑社会性质组织存在时间、成员人数及组织纪律等问题的把握。黑社会性质组织一般在短时间内难以形成，而且成员人数较多，但鉴于普通犯罪集团、"恶势力"团伙向黑社会性质组织发展是一个渐进的过程，没有明显的性质转变的节点，故对黑社会性质组织存在时间、成员人数问题不宜作出"一刀切"的规定。对于那些已存在一定时间，且成员人数较多的犯罪组织，在定性时要根据其是否已具备一定的经济实力，是否已在一定区域或行业内形成非法控制或重大影响等情况综合分析判断。此外，在通常情况下，黑社会性质组织为了维护自身的安全和稳定，一般会有一些约定俗成的纪律、规约，有些甚至还有明确的规定。因此，具有一定的组织纪律、活动规约，也是认定黑社会性质组织特征时的重要参考依据。

2. 关于经济特征。一定的经济实力是黑社会性质组织坐大成势，称霸一方的基础。由于不同地区的经济发展水平、不同行业的利润空间均存在很大差异，加之黑社会性质组织存在、发展的时间也各有不同，因此，在办案时不能一般性地要求黑社会性质组织所具有的经济实力必须达到特定规模或特定数额。此外，黑社会性质组织的敛财方式也具有多样性。实践中，黑社会性质组织不仅会通过实施赌博、敲诈、贩毒等违法犯罪活动攫取经济利益，而且还往往会通过开办公司、企业等方式"以商养黑"、"以黑护商"。因此，无论其财产是通过非法手段聚敛，还是通过合法的方式获取，只要将其中部分或全部用于违法犯罪活动或者维系犯罪组织的生存、发展即可。

"用于违法犯罪活动或者维系犯罪组织的生存、发展"，一般是指购买作案工具、提供作案经费，为受伤、死亡的组织成员提供医疗费、丧葬费，为组织成员及其家属提供工资、奖励、福利、生活费用，为组织寻求非法保护以及其他与实施有组织的违法犯罪活动有关的费用支出等。

3. 关于行为特征。暴力性、胁迫性和有组织性是黑社会性质组织行为方式的主要特征，但有时也会采取一些"其他手段"。

根据司法实践经验，《立法解释》中规定的"其他手段"主要包括：以暴力、威胁为基础，在利用组织势力和影响已对他人形成心理强制或威慑的情况下，进行所谓的"谈判"、"协商"、"调解"；滋扰、哄闹、聚众等其他干扰、破坏正常经济、社会生活秩序的非暴力手段。

"黑社会性质组织实施的违法犯罪活动"主要包括以下情形：由组织者、领导者直接组织、策划、指挥、参与实施的违法犯罪活动；由组织成员以组织名义实施，并得到组织者、领导者认可或者默许的违法犯罪活动；多名组织成员为逞强争霸、插手纠纷、报复他人、替人行凶、非法敛财而共同实施，并得到组织者、领导者认可或者默许的违法犯罪活动；组织成员为组织争夺势力范围、排除竞争对手、确立强势地位、谋取经济利益、维护非法权威或者按照组织的纪律、惯例、共同遵守的约定而实施的违法犯罪活动；由黑社会性质组织实施的其他违法犯罪活动。

会议认为，在办案时还应准确理解《立法解释》中关于"多次进行违法犯罪活动"的规定。黑社会性质组织实施犯罪活动过程中，往往伴随着大量的违法活动，对此均应作为黑社会性质组织的违法犯罪事实予以认定。但如果仅实施了违法活动，而没有实施犯罪活动的，则不能认定为黑社会性质组织。此外，"多次进行违法犯罪活动"只是认定黑社会性质组织的必要条件之一，最终能否认定为黑社会性质组织，还要结合危害性特征来加以判断。即使有些案件中的违法犯罪活动已符合"多次"的标准，但根据其性质和严重程度，尚不足以形成非法控制或者重大影响的,也不能认定为黑社会性质组织。

6. 关于危害性特征。称霸一方,在一定区域或者行业内,形成非法控制或者重大影响,从而严重危害经济、社会生活秩序,是黑社会性质组织的本质特征,也是黑社会性质组织区别于一般犯罪集团的关键所在。

对于"一定区域"的理解和把握。区域的大小具有相对性,且黑社会性质组织非法控制和影响的对象并不是区域本身,而是在一定区域中生活的人,以及该区域内的经济、社会生活秩序。因此,不能简单地要求"一定区域"必须达到某一特定的空间范围,而应当根据具体案情,并结合黑社会性质组织对经济、社会生活秩序的危害程度加以综合分析判断。

对于"一定行业"的理解和把握。黑社会性质组织所控制和影响的行业,既包括合法行业,也包括黄、赌、毒等非法行业。这些行业一般涉及生产、流通、交换、消费等一个或多个市场环节。

通过实施违法犯罪活动,或者利用国家工作人员的包庇、纵容,称霸一方,并具有以下情形之一的,可认定为"在一定区域或行业内,形成非法控制或重大影响,严重破坏经济、社会生活秩序":对在一定区域内生活或者在一定行业内从事生产、经营的群众形成心理强制、威慑,致使合法利益受损的群众不敢举报、控告的;对一定行业的生产、经营形成垄断,或者对涉及一定行业的准入、经营、竞争等经济活动形成重要影响的;插手民间纠纷、经济纠纷,在相关区域或者行业内造成严重影响的;干扰、破坏他人正常生产、经营、生活,并在相关区域或者行业内造成严重影响的;干扰、破坏公司、企业、事业单位及社会团体的正常生产、经营、工作秩序,在相关区域、行业内造成严重影响,或者致使其不能正常生产、经营、工作的;多次干扰、破坏国家机关、行业管理部门以及村委会、居委会等基层群众自治组织的工作秩序,或者致使上述单位、组织的职能不能正常行使的;利用组织的势力、影响,使组织成员获取政治地位,或者在党政机关、基层群众自治组织中担任一定职务的;其他形成非法控制或者重大影响,严重破坏经济、社会生活秩序的情形。

(二)关于办理黑社会性质组织犯罪案件的其他问题

2. 关于黑社会性质组织成员的刑事责任。对黑社会性质组织的组织者、领导者,应根据法律规定和本纪要中关于"黑社会性质组织实施的违法犯罪活动"的规定,按照该组织所犯的全部罪行承担刑事责任。组织者、领导者对于具体犯罪所承担的刑事责任,应当根据其在该起犯罪中的具体地位、作用来确定。对黑社会性质组织中的积极参加者和其他参加者,应按照其所参与的犯罪,根据其在具体犯罪中的地位和作用,依照罪责刑相适应的原则,确定应承担的刑事责任。

5. 关于黑社会性质组织成员的立功问题。积极参加者、其他参加者配合司法机关查办案件,有提供线索、帮助收集证据或者其他协助行为,并对侦破黑社会性质组织犯罪案件起到一定作用的,即使依法不能认定立功,一般也应酌情对其从轻处罚。组织者、领导者检举揭发与该黑社会性质组织及其违法犯罪活动有关联的其他犯罪线索,即使依法构成立功或者重大立功,在量刑时也应从严掌握。

《最高人民法院、最高人民检察院、公安部、司法部关于办理黑恶势力犯罪案件若干问题的指导意见》(2018年1月16日　法发〔2018〕1号)

为贯彻落实《中共中央、国务院关于开展扫黑除恶专项斗争的通知》精神,统一执法思想,提高执法效能,依法、准确、有力惩处黑恶势力犯罪,严厉打击"村霸"、宗族恶势力、"保护伞"以及"软暴力"等犯罪,根据《刑法》、《刑事诉讼法》及有关司法解释等规定,针对实践中遇到的新情况、新问题,现就办理黑恶势力犯罪案件若干问题制定如下指导意见:

一、总体要求

1. 各级人民法院、人民检察院、公安机关和司法行政机关应充分发挥职能作用,密切配合,相互支持,相互制约,形成打击合力,加强预防惩治黑恶势力犯罪长效机制建设。正确运用法律规定加大对黑恶势力违法犯罪以及"保护伞"惩处力度,在侦查、起诉、审判、执行各阶段体现依法从严惩处精神,严格掌握取保候审,严格掌握不起诉,严格掌握缓刑、减刑、假释,严格掌握保外就医适用条件,充分运用《刑法》总则关于共同犯罪和犯罪集团的规定加大惩处力度，充分利用资格刑、财产刑降低再犯可能性。对黑恶势力犯罪，注意串并研判、深挖彻查，防止就案办案，依法加快办理。坚持依法办案，坚持法定标准、坚持以审判为中心，加强法律监督，强化程序意识和证据意识，正确把握"打早打小"与"打准打实"的关系，贯彻落实宽严相济刑事政策，切实做到宽严有据，罚当其罪，实现政治效果、法律效果和社会效果的统一。

2. 各级人民法院、人民检察院、公安机关和司法行政机关应聚焦黑恶势力犯罪突出的重点地区、重点行业和重点领域，重点打击威胁政治安全特别是政权安全、制度安全以及向政治领域渗透的黑恶势力；把持基层政权、操纵破坏基层换届选举、垄断农村资源、侵吞集体资产的黑恶势力；利用家族、宗族势力横行乡里、称霸一方、欺压残害百姓的"村霸"等黑恶势力；在征地、租地、拆迁、工程项目建设等过程中煽动闹事的黑恶势力；在建筑工程、交通运输、矿产资源、渔业捕捞等行业、领域，强揽工程、恶意竞标、非法占地、滥开滥采的黑恶势力；在商贸集市、批发市场、车站码头、旅游景区等场所欺行霸市、强买强卖、收保护费的市霸、行霸等黑恶势力；操纵、经营"黄赌毒"等违法犯罪活动的黑恶势力；非法高利放贷、暴力讨债的黑恶势力；插手民间纠纷，充当"地下执法队"的黑恶势力；组织或雇佣网络"水军"在网上威胁、恐吓、侮辱、诽谤、滋扰的黑恶势力；境外黑社会入境发展渗透以及跨国跨境的黑恶势力。同时，坚决深挖黑恶势力"保护伞"。

二、依法认定和惩处黑社会性质组织犯罪

3. 黑社会性质组织应同时具备《刑法》第二百九十四条第五款中规定的"组织特征""经济特征""行为特征"和"危害性特征"。由于实践中许多黑社会性质组织并非这"四个特征"都很明显，在具体认定时，应根据立法本意，认真审查、分析黑社会性质组织"四个特征"相互间的内在联系，准确评价涉案犯罪组织所造成的社会危害，做到不枉不纵。

4. 发起、创建黑社会性质组织，或者对黑社会性质组织进行合并、分立、重组的行为，应当认定为"组织黑社会性质组织"；实际对整个组织的发展、运行、活动进行决策、指挥、协调、管理的行为，应当认定为"领导黑社会性质组织"。黑社会性质组织的组织者、领导者，既包括通过一定形式产生的有明确职务、称谓的组织者、领导者，也包括在黑社会性质组织中被公认的事实上的组织者、领导。

5. 知道或者应当知道是以实施违法犯罪为基本活动内容的组织，仍加入并接受其领导和管理的行为，应当认定为"参加黑社会性质组织"。没有加入黑社会性质组织的意愿，受雇到黑社会性质组织开办的公司、企业、社团工作，未参与黑社会性质组织违法犯罪活动的，不应认定为"参加黑社会性质组织"。

参加黑社会性质组织并具有以下情形之一的，一般应当认定为"积极参加黑社会性质组织"：多次积极参与黑社会性质组织的违法犯罪活动，或者积极参与较严重的黑社会性质组织的犯罪活动且作用突出，以及其他在组织中起重要作用的情形，如具体主管黑社会性质组织的财务、人员管理等事项。

6. 组织形成后，在一定时期内持续存在，应当认定为"形成较稳定的犯罪组织"。

黑社会性质组织一般在短时间内难以形成，而且成员人数较多，但鉴于"恶势力"团伙和犯罪集团向黑社会性质组织发展是个渐进的过程，没有明显的性质转变的节点，故对黑社会性质组织存在时间、成员人数问题不宜作出"一刀切"的规定。

黑社会性质组织未举行成立仪式或者进行类似活动的，成立时间可以按照足以反映其初步形成非法影响的标志性事件的发生时间认定。没有明显标志性事件的，可以按照本意见中关于黑社会性质组织违法犯罪活动认定范围的规定，将组织者、领导者与其他组织成员首次共同实施该组织犯罪活动的时间认定为该组织的形成时间。该组织者、领导者因未到案或者因死亡等法定情形未被起诉的，不影响认定。

黑社会性质组织成员既包括已有充分证据证明但尚未归案的组织成员，也包括虽有参加黑社会性质组织的行为但因尚未达到刑事责任年龄或因其他法定情形而未被起诉，或者根据具体情节不作为犯罪处理的组织成员。

7. 在组织的形成、发展过程中通过以下方式获取经济利益的，应当认定为"有组织地通过违法犯

罪活动或者其他手段获取经济利益”:

(1)有组织地通过违法犯罪活动或其他不正当手段聚敛;

(2)有组织地以投资、控股、参股、合伙等方式通过合法的生产、经营活动获取;

(3)由组织成员提供或通过其他单位、组织、个人资助取得。

8. 通过上述方式获得一定数量的经济利益,应当认定为“具有一定的经济实力”,同时也包括调动一定规模的经济资源用以支持该组织活动的能力。通过上述方式获取的经济利益,即使是由部分组织成员个人掌控,也应计入黑社会性质组织的“经济实力”。组织成员主动将个人或者家庭资产中的一部分用于支持该组织活动,其个人或者家庭资产可全部计入“一定的经济实力”,但数额明显较小或者仅提供动产、不动产使用权的除外。

由于不同地区的经济发展水平、不同行业的利润空间均存在很大差异,加之黑社会性质组织存在、发展的时间也各有不同,在办案时不能一般性地要求黑社会性质组织所具有的经济实力必须达到特定规模或特定数额。

9. 黑社会性质组织实施的违法犯罪活动包括非暴力性的违法犯罪活动,但暴力或以暴力相威胁始终是黑社会性质组织实施违法犯罪活动的基本手段,并随时可能付诸实施。暴力、威胁色彩虽不明显,但实际是以组织的势力、影响和犯罪能力为依托,以暴力威胁的现实可能性为基础,足以使他人产生恐惧、恐慌进而形成心理强制或者足以影响、限制人身自由、危及人身财产安全或者影响正常生产、工作、生活的手段,属于《刑法》第二百九十四条第五款第(三)项中的“其他手段”,包括但不限于所谓的“谈判”“协商”“调解”以及滋扰、纠缠、哄闹、聚众造势等手段。

10. 为确立、维护、扩大组织的势力、影响、利益或者按照纪律规约、组织惯例多次实施违法犯罪活动,侵犯不特定多人的人身权利、民主权利、财产权利,破坏经济秩序、社会秩序,应当认定为“有组织地多次进行违法犯罪活动,为非作恶,欺压、残害群众”。

符合以下情形之一的,应当认定为是黑社会性质组织实施的违法犯罪活动:

(1)为该组织争夺势力范围打击竞争对手、形成强势地位、谋取经济利益、树立非法权威、扩大非法影响、寻求非法保护、增强犯罪能力等实施的;

(2)按照该组织的纪律规约、组织惯例实施的;

(3)组织者、领导者直接组织、划、指挥、参与实施的;

(4)由组织成员以组织名义实施,并得到组织者、领导者认可或者默许的;

(5)多名组织成员为逞强争霸、插手纠纷、报复他人、替人行凶、非法敛财而共同实施,并得到组织者、领导者认可或者默许的;

(6)其他应当认定为黑社会性质组织实施的。

11. 鉴于黑社会性质组织非法控制和影响的“一定区域”的大小具有相对性,不能简单地要求“一定区域”必须达到某一特定的空间范围,而应当根据具体案情,并结合黑社会性质组织对经济社会生活秩序的危害程度加以综合分析判断。

通过实施违法犯罪活动,或者利用国家工作人员的包庇或者不依法履行职责,放纵黑社会性质组织进行违法犯罪活动的行为,称霸一方,并具有以下情形之一的,可认定为“在一定区域或者行业内,形成非法控制或者重大影响,严重破坏经济、社会生活秩序”:

(1)致使在一定区域内生活或者在一定行业内从事生产、经营的多名群众,合法利益遭受犯罪或严重违法活动侵害后,不敢通过正当途径举报、控告的;

(2)对一定行业的生产、经营形成垄断,或者对涉及一定行业的准入、经营、竞争等经济活动形成重要影响的;

(3)插手民间纠纷、经济纠纷,在相关区域或者行业内造成严重影响的;

(4)干扰、破坏他人正常生产、经营、生活,并在相关区域或者行业内造成严重影响的;

(5)干扰、破坏公司、企业、事业单位及社会团体的正常生产、经营、工作秩序,在相关区域、行业内造成严重影响,或者致使其不能正常生产、经营、工作的;

(6)多次干扰、破坏党和国家机关、行业管理部门以及村委会居委会等基层群众自治组织的工作秩序，或者致使上述单位、组织的职能不能正常行使的；

(7)利用组织的势力、影响，帮助组织成员或他人获取政治地位，或者在党政机关、基层群众自治组织中担任一定职务的；

(8)其他形成非法控制或者重大影响，严重破坏经济、社会生活秩序的情形。

12. 对于组织者、领导者和因犯参加黑社会性质组织罪被判处五年以上有期徒刑的积极参加者，可以根据《刑法》第五十六条第一款的规定适用附加剥夺政治权利。对于符合《刑法》第三十七条之一规定的组织成员，应当依法禁止其从事相关职业。符合《刑法》第六十六条规定的组织成员，应当认定为累犯，依法从重处罚。

对于因有组织的暴力性犯罪被判处死刑缓期执行的黑社会性质组织犯罪分子，可以根据《刑法》第五十条第二款的规定同时决定对其限制减刑。对于因有组织的暴力性犯罪被判处十年以上有期徒刑、无期徒刑的黑社会性质组织犯罪分子，应当根据《刑法》第八十一条第二款规定，不得假释。

13. 对于组织者、领导者一般应当并处没收个人全部财产。对于确属骨干成员或者为该组织转移、隐匿资产的积极参加者，可以并处没收个人全部财产。对于其他组织成员，应当根据所参与实施违法犯罪活动的次数、性质、地位、作用、违法所得数额以及造成损失的数额等情节，依法决定财产刑的适用。

三、依法惩处恶势力犯罪

14. 具有下列情形的组织，应当认定为“恶势力”：经常纠集在一起，以暴力、威胁或者其他手段，在一定区域或者行业内多次实施违法犯罪活动，为非作恶，欺压百姓，扰乱经济、社会生活秩序，造成较为恶劣的社会影响，但尚未形成黑社会性质组织的违法犯罪组织。恶势力一般为三人以上，纠集者相对固定，违法犯罪活动主要为强迫交易、故意伤害、非法拘禁、敲诈勒索、故意毁坏财物、聚众斗殴、寻衅滋事等，同时还可能伴随实施开设赌场、组织卖淫、强迫卖淫、贩卖毒品、运输毒品、制造毒品、抢劫、抢夺、聚众扰乱社会秩序、聚众扰乱公共场所秩序、交通秩序以及聚众“打砸抢”等。

在相关法律文书中的犯罪事认定部分，可使用“恶势力”等表述加以描述。

15. 恶势力犯罪集团是符合犯罪集团法定条件的恶势力犯罪组织，其特征表现为：有三名以上的组织成员，有明显的首要分子重要成员较为固定，组织成员经常纠集在一起，共同故意实施三次以上恶势力惯常实施的犯罪活动或者其他犯罪活动。

16. 公安机关、人民检察院、人民法院在办理恶势力犯罪案件时，应当依照上述规定，区别于普通刑事案件，充分运用《刑法》总则关于共同犯罪和犯罪集团的规定，依法从严惩处。

四、依法惩处利用“软暴力”实施的犯罪

17. 黑恶势力为谋取不法利益或形成非法影响，有组织地采用滋扰、纠缠、哄闹、聚众造势等手段侵犯人身权利、财产权利，破坏经济秩序、社会秩序，构成犯罪的，应当分别依照《刑法》相关规定处理：

(1)有组织地采用滋扰，纠缠，哄闹、聚众造势等手段扰乱正常的工作、生活秩序，使他人产生心理恐惧或者形成心理强制，分别属于《刑法》第二百九十三条第一款第(二)项规定的“恐吓”、《刑法》第二百二十六规定的“威胁”，同时符合其他犯罪构成条件的应分别以寻衅滋事罪、强迫交易罪定罪处罚。

《关于办理寻衅滋事刑事案件适用法律若干问题的解释》第二条至第四条中的“多次”一般应当理解为二年内实施寻衅滋事行为三次以上。二年内多次实施不同种类寻衅滋事行为的，应当追究刑事责任。

(2)以非法占有为目的强行索取公私财物，有组织地采用滋扰，纠缠、哄闹、聚众造势等手段扰乱正常的工作、生活秩序，同时符合《刑法》第二百七十四条规定的其他犯罪构成条件的，应当以敲诈勒索罪定罪处罚，同时由多人实施或者以统一着装、显露纹身、特殊标识以及其他明示或者暗示方式，足以使对方感知相关行为的有组织性的，应当认定为《关于办理敲诈勒索刑事案件适用法律若干问题的解释》第二条第(五)项规定的“以黑恶势力名义敲诈勒索”。

采用上述手段，同时又构成其他犯罪的，应当依法按照处罚较重的规定定罪处罚。

雇佣、指使他人有组织地采用上述手段强迫交易、敲诈勒索构成强迫交易罪、敲诈勒索罪的,对雇佣者、指使者,一般应当以共同犯罪中的主犯论处。为强索不受法律保护的债务或者因其他非法目的,雇佣、指使他人有组织地采用上述手段寻衅滋事,构成寻衅滋事罪的,对雇佣者,指使者,一般应当以共同犯罪中的主犯论处;为追讨合法债务或者因婚恋、家庭、邻里纠纷等民间矛盾而雇佣、指使,没有造成严重后果的,一般不作为犯罪处理,但经有关部门批评制止或者处理处罚后仍继续实施的除外。

18. 黑恶势力有组织地多次短时间非法拘禁他人的,应当认定为《刑法》第二百三十八条规定的“以其他方法非法剥夺他人人身自由”。非法拘禁他人三次以上、每次持续时间在四小时以上,或者非法拘禁他人累计时间在十二小时以上的,应以非法拘禁罪定罪处罚。

五、依法打击非法放贷讨债的犯罪活动

19. 在民间借贷活动中,如有擅自设立金融机构、非法吸收公众存款、骗取贷款、套取金融机构资金发放高利贷以及为强索债务而实施故意杀人、故意伤害、非法拘禁、故意毁坏财物等行为的,应当按照具体犯罪侦查、起诉、审判。依法符合数罪并罚条件的,应当并罚。

20. 对于以非法占有为目的,假借民间借贷之名,通过“虚增债务”“签订虚假借款协议”“制造资金走账流水”“肆意认定违约”“转单平账”“虚假诉讼”等手段非法占有他人财产,或者使用暴力、威胁手段强立债权、强行索债的,应当根据案件具体事实,以诈骗、强迫交易、敲诈勒索、抢劫、虚假诉讼等罪名侦查、起诉、审判。对于非法占有的被害人实际所得借款以外的虚高“债务”和以“保证金”“中介费”“服务费”等各种名目扣除或收取的额外费用,均应计入违法所得。对于名义上为被害人所得、但在案证据能够证明实际上却为犯罪嫌疑人、被告人实施后续犯罪所使用的“借款”,应予以没收。

21. 对采用讨债公司、“地下执法队”等各种形式有组织地进行上述活动,符合黑社会性质组织、犯罪集团认定标准的,应当按照组织、领导、参加黑社会性质组织罪或者犯罪集团侦查、起诉、审判。

六、依法严惩“保护伞”

22.《刑法》第二百九十四条第三款中规定的“包庇”行为,不要求相关国家机关工作人员利用职务便利。利用职务便利包庇黑社会性质组织的,酌情从重处罚。包庇、纵容黑社会性质组织,事先有通谋的,以具体犯罪的共犯论处。

23. 公安机关、人民检察院、人民法院对办理黑恶势力犯罪案件中发现的涉嫌包庇、纵容黑社会性质组织犯罪、收受贿赂、渎职侵权等违法违纪线索,应当及时移送有关主管部门和其他相关部门,坚决依法严惩充当黑恶势力“保护伞”的职务犯罪。

24. 依法严惩农村“两委”等人员在涉农惠农补贴申领与发放、农村基础设施建设、征地拆迁补偿、救灾扶贫优抚、生态环境保护等过程中,利用职权恃强凌弱、吃拿卡要、侵吞挪用国家专项资金的犯罪,以及放纵、包庇“村霸”和宗族恶势力,致使其坐大成患,或者收受贿赂、徇私舞弊,为“村霸”和宗族恶势力充当“保护伞”的犯罪。

25. 公安机关在侦办恶势力犯罪案件中,应当注意及时深挖其背后的腐败问题,对于涉嫌特别重大贿赂犯罪案件的犯罪嫌疑人,及时会同有关机关执行《刑事诉讼法》第三十七条的相关规定,辩护律师在侦查期间会见在押犯罪嫌疑人的,应当经相关侦查机关许可。

七、依法处置涉案财产

26. 公安机关、人民检察院、人民法院根据黑社会性质组织犯罪案件的诉讼需要,应当依法查询、查封、扣押、冻结全部涉案财产。公安机关侦查期间,要会同工商、税务、国土、住建、审计、人民银行等部门全面调查涉黑组织及其成员的财产状况。

对于不宜查封、扣押、冻结的经营性资产,可以申请当地政府指定有关部门或者委托有关机构代管或者托管。

对黑社会性质组织及其成员聚敛的财产及其孳息、收益的数额,办案单位可以委托专门机构评估;确实无法准确计算的,可以根据有关法律规定及查明的事实、证据合理估算。

27. 对于依法查封、冻结、扣押的黑社会性质组织涉案财产,应当全面收集、审查证明其来源、性质、用途、权属及价值大小的有关证据。符合下列情形之一的,应当依法追缴、没收:

(1)组织及其成员通过违法犯罪活动或其他不正当手段聚敛的财产及其孳息、收益;

(2)组织成员通过个人实施违法犯罪活动聚敛的财产及其孳息、收益;

(3)其他单位、组织、个人为支持该组织活动资助或主动提供的财产;

(4)通过合法的生产、经营活动获取的财产或者组织成员个人、家庭合法资产中,实际用于支持该组织活动的部分;

(5)组织成员非法持有的违禁品以及供犯罪所用的本人财物;

(6)其他单位、组织、个人利用黑社会性质组织违法犯罪活动获取的财产及其孳息;

(7)其他应当追缴,没收的财产。

28. 违法所得已用于清偿债务或者转让给他人,具有下列情形之一的,应当依法追缴:

(1)对方明知是通过违法犯罪活动或者其他不正当手段聚敛的财产及其孳息、收益的;

(2)对方无偿或者以明显低于市场价格取得的;

(3)对方是因非法债务或者违法犯罪活动而取得的;

(4)通过其他方式恶意取得的。

29. 依法应当追缴、没收的财产无法找到、被他人善意取得、价值灭失或者与其他合法财产混合且不可分割的,可以追缴、没收其他等值财产。

30. 黑社会性质组织犯罪嫌疑人、被告人逃匿,在通缉一年后不能到案,或者犯罪嫌疑人、被告人死亡的,应当依照法定程序没收其违法所得。

31. 对于依法查封、扣押、冻结的涉案财产,有证据证明确属被害人合法财产,或者确与黑社会性质组织及其违法犯罪活动无关的,应当予以返还。

八、其他

32. 司法行政机关应当加强对律师办理黑社会性质组织犯罪案件辩护代理工作的指导监督,指导律师事务所建立健全律师办理黑社会性质组织犯罪案件的请示报告、集体研究和检查督导制度。办案机关应当依法保障律师各项诉讼权利代理职责提供便利,防止因妨碍辩护律师依法履行职责,对案件办理带来影响。

对黑恶势力犯罪案件开庭审理时,人民法院应当通知对辩护律师所属事务所具有监督管理权限的司法行政机关派员旁听。

对于律师违反会见规定的;以串联组团,联署签名、发表公开信,组织网上聚集、声援等方式或者借个案研讨之名,制造舆论压力,攻击、诋毁司法机关和司法制度,干扰诉讼活动正常进行的;煽动、教唆和组织当事人或者其他人员到司法机关或者其他国家机关静坐、举牌、打横幅、喊口号等,扰乱公共秩序、危害公共安全的;违反规定披露、散布不公开审理案件的信息、材料,或者本人、其他律师在办案过程中获悉的有关案件重要信息、证据材料的,司法行政机关应当依照有关规定予以处罚,构成犯罪的,依法追究刑事责任。对于律师辩护、代理活动中的违法违规行为,相关办案机关要注意收集固定证据,提出司法建议。

33. 监狱应当从严管理组织、领导、参加黑社会性质组织的罪犯,严格罪犯会见、减刑、假释、暂予监外执行等执法活动。对于判处十年以上有期徒刑、无期徒刑,判处死刑缓期二年执行减为有期徒刑、无期徒刑的黑社会性质组织的组织者、领导者,实行跨省、自治区、直辖市异地关押。积极开展黑恶势力犯罪线索排查,教育引导服刑人员检举揭发。社区矫正机构对拟适用社区矫正的黑恶势力犯罪案件的犯罪嫌疑人、被告人,应当认真开展调查评估,为准确适用非监禁刑提供参考,社区矫正机构对组织、领导、参加黑社会性质组织的社区服刑人员要严格监管教育。公安机关、人民检察院、人民法院、司法行政机关要加强协调联动,完善应急处置工作机制,妥善处理社区服刑人员脱管漏管和重新违法犯罪等情形。

34. 办理黑恶势力犯罪案件,要依法建立完善重大疑难案件会商、案件通报等工作机制,进一步加强政法机关之间的配合,形成打击合力;对群众关注度高、社会影响力大的黑恶势力犯罪案件,依法采取挂牌督办、上提一级、异地管辖、指定管辖以及现场联合督导等措施,确保案件质量。根据办理黑恶势力犯罪案件的实际情况,及时汇总问题,归纳经验,适时出台有关证据标准,切实保障有力打击。

35. 公安机关、人民检察院、人民法院办理黑社会性质组织犯罪案件,应当按照《刑事诉讼法关于办理黑社会性质组织犯罪案件若干问题的规定》、《公安机关办理刑事案件证人保护工作规定》的有关规定,对证人、报案人、控告人、举报人、鉴定人、被害人采取保护措施。

犯罪嫌疑人、被告人,积极配合侦查、起诉、审判工作,在查明黑社会性质组织的组织结构和组织者、领导者的地位作用,组织实施的重大犯罪事实,追缴、没收赃款赃物,打击"保护伞"等方面提供重要线索和证据,经查证属实的,可以根据案件具体情况,依法从轻、减轻或者免除处罚,并对其参照证人保护的有关规定采取保护措施。前述规定,对于确属组织者、领导者的犯罪嫌疑人、被告人应当严格掌握。

对于确有重大立功或者对于认定重大犯罪事实或追缴、没收涉黑财产具有重要作用的组织成员,确有必要通过分案审理予保护的,公安机关可以与人民检察院、人民法院在充分沟通的基础上作出另案处理的决定。

对于办理黑社会性质组织犯罪案件的政法干警及其近亲属,需要采取保护措施的,可以参照《刑事诉讼法》等关于证人保护的有关规定,采取禁止特定的人员接触、对人身和住宅予以专门性保护等必要的措施,以确保办理案件的司法工作人员及其近亲属的人身安全。

36. 本意见颁布实施后,最高人民法院、最高人民检察院、公安部、司法部联合发布或者单独制定的其他相关规范性文件,内容如与本意见中有关规定不一致的,应当按照本意见执行。

《最高人民法院、最高人民检察院、公安部、司法部关于依法严厉打击黑恶势力违法犯罪的通告》(2018 年 2 月 2 日)

一、凡是实施黑恶势力违法犯罪以及包庇、纵容黑社会性质组织的人员,必须立即停止一切违法犯罪活动。自本通告发布之日起至 2018 年 3 月 1 日,主动投案自首、如实供述自己罪行的,可以依法从轻或者减轻处罚。在此规定期限内拒不投案自首、继续为非作恶的,将依法从严惩处。对于为黑恶势力违法犯罪人员充当"保护伞"的国家机关工作人员,将坚决依法依纪查处,不管涉及谁,都要一查到底、绝不姑息。

二、黑恶势力犯罪人员的亲友应当积极规劝其尽快投案自首,经亲友规劝、陪同投案的,或者亲友主动报案后将犯罪人员送去投案的,视为自动投案。窝藏、包庇黑恶势力犯罪人员或者帮助洗钱、毁灭、伪造证据以及掩饰、隐瞒犯罪所得、犯罪所得收益的,将依法追究刑事责任。黑恶势力犯罪人员到案后有检举、揭发他人犯罪并经查证属实,以及提供侦破其他案件的重要线索并经查证属实,或者协助司法机关抓获其他犯罪嫌疑人的,可以依法从轻或者减轻处罚;有重大立功表现的,可以依法减轻或者免除处罚。黑恶势力犯罪人员积极配合侦查、起诉、审判工作,在查明黑社会性质组织的组织结构和组织者、领导者的地位作用,组织实施的重大犯罪事实,追缴、没收赃款赃物,打击"保护伞"等方面提供重要线索和证据,经查证属实的,可以根据案件具体情况,依法从轻、减轻或者免除处罚。

三、全国政法战线要贯彻落实党的十九大精神,在各级党委的统一领导下,充分发挥社会治安综合治理优势,推动各部门各司其职、齐抓共管,形成工作合力。要以"零容忍"态度,坚决依法从严惩治,对黑恶势力违法犯罪重拳出击,侦办一批群众深恶痛绝的涉黑涉恶案件,整治一批涉黑涉恶重点地区,惩治一批涉黑涉恶违法犯罪分子,确保在春节前后取得积极成效,为扫黑除恶专项斗争奠定坚实基础,不断增强人民获得感、幸福感、安全感。

四、扫黑除恶是一场人民战争,必须依靠人民群众的积极参与。欢迎广大群众积极举报涉黑涉恶犯罪和"村霸"等突出问题,对在打击黑恶势力违法犯罪、铲除黑恶势力滋生土壤、深挖黑恶势力"保护伞"中发挥重要作用的,予以奖励。政法机关将依法保护举报人的个人信息及安全。

全国扫黑除恶举报网站:www. 12389. gov. cn;举报信箱:北京市邮政 19001 号信箱;举报电话:010－12389。

《最高人民法院、最高人民检察院、公安部、司法部关于办理实施"软暴力"的刑事案件若干问题的意见》(2019 年 4 月 9 日)

为深入贯彻落实中央关于开展扫黑除恶专项斗争的决策部署,正确理解和适用最高人民法院、最高人民检察院、公安部、司法部《关于办理黑恶势力犯罪案件若干问题的指导意见》(法发〔2018〕1 号,以下简称《指导意见》)关于对依法惩处采用

"软暴力"实施犯罪的规定,依法办理相关犯罪案件,根据《刑法》《刑事诉讼法》及有关司法解释、规范性文件,提出如下意见:

一、"软暴力"是指行为人为谋取不法利益或形成非法影响,对他人或者在有关场所进行滋扰、纠缠、哄闹、聚众造势等,足以使他人产生恐惧、恐慌进而形成心理强制,或者足以影响、限制人身自由、危及人身财产安全,影响正常生活、工作、生产、经营的违法犯罪手段。

二、"软暴力"违法犯罪手段通常的表现形式有:

(一)侵犯人身权利、民主权利、财产权利的手段,包括但不限于跟踪贴靠、扬言传播疾病、揭发隐私、恶意举报、诬告陷害、破坏、霸占财物等;

(二)扰乱正常生活、工作、生产、经营秩序的手段,包括但不限于非法侵入他人住宅、破坏生活设施、设置生活障碍、贴报喷字、拉挂横幅、燃放鞭炮、播放哀乐、摆放花圈、泼洒污物、断水断电、堵门阻工,以及通过驱赶从业人员、派驻人员据守等方式直接或间接地控制厂房、办公区、经营场所等;

(三)扰乱社会秩序的手段,包括但不限于摆场架势示威、聚众哄闹滋扰、拦路闹事等;

(四)其他符合本意见第一条规定的"软暴力"手段。

通过信息网络或者通讯工具实施,符合本意见第一条规定的违法犯罪手段,应当认定为"软暴力"。

三、行为人实施"软暴力",具有下列情形之一,可以认定为足以使他人产生恐惧、恐慌进而形成心理强制或者足以影响、限制人身自由、危及人身财产安全或者影响正常生活、工作、生产、经营:

(一)黑恶势力实施的;

(二)以黑恶势力名义实施的;

(三)曾因组织、领导、参加黑社会性质组织、恶势力犯罪集团、恶势力以及因强迫交易、非法拘禁、敲诈勒索、聚众斗殴、寻衅滋事等犯罪受过刑事处罚后又实施的;

(四)携带凶器实施的;

(五)有组织地实施的或者足以使他人认为暴力、威胁具有现实可能性的;

(六)其他足以使他人产生恐惧、恐慌进而形成心理强制或者足以影响、限制人身自由、危及人身财产安全或者影响正常生活、工作、生产、经营的情形。

由多人实施的,编造或明示暴力违法犯罪经历进行恐吓的,或者以自报组织、头目名号、统一着装、显露纹身、特殊标识以及其他明示、暗示方式,足以使他人感知相关行为的有组织性的,应当认定为"以黑恶势力名义实施"。

由多人实施的,只要有部分行为人符合本条第一款第(一)项至第(四)项所列情形的,该项即成立。

虽然具体实施"软暴力"的行为人不符合本条第一款第(一)项、第(三)项所列情形,但雇佣者、指使者或者纠集者符合的,该项成立。

四、"软暴力"手段属于《刑法》第二百九十四条第五款第(三)项"黑社会性质组织行为特征"以及《指导意见》第14条"恶势力"概念中的"其他手段"。

五、采用"软暴力"手段,使他人产生心理恐惧或者形成心理强制,分别属于《刑法》第二百二十六条规定的"威胁"、《刑法》第二百九十三条第一款第(二)项规定的"恐吓",同时符合其他犯罪构成要件的,应当分别以强迫交易罪、寻衅滋事罪定罪处罚。

《关于办理寻衅滋事刑事案件适用法律若干问题的解释》第二条至第四条中的"多次"一般应当理解为二年内实施寻衅滋事行为三次以上。三次以上寻衅滋事行为既包括同一类别的行为,也包括不同类别的行为;既包括未受行政处罚的行为,也包括已受行政处罚的行为。

六、有组织地多次短时间非法拘禁他人的,应当认定为《刑法》第二百三十八条规定的"以其他方法非法剥夺他人人身自由"。非法拘禁他人三次以上、每次持续时间在四小时以上,或者非法拘禁他人累计时间在十二小时以上的,应当以非法拘禁罪定罪处罚。

七、以"软暴力"手段非法进入或者滞留他人住宅的,应当认定为《刑法》第二百四十五条规定的"非法侵入他人住宅",同时符合其他犯罪构成要件的,应当以非法侵入住宅罪定罪处罚。

八、以非法占有为目的,采用"软暴力"手段强行索取公私财物,同时符合《刑法》第二百七十四条规定的其他犯罪构成要件的,应当以敲诈勒索罪定罪处罚。

《关于办理敲诈勒索刑事案件适用法律若干问题的解释》第三条中"二年内敲诈勒索三次以上",包括已受行政处罚的行为。

九、采用"软暴力"手段,同时构成两种以上犯罪的,依法按照处罚较重的犯罪定罪处罚,法律另有规定的除外。

十、根据本意见第五条、第八条规定,对已受行政处罚的行为追究刑事责任的,行为人先前所受的行政拘留处罚应当折抵刑期,罚款应当抵扣罚金。

十一、雇佣、指使他人采用"软暴力"手段强迫交易、敲诈勒索,构成强迫交易罪、敲诈勒索罪的,对雇佣者、指使者,一般应当以共同犯罪中的主犯论处。

为强索不受法律保护的债务或者因其他非法目的,雇佣、指使他人采用"软暴力"手段非法剥夺他人人身自由构成非法拘禁罪,或者非法侵入他人住宅、寻衅滋事,构成非法侵入住宅罪、寻衅滋事罪的,对雇佣者、指使者,一般应当以共同犯罪中的主犯论处;因本人及近亲属合法债务、婚恋、家庭、邻里纠纷等民间矛盾而雇佣、指使,没有造成严重后果的,一般不作为犯罪处理,但经有关部门批评制止或者处理处罚后仍继续实施的除外。

十二、本意见自2019年4月9日起施行。

《最高人民法院、最高人民检察院、公安部、司法部关于办理黑恶势力刑事案件中财产处置若干问题的意见》(2019年4月9日)

为认真贯彻中央关于开展扫黑除恶专项斗争的重大决策部署,彻底铲除黑恶势力犯罪的经济基础,根据刑法、刑事诉讼法及最高人民法院、最高人民检察院、公安部、司法部《关于办理黑恶势力犯罪案件若干问题的指导意见》(法发〔2018〕1号)等规定,现对办理黑恶势力刑事案件中财产处置若干问题提出如下意见:

一、总体工作要求

1. 公安机关、人民检察院、人民法院在办理黑恶势力犯罪案件时,在查明黑恶势力组织违法犯罪事实并对黑恶势力成员依法定罪量刑的同时,要全面调查黑恶势力组织及其成员的财产状况,依法对涉案财产采取查询、查封、扣押、冻结等措施,并根据查明的情况,依法作出处理。

前款所称处理既包括对涉案财产中犯罪分子违法所得、违禁品、供犯罪所用的本人财物以及其他等值财产等依法追缴、没收,也包括对被害人的合法财产等依法返还。

2. 对涉案财产采取措施,应当严格依照法定条件和程序进行。严禁在立案之前查封、扣押、冻结财物。凡查封、扣押、冻结的财物,都应当及时进行审查,防止因程序违法、工作瑕疵等影响案件审理以及涉案财产处置。

3. 对涉案财产采取措施,应当为犯罪嫌疑人、被告人及其所扶养的亲属保留必需的生活费用和物品。

根据案件具体情况,在保证诉讼活动正常进行的同时,可以允许有关人员继续合理使用有关涉案财产,并采取必要的保值保管措施,以减少案件办理对正常办公和合法生产经营的影响。

4. 要彻底摧毁黑社会性质组织的经济基础,防止其死灰复燃。对于组织者、领导者一般应当并处没收个人全部财产。对于确属骨干成员或者为该组织转移、隐匿资产的积极参加者,可以并处没收个人全部财产。对于其他组织成员,应当根据所参与实施违法犯罪活动的次数、性质、地位、作用、违法所得数额以及造成损失的数额等情节,依法决定财产刑的适用。

5. 要深挖细查并依法打击黑恶势力组织进行的洗钱以及掩饰、隐瞒犯罪所得、犯罪所得收益等转变涉案财产性质的关联犯罪。

二、依法采取措施全面收集证据

6. 公安机关侦查期间,要根据《公安机关办理刑事案件适用查封、冻结措施相关规定》(公通字〔2013〕30号)等有关规定,会同有关部门全面调查黑恶势力及其成员的财产状况,并可以根据诉讼需要,先行依法对下列财产采取查询、查封、扣押、冻结等措施:

(1)黑恶势力组织的财产;

(2)犯罪嫌疑人个人所有的财产;

(3)犯罪嫌疑人实际控制的财产;

(4)犯罪嫌疑人出资购买的财产;

(5)犯罪嫌疑人转移至他人名下的财产;

(6)犯罪嫌疑人涉嫌洗钱以及掩饰、隐瞒犯罪所得、犯罪所得收益等犯罪涉及的财产;

(7)其他与黑恶势力组织及其违法犯罪活动有关的财产。

7. 查封、扣押、冻结已登记的不动产、特定动产及其他财产,应当通知有关登记机关,在查封、扣押、冻结期间禁止被查封、扣押、冻结的财产流转,不得办理被查封、扣押、冻结财产权属变更、抵押等手续。必要时可以提取有关产权证照。

8. 公安机关对于采取措施的涉案财产,应当全面收集证明其来源、性质、用途、权属及价值的有关证据,审查判断是否应当依法追缴、没收。

证明涉案财产来源、性质、用途、权属及价值的有关证据一般包括:

(1)犯罪嫌疑人、被告人关于财产来源、性质、用途、权属、价值的供述;

(2)被害人、证人关于财产来源、性质、用途、权属、价值的陈述、证言;

(3)财产购买凭证、银行往来凭据、资金注入凭据、权属证明等书证;

(4)财产价格鉴定、评估意见;

(5)可以证明财产来源、性质、用途、权属、价值的其他证据。

9. 公安机关对应当依法追缴、没收的财产中黑恶势力组织及其成员聚敛的财产及其孳息、收益的数额,可以委托专门机构评估;确实无法准确计算的,可以根据有关法律规定及查明的事实、证据合理估算。

人民检察院、人民法院对于公安机关委托评估、估算的数额有不同意见的,可以重新委托评估、估算。

10. 人民检察院、人民法院根据案件诉讼的需要,可以依法采取上述相关措施。

三、准确处置涉案财产

11. 公安机关、人民检察院应当加强对在案财产审查甄别。在移送审查起诉、提起公诉时,一般应当对采取措施的涉案财产提出处理意见建议,并将采取措施的涉案财产及其清单随案移送。

人民检察院经审查,除对随案移送的涉案财产提出处理意见外,还需要对继续追缴的尚未被足额查封、扣押的其他违法所得提出处理意见建议。

涉案财产不宜随案移送的,应当按照相关法律、司法解释的规定,提供相应的清单、照片、录像、封存手续、存放地点说明、鉴定、评估意见、变价处理凭证等材料。

12. 对于不宜查封、扣押、冻结的经营性财产,公安机关、人民检察院、人民法院可以申请当地政府指定有关部门或者委托有关机构代管或者托管。

对易损毁、灭失、变质等不宜长期保存的物品,易贬值的汽车、船艇等物品,或者市场价格波动大的债券、股票、基金等财产,有效期即将届满的汇票、本票、支票等,经权利人同意或者申请,并经县级以上公安机关、人民检察院或者人民法院主要负责人批准,可以依法出售、变现或者先行变卖、拍卖,所得价款由扣押、冻结机关保管,并及时告知当事人或者其近亲属。

13. 人民检察院在法庭审理时应当对证明黑恶势力犯罪涉案财产情况进行举证质证,对于既能证明具体个罪又能证明经济特征的涉案财产情况相关证据在具体个罪中出示后,在经济特征中可以简要说明,不再重复出示。

14. 人民法院作出的判决,除应当对随案移送的涉案财产作出处理外,还应当在判决书中写明需要继续追缴尚未被足额查封、扣押的其他违法所得;对随案移送财产进行处理时,应当列明相关财产的具体名称、数量、金额、处置情况等。涉案财产或者有关当事人人数较多,不宜在判决书正文中详细列明的,可以概括叙述并另附清单。

15. 涉案财产符合下列情形之一的,应当依法追缴、没收:

(1)黑恶势力组织及其成员通过违法犯罪活动或者其他不正当手段聚敛的财产及其孳息、收益;

(2)黑恶势力组织成员通过个人实施违法犯罪活动聚敛的财产及其孳息、收益;

(3)其他单位、组织、个人为支持该黑恶势力组织活动资助或者主动提供的财产;

(4)黑恶势力组织及其成员通过合法的生产、经营活动获取的财产或者组织成员个人、家庭合法财产中,实际用于支持该组织活动的部分;

(5)黑恶势力组织成员非法持有的违禁品以及供犯罪所用的本人财物;

(6)其他单位、组织、个人利用黑恶势力组织及其成员违法犯罪活动获取的财产及其孳息、收益;

(7)其他应当追缴、没收的财产。

16. 应当追缴、没收的财产已用于清偿债务或者转让、或者设置其他权利负担,具有下列情形之一的,应当依法追缴:

(1)第三人明知是违法犯罪所得而接受的;

(2)第三人无偿或者以明显低于市场的价格取得涉案财物的;

(3)第三人通过非法债务清偿或者违法犯罪活动取得涉案财物的;

(4)第三人通过其他方式恶意取得涉案财物的。

17. 涉案财产符合下列情形之一的,应当依法返还:

(1)有证据证明确属被害人合法财产;

(2)有证据证明确与黑恶势力及其违法犯罪活动无关。

18. 有关违法犯罪事实查证属实后,对于有证据证明权属明确且无争议的被害人、善意第三人或者其他人员合法财产及其孳息,凡返还不损害其他利害关系人的利益,不影响案件正常办理的,应当在登记、拍照或者录像后,依法及时返还。

四、依法追缴、没收其他等值财产

19. 有证据证明依法应当追缴、没收的涉案财产无法找到、被他人善意取得、价值灭失或者与其他合法财产混合且不可分割的,可以追缴、没收其他等值财产。

对于证明前款各种情形的证据,公安机关或者人民检察院应当及时调取。

20. 本意见第 19 条所称"财产无法找到",是指有证据证明存在依法应当追缴、没收的财产,但无法查证财产去向、下落的。被告人有不同意见的,应当出示相关证据。

21. 追缴、没收的其他等值财产的数额,应当与无法直接追缴、没收的具体财产的数额相对应。

五、其他

22. 本意见所称孳息,包括天然孳息和法定孳息。

本意见所称收益,包括但不限于以下情形:

(1)聚敛、获取的财产直接产生的收益,如使用聚敛、获取的财产购买彩票中奖所得收益等;

(2)聚敛、获取的财产用于违法犯罪活动产生的收益,如使用聚敛、获取的财产赌博赢利所得收益、非法放贷所得收益、购买并贩卖毒品所得收益等;

(3)聚敛、获取的财产投资、置业形成的财产及其收益;

(4)聚敛、获取的财产和其他合法财产共同投资或者置业形成的财产中,与聚敛、获取的财产对应的份额及其收益;

(5)应当认定为收益的其他情形。

23. 本意见未规定的黑恶势力刑事案件财产处置工作其他事宜,根据相关法律法规、司法解释等规定办理。

24. 本意见自 2019 年 4 月 9 日起施行。

《最高人民法院、最高人民检察院、公安部、司法部关于办理恶势力刑事案件若干问题的意见》(2019 年 2 月 28 日　法发〔2019〕10 号)

为认真贯彻落实中央开展扫黑除恶专项斗争的部署要求,正确理解和适用最高人民法院、最高人民检察院、公安部、司法部《关于办理黑恶势力犯罪案件若干问题的指导意见》(法发〔2018〕1号,以下简称《指导意见》),根据刑法、刑事诉讼法及有关司法解释、规范性文件的规定,现对办理恶势力刑事案件若干问题提出如下意见:

一、办理恶势力刑事案件的总体要求

1. 人民法院、人民检察院、公安机关和司法行政机关要深刻认识恶势力违法犯罪的严重社会危害,毫不动摇地坚持依法严惩方针,在侦查、起诉、审判、执行各阶段,运用多种法律手段全面体现依法从严惩处精神,有力震慑恶势力违法犯罪分子,有效打击和预防恶势力违法犯罪。

2. 人民法院、人民检察院、公安机关和司法行政机关要严格坚持依法办案,确保在案件事实清楚,证据确实、充分的基础上,准确认定恶势力和恶势力犯罪集团,坚决防止人为拔高或者降低认定标准。要坚持贯彻落实宽严相济刑事政策,根据犯罪嫌疑人、被告人的主观恶性、人身危险性、在恶势力、恶势力犯罪集团中的地位、作用以及在具体犯罪中的罪责，切实做到宽严有据，罚当其罪，实现政治效果、法律效果和社会效果的统一。

3. 人民法院、人民检察院、公安机关和司法行政机关要充分发挥各自职能，分工负责，互相配合，互相制约，坚持以审判为中心的刑事诉讼制度改革要求，严格执行"三项规程"，不断强化程序意识和证据意识，有效加强法律监督，确保严格执法、公正司法，充分保障当事人、诉讼参与人的各项诉讼权利。

二、恶势力、恶势力犯罪集团的认定标准

4. 恶势力，是指经常纠集在一起，以暴力、威胁或者其他手段，在一定区域或者行业内多次实施违法犯罪活动，为非作恶，欺压百姓，扰乱经济、社会生活秩序，造成较为恶劣的社会影响，但尚未形成黑社会性质组织的违法犯罪组织。

5. 单纯为牟取不法经济利益而实施的"黄、赌、毒、盗、抢、骗"等违法犯罪活动，不具有为非作恶、欺压百姓特征的，或者因本人及近亲属的婚恋纠纷、家庭纠纷、邻里纠纷、劳动纠纷、合法债务纠纷而引发以及其他确属事出有因的违法犯罪活动，不应作为恶势力案件处理。

6. 恶势力一般为 3 人以上，纠集者相对固定。纠集者，是指在恶势力实施的违法犯罪活动中起组织、策划、指挥作用的违法犯罪分子。成员较为固定且符合恶势力其他认定条件，但多次实施违法犯罪活动是由不同的成员组织、策划、指挥，也可以认定为恶势力，有前述行为的成员均可以认定为纠集者。

恶势力的其他成员，是指知道或应当知道与他人经常纠集在一起是为了共同实施违法犯罪，仍按照纠集者的组织、策划、指挥参与违法犯罪活动的违法犯罪分子，包括已有充分证据证明但尚未归案的人员，以及因法定情形不予追究法律责任，或者因参与实施恶势力违法犯罪活动已受到行政或刑事处罚的人员。仅因临时雇佣或被雇佣、利用或被利用以及受蒙蔽参与少量恶势力违法犯罪活动的，一般不应认定为恶势力成员。

7. "经常纠集在一起，以暴力、威胁或者其他手段，在一定区域或者行业内多次实施违法犯罪活动"，是指犯罪嫌疑人、被告人于 2 年之内，以暴力、威胁或者其他手段，在一定区域或者行业内多次实施违法犯罪活动，且包括纠集者在内，至少应有 2 名相同的成员多次参与实施违法犯罪活动。对于"纠集在一起"时间明显较短，实施违法犯罪活动刚刚达到"多次"标准，且尚不足以造成较为恶劣影响的，一般不应认定为恶势力。

8. 恶势力实施的违法犯罪活动，主要为强迫交易、故意伤害、非法拘禁、敲诈勒索、故意毁坏财物、聚众斗殴、寻衅滋事，但也包括具有为非作恶、欺压百姓特征，主要以暴力、威胁为手段的其他违法犯罪活动。

恶势力还可能伴随实施开设赌场、组织卖淫、强迫卖淫、贩卖毒品、运输毒品、制造毒品、抢劫、抢夺、聚众扰乱社会秩序、聚众扰乱公共场所秩序、交通秩序以及聚众"打砸抢"等违法犯罪活动，但仅有前述伴随实施的违法犯罪活动，且不能认定具有为非作恶、欺压百姓特征的，一般不应认定为恶势力。

9. 办理恶势力刑事案件，"多次实施违法犯罪活动"至少应包括 1 次犯罪活动。对于反复实施强迫交易、非法拘禁、敲诈勒索、寻衅滋事等单一性质的违法行为，单次情节、数额尚不构成犯罪，但按照刑法或者有关司法解释、规范性文件的规定累加后应作为犯罪处理的，在认定是否属于"多次实施违法犯罪活动"时，可将已用于累加的违法行为计为 1 次犯罪活动，其他违法行为单独计算违法活动的次数。

已被处理或者已作为民间纠纷调处，后经查证确属恶势力违法犯罪活动的，均可以作为认定恶势力的事实依据，但不符合法定情形的，不得重新追究法律责任。

10. 认定"扰乱经济、社会生活秩序，造成较为恶劣的社会影响"，应当结合侵害对象及其数量、违法犯罪次数、手段、规模、人身损害后果、经济损失数额、违法所得数额、引起社会秩序混乱的程度以及对人民群众安全感的影响程度等因素综合把握。

11. 恶势力犯罪集团，是指符合恶势力全部认定条件，同时又符合犯罪集团法定条件的犯罪组织。

恶势力犯罪集团的首要分子，是指在恶势力犯罪集团中起组织、策划、指挥作用的犯罪分子。恶势力犯罪集团的其他成员，是指知道或者应当知道是为共同实施犯罪而组成的较为固定的犯罪组织，仍接受首要分子领导、管理、指挥，并参与该组织犯罪活动的犯罪分子。

恶势力犯罪集团应当有组织地实施多次犯罪活动，同时还可能伴随实施违法活动。恶势力犯罪集团所实施的违法犯罪活动，参照《指导意见》第十条第二款的规定认定。

12. 全部成员或者首要分子、纠集者以及其他重要成员均为未成年人、老年人、残疾人的，认定恶势力、恶势力犯罪集团时应当特别慎重。

三、正确运用宽严相济刑事政策的有关要求

13. 对于恶势力的纠集者、恶势力犯罪集团的首要分子、重要成员以及恶势力、恶势力犯罪集团共同犯罪中罪责严重的主犯，要正确运用法律规定加大惩处力度，对依法应当判处重刑或死刑的，坚决判处重刑或死刑。同时要严格掌握取保候审，严格掌握不起诉，严格掌握缓刑、减刑、假释，严格掌握保外就医适用条件，充分利用资格刑、财产刑等法律手段全方位从严惩处。对于符合刑法第三十七条之一规定的，可以依法禁止其从事相关职业。

对于恶势力、恶势力犯罪集团的其他成员，在共同犯罪中罪责相对较小、人身危险性、主观恶性相对不大的，具有自首、立功、坦白、初犯等法定或酌定从宽处罚情节，可以依法从轻、减轻或免除处罚。认罪认罚或者仅参与实施少量的犯罪活动且只起次要、辅助作用，符合缓刑条件的，可以适用缓刑。

14. 恶势力犯罪集团的首要分子检举揭发与该犯罪集团及其违法犯罪活动有关联的其他犯罪线索，如果在认定立功的问题上存在事实、证据或法律适用方面的争议，应当严格把握。依法应认定为立功或者重大立功的，在决定是否从宽处罚、如何从宽处罚时，应当根据罪责刑相一致原则从严掌握。可能导致全案量刑明显失衡的，不予从宽处罚。

恶势力犯罪集团的其他成员如果能够配合司法机关查办案件，有提供线索、帮助收集证据或者其他协助行为，并在侦破恶势力犯罪集团案件、查处“保护伞”等方面起到较大作用的，即使依法不能认定立功，一般也应酌情对其从轻处罚。

15. 犯罪嫌疑人、被告人同时具有法定、酌定从严和法定、酌定从宽处罚情节的，量刑时要根据所犯具体罪行的严重程度，结合被告人在恶势力、恶势力犯罪集团中的地位、作用、主观恶性、人身危险性等因素整体把握。对于恶势力的纠集者、恶势力犯罪集团的首要分子、重要成员，量刑时要体现总体从严。对于在共同犯罪中罪责相对较小、人身危险性、主观恶性相对不大，且能够真诚认罪悔罪的其他成员，量刑时要体现总体从宽。

16. 恶势力刑事案件的犯罪嫌疑人、被告人自愿如实供述自己的罪行，承认指控的犯罪事实，愿意接受处罚的，可以依法从宽处理，并适用认罪认罚从宽制度。对于犯罪性质恶劣、犯罪手段残忍、社会危害严重的犯罪嫌疑人、被告人，虽然认罪认罚，但不足以从轻处罚的，不适用该制度。

四、办理恶势力刑事案件的其他问题

17. 人民法院、人民检察院、公安机关经审查认为案件符合恶势力认定标准的，应当在起诉意见书、起诉书、判决书、裁定书等法律文书中的案件事实部分明确表述，列明恶势力的纠集者、其他成员、违法犯罪事实以及据以认定的证据；符合恶势力犯罪集团认定标准的，应当在上述法律文书中明确定性，列明首要分子、其他成员、违法犯罪事实以及据以认定的证据，并引用刑法总则关于犯罪集团的相关规定。被告人及其辩护人对恶势力定性提出辩解和辩护意见，人民法院可以在裁判文书中予以评析回应。

恶势力刑事案件的起诉意见书、起诉书、判决书、裁定书等法律文书，可以在案件事实部分先概述恶势力、恶势力犯罪集团的概括事实，再分述具体的恶势力违法犯罪事实。

18. 对于公安机关未在起诉意见书中明确认定，人民检察院在审查起诉期间发现构成恶势力或者恶势力犯罪集团，且相关违法犯罪事实已经查清，证据确实、充分，依法应追究刑事责任的，应当作出起诉决定，根据查明的事实向人民法院提起公诉，并在起诉书中明确认定为恶势力或者恶势力犯罪集团。人民检察院认为恶势力相关违法犯罪事实不清、证据不足，或者存在遗漏恶势力违法犯罪事实、遗漏同案犯罪嫌疑人等情形需要补充侦查的，应当提出具体的书面意见，连同案卷材料一并退回公安机关补充侦查；人民检察院也可以自行侦查，必要时可以要求公安机关提供协助。

对于人民检察院未在起诉书中明确认定，人民法院在审判期间发现构成恶势力或恶势力犯罪集团的，可以建议人民检察院补充或者变更起诉；人民检察院不同意或者在七日内未回复意见的，人民法院不应主动认定，可仅就起诉指控的犯罪事实依照相关规定作出判决、裁定。

审理被告人或者被告人的法定代理人、辩护人、近亲属上诉的案件时，一审判决认定黑社会性质组织有误的，二审法院应当纠正，符合恶势力、恶势力犯罪集团认定标准，应当作出相应认定；一审判决认定恶势力或恶势力犯罪集团有误的，应当纠正，但不得升格认定；一审判决未认定恶势力或恶势力犯罪集团的，不得增加认定。

19. 公安机关、人民检察院、人民法院应当分别以起诉意见书、起诉书、裁判文书所明确的恶势力、恶势力犯罪集团，作为相关数据的统计依据。

20. 本意见自2019年4月9日起施行。

《最高人民法院、最高人民检察院、公安部、司法部关于办理利用信息网络实施黑恶势力犯罪刑事案件若干问题的意见》(2019年7月23日)

二、依法严惩利用信息网络实施的黑恶势力犯罪

4. 对通过发布、删除负面或虚假信息，发送侮辱性信息、图片，以及利用信息、电话骚扰等方式，威胁、要挟、恐吓、滋扰他人，实施黑恶势力违法犯罪的，应当准确认定，依法严惩。

5. 利用信息网络威胁他人，强迫交易，情节严重的，依照刑法第二百二十六条的规定，以强迫交易罪定罪处罚。

6. 利用信息网络威胁、要挟他人，索取公私财物，数额较大，或者多次实施上述行为的，依照刑法第二百七十四条的规定，以敲诈勒索罪定罪处罚。

7. 利用信息网络辱骂、恐吓他人，情节恶劣，破坏社会秩序的，依照刑法第二百九十三条第一款第二项的规定，以寻衅滋事罪定罪处罚。

编造虚假信息，或者明知是编造的虚假信息，在信息网络上散布，或者组织、指使人员在信息网络上散布，起哄闹事，造成公共秩序严重混乱的，依照刑法第二百九十三条第一款第四项的规定，以寻衅滋事罪定罪处罚。

8. 侦办利用信息网络实施的强迫交易、敲诈勒索等非法敛财类案件，确因被害人人数众多等客观条件的限制，无法逐一收集被害人陈述的，可以结合已收集的被害人陈述，以及经查证属实的银行账户交易记录、第三方支付结算账户交易记录、通话记录、电子数据等证据，综合认定被害人人数以及涉案资金数额等。

三、准确认定利用信息网络实施犯罪的黑恶势力

9. 利用信息网络实施违法犯罪活动，符合刑法、《指导意见》以及最高人民法院、最高人民检察院、公安部、司法部《关于办理恶势力刑事案件若干问题的意见》等规定的恶势力、恶势力犯罪集团、黑社会性质组织特征和认定标准的，应当依法认定为恶势力、恶势力犯罪集团、黑社会性质组织。

认定利用信息网络实施违法犯罪活动的黑社会性质组织时，应当依照刑法第二百九十四条第五款规定的"四个特征"进行综合审查判断，分析"四个特征"相互间的内在联系，根据在网络空间和现实社会中实施违法犯罪活动对公民人身、财产、民主权利和经济、社会生活秩序所造成的危害，准确评价，依法予以认定。

10. 认定利用信息网络实施违法犯罪的黑恶势力组织特征，要从违法犯罪的起因、目的，以及组织、策划、指挥、参与人员是否相对固定，组织形成后是否持续进行犯罪活动、是否有明确的职责分工、行为规范、利益分配机制等方面综合判断。利用信息网络实施违法犯罪的黑恶势力组织成员之间一般通过即时通讯工具、通讯群组、电子邮件、网盘等信息网络方式联络，对部分组织成员通过信息网络方式联络实施黑恶势力违法犯罪活动，即使相互未见面、彼此不熟识，不影响对组织特征的认定。

11. 利用信息网络有组织地通过实施违法犯罪活动或者其他手段获取一定数量的经济利益，用于违法犯罪活动或者支持该组织生存、发展的，应当认定为符合刑法第二百九十四条第五款第二项规定的黑社会性质组织经济特征。

12. 通过线上线下相结合的方式，有组织地多

次利用信息网络实施违法犯罪活动,侵犯不特定多人的人身权利、民主权利、财产权利,破坏经济秩序、社会秩序的,应当认定为符合刑法第二百九十四条第五款第三项规定的黑社会性质组织行为特征。单纯通过线上方式实施的违法犯罪活动,且不具有为非作恶、欺压残害群众特征的,一般不应作为黑社会性质组织行为特征的认定依据。

13. 对利用信息网络实施黑恶势力犯罪非法控制和影响的"一定区域或者行业",应当结合危害行为发生地或者危害行业的相对集中程度,以及犯罪嫌疑人、被告人在网络空间和现实社会中的控制和影响程度综合判断。虽然危害行为发生地、危害的行业比较分散,但涉案犯罪组织利用信息网络多次实施强迫交易、寻衅滋事、敲诈勒索等违法犯罪活动,在网络空间和现实社会造成重大影响,严重破坏经济、社会生活秩序的,应当认定为"在一定区域或者行业内,形成非法控制或者重大影响"。

四、利用信息网络实施黑恶势力犯罪案件管辖

14. 利用信息网络实施的黑恶势力犯罪案件管辖依照《关于办理黑社会性质组织犯罪案件若干问题的规定》和《关于办理网络犯罪案件适用刑事诉讼程序若干问题的意见》的有关规定确定,坚持以犯罪地管辖为主、被告人居住地管辖为辅的原则。

15. 公安机关可以依法对利用信息网络实施的黑恶势力犯罪相关案件并案侦查或者指定下级公安机关管辖,并案侦查或者由上级公安机关指定管辖的公安机关应当全面调查收集能够证明黑恶势力犯罪事实的证据,各涉案地公安机关应当积极配合。并案侦查或者由上级公安机关指定管辖的案件,需要提请批准逮捕、移送审查起诉、提起公诉的,由立案侦查的公安机关所在地的人民检察院、人民法院受理。

16. 人民检察院对于公安机关提请批准逮捕、移送审查起诉的利用信息网络实施的黑恶势力犯罪案件,人民法院对于已进入审判程序的利用信息网络实施的黑恶势力犯罪案件,被告人及其辩护人提出的管辖异议成立,或者办案单位发现没有管辖权的,受案人民检察院、人民法院经审查,可以依法报请与有管辖权的人民检察院、人民法院共同的上级人民检察院、人民法院指定管辖,不再自行移交。对于在审查批准逮捕阶段,上级检察机关已经指定管辖的案件,审查起诉工作由同一人民检察院受理。人民检察院、人民法院认为应当分案起诉、审理的,可以依法分案处理。

17. 公安机关指定下级公安机关办理利用信息网络实施的黑恶势力犯罪案件的,应当同时抄送同级人民检察院、人民法院。人民检察院认为需要依法指定审判管辖的,应当协商同级人民法院办理指定管辖有关事宜。

18. 本意见自2019年10月21日起施行。

《最高人民法院、最高人民检察院、公安部、司法部关于依法严惩利用未成年人实施黑恶势力犯罪的意见》(2020年4月23日)

扫黑除恶专项斗争开展以来,各级人民法院、人民检察院、公安机关和司法行政机关坚决贯彻落实中央部署,严格依法办理涉黑涉恶案件,取得了显著成效。近期,不少地方在办理黑恶势力犯罪案件时,发现一些未成年人被胁迫、利诱参与、实施黑恶势力犯罪,严重损害了未成年人健康成长,严重危害社会和谐稳定。为保护未成年人合法权益,依法从严惩治胁迫、教唆、引诱、欺骗等利用未成年人实施黑恶势力犯罪的行为,根据有关法律规定,制定本意见。

一、突出打击重点,依法严惩利用未成年人实施黑恶势力犯罪的行为

(一)黑社会性质组织、恶势力犯罪集团、恶势力,实施下列行为之一的,应当认定为"利用未成年人实施黑恶势力犯罪":

1. 胁迫、教唆未成年人参加黑社会性质组织、恶势力犯罪集团、恶势力,或者实施黑恶势力违法犯罪活动的;

2. 拉拢、引诱、欺骗未成年人参加黑社会性质组织、恶势力犯罪集团、恶势力,或者实施黑恶势力违法犯罪活动的;

3. 招募、吸收、介绍未成年人参加黑社会性质组织、恶势力犯罪集团、恶势力,或者实施黑恶势力违法犯罪活动的;

4. 雇佣未成年人实施黑恶势力违法犯罪活动的;

5. 其他利用未成年人实施黑恶势力犯罪的情形。

黑社会性质组织、恶势力犯罪集团、恶势力,根

据刑法和《最高人民法院、最高人民检察院、公安部、司法部关于办理黑恶势力犯罪案件若干问题的指导意见》《最高人民法院、最高人民检察院、公安部、司法部关于办理恶势力刑事案件若干问题的意见》等法律、司法解释性质文件的规定认定。

（二）利用未成年人实施黑恶势力犯罪，具有下列情形之一的，应当从重处罚：

1. 组织、指挥未成年人实施故意杀人、故意伤害致人重伤或者死亡、强奸、绑架、抢劫等严重暴力犯罪的；

2. 向未成年人传授实施黑恶势力犯罪的方法、技能、经验的；

3. 利用未达到刑事责任年龄的未成年人实施黑恶势力犯罪的；

4. 为逃避法律追究，让未成年人自首、做虚假供述顶罪的；

5. 利用留守儿童、在校学生实施犯罪的；

6. 利用多人或者多次利用未成年人实施犯罪的；

7. 针对未成年人实施违法犯罪的；

8. 对未成年人负有监护、教育、照料等特殊职责的人员利用未成年人实施黑恶势力违法犯罪活动的；

9. 其他利用未成年人违法犯罪应当从重处罚的情形。

（三）黑社会性质组织、恶势力犯罪集团利用未成年人实施犯罪的，对犯罪集团首要分子，按照集团所犯的全部罪行，从重处罚。对犯罪集团的骨干成员，按照其组织、指挥的犯罪，从重处罚。

恶势力利用未成年人实施犯罪的，对起组织、策划、指挥作用的纠集者，恶势力共同犯罪中罪责严重的主犯，从重处罚。

黑社会性质组织、恶势力犯罪集团、恶势力成员直接利用未成年人实施黑恶势力犯罪的，从重处罚。

（四）有胁迫、教唆、引诱等利用未成年人参加黑社会性质组织、恶势力犯罪集团、恶势力，或者实施黑恶势力犯罪的行为，虽然未成年人并没有加入黑社会性质组织、恶势力犯罪集团、恶势力，或者没有实际参与实施黑恶势力违法犯罪活动，对黑社会性质组织、恶势力犯罪集团、恶势力的首要分子、骨干成员、纠集者、主犯和直接利用的成员，即便有自首、立功、坦白等从轻减轻情节的，一般也不予从轻或者减轻处罚。

（五）被黑社会性质组织、恶势力犯罪集团、恶势力利用，偶尔参与黑恶势力犯罪活动的未成年人，按其所实施的具体犯罪行为定性，一般不认定为黑恶势力犯罪组织成员。

二、严格依法办案，形成打击合力

（一）人民法院、人民检察院、公安机关和司法行政机关要加强协作配合，对利用未成年人实施黑恶势力犯罪的，在侦查、起诉、审判、执行各阶段，要全面体现依法从严惩处精神，及时查明利用未成年人的犯罪事实，避免纠缠细枝末节。要加强对下指导，对利用未成年人实施黑恶势力犯罪的重特大案件，可以单独或者联合挂牌督办。对于重大疑难复杂和社会影响较大的案件，办案部门应当及时层报上级人民法院、人民检察院、公安机关和司法行政机关。

（二）公安机关要注意发现涉黑涉恶案件中利用未成年人犯罪的线索，落实以审判为中心的刑事诉讼制度改革要求，强化程序意识和证据意识，依法收集、固定和运用证据，并可以就案件性质、收集证据和适用法律等听取人民检察院意见建议。从严掌握取保候审、监视居住的适用，对利用未成年人实施黑恶势力犯罪的首要分子、骨干成员、纠集者、主犯和直接利用的成员，应当依法提请人民检察院批准逮捕。

（三）人民检察院要加强对利用未成年人实施黑恶势力犯罪案件的立案监督，发现应当立案而不立案的，应当要求公安机关说明理由，认为理由不能成立的，应当依法通知公安机关立案。对于利用未成年人实施黑恶势力犯罪的案件，人民检察院可以对案件性质、收集证据和适用法律等提出意见建议。对于符合逮捕条件的依法坚决批准逮捕，符合起诉条件的依法坚决起诉。不批准逮捕要求公安机关补充侦查、审查起诉阶段退回补充侦查的，应当分别制作详细的补充侦查提纲，写明需要补充侦查的事项、理由、侦查方向、需要补充收集的证据及其证明作用等，送交公安机关开展相关侦查补证活动。

（四）办理利用未成年人实施黑恶势力犯罪案

件要将依法严惩与认罪认罚从宽有机结合起来。对利用未成年人实施黑恶势力犯罪的,人民检察院要考虑其利用未成年人的情节,向人民法院提出从严处罚的量刑建议。对于虽然认罪,但利用未成年人实施黑恶势力犯罪,犯罪性质恶劣、犯罪手段残忍、严重损害未成年人身心健康,不足以从宽处罚的,在提出量刑建议时要依法从严从重。对被黑恶势力利用实施犯罪的未成年人,自愿如实认罪、真诚悔罪,愿意接受处罚的,应当依法提出从宽处理的量刑建议。

(五)人民法院要对利用未成年人实施黑恶势力犯罪案件及时审判,从严处罚。严格掌握缓刑、减刑、假释的适用,严格掌握暂予监外执行的适用条件。依法运用财产刑、资格刑,最大限度铲除黑恶势力"经济基础"。对于符合刑法第三十七条之一规定的,应当依法禁止其从事相关职业。

三、积极参与社会治理,实现标本兼治

(一)认真落实边打边治边建要求,积极参与社会治理。深挖黑恶势力犯罪分子利用未成年人实施犯罪的根源,剖析重点行业领域监管漏洞,及时预警预判,及时通报相关部门、提出加强监管和行政执法的建议,从源头遏制黑恶势力向未成年人群体侵蚀蔓延。对被黑恶势力利用尚未实施犯罪的未成年人,要配合有关部门及早发现、及时挽救。对实施黑恶势力犯罪但未达到刑事责任年龄的未成年人,要通过落实家庭监护、强化学校教育管理、送入专门学校矫治、开,展社会化帮教等措施做好教育挽救和犯罪预防工作。

(二)加强各职能部门协调联动,有效预防未成年人被黑恶势力利用。建立与共青团、妇联、教育等部门的协作配合工作机制,开展针对未成年人监护人的家庭教育指导、针对教职工的法治教育培训,教育引导未成年人远离违法犯罪。推动建立未成年人涉黑涉恶预警机制,及时阻断未成年人与黑恶势力的联系,防止未成年人被黑恶势力诱导利用。推动网信部门开展专项治理,加强未成年人网络保护。加强与街道、社区等基层组织的联系,重视和发挥基层组织在预防未成年人涉黑涉恶犯罪中的重要作用,进一步推进社区矫正机构对未成年社区矫正对象采取有针对性的矫正措施。

(三)开展法治宣传教育,为严惩利用未成年人实施黑恶势力犯罪营造良好社会环境。充分发挥典型案例的宣示、警醒、引领、示范作用,通过以案释法,选择典型案件召开新闻发布会,向社会公布严惩利用未成年人实施黑恶势力犯罪的经验和做法,揭露利用未成年人实施黑恶势力犯罪的严重危害性。加强重点青少年群体的法治教育,在黑恶势力犯罪案件多发的地区、街道、社区等,强化未成年人对黑恶势力违法犯罪行为的认识,提高未成年人防范意识和法治观念,远离黑恶势力及其违法犯罪。

要义辨析

一、概念

本罪是指组织、领导或者参加以暴力、威胁或其他手段进行有组织、有预谋的违法犯罪活动,称霸一方,为非作恶,欺压、残害群众,严重破坏经济、社会生活秩序的黑社会性质的组织的行为。

二、构成要件

1. 本罪侵犯的系复杂客体,既可以是公民的人身权或国家、集体、公民的财产权,也可以是社会的经济秩序或者是生活秩序。

2. 客观上表现为具有组织、领导或者参加黑社会性质组织三种行为中一种以上的行为,且该黑社会性质组织又是以各种手段从事各种违法犯罪活动的组织。

3. 犯罪主体为一般主体,即黑社会性质组织的组织者、领导者和参加者,依行为者在组织中的实际地位及介入程度分别定罪量刑。

4. 主观方面为直接故意。

三、要点辨析

1. 本罪是1997年《刑法》中规定的罪名。当时最高刑是10年有期徒刑。但是,在具体执行中,个别地方出现了严重的打击扩大化的问题。全国人大常委会针对各地执行中的混乱,专门于2002年4月28日作出了立法解释《关于〈中华人民共和国刑法〉第二百九十四条第一款的解释》,明确了组织性、暴力性、经济性、保护伞等四个特征的界定。2000 年到 2009 年,“两高一部”也作出了很多具体的解释、纪要,对本罪进行概念和罪状的界定。2011 年 2 月 25 日《刑法修正案(八)》,又进行了较大幅度的修订,上限刑期又提高为 15 年有期徒刑。全国总的趋势,在此后更趋慎重,但是打击有组织黑社会性质犯罪仍然存在不少问题。主要是对各种个罪已经分别考量判决的情节,又以本罪进行累计重复评价,将没有关联性的非集团性犯罪,硬拼凑为有组织犯罪,集合罪状再判决,导致“打黑”扩大化。很多已经治安处理、刑罚处理过的情节,为了包装成有组织的黑社会犯罪,也进行重新“回头看”拼凑,导致了很多判决的失误。因此,在适用本罪时,侦查、起诉、辩护、审判环节,都需要特别加以注意。

2. 本罪为行为犯,只要组织、领导了黑社会性质的组织或者参加了该组织,即构成本罪。对组织领导者、积极参加的骨干分子、其他参加的,分档次量刑。

3. 在实施本罪的过程中,同时又构成其他罪的,实行数罪并罚。但是要注意,对以前已经审理判决过的情节、已经治安处理完毕的情节、当地公安机关当年已经调解处理完毕的一般治安纠纷、已经超过追诉时效的轻微违法情节,不能“回头看”,将其作为犯罪情节重复评价。只能作为该犯罪人一贯表现和累犯因素,在量刑情节中考量。

四、罪名变迁

本罪是 1997 年《刑法》增设的罪名,1979 年《刑法》和单行刑法均没有规定此罪名。《刑法修正案(八)》对黑社会性质组织的组织者、领导者与积极参加者的法定刑设置进行了区分,提高了组织者、领导者的法定刑幅度,相应降低了积极参加者的法定刑幅度,并增设了财产刑的规定。同时将立法解释规定的黑社会性质组织的认定标准写进《刑法》条文。

类罪名:妨害社会管理秩序罪/扰乱公共秩序罪	罪名:入境发展黑社会组织罪
量刑标准	犯本罪的　处 3 年以上 10 年以下有期徒刑。

法律依据

一、《刑法》条文

第二百九十四条第二、四款　境外的黑社会组织的人员到中华人民共和国境内发展组织成员的,处三年以上十年以下有期徒刑。

犯前三款罪又有其他犯罪行为的,依照数罪并罚的规定处罚。

二、相关司法解释/文件

《最高人民法院关于审理黑社会性质组织犯罪的案件具体应用法律若干问题的解释》(2000 年 12 月 5 日　法释〔2000〕42 号)

第二条　刑法第二百九十四条第二款规定的“发展组织成员”,是指将境内、外人员吸收为该黑社会组织成员的行为。对黑社会组织成员进行内部调整等行为,可视为“发展组织成员”。

港、澳、台黑社会组织到内地发展组织成员的,适用刑法第二百九十四条第二款的规定定罪处罚。

第三条　组织、领导、参加黑社会性质的组织又有其他犯罪行为的,根据刑法第二百九十四条第三款的规定,依照数罪并罚的规定处罚;对于黑社会性质组织的组织者、领导者,应当按照其所组织、领导的黑社会性质组织所犯的全部罪行处罚;对于黑社会性质组织的参加者,应当按照其所参与的犯罪处罚。

对于参加黑社会性质的组织,没有实施其他违法犯罪活动的,或者受蒙蔽、胁迫参加黑社会性质的组织,情节轻微的,可以不作为犯罪处理。

第七条　对黑社会性质组织和组织、领导、参加黑社会性质组织的犯罪分子聚敛的财物及其收益,以及用于犯罪的工具等,应当依法追缴、没收。

要义辨析

一、概念

本罪是指境外的黑社会组织的人员,到中国境内发展组织成员的行为。

二、构成要件

1. 本罪侵犯的客体是中国的社会治安管理秩序。

2. 客观方面表现为境外的黑社会组织的人员,到我国境内发展组织成员的行为。本罪是行为犯,只要有到中国发展黑社会组织的行为,即使没有实施任何其他的犯罪,也构成犯罪。

3. 本罪主体是特定的,即境外黑社会组织成员。犯罪地也是特定的,为在中国境内,即我国大陆地区。

4. 主观方面为故意。

三、要点辨析

1. 境外的黑社会组织,既包括其他国家或地区的黑社会组织,也包括在我国台湾地区、香港特别行政区、澳门特别行政区的黑社会组织。所谓"发展组织成员",是指通过引诱、拉拢、腐蚀、强迫、威胁、暴力、贿赂等手段纠集、吸收成员的行为。

2. 在犯本罪的过程中,同时又构成其他罪的,实行数罪并罚。

3. 注意划清一罪与数罪的界限。行为人只要具有入境发展黑社会组织成员的行为,就构成本罪。既发展了组织,又指使他人和参加其他犯罪的,按照数罪并罚处理。

四、罪名变迁

本罪是1997年《刑法》增设的罪名。2011年2月25日《刑法修正案(八)》只进行了条款调整。

类罪名:妨害社会管理秩序罪/扰乱公共秩序罪	罪名:包庇、纵容黑社会性质组织罪	
量刑标准	构成犯罪的	处3年以下有期徒刑、拘役或者剥夺政治权利;
	情节严重的	处3年以上10年以下有期徒刑。

法律依据

一、《刑法》条文

第二百九十四条第三、四、五款 国家机关工作人员包庇黑社会性质的组织,或者纵容黑社会性质的组织进行违法犯罪活动的,处五年以下有期徒刑;情节严重的,处五年以上有期徒刑。

犯前三款罪又有其他犯罪行为的,依照数罪并罚的规定处罚。

黑社会性质的组织应当同时具备以下特征:

(一)形成较稳定的犯罪组织,人数较多,有明确的组织者、领导者,骨干成员基本固定;

(二)有组织地通过违法犯罪活动或者其他手段获取经济利益,具有一定的经济实力,以支持该组织的活动;

(三)以暴力、威胁或者其他手段,有组织地多次进行违法犯罪活动,为非作恶,欺压、残害群众;

(四)通过实施违法犯罪活动,或者利用国家工作人员的包庇或者纵容,称霸一方,在一定区域或者行业内,形成非法控制或者重大影响,严重破坏经济、社会生活秩序。

二、相关司法解释/文件

《最高人民法院关于审理黑社会性质组织犯罪的案件具体应用法律若干问题的解释》(2000年12月5日 法释〔2000〕42号)

第五条 刑法第二百九十四条第四款规定的"包庇",是指国家机关工作人员为使黑社会性质组织及其成员逃避查禁,而通风报信,隐匿、毁灭、伪造证据,阻止他人作证、检举揭发,指使他人作伪证,帮助逃匿,或者阻挠其他国家机关工作人员依法查禁等行为。

刑法第二百九十四条第四款规定的“纵容”，是指国家机关工作人员不依法履行职责，放纵黑社会性质组织进行违法犯罪活动的行为。

第六条　国家机关工作人员包庇、纵容黑社会性质的组织，有下列情形之一的，属于刑法第二百九十四条第四款规定的“情节严重”：

（一）包庇、纵容黑社会性质组织跨境实施违法犯罪活动的；

（二）包庇、纵容境外黑社会组织在境内实施违法犯罪活动的；

（三）多次实施包庇、纵容行为的；

（四）致使某一区域或者行业的经济、社会生活秩序遭受黑社会性质组织特别严重破坏的；

（五）致使黑社会性质组织的组织者、领导者逃匿，或者致使对黑社会性质组织的查禁工作严重受阻的；

（六）具有其他严重情节的。

第七条　对黑社会性质组织和组织、领导、参加黑社会性质组织的犯罪分子聚敛的财物及其收益，以及用于犯罪的工具等，应当依法追缴、没收。

《最高人民法院、最高人民检察院、公安部办理黑社会性质组织犯罪案件座谈会纪要》（2009年12月9日　法〔2009〕382号）

（二）关于办理黑社会性质组织犯罪案件的其他问题

1. 关于包庇、纵容黑社会性质组织罪主观要件的认定。本罪主观方面要求必须是出于故意，过失不能构成本罪。会议认为，只要行为人知道或者应当知道是从事违法犯罪活动的组织，仍对该组织及其成员予以包庇，或者纵容其实施违法犯罪活动，即可认定本罪。至于行为人是否明知该组织系黑社会性质组织，不影响本罪的成立。

《最高人民法院、最高人民检察院、公安部、司法部关于依法严厉打击黑恶势力违法犯罪的通告》（2018年2月2日）

一、凡是实施黑恶势力违法犯罪以及包庇、纵容黑社会性质组织的人员，必须立即停止一切违法犯罪活动。自本通告发布之日起至2018年3月1日，主动投案自首、如实供述自己罪行的，可以依法从轻或者减轻处罚。在此规定期限内拒不投案自首、继续为非作恶的，将依法从严惩处。对于为黑恶势力违法犯罪人员充当“保护伞”的国家机关工作人员，将坚决依法依纪查处，不管涉及谁，都要一查到底、绝不姑息。

二、黑恶势力犯罪人员的亲友应当积极规劝其尽快投案自首，经亲友规劝、陪同投案的，或者亲友主动报案后将犯罪人员送去投案的，视为自动投案。窝藏、包庇黑恶势力犯罪人员或者帮助洗钱、毁灭、伪造证据以及掩饰、隐瞒犯罪所得、犯罪所得收益的，将依法追究刑事责任。黑恶势力犯罪人员到案后有检举、揭发他人犯罪并经查证属实，以及提供侦破其他案件的重要线索并经查证属实，或者协助司法机关抓获其他犯罪嫌疑人的，可以依法从轻或者减轻处罚；有重大立功表现的，可以依法减轻或者免除处罚。黑恶势力犯罪人员积极配合侦查、起诉、审判工作，在查明黑社会性质组织的组织结构和组织者、领导者的地位作用，组织实施的重大犯罪事实，追缴、没收赃款赃物，打击“保护伞”等方面提供重要线索和证据，经查证属实的，可以根据案件具体情况，依法从轻、减轻或者免除处罚。

三、全国政法战线要贯彻落实党的十九大精神，在各级党委的统一领导下，充分发挥社会治安综合治理优势，推动各部门各司其职、齐抓共管，形成工作合力。要以“零容忍”态度，坚决依法从严惩治，对黑恶势力违法犯罪重拳出击，侦办一批群众深恶痛绝的涉黑涉恶案件，整治一批涉黑涉恶重点地区，惩治一批涉黑涉恶违法犯罪分子，确保在春节前后取得积极成效，为扫黑除恶专项斗争奠定坚实基础，不断增强人民获得感、幸福感、安全感。

四、扫黑除恶是一场人民战争，必须依靠人民群众的积极参与。欢迎广大群众积极举报涉黑涉恶犯罪和“村霸”等突出问题，对在打击黑恶势力违法犯罪、铲除黑恶势力滋生土壤、深挖黑恶势力“保护伞”中发挥重要作用的，予以奖励。政法机关将依法保护举报人的个人信息及安全。

要义辨析

一、概念

本罪是指国家机关工作人员包庇黑社会性质的组织或者纵容其进行违法犯罪活动的行为。这是专门惩治黑社会犯罪“保护伞”的刑罚规定。

二、构成要件

1. 本罪侵犯的客体是司法机关的正常活动。

2. 客观方面表现为包庇黑社会性质的组织,或者纵容黑社会性质的组织进行违法犯罪活动的行为。具体为提供假证、伪证,毁匿证据,使黑社会性质组织逃避法律追究,或者明的、暗的纵容这种组织进行违法犯罪活动。

3. 本罪的主体系特殊主体,即必须是国家机关的工作人员。

4. 主观上只能是故意。

三、要点辨析

本罪专门针对的国家机关的工作人员包庇、怂恿、保护、勾结行为。不单包庇他人,自己还参与到黑社会组织中进行其他犯罪行为的,进行数罪并罚。

四、罪名变迁

1997 年《刑法》对本罪作了规定。2011 年 2 月 25 日《刑法修正案(八)》作了修订,加重了量刑和规定了数罪并罚条款。

类罪名:妨害社会管理秩序罪/扰乱公共秩序罪	罪名:传授犯罪方法罪
量刑标准	构成犯罪的　处 5 年以下有期徒刑、拘役或者管制;
	情节严重的　处 5 年以上有期徒刑;
	情节特别严重的　处 10 年以上有期徒刑或者无期徒刑。

法律依据

一、《刑法》条文

第二百九十五条　传授犯罪方法的,处五年以下有期徒刑、拘役或者管制;情节严重的,处五年以上十年以下有期徒刑;情节特别严重的,处十年以上有期徒刑或者无期徒刑。

二、相关司法解释/文件

《最高人民法院关于印发〈全国法院毒品犯罪审判工作座谈会纪要〉的通知》(2015 年 5 月 18 日　法〔2015〕129 号)

二、关于毒品犯罪法律适用的若干具体问题

(一)罪名认定的问题

行为人利用信息网络贩卖毒品、在境内非法买卖用于制造毒品的原料或者配剂、传授制造毒品等犯罪的方法,构成贩卖毒品罪、非法买卖制毒物品罪、传授犯罪方法罪等犯罪的,依法定罪处罚。行为人开设网站、利用网络聊天室等组织他人共同吸毒,构成引诱、教唆、欺骗他人吸毒罪等犯罪的,依法定罪处罚。

《中央宣传部、中央网信办、最高人民法院、最高人民检察院、公安部、工业和信息化部、国家工商行政管理总局、国家邮政局、国家禁毒委办公室关于印发〈关于加强互联网禁毒工作的意见〉的通知》(2015 年 4 月 14 日　禁毒办通〔2015〕32 号)

四、坚决依法打击

15. 严厉打击网络毒品犯罪。对涉毒违法犯罪线索进行落地侦查取证、深挖扩线和打击处理,深入搜集固定证据,查清组织策划人员,开展打击行动,集中力量侦破一批网络涉毒违法犯罪案件,抓捕一批为首分子和骨干人员,摧毁毒品违法犯罪团伙网络。集中打击整治一批为网络涉毒违法犯罪活动“输血供电”的互联网及寄递企业。对于利用互联网贩卖毒品,或者在境内非法买卖用于制造毒品的原料、配剂构成犯罪的,分别以贩卖毒品罪、非法买卖制毒物品罪定罪处罚;对于利用互联网发布、传播制造毒品等犯罪的方法、技术、工艺的,以传授犯罪方法罪定罪处罚,被传授者是否接受或者是否以此方法实施了制造毒品等犯罪不影响对本罪的认定;对于开设网站、利用网络通讯群组等形式组织他人共同吸毒,构成引诱、教唆、欺骗他人吸毒罪等犯罪的,依法定罪处罚。

要义辨析

一、概念

本罪是指用语言、文字、动作或者其他方式把实施犯罪的具体做法、经验故意传授给他人的行为。

二、构成要件

1. 本罪侵犯的客体是社会治安管理秩序。

2. 客观方面必须具有向他人传授犯罪方法的行为,主要是向他人传授作案经验和技能。行为人只要实施了传授犯罪方法的行为,即构成本罪。

3. 本罪的犯罪主体是一般主体。

4. 犯罪的主观方面必须是故意,即明知将犯罪方法传授给他人,会危害社会却依然传授,并希望他人接受所传授的犯罪方法。过失不构成本罪。

三、要点辨析

1. 本罪属于行为犯,只要行为人实施了传授犯罪方法的行为,就可构成本罪。但是本罪是有无期徒刑重罪的罪名,其传授的方法,与量刑标准的掌握,要特别注意其行为传授的是不是恶性犯罪,并导致了严重后果。对"情节特别严重的,处十年以上到无期徒刑"的情形,要特别严格把握,一般同实行犯相比,量刑要有所区别。

2. 注意传授犯罪方法罪与教唆犯罪的区别。传授犯罪方法罪,是一个独立的罪名,有独立的法定刑。教唆犯罪不是一个独立的罪名,只是共同犯罪中的一种行为表现,其罪名和法定刑,取决于教唆的犯罪的罪名和法定刑;传授犯罪方法罪,侵犯的客体是社会治安管理秩序,而教唆犯罪的客体是不确定的,决定于被教唆者的犯罪行为所侵害的客体性质。传授犯罪方法罪,行为人在主观上故意把犯罪方法传授给他人,至于被传授人是否接受,是否按照所传授的方法实施了犯罪,则听任自然。而教唆犯,则希望被教唆的人,直接实施所教唆的犯罪。在客观方面,传授犯罪方法罪行为人是把犯罪方法传授给他人,而教唆犯罪行为人主要是通过各种方式,煽动他人产生犯罪意图。传授犯罪方法罪行为人,只要实施了传授犯罪方法的行为,即构成犯罪既遂,而教唆犯罪有既遂、未遂之分,取决于被教唆者的犯罪行为有没有开始实施。

四、罪名变迁

1979 年《刑法》中没有本罪,本罪是 1983 年 9 月 2 日《全国人民代表大会常务委员会关于严惩严重危害社会治安犯罪分子的决定》第 2 条设立的罪名,并规定了死刑,1997《刑法》列为专罪。《刑法修正案(八)》对本罪的法定刑进行了调整,对"情节特别严重的",取消了死刑。调整了"情节严重"的量刑,从 15 年以下有期徒刑降为 10 年以下有期徒刑,降低和缩小了"情节严重""情节特别严重"的法定刑幅度,并对传授犯和实行犯的危害性质的不同进行了区别。

类罪名:妨害社会管理秩序罪/扰乱公共秩序罪	罪名:非法集会、游行、示威罪
量刑标准	犯本罪的　对负责人和直接责任人员处 5 年以下有期徒刑、拘役、管制或者剥夺政治权利。

法律依据

一、《刑法》条文

第二百九十六条　举行集会、游行、示威,未依照法律规定申请或者申请未获许可,或者未按照主管机关许可的起止时间、地点、路线进行,又拒不服从解散命令,严重破坏社会秩序的,对集会、游行、示威的负责人和直接责任人员,处五年以下有期徒刑、拘役、管制或者剥夺政治权利。

二、相关法律

《中华人民共和国集会游行示威法》(2009 年 8 月 27 日修正)

第二十九条第一、三款 举行集会、游行、示威,有犯罪行为的,依照刑法有关规定追究刑事责任。

未依照本法规定申请或者申请未获许可,或者未按照主管机关许可的起止时间、地点、路线进行,又拒不服从解散命令,严重破坏社会秩序的,对集会、游行、示威的负责人和直接责任人员依照刑法有关规定追究刑事责任。

三、相关司法解释/文件

《最高人民检察院、公安部关于公安机关管辖的刑事案件立案追诉标准的规定(一)》(2008 年 6 月 25 日 公通字〔2008〕36 号)

第三十八条 [非法集会、游行、示威案(刑法第二百九十六条)]举行集会、游行、示威,未依照法律规定申请或者申请未获许可,或者未按照主管机关许可的起止时间、地点、路线进行,又拒不服从解散命令,严重破坏社会秩序的,应予立案追诉。

四、相关部委规章

《公安部关于印发新修订〈关于公安机关处置信访活动中违法犯罪行为适用法律的指导意见〉》(2013 年 7 月 19 日 公通字〔2013〕25 号)

四、对妨害社会管理秩序违法犯罪行为的处理

5. 煽动、策划非法集会、游行、示威,不听劝阻,符合《治安管理处罚法》第五十五条规定的,以煽动、策划非法集会、游行、示威依法予以治安管理处罚;举行集会、游行、示威活动未经主管机关许可,未按照主管机关许可的目的、方式、标语、口号、起止时间、地点、路线进行,或者在进行中出现危害公共安全、破坏社会秩序情形的,根据《集会游行示威法》第二十七条规定予以制止、命令解散;不听制止,拒不解散的,依法强行驱散、强行带离现场或者立即予以拘留;符合《集会游行示威法》第二十八条规定的,对其负责人和直接责任人员依法予以警告或者拘留;拒不服从解散命令,符合《刑法》第二百九十六条规定的,对负责人和直接责任人员,以非法集会、游行、示威罪追究刑事责任。集会游行示威过程中实施其他违法犯罪行为的,依法追究法律责任。

要义辨析

一、概念

本罪是指举行集会、游行、示威,未依法申请或者未获许可,或者未按许可的时间、地点、路线进行集会、游行、示威,又拒不服从解散命令,从而严重破坏社会秩序的行为。

二、构成要件

1. 本罪侵犯的客体是集会、游行、示威的管理秩序。

2. 客观方面表现为实施了未依法申请或者未获许可,或者未按许可的时间、地点、路线进行集会、游行、示威,又拒不服从解散命令,从而严重破坏社会秩序的行为。

3. 犯罪主体为举行集会、游行、示威的负责人和直接责任人。

4. 主观方面为故意。

三、要点辨析

集会游行示威权利是受我国《宪法》保护的公民基本权利,只有非法的集会游行示威才可能构成犯罪。仅有非法组织和举行行为,尚不能构成犯罪,必须要有拒绝执行解散命令、造成严重破坏社会秩序的后果的,才构成犯罪。

四、罪名变迁

本罪是 1997 年《刑法》增设的罪名,1979 年《刑法》和单行刑法均没有规定此罪名。

类罪名:妨害社会管理秩序罪/扰乱公共秩序罪	罪名:非法携带武器、管制刀具、爆炸物参加集会、游行、示威罪	
量刑标准	犯本罪的　处 3 年以下有期徒刑、拘役、管制或者剥夺政治权利。

法律依据

一、《刑法》条文

第二百九十七条　违反法律规定,携带武器、管制刀具或者爆炸物参加集会、游行、示威的,处三年以下有期徒刑、拘役、管制或者剥夺政治权利。

二、相关司法解释/文件

《最高人民检察院、公安部关于公安机关管辖的刑事案件立案追诉标准的规定(一)》(2008 年 6 月 25 日　公通字〔2008〕36 号)

第三十九条　[非法携带武器、管制刀具、爆炸物参加集会、游行、示威案刑法第二百九十七条]违反法律规定,携带武器、管制刀具或者爆炸物参加集会、游行、示威的,应予立案追诉。

要义辨析

一、概念

本罪是指参加集会、游行、示威时,非法携带武器、管制刀具和爆炸物品的行为。

二、构成要件

1. 本罪侵害的客体是集会、游行、示威的公众安全和管理秩序。

2. 客观方面表现为非法携带武器、管制刀具和爆炸物品参加集会、游行、示威的行为。所谓"携带",既指本人随身带着,也指利用他人身体、容器、运输工具等夹带。只要带着这些禁止携带的物品参加集会、游行、示威,均构成本罪。

3. 犯罪主体为一般主体。

4. 主观方面只能是故意。即明知是武器、管制刀具、爆炸物仍携带参加集会、游行、示威,至于动机如何,不影响本罪成立。

三、要点辨析

本罪是行为犯,只要违反规定非法携带,不需要使用和有后果,即构成犯罪。量刑轻重,主要看携带物品的危险程度和可以造成的后果。

四、罪名变迁

本罪是 1997 年《刑法》规定的罪名。

类罪名:妨害社会管理秩序罪/扰乱公共秩序罪	罪名:破坏集会、游行、示威罪	
量刑标准	犯本罪的　处 5 年以下有期徒刑、拘役、管制或者剥夺政治权利。

法律依据

一、《刑法》条文

第二百九十八条　扰乱、冲击或者以其他方法破坏依法举行的集会、游行、示威,造成公共秩序混乱的,处五年以下有期徒刑、拘役、管制或者剥夺政治权利。

二、相关法律

《中华人民共和国集会游行示威法》（2009年8月27日修正）

第三十条　扰乱、冲击或者以其他方法破坏依法举行的集会、游行、示威的，公安机关可以处以警告或者十五日以下拘留，情节严重，构成犯罪的，依照刑法有关规定追究刑事责任。

三、相关司法解释/文件

《最高人民检察院、公安部关于公安机关管辖的刑事案件立案追诉标准的规定（一）》（2008年6月25日　公通字〔2008〕36号）

第四十条　［破坏集会、游行、示威案（刑法第二百九十八条）］扰乱、冲击或者以其他方法破坏依法举行的集会、游行、示威，造成公共秩序混乱的，应予立案追诉。

要义辨析

一、概念

本罪是指采用扰乱、冲击、暴力威胁等各种方法，破坏依法举行的集会、游行、示威，从而造成公共秩序混乱的行为。

二、构成要件

1. 本罪侵犯的客体是正常的公共秩序和公民的宪法权利，侵害的直接对象是依法举行的集会、游行、示威。所谓“依法举行”，一般是指经过备案批准的，或者相关部门允许的。

2. 客观方面表现为直接破坏依法正在举行的集会、游行、示威，并造成了公共秩序的混乱的行为。仅有破坏行为但尚没有造成公共秩序混乱的，不构成犯罪。

3. 犯罪主体为一般主体，集会游行示威行为只要是经过批准和合法的，任何人包括公权力机构人员都不能阻止破坏。

4. 主观方面为故意。

三、要点辨析

本罪是结果犯，即不仅要有冲击、破坏的行为，还要有“造成公共秩序混乱”的后果，才可能构成犯罪。

四、罪名变迁

本罪是1997年《刑法》规定的罪名。

类罪名：妨害社会管理秩序罪/扰乱公共秩序罪	罪名：侮辱国旗、国徽、国歌罪
量刑标准	构成本罪的　处3年以下有期徒刑、拘役、管制或者剥夺政治权利。

法律依据

一、《刑法》条文

第二百九十九条　在公共场合，故意以焚烧、毁损、涂划、玷污、践踏等方式侮辱中华人民共和国国旗、国徽的，处三年以下有期徒刑、拘役、管制或者剥夺政治权利。

在公共场合，故意篡改中华人民共和国国歌歌词、曲谱，以歪曲、贬损方式奏唱国歌，或者以其他方式侮辱国歌，情节严重的，依照前款的规定处罚。

二、相关法律

《中华人民共和国国旗法》（2020年10月17日修正）

第二十三条　在公共场合故意以焚烧、毁损、涂划、玷污、践踏等方式侮辱中华人民共和国国旗的，依法追究刑事责任；情节较轻的，由公安机关处以十五日以下拘留。

《中华人民共和国国徽法》（2020年10月17日修正）

第十八条　在公共场合故意以焚烧、毁损、涂划、玷污、践踏等方式侮辱中华人民共和国国徽的，依法追究刑事责任；情节较轻的，由公安机关处以十五日以下拘留。

《中华人民共和国国歌法》(2017 年 9 月 1 日)

第十五条　在公共场合,故意篡改国歌歌词、曲谱,以歪曲、贬损方式奏唱国歌,或者以其他方式侮辱国歌的,由公安机关处以警告或者十五日以下拘留;构成犯罪的,依法追究刑事责任。

要义辨析

一、概念

本罪是指在公众场合故意以焚烧、毁损、涂划、玷污、践踏等方式侮辱中华人民共和国国旗、国徽,或者在公共场合,故意篡改国歌歌词、曲谱,以歪曲、贬损方式奏唱国歌,或者以其他方式侮辱国歌的行为。

二、构成要件

1. 本罪侵犯的客体是国家的尊严以及国家对国旗、国徽以及国歌使用和管理的活动。

2. 犯罪客观方面表现为在公共场合对中华人民共和国国旗、国徽用焚烧、毁损、涂划、玷污、践踏等方式侮辱,或者对中华人民共和国国歌进行篡改歌词、曲谱,以歪曲、贬损方式或者其他方式侮辱国歌的行为。所谓"公共场合",是指《国旗法》《国徽法》以及《国歌法》中规定的场合,也包括社会公众都能出入或者有很多人在场的场合。行为人在家里等私人场合实施的侮辱行为不构成本罪,侮辱的对象必须是中华人民共和国的国旗、国徽和国歌,外国的不是本罪的犯罪对象。

3. 本罪的犯罪主体是一般主体。

4. 犯罪主观方面必须是故意,过失不构成本罪,犯罪动机不影响本罪的成立。

三、要点辨析

1. 侮辱国旗、国徽以及国歌的行为,只有情节严重的才能构成犯罪,情节轻微的,依照《治安管理处罚法》的规定,由公安机关处理。

2. 只有在"公共场合""故意"侮辱、毁损或篡改等行为才构成犯罪。

3. 注意一些没有恶意目的的广告使用、服装、装饰使用,即使有损国旗、国徽的庄严,也不能拔高定性为犯罪,可以责令改正或者治安处理。

四、罪名变迁

根据 1990 年 6 月 28 日《全国人民代表大会常务委员会关于惩治侮辱国旗国徽罪的决定》,设立了侮辱国旗国徽罪。2017 年 9 月 1 日,《刑法修正案(十)》设立侮辱国歌罪。2021 年 2 月 26 日,《最高人民法院、最高人民检察院关于执行〈中华人民共和国刑法〉确定罪名的补充规定(七)》将侮辱国旗国徽罪以及侮辱国歌罪合并为侮辱国旗、国徽、国歌罪。

类罪名:妨害社会管理秩序罪/扰乱公共秩序罪	罪名:侵害英雄烈士名誉、荣誉罪
量刑标准	**构成本罪的**　处 3 年以下有期徒刑、拘役、管制或者剥夺政治权利。

法律依据

《刑法》条文

第二百九十九条之一　侮辱、诽谤或者以其他方式侵害英雄烈士的名誉、荣誉,损害社会公共利益,情节严重的,处三年以下有期徒刑、拘役、管制或者剥夺政治权利。

要义辨析

一、概念

本罪是侮辱、诽谤或者以其他方式侵害英雄烈士的名誉、荣誉,损害社会公共利益,情节严重的行为。

二、构成要件

1. 本罪的犯罪客体为英雄烈士的名誉、荣誉。

2. 客观方面表现为以侮辱、诽谤或者以其他方式侵害英雄烈士的名誉、荣誉。

3. 主体为一般主体。

4. 主观方面表现为故意,过失不构成本罪。

三、要点辨析

1. 这里的"侮辱"主要是指通过语言、文字或者其他方式辱骂、贬低、嘲讽英雄烈士的行为;这里"诽谤"是指针对英雄烈士,捏造事实并进行散播,公然丑化、贬损英雄烈士,损害英雄烈士名誉、荣誉行为。

2. "损害公共利益"是构成本罪的要件之一,也是侮辱、诽谤或者以其他方式侵害英雄烈士的名誉、荣誉可能导致的后果。

3. "情节严重"是指侮辱、诽谤或者以其他方式侵害英雄烈士的名誉、荣誉,损害公共利益,造成严重的不良英雄或者侵害行为持续时间长,影响范围广等情况。

四、罪名变迁

本罪是《刑法修正案(十一)》新增罪名。

类罪名:妨害社会管理秩序罪/扰乱公共秩序罪 │ 罪名:组织、利用会道门、邪教组织、利用迷信破坏法律实施罪	
量刑标准	**构成犯罪的** 处3年以上7年以下有期徒刑,并处罚金;
	情节特别严重的 处7年以上有期徒刑或者无期徒刑,并处罚金或者没收财产;
	情节较轻的 处3年以下有期徒刑、拘役、管制或者剥夺政治权利,并处或者单处罚金。

法律依据

一、**《刑法》**条文

第三百条第一、三款 组织、利用会道门、邪教组织或者利用迷信破坏国家法律、行政法规实施的,处三年以上七年以下有期徒刑,并处罚金;情节特别严重的,处七年以上有期徒刑或者无期徒刑,并处罚金或者没收财产;情节较轻的,处三年以下有期徒刑、拘役、管制或者剥夺政治权利,并处或者单处罚金。

犯第一款罪又有奸淫妇女、诈骗财物等犯罪行为的,依照数罪并罚的规定处罚。

二、相关法律

《全国人民代表大会常务委员会关于取缔邪教组织、防范和惩治邪教活动的决定》(1999年10月30日)

一、坚决依法取缔邪教组织,严厉惩治邪教组织的各种犯罪活动。邪教组织冒用宗教、气功或者其他名义,采用各种手段扰乱社会秩序,危害人民群众生命财产安全和经济发展,必须依法取缔,坚决惩治。人民法院、人民检察院和公安、国家安全、司法行政机关要各司其职,共同做好这项工作。对组织和利用邪教组织破坏国家法律、行政法规实施,聚众闹事,扰乱社会秩序,以迷信邪说蒙骗他人,致人死亡,或者奸淫妇女、诈骗财物等犯罪活动,依法予以严惩。

《全国人民代表大会常务委员会关于维护互联网安全的决定》(2009年8月27日修正)

二、为了维护国家安全和社会稳定,对有下列行为之一,构成犯罪的,依照刑法有关规定追究刑事责任:

(四)利用互联网组织邪教组织、联络邪教组织成员，破坏国家法律、行政法规实施。

三、相关司法解释/文件

《最高人民法院、最高人民检察院关于办理组织、利用邪教组织破坏法律实施等刑事案件适用法律若干问题的解释》（2017年1月25日　法释〔2017〕3号）

为依法惩治组织、利用邪教组织破坏法律实施等犯罪活动，根据《刑法》《刑事诉讼法》有关规定，现就办理此类刑事案件适用法律的若干问题解释如下：

第一条　冒用宗教、气功或者以其他名义建立，神化、鼓吹首要分子，利用制造、散布迷信邪说等手段蛊惑、蒙骗他人，发展、控制成员，危害社会的非法组织，应当认定为刑法第三百条规定的“邪教组织”。

第二条　组织、利用邪教组织，破坏国家法律、行政法规实施，具有下列情形之一的，应当依照刑法第三百条第一款的规定，处三年以上七年以下有期徒刑，并处罚金：

（一）建立邪教组织，或者邪教组织被取缔后又恢复、另行建立邪教组织的；

（二）聚众包围、冲击、强占、哄闹国家机关、企业事业单位或者公共场所、宗教活动场所，扰乱社会秩序的；

（三）非法举行集会、游行、示威，扰乱社会秩序的；

（四）使用暴力、胁迫或者以其他方法强迫他人加入或者阻止他人退出邪教组织的；

（五）组织、煽动、蒙骗成员或者他人不履行法定义务的；

（六）使用“伪基站”“黑广播”等无线电台（站）或者无线电频率宣扬邪教的；

（七）曾因从事邪教活动被追究刑事责任或者二年内受过行政处罚，又从事邪教活动的；

（八）发展邪教组织成员五十人以上的；

（九）敛取钱财或者造成经济损失一百万元以上的；

（十）以货币为载体宣扬邪教，数量在五百张（枚）以上的；

（十一）制作、传播邪教宣传品，达到下列数量标准之一的：

1. 传单、喷图、图片、标语、报纸一千份（张）以上的；

2. 书籍、刊物二百五十册以上的；

3. 录音带、录像带等音像制品二百五十盒（张）以上的；

4. 标识、标志物二百五十件以上的；

5. 光盘、U盘、储存卡、移动硬盘等移动存储介质一百个以上的；

6. 横幅、条幅五十条（个）以上的。

（十二）利用通讯信息网络宣扬邪教，具有下列情形之一的：

1. 制作、传播宣扬邪教的电子图片、文章二百张（篇）以上，电子书籍、刊物、音视频五十册（个）以上，或者电子文档五百万字符以上、电子音视频二百五十分钟以上的；

2. 编发信息、拨打电话一千条（次）以上的；

3. 利用在线人数累计达到一千以上的聊天室，或者利用群组成员、关注人员等账号数累计一千以上的通讯群组、微信、微博等社交网络宣扬邪教的；

4. 邪教信息实际被点击、浏览数达到五千次以上的。

（十三）其他情节严重的情形。

第三条　组织、利用邪教组织，破坏国家法律、行政法规实施，具有下列情形之一的，应当认定为刑法第三百条第一款规定的“情节特别严重”，处七年以上有期徒刑或者无期徒刑，并处罚金或者没收财产：

（一）实施本解释第二条第一项至第七项规定的行为，社会危害特别严重的；

（二）实施本解释第二条第八项至第十二项规定的行为，数量或者数额达到第二条规定相应标准五倍以上的；

（三）其他情节特别严重的情形。

第四条　组织、利用邪教组织，破坏国家法律、行政法规实施，具有下列情形之一的，应当认定为刑法第三百条第一款规定的“情节较轻”，处三年以下有期徒刑、拘役、管制或者剥夺政治权利，并处或者单处罚金：

（一）实施本解释第二条第一项至第七项规定的行为，社会危害较轻的；

(二)实施本解释第二条第八项至第十二项规定的行为,数量或者数额达到相应标准五分之一以上的;

(三)其他情节较轻的情形。

第五条 为了传播而持有、携带,或者传播过程中被当场查获,邪教宣传品数量达到本解释第二条至第四条规定的有关标准的,按照下列情形分别处理:

(一)邪教宣传品是行为人制作的,以犯罪既遂处理;

(二)邪教宣传品不是行为人制作,尚未传播的,以犯罪预备处理;

(三)邪教宣传品不是行为人制作,传播过程中被查获的,以犯罪未遂处理;

(四)邪教宣传品不是行为人制作,部分已经传播出去的,以犯罪既遂处理,对于没有传播的部分,可以在量刑时酌情考虑。

第六条 多次制作、传播邪教宣传品或者利用通讯信息网络宣扬邪教,未经处理的,数量或者数额累计计算。

制作、传播邪教宣传品,或者利用通讯信息网络宣扬邪教,涉及不同种类或者形式的,可以根据本解释规定的不同数量标准的相应比例折算后累计计算。

第七条 组织、利用邪教组织,制造、散布迷信邪说,蒙骗成员或者他人绝食、自虐等,或者蒙骗病人不接受正常治疗,致人重伤、死亡的,应当认定为刑法第三百条第二款规定的组织、利用邪教组织"蒙骗他人,致人重伤、死亡"。

组织、利用邪教组织蒙骗他人,致一人以上死亡或者三人以上重伤的,处三年以上七年以下有期徒刑,并处罚金。

组织、利用邪教组织蒙骗他人,具有下列情形之一的,处七年以上有期徒刑或者无期徒刑,并处罚金或者没收财产:

(一)造成三人以上死亡的;

(二)造成九人以上重伤的;

(三)其他情节特别严重的情形。

组织、利用邪教组织蒙骗他人,致人重伤的,处三年以下有期徒刑、拘役、管制或者剥夺政治权利,并处或者单处罚金。

第八条 实施本解释第二条至第五条规定的行为,具有下列情形之一的,从重处罚:

(一)与境外机构、组织、人员勾结,从事邪教活动的;

(二)跨省、自治区、直辖市建立邪教组织机构、发展成员或者组织邪教活动的;

(三)在重要公共场所、监管场所或者国家重大节日、重大活动期间聚集滋事,公开进行邪教活动的;

(四)邪教组织被取缔后,或者被认定为邪教组织后,仍然聚集滋事,公开进行邪教活动的;

(五)国家工作人员从事邪教活动的;

(六)向未成年人宣扬邪教的;

(七)在学校或者其他教育培训机构宣扬邪教的。

第九条 组织、利用邪教组织破坏国家法律、行政法规实施,符合本解释第四条规定情形,但行为人能够真诚悔罪,明确表示退出邪教组织、不再从事邪教活动的,可以不起诉或者免予刑事处罚。其中,行为人系受蒙蔽、胁迫参加邪教组织的,可以不作为犯罪处理。

组织、利用邪教组织破坏国家法律、行政法规实施,行为人在一审判决前能够真诚悔罪,明确表示退出邪教组织、不再从事邪教活动的,分别依照下列规定处理:

(一)符合本解释第二条规定情形的,可以认定为刑法第三百条第一款规定的"情节较轻";

(二)符合本解释第三条规定情形的,可以不认定为刑法第三百条第一款规定的"情节特别严重",处三年以上七年以下有期徒刑,并处罚金。

第十条 组织、利用邪教组织破坏国家法律、行政法规实施过程中,又有煽动分裂国家、煽动颠覆国家政权或者侮辱、诽谤他人等犯罪行为的,依照数罪并罚的规定定罪处罚。

第十一条 组织、利用邪教组织,制造、散布迷信邪说,组织、策划、煽动、胁迫、教唆、帮助其成员或者他人实施自杀、自伤的,依照刑法第二百三十二条、第二百三十四条的规定,以故意杀人罪或者故意伤害罪定罪处罚。

第十二条 邪教组织人员以自焚、自爆或者其他危险方法危害公共安全的,依照刑法第一百一十四条、第一百一十五条的规定,以放火罪、爆炸罪、以危险方法危害公共安全罪等定罪处罚。

第十三条 明知他人组织、利用邪教组织实施犯罪,而为其提供经费、场地、技术、工具、食宿、接送等便利条件或者帮助的,以共同犯罪论处。

第十四条 对于犯组织、利用邪教组织破坏法律实施罪、组织、利用邪教组织致人重伤、死亡罪,严重破坏社会秩序的犯罪分子,根据刑法第五十六条的规定,可以附加剥夺政治权利。

第十五条 对涉案物品是否属于邪教宣传品难以确定的,可以委托地市级以上公安机关出具认定意见。

第十六条 本解释自2017年2月1日起施行。《最高人民法院、最高人民检察院关于办理组织和利用邪教组织犯罪案件具体应用法律若干问题的解释》(法释〔1999〕18号),《最高人民法院、最高人民检察院关于办理组织和利用邪教组织犯罪案件具体应用法律若干问题的解释(二)》(法释〔2001〕19号),以及《最高人民法院、最高人民检察院关于办理组织和利用邪教组织犯罪案件具体应用法律若干问题的解答》(法发〔2002〕7号)同时废止。

要义辨析

一、概念

本罪是指组织、利用会道门、邪教组织或者利用迷信,进行破坏法律、行政法规正常实施的行为。

二、构成要件

1.本罪侵犯客体是国家法律实施的效能和法律秩序。

2.客观方面表现为组织、利用会道门、邪教组织或者利用迷信,进行各种破坏和减低国家法律、行政法规正常实施的行为。

3.本罪主体为一般主体。多为会道门、邪教组织的组织、领导者、骨干成员和一贯从事迷信活动的人。

4.主观方面为故意。

三、要点辨析

1.原来陆续有过三个司法解释对本罪作了解释,现在都已经废止。2017年1月25公布的新的司法解释,对本罪的罪状、特征、量刑情节,都进行了全面的梳理和重新规定,已经比较全面可行。

2.本罪行为人的目的是要衰减国家法律的效能,破坏正常的法律实施,组织利用会道门、邪教或者利用迷信进行妨碍是一种手段。由于会道门、邪教甚至封建迷信,往往会披着"合法宗教"活动的外衣,可能会蒙骗不少群众,因此在打击此类犯罪活动时,必须严格加以区分,注意鉴别和解释,并掌握政策分寸。

3.对于"邪教"的认定,前述《最高人民法院、最高人民检察院关于办理组织、利用邪教组织破坏法律实施等刑事案件适用法律若干问题的解释》第1条中已经明确,具体由国家专门部门鉴别进行公布。

四、罪名变迁

本罪原来规定在1979年《刑法》"反革命罪"一章第99条,1997年《刑法》将其纳入扰乱公共秩序罪类,规定为本罪。1999年到2002年这类犯罪因为邪教问题开始尖锐化,司法解释对本罪规定更全面。2015年,《刑法修正案(九)》对本罪的量刑规定进行了修改,相关司法解释也进行了全面梳理。

<table>
<tr><td colspan="2">类罪名:妨害社会管理秩序罪/扰乱公共秩序罪 | 罪名:组织、利用会道门、邪教组织、利用迷信致人重伤、死亡罪</td></tr>
<tr><td rowspan="3">量刑标准</td><td>构成犯罪的　处3年以上7年以下有期徒刑,并处罚金;</td></tr>
<tr><td>情节特别严重的　处7年以上有期徒刑或者无期徒刑,并处罚金或者没收财产;</td></tr>
<tr><td>情节较轻的　处3年以下有期徒刑、拘役、管制或者剥夺政治权利,并处或者单处罚金。</td></tr>
</table>

法律依据

一、《刑法》条文

第三百条　组织、利用会道门、邪教组织或者利用迷信破坏国家法律、行政法规实施的,处三年以上七年以下有期徒刑,并处罚金;情节特别严重的,处七年以上有期徒刑或者无期徒刑,并处罚金或者没收财产;情节较轻的,处三年以下有期徒刑、拘役、管制或者剥夺政治权利,并处或者单处罚金。

组织、利用会道门、邪教组织或者利用迷信蒙骗他人,致人重伤、死亡的,依照前款的规定处罚。

犯第一款罪又有奸淫妇女、诈骗财物等犯罪行为的,依据数罪并罚的规定处罚。

二、相关司法解释/文件

《最高人民法院、最高人民检察院关于办理组织、利用邪教组织破坏法律实施等刑事案件适用法律若干问题的解释》(2017年1月25日　法释〔2017〕3号)

第七条　组织、利用邪教组织,制造、散布迷信邪说,蒙骗成员或者他人绝食、自虐等,或者蒙骗病人不接受正常治疗,致人重伤、死亡的,应当认定为刑法第三百条第二款规定的组织、利用邪教组织“蒙骗他人,致人重伤、死亡”。

组织、利用邪教组织蒙骗他人,致一人以上死亡或者三人以上重伤的,处三年以上七年以下有期徒刑,并处罚金。

组织、利用邪教组织蒙骗他人,具有下列情形之一的,处七年以上有期徒刑或者无期徒刑,并处罚金或者没收财产:

(一)造成三人以上死亡的;

(二)造成九人以上重伤的;

(三)其他情节特别严重的情形。

组织、利用邪教组织蒙骗他人,致人重伤的,处三年以下有期徒刑、拘役、管制或者剥夺政治权利,并处或者单处罚金。

第十一条　组织、利用邪教组织,制造、散布迷信邪说,组织、策划、煽动、胁迫、教唆、帮助其成员或者他人实施自杀、自伤的,依照刑法第二百三十二条、第二百三十四条的规定,以故意杀人罪或者故意伤害罪定罪处罚。

第十二条　邪教组织人员以自焚、自爆或者其他危险方法危害公共安全的,依照刑法第一百一十四条、第一百一十五条的规定,以放火罪、爆炸罪、以危险方法危害公共安全罪等定罪处罚。

第十三条　明知他人组织、利用邪教组织实施犯罪,而为其提供经费、场地、技术、工具、食宿、接送等便利条件或者帮助的,以共同犯罪论处。

第十四条　对于犯组织、利用邪教组织破坏法律实施罪、组织、利用邪教组织致人重伤、死亡罪,严重破坏社会秩序的犯罪分子,根据刑法第五十六条的规定,可以附加剥夺政治权利。

要义辨析

一、概念

本罪是指组织、利用会道门、邪教组织或者利用迷信蒙骗他人，造成被蒙骗人或者其他人死亡的行为。

二、构成要件

1. 本罪侵犯的客体是社会管理秩序和公民的生命权利。

2. 客观上表现为组织、利用会道门、邪教组织或者利用迷信蒙骗他人，造成被蒙骗人或者其他人死亡的行为。故意组织、策划、煽动、胁迫、教唆、帮助其成员或者他人实施自杀、自伤的，不定性为本罪，而是依照《刑法》第232条、第234条的规定，以故意杀人罪或者故意伤害罪定罪处罚。

3. 本罪犯罪主体为一般主体。

4. 主观方面既可能是间接故意，也可能是过失。

三、要点辨析

1. 构成本罪的按组织、利用会道门、邪教组织、利用迷信破坏法律实施罪的量刑标准处罚。“情节特别严重”的标准依据相关司法解释来确定。

2. 组织会道门、邪教组织或利用迷信奸淫妇女、诈骗财物的，应按强奸罪、诈骗罪定罪处罚，不数罪并罚。

四、罪名变迁

本罪原来是规定在1979年《刑法》第165条中，《刑法修正案（九）》对本罪的量刑规定进行了修改。

类罪名：妨害社会管理秩序罪/扰乱公共秩序罪	罪名：聚众淫乱罪
量刑标准	犯本罪的　对首要分子或者多次参加者处5年以下有期徒刑、拘役或者管制。

法律依据

一、《刑法》条文

第三百零一条第一款　聚众进行淫乱活动的，对首要分子或者多次参加的，处五年以下有期徒刑、拘役或者管制。

二、相关司法解释/文件

《最高人民检察院、公安部关于公安机关管辖的刑事案件立案追诉标准的规定（一）》（2008年6月25日　公通字〔2008〕36号）

第四十一条　［聚众淫乱案刑法第三百零一条第一款］组织、策划、指挥三人以上进行聚众淫乱活动或者参加聚众淫乱活动三次以上的，应予立案追诉。

要义辨析

一、概念

本罪是指组织、策划、指挥三人以上的多人或者多次参加，集体进行淫乱活动的行为。构成本罪的限于聚众淫乱的首要分子和多次参加的人，其他人不作犯罪论处。

二、构成要件

1. 本罪侵犯的客体是社会公共秩序和社会风化。

2. 客观方面表现为聚众进行淫乱活动的行为。“多次”，应为3次以上。

3. 主观上是直接故意。

4. 主体为一般主体，年满16周岁的具有刑事责任能力的人均可构成，但只对其中首要分子和多次参加者处刑。

三、要点辨析

1. 本罪限定入罪情节，是“首要分子”或者“多次参加者”才入罪。一般参加没有多次的，不以犯罪论。

2. 多人淫乱,应当是同时进行的。分别双人多次不同场合不同时间进行的,不构成“聚众”。

3. 本罪是各方都自愿发生性行为的行为。如果女方是不愿意的,可能涉及轮奸,属强奸犯罪。

4. 聚众淫乱活动,是指聚集多人一起进行性交和变态性行为。多人一起进行其他淫秽活动,不构成本罪。

四、罪名变迁

本罪是由1979年《刑法》160条的流氓罪拆分而来。

类罪名:妨害社会管理秩序罪/扰乱公共秩序罪	罪名:引诱未成年人聚众淫乱罪
量刑标准	犯本罪的　对首要分子或者多次参加者比照5年以下有期徒刑、拘役或者管制从重处罚。

法律依据

一、《刑法》条文

第三百零一条第二款　引诱未成年人参加聚众淫乱活动的,依照前款的规定从重处罚。

二、相关司法解释/文件

《最高人民检察院、公安部关于公安机关管辖的刑事案件立案追诉标准的规定(一)》(2008年6月25日　公通字〔2008〕36号)

第四十二条　[引诱未成年人聚众淫乱案(刑法第三百零一条第二款)]引诱未成年人参加聚众淫乱活动的,应予立案追诉。

量刑要素

引诱未成年人参加聚众淫乱活动的,从重处罚。

要义辨析

一、概念

本罪是指引诱未成年人参加聚众淫乱活动的行为。

二、构成要件

1. 本罪侵犯的客体是社会公共秩序和未成年人的身心健康。

2. 客观方面表现为引诱未成年人参加聚众淫乱活动的行为。所谓“引诱”,是指行为人利用金钱、物质或者其他手段,拉拢、引诱未成年人参加聚众淫乱的行为。

3. 犯罪主体为一般主体。

4. 主观方面是故意。

三、要点辨析

1. 未成年人是指实际年龄未满18周岁的人。

2. 如果引诱的是不满14周岁的幼女,则构成强奸罪共犯,不按本罪定性。

四、罪名变迁

本罪是由1979年《刑法》160条流氓罪发展而来。

类罪名:妨害社会管理秩序罪/扰乱公共秩序罪 罪名:盗窃、侮辱、故意毁坏尸体、尸骨、骨灰罪	
量刑标准	犯本罪的　处3年以下有期徒刑、拘役或者管制。

法律依据

《刑法》条文

第三百零二条　盗窃、侮辱、故意毁坏尸体、尸骨、骨灰的,处三年以下有期徒刑、拘役或者管制。

要义辨析

一、概念

本罪是指秘密窃取他人尸体、尸骨、骨灰或者采用奸淫、猥亵、扬弃、损坏等手段侮辱或故意毁坏尸体、尸骨、骨灰的行为。

二、构成要件

1. 本罪侵犯的客体是社会公共秩序和死者的人格尊严。

2. 客观上表现为秘密窃取他人尸体、尸骨、骨灰或者采用奸淫、猥亵、扬弃、损坏等手段侮辱或故意毁坏尸体、尸骨、骨灰的行为。本罪侵害的对象包括尸体、尸骨、骨灰。

3. 犯罪主体为一般主体。

4. 主观上为故意犯罪,有故意侮辱、玷污他人尸体的目的。其动机可能是为了泄愤、牟利、奸尸、迷信辟邪、配阴亲等。

三、要点辨析

1. 本罪是行为犯,只要实施了行为就构成犯罪。

2.《最高人民检察院关于盗窃骨灰行为如何处理问题的答复》(〔2002〕高检研发第14号)认为,“骨灰”不属于《刑法》第302条规定的“尸体”,因此不能追究刑事责任,现在《刑法》条文已经改变,盗窃骨灰的行为可以入罪。

四、罪名变迁

本罪是1997年《刑法》规定的罪名,当时的外延比较小。《刑法修正案(九)》对手段增加了“故意毁坏”,犯罪对象增加了“尸骨、骨灰”,扩大了犯罪概念的外延。

类罪名:妨害社会管理秩序罪/扰乱公共秩序罪 罪名:赌博罪	
量刑标准	犯本罪的　处3年以下有期徒刑、拘役或者管制,并处罚金。

法律依据

一、《刑法》条文

第三百零三条第一款　以营利为目的,聚众赌博或者以赌博为业的,处三年以下有期徒刑、拘役或者管制,并处罚金。

二、相关司法解释/文件

《最高人民法院关于对设置圈套诱骗他人参赌又向索还钱财的受骗者施以暴力或暴力威胁的行为应如何定罪问题的批复》(1995年11月6日

法复〔1995〕8 号)

行为人设置圈套诱骗他人参赌获取钱财,属赌博行为,构成犯罪的,应当以赌博罪定罪处罚。参赌者识破骗局要求退还所输钱财,设赌者又使用暴力或者以暴力相威胁,拒绝退还的,应以赌博罪从重处罚;致参赌者伤害或者死亡的,应以赌博罪和故意伤害罪或者故意杀人罪,依法实行数罪并罚。

《最高人民法院、最高人民检察院关于办理赌博刑事案件具体应用法律若干问题的解释》(2005 年 5 月 11 日　法释〔2005〕3 号)

为依法惩治赌博犯罪活动,根据刑法的有关规定,现就办理赌博刑事案件具体应用法律的若干问题解释如下:

第一条　以营利为目的,有下列情形之一的,属于刑法第三百零三条规定的"聚众赌博":

(一)组织 3 人以上赌博,抽头渔利数额累计达到 5000 元以上的;

(二)组织 3 人以上赌博,赌资数额累计达到 5 万元以上的;

(三)组织 3 人以上赌博,参赌人数累计达到 20 人以上的;

(四)组织中华人民共和国公民 10 人以上赴境外赌博,从中收取回扣、介绍费的。

第二条　以营利为目的,在计算机网络上建立赌博网站,或者为赌博网站担任代理,接受投注的,属于刑法第三百零三条规定的"开设赌场"。

第三条　中华人民共和国公民在我国领域外周边地区聚众赌博、开设赌场,以吸引中华人民共和国公民为主要客源,构成赌博罪的,可以依照刑法规定追究刑事责任。

第四条　明知他人实施赌博犯罪活动,而为其提供资金、计算机网络、通讯、费用结算等直接帮助的,以赌博罪的共犯论处。

第五条　实施赌博犯罪,有下列情形之一的,依照刑法第三百零三条的规定从重处罚;

(一)具有国家工作人员身份的;

(二)组织国家工作人员赴境外赌博的;

(三)组织未成年人参与赌博,或者开设赌场吸引未成年人参与赌博的。

第六条　未经国家批准擅自发行、销售彩票,构成犯罪的,依照刑法第二百二十五条第(四)项的规定,以非法经营罪定罪处罚。

第七条　通过赌博或者为国家工作人员赌博提供资金的形式实施行贿、受贿行为,构成犯罪的,依照刑法关于贿赂犯罪的规定定罪处罚。

第八条　赌博犯罪中用作赌注的款物、换取筹码的款物和通过赌博赢取的款物属于赌资。通过计算机网络实施赌博犯罪的,赌资数额可以按照在计算机网络上投注或者赢取的点数乘以每一点实际代表的金额认定。

赌资应当依法予以追缴;赌博用具、赌博违法所得以及赌博犯罪分子所有的专门用于赌博的资金、交通工具、通讯工具等,应当依法予以没收。

第九条　不以营利为目的,进行带有少量财物输赢的娱乐活动,以及提供棋牌室等娱乐场所只收取正常的场所和服务费用的经营行为等,不以赌博论处。

《最高人民检察院、公安部关于公安机关管辖的刑事案件立案追诉标准的规定(一)》(2008 年 6 月 25 日　公通字〔2008〕36 号)

第四十三条　以营利为目的,聚众赌博,涉嫌下列情形之一的,应予立案追诉:

(一)组织三人以上赌博,抽头渔利数额累计五千元以上的;

(二)组织三人以上赌博,赌资数额累计五万元以上的;

(三)组织三人以上赌博,参赌人数累计二十人以上的;

(四)组织中华人民共和国公民十人以上赴境外赌博,从中收取回扣、介绍费的;

(五)其他聚众赌博应予追究刑事责任的情形。

以营利为目的,以赌博为业的,应予立案追诉。

赌博犯罪中用作赌注的款物、换取筹码的款物和通过赌博赢取的款物属于赌资。通过计算机网络实施赌博犯罪的,赌资数额可以按照在计算机网络上投注或者赢取的点数乘以每一点实际代表的金额认定。

要义辨析

一、概念

本罪是指以营利为目的，聚众赌博或者以赌博为业的行为。

二、构成要件

1. 本罪侵犯的客体是社会管理秩序和社会风尚。

2. 客观方面表现为聚众赌博或者以赌博为业的行为。“聚众赌博”，是指提供赌场，组织、招引他人参加赌博，本人从中渔利的行为，这种人通常称为赌头。所谓“以赌博为业”，是指无正当职业或者不务正业，长期混迹赌场，嗜赌成性，靠赌博取利的行为，这种人通常称为赌棍。

3. 犯罪主体为一般主体。

4. 主观方面为故意。

三、要点辨析

1. 是否以营利为目的，是区分赌博罪与非罪的主要界限。区分本罪是否成立，主要依据有无营利目的、人数多少、赌资大小。一般民间的娱乐，不可扩大化理解为赌博。

2. 构成赌博罪必须是“聚众赌博”或“以赌博为业”等有特定情节的行为，只要具备其中一种行为，即构成赌博罪。

3. 在赌博中引起打架斗殴，致人重伤、死亡或者故意杀人的，应以故意伤害罪或者故意杀人罪论处。

4. 赌博罪与开设赌场罪的区别，聚众赌博者不一定同时提供赌场，而开设赌场者一定有提供赌场的行为。

四、罪名变迁

1979 年《刑法》第 168 条对本罪作了规定，1997 年《刑法》第 303 条对赌博罪的罪状作了补充。《刑法修正案（六）》第 18 条第 2 款将“开设赌场”的行为从赌博罪中分离出来，设立独立犯罪。

类罪名：妨害社会管理秩序罪/扰乱公共秩序罪	罪名：开设赌场罪
量刑标准	犯本罪的　处 5 年以下有期徒刑、拘役或者管制，并处罚金；
	情节严重的　处 5 年以上 10 年以下有期徒刑，并处罚金。

法律依据

一、《刑法》条文

第三百零三条第二款　开设赌场的，处五年以下有期徒刑、拘役或者管制，并处罚金；情节严重的，处五年以上十年以下有期徒刑，并处罚金。

二、相关司法解释/文件

《最高人民法院、最高人民检察院关于办理赌博刑事案件具体应用法律若干问题的解释》（2005 年 5 月 11 日　法释〔2005〕3 号）

为依法惩治赌博犯罪活动，根据刑法的有关规定，现就办理赌博刑事案件具体应用法律的若干问题解释如下：

第二条　以营利为目的，在计算机网络上建立赌博网站，或者为赌博网站担任代理，接受投注的，属于刑法第三百零三条规定的“开设赌场”。

第三条　中华人民共和国公民在我国领域外周边地区聚众赌博、开设赌场，以吸引中华人民共和国公民为主要客源，构成赌博罪的，可以依照刑法规定追究刑事责任。

《最高人民检察院、公安部关于公安机关管辖的刑事案件立案追诉标准的规定（一）》（2008 年 6 月 25 日　公通字〔2008〕36 号）

第四十四条　［开放赌场案（刑法第三百零三条第二款）］开设赌场的，应予立案追诉。

在计算机网络上建立赌博网站，或者为赌博网站担任代理，接受投注的，属于本条规定的“开设赌场”。

《最高人民法院、最高人民检察院、公安部关于办理网络赌博犯罪案件适用法律若干问题的意见》(2010年8月31日　公通字〔2010〕40号)

一、关于网上开设赌场犯罪的定罪量刑标准

利用互联网、移动通讯终端等传输赌博视频、数据,组织赌博活动,具有下列情形之一的,属于刑法第三百零三条第二款规定的“开设赌场”行为:

(一)建立赌博网站并接受投注的;

(二)建立赌博网站并提供给他人组织赌博的;

(三)为赌博网站担任代理并接受投注的;

(四)参与赌博网站利润分成的。

实施前款规定的行为,具有下列情形之一的,应当认定为刑法第三百零三条第二款规定的“情节严重”:

(一)抽头渔利数额累计达到3万元以上的;

(二)赌资数额累计达到30万元以上的;

(三)参赌人数累计达到120人以上的;

(四)建立赌博网站后通过提供给他人组织赌博,违法所得数额在3万元以上的;

(五)参与赌博网站利润分成,违法所得数额在3万元以上的;

(六)为赌博网站招募下级代理,由下级代理接受投注的;

(七)招揽未成年人参与网络赌博的;

(八)其他情节严重的情形。

二、关于网上开设赌场共同犯罪的认定和处罚

明知是赌博网站,而为其提供下列服务或者帮助的,属于开设赌场罪的共同犯罪,依照刑法第三百零三条第二款的规定处罚:

(一)为赌博网站提供互联网接入、服务器托管、网络存储空间、通讯传输通道、投放广告、发展会员、软件开发、技术支持等服务,收取服务费数额在2万元以上的;

(二)为赌博网站提供资金支付结算服务,收取服务费数额在1万元以上或者帮助收取赌资20万元以上的;

(三)为10个以上赌博网站投放与网址、赔率等信息有关的广告或者为赌博网站投放广告累计100条以上的。

实施前款规定的行为,数量或者数额达到前款规定标准5倍以上的,应当认定为刑法第三百零三条第二款规定的“情节严重”。

实施本条第一款规定的行为,具有下列情形之一的,应当认定行为人“明知”,但是有证据证明确实不知道的除外:

(一)收到行政主管机关书面等方式的告知后,仍然实施上述行为的;

(二)为赌博网站提供互联网接入、服务器托管、网络存储空间、通讯传输通道、投放广告、软件开发、技术支持、资金支付结算等服务,收取服务费明显异常的;

(三)在执法人员调查时,通过销毁、修改数据、账本等方式故意规避调查或者向犯罪嫌疑人通风报信的;

(四)其他有证据证明行为人明知的。

如果有开设赌场的犯罪嫌疑人尚未到案,但是不影响对已到案共同犯罪嫌疑人、被告人的犯罪事实认定的,可以依法对已到案者定罪处罚。

三、关于网络赌博犯罪的参赌人数、赌资数额和网站代理的认定

赌博网站的会员账号数可以认定为参赌人数,如果查实一个账号多人使用或者多个账号一人使用的,应当按照实际使用的人数计算参赌人数。

赌资数额可以按照在网络上投注或者赢取的点数乘以每一点实际代表的金额认定。

对于将资金直接或间接兑换为虚拟货币、游戏道具等虚拟物品,并用其作为筹码投注的,赌资数额按照购买该虚拟物品所需资金数额或者实际支付资金数额认定。

对于开设赌场犯罪中用于接收、流转赌资的银行账户内的资金,犯罪嫌疑人、被告人不能说明合法来源的,可以认定为赌资。向该银行账户转入、转出资金的银行账户数量可以认定为参赌人数。如果查实一个账户多人使用或多个账户一人使用的,应当按照实际使用的人数计算参赌人数。

有证据证明犯罪嫌疑人在赌博网站上的账号设置有下级账号的,应当认定其为赌博网站的代理。

四、关于网络赌博犯罪案件的管辖

网络赌博犯罪案件的地域管辖,应当坚持以犯罪地管辖为主、被告人居住地管辖为辅的原则。

"犯罪地"包括赌博网站服务器所在地、网络接入地，赌博网站建立者、管理者所在地，以及赌博网站代理人、参赌人实施网络赌博行为地等。

公安机关对侦办跨区域网络赌博犯罪案件的管辖权有争议的，应本着有利于查清犯罪事实、有利于诉讼的原则，认真协商解决。经协商无法达成一致的，报共同的上级公安机关指定管辖。对即将侦查终结的跨省（自治区、直辖市）重大网络赌博案件，必要时可由公安部商最高人民法院和最高人民检察院指定管辖。

为保证及时结案，避免超期羁押，人民检察院对于公安机关提请审查逮捕、移送审查起诉的案件，人民法院对于已进入审判程序的案件，犯罪嫌疑人、被告人及其辩护人提出管辖异议或者办案单位发现没有管辖权的，受案人民检察院、人民法院经审查可以依法报请上级人民检察院、人民法院指定管辖，不再自行移送有管辖权的人民检察院、人民法院。

五、关于电子证据的收集与保全

侦查机关对于能够证明赌博犯罪案件真实情况的网站页面、上网记录、电子邮件、电子合同、电子交易记录、电子账册等电子数据，应当作为刑事证据予以提取、复制、固定。

侦查人员应当对提取、复制、固定电子数据的过程制作相关文字说明，记录案由、对象、内容以及提取、复制、固定的时间、地点、方法，电子数据的规格、类别、文件格式等，并由提取、复制、固定电子数据的制作人、电子数据的持有人签名或者盖章，附所提取、复制、固定的电子数据一并随案移送。

对于电子数据存储在境外的计算机上的，或者侦查机关从赌博网站提取电子数据时犯罪嫌疑人未到案的，或者电子数据的持有人无法签字或者拒绝签字的，应当由能够证明提取、复制、固定过程的见证人签名或者盖章，记明有关情况。必要时，可对提取、复制、固定有关电子数据的过程拍照或者录像。

《最高人民法院、最高人民检察院、公安部关于办理利用赌博机开设赌场案件适用法律若干问题的意见》（2014年3月26日　公通字〔2014〕17号）

一、关于利用赌博机组织赌博的性质认定

设置具有退币、退分、退钢珠等赌博功能的电子游戏设施设备，并以现金、有价证券等贵重款物作为奖品，或者以回购奖品方式给予他人现金、有价证券等贵重款物（以下简称设置赌博机）组织赌博活动的，应当认定为刑法第三百零三条第二款规定的"开设赌场"行为。

二、关于利用赌博机开设赌场的定罪处罚标准

设置赌博机组织赌博活动，具有下列情形之一的，应当按照刑法第三百零三条第二款规定的开设赌场罪定罪处罚：

（一）设置赌博机10台以上的；

（二）设置赌博机2台以上，容留未成年人赌博的；

（三）在中小学校附近设置赌博机2台以上的；

（四）违法所得累计达到5000元以上的；

（五）赌资数额累计达到5万元以上的；

（六）参赌人数累计达到20人以上的；

（七）因设置赌博机被行政处罚后，两年内再设置赌博机5台以上的；

（八）因赌博、开设赌场犯罪被刑事处罚后，五年内再设置赌博机5台以上的；

（九）其他应当追究刑事责任的情形。

设置赌博机组织赌博活动，具有下列情形之一的，应当认定为刑法第三百零三条第二款规定的"情节严重"：

（一）数量或者数额达到第二条第一款第一项至第六项规定标准六倍以上的；

（二）因设置赌博机被行政处罚后，两年内再设置赌博机30台以上的；

（三）因赌博、开设赌场犯罪被刑事处罚后，五年内再设置赌博机30台以上的；

（四）其他情节严重的情形。

可同时供多人使用的赌博机，台数按照能够独立供一人进行赌博活动的操作基本单元的数量认定。

在两个以上地点设置赌博机，赌博机的数量、违法所得、赌资数额、参赌人数等均合并计算。

三、关于共犯的认定

明知他人利用赌博机开设赌场，具有下列情形之一的，以开设赌场罪的共犯论处：

（一）提供赌博机、资金、场地、技术支持、资金

结算服务的;

(二)受雇参与赌场经营管理并分成的;

(三)为开设赌场者组织客源,收取回扣、手续费的;

(四)参与赌场管理并领取高额固定工资的;

(五)提供其他直接帮助的。

四、关于生产、销售赌博机的定罪量刑标准

五、关于赌资的认定

本意见所称赌资包括:

(一)当场查获的用于赌博的款物;

(二)代币、有价证券、赌博积分等实际代表的金额;

(三)在赌博机上投注或赢取的点数实际代表的金额。

六、关于赌博机的认定

对于涉案的赌博机,公安机关应当采取拍照、摄像等方式及时固定证据,并予以认定。对于是否属于赌博机难以确定的,司法机关可以委托地市级以上公安机关出具检验报告。司法机关根据检验报告,并结合案件具体情况作出认定。必要时,人民法院可以依法通知检验人员出庭作出说明。

七、关于宽严相济刑事政策的把握

办理利用赌博机开设赌场的案件,应当贯彻宽严相济刑事政策,重点打击赌场的出资者、经营者。对受雇佣为赌场从事接送参赌人员、望风看场、发牌坐庄、兑换筹码等活动的人员,除参与赌场利润分成或者领取高额固定工资的以外,一般不追究刑事责任,可由公安机关依法给予治安管理处罚。对设置游戏机,单次换取少量奖品的娱乐活动,不以违法犯罪论处。

八、关于国家机关工作人员渎职犯罪的处理

负有查禁赌博活动职责的国家机关工作人员,徇私枉法,包庇、放纵开设赌场违法犯罪活动,或者为违法犯罪分子通风报信、提供便利、帮助犯罪分子逃避处罚,构成犯罪的,依法追究刑事责任。

国家机关工作人员参与利用赌博机开设赌场犯罪的,从重处罚。

要义辨析

一、概念

本罪是指为赌博提供场所、设定赌博方式、提供赌具、筹码甚至出借资金等组织赌博为赌博者提供条件的行为。

二、构成要件

1. 本罪侵犯的客体是社会管理秩序和社会风尚。

2. 客观方面表现为为赌博提供场所、设定赌博方式、提供赌具、筹码甚至出借资金等组织赌博为赌博者提供条件的行为。

3. 本罪主体为一般主体。

4. 主观上出于故意。

三、要点辨析

1. 本罪没有注明“以营利为目的”,但从本条第1款的含义看,本罪同样有“以营利为目的”的要件。仅是提供场所供人娱乐,而自己不收取任何好处的设赌场行为,一般不能按本罪处刑。

2. 对于终端在境外的赌博网站,只要境内的人组织了投注和代理行为,达到追诉标准,都构成犯罪,这类新型赌博犯罪危害更甚。

3. 对于组织国内人士到境外赌博,和开设境外赌博网络接入代理行为的定性问题。(1)开设伪网站赌博,实际进行骗取财产的,以诈骗罪定性。(2)为真实的国外赌博网站接入代理牟利的,以开设赌场罪定性。(3)组织国内人士到国外赌博,行为涉及国内延续有管辖权的,从赌博者处分享手续费和佣金的,定赌博罪。从境外赌博公司分享回扣的,定开设赌场罪。(4)行为发生在赌博合法化的境外场所,不能按属人原则定罪。

四、罪名变迁

本罪是根据2006年6月29日通过的《刑法修正案(六)》第18条第2款而新增加的罪名,将其作为赌博罪中的第2款,专门列出一个罪名“开设赌场罪”。

类罪名:妨害社会管理秩序罪/扰乱公共秩序罪	罪名:组织参与国(境)外赌博罪
量刑标准	**构成本罪的**　处5年以下有期徒刑、拘役或者管制,并处罚金;
	情节严重的　处5年以上10年以下有期徒刑,并处罚金。

法律依据

《刑法》条文

第三百零三条第二、三款　开设赌场的,处五年以下有期徒刑、拘役或者管制,并处罚金;情节严重的,处五年以上十年以下有期徒刑,并处罚金。

组织中华人民共和国公民参与国(境)外赌博,数额巨大或者有其他严重情节的,依照前款的规定处罚。

要义辨析

一、概念

本罪是指组织中华人民共和国公民参与国(境)外赌博的行为。

二、构成要件

1. 本罪侵犯的客体是社会管理秩序和社会风尚。

2. 本罪的客观方面是行为人实施了组织中华人民共和国公民参与国(境)外赌博的行为。这里所说的"组织中华人民共和国公民参与国(境)外赌博,包括直接组织中国公民赴境外赌博,或者以旅游、公务等名义组织中国公民赴国(境)外赌博,或者以提供赌博场所、提供赌资、设定赌博方式等组织中国公民赴国(境)外赌博,或者利用信息网络、通讯终端等传输赌博视频、数据,组织中国公民参与国(境)外赌博等。

3. 本罪的犯罪主体是组织者。这里的"组织者"是指组织、召集中国公民参与国(境)外赌博的人员。根据《刑法》有关管辖的规定,这里的组织行为可以是我国内地公民实施的组织行为,也可以是国(境)外人员在内地针对我国内地公民实施的组织行为。组织的对象必须是中华人民共和国公民。

4. 本罪主观方面表现为故意。

三、要点辨析

1. 必须要达到数额巨大或者具有其他严重情节,才能构成本罪。"数额巨大"是指赌资数额巨大,"有其他严重情节"是指赌资虽未达到巨大,但是有其他严重情节,如参与赌博人数较多,组织未成年人参与赌博等情形,该情形与赌资巨大的严重性应相当。

2. 对于招揽中国公民参与国(境)外赌博是否构成本罪,存在不同的认识。有的认为招揽与组织性质类似,应当认定为是犯罪。我们认为,对此行为应当根据实际情况进行判断。如旅行社或者个人组织人员赴境外旅游,如果只是作为旅游项目去赌场进行娱乐性质的赌博,不能视为构成本罪,但是如果旅游的主要目的就是为了赌博,应该认定为构成本罪。

四、罪名变迁

本罪是根据《刑法修正案(十一)》新设立的罪名。

类罪名:妨害社会管理秩序罪/扰乱公共秩序罪	罪名:故意延误投递邮件罪
量刑标准	**犯本罪的**　处2年以下有期徒刑或者拘役。

法律依据

一、《刑法》条文

第三百零四条　邮政工作人员严重不负责任,故意延误投递邮件,致使公共财产、国家和人民利益遭受重大损失的,处二年以下有期徒刑或者拘役。

二、相关法律

《中华人民共和国邮政法》(2015年4月24日修正)

第七十条　邮政企业从业人员故意延误投递邮件的,由邮政企业给予处分。

三、相关司法解释/文件

《最高人民检察院、公安部关于公安机关管辖的刑事案件立案追诉标准的规定(一)》(2008年6月25日　公通字〔2008〕36号)

第四十五条　[故意延误投递邮件案(刑法第三百零四条)]邮政工作人员严重不负责任,故意延误投递邮件,涉嫌下列情形之一的,应予立案追诉:

(一)造成直接经济损失二万元以上的;

(二)延误高校录取通知书或者其他重要邮件投递,致使他人失去高校录取资格或者造成其他无法挽回的重大损失的;

(三)严重损害国家声誉或者造成恶劣社会影响的;

(四)其他致使公共财产、国家和人民利益遭受重大损失的情形。

要义辨析

一、概念

本罪是指邮政工作人员严重不负责任,故意拖延耽误正常投递邮件,致使公共财物、国家和人民利益蒙受重大损失的行为。

二、构成要件

1.本罪侵犯客体是国家的邮政管理秩序。本罪侵犯的对象是邮件。根据我国《邮政法》的规定,邮件,是指通过邮政企业寄递的信件、印刷品、邮包、汇款通知、报刊等;邮件又分平常邮件和收据邮件。平常邮件,是指邮政企业及其分支机构在收寄时不出具收据,投递时不要求收件人签收的邮件,收据邮件,是指挂号信件、邮包、保价邮件等由邮政企业及其分支机构在收寄时出具收据,投递时要求收件人签收的邮件。所谓"信件",是指信函和明信片。它是用来向特定的人传达意思的一种文书。

2.本罪在客观方面表现为邮政工作人员严重不负责任,故意延误投递邮件,致使公共财产、国家和人民利益遭受重大损失的行为。

所谓"严重不负责任",是指邮政工作人员违背国家法律赋予其的职责和义务,情节严重的行为。按照《邮政法》第6条、第22条的规定,邮政企业应当为用户提供迅速、准确、安全、方便的邮政业务;邮政企业及其分支机构应当按照国务院邮政主管部门规定的时限投交邮件,邮政工作人员不履行其职责,不遵守上述规定,即为不负责任的表现。如果行为人出于泄愤、报复而故意延误投递邮件,也是邮政工作人员对其职责不负责任的表现,至于何谓严重,则应主要结合其造成的危害后果来认定。

延误投递邮件,是指邮政工作人员对应当按期投递的邮件,有条件投递而故意拖延、耽误邮件的分发、递送,不按照国务院邮政主管部门规定的时限投交邮件。至于延误时间的长短,法律没有规矩,只要行为人没有按规定时间投递邮件的,即属延误。如果行为人虽然没有及时、迅速地投递邮件,但并没有超出规定所允许的期限,即使客观上造成重大损失的,也不构成本罪。发生延误投递的时间可以是在分拣投递、押送、收发等任何一个环节中,这里的"延误"不同于隐匿不投的情形,前者是投递但超出规定的时间,后者则是直接加以藏匿而不投递。如果行为人故意隐匿不投的,则构成私自开拆、隐匿、毁弃邮件、电报罪。本罪属于不作为犯,即行为人有条件、有义务将邮件按时投送而故意延误的行为。如果行为人遭遇不可抗力或意外事件延误投递邮件的,不构成本罪。

延误投递邮件的行为发生了使公共财产、国家和人民利益遭受重大损失的结果,才构成犯罪。仅有延误投递的行为而没有发生重大损失的结果，不成立本罪。而且，行为人延误投递邮件的行为与造成的重大损失的结果之间必须具有刑法上的因果关系。

3. 本罪主体为特殊主体，是邮电工作人员。即国家邮电部门的干部、营业人员、分拣员、接发员、押运员、接发员、搬运员等；根据《邮政法》第8条第2款的规定，邮政企业根据需要委托其他单位或个人代办邮政企业专营业务的代办人员，办理邮政业务时亦应视为邮政工作人员。非邮电工作人员或虽在邮电部门工作但不与邮件、电报接触的人员，则不能成为本罪主体。

4. 本罪的主观方面是故意，即行为人主观上严重不负责任，拒不办理依法应当办理的邮政业务，故意延误投递邮件。行为人实施这种行为的动机和目的是多种多样的，有的是泄愤报复，有的是牟取非法利益，等等。不论其出自何种动机和目的，对构成本罪没有影响。如果行为人延误投递邮件是因存在不可抗力或者其他正当原因，则不构成本罪。

三、罪名变迁

本罪是1997年《刑法》增设的罪名，1979年《刑法》和单行刑法均没有规定此罪名。

第二节　妨害司法罪

类罪名：妨害社会管理秩序罪/妨害司法罪	罪名：伪证罪
量刑标准	**构成犯罪的**　处3年以下有期徒刑或者拘役；
	情节严重的　处3年以上7年以下有期徒刑。

法律依据

一、《刑法》条文

第三百零五条　在刑事诉讼中，证人、鉴定人、记录人、翻译人对与案件有重要关系的情节，故意作虚假证明、鉴定、记录、翻译，意图陷害他人或者隐匿罪证的，处三年以下有期徒刑或者拘役；情节严重的，处三年以上七年以下有期徒刑。

二、相关法律

《中华人民共和国刑事诉讼法》(2018年10月26日修正)

第五十四条第四款　凡是伪造证据、隐匿证据或者毁灭证据的，无论属于何方，必须受法律追究。

第六十一条　证人证言必须在法庭上经过公诉人、被害人和被告人、辩护人双方质证并且查实以后，才能作为定案的根据。法庭查明证人有意作伪证或者隐匿罪证的时候，应当依法处理。

要义辨析

一、概念

本罪是指在刑事诉讼中，证人、鉴定人、记录人、翻译人对与案件有重要关系的情节，故意作虚假证明、鉴定、记录、翻译，意图陷害他人或者为犯罪人隐匿罪证的行为。

二、构成要件

1. 本罪侵犯的客体是司法机关的正常刑事诉讼活动。本罪是为了保障国家刑事诉讼程序正常进行、保障司法准确公正而制定的刑事责任条款。本罪限于刑事证据，不是刑事诉讼的证据不属本条规制对象。

2. 客观方面表现为在刑事诉讼中对与案件有重要关系的情节，故意作虚假证明、鉴定、记录、翻译，意图陷害他人或者为犯罪人隐匿罪证的行为。

不是在刑事侦查、起诉、审判中向司法机关所作的虚假陈述或者隐匿证据,不能定为伪证罪。不具有陷害他人或者隐匿罪证的目的而作的不符合案件事实的陈述,不能构成本罪。

3. 本罪主体为特殊主体。只限于证人、鉴定人、记录人、翻译人,不能任意扩大。

4. 主观方面为直接故意。

三、要点辨析

1. 需要注意的是,本罪的主体是刑事诉讼活动参加人,不但包括证人,也包括记录人、鉴定人、翻译人,即参与公权力活动者都是追究对象。凡是伪造证据、隐匿证据或者毁灭证据的,无论拥有何种身份,必须受法律追究。

2. 伪证应当是故意的、主动的行为。由于过失的、记忆不清的、被刑讯逼供、恐吓威胁取证,被迫作虚假陈述的,不构成伪证罪。

四、罪名变迁

1979 年《刑法》第 148 条对本罪作了规定。

类罪名:妨害社会管理秩序罪/妨害司法罪 丨 罪名:辩护人、诉讼代理人毁灭证据、伪造证据、妨害作证罪	
量刑标准	构成犯罪的　处 3 年以下有期徒刑或者拘役;
	情节严重的　处 3 年以上 7 年以下有期徒刑。

法律依据

一、《刑法》条文

第三百零六条　在刑事诉讼中,辩护人、诉讼代理人毁灭、伪造证据,帮助当事人毁灭、伪造证据,威胁、引诱证人违背事实改变证言或者作伪证的,处三年以下有期徒刑或者拘役;情节严重的,处三年以上七年以下有期徒刑。

辩护人、诉讼代理人提供、出示、引用的证人证言或者其他证据失实,不是有意伪造的,不属于伪造证据。

二、相关法律

《中华人民共和国刑事诉讼法》(2018 年 10 月 26 日修正)

第五十四条　人民法院、人民检察院和公安机关有权向有关单位和个人收集、调取证据。有关单位和个人应当如实提供证据。

行政机关在行政执法和查办案件过程中收集的物证、书证、视听资料、电子数据等证据材料,在刑事诉讼中可以作为证据使用。

对涉及国家秘密、商业秘密、个人隐私的证据,应当保密。

凡是伪造证据、隐匿证据或者毁灭证据的,无论属于何方,必须受法律追究。

第六十一条　证人证言必须在法庭上经过公诉人、被害人和被告人、辩护人双方质证并且查实以后,才能作为定案的根据。法庭查明证人有意作伪证或者隐匿罪证的时候,应当依法处理。

《中华人民共和国民事诉讼法》(2023 年 9 月 1 日修正)

第一百一十四条　诉讼参与人或者其他人有下列行为之一的,人民法院可以根据情节轻重予以罚款、拘留;构成犯罪的,依法追究刑事责任:

(一)伪造、毁灭重要证据,妨碍人民法院审理案件的;

《中华人民共和国律师法》(2017 年 9 月 1 日修正)

第四十九条　律师有下列行为之一的,由设区的市级或者直辖市的区人民政府司法行政部门给予停止执业六个月以上一年以下的处罚,可以处五万元以下的罚款;有违法所得的,没收违法所得;情节严重的,由省、自治区、直辖市人民政府司法行政部门吊销其律师执业证书;构成犯罪的,依法追究刑事责任:

(三)向司法行政部门提供虚假材料或者有其他弄虚作假行为的;

（四）故意提供虚假证据或者威胁、利诱他人提供虚假证据，妨碍对方当事人合法取得证据的；

律师因故意犯罪受到刑事处罚的，由省、自治区、直辖市人民政府司法行政部门吊销其律师执业证书。

要义辨析

一、概念

本罪是指在刑事诉讼中，辩护人、诉讼代理人毁灭、伪造证据，或帮助当事人毁灭、伪造证据，威胁、引诱证人改变证言或者作伪证的行为。

二、构成要件

1. 本罪侵犯的客体是司法机关的正常刑事诉讼活动。

2. 在客观方面表现为有毁灭、伪造证据帮助当事人或威胁引诱证人进行伪证的行为，其目的一般是为了伪造事实真相，有利于或者不利于自己当事人的。

3. 犯罪主体为特殊主体，限于辩护人和诉讼代理人。对诉讼代理人的界定，参照《刑事诉讼法》第108条的规定。

4. 主观方面由直接故意构成。有意伪造事实进行伪证的行为才构成本罪。由于客观的原因导致证言和证据失实，不构成本罪。

三、要点辨析

1. 辩护人、诉讼代理人在刑事案件“非诉讼”阶段或者民事、行政案件中有本条规定的行为的，以妨害作证罪或者帮助毁灭、伪造证据罪定罪处罚。

2. 要充分注意本罪第2款的规定，即“辩护人、诉讼代理人提供、出示、引用的证人证言或者其他证据失实，不是有意伪造的，不属于伪造证据”。这里提到的是证人证言，不包括嫌疑人、被告人的口供。被告人到案到法庭审判，陈述变化是经常发生的。辩护人在辩护中，会见被告人帮助被告人分析法律要点，告知法律权利，是正常履行职务行为，被告人口供前后不一的，不能认为是帮助伪造证据，不能以本罪定性。

3. 本罪是行为犯，要具体的行为发生，要有具体的证据载体被毁灭、被伪造的事实发生。仅是有犯意，还没有实施犯罪行为，证人作证没有被带上法庭、证人笔录没有提交法庭，证人都还没有找到，不能构成本罪。

4. 本罪与伪证罪的区别，在于主体不同。犯罪者本人不是证人、鉴定人、记录人、翻译人，而是帮助当事人的辩护人、诉讼代理人。

5. 本罪属选择性罪名。

四、罪名变迁

本罪是1997年《刑法》增设的罪名，1979年《刑法》和单行刑法均没有规定此罪名。

妨害作证罪

类罪名：妨害社会管理秩序罪/妨害司法罪	罪名：妨害作证罪	
量刑标准	构成犯罪的	处3年以下有期徒刑或者拘役；
	情节严重的	处3年以上7年以下有期徒刑。

法律依据

一、《刑法》条文

第三百零七条第一、三款　以暴力、威胁、贿买等方法阻止证人作证或者指使他人作伪证的，处三年以下有期徒刑或者拘役；情节严重的，处三年以上七年以下有期徒刑。

司法工作人员犯前两款罪的，从重处罚。

二、相关法律

《中华人民共和国刑事诉讼法》（2018年10月26日修正）

第六十三条第二款　对证人及其近亲属进行

威胁、侮辱、殴打或者打击报复,构成犯罪的,依法追究刑事责任;尚不够刑事处罚的,依法给予治安管理处罚。

《中华人民共和国民事诉讼法》(2023 年 9 月 1 日修正)

第一百一十四条 诉讼参与人或者其他人有下列行为之一的,人民法院可以根据情节轻重予以罚款、拘留;构成犯罪的,依法追究刑事责任:

(二)以暴力、威胁、贿买方法阻止证人作证或者指使、贿买、胁迫他人作伪证的;

(四)对司法工作人员、诉讼参加人、证人、翻译人员、鉴定人、勘验人、协助执行的人,进行侮辱、诽谤、诬陷、殴打或者打击报复的;

三、相关司法解释/文件

《最高人民检察院法律政策研究室关于通过伪造证据骗取法院民事裁判占有他人财物的行为如何适用法律问题的答复》(2002 年 10 月 24 日 高检研发〔2002〕第 18 号)

以非法占有为目的,通过伪造证据骗取法院民事裁判占有他人财物的行为所侵害的主要是人民法院正常的审判活动可以由人民法院依照民事诉讼法的有关规定作出处理,不宜以诈骗罪追究行为人的刑事责任。如果行为人伪造证据时,实施了伪造公司、企业、事业单位、人民团体印章的行为,构成犯罪的,应当依照刑法第二百八十条第二款的规定,以伪造公司、企业、事业单位、人民团体印章罪追究刑事责任;如果行为人有指使他人作伪证行为,构成犯罪的应当依照刑法第三百零七条第一款的规定,以妨害作证罪追究刑事责任。

要义辨析

一、概念

本罪是指在各种诉讼活动中,以暴力、威胁、贿买等方法阻止证人作证,或者指使他人作伪证,歪曲事实真相,妨碍诉讼活动的行为。

二、构成要件

1. 本罪侵害的客体是国家司法机关的正常的诉讼秩序,包括公安机关、检察机关的侦查起诉,法院审判执行活动。

2. 客观表现为在诉讼过程中或者诉讼过程之外,以暴力、威胁、贿买的方式,阻止证人作证,或迫使证人作伪证,妨碍诉讼。

3. 本罪主体为一般主体。包括司法人员和其他有行为责任能力的公民。

4. 主观方面表现为故意。

三、要点辨析

1. 本罪同打击报复证人罪处刑幅度相同,但具有不同的特征。主要区别是本罪是证人作证前的行为,目的是使证人不作证或作伪证;后者是证人已经作证后的行为,目的是报复。

2. 本罪包括"妨害作证"和"指使伪证"两种行为。犯罪主体是一般主体,司法人员也同样可以是犯罪主体,而且是要从重处罚的主体。

四、罪名变迁

本罪是 1997 年《刑法》新设的罪名。

类罪名:妨害社会管理秩序罪/妨害司法罪	罪名:帮助毁灭、伪造证据罪
量刑标准	情节严重的　处 3 年以下有期徒刑或者拘役。

法律依据

一、《刑法》条文

第三百零七条第二、三款　帮助当事人毁灭、伪造证据，情节严重的，处三年以下有期徒刑或者拘役。

司法工作人员犯前两款罪的，从重处罚。

二、相关法律

《中华人民共和国刑事诉讼法》(2018 年 10 月 26 日修正)

第五十条　可以用于证明案件事实的材料，都是证据。证据包括：

(一)物证；

(二)书证；

(三)证人证言；

(四)被害人陈述；

(五)犯罪嫌疑人、被告人供述和辩解；

(六)鉴定意见；

(七)勘验、检查、辨认、侦查实验等笔录；

(八)视听资料、电子数据。证据必须经过查证属实，才能作为定案的根据。

第五十四条　人民法院、人民检察院和公安机关有权向有关单位和个人收集、调取证据。有关单位和个人应当如实提供证据。

行政机关在行政执法和查办案件过程中收集的物证、书证、视听资料、电子数据等证据材料，在刑事诉讼中可以作为证据使用。

对涉及国家秘密、商业秘密、个人隐私的证据，应当保密。

凡是伪造证据、隐匿证据或者毁灭证据的，无论属于何方，必须受法律追究。

第五十九条　证人证言必须在法庭上经过公诉人、被害人和被告人、辩护人双方质证并且查实以后，才能作为定案的根据。法庭查明证人有意作伪证或者隐匿罪证的时候，应当依法处理。

《中华人民共和国民事诉讼法》(2023 年 9 月 1 日修正)

第六十六条　证据包括：

(一)当事人的陈述；

(二)书证；

(三)物证；

(四)视听资料；

(五)电子数据；

(六)证人证言；

(七)鉴定意见；

(八)勘验笔录。

证据必须查证属实，才能作为认定事实的根据。

第一百一十四条第一款第一项　诉讼参与人或者其他人有下列行为之一的，人民法院可以根据情节轻重予以罚款、拘留；构成犯罪的，依法追究刑事责任：

(一)伪造、毁灭重要证据，妨碍人民法院审理案件的；

《中华人民共和国行政诉讼法》(2017 年 6 月 27 日修正)

第三十三条　证据包括：

(一)书证；

(二)物证；

(三)视听资料；

(四)电子数据；

(五)证人证言；

(六)当事人的陈述；

(七)鉴定意见；

(八)勘验笔录、现场笔录。

以上证据经法庭审查属实，才能作为认定案件事实的根据。

量刑要素

司法工作人员犯本罪的，从重处罚。

要义辨析

一、概念

本罪是指在诉讼活动中,帮助当事人毁灭、伪造证据,情节严重的行为。

二、构成要件

1. 本罪侵犯的客体是司法机关正常的诉讼活动。

2. 客观上表现为有帮助当事人毁灭、伪造证据的行为。

3. 本罪主体为一般主体。

4. 主观方面为故意,过失的不构成本罪。

三、要点辨析

1. 证据,是指依照诉讼规则认定案件事实的依据。证据对于当事人和国家司法机关进行诉讼活动,证明案件事实,依法正确裁判都具有重要意义。任何一起案件的审判过程中,都需要通过证据和证据形成的证据链再现还原事件的本来面目,依据充足的证据才能作出的裁判。刑事证据包括:(一)物证;(二)书证;(三)证人证言;(四)被害人陈述;(五)犯罪嫌疑人、被告人供述和辩解;(六)鉴定意见;(七)勘验、检查、辨认、侦查实验等笔录;(八)视听资料、电子数据。

2. 注意嫌疑人、被告人口供同证人证言的区别。证人证言,不包括嫌疑人、被告人的口供。被告人交代是自述,是证据的一种,但不同于其他人的证人证言,被告人本人不是证人。口供不属于证言。被告人从开始到案,到法庭审判,陈述变化是经常发生的。辩护人在辩护中,会见被告人,帮助被告人分析法律要点,告知法律权利,是正常履行职务行为,被告人口供前后不一的,不能认为是帮助伪造证据,不能以本罪定性。

3. 本罪与伪证罪的区别在于主体不同。本罪的犯罪者本人不是证人、鉴定人、记录人、翻译人,而是帮助当事人的其他人。

4. 本罪与辩护人、诉讼代理人毁灭证据、伪造证据罪的区别,是本罪的主体不限于辩护人、诉讼代理人,其他人均可构成本罪主体,本罪不限于刑事诉讼活动。

5. "当事人"的定义,是指刑事案件的自诉人、被告人、被害人、还包括民事、行政案件中的原告、被告、第三人等。行为人对这些人施加了影响,或者帮助他们提供、制作了伪证,即构成了"帮助"。

6. 本罪是情节犯。本罪只有"情节严重"的,才构成犯罪。要有具体的证据载体被毁坏、被伪造的事实发生。伪证类犯罪,主要是影响法庭作出错误的判断。因此,"情节严重",一般指已经将伪证提交给法院,或者已经当庭出示,伪证证人已经出庭,已经影响了法庭对案情的判断,可能导致错误判决结果的作出。如果取证都没有开始,证据都没有形成,证人还没有上法庭,甚至还在寻找劝说上庭,书面证据想伪造还没有伪造,都不能视为"情节严重",不能构成犯罪。

7. 行为人取证时,已经告知了当事人如实作证的义务,告知了作伪证的法律禁止规定和不利后果,法庭上已经告知证人必须如实作证,法庭也告知了权利义务,而证人和当事人自身的因素,仍然作出和提供了虚假不实的证据和证言,行为人应当免责,不构成犯罪。

四、罪名变迁

本罪是1997年《刑法》增设的罪名。

类罪名:妨害社会管理秩序罪/妨害司法罪 | 罪名:虚假诉讼罪	
量刑标准	**妨害司法秩序或者严重侵害他人合法权益的** 处3年以下有期徒刑、拘役或者管制,并处或者单处罚金;
	情节严重的 处3年以上7年以下有期徒刑,并处罚金;
	单位犯前款罪的 对单位判处罚金,并对其直接负责的主管人员和其他直接责任人员,依照前述规定处罚。

法律依据

一、《刑法》条文

第三百零七条之一　以捏造的事实提起民事诉讼，妨害司法秩序或者严重侵害他人合法权益的，处三年以下有期徒刑、拘役或者管制，并处或者单处罚金。情节严重的，处三年以上七年以下有期徒刑，并处罚金。

单位犯前款罪的，对单位判处罚金，并对其直接负责的主管人员和其他直接责任人员，依照前款的规定处罚。

有第一款行为，非法占有他人财产或者逃避合法债务，又构成其他犯罪的，依照处罚较重的规定定罪从重处罚。

司法工作人员利用职权，与他人共同实施前三款行为的，从重处罚；同时构成其他犯罪的，依照处罚较重的规定定罪从重处罚。

二、相关司法解释/文件

《最高人民法院、最高人民检察院关于办理虚假诉讼刑事案件适用法律若干问题的解释》（2018年9月26日　法释〔2018〕17号）

第一条　采取伪造证据、虚假陈述等手段，实施下列行为之一，捏造民事法律关系，虚构民事纠纷，向人民法院提起民事诉讼的，应当认定为刑法第三百零七条之一第一款规定的“以捏造的事实提起民事诉讼”：

（一）与夫妻一方恶意串通，捏造夫妻共同债务的；

（二）与他人恶意串通，捏造债权债务关系和以物抵债协议的；

（三）与公司、企业的法定代表人、董事、监事、经理或者其他管理人员恶意串通，捏造公司、企业债务或者担保义务的；

（四）捏造知识产权侵权关系或者不正当竞争关系的；

（五）在破产案件审理过程中申报捏造的债权的；

（六）与被执行人恶意串通，捏造债权或者对查封、扣押、冻结财产的优先权、担保物权的；

（七）单方或者与他人恶意串通，捏造身份、合同、侵权、继承等民事法律关系的其他行为。

隐瞒债务已经全部清偿的事实，向人民法院提起民事诉讼，要求他人履行债务的，以“以捏造的事实提起民事诉讼”论。

向人民法院申请执行基于捏造的事实作出的仲裁裁决、公证债权文书，或者在民事执行过程中以捏造的事实对执行标的提出异议、申请参与执行财产分配的，属于刑法第三百零七条之一第一款规定的“以捏造的事实提起民事诉讼”。

第二条　以捏造的事实提起民事诉讼，有下列情形之一的，应当认定为刑法第三百零七条之一第一款规定的“妨害司法秩序或者严重侵害他人合法权益”：

（一）致使人民法院基于捏造的事实采取财产保全或者行为保全措施的；

（二）致使人民法院开庭审理，干扰正常司法活动的；

（三）致使人民法院基于捏造的事实作出裁判文书、制作财产分配方案，或者立案执行基于捏造的事实作出的仲裁裁决、公证债权文书的；

（四）多次以捏造的事实提起民事诉讼的；

（五）曾因以捏造的事实提起民事诉讼被采取民事诉讼强制措施或者受过刑事追究的；

（六）其他妨害司法秩序或者严重侵害他人合法权益的情形。

第三条　以捏造的事实提起民事诉讼，有下列情形之一的，应当认定为刑法第三百零七条之一第一款规定的“情节严重”：

（一）有本解释第二条第一项情形，造成他人经济损失一百万元以上的；

（二）有本解释第二条第二项至第四项情形之一，严重干扰正常司法活动或者严重损害司法公信力的；

（三）致使义务人自动履行生效裁判文书确定的财产给付义务或者人民法院强制执行财产权益，数额达到一百万元以上的；

（四）致使他人债权无法实现，数额达到一百万元以上的；

（五）非法占有他人财产，数额达到十万元以上的；

(六)致使他人因为不执行人民法院基于捏造的事实作出的判决、裁定,被采取刑事拘留、逮捕措施或者受到刑事追究的;

(七)其他情节严重的情形。

第四条　实施刑法第三百零七条之一第一款行为,非法占有他人财产或者逃避合法债务,又构成诈骗罪,职务侵占罪,拒不执行判决、裁定罪,贪污罪等犯罪的,依照处罚较重的规定定罪从重处罚。

第五条　司法工作人员利用职权,与他人共同实施刑法第三百零七条之一前三款行为的,从重处罚;同时构成滥用职权罪,民事枉法裁判罪,执行判决、裁定滥用职权罪等犯罪的,依照处罚较重的规定定罪从重处罚。

第六条　诉讼代理人、证人、鉴定人等诉讼参与人与他人通谋,代理提起虚假民事诉讼、故意作虚假证言或者出具虚假鉴定意见,共同实施刑法第三百零七条之一前三款行为的,依照共同犯罪的规定定罪处罚;同时构成妨害作证罪,帮助毁灭、伪造证据罪等犯罪的,依照处罚较重的规定定罪从重处罚。

第七条　采取伪造证据等手段篡改案件事实,骗取人民法院裁判文书,构成犯罪的,依照刑法第二百八十条、第三百零七条等规定追究刑事责任。

第八条　单位实施刑法第三百零七条之一第一款行为的,依照本解释规定的定罪量刑标准,对其直接负责的主管人员和其他直接责任人员定罪处罚,并对单位判处罚金。

第九条　实施刑法第三百零七条之一第一款行为,未达到情节严重的标准,行为人系初犯,在民事诉讼过程中自愿具结悔过,接受人民法院处理决定,积极退赃、退赔的,可以认定为犯罪情节轻微,不起诉或者免予刑事处罚;确有必要判处刑罚的,可以从宽处罚。

司法工作人员利用职权,与他人共同实施刑法第三百零七条之一第一款行为的,对司法工作人员不适用本条第一款规定。

第十条　虚假诉讼刑事案件由虚假民事诉讼案件的受理法院所在地或者执行法院所在地人民法院管辖。有刑法第三百零七条之一第四款情形的,上级人民法院可以指定下级人民法院将案件移送其他人民法院审判。

第十一条　本解释所称裁判文书,是指人民法院依照民事诉讼法、企业破产法等民事法律作出的判决、裁定、调解书、支付令等文书。

第十二条　本解释自2018年10月1日起施行。

量刑要素

司法工作人员利用职权,与他人共同犯本罪的,从重处罚。

要义辨析

一、概念

本罪是指出于获利和其他的目的,以捏造的事实提起民事诉讼,严重妨害司法秩序,企图非法获得财产的行为。

二、构成要件

1. 本罪的客体是国家司法机关的正常诉讼秩序和他人财产权、人身权益。

2. 本罪的客观方面是当事人以捏造的事实提起民事诉讼或者司法工作人员利用职权,与他人共同实施虚假民事诉讼。

3. 本罪主体是一般主体,任何提起虚假诉讼活动的人都可以构成。

4. 本罪犯罪主观方面,为直接故意。目的往往是非法获利和转移财产、抵销债务,也有纯属泄愤报复、缠讼的目的的存在。

三、要点辨析

1. 虚假诉讼的具体表现形式,最高人民法院、最高人民检察院的机关解释已经具体列明。

2. 司法工作人员以外的人构成本罪,一般是民事诉讼的原告。

3. “捏造的事实”,是指通过捏造的基本事实和虚假的证据证明的事实。

4. 本罪是情节犯。以向法院提起诉讼，“严重妨害司法秩序”为犯罪必要条件。“捏造的事实”通过起诉程序得到法院立案的，应当视为既遂。

四、罪名变迁

本罪是根据《刑法修正案(九)》而新增加的罪名。

类罪名：妨害社会管理秩序罪/妨害司法罪	罪名：打击报复证人罪
量刑标准	**构成犯罪的**　处3年以下有期徒刑或者拘役；
	情节严重的　处3年以上7年以下有期徒刑。

法律依据

一、《刑法》条文

第三百零八条　对证人进行打击报复的，处三年以下有期徒刑或者拘役；情节严重的，处三年以上七年以下有期徒刑。

二、相关法律

《中华人民共和国刑事诉讼法》(2018年10月26日修正)

第六十三条　人民法院、人民检察院和公安机关应当保障证人及其近亲属的安全。

对证人及其近亲属进行威胁、侮辱、殴打或者打击报复，构成犯罪的，依法追究刑事责任；尚不够刑事处罚的，依法给予治安管理处罚。

要义辨析

一、概念

本罪是指对在诉讼活动中的证人进行打击报复的行为。

二、构成要件

1. 本罪侵犯的客体是复杂客体，既侵犯了司法机关的正常诉讼活动，又侵犯了证人的人身权利和其他权利。

2. 客观方面表现为对证人实施各种形式的打击报复。

3. 本罪的主体为一般主体。任何人对证人打击报复，都构成犯罪。

4. 主观方面表现为故意。

三、要点辨析

1. 本罪与报复陷害罪的区别在于主体和客体的不同。报复陷害罪是国家工作人员报复陷害一般公民，本罪是一般公民和国家公务人员等报复证人。

2. 本罪与故意伤害罪的区别在于伤害的程度不同，如果造成轻伤仍定本罪，但如果造成重伤，则应当以故意伤害(致人重伤)罪一罪吸收论处。

3. 本罪为行为犯，只要有打击报复行为，即构成犯罪。

四、罪名变迁

本罪是1997年《刑法》增加的罪名。

类罪名：妨害社会管理秩序罪/妨害司法罪	罪名：泄露不应公开的案件信息罪
量刑标准	**构成犯罪的**　处3年以下有期徒刑、拘役或者管制，并处或者单处罚金。

法律依据

《刑法》条文

第三百零八条之一第一、二款 司法工作人员、辩护人、诉讼代理人或者其他诉讼参与人,泄露依法不公开审理的案件中不应当公开的信息,造成信息公开传播或者其他严重后果的,处三年以下有期徒刑、拘役或者管制,并处或者单处罚金。

有前款行为,泄露国家秘密的,依照本法第三百九十八条的规定定罪处罚。

要义辨析

一、概念

本罪是指司法工作人员、辩护人、诉讼代理人或者其他诉讼参与人,泄露依法不公开审理的案件中不应当公开的信息,造成信息公开传播或者其他严重后果的行为。

二、构成要件

1. 本罪侵害的客体是国家的司法秩序,国家司法活动中的应当保密部分的保密性。

2. 本罪的客观方面表现为司法工作人员、辩护人、诉讼代理人或者其他诉讼参与人,泄露依法不公开审理的案件中不应当公开的信息,造成信息公开传播或者其他严重后果的行为。

3. 本罪犯罪主体是特殊主体,包括司法工作人员、辩护人、诉讼代理人或者其他诉讼参与人。

4. 犯罪主观方面是故意,包括直接故意和间接故意。

三、要点辨析

1. 本罪是结果犯。司法工作人员、辩护人、诉讼代理人或者其他诉讼参与人,泄露依法应当不公开审理的案件中不应当公开的信息,造成信息公开传播或者其他严重后果的,才构成本罪。

2. "依法不公开审理的案件中不应当公开的信息",是本罪的特别范围限定。其他公开审理的案件的可以公开的信息,不在本罪限制之列。

3. 不公开审理的案件,必须是根据法律规定不能公开审理,或者法律规定可以公开和不公开审理,而法院决定不公开审理的案件。对于检察机关、人民法院书面明确表示,在公开开庭之前的案卷证据不能公开的,也应当按此理解。法律规定应当公开的法律文书,如起诉书、诉讼公告、开庭公告的时间地点等,不在此列。

四、罪名变迁

本罪是根据《刑法修正案(九)》增加的新罪名。

类罪名:妨害社会管理秩序罪/妨害司法罪	罪名:披露、报道不应公开的案件信息罪
量刑标准	构成犯罪的 处3年以下有期徒刑、拘役或者管制,并处或者单处罚金。

法律依据

《刑法》条文

第三百零八条之一第三、四款 公开披露、报道第一款规定的案件信息,情节严重的,依照第一款的规定处罚。

单位犯前款罪的,对单位判处罚金,并对其直接负责的主管人员和其他直接责任人员,依照第一款的规定处罚。

要义辨析

一、概念

本罪是指公开披露、报道依法不公开审理的案件中不应当公开的信息，情节严重的行为。

二、构成要件

1. 本罪所侵犯的客体是复杂客体，包括司法机关正常的诉讼秩序，具体而言是司法机关正常的审判秩序，以及诉讼当事人涉案信息的安全。

2. 本罪的客观方面表现为行为人公开披露、报道依法不公开审理的案件中不应当公开的信息，情节严重的。所谓“披露”，是指发表、公布。所谓“报道”，是指通过报纸、杂志、广播、电视或其他形式把信息告诉公众。

3. 本罪的主体应为一般主体，既可以是自然人，也可以是单位，但不包括司法工作人员、辩护人、诉讼代理人在内，一般为新闻媒体工作者和相关新闻媒体机构。

4. 本罪的主观方面为故意，直接故意和间接故意均可。行为人应当明知披露、报道的信息为不公开审理案件中不应公开的信息，出于何种动机对是否构成本罪并无影响。

三、要点辨析

1. 披露、报道的案件信息为第308条之一第1款中所规定的不公开审理案件的不应公开的信息，包括国家秘密、商业秘密、个人隐私等信息。

2. “情节严重”，应指造成信息公开传播或者因信息泄露而给利益相关者所带来的严重损失，如国家秘密为他人所知悉，将可能造成危害社会稳定、经济发展、国防安全或者其他严重危害后果的；如诉讼参与人的个人隐私为他人所知悉，导致其名誉、人格遭到贬损，甚至引发自伤、自杀等严重后果的；如商业秘密为他人所知悉，给商业秘密所有者带来严重的经济损失的等。

四、罪名变迁

本罪是《刑法修正案（九）》新增设的罪名。

类罪名：妨害社会管理秩序罪/妨害司法罪	罪名：扰乱法庭秩序罪
量刑标准	**构成本罪的**　处3年以下有期徒刑、拘役、管制或者罚金。

法律依据

一、《刑法》条文

第三百零九条　有下列扰乱法庭秩序情形之一的，处三年以下有期徒刑、拘役、管制或者罚金：

（一）聚众哄闹、冲击法庭的；

（二）殴打司法工作人员或者诉讼参与人的；

（三）侮辱、诽谤、威胁司法工作人员或者诉讼参与人，不听法庭制止，严重扰乱法庭秩序的；

（四）有毁坏法庭设施，抢夺、损毁诉讼文书、证据等扰乱法庭秩序行为，情节严重的。

二、相关法律

《中华人民共和国刑事诉讼法》（2018年10月26日修正）

第一百九十九条　在法庭审判过程中，如果诉讼参与人或者旁听人员违反法庭秩序，审判长应当警告制止。对不听制止的，可以强行带出法庭；情节严重的，处以一千元以下的罚款或者十五日以下的拘留。罚款、拘留必须经院长批准。被处罚人对罚款、拘留的决定不服的，可以向上一级人民法院申请复议。复议期间不停止执行。

对聚众哄闹、冲击法庭或者侮辱、诽谤、威胁、殴打司法工作人员或者诉讼参与人，严重扰乱法庭秩序，构成犯罪的，依法追究刑事责任。

要义辨析

一、概念

本罪是指聚众哄闹、冲击法庭,在法庭上殴打司法工作人员或者诉讼参与人,不听法庭制止,严重扰乱法庭秩序的,或者严重扰乱法庭秩序,情节严重的行为。

二、构成要件

1. 本罪侵犯的客体是司法机关的正常活动和法庭秩序。

2. 犯罪客观方面表现为在法庭审判过程中,进行聚众哄闹、冲击、殴打法官、法警、检察官等司法人员、其他诉讼参与人,或有其他严重扰乱法庭秩序的行为。

3. 本罪行为主体为一般主体。

4. 犯罪主观方面为故意的作为行为。

三、要点辨析

1. 本罪是情节犯。达到本条规定的四种严重情形的,才构成犯罪。法庭是解决激烈社会矛盾的地方,诉讼中各方发生争吵是常态,一般由审判长和法警以法庭纪律和规则进行规制。一般的法庭争执,不构成犯罪。

2. 注意扰乱法庭秩序的起因。法庭必须公正、客观、理性。因为审判人员和其他公权力人员明显审判不公、倾向性审理、庭审驾驭不当,导致矛盾激化,诉讼当事人聚众哄闹、冲击法庭的,一般不能按本罪处理。

四、罪名变迁

本罪是1997年《刑法》增加的罪名。

类罪名:妨害社会管理秩序罪/妨害司法罪	罪名:窝藏、包庇罪
量刑标准	构成犯罪的　处3年以下有期徒刑、拘役或者管制;
	情节严重的　处3年以上10年以下有期徒刑。

法律依据

《刑法》条文

第三百一十条　明知是犯罪的人而为其提供隐藏处所、财物,帮助其逃匿或者作假证明包庇的,处三年以下有期徒刑、拘役或者管制;情节严重的,处三年以上十年以下有期徒刑。

犯前款罪,事前通谋的,以共同犯罪论处。

第三百六十二条　旅馆业、饮食服务业、文化娱乐业、出租汽车业等单位的人员,在公安机关查处卖淫、嫖娼活动时,为违法犯罪分子通风报信,情节严重的,依照本法第三百一十条的规定定罪处罚。

要义辨析

一、概念

本罪是指明知是犯罪的人而为其提供隐藏处所、财物,帮助其逃匿,或者作假证明包庇的行为。

二、构成要件

1. 本罪侵犯的客体是司法机关对罪犯的刑事追诉和刑罚执行活动。

2. 客观方面表现为为犯罪的人提供隐藏处所、财物,帮助其逃匿,或者作假证明包庇的行为。本罪有一个重要特征是明知被隐藏包庇的人是犯罪的人而进行窝藏、包庇。不知其犯罪而出于亲情等其他因素帮助接济犯罪人的,不构成本罪。

3. 犯罪主体为一般主体,在实践中多为犯罪人的亲属、朋友等。

4. 主观方面由故意构成。

三、要点辨析

1. 应注意在侦查中查明，窝藏、包庇犯罪行为，发生在被窝藏、包庇者实施犯罪以后，且事前没有通谋。若事前通谋，事后进行窝藏、包庇的，则应以共同犯罪论处，犯罪的定性完全不同。

2. 本罪以“明知是犯罪的人”还进行窝藏包庇，作为犯罪构成要件。如果没有知情，或者只是传闻没有确切事实证明，没有办案机关的正式通知和公开公告，对有嫌疑的对象进行帮助和资助，提供居所、财物接济，帮助其提供生活和交通费，不能构成本罪。查明行为人是否明知他人已经是进入刑事侦查程序的嫌疑人、明知是某个案件的明确嫌疑人，还提供帮助包庇，非常重要。

四、罪名变迁

1979 年《刑法》第 162 条规定了本罪，1997 年《刑法》第 310 条对罪状作了完善修改。

类罪名：妨害社会管理秩序罪/妨害司法罪 | 罪名：拒绝提供间谍犯罪、恐怖主义犯罪、极端主义犯罪证据罪	
量刑标准	情节严重的　处 3 年以下有期徒刑、拘役或者管制。

法律依据

一、《刑法》条文

第三百一十一条　明知他人有间谍犯罪或者恐怖主义、极端主义犯罪行为，在司法机关向其调查有关情况、收集有关证据时，拒绝提供，情节严重的，处三年以下有期徒刑、拘役或者管制。

二、相关法律

《中华人民共和国反间谍法》（2023 年 4 月 26 日修订）

第八条　任何公民和组织都应当依法支持、协助反间谍工作，保守所知悉的国家秘密和反间谍工作秘密。

第三十二条　在国家安全机关调查了解有关间谍行为的情况、收集有关证据时，有关个人和组织应当如实提供，不得拒绝。

要义辨析

一、概念

本罪是指明知他人有间谍、恐怖主义、极端主义犯罪行为，在国家安全机关向其调查取证时，拒绝提供证据，不说明真实情况，情节严重的行为。

二、构成要件

1. 本罪侵犯的客体是对间谍犯罪、恐怖主义犯罪、极端主义犯罪的国家正常的侦查活动权利。

2. 本罪在客观方面，只要不配合查证，拒绝提供犯罪人的犯罪证据，情节严重的，即可构成本罪。不需要有窝藏、资助、帮助脱逃等作为行为。本罪的特征是包庇对象的特定性，即是包庇“间谍”的行为。

3. 本罪的主体为一般主体。

4. 主观方面必须是“明知”他人有间谍犯罪、恐怖主义犯罪、极端主义犯罪行为。

三、要点辨析

1. 本罪要求“明知”是他人有间谍行为、恐怖主义、极端主义行为，而拒不配合侦查提供证据，才构成犯罪。

2. 本罪是情节犯。不提供证据达到“情节严重”才构成犯罪。一般是指导致无法破案、犯罪嫌疑人逃脱罪责、逃跑、无法定罪等。

3. 所谓拒绝提供，是要国家安全机关、公安机关已经明确提出调取的意思表示，一般是有调取证据通知,或者口头要求并制作提取笔录。如果没有调取,就不存在拒绝,也不构成犯罪。国家安全机关、公安机关在提出调取证据时,有义务向被调取人提供初步的证据,证明该证据属于涉嫌间谍行为、恐怖主义、极端主义行为的证据。

四、罪名变迁

本罪是1997年《刑法》中设立的罪名。《刑法修正案(九)》增加了恐怖主义犯罪、极端主义犯罪行为的证据。把反恐反分裂罪提到反间谍罪同等重要的地位。

<table>
<tr><td colspan="2">类罪名:妨害社会管理秩序罪/妨害司法罪 | 罪名:掩饰、隐瞒犯罪所得、犯罪所得收益罪</td></tr>
<tr><td rowspan="3">量刑标准</td><td>犯本罪的　处3年以下有期徒刑、拘役或者管制,并处或者单处罚金;</td></tr>
<tr><td>情节严重的　处3年以上7年以下有期徒刑,并处罚金;</td></tr>
<tr><td>单位犯前款罪的　对单位判处罚金,并对其直接负责的主管人员和其他直接责任人员,依照前述规定处罚。</td></tr>
</table>

法律依据

一、《刑法》条文

第三百一十二条　明知是犯罪所得及其产生的收益而予以窝藏、转移、收购、代为销售或者以其他方法掩饰、隐瞒的,处三年以下有期徒刑、拘役或者管制,并处或者单处罚金;情节严重的,处三年以上七年以下有期徒刑,并处罚金。

单位犯前款罪的,对单位判处罚金,并对其直接负责的主管人员和其他直接责任人员,依照前款的规定处罚。

二、相关司法解释/文件

《最高人民法院、最高人民检察院关于办理盗窃油气、破坏油气设备等刑事案件具体应用法律若干问题的解释》(2007年1月15日　法释〔2007〕3号)

第五条　明知是盗窃犯罪所得的油气或者油气设备,而予以窝藏、转移、收购、加工、代为销售或者以其他方法掩饰、隐瞒的,依照刑法第三百一十二条的规定定罪处罚。

实施前款规定的犯罪行为,事前通谋的,以盗窃犯罪的共犯定罪处罚。

《最高人民法院、最高人民检察院关于办理与盗窃、抢劫、诈骗、抢夺机动车相关刑事案件具体应用法律若干问题的解释》(2007年5月9日　法释〔2007〕11号)

第一条　明知是盗窃、抢劫、诈骗、抢夺的机动车,实施下列行为之一的,依照刑法第三百一十二条的规定,以掩饰、隐瞒犯罪所得、犯罪所得收益罪定罪,处三年以下有期徒刑、拘役或者管制,并处或者单处罚金:

(一)买卖、介绍买卖、典当、拍卖、抵押或者用其抵债的;

(二)拆解、拼装或者组装的;

(三)修改发动机号、车辆识别代号的;

(四)更改车身颜色或者车辆外形的;

(五)提供或者出售机动车来历凭证、整车合格证、号牌以及有关机动车的其他证明和凭证的;

(六)提供或者出售伪造、变造的机动车来历凭证、整车合格证、号牌以及有关机动车的其他证明和凭证的。

实施第一款规定的行为涉及盗窃、抢劫、诈骗、抢夺的机动车五辆以上或者价值总额达到五十万元以上的,属于刑法第三百一十二条规定的"情节严重",处三年以上七年以下有期徒刑,并处罚金。

《最高人民法院关于审理洗钱等刑事案件具体应用法律若干问题的解释》（2009 年 11 月 4 日　法释〔2009〕15 号）

第一条　刑法第一百九十一条、第三百一十二条规定的“明知”，应当结合被告人的认知能力，接触他人犯罪所得及其收益的情况，犯罪所得及其收益的种类、数额，犯罪所得及其收益的转换、转移方式以及被告人的供述等主、客观因素进行认定。

具有下列情形之一的，可以认定被告人明知系犯罪所得及其收益，但有证据证明确实不知道的除外：

（一）知道他人从事犯罪活动，协助转换或者转移财物的；

（二）没有正当理由，通过非法途径协助转换或者转移财物的；

（三）没有正当理由，以明显低于市场的价格收购财物的；

（四）没有正当理由，协助转换或者转移财物，收取明显高于市场的“手续费”的；

（五）没有正当理由，协助他人将巨额现金散存于多个银行账户或者在不同银行账户之间频繁划转的；

（六）协助近亲属或者其他关系密切的人转换或者转移与其职业或者财产状况明显不符的财物的；

（七）其他可以认定行为人明知的情形。

被告人将刑法第一百九十一条规定的某一上游犯罪的犯罪所得及其收益误认为刑法第一百九十一条规定的上游犯罪范围内的其他犯罪所得及其收益的，不影响刑法第一百九十一条规定的“明知”的认定。

第三条　明知是犯罪所得及其产生的收益而予以掩饰、隐瞒，构成刑法第三百一十二条规定的犯罪，同时又构成刑法第一百九十一条或者第三百四十九条规定的犯罪的，依照处罚较重的规定定罪处罚。

第四条　刑法第一百九十一条、第三百一十二条、第三百四十九条规定的犯罪，应当以上游犯罪事实成立为认定前提。上游犯罪尚未依法裁判，但查证属实的，不影响刑法第一百九十一条、第三百一十二条、第三百四十九条规定的犯罪的审判。

上游犯罪事实可以确认，因行为人死亡等原因依法不予追究刑事责任的，不影响刑法第一百九十一条、第三百一十二条、第三百四十九条规定的犯罪的认定。

上游犯罪事实可以确认，依法以其他罪名定罪处罚的，不影响刑法第一百九十一条、第三百一十二条、第三百四十九条规定的犯罪的认定。

本条所称“上游犯罪”，是指产生刑法第一百九十一条、第三百一十二条、第三百四十九条规定的犯罪所得及其收益的各种犯罪行为。

《最高人民法院、最高人民检察院关于办理危害计算机信息系统安全刑事案件应用法律若干问题的解释》（2011 年 8 月 1 日　法释〔2011〕19 号）

第七条　明知是非法获取计算机信息系统数据犯罪所获取的数据、非法控制计算机信息系统犯罪所获取的计算机信息系统控制权，而予以转移、收购、代为销售或者以其他方法掩饰、隐瞒，违法所得五千元以上的，应当依照刑法第三百一十二条第一款的规定，以掩饰、隐瞒犯罪所得罪定罪处罚。

实施前款规定行为，违法所得五万元以上的，应当认定为刑法第三百一十二条第一款规定的“情节严重”。

单位实施第一款规定行为的，定罪量刑标准依照第一款、第二款的规定执行。

《最高人民法院关于审理掩饰、隐瞒犯罪所得、犯罪所得收益刑事案件适用法律若干问题的解释》（2021 年 4 月 13 日修正　法释〔2021〕8 号）

第一条　明知是犯罪所得及其产生的收益而予以窝藏、转移、收购、代为销售或者以其他方法掩饰、隐瞒，具有下列情形之一的，应当依照刑法第三百一十二条第一款的规定，以掩饰、隐瞒犯罪所得、犯罪所得收益罪定罪处罚：

（一）一年内曾因掩饰、隐瞒犯罪所得及其产生的收益行为受过行政处罚，又实施掩饰、隐瞒犯罪所得及其产生的收益行为的；

（二）掩饰、隐瞒的犯罪所得系电力设备、交通设施、广播电视设施、公用电信设施、军事设施或者救灾、抢险、防汛、优抚、扶贫、移民、救济款物的；

（三）掩饰、隐瞒行为致使上游犯罪无法及时查处，并造成公私财物损失无法挽回的；

（四）实施其他掩饰、隐瞒犯罪所得及其产生的收益行为,妨害司法机关对上游犯罪进行追究的。

人民法院审理掩饰、隐瞒犯罪所得、犯罪所得收益刑事案件,应综合考虑上游犯罪的性质、掩饰、隐瞒犯罪所得及其收益的情节、后果及社会危害程度等,依法定罪处罚。

司法解释对掩饰、隐瞒涉及计算机信息系统数据、计算机信息系统控制权的犯罪所得及其产生的收益行为构成犯罪已有规定的,审理此类案件依照该规定。

依照全国人民代表大会常务委员会《关于〈中华人民共和国刑法〉第三百四十一条、第三百一十二条的解释》,明知是非法狩猎的野生动物而收购,数量达到五十只以上的,以掩饰、隐瞒犯罪所得罪定罪处罚。

第二条 掩饰、隐瞒犯罪所得及其产生的收益行为符合本解释第一条的规定,认罪、悔罪并退赃、退赔,且具有下列情形之一的,可以认定为犯罪情节轻微,免予刑事处罚:

(一)具有法定从宽处罚情节的;

(二)为近亲属掩饰、隐瞒犯罪所得及其产生的收益,且系初犯、偶犯的;

(三)有其他情节轻微情形的。

第三条 掩饰、隐瞒犯罪所得及其产生的收益,具有下列情形之一的,应当认定为刑法第三百一十二条第一款规定的"情节严重":

(一)掩饰、隐瞒犯罪所得及其产生的收益价值总额达到十万元以上的;

(二)掩饰、隐瞒犯罪所得及其产生的收益十次以上,或者三次以上且价值总额达到五万元以上的;

(三)掩饰、隐瞒的犯罪所得系电力设备、交通设施、广播电视设施、公用电信设施、军事设施或者救灾、抢险、防汛、优抚、扶贫、移民、救济款物,价值总额达到五万元以上的;

(四)掩饰、隐瞒行为致使上游犯罪无法及时查处,并造成公私财物重大损失无法挽回或其他严重后果的;

(五)实施其他掩饰、隐瞒犯罪所得及其产生的收益行为,严重妨害司法机关对上游犯罪予以追究的。

司法解释对掩饰、隐瞒涉及机动车、计算机信息系统数据、计算机信息系统控制权的犯罪所得及其产生的收益行为认定"情节严重"已有规定的,审理此类案件依照该规定。

第四条 掩饰、隐瞒犯罪所得及其产生的收益的数额,应当以实施掩饰、隐瞒行为时为准。收购或者代为销售财物的价格高于其实际价值的,以收购或者代为销售的价格计算。

多次实施掩饰、隐瞒犯罪所得及其产生的收益行为,未经行政处罚,依法应当追诉的,犯罪所得、犯罪所得收益的数额应当累计计算。

第五条 事前与盗窃、抢劫、诈骗、抢夺等犯罪分子通谋,掩饰、隐瞒犯罪所得及其产生的收益的,以盗窃、抢劫、诈骗、抢夺等犯罪的共犯论处。

第六条 对犯罪所得及其产生的收益实施盗窃、抢劫、诈骗、抢夺等行为,构成犯罪的,分别以盗窃罪、抢劫罪、诈骗罪、抢夺罪等定罪处罚。

第七条 明知是犯罪所得及其产生的收益而予以掩饰、隐瞒,构成刑法第三百一十二条规定的犯罪,同时构成其他犯罪的,依照处罚较重的规定定罪处罚。

第八条 认定掩饰、隐瞒犯罪所得、犯罪所得收益罪,以上游犯罪事实成立为前提。上游犯罪尚未依法裁判,但查证属实的,不影响掩饰、隐瞒犯罪所得、犯罪所得收益罪的认定。

上游犯罪事实经查证属实,但因行为人未达到刑事责任年龄等原因依法不予追究刑事责任的,不影响掩饰、隐瞒犯罪所得、犯罪所得收益罪的认定。

第九条 盗用单位名义实施掩饰、隐瞒犯罪所得及其产生的收益行为,违法所得由行为人私分的,依照刑法和司法解释有关自然人犯罪的规定定罪处罚。

第十条 通过犯罪直接得到的赃款、赃物,应当认定为刑法第三百一十二条规定的"犯罪所得"。上游犯罪的行为人对犯罪所得进行处理后得到的孳息、租金等,应当认定为刑法第三百一十二条规定的"犯罪所得产生的收益"。

明知是犯罪所得及其产生的收益而采取窝藏、转移、收购、代为销售以外的方法,如居间介绍买卖,收受,持有,使用,加工,提供资金账户,协助将财物转换为现金、金融票据、有价证券,协助将资金转移、汇往境外等，应当认定为刑法第三百一十二条规定的“其他方法”。

第十一条　掩饰、隐瞒犯罪所得、犯罪所得收益罪是选择性罪名，审理此类案件，应当根据具体犯罪行为及其指向的对象，确定适用的罪名。

《最高人民法院、最高人民检察院关于常见犯罪的量刑指导意见（试行）》（2021 年 7 月 1 日　法发〔2021〕21 号）

（十九）掩饰、隐瞒犯罪所得、犯罪所得收益罪

1. 构成掩饰、隐瞒犯罪所得、犯罪所得收益罪的，根据下列情形在相应的幅度内确定量刑起点：

（1）犯罪情节一般的，在一年以下有期徒刑、拘役幅度内确定量刑起点。

（2）情节严重的，在三年至四年有期徒刑幅度内确定量刑起点。

2. 在量刑起点的基础上，根据犯罪数额等其他影响犯罪构成的犯罪事实增加刑罚量，确定基准刑。

3. 构成掩饰、隐瞒犯罪所得、犯罪所得收益罪的，根据掩饰、隐瞒犯罪所得及其收益的数额、犯罪对象、危害后果等犯罪情节，综合考虑被告人缴纳罚金的能力，决定罚金数额。

4. 构成掩饰、隐瞒犯罪所得、犯罪所得收益罪的，综合考虑掩饰、隐瞒犯罪所得及其收益的数额、危害后果、上游犯罪的危害程度等犯罪事实、量刑情节，以及被告人的主观恶性、人身危险性、认罪悔罪表现等因素，决定缓刑的适用。

《最高人民法院、最高人民检察院、公安部关于办理盗窃油气、破坏油气设备等刑事案件适用法律若干问题的意见》（2018 年 9 月 28 日　法发〔2018〕18 号）

五、关于窝藏、转移、收购、加工、代为销售被盗油气行为的处理

明知是犯罪所得的油气而予以窝藏、转移、收购、加工、代为销售或者以其他方式掩饰、隐瞒，符合刑法第三百一十二条规定的，以掩饰、隐瞒犯罪所得罪追究刑事责任。

“明知”的认定，应当结合行为人的认知能力、所得报酬、运输工具、运输路线、收购价格、收购形式、加工方式、销售地点、仓储条件等因素综合考虑。

实施第一款规定的犯罪行为，事前通谋的，以盗窃罪、破坏易燃易爆设备罪等有关犯罪的共同犯罪论处。

《最高人民法院、最高人民检察院、中国海警局依法打击涉海砂违法犯罪座谈会纪要》（2023 年 6 月 6 日　法发〔2023〕9 号）

具有下列情形之一的，对过驳和运输海砂的船主或者船长，依照刑法第三百一十二条的规定，以掩饰、隐瞒犯罪所得罪定罪处罚：

（1）未与非法采挖海砂犯罪分子事前通谋，指使或者驾驶运砂船前往相关海域，在非法采砂行为已经完成后，明知系非法采挖的海砂，仍直接从采砂船过驳和运输海砂的；

（2）与非法收购海砂犯罪分子事前通谋，指使或者驾驶运砂船前往指定海域过驳和运输海砂的；

（3）无证据证明非法采挖、运输、收购海砂犯罪分子之间存在事前通谋或者事中共同犯罪故意，但受其中一方雇佣后，指使或者驾驶运砂船前往指定海域，明知系非法采挖的海砂，仍从其他运砂船上过驳和运输海砂的。

4. 明知他人实施非法采挖、运输、收购海砂犯罪，仍为其提供资金、场地、工具、技术、单据、证明、手续等重要便利条件或者居间联络，对犯罪产生实质性帮助作用的，以非法采矿罪或者掩饰、隐瞒犯罪所得罪的共同犯罪论处。

三、关于下游行为的处理

5. 认定非法运输、收购、代为销售或者以其他方法掩饰、隐瞒非法采挖的海砂及其产生的收益构成掩饰、隐瞒犯罪所得、犯罪所得收益罪，以上游非法采矿犯罪事实成立为前提。上游犯罪尚未依法裁判，但查证属实的，不影响掩饰、隐瞒犯罪所得、犯罪所得收益罪的认定。上游非法采挖海砂未达到非法采矿罪“情节严重”标准的，对下游对应的掩饰、隐瞒行为可以依照海洋环境保护法、海域使用管理法、治安管理处罚法等法律法规给予行政处罚。

6. 明知是非法采挖的海砂及其产生的收益，而予以运输、收购、代为销售或者以其他方法掩饰、隐瞒，一年内曾因实施此类行为受过行政处罚，又实施此类行为的，应当依照刑法第三百一十二条的规定，以掩饰、隐瞒犯罪所得、犯罪所得收益罪定罪处

罚。多次实施此类行为，未经行政处罚，依法应当追诉的，犯罪所得、犯罪所得收益的数额应当累计计算。

7. 以掩饰、隐瞒犯罪所得、犯罪所得收益罪定罪处罚的，应当注意与上游非法采矿犯罪保持量刑均衡。

要义辨析

一、概念

本罪是指明知是犯罪分子犯罪所得及其产生的收益，而予以窝藏、转移、收购、代为销售或者以其他方法掩饰、隐瞒的行为。

二、构成要件

1. 本罪侵害的客体是司法机关对刑事犯罪进行追究的正常活动。本罪的犯罪对象一是犯罪分子犯罪所得，包括通过犯罪直接得到的赃款、赃物；二是犯罪所得产生的收益，即对犯罪所得进行处理后得到的收益。

2. 客观方面表现为具有窝藏、转移、收购、代为销售或者以其他方法掩饰、隐瞒的行为。窝藏，是指为犯罪分子提供藏匿犯罪所得及其收益的场所；转移，是指将犯罪所得及其产生的收益从一个地点转移到另一个地点；收购，是指为自己或者为他人购买赃物；代为销售，是指明知是犯罪所得的赃物而为犯罪分子代为销售的行为；其他方法，是指上述行为以外的掩饰、隐瞒行为。

3. 犯罪主体为一般主体。

4. 主观方面是故意，要点是“明知”。知道是犯罪分子犯罪所得或者犯罪所得产生的收益，而加以窝藏、转移、收购、代为销售或者以其他方法掩饰、隐瞒。但如果事前与犯罪分子通谋，应以共同犯罪论处，而不按本罪论处。

三、要点辨析

1. 注意本罪与洗钱罪的界限，洗钱罪必须以“特定手段”掩饰、隐瞒“特定犯罪”所得及其产生的收益，将钱合法化。如不构成以上两个条件，则不构成洗钱罪，而可构成本罪。本罪是将非法所得隐藏掩盖，不是洗白合法化。

2. 本罪以“明知”是犯罪分子犯罪所得或者犯罪所得产生的收益，而加以掩盖、转移、购销，才构成犯罪。不知情和误以为合法财产帮助保存、隐匿，不构成犯罪。

四、罪名变迁

本罪是1979年《刑法》中设立的罪名，2006年《刑法修正案（六）》、2009年《刑法修正案（七）》对本罪作了修订，使其更为完备。

类罪名：妨害社会管理秩序罪/妨害司法罪	罪名：拒不执行判决、裁定罪
量刑标准	**情节严重的**　处3年以下有期徒刑、拘役或者罚金；
	情节特别严重的　处3年以上7年以下有期徒刑，并处罚金；
	单位犯本罪的　对单位判处罚金，并对其直接负责的主管人员和其他直接责任人员，依照前款的规定处罚。

法律依据

一、《刑法》条文

第三百一十三条　对人民法院的判决、裁定有能力执行而拒不执行，情节严重的，处三年以下有期徒刑、拘役或者罚金；情节特别严重的，处三年以上七年以下有期徒刑，并处罚金。

单位犯前款罪的，对单位判处罚金，并对其直接负责的主管人员和其他直接责任人员，依照前款的规定处罚。

二、相关法律

《全国人民代表大会常务委员会关于〈中华人民共和国刑法〉第三百一十三条的解释》(2002年8月29日)

刑法第三百一十三条规定的“人民法院的判决、裁定”,是指人民法院依法作出的具有执行内容并已发生法律效力的判决、裁定。人民法院为依法执行支付令、生效的调解书、仲裁裁决、公证债权文书等所作的裁定属于该条规定的裁定。

下列情形属于刑法第三百一十三条规定的“有能力执行而拒不执行,情节严重”的情形:

(一)被执行人隐藏、转移、故意毁损财产或者无偿转让财产、以明显不合理的低价转让财产,致使判决、裁定无法执行的;

(二)担保人或者被执行人隐藏、转移、故意毁损或者转让已向人民法院提供担保的财产,致使判决、裁定无法执行的;

(三)协助执行义务人接到人民法院协助执行通知书后,拒不协助执行,致使判决、裁定无法执行的;

(四)被执行人、担保人、协助执行义务人与国家机关工作人员通谋,利用国家机关工作人员的职权妨害执行,致使判决、裁定无法执行的;

(五)其他有能力执行而拒不执行,情节严重的情形。

国家机关工作人员有上述第四项行为的,以拒不执行判决、裁定罪的共犯追究刑事责任。国家机关工作人员收受贿赂或者滥用职权,有上述第四项行为的,同时又构成刑法第三百八十五条、第三百九十七条规定之罪的,依照处罚较重的规定定罪处罚。

三、相关司法解释/文件

《最高人民法院研究室关于拒不执行人民法院调解书的行为是否构成拒不执行判决、裁定罪的答复》(2000年12月14日　法研〔2000〕117号)

河南省高级人民法院:

你院《关于刑法第三百一十三条规定的拒不执行判决、裁定罪是否包括人民法院制作生效的调解书的请示》收悉。经研究,答复如下:刑法第三百一十三条规定的“判决、裁定”,不包括人民法院的调解书。对于行为人拒不执行人民法院调解书的行为,不能依照刑法第三百一十三条的规定定罪处罚。

《最高人民法院、最高人民检察院、公安部关于依法严肃查处拒不执行判决裁定和暴力抗拒法院执行犯罪行为有关问题的通知》(2007年8月30日　法发〔2007〕29号)

一、对下列拒不执行判决、裁定的行为,依照刑法第三百一十三条的规定,以拒不执行判决、裁定罪论处。

(一)被执行人隐藏、转移、故意毁损财产或者无偿转让财产、以明显不合理的低价转让财产,致使判决、裁定无法执行的;

(二)担保人或者被执行人隐藏、转移、故意毁损或者转让已向人民法院提供担保的财产,致使判决、裁定无法执行的;

(三)协助执行义务人接到人民法院协助执行通知书后,拒不协助执行,致使判决、裁定无法执行的;

(四)被执行人、担保人、协助执行义务人与国家机关工作人员通谋,利用国家机关工作人员的职权妨害执行,致使判决、裁定无法执行的;

(五)其他有能力执行而拒不执行,情节严重的情形。

三、负有执行人民法院判决、裁定义务的单位直接负责的主管人员和其他直接责任人员,为了本单位的利益实施本《通知》第一条、第二条所列行为之一的,对该主管人员和其他直接责任人员,依照刑法第三百一十三条和第二百七十七条的规定,分别以拒不执行判决、裁定罪和妨害公务罪论处。

四、国家机关工作人员有本《通知》第一条第四项行为的,以拒不执行判决、裁定罪的共犯追究刑事责任。

国家机关工作人员收受贿赂或者滥用职权,有本《通知》第一条第四项行为的,同时又构成刑法第三百八十五条、第三百九十七条规定罪的,依照处罚较重的规定定罪处罚。

五、拒不执行判决、裁定案件由犯罪行为发生地的公安机关、人民检察院、人民法院管辖。如果由犯罪嫌疑人、被告人居住地的人民法院管辖更为适宜的,可以由犯罪嫌疑人、被告人居住地的公安机关、人民检察院、人民法院管辖。

《最高人民法院关于审理拒不执行判决、裁定刑事案件适用法律若干问题的解释》(2020年12月29日修正　法释〔2020〕21号)

为依法惩治拒不执行判决、裁定犯罪，确保人民法院判决、裁定依法执行，切实维护当事人合法权益，根据《中华人民共和国刑法》《中华人民共和国刑事诉讼法》《中华人民共和国民事诉讼法》等法律规定，就审理拒不执行判决、裁定刑事案件适用法律若干问题，解释如下：

第一条　被执行人、协助执行义务人、担保人等负有执行义务的人对人民法院的判决、裁定有能力执行而拒不执行，情节严重的，应当依照刑法第三百一十三条的规定，以拒不执行判决、裁定罪处罚。

第二条　负有执行义务的人有能力执行而实施下列行为之一的，应当认定为全国人民代表大会常务委员会关于刑法第三百一十三条的解释中规定的“其他有能力执行而拒不执行，情节严重的情形”：

(一)具有拒绝报告或者虚假报告财产情况、违反人民法院限制高消费及有关消费令等拒不执行行为，经采取罚款或者拘留等强制措施后仍拒不执行的；

(二)伪造、毁灭有关被执行人履行能力的重要证据，以暴力、威胁、贿买方法阻止他人作证或者指使、贿买、胁迫他人作伪证，妨碍人民法院查明被执行人财产情况，致使判决、裁定无法执行的；

(三)拒不交付法律文书指定交付的财物、票证或者拒不迁出房屋、退出土地，致使判决、裁定无法执行的；

(四)与他人串通，通过虚假诉讼、虚假仲裁、虚假和解等方式妨害执行，致使判决、裁定无法执行的；

(五)以暴力、威胁方法阻碍执行人员进入执行现场或者聚众哄闹、冲击执行现场，致使执行工作无法进行的；

(六)对执行人员进行侮辱、围攻、扣押、殴打，致使执行工作无法进行的；

(七)毁损、抢夺执行案件材料、执行公务车辆和其他执行器械、执行人员服装以及执行公务证件，致使执行工作无法进行的；

(八)拒不执行法院判决、裁定，致使债权人遭受重大损失的。

第三条　申请执行人有证据证明同时具有下列情形，人民法院认为符合刑事诉讼法第二百一十条第三项规定的，以自诉案件立案审理：

(一)负有执行义务的人拒不执行判决、裁定，侵犯了申请执行人的人身、财产权利，应当依法追究刑事责任的；

(二)申请执行人曾经提出控告，而公安机关或者人民检察院对负有执行义务的人不予追究刑事责任的。

第四条　本解释第三条规定的自诉案件，依照刑事诉讼法第二百一十二条的规定，自诉人在宣告判决前，可以同被告人自行和解或者撤回自诉。

第五条　拒不执行判决、裁定刑事案件，一般由执行法院所在地人民法院管辖。

第六条　拒不执行判决、裁定的被告人在一审宣告判决前，履行全部或部分执行义务的，可以酌情从宽处罚。

第七条　拒不执行支付赡养费、扶养费、抚育费、抚恤金、医疗费用、劳动报酬等判决、裁定的，可以酌情从重处罚。

第八条　本解释自发布之日起施行。此前发布的司法解释和规范性文件与本解释不一致的，以本解释为准。

《最高人民法院关于拒不执行判决、裁定罪自诉案件受理工作有关问题的通知》(2018年5月30日　法〔2018〕147号)

各省、自治区、直辖市高级人民法院，解放军军事法院，新疆维吾尔自治区高级人民法院生产建设兵团分院：

近期，部分高级人民法院向我院请示，申请执行人以负有执行义务的人涉嫌拒不执行判决、裁定罪向公安机关提出控告，公安机关不接受控告材料或者接受控告材料后不予书面答复的；人民法院向公安机关移送拒不执行判决、裁定罪线索，公安机关不予书面答复或者明确答复不予立案，或者人民检察院决定不起诉的，如何处理？鉴于部分高级人民法院所请示问题具有普遍性，经研究，根据相关法律和司法解释，特通知如下：

一、申请执行人向公安机关控告负有执行义务的人涉嫌拒不执行判决、裁定罪，公安机关不予接受控告材料或者在接受控告材料后60日内不予书面答复，申请执行人有证据证明该拒不执行判决、裁定行为侵犯了其人身、财产权利，应当依法追究刑事责任的，人民法院可以以自诉案件立案审理。

二、人民法院向公安机关移送拒不执行判决、裁定罪线索，公安机关决定不予立案或者在接受案件线索后60日内不予书面答复，或者人民检察院决定不起诉的，人民法院可以向申请执行人释明；申请执行人有证据证明负有执行义务的人拒不执行判决、裁定侵犯了其人身、财产权利，应当依法追究刑事责任的，人民法院可以以自诉案件立案审理。

三、公安机关接受申请执行人的控告材料或者人民法院移送的拒不执行判决、裁定罪线索，经过60日之后又决定立案的，对于申请执行人的自诉，人民法院未受理的，裁定不予受理；已经受理的，可以向自诉人释明让其撤回起诉或者裁定终止审理。此后再出现公安机关或者人民检察院不予追究情形的，申请执行人可以依法重新提起自诉。

要义辨析

一、概念

本罪是指对人民法院已经发生法律效力的判决或者裁定，在有执行能力的情况下拒不执行，且情节严重的行为。

二、构成要件

1. 本罪侵犯的客体是人民法院裁判的权威。

2. 本罪客观方面表现为抗拒执行已经生效的人民法院的判决或者裁定，情节严重的行为。

3. 本罪主体为特殊主体，是负有执行人民法院判决、裁定义务的人。

4. 本罪主观方面为直接故意。

三、要点辨析

1. 全国人大常委会的立法解释和最高人民法院的司法解释，对本罪的定性和实体处理、程序都作了明确规定，具有很强的操作性。特别是应交由公安侦查、检察院依法提起公诉的规定，人民法院应严格执行，以利监督和制约，确保司法公正。

2. 注意“有能力执行而拒不执行”，是因为主观因素造成的，才构成犯罪。有的行为人财产被司法查封保全，有的行为人财产因市场因素无法变现，导致无力履行的，查明情况后，不能以本罪处罚。

3. 法院主持下的执行变更、执行方案变化、财产先期变卖、同意部分支付企业工资维持生产生活等行为，不能在最后一并认定为抗拒执行和有财产执行而拒不执行，应当实事求是认定行为性质。

四、罪名变迁

本罪是1979年《刑法》第157条中的既有规定，1997年《刑法》修订为第313条。2002年全国人民代表大会常务委员会对《刑法》第313条含义作出了解释。

<table>
<tr><th colspan="2">类罪名：妨害社会管理秩序罪/妨害司法罪 | 罪名：非法处置查封、扣押、冻结的财产罪</th></tr>
<tr><td>量刑标准</td><td>情节严重的　处3年以下有期徒刑、拘役或者罚金。</td></tr>
</table>

法律依据

一、《刑法》条文

第三百一十四条　隐藏、转移、变卖、故意毁损已被司法机关查封、扣押、冻结的财产，情节严重的，处三年以下有期徒刑、拘役或者罚金。

二、相关司法解释/文件

《最高人民法院关于适用财产刑若干问题的

规定》(2000年12月19日 法释〔2000〕45号)

第十一条第二款 对于隐藏、转移、变卖、损毁已被扣押、冻结财产情节严重的,依照刑法第三百一十四条的规定追究刑事责任。

要义辨析

一、概念

本罪是指对司法机关已经采取查封、扣押、冻结的财产,故意隐藏、转移、变卖、故意毁损的行为。

二、构成要件

1. 本罪侵害的客体,是司法机关的公务活动和司法秩序,直接对象是已经司法查封扣押、冻结的财产。

2. 本罪客观方面表现为有隐藏、变卖、转移和故意毁损的行为,情节严重才构成本罪。

3. 本罪的主体为一般主体,主要是指有财产被法院查封扣押的所有人和保管人。

4. 本罪主观方面为故意,即明知司法机关已经采取强制措施的财产,仍故意转移毁损。

三、要点辨析

1. 本罪是情节犯,情节严重的才构成犯罪。

2. 注意本罪的犯罪的对象是已经被司法机关查封的财产。其他单位封存在扣押、留置的财产,不属于本罪调整对象。

3. 注意拒不执行判决裁定罪和非法处置查封、扣押、冻结的财产罪的牵连问题。有的行为人在抗拒执行的同时又进行非法处置查封财产,这时应当按牵连犯原则,择一重罪处罚,不能数罪并罚。

4. 全国人民代表大会常务委员会关于拒不执行判决裁定罪的立法解释,对本罪有参照意义。

四、罪名变迁

本罪是1997年《刑法》设立的罪名。

类罪名:妨害社会管理秩序罪/妨害司法罪	罪名:破坏监管秩序罪
量刑标准	情节严重的 处3年以下有期徒刑。

法律依据

一、《刑法》条文

第三百一十五条 依法被关押的罪犯,有下列破坏监管秩序行为之一,情节严重的,处三年以下有期徒刑:

(一)殴打监管人员的;

(二)组织其他被监管人破坏监管秩序的;

(三)聚众闹事,扰乱正常监管秩序的;

(四)殴打、体罚或者指使他人殴打、体罚其他被监管人的。

二、相关法律

《中华人民共和国监狱法》(2012年10月26日修正)

第五十八条 罪犯有下列破坏监管秩序情形之一的,监狱可以给予警告、记过或者禁闭:

(一)聚众哄闹监狱,扰乱正常秩序的;

(二)辱骂或者殴打人民警察的;

(三)欺压其他罪犯的;

(四)偷窃、赌博、打架斗殴、寻衅滋事的;

(五)有劳动能力拒不参加劳动或者消极怠工,经教育不改的;

(六)以自伤、自残手段逃避劳动的;

(七)在生产劳动中故意违反操作规程,或者有意损坏生产工具的;

(八)有违反监规纪律的其他行为的。

依照前款规定对罪犯实行禁闭的期限为七天至十五天。

罪犯在服刑期间有第一款所列行为,构成犯罪的,依法追究刑事责任。

要义辨析

一、概念

本罪是指在押犯破坏监管秩序，情节严重的行为。

二、构成要件

1. 本罪侵害的客体，是司法机关的监管秩序。

2. 本罪客观方面表现为本条所列举的四种破坏监管秩序，情节严重的行为有列举的四种行为之一，情节严重的，才构成犯罪。

3. 主体是特定的，即只有在押的罪犯才可能构成。

4. 本罪主观方面是故意。

三、要点辨析

1. 本罪是情节犯。只有四种破坏监管秩序行为达到“情节严重”的程度，才构成犯罪。

2. 本罪是特定的针对破坏监管秩序、妨碍司法行为的法条。如果超过这个范围和程度，组织越狱、暴狱，按专门的其他罪名处罚。

四、罪名变迁

本罪是1997年《刑法》所设立的罪名。

类罪名：妨害社会管理秩序罪/妨害司法罪	罪名：脱逃罪
量刑标准	构成犯罪的　处5年以下有期徒刑或者拘役。

法律依据

一、《刑法》条文

第三百一十六条第一款　依法被关押的罪犯、被告人、犯罪嫌疑人脱逃的，处五年以下有期徒刑或者拘役。

二、相关法律

《中华人民共和国监狱法》(2012年10月26日修正)

第五十九条　罪犯在服刑期间故意犯罪的，依法从重处罚。

要义辨析

一、概念

本罪是指依法被关押的罪犯、被告人、犯罪嫌疑人，从羁押、监管场所逃脱的行为。

二、构成要件

1. 本罪的犯罪客体是司法机关的正常监管秩序。

2. 本罪的客观方面表现为从羁押、监管场所或者押解途中逃走的行为。

3. 本罪的犯罪主体是特殊主体，限于被依法关押的罪犯、被告人、犯罪嫌疑人。被非法关押的人谈不上构成脱逃罪，如果因为冤狱而脱逃，在冤案查明的同时，已经证明国家对其的关押为非法，应当同时撤销本罪名。劳教分子、受行政拘留处分的人，不能构成脱逃罪。被司法机关采取监视居住、取保候审等强制措施的人逃走的，不能构成脱逃罪。

4. 本罪的主观方面必须是故意，过失不构成犯罪，其犯罪动机是逃避羁押和刑罚的处罚。

三、要点辨析

应注意区分脱逃既遂、未遂的界限：逃出了羁押、监管场所，摆脱了看管人员控制，是既遂；如果实施脱逃，在羁押改造场所就被发现的，或者虽然逃出了羁押、监管场所的范围，但在看守人员直接监视下被抓回的，是脱逃未遂。既遂、未遂是量刑的情节之一。

四、罪名变迁

1979年《刑法》第161条第1款对本罪作了规定,1997年《刑法》第316条第1款对罪状作了修改。

类罪名:妨害社会管理秩序罪/妨害司法罪	罪名:劫夺被押解人员罪
量刑标准	构成犯罪的　处3年以上7年以下有期徒刑;
	情节严重的　处7年以上有期徒刑。

法律依据

《刑法》条文

第三百一十六条第二款　劫夺押解途中的罪犯、被告人、犯罪嫌疑人的,处三年以上七年以下有期徒刑;情节严重的,处七年以上有期徒刑。

要义辨析

一、概念

本罪是指劫夺押解中的罪犯、被告人、犯罪嫌疑人的行为。

二、构成要件

1.本罪侵害的客体是司法机关的押解罪犯的正常活动,危害司法秩序。

2.本罪客观方面是对正在押解途中的罪犯、被告人和嫌疑人进行劫夺的行为。

3.本罪主体为一般主体。

4.本罪主观方面是故意。

三、要点辨析

1.本罪是行为犯,有无被劫夺成功,不影响犯罪构成,只作为量刑情节。

2.在劫夺过程中使用暴力,致押解人员及人犯和嫌疑人死亡和重伤的,按牵连犯的原则,从一重罪处罚。

四、罪名变迁

本罪是1997年《刑法》增设的罪名,1979年《刑法》和单行刑法均没有规定此罪名。

类罪名:妨害社会管理秩序罪/妨害司法罪	罪名:组织越狱罪
量刑标准	首要分子和积极参加的　处5年以上有期徒刑;
	其他参加的　处5年以下有期徒刑或者拘役。

法律依据

一、《刑法》条文

第三百一十七条第一款　组织越狱的首要分子和积极参加的,处五年以上有期徒刑;其他参加的,处五年以下有期徒刑或者拘役。

二、相关法律

《中华人民共和国监狱法》(2012年10月26日修正)

第五十九条　罪犯在服刑期间故意犯罪的,依法从重处罚。

要义辨析

一、概念

本罪是指在押人犯秘密勾结，有组织、有计划地组织越狱和参加越狱的行为。

二、构成要件

1. 本罪的犯罪客体是司法机关的正常监管秩序。

2. 本罪的客观方面表现为首要分子和参与人员串连、组织、策划下，集体从狱内逃跑的行为。

3. 本罪犯罪主体是在押人犯。一般是三人以上实施犯罪活动，否则就不成其为组织越狱。本罪只追究首犯和积极参加者，对一般跟随者不以本罪论处。

4. 本罪的主观方面只能是故意，企图逃避监管和法律追究。

三、要点辨析

本罪与脱逃罪的界限。脱逃罪既可以单个人实施，也可以数人共同实施，在数人共同实施时，属于普通共同犯罪，不属于聚众犯罪。而本罪只能由多人聚众实施，往往有事先策划共谋，在聚众实施的过程中有明显的首要分子，有明确的分工，有严密的组织。

四、罪名变迁

1979年《刑法》第96条对本罪作了规定。1997年《刑法》保留了此罪名，但将其从1979年《刑法》的"反革命罪"一章移至"妨害社会管理秩序罪"一章中。

类罪名：妨害社会管理秩序罪/妨害司法罪	罪名：暴动越狱罪
量刑标准	**首要分子和积极参加的**　处10年以上有期徒刑或者无期徒刑；
	情节特别严重的　处死刑；
	其他参加的　处3年以上10年以下有期徒刑。

法律依据

一、《刑法》条文

第三百一十七条第二款　暴动越狱或者聚众持械劫狱的首要分子和积极参加的，处十年以上有期徒刑或者无期徒刑；情节特别严重的，处死刑；其他参加的，处三年以上十年以下有期徒刑。

二、相关法律

《中华人民共和国监狱法》（2012年10月26日修正）

第五十九条　罪犯在服刑期间故意犯罪的，依法从重处罚。

要义辨析

一、概念

本罪是指在押犯采用暴力方法，暴动越狱逃跑的行为。

二、构成要件

1. 本罪的犯罪客体是复杂客体，既侵犯了司法机关的正常监管秩序，又侵害了监管人员的人身权利。

2. 本罪的客观方面表现为以集体暴动的方式脱离监管机关的羁押、看管的行为。

3. 本罪的犯罪主体为特殊主体，只能是在押犯。其他人员内外接应的，构成共同犯罪。

4. 本罪的主观方面为直接故意。

三、要点辨析

1. 本罪与组织越狱罪的区别仅在于犯罪形式上是否采用"暴力"。有时越狱不成，采用暴力脱逃，则转变为本罪。

2. 由于暴动越狱、暴力劫狱后果和危害性严重,所以本条规定"情节特别严重的,处死刑",这是绝对确定的死刑刑种。因此,在认定"情节特别严重"时,要特别慎重,一般是指有使用武器、爆炸物、有伤亡、监所大火、造成社会重大影响等情节。

四、罪名变迁

本罪是1997年《刑法》从1979年《刑法》第96条的组织越狱罪中分离出来的。

类罪名:妨害社会管理秩序罪/妨害司法罪	罪名:聚众持械劫狱罪
量刑标准	**首要分子和积极参加的** 处10年以上有期徒刑或者无期徒刑;
	情节特别严重的 处死刑;
	其他参加的 处3年以上10年以下有期徒刑。

法律依据

一、《刑法》条文

第三百一十七条第二款 暴动越狱或者聚众持械劫狱的首要分子和积极参加的,处十年以上有期徒刑或者无期徒刑;情节特别严重的,处死刑;其他参加的,处三年以上十年以下有期徒刑。

二、相关法律

《中华人民共和国监狱法》(2012年10月26日修正)

第五十九条 罪犯在服刑期间故意犯罪的,依法从重处罚。

要义辨析

一、概念

本罪是指聚众持械劫狱,企图使在押犯脱离监管的行为。

二、构成要件

1. 本罪的犯罪客体是复杂客体,既侵犯了司法机关的正常监管秩序,又侵害了监管人员的人身权利。

2. 本罪的客观方面表现为聚众持械劫狱,企图使在押犯脱离监管的行为。所谓"聚众持械劫狱",是指多人聚集,在首要分子的组织、策划、指挥下,结伙持械抢走狱中的人犯或者使其方便脱逃的行为。

3. 本罪的犯罪主体为一般主体,一般为狱外人员。

4. 本罪的主观方面为直接故意。

三、要点辨析

在认定本罪时,应注意划清本罪与组织越狱罪的界限。

组织越狱罪,是指狱中的罪犯纠集在一起,在首要分子的组织、指挥、策划下,有组织地逃往狱外的行为。本罪与组织越狱罪的相同之处:(1)侵害的客体相同;(2)主观故意相同;(3)犯罪表现形式相同,都是以共同犯罪形式出现,有组织、有计划、有领导地集体实施的。

两者最主要的区别在于主体要件不同,聚众劫狱罪是由狱外人员实施的行为;而组织越狱罪是狱内的罪犯在首要分子的指挥、策划下,集体逃往狱外的行为。

四、罪名变迁

1979年《刑法》第96条为"聚众劫狱罪",1997年《刑法》第317条第2款对"聚众劫狱罪"的罪状作了修改,因而罪名相应地改为"聚众持械劫狱罪"。

第三节　妨害国(边)境管理罪

<table>
<tr><td colspan="2">类罪名:妨害社会管理秩序罪/妨害国(边)境管理罪 │ 罪名:组织他人偷越国(边)境罪</td></tr>
<tr><td rowspan="2">量刑标准</td><td>构成犯罪的　处2年以上7年以下有期徒刑,并处罚金;</td></tr>
<tr><td>集团首要分子;多次组织或者组织人数众多;造成重伤、死亡的;剥夺或者限制人身自由的;暴力、威胁抗拒检查;违法所得数额巨大;其他特别严重情节的
处7年以上有期徒刑或者无期徒刑,并处罚金或者没收财产。</td></tr>
</table>

法律依据

一、**《刑法》**条文

第三百一十八条　组织他人偷越国(边)境的,处二年以上七年以下有期徒刑,并处罚金;有下列情形之一的,处七年以上有期徒刑或者无期徒刑,并处罚金或者没收财产:

(一)组织他人偷越国(边)境集团的首要分子;

(二)多次组织他人偷越国(边)境或者组织他人偷越国(边)境人数众多的;

(三)造成被组织人重伤、死亡的;

(四)剥夺或者限制被组织人人身自由的;

(五)以暴力、威胁方法抗拒检查的;

(六)违法所得数额巨大的;

(七)有其他特别严重情节的。

犯前款罪,对被组织人有杀害、伤害、强奸、拐卖等犯罪行为,或者对检查人员有杀害、伤害等犯罪行为的,依照数罪并罚的规定处罚。

二、相关司法解释/文件

《最高人民法院、最高人民检察院关于办理妨害国(边)境管理刑事案件应用法律若干问题的解释》(2012年12月12日　法释〔2012〕17号)

第一条　领导、策划、指挥他人偷越国(边)境或者在首要分子指挥下,实施拉拢、引诱、介绍他人偷越国(边)境等行为的,应当认定为刑法第三百一十八条规定的"组织他人偷越国(边)境"。

组织他人偷越国(边)境人数在十人以上的,应当认定为刑法第三百一十八条第一款第(二)项规定的"人数众多";违法所得数额在二十万元以上的,应当认定为刑法第三百一十八条第一款第(六)项规定的"违法所得数额巨大"。

以组织他人偷越国(边)境为目的,招募、拉拢、引诱、介绍、培训偷越国(边)境人员,策划、安排偷越国(边)境行为,在他人偷越国(边)境之前或者偷越国(边)境过程中被查获的,应当以组织他人偷越国(边)境罪(未遂)论处;具有刑法第三百一十八条第一款规定的情形之一的,应当在相应的法定刑幅度基础上,结合未遂犯的处罚原则量刑。

第六条　具有下列情形之一的,应当认定为刑法第六章第三节规定的"偷越国(边)境"行为:

(一)没有出入境证件出入国(边)境或者逃避接受边防检查的;

(二)使用伪造、变造、无效的出入境证件出入国(边)境的;

(三)使用他人出入境证件出入国(边)境的;

(四)使用以虚假的出入境事由、隐瞒真实身份、冒用他人身份证件等方式骗取的出入境证件出入国(边)境的;

(五)采用其他方式非法出入国(边)境的。

第七条　以单位名义或者单位形式组织他人偷越国(边)境、为他人提供伪造、变造的出入境证件或者运送他人偷越国(边)境的,应当依照刑法第三百一十八条、第三百二十条、第三百二十一条的规定追究直接负责的主管人员和其他直接责任人员的刑事责任。

第八条　实施组织他人偷越国(边)境犯罪,

同时构成骗取出境证件罪、提供伪造、变造的出入境证件罪、出售出入境证件罪、运送他人偷越国(边)境罪的,依照处罚较重的规定定罪处罚。

第九条 对跨地区实施的不同妨害国(边)境管理犯罪,符合并案处理要求,有关地方公安机关依照法律和相关规定一并立案侦查,需要提请批准逮捕、移送审查起诉、提起公诉的,由该公安机关所在地的同级人民检察院、人民法院依法受理。

《最高人民法院、最高人民检察院、公安部、国家移民管理局关于依法惩治妨害国(边)境管理违法犯罪的意见》(2022年6月29日 法发〔2022〕18号)

二、关于妨害国(边)境管理犯罪的认定

2. 具有下列情形之一的,应当认定为刑法第三百一十八条规定的“组织他人偷越国(边)境”行为:

(1)组织他人通过虚构事实、隐瞒真相等方式掩盖非法出入境目的,骗取出入境边防检查机关核准出入境的;

(2)组织依法限定在我国边境地区停留、活动的人员,违反国(边)境管理法规,非法进入我国非边境地区的。

对于前述行为,在决定是否追究刑事责任以及如何裁量刑罚时,应当综合考虑组织者前科情况、行为手段、组织人数和次数、违法所得数额及被组织人员偷越国(边)境的目的等情节,依法妥当处理。

3. 事前与组织、运送他人偷越国(边)境的犯罪分子通谋,在偷越国(边)境人员出境前或者入境后,提供接驳、容留、藏匿等帮助的,以组织他人偷越国(边)境罪或者运送他人偷越国(边)境罪的共同犯罪论处。

6. 明知他人实施骗取出境证件犯罪,提供虚假证明、邀请函件以及面签培训等帮助的,以骗取出境证件罪的共同犯罪论处;符合刑法第三百一十八条规定的,以组织他人偷越国(边)境罪定罪处罚。

7. 事前与组织他人偷越国(边)境的犯罪分子通谋,为其提供虚假证明、邀请函件以及面签培训等帮助,骗取入境签证等入境证件,为组织他人偷越国(边)境使用的,以组织他人偷越国(边)境罪的共同犯罪论处。

8. 对于偷越国(边)境的次数,按照非法出境、入境的次数分别计算。但是,对于非法越境后及时返回,或者非法出境后又入境投案自首的,一般应当计算为一次。

9. 偷越国(边)境人员相互配合,共同偷越国(边)境的,属于《解释》第五条第二项规定的“结伙”。偷越国(边)境人员在组织者、运送者安排下偶然同行的,不属于“结伙”。

在认定偷越国(边)境“结伙”的人数时,不满十六周岁的人不计算在内。

10. 偷越国(边)境,具有下列情形之一的,属于《解释》第五条第六项规定的“其他情节严重的情形”:

(1)犯罪后为逃避刑事追究偷越国(边)境的;

(2)破坏边境物理隔离设施后,偷越国(边)境的;

(3)以实施电信网络诈骗、开设赌场等犯罪为目的,偷越国(边)境的;

(4)曾因妨害国(边)境管理犯罪被判处刑罚,刑罚执行完毕后二年内又偷越国(边)境的。

实施偷越国(边)境犯罪,又实施妨害公务、袭警、妨害传染病防治等行为,并符合有关犯罪构成的,应当数罪并罚。

11. 徒步带领他人通过隐蔽路线逃避边防检查偷越国(边)境的,属于运送他人偷越国(边)境。领导、策划、指挥他人偷越国(边)境,并实施徒步带领行为的,以组织他人偷越国(边)境罪论处。

三、相关部委规章

《公安部关于妨害国(边)境管理犯罪案件立案标准及有关问题的通知》(2000年3月31日 公通字〔2000〕30号)

一、立案标准

(一)组织他人偷越国(边)境案

1. 组织他人偷越国(边)境的,应当立案侦查。

2. 组织他人偷越国(边)境,具有下列情形之一的,应当立为重大案件:

(1)一次组织20~49人偷越国(边)境的;

(2)组织他人偷越国(边)境3~4次的;

(3)造成被组织人重伤1~2人的;

(4)剥夺或者限制被组织人人身自由的;

(5)以暴力、威胁方法抗拒检查的;

(6)违法所得人民币5~20万元的;

(7)有其他严重情节的。

3. 组织他人偷越国(边)境,具有下列情形之一的,应当立为特别重大案件:

(1)一次组织50人以上偷越国(边)境的;

(2)组织他人偷越国(边)境5次以上的;

(3)造成被组织人重伤3人以上或者死亡1人以上的;

(4)违法所得20万元以上的;

(5)有其他特别严重情节的。

要义辨析

一、概念

本罪是指非法组织他人偷越国(边)境的行为。

二、构成要件

1. 本罪侵害的客体是国家的出入国(边)境管理制度。

2. 本罪的客观方面表现为具有动员、串连、拉拢、欺骗等方式组织他人偷越国(边)境的行为。

3. 本罪的犯罪主体是一般主体,既可以是中国人,也可以是外国人。本罪没有单位犯罪,只有自然人犯罪。

4. 本罪的主观方面是故意。

三、要点辨析

1. 犯本罪,并有对被组织人有杀害、伤害、强奸、拐卖或者对检查人员有杀害、伤害等犯罪行为的,根据《刑法》第318条第2款的规定,应依照数罪并罚的规定处罚。

2. 本罪为行为犯,实施了组织偷渡即可成立。但要考虑达到一定的情节。《公安部关于妨害国(边)境管理犯罪案件立案标准及有关问题的通知》可资参考。

3. 本罪认定时,要特别注意区分行为人主观上的明知的故意。有的出国劳务公司、留学中介公司、出国旅游公司组织人员出国后,出国人员潜逃、滞留不归,如果组织者事先并不明知,或者虽然事先明知而进行了教育、阻止、明确告诫等防范措施仍然未能阻止的,不能认定为本罪,而应由不归人员自行负责。对于一开始就有串通预谋,以上述名义组织出国,实际上组织偷渡,并收取了偷渡费用和报酬的,应按本罪处刑。

四、罪名变迁

本罪是由1994年3月5日《全国人民代表大会常务委员会关于严惩组织、运送他人偷越国(边)境犯罪的补充规定》第1条的规定,吸收改为《刑法》的具体规定的。1979年《刑法》规定的是组织、运送他人偷越国(边)境罪。

类罪名:妨害社会管理秩序罪/妨害国(边)境管理罪	罪名:骗取出境证件罪
量刑标准	**构成犯罪的**　处3年以下有期徒刑,并处罚金;
	情节严重的　处3年以上10年以下有期徒刑,并处罚金;
	单位犯本罪的　对单位判处罚金;对直接负责的主管人员和直接责任人员依个人犯罪处罚。

法律依据

一、《刑法》条文

第三百一十九条　以劳务输出、经贸往来或者其他名义,弄虚作假,骗取护照、签证等出境证件,为组织他人偷越国(边)境使用的,处三年以下有期徒刑,并处罚金;情节严重的,处三年以上十年以下有期徒刑,并处罚金。

单位犯前款罪的,对单位判处罚金,并对其直接负责的主管人员和其他直接责任人员,依照前款的规定处罚。

二、相关司法解释/文件

《最高人民法院、最高人民检察院关于办理妨害国(边)境管理刑事案件应用法律若干问题的解释》(2012年12月12日 法释〔2012〕17号)

第二条 为组织他人偷越国(边)境,编造出境事由、身份信息或者相关的境外关系证明的,应当认定为刑法第三百一十九条第一款规定的"弄虚作假"。

刑法第三百一十九条第一款规定的"出境证件",包括护照或者代替护照使用的国际旅行证件,中华人民共和国海员证,中华人民共和国出入境通行证,中华人民共和国旅行证,中国公民往来香港、澳门、台湾地区证件,边境地区出入境通行证,签证、签注,出国(境)证明、名单,以及其他出境时需要查验的资料。

具有下列情形之一的,应当认定为刑法第三百一十九条第一款规定的"情节严重":

(一)骗取出境证件五份以上的;

(二)非法收取费用三十万元以上的;

(三)明知是国家规定的不准出境的人员而为其骗取出境证件的;

(四)其他情节严重的情形。

第六条 具有下列情形之一的,应当认定为刑法第六章第三节规定的"偷越国(边)境"行为:

(一)没有出入境证件出入国(边)境或者逃避接受边防检查的;

(二)使用伪造、变造、无效的出入境证件出入国(边)境的;

(三)使用他人出入境证件出入国(边)境的;

(四)使用以虚假的出入境事由、隐瞒真实身份、冒用他人身份证件等方式骗取的出入境证件出入国(边)境的;

(五)采用其他方式非法出入国(边)境的。

第八条 实施组织他人偷越国(边)境犯罪,同时构成骗取出境证件罪、提供伪造、变造的出入境证件罪、出售出入境证件罪、运送他人偷越国(边)境罪的,依照处罚较重的规定定罪处罚。

第九条 对跨地区实施的不同妨害国(边)境管理犯罪,符合并案处理要求,有关地方公安机关依照法律和相关规定一并立案侦查,需要提请批准逮捕、移送审查起诉、提起公诉的,由该公安机关所在地的同级人民检察院、人民法院依法受理。

三、相关部委规章

《公安部关于妨害国(边)境管理犯罪案件立案标准及有关问题的通知》(2000年3月31日 公通字〔2000〕30号)

一、立案标准

(二)骗取出境证件案

1. 以劳务输出、经贸往来或者其他名义弄虚作假,骗取护照、通行证、旅行证、海员证、签证(注)等出境证件(以下简称出境证件),为他人偷越国(边)境使用的,应当立案侦查。

2. 骗取出境证件,具有下列情形之一的,应当立为重大案件:

(1)骗取出境证件5~19本(份、个)的;

(2)为违法犯罪分子骗取出境证件的;

(3)违法所得10~20万元的;

(4)有其他严重情节的。

3. 骗取出境证件,具有下列情形之一的,应当立为特别重大案件:

(1)骗取出境证件20本(份、个)以上的;

(2)违法所得20万元以上的;

(3)有其他特别严重情节的。

要义辨析

一、概念

本罪是指以劳务输出、经贸往来或者其他名义,弄虚作假,骗取护照、签证等出境证件,为组织他人偷越国(边)境使用的行为。

二、构成要件

1. 本罪侵害的客体是国家出入国(边)境管理制度。

2. 本罪的客观方面表现为以劳务输出、经贸往来或者其他名义,弄虚作假,骗取护照、签证等出境证件,为组织他人偷越国(边)境使用的行为。

3. 本罪的犯罪主体为一般主体,单位也可构成本罪。

4. 本罪的主观方面是故意。

三、要点辨析

在认定本罪时，要特别注意区分行为人主观明知的故意。有的出国劳务公司、留学中介公司、出国旅游公司组织人员出国时，由于审查不严，将被组织者提供的虚假身份证、户口证明、学历证明提交给国家管理机关，导致国家机关误发了护照等证件。对此要严格审查这是属于失误还是明知而串通，如果组织者事先并不明知有伪造和虚假，进行了教育、阻止、明确告诫等防范措施仍然未能防范成功的，不能认定为本罪，而应由作假人员自行负责。对于一开始就有串通预谋，以上述名义骗取证照，实际上组织偷渡，并收取了偷渡费用和报酬的，应按本罪处刑。

四、罪名变迁

本罪是由1994年3月5日《全国人民代表大会常务委员会关于严惩组织、运送他人偷越国(边)境犯罪的补充规定》第2条的规定，吸收改为《刑法》的具体规定的，1979年《刑法》没有骗取出境证件罪的规定。

类罪名：妨害社会管理秩序罪/妨害国（边）境管理罪 | 罪名：提供伪造、变造的出入境证件罪		
量刑标准	构成犯罪的	处5年以下有期徒刑，并处罚金；
	情节严重的	处5年以上有期徒刑，并处罚金。

法律依据

一、《刑法》条文

第三百二十条　为他人提供伪造、变造的护照、签证等出入境证件，或者出售护照、签证等出入境证件的，处五年以下有期徒刑，并处罚金；情节严重的，处五年以上有期徒刑，并处罚金。

二、相关司法解释/文件

《最高人民法院、最高人民检察院关于办理妨害国（边）境管理刑事案件应用法律若干问题的解释（2012年12月12日　法释〔2012〕17号）

第三条　刑法第三百二十条规定的“出入境证件”，包括本解释第二条第二款所列的证件以及其他入境时需要查验的资料。

具有下列情形之一的，应当认定为刑法第三百二十条规定的“情节严重”：

（一）为他人提供伪造、变造的出入境证件或者出售出入境证件五份以上的；

（二）非法收取费用三十万元以上的；

（三）明知是国家规定的不准出入境的人员而为其提供伪造、变造的出入境证件或者向其出售出入境证件的；

（四）其他情节严重的情形。

第六条　具有下列情形之一的，应当认定为刑法第六章第三节规定的“偷越国（边）境”行为：

（一）没有出入境证件出入国（边）境或者逃避接受边防检查的；

（二）使用伪造、变造、无效的出入境证件出入国（边）境的；

（三）使用他人出入境证件出入国（边）境的；

（四）使用以虚假的出入境事由、隐瞒真实身份、冒用他人身份证件等方式骗取的出入境证件出入国（边）境的；

（五）采用其他方式非法出入国（边）境的。

第七条　以单位名义或者单位形式组织他人偷越国（边）境、为他人提供伪造、变造的出入境证件或者运送他人偷越国（边）境的，应当依照刑法第三百一十八条、第三百二十条、第三百二十一条的规定追究直接负责的主管人员和其他直接责任人员的刑事责任。

第八条　实施组织他人偷越国（边）境犯罪，同时构成骗取出境证件罪、提供伪造、变造的出入境证件罪、出售出入境证件罪、运送他人偷越国（边）境罪的，依照处罚较重的规定定罪处罚。

第九条 对跨地区实施的不同妨害国(边)境管理犯罪,符合并案处理要求,有关地方公安机关依照法律和相关规定一并立案侦查,需要提请批准逮捕、移送审查起诉、提起公诉的,由该公安机关所在地的同级人民检察院、人民法院依法受理。

三、相关部委规章

《公安部关于妨害国(边)境管理犯罪案件立案标准及有关问题的通知》(2000年3月31日公通字〔2000〕30号)

一、立案标准

(三)提供伪造、变造的出入境证件案

1. 为他人提供伪造、变造的护照、通行证、旅行证、海员证、签证(注)等出入境证件(以下简称出入境证件)的,应当立案侦查。

2. 为他人提供伪造、变造的出入境证件,具有下列情形之一的,应当立为重大案件:

(1)为他人提供伪造、变造的出入境证件5~19本(份、个)的;

(2)为违法犯罪分子提供伪造、变造的出入境证件的;

(3)违法所得10~20万元的;

(4)有其他严重情节的。

3. 为他人提供伪造、变造的出入境证件,具有下列情形之一的,应当立为特别重大案件:

(1)为他人提供伪造、变造的出入境证件20本(份、个)以上的;

(2)违法所得20万元以上的;

(3)有其他特别严重情节的。

要义辨析

一、概念

本罪是指为他人提供伪造、变造的护照、签证等出入境证件的行为。

二、构成要件

1. 本罪侵害的客体是国家出入国(边)境管理制度。

2. 本罪的客观方面表现为具有伪造、变造护照、签证等出入境证件,提供给偷越国(边)境组织者和偷越国(边)境的人使用的行为。

3. 本罪的犯罪主体为一般主体,中国公民和外国人均可构成本罪主体。

4. 本罪的主观方面是故意,并且一般具有牟取暴利的目的。

三、要点辨析

1. 本罪与偷越国(边)境罪的界限。如果行为人伪造、变造的出入境证件供自己偷越国(边)境使用,而不是向他人提供,情节严重,构成犯罪的,应按偷越国(边)境罪认定。两罪区分的关键在于客观方面不同,即本罪是向他人提供伪造、变造的出入境证件,偷越国(边)境罪是伪造、变造证件供自己使用。

2. 本罪与伪造证件变造证件罪的界限。区别的关键在于客观行为不同:本罪的主要行为是"提供"而非"伪造、变造",只要行为人向他人提供了伪造、变造的出入境证件,而不论是谁伪造、变造的,均构成本罪;反之,不构成本罪。而伪造、变造证件罪的主要行为是伪造、变造,行为人只有实施了伪造、变造行为才构成犯罪。所以,当行为人只实施伪造、变造出入境证件的行为时,则构成伪造、变造证件罪;当行为人既伪造、变造了出入境证件,又把伪造、变造的证件向他人提供时,则前一行为被后一行为吸收,对行为人按为他人提供伪造、变造的出入境证件罪论处,两罪并不并罚,但量刑时可适当从重。

3. 本罪与骗取出境证件罪的界限。二者有以下两点区别:(1)犯罪对象不同。本罪对象是伪造、变造的出入境证件,后罪的对象是出境证件。作为本罪犯罪对象的证件既有出境证件,也有入境证件,且证件本身并不是真实、合法、有效的,而是伪造、变造的;而作为后罪犯罪对象的证件则只是出境证件,且证件本身是真实、合法、有效的。(2)犯罪行为特征不同。本罪特征是"向他人提供",至于行为人如何弄到伪造、变造的出入境证件的,与定罪无关;而后罪的行为特征是"骗取",只有行为人弄虚作假,骗取出境证件的,才构成犯罪。

四、罪名变迁

本罪是由1994年3月5日《全国人民代表大会常务委员会关于严惩组织、运送他人偷越国(边)境犯罪的补充规定》第3条的规定,吸收改为《刑法》的具体规定的,1979年《刑法》没有提供伪造、变造的出入境证件罪的规定。

类罪名:妨害社会管理秩序罪/妨害国(边)境管理罪	罪名:出售出入境证件罪	
量刑标准	构成犯罪的	处5年以下有期徒刑,并处罚金;
	情节严重的	处5年以上有期徒刑,并处罚金。

法律依据

一、《刑法》条文

第三百二十条　为他人提供伪造、变造的护照、签证等出入境证件,或者出售护照、签证等出入境证件的,处五年以下有期徒刑,并处罚金;情节严重的,处五年以上有期徒刑,并处罚金。

二、相关司法解释/文件

《最高人民法院、最高人民检察院关于办理妨害国(边)境管理刑事案件应用法律若干问题的解释》(2012年12月12日　法释〔2012〕17号)

第三条　刑法第三百二十条规定的"出入境证件",包括本解释第二条第二款所列的证件以及其他入境时需要查验的资料。

具有下列情形之一的,应当认定为刑法第三百二十条规定的"情节严重":

(一)为他人提供伪造、变造的出入境证件或者出售出入境证件五份以上的;

(二)非法收取费用三十万元以上的;

(三)明知是国家规定的不准出入境的人员而为其提供伪造、变造的出入境证件或者向其出售出入境证件的;

(四)其他情节严重的情形。

第六条　具有下列情形之一的,应当认定为刑法第六章第三节规定的"偷越国(边)境"行为:

(一)没有出入境证件出入国(边)境或者逃避接受边防检查的;

(二)使用伪造、变造、无效的出入境证件出入国(边)境的;

(三)使用他人出入境证件出入国(边)境的;

(四)使用以虚假的出入境事由、隐瞒真实身份、冒用他人身份证件等方式骗取的出入境证件出入国(边)境的;

(五)采用其他方式非法出入国(边)境的。

第七条　以单位名义或者单位形式组织他人偷越国(边)境、为他人提供伪造、变造的出入境证件或者运送他人偷越国(边)境的,应当依照刑法第三百一十八条、第三百二十条、第三百二十一条的规定追究直接负责的主管人员和其他直接责任人员的刑事责任。

第八条　实施组织他人偷越国(边)境犯罪,同时构成骗取出境证件罪、提供伪造、变造的出入境证件罪、出售出入境证件罪、运送他人偷越国(边)境罪的,依照处罚较重的规定定罪处罚。

第九条　对跨地区实施的不同妨害国(边)境管理犯罪,符合并案处理要求,有关地方公安机关依照法律和相关规定一并立案侦查,需要提请批准逮捕、移送审查起诉、提起公诉的,由该公安机关所在地的同级人民检察院、人民法院依法受理。

三、相关部委规章

《公安部关于妨害国(边)境管理犯罪案件立案标准及有关问题的通知》(2000年3月31日　公通字〔2000〕30号)

一、立案标准

(四)出售出入境证件案

1. 出售出入境证件的,应当立案侦查。

2. 出售出入境证件,具有下列情形之一的,应当立为重大案件:

(1)出售出入境证件5~19本(份、个)的;

(2)给违法犯罪分子出售出入境证件的;

(3)违法所得10~20万元的;

(4)有其他严重情节的。

3. 出售出入境证件,具有下列情形之一的,应当立为特别重大案件:

(1)出售出入境证件20本(份、个)以上的;

(2)违法所得20万元以上的;

(3)有其他特别严重情节的。

要义辨析

一、概念

本罪是指向他人非法出售护照、签证等出入境证件的行为。

二、构成要件

1. 本罪侵害的客体是国家出入国(边)境管理制度。

2. 本罪的客观方面表现为具有出售护照、签证等出入境证件的行为。出售的护照,既包括真护照,也包括伪造、变造的护照。

3. 本罪的犯罪主体为一般主体,中国公民和外国人均可构成本罪的主体。

4. 本罪的主观方面是故意,并且一般具有牟取暴利的目的。

三、要点辨析

1. 本罪与组织他人偷越国(边)境罪或偷越国(边)境罪的界限。本罪与后两罪的区别一般比较明显,但在行为人与组织他人偷越国(边)境的组织者或偷越国(边)境的人事前通谋,由行为人向组织者或偷越国(边)境的人出售出入境证件的情况下,对行为人是按非法出售出入境证件罪处理,还是按组织他人偷越国(边)境罪的共犯处理,实践中有不同认识。我们认为,在这种情况下,对行为人也应按非法出售出入境证件罪论处。在妨害国(边)境犯罪分工日益精密化的情况下,为让所有的犯罪行为都能得到惩治,本法将各种犯罪行为都以明确的罪名规定下来,真正做到有法可依。从理论上讲,行为人无论是否和组织者或偷越国(边)境人通谋,其出售出入境证件的行为都已构成独立的犯罪,也没必要作为其他犯罪的共犯处理。

2. 本罪与为组织他人偷越国(边)境骗取证件罪的界限。(1)犯罪对象不同。本罪的犯罪对象既包括出境证件,也包括入境证件,而后罪的犯罪对象仅包括出境证件。(2)客观行为不同。本罪的行为特征是把自己的证件或低价购买的证件出售,而后罪的行为特征是弄虚作假,骗取出境证件。(3)主观方面有所不同。本罪不要求特定的犯罪目的,而后罪则要求必须有为组织他人偷越国(边)境使用的目的。

四、罪名变迁

本罪是由1994年3月5日《全国人民代表大会常务委员会关于严惩组织、运送他人偷越国(边)境犯罪的补充规定》第3条的规定,吸收改为《刑法》的具体规定的,1979年《刑法》没有出售出入境证件罪的规定。

类罪名:妨害社会管理秩序罪/妨害国(边)境管理罪	罪名:运送他人偷越国(边)境罪
量刑标准	构成犯罪的　处5年以下有期徒刑、拘役或者管制,并处罚金;
	多次运送或者运送人数众多的;所是使用的船只、车辆等交通工具不具备必要的安全条件足以造成严重后果的;违法所得数额巨大的;其他特别严重情节的　处5年以上10年以下有期徒刑,并处罚金;
	造成被运送人重伤、死亡;暴力、威胁抗拒检查的　处7年以上有期徒刑,并处罚金。

法律依据

一、《刑法》条文

第三百二十一条　运送他人偷越国(边)境的,处五年以下有期徒刑、拘役或者管制,并处罚金;有下列情形之一的,处五年以上十年以下有期徒刑,并处罚金:

(一)多次实施运送行为或者运送人数众多的;

(二)所使用的船只、车辆等交通工具不具备必要的安全条件,足以造成严重后果的;

(三)违法所得数额巨大的;

(四)有其他特别严重情节的。

在运送他人偷越国(边)境中造成被运送人重伤、死亡,或者以暴力、威胁方法抗拒检查的,处七年以上有期徒刑,并处罚金。

犯前两款罪,对被运送人有杀害、伤害、强奸、拐卖等犯罪行为,或者对检查人员有杀害、伤害等犯罪行为的,依照数罪并罚的规定处罚。

二、相关司法解释/文件

《最高人民法院、最高人民检察院关于办理妨害国(边)境管理刑事案件应用法律若干问题的解释》(2012年12月12日　法释〔2012〕17号)

第四条　运送他人偷越国(边)境人数在十人以上的,应当认定为刑法第三百二十一条第一款第(一)项规定的"人数众多";违法所得数额在二十万元以上的,应当认定为刑法第三百二十一条第一款第(三)项规定的"违法所得数额巨大"。

第六条　具有下列情形之一的,应当认定为刑法第六章第三节规定的"偷越国(边)境"行为:

(一)没有出入境证件出入国(边)境或者逃避接受边防检查的;

(二)使用伪造、变造、无效的出入境证件出入国(边)境的;

(三)使用他人出入境证件出入国(边)境的;

(四)使用以虚假的出入境事由、隐瞒真实身份、冒用他人身份证件等方式骗取的出入境证件出入国(边)境的;

(五)采用其他方式非法出入国(边)境的。

第七条　以单位名义或者单位形式组织他人偷越国(边)境、为他人提供伪造、变造的出入境证件或者运送他人偷越国(边)境的,应当依照刑法第三百一十八条、第三百二十条、第三百二十一条的规定追究直接负责的主管人员和其他直接责任人员的刑事责任。

第八条　实施组织他人偷越国(边)境犯罪,同时构成骗取出境证件罪、提供伪造、变造的出入境证件罪、出售出入境证件罪、运送他人偷越国(边)境罪的,依照处罚较重的规定定罪处罚。

第九条　对跨地区实施的不同妨害国(边)境管理犯罪,符合并案处理要求,有关地方公安机关依照法律和相关规定一并立案侦查,需要提请批准逮捕、移送审查起诉、提起公诉的,由该公安机关所在地的同级人民检察院、人民法院依法受理。

《最高人民法院、最高人民检察院、公安部、国家移民管理局关于依法惩治妨害国(边)境管理违法犯罪的意见》(2022年6月29日　法发〔2022〕18号)

4. 明知是偷越国(边)境人员,分段运送其前往国(边)境的,应当认定为刑法第三百二十一条规定的"运送他人偷越国(边)境",以运送他人偷越国(边)境罪定罪处罚。但是,在决定是否追究刑事责任以及如何裁量刑罚时,应当充分考虑行为人在运送他人偷越国(边)境过程中所起作用等情节,依法妥当处理。

12. 对于刑法第三百二十一条第一款规定的"多次实施运送行为",累计运送人数一般应当接近十人。

三、相关部委规章

《公安部关于妨害国(边)境管理犯罪案件立案标准及有关问题的通知》(2000年3月31日　公通字〔2000〕30号)

一、立案标准

(五)运送他人偷越国(边)境案

1. 运送他人偷越国(边)境的,应当立案侦查。

2. 运送他人偷越国(边)境,具有下列情形之一的,应当立为重大案件:

(1)一次运送20~49人偷越国(边)境的;

(2)运送他人偷越国(边)境3~4次的;

(3)使用简陋、破旧、报废、通气状况很差的船

只或者车辆等不具备必要安全条件的交通工具运送他人偷越国(边)境,足以造成严重后果的;

(4)违法所得5~20万元的;

(5)造成被运送人重伤1~2人的;

(6)以暴力、威胁方法抗拒检查的;

(7)有其他严重情节的。

3.运送他人偷越国(边)境,具有下列情形之一的,应当立为特别重大案件:

(1)一次运送50人以上偷越国(边)境的;

(2)运送他人偷越国(边)境5次以上的;

(3)造成被运送人重伤3人以上或者死亡1人以上的;

(4)违法所得20万元以上的;

(5)有其他特别严重情节的。

要义辨析

一、概念

本罪是指非法运送他人偷越国(边)境的行为。

二、构成要件

1.本罪侵害的客体是国家的出入国(边)境管理制度。

2.本罪客观方面表现为非法运送他人偷越国(边)境的行为。运送,既可以是用车、船等交通工具将偷越国(边)境的人运到一定地点以便于他人偷越国(边)境,也可以是亲自带领他人通过隐蔽的路线出入国(边)境。

3.本罪主体是一般主体,既可以是中国人,也可以是外国人。

4.本罪主观方面是故意。

三、要点辨析

1.本罪与组织他人偷越国(边)境罪的界限。二罪的区别是明显的,主要区别在于客观方面不同。本罪表现为为他人提供运输工具,并且将他人送出或送入国(边)境。组织他人偷越国(边)境罪表现为采取煽动、串连、拉拢、引诱、欺骗、强迫等手段,策划联络安排他人偷越国(边)境。

司法实践中,经常有既组织又运送的行为,对此如何定罪,我们认为如果组织和运送的是同一批偷越国(边)境者,按组织他人偷越国(边)境罪定罪处罚。如果既组织他人偷越国(边)境,又运送他人偷越国(边)境、这些偷越国(边)境又不是同一批的,应定组织他人偷越国(边)境罪和运送他人偷越国(边)境罪两罪,二罪并罚。

2.本罪一罪与数罪的问题。本条第2款规定:“对被运送人有杀害、伤害、强奸、拐卖等犯罪行为,或者对检查人员有杀害、伤害等犯罪行为的,依照数罪并罚的规定处罚。”在运送他人偷越国(边)境犯罪过程中,对被运送人有杀害、伤害、强奸、拐卖等犯罪行为,或者对检查人员有杀害、伤害等犯罪行为的,运送他人偷越国(边)境罪与杀人、伤害、强奸等这几种犯罪是独立的数罪关系,因此,应当按照运送他人偷越国(边)境罪和另外实施的故意杀人罪、故意伤害罪、强奸罪等犯罪行为,分别定罪判刑,然后实行并罚。

四、罪名变迁

本罪是由1994年《全国人民代表大会常务委员会关于严惩组织、运送他人偷越国(边)境犯罪的补充规定》第4条的规定,吸收改为《刑法》的具体规定的,1979年《刑法》没有组织、运送他人偷越国(边)境罪的规定。

类罪名:妨害社会管理秩序罪/妨害国(边)境管理罪 | 罪名:偷越国(边)境罪	
量刑标准	**构成犯罪的**　处1年以下有期徒刑、拘役或者管制,并处罚金;
	为参加恐怖活动组织、接受恐怖活动培训或者实施恐怖活动的　处1年以上3年以下有期徒刑,并处罚金。

法律依据

一、《刑法》条文

第三百二十二条　违反国(边)境管理法规,偷越国(边)境,情节严重的,处一年以下有期徒刑、拘役或者管制,并处罚金;为参加恐怖活动组织、接受恐怖活动培训或者实施恐怖活动,偷越国(边)境的,处一年以上三年以下有期徒刑,并处罚金。

二、相关司法解释/文件

《最高人民法院、最高人民检察院关于办理妨害国(边)境管理刑事案件应用法律若干问题的解释》(2012年12月12日　法释〔2012〕17号)

第五条　偷越国(边)境,具有下列情形之一的,应当认定为刑法第三百二十二条规定的"情节严重":

(一)在境外实施损害国家利益行为的;

(二)偷越国(边)境三次以上或者三人以上结伙偷越国(边)境的;

(三)拉拢、引诱他人一起偷越国(边)境的;

(四)勾结境外组织、人员偷越国(边)境的;

(五)因偷越国(边)境被行政处罚后一年内又偷越国(边)境的;

(六)其他情节严重的情形。

第六条　具有下列情形之一的,应当认定为刑法第六章第三节规定的"偷越国(边)境"行为:

(一)没有出入境证件出入国(边)境或者逃避接受边防检查的;

(二)使用伪造、变造、无效的出入境证件出入国(边)境的;

(三)使用他人出入境证件出入国(边)境的;

(四)使用以虚假的出入境事由、隐瞒真实身份、冒用他人身份证件等方式骗取的出入境证件出入国(边)境的;

(五)采用其他方式非法出入国(边)境的。

第八条　实施组织他人偷越国(边)境犯罪,同时构成骗取出境证件罪、提供伪造、变造的出入境证件罪、出售出入境证件罪、运送他人偷越国(边)境罪的,依照处罚较重的规定定罪处罚。

第九条　对跨地区实施的不同妨害国(边)境管理犯罪,符合并案处理要求,有关地方公安机关依照法律和相关规定一并立案侦查,需要提请批准逮捕、移送审查起诉、提起公诉的,由该公安机关所在地的同级人民检察院、人民法院依法受理。

三、相关部委规章

《公安部关于妨害国(边)境管理犯罪案件立案标准及有关问题的通知》(2000年3月31日　公通字〔2000〕30号)

一、立案标准

(六)偷越国(边)境案

1. 偷越国(边)境,具有下列情形之一的,应当立案侦查:

(1)偷越国(边)境3次以上、屡教不改的;

(2)实施违法行为后偷越国(边)境的;

(3)在偷越国(边)境时对执法人员施以暴力、威胁手段的;

(4)造成重大涉外事件和恶劣影响的;

(5)有其他严重情节的。

2. 偷越国(边)境,具有下列情形之一的,应当立为重大案件:

(1)为逃避刑罚偷越国(边)境的;

(2)以走私、贩毒等犯罪为目的偷越国(边)境的;

(3)有其他特别严重情节的。

要义辨析

一、概念

本罪是指违反出入国境管理法规,偷越国(边)境,情节严重的行为。

二、构成要件

1. 本罪侵害的客体是出入国(边)境管理制度。

2. 本罪客观方面表现为具有违反出入国(边)境管理法规,不在规定的地点出入国(边)境,或者采用欺骗的手段蒙混出入国(边)境,情节严重的行为。

3. 本罪犯罪主体是一般主体,既可以是中国人,也可以是外国人。

4. 本罪主观方面是故意。

三、要点辨析

1. 本罪与叛逃罪的界限。

(1)犯罪主体不同。偷越国(边)境罪的犯罪主体是一般主体;而叛逃罪的犯罪主体则是特殊主体,即国家机关工作人员,不仅包括在国家机关依法从事公务的人员,还包括国家机关内的非从事公务的人员。

(2)犯罪主观故意的内容不同。偷越国(边)境罪在主观方面表现为,行为人明知偷越国(边)境的行为是违法行为,会给国家对国(边)境的正常管理秩序造成破坏,而仍然希望这一危害社会的结果的发生;而叛逃罪直接故意的内容是,行为人明知自己是国家机关工作人员不应叛逃,而仍然故意为之。

(3)犯罪客观方面的表现形式不同。偷越国(边)境罪在客观上表现为,违反国(边)境管理法规,偷越国(边)境的行为;叛逃罪在客观方而则表现为,国家机关工作人员在履行公务期间,擅离岗位,叛逃境外或者在境外叛逃,危害中华人民共和国国家安全的行为。

(4)犯罪客体不同。偷越国(边)境罪侵犯的直接客体是国家对国(边)境的正常管理秩序;而叛逃罪侵犯的客体则是中华人民共和国的国家安全。

2. 偷越国(边)境罪与军人叛逃罪的界限。

(1)犯罪主体不同。偷越国(边)境罪的犯罪主体是一般主体,无论中国公民、外国人还是无国籍人均可成为偷越国(边)境罪的犯罪主体;而军人叛逃罪的犯罪主体则只能是现役军人。

(2)犯罪客观方面的具体表现形式不同。偷越国(边)境罪在客观方面表现为,违反国(边)境管理法规,偷越国(边)境,情节严重的行为;而军人叛逃罪在客观方面则表现为,在履行公务期间,擅离岗位叛逃境外或者在境外叛逃的行为。

(3)犯罪侵犯的客体不同。偷越国(边)境罪侵犯的同类客体和直接客体都是国家对国(边)境的正常管理秩序;而军人叛逃罪侵犯的同类客体是我国的军事利益,直接客体是国家的国防安全和军人永不叛国的职责。

四、罪名变迁

本罪是由1994年3月5日《全国人民代表大会常务委员会关于严惩组织、运送他人偷越国(边)境犯罪的补充规定》第5条的规定,吸收改为《刑法》的具体规定的,1979年《刑法》没有偷越国(边)境罪的规定。2014年10月31日《刑法修正案(九)》对本罪作了修订,加重了量刑。

类罪名:妨害社会管理秩序罪/妨害国(边)境管理罪	罪名:破坏界碑、界桩罪
量刑标准	犯本罪的　处3年以下有期徒刑或者拘役。

法律依据

一、《刑法》条文

第三百二十三条　故意破坏国家边境的界碑、界桩或者永久性测量标志的,处三年以下有期徒刑或者拘役。

二、相关部委规章

《公安部关于妨害国(边)境管理犯罪案件立案标准及有关问题的通知》(2000年3月31日公通字〔2000〕30号)

一、立案标准

(七)破坏界碑、界桩案

1. 采取盗取、毁坏、拆除、掩埋、移动等手段破坏国家边境的界碑、界桩的,应当立案侦查。

2. 破坏3个以上界碑、界桩的,或者造成严重后果的,应当立为重大案件。

要义辨析

一、概念

本罪是指故意破坏国家边境的界碑、界桩的行为。

二、构成要件

1. 本罪侵害的客体是国家对边境界碑、界桩的正常管理活动，犯罪对象是国家边境的界碑、界桩，即指国家设置的界定我国领土疆界的标志物。只有破坏这种标志物才构成本罪。这是本罪与一般破坏公私财物罪的区别。

2. 本罪客观方面表现为具有盗走、毁坏、移动界碑、界桩的破坏行为。

3. 本罪犯罪主体是一般主体。

4. 本罪主观方面是故意。

三、要点辨析

本罪侵害的客体是国家对边境界碑、界桩的政党管理活动，犯罪对象是国家边境的界碑、界桩，即指国家设置的界定我国领土疆界的标志物。只有破坏这种标志物才构成本罪。这是本罪与一般的破坏公私财物罪的区别点。

四、罪名变迁

1979 年《刑法》第 175 条对本罪作了规定。

类罪名：妨害社会管理秩序罪/妨害国（边）境管理罪	罪名：破坏永久性测量标志罪
量刑标准	犯本罪的　处 3 年以下有期徒刑或者拘役。

法律依据

一、《刑法》条文

第三百二十三条　故意破坏国家边境的界碑、界桩或者永久性测量标志的，处三年以下有期徒刑或者拘役。

二、相关部委规章

《公安部关于妨害国（边）境管理犯罪案件立案标准及有关问题的通知》（2000 年 3 月 31 日　公通字〔2000〕30 号）

一、立案标准

（八）破坏永久性测量标志案

1. 采取盗取、拆毁、损坏、改变、移动、掩埋等手段破坏永久性测量标志，使其失去原有作用的，应当立案侦查。

2. 破坏 3 个以上永久性测量标志的，或者造成永久性测量标志严重损毁等严重后果的，应当立为重大案件。

要义辨析

一、概念

本罪是指故意破坏国家边境的永久性测量标志的行为。

二、构成要件

1. 本罪侵害的客体是国家对边境永久性标志的正常管理活动，犯罪的对象是指测绘单位在国家边境建设的地上或地下的永久性测量标志。

2. 本罪客观方面表现为具有盗走、毁坏、移动永久性标志的破坏行为。

3. 本罪犯罪主体是一般主体，既可以是中国人，也可以是外国人。本罪没有单位犯罪，只有自然人犯罪。

4. 本罪主观方面是故意。

三、要点辨析

1. 永久性测量标志，是指国家和军队在全国各地进行测量过程中所设置的永久性标志。既包括各种等级的天文点、重力点、水准点、三角点、导线点、海控点、炮控点等,有木质的、钢质的、铜质的、石质的等,也包括地形测图的固定标志。近年来设立的人造卫星观测点,也属于永久性测量标志。

2. 所谓破坏,是指拆毁、损坏、改变、移动、掩盖等。其手段可以是多种多样的,只要其行为足以使上述永久性测量标志丧失其原有作用的,就应视为破坏,构成犯罪。按照《国务院、中央军委关于长期保护测量标志的通告》的规定精神,拆迁永久性测量标志,"必须持有省、市、自治区测绘主管部门或军区测绘主管部门的证明函件,经保管单位和保管人验证后"方可进行。凡违背该通告的上述精神,非法拆迁永久性测量标志的,也构成本罪。

四、罪名变迁

1979 年《刑法》第 175 条对本罪作了规定。

第四节　妨害文物管理罪

类罪名:妨害社会管理秩序罪/妨害文物管理罪	罪名:故意损毁文物罪	
量刑标准	构成犯罪的	处 3 年以下有期徒刑或者拘役,并处或者单处罚金;
	情节严重的	处 3 年以上 10 年以下有期徒刑,并处罚金。

法律依据

一、《刑法》条文

第三百二十四条第一款　故意损毁国家保护的珍贵文物或者被确定为全国重点文物保护单位、省级文物保护单位的文物的,处三年以下有期徒刑或者拘役,并处或者单处罚金;情节严重的,处三年以上十年以下有期徒刑,并处罚金。

二、相关法律

《中华人民共和国文物保护法》(2017 年 11 月 4 日修正)

第六十四条　违反本法规定,有下列行为之一,构成犯罪的,依法追究刑事责任:

(二)故意或者过失损毁国家保护的珍贵文物的;

三、相关司法解释/文件

《最高人民检察院、公安部关于公安机关管辖的刑事案件立案追诉标准的规定(一)》(2008 年 6 月 25 日　公通字〔2008〕36 号)

第四十六条　[故意损毁文物案(刑法第三百二十四条第一款)]故意损毁国家保护的珍贵文物或者被确定为全国重点文物保护单位、省级文物保护单位的文物的,应予立案追诉。

《最高人民法院、最高人民检察院关于办理妨害文物管理等刑事案件适用法律若干问题的解释》(2015 年 12 月 30 日　法释〔2015〕23 号)

第三条　全国重点文物保护单位、省级文物保护单位的本体,应当认定为刑法第三百二十四条第一款规定的"被确定为全国重点文物保护单位、省级文物保护单位的文物"。

故意损毁国家保护的珍贵文物或者被确定为全国重点文物保护单位、省级文物保护单位的文物,具有下列情形之一的,应当认定为刑法第三百二十四条第一款规定的"情节严重":

(一)造成五件以上三级文物损毁的;

(二)造成二级以上文物损毁的;

(三)致使全国重点文物保护单位、省级文物保护单位的本体严重损毁或者灭失的;

(四)多次损毁或者损毁多处全国重点文物保护单位、省级文物保护单位的本体的;

(五)其他情节严重的情形。

实施前款规定的行为,拒不执行国家行政主管部门作出的停止侵害文物的行政决定或者命令的,酌情从重处罚。

第十一条第二款　公司、企业、事业单位、机关、团体等单位实施盗窃文物,故意损毁文物、名胜古迹,过失损毁文物,盗掘古文化遗址、古墓葬等行为的,依照本解释规定的相应定罪量刑标准,追究组织者、策划者、实施者的刑事责任。

四、相关部委规章

《文物藏品定级标准》(2001 年 4 月 9 日)

根据《中华人民共和国文物保护法》和《中华人民共和国文物保护法实施细则》的有关规定,特制定本标准。

一、一级文物定级标准

(一)反映中国各个历史时期的生产关系及其经济制度、政治制度,以及有关社会历史发展的特别重要的代表性文物;

(二)反映历代生产力的发展、生产技术的进步和科学发明创造的特别重要的代表性文物;

(三)反映各民族社会历史发展和促进民族团结、维护祖国统一的特别重要的代表性文物;

(四)反映历代劳动人民反抗剥削、压迫和著名起义领袖的特别重要的代表性文物;

(五)反映历代中外关系和在政治、经济、军事、科技、教育、文化、艺术、宗教、卫生、体育等方面相互交流的特别重要的代表性文物;

(六)反映中华民族抗御外侮,反抗侵略的历史事件和重要历史人物的特别重要的代表性文物;

(七)反映历代著名的思想家、政治家、军事家、科学家、发明家、教育家、文学家、艺术家等特别重要的代表性文物,著名工匠的特别重要的代表性作品;

(八)反映各民族生活习俗、文化艺术、工艺美术、宗教信仰的具有特别重要价值的代表性文物;

(九)中国古旧图书中具有特别重要价值的代表性的善本;

(十)反映有关国际共产主义运动中的重大事件和杰出领袖人物的革命实践活动,以及为中国革命做出重大贡献的国际主义战士的特别重要的代表性文物;

(十一)与中国近代(1840 - 1949)历史上的重大事件、重要人物、著名烈士、著名英雄模范有关的特别重要的代表性文物;

(十二)与中华人民共和国成立以来的重大历史事件、重大建设成就、重要领袖人物、著名烈士、著名英雄模范有关的特别重要的代表性文物;

(十三)与中国共产党和近代其他各党派、团体的重大事件,重要人物、爱国侨胞及其他社会知名人士有关的特别重要的代表性文物;

(十四)其他具有特别重要历史、艺术、科学价值的代表性文物。

二、二级文物定级标准

(一)反映中国各个历史时期的生产力和生产关系及其经济制度、政治制度,以及有关社会历史发展的具有重要价值的文物;

(二)反映一个地区、一个民族或某一个时代的具有重要价值的文物;

(三)反映某一历史人物、历史事件或对研究某一历史问题有重要价值的文物;

(四)反映某种考古学文化类型和文化特征,能说明某一历史问题的成组文物;

(五)历史、艺术、科学价值一般,但材质贵重的文物;

(六)反映各地区、各民族的重要民俗文物;

(七)历代著名艺术家或著名工匠的重要作品;

(八)古旧图书中有具有重要价值的善本;

(九)反映中国近代(1840 - 1949)历史上的重大事件、重要人物、著名烈士、著名英雄模范的具有重要价值的文物;

(十)反映中华人民共和国成立以来的重大历史事件、重大建设成就、重要领袖人物、著名烈士、著名英雄模范的具有重要价值的文物;

(十一)反映中国共产党和近代其他各党派、团体的重大事件,重要人物、爱国侨胞及其他社会知名人士的具有重要价值的文物;

(十二)其他具有重要历史、艺术、科学价值的文物。

三、三级文物定级标准

(一)反映中国各个历史时期的生产力和生产关系及其经济制度、政治制度,以及有关社会历史发展的比较重要的文物;

(二)反映一个地区、一个民族或某一时代的具有比较重要价值的文物;

(三)反映某一历史事件或人物,对研究某一

历史问题有比较重要价值的文物;

(四)反映某种考古学文化类型和文化特征的具有比较重要价值的文物;

(五)具有比较重要价值的民族、民俗文物;

(六)某一历史时期艺术水平和工艺水平较高,但有损伤的作品;

(七)古旧图书中具有比较重要价值的善本;

(八)反映中国近代(1840－1949)历史上的重大事件、重要人物、著名烈士、著名英雄模范的具有比较重要价值的文物;

(九)反映中华人民共和国成立以来的重大历史事件、重大建设成就、重要领袖人物、著名烈士、著名英雄模范的具有比较重要价值的文物;

(十)反映中国共产党和近代其他各党派、团体的重大事件,重要人物、爱国侨胞及其他社会知名人士的具有比较重要价值的文物;

(十一)其它具有比较重要的历史、艺术、科学价值的文物。

要义辨析

一、概念

本罪是指故意损毁国家保护的珍贵文物或者被确定为全国重点文物保护单位、省级文物保护单位的文物的行为。

二、构成要件

1. 本罪侵害的客体是国家的文物管理制度。犯罪对象是国家保护的珍贵文物或者被确定为全国重点文物保护单位、省级文物保护单位的文物。凡属一、二、三级文物均是珍贵文物。

2. 本罪客观方面表现为具有捣毁、拆除、焚烧、挖掘、污损等损毁行为,将国家保护的珍贵文物毁坏或者将全国重点文物保护单位、省级文物保护单位的文物破坏的行为。

3. 本罪主观方面是故意,即行为人明知是国家保护的珍贵文物或者被确定为全国重点文物保护单位、省级文物保护单位的文物,而自己的行为会发生损毁文物的危害结果,并希望或者放任这种危害结果的发生。过失行为不构成本罪。

4. 本罪犯罪主体为一般主体,仅限于自然人,单位不构成本罪的主体。

三、要点辨析

本罪属于行为犯,即只要对国家保护的珍贵文物或者被确定为全国重点文物保护单位、省级文物保护单位的文物实施了故意捣毁、拆除、焚烧、挖掘、污损等损毁行为,不论情节是否严重,均构成本罪的既遂状态。

四、罪名变迁

本罪系由1979年《刑法》第174条破坏珍贵文物、名胜古迹罪修改而来,罪名增加了“被确定为全国重点文物保护单位、省级文物保护单位的文物”作为犯罪对象。

类罪名:妨害社会管理秩序罪/妨害文物管理罪	罪名:故意损毁名胜古迹罪
量刑标准	情节严重的　处5年以下有期徒刑或者拘役,并处或者单处罚金。

法律依据

一、《刑法》条文

第三百二十四条第二款　故意损毁国家保护的名胜古迹,情节严重的,处五年以下有期徒刑或者拘役,并处或者单处罚金。

二、相关司法解释/文件

《最高人民检察院、公安部关于公安机关管辖的刑事案件立案追诉标准的规定(一)》(2008 年 6 月 25 日　公通字〔2008〕36 号)

第四十七条　［故意损毁名胜古迹案(刑法第三百二十四条第二款)］故意损毁国家保护的名胜古迹,涉嫌下列情形之一的,应予立案追诉:

(一)造成国家保护的名胜古迹严重损毁的;

(二)损毁国家保护的名胜古迹三次以上或者三处以上,尚未造成严重毁损后果的;

(三)损毁手段特别恶劣的;

(四)其他情节严重的情形。

《最高人民法院、最高人民检察院关于办理妨害文物管理等刑事案件适用法律若干问题的解释》(2015 年 12 月 30 日　法释〔2015〕23 号)

第四条　风景名胜区的核心景区以及未被确定为全国重点文物保护单位、省级文物保护单位的古文化遗址、古墓葬、古建筑、石窟寺、石刻、壁画、近代现代重要史迹和代表性建筑等不可移动文物的本体,应当认定为刑法第三百二十四条第二款规定的"国家保护的名胜古迹"。

故意损毁国家保护的名胜古迹,具有下列情形之一的,应当认定为刑法第三百二十四条第二款规定的"情节严重":

(一)致使名胜古迹严重损毁或者灭失的;

(二)多次损毁或者损毁多处名胜古迹的;

(三)其他情节严重的情形。

实施前款规定的行为,拒不执行国家行政主管部门作出的停止侵害文物的行政决定或者命令的,酌情从重处罚。

故意损毁风景名胜区内被确定为全国重点文物保护单位、省级文物保护单位的文物的,依照刑法第三百二十四条第一款和本解释第三条的规定定罪量刑。

第十一条第二款　公司、企业、事业单位、机关、团体等单位实施盗窃文物,故意损毁文物、名胜古迹,过失损毁文物,盗掘古文化遗址、古墓葬等行为的,依照本解释规定的相应定罪量刑标准,追究组织者、策划者、实施者的刑事责任。

要义辨析

一、概念

本罪是指故意损毁国家保护的名胜古迹的行为。所谓"名胜古迹",是指受国家法律保护的名胜风景区、文物古迹区。除国家列为省以上文保单位的风景名胜区外,尚未确定保护级别的受当地政府保护的名胜古迹,都可以列为本条保护对象。

二、构成要件

1. 本罪侵害的客体是国家的文物管理制度。犯罪对象是国家保护的名胜古迹。

2. 本罪客观方面表现为具有捣毁、拆除、焚烧、挖掘、污损等损毁行为。

3. 主观方面是故意,即行为人明知是国家保护的名胜古迹,仍故意实施损毁的行为。过失不构成本罪。

4. 本罪主体为一般主体,仅限于自然人,单位不构成本罪的主体。

三、要点辨析

本罪属于行为犯,即行为人对国家保护的名胜古迹实施了故意捣毁、拆除、焚烧、挖掘、污损等损毁行为,情节严重,构成本罪的既遂状态。这里的"情节严重",一般是指损毁的对象特别珍贵,致使被损毁的对象无法复原的等情节。

四、罪名变迁

本罪系由 1979 年《刑法》第 174 条破坏珍贵文物、名胜古迹罪修改而来,罪名增加了"被确定为全国重点文物保护单位、省级文物保护单位的文物"作为犯罪对象。

<table>
<tr><td colspan="2">类罪名:妨害社会管理秩序罪/妨害文物管理罪｜罪名:过失损毁文物罪</td></tr>
<tr><td>量刑标准</td><td>造成严重后果的　处3年以下有期徒刑或者拘役。</td></tr>
</table>

法律依据

一、《刑法》条文

第三百二十四条第三款　过失损毁国家保护的珍贵文物或者被确定为全国重点文物保护单位、省级文物保护单位的文物,造成严重后果的,处三年以下有期徒刑或者拘役。

二、相关法律

《中华人民共和国文物保护法》(2017年11月4日修正)

第二条　在中华人民共和国境内,下列文物受国家保护:

(一)具有历史、艺术、科学价值的古文化遗址、古墓葬、古建筑、石窟寺和石刻、壁画;

(二)与重大历史事件、革命运动或者著名人物有关的以及具有重要纪念意义、教育意义或者史料价值的近代现代重要史迹、实物、代表性建筑;

(三)历史上各时代珍贵的艺术品、工艺美术品;

(四)历史上各时代重要的文献资料以及具有历史、艺术、科学价值的手稿和图书资料等;

(五)反映历史上各时代、各民族社会制度、社会生产、社会生活的代表性实物。

文物认定的标准和办法由国务院文物行政部门制定,并报国务院批准。

具有科学价值的古脊椎动物化石和古人类化石同文物一样受国家保护。

第三条　古文化遗址、古墓葬、古建筑、石窟寺、石刻、壁画、近代现代重要史迹和代表性建筑等不可移动文物,根据它们的历史、艺术、科学价值,可以分别确定为全国重点文物保护单位,省级文物保护单位,市、县级文物保护单位。

历史上各时代重要实物、艺术品、文献、手稿、图书资料、代表性实物等可移动文物,分为珍贵文物和一般文物;珍贵文物分为一级文物、二级文物、三级文物。

第六十四条　违反本法规定,有下列行为之一,构成犯罪的,依法追究刑事责任:

(二)故意或者过失损毁国家保护的珍贵文物的;

三、相关司法解释/文件

《最高人民检察院、公安部关于公安机关管辖的刑事案件立案追诉标准的规定(一)》(2008年6月25日　公通字〔2008〕36号)

第四十八条　[过失损毁文物案(刑法第三百二十四条第三款)]过失损毁国家保护的珍贵文物或者被确定为全国重点文物保护单位、省级文物保护单位的文物,涉嫌下列情形之一的,应予立案追诉:

(一)造成珍贵文物严重损毁的;

(二)造成被确定为全国重点文物保护单位、省级文物保护单位的文物严重损毁的;

(三)造成珍贵文物损毁三件以上的;

(四)其他造成严重后果的情形。

《最高人民法院、最高人民检察院关于办理妨害文物管理等刑事案件适用法律若干问题的解释》(2015年12月30日　法释〔2015〕23号)

第五条　过失损毁国家保护的珍贵文物或者被确定为全国重点文物保护单位、省级文物保护单位的文物,具有本解释第三条第二款第一项至第三项规定情形之一的,应当认定为刑法第三百二十四条第三款规定的"造成严重后果"。

第十一条第二款　公司、企业、事业单位、机关、团体等单位实施盗窃文物,故意损毁文物、名胜古迹,过失损毁文物,盗掘古文化遗址、古墓葬等行为的,依照本解释规定的相应定罪量刑标准,追究组织者、策划者、实施者的刑事责任。

《最高人民法院、最高人民检察院、公安部、国家文物局关于办理妨害文物管理等刑事案件若干问题的意见》(2022 年 8 月 16 日　公通字〔2022〕18 号)

2. 以盗掘为目的,在古文化遗址、古墓葬表层进行钻探、爆破、挖掘等作业,因意志以外的原因,尚未损害古文化遗址、古墓葬的历史、艺术、科学价值的,属于盗掘古文化遗址、古墓葬未遂,应当区分情况分别处理:

(1)以被确定为全国重点文物保护单位、省级文物保护单位的古文化遗址、古墓葬为盗掘目标的,应当追究刑事责任;

(2)以被确定为市、县级文物保护单位的古文化遗址、古墓葬为盗掘目标的,对盗掘团伙的纠集者、积极参加者,应当追究刑事责任;

(3)以其他古文化遗址、古墓葬为盗掘目标的,对情节严重者,依法追究刑事责任。

实施前款规定的行为,同时构成刑法第三百二十四条第一款、第二款规定的故意损毁文物罪、故意损毁名胜古迹罪的,依照处罚较重的规定定罪处罚。

要义辨析

一、概念

本罪是指过失损毁国家保护的珍贵文物或者被确定为全国重点文物保护单位、省级文物保护单位的文物,造成严重后果的行为。

二、构成要件

1. 本罪侵害的客体是国家的文物管理制度。犯罪对象国家保护的珍贵文物或者被确定为全国重点文物保护单位、省级文物保护单位的文物。

2. 本罪客观方面表现为具有捣毁、拆除、焚烧、挖掘、污损等损毁行为,并且造成了严重后果。

3. 本罪主观方面是过失,既可以是疏忽大意的过失,也可能是过于自信的过失。

4. 本罪主体为一般主体,仅限于自然人,单位不构成本罪的主体。

三、要点辨析

本罪属于结果犯,即行为人因过失对国家保护的珍贵文物或者被确定为全国重点文物保护单位、省级文物保护单位的文物造成严重后果的,构成本罪的既遂状态。

四、罪名变迁

本罪系 1979 年《刑法》和单行刑法之后增设罪名。

类罪名:妨害社会管理秩序罪/妨害文物管理罪　罪名:非法向外国人出售、赠送珍贵文物罪		
量刑标准	构成犯罪的	处 5 年以下有期徒刑或者拘役,可以并处罚金;
	单位犯罪的	处罚金;对其直接负责的主管人员和其他责任人员依个人犯罪处罚。

法律依据

一、《刑法》条文

第三百二十五条　违反文物保护法规,将收藏的国家禁止出口的珍贵文物私自出售或者私自赠送给外国人的,处五年以下有期徒刑或者拘役,可以并处罚金。

单位犯前款罪的,对单位判处罚金,并对其直接负责的主管人员和其他直接责任人员,依照前款的规定处罚。

二、相关法律

《中华人民共和国文物保护法》(2017 年 11 月 4 日修正)

第六十四条　违反本法规定,有下列行为之

一,构成犯罪的,依法追究刑事责任:

(四)将国家禁止出境的珍贵文物私自出售或者送给外国人的;

三、相关部委规章

《文物出境审核标准》(2007年6月5日 文物博发〔2007〕30号)

三、本标准以1949年为主要标准线。凡在1949年以前(含1949年)生产、制作的具有一定历史、艺术、科学价值的文物,原则上禁止出境。其中,1911年以前(含1911年)生产、制作的文物一律禁止出境。

四、少数民族文物以1966年为主要标准线。凡在1966年以前(含1966年)生产、制作的有代表性的少数民族文物禁止出境。

要义辨析

一、概念

本罪是指违反文物保护法规,将收藏的国家禁止出口的珍贵文物私自出售或者私自赠送珍贵文物给外国人的行为。

二、构成要件

1. 本罪侵害的客体是国家的文物管理制度。犯罪对象是国家禁止出口的珍贵文物。

2. 本罪客观方面表现为将收藏的国家禁止出口的珍贵文物私自出售、赠送给外国人的行为。"收藏"包括受国家委托而保管,也包括个人所有收藏。需要说明的是,属个人所有的文物,不是普通财产,而是一个国家、民族的文化遗产,国家必须对其保护,即使个人拥有文物所有权,也不能随意出售和赠与外国人。

3. 本罪主观方面是故意,过失不构成本罪。

4. 本罪主体自然人和单位均可构成。

三、要点辨析

本罪的既遂表现为实际占有国家禁止出口的珍贵文物的单位和个人将珍贵文物已经赠送或者出卖给了外国人。基于行为人意志意外的原因使赠与或者出售行为未能完成,构成本罪未遂。

四、罪名变迁

本罪系1979年《刑法》之后增设的罪名,1991年修正的《文物保护法》曾以走私罪论处。

类罪名:妨害社会管理秩序罪/妨害文物管理罪	罪名:倒卖文物罪
量刑标准	**情节严重的** 处5年以下有期徒刑或者拘役,并处罚金;
	情节特别严重的 处5年以上10年以下有期徒刑,并处罚金;
	单位犯本罪的 处罚金;对直接负责的主管人员和其他直接责任人员依个人犯罪处罚。

法律依据

一、《刑法》条文

第三百二十六条 以牟利为目的,倒卖国家禁止经营的文物,情节严重的,处五年以下有期徒刑或者拘役,并处罚金;情节特别严重的,处五年以上十年以下有期徒刑,并处罚金。

单位犯前款罪的,对单位判处罚金,并对其直接负责的主管人员和其他直接责任人员,依照前款的规定处罚。

二、相关法律

《中华人民共和国文物保护法》(2017年11月4日修正)

第六十四条 违反本法规定,有下列行为之一,构成犯罪的,依法追究刑事责任:

(五)以牟利为目的倒卖国家禁止经营的文

物的；

三、相关司法解释/文件

《最高人民法院、最高人民检察院关于办理妨害文物管理等刑事案件适用法律若干问题的解释》(2015年12月30日　法释〔2015〕23号)

第六条　出售或者为出售而收购、运输、储存《中华人民共和国文物保护法》规定的"国家禁止买卖的文物"的，应当认定为刑法第三百二十六条规定的"倒卖国家禁止经营的文物"。

倒卖国家禁止经营的文物，具有下列情形之一的，应当认定为刑法第三百二十六条规定的"情节严重"：

(一)倒卖三级文物的；

(二)交易数额在五万元以上的；

(三)其他情节严重的情形。

实施前款规定的行为，具有下列情形之一的，应当认定为刑法第三百二十六条规定的"情节特别严重"：

(一)倒卖二级以上文物的；

(二)倒卖三级文物五件以上的；

(三)交易数额在二十五万元以上的；

(四)其他情节特别严重的情形。

第十一条第一款　单位实施走私文物、倒卖文物等行为，构成犯罪的，依照本解释规定的相应自然人犯罪的定罪量刑标准，对直接负责的主管人员和其他直接责任人员定罪处罚，并对单位判处罚金。

第十二条　针对不可移动文物整体实施走私、盗窃、倒卖等行为的，根据所属不可移动文物的等级，依照本解释第一条、第二条、第六条的规定定罪量刑：

(一)尚未被确定为文物保护单位的不可移动文物，适用一般文物的定罪量刑标准；

(二)市、县级文物保护单位，适用三级文物的定罪量刑标准；

(三)全国重点文物保护单位、省级文物保护单位，适用二级以上文物的定罪量刑标准。

针对不可移动文物中的建筑构件、壁画、雕塑、石刻等实施走私、盗窃、倒卖等行为的，根据建筑构件、壁画、雕塑、石刻等文物本身的等级或者价值，依照本解释第一条、第二条、第六条的规定定罪量刑。建筑构件、壁画、雕塑、石刻等所属不可移动文物的等级，应当作为量刑情节予以考虑。

《最高人民法院、最高人民检察院、公安部、国家文物局关于办理妨害文物管理等刑事案件若干问题的意见》(2022年8月16日　公通字〔2022〕18号)

2. 出售或者为出售而收购、运输、储存《中华人民共和国文物保护法》第五十一条规定的"国家禁止买卖的文物"，可以结合行为人的从业经历、认知能力、违法犯罪记录、供述情况，交易的价格、次数、件数、场所，文物的来源、外观形态等综合审查判断，认定其行为系刑法第三百二十六条规定的"以牟利为目的"，但文物来源符合《中华人民共和国文物保护法》第五十条规定的除外。

要义辨析

一、概念

本罪是指以牟利为目的，违反国家文物保护法规和工商管理法规，非法倒卖文物，情节严重的行为。

二、构成要件

1. 本罪侵害的客体是国家对文物的保护管理制度和市场管理秩序。犯罪对象是国家禁止经营的文物，包括珍贵文物，也包括一般文物。

2. 本罪客观方面表现为违反国家文物保护法规和工商管理法规，收购、贩运、转手倒卖国家禁止经营的文物，情节严重。情节严重，是指倒卖文物的数量较大或者次数较多，造成文物流失无法追回等后果。

3. 本罪主观方面是故意，并且具有牟取非法利益的目的。

4. 本罪主体为一般主体，自然人和单位均可构成本罪。

三、要点辨析

1. 本罪的既遂表现为行为人明知自己倒卖的是国家禁止经营的珍贵文物，为达到牟利目的，实施倒卖情节严重的行为。基于行为人意志意外的原因使倒卖行为未能完成，构成本罪未遂。

2. 定罪中要注意查清"国家禁止经营的文物"，即查明有无经营许可、有无文物部门批准、文物本身是否属于国家禁止交易的级别。

四、罪名变迁

本罪系1979年《刑法》之后增设的罪名,本罪吸收了1991年修正的《文物保护法》第31条第1款第2项内容。

类罪名:妨害社会管理秩序罪/妨害文物管理罪	罪名:非法出售、私赠文物藏品罪
量刑标准	**构成犯罪的** 对单位判处罚金,并对直接负责的主管人员和其他直接责任人员,处3年以下有期徒刑或者拘役。

法律依据

一、《刑法》条文

第三百二十七条 违反文物保护法规,国有博物馆、图书馆等单位将国家保护的文物藏品出售或者私自送给非国有单位或者个人的,对单位判处罚金,并对其直接负责的主管人员和其他直接责任人员,处三年以下有期徒刑或者拘役。

二、相关法律

《中华人民共和国文物保护法》(2017年11月4日修正)

第六十四条 违反本法规定,有下列行为之一,构成犯罪的,依法追究刑事责任:

(三)擅自将国有馆藏文物出售或者私自送给非国有单位或者个人的;

三、相关司法解释/文件

《最高人民法院、最高人民检察院关于办理妨害文物管理等刑事案件适用法律若干问题的解释》(2015年12月30日 法释〔2015〕23号)

第七条 国有博物馆、图书馆以及其他国有单位,违反文物保护法规,将收藏或者管理的国家保护的文物藏品出售或者私自送给非国有单位或者个人的,依照刑法第三百二十七条的规定,以非法出售、私赠文物藏品罪追究刑事责任。

要义辨析

一、概念

本罪是指国有单位违反文物保护法规,国有博物馆、图书馆等单位将国家保护的文物藏品出售或者私自送给非国有单位或者个人的行为。

二、构成要件

1. 本罪侵害的客体是国家对文物的保护管理制度和国家对文物的所有权。犯罪对象是国家保护的文物藏品。

2. 本罪客观方面表现为具有将国家保护的文物藏品出售或者私自送给非国有单位或者个人的行为。

3. 本罪主观方面是故意,过失不构成本罪。

4. 本罪主体是特定的,只限于“国有单位”,包括国有博物馆、图书馆、纪念馆、文物考古事业机构等,个人或非国有单位不构成本罪主体。

三、要点辨析

本罪的既遂表现为国有博物馆、图书馆以及其他国有单位将国家保护的文物藏品出售或者私自送给非国有单位或者个人的行为。基于行为人意志意外的原因使出售或者赠送行为未能完成,构成本罪未遂。

四、罪名变迁

本罪系1979年《刑法》之后增设的罪名,本罪吸收了1991年修正的《文物保护法》第31条第2款内容。

类罪名:妨害社会管理秩序罪/妨害文物管理罪		罪名:盗掘古文化遗址、古墓葬罪
量刑标准	构成犯罪的	处3年以上10年以下有期徒刑,并处罚金;
	情节较轻的	处3年以下有期徒刑、拘役或者管制,并处罚金;
	特定情节的	处10年以上有期徒刑、无期徒刑,并处罚金或者没收财产。

法律依据

一、《刑法》条文

第三百二十八条第一款　盗掘具有历史、艺术、科学价值的古文化遗址、古墓葬的,处三年以上十年以下有期徒刑,并处罚金;情节较轻的,处三年以下有期徒刑、拘役或者管制,并处罚金;有下列情形之一的,处十年以上有期徒刑、无期徒刑,并处罚金或者没收财产:

(一)盗掘确定为全国重点文物保护单位和省级文物保护单位的古文化遗址、古墓葬的;

(二)盗掘古文化遗址、古墓葬集团的首要分子;

(三)多次盗掘古文化遗址、古墓葬的;

(四)盗掘古文化遗址、古墓葬,并盗窃珍贵文物或者造成珍贵文物严重破坏的。

第二百六十四条　盗窃公私财物,数额较大或者多次盗窃的,处三年以下有期徒刑、拘役或者管制,并处或者单处罚金;数额巨大或者有其他严重情节的,处三年以上十年以下有期徒刑,并处罚金;数额特别巨大或者有其他特别严重情节的,处十年以上有期徒刑或者无期徒刑,并处罚金或者没收财产。

二、相关法律

《中华人民共和国文物保护法》(2017年11月4日修正)

第六十四条　违反本法规定,有下列行为之一,构成犯罪的,依法追究刑事责任:

(一)盗掘古文化遗址、古墓葬的;

三、相关司法解释/文件

《最高人民法院、最高人民检察院关于办理妨害文物管理等刑事案件适用法律若干问题的解释》(2015年12月30日　法释〔2015〕23号)

第八条　刑法第三百二十八条第一款规定的“古文化遗址、古墓葬”包括水下古文化遗址、古墓葬。“古文化遗址、古墓葬”不以公布为不可移动文物的古文化遗址、古墓葬为限。

实施盗掘行为,已损害古文化遗址、古墓葬的历史、艺术、科学价值的,应当认定为盗掘古文化遗址、古墓葬罪既遂。

采用破坏性手段盗窃古文化遗址、古墓葬以外的古建筑、石窟寺、石刻、壁画、近代现代重要史迹和代表性建筑等其他不可移动文物的,依照刑法第二百六十四条的规定,以盗窃罪追究刑事责任。

第十一条　公司、企业、事业单位、机关、团体等单位实施盗窃文物,故意损毁文物、名胜古迹,过失损毁文物,盗掘古文化遗址、古墓葬等行为的,依照本解释规定的相应定罪量刑标准,追究组织者、策划者、实施者的刑事责任。

《最高人民法院、最高人民检察院、公安部、国家文物局关于办理妨害文物管理等刑事案件若干问题的意见》(2022年8月16日　公通字〔2022〕18号)

3. 刑法第三百二十八条第一款第三项规定的“多次盗掘”是指盗掘三次以上。对于行为人基于同一或者概括犯意,在同一古文化遗址、古墓葬本体周边一定范围内实施连续盗掘,已损害古文化遗址、古墓葬的历史、艺术、科学价值的,一般应认定为一次盗掘。

要义辨析

一、概念

本罪是指违反国家文物保护法规,盗掘具有历史、艺术、科学价值的古文化遗址、古墓葬的行为。

二、构成要件

1. 本罪侵害的客体是国家对文物的保护管理制度和社会管理秩序。犯罪对象是受国家保护的具有文化、历史、艺术、科学价值的古文化遗址和古墓葬。根据国家文物主管部门的规定,古文化遗址和古墓葬,是指清代和清代以前的古墓葬、古遗址,辛亥革命后与著名历史事件有关的名人墓葬、古遗址。

2. 本罪客观方面表现为私自盗掘古文化遗址、古墓葬的行为。

3. 本罪主观方面是故意,即明知是古文化遗址、古墓葬而故意挖掘,包括直接故意和间接故意,一般具有非法获取文物的目的。

4. 本罪主体是一般主体,仅限于自然人,单位不构成本罪的主体。

三、要点辨析

1. 本罪属于行为犯,只要行为人实施了盗掘古文化遗址、古墓葬的行为,不论是否已经盗得文物。本罪的既遂表现为违反国家文物保护法规,盗掘具有历史、艺术、科学价值的古文化遗址、古墓葬的行为。基于行为人意志意外的原因使出售或者赠送行为未能完成,构成本罪未遂。

2. 古文化遗址、古墓葬,一般是指19世纪中叶以前的人类文化堆积、古城垣残存、古建筑废墟、古寺庙、宫殿、雕塑、石刻、绘画、古坟墓及附属建筑。文物保护单位则有明确政府授予文件可查证。

3. 本罪与故意损毁文物罪、故意损毁名胜古迹罪的主要区别:(1)在侵害对象上,本罪侵害的对象是古文化遗址和古墓葬,后者侵害的对象是文物和名胜古迹;(2)在手段上,本罪是采用秘密窃取的手段,后者是进行故意损毁;(3)在目的上,本罪是为了非法占有文物,后者则是为了损毁文物和名胜古迹。

四、罪名变迁

本罪系1979年《刑法》之后增设的罪名,本罪吸收了1991年《全国人民代表大会常务委员会关于惩治盗掘古文化遗址古墓葬犯罪的补充规定》,取消了对盗掘文物一律予以追缴的规定。《刑法修正案(八)》又取消了本罪的死刑。

类罪名:妨害社会管理秩序罪/妨害文物管理罪 | 罪名:盗掘古人类化石、古脊椎动物化石罪

量刑标准		
量刑标准	构成犯罪的	处3年以上10年以下有期徒刑,并处罚金;
	情节较轻的	处3年以下有期徒刑、拘役或者管制,并处罚金;
	特定情节的	处10年以上有期徒刑、无期徒刑,并处罚金或者没收财产。

法律依据

一、《刑法》条文

第三百二十八条 盗掘具有历史、艺术、科学价值的古文化遗址、古墓葬的,处三年以上十年以下有期徒刑,并处罚金;情节较轻的,处三年以下有期徒刑、拘役或者管制,并处罚金;有下列情形之一的,处十年以上有期徒刑、无期徒刑,并处罚金或者没收财产:

(一)盗掘确定为全国重点文物保护单位和省级文物保护单位的古文化遗址、古墓葬的;

(二)盗掘古文化遗址、古墓葬集团的首要分子;

(三)多次盗掘古文化遗址、古墓葬的;

(四)盗掘古文化遗址、古墓葬,并盗窃珍贵文物或者造成珍贵文物严重破坏的。

盗掘国家保护的具有科学价值的古人类化石和古脊椎动物化石的，依照前款的规定处罚。

二、相关法律

《全国人民代表大会常务委员会关于〈中华人民共和国刑法〉有关文物的规定适用于具有科学价值的古脊椎动物化石、古人类化石的解释》（2005年12月29日）

全国人民代表大会常务委员会根据司法实践中遇到的情况，讨论了关于走私、盗窃、损毁、倒卖或者非法转让具有科学价值的古脊椎动物化石、古人类化石的行为适用刑法有关规定的问题，解释如下：

刑法有关文物的规定，适用于具有科学价值的古脊椎动物化石、古人类化石。

现予公告。

三、相关司法解释/文件

《最高人民法院、最高人民检察院、公安部、国家文物局关于办理妨害文物管理等刑事案件若干问题的意见》（2022年8月16日　公通字〔2022〕18号）

1. 针对古建筑、石窟寺等不可移动文物中包含的古文化遗址、古墓葬部分实施盗掘，符合刑法第三百二十八条规定的，以盗掘古文化遗址、古墓葬罪追究刑事责任。

盗掘对象是否属于古文化遗址、古墓葬，应当按照《文物犯罪解释》第八条、第十五条的规定作出认定。

要义辨析

一、概念

本罪是指违反国家文物保护法规，盗掘具有科学价值的古人类化石、古脊椎动物化石的行为。

二、构成要件

1. 本罪侵害的客体是国家对文物的保护管理制度和社会管理秩序。犯罪对象是受国家保护的具有科学价值的古人类化石和古脊椎动物化石。"古人类化石"，是指距今一万年以前的石化了的古人类遗骸或者遗迹；"古脊椎动物化石"，是指距今一万年前石化了的古脊椎动物的遗骸或者遗迹。

2. 本罪客观方面表现为私自盗掘古人类化石、古脊椎动物化石的行为。

3. 本罪主观方面是故意，即明知是古人类化石和古脊椎动物化石而故意盗掘。

4. 本罪主体是一般主体，仅限于自然人，单位不构成本罪的主体。

三、要点辨析

本罪是行为犯，即只要行为人实施了盗掘的行为，不论其是否盗掘到古化石，都不影响犯罪的成立。

古脊椎动物化石，是现存珍稀的能证明生物进化史和古代生存环境变迁的化石。这类动物包括鱼类、两栖动物、爬行动物、鸟类、哺乳动物五大类。

四、罪名变迁

本罪系1979年《刑法》之后增设的罪名，2011年5月1日《刑法修正案（八）》取消本罪的死刑。

类罪名：妨害社会管理秩序罪/妨害文物管理罪	**罪名：抢夺、窃取国有档案罪**
量刑标准	**构成犯罪的**　处5年以下有期徒刑或者拘役。

法律依据

一、《刑法》条文

第三百二十九条第一、三款　抢夺、窃取国家所有的档案的，处五年以下有期徒刑或者拘役。

有前两款行为，同时又构成本法规定的其他犯罪的,依照处罚较重的规定定罪处罚。

二、相关法律

《中华人民共和国档案法》(2020年6月20日修订)

第二条第二款 本法所称档案,是指过去和现在的机关、团体、企业事业单位和其他组织以及个人从事经济、政治、文化、社会、生态文明、军事、外事、科技等方面活动直接形成的对国家和社会具有保存价值的各种文字、图表、声像等不同形式的历史记录。

第二十三条 禁止买卖属于国家所有的档案。

国有企业事业单位资产转让时,转让有关档案的具体办法,由国家档案主管部门制定。

档案复制件的交换、转让,按照国家有关规定办理。

第四十八条 单位或者个人有下列行为之一,由县级以上档案主管部门、有关机关对直接负责的主管人员和其他直接责任人员依法给予处分:

(三)买卖或者非法转让属于国家所有的档案的;

(四)篡改、损毁、伪造档案或者擅自销毁档案的;

(五)将档案出卖、赠送给外国人或者外国组织的;

要义辨析

一、概念

本罪是指公然夺取、秘密窃取国家所有的档案的行为。

二、构成要件

1. 本罪侵害的客体是国家对档案的保护管理制度。犯罪对象是国有档案。

2. 本罪客观方面表现为乘人不备、公开夺取和秘密地窃取国家所有的档案的行为。国有档案,是指国家享有所有权的有关国家政治、经济、军事、科学、技术、文化活动的档案,包括对国家和社会有保存价值的各种文字、图表、声像等不同形式的历史记录。

3. 本罪主观方面是故意,即明知是国家所有的档案而为了达到自己的各种目的仍予抢夺、窃取。

4. 本罪主体是一般主体,仅限于自然人,单位不构成本罪的主体。

三、要点辨析

本罪是行为犯,即只要行为人实施了抢夺、窃取国有档案行为之一的,都不影响犯罪的成立。

四、罪名变迁

本罪系1979年《刑法》之后新设的罪名。

类罪名:妨害社会管理秩序罪/妨害文物管理罪	罪名:擅自出卖、转让国有档案罪
量刑标准	情节严重的　处3年以下有期徒刑或者拘役。

法律依据

一、《刑法》条文

第三百二十九条第二、三款 违反档案法的规定,擅自出卖、转让国家所有的档案,情节严重的,处三年以下有期徒刑或者拘役。

有前两款行为,同时又构成本法规定的其他犯罪的,依照处罚较重的规定定罪处罚。

二、相关法律

《中华人民共和国档案法》(2020年6月20日修订)

第二条第二款 本法所称档案,是指过去和现在的机关、团体、企业事业单位和其他组织以及个人从事经济、政治、文化、社会、生态文明、军事、外事、科技等方面活动直接形成的对国家和社会具有保存价值的各种文字、图表、声像等不同形式的历史记录。

第二十三条 禁止买卖属于国家所有的档案。

国有企业事业单位资产转让时,转让有关档案的具体办法,由国家档案主管部门制定。

档案复制件的交换、转让,按照国家有关规定办理。

第四十八条 单位或者个人有下列行为之一,由县级以上档案主管部门、有关机关对直接负责的主管人员和其他直接责任人员依法给予处分:

(三)买卖或者非法转让属于国家所有的档案的;

(四)篡改、损毁、伪造档案或者擅自销毁档案的;

(五)将档案出卖、赠送给外国人或者外国组织的;

要义辨析

一、概念

本罪是指违反《档案法》的规定,擅自出卖、转让国家所有的档案的行为。

二、构成要件

1. 本罪侵害的客体是国家对档案的保护管理制度。

2. 本罪客观方面表现为违反《档案法》的规定,擅自出卖、转让国家所有的档案的行为。

3. 本罪主观方面是故意,即明知是国家所有的档案而为了达到自己的各种目的仍予抢夺、窃取。

4. 本罪主体是一般主体,仅限于自然人,单位不构成本罪的主体。

三、要点辨析

本罪是行为犯,只要行为人实施了出卖、转让国有档案行为之一的,情节严重的,即构成犯罪。

四、罪名变迁

本罪系1979年《刑法》之后新设的罪名,本罪是吸收了《档案法》第24条而新设的罪名。

第五节 危害公共卫生罪

类罪名:妨害社会管理秩序罪/危害公共卫生罪	罪名:妨害传染病防治罪
量刑标准	**构成犯罪的** 处3年以下有期徒刑或者拘役;
	后果特别严重的 处3年以上7年以下有期徒刑;
	单位犯本罪的 判处罚金;并对直接负责的主管人员和其他直接责任人员按个人犯罪处罚。

法律依据

一、《刑法》条文

第三百三十条 违反传染病防治法的规定,有下列情形之一,引起甲类传染病以及依法确定采取甲类传染病预防、控制措施的传染病传播或者有传播严重危险的,处三年以下有期徒刑或者拘役;后果特别严重的,处三年以上七年以下有期徒刑:

(一)供水单位供应的饮用水不符合国家规定的卫生标准的;

(二)拒绝按照疾病预防控制机构提出的卫生要求,,对传染病病原体污染的污水、污物、粪便场所和物品进行消毒处理的;

(三)准许或者纵容传染病病人、病原携带者

和疑似传染病病人从事国务院卫生行政部门规定禁止从事的易使该传染病扩散的工作的;

(四)出售、运输疫区中被传染病病原体污染或者可能被传染病病原体污染的物品,未进行消毒处理的;

(五)拒绝执行县级以上人民政府、疾病预防控制机构依照传染病防治法提出的预防、控制措施的。

单位犯前款罪的,对单位判处罚金,并对其直接负责的主管人员和其他直接责任人员,依照前款的规定处罚。

甲类传染病的范围,依照《中华人民共和国传染病防治法》和国务院有关规定确定。

二、相关法律

《中华人民共和国传染病防治法》(2013年6月29日修正)

第三条第一、二、三款 本法规定管理的传染病分为甲类、乙类和丙类。

甲类传染病是指:鼠疫、霍乱。

国务院可以根据情况,增加或者减少甲类传染病病种,并予公布;国务院卫生行政部门可以根据情况,增加或者减少乙类、丙类传染病病种,并予公布。

第七十三条 违反本法规定,有下列情形之一,导致或者可能导致传染病传播、流行的,由县级以上人民政府卫生行政部门责令限期改正,没收违法所得,可以并处五万元以下的罚款;已取得许可证的,原发证部门可以依法暂扣或者吊销许可证;构成犯罪的,依法追究刑事责任:

(一)饮用水供水单位供应的饮用水不符合国家卫生标准和卫生规范的;

(二)涉及饮用水卫生安全的产品不符合国家卫生标准和卫生规范的;

(三)用于传染病防治的消毒产品不符合国家卫生标准和卫生规范的;

(四)出售、运输疫区中被传染病病原体污染或者可能被传染病病原体污染的物品,未进行消毒处理的;

(五)生物制品生产单位生产的血液制品不符合国家质量标准的。

第七十四条 违反本法规定,有下列情形之一的,由县级以上地方人民政府卫生行政部门责令改正,通报批评,给予警告,已取得许可证的,可以依法暂扣或者吊销许可证;造成传染病传播、流行以及其他严重后果的,对负有责任的主管人员和其他直接责任人员,依法给予降级、撤职、开除的处分,并可以依法吊销有关责任人员的执业证书;构成犯罪的,依法追究刑事责任:

(一)疾病预防控制机构、医疗机构和从事病原微生物实验的单位,不符合国家规定的条件和技术标准,对传染病病原体样本未按照规定进行严格管理,造成实验室感染和病原微生物扩散的;

(二)违反国家有关规定,采集、保藏、携带、运输和使用传染病菌种、毒种和传染病检测样本的;

(三)疾病预防控制机构、医疗机构未执行国家有关规定,导致因输入血液、使用血液制品引起经血液传播疾病发生的。

三、相关司法解释/文件

《最高人民检察院、公安部关于公安机关管辖的刑事案件立案追诉标准的规定(一)》(2008年6月25日 公通字〔2008〕36号)

第四十九条 [妨害传染病防治案(刑法第三百三十条)]违反传染病防治法的规定,引起甲类或者按甲类管理的传染病传播或者有传播严重危险,涉嫌下列情形之一的,应予立案追诉:

(一)供水单位供应的饮用水不符合国家规定的卫生标准的;

(二)拒绝按照疾病预防控制机构提出的卫生要求,对传染病病原体污染的污水、污物、粪便进行消毒处理的;

(三)准许或者纵容传染病病人、病原携带者和疑似传染病病人从事国务院卫生行政部门规定禁止从事的易使该传染病扩散的工作的;

(四)拒绝执行疾病预防控制机构依照传染病防治法提出的预防、控制措施的。

本条和本规定第五十条规定的"甲类传染病",是指鼠疫、霍乱;"按甲类管理的传染病",是指乙类传染病中传染性非典型肺炎、炭疽中的肺炭疽、人感染高致病性禽流感以及国务院卫生行政部门根据需要报经国务院批准公布实施的其他需要按甲类管理的乙类传染病和突发原因不明的传染病。

《最高人民法院、最高人民检察院、公安部、司法部关于依法惩治妨害新型冠状病毒感染肺炎疫情防控违法犯罪的意见》(2020年2月6日　法发〔2020〕7号)

二、准确适用法律,依法严惩妨害疫情防控的各类违法犯罪

(一)依法严惩抗拒疫情防控措施犯罪。故意传播新型冠状病毒感染肺炎病原体,具有下列情形之一,危害公共安全的,依照刑法第一百一十四条、第一百一十五条第一款的规定,以以危险方法危害公共安全罪定罪处罚:

1. 已经确诊的新型冠状病毒感染肺炎病人、病原携带者,拒绝隔离治疗或者隔离期未满擅自脱离隔离治疗,并进入公共场所或者公共交通工具的;

2. 新型冠状病毒感染肺炎疑似病人拒绝隔离治疗或者隔离期未满擅自脱离隔离治疗,并进入公共场所或者公共交通工具,造成新型冠状病毒传播的。

其他拒绝执行卫生防疫机构依照传染病防治法提出的防控措施,引起新型冠状病毒传播或者有传播严重危险的,依照刑法第三百三十条的规定,以妨害传染病防治罪定罪处罚。

以暴力、威胁方法阻碍国家机关工作人员(含在依照法律、法规规定行使国家有关疫情防控行政管理职权的组织中从事公务的人员,在受国家机关委托代表国家机关行使疫情防控职权的组织中从事公务的人员,虽未列入国家机关人员编制但在国家机关中从事疫情防控公务的人员)依法履行为防控疫情而采取的防疫、检疫、强制隔离、隔离治疗等措施的,依照刑法第二百七十七条第一款、第三款的规定,以妨害公务罪定罪处罚。暴力袭击正在依法执行职务的人民警察的,以妨害公务罪定罪,从重处罚。

四、相关部委规章

《国内交通卫生检疫条例》(1998年11月28日)

第十三条　检疫传染病病人、病原携带者、疑似检疫传染病病人和与其密切接触者隐瞒真实情况、逃避交通卫生检疫的,由县级以上地方人民政府卫生行政部门或者铁路、交通、民用航空行政主管部门的卫生主管机构,根据各自的职责分工,责令限期改正,给予警告,可以并处1000元以下的罚款;拒绝接受查验和卫生处理的,给予警告,并处1000元以上5000元以下的罚款;情节严重,引起检疫传染病传播或者有传播严重危险,构成犯罪的,依法追究刑事责任。

第十四条　在非检疫传染病疫区的交通工具上发现检疫传染病病人、病原携带者、疑似检疫传染病病人时,交通工具负责人未依照本条例规定采取措施的,由县级以上地方人民政府卫生行政部门或者铁路、交通、民用航空行政主管部门的卫生主管机构,根据各自的职责,责令改正,给予警告,并处1000元以上5000元以下的罚款;情节严重,引起检疫传染病传播或者有传播严重危险,构成犯罪的,依法追究刑事责任。

第十五条　县级以上地方人民政府卫生行政部门或者铁路、交通、民用航空行政主管部门的卫生主管机构,对发现的检疫传染病病人、病原携带者、疑似检疫传染病病人和与其密切接触者,未依法实施临时隔离、医学检查和其他应急医学措施的,以及对被检疫传染病病原体污染或者可能被污染的物品、交通工具及其停靠场所未依法进行必要的控制和卫生处理的,由其上级行政主管部门责令限期改正,对直接负责的主管人员和其他直接责任人员依法给予行政处分;情节严重,引起检疫传染病传播或者有传播严重危险,构成犯罪的,依法追究刑事责任。

要义辨析

一、概念

本罪是指违反《传染病防治法》的规定,引起甲类传染病以及依法确定采取甲类传染病预防、控制的传染病传播或者有传播的严重危险的行为。

二、构成要件

1. 本罪侵害的客体是我国卫生行政部门对传染病特别是甲类传染病的防治和管理秩序,同时也危及人民的生命健康安全。

2. 本罪客观方面表现为具有违反我国传染病防治的行为,并且由此引起甲类传染病以及依法确定采取甲类传染病预防、控制的传染病传播或者有传播的严重危险。

3. 本罪主观方面是过失,即对自己的行为引起甲类传染病传播或具有传播的严重危险这一后果应当预见没有预见,或者虽有预见,但轻信能够避免,但是行为人对于自己的行为违反传染病防治规定则可能是明知的。

4. 本罪主体除一般主体外,还包括单位。列举的四种犯罪情节的主体,分别是:(1)供水单位;(2)拒绝按照卫生防疫机构提出的卫生要求防疫的单位;(3)用工单位;(4)拒绝执行预防、控制措施的单位。没有包括防疫部门。

三、要点辨析

1. 本罪属危险犯,必须以发生法定的危害危险,即引起甲类传染病传播或者有传播严重危险的为必备构成要件。就目前而言,甲类传染病,包括鼠疫和霍乱两种。

引起甲类传染病传播和引起甲类传染病传播的严重危险是本罪危害结果的选择性构成要件。其中引起甲类传染病传播属刑法理论中的实害结果,其对应的犯罪形态是实害犯;引起甲类传染病传播的严重危险属刑法理论中的危险结果(具体危险结果),其对应的犯罪形态是危险犯(具体危险犯)。

2. 本罪与违反国境卫生检疫规定罪的区别。(1)犯罪主体不同,本罪为一般主体,后者为出境入境人员。(2)客观方面不同,本罪表现为违反传染病防治法,引起了甲类传染病传播或有传播严重危险的行为;后者表现的违反国家国境卫生检疫管理规定,引起检疫传染病传播或有传播严重危险的行为。此外,后者所指的传染病范围要大于前者。

3. 注意本罪与传染病防治失职罪的区别和衔接。二者主要是主体不同,社会上个人和单位违反防疫规定犯罪,适用本条妨害传染病防治罪,国家防疫部门工作人员违反防疫规定犯罪,适用"渎职罪"一章中第409条传染病防治失职罪。本罪主体为四种单位和个人,法条中已经具体列明。

四、罪名变迁

1979年《刑法》中未对本罪作出规定,本罪系根据《传染病防治法》第35条、第37条增加,后又根据《刑法修正案(十一)》修订。

类罪名:妨害社会管理秩序罪/危害公共卫生罪	罪名:传染病菌种、毒种扩散罪
量刑标准	**后果严重的** 处3年以下有期徒刑或者拘役;
	后果特别严重的 处3年以上7年以下有期徒刑。

法律依据

一、《刑法》条文

第三百三十一条 从事实验、保藏、携带、运输传染病菌种、毒种的人员,违反国务院卫生行政部门的有关规定,造成传染病菌种、毒种扩散,后果严重的,处三年以下有期徒刑或者拘役;后果特别严重的,处三年以上七年以下有期徒刑。

二、相关法律

《中华人民共和国传染病防治法》(2013年6月29日修正)

第二十六条 国家建立传染病菌种、毒种库。

对传染病菌种、毒种和传染病检测样本的采集、保藏、携带、运输和使用实行分类管理,建立健全严格的管理制度。

对可能导致甲类传染病传播的以及国务院卫生行政部门规定的菌种、毒种和传染病检测样本,确需采集、保藏、携带、运输和使用的,须经省级以上人民政府卫生行政部门批准。具体办法由国务院制定。

第七十四条 违反本法规定,有下列情形之一的,由县级以上地方人民政府卫生行政部门责令改正，通报批评，给予警告，已取得许可证的，可以依法暂扣或者吊销许可证；造成传染病传播、流行以及其他严重后果的，对负有责任的主管人员和其他直接责任人员，依法给予降级、撤职、开除的处分，并可以依法吊销有关责任人员的执业证书；构成犯罪的，依法追究刑事责任：

（一）疾病预防控制机构、医疗机构和从事病原微生物实验的单位，不符合国家规定的条件和技术标准，对传染病病原体样本未按照规定进行严格管理，造成实验室感染和病原微生物扩散的；

（二）违反国家有关规定，采集、保藏、携带、运输和使用传染病菌种、毒种和传染病检测样本的；

（三）疾病预防控制机构、医疗机构未执行国家有关规定，导致因输入血液、使用血液制品引起经血液传播疾病发生的。

三、相关司法解释/文件

《最高人民检察院、公安部关于公安机关管辖的刑事案件立案追诉标准的规定（一）》（2008 年 6 月 25 日　公通字〔2008〕36 号）

第五十条　［传染病菌种、毒种扩散案（刑法第三百三十一条）］从事实验、保藏、携带、运输传染病菌种、毒种的人员，违反国务院卫生行政部门的有关规定，造成传染病菌种、毒种扩散，涉嫌下列情形之一的，应予立案追诉：

（一）导致甲类和按甲类管理的传染病传播的；

（二）导致乙类、丙类传染病流行、暴发的；

（三）造成人员重伤或者死亡的；

（四）严重影响正常的生产、生活秩序的；

（五）其他造成严重后果的情形。

《最高人民法院、最高人民检察院、公安部、司法部关于依法惩治妨害新型冠状病毒感染肺炎疫情防控违法犯罪的意见》（2020 年 2 月 6 日　法发〔2020〕7 号）

（七）依法严惩疫情防控失职渎职、贪污挪用犯罪。在疫情防控工作中，负有组织、协调、指挥、灾害调查、控制、医疗救治、信息传递、交通运输、物资保障等职责的国家机关工作人员，滥用职权或者玩忽职守，致使公共财产、国家和人民利益遭受重大损失的，依照刑法第三百九十七条的规定，以滥用职权罪或者玩忽职守罪定罪处罚。

卫生行政部门的工作人员严重不负责任，不履行或者不认真履行防治监管职责，导致新型冠状病毒感染肺炎传播或者流行，情节严重的，依照刑法第四百零九条的规定，以传染病防治失职罪定罪处罚。

从事实验、保藏、携带、运输传染病菌种、毒种的人员，违反国务院卫生行政部门的有关规定，造成新型冠状病毒毒种扩散，后果严重的，依照刑法第三百三十一条的规定，以传染病毒种扩散罪定罪处罚。

国家工作人员，受委托管理国有财产的人员，公司、企业或者其他单位的人员，利用职务便利，侵吞、截留或者以其他手段非法占有用于防控新型冠状病毒感染肺炎的款物，或者挪用上述款物归个人使用，符合刑法第三百八十二条、第三百八十三条、第二百七十一条、第三百八十四条、第二百七十二条规定的，以贪污罪、职务侵占罪、挪用公款罪、挪用资金罪定罪处罚。挪用用于防控新型冠状病毒感染肺炎的救灾、优抚、救济等款物，符合刑法第二百七十三条规定的，对直接责任人员，以挪用特定款物罪定罪处罚。

要义辨析

一、概念

本罪是指专门相关部门工作的人员，违反《传染病防治法》和国务院卫生行政部门的有关规定，在实验、保藏、携带、运输中发生传染病菌种、毒种扩散事故，造成严重后果的行为。

二、构成要件

1. 本罪侵害的客体是我国卫生行政部门对传染病的防治和管理秩序，同时也危及人民的生命健康安全。

2. 本罪客观方面表现为违反传染病防治法和国务院卫生行政部门的有关规定，在实验、保藏、携带、运输中发生传染病菌种、毒种扩散事故，造成严重后果的行为，即造成不特定多数的人体、动物重伤、死亡或其他严重后果。

3. 本罪主观方面表现为过失。

4. 主体是特殊主体,即必须是从事实验、保藏、携带、运输传染病菌种、毒种的人员,其他人不构成本罪主体。

三、要点辨析

本罪是结果犯,没有造成严重后果的不构成犯罪。

四、罪名变迁

本罪在 1979 年《刑法》中未作规定,系吸收《传染病防治法》相关条款而新增内容。

<table>
<tr><td colspan="3">类罪名:妨害社会管理秩序罪/危害公共卫生罪　罪名:妨害国境卫生检疫罪</td></tr>
<tr><td rowspan="2">量刑标准</td><td>构成犯罪的</td><td>处 3 年以下有期徒刑或者拘役,并处或者单处罚金;</td></tr>
<tr><td>单位犯罪的</td><td>对单位处罚金;对直接负责的主管人员和直接责任人员依个人犯罪处罚。</td></tr>
</table>

法律依据

一、《刑法》条文

第三百三十二条　违反国境卫生检疫规定,引起检疫传染病传播或者有传播严重危险的,处三年以下有期徒刑或者拘役,并处或者单处罚金。

单位犯前款罪的,对单位判处罚金,并对其直接负责的主管人员和其他直接责任人员,依照前款的规定处罚。

二、相关法律

《中华人民共和国国境卫生检疫法》(2018 年 4 月 27 日修正)

第七条　入境的交通工具和人员,必须在最先到达的国境口岸的指定地点接受检疫。除引航员外,未经国境卫生检疫机关许可,任何人不准上下交通工具,不准装卸行李、货物、邮包等物品。具体办法由本法实施细则规定。

第八条　出境的交通工具和人员,必须在最后离开的国境口岸接受检疫。

第九条　来自国外的船舶、航空器因故停泊、降落在中国境内非口岸地点的时候,船舶、航空器的负责人应当立即向就近的国境卫生检疫机关或者当地卫生行政部门报告。除紧急情况外,未经国境卫生检疫机关或者当地卫生行政部门许可,任何人不准上下船舶、航空器,不准装卸行李、货物、邮包等物品。

第十条　在国境口岸发现检疫传染病、疑似检疫传染病,或者有人非因意外伤害而死亡并死因不明的,国境口岸有关单位和交通工具的负责人,应当立即向国境卫生检疫机关报告,并申请临时检疫。

第十一条　国境卫生检疫机关依据检疫医师提供的检疫结果,对未染有检疫传染病或者已实施卫生处理的交通工具,签发入境检疫证或者出境检疫证。

第十二条　国境卫生检疫机关对检疫传染病染疫人必须立即将其隔离,隔离期限根据医学检查结果确定;对检疫传染病染疫嫌疑人应当将其留验,留验期限根据该传染病的潜伏期确定。

因患检疫传染病而死亡的尸体,必须就近火化。

第十三条　接受入境检疫的交通工具有下列情形之一的,应当实施消毒、除鼠、除虫或者其他卫生处理:

(一)来自检疫传染病疫区的;

(二)被检疫传染病污染的;

(三)发现有与人类健康有关的啮齿动物或者病媒昆虫的。

如果外国交通工具的负责人拒绝接受卫生处理,除有特殊情况外,准许该交通工具在国境卫生检疫机关的监督下,立即离开中华人民共和国国境。

第十四条　国境卫生检疫机关对来自疫区的、被检疫传染病污染的或者可能成为检疫传染病传播媒介的行李、货物、邮包等物品，应当进行卫生检查，实施消毒、除鼠、除虫或者其他卫生处理。

入境、出境的尸体、骸骨的托运人或者其代理人，必须向国境卫生检疫机关申报，经卫生检查合格后，方准运进或者运出。

三、相关司法解释/文件

《最高人民法院、最高人民检察院、公安部等关于进一步加强国境卫生检疫工作依法惩治妨害国境卫生检疫违法犯罪的意见》（2020 年 3 月 13 日　署法发〔2020〕50 号）

为进一步加强国境卫生检疫工作，依法惩治妨害国境卫生检疫违法犯罪行为，维护公共卫生安全，保障人民群众生命安全和身体健康，根据有关法律、司法解释的规定，制定本意见。

一、充分认识国境卫生检疫对于维护公共卫生安全的重要意义

国境卫生检疫对防止传染病传入传出国境，保障人民群众生命安全和身体健康，维护公共卫生安全和社会安定有序发挥着重要作用。党中央、国务院高度重视国境卫生检疫工作，特别是新冠肺炎疫情发生以来，习近平总书记对强化公共卫生法治保障、改革完善疾病预防控制体系、健全防治结合、联防联控、群防群治工作机制作出一系列重要指示批示。各级人民法院、人民检察院、公安机关、司法行政机关、海关要切实提高政治站位，把思想和行动统一到习近平总书记重要指示批示精神上来，坚决贯彻落实党中央决策部署，增强“四个意识”、坚定“四个自信”、做到“两个维护”；从贯彻落实总体国家安全观、推动构建人类命运共同体的高度，始终将人民群众的生命安全和身体健康放在第一位，切实提升国境卫生检疫行政执法和司法办案水平。特别是面对当前新冠肺炎疫情在境外呈现扩散态势、通过口岸向境内蔓延扩散风险加剧的严峻形势，要依法及时、从严惩治妨害国境卫生检疫的各类违法犯罪行为，切实筑牢国境卫生检疫防线，坚决遏制疫情通过口岸传播扩散，为维护公共卫生安全提供有力的法治保障。

二、依法惩治妨害国境卫生检疫的违法犯罪行为

为加强国境卫生检疫工作，防止传染病传入传出国境，保护人民群众健康安全，刑法、国境卫生检疫法对妨害国境卫生检疫违法犯罪行为及其处罚作出规定。人民法院、人民检察院、公安机关、海关在办理妨害国境卫生检疫案件时，应当准确理解和严格适用刑法、国境卫生检疫法等有关规定，依法惩治相关违法犯罪行为。

（一）进一步加强国境卫生检疫行政执法。海关要在各口岸加强国境卫生检疫工作宣传，引导出入境人员以及接受检疫监管的单位和人员严格遵守国境卫生检疫法等法律法规的规定，配合和接受海关国境卫生检疫。同时，要加大国境卫生检疫行政执法力度，对于违反国境卫生检疫法及其实施细则，尚不构成犯罪的行为，依法给予行政处罚。

（二）依法惩治妨害国境卫生检疫犯罪。根据刑法第三百三十二条规定，违反国境卫生检疫规定，实施下列行为之一的，属于妨害国境卫生检疫行为：

1. 检疫传染病染疫人或者染疫嫌疑人拒绝执行海关依照国境卫生检疫法等法律法规提出的健康申报、体温监测、医学巡查、流行病学调查、医学排查、采样等卫生检疫措施，或者隔离、留验、就地诊验、转诊等卫生处理措施的；

2. 检疫传染病染疫人或者染疫嫌疑人采取不如实填报健康申明卡等方式隐瞒疫情，或者伪造、涂改检疫单、证等方式伪造情节的；

3. 知道或者应当知道实施审批管理的微生物、人体组织、生物制品、血液及其制品等特殊物品可能造成检疫传染病传播，未经审批仍逃避检疫，携运、寄递出入境的；

4. 出入境交通工具上发现有检疫传染病染疫人或者染疫嫌疑人，交通工具负责人拒绝接受卫生检疫或者拒不接受卫生处理的；

5. 来自检疫传染病流行国家、地区的出入境交通工具上出现非意外伤害死亡且死因不明的人员，交通工具负责人故意隐瞒情况的；

6. 其他拒绝执行海关依照国境卫生检疫法等法律法规提出的检疫措施的。

实施上述行为，引起鼠疫、霍乱、黄热病以及新冠肺炎等国务院确定和公布的其他检疫传染病传播或者有传播严重危险的，依照刑法第三百三十二条的规定，以妨害国境卫生检疫罪定罪处罚。

对于单位实施妨害国境卫生检疫行为，引起鼠

疫、霍乱、黄热病以及新冠肺炎等国务院确定和公布的其他检疫传染病传播或者有传播严重危险的,应当对单位判处罚金,并对其直接负责的主管人员和其他直接责任人员定罪处罚。

三、健全完善工作机制,保障依法科学有序防控

(一)做好行刑衔接。海关要严把口岸疫情防控第一关,严厉追究违反国境卫生检疫规定的行政法律责任,完善执法办案流程,坚持严格执法和依法办案。做好行政执法和刑事司法的衔接,对符合国境卫生检疫监管领域刑事案件立案追诉标准的案件,要依照有关规定,及时办理移送公安机关的相关手续,不得以行政处罚代替刑事处罚。

(二)加快案件侦办。公安机关对于妨害国境卫生检疫犯罪案件,要依法及时立案查处,全面收集固定证据。对新冠肺炎疫情防控期间发生的妨害国境卫生检疫犯罪,要快侦快破,并及时予以曝光,形成强大震慑。

(三)强化检察职能。人民检察院要加强对妨害国境卫生检疫犯罪案件的立案监督,发现应当立案而不立案的,应当要求公安机关说明理由,认为理由不成立的,应当依法通知公安机关立案。对于妨害国境卫生检疫犯罪案件,人民检察院可以对案件性质、收集证据和适用法律等向公安机关提出意见建议。对于符合逮捕、起诉条件的涉嫌妨害国境卫生检疫罪的犯罪嫌疑人,应当及时批准逮捕、提起公诉。发挥检察建议的作用,促进疫情防控体系化治理。

(四)加强沟通协调。人民法院、人民检察院、公安机关、司法行政机关、海关要加强沟通协调,畅通联系渠道,建立常态化合作机制。既要严格履行法定职责,各司其职,各负其责,又要相互配合,相互协作,实现资源共享和优势互补,形成依法惩治妨害国境卫生检疫违法犯罪的合力。对社会影响大、舆论关注度高的重大案件,要按照依法处置、舆论引导、社会面管控"三同步"要求,及时澄清事实真相,做好舆论引导和舆情应对工作。

(五)坚持过罚相当。进一步规范国境卫生检疫执法活动,切实做到严格规范公正文明执法。注重把握宽严相济政策:对于行政违法行为,要根据违法行为的危害程度和悔过态度,综合确定处罚种类和幅度。对于涉嫌犯罪的,要重点打击情节恶劣、后果严重的犯罪行为;对于情节轻微且真诚悔改的,依法予以从宽处理。

(六)维护公平正义。人民法院、人民检察院、公安机关要依法保障犯罪嫌疑人、被告人的各项诉讼权利特别是辩护权,切实维护当事人合法权益,维护法律正确实施。司法行政机关要加强对律师辩护代理工作的指导监督,促进律师依法依规执业。人民法院、人民检察院、公安机关、司法行政机关、海关要认真落实"谁执法谁普法"责任制,选取典型案例,开展以案释法,加大警示教育,震慑不法分子,释放正能量,为疫情防控营造良好的法治和社会环境。

《最高人民检察院、公安部关于公安机关管辖的刑事案件立案追诉标准的规定(一)》(2008 年 6 月 25 日　公通字〔2008〕36 号)

第五十一条　[妨害国境卫生检疫案(刑法第三百三十二条)]违反国境卫生检疫规定,引起检疫传染病传播或者有传播严重危险的,应予立案追诉。

本条规定的"检疫传染病",是指鼠疫、霍乱、黄热病以及国务院确定和公布的其他传染病。

要义辨析

一、概念

本罪是指违反国境卫生检疫规定,引起检疫传染病传播或者有引起检疫传染病传播严重危险的行为。

二、构成要件

1. 本罪侵害的客体是国境卫生检疫管理制度和公民的身心健康权利。

2. 本罪客观方面表现具有违反国境卫生检疫规定,逃避对人身或物品的卫生检查,已经引起或足以引起检疫传染病传播的行为。

3. 本罪主观方面表现为过失。

4. 本罪犯罪主体包括自然人和单位。

三、要点辨析

本罪是结果犯,需要引起检疫传染病传播或者有引起检疫传染病传播严重危险。

四、罪名变迁

本罪是由1979年《刑法》第178条修改而来,增加了管制刑种和单位为犯罪主体的内容。

类罪名:妨害社会管理秩序罪/危害公共卫生罪 罪名:非法组织卖血罪	
量刑标准	**构成犯罪的**　处5年以下有期徒刑,并处罚金;
	以暴力、威胁方法强迫的　处5年以上10年以下有期徒刑,并处罚金。

法律依据

一、《刑法》条文

第三百三十三条　非法组织他人出卖血液的,处五年以下有期徒刑,并处罚金;以暴力、威胁方法强迫他人出卖血液的,处五年以上十年以下有期徒刑,并处罚金。

有前款行为,对他人造成伤害的,依照本法第二百三十四条的规定定罪处罚。

二、相关法律

《中华人民共和国献血法》(1997年12月29日)

第十八条　有下列行为之一的,由县级以上地方人民政府卫生行政部门予以取缔,没收违法所得,可以并处十万元以下的罚款;构成犯罪的,依法追究刑事责任:

(一)非法采集血液的;

(二)血站、医疗机构出售无偿献血的血液的;

(三)非法组织他人出卖血液的。

三、相关司法解释/文件

《最高人民检察院、公安部关于公安机关管辖的刑事案件立案追诉标准的规定(一)》(2008年6月25日　公通字〔2008〕36号)

第五十二条　[非法组织卖血案(刑法第三百三十三条第一款)]非法组织他人出卖血液,涉嫌下列情形之一的,应予立案追诉:

(一)组织卖血三人次以上的;

(二)组织卖血非法获利累计二千元以上的;

(三)组织未成年人卖血的;

(四)被组织卖血的人的血液含有艾滋病病毒、乙型肝炎病毒、丙型肝炎病毒、梅毒螺旋体等病原微生物的;

(五)其他非法组织卖血应予追究刑事责任的情形。

要义辨析

一、概念

本罪是指非法组织他人出卖血液的行为。

二、构成要件

1. 本罪侵害的客体是国家对公共卫生的管理制度和他人的人身权利。这种行为会污染血源,对供血人、用血人、血库都会造成危害,导致艾滋病等严重传染病扩散,因此要严厉打击。

2. 本罪客观方面表现为未经卫生部门同意批准,以招募等手段控制多人非法出卖血液的行为。

3. 本罪主观方面表现为故意,并且一般均具有营利的目的。在组织他人出卖血液中,对他人造成伤害的,依照《刑法》第333条第2款的规定,以故意伤害罪定罪处罚。

4. 犯罪主体为一般主体,单位不构成本罪的犯罪主体。

三、要点辨析

本罪是行为犯,除非情节显著轻微不以犯罪论处外,涉嫌以下情形之一,应予追究刑事责任:(1)组织卖血3人次以上的;(2)组织卖血非法获利2000元以上的;(3)组织未成年人卖血的;(4)被组织卖血的人的血液含有艾滋病、乙型肝炎、丙型肝炎病毒和梅毒螺旋体大牛股病原微生物的;(5)其他非法组织卖血应予追究刑事责任的情形。

四、罪名变迁

本罪在1979年《刑法》中未作出规定,属于1979年《刑法》之后新增加的罪名。

类罪名:妨害社会管理秩序罪/危害公共卫生罪	罪名:强迫卖血罪
量刑标准	**构成犯罪的** 处5年以下有期徒刑,并处罚金;
	以暴力、威胁方法强迫的 处5年以上10年以下有期徒刑,并处罚金。

法律依据

一、《刑法》条文

第三百三十三条 非法组织他人出卖血液的,处五年以下有期徒刑,并处罚金;以暴力、威胁方法强迫他人出卖血液的,处五年以上十年以下有期徒刑,并处罚金。

有前款行为,对他人造成伤害的,依照本法第二百三十四条的规定定罪处罚。

第二百三十四条 故意伤害他人身体的,处三年以下有期徒刑、拘役或者管制。

犯前款罪,致人重伤的,处三年以上十年以下有期徒刑;致人死亡或者以特别残忍手段致人重伤造成严重残疾的,处十年以上有期徒刑、无期徒刑或者死刑。本法另有规定的,依照规定。

二、相关司法解释/文件

《最高人民检察院、公安部关于公安机关管辖的刑事案件立案追诉标准的规定(一)》(2008年6月25日 公通字〔2008〕36号)

第五十三条 [强迫卖血案(刑法第三百三十三条第一款)]以暴力、威胁方法强迫他人出卖血液的,应予立案追诉。

要义辨析

一、概念

本罪是指以暴力、威胁方法强迫他人出卖血液的行为,是组织他人卖血罪中的特殊表现形式,故要加重处刑。

二、构成要件

1. 本罪侵害的客体是国家对公共卫生的管理制度和他人的人身权利。

2. 本罪客观方面表现为未经卫生部门同意批准,以招募等手段控制多人非法出卖血液的行为。

3. 本罪主观方面表现为故意,并且一般均具有营利的目的。在强迫他人出卖血液中,对他人造成伤害的,依照《刑法》第333条第2款的规定,以故意伤害罪定罪处罚。

4. 犯罪主体为一般主体,单位不构成本罪的犯罪主体。

三、要点辨析

本罪是行为犯,并且仅限于暴力和威胁两种手段,实施威胁的对象可以是卖血者本人,也可以是与卖血者有利害关系的人。

四、罪名变迁

本罪在1979年《刑法》中未作出规定,属于1979年《刑法》之后新增加的罪名。

类罪名:妨害社会管理秩序罪/危害公共卫生罪 ｜ 罪名:非法采集、供应血液、制作、供应血液制品罪	
量刑标准	构成犯罪的　处5年以下有期徒刑或者拘役,并处罚金;
	造成严重危害的　处5年以上10年以下有期徒刑,并处罚金;
	特别严重后果的　处10年以上有期徒刑或者无期徒刑,并处罚金或者没收财产。

法律依据

一、《刑法》条文

第三百三十四条第一款　非法采集、供应血液或者制作、供应血液制品,不符合国家规定的标准,足以危害人体健康的,处五年以下有期徒刑或者拘役,并处罚金;对人体健康造成严重危害的,处五年以上十年以下有期徒刑,并处罚金;造成特别严重后果的,处十年以上有期徒刑或者无期徒刑,并处罚金或者没收财产。

二、相关司法解释/文件

《最高人民检察院、公安部关于公安机关管辖的刑事案件立案追诉标准的规定(一)》(2008年6月25日　公通字〔2008〕36号)

第五十四条　[非法采集、供应血液、制作、供应血液制品案(刑法第三百三十四条第一款)]非法采集、供应血液或者制作、供应血液制品,涉嫌下列情形之一的,应予立案追诉:

(一)采集、供应的血液含有艾滋病病毒、乙型肝炎病毒、丙型肝炎病毒、梅毒螺旋体等病原微生物的;

(二)制作、供应的血液制品含有艾滋病病毒、乙型肝炎病毒、丙型肝炎病毒、梅毒螺旋体等病原微生物,或者将含有上述病原微生物的血液用于制作血液制品的;

(三)使用不符合国家规定的药品、诊断试剂、卫生器材,或者重复使用一次性采血器材采集血液,造成传染病传播危险的;

(四)违反规定对献血者、供血浆者超量、频繁采集血液、血浆,足以危害人体健康的;

(五)其他不符合国家有关采集、供应血液或者制作、供应血液制品的规定,足以危害人体健康或者对人体健康造成严重危害的情形。

未经国家主管部门批准或者超过批准的业务范围,采集、供应血液或者制作、供应血液制品的,属于本条规定的"非法采集、供应血液或者制作、供应血液制品"。

本条和本规定第五十二条、第五十三条、第五十五条规定的"血液",是指全血、成分血和特殊血液成分。

本条和本规定第五十五条规定的"血液制品",是指各种人血浆蛋白制品。

《最高人民法院、最高人民检察院关于办理非法采供血液等刑事案件具体应用法律若干问题的解释》(2008年9月22日　法释〔2008〕12号)

为保障公民的身体健康和生命安全,依法惩处非法采供血液等犯罪,根据刑法有关规定,现对办理此类刑事案件具体应用法律的若干问题解释如下:

第一条　对未经国家主管部门批准或者超过批准的业务范围,采集、供应血液或者制作、供应血液制品的,应认定为刑法第三百三十四条第一款规定的"非法采集、供应血液或者制作、供应血液制品"。

第二条　对非法采集、供应血液或者制作、供应血液制品,具有下列情形之一的,应认定为刑法第三百三十四条第一款规定的"不符合国家规定的标准,足以危害人体健康",处五年以下有期徒刑或者拘役,并处罚金:

(一)采集、供应的血液含有艾滋病病毒、乙型肝炎病毒、丙型肝炎病毒、梅毒螺旋体等病原微生物的;

(二)制作、供应的血液制品含有艾滋病病毒、乙型肝炎病毒、丙型肝炎病毒、梅毒螺旋体等病原微生物,或者将含有上述病原微生物的血液用于制作血液制品的;

(三)使用不符合国家规定的药品、诊断试剂、卫生器材,或者重复使用一次性采血器材采集血液,造成传染病传播危险的;

(四)违反规定对献血者、供血浆者超量、频繁采集血液、血浆,足以危害人体健康的;

(五)其他不符合国家有关采集、供应血液或者制作、供应血液制品的规定标准,足以危害人体健康的。

第三条 对非法采集、供应血液或者制作、供应血液制品,具有下列情形之一的,应认定为刑法第三百三十四条第一款规定的"对人体健康造成严重危害",处五年以上十年以下有期徒刑,并处罚金:

(一)造成献血者、供血浆者、受血者感染乙型肝炎病毒、丙型肝炎病毒、梅毒螺旋体或者其他经血液传播的病原微生物的;

(二)造成献血者、供血浆者、受血者重度贫血、造血功能障碍或者其他器官组织损伤导致功能障碍等身体严重危害的;

(三)对人体健康造成其他严重危害的。

第四条 对非法采集、供应血液或者制作、供应血液制品,具有下列情形之一的,应认定为刑法第三百三十四条第一款规定的"造成特别严重后果",处十年以上有期徒刑或者无期徒刑,并处罚金或者没收财产:

(一)因血液传播疾病导致人员死亡或者感染艾滋病病毒的;

(二)造成五人以上感染乙型肝炎病毒、丙型肝炎病毒、梅毒螺旋体或者其他经血液传播的病原微生物的;

(三)造成五人以上重度贫血、造血功能障碍或者其他器官组织损伤导致功能障碍等身体严重危害的;

(四)造成其他特别严重后果的。

第五条 对经国家主管部门批准采集、供应血液或者制作、供应血液制品的部门,具有下列情形之一的,应认定为刑法第三百三十四条第二款规定的"不依照规定进行检测或者违背其他操作规定":

(一)血站未用两个企业生产的试剂对艾滋病病毒抗体、乙型肝炎病毒表面抗原、丙型肝炎病毒抗体、梅毒抗体进行两次检测的;

(二)单采血浆站不依照规定对艾滋病病毒抗体、乙型肝炎病毒表面抗原、丙型肝炎病毒抗体、梅毒抗体进行检测的;

(三)血液制品生产企业在投料生产前未用主管部门批准和检定合格的试剂进行复检的;

(四)血站、单采血浆站和血液制品生产企业使用的诊断试剂没有生产单位名称、生产批准文号或者经检定不合格的;

(五)采供血机构在采集检验标本、采集血液和成分血分离时,使用没有生产单位名称、生产批准文号或者超过有效期的一次性注射器等采血器材的;

(六)不依照国家规定的标准和要求包装、储存、运输血液、原料血浆的;

(七)对国家规定检测项目结果呈阳性的血液未及时按照规定予以清除的;

(八)不具备相应资格的医务人员进行采血、检验操作的;

(九)对献血者、供血浆者超量、频繁采集血液、血浆的;

(十)采供血机构采集血液、血浆前,未对献血者或供血浆者进行身份识别,采集冒名顶替者、健康检查不合格者血液、血浆的;

(十一)血站擅自采集原料血浆,单采血浆站擅自采集临床用血或者向医疗机构供应原料血浆的;

(十二)重复使用一次性采血器材的;

(十三)其他不依照规定进行检测或者违背操作规定的。

第六条 对经国家主管部门批准采集、供应血液或者制作、供应血液制品的部门,不依照规定进行检测或者违背其他操作规定,具有下列情形之一的,应认定为刑法第三百三十四条第二款规定的"造成危害他人身体健康后果",对单位判处罚金,并对其直接负责的主管人员和其他直接责任人员,处五年以下有期徒刑或者拘役:

（一）造成献血者、供血浆者、受血者感染艾滋病病毒、乙型肝炎病毒、丙型肝炎病毒、梅毒螺旋体或者其他经血液传播的病原微生物的；

（二）造成献血者、供血浆者、受血者重度贫血、造血功能障碍或者其他器官组织损伤导致功能障碍等身体严重危害的；

（三）造成其他危害他人身体健康后果的。

第七条　经国家主管部门批准的采供血机构和血液制品生产经营单位，应认定为刑法第三百三十四条第二款规定的“经国家主管部门批准采集、供应血液或者制作、供应血液制品的部门”。

第八条　本解释所称“血液”，是指全血、成分血和特殊血液成分。

本解释所称“血液制品”，是指各种人血浆蛋白制品。

本解释所称“采供血机构”，包括血液中心、中心血站、中心血库、脐带血造血干细胞库和国家卫生行政主管部门根据医学发展需要批准、设置的其他类型血库、单采血浆站。

要义辨析

一、概念

本罪是指非法采集、供应血液，对人体健康造成危害后果的行为。

二、构成要件

1. 本罪侵害的客体是国家卫生部门对血液采集、供应的管理制度和公众的健康。

2. 本罪客观方面表现为非法采集、供应血液或者制作、供应血液制品，足以危害人体健康的行为。血液，是指全血、成分血和特殊血液成分。血液制品，是指各种人血浆蛋白制品。

3. 本罪主观方面表现为故意。

4. 本罪犯罪主体为一般主体，既包括绝对无资格主体，未经国家主管部门批准采集、供应血液或者制作、供应血液制品的单位或者个人，也包括相对无资格主体，即超过国家主管部门批准的业务范围采集、供应血液或者制作、供应血液制品的单位或者个人。

三、要点辨析

本罪是行为犯，只要实施了非法采集、供应血液或者制作、供应血液制品的行为并存在危害公众健康的危险，即为犯罪既遂。

四、罪名变迁

本罪在1979年《刑法》中未作出规定，属于1979年《刑法》后新增加的罪名。

类罪名：妨害社会管理秩序罪/危害公共卫生罪　|　**罪名：采集、供应血液、制作、供应血液制品事故罪**	
量刑标准	**单位犯本罪的**　对单位判处罚金，并对直接负责的主管人员和其他直接责任人员，处5年以下有期徒刑或者拘役。

法律依据

一、《刑法》条文

第三百三十四条第二款　经国家主管部门批准采集、供应血液或者制作、供应血液制品的部门，不依照规定进行检测或者违背其他操作规定，造成危害他人身体健康后果的，对单位判处罚金，并对其直接负责的主管人员和其他直接责任人员，处五年以下有期徒刑或者拘役。

二、相关司法解释/文件

《最高人民检察院、公安部关于公安机关管辖的刑事案件立案追诉标准的规定（一）》（2008年6月25日　公通字〔2008〕36号）

第五十五条　［采集、供应血液、制作、供应血液制品事故案(刑法第三百三十四条第二款)]经国家主管部门批准采集、供应血液或者制作、供应血液制品的部门,不依照规定进行检测或者违背其他操作规定,涉嫌下列情形之一的,应予立案追诉:

(一)造成献血者、供血浆者、受血者感染艾滋病病毒、乙型肝炎病毒、丙型肝炎病毒、梅毒螺旋体或者其他经血液传播的病原微生物的;

(二)造成献血者、供血浆者、受血者重度贫血、造血功能障碍或者其他器官组织损伤导致功能障碍等身体严重危害的;

(三)其他造成危害他人身体健康后果的情形。

经国家主管部门批准的采供血机构和血液制品生产经营单位,属于本条规定的"经国家主管部门批准采集、供应血液或者制作、供应血液制品的部门"。采供血机构包括血液中心、中心血站、中心血库、脐带血造血干细胞库和国家卫生行政主管部门根据医学发展需要批准、设置的其他类型血库、单采血浆站。

具有下列情形之一的,属于本条规定的"不依照规定进行检测或者违背其他操作规定":

(一)血站未用两个企业生产的试剂对艾滋病病毒抗体、乙型肝炎病毒表面抗原、丙型肝炎病毒抗体、梅毒抗体进行两次检测的;

(二)单采血浆站不依照规定对艾滋病病毒抗体、乙型肝炎病毒表面抗原、丙型肝炎病毒抗体、梅毒抗体进行检测的;

(三)血液制品生产企业在投料生产前未用主管部门批准和检定合格的试剂进行复检的;

(四)血站、单采血浆站和血液制品生产企业使用的诊断试剂没有生产单位名称、生产批准文号或者经检定不合格的;

(五)采供血机构在采集检验标本、采集血液和成分血分离时,使用没有生产单位名称、生产批准文号或者超过有效期的一次性注射器等采血器材的;

(六)不依照国家规定的标准和要求包装、储存、运输血液、原料血浆的;

(七)对国家规定检测项目结果呈阳性的血液未及时按照规定予以清除的;

(八)不具备相应资格的医务人员进行采血、检验操作的;

(九)对献血者、供血浆者超量、频繁采集血液、血浆的;

(十)采供血机构采集血液、血浆前,未对献血者或者供血浆者进行身份识别,采集冒名顶替者、健康检查不合格者血液、血浆的;

(十一)血站擅自采集原料血浆,单采血浆站擅自采集临床用血或者向医疗机构供应原料血浆的;

(十二)重复使用一次性采血器材的;

(十三)其他不依照规定进行检测或者违背操作规定的。

要义辨析

一、概念

本罪是指经国家主管部门批准采集、供应血液或者制作、供应血液制品的部门,不依照规定进行检测或者违背其他操作规定,造成事故,产生危害他人身体健康后果的行为。

二、构成要件

1. 本罪侵害的客体是国家卫生部门对血液和血液制品的管理制度。

2. 本罪客观方面表现为不依照规定或者违背操作规定,采集、供应血液或者制作、供应血液制品,而造成危害他人身体健康后果的行为。行为人必须在采集、供应血液或者制作、供应血液制品过程中存在违章操作的行为,必须已经造成了危害他人身体健康的后果。

3. 本罪主观方面表现为过失,行为人主观上对后果是不期望的、排斥和轻信能够避免的,是出于疏忽或者过于自信而出现事故。

4. 本罪是单位犯罪,其主体是特殊主体,即是经国家主管部门批准采集、供应血液或者制作、供应血液制品的部门。

三、要点辨析

本罪是结果犯,需要造成危害他人身体健康的后果方构成本罪。

四、罪名变迁

本罪在1979年《刑法》中未作出规定,属于1979年《刑法》之后新增加的罪名。

<table>
<tr><td colspan="2">类罪名：妨害社会管理秩序罪/扰乱公共卫生罪｜罪名：非法采集人类遗传资源、走私人类遗传资源材料罪</td></tr>
<tr><td rowspan="2">量刑标准</td><td>构成本罪的　处3年以下有期徒刑、拘役或者管制，并处或者单处罚金；</td></tr>
<tr><td>情节特别严重的　处3年以上7年以下有期徒刑，并处罚金。</td></tr>
</table>

法律依据

一、《刑法》条文

第三百三十四条之一　违反国家有关规定，非法采集我国人类遗传资源或者非法运送、邮寄、携带我国人类遗传资源材料出境，危害公众健康或者社会公共利益，情节严重的，处三年以下有期徒刑、拘役或者管制，并处或者单处罚金；情节特别严重的，处三年以上七年以下有期徒刑，并处罚金。

二、相关法律

《中华人民共和国生物安全法》（2020年10月17日）

第五十六条　从事下列活动，应当经国务院科学技术主管部门批准：

（一）采集我国重要遗传家系、特定地区人类遗传资源或者采集国务院科学技术主管部门规定的种类、数量的人类遗传资源；

（二）保藏我国人类遗传资源；

（三）利用我国人类遗传资源开展国际科学研究合作；

（四）将我国人类遗传资源材料运送、邮寄、携带出境。

前款规定不包括以临床诊疗、采供血服务、查处违法犯罪、兴奋剂检测和殡葬等为目的的采集、保藏人类遗传资源及开展的相关活动。

为了取得相关药品和医疗器械在我国上市许可，在临床试验机构利用我国人类遗传资源开展国际合作临床试验、不涉及人类遗传资源出境的，不需要批准；但是，在开展临床试验前应当将拟使用的人类遗传资源种类、数量及用途向国务院科学技术主管部门备案。

境外组织、个人及其设立或者实际控制的机构不得在我国境内采集、保藏我国人类遗传资源，不得向境外提供我国人类遗传资源。

第五十八条　采集、保藏、利用、运输出境我国珍贵、濒危、特有物种及其可用于再生或者繁殖传代的个体、器官、组织、细胞、基因等遗传资源，应当遵守有关法律法规。

境外组织、个人及其设立或者实际控制的机构获取和利用我国生物资源，应当依法取得批准。

三、相关行政法规

《中华人民共和国人类遗传资源管理条例》（2019年5月28日）

第七条　外国组织、个人及其设立或者实际控制的机构不得在我国境内采集、保藏我国人类遗传资源，不得向境外提供我国人类遗传资源。

第八条　采集、保藏、利用、对外提供我国人类遗传资源，不得危害我国公众健康、国家安全和社会公共利益。

第九条　采集、保藏、利用、对外提供我国人类遗传资源，应当符合伦理原则，并按照国家有关规定进行伦理审查。

采集、保藏、利用、对外提供我国人类遗传资源，应当尊重人类遗传资源提供者的隐私权，取得其事先知情同意，并保护其合法权益。

采集、保藏、利用、对外提供我国人类遗传资源，应当遵守国务院科学技术行政部门制定的技术规范。

第十条　禁止买卖人类遗传资源。

为科学研究依法提供或者使用人类遗传资源并支付或者收取合理成本费用，不视为买卖。

第十一条　采集我国重要遗传家系、特定地区人类遗传资源或者采集国务院科学技术行政部门规定种类、数量的人类遗传资源的，应当符合下列条件，并经国务院科学技术行政部门批准：

(一)具有法人资格;

(二)采集目的明确、合法;

(三)采集方案合理;

(四)通过伦理审查;

(五)具有负责人类遗传资源管理的部门和管理制度;

(六)具有与采集活动相适应的场所、设施、设备和人员。

第十二条 采集我国人类遗传资源,应当事先告知人类遗传资源提供者采集目的、采集用途、对健康可能产生的影响、个人隐私保护措施及其享有的自愿参与和随时无条件退出的权利,征得人类遗传资源提供者书面同意。

在告知人类遗传资源提供者前款规定的信息时,必须全面、完整、真实、准确,不得隐瞒、误导、欺骗。

第二十一条 外国组织及外国组织、个人设立或者实际控制的机构(以下称外方单位)需要利用我国人类遗传资源开展科学研究活动的,应当遵守我国法律、行政法规和国家有关规定,并采取与我国科研机构、高等学校、医疗机构、企业(以下称中方单位)合作的方式进行。

第四十四条 违反本条例规定,侵害他人合法权益的,依法承担民事责任;构成犯罪的,依法追究刑事责任。

第四十五条 国务院科学技术行政部门和省、自治区、直辖市人民政府科学技术行政部门的工作人员违反本条例规定,不履行职责或者滥用职权、玩忽职守、徇私舞弊的,依法给予处分;构成犯罪的,依法追究刑事责任。

要义辨析

一、概念

本罪是指违反国家有关规定,非法采集我国人类遗传资源或者非法运送、邮寄、携带我国人类遗传资源材料出境,危害公众健康或者社会公共利益,情节严重的行为。

二、构成要件

1. 本罪侵害的客体为国家对人类遗传资源的管理制度。

2. 本罪客观方面表现为违反国家有关规定,非法采集我国人类遗传资源或者非法运送、邮寄、携带我国人类遗传资源材料出境,危害公众健康或者社会公共利益,情节严重的行为。

3. 犯罪主体为一般主体。

4. 本罪主观方面表现为故意。

三、要点辨析

本条保护的对象是我国的“人类遗传资源”和“人类遗传资料”。对于在我国境内采集的非我国种族的遗传资源,《刑法》并没有将此规定为犯罪,不应当根据本条规定追究刑事责任。

四、罪名变迁

本罪系根据《刑法修正案(十一)》新增罪名。

类罪名:妨害社会管理秩序罪/危害公共卫生罪 | 罪名:医疗事故罪	
量刑标准	**构成本罪的** 处3年以下有期徒刑或者拘役。

法律依据

一、《刑法》条文

第三百三十五条 医务人员由于严重不负责任,造成就诊人死亡或者严重损害就诊人身体健康的,处三年以下有期徒刑或者拘役。

二、相关法律

《中华人民共和国执业医师法》(2009 年 8 月 27 日修正)

第三十七条　医师在执业活动中,违反本法规定,有下列行为之一的,由县级以上人民政府卫生行政部门给予警告或者责令暂停六个月以上一年以下执业活动;情节严重的,吊销其执业证书;构成犯罪的,依法追究刑事责任:

(一)违反卫生行政规章制度或者技术操作规范,造成严重后果的;

(二)由于不负责任延误急危患者的抢救和诊治,造成严重后果的;

(三)造成医疗责任事故的;

(四)未经亲自诊查、调查,签署诊断、治疗、流行病学等证明文件或者有关出生、死亡等证明文件的;

(五)隐匿、伪造或者擅自销毁医学文书及有关资料的;

(六)使用未经批准使用的药品、消毒药剂和医疗器械的;

(七)不按照规定使用麻醉药品、医疗用毒性药品、精神药品和放射性药品的;

(八)未经患者或者其家属同意,对患者进行实验性临床医疗的;

(九)泄露患者隐私,造成严重后果的;

(十)利用职务之便,索取、非法收受患者财物或者牟取其他不正当利益的;

(十一)发生自然灾害、传染病流行、突发重大伤亡事故以及其他严重威胁人民生命健康的紧急情况时,不服从卫生行政部门调遣的;

(十二)发生医疗事故或者发现传染病疫情,患者涉嫌伤害事件或者非正常死亡,不按照规定报告的。

三、相关行政法规

《医疗事故处理条例》(2002 年 4 月 4 日)

第二条　本条例所称医疗事故,是指医疗机构及其医务人员在医疗活动中,违反医疗卫生管理法律、行政法规、部门规章和诊疗护理规范、常规,过失造成患者人身损害的事故。

第四条　根据对患者人身造成的损害程度,医疗事故分为四级:

一级医疗事故:造成患者死亡、重度残疾的;

二级医疗事故:造成患者中度残疾、器官组织损伤导致严重功能障碍的;

三级医疗事故:造成患者轻度残疾、器官组织损伤导致一般功能障碍的;

四级医疗事故:造成患者明显人身损害的其他后果的。

具体分级标准由国务院卫生行政部门制定。

第十三条　医务人员在医疗活动中发生或者发现医疗事故、可能引起医疗事故的医疗过失行为或者发生医疗事故争议的,应当立即向所在科室负责人报告,科室负责人应当及时向本医疗机构负责医疗服务质量监控的部门或者专(兼)职人员报告;负责医疗服务质量监控的部门或者专(兼)职人员接到报告后,应当立即进行调查、核实,将有关情况如实向本医疗机构的负责人报告,并向患者通报、解释。

第十五条　发生或者发现医疗过失行为,医疗机构及其医务人员应当立即采取有效措施,避免或者减轻对患者身体健康的损害,防止损害扩大。

第十六条　发生医疗事故争议时,死亡病例讨论记录、疑难病例讨论记录、上级医师查房记录、会诊意见、病程记录应当在医患双方在场的情况下封存和启封。封存的病历资料可以是复印件,由医疗机构保管。

第十七条　疑似输液、输血、注射、药物等引起不良后果的,医患双方应当共同对现场实物进行封存和启封,封存的现场实物由医疗机构保管;需要检验的,应当由双方共同指定的、依法具有检验资格的检验机构进行检验;双方无法共同指定时,由卫生行政部门指定。

疑似输血引起不良后果,需要对血液进行封存保留的,医疗机构应当通知提供该血液的采供血机构派员到场。

第三十三条　有下列情形之一的,不属于医疗事故:

(一)在紧急情况下为抢救垂危患者生命而采取紧急医学措施造成不良后果的;

(二)在医疗活动中由于患者病情异常或者患者体质特殊而发生医疗意外的;

(三)在现有医学科学技术条件下,发生无法

预料或者不能防范的不良后果的;

(四)无过错输血感染造成不良后果的;

(五)因患方原因延误诊疗导致不良后果的;

(六)因不可抗力造成不良后果的。

第五十五条第一款　医疗机构发生医疗事故的,由卫生行政部门根据医疗事故等级和情节,给予警告;情节严重的,责令限期停业整顿直至由原发证部门吊销执业许可证,对负有责任的医务人员依照刑法关于医疗事故罪的规定,依法追究刑事责任;尚不够刑事处罚的,依法给予行政处分或者纪律处分。

四、相关司法解释/文件

《最高人民检察院、公安部关于公安机关管辖的刑事案件立案追诉标准的规定(一)》(2008年6月25日　公通字〔2008〕36号)

第五十六条　[医疗事故案(刑法第三百三十五条)]医务人员由于严重不负责任,造成就诊人死亡或者严重损害就诊人身体健康的,应予立案追诉。

具有下列情形之一的,属于本条规定的"严重不负责任":

(一)擅离职守的;

(二)无正当理由拒绝对危急就诊人实行必要的医疗救治的;

(三)未经批准擅自开展试验性医疗的;

(四)严重违反查对、复核制度的;

(五)使用未经批准使用的药品、消毒药剂、医疗器械的;

(六)严重违反国家法律法规及有明确规定的诊疗技术规范、常规的;

(七)其他严重不负责任的情形。

本条规定的"严重损害就诊人身体健康",是指造成就诊人严重残疾、重伤、感染艾滋病、病毒性肝炎等难以治愈的疾病或者其他严重损害就诊人身体健康的后果。

要义辨析

一、概念

本罪是指医务人员由于严重不负责任,造成病人死亡或者严重损害病人身体健康的行为。

二、构成要件

1. 本罪侵犯的客体是医疗单位的正常工作秩序。

2. 本罪客观方面表现为违反医疗规章制度,对工作严重不负责任,造成病人死亡或者严重损害病人身体健康的行为。严重不负责任是指医生在诊疗护理过程中严重违反法律法规、规章和诊疗规范。

3. 本罪主观方面由过失构成,即行为人对"造成病人死亡或者严重损害病人身体健康"的结果,在主观上并不是出于故意而希望、追求或者放任的结果,而是过失造成的。

4. 本罪主体是特殊主体,即只能是由医务人员构成,包括:(1)医疗防疫人员;(2)药剂人员;(3)护理人员;(4)其他专业技术人员。此外,医疗单位中其他负有为保障公民的生命和健康权而必须实施某种行为的特定义务,由于不履行或者不认真履行这种义务以致造成严重后果的人员,也可以构成本罪的主体。

三、要点辨析

1. 医疗事故现在一般都以民事法律进行调整,为惩处严重不负责任的医护人员,而确立本罪。在具体执法中,要分析医护人员的主观恶性程度和损害结果,一是要有"严重不负责任"的情节存在。"严重不负责任"具体的九种表现,立案标准的司法解释当中已经列明。

2. 本罪是结果犯,要有造成就诊人员死亡或者严重损害就诊人员身体健康的后果,方构成本罪。"严重损害就诊人身体健康",是指造成就诊人严重残疾、重伤、感染艾滋病、病毒性肝炎等难以治愈的疾病或者其他严重损害就诊人身体健康的后果。

3. 要注意审查严重不负责任的行为同造成严重后果间的因果关系。

四、罪名变迁

本罪在1979年《刑法》中未作规定,1997年《刑法》第335条规定了医疗事故罪。

类罪名:妨害社会管理秩序罪/危害公共卫生罪	罪名:非法行医罪
量刑标准	**情节严重的**　处3年以下有期徒刑、拘役或者管制,并处或者单处罚金;
	严重损害就诊人体健康的　处3年以上10年以下有期徒刑,并处罚金;
	造成就诊人死亡的　处10年以上有期徒刑,并处罚金。

法律依据

一、《刑法》条文

第三百三十六条第一款　未取得医生执业资格的人非法行医,情节严重的,处三年以下有期徒刑、拘役或者管制,并处或者单处罚金;严重损害就诊人身体健康的,处三年以上十年以下有期徒刑,并处罚金,造成就诊人死亡的,处十年以上有期徒刑,并处罚金。

二、相关法律

《中华人民共和国执业医师法》(2009年8月27日修正)

第三十九条　未经批准擅自开办医疗机构行医或者非医师行医的,由县级以上人民政府卫生行政部门予以取缔,没收其违法所得及其药品、器械,并处十万元以下的罚款;对医师吊销其执业证书;给患者造成损害的,依法承担赔偿责任;构成犯罪的,依法追究刑事责任。

三、相关行政法规

《乡村医生从业管理条例》(2004年1月1日)

第二条　本条例适用于尚未取得执业医师资格或者执业助理医师资格,经注册在村医疗卫生机构从事预防、保健和一般医疗服务的乡村医生。

村医疗卫生机构中的执业医师或者执业助理医师,依照执业医师法的规定管理,不适用本条例。

第四十一条　以不正当手段取得乡村医生执业证书的,由发证部门收缴乡村医生执业证书;造成患者人身损害的,依法承担民事赔偿责任;构成犯罪的,依法追究刑事责任。

第四十二条　未经注册在村医疗卫生机构从事医疗活动的,由县级以上地方人民政府卫生行政主管部门予以取缔,没收其违法所得以及药品、医疗器械,违法所得5000元以上的,并处违法所得1倍以上3倍以下的罚款;没有违法所得或者违法所得不足5000元的,并处1000元以上3000元以下的罚款;造成患者人身损害的,依法承担民事赔偿责任;构成犯罪的,依法追究刑事责任。

四、相关司法解释/文件

《最高人民法院、最高人民检察院关于办理妨害预防、控制突发传染病疫情等灾害的刑事案件具体应用法律若干问题的解释》(2003年5月14日　法释〔2003〕8号)

第十一条　在预防、控制突发传染病疫情等灾害期间,强拿硬要或者任意损毁、占用公私财物情节严重,或者在公共场所起哄闹事,造成公共场所秩序严重混乱的,依照刑法第二百九十三条的规定,以寻衅滋事罪定罪,依法从重处罚。

第十二条　未取得医师执业资格非法行医,具有造成突发传染病病人、病原携带者、疑似突发传染病病人贻误诊治或者造成交叉感染等严重情节的,依照刑法第三百三十六条第一款的规定,以非法行医罪定罪,依法从重处罚。

《最高人民检察院、公安部关于公安机关管辖的刑事案件立案追诉标准的规定(一)》(2008年6月25日　公通字〔2008〕36号)

第五十七条　[非法行医案(刑法第三百三十六条第一款)]未取得医生执业资格的人非法行医,涉嫌下列情形之一的,应予立案追诉:

(一)造成就诊人轻度残疾、器官组织损伤导致一般功能障碍,或者中度以上残疾、器官组织损伤导致严重功能障碍,或者死亡的;

(二)造成甲类传染病传播、流行或者有传播、流行危险的;

(三)使用假药、劣药或不符合国家规定标准的卫生材料、医疗器械,足以严重危害人体健康的;

(四)非法行医被卫生行政部门行政处罚两次以后,再次非法行医的;

(五)其他情节严重的情形。

具有下列情形之一的,属于本条规定的“未取得医生执业资格的人非法行医”:

(一)未取得或者以非法手段取得医师资格从事医疗活动的;

(二)个人未取得《医疗机构执业许可证》开办医疗机构的;

(三)被依法吊销医师执业证书期间从事医疗活动的;

(四)未取得乡村医生执业证书,从事乡村医疗活动的;

(五)家庭接生员实施家庭接生以外的活动行为的。

本条规定的“轻度残疾、器官组织损伤导致一般功能障碍”、“中度以上残疾、器官组织损伤导致严重功能障碍”,参照卫生部《医疗事故分级标准(试行)》认定。

《最高人民法院关于审理非法行医刑事案件具体应用法律若干问题的解释》(2016年12月16日　法释〔2016〕27号)

为依法惩处非法行医罪,保障公民身体健康和生命安全,根据刑法的有关规定,现对审理非法行医刑事案件具体应用法律的若干问题解释如下:

第一条　具有下列情形之一的,应认定为刑法第三百三十六条第一款规定的“未取得医生执业资格的人非法行医”:

(一)未取得或者以非法手段取得医师资格从事医疗活动的;

(二)被依法吊销医师执业证书期间从事医疗活动的;

(三)未取得乡村医生执业证书,从事乡村医疗活动的;

(四)家庭接生员实施家庭接生以外的医疗活动的。

第二条　具有下列情形之一的,应认定为刑法第三百三十六条第一款规定的“情节严重”:

(一)造成就诊人轻度残疾、器官组织损伤导致一般功能障碍的;

(二)造成甲类传染病传播、流行或者有传播、流行危险的;

(三)使用假药、劣药或不符合国家规定标准的卫生材料、医疗器械,足以严重危害人体健康的;

(四)非法行医被卫生行政部门行政处罚两次以后,再次非法行医的;

(五)其他情节严重的情形。

第三条　具有下列情形之一的,应认定为刑法第三百三十六条第一款规定的“严重损害就诊人身体健康”:

(一)造成就诊人中度以上残疾、器官组织损伤导致严重功能障碍的;

(二)造成三名以上就诊人轻度残疾、器官组织损伤导致一般功能障碍的。

第五条　实施非法行医犯罪,同时构成生产、销售假药罪,生产、销售劣药罪,诈骗罪等其他犯罪的,依照刑法处罚较重的规定定罪处罚。

第六条第二款　本解释所称“轻度残疾、器官组织损伤导致一般功能障碍”、“中度以上残疾、器官组织损伤导致严重功能障碍”,参照卫生部《医疗事故分级标准(试行)》认定。

要义辨析

一、概念

本罪是指未取得医生执业资格的人非法行医,情节严重的行为。

二、构成要件

1. 本罪侵犯的客体是国家卫生行政部门对医疗行业的管理制度和公众的身体健康权。

2. 本罪客观方面表现为未取得医生执业资格,非法开业行医,情节严重的行为。

3. 本罪主观方面是故意。

4. 本罪主体为未取得医生职业资格的人。

三、要点辨析

1. 本罪是行为犯,未取得执照而进行行医行为的,即构成犯罪。“未取得医生执业资格的人非法行医”主要是指:(1)未取得或者以非法手段取得医师资格从事医疗活动的；(2)被依法吊销医师执业证书期间从事医疗活动的；(3)未取得乡村医生执业证书，从事乡村医疗活动的；(4)家庭接生员实施家庭接生以外的医疗活动的。

2. 确定本罪要注意行为情节的严重程度。“情节严重”的标准：(1)造成就诊人轻度残疾、器官组织损伤导致一般功能障碍的；(2)造成甲类传染病传播、流行或者有传播、流行危险的；(3)使用假药、劣药或不符合国家规定标准的卫生材料、医疗器械，足以严重危害人体健康的；(4)非法行医被卫生行政部门行政处罚两次以后，再次非法行医的。

3. 司法实践中没有规定必须造成病人后果才构成犯罪。未将长期进行该行为作为一个情节。但经两次处罚仍然非法行医的，即作为犯罪处理。

四、罪名变迁

本罪在1979年《刑法》中未作出规定，1997年《刑法》增加了本罪名。

类罪名：妨害社会管理秩序罪/危害公共卫生罪	罪名：非法进行节育手术罪
量刑标准	**情节严重的**　处3年以下有期徒刑、拘役或者管制，并处或者单处罚金；
	严重损害人体健康的　处3年以上10年以下有期徒刑，并处罚金；
	造成死亡的　处10年以上有期徒刑，并处罚金。

法律依据

一、《刑法》条文

第三百三十六条第二款　未取得医生执业资格的人擅自为他人进行节育复通手术、假节育手术、终止妊娠手术或者摘取宫内节育器，情节严重的，处三年以下有期徒刑、拘役或者管制，并处或者单处罚金；严重损害就诊人身体健康的，处三年以上十年以下有期徒刑，并处罚金；造成就诊人死亡的，处十年以上有期徒刑，并处罚金。

二、相关司法解释/文件

《最高人民检察院、公安部关于公安机关管辖的刑事案件立案追诉标准的规定(一)》(2008年6月25日　公通字〔2008〕36号)

第五十八条　［非法进行节育手术案(刑法第三百三十六条第二款)］未取得医生执业资格的人擅自为他人进行节育复通手术、假节育手术、终止妊娠手术或者摘取宫内节育器，涉嫌下列情形之一的，应予立案追诉：

(一)造成就诊人轻伤、重伤、死亡或者感染艾滋病、病毒性肝炎等难以治愈的疾病的；

(二)非法进行节育复通手术、假节育手术、终止妊娠手术或者摘取宫内节育器五人次以上的；

(三)致使他人超计划生育的；

(四)非法进行选择性别的终止妊娠手术的；

(五)非法获利累计五千元以上的；

(六)其他情节严重的情形。

要义辨析

一、概念

本罪是指未取得医生执业资格的人擅自为他人进行节育复通手术、假节育手术、终止妊娠手术或者摘取宫内节育器，情节严重的行为。

二、构成要件

1. 本罪侵犯的客体是国家卫生行政部门对医疗行业的管理制度和国家的计划生育政策以及计划生育人的身体健康权。

2. 本罪客观方面表现为未取得医生执业资格的人擅自为他人进行节育复通手术、假节育手术、终止妊娠手术或者摘取宫内节育器，情节严重的行为。节育复通手术，是指为他人进行输卵(精)管复通手术,假节育手术,是指为他人进行假结扎输卵(精)管手术,终止妊娠手术是指,使妇女体内正在发育的胚胎停止发育的行为。

3. 本罪主观方面是故意。

4. 本罪主体为自然人一般主体,即未取得医疗机构执业许可证的人。单位不构成本罪。

三、要点辨析

1. 本罪是行为犯,未取得医生职业资格擅自为他人施行节育手术行为的,即构成犯罪。

2. 本罪是在国家实行计划生育时期立法,因此有惩处破坏计划生育的背景。罪状规定为"节育复通手术、假节育手术、终止妊娠手术或者摘取宫内节育器,情节严重的",构成犯罪。对真节育手术,没有规定为犯罪。从罪名看,只要无证行医,"未取得医生执业资格的人擅自为他人进行",即使做的是真的节育手术,同样应该规定为犯罪。

四、罪名变迁

本罪在1979年《刑法》中未作出规定,1997年《刑法》增加了本罪名。

<table>
<tr><td colspan="3">类罪名:妨害社会管理秩序罪/扰乱公共卫生罪 | 罪名:非法植入基因编辑、克隆胚胎罪</td></tr>
<tr><td rowspan="2">量刑标准</td><td>构成犯罪的</td><td>处3年以下有期徒刑或者拘役,并处罚金;</td></tr>
<tr><td>情节特别严重的</td><td>处3年以上7年以下有期徒刑,并处罚金。</td></tr>
</table>

法律依据

《刑法》条文

第三百三十六条之一 违反国家有关规定,将基因编辑、克隆的人类胚胎植入人体或者动物体内,或者将基因编辑、克隆的动物胚胎植入人体内,情节严重的,处三年以下有期徒刑或者拘役,并处罚金;情节特别严重的,处三年以上七年以下有期徒刑,并处罚金。

要义辨析

一、概念

本罪是指违反国家有关规定,将基因编辑、克隆的人类胚胎植入人体或者动物体内,或者将基因编辑、克隆的动物胚胎植入人体内,情节严重的行为。

二、构成要件

1. 本罪侵犯的客体为国家对编辑、克隆的胚胎植入人体培育的管理制度。

2. 本罪客观方面表现为违反国家有关规定,将基因编辑、克隆的人类胚胎植入人体或者动物体内,或者将基因编辑、克隆的动物胚胎植入人体内,情节严重的行为。

3. 犯罪主体是一般主体。

4. 本罪主观方面表现为故意。

三、要点辨析

1. 对于人体胚胎进行基因编辑基础研究,应遵循14天原则,即自细胞受精或者核移植开始计算在体外培养的期限最长为14天,对于虽然超过14天,但是能够及时销毁,为造成严重后果或者恶劣影响的,不应认定为犯罪,违反相关行政法规的,可以对其处以行政处罚。

2. 本罪的成立必须要有植入母体的行为,对于没有将基因编辑的胚胎植入母体,不应当认定构成本罪。

四、罪名变迁

本罪系《刑法修正案(十一)》新增罪名。

类罪名：妨害社会管理秩序罪/危害公共卫生罪	罪名：妨害动植物防疫、检疫罪
量刑标准	构成犯罪的　处3年以下有期徒刑或者拘役，并处或者单处罚金；
	单位犯罪的　判处罚金；并对直接负责的主管人员和责任人员依个人犯罪处罚。

法律依据

一、《刑法》条文

第三百三十七条　违反有关动植物防疫、检疫的国家规定，引起重大动植物疫情的，或者有引起重大动植物疫情危险，情节严重的，处三年以下有期徒刑或者拘役，并处或者单处罚金。

单位犯前款罪的，对单位判处罚金，并对其直接负责的主管人员和其他直接责任人员，依照前款的规定处罚。

二、相关法律

《中华人民共和国进出境动植物检疫法》(2009年8月27日修正)

第二条　进出境的动植物、动植物产品和其他检疫物，装载动植物、动植物产品和其他检疫物的装载容器、包装物，以及来自动植物疫区的运输工具，依照本法规定实施检疫。

第五条　国家禁止下列各物进境：

(一)动植物病原体(包括菌种、毒种等)、害虫及其他有害生物；

(二)动植物疫情流行的国家和地区的有关动植物、动植物产品和其他检疫物；

(三)动物尸体；

(四)土壤。

口岸动植物检疫机关发现有前款规定的禁止进境物的，作退回或者销毁处理。

因科学研究等特殊需要引进本条第一款规定的禁止进境物的，必须事先提出申请，经国家动植物检疫机关批准。

本条第一款第二项规定的禁止进境物的名录，由国务院农业行政主管部门制定并公布。

第四十二条　违反本法规定，引起重大动植物疫情的，比照刑法第一百七十八条的规定追究刑事责任。

《中华人民共和国动物防疫法》(2021年1月22日修订)

第三条　本法所称动物，是指家畜家禽和人工饲养、捕获的其他动物。

本法所称动物产品，是指动物的肉、生皮、原毛、绒、脏器、脂、血液、精液、卵、胚胎、骨、蹄、头、角、筋以及可能传播动物疫病的奶、蛋等。

本法所称动物疫病，是指动物传染病，包括寄生虫病。

本法所称动物防疫，是指动物疫病的预防、控制、诊疗、净化、消灭和动物、动物产品的检疫，以及病死动物、病害动物产品的无害化处理。

第四十三条　疫区内有关单位和个人，应当遵守县级以上人民政府及其农业农村主管部门依法作出的有关控制动物疫病的规定。

任何单位和个人不得藏匿、转移、盗掘已被依法隔离、封存、处理的动物和动物产品。

第四十八条　动物卫生监督机构依照本法和国务院农业农村主管部门的规定对动物、动物产品实施检疫。

动物卫生监督机构的官方兽医具体实施动物、动物产品检疫。

第四十九条　屠宰、出售或者运输动物以及出售或者运输动物产品前，货主应当按照国务院农业农村主管部门的规定向所在地动物卫生监督机构申报检疫。

动物卫生监督机构接到检疫申报后，应当及时指派官方兽医对动物、动物产品实施检疫；检疫合格的，出具检疫证明、加施检疫标志。实施检疫的官方兽医应当在检疫证明、检疫标志上签字或者盖章，并对检疫结论负责。

动物饲养场、屠宰企业的执业兽医或者动物防疫技术人员,应当协助官方兽医实施检疫。

第五十条 因科研、药用、展示等特殊情形需要非食用性利用的野生动物,应当按照国家有关规定报动物卫生监督机构检疫,检疫合格的,方可利用。

人工捕获的野生动物,应当按照国家有关规定报捕获地动物卫生监督机构检疫,检疫合格的,方可饲养、经营和运输。

国务院农业农村主管部门会同国务院野生动物保护主管部门制定野生动物检疫办法。

第五十一条 屠宰、经营、运输的动物,以及用于科研、展示、演出和比赛等非食用性利用的动物,应当附有检疫证明;经营和运输的动物产品,应当附有检疫证明、检疫标志。

第五十二条 经航空、铁路、道路、水路运输动物和动物产品的,托运人托运时应当提供检疫证明;没有检疫证明的,承运人不得承运。

进出口动物和动物产品,承运人凭进口报关单证或者海关签发的检疫单证运递。

从事动物运输的单位、个人以及车辆,应当向所在地县级人民政府农业农村主管部门备案,妥善保存行程路线和托运人提供的动物名称、检疫证明编号、数量等信息。具体办法由国务院农业农村主管部门制定。

运载工具在装载前和卸载后应当及时清洗、消毒。

第五十三条 省、自治区、直辖市人民政府确定并公布道路运输的动物进入本行政区域的指定通道,设置引导标志。跨省、自治区、直辖市通过道路运输动物的,应当经省、自治区、直辖市人民政府设立的指定通道入省境或者过省境。

第五十四条 输入到无规定动物疫病区的动物、动物产品,货主应当按照国务院农业农村主管部门的规定向无规定动物疫病区所在地动物卫生监督机构申报检疫,经检疫合格的,方可进入。

第五十五条 跨省、自治区、直辖市引进的种用、乳用动物到达输入地后,货主应当按照国务院农业农村主管部门的规定对引进的种用、乳用动物进行隔离观察。

第五十六条 经检疫不合格的动物、动物产品,货主应当在农业农村主管部门的监督下按照国家有关规定处理,处理费用由货主承担。

三、相关司法解释/文件

《最高人民检察院、公安部关于公安机关管辖的刑事案件立案追诉标准的规定(一)》(2008 年 6 月 25 日 公通字〔2008〕36 号)

第五十九条 [逃避动植物检疫案(刑法第三百三十七条)]违反进出境动植物检疫法的规定,逃避动植物检疫,涉嫌下列情形之一的,应予立案追诉:

(一)造成国家规定的《进境动物一、二类传染病、寄生虫病名录》中所列的动物疫病传入或者对农、牧、渔业生产以及人体健康、公共安全造成严重危害的其他动物疫病在国内暴发流行的;

(二)造成国家规定的《进境植物检疫性有害生物名录》中所列的有害生物传入或者对农、林业生产、生态环境以及人体健康有严重危害的其他有害生物在国内传播扩散的。

《最高人民检察院、公安部关于公安机关管辖的刑事案件立案追诉标准的规定(一)的补充规定》(2017 年 4 月 27 日 公通字〔2017〕12 号)

九、将《立案追诉标准(一)》第五十九条修改为:[妨害动植物防疫、检疫案(刑法第三百三十七条)]违反有关动植物防疫、检疫的国家规定,引起重大动植物疫情的,应予立案追诉。

违反有关动植物防疫、检疫的国家规定,有引起重大动植物疫情危险,涉嫌下列情形之一的,应予立案追诉:

(一)非法处置疫区内易感动物或者其产品,货值金额 5 万元以上的;

(二)非法处置因动植物防疫、检疫需要被依法处理的动植物或者其产品,货值金额 2 万元以上的;

(三)非法调运、生产、经营感染重大植物检疫性有害生物的林木种子、苗木等繁殖材料或者森林植物产品的;

(四)输入《中华人民共和国进出境动植物检疫法》规定的禁止进境物逃避检疫,或者对特许进境的禁止进境物未有效控制与处置,导致其逃逸、扩散的;

(五)进境动植物及其产品检出有引起重大动植物疫情危险的动物疫病或者植物有害生物后,非法处置导致进境动植物及其产品流失的;

（六）一年内携带或者寄递《中华人民共和国禁止携带、邮寄进境的动植物及其产品名录》所列物品进境逃避检疫2次以上，或者窃取、抢夺、损毁、抛洒动植物检疫机关截留的《中华人民共和国禁止携带、邮寄进境的动植物及其产品名录》所列物品的；

（七）其他情节严重的情形。

本条规定的"重大动植物疫情"，按照国家行政主管部门的有关规定认定。

要义辨析

一、概念

本罪是指违反有关动植物防疫、检疫的国家规定，引起重大动植物疫情的，或者有引起重大动植物疫情危险，情节严重的行为。

二、构成要件

1. 本罪侵犯的客体是国家对进出口动植物防疫、检疫的管理规定，同时也危及公民生命健康安全和作为国家资源的动植物的生态安全。

2. 本罪客观方面表现为违反动植物防疫、检疫法规，引起重大动植物疫情、或有此危险性的行为，情节严重的。

3. 本罪主观方面是故意。

4. 本罪主体为一般主体，自然人和单位均可构成本罪。

三、要点辨析

1. 本罪是危险犯，引起重大动植物疫情的，或者有引起重大动植物疫情危险，即构成犯罪。

2. 本罪与违反国境卫生检疫规定罪的主要区别在于接受检疫的对象不同，本罪是逃避动植物和动植物制品的防疫、检疫，后者则是动植物以外的其他物品和人。此外，两罪客观要件均表现为结果犯和危险犯两种形态。

3.《刑法修正案（七）》对本罪作了四处修改：一是将"违反进出境动植物检疫法的规定"修改为"违反有关动植物防疫、检疫的国家规定"，使该条的适用范围由过去只适用于"进出境动植物检疫"扩大到"境内"所有动植物防疫、检疫，具体是指：违反有关动物疫情管理规定的行为，如瞒报、谎报动物疫情；违反规定处置染疫动物、产品、排泄物、污染物；违反规定导致动物微生物遗失、扩散；非法从事致病源微生物实验，造成实验室病毒扩散等；违反有关动物检疫管理规定的行为，如违法规定运输染疫、疑似染疫、疫区易感、病死或者死因不明的动物及其制品；藏匿、转移、盗掘被依法隔离、封存、处理的染疫动物及其产品；经营、运输、屠宰、加工动物、动物产品逃避检疫等行为。二是对追究刑事责任增加了"有引起重大动植物疫情危险，情节严重的"的情形。三是对违法的"法"，从违反《进出境动植物检疫法》扩大为违反"国家有关规定"，包括了"防疫"和"检疫"法律规定。四是对"引起疫情才犯罪"扩大到"或有危险"也构成犯罪。使本罪罪状从"结果犯"扩大为"危险犯"。

四、罪名变迁

本罪在1979年《刑法》中未作出规定，1997年《刑法》增加了本罪名。2009年2月28日《刑法修正案（七）》对本罪作了修改。

第六节　破坏环境资源保护罪

<table>
<tr><td colspan="2">类罪名:妨害社会管理秩序罪/破坏环境资源保护罪 │ 罪名:污染环境罪</td></tr>
<tr><td rowspan="4">量刑标准</td><td>构成犯罪的　处3年以下有期徒刑或者拘役,并处或者单处罚金;</td></tr>
<tr><td>情节严重的　处3年以上7年以下有期徒刑,并处罚金;</td></tr>
<tr><td>在饮用水水源保护区、自然保护地核心保护区等依法确定的重点保护区域排放、倾倒、处置有放射性的废物、含传染病病原体的废物、有毒物质,情节特别严重的;向国家确定的重要江河、湖泊水域排放、倾倒、处置有放射性的废物、含传染病病原体的废物、有毒物质,情节特别严重的;致使大量永久基本农田基本功能丧失或者遭受永久性破坏的;致使多人重伤、严重疾病,或者致人严重残疾、死亡的　处7年以上有期徒刑,并处罚金;</td></tr>
<tr><td>单位犯罪的　对单位并处罚金,并对直接负责的主管人员和责任人员依个人犯罪处罚。</td></tr>
</table>

法律依据

一、《刑法》条文

第三百三十八条　违反国家规定,排放、倾倒或者处置有放射性的废物、含传染病病原体的废物、有毒物质或者其他有害物质,严重污染环境的,处三年以下有期徒刑或者拘役,并处或者单处罚金;情节严重的,处三年以上七年以下有期徒刑,并处罚金;有下列情形之一的,处七年以上有期徒刑,并处罚金:

(一)在饮用水水源保护区、自然保护地核心保护区等依法确定的重点保护区域排放、倾倒、处置有放射性的废物、含传染病病原体的废物、有毒物质,情节特别严重的;

(二)向国家确定的重要江河、湖泊水域排放、倾倒、处置有放射性的废物、含传染病病原体的废物、有毒物质,情节特别严重的;

(三)致使大量永久基本农田基本功能丧失或者遭受永久性破坏的;

(四)致使多人重伤、严重疾病,或者致人严重残疾、死亡的。

有前款行为,同时构成其他犯罪的,依照处罚较重的规定定罪处罚。

第三百四十六条　单位犯本节第三百三十八条至第三百四十五条规定之罪的,对单位判处罚金,并对其直接负责的主管人员和其他直接责任人员,依照本节各该条的规定处罚。

二、相关法律

《中华人民共和国放射性污染防治法》(2003年6月28日)

第五十二条　违反本法规定,未经许可或者批准,核设施营运单位擅自进行核设施的建造、装料、运行、退役等活动的,由国务院环境保护行政主管部门责令停止违法行为,限期改正,并处二十万元以上五十万元以下罚款;构成犯罪的,依法追究刑事责任。

第五十三条　违反本法规定,生产、销售、使用、转让、进口、贮存放射性同位素和射线装置以及装备有放射性同位素的仪表的,由县级以上人民政府环境保护行政主管部门或者其他有关部门依据职权责令停止违法行为,限期改正;逾期不改正的,责令停产停业或者吊销许可证;有违法所得的,没收违法所得;违法所得十万元以上的,并处违法所得一倍以上五倍以下罚款;没有违法所得或者违法所得不足十万元的，并处一万元以上十万元以下罚款；构成犯罪的，依法追究刑事责任。

第五十四条 违反本法规定，有下列行为之一的，由县级以上人民政府环境保护行政主管部门责令停止违法行为，限期改正，处以罚款；构成犯罪的，依法追究刑事责任：

（一）未建造尾矿库或者不按照放射性污染防治的要求建造尾矿库，贮存、处置铀（钍）矿和伴生放射性矿的尾矿的；

（二）向环境排放不得排放的放射性废气、废液的；

（三）不按照规定的方式排放放射性废液，利用渗井、渗坑、天然裂隙、溶洞或者国家禁止的其他方式排放放射性废液的；

（四）不按照规定处理或者贮存不得向环境排放的放射性废液的；

（五）将放射性固体废物提供或者委托给无许可证的单位贮存和处置的。

有前款第（一）项、第（二）项、第（三）项、第（五）项行为之一的，处十万元以上二十万元以下罚款；有前款第（四）项行为的，处一万元以上十万元以下罚款。

《中华人民共和国环境保护法》（2014 年 4 月 24 日修订）

第六十九条 违反本法规定，构成犯罪的，依法追究刑事责任。

《中华人民共和国大气污染防治法》（2018 年 10 月 26 日修正）

第一百二十二条 违反本法规定，造成大气污染事故的，由县级以上人民政府环境保护主管部门依照本条第二款的规定处以罚款；对直接负责的主管人员和其他直接责任人员可以处上一年度从本企业事业单位取得收入百分之五十以下的罚款。

对造成一般或者较大大气污染事故的，按照污染事故造成直接损失的一倍以上三倍以下计算罚款；对造成重大或者特大大气污染事故的，按照污染事故造成的直接损失的三倍以上五倍以下计算罚款。

第一百二十三条 违反本法规定，企业事业单位和其他生产经营者有下列行为之一，受到罚款处罚，被责令改正，拒不改正的，依法作出处罚决定的行政机关可以自责令改正之日的次日起，按照原处罚数额按日连续处罚：

（一）未依法取得排污许可证排放大气污染物的；

（二）超过大气污染物排放标准或者超过重点大气污染物排放总量控制指标排放大气污染物的；

（三）通过逃避监管的方式排放大气污染物的；

（四）建筑施工或者贮存易产生扬尘的物料未采取有效措施防治扬尘污染的。

第一百二十七条 违反本法规定，构成犯罪的，依法追究刑事责任。

《中华人民共和国固体废物污染环境防治法》（2020 年 4 月 29 日修订）

第一百二十三条 违反本法规定，构成违反治安管理行为的，由公安机关依法给予治安管理处罚；构成犯罪的，依法追究刑事责任；造成人身、财产损害的，依法承担民事责任。

第一百二十四条 本法下列用语的含义：

（一）固体废物，是指在生产、生活和其他活动中产生的丧失原有利用价值或者虽未丧失利用价值但被抛弃或者放弃的固态、半固态和置于容器中的气态的物品、物质以及法律、行政法规规定纳入固体废物管理的物品、物质。经无害化加工处理，并且符合强制性国家产品质量标准，不会危害公众健康和生态安全，或者根据固体废物鉴别标准和鉴别程序认定为不属于固体废物的除外。

（二）工业固体废物，是指在工业生产活动中产生的固体废物。

（三）生活垃圾，是指在日常生活中或者为日常生活提供服务的活动中产生的固体废物，以及法律、行政法规规定视为生活垃圾的固体废物。

（四）建筑垃圾，是指建设单位、施工单位新建、改建、扩建和拆除各类建筑物、构筑物、管网等，以及居民装饰装修房屋过程中产生的弃土、弃料和其他固体废物。

（五）农业固体废物，是指在农业生产活动中产生的固体废物。

（六）危险废物，是指列入国家危险废物名录或者根据国家规定的危险废物鉴别标准和鉴别方法认定的具有危险特性的固体废物。

(七)贮存,是指将固体废物临时置于特定设施或者场所中的活动。

(八)利用,是指从固体废物中提取物质作为原材料或者燃料的活动。

(九)处置,是指将固体废物焚烧和用其他改变固体废物的物理、化学、生物特性的方法,达到减少已产生的固体废物数量、缩小固体废物体积、减少或者消除其危险成分的活动,或者将固体废物最终置于符合环境保护规定要求的填埋场的活动。

《中华人民共和国海洋环境保护法》(2017 年 11 月 4 日修正)

第九十条 对违反本法规定,造成海洋环境污染事故的单位,除依法承担赔偿责任外,由依照本法规定行使海洋环境监督管理权的部门依照本条第二款的规定处以罚款;对直接负责的主管人员和其他直接责任人员可以处上一年度从本单位取得收入百分之五十以下的罚款;直接负责的主管人员和其他直接责任人员属于国家工作人员的,依法给予处分。

对造成一般或者较大海洋环境污染事故的,按照直接损失的百分之二十计算罚款;对造成重大或者特大海洋环境污染事故的,按照直接损失的百分之三十计算罚款。

对严重污染海洋环境、破坏海洋生态,构成犯罪的,依法追究刑事责任。

三、相关司法解释/文件

《最高人民法院、最高人民检察院关于办理妨害预防、控制突发传染病疫情等灾害的刑事案件具体应用法律若干问题的解释》(2003 年 5 月 14 日 法释〔2003〕8 号)

第十三条 违反传染病防治法等国家有关规定,向土地、水体、大气排放、倾倒或者处置含传染病病原体的废物、有毒物质或者其他危险废物,造成突发传染病传播等重大环境污染事故,致使公私财产遭受重大损失或者人身伤亡的严重后果的,依照刑法第三百三十八条的规定,以重大环境污染事故罪定罪处罚。

《最高人民法院、最高人民检察院关于办理环境污染刑事案件适用法律若干问题的解释》(2023 年 8 月 8 日 法释〔2023〕7 号)

为依法惩治环境污染犯罪,根据《中华人民共和国刑法》、《中华人民共和国刑事诉讼法》、《中华人民共和国环境保护法》等法律的有关规定,现就办理此类刑事案件适用法律的若干问题解释如下:

第一条 实施刑法第三百三十八条规定的行为,具有下列情形之一的,应当认定为“严重污染环境”:

(一)在饮用水水源保护区、自然保护地核心保护区等依法确定的重点保护区域排放、倾倒、处置有放射性的废物、含传染病病原体的废物、有毒物质的;

(二)非法排放、倾倒、处置危险废物三吨以上的;

(三)排放、倾倒、处置含铅、汞、镉、铬、砷、铊、锑的污染物,超过国家或者地方污染物排放标准三倍以上的;

(四)排放、倾倒、处置含镍、铜、锌、银、钒、锰、钴的污染物,超过国家或者地方污染物排放标准十倍以上的;

(五)通过暗管、渗井、渗坑、裂隙、溶洞、灌注、非紧急情况下开启大气应急排放通道等逃避监管的方式排放、倾倒、处置有放射性的废物、含传染病病原体的废物、有毒物质的;

(六)二年内曾因在重污染天气预警期间,违反国家规定,超标排放二氧化硫、氮氧化物等实行排放总量控制的大气污染物受过二次以上行政处罚,又实施此类行为的;

(七)重点排污单位、实行排污许可重点管理的单位篡改、伪造自动监测数据或者干扰自动监测设施,排放化学需氧量、氨氮、二氧化硫、氮氧化物等污染物的;

(八)二年内曾因违反国家规定,排放、倾倒、处置有放射性的废物、含传染病病原体的废物、有毒物质受过二次以上行政处罚,又实施此类行为的;

(九)违法所得或者致使公私财产损失三十万元以上的;

(十)致使乡镇集中式饮用水水源取水中断十二小时以上的;

(十一)其他严重污染环境的情形。

第二条 实施刑法第三百三十八条规定的行为,具有下列情形之一的,应当认定为“情节严重”:

(一)在饮用水水源保护区、自然保护地核心保护区等依法确定的重点保护区域排放、倾倒、处置有放射性的废物、含传染病病原体的废物、有毒物质，造成相关区域的生态功能退化或者野生生物资源严重破坏的；

（二）向国家确定的重要江河、湖泊水域排放、倾倒、处置有放射性的废物、含传染病病原体的废物、有毒物质，造成相关水域的生态功能退化或者水生生物资源严重破坏的；

（三）非法排放、倾倒、处置危险废物一百吨以上的；

（四）违法所得或者致使公私财产损失一百万元以上的；

（五）致使县级城区集中式饮用水水源取水中断十二小时以上的；

（六）致使永久基本农田、公益林地十亩以上，其他农用地二十亩以上，其他土地五十亩以上基本功能丧失或者遭受永久性破坏的；

（七）致使森林或者其他林木死亡五十立方米以上，或者幼树死亡二千五百株以上的；

（八）致使疏散、转移群众五千人以上的；

（九）致使三十人以上中毒的；

（十）致使一人以上重伤、严重疾病或者三人以上轻伤的；

（十一）其他情节严重的情形。

第三条　实施刑法第三百三十八条规定的行为，具有下列情形之一的，应当处七年以上有期徒刑，并处罚金：

（一）在饮用水水源保护区、自然保护地核心保护区等依法确定的重点保护区域排放、倾倒、处置有放射性的废物、含传染病病原体的废物、有毒物质，具有下列情形之一的：

1. 致使设区的市级城区集中式饮用水水源取水中断十二小时以上的；

2. 造成自然保护地主要保护的生态系统严重退化，或者主要保护的自然景观损毁的；

3. 造成国家重点保护的野生动植物资源或者国家重点保护物种栖息地、生长环境严重破坏的；

4. 其他情节特别严重的情形。

（二）向国家确定的重要江河、湖泊水域排放、倾倒、处置有放射性的废物、含传染病病原体的废物、有毒物质，具有下列情形之一的：

1. 造成国家确定的重要江河、湖泊水域生态系统严重退化的；

2. 造成国家重点保护的野生动植物资源严重破坏的；

3. 其他情节特别严重的情形。

（三）致使永久基本农田五十亩以上基本功能丧失或者遭受永久性破坏的；

（四）致使三人以上重伤、严重疾病，或者一人以上严重残疾、死亡的。

第四条　实施刑法第三百三十九条第一款规定的行为，具有下列情形之一的，应当认定为“致使公私财产遭受重大损失或者严重危害人体健康”：

（一）致使公私财产损失一百万元以上的；

（二）具有本解释第二条第五项至第十项规定情形之一的；

（三）其他致使公私财产遭受重大损失或者严重危害人体健康的情形。

第五条　实施刑法第三百三十八条、第三百三十九条规定的犯罪行为，具有下列情形之一的，应当从重处罚：

（一）阻挠环境监督检查或者突发环境事件调查，尚不构成妨害公务等犯罪的；

（二）在医院、学校、居民区等人口集中地区及其附近，违反国家规定排放、倾倒、处置有放射性的废物、含传染病病原体的废物、有毒物质或者其他有害物质的；

（三）在突发环境事件处置期间或者被责令限期整改期间，违反国家规定排放、倾倒、处置有放射性的废物、含传染病病原体的废物、有毒物质或者其他有害物质的；

（四）具有危险废物经营许可证的企业违反国家规定排放、倾倒、处置有放射性的废物、含传染病病原体的废物、有毒物质或者其他有害物质的；

（五）实行排污许可重点管理的企业事业单位和其他生产经营者未依法取得排污许可证，排放、倾倒、处置有放射性的废物、含传染病病原体的废物、有毒物质或者其他有害物质的。

第六条　实施刑法第三百三十八条规定的行为，行为人认罪认罚，积极修复生态环境，有效合规整改的，可以从宽处罚；犯罪情节轻微的，可以不起诉或者免予刑事处罚；情节显著轻微危害不大的，不作为犯罪处理。

第七条 无危险废物经营许可证从事收集、贮存、利用、处置危险废物经营活动,严重污染环境的,按照污染环境罪定罪处罚;同时构成非法经营罪的,依照处罚较重的规定定罪处罚。

实施前款规定的行为,不具有超标排放污染物、非法倾倒污染物或者其他违法造成环境污染的情形的,可以认定为非法经营情节显著轻微危害不大,不认为是犯罪;构成生产、销售伪劣产品等其他犯罪的,以其他犯罪论处。

第八条 明知他人无危险废物经营许可证,向其提供或者委托其收集、贮存、利用、处置危险废物,严重污染环境的,以共同犯罪论处。

第九条 违反国家规定,排放、倾倒、处置含有毒害性、放射性、传染病病原体等物质的污染物,同时构成污染环境罪、非法处置进口的固体废物罪、投放危险物质罪等犯罪的,依照处罚较重的规定定罪处罚。

第十条 承担环境影响评价、环境监测、温室气体排放检验检测、排放报告编制或者核查等职责的中介组织的人员故意提供虚假证明文件,具有下列情形之一的,应当认定为刑法第二百二十九条第一款规定的“情节严重”:

(一)违法所得三十万元以上的;

(二)二年内曾因提供虚假证明文件受过二次以上行政处罚,又提供虚假证明文件的;

(三)其他情节严重的情形。

实施前款规定的行为,在涉及公共安全的重大工程、项目中提供虚假的环境影响评价等证明文件,致使公共财产、国家和人民利益遭受特别重大损失的,应当依照刑法第二百二十九条第一款的规定,处五年以上十年以下有期徒刑,并处罚金。

实施前两款规定的行为,同时索取他人财物或者非法收受他人财物构成犯罪的,依照处罚较重的规定定罪处罚。

第十一条 违反国家规定,针对环境质量监测系统实施下列行为,或者强令、指使、授意他人实施下列行为,后果严重的,应当依照刑法第二百八十六条的规定,以破坏计算机信息系统罪定罪处罚:

(一)修改系统参数或者系统中存储、处理、传输的监测数据的;

(二)干扰系统采样,致使监测数据因系统不能正常运行而严重失真的;

(三)其他破坏环境质量监测系统的行为。

重点排污单位、实行排污许可重点管理的单位篡改、伪造自动监测数据或者干扰自动监测设施,排放化学需氧量、氨氮、二氧化硫、氮氧化物等污染物,同时构成污染环境罪和破坏计算机信息系统罪的,依照处罚较重的规定定罪处罚。

从事环境监测设施维护、运营的人员实施或者参与实施篡改、伪造自动监测数据、干扰自动监测设施、破坏环境质量监测系统等行为的,依法从重处罚。

第十二条 对于实施本解释规定的相关行为被不起诉或者免予刑事处罚的行为人,需要给予行政处罚、政务处分或者其他处分的,依法移送有关主管机关处理。有关主管机关应当将处理结果及时通知人民检察院、人民法院。

第十三条 单位实施本解释规定的犯罪的,依照本解释规定的定罪量刑标准,对直接负责的主管人员和其他直接责任人员定罪处罚,并对单位判处罚金。

第十四条 环境保护主管部门及其所属监测机构在行政执法过程中收集的监测数据,在刑事诉讼中可以作为证据使用。

公安机关单独或者会同环境保护主管部门,提取污染物样品进行检测获取的数据,在刑事诉讼中可以作为证据使用。

第十五条 对国家危险废物名录所列的废物,可以依据涉案物质的来源、产生过程、被告人供述、证人证言以及经批准或者备案的环境影响评价文件、排污许可证、排污登记表等证据,结合环境保护主管部门、公安机关等出具的书面意见作出认定。

对于危险废物的数量,依据案件事实,综合被告人供述,涉案企业的生产工艺、物耗、能耗情况,以及经批准或者备案的环境影响评价文件等证据作出认定。

第十六条 对案件所涉的环境污染专门性问题难以确定的,依据鉴定机构出具的鉴定意见,或者国务院环境保护主管部门、公安部门指定的机构出具的报告,结合其他证据作出认定。

第十七条 下列物质应当认定为刑法第三百三十八条规定的“有毒物质”:

（一）危险废物，是指列入国家危险废物名录，或者根据国家规定的危险废物鉴别标准和鉴别方法认定的，具有危险特性的固体废物；

（二）《关于持久性有机污染物的斯德哥尔摩公约》附件所列物质；

（三）重金属含量超过国家或者地方污染物排放标准的污染物；

（四）其他具有毒性，可能污染环境的物质。

第十八条　无危险废物经营许可证，以营利为目的，从危险废物中提取物质作为原材料或者燃料，并具有超标排放污染物、非法倾倒污染物或者其他违法造成环境污染的情形的行为，应当认定为"非法处置危险废物"。

第十九条　本解释所称"二年内"，以第一次违法行为受到行政处罚的生效之日与又实施相应行为之日的时间间隔计算确定。

本解释所称"重点排污单位"，是指设区的市级以上人民政府环境保护主管部门依法确定的应当安装、使用污染物排放自动监测设备的重点监控企业及其他单位。

本解释所称"违法所得"，是指实施刑法第二百二十九条、第三百三十八条、第三百三十九条规定的行为所得和可得的全部违法收入。

本解释所称"公私财产损失"，包括实施刑法第三百三十八条、第三百三十九条规定的行为直接造成财产损毁、减少的实际价值，为防止污染扩大、消除污染而采取必要合理措施所产生的费用，以及处置突发环境事件的应急监测费用。

本解释所称"无危险废物经营许可证"，是指未取得危险废物经营许可证，或者超出危险废物经营许可证的经营范围。

第二十条　本解释自 2023 年 8 月 15 日起施行。本解释施行后，《最高人民法院、最高人民检察院关于办理环境污染刑事案件适用法律若干问题的解释》（法释〔2016〕29 号）同时废止；之前发布的司法解释与本解释不一致的，以本解释为准。

《最高人民检察院、公安部关于公安机关管辖的刑事案件立案追诉标准的规定（一）》（2008 年 6 月 25 日　公通字〔2008〕36 号）

第六十条　［重大环境污染事故案（刑法第三百三十八条）］违反国家规定，向土地、水体、大气排放、倾倒或者处置有放射性的废物、含传染病病原体的废物、有毒物质或者其他危险废物，造成重大环境污染事故，涉嫌下列情形之一的，应予立案追诉：

（一）致使公私财产损失三十万元以上的；

（二）致使基本农田、防护林地、特种用途林地五亩以上，其他农用地十亩以上，其他土地二十亩以上基本功能丧失或者遭受永久性破坏的；

（三）致使森林或者其他林木死亡五十立方米以上，或者幼树死亡二千五百株以上的；

（四）致使一人以上死亡、三人以上重伤、十人以上轻伤，或者一人以上重伤并且五人以上轻伤的；

（五）致使传染病发生、流行或者人员中毒达到《国家突发公共卫生事件应急预案》中突发公共卫生事件分级 III 级以上情形，严重危害人体健康的；

（六）其他致使公私财产遭受重大损失或者人身伤亡的严重后果的情形。

本条和本规定第六十二条规定的"公私财产损失"，包括污染环境行为直接造成的财产损毁、减少的实际价值，为防止污染扩大以及消除污染而采取的必要的、合理的措施而发生的费用。

《最高人民检察院、公安部关于公安机关管辖的刑事案件立案追诉标准的规定（一）的补充规定》（2017 年 4 月 27 日　公通字〔2017〕12 号）

十、将《立案追诉标准（一）》第六十条修改为：［污染环境案（刑法第三百三十八条）］违反国家规定，排放、倾倒或者处置有放射性的废物、含传染病病原体的废物、有毒物质或者其他有害物质，涉嫌下列情形之一的，应予立案追诉：

（一）在饮用水水源一级保护区、自然保护区核心区排放、倾倒、处置有放射性的废物、含传染病病原体的废物、有毒物质的；

（二）非法排放、倾倒、处置危险废物三吨以上的；

（三）排放、倾倒、处置含铅、汞、镉、铬、砷、铊、锑的污染物，超过国家或者地方污染物排放标准 3 倍以上的；

（四）排放、倾倒、处置含镍、铜、锌、银、钒、锰、钴的污染物，超过国家或者地方污染物排放标准

10倍以上的;

(五)通过暗管、渗井、渗坑、裂隙、溶洞、灌注等逃避监管的方式排放、倾倒、处置有放射性的废物、含传染病病原体的废物、有毒物质的;

(六)二年内曾因违反国家规定,排放、倾倒、处置有放射性的废物、含传染病病原体的废物、有毒物质受过2次以上行政处罚,又实施前列行为的;

(七)重点排污单位篡改、伪造自动监测数据或者干扰自动监测设施,排放化学需氧量、氨氮、二氧化硫、氮氧化物等污染物的;

(八)违法减少防治污染设施运行支出100万元以上的;

(九)违法所得或者致使公私财产损失30万元以上的;

(十)造成生态环境严重损害的;

(十一)致使乡镇以上集中式饮用水水源取水中断12小时以上的;

(十二)致使基本农田、防护林地、特种用途林地5亩以上,其他农用地10亩以上,其他土地20亩以上基本功能丧失或者遭受永久性破坏的;

(十三)致使森林或者其他林木死亡50立方米以上,或者幼树死亡2500株以上的;

(十四)致使疏散、转移群众5千人以上的;

(十五)致使30人以上中毒的;

(十六)致使3人以上轻伤、轻度残疾或者器官组织损伤导致一般功能障碍的;

(十七)致使1人以上重伤、中度残疾或者器官组织损伤导致严重功能障碍的;

(十八)其他严重污染环境的情形。

本条规定的"有毒物质",包括列入国家危险废物名录或者根据国家规定的危险废物鉴别标准和鉴别方法认定的具有危险特性的废物,《关于持久性有机污染物的斯德哥尔摩公约》附件所列物质,含重金属的污染物,以及其他具有毒性可能污染环境的物质。

本条规定的"非法处置危险废物",包括无危险废物经营许可证,以营利为目的,从危险废物中提取物质作为原材料或者燃料,并具有超标排放污染物、非法倾倒污染物或者其他违法造成环境污染情形的行为。

本条规定的"重点排污单位",是指设区的市级以上人民政府环境保护主管部门依法确定的应当安装、使用污染物排放自动监测设备的重点监控企业及其他单位。

本条规定的"公私财产损失",包括直接造成财产损毁、减少的实际价值,为防止污染扩大、消除污染而采取必要合理措施所产生的费用,以及处置突发环境事件的应急监测费用。

本条规定的"生态环境损害",包括生态环境修复费用,生态环境修复期间服务功能的损失和生态环境功能永久性损害造成的损失,以及其他必要合理费用。

本条规定的"无危险废物经营许可证",是指未取得危险废物经营许可证,或者超出危险废物经营许可证的经营范围。

《最高人民法院、最高人民检察院、公安部、司法部、生态环境部关于办理环境污染刑事案件有关问题座谈会纪要》(2019年2月20日)

二、会议要求,各部门要正确理解和准确适用刑法和《最高人民法院、最高人民检察院关于办理环境污染刑事案件适用法律若干问题的解释》(法释〔2016〕29号,以下称《环境解释》)的规定,坚持最严格的环保司法制度、最严密的环保法治理念,统一执法司法尺度,加大对环境污染犯罪的惩治力度。

1. 关于单位犯罪的认定

会议针对一些地方存在追究自然人犯罪多,追究单位犯罪少,单位犯罪认定难的情况和问题进行了讨论。会议认为,办理环境污染犯罪案件,认定单位犯罪时,应当依法合理把握追究刑事责任的范围,贯彻宽严相济刑事政策,重点打击出资者、经营者和主要获利者,既要防止不当缩小追究刑事责任的人员范围,又要防止打击面过大。

为了单位利益,实施环境污染行为,并具有下列情形之一的,应当认定为单位犯罪:(1)经单位决策机构按照决策程序决定的;(2)经单位实际控制人、主要负责人或者授权的分管负责人决定、同意的;(3)单位实际控制人、主要负责人或者授权的分管负责人得知单位成员个人实施环境污染犯罪行为,并未加以制止或者及时采取措施,而是予以追认、纵容或者默许的;(4)使用单位营业执照、合同书、公章、印鉴等对外开展活动，并调用单位车辆、船舶、生产设备、原辅材料等实施环境污染犯罪行为的。

单位犯罪中的“直接负责的主管人员”，一般是指对单位犯罪起决定、批准、组织、策划、指挥、授意、纵容等作用的主管人员，包括单位实际控制人、主要负责人或者授权的分管负责人、高级管理人员等；“其他直接责任人员”，一般是指在直接负责的主管人员的指挥、授意下积极参与实施单位犯罪或者对具体实施单位犯罪起较大作用的人员。

对于应当认定为单位犯罪的环境污染犯罪案件，公安机关未作为单位犯罪移送审查起诉的，人民检察院应当退回公安机关补充侦查。对于应当认定为单位犯罪的环境污染犯罪案件，人民检察院只作为自然人犯罪起诉的，人民法院应当建议人民检察院对犯罪单位补充起诉。

2. 关于犯罪未遂的认定

会议针对当前办理环境污染犯罪案件中，能否认定污染环境罪（未遂）的问题进行了讨论。会议认为，当前环境执法工作形势比较严峻，一些行为人拒不配合执法检查、接受检查时弄虚作假、故意逃避法律追究的情形时有发生，因此对于行为人已经着手实施非法排放、倾倒、处置有毒有害污染物的行为，由于有关部门查处或者其他意志以外的原因未得逞的情形，可以污染环境罪（未遂）追究刑事责任。

3. 关于主观过错的认定

会议针对当前办理环境污染犯罪案件中，如何准确认定犯罪嫌疑人、被告人主观过错的问题进行了讨论。会议认为，判断犯罪嫌疑人、被告人是否具有环境污染犯罪的故意，应当依据犯罪嫌疑人、被告人的任职情况、职业经历、专业背景、培训经历、本人因同类行为受到行政处罚或者刑事追究情况以及污染物种类、污染方式、资金流向等证据，结合其供述，进行综合分析判断。

实践中，具有下列情形之一，犯罪嫌疑人、被告人不能作出合理解释的，可以认定其故意实施环境污染犯罪，但有证据证明确系不知情的除外：(1)企业没有依法通过环境影响评价，或者未依法取得排污许可证，排放污染物，或者已经通过环境影响评价并且防治污染设施验收合格后，擅自更改工艺流程、原辅材料，导致产生新的污染物质的；(2)不使用验收合格的防治污染设施或者不按规范要求使用的；(3)防治污染设施发生故障，发现后不及时排除，继续生产放任污染物排放的；(4)生态环境部门责令限制生产、停产整治或者予以行政处罚后，继续生产放任污染物排放的；(5)将危险废物委托第三方处置，没有尽到查验经营许可的义务，或者委托处置费用明显低于市场价格或者处置成本的；(6)通过暗管、渗井、渗坑、裂隙、溶洞、灌注等逃避监管的方式排放污染物的；(7)通过篡改、伪造监测数据的方式排放污染物的；(8)其他足以认定的情形。

4. 关于生态环境损害标准的认定

会议针对如何适用《环境解释》第一条、第三条规定的“造成生态环境严重损害的”“造成生态环境特别严重损害的”定罪量刑标准进行了讨论。会议指出，生态环境损害赔偿制度是生态文明制度体系的重要组成部分。党中央、国务院高度重视生态环境损害赔偿工作，党的十八届三中全会明确提出对造成生态环境损害的责任者严格实行赔偿制度。2015 年，中央办公厅、国务院办公厅印发《生态环境损害赔偿制度改革试点方案》（中办发〔2015〕57 号），在吉林等 7 个省市部署开展改革试点，取得明显成效。2017 年，中央办公厅、国务院办公厅印发《生态环境损害赔偿制度改革方案》（中办发〔2017〕68 号），在全国范围内试行生态环境损害赔偿制度。

会议指出，《环境解释》将造成生态环境损害规定为污染环境罪的定罪量刑标准之一，是为了与生态环境损害赔偿制度实现衔接配套，考虑到该制度尚在试行过程中，《环境解释》作了较原则的规定。司法实践中，一些省市结合本地区工作实际制定了具体标准。会议认为，在生态环境损害赔偿制度试行阶段，全国各省（自治区、直辖市）可以结合本地实际情况，因地制宜，因时制宜，根据案件具体情况准确认定“造成生态环境严重损害”和“造成生态环境特别严重损害”。

5. 关于非法经营罪的适用

会议针对如何把握非法经营罪与污染环境罪的关系以及如何具体适用非法经营罪的问题进行了讨论。会议强调，要高度重视非法经营危险废物案件的办理,坚持全链条、全环节、全流程对非法排放、倾倒、处置、经营危险废物的产业链进行刑事打击,查清犯罪网络,深挖犯罪源头,斩断利益链条,不断挤压和铲除此类犯罪滋生蔓延的空间。

会议认为,准确理解和适用《环境解释》第六条的规定应当注意把握两个原则:一要坚持实质判断原则,对行为人非法经营危险废物行为的社会危害性作实质性判断。比如,一些单位或者个人虽未依法取得危险废物经营许可证,但其收集、贮存、利用、处置危险废物经营活动,没有超标排放污染物、非法倾倒污染物或者其他违法造成环境污染情形的,则不宜以非法经营罪论处。二要坚持综合判断原则,对行为人非法经营危险废物行为根据其在犯罪链条中的地位、作用综合判断其社会危害性。比如,有证据证明单位或者个人的无证经营危险废物行为属于危险废物非法经营产业链的一部分,并且已经形成了分工负责、利益均沾、相对固定的犯罪链条,如果行为人或者与其联系紧密的上游或者下游环节具有排放、倾倒、处置危险废物违法造成环境污染的情形,且交易价格明显异常的,对行为人可以根据案件具体情况在污染环境罪和非法经营罪中,择一重罪处断。

6. 关于投放危险物质罪的适用

会议强调,目前我国一些地方环境违法犯罪活动高发多发,刑事处罚威慑力不强的问题仍然突出,现阶段在办理环境污染犯罪案件时必须坚决贯彻落实中央领导同志关于重典治理污染的指示精神,把刑法和《环境解释》的规定用足用好,形成对环境污染违法犯罪的强大震慑。

会议认为,司法实践中对环境污染行为适用投放危险物质罪追究刑事责任时,应当重点审查判断行为人的主观恶性、污染行为恶劣程度、污染物的毒害性危险性、污染持续时间、污染结果是否可逆、是否对公共安全造成现实、具体、明确的危险或者危害等各方面因素。对于行为人明知其排放、倾倒、处置的污染物含有毒害性、放射性、传染病病原体等危险物质,仍实施环境污染行为放任其危害公共安全,造成重大人员伤亡、重大公私财产损失等严重后果,以污染环境罪论处明显不足以罚当其罪的,可以按投放危险物质罪定罪量刑。实践中,此类情形主要是向饮用水水源保护区,饮用水供水单位取水口和出水口,南水北调水库、干渠、涵洞等配套工程,重要渔业水体以及自然保护区核心区等特殊保护区域,排放、倾倒、处置毒害性极强的污染物,危害公共安全并造成严重后果的情形。

7. 关于涉大气污染环境犯罪的处理

会议针对涉大气污染环境犯罪的打击处理问题进行了讨论。会议强调,打赢蓝天保卫战是打好污染防治攻坚战的重中之重。各级人民法院、人民检察院、公安机关、生态环境部门要认真分析研究全国人大常委会大气污染防治法执法检查发现的问题和提出的建议,不断加大对涉大气污染环境犯罪的打击力度,毫不动摇地以法律武器治理污染,用法治力量保卫蓝天,推动解决人民群众关注的突出大气环境问题。

会议认为,司法实践中打击涉大气污染环境犯罪,要抓住关键问题,紧盯薄弱环节,突出打击重点。对重污染天气预警期间,违反国家规定,超标排放二氧化硫、氮氧化物,受过行政处罚后又实施上述行为或者具有其他严重情节的,可以适用《环境解释》第一条第十八项规定的"其他严重污染环境的情形"追究刑事责任。

8. 关于非法排放、倾倒、处置行为的认定

会议针对如何准确认定环境污染犯罪中非法排放、倾倒、处置行为进行了讨论。会议认为,司法实践中认定非法排放、倾倒、处置行为时,应当根据《固体废物污染环境防治法》和《环境解释》的有关规定精神,从其行为方式是否违反国家规定或者行业操作规范、污染物是否与外环境接触、是否造成环境污染的危险或者危害等方面进行综合分析判断。对名为运输、贮存、利用,实为排放、倾倒、处置的行为应当认定为非法排放、倾倒、处置行为,可以依法追究刑事责任。比如,未采取相应防范措施将没有利用价值的危险废物长期贮存、搁置,放任危险废物或者其有毒有害成分大量扬散、流失、泄漏、挥发,污染环境的。

9. 关于有害物质的认定

会议针对如何准确认定刑法第三百三十八条规定的"其他有害物质"的问题进行了讨论。会议认为,办理非法排放、倾倒、处置其他有害物质的案件,应当坚持主客观相一致原则,从行为人的主观

恶性、污染行为恶劣程度、有害物质危险性毒害性等方面进行综合分析判断,准确认定其行为的社会危害性。实践中,常见的有害物质主要有:工业危险废物以外的其他工业固体废物;未经处理的生活垃圾;有害大气污染物、受控消耗臭氧层物质和有害水污染物;在利用和处置过程中必然产生有毒有害物质的其他物质;国务院生态环境保护主管部门会同国务院卫生主管部门公布的有毒有害污染物名录中的有关物质等。

10. 关于从重处罚情形的认定

会议强调,要坚决贯彻党中央推动长江经济带发展的重大决策,为长江经济带共抓大保护、不搞大开发提供有力的司法保障。实践中,对于发生在长江经济带十一省(直辖市)的下列环境污染犯罪行为,可以从重处罚:(1)跨省(直辖市)排放、倾倒、处置有放射性的废物、含传染病病原体的废物、有毒物质或者其他有害物质的;(2)向国家确定的重要江河、湖泊或者其他跨省(直辖市)江河、湖泊排放、倾倒、处置有放射性的废物、含传染病病原体的废物、有毒物质或者其他有害物质的。

11. 关于严格适用不起诉、缓刑、免予刑事处罚

会议针对当前办理环境污染犯罪案件中如何严格适用不起诉、缓刑、免予刑事处罚的问题进行了讨论。会议强调,环境污染犯罪案件的刑罚适用直接关系加强生态环境保护打好污染防治攻坚战的实际效果。各级人民法院、人民检察院要深刻认识环境污染犯罪的严重社会危害性,正确贯彻宽严相济刑事政策,充分发挥刑罚的惩治和预防功能。要在全面把握犯罪事实和量刑情节的基础上严格依照刑法和刑事诉讼法规定的条件适用不起诉、缓刑、免予刑事处罚,既要考虑从宽情节,又要考虑从严情节;既要做到刑罚与犯罪相当,又要做到刑罚执行方式与犯罪相当,切实避免不起诉、缓刑、免予刑事处罚不当适用造成的消极影响。

会议认为,具有下列情形之一的,一般不适用不起诉、缓刑或者免予刑事处罚:(1)不如实供述罪行的;(2)属于共同犯罪中情节严重的主犯的;(3)犯有数个环境污染犯罪依法实行并罚或者以一罪处理的;(4)曾因环境污染违法犯罪行为受过行政处罚或者刑事处罚的;(5)其他不宜适用不起诉、缓刑、免予刑事处罚的情形。

会议要求,人民法院审理环境污染犯罪案件拟适用缓刑或者免予刑事处罚的,应当分析案发前后的社会影响和反映,注意听取控辩双方提出的意见。对于情节恶劣、社会反映强烈的环境污染犯罪,不得适用缓刑、免予刑事处罚。人民法院对判处缓刑的被告人,一般应当同时宣告禁止令,禁止其在缓刑考验期内从事与排污或者处置危险废物有关的经营活动。生态环境部门根据禁止令,对上述人员担任实际控制人、主要负责人或者高级管理人员的单位,依法不得发放排污许可证或者危险废物经营许可证。

三、会议要求,各部门要认真执行《环境解释》和原环境保护部、公安部、最高人民检察院《环境保护行政执法与刑事司法衔接工作办法》(环环监〔2017〕17号)的有关规定,进一步理顺部门职责,畅通衔接渠道,建立健全环境行政执法与刑事司法衔接的长效工作机制。

12. 关于管辖的问题

会议针对环境污染犯罪案件的管辖问题进行了讨论。会议认为,实践中一些环境污染犯罪案件属于典型的跨区域刑事案件,容易存在管辖不明或者有争议的情况,各级人民法院、人民检察院、公安机关要加强沟通协调,共同研究解决。

会议提出,跨区域环境污染犯罪案件由犯罪地的公安机关管辖。如果由犯罪嫌疑人居住地的公安机关管辖更为适宜的,可以由犯罪嫌疑人居住地的公安机关管辖。犯罪地包括环境污染行为发生地和结果发生地。"环境污染行为发生地"包括环境污染行为的实施地以及预备地、开始地、途经地、结束地以及排放、倾倒污染物的车船停靠地、始发地、途经地、到达地等地点;环境污染行为有连续、持续或者继续状态的,相关地方都属于环境污染行为发生地。"环境污染结果发生地"包括污染物排放地、倾倒地、堆放地、污染发生地等。

多个公安机关都有权立案侦查的,由最初受理的或者主要犯罪地的公安机关立案侦查,管辖有争议的,按照有利于查清犯罪事实、有利于诉讼的原则,由共同的上级公安机关协调确定的公安机关立案侦查,需要提请批准逮捕、移送审查起诉、提起公诉的,由该公安机关所在地的人民检察院、人民法院受理。

13. 关于危险废物的认定

会议针对危险废物如何认定以及是否需要鉴定的问题进行了讨论。会议认为,根据《环境解释》的规定精神,对于列入《国家危险废物名录》的,如果来源和相应特征明确,司法人员根据自身专业技术知识和工作经验认定难度不大的,司法机关可以依据名录直接认定。对于来源和相应特征不明确的,由生态环境部门、公安机关等出具书面意见,司法机关可以依据涉案物质的来源、产生过程、被告人供述、证人证言以及经批准或者备案的环境影响评价文件等证据,结合上述书面意见作出是否属于危险废物的认定。对于需要生态环境部门、公安机关等出具书面认定意见的,区分下列情况分别处理:(1)对已确认固体废物产生单位,且产废单位环评文件中明确为危险废物的,根据产废单位建设项目环评文件和审批、验收意见、案件笔录等材料,可对照《国家危险废物名录》等出具认定意见。(2)对已确认固体废物产生单位,但产废单位环评文件中未明确为危险废物的,应进一步分析废物产生工艺,对照判断其是否列入《国家危险废物名录》。列入名录的可以直接出具认定意见;未列入名录的,应根据原辅材料、产生工艺等进一步分析其是否具有危险特性,不可能具有危险特性的,不属于危险废物;可能具有危险特性的,抽取典型样品进行检测,并根据典型样品检测指标浓度,对照《危险废物鉴别标准》(GB 5085.1-7)出具认定意见。(3)对固体废物产生单位无法确定的,应抽取典型样品进行检测,根据典型样品检测指标浓度,对照《危险废物鉴别标准》(GB 5085.1-7)出具认定意见。对确需进一步委托有相关资质的检测鉴定机构进行检测鉴定的,生态环境部门或者公安机关按照有关规定开展检测鉴定工作。

14. 关于鉴定的问题

会议指出,针对当前办理环境污染犯罪案件中存在的司法鉴定有关问题,司法部将会同生态环境部,加快准入一批诉讼急需、社会关注的环境损害司法鉴定机构,加快对环境损害司法鉴定相关技术规范和标准的制定、修改和认定工作,规范鉴定程序,指导各地司法行政机关会同价格主管部门制定出台环境损害司法鉴定收费标准,加强与办案机关的沟通衔接,更好地满足办案机关需求。

会议要求,司法部应当根据《关于严格准入严格监管提高司法鉴定质量和公信力的意见》(司发〔2017〕11号)的要求,会同生态环境部加强对环境损害司法鉴定机构的事中事后监管,加强司法鉴定社会信用体系建设,建立黑名单制度,完善退出机制,及时向社会公开违法违规的环境损害司法鉴定机构和鉴定人行政处罚、行业惩戒等监管信息,对弄虚作假造成环境损害鉴定评估结论严重失实或者违规收取高额费用、情节严重的,依法撤销登记。鼓励有关单位或者个人向司法部、生态环境部举报环境损害司法鉴定机构的违法违规行为。

会议认为,根据《环境解释》的规定精神,对涉及案件定罪量刑的核心或者关键专门性问题难以确定的,由司法鉴定机构出具鉴定意见。实践中,这类核心或者关键专门性问题主要是案件具体适用的定罪量刑标准涉及的专门性问题,比如公私财产损失数额、超过排放标准倍数、污染物性质判断等。对案件的其他非核心或者关键专门性问题,或者可鉴定也可不鉴定的专门性问题,一般不委托鉴定。比如,适用《环境解释》第一条第二项"非法排放、倾倒、处置危险废物三吨以上"的规定对当事人追究刑事责任的,除可能适用公私财产损失第二档定罪量刑标准的以外,则不应再对公私财产损失数额或者超过排放标准倍数进行鉴定。涉及案件定罪量刑的核心或者关键专门性问题难以鉴定或者鉴定费用明显过高的,司法机关可以结合案件其他证据,并参考生态环境部门意见、专家意见等作出认定。

15. 关于监测数据的证据资格问题

会议针对实践中地方生态环境部门及其所属监测机构委托第三方监测机构出具报告的证据资格问题进行了讨论。会议认为,地方生态环境部门及其所属监测机构委托第三方监测机构出具的监测报告,地方生态环境部门及其所属监测机构在行政执法过程中予以采用的,其实质属于《环境解释》第十二条规定的"环境保护主管部门及其所属监测机构在行政执法过程中收集的监测数据",在刑事诉讼中可以作为证据使用。

要义辨析

一、概念

本罪是指违反国家规定，排放、倾倒或者处置有放射性的废物、含传染病病原体的废物、有毒物质或者其他有害物质，严重污染环境的，致使公私财产遭受重大损失或者人身伤亡的严重后果的行为。

二、构成要件

1. 本罪侵犯的客体是国家对土地、水体、大气环境的保护和管理秩序。犯罪对象为危险废物。即列入国家废物名录或者根据国家规定的危险废物鉴别标准和鉴别方法认定的具有危险特性的废物。

2. 本罪客观方面表现为违反国家规定，排放、倾倒或者处置有放射性的废物、含传染病病原体的废物、有毒物质或者其他有害物质，严重污染环境的，致使公私财产遭受重大损失或者人身伤亡的严重后果的行为。

3. 本罪主观方面表现为过失，即对引起的严重后果的罪过形式是过失，包括疏忽大意或过于自信的过失。

4. 本罪主体为一般主体，自然人和单位均可构成本罪。

三、要点辨析

1. 本罪为结果犯，即必须严重污染环境的，致使公私财产遭受重大损失或者人身伤亡的严重后果才构成本罪。

2. 关于单位犯罪的认定。为了单位利益，实施环境污染行为，并具有下列情形之一的，应当认定为单位犯罪：(1)经单位决策机构按照决策程序决定的；(2)经单位实际控制人、主要负责人或者授权的分管负责人决定、同意的；(3)单位实际控制人、主要负责人或者授权的分管负责人得知单位成员个人实施环境污染犯罪行为，并未加以制止或者及时采取措施，而是予以追认、纵容或者默许的；(4)使用单位营业执照、合同书、公章、印鉴等对外开展活动，并调用单位车辆、船舶、生产设备、原辅材料等实施环境污染犯罪行为的。单位犯罪中的“直接负责的主管人员”，一般是指对单位犯罪起决定、批准、组织、策划、指挥、授意、纵容等作用的主管人员，包括单位实际控制人、主要负责人或者授权的分管负责人、高级管理人员等。“其他直接责任人员”，一般是指在直接负责的主管人员的指挥、授意下积极参与实施单位犯罪或者对具体实施单位犯罪起较大作用的人员。应当依法合理把握追究刑事责任的范围，重点打击出资者、经营者和主要获利者，既要防止不当缩小追究刑事责任的人员范围，又要防止打击面过大。

3. 关于犯罪未遂的认定。对于行为人已经着手实施非法排放、倾倒、处置有毒有害污染物的行为，由于有关部门查处或者其他意志以外的原因未得逞的情形，可以污染环境罪(未遂)追究刑事责任。

四、罪名变迁

本罪在1979年《刑法》中未作规定，1997年《刑法》增设本罪。本罪系吸收《水污染防治法》第43条、《大气污染防治法》第47条等内容所设。《刑法修正案(八)》第46条对本罪作了三处修改：(1)删除了“向土地、水体、大气”字样；(2)将“其他危险废物”修改为“其他有害物质”；(3)将“造成重大环境污染事故，致使公私财产遭受重大损失或者人身伤亡的严重后果”修改为“严重污染环境”，后又根据《刑法修正案(十一)》修改。

类罪名:妨害社会管理秩序罪/破坏环境资源保护罪 | 罪名:非法处置进口的固体废物罪	
量刑标准	**构成犯罪的** 处5年以下有期徒刑或者拘役,并处罚金;
	致使公私财产遭受重大损失或严重危害人体健康的 处5年以上10年以下有期徒刑,并处罚金;
	后果特别严重的 处10年以上有期徒刑,并处罚金;
	单位犯罪的 判处罚金;并对直接负责的主管人员和责任人员依个人犯罪处罚。

法律依据

一、《刑法》条文

第三百三十九条第一款 违反国家规定,将境外的固体废物进境倾倒、堆放、处置的,处五年以下有期徒刑或者拘役,并处罚金;造成重大环境污染事故,致使公私财产遭受重大损失或者严重危害人体健康的,处五年以上十年以下有期徒刑,并处罚金;后果特别严重的,处十年以上有期徒刑,并处罚金。

第三百四十六条 单位犯本节第三百三十八条至第三百四十五条规定之罪的,对单位判处罚金,并对其直接负责的主管人员和其他直接责任人员,依照本节各该条的规定处罚。

二、相关司法解释/文件

《最高人民检察院、公安部关于公安机关管辖的刑事案件立案追诉标准的规定(一)》(2008年6月25日 公通字〔2008〕36号)

第六十一条 [非法处置进口的固体废物案(刑法第三百三十九条第一款)]违反国家规定,将境外的固体废物进境倾倒、堆放、处置的,应予立案追诉。

《最高人民法院、最高人民检察院、公安部、司法部、生态环境部关于办理环境污染刑事案件有关问题座谈会纪要》(2019年2月20日)

二、会议要求,各部门要正确理解和准确适用刑法和《最高人民法院、最高人民检察院关于办理环境污染刑事案件适用法律若干问题的解释》(法释〔2016〕29号,以下称《环境解释》)的规定,坚持最严格的环保司法制度、最严密的环保法治理念,统一执法司法尺度,加大对环境污染犯罪的惩治力度。

1. 关于单位犯罪的认定

会议针对一些地方存在追究自然人犯罪多,追究单位犯罪少,单位犯罪认定难的情况和问题进行了讨论。会议认为,办理环境污染犯罪案件,认定单位犯罪时,应当依法合理把握追究刑事责任的范围,贯彻宽严相济刑事政策,重点打击出资者、经营者和主要获利者,既要防止不当缩小追究刑事责任的人员范围,又要防止打击面过大。

为了单位利益,实施环境污染行为,并具有下列情形之一的,应当认定为单位犯罪:(1)经单位决策机构按照决策程序决定的;(2)经单位实际控制人、主要负责人或者授权的分管负责人决定、同意的;(3)单位实际控制人、主要负责人或者授权的分管负责人得知单位成员个人实施环境污染犯罪行为,并未加以制止或者及时采取措施,而是予以追认、纵容或者默许的;(4)使用单位营业执照、合同书、公章、印鉴等对外开展活动,并调用单位车辆、船舶、生产设备、原辅材料等实施环境污染犯罪行为的。

单位犯罪中的"直接负责的主管人员",一般是指对单位犯罪起决定、批准、组织、策划、指挥、授意、纵容等作用的主管人员,包括单位实际控制人、主要负责人或者授权的分管负责人、高级管理人员等;"其他直接责任人员",一般是指在直接负责的主管人员的指挥、授意下积极参与实施单位犯罪或者对具体实施单位犯罪起较大作用的人员。

对于应当认定为单位犯罪的环境污染犯罪案件，公安机关未作为单位犯罪移送审查起诉的，人民检察院应当退回公安机关补充侦查。对于应当认定为单位犯罪的环境污染犯罪案件，人民检察院只作为自然人犯罪起诉的，人民法院应当建议人民检察院对犯罪单位补充起诉。

2. 关于犯罪未遂的认定

会议针对当前办理环境污染犯罪案件中，能否认定污染环境罪（未遂）的问题进行了讨论。会议认为，当前环境执法工作形势比较严峻，一些行为人拒不配合执法检查、接受检查时弄虚作假、故意逃避法律追究的情形时有发生，因此对于行为人已经着手实施非法排放、倾倒、处置有毒有害污染物的行为，由于有关部门查处或者其他意志以外的原因未得逞的情形，可以污染环境罪（未遂）追究刑事责任。

3. 关于主观过错的认定

会议针对当前办理环境污染犯罪案件中，如何准确认定犯罪嫌疑人、被告人主观过错的问题进行了讨论。会议认为，判断犯罪嫌疑人、被告人是否具有环境污染犯罪的故意，应当依据犯罪嫌疑人、被告人的任职情况、职业经历、专业背景、培训经历、本人因同类行为受到行政处罚或者刑事追究情况以及污染物种类、污染方式、资金流向等证据，结合其供述，进行综合分析判断。

实践中，具有下列情形之一，犯罪嫌疑人、被告人不能作出合理解释的，可以认定其故意实施环境污染犯罪，但有证据证明确系不知情的除外：(1)企业没有依法通过环境影响评价，或者未依法取得排污许可证，排放污染物，或者已经通过环境影响评价并且防治污染设施验收合格后，擅自更改工艺流程、原辅材料，导致产生新的污染物质的；(2)不使用验收合格的防治污染设施或者不按规范要求使用的；(3)防治污染设施发生故障，发现后不及时排除，继续生产放任污染物排放的；(4)生态环境部门责令限制生产、停产整治或者予以行政处罚后，继续生产放任污染物排放的；(5)将危险废物委托第三方处置，没有尽到查验经营许可的义务，或者委托处置费用明显低于市场价格或者处置成本的；(6)通过暗管、渗井、渗坑、裂隙、溶洞、灌注等逃避监管的方式排放污染物的；(7)通过篡改、伪造监测数据的方式排放污染物的；(8)其他足以认定的情形。

4. 关于生态环境损害标准的认定

会议针对如何适用《环境解释》第一条、第三条规定的“造成生态环境严重损害的”“造成生态环境特别严重损害的”定罪量刑标准进行了讨论。会议指出，生态环境损害赔偿制度是生态文明制度体系的重要组成部分。党中央、国务院高度重视生态环境损害赔偿工作，党的十八届三中全会明确提出对造成生态环境损害的责任者严格实行赔偿制度。2015 年，中央办公厅、国务院办公厅印发《生态环境损害赔偿制度改革试点方案》（中办发〔2015〕57 号），在吉林等 7 个省市部署开展改革试点，取得明显成效。2017 年，中央办公厅、国务院办公厅印发《生态环境损害赔偿制度改革方案》（中办发〔2017〕68 号），在全国范围内试行生态环境损害赔偿制度。

会议指出，《环境解释》将造成生态环境损害规定为污染环境罪的定罪量刑标准之一，是为了与生态环境损害赔偿制度实现衔接配套，考虑到该制度尚在试行过程中，《环境解释》作了较原则的规定。司法实践中，一些省市结合本地区工作实际制定了具体标准。会议认为，在生态环境损害赔偿制度试行阶段，全国各省（自治区、直辖市）可以结合本地实际情况，因地制宜，因时制宜，根据案件具体情况准确认定“造成生态环境严重损害”和“造成生态环境特别严重损害”。

5. 关于非法经营罪的适用

会议针对如何把握非法经营罪与污染环境罪的关系以及如何具体适用非法经营罪的问题进行了讨论。会议强调，要高度重视非法经营危险废物案件的办理，坚持全链条、全环节、全流程对非法排放、倾倒、处置、经营危险废物的产业链进行刑事打击，查清犯罪网络，深挖犯罪源头，斩断利益链条，不断挤压和铲除此类犯罪滋生蔓延的空间。

会议认为，准确理解和适用《环境解释》第六条的规定应当注意把握两个原则：一要坚持实质判断原则，对行为人非法经营危险废物行为的社会危害性作实质性判断。比如，一些单位或者个人虽未依法取得危险废物经营许可证，但其收集、贮存、利用、处置危险废物经营活动，没有超标排放污染物、非法倾倒污染物或者其他违法造成环境污染情形的,则不宜以非法经营罪论处。二要坚持综合判断原则,对行为人非法经营危险废物行为根据其在犯罪链条中的地位、作用综合判断其社会危害性。比如,有证据证明单位或者个人的无证经营危险废物行为属于危险废物非法经营产业链的一部分,并且已经形成了分工负责、利益均沾、相对固定的犯罪链条,如果行为人或者与其联系紧密的上游或者下游环节具有排放、倾倒、处置危险废物违法造成环境污染的情形,且交易价格明显异常的,对行为人可以根据案件具体情况在污染环境罪和非法经营罪中,择一重罪处断。

6. 关于投放危险物质罪的适用

会议强调,目前我国一些地方环境违法犯罪活动高发多发,刑事处罚威慑力不强的问题仍然突出,现阶段在办理环境污染犯罪案件时必须坚决贯彻落实中央领导同志关于重典治理污染的指示精神,把刑法和《环境解释》的规定用足用好,形成对环境污染违法犯罪的强大震慑。

会议认为,司法实践中对环境污染行为适用投放危险物质罪追究刑事责任时,应当重点审查判断行为人的主观恶性、污染行为恶劣程度、污染物的毒害性危险性、污染持续时间、污染结果是否可逆、是否对公共安全造成现实、具体、明确的危险或者危害等各方面因素。对于行为人明知其排放、倾倒、处置的污染物含有毒害性、放射性、传染病病原体等危险物质,仍实施环境污染行为放任其危害公共安全,造成重大人员伤亡、重大公私财产损失等严重后果,以污染环境罪论处明显不足以罚当其罪的,可以按投放危险物质罪定罪量刑。实践中,此类情形主要是向饮用水水源保护区,饮用水供水单位取水口和出水口,南水北调水库、干渠、涵洞等配套工程,重要渔业水体以及自然保护区核心区等特殊保护区域,排放、倾倒、处置毒害性极强的污染物,危害公共安全并造成严重后果的情形。

7. 关于涉大气污染环境犯罪的处理

会议针对涉大气污染环境犯罪的打击处理问题进行了讨论。会议强调,打赢蓝天保卫战是打好污染防治攻坚战的重中之重。各级人民法院、人民检察院、公安机关、生态环境部门要认真分析研究全国人大常委会大气污染防治法执法检查发现的问题和提出的建议,不断加大对涉大气污染环境犯罪的打击力度,毫不动摇地以法律武器治理污染,用法治力量保卫蓝天,推动解决人民群众关注的突出大气环境问题。

会议认为,司法实践中打击涉大气污染环境犯罪,要抓住关键问题,紧盯薄弱环节,突出打击重点。对重污染天气预警期间,违反国家规定,超标排放二氧化硫、氮氧化物,受过行政处罚后又实施上述行为或者具有其他严重情节的,可以适用《环境解释》第一条第十八项规定的"其他严重污染环境的情形"追究刑事责任。

8. 关于非法排放、倾倒、处置行为的认定

会议针对如何准确认定环境污染犯罪中非法排放、倾倒、处置行为进行了讨论。会议认为,司法实践中认定非法排放、倾倒、处置行为时,应当根据《固体废物污染环境防治法》和《环境解释》的有关规定精神,从其行为方式是否违反国家规定或者行业操作规范、污染物是否与外环境接触、是否造成环境污染的危险或者危害等方面进行综合分析判断。对名为运输、贮存、利用,实为排放、倾倒、处置的行为应当认定为非法排放、倾倒、处置行为,可以依法追究刑事责任。比如,未采取相应防范措施将没有利用价值的危险废物长期贮存、搁置,放任危险废物或者其有毒有害成分大量扬散、流失、泄漏、挥发,污染环境的。

9. 关于有害物质的认定

会议针对如何准确认定刑法第三百三十八条规定的"其他有害物质"的问题进行了讨论。会议认为,办理非法排放、倾倒、处置其他有害物质的案件,应当坚持主客观相一致原则,从行为人的主观恶性、污染行为恶劣程度、有害物质危险性毒害性等方面进行综合分析判断,准确认定其行为的社会危害性。实践中,常见的有害物质主要有:工业危险废物以外的其他工业固体废物;未经处理的生活垃圾;有害大气污染物、受控消耗臭氧层物质和有害水污染物;在利用和处置过程中必然产生有毒有害物质的其他物质;国务院生态环境保护主管部门会同国务院卫生主管部门公布的有毒有害污染物名录中的有关物质等。

10. 关于从重处罚情形的认定

会议强调,要坚决贯彻党中央推动长江经济带

发展的重大决策，为长江经济带共抓大保护、不搞大开发提供有力的司法保障。实践中，对于发生在长江经济带十一省(直辖市)的下列环境污染犯罪行为，可以从重处罚：(1)跨省(直辖市)排放、倾倒、处置有放射性的废物、含传染病病原体的废物、有毒物质或者其他有害物质的；(2)向国家确定的重要江河、湖泊或者其他跨省(直辖市)江河、湖泊排放、倾倒、处置有放射性的废物、含传染病病原体的废物、有毒物质或者其他有害物质的。

11. 关于严格适用不起诉、缓刑、免予刑事处罚

会议针对当前办理环境污染犯罪案件中如何严格适用不起诉、缓刑、免予刑事处罚的问题进行了讨论。会议强调，环境污染犯罪案件的刑罚适用直接关系加强生态环境保护打好污染防治攻坚战的实际效果。各级人民法院、人民检察院要深刻认识环境污染犯罪的严重社会危害性，正确贯彻宽严相济刑事政策，充分发挥刑罚的惩治和预防功能。要在全面把握犯罪事实和量刑情节的基础上严格依照刑法和刑事诉讼法规定的条件适用不起诉、缓刑、免予刑事处罚，既要考虑从宽情节，又要考虑从严情节；既要做到刑罚与犯罪相当，又要做到刑罚执行方式与犯罪相当，切实避免不起诉、缓刑、免予刑事处罚不当适用造成的消极影响。

会议认为，具有下列情形之一的，一般不适用不起诉、缓刑或者免予刑事处罚：(1)不如实供述罪行的；(2)属于共同犯罪中情节严重的主犯的；(3)犯有数个环境污染犯罪依法实行并罚或者以一罪处理的；(4)曾因环境污染违法犯罪行为受过行政处罚或者刑事处罚的；(5)其他不宜适用不起诉、缓刑、免予刑事处罚的情形。

会议要求，人民法院审理环境污染犯罪案件拟适用缓刑或者免予刑事处罚的，应当分析案发前后的社会影响和反映，注意听取控辩双方提出的意见。对于情节恶劣、社会反映强烈的环境污染犯罪，不得适用缓刑、免予刑事处罚。人民法院对判处缓刑的被告人，一般应当同时宣告禁止令，禁止其在缓刑考验期内从事与排污或者处置危险废物有关的经营活动。生态环境部门根据禁止令，对上述人员担任实际控制人、主要负责人或者高级管理人员的单位，依法不得发放排污许可证或者危险废物经营许可证。

三、会议要求，各部门要认真执行《环境解释》和原环境保护部、公安部、最高人民检察院《环境保护行政执法与刑事司法衔接工作办法》(环环监〔2017〕17号)的有关规定，进一步理顺部门职责，畅通衔接渠道，建立健全环境行政执法与刑事司法衔接的长效工作机制。

12. 关于管辖的问题

会议针对环境污染犯罪案件的管辖问题进行了讨论。会议认为，实践中一些环境污染犯罪案件属于典型的跨区域刑事案件，容易存在管辖不明或者有争议的情况，各级人民法院、人民检察院、公安机关要加强沟通协调，共同研究解决。

会议提出，跨区域环境污染犯罪案件由犯罪地的公安机关管辖。如果由犯罪嫌疑人居住地的公安机关管辖更为适宜的，可以由犯罪嫌疑人居住地的公安机关管辖。犯罪地包括环境污染行为发生地和结果发生地。“环境污染行为发生地”包括环境污染行为的实施地以及预备地、开始地、途经地、结束地以及排放、倾倒污染物的车船停靠地、始发地、途经地、到达地等地点；环境污染行为有连续、持续或者继续状态的，相关地方都属于环境污染行为发生地。“环境污染结果发生地”包括污染物排放地、倾倒地、堆放地、污染发生地等。

多个公安机关都有权立案侦查的，由最初受理的或者主要犯罪地的公安机关立案侦查，管辖有争议的，按照有利于查清犯罪事实、有利于诉讼的原则，由共同的上级公安机关协调确定的公安机关立案侦查，需要提请批准逮捕、移送审查起诉、提起公诉的，由该公安机关所在地的人民检察院、人民法院受理。

13. 关于危险废物的认定

会议针对危险废物如何认定以及是否需要鉴定的问题进行了讨论。会议认为，根据《环境解释》的规定精神，对于列入《国家危险废物名录》的，如果来源和相应特征明确，司法人员根据自身专业技术知识和工作经验认定难度不大的，司法机关可以依据名录直接认定。对于来源和相应特征不明确的，由生态环境部门、公安机关等出具书面意见，司法机关可以依据涉案物质的来源、产生过程、被告人供述、证人证言以及经批准或者备案的环境影响评价文件等证据，结合上述书面意见作出

是否属于危险废物的认定。对于需要生态环境部门、公安机关等出具书面认定意见的,区分下列情况分别处理:(1)对已确认固体废物产生单位,且产废单位环评文件中明确为危险废物的,根据产废单位建设项目环评文件和审批、验收意见、案件笔录等材料,可对照《国家危险废物名录》等出具认定意见。(2)对已确认固体废物产生单位,但产废单位环评文件中未明确为危险废物的,应进一步分析废物产生工艺,对照判断其是否列入《国家危险废物名录》。列入名录的可以直接出具认定意见;未列入名录的,应根据原辅材料、产生工艺等进一步分析其是否具有危险特性,不可能具有危险特性的,不属于危险废物;可能具有危险特性的,抽取典型样品进行检测,并根据典型样品检测指标浓度,对照《危险废物鉴别标准》(GB 5085.1－7)出具认定意见。(3)对固体废物产生单位无法确定的,应抽取典型样品进行检测,根据典型样品检测指标浓度,对照《危险废物鉴别标准》(GB 5085.1－7)出具认定意见。对确需进一步委托有相关资质的检测鉴定机构进行检测鉴定的,生态环境部门或者公安机关按照有关规定开展检测鉴定工作。

14. 关于鉴定的问题

会议指出,针对当前办理环境污染犯罪案件中存在的司法鉴定有关问题,司法部将会同生态环境部,加快准入一批诉讼急需、社会关注的环境损害司法鉴定机构,加快对环境损害司法鉴定相关技术规范和标准的制定、修改和认定工作,规范鉴定程序,指导各地司法行政机关会同价格主管部门制定出台环境损害司法鉴定收费标准,加强与办案机关的沟通衔接,更好地满足办案机关需求。

会议要求,司法部应当根据《关于严格准入严格监管提高司法鉴定质量和公信力的意见》(司发〔2017〕11号)的要求,会同生态环境部加强对环境损害司法鉴定机构的事中事后监管,加强司法鉴定社会信用体系建设,建立黑名单制度,完善退出机制,及时向社会公开违法违规的环境损害司法鉴定机构和鉴定人行政处罚、行业惩戒等监管信息,对弄虚作假造成环境损害鉴定评估结论严重失实或者违规收取高额费用、情节严重的,依法撤销登记。鼓励有关单位或者个人向司法部、生态环境部举报环境损害司法鉴定机构的违法违规行为。

会议认为,根据《环境解释》的规定精神,对涉及案件定罪量刑的核心或者关键专门性问题难以确定的,由司法鉴定机构出具鉴定意见。实践中,这类核心或者关键专门性问题主要是案件具体适用的定罪量刑标准涉及的专门性问题,比如公私财产损失数额、超过排放标准倍数、污染物性质判断等。对案件的其他非核心或者关键专门性问题,或者可鉴定也可不鉴定的专门性问题,一般不委托鉴定。比如,适用《环境解释》第一条第二项"非法排放、倾倒、处置危险废物三吨以上"的规定对当事人追究刑事责任的,除可能适用公私财产损失第二档定罪量刑标准的以外,则不应再对公私财产损失数额或者超过排放标准倍数进行鉴定。涉及案件定罪量刑的核心或者关键专门性问题难以鉴定或者鉴定费用明显过高的,司法机关可以结合案件其他证据,并参考生态环境部门意见、专家意见等作出认定。

15. 关于监测数据的证据资格问题

会议针对实践中地方生态环境部门及其所属监测机构委托第三方监测机构出具报告的证据资格问题进行了讨论。会议认为,地方生态环境部门及其所属监测机构委托第三方监测机构出具的监测报告,地方生态环境部门及其所属监测机构在行政执法过程中予以采用的,其实质属于《环境解释》第十二条规定的"环境保护主管部门及其所属监测机构在行政执法过程中收集的监测数据",在刑事诉讼中可以作为证据使用。

要义辨析

一、概念

本罪是指违反国家规定,将境外的固体废物进境倾倒、堆放、处置的行为。

二、构成要件

1. 本罪侵害的客体是国家对环境的保护和管理秩序。犯罪对象是境外的各种固体废物。

2. 本罪客观方面表现为违反国家固体废物污染环境防治法的有关规定，将境外的固体废物进境倾倒、堆放、处置的行为。

3. 本罪主观方面表现为过失。

4. 本罪主体为一般主体，自然人和单位均可构成本罪。

三、要点辨析

1. 本罪是行为犯，即只要有本罪规定的情形出现，不论有没有造成实际污染事件和后果，即构成犯罪既遂，后果只作为量刑情节。但行为情节显著轻微危害不大的，可以不按犯罪处理。本罪只要具有将境外的固体废物进境倾倒、堆放、处置的行为，即为犯罪既遂。

2. 关于有害物质、危险废物的认定，司法解释已经有了详细列举。

四、罪名变迁

本罪在1979年《刑法》中未作规定，是1997年《刑法》增加的罪名。

类罪名：妨害社会管理秩序罪/破坏环境资源保护罪　罪名：擅自进口固体废物罪	
量刑标准	**构成犯罪的**　处5年以下有期徒刑或者拘役，并处罚金；
	后果特别严重的　处5年以上10年以下有期徒刑，并处罚金；
	单位犯罪的　判处罚金；并对直接负责的主管人员和责任人员依个人犯罪处罚。

法律依据

一、《刑法》条文

第三百三十九条第二、三款　未经国务院有关主管部门许可，擅自进口固体废物用作原料，造成重大环境污染事故，致使公私财产遭受重大损失或者严重危害人体健康的，处五年以下有期徒刑或者拘役，并处罚金；后果特别严重的，处五年以上十年以下有期徒刑，并处罚金。

以原料利用为名，进口不能用作原料的固体废物的、液态废物和气态废物的，依照本法一百五十二条第二款、第三款的规定定罪处罚。

第一百五十二条　逃避海关监管将境外固体废物、液态废物和气态废物运输进境，情节严重的，处五年以下有期徒刑，并处或者单处罚金；情节特别严重的，处五年以上有期徒刑，并处罚金。

单位犯前两款罪的，对单位判处罚金，并对其直接负责的主管人员和其他直接责任人员，依照前两款的规定处罚。

第三百四十六条　单位犯本节第三百三十八条至第三百四十五条规定之罪的，对单位判处罚金，并对其直接负责的主管人员和其他直接责任人员，依照本节各该条的规定处罚。

二、相关司法解释/文件

《最高人民检察院、公安部关于公安机关管辖的刑事案件立案追诉标准的规定（一）》（2008年6月25日　公通字〔2008〕36号）

第六十二条　［擅自进口固体废物案（刑法第三百三十九条第二款）］未经国务院有关主管部门许可，擅自进口固体废物用作原料，造成重大环境污染事故，涉嫌下列情形之一的，应予立案追诉：

（一）致使公私财产损失三十万元以上的；

（二）致使基本农田、防护林地、特种用途林地五亩以上，其他农用地十亩以上，其他土地二十亩以上基本功能丧失或者遭受永久性破坏的；

（三）致使森林或者其他林木死亡五十立方米以上，或者幼树死亡二千五百株以上的；

（四）致使一人以上死亡、三人以上重伤、十人以上轻伤，或者一人以上重伤并且五人以上轻伤的；

（五）致使传染病发生、流行或者人员中毒达到《国家突发公共卫生事件应急预案》中突发公共卫生事件分级III级以上情形，严重危害人体健康的；

(六)其他致使公私财产遭受重大损失或者严重危害人体健康的情形。

《最高人民法院、最高人民检察院、公安部、司法部、生态环境部关于办理环境污染刑事案件有关问题座谈会纪要》(2019年2月20日)

二、会议要求,各部门要正确理解和准确适用刑法和《最高人民法院、最高人民检察院关于办理环境污染刑事案件适用法律若干问题的解释》(法释〔2016〕29号,以下称《环境解释》)的规定,坚持最严格的环保司法制度、最严密的环保法治理念,统一执法司法尺度,加大对环境污染犯罪的惩治力度。

1. 关于单位犯罪的认定

会议针对一些地方存在追究自然人犯罪多,追究单位犯罪少,单位犯罪认定难的情况和问题进行了讨论。会议认为,办理环境污染犯罪案件,认定单位犯罪时,应当依法合理把握追究刑事责任的范围,贯彻宽严相济刑事政策,重点打击出资者、经营者和主要获利者,既要防止不当缩小追究刑事责任的人员范围,又要防止打击面过大。

为了单位利益,实施环境污染行为,并具有下列情形之一的,应当认定为单位犯罪:(1)经单位决策机构按照决策程序决定的;(2)经单位实际控制人、主要负责人或者授权的分管负责人决定、同意的;(3)单位实际控制人、主要负责人或者授权的分管负责人得知单位成员个人实施环境污染犯罪行为,并未加以制止或者及时采取措施,而是予以追认、纵容或者默许的;(4)使用单位营业执照、合同书、公章、印鉴等对外开展活动,并调用单位车辆、船舶、生产设备、原辅材料等实施环境污染犯罪行为的。

单位犯罪中的"直接负责的主管人员",一般是指对单位犯罪起决定、批准、组织、策划、指挥、授意、纵容等作用的主管人员,包括单位实际控制人、主要负责人或者授权的分管负责人、高级管理人员等;"其他直接责任人员",一般是指在直接负责的主管人员的指挥、授意下积极参与实施单位犯罪或者对具体实施单位犯罪起较大作用的人员。

对于应当认定为单位犯罪的环境污染犯罪案件,公安机关未作为单位犯罪移送审查起诉的,人民检察院应当退回公安机关补充侦查。对于应当认定为单位犯罪的环境污染犯罪案件,人民检察院只作为自然人犯罪起诉的,人民法院应当建议人民检察院对犯罪单位补充起诉。

2. 关于犯罪未遂的认定

会议针对当前办理环境污染犯罪案件中,能否认定污染环境罪(未遂)的问题进行了讨论。会议认为,当前环境执法工作形势比较严峻,一些行为人拒不配合执法检查、接受检查时弄虚作假、故意逃避法律追究的情形时有发生,因此对于行为人已经着手实施非法排放、倾倒、处置有毒有害污染物的行为,由于有关部门查处或者其他意志以外的原因未得逞的情形,可以污染环境罪(未遂)追究刑事责任。

3. 关于主观过错的认定

会议针对当前办理环境污染犯罪案件中,如何准确认定犯罪嫌疑人、被告人主观过错的问题进行了讨论。会议认为,判断犯罪嫌疑人、被告人是否具有环境污染犯罪的故意,应当依据犯罪嫌疑人、被告人的任职情况、职业经历、专业背景、培训经历、本人因同类行为受到行政处罚或者刑事追究情况以及污染物种类、污染方式、资金流向等证据,结合其供述,进行综合分析判断。

实践中,具有下列情形之一,犯罪嫌疑人、被告人不能作出合理解释的,可以认定其故意实施环境污染犯罪,但有证据证明确系不知情的除外:(1)企业没有依法通过环境影响评价,或者未依法取得排污许可证,排放污染物,或者已经通过环境影响评价并且防治污染设施验收合格后,擅自更改工艺流程、原辅材料,导致产生新的污染物质的;(2)不使用验收合格的防治污染设施或者不按规范要求使用的;(3)防治污染设施发生故障,发现后不及时排除,继续生产放任污染物排放的;(4)生态环境部门责令限制生产、停产整治或者予以行政处罚后,继续生产放任污染物排放的;(5)将危险废物委托第三方处置,没有尽到查验经营许可的义务,或者委托处置费用明显低于市场价格或者处置成本的;(6)通过暗管、渗井、渗坑、裂隙、溶洞、灌注等逃避监管的方式排放污染物的;(7)通过篡改、伪造监测数据的方式排放污染物的;(8)其他足以认定的情形。

4. 关于生态环境损害标准的认定

会议针对如何适用《环境解释》第一条、第三条规定的“造成生态环境严重损害的”“造成生态环境特别严重损害的”定罪量刑标准进行了讨论。会议指出，生态环境损害赔偿制度是生态文明制度体系的重要组成部分。党中央、国务院高度重视生态环境损害赔偿工作，党的十八届三中全会明确提出对造成生态环境损害的责任者严格实行赔偿制度。2015 年，中央办公厅、国务院办公厅印发《生态环境损害赔偿制度改革试点方案》（中办发〔2015〕57 号），在吉林等 7 个省市部署开展改革试点，取得明显成效。2017 年，中央办公厅、国务院办公厅印发《生态环境损害赔偿制度改革方案》（中办发〔2017〕68 号），在全国范围内试行生态环境损害赔偿制度。

会议指出，《环境解释》将造成生态环境损害规定为污染环境罪的定罪量刑标准之一，是为了与生态环境损害赔偿制度实现衔接配套，考虑到该制度尚在试行过程中，《环境解释》作了较原则的规定。司法实践中，一些省市结合本地区工作实际制定了具体标准。会议认为，在生态环境损害赔偿制度试行阶段，全国各省（自治区、直辖市）可以结合本地实际情况，因地制宜，因时制宜，根据案件具体情况准确认定“造成生态环境严重损害”和“造成生态环境特别严重损害”。

5. 关于非法经营罪的适用

会议针对如何把握非法经营罪与污染环境罪的关系以及如何具体适用非法经营罪的问题进行了讨论。会议强调，要高度重视非法经营危险废物案件的办理，坚持全链条、全环节、全流程对非法排放、倾倒、处置、经营危险废物的产业链进行刑事打击，查清犯罪网络，深挖犯罪源头，斩断利益链条，不断挤压和铲除此类犯罪滋生蔓延的空间。

会议认为，准确理解和适用《环境解释》第六条的规定应当注意把握两个原则：一要坚持实质判断原则，对行为人非法经营危险废物行为的社会危害性作实质性判断。比如，一些单位或者个人虽未依法取得危险废物经营许可证，但其收集、贮存、利用、处置危险废物经营活动，没有超标排放污染物、非法倾倒污染物或者其他违法造成环境污染情形的，则不宜以非法经营罪论处。二要坚持综合判断原则，对行为人非法经营危险废物行为根据其在犯罪链条中的地位、作用综合判断其社会危害性。比如，有证据证明单位或者个人的无证经营危险废物行为属于危险废物非法经营产业链的一部分，并且已经形成了分工负责、利益均沾、相对固定的犯罪链条，如果行为人或者与其联系紧密的上游或者下游环节具有排放、倾倒、处置危险废物违法造成环境污染的情形，且交易价格明显异常的，对行为人可以根据案件具体情况在污染环境罪和非法经营罪中，择一重罪处断。

8. 关于非法排放、倾倒、处置行为的认定

会议针对如何准确认定环境污染犯罪中非法排放、倾倒、处置行为进行了讨论。会议认为，司法实践中认定非法排放、倾倒、处置行为时，应当根据《固体废物污染环境防治法》和《环境解释》的有关规定精神，从其行为方式是否违反国家规定或者行业操作规范、污染物是否与外环境接触、是否造成环境污染的危险或者危害等方面进行综合分析判断。对名为运输、贮存、利用，实为排放、倾倒、处置的行为应当认定为非法排放、倾倒、处置行为，可以依法追究刑事责任。比如，未采取相应防范措施将没有利用价值的危险废物长期贮存、搁置，放任危险废物或者其有毒有害成分大量扬散、流失、泄漏、挥发，污染环境的。

9. 关于有害物质的认定

会议针对如何准确认定刑法第三百三十八条规定的“其他有害物质”的问题进行了讨论。会议认为，办理非法排放、倾倒、处置其他有害物质的案件，应当坚持主客观相一致原则，从行为人的主观恶性、污染行为恶劣程度、有害物质危险性毒害性等方面进行综合分析判断，准确认定其行为的社会危害性。实践中，常见的有害物质主要有：工业危险废物以外的其他工业固体废物；未经处理的生活垃圾；有害大气污染物、受控消耗臭氧层物质和有害水污染物；在利用和处置过程中必然产生有毒有害物质的其他物质；国务院生态环境保护主管部门会同国务院卫生主管部门公布的有毒有害污染物名录中的有关物质等。

10. 关于从重处罚情形的认定

会议强调，要坚决贯彻党中央推动长江经济带发展的重大决策，为长江经济带共抓大保护、不搞大开发提供有力的司法保障。实践中，对于发生在

长江经济带十一省(直辖市)的下列环境污染犯罪行为,可以从重处罚:(1)跨省(直辖市)排放、倾倒、处置有放射性的废物、含传染病病原体的废物、有毒物质或者其他有害物质的;(2)向国家确定的重要江河、湖泊或者其他跨省(直辖市)江河、湖泊排放、倾倒、处置有放射性的废物、含传染病病原体的废物、有毒物质或者其他有害物质的。

11. 关于严格适用不起诉、缓刑、免予刑事处罚

会议针对当前办理环境污染犯罪案件中如何严格适用不起诉、缓刑、免予刑事处罚的问题进行了讨论。会议强调,环境污染犯罪案件的刑罚适用直接关系加强生态环境保护打好污染防治攻坚战的实际效果。各级人民法院、人民检察院要深刻认识环境污染犯罪的严重社会危害性,正确贯彻宽严相济刑事政策,充分发挥刑罚的惩治和预防功能。要在全面把握犯罪事实和量刑情节的基础上严格依照刑法和刑事诉讼法规定的条件适用不起诉、缓刑、免予刑事处罚,既要考虑从宽情节,又要考虑从严情节;既要做到刑罚与犯罪相当,又要做到刑罚执行方式与犯罪相当,切实避免不起诉、缓刑、免予刑事处罚不当适用造成的消极影响。

会议认为,具有下列情形之一的,一般不适用不起诉、缓刑或者免予刑事处罚:(1)不如实供述罪行的;(2)属于共同犯罪中情节严重的主犯的;(3)犯有数个环境污染犯罪依法实行并罚或者以一罪处理的;(4)曾因环境污染违法犯罪行为受过行政处罚或者刑事处罚的;(5)其他不宜适用不起诉、缓刑、免予刑事处罚的情形。

会议要求,人民法院审理环境污染犯罪案件拟适用缓刑或者免予刑事处罚的,应当分析案发前后的社会影响和反映,注意听取控辩双方提出的意见。对于情节恶劣、社会反映强烈的环境污染犯罪,不得适用缓刑、免予刑事处罚。人民法院对判处缓刑的被告人,一般应当同时宣告禁止令,禁止其在缓刑考验期内从事与排污或者处置危险废物有关的经营活动。生态环境部门根据禁止令,对上述人员担任实际控制人、主要负责人或者高级管理人员的单位,依法不得发放排污许可证或者危险废物经营许可证。

13. 关于危险废物的认定

会议针对危险废物如何认定以及是否需要鉴定的问题进行了讨论。会议认为,根据《环境解释》的规定精神,对于列入《国家危险废物名录》的,如果来源和相应特征明确,司法人员根据自身专业技术知识和工作经验认定难度不大的,司法机关可以依据名录直接认定。对于来源和相应特征不明确的,由生态环境部门、公安机关等出具书面意见,司法机关可以依据涉案物质的来源、产生过程、被告人供述、证人证言以及经批准或者备案的环境影响评价文件等证据,结合上述书面意见作出是否属于危险废物的认定。对于需要生态环境部门、公安机关等出具书面认定意见的,区分下列情况分别处理:(1)对已确认固体废物产生单位,且产废单位环评文件中明确为危险废物的,根据产废单位建设项目环评文件和审批、验收意见、案件笔录等材料,可对照《国家危险废物名录》等出具认定意见。(2)对已确认固体废物产生单位,但产废单位环评文件中未明确为危险废物的,应进一步分析废物产生工艺,对照判断其是否列入《国家危险废物名录》。列入名录的可以直接出具认定意见;未列入名录的,应根据原辅材料、产生工艺等进一步分析其是否具有危险特性,不可能具有危险特性的,不属于危险废物;可能具有危险特性的,抽取典型样品进行检测,并根据典型样品检测指标浓度,对照《危险废物鉴别标准》(GB 5085.1－7)出具认定意见。(3)对固体废物产生单位无法确定的,应抽取典型样品进行检测,根据典型样品检测指标浓度,对照《危险废物鉴别标准》(GB 5085.1－7)出具认定意见。对确需进一步委托有相关资质的检测鉴定机构进行检测鉴定的,生态环境部门或者公安机关按照有关规定开展检测鉴定工作。

14. 关于鉴定的问题

会议指出,针对当前办理环境污染犯罪案件中存在的司法鉴定有关问题,司法部将会同生态环境部,加快准入一批诉讼急需、社会关注的环境损害司法鉴定机构,加快对环境损害司法鉴定相关技术规范和标准的制定、修改和认定工作,规范鉴定程序,指导各地司法行政机关会同价格主管部门制定出台环境损害司法鉴定收费标准,加强与办案机关的沟通衔接,更好地满足办案机关需求。

会议要求,司法部应当根据《关于严格准入严格监管提高司法鉴定质量和公信力的意见》(司

发〔2017〕11号）的要求，会同生态环境部加强对环境损害司法鉴定机构的事中事后监管，加强司法鉴定社会信用体系建设，建立黑名单制度，完善退出机制，及时向社会公开违法违规的环境损害司法鉴定机构和鉴定人行政处罚、行业惩戒等监管信息，对弄虚作假造成环境损害鉴定评估结论严重失实或者违规收取高额费用、情节严重的，依法撤销登记。鼓励有关单位或者个人向司法部、生态环境部举报环境损害司法鉴定机构的违法违规行为。

会议认为，根据《环境解释》的规定精神，对涉及案件定罪量刑的核心或者关键专门性问题难以确定的，由司法鉴定机构出具鉴定意见。实践中，这类核心或者关键专门性问题主要是案件具体适用的定罪量刑标准涉及的专门性问题，比如公私财产损失数额、超过排放标准倍数、污染物性质判断等。对案件的其他非核心或者关键专门性问题，或者可鉴定也可不鉴定的专门性问题，一般不委托鉴定。比如，适用《环境解释》第一条第二项“非法排放、倾倒、处置危险废物三吨以上”的规定对当事人追究刑事责任的，除可能适用公私财产损失第二档定罪量刑标准的以外，则不应再对公私财产损失数额或者超过排放标准倍数进行鉴定。涉及案件定罪量刑的核心或者关键专门性问题难以鉴定或者鉴定费用明显过高的，司法机关可以结合案件其他证据，并参考生态环境部门意见、专家意见等作出认定。

15. 关于监测数据的证据资格问题

会议针对实践中地方生态环境部门及其所属监测机构委托第三方监测机构出具报告的证据资格问题进行了讨论。会议认为，地方生态环境部门及其所属监测机构委托第三方监测机构出具的监测报告，地方生态环境部门及其所属监测机构在行政执法过程中予以采用的，其实质属于《环境解释》第十二条规定的“环境保护主管部门及其所属监测机构在行政执法过程中收集的监测数据”，在刑事诉讼中可以作为证据使用。

要义辨析

一、概念

本罪是指未经国务院有关主管部门许可，擅自进口固体废物用作原料，造成重大环境污染事故，致使公私财产遭受重大损失或者严重危害人体健康的行为。

二、构成要件

1. 本罪侵害的客体是国家对环境的保护和管理秩序。犯罪的对象是境外的固体废物。

2. 本罪客观方面表现为违反国家固体废物污染环境防治法的有关规定，未经国务院有关主管部门许可，擅自进口固体废物用作原料，造成重大环境污染事故的行为。进口列入自动许可进口目录的固体废物，应当依法办理自动许可手续。

3. 本罪主观方面表现为过失，即对引起严重后果的罪过形式是过失，包括疏忽大意的过失和过于自信的过失。

4. 本罪主体为一般主体，自然人和单位均可构成本罪。

三、要点辨析

本罪为结果犯，只有造成重大环境污染事故，致使公私财产遭受重大损失或者人身伤亡的严重后果才构成本罪。

进口《国家限制进口的可用作原料的废物目录》中的产品需办理相关许可证。

四、罪名变迁

本罪在1979年《刑法》中未作规定，1997年《刑法》增设本罪名。

<table>
<tr><td colspan="2">类罪名:妨害社会管理秩序罪/破坏环境资源保护罪 | 罪名:非法捕捞水产品罪</td></tr>
<tr><td rowspan="2">量刑标准</td><td>情节严重的　处3年以下有期徒刑、拘役、管制或者罚金;</td></tr>
<tr><td>单位犯罪的　判处罚金;并对直接负责的主管人员和责任人员依个人犯罪处罚。</td></tr>
</table>

法律依据

一、《刑法》条文

第三百四十条　违反保护水产资源法规,在禁渔区、禁渔期或者使用禁用的工具、方法捕捞水产品,情节严重的,处三年以下有期徒刑、拘役、管制或者罚金。

第三百四十六条　单位犯本节第三百三十八条至第三百四十五条规定之罪的,对单位判处罚金,并对其直接负责的主管人员和其他直接责任人员,依照本节各该条的规定处罚。

二、相关法律

《中华人民共和国渔业法》(2013年12月28日修正)

第三十八条　使用炸鱼、毒鱼、电鱼等破坏渔业资源方法进行捕捞的,违反关于禁渔区、禁渔期的规定进行捕捞的,或者使用禁用的渔具、捕捞方法和小于最小网目尺寸的网具进行捕捞或者渔获物中幼鱼超过规定比例的,没收渔获物和违法所得,处五万元以下的罚款;情节严重的,没收渔具,吊销捕捞许可证;情节特别严重的,可以没收渔船;构成犯罪的,依法追究刑事责任。

在禁渔区或者禁渔期内销售非法捕捞的渔获物的,县级以上地方人民政府渔业行政主管部门应当及时进行调查处理。

制造、销售禁用的渔具的,没收非法制造、销售的渔具和违法所得,并处一万元以下的罚款。

三、相关司法解释/文件

《最高人民检察院、公安部关于公安机关管辖的刑事案件立案追诉标准的规定(一)》(2008年6月25日　公通字〔2008〕36号)

第六十三条　[非法捕捞物水产品案(刑法第三百四十条)]违反保护水产资源法规,在禁渔区、禁渔期或者使用禁用的工具、方法捕捞水产品,涉嫌下列情形之一的,应予立案追诉:

(一)在内陆水域非法捕捞水产品五百公斤以上或者价值五千元以上,或者在海洋水域非法捕捞水产品二千公斤以上或者价值二万元以上的;

(二)非法捕捞有重要经济价值的水生动物苗种、怀卵亲体或者在水产种质资源保护区内捕捞水产品,在内陆水域五十公斤以上或者价值五百元以上,或者在海洋水域二百公斤以上或者价值二千元以上的;

(三)在禁渔区内使用禁用的工具或者禁用的方法捕捞的;

(四)在禁渔期内使用禁用的工具或者禁用的方法捕捞的;

(五)在公海使用禁用渔具从事捕捞作业,造成严重影响的;

(六)其他情节严重的情形。

《最高人民法院、最高人民检察院关于办理破坏野生动物资源刑事案件适用法律若干问题的解释》(2022年4月9日　法释〔2022〕12号)

第三条　在内陆水域,违反保护水产资源法规,在禁渔区、禁渔期或者使用禁用的工具、方法捕捞水产品,具有下列情形之一的,应当认定为刑法第三百四十条规定的"情节严重",以非法捕捞水产品罪定罪处罚:

(一)非法捕捞水产品五百公斤以上或者价值一万元以上的;

(二)非法捕捞有重要经济价值的水生动物苗种、怀卵亲体或者在水产种质资源保护区内捕捞水产品五十公斤以上或者价值一千元以上的;

(三)在禁渔区使用电鱼、毒鱼、炸鱼等严重破坏渔业资源的禁用方法或者禁用工具捕捞的;

（四）在禁渔期使用电鱼、毒鱼、炸鱼等严重破坏渔业资源的禁用方法或者禁用工具捕捞的；

（五）其他情节严重的情形。

实施前款规定的行为，具有下列情形之一的，从重处罚：

（一）暴力抗拒、阻碍国家机关工作人员依法履行职务，尚未构成妨害公务罪、袭警罪的；

（二）二年内曾因破坏野生动物资源受过行政处罚的；

（三）对水生生物资源或者水域生态造成严重损害的；

（四）纠集多条船只非法捕捞的；

（五）以非法捕捞为业的。

实施第一款规定的行为，根据渔获物的数量、价值和捕捞方法、工具等，认为对水生生物资源危害明显较轻的，综合考虑行为人自愿接受行政处罚、积极修复生态环境等情节，可以认定为犯罪情节轻微，不起诉或者免予刑事处罚；情节显著轻微危害不大的，不作为犯罪处理。

要义辨析

一、概念

本罪是指违反国家保护水产资源法规，在禁渔区、禁渔期或者使用禁用的工具、方法，非法捕捞水产品，情节严重的行为。

二、构成要件

1. 本罪侵害的客体是国家对水产资源的保护和渔政管理制度。犯罪对象是水产品。水产品，是指自然野生的水产品，并不包括人工养殖的水产品。

2. 本罪客观方面表现为具有违反水产资源保护法规，在禁渔区、禁渔期或者使用禁用的工具、方法捕捞水产品，情节严重的行为。

3. 本罪主观方面必须出于故意，过失不构成本罪。

4. 本罪主体为一般主体，自然人和单位均可构成本罪。

三、要点辨析

1. 本罪的捕捞违法规定在两个方面：（1）时间违法。违反保护水产资源法规，在禁渔区、禁渔期捕捞。（2）工具违法。使用禁用的工具、方法捕捞水产品。正常的一般水产品捕捞，属于正当生产活动，不构成犯罪。

2. 本罪为行为犯，情节严重才构成犯罪。只要在有禁渔区、禁渔期或者使用禁用的工具、方法捕捞水产品的行为，情节严重的，既构成本罪。

3. 本罪侵害对象是一般水产品，如果是非法捕杀国家重点保护的珍贵、濒危的水生野生动物，应依照《刑法》第 341 条第 1 款以“非法捕杀珍贵、濒危野生动物罪”定罪处罚。

四、罪名变迁

本罪系由 1979 年《刑法》第 129 条“非法捕捞水产品罪”修改而来。

类罪名：妨害社会管理秩序罪/破坏环境资源保护罪　**罪名：危害珍贵、濒危野生动物罪**	
量刑标准	**构成犯罪的**　处 5 年以下有期徒刑或者拘役，并处罚金；
	情节严重的　处 5 年以上 10 年以下有期徒刑，并处罚金；
	情节特别严重的　处 10 年以上有期徒刑，并处罚金或者没收财产；
	单位犯罪的　判处罚金；并对直接负责的主管人员和责任人员依个人犯罪处罚。

法律依据

一、《刑法》条文

第三百四十一条第一款 非法猎捕、杀害国家重点保护的珍贵、濒危野生动物的,或者非法收购、运输、出售国家重点保护的珍贵、濒危野生动物及其制品的,处五年以下有期徒刑或者拘役,并处罚金;情节严重的,处五年以上十年以下有期徒刑,并处罚金;情节特别严重的,处十年以上有期徒刑,并处罚金或者没收财产。

第三百四十六条 单位犯本节第三百三十八条至第三百四十五条规定之罪的,对单位判处罚金,并对其直接负责的主管人员和其他直接责任人员,依照本节各该条的规定处罚。

二、相关法律

《中华人民共和国野生动物保护法》(2022年12月30日修订)

第四十五条 野生动物保护主管部门或者其他有关部门不依法作出行政许可决定,发现违法行为或者接到对违法行为的举报不依法处理,或者有其他滥用职权、玩忽职守、徇私舞弊等不依法履行职责的行为的,对直接负责的主管人员和其他直接责任人员依法给予处分;构成犯罪的,依法追究刑事责任。

第四十六条 违反本法第十二条第三款、第十三条第二款规定的,依照有关法律法规的规定处罚。

第四十七条 违反本法第十五条第四款规定,以收容救护为名买卖野生动物及其制品的,由县级以上人民政府野生动物保护主管部门没收野生动物及其制品、违法所得,并处野生动物及其制品价值二倍以上二十倍以下罚款,将有关违法信息记入社会信用记录,并向社会公布;构成犯罪的,依法追究刑事责任。

第四十八条 违反本法第二十条、第二十一条、第二十三条第一款、第二十四条第一款规定,有下列行为之一的,由县级以上人民政府野生动物保护主管部门、海警机构和有关自然保护地管理机构按照职责分工没收猎获物、猎捕工具和违法所得,吊销特许猎捕证,并处猎获物价值二倍以上二十倍以下罚款;没有猎获物或者猎获物价值不足五千元的,并处一万元以上十万元以下罚款;构成犯罪的,依法追究刑事责任:

(一)在自然保护地、禁猎(渔)区、禁猎(渔)期猎捕国家重点保护野生动物;

(二)未取得特许猎捕证、未按照特许猎捕证规定猎捕、杀害国家重点保护野生动物;

(三)使用禁用的工具、方法猎捕国家重点保护野生动物。

违反本法第二十三条第一款规定,未将猎捕情况向野生动物保护主管部门备案的,由核发特许猎捕证、狩猎证的野生动物保护主管部门责令限期改正;逾期不改正的,处一万元以上十万元以下罚款;情节严重的,吊销特许猎捕证、狩猎证。

第四十九条 违反本法第二十条、第二十二条、第二十三条第一款、第二十四条第一款规定,有下列行为之一的,由县级以上地方人民政府野生动物保护主管部门和有关自然保护地管理机构按照职责分工没收猎获物、猎捕工具和违法所得,吊销狩猎证,并处猎获物价值一倍以上十倍以下罚款;没有猎获物或者猎获物价值不足二千元的,并处二千元以上二万元以下罚款;构成犯罪的,依法追究刑事责任:

(一)在自然保护地、禁猎(渔)区、禁猎(渔)期猎捕有重要生态、科学、社会价值的陆生野生动物或者地方重点保护野生动物;

(二)未取得狩猎证、未按照狩猎证规定猎捕有重要生态、科学、社会价值的陆生野生动物或者地方重点保护野生动物;

(三)使用禁用的工具、方法猎捕有重要生态、科学、社会价值的陆生野生动物或者地方重点保护野生动物。

违反本法第二十条、第二十四条第一款规定,在自然保护地、禁猎区、禁猎期或者使用禁用的工具、方法猎捕其他陆生野生动物,破坏生态的,由县级以上地方人民政府野生动物保护主管部门和有关自然保护地管理机构按照职责分工没收猎获物、猎捕工具和违法所得,并处猎获物价值一倍以上三倍以下罚款;没有猎获物或者猎获物价值不足一千元的,并处一千元以上三千元以下罚款;构成犯罪的，依法追究刑事责任。

违反本法第二十三条第二款规定，未取得持枪证持枪猎捕野生动物，构成违反治安管理行为的，还应当由公安机关依法给予治安管理处罚；构成犯罪的，依法追究刑事责任。

第五十条 违反本法第三十一条第二款规定，以食用为目的猎捕、交易、运输在野外环境自然生长繁殖的国家重点保护野生动物或者有重要生态、科学、社会价值的陆生野生动物的，依照本法第四十八条、第四十九条、第五十二条的规定从重处罚。

违反本法第三十一条第二款规定，以食用为目的猎捕在野外环境自然生长繁殖的其他陆生野生动物的，由县级以上地方人民政府野生动物保护主管部门和有关自然保护地管理机构按照职责分工没收猎获物、猎捕工具和违法所得；情节严重的，并处猎获物价值一倍以上五倍以下罚款，没有猎获物或者猎获物价值不足二千元的，并处二千元以上一万元以下罚款；构成犯罪的，依法追究刑事责任。

违反本法第三十一条第二款规定，以食用为目的交易、运输在野外环境自然生长繁殖的其他陆生野生动物的，由县级以上地方人民政府野生动物保护主管部门和市场监督管理部门按照职责分工没收野生动物；情节严重的，并处野生动物价值一倍以上五倍以下罚款；构成犯罪的，依法追究刑事责任。

第五十一条 违反本法第二十五条第二款规定，未取得人工繁育许可证，繁育国家重点保护野生动物或者依照本法第二十九条第二款规定调出国家重点保护野生动物名录的野生动物的，由县级以上人民政府野生动物保护主管部门没收野生动物及其制品，并处野生动物及其制品价值一倍以上十倍以下罚款。

违反本法第二十五条第三款规定，人工繁育有重要生态、科学、社会价值的陆生野生动物或者依照本法第二十九条第二款规定调出有重要生态、科学、社会价值的陆生野生动物名录的野生动物未备案的，由县级人民政府野生动物保护主管部门责令限期改正；逾期不改正的，处五百元以上二千元以下罚款。

第五十二条 违反本法第二十八条第一款和第二款、第二十九条第一款、第三十四条第一款规定，未经批准、未取得或者未按照规定使用专用标识，或者未持有、未附有人工繁育许可证、批准文件的副本或者专用标识出售、购买、利用、运输、携带、寄递国家重点保护野生动物及其制品或者依照本法第二十九条第二款规定调出国家重点保护野生动物名录的野生动物及其制品的，由县级以上人民政府野生动物保护主管部门和市场监督管理部门按照职责分工没收野生动物及其制品和违法所得，责令关闭违法经营场所，并处野生动物及其制品价值二倍以上二十倍以下罚款；情节严重的，吊销人工繁育许可证、撤销批准文件、收回专用标识；构成犯罪的，依法追究刑事责任。

违反本法第二十八条第三款、第二十九条第一款、第三十四条第二款规定，未持有合法来源证明或者专用标识出售、利用、运输、携带、寄递有重要生态、科学、社会价值的陆生野生动物、地方重点保护野生动物或者依照本法第二十九条第二款规定调出有重要生态、科学、社会价值的陆生野生动物名录的野生动物及其制品的，由县级以上地方人民政府野生动物保护主管部门和市场监督管理部门按照职责分工没收野生动物，并处野生动物价值一倍以上十倍以下罚款；构成犯罪的，依法追究刑事责任。

违反本法第三十四条第四款规定，铁路、道路、水运、民航、邮政、快递等企业未按照规定查验或者承运、寄递野生动物及其制品的，由交通运输、铁路监督管理、民用航空、邮政管理等相关主管部门按照职责分工没收违法所得，并处违法所得一倍以上五倍以下罚款；情节严重的，吊销经营许可证。

第五十三条 违反本法第三十一条第一款、第四款规定，食用或者为食用非法购买本法规定保护的野生动物及其制品的，由县级以上人民政府野生动物保护主管部门和市场监督管理部门按照职责分工责令停止违法行为，没收野生动物及其制品，并处野生动物及其制品价值二倍以上二十倍以下罚款；食用或者为食用非法购买其他陆生野生动物及其制品的，责令停止违法行为，给予批评教育，没收野生动物及其制品，情节严重的，并处野生动物及其制品价值一倍以上五倍以下罚款；构成犯罪的，依法追究刑事责任。

违反本法第三十一条第三款规定，生产、经营使用本法规定保护的野生动物及其制品制作的食品的,由县级以上人民政府野生动物保护主管部门和市场监督管理部门按照职责分工责令停止违法行为,没收野生动物及其制品和违法所得,责令关闭违法经营场所,并处违法所得十五倍以上三十倍以下罚款;生产、经营使用其他陆生野生动物及其制品制作的食品的,给予批评教育,没收野生动物及其制品和违法所得,情节严重的,并处违法所得一倍以上十倍以下罚款;构成犯罪的,依法追究刑事责任。

第五十四条 违反本法第三十二条规定,为出售、购买、利用野生动物及其制品或者禁止使用的猎捕工具发布广告的,依照《中华人民共和国广告法》的规定处罚。

第五十五条 违反本法第三十三条规定,为违法出售、购买、食用及利用野生动物及其制品或者禁止使用的猎捕工具提供展示、交易、消费服务的,由县级以上人民政府市场监督管理部门责令停止违法行为,限期改正,没收违法所得,并处违法所得二倍以上十倍以下罚款;没有违法所得或者违法所得不足五千元的,处一万元以上十万元以下罚款;构成犯罪的,依法追究刑事责任。

第五十六条 违反本法第三十七条规定,进出口野生动物及其制品的,由海关、公安机关、海警机构依照法律、行政法规和国家有关规定处罚;构成犯罪的,依法追究刑事责任。

第五十七条 违反本法第三十八条规定,向境外机构或者人员提供我国特有的野生动物遗传资源的,由县级以上人民政府野生动物保护主管部门没收野生动物及其制品和违法所得,并处野生动物及其制品价值或者违法所得一倍以上五倍以下罚款;构成犯罪的,依法追究刑事责任。

第五十八条 违反本法第四十条第一款规定,从境外引进野生动物物种的,由县级以上人民政府野生动物保护主管部门没收所引进的野生动物,并处五万元以上五十万元以下罚款;未依法实施进境检疫的,依照《中华人民共和国进出境动植物检疫法》的规定处罚;构成犯罪的,依法追究刑事责任。

第五十九条 违反本法第四十条第二款规定,将从境外引进的野生动物放生、丢弃的,由县级以上人民政府野生动物保护主管部门责令限期捕回,处一万元以上十万元以下罚款;逾期不捕回的,由有关野生动物保护主管部门代为捕回或者采取降低影响的措施,所需费用由被责令限期捕回者承担;构成犯罪的,依法追究刑事责任。

第六十条 违反本法第四十二条第一款规定,伪造、变造、买卖、转让、租借有关证件、专用标识或者有关批准文件的,由县级以上人民政府野生动物保护主管部门没收违法证件、专用标识、有关批准文件和违法所得,并处五万元以上五十万元以下罚款;构成违反治安管理行为的,由公安机关依法给予治安管理处罚;构成犯罪的,依法追究刑事责任。

三、相关行政法规

《中华人民共和国水生野生动物保护实施条例》(2013年12月7日修订)

第二条 本条例所称水生野生动物,是指珍贵、濒危的水生野生动物;所称水生野生动物产品,是指珍贵、濒危的水生野生动物的任何部分及其衍生物。

第十二条 禁止捕捉、杀害国家重点保护的水生野生动物。

有下列情形之一,确需捕捉国家重点保护的水生野生动物的,必须申请特许捕捉证:

(一)为进行水生野生动物科学考察、资源调查,必须捕捉的;

(二)为驯养繁殖国家重点保护的水生野生动物,必须从自然水域或者场所获取种源的;

(三)为承担省级以上科学研究项目或者国家医药生产任务,必须从自然水域或者场所获取国家重点保护的水生野生动物的;

(四)为宣传、普及水生野生动物知识或者教学、展览的需要,必须从自然水域或者场所获取国家重点保护的水生野生动物的;

(五)因其他特殊情况,必须捕捉的。

第十五条 取得特许捕捉证的单位和个人,必须按照特许捕捉证规定的种类、数量、地点、期限、工具和方法进行捕捉,防止误伤水生野生动物或者破坏其生存环境。捕捉作业完成后,应当及时向捕捉地的县级人民政府渔业行政主管部门或者其所属的渔政监督管理机构申请查验。

县级人民政府渔业行政主管部门或者其所属的渔政监督管理机构对在本行政区域内捕捉国家

重点保护的水生野生动物的活动，应当进行监督检查，并及时向批准捕捉的部门报告监督检查结果。

第十八条　禁止出售、收购国家重点保护的水生野生动物或者其产品。因科学研究、驯养繁殖、展览等特殊情况，需要出售、收购、利用国家一级保护水生野生动物或者其产品的，必须向省、自治区、直辖市人民政府渔业行政主管部门提出申请，经其签署意见后，报国务院渔业行政主管部门批准；需要出售、收购、利用国家二级保护水生野生动物或者其产品的，必须向省、自治区、直辖市人民政府渔业行政主管部门提出申请，并经其批准。

第二十三条　出口国家重点保护的水生野生动物或者其产品的，进出口中国参加的国际公约所限制进出口的水生野生动物或者其产品的，必须经进出口单位或者个人所在地的省、自治区、直辖市人民政府渔业行政主管部门审核，报国务院渔业行政主管部门批准；属于贸易性进出口活动的，必须由具有有关商品进出口权的单位承担。

动物园因交换动物需要进出口前款所称水生野生动物的，在国务院渔业行政主管部门批准前，应当经国务院建设行政主管部门审核同意。

第二十六条　非法捕杀国家重点保护的水生野生动物的，依照全国人民代表大会常务委员会关于惩治捕杀国家重点保护的珍贵、濒危野生动物犯罪的补充规定追究刑事责任；情节显著轻微危害不大的，或者犯罪情节轻微不需要判处刑罚的，由渔业行政主管部门没收捕获物、捕捉工具和违法所得，吊销特许捕捉证，并处以相当于捕获物价值十倍以下的罚款，没有捕获物的处以一万元以下的罚款。

《中华人民共和国陆生野生动物保护实施条例》（2016年2月6日修订）

第二条　本条例所称陆生野生动物，是指依法受保护的珍贵、濒危、有益的和有重要经济、科学研究价值的陆生野生动物（以下简称野生动物）；所称野生动物产品，是指陆生野生动物的任何部分及其衍生物。

第十一条　禁止猎捕、杀害国家重点保护野生动物。

有下列情形之一，需要猎捕国家重点保护野生动物的，必须申请特许猎捕证：

（一）为进行野生动物科学考察、资源调查，必须猎捕的；

（二）为驯养繁殖国家重点保护野生动物，必须从野外获取种源的；

（三）为承担省级以上科学研究项目或者国家医药生产任务，必须从野外获取国家重点保护野生动物的；

（四〕为宣传、普及野生动物知识或者教学、展览的需要，必须从野外获取国家重点保护野生动物的；

（五）因国事活动的需要，必须从野外获取国家重点保护野生动物的；

（六）为调控国家重点保护野生动物种群数量和结构，经科学论证必须猎捕的；

（七）因其他特殊情况，必须捕捉、猎捕国家重点保护野生动物的。

第十四条　取得特许猎捕证的单位和个人，必须按照特许猎捕证规定的种类、数量、地点、期限、工具和方法进行猎捕，防止误伤野生动物或者破坏其生存环境。猎捕作业完成后，应当在10日内向猎捕地的县级人民政府野生动物行政主管部门申请查验。

县级人民政府野生动物行政主管部门对在本行政区域内猎捕国家重点保护野生动物的活动，应当进行监督检查，并及时向批准猎捕的机关报告监督检查结果。

第十五条　猎埔非国家重点保护野生动物的，必须持有狩猎证，并按照狩猎证规定的种类、数量、地点、期限、工具和方法进行猎捕。

狩猎证由省、自治区、直辖市人民政府林业行政主管部门按照国务院林业行政主管部门的规定印制，县级以上地方人民政府野生动物行政主管部门或者其授权的单位核发。

狩猎证每年验证1次。

第十八条　禁止使用军用武器、汽枪、毒药、炸药、地枪、排铳、非人为直接操作并危害人畜安全的狩猎装置、夜间照明行猎、歼灭性围猎、火攻、烟熏以及县级以上各级人民政府或者其野生动物行政主管部门规定禁止使用的其他狩猎工具和方法狩猎。

第二十六条　禁止在集贸市场出售、收购国家重点保护野生动物或者其产品。

持有狩猎证的单位和个人需要出售依法获得的非国家重点保护野生动物或者其产品的,应当按照狩猎证规定的种类、数量向经核准登记的单位出售,或者在当地人民政府有关部门指定的集贸市场出售。

第二十八条 运输、携带国家重点保护野生动物或者其产品出县境的,应当凭特许猎捕证、驯养繁殖许可证,向县级人民政府野生动物行政主管部门提出申请,报省、自治区、直辖市人民政府林业行政主管部门或者其授权的单位批准。动物园之间因繁殖动物,需要运输国家重点保护野生动物的,可以由省、自治区、直辖市人民政府林业行政主管部门授权同级建设行政主管部门审批。

第三十条 出口国家重点保护野生动物或者其产品的,以及进出口中国参加的国际公约所限制进出口的野生动物或者其产品的,必须经进出口单位或者个人所在地的省、自治区、直辖市人民政府林业行政主管部门审核,报国务院林业行政主管部门或者国务院批准;属于贸易性进出口活动的,必须由具有有关商品进出口权的单位承担。

动物园因交换动物需要进出口前款所称野生动物的,国务院林业行政主管部门批准前或者国务院林业行政主管部门报请国务院批准前,应当经国务院建设行政主管部门审核同意。

四、相关司法解释/文件

《最高人民法院 最高人民检察院关于办理破坏野生动物资源刑事案件适用法律若干问题的解释》(2022 年 4 月 9 日 法释〔2022〕12 号)

第四条 刑法第三百四十一条第一款规定的“国家重点保护的珍贵、濒危野生动物”包括:

(一)列入《国家重点保护野生动物名录》的野生动物;

(二)经国务院野生动物保护主管部门核准按照国家重点保护的野生动物管理的野生动物。

第五条 刑法第三百四十一条第一款规定的“收购”包括以营利、自用等为目的的购买行为;“运输”包括采用携带、邮寄、利用他人、使用交通工具等方法进行运送的行为;“出售”包括出卖和以营利为目的的加工利用行为。

第六条 非法猎捕、杀害国家重点保护的珍贵、濒危野生动物,或者非法收购、运输、出售国家重点保护的珍贵、濒危野生动物及其制品,价值二万元以上不满二十万元的,应当依照刑法第三百四十一条第一款的规定,以危害珍贵、濒危野生动物罪处五年以下有期徒刑或者拘役,并处罚金;价值二十万元以上不满二百万元的,应当认定为“情节严重”,处五年以上十年以下有期徒刑,并处罚金;价值二百万元以上的,应当认定为“情节特别严重”,处十年以上有期徒刑,并处罚金或者没收财产。

实施前款规定的行为,具有下列情形之一的,从重处罚:

(一)属于犯罪集团的首要分子的;

(二)为逃避监管,使用特种交通工具实施的;

(三)严重影响野生动物科研工作的;

(四)二年内曾因破坏野生动物资源受过行政处罚的。

实施第一款规定的行为,不具有第二款规定的情形,且未造成动物死亡或者动物、动物制品无法追回,行为人全部退赃退赔,确有悔罪表现的,按照下列规定处理:

(一)珍贵、濒危野生动物及其制品价值二百万元以上的,可以认定为“情节严重”,处五年以上十年以下有期徒刑,并处罚金;

(二)珍贵、濒危野生动物及其制品价值二十万元以上不满二百万元的,可以处五年以下有期徒刑或者拘役,并处罚金;

(三)珍贵、濒危野生动物及其制品价值二万元以上不满二十万元的,可以认定为犯罪情节轻微,不起诉或者免予刑事处罚;情节显著轻微危害不大的,不作为犯罪处理。

《最高人民检察院、公安部关于公安机关管辖的刑事案件立案追诉标准的规定(一)》(2008 年 6 月 25 日 公通字〔2008〕36 号)

第六十四条 [非法猎捕、杀害珍贵、濒危野生动物案(刑法第三百四十条第一款)]非法猎捕、杀害国家重点保护的珍贵、濒危野生动物的,应予立案追诉。

本条和本规定第六十五条规定的“珍贵、濒危野生动物”,包括列入《国家重点保护野生动物名录》的国家一、二级保护野生动物、列入《濒危野生动植物种国际贸易公约》附录一、附录二的野生动物以及驯养繁殖的上述物种。

第六十五条　非法收购、运输、出售国家重点保护的珍贵、濒危野生动物及其制品的，应予立案追诉。本条规定的“收购”，包括以营利、自用等为目的的购买行为；“运输”，包括采用携带、邮寄、利用他人、使用交通工具等方法进行运送的行为；“出售”，包括出卖和以营利为目的的加工利用行为。

《最高人民法院、最高人民检察院、国家林业局、公安部、海关总署关于破坏野生动物资源刑事案件中涉及的CITES附录Ⅰ和附录Ⅱ所列陆生野生动物制品价值核定问题的通知》(2012年9月17日　林濒发〔2012〕239号)

各省、自治区、直辖市高级人民法院、人民检察院、林业厅（局）、公安厅（局），解放军军事法院，解放军军事检察院，新疆维吾尔自治区高级人民法院生产建设兵团分院，新疆生产建设兵团人民检察院、林业局、公安局，海关总署广东分署，各直属海关：

我国是《濒危野生动植物种国际贸易公约》（CITES）缔约国，非原产我国的CITES附录Ⅰ和附录Ⅱ所列陆生野生动物已依法被分别核准为国家一级、二级保护野生动物。近年来，各地严格按照CITES和我国野生动物保护法律法规的规定，查获了大量非法收购、运输、出售和走私CITES附录Ⅰ、附录Ⅱ所列陆生野生动物及其制品案件。为确保依法办理上述案件，依据《陆生野生动物保护实施条例》第二十四条、《最高人民法院关于审理走私刑事案件具体应用法律若干问题的解释》（法释〔2000〕30号）第四条，以及《最高人民法院关于审理破坏野生动物资源刑事案件具体应用法律若干问题的解释》（法释〔2000〕37号）第十条和第十一条的有关规定，结合《林业部关于在野生动物案件中如何确定国家重点保护野生动物及其产品价值标准的通知》（林策通字〔1996〕8号），现将破坏野生动物资源案件中涉及的CITES附录Ⅰ和附录Ⅱ所列陆生野生动物制品的价值标准规定如下：

一、CITES附录Ⅰ、附录Ⅱ所列陆生野生动物制品的价值，参照与其同属的国家重点保护陆生野生动物的同类制品价值标准核定；没有与其同属的国家重点保护陆生野生动物的，参照与其同科的国家重点保护陆生野生动物的同类制品价值标准核定；没有与其同科的国家重点保护陆生野生动物的，参照与其同目的国家重点保护陆生野生动物的同类制品价值标准核定；没有与其同目的国家重点保护陆生野生动物的，参照与其同纲或者同门的国家重点保护陆生野生动物的同类制品价值标准核定。

二、同属、同科、同目、同纲或者同门中，如果存在多种不同保护级别的国家重点保护陆生野生动物的，应当参照该分类单元中相同保护级别的国家重点保护陆生野生动物的同类制品价值标准核定；如果存在多种相同保护级别的国家重点保护陆生野生动物的，应当参照该分类单元中价值标准最低的国家重点保护陆生野生动物的同类制品价值标准核定；如果CITES附录Ⅰ和附录Ⅱ所列陆生野生动物所处分类单元有多种国家重点保护陆生野生动物，但保护级别不同的，应当参照该分类单元中价值标准最低的国家重点保护陆生野生动物的同类制品价值标准核定；如果仅有一种国家重点保护陆生野生动物的，应当参照该种国家重点保护陆生野生动物的同类制品价值标准核定。

三、同一案件中缴获的同一动物个体的不同部分的价值总和，不得超过该种动物个体的价值。

四、核定价值低于非法贸易实际交易价格的，以非法贸易实际交易价格认定。

五、犀牛角、象牙等野生动物制品的价值，继续依照《国家林业局关于发布破坏野生动物资源刑事案中涉及走私的象牙及其制品价值标准的通知》（林濒发〔2001〕234号），以及《国家林业局关于发布破坏野生动物资源刑事案件中涉及犀牛角价值标准的通知》（林护发〔2002〕130号）的规定核定。

人民法院、人民检察院、公安、海关等办案单位可以依据上述价值标准，核定破坏野生动物资源刑事案件中涉及的CITES附录Ⅰ和附录Ⅱ所列陆生野生动物制品的价值。核定有困难的，县级以上林业主管部门、国家濒危物种进出口管理机构或其指定的鉴定单位应该协助。

五、相关部门规章/文件

《国家林业局、公安部关于森林和陆生野生动物刑事案件管辖及立案标准》(2001年5月9日林安字〔2001〕156号)

一、森林公安机关管辖在其辖区内发生的刑法规定的下列森林和陆生野生动物刑事案件:

(十一)非法收购、运输、出售珍贵、濒危陆生野生动物、珍贵、濒危陆生野生动物制品案件(第三百四十一条第一款);

(十二)非法狩猎案件(第三百四十一条第二款);

二、森林和陆生野生动物刑事案件的立案标准

(八)非法猎捕、杀害国家重点保护珍贵、濒危陆生野生动物案

凡非法猎捕、杀害国家重点保护的珍贵、濒危陆生野生动物的应当立案,重大案件、特别重大案件的立案标准详见附表。

(九)非法收购、运输、出售珍贵、濒危陆生野生动物、珍贵、濒危陆生野生动物制品案

非法收购、运输、出售国家重点保护的珍贵、濒危陆生野生动物的应当立案,重大案件、特别重大案件的立案标准见附表。

非法收购、运输、出售国家重点保护的珍贵、濒危陆生野生动物制品的,应当立案;制品价值在10万元以上或者非法获利5万元以上的,为重大案件;制品价值在20万元以上或非法获利10万元以上的,为特别重大案件。

(十)非法狩猎案

违反狩猎法规,在禁猎区、禁猎期或者使用禁用的工具、方法狩猎,具有下列情形之一的,应予立案:

1. 非法狩猎陆生野生动物20只以上的;

2. 在禁猎区或者禁猎期使用禁用的工具、方法狩猎的;

3. 具有其他严重破坏野生动物资源情节的。

违反狩猎法规,在禁猎区、禁猎期或者使用禁用的工具、方法狩猎,非法狩猎陆生野生动物50只以上的,为重大案件;非法狩猎陆生野生动物100只以上或者具有其他恶劣情节的,为特别重大案件。

三、其他规定

(五)非法猎捕、杀害、收购、运输、出售、走私《濒危野生动植物种国际贸易公约》附录一、附录二所列陆生野生动物的,其立案标准参照附表中同属或者同科的国家一、二级保护野生动物的立案标准执行。

(六)珍贵、濒危陆生野生动物制品的价值,依照国家野生动物行政主管部门的规定核定;核定价值低于实际交易价格的,以实际交易价格认定。

(七)单位作案的,执行本规定的立案标准。

(八)本规定中所指的"以上",均包括本数在内。

(九)各省、自治区、直辖市公安厅、局和林业主管部门可根据本地的实际情况,在本规定的幅度内确定本地区盗伐林木案、滥伐林木案和非法狩猎案的立案起点及重大、特别重大案件的起点。

要义辨析

一、概念

本罪是违反野生动物保护法规,非法猎捕、杀害国家重点保护的珍贵、濒危野生动物,以及非法收购、运输、加工、出售国家重点保护的珍贵、濒危野生动物及其制品的行为。

二、构成要件

1. 本罪侵害的客体是国家对珍贵、濒危野生动物资源的保护管理制度。本罪侵犯的对象是国家重点保护的珍贵、濒危野生动物。珍贵、濒危野生动物,是指中国特产、稀有或者濒于灭绝的以及数量稀少、有灭绝危险的或者分布地域狭窄、有限的野生动物。

2. 本罪客观方面表现为具有违反野生动物保护法规,猎捕、杀害国家重点保护的珍贵、濒危野生动物的行为,以及收购、运输、加工、出售国家重点保护的珍贵、濒危野生动物及其制品的行为。

3. 本罪主观方面必须出于故意,过失不构成本罪。

4. 犯罪主体为一般主体,自然人和单位均可构成本罪。

三、要点辨析

本罪为行为犯，只要猎捕、杀害国家重点保护的珍贵、濒危野生动物的行为，以及收购、运输、加工、出售国家重点保护的珍贵、濒危野生动物及其制品的行为，即构成本罪。情节作为加重处刑考虑，"情节严重""特别严重"的标准，相关司法解释/文件已明文规定。

四、罪名变迁

本罪系根据1979年《刑法》第130条和全国人民代表大会常务委员会《关于惩治捕杀国家重点保护的珍贵、濒危野生动物犯罪的补充规定》(已失效)修改而来。2021年2月26日《最高人民法院、最高人民检察院关于执行〈中华人民共和国刑法〉确定的补充规定(七)》取消非法猎捕、杀害珍贵、濒危野生动物罪和非法收购、运输、出售珍贵、濒危野生动物、珍贵、濒危野生动物制品罪罪名，将两个罪名合并为危害珍贵、濒危野生动物罪。

类罪名：妨害社会管理秩序罪/破坏环境资源保护罪　罪名：非法狩猎罪	
量刑标准	**情节严重的**　处3年以下有期徒刑、拘役、管制或者罚金；
	单位犯罪的　判处罚金；并对直接负责的主管人员和责任人员依个人犯罪处罚。

法律依据

一、《刑法》条文

第三百四十一条第二款　违反狩猎法规，在禁猎区、禁猎期或者使用禁用的工具、方法进行狩猎，破坏野生动物资源，情节严重的，处三年以下有期徒刑、拘役、管制或者罚金。

第三百四十六条　单位犯本节第三百三十八条至第三百四十五条规定之罪的，对单位判处罚金，并对其直接负责的主管人员和其他直接责任人员，依照本节各该条的规定处罚。

二、相关法律

《中华人民共和国野生动物保护法》(2022年12月30日修订)

第二十二条　猎捕有重要生态、科学、社会价值的陆生野生动物和地方重点保护野生动物的，应当依法取得县级以上地方人民政府野生动物保护主管部门核发的狩猎证，并服从猎捕量限额管理。

第二十三条　猎捕者应当严格按照特许猎捕证、狩猎证规定的种类、数量或者限额、地点、工具、方法和期限进行猎捕。猎捕作业完成后，应当将猎捕情况向核发特许猎捕证、狩猎证的野生动物保护主管部门备案。具体办法由国务院野生动物保护主管部门制定。猎捕国家重点保护野生动物应当由专业机构和人员承担；猎捕有重要生态、科学、社会价值的陆生野生动物，有条件的地方可以由专业机构有组织开展。

持枪猎捕的，应当依法取得公安机关核发的持枪证。

第四十八条　违反本法第二十条、第二十一条、第二十三条第一款、第二十四条第一款规定，有下列行为之一的，由县级以上人民政府野生动物保护主管部门、海警机构和有关自然保护地管理机构按照职责分工没收猎获物、猎捕工具和违法所得，吊销特许猎捕证，并处猎获物价值二倍以上二十倍以下罚款；没有猎获物或者猎获物价值不足五千元的，并处一万元以上十万元以下罚款；构成犯罪的，依法追究刑事责任：

(一)在自然保护地、禁猎(渔)区、禁猎(渔)期猎捕国家重点保护野生动物；

(二)未取得特许猎捕证、未按照特许猎捕证规定猎捕、杀害国家重点保护野生动物；

(三)使用禁用的工具、方法猎捕国家重点保护野生动物。

违反本法第二十三条第一款规定，未将猎捕情况向野生动物保护主管部门备案的，由核发特许猎捕证、狩猎证的野生动物保护主管部门责令限期改正;逾期不改正的,处一万元以上十万元以下罚款;情节严重的,吊销特许猎捕证、狩猎证。

第四十九条 违反本法第二十条、第二十二条、第二十三条第一款、第二十四条第一款规定,有下列行为之一的,由县级以上地方人民政府野生动物保护主管部门和有关自然保护地管理机构按照职责分工没收猎获物、猎捕工具和违法所得,吊销狩猎证,并处猎获物价值一倍以上十倍以下罚款;没有猎获物或者猎获物价值不足二千元的,并处二千元以上二万元以下罚款;构成犯罪的,依法追究刑事责任:

(一)在自然保护地、禁猎(渔)区、禁猎(渔)期猎捕有重要生态、科学、社会价值的陆生野生动物或者地方重点保护野生动物;

(二)未取得狩猎证、未按照狩猎证规定猎捕有重要生态、科学、社会价值的陆生野生动物或者地方重点保护野生动物;

(三)使用禁用的工具、方法猎捕有重要生态、科学、社会价值的陆生野生动物或者地方重点保护野生动物。

违反本法第二十条、第二十四条第一款规定,在自然保护地、禁猎区、禁猎期或者使用禁用的工具、方法猎捕其他陆生野生动物,破坏生态的,由县级以上地方人民政府野生动物保护主管部门和有关自然保护地管理机构按照职责分工没收猎获物、猎捕工具和违法所得,并处猎获物价值一倍以上三倍以下罚款;没有猎获物或者猎获物价值不足一千元的,并处一千元以上三千元以下罚款;构成犯罪的,依法追究刑事责任。

违反本法第二十三条第二款规定,未取得持枪证持枪猎捕野生动物,构成违反治安管理行为的,还应当由公安机关依法给予治安管理处罚;构成犯罪的,依法追究刑事责任。

三、相关司法解释/文件

《最高人民法院、最高人民检察院关于办理破坏野生动物资源刑事案件适用法律若干问题的解释》(2022 年 4 月 9 日 法释〔2022〕12 号)

第七条 违反狩猎法规,在禁猎区、禁猎期或者使用禁用的工具、方法进行狩猎,破坏野生动物资源,具有下列情形之一的,应当认定为刑法第三百四十一条第二款规定的“情节严重”,以非法狩猎罪定罪处罚:

(一)非法猎捕野生动物价值一万元以上的;

(二)在禁猎区使用禁用的工具或者方法狩猎的;

(三)在禁猎期使用禁用的工具或者方法狩猎的;

(四)其他情节严重的情形。

实施前款规定的行为,具有下列情形之一的,从重处罚:

(一)暴力抗拒、阻碍国家机关工作人员依法履行职务,尚未构成妨害公务罪、袭警罪的;

(二)对野生动物资源或者栖息地生态造成严重损害的;

(三)二年内曾因破坏野生动物资源受过行政处罚的。

实施第一款规定的行为,根据猎获物的数量、价值和狩猎方法、工具等,认为对野生动物资源危害明显较轻的,综合考虑猎捕的动机、目的、行为人自愿接受行政处罚、积极修复生态环境等情节,可以认定为犯罪情节轻微,不起诉或者免予刑事处罚;情节显著轻微危害不大的,不作为犯罪处理。

《最高人民检察院、公安部关于公安机关管辖的刑事案件立案追诉标准的规定(一)》(2008 年 6 月 25 日 公通字〔2008〕36 号)

第六十六条 [非法狩猎案(刑法第三百四十一条第二款)]违反狩猎法规,在禁猎区、禁猎期或者使用禁用的工具、方法进行狩猎,破坏野生动物资源,涉嫌下列情形之一的,应予立案追诉:

(一)非法狩猎野生动物二十只以上的;

(二)在禁猎区内使用禁用的工具或者禁用的方法狩猎的;

(三)在禁猎期内使用禁用的工具或者禁用的方法狩猎的;

(四)其他情节严重的情形。

要义辨析

一、概念

本罪是指违反狩猎法规，在禁猎区、禁猎期或者使用禁用的工具、方法进行狩猎，破坏野生动物资源，情节严重的行为。

二、构成要件

1. 本罪侵犯的客体是国家对野生动物资源的保护管理制度。犯罪对象是珍禽、珍兽或者其他野生动物资源。珍禽、珍兽是指国有稀有、珍贵的飞禽和野兽。

2. 本罪客观方面表现为具有违反狩猎法规，在禁猎区、禁猎期或者使用禁用的工具、方法进行狩猎，破坏野生动物资源，情节严重的行为。

3. 本罪主观方面必须出于故意，过失不构成本罪。

4. 本罪主体为一般主体，自然人和单位均可构成本罪。

三、要点辨析

1. 本罪是行为犯，情节作为加重处刑考虑。

2. 本罪侵害对象是一般动物，如果是非法捕杀国家重点保护的珍贵、濒危野生动物，应依照《刑法》第 337 条第 1 款以非法捕杀珍贵、濒危野生动物罪定罪处罚。

四、罪名变迁

本罪原规定在 1979 年《刑法》第 130 条非法狩猎罪中。2016 年 7 月 2 日《野生动物保护法》对本罪内容作了更明确具体的规定。

类罪名：妨害社会管理秩序罪/破坏环境资源保护罪｜罪名：非法猎捕、收购、运输、出售陆生野生动物罪

量刑标准	构成犯罪的	处 3 年以下有期徒刑、拘役、管制或者罚金；
	单位犯罪的	判处罚金，并对直接负责的主管人员和责任人员依个人犯罪处罚。

法律依据

一、《刑法》条文

第三百四十一条第三款　违反野生动物保护管理法规，以食用为目的非法猎捕、收购、运输、出售第一款规定以外的在野外环境自然生长繁殖的陆生野生动物，情节严重的，依照前款的规定处罚。

二、相关司法解释/文件

《最高人民法院、最高人民检察院关于办理破坏野生动物资源刑事案件适用法律若干问题的解释》(2022 年 4 月 6 日　法释〔2022〕12 号)

第五条　刑法第三百四十一条第一款规定的"收购"包括以营利、自用等为目的的购买行为；"运输"包括采用携带、邮寄、利用他人、使用交通工具等方法进行运送的行为；"出售"包括出卖和以营利为目的的加工利用行为。

刑法第三百四十一条第三款规定的"收购""运输""出售"，是指以食用为目的，实施前款规定的相应行为。

第八条　违反野生动物保护管理法规，以食用为目的，非法猎捕、收购、运输、出售刑法第三百四十一条第一款规定以外的在野外环境自然生长繁殖的陆生野生动物，具有下列情形之一的，应当认定为刑法第三百四十一条第三款规定的"情节严重"，以非法猎捕、收购、运输、出售陆生野生动物罪定罪处罚：

(一)非法猎捕、收购、运输、出售有重要生态、科学、社会价值的陆生野生动物或者地方重点保护陆生野生动物价值一万元以上的；

(二)非法猎捕、收购、运输、出售第一项规定以外的其他陆生野生动物价值五万元以上的；

(三)其他情节严重的情形。

实施前款规定的行为,同时构成非法狩猎罪的,应当依照刑法第三百四十一条第三款的规定,以非法猎捕陆生野生动物罪定罪处罚。

要义辨析

一、概念

本罪是指违反野生动物保护管理法规,以食用为目的非法猎捕、收购、运输、出售本法第341条第1款规定以外的陆生野生动物,情节严重的行为。

二、构成要件

1. 本罪侵犯的客体为国家对野生动物的保护管理制度。

2. 本罪客观方面表现为以食用为目的非法猎捕、收购、运输、出售本法第341条第1款规定以外的陆生野生动物的行为。

3. 犯罪主体为一般主体。

4. 本罪主观方面表现为故意。

三、要点辨析

本罪惩治的重点是以食用为目的而进行的规模化、手段恶劣的捕猎行为,以及针对野生动物的市场化、经营化、组织化的运输、交易行为,且要求情节严重。对于公民自己食用而猎捕的行为,不宜以本罪论处。

四、罪名变迁

本款是《刑法修正案(十一)》新增罪名。

类罪名:妨害社会管理秩序罪/破坏环境资源保护罪	罪名:非法占用农用地罪	
量刑标准	构成犯罪的	处5年以下有期徒刑或者拘役,并处或者单处罚金;
	单位犯罪的	判处罚金;并对直接负责的主管人员和责任人员依个人犯罪处罚。

法律依据

一、《刑法》条文

第三百四十二条 违反土地管理法规,非法占用耕地、林地等农用地,改变被占用土地用途,数量较大,造成耕地、林地等农用地大量毁坏的,处五年以下有期徒刑或者拘役,并处或者单处罚金。

第三百四十六条 单位犯本节第三百三十八条至第三百四十五条规定之罪的,对单位判处罚金,并对其直接负责的主管人员和其他直接责任人员,依照本节各该条的规定处罚。

二、相关法律

《中华人民共和国土地管理法》(2019年8月26日修正)

第七十五条 违反本法规定,占用耕地建窑、建坟或者擅自在耕地上建房、挖砂、采石、采矿、取土等,破坏种植条件的,或者因开发土地造成土地荒漠化、盐渍化的,由县级以上人民政府自然资源主管部门、农业农村主管部门等按照职责责令限期改正或者治理,可以并处罚款;构成犯罪的,依法追究刑事责任。

第七十七条 未经批准或者采取欺骗手段骗取批准,非法占用土地的,由县级以上人民政府自然资源主管部门责令退还非法占用的土地,对违反土地利用总体规划擅自将农用地改为建设用地的,限期拆除在非法占用的土地上新建的建筑物和其他设施,恢复土地原状,对符合土地利用总体规划的,没收在非法占用的土地上新建的建筑物和其他设施,可以并处罚款;对非法占用土地单位的直接负责的主管人员和其他直接责任人员,依法给予行政处分;构成犯罪的,依法追究刑事责任。

超过批准的数量占用土地,多占的土地以非法占用土地论处。

《全国人民代表大会常务委员会关于〈中华人民共和国刑法〉第二百二十八条、第三百四十二条、第四百一十条的解释》(2009年8月27日修正)

全国人民代表大会常务委员会讨论了刑法第二百二十八条、第三百四十二条、第四百一十条规定的“违反土地管理法规”和第四百一十条规定的“非法批准征收、征用、占用土地”的含义问题,解释如下:

刑法第二百二十八条、第三百四十二条、第四百一十条规定的“违反土地管理法规”,是指违反土地管理法、森林法、草原法等法律以及有关行政法规中关于土地管理的规定。

刑法第四百一十条规定的“非法批准征收、征用、占用土地”,是指非法批准征收、征用、占用耕地、林地等农用地以及其他土地。

三、相关行政法规

《基本农田保护条例》(2011年1月8日修订)

第二条　国家实行基本农田保护制度。

本条例所称基本农田,是指按照一定时期人口和社会经济发展对农产品的需求,依据土地利用总体规划确定的不得占用的耕地。

本条例所称基本农田保护区,是指为对基本农田实行特殊保护而依据土地利用总体规划和依照法定程序确定的特定保护区域。

第十七条　禁止任何单位和个人在基本农田保护区内建窑、建房、建坟、挖砂、采石、采矿、取土、堆放固体废弃物或者进行其他破坏基本农田的活动。

禁止任何单位和个人占用基本农田发展林果业和挖塘养鱼。

第三十三条　违反本条例规定,占用基本农田建窑、建房、建坟、挖砂、采石、采矿、取土、堆放固体废弃物或者从事其他活动破坏基本农田,毁坏种植条件的,由县级以上人民政府土地行政主管部门责令改正或者治理,恢复原种植条件,处占用基本农田的耕地开垦费1倍以上2倍以下的罚款;构成犯罪的,依法追究刑事责任。

四、相关司法解释/文件

《最高人民法院关于审理破坏土地资源刑事案件具体应用法律若干问题的解释》(2000年6月19日　法释〔2000〕14号)

第三条　违反土地管理法规,非法占用耕地改作他用,数量较大,造成耕地大量毁坏的,依照刑法第三百四十二条的规定,以非法占用耕地罪定罪处罚:

(一)非法占用耕地“数量较大”,是指非法占用基本农田五亩以上或者非法占用基本农田以外的耕地十亩以上。

(二)非法占用耕地“造成耕地大量毁坏”,是指行为人非法占用耕地建窑、建坟、建房、挖沙、采石、采矿、取土、堆放固体废弃物或者进行其他非农业建设,造成基本农田五亩以上或者基本农田以外的耕地十亩以上种植条件严重毁坏或者严重污染。

第八条　单位犯非法转让、倒卖土地使用权罪、非法占有耕地罪的定罪量刑标准,依照本解释第一条、第二条、第三条的规定执行。

第九条　多次实施本解释规定的行为依法应当追诉的,或者一年内多次实施本解释规定的行为未经处理的,按照累计的数量、数额处罚。

《最高人民法院关于审理破坏草原资源刑事案件应用法律若干问题的解释》(2012年11月2日　法释〔2012〕15号)

第一条　违反草原法等土地管理法规,非法占用草原,改变被占用草原用途,数量较大,造成草原大量毁坏的,依照刑法第三百四十二条的规定,以非法占用农用地罪定罪处罚。

第二条　非法占用草原,改变被占用草原用途,数量在二十亩以上的,或者曾因非法占用草原受过行政处罚,在三年内又非法占用草原,改变被占用草原用途,数量在十亩以上的,应当认定为刑法第三百四十二条规定的“数量较大”。

非法占用草原,改变被占用草原用途,数量较大,具有下列情形之一的,应当认定为刑法第三百四十二条规定的“造成耕地、林地等农用地大量毁坏”:

(一)开垦草原种植粮食作物、经济作物、林木的;

(二)在草原上建窑、建房、修路、挖砂、采石、采矿、取土、剥取草皮的;

(三)在草原上堆放或者排放废弃物,造成草原的原有植被严重毁坏或者严重污染的;

(四)违反草原保护、建设、利用规划种植牧草和饲料作物,造成草原沙化或者水土严重流失的;

(五)其他造成草原严重毁坏的情形。

第五条 单位实施刑法第三百四十二条规定的行为,对单位判处罚金,并对其直接负责的主管人员和其他直接责任人员,依照本解释规定的定罪量刑标准定罪处罚。

第六条 多次实施破坏草原资源的违法犯罪行为,未经处理,应当依法追究刑事责任的,按照累计的数量、数额定罪处罚。

第七条 本解释所称"草原",是指天然草原和人工草地,天然草原包括草地、草山和草坡,人工草地包括改良草地和退耕还草地,不包括城镇草地。

《最高人民法院关于审理破坏土地资源刑事案件具体应用法律若干问题的解释》(2023年8月13日 法释〔2023〕8号)

第一条 违反土地管理法规,非法占用林地,改变被占用林地用途,具有下列情形之一的,应当认定为刑法第三百四十二条规定的造成林地"毁坏":

(一)在林地上实施建窑、建坟、建房、修路、硬化等工程建设的;

(二)在林地上实施采石、采砂、采土、采矿等活动的;

(三)在林地上排放污染物、堆放废弃物或者进行非林业生产、建设,造成林地被严重污染或者原有植被、林业生产条件被严重破坏的。

实施前款规定的行为,具有下列情形之一的,应当认定为刑法第三百四十二条规定的"数量较大,造成耕地、林地等农用地大量毁坏":

(一)非法占用并毁坏公益林地五亩以上的;

(二)非法占用并毁坏商品林地十亩以上的;

(三)非法占用并毁坏的公益林地、商品林地数量虽未分别达到第一项、第二项规定标准,但按相应比例折算合计达到有关标准的;

(四)二年内曾因非法占用农用地受过二次以上行政处罚,又非法占用林地,数量达到第一项至第三项规定标准一半以上的。

《最高人民检察院、公安部关于公安机关管辖的刑事案件立案追诉标准的规定(一)》(2008年6月25日 公通字〔2008〕36号)

第六十七条 [非法占用农用地案(刑法第三百四十二条)]违反土地管理法规,非法占用耕地、林地等农用地,改变被占用土地用途,造成耕地、林地等农用地大量毁坏,涉嫌下列情形之一的,应予立案追诉:

(一)非法占用基本农田五亩以上或者基本农田以外的耕地十亩以上的;

(二)非法占用防护林地或者特种用途林地数量单种或者合计五亩以上的;

(三)非法占用其他林地数量十亩以上的;

(四)非法占用本款第(二)项、第(三)项规定的林地,其中一项数量达到相应规定的数量标准的百分之五十以上,且两项数量合计达到该项规定的数量标准的;

(五)非法占用其他农用地数量较大的情形。

违反土地管理法规,非法占用耕地建窑、建坟、建房、挖沙、采石、采矿、取土、堆放固体废弃物或者进行其他非农业建设,造成耕地种植条件严重毁坏或者严重污染,被毁坏耕地数量达到以上规定的,属于本条规定的"造成耕地大量毁坏"。

违反土地管理法规,非法占用林地,改变被占用林地用途,在非法占用的林地上实施建窑、建坟、建房、挖沙、采石、采矿、取土、种植农作物、堆放或者排泄废弃物等行为或者进行其他非林业生产、建设,造成林地的原有植被或者林业种植条件严重毁坏或者严重污染,被毁坏林地数量达到以上规定的,属于本条规定的"造成林地大量毁坏"。

要义辨析

一、概念

本罪是指违反土地管理法规,非法占用耕地、林地等农用地,改作他用,数量较大,造成耕地、林地等农用地大量毁坏的行为。

二、构成要件

1. 本罪侵犯的客体是国家的土地管理制度和国家土地资源。犯罪对象是耕地、林地、草原等农用地。

2. 本罪客观方面表现为违反土地管理法规,非法占用耕地、林地等农用地改作他用，数量较大，造成耕地、林地等农用地大量毁坏的行为。

3. 本罪主观方面必须出于故意，过失不构成本罪。

4. 本罪犯罪主体为一般主体，自然人和单位均可构成本罪。

三、要点辨析

1. 农用地，包括耕地、林地等农用地。最高人民法院于2000年、2005年、2012年先后公布了《关于审理破坏土地资源刑事案件具体应用法律若干问题的解释》《关于审理破坏林地资源刑事案件具体应用法律若干问题的解释》《关于审理破坏草原资源刑事案件应用法律若干问题的解释》三个司法解释，为非法占用农用地罪，包括农地、林地、草地，提供了更明确的定义。

2. 本罪是行为犯，非法占用耕地、林地等农用地改作他用，数量较大即可构成本罪。

3. 确定本罪要达到一定的情节。占用数量较大，造成耕地、林地等农用地大量毁坏的，基本农田5亩以上或者基本农田以外的耕地10亩以上的；特种用途林地数量单种或者合计5亩以上的；其他林地数量10亩以上的，才构成犯罪。

四、罪名变迁

1997年《刑法》修订时，增设了“非法占用耕地罪”的罪名，吸收了1998年修订的《土地管理法》第74条内容。后来根据实践中出现的新情况，2001年8月31日《刑法修正案（二）》对非法占用耕地罪进行了增补，将本罪的犯罪对象扩大到包括耕地、林地在内的所有农用地，罪名也随之变更为“非法占用农用地罪”。

类罪名：妨害社会管理秩序罪/破坏环境资源保护罪	罪名：破坏自然保护地罪
量刑标准	构成犯罪的　5年以下有期徒刑或者拘役，并处或者单处罚金。

法律依据

一、《刑法》条文

第三百四十二条之一　违反自然保护地管理法规，在国家公园、国家级自然保护区进行开垦、开发活动或者修建建筑物，造成严重后果或者有其他恶劣情节的，处五年以下有期徒刑或者拘役，并处或者单处罚金。

有前款行为，同时构成其他犯罪的，依照处罚较重的规定定罪处罚。

二、相关行政法规

《中华人民共和国自然保护区条例》（2017年10月7日修订）

第二十六条　禁止在自然保护区内进行砍伐、放牧、狩猎、捕捞、采药、开垦、烧荒、开矿、采石、挖沙等活动；但是，法律、行政法规另有规定的除外。

第二十七条　禁止任何人进入自然保护区的核心区。因科学研究的需要，必须进入核心区从事科学研究观测、调查活动的，应当事先向自然保护区管理机构提交申请和活动计划，并经自然保护区管理机构批准；其中，进入国家级自然保护区核心区的，应当经省、自治区、直辖市人民政府有关自然保护区行政主管部门批准。

自然保护区核心区内原有居民确有必要迁出的，由自然保护区所在地的地方人民政府予以妥善安置。

第三十二条　在自然保护区的核心区和缓冲区内，不得建设任何生产设施。在自然保护区的实验区内，不得建设污染环境、破坏资源或者景观的生产设施；建设其他项目，其污染物排放不得超过国家和地方规定的污染物排放标准。在自然保护区的实验区内已经建成的设施，其污染物排放超过国家和地方规定的排放标准的，应当限期治理；造成损害的，必须采取补救措施。

在自然保护区的外围保护地带建设的项目，不得损害自然保护区内的环境质量；已造成损害的，应当限期治理。

限期治理决定由法律、法规规定的机关作出，被限期治理的企业事业单位必须按期完成治理任务。

要义辨析

一、概念

本罪是指违反自然保护地管理法规，在国家公园、国家级自然保护区进行开垦、开发活动或者修建建筑物，造成严重后果或者有其他恶劣情节的行为。

二、构成要件

1. 本罪侵犯的客体为国家对自然保护地的保护管理制度。

2. 本罪的客观方面表现为在国家公园、国家级自然保护区进行开垦、开发活动或者修建建筑物，并造成严重后果或者有其他恶劣情节。

3. 主体为一般主体。

4. 本罪的主观方面表现为故意。

三、要点辨析

1. 构成本罪的前提是需要违反自然保护地的管理法规，"违法自然保护地的管理法规"是指违反有关自然保护地的管理、保护的法律、行政法规等，包括《中华人民共和国自然保护区条例》以及未来将要指定的自然保护地法等。

2. 需要处理好本罪与非法占用农用地罪、非法采矿罪的关系。在国家公园、国家级自然保护区内非法开垦的，如同时属于非法占用耕地、林地等农用地的，改变被占用地的用途的，还可构成非法占用农用地罪。在国家公园、国家级自然保护区内非法开发，例如开采矿山活动，还可以构成非法采矿罪。对于上述两种情形，应当按照本条的规定，依照处罚较重的罪进行处罚。

四、罪名变迁

本罪系《刑法修正案(十一)》新增罪名。

类罪名:妨害社会管理秩序罪/破坏环境资源保护罪 | 罪名:非法采矿罪	
量刑标准	**情节严重的**　处3年以下有期徒刑、拘役或者管制，并处或者单处罚金;
	情节特别严重的　处3年以上7年以下有期徒刑，并处罚金;
	单位犯罪的　判处罚金;并对直接负责的主管人员和责任人员依个人犯罪处罚。

法律依据

一、《刑法》条文

第三百四十三条第一款　违反矿产资源法的规定，未取得采矿许可证擅自采矿，擅自进入国家规划矿区、对国民经济具有重要价值的矿区和他人矿区范围采矿，或者擅自开采国家规定实行保护性开采的特定矿种，情节严重的，处三年以下有期徒刑、拘役或者管制，并处或者单处罚金;情节特别严重的，处三年以上七年以下有期徒刑，并处罚金。

第三百四十六条　单位犯本节第三百三十八条至第三百四十五条规定之罪的，对单位判处罚金，并对其直接负责的主管人员和其他直接责任人员，依照本节各该条的规定处罚。

二、相关法律

《中华人民共和国矿产资源法》(2009年8月27日修正)

第三条　矿产资源属于国家所有，由国务院行使国家对矿产资源的所有权。地表或者地下的矿产资源的国家所有权，不因其所依附的土地的所有权或者使用权的不同而改变。国家保障矿产资源的合理开发利用。禁止任何组织或者个人用任何手段侵占或者破坏矿产资源。各级人民政府必须加强矿产资源的保护工作。勘查、开采矿产资源，必须依法分别申请、经批准取得探矿权、采矿权，并办理登记；但是，已经依法申请取得采矿权的矿山企业在划定的矿区范围内为本企业的生产而进行的勘查除外。国家保护探矿权和采矿权不受侵犯，保障矿区和勘查作业区的生产秩序、工作秩序不受影响和破坏。从事矿产资源勘查和开采的，必须符合规定的资质条件。

第三十九条 违反本法规定，未取得采矿许可证擅自采矿的，擅自进入国家规划矿区、对国民经济具有重要价值的矿区范围采矿的，擅自开采国家规定实行保护性开采的特定矿种的，责令停止开采、赔偿损失，没收采出的矿产品和违法所得，可以并处罚款；拒不停止开采，造成矿产资源破坏的，依照刑法第一百五十六条的规定对直接责任人员追究刑事责任。

单位和个人进入他人依法设立的国有矿山企业和其他矿山企业矿范围内采矿的，依照前款规定处罚。

第四十条 超越批准的矿区范围采矿的，责令退回本矿区范围内开采、赔偿损失，没收越界开采的矿产品和违法所得，可以并处罚款；拒不退回本矿区范围内开采，造成矿产资源破坏的，吊销采矿许可证，依照刑法有关规定对直接责任人员追究刑事责任。

《中华人民共和国矿产资源法实施细则》(1994年3月26日)

第二条 矿产资源是指由地质作用形成的，具有利用价值的，呈固态、液态、气态的自然资源。矿产资源的矿种和分类见本细则所附《矿产资源分类细目》。新发现的矿种由国务院地质矿产主管部门报国务院批准后公布。

矿产资源分类细目：

能源矿产

煤、煤成气、石煤、油页岩、石油、天然气、油砂、天然沥青、铀、钍、地热。

金属矿产

铁、锰、铬、钒、钛；铜、铅、锌、铝土矿、镍、钴、钨、锡、铋、钼、汞、锑、镁；铂、钯、钌、锇、铱、铑；金、银；铌、钽、铍、锂、锆、锶、铷、铯；镧、铈、镨、钕、钐、铕、钇、钆、铽、镝、钬、铒、铥、镱、镥；钪、锗、镓、铟、铊、铪、铼、镉、硒、碲。

非金属矿产

金刚石、石墨、磷、自然硫、硫铁矿、钾盐、硼、水晶(压电水晶、熔炼水晶、光学水晶、工艺水晶)、刚玉、蓝晶石、硅线石、红柱石、硅灰石、钠硝石、滑石、石棉、蓝石棉、云母、长石、石榴子石、叶腊石、透辉石、透闪石、蛭石、沸石、明矾石、芒硝(含钙芒硝)、石膏(含硬石膏)、重晶石、毒重石、天然碱、方解石、冰洲石、菱镁矿、萤石(普通萤石、光学萤石)、宝石、黄玉、玉石、电气石、玛瑙、颜料矿物(赭石、颜料黄土)、石灰岩(电石用灰岩、制碱用灰岩、化肥用灰岩、熔剂用灰岩、玻璃用灰岩、水泥用灰岩、建筑石料用灰岩、制灰用灰岩、饰面用灰岩)、泥灰岩、白垩、含钾岩石、白云岩(冶金用白云岩、化肥用白云岩、玻璃用白云岩、建筑用白云岩)、石英岩(冶金用石英岩、玻璃用石英岩、化肥用石英岩)、砂岩(冶金用砂岩、玻璃用砂岩、水泥配料用砂岩、砖瓦用砂岩、化肥用砂岩、铸型用砂岩、陶瓷用砂岩)、天然石英砂(玻璃用砂、铸型用砂、建筑用砂、水泥配料用砂、水泥标准砂、砖瓦用砂)、脉石英(冶金用脉石英、玻璃用脉石英)、粉石英、天然油石、含钾砂页岩、硅藻土、页岩(陶粒页岩、砖瓦用页岩、水泥配料用页岩)、高岭土、陶瓷土、耐火粘土、凹凸棒石粘土、海泡石粘土、伊利石粘土、累托石粘土、膨润土、铁矾土、其他粘土(铸型用粘土、砖瓦用粘土、陶粒用粘土、水泥配料用粘土、水泥配料用红土、水泥配料用黄土、水泥配料用泥岩、保温材料用粘土)、橄榄岩(化肥用橄榄岩、建筑用橄榄岩)、蛇纹岩(化肥用蛇纹岩、熔剂用蛇纹岩、饰面用蛇纹岩)、玄武岩(铸石用玄武岩、岩棉用玄武岩)、辉绿岩(水泥用辉绿岩、铸石用辉绿岩、饰面用辉绿岩、建筑用辉绿岩)、安山岩(饰面用安山岩、建筑用安山岩、水泥混合材用安山玢岩)、闪长岩(水泥混合材用闪长玢岩、建筑用闪长岩)、花岗岩(建筑用花岗岩、饰面用花岗岩)、麦饭石、珍珠岩、黑曜岩、松脂岩、浮石、粗面岩(水泥用粗面岩、铸石用粗面岩)、霞石正长岩、凝灰岩(玻璃用凝灰岩、水泥用凝灰岩、建筑用凝灰岩)、火山灰、火山渣、大理岩(饰面用大理岩、建筑用大理岩、水泥用大理岩、玻璃用大理岩)、板岩(饰面用板岩、水泥配料用板岩)、片麻岩、角闪岩、泥炭、矿盐(湖盐、岩盐、天然卤水)、镁盐、碘、溴、砷。

水气矿产

地下水、矿泉水、二氧化碳气、硫化氢气、氦气、氡气。

三、相关司法解释/文件

《最高人民法院、最高人民检察院关于办理盗窃油气、破坏油气设备等刑事案件具体应用法律若干问题的解释》(2007年1月15日　法释〔2007〕3号)

第六条　违反矿产资源法的规定,非法开采或者破坏性开采石油、天然气资源的,依照刑法第三百四十三条以及《最高法院关于审理非法采矿、破坏性采矿刑事案件具体应用法律若干问题的解释》的规定追究刑事责任。

《最高人民检察院、公安部关于公安机关管辖的刑事案件立案追诉标准的规定(一)》(2008年6月25日　公通字〔2008〕36号)

第六十八条　[非法采矿案(刑法第三百四十二条第一款)]违反矿产资源法的规定,未取得采矿许可证擅自采矿的,或者擅自进入国家规划矿区、对国民经济具有重要价值的矿区和他人矿区范围采矿的,或者擅自开采国家规定实行保护性开采的特定矿种,经责令停止开采后拒不停止开采,造成矿产资源破坏的价值数额在五万元至十万元以上的,应予立案追诉。

具有下列情形之一的,属于本条规定的"未取得采矿许可证擅自采矿":

(一)无采矿许可证开采矿产资源的;

(二)采矿许可证被注销、吊销后继续开采矿产资源的;

(三)超越采矿许可证规定的矿区范围开采矿产资源的;

(四)未按采矿许可证规定的矿种开采矿产资源的(共生、伴生矿种除外);

(五)其他未取得采矿许可证开采矿产资源的情形。

在采矿许可证被依法暂扣期间擅自开采的,视为本条规定的"未取得采矿许可证擅自采矿"。

造成矿产资源破坏的价值数额,由省级以上地质矿产主管部门出具鉴定结论,经查证属实后予以认定。

《最高人民检察院、公安部关于公安机关管辖的刑事案件立案追诉标准的规定(一)的补充规定》(2017年4月27日　公通字〔2017〕12号)

十一、将《立案追诉标准(一)》第六十八条修改为:[非法采矿案(刑法第三百四十三条第一款)]违反矿产资源法的规定,未取得采矿许可证擅自采矿,或者擅自进入国家规划矿区、对国民经济具有重要价值的矿区和他人矿区范围采矿,或者擅自开采国家规定实行保护性开采的特定矿种,涉嫌下列情形之一的,应予立案追诉:

(一)开采的矿产品价值或者造成矿产资源破坏的价值在10万元至30万元以上的;

(二)在国家规划矿区、对国民经济具有重要价值的矿区采矿,开采国家规定实行保护性开采的特定矿种,或者在禁采区、禁采期内采矿,开采的矿产品价值或者造成矿产资源破坏的价值在5万元至15万元以上的;

(三)二年内曾因非法采矿受过两次以上行政处罚,又实施非法采矿行为的;

(四)造成生态环境严重损害的;

(五)其他情节严重的情形。

在河道管理范围内采砂,依据相关规定应当办理河道采砂许可证而未取得河道采砂许可证,或者应当办理河道采砂许可证和采矿许可证,既未取得河道采砂许可证又未取得采矿许可证,具有本条第一款规定的情形之一,或者严重影响河势稳定危害防洪安全的,应予立案追诉。

采挖海砂,未取得海砂开采海域使用权证且未取得采矿许可证,具有本条第一款规定的情形之一,或者造成海岸线严重破坏的,应予立案追诉。

具有下列情形之一的,属于本条规定的"未取得采矿许可证":

(一)无许可证的;

(二)许可证被注销、吊销、撤销的;

(三)超越许可证规定的矿区范围或者开采范围的;

(四)超出许可证规定的矿种的(共生、伴生矿种除外);

(五)其他未取得许可证的情形。

多次非法采矿构成犯罪,依法应当追诉的,或者2年内多次非法采矿未经处理的,价值数额累计计算。

非法开采的矿产品价值，根据销赃数额认定；无销赃数额，销赃数额难以查证，或者根据销赃数额认定明显不合理的，根据矿产品价格和数量认定。

矿产品价值难以确定的，依据价格认证机构，省级以上人民政府国土资源、水行政、海洋等主管部门，或者国务院水行政主管部门在国家确定的重要江河、湖泊设立的流域管理机构出具的报告，结合其他证据作出认定。

《最高人民法院、最高人民检察院、中国海警局依法打击涉海砂违法犯罪座谈会纪要》（2023年6月6日　法发〔2023〕9号）

一、关于罪名适用

2. 具有下列情形之一的，对过驳和运输海砂的船主或者船长，依照刑法第三百四十三条第一款的规定，以非法采矿罪定罪处罚：

（1）与非法采挖海砂犯罪分子事前通谋，指使或者驾驶运砂船前往指定海域直接从采砂船过驳和运输海砂的；

（2）未与非法采挖海砂犯罪分子事前通谋，但受其雇佣，指使或者驾驶运砂船前往指定海域，在非法采砂行为仍在进行时，明知系非法采挖的海砂，仍直接从采砂船过驳和运输海砂的；

（3）未与非法采挖海砂犯罪分子事前通谋，也未受其雇佣，在非法采砂行为仍在进行时，明知系非法采挖的海砂，临时与非法采挖海砂犯罪分子约定时间、地点，直接从采砂船过驳和运输海砂的。

要义辨析

一、概念

本罪是指违反《矿产资源保护法》的规定，未取采矿许可证擅自采矿，擅自进入国家规划矿区、对国民经济具有重要价值的矿区和他人矿区范围采矿的，擅自开采国家规定实行保护性开采的特定矿种，经责令停止开采后拒不停止开采，造成矿产资源破坏的行为。

二、构成要件

1. 本罪侵犯的客体是国家对矿产资源的保护管理制度。犯罪对象是一切矿产资源。

2. 本罪客观方面表现为违反矿产资源保护法的规定，未取得采矿许可证擅自采矿，擅自进入国家规划矿区、对国民经济具有重要价值的矿区和他人矿区范围采矿，擅自开采国家规定实行保护性开采的特定矿种，经责令停止开采后拒不停止开采，造成矿产资源破坏的行为。

3. 本罪主观方面必须出于故意，过失不构成本罪。

4. 本罪主体为一般主体，自然人和单位均可构成本罪。

三、要点辨析

1. 本罪所称的矿，是指《矿产资源法实施细则》第2条所列举的内容，以《矿产资源分类细目》中列出的矿物为准。

2. 注意采矿的“矿产”功能特征。根据矿产资源分类细目，石、土、沙都列为矿物。而历史上这类资源用于民间填路、填海、填坑，多会产生移山动土的行为如民间常发生的戈壁上取沙石、河滩上取沙。如果这些行为都作为非法采矿罪，就会扩大打击面。因此要注意是不是以采矿为业，是不是用于销售牟利，是不是达到“采矿行为”的规模。

3. 非法采矿要达到一定的规模和损坏国家破产资源的后果，才达到追诉标准：（1）开采的矿产品价值或者造成矿产资源破坏的价值在10万元至30万元以上的；（2）在国家规划矿区、对国民经济具有重要价值的矿区采矿，开采国家规定实行保护性开采的特定矿种，或者在禁采区、禁采期内采矿，开采的矿产品价值或者造成矿产资源破坏的价值在5万元至15万元以上的；（3）2年内曾因非法采矿受过两次以上行政处罚，又实施非法采矿行为的；（4）造成生态环境严重损害的；（5）其他情节严重的情形。

4. 在河道管理范围内采砂，依据相关规定应当办理河道采砂许可证而未取得河道采砂许可证，或者应当办理河道采砂许可证和采矿许可证，既未取得河道采砂许可证又未取得采矿许可证，具有本条第1款规定的情形之一，或者严重影响河势稳定危害防洪安全的，采挖海砂，未取得海砂开采海域使用权证且未取得采矿许可证,才达到立案标准。

5.《刑法修正案(八)》2011年5月1日起才开始实施。根据《刑法修正案(八)》实施前原《刑法》第343条、《矿产资源法》第39条和《最高人民法院关于审理非法采矿、破坏性采矿刑事案件具体应用法律若干问题的解释》的规定,非法采矿,只有“经责令停止开采后拒不停止开采,造成矿产资源破坏”,才能构成犯罪。具体适用时,注意从旧兼从轻的原则。

四、罪名变迁

本罪是1997年《刑法》吸收《矿产资源法》第39条内容而新设的。《刑法修正案(八)》对本条罪状作出了修改:(1)将“经责令停止开采后拒不停止开采,造成矿产资源破坏的”改为“情节严重的”;(2)去掉了行政查处前置;(3)将“造成矿产资源严重破坏”修改为“情节特别严重”,入刑标准提高。

类罪名:妨害社会管理秩序罪/破坏环境资源保护罪	罪名:破坏性采矿罪
量刑标准	**构成犯罪的** 处5年以下有期徒刑或者拘役,并处罚金;
	单位犯罪的 对单位判处罚金;并对直接负责的主管人员和责任人员依个人犯罪处罚。

法律依据

一、《刑法》条文

第三百四十三条第二款 违反矿产资源法的规定,采取破坏性的开采方法开采矿产资源,造成矿产资源严重破坏的,处五年以下有期徒刑或者拘役,并处罚金。

第三百四十六条 单位犯本节第三百三十八条至第三百四十五条规定之罪的,对单位判处罚金,并对其直接负责的主管人员和其他直接责任人员,依照本节各该条的规定处罚。

二、相关法律

《中华人民共和国矿产资源法》(2009年8月27日修正)

第四十四条 违反本法规定,采取破坏性的开采方法开采矿产资源的,处以罚款,可以吊销采矿许可证;造成矿产资源严重破坏的,依照刑法有关规定对直接责任人员追究刑事责任。

三、相关司法解释/文件

《最高人民检察院、公安部关于公安机关管辖的刑事案件立案追诉标准的规定(一)》(2008年6月25日 公通字〔2008〕36号)

第六十九条 [破坏性采矿案(刑法第三百四十三条第二款)]违反矿产资源法的规定,采取破坏性的开采方法开采矿产资源,造成矿产资源严重破坏,价值数额在三十万元至五十万元以上的,应予立案追诉。

本条规定的“采取破坏性的开采方法开采矿产资源”,是指行为人违反地质矿产主管部门审查批准的矿产资源开发利用方案开采矿产资源,并造成矿产资源严重破坏的行为。

破坏性的开采方法以及造成矿产资源严重破坏的价值数额,由省级以上地质矿产主管部门出具鉴定结论,经查证属实后予以认定。

要义辨析

一、概念

本罪是指违反《矿产资源法》的规定,采取破坏性的开采方法开采矿产资源,造成矿产资源严重破坏的行为。

二、构成要件

1. 本罪侵犯的客体是国家对矿产资源的保护管理制度。本罪犯罪对象是矿产资源。

2. 本罪客观表现为违反矿产资源的规定,采取破坏性的开采方法开采矿产资源,造成矿产资源严重破坏的行为。

3. 本罪主观方面必须出于故意,过失不构成本罪。

4. 本罪犯罪主体为特殊主体,指已经取得采矿许可证的企业单位和自然人,才可构成本罪主体。

三、要点辨析

1. 本罪和非法采矿罪不同,本罪的犯罪主体特指有证采矿的企业,采取破坏性的开采方法开采矿产资源。情节一般的,处以罚款,可以吊销采矿许可证;情节严重的,须追究刑事责任。

2. 本罪的犯罪主体,依《刑法》本条的规定,没有列出特殊主体。但是本条立法来源于《矿产资源法》第44条,违反《矿产资源法》的规定,采取破坏性的开采方法开采矿产资源的,处以罚款,可以吊销采矿许可证;造成矿产资源严重破坏的,依照《刑法》有关规定对直接责任人员追究刑事责任。因此,本罪是特指已经取得采矿许可证的企业单位,进行破坏性开采的行为。一般人破坏性开采,依非法采矿罪追究。

3. 本罪是结果犯,造成矿产资源严重破坏的,才构成本罪。

四、罪名变迁

本罪系1997年《刑法》依据《矿产资源法》第39条内容而新设。

妨害社会管理秩序罪/破坏环境资源保护罪 | 罪名:危害国家重点保护植物罪		
量刑标准	构成犯罪的	处3年以下有期徒刑、拘役或者管制,并处或者单处罚金;
	情节严重的	处3年以上7年以下有期徒刑,并处罚金;
	单位犯罪的	判处罚金;并对直接负责的主管人员和责任人员依个人犯罪处罚。

法律依据

一、《刑法》条文

第三百四十四条 违反国家规定,非法采伐、毁坏珍贵树木或者国家重点保护的其他植物的,或者非法收购、运输、加工、出售珍贵树木或者国家重点保护的其他植物及其制品的,处三年以下有期徒刑、拘役或者管制,并处罚金;情节严重的,处三年以上七年以下有期徒刑,并处罚金。

第三百四十六条 单位犯本节第三百三十八条至第三百四十五条规定之罪的,对单位判处罚金,并对其直接负责的主管人员和其他直接责任人员,依照本节各该条的规定处罚。

二、相关法律

《中华人民共和国森林法》(2019年12月28日修订)

第五十五条 采伐森林、林木应当遵守下列规定:

(一)公益林只能进行抚育、更新和低质低效林改造性质的采伐。但是,因科研或者实验、防治林业有害生物、建设护林防火设施、营造生物防火隔离带、遭受自然灾害等需要采伐的除外。

(二)商品林应当根据不同情况,采取不同采伐方式,严格控制皆伐面积,伐育同步规划实施。

(三)自然保护区的林木,禁止采伐。但是,因防治林业有害生物、森林防火、维护主要保护对象生存环境、遭受自然灾害等特殊情况必须采伐的和实验区的竹林除外。

省级以上人民政府林业主管部门应当根据前款规定,按照森林分类经营管理、保护优先、注重效率和效益等原则,制定相应的林木采伐技术规程。

第八十二条 公安机关按照国家有关规定,可以依法行使本法第七十四条第一款、第七十六条、第七十七条、第七十八条规定的行政处罚权。

违反本法规定,构成违反治安管理行为的,依法给予治安管理处罚;构成犯罪的,依法追究刑事责任。

第八十三条 本法下列用语的含义是:

(一)森林,包括乔木林、竹林和国家特别规定的灌木林。按照用途可以分为防护林、特种用途林、用材林、经济林和能源林。

(二)林木,包括树木和竹子。

(三)林地,是指县级以上人民政府规划确定的用于发展林业的土地。包括郁闭度0.2以上的乔木林地以及竹林地、灌木林地、疏林地、采伐迹地、火烧迹地、未成林造林地、苗圃地等。

三、相关行政法规

《中华人民共和国野生植物保护条例》(2017年10月7日修订)

第二条第一、二款 在中华人民共和国境内从事野生植物的保护、发展和利用活动,必须遵守本条例。

本条例所保护的野生植物,是指原生地天然生长的珍贵植物和原生地天然生长并具有重要经济、科学研究、文化价值的濒危、稀有植物。

第十六条 禁止采集国家一级保护野生植物。因科学研究、人工培育、文化交流等特殊需要,采集国家一级保护野生植物的,必须经采集地的省、自治区、直辖市人民政府野生植物行政主管部门签署意见后,向国务院野生植物行政主管部门或者其授权的机构申请采集证。

采集国家二级保护野生植物的,必须经采集地的县级人民政府野生植物行政主管部门签署意见后,向省、自治区、直辖市人民政府野生植物行政主管部门或者其授权的机构申请采集证。

采集城市园林或者风景名胜区内的国家一级或者二级保护野生植物的,须先征得城市园林或者风景名胜区管理机构同意,分别依照前两款的规定申请采集证。

采集珍贵野生树木或者林区内、草原上的野生植物的,依照森林法、草原法的规定办理。

野生植物行政主管部门发放采集证后,应当抄送环境保护部门备案。

采集证的格式由国务院野生植物行政主管部门制定。

第十七条 采集国家重点保护野生植物的单位和个人,必须按照采集证规定的种类、数量、地点、期限和方法进行采集。

县级人民政府野生植物行政主管部门对在本行政区域内采集国家重点保护野生植物的活动,应当进行监督检查,并及时报告批准采集的野生植物行政主管部门或者其授权的机构。

四、相关司法解释/文件

《最高人民法院关于审理破坏土地资源刑事案件具体应用法律若干问题的解释》(2023年8月13日 法释〔2023〕8号)

第二条 违反国家规定,非法采伐、毁坏列入《国家重点保护野生植物名录》的野生植物,或者非法收购、运输、加工、出售明知是非法采伐、毁坏的上述植物及其制品,具有下列情形之一的,应当依照刑法第三百四十四条的规定,以危害国家重点保护植物罪定罪处罚:

(一)危害国家一级保护野生植物一株以上或者立木蓄积一立方米以上的;

(二)危害国家二级保护野生植物二株以上或者立木蓄积二立方米以上的;

(三)危害国家重点保护野生植物,数量虽未分别达到第一项、第二项规定标准,但按相应比例折算合计达到有关标准的;

(四)涉案国家重点保护野生植物及其制品价值二万元以上的。

实施前款规定的行为,具有下列情形之一的,应当认定为刑法第三百四十四条规定的"情节严重":

(一)危害国家一级保护野生植物五株以上或者立木蓄积五立方米以上的;

(二)危害国家二级保护野生植物十株以上或者立木蓄积十立方米以上的;

(三)危害国家重点保护野生植物,数量虽未分别达到第一项、第二项规定标准,但按相应比例折算合计达到有关标准的;

(四)涉案国家重点保护野生植物及其制品价值二十万元以上的;

(五)其他情节严重的情形。

违反国家规定,非法采伐、毁坏古树名木,或者非法收购、运输、加工、出售明知是非法采伐、毁坏的古树名木及其制品,涉案树木未列入《国家重点保护野生植物名录》的,根据涉案树木的树种、树龄以及历史、文化价值等因素,综合评估社会危害性,依法定罪处罚。

《最高人民检察院、公安部关于公安机关管辖的刑事案件立案追诉标准的规定(一)》(2008年6月25日　公通字〔2008〕36号)

第七十条　非法采伐、毁坏国家重点保护植物案(刑法第三百四十四条)〕违反国家规定,非法采伐、毁坏珍贵树木或者国家重点保护的其他植物的,应予立案追诉。

本条和本规定第七十一条规定的"珍贵树木或者国家重点保护的其他植物",包括由省级以上林业主管部门或者其他部门确定的具有重大历史纪念意义、科学研究价值或者年代久远的古树名木,国家禁止、限制出口的珍贵树木以及列入《国家重点保护野生植物名录》的树木或者其他植物。

《最高人民法院、最高人民检察院关于适用〈中华人民共和国刑法〉第三百四十四条有关问题的批复》(2020年3月19日　法释〔2020〕2号)

一、古树名木以及列入《国家重点保护野生植物名录》的野生植物,属于刑法第三百四十四条规定的"珍贵树木或者国家重点保护的其他植物"。

二、根据《中华人民共和国野生植物保护条例》的规定,野生植物限于原生地天然生长的植物。人工培育的植物,除古树名木外,不属于刑法第三百四十四条规定的"珍贵树木或者国家重点保护的其他植物"。非法采伐、毁坏或者非法收购、运输人工培育的植物(古树名木除外),构成盗伐林木罪、滥伐林木罪、非法收购、运输盗伐、滥伐的林木罪等犯罪的,依照相关规定追究刑事责任。

三、对于非法移栽珍贵树木或者国家重点保护的其他植物,依法应当追究刑事责任的,依照刑法第三百四十四条的规定,以非法采伐国家重点保护植物罪定罪处罚。

鉴于移栽在社会危害程度上与砍伐存在一定差异,对非法移栽珍贵树木或者国家重点保护的其他植物的行为,在认定是否构成犯罪以及裁量刑罚时,应当考虑植物的珍贵程度、移栽目的、移栽手段、移栽数量、对生态环境的损害程度等情节,综合评估社会危害性,确保罪责刑相适应。

四、本批复自2020年3月21日起施行,之前发布的司法解释与本批复不一致的,以本批复为准。

五、相关部委规章

《国家林业局、公安部关于森林和陆生野生动物刑事案件管辖及立案标准》(2001年5月9日　林安字〔2001〕156号)

一、森林公安机关管辖在其辖区内发生的刑法规定的下列森林和陆生野生动物刑事案件

(四)非法采伐、毁坏珍贵树木案件(第三百四十四条);

二、森林和陆生野生动物刑事案件的立案标准

(四)非法采伐、毁坏珍贵树木案

非法采伐、毁坏珍贵树木的应当立案;采伐珍贵树木2株、2立方米以上或者毁坏珍贵树木致死3株以上的,为重大案件;采伐珍贵树木10株、10立方米以上或者毁坏珍贵树木致死15株以上的,为特别重大案件。

三、其他规定

(二)林木的数量,以立木蓄积计算。

(七)单位作案的,执行本规定的立案标准。

(八)本规定中所指的"以上",均包括本数在内。

要义辨析

一、概念

本罪是违反国家规定,非法采伐、毁坏珍贵树木或者国家重点保护的其他植物的行为,以及非法收购、运输、加工、出售珍贵树木或者国家重点保护的其他植物的行为。

二、构成要件

1. 本罪侵犯的客体是国家对林业资源的管理制度。犯罪对象是国家重点保护的植物,包括珍贵树木或者国家重点保护的其他植物及其制品。珍贵树木包括省级以上林业部门或者其他部门确定的具有重大历史纪念意义、科学研究价值或者年代久远的古树名木,国家禁止、限制出口的珍贵树木以及列入国家重点保护野生植物名录的树木。

2. 本罪客观方面表现为违反国家规定,非法采伐、毁坏珍贵树木或者国家重点保护的其他植物的行为,以及非法收购、运输、加工、出售珍贵树木或

者国家重点保护的其他植物的行为。

3. 本罪主观方面必须出于故意,过失不构成本罪。

4. 本罪主体为一般主体,自然人和单位均可构成本罪。

三、要点辨析

1. 人工培育的植物,除古树名木外,不属于《刑法》第344条规定的"珍贵树木或者国家重点保护的其他植物"。非法采伐、毁坏或者非法收购、运输人工培育的植物(古树名木除外),构成盗伐林木罪、滥伐林木罪、非法收购、运输盗伐、滥伐的林木罪等犯罪的,依照相关规定追究刑事责任。

2. 对于非法移栽珍贵树木或者国家重点保护的其他植物,依法应当追究刑事责任的,依照《刑法》第344条的规定,以非法采伐国家重点保护植物罪定罪处罚。

四、罪名变迁

本罪系吸收1979年《刑法》第128条内容而新设。2002年12月28日通过的《刑法修正案(四)》对本条作了修订,对珍贵植物的范围作了扩大,仅对原限于采伐、毁坏的行为方式也作了扩大,增加了"非法收购、运输、加工、出售国家重点保护植物罪",但是量刑没有改变。2021年2月26日,《最高人民法院、最高人民检察院关于执行〈中华人民共和国刑法〉确定罪名的补充规定(七)》取消非法采伐、毁坏国家重点保护植物罪和非法收购、运输、加工、出售国家重点保护植物、国家重点保护植物制品罪罪名,合并成一个罪名,即本罪。

类罪名:妨害社会管理秩序罪/破坏环境资源保护罪 | 罪名:非法引进、释放、丢弃外来入侵物种罪	
量刑标准	情节严重的　处3年以下有期徒刑或者拘役,并处或者单处罚金。

法律依据

一、《刑法》条文

第三百四十四条之一　违反国家规定,非法引进、释放或者丢弃外来入侵物种,情节严重的,处三年以下有期徒刑或者拘役,并处或者单处罚金。

二、相关法律

《中华人民共和国生物安全法》(2020年10月17日)

第六十条　国家加强对外来物种入侵的防范和应对,保护生物多样性。国务院农业农村主管部门会同国务院其他有关部门制定外来入侵物种名录和管理办法。

国务院有关部门根据职责分工,加强对外来入侵物种的调查、监测、预警、控制、评估、清除以及生态修复等工作。

任何单位和个人未经批准,不得擅自引进、释放或者丢弃外来物种。

三、相关部委规章

《引进陆生野生动物外来物种种类及数量审批管理办法》(2016年9月22日修订)

第三条　本办法所称陆生野生动物外来物种,是指自然分布在境外的陆生野生动物活体及繁殖材料。

第四条　引进陆生野生动物外来物种的,应当采取安全可靠的防范措施,防止其逃逸、扩散,避免对自然生态造成危害。

要义辨析

一、概念

本罪是指违反国家规定，非法引进、释放或者丢弃外来入侵物种，情节严重的行为。

二、构成要件

1. 本罪侵犯的客体是国家对入侵物种的管理制度。

2. 本罪客观方面表现为违反国家规定，非法引进、释放或者丢弃外来入侵物种，情节严重的行为。违反国家规定，是指违反全国人民代表大会及其常务委员会制定的法律和决定，国务院制定的行政法规、规定的行政措施、发布的决定和命令中有关外来物种安全和制度的规定。有关部门规章对国家规定有关条款作出的进一步细化明确规定的，根据情况，违反该规定的也可认定为“违反国家规定”。

3. 犯罪主体为一般主体。

4. 本罪主观方面表现为故意。

三、要点辨析

1. 本罪要求行为人认识到行为的严重社会危害性，对生态环境的严重破坏性，且行为人需知道或者应当知道引进、释放或者丢弃的是外来入侵物种。

2. 外来入侵物种实行目录管理，应当严格按照目录认定外来入侵物种，不能将一切外来物种都认定为本罪的犯罪对象。

四、罪名变迁

本罪系《刑法修正案(十一)》新增罪名。

类罪名：妨害社会管理秩序罪/破坏环境资源保护罪	罪名：盗伐林木罪
量刑标准	**数量较大的**　处3年以下有期徒刑、拘役或者管制，并处或者单处罚金；
	数量巨大的　处3年以上7年以下有期徒刑，并处罚金；
	数量特别巨大的　处7年以上有期徒刑，并处罚金；
	单位犯罪的　判处罚金；并对直接负责的主管人员和责任人员依个人犯罪处罚。

法律依据

一、《刑法》条文

第三百四十五条第一、四款　盗伐森林或者其他林木，数量较大的，处三年以下有期徒刑、拘役或者管制，并处或者单处罚金；数量巨大的，处三年以上七年以下有期徒刑，并处罚金；数量特别巨大的，处七年以上有期徒刑，并处罚金。

盗伐、滥伐国家级自然保护区内的森林或者其他林木的，从重处罚。

第三百四十六条　单位犯本节第三百三十八条至第三百四十五条规定之罪的，对单位判处罚金，并对其直接负责的主管人员和其他直接责任人员，依照本节各该条的规定处罚。

二、相关法律

《中华人民共和国森林法》(2019年12月28日修订)

第七十六条　盗伐林木的，由县级以上人民政府林业主管部门责令限期在原地或者异地补种盗伐株数一倍以上五倍以下的树木，并处盗伐林木价值五倍以上十倍以下的罚款。

滥伐林木的，由县级以上人民政府林业主管部门责令限期在原地或者异地补种滥伐株数一倍以上三倍以下的树木，可以处滥伐林木价值三倍以上五倍以下的罚款。

三、相关司法解释/文件

《最高人民法院关于审理破坏土地资源刑事案件具体应用法律若干问题的解释》(2023年8月13日 法释〔2023〕8号)

第三条 以非法占有为目的,具有下列情形之一的,应当认定为刑法第三百四十五条第一款规定的"盗伐森林或者其他林木":

(一)未取得采伐许可证,擅自采伐国家、集体或者他人所有的林木的;

(二)违反森林法第五十六条第三款的规定,擅自采伐国家、集体或者他人所有的林木的;

(三)在采伐许可证规定的地点以外采伐国家、集体或者他人所有的林木的。

不以非法占有为目的,违反森林法的规定,进行开垦、采石、采砂、采土或者其他活动,造成国家、集体或者他人所有的林木毁坏,符合刑法第二百七十五条规定的,以故意毁坏财物罪定罪处罚。

第四条 盗伐森林或者其他林木,涉案林木具有下列情形之一的,应当认定为刑法第三百四十五条第一款规定的"数量较大":

(一)立木蓄积五立方米以上的;

(二)幼树二百株以上的;

(三)数量虽未分别达到第一项、第二项规定标准,但按相应比例折算合计达到有关标准的;

(四)价值二万元以上的。

实施前款规定的行为,达到第一项至第四项规定标准十倍、五十倍以上的,应当分别认定为刑法第三百四十五条第一款规定的"数量巨大"、"数量特别巨大"。

实施盗伐林木的行为,所涉林木系风倒、火烧、水毁或者林业有害生物等自然原因死亡或者严重毁损的,在决定应否追究刑事责任和裁量刑罚时,应当从严把握;情节显著轻微危害不大的,不作为犯罪处理。

《最高人民检察院、公安部关于公安机关管辖的刑事案件立案追诉标准的规定(一)》(2008年6月25日 公通字〔2008〕36号)

第七十二条 [盗伐森林案(刑法第三百四十五条第一款)]盗伐森林或者其他林木,涉嫌下列情形之一的,应予立案追诉:

(一)盗伐二至五立方米以上的;

(二)盗伐幼树一百至二百株以上的。

以非法占有为目的,具有下列情形之一的,属于本条规定的"盗伐森林或者其他林木":

(一)擅自砍伐国家、集体、他人所有或者他人承包经营管理的森林或者其他林木的;

(二)擅自砍伐本单位或者本人承包经营管理的森林或者其他林木的;

(三)在林木采伐许可证规定的地点以外采伐国家、集体、他人所有或者他人承包经营管理的森林或者其他林木的。本条和本规定第七十三条、第七十四条规定的林木数量以立木蓄积计算,计算方法为:原木材积除以该树种的出材率;"幼树",是指胸径五厘米以下的树木。

四、相关部委规章

《国家林业局、公安部关于森林和陆生野生动物刑事案件管辖及立案标准》(2001年5月9日 林安字〔2001〕156号)

一、森林公安机关管辖在其辖区内发生的刑法规定的下列森林和陆生野生动物刑事案件:

(一)盗伐林木案件(第三百四十五条第一款)

二、森林和陆生野生动物刑事案件的立案标准

(一)盗伐林木案

盗伐森林或者其他林木,立案起点为2立方米至5立方米或者幼树100至200株;盗伐林木20立方米至50立方米或者幼树1000株至2000株,为重大案件立案起点;盗伐林木100立方米至200立方米或者幼树5000株至10000株,为特别重大案件立案起点。

三、其他规定

(一)林区与非林区的划分,执行各省、自治区、直辖市人民政府的规定。

(二)林木的数量,以立木蓄积计算。

(三)对于一年内多次盗伐、滥伐少量林木未经处罚的,累计其盗伐林木、滥伐林木的数量。

(四)被盗伐、滥伐林木的价值,有国家规定价格的,按国家规定价格计算;没有国家规定价格的,按主管部门规定的价格计算;没有国家或者主管部门规定价格的,按市场价格计算;进入流通领域的,按实际销售价格计算;实际销售价格低于国家或者主管部门规定价格的,按国家或者主管部门规定的价格计算;实际销售价格低于市场价格,又没有国

家或者主管部门规定价格的，按市场价格计算，不能按低价销赃的价格计算。

（七）单位作案的，执行本规定的立案标准。

（八）本规定中所指的“以上”，均包括本数在内。

（九）各省、自治区、直辖市公安厅、局和林业主管部门可根据本地的实际情况，在本规定的幅度内确定本地区盗伐林木案、滥伐林木案和非法狩猎案的立案起点及重大、特别重大案件的起点。

（十）盗伐、滥伐竹林或者其他竹子的立案标准，由各省、自治区、直辖市公安厅、局和林业主管部门根据竹子的经济价值参照盗伐、滥伐林木案的立案标准确定。

要义辨析

一、概念

本罪是指以非法占有为目的，违反森林保护法规，盗伐森林或者其他林木，数量较大的行为。

二、构成要件

1. 本罪侵犯的客体是国家对林业资源的管理制度，同时也侵犯国家、集体或他人对森林资源的合法权益。本罪侵犯的对象是国家、集体所有的森林和其他林木，包括本人或他人依法承包经营管理国家或集体所有的森林或其他林木，以及他人自留山上的成片林木。

2. 本罪客观方面表现为具有违反森林保护法规，盗伐森林或者其他林木，数量较大的行为。森林是指根据《森林法》规定，包括防护林、用材林、经济林、特种用途林。其他林木是指城乡的道旁、村边的零星或者小片的集体林木。

3. 本罪主观方面必须出于故意，并且具有非法占有的目的。

4. 本罪犯罪主体为一般主体，自然人和单位均可构成本罪。

三、要点辨析

1. 本罪所称林木，为一般林木。同非法采伐、毁坏珍贵树木或者国家重点保护的其他植物罪不同。盗伐林木，达到司法解释规定的数量较大情节，即构成犯罪。

2. 盗伐与滥伐不同。盗伐是偷盗行为，指以非法占有为目的，秘密地擅自砍伐。包括以下三种：(1)擅自砍伐国家、集体、他人所有或者他人承包经营管理的森林或者其他林木的；(2)擅自砍伐本单位或者本人承包经营管理的森林或者其他林木的；(3)在林木采伐许可证规定的地点以外采伐国家、集体、他人所有或者他人承包经营管理的森林或者其他林木的。滥伐则是公开的、超过审批范围地进行砍伐。

3. 本罪系行为犯，有符合法定条件的行为即构成犯罪。数量特别巨大的作为加重处罚情节，处7年以上有期徒刑，并处罚金。盗伐、滥伐国家级自然保护区内的森林或者其他林木的，从重处罚。

四、罪名变迁

本罪原在1979年《刑法》第128条中作了规定。1997年《刑法》对本罪作了补充。

类罪名：妨害社会管理秩序罪/破坏环境资源保护罪	罪名：滥伐林木罪	
量刑标准	数量较大的	处3年以下有期徒刑、拘役或者管制，并处或者单处罚金；
	数量巨大的	处3年以上7年以下有期徒刑，并处罚金；
	单位犯罪的	判处罚金；并对直接负责的主管人员和责任人员依个人犯罪处罚。

法律依据

一、《刑法》条文

第三百四十五条第二、四款 违反森林法的规定，滥伐森林或者其他林木，数量较大的，处三年以下有期徒刑、拘役或者管制，并处或者单处罚金；数量巨大的，处三年以上七年以下有期徒刑，并处罚金。

盗伐、滥伐国家级自然保护区内的森林或者其他林木的，从重处罚。

第三百四十六条 单位犯本节第三百三十八条至第三百四十五条规定之罪的，对单位判处罚金，并对其直接负责的主管人员和其他直接责任人员，依照本节各该条的规定处罚。

二、相关法律

《中华人民共和国森林法》(2019 年 12 月 28 日修订)

第七十六条 盗伐林木的，由县级以上人民政府林业主管部门责令限期在原地或者异地补种盗伐株数一倍以上五倍以下的树木，并处盗伐林木价值五倍以上十倍以下的罚款。

滥伐林木的，由县级以上人民政府林业主管部门责令限期在原地或者异地补种滥伐株数一倍以上三倍以下的树木，可以处滥伐林木价值三倍以上五倍以下的罚款。

三、相关司法解释/文件

《最高人民法院关于审理破坏土地资源刑事案件具体应用法律若干问题的解释》(2023 年 8 月 13 日 法释〔2023〕8 号)

第五条 具有下列情形之一的，应当认定为刑法第三百四十五条第二款规定的“滥伐森林或者其他林木”：

(一)未取得采伐许可证，或者违反采伐许可证规定的时间、地点、数量、树种、方式，任意采伐本单位或者本人所有的林木的；

(二)违反森林法第五十六条第三款的规定，任意采伐本单位或者本人所有的林木的；

(三)在采伐许可证规定的地点，超过规定的数量采伐国家、集体或者他人所有的林木的。

林木权属存在争议，一方未取得采伐许可证擅自砍伐的，以滥伐林木论处。

第六条 滥伐森林或者其他林木，涉案林木具有下列情形之一的，应当认定为刑法第三百四十五条第二款规定的“数量较大”：

(一)立木蓄积二十立方米以上的；

(二)幼树一千株以上的；

(三)数量虽未分别达到第一项、第二项规定标准，但按相应比例折算合计达到有关标准的；

(四)价值五万元以上的。

实施前款规定的行为，达到第一项至第四项规定标准五倍以上的，应当认定为刑法第三百四十五条第二款规定的“数量巨大”。

实施滥伐林木的行为，所涉林木系风倒、火烧、水毁或者林业有害生物等自然原因死亡或者严重毁损的，一般不以犯罪论处；确有必要追究刑事责任的，应当从宽处理。

《最高人民检察院、公安部关于公安机关管辖的刑事案件立案追诉标准的规定(一)》(2008 年 6 月 25 日 公通字〔2008〕36 号)

第七十三条 ［滥伐林木案(刑法第三百四十五条第二款)］违反森林法的规定，滥伐森林或者其他林木，涉嫌下列情形之一的，应予立案追诉：

(一)滥伐十至二十立方米以上的；

(二)滥伐幼树五百至一千株以上的。

违反森林法的规定，具有下列情形之一的，属于本条规定的“滥伐森林或者其他林木”：

(一)未经林业行政主管部门及法律规定的其他主管部门批准并核发林木采伐许可证，或者虽持有林木采伐许可证，但违反林木采伐许可证规定的时间、数量、树种或者方式，任意采伐本单位所有或者本人所有的森林或者其他林木的；

(二)超过林木采伐许可证规定的数量采伐他人所有的森林或者其他林木的。

违反森林法的规定，在林木采伐许可证规定的地点以外，采伐本单位或者本人所有的森林或者其他林木的，除农村居民采伐自留地和房前屋后个人所有的零星林木以外，属于本条第二款第(一)项“未经林业行政主管部门及法律规定的其他主管部门批准并核发林木采伐许可证”规定的情形。

林木权属争议一方在林木权属确权之前，擅自砍伐森林或者其他林木的，属于本条规定的“滥伐森林或者其他林木”。

滥伐林木的数量，应在伐区调查设计允许的误差额以上计算。

四、相关部委规章

《国家林业局、公安部关于森林和陆生野生动物刑事案件管辖及立案标准》（2001 年 5 月 9 日 林安字〔2001〕156 号）

一、森林公安机关管辖在其辖区内发生的刑法规定的下列森林和陆生野生动物刑事案件：

（二）滥伐林木案件（第三百四十五条第二款）；

二、森林和陆生野生动物刑事案件的立案标准

（二）滥伐林木案

滥伐森林或者其他林木，立案起点为 10 立方米至 20 立方米或者幼树 500 至 1000 株；滥伐林木 50 立方米以上或者幼树 2500 株以上，为重大案件；滥伐林木 100 立方米以上或者幼树 5000 株以上，为特别重大案件。

三、其他规定

（一）林区与非林区的划分，执行各省、自治区、直辖市人民政府的规定。

（二）林木的数量，以立木蓄积计算。

（三）对于一年内多次盗伐、滥伐少量林木未经处罚的，累计其盗伐林木、滥伐林木的数量。

（四）被盗伐、滥伐林木的价值，有国家规定价格的，按国家规定价格计算；没有国家规定价格的，按主管部门规定的价格计算；没有国家或者主管部门规定价格的，按市场价格计算；进入流通领域的，按实际销售价格计算；实际销售价格低于国家或者主管部门规定价格的，按国家或者主管部门规定的价格计算；实际销售价格低于市场价格，又没有国家或者主管部门规定价格的，按市场价格计算，不能按低价销赃的价格计算。

（七）单位作案的，执行本规定的立案标准。

（八）本规定中所指的“以上”，均包括本数在内。

（九）各省、自治区、直辖市公安厅、局和林业主管部门可根据本地的实际情况，在本规定的幅度内确定本地区盗伐林木案、滥伐林木案和非法狩猎案的立案起点及重大、特别重大案件的起点。

（十）盗伐、滥伐竹林或者其他竹子的立案标准，由各省、自治区、直辖市公安厅、局和林业主管部门根据竹子的经济价值参照盗伐、滥伐林木案的立案标准确定。

要义辨析

一、概念

本罪是指违反《森林法》的规定，滥伐森林或者其他林木，数量较大的行为。滥伐林木罪与盗伐林木罪的区别在于：前者是公开滥伐和超过许可证批准的数量滥伐，后者是无任何审批秘密偷伐。

二、构成要件

1. 本罪侵犯的客体是国家对林业资源的管理制度。

2. 本罪的客观方面表现为违反国家保护森林法规，不按林业行政主管部门批准采伐所指定的采伐区域和采伐要求，任意乱砍滥伐森林或其他林木，数量较大的行为。未经林政部门批准并核发采伐许可证，擅自采伐自己所有的森林或者其他成片林木，数量较大的，也以本罪论处。

3. 本罪主观方面必须出于故意。

4. 本罪犯罪主体为一般主体，自然人和单位均可构成本罪。

三、要点辨析

1. 滥伐与盗伐不同。滥伐不是未经批准的偷伐行为。“滥伐森林或者其他林木”包括：(1) 未经林业行政主管部门及法律规定的其他主管部门批准并核发林木采伐许可证，或者虽持有林木采伐许可证，但违反林木采伐许可证规定的时间、数量、树种或者方式，任意采伐本单位所有或者本人所有的森林或者其他林木的；(2) 超过林木采伐许可证规定的数量采伐他人所有的森林或者其他林木的。

盗伐是偷盗行为，指以非法占有为目的，秘密地擅自砍伐。包括以下三种：(1) 擅自砍伐国家、集体、他人所有或者他人承包经营管理的森林或者其他林木的；(2) 擅自砍伐本单位或者本人承包经营管理的森林或者其他林木的；(3) 在林木采伐许

可证规定的地点以外采伐国家、集体、他人所有或者他人承包经营管理的森林或者其他林木的。

2. 本罪系行为犯,行为达到一定的情节,即滥伐到一定数量标准,才构成犯罪。司法解释已经规定了可以定罪的立案标准。

四、罪名变迁

本罪原是 1979 年《刑法》第 128 条规定的罪名。1997 年《刑法》对本罪作了补充。

类罪名:妨害社会管理秩序罪/破坏环境资源保护罪 | 罪名:非法收购、运输盗伐、滥伐的林木罪	
量刑标准	**情节严重的** 处 3 年以下有期徒刑、拘役或者管制,并处或者单处罚金;
	情节特别严重的 处 3 年以上 7 年以下有期徒刑,并处罚金;
	单位犯罪的 判处罚金;并对直接负责的主管人员和责任人员依个人犯罪处罚。

法律依据

一、《刑法》条文

第三百四十五条第三、四款 非法收购、运输明知是盗伐、滥伐的林木,情节严重的,处三年以下有期徒刑、拘役或者管制,并处或者单处罚金;情节特别严重的,处三年以上七年以下有期徒刑,并处罚金。

盗伐、滥伐国家级自然保护区内的森林或者其他林木的,从重处罚。

第三百四十六条 单位犯本节第三百三十八条至第三百四十五条规定之罪的,对单位判处罚金,并对其直接负责的主管人员和其他直接责任人员,依照本节各该条的规定处罚。

二、相关法律

《中华人民共和国森林法》(2019 年 12 月 28 日修订)

第六十五条 木材经营加工企业应当建立原料和产品出入库台账。任何单位和个人不得收购、加工、运输明知是盗伐、滥伐等非法来源的林木。

第七十八条 违反本法规定,收购、加工、运输明知是盗伐、滥伐等非法来源的林木的,由县级以上人民政府林业主管部门责令停止违法行为,没收违法收购、加工、运输的林木或者变卖所得,可以处违法收购、加工、运输林木价款三倍以下的罚款。

三、相关司法解释/文件

《最高人民法院关于审理破坏土地资源刑事案件具体应用法律若干问题的解释》(2023 年 8 月 13 日 法释〔2023〕8 号)

第七条 认定刑法第三百四十五条第三款规定的"明知是盗伐、滥伐的林木",应当根据涉案林木的销售价格、来源以及收购、运输行为违反有关规定等情节,结合行为人的职业要求、经历经验、前科情况等作出综合判断。

具有下列情形之一的,可以认定行为人明知是盗伐、滥伐的林木,但有相反证据或者能够作出合理解释的除外:

(一)收购明显低于市场价格出售的林木的;

(二)木材经营加工企业伪造、涂改产品或者原料出入库台账的;

(三)交易方式明显不符合正常习惯的;

(四)逃避、抗拒执法检查的;

(五)其他足以认定行为人明知的情形。

第八条 非法收购、运输明知是盗伐、滥伐的林木,具有下列情形之一的,应当认定为刑法第三百四十五条第三款规定的"情节严重":

(一)涉案林木立木蓄积二十立方米以上的;

(二)涉案幼树一千株以上的;

(三)涉案林木数量虽未分别达到第一项、第二项规定标准，但按相应比例折算合计达到有关标准的；

（四）涉案林木价值五万元以上的；

（五）其他情节严重的情形。

实施前款规定的行为，达到第一项至第四项规定标准五倍以上或者具有其他特别严重情节的，应当认定为刑法第三百四十五条第三款规定的“情节特别严重”。

第十三条　单位犯刑法第三百四十二条、第三百四十四条、第三百四十五条规定之罪的，依照本解释规定的相应自然人犯罪的定罪量刑标准，对直接负责的主管人员和其他直接责任人员定罪处罚，并对单位判处罚金。

《最高人民检察院、公安部关于公安机关管辖的刑事案件立案追诉标准的规定（一）》（2008 年 6 月 25 日　公通字〔2008〕36 号）

第七十四条　［非法收购、运输、滥伐、滥伐的林木案（刑法第三百四十五条第三款）］非法收购、运输明知是盗伐、滥伐的林木，涉嫌下列情形之一的，应予立案追诉：

（一）非法收购、运输盗伐、滥伐的林木二十立方米以上或者幼树一千株以上的；

（二）其他情节严重的情形。

本条规定的“非法收购”的“明知”，是指知道或者应当知道。具有下列情形之一的，可以视为应当知道，但是有证据证明确属被蒙骗的除外：

（一）在非法的木材交易场所或者销售单位收购木材的；

（二）收购以明显低于市场价格出售的木材的；

（三）收购违反规定出售的木材的。

四、相关部委规章

《国家林业局、公安部关于森林和陆生野生动物刑事案件管辖及立案标准》（2001 年 5 月 9 日　林安字〔2001〕156 号）

一、森林公安机关管辖在其辖区内发生的刑法规定的下列森林和陆生野生动物刑事案件

（三）非法收购盗伐、滥伐的林木案件（第三百四十五条第三款）；

二、森林和陆生野生动物刑事案件的立案标准

（三）非法收购盗伐、滥伐的林木案

以牟利为目的，在林区非法收购明知是盗伐、滥伐的林木在 20 立方米或者幼树 1000 株以上的，以及非法收购盗伐、滥伐的珍贵树木 2 立方米以上或者 5 株以上的应当立案；非法收购林木 100 立方米或者幼树 5000 株以上的，以及非法收购盗伐、滥伐的珍贵树木 5 立方米以上或者 10 株以上的为重大案件；非法收购林木 200 立方米或者幼树 1000 株以上的，以及非法收购盗伐、滥伐的珍贵树木 10 立方米以上或者 20 株以上的为特别重大案件。

三、其他规定

（一）林区与非林区的划分，执行各省、自治区、直辖市人民政府的规定。

（二）林木的数量，以立木蓄积计算。

（三）对于一年内多次盗伐、滥伐少量林木未经处罚的，累计其盗伐林木、滥伐林木的数量。

（四）被盗伐、滥伐林木的价值，有国家规定价格的，按国家规定价格计算；没有国家规定价格的，按主管部门规定的价格计算；没有国家或者主管部门规定价格的，按市场价格计算；进入流通领域的，按实际销售价格计算；实际销售价格低于国家或者主管部门规定价格的，按国家或者主管部门规定的价格计算；实际销售价格低于市场价格，又没有国家或者主管部门规定价格的，按市场价格计算，不能按低价销赃的价格计算。

（七）单位作案的，执行本规定的立案标准。

（八）本规定中所指的“以上”，均包括本数在内。

（九）各省、自治区、直辖市公安厅、局和林业主管部门可根据本地的实际情况，在本规定的幅度内确定本地区盗伐林木案、滥伐林木案和非法狩猎案的立案起点及重大、特别重大案件的起点。

（十）盗伐、滥伐竹林或者其他竹子的立案标准，由各省、自治区、直辖市公安厅、局和林业主管部门根据竹子的经济价值参照盗伐、滥伐林木案的立案标准确定。

要义辨析

一、概念

本罪是指行为人明知或者应知是盗伐、滥伐的林木,仍然非法收购、运输、情节严重的行为。

二、构成要件

1. 本罪侵犯的客体是国家对林业资源的管理制度。犯罪对象是盗伐、滥伐的林木。

2. 本罪客观方面表现为在林区非法收购、运输明知是盗伐、滥伐的林木的行为。

3. 本罪主观方面必须出于故意。

4. 本罪犯罪主体为一般主体,自然人和单位均可构成本罪。

三、要点辨析

1. 认定未罪必须确定"明知"为要件。非法收购、运输明知是盗伐、滥伐的林木,情节严重的忙于才构成犯罪。不明知而购买运输的,不构成犯罪。

2. 本罪系行为犯,要达到"情节严重"的行为才构成犯罪。

四、罪名变迁

本罪在1979年《刑法》和单行刑法中未作规定。《刑法修正案(四)》对本罪罪状作了修改,删除了"以牟利为目的"的主观要件,将"在林区非法收购"修改为"非法收购、运输"。

第七节　走私、贩卖、运输、制造毒品罪

类罪名:妨害社会管理秩序罪/走私、贩卖、运输、制造毒品罪 罪名:走私、贩卖、运输、制造毒品罪	
量刑标准	**鸦片不满200克、海洛因或者甲基苯丙胺不满10克或者其他少量毒品的**　处3年以下有期徒刑、拘役或者管制,并处罚金;
	情节严重的　处3年以上7年以下有期徒刑,并处罚金;
	鸦片200克以上不满1000克、海洛因或者甲基苯丙胺10克以上不满50克、其他毒品数量较大的　处7年以上有期徒刑,并处罚金;
	鸦片1000克以上、海洛因或者甲基苯丙胺50克以上、其他毒品数量大的;集团首要分子;武装掩护;暴力抗拒、情节严重;参与有组织的国际贩毒的　处15年有期徒刑、无期徒刑或者死刑,并处没收财产;
	单位犯本罪的　处罚金;并对直接负责的主管人员和直接责任人员,依个人犯罪处罚。

法律依据

一、《刑法》条文

第三百四十七条　走私、贩卖、运输、制造毒品,无论数量多少,都应当追究刑事责任,予以刑事处罚。

走私、贩卖、运输、制造毒品,有下列情形之一的,处十五年有期徒刑、无期徒刑或者死刑,并处没收财产:

(一)走私、贩卖、运输、制造鸦片一千克以上、海洛因或者甲基苯丙胺五十克以上或者其他毒品数量大的;

(二)走私、贩卖、运输、制造毒品集团的首要分子;

(三)武装掩护走私、贩卖、运输、制造毒品的;

(四)以暴力抗拒检查、拘留、逮捕,情节严

重的；

（五）参与有组织的国际贩毒活动的。

走私、贩卖、运输、制造鸦片二百克以上不满一千克、海洛因或者甲基苯丙胺十克以上不满五十克或者其他毒品数量较大的，处七年以上有期徒刑，并处罚金。

走私、贩卖、运输、制造鸦片不满二百克、海洛因或者甲基苯丙胺不满十克或者其他少量毒品的，处三年以下有期徒刑、拘役或者管制，并处罚金；情节严重的，处三年以上七年以下有期徒刑，并处罚金。

单位犯第二款、第三款、第四款罪的，对单位判处罚金，并对其直接负责的主管人员和其他直接责任人员，依照各该款的规定处罚。

利用、教唆未成年人走私、贩卖、运输、制造毒品，或者向未成年人出售毒品的，从重处罚。

对多次走私、贩卖、运输、制造毒品，未经处理的，毒品数量累计计算。

第三百五十六条　因走私、贩卖、运输、制造、非法持有毒品罪被判过刑，又犯本节规定之罪的，从重处罚。

第三百五十七条　本法所称的毒品，是指鸦片、海洛因、甲基苯丙胺（冰毒）、吗啡、大麻、可卡因以及国家规定管制的其他能够使人形成瘾癖的麻醉药品和精神药品。

毒品的数量以查证属实的走私、贩卖、运输、制造、非法持有毒品的数量计算，不以纯度折算。

第十七条　已满十六周岁的人犯罪，应当负刑事责任。

已满十四周岁不满十六周岁的人，犯故意杀人、故意伤害致人重伤或者死亡、强奸、抢劫、贩卖毒品、放火、爆炸、投毒罪的，应当负刑事责任。

已满十四周岁不满十八周岁的人犯罪，应当从轻或者减轻处罚。

因不满十六周岁不予刑事处罚的，责全他的家人或者监护人加以管教；在必要的时候也可以由政府收容教养。

二、相关法律

《中华人民共和国禁毒法》（2007 年 12 月 29 日）

第五十九条　有下列行为之一，构成犯罪的，依法追究刑事责任；尚不构成犯罪的，依法给予治安管理处罚：

（一）走私、贩卖、运输、制造毒品的；

三、相关司法解释/文件

《最高人民检察院法律政策研究室关于安定注射液是否属于刑法第三百五十五条规定的精神药品问题的答复》（2002 年 10 月 24 日　〔2002〕高检研发第 23 号）

根据《精神药品管理办法》等国家有关规定，“能够使人形成瘾癖”的精神药品，是指使用后能使人的中枢神经系统兴奋或者抑制，连续使用能使人产生依赖性的药品。安定注射液属于刑法第三百五十五条第一款规定的“国家规定管制的能够使人形成瘾癖的”精神药品。鉴于安定注射液属于《精神药品管理办法》规定的第二类精神药品，医疗实践中使用较多，在处理此类案件时，应当慎重掌握罪与非罪的界限。对于明知他人是吸毒人员而多次向其出售安定注射液，或者贩卖安定注射液数量较大的，可以依法追究行为人的刑事责任。

《最高人民法院、最高人民检察院、公安部关于办理毒品犯罪案件适用法律若干问题的意见》（2007 年 12 月 18 日　公通字〔2007〕84 号）

一、关于毒品犯罪案件的管辖问题

根据刑事诉讼法的规定，毒品犯罪案件的地域管辖，应当坚持以犯罪地管辖为主、被告人居住地管辖为辅的原则。

“犯罪地”包括犯罪预谋地，毒资筹集地，交易进行地，毒品生产地，毒资、毒赃和毒品的藏匿地、转移地，走私或者贩运毒品的目的地以及犯罪嫌疑人被抓获地等。

“被告人居住地”包括被告人常住地、户籍地及其临时居住地。

对怀孕、哺乳期妇女走私、贩卖、运输毒品案件，查获地公安机关认为移交其居住地管辖更有利于采取强制措施和查清犯罪事实的，可以报请共同的上级公安机关批准，移送犯罪嫌疑人居住地公安机关办理，查获地公安机关应继续配合。

公安机关对侦办跨区域毒品犯罪案件的管辖权有争议的，应本着有利于查清犯罪事实，有利于诉讼，有利于保障案件侦查安全的原则，认真协商解决。经协商无法达成一致的,报共同的上级公安机关指定管辖。对即将侦查终结的跨省(自治区、直辖市)重大毒品案件,必要时可由公安部商最高人民法院和最高人民检察院指定管辖。

为保证及时结案,避免超期羁押,人民检察院对于公安机关移送审查起诉的案件,人民法院对于已进入审判程序的案件,被告人及其辩护人提出管辖异议或者办案单位发现没有管辖权的,受案人民检察院、人民法院经审可以依法报请上级人民检察院、人民法院指定管辖,不再自行移送有管辖权的人民检察院、人民法院。

二、关于毒品犯罪嫌疑人、被告人主观明知的认定问题

走私、贩卖、运输、非法持有毒品主观故意中的"明知",是指行为人知道或者应当知道所实施的行为是走私、贩卖、运输、非法持有毒品行为。具有下列情形之一,并且犯罪嫌疑人、被告人不能做出合理解释的,可以认定其"应当知道",但有证据证明确属被蒙骗的除外:

(一)执法人员在口岸、机场、车站、港口和其他检查站检查时,要求行为人申报为他人携带的物品和其他疑似毒品物,并告知其法律责任,而行为人未如实申报,在其所携带的物品内查获毒品的;

(二)以伪报、藏匿、伪装等蒙蔽手段逃避海关、边防等检查,在其携带、运输、邮寄的物品中查获毒品的;

(三)执法人员检查时,有逃跑、丢弃携带物品或逃避、抗拒检查等行为,在其携带或丢弃的物品中查获毒品的;

(四)体内藏匿毒品的;

(五)为获取不同寻常的高额或不等值的报酬而携带、运输毒品的;

(六)采用高度隐蔽的方式携带、运输毒品的;

(七)采用高度隐蔽的方式交接毒品,明显违背合法物品惯常交接方式的;

(八)其他有证据足以证明行为人应当知道的。

三、关于办理氯胺酮等毒品案件定罪量刑标准问题

(一)走私、贩卖、运输、制造、非法持有下列毒品,应当认定为刑法第三百四十七条第二款第(一)项、第三百四十八条规定的"其他毒品数量大":

1. 二亚甲基双氧安非他明(MDMA)等苯丙胺类毒品(甲基苯丙胺除外)100克以上;

2. 氯胺酮、美沙酮1千克以上;

3. 三唑仑、安眠酮50千克以上;

4. 氯氮卓、艾司唑仑、地西泮、溴西泮500千克以上;

5. 上述毒品以外的其他毒品数量大的。

(二)走私、贩卖、运输、制造、非法持有下列毒品,应当认定为刑法第三百四十七条第三款、第三百四十八条规定的"其他毒品数量较大":

1. 二亚甲基双氧安非他明(MDMA)等苯丙胺类毒品(甲基苯丙胺除外)20克以上不满100克的;

2. 氯胺酮、美沙酮200克以上不满1千克的;

3. 三唑仑、安眠酮10千克以上不满50千克的;

4. 氯氮卓、艾司唑仑、地西泮、溴西泮100千克以上不满500千克的;

5. 上述毒品以外的其他毒品数量较大的。

(三)走私、贩卖、运输、制造下列毒品,应当认定为刑法第三百四十七条第四款规定的"其他少量毒品":

1. 二亚甲基双氧安非他明(MDMA)等苯丙胺类毒品(甲基苯丙胺除外)不满20克的;

2. 氯胺酮、美沙酮不满200克的;

3. 三唑仑、安眠酮不满10千克的;

4. 氯氮卓、艾司唑仑、地西泮、溴西泮不满100千克的;

5. 上述毒品以外的其他少量毒品的。

(四)上述毒品品种包括其盐和制剂。毒品鉴定结论中毒品品名的认定应当以国家食品药品监督管理局、公安部、卫生部最新发布的《麻醉药品品种目录》、《精神药品品种目录》为依据。

四、关于死刑案件的毒品含量鉴定问题

可能判处死刑的毒品犯罪案件,毒品鉴定结论中应有含量鉴定的结论。

《全国法院毒品案件审判工作会议纪要》
(2023年6月26日 法〔2023〕108号)

为全面贯彻落实党的二十大精神,深入学习贯

彻习近平总书记对政法工作重要指示精神和中央政法工作会议精神，认真落实习近平总书记关于禁毒工作重要指示精神和党中央禁毒决策部署，进一步加强毒品案件审判工作，推进新时代新征程人民法院禁毒工作持续高质量发展，最高人民法院于2023年2月16日在云南省昆明市召开了全国法院毒品案件审判工作会议。参加会议的有各省、自治区、直辖市高级人民法院、解放军军事法院和新疆维吾尔自治区高级人民法院生产建设兵团分院主管刑事审判工作的副院长等。最高人民法院党组成员、副院长高憬宏、杨万明、沈亮、李勇出席会议，高憬宏、杨万明讲话。

会议深入学习了习近平总书记关于禁毒工作重要指示精神，总结了党的十八大以来人民法院禁毒工作取得的成绩，分析了当前我国毒品犯罪的总体形势和主要特点，研究了毒品案件审判工作面临的突出问题，明确了推进人民法院禁毒工作持续高质量发展的各项举措，并对当前和今后一段时期人民法院禁毒工作作出部署。

会议认为，最高人民法院2008年印发的《全国部分法院审理毒品犯罪案件工作座谈会纪要》（以下简称《大连会议纪要》）和2015年印发的《全国法院毒品犯罪审判工作座谈会纪要》（以下简称《武汉会议纪要》），较好地解决了毒品案件审判中存在的一些突出法律适用问题，在一定时期内发挥了重要指导作用。随着毒品犯罪形势不断发展变化，审判实践中出现了一些新情况新问题，需要及时应对、有效解决。与会代表对《大连会议纪要》和《武汉会议纪要》的内容进行了系统总结，对以上两个纪要没有作出规定或者规定不尽完善的突出问题进行了认真讨论，达成了共识。现纪要如下。

一、总体要求

禁毒工作事关国家安危、民族兴衰、人民福祉，厉行禁毒是党和政府的一贯立场和主张。党的十八大以来，在以习近平同志为核心的党中央坚强领导下，各地区、各有关部门按照国家禁毒委员会统一部署，深入开展新时代禁毒人民战争，全面落实综合治理措施，禁毒工作取得显著成效，禁毒斗争形势持续向好，彰显了党领导下中国特色毒品治理体系的强大优势。

依法审理毒品案件，积极开展禁毒工作，是人民法院担负的重要职责使命。各级人民法院始终坚持依法从严惩处毒品犯罪，持续加强毒品案件审判规范化建设，不断提升禁毒综合治理效能，各项工作取得明显成效，为推动禁毒斗争形势持续向好、推进更高水平的平安中国、法治中国建设提供了有力司法保障。

当前和今后一段时期，受国际国内多种因素影响，我国禁毒工作仍然面临诸多风险挑战，禁毒工作任务依然繁重艰巨。新时代新征程，各级人民法院要坚持以习近平新时代中国特色社会主义思想为指导，深入贯彻习近平法治思想，贯彻总体国家安全观，坚持以人民为中心的发展思想，深刻把握禁毒工作的政治性人民性法治性，进一步增强做好禁毒工作的政治责任感和历史使命感，充分发挥刑事审判职能，积极参与禁毒综合治理，推动人民法院禁毒工作持续高质量发展。

一是始终坚持党对禁毒工作的绝对领导。坚持党对禁毒工作的绝对领导，是走好中国特色毒品问题治理之路的根本要求，是打赢新时代禁毒人民战争、确保禁毒司法工作正确政治方向的根本保障。各级人民法院要把坚持和加强党的领导作为开展禁毒工作的首要政治要求，把党的领导贯穿禁毒工作各方面全过程。要深刻领悟“两个确立”的决定性意义，增强“四个意识”、坚定“四个自信”、做到“两个维护”，坚决贯彻落实习近平总书记关于禁毒工作重要指示精神和党中央禁毒决策部署。要自觉在同级党委领导下开展禁毒工作，及时向党委汇报法院禁毒工作情况，紧紧依靠党委政法委协调解决禁毒工作中遇到的问题。要加强法院党组对禁毒工作的组织领导，把禁毒工作纳入党组重要议事日程，压紧压实党组主体责任，统筹推进禁毒工作向纵深发展。

二是全面加强毒品案件审判工作。各级人民法院要毫不动摇地坚持依法从严惩处毒品犯罪，突出打击重点，注重打击效果，依法严惩源头性毒品犯罪、具有严重情节的毒品犯罪及主观恶性深、人身危险性大的毒品犯罪分子，加大对新型毒品犯罪、侵害青少年及危害农村地区毒品犯罪的惩处力度，依法严惩操纵、经营涉毒活动的黑恶势力、毒黑交织、枪毒合流的制贩毒团伙，深挖涉毒黑恶势力及其“保护伞”。要更加注重从经济上制裁毒品犯罪,加大涉毒资产追缴力度和财产刑判决执行力度,依法惩处涉毒洗钱和窝藏毒赃等下游犯罪。要织密刑事法网,对涉麻醉药品、精神药品及加工、贩卖非列管物质等行为,准确运用相关法律规定予以惩处,并促进行政执法与刑事司法有机衔接。要认真贯彻宽严相济刑事政策,在从严惩处的同时,做到宽以济严、宽严有度、罚当其罪。要牢牢把握案件质量生命线,坚决落实证据裁判原则,深入推进以审判为中心的刑事诉讼制度改革,严格规范审判程序,进一步提升毒品案件审判质效。

三是持续推进毒品案件审判规范化建设。各级人民法院要结合当地毒品犯罪形势特点,深入开展调查研究,及时总结审判经验,切实解决突出问题。要充分发挥典型案例的裁判规则引领作用,遴选毒品犯罪典型案例予以发布,并择优推荐参选指导性案例,为类案审判提供参考借鉴。各高级、中级人民法院要加大对下指导力度,在依法、有效发挥审判监督指导作用的同时,通过加强专业化队伍建设、召开专题会议、组织业务交流培训等,不断提高辖区法院毒品案件审判工作水平。最高人民法院将采取出台司法解释或者规范性文件、发布指导性案例等举措持续规范法律适用,通过案件审理、随案附函、集中通报等方式继续加强审判指导,并适时总结成熟实践经验,提出立法建议,推动完善相关法律。

四是不断完善参与禁毒综治工作机制。各级人民法院要主动延伸审判职能,落实好打防并举、综合施治方针,积极参与禁毒综合治理。要将禁毒宣传工作制度化,在“6·26”国际禁毒日期间等重要时间节点,集中开展禁毒宣传,形成严厉惩处毒品犯罪的强大声势。要健全常态化禁毒宣传机制,依托审判资源优势,采取多种形式开展日常禁毒法治教育,增强全社会尤其是青少年识毒、防毒、拒毒的意识和能力。要立足审判职能,就毒品案件审判中发现的治安隐患和社会管理漏洞,及时向有关部门提出加强源头治理、强化日常管理的司法建议,推动构建更为科学严密的禁毒防控体系。要树立禁毒工作“一盘棋”思想,在同级禁毒委员会组织协调下,认真履行成员单位职责,加强与其他部门、地区的沟通协作,在文件制定、信息共享、业务交流等方面建立长效合作机制,积极探索禁毒合作共治新举措,更好地凝聚禁毒工作合力。

二、罪名认定问题

(一)关于走私、贩卖、运输、制造、非法持有毒品行为

刑法第三百四十七条规定的走私、贩卖、运输、制造毒品罪是选择性罪名,确定罪名时不以行为实施的先后、毒品数量或者危害大小排列,一律按照刑法条文规定的顺序表述。对同一宗毒品实施了不同种犯罪行为且有确凿证据证明的,应当按照犯罪行为的性质并列确定罪名,毒品数量不重复计算,不实行数罪并罚。对同一宗毒品可能实施了不同种犯罪行为,但根据证据只能认定其中一种或者几种行为,认定其他行为的证据不属确实、充分的,则按照依法能够认定的行为性质定罪。对不同宗毒品分别实施了不同种犯罪行为的,应对不同行为并列确定罪名,累计毒品数量,不实行数罪并罚。

检察机关起诉指控或者原审法院判决确定的选择性罪名不准确或顺序不当的,审理法院可以减少部分罪名或者改动罪名顺序;检察机关指控了相关犯罪事实,但未适用相应选择性罪名的,在充分听取控辩双方意见的基础上,可以根据审理认定的事实,增加或者变更为相应选择性罪名,但上诉案件不得加重刑罚或者对刑罚执行产生不利于被告人的影响。

对于从贩毒人员住所、车辆等处查获的毒品,一般应认定为其贩卖的毒品。确有证据证明查获的毒品并非贩毒人员用于贩卖,其行为另构成非法持有毒品罪、窝藏毒品罪等其他犯罪的,依法定罪处罚。

用毒品支付劳务报酬、偿还债务或者换取其他财产性利益的,以贩卖毒品罪定罪处罚。用毒品向他人换取毒品用于贩卖的,以贩卖毒品罪定罪处罚;双方以吸食为目的互换毒品,构成非法持有毒品罪等其他犯罪的,依法定罪处罚。

吸毒者因购买、存储毒品被查获,没有证据证明其有实施贩卖毒品等其他犯罪的故意,毒品数量达到刑法第三百四十八条规定的最低数量标准的,以非法持有毒品罪定罪处罚。吸毒者因运输毒品被查获,没有证据证明其有实施贩卖毒品等其他犯罪的故意,毒品数量达到上述最低数量标准的,一

般以运输毒品罪定罪处罚。

购毒者接收贩毒者通过物流寄递方式交付的毒品，没有证据证明其有实施贩卖毒品等其他犯罪的故意，毒品数量达到刑法第三百四十八条规定的最低数量标准的，一般以非法持有毒品罪定罪处罚。代收者明知物流寄递的是毒品而代购毒者接收，没有证据证明其与购毒者有实施贩卖毒品等其他犯罪的共同故意，毒品数量达到上述最低数量标准的，对代收者一般以非法持有毒品罪定罪处罚。

制造毒品，除传统、典型的非法利用毒品原植物直接提炼和用化学方法加工、配制毒品的行为以外，还包括以改变毒品的成分和效用为目的用物理方法加工、配制毒品的行为。为欺骗购毒者或者逃避查缉等，对毒品掺杂使假，通过物理方法使毒品溶解、混合、吸附于某种物质，或者以自用为目的对少量毒品添加其他物质、改变形态的，不认定为制造毒品。

（二）关于代购毒品行为

明知他人实施毒品犯罪而为其代购毒品，未从中牟利的，以相关毒品犯罪的共犯论处。

代购者加价或者变相加价从中牟利的，以贩卖毒品罪定罪处罚。代购者收取、私自截留部分购毒款、毒品，或者通过在交通、食宿等开销外收取“介绍费”“劳务费”等方式从中牟利的，属于变相加价。代购者从托购者事先联系的贩毒者处，为托购者购买仅用于吸食的毒品，并收取、私自截留少量毒品供自己吸食的，一般不以贩卖毒品罪论处。

没有证据证明代购者明知他人实施毒品犯罪而为其代购毒品，代购者亦未从中牟利，代购毒品数量达到刑法第三百四十八条规定的最低数量标准，代购者因购买、存储毒品被查获的，以非法持有毒品罪定罪处罚；因运输毒品被查获的，一般以运输毒品罪定罪处罚。

对于辩称系代购毒品者，应当全面审查其所辩称的托购者、贩毒者身份、购毒目的、毒品价格及其实际获利等情况，综合判断其行为是否属于代购，并依照前述规定处理。向购毒者收取毒资并提供毒品，但购毒者无明确的托购意思表示，又没有其他证据证明存在代购行为的，一般以贩卖毒品罪定罪处罚。

（三）关于涉麻醉药品、精神药品行为

走私、贩卖、运输、制造国家规定管制的、没有医疗等合法用途的麻醉药品、精神药品的，一般以走私、贩卖、运输、制造毒品罪定罪处罚。

确有证据证明出于治疗疾病等相关目的，违反药品管理法规，未取得药品相关批准证明文件，生产国家规定管制的麻醉药品、精神药品，进口在境外也未合法上市的国家规定管制的麻醉药品、精神药品，或者明知是上述未经批准生产、进口的国家规定管制的麻醉药品、精神药品而予以销售，构成妨害药品管理罪的，依法定罪处罚。

明知是走私、贩卖毒品的犯罪分子或者吸毒人员，而向其贩卖国家规定管制的、具有医疗等合法用途的麻醉药品、精神药品的，以贩卖毒品罪定罪处罚。依法从事生产、运输、管理、使用国家规定管制的麻醉药品、精神药品的人员，实施刑法第三百五十五条规定的行为的，区分不同情形，分别以非法提供麻醉药品、精神药品罪或者贩卖毒品罪定罪处罚。

确有证据证明出于治疗疾病等相关目的，违反有关药品管理的国家规定，未经许可经营国家规定管制的、具有医疗等合法用途的麻醉药品、精神药品的，不以毒品犯罪论处；情节严重，构成其他犯罪的，依法处理。实施带有自救、互助性质的上述行为，一般可不作为犯罪处理；确须追究刑事责任的，应依法充分体现从宽。

因治疗疾病需要，在自用、合理数量范围内携带、寄递国家规定管制的、具有医疗等合法用途的麻醉药品、精神药品进出境的，不构成犯罪。

明知他人利用麻醉药品、精神药品实施抢劫、强奸等犯罪仍向其贩卖，同时构成贩卖毒品罪和抢劫罪、强奸罪等犯罪的，依照处罚较重的规定定罪处罚。案件存在其他情形，符合数罪并罚条件的，依法定罪处罚。

（四）关于其他涉毒行为

利用信息网络，设立用于实施贩卖毒品，非法买卖制毒物品，引诱、教唆、欺骗他人吸毒或者传授制造毒品、非法生产制毒物品的方法等违法犯罪活动的网站、通讯群组，或者发布实施上述违法犯罪活动的信息，情节严重的，以非法利用信息网络罪定罪处罚。实施上述行为，同时构成贩卖毒品罪、非法买卖制毒物品罪、引诱、教唆、欺骗他人吸毒罪、传授犯罪方法罪等犯罪的，依照处罚较重的规定定罪处罚。利用信息网络，组织他人吸毒，构成引诱、教唆、欺骗他人吸毒罪等犯罪的，依法定罪处罚。

盗窃、抢夺或者抢劫毒品，构成盗窃罪、抢夺罪或者抢劫罪的，根据情节轻重依法量刑。盗窃、抢夺或者抢劫毒品后实施贩卖毒品等毒品犯罪的，依法数罪并罚。

不以提炼毒品或者非法买卖为目的，种植罂粟、大麻等毒品原植物，构成非法种植毒品原植物罪的，可以酌情从宽处罚；犯罪情节轻微不需要判处刑罚的，可以免予刑事处罚。

三、毒品数量、含量问题

走私、贩卖、运输、制造、非法持有刑法、司法解释明确规定了定罪量刑数量标准的毒品的，按照相关标准依法定罪量刑。对于刑法、司法解释未规定定罪量刑数量标准的毒品，参考已有折算标准，综合考虑其毒害性、滥用情况、受管制程度、纯度及犯罪形势、交易价格等因素，依法定罪量刑。涉案毒品既无定罪量刑数量标准，亦无折算标准的，应当委托有关专业机构确定涉案毒品的致瘾癖性、毒害性、纯度等，综合考虑其滥用情况、受管制程度及犯罪形势、交易价格等因素，依法定罪量刑。

走私、贩卖、运输、制造、非法持有两种以上毒品，刑法、司法解释明确规定了定罪量刑数量标准的，可以根据现有定罪量刑数量标准，将不同种类的毒品分别折算为海洛因的数量，以折算后累加的毒品总量作为定罪量刑的根据，但在裁判文书中，应当客观表述涉案毒品的种类和数量，不表述折算的毒品数量；刑法、司法解释未规定定罪量刑数量标准的，参照前述规定，综合考虑相关因素，依法定罪量刑。

根据现有证据能够认定被告人实施了毒品犯罪，但未查获毒品实物的，应当根据在案证据依法认定毒品数量。有确实、充分的证据证实毒品交易金额和单价的，可以据此认定毒品数量。制造毒品的，不应单纯根据制毒原料制成毒品率估算毒品数量。无法根据现有证据认定涉案毒品具体数量的，可以在事实部分客观表述毒品交易的金额、次数或者制毒原料的数量等，表明其实施毒品犯罪的情节、危害。对于未查获实物的甲基苯丙胺片剂（俗称“麻古”等，下同）、MDMA片剂（俗称“摇头丸”）等混合型毒品，可以根据在案证据证明的毒品粒数，参考相关案件中查获的同类毒品的一般重量计算毒品数量；在裁判文书中，则只客观表述根据在案证据认定的毒品粒数。

对于有吸毒情节的贩毒人员，一般应当按照其购买的毒品数量认定其贩毒数量，量刑时酌情考虑其吸食毒品的情节；购买的毒品数量无法查明的，按照能够证明的贩卖数量及查获的毒品数量认定其贩毒数量；确有证据证明其购买的部分毒品并非用于贩卖的，不计入其贩毒数量。

除司法解释另有规定或者为了逃避查缉等临时改变毒品常规形态的情形外，一般均应将查证属实的毒品数量认定为毒品犯罪的数量，并据此确定适用的法定刑幅度。涉案毒品纯度明显低于同类毒品的正常纯度的，量刑时可酌情考虑。

毒品成品、半成品的数量应当全部认定为制造毒品的数量，废液、废料不计入制造毒品的数量。制毒废液、废料的认定，可以根据其残存毒品成分的含量、外观形态、存放的容器和位置，结合被告人对制毒过程、查获毒品疑似物性质的供述和辩解等证据进行分析判断，必要时可以听取专业机构意见。

对于查获的相关毒品，未根据《最高人民法院、最高人民检察院、公安部办理毒品犯罪案件毒品提取、扣押、称量、取样和送检程序若干问题的规定》第三十三条进行鉴定的，应当要求公安机关委托鉴定机构进行含量鉴定。

对于含有两种以上毒品成分的混合型毒品，应当根据相关成分和含量鉴定，确定其所含不同毒品的成分及比例，并根据主要毒品成分和具体形态认定毒品种类、确定名称。混合型毒品中含有海洛因或者甲基苯丙胺（冰毒，下同）成分的，一般以海洛因或者甲基苯丙胺分别认定毒品种类；不含海洛因、甲基苯丙胺成分，或者海洛因、甲基苯丙胺含量极低的，可以根据混合型毒品中其他定罪量刑数量标准较低且含量较高的毒品成分认定毒品种类，并在量刑时综合考虑其他毒品的成分、含量和全案毒品数量。

四、共同犯罪问题

（一）一般规定

对于毒品共同犯罪，根据现有证据能够区分主从犯的，应当依法认定，不能因为涉案毒品数量巨大，就不加区分一律将在案被告人认定为主犯，或者实际上都按主犯处罚。部分涉案人员未到案，根据现有证据能够认定系共同犯罪，或者能够认定在案被告人系共同犯罪中的主犯的，应当依法认定。确有证据证明在案被告人起次要或者辅助作用的，不能因为部分共同犯罪人未到案而不认定为从犯，甚至认定为主犯或者实际上按主犯处罚。

区分毒品共同犯罪中的主犯和从犯，应当从犯意提起、具体分工、出资或者占有毒品的比例、约定或者实际分得毒赃的多少及共犯之间的相互关系等方面，准确认定共同犯罪人的地位和作用。为主出资者、毒品所有者或者起意、策划、纠集、组织、指使、雇用他人参与犯罪等起主要作用的，是主犯；起次要或者辅助作用的，是从犯。受指使、雇用实施毒品犯罪的，应当根据其在共同犯罪中具体发挥的作用准确认定为主犯或者从犯。对于在共同犯罪中起次要或者辅助作用的被告人，不能因其具有累犯、毒品再犯等从重处罚情节，而认定为主犯或者实际上按主犯处罚。

应当准确认定共同犯罪人的涉案毒品数量，并非对所有共同犯罪人均按照涉案毒品的总数量认定处罚。对毒品犯罪集团的首要分子，应当按照集团毒品犯罪的总数量认定处罚。对一般共同犯罪的主犯，应当按照其所参与的或者组织、指挥的毒品犯罪的数量认定处罚。对从犯，应当按照其所参与的毒品犯罪的数量认定处罚。

毒品共同犯罪中有多个主犯的，应当在全面考察各主犯实际发挥作用的差别、具体犯罪情节、危害后果的差异及主观恶性、人身危险性不同的基础上，对其中罪行更为严重者依法判处更重的刑罚。

对于从犯的处罚，不同的毒品案件不能简单类比。本案从犯的涉案毒品数量可能大于他案主犯，但对本案从犯的处罚并非必然重于他案主犯。依法认定为从犯的，无论主犯是否到案，也无论其涉案毒品数量是否大于他案主犯，均应依法从轻、减轻或者免除处罚。

（二）关于居间介绍买卖毒品

对于居间介绍买卖毒品行为，应当准确认定，并与居中倒卖毒品行为相区别。居间介绍者在毒品交易中处于中间人地位，发挥介绍联络作用，通常与交易一方构成共同犯罪，但不以牟利为要件。受购毒者或者贩毒者委托，为其提供交易信息、介绍交易对象、居中协调交易数量、价格，或者提供其他帮助，促成毒品交易的，属于居间介绍买卖毒品。居中倒卖者则属于毒品交易主体，与前后环节的交易对象是上下家关系，直接与上家、下家联系，自主决定交易毒品的数量、价格并赚取差价。

受贩毒者委托，为其居间介绍贩卖毒品的，与贩毒者构成贩卖毒品共同犯罪。明知购毒者以贩卖为目的购买毒品，受委托为其介绍联络贩毒者的，与购毒者构成贩卖毒品共同犯罪。受以吸食为目的的购毒者委托，为其提供购毒信息或者介绍认识贩毒者，毒品数量达到刑法第三百四十八条规定的最低数量标准的，一般与购毒者构成非法持有毒品共同犯罪；同时与贩毒者、购毒者共谋，联络促成双方交易的，与贩毒者构成贩卖毒品共同犯罪。

居间介绍者实施帮助行为，对促成毒品交易起次要或者辅助作用，一般应当认定为从犯。以居间介绍者的身份介入毒品交易，但在交易中实际已超出居间介绍者的地位，对交易的发起和达成起重要作用的，可以认定为主犯。

（三）关于运输毒品共同犯罪

二人以上同行运输毒品的，应当从是否明知他人带有毒品、有无共同运输毒品的犯意联络、有无实施配合、掩护他人运输毒品的行为等方面，综合审查认定是否构成共同犯罪。

受雇于同一雇主同行运输毒品，但受雇者之间没有共同犯罪故意，或者虽然明知他人受雇运输毒品，但各自的运输行为相对独立，既未实施配合、掩护他人运输毒品的行为，又分别按照各自运输的毒品数量获取报酬的，不认定为共同犯罪，受雇者对各自运输的毒品承担刑事责任。受雇于同一雇主分段运输同一宗毒品，但受雇者之间没有共谋的，也不认定为共同犯罪。雇用他人运输毒品的雇主，以及其他对受雇者起到一定组织、指挥作用的人员，与各受雇者分别构成运输毒品共同犯罪，对运输的全部毒品承担刑事责任。

五、死刑适用问题

要毫不动摇地坚持依法从严惩处毒品犯罪的方针,突出打击重点,依法严惩走私、制造和大宗贩卖毒品等源头性犯罪,依法严惩毒品犯罪集团首要分子、职业毒犯、累犯、毒品再犯等犯罪分子,依法严惩具有武装掩护毒品犯罪、以暴力抗拒查缉情节严重、参与有组织的国际贩毒活动等严重情节的犯罪分子,对其中罪行极其严重、依法应当判处死刑的,坚决依法判处,充分发挥死刑对于预防和惩治毒品犯罪的重要作用。同时,应当全面、准确地贯彻宽严相济刑事政策,体现区别对待,做到罚当其罪,综合考虑毒品数量、犯罪性质、情节、危害后果及被告人的主观恶性、人身危险性等因素,严格审慎地决定死刑适用,确保死刑只适用于极少数罪行极其严重的犯罪分子。

(一)一般规定

毒品数量是量刑的重要情节,但不是唯一情节。在对被告人决定死刑适用时,应当坚持"毒品数量+其他情节"的标准,不能仅因涉案毒品数量远超过实际掌握的死刑适用数量标准,就不加区分地判处一案多名被告人死刑,还应充分考虑不同被告人的不同犯罪情节。

毒品数量接近实际掌握的死刑适用数量标准,具有累犯,毒品再犯,利用、教唆未成年人走私、贩卖、运输、制造毒品,或者向未成年人出售毒品等法定从重处罚情节的,可以判处被告人死刑。

毒品数量刚超过实际掌握的死刑适用数量标准,具有多次走私、贩卖、运输、制造毒品,向多人贩卖毒品,在戒毒、监管场所贩卖毒品,向在校学生贩卖毒品,组织、利用残疾人等特定人员实施毒品犯罪,或者国家工作人员利用职务便利实施毒品犯罪等情节的,可以判处被告人死刑。

毒品数量达到实际掌握的死刑适用数量标准,具有下列情形之一的,可以不判处被告人死刑:(1)被告人自首或者立功的;(2)已查明的毒品数量未达到实际掌握的死刑适用数量标准,被告人到案后坦白司法机关尚未掌握的其他毒品犯罪,累计数量达到实际掌握的死刑适用数量标准的;(3)经鉴定,毒品纯度明显低于同类毒品正常纯度,掺杂掺假后数量达到实际掌握的死刑适用数量标准,或者有证据表明毒品纯度明显偏低但因客观原因无法鉴定的;(4)原本意图实施的毒品犯罪数量未达到实际掌握的死刑适用数量标准,确系或者不排除因受隐匿身份人员引诱,毒品数量达到实际掌握的死刑适用数量标准的;(5)其他不是必须判处死刑的。

毒品数量达到实际掌握的死刑适用数量标准,同时具有法定、酌定从严和从宽处罚情节的,应当在全面考察犯罪的事实、性质、情节和对社会危害程度的基础上,结合被告人的主观恶性、人身危险性等因素,审慎决定是否适用死刑。

审理毒品死刑案件,应当严格贯彻证据裁判原则,始终坚持证据审查判断认定的最高标准和最严要求,确保办案质量。全案未查获毒品的,一般不判处被告人死刑。主要犯罪事实中未查获毒品的,判处被告人死刑应当特别慎重。

(二)关于毒品共同犯罪的死刑适用

毒品共同犯罪案件的死刑适用,应当与涉案毒品数量、犯罪情节、社会危害性及被告人的主观恶性、人身危险性相适应。

涉案毒品数量超过实际掌握的死刑适用数量标准,但未达到数量巨大,依法应当判处死刑的,要进一步区分主犯间的罪责大小,一般只对其中罪责最大的一名主犯判处死刑。涉案毒品数量达到巨大以上,两名以上主犯的罪责均很突出,或者罪责稍小的主犯具有法定从重处罚情节,判处二人以上死刑符合罪刑相适应原则,并利于实现全案量刑平衡的,可以依法判处。涉案毒品数量刚超过实际掌握的死刑适用数量标准,共同犯罪人地位和作用相当或者责任大小难以区分,且均不具有法定从重处罚情节的,可以不判处被告人死刑。

对于部分共同犯罪人未到案的毒品案件,在案被告人罪行最为严重,或者在案被告人与未到案共同犯罪人均属罪行极其严重,即使共同犯罪人到案也不影响对在案被告人适用死刑的,可以依法判处在案被告人死刑。在案被告人的罪行不足以判处死刑,或者根据已查明的事实全案只宜判处未到案共同犯罪人死刑的,不能因为共同犯罪人未到案而对在案被告人适用死刑。在案被告人与未到案共同犯罪人的罪责大小难以准确认定,进而影响准确适用死刑的,不应对在案被告人判处死刑。

（三）关于毒品上下家犯罪的死刑适用

对于贩卖毒品的上下家，应当结合其贩毒数量、次数及对象范围，犯罪的主动性，对促成交易所发挥的作用，犯罪后果等因素，综合考虑其主观恶性和人身危险性，决定是否适用死刑。

对于买卖同宗毒品的上下家，涉案毒品数量超过实际掌握的死刑适用数量标准，但未达到数量巨大的，一般不同时判处死刑；上家持毒待售或者已掌握毒品来源，主动联络销售毒品，积极促成毒品交易的，可以考虑判处上家死刑；下家积极筹资，主动向上家约购毒品，对促成毒品交易起更大作用的，可以考虑判处下家死刑。涉案毒品数量达到巨大以上的，也应综合考量上述因素决定死刑适用，同时判处上下家死刑符合罪刑相适应原则，并利于实现全案量刑平衡的，可以依法判处。

多名共同犯罪人、上下家针对同宗或者部分同宗毒品实施犯罪的，综合运用前述毒品共同犯罪、上下家犯罪的死刑适用原则予以处理。

（四）关于运输毒品犯罪的死刑适用

对于运输毒品犯罪，应当准确把握打击重点。依法严惩运输毒品犯罪集团首要分子，组织、指使、雇用他人运输毒品的主犯或者职业毒犯、毒品再犯，以及具有武装掩护运输毒品、以暴力抗拒查缉情节严重、以运输毒品为业、多次运输毒品等严重情节的被告人，对其中依法应当判处死刑的，坚决依法判处。

对于涉嫌为实施走私、贩卖、制造毒品犯罪而运输毒品，由于认定走私、贩卖、制造毒品犯罪的证据不充分而认定为运输毒品犯罪的被告人，在决定死刑适用时，应当与单纯受指使、雇用为他人运输毒品的情形有所区别。

对于受人指使、雇用运输毒品的被告人，应当充分考虑其在毒品犯罪链条中所处的地位和实际发挥的作用，体现区别对待，不能单纯根据涉案毒品数量大小或者所获报酬多少决定死刑适用。要综合考虑其运输毒品的次数和距离、犯罪的主动性和独立性、在共同犯罪中的地位和作用、社会危害大小、获利方式、主观恶性、人身危险性，结合毒品数量等因素，慎重适用死刑。对于确属受人指使、雇用运输毒品的被告人，具有不排除系初次运输毒品；被雇用者严密指挥或同行人员监视，从属性、辅助性明显；与雇用者同行运输毒品，处于被支配地位；或者确因急迫生活困难而运输毒品等情形之一的，即使毒品数量超过实际掌握的死刑适用数量标准，也可以不判处死刑。对于不能排除受人指使、雇用运输毒品的被告人，符合上述条件的，也可以考虑不判处死刑。

多人受雇同行或者分段运输毒品的，在决定死刑适用时，除各被告人运输毒品的数量外，还应当综合考虑其具体犯罪情节、参与犯罪程度、与雇用者的关系及其主观恶性、人身危险性等因素，同时判处二人死刑应当特别慎重。

（五）关于制造毒品犯罪的死刑适用

制造毒品是源头性犯罪，应当充分体现从严惩处的政策要求。已经制出粗制毒品或者半成品的，以制造毒品罪的既遂论处。应当综合考虑被告人制造毒品的种类、次数、规模，有无制出毒品成品，被查获时所处的制毒阶段，制出的毒品成品、半成品或者粗制毒品的数量、性状、含量及造成的危害后果等因素，决定死刑适用。

已制出的毒品成品数量达到实际掌握的死刑适用数量标准，又无法定、酌定从宽处罚情节的，可以判处被告人死刑。没有证据证明被告人曾制出毒品成品，仅查获毒品半成品，或者现有证据表明由于制毒原料、方法等问题实际无法制出毒品成品的，不得判处被告人死刑。已制出的毒品成品数量未达到实际掌握的死刑适用数量标准，或者仅制出粗制毒品的，判处被告人死刑应当慎重。

（六）关于非传统毒品犯罪的死刑适用

甲基苯丙胺片剂中的甲基苯丙胺含量相对较低，危害性亦有所不同，其死刑适用数量标准可以按照甲基苯丙胺的2倍左右掌握。

综合考虑致瘾癖性、毒害性、滥用范围和犯罪形势等因素，氯胺酮（俗称“K粉”，下同）的死刑适用数量标准可以按照海洛因的10倍以上掌握。走私、贩卖、制造氯胺酮，数量超过上述标准，且犯罪情节严重、社会危害大，或者具有法定从重处罚情节的，可以判处死刑。

涉案毒品为刑法、司法解释未规定定罪量刑数量标准的新类型毒品的，一般不判处被告人死刑。对于刑法、司法解释规定了定罪量刑数量标准的新类型毒品，实施走私、制造或者大宗贩卖等源头性犯罪,毒品数量远超过实际掌握的死刑适用数量标准,被告人系犯罪集团首要分子、其他罪责更为突出的主犯,或者具有法定从重处罚情节,不判处死刑难以体现罚当其罪的,可以判处死刑。

(七)关于死缓限制减刑的适用

对于实施毒品犯罪论罪应当判处死刑,因案件的具体情况而被判处死缓的累犯,具有武装掩护毒品犯罪,以暴力抗拒查缉情节严重,或者曾因暴力犯罪被判处十年有期徒刑以上刑罚等情形之一的,为实现罚当其罪、确保量刑平衡,可以决定限制减刑。

六、主观明知认定问题

被告人到案后否认明知是毒品的,应当综合运用在案证据加以证明,必要时可要求检察机关补充提供相关证据。综合被告人供述,相关证人证言,从涉毒场所、物品上提取的痕迹、生物检材,从被告人体内或者贴身隐秘处查获的毒品,从被告人体表、随身物品上提取的毒品残留物,以及调取的物流寄递单据、资金交易记录、通信记录、行程轨迹信息等证据,足以证明被告人明知是毒品的,可以依法认定。

被告人到案后否认明知是毒品,又缺乏其他证据证明其明知的,可以根据其实施毒品犯罪的方式、过程及毒品被查获时的情形,结合其年龄、文化程度、生活状况、职业背景、是否有毒品违法犯罪经历及与共同犯罪人之间的关系等情况,综合分析判断。运用此方法认定明知的,应当认真审查被告人的辩解是否有事实依据、对异常行为的解释是否合理、是否存在被蒙骗的可能等,防止认定错误,在决定对被告人是否适用死刑时更要特别慎重。

具有下列情形之一,被告人不能作出合理解释的,可以认定其明知走私、贩卖、运输、非法持有的是毒品,但有证据证明其确实不知情或者确系被蒙骗的除外:(1)执法人员在口岸、机场、车站、港口、邮局、快递站点等场所检查时,要求申报为他人运输、携带、寄递的物品和其他毒品疑似物,并告知法律责任,但被告人未如实申报,在其运输、携带、寄递的物品中查获毒品的;(2)以伪报、藏匿、伪装等蒙蔽手段逃避海关、边防等检查,或者行程路线故意绕开检查站点,在其运输、携带、寄递的物品中查获毒品的;(3)在执法人员检查时有逃跑、藏匿、丢弃、试图销毁其携带的物品、弃车逃离或者其他逃避、抗拒检查行为,在其携带的物品或者遗弃的车辆中查获毒品的;(4)采用高度隐蔽方式运输、携带、交接物品,明显违背合法物品的惯常运输、携带、交接方式,从中查获毒品的;(5)以虚假的身份、地址或者物品名称办理托运、寄递手续,从托运、寄递的物品中查获毒品的;(6)采用隐匿真实身份、支付不等值报酬等不合理方式,指使、雇用他人运输、携带、寄递物品或者代为接收物流寄递的物品,从中查获毒品的;(7)为获取不同寻常的高额、不等值报酬,为他人运输、携带、寄递物品或者接收物流寄递的物品,从中查获毒品的;(8)其他可以认定被告人明知的情形。

七、隐匿身份人员实施侦查案件的处理问题

对于有证据证明被告人正在准备或者已经着手实施毒品犯罪,隐匿身份人员采取贴靠、接洽手段破获案件,不存在犯罪引诱的,应当依法处理。

隐匿身份人员在侦查活动中违反刑事诉讼法等相关规定,诱使本无犯意的人实施毒品犯罪的,属于"犯意引诱"。隐匿身份人员向被引诱人提供毒品或者毒资、购毒渠道的,其所提供的毒品、毒资、被引诱人从其提供的渠道购买的毒品及其证实被引诱人实施毒品犯罪的证据材料,不得作为认定被引诱人实施毒品犯罪的证据。排除上述证据后,在案证据达不到认定被引诱人有罪的证明标准的,应当依法作出证据不足、指控的犯罪不能成立的无罪判决。

隐匿身份人员诱使他人超出其原本意图实施的毒品犯罪数量,实施了更大数量的毒品犯罪的,属于"数量引诱"。对于因受"数量引诱"实施毒品犯罪的被告人,一般应当从轻处罚。特别是对于因受"数量引诱"而实施了对应更高量刑幅度或刑种的毒品犯罪的被告人,量刑时更应充分体现从宽。

被引诱人又诱使本无犯意的其他人实施毒品犯罪,或者诱使其他人超出原本意图实施了更大数量的毒品犯罪的,属于"间接引诱"。对于受"间接引诱"实施毒品犯罪的被告人,参照前述关于"犯意引诱"或者"数量引诱"的规定处理。

存在或者不排除存在其他不规范使用隐匿身份人员实施侦查的情形,影响定罪量刑的,应当作出有利于被告人的处理。

八、自首、立功问题

毒品犯罪中的自首情节具有较高司法价值，对于自首的被告人，一般应当依法从宽处罚。对于积极响应司法机关发布的敦促涉毒在逃人员投案自首通告，在通告期限内自行或者经亲属劝说、陪同投案，并如实供述犯罪事实的被告人，从宽处罚的幅度应当更大；有的虽不构成自首，量刑时也应充分考虑其自动投案情节，尽可能地兑现政策。

认定立功情节，应当充分考虑毒品犯罪线索发现、案件侦破及抓捕工作的特殊性。按照公安机关的安排，经现场或即时视频通讯方式指认、辨认其他犯罪嫌疑人（包括同案犯），或者通过打电话、发信息、即时通讯等方式将其他犯罪嫌疑人（包括同案犯）约至指定地点，公安机关据此抓获该人员的；以及通过打电话、发信息、即时通讯等方式稳控其他犯罪嫌疑人（包括同案犯），对抓获该人员起到实质性协助作用的，可以认定为协助公安机关抓捕其他犯罪嫌疑人（包括同案犯）。具有到案后规劝其他犯罪嫌疑人（包括同案犯）投案、提供线索协助公安机关查获大量案外毒品等情形之一的，可以认定为其他有利于国家和社会的突出表现。

被告人提供毒品共同犯罪人、上下家的姓名、住址、体貌特征等基本情况，或者提供犯罪前、犯罪中使用、掌握的上述人员的联络方式、藏匿地址，公安机关据此抓获该人员的，虽不认定有立功表现，但量刑时可酌情考虑。

对于具有立功情节的被告人，是否从宽处罚及从宽处罚的幅度，应当根据犯罪性质、具体情节、危害后果、毒品数量及其主观恶性、人身危险性，结合立功的类型、价值大小等因素综合考量，以功是否足以抵罪为标准。对于部分被告人具有立功情节的案件，要注意共同犯罪人及上下家之间的量刑平衡。犯罪集团首要分子、罪责相对较大的主犯检举揭发其他罪行相对较轻的犯罪分子，或者协助抓获从犯、罪责相对较小的主犯构成立功的，量刑时应当从严掌握，如果被告人罪行极其严重，只有一般立功表现，功不足以抵罪的，可不予从宽处罚；如果其检举揭发的是其他案件中罪行同样严重的犯罪分子，或者协助抓获的是其他首要分子、罪责相对较大的主犯，功足以抵罪的，可以从轻或者减轻处罚。对于从犯、罪责相对较小的主犯立功，特别是协助抓获首要分子、罪责相对较大的主犯的，应当充分体现政策，依法从轻、减轻或者免除处罚。

九、累犯、毒品再犯问题

根据刑法规定，因走私、贩卖、运输、制造、非法持有毒品罪被判过刑的被告人，无论是在刑罚执行完毕或者赦免后，还是在缓刑、假释、暂予监外执行期间或者缓刑考验期满后，又犯刑法分则第六章第七节规定之罪的，均应认定为毒品再犯。对于上述在前罪缓刑、假释或者暂予监外执行期间又犯罪的被告人，应当对其所犯新的毒品犯罪依法从重处罚后，再与前罪依法并罚。

累犯、毒品再犯是法定从重处罚情节，即使本次毒品犯罪情节较轻，也要体现从严惩处的精神。尤其对于曾因严重暴力犯罪被判刑的累犯、刑罚执行完毕后短期内又实施毒品犯罪的再犯，以及在缓刑、假释或者暂予监外执行期间又实施毒品犯罪的再犯，应当严格依法从重处罚。

对于同时构成累犯和毒品再犯的被告人，在裁判文书中应当同时引用刑法关于累犯和毒品再犯的条款。对于因同一毒品犯罪前科同时构成累犯和毒品再犯的，量刑时不得重复从重处罚。对于因不同犯罪前科分别构成累犯和毒品再犯的，从重处罚幅度一般应大于上述情形。对于因不同现行犯罪分别构成累犯和毒品再犯的，应当对其所犯各罪分别予以从重处罚。

十、特定人员参与毒品犯罪问题

对于毒品犯罪分子为逃避打击，组织、利用残疾人、严重疾病患者、怀孕或者正在哺乳自己婴儿的妇女等特定人员实施毒品犯罪的案件，要做到区别对待，依法准确惩处。对于利用、教唆上述特定人员实施毒品犯罪的组织者、指挥者和教唆者，应当依法从严惩处，该判处重刑直至死刑的，坚决依法判处。对于被利用、被诱骗参与毒品犯罪的特定人员，可以从宽处罚。

对于利用自身特殊状况积极实施毒品犯罪，以及曾在取保候审、监视居住或者暂予监外执行期间又实施毒品犯罪的特定人员，应当从严把握上述强制措施和暂予监外执行的适用条件。

十一、涉案财物处理、财产刑适用问题

应当更加注重从经济上制裁毒品犯罪，切实加大制裁力度，依法追缴被告人的违法所得及其收益，充分发挥财产刑的作用。不能因为被告人没有财产，或者其财产难以查清、难以分割或者难以执行，就不判处财产刑或者判处与主刑不相匹配的财产刑。对于未依照相关规定，全面收集证明被告人财产状况的证据并随案移送财产清单和相关证据材料的，应当要求有关机关收集并移送。

应当更加注重审查证明涉案财物及其孳息的来源、性质、用途和权属情况的证据，并在裁判文书中写明对涉案财物及其孳息的具体处理情况。对查封、扣押、冻结的财物及其孳息，经查确属毒品犯罪的违法所得及其收益、供毒品犯罪所用的本人财物或者依法应当追缴的其他涉案财物的，应当判决没收上缴国库，但法律另有规定的除外。对于被告人将依法应当追缴的毒品犯罪涉案财物用于投资、置业，因此形成的财产及其收益；或者将依法应当追缴的毒品犯罪涉案财物与其他合法财产共同用于投资、置业，因此形成的财产中与涉案财物对应的份额及其收益，均应予以追缴。

审理黑社会性质组织、恶势力组织实施的毒品犯罪案件，依法应当追缴、没收的涉案财产无法找到、灭失或者与其他合法财产混合且不可分割的，可以判决追缴、没收其他等值财产或者混合财产中的等值部分。有证据证明被告人在毒品犯罪期间获得的财产高度可能属于黑社会性质组织犯罪的违法所得及其孳息、收益，被告人不能说明财产合法来源的，应当判决追缴、没收。

重大毒品犯罪案件的犯罪嫌疑人、被告人逃匿，在通缉一年后不能到案，或者犯罪嫌疑人、被告人死亡，依照刑法规定应当追缴其违法所得及其他涉案财产的，适用刑事诉讼法有关犯罪嫌疑人、被告人逃匿、死亡案件违法所得没收程序审理。经审理认为申请没收的财产高度可能属于违法所得及其他涉案财产的，应当裁定没收。

判处罚金刑，应当结合毒品犯罪的性质、情节、危害后果及被告人的获利情况、经济状况等因素，合理确定罚金数额。对于决定并处没收财产的毒品犯罪，判处被告人有期徒刑的，应当按照上述确定罚金数额的原则，确定没收个人部分财产的数额；判处无期徒刑的，可以并处没收个人全部财产；判处死缓或者死刑的，应当并处没收个人全部财产。

十二、缓刑适用及减刑、假释问题

应当从严掌握毒品犯罪被告人的缓刑适用条件。对于毒品再犯，一般不适用缓刑。对于不能排除有多次贩毒嫌疑的零包贩毒被告人，因认定构成贩卖毒品等犯罪的证据不足而认定为非法持有毒品罪的被告人，以及引诱、教唆、欺骗、强迫他人吸毒的被告人，应当严格控制缓刑适用。

对于具有犯罪集团首要分子、累犯、毒品再犯等情节的毒品罪犯，应当从严掌握减刑条件，适当延长减刑起始时间、间隔时间，严格控制减刑幅度。应当严格审查毒品罪犯履行生效裁判中财产性判项的能力，对于确有履行能力而不履行或者不全部履行相关财产性判项的，一般不认定其确有悔改表现。对于刑法未禁止假释的上述毒品罪犯，应当严格控制假释适用。

十三、管辖问题

毒品犯罪的犯罪地，包括犯罪预谋地，毒资筹集地，交易进行地，毒品制造地，毒品和毒资、毒赃的藏匿地、转移地，走私或者贩运毒品的途经地、目的地等。主要利用计算机网络实施的毒品犯罪，犯罪地还包括用于实施犯罪行为的网络服务使用的服务器所在地，网络服务提供者所在地，犯罪过程中被告人、被害人使用的信息网络系统所在地等。

对于毒品案件中一人犯数罪、上下家犯罪、共同犯罪及共同犯罪的被告人实施其他犯罪的，一般应当并案审理。对于上下家犯罪的被告人实施的其他犯罪，以及他人实施的包庇毒品犯罪分子、窝藏毒品、为毒品犯罪洗钱等关联犯罪，并案审理有利于查明案件事实的，可以并案审理。对于分案起诉的毒品共同犯罪或者关联犯罪案件，合并审理更有利于查明案件事实、保障诉讼权利、准确定罪量刑的，可以并案审理。

因客观原因造成毒品共同犯罪或者密切关联的上下家犯罪分案审理且无法并案的，应当及时了解关联案件的审理进展和处理结果，充分保障被告人的质证权等诉讼权利，并注重量刑平衡。

《最高人民法院研究室关于被告人对不同种毒品实施同一犯罪行为是否按比例折算成一种毒品予以累加后量刑的答复》（2009年8月17日法研〔2009〕146号）

根据《全国部分法院审理毒品犯罪案件工作

座谈会纪要》的规定,对被告人一人走私、贩卖、运输、制造两种以上毒品的,不实行数罪并罚,量刑时可综合考虑毒品的种类、数量及危害,依法处理。

《最高人民法院关于贩卖、运输经过取汁的罂粟壳废渣是否构成贩卖、运输毒品罪的答复》(2010年9月27日　法研〔2010〕168号)

最高人民法院研究室认为,根据你院提供的情况,对本案被告人不宜以贩卖、运输毒品罪论处。主要考虑:(1)被告人贩卖、运输的是经过取汁的罂粟壳废渣,吗啡含量只有0.01%,含量极低,从技术和成本看,基本不可能用于提取吗啡;(2)国家对经过取汁的罂粟壳并无明文规定予以管制,实践中有关药厂也未按照管制药品对其进行相应处理;(3)无证据证明被告人购买、加工经过取汁的罂粟壳废渣是为了将其当作毒品出售,具有贩卖、运输毒品的故意。如果查明行为人有将罂粟壳废渣作为制售毒品原料予以利用的故意,可建议由公安机关予以治安处罚。

《最高人民检察院、公安部关于最高检察院、公安部关于公安机关管辖的刑事案件立案追诉标准的规定(三)》(2012年5月16日　法释〔2012〕6号)

第一条　［走私、贩卖、运输、制造毒品案(刑法第三百四十七条)］走私、贩卖、运输、制造毒品,无论数量多少,都应予立案追诉。

本条规定的"走私"是指明知是毒品而非法将其运输、携带、寄递进出国(边)境的行为。直接向走私人非法收购走私进口的毒品,或者在内海、领海、界河、界湖运输、收购、贩卖毒品的,以走私毒品罪立案追诉。

本条规定的"贩卖"是指明知是毒品而非法销售或者以贩卖为目的而非法收买的行为。

有证据证明行为人以牟利为目的,为他人代购仅用于吸食、注射的毒品,对代购者以贩卖毒品罪立案追诉。不以牟利为目的,为他人代购仅用于吸食、注射的毒品,毒品数量达到本规定第二条规定的数量标准的,对托购者和代购者以非法持有毒品罪立案追诉。明知他人实施毒品犯罪而为其居间介绍、代购代卖的,无论是否牟利,都应以相关毒品犯罪的共犯立案追诉。

本条规定的"运输"是指明知是毒品而采用携带、寄递、托运、利用他人或者使用交通工具等方法非法运送毒品的行为。

本条规定的"制造"是指非法利用毒品原植物直接提炼或者用化学方法加工、配制毒品,或者以改变毒品成分和效用为目的,用混合等物理方法加工、配制毒品的行为。为了便于隐蔽运输、销售、使用、欺骗购买者,或者为了增重,对毒品掺杂使假,添加或者去除其他非毒品物质,不属于制造毒品的行为。

为了制造毒品而采用生产、加工、提炼等方法非法制造易制毒化学品的,以制造毒品罪(预备)立案追诉。购进制造毒品的设备和原材料,开始着手制造毒品,尚未制造出毒品或者半成品的,以制造毒品罪(未遂)立案追诉。明知他人制造毒品而为其生产、加工、提炼、提供醋酸酐、乙醚、三氯甲烷等制毒物品的,以制造毒品罪的共犯立案追诉。

走私、贩卖、运输毒品主观故意中的"明知",是指行为人知道或者应当知道所实施的是走私、贩卖、运输毒品行为。具有下列情形之一,结合行为人的供述和其他证据综合审查判断,可以认定其"应当知道",但有证据证明确属被蒙骗的除外:

(一)执法人员在口岸、机场、车站、港口、邮局和其他检查站点检查时,要求行为人申报携带、运输、寄递的物品和其他疑似毒品物,并告知其法律责任,而行为人未如实申报,在其携带、运输、寄递的物品中查获毒品的;

(二)以伪报、藏匿、伪装等蒙蔽手段逃避海关、边防等检查,在其携带、运输、寄递的物品中查获毒品的;

(三)执法人员检查时,有逃跑、丢弃携带物品或者逃避、抗拒检查等行为,在其携带、藏匿或者丢弃的物品中查获毒品的;

(四)体内或者贴身隐秘处藏匿毒品的;

(五)为获取不同寻常的高额或者不等值的报酬为他人携带、运输、寄递、收取物品,从中查获毒品的;

(六)采用高度隐蔽的方式携带、运输物品,从中查获毒品的;

(七)采用高度隐蔽的方式交接物品,明显违背合法物品惯常交接方式,从中查获毒品的;

(八)行程路线故意绕开检查站点,在其携带、

运输的物品中查获毒品的;

(九)以虚假身份、地址或者其他虚假方式办理托运、寄递手续,在托运、寄递的物品中查获毒品的;

(十)有其他证据足以证明行为人应当知道的。

制造毒品主观故意中的"明知",是指行为人知道或者应当知道所实施的是制造毒品行为。有下列情形之一,结合行为人的供述和其他证据综合审查判断,可以认定其"应当知道",但有证据证明确属被蒙骗的除外:

(一)购置了专门用于制造毒品的设备、工具、制毒物品或者配制方案的;

(二)为获取不同寻常的高额或者不等值的报酬为他人制造物品,经检验是毒品的;

(三)在偏远、隐蔽场所制造,或者采取对制造设备进行伪装等方式制造物品,经检验是毒品的;

(四)制造人员在执法人员检查时,有逃跑、抗拒检查等行为,在现场查获制造出的物品,经检验是毒品的;

(五)有其他证据足以证明行为人应当知道的。

走私、贩卖、运输、制造毒品罪是选择性罪名,对同一宗毒品实施了两种以上犯罪行为,并有相应确凿证据的,应当按照所实施的犯罪行为的性质并列适用罪名,毒品数量不重复计算。对同一宗毒品可能实施了两种以上犯罪行为,但相应证据只能认定其中一种或者几种行为,认定其他行为的证据不够确实充分的,只按照依法能够认定的行为的性质适用罪名。对不同宗毒品分别实施了不同种犯罪行为的,应对不同行为并列适用罪名,累计计算毒品数量。

《最高人民法院、最高人民检察院、公安部关于办理走私、非法买卖麻黄碱类复方制剂等刑事案件适用法律若干问题的意见》(2012 年 6 月 18 日 法发〔2012〕12 号)

一、关于走私、非法买卖麻黄碱类复方制剂等行为的定性

以加工、提炼制毒物品制造毒品为目的,购买麻黄碱类复方制剂,或者运输、携带、寄递麻黄碱类复方制剂进出境的,依照刑法第三百四十七条的规定,以制造毒品罪定罪处罚。

以加工、提炼制毒物品为目的,购买麻黄碱类复方制剂,或者运输、携带、寄递麻黄碱类复方制剂进出境的,依照刑法第三百五十条第一款、第三款的规定,分别以非法买卖制毒物品罪、走私制毒物品罪定罪处罚。

将麻黄碱类复方制剂拆除包装、改变形态后进行走私或者非法买卖,或者明知是已拆除包装、改变形态的麻黄碱类复方制剂而进行走私或者非法买卖的,依照刑法第三百五十条第一款、第三款的规定,分别以走私制毒物品罪、非法买卖制毒物品罪定罪处罚。

非法买卖麻黄碱类复方制剂或者运输、携带、寄递麻黄碱类复方制剂进出境,没有证据证明系用于制造毒品或者走私、非法买卖制毒物品,或者未达到走私制毒物品罪、非法买卖制毒物品罪的定罪数量标准,构成非法经营罪、走私普通货物、物品罪等其他犯罪的,依法定罪处罚。

实施第一款、第二款规定的行为,同时构成其他犯罪的,依照处罚较重的规定定罪处罚。

二、关于利用麻黄碱类复方制剂加工、提炼制毒物品行为的定性

以制造毒品为目的,利用麻黄碱类复方制剂加工、提炼制毒物品的,依照刑法第三百四十七条的规定,以制造毒品罪定罪处罚。

以走私或者非法买卖为目的,利用麻黄碱类复方制剂加工、提炼制毒物品的,依照刑法第三百五十条第一款、第三款的规定,分别以走私制毒物品罪、非法买卖制毒物品罪定罪处罚。

三、关于共同犯罪的认定

明知他人利用麻黄碱类制毒物品制造毒品,向其提供麻黄碱类复方制剂,为其利用麻黄碱类复方制剂加工、提炼制毒物品,或者为其获取、利用麻黄碱类复方制剂提供其他帮助的,以制造毒品罪的共犯论处。

明知他人走私或者非法买卖麻黄碱类制毒物品,向其提供麻黄碱类复方制剂,为其利用麻黄碱类复方制剂加工、提炼制毒物品,或者为其获取、利用麻黄碱类复方制剂提供其他帮助的,分别以走私制毒物品罪、非法买卖制毒物品罪的共犯论处。

四、关于犯罪预备、未遂的认定

实施本意见规定的行为，符合犯罪预备或者未遂情形的，依照法律规定处罚。

五、关于犯罪嫌疑人、被告人主观目的与明知的认定

对于本意见规定的犯罪嫌疑人、被告人的主观目的与明知，应当根据物证、书证、证人证言以及犯罪嫌疑人、被告人供述和辩解等在案证据，结合犯罪嫌疑人、被告人的行为表现，重点考虑以下因素综合予以认定：

1. 购买、销售麻黄碱类复方制剂的价格是否明显高于市场交易价格；

2. 是否采用虚假信息、隐蔽手段运输、寄递、存储麻黄碱类复方制剂；

3. 是否采用伪报、伪装、藏匿或者绕行进出境等手段逃避海关、边防等检查；

4. 提供相关帮助行为获得的报酬是否合理；

5. 此前是否实施过同类违法犯罪行为；

6. 其他相关因素。

六、关于制毒物品数量的认定

实施本意见规定的行为，以走私制毒物品罪、非法买卖制毒物品罪定罪处罚的，应当以涉案麻黄碱类复方制剂中麻黄碱类物质的含量作为涉案制毒物品的数量。

实施本意见规定的行为，以制造毒品罪定罪处罚的，应当将涉案麻黄碱类复方制剂所含的麻黄碱类物质可以制成的毒品数量作为量刑情节考虑。

多次实施本意见规定的行为未经处理的，涉案制毒物品的数量累计计算。

七、关于定罪量刑的数量标准

实施本意见规定的行为，以走私制毒物品罪、非法买卖制毒物品罪定罪处罚的，涉案麻黄碱类复方制剂所含的麻黄碱类物质应当达到以下数量标准：麻黄碱、伪麻黄碱、消旋麻黄碱及其盐类五千克以上不满五十千克；去甲麻黄碱、甲基麻黄碱及其盐类十千克以上不满一百千克；麻黄浸膏、麻黄浸膏粉一百千克以上不满一千千克。达到上述数量标准上限的，认定为刑法第三百五十条第一款规定的“数量大”。

实施本意见规定的行为，以制造毒品罪定罪处罚的，无论涉案麻黄碱类复方制剂所含的麻黄碱类物质数量多少，都应当追究刑事责任。

八、关于麻黄碱类复方制剂的范围

本意见所称麻黄碱类复方制剂是指含有《易制毒化学品管理条例》（国务院令第445号）品种目录所列的麻黄碱（麻黄素）、伪麻黄碱（伪麻黄素）、消旋麻黄碱（消旋麻黄素）、去甲麻黄碱（去甲麻黄素）、甲基麻黄碱（甲基麻黄素）及其盐类，或者麻黄浸膏、麻黄浸膏粉等麻黄碱类物质的药品复方制剂。

《最高人民法院关于审理毒品犯罪案件适用法律若干问题的解释》（2016年4月6日　法释〔2016〕8号）

第一条　走私、贩卖、运输、制造、非法持有下列毒品，应当认定为刑法第三百四十七条第二款第一项、第三百四十八条规定的“其他毒品数量大”：

（一）可卡因五十克以上；

（二）3,4－亚甲二氧基甲基苯丙胺（MDMA）等苯丙胺类毒品（甲基苯丙胺除外）、吗啡一百克以上；

（三）芬太尼一百二十五克以上；

（四）甲卡西酮二百克以上；

（五）二氢埃托啡十毫克以上；

（六）哌替啶（度冷丁）二百五十克以上；

（七）氯胺酮五百克以上；

（八）美沙酮一千克以上；

（九）曲马多、γ－羟丁酸二千克以上；

（十）大麻油五千克、大麻脂十千克、大麻叶及大麻烟一百五十千克以上；

（十一）可待因、丁丙诺啡五千克以上；

（十二）三唑仑、安眠酮五十千克以上；

（十三）阿普唑仑、恰特草一百千克以上；

（十四）咖啡因、罂粟壳二百千克以上；

（十五）巴比妥、苯巴比妥、安钠咖、尼美西泮二百五十千克以上；

（十六）氯氮卓、艾司唑仑、地西泮、溴西泮五百千克以上；

（十七）上述毒品以外的其他毒品数量大的。

国家定点生产企业按照标准规格生产的麻醉药品或者精神药品被用于毒品犯罪的，根据药品中毒品成分的含量认定涉案毒品数量。

第二条　走私、贩卖、运输、制造、非法持有下

列毒品,应当认定为刑法第三百四十七条第三款、第三百四十八条规定的“其他毒品数量较大”:

(一)可卡因十克以上不满五十克;

(二)3,4-亚甲二氧基甲基苯丙胺(MDMA)等苯丙胺类毒品(甲基苯丙胺除外)、吗啡二十克以上不满一百克;

(三)芬太尼二十五克以上不满一百二十五克;

(四)甲卡西酮四十克以上不满二百克;

(五)二氢埃托啡二毫克以上不满十毫克;

(六)哌替啶(度冷丁)五十克以上不满二百五十克;

(七)氯胺酮一百克以上不满五百克;

(八)美沙酮二百克以上不满一千克;

(九)曲马多、γ-羟丁酸四百克以上不满二千克;

(十)大麻油一千克以上不满五千克、大麻脂二千克以上不满十千克、大麻叶及大麻烟三十千克以上不满一百五十千克;

(十一)可待因、丁丙诺啡一千克以上不满五千克;

(十二)三唑仑、安眠酮十千克以上不满五十千克;

(十三)阿普唑仑、恰特草二十千克以上不满一百千克;

(十四)咖啡因、罂粟壳四十千克以上不满二百千克;

(十五)巴比妥、苯巴比妥、安钠咖、尼美西泮五十千克以上不满二百五十千克;

(十六)氯氮卓、艾司唑仑、地西泮、溴西泮一百千克以上不满五百千克;

(十七)上述毒品以外的其他毒品数量较大的。

第三条　在实施走私、贩卖、运输、制造毒品犯罪的过程中,携带枪支、弹药或者爆炸物用于掩护的,应当认定为刑法第三百四十七条第二款第三项规定的“武装掩护走私、贩卖、运输、制造毒品”。枪支、弹药、爆炸物种类的认定,依照相关司法解释的规定执行。

在实施走私、贩卖、运输、制造毒品犯罪的过程中,以暴力抗拒检查、拘留、逮捕,造成执法人员死亡、重伤、多人轻伤或者具有其他严重情节的,应当认定为刑法第三百四十七条第二款第四项规定的“以暴力抗拒检查、拘留、逮捕,情节严重”。

第四条　走私、贩卖、运输、制造毒品,具有下列情形之一的,应当认定为刑法第三百四十七条第四款规定的“情节严重”:

(一)向多人贩卖毒品或者多次走私、贩卖、运输、制造毒品的;

(二)在戒毒场所、监管场所贩卖毒品的;

(三)向在校学生贩卖毒品的;

(四)组织、利用残疾人、严重疾病患者、怀孕或者正在哺乳自己婴儿的妇女走私、贩卖、运输、制造毒品的;

(五)国家工作人员走私、贩卖、运输、制造毒品的;

(六)其他情节严重的情形。

《最高人民法院、最高人民检察院关于常见犯罪的量刑指导意见(试行)》(2021年7月1日　法发〔2021〕21号)

(二十)走私、贩卖、运输、制造毒品罪

1. 构成走私、贩卖、运输、制造毒品罪的,根据下列情形在相应的幅度内确定量刑起点:

(1)走私、贩卖、运输、制造鸦片一千克,海洛因、甲基苯丙胺五十克或者其它毒品数量达到数量大起点的,量刑起点为十五年有期徒刑。依法应当判处无期徒刑以上刑罚的除外。

(2)走私、贩卖、运输、制造鸦片二百克,海洛因、甲基苯丙胺十克或者其它毒品数量达到数量较大起点的,在七年至八年有期徒刑幅度内确定量刑起点。

(3)走私、贩卖、运输、制造鸦片不满二百克,海洛因、甲基苯丙胺不满十克或者其他少量毒品的,可以在三年以下有期徒刑、拘役幅度内确定量刑起点;情节严重的,在三年至四年有期徒刑幅度内确定量刑起点。

2. 在量刑起点的基础上,根据毒品犯罪次数、人次、毒品数量等其他影响犯罪构成的犯罪事实增加刑罚量,确定基准刑。

3. 有下列情节之一的,增加基准刑的10%-30%:

(1)利用、教唆未成年人走私、贩卖、运输、制造毒品的；

(2)向未成年人出售毒品的；

(3)毒品再犯。

4. 有下列情节之一的，可以减少基准刑的30%以下：

(1)受雇运输毒品的；

(2)毒品含量明显偏低的；

(3)存在数量引诱情形的。

5. 构成走私、贩卖、运输、制造毒品罪的，根据走私、贩卖、运输、制造毒品的种类、数量、危害后果等犯罪情节，综合考虑被告人缴纳罚金的能力，决定罚金数额。

6. 构成走私、贩卖、运输、制造毒品罪的，综合考虑走私、贩卖、运输、制造毒品的种类、数量、危害后果等犯罪事实、量刑情节，以及被告人的主观恶性、人身危险性、认罪悔罪表现等因素，从严把握缓刑的适用。

要义辨析

一、概念

本罪是指明知是毒品而故意实施走私、贩卖、运输、制造的行为。

二、构成要件

1. 本罪侵害的客体是国家对毒品的管理制度和人民的生命健康，走私毒品的行为还侵犯了国家对外贸易管理制度。犯罪对象是毒品(鸦片、海洛因、甲基苯丙胺(冰毒)、吗啡、大麻、可卡因以及国家管制的其他能够使人形成瘾癖的麻醉药品和精神药品)。

2. 客观方面表现为行为人进行走私、贩卖、运输、制造毒品的行为。

3. 主观方面为故意(包括直接故意和间接故意)构成，即明知(包括明知必然和明知可能)是毒品而进行走私、贩卖、运输、制造。过失不构成本罪。

4. 犯罪主体是一般主体。

三、要点辨析

1. 关于毒品的定义。根据《禁毒法》第2条的规定，毒品是指鸦片、海洛因、甲基苯丙胺(冰毒)、吗啡、大麻、可卡因，以及国家规定管制的其他能够使人形成瘾癖的麻醉药品和精神药品。2016年《最高人民法院关于审理毒品犯罪案件适用法律若干问题的解释》对毒品进行了具体列举。

2. 认定本罪的有关问题

(1)本罪与非罪的界限，根据《刑法》第347条第1款的规定，走私、贩卖、运输、制造毒品，无论数量多少，都应当追究刑事责任。

(2)被告人贩卖、运输经过取汁的罂粟壳废渣的行为定性。参照《最高人民法院研究室关于贩卖、运输经过取汁的罂粟壳废渣是否构成贩卖、运输毒品罪的答复》的规定，具体如下：①被告人贩卖、运输的是经过取汁的罂粟壳废渣，吗啡含量只有0.01%，含量极低，从技术和成本看，基本不可能用于提取吗啡；②国家对经过取汁的罂粟壳并无明文规定予以管制，实践中有关药厂也未按照管制药品对其进行相应处理；③无证据证明被告人购买、加工经过取汁的罂粟壳废渣是为了将其当作毒品出售，具有贩卖、运输毒品的故意。如果查明行为人有将罂粟壳废渣作为制售毒品原料予以利用的故意，可建议由公安机关予以治安处罚。

(3)对于分装毒品是否构成制造毒品罪的认定。分装毒品的，如果发生在制造毒品过程中，则分装行为只是制造毒品的一个环节，应整体评价为制造毒品罪，对分装行为不另定罪；如果是贩毒者购得毒品后为便于贩卖而分装的，鉴于分装行为不会改变毒品的成分和效用，也不会使毒品从无到有地产生，或增加毒品数量，应认定为贩卖的一部分，整体评价为贩卖毒品罪即可，不另定罪；对于没有证据证实行为人分装毒品是为了贩卖的，在符合非法持有毒品罪的定罪条件时，可以认定为非法持有毒品罪，对分装行为也不能另定为制造毒品罪。

(4)对于提纯、稀释毒品行为的认定。对粗制毒品进行提纯，多数的观点认为，属于制造毒品的范畴。稀释与提炼毒品，实际上属于相逆的一个过程。虽然提纯毒品的行为，主要在化学过程中完成，而单纯稀释行为多为物理行为，但是，即使是单纯的物理过程，如果以"改变毒品的成分或者效用为目的”,也可谓制造毒品。

(5)如何认定共同犯罪及共犯的刑事责任问题。首先,毒品共同犯罪,是指两人以上共同故意实施走私、贩卖、运输、制造、窝藏毒品等犯罪行为,即应当具备以下条件:一是主观方面各个共同犯罪人必须具有共同犯罪的故意;二是客观方面必须具有共同实施毒品犯罪的行为。其次,构成毒品共同犯罪的,应当区分不同情况,确定共犯的刑事责任:一是要正确区分主犯和从犯;二是要正确认定共同犯罪案件中主犯和从犯的毒品犯罪数量;三是要根据行为人在共同犯罪中的作用和罪责大小确定刑罚。

四、罪名变迁

本罪原是1990年12月28日《全国人民代表大会常务委员会关于禁毒的决定》(现已并入《刑法》,已失效)第2条规定设立的罪名,1997《刑法》增加和修改了下列内容:(1)增加规定了单位犯罪;(2)增加规定了甲基苯丙胺的处刑数量;(3)对该决定第2条第3款的法定刑修改为“三年以上七年以下有期徒刑”。最高人民法院《全国法院审理毒品犯罪案件工作座谈会纪要》对本罪的定罪量刑有重要参考价值。

类罪名:妨害社会管理秩序罪/走私、贩卖、运输、制造毒品罪	罪名:非法持有毒品罪
量刑标准	**非法持有鸦片1000克以上、海洛因或者甲基苯丙胺50克以上、其他毒品数量大的** 处7年以上有期徒刑或者无期徒刑,并处罚金;
	非法持有鸦片200克以上不满1000克、海洛因或者甲基苯丙胺10克以上不满50克,其他毒品数量较大的 处3年以下有期徒刑、拘役或者管制,并处罚金;
	情节严重的 处3年以上7年以下有期徒刑,并处罚金。

法律依据

一、《刑法》条文

第三百四十八条 非法持有鸦片一千克以上、海洛因或者甲基苯丙胺五十克以上或者其他毒品数量大的,处七年以上有期徒刑或者无期徒刑,并处罚金;非法持有鸦片二百克以上不满一千克、海洛因或者甲基苯丙胺十克以上不满五十克或者其他毒品数量较大的,处三年以下有期徒刑、拘役或者管制,并处罚金;情节严重的,处三年以上七年以下有期徒刑,并处罚金。

第三百五十六条 因走私、贩卖、运输、制造、非法持有毒品罪被判过刑,又犯本节规定之罪的,从重处罚。

第三百五十七条 本法所称的毒品,是指鸦片、海洛因、甲基苯丙胺(冰毒)、吗啡、大麻、可卡因以及国家规定管制的其他能够使人形成瘾癖的麻醉药品和精神药品。

毒品的数量以查证属实的走私、贩卖、运输、制造、非法持有毒品的数量计算,不以纯度折算。

二、相关法律

《中华人民共和国禁毒法》(2008年12月29日)

第五十九条 有下列行为之一,构成犯罪的,依法追究刑事责任;尚不构成犯罪的,依法给予治安管理处罚:

(二)非法持有毒品的;

《中华人民共和国治安管理处罚法》(2012年10月26日修正)

第七十一条 有下列行为之一的,处十日以上十五日以下拘留,可以并处三千元以下罚款;情节较轻的,处五日以下拘留或者五百元以下罚款:

(二)非法买卖、运输、携带、持有少量未经灭活的罂粟等毒品原植物种子或者幼苗的;

(三)非法运输、买卖、储存、使用少量罂粟壳的。

第七十二条　有下列行为之一的，处十日以上十五日以下拘留，可以并处二千元以下罚款；情节较轻的，处五日以下拘留或者五百元以下罚款：

（一）非法持有鸦片不满二百克、海洛因或者甲基苯丙胺不满十克或者其他少量毒品的；

三、相关司法解释/文件

《最高人民检察院、公安部关于公安机关管辖的刑事案件立案追诉标准的规定（三）》（2012 年 5 月 27 日　公通字〔2012〕26 号）

第二条　［非法持有毒品案（刑法第三百四十八条）］明知是毒品而非法持有，涉嫌下列情形之一的，应予立案追诉：

（一）鸦片二百克以上、海洛因、可卡因或者甲基苯丙胺十克以上；

（二）二亚甲基双氧安非他明（MDMA）等苯丙胺类毒品（甲基苯丙胺除外）、吗啡二十克以上；

（三）度冷丁（杜冷丁）五十克以上（针剂 100mg/支规格的五百支以上，50mg/支规格的一千支以上；片剂 25mg/片规格的二千片以上，50mg/片规格的一千片以上）；

（四）盐酸二氢埃托啡二毫克以上（针剂或者片剂 20mg/支、片规格的一百支、片以上）；

（五）氯胺酮、美沙酮二百克以上；

（六）三唑仑、安眠酮十千克以上；

（七）咖啡因五十千克以上；

（八）氯氮卓、艾司唑仑、地西泮、溴西泮一百千克以上；

（九）大麻油一千克以上，大麻脂二千克以上，大麻叶及大麻烟三十千克以上；

（十）罂粟壳五十千克以上；

（十一）上述毒品以外的其他毒品数量较大的。

非法持有两种以上毒品，每种毒品均没有达到本条第一款规定的数量标准，但按前款规定的立案追诉数量比例折算成海洛因后累计相加达到十克以上的，应予立案追诉。

本条规定的“非法持有”，是指违反国家法律和国家主管部门的规定，占有、携带、藏有或者以其他方式持有毒品。

非法持有毒品主观故意中的“明知”，依照本规定第一条第八款的有关规定予以认定。

《最高人民法院关于审理毒品犯罪案件适用法律若干问题的解释》（2016 年 4 月 6 日　法释〔2016〕8 号）

第一条　走私、贩卖、运输、制造、非法持有下列毒品，应当认定为刑法第三百四十七条第二款第一项、第三百四十八条规定的“其他毒品数量大”：

（一）可卡因五十克以上；

（二）3，4－亚甲二氧基甲基苯丙胺（MDMA）等苯丙胺类毒品（甲基苯丙胺除外）、吗啡一百克以上；

（三）芬太尼一百二十五克以上；

（四）甲卡西酮二百克以上；

（五）二氢埃托啡十毫克以上；

（六）哌替啶（度冷丁）二百五十克以上；

（七）氯胺酮五百克以上；

（八）美沙酮一千克以上；

（九）曲马多、γ－羟丁酸二千克以上；

（十）大麻油五千克、大麻脂十千克、大麻叶及大麻烟一百五十千克以上；

（十一）可待因、丁丙诺啡五千克以上；

（十二）三唑仑、安眠酮五十千克以上；

（十三）阿普唑仑、恰特草一百千克以上；

（十四）咖啡因、罂粟壳二百千克以上；

（十五）巴比妥、苯巴比妥、安钠咖、尼美西泮二百五十千克以上；

（十六）氯氮卓、艾司唑仑、地西泮、溴西泮五百千克以上；

（十七）上述毒品以外的其他毒品数量大的。

国家定点生产企业按照标准规格生产的麻醉药品或者精神药品被用于毒品犯罪的，根据药品中毒品成分的含量认定涉案毒品数量。

第二条　走私、贩卖、运输、制造、非法持有下列毒品，应当认定为刑法第三百四十七条第三款、第三百四十八条规定的“其他毒品数量较大”：

（一）可卡因十克以上不满五十克；

（二）3，4－亚甲二氧基甲基苯丙胺（MDMA）等苯丙胺类毒品（甲基苯丙胺除外）、吗啡二十克以上不满一百克；

（三）芬太尼二十五克以上不满一百二十五克；

（四）甲卡西酮四十克以上不满二百克；

(五)二氢埃托啡二毫克以上不满十毫克;

(六)哌替啶(度冷丁)五十克以上不满二百五十克;

(七)氯胺酮一百克以上不满五百克;

(八)美沙酮二百克以上不满一千克;

(九)曲马多、γ-羟丁酸四百克以上不满二千克;

(十)大麻油一千克以上不满五千克、大麻脂二千克以上不满十千克、大麻叶及大麻烟三十千克以上不满一百五十千克;

(十一)可待因、丁丙诺啡一千克以上不满五千克;

(十二)三唑仑、安眠酮十千克以上不满五十千克;

(十三)阿普唑仑、恰特草二十千克以上不满一百千克;

(十四)咖啡因、罂粟壳四十千克以上不满二百千克;

(十五)巴比妥、苯巴比妥、安钠咖、尼美西泮五十千克以上不满二百五十千克;

(十六)氯氮卓、艾司唑仑、地西泮、溴西泮一百千克以上不满五百千克;

(十七)上述毒品以外的其他毒品数量较大的。

第三条 在实施走私、贩卖、运输、制造毒品犯罪的过程中,携带枪支、弹药或者爆炸物用于掩护的,应当认定为刑法第三百四十七条第二款第三项规定的"武装掩护走私、贩卖、运输、制造毒品"。枪支、弹药、爆炸物种类的认定,依照相关司法解释的规定执行。

在实施走私、贩卖、运输、制造毒品犯罪的过程中,以暴力抗拒检查、拘留、逮捕,造成执法人员死亡、重伤、多人轻伤或者具有其他严重情节的,应当认定为刑法第三百四十七条第二款第四项规定的"以暴力抗拒检查、拘留、逮捕,情节严重"。

第四条 走私、贩卖、运输、制造毒品,具有下列情形之一的,应当认定为刑法第三百四十七条第四款规定的"情节严重":

(一)向多人贩卖毒品或者多次走私、贩卖、运输、制造毒品的;

(二)在戒毒场所、监管场所贩卖毒品的;

(三)向在校学生贩卖毒品的;

(四)组织、利用残疾人、严重疾病患者、怀孕或者正在哺乳自己婴儿的妇女走私、贩卖、运输、制造毒品的;

(五)国家工作人员走私、贩卖、运输、制造毒品的;

(六)其他情节严重的情形。

第五条 非法持有毒品达到刑法第三百四十八条或者本解释第二条规定的"数量较大"标准,且具有下列情形之一的,应当认定为刑法第三百四十八条规定的"情节严重":

(一)在戒毒场所、监管场所非法持有毒品的;

(二)利用、教唆未成年人非法持有毒品的;

(三)国家工作人员非法持有毒品的;

(四)其他情节严重的情形。

《最高人民法院、最高人民检察院关于常见犯罪的量刑指导意见(试行)》(2021年7月1日 法发〔2021〕21号)

(二十一)非法持有毒品罪

1. 构成非法持有毒品罪的,根据下列情形在相应的幅度内确定量刑起点:

(1)非法持有鸦片一千克以上、海洛因或者甲基苯丙胺五十克以上或者其他毒品数量大的,在七年至九年有期徒刑幅度内确定量刑起点。依法应当判处无期徒刑的除外。

(2)非法持有毒品情节严重的,在三年至四年有期徒刑幅度内确定量刑起点。

(3)非法持有鸦片二百克、海洛因或者甲基苯丙胺十克或者其他毒品数量较大的,在一年以下有期徒刑、拘役幅度内确定量刑起点。

2. 在量刑起点的基础上,根据毒品数量等其他影响犯罪构成的犯罪事实增加刑罚量,确定基准刑。

3. 构成非法持有毒品罪的,根据非法持有毒品的种类、数量等犯罪情节,综合考虑被告人缴纳罚金的能力,决定罚金数额。

4. 构成非法持有毒品罪的,综合考虑非法持有毒品的种类、数量等犯罪事实、量刑情节,以及被告人主观恶性、人身危险性、认罪悔罪表现等因素,从严把握缓刑的适用。

要义辨析

一、概念

本罪是指明知是鸦片、海洛因或者其他毒品，而非法持有且数量较大的行为。

二、构成要件

1. 本罪侵犯的客体是国家对毒品的管制和人民群众的生命健康。本罪的犯罪对象是毒品。

2. 本罪客观方面表现为非法持有较大数量毒品的行为。

3. 犯罪主体为一般主体。

4. 本罪主观方面是直接故意，即明知是毒品而非法持有，过失不构成本罪。

三、要点辨析

1. 关于毒品的定义。根据《禁毒法》第 2 条的规定，毒品是指鸦片、海洛因、甲基苯丙胺（冰毒）、吗啡、大麻、可卡因，以及国家规定管制的其他能够使人形成瘾癖的麻醉药品和精神药品。2016 年《最高人民法院关于审理毒品犯罪案件适用法律若干问题的解释》对毒品进行了具体列举。

2. 关于罪与非罪的界限。要根据司法解释、《治安管理处罚法》及《最高人民检察院、公安部关于公安机关管辖的刑事案件立案追诉标准的规定（三）》的规定，准确区分是否构成刑事犯罪。

3. 划清本罪与其他毒品犯罪的界限。只有在非法持有毒品的人，拒不说明毒品的来源，而司法机关根据已查获的证据，又不能认定行为人非法持有较大数量的毒品是为了进行走私、贩卖、运输或者窝藏毒品犯罪的，才构成本罪。有证据证明行为人不是以盈利为目的，为他人代买，仅用于吸食的毒品，毒品数量超过《刑法》第 348 条规定数量最低标准，构成犯罪的，托购者、代购者，均构成非法持有毒品罪。

4. 正确认定和处理毒品再犯。根据《刑法》第 356 条的规定，因走私、贩卖、运输、制造、非法持有毒品罪被判过刑的，又犯本节规定之罪的，从重处罚。

四、罪名变迁

本罪原是 1990 年 12 月 28 日《全国人民代表大会常务委员会关于禁毒的决定》（现已并入《刑法》，已失效）第 3 条规定设立的罪名，1979 年刑法没有非法持有毒品罪的规定。1997《刑法》增加和修改了内容。2008 年 12 月 1 日最高人民法院《全国法院审理毒品犯罪案件工作座谈会纪要》进一步明确了定罪量刑。

类罪名：妨害社会管理秩序罪/走私、贩卖、运输、制造毒品罪｜罪名：包庇毒品犯罪分子罪

量刑标准	**构成犯罪的**	处 3 年以下有期徒刑、拘役或者管制；
	情节严重的	处 3 年以上 10 年以下有期徒刑。

法律依据

一、《刑法》条文

第三百四十九条　包庇走私、贩卖、运输、制造毒品的犯罪分子的，为犯罪分子窝藏、转移、隐瞒毒品或者犯罪所得的财物的，处三年以下有期徒刑、拘役或者管制；情节严重的，处三年以上十年以下有期徒刑。

缉毒人员或者其他国家机关工作人员掩护、包庇走私、贩卖、运输、制造毒品的犯罪分子的，依照前款的规定从重处罚。

犯前两款罪，事先通谋的，以走私、贩卖、运输、制造毒品罪的共犯论处。

第三百五十六条　因走私、贩卖、运输、制造、非法持有毒品罪被判过刑，又犯本节规定之罪的，从重处罚。

二、相关法律

《中华人民共和国禁毒法》(2007 年 12 月 29 日)

第六十条 有下列行为之一,构成犯罪的,依法追究刑事责任;尚不构成犯罪的,依法给予治安管理处罚:

(一)包庇走私、贩卖、运输、制造毒品的犯罪分子,以及为犯罪分子窝藏、转移、隐瞒毒品或者犯罪所得财物的;

三、相关司法解释/文件

《最高人民检察院、公安部关于最高检察院、公安部关于公安机关管辖的刑事案件立案追诉标准的规定(三)》(2012 年 5 月 27 日 公通字〔2012〕26 号)

第三条 [包庇毒品犯罪分子案(刑法第三百四十九条)]包庇走私、贩卖、运输、制造毒品的犯罪分子,涉嫌下列情形之一的,应予立案追诉:

(一)作虚假证明,帮助掩盖罪行的;

(二)帮助隐藏、转移或者毁灭证据的;

(三)帮助取得虚假身份或者身份证件的;

(四)以其他方式包庇犯罪分子的。

实施前款规定的行为,事先通谋的,以走私、贩卖、运输、制造毒品罪的共犯立案追诉。

《最高人民法院关于审理毒品犯罪案件适用法律若干问题的解释》(2016 年 4 月 6 日 法释〔2016〕8 号)

第六条 包庇走私、贩卖、运输、制造毒品的犯罪分子,具有下列情形之一的,应当认定为刑法第三百四十九条第一款规定的"情节严重":

(一)被包庇的犯罪分子依法应当判处十五年有期徒刑以上刑罚的;

(二)包庇多名或者多次包庇走私、贩卖、运输、制造毒品的犯罪分子的;

(三)严重妨害司法机关对被包庇的犯罪分子实施的毒品犯罪进行追究的;

(四)其他情节严重的情形。

为走私、贩卖、运输、制造毒品的犯罪分子窝藏、转移、隐瞒毒品或者毒品犯罪所得的财物,具有下列情形之一的,应当认定为刑法第三百四十九条第一款规定的"情节严重":

(一)为犯罪分子窝藏、转移、隐瞒毒品达到刑法第三百四十七条第二款第一项或者本解释第一条第一款规定的"数量大"标准的;

(二)为犯罪分子窝藏、转移、隐瞒毒品犯罪所得的财物价值达到五万元以上的;

(三)为多人或者多次为他人窝藏、转移、隐瞒毒品或者毒品犯罪所得的财物的;

(四)严重妨害司法机关对该犯罪分子实施的毒品犯罪进行追究的;

(五)其他情节严重的情形。

包庇走私、贩卖、运输、制造毒品的近亲属,或者为其窝藏、转移、隐瞒毒品或者毒品犯罪所得的财物,不具有本条前两款规定的"情节严重"情形,归案后认罪、悔罪、积极退赃,且系初犯、偶犯,犯罪情节轻微不需要判处刑罚的,可以免予刑事处罚。

要义辨析

一、概念

本罪是指明知是走私、贩卖、运输、制造毒品的犯罪分子,而向司法机关作假证明掩盖其罪行,或者帮助其湮灭罪证,以使其逃避法律制裁的行为。

二、构成要件

1. 本罪侵犯的客体是国家对毒品的管理制度和国家的司法秩序。包庇的对象是走私、贩卖、运输、制造毒品的犯罪分子。

2. 本罪客观方面表现为事先没有通谋的情况下,实施包庇走私、贩卖、运输、制造毒品的犯罪分子的行为。

3. 犯罪主体为一般主体。

4. 本罪主观方面表现为明知是走私、贩卖、运输、制造毒品的犯罪分子,在事先无通谋的情况下,故意予以包庇。

三、要点辨析

1. 本罪是包庇罪中的特殊形态,特指特定的包庇对象。同包庇罪的区别在于犯罪包庇对象不同,包庇毒品犯罪分子罪包庇的对象是特定的,即走私、贩卖、运输、制造的犯罪分子，不包括其他的毒品犯罪分子和其他刑事犯罪分子，如包庇后者，则构成包庇罪。

2. 罪与非罪的界限。根据《最高人民检察院、公安部关于公安机关管辖的刑事案件立案追诉标准的规定(三)》第3条的规定，包庇走私、贩卖、运输、制造毒品的犯罪分子，涉嫌下列情形之一的，应予立案追诉：(1)作虚假证明，帮助掩盖罪行的；(2)帮助隐藏、转移或者毁灭证据的；(3)帮助取得虚假身份或者身份证件的；(4)以其他方式包庇犯罪分子的。实施前款规定的行为，事先通谋的，以走私、贩卖、运输、制造毒品罪的共犯立案追诉。

四、罪名变迁

本罪是从1990年12月28日《全国人民代表大会常务委员会关于禁毒的决定》第4条的规定，吸收改为1997年《刑法》的具体规定的。1979年《刑法》没有包庇毒品犯罪分子的规定。

<table>
<tr><td colspan="3">类罪名：妨害社会管理秩序罪/走私、贩卖、运输、制造毒品罪 | 罪名：窝藏、转移、隐瞒毒品、毒赃罪</td></tr>
<tr><td rowspan="2">量刑标准</td><td>构成犯罪的</td><td>处3年以下有期徒刑、拘役或者管制；</td></tr>
<tr><td>情节严重的</td><td>处3年以上10年以下有期徒刑。</td></tr>
</table>

法律依据

一、《刑法》条文

第三百四十九条第一、三款　包庇走私、贩卖、运输、制造毒品的犯罪分子的，为犯罪分子窝藏、转移、隐瞒毒品或者犯罪所得的财物的，处三年以下有期徒刑、拘役或者管制；情节严重的，处三年以上十年以下有期徒刑。

犯前两款罪，事先通谋的，以走私、贩卖、运输、制造毒品罪的共犯论处。

第三百五十六条　因走私、贩卖、运输、制造、非法持有毒品罪被判过刑，又犯本节规定之罪的，从重处罚。

二、相关司法解释/文件

《最高人民检察院、公安部关于公安机关管辖的刑事案件立案追诉标准的规定(三)》(2012年5月27日　公通字〔2012〕26号)

第四条　［窝藏、转移、隐瞒毒品、毒赃案(刑法第三百四十九条)］为走私、贩卖、运输、制造毒品的犯罪分子窝藏、转移、隐瞒毒品或者犯罪所得的财物的，应予立案追诉。

实施前款规定的行为，事先通谋的，以走私、贩卖、运输、制造毒品罪的共犯立案追诉。

《最高人民法院关于审理毒品犯罪案件适用法律若干问题的解释》(2016年4月6日　法释〔2016〕8号)

第六条　包庇走私、贩卖、运输、制造毒品的犯罪分子，具有下列情形之一的，应当认定为刑法第三百四十九条第一款规定的"情节严重"：

(一)被包庇的犯罪分子依法应当判处十五年有期徒刑以上刑罚的；

(二)包庇多名或者多次包庇走私、贩卖、运输、制造毒品的犯罪分子的；

(三)严重妨害司法机关对被包庇的犯罪分子实施的毒品犯罪进行追究的；

(四)其他情节严重的情形。

为走私、贩卖、运输、制造毒品的犯罪分子窝藏、转移、隐瞒毒品或者毒品犯罪所得的财物，具有下列情形之一的，应当认定为刑法第三百四十九条第一款规定的"情节严重"：

(一)为犯罪分子窝藏、转移、隐瞒毒品达到刑法第三百四十七条第二款第一项或者本解释第一条第一款规定的"数量大"标准的；

(二)为犯罪分子窝藏、转移、隐瞒毒品犯罪所得的财物价值达到五万元以上的；

(三)为多人或者多次为他人窝藏、转移、隐瞒毒品或者毒品犯罪所得的财物的；

(四)严重妨害司法机关对该犯罪分子实施的毒品犯罪进行追究的；

(五)其他情节严重的情形。

包庇走私、贩卖、运输、制造毒品的近亲属，或者为其窝藏、转移、隐瞒毒品或者毒品犯罪所得的财物，不具有本条前两款规定的“情节严重”情形，归案后认罪、悔罪、积极退赃，且系初犯、偶犯，犯罪情节轻微不需要判处刑罚的，可以免予刑事处罚。

要义辨析

一、概念

本罪是指明知是毒品或者毒品犯罪所得的财物而为犯罪分子窝藏、转移、隐瞒的行为。

二、构成要件

1. 本罪侵犯的客体是国家对毒品的管理制度和国家的司法秩序。犯罪对象是毒品或者毒品犯罪所得的财物。

2. 本罪客观方面表现为实施了为犯罪分子窝藏、转移、隐瞒毒品或犯罪分子因毒品犯罪所得财物的行为。

3. 本罪犯罪的主体为一般主体。

4. 本罪主观方面表现为明知是毒品或毒赃，而故意予以窝藏、转移、隐瞒。

三、要点辨析

本罪与掩饰隐瞒犯罪所得、犯罪所得收益罪的界限。(1)两罪犯罪对象不同，前者为毒品或者毒品犯罪所得的财物，后者为其他犯罪做得的赃物；(2)客观方面的表现形式也不完全相同，后者除采取窝藏、转移赃物的手段外，还采取收购或者代为销售赃物的手段。如果行为人窝藏、转移、收购、代为销售或者以其他方式掩饰、隐瞒明知是毒品犯罪、黑社会性质的组织犯罪、恐怖活动犯罪、走私犯罪、贪污贿赂犯罪、破坏金融管理秩序犯罪、金融诈骗犯罪所得及其产生的收益，则构成《刑法》第312条规定的掩饰、隐瞒犯罪所得、犯罪所得收益罪。

四、罪名变迁

本罪是从1990年12月28日《全国人民代表大会常务委员会关于禁毒的决定》第4条的规定，吸收改为1997年《刑法》的具体规定的。1979年《刑法》没有窝藏、转移、隐瞒毒品、毒赃罪。

类罪名:妨害社会管理秩序罪/走私、贩卖、运输、制造毒品罪 | 罪名:非法生产、买卖、运输制毒物品、走私制毒物品罪	
量刑标准	**情节较重的**　处3年以下有期徒刑、拘役或者管制，并处罚金；
	情节严重的　处3年以上7年以下有期徒刑，并处罚金；
	情节特别严重的　处7年以上有期徒刑，并处罚金或者没收财产；
	单位犯本罪的　对单位判处罚金，并对其直接负责的主管人员和其他直接责任人员，依照个人犯罪处罚。

法律依据

一、《刑法》条文

第三百五十条　违反国家规定，非法生产、买卖、运输醋酸酐、乙醚、三氯甲烷或者其他用于制造毒品的原料、配剂，或者携带上述物品进出境，情节较重的，处三年以下有期徒刑、拘役或者管制，并处罚金；情节严重的，处三年以上七年以下有期徒刑，并处罚金；情节特别严重的，处七年以上有期徒刑，并处罚金或者没收财产。

明知他人制造毒品而为其生产、买卖、运输前款规定的物品的，以制造毒品罪的共犯论处。

单位犯前两款罪的，对单位判处罚金，并对其直接负责的主管人员和其他直接责任人员，依照前两款的规定处罚。

第三百五十六条 因走私、贩卖、运输、制造、非法持有毒品罪被判过刑，又犯本节规定之罪的，从重处罚。

二、相关法律

《中华人民共和国禁毒法》(2007年12月29日)

第六十三条 在麻醉药品、精神药品的实验研究、生产、经营、使用、储存、运输、进口、出口以及麻醉药品药用原植物种植活动中，违反国家规定，致使麻醉药品、精神药品或者麻醉药品药用原植物流入非法渠道，构成犯罪的，依法追究刑事责任；尚不构成犯罪的，依照有关法律、行政法规的规定给予处罚。

第六十四条 在易制毒化学品的生产、经营、购买、运输或者进口、出口活动中，违反国家规定，致使易制毒化学品流入非法渠道，构成犯罪的，依法追究刑事责任；尚不构成犯罪的，依照有关法律、行政法规的规定给予处罚。

三、相关司法解释/文件

《最高人民检察院、公安部关于公安机关管辖的刑事案件立案追诉标准的规定(三)》(2012年5月16日 公通字〔2012〕26号)

第五条 ［走私制毒物品案(刑法第三百五十条)］违反国家规定，非法运输、携带制毒物品进出国(边)境，涉嫌下列情形之一的，应予立案追诉：

(一)1－苯基－2－丙酮五千克以上；

(二)麻黄碱、伪麻黄碱及其盐类和单方制剂五千克以上，麻黄浸膏、麻黄浸膏粉一百千克以上；

(三)3,4－亚甲基二氧苯基－2－丙酮、去甲麻黄素(去甲麻黄碱)、甲基麻黄素(甲基麻黄碱)、羟亚胺及其盐类十千克以上；

(四)胡椒醛、黄樟素、黄樟油、异黄樟素、麦角酸、麦角胺、麦角新碱、苯乙酸二十千克以上；

(五)N－乙酰邻氨基苯酸、邻氨基苯甲酸、哌啶一百五十千克以上；

(六)醋酸酐、三氯甲烷二百千克以上；

(七)乙醚、甲苯、丙酮、甲基乙基酮、高锰酸钾、硫酸、盐酸四百千克以上；

(八)其他用于制造毒品的原料或者配剂相当数量的。

非法运输、携带两种以上制毒物品进出国(边)境，每种制毒物品均没有达到本条第一款规定的数量标准，但按前款规定的立案追诉数量比例折算成一种制毒物品后累计相加达到上述数量标准的，应予立案追诉。

为了走私制毒物品而采用生产、加工、提炼等方法非法制造易制毒化学品的，以走私制毒物品罪(预备)立案追诉。

实施走私制毒物品行为，有下列情形之一，且查获了易制毒化学品，结合行为人的供述和其他证据综合审查判断，可以认定其“明知”是制毒物品而走私或者非法买卖，但有证据证明确属被蒙骗的除外：

(一)改变产品形状、包装或者使用虚假标签、商标等产品标志的；

(二)以藏匿、夹带、伪装或者其他隐蔽方式运输、携带易制毒化学品逃避检查的；

(三)抗拒检查或者在检查时丢弃货物逃跑的；

(四)以伪报、藏匿、伪装等蒙蔽手段逃避海关、边防等检查的；

(五)选择不设海关或者边防检查站的路段绕行出入境的；

(六)以虚假身份、地址或者其他虚假方式办理托运、寄递手续的；

(七)以其他方法隐瞒真相，逃避对易制毒化学品依法监管的。

明知他人实施走私制毒物品犯罪，而为其运输、储存、代理进出口或者以其他方式提供便利的，以走私制毒物品罪的共犯立案追诉。

《最高人民法院、最高人民检察院、公安部关于办理制毒物品犯罪案件适用法律若干问题的意见》(2009年6月23日 法发〔2009〕33号)

为依法惩治走私制毒物品、非法买卖制毒物品

犯罪活动,根据刑法有关规定,结合司法实践,现就办理制毒物品犯罪案件适用法律的若干问题制定如下意见:

一、关于制毒物品犯罪的认定

(一)本意见中的“制毒物品”,是指刑法第三百五十条第一款规定的醋酸酐、乙醚、三氯甲烷或者其他用于制造毒品的原料或者配剂,具体品种范围按照国家关于易制毒化学品管理的规定确定。

(二)违反国家规定,实施下列行为之一的,认定为刑法第三百五十条规定的非法买卖制毒物品行为:

1. 未经许可或者备案,擅自购买、销售易制毒化学品的;

2. 超出许可证明或者备案证明的品种、数量范围购买、销售易制毒化学品的;

3. 使用他人的或者伪造、变造、失效的许可证明或者备案证明购买、销售易制毒化学品的;

4. 经营单位违反规定,向无购买许可证明、备案证明的单位、个人销售易制毒化学品的,或者明知购买者使用他人的或者伪造、变造、失效的购买许可证明、备案证明,向其销售易制毒化学品的;

5. 以其他方式非法买卖易制毒化学品的。

(三)易制毒化学品生产、经营、使用单位或者个人未办理许可证明或者备案证明,购买、销售易制毒化学品,如果有证据证明确实用于合法生产、生活需要,依法能够办理只是未及时办理许可证明或者备案证明,且未造成严重社会危害的,可不以非法买卖制毒物品罪论处。

(四)为了制造毒品或者走私、非法买卖制毒物品犯罪而采用生产、加工、提炼等方法非法制造易制毒化学品的,根据刑法第二十二条的规定,按照其制造易制毒化学品的不同目的,分别以制造毒品、走私制毒物品、非法买卖制毒物品的预备行为论处。

(五)明知他人实施走私或者非法买卖制毒物品犯罪,而为其运输、储存、代理进出口或者以其他方式提供便利的,以走私或者非法买卖制毒物品罪的共犯论处。

(六)走私、非法买卖制毒物品行为同时构成其他犯罪的,依照处罚较重的规定定罪处罚。

二、关于制毒物品犯罪嫌疑人、被告人主观明知的认定

对于走私或者非法买卖制毒物品行为,有下列情形之一,且查获了易制毒化学品,结合犯罪嫌疑人、被告人的供述和其他证据,经综合审查判断,可以认定其“明知”是制毒物品而走私或者非法买卖,但有证据证明确属被蒙骗的除外:

1. 改变产品形状、包装或者使用虚假标签、商标等产品标志的;

2. 以藏匿、夹带或者其他隐蔽方式运输、携带易制毒化学品逃避检查的;

3. 抗拒检查或者在检查时丢弃货物逃跑的;

4. 以伪报、藏匿、伪装等蒙蔽手段逃避海关、边防等检查的;

5. 选择不设海关或者边防检查站的路段绕行出入境的;

6. 以虚假身份、地址办理托运、邮寄手续的;

7. 以其他方法隐瞒真相,逃避对易制毒化学品依法监管的。

三、关于制毒物品犯罪定罪量刑的数量标准

(一)违反国家规定,非法运输、携带制毒物品进出境或者在境内非法买卖制毒物品达到下列数量标准的,依照刑法第三百五十条第一款的规定,处三年以下有期徒刑、拘役或者管制,并处罚金:

1. 1-苯基-2-丙酮五千克以上不满五十千克;

2. 3,4-亚甲基二氧苯基-2-丙酮、去甲麻黄素(去甲麻黄碱)、甲基麻黄素(甲基麻黄碱)、羟亚胺及其盐类十千克以上不满一百千克;

3. 胡椒醛、黄樟素、黄樟油、异黄樟素、麦角酸、麦角胺、麦角新碱、苯乙酸二十千克以上不满二百千克;

4. N-乙酰邻氨基苯酸、邻氨基苯甲酸、哌啶一百五十千克以上不满一千五百千克;

5. 甲苯、丙酮、甲基乙基酮、高锰酸钾、硫酸、盐酸四百千克以上不满四千千克;

6. 其他用于制造毒品的原料或者配剂相当数量的。

(二)违反国家规定,非法买卖或者走私制毒物品,达到或者超过前款所列最高数量标准的,认定为刑法第三百五十条第一款规定的“数量大

的”，处三年以上十年以下有期徒刑，并处罚金。

《最高人民法院、最高人民检察院、公安部关于办理走私、非法买卖麻黄碱类复方制剂等刑事案件适用法律若干问题的意见》（2012年6月18日　法发〔2012〕12号）

一、关于走私、非法买卖麻黄碱类复方制剂等行为的定性

以加工、提炼制毒物品制造毒品为目的，购买麻黄碱类复方制剂，或者运输、携带、寄递麻黄碱类复方制剂进出境的，依照刑法第三百四十七条的规定，以制造毒品罪定罪处罚。

以加工、提炼制毒物品为目的，购买麻黄碱类复方制剂，或者运输、携带、寄递麻黄碱类复方制剂进出境的，依照刑法第三百五十条第一款、第三款的规定，分别以非法买卖制毒物品罪、走私制毒物品罪定罪处罚。

将麻黄碱类复方制剂拆除包装、改变形态后进行走私或者非法买卖，或者明知是已拆除包装、改变形态的麻黄碱类复方制剂而进行走私或者非法买卖的，依照刑法第三百五十条第一款、第三款的规定，分别以走私制毒物品罪、非法买卖制毒物品罪定罪处罚。

非法买卖麻黄碱类复方制剂或者运输、携带、寄递麻黄碱类复方制剂进出境，没有证据证明系用于制造毒品或者走私、非法买卖制毒物品，或者未达到走私制毒物品罪、非法买卖制毒物品罪的定罪数量标准，构成非法经营罪、走私普通货物、物品罪等其他犯罪的，依法定罪处罚。

实施第一款、第二款规定的行为，同时构成其他犯罪的，依照处罚较重的规定定罪处罚。

二、关于利用麻黄碱类复方制剂加工、提炼制毒物品行为的定性

以制造毒品为目的，利用麻黄碱类复方制剂加工、提炼制毒物品的，依照刑法第三百四十七条的规定，以制造毒品罪定罪处罚。

以走私或者非法买卖为目的，利用麻黄碱类复方制剂加工、提炼制毒物品的，依照刑法第三百五十条第一款、第三款的规定，分别以走私制毒物品罪、非法买卖制毒物品罪定罪处罚。

三、关于共同犯罪的认定

明知他人利用麻黄碱类制毒物品制造毒品，向其提供麻黄碱类复方制剂，为其利用麻黄碱类复方制剂加工、提炼制毒物品，或者为其获取、利用麻黄碱类复方制剂提供其他帮助的，以制造毒品罪的共犯论处。

明知他人走私或者非法买卖麻黄碱类制毒物品，向其提供麻黄碱类复方制剂，为其利用麻黄碱类复方制剂加工、提炼制毒物品，或者为其获取、利用麻黄碱类复方制剂提供其他帮助的，分别以走私制毒物品罪、非法买卖制毒物品罪的共犯论处。

四、关于犯罪预备、未遂的认定

实施本意见规定的行为，符合犯罪预备或者未遂情形的，依照法律规定处罚。

五、关于犯罪嫌疑人、被告人主观目的与明知的认定

对于本意见规定的犯罪嫌疑人、被告人的主观目的与明知，应当根据物证、书证、证人证言以及犯罪嫌疑人、被告人供述和辩解等在案证据，结合犯罪嫌疑人、被告人的行为表现，重点考虑以下因素综合予以认定：

1. 购买、销售麻黄碱类复方制剂的价格是否明显高于市场交易价格；

2. 是否采用虚假信息、隐蔽手段运输、寄递、存储麻黄碱类复方制剂；

3. 是否采用伪报、伪装、藏匿或者绕行进出境等手段逃避海关、边防等检查；

4. 提供相关帮助行为获得的报酬是否合理；

5. 此前是否实施过同类违法犯罪行为；

6. 其他相关因素。

六、关于制毒物品数量的认定

实施本意见规定的行为，以走私制毒物品罪、非法买卖制毒物品罪定罪处罚的，应当以涉案麻黄碱类复方制剂中麻黄碱类物质的含量作为涉案制毒物品的数量。

实施本意见规定的行为，以制造毒品罪定罪处罚的，应当将涉案麻黄碱类复方制剂所含的麻黄碱类物质可以制成的毒品数量作为量刑情节考虑。

多次实施本意见规定的行为未经处理的，涉案制毒物品的数量累计计算。

七、关于定罪量刑的数量标准

实施本意见规定的行为，以走私制毒物品罪、非法买卖制毒物品罪定罪处罚的，涉案麻黄碱类复

方制剂所含的麻黄碱类物质应当达到以下数量标准:麻黄碱、伪麻黄碱、消旋麻黄碱及其盐类五千克以上不满五十千克;去甲麻黄碱、甲基麻黄碱及其盐类十千克以上不满一百千克;麻黄浸膏、麻黄浸膏粉一百千克以上不满一千千克。达到上述数量标准上限的,认定为刑法第三百五十条第一款规定的"数量大"。

实施本意见规定的行为,以制造毒品罪定罪处罚的,无论涉案麻黄碱类复方制剂所含的麻黄碱类物质数量多少,都应当追究刑事责任。

八、关于麻黄碱类复方制剂的范围

本意见所称麻黄碱类复方制剂是指含有《易制毒化学品管理条例》(国务院令第445号)品种目录所列的麻黄碱(麻黄素)、伪麻黄碱(伪麻黄素)、消旋麻黄碱(消旋麻黄素)、去甲麻黄碱(去甲麻黄素)、甲基麻黄碱(甲基麻黄素)及其盐类,或者麻黄浸膏、麻黄浸膏粉等麻黄碱类物质的药品复方制剂。

《最高人民法院、最高人民检察院、公安部关于办理邻氯苯基环戊酮等三种制毒物品犯罪案件定罪量刑数量标准的通知》(2014年9月5日 公通字〔2014〕32号)

一、违反国家规定,非法运输、携带邻氯苯基环戊酮、1-苯基-2-溴-1-丙酮或者3-氧-2-苯基丁腈进出境,或者在境内非法买卖上述物品,达到下列数量标准的,依照刑法第三百五十条第一款的规定,处三年以下有期徒刑、拘役或者管制,并处罚金:

(一)邻氯苯基环戊酮二十千克以上不满二百千克;

(二)1-苯基-2-溴-1-丙酮、3-氧-2-苯基丁腈十五千克以上不满一百五十千克。

二、违反国家规定,实施上述行为,达到或者超过第一条所列最高数量标准的,应当认定为刑法第三百五十条第一款规定的"数量大",处三年以上十年以下有期徒刑,并处罚金。

《最高人民法院关于审理毒品犯罪案件适用法律若干问题的解释》(2016年4月6日 法释〔2016〕8号)

第七条 违反国家规定,非法生产、买卖、运输制毒物品、走私制毒物品,达到下列数量标准的,应当认定为刑法第三百五十条第一款规定的"情节较重":

(一)麻黄碱(麻黄素)、伪麻黄碱(伪麻黄素)、消旋麻黄碱(消旋麻黄素)一千克以上不满五千克;

(二)1-苯基-2-丙酮、1-苯基-2-溴-1-丙酮、3,4-亚甲基二氧苯基-2-丙酮、羟亚胺二千克以上不满十千克;

(三)3-氧-2-苯基丁腈、邻氯苯基环戊酮、去甲麻黄碱(去甲麻黄素)、甲基麻黄碱(甲基麻黄素)四千克以上不满二十千克;

(四)醋酸酐十千克以上不满五十千克;

(五)麻黄浸膏、麻黄浸膏粉、胡椒醛、黄樟素、黄樟油、异黄樟素、麦角酸、麦角胺、麦角新碱、苯乙酸二十千克以上不满一百千克;

(六)N-乙酰邻氨基苯酸、邻氨基苯甲酸、三氯甲烷、乙醚、哌啶五十千克以上不满二百五十千克;

(七)甲苯、丙酮、甲基乙基酮、高锰酸钾、硫酸、盐酸一百千克以上不满五百千克;

(八)其他制毒物品数量相当的。

违反国家规定,非法生产、买卖、运输制毒物品、走私制毒物品,达到前款规定的数量标准最低值的百分之五十,且具有下列情形之一的,应当认定为刑法第三百五十条第一款规定的"情节较重":

(一)曾因非法生产、买卖、运输制毒物品、走私制毒物品受过刑事处罚的;

(二)二年内曾因非法生产、买卖、运输制毒物品、走私制毒物品受过行政处罚的;

(三)一次组织五人以上或者多次非法生产、买卖、运输制毒物品、走私制毒物品,或者在多个地点非法生产制毒物品的;

(四)利用、教唆未成年人非法生产、买卖、运输制毒物品、走私制毒物品的;

(五)国家工作人员非法生产、买卖、运输制毒物品、走私制毒物品的;

(六)严重影响群众正常生产、生活秩序的;

(七)其他情节较重的情形。

易制毒化学品生产、经营、购买、运输单位或者个人未办理许可证明或者备案证明,生产、销售、购买、运输易制毒化学品，确实用于合法生产、生活需要的，不以制毒物品犯罪论处。

第八条 违反国家规定，非法生产、买卖、运输制毒物品、走私制毒物品，具有下列情形之一的，应当认定为刑法第三百五十条第一款规定的“情节严重”：

（一）制毒物品数量在本解释第七条第一款规定的最高数量标准以上，不满最高数量标准五倍的；

（二）达到本解释第七条第一款规定的数量标准，且具有本解释第七条第二款第三项至第六项规定的情形之一的；

（三）其他情节严重的情形。

违反国家规定，非法生产、买卖、运输制毒物品、走私制毒物品，具有下列情形之一的，应当认定为刑法第三百五十条第一款规定的“情节特别严重”：

（一）制毒物品数量在本解释第七条第一款规定的最高数量标准五倍以上的；

（二）达到前款第一项规定的数量标准，且具有本解释第七条第二款第三项至第六项规定的情形之一的；

（三）其他情节特别严重的情形。

要义辨析

一、概念

本罪是指违反国家规定，非法运输、携带毒品配料进出国（边）境的行为。

二、构成要件

1. 本罪侵犯的客体是国家对制毒物品的管理制度和国家对外贸易管理制度。犯罪对象为制毒物品。

2. 本罪客观方面表现为非法运输、携带、邮寄醋酸酐、乙醚、三氯甲烷或者其他经常用于制造麻醉药品、精神药品的化学物品进出国（边）境的行为。明知他人制造毒品而为其提供上述物品的，以制造毒品罪的共犯论处。

3. 本罪犯罪主体为一般主体。

4. 本罪主观方面是故意。主体包括个人和单位。走私制毒物品的动机可能是各式各样的，但动机不影响本罪的成立，量刑时可作为情节予以考虑。

三、罪名变迁

本罪是从1990年12月28日《全国人民代表大会常务委员会关于禁毒的决定》第4条的规定，吸收改为1997年《刑法》的具体规定的。1979年《刑法》没有本罪。

<table>
<tr><td colspan="2">类罪名：妨害社会管理秩序罪/走私、贩卖、运输、制造毒品罪 ｜ 罪名：非法种植毒品原植物罪</td></tr>
<tr><td rowspan="2">量刑标准</td><td>非法种植罂粟500株～3000株或者其他毒品原植物数量较大的；公安机关处理后又种植的；抗拒铲除的　处5年以下有期徒刑、拘役或者管制，并处罚金；</td></tr>
<tr><td>非法种植罂粟3000株以上或者其他毒品原植物数量大的　处5年以上有期徒刑，并处罚金或者没收财产。</td></tr>
</table>

法律依据

一、《刑法》条文

第三百五十一条 非法种植罂粟、大麻等毒品原植物的，一律强制铲除。有下列情形之一的，处五年以下有期徒刑、拘役或者管制，并处罚金：

（一）种植罂粟五百株以上不满三千株或者其他毒品原植物数量较大的；

(二)经公安机关处理后又种植的;

(三)抗拒铲除的。

非法种植罂粟三千株以上或者其他毒品原植物数量大的,处五年以上有期徒刑,并处罚金或者没收财产。

非法种植罂粟或者其他毒品原植物,在收获前自动铲除的,可以免除处罚。

第三百五十六条　因走私、贩卖、运输、制造、非法持有毒品罪被判过刑,又犯本节规定之罪的,从重处罚。

二、相关法律

《中华人民共和国禁毒法》(2008年12月29日)

第五十九条　有下列行为之一,构成犯罪的,依法追究刑事责任;尚不构成犯罪的,依法给予治安管理处罚:

(三)非法种植毒品原植物的;

《中华人民共和国治安管理处罚法》(2012年10月26日修正)

第七十一条　有下列行为之一的,处十日以上十五日以下拘留,可以并处三千元以下罚款;情节较轻的,处五日以下拘留或者五百元以下罚款:

(一)非法种植罂粟不满五百株或者其他少量毒品原植物的;

三、相关司法解释/文件

《最高人民检察院、公安部关于公安机关管辖的刑事案件立案追诉标准的规定(三)》(2012年5月27日　公通字〔2012〕26号)

第七条　[非法种植毒品原植物案(刑法第三百五十一条)]非法种植罂粟、大麻等毒品原植物,涉嫌下列情形之一的,应予立案追诉:

(一)非法种植罂粟五百株以上的;

(二)非法种植大麻五千株以上的;

(三)非法种植其他毒品原植物数量较大的;

(四)非法种植罂粟二百平方米以上、大麻二千平方米以上或者其他毒品原植物面积较大,尚未出苗的;

(五)经公安机关处理后又种植的;

(六)抗拒铲除的。

本条所规定的"种植",是指播种、育苗、移栽、插苗、施肥、灌溉、割取津液或者收取种子等行为。非法种植毒品原植物的株数一般应以实际查获的数量为准。因种植面积较大,难以逐株清点数目的,可以抽样测算每平方米平均株数后按实际种植面积测算出种植总株数。

非法种植罂粟或者其他毒品原植物,在收获前自动铲除的,可以不予立案追诉。

《最高人民法院关于审理毒品犯罪案件适用法律若干问题的解释》(2016年4月6日　法释〔2016〕8号)

第九条　非法种植毒品原植物,具有下列情形之一的,应当认定为刑法第三百五十一条第一款第一项规定的"数量较大":

(一)非法种植大麻五千株以上不满三万株的;

(二)非法种植罂粟二百平方米以上不满一千二百平方米、大麻二千平方米以上不满一万二千平方米,尚未出苗的;

(三)非法种植其他毒品原植物数量较大的。

非法种植毒品原植物,达到前款规定的最高数量标准的,应当认定为刑法第三百五十一条第二款规定的"数量大"。

第十条　非法买卖、运输、携带、持有未经灭活的毒品原植物种子或者幼苗,具有下列情形之一的,应当认定为刑法第三百五十二条规定的"数量较大":

(一)罂粟种子五十克以上、罂粟幼苗五千株以上的;

(二)大麻种子五十千克以上、大麻幼苗五万株以上的;

(三)其他毒品原植物种子或者幼苗数量较大的。

要义辨析

一、概念

本罪是指明知是罂粟、大麻等毒品原植物而非法种植且数量较大,或者经公安机关处理后又种植,或者抗拒铲除的行为。

二、构成要件

1. 本罪侵害的客体是国家对毒品原植物种植

的管制制度。

2. 本罪客观方面表现为未经合法批准，私自种植罂粟、大麻、古柯树等毒品原植物且数量较大，或经公安机关处理后又种植，或者抗拒铲除的行为。

3. 本罪犯罪主体为一般主体。

4. 本罪在主观方面是直接故意，且一般具有牟利的目的，但法律没有作出明确规定，所以无论行为人的目的是否为盈利，都不影响本罪的成立。

三、要点辨析

一罪与数罪的界限。非法种植毒品原植物数量较大，又涉及其他制造毒品行为的，应当分别以非法种植毒品原植物罪和制造毒品罪，实行并罚。

四、罪名变迁

本罪是从1990年12月28日《全国人民代表大会常务委员会关于禁毒的决定》第6条的规定，吸收改为1997年《刑法》的具体规定的。1979年《刑法》没有本罪。

类罪名：妨害社会管理秩序罪/走私、贩卖、运输、制造毒品罪 | 罪名：非法买卖、运输、携带、持有毒品原植物种子、幼苗罪	
量刑标准	**数量较大的**　处3年以下有期徒刑、拘役或者管制，并处或者单处罚金。

法律依据

一、《刑法》条文

第三百五十二条　非法买卖、运输、携带、持有未经灭活的罂粟等毒品原植物种子或者幼苗，数量较大的，处三年以下有期徒刑、拘役或者管制，并处或者单处罚金。

第三百五十六条　因走私、贩卖、运输、制造、非法持有毒品罪被判过刑，又犯本节规定之罪的，从重处罚。

二、相关法律

《中华人民共和国治安管理处罚法》（2012年10月26日修正）

第七十一条　有下列行为之一的，处十日以上十五日以下拘留，可以并处三千元以下罚款；情节较轻的，处五日以下拘留或者五百元以下罚款：

（二）非法买卖、运输、携带、持有少量未经灭活的罂粟等毒品原植物种子或者幼苗的；

三、相关司法解释/文件

《最高人民检察院、公安部关于公安机关管辖的刑事案件立案追诉标准的规定（三）》（2012年5月27日　公通字〔2012〕26号）

第八条　［非法买卖、运输、携带、持有毒品原植物种子、幼苗案（刑法第三百五十二条）］非法买卖、运输、携带、持有未经灭活的罂粟等毒品原植物种子或者幼苗，涉嫌下列情形之一的，应予立案追诉：

（一）罂粟种子五十克以上、罂粟幼苗五千株以上；

（二）大麻种子五十千克以上、大麻幼苗五万株以上；

（三）其他毒品原植物种子、幼苗数量较大的。

要义辨析

一、概念

本罪是指非法买卖、运输、携带、持有未经灭活的罂粟等毒品原植物种子或者幼苗，数量较大的行为。

二、构成要件

1. 本罪侵害的客体是国家对毒品原植物种子及其幼苗的管制制度。

2. 本罪客观方面表现为非法买卖、运输、携带、持有未经灭活的罂粟等毒品原植物种子或者幼苗,数量较大的行为。

3. 本罪犯罪主体为一般主体,自然人和单位均可构成本罪的主体。

4. 本罪主观方面是故意,一般具有牟利的目的。

三、要点辨析

1. 本罪的对象是未经灭活的毒品原植物种子或者幼苗,毒品原植物是用来提炼、加工成鸦片、海洛因、甲基苯丙胺、吗啡、可卡因等麻醉药品和精神药品的原植物。未经灭活,也就是能存活的,买卖、运输、携带、持有已经灭活的毒品原植物的种子或者幼苗的不构成本罪。

2. 所谓非法买卖,是指以金钱或者实物作价非法购买或者出售未经灭活的毒品原植物种子或者幼苗的行为。所谓非法运输,是指未经国家有关部门批准,私自从事未经灭活的罂粟等毒品原植物种子或者幼苗运输的行为,包括国内运输和在国境、边境非法输入输出。所谓非法携带、持有,是指违反国家规定,没有合法的携带权、持有权而占有、携带、藏有或者以其他方式携带、持有未经灭活的罂粟等毒品原植物种子或幼苗的行为。构成本罪,还必须具备数量较大这一要素。

四、罪名变迁

本罪是1997年《刑法》增设的罪名,1979年《刑法》和1990年12月28日《全国人民代表大会常务委员会关于禁毒的决定》均没有规定此罪名。

类罪名:妨害社会管理秩序罪/走私、贩卖、运输、制造毒品罪 | 罪名:引诱、教唆、欺骗他人吸毒罪		
量刑标准	构成犯罪的	处3年以下有期徒刑、拘役或者管制,并处罚金;
	情节严重的	处3年以上7年以下有期徒刑,并处罚金。

法律依据

一、《刑法》条文

第三百五十三条第一、三款 引诱、教唆、欺骗他人吸食、注射毒品的,处三年以下有期徒刑、拘役或者管制,并处罚金;情节严重的,处三年以上七年以下有期徒刑,并处罚金。

引诱、教唆、欺骗或者强迫未成年人吸食、注射毒品的,从重处罚。

第三百五十六条 因走私、贩卖、运输、制造、非法持有毒品罪被判过刑,又犯本节规定之罪的,从重处罚。

二、相关法律

《中华人民共和国治安管理处罚法》(2012年10月26日修正)

第七十三条 教唆、引诱、欺骗他人吸食、注射毒品的,处十日以上十五日以下拘留,并处五百元以上二千元以下罚款。

三、相关司法解释/文件

《最高人民法院关于审理毒品犯罪案件适用法律若干问题的解释》(2016年4月6日 法释〔2016〕8号)

第十一条 引诱、教唆、欺骗他人吸食、注射毒品,具有下列情形之一的,应当认定为刑法第三百五十三条第一款规定的"情节严重":

(一)引诱、教唆、欺骗多人或者多次引诱、教唆、欺骗他人吸食、注射毒品的;

(二)对他人身体健康造成严重危害的;

(三)导致他人实施故意杀人、故意伤害、交通肇事等犯罪行为的;

(四)国家工作人员引诱、教唆、欺骗他人吸食、注射毒品的;

(五)其他情节严重的情形。

要义辨析

一、概念

本罪是指违反国家毒品管理法规,故意引诱、教唆、欺骗他人吸食、注射毒品的行为。

二、构成要件

1. 本罪侵害的客体是国家对毒品的管理制毒和公民的健康权利。犯罪对象是从未吸食、注射过毒品的人,或者曾吸食、注射过毒品但已戒除的人。

2. 本罪客观方面表现为实施了引诱、教唆、欺骗他人吸食、注射毒品的行为。

3. 本罪犯罪主体为一般主体。

4. 本罪主观方面是直接故意,过失不构成本罪。本罪是选择性罪名。

三、要点辨析

1. 本罪与一般教唆犯罪的界限。二者有以下区别:(1)侵犯的客体不同。前者侵犯的客体是复杂客体,即侵害了社会治安管理秩序,又侵害了他人的身体健康。而后者侵犯的客体,则取决于所教唆犯罪的客体,如教唆杀人罪侵犯的客体是他人的生命权利。(2)罪名不同。前者是一个独立罪名,吸毒行为法律上没有规定为犯罪,而教唆他人吸毒的行为,法律上规定为独立犯罪。而后者则不是独立罪名,对于教唆犯,要按照他所教唆的罪来确定罪名,教唆犯属于共同犯罪。

2. 犯本罪致人重伤、死亡的处理。实践中此类案件较多,对此定性认识不一,我们认为,如果具有故意杀人或者故意伤害的故意,那么就是故意杀人罪和故意伤害罪,而引诱、教唆、欺骗他人吸食、注射毒品的行为仅是杀人和伤害的手段而已。如果致人死亡、伤残的,能够查明没有故意杀人或者故意伤害的心理,而对死亡和重伤仅有过失的,应构成过失致人死亡罪、过失重伤罪和引诱、教唆、欺骗他人吸毒罪的数罪,应择一重罪处罚。

四、罪名变迁

本罪是从 1990 年 12 月 28 日《全国人民代表大会常务委员会关于禁毒的决定》第 7 条的规定,吸收改为 1997 年《刑法》的具体规定的。1979 年《刑法》没有本罪。

类罪名:妨害社会管理秩序罪/走私、贩卖、运输、制造毒品罪	罪名:强迫他人吸毒罪
量刑标准	犯本罪的　处 3 年以上 10 年以下有期徒刑,并处罚金。

法律依据

《刑法》条文

第三百五十三条第二、三款　强迫他人吸食、注射毒品的,处三年以上十年以下有期徒刑,并处罚金。

引诱、教唆、欺骗或者强迫未成年人吸食、注射毒品的,从重处罚。

第三百五十六条　因走私、贩卖、运输、制造、非法持有毒品罪被判过刑,又犯本节规定之罪的,从重处罚。

要义辨析

一、概念

本罪是指违背他人意志,使用暴力、胁迫或者其他办法,迫使他人吸食、注射毒品的行为。

二、构成要件

1. 本罪侵害的客体是国家对毒品的管理制度和公民的健康权利。犯罪对象是没有吸食、注射毒品意愿的人。

2. 本罪客观方面表现为违背他人意愿,使用暴力、胁迫或者其他方法强迫他人吸食、注射毒品的行为。

3. 本罪犯罪主体为一般主体。

4. 本罪主观方面必须是直接故意。

三、要点辨析

一罪与数罪的界限。行为人在强迫他人吸食、注射毒品的过程中,因捆绑、殴打致人轻伤的,可按处理牵连犯的原则,从一重处罚,即按强迫他人吸毒罪处罚;暴力致人重伤、死亡的,则应定为强迫他人吸毒罪和故意杀人罪或者故意伤害罪两个罪,实行并罚。

四、罪名变迁

本罪是从1990年12月28日《全国人民代表大会常务委员会关于禁毒的决定》第7条的规定,吸收改为1997年《刑法》的具体规定的。1979年《刑法》没有本罪。

类罪名:妨害社会管理秩序罪/走私、贩卖、运输、制造毒品罪 | 罪名:容留他人吸毒罪	
量刑标准	犯本罪的　处3年以下有期徒刑、拘役或者管制,并处罚金。

法律依据

一、《刑法》条文

第三百五十四条　容留他人吸食、注射毒品的,处三年以下有期徒刑、拘役或者管制,并处罚金。

第三百五十六条　因走私、贩卖、运输、制造、非法持有毒品罪被判过刑,又犯本节规定之罪的,从重处罚。

二、相关司法解释/文件

《最高人民检察院、公安部关于公安机关管辖的刑事案件立案追诉标准的规定(三)》(2012年5月27日　公通字〔2012〕26号)

第十一条　[容留他人吸毒案(刑法第三百五十四条)]提供场所,容留他人吸食、注射毒品,涉嫌下列情形之一的,应予立案追诉:

(一)容留他人吸食、注射毒品两次以上的;

(二)一次容留三人以上吸食、注射毒品的;

(三)因容留他人吸食、注射毒品被行政处罚,又容留他人吸食、注射毒品的;

(四)容留未成年人吸食、注射毒品的;

(五)以牟利为目的容留他人吸食、注射毒品的;

(六)容留他人吸食、注射毒品造成严重后果或者其他情节严重的。

《最高人民法院关于审理毒品犯罪案件适用法律若干问题的解释》(2016年4月6日　法释〔2016〕8号)

第十二条　容留他人吸食、注射毒品,具有下列情形之一的,应当依照刑法第三百五十四条的规定,以容留他人吸毒罪定罪处罚:

(一)一次容留多人吸食、注射毒品的;

(二)二年内多次容留他人吸食、注射毒品的;

(三)二年内曾因容留他人吸食、注射毒品受过行政处罚的;

(四)容留未成年人吸食、注射毒品的;

(五)以牟利为目的容留他人吸食、注射毒品的;

(六)容留他人吸食、注射毒品造成严重后果的;

(七)其他应当追究刑事责任的情形。

向他人贩卖毒品后又容留其吸食、注射毒品,或者容留他人吸食、注射毒品并向其贩卖毒品,符合前款规定的容留他人吸毒罪的定罪条件的,以贩卖毒品罪和容留他人吸毒罪数罪并罚。

容留近亲属吸食、注射毒品,情节显著轻微危害不大的,不作为犯罪处理;需要追究刑事责任的,可以酌情从宽处罚。

《最高人民法院关于常见犯罪的量刑指导意见(二)(试行)》(2017年5月1日)

(七)容留他人吸毒罪

1.构成容留他人吸毒罪的,可以在一年以下有期徒刑、拘役幅度内确定量刑起点。

2.在量刑起点的基础上,可以根据容留他人吸毒的人数、次数等其他影响犯罪构成的犯罪事实增加刑罚量,确定基准刑。

《最高人民法院、最高人民检察院关于常见犯罪的量刑指导意见(试行)》(2021年7月1日　法发〔2021〕21号)

(二十二)容留他人吸毒罪

1.构成容留他人吸毒罪的,在一年以下有期徒刑、拘役幅度内确定量刑起点。

2.在量刑起点的基础上,根据容留他人吸毒的人数、次数等其他影响犯罪构成的犯罪事实增加刑罚量,确定基准刑。

3.构成容留他人吸毒罪的,根据容留他人吸毒的人数、次数、违法所得数额、危害后果等犯罪情节,综合考虑被告人缴纳罚金的能力,决定罚金数额。

4.构成容留他人吸毒罪的,综合考虑容留他人吸毒的人数、次数、危害后果等犯罪事实、量刑情节,以及被告人主观恶性、人身危险性、认罪悔罪表现等因素,决定缓刑的适用。

要义辨析

一、概念

本罪是指为他人吸食、注射毒品提供场所和方便的行为。

二、构成要件

1.本罪侵害的客体是国家对毒品的管理制度和公民的健康权利。其犯罪对象是吸食、注射毒品的人。

2.本罪客观方面表现为具有为他人吸食、注射毒品提供场所、工具的行为。

3.犯罪主体为一般主体,饭店、旅馆、咖啡厅、酒吧等营业性场所的经营、服务人员,如果利用这些场所的方便容留他人吸食、注射毒品,以此招揽生意的,也应依法追究其刑事责任。

4.本罪主观方面是故意,即明知是吸食、注射毒品的人,而故意予以容留,是否具有营利的目的,不影响本罪的成立。

三、要点辨析

容留他人吸食、注射毒品的人数和次数的多少,不是构成本罪的要件,不影响本罪的成立,但是应当作为量刑情节予以考虑。

四、罪名变迁

1979年《刑法》没有规定此罪名。1990年12月28日《全国人民代表大会常务委员会关于禁毒的决定》第9条规定了“容留他人吸毒并出售毒品罪”,1997年《刑法》对罪状作了修改,因而将罪名相应地改为“容留他人吸毒罪”。

类罪名:妨害社会管理秩序罪/走私、贩卖、运输、制造毒品罪｜罪名:非法提供麻醉药品、精神药品罪

量刑标准	**构成犯罪的**　处3年以下有期徒刑或者拘役,并处罚金;
	情节严重的　处3年以上7年以下有期徒刑,并处罚金;
	单位犯本罪的　对单位判处罚金;并对直接负责的主管人员和其他直接责任人员,依个人犯罪处罚。

法律依据

一、《刑法》条文

第三百五十五条 依法从事生产、运输、管理、使用国家管制的麻醉药品、精神药品的人员,违反国家规定,向吸食、注射毒品的人提供国家规定管制的能够使人形成瘾癖的麻醉药品、精神药品的,处三年以下有期徒刑或者拘役,并处罚金;情节严重的,处三年以上七年以下有期徒刑,并处罚金。向走私、贩卖毒品的犯罪分子或者以牟利为目的,向吸食、注射毒品的人提供国家规定管制的能够使人形成瘾癖的麻醉药品、精神药品的,依照本法第三百四十七条的规定定罪处罚。

单位犯前款罪的,对单位判处罚金,并对其直接负责的主管人员和其他直接责任人员,依照前款的规定处罚。

第三百五十六条 因走私、贩卖、运输、制造、非法持有毒品罪被判过刑,又犯本节规定之罪的,从重处罚。

二、相关行政法规

《麻醉药品和精神药品管理条例》(2016 年 2 月 6 日修订)

第三条 本条例所称麻醉药品和精神药品,是指列入麻醉药品目录、精神药品目录(以下称目录)的药品和其他物质。精神药品分为第一类精神药品和第二类精神药品。

目录由国务院药品监督管理部门会同国务院公安部门、国务院卫生主管部门制定、调整并公布。

上市销售但尚未列入目录的药品和其他物质或者第二类精神药品发生滥用,已经造成或者可能造成严重社会危害的,国务院药品监督管理部门会同国务院公安部门、国务院卫生主管部门应当及时将该药品和该物质列入目录或者将该第二类精神药品调整为第一类精神药品。

第八十二条 违反本条例的规定,致使麻醉药品和精神药品流入非法渠道造成危害,构成犯罪的,依法追究刑事责任;尚不构成犯罪的,由县级以上公安机关处 5 万元以上 10 万元以下的罚款;有违法所得的,没收违法所得;情节严重的,处违法所得 2 倍以上 5 倍以下的罚款;由原发证部门吊销其药品生产、经营和使用许可证明文件。药品监督管理部门、卫生主管部门在监督管理工作中发现前款规定情形的,应当立即通报所在地同级公安机关,并依照国家有关规定,将案件以及相关材料移送公安机关。

三、相关司法解释/文件

《最高人民检察院法律政策研究室关于安定注射液是否属于刑法第三百五十五条规定的精神药品问题的答复》(2002 年 10 月 24 日 〔2002〕高检研发第 23 号)

福建省人民检察院研究室:

你院《关于安定注射液是否属于〈刑法〉第三百五十五条规定的精神药品的请示》(闽检〔2001〕6 号)收悉。经研究并征求有关部门意见,答复如下:

根据《精神药品管理办法》等国家有关规定,“能够使人形成瘾癖”的精神药品,是指使用后能使人的中枢神经系统兴奋或者抑制连续使用能使人产生依赖性的药品。安定注射液属于刑法第三百五十五条第一款规定的“国家规定管制的能够使人形成瘾癖的”精神药品。鉴于安定注射液属于《精神药品管理办法》规定的第二类精神药品,医疗实践中使用较多,在处理此类案件时,应当慎重掌握罪与非罪的界限。对于明知他人是吸毒人员而多次向其出售安定注射液,或者贩卖安定注射液数量较大的,可以依法追究行为人的刑事责任。

《最高人民检察院、公安部关于公安机关管辖的刑事案件立案追诉标准的规定(三)》(2012 年 5 月 27 日 公通字〔2012〕26 号)

第十二条 [非法提供麻醉药品、精神药品案(刑法第三百五十五条)]依法从事生产、运输、管理、使用国家管制的麻醉药品、精神药品的个人或者单位,违反国家规定,向吸食、注射毒品的人员提供国家规定管制的能够使人形成瘾癖的麻醉药品、精神药品,涉嫌下列情形之一的,应予立案追诉:

(一)非法提供鸦片二十克以上、吗啡二克以上、度冷丁(杜冷丁)五克以上(针剂 100mg/支规格的五十支以上,50mg/支规格的一百支以上;片剂25mg/片规格的二百片以上，50mg/片规格的一百片以上）、盐酸二氢埃托啡零点二毫克以上（针剂或者片剂20mg/支、片规格的十支、片以上）、氯胺酮、美沙酮二十克以上、三唑仑、安眠酮一千克以上、咖啡因五千克以上、氯氮卓、艾司唑仑、地西泮、溴西泮十千克以上，以及其他麻醉药品和精神药品数量较大的；

（二）虽未达到上述数量标准，但非法提供麻醉药品、精神药品两次以上，数量累计达到前项规定的数量标准百分之八十以上的；

（三）因非法提供麻醉药品、精神药品被行政处罚，又非法提供麻醉药品、精神药品的；

（四）向吸食、注射毒品的未成年人提供麻醉药品、精神药品的；

（五）造成严重后果或者其他情节严重的。依法从事生产、运输、管理、使用国家管制的麻醉药品、精神药品的人员或者单位，违反国家规定，向走私、贩卖毒品的犯罪分子提供国家规定管制的能够使人形成瘾癖的麻醉药品、精神药品的，或者以牟利为目的，向吸食、注射毒品的人提供国家规定管制的能够使人形成瘾癖的麻醉药品、精神药品的，以走私、贩卖毒品罪立案追诉。

《最高人民法院关于审理毒品犯罪案件适用法律若干问题的解释》（2016年4月6日　法释〔2016〕8号）

第十三条　依法从事生产、运输、管理、使用国家管制的麻醉药品、精神药品的人员，违反国家规定，向吸食、注射毒品的人提供国家规定管制的能够使人形成瘾癖的麻醉药品、精神药品，具有下列情形之一的，应当依照刑法第三百五十五条第一款的规定，以非法提供麻醉药品、精神药品罪定罪处罚：

（一）非法提供麻醉药品、精神药品达到刑法第三百四十七条第三款或者本解释第二条规定的“数量较大”标准最低值的百分之五十，不满“数量较大”标准的；

（二）二年内曾因非法提供麻醉药品、精神药品受过行政处罚的；

（三）向多人或者多次非法提供麻醉药品、精神药品的；

（四）向吸食、注射毒品的未成年人非法提供麻醉药品、精神药品的；

（五）非法提供麻醉药品、精神药品造成严重后果的；

（六）其他应当追究刑事责任的情形。

具有下列情形之一的，应当认定为刑法第三百五十五条第一款规定的“情节严重”：

（一）非法提供麻醉药品、精神药品达到刑法第三百四十七条第三款或者本解释第二条规定的“数量较大”标准的；

（二）非法提供麻醉药品、精神药品达到前款第一项规定的数量标准，且具有前款第三项至第五项规定的情形之一的；

（三）其他情节严重的情形。

量刑要素

向走私贩卖毒品的犯罪分子或者以牟利为目的，向吸食、注射毒品的人提供麻醉药品、精神药品的，依照本法第347条的规定定罪处罚。

要义辨析

一、概念

本罪是指依法从事生产、运输、管理、使用国家管制的麻醉药品、精神药品的单位和人员，明知他人是吸食、注射毒品的，而向其提供国家管制的麻醉药品、精神药品的行为。

二、构成要件

1. 本罪侵害的客体是国家对麻醉药品、精神药品的管理制度。其犯罪对象是国家管制的麻醉药品和精神药品。

2. 本罪客观方面表现为违反国家规定，向吸食、注射毒品的人提供国家管制的麻醉药品和精神药品。

3. 本罪犯罪主体为特殊主体，即依法从事生产、运输、管理、使用国家管制的麻醉药品和精神药品的单位和人员。

4. 本罪主观方面是故意,并且不是以牟利为目的,间接故意和过失不构成本罪。

三、要点辨析

1. 本条没有规定具体数量标准。也就是说原则上只要向吸毒人非法提供毒品,就可构成本罪。但在实践中,并不是对所有非法提供毒品的行为都定罪,而要综合全案各种情况,如偶犯、初犯等情况,根据本法的规定,如果数额较小,情节显著轻微,危害不大的,不认为是犯罪。

2. 在实践中,从事生产、运输、管理、使用国家管制的麻醉药品和精神药品的人员或单位违反规定,向他人提供麻醉药品和精神药品没有合法的审批手续,但是确实用于医疗、教学、科研的,不属于犯罪行为,但对于其违法行为,应当给予批评教育或给予行政处理。

3. 向走私、贩卖毒品的犯罪分子或者以牟利为目的,向吸毒人提供国家规定管制的麻醉药品或精神药品的,依照本法第 347 条规定定罪处罚。

四、罪名变迁

本罪是从 1990 年 12 月 28 日《全国人民代表大会常务委员会关于禁毒的决定》第 10 条的规定,吸收改为 1997 年《刑法》的具体规定的。1979 年《刑法》没有本罪。

类罪名:妨害社会管理秩序罪/ 走私、贩卖、运输、制造毒品罪 ｜ 罪名:妨害兴奋剂管理罪	
量刑标准	情节严重的　处 3 年以下有期徒刑、拘役或者管制,并处罚金。

法律依据

一、《刑法》条文

第三百五十五条之一　引诱、教唆、欺骗运动员使用兴奋剂参加国内、国际重大体育竞赛,或者明知运动员参加上述竞赛而向其提供兴奋剂,情节严重的,处三年以下有期徒刑或者拘役,并处罚金。

组织、强迫运动员使用兴奋剂参加国内、国际重大体育竞赛的,依照前款的规定从重处罚。”

二、相关司法解释/文件

《最高人民法院关于审理走私、非法经营、非法使用兴奋剂刑事案件适用法律若干问题的解释》(2019 年 11 月 18 日　法释〔2019〕16 号)

第一条　运动员、运动员辅助人员走私兴奋剂目录所列物质,或者其他人员以在体育竞赛中非法使用为目的的走私兴奋剂目录所列物质,涉案物质属于国家禁止进出口的货物、物品,具有下列情形之一的,应当依照刑法第一百五十一条第三款的规定,以走私国家禁止进出口的货物、物品罪定罪处罚:

(一)一年内曾因走私被给予二次以上行政处罚后又走私的;

(二)用于或者准备用于未成年人运动员、残疾人运动员的;

(三)用于或者准备用于国内、国际重大体育竞赛的;

(四)其他造成严重恶劣社会影响的情形。

实施前款规定的行为,涉案物质不属于国家禁止进出口的货物、物品,但偷逃应缴税额一万元以上或者一年内曾因走私被给予二次以上行政处罚后又走私的,应当依照刑法第一百五十三条的规定,以走私普通货物、物品罪定罪处罚。

对于本条第一款、第二款规定以外的走私兴奋剂目录所列物质行为,适用《最高人民法院、最高人民检察院关于办理走私刑事案件适用法律若干问题的解释》(法释〔2014〕10 号)规定的定罪量刑标准。

第二条　违反国家规定,未经许可经营兴奋剂目录所列物质,涉案物质属于法律、行政法规规定的限制买卖的物品，扰乱市场秩序，情节严重的，应当依照刑法第二百二十五条的规定，以非法经营罪定罪处罚。

第三条 对未成年人、残疾人负有监护、看护职责的人组织未成年人、残疾人在体育运动中非法使用兴奋剂，具有下列情形之一的，应当认定为刑法第二百六十条之一规定的“情节恶劣”，以虐待被监护、看护人罪定罪处罚：

（一）强迫未成年人、残疾人使用的；

（二）引诱、欺骗未成年人、残疾人长期使用的；

（三）其他严重损害未成年人、残疾人身心健康的情形。

第四条 在普通高等学校招生、公务员录用等法律规定的国家考试涉及的体育、体能测试等体育运动中，组织考生非法使用兴奋剂的，应当依照刑法第二百八十四条之一的规定，以组织考试作弊罪定罪处罚。

明知他人实施前款犯罪而为其提供兴奋剂的，依照前款的规定定罪处罚。

第五条 生产、销售含有兴奋剂目录所列物质的食品，符合刑法第一百四十三条、第一百四十四条规定的，以生产、销售不符合安全标准的食品罪、生产、销售有毒、有害食品罪定罪处罚。

第六条 国家机关工作人员在行使反兴奋剂管理职权时滥用职权或者玩忽职守，造成严重兴奋剂违规事件，严重损害国家声誉或者造成恶劣社会影响，符合刑法第三百九十七条规定的，以滥用职权罪、玩忽职守罪定罪处罚。

依法或者受委托行使反兴奋剂管理职权的单位的工作人员，在行使反兴奋剂管理职权时滥用职权或者玩忽职守的，依照前款规定定罪处罚。

第七条 实施本解释规定的行为，涉案物质属于毒品、制毒物品等，构成有关犯罪的，依照相应犯罪定罪处罚。

第八条 对于是否属于本解释规定的“兴奋剂”“兴奋剂目录所列物质”“体育运动”“国内、国际重大体育竞赛”等专门性问题，应当依据《中华人民共和国体育法》《反兴奋剂条例》等法律法规，结合国务院体育主管部门出具的认定意见等证据材料作出认定。

第九条 本解释自2020年1月1日起施行。

要义辨析

一、概念

本罪是指引诱、教唆、欺骗运动员使用兴奋剂参加国内、国际重大体育竞赛，或者明知运动员参加上述竞赛而向其提供兴奋剂，情节严重的行为，以及组织、强迫运动员使用兴奋剂参加国内、国际重大体育竞赛的行为。

二、构成要件

1. 本罪侵害的客体为国家对兴奋剂用品的管理制度。

2. 本罪客观方面表现为引诱、教唆、欺骗运动员使用兴奋剂参加国内、国际重大体育竞赛，或者明知运动员参加上述竞赛而向其提供兴奋剂，情节严重的行为。

3. 犯罪主体为一般主体。

4. 本罪主观方面表现为故意。

三、要点辨析

1. 本条将引诱、教唆以及欺骗运动员使用兴奋剂和向运动员提供兴奋剂的行为，组织、强迫运动员使用兴奋剂的行为规定为犯罪，但是并未将运动员本人使用兴奋剂的行为规定为犯罪，如运动员本人使用兴奋剂应当按照有关法律规定和体育组织的规定予以处罚。

2. 运动员、运动员辅助人员走私兴奋剂目录所列物质，或者其他人员以在体育竞赛中非法使用为目的走私兴奋剂目录所列物质，涉案物质属于国家禁止进出口的货物、物品，具有下列情形之一的，应当依照《刑法》第151条第3款的规定，以走私国家禁止进出口的货物、物品罪定罪处罚。

3. 违反国家规定，未经许可经营兴奋剂目录所列物质，涉案物质属于法律、行政法规规定的限制买卖的物品，扰乱市场秩序，情节严重的，应当依照《刑法》第225条的规定，以非法经营罪定罪处罚。

四、罪名变迁

本罪系《刑法修正案（十一）》新增罪名。

第八节　组织、强迫、引诱、容留、介绍卖淫罪

类罪名:妨害社会管理秩序罪/组织、强迫、引诱、容留、介绍卖淫罪	罪名:组织卖淫罪
量刑标准	犯本罪的　处5年以上10年以下有期徒刑,并处罚金;
	情节严重的　处10年以上有期徒刑或者无期徒刑,并处罚金或者没收财产。

法律依据

一、《刑法》条文

第三百五十八条第一、二、三款　组织、强迫他人卖淫的,处五年以上十年以下有期徒刑,并处罚金;情节严重的,处十年以上有期徒刑或者无期徒刑,并处罚金或者没收财产。

组织、强迫未成年人卖淫的,依照前款的规定从重处罚。

犯前两款罪,并有杀害、伤害、强奸、绑架等犯罪行为的,依照数罪并罚的规定处罚。

第三百六十一条　旅馆业、饮食服务业、文化娱乐业、出租汽车业等单位的人员,利用本单位的条件,组织、强迫、引诱、容留、介绍他人卖淫的,依照本法第三百五十八条、第三百五十九条的规定定罪处罚。前款所列单位的主要负责人,犯前款罪的,从重处罚。

二、相关司法解释/文件

《最高人民检察院、公安部关于公安机关管辖的刑事案件立案追诉标准的规定(一)》(2008年6月25日　公通字〔2008〕36号)

第七十五条　[组织卖淫案(刑法第三百五十八条第一款)以招募、雇佣、强迫、引诱、容留等手段,组织他人卖淫的,应予立案追诉。从重情节旅馆业、饮食服务业、文化娱乐业、出租汽车业等单位的主要负责人,犯本罪的,从重处罚。(《刑法》第三百六十一条)

《最高人民检察院、公安部关于公安机关管辖的刑事案件立案追诉标准的规定(一)的补充规定》(2017年4月27日　公通字〔2017〕12号)

十二、将《立案追诉标准(一)》第77条修改为:[协助组织卖淫案(刑法第358条第四款)]在组织卖淫的犯罪活动中,帮助招募、运送、培训人员3人以上,或者充当保镖、打手、管账人等,起帮助作用的,应予立案追诉。

《最高人民法院、最高人民检察院关于办理组织、强迫、引诱、容留、介绍卖淫刑事案件适用法律若干问题的解释》(2017年7月21日　法释〔2017〕13号)

第一条　以招募、雇佣、纠集等手段,管理或者控制他人卖淫,卖淫人员在三人以上的,应当认定为刑法第三百五十八条规定的"组织他人卖淫"。

组织卖淫者是否设置固定的卖淫场所、组织卖淫者人数多少、规模大小,不影响组织卖淫行为的认定。

第二条　组织他人卖淫,具有下列情形之一的,应当认定为刑法第三百五十八条第一款规定的"情节严重":

(一)卖淫人员累计达十人以上的;

(二)卖淫人员中未成年人、孕妇、智障人员、患有严重性病的人累计达五人以上的;

(三)组织境外人员在境内卖淫或者组织境内人员出境卖淫的;

(四)非法获利人民币一百万元以上的;

(五)造成被组织卖淫的人自残、自杀或者其他严重后果的;

(六)其他情节严重的情形。

第三条　在组织卖淫犯罪活动中,对被组织卖淫的人有引诱、容留、介绍卖淫行为的,依照处罚较重的规定定罪处罚。但是,对被组织卖淫的人以外

的其他人有引诱、容留、介绍卖淫行为的，应当分别定罪，实行数罪并罚。

第四条　明知他人实施组织卖淫犯罪活动而为其招募、运送人员或者充当保镖、打手、管账人等的，依照刑法第三百五十八条第四款的规定，以协助组织卖淫罪定罪处罚，不以组织卖淫罪的从犯论处。

在具有营业执照的会所、洗浴中心等经营场所担任保洁员、收银员、保安员等，从事一般服务性、劳务性工作，仅领取正常薪酬，且无前款所列协助组织卖淫行为的，不认定为协助组织卖淫罪。

第五条　协助组织他人卖淫，具有下列情形之一的，应当认定为刑法第三百五十八条第四款规定的“情节严重”：

（一）招募、运送卖淫人员累计达十人以上的；

（二）招募、运送的卖淫人员中未成年人、孕妇、智障人员、患有严重性病的人累计达五人以上的；

（三）协助组织境外人员在境内卖淫或者协助组织境内人员出境卖淫的；

（四）非法获利人民币五十万元以上的；

（五）造成被招募、运送或者被组织卖淫的人自残、自杀或者其他严重后果的；

（六）其他情节严重的情形。

第六条　强迫他人卖淫，具有下列情形之一的，应当认定为刑法第三百五十八条第一款规定的“情节严重”：

（一）卖淫人员累计达五人以上的；

（二）卖淫人员中未成年人、孕妇、智障人员、患有严重性病的人累计达三人以上的；

（三）强迫不满十四周岁的幼女卖淫的；

（四）造成被强迫卖淫的人自残、自杀或者其他严重后果的；

（五）其他情节严重的情形。

行为人既有组织卖淫犯罪行为，又有强迫卖淫犯罪行为，且具有下列情形之一的，以组织、强迫卖淫“情节严重”论处：

（一）组织卖淫、强迫卖淫行为中具有本解释第二条、本条前款规定的“情节严重”情形之一的；

（二）卖淫人员累计达到本解释第二条第一、二项规定的组织卖淫“情节严重”人数标准的；

（三）非法获利数额相加达到本解释第二条第四项规定的组织卖淫“情节严重”数额标准的。

第七条　根据刑法第三百五十八条第三款的规定，犯组织、强迫卖淫罪，并有杀害、伤害、强奸、绑架等犯罪行为的，依照数罪并罚的规定处罚。协助组织卖淫行为人参与实施上述行为的，以共同犯罪论处。

根据刑法第三百五十八条第二款的规定，组织、强迫未成年人卖淫的，应当从重处罚。

第八条　引诱、容留、介绍他人卖淫，具有下列情形之一的，应当依照刑法第三百五十九条第一款的规定定罪处罚：

（一）引诱他人卖淫的；

（二）容留、介绍二人以上卖淫的；

（三）容留、介绍未成年人、孕妇、智障人员、患有严重性病的人卖淫的；

（四）一年内曾因引诱、容留、介绍卖淫行为被行政处罚，又实施容留、介绍卖淫行为的；

（五）非法获利人民币一万元以上的。

利用信息网络发布招嫖违法信息，情节严重的，依照刑法第二百八十七条之一的规定，以非法利用信息网络罪定罪处罚。同时构成介绍卖淫罪的，依照处罚较重的规定定罪处罚。

引诱、容留、介绍他人卖淫是否以营利为目的，不影响犯罪的成立。

引诱不满十四周岁的幼女卖淫的，依照刑法第三百五十九条第二款的规定，以引诱幼女卖淫罪定罪处罚。

被引诱卖淫的人员中既有不满十四周岁的幼女，又有其他人员的，分别以引诱幼女卖淫罪和引诱卖淫罪定罪，实行并罚。

第十条　组织、强迫、引诱、容留、介绍他人卖淫的次数，作为酌定情节在量刑时考虑。

第十三条　犯组织、强迫、引诱、容留、介绍卖淫罪的，应当依法判处犯罪所得二倍以上的罚金。共同犯罪的，对各共同犯罪人合计判处的罚金应当在犯罪所得的二倍以上。

对犯组织、强迫卖淫罪被判处无期徒刑的，应当并处没收财产。

第十四条　根据刑法第三百六十二条、第三百一十条的规定，旅馆业、饮食服务业、文化娱乐业、出租汽车业等单位的人员,在公安机关查处卖淫、嫖娼活动时,为违法犯罪分子通风报信,情节严重的,以包庇罪定罪处罚。事前与犯罪分子通谋的,以共同犯罪论处。

具有下列情形之一的,应当认定为刑法第三百六十二条规定的"情节严重":

(一)向组织、强迫卖淫犯罪集团通风报信的;

(二)二年内通风报信三次以上的;

(三)一年内因通风报信被行政处罚,又实施通风报信行为的;

(四)致使犯罪集团的首要分子或者其他共同犯罪的主犯未能及时归案的;

(五)造成卖淫嫖娼人员逃跑,致使公安机关查处犯罪行为因取证困难而撤销刑事案件的;

(六)非法获利人民币一万元以上的;

(七)其他情节严重的情形。

量刑要素

1. 组织、强迫未成年人卖淫的,依照前款的规定从重处罚。

2. 犯前两款罪,并有杀害、伤害、强奸、绑架等犯罪行为的,依照数罪并罚的规定处罚。

要义辨析

一、概念

本罪是指以招募、雇佣、强迫、引诱、容留等手段,组织控制多人从事卖淫的行为。

二、构成要件

1. 本罪侵犯的客体是社会主义道德风尚。犯罪对象多数为女性,也包括男性,但必须是多人,而不是一个人。

2. 本罪客观方面表现为组织他人卖淫的行为。

3. 犯罪主体必须是卖淫的组织者,可以是几个人,也可以是一个人,关键要看其在卖淫活动中是否起组织者的作用。

4. 本罪主观方面为直接故意。

三、要点辨析

1. 一罪与数罪的界限。在组织他人卖淫的犯罪活动中,对被组织卖淫的人有强迫、引诱、容留、介绍卖淫行为的,应当作为组织他人卖淫罪的量刑情节予以考虑,不实行数罪并罚。如果这些行为是对被组织者以外的其他人实施的,仍应当分别定罪,实行数罪并罚。

2. 组织他人卖淫罪中的"情节特别严重",主要是指:为组织他人卖淫的首要分子;组织他人卖淫手段特别恶劣的;对被组织卖淫者造成特别严重后果的;组织多人多次卖淫;具有极大的社会危害性的,等等。

3. 组织、协助组织、强迫、引诱、容留、介绍他人卖淫中的"他人"主要是指女人,也包括男人。"多人"、"多次"的"多"是指"3"以上的数(含本数)。

4. 关于本罪的量刑,要注意同强迫卖淫罪的区别。两罪均以无期徒刑为最高刑,但强迫卖淫罪是违背妇女意志的人权犯罪,本罪是不违背妇女意志的风化犯罪,社会危害性和后果都不同。

四、罪名变迁

1979 年《刑法》没有本罪。本罪是 1991 年 9 月 4 日《全国人民代表大会常务委员会关于严禁卖淫嫖娼的决定》第 1 条确定罪名,规定最高刑为死刑。1997 年《刑法》对本罪作了具体规定。2015 年 8 月 29 日,全国人大常委会表决通过了《刑法修正案(九)》,组织卖淫罪的死刑被取消。

类罪名：妨害社会管理秩序罪/组织、强迫、引诱、容留、介绍卖淫罪	罪名：强迫卖淫罪
量刑标准	**犯本罪的**　处5年以上10年以下有期徒刑，并处罚金；
	情节严重的　处10年以上有期徒刑或者无期徒刑，并处罚金或者没收财产；
	组织、强迫未成年人卖淫的　依照前款的规定从重处罚；
	犯前两款罪，并有杀害、伤害、强奸、绑架等犯罪行为的　依照数罪并罚的规定处罚。

法律依据

一、《刑法》条文

第三百五十八条　组织、强迫他人卖淫的，处五年以上十年以下有期徒刑，并处罚金；情节严重的，处十年以上有期徒刑或者无期徒刑，并处罚金或者没收财产。

组织、强迫未成年人卖淫的，依照前款的规定从重处罚。

犯前两款罪，并有杀害、伤害、强奸、绑架等犯罪行为的，依照数罪并罚的规定处罚。

为组织卖淫的人招募、运送人员或者有其他协助组织他人卖淫行为的，处五年以下有期徒刑，并处罚金；情节严重的，处五年以上十年以下有期徒刑，并处罚金。

第三百六十一条　旅馆业、饮食服务业、文化娱乐业、出租汽车业等单位的人员，利用本单位的条件，组织、强迫、引诱、容留、介绍他人卖淫的，依照本法第三百五十八条、第三百五十九条的规定定罪处罚。

前款所列单位的主要负责人，犯前款罪的，从重处罚。

二、相关司法解释/文件

《最高人民检察院、公安部关于公安机关管辖的刑事案件立案追诉标准的规定（一）》（2008年6月25日　公通字〔2008〕36号）

第七十六条　［强迫卖淫案（刑法第三百五十八条第一款）］以暴力、胁迫等手段强迫他人卖淫的，应予立案追诉。从重情节旅馆业、饮食服务业、文化娱乐业、出租汽车业等单位的主要负责人，犯本罪的，从重处罚。（《刑法》第三百六十一条）

《最高人民法院、最高人民检察院关于办理组织、强迫、引诱、容留、介绍卖淫刑事案件适用法律若干问题的解释》（2017年7月21日　法释〔2017〕13号）

第一条　以招募、雇佣、纠集等手段，管理或者控制他人卖淫，卖淫人员在三人以上的，应当认定为刑法第三百五十八条规定的"组织他人卖淫"。

组织卖淫者是否设置固定的卖淫场所、组织卖淫者人数多少、规模大小，不影响组织卖淫行为的认定。

第二条　组织他人卖淫，具有下列情形之一的，应当认定为刑法第三百五十八条第一款规定的"情节严重"：

（一）卖淫人员累计达十人以上的；

（二）卖淫人员中未成年人、孕妇、智障人员、患有严重性病的人累计达五人以上的；

（三）组织境外人员在境内卖淫或者组织境内人员出境卖淫的；

（四）非法获利人民币一百万元以上的；

（五）造成被组织卖淫的人自残、自杀或者其他严重后果的；

（六）其他情节严重的情形。

第三条　在组织卖淫犯罪活动中，对被组织卖淫的人有引诱、容留、介绍卖淫行为的，依照处罚较重的规定定罪处罚。但是，对被组织卖淫的人以外的其他人有引诱、容留、介绍卖淫行为的，应当分别定罪，实行数罪并罚。

第四条　明知他人实施组织卖淫犯罪活动而为其招募、运送人员或者充当保镖、打手、管账人等的,依照刑法第三百五十八条第四款的规定,以协助组织卖淫罪定罪处罚,不以组织卖淫罪的从犯论处。

在具有营业执照的会所、洗浴中心等经营场所担任保洁员、收银员、保安员等,从事一般服务性、劳务性工作,仅领取正常薪酬,且无前款所列协助组织卖淫行为的,不认定为协助组织卖淫罪。

第五条 协助组织他人卖淫,具有下列情形之一的,应当认定为刑法第三百五十八条第四款规定的"情节严重":

(一)招募、运送卖淫人员累计达十人以上的;

(二)招募、运送的卖淫人员中未成年人、孕妇、智障人员、患有严重性病的人累计达五人以上的;

(三)协助组织境外人员在境内卖淫或者协助组织境内人员出境卖淫的;

(四)非法获利人民币五十万元以上的;

(五)造成被招募、运送或者被组织卖淫的人自残、自杀或者其他严重后果的;

(六)其他情节严重的情形。

第六条 强迫他人卖淫,具有下列情形之一的,应当认定为刑法第三百五十八条第一款规定的"情节严重":

(一)卖淫人员累计达五人以上的;

(二)卖淫人员中未成年人、孕妇、智障人员、患有严重性病的人累计达三人以上的;

(三)强迫不满十四周岁的幼女卖淫的;

(四)造成被强迫卖淫的人自残、自杀或者其他严重后果的;

(五)其他情节严重的情形。

行为人既有组织卖淫犯罪行为,又有强迫卖淫犯罪行为,且具有下列情形之一的,以组织、强迫卖淫"情节严重"论处:

(一)组织卖淫、强迫卖淫行为中具有本解释第二条、本条前款规定的"情节严重"情形之一的;

(二)卖淫人员累计达到本解释第二条第一、二项规定的组织卖淫"情节严重"人数标准的;

(三)非法获利数额相加达到本解释第二条第四项规定的组织卖淫"情节严重"数额标准的。

第七条 根据刑法第三百五十八条第三款的规定,犯组织、强迫卖淫罪,并有杀害、伤害、强奸、绑架等犯罪行为的,依照数罪并罚的规定处罚。协助组织卖淫行为人参与实施上述行为的,以共同犯罪论处。

根据刑法第三百五十八条第二款的规定,组织、强迫未成年人卖淫的,应当从重处罚。

第八条 引诱、容留、介绍他人卖淫,具有下列情形之一的,应当依照刑法第三百五十九条第一款的规定定罪处罚:

(一)引诱他人卖淫的;

(二)容留、介绍二人以上卖淫的;

(三)容留、介绍未成年人、孕妇、智障人员、患有严重性病的人卖淫的;

(四)一年内曾因引诱、容留、介绍卖淫行为被行政处罚,又实施容留、介绍卖淫行为的;

(五)非法获利人民币一万元以上的。

利用信息网络发布招嫖违法信息,情节严重的,依照刑法第二百八十七条之一的规定,以非法利用信息网络罪定罪处罚。同时构成介绍卖淫罪的,依照处罚较重的规定定罪处罚。

引诱、容留、介绍他人卖淫是否以营利为目的,不影响犯罪的成立。

引诱不满十四周岁的幼女卖淫的,依照刑法第三百五十九条第二款的规定,以引诱幼女卖淫罪定罪处罚。

被引诱卖淫的人员中既有不满十四周岁的幼女,又有其他人员的,分别以引诱幼女卖淫罪和引诱卖淫罪定罪,实行并罚。

第十条 组织、强迫、引诱、容留、介绍他人卖淫的次数,作为酌定情节在量刑时考虑。

第十三条 犯组织、强迫、引诱、容留、介绍卖淫罪的,应当依法判处犯罪所得二倍以上的罚金。共同犯罪的,对各共同犯罪人合计判处的罚金应当在犯罪所得的二倍以上。

对犯组织、强迫卖淫罪被判处无期徒刑的,应当并处没收财产。

第十四条 根据刑法第三百六十二条、第三百一十条的规定,旅馆业、饮食服务业、文化娱乐业、出租汽车业等单位的人员,在公安机关查处卖淫、嫖娼活动时,为违法犯罪分子通风报信,情节严重的,以包庇罪定罪处罚。事前与犯罪分子通谋的,以共同犯罪论处。

具有下列情形之一的,应当认定为刑法第三百六十二条规定的“情节严重”:

(一)向组织、强迫卖淫犯罪集团通风报信的;

(二)二年内通风报信三次以上的;

(三)一年内因通风报信被行政处罚,又实施通风报信行为的;

(四)致使犯罪集团的首要分子或者其他共同犯罪的主犯未能及时归案的;

(五)造成卖淫嫖娼人员逃跑,致使公安机关查处犯罪行为因取证困难而撤销刑事案件的;

(六)非法获利人民币一万元以上的;

(七)其他情节严重的情形。

要义辨析

一、概念

本罪是指以暴力、胁迫、虐待、控制身份证、护照或者其他手段,迫使他人卖淫的行为。本罪的犯罪对象是“他人”,不仅包括女性,也包括男性。是否以营利为目的,不是构成本罪必须具备的条件。

二、构成要件

1. 本罪侵犯的客体是社会主义道德风尚和公民的人身权利。犯罪对象为他人,包括男人和女人。

2. 本罪客观方面表现为违背他人意志,强迫他人卖淫的行为。

3. 本罪犯罪主体为一般主体。

4. 本罪主观方面为直接故意。

三、要点辨析

本罪具体量刑应该重于组织卖淫罪。

四、罪名变迁

本罪1979年《刑法》第140条作了规定,罪名为“强迫妇女卖淫罪”。1991年9月4日《全国人民代表大会常务委员会关于严禁卖淫嫖娼的决定》第2条将罪状修改为“强迫他人卖淫的”。规定最高刑为死刑。1997年《刑法》对罪状作了修改,罪名改为“强迫卖淫罪”。2015年8月29日,全国人大常委会通过了《刑法修正案(九)》,强迫卖淫罪的死刑被取消。

类罪名:妨害社会管理秩序罪/组织、强迫、引诱、容留、介绍卖淫罪 | 罪名:协助组织卖淫罪	
量刑标准	**构成犯罪的**　处5年以下有期徒刑,并处罚金;
	情节严重的　处5年以上10年以下有期徒刑,并处罚金。

法律依据

一、《刑法》条文

第三百五十八条第四款　为组织卖淫的人招募、运送人员或者有其他协助组织他人卖淫行为的,处五年以下有期徒刑,并处罚金;情节严重的,处五年以上十年以下有期徒刑,并处罚金。

二、相关司法解释/文件

《最高人民检察院、公安部关于公安机关管辖的刑事案件立案追诉标准的规定(一)》(2008年6月25日　公通字〔2008〕36号)

第七十七条　[协助组织卖淫案(刑法第三百五十八条第三款)]在组织卖淫的犯罪活动中,充当保镖、打手、管账人等,起帮助作用的,应予立案追诉。

《最高人民检察院、公安部关于公安机关管辖的刑事案件立案追诉标准的规定(一)的补充规定》(2017年4月27日　公通字〔2017〕12号)

十二、将《立案追诉标准(一)》第七十七条修改为:[协助组织卖淫案(刑法第三百五十八条第四款)]在组织卖淫的犯罪活动中,帮助招募、运送、培训人员3人以上,或者充当保镖、打手、管账人等,起帮助作用的,应予立案追诉。

《最高人民法院、最高人民检察院关于办理组织、强迫、引诱、容留、介绍卖淫刑事案件适用法律若干问题的解释》(2017年7月21日 法释〔2017〕13号)

第一条 以招募、雇佣、纠集等手段,管理或者控制他人卖淫,卖淫人员在三人以上的,应当认定为刑法第三百五十八条规定的"组织他人卖淫"。

组织卖淫者是否设置固定的卖淫场所、组织卖淫者人数多少、规模大小,不影响组织卖淫行为的认定。

第二条 组织他人卖淫,具有下列情形之一的,应当认定为刑法第三百五十八条第一款规定的"情节严重":

(一)卖淫人员累计达十人以上的;

(二)卖淫人员中未成年人、孕妇、智障人员、患有严重性病的人累计达五人以上的;

(三)组织境外人员在境内卖淫或者组织境内人员出境卖淫的;

(四)非法获利人民币一百万元以上的;

(五)造成被组织卖淫的人自残、自杀或者其他严重后果的;

(六)其他情节严重的情形。

第三条 在组织卖淫犯罪活动中,对被组织卖淫的人有引诱、容留、介绍卖淫行为的,依照处罚较重的规定定罪处罚。但是,对被组织卖淫的人以外的其他人有引诱、容留、介绍卖淫行为的,应当分别定罪,实行数罪并罚。

第四条 明知他人实施组织卖淫犯罪活动而为其招募、运送人员或者充当保镖、打手、管账人等的,依照刑法第三百五十八条第四款的规定,以协助组织卖淫罪定罪处罚,不以组织卖淫罪的从犯论处。

在具有营业执照的会所、洗浴中心等经营场所担任保洁员、收银员、保安员等,从事一般服务性、劳务性工作,仅领取正常薪酬,且无前款所列协助组织卖淫行为的,不认定为协助组织卖淫罪。

第五条 协助组织他人卖淫,具有下列情形之一的,应当认定为刑法第三百五十八条第四款规定的"情节严重":

(一)招募、运送卖淫人员累计达十人以上的;

(二)招募、运送的卖淫人员中未成年人、孕妇、智障人员、患有严重性病的人累计达五人以上的;

(三)协助组织境外人员在境内卖淫或者协助组织境内人员出境卖淫的;

(四)非法获利人民币五十万元以上的;

(五)造成被招募、运送或者被组织卖淫的人自残、自杀或者其他严重后果的;

(六)其他情节严重的情形。

第六条 强迫他人卖淫,具有下列情形之一的,应当认定为刑法第三百五十八条第一款规定的"情节严重":

(一)卖淫人员累计达五人以上的;

(二)卖淫人员中未成年人、孕妇、智障人员、患有严重性病的人累计达三人以上的;

(三)强迫不满十四周岁的幼女卖淫的;

(四)造成被强迫卖淫的人自残、自杀或者其他严重后果的;

(五)其他情节严重的情形。

行为人既有组织卖淫犯罪行为,又有强迫卖淫犯罪行为,且具有下列情形之一的,以组织、强迫卖淫"情节严重"论处:

(一)组织卖淫、强迫卖淫行为中具有本解释第二条、本条前款规定的"情节严重"情形之一的;

(二)卖淫人员累计达到本解释第二条第一、二项规定的组织卖淫"情节严重"人数标准的;

(三)非法获利数额相加达到本解释第二条第四项规定的组织卖淫"情节严重"数额标准的。

第七条 根据刑法第三百五十八条第三款的规定,犯组织、强迫卖淫罪,并有杀害、伤害、强奸、绑架等犯罪行为的,依照数罪并罚的规定处罚。协助组织卖淫行为人参与实施上述行为的,以共同犯罪论处。

根据刑法第三百五十八条第二款的规定,组织、强迫未成年人卖淫的,应当从重处罚。

第八条 引诱、容留、介绍他人卖淫,具有下列情形之一的,应当依照刑法第三百五十九条第一款的规定定罪处罚:

(一)引诱他人卖淫的;

(二)容留、介绍二人以上卖淫的;

(三)容留、介绍未成年人、孕妇、智障人员、患有严重性病的人卖淫的；

（四）一年内曾因引诱、容留、介绍卖淫行为被行政处罚，又实施容留、介绍卖淫行为的；

（五）非法获利人民币一万元以上的。

利用信息网络发布招嫖违法信息，情节严重的，依照刑法第二百八十七条之一的规定，以非法利用信息网络罪定罪处罚。同时构成介绍卖淫罪的，依照处罚较重的规定定罪处罚。

引诱、容留、介绍他人卖淫是否以营利为目的，不影响犯罪的成立。

引诱不满十四周岁的幼女卖淫的，依照刑法第三百五十九条第二款的规定，以引诱幼女卖淫罪定罪处罚。

被引诱卖淫的人员中既有不满十四周岁的幼女，又有其他人员的，分别以引诱幼女卖淫罪和引诱卖淫罪定罪，实行并罚。

第十条　组织、强迫、引诱、容留、介绍他人卖淫的次数，作为酌定情节在量刑时考虑。

第十三条　犯组织、强迫、引诱、容留、介绍卖淫罪的，应当依法判处犯罪所得二倍以上的罚金。共同犯罪的，对各共同犯罪人合计判处的罚金应当在犯罪所得的二倍以上。

对犯组织、强迫卖淫罪被判处无期徒刑的，应当并处没收财产。

要义辨析

一、概念

本罪是指在组织他人卖淫的共同犯罪中起帮助作用的行为，如充当领班、保镖、打手、管帐人等。

二、构成要件

1. 本罪侵犯的客体是社会主义道德风尚。

2. 本罪客观方面表现为为组织卖淫的人招募、运送人员或者有其他协助组织他人卖淫的行为。

3. 本罪犯罪主体为一般主体。

4. 本罪主观方面为故意。

三、要点辨析

1. 协助组织他人卖淫的行为，适用单独的罪名和法定刑处罚，不适用《刑法》总则第 24 条关于从犯的处罚原则。

2. 组织、协助组织、强迫、引诱、容留、介绍他人卖淫中的“他人”，主要是指女人，也包括男人。

3. 注意区分本罪与组织卖淫罪的不同，主要是行为人的地位不同。可以从领导、主持、招募妓女、实际收费、实际控制等具体情节分析是组织者还是协助组织者。

四、罪名变迁

1979 年《刑法》没有规定本罪。1991 年 9 月 4 日《全国人民代表大会常务委员会关于严禁卖淫嫖娼的决定》第 1 条的规定了本罪，最高刑为 10 年以上。1997 年《刑法》对罪状作了规定。2011 年 5 月 1 日《刑法修正案（八）》对本罪量刑作了修改，降为最高刑 10 年以下。

类罪名：妨害社会管理秩序罪/组织、强迫、引诱、容留、介绍卖淫罪 | **罪名：引诱、容留、介绍卖淫罪**

量刑标准		
量刑标准	**构成犯罪的**	处 5 年以下有期徒刑、拘役或者管制，并处罚金；
量刑标准	**情节严重的**	处 5 年以上有期徒刑，并处罚金。

法律依据

一、《刑法》条文

第三百五十九条第一款　引诱、容留、介绍他人卖淫的，处五年以下有期徒刑、拘役或者管制，并处罚金；情节严重的，处五年以上有期徒刑，并处罚金。

第三百六十一条　旅馆业、饮食服务业、文化娱乐业、出租汽车业等单位的人员,利用本单位的条件,组织、强迫、引诱、容留、介绍他人卖淫的,依照本法第三百五十八条、第三百五十九条的规定定罪处罚。

前款所列单位的主要负责人,犯前款罪的,从重处罚。

二、相关司法解释/文件

《最高人民检察院、公安部关于公安机关管辖的刑事案件立案追诉标准的规定(一)》(2008年6月25日　公通字〔2008〕36号)

第七十八条　[引诱、容留、介绍卖淫案(刑法第三百五十九条第一款)]引诱、容留、介绍他人卖淫,涉嫌下列情形之一的,应予立案追诉:

(一)引诱、容留、介绍二人次以上卖淫的;

(二)引诱、容留、介绍已满十四周岁未满十八周岁的未成年人卖淫的;

(三)被引诱、容留、介绍卖淫的人患有艾滋病或者患有梅毒、淋病等严重性病的;

(四)其他引诱、容留、介绍卖淫应予追究刑事责任的情形。

《最高人民法院关于常见犯罪的量刑指导意见(二)(试行)》(2017年5月1日)

(八)引诱、容留、介绍卖淫罪

1. 构成引诱、容留、介绍卖淫罪的,可以根据下列不同情形在相应的幅度内确定量刑起点:

(1)情节一般的,可以在二年以下有期徒刑、拘役幅度内确定量刑起点。

(2)情节严重的,可以在五年至七年有期徒刑幅度内确定量刑起点。

2. 在量刑起点基础上,可以根据引诱、容留、介绍卖淫的人数、次数等其他影响犯罪构成的犯罪事实增加刑罚量,确定基准刑。

3. 旅馆业、饮食服务业、文化娱乐业、出租汽车业等单位的主要负责人,利用本单位的条件,引诱、容留、介绍他人卖淫的,可以增加基准刑的10%－20%。

《最高人民法院、最高人民检察院关于常见犯罪的量刑指导意见(试行)》(2021年7月1日　法发〔2021〕21号)

(二十三)引诱、容留、介绍卖淫罪

1. 构成引诱、容留、介绍卖淫罪的,根据下列情形在相应的幅度内确定量刑起点:

(1)情节一般的,在二年以下有期徒刑、拘役幅度内确定量刑起点。

(2)情节严重的,在五年至七年有期徒刑幅度内确定量刑起点。

2. 在量刑起点的基础上,根据引诱、容留、介绍卖淫的人数等其他影响犯罪构成的犯罪事实增加刑罚量,确定基准刑。

3. 旅馆业、饮食服务业、文化娱乐业、出租汽车业等单位的主要负责人,利用本单位的条件,引诱、容留、介绍他人卖淫的,增加基准刑的10%－20%。

4. 构成引诱、容留、介绍卖淫罪的,根据引诱、容留、介绍卖淫的人数、次数、违法所得数额、危害后果等犯罪情节,综合考虑被告人缴纳罚金的能力,决定罚金数额。

5. 构成引诱、容留、介绍卖淫罪的,综合考虑引诱、容留、介绍卖淫的人数、次数、危害后果等犯罪事实、量刑情节,以及被告人主观恶性、人身危险性、认罪悔罪表现等因素,决定缓刑的适用。

《最高人民法院、最高人民检察院关于办理组织、强迫、引诱、容留、介绍卖淫刑事案件适用法律若干问题的解释》(2017年7月21日　法释〔2017〕13号)

第九条　引诱、容留、介绍他人卖淫,具有下列情形之一的,应当认定为刑法第三百五十九条第一款规定的"情节严重":

(一)引诱五人以上或者引诱、容留、介绍十人以上卖淫的;

(二)引诱三人以上的未成年人、孕妇、智障人员、患有严重性病的人卖淫,或者引诱、容留、介绍五人以上该类人员卖淫的;

(三)非法获利人民币五万元以上的;

(四)其他情节严重的情形。

第十条　组织、强迫、引诱、容留、介绍他人卖淫的次数,作为酌定情节在量刑时考虑。

第十三条　犯组织、强迫、引诱、容留、介绍卖淫罪的,应当依法判处犯罪所得二倍以上的罚金。共同犯罪的,对各共同犯罪人合计判处的罚金应当在犯罪所得的二倍以上。

对犯组织、强迫卖淫罪被判处无期徒刑的,应当并处没收财产。

第十四条　根据刑法第三百六十二条、第三百一十条的规定，旅馆业、饮食服务业、文化娱乐业、出租汽车业等单位的人员，在公安机关查处卖淫、嫖娼活动时，为违法犯罪分子通风报信，情节严重的，以包庇罪定罪处罚。事前与犯罪分子通谋的，以共同犯罪论处。

具有下列情形之一的，应当认定为刑法第三百六十二条规定的“情节严重”：

（一）向组织、强迫卖淫犯罪集团通风报信的；

（二）二年内通风报信三次以上的；

（三）一年内因通风报信被行政处罚，又实施通风报信行为的；

（四）致使犯罪集团的首要分子或者其他共同犯罪的主犯未能及时归案的；

（五）造成卖淫嫖娼人员逃跑，致使公安机关查处犯罪行为因取证困难而撤销刑事案件的；

（六）非法获利人民币一万元以上的；

（七）其他情节严重的情形。

要义辨析

一、概念

本罪是指利用金钱、物质等手段诱使他人卖淫，为他人卖淫提供场所，或者为卖淫、嫖娼者进行介绍的行为。

二、构成要件

1. 本罪侵犯的客体是社会管理秩序。犯罪对象不限于妇女，也包括男人。

2. 本罪客观方面表现为引诱、容留、介绍他人卖淫的行为。所谓“引诱他人卖淫”，是指行为人以金钱、物质、腐朽生活方式等手段，诱使他人从事卖淫活动的行为。所谓“容留他人卖淫”，是指行为人故意为他人卖淫提供场所的行为。所谓“介绍他人卖淫”，是指行为人在卖淫人员和嫖客之间牵线搭桥的行为。

3. 本罪犯罪主体是一般主体。

4. 本罪主观方面必须是直接故意，至于是否以营利为目的，不影响本罪的构成。

三、要点辨析

1. 本罪与组织他人卖淫罪、协助组织他人卖淫罪的区别在于：(1)犯罪主体不同。后者限于协助组织者，而前者没有限制；(2)犯罪客观方面不同。后者的犯罪手段虽然也包括引诱、容留、介绍等，但后者是以各种手段控制多人从事卖淫行为，且犯罪手段还包括暴力、强迫、招集、雇佣等。

2. 本罪与强迫他人卖淫罪的区别在于：(1)犯罪客体不同。前者侵犯的是社会管理秩序，后者侵犯了他人的人身权利；(2)客观方面不同。前者罪犯虽然对卖淫者采取了引诱、容留、介绍手段，但没有采用强迫手段，卖淫者卖淫是出于自愿，后者罪犯对被害人采用了暴力、胁迫等强迫手段，迫使被害人卖淫，因而被害人卖淫是违背自己意志的。行为人是否采取了强迫手段，是区别两罪的关键。

四、罪名变迁

1979年《刑法》第169条已有引诱、容留妇女卖淫罪的规定。1991年9月4日《全国人民代表大会常务委员会关于严禁卖淫嫖娼的决定》第3条增加了“介绍他人卖淫”的行为。1997年《刑法》将该条吸收为《刑法》的具体规定，罪名改为“引诱、容留、介绍卖淫罪”。

类罪名：妨害社会管理秩序罪/组织、强迫、引诱、容留、介绍卖淫罪 | 罪名：引诱幼女卖淫罪	
量刑标准	**犯本罪的**　处5年以上有期徒刑，并处罚金。

法律依据

一、《刑法》条文

第三百五十九条第二款　引诱不满十四周岁的幼女卖淫的,处五年以上有期徒刑,并处罚金。

第三百六十一条　旅馆业、饮食服务业、文化娱乐业、出租汽车业等单位的人员,利用本单位的条件,组织、强迫、引诱、容留、介绍他人卖淫的,依照本法第三百五十八条、第三百五十九条的规定定罪处罚。

前款所列单位的主要负责人,犯前款罪的,从重处罚。

二、相关司法解释/文件

《最高人民检察院、公安部关于公安机关管辖的刑事案件立案追诉标准的规定(一)》(2008年6月25日　公通字〔2008〕36号)

第七十九条　[引诱幼女卖淫案(刑法第三百五十九条第二款)]引诱不满十四周岁的幼女卖淫的,应予立案追诉。

《最高人民法院、最高人民检察院关于办理组织、强迫、引诱、容留、介绍卖淫刑事案件适用法律若干问题的解释》(2017年7月21日　法释〔2017〕13号)

第九条　引诱、容留、介绍他人卖淫,具有下列情形之一的,应当认定为刑法第三百五十九条第一款规定的"情节严重":

(一)引诱五人以上或者引诱、容留、介绍十人以上卖淫的;

(二)引诱三人以上的未成年人、孕妇、智障人员、患有严重性病的人卖淫,或者引诱、容留、介绍五人以上该类人员卖淫的;

(三)非法获利人民币五万元以上的;

(四)其他情节严重的情形。

第十条　组织、强迫、引诱、容留、介绍他人卖淫的次数,作为酌定情节在量刑时考虑。

第十三条　犯组织、强迫、引诱、容留、介绍卖淫罪的,应当依法判处犯罪所得二倍以上的罚金。共同犯罪的,对各共同犯罪人合计判处的罚金应当在犯罪所得的二倍以上。

对犯组织、强迫卖淫罪被判处无期徒刑的,应当并处没收财产。

第十四条　根据刑法第三百六十二条、第三百一十条的规定,旅馆业、饮食服务业、文化娱乐业、出租汽车业等单位的人员,在公安机关查处卖淫、嫖娼活动时,为违法犯罪分子通风报信,情节严重的,以包庇罪定罪处罚。事前与犯罪分子通谋的,以共同犯罪论处。

具有下列情形之一的,应当认定为刑法第三百六十二条规定的"情节严重":

(一)向组织、强迫卖淫犯罪集团通风报信的;

(二)二年内通风报信三次以上的;

(三)一年内因通风报信被行政处罚,又实施通风报信行为的;

(四)致使犯罪集团的首要分子或者其他共同犯罪的主犯未能及时归案的;

(五)造成卖淫嫖娼人员逃跑,致使公安机关查处犯罪行为因取证困难而撤销刑事案件的;

(六)非法获利人民币一万元以上的;

(七)其他情节严重的情形。

要义辨析

一、概念

本罪是指引诱不满14周岁的幼女进行卖淫活动的行为。

二、构成要件

1. 本罪侵犯的客体是社会风尚和幼女的身心健康。本罪犯罪对象是不满14周岁的幼女。

2. 客观方面表现为行为人实施了引诱幼女卖淫的行为。所谓"引诱",是指行为人利用金钱或其他物质或非物质性利益作诱饵,或者采取灌输腐朽思想等其他手段,勾引、诱惑、劝导、怂恿幼女从事卖淫活动。

3. 本罪犯罪主体为一般主体。

4. 本罪主观方面是故意,行为人应当知道或者有可能知道对方是不满14周岁的幼女而引诱其卖淫的，构成本罪。

三、要点辨析

1. 在组织卖淫罪的对象中如果有幼女，仍然定为组织卖淫罪，并且将此情节作为从重情节，不另定罪名。所谓"卖淫"，是指为谋利与不特定的他人进行性交或者其他性行为。

2. 行为人系引诱幼女向他人卖淫，才能构成本罪，若是引诱幼女与自己发生性关系，则应依具体案情，以强奸罪论处。行为人的行为方式仅限于引诱，若是组织、强迫、容留、介绍幼女卖淫的，则应分别以组织卖淫罪、强迫卖淫罪和容留、介绍卖淫罪论处。

3. 强奸罪与强迫卖淫罪、引诱幼女卖淫罪、嫖宿幼女罪（已经废除）的界限。强迫卖淫罪的对象包括幼女，对于强迫幼女卖淫的，应依照《刑法》第358条的规定定罪处罚，即应以强迫卖淫罪定罪，处10年以上有期徒刑或者无期徒刑或者死刑，并处没收财产。另外，根据《刑法》第358条的规定，强奸幼女后迫使幼女卖淫的，只定强迫卖淫罪一罪，而不另定强奸罪，不实行数罪并罚，当然，这里指的是强奸幼女行为与迫使幼女卖淫行为有联系的情况。

4. 关于嫖宿幼女罪的创立和废除。引诱幼女卖淫罪和嫖宿幼女罪有很大关联。而后者罪名，在《刑法修正案（九）》的立法争论以后，已经废除。凡是明知是幼女而进行嫖宿的，按强奸论处。在此，是否"明知"将是非常重要的分界线。如果不明知，就是一种嫖娼违法行为，而不作犯罪论处。由于嫖宿幼女罪已经废除，为方便定罪准确把握，这里对该罪的立废情况作一介绍。1991年《全国人民代表大会常务委员会关于严禁卖淫嫖娼的决定》中，对嫖宿不满14周岁的幼女的，定为依照《刑法》关于强奸罪的规定处罚。

1997年《刑法》修订，设立嫖宿幼女罪（《刑法》第360条第2款），是指嫖宿不满14周岁的幼女的行为。与原来《刑法》中的强奸罪相区别，不按强奸罪论。规定了相对较轻的法定刑，即5年以上有期徒刑，并处罚金。对于明知卖淫女为幼女而仍嫖宿的，以嫖宿幼女罪论处，而不按奸淫幼女罪定罪处罚。这时的立法取向，是将卖淫幼女同其他幼女的权益区别开来。引诱不满14周岁的幼女卖淫的行为，构成引诱幼女卖淫罪。并不构成奸淫幼女罪的共犯。

2003年1月24日，最高人民法院给辽宁省高级人民法院的《关于行为人不明知是不满十四周岁的幼女，双方自愿发生性关系是否构成强奸罪问题的批复》（已失效）称，行为人明知是不满14周岁的幼女而与其发生性关系，不论幼女是否自愿，均应依照《刑法》第236条第2款的规定，以强奸罪定罪处罚；行为人确实不知对方是不满14周岁的幼女，双方自愿发生性关系，未造成严重后果，情节显著轻微的，不认为是犯罪。

2012年3月，在全国民间观念影响呼吁下，全国妇联认为设置"嫖宿幼女罪"不利于对未成年人的保护，呼吁废除嫖宿幼女罪。继2010年和2013年全国两会之后，2014年在两会期间有人第三次建议"取消嫖宿幼女罪"。

2015年8月29日，第十二届全国人民代表大会常务委员会第十六次会议，表决通过了《刑法修正案（九）》，删除"嫖宿幼女罪"的规定。同年10月30日，最高人民法院、最高人民检察院联合发布《关于执行〈中华人民共和国刑法〉确定罪名的补充规定（六）》，对适用《刑法》的部分罪名进行了补充或修改，其中删除原罪名1个，即嫖宿幼女罪。这一特殊量刑罪名，从此废止。

四、罪名变迁

1979年《刑法》没有本罪。是从1991年9月4日《全国人民代表大会常务委员会关于严禁卖淫嫖娼的决定》第3条的规定设立本罪。1997年《刑法》确定了本罪，同时设立了相应的"嫖宿幼女罪"（原第360条第2款）2015年8月29日，全国人民代表大会常务委员会通过《刑法修正案（九）》，删除"嫖宿幼女罪"的规定，但保留了本罪"引诱幼女卖淫罪"。

类罪名:妨害社会管理秩序罪/组织、强迫、引诱、容留、介绍卖淫罪	罪名:传播性病罪
量刑标准	**犯本罪的**　处5年以下有期徒刑、拘役或者管制,并处罚金。

法律依据

一、《刑法》条文

第三百六十条第一款　明知自己患有梅毒、淋病等严重性病卖淫、嫖娼的,处五年以下有期徒刑、拘役或者管制,并处罚金。

二、相关司法解释/文件

《最高人民检察院、公安部关于公安机关管辖的刑事案件立案追诉标准的规定(一)》(2008年6月25日　公通字〔2008〕36号)

第八十条　[传播性病案(刑法第三百六十条第一款)]明知自己患有梅毒、淋病等严重性病卖淫、嫖娼的,应予立案追诉。

具有下列情形之一的,可以认定为本条规定的"明知":

(一)有证据证明曾到医疗机构就医,被诊断为患有严重性病的;

(二)根据本人的知识和经验,能够知道自己患有严重性病的;

(三)通过其他方法能够证明是"明知"的。

《最高人民法院、最高人民检察院关于办理组织、强迫、引诱、容留、介绍卖淫刑事案件适用法律若干问题的解释》(2017年7月21日　法释〔2017〕13号)

第十二条　明知自己患有艾滋病或者感染艾滋病病毒而卖淫、嫖娼的,依照刑法第三百六十条的规定,以传播性病罪定罪,从重处罚。

具有下列情形之一,致使他人感染艾滋病病毒的,认定为刑法第九十五条第三项"其他对于人身健康有重大伤害"所指的"重伤",依照刑法第二百三十四条第二款的规定,以故意伤害罪定罪处罚:

(一)明知自己感染艾滋病病毒而卖淫、嫖娼的;

(二)明知自己感染艾滋病病毒,故意不采取防范措施而与他人发生性关系的。

要义辨析

一、概念

本罪是指明知自己患有梅毒、淋病等严重性病而进行卖淫、嫖娼的行为。本罪惩治的是一种特殊的卖淫嫖娼行为。

二、构成要件

1. 本罪侵犯的客体是复杂客体,既破坏了社会主义道德风尚,又侵犯了公民的人身健康。

2. 本罪客观方面表现为在患有严重性病的情况下实施卖淫或者嫖娼的行为。

3. 犯罪主体为特殊主体,即年满16周岁,具有刑事责任能力,且患有严重性病的人才能构成本罪的主体。

4. 本罪主观方面为故意。

三、要点辨析

1. 如果行为人明知自己患有严重性病,仍与他人恋爱、姘居、通奸的,均不构成本罪。构成本罪需有营利目的或故意放任传播而进行卖淫、嫖娼为目的。

2. 明知自己患有严重性病,出于伤害他人、使他人传染上性病的故意,与他人发生性关系,致使他人传染上性病的,不能定传播性病罪,情节严重的应以故意伤害罪论处。

四、罪名变迁

本罪是从1991年9月4日《全国人民代表大会常务委员会关于严禁卖淫嫖娼的决定》第5条的规定,吸收改为《刑法》的具体规定的。1979年《刑法》没有规定本罪。

第九节 制作、贩卖、传播淫秽物品罪

<table>
<tr><td colspan="2">类罪名：妨害社会管理秩序罪/制作、贩卖、传播淫秽物品罪 | 罪名：制作、复制、出版、贩卖、传播淫秽物品牟利罪</td></tr>
<tr><td rowspan="4">量刑标准</td><td>构成犯罪的 处3年以下有期徒刑、拘役或者管制，并处罚金；</td></tr>
<tr><td>情节严重的 处3年以上10年以下有期徒刑，并处罚金；</td></tr>
<tr><td>情节特别严重的 处10年以上有期徒刑或者无期徒刑，并处罚金或者没收财产；</td></tr>
<tr><td>单位犯本罪的 对单位判处罚金；对其直接负责的主管人员和其他直接责任人员依上述规定处罚。</td></tr>
</table>

法律依据

一、《刑法》条文

第三百六十三条第一款 以牟利为目的，制作、复制、出版、贩卖、传播淫秽物品的，处三年以下有期徒刑、拘役或者管制，并处罚金；情节严重的，处三年以上十年以下有期徒刑，并处罚金；情节特别严重的，处十年以上有期徒刑或者无期徒刑，并处罚金或者没收财产。

第三百六十六条 单位犯本节第三百六十三条、第三百六十四条、第三百六十五条规定之罪的，对单位判处罚金，并对其直接负责的主管人员和其他直接责任人员，依照各该条的规定处罚。

第三百六十七条 本法所称淫秽物品，是指具体描绘性行为或者露骨宣扬色情的诲淫性的书刊、影片、录像带、录音带、图片及其他淫秽物品。

有关人体生理、医学知识的科学著作不是淫秽物品。包含有色情内容的有艺术价值的文学、艺术作品不视为淫秽物品。

二、相关法律

《全国人民代表大会常务委员会关于维护互联网安全的决定》(2009年8月27日修正)

三、为了维护社会主义市场经济秩序和社会管理秩序，对有下列行为之一，构成犯罪的，依照刑法有关规定追究刑事责任：

（五）在互联网上建立淫秽网站、网页，提供淫秽站点链接服务，或者传播淫秽书刊、影片、音像、图片。

三、相关司法解释/文件

《最高人民法院关于审理非法出版物刑事案件具体应用法律若干问题的解释》(1998年12月17日 法释〔1998〕30号)

第八条 以牟利为目的，实施刑法第三百六十三条第一款规定的行为，具有下列情形之一的，以制作、复制、出版、贩卖、传播淫秽物品牟利罪定罪处罚：

（一）制作、复制、出版淫秽影碟、软件、录像带五十至一百张（盒）以上，淫秽音碟、录音带一百至二百张（盒）以上，淫秽扑克、书刊、画册一百至二百副（册）以上，淫秽照片、画片五百至一千张以上的；

（二）贩卖淫秽影碟、软件、录像带一百至二百张（盒）以上，淫秽音碟、录音带二百至四百张（盒）以上，淫秽扑克、书刊、画册二百至四百副（册）以上，淫秽照片、画片一千至二千张以上的；

（三）向他人传播淫秽物品达二百至五百人次以上，或者组织播放淫秽影、像达十至二十场次以上的；

（四）制作、复制、出版、贩卖、传播淫秽物品，获利五千至一万元以上的。

以牟利为目的，实施刑法第三百六十三条第一款规定的行为，具有下列情形之一的，应当认定为

制作、复制、出版、贩卖、传播淫秽物品牟利罪“情节严重”:

(一)制作、复制、出版淫秽影碟、软件、录像带二百五十至五百张(盒)以上,淫秽音碟、录音带五百至一千张(盒)以上,淫秽扑克、书刊、画册五百至一千副(册)以上,淫秽照片、画片二千五百至五千张以上的;

(二)贩卖淫秽影碟、软件、录像带五百至一千张(盒)以上,淫秽音碟、录音带一千至二千张(盒)以上,淫秽扑克、书刊、画册一千至二千副(册)以上,淫秽照片、画片五千至一万张以上的;

(三)向他人传播淫秽物品达一千至二千人次以上,或者组织播放淫秽影、像达五十至一百场次以上的;

(四)制作、复制、出版、贩卖、传播淫秽物品,获利三万至五万元以上的。

以牟利为目的,实施刑法第三百六十三条第一款规定的行为,其数量(数额)达到前款规定的数量(数额)五倍以上的,应当认定为制作、复制、出版、贩卖、传播淫秽物品牟利罪“情节特别严重”。

第九条第三款　明知他人用于出版淫秽书刊而提供书号、刊号的,依照刑法第三百六十三条第一款的规定,以出版淫秽物品牟利罪定罪处罚。

《最高人民法院、最高人民检察院关于办理利用互联网、移动通讯终端、声讯台制作、复制、出版、贩卖、传播淫秽电子信息刑事案件具体应用法律若干问题的解释(一)》(2004年9月3日　法释〔2004〕11号)

第一条　以牟利为目的,利用互联网、移动通讯终端制作、复制、出版、贩卖、传播淫秽电子信息,具有下列情形之一的,依照刑法第三百六十三条第一款的规定,以制作、复制、出版、贩卖、传播淫秽物品牟利罪定罪处罚:

(一)制作、复制、出版、贩卖、传播淫秽电影、表演、动画等视频文件二十个以上的;

(二)制作、复制、出版、贩卖、传播淫秽音频文件一百个以上的;

(三)制作、复制、出版、贩卖、传播淫秽电子刊物、图片、文章、短信息等二百件以上的;

(四)制作、复制、出版、贩卖、传播的淫秽电子信息,实际被点击数达到一万次以上的;

(五)以会员制方式出版、贩卖、传播淫秽电子信息,注册会员达二百人以上的;

(六)利用淫秽电子信息收取广告费、会员注册费或者其他费用,违法所得一万元以上的;

(七)数量或者数额虽未达到第(一)项至第(六)项规定标准,但分别达到其中两项以上标准一半以上的;

(八)造成严重后果的。

利用聊天室、论坛、即时通信软件、电子邮件等方式,实施第一款规定行为的,依照刑法第三百六十三条第一款的规定,以制作、复制、出版、贩卖、传播淫秽物品牟利罪定罪处罚。

第二条　实施第一条规定的行为,数量或者数额达到第一条第一款第(一)项至第(六)项规定标准五倍以上的,应当认定为刑法第三百六十三条第一款规定的“情节严重”;达到规定标准二十五倍以上的,应当认定为“情节特别严重”。

第三条　不以牟利为目的,利用互联网或者移动通讯终端传播淫秽电子信息,具有下列情形之一的,依照刑法第三百六十四条第一款的规定,以传播淫秽物品罪定罪处罚:

(一)数量达到第一条第一款第(一)项至第(五)项规定标准二倍以上的;

(二)数量分别达到第一条第一款第(一)项至第(五)项两项以上标准的;

(三)造成严重后果的。

利用聊天室、论坛、即时通信软件、电子邮件等方式,实施第一款规定行为的,依照刑法第三百六十四条第一款的规定,以传播淫秽物品罪定罪处罚。

第四条　明知是淫秽电子信息而在自己所有、管理或者使用的网站或者网页上提供直接链接的,其数量标准根据所链接的淫秽电子信息的种类计算。

第五条　以牟利为目的,通过声讯台传播淫秽语音信息,具有下列情形之一的,依照刑法第三百六十三条第一款的规定,对直接负责的主管人员和其他直接责任人员以传播淫秽物品牟利罪定罪处罚:

(一)向一百人次以上传播的;

(二)违法所得一万元以上的;

(三)造成严重后果的。

实施前款规定行为,数量或者数额达到前款第

（一）项至第（二）项规定标准五倍以上的，应当认定为刑法第三百六十三条第一款规定的“情节严重”；达到规定标准二十五倍以上的，应当认定为“情节特别严重”。

第六条　实施本解释前五条规定的犯罪，具有下列情形之一的，依照刑法第三百六十三条第一款、第三百六十四条第一款的规定从重处罚：

（一）制作、复制、出版、贩卖、传播具体描绘不满十八周岁未成年人性行为的淫秽电子信息的；

（二）明知是具体描绘不满十八周岁的未成年人性行为的淫秽电子信息而在自己所有、管理或者使用的网站或者网页上提供直接链接的；

（三）向不满十八周岁的未成年人贩卖、传播淫秽电子信息和语音信息的；

（四）通过使用破坏性程序、恶意代码修改用户计算机设置等方法，强制用户访问、下载淫秽电子信息的。

第七条　明知他人实施制作、复制、出版、贩卖、传播淫秽电子信息犯罪，为其提供互联网接入、服务器托管、网络存储空间、通讯传输通道、费用结算等帮助的，对直接负责的主管人员和其他直接责任人员，以共同犯罪论处。

第八条　利用互联网、移动通讯终端、声讯台贩卖、传播淫秽书刊、影片、录像带、录音带等以实物为载体的淫秽物品的，依照《最高人民法院关于审理非法出版物刑事案件具体应用法律若干问题的解释》的有关规定定罪处罚。

第九条　刑法第三百六十七条第一款规定的“其他淫秽物品”，包括具体描绘性行为或者露骨宣扬色情的诲淫性的视频文件、音频文件、电子刊物、图片、文章、短信息等互联网、移动通讯终端电子信息和声讯台语音信息。

有关人体生理、医学知识的电子信息和声讯台语音信息不是淫秽物品。包含色情内容的有艺术价值的电子文学、艺术作品不视为淫秽物品。

《最高人民法院、最高人民检察院关于办理利用互联网、移动通讯终端、声讯台制作、复制、出版、贩卖、传播淫秽电子信息刑事案件具体应用法律若干问题的解释（二）》（2010年2月2日　法释〔2010〕3号）

第一条　以牟利为目的，利用互联网、移动通讯终端制作、复制、出版、贩卖、传播淫秽电子信息的，依照《最高人民法院、最高人民检察院关于办理利用互联网、移动通讯终端、声讯台制作、复制、出版、贩卖、传播淫秽电子信息刑事案件具体应用法律若干问题的解释》第一条、第二条的规定定罪处罚。

以牟利为目的，利用互联网、移动通讯终端制作、复制、出版、贩卖、传播内容含有不满十四周岁未成年人的淫秽电子信息，具有下列情形之一的，依照刑法第三百六十三条第一款的规定，以制作、复制、出版、贩卖、传播淫秽物品牟利罪定罪处罚：

（一）制作、复制、出版、贩卖、传播淫秽电影、表演、动画等视频文件十个以上的；

（二）制作、复制、出版、贩卖、传播淫秽音频文件五十个以上的；

（三）制作、复制、出版、贩卖、传播淫秽电子刊物、图片、文章等一百件以上的；

（四）制作、复制、出版、贩卖、传播的淫秽电子信息，实际被点击数达到五千次以上的；

（五）以会员制方式出版、贩卖、传播淫秽电子信息，注册会员达一百人以上的；

（六）利用淫秽电子信息收取广告费、会员注册费或者其他费用，违法所得五千元以上的；

（七）数量或者数额虽未达到第（一）项至第（六）项规定标准，但分别达到其中两项以上标准一半以上的；

（八）造成严重后果的。

实施第二款规定的行为，数量或者数额达到第二款第（一）项至第（七）项规定标准五倍以上的，应当认定为刑法第三百六十三条第一款规定的“情节严重”；达到规定标准二十五倍以上的，应当认定为“情节特别严重”。

第二条　利用互联网、移动通讯终端传播淫秽电子信息的，依照《最高人民法院、最高人民检察院关于办理利用互联网、移动通讯终端、声讯台制作、复制、出版、贩卖、传播淫秽电子信息刑事案件具体应用法律若干问题的解释》第三条的规定定罪处罚。

利用互联网、移动通讯终端传播内容含有不满十四周岁未成年人的淫秽电子信息，具有下列情形

之一的,依照刑法第三百六十四条第一款的规定,以传播淫秽物品罪定罪处罚:

(一)数量达到第一条第二款第(一)项至第(五)项规定标准二倍以上的;

(二)数量分别达到第一条第二款第(一)项至第(五)项两项以上标准的;

(三)造成严重后果的。

第三条 利用互联网建立主要用于传播淫秽电子信息的群组,成员达三十人以上或者造成严重后果的,对建立者、管理者和主要传播者,依照刑法第三百六十四条第一款的规定,以传播淫秽物品罪定罪处罚。

第四条 以牟利为目的,网站建立者、直接负责的管理者明知他人制作、复制、出版、贩卖、传播的是淫秽电子信息,允许或者放任他人在自己所有、管理的网站或者网页上发布,具有下列情形之一的,依照刑法第三百六十三条第一款的规定,以传播淫秽物品牟利罪定罪处罚:

(一)数量或者数额达到第一条第二款第(一)项至第(六)项规定标准五倍以上的;

(二)数量或者数额分别达到第一条第二款第(一)项至第(六)项两项以上标准二倍以上的;

(三)造成严重后果的。

实施前款规定的行为,数量或者数额达到第一条第二款第(一)项至第(七)项规定标准二十五倍以上的,应当认定为刑法第三百六十三条第一款规定的"情节严重";达到规定标准一百倍以上的,应当认定为"情节特别严重"。

《最高人民检察院、公安部关于公安机关管辖的刑事案件立案追诉标准的规定(一)》(2008年6月25日 公通字〔2008〕36号)

第八十二条 [制作、复制、出版、贩卖、传播淫秽物品牟利案(刑法第三百六十三条第一、二款)]以牟利为目的,制作、复制、出版、贩卖、传播淫秽物品,涉嫌下列情形之一的,应予立案追诉:

(一)制作、复制、出版淫秽影碟、软件、录像带五十至一百张(盒)以上,淫秽音碟、录音带一百至二百张(盒)以上,淫秽扑克、书刊、画册一百至二百副(册)以上,淫秽照片、画片五百至一千张以上的;

(二)贩卖淫秽影碟、软件、录像带一百至二百张(盒)以上,淫秽音碟、录音带二百至四百张(盒)以上,淫秽扑克、书刊、画册二百至四百副(册)以上,淫秽照片、画片一千至二千张以上的;

(三)向他人传播淫秽物品达二百至五百人次以上,或者组织播放淫秽影、像达十至二十场次以上的;

(四)制作、复制、出版、贩卖、传播淫秽物品,获利五千至一万元以上的。

以牟利为目的,利用互联网、移动通讯终端制作、复制、出版、贩卖、传播淫秽电子信息,涉嫌下列情形之一的,应予立案追诉:

(一)制作、复制、出版、贩卖、传播淫秽电影、表演、动画等视频文件二十个以上的;

(二)制作、复制、出版、贩卖、传播淫秽音频文件一百个以上的;

(三)制作、复制、出版、贩卖、传播淫秽电子刊物、图片、文章、短信息等二百件以上的;

(四)制作、复制、出版、贩卖、传播的淫秽电子信息,实际被点击数达到一万次以上的;

(五)以会员制方式出版、贩卖、传播淫秽电子信息,注册会员达二百人以上的;

(六)利用淫秽电子信息收取广告费、会员注册费或者其他费用,违法所得一万元以上的;

(七)数量或者数额虽未达到本款第(一)项至第(六)项规定标准,但分别达到其中两项以上标准的百分之五十以上的;

(八)造成严重后果的。

利用聊天室、论坛、即时通信软件、电子邮件等方式,实施本条第二款规定行为的,应予立案追诉。

以牟利为目的,通过声讯台传播淫秽语音信息,涉嫌下列情形之一的,应予立案追诉:

(一)向一百人次以上传播的;

(二)违法所得一万元以上的;

(三)造成严重后果的。

明知他人用于出版淫秽书刊而提供书号、刊号的,应予立案追诉。

要义辨析

一、概念

本罪是指以牟利为目的，制作、复制、出版、贩卖、传播淫秽物品的行为。本罪名是选择性罪名，行为人只要实施了其中任何一种行为，即应以该行为定罪，如果行为人实施多种行为的，应将所实施行为并列为一个罪名，不实行数罪并罚。

二、构成要件

1. 本罪侵犯的客体是文化市场的管理秩序以及良好的社会风尚。

2. 本罪客观方面表现为制作、复制、出版、贩卖、传播淫秽物品的行为。

3. 本罪犯罪主体是一般主体，即达到法定年龄具有刑事责任能力的自然人和单位。

4. 本罪主观方面必须是故意犯罪，且必须以牟利为目的。

三、要点辨析

1. 本罪是选择性罪名。以牟利为目的，制作、复制、出版、贩卖、传播淫秽物品的，构成本罪。根据行为的不同，可以分别定罪。

2. 犯罪对象是否属于淫秽物品，是区分本罪与非罪的主要界限，因此，认定本罪应严格把握淫秽物品的范围。关于淫秽物品的范围，参见“法律依据”。

3. 本罪特别规定了必须具有牟利的目的才构成犯罪。制作、复制、传播淫秽物品纯粹为了自己欣赏收藏等，不能定为本罪。

四、罪名变迁

本罪是1990年12月28日《全国人民代表大会常务委员会关于惩治走私、制作、贩卖、传播淫秽物品的犯罪分子的决定》第2条立法的罪名。1997年《刑法》设立专条规定本罪。1979年《刑法》只有制作、贩卖淫秽书、淫画罪。

类罪名：妨害社会管理秩序罪/制作、贩卖、传播淫秽物品罪 | 罪名：为他人提供书号出版淫秽书刊罪	
量刑标准	**犯本罪的**　处3年以下有期徒刑、拘役或者管制，并处或者单处罚金；
	单位犯本罪的　对单位判处罚金；对其直接负责的主管人员和其他直接责任人员按个人犯罪处罚。

法律依据

一、《刑法》条文

第三百六十三条第二款　为他人提供书号，出版淫秽书刊的，处三年以下有期徒刑、拘役或者管制，并处或者单处罚金；明知他人用于出版淫秽书刊而提供书号的，依照前款的规定处罚。

第三百六十六条　单位犯本节第三百六十三条、第三百六十四条、第三百六十五条规定之罪的，对单位判处罚金，并对其直接负责的主管人员和其他直接责任人员，依照各该条的规定处罚。

二、相关司法解释/文件

《最高人民法院关于审理非法出版物刑事案件具体应用法律若干问题的解释》（1998年12月17日　法释〔1998〕30号）

第九条　为他人提供书号、刊号、出版淫秽书刊的，依照刑法第三百六十三条第二款的规定，以为他人提供书号出版淫秽书刊罪定罪处罚。

为他人提供版号，出版淫秽音像制品的，依照前款规定定罪处罚。

明知他人用于出版淫秽书刊而提供书号、刊号的，依照刑法第三百六十三条第一款的规定，以出版淫秽物品牟利罪定罪处罚。

第十六条　出版单位与他人事前通谋，向其出售、出租或者以其他形式转让该出版单位的名称、书号、刊号、版号，他人实施本解释第二条、第四条、第八条、第九条、第十条、第十一条规定的行为，构成犯罪的，对该出版单位应当以共犯论处。

《最高人民检察院、公安部关于公安机关管辖的刑事案件立案追诉标准的规定(一)》(2008年6月25日 公通字〔2008〕36号)

第八十三条 [为他人提供书号出版淫秽书刊案(刑法第三百六十三条第二款)]为他人提供书号、刊号出版淫秽书刊,或者为他人提供版号出版淫秽音像制品的,应予立案追诉。

要义辨析

一、概念

本罪是指为他人提供书号,出版淫秽书刊的行为。

二、构成要件

1. 本罪侵犯的客体是出版行政管理秩序。

2. 本罪客观方面表现有以下两点:一是违反国家关于书号的管理规定,向他人或单位提供书号的行为,二是所提供的书号被他人用于出版淫秽书刊。

3. 本罪的犯罪主体既可以是个人,也可以是单位,主要是国家新闻出版单位及其工作人员。此外,接受出版社提供书号的人,又转手将书号提供给他人用于出版淫秽书刊的,也构成本罪的主体。

4. 本罪主观方面必须是过失,所谓"过失"是针对出版淫秽书刊而言,即不知道他人利用提供的书号出版淫秽书刊。如果明知他人要出版淫秽书刊而提供书号,则构成刑法第363条第1款的出版淫秽书刊罪。

三、要点辨析

1. 关于犯罪涵盖内容。《最高人民检察院、公安部关于公安机关管辖的刑事案件立案追诉标准的规定(一)》扩大了犯罪客观方面的内容,比《刑法》条文增加了"提供刊号"和"提供音像制品的版号"这两种特征的犯罪,同样要依本罪处刑。

2. 本罪是行为犯,行为人只要提供了书号刊号,供出违法出版,即构成犯罪。出版后影响面如何,只作为情节考虑。

四、罪名变迁

本罪是1990年12月28日《全国人民代表大会常务委员会关于惩治走私、制作、贩卖、传播淫秽物品的犯罪分子的决定》第2条立法的罪名。1997年刑法设立专条。1979年《刑法》只规定了制作、贩卖淫秽书、淫画罪。

类罪名:妨害社会管理秩序罪/制作、贩卖、传播淫秽物品罪	罪名:传播淫秽物品罪
量刑标准	**情节严重的(被传播面达300~600人次)** 处2年以下有期徒刑、拘役或者管制;
	单位犯本罪的 对单位判处罚金;对直接负责的主管人员和直接责任人员依个人犯罪处罚。

法律依据

一、《刑法》条文

第三百六十四条第一、四款 传播淫秽的书刊、影片、音像、图片或者其他淫秽物品,情节严重的,处二年以下有期徒刑、拘役或者管制。

向不满十八周岁的未成年人传播淫秽物品的,从重处罚。

第三百六十六条 单位犯本节第三百六十三条、第三百六十四条、第三百六十五条规定之罪的,对单位判处罚金,并对其直接负责的主管人员和其他直接责任人员,依照各该条的规定处罚。

二、相关司法解释/文件

《最高人民法院关于审理非法出版物刑事案件具体应用法律若干问题的解释》(1998年12月17日 法释〔1998〕30号)

第十条第一款　向他人传播淫秽的书刊、影片、音像、图片等出版物达三百至六百人次以上或者造成恶劣社会影响的，属于“情节严重”，依照刑法第三百六十四条第一款的规定，以传播淫秽物品罪定罪处罚。

《最高人民检察院、公安部关于公安机关管辖的刑事案件立案追诉标准的规定（一）》（2008 年 6 月 25 日　公通字〔2008〕36 号）

第八十四条　［传播淫秽物品案（刑法第三百六十四条第一款）］传播淫秽的书刊、影片、音像、图片或者其他淫秽物品，涉嫌下列情形之一的，应予立案追诉：

（一）向他人传播三百至六百人次以上的；

（二）造成恶劣社会影响的。

不以牟利为目的，利用互联网、移动通讯终端传播淫秽电子信息，涉嫌下列情形之一的，应予立案追诉：

（一）数量达到本规定第八十二条第二款第（一）项至第（五）项规定标准二倍以上的；

（二）数量分别达到本规定第八十二条第二款第（一）项至第（五）项两项以上标准的；

（三）造成严重后果的。

利用聊天室、论坛、即时通信软件、电子邮件等方式，实施本条第二款规定行为的，应予立案追诉。

从重情节向不满十八周岁的未成年人传播淫秽物品的，从重处罚，（《刑法》第三百六十四条第四款）

要义辨析

一、概念

本罪是指不以牟利为目的，在社会上传播淫秽物品，情节严重的行为。

二、构成要件

1. 本罪侵犯的客体是社会管理秩序犯罪对象是淫秽物品。

2. 本罪客观方面表现为在社会上传播淫秽物品、情节严重的行为。

3. 本罪犯罪主体除自然人外，还包括单位。

4. 本罪主观方面必须是故意，即明知是淫秽物品而故意予以传播，过失不构成本罪。另外，本罪在主观方面还必须不以营利为目的，如果传播淫秽物品，以牟利为日的，则不构成本罪，而以制作、贩卖淫秽物品罪定罪。

三、要点辨析

1. 本罪与制作、复制、出版、贩卖、传播淫秽物品罪的区别：（1）犯罪目的不同，本罪不以牟利为目的，而后者以牟利为目的；（2）对情节要求不同，“情节严重”是本罪的构成条件，而对制作、复制、出版、贩卖、传播淫秽物品罪来说，定罪不必考虑“情节严重”因素，只是量刑依据。

2. 本罪与利用淫秽物品传授犯罪方法罪的区别：本罪中，行为人只是传播淫秽思想，没有传播具体犯罪方法，而后者行为人主观上有利用淫秽物品传授犯罪方法的故意，客观上有将淫秽物品作为工具，通过、录像、图解或展示，向他人传授犯罪方法的行为。

3. 关于淫秽物品的范围，参见“制作、复制、出版、贩卖、传播淫秽物品罪”的“法律依据”。

四、罪名变迁

本罪是从《全国人民代表大会常务委员会关于惩治走私、制作、贩卖、传播淫秽物品的犯罪分子的决定》第 3 条的规定，吸收改为《刑法》的具体规定的。本罪是 1990 年 12 月 28 日《全国人民代表大会常务委员会关于惩治走私、制作、贩卖、传播淫秽物品的犯罪分子的决定》第 3 条立法的罪名。1997 年《刑法》设立专条。1979 年《刑法》只有制作、贩卖淫秽书、淫画罪，没有规定本罪名。

<table>
<tr><td colspan="2">类罪名:妨害社会管理秩序罪/制作、贩卖、传播淫秽物品罪 | 罪名:组织播放淫秽音像制品罪</td></tr>
<tr><td rowspan="3">量刑标准</td><td>构成犯罪的　处3年以下有期徒刑、拘役或者管制,并处罚金;</td></tr>
<tr><td>情节严重的　处3年以上10年以下有期徒刑,并处罚金;</td></tr>
<tr><td>单位犯本罪的　对单位处罚金;对直接负责的主管人员和直接责任人员按个人犯罪处罚。</td></tr>
</table>

法律依据

一、《刑法》条文

第三百六十四条第二、三、四款　组织播放淫秽的电影、录像等音像制品的,处三年以下有期徒刑、拘役或者管制,并处罚金;情节严重的,处三年以上十年以下有期徒刑,并处罚金。

制作、复制淫秽的电影、录像等音像制品组织播放的,依照第二款的规定从重处罚。

向不满十八周岁的未成年人传播淫秽物品的,从重处罚。

第三百六十六条　单位犯本节第三百六十三条、第三百六十四条、第三百六十五条规定之罪的,对单位判处罚金,并对其直接负责的主管人员和其他直接责任人员,依照各该条的规定处罚。

二、相关司法解释/文件

《最高人民法院关于审理非法出版物刑事案件具体应用法律若干问题的解释》(1998年12月17日　法释〔1998〕30号)

第十条第二款　组织播放淫秽的电影、录像等音像制品达十五至三十场次以上或者造成恶劣社会影响的,依照刑法第三百六十四条第二款的规定,以组织播放淫秽音像制品罪定罪处罚。

《最高人民检察院、公安部关于公安机关管辖的刑事案件立案追诉标准的规定(一)》(2008年6月25日　公通字〔2008〕36号)

第八十五条　[组织播放淫秽音像制品案(刑法第三百六十四条第二款)]组织播放淫秽的电影、录像等音像制品,涉嫌下列情形之一的,应予立案追诉:

(一)组织播放十五至三十场次以上的;

(二)造成恶劣社会影响的。

要义辨析

一、概念

本罪是指不以牟利为目的,组织播放淫秽的电影、录像等音像制品的行为。

二、构成要件

1. 本罪侵犯的客体是社会管理秩序。

2. 本罪客观方面表现为组织播放淫秽音像制品的行为。所谓“组织播放”,是指聚集众多的人,用影碟机、放像机、放映机、幻灯机、录音机等向他们播放淫秽的影碟、录像带、影片、幻灯片、录音带,这是本罪的本质特征,而且本罪不以“情节较重”为构成要件,行为人只要实施了组织播放淫秽音像制品的行为,即可以构成犯罪。

3. 本罪犯罪主体为一般主体,也包括单位。

4. 本罪主观方面必须是故意,即明知是淫秽的音像制品而故意予以组织播放,但不以牟利为目的,若以牟利为目的,组织播放淫秽音像制品,则构成传播淫秽物品牟利罪。

三、要点辨析

1. 本罪与传播淫秽物品牟利罪的区别在于:(1)本罪不以牟利为目的,而后者以牟利为目的;(2)本罪的犯罪对象限于淫秽音像制品,而后者是指一切淫秽物品;(3)本罪的传播方式限于组织播放,后者则包括组织播放在内的多种传播方式。

2. 本罪与传播淫秽物品罪的区别在于：(1)本罪的传播方式限于组织播放，而后者则除组织播放外还有多种传播方式；(2)本罪的犯罪对象限于淫秽音像制品，后者则是指淫秽音像制品在内的一切淫秽物品；(3)本罪不以“情节严重”为犯罪构成条件，后者则必须“情节严重”的才构成犯罪。

四、罪名变迁

本罪是1990年12月28日《全国人民代表大会常务委员会关于惩治走私、制作、贩卖、传播淫秽物品的犯罪分子的决定》第3条所设的罪名。1997年《刑法》专条规定本罪。1979年《刑法》，只有制作、贩卖淫秽书、淫画罪。不涉及音像制品，更没有本罪名。

类罪名：妨害社会管理秩序罪/制作、贩卖、传播淫秽物品罪	**罪名：组织淫秽表演罪**
量刑标准 构成犯罪的	处3年以下有期徒刑、拘役或者管制，并处罚金；
量刑标准 情节严重的	处3年以上10年以下有期徒刑，并处罚金。

法律依据

一、《刑法》条文

第三百六十五条　组织进行淫秽表演的，处三年以下有期徒刑、拘役或者管制，并处罚金；情节严重的，处三年以上十年以下有期徒刑，并处罚金。

二、相关司法解释/文件

《最高人民检察院、公安部关于公安机关管辖的刑事案件立案追诉标准的规定(一)》(2008年6月25日　公通字〔2008〕36号)

第八十六条　［组织淫秽表演案(刑法第三百六十五条)］以策划、招募、强迫、雇用、引诱、提供场地、提供资金等手段，组织进行淫秽表演，涉嫌下列情形之一的，应予立案追诉：

(一)组织表演者进行裸体表演的；

(二)组织表演者利用性器官进行诲淫性表演的；

(三)组织表演者半裸体或者变相裸体表演并通过语言、动作具体描绘性行为的；

(四)其他组织进行淫秽表演应予追究刑事责任的情形。

要义辨析

一、概念

本罪是指组织进行淫秽表演的行为。

二、构成要件

1. 本罪侵犯的客体是社会管理秩序。

2. 本罪的客观方面表现为组织进行淫秽表演的行为。

3. 本罪的犯罪主体是一般主体，但只有组织者才构成本罪，表演者不构成。

4. 本罪主观方面是故意，是否以营利为目的不论。

三、要点辨析

1. 本罪与组织播放淫秽音像制品罪的界限。两罪的犯罪客体、犯罪主体具有一致之处，主观上都表现为直接故意，在客观上都有组织行为，两罪的主要区别是组织表现的形式和内容不同。本罪组织的是淫秽表演，属于现场表演；而后罪组织的内容是播放淫秽音像制品。而且在本罪中如果没有组织行为，仅淫秽表演行为本身不构成犯罪；而在后罪中，若没有组织行为，播放淫秽音像制品的行为，仍然可构成传播淫秽物品牟利罪或传播淫秽物品罪。

2. 关于本罪的牵连犯定性。在司法实践中，行为人在组织淫秽表演的同时，为了增强演出效果，配之以音乐、灯光或画面。而这些画面、音乐往往属于淫秽音像制品，因此，行为人在构成组织淫秽表演罪的同时,又构成了组织播放淫秽音像制品罪,由于二行为之间具有目的行为和手段行为的牵连关系,构成牵连犯,依牵连犯处理原则,应从一重罪从重处罚。但二罪的法定刑幅度完全相同。这种情况下,宜以目的行为构成的犯罪定罪并从重处罚,并可考虑适用组织淫秽表演罪的“情节严重”情形处理。

3. 本罪与聚众淫乱罪的界限。聚众淫乱罪,是指行为人聚集男女多人进行集体淫乱的行为。由于聚众淫乱也可以出现于公开场合,而本罪在客观形式上也可以表现为男女多人公然在一起,进行性交展示等淫乱活动,且两罪都具有组织性质,因而具有形式上的相似性,只在于表演观看的人多少不同。区分两罪的关键是:(1)目的性不同。本罪中被组织者进行淫秽活动的目的在于表演,或者更确切地说,行为人将这些表演者组织起来,意在让他人进行淫秽表演,并由此决定了这种行为的公开性,即为组织内部以外的其他人能够看到、听到,且行为人主观上一般具有牟利的目的。而聚众淫乱罪尽管可以发生于公开场合,但聚众淫乱的行为并不在于进行表演供他人观赏,而在于行为人以及参加淫乱活动的人自己的某种精神上的满足,以填补其精神空虚,不具有牟利的目的。(2)行为表现方式不同,区别在于是否将发生性关系作为目的。本罪进行性器官表演等,不以淫乱实现性享受为目的,而是为了表演吸引他人观看获利,常见的方式多为脱衣舞、裸体舞表演;而聚众淫乱罪中淫乱行为虽常伴有脱衣、裸体行为,但这种行为主要在于为获得性刺激性享受进行淫乱,行为内容主要是男女性交,以及其他淫秽的行为。(3)犯罪主体不同。本罪只处罚淫秽表演的组织者,对淫秽表演者不予定罪处罚。而聚众淫乱罪处罚的则是首要分子或多次参加者。另外,本罪中组织者往往并不直接参与淫秽表演,而在聚众淫乱罪中,首要分子一般直接参与淫乱活动。

司法实践中,行为人在组织他人进行淫乱活动的同时又组织他人进行观看的,此种情况下,行为人虽有两个犯意,但一般认为只构成一个组织淫秽表演罪,因为,若将聚众淫乱的行为单独抽出,组织淫秽表演中,仅有组织观众的行为无以成立犯罪,而即使没有组织观众观看的行为,则行为人已单独地构成聚众淫乱罪,结合两方面考虑,宜以组织淫秽表演罪定罪。

四、罪名变迁

本罪是 1997 年《刑法》增设的罪名,1979 年《刑法》和单行刑法均没有规定此罪名。

第七章
危害国防利益罪

类罪名：危害国防利益罪	罪名：阻碍军人执行职务罪
量刑标准	**构成犯罪的**　处3年以下有期徒刑、拘役、管制或者罚金。

法律依据

《刑法》条文

第三百六十八条第一款　以暴力、威胁方法阻碍军人依法执行职务的，处三年以下有期徒刑、拘役、管制或者罚金。

要义辨析

一、概念

本罪是指以暴力、威胁方法阻碍军人依法执行职务的行为。

二、构成要件

1. 本罪侵犯的客体是军人依法执行职务的活动。

2. 本罪的犯罪客观方面表现为以暴力威胁方法进行阻碍军人依法执行职务的行为。所谓“暴力”，是指对军人的身体实行强制或者打击，如殴打、捆绑等；所谓“威胁方法”，是指以杀害、伤害、毁坏财产、揭露隐私等进行要挟，迫使军人放弃执行自己的职务；所谓“依法执行职务”，是指军人依法进行值勤、守卫、巡逻、押运、作战等任务。

3. 本罪犯罪主体为一般主体，既可以是非军人，也可以是军人。

4. 本罪犯罪主观方面是故意，即明知军人正在依法执行职务而进行阻碍，对其危害国防利益的后果持希望或者放任的态度。

三、要点辨析

1. 本罪罪与非罪的界限。本罪行为人阻碍的是军人依法执行职务的行为，而且必须是使用了暴力、威胁方法。未使用暴力、威胁的一般性劝阻、纠缠，则不构成本罪。

2. 正确认定因实施暴力造成人员伤亡的性质。行为人在阻碍军人依法执行职务过程中，因实施暴力行为造成犯罪对象身体被伤害的，属于牵连犯，从一重罪处断。如果行为人致使犯罪对象身体受到轻伤害的，以本罪定罪处罚；如果行为人致使犯罪对象身体受到重伤伤害的，则以故意伤害罪定罪处罚；如果行为人致使犯罪对象死亡的，则以故意杀人罪定罪处罚。

四、罪名变迁

本罪是1997年《刑法》增设的罪名，1979年《刑法》和单行刑法均没有规定此罪名。1997年之前，司法实践中，对于这种犯罪，是按照1979年《刑法》第157条妨害公务罪处理的。由于阻碍军人依法执行职务直接危害的是国防利益，因此，1997年《刑法》将这种行为单设为新的罪名。

类罪名:危害国防利益罪	罪名:阻碍军事行动罪
量刑标准	构成犯罪的 处5年以下有期徒刑或者拘役。

法律依据

《刑法》条文

第三百六十八条第二款 故意阻碍武装部队军事行动,造成严重后果的,处五年以下有期徒刑或者拘役。

要义辨析

一、概念

本罪是指故意阻碍武装部队军事行为,造成严重后果的行为。

二、构成要件

1. 本罪侵犯的客体是武装部队的军事活动。

2. 本罪犯罪客观方面表现为阻碍武装部队军事行动,造成严重后果的行为。所谓"阻碍武装部队军事行动",是指采取设置交通障碍、煽动群众围堵、停止水电供应、污染饮用水源等方法,故意阻止或者妨碍武装部队进行作战、军事演习、训练、部队兵力兵器,抢险救灾等履行军事职能的活动。所谓"造成严重后果",是指因阻碍武装部队军事行动而贻误战机的;导致作战部署较大调整的;导致战斗、战役或者其他重要军事行动遭受损失的;影响部队完成重要任务的;造成人员重伤死亡的,等等。

3. 本罪犯罪主体是一般主体,既可以是非军人,也可以是军人。

4. 本罪犯罪主观方面是故意,即明知武装部队的军事行动而进行阻碍,对其危害国防利益的后果持希望或者放任的态度。

三、要点辨析

1. 本罪罪与非罪的界限。本罪属于结果犯,以造成严重后果作为犯罪构成要件;对于一般性的围堵、阻碍军事行为未造成严重后果的,不作为犯罪处理。

2. 正确认定武装叛乱、暴乱方式阻碍军事行动的行为的性质。以武装叛乱、暴乱方式阻碍军事行动,属于牵连犯,按照从一重罪处断,即以武装叛乱、暴乱罪定罪处罚。如果在阻碍军事行动过程中,策动、勾引、收买武装部队人员进行叛乱,则应分别以阻碍军事行动罪和武装叛乱、暴乱罪定罪处罚。

四、罪名变迁

本罪是1997年《刑法》增设的罪名,1979年《刑法》和单行刑法均没有规定此罪名。

类罪名:危害国防利益罪	罪名:破坏武器装备、军事设施、军事通信罪
量刑要素	构成犯罪的 处3年以下有期徒刑、拘役或者管制;
	破坏重要武器装备、军事设施、军事通信的 处3年以上10年以下有期徒刑;
	情节特别严重的 处10年以上有期徒刑、无期徒刑或者死刑;
	战时犯罪的 从重处罚。

法律依据

一、《刑法》条文

第三百六十九条第一、三款　破坏武器装备、军事设施、军事通信的，处三年以下有期徒刑、拘役或者管制；破坏重要武器装备、军事设施、军事通信的，处三年以上十年以下有期徒刑；情节特别严重的，处十年以上有期徒刑、无期徒刑或者死刑。

战时犯前款罪的，从重处罚。

二、相关司法解释/文件

《最高人民法院关于审理危害军事通信刑事案件具体应用法律若干问题的解释》（2007 年 6 月 26 日　法释〔2007〕13 号）

为依法惩治危害军事通信的犯罪活动，维护国防利益和军事通信安全，根据刑法有关规定，现就审理这类刑事案件具体应用法律的若干问题解释如下：

第一条　故意实施损毁军事通信线路、设备，破坏军事通信计算机信息系统，干扰、侵占军事通信电磁频谱等行为的，依照刑法第三百六十九条第一款的规定，以破坏军事通信罪定罪，处三年以下有期徒刑、拘役或者管制；破坏重要军事通信的，处三年以上十年以下有期徒刑。

第二条　实施破坏军事通信行为，具有下列情形之一的，属于刑法第三百六十九条第一款规定的"情节特别严重"，以破坏军事通信罪定罪，处十年以上有期徒刑、无期徒刑或者死刑：

（一）造成重要军事通信中断或者严重障碍，严重影响部队完成作战任务或者致使部队在作战中遭受损失的；

（二）造成部队执行抢险救灾、军事演习或者处置突发性事件等任务的通信中断或者严重障碍，并因此贻误部队行动，致使死亡 3 人以上、重伤 10 人以上或者财产损失 100 万元以上的；

（三）破坏重要军事通信三次以上的；

（四）其他情节特别严重的情形。

第三条　过失损坏军事通信，造成重要军事通信中断或者严重障碍的，属于刑法第三百六十九条第二款规定的"造成严重后果"，以过失损坏军事通信罪定罪，处三年以下有期徒刑或者拘役。

第四条　过失损坏军事通信，具有下列情形之一的，属于刑法第三百六十九条第二款规定的"造成特别严重后果"，以过失损坏军事通信罪定罪，处三年以上七年以下有期徒刑：

（一）造成重要军事通信中断或者严重障碍，严重影响部队完成作战任务或者致使部队在作战中遭受损失的；

（二）造成部队执行抢险救灾、军事演习或者处置突发性事件等任务的通信中断或者严重障碍，并因此贻误部队行动，致使死亡 3 人以上、重伤 10 人以上或者财产损失 100 万元以上的；

（三）其他后果特别严重的情形。

第五条　建设、施工单位直接负责的主管人员、施工管理人员，明知是军事通信线路、设备而指使、强令、纵容他人予以损毁的，或者不听管护人员劝阻，指使、强令、纵容他人违章作业，造成军事通信线路、设备损毁的，以破坏军事通信罪定罪处罚。

建设、施工单位直接负责的主管人员、施工管理人员，忽视军事通信线路、设备保护标志，指使、纵容他人违章作业，致使军事通信线路、设备损毁，构成犯罪的，以过失损坏军事通信罪定罪处罚。

第六条　破坏、过失损坏军事通信，并造成公用电信设施损毁，危害公共安全，同时构成刑法第一百二十四条和第三百六十九条规定的犯罪的，依照处罚较重的规定定罪处罚。

盗窃军事通信线路、设备，不构成盗窃罪，但破坏军事通信的，依照刑法第三百六十九条第一款的规定定罪处罚；同时构成刑法第一百二十四条、第二百六十四条和第三百六十九条第一款规定的犯罪的，依照处罚较重的规定定罪处罚。

违反国家规定，侵入国防建设、尖端科学技术领域的军事通信计算机信息系统，尚未对军事通信造成破坏的，依照刑法第二百八十五条的规定定罪处罚；对军事通信造成破坏，同时构成刑法第二百八十五条、第二百八十六条、第三百六十九条第一款规定的犯罪的，依照处罚较重的规定定罪处罚。

违反国家规定，擅自设置、使用无线电台、站，或者擅自占用频率，经责令停止使用后拒不停止使用，干扰无线电通讯正常进行，构成犯罪的，依照刑法第二百八十八条的规定定罪处罚；造成军事通信中断或者严重障碍,同时构成刑法第二百八十八条、第三百六十九条第一款规定的犯罪的,依照处罚较重的规定定罪处罚。

第七条 本解释所称"重要军事通信",是指军事首脑机关及重要指挥中心的通信,部队作战中的通信,等级战备通信,飞行航行训练、抢险救灾、军事演习或者处置突发性事件中的通信,以及执行试飞试航、武器装备科研试验或者远洋航行等重要军事任务中的通信。

本解释所称军事通信的具体范围、通信中断和严重障碍的标准,参照中国人民解放军通信主管部门的有关规定确定。

要义辨析

一、概念

本罪是指以贪利、泄愤报复或者其他个人目的,故意破坏武器装备、军事设施、军事通信的行为。

二、构成要件

1. 本罪侵犯的客体是国防建设秩序。犯罪对象是武器装备和军事设施。所谓"武器装备",是指武装部队使用和配发的各类武器及其配套和弹药、仪器、器材、装备附件的总称。所谓"军事设施",是指供军事上使用的固定设施,如国防设施、导弹基地和军用机场、港口、仓库以及其他军用工程等。所谓"军事通信",是指军队为实施指挥,运用通信工具或者其他方法进行的信息传递。所谓"重要武器装备",是指大型火炮、坦克、舰艇、飞机、尖端武器等。"重要军事设施",是指指挥中心、大型作战工程、各类通信、导航、观测台站、导弹基地、机场、港口、大型仓库、重要管线等。

2. 本罪的客观方面表现为对武器装备、军事设施、军事通信实施了破坏的行为。破坏,包括武器装备、军事设施、军事通信的效用丧失或者减少的一切行为,并不限于物理上的毁损。所谓"情节特别严重",通常是指破坏大量重要武器装备、军事设施、军事通信的,影响部队完成重要任务的,造成人员重大伤亡等。

3. 本罪的犯罪主体为一般主体,既可以是非军人,也可以是军人。

4. 本罪犯罪主观方面是故意,即明知是武器装备、军事设施、军事通信,但出于贪利图财、泄愤报复或者敌意,仍然进行破坏,对其危害国防建设的后果持希望或者放任的态度。

三、要点辨析

1. 准确认定罪名。本罪是选择性罪名,犯罪对象是三种,行为人只要侵犯了其中的一种,即构成本罪。在具体认定罪名时,应根据犯罪对象来定。

2. 正确认定本罪既遂的标准。本罪属于行为犯,只要行为人对武器装备、军事设施、军事通信实施了破坏行为,就构成本罪,而不要求其破坏行为必须导致发生严重后果。

3. 注意本罪与危害公共安全罪中的一些犯罪的界限。本罪与破坏交通工具、交通设施、公用电信设施等犯罪的主体、主观方面和犯罪客观方面相同或者相似,其主要区别在于:(1)侵犯的客体不同。本罪侵犯的客体是国防建设秩序,军事装备;而后罪侵犯的客体是公共交通安全、公共通信安全等。(2)犯罪对象性质不同。本罪的犯罪对象是用于军事目的,而后罪的犯罪对象用于国计民生等非军事目的。

四、罪名变迁

本罪是由1981年6月10日全国人民代表大会常务委员会通过的《惩治军人违反职责罪暂行条例》第12条的规定,吸收为《刑法》的具体规定的。

<table>
<tr><td colspan="2">类罪名:危害国防利益罪 | 罪名:过失损坏武器装备、军事设施、军事通信罪</td></tr>
<tr><td rowspan="3">量刑标准</td><td>造成严重后果的 处3年以下有期徒刑或者拘役;</td></tr>
<tr><td>造成特别严重后果的 处3年以上7年以下有期徒刑;</td></tr>
<tr><td>战时犯本罪的 从重处罚。</td></tr>
</table>

法律依据

一、《刑法》条文

第三百六十九条第二、三款 过失犯前款罪,造成严重后果的,处三年以下有期徒刑或者拘役;造成特别严重后果的,处三年以上七年以下有期徒刑。

战时犯前两款罪的,从重处罚。

二、相关司法解释/文件

《最高人民法院关于审理危害军事通信刑事案件具体应用法律若干问题的解释》(2007年6月26日 法释〔2007〕13号)

第三条 过失损坏军事通信,造成重要军事通信中断或者严重障碍的,属于刑法第三百六十九条第二款规定的“造成严重后果”,以过失损坏军事通信罪定罪,处三年以下有期徒刑或者拘役。

第四条 过失损坏军事通信,具有下列情形之一的,属于刑法第三百六十九条第二款规定的“造成特别严重后果”,以过失损坏军事通信罪定罪,处三年以上七年以下有期徒刑:

(一)造成重要军事通信中断或者严重障碍,严重影响部队完成作战任务或者致使部队在作战中遭受损失的;

(二)造成部队执行抢险救灾、军事演习或者处置突发性事件等任务的通信中断或者严重障碍,并因此贻误部队行动,致使死亡3人以上、重伤10人以上或者财产损失100万元以上的;

(三)其他后果特别严重的情形。

要义辨析

一、概念

本罪是指由于过失致使武器装备、军事设施、军事通信遭受损坏,造成严重后果,危害国防利益的行为。

二、构成要件

1. 本罪侵犯的客体是国防建设秩序。

2. 本罪的犯罪客观方面表现为对武器装备、军事设施、军事通信实施了损坏的行为,并造成了严重后果。

3. 本罪的犯罪主体是一般主体,既可以是非军人,也可以是军人。

4. 本罪的犯罪主观方面是过失。包括疏忽大意和过于自信的过失。

三、要点辨析

1. 本罪是主观方面指由于过失,导致国家军事机关的武器装备、军事设施、军事通信遭受损坏、造成严重后果的行为。本罪是根据2005年2月28日《刑法修正案(五)》增加的第2款过失犯罪而增加的罪名,量刑比故意犯罪要低,最高刑为7年,而故意破坏的最高刑为死刑。

2. 本罪是结果犯,行为人的行为造成严重后果的,才构成犯罪。

四、罪名变迁

本罪是根据《刑法修正案(五)》第3条增设的罪名。

类罪名:危害国防利益罪	罪名:故意提供不合格武器装备、军事设施罪
量刑要素	**构成犯罪的** 处5年以下有期徒刑或者拘役;
	情节严重的 处5年以上10年以下有期徒刑;
	情节特别严重的 处10年以上有期徒刑、无期徒刑或者死刑;
	单位犯本罪的 对单位处罚金;对直接负责的主管人员和其他责任人员依个人犯罪处罚。

法律依据

《刑法》条文

第三百七十条第一、三款 明知是不合格的武器装备、军事设施而提供给武装部队的,处五年以下有期徒刑或者拘役;情节严重的,处五年以上十年以下有期徒刑;情节特别严重的,处十年以上有期徒刑、无期徒刑或者死刑。

单位犯第一款罪的,对单位判处罚金,并对其直接负责的主管人员和其他直接责任人员,依照第一款的规定处罚。

要义辨析

一、概念

本罪是指明知是不合格的武器装备、军事设施,而故意提供给武装部队的行为。

二、构成要件

1. 本罪犯罪客体是武器装备、军事设施质量管理秩序。

2. 本罪犯罪客观方面表现为将不合格的武器装备、军事设施提供给武装部队的行为。

3. 本罪犯罪主体是特定主体。

4. 本罪犯罪主观方面是故意。

三、要点辨析

1. 本罪犯罪主体是特定主体,一般是指军火生产商和销售商,包括自然人和企业单位。

2. 行为人对不合格产品是明知的即知道是不合格的武器装备、军事设施,仍然故意提供给武装部队。如果行为人以为产品是合格的,提供后出现技术故障,导致无法使用或者功能不能实现,不能以本罪论。

3. 本罪中的"情节严重",通常是指提供的不合格的武器装备、军事设施造成人员重伤、死亡的;造成重大经济损失的;严重影响部队完成任务的等。所谓"情节特别严重",通常是指造成多人重伤、死亡的;严重影响作战任务完成的;造成特别重大的经济损失或者其他特别严重的后果的等。

4. 本罪属于行为犯,行为人只要故意设施了提供不合格武器装备、军事设施的行为,就构成本罪。情节严重的,只作为加重因素。

四、罪名变迁

本罪是1997年《刑法》增设的罪名,1979年《刑法》和单行刑法均没有规定此罪名。

类罪名:危害国防利益罪	罪名:过失提供不合格武器装备、军事设施罪
量刑标准	**造成严重后果的** 处3年以下有期徒刑或者拘役;
	造成特别严重后果的 处3年以上7年以下有期徒刑。

法律依据

《刑法》条文

第三百七十条第一、二款　明知是不合格的武器装备、军事设施而提供给武装部队的，处五年以下有期徒刑或者拘役；情节严重的，处五年以上十年以下有期徒刑；情节特别严重的，处十年以上有期徒刑、无期徒刑或者死刑。

过失犯前款罪，造成严重后果的，处三年以下有期徒刑或者拘役；造成特别严重后果的，处三年以上七年以下有期徒刑。

要义辨析

一、概念

本罪是指将不合格的武器装备、军事设施，因过失提供给武装部队，造成严重后果的行为。

二、构成要件

1. 本罪侵犯的客体是武器装备、军事设施的质量管理秩序。

2. 本罪犯罪客观方面表现为将不合格的武器装备、军事设施提供给武装部队的行为。

3. 本罪犯罪主体是武器装备生产、销售、修理、采购单位的负有产品质量检验责任的人员和主管人员，军事设施的勘察、设计、施工、验收单位负有产品质量检验责任的人员和主管人员。

4. 本罪犯罪主观方面是过失，包括疏忽大意的过失和过于自信的过失。

三、要点辨析

1. 所谓过失，是指在提供武器装备、军事设施时，进行了必要的注意，以为自己提供的是合格的产品，但物资被提供使用后，却不能实现使用功能。

2. 由于本罪物资供应者的特殊性，本罪的犯罪主体也是特定的，一般是指对军事武器装备、军事设施的质量把关负有责任的生产者、销售者、管理者和检验者

3. 本罪同故意提供不合格武器装备、军事设施罪的行为犯定性不同，本罪属于结果犯。行为人过失提供不合格武器装备、军事设施罪，必须是以该行为已经造成严重后果，作为犯罪构成要件。

四、罪名变迁

本罪是1997年《刑法》增设的罪名，1979年《刑法》和单行刑法均没有规定此罪名。

类罪名：危害国防利益罪　罪名：聚众冲击军事禁区罪	
量刑标准	对首要分子　处5年以上10年以下有期徒刑；
	对其他积极参加者　处5年以下有期徒刑、拘役、管制或者剥夺政治权利。

法律依据

《刑法》条文

第三百七十一条第一款　聚众冲击军事禁区，严重扰乱军事禁区秩序的，对首要分子，处五年以上十年以下有期徒刑；对其他积极参加的，处五年以下有期徒刑、拘役、管制或者剥夺政治权利。

要义辨析

一、概念

本罪是指聚众冲击军事禁区、严重扰乱军事禁区秩序的行为。

二、构成要件

1. 本罪侵犯的客体是军事禁区秩序。军事禁区,是指国家根据国防利益的需要,根据军事设施的性质、作用、安全保密的需要和使用效能的特殊要求,依法划定的一定地区、水域、空域,采取特殊措施重点保护、不准无关人员和设施、机械装置进入的区域。

2. 犯罪客观方面表现为聚众冲击军事禁区、严重扰乱军事禁区秩序的行为。"聚众冲击军事禁区",是指纠集多人,强行闯入军事禁区,占据办公地点,毁坏财物,殴打人员等情形。

3. 犯罪主体是一般主体,既可以是非军人,也可以是军人。

4. 犯罪主观方面是故意,即明知是军事禁区,仍然聚众冲击,对其危害国防利益的后果持希望或者放任的态度。

三、要点辨析

1. 本罪的聚众冲击军事禁区的行为,必须达到严重扰乱军事禁区秩序的程度。

2. 正确认定聚众冲击军事禁区罪中阻碍军人依法执行职务的行为的性质。行为人犯聚众冲击军事禁区罪,同时又触犯阻碍军人依法执行职务的,依照牵连犯的处理原则,从一重罪处断。

3. 本罪同聚众冲击国家机关罪的区别,是冲击对象的特定性。从国家机关中专门分离出一个罪名。特别地针对性地适用。

四、罪名变迁

本罪是1997年《刑法》增设的罪名,是从1990年2月23日全国人民代表大会常务委员会第十二次会议通过的《军事设施保护法》第33条的规定,吸收改为《刑法》具体的规定的。

类罪名:危害国防利益罪	罪名:聚众扰乱军事管理区秩序罪
量刑要素	对首要分子　处3年以上7年以下有期徒刑;
	对其他积极参加者　处3年以下有期徒刑、拘役、管制或者剥夺政治权利。

法律依据

《刑法》条文

第三百七十一条第二款　聚众扰乱军事管理区秩序,情节严重,致使军事管理区工作无法进行,造成严重损失的,对首要分子,处三年以上七年以下有期徒刑;对其他积极参加的,处三年以下有期徒刑、拘役、管制或者剥夺政治权利。

要义辨析

一、概念

本罪是指聚众扰乱军事管理区秩序,情节严重,致使军事管理区工作无法进行,造成严重损失的行为。

二、构成要件

1. 本罪侵犯的客体是军事管理区秩序。所谓"军事管理区",是指国家根据军事设施的特点、使用、安全保密的需要和使用效能的要求,在依法划定的陆域、水域的一定范围内,采取比较严格保护措施的区域。比军事禁区的管理要相对松些。所谓"致使军事管理区工作无法进行",是指军事管理区内的训练、教学、科研、指挥等工作无法正常进行。

2. 犯罪客观方面表现为聚众扰乱军事管理区

秩序，情节严重，致使军事管理区工作无法进行，造成严重损失的行为。

3. 犯罪主体是一般主体，既可以是非军人，也可以是军人。但必须是犯罪活动的首要分子或者其他积极参加者。

4. 犯罪主观方面是故意，即明知是军事管理区，仍然扰乱军事管理区秩序，对其所造成的危害国防利益的后果持希望或者放任的态度。

三、要点辨析

1. 本罪罪与非罪的界限。本罪以聚众扰乱军事管理区秩序"情节严重"，"致使军事管理区工作无法进行"，"造成严重损失"为构成要件，三者必须同时具备，缺一不可，否则不构成犯罪。

2. 正确认定聚众冲击军事管理区秩序罪中阻碍军人依法执行职务的行为的性质。行为人犯聚众冲击军事管理区秩序罪，同时又触犯阻碍军人依法执行职务的，依照牵连犯的处理原则，从一重罪处断。

四、罪名变迁

本罪是1997年《刑法》增设的罪名，是从《军事设施保护法》第33条吸收改为《刑法》的具体规定的。

类罪名：危害国防利益罪 | **罪名：冒充军人招摇撞骗罪**		
量刑标准	**构成犯罪的**	处3年以下有期徒刑、拘役、管制或者剥夺政治权利；
	情节严重的	处3年以上10年以下有期徒刑。

法律依据

一、《刑法》条文

第三百七十二条　冒充军人招摇撞骗的，处三年以下有期徒刑、拘役、管制或者剥夺政治权利；情节严重的，处三年以上十年以下有期徒刑。

二、相关法律

《中华人民共和国国防法》（2020年12月26日修订）

第二十九条　国家禁止任何组织或者个人非法建立武装组织，禁止非法武装活动，禁止冒充军人或者武装力量组织。

三、相关司法解释/文件

《最高人民法院、最高人民检察院关于办理妨害武装部队制式服装、车辆号牌管理秩序等刑事案件具体应用法律若干问题的解释》（2011年7月20日　法释〔2011〕16号）

为依法惩治妨害武装部队制式服装、车辆号牌管理秩序等犯罪活动，维护国防利益，根据《中华人民共和国刑法》有关规定，现就办理非法生产、买卖武装部队制式服装，伪造、盗窃、买卖武装部队车辆号牌等刑事案件的若干问题解释如下：

第一条　伪造、变造、买卖或者盗窃、抢夺武装部队公文、证件、印章，具有下列情形之一的，应当依照刑法第三百七十五条第一款的规定，以伪造、变造、买卖武装部队公文、证件、印章罪或者盗窃、抢夺武装部队公文、证件、印章罪定罪处罚：

（一）伪造、变造、买卖或者盗窃、抢夺武装部队公文一件以上的；

（二）伪造、变造、买卖或者盗窃、抢夺武装部队军官证、士兵证、车辆行驶证、车辆驾驶证或者其他证件二本以上的；

（三）伪造、变造、买卖或者盗窃、抢夺武装部队机关印章、车辆牌证印章或者其他印章一枚以上的。

实施前款规定的行为，数量达到第（一）至（三）项规定标准五倍以上或者造成严重后果的，应当认定为刑法第三百七十五条第一款规定的"情节严重"。

第四条　买卖、盗窃、抢夺伪造、变造的武装部队公文、证件、印章的，买卖仿制的现行装备的武装部队制式服装情节严重的，盗窃、买卖、提供、使用伪造、变造的武装部队车辆号牌等专用标志情节严重的,应当追究刑事责任。定罪量刑标准适用本解释第一至第三条的规定。

第五条 明知他人实施刑法第三百七十五条规定的犯罪行为,而为其生产、提供专用材料或者提供资金、账号、技术、生产经营场所等帮助的,以共犯论处。

第六条 实施刑法第三百七十五条规定的犯罪行为,同时又构成逃税、诈骗、冒充军人招摇撞骗等犯罪的,依照处罚较重的规定定罪处罚。

要义辨析

一、概念

本罪是指以谋取非法利益为目的,冒充军人进行招摇撞骗的行为。

二、构成要件

1. 本罪侵犯的客体是复杂客体,主要侵犯的是军队的声誉及其正常活动,同时侵犯社会管理秩序。

2. 犯罪客观方面表现为冒充军人身份招摇撞骗的行为。"冒充军人身份",既包括非军人身穿佩戴有军人专用标志的军服,使用、携带证明军人身份的证件,公文,或者自称是某军事单位的军人;也包括军衔、职务低的军人冒充军衔、职务高的军人,一个单位的军人冒充另一个单位的军人。

3. 犯罪主体是一般主体,既可以是非军人,也可以是军人。

4. 犯罪主观方面是故意,即明知自己冒充军人招摇撞骗的行为会损坏军人的形象和声誉,扰乱社会秩序,但为了获取非法利益仍然实施。

三、要点辨析

1. 本罪罪与非罪的界限。本罪属于行为犯,构成本罪行为人既要有冒充军人的行为,又要有为谋取非法利益而进行招摇撞骗的行为,两者缺一不可。如果行为人仅仅为了满足自己的虚荣心而冒充军人,没有为谋取非法利益进行招摇撞骗的活动,则不构成本罪。

2. 注意本罪与招摇撞骗罪的界限。《刑法》对这两个罪的规定存在法条竞合关系,其主要区别在于:(1)侵犯的客体不同。本罪侵犯的直接客体主要是军队的声誉及其正常活动,后罪侵犯的直接客体主要是国家机关的声誉及其正常活动。(2)犯罪对象不同。本罪侵犯的犯罪对象是现役军人身份,后罪侵犯的对象是除军事机关外的国家机关工作人员身份。

3. 本罪所谓"情节严重",一般是指多次假冒军人,屡教不改的;假冒军人进行违法犯罪活动,造成恶劣影响的;假冒军事各级领导干部、机要保密人员的,等等。

四、罪名变迁

本罪是1997年《刑法》增设的罪名,1979年《刑法》是依照第166条冒充国家工作人员招摇撞骗罪处理的。

类罪名:危害国防利益罪 | **罪名:煽动军人逃离部队罪**	
量刑标准	**构成犯罪的** 处3年以下有期徒刑、拘役或者管制。

法律依据

《刑法》条文

第三百七十三条 煽动军人逃离部队或者明知是逃离部队的军人而雇用,情节严重的,处三年以下有期徒刑、拘役或者管制。

要义辨析

一、概念

本罪是指以语言、文字等形式，鼓动军人逃离部队，情节严重的行为。

二、构成要件

1. 本罪侵犯的客体是部队兵员管理秩序。

2. 犯罪客观方面表现为煽动军人逃离军队，情节严重的行为。煽动，应是以口头、书面或者其他方式鼓励、唆使、怂恿不特定军人擅自离开部队的行为。煽动军人永久性逃离部队，或者煽动军人一时性逃离部队的，均可以成立本罪。

3. 犯罪主体是一般主体，既可以是非军人，也可以是军人。

4. 犯罪主观方面是故意，即行为人明知被煽动的对象是现役军人，对其危害军队和国防建设的后果持希望或者放任的态度。

三、要点辨析

正确认定煽动军人逃离部队后又组织逃离部队军人实施其他犯罪活动的性质：行为人煽动军人逃离部队后，又组织逃离部队的军人实施其他犯罪活动的，应当分别定罪处罚，实行数罪并罚。如果行为人煽动军人逃离部队是为了实施武装叛乱、暴乱或者投敌叛变、叛逃行为，应按重罪吸收轻罪的原则，以武装叛乱、暴乱罪或者投敌叛变、叛逃罪定罪，从重处罚。

四、罪名变迁

本罪是1997年《刑法》增设的罪名，1979年《刑法》和单行刑法均没有规定此罪名。

类罪名：危害国防利益罪	罪名：雇用逃离部队军人罪
量刑标准	构成犯罪的　处3年以下有期徒刑、拘役或者管制。

法律依据

《刑法》条文

第三百七十三条　煽动军人逃离部队或者明知是逃离部队的军人而雇用，情节严重的，处三年以下有期徒刑、拘役或者管制。

要义辨析

一、概念

本罪是指明知是逃离部队的军人而雇佣，情节严重的行为。

二、构成要件

1. 本罪侵犯的客体是部队兵员管理秩序。

2. 犯罪客观方面表现为雇用逃离部队军人，情节严重的行为。一般来说，雇用，是指有偿地使逃离部队的军人，为自己或者第三者提供劳动，但没有必要将逃离部队的军人的劳动，作为本罪的要素，只要具备雇用的行为即可（如持续性地为逃离部队的军人提供一定的活动场所与生活费用）。所谓“情节严重”，主要是指雇用多名明知是逃离部队的军人的；对逃兵委以重任，抗拒部队将其带回的；雇用军队机要、保密和首脑机关的人员，造成严重后果的等。

3. 犯罪主体是非军人，多数是公司、企业、事业单位的主管人员和个体户老板。

4. 犯罪主观方面由故意构成，即行为人明知是逃离部队的军人而雇用，对其危害军队和国防建设的后果持希望或者放任的态度。

三、要点辨析

1. 本罪罪与非罪的界限。如果行为人不知道其雇用的是逃离部队的军人,或者明知其雇用的是逃离部队的军人,但不属于情节严重的,则不构成犯罪。

2. 正确认定雇用逃离部队军人实施其他犯罪活动的性质。行为人雇用逃离部队军人后,又组织逃离部队军人实施其他犯罪活动,触犯其他罪名的,应当分别定罪处罚,实行数罪并罚。如果行为人雇用逃离部队军人,一开始即是为了实施其他犯罪活动,则应按照重罪吸收轻罪的原则定罪,从重处罚,不实行数罪并罚。

四、罪名变迁

本罪是1997年《刑法》增设的罪名,1979年《刑法》和单行刑法均没有规定此罪名。

类罪名:危害国防利益罪	罪名:接送不合格兵员罪
量刑标准	情节严重的　处3年以下有期徒刑或者拘役;
	造成特别严重后果的　处3年以上7年以下有期徒刑。

法律依据

《刑法》条文

第三百七十四条　在征兵工作中徇私舞弊,接送不合格兵员,情节严重的,处三年以下有期徒刑或者拘役;造成特别严重后果的,处三年以上七年以下有期徒刑。

要义辨析

一、概念

本罪是指在征兵工作中徇私舞弊,接送不合格兵员,情节严重的行为。

二、构成要件

1. 本罪侵犯的客体是国家征兵工作秩序。

2. 犯罪客观方面表现为在征兵工作中徇私舞弊,接送不合格兵员,情节严重的行为。所谓"情节严重",主要是指徇私舞弊,接送多名不合格兵员的;徇私舞弊,情节恶劣,造成恶劣影响的;战时接送不合格兵员,影响部队军事行动的等。所谓"造成特别严重后果的",主要是指造成大量不合格兵员进入部队的;接送的不合格兵员在部队违法犯罪或者酿成重大恶性案件或者政治事故的;接送的不合格兵员严重影响部队建设或者作战、训练等重大任务完成的等。

3. 犯罪主体是特殊主体。即军队和地方担负征兵工作的体检人员、政审人员、接兵人员和其他有关责任人员。

4. 犯罪主观方面是故意,即行为人明知是不合格兵员而接送,对其危害军队和国防建设的后果持希望或者放任的态度。

三、要点辨析

1. 本罪以发生了徇私舞弊为前提,然后接送了不合格兵员。如果没有徇私舞弊,由于工作失误,一时无法误别,而接送了不合格兵员,不构成本罪。

2. 本罪的主体,一类是地方征兵办公室、人民武装部负责募兵的负责人经办人,一类是接收部队的接兵人员,在征兵工作中徇私舞弊。

3. 正确认定因行贿受贿而接送不合格兵员的行为的性质:在征兵过程中,如果行为人的行贿或者受贿行为构成犯罪,而接送不合格兵员的行为,尚未达到情节严重的程度,应按行贿罪或者受贿罪定罪处罚;如果行贿或者受贿不构成犯罪,但接送不合格兵员情节严重,构成犯罪的,则应以接送不合格兵员罪定罪,从重处罚。如果两种行为都构成犯罪,则应按照牵连犯的处罚原则,择一重罪处罚,不实行数罪并罚。

四、罪名变迁

本罪是1997年《刑法》增设的罪名,1979年《刑法》和单行刑法均没有规定此罪名。

<table>
<tr><td colspan="2">类罪名：危害国防利益罪 | 罪名：伪造、变造、买卖武装部队公文、证件、印章罪</td></tr>
<tr><td rowspan="2">量刑标准</td><td>构成犯罪的　处 3 年以下有期徒刑、拘役、管制或者剥夺政治权利；</td></tr>
<tr><td>情节严重的　处 3 年以上 10 年以下有期徒刑。</td></tr>
</table>

法律依据

一、《刑法》条文

第三百七十五条第一款　伪造、变造、买卖或者盗窃、抢夺武装部队公文、证件、印章的，处三年以下有期徒刑、拘役、管制或者剥夺政治权利；情节严重的，处三年以上十年以下有期徒刑。

二、相关司法解释/文件

《最高人民法院、最高人民检察院关于办理妨害武装部队制式服装、车辆号牌管理秩序等刑事案件具体应用法律若干问题的解释》（2011 年 7 月 20 日　法释〔2011〕16 号）

为依法惩治妨害武装部队制式服装、车辆号牌管理秩序等犯罪活动，维护国防利益，根据《中华人民共和国刑法》有关规定，现就办理非法生产、买卖武装部队制式服装，伪造、盗窃、买卖武装部队车辆号牌等刑事案件的若干问题解释如下：

第一条　伪造、变造、买卖或者盗窃、抢夺武装部队公文、证件、印章，具有下列情形之一的，应当依照刑法第三百七十五条第一款的规定，以伪造、变造、买卖武装部队公文、证件、印章罪或者盗窃、抢夺武装部队公文、证件、印章罪定罪处罚：

（一）伪造、变造、买卖或者盗窃、抢夺武装部队公文一件以上的；

（二）伪造、变造、买卖或者盗窃、抢夺武装部队军官证、士兵证、车辆行驶证、车辆驾驶证或者其他证件二本以上的；

（三）伪造、变造、买卖或者盗窃、抢夺武装部队机关印章、车辆牌证印章或者其他印章一枚以上的。

实施前款规定的行为，数量达到第（一）至（三）项规定标准五倍以上或者造成严重后果的，应当认定为刑法第三百七十五条第一款规定的“情节严重”。

第四条　买卖、盗窃、抢夺伪造、变造的武装部队公文、证件、印章的，买卖仿制的现行装备的武装部队制式服装情节严重的，盗窃、买卖、提供、使用伪造、变造的武装部队车辆号牌等专用标志情节严重的，应当追究刑事责任。定罪量刑标准适用本解释第一至第三条的规定。

第五条　明知他人实施刑法第三百七十五条规定的犯罪行为，而为其生产、提供专用材料或者提供资金、账号、技术、生产经营场所等帮助的，以共犯论处。

第六条　实施刑法第三百七十五条规定的犯罪行为，同时又构成逃税、诈骗、冒充军人招摇撞骗等犯罪的，依照处罚较重的规定定罪处罚。

要义辨析

一、概念

本罪是指故意伪造、变造、买卖武装部队公文、证件、印章的行为。

二、构成要件

1. 本罪侵犯的客体是武装部队公文、证件、印章管理秩序。

2. 犯罪客观方面表现为伪造、变造、买卖武装部队公文、证件、印章的行为。所谓公文，是指以武装部队名义制作的，用于联系事务、指导工作，处理问题的书面文件，如命令、指示、决议、通知、公函等。所谓证件，是指武装部队成员的身份证件、通行证件以及一些特别证件。所谓印章，一般是指刻有军事机关、单位名称和首长个人专用于公务的印章。

3. 犯罪主体是一般主体，包括军人和非军人。

4. 犯罪主观方面是故意。

三、要点辨析

1. 本罪的罪名认定。本罪属于行为犯,选择性罪名,犯罪的行为方式有三种,犯罪对象也是三种,行为人只要实施其中的一种行为方式,侵犯了一种以上的犯罪对象,即构成本罪。但在确定具体罪名时,还应根据实施犯罪的具体行为方式和犯罪对象来确定。

2. 正确认定以虚构的部队名称,伪造公文、证件、印章,进行犯罪活动的性质。行为人以虚构的部队名称伪造公文、证件、印章,进行犯罪活动,并不会实质上影响国防秩序,但是会构成部队信誉损失和涉及招摇撞骗等犯罪。实施什么犯罪行为,就定什么罪,不能以本罪论处。

3. 区分本罪同伪造、变造、买卖国家机关公文、证件、印章罪的界限。两罪的犯罪主体、主观方面、客观方面相同或者相似,其主要区别在于:(1)侵犯的客体不同。本罪侵犯的客体是特定的,是武装部队公文、证件、印章是管理秩序,后罪侵犯的客体是国家机关公文、证件、印章管理秩序。(2)犯罪对象不同。本罪的犯罪对象是部队的公文、证件、印章,后罪的犯罪对象则是国家机关(除军事机关外)的公文、证件、印章。

四、罪名变迁

本罪是1997年《刑法》增设的罪名,1979年《刑法》和单行刑法均没有规定此罪名。

类罪名:危害国防利益罪	罪名:盗窃、抢夺武装部队公文、证件、印章罪	
量刑标准	构成犯罪的	处3年以下有期徒刑、拘役、管制或者剥夺政治权利;
	情节严重的	处3年以上10年以下有期徒刑。

法律依据

一、《刑法》条文

第三百七十五条第一款 伪造、变造、买卖或者盗窃、抢夺武装部队公文、证件、印章的,处三年以下有期徒刑、拘役、管制或者剥夺政治权利;情节严重的,处三年以上十年以下有期徒刑。

二、相关司法解释/文件

《最高人民法院、最高人民检察院关于办理妨害武装部队制式服装、车辆号牌管理秩序等刑事案件具体应用法律若干问题的解释》(2011年7月20日 法释〔2011〕16号)

为依法惩治妨害武装部队制式服装、车辆号牌管理秩序等犯罪活动,维护国防利益,根据《中华人民共和国刑法》有关规定,现就办理非法生产、买卖武装部队制式服装,伪造、盗窃、买卖武装部队车辆号牌等刑事案件的若干问题解释如下:

第一条 伪造、变造、买卖或者盗窃、抢夺武装部队公文、证件、印章,具有下列情形之一的,应当依照刑法第三百七十五条第一款的规定,以伪造、变造、买卖武装部队公文、证件、印章罪或者盗窃、抢夺武装部队公文、证件、印章罪定罪处罚:

(一)伪造、变造、买卖或者盗窃、抢夺武装部队公文一件以上的;

(二)伪造、变造、买卖或者盗窃、抢夺武装部队军官证、士兵证、车辆行驶证、车辆驾驶证或者其他证件二本以上的;

(三)伪造、变造、买卖或者盗窃、抢夺武装部队机关印章、车辆牌证印章或者其他印章一枚以上的。

实施前款规定的行为,数量达到第(一)至(三)项规定标准五倍以上或者造成严重后果的,应当认定为刑法第三百七十五条第一款规定的"情节严重"。

第四条 买卖、盗窃、抢夺伪造、变造的武装部队公文、证件、印章的,买卖仿制的现行装备的武装部队制式服装情节严重的,盗窃、买卖、提供、使用伪造、变造的武装部队车辆号牌等专用标志情节严重的,应当追究刑事责任。定罪量刑标准适用本解释第一至第三条的规定。

第五条　明知他人实施刑法第三百七十五条规定的犯罪行为,而为其生产、提供专用材料或者提供资金、账号、技术、生产经营场所等帮助的,以共犯论处。

第六条　实施刑法第三百七十五条规定的犯罪行为,同时又构成逃税、诈骗、冒充军人招摇撞骗等犯罪的,依照处罚较重的规定定罪处罚。

要义辨析

一、概念

本罪是指盗窃、抢夺武装部队公文、证件、印章的行为。

二、构成要件

1. 本罪侵犯的客体是武装部队公文、证件、印章管理秩序。

2. 犯罪客观方面表现为盗窃、抢夺武装部队公文、证件、印章的行为。盗窃是指采用秘密手段非法获取武装部队公文、证件、印章的行为。抢夺,是指乘人不备公然夺取武装部队公文、证件、印章的行为。

3. 犯罪主体是一般主体,包括非军人和军人。

4. 犯罪主观方面是故意。

三、要点辨析

1. 本罪是选择性罪名,犯罪的行为方式有两种,犯罪对象是三种。可以根据具体行为来确定罪名。在确定具体罪名时,还应根据实施犯罪的具体行为方式和犯罪对象来定。如果行为人只要盗窃了武装部队的公文,就定盗窃武装部队公文罪;如果既盗窃又抢夺了武装部队的证件,就定盗窃、抢夺武装部队证件罪,不实行并罚。

2. 本罪属于行为犯,行为人只要实施了其中的一种行为,侵犯了一种以上的犯罪对象,即构成本罪。情节严重,只是作为加重处罚的情由。“情节严重”,是指数量达到立案标准的5倍以上或者造成严重后果。

四、罪名变迁

1979年《刑法》第167条对本罪作了规定,但罪名为伪造、变造、盗窃、抢夺、毁灭国家机关公文、证件、印章罪。由于盗窃、抢夺武装部队公文、证件、印章的行为,直接危害国防安全和军队建设,因此,1997年《刑法》专门规定本罪并将本罪放入危害国防利益罪一章。

类罪名:危害国防利益罪	**罪名:非法生产、买卖武装部队制式服装罪**
量刑标准	**构成犯罪的**　处3年以下有期徒刑、拘役、管制,并处或者单处罚金;
	单位犯第2款、第3款罪的　对单位判处罚金,并对其直接负责的主管人员和其他直接责任人员,依照各该款的规定处罚。

法律依据

一、《刑法》条文

第三百七十五条第二、四款　非法生产、买卖武装部队制式服装,情节严重的,处三年以下有期徒刑、拘役或者管制,并处或者单处罚金。

单位犯第二款、第三款罪的,对单位判处罚金,并对其直接负责的主管人员和其他直接责任人员,依照各该款的规定处罚。

二、相关司法解释/文件

《最高人民法院、最高人民检察院关于办理妨害武装部队制式服装、车辆号牌管理秩序等刑事案件具体应用法律若干问题的解释》(2011年7月20日　法释〔2011〕16号)

为依法惩治妨害武装部队制式服装、车辆号牌管理秩序等犯罪活动,维护国防利益,根据《中华人民共和国刑法》有关规定,现就办理非法生产、买卖武装部队制式服装,伪造、盗窃、买卖武装部队车辆号牌等刑事案件的若干问题解释如下:

第二条　非法生产、买卖武装部队现行装备的制式服装,具有下列情形之一的,应当认定为刑法第三百七十五条第二款规定的"情节严重",以非法生产、买卖武装部队制式服装罪定罪处罚:

(一)非法生产、买卖成套制式服装三十套以上,或者非成套制式服装一百件以上的;

(二)非法生产、买卖帽徽、领花、臂章等标志服饰合计一百件(副)以上的;

(三)非法经营数额二万元以上的;

(四)违法所得数额五千元以上的;

(五)具有其他严重情节的。

第四条　买卖、盗窃、抢夺伪造、变造的武装部队公文、证件、印章的,买卖仿制的现行装备的武装部队制式服装情节严重的,盗窃、买卖、提供、使用伪造、变造的武装部队车辆号牌等专用标志情节严重的,应当追究刑事责任。定罪量刑标准适用本解释第一至第三条的规定。

第五条　明知他人实施刑法第三百七十五条规定的犯罪行为,而为其生产、提供专用材料或者提供资金、账号、技术、生产经营场所等帮助的,以共犯论处。

第六条　实施刑法第三百七十五条规定的犯罪行为,同时又构成逃税、诈骗、冒充军人招摇撞骗等犯罪的,依照处罚较重的规定定罪处罚。

第七条　单位实施刑法第三百七十五条第二款、第三款规定的犯罪行为,对单位判处罚金,并对其直接负责的主管人员和其他直接责任人员,分别依照本解释的有关规定处罚。

《最高人民检察院、公安部关于公安机关管辖的刑事案件立案追诉标准的规定(一)的补充规定》(2017年4月27日　公通字〔2017〕12号)

十四、将《立案追诉标准(一)》第94条修改为:[非法生产、买卖武装部队制式服装案(刑法第375条第二款)]非法生产、买卖武装部队制式服装,涉嫌下列情形之一的,应予立案追诉:

(一)非法生产、买卖成套制式服装30套以上,或者非成套制式服装100件以上的;

(二)非法生产、买卖帽徽、领花、臂章等标志服饰合计100件(副)以上的;

(三)非法经营数额2万元以上的;

(四)违法所得数额5千元以上的;

(五)其他情节严重的情形。

买卖仿制的现行装备的武装部队制式服装,情节严重的,应予立案追诉。

要义辨析

一、概念

本罪是指违反法律规定,生产、买卖武装部队现行装备的制式服装,情节严重的行为。

二、构成要件

1. 本罪侵犯的客体是武装部队制式服装管理秩序。犯罪对象是武装部队制式服装和标志服饰。所谓"武装部队的制式服装",是指统一制作,用于军事人员的各种被装、军服及配备的军需物品的统称。

2. 犯罪客观方面表现为非法生产、买卖武装部队制式服装情节严重的行为。所谓"情节严重",主要是指大批量地非法制造或者买卖武装部队制式服装,造成该制式服装在社会上扩散和混乱、混淆的行为。

3. 犯罪主体是自然人和单位。

4. 犯罪主观方面是故意,其中多数以营利为目的。

三、要点辨析

1. 本罪是选择性罪名,犯罪的行为方式有两种。生产、买卖都可以单独成罪。如果两种行为都有,定一罪处罚。如果行为人只是非法生产武装部队制式服装,就定非法生产武装部队制式服装罪;如果既非法生产又非法买卖武装部队制式服装,就定非法生产买卖武装部队制式服装罪。

2. 本罪是行为犯。但是要达到"情节严重的",才构成犯罪。行为人只要实施了其中的一种行为,达到情节严重的标准,即构成本罪。

四、罪名变迁

本罪是1997年《刑法》增设的罪名,1979年《刑法》和单行刑法均没有规定此罪名。

<table>
<tr><td colspan="2">类罪名：危害国防利益罪 │ 罪名：伪造、盗窃、买卖、非法提供、非法使用武装部队专用标志罪</td></tr>
<tr><td rowspan="2">量刑标准</td><td>构成犯罪的 处3年以下有期徒刑、拘役、管制，并处或者单处罚金；</td></tr>
<tr><td>情节特别严重的 处3年以上7年以下有期徒刑。</td></tr>
</table>

法律依据

一、《刑法》条文

第三百七十五条第三、四款 伪造、盗窃、买卖或者非法提供、使用武装部队车辆号牌等专用标志，情节严重的，处三年以下有期徒刑、拘役或者管制，并处或者单处罚金；情节特别严重的，处三年以上七年以下有期徒刑，并处罚金。

单位犯第二款、第三款罪的，对单位判处罚金，并对其直接负责的主管人员和其他直接责任人员，依照各该款的规定处罚。

二、相关司法解释/文件

《最高人民法院、最高人民检察院关于办理妨害武装部队制式服装、车辆号牌管理秩序等刑事案件具体应用法律若干问题的解释》（2011年7月20日 法释〔2011〕16号）

为依法惩治妨害武装部队制式服装、车辆号牌管理秩序等犯罪活动，维护国防利益，根据《中华人民共和国刑法》有关规定，现就办理非法生产、买卖武装部队制式服装，伪造、盗窃、买卖武装部队车辆号牌等刑事案件的若干问题解释如下：

第三条 伪造、盗窃、买卖或者非法提供、使用武装部队车辆号牌等专用标志，具有下列情形之一的，应当认定为刑法第三百七十五条第三款规定的"情节严重"，以伪造、盗窃、买卖、非法提供、非法使用武装部队专用标志罪定罪处罚：

（一）伪造、盗窃、买卖或者非法提供、使用武装部队军以上领导机关车辆号牌一副以上或者其他车辆号牌三副以上的；

（二）非法提供、使用军以上领导机关车辆号牌之外的其他车辆号牌累计六个月以上的；

（三）伪造、盗窃、买卖或者非法提供、使用军徽、军旗、军种符号或者其他军用标志合计一百件（副）以上的；

（四）造成严重后果或者恶劣影响的。

实施前款规定的行为，具有下列情形之一的，应当认定为刑法第三百七十五条第三款规定的"情节特别严重"：

（一）数量达到前款第（一）、（三）项规定标准五倍以上的；

（二）非法提供、使用军以上领导机关车辆号牌累计六个月以上或者其他车辆号牌累计一年以上的；

（三）造成特别严重后果或者特别恶劣影响的。

第四条 买卖、盗窃、抢夺伪造、变造的武装部队公文、证件、印章的，买卖仿制的现行装备的武装部队制式服装情节严重的，盗窃、买卖、提供、使用伪造、变造的武装部队车辆号牌等专用标志情节严重的，应当追究刑事责任。定罪量刑标准适用本解释第一至第三条的规定。

第五条 明知他人实施刑法第三百七十五条规定的犯罪行为，而为其生产、提供专用材料或者提供资金、账号、技术、生产经营场所等帮助的，以共犯论处。

第六条 实施刑法第三百七十五条规定的犯罪行为，同时又构成逃税、诈骗、冒充军人招摇撞骗等犯罪的，依照处罚较重的规定定罪处罚。

第七条 单位实施刑法第三百七十五条第二款、第三款规定的犯罪行为，对单位判处罚金，并对其直接负责的主管人员和其他直接责任人员，分别依照本解释的有关规定处罚。

《最高人民检察院、公安部关于公安机关管辖的刑事案件立案追诉标准的规定（一）的补充规定》（2017年4月27日 公通字〔2017〕12号）

十五、在《立案追诉标准（一）》第九十四条后增加一条，作为第94条之一：[伪造、盗窃、买卖、非法提供、非法使用武装部队专用标志案（刑法第

375 条第三款)]伪造、盗窃、买卖或者非法提供、使用武装部队车辆号牌等专用标志,涉嫌下列情形之一的,应予立案追诉:

(一)伪造、盗窃、买卖或者非法提供、使用武装部队军以上领导机关车辆号牌 1 副以上或者其他车辆号牌 3 副以上的;

(二)非法提供、使用军以上领导机关车辆号牌之外的其他车辆号牌累计 6 个月以上的;

(三)伪造、盗窃、买卖或者非法提供、使用军徽、军旗、军种符号或者其他军用标志合计 100 件(副)以上的;

(四)造成严重后果或者恶劣影响的。

盗窃、买卖、提供、使用伪造、变造的武装部队车辆号牌等专用标志,情节严重的,应予立案追诉。

要义辨析

一、概念

本罪是指违反法律规定,伪造、盗窃、买卖或者提供、使用武装部队专用标志,情节严重的行为。

二、构成要件

1. 本罪侵犯的客体是武装部队专用标志管理秩序。犯罪对象是武装部队专用标志。所谓"车辆号牌等专用标志",主要是指武装部队专用的特别标志,如军衔、军车牌、军徽等。

2. 犯罪客观方面表现为伪造、盗窃、买卖或者提供、使用武装部队车辆牌号等专用标志情节严重的行为。

3. 犯罪主体为自然人和单位。

4. 犯罪主观方面是故意,其中多数以营利和获取非法利益为目的,如使用伪造、盗窃、购买的武装部队的车辆号牌,不缴或者少缴应纳的车辆购置税、车辆使用税、通行费等等。

三、要点辨析

1. 本罪是选择性罪名,犯罪的行为方式有五种。伪造、盗窃、买卖、非法提供、非法使用武装部队专用标志,都可以单独成罪。如果多种行为都有,定一罪处罚。

2. 本罪是行为犯。但是要达到"情节严重的",才构成犯罪。行为人只要实施了其中的一种行为,达到情节严重的标准,即构成本罪。情节严重的标准,司法解释已经明确。

3. 正确认定本罪的单位犯罪:如果伪造、盗窃、买卖或者非法提供、使用武装部队车辆号牌等专用标志是由单位集体决定或者由其负责人决定实施的,则构成单位犯罪,依法追究单位主管人员和其他责任人员的刑事责任。

四、罪名变迁

1979 年《刑法》和单行刑法均没有规定此罪名,1997 年《刑法》将本罪规定在《刑法》第 375 条非法生产、买卖军用标志罪中,《刑法修正案(七)》第 12 条增设此罪名。

类罪名:危害国防利益罪	罪名:战时拒绝、逃避征召、军事训练罪
量刑标准	构成犯罪的　处 3 年以下有期徒刑或者拘役。

法律依据

《刑法》条文

第三百七十六条第一款　预备役人员战时拒绝、逃避征召或者军事训练,情节严重的,处三年以下有期徒刑或者拘役。

要义辨析

一、概念

本罪是指预备役人员战时拒绝、逃避征召或者军事训练,情节严重的行为。

二、构成要件

1. 本罪侵犯的客体是战时预备役人员管理秩序。所谓"预备役人员",是指正在军队外服预备役的公民,根据《兵役法》的规定,编入民兵组织或者经过登记服预备役的,称预备役人员。

2. 犯罪客观方面表现为战时拒绝、逃避征召或者军事训练,情节严重的行为。所谓"情节严重",主要是指以暴力、威胁方法抗拒征召的;煽动他人抗拒征召的;经多次教育仍逃避、拒绝征召的等等。

3. 犯罪主体为特殊主体,即预备役人员。

4. 犯罪主观方面是故意,行为人的动机多种多样,主要是为了逃避服现役。

三、要点辨析

1. 本罪是行为犯,要达到情节严重才构成犯罪。表现为战时拒绝、逃避征召或者军事训练,情节严重的行为。

2. 行为人战时拒绝、逃避征召和军事训练,往往采用暴力或者行贿等手段,有可能触犯妨害公务、故意伤害、行贿等罪名,这属于牵连犯,按照牵连犯从一重罪处断。

四、罪名变迁

本罪是1997年《刑法》增设的罪名,1979年《刑法》和单行刑法均没有规定此罪名。

类罪名:危害国防利益罪	罪名:战时拒绝、逃避服役罪
量刑标准	构成犯罪的 处2年以下有期徒刑或者拘役。

法律依据

《刑法》条文

第三百七十六条第二款 公民战时拒绝、逃避服役,情节严重的,处二年以下有期徒刑或者拘役。

要义辨析

一、概念

本罪是指公民战时拒绝、逃避服兵役,情节严重的行为。

二、构成要件

1. 本罪侵犯的客体是国家战时兵役管理秩序。

2. 犯罪客观方面表现为战时拒绝、逃避服役情节严重的行为。"拒绝、逃避服役",是指拒不履行兵役义务或者以谎报年龄、自伤、自残身体、假装伤病、外出不归、藏匿、找人顶替等方法逃避服役。本罪犯罪时间限于战时。

3. 犯罪主体为一般主体,主要是指除预备役人员以外的符合《兵役法》规定的战时服役条件的公民。

4. 犯罪主观方面是故意,目的是逃避兵役义务。

三、要点辨析

1. 本罪行为犯,达到战时拒绝、逃避服役,情节严重的,才构成犯罪。

2. 行为人战时拒绝、逃避服役,往往采用暴力或者行贿等手段,有可能触犯妨害公务、故意伤害、行贿等罪名,这属于牵连犯,按照牵连犯从一重罪处刑。

四、罪名变迁

本罪是1997年《刑法》增设的罪名,1979年《刑法》和单行刑法均没有规定此罪名。

类罪名:危害国防利益罪	罪名:战时故意提供虚假敌情罪
量刑标准	造成严重后果的　处3年以上10年以下有期徒刑;
	造成特别严重后果的　处10年以上有期徒刑或者无期徒刑。

法律依据

《刑法》条文

第三百七十七条　战时故意向武装部队提供虚假敌情,造成严重后果的,处三年以上十年以下有期徒刑;造成特别严重后果的,处十年以上有期徒刑或者无期徒刑。

要义辨析

一、概念

本罪是指战时故意向武装部队提供不真实的敌方军事情况而对作战造成严重后果的行为,即故意的"谎报军情"扰乱作战部署的行为。

二、构成要件

1. 本条规定的犯罪必须是发生在战时,这是构成本罪的前提条件。

2. 犯罪客观方面是行为人实施了向武装部队提供虚假敌情的行为。"虚假"包括无中生有,凭空编造根本不存在的情况,也包括歪曲、颠倒已存在的事实情况。"敌情"主要是指敌方的有关情报。对于有些老百姓对敌情不太知道,或是听旁人道来的,或是由于心理紧张害怕而夸大敌情的情况,不能认为是向武装部队提供虚假敌情。

3. 行为人的行为造成严重后果的,才构成犯罪,这是区分本罪罪与非罪的界限。"造成严重后果",主要是指贻误了战机、使我方作出错误的军事行动决定、造成重大损失等情况。

4. 犯罪主观方面是故意犯罪,即故意谎报敌情,使我方据此作出错误的判断和决定。

三、要点辨析

1. 本罪的主体为非军职人员,如果军职人员谎报军情的,应当按照《刑法》第422条的规定以隐瞒、谎报军情罪定罪处罚。

2. 本罪主观上必须是故意。对敌情判断失误,出于帮助心态误报敌情,不能定本罪。

3. 本罪限于"战时"的特定时间环境。

4. 本罪是结果犯。"造成严重后果"为犯罪构成要件。

四、罪名变迁

本罪是1997年《刑法》增设的罪名,1979年《刑法》和单行刑法均没有规定此罪名。

类罪名:危害国防利益罪	罪名:战时造谣扰乱军心罪
量刑标准	构成犯罪的　处3年以下有期徒刑、拘役或者管制;
	情节严重的　处3年以上10年以下有期徒刑。

危害国防利益罪

法律依据

《刑法》条文

第三百七十八条　战时造谣惑众，扰乱军心的，处三年以下有期徒刑、拘役或者管制；情节严重的，处三年以上十年以下有期徒刑。

要义辨析

一、概念

本罪是指非军职人员在战时情况下，制造谣言，蛊惑群众，动摇军心的行为。

二、构成要件

1. 本罪侵犯的客体是武装部队的作战利益。武装部队的作战利益，是我军实现其职能的保障，是国家利益的重要方面，关系着国家主权、领土完整和人民的安危。战役、战斗的胜败，取决于指挥员全面掌握敌我双方真实情况基础上的决断。及时准确地掌握敌方兵力部署、武器装备等情况和有关动态，对于我方全面了解和正确估计敌我力量对比，调整作战部署，制定作战方案，以求克敌制胜，具有重要意义。若虚报敌情，武装部队就难以制订出符合客观实际的战略部署和行动方案，就会给部队招致危险，其后果不堪设想。

2. 犯罪客观方面是实施了造谣惑众的行为。“造谣惑众”，是指行为人制造谣言，或以虚构的情况在部队中进行传播，迷惑众人的行为，既包括行为人捏造事实，在部队中传播，也包括行为人将听说的谣言在部队中传播。

3. 犯罪主体是非军人，即除军人以外的其他任何人。这是本罪与本法“军人违反职责罪”一章中规定的造谣惑众、动摇军心犯罪的主要区别。

4. 本罪主观方面是故意，过失不构成本罪。其犯罪动机有多种，如为邀功请赏而编造情报；因贪生怕死而夸大敌人的实力，为泄私愤等。

三、要点辨析

1. 本罪的犯罪主体为非军职人员，如果军职人员战时造谣惑众，动摇军心的，应当按照《刑法》第433条战时造谣惑众罪的规定定罪处罚。

2. 本罪限于“战时”的特定时间环境。只有在战时故意进行造谣扰乱军心，才构成本罪。

3. 本罪主观上必须是故意，如故意进行造谣扰乱军心；故意捏造事实，在部队中传播，也包括行为人将听说的谣言在部队中传播。

4. 本罪是结果犯。“造成严重后果”为犯罪构成要件。行为人制造散布的谣言足以扰乱军心，或造成了扰乱军心的后果。“扰乱军心”，是指行为人通过传播虚假事实或谣言，在部队中散布怯战、厌战或恐怖情绪，造成军心不稳，斗志涣散，削弱战斗力。例如，夸大敌方某种武器的杀伤力，制造恐怖气氛；编造我军军需物资供应困难等

四、罪名变迁

本罪是1997年《刑法》增设的罪名，1979年《刑法》和单行刑法均没有规定此罪名。

类罪名：危害国防利益罪	罪名：战时窝藏逃离部队军人罪
量刑标准	情节严重的　处3年以下有期徒刑或者拘役。

法律依据

一、《刑法》条文

第三百七十九条　战时明知是逃离部队的军人而为其提供隐蔽处所、财物，情节严重的，处三年以下有期徒刑或者拘役。

二、相关司法解释/文件

《最高人民检察院、公安部关于公安机关管辖的刑事案件立案追诉标准的规定(一)》(2008年6月25日 公通字〔2008〕36号)

第九十七条 [战时窝藏逃离部队军人案(刑法第三百七十九条)]战时明知是逃离部队的军人而为其提供隐蔽处所、财物,涉嫌下列情形之一的,应予立案追诉:

(一)窝藏三人次以上的;

(二)明知是指挥人员、值班执勤人员或者其他负有重要职责人员而窝藏的;

(三)有关部门查找时拒不交出的;

(四)其他情节严重的情形。

要义辨析

一、概念

本罪是指战时明知是逃离部队的军人而为其提供隐蔽处所、财物,情节严重的行为。

二、构成要件

1. 本罪侵犯的客体是战时部队兵员管理秩序。战时严格部队的兵员管理,是完成各项任务、夺取作战胜利的需要。战时窝藏逃离部队军人且情节严重的行为,违反《国防法》规定的公民应当支持国防建设的义务,严重妨害部队兵员管理秩序,削弱部队战斗力,危害国防利益。

2. 本罪在客观方面表现为对逃离部队的军人故意提供隐蔽处所、财物,情节严重的行为。

所谓窝藏,在本罪是指帮助逃离部队的军人进行隐藏,使其逃避法律制裁或处罚。窝藏不仅包括提供场所让其藏匿、隐藏,也包括为其指示地点帮助其隐藏,还包括为其提供财物资助以使其进一步逃跑或隐藏。不论何种方式,目的都是使逃离部队的人逃避有关部门的追查、寻找,进而逃避有关制裁。

逃离部队,是指现役军人逃离部队的行为已经触犯刑律,足以构成犯罪,情节严重的情况。逃离部队的军人其既可以是逃离部队构成犯罪的军人,又可以是逃离部队尚未构成逃离部队罪亦没有其他罪行的军人。前者既包括逃离部队构成逃离部队罪的军人,又包括逃离部队犯有他罪的军人。窝藏逃离部队且构成犯罪(包括逃离部队罪或者他罪)的军人,其又触犯窝藏罪,对之应当按想象竞合择一重罪从重处罚。所谓逃离部队的军人,是指不经请假而擅自离开自己所在解放军现役部队、武装警察部队以及执行军事任务的预备役部队或民兵组织的军人,虽经批准探亲、休假、住院、出差、学习但逾期不归的军人,以及虽在休假、学习、出差期间而遇到国家发布动员命令后不立即归队的军人等。对擅离部队或者逾假不归的军人,情节尚不严重,或者未造成任何危害后果的,尽管为其提供了隐蔽场所或资助少量钱物的,亦不应按犯罪论处。

窝藏逃离部队的军人必须发生在战时,才可构成本罪。不在战时而在平时的话,即使有窝藏行为,亦不能以本罪论处,但这不排除可以构成他罪如窝藏罪。何谓战时,具体可参见战时故意提供虚假敌情罪。

战时窝藏逃离部队的军人须达到情节严重的才能构成本罪。情节严重,是指资助部队指挥人员或者其他负有重要职责的人员,如机要、保密人员;资助人数多的;资助时间长,次数多,数额大,屡教不改的;提供虚假情况,或为逃兵通风报信,使其逃脱的;拒绝认错,态度恶劣,且不改悔,以致贻误寻找时机,导致逃兵被俘、死亡等严重后果的,等等。只有在战时窝藏逃离部队的军人的才构成犯罪,平时不构成本罪。

3. 本罪主体为一般主体。凡达到刑事责任年龄、具备刑事责任能力的自然人均可构成本罪。

4. 本罪在主观方面是故意,即行为人明知是逃离部队的军人而为其提供隐蔽处所、财物。如果不知是逃离部队的军人,以为是其他犯罪分子而予以包庇的,不构成本罪,应以包庇罪论处。如确属不知情而对逃离部队的军人而予以收留、资助的不以本罪论。

三、要点辨析

1. 区分本罪与雇用逃离部队军人罪的界限。两罪对象相同,行为亦有某些相似,如都可能提供住食、场所、财物等，因此，容易发生混淆，但两者还是有着本质的区别：(1)主观故意内容不同。本罪的犯罪意图在于使其藏匿，实现逃避部队及其他有关部门的查找；而后者则是为了使用逃离部队的军人的劳动力，其客观上虽有提供财物、住所的行为，但其目的在于使军人为自己服务，因此，在有关部门向行为人查寻时一般不会为逃离部队的军人说谎。而本罪行为人则通常会表现为积极给被窝藏人遮蔽。(2)客观行为不同。本罪为其提供隐蔽场所、财物一般是无偿的，并不想要对方提供劳动力加以偿还。在行为上，一般表现为暗地里隐藏、帮助其逃跑；而后者则表现为有偿聘请他人为自己服务，其不一定为其提供住宿场所。(3)对时间的要求不同。本罪必发生在战时；而后罪则无这一要求，既可以发生于战时，又可以发生在平时。有时候，行为人如果出于窝藏的故意，为其提供住处、财物，并让被窝藏之人提供一些劳动，形式似乎是雇用，实为窝藏，这时就应以本罪论处，而不是构成后罪。

2. 本罪与窝藏罪的区别。

(1)主观要件不同。本罪在主观方面表现为明知是军人且为逃离部队的军人而仍决意窝藏；而后者则为明知是犯罪者而决意窝藏。

(2)犯罪对象不同。本罪行为的对象是逃离部队的军人。军人既可以是不构成任何犯罪的军人，又可以是构成犯罪(包括逃离部队罪或他罪)的军人，而后者则不一定是军人，既可以是军人，也可以是非军人，但必须是犯罪人。

(3)时间要求不同。本罪必以发生在战时为构成必要；而后者则无这一要求。

(4)客观要件不同。本罪属情节犯，行为必须达到情节严重的程度才有构成其罪；而后者则为行为犯，一般情况下，只要实施了窝藏行为，除非情节显著轻微危害不大的，都要以犯罪论处。情节严重则是其罪的一个加重处罚情节。

(5)客体不同。本罪所侵害的客体是部队的作战秩序及其兵役制度，进而指向国家的国防利益；而后者则是通过妨害司法机关的正常活动进而破坏社会管理秩序。当然，行为人在战时所窝藏的逃离部队的军人如果构成了犯罪，包括其逃离行为已构成逃离部队罪或具有其他罪行，这时又牵连触犯窝藏罪，对之应当择一重罪即窝藏罪从重处罚。

四、罪名变迁

本罪是1997年《刑法》增设的罪名，1979年《刑法》和单行刑法均没有规定此罪名。

类罪名：危害国防利益罪 | **罪名：战时拒绝、故意延误军事订货罪**	
量刑标准	**情节严重的**　对单位判处罚金，并对其直接负责的主管人员和其他责任人员，处5年以下有期徒刑或者拘役；
	造成严重后果的　处5年以上有期徒刑。

法律依据

一、《刑法》条文

第三百八十条　战时拒绝或者故意延误军事订货，情节严重的，对单位判处罚金，并对其直接负责的主管人员和其他直接责任人员，处五年以下有期徒刑或者拘役；造成严重后果的，处五年以上有期徒刑。

二、相关司法解释/文件

《最高人民检察院、公安部关于公安机关管辖的刑事案件立案追诉标准的规定(一)》(2008年6月25日　公通字〔2008〕36号)

第九十八条　［战时拒绝、故意延误军事订货案(刑法第三百八十条)］战时拒绝或者故意延误

军事订货,涉嫌下列情形之一的,应予立案追诉:

(一)拒绝或者故意延误军事订货三次以上的;

(二)联络、煽动他人共同拒绝或者故意延误军事订货的;

(三)拒绝或者故意延误重要军事订货,影响重要军事任务完成的;

(四)其他情节严重的情形。

要义辨析

一、概念

本罪是指在战时拒绝或者故意延误军事订货,情节严重的行为。所谓"军事订货",是指国家根据国防建设的需要,实行国家军事订货制度,保障武器装备和其他军用物资的采购供应。所谓情节严重,一般是指有能力履行但拒绝履行军品生产任务,手段恶劣,性质严重;因拒绝签订军品合同而严重影响部队完成作战任务的;因延误交货日期而导致战斗失利的,等等。

二、构成要件

1. 本罪侵犯的客体是军事订货秩序。军事订货是军事部门根据国防需要,向军工部门或者其他经济部门订购武器装备和军用物资的活动。军事订货是保证部队武器装备和军用物资的供应,满足国防需要的主要手段。

2. 犯罪客观方面是行为人实施了拒绝、延误军事订货的行为。"拒绝",是指拒不履行规定的供货义务。"延误",是指在规定的时间以后供货。"军事订货"包括武器装备和其他军用物资。行为人的行为必须是情节严重才构成犯罪。

3. 犯罪主体是与军事单位签订军事订货合同的当事人,且当事人是单位。

4. 犯罪主观方面是出于故意。如果不是出于故意,而是客观上由于不可抗力的原因或一些特殊的实际困难,没有完成军事订货或延误军事订货,不应构成犯罪。

三、要点辨析

本罪中所谓"造成严重后果的",主要是指因拒绝订货或者延期交货,而严重贻误战机,直接造成战斗、战役严重失利,我方人员、装备、物资严重受损等。

四、罪名变迁

本罪是1997年《刑法》增设的罪名,1979年《刑法》和单行刑法均没有规定此罪名。

类罪名:危害国防利益罪	罪名:战时拒绝军事征收、征用罪
量刑标准	情节严重的　处3年以下有期徒刑或者拘役。

法律依据

一、《刑法》条文

第三百八十一条　战时拒绝军事征收、征用,情节严重的,处三年以下有期徒刑或者拘役。

二、相关法律

《中华人民共和国国防法》(2020年12月26日修订)

第五十一条　国家根据动员需要,可以依法征收、征用组织和个人的设备设施、交通工具、场所和其他财产。

县级以上人民政府对被征收、征用者因征收、征用所造成的直接经济损失,按照国家有关规定给予公平、合理的补偿。

三、相关司法解释/文件

《最高人民检察院、公安部关于公安机关管辖的刑事案件立案追诉标准的规定(一)》(2008年6月25日　公通字〔2008〕36号)

第九十九条 ［战时拒绝军事征用案（刑法第三百八十一条）］战时拒绝军事征收、征用，涉嫌下列情形之一的，应予立案追诉：

（一）无正当理由拒绝军事征用三次以上的；

（二）采取暴力、威胁、欺骗等手段拒绝军事征用的；

（三）联络、煽动他人共同拒绝军事征用的；

（四）拒绝重要军事征用，影响重要军事任务完成的；

（五）其他情节严重的情形。

《最高人民检察院、公安部关于公安机关管辖的刑事案件立案追诉标准的规定（一）的补充规定》（2017年4月27日 公通字〔2017〕12号）

十六、将《立案追诉标准（一）》第九十九条修改为：［战时拒绝军事征收、征用案（刑法第三百八十一条）］战时拒绝军事征收、征用，涉嫌下列情形之一的，应予立案追诉：

（一）无正当理由拒绝军事征收、征用3次以上的；

（二）采取暴力、威胁、欺骗等手段拒绝军事征收、征用的；

（三）联络、煽动他人共同拒绝军事征收、征用的；

（四）拒绝重要军事征收、征用，影响重要军事任务完成的；

（五）其他情节严重的情形。

要义辨析

一、概念

本罪是指在战时情况下，公民对国家、政府和武装力量征收、征用其所属的房屋、车辆、场地等作战所需的物资，能够提供而故意拒绝提供，情节严重的行为。

二、构成要件

1. 本罪侵犯的客体是军事征用管理制度。在战争期间，国家和武装部队根据需要，对单位和公民个人的房屋、场所、设施、运输工具、工程机械等实施紧急征用，是补充战时迅速组建扩建部队，提高部队的机动和运输等后勤保障能力，保证战争胜利的必要条件。在现代战争中，武装部队进行作战和实施扩编所需要的物资保障能力要求高，世界各国普遍采取征用措施，并对调用、征购军用物资和设施的范围、对象、时机、权限、惩处等，在法律上作出明确规定。

2. 本罪犯罪客观方面是实施拒绝军事征用的行为。根据《国防法》规定，国家根据动员需要，可以依法征用组织和个人的设备设施、交通工具和其他物资。对因被征用所造成的直接经济损失，县级以上人民政府，应按照国家有关规定给予适当补偿。"拒绝军事征用"，是指行为人故意不将被征用的物品交付部队使用的行为。

3. 本罪主体为一般主体。凡达到刑事责任年龄、具备刑事责任能力的自然人均可构成本罪。

4. 主观要件本罪在主观方面表现为故意。动机不影响定罪。过失不构成本罪。

三、要点辨析

1. 本罪与战时掠夺居民财物罪的界限。前者是因军事需要而由县级以上人民政府或者是通有紧急情况的武装部队的指挥人员依法作出的有偿使用公民、单位的财物，与后者出于非法占有的目的而由军人擅自进行的抢劫、掠夺战区无事居民财物的行为有着本质的不同；前者依法作出，后者擅自进行；前者有偿使用，后者无偿占有；前者出于国家的军事需要，为了国家的国防利益，后者则是出于个人非法占有的目的，为了满足私欲；前者包括一切财产，既可以是动产，也可以是不动产，后者一般仅限于动产；前者既可在后方，又可在前方，后者则必发生在前方即军事行动区等。

2. 必须发生在战时，才能构成本罪。依照本法第451条的规定，战时，是指国家宣布进入战争状态、部队受领作战任务或者过敌突然袭击时。部队执行戒严任务或者处置突发性暴力事件时，以战时论。虽有拒绝军事征用行为，但不是发生在战时，亦不可能以本罪论处。根据本条规定，只有战时拒绝军事征用且情节严重的，才可构成本罪。虽在战时拒绝了军事征用，但不属于情节严重，亦不能以本罪论处。所谓情节严重，主要是指多次拒绝征用的;煽动多人拒绝征用重要急需要物品的;因其行为始误战机的;造成作战失利的;影响军事任务完成的;造成严重伤亡后果的,等等。

四、罪名变迁

本罪是 1997 年《刑法》增设的罪名,1979 年《刑法》和单行刑法均没有规定此罪名。

第八章

贪污贿赂罪

类罪名：贪污贿赂罪 | 罪名：贪污罪	
量刑标准	**贪污数额较大或者有其他较重情节的**　处3年以下有期徒刑或者拘役，并处罚金。尚不构成犯罪的，由其所在单位或者上级主管机关给予处分；
	贪污数额巨大或者有其他严重情节的　处3年以上10年以下有期徒刑，并处罚金或者没收财产；
	贪污数额特别巨大或者有其他特别严重情节的　处10年以上有期徒刑或者无期徒刑，并处罚金或者没收财产；
	数额特别巨大　并使国家和人民利益遭受特别重大损失的，处无期徒刑或者死刑，并处没收财产。

法律依据

一、《刑法》条文

第三百八十二条　国家工作人员利用职务上的便利，侵吞、窃取、骗取或者以其他手段非法占有公共财物的，是贪污罪。

受国家机关、国有公司、企业、事业单位、人民团体委托管理、经营国有财产的人员，利用职务上的便利，侵吞、窃取、骗取或者以其他手段非法占有国有财物的，以贪污论。

与前两款所列人员勾结，伙同贪污的，以共犯论处。

第三百八十三条　对犯贪污罪的，根据情节轻重，分别依照下列规定处罚：

（一）贪污数额较大或者有其他较重情节的，处三年以下有期徒刑或者拘役，并处罚金。尚不构成犯罪的，由其所在单位或者上级主管机关给予处分。

（二）贪污数额巨大或者有其他严重情节的，处三年以上十年以下有期徒刑，并处罚金或者没收财产。

（三）贪污数额特别巨大或者有其他特别严重情节的，处十年以上有期徒刑或者无期徒刑，并处罚金或者没收财产；数额特别巨大，并使国家和人民利益遭受特别重大损失的，处无期徒刑或者死刑，并处没收财产。

对多次贪污未经处理的，按照累计贪污数额处罚。

犯第一款罪，在提起公诉前如实供述自己罪行、真诚悔罪、积极退赃，避免、减少损害结果的发生，有第一项规定情形的，可以从轻、减轻或者免除处罚；有第二项、第三项规定情形的，可以从轻处罚。

第二百七十一条第二款　国有公司、企业或者其他国有单位中从事公务的人员和国有公司、企业或者其他国有单位委派到非国有公司、企业以及其他单位从事公务的人员有前款行为的，依照本法第三百八十二条、第三百八十三条的规定定罪处罚。

第二百八十七条　利用计算机实施金融诈骗、盗窃、贪污、挪用公款、窃取国家秘密或者其他犯罪的,依照本法有关规定定罪处罚。

第一百八十三条第二款 国有保险公司工作人员和国有保险公司委派到非国有保险公司从事公务的人员有前款行为的,依照本法第三百八十二条、第三百八十三条的规定定罪处罚。

第三百九十四条 国家工作人员在国内公务活动或者对外交往中接受礼物,依照国家规定应当交公而不交公,数额较大的,依照本法第三百八十二条、第三百八十三条的规定定罪处罚。

第九十三条 本法所称国家工作人员,是指国家机关中从事公务的人员。国有公司、企业、事业单位、人民团体中从事公务的人员和国家机关、国有公司、企业、事业单位委派到非国有公司、企业、事业单位、社会团体从事公务的人员,以及其他依照法律从事公务的人员,以国家工作人员论。

第九十一条 本法所称公共财产,是指下列财产:

(一)国有财产;

(二)劳动群众集体所有的财产;

(三)用于扶贫和其他公益事业的社会捐助或者专项基金的财产。在国家机关、国有公司、企业、集体企业和人民团体管理、使用或者运输中的私人财产,以公共财产论。

二、相关法律

《全国人民代表大会常务委员会关于〈中华人民共和国刑法〉第九十三条第二款的解释》(2009年8月27日修正)

全国人大常委会讨论了村民委员会等村基层组织人员在从事哪些工作时属于刑法第九十三条第二款规定的"其他依照法律从事公务的人员",解释如下:

村民委员会等村基层组织人员协助人民政府从事下列行政管理工作,属于刑法第九十三条第二款规定的"其他依照法律从事公务的人员":

(一)救灾、抢险、防汛、优抚、扶贫、移民、救济款物的管理;

(二)社会捐助公益事业款物的管理;

(三)国有土地的经营和管理;

(四)土地征收、征用补偿费用的管理;

(五)代征、代缴税款;

(六)有关计划生育、户籍、征兵工作;

(七)协助人民政府从事的其他行政管理工作。

村民委员会等村基层组织人员从事前款规定的公务,利用职务上的便利,非法占有公共财物、挪用公款、索取他人财物或者非法收受他人财物,构成犯罪的,适用刑法第三百八十二条和第三百八十三条贪污罪、第三百八十四条挪用公款罪、第三百八十五条和第三百八十六条受贿罪的规定。

《中华人民共和国铁路法》(2015年4月24日修正)

第六十九条 铁路运输企业违反本法规定,多收运费、票款或者旅客、货物运输杂费的,必须将多收的费用退还付款人,无法退还的上缴国库。将多收的费用据为己有或者侵吞私分的,依照刑法有关规定追究刑事责任。

三、相关行政法规

《退耕还林条例》(2016年2月6日修订)

第五十七条 国家工作人员在退耕还林活动中违反本条例的规定,有下列行为之一的,依照刑法关于贪污罪、受贿罪、挪用公款罪或者其他罪的规定,依法追究刑事责任;尚不够刑事处罚的,依法给予行政处分:

(一)挤占、截留、挪用退耕还林资金或者克扣补助粮食的;

(二)弄虚作假、虚报冒领补助资金和粮食的;

(三)利用职务上的便利收受他人财物或者其他好处的。

国家工作人员以外的其他人员有前款第(二)项行为的,依照刑法关于诈骗罪或者其他罪的规定,依法追究刑事责任;尚不够刑事处罚的,由县级以上人民政府林业行政主管部门责令退回所冒领的补助资金和粮食,处以冒领资金额2倍以上5倍以下的罚款。

四、相关司法解释/文件

《最高人民检察院关于人民检察院直接受理立案侦查案件立案标准的规定(试行)》(1999年9月16日 高检发研字〔1999〕10号)

一、贪污贿赂犯罪案件

(一)贪污案(第382条、第383条,第183条第2款,第271条第2款,第394条)

贪污罪是指国家工作人员利用职务上的便利,

侵吞、窃取、骗取或者以其他手段非法占有公共财物的行为。

“利用职务上的便利”是指利用职务上主管、管理、经手公共财物的权力及方便条件。

受国家机关、国有公司、企业、事业单位、人民团体委托管理、经营国有财产的人员，利用职务上的便利，侵吞、窃取、骗取或者以其他手段非法占有国有财物的，以贪污罪追究其刑事责任。

“受委托管理、经营国有财产”是指因承包、租赁、聘用等而管理、经营国有财产。

国有保险公司的工作人员和国有保险公司委派到非国有保险公司从事公务的人员利用职务上的便利，故意编造未曾发生的保险事故进行虚假理赔，骗取保险金归自己所有的，以贪污罪追究刑事责任。

国有公司、企业或者其他国有单位中从事公务的人员和国有公司、企业或者其他国有单位委派到非国有公司、企业以及其他非国有单位从事公务的人员，利用职务上的便利，将单位财物非法占为己有的，以贪污罪追究刑事责任。

国家工作人员在国内公务活动或者对外交往中接受礼物，依照国家规定应当交公而不交公，数额较大的，以贪污罪追究刑事责任。

《最高人民检察院对关于中国证监会主体认定的请示的答复函》(2000 年 4 月 30 日　高检发法字〔2000〕7 号)

北京市人民检察院：

你院京检字(2000)41 号《关于中国证监会主体认定的请示》收悉，经我院发函向中央机构编制委员会办公室查询核定，中央机构编制委员会办公室已作出正式复函，答复如下：“中国证券监督管理委员会为国务院直属事业单位，是全国证券期货市场的主管部门。其主要职责是统一管理证券期货市场，按规定对证券期货监管机构实行垂直领导，所以，它是具有行政职责的事业单位。据此，北京证券监督管理委员会干部应视同为国家机关工作人员。”请你们按中编办答复意见办。

《最高人民检察院关于贯彻执行全国人民代表大会常务委员会关于〈中华人民共和国刑法〉第九十三条第二款的解释的通知》(2000 年 6 月 5 日　高检发研字〔2000〕12 号)

各省、自治区、直辖市人民检察院，军事检察院，新疆生产建设兵团人民检察院：

第九届全国人大常委会第十五次会议于 2000 年 4 月 25 日通过了《全国人民代表大会常务委员会关于〈中华人民共和国刑法〉第九十三条第二款的解释》(以下简称《解释》)。为认真贯彻执行《解释》，现就有关工作通知如下：

一、各级检察机关要认真学习《解释》和刑法的有关规定，深刻领会《解释》的精神，充分认识检察机关依法查处村民委员会等村基层组织人员贪污、受贿、挪用公款犯罪案件对于维护农村社会稳定、惩治腐败、保障农村经济发展的重要意义。

二、根据《解释》，检察机关对村民委员会等村基层组织人员协助人民政府从事《解释》所规定的行政管理工作中发生的利用职务上的便利，非法占有公共财物，挪用公款，索取他人财物或者非法收受他人财物，构成犯罪的案件，应直接受理，分别适用刑法第三百八十二条、第三百八十三条，第三百八十四条和第三百八十五条、第三百八十六条的规定，以涉嫌贪污罪、挪用公款罪、受贿罪立案侦查。

三、各级检察机关在依法查处村民委员会等村基层组织人员贪污、受贿、挪用公款犯罪案件过程中，要根据《解释》和其他有关法律的规定，严格把握界限，准确认定村民委员会等村基层组织人员的职务活动是否属于协助人民政府从事《解释》所规定的行政管理工作，并正确把握刑法第三百八十二条、第三百八十三条贪污罪、第三百八十四条挪用公款罪和第三百八十五条、第三百八十六条受贿罪的构成要件。对村民委员会等村基层组织人员从事属于村民自治范围的经营、管理活动不能适用《解释》的规定。

四、各级检察机关在依法查处村民委员会等村基层组织人员涉嫌贪污、受贿、挪用公款犯罪案件过程中，要注意维护农村社会的稳定，注重办案的法律效果与社会效果的统一。对疑难、复杂、社会影响大的案件，下级检察机关要及时向上级检察机关请示。上级检察机关要认真及时研究，加强指导，以准确适用法律，保证办案质量。

五、各省级检察院对执行《解释》和本通知过程中遇到的新情况、新问题，要及时报告最高检察院。

《最高人民法院研究室关于国家工作人员在农村合作基金会兼职从事管理工作如何认定身份问题的答复》(2000年6月29日　法〔研〕明传〔2000〕12号)

四川省高级人民法院：

你院川高法〔2000〕105号《关于具有国家工作人员身份的人员在农村基金会兼职从事管理活动应如何认定犯罪主体身份问题的请示》收悉。经研究,答复如下：

国家工作人员自行到农村合作基金会兼职从事管理工作的,因其兼职工作与国家工作人员身份无关,应认定为农村合作基金会一般从业人员;国家机关、国有公司、企业、事业单位委派到农村合作基金会兼职从事管理工作的人员,以国家工作人员论。

《最高人民检察院关于全国人民代表大会常务委员会关于〈中华人民共和国刑法〉第九十三条第二款的解释的时间效力的批复》(2000年6月29日　高检发研字〔2000〕15号)

天津市人民检察院：

你院"关于《全国人民代表大会常务委员会关于〈中华人民共和国刑法〉第九十三条第二款的解释》的实施时间问题的请示"收悉。经研究,批复如下：

《全国人民代表大会常务委员会关于〈中华人民共和国刑法〉第九十三条第二款的解释》是对刑法第九十三条第二款关于"其他依照法律从事公务的人员"规定的进一步明确,并不是对刑法的修改。因此,该《解释》的效力适用于修订刑法的施行日期,其溯及力适用修订刑法第12条的规定。

《最高人民法院关于审理贪污、职务侵占案件如何认定共同犯罪几个问题的解释》(2000年6月30日　法释〔2000〕15号)

为依法审理贪污或者职务侵占犯罪案件,现就这类案件如何认定共同犯罪问题解释如下：

第一条　行为人与国家工作人员勾结,利用国家工作人员的职务便利,共同侵吞、窃取、骗取或者以其他手段非法占有公共财物的,以贪污罪共犯论处。

第二条　行为人与公司、企业或者其他单位的人员勾结,利用公司、企业或者其他单位人员的职务便利,共同将该单位财物非法占为己有,数额较大的,以职务侵占罪共犯论处。

第三条　公司、企业或者其他单位中,不具有国家工作人员身份的人与国家工作人员勾结,分别利用各自的职务便利,共同将本单位财物非法占为已有的,按照主犯的犯罪性质定罪。

《最高人民法院、最高人民检察院关于办理妨害预防、控制突发传染病疫情等灾害的刑事案件具体应用法律若干问题的解释》(2003年5月14日　法释〔2003〕8号)

第十四条第一款　贪污、侵占用于预防、控制突发传染病疫情等灾害的款物或者挪用归个人使用,构成犯罪的,分别依照刑法第三百八十二条、第三百八十三条、第二百七十一条、第三百八十四条、第二百七十二条的规定,以贪污罪、侵占罪、挪用公款罪、挪用资金罪定罪,依法从重处罚。

《最高人民法院关于印发全国法院审理经济犯罪案件工作座谈会纪要的通知》(2003年11月13日　法〔2003〕167号)

一、关于贪污贿赂犯罪和渎职犯罪的主体

(一)国家机关工作人员的认定

刑法中所称的国家机关工作人员。是指在国家机关中从事公务的人员、包括在各级国家权力机关、行政机关、司法机关和军事机关中从事公务的人员。

根据有关立法解释的规定,在依照法律、法规规定行使国家行政管理职权的组织中从事公务的人员,或者在受国家机关委托代表国家行使职权的组织中从事公务的人员、或者虽未列入国家机关人员编制但在国家机关中从事公务的人员,视为国家机关工作人员。在乡(镇)以上中国共产党机关、人民政协机关中从事公务的人员,司法实践中也应当视为国家机关工作人员。

(二)国家机关、国有公司、企业、事业单位委派到非国有公司、企业、事业单位、社会团体从事公务的人员的认定

所谓委派,即委任、派遣,其形式多种多样,如任命、指派、提名、批准等。不论被委派的人身份如何,只要是接受国家机关、国有公司、企业、事业单位委派,代表国家机关、国有公司、企业、事业单位

在非国有公司、企业、事业单位、社会团体中从事组织、领导、监督、管理等工作,都可以认定为国家机关、国有公司、企业、事业单位委派到非国有公司、企业、事业单位、社会团体从事公务的人员－如国家机关、国有公司、企业、事业单位委派在国有控股或者参股的股份有限公司从事组织、领导、监督、管理等工作的人员,应当以国家工作人员论:国有公司、企业改制为股份有限公司后原国有公司、企业的工作人员和股份有限公司新任命的人员中,除代表国有投资主体行使监督、管理职权的人外不以国家工作人员论。

(三)"其他依照法律从事公务的人员"的认定

刑法第九十三条第二款规定的"其他依照法律从事公务的人员"应当具有两个特征:一是在特定条件下行使国家管理职能;二是依照法律规定从事公务。具体包括:(1)依法履行职责的各级人民代表大会代表;(2)依法履行审判职责的人民陪审员;(3)协助乡镇人民政府、街道办事处从事行政管理工作的村民委员会、居民委员会等农村和城市基层组织人员;(4)其他由法律授权从事公务的人员。

(四)关于"从事公务"的理解

从事公务,是指代表国家机关、国有公司、企业事业单位、人民团体等履行组织、领导、监督、管理等职责。公务主要表现为与职权相联系的公共事务以及监督、管理国有财产的职务活动。如国家机关工作人员依法履行职责,国有公司的董事、经理、监事、会计、出纳人员等管理、监督国有财产等活动,属于从事公务。那些不具备职权内容的劳务活动、技术服务工作,如售货员、售票员等所从事的工作,一般不认为是公务。

二、关于贪污罪

(一)贪污罪既遂与未遂的认定

贪污罪是一种以非法占有为目的的财产性职务犯罪,与盗窃、诈骗、抢夺等侵犯财产罪一样,应当以行为人是否实际控制财物作为区分贪污罪既遂与未遂的标准。对于行为人利用职务上的便利,实施了虚假平帐等贪污行为,但公共财物尚未实际转移,或者尚未被行为人控制就被查获的,应当认定为贪污未遂:行为人控制公共财物后,是否将财物据为己有,不影响贪污既遂的认定。

(二)"受委托管理、经营国有财产"的认定

刑法第三百八十二条第二款规定的"受委托管理、经营国有财产",是指因承包、租赁、临时聘用等管理、经营国有财产。

(三)国家工作人员与非国家工作人员勾结共同非法占有单位财物行为的认定

对于国家工作人员与他人勾结,共同非法占有单位财物的行为,应当按照《最高人民法院关于审理贪污、职务侵占案件如何认定共同犯罪几个问题的解释》的规定定罪处罚。对于在公司、企业或者其他单位中,非国家工作人员与国家工作人员勾结,分别利用各自的职务便利,共同将本单位财物非法占有的,应当尽量区分主从犯,按照主犯的犯罪性质定罪。司法实践中,如果根据案件的实际情况。各共同犯罪人在共同犯罪中的地位、作用相当,难以区分主从犯的,可以贪污罪定罪处罚。

(四)共同贪污犯罪中"个人贪污数额"的认定

刑法第三百八十三条第一款规定的"个人贪污数额",在共同贪污犯罪案件中应理解为个人所参与或者组织、指挥共同贪污的数额,不能只按个人实际分得的赃款数额来认定。对共同贪污犯罪中的从犯,应当按照其所参与的共同贪污的数额确定量刑幅度,并依照刑法第二十七条第二款的规定,从轻、减轻处罚或者免除处罚。

《最高人民法院研究室关于对行为人通过伪造国家机关公文、证件担任国家工作人员职务并利用职务上的便利侵占本单位财物、收受贿赂、挪用本单位资金等行为如何适用法律问题的答复》(2004年3月20日　法研〔2004〕38号)

北京市高级人民法院:

你院〔2004〕15号《关于通过伪造国家机关公文、证件担任国家工作人员职务后利用职务便利侵占本单位财物、收受贿赂、挪用本单位资金的行为如何定性的请示》收悉。经研究,答复如下:

行为人通过伪造国家机关公文、证件担任国家工作人员职务以后,又利用职务上的便利实施侵占本单位财物、收受贿赂、挪用本单位资金等行为,构成犯罪的,应当分别以伪造国家机关公文、证件罪和相应的贪污罪、受贿罪、挪用公款罪等追究刑事责任,实行数罪并罚。

《最高人民法院、最高人民检察院关于办理职务犯罪案件认定自首、立功等量刑情节若干问题的意见》(2009年3月12日　法发〔2009〕13号)

为依法惩处贪污贿赂、渎职等职务犯罪,根据刑法和相关司法解释的规定,结合办案工作实际,现就办理职务犯罪案件有关自首、立功等量刑情节的认定和处理问题,提出如下意见:

一、关于自首的认定和处理

根据刑法第六十七条第一款的规定,成立自首需同时具备自动投案和如实供述自己的罪行两个要件。犯罪事实或者犯罪分子未被办案机关掌握,或者虽被掌握,但犯罪分子尚未受到调查谈话、讯问,或者未被宣布采取调查措施或者强制措施时,向办案机关投案的,是自动投案。在此期间如实交代自己的主要犯罪事实的,应当认定为自首。

犯罪分子向所在单位等办案机关以外的单位、组织或者有关负责人员投案的,应当视为自动投案。

没有自动投案,在办案机关调查谈话、讯问、采取调查措施或者强制措施期间,犯罪分子如实交代办案机关掌握的线索所针对的事实的,不能认定为自首。

没有自动投案,但具有以下情形之一的,以自首论:(1)犯罪分子如实交代办案机关未掌握的罪行,与办案机关已掌握的罪行属不同种罪行的;(2)办案机关所掌握线索针对的犯罪事实不成立,在此范围外犯罪分子交代同种罪行的。

单位犯罪案件中,单位集体决定或者单位负责人决定而自动投案,如实交代单位犯罪事实的,或者单位直接负责的主管人员自动投案,如实交代单位犯罪事实的,应当认定为单位自首。单位自首的,直接负责的主管人员和直接责任人员未自动投案,但如实交代自己知道的犯罪事实的,可以视为自首;拒不交代自己知道的犯罪事实或者逃避法律追究的,不应当认定为自首。单位没有自首,直接责任人员自动投案并如实交代自己知道的犯罪事实的,对该直接责任人员应当认定为自首。

对于具有自首情节的犯罪分子,办案机关移送案件时应当予以说明并移交相关证据材料。

对于具有自首情节的犯罪分子,应当根据犯罪的事实、性质、情节和对于社会的危害程度,结合自动投案的动机、阶段、客观环境,交代犯罪事实的完整性、稳定性以及悔罪表现等具体情节,依法决定是否从轻、减轻或者免除处罚以及从轻、减轻处罚的幅度。

二、关于立功的认定和处理

立功必须是犯罪分子本人实施的行为。为使犯罪分子得到从轻处理,犯罪分子的亲友直接向有关机关揭发他人犯罪行为,提供侦破其他案件的重要线索,或者协助司法机关抓捕其他犯罪嫌疑人的,不应当认定为犯罪分子的立功表现。

据以立功的他人罪行材料应当指明具体犯罪事实;据以立功的线索或者协助行为对于侦破案件或者抓捕犯罪嫌疑人要有实际作用。犯罪分子揭发他人犯罪行为时没有指明具体犯罪事实的;揭发的犯罪事实与查实的犯罪事实不具有关联性的;提供的线索或者协助行为对于其他案件的侦破或者其他犯罪嫌疑人的抓捕不具有实际作用的,不能认定为立功表现。

犯罪分子揭发他人犯罪行为,提供侦破其他案件重要线索的,必须经查证属实,才能认定为立功。审查是否构成立功,不仅要审查办案机关的说明材料,还要审查有关事实和证据以及与案件定性处罚相关的法律文书,如立案决定书、逮捕决定书、侦查终结报告、起诉意见书、起诉书或者判决书等。

据以立功的线索、材料来源有下列情形之一的,不能认定为立功:(1)本人通过非法手段或者非法途径获取的;(2)本人因原担任的查禁犯罪等职务获取的;(3)他人违反监管规定向犯罪分子提供的;(4)负有查禁犯罪活动职责的国家机关工作人员或者其他国家工作人员利用职务便利提供的。

犯罪分子检举、揭发的他人犯罪,提供侦破其他案件的重要线索,阻止他人的犯罪活动,或者协助司法机关抓捕的其他犯罪嫌疑人,犯罪嫌疑人、被告人依法可能被判处无期徒刑以上刑罚的,应当认定为有重大立功表现。其中,可能被判处无期徒刑以上刑罚,是指根据犯罪行为的事实、情节可能判处无期徒刑以上刑罚。案件已经判决的,以实际判处的刑罚为准。但是,根据犯罪行为的事实、情节应当判处无期徒刑以上刑罚,因被判刑人有法定情节经依法从轻、减轻处罚后判处有期徒刑的,应当认定为重大立功。

对于具有立功情节的犯罪分子,应当根据犯罪的事实、性质、情节和对于社会的危害程度,结合立功表现所起作用的大小、所破获案件的罪行轻重、所抓获犯罪嫌疑人可能判处的法定刑以及立功的时机等具体情节,依法决定是否从轻、减轻或者免除处罚以及从轻、减轻处罚的幅度。

三、关于如实交代犯罪事实的认定和处理

犯罪分子依法不成立自首,但如实交代犯罪事实,有下列情形之一的,可以酌情从轻处罚:(1)办案机关掌握部分犯罪事实,犯罪分子交代了同种其他犯罪事实的;(2)办案机关掌握的证据不充分,犯罪分子如实交代有助于收集定案证据的。

犯罪分子如实交代犯罪事实,有下列情形之一的,一般应当从轻处罚:(1)办案机关仅掌握小部分犯罪事实,犯罪分子交代了大部分未被掌握的同种犯罪事实的;(2)如实交代对于定案证据的收集有重要作用的。

四、关于赃款赃物追缴等情形的处理

贪污案件中赃款赃物全部或者大部分追缴的,一般应当考虑从轻处罚。

受贿案件中赃款赃物全部或者大部分追缴的,视具体情况可以酌定从轻处罚。

犯罪分子及其亲友主动退赃或者在办案机关追缴赃款赃物过程中积极配合的,在量刑时应当与办案机关查办案件过程中依职权追缴赃款赃物的有所区别。

职务犯罪案件立案后,犯罪分子及其亲友自行挽回的经济损失,司法机关或者犯罪分子所在单位及其上级主管部门挽回的经济损失,或者因客观原因减少的经济损失,不予扣减,但可以作为酌情从轻处罚的情节。

《最高人民法院、最高人民检察院印发关于办理国家出资企业中职务犯罪案件具体应用法律若干问题的意见》(2010年11月26日 法发〔2010〕49号)

随着企业改制的不断推进,人民法院、人民检察院在办理国家出资企业中的贪污、受贿等职务犯罪案件时遇到了一些新情况、新问题。这些新情况、新问题具有一定的特殊性和复杂性,需要结合企业改制的特定历史条件,依法妥善地进行处理。现根据刑法规定和相关政策精神,就办理此类刑事案件具体应用法律的若干问题,提出以下意见:

一、关于国家出资企业工作人员在改制过程中隐匿公司、企业财产归个人持股的改制后公司、企业所有的行为的处理

国家工作人员或者受国家机关、国有公司、企业、事业单位、人民团体委托管理、经营国有财产的人员利用职务上的便利,在国家出资企业改制过程中故意通过低估资产、隐瞒债权、虚设债务、虚构产权交易等方式隐匿公司、企业财产,转为本人持有股份的改制后公司、企业所有,应当依法追究刑事责任的,依照刑法第三百八十二条、第三百八十三条的规定,以贪污罪定罪处罚。贪污数额一般应当以所隐匿财产全额计算;改制后公司、企业仍有国有股份的,按股份比例扣除归于国有的部分。

所隐匿财产在改制过程中已为行为人实际控制,或者国家出资企业改制已经完成的,以犯罪既遂处理。

第一款规定以外的人员实施该款行为的,依照刑法第二百七十一条的规定,以职务侵占罪定罪处罚;第一款规定以外的人员与第一款规定的人员共同实施该款行为的,以贪污罪的共犯论处。

在企业改制过程中未采取低估资产、隐瞒债权、虚设债务、虚构产权交易等方式故意隐匿公司、企业财产的,一般不应当认定为贪污;造成国有资产重大损失,依法构成刑法第一百六十八条或者第一百六十九条规定的犯罪的,依照该规定定罪处罚。

二、关于国有公司、企业在改制过程中隐匿公司、企业财产归职工集体持股的改制后公司、企业所有的行为的处理

国有公司、企业违反国家规定,在改制过程中隐匿公司、企业财产,转为职工集体持股的改制后公司、企业所有的,对其直接负责的主管人员和其他直接责任人员,依照刑法第三百九十六条第一款的规定,以私分国有资产罪定罪处罚。

改制后的公司、企业中只有改制前公司、企业的管理人员或者少数职工持股,改制前公司、企业的多数职工未持股的,依照本意见第一条的规定,以贪污罪定罪处罚。

三、关于国家出资企业工作人员使用改制公司、企业的资金担保个人贷款,用于购买改制公司、企业股份的行为的处理

国家出资企业的工作人员在公司、企业改制过

程中为购买公司、企业股份,利用职务上的便利,将公司、企业的资金或者金融凭证、有价证券等用于个人贷款担保的,依照刑法第二百七十二条或者第三百八十四条的规定.以挪用资金罪或者挪用公款罪定罪处罚。

行为人在改制前的国家出资企业持有股份的,不影响挪用数额的认定,但量刑时应当酌情考虑。

经有关主管部门批准或者按照有关政策规定,国家出资企业的工作人员为购买改制公司、企业股份实施前款行为的,可以视具体情况不作为犯罪处理。

四、关于国家工作人员在企业改制过程中的渎职行为的处理

国家出资企业中的国家工作人员在公司、企业改制或者国有资产处置过程中严重不负责任或者滥用职权,致使国家利益遭受重大损失的,依照刑法第一百六十八条的规定,以国有公司、企业人员失职罪或者国有公司、企业人员滥用职权罪定罪处罚。

国家出资企业中的国家工作人员在公司、企业改制或者国有资产处置过程中徇私舞弊,将国有资产低价折股或者低价出售给其本人未持有股份的公司、企业或者其他个人,致使国家利益遭受重大损失的,依照刑法第一百六十九条的规定,以徇私舞弊低价折股、出售国有资产罪定罪处罚。

国家出资企业中的国家工作人员在公司、企业改制或者国有资产处置过程中徇私舞弊,将国有资产低价折股或者低价出售给特定关系人持有股份或者本人实际控制的公司、企业,致使国家利益遭受重大损失的,依照刑法第三百八十二条、第三百八十三条的规定,以贪污罪定罪处罚。贪污数额以国有资产的损失数额计算。

国家出资企业中的国家工作人员因实施第一款、第二款行为收受贿赂,同时又构成刑法第三百八十五条规定之罪的,依照处罚较重的规定定罪处罚。

五、关于改制前后主体身份发生变化的犯罪的处理

国家工作人员在国家出资企业改制前利用职务上的便利实施犯罪,在其不再具有国家工作人员身份后又实施同种行为,依法构成不同犯罪的,应当分别定罪,实行数罪并罚。

国家工作人员利用职务上的便利,在国家出资企业改制过程中隐匿公司、企业财产,在其不再具有国家工作人员身份后将所隐匿财产据为己有的,依照刑法第三百八十二条、第三百八十三条的规定,以贪污罪定罪处罚。

国家工作人员在国家出资企业改制过程中利用职务上的便利为请托人谋取利益,事先约定在其不再具有国家工作人员身份后收受请托人财物,或者在身份变化前后连续收受请托人财物的,依照刑法第三百八十五条、第三百八十六条的规定,以受贿罪定罪处罚。

六、关于国家出资企业中国家工作人员的认定

经国家机关、国有公司、企业、事业单位提名、推荐、任命、批准等,在国有控股、参股公司及其分支机构中从事公务的人员,应当认定为国家工作人员。具体的任命机构和程序,不影响国家工作人员的认定。

经国家出资企业中负有管理、监督国有资产职责的组织批准或者研究决定,代表其在国有控股、参股公司及其分支机构中从事组织、领导、监督、经营、管理工作的人员,应当认定为国家工作人员。

国家出资企业中的国家工作人员,在国家出资企业中持有个人股份或者同时接受非国有股东委托的,不影响其国家工作人员身份的认定。

七、关于国家出资企业的界定

本意见所称"国家出资企业",包括国家出资的国有独资公司、国有独资企业,以及国有资本控股公司、国有资本参股公司。

是否属于国家出资企业不清楚的,应遵循"谁投资、谁拥有产权"的原则进行界定。企业注册登记中的资金来源与实际出资不符的,应根据实际出资情况确定企业的性质。企业实际出资情况不清楚的,可以综合工商注册、分配形式、经营管理等因素确定企业的性质。

八、关于宽严相济刑事政策的具体贯彻

办理国家出资企业中的职务犯罪案件时,要综合考虑历史条件、企业发展、职工就业、社会稳定等因素,注意具体情况具体分析,严格把握犯罪与一般违规行为的区分界限。对于主观恶意明显、社会危害严重、群众反映强烈的严重犯罪,要坚决依法

从严惩处；对于特定历史条件下、为了顺利完成企业改制而实施的违反国家政策法律规定的行为，行为人无主观恶意或者主观恶意不明显，情节较轻，危害不大的，可以不作为犯罪处理。

对于国家出资企业中的职务犯罪，要加大经济上的惩罚力度，充分重视财产刑的适用和执行，最大限度地挽回国家和人民利益遭受的损失。不能退赃的，在决定刑罚时，应当作为重要情节予以考虑。

《最高人民法院、最高人民检察院关于办理职务犯罪案件严格适用缓刑、免予刑事处罚若干问题的意见》（2012年8月8日　法发〔2012〕17号）

为进一步规范贪污贿赂、渎职等职务犯罪案件缓刑、免予刑事处罚的适用，确保办理职务犯罪案件的法律效果和社会效果，根据刑法有关规定并结合司法工作实际，就职务犯罪案件缓刑、免予刑事处罚的具体适用问题，提出以下意见：

一、严格掌握职务犯罪案件缓刑、免予刑事处罚的适用。职务犯罪案件的刑罚适用直接关系反腐败工作的实际效果。人民法院、人民检察院要深刻认识职务犯罪的严重社会危害性，正确贯彻宽严相济刑事政策，充分发挥刑罚的惩治和预防功能。要在全面把握犯罪事实和量刑情节的基础上严格依照刑法规定的条件适用缓刑、免予刑事处罚，既要考虑从宽情节，又要考虑从严情节；既要做到刑罚与犯罪相当，又要做到刑罚执行方式与犯罪相当，切实避免缓刑、免予刑事处罚不当适用造成的消极影响。

二、具有下列情形之一的职务犯罪分子，一般不适用缓刑或者免予刑事处罚：

（一）不如实供述罪行的；

（二）不予退缴赃款赃物或者将赃款赃物用于非法活动的；

（三）属于共同犯罪中情节严重的主犯的；

（四）犯有数个职务犯罪依法实行并罚或者以一罪处理的；

（五）曾因职务违纪违法行为受过行政处分的；

（六）犯罪涉及的财物属于救灾、抢险、防汛、优抚、扶贫、移民、救济、防疫等特定款物的；

（七）受贿犯罪中具有索贿情节的；

（八）渎职犯罪中徇私舞弊情节或者滥用职权情节恶劣的；

（九）其他不应适用缓刑、免予刑事处罚的情形。

三、不具有本意见第二条规定的情形，全部退缴赃款赃物，依法判处三年有期徒刑以下刑罚，符合刑法规定的缓刑适用条件的贪污、受贿犯罪分子，可以适用缓刑；符合刑法第三百八十三条第一款第（三）项的规定，依法不需要判处刑罚的，可以免予刑事处罚。

不具有本意见第二条所列情形，挪用公款进行营利活动或者超过三个月未还构成犯罪，一审宣判前已将公款归还，依法判处三年有期徒刑以下刑罚，符合刑法规定的缓刑适用条件的，可以适用缓刑；在案发前已归还，情节轻微，不需要判处刑罚的，可以免予刑事处罚。

四、人民法院审理职务犯罪案件时应当注意听取检察机关、被告人、辩护人提出的量刑意见，分析影响性案件案发前后的社会反映，必要时可以征求案件查办等机关的意见。对于情节恶劣、社会反映强烈的职务犯罪案件，不得适用缓刑、免予刑事处罚。

五、对于具有本意见第二条规定的情形之一，但根据全案事实和量刑情节，检察机关认为确有必要适用缓刑或者免予刑事处罚并据此提出量刑建议的，应经检察委员会讨论决定；审理法院认为确有必要适用缓刑或者免予刑事处罚的，应经审判委员会讨论决定。

《最高人民法院、最高人民检察院关于办理贪污贿赂刑事案件适用法律若干问题的解释》（2016年4月18日　法释〔2016〕9号）

为依法惩治贪污贿赂犯罪活动，根据刑法有关规定，现就办理贪污贿赂刑事案件适用法律的若干问题解释如下：

第一条　贪污或者受贿数额在三万元以上不满二十万元的，应当认定为刑法第三百八十三条第一款规定的“数额较大”，依法判处三年以下有期徒刑或者拘役，并处罚金。

贪污数额在一万元以上不满三万元，具有下列情形之一的，应当认定为刑法第三百八十三条第一款规定的“其他较重情节”，依法判处三年以下有期徒刑或者拘役，并处罚金：

（一）贪污救灾、抢险、防汛、优抚、扶贫、移民、救济、防疫、社会捐助等特定款物的；

(二)曾因贪污、受贿、挪用公款受过党纪、行政处分的;

(三)曾因故意犯罪受过刑事追究的;

(四)赃款赃物用于非法活动的;

(五)拒不交待赃款赃物去向或者拒不配合追缴工作,致使无法追缴的;

(六)造成恶劣影响或者其他严重后果的。

第二条　贪污或者受贿数额在二十万元以上不满三百万元的,应当认定为刑法第三百八十三条第一款规定的"数额巨大",依法判处三年以上十年以下有期徒刑,并处罚金或者没收财产。

贪污数额在十万元以上不满二十万元,具有本解释第一条第二款规定的情形之一的,应当认定为刑法第三百八十三条第一款规定的"其他严重情节",依法判处三年以上十年以下有期徒刑,并处罚金或者没收财产。

第三条　贪污或者受贿数额在三百万元以上的,应当认定为刑法第三百八十三条第一款规定的"数额特别巨大",依法判处十年以上有期徒刑、无期徒刑或者死刑,并处罚金或者没收财产。

贪污数额在一百五十万元以上不满三百万元,具有本解释第一条第二款规定的情形之一的,应当认定为刑法第三百八十三条第一款规定的"其他特别严重情节",依法判处十年以上有期徒刑、无期徒刑或者死刑,并处罚金或者没收财产。

第四条　贪污、受贿数额特别巨大,犯罪情节特别严重、社会影响特别恶劣、给国家和人民利益造成特别重大损失的,可以判处死刑。

符合前款规定的情形,但具有自首,立功,如实供述自己罪行、真诚悔罪、积极退赃,或者避免、减少损害结果的发生等情节,不是必须立即执行的,可以判处死刑缓期二年执行。

符合第一款规定情形的,根据犯罪情节等情况可以判处死刑缓期二年执行,同时裁判决定在其死刑缓期执行二年期满依法减为无期徒刑后,终身监禁,不得减刑、假释。

第十六条第一款　国家工作人员出于贪污、受贿的故意,非法占有公共财物、收受他人财物之后,将赃款赃物用于单位公务支出或者社会捐赠的,不影响贪污罪、受贿罪的认定,但量刑时可以酌情考虑。

第十八条　贪污贿赂犯罪分子违法所得的一切财物,应当依照刑法第六十四条的规定予以追缴或者责令退赔,对被害人的合法财产应当及时返还。对尚未追缴到案或者尚未足额退赔的违法所得,应当继续追缴或者责令退赔。

第十九条　对贪污罪、受贿罪判处三年以下有期徒刑或者拘役的,应当并处十万元以上五十万元以下的罚金;判处三年以上十年以下有期徒刑的,应当并处二十万元以上犯罪数额二倍以下的罚金或者没收财产;判处十年以上有期徒刑或者无期徒刑的,应当并处五十万元以上犯罪数额二倍以下的罚金或者没收财产。

对刑法规定并处罚金的其他贪污贿赂犯罪,应当在十万元以上犯罪数额二倍以下判处罚金。

《最高人民法院、最高人民检察院、公安部、司法部关于依法惩治妨害新型冠状病毒感染肺炎疫情防控违法犯罪的意见》(2020年2月6日　法发〔2020〕7号)

(七)依法严惩疫情防控失职渎职、贪污挪用犯罪。在疫情防控工作中,负有组织、协调、指挥、灾害调查、控制、医疗救治、信息传递、交通运输、物资保障等职责的国家机关工作人员,滥用职权或者玩忽职守,致使公共财产、国家和人民利益遭受重大损失的,依照刑法第三百九十七条的规定,以滥用职权罪或者玩忽职守罪定罪处罚。

卫生行政部门的工作人员严重不负责任,不履行或者不认真履行防治监管职责,导致新型冠状病毒感染肺炎传播或者流行,情节严重的,依照刑法第四百零九条的规定,以传染病防治失职罪定罪处罚。

从事实验、保藏、携带、运输传染病菌种、毒种的人员,违反国务院卫生行政部门的有关规定,造成新型冠状病毒毒种扩散,后果严重的,依照刑法第三百三十一条的规定,以传染病毒种扩散罪定罪处罚。

国家工作人员,受委托管理国有财产的人员,公司、企业或者其他单位的人员,利用职务便利,侵吞、截留或者以其他手段非法占有用于防控新型冠状病毒感染肺炎的款物,或者挪用上述款物归个人使用,符合刑法第三百八十二条、第三百八十三条、第二百七十一条、第三百八十四条、第二百七十二条规定的,以贪污罪、职务侵占罪、挪用公款罪、挪用资金罪定罪处罚。挪用用于防控新型冠状病毒感染肺炎的救灾、优抚、救济等款物，符合刑法第二百七十三条规定的，对直接责任人员，以挪用特定款物罪定罪处罚。

要义辨析

一、概念

本罪是指国家工作人员利用职务上的便利，侵吞、窃取、骗取或者以其他手段非法占有公共财物的行为。

二、构成要件

1. 本罪侵犯的客体是公共财产的所有权和职务行为的廉洁性。其中公共财产是指：(1)国有财产；(2)劳动群众集体所有的财产；(3)用于扶贫和其他公益事业的社会捐助或者专项基金的财产；(4)国家机关、国有公司、企业、集体企业和人民团体管理、使用、或者运输中的私人财产。

2. 本罪的客观方面表现为利用职务上的便利，以侵吞、窃取、骗取或者以其他手段，非法占有公共财物的行为。利用职务上的便利，是指利用本人职务范围内主管、支配、使用和具体负责经营、管理公共财物所形成的便利条件。根据《刑法》第394条的规定，国家工作人员在国内公务活动或者在对外交往中接受礼物，依照国家规定应当交公而不交公，数额较大的，以贪污罪处罚。

3. 本罪的犯罪主体为特殊主体，即国家工作人员。根据《刑法》第93条的规定，国家工作人员包括：在国家机关中从事公务的人员；国有公司、企业、事业单位、人民团体中从事公务的人员；国家机关、国有公司、企业、事业单位委派到非国有公司、企业、事业单位、社会团体从事公务的人员；其他依照法律从事公务的人员。根据《刑法》第382条第2款的规定，受国家机关、国有公司、企业、事业单位、人民团体委托管理、经营国有财产的人员，也可以成为本罪的主体。一般公民与具备贪污罪主体身份的人员相互勾结，伙同贪污的，以共犯论处，也以本罪的主体论处。

4. 本罪主观方面必须出于直接故意，并具有非法占有公共财物的目的。过失不构成本罪。其故意的具体内容表现为行为人明知自己利用职务之便所实施的行为会发生非法占有公共(国有)财物或非国有单位财物的结果，并且希望这种结果的发生。犯罪的目的是非法占有公共(国有)财物或非国有单位财物。而非法占有公共(国有)财物或非国有单位财物的目的，既可以是行为人企图将公共(国有)财物或非国有单位财物永久地占为己有，也可以是行为人希望将公共(国有)财物或非国有单位财物非法获取后转送他人。另外，贪污罪不以特定的犯罪动机为其主观方面的必备要素，只要行为人故意实施了利用职务之便非法占有公共(国有)财物或非国有单位财物的行为，无论出于何种动机，均可构成贪污罪。

三、要点辨析

1. 贪污罪是我国刑法规范发育比较完备的一个罪名。历年已经有详尽的司法解释对主体、类主体、犯罪客观表现、定罪标准、量刑情节作了充分的分析规定。定罪量刑时，可以对照参阅上述的各个司法解释。

2. 区分罪与非罪的界限：本罪属于结果犯。根据《刑法修正案(九)》，贪污数额较大或者有其他较重情节的，才能构成本罪。否则，应由其所在单位或者上级主管机关给予行政或者纪律处分。此外，行为人没有利用职务便利，而非法占有公共财物的，不构成贪污罪。

3. 区分贪污罪与侵占罪、盗窃罪、诈骗罪、职务侵占罪的关系。从主体上看，贪污罪是特殊主体，必须是国家工作人员，侵占罪、盗窃罪、诈骗罪、职务侵占罪是一般主体，不要求是国家工作人员；从客体上看，贪污罪侵害的只能是公共财物，侵占罪、盗窃罪、诈骗罪、职务侵占罪侵害的还可以是私人财物。侵占罪、盗窃罪、诈骗罪都不要求利用职务上的便利，而贪污罪必须利用职务上的便利。

4. 通过伪造公文担任国家工作人员职务的仍构成本罪。行为人通过伪造国家机关公文、证件担任国家工作人员职务以后，又利用职务上的便利实施侵占公共财物等行为，构成犯罪的，应当分别以伪造国家机关公文、证件罪和贪污罪追究刑事责任，实行数罪并罚。

5. 以行为人是否实际控制财物作为区分贪污罪既遂与未遂的标准。贪污罪是一种以非法占有为目的的财产性职务犯罪,以行为人是否实际控制财物作为区分贪污罪既遂与未遂的标准。对于行为人利用职务上的便利,实施了虚假平帐等贪污行为,但公共财物尚未实际转移,或者尚未被行为人控制就被查获的,应当认定为贪污未遂;行为人控制公共财物后,是否将财物据为己有,不影响贪污既遂的认定。

6. 非国家工作人员与国家工作人员共同非法占有公共财物的处理。对于国家工作人员与他人勾结,共同非法占有单位财物的行为,应当按照《最高人民法院关于审理贪污、职务侵占案件如何认定共同犯罪几个问题的解释》的规定定罪处罚。对于在公司、企业或者其他单位中,非国家工作人员与国家工作人员勾结,分别利用各自的职务便利,共同将本单位财物非法占有的,应当尽量区分主从犯,按照主犯的犯罪性质定罪。司法实践中,如果根据案件的实际情况。各共同犯罪人在共同犯罪中的地位、作用相当,难以区分主从犯的,可以贪污罪定罪处罚。

7. 根据中国的物价指数和社会经济状况,总结司法实践效果,2015 年 11 月《刑法修正案(九)》对贪污贿赂犯罪定罪的数额标准作了大幅提高。随后,2016 年 3 月 28 日的《最高人民法院、最高人民检察院随后发布了关于办理贪污贿赂刑事案件适用法律若干问题的解释》修订了新的量刑数额标准。已经在上述解释中列出。

四、罪名变迁

1979 年《刑法》第 155 条规定了本罪,设定本罪有死刑。1988 年《全国人民代表大会常务委员会关于惩治贪污罪贿赂罪的补充规定》,对贪污罪的内涵和外延做了较大范围的调整。1997 年《刑法》第 383 条对贪污罪量刑作了量化规定。2015 年《刑法修正案(九)》废除了绝对化的犯罪数额,将量刑标准简化为 4 个量刑档次,本罪仍然保留有死刑。

类罪名:贪污贿赂罪	**罪名:挪用公款罪**
量刑标准	**挪用公款归个人使用,进行非法活动,数额在 3 万元以上;或者挪用公款归个人使用,进行营利活动或者超过 3 个月未还,数额在 5 万元以上的** 处 5 年以下有期徒刑或者拘役。
	挪用公款归个人使用,进行非法活动,数额在 300 万元以上;或者挪用公款归个人使用,进行营利活动或者超过 3 个月未还,数额在 500 万元以上的,属于数额巨大。挪用公款数额巨大不退还的 处 10 年以上有期徒刑或者无期徒刑。
	挪用公款归个人使用,进行非法活动,具有下列情形之一的,应当认定为刑法第 384 条第 1 款规定的"情节严重": **(1)挪用公款数额在 100 万元以上的;** **(2)挪用救灾、抢险、防汛、优抚、扶贫、移民、救济特定款物,数额在 50 万元以上不满 100 万元的;** **(3)挪用公款不退还,数额在 50 万元以上不满 100 万元的;** **(4)其他严重的情节。** **挪用公款归个人使用,进行营利活动或者超过 3 个月未还,具有下列情形之一的,应当认定为刑法第 384 条第 1 款规定的"情节严重":** **(1)挪用公款数额在 200 万元以上的;** **(2)挪用救灾、抢险、防汛、优抚、扶贫、移民、救济特定款物,数额在 100 万元以上不满 200 万元的;** **(3)挪用公款不退还,数额在 100 万元以上不满 200 万元的;** **(4)其他严重的情节。** **挪用公款情节严重的** 处 10 年以上有期徒刑。

法律依据

一、《刑法》条文

第三百八十四条　国家工作人员利用职务上的便利，挪用公款归个人使用，进行非法活动的，或者挪用公款数额较大、进行营利活动的，或者挪用公款数额较大、超过三个月未还的，是挪用公款罪，处五年以下有期徒刑或者拘役；情节严重的，处五年以上有期徒刑。挪用公款数额巨大不退还的，处十年以上有期徒刑或者无期徒刑。

挪用用于救灾、抢险、防汛、优抚、扶贫、移民、救济款物归个人使用的，从重处罚。

第一百八十五条　商业银行、证券交易所、期货交易所、证券公司、期货经纪公司、保险公司或者其他金融机构的工作人员利用职务上的便利，挪用本单位或者客户资金的，依照本法第二百七十二条的规定定罪处罚。

国有商业银行、证券交易所、期货交易所、证券公司、期货经纪公司、保险公司或者其他国有金融机构的工作人员和国有商业银行、证券交易所、期货交易所、证券公司、期货经纪公司、保险公司或者其他国有金融机构委派到前款规定中的非国有机构从事公务的人员有前款行为的，依照本法第三百八十四条的规定定罪处罚。

第九十三条　本法所称国家工作人员，是指国家机关中从事公务的人员。

国有公司、企业、事业单位、人民团体中从事公务的人员和国家机关、国有公司、企业、事业单位委派到非国有公司、企业、事业单位、社会团体从事公务的人员，以及其他依照法律从事公务的人员，以国家工作人员论。

第二百七十二条　公司、企业或者其他单位的工作人员，利用职务上的便利，挪用本单位资金归个人使用或者借贷给他人，数额较大、超过三个月未还的，或者虽未超过三个月，但数额较大、进行营利活动的，或者进行非法活动的，处三年以下有期徒刑或者拘役；挪用本单位资金数额巨大的，或者数额较大不退还的，处三年以上十年以下有期徒刑。

国有公司、企业或者其他国有单位中从事公务的人员和国有公司、企业或者其他国有单位委派到非国有公司、企业以及其他单位从事公务的人员有前款行为的，依照本法第三百八十四条的规定定罪处罚。

第二百八十七条　利用计算机实施金融诈骗、盗窃、贪污、挪用公款、窃取国家秘密或者其他犯罪的，依照本法有关规定定罪处罚。

二、相关法律

《全国人民代表大会常务委员会关于〈中华人民共和国刑法〉第三百八十四条第一款的解释》（2002年4月28日）

全国人大常委会讨论了刑法第三百八十四条第一款规定的国家工作人员利用职务上的便利，挪用公款“归个人使用”的含义问题，解释如下：

有下列情形之一的，属于挪用公款“归个人使用”：

（一）将公款供本人、亲友或者其他自然人使用的；

（二）以个人名义将公款供其他单位使用的；

（三）个人决定以单位名义将公款供其他单位使用，谋取个人利益的。

《中华人民共和国教师法》（2009年8月27日修正）

第三十八条　地方人民政府对违反本法规定，拖欠教师工资或者侵犯教师其他合法权益的，应当责令其限期改正。

违反国家财政制度、财务制度，挪用国家财政用于教育的经费，严重妨碍教育教学工作，拖欠教师工资，损害教师合法权益的，由上级机关责令限期归还被挪用的经费，并对直接责任人员给予行政处分；情节严重，构成犯罪的，依法追究刑事责任。

《中华人民共和国劳动法》（2018年12月29日修正）

第一百零四条　国家工作人员和社会保险基金经办机构的工作人员挪用社会保险基金，构成犯罪的，依法追究刑事责任。

《中华人民共和国刑事诉讼法》（2018年10月26日修正）

第二百四十五条　公安机关、人民检察院和人民法院对查封、扣押、冻结的犯罪嫌疑人、被告人的财物及其孳息,应当妥善保管,以供核查,并制作清单,随案移送。任何单位和个人不得挪用或者自行处理。对被害人的合法财产,应当及时返还。对违禁品或者不宜长期保存的物品,应当依照国家有关规定处理。

对作为证据使用的实物应当随案移送,对不宜移送的,应当将其清单、照片或者其他证明文件随案移送。

人民法院作出的判决,应当对查封、扣押、冻结的财物及其孳息作出处理。

人民法院作出的判决生效以后,有关机关应当根据判决对查封、扣押、冻结的财物及其孳息进行处理。对查封、扣押、冻结的赃款赃物及其孳息,除依法返还被害人的以外,一律上缴国库。

司法工作人员贪污、挪用或者私自处理查封、扣押、冻结的财物及其孳息的,依法追究刑事责任;不构成犯罪的,给予处分。

《中华人民共和国教育法》(2021 年 4 月 29 日修正)

第七十一条 违反国家有关规定,不按照预算核拨教育经费的,由同级人民政府限期核拨;情节严重的,对直接负责的主管人员和其他直接责任人员,依法给予行政处分。

违反国家财政制度、财务制度,挪用、克扣教育经费的,由上级机关责令限期归还被挪用、克扣的经费,并对直接负责的主管人员和其他直接责任人员,依法给予行政处分;构成犯罪的,依法追究刑事责任。

三、相关行政法规

《失业保险条例》(1999 年 1 月 22 日)

第十一条 失业保险基金必须存入财政部门在国有商业银行开设的社会保障基金财政专户,实行收支两条线管理,由财政部门依法进行监督。

存入银行和按照国家规定购买国债的失业保险基金,分别按照城乡居民同期存款利率和国债利息计息。失业保险基金的利息并入失业保险基金。

失业保险基金专款专用,不得挪作他用,不得用于平衡财政收支。

第三十一条 任何单位、个人挪用失业保险基金的,追回挪用的失业保险基金;有违法所得的,没收违法所得,并入失业保险基金;构成犯罪的,依法追究刑事责任;尚不构成犯罪的,对直接负责的主管人员和其他直接责任人员依法给予行政处分。

《工伤保险条例》(2010 年 12 月 20 日修订)

第十二条 工伤保险基金存入社会保障基金财政专户,用于本条例规定的工伤保险待遇,劳动能力鉴定,工伤预防的宣传、培训等费用,以及法律、法规规定的用于工伤保险的其他费用的支付。

工伤预防费用的提取比例、使用和管理的具体办法,由国务院社会保险行政部门会同国务院财政、卫生行政、安全生产监督管理等部门规定。

任何单位或者个人不得将工伤保险基金用于投资运营、兴建或者改建办公场所、发放奖金,或者挪作其他用途。

第五十六条 单位或者个人违反本条例第十二条规定挪用工伤保险基金,构成犯罪的,依法追究刑事责任;尚不构成犯罪的,依法给予处分或者纪律处分。被挪用的基金由社会保险行政部门追回,并入工伤保险基金;没收的违法所得依法上缴国库。

四、相关司法解释/文件

《最高人民法院关于审理挪用公款案件具体应用法律若干问题的解释》(1998 年 4 月 29 日法释〔1998〕9 号)

为依法惩处挪用公款犯罪,根据刑法的有关规定,现对办理挪用公款案件具体应用法律的若干问题解释如下:

第一条 刑法第三百八十四条规定的“挪用公款归个人使用”,包括挪用者本人使用或者给他人使用。

挪用公款给私有公司、私有企业使用的,属于挪用公款归个人使用。

第二条 对挪用公款罪,应区分三种不同情况予以认定:

(一)挪用公款归个人使用,数额较大、超过三个月未还的,构成挪用公款罪。

挪用正在生息或者需要支付利息的公款归个人使用,数额较大,超过三个月但在案发前全部归还本金的,可以从轻处罚或者免除处罚。给国家、集体造成的利息损失应予追缴。挪用公款数额巨大,超过三个月,案发前全部归还的,可以酌情从轻处罚。

（二）挪用公款数额较大，归个人进行营利活动的，构成挪用公款罪，不受挪用时间和是否归还的限制。在案发前部分或者全部归还本息的，可以从轻处罚；情节轻微的，可以免除处罚。

挪用公款存入银行、用于集资、购买股票、国债等，属于挪用公款进行营利活动。所获取的利息、收益等违法所得，应当追缴，但不计入挪用公款的数额。

（三）挪用公款归个人使用，进行赌博、走私等非法活动的，构成挪用公款罪，不受“数额较大”和挪用时间的限制。

挪用公款给他人使用，不知道使用人用公款进行营利活动或者用于非法活动，数额较大、超过三个月未还的，构成挪用公款罪；明知使用人用于营利活动或者非法活动的，应当认定为挪用人挪用公款进行营利活动或者非法活动。

第三条　挪用公款归个人使用，“数额较大、进行营利活动的”，或者“数额较大、超过三个月未还的”，以挪用公款一万元至三万元为“数额较大”的起点，以挪用公款十五万元至二十万元为“数额巨大”的起点。挪用公款“情节严重”，是指挪用公款数额巨大，或者数额虽未达到巨大，但挪用公款手段恶劣；多次挪用公款；因挪用公款严重影响生产、经营，造成严重损失等情形。

“挪用公款归个人使用，进行非法活动的”，以挪用公款五千元至一万元为追究刑事责任的数额起点。挪用公款五万元至十万元以上的，属于挪用公款归个人使用，进行非法活动“情节严重”的情形之一。挪用公款归个人使用，进行非法活动，情节严重的其他情形，按照本条第一款的规定执行。

各高级人民法院可以根据本地实际情况，按照本解释规定的数额幅度，确定本地区执行的具体数额标准，并报最高人民法院备案。

挪用救灾、抢险、防汛、优抚、扶贫、移民、救济款物归个人使用的数额标准，参照挪用公款归个人使用进行非法活动的数额标准。

第四条　多次挪用公款不还，挪用公款数额累计计算；多次挪用公款，并以后次挪用的公款归还前次挪用的公款，挪用公款数额以案发时未还的实际数额认定。

第五条　“挪用公款数额巨大不退还的”，是指挪用公款数额巨大，因客观原因在一审宣判前不能退还的。

第六条　携带挪用的公款潜逃的，依照刑法第三百八十二条、第三百八十三条的规定定罪处罚。

第七条　因挪用公款索取、收受贿赂构成犯罪的，依照数罪并罚的规定处罚。

挪用公款进行非法活动构成其他犯罪的，依照数罪并罚的规定处罚。

第八条　挪用公款给他人使用，使用人与挪用人共谋，指使或者参与策划取得挪用款的，以挪用公款罪的共犯定罪处罚。

《最高人民检察院关于人民检察院直接受理立案侦查案件立案标准的规定（试行）》（1999年9月9日　高检发研字〔1999〕10号）

一、贪污贿赂犯罪案件立案标准

（二）挪用公款案（第384条，第185条第2款，第272条第2款）

挪用公款罪是指国家工作人员利用职务上的便利，挪用公款归个人使用，进行非法活动的，或者挪用公款数额较大、进行营利活动的，或者挪用公款数额较大、超过三个月未还的行为。

国有金融机构工作人员和国有金融机构委派到非国有金融机构从事公务的人员，利用职务上的便利，挪用本单位或者客户资金的，以挪用公款罪追究刑事责任。

国有公司、企业或者其他国有单位中从事公务的人员和国有公司、企业或者其他国有单位委派到非国有公司、企业以及其他单位从事公务的人员，利用职务上的便利，挪用本单位资金归个人使用或者借贷给他人，数额较大，超过三个月未还的，或者虽未超过三个月，但数额较大，进行营利活动的，或者进行非法活动的，以挪用公款罪追究刑事责任。

四、附则

（四）本规定中有关挪用公款罪案中的“非法活动”，既包括犯罪活动，也包括其他违法活动。

《最高人民检察院关于国家工作人员挪用非特定公物能否定罪的请示的批复》（2000年3月6日　高检发释字〔2000〕1号）

山东省人民检察院：

你院鲁检发研字〔1999〕第3号《关于国家工作人员挪用非特定公物能否定罪的请示》收悉。

经研究认为,刑法第384条规定的挪用公款罪中未包括挪用非特定公物归个人使用的行为,对该行为不以挪用公款罪论处。如构成其他犯罪的,依照刑法的相关规定定罪处罚。

《最高人民检察院关于挪用失业保险基金和下岗职工基本生活保障资金的行为适用法律问题的批复》(2003年1月28日　高检发释字〔2003〕1号)

辽宁省人民检察院:

你院辽检发研字(2002)9号《关于挪用职工失业保险金和下岗职工生活保障金是否属于挪用特定款物的请示》收悉。经研究,批复如下:

挪用失业保险基金和下岗职工基本生活保障资金属于挪用救济款物。挪用失业保险基金和下岗职工基本生活保障资金,情节严重,致使国家和人民群众利益遭受重大损害的,对直接责任人员,应当依照刑法第二百七十三条的规定,以挪用特定款物罪追究刑事责任;国家工作人员利用职务上的便利,挪用失业保险基金和下岗职工基本生活保障资金归个人使用,构成犯罪的,应当依照刑法第三百八十四条的规定,以挪用公款罪追究刑事责任。

《最高人民法院、最高人民检察院关于办理妨害预防、控制突发传染病疫情等灾害的刑事案件具体应用法律若干问题的解释》(2003年5月14日　法释〔2003〕8号)

第十四条　贪污、侵占用于预防、控制突发传染病疫情等灾害的款物或者挪用归个人使用,构成犯罪的,分别依照刑法第三百八十二条、第三百八十三条、第二百七十一条、第三百八十四条、第二百七十二条的规定,以贪污罪、侵占罪、挪用公款罪、挪用资金罪定罪,依法从重处罚。

挪用用于预防、控制突发传染病疫情等灾害的救灾、优抚、救济等款物,构成犯罪的,对直接责任人员,依照刑法第二百七十三条的规定,以挪用特定款物罪定罪处罚。

《最高人民法院关于挪用公款犯罪如何计算追诉期限问题的批复》(2003年9月22日　法释〔2003〕16号)

天津市高级人民法院:

你院津高法〔2002〕4号《关于挪用公款犯罪如何计算追诉期限问题的请示》收悉。经研究,答复如下:

根据刑法第八十九条、第三百八十四条的规定,挪用公款归个人使用,进行非法活动的,或者挪用公款数额较大、进行营利活动的,犯罪的追诉期限从挪用行为实施完毕之日起计算;挪用公款数额较大、超过三个月未还的,犯罪的追诉期限从挪用公款罪成立之日起计算。挪用公款行为有连续状态的,犯罪的追诉期限应当从最后一次挪用行为实施完毕之日或者犯罪成立之日起计算。

《最高人民法院关于印发全国法院审理经济犯罪案件工作座谈会纪要的通知》(2003年11月13日　法〔2003〕167号)

四、关于挪用公款罪

(一)单位决定将公款给个人使用行为的认定

经单位领导集体研究决定将公款给个人使用,或者单位负责人为了单位的利益,决定将公款给个人使用的,不以挪用公款罪定罪处罚。上述行为致使单位遭受重大损失,构成其他犯罪的,依照刑法的有关规定对责任人员定罪处罚。

(二)挪用公款供其他单位使用行为的认定

根据全国人大常委会《关于〈中华人民共和国刑法〉第三百八十四条第一款的解释》的规定,"以个人名义将公款供其他单位使用的"、"个人决定以单位名义将公款供其他单位使用谋取个人利益的",属于挪用公款"归个人使用"、在司法实践中,对于将公款供其他单位使用的,认定是否属于"以个人名义",不能只看形式,要从实质上把握。对于行为人逃避财务监管,或者与使用人约定以个人名义进行,或者借款、还款都以个人名义进行,将公款给其他单位使用的,应认定为"以个人名义"。"个人决定"既包括行为人在职权范围内决定,也包括超越职权范围决定。"谋取个人利益",既包括行为人与使用人事先约定谋取个人利益实际尚未获取的情况,也包括虽未事先约定但实际已获取了个人利益的情况、其中的"个人利益",既包括不正当利益,也包括正当利益;既包括财产性利益,也包括非财产性利益,但这种非财产性利益应当是具体的实际利益,如升学、就业等:

(三)国有单位领导向其主管的具有法人资格的下级单位借公款归个人使用的认定

国有单位领导利用职务上的便利指令具有法

贪污贿赂罪

人资格的下级单位将公款供个人使用的，属于挪用公款行为，构成犯罪的，应以挪用公款罪定罪处罚。

（四）挪用有价证券、金融凭证用于质押行为性质的认定

挪用金融凭证、有价证券用于质押，使公款处于风险之中，与挪用公款为他人提供担保没有实质的区别．符合刑法关于挪用公款罪规定的，以挪用公款罪定罪处罚挪用公款数额以实际或者可能承担的风险数额认定。

（五）挪用公款归还个人欠款行为性质的认定

挪用公款归还个人欠款的，应当根据产生欠款的原因分别认定属于挪用公款的何种情形。归还个人进行非法活动或者进行营利活动产生的欠款，应当认定为挪用公款进行非法活动或者进行营利活动。

（六）挪用公款用于注册公司、企业行为性质的认定

申报注册资本是为进行生产经营活动作准备，属于成立公司、企业进行营利活动的组成部分；因此，挪用公款归个人用于公司、企业注册资本验资证明的，应当认定为挪用公款进行营利活动。

（七）挪用公款后尚未投入实际使用的行为性质的认定

挪用公款后尚未投入实际使用的，只要同时具备"数额较大"和"超过三个月未还"的构成要件，应当认定为挪用公款罪，但可以酌情从轻处罚。

（八）挪用公款转化为贪污的认定

挪用公款罪与贪污罪的主要区别在于行为人主观上是否具有非法占有公款的目的；挪用公款是否转化为贪污，应当按照主客观相一致的原则，具体判断和认定行为人主观上是否具有非法占有公款的目的。在司法实践中，具有以下情形之一的可以认定行为人具有非法占有公款的目的：

1．根据《最高人民法院关于审理挪用公款案件具体应用法律若干问题的解释》第六条的规定行为人"携带挪用的公款潜逃的"，对其携带挪用的公款部分，以贪污罪定罪处罚。

2．行为人挪用公款后采取虚假发票平帐、销毁有关帐目等手段，使所挪用的公款已难以在单位财务帐目上反映出来，且没有归还行为的，应当以贪污罪定罪处罚。

3．行为人截取单位收入不入帐，非法占有，使所占有的公款难以在单位财务帐目上反映出来，且没有归还行为的，应当以贪污罪定罪处罚。

4．有证据证明行为人有能力归还所挪用的公款而拒不归还，并隐瞒挪用的公款去向的，应当以贪污罪定罪处罚。

《最高人民法院、最高人民检察院关于办理国家出资企业中职务犯罪案件具体应用法律若干问题的意见》（2010 年 12 月 2 日　法发〔2010〕49 号）

三、关于国家出资企业工作人员使用改制公司、企业的资金担保个人贷款，用于购买改制公司、企业股份的行为的处理

国家出资企业的工作人员在公司、企业改制过程中为购买公司、企业股份，利用职务上的便利，将公司、企业的资金或者金融凭证、有价证券等用于个人贷款担保的，依照刑法第二百七十二条或者第三百八十四条的规定，以挪用资金罪或者挪用公款罪定罪处罚。

行为人在改制前的国家出资企业持有股份的，不影响挪用数额的认定，但量刑时应当酌情考虑。

经有关主管部门批准或者按照有关政策规定，国家出资企业的工作人员为购买改制公司、企业股份实施前款行为的，可以视具体情况不作为犯罪处理。

《最高人民法院、最高人民检察院关于办理贪污贿赂刑事案件适用法律若干问题的解释》（2016 年 4 月 18 日　法释〔2016〕9 号）

第五条　挪用公款归个人使用，进行非法活动，数额在三万元以上的，应当依照刑法第三百八十四条的规定以挪用公款罪追究刑事责任；数额在三百万元以上的，应当认定为刑法第三百八十四条第一款规定的"数额巨大"。具有下列情形之一的，应当认定为刑法第三百八十四条第一款规定的"情节严重"：

（一）挪用公款数额在一百万元以上的；

（二）挪用救灾、抢险、防汛、优抚、扶贫、移民、救济特定款物，数额在五十万元以上不满一百万元的；

（三）挪用公款不退还，数额在五十万元以上

不满一百万元的;

(四)其他严重的情节。

第六条 挪用公款归个人使用,进行营利活动或者超过三个月未还,数额在五万元以上的,应当认定为刑法第三百八十四条第一款规定的“数额较大”;数额在五百万元以上的,应当认定为刑法第三百八十四条第一款规定的“数额巨大”。具有下列情形之一的,应当认定为刑法第三百八十四条第一款规定的“情节严重”:

(一)挪用公款数额在二百万元以上的;

(二)挪用救灾、抢险、防汛、优抚、扶贫、移民、救济特定款物,数额在一百万元以上不满二百万元的;

(三)挪用公款不退还,数额在一百万元以上不满二百万元的;

(四)其他严重的情节。

要义辨析

一、概念

本罪是指国家工作人员利用职务上的便利,挪用公款归个人使用,进行非法活动的,或者挪用公款数额较大、进行营利活动的,或者挪用公款数额较大、超过3个月未还的行为。

二、构成要件

1. 本罪侵犯的客体是公共财产的使用权、收益权以及职务行为的廉洁性。财产所有权包括占有、使用、收益、支配等权能,本罪仅侵犯了所有权的部分权能,但并未从根本上侵犯公共财产的所有权。

2. 本罪的客观方面主要表现为三种将公共财产挪作私用的具体行为:(1)挪用公款归个人使用,进行非法活动。这里的非法活动必须要违背法律的明文规定;(2)挪用数额较大,进行营利活动。只需要主观目的为了营利即可,不需要客观上确实已经营利。将挪用的公款用于注册公司、存入银行获取利息等行为都属于进行营利活动;(3)挪用数额较大,超过3个月未还。3个月自挪用公款成立之日起计算至案发之日止。

3. 本罪的犯罪主体是特殊主体,只有国家工作人员才能构成本罪的主体。

4. 本罪在主观方面是直接故意,行为人明知是公款而故意挪作他用,其犯罪目的是非法取得公款的使用权。但其主观特征,只是暂时非法取得公款的使用权,打算以后予以归还。

三、要点辨析

1. 区分罪与非罪的界限。挪用公款罪不仅要求主体上必须是国家工作人员,而且主观上必须具有挪用公款的犯罪故意,同时客观上利用了职务便利,实施了《刑法》第384条规定三种情形行为之一并达到犯罪追诉数额起点以上的,才构成犯罪。如果履行了合法的决策程序,没有利用职务便利,挪用的不是公款,挪用是公务上的需要而不是为了个人使用,不是为了牟取个人利益,不是“以个人名义将公款供其他单位使用的”“个人决定以单位名义将公款供其他单位使用谋取个人利益的”,符合上述条件之一的,则不构成本罪。

2. 区分挪用公款罪与挪用资金罪的关系。(1)从主体上看,挪用公款罪是特殊主体,必须是国家工作人员,挪用资金罪是一般主体,不要求是国家工作人员;(2)从客体上看,挪用公款罪侵害的只能是公共财物,挪用资金罪侵害的是私营企业、外资企业的财物和私人的财物。

3. 区分挪用公款罪与贪污罪的关系。从主观故意看,贪污罪是以永久占有为意图,不准备归还。挪用公款罪仅是为了临时借用,将来准备归还;从客观行为看,挪用公款罪会留下“挪用”的痕迹,即有据可查,留有财务轨迹,通常容易发现资金被“挪用”的事实,而贪污罪通过涂销账册、伪造发票开支等方式,掩盖资金被侵吞的事实,形式上很难被外界发现。如果行为人主观上根本不想退还,客观行为虽符合挪用公款罪的特征,案发后实际也未予退还的,则应以贪污罪定罪处罚。行为人携带挪用公款潜逃的,对其携带潜逃的公款部分以贪污罪追究刑事责任。行为人有能力归还挪用的公款,而拒不归还,并隐瞒挪用的公款去向的,应以贪污罪定罪处罚。行为人主观上想归还欠款,只是由于客观上的原因无法归还的,仍应以挪用公款罪定罪处罚。不能客观归罪。

4. 区分挪用公款罪与挪用特定款物罪。挪用特定款物罪只是挪用公款罪中的特类。(1)挪用公款罪的对象可以是任何公款,而挪用特定款物罪的对象只能是用于救灾、抢险、防汛、优抚、扶贫、移民、救济款物;(2)挪用公款罪的挪用方式是挪作个人使用,而挪用特定款物罪的挪用方式是将特定款物挪用其他公共用途;(3)挪用公款罪侵犯的客体是公共财产的占有、使用和收益权以及职务行为的廉洁性,挪用特定款物罪侵犯的客体是“专款专用”的国家财经纪律以及国家、人民群众的特定利益;(4)从构成要件上看,挪用公款罪需要达到一定的数额或者满足一定的期限,而挪用特定款物罪不需要考虑挪用的期限问题。

5. 挪用公款罪的既未遂问题。如果公款数额达到构罪标准,行为人一经将公款“挪出”,即使尚未使用,也构成既遂。如果挪用公款行为有连续状态的,则犯罪成立之时即构成既遂。

6. 挪用公款的共同犯罪问题:非国家工作人员与国家工作人员相互勾结,共同挪用公共财物的,需要区分具体情况进行不同处理。使用人与挪用人共谋,指使或者参与策划取得挪用款的,以挪用公款罪的共犯定罪处罚。如果使用人未参与策划、未指使行为人挪用公款,仅仅知道使用的是行为人挪用的公款,不应以挪用公款罪的共犯追究其刑事责任。

四、罪名变迁

1979 年《刑法》对挪用公款罪未作规定。1988 年《全国人民代表大会常务委员会关于惩治贪污罪贿赂罪的补充规定》第 3 条从贪污罪中分离出了挪用公款罪。1997 年《刑法》第 384 条将“挪用公款数额较大不退还的,以贪污论处”修改为“挪用公款数额巨大不退还的,处十年以上有期徒刑或者无期徒刑”。

类罪名:贪污贿赂罪	**罪名:受贿罪**
量刑标准	**数额较大或者有其他较重情节的** 处 3 年以下有期徒刑或者拘役,并处罚金;
	数额巨大或者有其他严重情节的 处 3 年以上 10 年以下有期徒刑,并处罚金或者没收财产;
	数额特别巨大或者有其他特别严重情节的 处 10 年以上有期徒刑或者无期徒刑,并处罚金或者没收财产;
	数额特别巨大,并使国家和人民利益遭受特别重大损失的 处无期徒刑或者死刑,并处没收财产。

法律依据

一、《刑法》条文

第三百八十五条 国家工作人员利用职务上的便利,索取他人财物的,或者非法收受他人财物,为他人谋取利益的,是受贿罪。

国家工作人员在经济往来中,违反国家规定,收受各种名义的回扣、手续费,归个人所有的,以受贿论处。

第三百八十六条 对犯受贿罪的,根据受贿所得数额及情节,依照本法第三百八十三条的规定处罚。索贿的从重处罚。

第三百八十三条第一、二、三款 对犯贪污罪的,根据情节轻重,分别依照下列规定处罚:

(一)贪污数额较大或者有其他较重情节的,处三年以下有期徒刑或者拘役,并处罚金。

(二)贪污数额巨大或者有其他严重情节的,处三年以上十年以下有期徒刑,并处罚金或者没收财产。

(三)贪污数额特别巨大或者有其他特别严重情节的,处十年以上有期徒刑或者无期徒刑,并处罚金或者没收财产;数额特别巨大,并使国家和人民利益遭受特别重大损失的,处无期徒刑或者死刑,并处没收财产。

对多次贪污未经处理的,按照累计贪污数额处罚。

犯第一款罪,在提起公诉前如实供述自己罪行、真诚悔罪、积极退赃,避免、减少损害结果的发生,有第一项规定情形的,可以从轻、减轻或者免除处罚;有第二项、第三项规定情形的,可以从轻处罚。

第三百八十八条 国家工作人员利用本人职权或者地位形成的便利条件,通过其他国家工作人员职务上的行为,为请托人谋取不正当利益,索取请托人财物或者收受请托人财物的,以受贿论处。

第九十三条 本法所称国家工作人员,是指国家机关中从事公务的人员。

国有公司、企业、事业单位、人民团体中从事公务的人员和国家机关、国有公司、企业、事业单位委派到非国有公司、企业、事业单位、社会团体从事公务的人员,以及其他依照法律从事公务的人员,以国家工作人员论。

第一百六十三条 公司、企业的工作人员利用职务上的便利,索取他人财物或者非法收受他人财物,为他人谋利益,数额较大的,处五年以下有期徒刑或者拘役;数额巨大的,处五年以上有期徒刑,可以并处没收财产。

公司、企业的工作人员在经济往来中,违反国家规定,收受各种名义的回扣、手续费,归个人所有的,依照前款的规定处罚。

国有公司、企业中从事公务的人员和国有公司、企业委派到非国有公司、企业从事公务的人员有前两款行为的,依照本法第三百八十五条、第三百八十六条的规定定罪处罚。

第一百八十四条 银行或者其他金融机构的工作人员在金融业务活动中索取他人财物或者非法收受他人财物,为他人谋取利益的,或者违反国家规定,收受各种名义的回扣、手续费,归个人所有的,依照本法第一百六十三条的规定定罪处罚。

国有金融机构工作人员和国有金融机构委派到非国有金融机构从事公务的人员有前款行为的,依照本法第三百八十五条、第三百八十六条的规定定罪处罚。

第三百九十九条 司法工作人员徇私枉法、徇情枉法,对明知是无罪的人而使他受追诉、对明知是有罪的人而故意包庇不使他受追诉,或者在刑事审判活动中故意违背事实和法律作枉法裁判的,处五年以下有期徒刑或者拘役;情节严重的,处五年以上十年以下有期徒刑;情节特别严重的,处十年以上有期徒刑。

在民事、行政审判活动中故意违背事实和法律作枉法裁判,情节严重的,处五年以下有期徒刑或者拘役;情节特别严重的,处五年以上十年以下有期徒刑。

二、相关法律

《全国人民代表大会常务委员会关于〈中华人民共和国刑法〉第九十三条第二款的解释》(2009年8月27日修正)

全国人大常委会讨论了村民委员会等村基层组织人员在从事哪些工作时属于刑法第九十三条第二款规定的"其他依照法律从事公务的人员",解释如下:

村民委员会等村基层组织人员协助人民政府从事下列行政管理工作,属于刑法第九十三条第二款规定的"其他依照法律从事公务的人员":

(一)救灾、抢险、防汛、优抚、扶贫、移民、救济款物的管理;

(二)社会捐助公益事业款物的管理;

(三)国有土地的经营和管理;

(四)土地征用补偿费用的管理;

(五)代征、代缴税款;

(六)有关计划生育、户籍、征兵工作;

(七)协助人民政府从事的其他行政管理工作。

村民委员会等村基层组织人员从事前款规定的公务,利用职务上的便利,非法占有公共财物、挪用公款、索取他人财物或者非法收受他人财物,构成犯罪的,适用刑法第三百八十二条和第三百八十三条贪污罪、第三百八十四条挪用公款罪、第三百八十五条和第三百八十六条受贿罪的规定。

贪污贿赂罪

三、相关司法解释/文件

《最高人民检察院关于人民检察院直接受理立案侦查案件立案标准的规定(试行)》(1999年9月16日　高检发释字〔1999〕10号)

一、贪污贿赂犯罪案件立案标准

(三)受贿案(第385条、第386条,第388条,第163条第3款,第184条第2款)

受贿罪是指国家工作人员利用职务上的便利,索取他人财物的,或者非法收受他人财物,为他人谋取利益的行为。

"利用职务上的便利",是指利用本人职务范围内的权力,即自己职务上主管、负责或者承办某项公共事务的职权及其所形成的便利条件。

索取他人财物的,不论是否"为他人谋取利益",均可构成受贿罪。非法收受他人财物的,必须同时具备"为他人谋取利益"的条件,才能构成受贿罪。但是为他人谋取的利益是否正当,为他人谋取的利益是否实现,不影响受贿罪的认定。

国家工作人员在经济往来中,违反国家规定,收受各种名义的回扣、手续费,归个人所有的,以受贿罪追究刑事责任。

国有公司、企业中从事公务的人员和国有公司、企业委派到非国有公司、企业从事公务的人员利用职务上的便利,索取他人财物或者非法收受他人财物,为他人谋取利益,或者在经济往来中,违反国家规定,收受各种名义的回扣、手续费,归个人所有的,以受贿罪追究刑事责任。

国有金融机构工作人员和国有金融机构委派到非国有金融机构从事公务的人员在金融业务活动中索取他人财物或者非法收受他人财物,为他人谋取利益的,或者违反国家规定,收受各种名义的回扣、手续费归个人所有的,以受贿罪追究刑事责任。

四、附则

(二)本规定中有关犯罪数额"不满",是指接近该数额且已达到该数额的百分之八十以上。

(三)本规定中的"直接经济损失",是指与行为有直接因果关系而造成的财产损毁、减少的实际价值。"间接经济损失",是指由直接经济损失引起和牵连的其他损失,包括失去的在正常情况下可能获得的利益和为恢复正常的管理活动或者挽回所造成的损失所支付的各种开支、费用等。

(五)本规定中有关贿赂罪案中的"谋取不正当利益",是指谋取违反法律、法规、国家政策和国务院各部门规章规定的利益,以及谋取违反法律、法规、国家政策和国务院各部门规章规定的帮助或者方便条件。

《最高人民法院关于国家工作人员利用职务上的便利为他人谋取利益离退休后收受财物行为如何处理问题的批复》(2000年7月13日　法释〔2000〕21号)

江苏省高级人民法院:

你院苏高法〔1999〕65号《关于国家工作人员在职时为他人谋利,离退休后收受财物是否构成受贿罪的请示》收悉。经研究,答复如下:

国家工作人员利用职务上的便利为请托人谋取利益,并与请托人事先约定,在其离退休后收受请托人财物,构成犯罪的,以受贿罪定罪处罚。

《最高人民检察院关于佛教协会工作人员能否构成受贿罪或者公司、企业人员受贿罪主体问题的答复》(2003年1月13日　〔2003〕高检研发第2号)

浙江省人民检察院研究室:

你室《关于佛教协会工作人员能否构成受贿罪或公司、企业人员受贿罪主体的请示》(检研请〔2002〕9号)收悉。经研究,答复如下:

佛教协会属于社会团体,其工作人员除符合刑法第九十三条第二款的规定属于受委托从事公务的人员外,既不属于国家工作人员,也不属于公司、企业人员。根据刑法的规定,对非受委托从事公务的佛教协会的工作人员利用职务之便收受他人财物,为他人谋取利益的行为,不能按受贿罪或者公司、企业人员受贿罪追究刑事责任。

《最高人民检察院法律政策研究室关于集体性质的乡镇卫生院院长利用职务之便收受他人财物的行为如何适用法律问题的答复》(2003年4月2日　〔2003〕高检研发第9号)

山东省人民检察院研究室:

你院《关于工人身份的乡镇卫生院院长利用职务之便收受贿赂如何适用法律问题的请示》(鲁检发研字〔2001〕第10号)收悉。经研究,答复如下:

经过乡镇政府或者主管行政机关任命的乡镇卫生院院长,在依法从事本区域卫生工作的管理与业务技术指导,承担医疗预防保健服务工作等公务活动时,属于刑法第九十三条第二款规定的其他依照法律从事公务的人员。对其利用职务上的便利,索取他人财物的,或者非法收受他人财物,为他人谋取利益的,应当依照刑法第三百八十五条、第三百八十六条的规定,以受贿罪追究刑事责任。

《最高人民法院关于印发全国法院审理经济犯罪案件工作座谈会纪要的通知》(2003 年 11 月 13 日 法〔2003〕167 号)

三、关于受贿罪

(一)关于"利用职务上的便利"的认定

刑法第三百八十五条第一款规定的"利用职务上的便利",既包括利用本人职务上主管、负责、承办某项公共事务的职权,也包括利用职务上有隶属、制约关系的其他国家工作人员的职权。担任单位领导职务的国家工作人员,通过不属自己主管的下级部门的国家工作人员的职务为他人谋取利益的,应当认定为"利用职务上的便利"为他人谋取利益。

(二)"为他人谋取利益"的认定

为他人谋取利益包括承诺、实施和实现三个阶段的行为。只要具有其中一个阶段的行为,如国家工作人员收受他人财物时,根据他人提出的具体请托事项,承诺为他人谋取利益的,就具备了为他人谋取利益的要件。明知他人有具体请托事项而收受其财物的,视为承诺为他人谋取利益。

(三)"利用职权或地位形成的便利条件"的认定

刑法第三百八十八条规定的"利用本人职权或者地位形成的便利条件",是指行为人与被其利用的国家工作人员之间在职务上虽然没有隶属、制约关系,但是行为人利用了本人职权或者地位产生的影响和一定的工作联系,如单位内不同部门的国家工作人员之间、上下级单位没有职务上隶属、制约关系的国家工作人员之间、有工作联系的不同单位的国家工作人员之间等。

(四)离职国家工作人员收受财物行为的处理

参照《最高人民法院关于国家工作人员利用职务上的便利为他人谋取利益离退休后收受财物行为如何处理问题的批复》规定的精神,国家工作人员利用职务上的便利为请托人谋取利益,并与请托人事先约定,在其离职后收受请托人财物,构成犯罪的,以受贿罪定罪处罚。

(五)共同受贿犯罪的认定

根据刑法关于共同犯罪的规定,非国家工作人员与国家工作人员勾结伙同受贿的,应当以受贿罪的共犯追究刑事责任。非国家工作人员是否构成受贿罪共犯,取决于双方有无共同受贿的故意和行为,国家工作人员的近亲属向国家工作人员代为转达请托事项,收受请托人财物并告知该国家工作人员。或者国家工作人员明知其近亲属收受了他人财物,仍按照近亲属的要求利用职权为他人谋取利益的,对该国家工作人员应认定为受贿罪,其近亲属以受贿罪共犯论处:近亲属以外的其他人与国家工作人员通谋,由国家工作人员利用职务上的便利为请托人谋取利益,收受请托人财物后双方共同占有的,构成受贿罪共犯,国家工作人员利用职务上的便利为他人谋取利益,并指定他人将财物送给其他人。构成犯罪的,应以受贿罪定罪处罚。

(六)以借款为名索取或者非法收受财物行为的认定

国家工作人员利用职务上的便利以借为名向他人索取财物,或者非法收受财物为他人谋取利益的.应当认定为受贿。具体认定时,不能仅仅看是否有书面借款手续,应当根据以下因素综合判定:(1)有无正当、合理的借款事由;(2)款项的去向;(3)双方平时关系如何、有无经济往来;(4)出借方是否要求国家工作人员利用职务上的便利为其谋取利益;(5)借款后是否有归还的意思表示及行为;(6)是否有归还的能力;(7)未归还的原因;等等。

(七)涉及股票受贿案件的认定

在办理涉及股票的受贿案件时,应当注意:(1)国家工作人员利用职务上的便利,索取或非法收受股票,没有支付股本金,为他人谋取利益,构成受贿罪的,其受贿数额按照收受股票时的实际价格计算。(2)行为人支付股本金而购买较有可能升值的股票,由于不是无偿收受请托人财物,不以受贿罪论处。(3)股票已上市且已升值,行为人仅支付股本金,其"购买"股票时的实际价格与股本金的差价部分应认定为受贿。

《最高人民检察院法律政策研究室关于国家机关、国有公司、企业委派到非国有公司、企业从事公务但尚未依照规定程序获取该单位职务的人员是否适用刑法第九十三条第二款问题的答复》(2004年11月3日 〔2004〕高检研发第17号)

重庆市人民检察院法律政策研究室：

你院《关于受委派的国家工作人员未按法定程序取得非国有公司职务是否适用刑法第九十二条第二款以国家工作人员论的请示》(渝检(研)〔2003〕6号)收悉。经研究,答复如下:

对于国家机关、固有公司、企业委派到非国有公司、企业从事公务但尚未依照规定程序获取该单位职务的人员,涉嫌职务犯罪的,可以依照刑法第九十三条第款关于"国家机关、国有公司、企业委派到非国有公司、企业、事业单位、社会团体从事公务的人员","以国家工作人员论"的规定追究刑事责任。

《最高人民法院、最高人民检察院关于办理受贿刑事案件适用法律若干问题的意见》(2007年7月8日 法发〔2007〕22号)

为依法惩治受贿犯罪活动,根据刑法有关规定,现就办理受贿刑事案件具体适用法律若干问题,提出以下意见:

一、关于以交易形式收受贿赂问题

国家工作人员利用职务上的便利为请托人谋取利益,以下列交易形式收受请托人财物的,以受贿论处:

(1)以明显低于市场的价格向请托人购买房屋、汽车等物品的;

(2)以明显高于市场的价格向请托人出售房屋、汽车等物品的;

(3)以其他交易形式非法收受请托人财物的。

受贿数额按照交易时当地市场价格与实际支付价格的差额计算。

前款所列市场价格包括商品经营者事先设定的不针对特定人的最低优惠价格。根据商品经营者事先设定的各种优惠交易条件,以优惠价格购买商品的,不属于受贿。

二、关于收受干股问题

干股是指未出资而获得的股份。国家工作人员利用职务上的便利为请托人谋取利益,收受请托人提供的干股的,以受贿论处。进行了股权转让登记,或者相关证据证明股份发生了实际转让的,受贿数额按转让行为时股份价值计算,所分红利按受贿孳息处理。股份未实际转让,以股份分红名义获取利益的,实际获利数额应当认定为受贿数额。

三、关于以开办公司等合作投资名义收受贿赂问题

国家工作人员利用职务上的便利为请托人谋取利益,由请托人出资,"合作"开办公司或者进行其他"合作"投资的,以受贿论处。受贿数额为请托人给国家工作人员的出资额。

国家工作人员利用职务上的便利为请托人谋取利益,以合作开办公司或者其他合作投资的名义获取"利润",没有实际出资和参与管理、经营的,以受贿论处。

四、关于以委托请托人投资证券、期货或者其他委托理财的名义收受贿赂问题

国家工作人员利用职务上的便利为请托人谋取利益,以委托请托人投资证券、期货或者其他委托理财的名义,未实际出资而获取"收益",或者虽然实际出资,但获取"收益"明显高于出资应得收益的,以受贿论处。受贿数额,前一情形,以"收益"额计算;后一情形,以"收益"额与出资应得收益额的差额计算。

五、关于以赌博形式收受贿赂的认定问题

根据《最高人民法院、最高人民检察院关于办理赌博刑事案件具体应用法律若干问题的解释》第七条规定,国家工作人员利用职务上的便利为请托人谋取利益,通过赌博方式收受请托人财物的,构成受贿。

实践中应注意区分贿赂与赌博活动、娱乐活动的界限。具体认定时,主要应当结合以下因素进行判断:(1)赌博的背景、场合、时间、次数;(2)赌资来源;(3)其他赌博参与者有无事先通谋;(4)输赢钱物的具体情况和金额大小。

六、关于特定关系人"挂名"领取薪酬问题

国家工作人员利用职务上的便利为请托人谋取利益,要求或者接受请托人以给特定关系人安排工作为名,使特定关系人不实际工作却获取所谓薪酬的,以受贿论处。

七、关于由特定关系人收受贿赂问题

国家工作人员利用职务上的便利为请托人谋取利益,授意请托人以本意见所列形式,将有关财物给予特定关系人的,以受贿论处。

特定关系人与国家工作人员通谋,共同实施前款行为的,对特定关系人以受贿罪的共犯论处。特定关系人以外的其他人与国家工作人员通谋,由国家工作人员利用职务上的便利为请托人谋取利益,收受请托人财物后双方共同占有的,以受贿罪的共犯论处。

八、关于收受贿赂物品未办理权属变更问题

国家工作人员利用职务上的便利为请托人谋取利益,收受请托人房屋、汽车等物品,未变更权属登记或者借用他人名义办理权属变更登记的,不影响受贿的认定。

认定以房屋、汽车等物品为对象的受贿,应注意与借用的区分。具体认定时,除双方交代或者书面协议之外,主要应当结合以下因素进行判断:(1)有无借用的合理事由;(2)是否实际使用;(3)借用时间的长短;(4)有无归还的条件;(5)有无归还的意思表示及行为。

九、关于收受财物后退还或者上交问题

国家工作人员收受请托人财物后及时退还或者上交的,不是受贿。

国家工作人员受贿后,因自身或者与其受贿有关联的人、事被查处,为掩饰犯罪而退还或者上交的,不影响认定受贿罪。

十、关于在职时为请托人谋利,离职后收受财物问题

国家工作人员利用职务上的便利为请托人谋取利益之前或者之后,约定在其离职后收受请托人财物,并在离职后收受的,以受贿论处。

国家工作人员利用职务上的便利为请托人谋取利益,离职前后连续收受请托人财物的,离职前后收受部分均应计入受贿数额。

十一、关于"特定关系人"的范围

本意见所称"特定关系人",是指与国家工作人员有近亲属、情妇(夫)以及其他共同利益关系的人。

十二、关于正确贯彻宽严相济刑事政策的问题

依照本意见办理受贿刑事案件,要根据刑法关于受贿罪的有关规定和受贿罪权钱交易的本质特征,准确区分罪与非罪、此罪与彼罪的界限,惩处少数,教育多数。在从严惩处受贿犯罪的同时,对于具有自首、立功等情节的,依法从轻、减轻或者免除处罚。

《最高人民法院、最高人民检察院关于办理商业贿赂刑事案件适用法律若干问题的意见》(2008年11月20日　法发〔2008〕33号)

四、医疗机构中的国家工作人员,在药品、医疗器械、医用卫生材料等医药产品采购活动中,利用职务上的便利,索取销售方财物,或者非法收受销售方财物,为销售方谋取利益,构成犯罪的,依照刑法第三百八十五条的规定,以受贿罪定罪处罚。

五、学校及其他教育机构中的国家工作人员,在教材、教具、校服或者其他物品的采购等活动中,利用职务上的便利,索取销售方财物,或者非法收受销售方财物,为销售方谋取利益,构成犯罪的,依照刑法第三百八十五条的规定,以受贿罪定罪处罚。

六、依法组建的评标委员会、竞争性谈判采购中谈判小组、询价采购中询价小组中国家机关或者其他国有单位的代表有前款行为的,依照刑法第三百八十五条的规定,以受贿罪定罪处罚。

七、商业贿赂中的财物,既包括金钱和实物,也包括可以用金钱计算数额的财产性利益,如提供房屋装修、含有金额的会员卡、代币卡(券)、旅游费用等。具体数额以实际支付的资费为准。

八、收受银行卡的,不论受贿人是否实际取出或者消费,卡内的存款数额一般应全额认定为受贿数额。使用银行卡透支的,如果由给予银行卡的一方承担还款责任,透支数额也应当认定为受贿数额。

十一、非国家工作人员与国家工作人员通谋,共同收受他人财物,构成共同犯罪的,根据双方利用职务便利的具体情形分别定罪追究刑事责任:

(1)利用国家工作人员的职务便利为他人谋取利益的,以受贿罪追究刑事责任。

(2)利用非国家工作人员的职务便利为他人谋取利益的,以非国家工作人员受贿罪追究刑事责任。

(3)分别利用各自的职务便利为他人谋取利

益的，按照主犯的犯罪性质追究刑事责任，不能分清主从犯的，可以受贿罪追究刑事责任。

《最高人民法院、最高人民检察院关于办理国家出资企业中职务犯罪案件具体应用法律若干问题的意见》（2010年11月26日　法发〔2010〕49号）

四、关于国家工作人员在企业改制过程中的渎职行为的处理

国家出资企业中的国家工作人员在公司、企业改制或者国有资产处理过程中严重不负责任或者滥用职权，致使国家利益遭受重大损失的，依照刑法第一百六十八条的规定，以国有公司、企业人员失职罪或者国有公司、企业人员滥用职权罪定罪处罚。

国家出资企业中的国家工作人员在公司、企业改制或者国有资产处置过程中徇私舞弊，将国有资产低价折股或者低价出售给其本人未持有股份的公司、企业或者其他个人，致使国家利益遭受重大损失的，依照刑法第一百六十九条的规定，以徇私舞弊低价折股、出售国有资产罪定罪处罚。

国家出资企业中的国家工作人员在公司、企业改制或者国有资产处置过程中徇私舞弊，将国有资产低价折股或者低价出售给特定关系人持有股份或者本人实际控制的公司、企业，致使国家利益遭受重大损失的，依照刑法第三百八十二条、第三百八十三条的规定，以贪污罪定罪处罚。贪污数额以国有资产的损失数额计算。

国家出资企业中的国家工作人员因实施第一款、第二款行为收受贿赂，同时又构成刑法第三百八十五条规定之罪的，依照处罚较重的规定定罪处罚。

五、关于改制前后主体身体发生变化的犯罪的处理

国家工作人员在国家出资企业改制前利用职务上的便利实施犯罪，在其不再具有国家工作人员身份后又实施同种行为，依法构成不同犯罪的，应当分别定罪，实行数罪并罚。

国家工作人员利用职务上的便利，在国家出资企业改制过程中隐匿公司、企业财产，在其不再具有国家工作人员身份后将所隐匿财产据为己有的，依照刑法第三百八十二条、第三百八十三条的规定，以贪污罪定罪处罚。

国家工作人员在国家出资企业改制过程中利用职务上的便利为请托人谋取利益，事先约定在其不再具有国家工作人员身份后收受请托人财物，或者在身份变化前后连续收受请托人财物的，依照刑法第三百八十五条、第三百八十六条的规定，以受贿罪定罪处罚。

六、关于国家出资企业中国家工作人员的认定

经国家机关、国有公司、企业、事业单位提名、推荐、任命、批准等，在国有控股、参股公司及其分支机构中从事公务的人员，应当认定为国家工作人员。具体的任命机构和程序，不影响国家工作人员的认定。

经国家出资企业中负有管理、监督国有资产职责的组织批准或者研究决定，代表其在国有控股、参股公司及其分支机构中从事组织、领导、监督、经营、管理工作的人员，应当认定为国家工作人员。

国家出资企业中的国家工作人员，在国家出资企业中持有个人股份或者同时接受非国有股东委托的，不影响其国家工作人员身份的认定。

《最高人民法院关于进一步加强危害生产安全刑事案件审判工作的意见》（2011年12月30日　法发〔2011〕20号）

四、准确适用法律

10. 以行贿方式逃避安全生产监督管理，或者非法、违法生产、作业，导致发生重大生产安全事故，构成数罪的，依照数罪并罚的规定处罚。

11. 安全事故发生后，负有报告职责的国家工作人员不报或者谎报事故情况，贻误事故抢救，情节严重，构成不报、谎报安全事故罪，同时构成职务犯罪或其他危害生产安全犯罪的，依照数罪并罚的规定处罚。

15. 相关犯罪中，具有以下情形之一的，依法从重处罚：

（二）贪污贿赂行为与事故发生存在关联性的；

（三）国家工作人员的职务犯罪与事故存在直接因果关系的；

（四）以行贿方式逃避安全生产监督管理，或者非法、违法生产、作业的；

《最高人民法院关于发布第一批指导性案例的通知》(2011年12月20日 法〔2011〕354号)

一、准确把握案例的指导精神

(三)潘玉梅、陈宁受贿案旨在解决新形式、新手段受贿罪的认定问题。该案例确认:国家工作人员以"合办"公司的名义或以交易形式收受贿赂的、承诺"为他人谋取利益"未谋取利益而受贿的、以及为掩饰犯罪而退赃的,不影响受贿罪的认定,从而对近年来以新的手段收受贿赂案件的处理提供了明确指导。

《最高人民法院、最高人民检察院关于办理贪污贿赂刑事案件适用法律若干问题的解释》(2016年4月18日 法释〔2016〕9号)

为依法惩治贪污贿赂犯罪活动,根据刑法有关规定,现就办理贪污贿赂刑事案件适用法律的若干问题解释如下:

第一条第一、三款 贪污或者受贿数额在三万元以上不满二十万元的,应当认定为刑法第三百八十三条第一款规定的"数额较大",依法判处三年以下有期徒刑或者拘役,并处罚金。

受贿数额在一万元以上不满三万元,具有前款第二项至第六项规定的情形之一,或者具有下列情形之一的,应当认定为刑法第三百八十三条第一款规定的"其他较重情节",依法判处三年以下有期徒刑或者拘役,并处罚金:

(一)多次索贿的;

(二)为他人谋取不正当利益,致使公共财产、国家和人民利益遭受损失的;

(三)为他人谋取职务提拔、调整的。

第二条第一、三款 贪污或者受贿数额在二十万元以上不满三百万元的,应当认定为刑法第三百八十三条第一款规定的"数额巨大",依法判处三年以上十年以下有期徒刑,并处罚金或者没收财产。

受贿数额在十万元以上不满二十万元,具有本解释第一条第三款规定的情形之一的,应当认定为刑法第三百八十三条第一款规定的"其他严重情节",依法判处三年以上十年以下有期徒刑,并处罚金或者没收财产。

第三条第一、三款 贪污或者受贿数额在三百万元以上的,应当认定为刑法第三百八十三条第一款规定的"数额特别巨大",依法判处十年以上有期徒刑、无期徒刑或者死刑,并处罚金或者没收财产。

受贿数额在一百五十万元以上不满三百万元,具有本解释第一条第三款规定的情形之一的,应当认定为刑法第三百八十三条第一款规定的"其他特别严重情节",依法判处十年以上有期徒刑、无期徒刑或者死刑,并处罚金或者没收财产。

第四条 贪污、受贿数额特别巨大,犯罪情节特别严重、社会影响特别恶劣、给国家和人民利益造成特别重大损失的,可以判处死刑。

符合前款规定的情形,但具有自首,立功,如实供述自己罪行、真诚悔罪、积极退赃,或者避免、减少损害结果的发生等情节,不是必须立即执行的,可以判处死刑缓期二年执行。

符合第一款规定情形的,根据犯罪情节等情况可以判处死刑缓期二年执行,同时裁判决定在其死刑缓期执行二年期满依法减为无期徒刑后,终身监禁,不得减刑、假释。

第十二条 贿赂犯罪中的"财物",包括货币、物品和财产性利益。财产性利益包括可以折算为货币的物质利益如房屋装修、债务免除等,以及需要支付货币的其他利益如会员服务、旅游等。后者的犯罪数额,以实际支付或者应当支付的数额计算。

第十三条 具有下列情形之一的,应当认定为"为他人谋取利益",构成犯罪的,应当依照刑法关于受贿犯罪的规定定罪处罚:

(一)实际或者承诺为他人谋取利益的;

(二)明知他人有具体请托事项的;

(三)履职时未被请托,但事后基于该履职事由收受他人财物的。

国家工作人员索取、收受具有上下级关系的下属或者具有行政管理关系的被管理人员的财物价值三万元以上,可能影响职权行使的,视为承诺为他人谋取利益。

第十五条 对多次受贿未经处理的,累计计算受贿数额。

国家工作人员利用职务上的便利为请托人谋取利益前后多次收受请托人财物,受请托之前收受的财物数额在一万元以上的,应当一并计入受贿数额。

第十六条 国家工作人员出于贪污、受贿的故意，非法占有公共财物、收受他人财物之后，将赃款赃物用于单位公务支出或者社会捐赠的，不影响贪污罪、受贿罪的认定，但量刑时可以酌情考虑。

特定关系人索取、收受他人财物，国家工作人员知道后未退还或者上交的，应当认定国家工作人员具有受贿故意。

第十七条 国家工作人员利用职务上的便利，收受他人财物，为他人谋取利益，同时构成受贿罪和刑法分则第三章第三节、第九章规定的渎职犯罪的，除刑法另有规定外，以受贿罪和渎职犯罪数罪并罚。

第十八条 贪污贿赂犯罪分子违法所得的一切财物，应当依照刑法第六十四条的规定予以追缴或者责令退赔，对被害人的合法财产应当及时返还。对尚未追缴到案或者尚未足额退赔的违法所得，应当继续追缴或者责令退赔。

第十九条 对贪污罪、受贿罪判处三年以下有期徒刑或者拘役的，应当并处十万元以上五十万元以下的罚金；判处三年以上十年以下有期徒刑的，应当并处二十万元以上犯罪数额二倍以下的罚金或者没收财产；判处十年以上有期徒刑或者无期徒刑的，应当并处五十万元以上犯罪数额二倍以下的罚金或者没收财产。

对刑法规定并处罚金的其他贪污贿赂犯罪，应当在十万元以上犯罪数额二倍以下判处罚金。

要义辨析

一、概念

本罪指国家工作人员利用职务上的便利，索取他人财物，或者非法收受他人财物，为他人谋取利益的行为。

二、构成要件

1. 本罪侵犯的客体是国家机关与国有公司、企事业单位、人民团体的正常工作秩序和国家工作人员职务行为的廉洁性与不可收买性。

2. 本罪的客观方面主要表现为以下几种情形：

(1)利用职务上的便利，索取他人财物；

(2)利用职务上的便利，非法收受他人财物，为他人谋取利益；

(3)在经济往来中，违反国家规定，收受各种名义的回扣、手续费，归个人所有；

(4)利用本人职权或者地位形成的便利条件，通过其他国家工作人员职务上的行为，为请托人谋取不正当利益，索取请托人财物或者收受请托人财物。(斡旋受贿)

3. 本罪的犯罪主体是特殊主体，只有国家工作人员才能构成本罪。国家工作人员的认定依据《刑法》第93条。

4. 本罪的主观方面是直接故意。通说认为间接故意不构成本罪。

三、要点辨析

1. 受贿罪是我国《刑法》规定的发育比较完备、司法解释比较充分的一个罪名。随着反腐败司法的深入，受贿罪的司法解释逐步趋严。犯罪主体的范围逐步扩大，利用职务上的便利的职务含义更广，为他人谋取利益的范围也作了扩大，收受好处的时间跨度也作了更严格的规定。相关司法解释已经都有说明。

2. 罪与非罪、犯罪既遂和未遂的认定。索贿情形下，不需要为他人谋取利益作为入罪要素，实施索要行为获得他人财物即构成既遂。非法收受情形下，以"为他人谋取利益"为入罪要素。为他人谋取利益包括承诺、实施和实现三个阶段的行为。只要具有其中一个阶段的行为，即构成既遂。承诺，可以明示也可推定。如国家工作人员收受他人财物时，根据他人提出的具体请托事项，承诺为他人谋取利益的，就具备了为他人谋取利益的要件。明知他人有具体请托事项而收受其财物的，视为承诺为他人谋取利益。

3. 本罪主体为自然人犯罪。《刑法》第387条另行规定了单位受贿罪。

4. 共犯的认定。非国家工作人员与国家工作人员勾结，伙同受贿的，应当以受贿罪的共犯追究刑事责任。非国家工作人员是否构成受贿罪共犯，取决于双方有无共同受贿的故意和行为。国家工作人员的近亲属向国家工作人员代为转达请托事项，收受请托人财物并告知该国家工作人员，或者国家工作人员明知其近亲属收受了他人财物,仍按照近亲属的要求利用职权为他人谋取利益的,对该国家工作人员应认定为受贿罪,其近亲属以受贿罪共犯论处。近亲属以外的其他人与国家工作人员通谋,由国家工作人员利用职务上的便利为请托人谋取利益,收受请托人财物后双方共同占有的,构成受贿罪共犯。

非国家工作人员与国家工作人员通谋,共同收受他人财物,构成共同犯罪的,根据双方利用职务便利的具体情形分别定罪追究刑事责任:(1)利用国家工作人员的职务便利为他人谋取利益的,以受贿罪追究刑事责任;(2)利用非国家工作人员的职务便利为他人谋取利益的,以非国家工作人员受贿罪追究刑事责任;(3)分别利用各自的职务便利为他人谋取利益的,按照主犯的犯罪性质追究刑事责任,不能分清主从犯的,可以受贿罪追究刑事责任。

5. 本罪与非国家工作人员受贿罪区别,在于犯罪主体不同和入罪要素不同。受贿罪的犯罪主体只能是国家工作人员身份,非国家工作人员收受贿赂则只能构成非国家工作人员受贿罪;非国家工作人员受贿罪"利用职务上的便利"不包含间接利用本人职权的行为,受贿罪则包括,如斡旋受贿;非国家工作人员在离职后收取贿赂,或利用原职权地位形成的便利,收受贿赂的,不构成犯罪,而国家工作人员则仍可能构成受贿罪。

6. 本法第385条与第388条的区别:《刑法》第385条规定的受贿罪,除索取情形不作要求外,只要是为他人谋取利益,利益正当与否在所不问。第388条规定的受贿罪(斡旋受贿),不论主动索取还是被动接受的,均要求为请托人谋取的是不正当利益。《刑法》第385条规定的受贿罪,利用的是国家工作人员的职务便利自己进行。"利用职务上的便利",既包括利用本人职务上主管、负责、承办某项公共事务的职权,也包括利用职务上有隶属、制约关系的其他国家工作人员的职权。担任单位领导职务的国家工作人员通过不属自己主管的下级部门的国家工作人员的职务为他人谋取利益的,应当认定为"利用职务上的便利"为他人谋取利益。第388条规定的受贿罪(斡旋受贿)利用的是本人职权或者地位形成的便利,通过其他国家工作人员职务行为进行。"利用本人职权或者地位形成的便利条件",是指行为人与被其利用的国家工作人员之间在职务上虽然没有隶属、制约关系,但是行为人利用了本人职权或者地位产生的影响和一定的工作联系,如单位内不同部门的国家工作人员之间、上下级单位没有职务上隶属、制约关系的国家工作人员之间、有工作联系的不同单位的国家工作人员之间等。

7. 根据中国的物价指数和社会经济状况,总结司法实践效果,2015年11月《刑法修正案(九)》对贪污贿赂犯罪定罪的数额标准作了大幅提高。2016年3月28日《最高人民法院、最高人民检察院关于办理贪污贿赂刑事案件适用法律若干问题的解释》,修订了新的量刑数额标准。已经在上述解释中列出。

四、罪名变迁

1979年《刑法》第185条规定了本罪,设定本罪有死刑。1988年《全国人民代表大会常务委员会关于惩治贪污罪贿赂罪的补充规定》,将受贿罪犯罪主体扩大到国家工作人员、集体经济组织工作人员或者其他从事公务的人员;客观方面新增规定在经济往来中,违反国家规定收受各种名义的回扣、手续费,归个人所有的,以受贿论处。1997年《刑法》将本罪犯罪主体重新限制在国家工作人员范围内,将原有独立法定刑改为依照贪污罪处罚。本罪仍然保留死刑。

类罪名:贪污贿赂罪	罪名:单位受贿罪
量刑标准	**情节严重的** 对单位判处罚金,并对其直接负责的主管人员和其他直接责任人员,处3年以下有期徒刑或者拘役;
	情节特别严重的 处3年以上10年以下有期徒刑。

法律依据

一、《刑法》条文

第三百八十七条　国家机关、国有公司、企业、事业单位、人民团体,索取、非法收受他人财物,为他人谋取利益,情节严重的,对单位判处罚金,并对其直接负责的主管人员和其他直接责任人员,处三年以下有期徒刑或者拘役;情节特别严重的,处三年以上十年以下有期徒刑。

前款所列单位,在经济往来中,在帐外暗中收受各种名义的回扣、手续费的,以受贿论,依照前款的规定处罚。

二、相关司法解释/文件

《最高人民检察院关于人民检察院直接受理立案侦查案件立案标准的规定(试行)》(1999年9月9日　高检发研字〔1999〕10号)

一、贪污贿赂犯罪案件立案标准

(四)单位受贿案(第387条)

单位受贿罪是指国家机关、国有公司、企业、事业单位、人民团体,索取、非法收受他人财物,为他人谋取利益,情节严重的行为。

索取他人财物或者非法收受他人财物,必须同时具备为他人谋取利益的条件,且是情节严重的行为,才能构成单位受贿罪。

国家机关、国有公司、企业、事业单位、人民团体,在经济往来中,在账外暗中收受各种名义的回扣、手续费的,以单位受贿罪追究刑事责任。

涉嫌下列情形之一的,应予立案:

1. 单位受贿数额在10万元以上的;

2. 单位受贿数额不满10万元,但具有下列情形之一的:

(1)故意刁难、要挟有关单位、个人,造成恶劣影响的;

(2)强行索取财物的;

(3)致使国家或者社会利益遭受重大损失的。

四、附则

(二)本规定中有关犯罪数额"不满",是指接近该数额且已达到该数额的百分之八十以上。

《最高人民法院、最高人民检察院关于办理贪污贿赂刑事案件适用法律若干问题的解释》(2016年4月18日　法释〔2016〕9号)

第十五条　对多次受贿未经处理的,累计计算受贿数额。

第十八条　贪污贿赂犯罪分子违法所得的一切财物,应当依照刑法第六十四条的规定予以追缴或者责令退赔,对被害人的合法财产应当及时返还。对尚未追缴到案或者尚未足额退赔的违法所得,应当继续追缴或者责令退赔。

第十九条第一款　对刑法规定并处罚金的其他贪污贿赂犯罪,应当在十万元以上犯罪数额二倍以下判处罚金。

要义辨析

一、概念

本罪是指国家机关、国有公司、国有企事业单位、人民团体,索取或非法收受他人财物,为他人谋取利益,情节严重的行为。

二、构成要件

1. 本罪侵犯客体是国家机关与国有公司、企事业单位、人民团体的正常工作秩序和国家职务行为的廉洁性与不可收买性。

2. 本罪的客观方面表现为索取他人财物,为他人谋取利益;非法收受他人财物,为他人谋取利益;在经济往来中,违反国家规定,在账外暗中收受各种名义的回扣、手续费。

3. 本罪的犯罪主体是单位。本罪为法人犯罪,主体为国家机关与国有公司、企事业单位、人民团体。集体经济组织、中外合资、合作企业、外商独资企业和私营企业不能成为本罪主体。

4. 本罪的主观方面为直接故意。经单位决策机构授权和同意,并由单位直接负责的主管人员和其他直接责任人员的故意表现出来。

三、要点辨析

1. 本罪的犯罪主体是单位。构成犯罪的,对单位和直接负责的主管人员、其他直接责任人员,实行双罚。

2. 本罪为情节犯。无论是索取或是非法收受他人财物,都必须要达到情节严重的程度,才构成犯罪。

3. 本罪与受贿罪的区别主要是主体不同和定罪要素不同。单位受贿的主体是单位,经由单位的决策程序,体现单位的意志,受贿罪是个人行为,与单位无关;单位受贿罪所收受财物归属于单位,受贿罪则归属个人。如果单位收受的贿赂被单位中的个人侵吞,则该个人构成贪污罪;单位受贿罪必须以情节严重为要件,受贿罪则以数额较大或者其他较重情节严重为要件。单位受贿罪不论是索取情形还是收受情形,都要求为他人谋取利益,受贿罪中索贿的不需要为他人谋取利益。

4. 单位受贿罪中的共同犯罪。单位受贿罪中,直接负责的主管人员和其他直接责任人员构成共同犯罪,必要时可区分主从犯。

四、罪名变迁

1979 年《刑法》并未规定单位受贿罪。1985 年《最高人民法院、最高人民检察院关于当前办理经济犯罪案件中具体应用法律的若干问题的解答(试行)》(已失效)规定,对单位为谋取非法利益收受贿赂数额巨大、情节严重的,除没收所有财物外,对主管人员与直接责任人员应追究受贿罪的刑事责任。1988 年《全国人民代表大会常务委员会关于惩治贪污罪贿赂罪的补充规定》通过立法正式确立了单位受贿罪。1997 年《刑法》第 387 条进一步完善了对单位受贿罪的规定。《刑法修正案(十二)》将本罪名的刑罚由原来最高判处五年有期徒刑的一档刑罚,修改为“三年以下有期徒刑或者拘役”和“三年以上十年以下有期徒刑”两档刑罚。

类罪名:贪污贿赂罪	**罪名:利用影响力受贿罪**
量刑标准	**数额较大或者有其他较重情节的** 处 3 年以下有期徒刑或者拘役,并处罚金;
	数额巨大或者有其他严重情节的 处 3 年以上 7 年以下有期徒刑,并处罚金;
	数额特别巨大或者有其他特别严重情节的 处 7 年以上有期徒刑,并处罚金或者没收财产。

法律依据

一、《刑法》条文

第三百八十八条之一 国家工作人员的近亲属或者其他与该国家工作人员关系密切的人,通过该国家工作人员职务上的行为,或者利用该国家工作人员职权或者地位形成的便利条件,通过其他国家工作人员职务上的行为,为请托人谋取不正当利益,索取请托人财物或者收受请托人财物,数额较大或者有其他较重情节的,处三年以下有期徒刑或者拘役,并处罚金;数额巨大或者有其他严重情节的,处三年以上七年以下有期徒刑,并处罚金;数额特别巨大或者有其他特别严重情节的,处七年以上有期徒刑,并处罚金或者没收财产。

离职的国家工作人员或者其近亲属以及其他与其关系密切的人,利用该离职的国家工作人员原职权或者地位形成的便利条件实施前款行为的,依照前款的规定定罪处罚。

二、相关司法解释/文件

《最高人民法院关于国家工作人员利用职务上的便利为他人谋取利益离退休后收受财物行为如何处理问题的批复》(2000 年 7 月 13 日 法释〔2000〕21 号)

国家工作人员利用职务上的便利为请托人谋取利益,并与请托人事先约定,在其离退休后收受请托人财物,构成犯罪的,以受贿罪定罪处罚。

《最高人民法院关于全国法院审理经济犯罪案件工作座谈会纪要》(2003 年 11 月 13 日 法〔2003〕167 号)

三、关于受贿罪

(四)离职国家工作人员收受财物行为的处理

参照《最高人民法院关于国家工作人员利用

职务上的便利为他人谋取利益离退休后收受财物行为如何处理问题的批复》规定的精神，国家工作人员利用职务上的便利为请托人谋取利益，并与请托人事先约定，在其离职后收受请托人财物，构成犯罪的，以受贿罪定罪处罚。

（五）共同受贿犯罪的认定

根据刑法关于共同犯罪的规定，非国家工作人员与国家工作人员勾结，伙同受贿的，应当以受贿罪的共犯追究刑事责任。非国家工作人员是否构成受贿罪共犯，取决于双方有无共同受贿的故意和行为。国家工作人员的近亲属向国家工作人员代为转达请托事项，收受请托人财物并告知该国家工作人员，或者国家工作人员明知其近亲属收受了他人财物，仍按照近亲属的要求利用职权为他人谋取利益的，对该国家工作人员应认定为受贿罪，其近亲属以受贿罪共犯论处。近亲属以外的其他人与国家工作人员通谋，由国家工作人员利用职务上的便利为请托人谋取利益，收受请托人财物后双方共同占有的，构成受贿罪共犯。国家工作人员利用职务上的便利为他人谋取利益，并指定他人将财物送给其他人，构成犯罪的，应以受贿罪定罪处罚。

《最高人民法院、最高人民检察院关于办理受贿刑事案件适用法律若干问题的意见》（2007 年 7 月 8 日 法发〔2007〕22 号）

六、关于特定关系人"挂名"领取薪酬问题

国家工作人员利用职务上的便利为请托人谋取利益，要求或者接受请托人以给特定关系人安排工作为名，使特定关系人不实际工作却获取所谓薪酬的，以受贿论处。

七、关于由特定关系人收受贿赂问题

国家工作人员利用职务上的便利为请托人谋取利益，授意请托人以本意见所列形式，将有关财物给予特定关系人的，以受贿论处。

特定关系人与国家工作人员通谋，共同实施前款行为的，对特定关系人以受贿罪的共犯论处。特定关系人以外的其他人与国家工作人员通谋，由国家工作人员利用职务上的便利为请托人谋取利益，收受请托人财物后双方共同占有的，以受贿罪的共犯论处。

八、关于收受贿赂物品未办理权属变更问题

国家工作人员利用职务上的便利为请托人谋取利益，收受请托人房屋、汽车等物品，未变更权属登记或者借用他人名义办理权属变更登记的，不影响受贿的认定。

认定以房屋、汽车等物品为对象的受贿，应注意与借用的区分。具体认定时，除双方交代或者书面协议之外，主要应当结合以下因素进行判断：（1）有无借用的合理事由；（2）是否实际使用；（3）借用时间的长短；（4）有无归还的条件；（5）有无归还的意思表示及行为。

十一、关于"特定关系人"的范围

本意见所称"特定关系人"，是指与国家工作人员有近亲属、情妇（夫）以及其他共同利益关系的人。

十二、关于正确贯彻宽严相济刑事政策的问题

依照本意见办理受贿刑事案件，要根据刑法关于受贿罪的有关规定和受贿罪权钱交易的本质特征，准确区分罪与非罪、此罪与彼罪的界限，惩处少数，教育多数。在从严惩处受贿犯罪的同时，对于具有自首、立功等情节的，依法从轻、减轻或者免除处罚。

《最高人民法院、最高人民检察院关于办理商业贿赂刑事案件适用法律若干问题的意见》（2008 年 11 月 20 日 法发〔2008〕33 号）

十一、非国家工作人员与国家工作人员通谋，共同收受他人财物，构成共同犯罪的，根据双方利用职务便利的具体情形分别定罪追究刑事责任：

（1）利用国家工作人员的职务便利为他人谋取利益的，以受贿罪追究刑事责任。

（2）利用非国家工作人员的职务便利为他人谋取利益的，以非国家工作人员受贿罪追究刑事责任。

（3）分别利用各自的职务便利为他人谋取利益的，按照主犯的犯罪性质追究刑事责任，不能分清主从犯的，可以受贿罪追究刑事责任。

要义辨析

一、概念

利用影响力受贿罪,俗称"特定关系人受贿罪",是指国家工作人员的近亲属,或者其他与该国家工作人员关系密切的人,通过该国家工作人员职务上的行为,或者利用该国家工作人员职权或者地位形成的便利条件,通过其他国家工作人员职务上的行为,为请托人谋取不正当利益,索取请托人财物或者收受请托人财物,数额较大或者有其他较重情节的行为。

二、构成要件

1. 本罪侵犯的客体是国家机关与国有公司、企事业单位、人民团体的正常工作秩序和国家工作人员职务行为的廉洁性,和国家公共权力的正当秩序。

2. 本罪的客观方面表现为利用该国家工作人员职务上的行为,为请托人谋取不正当利益,索取请托人财物或者收受请托人财物;利用该国家工作人员职权或者地位形成的便利条件,通过其他国家工作人员职务上的行为,为请托人谋取不正当利益,索取请托人财物或者收受请托人财物;离职的国家工作人员或者其近亲属以及其他与其关系密切的人,利用该离职的国家工作人员原职权或者地位形成的便利条件,通过其他国家工作人员职务上的行为,为请托人谋取不正当利益,索取请托人财物或者收受请托人财物。

3. 犯罪主体是"权力人的特定关系人",是指国家工作人员的近亲属或者其他与该国家工作人员关系密切的人;离职的国家工作人员以及其近亲属或者其他与该离职的国家工作人员关系密切的人。

4. 本罪的主观方面表现为直接故意。

三、要点辨析

1. 关系密切的人的认定。关系密切的人,是指与国家工作人员或者离职的国家工作人员具有共同利益关系的人,包括家属、亲友、情人等关系特别密切的人,包括物质利益和其他方面有共同的利益。

2. 犯罪既遂未遂的认定。索贿情形下,实施索要行为即构成既遂。非法收受情形下,只要许诺为请托人谋取不正当利益,本罪即既遂。承诺,可以明示也可推定,不予拒绝即可推定。

3. 利用影响力受贿罪与受贿罪的区别。(1)从主体身份上看,受贿罪必须是国家工作人员,利用影响力受贿则只能是离职的国家工作人员或者国家工作人员的近亲属、与该国家工作人员关系密切的人等非国家工作人员;(2)从客观行为方式上,利用影响力受贿罪的行为人利用其他国家工作人员的职权或地位形成的便利条件,而受贿罪直接利用自己的职权或地位形成的便利条件;利用影响力受贿罪谋取的,必须是不正当利益,受贿罪对谋取的利益是否正当不影响定罪。

4. 关于确定本罪和共同受贿犯罪的界线问题。权力人是否知情和默许,是这个问题判断的关键。(1)权力人明知和默许的,同意其特定关系人用自己的权力影响力受贿,财产利益又有共同成分,也实际上对行贿人提供了权力帮助,应一并确定为受贿共同犯罪定性,权力人是主犯。(2)权力人完全不知情,也没有提供任何权力帮助,特定关系人利用影响力虚假宣传,骗取或者收受贿赂的,对特定关系人按本罪定罪处罚,权力人不构成犯罪。(3)国家工作人员事先知道其关系密切的人利用自己的职权或地位形成的便利条件,索取请托人财物或者收受请托人财物,仍默许或者不反对其关系密切的人通过其他国家工作人员职务上的行为为请托人谋取不正当利益,参照相关规定,该国家工作人员和关系密切的人构成利用影响力受贿罪的共犯。虽然国家工作人员对其近亲属或者其他关系密切的人的行为只是持默许或者不反对的态度,事后又不共同占有财物,但该国家工作人员构成利用影响力受贿罪的片面共犯,应以利用影响力受贿罪处理。

5. 国家工作人员对关系密切的人受贿行为事后知情的处理。国家工作人员事先不知道其关系密切的人利用自己的职权或地位形成的便利条件,通过其他国家工作人员职务上的行为为请托人谋取不正当利益,事后知道但并不参与分享贿赂的,国家工作人员不构成犯罪,其特定关系人应认定为利用影响力受贿罪。如果国家工作人员事后不制止不劝退赃款,并参与分享贿赂的,对该国家工作人员仍以受贿罪论处，对其关系密切的人以利用影响力受贿罪论处。

6. 对权力人提供了权力帮助，但不知道有受贿事由的定性。国家工作人员按照关系密切的人的要求，利用职权为请托人谋取了利益，但对关系密切的人收受请托人财物的事情毫不知情的，对关系密切的人以利用影响力受贿罪论处。对该国家工作人员既不构成利用影响力受贿罪的共犯，也不单独构成受贿罪，应认定为无罪。如果权力帮助是违反职责的，可以按滥用职权罪处罚。

四、罪名变迁

本罪是2009年2月28日《刑法修正案(七)》新设立的罪名。根据《最高人民法院、最高人民检察院关于执行〈中华人民共和国刑法〉确定罪名的补充规定(四)》，确定罪名为“利用影响力受贿罪”。

类罪名：贪污贿赂罪 | **罪名：行贿罪**	
量刑标准	**构成犯罪的** 处3年以下有期徒刑或者拘役，并处罚金；
	因行贿谋取不正当利益，情节严重的，或者使国家利益遭受重大损失的 处3年以上10年以下有期徒刑，并处罚金；
	情节特别严重的，或者使国家利益遭受特别重大损失的 处10年以上有期徒刑或者无期徒刑，并处罚金或者没收财产。

法律依据

一、《刑法》条文

第三百八十九条 为谋取不正当利益，给予国家工作人员以财物的，是行贿罪。

在经济往来中，违反国家规定，给予国家工作人员以财物，数额较大的，或者违反国家规定，给予国家工作人员以各种名义的回扣、手续费的，以行贿论处。

因被勒索给予国家工作人员以财物，没有获得不正当利益的，不是行贿。

第三百九十条 对犯行贿罪的，处三年以下有期徒刑或者拘役，并处罚金；因行贿谋取不正当利益，情节严重的，或者使国家利益遭受重大损失的，处三年以上十年以下有期徒刑，并处罚金；情节特别严重的，或者使国家利益遭受特别重大损失的，处十年以上有期徒刑或者无期徒刑，并处罚金或者没收财产。

有下列情形之一的，从重处罚：

(一)多次行贿或者向多人行贿的；

(二)国家工作人员行贿的；

(三)在国家重点工程、重大项目中行贿的；

(四)为谋取职务、职级晋升、调整行贿的；

(五)对监察、行政执法、司法工作人员行贿的；

(六)在生态环境、财政金融、安全生产、食品药品、防灾救灾、社会保障、教育、医疗等领域行贿，实施违法犯罪活动的；

(七)将违法所得用于行贿的。

行贿人在被追诉前主动交待行贿行为的，可以从轻或者减轻处罚。其中，犯罪较轻的，对调查突破、侦破重大案件起关键作用的，或者有重大立功表现的，可以减轻或者免除处罚。

第三百九十条之一 为谋取不正当利益，向国家工作人员的近亲属或者其他与该国家工作人员关系密切的人，或者向离职的国家工作人员或者其近亲属以及其他与其关系密切的人行贿的，处三年以下有期徒刑或者拘役，并处罚金；情节严重的，或者使国家利益遭受重大损失的，处三年以上七年以下有期徒刑，并处罚金；情节特别严重的，或者使国家利益遭受特别重大损失的，处七年以上十年以下有期徒刑，并处罚金。

单位犯前款罪的，对单位判处罚金，并对其直接负责的主管人员和其他直接责任人员，处三年以下有期徒刑或者拘役,并处罚金。

第三百九十三条 单位为谋取不正当利益而行贿,或者违反国家规定,给予国家工作人员以回扣、手续费,情节严重的,对单位判处罚金,并对其直接负责的主管人员和其他直接责任人员,处三年以下有期徒刑或者拘役,并处罚金;情节特别严重的,处三年以上十年以下有期徒刑,并处罚金。因行贿取得的违法所得归个人所有的,依照本法第三百八十九条、第三百九十条的规定定罪处罚。

第九十三条 本法所称国家工作人员,是指国家机关中从事公务的人员。国有公司、企业、事业单位、人民团体中从事公务的人员和国家机关、国有公司、企业、事业单位委派到非国有公司、企业、事业单位、社会团体从事公务的人员,以及其他依照法律从事公务的人员,以国家工作人员论。

二、相关司法解释/文件

《最高人民法院、最高人民检察院关于办理贪污贿赂刑事案件适用法律若干问题的解释》(2016年4月18日 法释〔2016〕9号)

第七条 为谋取不正当利益,向国家工作人员行贿,数额在三万元以上的,应当依照刑法第三百九十条的规定以行贿罪追究刑事责任。

行贿数额在一万元以上不满三万元,具有下列情形之一的,应当依照刑法第三百九十条的规定以行贿罪追究刑事责任:

(一)向三人以上行贿的;

(二)将违法所得用于行贿的;

(三)通过行贿谋取职务提拔、调整的;

(四)向负有食品、药品、安全生产、环境保护等监督管理职责的国家工作人员行贿,实施非法活动的;

(五)向司法工作人员行贿,影响司法公正的;

(六)造成经济损失数额在五十万元以上不满一百万元的。

第八条 犯行贿罪,具有下列情形之一的,应当认定为刑法第三百九十条第一款规定的"情节严重":

(一)行贿数额在一百万元以上不满五百万元的;

(二)行贿数额在五十万元以上不满一百万元,并具有本解释第七条第二款第一项至第五项规定的情形之一的;

(三)其他严重的情节。

为谋取不正当利益,向国家工作人员行贿,造成经济损失数额在一百万元以上不满五百万元的,应当认定为刑法第三百九十条第一款规定的"使国家利益遭受重大损失"。

第九条 犯行贿罪,具有下列情形之一的,应当认定为刑法第三百九十条第一款规定的"情节特别严重":

(一)行贿数额在五百万元以上的;

(二)行贿数额在二百五十万元以上不满五百万元,并具有本解释第七条第二款第一项至第五项规定的情形之一的;

(三)其他特别严重的情节。

为谋取不正当利益,向国家工作人员行贿,造成经济损失数额在五百万元以上的,应当认定为刑法第三百九十条第一款规定的"使国家利益遭受特别重大损失"。

第十条 刑法第三百八十八条之一规定的利用影响力受贿罪的定罪量刑适用标准,参照本解释关于受贿罪的规定执行。

刑法第三百九十条之一规定的对有影响力的人行贿罪的定罪量刑适用标准,参照本解释关于行贿罪的规定执行。

单位对有影响力的人行贿数额在二十万元以上的,应当依照刑法第三百九十条之一的规定以对有影响力的人行贿罪追究刑事责任。

第十二条 贿赂犯罪中的"财物",包括货币、物品和财产性利益。财产性利益包括可以折算为货币的物质利益如房屋装修、债务免除等,以及需要支付货币的其他利益如会员服务、旅游等。后者的犯罪数额,以实际支付或者应当支付的数额计算。

第十四条 根据行贿犯罪的事实、情节,可能被判处三年有期徒刑以下刑罚的,可以认定为刑法第三百九十条第二款规定的"犯罪较轻"。

根据犯罪的事实、情节,已经或者可能被判处十年有期徒刑以上刑罚的,或者案件在本省、自治区、直辖市或者全国范围内有较大影响的,可以认定为刑法第三百九十条第二款规定的"重大案件"。

具有下列情形之一的，可以认定为刑法第三百九十条第二款规定的“对侦破重大案件起关键作用”：

（一）主动交待办案机关未掌握的重大案件线索的；

（二）主动交待的犯罪线索不属于重大案件的线索，但该线索对于重大案件侦破有重要作用的；

（三）主动交待行贿事实，对于重大案件的证据收集有重要作用的；

（四）主动交待行贿事实，对于重大案件的追逃、追赃有重要作用的。

第十八条　贪污贿赂犯罪分子违法所得的一切财物，应当依照刑法第六十四条的规定予以追缴或者责令退赔，对被害人的合法财产应当及时返还。对尚未追缴到案或者尚未足额退赔的违法所得，应当继续追缴或者责令退赔。

《最高人民法院、最高人民检察院关于办理行贿刑事案件具体应用法律若干问题的解释》（2012年12月26日　法释〔2012〕22号）

为依法惩治行贿犯罪活动，根据刑法有关规定，现就办理行贿刑事案件具体应用法律的若干问题解释如下：

第六条　行贿人谋取不正当利益的行为构成犯罪的，应当与行贿犯罪实行数罪并罚。

第七条　因行贿人在被追诉前主动交待行贿行为而破获相关受贿案件的，对行贿人不适用刑法第六十八条关于立功的规定，依照刑法第三百九十条第二款的规定，可以减轻或者免除处罚。

单位行贿的，在被追诉前，单位集体决定或者单位负责人决定主动交待单位行贿行为的，依照刑法第三百九十条第二款的规定，对单位及相关责任人员可以减轻处罚或者免除处罚；受委托直接办理单位行贿事项的直接责任人员在被追诉前主动交待自己知道的单位行贿行为的，对该直接责任人员可以依照刑法第三百九十条第二款的规定减轻处罚或者免除处罚。

第八条　行贿人被追诉后如实供述自己罪行的，依照刑法第六十七条第三款的规定，可以从轻处罚；因其如实供述自己罪行，避免特别严重后果发生的，可以减轻处罚。

第九条　行贿人揭发受贿人与其行贿无关的其他犯罪行为，查证属实的，依照刑法第六十八条关于立功的规定，可以从轻、减轻或者免除处罚。

第十条　实施行贿犯罪，具有下列情形之一的，一般不适用缓刑和免予刑事处罚：

（一）向三人以上行贿的；

（二）因行贿受过行政处罚或者刑事处罚的；

（三）为实施违法犯罪活动而行贿的；

（四）造成严重危害后果的；

（五）其他不适用缓刑和免予刑事处罚的情形。

具有刑法第三百九十条第二款规定的情形的，不受前款规定的限制。

第十一条　行贿犯罪取得的不正当财产性利益应当依照刑法第六十四条的规定予以追缴、责令退赔或者返还被害人。

因行贿犯罪取得财产性利益以外的经营资格、资质或者职务晋升等其他不正当利益，建议有关部门依照相关规定予以处理。

第十二条　行贿犯罪中的“谋取不正当利益”，是指行贿人谋取的利益违反法律、法规、规章、政策规定，或者要求国家工作人员违反法律、法规、规章、政策、行业规范的规定，为自己提供帮助或者方便条件。

违背公平、公正原则，在经济、组织人事管理等活动中，谋取竞争优势的，应当认定为“谋取不正当利益”。

第十三条　刑法第三百九十条第二款规定的“被追诉前”，是指检察机关对行贿人的行贿行为刑事立案前。

《最高人民法院、最高人民检察院关于在办理受贿犯罪大要案的同时要严肃查处严重行贿犯罪分子的通知》（1999年3月4日　高检会〔1999〕1号）

为依法严肃惩处严重行贿犯罪，特作如下通知：

一、要充分认识严肃惩处行贿犯罪，对于全面落实党中央反腐败工作部署，把反腐败斗争引向深入，从源头上遏制和预防受贿犯罪的重要意义。各级人民法院、人民检察院要把严肃惩处行贿犯罪作为反腐败斗争中的一项重要和紧迫的工作，在继续严肃惩处受贿犯罪分子的同时，对严重行贿犯罪分子,必须依法严肃惩处,坚决打击。

二、对于为谋取不正当利益而行贿,构成行贿罪、向单位行贿罪、单位行贿罪的,必须依法追究刑事责任。“谋取不正当利益”是指谋取违反法律、法规、国家政策和国务院各部门规章规定的利益,以及要求国家工作人员或者有关单位提供违反法律、法规、国家政策和国务院各部门规章规定的帮助或者方便条件。

对于向国家工作人员介绍贿赂,构成犯罪的案件,也要依法查处。

三、当前要特别注意依法严肃惩处下列严重行贿犯罪行为:

1. 行贿数额巨大、多次行贿或者向多人行贿的;

2. 向党政干部和司法工作人员行贿的;

3. 为进行走私、偷税、骗税、骗汇、逃汇、非法买卖外汇等违法犯罪活动,向海关、工商、税务、外汇管理等行政执法机关工作人员行贿的;

4. 为非法办理金融、证券业务,向银行等金融机构、证券管理机构工作人员行贿,致使国家利益遭受重大损失的;

5. 为非法获取工程、项目的开发、承包、经营权,向有关主管部门及其主管领导行贿,致使公共财产、国家和人民利益遭受重大损失的;

6. 为制售假冒伪劣产品,向有关国家机关、国有单位及国家工作人员行贿,造成严重后果的;

7. 其他情节严重的行贿犯罪行为。

四、在查处严重行贿、介绍贿赂犯罪案件中,既要坚持从严惩处的方针,又要注意体现政策。行贿人、介绍贿赂人具有刑法第三百九十条第二款、第三百九十二条第二款规定的在被追诉前主动交代行贿、介绍贿赂犯罪情节的,依法分别可以减轻或者免除处罚;行贿人、介绍贿赂人在被追诉后如实交待行贿、介绍贿赂行为的,也可以酌情从轻处罚。

五、在依法严肃查处严重行贿、介绍贿赂犯罪案件中,要讲究斗争策略,注意工作方法。要把查处受贿犯罪大案要案同查处严重行贿、介绍贿赂犯罪案件有机地结合起来,通过打击行贿、介绍贿赂犯罪,促进受贿犯罪大案要案的查处工作,推动查办贪污贿赂案件工作的全面、深入开展。

六、各级人民法院、人民检察院要结合办理贿赂犯罪案件情况,认真总结经验、教训,找出存在的问题,提出切实可行的解决办法,以改变对严重行贿犯罪打击不力的状况。工作中遇到什么情况和问题,要及时报告最高人民法院、最高人民检察院。

要义辨析

一、概念

本罪是指为谋取不正当利益,给予国家工作人员以财物的行为。

二、构成要件

1. 本罪侵犯的客体是国家机关与国有公司、企事业单位、人民团体的正常工作秩序和国家工作人员职务行为的廉洁性与不可收买性。

2. 本罪的客观方面表现为谋取不正当利益,利用国家工作人员的职务便利,主动给予国家工作人员以财物;被国家工作人员索取财物,给予国家工作人员财物,并获取不正当利益;在经济往来中,违反国家规定,给予国家工作人员财物;以单位名义行贿,违法所得归个人所有。

3. 本罪的犯罪主体是一般主体。无论国家工作人员或者是非国家工作人员均可成为本罪主体。

4. 本罪的主观方面表现直接故意,行为人必须明知或者应当知道其所获取的利益是不正当的。间接故意和过失不构成本罪。

三、要点辨析

1. 注意罪与非罪的界限。行为人必须要为了谋取不正当利益,而给予国家工作人员以财物。对于因为被勒索给予国家工作人员财物,没有获得不正当利益的,不能以行贿罪论处。

2. 注意不正当利益的界定。谋取不正当利益,是指行贿人谋取违反法律、法规、规章或者政策规定的利益,或者要求对方违反法律、法规、规章、政策、行业规范的规定提供帮助或者方便条件。在招标投标、政府采购等商业活动中,违背公平原则,给予相关人员财物以谋取竞争优势的,属于谋取不正当利益。

3. 主体只能是自然人,《刑法》第 393 条另行规定单位行贿罪。本罪主体为一般主体,但犯罪对象只能是国家工作人员。

4. 本罪与受贿罪不必然同时成立。行贿罪与受贿罪属于对向犯,是必要共犯之一种。但一方行为成立犯罪,不代表另一方行为必然也成立犯罪。例如,一方因被勒索给予财物,没有获取不正当利益的,不构成行贿罪,但国家工作人员的行为却构成受贿罪。又如,为了谋取正当利益给予国家工作人员以财物不构成行贿罪,但国家工作人员的行为却可以构成受贿罪。

四、罪名变迁

1979 年《刑法》规定了行贿罪。1988 年《全国人民代表大会常务委员会关于惩治贪污罪贿赂罪的补充规定》将行贿罪犯罪对象,扩大到国家工作人员、集体经济组织工作人员或者其他从事公务的人员;增加了为谋取不正当利益的主观要件;客观方面规定在经济往来中,非法给予各种名义的回扣、手续费,以行贿论处。1997 年《刑法》将介绍贿赂罪从本罪中分离,将犯罪对象重新限制在国家工作人员范围,并调整了法定刑。2015 年《刑法修正案(九)》对被追诉前主动交待行贿行为的从宽处理,进行了限定和细化,并增加了罚金刑。《刑法修正案(十二)》增加一款规定:多次行贿或者向多人行贿的,国家工作人员行贿的,在国家重点工程、重大项目中行贿,为谋取职务、职级晋升、调整行贿的,对监察、行政执法、司法工作人员行贿的,在生态环境、财政金融、安全生产、食品药品、防灾救灾、社会保障、教育、医疗等领域行贿,实施违法犯罪活动的,将违法所得用于行贿的等七类情形从重处罚,同时,调整行贿罪的起刑点和刑罚档次,与受贿罪相衔接。

类罪名:贪污贿赂罪	**罪名:对有影响力的人行贿罪**
量刑标准	**构成犯罪的**　处 3 年以下有期徒刑或者拘役,并处罚金;
	情节严重的,或者使国家利益遭受重大损失的　处 3 年以上 7 年以下有期徒刑,并处罚金;
	情节特别严重的,或者使国家利益遭受特别重大损失的　处 7 年以上 10 年以下有期徒刑,并处罚金;
	单位犯前款罪的　对单位判处罚金,并对其直接负责的主管人员和其他直接责任人员,处 3 年以下有期徒刑或者拘役,并处罚金。

法律依据

《刑法》条文

第三百九十条之一　为谋取不正当利益,向国家工作人员的近亲属或者其他与该国家工作人员关系密切的人,或者向离职的国家工作人员或者其近亲属以及其他与其关系密切的人行贿的,处三年以下有期徒刑或者拘役,并处罚金;情节严重的,或者使国家利益遭受重大损失的,处三年以上七年以下有期徒刑,并处罚金;情节特别严重的,或者使国家利益遭受特别重大损失的,处七年以上十年以下有期徒刑,并处罚金。

单位犯前款罪的,对单位判处罚金,并对其直接负责的主管人员和其他直接责任人员,处三年以下有期徒刑或者拘役,并处罚金。

要义辨析

一、概念

本罪是指为谋取不正当利益,给予国家工作人员的近亲属或者其他与该国家工作人员关系密切的人财物,或者给予离职的国家工作人员或者其近亲属,以及其他与其关系密切的人财物的行为。

二、构成要件

1. 本罪侵犯的客体是国家机关与国有公司、企事业单位、人民团体的正常工作秩序,和国家工作人员职务行为的廉洁性。

2. 本罪客观方面表现为谋取不正当利益,给予国家工作人员的近亲属或者其他与该国家工作人员关系密切的人财物;为谋取不正当利益,给予离职的国家工作人员财物;为谋取不正当利益,离职的国家工作人员的近亲属以及其他与其关系密切的人财物。

3. 本罪的犯罪主体为一般主体,既可以是自然人,也可以是单位。

4. 本罪的主观方面是直接故意,与《刑法》第390条规定行贿罪相同。

三、要点辨析

1. 本罪与利用影响力受贿罪对应,系对合关系。二者都存在谋取不正当利益的要件,因此行贿人和受贿人只要一方成立犯罪,另一方也相应成立犯罪。

2. 本罪与行贿罪、对非国家工作人员行贿罪的区别。(1)主体不同。行贿罪、对非国家工作人员行贿罪的主体只能是自然人,本罪的主体还可以是单位。(2)犯罪对象不同。"行贿罪"犯罪对象是国家工作人员,"对非国家工作人员行贿罪"的犯罪对象,为非国家工作人员,而"向影响力人员行贿罪"的犯罪对象,为国家工作人员的特定关系人,是近亲属或者其他与该国家工作人员关系密切的人,或者离职的国家工作人员或者其近亲属以及其他与其关系密切的人。

3. 本罪是结果犯。为谋取不正当利益,向国家工作人员的近亲属或者其他与该国家工作人员关系密切的人,或者向离职的国家工作人员或者其近亲属以及其他与其关系密切的人行贿,达到法律规定的数额或情节,才构成犯罪。

4. 既遂未遂的认定。一般以控制财物作为既遂标准。要认真区分行贿罪的着手标准和行贿罪的既遂标准。行贿行为全过程,一般包括行求、期约和交付三个行为阶段。行贿罪的未遂,只能发生在行贿人开始给予财物之后,他人拒绝或者其他情由导致行贿未实现。行贿罪的既遂,是指行贿人给予财物行为的完成,而行贿人给予财物行为完成的标志就是对方接受财物。因此,认定行贿罪的未遂有三个条件:(1)行贿人开始实行给予财物行为;(2)国家工作人员的近亲属或者其他与该国家工作人员关系密切的人,或者向离职的国家工作人员或者其近亲属以及其他与其关系密切的人没有接受财物;(3)没有接受财物是由于行贿人意志以外的原因。

5. 注意不正当利益的界定。行为人必须要为了谋取不正当利益,而给予与国家工作人员关系密切的人财物,才构成犯罪。对于为谋取正当利益,或者因为被勒索索贿,给予国家工作人员财物,没有获得不正当利益的,不能以行贿罪论处。

谋取不正当利益,是指行贿人谋取违反法律、法规、规章或者政策规定的利益,或者要求对方违反法律、法规、规章、政策、行业规范的规定提供帮助或者方便条件。"不正当利益"包括非法利益和其他不应当得到的利益。

非法利益,是指违反法律、法规、政策,用非法手段取得的利益,非法利益不仅表现为获取手段的非法性和不正当性,更突出地表现为利益本身的违法性,非法利益的取得侵害国家管理秩序即国家的利益。

其他不应当得到的利益,是指非法利益以外的其他不正当利益,其利益的本身不是法律、法规、政策所禁止的,但其取得利益的手段与取得非法利益一样也具有非法性和不正当性,这种不当利益的取得,侵犯的是他人应当得到的利益。所以不正当利益的本质就是利益取得手段的不正当性。在招标投标、政府采购等商业活动中,违背公平原则,给予相关人员财物以谋取竞争优势的,属于谋取不正当利益。

6. 本罪与利用影响力受贿罪的关系。两罪构成对合关系,前罪的犯罪对象与后罪的犯罪主体相同。都存在谋取不正当利益的要件,因此行贿人和受贿人只要一方成立犯罪，另一方也必然成立犯罪。

7. 本罪与行贿罪的区别。(1)犯罪主体不同。行贿罪的犯罪主体为自然人，本罪的主体可以为自然人也可以是单位。(2)犯罪对象不同。行贿罪的犯罪对象是国家工作人员，本罪的犯罪对象为国家工作人员的近亲属或者其他与该国家工作人员关系密切的人，或者离职的国家工作人员或者其近亲属以及其他与其关系密切的人。

8. 本罪与对非国家工作人员行贿罪的区别。两罪犯罪主体都可以是自然人也可以是单位，但对非国家工作人员行贿罪的犯罪对象为非国家工作人员本身，本罪的犯罪对象为国家工作人员的近亲属或者其他与该国家工作人员关系密切的人，或者离职的国家工作人员或者其近亲属以及其他与其关系密切的人。

四、罪名变迁

本罪为《刑法修正案(九)》新设的罪名。《刑法》第398条之一规定了利用影响力受贿罪，行贿与受贿构成对合关系，故《刑法修正案(九)》在《刑法》第390条后增加一条，规定了对特定关系人行贿罪。这样行贿类的罪名已经有三个："行贿罪""对非国家工作人员行贿罪""向影响力人员行贿罪"，分别针对不同的犯罪对象。

类罪名：贪污贿赂罪 丨 罪名：对单位行贿罪	
量刑标准	**犯本罪的**　处3年以下有期徒刑或者拘役，并处10万元以上犯罪数额2倍以下罚金；
	情节严重的　处3年以上7年以下有期徒刑，并处罚金；
	单位犯本罪的　对单位判处罚金，对直接负责的主管人员和直接责任人依上述标准处刑。

法律依据

一、《刑法》条文

第三百九十一条　为谋取不正当利益，给予国家机关、国有公司、企业、事业单位、人民团体以财物的，或者在经济往来中，违反国家规定，给予各种名义的回扣、手续费的，处三年以下有期徒刑或者拘役，并处罚金；情节严重的，处三年以上七年以下有期徒刑，并处罚金。

单位犯前款罪的，对单位判处罚金，并对其直接负责的主管人员和其他直接责任人员，依照前款的规定处罚。

二、相关司法解释/文件

《最高人民检察院关于人民检察院直接受理立案侦查案件立案标准的规定(试行)》(1999年9月9日　高检发研字〔1999〕10号)

1. 贪污贿赂犯罪案件立案标准

(六)对单位行贿案(第391条)

对单位行贿罪是指为谋取不正当利益，给予国家机关、国有公司、企业、事业单位、人民团体以财物，或者在经济往来中，违反国家规定，给予上述这单位各种名义的回扣、手续费的行为。

涉嫌下列情形之一的，应予立案：

1. 个人行贿数额在10万元以上、单位行贿数额在20万元以上的；

2. 个人行贿数额不满10万元、单位行贿数额在10万元以上不满20万元，但具有下列情形之一的：

(1)为谋取非法利益而行贿的；

(2)向3个以上单位行贿的；

(3)向党政机关、司法机关、行政执法机关行贿的；

(4)致使国家或者社会利益遭受重大损失的。

《最高人民法院、最高人民检察院关于办理贪污贿赂刑事案件适用法律若干问题的解释》(2016年4月18日　法释〔2016〕9号)

第十九条　对贪污罪、受贿罪判处三年以下有期徒刑或者拘役的,应当并处十万元以上五十万元以下的罚金;判处三年以上十年以下有期徒刑的,应当并处二十万元以上犯罪数额二倍以下的罚金或者没收财产;判处十年以上有期徒刑或者无期徒刑的,应当并处五十万元以上犯罪数额二倍以下的罚金或者没收财产。

对刑法规定并处罚金的其他贪污贿赂犯罪,应当在十万元以上犯罪数额二倍以下判处罚金。

要义辨析

一、概念

本罪是指个人或者单位为谋取不正当利益,给予国家机关、国有公司、企业、事业单位、人民团体以财物,或者在经济往来中违反国家规定,给予各种名义的回扣、手续费的行为。

二、构成要件

1. 本罪侵犯的客体是国家机关、国有公司、企业、事业单位、人民团体公共职能的不可收买性。本罪的行贿对象是特定的,仅限于国家机关、国有公司、企业、事业单位、人民团体。

2. 犯罪客观方面的表现为两种形式:(1)为谋取不正当利益,而给予国家机关、国有公司、企业、事业单位、人民团体财物;(2)在经济往来中,违反国家规定,给予国家机关、国有公司、企业、事业单位、人民团体各种名义的回扣、手续费。

3. 犯罪主体是一般主体,包括自然人和单位。

4. 犯罪主观方面为直接故意,行为人明知自己给予国家机关、国有公司、企业、事业单位、人民团体财物的行为侵害了上述单位公共职能的不可收买性,却希望或者放任该结果发生。本罪还具有谋取不正当利益的目的。“谋取不正当利益”,是指谋取违反法律、法规、国家政策和国务院各部门规章规定的利益,以及要求国家工作人员或者有关单位提供违反法律、法规、国家政策和国务院各部门规章规定的帮助或者方便条件。至于谋取的不正当利益是归个人,还是归单位以及谋取的不正当利益是否得到,均不影响本罪的成立。

三、要点辨析

1. 本罪属于结果犯。对单位行贿罪既遂的构成要件之一是行贿人给予国家机关、国有公司、企业、事业单位、人民团体的财物被上述单位接受,即法定的犯罪结果已经发生。

2. 本罪既遂与未遂的界限。行贿人出于谋取不正当利益的目的,给予国家机关、国有公司、企业、事业单位、人民团体财物并被接受的,国家机关、国有公司、企业、事业单位、人民团体公共职能的不可收买性就已经受到侵害,应认定为对单位行贿罪既遂。

3. 本罪的犯罪主体包括自然人和单位,应当根据不正当利益的归属来认定是自然人犯罪还是单位犯罪。以单位名义行贿系为了个人利益或谋取的不正当利益归个人的,应认定为自然人犯罪。

4. 本罪的犯罪主体是一般主体,自然人之间、单位之间、自然人和单位之间可以构成共同正犯、教唆犯、帮助犯。

5. 本罪与单位受贿罪属于对向犯,一般情况下,行贿方和受贿方分别构成上述两罪,但也存在仅由其中一方单独构成相应罪名的情形,例如,个人或者单位没有谋取不正当利益的目的,因被勒索而给予财物的,不构成本罪,勒索财物的上述单位构成单位受贿罪;上述单位把收到财物交给相关部门处理或把收到的回扣如实入帐的,不构成单位受贿罪,行贿人构成本罪。

6. 本罪与行贿罪的主要区别。(1)侵犯的客体不同。本罪的客体是国家机关、国有公司、企业、事业单位、人民团体公共职能的不可收买性,行贿罪的客体是国家工作人员职务行为的廉洁性、不可收买性。(2)犯罪主体不同。本罪的犯罪主体是一般主体,包括自然人和单位,行贿罪的犯罪主体仅限于自然人。(3)行贿对象不同。本罪的行贿对象只能是国家机关、国有公司、企业、事业单位、人民团体等具有公共职能性质的单位,行贿罪的行贿对象是国家工作人员。

四、罪名变迁

本罪为单一罪名,1997年《刑法》修订时新增设。《刑法修正案(九)》对本罪作了修改,对自然人犯本罪，增加了并处罚金的附加刑。《刑法修正案（十二）》增加一档“三年以上七年以下有期徒刑，并处罚金”的刑罚。

类罪名：贪污贿赂罪	罪名：介绍贿赂罪
量刑标准	**介绍贿赂情节严重的**　处3年以下有期徒刑或者拘役，并处10万元以上犯罪数额二倍以下罚金。

法律依据

一、《**刑法**》条文

第三百九十二条　向国家工作人员介绍贿赂，情节严重的，处三年以下有期徒刑或者拘役，并处罚金。

介绍贿赂人在被追诉前，主动交待介绍贿赂行为的，可以减轻处罚或者免除处罚。

第九十三条　本法所称国家工作人员，是指国家机关中从事公务的人员。

国有公司、企业、事业单位、人民团体中从事公务的人员和国家机关、国有公司、企业、事业单位委派到非国有公司、企业、事业单位、社会团体从事公务的人员，以及其他依照法律从事公务的人员，以国家工作人员论。

二、相关司法解释/文件

《最高人民检察院关于人民检察院直接受理立案侦查案件立案标准的规定（试行）》（1999年9月9日　高检发研字〔1999〕10号）

一、贪污贿赂犯罪案件立案标准

（七）介绍贿赂案（第392条）

介绍贿赂罪是指向国家工作人员介绍贿赂，情节严重的行为。

“介绍贿赂”是指在行贿人与受贿人之间沟通关系、撮合条件，使贿赂行为得以实现的行为。涉嫌下列情形之一的，应予立案：

1. 介绍个人向国家工作人员行贿，数额在2万元以上的；介绍单位向国家工作人员行贿，数额在20万元以上的；

2. 介绍贿赂数额不满上述标准，但具有下列情形之一的：

（1）为使行贿人获取非法利益而介绍贿赂的；

（2）3次以上或者为3人以上介绍贿赂的；

（3）向党政领导、司法工作人员、行政执法人员介绍贿赂的；

（4）致使国家或者社会利益遭受重大损失的。

《最高人民法院、最高人民检察院关于办理贪污贿赂刑事案件适用法律若干问题的解释》（2016年4月18日　法释〔2016〕9号）

第十九条　对贪污罪、受贿罪判处三年以下有期徒刑或者拘役的，应当并处十万元以上五十万元以下的罚金；判处三年以上十年以下有期徒刑的，应当并处二十万元以上犯罪数额二倍以下的罚金或者没收财产；判处十年以上有期徒刑或者无期徒刑的，应当并处五十万元以上犯罪数额二倍以下的罚金或者没收财产。

对刑法规定并处罚金的其他贪污贿赂犯罪，应当在十万元以上犯罪数额二倍以下判处罚金。

要义辨析

一、概念

本罪是指行为人在行贿人和国家工作人员之间沟通关系，进行中介，撮合条件，促使行贿和受贿得以实现，情节严重的行为。

二、构成要件

1. 本罪侵犯的客体是国家工作人员职务行为

的廉洁性、不可收买性。犯罪对象为国家机关工作人员,即介绍贿赂罪中经介绍受贿的一方必须是国家工作人员,向单位或向非国家工作人员介绍贿赂不成立本罪。

2. 犯罪客观方面表现为在行贿人和国家工作人员之间沟通关系,进行中介,撮合条件,促使行贿和受贿得以实现。即为行贿受贿双方“穿针引线”,促使双方相识相通,代为联络,甚至传递贿赂物品,帮助双方完成行贿受贿的行为。介绍贿赂行为,只有情节严重的才构成犯罪。如果只是口头表明引见,并没有具体实施撮合行为,或者虽然已经使行贿、受贿双方见面,但由于某种原因,贿赂行为未进行的,均不能构成介绍贿赂罪。

3. 犯罪主体是一般主体,仅限于自然人。

4. 犯罪主观方面是直接故意。

三、要点辨析

1. 本罪属于结果犯。介绍贿赂罪既遂的构成要件之一是行贿受贿得以实现,即行贿人给予国家工作人员的财物被国家工作人员接受,法定的犯罪结果已经发生。

2. 本罪既遂与未遂的界限。就本质而言,介绍贿赂罪是行贿罪、受贿罪的帮助犯。虽然《刑法》把介绍贿赂行为抽离出来单独设立一个罪名,但在法理层面,介绍贿赂罪的犯罪形态上仍与行贿罪、受贿罪保持一致,当行贿罪、受贿罪或其一既遂,本罪也既遂。

3. 本罪的犯罪主体仅限于自然人。《刑法》未规定单位为本罪犯罪主体,故单位不能成为本罪的犯罪主体。

4. 本罪的自然人犯罪主体,共同犯罪结构可以分为共同正犯、教唆犯、帮助犯。

5. 注意(国家工作人员)介绍贿赂罪与(斡旋)受贿罪、(离职的国家工作人员)利用影响力受贿罪的区别。三个罪名均涉及三个行为主体,并且犯罪主体为国家工作人员或离职的国家工作人员,司法实践中易混淆导致误判。构成(斡旋)受贿罪或(离职的国家工作人员)利用影响力受贿罪,应当同时满足下列三个要素:(1)国家工作人员或离职的国家工作人员索取或收受了钱物;(2)国家工作人员或离职的国家工作人员利用了本人职权(原职权)或地位形成的便利条件;(3)国家工作人员或离职的国家工作人员为请托人谋取了不正当利益。不能同时满足三个要素的,应认定为(国家工作人员)介绍贿赂罪。

6. 介绍贿赂罪与行贿罪、受贿罪共犯的区别。行贿罪法定最高刑为无期徒刑,受贿罪法定最高刑为死刑,而介绍贿赂罪法定最高刑为3年有期徒刑,因此区分介绍贿赂罪与受贿罪、行贿罪共犯,具有重要意义。从刑法理论上分析,介绍贿赂行为,必然是行贿、受贿的帮助行为,构成行贿罪、受贿罪的共犯。但既然新旧《刑法》在规定行贿罪、受贿罪的同时,均规定了介绍贿赂罪,说明立法者把介绍贿赂行为从行贿罪、受贿罪共犯中抽离出来单独成立一个罪名系有意为之。

介绍贿赂罪与行贿罪、受贿罪共犯的界限如何划分,理论界争议颇多。司法实践中一般采用以下三个标准:

(1)行为人是否参与分赃,即是否从受贿人处分得受贿财物。行为人介绍贿赂后从受贿人处分得财物的,成立受贿罪共犯。仅从行贿人处获得介绍贿赂报酬的,则成立介绍贿赂罪。

(2)行为人是否与行贿人具有谋取相同不正当利益的目的。行为人没有与行贿人谋取相同的不正当利益目的而介绍贿赂的,则成立介绍贿赂罪。

(3)行为人是否参与了国家工作人员利用职务上的便利为他人谋取利益的行为。行为人向国家工作人员提供行贿信息,而未参与国家工作人员利用职务上的便利,以促成行贿人员利益的实现,则成立介绍贿赂罪。

四、罪名变迁

本罪为单一罪名,在1979年《刑法》第185条第3款中已经作了规定。1997年《刑法》修订时,增加了“情节严重”作为本罪的构成要件,并增加了第2款。2015年月11月《刑法修正案(九)》对本罪进行修正,增加了并处罚金的附加刑。

类罪名：贪污贿赂罪	罪名：单位行贿罪
量刑标准	**情节严重的**　对单位判处罚金，并对其直接负责的主管人员和其他直接责任人员，处3年以下有期徒刑或者拘役，并处10万元以上犯罪数额2倍以下罚金；
	情节特别严重的　处3年以上10年以下有期徒刑，并处罚金。

法律依据

一、《刑法》条文

第三百九十三条　单位为谋取不正当利益而行贿，或者违反国家规定，给予国家工作人员以回扣、手续费，情节严重的，对单位判处罚金，并对其直接负责的主管人员和其他直接责任人员，处三年以下有期徒刑或者拘役，并处罚金；情节特别严重的，处三年以上十年以下有期徒刑，并处罚金。因行贿取得的违法所得归个人所有的，依照本法第三百八十九条、第三百九十条的规定定罪处罚。

第三百八十九条　为谋取不正当利益，给予国家工作人员以财物的，是行贿罪。

在经济往来中，违反国家规定，给予国家工作人员以财物，数额较大的，或者违反国家规定，给予国家工作人员以各种名义的回扣、手续费的，以行贿论处。

因被勒索给予国家工作人员以财物，没有获得不正当利益的，不是行贿。

第三百九十条　对犯行贿罪的，处三年以下有期徒刑或者拘役，并处罚金；因行贿谋取不正当利益，情节严重的，或者使国家利益遭受重大损失的，处三年以上十年以下有期徒刑，并处罚金；情节特别严重的，或者使国家利益遭受特别重大损失的，处十年以上有期徒刑或者无期徒刑，并处罚金或者没收财产。

有下列情形之一的，从重处罚：

（一）多次行贿或者向多人行贿的；

（二）国家工作人员行贿的；

（三）在国家重点工程、重大项目中行贿的；

（四）为谋取职务、职级晋升、调整行贿的；

（五）对监察、行政执法、司法工作人员行贿的；

（六）在生态环境、财政金融、安全生产、食品药品、防灾救灾、社会保障、教育、医疗等领域行贿，实施违法犯罪活动的；

（七）将违法所得用于行贿的。

行贿人在被追诉前主动交待行贿行为的，可以从轻或者减轻处罚。其中，犯罪较轻的，对调查突破、侦破重大案件起关键作用的，或者有重大立功表现的，可以减轻或者免除处罚。

第三百九十条之一　为谋取不正当利益，向国家工作人员的近亲属或者其他与该国家工作人员关系密切的人，或者向离职的国家工作人员或者其近亲属以及其他与其关系密切的人行贿的，处三年以下有期徒刑或者拘役，并处罚金；情节严重的，或者使国家利益遭受重大损失的，处三年以上七年以下有期徒刑，并处罚金；情节特别严重的，或者使国家利益遭受特别重大损失的，处七年以上十年以下有期徒刑，并处罚金。

单位犯前款罪的，对单位判处罚金，并对其直接负责的主管人员和其他直接责任人员，处三年以下有期徒刑或者拘役，并处罚金。

二、相关司法解释/文件

《最高人民检察院关于人民检察院直接受理立案侦查案件立案标准的规定（试行）》（1999年9月9日　高检发研字〔1999〕10号）

一、贪污贿赂犯罪案件立案标准

（八）单位行贿案（第393条）

单位行贿罪是指公司、企业、事业单位、机关、团体为谋取不正当利益而行贿，或者违反国家规定，给予国家工作人员以回扣、手续费，情节严重的行为。

涉嫌下列情形之一的，应予立案：

1. 单位行贿数额在20万元以上的；

2. 单位为谋取不正当利益而行贿，数额在10万元以上不满20万元，但具有下列情形之一的：

（1）为谋取非法利益而行贿的；

（2）向3人以上行贿的；

（3）向党政领导、司法工作人员、行政执法人员行贿的；

（4）致使国家或者社会利益遭受重大损失的。

因行贿取得的违法所得归个人所有的，依照本规定关于个人行贿的规定立案，追究其刑事责任。

《最高人民法院、最高人民检察院关于办理贪污贿赂刑事案件适用法律若干问题的解释》（2016年4月18日　法释〔2016〕9号）

第十九条　对贪污罪、受贿罪判处三年以下有期徒刑或者拘役的，应当并处十万元以上五十万元以下的罚金；判处三年以上十年以下有期徒刑的，应当并处二十万元以上犯罪数额二倍以下的罚金或者没收财产；判处十年以上有期徒刑或者无期徒刑的，应当并处五十万元以上犯罪数额二倍以下的罚金或者没收财产。

对刑法规定并处罚金的其他贪污贿赂犯罪，应当在十万元以上犯罪数额二倍以下判处罚金。

要义辨析

一、概念

本罪是指单位为谋取不正当利益，向有可能为其谋利的国家工作人员行贿，或者违反国家规定，给予国家工作人员以回扣、手续费、情节严重的行为。

二、构成要件

1. 本罪侵犯的客体是国家工作人员职务行为的廉洁性、不可收买性。

2. 犯罪客观方面表现为单位通过决策程序形成单位意志，为谋取不正当利益给予国家工作人员以财物，或违反规定给国家工作人员以回扣、手续费。

3. 犯罪主体仅限于单位，包括公司、企业、事业单位、机关、团体，应当符合依法成立、具有一定财产以及人员和机构、能以自己的名义承担责任等特征，并不仅仅局限于国有公司、企业、事业单位、机关、团体，还包括集体所有制企业、中外合作企业、有限公司、外资公司、私营公司等等。

4. 犯罪主观方面是故意，行为人明知自己给予国家工作人员以财物的行为侵害国家工作人员职务行为的廉洁性却希望或者放任这种结果发生。本罪具有为“为本单位谋取不正当利益”或“为本单位全体成员或多数成员谋取不正当利益”的目的。

三、要点辨析

1. 本罪属于结果犯。单位行贿罪既遂的构成要件之一是行贿人给予国家工作人员的财物被国家工作人员接受，即法定的犯罪结果已经发生。

2. 本罪既遂与未遂的界限。单位出于为单位谋取不正当利益的目的，给予国家工作人员以财物并被接受的，国家工作人员职务行为的廉洁性、不可收买性就已经受到侵害，构成单位行贿罪既遂。至于受贿方是否具有为行贿方谋取利益的意图以及行贿方谋取的不正当利益是否实现不影响犯罪既遂的认定。

3. 本罪的犯罪主体仅限于单位。《刑法》直接规定单位为本罪犯罪主体，故自然人不能成为本罪的犯罪主体。自然人如有因行贿取得的违法所得归个人所有的情形，以行贿罪论处。

4. 本罪的犯罪主体是单位，故单位之间仅能构成共同正犯，单位与自然人之间可能构成教唆犯、帮助犯。

5. 本罪与个人行贿罪的区别。（1）单位行贿罪的犯罪主体只能是单位，行贿罪的犯罪主体只能是自然人。（2）单位行贿罪法定最高刑是5年，行贿罪的法定最高刑为无期徒刑。

6. 单位行贿罪还是个人行贿罪的认定要点。（1）要审查行贿财产的来源，看其是不是单位账户开支，在单位入账报销。如果是个人的财产，又没有单位决议，或者外派人员自行行贿没有报告单位同意，应当认定为个人行贿。（2）单位意志的认定。行贿行为是基于单位的意志还是个人意志，对于认定是单位行贿罪还是行贿罪具有重要意义。单位行贿的故意是一种法律意义上的拟制意志，是构成单位行贿罪的核心要件。认定单位意志应当同时符合两条标准。（3）职务相关性，即行贿的单位意志应当是单位法定代表人、负责人或在单位内部担任某种职务并且依照单位的设定或授权而拥有相应决策权力的单位内部人员共同或独自所形成的决策。依据单位设定或授权而由单个人员作出行贿的决定，仍然属于单位意志。（4）单位利益相关性，即通过行贿取得的利益归属于单位或符合单位的总体利益。

7. 单位行贿罪向个人行贿罪的转化。(1)根据《刑法》规定,因行贿取得的违法所得归个人所有的,按行贿罪论处,即单位行贿罪向个人行贿罪的转化。两罪量刑差别巨大,因此如何理解“因行贿取得的违法所得归个人所有”具有重要意义。(2)单位行贿罪向行贿罪转化的核心要素,是参与单位决策的个人,从因行贿而获取的利益中,直接取得违法所得。首先,“因行贿取得的违法所得归个人所有”中的个人并非泛指单位中的每个自然人,而是特指单位行贿犯罪中的直接负责的主管人员和其他直接责任人员。在获得违法所得的个人并未参与单位决策和实施行贿的情况下,仍应按单位行贿罪论处。其次,违法所得应当是从行贿行为中直接取得的不正当利益,而非单位间接分配的利益。如果单位谋取的不正当利益归单位所有,单位再分配给个人,则仍应按单位行贿罪论处。即使个人独资企业、合伙企业等不具有法人资格的单位,如其通过单位行贿所取得的违法所得仍然归属于企业名下并实际用于经营,而未直接归个人所有,则仍应认定为单位行贿而非个人行贿。再次,“因行贿取得的违法所得归个人所有”的前提是个人人格与单位人格尚未混同。在单位没有独立财产导致单位财产与内部人员的财产发生混同的情况下,均应认定为个人行贿。在个人人格与单位人格尚未混同的情况下,则应根据违法所得的直接归属来判断罪名是否发生转化。最后,单位行贿犯罪中单位和个人同时取得不正当利益或违法所得,属于一行为触犯两罪名,对单位行贿犯罪中的直接负责的主管人员和其他直接责任人员从一重罪处罚。

四、罪名变迁

本罪为单一罪名,最早规定于1988年《全国人民代表大会常务委员会关于惩治贪污罪贿赂罪的补充规定》(已失效)第9条。1997年《刑法》将本罪犯罪主体修改为公司、企业、事业单位、机关、团体,贿赂对象缩小为国家工作人员,“归私人所有”修改为“归个人所有”。2015年11月《刑法修正案(九)》对本罪进行修改,对单位犯罪的直接负责的主管人员和其他直接责任人员增加了并处罚金的附加刑。《刑法修正案(十二)》将本罪刑罚由原来最高判处五年有期徒刑的一档刑罚,修改为“三年以下有期徒刑或者拘役,并处罚金”和“三年以上十年以下有期徒刑,并处罚金”两档刑罚。

类罪名:贪污贿赂罪	**罪名:巨额财产来源不明罪**
量刑标准	**犯本罪的**　处5年以下有期徒刑或者拘役,财产的差额部分予以追缴;
	差额特别巨大的　处5年以上10年以下有期徒刑,财产的差额部分予以追缴。

法律依据

一、《刑法》条文

第三百九十五条第一款　国家工作人员的财产、支出明显超过合法收入,差额巨大的,可以责令该国家工作人员说明来源,不能说明来源的,差额部分以非法所得论,处五年以下有期徒刑或者拘役;差额特别巨大的,处五年以上十年以下有期徒刑。财产的差额部分予以追缴。

第九十三条　本法所称国家工作人员,是指国家机关中从事公务的人员。

国有公司、企业、事业单位、人民团体中从事公务的人员和国家机关、国有公司、企业、事业单位委派到非国有公司、企业、事业单位、社会团体从事公务的人员,以及其他依照法律从事公务的人员,以国家工作人员论。

二、相关司法解释/文件

《最高人民检察院关于人民检察院直接受理立案侦查案件立案标准的规定(试行)》(1999年9月9日　高检发研字〔1999〕10号)

一、贪污贿赂犯罪案件立案标准

(九)巨额财产来源不明案(第395条第1款)

巨额财产来源不明罪是指国家工作人员的财产或者支出明显超出合法收入,差额巨大,而本人又不能说明其来源是合法的行为。

涉嫌巨额财产来源不明,数额在30万元以上的,应予立案。

《最高人民法院关于全国法院审理经济犯罪案件工作座谈会纪要》(2003年11月13日 法〔2003〕167号)

五、关于巨额财产来源不明罪

(一)行为人不能说明巨额财产来源合法的认定

刑法第三百九十五条第一款规定的“不能说明”,包括以下情况:(1)行为人拒不说明财产来源;(2)行为人无法说明财产的具体来源;(3)行为人所说的财产来源经司法机关查证并不属实;(4)行为人所说的财产来源因线索不具体等原因,司法机关无法查实,但能排除存在来源合法的可能性和合理性的。

(二)“非法所得”的数额计算

刑法第三百九十五条规定的“非法所得”,一般是指行为人的全部财产与能够认定的所有支出的总和减去能够证实的有真实来源的所得。在具体计算时,应注意以下问题:(1)应把国家工作人员个人财产和与其共同生活的家庭成员的财产、支出等一并计算,而且一并减去他们所有的合法收入以及确属与其共同生活的家庭成员个人的非法收入;(2)行为人所有的财产包括房产、家具、生活用品、学习用品及股票、债券、存款等动产和不动产;行为人的支出包括合法支出和不合法的支出,包括日常生活、工作、学习费用、罚款及向他人行贿的财物等;行为人的合法收入包括工资、奖金、稿酬、继承等法律和政策允许的各种收入;(3)为了便于计算犯罪数额,对于行为人的财产和合法收入,一般可以从行为人有比较确定的收入和财产时开始计算。

要义辨析

一、概念

本罪是指国家工作人员的财产或者支出明显超过合法收入,差额巨大,本人不能说明其来源的合法性。

二、构成要件

1. 本罪侵犯的客体是国家廉政建设制度和公职人员的职务廉洁性。

2. 犯罪客观方面表现为国家工作人员不能说明(包括拒不说明、无法说明、虚假说明、模糊说明)其明显超过合法收入的巨额(30万元以上)财产或支出的行为。

3. 犯罪主体是特殊主体,只有国家工作人员才可以构成本罪。

4. 犯罪主观方面是故意,即行为人明知财产不合法而故意占有,案发后又故意拒不说明财产的真正来源,或者有意编造财产来源的合法途径。

三、要点辨析

1. 本罪属于结果犯。只有具有差额巨大,且本人不能说明其来源的合法性的情节下才可构成本罪。目前,“差额巨大”的定罪数额标准还没有具体规定。最高人民检察院规定的立案标准从以前的5万元,提高到现在的30万元以上。根据近年经济发展状况,在经济发达地区和不发达地区,亦应有所区别。

2. 既遂和未遂的认定。本罪是一种推定犯罪,即个人持有的家庭财产同应当有的合法收入积累,明显有巨大溢出差距,推定个人的其他家庭财产都是犯罪所得。这是非常特殊的“有罪推定”的法条。因此只有既遂形态,不存在犯罪未遂或者犯罪中止。因本罪以非法所得差额巨大为前提,只要经过审查明显同正当收入不相符,行为人又拒不说明或无法说明,本罪即既遂。

3. 本罪为自然人犯罪。犯罪主体为特殊主体,即国家工作人员。

4. 共同犯罪的认定。本罪无共犯可能性。本罪的罪状中,“可以责令该国家工作人员说明来源”,说明只有国家工作人员才负有说明财产来源的法定义务,夫妻中不具国家工作人员身份的一方,因不负此种义务,而无法成为《刑法》上巨额财产来源不明罪的共犯。司法实践中,如果不具有国家工作人员身份的一方对来源不明的巨额财产予以窝藏、转移或者对该国家工作人员作假证明包庇的,则可能构成掩饰、隐瞒犯罪所得、犯罪所得收益罪或包庇罪。

5. 本罪是我国《刑法》上少数几个查不清具体犯罪情况，而推定其为犯罪的规定之一。属于事实查不清推定为犯罪的情形，对国家工作人员作为特别严格的规定。因此，在认定时，应当特别慎重。掌握的标准，也应当从宽有利于嫌疑人。本罪虽然是"推定罪"，并且被告人负举证责任，但这不等于说司法机关可以不经调查和取证，即可治人以罪。司法机关应尽力查清国家工作人员的财产或者支出，明显超过合法收入部分，是怎样取得的，如能查清其财产是以某种犯罪手段取得的，即应确定相应的罪名予以惩处。只有确实无法查清，财产又明显无来源时，才能按本罪惩处。对其合理收入说明，也应当按有利于被告的原则认定。对于有些合理的遗忘、确实无法获得证据的收入的说明，能够自圆其说并分析可能真实的，应当从有理于被告的角度认定。

四、罪名变迁

1988 年《全国人民代表大会常务委员会关于惩治贪污罪贿赂罪的补充规定》（已失效）第 11 条确定了本罪。1997 年《刑法》第 395 条吸收了该规定第 11 条的内容并对其作了部分修改。《刑法修正案（七）》进一步提高了法定刑幅度。

类罪名：贪污贿赂罪	**罪名：隐瞒境外存款罪**
量刑标准	**犯本罪的**　处 2 年以下有期徒刑或者拘役。

法律依据

隐瞒境外存款罪

一、《刑法》条文

第三百九十五条第二款　国家工作人员在境外的存款，应当依照国家规定申报。数额较大、隐瞒不报的，处二年以下有期徒刑或者拘役；情节较轻的，由其所在单位或者上级主管机关酌情给予行政处分。

第九十三条　本法所称国家工作人员，是指国家机关中从事公务的人员。

国有公司、企业、事业单位、人民团体中从事公务的人员和国家机关、国有公司、企业、事业单位委派到非国有公司、企业、事业单位、社会团体从事公务的人员，以及其他依照法律从事公务的人员，以国家工作人员论。

二、相关司法解释/文件

《最高人民检察院关于人民检察院直接受理立案侦查案件立案标准的规定（试行）》（1999 年 9 月 9 日　高检发研字〔1999〕10 号）

一、贪污贿赂犯罪案件立案标准

（十）隐瞒境外存款案（第 395 条第 2 款）

隐瞒境外存款罪是指国家工作人员违反国家规定，故意隐瞒不报在境外的存款，数额较大的行为。

涉嫌隐瞒境外存款，折合人民币数额在 30 万元以上的，应予立案。

三、相关政党及组织文件

《中共中央办公厅、国务院办公厅关于领导干部报告个人有关事项的规定》（2017 年 2 月 8 日　中办发〔2017〕12 号）

第二条　本规定所称领导干部包括：

（一）各级党的机关、人大机关、行政机关、政协机关、审判机关、检察机关、民主党派机关中县处级副职以上的干部（含非领导职务干部，下同）；

（二）参照公务员法管理的人民团体、事业单位中县处级副职以上的干部，未列入参照公务员法管理的人民团体、事业单位的领导班子成员及内设管理机构领导人员（相当于县处级副职以上）；

（三）中央企业领导班子成员及中层管理人员，省（自治区、直辖市）、市（地、州、盟）管理的国有企业领导班子成员。

上述范围中已退出现职、尚未办理退休手续的人员适用本规定。

第三条 领导干部应当报告下列本人婚姻和配偶、子女移居国(境)外、从业等事项:

(一)本人的婚姻情况;

(二)本人持有普通护照以及因私出国的情况;

(三)本人持有往来港澳通行证、因私持有大陆居民往来台湾通行证以及因私往来港澳、台湾的情况;

(四)子女与外国人、无国籍人通婚的情况;

(五)子女与港澳以及台湾居民通婚的情况;

(六)配偶、子女移居国(境)外的情况,或者虽未移居国(境)外,但连续在国(境)外工作、生活一年以上的情况;

(七)配偶、子女及其配偶的从业情况,含受聘担任私营企业的高级职务,在外商独资企业、中外合资企业、境外非政府组织在境内设立的代表机构中担任由外方委派、聘任的高级职务,以及在国(境)外的从业情况和职务情况;

(八)配偶、子女及其配偶被司法机关追究刑事责任的情况。

本规定所称"子女",包括领导干部的婚生子女、非婚生子女、养子女和有抚养关系的继子女。

本规定所称"移居国(境)外",是指取得外国国籍或者获取国(境)外永久居留资格、长期居留许可。

第四条 领导干部应当报告下列收入、房产、投资等事项:

(一)本人的工资及各类奖金、津贴、补贴等;

(二)本人从事讲学、写作、咨询、审稿、书画等劳务所得;

(三)本人、配偶、共同生活的子女为所有权人或者共有人的房产情况,含有单独产权证书的车库、车位、储藏间等(已登记的房产,面积以不动产权证、房屋所有权证记载的为准,未登记的房产,面积以经备案的房屋买卖合同记载的为准);

(四)本人、配偶、共同生活的子女投资或者以其他方式持有股票、基金、投资型保险等的情况;

(五)配偶、子女及其配偶经商办企业的情况,包括投资非上市股份有限公司、有限责任公司,注册个体工商户、个人独资企业、合伙企业等,以及在国(境)外注册公司或者投资入股等的情况;

(六)本人、配偶、共同生活的子女在国(境)外的存款和投资情况。

本规定所称"共同生活的子女",是指领导干部不满18周岁的未成年子女和由其抚养的不能独立生活的成年子女。

本规定所称"股票",是指在上海证券交易所、深圳证券交易所、全国中小企业股份转让系统等发行、交易或者转让的股票。所称"基金",是指在我国境内发行的公募基金和私募基金。所称"投资型保险",是指具有保障和投资双重功能的保险产品,包括人身保险投资型保险和财产保险投资型保险。

要义辨析

一、概念

本罪是指国家工作人员在境外存款,数额较大,违反国家规定隐瞒不报的行为。

二、构成要件

1. 本罪侵犯的客体是国家对国家工作人员在境外存款的申报制度和国家廉政建设制度。

2. 犯罪客观方面表现为不作为,凡在境外存款的国家工作人员都有按国家规定申报的义务,不履行这一特定义务就是不作为。"数额较大"是本罪的构成要件,但"数额较大"以多少为起点,目前尚无明确的司法解释,最高人民检察院的立案标准可供参照。

3. 犯罪主体是特殊主体,只有国家工作人员才可以构成本罪。集体经济组织工作人员、其他依法从事公务的人员以及其他经手、管理公共财物的人员在境外存有巨款,因其没有申报的义务,均不构成隐瞒境外存款不申报罪。

4. 犯罪主观方面是故意。不是出于故意隐瞒,而是对国家的申报规定不明知,在主观无过错的情况下没有申报的,或者由于客观上的原因未及时申报的,都不能构成此罪。隐瞒不报境外存款的动机是多种多样的,有的是为了掩盖非法收入,有的是出于对国家的不信任，但无论是何种动机，都不影响本罪的成立。

三、要点辨析

1. 本罪属于结果犯。《刑法》第 395 条第 2 款规定本罪要求行为人应该申办而隐瞒不报、数额巨大的才构成本罪。情节较轻的，由其所在单位或者上级主管机关酌情给予行政处分。

2. 既遂未遂的认定。本罪只有既遂形态，不存在犯罪未遂或者犯罪中止。应该申报、隐瞒不报境外存款，且数额较大的事实一出现即既遂。

3. 本罪为自然人犯罪。主体为特殊主体，即国家工作人员。

4. 隐瞒境外存款罪不以存款来源的违法性为构成要件，在境外取得的合法收入，也属于规定的境外存款，如依法继承的财产等。因为隐瞒境外存款罪的立法原则是针对境外存款的监督，而不在于追究其财产来源是正当、是否合法。

四、罪名变迁

本罪由 1997 年《刑法》设立，系沿袭 1988 年《全国人大常务委员会关于惩治贪污罪贿赂罪的补充规定》（已失效）第 11 条第 2 款的内容。

类罪名：贪污贿赂罪	**罪名：私分国有资产罪**
量刑标准	**犯本罪的**　对直接负责的主管人员和直接责任人员处 3 年以下有期徒刑或者拘役，并处或者单处罚金；
	数额巨大的　处 3 年以上 7 年以下有期徒刑，并处罚金。

法律依据

一、《刑法》条文

第三百九十六条第一款　国家机关、国有公司、企业、事业单位、人民团体，违反国家规定，以单位名义将国有资产集体私分给个人，数额较大的，对其直接负责的主管人员和其他直接责任人员，处三年以下有期徒刑或者拘役，并处或者单处罚金；数额巨大的，处三年以上七年以下有期徒刑，并处罚金。

二、相关司法解释/文件

《最高人民检察院关于人民检察院直接受理立案侦查案件立案标准的规定（试行）》（1999 年 9 月 9 日　高检发研字〔1999〕10 号）

一、贪污贿赂犯罪案件立案标准

（十一）私分国有资产案（第 396 条第 1 款）

私分国有资产罪是指国家机关、国有公司、企业、事业单位、人民团体，违反国家规定，以单位名义将国有资产集体私分给个人，数额较大的行为。

涉嫌私分国有资产，累计数额在 10 万元以上的，应予立案。

《最高人民法院、最高人民检察院关于办理国家出资企业中职务犯罪案件具体应用法律若干问题的意见》（2010 年 12 月 2 日　法发〔2010〕49 号）

二、关于国有公司、企业在改制过程中隐匿公司、企业财产归职工集体持股的改制后公司、企业所有的行为的处理

国有公司、企业违反国家规定，在改制过程中隐匿公司、企业财产，转为职工集体持股的改制后公司、企业所有的，对其直接负责的主管人员和其他直接责任人员，依照刑法第三百九十六条第一款的规定，以私分国有资产罪定罪处罚。

改制后的公司、企业中只有改制前公司、企业的管理人员或者少数职工持股，改制前公司、企业的多数职工未持股的，依照本意见第一条的规定，以贪污罪定罪处罚。

要义辨析

一、概念

本罪是指国家机关、企业、事业单位、人民团体,违反国家规定,以单位名义将国有资产集体私分给个人,数额较大的行为。

二、构成要件

1. 本罪侵犯的客体是国有财产所有权和国家廉政建设制度。侵害的对象是国有资产的所有权。

2. 犯罪客观方面表现为违反国家规定,以单位名义将国有资产集体私分给个人,且数额较大。数额较大的标准,可参照相关立案标准的规定即10万元以上。

3. 犯罪主体只能是国家机关、国有公司、企业、事业单位和人民团体。

4. 犯罪主观方面是故意。

三、要点辨析

1. 本罪属于结果犯。《刑法》第396条第1款规定,私分数额较大的(10万元以上)才构成本罪。

2. 既遂未遂的认定。本罪以私分数额较大为要素,只有既遂形态,不存在犯罪未遂或者犯罪中止。

3. 本罪为特殊主体,即国家机关、国有公司、企业、事业单位、人民团体,追究这些单位中的"直接负责的主管人员和其他直接责任人员"的刑事责任。

4. 本罪与贪污罪共同犯罪的区别。(1)主体不同。私分国有资产的主体要广,体现为集体分肥,无论是否参与私分的研究,私分的财产人人有份。而贪污罪是行为人是国家工作人员个人;集体贪污,也只是行为人的集合。(2)主观方面不同。私分国有资产主观意志,是国有企业里一部分决策者的个体犯罪意志的集合,表现为一种群体犯罪意志,且具有非法将国有资产分给单位职工,共同得利。(3)客观要件不同。私分国有资产表现为违反国家规定,以单位名义而为单位全体或者部分成员谋利,将国有资产私分给单位所有成员,也就是人人有份,并且在私分时大家都知情。贪污在客观上则表现为利用职务上的便利,以侵吞、窃取、骗取等手段,非法将公共财物占为己有。共同贪污不是为了单位全体成员的利益,而是为了个人中饱私囊,共同贪污的公共财物是归几个共同贪污人。(4)犯罪对象不同。私分国有资产罪的犯罪对象是国有资产,侵犯国有资产所有权。而贪污罪的犯罪对象是公共财物,侵犯公共财产所有权。公共财产包括国有资产、集体单位所有财产、公益财产以及国有单位、集体单位管理、使用和运输中的私人财产。

四、罪名变迁

本罪为根据2009年2月28日《刑法修正案(七)》设立。

类罪名:贪污贿赂罪	罪名:私分罚没财物罪
量刑标准	**犯本罪的** 对直接负责的主管人员和直接责任人员处3年以下有期徒刑或者拘役,并处或者单处罚金;
	数额巨大的 处3年以上7年以下有期徒刑,并处罚金。

法律依据

一、《刑法》条文

第三百九十六条第二款 司法机关、行政执法机关违反国家规定,将应当上缴国家的罚没财物,以单位名义集体私分给个人的,依照前款的规定处罚。

二、相关法律

《中华人民共和国行政处罚法》(2021年1月22日修订)

第七十九条第一款 行政机关截留、私分或者变相私分罚款、没收的违法所得或者财物的,由财政部门或者有关机关予以追缴，对直接负责的主管人员和其他直接责任人员依法给予处分；情节严重构成犯罪的，依法追究刑事责任。

三、相关司法解释/文件

《最高人民检察院关于人民检察院直接受理立案侦查案件立案标准的规定（试行）》（1999年9月9日　高检发研字〔1999〕10号）

一、贪污贿赂犯罪案件立案标准

（十二）私分罚没财物案（第396条第2款）

私分罚没财物罪是指司法机关、行政执法机关违反国家规定，将应当上缴国家的罚没财物，以单位名义集体私分给个人的行为。

涉嫌私分罚没财物，累计数额在10万元以上，应予立案。

要义辨析

一、概念

本罪是指司法机关、行政执法机关违反国家规定，将应当上缴国家的罚没财物，以单位名义集体私分给个人，数额较大的行为。

二、构成要件

1. 本罪侵犯的客体是国家罚没财物的管理制度和国家廉政建设制度。犯罪侵害的对象是罚没财物。

2. 犯罪客观方面表现为违反国家规定，将应当上缴国家的罚没财物，以单位名义集体私分给个人，且私分数额较大。数额标准可参照最高人民检察院的立案标准。

3. 犯罪主体是依法享有罚没权的司法机关、行政执法机关，本罪主体可以是法人单位，也可以是非法人单位。虽然司法机关、行政执法机关本身一般均为依法设立的法人机构，但其派出机构往往没有独立法人资格，由于其符合刑法上的“单位”的条件，且也属于司法机关或行政执法机关，因而此类机构自身原则上应当能够成立私分罚没财物罪犯罪主体，如公安派出所、各级林业管理部门的派出管理机构等。

4. 犯罪主观方面是故意。行为人明知应按国家规定按时、足额上缴罚没财物，仍然实施私分罚没财物的故意行为。

三、要点辨析

1. 本罪属于结果犯。私分数额较大的（10万元）才构成本罪。

2. 既遂未遂的认定。本罪以私分数额较大为要素，只有既遂形态，不存在犯罪未遂或者犯罪中止。

3. 本罪为特殊主体，即司法机关和行政执法机关，依法追究直接主管和直接责任人的刑事责任。

4. 本罪与私分国有资产罪的区别只在于私分的标的物不同。两罪在违反国家规定和以单位名义集体私分财物上完全一样。关键区别是集体所私分的财物不同，本罪集体私分的是应当上缴国家的罚没财物。

应当上缴国家的罚没财物，包括：（1）司法机关、行政执法机关追缴，没收的违法犯罪所得的赃款、赃物及其犯罪工具等，如贪污赃款、走私物品、犯罪用的汽车、赌资等。（2）行政执法机关依据有关法律、法规，对公民、法人组织的行政罚款，如环保部门对污染环境、限期不改的企业施以行政罚款，交管部门对违反交通法规、规章驾驶车辆的车主所施以的交通行政罚款等。（3）法律、法规授权的机构依据有关法律、法规，对违背有关行政法律秩序的公民、法人组织的罚款。例如，国家文物管理部门授权文物所在地的文物管理机构，对参观文物时毁坏文物者所处以的罚款。此类罚没财物，依据我国财政部1993年《关于对行政性收费、罚没收入实行预算管理的规定》，均应折价上缴国家财政，拒不上缴而擅自留作单位自用者，属行政违法行为；拒不上缴而又集体加以私分者，构成私分罚没财物罪行为。

四、罪名变迁

本罪是根据2009年2月28日《刑法修正案（七）》新设立的罪名。

第九章
渎　职　罪

类罪名:渎职罪	罪名:滥用职权罪
量刑标准	**构成犯罪的**　处3年以下有期徒刑或者拘役;
	情节特别严重的　处3年以上7年以下有期徒刑;
	徇私舞弊犯本罪的　处5年以下有期徒刑或者拘役;
	徇私舞弊犯本罪情节特别严重的　处5年以上10年以下有期徒刑。

法律依据

一、《刑法》条文

第三百九十七条　国家机关工作人员滥用职权或者玩忽职守,致使公共财产、国家和人民利益遭受重大损失的,处三年以下有期徒刑或者拘役;情节特别严重的,处三年以上七年以下有期徒刑。本法另有规定的,依照规定。

国家机关工作人员徇私舞弊,犯前款罪的,处五年以下有期徒刑或者拘役;情节特别严重的,处五年以上十年以下有期徒刑。本法另有规定的,依照规定。

二、相关法律

《全国人民代表大会常务委员会关于惩治骗购外汇、逃汇和非法买卖外汇犯罪的决定》(1998年12月29日)

六、海关、外汇管理部门的工作人员严重不负责任,造成大量外汇被骗购或者逃汇,致使国家利益遭受重大损失的,依照刑法第三百九十七条的规定定罪处罚。

《全国人民代表大会常务委员会关于〈中华人民共和国刑法〉第九章渎职罪主体适用问题的解释》(2002年12月28日)

全国人大常委会根据司法实践中遇到的情况,讨论了刑法第九章渎职罪主体的适用问题,解释如下:

在依照法律、法规规定行使国家行政管理职权的组织中从事公务的人员,或者在受国家机关委托代表国家机关行使职权的组织中从事公务的人员,或者虽未列入国家机关人员编制但在国家机关中从事公务的人员,在代表国家机关行使职权时,有渎职行为,构成犯罪的,依照刑法关于渎职罪的规定追究刑事责任。

三、相关司法解释/文件

《最高人民检察院关于镇财政所所长是否适用国家机关工作人员的批复》(2000年5月4日　高检发研字〔2000〕9号)

上海市人民检察院:

你院沪检发〔2000〕30号文收悉。经研究,批复如下:对于属行政执法事业单位的镇财政所中按国家机关在编干部管理的工作人员,在履行政府行政公务活动中,滥用职权或玩忽职守构成犯罪的,应以国家机关工作人员论。

《最高人民检察院关于属工人编制的乡(镇)工商所所长能否依照刑法第397条的规定追究刑事责任问题的批复》(2000年10月31日　高检发研字〔2000〕23号)

江西省人民检察院:

你院赣检研发〔2000〕3号《关于乡(镇)工商

所所长(工人编制)是否属于国家机关工作人员的请示》收悉。经研究,批复如下:

根据刑法第 93 条第 2 款的规定,经人事部门任命,但为工人编制的乡(镇)工商所所长,依法履行工商行政管理职责时,属其他依照法律从事公务的人员,应以国家机关工作人员论。如果玩忽职守,致使公共财产、国家和人民利益遭受重大损失,可适用刑法第 397 条的规定,以玩忽职守罪追究刑事责任。

《最高人民检察院关于人民检察院直接受理立案侦查的渎职侵权重特大案件标准(试行)》(2001 年 8 月 24 日　高检发〔2001〕13 号)

一、滥用职权案

(一)重大案件

1. 致人死亡二人以上,或者重伤五人以上,或者轻伤十人以上的;

2. 造成直接经济损失五十万元以上的。

(二)特大案件

1. 致人死亡五人以上,或者重伤十人以上,或者轻伤二十人以上的;

2. 造成直接经济损失一百万元以上的。

《最高人民法院关于对审计署关于咨询虚开增值税专用发票罪问题的函的复函》(2001 年 10 月 17 日　法函〔2001〕66 号)

国家审计署:

你署审函〔2001〕75 号《审计署关于咨询虚开增值税专用发票罪问题的函》收悉。经研究,现提出以下意见供参考:

地方税务机关实施“高开低征”或者“开大征小”等违规开具增值税专用发票的行为,不属于刑法第二百零五条规定的虚开增值税专用发票的犯罪行为,造成国家税款重大损失的,对有关主管部门的国家机关工作人员,应当根据刑法有关渎职罪的规定追究刑事责任。

《最高人民检察院关于企业事业单位的公安机构在机构改革过程中其工作人员能否构成渎职侵权犯罪主体问题的批复》(2002 年 4 月 29 日　高检发释字〔2002〕3 号)

陕西省人民检察院:

你院陕检发研〔2001〕159 号《关于对企业事业单位的公安机构在机构改革过程中其工作人员能否构成渎职侵权犯罪主体问题的请示》收悉。经研究,批复如下:

企业事业单位的公安机构在机构改革过程中虽尚未列入公安机关建制,其工作人员在行使侦查职责时,实施渎职侵权行为的,可以成为渎职侵权犯罪的主体。

《最高人民检察院研究室关于买卖尚未加盖印章的空白〈边境证〉行为如何适用法律问题的答复》(2002 年 9 月 25 日　〔2002〕高检研发第 19 号)

重庆市人民检察院研究室:

你院《关于对买卖尚未加盖印章的空白〈边境证〉案件适用法律问题的请示》(渝检(研)〔2002〕11 号)收悉。经研究,答复如下:

对买卖尚未加盖发证机关的行政印章或者通行专用章印鉴的空白《边境管理区通行证》的行为,不宜以买卖国家机关证件罪追究刑事责任。国家机关工作人员实施上述行为,构成犯罪的,可以按滥用职权等相关犯罪依法追究刑事责任。

《最高人民检察院关于对海事局工作人员如何适用法律问题的答复》(2003 年 1 月 13 日〔2003〕高检研发第 1 号)

辽宁省人民检察院研究室:

你院《关于辽宁海事局的工作人员是否为国家机关工作人员的主体认定请示》(辽检发渎检字〔2002〕1 号)收悉。经研究,答复如下:

根据国办发〔1999〕90 号、中编办函〔2000〕184 号等文件的规定,海事局负责行使国家水上安全监督和防止船舶污染及海上设施检验、航海保障的管理职权,是国家执法监督机构。海事局及其分支机构工作人员在从事上述公务活动中,滥用职权或者玩忽职守,致使公共财产、国家和人民利益遭受重大损失的,应当依照刑法第三百九十七条的规定,以滥用职权罪或者玩忽职守罪追究刑事责任。

《最高人民法院、最高人民检察院关于办理妨害预防、控制突发传染病疫情等灾害的刑事案件具体应用法律若干问题的解释》(2003 年 5 月 14 日　法释〔2003〕8 号)

第十五条　在预防、控制突发传染病疫情等灾害的工作中,负有组织、协调、指挥、灾害调查、控制、医疗救治、信息传递、交通运输、物资保障等职责的国家机关工作人员,滥用职权或者玩忽职守,致使公共财产、国家和人民利益遭受重大损失的,依照刑法第三百九十七条的规定,以滥用职权罪或者玩忽职守罪定罪处罚。

《最高人民法院、最高人民检察院关于办理非法制造、买卖、运输、储存毒鼠强等禁用剧毒化学品刑事案件具体应用法律若干问题的解释》(2003年9月4日　法释〔2003〕14号)

第四条　对非法制造、买卖、运输、储存毒鼠强等禁用剧毒化学品行为负有查处职责的国家机关工作人员,滥用职权或者玩忽职守,致使公共财产、国家和人民利益遭受重大损失的,依照刑法第三百九十七条的规定,以滥用职权罪或者玩忽职守罪追究刑事责任。

《最高人民法院关于全国法院审理经济犯罪案件工作座谈会纪要》(2003年11月13日　法〔2003〕167号)

六、关于渎职罪

(一)渎职犯罪行为造成的公共财产重大损失的认定

根据刑法规定,玩忽职守、滥用职权等渎职犯罪是以致使公共财产、国家和人民利益遭受重大损失为构成要件的。其中,公共财产的重大损失,通常是指渎职行为已经造成的重大经济损失。在司法实践中,有以下情形之一的,虽然公共财产作为债权存在,但已无法实现债权的,可以认定为行为人的渎职行为造成了经济损失:(1)债务人已经法定程序被宣告破产;(2)债务人潜逃,去向不明;(3)因行为人责任,致使超过诉讼时效;(4)有证据证明债权无法实现的其他情况。

(三)国有公司、企业人员渎职犯罪的法律适用对于1999年12月24日《刑法修正案》实施以前发生的国有公司、企业人员渎职行为(不包括徇私舞弊行为),尚未处理或者正在处理的不能按照刑法修正案追究刑事责任。

(四)关于"徇私"的理解

徇私舞弊型渎职犯罪的"徇私"应理解为徇个人私情、私利。国家机关工作人员为了本单位的利益,实施滥用职权、玩忽职守行为,构成犯罪的,依照刑法第三百九十七条第一款的规定定罪处罚。

《最高人民检察院关于渎职侵权犯罪案件立案标准的规定》(2006年7月26日　高检发释字〔2006〕2号)

一、渎职犯罪案件

(一)滥用职权案(第三百九十七条)

滥用职权罪是指国家机关工作人员超越职权,违法决定、处理其无权决定、处理的事项,或者违反规定处理公务,致使公共财产、国家和人民利益遭受重大损失的行为。

涉嫌下列情形之一的,应予立案:

1. 造成死亡1人以上,或者重伤2人以上,或者重伤1人、轻伤3人以上,或者轻伤5人以上的;

2. 导致10人以上严重中毒的;

3. 造成个人财产直接经济损失10万元以上,或者直接经济损失不满10万元,但间接经济损失50万元以上的;

4. 造成公共财产或者法人、其他组织财产直接经济损失20万元以上,或者直接经济损失不满20万元,但间接经济损失100万元以上的;

5. 虽未达到3、4两项数额标准,但3、4两项合计直接经济损失20万元以上,或者合计直接经济损失不满20万元,但合计间接经济损失100万元以上的;

6. 造成公司、企业等单位停业、停产6个月以上,或者破产的;

7. 弄虚作假,不报、缓报、谎报或者授意、指使、强令他人不报、缓报、谎报情况,导致重特大事故危害结果继续、扩大,或者致使抢救、调查、处理工作延误的;

8. 严重损害国家声誉,或者造成恶劣社会影响的;

9. 其他致使公共财产、国家和人民利益遭受重大损失的情形。

国家机关工作人员滥用职权,符合刑法第九章所规定的特殊渎职罪构成要件的,按照该特殊规定追究刑事责任;主体不符合刑法第九章所规定的特殊渎职罪的主体要件,但滥用职权涉嫌前款第1项至第9项规定情形之一的,按照刑法第397条的规定以滥用职权罪追究刑事责任。

《最高人民法院、最高人民检察院关于办理盗窃油气、破坏油气设备等刑事案件具体应用法律若干问题的解释》(2007年1月15日　法释〔2007〕3号)

第七条　国家机关工作人员滥用职权或者玩忽职守,实施下列行为之一,致使公共财产、国家和人民利益遭受重大损失的,依照刑法第三百九十七条的规定,以滥用职权罪或者玩忽职守罪定罪处罚:

(一)超越职权范围,批准发放石油、天然气勘查、开采、加工、经营等许可证的;

(二)违反国家规定,给不符合法定条件的单位、个人发放石油、天然气勘查、开采、加工、经营等许可证的;

(三)违反《石油天然气管道保护条例》等国家规定,在油气设备安全保护范围内批准建设项目的;

(四)对发现或者经举报查实的未经依法批准、许可擅自从事石油、天然气勘查、开采、加工、经营等违法活动不予查封、取缔的。

《最高人民法院、最高人民检察院关于办理与盗窃、抢劫、诈骗、抢夺机动车相关刑事案件具体应用法律若干问题的解释》(2007年5月9日　法释〔2007〕11号)

第三条第一、三款　国家机关工作人员滥用职权,有下列情形之一,致使盗窃、抢劫、诈骗、抢夺的机动车被办理登记手续,数量达到三辆以上或者价值总额达到三十万元以上的,依照刑法第三百九十七条第一款的规定,以滥用职权罪定罪,处三年以下有期徒刑或者拘役:

(一)明知是登记手续不全或者不符合规定的机动车而办理登记手续的;

(二)指使他人为明知是登记手续不全或者不符合规定的机动车办理登记手续的;

(三)违规或者指使他人违规更改、调换车辆档案的;

(四)其他滥用职权的行为。

国家机关工作人员实施前两款规定的行为,致使盗窃、抢劫、诈骗、抢夺的机动车被办理登记手续,分别达到前两款规定数量、数额标准五倍以上的,或者明知是盗窃、抢劫、诈骗、抢夺的机动车而办理登记手续的,属于刑法第三百九十七条第一款规定的"情节特别严重",处三年以上七年以下有期徒刑。

《最高人民法院、最高人民检察院关于办理渎职刑事案件适用法律若干问题的解释(一)》(2012年12月7日　法释〔2012〕18号)

第一条　国家机关工作人员滥用职权或者玩忽职守,具有下列情形之一的,应当认定为刑法第三百九十七条规定的"致使公共财产、国家和人民利益遭受重大损失":

(一)造成死亡1人以上,或者重伤3人以上,或者轻伤9人以上,或者重伤2人、轻伤3人以上,或者重伤1人、轻伤6人以上的;

(二)造成经济损失30万元以上的;

(三)造成恶劣社会影响的;

(四)其他致使公共财产、国家和人民利益遭受重大损失的情形。

具有下列情形之一的,应当认定为刑法第三百九十七条规定的"情节特别严重":

(一)造成伤亡达到前款第(一)项规定人数3倍以上的;

(二)造成经济损失150万元以上的;

(三)造成前款规定的损失后果,不报、迟报、谎报或者授意、指使、强令他人不报、迟报、谎报事故情况,致使损失后果持续、扩大或者抢救工作延误的;

(四)造成特别恶劣社会影响的;

(五)其他特别严重的情节。

第二条　国家机关工作人员实施滥用职权或者玩忽职守犯罪行为,触犯刑法分则第九章第三百九十八条至第四百一十九条规定的,依照该规定定罪处罚。

国家机关工作人员滥用职权或者玩忽职守,因不具备徇私舞弊等情形,不符合刑法分则第九章第三百九十八条至第四百一十九条的规定,但依法构成第三百九十七条规定的犯罪的,以滥用职权罪或者玩忽职守罪定罪处罚。

《最高人民法院关于审理走私、非法经营、非法使用兴奋剂刑事案件适用法律若干问题的解释》(2019年11月18日　法释〔2019〕16号)

第六条　国家机关工作人员在行使反兴奋剂

管理职权时滥用职权或者玩忽职守,造成严重兴奋剂违规事件,严重损害国家声誉或者造成恶劣社会影响,符合刑法第三百九十七条规定的,以滥用职权罪、玩忽职守罪定罪处罚。

依法或者受委托行使反兴奋剂管理职权的单位的工作人员,在行使反兴奋剂管理职权时滥用职权或者玩忽职守的,依照前款规定定罪处罚。

《最高人民法院、最高人民检察院、公安部、司法部关于依法惩治妨害新型冠状病毒感染肺炎疫情防控违法犯罪的意见》(2020年2月6日　法发〔2020〕7号)

(七)依法严惩疫情防控失职渎职、贪污挪用犯罪。在疫情防控工作中,负有组织、协调、指挥、灾害调查、控制、医疗救治、信息传递、交通运输、物资保障等职责的国家机关工作人员,滥用职权或者玩忽职守,致使公共财产、国家和人民利益遭受重大损失的,依照刑法第三百九十七条的规定,以滥用职权罪或者玩忽职守罪定罪处罚。

卫生行政部门的工作人员严重不负责任,不履行或者不认真履行防治监管职责,导致新型冠状病毒感染肺炎传播或者流行,情节严重的,依照刑法第四百零九条的规定,以传染病防治失职罪定罪处罚。

从事实验、保藏、携带、运输传染病菌种、毒种的人员,违反国务院卫生行政部门的有关规定,造成新型冠状病毒毒种扩散,后果严重的,依照刑法第三百三十一条的规定,以传染病毒种扩散罪定罪处罚。

国家工作人员,受委托管理国有财产的人员,公司、企业或者其他单位的人员,利用职务便利,侵吞、截留或者以其他手段非法占有用于防控新型冠状病毒感染肺炎的款物,或者挪用上述款物归个人使用,符合刑法第三百八十二条、第三百八十三条、第二百七十一条、第三百八十四条、第二百七十二条规定的,以贪污罪、职务侵占罪、挪用公款罪、挪用资金罪定罪处罚。挪用用于防控新型冠状病毒感染肺炎的救灾、优抚、救济等款物,符合刑法第二百七十三条规定的,对直接责任人员,以挪用特定款物罪定罪处罚。

要义辨析

一、概念

本罪是指国家机关工作人员滥用职权,致使公共财产、国家和人民利益遭受重大损失的行为。

二、构成要件

1. 本罪侵犯的客体是国家机关的正常活动。

2. 犯罪客观方面表现为滥用职权,致使公共财产、国家和人民利益遭受重大损失的行为。

3. 犯罪主体是国家机关工作人员。

4. 犯罪主观方面一般由过失构成,即行为人应当预见自己滥用职权的行为可能致使公共财产、国家和人民利益遭受重大损失,因为疏忽大意而没有预见,或者已经预见而轻信能够避免。但也不排除故意的存在。

三、要点辨析

1. 滥用职权,本是一个行政法的概念,是行政行为违法的表现之一。行政机关享有职权的人作出决定,虽然在其权限范围以内,但不符合法律授予这种权力的正当目的。行政机关职权人员不能没有限度地行使权力,法律授予行政机关人员权力,是为了服务于公共利益,以及某个更为具体、特定的目的,行使权力必须符合法律所规定的正当目的,如果超越职权,违背了合理使用权力的要求,即构成权力滥用。如果致使公共财产、国家和人民利益遭受重大损失,即构成了刑事犯罪。

2. 关于共犯的处理,国家机关工作人员与他人共谋,利用其职务行为帮助他人实施其他犯罪行为,同时构成渎职犯罪和共谋实施的其他犯罪共犯的,依照处罚较重的罪名定罪处罚。

四、罪名变迁

本罪是1997年《刑法》增设的罪名,1979年《刑法》和单行刑法均没有规定此罪名。

类罪名:渎职罪	**罪名:玩忽职守罪**
量刑标准	**构成犯罪的** 处3年以下有期徒刑或者拘役；
	情节特别严重的 处3年以上7年以下有期徒刑；
	徇私舞弊犯本罪的 处5年以下有期徒刑或者拘役；
	徇私舞弊犯本罪情节特别严重的 处5年以上10年以下有期徒刑。

法律依据

一、《刑法》条文

第三百九十七条 国家机关工作人员滥用职权或者玩忽职守,致使公共财产、国家和人民利益遭受重大损失的,处三年以下有期徒刑或者拘役;情节特别严重的,处三年以上七年以下有期徒刑。本法另有规定的,依照规定。

国家机关工作人员徇私舞弊,犯前款罪的,处五年以下有期徒刑或者拘役;情节特别严重的,处五年以上十年以下有期徒刑。本法另有规定的,依照规定。

二、相关司法解释/文件

《最高人民检察院关于合同制民警能否成为玩忽职守罪主体问题的批复》(2000年10月9日 高检发研字〔2000〕20号)

辽宁省人民检察院:

你院辽检发诉字〔1999〕76号《关于犯罪嫌疑人李海玩忽职守一案的请示》收悉。经研究,批复如下:

根据刑法第九十三条第二款的规定,合同制民警在依法执行公务期间,属其他依照法律从事公务的人员,应以国家机关工作人员论。对合同制民警在依法执行公务活动中的玩忽职守行为,符合刑法第三百九十七条规定的玩忽职守罪构成条件的,依法以玩忽职守罪追究刑事责任。

《最高人民检察院关于人民检察院直接受理立案侦查的渎职侵权重特大案件标准(试行)》(2001年7月20日 高检发〔2001〕13号)

二、玩忽职守案

(一)重大案件

1. 致人死亡三人以上,或者重伤十人以上,或者轻伤十五人以上的;

2. 造成直接经济损失一百万元以上的

(二)特大案件

1. 致人死亡七人以上,或者重伤十五人以上,或者轻伤三十人以上的;

2. 造成直接经济损失二百万元以上的。

《最高人民检察院关于企业事业单位的公安机构在机构改革过程中其工作人员能否构成渎职侵权犯罪主体问题的批复》(2002年4月29日 高检发释字〔2002〕3号)

陕西省人民检察院:

你院陕检发研〔2001〕159号《关于对企业事业单位的公安机构在机构改革过程中其工作人员能否构成渎职侵权犯罪主体问题的请示》收悉。经研究,批复如下:

企业事业单位的公安机构在机构改革过程中虽尚未列入公安机关建制,其工作人员在行使侦查职责时,实施渎职侵权行为的,可以成为渎职侵权犯罪的主体。

《最高人民法院关于全国法院审理经济犯罪案件工作座谈会纪要》(2003年11月13日 法〔2003〕167号)

六、关于渎职罪

(二)玩忽职守罪的追诉时效

玩忽职守行为造成的重大损失当时没有发生,而是玩忽职守行为之后一定时间发生的,应从危害结果发生之日起计算玩忽职守罪的追诉期限。

(三)国有公司、企业人员渎职犯罪的法律适用

对于1999年12月24日《刑法修正案》实施以前发生的国有公司、企业人员渎职行为(不包括徇私舞弊行为),尚未处理或者正在处理的不能按照

刑法修正案追究刑事责任。

(四)关于“徇私”的理解

徇私舞弊型渎职犯罪的“徇私”应理解为徇个人私情、私利。国家机关工作人员为了本单位的利益,实施滥用职权、玩忽职守行为,构成犯罪的,依照刑法第三百九十七条第一款的规定定罪处罚。

《最高人民检察院法律政策研究室关于国家机关、国有公司、企业委派到非国有公司、企业从事公务但尚未依照规定程序获取该单位职务的人员是否适用刑法第九十三条第二款问题的答复》(2004年11月3日 〔2004〕高检研发第17号)

重庆市人民检察院法律政策研究室:

对于国家机关、固有公司、企业委派到非国有公司、企业从事公务但尚未依照规定程序获取该单位职务的人员,涉嫌职务犯罪的,可以依照刑法第九十三条第款关于“国家机关、国有公司、企业委派到非国有公司、企业、事业单位、社会团体从事公务的人员”,“以国家工作人员论”的规定追究刑事责任。

《最高人民检察院关于渎职侵权犯罪案件立案标准的规定》(2006年7月26日 高检发释字〔2006〕2号)

(二)玩忽职守案(第三百九十七条)

玩忽职守罪是指国家机关工作人员严重不负责任,不履行或者不认真履行职责,致使公共财产、国家和人民利益遭受重大损失的行为。

涉嫌下列情形之一的,应予立案:

1. 造成死亡1人以上,或者重伤3人以上,或者重伤2人、轻伤4人以上,或者重伤1人、轻伤7人以上,或者轻伤10人以上的;

2. 导致20人以上严重中毒的;

3. 造成个人财产直接经济损失15万元以上,或者直接经济损失不满15万元,但间接经济损失75万元以上的;

4. 造成公共财产或者法人、其他组织财产直接经济损失30万元以上,或者直接经济损失不满30万元,但间接经济损失150万元以上的;

5. 虽未达到3.4两项数额标准,但3.4两项合计直接经济损失30万元以上,或者合计直接经济损失不满30万元,但合计间接经济损失150万元以上的;

6. 造成公司、企业等单位停业、停产1年以上,或者破产的;

7. 海关、外汇管理部门的工作人员严重不负责任,造成100万美元以上外汇被骗购或者逃汇1000万美元以上的;

8. 严重损害国家声誉,或者造成恶劣社会影响的;

9. 其他致使公共财产、国家和人民利益遭受重大损失的情形。

国家机关工作人员玩忽职守,符合刑法第九章所规定的特殊渎职罪构成要件的,按照该特殊规定追究刑事责任;主体不符合刑法第九章所规定的特殊渎职罪的主体要件,但玩忽职守涉嫌前款第1项至第9项规定情形之一的,按照刑法第397条的规定以玩忽职守罪追究刑事责任。

《最高人民法院、最高人民检察院关于办理与盗窃、抢劫、诈骗、抢夺机动车相关刑事案件具体应用法律若干问题的解释》(2007年5月11日 法释〔2007〕11号)

第三条第二、三款 国家机关工作人员疏于审查或者审查不严,致使盗窃、抢劫、诈骗、抢夺的机动车被办理登记手续,数量达到五辆以上或者价值总额达到五十万元以上的,依照刑法第三百九十七条第一款的规定,以玩忽职守罪定罪,处三年以下有期徒刑或者拘役。

国家机关工作人员实施前两款规定的行为,致使盗窃、抢劫、诈骗、抢夺的机动车被办理登记手续,分别达到前两款规定数量、数额标准五倍以上的,或者明知是盗窃、抢劫、诈骗、抢夺的机动车而办理登记手续的,属于刑法第三百九十七条第一款规定的“情节特别严重”,处三年以上七年以下有期徒刑。

要义辨析

一、概念

本罪是指国家机关工作人员玩忽职守,致使公共财产、国家和人民利益遭受重大损失的行为。

二、构成要件

1. 本罪侵犯的客体是国家机关的正常管理活动。

2. 犯罪客观方面表现为玩忽职守，致使公共财产、国家和人民利益遭受重大损失的行为。

3. 犯罪主体是特殊主体，即国家机关工作人员。

4. 犯罪主观方面是过失，即行为人应当预见自己滥用职权的行为可能致使公共财产、国家和人民利益遭受重大损失，因为疏忽大意而没有预见，或者已经预见而轻信能够避免。

三、要点辨析

1. 本罪罪与非罪的界限。要区别本罪与工作失误的界限。工作失误与本罪在客观上都可能给公共财产、国家和人民利益造成损失，但是二者在对待职守的心理态度方面存在区别。工作失误并没有违反职责义务，相反，甚至是认真地履行了工作职责，只是由于各种条件所致失误，造成了损失。同时，后果上看，要达到致使公共财产、国家和人民利益遭受重大损失的，才构成本罪。

2. 本罪与意外事件的区别。意外事件中的损害结果是由于行为人不能抗拒和不能预见的原因导致的，而本罪的损害结果，是只要行为人认真、尽职、注意，是应当可以预见的。

3. 本罪与滥用职权罪的界限。本罪表现为违反职责义务，不履行或者不正确履行职责的行为。滥用职权罪表现为大胆妄为，违反法律规定的权限和程序，超越限度地履行职责的行为。

四、罪名变迁

本罪是1979年《刑法》第187条确定的罪名。

类罪名：渎职罪	**罪名：故意泄露国家秘密罪**
量刑标准	**情节严重的**　处3年以下有期徒刑或者拘役；
	情节特别严重的　处3年以上7年以下有期徒刑。

法律依据

一、《刑法》条文

第三百九十八条　国家机关工作人员违反保守国家秘密法的规定，故意或者过失泄露国家秘密，情节严重的，处三年以下有期徒刑或者拘役；情节特别严重的，处三年以上七年以下有期徒刑。

非国家机关工作人员犯前款罪的，依照前款的规定酌情处罚。

二、相关法律

《中华人民共和国专利法》（2020年10月17日修正）

第二十条　任何单位或者个人将在中国完成的发明或者实用新型向外国申请专利的，应当事先报经国务院专利行政部门进行保密审查。保密审查的程序、期限等按照国务院的规定执行。

第七十一条　违反本法第二十条规定向外国申请专利，泄露国家秘密的，由所在单位或者上级主管机关给予行政处分；构成犯罪的，依法追究刑事责任。

《全国人民代表大会常务委员会关于维护互联网安全的决定》（2009年8月27日修正）

二、为了维护国家安全和社会稳定，对有下列行为之一，构成犯罪的，依照刑法有关规定追究刑事责任：

（二）通过互联网窃取、泄露国家秘密、情报或者军事秘密；

《中华人民共和国保守国家秘密法》（2024年2月27日修订）

第十三条　下列涉及国家安全和利益的事项，泄露后可能损害国家在政治、经济、国防、外交等领域的安全和利益的，应当确定为国家秘密：

（一）国家事务重大决策中的秘密事项；

(二)国防建设和武装力量活动中的秘密事项;

(三)外交和外事活动中的秘密事项以及对外承担保密义务的秘密事项;

(四)国民经济和社会发展中的秘密事项;

(五)科学技术中的秘密事项;

(六)维护国家安全活动和追查刑事犯罪中的秘密事项;

(七)经国家保密行政管理部门确定的其他秘密事项。

政党的秘密事项中符合前款规定的,属于国家秘密。

第十五条 国家秘密及其密级的具体范围(以下简称保密事项范围),由国家保密行政管理部门单独或者会同有关中央国家机关规定。

军事方面的保密事项范围,由中央军事委员会规定。

保密事项范围的确定应当遵循必要、合理原则,科学论证评估,并根据情况变化及时调整。保密事项范围的规定应当在有关范围内公布。

第十六条 机关、单位主要负责人及其指定的人员为定密责任人,负责本机关、本单位的国家秘密确定、变更和解除工作。

机关、单位确定、变更和解除本机关、本单位的国家秘密,应当由承办人提出具体意见,经定密责任人审核批准。

第十七条 确定国家秘密的密级,应当遵守定密权限。

中央国家机关、省级机关及其授权的机关、单位可以确定绝密级、机密级和秘密级国家秘密;设区的市级机关及其授权的机关、单位可以确定机密级和秘密级国家秘密;特殊情况下无法按照上述规定授权定密的,国家保密行政管理部门或者省、自治区、直辖市保密行政管理部门可以授予机关、单位定密权限。具体的定密权限、授权范围由国家保密行政管理部门规定。

下级机关、单位认为本机关、本单位产生的有关定密事项属于上级机关、单位的定密权限,应当先行采取保密措施,并立即报请上级机关、单位确定;没有上级机关、单位的,应当立即提请有相应定密权限的业务主管部门或者保密行政管理部门确定。

公安机关、国家安全机关在其工作范围内按照规定的权限确定国家秘密的密级。

第十九条 机关、单位对所产生的国家秘密事项,应当按照保密事项范围的规定确定密级,同时确定保密期限和知悉范围;有条件的可以标注密点。

第二十条 国家秘密的保密期限,应当根据事项的性质和特点,按照维护国家安全和利益的需要,限定在必要的期限内;不能确定期限的,应当确定解密的条件。

国家秘密的保密期限,除另有规定外,绝密级不超过三十年,机密级不超过二十年,秘密级不超过十年。

机关、单位应当根据工作需要,确定具体的保密期限、解密时间或者解密条件。

机关、单位对在决定和处理有关事项工作过程中确定需要保密的事项,根据工作需要决定公开的,正式公布时即视为解密。

第二十一条 国家秘密的知悉范围,应当根据工作需要限定在最小范围。

国家秘密的知悉范围能够限定到具体人员的,限定到具体人员;不能限定到具体人员的,限定到机关、单位,由该机关、单位限定到具体人员。

国家秘密的知悉范围以外的人员,因工作需要知悉国家秘密的,应当经过机关、单位主要负责人或者其指定的人员批准。原定密机关、单位对扩大国家秘密的知悉范围有明确规定的,应当遵守其规定。

第二十二条 机关、单位对承载国家秘密的纸介质、光介质、电磁介质等载体(以下简称国家秘密载体)以及属于国家秘密的设备、产品,应当作出国家秘密标志。

涉及国家秘密的电子文件应当按照国家有关规定作出国家秘密标志。

不属于国家秘密的,不得作出国家秘密标志。

第二十三条 国家秘密的密级、保密期限和知悉范围,应当根据情况变化及时变更。国家秘密的密级、保密期限和知悉范围的变更,由原定密机关、单位决定,也可以由其上级机关决定。

国家秘密的密级、保密期限和知悉范围变更

的，应当及时书面通知知悉范围内的机关、单位或者人员。

第二十四条　机关、单位应当每年审核所确定的国家秘密。

国家秘密的保密期限已满的，自行解密。在保密期限内因保密事项范围调整不再作为国家秘密，或者公开后不会损害国家安全和利益，不需要继续保密的，应当及时解密；需要延长保密期限的，应当在原保密期限届满前重新确定密级、保密期限和知悉范围。提前解密或者延长保密期限的，由原定密机关、单位决定，也可以由其上级机关决定。

第二十五条　机关、单位对是否属于国家秘密或者属于何种密级不明确或者有争议的，由国家保密行政管理部门或者省、自治区、直辖市保密行政管理部门按照国家保密规定确定。

三、相关司法解释/文件

《最高人民法院关于审理为境外窃取、刺探、收买、非法提供国家秘密、情报案件具体应用法律若干问题的解释》（2001年1月17日　法释〔2001〕4号）

第六条　通过互联网将国家秘密或者情报非法发送给境外的机构、组织、个人的，依照刑法第一百一十一条的规定定罪处罚；将国家秘密通过互联网予以发布，情节严重的，依照刑法第三百九十八条的规定定罪处罚。

《最高人民检察院关于人民检察院直接受理立案侦查的渎职侵权重特大案件标准（试行）》（2001年7月20日　高检发〔2001〕13号）

三、故意泄露国家秘密案

（一）重大案件

1. 故意泄露绝密级国家秘密一项以上，或者泄露机密级国家秘密三项以上，或者泄露秘密级国家秘密五项以上的；

2. 故意泄露国家秘密造成直接经济损失五十万元以上的；

3. 故意泄露国家秘密对国家安全构成严重危害的；

4. 故意泄露国家秘密对社会秩序造成严重危害的。

（二）特大案件

1. 故意泄露绝密级国家秘密二项以上，或者泄露机密级国家秘密五项以上，或者泄露秘密级国家秘密七项以上的；

2. 故意泄露国家秘密造成直接经济损失一百万元以上的；

3. 故意泄露国家秘密对国家安全构成特别严重危害的；

4. 故意泄露国家秘密对社会秩序造成特别严重危害的。

《最高人民检察院关于渎职侵权犯罪案件立案标准的规定》（2006年7月26日　高检发释字〔2006〕2号）

一、渎职犯罪案件

（三）故意泄露国家秘密案（第三百九十八条）

故意泄露国家秘密罪是指国家机关工作人员或者非国家机关工作人员违反保守国家秘密法，故意使国家秘密被不应知悉者知悉，或者故意使国家秘密超出了限定的接触范围，情节严重的行为。

涉嫌下列情形之一的，应予立案：

1. 泄露绝密级国家秘密1项（件）以上的；

2. 泄露机密级国家秘密2项（件）以上的；

3. 泄露秘密级国家秘密3项（件）以上的；

4. 向非境外机构、组织、人员泄露国家秘密，造成或者可能造成危害社会稳定、经济发展、国防安全或者其他严重危害后果的；

5. 通过口头、书面或者网络等方式向公众散布、传播国家秘密的；

6. 利用职权指使或者强迫他人违反国家保守秘密法的规定泄露国家秘密的；

7. 以牟取私利为目的泄露国家秘密的；

8. 其他情节严重的情形。

要义辨析

一、概念

本罪是指国家机关工作人员和其他人员，违反保守国家秘密法的规定，故意泄露国家秘密，情节严重的行为。所谓泄露国家秘密，就是行为人把自己掌管的或者知道的国家秘密泄露给不应当知道的人。

二、构成要件

1. 本罪侵犯的客体是国家的保密制度。

2. 犯罪客观方面表现为违反保守国家秘密法的规定,故意泄露国家秘密,情节严重的行为。

3. 犯罪主体为特定主体,即"国家机关工作人员",但本条第2款作了扩大解释,包括"非国家机关工作人员"也可以作为犯罪主体,但应"酌情处罚",一般理解为应比照国家机关工作人员从轻。

4. 犯罪主观方面是故意,即明知自己的行为会泄露国家机密,并且希望或者放任这种结果的发生,以致发生危害国家安全和利益的损害结果。

三、要点辨析

1. 国家秘密材料和信息是特定的。其是由国家有权机关规定,并由制作单位根据国家规定确定密级。相关司法解释已经对各个密级作了详细规定。

2. 本罪主观上是故意犯罪。国家机关工作人员受贿后故意向他人泄露国家秘密,如果受贿成立犯罪的,以故意泄露国家秘密罪和受贿罪数罪并罚。

3. 本罪是情节犯。违反保守国家秘密法的规定,故意或者过失泄露国家秘密,情节严重的才构成犯罪。

4. 在处理泄露国家秘密罪案件时,要注意区分其与"为境外的机构、组织、人员窃取、刺探、收买、非法提供国家秘密"行为的界限。后者原规定于《保守国家秘密法》第32条和全国人民代表大会常务委员会《关于惩治泄露国家秘密犯罪的补充规定》。《刑法》修订时将其定性为间谍行为,依《刑法》第112条规定的间谍罪定罪处罚。

四、罪名变迁

1979年的《刑法》第186条即有"泄露国家重要机密罪"的规定。本罪是由1988年9月5日的《保守国家秘密法》的第31条规定,被吸收为1997年《刑法》的规定。

类罪名:渎职罪	**罪名:过失泄露国家秘密罪**
量刑标准	**情节严重的** 处3年以下有期徒刑或者拘役;
	情节特别严重的 处3年以上7年以下有期徒刑。

法律依据

一、《刑法》条文

第三百九十八条 国家机关工作人员违反保守国家秘密法的规定,故意或者过失泄露国家秘密,情节严重的,处三年以下有期徒刑或者拘役;情节特别严重的,处三年以上七年以下有期徒刑。

非国家机关工作人员犯前款罪的,依照前款的规定酌情处罚。

二、相关法律

《全国人民代表大会常务委员会关于维护互联网安全的决定》(2009年8月27日修正)

二、为了维护国家安全和社会稳定,对有下列行为之一,构成犯罪的,依照刑法有关规定追究刑事责任:

(二)通过互联网窃取、泄露国家秘密、情报或者军事秘密;

五、利用互联网实施本决定第一条、第二条、第三条、第四条所列行为以外的其他行为,构成犯罪的,依照刑法有关规定追究刑事责任。

六、利用互联网实施违法行为,违反社会治安管理,尚不构成犯罪的,由公安机关依照《治安管理处罚条例》予以处罚;违反其他法律、行政法规,尚不构成犯罪的,由有关行政管理部门依法给予行政处罚;对直接负责的主管人员和其他直接责任人员,依法给予行政处分或者纪律处分。

《中华人民共和国保守国家秘密法》（2024 年 2 月 27 日修订）

第十三条　下列涉及国家安全和利益的事项，泄露后可能损害国家在政治、经济、国防、外交等领域的安全和利益的，应当确定为国家秘密：

（一）国家事务重大决策中的秘密事项；

（二）国防建设和武装力量活动中的秘密事项；

（三）外交和外事活动中的秘密事项以及对外承担保密义务的秘密事项；

（四）国民经济和社会发展中的秘密事项；

（五）科学技术中的秘密事项；

（六）维护国家安全活动和追查刑事犯罪中的秘密事项；

（七）经国家保密行政管理部门确定的其他秘密事项。

政党的秘密事项中符合前款规定的，属于国家秘密。

第十四条　国家秘密的密级分为绝密、机密、秘密三级。

绝密级国家秘密是最重要的国家秘密，泄露会使国家安全和利益遭受特别严重的损害；机密级国家秘密是重要的国家秘密，泄露会使国家安全和利益遭受严重的损害；秘密级国家秘密是一般的国家秘密，泄露会使国家安全和利益遭受损害。

第十五条　国家秘密及其密级的具体范围（以下简称保密事项范围），由国家保密行政管理部门单独或者会同有关中央国家机关规定。

军事方面的保密事项范围，由中央军事委员会规定。

保密事项范围的确定应当遵循必要、合理原则，科学论证评估，并根据情况变化及时调整。保密事项范围的规定应当在有关范围内公布。

第十六条　机关、单位主要负责人及其指定的人员为定密责任人，负责本机关、本单位的国家秘密确定、变更和解除工作。

机关、单位确定、变更和解除本机关、本单位的国家秘密，应当由承办人提出具体意见，经定密责任人审核批准。

第十七条　确定国家秘密的密级，应当遵守定密权限。

中央国家机关、省级机关及其授权的机关、单位可以确定绝密级、机密级和秘密级国家秘密；设区的市级机关及其授权的机关、单位可以确定机密级和秘密级国家秘密；特殊情况下无法按照上述规定授权定密的，国家保密行政管理部门或者省、自治区、直辖市保密行政管理部门可以授予机关、单位定密权限。具体的定密权限、授权范围由国家保密行政管理部门规定。

下级机关、单位认为本机关、本单位产生的有关定密事项属于上级机关、单位的定密权限，应当先行采取保密措施，并立即报请上级机关、单位确定；没有上级机关、单位的，应当立即提请有相应定密权限的业务主管部门或者保密行政管理部门确定。

公安机关、国家安全机关在其工作范围内按照规定的权限确定国家秘密的密级。

第十九条　机关、单位对所产生的国家秘密事项，应当按照保密事项范围的规定确定密级，同时确定保密期限和知悉范围；有条件的可以标注密点。

第二十条　国家秘密的保密期限，应当根据事项的性质和特点，按照维护国家安全和利益的需要，限定在必要的期限内；不能确定期限的，应当确定解密的条件。

国家秘密的保密期限，除另有规定外，绝密级不超过三十年，机密级不超过二十年，秘密级不超过十年。

机关、单位应当根据工作需要，确定具体的保密期限、解密时间或者解密条件。

机关、单位对在决定和处理有关事项工作过程中确定需要保密的事项，根据工作需要决定公开的，正式公布时即视为解密。

第二十一条　国家秘密的知悉范围，应当根据工作需要限定在最小范围。

国家秘密的知悉范围能够限定到具体人员的，限定到具体人员；不能限定到具体人员的，限定到机关、单位，由该机关、单位限定到具体人员。

国家秘密的知悉范围以外的人员，因工作需要知悉国家秘密的，应当经过机关、单位主要负责人或者其指定的人员批准。原定密机关、单位对扩大国家秘密的知悉范围有明确规定的，应当遵守其规定。

第二十二条　机关、单位对承载国家秘密的纸介质、光介质、电磁介质等载体（以下简称国家秘密载体）以及属于国家秘密的设备、产品，应当作出国家秘密标志。

涉及国家秘密的电子文件应当按照国家有关规定作出国家秘密标志。

不属于国家秘密的,不得作出国家秘密标志。

第二十三条 国家秘密的密级、保密期限和知悉范围,应当根据情况变化及时变更。国家秘密的密级、保密期限和知悉范围的变更,由原定密机关、单位决定,也可以由其上级机关决定。

国家秘密的密级、保密期限和知悉范围变更的,应当及时书面通知知悉范围内的机关、单位或者人员。

第二十四条 机关、单位应当每年审核所确定的国家秘密。

国家秘密的保密期限已满的,自行解密。在保密期限内因保密事项范围调整不再作为国家秘密,或者公开后不会损害国家安全和利益,不需要继续保密的,应当及时解密;需要延长保密期限的,应当在原保密期限届满前重新确定密级、保密期限和知悉范围。提前解密或者延长保密期限的,由原定密机关、单位决定,也可以由其上级机关决定。

第二十五条 机关、单位对是否属于国家秘密或者属于何种密级不明确或者有争议的,由国家保密行政管理部门或者省、自治区、直辖市保密行政管理部门按照国家保密规定确定。

三、相关司法解释/文件

《最高人民检察院关于人民检察院直接受理立案侦查的渎职侵权重特大案件标准(试行)》(2001年7月20日 高检发〔2001〕13号)

四、过失泄露国家秘密案

(一)重大案件

1. 过失泄露绝密级国家秘密一项以上,或者泄露机密级国家秘密五项以上,或者泄露秘密级国家秘密七项以上并造成严重危害后果的;

2. 过失泄露国家秘密造成直接经济损失一百万元以上的;

3. 过失泄露国家秘密对国家安全构成严重危害的;

4. 过失泄露国家秘密对社会秩序造成严重危害的。

(二)特大案件

1. 过失泄露绝密级国家秘密二项以上,或者泄露机密级国家秘密七项以上,或者泄露秘密级国家秘密十项以上的;

2. 过失泄露国家秘密造成直接经济损失二百万元以上的;

3. 过失泄露国家秘密对国家安全构成特别严重危害的;

4. 过失泄露国家秘密对社会秩序造成特别严重危害的。

《最高人民检察院关于渎职侵权犯罪案件立案标准的规定》(2006年7月26日 高检发释字〔2006〕2号)

一、渎职犯罪案件

(四)过失泄露国家秘密案(第三百九十八条)

过失泄露国家秘密罪是指国家机关工作人员或者非国家机关工作人员违反保守国家秘密法,过失泄露国家秘密,或者遗失国家秘密载体,致使国家秘密被不应知悉者知悉或者超出了限定的接触范围,情节严重的行为。

涉嫌下列情形之一的,应予立案:

1. 泄露绝密级国家秘密1项(件)以上的;

2. 泄露机密级国家秘密3项(件)以上的;

3. 泄露秘密级国家秘密4项(件)以上的;

4. 违反保密规定,将涉及国家秘密的计算机或者计算机信息系统与互联网相连接,泄露国家秘密的;

5. 泄露国家秘密或者遗失国家秘密载体,隐瞒不报、不如实提供有关情况或者不采取补救措施的;

6. 其他情节严重的情形。

要义辨析

一、概念

本罪是指国家机关工作人员违反国家保密法规,过失泄露国家秘密,情节严重的行为。所谓泄露国家秘密,就是行为人把自己掌管的或者知道的国家秘密泄露给不应当知道的人。

二、构成要件

1. 本罪侵犯的客体是国家的保密制度。

2. 犯罪客观方面是违反国家保密法规,过失泄露国家秘密，情节严重的行为。

3. 犯罪主体一般由“国家机关工作人员”构成，但“非国家机关工作人员”也可以作为犯罪主体。

4. 犯罪主观方面是过失，包括疏忽大意的过失和过于自信的过失，如公文包遗失、被窃、电脑维修中带出机密信息等非本人故意的原因。

三、要点辨析

1. 国家秘密材料和信息，是特定的。由国家有权机关规定，并由制作单位根据国家规定确定密级。司法解释已经对各个密级作了详细规定。

2. 本罪主观上是过失犯罪。与故意泄露国家秘密罪的区别就在这里。《刑法》第 398 条包含两个罪名：一是本罪，二是故意泄露国家秘密罪。二者的主要区别是本罪主观方面是过失，而后者的主观方面是故意。

3. 本罪是情节犯。违反保守国家秘密法的规定，过失泄露国家秘密，情节严重的才构成犯罪。情节是否严重是区分犯罪行为与违法行为的关键。情节不严重的，属于一般违法行为，不构成犯罪。

四、罪名变迁

1979 年《刑法》第 186 条即有“泄露国家重要机密罪”的规定。1988 年 9 月 5 日全国人民代表大会常务委员会通过了《保守国家秘密法》，其中第 31 条规定，被吸收为 1997 年《刑法》的规定。

类罪名：渎职罪	**罪名：徇私枉法罪**
量刑标准	**构成犯罪的**　处 5 年以下有期徒刑或者拘役；
	情节严重的　处 5 年以上 10 年以下有期徒刑；
	情节特别严重的　处 10 年以上有期徒刑。

法律依据

一、《刑法》条文

第三百九十九条第一、四款　司法工作人员徇私枉法、徇情枉法，对明知是无罪的人而使他受追诉、对明知是有罪的人而故意包庇不使他受追诉，或者在刑事审判活动中故意违背事实和法律作枉法裁判的，处 5 年以下有期徒刑或者拘役；情节严重的，处 5 年以上 10 年以下有期徒刑；情节特别严重的，处 10 年以上有期徒刑。

司法工作人员收受贿赂，有前三款行为的，同时又构成本法第三百八十五条规定之罪的，依照处罚较重的规定定罪处罚。

二、相关司法解释/文件

《最高人民检察院关于人民检察院直接受理立案侦查的渎职侵权重特大案件标准（试行）》（2001 年 7 月 20 日　高检发〔2001〕13 号）

五、枉法追诉、裁判案

（一）重大案件

1. 对依法可能判处三年以上七年以下有期徒刑的犯罪分子，故意包庇不使其受追诉的；

2. 致使无罪的人被判处三年以上七年以下有期徒刑的。

（二）特大案件

1. 对依法可能判处七年以上有期徒刑、无期徒刑、死刑的犯罪分子，故意包庇不使其受追诉的；

2. 致使无罪的人被判处七年以上有期徒刑、无期徒刑、死刑的。

《最高人民检察院法律政策研究室关于非司法工作人员是否可以构成徇私枉法罪共犯问题的答复》（2003 年 4 月 16 日　〔2003〕高检研发第 11 号）

江西省人民检察院法律政策研究室：

你院《关于非国家机关工作人员是否可以构成徇私枉法罪共犯问题的请示》（赣检发研字〔2002〕7 号）收悉。经研究，答复如下：

非司法工作人员与司法工作人员勾结，共同实施徇私枉法行为，构成犯罪的，应当以徇私枉法罪的共犯追究刑事责任。

《最高人民检察院关于渎职侵权犯罪案件立案标准的规定》(2006年7月26日　高检发释字〔2006〕2号)

一、渎职罪案件

(五)徇私枉法案(第三百九十九条第一款)

徇私枉法罪是指司法工作人员徇私枉法、徇情枉法,对明知是无罪的人而使他受追诉、对明知是有罪的人而故意包庇不使他受追诉,或者在刑事审判活动中故意违背事实和法律作枉法裁判的行为。

涉嫌下列情形之一的,应予立案:

1. 对明知是没有犯罪事实或者其他依法不应当追究刑事责任的人,采取伪造、隐匿、毁灭证据或者其他隐瞒事实、违反法律的手段,以追究刑事责任为目的立案、侦查、起诉、审判的;

2. 对明知是有犯罪事实需要追究刑事责任的人,采取伪造、隐匿、毁灭证据或者其他隐瞒事实、违反法律的手段,故意包庇使其不受立案、侦查、起诉、审判的;

3. 采取伪造、隐匿、毁灭证据或者其他隐瞒事实、违反法律的手段,故意使罪重的人受较轻的追诉,或者使罪轻的人受较重的追诉的;

4. 在立案后,采取伪造、隐匿、毁灭证据或者其他隐瞒事实、违反法律的手段,应当采取强制措施而不采取强制措施,或者虽然采取强制措施,但中断侦查或者超过法定期限不采取任何措施,实际放任不管,以及违法撤销、变更强制措施,致使犯罪嫌疑人、被告人实际脱离司法机关侦控的;

5. 在刑事审判活动中故意违背事实和法律,作出枉法判决、裁定,即有罪判无罪、无罪判有罪,或者重罪轻判、轻罪重判的;

6. 其他徇私枉法应予追究刑事责任的情形。

《最高人民法院、最高人民检察院关于办理贪污贿赂刑事案件适用法律若干问题的解释》(2016年4月18日　法释〔2016〕9号)

第十六条　国家工作人员出于贪污、受贿的故意,非法占有公共财物、收受他人财物之后,将赃款赃物用于单位公务支出或者社会捐赠的,不影响贪污罪、受贿罪的认定,但量刑时可以酌情考虑。

特定关系人索取、收受他人财物,国家工作人员知道后未退还或者上交的,应当认定国家工作人员具有受贿故意。

第十七条　国家工作人员利用职务上的便利,收受他人财物,为他人谋取利益,同时构成受贿罪和刑法分则第三章第三节、第九章规定的渎职犯罪的,除刑法另有规定外,以受贿罪和渎职犯罪数罪并罚。

要义辨析

一、概念

本罪是指司法工作人员徇私枉法、徇情枉法,对明知是无罪的人而使他受追诉、对明知是有罪的而故意包庇不使他受追诉的行为。

二、构成要件

1. 本罪侵犯的客体是国家司法机关的正常活动。

2. 犯罪客观方面表现为徇私枉法,出罪入罪,即对明知是无罪的人而使他受追诉、对明知是有罪的人而故意包庇不使他受追诉,或者在刑事审判活动中故意违背事实和法律作枉法裁判的行为。

3. 犯罪主体只能是司法工作人员,包括有侦查、检察、审判、监管职责的工作人员。

4. 犯罪主观方面是直接故意,即行为人明知自己的行为是违背事实和法律的,并且希望枉法结果的发生。

三、要点辨析

1. 徇私枉法,是指出于个人私情而违反法律原则和法律规定进行司法。徇情枉法,是指受到本人特定情谊、情感的左右,对相关人和事进行违背法律原则和法律规定进行司法,即对明知是无罪的人,而使他受追诉、对明知是有罪的人,而故意包庇不使他受追诉,或者在刑事审判活动中故意违背事实和法律作枉法裁判。

2. 本罪是行为犯。只要进行了此类行为即构成犯罪。徇私、徇情枉法行为不以情节严重为要件,情节严重是本罪的加重情节。所谓情节严重,一般是指不止一次徇私、徇情枉法的,案发后拒不认罪的等。情节特别严重,一般是指徇私、徇情枉法犯罪行为造成重大冤、假、错案的，故意包庇重大犯罪分子的，包庇多名犯罪分子的，造成极其恶劣的社会影响的。

3. 注意刑事案件的枉法裁判的行为，同样按本罪徇私枉法罪定罪，不定枉法裁判罪。枉法裁判罪，是专用于民事、行政案件司法行为的罪名。

四、罪名变迁

本罪是1979年《刑法》188条的规定，原罪名为"徇私舞弊罪"。1997《刑法》后，2002年3月最高人民法院、最高人民检察院将其确定为"徇私枉法罪"，同年12月28日《刑法修正案（四）》第8条对本罪进行了修订。

类罪名：渎职罪	罪名：民事、行政枉法裁判罪
量刑标准	**情节严重的**　处5年以下有期徒刑或者拘役；
	情节特别严重的　处5年以上10年以下有期徒刑。

法律依据

一、《刑法》条文

第三百九十九条第二、四款　在民事、行政审判活动中故意违背事实和法律作枉法裁判，情节严重的，处五年以下有期徒刑或者拘役；情节特别严重的，处五年以上十年以下有期徒刑。

司法工作人员收受贿赂，有前三款行为的，同时又构成本法第三百八十五条规定之罪的，依照处罚较重的规定定罪处罚。

二、相关司法解释/文件

《最高人民检察院关于人民检察院直接受理立案侦查的渎职侵权重特大案件标准（试行）》（2001年7月20日　高检发〔2001〕13号）

六、民事、行政枉法裁判案

（一）重大案件

1. 枉法裁判，致使公民的财产损失十万元以上、法人或者其他组织财产损失五十万元以上的；

2. 枉法裁判，引起当事人及其亲属精神失常或者重伤的。

（二）特大案件

1. 枉法裁判，致使公民的财产损失五十万元以上、法人或者其他组织财产损失一百万元以上的；

2. 引起当事人及其亲属自杀死亡的。

《最高人民检察院关于渎职侵权犯罪案件立案标准的规定》（2006年7月26日　高检发释字〔2006〕2号）

一、渎职犯罪案件

（六）民事、行政枉法裁判案（第三百九十九条第二款）

民事、行政枉法裁判罪是指司法工作人员在民事、行政审判活动中，故意违背事实和法律作枉法裁判，情节严重的行为。

涉嫌下列情形之一的，应予立案：

1. 枉法裁判，致使当事人或者其近亲属自杀、自残造成重伤、死亡，或者精神失常的；

2. 枉法裁判，造成个人财产直接经济损失10万元以上，或者直接经济损失不满10万元，但间接经济损失50万元以上的；

3. 枉法裁判，造成法人或者其他组织财产直接经济损失20万元以上，或者直接经济损失不满20万元，但间接经济损失100万元以上的；

4. 伪造、变造有关材料、证据，制造假案枉法裁判的；

5. 串通当事人制造伪证，毁灭证据或者篡改庭审笔录而枉法裁判的；

6. 徇私情、私利，明知是伪造、变造的证据予以采信，或者故意对应当采信的证据不予采信，或者故意违反法定程序，或者故意错误适用法律而枉法裁判的；

7. 其他情节严重的情形。

要义辨析

一、概念

本罪是指民事、行政审判人员在审判活动中故意违背事实和法律作枉法裁判,情节严重的行为。

二、构成要件

1. 本罪侵犯的客体是人民法院正常的民事、行政审判活动。

2. 犯罪客观方面表现为在审判活动中故意违背事实和法律作枉法裁判,情节严重的行为。

3. 犯罪主体是特殊主体,只能是从事民事、行政审判的审判人员。人民陪审员也可以成为本罪的主体。

4. 犯罪主观方面是故意,并且是直接故意。即行为人明知自己的行为是违背事实和法律的,并且希望枉法结果的发生。

三、要点辨析

1. 注意刑事案件的枉法裁判的行为,按《刑法》第399条第1款徇私枉法罪定罪,不定枉法裁判罪。枉法裁判罪,是专用于民事、行政案件司法行为的罪名。

2. 本罪与徇私枉法罪的界限。一是主体不同,前者是民事、行政审判人员,后者是刑事诉讼中的侦查、检察、审判、监管人员;二是行为特征不同。前者是在民事、行政审判活动中枉法裁判,后者是在刑事诉讼活动中枉法出入人罪;三是两罪的行为后果、法定刑不同。前者法定刑最高为10年以下,后者法定刑最高可以判10年以上。因此同法条两款,构成两个独立的罪名。

3. 实施本罪或徇私枉法罪行为的人,如还有贪赃受贿行为的,依处罚较重的规定定罪处罚。

四、罪名变迁

本罪是1979年《刑法》188条的规定,原罪名为"徇私舞弊罪"。1997《刑法》增加399条第2款后,2002年3月"两高"共同解释确定为"徇私枉法罪"。同年12月28日《刑法修正案(四)》第8条,对本罪进行了修订,增加了第2款本罪,单独列为"民事、行政枉法裁判罪"。

类罪名:渎职罪 | 罪名:执行判决、裁定失职罪	
量刑标准	**致使遭受重大损失的** 处5年以下有期徒刑或者拘役;
	致使遭受特别重大损失的 处5年以上10年以下有期徒刑。

法律依据

一、《刑法》条文

第三百九十九条第三、四款 在执行判决、裁定活动中,严重不负责任或者滥用职权,不依法采取诉讼保全措施、不履行法定执行职责,或者违法采取诉讼保全措施、强制执行措施,致使当事人或者其他人的利益遭受重大损失的,处五年以下有期徒刑或者拘役;致使当事人或者其他人的利益遭受特别重大损失的,处五年以上十年以下有期徒刑。

司法工作人员收受贿赂,有前三款行为的,同时又构成本法第三百八十五条规定之罪的,依照处罚较重的规定定罪处罚。

二、相关法律

《全国人民代表大会常务委员会关于〈中华人民共和国刑法〉第三百一十三条的解释》(2002年8月29日)

刑法第三百一十三条规定的"人民法院的判决、裁定",是指人民法院依法作出的具有执行内容并已发生法律效力的判决、裁定。人民法院为依法执行支付令、生效的调解书、仲裁裁决、公证债权文书等所作的裁定属于该条规定的裁定。

三、相关司法解释/文件

《最高人民检察院关于渎职侵权犯罪案件立案标准的规定》(2006 年 7 月 26 日　高检发释字〔2006〕2 号)

(七)执行判决、裁定失职案(第三百九十九条第三款)

执行判决、裁定失职罪是指司法工作人员在执行判决、裁定活动中,严重不负责任,不依法采取诉讼保全措施、不履行法定执行职责,或者违法采取保全措施、强制执行措施,致使当事人或者其他人的利益遭受重大损失的行为。

涉嫌下列情形之一的,应予立案:

1. 致使当事人或者其近亲属自杀、自残造成重伤、死亡,或者精神失常的;

2. 造成个人财产直接经济损失 15 万元以上,或者直接经济损失不满 15 万元,但间接经济损失 75 万元以上的;

3. 造成法人或者其他组织财产直接经济损失 30 万元以上,或者直接经济损失不满 30 万元,但间接经济损失 150 万元以上的;

4. 造成公司、企业等单位停业、停产 1 年以上,或者破产的;

5. 其他致使当事人或者其他人的利益遭受重大损失的情形。

要义辨析

一、概念

本罪是指人民法院从事执行工作的人员,在执行生效判决、裁定活动中,严重不负责任,致使当事人或者其他人的利益遭受重大损失的行为。

二、构成要件

1. 本罪侵犯的客体是人民法院正常的执行活动。犯罪对象是判决、裁定。

2. 本罪客观方面表现为行为人在执行生效判决、裁定活动中,严重不负责任,致使当事人或者其他人的利益遭受重大损失的行为。严重不负责任,是指对依法应当采取诉讼保全措施而不采取,对依法应当采取强制执行措施而不采取,不履行法定执行职责。

3. 犯罪主体是特殊主体,即法院的执行工作人员。

4. 本罪主观方面只能由过失构成。即行为人应当预见到自己在执行工作中的失职行为会使当事人或者其他人的利益遭受重大损失,因疏忽大意没有预见,或者已经预见轻信可以避免,故意不构成本罪。

三、要点辨析

1. 本罪属于结果犯,只有在执法活动中因严重不负责任致使当事人或者其他人的利益遭受重大损失的,才构成犯罪,否则不构成犯罪。

2. 执行工作人员收受贿赂,犯执行判决、裁定滥用职权罪,同时又构成受贿罪的,依照处罚较重的规定定罪处罚。

四、罪名变迁

本罪为《刑法修正案(四)》增加的新罪名。

类罪名:渎职罪 | 罪名:执行判决、裁定滥用职权罪	
量刑标准	致使遭受重大损失的　处 5 年以下有期徒刑或者拘役;
	致使遭受特别重大损失的　处 5 年以上 10 年以下有期徒刑。

法律依据

一、《刑法》条文

第三百九十九条第三、四款　在执行判决、裁定活动中,严重不负责任或者滥用职权,不依法采取诉讼保全措施、不履行法定执行职责,或者违法采取诉讼保全措施、强制执行措施,致使当事人或者其他人的利益遭受重大损失的,处五年以下有期徒刑或者拘役;致使当事人或者其他人的利益遭受特别重大损失的,处五年以上十年以下有期徒刑。

司法工作人员收受贿赂,有前三款行为的,同时又构成本法第三百八十五条规定之罪的,依照处罚较重的规定定罪处罚。

二、相关司法解释/文件

《最高人民检察院关于渎职侵权犯罪案件立案标准的规定》(2006 年 7 月 26 日　高检发释字〔2006〕2 号)

一、渎职犯罪案件

(八)执行判决、裁定滥用职权案(第三百九十九条第三款)

执行判决、裁定滥用职权罪是指司法工作人员在执行判决、裁定活动中,滥用职权,不依法采取诉讼保全措施、不履行法定执行职责,或者违法采取保全措施、强制执行措施,致使当事人或者其他人的利益遭受重大损失的行为。

涉嫌下列情形之一的,应予立案:

1. 致使当事人或者其近亲属自杀、自残造成重伤、死亡,或者精神失常的;

2. 造成个人财产直接经济损失 10 万元以上,或者直接经济损失不满 10 万元,但间接经济损失 50 万元以上的;

3. 造成法人或者其他组织财产直接经济损失 20 万元以上,或者直接经济损失不满 20 万元,但间接经济损失 100 万元以上的;

4. 造成公司、企业等单位停业、停产 6 个月以上,或者破产的;

5. 其他致使当事人或者其他人的利益遭受重大损失的情形。

要义辨析

一、概念

本罪是指人民法院从事执行工作的人员,在执行生效判决、裁定活动中,滥用职权,致使当事人或者其他人的利益遭受重大损失的行为。

二、构成要件

1. 本罪侵犯的客体是人民法院正常的执法活动。

2. 本罪客观方面表现为行为人在执行判决、裁定活动中滥用职权,违反法律规定的条件和程序,采取诉讼保全措施、强制执行措施(作为),致使当事人或者其他人的利益遭受重大损失的行为。滥用职权,是指违反法律规定的权限和程序,超越职权范围行使手中的职权。

3. 犯罪主体是特殊主体,即法院的执行工作人员。

4. 本罪犯罪主观方面一般由过失构成。行为人对行为实施本身是故意的(作为),但对造成损害后果是过失的,或因疏忽大意而未能预见,或因过于自信轻信能够避免。不存在故意追求或放任危害后果发生的主观心态。

三、要点辨析

1. 本罪是同条同款中,根据犯罪行为特征不同而区分为几个不同的罪名:执行判决、裁定失职罪;执行判决、裁定滥用职权罪。

2. 本罪是结果犯。执行判决、裁定滥用职权,致使当事人或者其他人的利益遭受重大损失的,才构成犯罪。

3. 执行工作人员收受贿赂,犯执行判决、裁定滥用职权罪,同时又构成受贿罪的,依照处罚较重的规定定罪处罚。

四、罪名变迁

本罪是《刑法修正案(四)》增加的新罪名。

类罪名:渎职罪	**罪名:枉法仲裁罪**
量刑标准	**情节严重的**　处 3 年以下有期徒刑或者拘役;
量刑标准	**情节特别严重的**　处 3 年以上 7 年以下有期徒刑。

法律依据

《刑法》条文

第三百九十九条之一　依法承担仲裁职责的人员，在仲裁活动中故意违背事实和法律作枉法裁决，情节严重的，处三年以下有期徒刑或者拘役；情节特别严重的，处三年以上七年以下有期徒刑。

要义辨析

一、概念

本罪是指依法承担仲裁职责的人员，在执行仲裁职务时，故意违背事实和法律作枉法裁决，情节严重的行为。

二、构成要件

1. 本罪侵犯的客体是国家的仲裁制度。

2. 本罪客观方面表现为在仲裁活动中违背事实和法律的，实施枉法裁决，情节严重的行为。

3. 犯罪主观方面是故意，明知其仲裁裁决行为是违背事实和法律的，仍然实施枉法裁决行为。且要达到后果严重的情节。

4. 本罪犯罪主体是特殊主体，即承担仲裁职责的人员，一般指仲裁员，同时也指在仲裁委员会担任常任职务并对裁决能够产生直接影响的人员。

三、要点辨析

1. 仲裁虽然是属于民间选择的一种裁决方式，但其是一种准司法的活动，对其公正性和权威性，同样要高度重视，要以《刑法》来制裁仲裁不公的行为，用《刑法》作为保障。

2. 本罪同法院枉法裁判的罪名的不同，主要就是犯罪主体不同。

3. 本罪要达到情节严重，才构成犯罪。仲裁涉及的是民商事案件，对“情节严重”的把握，可以参照“民事、行政枉法裁判罪”。

四、罪名变迁

本罪是2006年6月29日《刑法修正案(六)》新设立的罪名，旨在打击仲裁活动中枉法裁决，严重损害双方当事人利益及法律威信的行为。

类罪名：渎职罪	罪名：私放在押人员罪
量刑标准	**构成犯罪的**　处5年以下有期徒刑或者拘役；
	情节严重的　处5年以上10年以下有期徒州；
	情节特别严重的　处10年以上有期徒刑。

私放在押人员罪

法律依据

一、《刑法》条文

第四百条第一款　司法工作人员私放在押的犯罪嫌疑人、被告人或者罪犯的，处五年以下有期徒刑或者拘役；情节严重的，处五年以上十年以下有期徒刑；情节特别严重的，处十年以上有期徒刑。

第九十四条　本法所称司法工作人员，是指有侦查、检察、审判、监管职责的工作人员。

二、相关法律

《中华人民共和国监狱法》(2012年10月26日修正)

第十四条　监狱的人民警察不得有下列行为：

(一)索要、收受、侵占罪犯及其亲属的财物；

(二)私放罪犯或者玩忽职守造成犯罪脱逃；

(三)刑讯逼供或者体罚、虐待罪犯；

(四)侮辱罪犯的人格;

(五)殴打或者纵容他人殴打罪犯;

(六)为谋取私利,利用罪犯提供劳务;

(七)违反规定,私自为罪犯传递信件或者物品;

(八)非法将监管罪犯的职权交予他人行使;

(九)其他违法行为。

监狱的人民警察有前款所列行为,构成犯罪的,依法追究刑事责任;尚未构成犯罪的,应当予以行政处分。

三、相关司法解释/文件

《最高人民检察院关于人民检察院直接受理立案侦查的渎职侵权重特大案件标准(试行)》(2001年7月20日　高检发〔2001〕13号)

七、私放在押人员案

(一)重大案件

1. 私放三人以上的;

2. 私放可能判处有期徒刑十年以上或者余刑在五年以上的重大刑事犯罪分子的;

3. 在押人员被私放后又实施重大犯罪的。

(二)特大案件

1. 私放五人以上的;

2. 私放可能判处无期徒刑以上的重大刑事犯罪分子的;

3. 在押人员被私放后又犯罪致人死亡的。

《最高人民检察院关于渎职侵权犯罪案件立案标准的规定》(2006年7月26日　高检发释字〔2006〕2号)

一、渎职犯罪案件

(九)私放在押人员案(第四百条第一款)

私放在押人员罪是指司法工作人员私放在押(包括在羁押场所和押解途中)的犯罪嫌疑人、被告人或者罪犯的行为。

涉嫌下列情形之一的,应予立案:

1. 私自将在押的犯罪嫌疑人、被告人、罪犯放走,或者授意、指使、强迫他人将在押的犯罪嫌疑人、被告人、罪犯放走的;

2. 伪造、变造有关法律文书、证明材料,以使在押的犯罪嫌疑人、被告人、罪犯逃跑或者被释放的;

3. 为私放在押的犯罪嫌疑人、被告人、罪犯,故意向其通风报信、提供条件,致使该在押的犯罪嫌疑人、被告人、罪犯脱逃的;

4. 其他私放在押的犯罪嫌疑人、被告人、罪犯应予追究刑事责任的情形。

要义辨析

一、概念

本罪是指司法工作人员利用职务上的便利,私自把被关押的犯罪嫌疑人、被告人或者罪犯非法释放的行为。

二、构成要件

1. 本罪侵犯的客体是国家对在押人员的监管制度。

2. 本罪客观方面表现为私放在押犯罪嫌疑人、被告人或者罪犯。

3. 犯罪主体是负有监管职责的司法工作人员,在监管机关工作但不具有监管职责的司法工作人员,不构成本罪的主体。

4. 本罪主观方面是故意,并且是直接故意。

三、要点辨析

1. 本罪所称的私放在押的犯罪嫌疑人、被告人或者罪犯的行为,分别的犯罪主体是侦查人员、司法人员和监狱管教人员。

2. 本罪以在押人员是否摆脱司法机关及其工作人员的实际控制范围,作为区分本罪既遂与未遂的标准。

四、罪名变迁

本罪是1979年《刑法》中即有的罪名,当时叫"私放罪犯罪"。1997年《刑法》扩大了罪名外延,规定为"私放在押人员罪"。私放未判决的嫌疑人,同样构成本罪。

类罪名：渎职罪	罪名：失职致使在押人员脱逃罪
量刑标准	造成严重后果的　处 3 年以下有期徒刑或者拘役；
	造成特别严重后果的　处 3 年以上 10 年以下有期徒刑。

法律依据

一、《刑法》条文

第四百条第二款　司法工作人员由于严重不负责任，致使在押的犯罪嫌疑人、被告人或者罪犯脱逃，造成严重后果的，处三年以下有期徒刑或者拘役；造成特别严重后果的，处三年以上十年以下有期徒刑。

第九十四条　本法所称司法工作人员，是指有侦查、检察、审判、监管职责的工作人员。

二、相关司法解释/文件

《最高人民检察院关于工人等非监管机关在编监管人员私放在押人员行为和失职致使在押人员脱逃行为适用法律问题的解释》（2001 年 3 月 2 日　高检发释字〔2001〕2 号）

为依法办理私放在押人员犯罪案件和失职致使在押人员脱逃犯罪案件，对工人等非监管机关在编监管人员私放在押人员行为和失职致使在押人员脱逃行为如何适用法律问题解释如下：

工人等非监管机关在编监管人员在被监管机关聘用受委托履行监管职责的过程中私放在押人员的，应当依照刑法第四百条第一款的规定，以私放在押人员罪追究刑事责任；由于严重不负责任，致使在押人员脱逃，造成严重后果的，应当依照刑法第四百条第二款的规定，以失职致使在押人员脱逃罪追究刑事责任。

《最高人民检察院关于人民检察院直接受理立案侦查的渎职侵权重特大案件标准（试行）》（2001 年 7 月 20 日　高检发〔2001〕13 号）

八、失职致使在押人员脱逃案

（一）重大案件

1. 致使脱逃五人以上的；

2. 致使可能判处无期徒刑或者死刑缓期二年执行的重大刑事犯罪分子脱逃的；

3. 在押人员脱逃后实施重大犯罪致人死亡的。

（二）特大案件

1. 致使脱逃十人以上的；

2. 致使可能判处死刑的重大刑事犯罪分子脱逃的；

3. 在押人员脱逃后实施重大犯罪致人死亡二人以上的。

《最高人民检察院关于渎职侵权犯罪案件立案标准的规定》（2006 年 7 月 26 日　高检发释字〔2006〕2 号）

一、渎职犯罪案件

（十）失职致使在押人员脱逃案（第四百条第二款）

失职致使在押人员脱逃罪是指司法工作人员由于严重不负责任，不履行或者不认真履行职责，致使在押（包括在羁押场所和押解途中）的犯罪嫌疑人、被告人、罪犯脱逃，造成严重后果的行为。

涉嫌下列情形之一的，应予立案：

1. 致使依法可能判处或者已经判处 10 年以上有期徒刑、无期徒刑、死刑的犯罪嫌疑人、被告人、罪犯脱逃的；

2. 致使犯罪嫌疑人、被告人、罪犯脱逃 3 人次以上的；

3. 犯罪嫌疑人、被告人、罪犯脱逃以后，打击报复报案人、控告人、举报人、被害人、证人和司法工作人员等，或者继续犯罪的；

4. 其他致使在押的犯罪嫌疑人、被告人、罪犯脱逃，造成严重后果的情形。

要义辨析

一、概念

本罪是指司法工作人员由于严重不负责任,致使在押的犯罪嫌疑人、被告人或者罪犯脱逃,造成严重后果的行为。

二、构成要件

1. 本罪侵犯的客体是国家对在押人员的监管制度。

2. 本罪客观方面表现为严重不负责任,致使在押的犯罪嫌疑人、被告人或者罪犯脱逃,造成严重后果的行为。

3. 犯罪主体是特殊主体,只能是司法工作人员。

4. 本罪主观方面是过失,即行为应当预见自己严重不负责任会致使在押人员脱逃,由于疏忽大意而没有预见,或者已经预见到但轻信能够避免。

三、要点辨析

1. 本罪的司法人员,是指侦查人员、司法人员和监狱管教人员。

2. 本罪属结果犯,只有造成严重后果才构成犯罪。所谓造成严重后果,一般是指致使重要的犯罪嫌疑人、被告人或者罪犯脱逃;致使多名犯罪嫌疑人、被告人或者罪犯脱逃;由于犯罪嫌疑人、被告人的脱逃致使案件的侦查、起诉、审判受到严重影响;犯罪嫌疑人、被告人或者罪犯脱逃后打击报复控告人、举报人、证人和司法工作人员;继续犯罪,危害社会,等等。

3. 造成特别严重后果是本罪的加重情节,所谓造成特别严重后果,是指造成多名重要犯罪嫌疑人、被告人或者罪犯脱逃。犯罪嫌疑人、被告人或者罪犯脱逃后继续犯罪,给社会造成特别严重的危害等等。

四、罪名变迁

本罪是1997年《刑法》增设的罪名。

类罪名:渎职罪	罪名:徇私舞弊减刑、假释、暂予监外执行罪
量刑标准	构成犯罪的　处3年以下有期徒刑或者拘役;
	情节严重的　处3年以上7年以下有期徒刑。

法律依据

一、**《刑法》**条文

第四百零一条　司法工作人员徇私舞弊,对不符合减刑、假释、暂予监外执行条件的罪犯,予以减刑、假释或者暂予监外执行的,处三年以下有期徒刑或者拘役;情节严重的,处三年以上七年以下有期徒刑。

二、相关司法解释/文件

《最高人民检察院关于人民检察院直接受理立案侦查的渎职侵权重特大案件标准(试行)》(2001年7月20日　高检发〔2001〕13号)

九、徇私舞弊减刑、假释、暂予监外执行案

(一)重大案件

1. 办理三次以上或者一次办理三人以上的;

2. 为重大刑事犯罪分子办理减刑、假释、暂予监外执行的。

(二)特大案件

1. 办理五次以上或者一次办理五人以上的;

2. 为特别重大刑事犯罪分子办理减刑、假释、暂予监外执行的。

《最高人民检察院关于渎职侵权犯罪案件立案标准的规定》(2006年7月26日　高检发释字〔2006〕2号)

一、渎职犯罪案件

(十一)徇私舞弊减刑、假释、暂予监外执行案(第四百零一条)

徇私舞弊减刑、假释、暂予监外执行罪是指司法工作人员徇私舞弊,对不符合减刑、假释、暂予监外执行条件的罪犯予以减刑、假释、暂予监外执行的行为。

涉嫌下列情形之一的,应予立案:

1. 刑罚执行机关的工作人员对不符合减刑、假释、暂予监外执行条件的罪犯,捏造事实,伪造材料,违法报请减刑、假释、暂予监外执行的;

2. 审判人员对不符合减刑、假释、暂予监外执行条件的罪犯,徇私舞弊,违法裁定减刑、假释或者违法决定暂予监外执行的;

3. 监狱管理机关、公安机关的工作人员对不符合暂予监外执行条件的罪犯,徇私舞弊,违法批准暂予监外执行的;

4. 不具有报请、裁定、决定或者批准减刑、假释、暂予监外执行权的司法工作人员利用职务上的便利,伪造有关材料,导致不符合减刑、假释、暂予监外执行条件的罪犯被减刑、假释、暂予监外执行的;

5. 其他徇私舞弊减刑、假释、暂予监外执行应予追究刑事责任的情形。

要义辨析

一、概念

本罪是指司法工作人员徇私舞弊,对不符合减刑、假释、暂予监外执行条件的罪犯,予以减刑、假释或者暂予监外执行的行为。

二、构成要件

1. 本罪侵犯的客体是国家对罪犯的正常监管活动。

2. 本罪客观方面表现为徇私舞弊,对不符合减刑、假释、暂予监外执行条件的罪犯,予以减刑、假释或者暂予监外执行,情节严重的行为。

3. 犯罪主体是特殊主体,只能是司法工作人员。

4. 本罪主观方面是故意,即明知不符合法定条件而予以减刑、假释或者暂予监外执行。过失不构成本罪。

三、要点辨析

1. 本罪名为选择性罪名。按照法律规定,行为人徇私舞弊,具有对不符合减刑、假释、暂予监外执行条件的罪犯,予以减刑、假释或者暂予监外执行其中一种行为的,就成立本罪,实施了两种以上行为的,仍为一罪,不实行并罚。

2. 本罪的犯罪主体是司法人员,包括负责减刑、假释、暂予监外执行的申报考核司法警察、法院审判人员、监外执行负责监管的公安人员。

3. "情节严重"一般是指违法对严重的罪犯予以减刑、假释或者暂予监外执行的;被违法减刑、假释、暂予监外执行的罪犯继续犯罪,危害社会的;违法减刑、假释或者暂予监外执行造成恶劣的社会影响的;收受罪犯及其家属的财物而违法办理减刑、假释或者暂予监外执行的,等等。

4. 本罪既遂与未遂的标准为行为人是否做出了不符合法定条件的予以减刑、假释或者暂予监外执行的裁定或决定。但如果该司法工作人员只有权建议作出裁定或决定的,则在该裁定或者决定被批准作出后,即构成既遂,尚未批准的,构成未遂。

四、罪名变迁

本罪是1997年《刑法》增设的罪名。

类罪名:渎职罪	罪名:徇私舞弊不移交刑事案件罪
量刑标准	情节严重的　处3年以下有期徒刑或者拘役;
	造成严重后果的　处3年以上7年以下有期徒刑。

法律依据

一、《刑法》条文

第四百零二条 行政执法人员徇私舞弊,对依法应当移交司法机关追究刑事责任的不移交,情节严重的,处三年以下有期徒刑或者拘役;造成严重后果的,处三年以上七年以下有期徒刑。

二、相关法律

《中华人民共和国行政处罚法》(2021年1月22日修订)

第八十二条 行政机关对应当依法移交司法机关追究刑事责任的案件不移交,以行政处罚代替刑事处罚,由上级行政机关或者有关机关责令改正,对直接负责的主管人员和其他直接责任人员依法给予处分;情节严重构成犯罪的,依法追究刑事责任。

三、相关司法解释/文件

《最高人民检察院关于人民检察院直接受理立案侦查的渎职侵权重特大案件标准(试行)》(2001年7月20日 高检发〔2001〕13号)

十、徇私舞弊不移交刑事案件案

(一)重大案件

1. 对犯罪嫌疑人依法可能判处五年以上十年以下有期徒刑的重大刑事案件不移交的;

2. 五次以上不移交犯罪案件,或者一次不移交犯罪案件涉及五名以上犯罪嫌疑人的;

3. 以罚代刑,放纵犯罪嫌疑人,致使犯罪嫌疑人继续进行刑事犯罪的。

(二)特大案件

1. 对犯罪嫌疑人依法可能判处十年以上有期徒刑、无期徒刑、死刑的特别重大刑事案件不移交的;

2. 七次以上不移交犯罪案件,或者一次不移交犯罪案件涉及七名以上犯罪嫌疑人的;

3. 以罚代刑,放纵犯罪嫌疑人,致使犯罪嫌疑人继续进行严重刑事犯罪的。

《最高人民检察院关于渎职侵权犯罪案件立案标准的规定》(2006年7月26日 高检发释字〔2006〕2号)

一、渎职犯罪案件

(十二)徇私舞弊不移交刑事案件案(第四百零二条)

徇私舞弊不移交刑事案件罪是指工商行政管理、税务、监察等行政执法人员,徇私舞弊,对依法应当移交司法机关追究刑事责任的案件不移交,情节严重的行为。

涉嫌下列情形之一的,应予立案:

1. 对依法可能判处3年以上有期徒刑、无期徒刑、死刑的犯罪案件不移交的;

2. 不移交刑事案件涉及3人次以上的;

3. 司法机关提出意见后,无正当理由仍然不予移交的;

4. 以罚代刑,放纵犯罪嫌疑人,致使犯罪嫌疑人继续进行违法犯罪活动的;

5. 行政执法部门主管领导阻止移交的;

6. 隐瞒、毁灭证据,伪造材料,改变刑事案件性质的;

7. 直接负责的主管人员和其他直接责任人员为牟取本单位私利而不移交刑事案件,情节严重的;

8. 其他情节严重的情形。

要义辨析

一、概念

本罪是指行政执法人员徇私舞弊,对依法应当移交司法机关追究刑事责任的不移交,情节严重的行为。

二、构成要件

1. 本罪侵犯的客体是国家正常的行政执法活动和司法活动。

2. 本罪客观方面表现为徇私舞弊,对依法应当移交司法机关追究刑事责任的不移交,并且情节严重。

3. 犯罪主体是特殊主体,即行政执法人员,包括所有负有执行行政法规职责的国家机关工作人员。

4. 本罪主观方面是直接故意,即明知行政违法人的行为构成了犯罪,应当移交而不移交。间接故意不构成本罪。在学理上,本罪为不作为犯罪。

三、要点辨析

1. 本罪是衔接行政执法和刑事司法环节中,制约行政执法人员,防止其徇私枉法放纵罪犯的一个罪名,目的是防止有罪不究。

2. 本罪是行为犯,达到情节严重的,才构成犯罪。

3. 案件是否应当移送刑事程序,要特别慎重的审查。因为罪与非罪的界限,刑法理论和刑事司法实际中,都很难判定。罪与非罪的认识因人而异。认定本罪的原嫌疑人是否构罪,要集体讨论,审查未移送的原因和理由,有没有徇私舞弊的事实存在。未移送行为同本案犯罪嫌疑人有没有直接的因果关系,进行从严把握。

4. 行政执法人员因受贿而不移交刑事案件,如果受贿行为构成犯罪的,以徇私舞弊不移交刑事案件罪和受贿罪数罪并罚。行政执法人员拒不移交案件而放纵的行为涉及制售伪劣商品犯罪行为,同时触犯本罪和刑法第414条放纵制售伪劣商品犯罪行为罪的,应从一重罪处断。

四、罪名变迁

本罪是1997年《刑法》增设的罪名。

类罪名:渎职罪	**罪名:滥用管理公司、证券职权罪**
量刑标准	**构成犯罪的**　处5年以下有期徒刑或者拘役;
	上级部门强令登记机关及其工作人员实施前款行为的　对其直接负责的主管人员,依照上述规定处罚。

法律依据

一、《刑法》条文

第四百零三条　国家有关主管部门的国家机关工作人员,徇私舞弊,滥用职权,对不符合法律规定条件的公司设立、登记申请或者股票、债券发行、上市申请,予以批准或者登记,致使公共财产、国家和人民利益遭受重大损失的,处五年以下有期徒刑或者拘役。

上级部门强令登记机关及其工作人员实施前款行为的,对其直接负责的主管人员,依照前款的规定处罚。

二、相关司法解释/文件

《最高人民检察院关于人民检察院直接受理立案侦查的渎职侵权重特大案件标准(试行)》(2001年7月20日　高检发〔2001〕13号)

十一、滥用管理公司、证券职权案

(一)重大案件

1. 造成直接经济损失五十万元以上的;

2. 因违法批准或者登记致使发生刑事犯罪的。

(二)特大案件

1. 造成直接经济损失一百万元以上的;

2. 因违法批准或者登记致使发生重大刑事犯罪的。

《最高人民检察院关于渎职侵权犯罪案件立案标准的规定》(2006年7月26日　高检发释字〔2006〕2号)

一、渎职犯罪案件

(十三)滥用管理公司、证券职权案(第四百零三条)

滥用管理公司、证券职权罪是指工商行政管理、证券管理等国家有关主管部门的工作人员徇私舞弊,滥用职权,对不符合法律规定条件的公司设立、登记申请或者股票、债券发行、上市申请予以批准或者登记,致使公共财产、国家和人民利益遭受重大损失的行为,以及上级部门、当地政府强令登记机关及其工作人员实施上述行为的行为。

涉嫌下列情形之一的,应予立案:

1. 造成直接经济损失50万元以上的;

2. 工商管理部门的工作人员对不符合法律规定条件的公司设立、登记申请,违法予以批准、登记,严重扰乱市场秩序的;

3. 金融证券管理机构工作人员对不符合法律规定条件的股票、债券发行、上市申请,违法予以批准,严重损害公众利益,或者严重扰乱金融秩序的;

4. 工商管理部门、金融证券管理机构的工作人员对不符合法律规定条件的公司设立、登记申请或者股票、债券发行、上市申请违法予以批准或者登记,致使犯罪行为得逞的;

5. 上级部门、当地政府直接负责的主管人员强令登记机关及其工作人员,对不符合法律规定条件的公司设立、登记申请或者股票、债券发行、上市申请予以批准或者登记,致使公共财产、国家或者人民利益遭受重大损失的;

6. 其他致使公共财产、国家和人民利益遭受重大损失的情形。

要义辨析

一、概念

本罪是指国家有关主管部门的国家机关工作人员,徇私舞弊,滥用职权,对不符合法律规定条件的公司设立、登记申请或者股票、债券发行、上市申请,设立机构的申请,予以批准或者登记,致使公共财产、国家和人民利益遭受重大损失的行为。徇私舞弊,是指为徇私利、徇私情而违反法律、行政法规规定;滥用职权,是指不正确使用职权或逾越职权。

二、构成要件

1. 本罪侵犯的客体是国家对公司、证券的正常管理活动。

2. 本罪客观方面表现为徇私舞弊、滥用职权,对不符合法律规定条件的公司设立、登记申请或者股票、债券发行、上市申请,予以批准或者登记,致使公共财产、国家和人民利益遭受重大损失的行为。

3. 犯罪主体是特殊主体,只限于国家有关主管部门的国家机关工作人员。发债券发行、上市申请,有权进行批准或者登记的管理人员。

4. 本罪主观方面是故意。

三、要点辨析

1. 本罪是结果犯。行为人批准或者登记,同意债券发行、上市申请,予以致使公共财产、国家和人民利益遭受重大损失的,才构成犯罪。

2. 行为人因受贿而实施本罪,如果受贿行为构成本罪的,以滥用管理公司、证券职权罪和受贿罪数罪并罚。

四、罪名变迁

本罪是1997年《刑法》增设的罪名。本罪是根据1995年2月28日《全国人民代表大会常务委员会关于惩治违反公司法的犯罪的决定》第8条的规定,吸收为《刑法》的规定。

类罪名:渎职罪	**罪名:徇私舞弊不征、少征税款罪**
量刑标准	造成重大损失的　处5年以下有期徒刑或者拘役;
	造成特别重大损失的　处5年以上有期徒刑。

法律依据

一、《刑法》条文

第四百零四条　税务机关的工作人员徇私舞弊,不征或者少征应征税款,致使国家税收遭受重大损失的,处五年以下有期徒刑或者拘役;造成特别重大损失的,处五年以上有期徒刑。

二、相关司法解释/文件

《最高人民检察院关于人民检察院直接受理立案侦查的渎职侵权重特大案件标准(试行)》(2001年7月20日　高检发〔2001〕13号)

十二、徇私舞弊不征、少征税款案

（一）重大案件

造成国家税收损失累计达三十万元以上的。

（二）特大案件

造成国家税收损失累计达五十万元以上的。

《最高人民检察院关于渎职侵权犯罪案件立案标准的规定》（2006年7月26日 高检发释字〔2006〕2号）

一、渎职犯罪案件

（十四）徇私舞弊不征、少征税款案（第四百零四条）

徇私舞弊不征、少征税款罪是指税务机关工作人员徇私舞弊，不征、少征应征税款，致使国家税收遭受重大损失的行为。

涉嫌下列情形之一的，应予立案：

1. 徇私舞弊不征、少征应征税款，致使国家税收损失累计达10万元以上的；

2. 上级主管部门工作人员指使税务机关工作人员徇私舞弊不征、少征应征税款，致使国家税收损失累计达10万元以上的；

3. 徇私舞弊不征、少征应征税款不满10万元，但具有索取或者收受贿赂或者其他恶劣情节的；

4. 其他致使国家税收遭受重大损失的情形。

要义辨析

一、概念

本罪是指税务机关的工作人员徇私舞弊，不征或少征应征税款，致使国家税收遭受重大损失的行为。

二、构成要件

1. 本罪侵犯的客体是税务机关的正常管理活动。

2. 本罪客观方面表现为徇私舞弊，不征或少征应征税款，致使国家税收遭受重大损失的行为。

3. 犯罪主体只能是税务机关的工作人员。

4. 本罪主观方面是故意。

三、要点辨析

1. 本罪为结果犯，不征或少征应征税款的行为必须造成“致使国家税收遭受重大损失”的后果，才构成犯罪。按照法律规定，行为人只要实施了不征或少征应征税款其中一种行为，就构成本罪，实施了两种行为的，仍为一罪，不实行并罚。

2. 在司法实践中，如果税收工作人员和纳税主体相勾结，帮助其实现偷税的目的，如出主意或帮助纳税主体在账薄上多列支出或者不列、少列收入，以不缴纳或者少缴纳应纳税款，而后故意不征或者少征应征税款的，可构成逃税罪的共犯。

四、罪名变迁

本罪是1997年《刑法》增设的罪名

类罪名：渎职罪 │ 罪名：徇私舞弊发售发票、抵扣税款、出口退税罪	
量刑标准	致使国家利益遭受重大损失的　处5年以下有期徒刑或者拘役；
	致使国家利益遭受特别重大损失的　处5年以上有期徒刑。

法律依据

一、《刑法》条文

第四百零五条第一款　税务机关的工作人员违反法律、行政法规的规定，在办理发售发票、抵扣税款、出口退税工作中，徇私舞弊，致使国家利益遭受重大损失的，处五年以下有期徒刑或者拘役；致使国家利益遭受特别重大损失的，处五年以上有期徒刑。

二、相关司法解释/文件

《最高人民检察院关于人民检察院直接受理立案侦查的渎职侵权重特大案件标准（试行）》（2001年7月20日 高检发〔2001〕13号）

十三、徇私舞弊发售发票、抵扣税款、出口退

徇私舞弊发售发票、抵扣税款、出口退税罪

税案

(一)重大案件

造成国家税收损失累计达三十万元以上的。

(二)特大案件

造成国家税收损失累计达五十万元以上的。

《最高人民检察院关于渎职侵权犯罪案件立案标准的规定》(2006年7月26日 高检发释字〔2006〕2号)

一、渎职犯罪案件

(十五)徇私舞弊发售发票、抵扣税款、出口退税案(第四百零五条第一款)

徇私舞弊发售发票、抵扣税款、出口退税罪是指税务机关工作人员违反法律、行政法规的规定,在办理发售发票、抵扣税款、出口退税工作中徇私舞弊,致使国家利益遭受重大损失的行为。

涉嫌下列情形之一的,应予立案:

1. 徇私舞弊,致使国家税收损失累计达10万元以上的;

2. 徇私舞弊,致使国家税收损失累计不满10万元,但发售增值税专用发票25份以上或者其他发票50份以上或者增值税专用发票与其他发票合计50份以上,或者具有索取、收受贿赂或者其他恶劣情节的;

3. 其他致使国家利益遭受重大损失的情形。

要义辨析

一、概念

本罪是指税务机关的工作人员违反法律、行政法规的规定,在办理发售发票、抵扣税款、出口退税工作中徇私舞弊,致使国家利益遭受重大损失的行为。"重大损失"是犯罪必要条件。

二、构成要件

1. 本罪侵犯的客体是国家的税收征收管理制度。

2. 本罪客观方面表现为违反法律、行政法规的规定,在办理发售发票、抵扣税款、出口退税工作中徇私舞弊,致使国家利益遭受重大损失的行为。

3. 犯罪主体只能是税务机关的工作人员。

4. 本罪主观方面为故意。

三、要点辨析

1. 本罪是指徇私舞弊向他人发售可以抵税的发票、同意抵扣税款、帮助出口退税的行为。犯罪主体只能是税务机关的工作人员。

2. 本罪是结果犯。徇私舞弊,致使国家利益遭受重大损失的,才构成本罪。

3. 税务工作人员在办理发售发票、抵扣税款、出口退税工作中接受贿赂而实施本罪的,如果受贿行为构成犯罪的,以徇私舞弊发售发票、抵扣税款、出口退税罪和受贿罪数罪并罚。

四、罪名变迁

本罪是1997年《刑法》增设的罪名。

类罪名:渎职罪	罪名:违法提供出口退税凭证罪
量刑标准	**致使国家利益遭受重大损失的** 处5年以下有期徒刑或者拘役;
	致使国家利益遭受特别重大损失的 处5年以上有期徒刑。

法律依据

一、《刑法》条文

第四百零五条 税务机关的工作人员违反法律、行政法规的规定,在办理发售发票、抵扣税款、出口退税工作中,徇私舞弊,致使国家利益遭受重大损失的,处五年以下有期徒刑或者拘役;致使国家利益遭受特别重大损失的,处五年以上有期徒刑。

其他国家机关工作人员违反国家规定,在提供出口货物报关单、出口收汇核销单等出口退税凭证的工作中，徇私舞弊，致使国家利益遭受重大损失的，依照前款的规定处罚。

二、相关司法解释/文件

《最高人民检察院关于人民检察院直接受理立案侦查的渎职侵权重特大案件标准（试行）》（2001年7月20日　高检发〔2001〕13号）

十四、违法提供出口退税凭证案

（一）重大案件

造成国家税收损失累计达三十万元以上的。

（二）特大案件

造成国家税收损失累计达五十万元以上的。

《最高人民检察院关于渎职侵权犯罪案件立案标准的规定》（2006年7月26日　高检发释字〔2006〕2号）

一、渎职犯罪案件

（十六）违法提供出口退税凭证案（第四百零五条第二款）

违法提供出口退税凭证罪是指海关、外汇管理等国家机关工作人员违反国家规定，在提供出口货物报关单、出口收汇核销单等出口退税凭证的工作中徇私舞弊，致使国家利益遭受重大损失的行为。

涉嫌下列情形之一的，应予立案：

1. 徇私舞弊，致使国家税收损失累计达10万元以上的；

2. 徇私舞弊，致使国家税收损失累计不满10万元，但具有索取、收受贿赂或者其他恶劣情节的；

3. 其他致使国家利益遭受重大损失的情形。

要义辨析

一、概念

本罪是指税务机关以外的国家机关的工作人员违反法律、行政法规的规定，在提供出口货物报关单、出口收汇核销单等出口退税凭证中，徇私舞弊，致使国家利益遭受重大损失的行为。

二、构成要件

1. 本罪侵犯的客体是国家的出口退税制度。

2. 本罪客观方面表现为违反法律、行政法规的规定，在办理出口退税工作中徇私舞弊，致使国家利益遭受重大损失的行为。

3. 犯罪主体只能是税务机关以外的国家机关工作人员，主要是海关和银行工作人员。

4. 本罪主观方面是故意，行为人须有徇私的动机。

三、要点辨析

1. 本罪是《刑法》第405条第2款规定的罪名。主要根据行为主体不同，本款专门规定税务机关以外的国家机关的工作人员违反法律、行政法规的规定，在提供出口货物报关单、出口收汇核销单等出口退税凭证中，徇私舞弊，致使国家利益遭受重大损失的行为。

2. 本罪是结果犯。是否“致使国家利益遭受重大损失”是区分本罪与非罪行为的结果要件。行为人虽然违法提供出口退税凭证，但给国家利益造成的损失尚未达到“重大”的程度的，则属一般违法行为，不构成犯罪。

3. 本罪与骗取出口退税罪共犯的界限。行为人与骗取出口退税的犯罪分子相勾结，违法向其提供出口退税凭证，构成犯罪的，可以骗取出口退税罪的共犯论处。

四、罪名变迁

本罪是1997年《刑法》增设的罪名。

类罪名：渎职罪	**罪名：国家机关工作人员签订、履行合同失职被骗罪**
量刑标准	**致使国家利益遭受重大损失的**　处3年以下有期徒刑或者拘役；
	致使国家利益遭受特别重大损失的　处3年以上7年以下有期徒刑。

法律依据

一、《刑法》条文

第四百零六条　国家机关工作人员在签订、履行合同过程中,因严重不负责任被诈骗,致使国家利益遭受重大损失的,处三年以下有期徒刑或者拘役;致使国家利益遭受特别重大损失的,处三年以上七年以下有期徒刑。

二、相关司法解释/文件

《最高人民检察院关于人民检察院直接受理立案侦查的渎职侵权重特大案件标准(试行)》(2001 年 7 月 20 日　高检发〔2001〕13 号)

十五、国家机关工作人员签订、履行合同失职被骗案

(一)重大案件

造成直接经济损失一百万元以上的。

(二)特大案件

造成直接经济损失二百万元以上的。

《最高人民检察院关于渎职侵权犯罪案件立案标准的规定》(2006 年 7 月 26 日　高检发释字〔2006〕2 号)

一、渎职犯罪案件

(十七)国家机关工作人员签订、履行合同失职被骗案(第四百零六条)

国家机关工作人员签订、履行合同失职被骗罪是指国家机关工作人员在签订、履行合同过程中,因严重不负责任,不履行或者不认真履行职责被诈骗,致使国家利益遭受重大损失的行为。

涉嫌下列情形之一的,应予立案:

1. 造成直接经济损失 30 万元以上,或者直接经济损失不满 30 万元,但间接经济损失 150 万元以上的;

2. 其他致使国家利益遭受重大损失的情形。

要义辨析

一、概念

本罪是指国家机关工作人员在签订、履行合同过程中,因严重不负责任被诈骗,致使国家利益遭受重大损失的行为。

二、构成要件

1. 本罪侵犯的客体是国家机关的正常活动和国有资产的安全。

2. 本罪客观方面表现为在签订、履行合同过程中,因严重不负责任被诈骗,致使国家利益遭受重大损失的行为。

3. 犯罪主体只能是国家机关工作人员。

4. 本罪主观方面是过失,即应当预见自己严重不负责任可能发生被诈骗的结果,由于疏忽大意而没有预见,或者已经预见而轻信能够避免,以致被诈骗。

三、要点辨析

1. 本罪主体是特定的,只能是国家机关工作人员,主要是国有企业的管理人员,他们负有对国有资产的保值增值的责任。民营企业高管不构成本罪主体。

2. 本罪适用严格入罪标准原则。一是国有企业管理人要严重不负责任被诈骗事实,二是致使国家利益遭受重大损失的。既审查行为,又审查犯罪后果。

3. 本罪罪与非罪的界限。(1)对于在签订、履行合同过程中因国家政策、国际和国内市场行情的变化等不能抗拒或者不能预见的原因,致使国家利益遭受重大损失的,不能以犯罪论处。(2)行为人虽然因严重不负责任而被诈骗,但给国家利益造成的损失未达到“重大”的程度,也不能追究刑事责任,可给予必要的性质处分。

4. 本罪与签订、履行合同失职被骗罪的界限。本罪的犯罪主体是国家机关工作人员,后者的犯罪主体是国有公司和其他企业、事业单位直接负责的主管人员。

四、罪名变迁

本罪是 1997 年《刑法》增设的罪名。

类罪名:渎职罪	罪名:违法发放林木采伐许可证罪
量刑标准	**构成本罪的** 处3年以下有期徒刑或者拘役。

法律依据

一、《刑法》条文

第四百零七条 林业主管部门的工作人员违反森林法的规定,超过批准的年采伐限额发放林木采伐许可证或者违反规定滥发林木采伐许可证,情节严重,致使森林遭受严重破坏的,处三年以下有期徒刑或者拘役。

二、相关司法解释/文件

《最高人民检察院关于人民检察院直接受理立案侦查的渎职侵权重特大案件标准(试行)》(2001年7月20日 高检发〔2001〕13号)

十六、违法发放林木采伐许可证案

(一)重大案件

1. 发放林木采伐许可证允许采伐数量累计超过批准的年采伐限额,导致林木被采伐数量在二十立方米以上的;

2. 滥发林木采伐许可证,导致林木被滥伐四十立方米以上的;

3. 滥发林木采伐许可证,导致珍贵树木被滥伐二株或者二立方米以上的;

4. 批准采伐国家禁止采伐的林木,情节特别恶劣的。

(二)特大案件

1. 发放林木采伐许可证允许采伐数量累计超过批准的年采伐限额,导致林木被采伐数量超过三十立方米的;

2. 滥发林木采伐许可证,导致林木被滥伐六十立方米以上的;

3. 滥发林木采伐许可证,导致珍贵树木被滥伐五株或者五立方米以上的;

4. 批准采伐国家禁止采伐的林木,造成严重后果的。

《最高人民检察院关于渎职侵权犯罪案件立案标准的规定》(2006年7月26日 高检发释字〔2006〕2号)

一、渎职犯罪案件

(十八)违法发放林木采伐许可证案(第四百零七条)

违法发放林木采伐许可证罪是指林业主管部门的工作人员违反森林法的规定,超过批准的年采伐限额发放林木采伐许可证或者违反规定滥发林木采伐许可证,情节严重,致使森林遭受严重破坏的行为。

涉嫌下列情形之一的,应予立案:

1. 发放林木采伐许可证允许采伐数量累计超过批准的年采伐限额,导致林木被超限额采伐10立方米以上的;

2. 滥发林木采伐许可证,导致林木被滥伐20立方米以上,或者导致幼树被滥伐1000株以上的;

3. 滥发林木采伐许可证,导致防护林、特种用途林被滥伐5立方米以上,或者幼树被滥伐200株以上的;

4. 滥发林木采伐许可证,导致珍贵树木或者国家重点保护的其他树木被滥伐的;

5. 滥发林木采伐许可证,导致国家禁止采伐的林木被采伐的;

6. 其他情节严重,致使森林遭受严重破坏的情形。

林业主管部门工作人员之外的国家机关工作人员,违反森林法的规定,滥用职权或者玩忽职守,致使林木被滥伐40立方米以上或者幼树被滥伐2000株以上,或者致使防护林、特种用途林被滥伐10立方米以上或者幼树被滥伐400株以上,或者致使珍贵树木被采伐、毁坏4立方米或者4株以上,或者致使国家重点保护的其他植物被采伐、毁坏后果严重的,或者致使国家严禁采伐的林木被采伐、毁坏情节恶劣的,按照刑法第397条的规定以滥用职权罪或者玩忽职守罪追究刑事责任。

《最高人民检察院关于对林业主管部门工作人员在发放林木采伐许可证之外滥用职权、玩忽职守致使森林遭受严重破坏的行为适用法律问题的批复》(2007年5月16日　高检发释字〔2007〕1号)

福建省人民检察院:

你院《关于林业主管部门工作人员滥用职权、玩忽职守造成森林资源损毁立案标准问题的请示》(闽检〔2007〕14号)收悉。经研究,批复如下:

林业主管部门工作人员违法发放林木采伐许可证,致使森林遭受严重破坏的,依照刑法第四百零七条的规定,以违法发放林木采伐许可证罪追究刑事责任;以其他方式滥用职权或者玩忽职守,致使森林遭受严重破坏的,依照刑法第三百九十七条的规定,以滥用职权罪或者玩忽职守罪追究刑事责任,立案标准依照《最高检察院关于渎职侵权犯罪案件立案标准的规定》第一部分渎职犯罪案件第十八条第三款的规定执行。

要义辨析

一、概念

本罪是指林业主管部门的工作人员违反《森林法》的规定,超过批准的年采伐限额发放林木采伐许可证或者违反规定滥发林木采伐许可证,情节严重,致使森林遭受严重破坏的行为。

二、构成要件

1. 本罪侵犯的客体是国家对森林资源的管理制度。

2. 本罪客观方面表现为违反《森林法》的规定,超过批准的年采伐限额发放林木采伐许可证或者违反规定滥发林木采伐许可证,情节严重,致使森林遭受严重破坏的行为。

3. 犯罪主体为特殊主体,即林业主管部门的工作人员,主要是林业主管部门负有发放林木采伐许可证职责的工作人员。

4. 本罪主观方面是间接故意,即行为人对违法发放采伐许可证是明知的,但对于导致森林资源遭受严重破坏的结果则持放任态度。

三、要点辨析

1. 本罪是结果犯。情节严重,致使森林遭受严重破坏的,才构成犯罪。

2. 行为人出于直接故意,与滥发林木的犯罪分子相勾结,滥发采伐林木许可证,帮助其实现滥伐林木的目的的,构成滥发林木罪的共犯,应当依照《刑法》第345条第2款的规定追究其刑事责任。

四、罪名变迁

本罪是1997年《刑法》增设的罪名,是从1984年《森林法》的规定,吸收改为《刑法》具体规定的。1979年《刑法》和单行刑法均没有规定此罪名。

渎职罪

类罪名:渎职罪	罪名:环境监管失职罪
量刑标准	造成严重后果的　处3年以下有期徒刑或者拘役。

法律依据

一、《刑法》条文

第四百零八条　负有环境保护监督管理职责的国家机关工作人员严重不负责任,导致发生重大环境污染事故,致使公私财产遭受重大损失或者造成人身伤亡的严重后果的,处三年以下有期徒刑或者拘役。

二、相关法律

《中华人民共和国环境噪声污染防治法》(2018年12月29日修正)

第六十二条　环境噪声污染防治监督管理人员滥用职权、玩忽职守、徇私舞弊的，由其所在单位或者上级主管机关给予行政处分；构成犯罪的，依法追究刑事责任。

《中华人民共和国环境保护法》(2014年4月24日修订)

第十条　国务院环境保护主管部门，对全国环境保护工作实施统一监督管理；县级以上地方人民政府环境保护主管部门，对本行政区域环境保护工作实施统一监督管理。

县级以上人民政府有关部门和军队环境保护部门，依照有关法律的规定对资源保护和污染防治等环境保护工作实施监督管理。

《中华人民共和国大气污染防治法》(2018年10月26日修正)

第三条第二款　地方各级人民政府应当对本行政区域的大气环境质量负责，制定规划，采取措施，控制或者逐步削减大气污染物的排放量，使大气环境质量达到规定标准并逐步改善。

第一百二十六条　地方各级人民政府、县级以上人民政府环境保护主管部门和其他负有大气环境保护监督管理职责的部门及其工作人员滥用职权、玩忽职守、徇私舞弊、弄虚作假的，依法给予处分。

第一百二十七条　违反本法规定，构成犯罪的，依法追究刑事责任。

《中华人民共和国固体废物污染环境防治法》(2020年4月29日修订)

第九条　国务院生态环境主管部门对全国固体废物污染环境防治工作实施统一监督管理。国务院发展改革、工业和信息化、自然资源、住房城乡建设、交通运输、农业农村、商务、卫生健康、海关等主管部门在各自职责范围内负责固体废物污染环境防治的监督管理工作。

地方人民政府生态环境主管部门对本行政区域固体废物污染环境防治工作实施统一监督管理。地方人民政府发展改革、工业和信息化、自然资源、住房城乡建设、交通运输、农业农村、商务、卫生健康等主管部门在各自职责范围内负责固体废物污染环境防治的监督管理工作。

第一百零一条　生态环境主管部门或者其他负有固体废物污染环境防治监督管理职责的部门违反本法规定，有下列行为之一，由本级人民政府或者上级人民政府有关部门责令改正，对直接负责的主管人员和其他直接责任人员依法给予处分：

(一)未依法作出行政许可或者办理批准文件的；

(二)对违法行为进行包庇的；

(三)未依法查封、扣押的；

(四)发现违法行为或者接到对违法行为的举报后未予查处的；

(五)有其他滥用职权、玩忽职守、徇私舞弊等违法行为的。

依照本法规定应当作出行政处罚决定而未作出的，上级主管部门可以直接作出行政处罚决定。

《中华人民共和国水污染防治法》(2017年6月27日修正)

第九条　县级以上人民政府环境保护主管部门对水污染防治实施统一监督管理。

交通主管部门的海事管理机构对船舶污染水域的防治实施监督管理。

县级以上人民政府水行政、国土资源、卫生、建设、农业、渔业等部门以及重要江河、湖泊的流域水资源保护机构，在各自的职责范围内，对有关水污染防治实施监督管理。

第一百零一条　违反本法规定，构成犯罪的，依法追究刑事责任。

三、相关司法解释/文件

《最高人民检察院关于人民检察院直接受理立案侦查的渎职侵权重特大案件标准(试行)》(2001年7月20日　高检发〔2001〕13号)

十七、环境监管失职案

(一)重大案件

1. 造成直接经济损失一百万元以上的；

2. 致人死亡二人以上或者重伤五人以上的；

3. 致使一定区域生态环境受到严重危害的。

(二)特大案件

1. 造成直接经济损失三百万元以上的；

2. 致人死亡五人以上或者重伤十人以上的；

3. 致使一定区域生态环境受到严重破坏的。

《最高人民检察院关于渎职侵权犯罪案件立案标准的规定》(2006年7月26日 高检发释字〔2006〕2号)

一、渎职犯罪案件

(十九)环境监管失职案(第四百零八条)

环境监管失职罪是指负有环境保护监督管理职责的国家机关工作人员严重不负责任,不履行或者不认真履行环境保护监管职责导致发生重大环境污染事故,致使公私财产遭受重大损失或者造成人身伤亡的严重后果的行为。

涉嫌下列情形之一的,应予立案:

1. 造成死亡1人以上,或者重伤3人以上,或者重伤2人、轻伤4人以上,或者重伤1人、轻伤7人以上,或者轻伤10人以上的;

2. 导致30人以上严重中毒的;

3. 造成个人财产直接经济损失15万元以上,或者直接经济损失不满15万元,但间接经济损失75万元以上的;

4. 造成公共财产、法人或者其他组织财产直接经济损失30万元以上,或者直接经济损失不满30万元,但间接经济损失150万元以上的;

5. 虽未达到3、4两项数额标准,但3、4两项合计直接经济损失30万元以上,或者合计直接经济损失不满30万元,但合计间接经济损失150万元以上的;

6. 造成基本农田或者防护林地、特种用途林地10亩以上,或者基本农田以外的耕地50亩以上,或者其他土地70亩以上被严重毁坏的;

7. 造成生活饮用水地表水源和地下水源严重污染的;

8. 其他致使公私财产遭受重大损失或者造成人身伤亡严重后果的情形。

《最高人民法院、最高人民检察院关于办理环境污染刑事案件适用法律若干问题的解释》(2023年8月8日 法释〔2023〕7号)

为依法惩治环境污染犯罪,根据《中华人民共和国刑法》、《中华人民共和国刑事诉讼法》、《中华人民共和国环境保护法》等法律的有关规定,现就办理此类刑事案件适用法律的若干问题解释如下:

第一条 实施刑法第三百三十八条规定的行为,具有下列情形之一的,应当认定为“严重污染环境”:

(一)在饮用水水源保护区、自然保护地核心保护区等依法确定的重点保护区域排放、倾倒、处置有放射性的废物、含传染病病原体的废物、有毒物质的;

(二)非法排放、倾倒、处置危险废物三吨以上的;

(三)排放、倾倒、处置含铅、汞、镉、铬、砷、铊、锑的污染物,超过国家或者地方污染物排放标准三倍以上的;

(四)排放、倾倒、处置含镍、铜、锌、银、钒、锰、钴的污染物,超过国家或者地方污染物排放标准十倍以上的;

(五)通过暗管、渗井、渗坑、裂隙、溶洞、灌注、非紧急情况下开启大气应急排放通道等逃避监管的方式排放、倾倒、处置有放射性的废物、含传染病病原体的废物、有毒物质的;

(六)二年内曾因在重污染天气预警期间,违反国家规定,超标排放二氧化硫、氮氧化物等实行排放总量控制的大气污染物受过二次以上行政处罚,又实施此类行为的;

(七)重点排污单位、实行排污许可重点管理的单位篡改、伪造自动监测数据或者干扰自动监测设施,排放化学需氧量、氨氮、二氧化硫、氮氧化物等污染物的;

(八)二年内曾因违反国家规定,排放、倾倒、处置有放射性的废物、含传染病病原体的废物、有毒物质受过二次以上行政处罚,又实施此类行为的;

(九)违法所得或者致使公私财产损失三十万元以上的;

(十)致使乡镇集中式饮用水水源取水中断十二小时以上的;

(十一)其他严重污染环境的情形。

第二条 实施刑法第三百三十八条规定的行为,具有下列情形之一的,应当认定为“情节严重”:

(一)在饮用水水源保护区、自然保护地核心保护区等依法确定的重点保护区域排放、倾倒、处置有放射性的废物、含传染病病原体的废物、有毒物质,造成相关区域的生态功能退化或者野生生物资源严重破坏的；

（二）向国家确定的重要江河、湖泊水域排放、倾倒、处置有放射性的废物、含传染病病原体的废物、有毒物质，造成相关水域的生态功能退化或者水生生物资源严重破坏的；

（三）非法排放、倾倒、处置危险废物一百吨以上的；

（四）违法所得或者致使公私财产损失一百万元以上的；

（五）致使县级城区集中式饮用水水源取水中断十二小时以上的；

（六）致使永久基本农田、公益林地十亩以上，其他农用地二十亩以上，其他土地五十亩以上基本功能丧失或者遭受永久性破坏的；

（七）致使森林或者其他林木死亡五十立方米以上，或者幼树死亡二千五百株以上的；

（八）致使疏散、转移群众五千人以上的；

（九）致使三十人以上中毒的；

（十）致使一人以上重伤、严重疾病或者三人以上轻伤的；

（十一）其他情节严重的情形。

第三条　实施刑法第三百三十八条规定的行为，具有下列情形之一的，应当处七年以上有期徒刑，并处罚金：

（一）在饮用水水源保护区、自然保护地核心保护区等依法确定的重点保护区域排放、倾倒、处置有放射性的废物、含传染病病原体的废物、有毒物质，具有下列情形之一的：

1. 致使设区的市级城区集中式饮用水水源取水中断十二小时以上的；

2. 造成自然保护地主要保护的生态系统严重退化，或者主要保护的自然景观损毁的；

3. 造成国家重点保护的野生动植物资源或者国家重点保护物种栖息地、生长环境严重破坏的；

4. 其他情节特别严重的情形。

（二）向国家确定的重要江河、湖泊水域排放、倾倒、处置有放射性的废物、含传染病病原体的废物、有毒物质，具有下列情形之一的：

1. 造成国家确定的重要江河、湖泊水域生态系统严重退化的；

2. 造成国家重点保护的野生动植物资源严重破坏的；

3. 其他情节特别严重的情形。

（三）致使永久基本农田五十亩以上基本功能丧失或者遭受永久性破坏的；

（四）致使三人以上重伤、严重疾病，或者一人以上严重残疾、死亡的。

第四条　实施刑法第三百三十九条第一款规定的行为，具有下列情形之一的，应当认定为“致使公私财产遭受重大损失或者严重危害人体健康”：

（一）致使公私财产损失一百万元以上的；

（二）具有本解释第二条第五项至第十项规定情形之一的；

（三）其他致使公私财产遭受重大损失或者严重危害人体健康的情形。

第五条　实施刑法第三百三十八条、第三百三十九条规定的犯罪行为，具有下列情形之一的，应当从重处罚：

（一）阻挠环境监督检查或者突发环境事件调查，尚不构成妨害公务等犯罪的；

（二）在医院、学校、居民区等人口集中地区及其附近，违反国家规定排放、倾倒、处置有放射性的废物、含传染病病原体的废物、有毒物质或者其他有害物质的；

（三）在突发环境事件处置期间或者被责令限期整改期间，违反国家规定排放、倾倒、处置有放射性的废物、含传染病病原体的废物、有毒物质或者其他有害物质的；

（四）具有危险废物经营许可证的企业违反国家规定排放、倾倒、处置有放射性的废物、含传染病病原体的废物、有毒物质或者其他有害物质的；

（五）实行排污许可重点管理的企业事业单位和其他生产经营者未依法取得排污许可证，排放、倾倒、处置有放射性的废物、含传染病病原体的废物、有毒物质或者其他有害物质的。

第六条　实施刑法第三百三十八条规定的行为，行为人认罪认罚，积极修复生态环境，有效合规整改的，可以从宽处罚；犯罪情节轻微的，可以不起诉或者免予刑事处罚；情节显著轻微危害不大的，不作为犯罪处理。

第七条　无危险废物经营许可证从事收集、贮存、利用、处置危险废物经营活动,严重污染环境的,按照污染环境罪定罪处罚;同时构成非法经营罪的,依照处罚较重的规定定罪处罚。

实施前款规定的行为,不具有超标排放污染物、非法倾倒污染物或者其他违法造成环境污染的情形的,可以认定为非法经营情节显著轻微危害不大,不认为是犯罪;构成生产、销售伪劣产品等其他犯罪的,以其他犯罪论处。

第八条　明知他人无危险废物经营许可证,向其提供或者委托其收集、贮存、利用、处置危险废物,严重污染环境的,以共同犯罪论处。

第九条　违反国家规定,排放、倾倒、处置含有毒害性、放射性、传染病病原体等物质的污染物,同时构成污染环境罪、非法处置进口的固体废物罪、投放危险物质罪等犯罪的,依照处罚较重的规定定罪处罚。

第十条　承担环境影响评价、环境监测、温室气体排放检验检测、排放报告编制或者核查等职责的中介组织的人员故意提供虚假证明文件,具有下列情形之一的,应当认定为刑法第二百二十九条第一款规定的"情节严重":

(一)违法所得三十万元以上的;

(二)二年内曾因提供虚假证明文件受过二次以上行政处罚,又提供虚假证明文件的;

(三)其他情节严重的情形。

实施前款规定的行为,在涉及公共安全的重大工程、项目中提供虚假的环境影响评价等证明文件,致使公共财产、国家和人民利益遭受特别重大损失的,应当依照刑法第二百二十九条第一款的规定,处五年以上十年以下有期徒刑,并处罚金。

实施前两款规定的行为,同时索取他人财物或者非法收受他人财物构成犯罪的,依照处罚较重的规定定罪处罚。

第十一条　违反国家规定,针对环境质量监测系统实施下列行为,或者强令、指使、授意他人实施下列行为,后果严重的,应当依照刑法第二百八十六条的规定,以破坏计算机信息系统罪定罪处罚:

(一)修改系统参数或者系统中存储、处理、传输的监测数据的;

(二)干扰系统采样,致使监测数据因系统不能正常运行而严重失真的;

(三)其他破坏环境质量监测系统的行为。

重点排污单位、实行排污许可重点管理的单位篡改、伪造自动监测数据或者干扰自动监测设施,排放化学需氧量、氨氮、二氧化硫、氮氧化物等污染物,同时构成污染环境罪和破坏计算机信息系统罪的,依照处罚较重的规定定罪处罚。

从事环境监测设施维护、运营的人员实施或者参与实施篡改、伪造自动监测数据、干扰自动监测设施、破坏环境质量监测系统等行为的,依法从重处罚。

第十二条　对于实施本解释规定的相关行为被不起诉或者免予刑事处罚的行为人,需要给予行政处罚、政务处分或者其他处分的,依法移送有关主管机关处理。有关主管机关应当将处理结果及时通知人民检察院、人民法院。

第十三条　单位实施本解释规定的犯罪的,依照本解释规定的定罪量刑标准,对直接负责的主管人员和其他直接责任人员定罪处罚,并对单位判处罚金。

第十四条　环境保护主管部门及其所属监测机构在行政执法过程中收集的监测数据,在刑事诉讼中可以作为证据使用。

公安机关单独或者会同环境保护主管部门,提取污染物样品进行检测获取的数据,在刑事诉讼中可以作为证据使用。

第十五条　对国家危险废物名录所列的废物,可以依据涉案物质的来源、产生过程、被告人供述、证人证言以及经批准或者备案的环境影响评价文件、排污许可证、排污登记表等证据,结合环境保护主管部门、公安机关等出具的书面意见作出认定。

对于危险废物的数量,依据案件事实,综合被告人供述,涉案企业的生产工艺、物耗、能耗情况,以及经批准或者备案的环境影响评价文件等证据作出认定。

第十六条　对案件所涉的环境污染专门性问题难以确定的,依据鉴定机构出具的鉴定意见,或者国务院环境保护主管部门、公安部门指定的机构出具的报告,结合其他证据作出认定。

第十七条　下列物质应当认定为刑法第三百三十八条规定的"有毒物质":

（一）危险废物，是指列入国家危险废物名录，或者根据国家规定的危险废物鉴别标准和鉴别方法认定的，具有危险特性的固体废物；

（二）《关于持久性有机污染物的斯德哥尔摩公约》附件所列物质；

（三）重金属含量超过国家或者地方污染物排放标准的污染物；

（四）其他具有毒性，可能污染环境的物质。

第十八条　无危险废物经营许可证，以营利为目的，从危险废物中提取物质作为原材料或者燃料，并具有超标排放污染物、非法倾倒污染物或者其他违法造成环境污染的情形的行为，应当认定为“非法处置危险废物”。

第十九条　本解释所称“二年内”，以第一次违法行为受到行政处罚的生效之日与又实施相应行为之日的时间间隔计算确定。

本解释所称“重点排污单位”，是指设区的市级以上人民政府环境保护主管部门依法确定的应当安装、使用污染物排放自动监测设备的重点监控企业及其他单位。

本解释所称“违法所得”，是指实施刑法第二百二十九条、第三百三十八条、第三百三十九条规定的行为所得和可得的全部违法收入。

本解释所称“公私财产损失”，包括实施刑法第三百三十八条、第三百三十九条规定的行为直接造成财产损毁、减少的实际价值，为防止污染扩大、消除污染而采取必要合理措施所产生的费用，以及处置突发环境事件的应急监测费用。

本解释所称“无危险废物经营许可证”，是指未取得危险废物经营许可证，或者超出危险废物经营许可证的经营范围。

第二十条　本解释自2023年8月15日起施行。本解释施行后，《最高人民法院、最高人民检察院关于办理环境污染刑事案件适用法律若干问题的解释》（法释〔2016〕29号）同时废止；之前发布的司法解释与本解释不一致的，以本解释为准。

要义辨析

一、概念

本罪是指负有环境保护监督管理职责的国家机关工作人员严重不负责任，导致发生重大环境污染事故，致使公私财产遭受重大损失或者造成人身伤亡严重后果的行为。

二、构成要件

1. 本罪侵犯的客体是国家环境保护机关的监督管理活动和国家对保护环境防治污染的管理制度，是负有环境监管职责的国家执法人员的职责规则。

2. 本罪客观方面表现为严重不负责任，导致发生严重环境污染事故，致使公私财产遭受重大损失或者造成人身伤亡的严重后果的行为。

3. 犯罪主体为特殊主体，是指负有环境保护监督管理职责的国家机关工作人员。具体是指在国务院环境保护行政主管部门、县级以上地方人民政府环境保护行政主管部门从事环境保护工作的人员，以及在国家海洋行政主管部门、港务监督、渔政渔港监督、军队环境保护部门和各级公安、交通、铁路、民航管理部门中，依照有关法律的规定对环境污染防治实施监督管理的人员。此外，县级以上人民政府的土地、矿产、林业、农业、水利行政主管部门中依照有关法律的规定对资源的保护实施监督管理的人员，也可以构成本罪的主体。负有环境保护监督管理职责的国家机关，既包括对环境保护工作实施统一监督管理工作的各级环境行政主管部门，也包括环境保护的协管部门，即依照有关法律规定对环境污染防治实施监督管理的其他部门。

4. 本罪主观方面是过失。如行为人出于故意，不尽环境保护监管职责，导致公私财产遭受重大损失或者造成人身伤亡的，应以相应的故意犯罪定罪处罚，不以本罪或者其他过失犯罪定罪处罚。

三、要点辨析

1. 本罪是结果犯。导致发生重大环境污染事故，致使公私财产遭受重大损失或者造成人身伤亡的严重后果的，才构成犯罪。严重不负责任的行为要有法定的结果，才能构成犯罪。否则属一般违法行为。

2. 因受贿而故意不尽环境保护监管职责，构成犯罪的,应以相应的故意犯罪和受贿罪数罪并罚。

四、罪名变迁

1979 年《刑法》和单行刑法均没有规定此罪名。本罪是 1997 年《刑法》增设的罪名,从《水污染防治法》《大气污染防治法》吸收规定到《刑法》中的。罪名确定为环境监管失职罪。

类罪名:渎职罪	罪名:食品、药品监管渎职罪
量刑标准	**造成严重后果或者有其他严重情节的**　处 5 年以下有期徒刑或者拘役;
	造成特别严重后果或者有其他特别严重情节的　处 5 年以上 10 年以下有期徒刑;
	徇私舞弊犯前款罪的　从重处罚。

法律依据

一、《刑法》条文

第四百零八条之一　负有食品药品安全监督管理职责的国家机关工作人员,滥用职权或者玩忽职守,有下列情形之一,造成严重后果或者有其他严重情节的,处五年以下有期徒刑或者拘役;造成特别严重后果或者有其他特别严重情节的,处五年以上十年以下有期徒刑:

(一)瞒报、谎报食品安全事故、药品安全事件的;

(二)对发现的严重食品药品安全违法行为未按规定查处的;

(三)在药品和特殊食品审批审评过程中,对不符合条件的申请准予许可的;

(四)依法应当移交司法机关追究刑事责任不移交的;

(五)有其他滥用职权或者玩忽职守行为的。

徇私舞弊犯前款罪的,从重处罚。

二、相关法律

《中华人民共和国食品安全法》(2021 年 4 月 29 日修正)

第四条　食品生产经营者对其生产经营食品的安全负责。

食品生产经营者应当依照法律、法规和食品安全标准从事生产经营活动,保证食品安全,诚信自律,对社会和公众负责,接受社会监督,承担社会责任。

第五条　国务院设立食品安全委员会,其职责由国务院规定。

国务院食品药品监督管理部门依照本法和国务院规定的职责,对食品生产经营活动实施监督管理。

国务院卫生行政部门依照本法和国务院规定的职责,组织开展食品安全风险监测和风险评估,会同国务院食品药品监督管理部门制定并公布食品安全国家标准。

国务院其他有关部门依照本法和国务院规定的职责,承担有关食品安全工作。

第六条　县级以上地方人民政府对本行政区域的食品安全监督管理工作负责,统一领导、组织、协调本行政区域的食品安全监督管理工作以及食品安全突发事件应对工作,建立健全食品安全全程监督管理工作机制和信息共享机制。

县级以上地方人民政府依照本法和国务院的规定,确定本级食品药品监督管理、卫生行政部门和其他有关部门的职责。有关部门在各自职责范围内负责本行政区域的食品安全监督管理工作。

县级人民政府食品药品监督管理部门可以在乡镇或者特定区域设立派出机构。

第一百四十九条　违反本法规定,构成犯罪的,依法追究刑事责任。

三、相关司法解释/文件

《最高人民法院、最高人民检察院关于办理危害食品安全刑事案件适用法律若干问题的解释》(2021 年 12 月 30 日　法释〔2021〕24 号)

第二十条　负有食品安全监督管理职责的国

家机关工作人员滥用职权或者玩忽职守，构成食品监管渎职罪，同时构成徇私舞弊不移交刑事案件罪、商检徇私舞弊罪、动植物检疫徇私舞弊罪、放纵制售伪劣商品犯罪行为罪等其他渎职犯罪的，依照处罚较重的规定定罪处罚。

负有食品安全监督管理职责的国家机关工作人员滥用职权或者玩忽职守，不构成食品监管渎职罪，但构成前款规定的其他渎职犯罪的，依照该其他犯罪定罪处罚。

负有食品安全监督管理职责的国家机关工作人员与他人共谋，利用其职务行为帮助他人实施危害食品安全犯罪行为，同时构成渎职犯罪和危害食品安全犯罪共犯的，依照处罚较重的规定定罪从重处罚。

要义辨析

一、概念

本罪是指负有食品、药品监督管理职责的国家机关工作人员，滥用职权或者玩忽职守，导致发生重大食品药品安全事故或者造成其他严重后果的行为，要依法定罪量刑。

二、构成要件

1. 本罪侵犯的客体是食品药品安全监管机关的正常监管活动。

2. 本罪客观方面表现为玩忽职守或者滥用职权，导致发生重大食品药品安全事故或者造成其他严重后果。

3. 犯罪主体是特殊主体，即负有食品药品安全监督管理职责的国家机关工作人员。

4. 本罪主观方面是过失。行为人玩忽职守或滥用职权的行为是故意的，但对损害结果的发生的过失的。

三、要点辨析

1. 本罪是情节犯和结果犯。要有特别的罪状情节，即滥用职权或者玩忽职守；同时要有严重的后果，即导致发生重大食品药品安全事故或者造成其他严重后果的，才构成犯罪。

2. 参照其他相应渎职罪的立案标准，本罪的立案标准必须具备两个条件：(1)相应渎职犯罪的刑罚等同或高于食品药品安全监管渎职罪的刑罚；(2)相应渎职罪的立案追究情形必须是与食品药品安全事故有关的情形。根据《刑法》规定，商检徇私舞弊罪、动植物检疫徇私舞弊罪的处刑幅度规定与食品药品安全监管渎职罪基本一致，因此，如果商检、动植物检疫部门工作人员在履行食品药品安全监督管理职责过程中徇私舞弊渎职犯罪并具备有关情形，可以参照商检徇私舞弊罪、动植物检疫徇私舞弊罪立案标准规定予以追究。

四、罪名变迁

1979年《刑法》和单行刑法均未规定。本条为2011年5月1日施行的《刑法修正案（八）》第49条所增设的罪名，后又根据《刑法修正案（十一）》修改。

类罪名：渎职罪	罪名：传染病防治失职罪
量刑标准	**情节严重的**　处3年以下有期徒刑或者拘役。

法律依据

一、《刑法》条文

第四百零九条　从事传染病防治的政府卫生行政部门的工作人员严重不负责任，导致传染病传播或者流行，情节严重的，处三年以下有期徒刑或者拘役。

二、相关法律

《中华人民共和国传染病防治法》(2013年6月29日修正)

第三条 本法规定的传染病分为甲类、乙类和丙类。

甲类传染病是指:鼠疫、霍乱。

乙类传染病是指:传染性非典型肺炎、艾滋病、病毒性肝炎、脊髓灰质炎、人感染高致病性禽流感、麻疹、流行性出血热、狂犬病、流行性乙型脑炎、登革热、炭疽、细菌性和阿米巴性痢疾、肺结核、伤寒和副伤寒、流行性脑脊髓膜炎、百日咳、白喉、新生儿破伤风、猩红热、布鲁氏菌病、淋病、梅毒、钩端螺旋体病、血吸虫病、疟疾。

丙类传染病是指:流行性感冒、流行性腮腺炎、风疹、急性出血性结膜炎、麻风病、流行性和地方性斑疹伤寒、黑热病、包虫病、丝虫病,除霍乱、细菌性和阿米巴性痢疾、伤寒和副伤寒以外的感染性腹泻病。

国务院卫生行政部门根据传染病暴发、流行情况和危害程度,可以决定增加、减少或者调整乙类、丙类传染病病种并予以公布。

第四条 对乙类传染病中传染性非典型肺炎、炭疽中的肺炭疽和人感染高致病性禽流感,采取本法所称甲类传染病的预防、控制措施。其他乙类传染病和突发原因不明的传染病需要采取本法所称甲类传染病的预防、控制措施的,由国务院卫生行政部门及时报经国务院批准后予以公布、实施。

需要解除依照前款规定采取的甲类传染病预防、控制措施的,由国务院卫生行政部门报经国务院批准后予以公布。

省、自治区、直辖市人民政府对本行政区域内常见、多发的其他地方性传染病,可以根据情况决定按照乙类或者丙类传染病管理并予以公布,报国务院卫生行政部门备案。

第六十五条 地方各级人民政府未依照本法的规定履行报告职责,或者隐瞒、谎报、缓报传染病疫情,或者在传染病暴发、流行时,未及时组织救治、采取控制措施的,由上级人民政府责令改正,通报批评;造成传染病传播、流行或者其他严重后果的,对负有责任的主管人员,依法给予行政处分;构成犯罪的,依法追究刑事责任。

第六十六条 县级以上人民政府卫生行政部门违反本法规定,有下列情形之一的,由本级人民政府、上级人民政府卫生行政部门责令改正,通报批评;造成传染病传播、流行或者其他严重后果的,对负有责任的主管人员和其他直接责任人员,依法给予行政处分;构成犯罪的,依法追究刑事责任:

(一)未依法履行传染病疫情通报、报告或者公布职责,或者隐瞒、谎报、缓报传染病疫情的;

(二)发生或者可能发生传染病传播时未及时采取预防、控制措施的;

(三)未依法履行监督检查职责,或者发现违法行为不及时查处的;

(四)未及时调查、处理单位和个人对下级卫生行政部门不履行传染病防治职责的举报的;

(五)违反本法的其他失职、渎职行为。

第六十七条 县级以上人民政府有关部门未依照本法的规定履行传染病防治和保障职责的,由本级人民政府或者上级人民政府有关部门责令改正,通报批评;造成传染病传播、流行或者其他严重后果的,对负有责任的主管人员和其他直接责任人员,依法给予行政处分;构成犯罪的,依法追究刑事责任。

第六十八条 疾病预防控制机构违反本法规定,有下列情形之一的,由县级以上人民政府卫生行政部门责令限期改正,通报批评,给予警告;对负有责任的主管人员和其他直接责任人员,依法给予降级、撤职、开除的处分,并可以依法吊销有关责任人员的执业证书;构成犯罪的,依法追究刑事责任:

(一)未依法履行传染病监测职责的;

(二)未依法履行传染病疫情报告、通报职责,或者隐瞒、谎报、缓报传染病疫情的;

(三)未主动收集传染病疫情信息,或者对传染病疫情信息和疫情报告未及时进行分析、调查、核实的;

(四)发现传染病疫情时,未依据职责及时采取本法规定的措施的;

(五)故意泄露传染病病人、病原携带者、疑似传染病病人、密切接触者涉及个人隐私的有关信息、资料的。

第六十九条 医疗机构违反本法规定,有下列情形之一的,由县级以上人民政府卫生行政部门责令改正,通报批评,给予警告;造成传染病传播、流行或者其他严重后果的，对负有责任的主管人员和其他直接责任人员，依法给予降级、撤职、开除的处分，并可以依法吊销有关责任人员的执业证书；构成犯罪的，依法追究刑事责任：

（一）未按照规定承担本单位的传染病预防、控制工作、医院感染控制任务和责任区域内的传染病预防工作的；

（二）未按照规定报告传染病疫情，或者隐瞒、谎报、缓报传染病疫情的；

（三）发现传染病疫情时，未按照规定对传染病病人、疑似传染病病人提供医疗救护、现场救援、接诊、转诊的，或者拒绝接受转诊的；

（四）未按照规定对本单位内被传染病病原体污染的场所、物品以及医疗废物实施消毒或者无害化处置的；

（五）未按照规定对医疗器械进行消毒，或者对按照规定一次使用的医疗器具未予销毁，再次使用的；

（六）在医疗救治过程中未按照规定保管医学记录资料的；

（七）故意泄露传染病病人、病原携带者、疑似传染病病人、密切接触者涉及个人隐私的有关信息、资料的。

第七十条　采供血机构未按照规定报告传染病疫情，或者隐瞒、谎报、缓报传染病疫情，或者未执行国家有关规定，导致因输入血液引起经血液传播疾病发生的，由县级以上人民政府卫生行政部门责令改正，通报批评，给予警告；造成传染病传播、流行或者其他严重后果的，对负有责任的主管人员和其他直接责任人员，依法给予降级、撤职、开除的处分，并可以依法吊销采供血机构的执业许可证；构成犯罪的，依法追究刑事责任。

非法采集血液或者组织他人出卖血液的，由县级以上人民政府卫生行政部门予以取缔，没收违法所得，可以并处十万元以下的罚款；构成犯罪的，依法追究刑事责任。

第七十一条　国境卫生检疫机关、动物防疫机构未依法履行传染病疫情通报职责的，由有关部门在各自职责范围内责令改正，通报批评；造成传染病传播、流行或者其他严重后果的，对负有责任的主管人员和其他直接责任人员，依法给予降级、撤职、开除的处分；构成犯罪的，依法追究刑事责任。

第七十二条　铁路、交通、民用航空经营单位未依照本法的规定优先运送处理传染病疫情的人员以及防治传染病的药品和医疗器械的，由有关部门责令限期改正，给予警告；造成严重后果的，对负有责任的主管人员和其他直接责任人员，依法给予降级、撤职、开除的处分。

第七十三条　违反本法规定，有下列情形之一，导致或者可能导致传染病传播、流行的，由县级以上人民政府卫生行政部门责令限期改正，没收违法所得，可以并处五万元以下的罚款；已取得许可证的，原发证部门可以依法暂扣或者吊销许可证；构成犯罪的，依法追究刑事责任：

（一）饮用水供水单位供应的饮用水不符合国家卫生标准和卫生规范的；

（二）涉及饮用水卫生安全的产品不符合国家卫生标准和卫生规范的；

（三）用于传染病防治的消毒产品不符合国家卫生标准和卫生规范的；

（四）出售、运输疫区中被传染病病原体污染或者可能被传染病病原体污染的物品，未进行消毒处理的；

（五）生物制品生产单位生产的血液制品不符合国家质量标准的。

第七十四条　违反本法规定，有下列情形之一的，由县级以上地方人民政府卫生行政部门责令改正，通报批评，给予警告，已取得许可证的，可以依法暂扣或者吊销许可证；造成传染病传播、流行以及其他严重后果的，对负有责任的主管人员和其他直接责任人员，依法给予降级、撤职、开除的处分，并可以依法吊销有关责任人员的执业证书；构成犯罪的，依法追究刑事责任：

（一）疾病预防控制机构、医疗机构和从事病原微生物实验的单位，不符合国家规定的条件和技术标准，对传染病病原体样本未按照规定进行严格管理，造成实验室感染和病原微生物扩散的；

（二）违反国家有关规定，采集、保藏、携带、运输和使用传染病菌种、毒种和传染病检测样本的；

（三）疾病预防控制机构、医疗机构未执行国家有关规定，导致因输入血液、使用血液制品引起经血液传播疾病发生的。

三、相关司法解释/文件

《最高人民检察院关于人民检察院直接受理立案侦查的渎职侵权重特大案件标准(试行)》(2001年7月20日 高检发〔2001〕13号)

十八、传染病防治失职案

(一)重大案件

1. 导致乙类、丙类传染病流行的;

2. 致人死亡二人以上或者残疾五人以上的。

(二)特大案件

1. 导致甲类传染病传播的;

2. 致人死亡五人以上或者残疾十人以上的。

《最高人民法院、最高人民检察院关于办理妨害预防、控制突发传染病疫情等灾害的刑事案件具体应用法律若干问题的解释》(2003年5月14日 法释〔2003〕8号)

第十六条 在预防、控制突发传染病疫情等灾害期间,从事传染病防治的政府卫生行政部门的工作人员,或者在受政府卫生行政部门委托代表政府卫生行政部门行使职权的组织中从事公务的人员,或者虽未列入政府卫生行政部门人员编制但在政府卫生行政部门从事公务的人员,在代表政府卫生行政部门行使职权时,严重不负责任,导致传染病传播或者流行,情节严重的,依照刑法第四百零九条的规定,以传染病防治失职罪定罪处罚。

在国家对突发传染病疫情等灾害采取预防、控制措施后,具有下列情形之一的,属于刑法第四百零九条规定的"情节严重":

(一)对发生突发传染病疫情等灾害的地区或者突发传染病病人、病原携带者、疑似突发传染病病人,未按照预防、控制突发传染病疫情等灾害工作规范的要求做好防疫、检疫、隔离、防护、救治等工作,或者采取的预防、控制措施不当,造成传染范围扩大或者疫情、灾情加重的;

(二)隐瞒、缓报、谎报或者授意、指使、强令他人隐瞒、缓报、谎报疫情、灾情,造成传染范围扩大或者疫情、灾情加重的;

(三)拒不执行突发传染病疫情等灾害应急处理指挥机构的决定、命令,造成传染范围扩大或者疫情、灾情加重的;

(四)具有其他严重情节的。

第十八条 本解释所称"突发传染病疫情等灾害",是指突然发生,造成或者可能造成社会公众健康严重损害的重大传染病疫情、群体性不明原因疾病以及其他严重影响公众健康的灾害。

《最高人民检察院关于渎职侵权犯罪案件立案标准的规定》(2006年7月26日 高检发释字〔2006〕2号)

一、渎职犯罪案件

(二十)传染病防治失职案(第四百零九条)

法律依据传染病防治失职罪是指从事传染病防治的政府卫生行政部门的工作人员严重不负责任,不履行或者不认真履行传染病防治监管职责,导致传染病传播或者流行,情节严重的行为。

涉嫌下列情形之一的,应予立案:

1. 导致甲类传染病传播的;

2. 导致乙类、丙类传染病流行的;

3. 因传染病传播或者流行,造成人员重伤或者死亡的;

4. 因传染病传播或者流行,严重影响正常的生产、生活秩序的;

5. 在国家对突发传染病疫情等灾害采取预防、控制措施后,对发生突发传染病疫情等灾害的地区或者突发传染病病人、病原携带者、疑似突发传染病病人,未按照预防、控制突发传染病疫情等灾害工作规范的要求做好防疫、检疫、隔离、防护、救治等工作,或者采取的预防、控制措施不当,造成传染范围扩大或者疫情、灾情加重的;

6. 在国家对突发传染病疫情等灾害采取预防、控制措施后,隐瞒、缓报、谎报或者授意、指使、强令他人隐瞒、缓报、谎报疫情、灾情,造成传染范围扩大或者疫情、灾情加重的;

7. 在国家对突发传染病疫情等灾害采取预防、控制措施后,拒不执行突发传染病疫情等灾害应急处理指挥机构的决定、命令,造成传染范围扩大或者疫情、灾情加重的;

8. 其他情节严重的情形。

《最高人民法院、最高人民检察院、公安部、司法部关于依法惩治妨害新型冠状病毒感染肺炎疫情防控违法犯罪的意见》(2020年2月6日 法发〔2020〕7号)

(七)依法严惩疫情防控失职渎职、贪污挪用犯罪。在疫情防控工作中,负有组织、协调、指挥、灾害调查、控制、医疗救治、信息传递、交通运输、物资保障等职责的国家机关工作人员，滥用职权或者玩忽职守，致使公共财产、国家和人民利益遭受重大损失的，依照刑法第三百九十七条的规定，以滥用职权罪或者玩忽职守罪定罪处罚。

卫生行政部门的工作人员严重不负责任，不履行或者不认真履行防治监管职责，导致新型冠状病毒感染肺炎传播或者流行，情节严重的，依照刑法第四百零九条的规定，以传染病防治失职罪定罪处罚。

从事实验、保藏、携带、运输传染病菌种、毒种的人员，违反国务院卫生行政部门的有关规定，造成新型冠状病毒毒种扩散，后果严重的，依照刑法第三百三十一条的规定，以传染病毒种扩散罪定罪处罚。

国家工作人员，受委托管理国有财产的人员，公司、企业或者其他单位的人员，利用职务便利，侵吞、截留或者以其他手段非法占有用于防控新型冠状病毒感染肺炎的款物，或者挪用上述款物归个人使用，符合刑法第三百八十二条、第三百八十三条、第二百七十一条、第三百八十四条、第二百七十二条规定的，以贪污罪、职务侵占罪、挪用公款罪、挪用资金罪定罪处罚。挪用用于防控新型冠状病毒感染肺炎的救灾、优抚、救济等款物，符合刑法第二百七十三条规定的，对直接责任人员，以挪用特定款物罪定罪处罚。

要义辨析

一、概念

本罪是指从事传染病防治的政府卫生行政部门工作人员严重不负责任，导致传染病传播或者流行，情节严重的行为。

二、构成要件

1. 本罪侵犯的客体是国家对传染病防治的管理制度。

2. 本罪客观方面表现为严重不负责任，导致传染病传播或流行，情节严重的行为。

3. 犯罪主体是特殊主体，只能是从事传染病防治的政府卫生行政部门工作人员，主要包括从事传染病的医疗保健、卫生防疫、监督管理的人员和政府有关主管人员。

4. 本罪主观方面为过失。

三、要点辨析

1. 本罪所指传染病，《传染病防治法》第3条已经作出列举规定。“突发传染病疫情等灾害”，是指突然发生，造成或者可能造成社会公众健康严重损害的重大传染病疫情、群体性不明原因疾病以及其他严重影响公众健康的灾害。

2. 本罪是情节犯，又是结果犯。要有严重不负责任的情节，又要有导致传染病传播或者流行的后果，情节严重的，才构成犯罪。“情节严重”的表现是：(1)未做好防疫、检疫、隔离、防护、救治等工作，或者采取的预防、控制措施不当，造成传染范围扩大或者疫情、灾情加重的；(2)隐瞒、缓报、谎报或者授意、指使、强令他人隐瞒、缓报、谎报疫情、灾情，造成传染范围扩大或者疫情、灾情加重的；(3)拒不执行突发传染病疫情等灾害应急处理指挥机构的决定、命令，造成传染范围扩大或者疫情、灾情加重的；(4)具有其他严重情节的。

四、罪名变迁

本条系《刑法》吸收《传染病防治法》内容而新增设的罪名，1979年《刑法》和单行刑法均未规定。

类罪名：渎职罪	罪名：非法批准征收、征用、占用土地罪
量刑标准	情节严重的　处3年以下有期徒刑或者拘役；
	致使国家或者集体利益遭受特别重大损失的　处3年以上7年以下有期徒刑。

法律依据

一、《刑法》条文

第四百一十条 国家机关工作人员徇私舞弊,违反土地管理法规,滥用职权,非法批准征用、占用土地,或者非法低价出让国有土地使用权,情节严重的,处三年以下有期徒刑或者拘役;致使国家或者集体利益遭受特别重大损失的,处三年以上七年以下有期徒刑。

二、相关法律

《中华人民共和国土地管理法》(2019 年 8 月 26 日修正)

第七十四条 买卖或者以其他形式非法转让土地的,由县级以上人民政府土地行政主管部门没收违法所得;对违反土地利用总体规划擅自将农用地改为建设用地的,限期拆除在非法转让的土地上新建的建筑物和其他设施,恢复土地原状,对符合土地利用总体规划的,没收在非法转让的土地上新建的建筑物和其他设施;可以并处罚款;对直接负责的主管人员和其他直接责任人员,依法给予行政处分;构成犯罪的,依法追究刑事责任。

第七十九条 无权批准征用、使用土地的单位或者个人非法批准占用土地的,超越批准权限非法批准占用土地的,不按照土地利用总体规划确定的用途批准用地的,或者违反法律规定的程序批准占用、征用土地的,其批准文件无效,对非法批准征用、使用土地的直接负责的主管人员和其他直接责任人员,依法给予行政处分;构成犯罪的,依法追究刑事责任。非法批准、使用的土地应当收回,有关当事人拒不归还的,以非法占用土地论处。

非法批准征用、使用土地,对当事人造成损失的,依法应当承担赔偿责任。

第八十四条 自然资源主管部门、农业农村主管部门的工作人员玩忽职守、滥用职权、徇私舞弊,构成犯罪的,依法追究刑事责任;尚不构成犯罪的,依法给予处分。

《全国人民代表大会常务委员会关于〈中华人民共和国刑法〉第二百二十八条、第三百四十二条、第四百一十条的解释》(2009 年 8 月 27 日修正)

全国人大常委会讨论了刑法第二百二十八条、第三百四十二条、第四百一十条规定的“违反土地管理法规”和第四百一十条规定的“非法批准征收、征用、占用土地”的含义问题,解释如下:

刑法第二百二十八条、第三百四十二条、第四百一十条规定的“违反土地管理法规”,是指违反土地管理法、森林法、草原法等法律以及有关行政法规中关于土地管理的规定。

刑法第四百一十条规定的“非法批准征收、征用、占用土地”,是指非法批准征用、占用耕地、林地等农用地以及其他土地。

《中华人民共和国草原法》(2021 年 4 月 29 日修正)

第六十三条 无权批准征收、征用、使用草原的单位或者个人非法批准征收、征用、使用草原的,超越批准权限非法批准征收、征用、使用草原的,或者违反法律规定的程序批准征收、征用、使用草原,构成犯罪的,依法追究刑事责任;尚不够刑事处罚的,依法给予行政处分。非法批准征收、征用、使用草原的文件无效。非法批准征收、征用、使用的草原应当收回,当事人拒不归还的,以非法使用草原论处。

非法批准征收、征用、使用草原,给当事人造成损失的,依法承担赔偿责任。

三、相关司法解释/文件

《最高人民法院关于审理破坏土地资源刑事案件具体应用法律若干问题的解释》(2000 年 6 月 19 日 法释〔2000〕14 号)

第四条 国家机关工作人员徇私舞弊,违反土地管理法规,滥用职权,非法批准征用、占用土地,具有下列情形之一的,属于非法批准征用、占用土地“情节严重”,依照刑法第四百一十条的规定,以非法批准征用、占用土地罪定罪处罚:

(一)非法批准征用、占用基本农田十亩以上的;

(二)非法批准征用、占用基本农田以外的耕地三十亩以上的;

(三)非法批准征用、占用其他土地五十亩以上的;

(四)虽未达到上述数量标准,但非法批准征用、占用土地造成直接经济损失三十万元以上;造成耕地大量毁坏等恶劣情节的。

第五条　实施第四条规定的行为，具有下列情形之一的，属于非法批准征用、占用土地"致使国家或者集体利益遭受特别重大损失"：

（一）非法批准征用、占用基本农田二十亩以上的；

（二）非法批准征用、占用基本农田以外的耕地六十亩以上的；

（三）非法批准征用、占用其他土地一百亩以上的；

（四）非法批准征用、占用土地，造成基本农田五亩以上，其他耕地十亩以上严重毁坏的；

（五）非法批准征用、占用土地造成直接经济损失五十万元以上等恶劣情节的。

第九条　多次实施本解释规定的行为依法应当追诉的，或者一年内多次实施本解释规定的行为未经处理的，按照累计的数量、数额处罚。

《最高人民检察院关于人民检察院直接受理立案侦查的渎职侵权重特大案件标准（试行）》（2001年7月20日　高检发〔2001〕13号）

十九、非法批准征用、占用土地案

（一）重大案件

1. 非法批准征用、占用基本农田二十亩以上的；

2. 非法批准征用、占用基本农田以外的耕地六十亩以上的；

3. 非法批准征用、占用其他土地一百亩以上的；

4. 非法批准征用、占用土地，造成基本农田五亩以上，其他耕地十亩以上严重毁坏的；

5. 非法批准征用、占用土地造成直接经济损失五十万元以上的。

（二）特大案件

1. 非法批准征用、占用基本农田三十亩以上的；

2. 非法批准征用、占用基本农田以外的耕地九十亩以上的；

3. 非法批准征用、占用其他土地一百五十亩以上的；

4. 法批准征用、占用土地，造成基本农田十亩以上，其他耕地二十亩以上严重毁坏的；

5. 非法批准征用、占用土地造成直接经济损失一百万元以上的。

《最高人民检察院关于渎职侵权犯罪案件立案标准的规定》（2006年7月26日　高检发释字〔2006〕2号）

一、渎职犯罪案件

（二十一）非法批准征用、占用土地案（第四百一十条）

非法批准征用、占用土地罪是指国家机关工作人员徇私舞弊，违反土地管理法、森林法、草原法等法律以及有关行政法规中关于土地管理的规定，滥用职权，非法批准征用、占用耕地、林地等农用地以及其他土地，情节严重的行为。

涉嫌下列情形之一的，应予立案：

1. 非法批准征用、占用基本农田10亩以上的；

2. 非法批准征用、占用基本农田以外的耕地30亩以上的；

3. 非法批准征用、占用其他土地50亩以上的；

4. 虽未达到上述数量标准，但造成有关单位、个人直接经济损失30万元以上，或者造成耕地大量毁坏或者植被遭到严重破坏的；

5. 非法批准征用、占用土地，影响群众生产、生活，引起纠纷，造成恶劣影响或者其他严重后果的；

6. 非法批准征用、占用防护林地、特种用途林地分别或者合计10亩以上的；

7. 非法批准征用、占用其他林地20亩以上的；

8. 非法批准征用、占用林地造成直接经济损失30万元以上，或者造成防护林地、特种用途林地分别或者合计5亩以上或者其他林地10亩以上毁坏的；

9. 其他情节严重的情形。

三、附则

（五）本规定中的"徇私舞弊"，是指国家机关工作人员为徇私情、私利，故意违背事实和法律，伪造材料，隐瞒情况，弄虚作假的行为。

《最高人民法院、最高人民检察院、公安部、国土资源部关于在查处国土资源违法犯罪工作中加强协作配合的若干意见》（2008年9月28日　国土资发〔2008〕204号）

四、加强涉嫌犯罪案件调查中的协助配合

各级国土资源行政主管部门与人民检察院、公安机关在调查国土资源违法犯罪案件过程中要互相协助和支持。

人民检察院、公安机关查办涉嫌国土资源违法犯罪案件，根据需要可以邀请同级国土资源行政主管部门派员协助，或者向有关国土资源行政主管部门调取查办案件所需的相关材料；就政策性、专业性问题提出咨询的，相关国土资源行政主管部门应当予以协助配合。

国土资源行政主管部门查办涉嫌国土资源违法犯罪案件，根据需要可以邀请同级人民检察院、公安机关派员协助调查或参加案件讨论；就罪与非罪、此罪与彼罪的界限，证据的固定和保全等问题向人民检察院、公安机关进行咨询；对有证据证明涉嫌犯罪的，应依法移送人民检察院或者公安机关，如果行为人可能逃匿或者销毁证据，应在移送时一并告知受理案件机关。

人民检察院、公安机关在侦查、批准逮捕、公诉过程中，需要确定耕地破坏程度的，可以向国土资源行政主管部门提出申请，由国土资源行政主管部门出具鉴定结论，并及时向申请单位提供。矿产资源破坏价值的鉴定，按照最高人民法院《关于审理非法采矿、破坏性采矿刑事案件具体应用法律若干问题的解释》(法释〔2003〕9号)和国土资源部《非法采矿、破坏性采矿造成矿产资源破坏价值鉴定程序的规定》(国土资发〔2005〕175号)办理。

五、积极做好违法犯罪案件移送工作

各级国土资源行政主管部门、人民检察院、公安机关在查办国土资源违法犯罪案件过程中，要严格按照国务院《行政执法机关移送涉嫌犯罪案件的规定》(国务院2001年第310号令)、最高人民检察院、全国整顿和规范市场经济秩序领导小组办公室、公安部、监察部《关于在行政执法中及时移送涉嫌犯罪案件的意见》(高检会〔2006〕2号)和国土资源部、最高人民检察院、公安部《关于国土资源行政主管部门移送涉嫌国土资源犯罪案件的若干意见》(国土资发〔2008〕203号)做好案件移送工作。国土资源行政主管部门发现国家机关工作人员有非法批准征用、占用土地、非法低价出让国有土地使用权以及其他贪污贿赂、渎职等行为，达到刑事追诉标准、涉嫌犯罪的，要依法及时向人民检察院移送；发现单位或者个人有非法转让、倒卖土地使用权、非法占用农用地、非法采矿、破坏性采矿等行为，达到刑事追诉标准、涉嫌犯罪的，要依法及时向公安机关移送。

国土资源行政主管部门、人民检察院、公安机关要建立移送工作制度，进一步规范案件移送工作。

《最高人民法院关于审理破坏草原资源刑事案件应用法律若干问题的解释》(2012年11月2日　法释〔2012〕15号)

第三条　国家机关工作人员徇私舞弊，违反草原法等土地管理法规，具有下列情形之一的，应当认定为刑法第四百一十条规定的“情节严重”：

(一)非法批准征收、征用、占用草原四十亩以上的；

(二)非法批准征收、征用、占用草原，造成二十亩以上草原被毁坏的；

(三)非法批准征收、征用、占用草原，造成直接经济损失三十万元以上，或者具有其他恶劣情节的。

具有下列情形之一，应当认定为刑法第四百一十条规定的“致使国家或者集体利益遭受特别重大损失”：

(一)非法批准征收、征用、占用草原八十亩以上的；

(二)非法批准征收、征用、占用草原，造成四十亩以上草原被毁坏的；

(三)非法批准征收、征用、占用草原，造成直接经济损失六十万元以上，或者具有其他特别恶劣情节的。

第六条　多次实施破坏草原资源的违法犯罪行为，未经处理，应当依法追究刑事责任的，按照累计的数量、数额定罪处罚。

第七条　本解释所称“草原”，是指天然草原和人工草地，天然草原包括草地、草山和草坡，人工草地包括改良草地和退耕还草地，不包括城镇草地。

四、相关部门规章/文件

《国土资源部、最高人民检察院、公安部关于国土资源行政主管部门移送涉嫌国土资源犯罪案件的若干意见》(2008年9月28日　国土资发〔2008〕203号)

一、关于移送范围和移送机关

(一)国土资源犯罪案件，主要是指涉及以下罪名的案件：

5. 非法批准征用、占用土地罪（《刑法》第410条）；

6. 非法低价出让国有土地使用权罪（《刑法》第410条）；

7. 国家工作人员涉及危害国土资源的贪污贿赂、渎职等其他职务犯罪案件。

要义辨析

一、概念

本罪是指国家机关工作人员徇私舞弊，违反土地管理法规，滥用职权，非法批准征用、占用土地，情节严重的行为。

二、构成要件

1. 本罪侵犯的客体是国家土地管理、城市规划等机关的正常活动以及其他有关国家机关的正常管理活动。

2. 本罪客观方面表现为徇私舞弊，违反土地管理法规，滥用职权，非法批准征用、占用土地，情节严重的行为。所谓情节严重，是指造成大量土地被非法征用、占用，大量可耕地荒芜或被毁的后果。

3. 犯罪主体是特殊主体，只能是国家机关工作人员，主要是各级政府主管人员、土地、规划管理工作人员。

4. 本罪主观方面是故意，需出于徇私的动机。

三、要点辨析

1. 本罪为行为犯。情节严重的，才构成犯罪。造成严重后果的，作为加重处罚的情由。情节严重的标准，最高检察院的立案标准中已经列明。

2. 本罪是针对侵权型违法行政行为的制约。徇私舞弊，违反土地管理法规，滥用职权，非法批准征用、占用土地，确定为本罪。刑法同条中另一情形，非法低价出让国有土地使用权，情节严重的，另外确定为“非法低价出让国有土地使用权罪”。这是授益型违法行政行为。

四、罪名变迁

1979年《刑法》和单行刑法均未规定。本罪系1997年《刑法》吸收《土地管理法》第84条内容而新增设的，罪名被确定为非法批准征用、占用土地罪。

类罪名：渎职罪	罪名：非法低价出让国有土地使用权罪
量刑标准	**情节严重的**　处3年以下有期徒刑或者拘役；
量刑标准	**致使国家或者集体利益遭受特别重大损失的**　处3年以上7年以下有期徒刑。

法律依据

一、《刑法》条文

第四百一十条　国家机关工作人员徇私舞弊，违反土地管理法规，滥用职权，非法批准征用、占用土地，或者非法低价出让国有土地使用权，情节严重的，处三年以下有期徒刑或者拘役；致使国家或者集体利益遭受特别重大损失的，处三年以上七年以下有期徒刑。

二、相关法律

《中华人民共和国土地管理法》（2019年8月26日修正）

第七十四条　买卖或者以其他形式非法转让土地的，由县级以上人民政府土地行政主管部门没收违法所得；对违反土地利用总体规划擅自将农用地改为建设用地的，限期拆除在非法转让的土地上新建的建筑物和其他设施,恢复土地原状,对符合土地利用总体规划的,没收在非法转让的土地上新建的建筑物和其他设施;可以并处罚款;对直接负责的主管人员和其他直接责任人员,依法给予行政处分;构成犯罪的,依法追究刑事责任。

第七十九条　无权批准征用、使用土地的单位或者个人非法批准占用土地的,超越批准权限非法批准占用土地的,不按照土地利用总体规划确定的用途批准用地的,或者违反法律规定的程序批准占用、征用土地的,其批准文件无效,对非法批准征用、使用土地的直接负责的主管人员和其他直接责任人员,依法给予行政处分;构成犯罪的,依法追究刑事责任。非法批准、使用的土地应当收回,有关当事人拒不归还的,以非法占用土地论处。

非法批准征用、使用土地,对当事人造成损失的,依法应当承担赔偿责任。

第八十四条　自然资源主管部门、农业农村主管部门的工作人员玩忽职守、滥用职权、徇私舞弊,构成犯罪的,依法追究刑事责任;尚不构成犯罪的,依法给予处分。

三、相关行政法规

《国务院关于深化改革严格土地管理的决定》(2004年10月21日　国发〔2004〕28号)

一、严格执行土地管理法律法规

……

(四)禁止非法压低地价招商。省、自治区、直辖市人民政府要依照基准地价制定并公布协议出让土地最低价标准。协议出让土地除必须严格执行规定程序外,出让价格不得低于最低价标准。违反规定出让土地造成国有土地资产流失的,要依法追究责任;情节严重的,依照《中华人民共和国刑法》的规定,以非法低价出让国有土地使用权罪追究刑事责任。

四、相关司法解释/文件

《最高人民法院关于审理破坏土地资源刑事案件具体应用法律若干问题的解释》(2000年6月19日　法释〔2000〕14号)

第六条　国家机关工作人员徇私舞弊,违反土地管理法规,非法低价出让国有土地使用权,具有下列情形之一的,属于“情节严重”,依照刑法第四百一十条的规定,以非法低价出让国有土地使用权罪定罪处罚:

(一)出让国有土地使用权面积在三十亩以上,并且出让价额低于国家规定的最低价额标准的百分之六十的;

(二)造成国有土地资产流失价额在三十万元以上的。

第七条　实施第六条规定的行为,具有下列情形之一的,属于非法低价出让国有土地使用权,“致使国家和集体利益遭受特别重大损失”:

(一)非法低价出让国有土地使用权面积在六十亩以上,并且出让价额低于国家规定的最低价额标准的百分之四十的;

(二)造成国有土地资产流失价额在五十万元以上的。

第八条　单位犯非法转让、倒卖土地使用权罪、非法占有耕地罪的定罪量刑标准,依照本解释第一条、第二条、第三条的规定执行。

第九条　多次实施本解释规定的行为依法应当追诉的,或者一年内多次实施本解释规定的行为未经处理的,按照累计的数量、数额处罚。

《最高人民检察院关于人民检察院直接受理立案侦查的渎职侵权重特大案件标准(试行)》(2001年7月20日　高检发〔2001〕13号)

二十、非法低价出让国有土地使用权案

(一)重大案件

1. 出让国有土地使用权面积在六十亩以上,并且出让价额低于国家规定的最低价额标准的百分之六十的;

2. 造成国有土地资产流失价额在五十万元以上的。

(二)特大案件

1. 出让国有土地使用权面积在九十亩以上,并且出让价额低于国家规定的最低价额标准的百分之四十的;

2. 造成国有土地资产流失价额在一百万元以上的。

《最高人民检察院关于渎职侵权犯罪案件立案标准的规定》(2006年7月26日　高检发释字〔2006〕2号)

一、渎职犯罪案件

(二十二)非法低价出让国有土地使用权案

（第四百一十条）

非法低价出让国有土地使用权罪是指国家机关工作人员徇私舞弊，违反土地管理法、森林法、草原法等法律以及有关行政法规中关于土地管理的规定，滥用职权，非法低价出让国有土地使用权，情节严重的行为。

涉嫌下列情形之一的，应予立案：

1. 非法低价出让国有土地 30 亩以上，并且出让价额低于国家规定的最低价额标准的百分之六十的；

2. 造成国有土地资产流失价额 30 万元以上的；

3. 非法低价出让国有土地使用权，影响群众生产、生活，引起纠纷，造成恶劣影响或者其他严重后果的；

4. 非法低价出让林地合计 30 亩以上，并且出让价额低于国家规定的最低价额标准的百分之六十的；

5. 造成国有资产流失 30 万元以上的；

6. 其他情节严重的情形。

三、附则

（五）本规定中的"徇私舞弊"，是指国家机关工作人员为徇私情、私利，故意违背事实和法律，伪造材料，隐瞒情况，弄虚作假的行为。

《最高人民法院、最高人民检察院、公安部、国土资源部关于在查处国土资源违法犯罪工作中加强协作配合的若干意见》（2008 年 9 月 8 日　国土资发〔2008〕204 号）

四、加强涉嫌犯罪案件调查中的协助配合

各级国土资源行政主管部门与人民检察院、公安机关在调查国土资源违法犯罪案件过程中要互相协助和支持。

人民检察院、公安机关查办涉嫌国土资源违法犯罪案件，根据需要可以邀请同级国土资源行政主管部门派员协助，或者向有关国土资源行政主管部门调取查办案件所需的相关材料；就政策性、专业性问题提出咨询的，相关国土资源行政主管部门应当予以协助配合。

国土资源行政主管部门查办涉嫌国土资源违法犯罪案件，根据需要可以邀请同级人民检察院、公安机关派员协助调查或参加案件讨论；就罪与非罪、此罪与彼罪的界限，证据的固定和保全等问题向人民检察院、公安机关进行咨询；对有证据证明涉嫌犯罪的，应依法移送人民检察院或者公安机关，如果行为人可能逃匿或者销毁证据，应在移送时一并告知受理案件机关。

人民检察院、公安机关在侦查、批准逮捕、公诉过程中，需要确定耕地破坏程度的，可以向国土资源行政主管部门提出申请，由国土资源行政主管部门出具鉴定结论，并及时向申请单位提供。矿产资源破坏价值的鉴定，按照最高人民法院《关于审理非法采矿、破坏性采矿刑事案件具体应用法律若干问题的解释》（法释〔2003〕9 号）和国土资源部《非法采矿、破坏性采矿造成矿产资源破坏价值鉴定程序的规定》（国土资发〔2005〕175 号）办理。

五、积极做好违法犯罪案件移送工作

各级国土资源行政主管部门、人民检察院、公安机关在查办国土资源违法犯罪案件过程中，要严格按照国务院《行政执法机关移送涉嫌犯罪案件的规定》（国务院 2001 年第 310 号令）、最高人民检察院、全国整顿和规范市场经济秩序领导小组办公室、公安部、监察部《关于在行政执法中及时移送涉嫌犯罪案件的意见》（高检会〔2006〕2 号）和国土资源部、最高人民检察院、公安部《关于国土资源行政主管部门移送涉嫌国土资源犯罪案件的若干意见》（国土资发〔2008〕203 号）做好案件移送工作。国土资源行政主管部门发现国家机关工作人员有非法批准征用、占用土地、非法低价出让国有土地使用权以及其他贪污贿赂、渎职等行为，达到刑事追诉标准、涉嫌犯罪的，要依法及时向人民检察院移送；发现单位或者个人有非法转让、倒卖土地使用权、非法占用农用地、非法采矿、破坏性采矿等行为，达到刑事追诉标准、涉嫌犯罪的，要依法及时向公安机关移送。

国土资源行政主管部门、人民检察院、公安机关要建立移送工作制度，进一步规范案件移送工作。

五、相关部门规章/文件

《国土资源部、最高人民检察院、公安部关于国土资源行政主管部门移送涉嫌国土资源犯罪案件的若干意见》（2008 年 9 月 8 日　国土资发〔2008〕203 号）

一、关于移送范围和移送机关

(一)国土资源犯罪案件,主要是指涉及以下罪名的案件:

5. 非法批准征用、占用土地罪(《刑法》第410条);

6. 非法低价出让国有土地使用权罪(《刑法》第410条);

7. 国家工作人员涉及危害国土资源的贪污贿赂、渎职等其他职务犯罪案件。

国土资源部关于发布实施《全国工业用地出让最低价标准》的通知(2007年1月1日　国土资发〔2006〕307号)

七、各地国土资源管理部门要加强对工业用地出让的监督管理。低于最低价标准出让工业用地,或以各种形式给予补贴或返还的,属非法低价出让国有土地使用权的行为,要依法追究有关人员的法律责任。

要义辨析

一、概念

本罪和非法批准征用、占用土地罪为同一法条的分解罪名,是指国家机关工作人员徇私舞弊,违反土地管理法规,滥用职权,非法低价出让国有土地使用权,情节严重的行为。

二、构成要件

1. 本罪侵犯的客体是国家对国有土地使用管理的正常活动。

2. 本罪客观方面表现为徇私舞弊,违反土地管理法规,滥用职权,故意压低国有土地使用权转让的价格,非法低价出让国有土地使用权,情节严重、使国家转让收益严重流失的行为。

3. 犯罪主体只能是国家机关工作人员,主要是政府部门、土管、规划人员。

4. 本罪主观方面是故意。

三、要点辨析

1. 本罪为情节犯。情节严重的,才构成犯罪。造成严重后果的,作为加重处罚的情由。情节严重的标准,最高人民检察院的立案标准中已经列明。

2. 本罪是《刑法》同条同款规定了两种犯罪行为确定了两个罪名。《刑法》同条中另一情形,是针对侵权型违法行政行为的制约。徇私舞弊,违反土地管理法规,滥用职权,非法批准征用、占用土地,确定为非法批准征用、占用土地罪。针对授益型违法行政行为,即徇私舞弊,非法低价向关系人出让国有土地使用权,情节严重的,确定为本罪,即非法低价出让国有土地使用权罪。

四、罪名变迁

1979年《刑法》和单行刑法均未规定本罪。本罪系1997年《刑法》吸收《土地管理法》第84条内容而新增设的,罪名被确定为非法低价出让国有土地使用权罪。

类罪名:渎职罪	罪名:放纵走私罪
量刑标准	情节严重的　处5年以下有期徒刑或者拘役;
	情节特别严重的　处5年以上有期徒刑。

法律依据

一、《刑法》条文

第四百一十一条　海关工作人员徇私舞弊,放纵走私,情节严重的,处五年以下有期徒刑或者拘役;情节特别严重的,处五年以上有期徒刑。

二、相关法律

《中华人民共和国海关法》(2021年4月29日修正)

第七十二条　海关工作人员必须秉公执法,廉洁自律，忠于职守，文明服务，不得有下列行为：

（一）包庇、纵容走私或者与他人串通进行走私；

第九十六条　海关工作人员有本法第七十二条所列行为之一的，依法给予行政处分；有违法所得的，依法没收违法所得；构成犯罪的，依法追究刑事责任。

三、相关司法解释/文件

《最高人民检察院关于人民检察院直接受理立案侦查的渎职侵权重特大案件标准（试行）》（2001 年 7 月 20 日　高检发〔2001〕13 号）

二十一、放纵走私案

（一）重大案件

造成国家税收损失累计达三十万元以上的。

（二）特大案件

造成国家税收损失累计达五十万元以上的。

《最高人民法院、最高人民检察院、海关总署办理走私刑事案件适用法律若干问题的意见》（2002 年 7 月 8 日　法〔2002〕139 号）

十六、关于放纵走私罪的认定问题

依照刑法第四百一十一条的规定，负有特定监管义务的海关工作人员徇私舞弊，利用职权，放任、纵容走私犯罪行为，情节严重的，构成放纵走私罪。放纵走私行为，一般是消极的不作为。如果海关工作人员与走私分子通谋，在放纵走私过程中以积极的行为配合走私分子逃避海关监管或者在放纵走私之后分得赃款的，应以共同走私犯罪追究刑事责任。

海关工作人员收受贿赂又放纵走私的，应以受贿罪和放纵走私罪数罪并罚。

《最高人民检察院关于渎职侵权犯罪案件立案标准的规定》（2006 年 7 月 26 日　高检发释字〔2006〕2 号）

一、渎职犯罪案件

（二十三）放纵走私案（第四百一十一条）

放纵走私罪是指海关工作人员徇私舞弊，放纵走私，情节严重的行为。

涉嫌下列情形之一的，应予立案：

1. 放纵走私犯罪的；

2. 因放纵走私致使国家应收税额损失累计达 10 万元以上的；

3. 放纵走私行为 3 起次以上的；

4. 放纵走私行为，具有索取或者收受贿赂情节的；

5. 其他情节严重的情形。

要义辨析

一、概念

本罪是指海关工作人员徇私舞弊，放纵走私，情节严重的行为。

二、构成要件

1. 本罪侵犯的客体是国家的海关监管制度。

2. 本罪客观方面表现为徇私舞弊，放纵走私，情节严重的行为。

3. 犯罪主体为特殊主体，只能是海关工作人员。

4. 本罪主观方面是故意。

三、要点辨析

1. 本罪是行为犯，情节严重的才构成犯罪。情节严重是指：（1）放纵走私犯罪的；（2）因放纵走私致使国家应收税额损失累计达 10 万元以上的；（3）放纵走私行为 3 起次以上的；（4）放纵走私行为，具有索取或者收受贿赂情节的；（5）其他情节严重的情形。

2. 海关工作人员收受贿赂又放纵走私的，应以受贿罪和放纵走私罪数罪并罚。

3. 海关工作人员与走私分子通谋，在放纵走私过程中以积极的行为配合走私分子逃避海关监管或者在放纵走私之后分得赃款的，应以共同走私犯罪追究刑事责任。

四、罪名变迁

1979 年《刑法》和单行刑法没有规定本罪。本条系 1997《刑法》吸收《海关法》第 56 条内容而新增设的罪名。

类罪名：渎职罪　罪名：商检徇私舞弊罪	
量刑标准	**构成犯罪的**　处5年以下有期徒刑或者拘役；
	造成严重后果的　处5年以上10年以下有期徒刑。

法律依据

一、《刑法》条文

第四百一十二条第一款　国家商检部门、商检机构的工作人员徇私舞弊，伪造检验结果的，处五年以下有期徒刑或者拘役；造成严重后果的，处五年以上十年以下有期徒刑。

二、相关法律

《中华人民共和国进出口商品检验法》(2021年4月29日修正)

第三十六条　国家商检部门、商检机构的工作人员滥用职权，故意刁难的，徇私舞弊，伪造检验结果的，或者玩忽职守，延误检验出证的，依法给予行政处分；构成犯罪的，依法追究刑事责任。

三、相关行政法规

《中华人民共和国进出口商品检验法实施条例》(2022年3月29日修订)

第五十五条　出入境检验检疫机构的工作人员滥用职权，故意刁难当事人的，徇私舞弊，伪造检验结果的，或者玩忽职守，延误检验出证的，依法给予行政处分；违反有关法律、行政法规规定签发出口货物原产地证明的，依法给予行政处分，没收违法所得；构成犯罪的，依法追究刑事责任。

四、相关司法解释/文件

《最高人民检察院关于人民检察院直接受理立案侦查的渎职侵权重特大案件标准(试行)》(2001年7月20日　高检发〔2001〕13号)

二十二、商检徇私舞弊案

(一)重大案件

1. 造成直接经济损失五十万元以上的；

2. 徇私舞弊，三次以上伪造检验结果的。

(二)特大案件

1. 造成直接经济损失一百万元以上的；

2. 徇私舞弊，五次以上伪造检验结果的。

《最高人民检察院关于渎职侵权犯罪案件立案标准的规定》(2006年7月26日　高检发释字〔2006〕2号)

一、渎职犯罪案件

(二十四)商检徇私舞弊案(第四百一十二条第一款)

商检徇私舞弊罪是指出入境检验检疫机关、检验检疫机构工作人员徇私舞弊，伪造检验结果的行为。

涉嫌下列情形之一的，应予立案：

1. 采取伪造、变造的手段对报检的商品的单证、印章、标志、封识、质量认证标志等作虚假的证明或者出具不真实的证明结论的；

2. 将送检的合格商品检验为不合格，或者将不合格商品检验为合格的；

3. 对明知是不合格的商品，不检验而出具合格检验结果的；

4. 其他伪造检验结果应予追究刑事责任的情形。

《最高人民法院、最高人民检察院关于办理危害食品安全刑事案件适用法律若干问题的解释》(2021年12月30日　法释〔2021〕24号)

第二十条　负有食品安全监督管理职责的国家机关工作人员滥用职权或者玩忽职守，构成食品监管渎职罪，同时构成徇私舞弊不移交刑事案件罪、商检徇私舞弊罪、动植物检疫徇私舞弊罪、放纵制售伪劣商品犯罪行为罪等其他渎职犯罪的，依照处罚较重的规定定罪处罚。

负有食品安全监督管理职责的国家机关工作人员滥用职权或者玩忽职守，不构成食品监管渎职罪，但构成前款规定的其他渎职犯罪的，依照该其他犯罪定罪处罚。

负有食品安全监督管理职责的国家机关工作人员与他人共谋，利用其职务行为帮助他人实施危害食品安全犯罪行为，同时构成渎职犯罪和危害食品安全犯罪共犯的，依照处罚较重的规定定罪从重处罚。

要义辨析

一、概念

本罪是指国家商检部门、商检机构的工作人员徇私舞弊，故意伪造检验结果的行为。

二、构成要件

1. 本罪侵犯的客体是国家进出口商品检验部门、机构的正常活动及国家其他有关机关的正常活动。

2. 本罪客观方面表现为国家商检部门、商检机构的工作人员徇私舞弊，故意伪造检验结果的行为。

3. 犯罪主体是特殊主体，即是国家商检部门、商检机构的工作人员，以及国家商检局、商检机构指定的或者认可的检验机构的检验人员以及认可的检验人员亦可成为本罪的犯罪主体。

4. 本罪主观方面只能由故意构成，且具有徇私的目的，过失不构成本罪。

三、要点辨析

1. 商检徇私舞弊的具体表现是：(1)采取伪造、变造的手段对报检的商品的单证、印章、标志、封识、质量认证标志等作虚假的证明或者出具不真实的证明结论的；(2)将送检的合格商品检验为不合格，或者将不合格商品检验为合格的；(3)对明知是不合格的商品，不检验而出具合格检验结果的；(4)其他伪造检验结果应予追究刑事责任的情形。

2. 本罪是行为犯，徇私舞弊，伪造检验结果的，即构成犯罪。严重后果，只是加重情节。

3. 行为人完成徇私舞弊，伪造检验结果行为完成，即构成犯罪既遂。

四、罪名变迁

1979 年《刑法》和单行刑法没有规定本罪。本罪系《刑法》吸收《进出口商品检验法》(2013 年修正)第 38 条内容而新增设的罪名，罪名确定为商检徇私舞弊罪。

类罪名：渎职罪	**罪名：商检失职罪**
量刑标准	**致使国家利益遭受重大损失的**　处 3 年以下有期徒刑或者拘役。

法律依据

一、《刑法》条文

第四百一十二条第二款　前款所列人员严重不负责任，对应当检验的物品不检验，或者延误检验出证、错误出证，致使国家利益遭受重大损失的，处三年以下有期徒刑或者拘役。

二、相关法律

《中华人民共和国进出口商品检验法》(2021 年 4 月 29 日修正)

第三十六条　国家商检部门、商检机构的工作人员滥用职权，故意刁难的，徇私舞弊，伪造检验结果的，或者玩忽职守，延误检验出证的，依法给予行政处分；构成犯罪的，依法追究刑事责任。

三、相关行政法规

《中华人民共和国进出口商品检验法实施条例》(2022 年 3 月 29 日修订)

第五十五条　出入境检验检疫机构的工作人员滥用职权，故意刁难当事人的，徇私舞弊，伪造检验结果的，或者玩忽职守，延误检验出证的，依法给予行政处分；违反有关法律、行政法规规定签发出口货物原产地证明的，依法给予行政处分，没收违法所得;构成犯罪的,依法追究刑事责任。

四、相关司法解释/文件

《最高人民检察院关于人民检察院直接受理立案侦查的渎职侵权重特大案件标准(试行)》(2001年7月20日　高检发〔2001〕13号)

二十三、商检失职案

(一)重大案件

1. 造成直接经济损失一百万元以上的;

2. 五次以上不检验或者延误检验出让、错误出证的。

(二)特大案件

1. 造成直接经济损失三百万元以上的;

2. 七次以上不检验或者延误检验出证、错误出证的。

《最高人民检察院关于渎职侵权犯罪案件立案标准的规定》(2006年7月26日　高检发释字〔2006〕2号)

一、渎职犯罪案件

(二十五)商检失职案(第四百一十二条第二款)

商检失职罪是指出入境检验检疫机关、检验检疫机构工作人员严重不负责任,对应当检验的物品不检验,或者延误检验出证、错误出证,致使国家利益遭受重大损失的行为。

涉嫌下列情形之一的,应予立案:

1. 致使不合格的食品、药品、医疗器械等商品出入境,严重危害生命健康的;

2. 造成个人财产直接经济损失15万元以上,或者直接经济损失不满15万元,但间接经济损失75万元以上的;

3. 造成公共财产、法人或者其他组织财产直接经济损失30万元以上,或者直接经济损失不满30万元,但间接经济损失150万元以上的;

4. 未经检验,出具合格检验结果,致使国家禁止进口的固体废物、液态废物和气态废物等进入境内的;

5. 不检验或者延误检验出证、错误出证,引起国际经济贸易纠纷,严重影响国家对外经贸关系,或者严重损害国家声誉的;

6. 其他致使国家利益遭受重大损失的情形。

要义辨析

一、概念

本罪是指国家商检部门、商检机构的工作人员严重不负责任,对应当检验的物品不检验,或者延误检验出证、错误出证,致使国家利益遭受重大损失的行为。

二、构成要件

1. 本罪侵犯的客体是国家进出口商品检验部门、机构的正常活动及国家其他有关机关的正常活动。

2. 本罪客观方面表现为国家商检部门、商检机构的工作人员严重不负责任,对应当检验的物品不检验,或者延误检验出证、错误出证,致使国家利益如对外索赔理赔中遭受了重大损失。

3. 犯罪主体是特殊主体,限于国家商检部门、商检机构的工作人员,包括国家商检局、商检机构指定或者认可的检验机构的检验人员以及认可的检验人员。

4. 本罪主观方面只能是过失。

三、要点辨析

1. 本罪为结果犯,要求导致国家利益造成重大损失才构成犯罪。重大损失的标准,最高人民检察院的立案标准已经列明。

2. 本罪主观方面表现为不负责任的疏忽大意的过失。严重不负责任,对应当检验的物品不检验,或者延误检验出证、错误出证。

四、罪名变迁

1979年《刑法》和单行刑法没有本罪。本罪系《刑法》吸收《进出口商品检验法》第38条内容而新增设的罪名。

类罪名：渎职罪	罪名：动植物检疫徇私舞弊罪
量刑标准	**构成犯罪的**　处5年以下有期徒刑或者拘役；
	造成严重后果的　处5年以上10年以下有期徒刑。

法律依据

一、《刑法》条文

第四百一十三条第一款　动植物检疫机关的检疫人员徇私舞弊，伪造检疫结果的，处五年以下有期徒刑或者拘役；造成严重后果的，处五年以上十年以下有期徒刑。

二、相关法律

《中华人民共和国进出境动植物检疫法》(2009年8月27日修正)

第四十五条　动植物检疫机关检疫人员滥用职权，徇私舞弊，伪造检疫结果，或者玩忽职守，延误检疫出证，构成犯罪的，依法追究刑事责任；不构成犯罪的，给予行政处分。

《中华人民共和国动物防疫法》(2021年1月22日修订)

第七十一条　动物疫病预防控制机构及其工作人员违反本法规定，有下列行为之一的，由本级人民政府或者兽医主管部门责令改正，通报批评；对直接负责的主管人员和其他直接责任人员依法给予处分：

（一）未履行动物疫病监测、检测职责或者伪造监测、检测结果的；

（二）发生动物疫情时未及时进行诊断、调查的；

（三）其他未依照本法规定履行职责的行为。

第八十四条第一款　违反本法规定，构成犯罪的，依法追究刑事责任。

三、相关行政法规

《中华人民共和国进出境动植物检疫法实施条例》(1996年12月2日)

第二条　下列各物，依照进出境动植物检疫法和本条例的规定实施检疫：

（一）进境、出境、过境的动植物、动植物产品和其他检疫物；

（二）装载动植物、动植物产品和其他检疫物的装载容器、包装物、铺垫材料；

（三）来自动植物疫区的运输工具；

（四）进境拆解的废旧船舶；

（五）有关法律、行政法规、国际条约规定或者贸易合同约定应当实施进出境动植物检疫的其他货物、物品。

第三条　国务院农业行政主管部门主管全国进出境动植物检疫工作。

中华人民共和国动植物检疫局（以下简称国家动植物检疫局）统一管理全国进出境动植物检疫工作，收集国内外重大动植物疫情，负责国际间进出境动植物检疫的合作与交流。

国家动植物检疫局在对外开放的口岸和进出境动植物检疫业务集中的地点设立的口岸动植物检疫机关，依照进出境动植物检疫法和本条例的规定，实施进出境动植物检疫。

第二十七条　输入动植物、动植物产品和其他检疫物，经检疫合格的，由口岸动植物检疫机关在报关单上加盖印章或者签发《检疫放行通知单》；需要调离进境口岸海关监管区检疫的，由进境口岸动植物检疫机关签发《检疫调离通知单》。货主或者其代理人凭口岸动植物检疫机关在报关单上加盖的印章或者签发的《检疫放行通知单》、《检疫调离通知单》办理报关、运递手续。海关对输入的动植物、动植物产品和其他检疫物，凭口岸动植物检疫机关在报关单上加盖的印章或者签发的《检疫放行通知单》、《检疫调离通知单》验放。运输、邮电部门凭单运递，运递期间国内其他检疫机关不再检疫。

第二十八条　输入动植物、动植物产品和其他检疫物，经检疫不合格的，由口岸动植物检疫机关签发《检疫处理通知单》,通知货主或者其代理人在口岸动植物检疫机关的监督和技术指导下,作除害处理;需要对外索赔的,由口岸动植物检疫机关出具检疫证书。

第三十五条 经启运地口岸动植物检疫机关检疫合格的动植物、动植物产品和其他检疫物,运达出境口岸时,按照下列规定办理:

(一)动物应当经出境口岸动植物检疫机关临床检疫或者复检;

(二)植物、动植物产品和其他检疫物从启运地随原运输工具出境的,由出境口岸动植物检疫机关验证放行;改换运输工具出境的,换证放行;

(三)植物、动植物产品和其他检疫物到达出境口岸后拼装的,因变更输入国家或者地区而有不同检疫要求的,或者超过规定的检疫有效期的,应当重新报检。

第三十六条 输出动植物、动植物产品和其他检疫物,经启运地口岸动植物检疫机关检疫合格的,运达出境口岸时,运输、邮电部门凭启运地口岸动植物检疫机关签发的检疫单证运递,国内其他检疫机关不再检疫。

第三十八条 过境动物运达进境口岸时,由进境口岸动植物检疫机关对运输工具、容器的外表进行消毒并对动物进行临床检疫,经检疫合格的,准予过境。进境口岸动植物检疫机关可以派检疫人员监运至出境口岸,出境口岸动植物检疫机关不再检疫。

第四十四条 邮寄进境的动植物、动植物产品和其他检疫物,由口岸动植物检疫机关在国际邮件互换局(含国际邮件快递公司及其他经营国际邮件的单位,以下简称邮局)实施检疫。邮局应当提供必要的工作条件。

经现场检疫合格的,由口岸动植物检疫机关加盖检疫放行章,交邮局运递。需要作实验室检疫或者隔离检疫的,口岸动植物检疫机关应当向邮局办理交接手续;检疫合格的,加盖检疫放行章,交邮局运递。

第五十条 来自动植物疫区的进境运输工具经检疫或者经消毒处理合格后,运输工具负责人或者其代理人要求出证的,由口岸动植物检疫机关签发《运输工具检疫证书》或者《运输工具消毒证书》。

第六十四条 进出境动植物检疫法和本条例下列用语的含义:

(一)"植物种子、种苗及其他繁殖材料",是指栽培、野生的可供繁殖的植物全株或者部分,如植株、苗木(含试管苗)、果实、种子、砧木、接穗、插条、叶片、芽体、块根、块茎、鳞茎、球茎、花粉、细胞培养材料等;

(二)"装载容器",是指可以多次使用、易受病虫害污染并用于装载进出境货物的容器,如笼、箱、桶、筐等;

(三)"其他有害生物",是指动物传染病、寄生虫病和植物危险性病、虫、杂草以外的各种为害动植物的生物有机体、病原微生物,以及软体类、啮齿类、螨类、多足虫类动物和危险性病虫的中间寄主、媒介生物等;

(四)"检疫证书",是指动植物检疫机关出具的关于动植物、动植物产品和其他检疫物健康或者卫生状况的具有法律效力的文件,如《动物检疫证书》、《植物检疫证书》、《动物健康证书》、《兽医卫生证书》、《熏蒸/消毒证书》等。

四、相关司法解释/文件

《最高人民检察院关于人民检察院直接受理立案侦查的渎职侵权重特大案件标准(试行)》(2001年7月20日 高检发〔2001〕13号)

二十四、动植物检疫徇私舞弊案

(一)重大案件

1. 徇私舞弊,三次以上伪造检疫结果的;

2. 造成直接经济损失五十万元以上的。

(二)特大案件

1. 徇私舞弊,五次以上伪造检疫结果的;

2. 造成直接经济损失一百万元以上的。

《最高人民检察院关于渎职侵权犯罪案件立案标准的规定》(2006年7月26日 高检发释字〔2006〕2号)

一、渎职犯罪案件

(二十六)动植物检疫徇私舞弊案(第四百一十三条第一款)

动植物检疫徇私舞弊罪是指出入境检验检疫机关、检验检疫机构工作人员徇私舞弊,伪造检疫结果的行为。

涉嫌下列情形之一的，应予立案：

1. 采取伪造、变造的手段对检疫的单证、印章、标志、封识等作虚假的证明或者出具不真实的结论的；

2. 将送检的合格动植物检疫为不合格，或者将不合格动植物检疫为合格的；

3. 对明知是不合格的动植物，不检疫而出具合格检疫结果的；

4. 其他伪造检疫结果应予追究刑事责任的情形。

《最高人民法院、最高人民检察院关于办理危害食品安全刑事案件适用法律若干问题的解释》（2021年12月31日　法释〔2021〕24号）

第二十条第一款　负有食品安全监督管理职责的国家机关工作人员滥用职权或者玩忽职守，构成食品监管渎职罪，同时构成徇私舞弊不移交刑事案件罪、商检徇私舞弊罪、动植物检疫徇私舞弊罪、放纵制售伪劣商品犯罪行为罪等其他渎职犯罪的，依照处罚较重的规定定罪处罚。

要义辨析

一、概念

本罪是指动植物检疫机关检疫人员徇私舞弊，伪造检疫结果的行为。

二、构成要件

1. 本罪侵犯的客体是国家对进出境动植物检疫管理秩序。

2. 本罪客观方面表现为徇私舞弊，伪造检疫结果的行为。

3. 犯罪主体是特殊主体，只有动植物检疫机关检疫人员徇私舞弊，伪造检疫结果，才能以本罪论处。

4. 本罪主观方面是故意。

三、要点辨析

1. 本罪为行为犯，只要实施了本罪所指行为，没有后果也构成犯罪，有严重后果的，作为加重情节。

2. 完成徇私舞弊，伪造了检疫结果行为即为犯罪既遂。

3. 本罪是徇私舞弊犯罪，是主动故意行为，同动植物检疫失职罪是过失犯罪不同。

四、罪名变迁

1979年《刑法》和单行刑法没有本罪。本罪系《刑法》吸收《进出境动植物检疫法》第45条内容而新增设的罪名。

类罪名：渎职罪	**罪名：动植物检疫失职罪**
量刑标准	**致使国家利益遭受重大损失的**　处3年以下有期徒刑或者拘役。

法律依据

一、《刑法》条文

第四百一十三条第二款　前款所列人员严重不负责任，对应当检疫的检疫物不检疫，或者延误检疫出证、错误出证，致使国家利益遭受重大损失的，处三年以下有期徒刑或者拘役。

二、相关法律

《中华人民共和国进出境动植物检疫法》（2009年8月27日修正）

第四十五条　动植物检疫机关检疫人员滥用职权，徇私舞弊，伪造检疫结果，或者玩忽职守，延误检疫出证，构成犯罪的，依法追究刑事责任；不构成犯罪的，给予行政处分。

《中华人民共和国动物防疫法》（2021年1月22日修订）

第七十一条　动物疫病预防控制机构及其工作人员违反本法规定，有下列行为之一的，由本级

人民政府或者兽医主管部门责令改正,通报批评;对直接负责的主管人员和其他直接责任人员依法给予处分:

(一)未履行动物疫病监测、检测职责或者伪造监测、检测结果的;

(二)发生动物疫情时未及时进行诊断、调查的;

(三)其他未依照本法规定履行职责的行为。

第八十四条第一款　违反本法规定,构成犯罪的,依法追究刑事责任。

三、相关行政法规

《中华人民共和国进出境动植物检疫法实施条例》(1996年12月2日)

第二条　下列各物,依照进出境动植物检疫法和本条例的规定实施检疫:

(一)进境、出境、过境的动植物、动植物产品和其他检疫物;

(二)装载动植物、动植物产品和其他检疫物的装载容器、包装物、铺垫材料;

(三)来自动植物疫区的运输工具;

(四)进境拆解的废旧船舶;

(五)有关法律、行政法规、国际条约规定或者贸易合同约定应当实施进出境动植物检疫的其他货物、物品。

第三条　国务院农业行政主管部门主管全国进出境动植物检疫工作。

中华人民共和国动植物检疫局(以下简称国家动植物检疫局)统一管理全国进出境动植物检疫工作,收集国内外重大动植物疫情,负责国际间进出境动植物检疫的合作与交流。

国家动植物检疫局在对外开放的口岸和进出境动植物检疫业务集中的地点设立的口岸动植物检疫机关,依照进出境动植物检疫法和本条例的规定,实施进出境动植物检疫。

第二十七条　输入动植物、动植物产品和其他检疫物,经检疫合格的,由口岸动植物检疫机关在报关单上加盖印章或者签发《检疫放行通知单》;需要调离进境口岸海关监管区检疫的,由进境口岸动植物检疫机关签发《检疫调离通知单》。货主或者其代理人凭口岸动植物检疫机关在报关单上加盖的印章或者签发的《检疫放行通知单》、《检疫调离通知单》办理报关、运递手续。海关对输入的动植物、动植物产品和其他检疫物,凭口岸动植物检疫机关在报关单上加盖的印章或者签发的《检疫放行通知单》、《检疫调离通知单》验放。运输、邮电部门凭单运递,运递期间国内其他检疫机关不再检疫。

第二十八条　输入动植物、动植物产品和其他检疫物,经检疫不合格的,由口岸动植物检疫机关签发《检疫处理通知单》,通知货主或者其代理人在口岸动植物检疫机关的监督和技术指导下,作除害处理;需要对外索赔的,由口岸动植物检疫机关出具检疫证书。

第三十五条　经启运地口岸动植物检疫机关检疫合格的动植物、动植物产品和其他检疫物,运达出境口岸时,按照下列规定办理:

(一)动物应当经出境口岸动植物检疫机关临床检疫或者复检;

(二)植物、动植物产品和其他检疫物从启运地随原运输工具出境的,由出境口岸动植物检疫机关验证放行;改换运输工具出境的,换证放行;

(三)植物、动植物产品和其他检疫物到达出境口岸后拼装的,因变更输入国家或者地区而有不同检疫要求的,或者超过规定的检疫有效期的,应当重新报检。

第三十六条　输出动植物、动植物产品和其他检疫物,经启运地口岸动植物检疫机关检疫合格的,运达出境口岸时,运输、邮电部门凭启运地口岸动植物检疫机关签发的检疫单证运递,国内其他检疫机关不再检疫。

第三十八条　过境动物运达进境口岸时,由进境口岸动植物检疫机关对运输工具、容器的外表进行消毒并对动物进行临床检疫,经检疫合格的,准予过境。进境口岸动植物检疫机关可以派检疫人员监运至出境口岸,出境口岸动植物检疫机关不再检疫。

第四十四条　邮寄进境的动植物、动植物产品和其他检疫物,由口岸动植物检疫机关在国际邮件互换局(含国际邮件快递公司及其他经营国际邮件的单位,以下简称邮局)实施检疫。邮局应当提供必要的工作条件。

经现场检疫合格的，由口岸动植物检疫机关加盖检疫放行章，交邮局运递。需要作实验室检疫或者隔离检疫的，口岸动植物检疫机关应当向邮局办理交接手续；检疫合格的，加盖检疫放行章，交邮局运递。

第五十条　来自动植物疫区的进境运输工具经检疫或者经消毒处理合格后，运输工具负责人或者其代理人要求出证的，由口岸动植物检疫机关签发《运输工具检疫证书》或者《运输工具消毒证书》。

第六十四条　进出境动植物检疫法和本条例下列用语的含义：

（一）“植物种子、种苗及其他繁殖材料”，是指栽培、野生的可供繁殖的植物全株或者部分，如植株、苗木（含试管苗）、果实、种子、砧木、接穗、插条、叶片、芽体、块根、块茎、鳞茎、球茎、花粉、细胞培养材料等；

（二）“装载容器”，是指可以多次使用、易受病虫害污染并用于装载进出境货物的容器，如笼、箱、桶、筐等；

（三）“其他有害生物”，是指动物传染病、寄生虫病和植物危险性病、虫、杂草以外的各种为害动植物的生物有机体、病原微生物，以及软体类、啮齿类、螨类、多足虫类动物和危险性病虫的中间寄主、媒介生物等；

（四）“检疫证书”，是指动植物检疫机关出具的关于动植物、动植物产品和其他检疫物健康或者卫生状况的具有法律效力的文件，如《动物检疫证书》、《植物检疫证书》、《动物健康证书》、《兽医卫生证书》、《薰蒸/消毒证书》等。

四、相关司法解释/文件

《最高人民检察院关于人民检察院直接受理立案侦查的渎职侵权重特大案件标准（试行）》（2001年7月20日　高检发〔2001〕13号）

二十五、动植物检疫失职案

（一）重大案件

1. 造成直接经济损失一百万元以上的；

2. 导致疫情发生，造成人员死亡二人以上的；

3. 五次以上不检疫，或者延误检疫出证、错误出证，严重影响国家对外经贸关系和国家声誉的。

（二）特大案件

1. 造成直接经济损失三百万元以上的；

2. 导致疫情发生，造成人员死亡五人以上的；

3. 七次以上不检疫，或者延误检疫出证、错误出证，严重影响国家对外经贸关系和国家声誉的。

《最高人民检察院关于渎职侵权犯罪案件立案标准的规定》（2006年7月26日　高检发释字〔2006〕2号）

一、渎职犯罪

（二十七）动植物检疫失职案（第四百一十三条第二款）

动植物检疫失职罪是指出入境检验检疫机关、检验检疫机构工作人员严重不负责任，对应当检疫的检疫物不检疫，或者延误检疫出证、错误出证，致使国家利益遭受重大损失的行为。

涉嫌下列情形之一的，应予立案：

1. 导致疫情发生，造成人员重伤或者死亡的；

2. 导致重大疫情发生、传播或者流行的；

3. 造成个人财产直接经济损失15万元以上，或者直接经济损失不满15万元，但间接经济损失75万元以上的；

4. 造成公共财产或者法人、其他组织财产直接经济损失30万元以上，或者直接经济损失不满30万元，但间接经济损失150万元以上的；

5. 不检疫或者延误检疫出证、错误出证，引起国际经济贸易纠纷，严重影响国家对外经贸关系，或者严重损害国家声誉的；

6. 其他致使国家利益遭受重大损失的情形。

要义辨析

一、概念

本罪是指动植物检疫机关检疫人员严重不负责任，对应当检疫的检疫物不检疫，或者延误检疫出证、错误出证，致使国家利益遭受严重大损失的行为。

二、构成要件

1. 本罪侵犯的客体是国家动植物检疫机关的正常活动。

2. 本罪客观方面表现为三种情况,其一是对应当检疫的检疫物不检疫;其二是对应当检疫的检疫物延误出证;其三是对应当检疫的检疫物错误出证。

3. 犯罪主体是特殊主体,只有动植物检疫机关工作人员才能成为本罪的犯罪主体。

4. 本罪主观方面只能由过失构成。

三、要点辨析

1. 本罪为结果犯,要求导致国家利益造成重大损失才构成犯罪。重大损失的标准,最高人民检察院的立案标准已经列明。

2. 本罪是过失失职犯罪,主观方面表现为不负责任的疏忽大意的过失。严重不负责任,对应当检验的物品不检验,或者延误检验出证、错误出证,致使国家利益遭受重大损失。同徇私舞弊主动故意行为的"动植物检疫徇私舞弊罪"不同。

四、罪名变迁

1979 年《刑法》和单行刑法没有本罪。本罪系《刑法》吸收《进出境动植物检疫法》第 45 条内容而新增设的罪名。

类罪名:渎职罪 | 罪名:放纵制售伪劣商品犯罪行为罪	
量刑标准	**情节严重的**　处 5 年以下有期徒刑或者拘役。

法律依据

一、《刑法》条文

第四百一十四条　对生产、销售伪劣商品犯罪行为负有追究责任的国家机关工作人员,徇私舞弊,不履行法律规定的追究职责,情节严重的,处五年以下有期徒刑或者拘役。

二、相关法律

《中华人民共和国产品质量法》(2018 年 12 月 29 日修正)

第八条　国务院市场监督管理部门主管全国产品质量监督工作。国务院有关部门在各自的职责范围内负责产品质量监督工作。

县级以上地方市场监督管理部门主管本行政区域内的产品质量监督工作。县级以上地方人民政府有关部门在各自的职责范围内负责产品质量监督工作。

法律对产品质量的监督部门另有规定的,依照有关法律的规定执行。

第九条　各级人民政府工作人员和其他国家机关工作人员不得滥用职权、玩忽职守或者徇私舞弊,包庇、放纵本地区、本系统发生的产品生产、销售中违反本法规定的行为,或者阻挠、干预依法对产品生产、销售中违反本法规定的行为进行查处。

各级地方人民政府和其他国家机关有包庇、放纵产品生产、销售中违反本法规定的行为的,依法追究其主要负责人的法律责任。

第六十五条　各级人民政府工作人员和其他国家机关工作人员有下列情形之一的,依法给予行政处分;构成犯罪的,依法追究刑事责任:

(一)包庇、放纵产品生产、销售中违反本法规定行为的;

(二)向从事违反本法规定的生产、销售活动的当事人通风报信,帮助其逃避查处的;

(三)阻挠、干预市场监督管理部门依法对产品生产、销售中违反本法规定的行为进行查处,造成严重后果的。

《中华人民共和国消费者权益保护法》(2013 年 10 月 25 日修正)

第六十一条　国家机关工作人员玩忽职守或者包庇经营者侵害消费者合法权益的行为的,由其所在单位或者上级机关给予行政处分;情节严重,构成犯罪的,依法追究刑事责任。

三、相关司法解释/文件

《最高人民法院、最高人民检察院关于办理生产、销售伪劣商品刑事案件具体应用法律若干问题的解释》(2001年4月9日　法释〔2001〕10号)

第八条　国家机关工作人员徇私舞弊，对生产、销售伪劣商品犯罪不履行法律规定的查处职责，具有下列情形之一的，属于刑法第四百一十四条规定的“情节严重”：

(一)放纵生产、销售假药或者有毒、有害食品犯罪行为的；

(二)放纵依法可能判处二年有期徒刑以上刑罚的生产、销售、伪劣商品犯罪行为的；

(三)对三个以上有生产、销售伪劣商品犯罪行为的单位或者个人不履行追究职责的；

(四)致使国家和人民利益遭受重大损失或者造成恶劣影响的。

《最高人民检察院关于人民检察院直接受理立案侦查的渎职侵权重特大案件标准(试行)》(2001年7月20日　高检发〔2001〕13号)

二十六、放纵制售伪劣商品犯罪行为案

(一)重大案件

1. 放纵生产、销售假药或者有毒、有害食品犯罪行为，情节恶劣或者后果严重的；

2. 放纵依法可能判处五年以上十年以下有期徒刑刑罚的生产、销售伪劣商品犯罪行为的；

3. 五次以上或者对五个以上有生产、销售伪劣商品犯罪行为的单位或者个人不履行追究职责的。

(二)特大案件

1. 放纵生产、销售假药或者有毒、有害食品犯罪行为，造成人员死亡的；

2. 放纵依法可能判处十年以上刑罚的生产、销售伪劣商品犯罪行为的；

3. 七次以上或者对七个以上有生产、销售伪劣商品犯罪行为的单位或者个人不履行追究职责的。

《最高人民检察院关于渎职侵权犯罪案件立案标准的规定》(2006年7月26日　高检发释字〔2006〕2号)

一、渎职犯罪案件

(二十八)放纵制售伪劣商品犯罪行为案(第四百一十四条)

放纵制售伪劣商品犯罪行为罪是指对生产、销售伪劣商品犯罪行为负有追究责任的国家机关工作人员徇私舞弊，不履行法律规定的追究职责，情节严重的行为。

涉嫌下列情形之一的，应予立案：

1. 放纵生产、销售假药或者有毒、有害食品犯罪行为的；

2. 放纵生产、销售伪劣农药、兽药、化肥、种子犯罪行为的；

3. 放纵依法可能判处3年有期徒刑以上刑罚的生产、销售伪劣商品犯罪行为的；

4. 对生产、销售伪劣商品犯罪行为不履行追究职责，致使生产、销售伪劣商品犯罪行为得以继续的；

5. 3次以上不履行追究职责，或者对3个以上有生产、销售伪劣商品犯罪行为的单位或者个人不履行追究职责的；

6. 其他情节严重的情形。

要义辨析

一、概念

本罪是指对生产、销售伪劣商品犯罪行为负有追究责任的国家机关工作人员徇私舞弊，不履行法律规定的追究职责，情节严重的行为。

二、构成要件

1. 本罪侵犯的客体是国家对产品质量的监督管理制度。国家机关工作人员徇私舞弊，不履行法律规定的追究职责，必然妨害有关法律、法规的贯彻实施，破坏国家对产品质量的监督管理制度，严重妨害监督管理活动。

2. 本罪客观方面表现为徇私舞弊对有生产、销售伪劣商品犯罪行为的公司、企业、事业单位或者个人，不履行法律规定的追究职责，情节严重的行为。

3. 犯罪主体是特殊主体，即必须是负有追究责任的国家机关工作人员。

4. 本罪主观方面是故意,包括直接故意和间接故意。

三、要点辨析

1. 本罪为不作为犯罪,即负有法定监管职责的国家工作人员,出于徇私舞弊,不履行法律规定的监管查处职责,情节严重的行为。

2. “徇私”,是指为了私情、私利而做不合法的事;“舞弊”是用欺骗的方法做违法违纪的事情。从司法实践来看,所谓徇私,包括徇私情、谋私利两种情形,前者包括顺从亲戚、朋友、同学、同乡、上下级等私人关系、感情;后者包括第三人平时小恩小惠、请客送礼、许诺日后给予好处(包括非物质的好处)或行为人为保住自己不应有之利益等。不论徇私情或谋私利,均是能够给行为人或其亲友带来利益或使其对手失去应有利益,且这种利益之增减与行为人之行为有直接的因果关系,否则就不能认定为徇私。也就是说,徇私情或谋私利均落脚于特定对象的利益之增减。

3. 关于本罪罪与非罪的界限。本罪要有情节严重标准,才构成犯罪。具体有:(1)放纵生产、销售假药或者有毒、有害食品犯罪行为的;(2)放纵生产、销售伪劣农药、兽药、化肥、种子犯罪行为的;(3)放纵依法可能判处3年有期徒刑以上刑罚的生产、销售伪劣商品犯罪行为的;(4)对生产、销售伪劣商品犯罪行为不履行追究职责,致使生产、销售伪劣商品犯罪行为得以继续的;(5)3次以上不履行追究职责,或者对3个以上有生产、销售伪劣商品犯罪行为的单位或者个人不履行追究职责的;(6)其他情节严重的情形。

四、罪名变迁

本罪名在1979年《刑法》中没有专门规定,当时的司法实践中通常是按照玩忽职守罪处罚。1993年7月2日《全国人民代表大会常务委员会关于惩治生产、销售伪劣商品犯罪的决定》第10条第2款设立此罪名,1997年《刑法》第414条规定了本罪。

类罪名:渎职罪	**罪名:办理偷越国(边)境人员出入境证件罪**	
量刑标准	**构成犯罪的**	处3年以下有期徒刑或者拘役;
	情节严重的	处3年以上7年以下有期徒刑。

渎职罪

法律依据

一、《刑法》条文

第四百一十五条　负责办理护照、签证以及其他出入境证件的国家机关工作人员,对明知是企图偷越国(边)境的人员,予以办理出入境证件的,或者边防、海关等国家机关工作人员,对明知是偷越国(边)境的人员,予以放行的,处三年以下有期徒刑或者拘役;情节严重的,处三年以上七年以下有期徒刑。

二、相关法律

《中华人民共和国出境入境管理法》(2012年6月30日)

第四条　公安部、外交部按照各自职责负责有关出境入境事务的管理。

中华人民共和国驻外使馆、领馆或者外交部委托的其他驻外机构(以下称驻外签证机关)负责在境外签发外国人入境签证。出入境边防检查机关负责实施出境入境边防检查。县级以上地方人民政府公安机关及其出入境管理机构负责外国人停留居留管理。

公安部、外交部可以在各自职责范围内委托县级以上地方人民政府公安机关出入境管理机构、县级以上地方人民政府外事部门受理外国人入境、停留居留申请。

公安部、外交部在出境入境事务管理中,应当加强沟通配合，并与国务院有关部门密切合作，按照各自职责分工，依法行使职权，承担责任。

第十一条　中国公民出境入境，应当向出入境边防检查机关交验本人的护照或者其他旅行证件等出境入境证件，履行规定的手续，经查验准许，方可出境入境。

具备条件的口岸，出入境边防检查机关应当为中国公民出境入境提供专用通道等便利措施。

第十二条　中国公民有下列情形之一的，不准出境：

（一）未持有效出境入境证件或者拒绝、逃避接受边防检查的；

（二）被判处刑罚尚未执行完毕或者属于刑事案件被告人、犯罪嫌疑人的；

（三）有未了结的民事案件，人民法院决定不准出境的；

（四）因妨害国（边）境管理受到刑事处罚或者因非法出境、非法居留、非法就业被其他国家或者地区遣返，未满不准出境规定年限的；

（五）可能危害国家安全和利益，国务院有关主管部门决定不准出境的；

（六）法律、行政法规规定不准出境的其他情形。

第十三条　定居国外的中国公民要求回国定居的，应当在入境前向中华人民共和国驻外使馆、领馆或者外交部委托的其他驻外机构提出申请，也可以由本人或者经由国内亲属向拟定居地的县级以上地方人民政府侨务部门提出申请。

第十四条　定居国外的中国公民在中国境内办理金融、教育、医疗、交通、电信、社会保险、财产登记等事务需要提供身份证明的，可以凭本人的护照证明其身份。

第十五条　外国人入境，应当向驻外签证机关申请办理签证，但是本法另有规定的除外。

第十六条　签证分为外交签证、礼遇签证、公务签证、普通签证。

对因外交、公务事由入境的外国人，签发外交、公务签证；对因身份特殊需要给予礼遇的外国人，签发礼遇签证。外交签证、礼遇签证、公务签证的签发范围和签发办法由外交部规定。

对因工作、学习、探亲、旅游、商务活动、人才引进等非外交、公务事由入境的外国人，签发相应类别的普通签证。普通签证的类别和签发办法由国务院规定。

第二十一条　外国人有下列情形之一的，不予签发签证：

（一）被处驱逐出境或者被决定遣送出境，未满不准入境规定年限的；

（二）患有严重精神障碍、传染性肺结核病或者有可能对公共卫生造成重大危害的其他传染病的；

（三）可能危害中国国家安全和利益、破坏社会公共秩序或者从事其他违法犯罪活动的；

（四）在申请签证过程中弄虚作假或者不能保障在中国境内期间所需费用的；

（五）不能提交签证机关要求提交的相关材料的；

（六）签证机关认为不宜签发签证的其他情形。

对不予签发签证的，签证机关可以不说明理由。

第二十二条　外国人有下列情形之一的，可以免办签证：

（一）根据中国政府与其他国家政府签订的互免签证协议，属于免办签证人员的；

（二）持有效的外国人居留证件的；

（三）持联程客票搭乘国际航行的航空器、船舶、列车从中国过境前往第三国或者地区，在中国境内停留不超过二十四小时且不离开口岸，或者在国务院批准的特定区域内停留不超过规定时限的；

（四）国务院规定的可以免办签证的其他情形。

第二十三条　有下列情形之一的外国人需要临时入境的，应当向出入境边防检查机关申请办理临时入境手续：

（一）外国船员及其随行家属登陆港口所在城市的；

（二）本法第二十二条第三项规定的人员需要离开口岸的；

（三）因不可抗力或者其他紧急原因需要临时入境的。

临时入境的期限不得超过十五日。

对申请办理临时入境手续的外国人,出入境边防检查机关可以要求外国人本人、载运其入境的交通运输工具的负责人或者交通运输工具出境入境业务代理单位提供必要的保证措施。

第二十四条 外国人入境,应当向出入境边防检查机关交验本人的护照或者其他国际旅行证件、签证或者其他入境许可证明,履行规定的手续,经查验准许,方可入境。

第二十五条 外国人有下列情形之一的,不准入境:

(一)未持有效出境入境证件或者拒绝、逃避接受边防检查的;

(二)具有本法第二十一条第一款第一项至第四项规定情形的;

(三)入境后可能从事与签证种类不符的活动的;

(四)法律、行政法规规定不准入境的其他情形。

对不准入境的,出入境边防检查机关可以不说明理由。

第二十六条 对未被准许入境的外国人,出入境边防检查机关应当责令其返回;对拒不返回的,强制其返回。外国人等待返回期间,不得离开限定的区域。

第二十七条 外国人出境,应当向出入境边防检查机关交验本人的护照或者其他国际旅行证件等出境入境证件,履行规定的手续,经查验准许,方可出境。

第二十八条 外国人有下列情形之一的,不准出境:

(一)被判处刑罚尚未执行完毕或者属于刑事案件被告人、犯罪嫌疑人的,但是按照中国与外国签订的有关协议,移管被判刑人的除外;

(二)有未了结的民事案件,人民法院决定不准出境的;

(三)拖欠劳动者的劳动报酬,经国务院有关部门或者省、自治区、直辖市人民政府决定不准出境的;

(四)法律、行政法规规定不准出境的其他情形。

第八十五条 履行出境入境管理职责的工作人员,有下列行为之一的,依法给予处分:

(一)违反法律、行政法规,为不符合规定条件的外国人签发签证、外国人停留居留证件等出境入境证件的;

(二)违反法律、行政法规,审核验放不符合规定条件的人员或者交通运输工具出境入境的;

(三)泄露在出境入境管理工作中知悉的个人信息,侵害当事人合法权益的;

(四)不按照规定将依法收取的费用、收缴的罚款及没收的违法所得、非法财物上缴国库的;

(五)私分、侵占、挪用罚没、扣押的款物或者收取的费用的;

(六)滥用职权、玩忽职守、徇私舞弊,不依法履行法定职责的其他行为。

第八十八条 违反本法规定,构成犯罪的,依法追究刑事责任。

第八十九条 本法下列用语的含义:

出境,是指由中国内地前往其他国家或者地区,由中国内地前往香港特别行政区、澳门特别行政区,由中国大陆前往台湾地区。

入境,是指由其他国家或者地区进入中国内地,由香港特别行政区、澳门特别行政区进入中国内地,由台湾地区进入中国大陆。

外国人,是指不具有中国国籍的人。

三、相关行政法规

《中华人民共和国出境入境边防检查条例》(1995年7月20日)

第二条 出境、入境边防检查工作由公安部主管。

第三条 在对外开放的港口、航空港、车站和边境通道等口岸设立出境入境边防检查站(以下简称边防检查站)。

第四条 边防检查站为维护国家主权、安全和社会秩序,履行下列职责:

(一)对出境、入境的人员及其行李物品、交通运输工具及其载运的货物实施边防检查;

(二)按照国家有关规定对出境、入境的交通运输工具进行监护;

(三)对口岸的限定区域进行警戒,维护出境、入境秩序;

(四)执行主管机关赋予的和其他法律、行政法规规定的任务。

第五条　出境、入境的人员和交通运输工具，必须经对外开放的口岸或者主管机关特许的地点通行，接受边防检查、监护和管理。

出境、入境的人员，必须遵守的法律、行政法规。

第六条　边防检查人员必须依法执行公务。

任何组织和个人不得妨碍边防检查人员依法执行公务。

第四十六条　本条例下列用语的含义：

“出境、入境的人员”，是指一切离开、进入或者通过国(边)境的中国籍、外国籍和无国籍人；

“出境、入境的交通运输工具”，是指一切离开、进入或者通过国(边)境的船舶、航空器、火车和机动车辆、非机动车辆以及驮畜；

“员工”，是指出境、入境的船舶、航空器、火车和机动车辆的负责人、驾驶员、服务员和其他工作人员。

四、相关司法解释/文件

《最高人民检察院关于人民检察院直接受理立案侦查的渎职侵权重特大案件标准(试行)》(2001年7月20日　高检发〔2001〕13号)

二十七、办理偷越国(边)境人员出入境证件案

(一)重大案件

1. 违法办理三人以上的；

2. 违法办理三次以上的；

3. 违法为刑事犯罪分子办证的。

(二)特大案件

1. 违法办理五人以上的；

2. 违法办理五次以上的；

3. 违法为严重刑事犯罪分子办证的。

《最高人民检察院关于渎职侵权犯罪案件立案标准的规定》(2006年7月26日　高检发释字〔2006〕2号)

一、渎职犯罪案件

(二十九)办理偷越国(边)境人员出入境证件案(第四百一十五条)

办理偷越国(边)境人员出入境证件罪是指负责办理护照、签证以及其他出入境证件的国家机关工作人员，对明知是企图偷越国(边)境的人员，予以办理出入境证件的行为。

负责办理护照、签证以及其他出入境证件的国家机关工作人员涉嫌在办理护照、签证以及其他出入境证件的过程中，对明知是企图偷越国(边)境的人员而予以办理出入境证件的，应予立案。

要义辨析

一、概念

本罪是指负责办理护照、签证以及其他出入境证件的国家机关工作人员，对明知是企图偷越国(边)境的人员，予以办理出入境证件的行为。负责办理护照、签证以及其他出入境证件的国家机关工作人员涉嫌在办理护照、签证以及其他出入境证件的过程中，对明知是企图偷越国(边)境的人员而予以办理出入境证件的，应予立案。

二、构成要件

1. 本罪侵犯的客体是国家的出入境管理制度。国家对出入境的人员实行严格的管理制度，对维护国家的主权、安全和社会秩序，保护公民出入境的正当权益，促进国际交往，有着十分重要的意义。出入境管理人员违反职责，对明知是企图偷越国(边)境的人员，予以办理出入境证件的，就直接侵害了国家的出入国(边)境管理制度，会给国家安全和社会管理秩序造成严重的损害。

2. 本罪客观方面表现为对明知是企图偷越国(边)境的人员，予以办理出入境证件的行为。

3. 犯罪主体是特定的人员，即负责办理护照、签证以及其他出入境证件的国家机关工作人员。

4. 本罪主观方面是直接故意。

三、要点辨析

1. 本罪中所说的证件，是真实的出入境证件，不是伪造的证件。本罪的行为主体，也是特定的能够办出真证件的国家机关人员，一般是公安机关出入境管理人员。

2. 本罪以明知为犯罪构成要件。要求行为人明知他人是企图偷越国(边)境的人员而为其办理出入境证件。

3. 本罪为行为犯，行为人只要为企图偷越国边境的人员办理了护照、签证等出入国边境证件的行

为,不论其是否造成他人偷越国(边)境的结果,除情节显著轻微,危害不大,不认为是犯罪的以外,都构成本罪。

4. 按照最高人民法院 1993 年 9 月 24 日下发的《关于严厉打击偷渡犯罪活动的通知》(已失效)的规定,行为人收受他人贿赂,为企图偷越国(边)境的人员办理出入境证件或者予以放行的行为,既触犯受贿罪,又触犯了本罪,实行数罪并罚,并从重处罚。

四、罪名变迁

此罪名在 1979 年《刑法》中没有规定。1994 年 3 月 5 日《全国人民代表大会常务委员会关于严惩组织、运送他人偷越国(边)境犯罪的补充规定》(已失效)第 6 条第 1 款设立此罪名。1997 年《刑法》第 415 条规定了本罪。

类罪名:渎职罪	罪名:放行偷越国(边)境人员罪
量刑标准	**构成犯罪的** 处 3 年以下有期徒刑或者拘役;
	情节严重的 处 3 年以上 7 年以下有期徒刑。

法律依据

一、《刑法》条文

第四百一十五条 负责办理护照、签证以及其他出入境证件的国家机关工作人员,对明知是企图偷越国(边)境的人员,予以办理出入境证件的,或者边防、海关等国家机关工作人员,对明知是偷越国(边)境的人员,予以放行的,处三年以下有期徒刑或者拘役;情节严重的,处三年以上七年以下有期徒刑。

二、相关司法解释/文件

《最高人民检察院关于人民检察院直接受理立案侦查的渎职侵权重特大案件标准(试行)》(2001 年 7 月 20 日 高检发〔2001〕13 号)

二十八、放行偷越国(边)境人员案

(一)重大案件

1. 违法放行三人以上的;

2. 违法放行三次以上的;

3. 违法放行刑事犯罪分子的。

(二)特大案件

1. 违法放行五人以上的;

2. 违法放行五次以上的;

3. 违法放行严重刑事犯罪分子的。

《最高人民检察院关于渎职侵权犯罪案件立案标准的规定》(2006 年 7 月 26 日 高检发释字〔2006〕2 号)

一、渎职犯罪案件

(三十)放行偷越国(边)境人员案(第四百一十五条)

放行偷越国(边)境人员罪是指边防、海关等国家机关工作人员,对明知是偷越国(边)境的人员予以放行的行为。

边防、海关等国家机关工作人员涉嫌在履行职务过程中,对明知是偷越国(边)境的人员而予以放行的,应予立案。

要义辨析

一、概念

本罪是指边防、海关等国家机关工作人员,对明知是偷越国(边)境的人员,予以放行的行为。

二、构成要件

1. 本罪侵犯的客体是国家的海关或边防的正常活动。根据我国有关法律规定,海关是进境出境的监督管理机关,海关人员有权查阅进境出境人员的证件。人员出境入境时,应向边防检查站出示证件,边防检查站人员对未持有护照等出入境证件、持无效出入境证件、持伪造、涂改、冒用的出入境证件或拒绝交付出入境证件的人员有权不予放行,这是边防、海关等国家机关工作人员的权力,也是其必须履行的职责。如果海关、边防等国家机关工作人员不认真履行职责,对明知是偷越国(边)境的人员私自放行,则构成了犯罪。

2. 犯罪客观方面,表现为对明知是偷越国(边)境的人员,予以放行的行为。

3. 犯罪主体只能是边防、海关等国家机关工作人员。一般是边境检查站、海关出入境查验部门、边防哨卡的人员。

4. 犯罪主观方面只能是直接故意。

三、要点辨析

1. 注意本罪罪与非罪的界限,以明知而故放为要件。边防、海关等国家机关工作人员涉嫌在履行职务过程中,对明知是偷越国(边)境的人员而予以放行的,即构成犯罪,不明知而误放的,不构成本罪。

2. 本罪是行为犯。有此行为,不需要情节严重,即构成犯罪。但是,仍然要达到一定的严重程度才作为犯罪追究。最高检察院的立案标准规定了以下标准:(1)重大案件。①违法放行3人以上的;②违法放行3次以上的;③违法放行刑事犯罪分子的。(2)特大案件。①违法放行5人以上的;②违法放行5次以上的;③违法放行严重刑事犯罪分子的。

四、罪名变迁

此罪名在1979年《刑法》中没有规定。1994年3月5日《全国人民代表大会常务委员会关于严惩组织、运送他人偷越国(边)境犯罪的补充规定》(已失效)第6条第1款设立此罪名。1997年《刑法》第415条规定了本罪。

类罪名:渎职罪	罪名:不解救被拐卖、绑架妇女、儿童罪
量刑标准	造成严重后果的　处5年以下有期徒刑或者拘役。

法律依据

一、《刑法》条文

第四百一十六条第一款　对被拐卖、绑架的妇女、儿童负有解救职责的国家机关工作人员,接到被拐卖、绑架的妇女、儿童及其家属的解救要求或者接到其他人的举报,而对被拐卖、绑架的妇女、儿童不进行解救,造成严重后果的,处五年以下有期徒刑或者拘役。

二、相关司法解释/文件

《最高人民检察院关于人民检察院直接受理立案侦查的渎职侵权重特大案件标准(试行)》(2001年7月20日　高检发〔2001〕13号)

二十九、不解救被拐卖、绑架妇女、儿童案

(一)重大案件

1. 五次或者对五名以上被拐卖、绑架的妇女、儿童不进行解救的;

2. 因不解救致人死亡的。

(二)特大案件

1. 七次或者对七名以上被拐卖、绑架的妇女、儿童不进行解救的;

2. 因不解救致人死亡三人以上的。

《最高人民检察院关于渎职侵权犯罪案件立案标准的规定》(2006年7月26日　高检发释字〔2006〕2号)

一、渎职犯罪案件

(三十一)不解救被拐卖、绑架妇女、儿童案

不解救被拐卖、绑架妇女、儿童罪是指对被拐

卖、绑架的妇女、儿童负有解救职责的公安、司法等国家机关工作人员接到被拐卖、绑架的妇女、儿童及其家属的解救要求或者接到其他人的举报,而对被拐卖、绑架的妇女、儿童不进行解救,造成严重后果的行为。

涉嫌下列情形之一的,应予立案:

1. 导致被拐卖、绑架的妇女、儿童或者其家属重伤、死亡或者精神失常的;

2. 导致被拐卖、绑架的妇女、儿童被转移、隐匿、转卖,不能及时进行解救的;

3. 对被拐卖、绑架的妇女、儿童不进行解救 3 人次以上的;

4. 对被拐卖、绑架的妇女、儿童不进行解救,造成恶劣社会影响的;

5. 其他造成严重后果的情形。

三、相关部门规章/文件

《公安部关于打击拐卖妇女儿童犯罪适用法律和政策有关问题的意见》(2000 年 3 月 24 日 公通字〔2000〕25 号)

六、关于不解救或者阻碍解救被拐卖的妇女、儿童等渎职犯罪

对被拐卖的妇女、儿童负有解救职责的国家机关工作人员不履行解救职责,或者袒护、纵容甚至支持买卖妇女、儿童,为买卖妇女、儿童人员通风报信,或者以其他方法阻碍解救工作的,要依法处理:

(一)对被拐卖的妇女、儿童负有解救职责的公安、司法等国家机关工作人员接到被拐卖的妇女、儿童及其家属的解救要求或者接到其他人的举报,而对被拐卖的妇女、儿童不进行解救的,要交由其主管部门进行党纪、政纪、警纪处分;构成犯罪的,应当以不解救被拐卖妇女、儿童罪移送人民检察院追究刑事责任。

(二)对被拐卖的妇女、儿童负有解救职责的公安、司法等国家机关工作人员利用职务阻碍解救被拐卖的妇女、儿童,构成犯罪的,应当以阻碍解救被拐卖妇女、儿童罪移送人民检察院追究刑事责任。

(三)行政执法人员徇私情、私利,伪造材料,隐瞒情况,弄虚作假,对依法应当移交司法机关追究刑事责任的拐卖妇女、儿童犯罪案件不移交司法机关处理,构成犯罪的,以徇私舞弊不移交刑事案件罪移送人民检察院追究刑事责任。

(四)有查禁拐卖妇女、儿童犯罪活动职责的国家机关工作人员,向拐卖妇女、儿童的犯罪分子通风报信、提供便利,帮助犯罪分子逃避处罚,构成犯罪的,以帮助犯罪分子逃避处罚罪移送人民检察院追究刑事责任。

要义辨析

一、概念

本罪是指对被拐卖、绑架的妇女、儿童负有解救职责的公安、司法等国家机关工作人员接到被拐卖、绑架的妇女、儿童及其家属的解救要求或者接到其他人的举报,而对被拐卖、绑架的妇女、儿童不进行解救,造成严重后果的行为。

二、构成要件

1. 本罪侵犯的客体是国家机关工作人员解救妇女、儿童的职务活动和国家机关的信誉。负有解救职责的国家机关工作人员本应认真负责地履行自己解救被拐卖、绑架的妇女、儿童的职责,如果其拒不履行其职责,不但使国家工作人员解救妇女、儿童的职务活动不能进行或难以进行,还会使被拐卖、绑架的妇女、儿童及其亲属和群众对国家机关产生不信任和不满的情绪,损害国家机关的信誉。

2. 本罪客观方面表现为不作为,即对被拐卖,绑架的妇女、儿童不进行解救,结果发生了人质被杀、被强奸、致重伤、被转卖等严重后果。

3. 犯罪主体是特殊主体,即系对被拐卖、绑架的妇女、儿童负有解救职责的国家机关工作人员,主要是指各级人民政府行政机关、司法机关、民政机关、妇联组织中的国家工作人员,以及接受临时指定负责解救被拐卖、绑架的妇女儿童工作的其他国家机关工作人员。

4. 本罪主观方面是故意,包括直接故意和间接故意。

三、要点辨析

1. 本罪为特殊主体犯罪,负有法定职责的人不

解救妇女、儿童,才构成犯罪。特殊主体是指负有对被拐卖、绑架的妇女、儿童解救职责的国家机关工作人员。不是法定职责人,不构成本罪主体。

2. 本罪是结果犯。造成严重后果的,才构成犯罪。"严重后果"是指:(1)导致被拐卖、绑架的妇女、儿童或者其家属重伤、死亡或者精神失常的;(2)导致被拐卖、绑架的妇女、儿童被转移、隐匿、转卖,不能及时进行解救的;(3)对被拐卖、绑架的妇女、儿童不进行解救3人次以上的;(4)对被拐卖、绑架的妇女、儿童不进行解救,造成恶劣社会影响的;(5)其他造成严重后果的情形

四、罪名变迁

此罪名在1979年《刑法》中没有规定。1991年9月4日《全国人民代表大会常务委员会关于严惩拐卖、绑架妇女、儿童的犯罪分子的决定》第5条设立此罪名。1997年《刑法》第416条规定了本罪。

类罪名:渎职罪	**罪名:阻碍解救被拐卖、绑架妇女、儿童罪**
量刑标准	**构成犯罪的**　处2年以上7年以下有期徒刑;
	情节较轻的　处2年以下有期徒刑或者拘役。

法律依据

一、《刑法》条文

第四百一十六条第二款　负有解救职责的国家机关工作人员利用职务阻碍解救的,处二年以上七年以下有期徒刑;情节较轻的,处二年以下有期徒刑或者拘役。

二、相关司法解释/文件

《最高人民检察院关于人民检察院直接受理立案侦查的渎职侵权重特大案件标准(试行)》(2001年7月20日　高检发〔2001〕13号)

三十、阻碍解救被拐卖、绑架妇女、儿童案

(一)重大案件

1. 三次或者对三名以上被拐卖、绑架的妇女、儿童阻碍解救的;

2. 阻碍解救致人死亡的。

(二)特大案件

1. 五次或者对五名以上被拐卖、绑架的妇女、儿童阻碍解救的;

2. 阻碍解救致人死亡二人以上的。

《最高人民检察院关于渎职侵权犯罪案件立案标准的规定》(2006年7月26日　高检发释字〔2006〕2号)

一、渎职犯罪案件

(三十二)阻碍解救被拐卖、绑架妇女、儿童案(第四百一十六条第二款)

阻碍解救被拐卖、绑架妇女、儿童罪是指对被拐卖、绑架的妇女、儿童负有解救职责的公安、司法等国家机关工作人员利用职务阻碍解救被拐卖、绑架的妇女、儿童的行为。

涉嫌下列情形之一的,应予立案:

1. 利用职权,禁止、阻止或者妨碍有关部门、人员解救被拐卖、绑架的妇女、儿童的;

2. 利用职务上的便利,向拐卖、绑架者或者收买者通风报信,妨碍解救工作正常进行的;

3. 其他利用职务阻碍解救被拐卖、绑架的妇女、儿童应予追究刑事责任的情形。

三、相关部门规章/文件

《公安部关于打击拐卖妇女儿童犯罪适用法律和政策有关问题的意见》(2000年3月24日　公通字〔2000〕25号)

六、关于不解救或者阻碍解救被拐卖的妇女、儿童等渎职犯罪

对被拐卖的妇女、儿童负有解救职责的国家机关工作人员不履行解救职责,或者袒护、纵容甚至支持买卖妇女、儿童,为买卖妇女、儿童人员通风报信,或者以其他方法阻碍解救工作的,要依法处理:

(二)对被拐卖的妇女、儿童负有解救职责的公

安、司法等国家机关工作人员利用职务阻碍解救被拐卖的妇女、儿童,构成犯罪的,应当以阻碍解救被拐卖妇女、儿童罪移送人民检察院追究刑事责任。

(四)有查禁拐卖妇女、儿童犯罪活动职责的国家机关工作人员,向拐卖妇女、儿童的犯罪分子通风报信、提供便利,帮助犯罪分子逃避处罚,构成犯罪的,以帮助犯罪分子逃避处罚罪移送人民检察院追究刑事责任。

要义辨析

一、概念

本罪是指负有解救职责的国家机关工作人员,利用职务阻碍解救被拐卖、绑架的妇女、儿童的行为。

二、构成要件

1. 本罪侵犯的客体是复杂客体,其既侵犯了国家机关及其工作人员的信誉,而且还侵犯了被拐卖、绑架妇女、儿童的人身权利。其侵害的对象由其所侵害的客体的多重性所决定,亦具有多重性,一般包括依法正在执行解救公务活动的国家机关工作人员,协助执行解救活动的非国家机关工作人员和被拐卖、绑架的妇女或儿童。

2. 本罪客观方面表现为利用职务阻碍解救被拐卖、被绑架的妇女、儿童的行为。所谓利用职务,是指负有解救职责的国家机关工作人员利用职权范围主管、负责解救被拐卖、绑架的妇女、儿童工作的便利,而不是利用国家机关工作人员身份的便利阻碍解救工作。所谓解救职责,是指法律、法规所赋予的把被拐卖、绑架的妇女、儿童从人贩子、收买人或绑架人手中解脱出来、安置或者送返被害人等解救工作的职责。我国目前履行这些职责的机关、组织主要为公安、民政、妇联,故主管解救工作的也主要是这些机关和组织的工作人员。

对"解救被拐卖、绑架的妇女、儿童"中的"解救"应作广义的理解。它既包括负有解救职责的国家机关工作人员依法履行职责,以使被拐卖、绑架、收买的妇女、儿童摆脱他人非法控制,解除其与买主非法形成的各种社会关系的公务行为,也应包括被收买的妇女、儿童及其亲友要求解救的行为,或普通公民进行的解救行为。

"阻碍解救"中"阻碍"的行为多种多样,如向犯罪分子通风报信,泄露解救的执行人员、时间、步骤等消息;在他人要求解除收买人与被收买人之间非法形成的婚姻、收养关系时,宣布这种关系"合法"予以维护;对要求解救的被收卖、绑架的妇女、儿童及其亲属进行威胁、蒙骗,令其不得报案和要求解救;责令被拐卖、绑架的妇女、儿童与买主共同生活;向上级部门或要求提供协助的其他执行解救公务的国家工作人员提供虚假的情况或拒绝提供或隐瞒情况;利用自己知道内情的便利为他人如何阻碍解救出谋划策等。

3. 犯罪主体是特殊主体,即负有解救职责的国家机关工作人员,主要是指各级人民政府行政机关、司法机关、民政机关、妇联组织中的国家机关工作人员,以及接受临时指定负责解救被拐卖、绑架的妇女、儿童工作的其他国家机关工作人员。

4. 本罪主观方面是故意且必须是直接故意。行为人既认识到自己的行为是在阻碍解救被拐卖、绑架的妇女、儿童,也希望发生被拐卖、绑架的妇女、儿童未获解救的结果。如只是认识到自己行为可能阻碍解救被拐卖的妇女、儿童,但主观上并不希望发生这种结果的,不构成本罪,导致严重后果的,以玩忽职守罪论处。

三、要点辨析

1. 本罪是指负有解救职责的国家机关工作人员利用职务阻碍解救的,客观行为可以表现为设置障碍作为,也可以表现为故意隐瞒线索不告诉的不作为。负有法定的解救职责的国家机关工作人员,不解救是犯罪,阻碍解救更是犯罪,故《刑法》对此两个行为规定为两个罪名。

2. 本罪是行为犯。本罪不要求有具体的危害后果,只要负有解救职责的国家机关工作人员利用职务实施了阻碍解救的行为,无论是否得逞,是否造成严重后果,均构成本罪。

3. 本罪中的"利用职务"是指负有解救职责的国家机关工作人员,利用主管、负责、参与解救被害人的工作上的便利,而不是泛指一般国家机关工作人员利用一般的工作便利。

四、罪名变迁

此罪名在1979年《刑法》中没有规定。1991年9月4日《全国人民代表大会常务委员会关于严惩拐卖、绑架妇女、儿童的犯罪分子的决定》(2009年修正)第5条设立此罪名。1997年《刑法》第416条第2款规定了本罪。

类罪名:渎职罪	罪名:帮助犯罪分子逃避处罚罪
量刑标准	构成犯罪的　处3年以下有期徒刑或者拘役;
	情节严重的　处3年以上10年以下有期徒刑。

法律依据

一、《刑法》条文

第四百一十七条　有查禁犯罪活动职责的国家机关工作人员,向犯罪分子通风报信、提供便利,帮助犯罪分子逃避处罚的,处三年以下有期徒刑或者拘役;情节严重的,处三年以上十年以下有期徒刑。

二、相关司法解释/文件

《最高人民法院、最高人民检察院、公安部、国家工商行政管理局关于依法查处盗窃、抢劫机动车案件的规定》(1998年5月8日　公通字〔1998〕31号)

十、公安人员对盗窃、抢劫的机动车辆,非法提供机动车牌证或者为其取得机动车牌证提供便利,帮助犯罪分子逃避处罚的,依照《刑法》第四百一十七条规定处罚。

《最高人民检察院关于人民检察院直接受理立案侦查的渎职侵权重特大案件标准(试行)》(2001年7月20日　高检发〔2001〕13号)

三十一、帮助犯罪分子逃避处罚案

(一)重大案件

1. 三次或者使三名以上犯罪分子逃避处罚的;

2. 帮助重大刑事犯罪分子逃避处罚的。

(二)特大案件

1. 五次或者使五名以上犯罪分子逃避处罚的;

2. 帮助二名以上重大刑事犯罪分子逃避处罚的。

《最高人民检察院关于渎职侵权犯罪案件立案标准的规定》(2006年7月26日　高检发释字〔2006〕2号)

一、渎职犯罪案件

(三十三)帮助犯罪分子逃避处罚案(第四百一十七条)

帮助犯罪分子逃避处罚罪是指有查禁犯罪活动职责的司法及公安、国家安全、海关、税务等国家机关工作人员,向犯罪分子通风报信、提供便利,帮助犯罪分子逃避处罚的行为。

涉嫌下列情形之一的,应予立案:

1. 向犯罪分子泄漏有关部门查禁犯罪活动的部署、人员、措施、时间、地点等情况的;

2. 向犯罪分子提供钱物、交通工具、通讯设备、隐藏处所等便利条件的;

3. 向犯罪分子泄漏案情的;

4. 帮助、示意犯罪分子隐匿、毁灭、伪造证据,或者串供、翻供的;

5. 其他帮助犯罪分子逃避处罚应予追究刑事责任的情形。

《最高人民法院、最高人民检察院、公安部关于办理利用赌博机开设赌场案件适用法律若干问题的意见》(2014年3月26日　公通字〔2014〕17号)

八、关于国家机关工作人员渎职犯罪的处理

负有查禁赌博活动职责的国家机关工作人员,徇私枉法,包庇、放纵开设赌场违法犯罪活动,或者为违法犯罪分子通风报信、提供便利、帮助犯罪分子逃避处罚,构成犯罪的,依法追究刑事责任。

三、相关部门规章/文件

《公安部关于打击拐卖妇女儿童犯罪适用法律和政策有关问题的意见》(2000年3月24日　公通字〔2000〕25号)

六、关于不解救或者阻碍解救被拐卖的妇女、

儿童等渎职犯罪

(四)有查禁拐卖妇女、儿童犯罪活动职责的国家机关工作人员,向拐卖妇女、儿童的犯罪分子通风报信、提供便利,帮助犯罪分子逃避处罚,构成犯罪的,以帮助犯罪分子逃避处罚罪移送人民检察院追究刑事责任。

要义辨析

一、概念

本罪是指有查禁犯罪活动职责的国家机关工作人员,向犯罪分子通风报信、提供便利,帮助犯罪分子逃避处罚的行为。

二、构成要件

1. 本罪侵犯的客体是国家机关的威信和正常活动。

2. 本罪客观方面表现为向犯罪分子通风报信、提供便利,帮助犯罪分子逃避处罚的行为。

3. 犯罪主体是负有查禁犯罪活动职责的国家机关工作人员。

4. 本罪主观方面是故意,即要求行为人必须出于故意才能构成。行为人明知其为犯罪分子处于查禁之列,仍然向其通风报信、提供便利,目的在于使犯罪分子逃避处罚。至于行为人主观上出于何种动机,是出于恻隐之心还是基于亲朋关系等,在此不问。如果不知是犯罪分子,无意透露消息提供便利的,不构成帮助犯罪分子逃避处罚罪。但是一旦发现是犯罪分子仍然为其通风报信、提供便利,帮助其逃避处罚的,则应以帮助犯罪分子逃避处罚罪论处。

三、要点辨析

1. 本罪是特定主体犯罪。有查禁犯罪活动职责的国家机关工作人员,向犯罪分子通风报信、提供便利,帮助犯罪分子逃避处罚的,构成本罪。特指国家机关人员。

2. 关于“犯罪分子”的概念,在这里应以“罪犯”理解。帮助犯罪分子逃避处罚罪的犯罪对象必须是犯罪分子,其中包括犯罪之后,潜逃在外,尚未抓获的犯罪分子,也包括尚未被司法机关发觉的犯罪分子。

3. 本罪必须是行为人已经“明知”是犯罪分子而帮助逃脱。这个明知的情由,不是指已经确定的犯罪分子。比如,明知他人已经被列为犯罪嫌疑人,已经被决定要收捕,通缉,行为人知道后立即向其通风报信,让他逃跑。即使这个逃跑的人可能审判后被判无罪,但不影响本罪成立。因为行为人通风报信的行为妨碍的是国家的司法秩序。

4. 行为人向犯罪分子通风报信的内容如属国家秘密,则又触犯故意泄露国家秘密罪,属牵连犯罪,应当择一重罪处罚。

5. 行为人如果与犯罪分子事先通谋,出于共同故意而在事后帮助的,又会触犯所实施的犯罪,这时属牵连犯罪,应择一重罪从重处罚,即所实施的共同犯罪,比帮助犯罪分子逃避处罚罪处罚重,如走私犯罪,对之则应以共犯论处,反之就应以帮助犯罪分子逃避处罚罪处理。

四、罪名变迁

此罪名在1979年《刑法》中没有规定。1991年9月4日《全国人民代表大会常务委员会关于严禁卖淫嫖娼的决定》(2009年修正)第9条规定此罪。1997年《刑法》第417条规定了本罪。

类罪名:渎职罪	罪名:招收公务员、学生徇私舞弊罪
量刑标准	情节严重的　处3年以下有期徒刑或者拘役。

法律依据

一、《刑法》条文

第四百一十八条　国家机关工作人员在招收公务员、学生工作中徇私舞弊，情节严重的，处三年以下有期徒刑或者拘役。

二、相关法律

《中华人民共和国教育法》(2021 年 4 月 29 日修正)

第七十七条第一款　在招收学生工作中滥用职权、玩忽职守、徇私舞弊的，由教育行政部门或者其他有关行政部门责令退回招收的不符合入学条件的人员；对直接负责的主管人员和其他直接责任人员，依法给予处分；构成犯罪的，依法追究刑事责任。

三、相关司法解释/文件

《最高人民检察院关于人民检察院直接受理立案侦查的渎职侵权重特大案件标准(试行)》(2001 年 7 月 20 日　高检发〔2001〕13 号)

三十二、招收公务员、学生徇私舞弊案

(一)重大案件

1. 五次以上招收不合格公务员、学生或者一次招收五名以上不合格公务员、学生的；

2. 造成县区范围内招收公务员、学生工作重新进行的；

3. 因招收不合格公务员、学生，导致被排挤的合格人员或者其亲属精神失常的。

(二)特大案件

1. 七次以上招收不合格公务员、学生或者一次招收七名以上不合格公务员、学生的；

2. 造成地市范围内招收公务员、学生工作重新进行的；

3. 因招收不合格公务员、学生，导致被排挤的合格人员或者其亲属自杀的。

《最高人民检察院关于渎职侵权犯罪案件立案标准的规定》(2006 年 7 月 26 日　高检发释字〔2006〕2 号)

一、渎职犯罪案件

(三十四)招收公务员、学生徇私舞弊案(第四百一十八条)

招收公务员、学生徇私舞弊罪是指国家机关工作人员在招收公务员、省级以上教育行政部门组织招收的学生工作中徇私舞弊，情节严重的行为。

涉嫌下列情形之一的，应予立案：

1. 徇私舞弊，利用职务便利，伪造、变造人事、户口档案、考试成绩或者其他影响招收工作的有关资料，或者明知是伪造、变造的上述材料而予以认可的；

2. 徇私舞弊，利用职务便利，帮助 5 名以上考生作弊的；

3. 徇私舞弊招收不合格的公务员、学生 3 人次以上的；

4. 因徇私舞弊招收不合格的公务员、学生，导致被排挤的合格人员或者其近亲属自杀、自残造成重伤、死亡，或者精神失常的；

5. 因徇私舞弊招收公务员、学生，导致该项招收工作重新进行的；

6. 其他情节严重的情形。

要义辨析

一、概念

本罪是指国家机关工作人员在招收公务员、学生工作中徇私舞弊，情节严重的行为。

二、构成要件

1. 本罪侵犯的客体是国家的公务员制度和招生制度。

2. 本罪客观方面表现为在招收公务员、学生工作中徇私舞弊，情节严重的行为。

3. 犯罪主体是国家机关工作人员。

4. 本罪主观方面是故意，是指明知是招收公务员、学生徇私舞弊行为而有意实施的主观心理状态。本罪须出于徇私的动机。

三、要点辨析

1. 这里的“徇私舞弊”是指利用职权弄虚作假，为亲友徇私情，将不合格的人员冒充合格人员予以录用、招收，或者将合格人员应当予以录用、招收而不予录用、招收。

2. 在招收公务员、学生时弄虚作假、徇私舞弊，一般都是以牟利为目的,或者为自己谋取不正当利益。

3. 本罪为行为犯。行为达到情节严重的才构成犯罪。“情节严重”的标准,司法解释已经规定。

四、罪名变迁

此罪名在 1979 年《刑法》中没有规定。1997 年《刑法》吸收《教育法》第 77 条内容而新设的罪名,规定在《刑法》第 418 条。

类罪名:渎职罪	罪名:失职造成珍贵文物损毁、流失罪
量刑标准	**后果严重的** 处 3 年以下有期徒刑或者拘役。

法律依据

一、《刑法》条文

第四百一十九条 国家机关工作人员严重不负责任,造成珍贵文物损毁或者流失,后果严重的,处三年以下有期徒刑或者拘役。

二、相关法律

《中华人民共和国文物保护法》(2017 年 11 月 4 日修正)

第七十六条 文物行政部门、文物收藏单位、文物商店、经营文物拍卖的拍卖企业的工作人员,有下列行为之一的,依法给予行政处分,情节严重的,依法开除公职或者吊销其从业资格;构成犯罪的,依法追究刑事责任:

(一)文物行政部门的工作人员违反本法规定,滥用审批权限、不履行职责或者发现违法行为不予查处,造成严重后果的;

(二)文物行政部门和国有文物收藏单位的工作人员借用或者非法侵占国有文物的;

(三)文物行政部门的工作人员举办或者参与举办文物商店或者经营文物拍卖的拍卖企业的;

(四)因不负责任造成文物保护单位、珍贵文物损毁或者流失的;

(五)贪污、挪用文物保护经费的。

前款被开除公职或者被吊销从业资格的人员,自被开除公职或者被吊销从业资格之日起十年内不得担任文物管理人员或者从事文物经营活动。

第七十八条 公安机关、工商行政管理部门、海关、城乡建设规划部门和其他国家机关,违反本法规定滥用职权、玩忽职守、徇私舞弊,造成国家保护的珍贵文物损毁或者流失的,对负有责任的主管人员和其他直接责任人员依法给予行政处分;构成犯罪的,依法追究刑事责任。

三、相关司法解释/文件

《最高人民检察院关于人民检察院直接受理立案侦查的渎职侵权重特大案件标准(试行)》(2001 年 7 月 20 日 高检发〔2001〕13 号)

三十三、失职造成珍贵文物损毁、流失案

(一)重大案件

1. 导致国家一级文物损毁或者流失一件以上的;

2. 导致国家二级文物损毁或者流失三件以上的;

3. 导致国家三级文物损毁或者流失五件以上的;

4. 导致省级文物保护单位严重损毁的。

(二)特大案件

1. 导致国家一级文物损毁或者流失三件以上的;

2. 导致国家二级文物损毁或者流失五件以上的;

3. 导致国家三级文物损毁或者流失十件以上的;

4. 导致全国重点文物保护单位严重损毁的。

《最高人民检察院关于渎职侵权犯罪案件立案标准的规定》(2006 年 7 月 26 日 高检发释字〔2006〕2 号)

一、渎职犯罪案件

(三十五)失职造成珍贵文物损毁、流失案(第四百一十九条)

失职造成珍贵文物损毁、流失罪是指文物行政部门、公安机关、工商行政管理部门、海关、城乡建设规划部门等国家机关工作人员严重不负责任,造成珍贵文物损毁或者流失,后果严重的行为。涉嫌下列情形之一的,应予立案:

1. 导致国家一、二、三级珍贵文物损毁或者流失的;

2. 导致全国重点文物保护单位或者省、自治区、直辖市级文物保护单位损毁的;

3. 其他后果严重的情形。

要义辨析

一、概念

本罪是指国家机关工作人员严重不负责任,造成珍贵文物损毁或者流失,后果严重的行为。

二、构成要件

1. 本罪侵犯的客体是国家机关的正常活动。由于国家工作人员对本职工作严重不负责,不遵纪守法,违反规章制度,不履行应尽的职责义务,致使国家机关的文物保护工作遭到破坏,给国家、集体和人民利益造成严重损害,从而危害了国家机关的工常活动。犯罪对象是国家珍贵文物。

2. 本罪客观方面表现为国家机关工作人员严重不负责任,造成珍贵文物损毁或者流失,后果严重的行为。

3. 犯罪主体是特定范围的国家机关工作人员。

4. 本罪主观方面是过失。

三、要点辨析

1. 这里所谓的"珍贵文物",无明确的司法解释,理解上应以"一""二""三"级文物为限。犯罪对象为珍贵文物,毁损一般的文物,不构成本罪。所谓珍贵文物,是指具有重要历史、艺术、科学价值的文物,主要包括国家规定的一、二级文物,三级文物要确定为珍贵文物的,应经国家文物鉴定委员会确认。其中,一级文物是指具有特别重要价值的代表性文物;二级文物是指具有重要价值的文物;三级文物为具有一定价值的文物。至于文物,按照《文物保护法》第 2 条的规定,则是指:(1)具有历史、艺术科学价值的古文化遗址、古拉葬、古建筑、古窟寺和石刻;(2)与重大历史事件、革命运动和著名人物有关的,具有重要纪念意义、教育意义和史料价值的建筑物、遗址和纪念物;(3)历史各时代的珍贵艺术品、工艺美术品;(4)重要的革命文献资料以及具有历史、艺术和科学价值的手稿、古旧图书资料等;(5)反映历史上各时代、各民族社会制度、社会生产、社会生活的代表性实物。古脊椎动物化石和古人类化石同文物一样受国家保护。

2. 本罪是结果犯,即严重不负责任,造成珍贵文物损毁或者流失,后果严重的,才构成犯罪。最高人民检察院的司法解释确定的"后果严重"标准为:(1)导致国家一、二、三级珍贵文物损毁或者流失的;(2)导致全国重点文物保护单位或者省、自治区、直辖市级文物保护单位损毁的;(3)其他后果严重的情形。

四、罪名变迁

此罪名在 1979 年《刑法》中没有规定。1982 年 11 月 19 日《文物保护法》(已被修订)第 31 条第 1 款第 4 项规定此罪。1997 年《刑法》第 419 条规定本罪。

第十章
军人违反职责罪

类罪名：军人违反职责罪	罪名：战时违抗命令罪
量刑标准	**构成犯罪的**　处3年以上10年以下有期徒刑；
	致使战斗、战役遭受重大损失的　处10年以上有期徒刑、无期徒刑或者死刑。

法律依据

一、《刑法》条文

第四百二十一条　战时违抗命令，对作战造成危害的，处三年以上十年以下有期徒刑；致使战斗、战役遭受重大损失的，处十年以上有期徒刑、无期徒刑或者死刑。

第四百五十一条　本章所称战时，是指国家宣布进入战争状态、部队受领作战任务或者遭敌突然袭击时。

部队执行戒严任务或者处置突发性暴力事件时，以战时论。

二、相关司法解释/文件

《最高人民检察院、解放军总政治部军人违反职责罪案件立案标准的规定》（2013年2月26日政检〔2013〕1号）

第一条　战时违抗命令案（刑法第四百二十一条）

战时违抗命令罪是指战时违抗命令，对作战造成危害的行为。

违抗命令，是指主观上出于故意，客观上违背、抗拒首长、上级职权范围内的命令，包括拒绝接受命令、拒不执行命令，或者不按照命令的具体要求行动等。

战时涉嫌下列情形之一的，应予立案：

（一）扰乱作战部署或者贻误战机的；

（二）造成作战任务不能完成或者迟缓完成的；

（三）造成我方人员死亡一人以上，或者重伤二人以上，或者轻伤三人以上的；

（四）造成武器装备、军事设施、军用物资损毁，直接影响作战任务完成的；

（五）对作战造成其他危害的。

要义辨析

一、概念

本罪是指战时故意违背并抗拒执行命令，对作战造成危害的行为。

二、构成要件

1. 本罪侵犯的客体是作战秩序。如由于行为人违抗命令的行为，扰乱了作战的部署，给敌人以可乘之机，造成战斗失利，影响了作战顺利进行或作战中重大任务的完成或者给部队造成了较大损失等情况。如果行为人违抗命令的行为没有对作战造成危害，则不能构成本罪，可以根据情况按照其他规定或者违反军纪处理。

2. 本罪客观方面是行为人具有在战时违抗命令的行为。(1)这里规定的“违抗命令”,是指故意违背上级的命令,不按照命令的具体要求,错误地执行或者拒不执行命令的行为。这里规定的“战时”,在本法第451条已有具体规定,即:国家宣布进入战争状态、部队受领作战任务或者遭敌突然袭击时。部队执行戒严任务或者处置突发性暴力事件时,以战时论。服从命令是军人的天职,军人只有服从命令,听从指挥,才能保证统一行动,保证战斗的胜利。尤其是在战时,违抗命令的行为,往往给作战造成危害。因而本条规定,在战时违抗命令是构成本罪的重要条件。(2)这种行为对作战造成了实际的危害。比如,由于行为人违抗命令的行为,扰乱了作战的部署,给敌人以可乘之机,造成战斗失利,影响了作战顺利进行或作战中重大任务的完成或者给部队造成了较大损失等情况。如果行为人违抗命令的行为没有对作战造成危害,则不能构成本罪,可以根据情况按照其他规定或者违反军纪处理。

3. 犯罪主体是中国人民解放军的现役军官、文职干部、士兵及具有军籍的学员或者中国人民武装警察部队的现役警官、文职干部、士兵及具有军籍的学员以及执行军事任务的预备役人员和其他人员。

4. 本罪主观方面是故意。过失不能构成本罪,如果行为人主观上不是故意违抗,而是由于没有及时接到命令或者由于对命令发生误解而没有正确执行命令的,不能构成本罪。

三、要点辨析

1. 定义概述(后罪不再重复说明)。

军人违反职责罪,是《刑法》第十章规定的内容。对于本节各罪中相关的法定用语的概念,《最高人民检察院、解放军总政治部军人违反职责罪案件立案标准的规定》作了解释,在本罪辨析内容中总述如下:

《刑法》第四百五十一条、《最高人民检察院、解放军总政治部军人违反职责罪案件立案标准的规定》第三十三条　本章所称战时,是指国家宣布进入战争状态、部队受领作战任务或者遭敌突然袭击时。部队执行戒严任务或者处置突发性暴力事件时,以战时论。

第三十四条　本规定中的“违反职责”,是指违反国家法律、法规,军事法规、军事规章所规定的军人职责,包括军人的共同职责,士兵、军官和首长的一般职责,各类主管人员和其他从事专门工作的军人的专业职责等。

第三十五条　本规定所称“以上”,包括本数;有关犯罪数额“不满”,是指已达到该数额百分之八十以上。

第三十六条　本规定中的“直接经济损失”,是指与行为有直接因果关系而造成的财产损毁、减少的实际价值;“间接经济损失”,是指由直接经济损失引起和牵连的其他损失,包括失去在正常情况下可能获得的利益和为恢复正常管理活动或者为挽回已经造成的损失所支付的各种费用等。

第三十七条　本规定中的“武器装备”,是实施和保障军事行动的武器、武器系统和军事技术器材的统称。

第三十八条　本规定中的“军用物资”,是除武器装备以外专供武装力量使用的各种物资的统称,包括装备器材、军需物资、医疗物资、油料物资、营房物资等。

2. 本章各罪的主体都是特定主体,即军人。军人,是指中国人民解放军的现役军官、文职干部、士兵及具有军籍的学员或者中国人民武装警察部队的现役警官、文职干部、士兵及具有军籍的学员以及执行军事任务的预备役人员和其他人员。

3. 本罪是特定时间的犯罪,即只有在战时违抗命令,才可以构成本罪。平时违抗命令的行为,不按刑法本罪追究。

4. 本罪是行为犯。但要有危害后果才定罪。战时违抗命令,对作战造成危害的,才构成犯罪。致使战斗、战役遭受重大损失的,是加重处罚情节。

四、罪名变迁

本罪是从1981年《惩治军人违反职责罪暂行条例》(已失效)第17条的规定,吸收改为《刑法》的具体规定的。

类罪名:军人违反职责罪	罪名:隐瞒、谎报军情罪
量刑标准	**构成犯罪的** 处3年以上10年以下有期徒刑;
	致使战斗、战役遭受重大损失的 处10年以上有期徒刑、无期徒刑或者死刑。

法律依据

一、《刑法》条文

第四百二十二条 故意隐瞒、谎报军情或者拒传、假传军令,对作战造成危害的,处三年以上十年以下有期徒刑;致使战斗、战役遭受重大损失的,处十年以上有期徒刑、无期徒刑或者死刑。

二、相关司法解释/文件

《最高人民检察院、解放军总政治部军人违反职责罪案件立案标准的规定》(2013年2月26日 政检〔2013〕1号)

第二条 隐瞒、谎报军情案(刑法第四百二十二条)

隐瞒、谎报军情罪是指故意隐瞒、谎报军情,对作战造成危害的行为。

涉嫌下列情形之一的,应予立案:

(一)造成首长、上级决策失误的;

(二)造成作战任务不能完成或者迟缓完成的;

(三)造成我方人员死亡一人以上,或者重伤二人以上,或者轻伤三人以上的;

(四)造成武器装备、军事设施、军用物资损毁,直接影响作战任务完成的;

(五)对作战造成其他危害的。

要义辨析

一、概念

本罪是指军人故意掩盖真实的军事情况,不报告或者报告不真实的军事情况,因而对作战造成危害的行为。

二、构成要件

1. 本罪侵犯的客体是作战秩序。本条中规定的"对作战造成危害"与第421条的"对作战造成危害"的含义是一致的。同时,行为人故意隐瞒、谎报军情,还可能造成决策上的失误,这也是对作战造成了危害的一种情形。

2. 本罪客观方面表现为行为人实施了故意隐瞒军情、故意谎报军情的行为。

3. 犯罪主体是中国人民解放军的现役军官、文职干部、士兵及具有军籍的学员或者中国人民武装警察部队的现役警官、文职干部、士兵及具有军籍的学员以及执行军事任务的预备役人员和其他人员。

4. 本罪主观方面是故意。如果行为人没有故意隐瞒、谎报军情而是由于认识错误而错报了军情,不能构成本条之罪。

三、要点辨析

1. 本罪是选择性罪名,包括隐瞒军情罪和谎报军情罪。

2. "军情",是指与军事行动有关的我军、友军和敌军的情报,如敌军的位置和数量,敌军的作战动向,敌军火力点的分布情况等。"隐瞒军情",是指行为人对军情加以掩盖,应该向上级报告而不报告的行为。"谎报军情",是指行为人故意报告虚构的、不真实的军情。

3. 本罪是行为犯。但要有危害后果才定罪。故意隐瞒、谎报军情或者拒传、假传军令,对作战造成危害的,才构成犯罪。致使战斗、战役遭受重大损失的,是加重处罚情节。

四、罪名变迁

本罪是从《惩治军人违反职责罪暂行条例》(已失效)第18条的规定,吸收改为《刑法》的具体的规定的,同时增加了隐瞒军情罪的规定。

类罪名：军人违反职责罪	罪名：拒传、假传军令罪
量刑标准	**构成犯罪的**　处3年以上10年以下有期徒刑；
	致使战斗、战役遭受重大损失的　处10年以上有期徒刑、无期徒刑或者死刑。

法律依据

一、《刑法》条文

第四百二十二条　故意隐瞒、谎报军情或者拒传、假传军令，对作战造成危害的，处三年以上十年以下有期徒刑；致使战斗、战役遭受重大损失的，处十年以上有期徒刑、无期徒刑或者死刑。

二、相关司法解释/文件

《最高人民检察院、解放军总政治部军人违反职责罪案件立案标准的规定》(2013年2月26日政检〔2013〕1号)

第三条　拒传、假传军令案（刑法第四百二十二条）

拒传军令罪是指负有传递军令职责的军人，明知是军令而故意拒绝传递或者拖延传递，对作战造成危害的行为。

假传军令罪是指故意伪造、篡改军令，或者明知是伪造、篡改的军令而予以传达或者发布，对作战造成危害的行为。

涉嫌下列情形之一的，应予立案：

（一）造成首长、上级决策失误的；

（二）造成作战任务不能完成或者迟缓完成的；

（三）造成我方人员死亡一人以上，或者重伤二人以上，或者轻伤三人以上的；

（四）造成武器装备、军事设施、军用物资损毁，直接影响作战任务完成的；

（五）对作战造成其他危害的。

要义辨析

一、概念

本罪是指负有传递军令职责的军人，明知是军令而故意拒绝传递或者拖延传递，对作战造成危害的行为。

二、构成要件

1. 本罪侵犯的客体是作战秩序。本罪规定的“对作战造成危害”与第421条的“对作战造成危害”的含义是一致的。同时，行为人故意假传军令的行为，还可能造成决策上的失误，这也是对作战造成了危害的一种情形。

2. 本罪客观方面是行为人实施了故意拒传军令或者假传军令的行为。

3. 犯罪主体是中国人民解放军的现役军官、文职干部、士兵及具有军籍的学员或者中国人民武装警察部队的现役警官、文职干部、士兵及具有军籍的学员以及执行军事任务的预备役人员和其他人员。

4. 本罪在主观方面是故意。如果行为人不是故意拒传、假传军令而是误传了军令或是由于不可抗拒的原因无法传达军令的，不能构成本条之罪。

三、要点辨析

1. 本罪是选择性罪名，包括拒传军令罪和假传军令罪。

2. “军令”，是指与部队军事活动有关的命令，包括口头的、书面的、利用网络信息等各种方式发布的命令。故意隐瞒、谎报军情或者拒传、假传军令的行为，都可能影响作战的正确决策，对军事行动和作战极为不利，其危害性很大。

3. 这里规定的“拒传军令”，是指负有传递军令职责的军人，拒不传达军事命令、指示的行为，如拒不传达军队调动的命令等。“假传军令”，是指故意传达篡改的军事命令或者故意传达内容虚假的编造的军事命令的行为，如假传进攻命令，编造撤换指挥人员命令。

4. 本罪是行为犯,但要有危害后果才定罪。故意拒传军令或者假传军令,对作战造成危害的,才构成犯罪。致使战斗、战役遭受重大损失的,是加重处罚情节。

四、罪名变迁

本罪是从《惩治军人违反职责罪暂行条例》(已失效)第18条的规定,吸收改为《刑法》的具体的规定的,同时增加了拒传军令罪的规定。

类罪名:军人违反职责罪 | **罪名:投降罪**	
量刑标准	**构成犯罪的**　处3年以上10年以下有期徒刑;
	情节严重的　处10年以上有期徒刑或者无期徒刑;
	投降后为敌人效劳的　处10年以上有期徒刑、无期徒刑或者死刑。

法律依据

一、《刑法》条文

第四百二十三条　在战场上贪生怕死,自动放下武器投降敌人的,处三年以上十年以下有期徒刑;情节严重的,处十年以上有期徒刑或者无期徒刑。

投降后为敌人效劳的,处十年以上有期徒刑、无期徒刑或者死刑。

二、相关司法解释/文件

《最高人民检察院、解放军总政治部军人违反职责罪案件立案标准的规定》(2013年2月26日政检〔2013〕1号)

第四条　投降案(刑法第四百二十三条)

投降罪是指在战场上贪生怕死,自动放下武器投降敌人的行为。

凡涉嫌投降敌人的,应予立案。

要义辨析

一、概念

本罪是指军人在战场上,因畏惧战斗、贪生怕死而自动放下武器,投降敌人的行为。

二、构成要件

1. 本罪侵犯的客体是军人参战秩序和国防安全秩序。

2. 本罪客观方面是在战场上自动放下武器投降敌人的行为。这里规定的"自动放下武器投降敌人",是指在战场上因贪生怕死、畏惧战斗,能抵抗而放弃抵抗,自行放下武器投降敌人的行为。

3. 犯罪主体是中国人民解放军的现役军官、文职干部、士兵及具有军籍的学员或者中国人民武装警察部队的现役警官、文职干部、士兵及具有军籍的学员以及执行军事任务的预备役人员和其他人员。

4. 本罪主观方面是出于贪生怕死的故意行为。如果行为人投降敌人是出于推翻人民民主专政的政权和社会主义制度的目的,则构成危害国家安全的其他犯罪。

三、要点辨析

1. 本罪的发生时间、地点是特定的,即在战时的战场上。其他时间的投降行为,不适用本罪,而适用危害国家安全罪中的投敌叛变罪、本章中的军人叛逃罪等处罚。

2. 本罪是行为犯。只要在战场上有投降行为即构成犯罪。有在战场上贪生怕死,自动放下武器,投降敌人的行为,即构成犯罪。情节严重的,投降后力为敌人效劳的,都作为加重处刑情节。

3. 所谓"情节严重",一般是指指挥人员和其他负有重要职责的人员投降的;在紧要关头或者危急时刻投降的;率领部队或者部属投降的;胁迫他人投降的;策动多人或者策动指挥人员和其他负有重要职责的人员投降的；携带重要武器装备投降的；因投降导致战斗、战役遭受重大损失的，等等。

4."投降后为敌人效劳的"，即倒戈行为，属于特别加重处罚的情节，只要具备这一情节，即应判处10年以上有期徒刑、无期徒刑或者死刑。为敌效劳是积极、主动地为敌人服务、与我军为敌的行为，如提供我军情报，出卖自己战友上级，进行反动宣传等。如果只是被迫服劳役，修工事等行为，不宜认定为为敌效劳。

四、罪名变迁

本罪是从《惩治军人违反职责罪暂行条例》（已失效）第19条的规定，吸收改为《刑法》的具体的规定的。

类罪名：军人违反职责罪 | **罪名：战时临阵脱逃罪**	
量刑标准	**构成犯罪的** 处3年以下有期徒刑；
	情节严重的 处3年以上10年以下有期徒刑；
	致使战斗、战役遭受重大损失的 处10年以上有期徒刑、无期徒刑或者死刑。

法律依据

一、《刑法》条文

第四百二十四条 战时临阵脱逃的，处三年以下有期徒刑；情节严重的，处三年以上十年以下有期徒刑；致使战斗、战役遭受重大损失的，处十年以上有期徒刑、无期徒刑或者死刑。

第四百五十一条 本章所称战时，是指国家宣布进入战争状态、部队受领作战任务或者遭敌突然袭击时。

部队执行戒严任务或者处置突发性暴力事件时，以战时论。

二、相关司法解释/文件

《最高人民检察院、解放军总政治部军人违反职责罪案件立案标准的规定》（2013年2月26日 政检〔2013〕1号）

第五条 战时临阵脱逃案（刑法第四百二十四条）

战时临阵脱逃罪是指在战斗中或者在接受作战任务后，逃离战斗岗位的行为。

凡战时涉嫌临阵脱逃的，应予立案。

要义辨析

一、概念

本罪是指军人在战斗中或者在接受作战任务后，因畏惧战斗、贪生怕死，逃离战斗岗位的行为。

二、构成要件

1.本罪侵犯的客体是军人参战的战场义务和国防安全秩序。

2.本罪客观方面是具有临阵脱逃的行为且这种脱逃行为必须发生在战时。这里规定的"临阵脱逃"，是指在战场上或者在临战或战斗状态下，擅自脱离岗位逃避战斗的行为。必须具有临阵脱逃的行为。这里规定的"临阵脱逃"，是指在战场上或者在临战或战斗状态下，擅自脱离岗位逃避战斗的行为。这种脱逃行为必须发生在战时。凡临阵脱逃的，均应予立案追究。

3.本罪主体是中国人民解放军的现役军官、文职干部、士兵及具有军籍的学员或者中国人民武装警察部队的现役警官、文职干部、士兵及具有军籍的学员以及执行军事任务的预备役人员和其他人员。

4.本罪主观方面是故意，主动行为。

三、要点辨析

1.本罪的发生时间、地点是特定的，即在"战时”“临阵”战斗的战场上。其他时间的脱逃行为，不适用本罪。而适用本章中的军人叛逃罪等罪处罚。

2. 本罪是行为犯。只要在战场上有临阵脱逃行为即构成犯罪。情节严重的，致使战斗、战役遭受重大损失的，都作为加重处刑情节。

3. 情节严重，一般是指指挥人员和其他负有重要职责的人员临阵脱逃，战线失守的；在紧要关头或者危急时刻临阵脱逃的；率领部队或者部属临阵脱逃的；胁迫他人临阵脱逃的；策动多人或者策动指挥人员和其他负有重要职责的人员临阵脱逃的；因临阵脱逃导致战斗、战役遭受重大损失的，等等。

4. “致使战斗、战役遭受重大损失的”，属于本罪的特别加重处罚情节，一般指造成我军人员重大伤亡，武器装备、军事设施和军用物资严重损失，战斗、战役失利，等等。

四、罪名变迁

本罪是从《惩治军人违反职责罪暂行条例》(已失效)第16条的规定，吸收改为《刑法》的具体的规定的。

类罪名:军人违反职责罪 ｜ 罪名:擅离、玩忽军事职守罪	
量刑标准	**造成严重后果的**　处3年以下有期徒刑或者拘役；
	造成特别严重后果的　处3年以上7年以下有期徒刑；
	战时犯本罪的　处5年以上有期徒刑。

法律依据

一、《刑法》条文

第四百二十五条　指挥人员和值班、值勤人员擅离职守或者玩忽职守，造成严重后果的，处三年以下有期徒刑或者拘役；造成特别严重后果的，处三年以上七年以下有期徒刑。

战时犯前款罪的，处五年以上有期徒刑。

第四百五十一条　本章所称战时，是指国家宣布进入战争状态、部队受领作战任务或者遭敌突然袭击时。

部队执行戒严任务或者处置突发性暴力事件时，以战时论。

二、相关司法解释/文件

《最高人民检察院、解放军总政治部军人违反职责罪案件立案标准的规定》(2013年2月26日　政检〔2013〕1号)

第六条　擅离、玩忽军事职守案(刑法第四百二十五条)

擅离、玩忽军事职守罪是指指挥人员和值班、值勤人员擅自离开正在履行职责的岗位，或者在履行职责的岗位上，严重不负责任，不履行或者不正确履行职责，造成严重后果的行为。

指挥人员，是指对部队或者部属负有组织、领导、管理职责的人员。专业主管人员在其业务管理范围内，视为指挥人员。

值班人员，是指军队各单位、各部门为保持指挥或者履行职责不间断而设立的、负责处理本单位、本部门特定事务的人员。

值勤人员，是指正在担任警卫、巡逻、观察、纠察、押运等勤务，或者作战勤务工作的人员。

涉嫌下列情形之一的，应予立案：

(一)造成重大任务不能完成或者迟缓完成的；

(二)造成死亡一人以上，或者重伤三人以上，或者重伤二人、轻伤四人以上，或者重伤一人、轻伤七人以上，或者轻伤十人以上的；

(三)造成枪支、手榴弹、爆炸装置或者子弹十发、雷管三十枚、导火索或者导爆索三十米、炸药一千克以上丢失、被盗，或者不满规定数量，但后果严重的，或者造成其他重要武器装备、器材丢失、被盗的；

（四）造成武器装备、军事设施、军用物资或者其他财产损毁，直接经济损失三十万元以上，或者直接经济损失、间接经济损失合计一百五十万元以上的；

（五）造成其他严重后果的。

要义辨析

一、概念

本罪是指指挥人员和值班、值勤人员擅自离开正在履行职责的岗位，或者在履行职责的岗位上严重不负责任，不履行或者不正确履行职责，造成严重后果的行为。

二、构成要件

1. 本罪侵犯的客体是国家军人的职守秩序。

2. 本罪客观方面是行为人实施了擅离职守或者玩忽职守的行为。这里规定的“擅离职守”，是指指挥人员或者值班、值勤人员未经批准，擅自离开自己正在履行职责的指挥岗位或者值班、值勤岗位。“玩忽职守”，是指指挥人员或者值班、值勤人员严重不负责任，不履行自己的职责或者不认真履行自己职责的行为。行为人擅离职守或者玩忽职守的行为必须造成了严重的后果。这里规定的“严重后果”，是指由于行为人擅离职守或者玩忽职守的行为，造成了重大的人员伤亡、物质损失或者严重影响军事行动等后果，如造成武器装备、军事设施、军事物资毁损、丢失、被盗；造成部队重大任务迟缓完成或不能完成等。这是区分罪与非罪的主要界限。

3. 犯罪主体是指挥人员和值班、值勤人员。本罪规定了特殊的主体，是考虑到这几类人员负有重要的和特殊的职责，他们擅离职守或者玩忽职守的行为，不仅违反了他们所负有的职责，而且往往造成了严重的后果。“指挥人员”，是指对部队或部属负有组织、领导、管理职责的军人。专业主管人员在其业务管理范围内，也应属于指挥人员。“值班人员”，是指军队各单位、各部门为保持指挥或者职责不间断而设立的，定期轮流负责处理本单位、本部门特定事务的人员。“值勤人员”，是指正在担任警卫、巡逻、观察、纠察、押运等勤务工作的人员。

4. 本罪主观方面是故意犯罪。

三、要点辨析

1. 本罪是选择性罪名。擅离军事职守罪和玩忽军事职守罪，可以分别确定罪名。

2. 本罪是区分平时犯罪和特定时间战时犯罪。同罪区别不同的量刑。

3. 本罪是特定主体的犯罪。是指战争时期负有职守的人员。指挥人员和值班、值勤人员擅自离开正在履行职责的岗位，或者在履行职责的岗位上，严重不负责任，不履行或者不正确履行职责，造成严重后果的行为。

4. 本罪是结果犯。造成严重后果的，才构成犯罪。造成特别严重后果的，加重处刑。

5. 本罪行为是在战时犯罪的，同样是结果犯，有后果才构成犯罪。但直接从5年以上有期徒刑起刑。战时擅离职守或者玩忽职守的，属于本罪的特别加重处罚情节，只要构成本罪，同时具备后果情节，不论是造成严重后果还是造成特别严重后果，均应判处5年以上有期徒刑，以体现战时从严的原则。

6. 军职人员擅自将自己保管、使用的枪械、弹药借给他人，因而造成严重后果的，应当如何定性和适用法律，《中国人民解放军军事法院关于审理军人违反职责罪案件中几个具体问题的处理意见》第2条曾规定，军职人员确实不知他人借用枪支、弹药是为实施犯罪，私自将自己保管、使用的枪支、弹药借给他人的，致使公共财产、国家和人民利益遭受重大损失的，以玩忽职守罪论处；如果在值班、值勤等执行职务时，擅自将自己使用、保管的枪支、弹药借给他人，因而造成严重后果的，以《惩治军人违反职责罪暂行条例》（已失效）第5条规定的玩忽职守罪论处。上述规定可参照。

四、罪名变迁

本罪是从《惩治军人违反职责罪暂行条例》（已失效）第5条的规定，吸收改为《刑法》的具体的规定的。

类罪名:军人违反职责罪 罪名:阻碍执行军事职务罪	
量刑标准	**构成犯罪的** 处5年以下有期徒刑或者拘役;
	情节严重的 处5年以上有期徒刑;
	情节特别严重的 处10年以上有期徒刑或者无期徒刑。

法律依据

一、《刑法》条文

第四百二十六条 以暴力、威胁方法,阻碍指挥人员或者值班、值勤人员执行职务的,处五年以下有期徒刑或者拘役;情节严重的,处五年以上十年以下有期徒刑;情节特别严重的,处十年以上有期徒刑或者无期徒刑。战时从重处罚。

第四百五十一条 本章所称战时,是指国家宣布进入战争状态、部队受领作战任务或者遭敌突然袭击时。部队执行戒严任务或者处置突发性暴力事件时,以战时论。

二、相关司法解释/文件

《最高人民检察院、解放军总政治部军人违反职责罪案件立案标准的规定》(2013年2月26日政检〔2013〕1号)

第七条 阻碍执行军事职务案(刑法第四百二十六条)

阻碍执行军事职务罪是指以暴力、威胁方法,阻碍指挥人员或者值班、值勤人员执行职务的行为。

凡涉嫌阻碍执行军事职务的,应予立案。

要义辨析

一、概念

本罪是指军人以暴力、威胁等方法,故意阻挠或者妨碍指挥、值班、值勤人员以及其他军人执行职务的行为。

二、构成要件

1. 本罪侵犯的客体是国家的军事管理秩序和执行军事职务的秩序。

2. 本罪客观方面是行为人实施了阻碍指挥人员或者值班、值勤人员执行职务的行为。本条中规定的"阻碍执行职务",是指行为人故意以暴力或者威胁的方法阻挠、妨碍指挥人员、值班、值勤人员依法执行职务的行为。"执行职务"应是指挥、值班、执勤人员正在履行的特定职责。指挥人员和值班、值勤人员一般都负有重要、专门的职责,保证他们能正常执行职务,对于国防建设、国防安全都是非常重要的。阻碍指挥人员或者值班、值勤人员执行职务,不仅侵害了他们的人身权利,更重要的是使他们无法正常执行职务,对国家的国防利益和军事利益造成了危害。

3. 本罪是为了保障军令畅通而设立的罪名。犯罪主体为一般主体,基本上一般军人都可以构成。

4. 本罪主观方面是故意犯罪。

三、要点辨析

1. 必须是以暴力或者威胁的方法阻碍执行职务。这里规定的"暴力",是指对指挥人员或者值班、值勤人员实施殴打、捆绑等严重人身侵害行为。这里规定的"威胁",是指以将要对指挥人员或者值班、值勤人员的人身、财产等切身利益造成危害的方法,影响、迫使指挥人员、值班、值勤人员形成精神方面的强制,使其不能也不敢正常执行职务的行为。

2. 本罪适用于平时和战时。战时犯从重处罚。

3. 本罪是行为犯。以暴力、威胁方法,阻碍指挥人员或者值班、值勤人员执行职务的,即构成犯罪。情节严重的或情节特别严重的,作为加重处罚情节。

4. 本罪中所指的"情节严重",主要是指聚众阻碍执行职务的首要分子,使用武器装备阻碍执行职务的,阻碍担负重要职责的指挥、值班、值勤人员执行职务的，阻碍执行职务造成严重后果的，等等。所谓其他特别严重情节的，是指聚众使用武器装备阻碍执行职务的，在紧要关头或者危急时刻阻碍担负重要职责的指挥、值班、值勤人员执行职务的，阻碍执行职务造成特别严重后果的等等。

四、罪名变迁

本罪是从《惩治军人违反职责罪暂行条例》（已失效）第10条中规定进刑法的。2015年11月《刑法修正案（九）》对该条作了修订，取消了死刑。

类罪名：军人违反职责罪	**罪名：指使部属违反职责罪**
量刑标准	**造成严重后果的**　处5年以下有期徒刑或者拘役；
	情节特别严重的　处5年以上10年以下有期徒刑。

法律依据

一、《刑法》条文

第四百二十七条　滥用职权，指使部属进行违反职责的活动，造成严重后果的，处五年以下有期徒刑或者拘役；情节特别严重的，处五年以上十年以下有期徒刑。

二、相关司法解释/文件

《最高人民检察院、解放军总政治部军人违反职责罪案件立案标准的规定》（2013年2月26日政检〔2013〕1号）

第八条　指使部属违反职责案（刑法第四百二十七条）

指使部属违反职责罪是指指挥人员滥用职权，指使部属进行违反职责的活动，造成严重后果的行为。

涉嫌下列情形之一的，应予立案：

（一）造成重大任务不能完成或者迟缓完成的；

（二）造成死亡一人以上，或者重伤二人以上，或者重伤一人、轻伤三人以上，或者轻伤五人以上的；

（三）造成武器装备、军事设施、军用物资或者其他财产损毁，直接经济损失二十万元以上，或者直接经济损失、间接经济损失合计一百万元以上的；

（四）造成其他严重后果的。

要义辨析

一、概念

本罪是指指挥人员滥用职权，指使部属进行违反职责的活动，造成严重后果的行为。

二、构成要件

1. 本罪侵犯的客体是国家军事管理秩序和国防秩序。

2. 本罪客观方面是滥用职权，指使部属进行违反职责的活动的行为。这里规定的“滥用职权，指使部属进行违反职责的活动”，是指行为人不正当运用职权，超越职权，指使下级实施违反军人职责或者特定岗位职责。滥用职权的行为必须造成了严重的后果。滥用职权的行为表现为不正当运用职权，指使部属进行各种违反职责的活动，其危害性和后果也是各不相同的，因而对其处罚也不一样。滥用职权的行为是否造成了严重的后果，是区分罪与非罪的重要标准。造成了严重后果的，应当依法追究刑事责任；没有造成严重后果的，应当按照军纪处理。

3. 犯罪主体是特殊主体，一般是负有一定职责的部队的各级指挥人员。

4. 本罪主观方面必须是故意的犯罪。

三、要点辨析

1. 本罪犯罪是特殊主体。一般是有职权的军队指挥人员。

2. 本罪是结果犯。滥用职权,指使部属进行违反职责的活动,造成严重后果的,才构成犯罪。情节特别严重的,加重处刑。

3. 本罪所指严重后果,主要指达到上述立案标准的具体情节。情节特别严重的,主要是造成的后果特别严重。如战时指使部属违反职责的,指使建制部队(分队)违反职责的,不顾部属的提醒反对意见,强迫部属违反职责的等等。

四、罪名变迁

本罪是1997年《刑法》增设的罪名。《惩治军人违反职责罪暂行条例》(已失效)没有规定此罪名。

类罪名:军人违反职责罪	罪名:违令作战消极罪
量刑标准	造成严重后果的　处5年以下有期徒刑;
	致使战斗、战役遭受重大损失或者有其他特别严重情节的　处5年以上有期徒刑。

法律依据

一、《刑法》条文

第四百二十八条　指挥人员违抗命令,临阵畏缩,作战消极,造成严重后果的,处五年以下有期徒刑;致使战斗、战役遭受重大损失或者有其他特别严重情节的,处五年以上有期徒刑。

第四百五十一条　本章所称战时,是指国家宣布进入战争状态、部队受领作战任务或者遭敌突然袭击时。

部队执行戒严任务或者处置突发性暴力事件时,以战时论。

二、相关司法解释/文件

《最高人民检察院、解放军总政治部军人违反职责罪案件立案标准的规定》(2013年2月26日　政检〔2013〕1号)

第九条　违令作战消极案(刑法第四百二十八条)

违令作战消极罪是指指挥人员违抗命令,临阵畏缩,作战消极,造成严重后果的行为。

违抗命令,临阵畏缩,作战消极,是指在作战中故意违背、抗拒执行首长、上级的命令,面临战斗任务而畏难怕险,怯战怠战,行动消极。

涉嫌下列情形之一的,应予立案:

(一)扰乱作战部署或者贻误战机的;

(二)造成作战任务不能完成或者迟缓完成的;

(三)造成我方人员死亡一人以上,或者重伤二人以上,或者轻伤三人以上的;

(四)造成武器装备、军事设施、军用物资或者其他财产损毁,直接经济损失二十万元以上,或者直接经济损失、间接经济损失合计一百万元以上的;

(五)造成其他严重后果的。

要义辨析

一、概念

本罪是指指挥人员在作战中违抗命令,临阵畏缩,作战消极,造成严重后果的行为。

二、构成要件

1. 本罪侵犯的客体是国家军事管理秩序和国防秩序。

2. 本罪客观方面是行为人实施了违抗命令，临阵畏缩，作战消极的行为。这里规定的“临阵畏缩，作战消极”，是指指挥人员在作战中不尽全力，畏惧害怕而消极避战、怠战的行为。这种行为必须是违背了上级的命令，如果指挥人员是遵照上级有关命令而没有采取积极的行动，不是作战消极。在作战中，勇敢战斗，不怕牺牲是压倒敌人，完成战斗目的的重要因素，各级指挥人员应当服从命令，英勇战斗，坚决完成任务。借口保存自己而不积极、不坚决消灭敌人，会贻误战机，影响作战的胜利。对这种行为必须给予处罚，情节严重的，要追究指挥人员的刑事责任。指挥人员消极作战的行为造成了严重后果。指挥人员消极作战的行为表现是多样的，有的表现为不积极进攻，有的表现为不坚决防御，有的表现为贻误战机等，其行为对作战的危害也不一样，对于造成了严重后果的，应当依法追究刑事责任。这里规定的“严重后果”，是指由于指挥人员消极作战的行为而造成贻误战机，没有完成作战任务的，妨害了协同作战的等情况。

3. 犯罪主体是特殊主体，为军队的指挥人员。一般的作战人员不能构成作战消极的犯罪。

4. 本罪主观方面表现为故意的消极避战行为。

三、要点辨析

1. 本罪是结果犯。指挥人员违抗命令，临阵畏缩，作战消极，造成严重后果的，才构成犯罪。致使战斗、战役遭受重大损失的，作为加重处刑情节。

2. 本罪与本法第 424 条规定的临阵脱逃罪不同。(1)两罪的主体不同，本罪的主体只能是指挥人员，一般作战人员不能构成，而临阵脱逃罪的主体是所有军人都可能构成；(2)两罪的行为是不同的，本罪是消极作战的行为，而临阵脱逃罪则是临阵逃离自己岗位的行为，行为性质更严重；(3)本罪是造成了严重后果，才构成犯罪，而临阵脱逃罪，则是行为犯。只要具有临阵脱逃的行为即可构成犯罪。

四、罪名变迁

本罪是 1997 年《刑法》增设的罪名。《惩治军人违反职责罪暂行条例》(已失效)没有规定此罪名。

类罪名：军人违反职责罪	**罪名：拒不救援友邻部队罪**	
量刑标准	**犯本罪的**　对指挥人员处 5 年以下有期徒刑。

法律依据

一、《刑法》条文

第四百二十九条　在战场上明知友邻部队处境危急请求救援，能救援而不救援，致使友邻部队遭受重大损失的，对指挥人员，处五年以下有期徒刑。

第四百五十一条　本章所称战时，是指国家宣布进入战争状态、部队受领作战任务或者遭敌突然袭击时。

部队执行戒严任务或者处置突发性暴力事件时，以战时论。

二、相关司法解释/文件

《最高人民检察院、解放军总政治部军人违反职责罪案件立案标准的规定》(2013 年 2 月 26 日政检〔2013〕1 号)

第十条　拒不救援友邻部队案(刑法第四百二十九条)

拒不救援友邻部队罪是指指挥人员在战场上，明知友邻部队面临被敌人包围、追击或者阵地将被攻陷等危急情况请求救援，能救援而不救援，致使友邻部队遭受重大损失的行为。

能救援而不救援,是指根据当时自己部队(分队)所处的环境、作战能力及所担负的任务,有条件组织救援却没有组织救援。

涉嫌下列情形之一的,应予立案:

(一)造成战斗失利的;

(二)造成阵地失陷的;

(三)造成突围严重受挫的;

(四)造成我方人员死亡三人以上,或者重伤十人以上,或者轻伤十五人以上的;

(五)造成武器装备、军事设施、军用物资损毁,直接经济损失一百万元以上的;

(六)造成其他重大损失的。

要义辨析

一、概念

本罪是指指挥人员在战场上,明知友邻部队被敌人包围、追击或者阵地将被攻陷等紧急情况请求救援,能救援而不救援,致使友邻部队遭受重大损失的行为。

二、构成要件

1. 本罪侵犯的客体是国家军事管理秩序和国防秩序。

2. 本罪客观方面是行为人必须具有明知友邻部队处境危急请求救援,能救援而不救援的行为。这里规定的"处境危急",是指友邻部队受到敌人的围困、追击或者阵地将被攻陷等处于危难之中迫切需要救援的紧急情形。这里规定的"能救援而不救援",是指根据当时其所处的环境、作战能力和所担负的作战任务,有条件对处境危急的友邻部队进行救援而不予救援的行为。"友邻部队",是指由于驻地、配置地域或者执行任务而相邻的部队。既包括有隶属关系的部队,也包括没有隶属关系的部队。本罪要求客观行为是发生在战场上,并使友邻部队遭受了重大的损失。这里规定的"重大损失",是指由于见危不救的行为,致使友邻部队遭受重大的人员伤亡、物质损失、阵地失陷、舰船被击沉、飞行器被击落、进攻严重受挫等情况。

3. 犯罪主体是特殊主体,只有部队的各级军事指挥人员才能构成。班长不是军官,但有权指挥本班士兵,也是本罪的犯罪主体之一。

4. 本罪主观方面是故意犯罪。

三、要点辨析

1. 本罪是特定时间特定场所的犯罪。是指战时的战场上。

2. 本罪主体是特定的军事指挥人员。不救危急中的友邻部队,只追究有指挥权的军事指挥人员。

3. 注意行为前提的"明知"状态,要求已经有准确的情报、命令、求救信息明知友邻部队处境危急,已经请求救援。

4. 注意是自身军事能力,是属于能救援而消极地故意地不派兵救援。军事分析自己没有能力救援,或者自己也处于危急不宜行动状态,或者战线更重要不能擅离职守的状态下,不构成犯罪。

5. 本罪是结果犯。不救援行为致使友邻部队遭受重大损失的后果,才构成犯罪。

四、罪名变迁

本罪是1997年《刑法》增设的罪名。《惩治军人违反职责罪暂行条例》(已失效)没有规定此罪名。

类罪名:军人违反职责罪 | 罪名:军人叛逃罪	
量刑标准	**构成犯罪的** 处5年以下有期徒刑或者拘役;
	情节严重的 处5年以上有期徒刑;
	驾驶航空器、舰船叛逃的,或者有其他特别严重情节的 处10年以上有期徒刑、无期徒刑或者死刑。

法律依据

一、《刑法》条文

第四百三十条 在履行公务期间，擅离岗位，叛逃境外或者在境外叛逃，危害国家军事利益的，处五年以下有期徒刑或者拘役；情节严重的，处五年以上有期徒刑。

驾驶航空器、舰船叛逃的，或者有其他特别严重情节的，处十年以上有期徒刑、无期徒刑或者死刑。

第四百五十一条 本章所称战时，是指国家宣布进入战争状态、部队受领作战任务或者遭敌突然袭击时。

部队执行戒严任务或者处置突发性暴力事件时，以战时论。

二、相关司法解释/文件

《最高人民检察院、解放军总政治部军人违反职责罪案件立案标准的规定》(2013年2月26日 政检〔2013〕1号)

第十一条 军人叛逃案(刑法第四百三十条)

军人叛逃罪是指军人在履行公务期间，擅离岗位，叛逃境外或者在境外叛逃，危害国家军事利益的行为。

涉嫌下列情形之一的，应予立案：

(一)因反对国家政权和社会主义制度而出逃的；

(二)掌握、携带军事秘密出境后滞留不归的；

(三)申请政治避难的；

(四)公开发表叛国言论的；

(五)投靠境外反动机构或者组织的；

(六)出逃至交战对方区域的；

(七)进行其他危害国家军事利益活动的。

要义辨析

一、概念

本罪是指军人在履行国家、国防事务以及其他军事职务期间，擅离岗位，叛逃境外或者在境外叛逃，危害国家军事利益的行为。

二、构成要件

1. 本罪侵犯的客体是国家的军事管理秩序和国防利益。

2. 本罪客观方面是行为人必须具有叛逃境外或者在境外叛逃的行为。这里规定的“叛逃”，是指以反对社会主义制度、危害祖国和人民利益为目的逃往境外的行为，既包括从境内逃往境外，也包括合法出境而在境外叛逃。这里所称的“境外”，是指在中华人民共和国国境、边境以外的国家和地区，包括外国驻华使、领馆。且行为人的叛逃行为是发生在履行公务期间的。这也是区分罪与非罪的一个重要界限。如果行为人不是军人职责在身，不是在履行公务期间叛逃的，不能构成本罪。要“在履行公务期间，擅离岗位”进行叛逃，才构成犯罪。

3. 犯罪主体是特定的。即有军人职责在身的履行职务期间叛逃。

4. 本罪主观方面是故意。

三、要点辨析

1. 本罪的特定时间，是履行公务期间，但非战时。注意“在履行公务期间，擅离岗位”这一特定身份和行动特征，其他时间不构成犯罪。本罪要求必须有危害情由发生。“叛逃境外或者在境外叛逃，危害国家军事利益的”，这是区分罪与非罪，此罪与彼罪的重要特征。如果行为人非履行职务期间，前往境外不归或者滞留境外不归，没有危害国家的军事利益，不能构成本罪。

2. 本罪是行为犯。在履行公务期间，擅离岗位，叛逃境外或者在境外叛逃，危害国家军事利益的，即构成犯罪。不需要有行为后果发生即可以定罪。

3. 注意区分军人叛逃罪与投敌叛变罪的界限。主要区别为：(1)侵害的客体不同，前罪侵犯的同类客体是军事利益，直接客体是出境军人和军人出境的管理活动，后罪的客体是国家安全；(2)客观方面不同，后罪是必须投向敌国、境内外的敌对组织，前罪是叛逃往境外的非敌对国家、组织；(3)主体不同，前罪必须是军人，后罪既包括军人，又包括非军人；(4)主观方面不同，军人叛逃罪必须明知逃往的国家、地区为非敌对国家、地区，而投敌叛变必须明知是敌国或境、内外的敌对组织。

四、罪名变迁

《惩治军人违反职责罪暂行条例》(已失效)第7条曾规定了偷越国(边)境外逃罪,1997年修订《刑法》时,对罪状作了修改补充,因而将罪名相应地改为军人叛逃罪。

类罪名:军人违反职责罪 丨 罪名:非法获取军事秘密罪	
量刑标准	**构成犯罪的**　处5年以下有期徒刑;
	情节严重的　处5年以上10年以下有期徒刑;
	情节特别严重的　处10年以上有期徒刑。

法律依据

一、《刑法》条文

第四百三十一条第一款　以窃取、刺探、收买方法,非法获取军事秘密的,处五年以下有期徒刑;情节严重的,处五年以上十年以下有期徒刑;情节特别严重的,处十年以上有期徒刑。

第四百五十一条　本章所称战时,是指国家宣布进入战争状态、部队受领作战任务或者遭敌突然袭击时。

部队执行戒严任务或者处置突发性暴力事件时,以战时论。

二、相关司法解释/文件

《最高人民检察院、解放军总政治部军人违反职责罪案件立案标准的规定》(2013年2月26日 政检〔2013〕1号)

第十二条　非法获取军事秘密案(刑法第四百三十一条第一款)

非法获取军事秘密罪是指违反国家和军队的保密规定,采取窃取、刺探、收买方法,非法获取军事秘密的行为。

军事秘密,是关系国防安全和军事利益,依照规定的权限和程序确定,在一定时间内只限一定范围的人员知悉的事项。内容包括:

(一)国防和武装力量建设规划及其实施情况;

(二)军事部署,作战、训练以及处置突发事件等军事行动中需要控制知悉范围的事项;

(三)军事情报及其来源,军事通信、信息对抗以及其他特种业务的手段、能力,密码以及有关资料;

(四)武装力量的组织编制,部队的任务、实力、状态等情况中需要控制知悉范围的事项,特殊单位以及师级以下部队的番号;

(五)国防动员计划及其实施情况;

(六)武器装备的研制、生产、配备情况和补充、维修能力,特种军事装备的战术技术性能;

(七)军事学术和国防科学技术研究的重要项目、成果及其应用情况中需要控制知悉范围的事项;

(八)军队政治工作中不宜公开的事项;

(九)国防费分配和使用的具体事项,军事物资的筹措、生产、供应和储备等情况中需要控制知悉范围的事项;

(十)军事设施及其保护情况中不宜公开的事项;

(十一)对外军事交流与合作中不宜公开的事项;

(十二)其他需要保密的事项。

凡涉嫌非法获取军事秘密的,应予立案。

要义辨析

一、概念

本罪是指违反保守国家军事秘密法规,利用职务之便或以非法手段,非法获取有关国家军事秘密的情况、文件、资料和实物等行为。

二、构成要件

1. 本罪侵犯的客体是军事秘密的安全,本罪的对象是国家军事秘密。

2. 犯罪客观方面表现为行为人必须具有以窃取、刺探、收买方法非法获取军事秘密行为。所谓窃取,是指行为人采取自认为不会被立即发觉的秘密方法,获取盗窃军事秘密的行为;所谓刺探,是指行为人搜集、侦察、探听军事秘密的行为;所谓收买是指军职人员以金钱或财物为交换形式,从他人那儿获取军事秘密的行为。按照本条规定,只要具备三种行为中的一种,即构成本罪。

3. 犯罪主体为军人。行为人的职级区别、职务分工等,不影响主体要件的成立,按照本法的规定,军人包括中国人民解放军的现役军官、文职干部、士兵及具有军籍的学员和中国人民武装警察部队的现役警官、文职干部、士兵及具有军籍的学员以及执行军事任务的预备役人员和其他人员。

4. 本罪主观方面表现为故意。即行为人明知采取窃取、刺探、收买的方法非法获取军事秘密,将会对军事秘密的安全造成危害结果,却希望或者放任这种危害结果的发生。过失一般不能构成本罪。行为人实施犯罪的目的,不影响本罪构成。无论其出于危害国家安全的目的还是出于牟取个人私利或出于其他个人目的,只要其实施了窃取、刺探、收买等非法获取军事秘密的行为,即构成本罪。

三、要点辨析

1. 本条规定的"军事秘密",是指在一定时间内只限于一定范围的人员知悉,不能对外公开并直接关系到国防安全和军事利益的事项。例如,国防和战斗力量建设规划及其实施情况;军事部署,作战和其他重要军事行动的计划及其实施情况;战备演习、军事训练计划及其实施情况;军事情报及其来源,通信、电子对抗和其他特种技术的手段、能力,机要密码及有关资料;武装力量的组织编制,部队的任务、实力、素质、状态等基本情况;部队及特殊单位的番号;武器装备的研制、生产、配备情况和补充、维修能力,特种军事装备的战斗技术性能;军事学术、国防科学技术研究的重要项目、成果及其应用;军事物资的筹措、生产、供应和储备等情况。对于军事秘密的范围和等级,有关法律、法规、条例中有具体的规定。

2. 本罪是行为犯。以窃取、刺探、收买方法,非法获取军事秘密的,即构成犯罪。情节严重的,作为加重处刑情节。

四、罪名变迁

《惩治军人违反职责罪暂行条例》(已失效)第4条第3款曾规定了"为敌人或者外国人窃取、刺探军事秘密罪"。1997年修订《刑法》时对罪状作了修改,因而将罪名相应地修改为"非法获取军事秘密罪"。

类罪名:军人违反职责罪	罪名:为境外窃取、刺探、收买、非法提供军事秘密罪
量刑标准	犯本罪的　处5年以上10年以下有期徒刑;
	情节严重的　处10年以上有期徒刑、无期徒刑或者死刑。

法律依据

一、《刑法》条文

第四百三十一条第二款　为境外的机构、组织、人员窃取、刺探、收买、非法提供军事秘密的,处五年以上十年以下有期徒刑;情节严重的,处十年以上有期徒刑、无期徒刑或者死刑。

二、相关司法解释/文件

《最高人民检察院、解放军总政治部军人违反职责罪案件立案标准的规定》(2013年2月26日 政检〔2013〕1号)

第十三条　为境外窃取、刺探、收买、非法提供

军事秘密案(刑法第四百三十一条第二款)

为境外窃取、刺探、收买、非法提供军事秘密罪是指违反国家和军队的保密规定,为境外的机构、组织、人员窃取、刺探、收买、非法提供军事秘密的行为。

凡涉嫌为境外窃取、刺探、收买、非法提供军事秘密的,应予立案。

要义辨析

一、概念

本罪是指军人违反国家和军队的保密规定,以非法手段,为境外机构、组织、人员窃取、刺探、收买、非法提供国家军事秘密的行为。

二、构成要件

1. 本罪侵犯的客体是军事秘密的安全和国防安全。

2. 本罪客观方面表现为行为人窃取、刺探、收买、非法提供军事秘密的行为。

3. 犯罪主体是特殊主体,即军人。

4. 本罪主观方面是故意,即行为人明知为境外的机构、组织、人员窃取、刺探、收买、非法提供军事秘密,会造成危害军事秘密安全和国家安全的结果,却希望或者放任这种危害结果的发生。行为人的犯罪动机不论是为了危害国防安全还是为了达到其他个人目的,都不影响本罪主观故意的成立。但行为人主观上应该对自己的行为是在为境外的机构、组织、人员窃取、刺探、收买军事秘密,或者是在向境外的机构、组织、人员非法提供军事秘密有所认识。

三、要点辨析

1. 本罪主体是军人,一般军人都可以构成犯罪主体。

2. 本罪是行为犯。有为境外的机构、组织、人员,窃取、刺探、收买、非法提供军事秘密的行为,即构成犯罪。而且本罪处刑很重,起步即处10年以上有期徒刑、无期徒刑或者死刑。

3. 本罪以进行了本条规定的某一种行为,实现了自己对军事机密的持有,并向境外人员实现了交付,作为犯罪既遂。自己已经窃取和收买获得,但是还没有交付境外人员,军事机密还没有泄露,构成犯罪未遂。

4. 本罪与《刑法》第111条为境外窃取、刺探、收买、非法提供国家秘密、情报罪的区别,罪状行为表现基本一致,侵犯的客体相近,只在于内容不同,本罪是军事机密。

5. 窃取、刺探、收买、非法提供军事秘密罪同为境外窃取、刺探、收买、非法提供国家秘密、情报罪两罪的竞合问题。军人为境外的机构、组织、人员非法获取、提供军事秘密的,按特别法原则,优先适用本章的规定,以为境外窃取、刺探、收买、非法提供军事秘密罪论处。

6. 故意将军事秘密泄露给境外的机构、组织、人员的,从表现看是泄露军事秘密,但实质上是将军事秘密非法提供给境外的机构、组织、人员。因此应根据本章第431条第2款的规定,以为境外窃取、刺探、收买、非法提供军事秘密罪论处,不能再定故意泄露军事秘密罪。

四、罪名变迁

《惩治军人违反职责罪暂行条例》(已失效)第4条第3款曾规定了"为敌人或者外国人窃取、刺探、提供军事机密罪"。1997年修订《刑法》时对罪状作了修改,因而将罪名相应地改为"为境外窃取、刺探、收买、非法提供军事秘密罪",后又根据《刑法修正案(十一)》修改。

类罪名:军人违反职责罪	罪名:故意泄露军事秘密罪
量刑标准	**情节严重的**　处5年以下有期徒刑或者拘役;
	情节特别严重的　处5年以上10年以下有期徒刑;
	战时犯本罪的　处5年以上10年以下有期徒刑;
	战时犯本罪,情节特别严重的　处10年以上有期徒刑或者无期徒刑。

法律依据

一、《刑法》条文

第四百三十二条　违反保守国家秘密法规,故意或者过失泄露军事秘密,情节严重的,处五年以下有期徒刑或者拘役;情节特别严重的,处五年以上十年以下有期徒刑。

战时犯前款罪的,处五年以上十年以下有期徒刑;情节特别严重的,处十年以上有期徒刑或者无期徒刑。

第四百五十一条　本章所称战时,是指国家宣布进入战争状态、部队受领作战任务或者遭敌突然袭击时。

部队执行戒严任务或者处置突发性暴力事件时,以战时论。

二、相关司法解释/文件

《最高人民检察院、解放军总政治部军人违反职责罪案件立案标准的规定》(2013年2月26日　政检〔2013〕1号)

第十四条　故意泄露军事秘密案(刑法第四百三十二条)

故意泄露军事秘密罪是指违反国家和军队的保密规定,故意使军事秘密被不应知悉者知悉或者超出了限定的接触范围,情节严重的行为。

涉嫌下列情形之一的,应予立案:

(一)泄露绝密级或者机密级军事秘密一项(件)以上的;

(二)泄露秘密级军事秘密三项(件)以上的;

(三)向公众散布、传播军事秘密的;

(四)泄露军事秘密造成严重危害后果的;

(五)利用职权指使或者强迫他人泄露军事秘密的;

(六)负有特殊保密义务的人员泄密的;

(七)以牟取私利为目的泄露军事秘密的;

(八)执行重大任务时泄密的;

(九)有其他情节严重行为的。

要义辨析

一、概念

本罪是指军职人员违反保守国家秘密法规,故意泄露军事秘密,情节严重的行为。

二、构成要件

1. 本罪侵犯的客体是国家保守军事秘密的制度。

2. 本罪客观方面表现为违反保护国家军事秘密的法规,泄露国家军事秘密,情节严重的行为。

3. 犯罪主体是现役军人,主要是指知悉、保管军事秘密的军职人员。

4. 本罪主观方面是故意,即明知是违反保守国家秘密法规的行为,而故意去实施,包括直接故意和间接故意两种形式。

三、要点辨析

1. 本罪以违反保守国家秘密法规为前提。泄露的军事秘密是有国家法规明确规定的,一般是确定并标有密级的。

2. 本罪是行为犯。有故意泄露军事秘密的行为,达到情节严重的,即构成犯罪。情节严重的九种情形,最高人民检察院和解放军总政治部的相关立案标准规定已经明确。

3. 本罪与故意泄露国家秘密罪的区别是:(1)在主体方面,前者是现役军职人员,后者主要限于国家工作人员;(2)在犯罪的对象方面,前者是国家军事秘密,后者是国家秘密,除了国家军事秘密以外,还包括国家事务重大决策、外交、外事、国民经济和社会发展、科技、国家安全、刑事侦查等方面的秘密事项;(3)在侵犯的客体方面,前者侵犯的是国家保守军事秘密制度,而后者侵犯的是国家保密制度。

四、罪名变迁

本条是从《惩治军人违反职责罪暂行条例》(已失效)第4条第1、2款的规定,吸收改为《刑法》的具体规定的。

类罪名:军人违反职责罪 | 罪名:过失泄露军事秘密罪	
量刑标准	**情节严重的**　处5年以下有期徒刑或者拘役;
	情节特别严重的　处5年以上10年以下有期徒刑;
	战时犯本罪的　处5年以上10年以下有期徒刑;
	战时犯本罪,情节特别严重的　处10年以上有期徒刑或者无期徒刑。

法律依据

一、《刑法》条文

第四百三十二条　违反保守国家秘密法规,故意或者过失泄露军事秘密,情节严重的,处五年以下有期徒刑或者拘役;情节特别严重的,处五年以上十年以下有期徒刑。

战时犯前款罪的,处五年以上十年以下有期徒刑;情节特别严重的,处十年以上有期徒刑或者无期徒刑。

第四百五十一条　本章所称战时,是指国家宣布进入战争状态、部队受领作战任务或者遭敌突然袭击时。

部队执行戒严任务或者处置突发性暴力事件时,以战时论。

二、相关司法解释/文件

《最高人民检察院、解放军总政治部军人违反职责罪案件立案标准的规定》(2013年2月26日政检〔2013〕1号)

第十五条　过失泄露军事秘密案(刑法第四百三十二条)

过失泄露军事秘密罪是指违反国家和军队的保密规定,过失泄露军事秘密,致使军事秘密被不应知悉者知悉或者超出了限定的接触范围,情节严重的行为。

涉嫌下列情形之一的,应予立案:

(一)泄露绝密级军事秘密一项(件)以上的;

(二)泄露机密级军事秘密三项(件)以上的;

(三)泄露秘密级军事秘密四项(件)以上的;

(四)负有特殊保密义务的人员泄密的;

(五)泄露军事秘密或者遗失军事秘密载体,不按照规定报告,或者不如实提供有关情况,或者未及时采取补救措施的;

(六)有其他情节严重行为的。

要义辨析

一、概念

本罪是指军职人员违反保守国家军事秘密的法律、法规,因为麻痹大意,掉以轻心,使自己所保管的军事秘密泄露、丢失或者被盗,从而危害国家军事利益情节严重的行为。

二、构成要件

1. 本罪侵犯的客体是国家和军队有关保守军事秘密的制度及国防和军队的安全。

2. 本罪客观方面表现为过失泄露军事秘密情节严重的行为。

3. 犯罪主体是军职人员。

4. 本罪主观方面是过失。

三、要点辨析

1. 本罪以违反保守国家秘密法规为前提。泄露的军事秘密是有国家法规明确规定的，一般是确定并标有密级的。过失泄密的定罪标准比故意泄密要宽松一些。具体立案标准参见上述规定。

2. 本罪是行为犯。有过失泄露军事秘密的行为，达到情节严重的，即构成犯罪。情节严重的六种情形，最高人民检察院和解放军总政治部的相关立案标准规定已经明确。

3. 本罪与过失泄露国家秘密罪的区别是：在主体方面，前者是现役军职人员，后者主要限于国家工作人员；在犯罪的对象方面，前者是国家军事秘密，后者是国家秘密，除了国家军事秘密以外，还包括国家事务重大决策、外交、外事、国民经济和社会发展、科技、国家安全、刑事侦查等方面的秘密事项；在侵犯的客体方面，前者侵犯的是国家保守军事秘密制度，而后者侵犯的是国家保密制度。

4. 本罪同故意泄露军事秘密罪的差别。主观方面是故意还是过失，对其应负的刑事责任有重大影响。《刑法》虽然将故意和过失泄露军事秘密规定在同一条文中，而且规定了相同的法定刑，但在具体适用时，应注意加以区别。如在认定情节是否严重时，对故意泄密应从严，过失泄密应从宽；在决定刑罚时，对故意泄密应从重，过失泄密应从轻。最高检察院和总政治部的司法解释，对立案标准已经作了区分。

四、罪名变迁

本条是从《惩治军人违反职责罪暂行条例》（已失效）第4条第1、2款的规定，吸收改为《刑法》的具体规定的。

类罪名：军人违反职责罪	**罪名：战时造谣惑众罪**
量刑标准	**构成犯罪的**　处3年以下有期徒刑；
	情节严重的　处3年以上10年以下有期徒刑；
	情节特别严重的　处10年以上有期徒刑或者无期徒刑。

法律依据

一、《刑法》条文

第四百三十三条　战时造谣惑众，动摇军心的，处三年以下有期徒刑；情节严重的，处三年以上十年以下有期徒刑；情节特别严重的，处十年以上有期徒刑或者无期徒刑。

第四百五十一条　本章所称战时，是指国家宣布进入战争状态、部队受领作战任务或者遭敌突然袭击时。

部队执行戒严任务或者处置突发性暴力事件时，以战时论。

二、相关司法解释/文件

《最高人民检察院、解放军总政治部军人违反职责罪案件立案标准的规定》（2013年2月26日　政检〔2013〕1号）

第十六条　战时造谣惑众案（刑法第四百三十三条）

战时造谣惑众罪是指在战时造谣惑众，动摇军心的行为。

造谣惑众，动摇军心，是指故意编造、散布谣言，煽动怯战、厌战或者恐怖情绪，蛊惑官兵，造成或者足以造成部队情绪恐慌、士气不振、军心涣散的行为。

凡战时涉嫌造谣惑众，动摇军心的，应予立案。

要义辨析

一、概念

本罪是指军职人员在战时情况下,制造谣言,动摇军心,涣散斗志的行为。

二、构成要件

1. 本罪侵犯的客体是部队的作战利益。

2. 本罪客观方面表现为在战时实施造谣惑众,动摇军心的行为。犯罪的时间、地点和手段是构成本罪的必要条件。必须是在战时故意制造谣言在部队中散布的行为才构成本罪。行为一经实施即构成本罪,并不要求有具体的危害后果。

3. 犯罪主体是在战时参与作战或者担负作战任务的军职人员。

4. 本罪主观方面是故意。

三、要点辨析

1. 本罪是特定期间的犯罪。即战时造谣惑众,动摇军心的,才构成犯罪。

2. 本罪是行为犯。战时造谣惑众,动摇军心的,即构成犯罪。情节严重、情节特别严重,作为加重处刑情节。

3. 区分罪与非罪的界限。军职人员在战时制造谣言,迷惑群众,动摇军心的,才构成犯罪。战时因对上级的命令、指示理解不同,而随意发表一些错误言论,或者遇到任务较重、伤亡较大而埋怨上级和责怪友邻部队的,不能作为造谣惑众的行为追究。仅一般的传播战况不真实的消息,或将他人的谎言蜚语加以传播、渲染,尚未造成动摇军心后果的,不应视为犯罪。

4. 本罪与谎报军情罪的界限。谎报军情,特指向上级军事指挥人员报告虚假情报。这两种犯罪都有虚构事实并加以扩散的情节,而且其虚构的内容可能很相似。但前者是将编造的谣言在公众中散布,散布的对象包括下级、同级和上级,但不是在履行职责;而后者是将编造的情况按隶属关系和职责要求向上级报告,其表现形式是在履行职责。

5. 本罪与假传军令罪的界限。假传军令,是在特定的指挥环节的行为,没有按要求准确转达上级命令意图。造谣惑众,则是没有特定内容的不确定的臆造传播。传递虚假军令的方式和接受虚假军令的对象不同。假传军令是将虚假军令直接传播给执行人,而是在公众中传播。

6. 战时造谣惑众罪与战时造谣扰乱军心罪的区别。战时造谣惑众罪与第七章危害国防利益罪中的战时造谣扰乱军心罪存在法条竞合。主要区别是主体不同。本罪是军职罪,特指军人犯本罪。对军人战时造谣惑众、扰乱军心构成犯罪的,应优先适用本章的规定,以战时造谣惑众罪论处,其侵害的客体是军事指挥秩序。而“战时造谣扰乱军心罪”的主体,要广泛得多,是指非军人进行此类违法犯罪行为,其侵害的客体是国防利益。

四、罪名变迁

本罪是从《惩治军人违反职责罪暂行条例》(已失效)第10条中规定进《刑法》的。1997年《刑法》第426条规定的有死刑。2015年11月《刑法修正案(九)》对该条作了修订,取消了指明“勾结敌人”这一行为方式,同时也取消了死刑的量刑。

类罪名:军人违反职责罪 丨 罪名:战时自伤罪	
量刑标准	**构成犯罪的** 处3年以下有期徒刑;
	情节严重的 处3年以上7年以下有期徒刑。

法律依据

一、《刑法》条文

第四百三十四条　战时自伤身体，逃避军事义务的，处三年以下有期徒刑；情节严重的，处三年以上七年以下有期徒刑。

第四百五十一条　本章所称战时，是指国家宣布进入战争状态、部队受领作战任务或者遭敌突然袭击时。

部队执行戒严任务或者处置突发性暴力事件时，以战时论。

二、相关司法解释/文件

《最高人民检察院、解放军总政治部军人违反职责罪案件立案标准的规定》（2013年2月26日政检〔2013〕1号）

第十七条　战时自伤案（刑法第四百三十四条）

战时自伤罪是指在战时为了逃避军事义务，故意伤害自己身体的行为。

逃避军事义务，是指逃避临战准备、作战行动、战场勤务和其他作战保障任务等与作战有关的义务。

凡战时涉嫌自伤致使不能履行军事义务的，应予立案。

要义辨析

一、概念

本罪是指在战争情况下或者部队接受作战任务进行战斗动员以后，军职人员由于贪生怕死，畏惧战斗，用自伤身体的方法逃避军事义务的行为。

二、构成要件

1. 本罪侵犯的客体是军职人员的作战义务和部队的作战秩序。

2. 本罪客观方面表现为行为人在战时自伤自己身体健康的行为。

3. 犯罪主体是参加作战或者担负作战任务的军职人员。

4. 本罪主观方面是故意。犯罪的动机是贪生怕死、畏惧战斗，目的是逃避军事义务的履行。

三、要点辨析

1. 本罪规定，在特定时间，即战时进行本行为的，才构成犯罪。

2. 本罪是行为犯。凡涉嫌战时自伤致使不能履行军事义务的，不论情节是否严重，均构成本罪。

3. 根据军事审判实践，所谓"情节严重"，是指指挥人员或者其他负有重要职责的人员自伤的；紧要关头或者危急时刻自伤的；有其他严重情节的等。

四、罪名变迁

本条是从《惩治军人违反职责罪暂行条例》（已失效）第13条的规定，吸收改为《刑法》的具体规定的。

类罪名：军人违反职责罪	罪名：逃离部队罪
量刑标准	**情节严重的**　处3年以下有期徒刑或者拘役；
	战时犯本罪的　处3年以上7年以下有期徒刑。

法律依据

一、《刑法》条文

第四百三十五条　违反兵役法规，逃离部队，情节严重的，处三年以下有期徒刑或者拘役。

战时犯前款罪的，处三年以上七年以下有期徒刑。

第四百五十一条　本章所称战时，是指国家宣布进入战争状态、部队受领作战任务或者遭敌突然袭击时。

部队执行戒严任务或者处置突发性暴力性事件时,以战时论。

二、相关法律

《中华人民共和国兵役法》(2011 年 10 月 29 日修正)

第六十七条 现役军人以逃避服兵役为目的,拒绝履行职责或者逃离部队的,按照中央军事委员会的规定给予处分;构成犯罪的,依法追究刑事责任。

现役军人有前款行为被军队除名、开除军籍或者被依法追究刑事责任的,不得录用为公务员或者参照公务员法管理的工作人员,两年内不得出国(境)或者升学。

明知是逃离部队的军人而雇用的,由县级人民政府责令改正,并处以罚款;构成犯罪的,依法追究刑事责任。

三、相关司法解释/文件

《最高人民法院、最高人民检察院关于对军人非战时逃离部队的行为能否定罪处罚问题的批复》(2000 年 12 月 5 日 法释〔2000〕39 号)

中国人民解放军军事法院、军事检察院:

〔1999〕军法呈字第 19 号《关于军人非战时逃离部队情节严重的,能否适用刑法定罪处罚问题的请示》收悉。经研究,答复如下:

军人违反兵役法规,在非战时逃离部队,情节严重的,应当依照《刑法》第四百三十五条第一款的规定定罪处罚。

《最高人民检察院、解放军总政治部军人违反职责罪案件立案标准的规定》(2013 年 2 月 26 日政检〔2013〕1 号)

第十八条 逃离部队案(刑法第四百三十五条)

逃离部队罪是指违反兵役法规,逃离部队,情节严重的行为。

违反兵役法规,是指违反国防法、兵役法和军队条令条例以及其他有关兵役方面的法律规定。

逃离部队,是指擅自离开部队或者经批准外出逾期拒不归队。

涉嫌下列情形之一的,应予立案:

(一)逃离部队持续时间达三个月以上或者三次以上或者累计时间达六个月以上的;

(二)担负重要职责的人员逃离部队的;

(三)策动三人以上或者胁迫他人逃离部队的;

(四)在执行重大任务期间逃离部队的;

(五)携带武器装备逃离部队的;

(六)有其他情节严重行为的。

要义辨析

一、概念

本罪是指违反兵役法规,逃离部队,情节严重的行为。

二、构成要件

1. 本罪侵犯的客体是国家的兵役制度。

2. 本罪客观方面表现为逃离部队,情节严重的行为。

3. 犯罪主体是军职人员。

4. 本罪主观方面是故意,并且具有脱离部队,逃避继续服兵役的目的。由于过失或者不可抗拒的原因,例如因为受伤而没有跟上部队的不构成犯罪。

三、要点辨析

1. 本罪即所谓“逃兵罪”。不论战时平时,只要是军职人员违反兵役法规,逃离部队,即构成犯罪。第 2 款对战时的要求,是作为加重情节规定。

2. 本罪与战时临阵脱逃罪的主要区别是:(1)时机不同。在犯罪的时间、地点等方面,前者在战时、平时、战区、非战区都可以发生,后者只能发生在临战或者战时。(2)犯罪主体方面,前者是一般的军职人员,后者只限于参战或者临战的军职人员。(3)主观目的方面,前者是为了逃避服兵役,后者是为了逃避作战;

3. 本罪与擅离军事职守罪的主要区别。(1)主观方面,前者是故意犯罪,后者是过失犯罪;(2)犯罪主体方面,前者是现役军人,其行为所违反的是现役军人依法服兵役的职责要求,行为人必须是已经离开部队,在客观上,并不要求已经造成严重后果，而后者的犯罪主体限定为指挥人员和值班、值勤人员，其行为发生在担任指挥和值班、值勤任务时，所违反的是指挥和值班、值勤人员的特殊职责要求，行为人只要离开了特定的岗位，不要求必须离开部队，但必须已造成严重后果。

4. 本罪与军人叛逃罪的主要区别。前者以逃避服役为目的，并不要求逃至境外，后者以背叛祖国为目的，而且必须逃至境外。当行为人逃离部队、潜入社会后又前往境外的，对这种行为的定罪，应当加以具体分析，不可一概而论。具体来说，如果行为人逃离部队的目的最终在于叛逃境外，其逃离部队的行为，仅仅是为了叛逃境外做准备，这时，在社会的暂时羁留是整个犯罪过程中的一个必经阶段，对这样的行为，应该以军人叛逃罪论处，不再定逃离部队实行并罚。如果行为人脱离部队以后，由于客观原因，并没有被及时发觉和追究，后来行为人又实施了偷越国（边）境叛逃的行为，则对其行为则不能按照叛逃罪处罚，而应该视其情节，按照逃离部队罪和偷越国（边）境罪实行数罪并罚。

四、罪名变迁

本条是从《惩治军人违反职责罪暂行条例》（已失效）第6条的规定，吸收改为《刑法》的具体规定的。

类罪名：军人违反职责罪 ｜ 罪名：武器装备肇事罪	
量刑标准	**构成犯罪的**　处3年以下有期徒刑或者拘役；
	后果特别严重的　处3年以上7年以下有期徒刑。

法律依据

一、《刑法》条文

第四百三十六条　违反武器装备使用规定，情节严重，因而发生责任事故，致人重伤、死亡或者造成其他严重后果的，处三年以下有期徒刑或者拘役；后果特别严重的，处三年以上七年以下有期徒刑。

第四百五十一条　本章所称战时，是指国家宣布进入战争状态、部队受领作战任务或者遭敌突然袭击时。

部队执行戒严任务或者处置突发性暴力性事件时，以战时论。

二、相关司法解释/文件

《最高人民检察院、解放军总政治部军人违反职责罪案件立案标准的规定》（2013年2月26日　政检〔2013〕1号）

第十九条　武器装备肇事案（刑法第四百三十六条）

武器装备肇事罪是指违反武器装备使用规定，情节严重，因而发生责任事故，致人重伤、死亡或者造成其他严重后果的行为。

情节严重，是指故意违反武器装备使用规定，或者在使用过程中严重不负责任。

涉嫌下列情形之一的，应予立案：

（一）影响重大任务完成的；

（二）造成死亡一人以上，或者重伤二人以上，或者轻伤三人以上的；

（三）造成武器装备、军事设施、军用物资或者其他财产损毁，直接经济损失三十万元以上，或者直接经济损失、间接经济损失合计一百五十万元以上的；

（四）严重损害国家和军队声誉，造成恶劣影响的；

（五）造成其他严重后果的。

《中国人民解放军军事法院关于审理军人违反职责罪案件中几个具体问题的处理意见》（1988年10月19日　〔1988〕军法发字第34号）

各军区、海军、空军、总直属队军事法院：

《惩治军人违反职责罪暂行条例》[①](以下简称《条例》)施行以来,全军各级军事法院在审理军职人员违反职责罪的案件中,遇到了不少具体问题,需要解决。经我们调查研究,根据近年来的审判实践和各单位的意见,整理了《关于审理军人违反职责罪案件中几个具体问题的处理意见》。此件在征求了总政保卫部、解放军军事检察院的意见后,已报请最高人民法院同意,现印发各级军事法院参照执行。

附:关于审理军人违反职责罪案件中的几个具体问题的处理意见

一、关于军职人员玩弄枪支、弹药走火或者爆炸,致人重伤、死亡或者造成其他严重后果的案件,是否一概以武器装备肇事罪论处的问题军职人员在执勤、训练、作战时使用、操作武器装备,或者在管理、维修、保养武器装备的过程中,违反武器装备使用规定和操作规程,情节严重,因而发生重大责任事故,致人重伤、死亡或者造成其他严重后果的,依照《条例》第三条的规定,以武器装备肇事罪论处;凡违反枪支、弹药管理使用规定,私自携带枪支、弹药外出,因玩弄而造成走火或者爆炸,致人重伤、死亡或者使公私财产遭受重大损失的,分别依照《刑法》第一百三十五条、第一百三十三条、第一百零六条的规定,以过失重伤罪、过失杀人罪或者过失爆炸罪论处。

二、关于军职人员擅自将自己保管、使用的枪支、弹药借给他人,因而造成严重后果的,应当如何定性和适用法律问题军职人员确实不知他人借用枪支、弹药是为实施犯罪,私自将自己保管、使用的枪支、弹药借给他人,致使公共财产、国家和人民利益遭受重大损失的,以《刑法》第一百八十七条规定的玩忽职守罪论处;如果在值班、值勤等执行职务时,擅自将自己使用、保管的枪支、弹药借给他人,因而造成严重后果的,以《条例》第五条规定的玩忽职守罪论处。

如果明知他人借用枪支、弹药是为了实施犯罪,仍将枪支、弹药借给他人的,以共同犯罪论处。

三、关于监守自盗军用物资的行为应如何定罪处罚问题

军职人员利用职务上的便利,盗窃自己经手、管理的军用物资的,符合贪污罪的基本特征,依照《刑法》第一百五十五条和全国人大常委会《关于惩治贪污罪贿赂罪的补充规定》,以贪污罪论处,从重处罚。

四、关于军职人员驾驶军用装备车辆肇事的,是定交通肇事罪还是定武器装备肇事罪的问题军职人员驾驶军用装备车辆,违反武器装备使用规定和操作规程,情节严重,因而发生重大责任事故,致人重伤、死亡或者造成其他严重后果的,即使同时违反交通运输规章制度,也应当依照《条例》第三条的规定,以武器装备肇事罪论处;如果仅因违反交通运输规章制度而发生重大事故,致人重伤、死亡或者使公私财产遭受重大损失的,则依照《刑法》第一百一十三条的规定,以交通肇事罪论处。

五、关于军人在临时看管期间逃跑的,能否以脱逃罪论处问题脱逃罪是指被依法逮捕、关押的犯罪分子,从羁押,改造场所或者在押解途中逃走的行为。军队的临时看管仅是一项行政防范措施。因此,军人在此期间逃跑的,不构成脱逃罪。但在查明他确有犯罪行为后,他的逃跑行为可以作为情节在处刑时予以考虑。

要义辨析

一、概念

本罪是指军职人员违反武器装备使用规定,情节严重,因而发生责任事故,致人重伤、死亡或者造成其他严重后果的行为。

二、构成要件

1. 本罪侵犯的客体是部队武器装备管理、使用制度。

2. 本罪客观方面表现为违反武器装备使用规定,情节严重,因而发生责任事故,致人重伤、死亡或者造成其他严重后果的行为。

3. 犯罪主体是军职人员。

4. 本罪主观方面是过失,即对发生的危害后果

---

① 本文件已失效。

来说，则只能是过失的心理状态，或者是疏忽大意，或者是过于自信。

三、要点辨析

1. 本罪以行为人违反规定为定罪要件。行为人违反了武器装备使用规定，情节严重，导致后果，才构成犯罪。因而发生责任事故，致人重伤、死亡或者造成其他严重后果的，属于“导致后果”。

2. 本罪是结果犯，即肇事了才构成犯罪。行为人违反武器装备使用规定，因而发生责任事故，致人重伤、死亡或者造成其他严重后果的，构成犯罪。没有事故发生的，不构成犯罪。

3. 所谓的后果特别严重，一般是指造成较多的人重伤、死亡的；重要的武器或者技术装备毁坏不能使用的；军用物资或者公私财物遭受重大损失的；严重危害战斗任务完成的，等等。

4. 关于军职人员玩弄枪支、弹药走火或者爆炸，属于意外行为的，不一定违反武器装备使用规定。明显违反军事条例和武器装备管理使用规定的，按本罪论处。《中国人民解放军军事法院关于审理军人违反职责罪案件中几个具体问题的处理意见》中认为：军职人员在执勤、训练、作战时使用、操作武器装备，或者在管理、维修、保养武器装备的过程中，违反武器装备使用规定和操作规程，情节严重，因而发生重大责任事故，致人重伤、死亡或者造成其他严重后果的，以武器装备肇事罪论处；凡违反枪支、弹药管理使用规定，私自携带枪支、弹药外出，因玩弄而造成走火或者爆炸，致人重伤、死亡或者使公私财产遭受重大损失的，分别以过失重伤罪、过失杀人罪或者过失爆炸罪论处。上述规定仍可参照执行。

5. 关于军职人员驾驶军用装备车辆肇事的，应认定为交通肇事罪还是武器装备肇事罪的问题。中国人民解放军军事法院1988年10月19日印发《关于审理军人违反职责罪案件中几个具体问题的处理意见》第4条规定：军职人员驾驶军用装备车辆，违反武器装备使用规定和操作规程，情节严重，因而发生重大责任事故，致人重伤、死亡或者造成其他严重后果的，即使同时违反交通运输规章制度，也应以武器装备肇事罪论处；如果仅因违反交通运输规章制度而发生重大事故，致人重伤、死亡或者使公私财产遭受重大损失的，以交通肇事罪论处。

四、罪名变迁

本条是从《惩治军人违反职责罪暂行条例》（已失效）第3条的规定，吸收改为《刑法》的具体规定的。

类罪名：军人违反职责罪　罪名：擅自改变武器装备编配用途罪	
量刑标准	造成严重后果的　处3年以下有期徒刑或者拘役；
	造成特别严重后果的　处3年以上7年以下有期徒刑。

法律依据

一、《刑法》条文

第四百三十七条　违反武器装备管理规定，擅自改变武器装备的编配用途，造成严重后果的，处三年以下有期徒刑或者拘役；造成特别严重后果的，处三年以上七年以下有期徒刑。

第四百五十一条　本章所称战时，是指国家宣布进入战争状态、部队受领作战任务或者遭敌突然袭击时。

部队执行戒严任务或者处置突发性暴力性事件时，以战时论。

二、相关司法解释/文件

《最高人民检察院、解放军总政治部军人违反职责罪案件立案标准的规定》（2013年2月26日政检〔2013〕1号）

第二十条　擅自改变武器装备编配用途案（刑法第四百三十七条）

擅自改变武器装备编配用途罪是指违反武器装备管理规定,未经有权机关批准,擅自将编配的武器装备改作其他用途,造成严重后果的行为。

涉嫌下列情形之一的,应予立案:

(一)造成重大任务不能完成或者迟缓完成的;

(二)造成死亡一人以上,或者重伤三人以上,或者重伤二人、轻伤四人以上,或者重伤一人、轻伤七人以上,或者轻伤十人以上的;

(三)造成武器装备、军事设施、军用物资或者其他财产损毁,直接经济损失三十万元以上,或者直接经济损失、间接经济损失合计一百五十万元以上的;

(四)造成其他严重后果的。

要义辨析

一、概念

本罪是指军职人员违反武器装备管理规定,擅自改变武器装备的编配用处,造成严重后果的行为。

二、构成要件

1. 本罪侵犯的犯罪客体是部队的武器装备的管理和使用制度。

2. 本罪客观方面表现为行为人违反武器装备使用规定,擅自改变武器装备的编配用途,造成严重后果的行为。

3. 本罪的主体犯罪主体是现役军人。

4. 本罪主观方面是故意,即行为人对违反规定,擅自改变武器。

三、要点辨析

1. 本罪以违反武器装备管理规定作为定罪要件。违反规定擅自改变武器装备的编配用途,才构成犯罪。

2. 本罪为结果犯。擅自改变武器装备的编配用途,造成严重后果的行为,才构成犯罪。所谓造成特别严重后果的,主要是指造成重要的武器装备毁损、被盗、丢失;挪用武器装备从事非法活动;严重影响部队完成重要任务,等等。

四、罪名变迁

本罪是1997年《刑法》增设的罪名,《惩治军人违反职责罪暂行条例》(已失效)没有规定此罪名。

类罪名:军人违反职责罪	罪名:盗窃、抢夺武器装备、军用物资罪
量刑标准	构成犯罪的　处5年以下有期徒刑或者拘役;
	情节严重的　处5年以上10年以下有期徒刑;
	情节特别严重的　处10年以上有期徒刑、无期徒刑或者死刑。

法律依据

一、《刑法》条文

第四百三十八条　盗窃、抢夺武器装备或者军用物资的,处五年以下有期徒刑或者拘役;情节严重的,处五年以上十年以下有期徒刑;情节特别严重的,处十年以上有期徒刑、无期徒刑或者死刑。

盗窃、抢夺枪支、弹药、爆炸物的,依照本法第一百二十七条的规定处罚。

第一百二十七条　盗窃、抢夺枪支、弹药、爆炸物的,或者盗窃、抢夺毒害性、放射性、传染病病原体等物质,危害公共安全的,处三年以上十年以下有期徒刑;情节严重的,处十年以上有期徒刑、无期徒刑或者死刑。

抢劫枪支、弹药、爆炸物的,或者抢劫毒害性、放射性、传染病病原体等物质,危害公共安全的,或者盗窃、抢夺国家机关、军警人员、民兵的枪支、弹药、爆炸物的,处十年以上有期徒刑、无期徒刑或者死刑。

第四百五十一条　本章所称战时，是指国家宣布进入战争状态、部队受领作战任务或者遭敌突然袭击时。

部队执行戒严任务或者处置突发性暴力性事件时，以战时论。

二、相关司法解释/文件

《最高人民检察院、解放军总政治部军人违反职责罪案件立案标准的规定》（2013年2月26日政检〔2013〕1号）

第二十一条　盗窃、抢夺武器装备、军用物资案（刑法第四百三十八条）

盗窃武器装备罪是指以非法占有为目的，秘密窃取武器装备的行为。

抢夺武器装备罪是指以非法占有为目的，乘人不备，公然夺取武器装备的行为。

凡涉嫌盗窃、抢夺武器装备的，应予立案。

盗窃军用物资罪是指以非法占有为目的，秘密窃取军用物资的行为。

抢夺军用物资罪是指以非法占有为目的，乘人不备，公然夺取军用物资的行为。

凡涉嫌盗窃、抢夺军用物资价值二千元以上，或者不满规定数额，但后果严重的，应予立案。

要义辨析

一、概念

本罪是指军职人员以非法占有为目的，秘密窃取和公然夺取部队的武器装备或者军用物资的行为。

二、构成要件

1. 本罪侵犯的客体是国家对武器装备和军用物资的所有权以及军队战斗力的物质保障。

2. 本罪客观方面表现为行为人秘密窃取或者公然夺取武器装备或者军用物资的行为。

3. 犯罪主体是军职人员。

4. 本罪主观方面是故意。

三、要点辨析

1. 武器装备，是指实施和保障军事行动的武器、武器系统和军事技术器材的统称。但是，根据《刑法》第438条第2款的规定，构成本罪的武器装备中不包括枪支、弹药和爆炸物。行为人盗窃枪支、弹药、爆炸物的，应当按《刑法》第127条的规定定罪处罚。

2. 本罪是行为犯。具有盗窃、抢夺武器装备或者军用物资的行为，即构成犯罪。情节严重只是作为量刑加重要素。

3. 所谓"情节严重"，一般是指多次盗窃的；盗窃武器装备数量较大或者盗窃军用物资的价值数额巨大的；盗窃重要武器装备或者军用物资的；盗窃武器装备或者军用物资用于腐化挥霍或者造成严重后果的等。所谓"情节特别严重"，主要是指为首组织大量盗窃的；内外勾结多次或者大量盗窃的；盗窃特别重要的武器装备、军用物资因而造成特别严重后果的；严重影响部队的战斗力而给战斗造成损失的；盗窃大量武器装备或者军用物资数额特别巨大的，等等。

4. 关于监守自盗军用物资的行为应如何定罪处罚问题。1988年10月19日中国人民解放军军事法院印发《关于审理军人违反职责罪案件中几个具体问题的处理意见》第3条的规定仍可参照执行。

四、罪名变迁

本条是从《惩治军人违反职责罪暂行条例》（已失效）第11条的规定，吸收改为《刑法》的具体规定的。

类罪名：军人违反职责罪	**罪名：非法出卖、转让武器装备罪**
量刑标准	**构成犯罪的**　处3年以上10年以下有期徒刑；
	出卖、转让大量武器装备或者有其他特别严重情节的　处10年以上有期徒刑、无期徒刑或者死刑。

法律依据

一、《刑法》条文

第四百三十九条 非法出卖、转让军队武器装备的,处三年以上十年以下有期徒刑;出卖、转让大量武器装备或者有其他特别严重情节的,处十年以上有期徒刑、无期徒刑或者死刑。

二、相关司法解释/文件

《最高人民检察院、解放军总政治部军人违反职责罪案件立案标准的规定》(2013年2月26日 政检〔2013〕1号)

第二十二条 非法出卖、转让武器装备案(刑法第四百三十九条)

非法出卖、转让武器装备罪是指非法出卖、转让武器装备的行为。

出卖、转让,是指违反武器装备管理规定,未经有权机关批准,擅自用武器装备换取金钱、财物或者其他利益,或者将武器装备馈赠他人的行为。

涉嫌下列情形之一的,应予立案:

(一)非法出卖、转让枪支、手榴弹、爆炸装置的;

(二)非法出卖、转让子弹十发、雷管三十枚、导火索或者导爆索三十米、炸药一千克以上,或者不满规定数量,但后果严重的;

(三)非法出卖、转让武器装备零部件或者维修器材、设备,致使武器装备报废或者直接经济损失三十万元以上的;

(四)非法出卖、转让其他重要武器装备的。

要义辨析

一、概念

本罪是指军职人员非法出卖、转让军队武器装备的行为。

二、构成要件

1. 本罪侵犯的客体是部队的武器装备管理和使用制度。

2. 本罪客观方面表现为行为人非法出卖、转让军队武器装备的行为。

3. 犯罪主体是军职人员。主要是指合法持有武器装备的军职人员。

4. 本罪主观方面是直接故意。

三、要点辨析

1. 本罪是行为犯。只要具有非法出卖、转让军队武器装备的行为即构成犯罪。情节是否严重,后果有无造成,不影响定罪。

2. 所谓"其他特别严重情节",主要是指出卖、转让的武器装备被用来进行犯罪活动的;致使武器装备流散社会危害公共安全的;出卖、转让给境外的机构、组织、人员的,等等。

3. 关于本罪的未遂和既遂。实施本罪行为,非法出卖、转让武器装备,换取金钱、财物或者其他利益,或者将武器装备馈赠他人,以武器装备已经交付给买受人和受让人,作为犯罪既遂。已经开始实施行为,因为意志外的原因或者被及时发现,装备尚未交付尚未获得金钱的,不影响犯罪成立,但按照未遂处罚。

四、罪名变迁

本罪是1997年《刑法》增设的罪名,《惩治军人违反职责罪暂行条例》(已失效)没有规定此罪名。

类罪名:军人违反职责罪	罪名:遗弃武器装备罪
量刑标准	**构成犯罪的** 处5年以下有期徒刑或者拘役;
	遗弃重要或者大量武器装备的,或者有其他严重情节的 处5年以上有期徒刑。

法律依据

一、《刑法》条文

第四百四十条　违抗命令，遗弃武器装备的，处五年以下有期徒刑或者拘役；遗弃重要或者大量武器装备的，或者有其他严重情节的，处五年以上有期徒刑。

二、相关司法解释/文件

《最高人民检察院、解放军总政治部军人违反职责罪案件立案标准的规定》(2013 年 2 月 26 日政检〔2013〕1 号)

第二十三条　遗弃武器装备案（刑法第四百四十条）

遗弃武器装备罪是指负有保管、使用武器装备义务的军人，违抗命令，故意遗弃武器装备的行为。

涉嫌下列情形之一的，应予立案：

（一）遗弃枪支、手榴弹、爆炸装置的；

（二）遗弃子弹十发、雷管三十枚、导火索或者导爆索三十米、炸药一千克以上，或者不满规定数量，但后果严重的；

（三）遗弃武器装备零部件或者维修器材、设备，致使武器装备报废或者直接经济损失三十万元以上的；

（四）遗弃其他重要武器装备的。

要义辨析

一、概念

本罪是指违抗命令，遗弃武器装备的行为。

二、构成要件

1. 本罪侵犯的客体是部队的武器装备的管理秩序。

2. 犯罪客观方面表现为违抗命令，遗弃武器装备的行为。

3. 犯罪主体是武器装备的使用者、保管者、指挥者。

4. 犯罪主观方面是故意，犯罪的动机可以是多种多样，不管动机如何，都不影响本罪的成立。

三、要点辨析

1. 本罪构成以违抗命令为前提。客观上表现为违抗命令，故意遗弃行为。遗弃，可以是作为，也可以是不作为。出于作战需要和上级命令，或者将无法正常使用的武器装备遗弃，不构成本罪。

2. 本罪是行为犯。凡涉嫌违抗命令，故意遗弃武器装备的，即构成本罪，应予立案追究。有其他严重情节，作为加重处罚的要素。

四、罪名变迁

本罪是 1997 年《刑法》增设的罪名，《惩治军人违反职责罪暂行条例》（已失效）没有规定此罪名。

类罪名：军人违反职责罪　罪名：遗失武器装备罪	
量刑标准	犯本罪的　处 3 年以下有期徒刑或者拘役。

法律依据

一、《刑法》条文

第四百四十一条　遗失武器装备，不及时报告或者有其他严重情节的，处三年以下有期徒刑或者拘役。

二、相关司法解释/文件

《最高人民检察院、解放军总政治部军人违反职责罪案件立案标准的规定》(2013 年 2 月 26 日政检〔2013〕1 号)

第二十四条　遗失武器装备案（刑法第四百

四十一条)

遗失武器装备罪是指遗失武器装备,不及时报告或者有其他严重情节的行为。

其他严重情节,是指遗失武器装备严重影响重大任务完成的;给人民群众生命财产安全造成严重危害的;遗失的武器装备被敌人或者境外的机构、组织和人员或者国内恐怖组织和人员利用,造成严重后果或者恶劣影响的;遗失的武器装备数量多、价值高的;战时遗失的,等等。

凡涉嫌遗失武器装备不及时报告或者有其他严重情节的,应予立案。

要义辨析

一、概念

本罪是指军职人员因疏忽大意,漫不经心,严重不负责任而导致武器装备丢失,不及时报告,或者有其他情节严重的行为。

二、构成要件

1. 本罪侵犯的犯罪客体是复杂客体。既有军队武器装备管理制度,也有社会公共安全。

2. 本罪客观方面表现为行为人遗失武器装备,不及时报告或者有其他情节严重的行为。

3. 本罪的犯罪主体是军职人员。

4. 本罪主观方面是过失,如果是故意则不构成本罪。

三、要点辨析

1. 本罪是过失犯罪。对知道遗失后应当报告而不报告,则存在故意。如果一直不知道遗失,则不构成本罪要件。

2. 本罪应追究的是行为人本人的责任,"不及时报告"仅限于遗失人没有及时向主管领导报告。

3. 本罪与第二章危害公共安全罪中的丢失枪支不报罪存在法条竞合。二者区别在于本罪限于军职人员犯罪,违反的是军事管理制度和国家军事安全。如果军人丢失枪支不报,应按特别法原则,优先适用本罪。

四、罪名变迁

本罪是1997年《刑法》增设的罪名,《惩治军人违反职责罪暂行条例》(已失效)没有规定此罪名。

类罪名:军人违反职责罪	**罪名:擅自出卖、转让军队房地产罪**
量刑标准	**情节严重的**　对直接责任人员处3年以下有期徒刑或者拘役;
	情节特别严重的　处3年以上10年以下有期徒刑。

法律依据

一、《刑法》条文

第四百四十二条　违反规定,擅自出卖、转让军队房地产,情节严重的,对直接责任人员,处三年以下有期徒刑或者拘役;情节特别严重的,处三年以上十年以下有期徒刑。

二、相关司法解释/文件

《最高人民检察院、解放军总政治部军人违反职责罪案件立案标准的规定》(2013年2月26日政检〔2013〕1号)

第二十五条　擅自出卖、转让军队房地产案(刑法第四百四十二条)

擅自出卖、转让军队房地产罪是指违反军队房地产管理和使用规定,未经有权机关批准,擅自出卖、转让军队房地产,情节严重的行为。

军队房地产,是指依法由军队使用管理的土地及其地上地下用于营房保障的建筑物、构筑物、附属设施设备,以及其他附着物。

涉嫌下列情形之一的,应予立案:

(一)擅自出卖、转让军队房地产价值三十万元以上的;

（二）擅自出卖、转让军队房地产给境外的机构、组织、人员的；

（三）擅自出卖、转让军队房地产严重影响部队正常战备、训练、工作、生活和完成军事任务的；

（四）擅自出卖、转让军队房地产给军事设施安全造成严重危害的；

（五）有其他情节严重行为的。

要义辨析

一、概念

本罪是指军队的有关责任人员，利用职务便利，违反国家和军队有关规定，擅自将军队房地产有偿出售或者无偿转让给他人，情节严重的行为。

二、构成要件

1. 本罪侵犯的客体是军队房地产的管理秩序。

2. 本罪客观方面表现为行为人利用职务便利或者滥用职权，擅自出卖或者转让军队房地产，并且情节严重的行为。

3. 犯罪主体是军队的有关领导和有关直接责任人员。

4. 本罪主观方面是直接故意。

三、要点辨析

1. 本罪是为了保障国家军事部门的财产不流失，而专门规定的罪名。

2. 本罪是行为犯。违反规定，擅自出卖、转让军队房地产，只有情节严重才会构成本罪，对于情节不严重的，按照违反军纪处理。

3. 本罪处罚的是自然人。对直接责任人员处刑。以单位名义擅自出卖、转让军队房地产，也按照本条的规定直接追究主要责任人的刑事责任。

四、罪名变迁

本罪是1997年《刑法》增设的罪名，《惩治军人违反职责罪暂行条例》（已失效）没有规定此罪名。

类罪名：军人违反职责罪	罪名：虐待部属罪
量刑标准	情节恶劣、致人重伤或者造成其他严重后果的　处5年以下有期徒刑或者拘役；
	致人死亡的　处5年以上有期徒刑。

法律依据

一、《刑法》条文

第四百四十三条　滥用职权，虐待部属，情节恶劣，致人重伤或者造成其他严重后果的，处五年以下有期徒刑或者拘役；致人死亡的，处五年以上有期徒刑。

二、相关司法解释/文件

《最高人民检察院、解放军总政治部军人违反职责罪案件立案标准的规定》（2013年2月26日政检〔2013〕1号）

第二十六条　虐待部属案（刑法第四百四十三条）

虐待部属罪是指滥用职权，虐待部属，情节恶劣，致人重伤、死亡或者造成其他严重后果的行为。

虐待部属，是指采取殴打、体罚、冻饿或者其他有损身心健康的手段，折磨、摧残部属的行为。

情节恶劣，是指虐待手段残酷的；虐待三人以上的；虐待部属三次以上的；虐待伤病残部属的，等等。

其他严重后果，是指部属不堪忍受虐待而自杀、自残造成重伤或者精神失常的；诱发其他案件、事故的；导致部属一人逃离部队三次以上，或者二人以上逃离部队的；造成恶劣影响的，等等。

凡涉嫌虐待部属，情节恶劣，致人重伤、死亡或者造成其他严重后果的，应予立案。

要义辨析

一、概念

本罪是指担任军队领导职务的人员滥用职权,虐待、残害部属,情节恶劣,因而发生致人重伤、死亡或者其他严重后果的行为。

二、构成要件

1. 本罪侵犯的客体是我军官兵一致的上下级关系和部属的人身权利。

2. 本罪客观方面表现为滥用职权,虐待部属,而且情节恶劣,致人重伤、死亡以及造成其他严重后果的行为。

3. 本罪主体只能是部属的上级领导,即部属的直接首长。

4. 犯罪主观方面是故意。

三、要点辨析

1. 本罪是结果犯。滥用职权,虐待部属,情节恶劣,致人重伤或者造成其他严重后果的,才构成犯罪。

2. 实施虐待部属的行为时,有殴打他人致人伤亡结果的,如果行为人所实施的虐待行为,存在无节制的殴打行为,甚至使用足以致人伤亡的器具时,则按照故意伤害罪处罚,不实行数罪并罚。

四、罪名变迁

本条是从《惩治军人违反职责罪暂行条例》(已失效)第9条,吸收改为《刑法》的具体规定的。

类罪名:军人违反职责罪 | 罪名:遗弃伤病军人罪	
量刑标准	情节恶劣的　对直接责任人员处5年以下有期徒刑。

法律依据

一、《刑法》条文

第四百四十四条　在战场上故意遗弃伤病军人,情节恶劣的,对直接责任人员,处五年以下有期徒刑。

二、相关司法解释/文件

《最高人民检察院、解放军总政治部军人违反职责罪案件立案标准的规定》(2013年2月26日政检〔2013〕1号)

第二十七条　遗弃伤病军人案(刑法第四百四十四条)

遗弃伤病军人罪是指在战场上故意遗弃我方伤病军人,情节恶劣的行为。

涉嫌下列情形之一的,应予立案:

(一)为挟嫌报复而遗弃伤病军人的;

(二)遗弃伤病军人三人以上的;

(三)导致伤病军人死亡、失踪、被俘的;

(四)有其他恶劣情节的。

要义辨析

一、概念

本罪是指在战场上负有救护职责的军职人员,故意遗弃伤病军人,情节恶劣的行为。

二、构成要件

1. 本罪侵犯的客体是军职人员的战场职责和军队的战斗秩序。

2. 本罪客观方面是具有在战场上遗弃伤病军人情节恶劣的行为。

3. 犯罪主体是对被遗弃的伤病军人负有救护责任的人员或者指挥人员。

4. 本罪主观方面是故意。

三、要点辨析

1. 遗弃伤病军人罪，是指在战场上故意遗弃己方伤病军人的行为。确定本罪要查明犯罪嫌疑人有没有法定的救护责任和救护条件。负有救护责任的一般是其同个阵地的战友和指挥人员。此外，有没有救护条件也要实事求是审查。

2. 战场上遗弃的情由比较复杂，需要具体分析。有的是战场转移态势不允许、没有能力带走所有受伤和患病人员，不得不放弃的，不能都认为是故意遗弃行为。所以战后调查确认非常重要，要查明是什么样的情况、什么原因遗弃。

3. 在战场上故意遗弃伤病军人，情节恶劣的才构成犯罪。对于情节不恶劣的，则按照违反军纪处理。情节恶劣的标准相关司法解释已经规定。

四、罪名变迁

本条是从《惩治军人违反职责罪暂行条例》（已失效）第11条的规定，吸收改为《刑法》的具体规定的。

类罪名：军人违反职责罪	**罪名：战时拒不救治伤病军人罪**
量刑标准	**构成犯罪的**　处5年以下有期徒刑或者拘役；
	造成伤病军人重残、死亡或者有其他严重情节的　处5年以上10年以下有期徒刑。

法律依据

一、《刑法》条文

第四百四十五条　战时在救护治疗职位上，有条件救治而拒不救治危重伤病军人的，处五年以下有期徒刑或者拘役；造成伤病军人重残、死亡或者有其他严重情节的，处五年以上十年以下有期徒刑。

第四百五十一条　本章所称战时，是指国家宣布进入战争状态、部队受领作战任务或者遭敌突然袭击时。部队执行戒严任务或者处置突发性暴力事件时，以战时论。

二、相关司法解释/文件

《最高人民检察院、解放军总政治部军人违反职责罪案件立案标准的规定》（2013年2月26日政检〔2013〕1号）

第二十八条　战时拒不救治伤病军人案（刑法第四百四十五条）

战时拒不救治伤病军人罪是指战时在救护治疗职位上，有条件救治而拒不救治危重伤病军人的行为。

有条件救治而拒不救治，是指根据伤病军人的伤情或者病情，结合救护人员的技术水平、医疗单位的医疗条件及当时的客观环境等因素，能够给予救治而拒绝抢救、治疗。

凡战时涉嫌拒不救治伤病军人的，应予立案。

要义辨析

一、概念

本罪是指战时在救护治疗岗位上，有条件救治而拒不救治危重伤病军人的行为。

二、构成要件

1. 本罪侵犯的客体是战时救护秩序。

2. 本罪客观方面表现为战时在救护治疗岗位上，有条件救治而拒不救治危重伤病军人的行为。

3. 犯罪主体是军职人员中具有救护、治疗职责的军职人员，例如军医、护理人员等。普通参战士兵和军官不能构成本罪。

4. 本罪主观方面是故意，即明知他人属于危重伤病军人，并且有条件救治而拒绝救治。

三、要点辨析

1. 本罪构成犯罪的时间是特定的，即在战时不救治。

2. 本罪的犯罪主体是特定的。即战时在救护治疗职位上的军人,一般是战地军医和护士,战地医院的负责人。

3. 本罪的构罪情由是特定的。即当时有条件可以救治而拒不救治。

4. 本罪的侵害对象是特定的。即战场上的危重伤病军人。一般伤员没有及时救治,不构成本罪。

5. 本罪与遗弃伤病军人罪的界限。遗弃是抛弃不管,本罪是放弃不医。本罪是指伤病军人在有条件救治的情况下得不到救治,不存在将伤病军人遗弃脱离军队的事实。而遗弃伤病军人罪,是指将伤病军人遗弃,不仅使其得不到救治,而且使其脱离军队。

四、罪名变迁

本罪是1997年《刑法》增设的罪名,《惩治军人违反职责罪暂行条例》(已失效)没有规定此罪名。

类罪名:军人违反职责罪	罪名:战时残害居民、掠夺居民财物罪
量刑标准	**构成犯罪的** 处5年以下有期徒刑;
	情节严重的 处5年以上10年以下有期徒刑;
	情节特别严重的 处10年以上有期徒刑、无期徒刑或者死刑。

法律依据

一、《刑法》条文

第四百四十六条 战时在军事行动地区,残害无辜居民或者掠夺无辜居民财物的,处五年以下有期徒刑;情节严重的,处五年以上十年以下有期徒刑;情节特别严重的,处十年以上有期徒刑、无期徒刑或者死刑。

第四百五十一条 本章所称战时,是指国家宣布进入战争状态、部队受领作战任务或者遭敌突然袭击时。

部队执行戒严任务或者处置突发性暴力事件时,以战时论。

二、相关司法解释/文件

《最高人民检察院、解放军总政治部军人违反职责罪案件立案标准的规定》(2013年2月26日政检〔2013〕1号)

第二十九条 战时残害居民、掠夺居民财物案(刑法第四百四十六条)

战时残害居民罪是指战时在军事行动地区残害无辜居民的行为。

无辜居民,是指对我军无敌对行动的平民。

战时涉嫌下列情形之一的,应予立案:

(一)故意造成无辜居民死亡、重伤或者轻伤三人以上的;

(二)强奸无辜居民的;

(三)故意损毁无辜居民财物价值五千元以上,或者不满规定数额,但手段恶劣、后果严重的。

战时掠夺居民财物罪是指战时在军事行动地区抢劫、抢夺无辜居民财物的行为。

战时涉嫌下列情形之一的,应予立案:

(一)抢劫无辜居民财物的;

(二)抢夺无辜居民财物价值二千元以上,或者不满规定数额,但手段恶劣、后果严重的。

要义辨析

一、概念

本罪是指军职人员在战时的军事行动地区,对无辜居民实行伤害、烧杀、奸淫等残害方法,或者采用暴力、威胁等手段,抢夺、抢劫无辜居民财产的行为。

二、构成要件

1. 本罪侵犯的客体是复杂客体,既侵犯了我军作战利益,又侵犯了战区无辜居民的人身权利和财产权利。

2. 本罪客观方面表现为在战时情况下,军职人员在军事行动地区实施了残害无辜居民或者掠夺无辜居民财物的行为。在战场上掠夺阵亡烈士、伤员和敌人的财物的,不构成本罪。

3. 犯罪主体是军职人员。战时参战的预备役军人、民兵、民工,能够成为本罪的主体。

4. 本罪主观方面是故意。

三、要点辨析

1. 本罪是选择性罪名。只要行为人实施了残害无辜居民或者掠夺无辜居民财物其中一种行为,就构成犯罪。同时实施几种行为的,仍构成一罪名,不进行数罪并罚。

2. 本罪的犯罪构成时间是特定的,即战时。

3. 本罪的犯罪地域是特定的。即在战时的军事行动地区。

4. 本罪的犯罪对象是特定的。即残害无辜居民或者掠夺无辜居民财物,是军事区的无辜的非军事人员。不包括有敌对行为的帮助敌军的居民。

5. 本罪是行为犯。只要对无辜居民实施了残害、掠夺行为,即构成犯罪。情节严重只作为加重处刑要素。

6. 本罪是集合犯罪,因而与《刑法》的有关规定存在法条竞合关系。残害和掠夺,是指对无辜居民实行伤害、烧杀、奸淫等残害,或者采用暴力、威胁等手段,抢夺、抢劫无辜居民财产。这些行为刑法上都有对应的罪名惩处。但这些罪的行为主体都是战场上的军人。在特地时间、地点实施的,应优先适用军职罪本条的规定,不再适用刑法对其他有关犯罪的规定。

四、罪名变迁

本条是从《惩治军人违反职责罪条例》(已失效)第20条,吸收改为《刑法》的具体规定的。

类罪名:军人违反职责罪	罪名:私放俘虏罪
量刑标准	构成本罪的 处5年以下有期徒刑;
	私放重要俘虏、私放俘虏多人或者有其他严重情节的 处5年以上有期徒刑。

法律依据

一、《刑法》条文

第四百四十七条 私放俘虏的,处五年以下有期徒刑;私放重要俘虏、私放俘虏多人或者有其他严重情节的,处五年以上有期徒刑。

二、相关司法解释/文件

《最高人民检察院、解放军总政治部军人违反职责罪案件立案标准的规定》(2013年2月26日政检〔2013〕1号)

第三十条 私放俘虏案(刑法第四百四十七条)

私放俘虏罪是指擅自将俘虏放走的行为。凡涉嫌私放俘虏的,应予立案。

要义辨析

一、概念

本罪是指负有监管俘虏职责的军职人员或者其他有关的军职人员,非法私自将俘虏放走的行为。

二、构成要件

1. 本罪侵犯的客体是军队监管俘虏的制度。

2. 本罪客观方面表现为非法私自放走俘虏的行为。

3. 犯罪主体是负有监管俘虏职责的军职人员或者其他有关的军职人员。

4. 本罪主观方面是故意。

三、要点辨析

1. 私放,是指擅自释放。本罪是行为犯。只要私放俘虏的,即构成犯罪。放的人重要,放的人多,只是作为加重处罚要素。

2. "重要俘虏",一般是指敌方重要军官、机要人员、为侦察而专捕的人员、了解我方重要情况和机密的人员。放走这些人员的,要加重处刑。

四、罪名变迁

本罪是1997年《刑法》增设的罪名,《惩治军人违反职责罪暂行条例》(已失效)没有规定此罪名。

类罪名:军人违反职责罪 | **罪名:虐待俘虏罪**	
量刑标准	**情节恶劣的** 处3年以下有期徒刑。

法律依据

一、《刑法》条文

第四百四十八条 虐待俘虏,情节恶劣的,处三年以下有期徒刑。

二、相关司法解释/文件

《最高人民检察院、解放军总政治部军人违反职责罪案件立案标准的规定》(2013年2月26日 政检〔2013〕1号)

第三十一条 虐待俘虏案(刑法第四百四十八条)

虐待俘虏罪是指虐待俘虏,情节恶劣的行为。

涉嫌下列情形之一的,应予立案:

(一)指挥人员虐待俘虏的;

(二)虐待俘虏三人以上,或者虐待俘虏三次以上的;

(三)虐待俘虏手段特别残忍的;

(四)虐待伤病俘虏的;

(五)导致俘虏自杀、逃跑等严重后果的;

(六)造成恶劣影响的;

(七)有其他恶劣情节的。

要义辨析

一、概念

本罪是指对我军捕获不再进行反抗的敌方人员,实施虐待,情节恶劣的行为。

二、构成要件

1. 本罪侵犯的客体是部队的作战利益和被俘人员的人身权利。

2. 本罪客观方面表现为对俘虏实施精神折磨、肉体摧残和生活上不人道,虐待情节恶劣的行为。

3. 犯罪主体是我军管理战俘的人员。

4. 本罪主观方面是故意

三、要点辨析

1. 战俘,是指在战争各方中,敌对方被另外一方活捉,但并未处死的关押人员。或者用以作为战争交换条件的人。是战争或武装冲突中被交战对方俘获的法定的交战人员。国际社会对战俘的法律地位作出明确详细规定的国际公约有:1929年的《关于战俘待遇的公约》,1949年《关于战俘待遇的日内瓦公约》,1977年《关于1949年日内瓦公约附加议定书》。日内瓦公约中规定合法交战人员包括参战的军人,志愿部队人员,游击队员,民兵,及其他因战争原因而遭受拘留的人员。日内瓦第三公约规定,各国不得处死或虐待战俘;通常只有战场上才会出现战俘一词,在后方抓到的被称为间谍或特务,依其他法律进行处刑。

2. 本罪是行为犯。虐待俘虏，情节恶劣的，即构成犯罪。

3. 罪与非罪的界限。虐待俘虏的行为，大多数出于对敌人的仇恨心理，这种行为主要需要靠引导与教育，一般按违反军纪的按照军纪处理。只有情节恶劣的，才依刑罚处理。

4. 对于杀害俘虏的，本罪没有规定。日内瓦公约有不得杀害战俘的协定。1948 年 11 月 1 日，中国人民解放军总部以总司令朱德、副总司令彭德怀名义发布《惩处战争罪犯命令》中，宣布凡国民党军官及国民党党部、政府各级官吏命令其部属进行“杀害俘虏者”这种罪恶行为的，则皆以战犯论罪。在我国现行法律中，司法解释有虐待俘虏致俘虏自杀的，按本罪处罚的规定。杀害战俘的，应按虐待俘虏的最严重情节定罪。

四、罪名变迁

本条是从《惩治军人违反职责罪暂行条例》（已失效）第 21 条的规定，吸收改为《刑法》的具体规定的。

附录

中华人民共和国刑法

（1979年7月1日第五届全国人民代表大会第二次会议通过　1997年3月14日第八届全国人民代表大会第五次会议修订　根据1998年12月29日第九届全国人民代表大会常务委员会第六次会议通过的《关于惩治骗购外汇、逃汇和非法买卖外汇犯罪的决定》、1999年12月25日第九届全国人民代表大会常务委员会第十三次会议通过的《中华人民共和国刑法修正案》、2001年8月31日第九届全国人民代表大会常务委员会第二十三次会议通过的《中华人民共和国刑法修正案（二）》、2001年12月29日第九届全国人民代表大会常务委员会第二十五次会议通过的《中华人民共和国刑法修正案（三）》、2002年12月28日第九届全国人民代表大会常务委员会第三十一次会议通过的《中华人民共和国刑法修正案（四）》、2005年2月28日第十届全国人民代表大会常务委员会第十四次会议通过的《中华人民共和国刑法修正案（五）》、2006年6月29日第十届全国人民代表大会常务委员会第二十二次会议通过的《中华人民共和国刑法修正案（六）》、2009年2月28日第十一届全国人民代表大会常务委员会第七次会议通过的《中华人民共和国刑法修正案（七）》、2009年8月27日第十一届全国人民代表大会常务委员会第十次会议通过的《关于修改部分法律的决定》、2011年2月25日第十一届全国人民代表大会常务委员会第十九次会议通过的《中华人民共和国刑法修正案（八）》、2015年8月29日第十二届全国人民代表大会常务委员会第十六次会议通过的《中华人民共和国刑法修正案（九）》、2017年11月4日第十二届全国人民代表大会常务委员会第三十次会议通过的《中华人民共和国刑法修正案（十）》、2020年12月26日第十三届全国人民代表大会常务委员会第二十四次会议通过的《中华人民共和国刑法修正案（十一）》和2023年12月29日第十四届全国人民代表大会常务委员会第七次会议通过的《中华人民共和国刑法修正案（十二）》修正①）

目　　录

---

① 刑法、历次刑法修正案、涉及修改刑法的决定的施行日期，分别依据各法律所规定的施行日期确定。

第一编 总 则

第一章 刑法的任务、基本原则和适用范围

第一条 【立法目的和根据】为了惩罚犯罪,保护人民,根据宪法,结合我国同犯罪作斗争的具体经验及实际情况,制定本法。

第二条 【任务】中华人民共和国刑法的任务,是用刑罚同一切犯罪行为作斗争,以保卫国家安全,保卫人民民主专政的政权和社会主义制度,保护国有财产和劳动群众集体所有的财产,保护公民私人所有的财产,保护公民的人身权利、民主权利和其他权利,维护社会秩序、经济秩序,保障社会主义建设事业的顺利进行。

第三条 【罪刑法定原则】法律明文规定为犯罪行为的,依照法律定罪处刑;法律没有明文规定为犯罪行为的,不得定罪处刑。

第四条 【法律面前人人平等原则】对任何人犯罪,在适用法律上一律平等。不允许任何人有超越法律的特权。

第五条 【罪责刑相适应原则】刑罚的轻重,应当与犯罪分子所犯罪行和承担的刑事责任相适应。

第六条 【属地管辖权】凡在中华人民共和国领域内犯罪的,除法律有特别规定的以外,都适用本法。

凡在中华人民共和国船舶或者航空器内犯罪的,也适用本法。

犯罪的行为或者结果有一项发生在中华人民共和国领域内的,就认为是在中华人民共和国领域内犯罪。

第七条 【属人管辖权】中华人民共和国公民在中华人民共和国领域外犯本法规定之罪的,适用本法,但是按本法规定的最高刑为三年以下有期徒刑的,可以不予追究。

中华人民共和国国家工作人员和军人在中华人民共和国领域外犯本法规定之罪的,适用本法。

第八条 【保护管辖权】外国人在中华人民共和国领域外对中华人民共和国国家或者公民犯罪,而按本法规定的最低刑为三年以上有期徒刑的,可以适用本法,但是按照犯罪地的法律不受处罚的除外。

第九条 【普遍管辖权】对于中华人民共和国缔结或者参加的国际条约所规定的罪行,中华人民共和国在所承担条约义务的范围内行使刑事管辖权的,适用本法。

第十条 【域外刑事判决的消极承认】凡在中华人民共和国领域外犯罪,依照本法应当负刑事责任的,虽然经过外国审判,仍然可以依照本法追究,但是在外国已经受过刑罚处罚的,可以免除或者减轻处罚。

第十一条 【外交代表的刑事豁免】享有外交特权和豁免权的外国人的刑事责任,通过外交途径解决。

第十二条 【溯及力】中华人民共和国成立以后本法施行以前的行为,如果当时的法律不认为是犯罪的,适用当时的法律;如果当时的法律认为是犯罪的,依照本法总则第四章第八节的规定应当追诉的,按照当时的法律追究刑事责任,但是如果本法不认为是犯罪或者处刑较轻的,适用本法。

本法施行以前,依照当时的法律已经作出的生效判决,继续有效。

第二章 犯 罪

第一节 犯罪和刑事责任

第十三条 【犯罪概念】一切危害国家主权、领土完整和安全,分裂国家、颠覆人民民主专政的政权

和推翻社会主义制度，破坏社会秩序和经济秩序，侵犯国有财产或者劳动群众集体所有的财产，侵犯公民私人所有的财产，侵犯公民的人身权利、民主权利和其他权利，以及其他危害社会的行为，依照法律应当受刑罚处罚的，都是犯罪，但是情节显著轻微危害不大的，不认为是犯罪。

第十四条　【故意犯罪】明知自己的行为会发生危害社会的结果，并且希望或者放任这种结果发生，因而构成犯罪的，是故意犯罪。

故意犯罪，应当负刑事责任。

第十五条　【过失犯罪】应当预见自己的行为可能发生危害社会的结果，因为疏忽大意而没有预见，或者已经预见而轻信能够避免，以致发生这种结果的，是过失犯罪。

过失犯罪，法律有规定的才负刑事责任。

第十六条　【不可抗力和意外事件】行为在客观上虽然造成了损害结果，但是不是出于故意或者过失，而是由于不能抗拒或者不能预见的原因所引起的，不是犯罪。

第十七条　【刑事责任年龄】已满十六周岁的人犯罪，应当负刑事责任。

已满十四周岁不满十六周岁的人，犯故意杀人、故意伤害致人重伤或者死亡、强奸、抢劫、贩卖毒品、放火、爆炸、投放危险物质罪的，应当负刑事责任。

已满十二周岁不满十四周岁的人，犯故意杀人、故意伤害罪，致人死亡或者以特别残忍手段致人重伤造成严重残疾，情节恶劣，经最高人民检察院核准追诉的，应当负刑事责任。

对依照前三款规定追究刑事责任的不满十八周岁的人，应当从轻或者减轻处罚。

因不满十六周岁不予刑事处罚的，责令其父母或者其他监护人加以管教；在必要的时候，依法进行专门矫治教育。

第十七条之一　【已满七十五周岁的人犯罪的刑事责任】已满七十五周岁的人故意犯罪的，可以从轻或者减轻处罚；过失犯罪的，应当从轻或者减轻处罚。

第十八条　【精神病人与醉酒的人的刑事责任能力】精神病人在不能辨认或者不能控制自己行为的时候造成危害结果，经法定程序鉴定确认的，不负刑事责任，但是应当责令他的家属或者监护人严加看管和医疗；在必要的时候，由政府强制医疗。

间歇性的精神病人在精神正常的时候犯罪，应当负刑事责任。

尚未完全丧失辨认或者控制自己行为能力的精神病人犯罪的，应当负刑事责任，但是可以从轻或者减轻处罚。

醉酒的人犯罪，应当负刑事责任。

第十九条　【又聋又哑的人或盲人犯罪的刑事责任】又聋又哑的人或者盲人犯罪，可以从轻、减轻或者免除处罚。

第二十条　【正当防卫】为了使国家、公共利益、本人或者他人的人身、财产和其他权利免受正在进行的不法侵害，而采取的制止不法侵害的行为，对不法侵害人造成损害的，属于正当防卫，不负刑事责任。

正当防卫明显超过必要限度造成重大损害的，应当负刑事责任，但是应当减轻或者免除处罚。

对正在进行行凶、杀人、抢劫、强奸、绑架以及其他严重危及人身安全的暴力犯罪，采取防卫行为，造成不法侵害人伤亡的，不属于防卫过当，不负刑事责任。

第二十一条　【紧急避险】为了使国家、公共利益、本人或者他人的人身、财产和其他权利免受正在发生的危险，不得已采取的紧急避险行为，造成损害的，不负刑事责任。

紧急避险超过必要限度造成不应有的损害的，应当负刑事责任，但是应当减轻或者免除处罚。

第一款中关于避免本人危险的规定，不适用于职务上、业务上负有特定责任的人。

第二节　犯罪的预备、未遂和中止

第二十二条　【犯罪预备】为了犯罪,准备工具、制造条件的,是犯罪预备。

对于预备犯,可以比照既遂犯从轻、减轻处罚或者免除处罚。

第二十三条　【犯罪未遂】已经着手实行犯罪,由于犯罪分子意志以外的原因而未得逞的,是犯罪未遂。

对于未遂犯,可以比照既遂犯从轻或者减轻处罚。

第二十四条　【犯罪中止】在犯罪过程中,自动放弃犯罪或者自动有效地防止犯罪结果发生的,是犯罪中止。

对于中止犯,没有造成损害的,应当免除处罚;造成损害的,应当减轻处罚。

第三节　共同犯罪

第二十五条　【共同犯罪概念】共同犯罪是指二人以上共同故意犯罪。

二人以上共同过失犯罪,不以共同犯罪论处;应当负刑事责任的,按照他们所犯的罪分别处罚。

第二十六条　【主犯】组织、领导犯罪集团进行犯罪活动的或者在共同犯罪中起主要作用的,是主犯。

三人以上为共同实施犯罪而组成的较为固定的犯罪组织,是犯罪集团。

对组织、领导犯罪集团的首要分子,按照集团所犯的全部罪行处罚。

对于第三款规定以外的主犯,应当按照其所参与的或者组织、指挥的全部犯罪处罚。

第二十七条　【从犯】在共同犯罪中起次要或者辅助作用的,是从犯。

对于从犯,应当从轻、减轻处罚或者免除处罚。

第二十八条　【胁从犯】对于被胁迫参加犯罪的,应当按照他的犯罪情节减轻处罚或者免除处罚。

第二十九条　【教唆犯】教唆他人犯罪的,应当按照他在共同犯罪中所起的作用处罚。教唆不满十八周岁的人犯罪的,应当从重处罚。

如果被教唆的人没有犯被教唆的罪,对于教唆犯,可以从轻或者减轻处罚。

第四节　单位犯罪

第三十条　【单位负刑事责任的范围】公司、企业、事业单位、机关、团体实施的危害社会的行为,法律规定为单位犯罪的,应当负刑事责任。

第三十一条　【单位犯罪的处罚原则】单位犯罪的,对单位判处罚金,并对其直接负责的主管人员和其他直接责任人员判处刑罚。本法分则和其他法律另有规定的,依照规定。

第三章　刑　　罚

第一节　刑罚的种类

第三十二条　【刑罚的分类】刑罚分为主刑和附加刑。

第三十三条　【主刑种类】主刑的种类如下:

(一)管制;

(二)拘役;

(三)有期徒刑;

(四)无期徒刑;

(五)死刑。

第三十四条　【附加刑种类】附加刑的种类如下：

（一）罚金；

（二）剥夺政治权利；

（三）没收财产。

附加刑也可以独立适用。

第三十五条　【驱逐出境】对于犯罪的外国人，可以独立适用或者附加适用驱逐出境。

第三十六条　【民事赔偿责任】由于犯罪行为而使被害人遭受经济损失的，对犯罪分子除依法给予刑事处罚外，并应根据情况判处赔偿经济损失。

承担民事赔偿责任的犯罪分子，同时被判处罚金，其财产不足以全部支付的，或者被判处没收财产的，应当先承担对被害人的民事赔偿责任。

第三十七条　【非刑罚性处置措施】对于犯罪情节轻微不需要判处刑罚的，可以免予刑事处罚，但是可以根据案件的不同情况，予以训诫或者责令具结悔过、赔礼道歉、赔偿损失，或者由主管部门予以行政处罚或者行政处分。

第三十七条之一　【禁业规定】因利用职业便利实施犯罪，或者实施违背职业要求的特定义务的犯罪被判处刑罚的，人民法院可以根据犯罪情况和预防再犯罪的需要，禁止其自刑罚执行完毕之日或者假释之日起从事相关职业，期限为三年至五年。

被禁止从事相关职业的人违反人民法院依照前款规定作出的决定的，由公安机关依法给予处罚；情节严重的，依照本法第三百一十三条的规定定罪处罚。

其他法律、行政法规对其从事相关职业另有禁止或者限制性规定的，从其规定。

第二节　管　　制

第三十八条　【管制的期限与执行】管制的期限，为三个月以上二年以下。

判处管制，可以根据犯罪情况，同时禁止犯罪分子在执行期间从事特定活动，进入特定区域、场所，接触特定的人。

对判处管制的犯罪分子，依法实行社区矫正。

违反第二款规定的禁止令的，由公安机关依照《中华人民共和国治安管理处罚法》的规定处罚。

第三十九条　【被管制罪犯的义务与权利】被判处管制的犯罪分子，在执行期间，应当遵守下列规定：

（一）遵守法律、行政法规，服从监督；

（二）未经执行机关批准，不得行使言论、出版、集会、结社、游行、示威自由的权利；

（三）按照执行机关规定报告自己的活动情况；

（四）遵守执行机关关于会客的规定；

（五）离开所居住的市、县或者迁居，应当报经执行机关批准。

对于被判处管制的犯罪分子，在劳动中应当同工同酬。

第四十条　【管制的解除】被判处管制的犯罪分子，管制期满，执行机关应即向本人和其所在单位或者居住地的群众宣布解除管制。

第四十一条　【管制刑期的计算】管制的刑期，从判决执行之日起计算；判决执行以前先行羁押的，羁押一日折抵刑期二日。

第三节　拘　　役

第四十二条　【拘役的期限】拘役的期限，为一个月以上六个月以下。

第四十三条 【拘役的执行】被判处拘役的犯罪分子,由公安机关就近执行。

在执行期间,被判处拘役的犯罪分子每月可以回家一天至两天;参加劳动的,可以酌量发给报酬。

第四十四条 【拘役刑期的计算】拘役的刑期,从判决执行之日起计算;判决执行以前先行羁押的,羁押一日折抵刑期一日。

第四节 有期徒刑、无期徒刑

第四十五条 【有期徒刑的期限】有期徒刑的期限,除本法第五十条、第六十九条规定外,为六个月以上十五年以下。

第四十六条 【有期徒刑与无期徒刑的执行】被判处有期徒刑、无期徒刑的犯罪分子,在监狱或者其他执行场所执行;凡有劳动能力的,都应当参加劳动,接受教育和改造。

第四十七条 【有期徒刑刑期的计算】有期徒刑的刑期,从判决执行之日起计算;判决执行以前先行羁押的,羁押一日折抵刑期一日。

第五节 死 刑

第四十八条 【死刑、死缓的适用对象及核准程序】死刑只适用于罪行极其严重的犯罪分子。对于应当判处死刑的犯罪分子,如果不是必须立即执行的,可以判处死刑同时宣告缓期二年执行。

死刑除依法由最高人民法院判决的以外,都应当报请最高人民法院核准。死刑缓期执行的,可以由高级人民法院判决或者核准。

第四十九条 【死刑适用对象的限制】犯罪的时候不满十八周岁的人和审判的时候怀孕的妇女,不适用死刑。

审判的时候已满七十五周岁的人,不适用死刑,但以特别残忍手段致人死亡的除外。

第五十条 【死缓变更】判处死刑缓期执行的,在死刑缓期执行期间,如果没有故意犯罪,二年期满以后,减为无期徒刑;如果确有重大立功表现,二年期满以后,减为二十五年有期徒刑;如果故意犯罪,情节恶劣的,报请最高人民法院核准后执行死刑;对于故意犯罪未执行死刑的,死刑缓期执行的期间重新计算,并报最高人民法院备案。

对被判处死刑缓期执行的累犯以及因故意杀人、强奸、抢劫、绑架、放火、爆炸、投放危险物质或者有组织的暴力性犯罪被判处死刑缓期执行的犯罪分子,人民法院根据犯罪情节等情况可以同时决定对其限制减刑。

第五十一条 【死缓执行期间的计算】死刑缓期执行的期间,从判决确定之日起计算。死刑缓期执行减为有期徒刑的刑期,从死刑缓期执行期满之日起计算。

第六节 罚 金

第五十二条 【罚金的判处】判处罚金,应当根据犯罪情节决定罚金数额。

第五十三条 【罚金的缴纳】罚金在判决指定的期限内一次或者分期缴纳。期满不缴纳的,强制缴纳。对于不能全部缴纳罚金的,人民法院在任何时候发现被执行人有可以执行的财产,应当随时追缴。

由于遭遇不能抗拒的灾祸等原因缴纳确实有困难的,经人民法院裁定,可以延期缴纳、酌情减少或者免除。

第七节 剥夺政治权利

第五十四条 【剥夺政治权利的内容】剥夺政治权利是剥夺下列权利:

(一)选举权和被选举权;

（二）言论、出版、集会、结社、游行、示威自由的权利；

（三）担任国家机关职务的权利；

（四）担任国有公司、企业、事业单位和人民团体领导职务的权利。

第五十五条　【剥夺政治权利的期限（一）】剥夺政治权利的期限，除本法第五十七条规定外，为一年以上五年以下。

判处管制附加剥夺政治权利的，剥夺政治权利的期限与管制的期限相等，同时执行。

第五十六条　【剥夺政治权利的适用对象】对于危害国家安全的犯罪分子应当附加剥夺政治权利；对于故意杀人、强奸、放火、爆炸、投毒、抢劫等严重破坏社会秩序的犯罪分子，可以附加剥夺政治权利。

独立适用剥夺政治权利的，依照本法分则的规定。

第五十七条　【剥夺政治权利的期限（二）】对于被判处死刑、无期徒刑的犯罪分子，应当剥夺政治权利终身。

在死刑缓期执行减为有期徒刑或者无期徒刑减为有期徒刑的时候，应当把附加剥夺政治权利的期限改为三年以上十年以下。

第五十八条　【剥夺政治权利的刑期计算与执行】附加剥夺政治权利的刑期，从徒刑、拘役执行完毕之日或者从假释之日起计算；剥夺政治权利的效力当然施用于主刑执行期间。

被剥夺政治权利的犯罪分子，在执行期间，应当遵守法律、行政法规和国务院公安部门有关监督管理的规定，服从监督；不得行使本法第五十四条规定的各项权利。

第八节　没收财产

第五十九条　【没收财产的范围】没收财产是没收犯罪分子个人所有财产的一部或者全部。没收全部财产的，应当对犯罪分子个人及其扶养的家属保留必需的生活费用。

在判处没收财产的时候，不得没收属于犯罪分子家属所有或者应有的财产。

第六十条　【以没收的财产偿还债务】没收财产以前犯罪分子所负的正当债务，需要以没收的财产偿还的，经债权人请求，应当偿还。

第四章　刑罚的具体运用

第一节　量　　刑

第六十一条　【量刑根据】对于犯罪分子决定刑罚的时候，应当根据犯罪的事实、犯罪的性质、情节和对于社会的危害程度，依照本法的有关规定判处。

第六十二条　【从重处罚与从轻处罚】犯罪分子具有本法规定的从重处罚、从轻处罚情节的，应当在法定刑的限度以内判处刑罚。

第六十三条　【减轻处罚】犯罪分子具有本法规定的减轻处罚情节的，应当在法定刑以下判处刑罚；本法规定有数个量刑幅度的，应当在法定量刑幅度的下一个量刑幅度内判处刑罚。

犯罪分子虽然不具有本法规定的减轻处罚情节，但是根据案件的特殊情况，经最高人民法院核准，也可以在法定刑以下判处刑罚。

第六十四条　【犯罪物品的处理】犯罪分子违法所得的一切财物，应当予以追缴或者责令退赔；对被害人的合法财产，应当及时返还；违禁品和供犯罪所用的本人财物，应当予以没收。没收的财物和罚金，一律上缴国库，不得挪用和自行处理。

第二节　累　　犯

第六十五条　【一般累犯】被判处有期徒刑以上刑罚的犯罪分子，刑罚执行完毕或者赦免以后，在五年以内再犯应当判处有期徒刑以上刑罚之罪的,是累犯,应当从重处罚,但是过失犯罪和不满十八周岁的人犯罪的除外。

前款规定的期限,对于被假释的犯罪分子,从假释期满之日起计算。

第六十六条 【特别累犯】危害国家安全犯罪、恐怖活动犯罪、黑社会性质的组织犯罪的犯罪分子,在刑罚执行完毕或者赦免以后,在任何时候再犯上述任一类罪的,都以累犯论处。

第三节 自首和立功

第六十七条 【自首】犯罪以后自动投案,如实供述自己的罪行的,是自首。对于自首的犯罪分子,可以从轻或者减轻处罚。其中,犯罪较轻的,可以免除处罚。

被采取强制措施的犯罪嫌疑人、被告人和正在服刑的罪犯,如实供述司法机关还未掌握的本人其他罪行的,以自首论。

犯罪嫌疑人虽不具有前两款规定的自首情节,但是如实供述自己罪行的,可以从轻处罚;因其如实供述自己罪行,避免特别严重后果发生的,可以减轻处罚。

第六十八条 【立功】犯罪分子有揭发他人犯罪行为,查证属实的,或者提供重要线索,从而得以侦破其他案件等立功表现的,可以从轻或者减轻处罚;有重大立功表现的,可以减轻或者免除处罚。

犯罪后自首又有重大立功表现的,应当减轻或者免除处罚。①

第四节 数罪并罚

第六十九条 【判决宣告前一人犯数罪的并罚】判决宣告以前一人犯数罪的,除判处死刑和无期徒刑的以外,应当在总和刑期以下、数刑中最高刑期以上,酌情决定执行的刑期,但是管制最高不能超过三年,拘役最高不能超过一年,有期徒刑总和刑期不满三十五年的,最高不能超过二十年,总和刑期在三十五年以上的,最高不能超过二十五年。

数罪中有判处有期徒刑和拘役的,执行有期徒刑。数罪中有判处有期徒刑和管制,或者拘役和管制的,有期徒刑、拘役执行完毕后,管制仍须执行。

数罪中有判处附加刑的,附加刑仍须执行,其中附加刑种类相同的,合并执行,种类不同的,分别执行。

第七十条 【判决宣告后发现漏罪的并罚】判决宣告以后,刑罚执行完毕以前,发现被判刑的犯罪分子在判决宣告以前还有其他罪没有判决的,应当对新发现的罪作出判决,把前后两个判决所判处的刑罚,依照本法第六十九条的规定,决定执行的刑罚。已经执行的刑期,应当计算在新判决决定的刑期以内。

第七十一条 【判决宣告后又犯新罪的并罚】判决宣告以后,刑罚执行完毕以前,被判刑的犯罪分子又犯罪的,应当对新犯的罪作出判决,把前罪没有执行的刑罚和后罪所判处的刑罚,依照本法第六十九条的规定,决定执行的刑罚。

第五节 缓 刑

第七十二条 【适用条件】对于被判处拘役、三年以下有期徒刑的犯罪分子,同时符合下列条件的,可以宣告缓刑,对其中不满十八周岁的人、怀孕的妇女和已满七十五周岁的人,应当宣告缓刑:

(一)犯罪情节较轻;

(二)有悔罪表现;

(三)没有再犯罪的危险;

---

① 本款根据2011年2月25日《刑法修正案(八)》删除。

（四）宣告缓刑对所居住社区没有重大不良影响。

宣告缓刑，可以根据犯罪情况，同时禁止犯罪分子在缓刑考验期限内从事特定活动，进入特定区域、场所，接触特定的人。

被宣告缓刑的犯罪分子，如果被判处附加刑，附加刑仍须执行。

第七十三条　【考验期限】拘役的缓刑考验期限为原判刑期以上一年以下，但是不能少于二个月。

有期徒刑的缓刑考验期限为原判刑期以上五年以下，但是不能少于一年。

缓刑考验期限，从判决确定之日起计算。

第七十四条　【不适用缓刑的对象】对于累犯和犯罪集团的首要分子，不适用缓刑。

第七十五条　【缓刑犯应遵守的规定】被宣告缓刑的犯罪分子，应当遵守下列规定：

（一）遵守法律、行政法规，服从监督；

（二）按照考察机关的规定报告自己的活动情况；

（三）遵守考察机关关于会客的规定；

（四）离开所居住的市、县或者迁居，应当报经考察机关批准。

第七十六条　【缓刑的考验】对宣告缓刑的犯罪分子，在缓刑考验期限内，依法实行社区矫正，如果没有本法第七十七条规定的情形，缓刑考验期满，原判的刑罚就不再执行，并公开予以宣告。

第七十七条　【缓刑的撤销】被宣告缓刑的犯罪分子，在缓刑考验期限内犯新罪或者发现判决宣告以前还有其他罪没有判决的，应当撤销缓刑，对新犯的罪或者新发现的罪作出判决，把前罪和后罪所判处的刑罚，依照本法第六十九条的规定，决定执行的刑罚。

被宣告缓刑的犯罪分子，在缓刑考验期限内，违反法律、行政法规或者国务院有关部门关于缓刑的监督管理规定，或者违反人民法院判决中的禁止令，情节严重的，应当撤销缓刑，执行原判刑罚。

第六节　减　　刑

第七十八条　【减刑条件与限度】被判处管制、拘役、有期徒刑、无期徒刑的犯罪分子，在执行期间，如果认真遵守监规，接受教育改造，确有悔改表现的，或者有立功表现的，可以减刑；有下列重大立功表现之一的，应当减刑：

（一）阻止他人重大犯罪活动的；

（二）检举监狱内外重大犯罪活动，经查证属实的；

（三）有发明创造或者重大技术革新的；

（四）在日常生产、生活中舍己救人的；

（五）在抗御自然灾害或者排除重大事故中，有突出表现的；

（六）对国家和社会有其他重大贡献的。

减刑以后实际执行的刑期不能少于下列期限：

（一）判处管制、拘役、有期徒刑的，不能少于原判刑期的二分之一；

（二）判处无期徒刑的，不能少于十三年；

（三）人民法院依照本法第五十条第二款规定限制减刑的死刑缓期执行的犯罪分子，缓期执行期满后依法减为无期徒刑的，不能少于二十五年，缓期执行期满后依法减为二十五年有期徒刑的，不能少于二十年。

第七十九条　【减刑程序】对于犯罪分子的减刑，由执行机关向中级以上人民法院提出减刑建议书。人民法院应当组成合议庭进行审理，对确有悔改或者立功事实的，裁定予以减刑。非经法定程序不得减刑。

第八十条　【无期徒刑减刑的刑期计算】无期徒刑减为有期徒刑的刑期，从裁定减刑之日起计算。

第七节 假 释

第八十一条 【假释的适用条件】被判处有期徒刑的犯罪分子,执行原判刑期二分之一以上,被判处无期徒刑的犯罪分子,实际执行十三年以上,如果认真遵守监规,接受教育改造,确有悔改表现,没有再犯罪的危险的,可以假释。如果有特殊情况,经最高人民法院核准,可以不受上述执行刑期的限制。

对累犯以及因故意杀人、强奸、抢劫、绑架、放火、爆炸、投放危险物质或者有组织的暴力性犯罪被判处十年以上有期徒刑、无期徒刑的犯罪分子,不得假释。

对犯罪分子决定假释时,应当考虑其假释后对所居住社区的影响。

第八十二条 【假释程序】对于犯罪分子的假释,依照本法第七十九条规定的程序进行。非经法定程序不得假释。

第八十三条 【考验期限】有期徒刑的假释考验期限,为没有执行完毕的刑期;无期徒刑的假释考验期限为十年。

假释考验期限,从假释之日起计算。

第八十四条 【假释犯应遵守的规定】被宣告假释的犯罪分子,应当遵守下列规定:

(一)遵守法律、行政法规,服从监督;

(二)按照监督机关的规定报告自己的活动情况;

(三)遵守监督机关关于会客的规定;

(四)离开所居住的市、县或者迁居,应当报经监督机关批准。

第八十五条 【假释的考验】对假释的犯罪分子,在假释考验期限内,依法实行社区矫正,如果没有本法第八十六条规定的情形,假释考验期满,就认为原判刑罚已经执行完毕,并公开予以宣告。

第八十六条 【假释的撤销】被假释的犯罪分子,在假释考验期限内犯新罪,应当撤销假释,依照本法第七十一条的规定实行数罪并罚。

在假释考验期限内,发现被假释的犯罪分子在判决宣告以前还有其他罪没有判决的,应当撤销假释,依照本法第七十条的规定实行数罪并罚。

被假释的犯罪分子,在假释考验期限内,有违反法律、行政法规或者国务院有关部门关于假释的监督管理规定的行为,尚未构成新的犯罪的,应当依照法定程序撤销假释,收监执行未执行完毕的刑罚。

第八节 时 效

第八十七条 【追诉时效期限】犯罪经过下列期限不再追诉:

(一)法定最高刑为不满五年有期徒刑的,经过五年;

(二)法定最高刑为五年以上不满十年有期徒刑的,经过十年;

(三)法定最高刑为十年以上有期徒刑的,经过十五年;

(四)法定最高刑为无期徒刑、死刑的,经过二十年。如果二十年以后认为必须追诉的,须报请最高人民检察院核准。

第八十八条 【追诉期限的延长】在人民检察院、公安机关、国家安全机关立案侦查或者在人民法院受理案件以后,逃避侦查或者审判的,不受追诉期限的限制。

被害人在追诉期限内提出控告,人民法院、人民检察院、公安机关应当立案而不予立案的,不受追诉期限的限制。

第八十九条 【追诉期限的计算】追诉期限从犯罪之日起计算;犯罪行为有连续或者继续状态的,从犯罪行为终了之日起计算。

在追诉期限以内又犯罪的,前罪追诉的期限从犯后罪之日起计算。

第五章　其他规定

第九十条　【民族自治地方刑法适用的变通】民族自治地方不能全部适用本法规定的,可以由自治区或者省的人民代表大会根据当地民族的政治、经济、文化的特点和本法规定的基本原则,制定变通或者补充的规定,报请全国人民代表大会常务委员会批准施行。

第九十一条　【公共财产的范围】本法所称公共财产,是指下列财产:

(一)国有财产;

(二)劳动群众集体所有的财产;

(三)用于扶贫和其他公益事业的社会捐助或者专项基金的财产。

在国家机关、国有公司、企业、集体企业和人民团体管理、使用或者运输中的私人财产,以公共财产论。

第九十二条　【公民私人所有财产的范围】本法所称公民私人所有的财产,是指下列财产:

(一)公民的合法收入、储蓄、房屋和其他生活资料;

(二)依法归个人、家庭所有的生产资料;

(三)个体户和私营企业的合法财产;

(四)依法归个人所有的股份、股票、债券和其他财产。

第九十三条　【国家工作人员的范围】本法所称国家工作人员,是指国家机关中从事公务的人员。

国有公司、企业、事业单位、人民团体中从事公务的人员和国家机关、国有公司、企业、事业单位委派到非国有公司、企业、事业单位、社会团体从事公务的人员,以及其他依照法律从事公务的人员,以国家工作人员论。

第九十四条　【司法工作人员的范围】本法所称司法工作人员,是指有侦查、检察、审判、监管职责的工作人员。

第九十五条　【重伤的范围】本法所称重伤,是指有下列情形之一的伤害:

(一)使人肢体残废或者毁人容貌的;

(二)使人丧失听觉、视觉或者其他器官机能的;

(三)其他对于人身健康有重大伤害的。

第九十六条　【违反国家规定的含义】本法所称违反国家规定,是指违反全国人民代表大会及其常务委员会制定的法律和决定,国务院制定的行政法规、规定的行政措施、发布的决定和命令。

第九十七条　【首要分子的范围】本法所称首要分子,是指在犯罪集团或者聚众犯罪中起组织、策划、指挥作用的犯罪分子。

第九十八条　【告诉才处理的含义】本法所称告诉才处理,是指被害人告诉才处理。如果被害人因受强制、威吓无法告诉的,人民检察院和被害人的近亲属也可以告诉。

第九十九条　【以上、以下、以内的界定】本法所称以上、以下、以内,包括本数。

第一百条　【前科报告制度】依法受过刑事处罚的人,在入伍、就业的时候,应当如实向有关单位报告自己曾受过刑事处罚,不得隐瞒。

犯罪的时候不满十八周岁被判处五年有期徒刑以下刑罚的人,免除前款规定的报告义务。

第一百零一条　【总则的效力】本法总则适用于其他有刑罚规定的法律,但是其他法律有特别规定的除外。

第二编　分　　则

第一章　危害国家安全罪

第一百零二条　【背叛国家罪】勾结外国,危害中华人民共和国的主权、领土完整和安全的,处无期徒刑或者十年以上有期徒刑。

与境外机构、组织、个人相勾结,犯前款罪的,依照前款的规定处罚。

第一百零三条 【分裂国家罪】组织、策划、实施分裂国家、破坏国家统一的,对首要分子或者罪行重大的,处无期徒刑或者十年以上有期徒刑;对积极参加的,处三年以上十年以下有期徒刑;对其他参加的,处三年以下有期徒刑、拘役、管制或者剥夺政治权利。

【煽动分裂国家罪】煽动分裂国家、破坏国家统一的,处五年以下有期徒刑、拘役、管制或者剥夺政治权利;首要分子或者罪行重大的,处五年以上有期徒刑。

第一百零四条 【武装叛乱、暴乱罪】组织、策划、实施武装叛乱或者武装暴乱的,对首要分子或者罪行重大的,处无期徒刑或者十年以上有期徒刑;对积极参加的,处三年以上十年以下有期徒刑;对其他参加的,处三年以下有期徒刑、拘役、管制或者剥夺政治权利。

策动、胁迫、勾引、收买国家机关工作人员、武装部队人员、人民警察、民兵进行武装叛乱或者武装暴乱的,依照前款的规定从重处罚。

第一百零五条 【颠覆国家政权罪】组织、策划、实施颠覆国家政权、推翻社会主义制度的,对首要分子或者罪行重大的,处无期徒刑或者十年以上有期徒刑;对积极参加的,处三年以上十年以下有期徒刑;对其他参加的,处三年以下有期徒刑、拘役、管制或者剥夺政治权利。

【煽动颠覆国家政权罪】以造谣、诽谤或者其他方式煽动颠覆国家政权、推翻社会主义制度的,处五年以下有期徒刑、拘役、管制或者剥夺政治权利;首要分子或者罪行重大的,处五年以上有期徒刑。

第一百零六条 【与境外勾结的处罚规定】与境外机构、组织、个人相勾结,实施本章第一百零三条、第一百零四条、第一百零五条规定之罪的,依照各该条的规定从重处罚。

第一百零七条 【资助危害国家安全犯罪活动罪】境内外机构、组织或者个人资助实施本章第一百零二条、第一百零三条、第一百零四条、第一百零五条规定之罪的,对直接责任人员,处五年以下有期徒刑、拘役、管制或者剥夺政治权利;情节严重的,处五年以上有期徒刑。

第一百零八条 【投敌叛变罪】投敌叛变的,处三年以上十年以下有期徒刑;情节严重或者带领武装部队人员、人民警察、民兵投敌叛变的,处十年以上有期徒刑或者无期徒刑。

第一百零九条 【叛逃罪】国家机关工作人员在履行公务期间,擅离岗位,叛逃境外或者在境外叛逃的,处五年以下有期徒刑、拘役、管制或者剥夺政治权利;情节严重的,处五年以上十年以下有期徒刑。

掌握国家秘密的国家工作人员叛逃境外或者在境外叛逃的,依照前款的规定从重处罚。

第一百一十条 【间谍罪】有下列间谍行为之一,危害国家安全的,处十年以上有期徒刑或者无期徒刑;情节较轻的,处三年以上十年以下有期徒刑:

(一)参加间谍组织或者接受间谍组织及其代理人的任务的;

(二)为敌人指示轰击目标的。

第一百一十一条 【为境外窃取、刺探、收买、非法提供国家秘密、情报罪】为境外的机构、组织、人员窃取、刺探、收买、非法提供国家秘密或者情报的,处五年以上十年以下有期徒刑;情节特别严重的,处十年以上有期徒刑或者无期徒刑;情节较轻的,处五年以下有期徒刑、拘役、管制或者剥夺政治权利。

第一百一十二条 【资敌罪】战时供给敌人武器装备、军用物资资敌的,处十年以上有期徒刑或者无期徒刑;情节较轻的,处三年以上十年以下有期徒刑。

第一百一十三条 【危害国家安全罪适用死刑、没收财产的规定】本章上述危害国家安全罪行中,除第一百零三条第二款、第一百零五条、第一百零七条、第一百零九条外,对国家和人民危害特别严重、情节特别恶劣的,可以判处死刑。

犯本章之罪的,可以并处没收财产。

第二章　危害公共安全罪

第一百一十四条　【放火罪;决水罪;爆炸罪;投放危险物质罪;以危险方法危害公共安全罪】放火、决水、爆炸以及投放毒害性、放射性、传染病病原体等物质或者以其他危险方法危害公共安全,尚未造成严重后果的,处三年以上十年以下有期徒刑。

第一百一十五条　【放火罪;决水罪;爆炸罪;投放危险物质罪;以危险方法危害公共安全罪】放火、决水、爆炸以及投放毒害性、放射性、传染病病原体等物质或者以其他危险方法致人重伤、死亡或者使公私财产遭受重大损失的,处十年以上有期徒刑、无期徒刑或者死刑。

【失火罪;过失决水罪;过失爆炸罪;过失投放危险物质罪;过失以危险方法危害公共安全罪】过失犯前款罪的,处三年以上七年以下有期徒刑;情节较轻的,处三年以下有期徒刑或者拘役。

第一百一十六条　【破坏交通工具罪】破坏火车、汽车、电车、船只、航空器,足以使火车、汽车、电车、船只、航空器发生倾覆、毁坏危险,尚未造成严重后果的,处三年以上十年以下有期徒刑。

第一百一十七条　【破坏交通设施罪】破坏轨道、桥梁、隧道、公路、机场、航道、灯塔、标志或者进行其他破坏活动,足以使火车、汽车、电车、船只、航空器发生倾覆、毁坏危险,尚未造成严重后果的,处三年以上十年以下有期徒刑。

第一百一十八条　【破坏电力设备罪;破坏易燃易爆设备罪】破坏电力、燃气或者其他易燃易爆设备,危害公共安全,尚未造成严重后果的,处三年以上十年以下有期徒刑。

第一百一十九条　【破坏交通工具罪;破坏交通设施罪;破坏电力设备罪;破坏易燃易爆设备罪】破坏交通工具、交通设施、电力设备、燃气设备、易燃易爆设备,造成严重后果的,处十年以上有期徒刑、无期徒刑或者死刑。

【过失损坏交通工具罪;过失损坏交通设施罪;过失损坏电力设备罪;过失损坏易燃易爆设备罪】过失犯前款罪的,处三年以上七年以下有期徒刑;情节较轻的,处三年以下有期徒刑或者拘役。

第一百二十条　【组织、领导、参加恐怖组织罪】组织、领导恐怖活动组织的,处十年以上有期徒刑或者无期徒刑,并处没收财产;积极参加的,处三年以上十年以下有期徒刑,并处罚金;其他参加的,处三年以下有期徒刑、拘役、管制或者剥夺政治权利,可以并处罚金。

犯前款罪并实施杀人、爆炸、绑架等犯罪的,依照数罪并罚的规定处罚。

第一百二十条之一　【帮助恐怖活动罪】资助恐怖活动组织、实施恐怖活动的个人的,或者资助恐怖活动培训的,处五年以下有期徒刑、拘役、管制或者剥夺政治权利,并处罚金;情节严重的,处五年以上有期徒刑,并处罚金或者没收财产。

为恐怖活动组织、实施恐怖活动或者恐怖活动培训招募、运送人员的,依照前款的规定处罚。

单位犯前两款罪的,对单位判处罚金,并对其直接负责的主管人员和其他直接责任人员,依照第一款的规定处罚。

第一百二十条之二　【准备实施恐怖活动罪】有下列情形之一的,处五年以下有期徒刑、拘役、管制或者剥夺政治权利,并处罚金;情节严重的,处五年以上有期徒刑,并处罚金或者没收财产:

(一)为实施恐怖活动准备凶器、危险物品或者其他工具的;

(二)组织恐怖活动培训或者积极参加恐怖活动培训的;

(三)为实施恐怖活动与境外恐怖活动组织或者人员联络的;

(四)为实施恐怖活动进行策划或者其他准备的。

有前款行为,同时构成其他犯罪的,依照处罚较重的规定定罪处罚。

第一百二十条之三　【宣扬恐怖主义、极端主义、煽动实施恐怖活动罪】以制作、散发宣扬恐怖主义、极端主义的图书、音频视频资料或者其他物品,或者通过讲授、发布信息等方式宣扬恐怖主义、极端主义的,或者煽动实施恐怖活动的,处五年以下有期徒刑、拘役、管制或者剥夺政治权利,并处罚金;情节严重的,处五年以上有期徒刑,并处罚金或者没收财产。

第一百二十条之四 【利用极端主义破坏法律实施罪】利用极端主义煽动、胁迫群众破坏国家法律确立的婚姻、司法、教育、社会管理等制度实施的,处三年以下有期徒刑、拘役或者管制,并处罚金;情节严重的,处三年以上七年以下有期徒刑,并处罚金;情节特别严重的,处七年以上有期徒刑,并处罚金或者没收财产。

第一百二十条之五 【强制穿戴宣扬恐怖主义、极端主义服饰、标志罪】以暴力、胁迫等方式强制他人在公共场所穿着、佩戴宣扬恐怖主义、极端主义服饰、标志的,处三年以下有期徒刑、拘役或者管制,并处罚金。

第一百二十条之六 【非法持有宣扬恐怖主义、极端主义物品罪】明知是宣扬恐怖主义、极端主义的图书、音频视频资料或者其他物品而非法持有,情节严重的,处三年以下有期徒刑、拘役或者管制,并处或者单处罚金。

第一百二十一条 【劫持航空器罪】以暴力、胁迫或者其他方法劫持航空器的,处十年以上有期徒刑或者无期徒刑;致人重伤、死亡或者使航空器遭受严重破坏的,处死刑。

第一百二十二条 【劫持船只、汽车罪】以暴力、胁迫或者其他方法劫持船只、汽车的,处五年以上十年以下有期徒刑;造成严重后果的,处十年以上有期徒刑或者无期徒刑。

第一百二十三条 【暴力危及飞行安全罪】对飞行中的航空器上的人员使用暴力,危及飞行安全,尚未造成严重后果的,处五年以下有期徒刑或者拘役;造成严重后果的,处五年以上有期徒刑。

第一百二十四条 【破坏广播电视设施、公用电信设施罪】破坏广播电视设施、公用电信设施,危害公共安全的,处三年以上七年以下有期徒刑;造成严重后果的,处七年以上有期徒刑。

【过失损坏广播电视设施、公用电信设施罪】过失犯前款罪的,处三年以上七年以下有期徒刑;情节较轻的,处三年以下有期徒刑或者拘役。

第一百二十五条 【非法制造、买卖、运输、邮寄、储存枪支、弹药、爆炸物罪】非法制造、买卖、运输、邮寄、储存枪支、弹药、爆炸物的,处三年以上十年以下有期徒刑;情节严重的,处十年以上有期徒刑、无期徒刑或者死刑。

【非法制造、买卖、运输、储存危险物质罪】非法制造、买卖、运输、储存毒害性、放射性、传染病病原体等物质,危害公共安全的,依照前款的规定处罚。

单位犯前两款罪的,对单位判处罚金,并对其直接负责的主管人员和其他直接责任人员,依照第一款的规定处罚。

第一百二十六条 【违规制造、销售枪支罪】依法被指定、确定的枪支制造企业、销售企业,违反枪支管理规定,有下列行为之一的,对单位判处罚金,并对其直接负责的主管人员和其他直接责任人员,处五年以下有期徒刑;情节严重的,处五年以上十年以下有期徒刑;情节特别严重的,处十年以上有期徒刑或者无期徒刑:

(一)以非法销售为目的,超过限额或者不按照规定的品种制造、配售枪支的;

(二)以非法销售为目的,制造无号、重号、假号的枪支的;

(三)非法销售枪支或者在境内销售为出口制造的枪支的。

第一百二十七条 【盗窃、抢夺枪支、弹药、爆炸物、危险物质罪】盗窃、抢夺枪支、弹药、爆炸物的,或者盗窃、抢夺毒害性、放射性、传染病病原体等物质,危害公共安全的,处三年以上十年以下有期徒刑;情节严重的,处十年以上有期徒刑、无期徒刑或者死刑。

【抢劫枪支、弹药、爆炸物、危险物质罪;盗窃、抢夺枪支、弹药、爆炸物、危险物质罪】抢劫枪支、弹药、爆炸物的,或者抢劫毒害性、放射性、传染病病原体等物质,危害公共安全的,或者盗窃、抢夺国家机关、军警人员、民兵的枪支、弹药、爆炸物的,处十年以上有期徒刑、无期徒刑或者死刑。

第一百二十八条　【非法持有、私藏枪支、弹药罪】违反枪支管理规定,非法持有、私藏枪支、弹药的,处三年以下有期徒刑、拘役或者管制;情节严重的,处三年以上七年以下有期徒刑。

【非法出租、出借枪支罪】依法配备公务用枪的人员,非法出租、出借枪支的,依照前款的规定处罚。

【非法出租、出借枪支罪】依法配置枪支的人员,非法出租、出借枪支,造成严重后果的,依照第一款的规定处罚。

单位犯第二款、第三款罪的,对单位判处罚金,并对其直接负责的主管人员和其他直接责任人员,依照第一款的规定处罚。

第一百二十九条　【丢失枪支不报罪】依法配备公务用枪的人员,丢失枪支不及时报告,造成严重后果的,处三年以下有期徒刑或者拘役。

第一百三十条　【非法携带枪支、弹药、管制刀具、危险物品危及公共安全罪】非法携带枪支、弹药、管制刀具或者爆炸性、易燃性、放射性、毒害性、腐蚀性物品,进入公共场所或者公共交通工具,危及公共安全,情节严重的,处三年以下有期徒刑、拘役或者管制。

第一百三十一条　【重大飞行事故罪】航空人员违反规章制度,致使发生重大飞行事故,造成严重后果的,处三年以下有期徒刑或者拘役;造成飞机坠毁或者人员死亡的,处三年以上七年以下有期徒刑。

第一百三十二条　【铁路运营安全事故罪】铁路职工违反规章制度,致使发生铁路运营安全事故,造成严重后果的,处三年以下有期徒刑或者拘役;造成特别严重后果的,处三年以上七年以下有期徒刑。

第一百三十三条　【交通肇事罪】违反交通运输管理法规,因而发生重大事故,致人重伤、死亡或者使公私财产遭受重大损失的,处三年以下有期徒刑或者拘役;交通运输肇事后逃逸或者有其他特别恶劣情节的,处三年以上七年以下有期徒刑;因逃逸致人死亡的,处七年以上有期徒刑。

第一百三十三条之一　【危险驾驶罪】在道路上驾驶机动车,有下列情形之一的,处拘役,并处罚金:

(一)追逐竞驶,情节恶劣的;

(二)醉酒驾驶机动车的;

(三)从事校车业务或者旅客运输,严重超过额定乘员载客,或者严重超过规定时速行驶的;

(四)违反危险化学品安全管理规定运输危险化学品,危及公共安全的。

机动车所有人、管理人对前款第三项、第四项行为负有直接责任的,依照前款的规定处罚。

有前两款行为,同时构成其他犯罪的,依照处罚较重的规定定罪处罚。

第一百三十三条之二　【妨害安全驾驶罪】对行驶中的公共交通工具的驾驶人员使用暴力或者抢控驾驶操纵装置,干扰公共交通工具正常行驶,危及公共安全的,处一年以下有期徒刑、拘役或者管制,并处或者单处罚金。

前款规定的驾驶人员在行驶的公共交通工具上擅离职守,与他人互殴或者殴打他人,危及公共安全的,依照前款的规定处罚。

有前两款行为,同时构成其他犯罪的,依照处罚较重的规定定罪处罚。

第一百三十四条　【重大责任事故罪】在生产、作业中违反有关安全管理的规定,因而发生重大伤亡事故或者造成其他严重后果的,处三年以下有期徒刑或者拘役;情节特别恶劣的,处三年以上七年以下有期徒刑。

【强令、组织他人违章冒险作业罪】强令他人违章冒险作业,或者明知存在重大事故隐患而不排除,仍冒险组织作业,因而发生重大伤亡事故或者造成其他严重后果的,处五年以下有期徒刑或者拘役;情节特别恶劣的,处五年以上有期徒刑。

第一百三十四条之一　【危险作业罪】在生产、作业中违反有关安全管理的规定,有下列情形之一,

具有发生重大伤亡事故或者其他严重后果的现实危险的,处一年以下有期徒刑、拘役或者管制:

(一)关闭、破坏直接关系生产安全的监控、报警、防护、救生设备、设施,或者篡改、隐瞒、销毁其相关数据、信息的;

(二)因存在重大事故隐患被依法责令停产停业、停止施工、停止使用有关设备、设施、场所或者立即采取排除危险的整改措施,而拒不执行的;

(三)涉及安全生产的事项未经依法批准或者许可,擅自从事矿山开采、金属冶炼、建筑施工,以及危险物品生产、经营、储存等高度危险的生产作业活动的。

第一百三十五条 【重大劳动安全事故罪】安全生产设施或者安全生产条件不符合国家规定,因而发生重大伤亡事故或者造成其他严重后果的,对直接负责的主管人员和其他直接责任人员,处三年以下有期徒刑或者拘役;情节特别恶劣的,处三年以上七年以下有期徒刑。

第一百三十五条之一 【大型群众性活动重大安全事故罪】举办大型群众性活动违反安全管理规定,因而发生重大伤亡事故或者造成其他严重后果的,对直接负责的主管人员和其他直接责任人员,处三年以下有期徒刑或者拘役;情节特别恶劣的,处三年以上七年以下有期徒刑。

第一百三十六条 【危险物品肇事罪】违反爆炸性、易燃性、放射性、毒害性、腐蚀性物品的管理规定,在生产、储存、运输、使用中发生重大事故,造成严重后果的,处三年以下有期徒刑或者拘役;后果特别严重的,处三年以上七年以下有期徒刑。

第一百三十七条 【工程重大安全事故罪】建设单位、设计单位、施工单位、工程监理单位违反国家规定,降低工程质量标准,造成重大安全事故的,对直接责任人员,处五年以下有期徒刑或者拘役,并处罚金;后果特别严重的,处五年以上十年以下有期徒刑,并处罚金。

第一百三十八条 【教育设施重大安全事故罪】明知校舍或者教育教学设施有危险,而不采取措施或者不及时报告,致使发生重大伤亡事故的,对直接责任人员,处三年以下有期徒刑或者拘役;后果特别严重的,处三年以上七年以下有期徒刑。

第一百三十九条 【消防责任事故罪】违反消防管理法规,经消防监督机构通知采取改正措施而拒绝执行,造成严重后果的,对直接责任人员,处三年以下有期徒刑或者拘役;后果特别严重的,处三年以上七年以下有期徒刑。

第一百三十九条之一 【不报、谎报安全事故罪】在安全事故发生后,负有报告职责的人员不报或者谎报事故情况,贻误事故抢救,情节严重的,处三年以下有期徒刑或者拘役;情节特别严重的,处三年以上七年以下有期徒刑。

第三章 破坏社会主义市场经济秩序罪

第一节 生产、销售伪劣商品罪

第一百四十条 【生产、销售伪劣产品罪】生产者、销售者在产品中掺杂、掺假,以假充真,以次充好或者以不合格产品冒充合格产品,销售金额五万元以上不满二十万元的,处二年以下有期徒刑或者拘役,并处或者单处销售金额百分之五十以上二倍以下罚金;销售金额二十万元以上不满五十万元的,处二年以上七年以下有期徒刑,并处销售金额百分之五十以上二倍以下罚金;销售金额五十万元以上不满二百万元的,处七年以上有期徒刑,并处销售金额百分之五十以上二倍以下罚金;销售金额二百万元以上的,处十五年有期徒刑或者无期徒刑,并处销售金额百分之五十以上二倍以下罚金或者没收财产。

第一百四十一条 【生产、销售、提供假药罪】生产、销售假药的,处三年以下有期徒刑或者拘役,并处罚金;对人体健康造成严重危害或者有其他严重情节的,处三年以上十年以下有期徒刑,并处罚金;致人死亡或者有其他特别严重情节的,处十年以上有期徒刑、无期徒刑或者死刑,并处罚金或者没收财产。

药品使用单位的人员明知是假药而提供给他人使用的,依照前款的规定处罚。

第一百四十二条　【生产、销售、提供劣药罪】生产、销售劣药，对人体健康造成严重危害的，处三年以上十年以下有期徒刑，并处罚金；后果特别严重的，处十年以上有期徒刑或者无期徒刑，并处罚金或者没收财产。

药品使用单位的人员明知是劣药而提供给他人使用的，依照前款的规定处罚。

第一百四十二条之一　【妨害药品管理罪】违反药品管理法规，有下列情形之一，足以严重危害人体健康的，处三年以下有期徒刑或者拘役，并处或者单处罚金；对人体健康造成严重危害或者有其他严重情节的，处三年以上七年以下有期徒刑，并处罚金：

（一）生产、销售国务院药品监督管理部门禁止使用的药品的；

（二）未取得药品相关批准证明文件生产、进口药品或者明知是上述药品而销售的；

（三）药品申请注册中提供虚假的证明、数据、资料、样品或者采取其他欺骗手段的；

（四）编造生产、检验记录的。

有前款行为，同时又构成本法第一百四十一条、第一百四十二条规定之罪或者其他犯罪的，依照处罚较重的规定定罪处罚。

第一百四十三条　【生产、销售不符合安全标准的食品罪】生产、销售不符合食品安全标准的食品，足以造成严重食物中毒事故或者其他严重食源性疾病的，处三年以下有期徒刑或者拘役，并处罚金；对人体健康造成严重危害或者有其他严重情节的，处三年以上七年以下有期徒刑，并处罚金；后果特别严重的，处七年以上有期徒刑或者无期徒刑，并处罚金或者没收财产。

第一百四十四条　【生产、销售有毒、有害食品罪】在生产、销售的食品中掺入有毒、有害的非食品原料的，或者销售明知掺有有毒、有害的非食品原料的食品的，处五年以下有期徒刑，并处罚金；对人体健康造成严重危害或者有其他严重情节的，处五年以上十年以下有期徒刑，并处罚金；致人死亡或者有其他特别严重情节的，依照本法第一百四十一条的规定处罚。

第一百四十五条　【生产、销售不符合标准的医用器材罪】生产不符合保障人体健康的国家标准、行业标准的医疗器械、医用卫生材料，或者销售明知是不符合保障人体健康的国家标准、行业标准的医疗器械、医用卫生材料，足以严重危害人体健康的，处三年以下有期徒刑或者拘役，并处销售金额百分之五十以上二倍以下罚金；对人体健康造成严重危害的，处三年以上十年以下有期徒刑，并处销售金额百分之五十以上二倍以下罚金；后果特别严重的，处十年以上有期徒刑或者无期徒刑，并处销售金额百分之五十以上二倍以下罚金或者没收财产。

第一百四十六条　【生产、销售不符合安全标准的产品罪】生产不符合保障人身、财产安全的国家标准、行业标准的电器、压力容器、易燃易爆产品或者其他不符合保障人身、财产安全的国家标准、行业标准的产品，或者销售明知是以上不符合保障人身、财产安全的国家标准、行业标准的产品，造成严重后果的，处五年以下有期徒刑，并处销售金额百分之五十以上二倍以下罚金；后果特别严重的，处五年以上有期徒刑，并处销售金额百分之五十以上二倍以下罚金。

第一百四十七条　【生产、销售伪劣农药、兽药、化肥、种子罪】生产假农药、假兽药、假化肥，销售明知是假的或者失去使用效能的农药、兽药、化肥、种子，或者生产者、销售者以不合格的农药、兽药、化肥、种子冒充合格的农药、兽药、化肥、种子，使生产遭受较大损失的，处三年以下有期徒刑或者拘役，并处或者单处销售金额百分之五十以上二倍以下罚金；使生产遭受重大损失的，处三年以上七年以下有期徒刑，并处销售金额百分之五十以上二倍以下罚金；使生产遭受特别重大损失的，处七年以上有期徒刑或者无期徒刑，并处销售金额百分之五十以上二倍以下罚金或者没收财产。

第一百四十八条　【生产、销售不符合卫生标准的化妆品罪】生产不符合卫生标准的化妆品，或者销售明知是不符合卫生标准的化妆品，造成严重后果的，处三年以下有期徒刑或者拘役，并处或者单处销售金额百分之五十以上二倍以下罚金。

第一百四十九条 【对生产、销售伪劣商品行为的法条适用】生产、销售本节第一百四十一条至第一百四十八条所列产品,不构成各该条规定的犯罪,但是销售金额在五万元以上的,依照本节第一百四十条的规定定罪处罚。

生产、销售本节第一百四十一条至第一百四十八条所列产品,构成各该条规定的犯罪,同时又构成本节第一百四十条规定之罪的,依照处罚较重的规定定罪处罚。

第一百五十条 【单位犯生产、销售伪劣商品罪的处罚规定】单位犯本节第一百四十条至第一百四十八条规定之罪的,对单位判处罚金,并对其直接负责的主管人员和其他直接责任人员,依照各该条的规定处罚。

第二节 走 私 罪

第一百五十一条 【走私武器、弹药罪;走私核材料罪;走私假币罪】走私武器、弹药、核材料或者伪造的货币的,处七年以上有期徒刑,并处罚金或者没收财产;情节特别严重的,处无期徒刑,并处没收财产;情节较轻的,处三年以上七年以下有期徒刑,并处罚金。

【走私文物罪;走私贵重金属罪;走私珍贵动物、珍贵动物制品罪】走私国家禁止出口的文物、黄金、白银和其他贵重金属或者国家禁止进出口的珍贵动物及其制品的,处五年以上十年以下有期徒刑,并处罚金;情节特别严重的,处十年以上有期徒刑或者无期徒刑,并处没收财产;情节较轻的,处五年以下有期徒刑,并处罚金。

【走私国家禁止进出口的货物、物品罪】走私珍稀植物及其制品等国家禁止进出口的其他货物、物品的,处五年以下有期徒刑或者拘役,并处或者单处罚金;情节严重的,处五年以上有期徒刑,并处罚金。

单位犯本条规定之罪的,对单位判处罚金,并对其直接负责的主管人员和其他直接责任人员,依照本条各款的规定处罚。

第一百五十二条 【走私淫秽物品罪】以牟利或者传播为目的,走私淫秽的影片、录像带、录音带、图片、书刊或者其他淫秽物品的,处三年以上十年以下有期徒刑,并处罚金;情节严重的,处十年以上有期徒刑或者无期徒刑,并处罚金或者没收财产;情节较轻的,处三年以下有期徒刑、拘役或者管制,并处罚金。

【走私废物罪】逃避海关监管将境外固体废物、液态废物和气态废物运输进境,情节严重的,处五年以下有期徒刑,并处或者单处罚金;情节特别严重的,处五年以上有期徒刑,并处罚金。

单位犯前两款罪的,对单位判处罚金,并对其直接负责的主管人员和其他直接责任人员,依照前两款的规定处罚。

第一百五十三条 【走私普通货物、物品罪】走私本法第一百五十一条、第一百五十二条、第三百四十七条规定以外的货物、物品的,根据情节轻重,分别依照下列规定处罚:

(一)走私货物、物品偷逃应缴税额较大或者一年内曾因走私被给予二次行政处罚后又走私的,处三年以下有期徒刑或者拘役,并处偷逃应缴税额一倍以上五倍以下罚金。

(二)走私货物、物品偷逃应缴税额巨大或者有其他严重情节的,处三年以上十年以下有期徒刑,并处偷逃应缴税额一倍以上五倍以下罚金。

(三)走私货物、物品偷逃应缴税额特别巨大或者有其他特别严重情节的,处十年以上有期徒刑或者无期徒刑,并处偷逃应缴税额一倍以上五倍以下罚金或者没收财产。

单位犯前款罪的,对单位判处罚金,并对其直接负责的主管人员和其他直接责任人员,处三年以下有期徒刑或者拘役;情节严重的,处三年以上十年以下有期徒刑;情节特别严重的,处十年以上有期徒刑。

对多次走私未经处理的,按照累计走私货物、物品的偷逃应缴税额处罚。

第一百五十四条　【走私普通货物、物品罪】下列走私行为，根据本节规定构成犯罪的，依照本法第一百五十三条的规定定罪处罚：

（一）未经海关许可并且未补缴应缴税额，擅自将批准进口的来料加工、来件装配、补偿贸易的原材料、零件、制成品、设备等保税货物，在境内销售牟利的；

（二）未经海关许可并且未补缴应缴税额，擅自将特定减税、免税进口的货物、物品，在境内销售牟利的。

第一百五十五条　【以走私罪论处的间接走私行为】下列行为，以走私罪论处，依照本节的有关规定处罚：

（一）直接向走私人非法收购国家禁止进口物品的，或者直接向走私人非法收购走私进口的其他货物、物品，数额较大的；

（二）在内海、领海、界河、界湖运输、收购、贩卖国家禁止进出口物品的，或者运输、收购、贩卖国家限制进出口货物、物品，数额较大，没有合法证明的。

第一百五十六条　【走私共犯】与走私罪犯通谋，为其提供贷款、资金、帐号、发票、证明，或者为其提供运输、保管、邮寄或者其他方便的，以走私罪的共犯论处。

第一百五十七条　【武装掩护走私、抗拒缉私的处罚规定】武装掩护走私的，依照本法第一百五十一条第一款的规定从重处罚。

以暴力、威胁方法抗拒缉私的，以走私罪和本法第二百七十七条规定的阻碍国家机关工作人员依法执行职务罪，依照数罪并罚的规定处罚。

第三节　妨害对公司、企业的管理秩序罪

第一百五十八条　【虚报注册资本罪】申请公司登记使用虚假证明文件或者采取其他欺诈手段虚报注册资本，欺骗公司登记主管部门，取得公司登记，虚报注册资本数额巨大、后果严重或者有其他严重情节的，处三年以下有期徒刑或者拘役，并处或者单处虚报注册资本金额百分之一以上百分之五以下罚金。

单位犯前款罪的，对单位判处罚金，并对其直接负责的主管人员和其他直接责任人员，处三年以下有期徒刑或者拘役。

第一百五十九条　【虚假出资、抽逃出资罪】公司发起人、股东违反公司法的规定未交付货币、实物或者未转移财产权，虚假出资，或者在公司成立后又抽逃其出资，数额巨大、后果严重或者有其他严重情节的，处五年以下有期徒刑或者拘役，并处或者单处虚假出资金额或者抽逃出资金额百分之二以上百分之十以下罚金。

单位犯前款罪的，对单位判处罚金，并对其直接负责的主管人员和其他直接责任人员，处五年以下有期徒刑或者拘役。

第一百六十条　【欺诈发行证券罪】在招股说明书、认股书、公司、企业债券募集办法等发行文件中隐瞒重要事实或者编造重大虚假内容，发行股票或者公司、企业债券、存托凭证或者国务院依法认定的其他证券，数额巨大、后果严重或者有其他严重情节的，处五年以下有期徒刑或者拘役，并处或者单处罚金；数额特别巨大、后果特别严重或者有其他特别严重情节的，处五年以上有期徒刑，并处罚金。

控股股东、实际控制人组织、指使实施前款行为的，处五年以下有期徒刑或者拘役，并处或者单处非法募集资金金额百分之二十以上一倍以下罚金；数额特别巨大、后果特别严重或者有其他特别严重情节的，处五年以上有期徒刑，并处非法募集资金金额百分之二十以上一倍以下罚金。

单位犯前两款罪的，对单位判处非法募集资金金额百分之二十以上一倍以下罚金，并对其直接负责的主管人员和其他直接责任人员，依照第一款的规定处罚。

第一百六十一条 【违规披露、不披露重要信息罪】依法负有信息披露义务的公司、企业向股东和社会公众提供虚假的或者隐瞒重要事实的财务会计报告,或者对依法应当披露的其他重要信息不按照规定披露,严重损害股东或者其他人利益,或者有其他严重情节的,对其直接负责的主管人员和其他直接责任人员,处五年以下有期徒刑或者拘役,并处或者单处罚金;情节特别严重的,处五年以上十年以下有期徒刑,并处罚金。

前款规定的公司、企业的控股股东、实际控制人实施或者组织、指使实施前款行为的,或者隐瞒相关事项导致前款规定的情形发生的,依照前款的规定处罚。

犯前款罪的控股股东、实际控制人是单位的,对单位判处罚金,并对其直接负责的主管人员和其他直接责任人员,依照第一款的规定处罚。

第一百六十二条 【妨害清算罪】公司、企业进行清算时,隐匿财产,对资产负债表或者财产清单作虚伪记载或者在未清偿债务前分配公司、企业财产,严重损害债权人或者其他人利益的,对其直接负责的主管人员和其他直接责任人员,处五年以下有期徒刑或者拘役,并处或者单处二万元以上二十万元以下罚金。

第一百六十二条之一 【隐匿、故意销毁会计凭证、会计账簿、财务会计报告罪】隐匿或者故意销毁依法应当保存的会计凭证、会计帐簿、财务会计报告,情节严重的,处五年以下有期徒刑或者拘役,并处或者单处二万元以上二十万元以下罚金。

单位犯前款罪的,对单位判处罚金,并对其直接负责的主管人员和其他直接责任人员,依照前款的规定处罚。

第一百六十二条之二 【虚假破产罪】公司、企业通过隐匿财产、承担虚构的债务或者以其他方法转移、处分财产,实施虚假破产,严重损害债权人或者其他人利益的,对其直接负责的主管人员和其他直接责任人员,处五年以下有期徒刑或者拘役,并处或者单处二万元以上二十万元以下罚金。

第一百六十三条 【非国家工作人员受贿罪】公司、企业或者其他单位的工作人员,利用职务上的便利,索取他人财物或者非法收受他人财物,为他人谋取利益,数额较大的,处三年以下有期徒刑或者拘役,并处罚金;数额巨大或者有其他严重情节的,处三年以上十年以下有期徒刑,并处罚金;数额特别巨大或者有其他特别严重情节的,处十年以上有期徒刑或者无期徒刑,并处罚金。

公司、企业或者其他单位的工作人员在经济往来中,利用职务上的便利,违反国家规定,收受各种名义的回扣、手续费,归个人所有的,依照前款的规定处罚。

国有公司、企业或者其他国有单位中从事公务的人员和国有公司、企业或者其他国有单位委派到非国有公司、企业以及其他单位从事公务的人员有前两款行为的,依照本法第三百八十五条、第三百八十六条的规定定罪处罚。

第一百六十四条 【对非国家工作人员行贿罪】为谋取不正当利益,给予公司、企业或者其他单位的工作人员以财物,数额较大的,处三年以下有期徒刑或者拘役,并处罚金;数额巨大的,处三年以上十年以下有期徒刑,并处罚金。

【对外国公职人员、国际公共组织官员行贿罪】为谋取不正当商业利益,给予外国公职人员或者国际公共组织官员以财物的,依照前款的规定处罚。

单位犯前两款罪的,对单位判处罚金,并对其直接负责的主管人员和其他直接责任人员,依照第一款的规定处罚。

行贿人在被追诉前主动交待行贿行为的,可以减轻处罚或者免除处罚。

第一百六十五条 【非法经营同类营业罪】国有公司、企业的董事、监事、高级管理人员,利用职务便利,自己经营或者为他人经营与其所任职公司、企业同类的营业,获取非法利益,数额巨大的,处三年以下有期徒刑或者拘役,并处或者单处罚金;数额特别巨大的,处三年以上七年以下有期徒刑,并处罚金。

其他公司、企业的董事、监事、高级管理人员违反法律、行政法规规定，实施前款行为，致使公司、企业利益遭受重大损失的，依照前款的规定处罚。

第一百六十六条　【为亲友非法牟利罪】国有公司、企业、事业单位的工作人员，利用职务便利，有下列情形之一，致使国家利益遭受重大损失的，处三年以下有期徒刑或者拘役，并处或者单处罚金；致使国家利益遭受特别重大损失的，处三年以上七年以下有期徒刑，并处罚金：

（一）将本单位的盈利业务交由自己的亲友进行经营的；

（二）以明显高于市场的价格从自己的亲友经营管理的单位采购商品、接受服务或者以明显低于市场的价格向自己的亲友经营管理的单位销售商品、提供服务的；

（三）从自己的亲友经营管理的单位采购、接受不合格商品、服务的。

其他公司、企业的工作人员违反法律、行政法规规定，实施前款行为，致使公司、企业利益遭受重大损失的，依照前款的规定处罚。

第一百六十七条　【签订、履行合同失职被骗罪】国有公司、企业、事业单位直接负责的主管人员，在签订、履行合同过程中，因严重不负责任被诈骗，致使国家利益遭受重大损失的，处三年以下有期徒刑或者拘役；致使国家利益遭受特别重大损失的，处三年以上七年以下有期徒刑。

第一百六十八条　【国有公司、企业、事业单位人员失职罪；国有公司、企业、事业单位人员滥用职权罪】国有公司、企业的工作人员，由于严重不负责任或者滥用职权，造成国有公司、企业破产或者严重损失，致使国家利益遭受重大损失的，处三年以下有期徒刑或者拘役；致使国家利益遭受特别重大损失的，处三年以上七年以下有期徒刑。

国有事业单位的工作人员有前款行为，致使国家利益遭受重大损失的，依照前款的规定处罚。

国有公司、企业、事业单位的工作人员，徇私舞弊，犯前两款罪的，依照第一款的规定从重处罚。

第一百六十九条　【徇私舞弊低价折股、出售公司、企业资产罪】国有公司、企业或者其上级主管部门直接负责的主管人员，徇私舞弊，将国有资产低价折股或者低价出售，致使国家利益遭受重大损失的，处三年以下有期徒刑或者拘役；致使国家利益遭受特别重大损失的，处三年以上七年以下有期徒刑。

其他公司、企业直接负责的主管人员，徇私舞弊，将公司、企业资产低价折股或者低价出售，致使公司、企业利益遭受重大损失的，依照前款的规定处罚。

第一百六十九条之一　【背信损害上市公司利益罪】上市公司的董事、监事、高级管理人员违背对公司的忠实义务，利用职务便利，操纵上市公司从事下列行为之一，致使上市公司利益遭受重大损失的，处三年以下有期徒刑或者拘役，并处或者单处罚金；致使上市公司利益遭受特别重大损失的，处三年以上七年以下有期徒刑，并处罚金：

（一）无偿向其他单位或者个人提供资金、商品、服务或者其他资产的；

（二）以明显不公平的条件，提供或者接受资金、商品、服务或者其他资产的；

（三）向明显不具有清偿能力的单位或者个人提供资金、商品、服务或者其他资产的；

（四）为明显不具有清偿能力的单位或者个人提供担保，或者无正当理由为其他单位或者个人提供担保的；

（五）无正当理由放弃债权、承担债务的；

（六）采用其他方式损害上市公司利益的。

上市公司的控股股东或者实际控制人，指使上市公司董事、监事、高级管理人员实施前款行为的，依照前款的规定处罚。

犯前款罪的上市公司的控股股东或者实际控制人是单位的，对单位判处罚金，并对其直接负责的主管人员和其他直接责任人员，依照第一款的规定处罚。

第四节　破坏金融管理秩序罪

第一百七十条　【伪造货币罪】伪造货币的,处三年以上十年以下有期徒刑,并处罚金;有下列情形之一的,处十年以上有期徒刑或者无期徒刑,并处罚金或者没收财产:

(一)伪造货币集团的首要分子;

(二)伪造货币数额特别巨大的;

(三)有其他特别严重情节的。

第一百七十一条　【出售、购买、运输假币罪】出售、购买伪造的货币或者明知是伪造的货币而运输,数额较大的,处三年以下有期徒刑或者拘役,并处二万元以上二十万元以下罚金;数额巨大的,处三年以上十年以下有期徒刑,并处五万元以上五十万元以下罚金;数额特别巨大的,处十年以上有期徒刑或者无期徒刑,并处五万元以上五十万元以下罚金或者没收财产。

【金融工作人员购买假币、以假币换取货币罪】银行或者其他金融机构的工作人员购买伪造的货币或者利用职务上的便利,以伪造的货币换取货币的,处三年以上十年以下有期徒刑,并处二万元以上二十万元以下罚金;数额巨大或者有其他严重情节的,处十年以上有期徒刑或者无期徒刑,并处二万元以上二十万元以下罚金或者没收财产;情节较轻的,处三年以下有期徒刑或者拘役,并处或者单处一万元以上十万元以下罚金。

伪造货币并出售或者运输伪造的货币的,依照本法第一百七十条的规定定罪从重处罚。

第一百七十二条　【持有、使用假币罪】明知是伪造的货币而持有、使用,数额较大的,处三年以下有期徒刑或者拘役,并处或者单处一万元以上十万元以下罚金;数额巨大的,处三年以上十年以下有期徒刑,并处二万元以上二十万元以下罚金;数额特别巨大的,处十年以上有期徒刑,并处五万元以上五十万元以下罚金或者没收财产。

第一百七十三条　【变造货币罪】变造货币,数额较大的,处三年以下有期徒刑或者拘役,并处或者单处一万元以上十万元以下罚金;数额巨大的,处三年以上十年以下有期徒刑,并处二万元以上二十万元以下罚金。

第一百七十四条　【擅自设立金融机构罪】未经国家有关主管部门批准,擅自设立商业银行、证券交易所、期货交易所、证券公司、期货经纪公司、保险公司或者其他金融机构的,处三年以下有期徒刑或者拘役,并处或者单处二万元以上二十万元以下罚金;情节严重的,处三年以上十年以下有期徒刑,并处五万元以上五十万元以下罚金。

【伪造、变造、转让金融机构经营许可证、批准文件罪】伪造、变造、转让商业银行、证券交易所、期货交易所、证券公司、期货经纪公司、保险公司或者其他金融机构的经营许可证或者批准文件的,依照前款的规定处罚。

单位犯前两款罪的,对单位判处罚金,并对其直接负责的主管人员和其他直接责任人员,依照第一款的规定处罚。

第一百七十五条　【高利转贷罪】以转贷牟利为目的,套取金融机构信贷资金高利转贷他人,违法所得数额较大的,处三年以下有期徒刑或者拘役,并处违法所得一倍以上五倍以下罚金;数额巨大的,处三年以上七年以下有期徒刑,并处违法所得一倍以上五倍以下罚金。

单位犯前款罪的,对单位判处罚金,并对其直接负责的主管人员和其他直接责任人员,处三年以下有期徒刑或者拘役。

第一百七十五条之一　【骗取贷款、票据承兑、金融票证罪】以欺骗手段取得银行或者其他金融机构贷款、票据承兑、信用证、保函等,给银行或者其他金融机构造成重大损失的,处三年以下有期徒刑或者拘役,并处或者单处罚金;给银行或者其他金融机构造成特别重大损失或者有其他特别严重情节的,处三年以上七年以下有期徒刑，并处罚金。

单位犯前款罪的，对单位判处罚金，并对其直接负责的主管人员和其他直接责任人员，依照前款的规定处罚。

第一百七十六条　【非法吸收公众存款罪】非法吸收公众存款或者变相吸收公众存款，扰乱金融秩序的，处三年以下有期徒刑或者拘役，并处或者单处罚金；数额巨大或者有其他严重情节的，处三年以上十年以下有期徒刑，并处罚金；数额特别巨大或者有其他特别严重情节的，处十年以上有期徒刑，并处罚金。

单位犯前款罪的，对单位判处罚金，并对其直接负责的主管人员和其他直接责任人员，依照前款的规定处罚。

有前两款行为，在提起公诉前积极退赃退赔，减少损害结果发生的，可以从轻或者减轻处罚。

第一百七十七条　【伪造、变造金融票证罪】有下列情形之一，伪造、变造金融票证的，处五年以下有期徒刑或者拘役，并处或者单处二万元以上二十万元以下罚金；情节严重的，处五年以上十年以下有期徒刑，并处五万元以上五十万元以下罚金；情节特别严重的，处十年以上有期徒刑或者无期徒刑，并处五万元以上五十万元以下罚金或者没收财产：

（一）伪造、变造汇票、本票、支票的；

（二）伪造、变造委托收款凭证、汇款凭证、银行存单等其他银行结算凭证的；

（三）伪造、变造信用证或者附随的单据、文件的；

（四）伪造信用卡的。

单位犯前款罪的，对单位判处罚金，并对其直接负责的主管人员和其他直接责任人员，依照前款的规定处罚。

第一百七十七条之一　【妨害信用卡管理罪】有下列情形之一，妨害信用卡管理的，处三年以下有期徒刑或者拘役，并处或者单处一万元以上十万元以下罚金；数量巨大或者有其他严重情节的，处三年以上十年以下有期徒刑，并处二万元以上二十万元以下罚金：

（一）明知是伪造的信用卡而持有、运输的，或者明知是伪造的空白信用卡而持有、运输，数量较大的；

（二）非法持有他人信用卡，数量较大的；

（三）使用虚假的身份证明骗领信用卡的；

（四）出售、购买、为他人提供伪造的信用卡或者以虚假的身份证明骗领的信用卡的。

【窃取、收买、非法提供信用卡信息罪】窃取、收买或者非法提供他人信用卡信息资料的，依照前款规定处罚。

银行或者其他金融机构的工作人员利用职务上的便利，犯第二款罪的，从重处罚。

第一百七十八条　【伪造、变造国家有价证券罪】伪造、变造国库券或者国家发行的其他有价证券，数额较大的，处三年以下有期徒刑或者拘役，并处或者单处二万元以上二十万元以下罚金；数额巨大的，处三年以上十年以下有期徒刑，并处五万元以上五十万元以下罚金；数额特别巨大的，处十年以上有期徒刑或者无期徒刑，并处五万元以上五十万元以下罚金或者没收财产。

【伪造、变造股票、公司、企业债券罪】伪造、变造股票或者公司、企业债券，数额较大的，处三年以下有期徒刑或者拘役，并处或者单处一万元以上十万元以下罚金；数额巨大的，处三年以上十年以下有期徒刑，并处二万元以上二十万元以下罚金。

单位犯前两款罪的，对单位判处罚金，并对其直接负责的主管人员和其他直接责任人员，依照前两款的规定处罚。

第一百七十九条　【擅自发行股票、公司、企业债券罪】未经国家有关主管部门批准，擅自发行股票或者公司、企业债券,数额巨大、后果严重或者有其他严重情节的,处五年以下有期徒刑或者拘役,并处或者单处非法募集资金金额百分之一以上百分之五以下罚金。

单位犯前款罪的,对单位判处罚金,并对其直接负责的主管人员和其他直接责任人员,处五年以下有期徒刑或者拘役。

第一百八十条 【内幕交易、泄露内幕信息罪】证券、期货交易内幕信息的知情人员或者非法获取证券、期货交易内幕信息的人员,在涉及证券的发行,证券、期货交易或者其他对证券、期货交易价格有重大影响的信息尚未公开前,买入或者卖出该证券,或者从事与该内幕信息有关的期货交易,或者泄露该信息,或者明示、暗示他人从事上述交易活动,情节严重的,处五年以下有期徒刑或者拘役,并处或者单处违法所得一倍以上五倍以下罚金;情节特别严重的,处五年以上十年以下有期徒刑,并处违法所得一倍以上五倍以下罚金。

单位犯前款罪的,对单位判处罚金,并对其直接负责的主管人员和其他直接责任人员,处五年以下有期徒刑或者拘役。

内幕信息、知情人员的范围,依照法律、行政法规的规定确定。

【利用未公开信息交易罪】证券交易所、期货交易所、证券公司、期货经纪公司、基金管理公司、商业银行、保险公司等金融机构的从业人员以及有关监管部门或者行业协会的工作人员,利用因职务便利获取的内幕信息以外的其他未公开的信息,违反规定,从事与该信息相关的证券、期货交易活动,或者明示、暗示他人从事相关交易活动,情节严重的,依照第一款的规定处罚。

第一百八十一条 【编造并传播证券、期货交易虚假信息罪】编造并且传播影响证券、期货交易的虚假信息,扰乱证券、期货交易市场,造成严重后果的,处五年以下有期徒刑或者拘役,并处或者单处一万元以上十万元以下罚金。

【诱骗投资者买卖证券、期货合约罪】证券交易所、期货交易所、证券公司、期货经纪公司的从业人员,证券业协会、期货业协会或者证券期货监督管理部门的工作人员,故意提供虚假信息或者伪造、变造、销毁交易记录,诱骗投资者买卖证券、期货合约,造成严重后果的,处五年以下有期徒刑或者拘役,并处或者单处一万元以上十万元以下罚金;情节特别恶劣的,处五年以上十年以下有期徒刑,并处二万元以上二十万元以下罚金。

单位犯前两款罪的,对单位判处罚金,并对其直接负责的主管人员和其他直接责任人员,处五年以下有期徒刑或者拘役。

第一百八十二条 【操纵证券、期货市场罪】有下列情形之一,操纵证券、期货市场,影响证券、期货交易价格或者证券、期货交易量,情节严重的,处五年以下有期徒刑或者拘役,并处或者单处罚金;情节特别严重的,处五年以上十年以下有期徒刑,并处罚金:

(一)单独或者合谋,集中资金优势、持股或者持仓优势或者利用信息优势联合或者连续买卖的;

(二)与他人串通,以事先约定的时间、价格和方式相互进行证券、期货交易的;

(三)在自己实际控制的帐户之间进行证券交易,或者以自己为交易对象,自买自卖期货合约的;

(四)不以成交为目的,频繁或者大量申报买入、卖出证券、期货合约并撤销申报的;

(五)利用虚假或者不确定的重大信息,诱导投资者进行证券、期货交易的;

(六)对证券、证券发行人、期货交易标的公开作出评价、预测或者投资建议,同时进行反向证券交易或者相关期货交易的;

(七)以其他方法操纵证券、期货市场的。

单位犯前款罪的,对单位判处罚金,并对其直接负责的主管人员和其他直接责任人员,依照前款的规定处罚。

第一百八十三条 【保险公司工作人员虚假理赔的犯罪及处罚】保险公司的工作人员利用职务上

的便利,故意编造未曾发生的保险事故进行虚假理赔,骗取保险金归自己所有的,依照本法第二百七十一条的规定定罪处罚。

国有保险公司工作人员和国有保险公司委派到非国有保险公司从事公务的人员有前款行为的,依照本法第三百八十二条、第三百八十三条的规定定罪处罚。

第一百八十四条　【非国家工作人员受贿罪】银行或者其他金融机构的工作人员在金融业务活动中索取他人财物或者非法收受他人财物,为他人谋取利益的,或者违反国家规定,收受各种名义的回扣、手续费,归个人所有的,依照本法第一百六十三条的规定定罪处罚。

【受贿罪】国有金融机构工作人员和国有金融机构委派到非国有金融机构从事公务的人员有前款行为的,依照本法第三百八十五条、第三百八十六条的规定定罪处罚。

第一百八十五条　【挪用资金罪】商业银行、证券交易所、期货交易所、证券公司、期货经纪公司、保险公司或者其他金融机构的工作人员利用职务上的便利,挪用本单位或者客户资金的,依照本法第二百七十二条的规定定罪处罚。

【挪用公款罪】国有商业银行、证券交易所、期货交易所、证券公司、期货经纪公司、保险公司或者其他国有金融机构的工作人员和国有商业银行、证券交易所、期货交易所、证券公司、期货经纪公司、保险公司或者其他国有金融机构委派到前款规定中的非国有机构从事公务的人员有前款行为的,依照本法第三百八十四条的规定定罪处罚。

第一百八十五条之一　【背信运用受托财产罪】商业银行、证券交易所、期货交易所、证券公司、期货经纪公司、保险公司或者其他金融机构,违背受托义务,擅自运用客户资金或者其他委托、信托的财产,情节严重的,对单位判处罚金,并对其直接负责的主管人员和其他直接责任人员,处三年以下有期徒刑或者拘役,并处三万元以上三十万元以下罚金;情节特别严重的,处三年以上十年以下有期徒刑,并处五万元以上五十万元以下罚金。

【违法运用资金罪】社会保障基金管理机构、住房公积金管理机构等公众资金管理机构,以及保险公司、保险资产管理公司、证券投资基金管理公司,违反国家规定运用资金的,对其直接负责的主管人员和其他直接责任人员,依照前款的规定处罚。

第一百八十六条　【违法发放贷款罪】银行或者其他金融机构的工作人员违反国家规定发放贷款,数额巨大或者造成重大损失的,处五年以下有期徒刑或者拘役,并处一万元以上十万元以下罚金;数额特别巨大或者造成特别重大损失的,处五年以上有期徒刑,并处二万元以上二十万元以下罚金。

银行或者其他金融机构的工作人员违反国家规定,向关系人发放贷款的,依照前款的规定从重处罚。

单位犯前两款罪的,对单位判处罚金,并对其直接负责的主管人员和其他直接责任人员,依照前两款的规定处罚。

关系人的范围,依照《中华人民共和国商业银行法》和有关金融法规确定。

第一百八十七条　【吸收客户资金不入账罪】银行或者其他金融机构的工作人员吸收客户资金不入帐,数额巨大或者造成重大损失的,处五年以下有期徒刑或者拘役,并处二万元以上二十万元以下罚金;数额特别巨大或者造成特别重大损失的,处五年以上有期徒刑,并处五万元以上五十万元以下罚金。

单位犯前款罪的,对单位判处罚金,并对其直接负责的主管人员和其他直接责任人员,依照前款的规定处罚。

第一百八十八条　【违规出具金融票证罪】银行或者其他金融机构的工作人员违反规定,为他人出具信用证或者其他保函、票据、存单、资信证明,情节严重的,处五年以下有期徒刑或者拘役;情节特别严重的,处五年以上有期徒刑。

单位犯前款罪的,对单位判处罚金,并对其直接负责的主管人员和其他直接责任人员,依照前款的规定处罚。

第一百八十九条 【对违法票据承兑、付款、保证罪】银行或者其他金融机构的工作人员在票据业务中,对违反票据法规定的票据予以承兑、付款或者保证,造成重大损失的,处五年以下有期徒刑或者拘役;造成特别重大损失的,处五年以上有期徒刑。

单位犯前款罪的,对单位判处罚金,并对其直接负责的主管人员和其他直接责任人员,依照前款的规定处罚。

第一百九十条 【逃汇罪】公司、企业或者其他单位,违反国家规定,擅自将外汇存放境外,或者将境内的外汇非法转移到境外,数额较大的,对单位判处逃汇数额百分之五以上百分之三十以下罚金,并对其直接负责的主管人员和其他直接责任人员,处五年以下有期徒刑或者拘役;数额巨大或者有其他严重情节的,对单位判处逃汇数额百分之五以上百分之三十以下罚金,并对其直接负责的主管人员和其他直接责任人员,处五年以上有期徒刑。

第一百九十一条 【洗钱罪】为掩饰、隐瞒毒品犯罪、黑社会性质的组织犯罪、恐怖活动犯罪、走私犯罪、贪污贿赂犯罪、破坏金融管理秩序犯罪、金融诈骗犯罪的所得及其产生的收益的来源和性质,有下列行为之一的,没收实施以上犯罪的所得及其产生的收益,处五年以下有期徒刑或者拘役,并处或者单处罚金;情节严重的,处五年以上十年以下有期徒刑,并处罚金:

(一)提供资金帐户的;

(二)将财产转换为现金、金融票据、有价证券的;

(三)通过转帐或者其他支付结算方式转移资金的;

(四)跨境转移资产的;

(五)以其他方法掩饰、隐瞒犯罪所得及其收益的来源和性质的。

单位犯前款罪的,对单位判处罚金,并对其直接负责的主管人员和其他直接责任人员,依照前款的规定处罚。

第五节　金融诈骗罪

第一百九十二条 【集资诈骗罪】以非法占有为目的,使用诈骗方法非法集资,数额较大的,处三年以上七年以下有期徒刑,并处罚金;数额巨大或者有其他严重情节的,处七年以上有期徒刑或者无期徒刑,并处罚金或者没收财产。

单位犯前款罪的,对单位判处罚金,并对其直接负责的主管人员和其他直接责任人员,依照前款的规定处罚。

第一百九十三条 【贷款诈骗罪】有下列情形之一,以非法占有为目的,诈骗银行或者其他金融机构的贷款,数额较大的,处五年以下有期徒刑或者拘役,并处二万元以上二十万元以下罚金;数额巨大或者有其他严重情节的,处五年以上十年以下有期徒刑,并处五万元以上五十万元以下罚金;数额特别巨大或者有其他特别严重情节的,处十年以上有期徒刑或者无期徒刑,并处五万元以上五十万元以下罚金或者没收财产:

(一)编造引进资金、项目等虚假理由的;

(二)使用虚假的经济合同的;

(三)使用虚假的证明文件的;

(四)使用虚假的产权证明作担保或者超出抵押物价值重复担保的;

(五)以其他方法诈骗贷款的。

第一百九十四条 【票据诈骗罪】有下列情形之一,进行金融票据诈骗活动,数额较大的,处五年以下有期徒刑或者拘役,并处二万元以上二十万元以下罚金;数额巨大或者有其他严重情节的,处五年以上十年以下有期徒刑，并处五万元以上五十万元以下罚金；数额特别巨大或者有其他特别严重情节的，处十年以上有期徒刑或者无期徒刑，并处五万元以上五十万元以下罚金或者没收财产：

（一）明知是伪造、变造的汇票、本票、支票而使用的；

（二）明知是作废的汇票、本票、支票而使用的；

（三）冒用他人的汇票、本票、支票的；

（四）签发空头支票或者与其预留印鉴不符的支票，骗取财物的；

（五）汇票、本票的出票人签发无资金保证的汇票、本票或者在出票时作虚假记载，骗取财物的。

【金融凭证诈骗罪】使用伪造、变造的委托收款凭证、汇款凭证、银行存单等其他银行结算凭证的，依照前款的规定处罚。

第一百九十五条　【信用证诈骗罪】有下列情形之一，进行信用证诈骗活动的，处五年以下有期徒刑或者拘役，并处二万元以上二十万元以下罚金；数额巨大或者有其他严重情节的，处五年以上十年以下有期徒刑，并处五万元以上五十万元以下罚金；数额特别巨大或者有其他特别严重情节的，处十年以上有期徒刑或者无期徒刑，并处五万元以上五十万元以下罚金或者没收财产：

（一）使用伪造、变造的信用证或者附随的单据、文件的；

（二）使用作废的信用证的；

（三）骗取信用证的；

（四）以其他方法进行信用证诈骗活动的。

第一百九十六条　【信用卡诈骗罪】有下列情形之一，进行信用卡诈骗活动，数额较大的，处五年以下有期徒刑或者拘役，并处二万元以上二十万元以下罚金；数额巨大或者有其他严重情节的，处五年以上十年以下有期徒刑，并处五万元以上五十万元以下罚金；数额特别巨大或者有其他特别严重情节的，处十年以上有期徒刑或者无期徒刑，并处五万元以上五十万元以下罚金或者没收财产：

（一）使用伪造的信用卡，或者使用以虚假的身份证明骗领的信用卡的；

（二）使用作废的信用卡的；

（三）冒用他人信用卡的；

（四）恶意透支的。

前款所称恶意透支，是指持卡人以非法占有为目的，超过规定限额或者规定期限透支，并且经发卡银行催收后仍不归还的行为。

【盗窃罪】盗窃信用卡并使用的，依照本法第二百六十四条的规定定罪处罚。

第一百九十七条　【有价证券诈骗罪】使用伪造、变造的国库券或者国家发行的其他有价证券，进行诈骗活动，数额较大的，处五年以下有期徒刑或者拘役，并处二万元以上二十万元以下罚金；数额巨大或者有其他严重情节的，处五年以上十年以下有期徒刑，并处五万元以上五十万元以下罚金；数额特别巨大或者有其他特别严重情节的，处十年以上有期徒刑或者无期徒刑，并处五万元以上五十万元以下罚金或者没收财产。

第一百九十八条　【保险诈骗罪】有下列情形之一，进行保险诈骗活动，数额较大的，处五年以下有期徒刑或者拘役，并处一万元以上十万元以下罚金；数额巨大或者有其他严重情节的，处五年以上十年以下有期徒刑，并处二万元以上二十万元以下罚金；数额特别巨大或者有其他特别严重情节的，处十年以上有期徒刑，并处二万元以上二十万元以下罚金或者没收财产：

（一）投保人故意虚构保险标的，骗取保险金的；

（二）投保人、被保险人或者受益人对发生的保险事故编造虚假的原因或者夸大损失的程度，骗取保险金的；

（三）投保人、被保险人或者受益人编造未曾发生的保险事故，骗取保险金的；

(四)投保人、被保险人故意造成财产损失的保险事故,骗取保险金的;

(五)投保人、受益人故意造成被保险人死亡、伤残或者疾病,骗取保险金的。

有前款第四项、第五项所列行为,同时构成其他犯罪的,依照数罪并罚的规定处罚。

单位犯第一款罪的,对单位判处罚金,并对其直接负责的主管人员和其他直接责任人员,处五年以下有期徒刑或者拘役;数额巨大或者有其他严重情节的,处五年以上十年以下有期徒刑;数额特别巨大或者有其他特别严重情节的,处十年以上有期徒刑。

保险事故的鉴定人、证明人、财产评估人故意提供虚假的证明文件,为他人诈骗提供条件的,以保险诈骗的共犯论处。

第一百九十九条[①] **【金融诈骗罪适用死刑和没收财产的规定】**犯本节第一百九十二条规定之罪,数额特别巨大并且给国家和人民利益造成特别重大损失的,处无期徒刑或者死刑,并处没收财产。

第二百条 【单位犯金融诈骗罪的处罚规定】单位犯本节第一百九十四条、第一百九十五条规定之罪的,对单位判处罚金,并对其直接负责的主管人员和其他直接责任人员,处五年以下有期徒刑或者拘役,可以并处罚金;数额巨大或者有其他严重情节的,处五年以上十年以下有期徒刑,并处罚金;数额特别巨大或者有其他特别严重情节的,处十年以上有期徒刑或者无期徒刑,并处罚金。

第六节 危害税收征管罪

第二百零一条 【逃税罪】纳税人采取欺骗、隐瞒手段进行虚假纳税申报或者不申报,逃避缴纳税款数额较大并且占应纳税额百分之十以上的,处三年以下有期徒刑或者拘役,并处罚金;数额巨大并且占应纳税额百分之三十以上的,处三年以上七年以下有期徒刑,并处罚金。

扣缴义务人采取前款所列手段,不缴或者少缴已扣、已收税款,数额较大的,依照前款的规定处罚。

对多次实施前两款行为,未经处理的,按照累计数额计算。

有第一款行为,经税务机关依法下达追缴通知后,补缴应纳税款,缴纳滞纳金,已受行政处罚的,不予追究刑事责任;但是,五年内因逃避缴纳税款受过刑事处罚或者被税务机关给予二次以上行政处罚的除外。

第二百零二条 【抗税罪】以暴力、威胁方法拒不缴纳税款的,处三年以下有期徒刑或者拘役,并处拒缴税款一倍以上五倍以下罚金;情节严重的,处三年以上七年以下有期徒刑,并处拒缴税款一倍以上五倍以下罚金。

第二百零三条 【逃避追缴欠税罪】纳税人欠缴应纳税款,采取转移或者隐匿财产的手段,致使税务机关无法追缴欠缴的税款,数额在一万元以上不满十万元的,处三年以下有期徒刑或者拘役,并处或者单处欠缴税款一倍以上五倍以下罚金;数额在十万元以上的,处三年以上七年以下有期徒刑,并处欠缴税款一倍以上五倍以下罚金。

第二百零四条 【骗取出口退税罪】以假报出口或者其他欺骗手段,骗取国家出口退税款,数额较大的,处五年以下有期徒刑或者拘役,并处骗取税款一倍以上五倍以下罚金;数额巨大或者有其他严重情节的,处五年以上十年以下有期徒刑,并处骗取税款一倍以上五倍以下罚金;数额特别巨大或者有其他特别严重情节的,处十年以上有期徒刑或者无期徒刑,并处骗取税款一倍以上五倍以下罚金或者没收财产。

【逃税罪】纳税人缴纳税款后,采取前款规定的欺骗方法,骗取所缴纳的税款的,依照本法第二百零一条的规定定罪处罚;骗取税款超过所缴纳的税款部分,依照前款的规定处罚。

---

① 本条根据2015年8月29日《刑法修正案(九)》删除。

第二百零五条　【虚开增值税专用发票、用于骗取出口退税、抵扣税款发票罪】虚开增值税专用发票或者虚开用于骗取出口退税、抵扣税款的其他发票的，处三年以下有期徒刑或者拘役，并处二万元以上二十万元以下罚金；虚开的税款数额较大或者有其他严重情节的，处三年以上十年以下有期徒刑，并处五万元以上五十万元以下罚金；虚开的税款数额巨大或者有其他特别严重情节的，处十年以上有期徒刑或者无期徒刑，并处五万元以上五十万元以下罚金或者没收财产。

有前款行为骗取国家税款，数额特别巨大，情节特别严重，给国家利益造成特别重大损失的，处无期徒刑或者死刑，并处没收财产。①

单位犯本条规定之罪的，对单位判处罚金，并对其直接负责的主管人员和其他直接责任人员，处三年以下有期徒刑或者拘役；虚开的税款数额较大或者有其他严重情节的，处三年以上十年以下有期徒刑；虚开的税款数额巨大或者有其他特别严重情节的，处十年以上有期徒刑或者无期徒刑。

虚开增值税专用发票或者虚开用于骗取出口退税、抵扣税款的其他发票，是指有为他人虚开、为自己虚开、让他人为自己虚开、介绍他人虚开行为之一的。

第二百零五条之一　【虚开发票罪】虚开本法第二百零五条规定以外的其他发票，情节严重的，处二年以下有期徒刑、拘役或者管制，并处罚金；情节特别严重的，处二年以上七年以下有期徒刑，并处罚金。

单位犯前款罪的，对单位判处罚金，并对其直接负责的主管人员和其他直接责任人员，依照前款的规定处罚。

第二百零六条　【伪造、出售伪造的增值税专用发票罪】伪造或者出售伪造的增值税专用发票的，处三年以下有期徒刑、拘役或者管制，并处二万元以上二十万元以下罚金；数量较大或者有其他严重情节的，处三年以上十年以下有期徒刑，并处五万元以上五十万元以下罚金；数量巨大或者有其他特别严重情节的，处十年以上有期徒刑或者无期徒刑，并处五万元以上五十万元以下罚金或者没收财产。

伪造并出售伪造的增值税专用发票，数量特别巨大，情节特别严重，严重破坏经济秩序的，处无期徒刑或者死刑，并处没收财产。②

单位犯本条规定之罪的，对单位判处罚金，并对其直接负责的主管人员和其他直接责任人员，处三年以下有期徒刑、拘役或者管制；数量较大或者有其他严重情节的，处三年以上十年以下有期徒刑；数量巨大或者有其他特别严重情节的，处十年以上有期徒刑或者无期徒刑。

第二百零七条　【非法出售增值税专用发票罪】非法出售增值税专用发票的，处三年以下有期徒刑、拘役或者管制，并处二万元以上二十万元以下罚金；数量较大的，处三年以上十年以下有期徒刑，并处五万元以上五十万元以下罚金；数量巨大的，处十年以上有期徒刑或者无期徒刑，并处五万元以上五十万元以下罚金或者没收财产。

第二百零八条　【非法购买增值税专用发票、购买伪造的增值税专用发票罪】非法购买增值税专用发票或者购买伪造的增值税专用发票的，处五年以下有期徒刑或者拘役，并处或者单处二万元以上二十万元以下罚金。

【虚开增值税专用发票、用于骗取出口退税、抵扣税款发票罪；伪造、出售伪造的增值税专用发票罪；非法出售增值税专用发票罪】非法购买增值税专用发票或者购买伪造的增值税专用发票又虚开或者出售的，分别依照本法第二百零五条、第二百零六条、第二百零七条的规定定罪处罚。

第二百零九条　【非法制造、出售非法制造的用于骗取出口退税、抵扣税款发票罪】伪造、擅自制造

---

① 本款根据2011年2月25日《刑法修正案（八）》删除。

② 本款根据2011年2月25日《刑法修正案（八）》删除。

或者出售伪造、擅自制造的可以用于骗取出口退税、抵扣税款的其他发票的，处三年以下有期徒刑、拘役或者管制，并处二万元以上二十万元以下罚金；数量巨大的，处三年以上七年以下有期徒刑，并处五万元以上五十万元以下罚金；数量特别巨大的，处七年以上有期徒刑，并处五万元以上五十万元以下罚金或者没收财产。

【非法制造、出售非法制造的发票罪】伪造、擅自制造或者出售伪造、擅自制造的前款规定以外的其他发票的，处二年以下有期徒刑、拘役或者管制，并处或者单处一万元以上五万元以下罚金；情节严重的，处二年以上七年以下有期徒刑，并处五万元以上五十万元以下罚金。

【非法出售用于骗取出口退税、抵扣税款发票罪】非法出售可以用于骗取出口退税、抵扣税款的其他发票的，依照第一款的规定处罚。

【非法出售发票罪】非法出售第三款规定以外的其他发票的，依照第二款的规定处罚。

第二百一十条　【盗窃罪】盗窃增值税专用发票或者可以用于骗取出口退税、抵扣税款的其他发票的，依照本法第二百六十四条的规定定罪处罚。

【诈骗罪】使用欺骗手段骗取增值税专用发票或者可以用于骗取出口退税、抵扣税款的其他发票的，依照本法第二百六十六条的规定定罪处罚。

第二百一十条之一　【持有伪造的发票罪】明知是伪造的发票而持有，数量较大的，处二年以下有期徒刑、拘役或者管制，并处罚金；数量巨大的，处二年以上七年以下有期徒刑，并处罚金。

单位犯前款罪的，对单位判处罚金，并对其直接负责的主管人员和其他直接责任人员，依照前款的规定处罚。

第二百一十一条　【单位犯危害税收征管罪的处罚规定】单位犯本节第二百零一条、第二百零三条、第二百零四条、第二百零七条、第二百零八条、第二百零九条规定之罪的，对单位判处罚金，并对其直接负责的主管人员和其他直接责任人员，依照各该条的规定处罚。

第二百一十二条　【税务机关征缴优先原则】犯本节第二百零一条至第二百零五条规定之罪，被判处罚金、没收财产的，在执行前，应当先由税务机关追缴税款和所骗取的出口退税款。

第七节　侵犯知识产权罪

第二百一十三条　【假冒注册商标罪】未经注册商标所有人许可，在同一种商品、服务上使用与其注册商标相同的商标，情节严重的，处三年以下有期徒刑，并处或者单处罚金；情节特别严重的，处三年以上十年以下有期徒刑，并处罚金。

第二百一十四条　【销售假冒注册商标的商品罪】销售明知是假冒注册商标的商品，违法所得数额较大或者有其他严重情节的，处三年以下有期徒刑，并处或者单处罚金；违法所得数额巨大或者有其他特别严重情节的，处三年以上十年以下有期徒刑，并处罚金。

第二百一十五条　【非法制造、销售非法制造的注册商标标识罪】伪造、擅自制造他人注册商标标识或者销售伪造、擅自制造的注册商标标识，情节严重的，处三年以下有期徒刑，并处或者单处罚金；情节特别严重的，处三年以上十年以下有期徒刑，并处罚金。

第二百一十六条　【假冒专利罪】假冒他人专利，情节严重的，处三年以下有期徒刑或者拘役，并处或者单处罚金。

第二百一十七条　【侵犯著作权罪】以营利为目的，有下列侵犯著作权或者与著作权有关的权利的情形之一，违法所得数额较大或者有其他严重情节的，处三年以下有期徒刑，并处或者单处罚金；违法所得数额巨大或者有其他特别严重情节的，处三年以上十年以下有期徒刑，并处罚金：

(一)未经著作权人许可，复制发行、通过信息网络向公众传播其文字作品、音乐、美术、视听作品、计算机软件及法律、行政法规规定的其他作品的；

（二）出版他人享有专有出版权的图书的；

（三）未经录音录像制作者许可，复制发行、通过信息网络向公众传播其制作的录音录像的；

（四）未经表演者许可，复制发行录有其表演的录音录像制品，或者通过信息网络向公众传播其表演的；

（五）制作、出售假冒他人署名的美术作品的；

（六）未经著作权人或者与著作权有关的权利人许可，故意避开或者破坏权利人为其作品、录音录像制品等采取的保护著作权或者与著作权有关的权利的技术措施的。

第二百一十八条　【销售侵权复制品罪】以营利为目的，销售明知是本法第二百一十七条规定的侵权复制品，违法所得数额巨大或者有其他严重情节的，处五年以下有期徒刑，并处或者单处罚金。

第二百一十九条　【侵犯商业秘密罪】有下列侵犯商业秘密行为之一，情节严重的，处三年以下有期徒刑，并处或者单处罚金；情节特别严重的，处三年以上十年以下有期徒刑，并处罚金：

（一）以盗窃、贿赂、欺诈、胁迫、电子侵入或者其他不正当手段获取权利人的商业秘密的；

（二）披露、使用或者允许他人使用以前项手段获取的权利人的商业秘密的；

（三）违反保密义务或者违反权利人有关保守商业秘密的要求，披露、使用或者允许他人使用其所掌握的商业秘密的。

明知前款所列行为，获取、披露、使用或者允许他人使用该商业秘密的，以侵犯商业秘密论。

本条所称权利人，是指商业秘密的所有人和经商业秘密所有人许可的商业秘密使用人。

第二百一十九条之一　【为境外窃取、刺探、收买、非法提供商业秘密罪】为境外的机构、组织、人员窃取、刺探、收买、非法提供商业秘密的，处五年以下有期徒刑，并处或者单处罚金；情节严重的，处五年以上有期徒刑，并处罚金。

第二百二十条　【单位犯侵犯知识产权罪的处罚规定】单位犯本节第二百一十三条至第二百一十九条之一规定之罪的，对单位判处罚金，并对其直接负责的主管人员和其他直接责任人员，依照本节各该条的规定处罚。

第八节　扰乱市场秩序罪

第二百二十一条　【损害商业信誉、商品声誉罪】捏造并散布虚伪事实，损害他人的商业信誉、商品声誉，给他人造成重大损失或者有其他严重情节的，处二年以下有期徒刑或者拘役，并处或者单处罚金。

第二百二十二条　【虚假广告罪】广告主、广告经营者、广告发布者违反国家规定，利用广告对商品或者服务作虚假宣传，情节严重的，处二年以下有期徒刑或者拘役，并处或者单处罚金。

第二百二十三条　【串通投标罪】投标人相互串通投标报价，损害招标人或者其他投标人利益，情节严重的，处三年以下有期徒刑或者拘役，并处或者单处罚金。

投标人与招标人串通投标，损害国家、集体、公民的合法利益的，依照前款的规定处罚。

第二百二十四条　【合同诈骗罪】有下列情形之一，以非法占有为目的，在签订、履行合同过程中，骗取对方当事人财物，数额较大的，处三年以下有期徒刑或者拘役，并处或者单处罚金；数额巨大或者有其他严重情节的，处三年以上十年以下有期徒刑，并处罚金；数额特别巨大或者有其他特别严重情节的，处十年以上有期徒刑或者无期徒刑，并处罚金或者没收财产：

（一）以虚构的单位或者冒用他人名义签订合同的；

（二）以伪造、变造、作废的票据或者其他虚假的产权证明作担保的；

（三）没有实际履行能力，以先履行小额合同或者部分履行合同的方法，诱骗对方当事人继续签订和履行合同的；

（四）收受对方当事人给付的货物、货款、预付款或者担保财产后逃匿的；

(五)以其他方法骗取对方当事人财物的。

第二百二十四条之一 【组织、领导传销活动罪】组织、领导以推销商品、提供服务等经营活动为名,要求参加者以缴纳费用或者购买商品、服务等方式获得加入资格,并按照一定顺序组成层级,直接或者间接以发展人员的数量作为计酬或者返利依据,引诱、胁迫参加者继续发展他人参加,骗取财物,扰乱经济社会秩序的传销活动的,处五年以下有期徒刑或者拘役,并处罚金;情节严重的,处五年以上有期徒刑,并处罚金。

第二百二十五条 【非法经营罪】违反国家规定,有下列非法经营行为之一,扰乱市场秩序,情节严重的,处五年以下有期徒刑或者拘役,并处或者单处违法所得一倍以上五倍以下罚金;情节特别严重的,处五年以上有期徒刑,并处违法所得一倍以上五倍以下罚金或者没收财产:

(一)未经许可经营法律、行政法规规定的专营、专卖物品或者其他限制买卖的物品的;

(二)买卖进出口许可证、进出口原产地证明以及其他法律、行政法规规定的经营许可证或者批准文件的;

(三)未经国家有关主管部门批准非法经营证券、期货、保险业务的,或者非法从事资金支付结算业务的;

(四)其他严重扰乱市场秩序的非法经营行为。

第二百二十六条 【强迫交易罪】以暴力、威胁手段,实施下列行为之一,情节严重的,处三年以下有期徒刑或者拘役,并处或者单处罚金;情节特别严重的,处三年以上七年以下有期徒刑,并处罚金:

(一)强买强卖商品的;

(二)强迫他人提供或者接受服务的;

(三)强迫他人参与或者退出投标、拍卖的;

(四)强迫他人转让或者收购公司、企业的股份、债券或者其他资产的;

(五)强迫他人参与或者退出特定的经营活动的。

第二百二十七条 【伪造、倒卖伪造的有价票证罪】伪造或者倒卖伪造的车票、船票、邮票或者其他有价票证,数额较大的,处二年以下有期徒刑、拘役或者管制,并处或者单处票证价额一倍以上五倍以下罚金;数额巨大的,处二年以上七年以下有期徒刑,并处票证价额一倍以上五倍以下罚金。

【倒卖车票、船票罪】倒卖车票、船票,情节严重的,处三年以下有期徒刑、拘役或者管制,并处或者单处票证价额一倍以上五倍以下罚金。

第二百二十八条 【非法转让、倒卖土地使用权罪】以牟利为目的,违反土地管理法规,非法转让、倒卖土地使用权,情节严重的,处三年以下有期徒刑或者拘役,并处或者单处非法转让、倒卖土地使用权价额百分之五以上百分之二十以下罚金;情节特别严重的,处三年以上七年以下有期徒刑,并处非法转让、倒卖土地使用权价额百分之五以上百分之二十以下罚金。

第二百二十九条 【提供虚假证明文件罪】承担资产评估、验资、验证、会计、审计、法律服务、保荐、安全评价、环境影响评价、环境监测等职责的中介组织的人员故意提供虚假证明文件,情节严重的,处五年以下有期徒刑或者拘役,并处罚金;有下列情形之一的,处五年以上十年以下有期徒刑,并处罚金:

(一)提供与证券发行相关的虚假的资产评估、会计、审计、法律服务、保荐等证明文件,情节特别严重的;

(二)提供与重大资产交易相关的虚假的资产评估、会计、审计等证明文件,情节特别严重的;

(三)在涉及公共安全的重大工程、项目中提供虚假的安全评价、环境影响评价等证明文件,致使公共财产、国家和人民利益遭受特别重大损失的。

有前款行为,同时索取他人财物或者非法收受他人财物构成犯罪的,依照处罚较重的规定定罪处罚。

【出具证明文件重大失实罪】第一款规定的人员，严重不负责任，出具的证明文件有重大失实，造成严重后果的，处三年以下有期徒刑或者拘役，并处或者单处罚金。

第二百三十条　【逃避商检罪】违反进出口商品检验法的规定，逃避商品检验，将必须经商检机构检验的进口商品未报经检验而擅自销售、使用，或者将必须经商检机构检验的出口商品未报经检验合格而擅自出口，情节严重的，处三年以下有期徒刑或者拘役，并处或者单处罚金。

第二百三十一条　【单位犯扰乱市场秩序罪的处罚规定】单位犯本节第二百二十一条至第二百三十条规定之罪的，对单位判处罚金，并对其直接负责的主管人员和其他直接责任人员，依照本节各该条的规定处罚。

第四章　侵犯公民人身权利、民主权利罪

第二百三十二条　【故意杀人罪】故意杀人的，处死刑、无期徒刑或者十年以上有期徒刑；情节较轻的，处三年以上十年以下有期徒刑。

第二百三十三条　【过失致人死亡罪】过失致人死亡的，处三年以上七年以下有期徒刑；情节较轻的，处三年以下有期徒刑。本法另有规定的，依照规定。

第二百三十四条　【故意伤害罪】故意伤害他人身体的，处三年以下有期徒刑、拘役或者管制。

犯前款罪，致人重伤的，处三年以上十年以下有期徒刑；致人死亡或者以特别残忍手段致人重伤造成严重残疾的，处十年以上有期徒刑、无期徒刑或者死刑。本法另有规定的，依照规定。

第二百三十四条之一　【组织出卖人体器官罪】组织他人出卖人体器官的，处五年以下有期徒刑，并处罚金；情节严重的，处五年以上有期徒刑，并处罚金或者没收财产。

【故意伤害罪；故意杀人罪】未经本人同意摘取其器官，或者摘取不满十八周岁的人的器官，或者强迫、欺骗他人捐献器官的，依照本法第二百三十四条、第二百三十二条的规定定罪处罚。

【盗窃、侮辱、故意毁坏尸体、尸骨、骨灰罪】违背本人生前意愿摘取其尸体器官，或者本人生前未表示同意，违反国家规定，违背其近亲属意愿摘取其尸体器官的，依照本法第三百零二条的规定定罪处罚。

第二百三十五条　【过失致人重伤罪】过失伤害他人致人重伤的，处三年以下有期徒刑或者拘役。本法另有规定的，依照规定。

第二百三十六条　【强奸罪】以暴力、胁迫或者其他手段强奸妇女的，处三年以上十年以下有期徒刑。

奸淫不满十四周岁的幼女的，以强奸论，从重处罚。

强奸妇女、奸淫幼女，有下列情形之一的，处十年以上有期徒刑、无期徒刑或者死刑：

（一）强奸妇女、奸淫幼女情节恶劣的；

（二）强奸妇女、奸淫幼女多人的；

（三）在公共场所当众强奸妇女、奸淫幼女的；

（四）二人以上轮奸的；

（五）奸淫不满十周岁的幼女或者造成幼女伤害的；

（六）致使被害人重伤、死亡或者造成其他严重后果的。

第二百三十六条之一　【负有照护职责人员性侵罪】对已满十四周岁不满十六周岁的未成年女性负有监护、收养、看护、教育、医疗等特殊职责的人员，与该未成年女性发生性关系的，处三年以下有期徒刑；情节恶劣的，处三年以上十年以下有期徒刑。

有前款行为，同时又构成本法第二百三十六条规定之罪的，依照处罚较重的规定定罪处罚。

第二百三十七条　【强制猥亵、侮辱罪】以暴力、胁迫或者其他方法强制猥亵他人或者侮辱妇女的，处五年以下有期徒刑或者拘役。

聚众或者在公共场所当众犯前款罪的,或者有其他恶劣情节的,处五年以上有期徒刑。

【猥亵儿童罪】猥亵儿童的,处五年以下有期徒刑;有下列情形之一的,处五年以上有期徒刑:

(一)猥亵儿童多人或者多次的;

(二)聚众猥亵儿童的,或者在公共场所当众猥亵儿童,情节恶劣的;

(三)造成儿童伤害或者其他严重后果的;

(四)猥亵手段恶劣或者有其他恶劣情节的。

第二百三十八条 【非法拘禁罪】非法拘禁他人或者以其他方法非法剥夺他人人身自由的,处三年以下有期徒刑、拘役、管制或者剥夺政治权利。具有殴打、侮辱情节的,从重处罚。

犯前款罪,致人重伤的,处三年以上十年以下有期徒刑;致人死亡的,处十年以上有期徒刑。使用暴力致人伤残、死亡的,依照本法第二百三十四条、第二百三十二条的规定定罪处罚。

为索取债务非法扣押、拘禁他人的,依照前两款的规定处罚。

国家机关工作人员利用职权犯前三款罪的,依照前三款的规定从重处罚。

第二百三十九条 【绑架罪】以勒索财物为目的绑架他人的,或者绑架他人作为人质的,处十年以上有期徒刑或者无期徒刑,并处罚金或者没收财产;情节较轻的,处五年以上十年以下有期徒刑,并处罚金。

犯前款罪,杀害被绑架人的,或者故意伤害被绑架人,致人重伤、死亡的,处无期徒刑或者死刑,并处没收财产。

以勒索财物为目的偷盗婴幼儿的,依照前两款的规定处罚。

第二百四十条 【拐卖妇女、儿童罪】拐卖妇女、儿童的,处五年以上十年以下有期徒刑,并处罚金;有下列情形之一的,处十年以上有期徒刑或者无期徒刑,并处罚金或者没收财产;情节特别严重的,处死刑,并处没收财产:

(一)拐卖妇女、儿童集团的首要分子;

(二)拐卖妇女、儿童三人以上的;

(三)奸淫被拐卖的妇女的;

(四)诱骗、强迫被拐卖的妇女卖淫或者将被拐卖的妇女卖给他人迫使其卖淫的;

(五)以出卖为目的,使用暴力、胁迫或者麻醉方法绑架妇女、儿童的;

(六)以出卖为目的,偷盗婴幼儿的;

(七)造成被拐卖的妇女、儿童或者其亲属重伤、死亡或者其他严重后果的;

(八)将妇女、儿童卖往境外的。

拐卖妇女、儿童是指以出卖为目的,有拐骗、绑架、收买、贩卖、接送、中转妇女、儿童的行为之一的。

第二百四十一条 【收买被拐卖的妇女、儿童罪】收买被拐卖的妇女、儿童的,处三年以下有期徒刑、拘役或者管制。

【强奸罪】收买被拐卖的妇女,强行与其发生性关系的,依照本法第二百三十六条的规定定罪处罚。

收买被拐卖的妇女、儿童,非法剥夺、限制其人身自由或者有伤害、侮辱等犯罪行为的,依照本法的有关规定定罪处罚。

收买被拐卖的妇女、儿童,并有第二款、第三款规定的犯罪行为的,依照数罪并罚的规定处罚。

【拐卖妇女、儿童罪】收买被拐卖的妇女、儿童又出卖的,依照本法第二百四十条的规定定罪处罚。

收买被拐卖的妇女、儿童,对被买儿童没有虐待行为,不阻碍对其进行解救的,可以从轻处罚;按照被买妇女的意愿,不阻碍其返回原居住地的,可以从轻或者减轻处罚。

第二百四十二条 【妨害公务罪】以暴力、威胁方法阻碍国家机关工作人员解救被收买的妇女、儿童的,依照本法第二百七十七条的规定定罪处罚。

【聚众阻碍解救被收买的妇女、儿童罪】聚众阻碍国家机关工作人员解救被收买的妇女、儿童的首要分子，处五年以下有期徒刑或者拘役；其他参与者使用暴力、威胁方法的，依照前款的规定处罚。

第二百四十三条　【诬告陷害罪】捏造事实诬告陷害他人，意图使他人受刑事追究，情节严重的，处三年以下有期徒刑、拘役或者管制；造成严重后果的，处三年以上十年以下有期徒刑。

国家机关工作人员犯前款罪的，从重处罚。

不是有意诬陷，而是错告，或者检举失实的，不适用前两款的规定。

第二百四十四条　【强迫劳动罪】以暴力、威胁或者限制人身自由的方法强迫他人劳动的，处三年以下有期徒刑或者拘役，并处罚金；情节严重的，处三年以上十年以下有期徒刑，并处罚金。

明知他人实施前款行为，为其招募、运送人员或者有其他协助强迫他人劳动行为的，依照前款的规定处罚。

单位犯前两款罪的，对单位判处罚金，并对其直接负责的主管人员和其他直接责任人员，依照第一款的规定处罚。

第二百四十四条之一　【雇用童工从事危重劳动罪】违反劳动管理法规，雇用未满十六周岁的未成年人从事超强度体力劳动的，或者从事高空、井下作业的，或者在爆炸性、易燃性、放射性、毒害性等危险环境下从事劳动，情节严重的，对直接责任人员，处三年以下有期徒刑或者拘役，并处罚金；情节特别严重的，处三年以上七年以下有期徒刑，并处罚金。

有前款行为，造成事故，又构成其他犯罪的，依照数罪并罚的规定处罚。

第二百四十五条　【非法搜查罪；非法侵入住宅罪】非法搜查他人身体、住宅，或者非法侵入他人住宅的，处三年以下有期徒刑或者拘役。

司法工作人员滥用职权，犯前款罪的，从重处罚。

第二百四十六条　【侮辱罪；诽谤罪】以暴力或者其他方法公然侮辱他人或者捏造事实诽谤他人，情节严重的，处三年以下有期徒刑、拘役、管制或者剥夺政治权利。

前款罪，告诉的才处理，但是严重危害社会秩序和国家利益的除外。

通过信息网络实施第一款规定的行为，被害人向人民法院告诉，但提供证据确有困难的，人民法院可以要求公安机关提供协助。

第二百四十七条　【刑讯逼供罪；暴力取证罪】司法工作人员对犯罪嫌疑人、被告人实行刑讯逼供或者使用暴力逼取证人证言的，处三年以下有期徒刑或者拘役。致人伤残、死亡的，依照本法第二百三十四条、第二百三十二条的规定定罪从重处罚。

第二百四十八条　【虐待被监管人罪】监狱、拘留所、看守所等监管机构的监管人员对被监管人进行殴打或者体罚虐待，情节严重的，处三年以下有期徒刑或者拘役；情节特别严重的，处三年以上十年以下有期徒刑。致人伤残、死亡的，依照本法第二百三十四条、第二百三十二条的规定定罪从重处罚。

监管人员指使被监管人殴打或者体罚虐待其他被监管人的，依照前款的规定处罚。

第二百四十九条　【煽动民族仇恨、民族歧视罪】煽动民族仇恨、民族歧视，情节严重的，处三年以下有期徒刑、拘役、管制或者剥夺政治权利；情节特别严重的，处三年以上十年以下有期徒刑。

第二百五十条　【出版歧视、侮辱少数民族作品罪】在出版物中刊载歧视、侮辱少数民族的内容，情节恶劣，造成严重后果的，对直接责任人员，处三年以下有期徒刑、拘役或者管制。

第二百五十一条　【非法剥夺公民宗教信仰自由罪；侵犯少数民族风俗习惯罪】国家机关工作人员非法剥夺公民的宗教信仰自由和侵犯少数民族风俗习惯，情节严重的，处二年以下有期徒刑或者拘役。

第二百五十二条　【侵犯通信自由罪】隐匿、毁弃或者非法开拆他人信件，侵犯公民通信自由权利，情节严重的，处一年以下有期徒刑或者拘役。

第二百五十三条　【私自开拆、隐匿、毁弃邮件、电报罪】邮政工作人员私自开拆或者隐匿、毁弃邮件、电报的,处二年以下有期徒刑或者拘役。

【盗窃罪】犯前款罪而窃取财物的,依照本法第二百六十四条的规定定罪从重处罚。

第二百五十三条之一 【侵犯公民个人信息罪】违反国家有关规定,向他人出售或者提供公民个人信息,情节严重的,处三年以下有期徒刑或者拘役,并处或者单处罚金;情节特别严重的,处三年以上七年以下有期徒刑,并处罚金。

违反国家有关规定,将在履行职责或者提供服务过程中获得的公民个人信息,出售或者提供给他人的,依照前款的规定从重处罚。

窃取或者以其他方法非法获取公民个人信息的,依照第一款的规定处罚。

单位犯前三款罪的,对单位判处罚金,并对其直接负责的主管人员和其他直接责任人员,依照各该款的规定处罚。

第二百五十四条 【报复陷害罪】国家机关工作人员滥用职权、假公济私,对控告人、申诉人、批评人、举报人实行报复陷害的,处二年以下有期徒刑或者拘役;情节严重的,处二年以上七年以下有期徒刑。

第二百五十五条 【打击报复会计、统计人员罪】公司、企业、事业单位、机关、团体的领导人,对依法履行职责、抵制违反会计法、统计法行为的会计、统计人员实行打击报复,情节恶劣的,处三年以下有期徒刑或者拘役。

第二百五十六条 【破坏选举罪】在选举各级人民代表大会代表和国家机关领导人员时,以暴力、威胁、欺骗、贿赂、伪造选举文件、虚报选举票数等手段破坏选举或者妨害选民和代表自由行使选举权和被选举权,情节严重的,处三年以下有期徒刑、拘役或者剥夺政治权利。

第二百五十七条 【暴力干涉婚姻自由罪】以暴力干涉他人婚姻自由的,处二年以下有期徒刑或者拘役。

犯前款罪,致使被害人死亡的,处二年以上七年以下有期徒刑。

第一款罪,告诉的才处理。

第二百五十八条 【重婚罪】有配偶而重婚的,或者明知他人有配偶而与之结婚的,处二年以下有期徒刑或者拘役。

第二百五十九条 【破坏军婚罪】明知是现役军人的配偶而与之同居或者结婚的,处三年以下有期徒刑或者拘役。

【强奸罪】利用职权、从属关系,以胁迫手段奸淫现役军人的妻子的,依照本法第二百三十六条的规定定罪处罚。

第二百六十条 【虐待罪】虐待家庭成员,情节恶劣的,处二年以下有期徒刑、拘役或者管制。

犯前款罪,致使被害人重伤、死亡的,处二年以上七年以下有期徒刑。

第一款罪,告诉的才处理,但被害人没有能力告诉,或者因受到强制、威吓无法告诉的除外。

第二百六十条之一 【虐待被监护、看护人罪】对未成年人、老年人、患病的人、残疾人等负有监护、看护职责的人虐待被监护、看护的人,情节恶劣的,处三年以下有期徒刑或者拘役。

单位犯前款罪的,对单位判处罚金,并对其直接负责的主管人员和其他直接责任人员,依照前款的规定处罚。

有第一款行为,同时构成其他犯罪的,依照处罚较重的规定定罪处罚。

第二百六十一条 【遗弃罪】对于年老、年幼、患病或者其他没有独立生活能力的人,负有扶养义务而拒绝扶养,情节恶劣的,处五年以下有期徒刑、拘役或者管制。

第二百六十二条 【拐骗儿童罪】拐骗不满十四周岁的未成年人,脱离家庭或者监护人的,处五年以下有期徒刑或者拘役。

第二百六十二条之一　【组织残疾人、儿童乞讨罪】以暴力、胁迫手段组织残疾人或者不满十四周岁的未成年人乞讨的，处三年以下有期徒刑或者拘役，并处罚金；情节严重的，处三年以上七年以下有期徒刑，并处罚金。

第二百六十二条之二　【组织未成年人进行违反治安管理活动罪】组织未成年人进行盗窃、诈骗、抢夺、敲诈勒索等违反治安管理活动的，处三年以下有期徒刑或者拘役，并处罚金；情节严重的，处三年以上七年以下有期徒刑，并处罚金。

第五章　侵犯财产罪

第二百六十三条　【抢劫罪】以暴力、胁迫或者其他方法抢劫公私财物的，处三年以上十年以下有期徒刑，并处罚金；有下列情形之一的，处十年以上有期徒刑、无期徒刑或者死刑，并处罚金或者没收财产：

（一）入户抢劫的；

（二）在公共交通工具上抢劫的；

（三）抢劫银行或者其他金融机构的；

（四）多次抢劫或者抢劫数额巨大的；

（五）抢劫致人重伤、死亡的；

（六）冒充军警人员抢劫的；

（七）持枪抢劫的；

（八）抢劫军用物资或者抢险、救灾、救济物资的。

第二百六十四条　【盗窃罪】盗窃公私财物，数额较大的，或者多次盗窃、入户盗窃、携带凶器盗窃、扒窃的，处三年以下有期徒刑、拘役或者管制，并处或者单处罚金；数额巨大或者有其他严重情节的，处三年以上十年以下有期徒刑，并处罚金；数额特别巨大或者有其他特别严重情节的，处十年以上有期徒刑或者无期徒刑，并处罚金或者没收财产。

第二百六十五条　【盗窃罪】以牟利为目的，盗接他人通信线路、复制他人电信码号或者明知是盗接、复制的电信设备、设施而使用的，依照本法第二百六十四条的规定定罪处罚。

第二百六十六条　【诈骗罪】诈骗公私财物，数额较大的，处三年以下有期徒刑、拘役或者管制，并处或者单处罚金；数额巨大或者有其他严重情节的，处三年以上十年以下有期徒刑，并处罚金；数额特别巨大或者有其他特别严重情节的，处十年以上有期徒刑或者无期徒刑，并处罚金或者没收财产。本法另有规定的，依照规定。

第二百六十七条　【抢夺罪】抢夺公私财物，数额较大的，或者多次抢夺的，处三年以下有期徒刑、拘役或者管制，并处或者单处罚金；数额巨大或者有其他严重情节的，处三年以上十年以下有期徒刑，并处罚金；数额特别巨大或者有其他特别严重情节的，处十年以上有期徒刑或者无期徒刑，并处罚金或者没收财产。

【抢劫罪】携带凶器抢夺的，依照本法第二百六十三条的规定定罪处罚。

第二百六十八条　【聚众哄抢罪】聚众哄抢公私财物，数额较大或者有其他严重情节的，对首要分子和积极参加的，处三年以下有期徒刑、拘役或者管制，并处罚金；数额巨大或者有其他特别严重情节的，处三年以上十年以下有期徒刑，并处罚金。

第二百六十九条　【转化抢劫】犯盗窃、诈骗、抢夺罪，为窝藏赃物、抗拒抓捕或者毁灭罪证而当场使用暴力或者以暴力相威胁的，依照本法第二百六十三条的规定定罪处罚。

第二百七十条　【侵占罪】将代为保管的他人财物非法占为己有，数额较大，拒不退还的，处二年以下有期徒刑、拘役或者罚金；数额巨大或者有其他严重情节的，处二年以上五年以下有期徒刑，并处罚金。

将他人的遗忘物或者埋藏物非法占为己有,数额较大,拒不交出的,依照前款的规定处罚。

本条罪,告诉的才处理。

第二百七十一条　【职务侵占罪】公司、企业或者其他单位的工作人员,利用职务上的便利,将本单位财物非法占为己有,数额较大的,处三年以下有期徒刑或者拘役,并处罚金;数额巨大的,处三年以上十年以下有期徒刑,并处罚金;数额特别巨大的,处十年以上有期徒刑或者无期徒刑,并处罚金。

【贪污罪】国有公司、企业或者其他国有单位中从事公务的人员和国有公司、企业或者其他国有单位委派到非国有公司、企业以及其他单位从事公务的人员有前款行为的,依照本法第三百八十二条、第三百八十三条的规定定罪处罚。

第二百七十二条　【挪用资金罪】公司、企业或者其他单位的工作人员,利用职务上的便利,挪用本单位资金归个人使用或者借贷给他人,数额较大、超过三个月未还的,或者虽未超过三个月,但数额较大、进行营利活动的,或者进行非法活动的,处三年以下有期徒刑或者拘役;挪用本单位资金数额巨大的,处三年以上七年以下有期徒刑;数额特别巨大的,处七年以上有期徒刑。

【挪用公款罪】国有公司、企业或者其他国有单位中从事公务的人员和国有公司、企业或者其他国有单位委派到非国有公司、企业以及其他单位从事公务的人员有前款行为的,依照本法第三百八十四条的规定定罪处罚。

有第一款行为,在提起公诉前将挪用的资金退还的,可以从轻或者减轻处罚。其中,犯罪较轻的,可以减轻或者免除处罚。

第二百七十三条　【挪用特定款物罪】挪用用于救灾、抢险、防汛、优抚、扶贫、移民、救济款物,情节严重,致使国家和人民群众利益遭受重大损害的,对直接责任人员,处三年以下有期徒刑或者拘役;情节特别严重的,处三年以上七年以下有期徒刑。

第二百七十四条　【敲诈勒索罪】敲诈勒索公私财物,数额较大或者多次敲诈勒索的,处三年以下有期徒刑、拘役或者管制,并处或者单处罚金;数额巨大或者有其他严重情节的,处三年以上十年以下有期徒刑,并处罚金;数额特别巨大或者有其他特别严重情节的,处十年以上有期徒刑,并处罚金。

第二百七十五条　【故意毁坏财物罪】故意毁坏公私财物,数额较大或者有其他严重情节的,处三年以下有期徒刑、拘役或者罚金;数额巨大或者有其他特别严重情节的,处三年以上七年以下有期徒刑。

第二百七十六条　【破坏生产经营罪】由于泄愤报复或者其他个人目的,毁坏机器设备、残害耕畜或者以其他方法破坏生产经营的,处三年以下有期徒刑、拘役或者管制;情节严重的,处三年以上七年以下有期徒刑。

第二百七十六条之一　【拒不支付劳动报酬罪】以转移财产、逃匿等方法逃避支付劳动者的劳动报酬或者有能力支付而不支付劳动者的劳动报酬,数额较大,经政府有关部门责令支付仍不支付的,处三年以下有期徒刑或者拘役,并处或者单处罚金;造成严重后果的,处三年以上七年以下有期徒刑,并处罚金。

单位犯前款罪的,对单位判处罚金,并对其直接负责的主管人员和其他直接责任人员,依照前款的规定处罚。

有前两款行为,尚未造成严重后果,在提起公诉前支付劳动者的劳动报酬,并依法承担相应赔偿责任的,可以减轻或者免除处罚。

第六章　妨害社会管理秩序罪

第一节　扰乱公共秩序罪

第二百七十七条　【妨害公务罪】以暴力、威胁方法阻碍国家机关工作人员依法执行职务的,处三年以下有期徒刑、拘役、管制或者罚金。

以暴力、威胁方法阻碍全国人民代表大会和地方各级人民代表大会代表依法执行代表职务的，依照前款的规定处罚。

在自然灾害和突发事件中，以暴力、威胁方法阻碍红十字会工作人员依法履行职责的，依照第一款的规定处罚。

故意阻碍国家安全机关、公安机关依法执行国家安全工作任务，未使用暴力、威胁方法，造成严重后果的，依照第一款的规定处罚。

【袭警罪】暴力袭击正在依法执行职务的人民警察的，处三年以下有期徒刑、拘役或者管制；使用枪支、管制刀具，或者以驾驶机动车撞击等手段，严重危及其人身安全的，处三年以上七年以下有期徒刑。

第二百七十八条　【煽动暴力抗拒法律实施罪】煽动群众暴力抗拒国家法律、行政法规实施的，处三年以下有期徒刑、拘役、管制或者剥夺政治权利；造成严重后果的，处三年以上七年以下有期徒刑。

第二百七十九条　【招摇撞骗罪】冒充国家机关工作人员招摇撞骗的，处三年以下有期徒刑、拘役、管制或者剥夺政治权利；情节严重的，处三年以上十年以下有期徒刑。

冒充人民警察招摇撞骗的，依照前款的规定从重处罚。

第二百八十条　【伪造、变造、买卖国家机关公文、证件、印章罪；盗窃、抢夺、毁灭国家机关公文、证件、印章罪】伪造、变造、买卖或者盗窃、抢夺、毁灭国家机关的公文、证件、印章的，处三年以下有期徒刑、拘役、管制或者剥夺政治权利，并处罚金；情节严重的，处三年以上十年以下有期徒刑，并处罚金。

【伪造公司、企业、事业单位、人民团体印章罪】伪造公司、企业、事业单位、人民团体的印章的，处三年以下有期徒刑、拘役、管制或者剥夺政治权利，并处罚金。

【伪造、变造、买卖身份证件罪】伪造、变造、买卖居民身份证、护照、社会保障卡、驾驶证等依法可以用于证明身份的证件的，处三年以下有期徒刑、拘役、管制或者剥夺政治权利，并处罚金；情节严重的，处三年以上七年以下有期徒刑，并处罚金。

第二百八十条之一　【使用虚假身份证件、盗用身份证件罪】在依照国家规定应当提供身份证明的活动中，使用伪造、变造的或者盗用他人的居民身份证、护照、社会保障卡、驾驶证等依法可以用于证明身份的证件，情节严重的，处拘役或者管制，并处或者单处罚金。

有前款行为，同时构成其他犯罪的，依照处罚较重的规定定罪处罚。

第二百八十条之二　【冒名顶替罪】盗用、冒用他人身份，顶替他人取得的高等学历教育入学资格、公务员录用资格、就业安置待遇的，处三年以下有期徒刑、拘役或者管制，并处罚金。

组织、指使他人实施前款行为的，依照前款的规定从重处罚。

国家工作人员有前两款行为，又构成其他犯罪的，依照数罪并罚的规定处罚。

第二百八十一条　【非法生产、买卖警用装备罪】非法生产、买卖人民警察制式服装、车辆号牌等专用标志、警械，情节严重的，处三年以下有期徒刑、拘役或者管制，并处或者单处罚金。

单位犯前款罪的，对单位判处罚金，并对其直接负责的主管人员和其他直接责任人员，依照前款的规定处罚。

第二百八十二条　【非法获取国家秘密罪】以窃取、刺探、收买方法，非法获取国家秘密的，处三年以下有期徒刑、拘役、管制或者剥夺政治权利；情节严重的，处三年以上七年以下有期徒刑。

【非法持有国家绝密、机密文件、资料、物品罪】非法持有属于国家绝密、机密的文件、资料或者其他物品，拒不说明来源与用途的，处三年以下有期徒刑、拘役或者管制。

第二百八十三条　【非法生产、销售专用间谍器材、窃听、窃照专用器材罪】非法生产、销售专用间谍器材或者窃听、窃照专用器材的，处三年以下有期徒刑、拘役或者管制，并处或者单处罚金；情节严重的，处三年以上七年以下有期徒刑，并处罚金。

单位犯前款罪的,对单位判处罚金,并对其直接负责的主管人员和其他直接责任人员,依照前款的规定处罚。

第二百八十四条 【非法使用窃听、窃照专用器材罪】非法使用窃听、窃照专用器材,造成严重后果的,处二年以下有期徒刑、拘役或者管制。

第二百八十四条之一 【组织考试作弊罪】在法律规定的国家考试中,组织作弊的,处三年以下有期徒刑或者拘役,并处或者单处罚金;情节严重的,处三年以上七年以下有期徒刑,并处罚金。

为他人实施前款犯罪提供作弊器材或者其他帮助的,依照前款的规定处罚。

【非法出售、提供试题、答案罪】为实施考试作弊行为,向他人非法出售或者提供第一款规定的考试的试题、答案的,依照第一款的规定处罚。

【代替考试罪】代替他人或者让他人代替自己参加第一款规定的考试的,处拘役或者管制,并处或者单处罚金。

第二百八十五条 【非法侵入计算机信息系统罪】违反国家规定,侵入国家事务、国防建设、尖端科学技术领域的计算机信息系统的,处三年以下有期徒刑或者拘役。

【非法获取计算机信息系统数据、非法控制计算机信息系统罪】违反国家规定,侵入前款规定以外的计算机信息系统或者采用其他技术手段,获取该计算机信息系统中存储、处理或者传输的数据,或者对该计算机信息系统实施非法控制,情节严重的,处三年以下有期徒刑或者拘役,并处或者单处罚金;情节特别严重的,处三年以上七年以下有期徒刑,并处罚金。

【提供侵入、非法控制计算机信息系统程序、工具罪】提供专门用于侵入、非法控制计算机信息系统的程序、工具,或者明知他人实施侵入、非法控制计算机信息系统的违法犯罪行为而为其提供程序、工具,情节严重的,依照前款的规定处罚。

单位犯前三款罪的,对单位判处罚金,并对其直接负责的主管人员和其他直接责任人员,依照各该款的规定处罚。

第二百八十六条 【破坏计算机信息系统罪】违反国家规定,对计算机信息系统功能进行删除、修改、增加、干扰,造成计算机信息系统不能正常运行,后果严重的,处五年以下有期徒刑或者拘役;后果特别严重的,处五年以上有期徒刑。

违反国家规定,对计算机信息系统中存储、处理或者传输的数据和应用程序进行删除、修改、增加的操作,后果严重的,依照前款的规定处罚。

故意制作、传播计算机病毒等破坏性程序,影响计算机系统正常运行,后果严重的,依照第一款的规定处罚。

单位犯前三款罪的,对单位判处罚金,并对其直接负责的主管人员和其他直接责任人员,依照第一款的规定处罚。

第二百八十六条之一 【拒不履行信息网络安全管理义务罪】网络服务提供者不履行法律、行政法规规定的信息网络安全管理义务,经监管部门责令采取改正措施而拒不改正,有下列情形之一的,处三年以下有期徒刑、拘役或者管制,并处或者单处罚金:

(一)致使违法信息大量传播的;

(二)致使用户信息泄露,造成严重后果的;

(三)致使刑事案件证据灭失,情节严重的;

(四)有其他严重情节的。

单位犯前款罪的,对单位判处罚金,并对其直接负责的主管人员和其他直接责任人员,依照前款的规定处罚。

有前两款行为,同时构成其他犯罪的,依照处罚较重的规定定罪处罚。

第二百八十七条　【利用计算机实施犯罪的提示性规定】利用计算机实施金融诈骗、盗窃、贪污、挪用公款、窃取国家秘密或者其他犯罪的，依照本法有关规定定罪处罚。

第二百八十七条之一　【非法利用信息网络罪】利用信息网络实施下列行为之一，情节严重的，处三年以下有期徒刑或者拘役，并处或者单处罚金：

（一）设立用于实施诈骗、传授犯罪方法、制作或者销售违禁物品、管制物品等违法犯罪活动的网站、通讯群组的；

（二）发布有关制作或者销售毒品、枪支、淫秽物品等违禁物品、管制物品或者其他违法犯罪信息的；

（三）为实施诈骗等违法犯罪活动发布信息的。

单位犯前款罪的，对单位判处罚金，并对其直接负责的主管人员和其他直接责任人员，依照第一款的规定处罚。

有前两款行为，同时构成其他犯罪的，依照处罚较重的规定定罪处罚。

第二百八十七条之二　【帮助信息网络犯罪活动罪】明知他人利用信息网络实施犯罪，为其犯罪提供互联网接入、服务器托管、网络存储、通讯传输等技术支持，或者提供广告推广、支付结算等帮助，情节严重的，处三年以下有期徒刑或者拘役，并处或者单处罚金。

单位犯前款罪的，对单位判处罚金，并对其直接负责的主管人员和其他直接责任人员，依照第一款的规定处罚。

有前两款行为，同时构成其他犯罪的，依照处罚较重的规定定罪处罚。

第二百八十八条　【扰乱无线电通讯管理秩序罪】违反国家规定，擅自设置、使用无线电台（站），或者擅自使用无线电频率，干扰无线电通讯秩序，情节严重的，处三年以下有期徒刑、拘役或者管制，并处或者单处罚金；情节特别严重的，处三年以上七年以下有期徒刑，并处罚金。

单位犯前款罪的，对单位判处罚金，并对其直接负责的主管人员和其他直接责任人员，依照前款的规定处罚。

第二百八十九条　【故意伤害罪；故意杀人罪；抢劫罪】聚众"打砸抢"，致人伤残、死亡的，依照本法第二百三十四条、第二百三十二条的规定定罪处罚。毁坏或者抢走公私财物的，除判令退赔外，对首要分子，依照本法第二百六十三条的规定定罪处罚。

第二百九十条　【聚众扰乱社会秩序罪】聚众扰乱社会秩序，情节严重，致使工作、生产、营业和教学、科研、医疗无法进行，造成严重损失的，对首要分子，处三年以上七年以下有期徒刑；对其他积极参加的，处三年以下有期徒刑、拘役、管制或者剥夺政治权利。

【聚众冲击国家机关罪】聚众冲击国家机关，致使国家机关工作无法进行，造成严重损失的，对首要分子，处五年以上十年以下有期徒刑；对其他积极参加的，处五年以下有期徒刑、拘役、管制或者剥夺政治权利。

【扰乱国家机关工作秩序罪】多次扰乱国家机关工作秩序，经行政处罚后仍不改正，造成严重后果的，处三年以下有期徒刑、拘役或者管制。

【组织、资助非法聚集罪】多次组织、资助他人非法聚集，扰乱社会秩序，情节严重的，依照前款的规定处罚。

第二百九十一条　【聚众扰乱公共场所秩序、交通秩序罪】聚众扰乱车站、码头、民用航空站、商场、公园、影剧院、展览会、运动场或者其他公共场所秩序，聚众堵塞交通或者破坏交通秩序，抗拒、阻碍国家治安管理工作人员依法执行职务，情节严重的，对首要分子，处五年以下有期徒刑、拘役或者管制。

第二百九十一条之一　【投放虚假危险物质罪；编造、故意传播虚假恐怖信息罪】投放虚假的爆炸性、毒害性、放射性、传染病病原体等物质，或者编造爆炸威胁、生化威胁、放射威胁等恐怖信息，或者明知是编造的恐怖信息而故意传播,严重扰乱社会秩序的,处五年以下有期徒刑、拘役或者管制;造成严重后果的,处五年以上有期徒刑。

【编造、故意传播虚假信息罪】编造虚假的险情、疫情、灾情、警情,在信息网络或者其他媒体上传播,或者明知是上述虚假信息,故意在信息网络或者其他媒体上传播,严重扰乱社会秩序的,处三年以下有期徒刑、拘役或者管制;造成严重后果的,处三年以上七年以下有期徒刑。

第二百九十一条之二 【高空抛物罪】从建筑物或者其他高空抛掷物品,情节严重的,处一年以下有期徒刑、拘役或者管制,并处或者单处罚金。

有前款行为,同时构成其他犯罪的,依照处罚较重的规定定罪处罚。

第二百九十二条 【聚众斗殴罪】聚众斗殴的,对首要分子和其他积极参加的,处三年以下有期徒刑、拘役或者管制;有下列情形之一的,对首要分子和其他积极参加的,处三年以上十年以下有期徒刑:

(一)多次聚众斗殴的;

(二)聚众斗殴人数多,规模大,社会影响恶劣的;

(三)在公共场所或者交通要道聚众斗殴,造成社会秩序严重混乱的;

(四)持械聚众斗殴的。

【故意伤害罪;故意杀人罪】聚众斗殴,致人重伤、死亡的,依照本法第二百三十四条、第二百三十二条的规定定罪处罚。

第二百九十三条 【寻衅滋事罪】有下列寻衅滋事行为之一,破坏社会秩序的,处五年以下有期徒刑、拘役或者管制:

(一)随意殴打他人,情节恶劣的;

(二)追逐、拦截、辱骂、恐吓他人,情节恶劣的;

(三)强拿硬要或者任意损毁、占用公私财物,情节严重的;

(四)在公共场所起哄闹事,造成公共场所秩序严重混乱的。

纠集他人多次实施前款行为,严重破坏社会秩序的,处五年以上十年以下有期徒刑,可以并处罚金。

第二百九十三条之一 【催收非法债务罪】有下列情形之一,催收高利放贷等产生的非法债务,情节严重的,处三年以下有期徒刑、拘役或者管制,并处或者单处罚金:

(一)使用暴力、胁迫方法的;

(二)限制他人人身自由或者侵入他人住宅的;

(三)恐吓、跟踪、骚扰他人的。

第二百九十四条 【组织、领导、参加黑社会性质组织罪】组织、领导黑社会性质的组织的,处七年以上有期徒刑,并处没收财产;积极参加的,处三年以上七年以下有期徒刑,可以并处罚金或者没收财产;其他参加的,处三年以下有期徒刑、拘役、管制或者剥夺政治权利,可以并处罚金。

【入境发展黑社会组织罪】境外的黑社会组织的人员到中华人民共和国境内发展组织成员的,处三年以上十年以下有期徒刑。

【包庇、纵容黑社会性质组织罪】国家机关工作人员包庇黑社会性质的组织,或者纵容黑社会性质的组织进行违法犯罪活动的,处五年以下有期徒刑;情节严重的,处五年以上有期徒刑。

犯前三款罪又有其他犯罪行为的,依照数罪并罚的规定处罚。

黑社会性质的组织应当同时具备以下特征:

(一)形成较稳定的犯罪组织,人数较多,有明确的组织者、领导者,骨干成员基本固定;

(二)有组织地通过违法犯罪活动或者其他手段获取经济利益,具有一定的经济实力,以支持该组织的活动;

(三)以暴力、威胁或者其他手段,有组织地多次进行违法犯罪活动,为非作恶,欺压、残害群众;

（四）通过实施违法犯罪活动，或者利用国家工作人员的包庇或者纵容，称霸一方，在一定区域或者行业内，形成非法控制或者重大影响，严重破坏经济、社会生活秩序。

第二百九十五条　【传授犯罪方法罪】传授犯罪方法的，处五年以下有期徒刑、拘役或者管制；情节严重的，处五年以上十年以下有期徒刑；情节特别严重的，处十年以上有期徒刑或者无期徒刑。

第二百九十六条　【非法集会、游行、示威罪】举行集会、游行、示威，未依照法律规定申请或者申请未获许可，或者未按照主管机关许可的起止时间、地点、路线进行，又拒不服从解散命令，严重破坏社会秩序的，对集会、游行、示威的负责人和直接责任人员，处五年以下有期徒刑、拘役、管制或者剥夺政治权利。

第二百九十七条　【非法携带武器、管制刀具、爆炸物参加集会、游行、示威罪】违反法律规定，携带武器、管制刀具或者爆炸物参加集会、游行、示威的，处三年以下有期徒刑、拘役、管制或者剥夺政治权利。

第二百九十八条　【破坏集会、游行、示威罪】扰乱、冲击或者以其他方法破坏依法举行的集会、游行、示威，造成公共秩序混乱的，处五年以下有期徒刑、拘役、管制或者剥夺政治权利。

第二百九十九条　【侮辱国旗、国徽、国歌罪】在公共场合，故意以焚烧、毁损、涂划、玷污、践踏等方式侮辱中华人民共和国国旗、国徽的，处三年以下有期徒刑、拘役、管制或者剥夺政治权利。

在公共场合，故意篡改中华人民共和国国歌歌词、曲谱，以歪曲、贬损方式奏唱国歌，或者以其他方式侮辱国歌，情节严重的，依照前款的规定处罚。

第二百九十九条之一　【侵害英雄烈士名誉、荣誉罪】侮辱、诽谤或者以其他方式侵害英雄烈士的名誉、荣誉，损害社会公共利益，情节严重的，处三年以下有期徒刑、拘役、管制或者剥夺政治权利。

第三百条　【组织、利用会道门、邪教组织、利用迷信破坏法律实施罪】组织、利用会道门、邪教组织或者利用迷信破坏国家法律、行政法规实施的，处三年以上七年以下有期徒刑，并处罚金；情节特别严重的，处七年以上有期徒刑或者无期徒刑，并处罚金或者没收财产；情节较轻的，处三年以下有期徒刑、拘役、管制或者剥夺政治权利，并处或者单处罚金。

【组织、利用会道门、邪教组织、利用迷信致人重伤、死亡罪】组织、利用会道门、邪教组织或者利用迷信蒙骗他人，致人重伤、死亡的，依照前款的规定处罚。

犯第一款罪又有奸淫妇女、诈骗财物等犯罪行为的，依照数罪并罚的规定处罚。

第三百零一条　【聚众淫乱罪】聚众进行淫乱活动的，对首要分子或者多次参加的，处五年以下有期徒刑、拘役或者管制。

【引诱未成年人聚众淫乱罪】引诱未成年人参加聚众淫乱活动的，依照前款的规定从重处罚。

第三百零二条　【盗窃、侮辱、故意毁坏尸体、尸骨、骨灰罪】盗窃、侮辱、故意毁坏尸体、尸骨、骨灰的，处三年以下有期徒刑、拘役或者管制。

第三百零三条　【赌博罪】以营利为目的，聚众赌博或者以赌博为业的，处三年以下有期徒刑、拘役或者管制，并处罚金。

【开设赌场罪】开设赌场的，处五年以下有期徒刑、拘役或者管制，并处罚金；情节严重的，处五年以上十年以下有期徒刑，并处罚金。

【组织参与国（境）外赌博罪】组织中华人民共和国公民参与国（境）外赌博，数额巨大或者有其他严重情节的，依照前款的规定处罚。

第三百零四条　【故意延误投递邮件罪】邮政工作人员严重不负责任，故意延误投递邮件，致使公共财产、国家和人民利益遭受重大损失的，处二年以下有期徒刑或者拘役。

第二节　妨害司法罪

第三百零五条　【伪证罪】在刑事诉讼中，证人、鉴定人、记录人、翻译人对与案件有重要关系的情节,故意作虚假证明、鉴定、记录、翻译,意图陷害他人或者隐匿罪证的,处三年以下有期徒刑或者拘役;情节严重的,处三年以上七年以下有期徒刑。

第三百零六条 【辩护人、诉讼代理人毁灭证据、伪造证据、妨害作证罪】在刑事诉讼中,辩护人、诉讼代理人毁灭、伪造证据,帮助当事人毁灭、伪造证据,威胁、引诱证人违背事实改变证言或者作伪证的,处三年以下有期徒刑或者拘役;情节严重的,处三年以上七年以下有期徒刑。

辩护人、诉讼代理人提供、出示、引用的证人证言或者其他证据失实,不是有意伪造的,不属于伪造证据。

第三百零七条 【妨害作证罪】以暴力、威胁、贿买等方法阻止证人作证或者指使他人作伪证的,处三年以下有期徒刑或者拘役;情节严重的,处三年以上七年以下有期徒刑。

【帮助毁灭、伪造证据罪】帮助当事人毁灭、伪造证据,情节严重的,处三年以下有期徒刑或者拘役。

司法工作人员犯前两款罪的,从重处罚。

第三百零七条之一 【虚假诉讼罪】以捏造的事实提起民事诉讼,妨害司法秩序或者严重侵害他人合法权益的,处三年以下有期徒刑、拘役或者管制,并处或者单处罚金;情节严重的,处三年以上七年以下有期徒刑,并处罚金。

单位犯前款罪的,对单位判处罚金,并对其直接负责的主管人员和其他直接责任人员,依照前款的规定处罚。

有第一款行为,非法占有他人财产或者逃避合法债务,又构成其他犯罪的,依照处罚较重的规定定罪从重处罚。

司法工作人员利用职权,与他人共同实施前三款行为的,从重处罚;同时构成其他犯罪的,依照处罚较重的规定定罪从重处罚。

第三百零八条 【打击报复证人罪】对证人进行打击报复的,处三年以下有期徒刑或者拘役;情节严重的,处三年以上七年以下有期徒刑。

第三百零八条之一 【泄露不应公开的案件信息罪】司法工作人员、辩护人、诉讼代理人或者其他诉讼参与人,泄露依法不公开审理的案件中不应当公开的信息,造成信息公开传播或者其他严重后果的,处三年以下有期徒刑、拘役或者管制,并处或者单处罚金。

【故意泄露国家秘密罪;过失泄露国家秘密罪】有前款行为,泄露国家秘密的,依照本法第三百九十八条的规定定罪处罚。

【披露、报道不应公开的案件信息罪】公开披露、报道第一款规定的案件信息,情节严重的,依照第一款的规定处罚。

单位犯前款罪的,对单位判处罚金,并对其直接负责的主管人员和其他直接责任人员,依照第一款的规定处罚。

第三百零九条 【扰乱法庭秩序罪】有下列扰乱法庭秩序情形之一的,处三年以下有期徒刑、拘役、管制或者罚金:

(一)聚众哄闹、冲击法庭的;

(二)殴打司法工作人员或者诉讼参与人的;

(三)侮辱、诽谤、威胁司法工作人员或者诉讼参与人,不听法庭制止,严重扰乱法庭秩序的;

(四)有毁坏法庭设施,抢夺、损毁诉讼文书、证据等扰乱法庭秩序行为,情节严重的。

第三百一十条 【窝藏、包庇罪】明知是犯罪的人而为其提供隐藏处所、财物,帮助其逃匿或者作假证明包庇的,处三年以下有期徒刑、拘役或者管制;情节严重的,处三年以上十年以下有期徒刑。

犯前款罪,事前通谋的,以共同犯罪论处。

第三百一十一条 【拒绝提供间谍犯罪、恐怖主义犯罪、极端主义犯罪证据罪】明知他人有间谍犯罪或者恐怖主义、极端主义犯罪行为，在司法机关向其调查有关情况、收集有关证据时，拒绝提供，情节严重的，处三年以下有期徒刑、拘役或者管制。

第三百一十二条　【掩饰、隐瞒犯罪所得、犯罪所得收益罪】明知是犯罪所得及其产生的收益而予以窝藏、转移、收购、代为销售或者以其他方法掩饰、隐瞒的，处三年以下有期徒刑、拘役或者管制，并处或者单处罚金；情节严重的，处三年以上七年以下有期徒刑，并处罚金。

单位犯前款罪的，对单位判处罚金，并对其直接负责的主管人员和其他直接责任人员，依照前款的规定处罚。

第三百一十三条　【拒不执行判决、裁定罪】对人民法院的判决、裁定有能力执行而拒不执行，情节严重的，处三年以下有期徒刑、拘役或者罚金；情节特别严重的，处三年以上七年以下有期徒刑，并处罚金。

单位犯前款罪的，对单位判处罚金，并对其直接负责的主管人员和其他直接责任人员，依照前款的规定处罚。

第三百一十四条　【非法处置查封、扣押、冻结的财产罪】隐藏、转移、变卖、故意毁损已被司法机关查封、扣押、冻结的财产，情节严重的，处三年以下有期徒刑、拘役或者罚金。

第三百一十五条　【破坏监管秩序罪】依法被关押的罪犯，有下列破坏监管秩序行为之一，情节严重的，处三年以下有期徒刑：

（一）殴打监管人员的；

（二）组织其他被监管人破坏监管秩序的；

（三）聚众闹事，扰乱正常监管秩序的；

（四）殴打、体罚或者指使他人殴打、体罚其他被监管人的。

第三百一十六条　【脱逃罪】依法被关押的罪犯、被告人、犯罪嫌疑人脱逃的，处五年以下有期徒刑或者拘役。

【劫夺被押解人员罪】劫夺押解途中的罪犯、被告人、犯罪嫌疑人的，处三年以上七年以下有期徒刑；情节严重的，处七年以上有期徒刑。

第三百一十七条　【组织越狱罪】组织越狱的首要分子和积极参加的，处五年以上有期徒刑；其他参加的，处五年以下有期徒刑或者拘役。

【暴动越狱罪；聚众持械劫狱罪】暴动越狱或者聚众持械劫狱的首要分子和积极参加的，处十年以上有期徒刑或者无期徒刑；情节特别严重的，处死刑；其他参加的，处三年以上十年以下有期徒刑。

第三节　妨害国（边）境管理罪

第三百一十八条　【组织他人偷越国（边）境罪】组织他人偷越国（边）境的，处二年以上七年以下有期徒刑，并处罚金；有下列情形之一的，处七年以上有期徒刑或者无期徒刑，并处罚金或者没收财产：

（一）组织他人偷越国（边）境集团的首要分子；

（二）多次组织他人偷越国（边）境或者组织他人偷越国（边）境人数众多的；

（三）造成被组织人重伤、死亡的；

（四）剥夺或者限制被组织人人身自由的；

（五）以暴力、威胁方法抗拒检查的；

（六）违法所得数额巨大的；

（七）有其他特别严重情节的。

犯前款罪，对被组织人有杀害、伤害、强奸、拐卖等犯罪行为，或者对检查人员有杀害、伤害等犯罪行为的，依照数罪并罚的规定处罚。

第三百一十九条　【骗取出境证件罪】以劳务输出、经贸往来或者其他名义,弄虚作假,骗取护照、签证等出境证件,为组织他人偷越国(边)境使用的,处三年以下有期徒刑,并处罚金;情节严重的,处三年以上十年以下有期徒刑,并处罚金。

单位犯前款罪的,对单位判处罚金,并对其直接负责的主管人员和其他直接责任人员,依照前款的规定处罚。

第三百二十条　【提供伪造、变造的出入境证件罪;出售出入境证件罪】为他人提供伪造、变造的护照、签证等出入境证件,或者出售护照、签证等出入境证件的,处五年以下有期徒刑,并处罚金;情节严重的,处五年以上有期徒刑,并处罚金。

第三百二十一条　【运送他人偷越国(边)境罪】运送他人偷越国(边)境的,处五年以下有期徒刑、拘役或者管制,并处罚金;有下列情形之一的,处五年以上十年以下有期徒刑,并处罚金:

(一)多次实施运送行为或者运送人数众多的;

(二)所使用的船只、车辆等交通工具不具备必要的安全条件,足以造成严重后果的;

(三)违法所得数额巨大的;

(四)有其他特别严重情节的。

在运送他人偷越国(边)境中造成被运送人重伤、死亡,或者以暴力、威胁方法抗拒检查的,处七年以上有期徒刑,并处罚金。

犯前两款罪,对被运送人有杀害、伤害、强奸、拐卖等犯罪行为,或者对检查人员有杀害、伤害等犯罪行为的,依照数罪并罚的规定处罚。

第三百二十二条　【偷越国(边)境罪】违反国(边)境管理法规,偷越国(边)境,情节严重的,处一年以下有期徒刑、拘役或者管制,并处罚金;为参加恐怖活动组织、接受恐怖活动培训或者实施恐怖活动,偷越国(边)境的,处一年以上三年以下有期徒刑,并处罚金。

第三百二十三条　【破坏界碑、界桩罪;破坏永久性测量标志罪】故意破坏国家边境的界碑、界桩或者永久性测量标志的,处三年以下有期徒刑或者拘役。

第四节　妨害文物管理罪

第三百二十四条　【故意损毁文物罪】故意损毁国家保护的珍贵文物或者被确定为全国重点文物保护单位、省级文物保护单位的文物的,处三年以下有期徒刑或者拘役,并处或者单处罚金;情节严重的,处三年以上十年以下有期徒刑,并处罚金。

【故意损毁名胜古迹罪】故意损毁国家保护的名胜古迹,情节严重的,处五年以下有期徒刑或者拘役,并处或者单处罚金。

【过失损毁文物罪】过失损毁国家保护的珍贵文物或者被确定为全国重点文物保护单位、省级文物保护单位的文物,造成严重后果的,处三年以下有期徒刑或者拘役。

第三百二十五条　【非法向外国人出售、赠送珍贵文物罪】违反文物保护法规,将收藏的国家禁止出口的珍贵文物私自出售或者私自赠送给外国人的,处五年以下有期徒刑或者拘役,可以并处罚金。

单位犯前款罪的,对单位判处罚金,并对其直接负责的主管人员和其他直接责任人员,依照前款的规定处罚。

第三百二十六条　【倒卖文物罪】以牟利为目的,倒卖国家禁止经营的文物,情节严重的,处五年以下有期徒刑或者拘役,并处罚金;情节特别严重的,处五年以上十年以下有期徒刑,并处罚金。

单位犯前款罪的,对单位判处罚金,并对其直接负责的主管人员和其他直接责任人员,依照前款的规定处罚。

第三百二十七条　【非法出售、私赠文物藏品罪】违反文物保护法规,国有博物馆、图书馆等单位将国家保护的文物藏品出售或者私自送给非国有单位或者个人的,对单位判处罚金,并对其直接负责的主管人员和其他直接责任人员,处三年以下有期徒刑或者拘役。

第三百二十八条　【盗掘古文化遗址、古墓葬罪】盗掘具有历史、艺术、科学价值的古文化遗址、古墓葬的,处三年以上十年以下有期徒刑,并处罚金;情节较轻的,处三年以下有期徒刑、拘役或者管制,并处罚金;有下列情形之一的,处十年以上有期徒刑或者无期徒刑,并处罚金或者没收财产:

(一)盗掘确定为全国重点文物保护单位和省级文物保护单位的古文化遗址、古墓葬的;

(二)盗掘古文化遗址、古墓葬集团的首要分子;

(三)多次盗掘古文化遗址、古墓葬的;

(四)盗掘古文化遗址、古墓葬,并盗窃珍贵文物或者造成珍贵文物严重破坏的。

【盗掘古人类化石、古脊椎动物化石罪】盗掘国家保护的具有科学价值的古人类化石和古脊椎动物化石的,依照前款的规定处罚。

第三百二十九条　【抢夺、窃取国有档案罪】抢夺、窃取国家所有的档案的,处五年以下有期徒刑或者拘役。

【擅自出卖、转让国有档案罪】违反档案法的规定,擅自出卖、转让国家所有的档案,情节严重的,处三年以下有期徒刑或者拘役。

有前两款行为,同时又构成本法规定的其他犯罪的,依照处罚较重的规定定罪处罚。

第五节　危害公共卫生罪

第三百三十条　【妨害传染病防治罪】违反传染病防治法的规定,有下列情形之一,引起甲类传染病以及依法确定采取甲类传染病预防、控制措施的传染病传播或者有传播严重危险的,处三年以下有期徒刑或者拘役;后果特别严重的,处三年以上七年以下有期徒刑:

(一)供水单位供应的饮用水不符合国家规定的卫生标准的;

(二)拒绝按照疾病预防控制机构提出的卫生要求,对传染病病原体污染的污水、污物、场所和物品进行消毒处理的;

(三)准许或者纵容传染病病人、病原携带者和疑似传染病病人从事国务院卫生行政部门规定禁止从事的易使该传染病扩散的工作的;

(四)出售、运输疫区中被传染病病原体污染或者可能被传染病病原体污染的物品,未进行消毒处理的;

(五)拒绝执行县级以上人民政府、疾病预防控制机构依照传染病防治法提出的预防、控制措施的。

单位犯前款罪的,对单位判处罚金,并对其直接负责的主管人员和其他直接责任人员,依照前款的规定处罚。

甲类传染病的范围,依照《中华人民共和国传染病防治法》和国务院有关规定确定。

第三百三十一条　【传染病菌种、毒种扩散罪】从事实验、保藏、携带、运输传染病菌种、毒种的人员,违反国务院卫生行政部门的有关规定,造成传染病菌种、毒种扩散,后果严重的,处三年以下有期徒刑或者拘役;后果特别严重的,处三年以上七年以下有期徒刑。

第三百三十二条　【妨害国境卫生检疫罪】违反国境卫生检疫规定,引起检疫传染病传播或者有传播严重危险的,处三年以下有期徒刑或者拘役,并处或者单处罚金。

单位犯前款罪的,对单位判处罚金,并对其直接负责的主管人员和其他直接责任人员,依照前款的规定处罚。

第三百三十三条　【非法组织卖血罪;强迫卖血罪】非法组织他人出卖血液的,处五年以下有期徒刑,并处罚金;以暴力、威胁方法强迫他人出卖血液的,处五年以上十年以下有期徒刑,并处罚金。

【故意伤害罪】有前款行为,对他人造成伤害的,依照本法第二百三十四条的规定定罪处罚。

第三百三十四条 【非法采集、供应血液、制作、供应血液制品罪】非法采集、供应血液或者制作、供应血液制品,不符合国家规定的标准,足以危害人体健康的,处五年以下有期徒刑或者拘役,并处罚金;对人体健康造成严重危害的,处五年以上十年以下有期徒刑,并处罚金;造成特别严重后果的,处十年以上有期徒刑或者无期徒刑,并处罚金或者没收财产。

【采集、供应血液、制作、供应血液制品事故罪】经国家主管部门批准采集、供应血液或者制作、供应血液制品的部门,不依照规定进行检测或者违背其他操作规定,造成危害他人身体健康后果的,对单位判处罚金,并对其直接负责的主管人员和其他直接责任人员,处五年以下有期徒刑或者拘役。

第三百三十四条之一 【非法采集人类遗传资源、走私人类遗传资源材料罪】违反国家有关规定,非法采集我国人类遗传资源或者非法运送、邮寄、携带我国人类遗传资源材料出境,危害公众健康或者社会公共利益,情节严重的,处三年以下有期徒刑、拘役或者管制,并处或者单处罚金;情节特别严重的,处三年以上七年以下有期徒刑,并处罚金。

第三百三十五条 【医疗事故罪】医务人员由于严重不负责任,造成就诊人死亡或者严重损害就诊人身体健康的,处三年以下有期徒刑或者拘役。

第三百三十六条 【非法行医罪】未取得医生执业资格的人非法行医,情节严重的,处三年以下有期徒刑、拘役或者管制,并处或者单处罚金;严重损害就诊人身体健康的,处三年以上十年以下有期徒刑,并处罚金;造成就诊人死亡的,处十年以上有期徒刑,并处罚金。

【非法进行节育手术罪】未取得医生执业资格的人擅自为他人进行节育复通手术、假节育手术、终止妊娠手术或者摘取宫内节育器,情节严重的,处三年以下有期徒刑、拘役或者管制,并处或者单处罚金;严重损害就诊人身体健康的,处三年以上十年以下有期徒刑,并处罚金;造成就诊人死亡的,处十年以上有期徒刑,并处罚金。

第三百三十六条之一 【非法植入基因编辑、克隆胚胎罪】将基因编辑、克隆的人类胚胎植入人体或者动物体内,或者将基因编辑、克隆的动物胚胎植入人体内,情节严重的,处三年以下有期徒刑或者拘役,并处罚金;情节特别严重的,处三年以上七年以下有期徒刑,并处罚金。

第三百三十七条 【妨害动植物防疫、检疫罪】违反有关动植物防疫、检疫的国家规定,引起重大动植物疫情的,或者有引起重大动植物疫情危险,情节严重的,处三年以下有期徒刑或者拘役,并处或者单处罚金。

单位犯前款罪的,对单位判处罚金,并对其直接负责的主管人员和其他直接责任人员,依照前款的规定处罚。

第六节 破坏环境资源保护罪

第三百三十八条 【污染环境罪】违反国家规定,排放、倾倒或者处置有放射性的废物、含传染病病原体的废物、有毒物质或者其他有害物质,严重污染环境的,处三年以下有期徒刑或者拘役,并处或者单处罚金;情节严重的,处三年以上七年以下有期徒刑,并处罚金;有下列情形之一的,处七年以上有期徒刑,并处罚金:

(一)在饮用水水源保护区、自然保护地核心保护区等依法确定的重点保护区域排放、倾倒、处置有放射性的废物、含传染病病原体的废物、有毒物质,情节特别严重的;

(二)向国家确定的重要江河、湖泊水域排放、倾倒、处置有放射性的废物、含传染病病原体的废物、有毒物质,情节特别严重的;

(三)致使大量永久基本农田基本功能丧失或者遭受永久性破坏的;

(四)致使多人重伤、严重疾病,或者致人严重残疾、死亡的。

有前款行为，同时构成其他犯罪的，依照处罚较重的规定定罪处罚。

第三百三十九条　【非法处置进口的固体废物罪】违反国家规定，将境外的固体废物进境倾倒、堆放、处置的，处五年以下有期徒刑或者拘役，并处罚金；造成重大环境污染事故，致使公私财产遭受重大损失或者严重危害人体健康的，处五年以上十年以下有期徒刑，并处罚金；后果特别严重的，处十年以上有期徒刑，并处罚金。

【擅自进口固体废物罪】未经国务院有关主管部门许可，擅自进口固体废物用作原料，造成重大环境污染事故，致使公私财产遭受重大损失或者严重危害人体健康的，处五年以下有期徒刑或者拘役，并处罚金；后果特别严重的，处五年以上十年以下有期徒刑，并处罚金。

以原料利用为名，进口不能用作原料的固体废物、液态废物和气态废物的，依照本法第一百五十二条第二款、第三款的规定定罪处罚。

第三百四十条　【非法捕捞水产品罪】违反保护水产资源法规，在禁渔区、禁渔期或者使用禁用的工具、方法捕捞水产品，情节严重的，处三年以下有期徒刑、拘役、管制或者罚金。

第三百四十一条　【危害珍贵、濒危野生动物罪】非法猎捕、杀害国家重点保护的珍贵、濒危野生动物的，或者非法收购、运输、出售国家重点保护的珍贵、濒危野生动物及其制品的，处五年以下有期徒刑或者拘役，并处罚金；情节严重的，处五年以上十年以下有期徒刑，并处罚金；情节特别严重的，处十年以上有期徒刑，并处罚金或者没收财产。

【非法狩猎罪】违反狩猎法规，在禁猎区、禁猎期或者使用禁用的工具、方法进行狩猎，破坏野生动物资源，情节严重的，处三年以下有期徒刑、拘役、管制或者罚金。

【非法猎捕、收购、运输、出售陆生野生动物罪】违反野生动物保护管理法规，以食用为目的非法猎捕、收购、运输、出售第一款规定以外的在野外环境自然生长繁殖的陆生野生动物，情节严重的，依照前款的规定处罚。

第三百四十二条　【非法占用农用地罪】违反土地管理法规，非法占用耕地、林地等农用地，改变被占用土地用途，数量较大，造成耕地、林地等农用地大量毁坏的，处五年以下有期徒刑或者拘役，并处或者单处罚金。

第三百四十二条之一　【破坏自然保护地罪】违反自然保护地管理法规，在国家公园、国家级自然保护区进行开垦、开发活动或者修建建筑物，造成严重后果或者有其他恶劣情节的，处五年以下有期徒刑或者拘役，并处或者单处罚金。

有前款行为，同时构成其他犯罪的，依照处罚较重的规定定罪处罚。

第三百四十三条　【非法采矿罪】违反矿产资源法的规定，未取得采矿许可证擅自采矿，擅自进入国家规划矿区、对国民经济具有重要价值的矿区和他人矿区范围采矿，或者擅自开采国家规定实行保护性开采的特定矿种，情节严重的，处三年以下有期徒刑、拘役或者管制，并处或者单处罚金；情节特别严重的，处三年以上七年以下有期徒刑，并处罚金。

【破坏性采矿罪】违反矿产资源法的规定，采取破坏性的开采方法开采矿产资源，造成矿产资源严重破坏的，处五年以下有期徒刑或者拘役，并处罚金。

第三百四十四条　【危害国家重点保护植物罪】违反国家规定，非法采伐、毁坏珍贵树木或者国家重点保护的其他植物的，或者非法收购、运输、加工、出售珍贵树木或者国家重点保护的其他植物及其制品的，处三年以下有期徒刑、拘役或者管制，并处罚金；情节严重的，处三年以上七年以下有期徒刑，并处罚金。

第三百四十四条之一　【非法引进、释放、丢弃外来入侵物种罪】违反国家规定，非法引进、释放或者丢弃外来入侵物种，情节严重的，处三年以下有期徒刑或者拘役，并处或者单处罚金。

第三百四十五条　【盗伐林木罪】盗伐森林或者其他林木，数量较大的，处三年以下有期徒刑、拘役或者管制,并处或者单处罚金;数量巨大的,处三年以上七年以下有期徒刑,并处罚金;数量特别巨大的,处七年以上有期徒刑,并处罚金。

【滥伐林木罪】违反森林法的规定,滥伐森林或者其他林木,数量较大的,处三年以下有期徒刑、拘役或者管制,并处或者单处罚金;数量巨大的,处三年以上七年以下有期徒刑,并处罚金。

【非法收购、运输盗伐、滥伐的林木罪】非法收购、运输明知是盗伐、滥伐的林木,情节严重的,处三年以下有期徒刑、拘役或者管制,并处或者单处罚金;情节特别严重的,处三年以上七年以下有期徒刑,并处罚金。

盗伐、滥伐国家级自然保护区内的森林或者其他林木的,从重处罚。

第三百四十六条 【单位犯破坏环境资源保护罪的处罚规定】单位犯本节第三百三十八条至第三百四十五条规定之罪的,对单位判处罚金,并对其直接负责的主管人员和其他直接责任人员,依照本节各该条的规定处罚。

第七节 走私、贩卖、运输、制造毒品罪

第三百四十七条 【走私、贩卖、运输、制造毒品罪】走私、贩卖、运输、制造毒品,无论数量多少,都应当追究刑事责任,予以刑事处罚。

走私、贩卖、运输、制造毒品,有下列情形之一的,处十五年有期徒刑、无期徒刑或者死刑,并处没收财产:

(一)走私、贩卖、运输、制造鸦片一千克以上、海洛因或者甲基苯丙胺五十克以上或者其他毒品数量大的;

(二)走私、贩卖、运输、制造毒品集团的首要分子;

(三)武装掩护走私、贩卖、运输、制造毒品的;

(四)以暴力抗拒检查、拘留、逮捕,情节严重的;

(五)参与有组织的国际贩毒活动的。

走私、贩卖、运输、制造鸦片二百克以上不满一千克、海洛因或者甲基苯丙胺十克以上不满五十克或者其他毒品数量较大的,处七年以上有期徒刑,并处罚金。

走私、贩卖、运输、制造鸦片不满二百克、海洛因或者甲基苯丙胺不满十克或者其他少量毒品的,处三年以下有期徒刑、拘役或者管制,并处罚金;情节严重的,处三年以上七年以下有期徒刑,并处罚金。

单位犯第二款、第三款、第四款罪的,对单位判处罚金,并对其直接负责的主管人员和其他直接责任人员,依照各该款的规定处罚。

利用、教唆未成年人走私、贩卖、运输、制造毒品,或者向未成年人出售毒品的,从重处罚。

对多次走私、贩卖、运输、制造毒品,未经处理的,毒品数量累计计算。

第三百四十八条 【非法持有毒品罪】非法持有鸦片一千克以上、海洛因或者甲基苯丙胺五十克以上或者其他毒品数量大的,处七年以上有期徒刑或者无期徒刑,并处罚金;非法持有鸦片二百克以上不满一千克、海洛因或者甲基苯丙胺十克以上不满五十克或者其他毒品数量较大的,处三年以下有期徒刑、拘役或者管制,并处罚金;情节严重的,处三年以上七年以下有期徒刑,并处罚金。

第三百四十九条 【包庇毒品犯罪分子罪;窝藏、转移、隐瞒毒品、毒赃罪】包庇走私、贩卖、运输、制造毒品的犯罪分子的,为犯罪分子窝藏、转移、隐瞒毒品或者犯罪所得的财物的,处三年以下有期徒刑、拘役或者管制;情节严重的,处三年以上十年以下有期徒刑。

【包庇毒品犯罪分子罪】缉毒人员或者其他国家机关工作人员掩护、包庇走私、贩卖、运输、制造毒品的犯罪分子的,依照前款的规定从重处罚。

犯前两款罪,事先通谋的,以走私、贩卖、运输、制造毒品罪的共犯论处。

第三百五十条　【非法生产、买卖、运输制毒物品、走私制毒物品罪】违反国家规定，非法生产、买卖、运输醋酸酐、乙醚、三氯甲烷或者其他用于制造毒品的原料、配剂，或者携带上述物品进出境，情节较重的，处三年以下有期徒刑、拘役或者管制，并处罚金；情节严重的，处三年以上七年以下有期徒刑，并处罚金；情节特别严重的，处七年以上有期徒刑，并处罚金或者没收财产。

明知他人制造毒品而为其生产、买卖、运输前款规定的物品的，以制造毒品罪的共犯论处。

单位犯前两款罪的，对单位判处罚金，并对其直接负责的主管人员和其他直接责任人员，依照前两款的规定处罚。

第三百五十一条　【非法种植毒品原植物罪】非法种植罂粟、大麻等毒品原植物的，一律强制铲除。有下列情形之一的，处五年以下有期徒刑、拘役或者管制，并处罚金：

（一）种植罂粟五百株以上不满三千株或者其他毒品原植物数量较大的；

（二）经公安机关处理后又种植的；

（三）抗拒铲除的。

非法种植罂粟三千株以上或者其他毒品原植物数量大的，处五年以上有期徒刑，并处罚金或者没收财产。

非法种植罂粟或者其他毒品原植物，在收获前自动铲除的，可以免除处罚。

第三百五十二条　【非法买卖、运输、携带、持有毒品原植物种子、幼苗罪】非法买卖、运输、携带、持有未经灭活的罂粟等毒品原植物种子或者幼苗，数量较大的，处三年以下有期徒刑、拘役或者管制，并处或者单处罚金。

第三百五十三条　【引诱、教唆、欺骗他人吸毒罪】引诱、教唆、欺骗他人吸食、注射毒品的，处三年以下有期徒刑、拘役或者管制，并处罚金；情节严重的，处三年以上七年以下有期徒刑，并处罚金。

【强迫他人吸毒罪】强迫他人吸食、注射毒品的，处三年以上十年以下有期徒刑，并处罚金。

引诱、教唆、欺骗或者强迫未成年人吸食、注射毒品的，从重处罚。

第三百五十四条　【容留他人吸毒罪】容留他人吸食、注射毒品的，处三年以下有期徒刑、拘役或者管制，并处罚金。

第三百五十五条　【非法提供麻醉药品、精神药品罪】依法从事生产、运输、管理、使用国家管制的麻醉药品、精神药品的人员，违反国家规定，向吸食、注射毒品的人提供国家规定管制的能够使人形成瘾癖的麻醉药品、精神药品的，处三年以下有期徒刑或者拘役，并处罚金；情节严重的，处三年以上七年以下有期徒刑，并处罚金。向走私、贩卖毒品的犯罪分子或者以牟利为目的，向吸食、注射毒品的人提供国家规定管制的能够使人形成瘾癖的麻醉药品、精神药品的，依照本法第三百四十七条的规定定罪处罚。

单位犯前款罪的，对单位判处罚金，并对其直接负责的主管人员和其他直接责任人员，依照前款的规定处罚。

第三百五十五条之一　【妨害兴奋剂管理罪】引诱、教唆、欺骗运动员使用兴奋剂参加国内、国际重大体育竞赛，或者明知运动员参加上述竞赛而向其提供兴奋剂，情节严重的，处三年以下有期徒刑或者拘役，并处罚金。

组织、强迫运动员使用兴奋剂参加国内、国际重大体育竞赛的，依照前款的规定从重处罚。

第三百五十六条　【毒品犯罪的再犯】因走私、贩卖、运输、制造、非法持有毒品罪被判过刑，又犯本节规定之罪的，从重处罚。

第三百五十七条　【毒品的范围及数量的计算原则】本法所称的毒品，是指鸦片、海洛因、甲基苯丙胺（冰毒）、吗啡、大麻、可卡因以及国家规定管制的其他能够使人形成瘾癖的麻醉药品和精神药品。

毒品的数量以查证属实的走私、贩卖、运输、制造、非法持有毒品的数量计算，不以纯度折算。

第八节 组织、强迫、引诱、容留、介绍卖淫罪

第三百五十八条 **【组织卖淫罪;强迫卖淫罪】**组织、强迫他人卖淫的,处五年以上十年以下有期徒刑,并处罚金;情节严重的,处十年以上有期徒刑或者无期徒刑,并处罚金或者没收财产。

组织、强迫未成年人卖淫的,依照前款的规定从重处罚。

犯前两款罪,并有杀害、伤害、强奸、绑架等犯罪行为的,依照数罪并罚的规定处罚。

【协助组织卖淫罪】为组织卖淫的人招募、运送人员或者有其他协助组织他人卖淫行为的,处五年以下有期徒刑,并处罚金;情节严重的,处五年以上十年以下有期徒刑,并处罚金。

第三百五十九条 **【引诱、容留、介绍卖淫罪】**引诱、容留、介绍他人卖淫的,处五年以下有期徒刑、拘役或者管制,并处罚金;情节严重的,处五年以上有期徒刑,并处罚金。

【引诱幼女卖淫罪】引诱不满十四周岁的幼女卖淫的,处五年以上有期徒刑,并处罚金。

第三百六十条 **【传播性病罪】**明知自己患有梅毒、淋病等严重性病卖淫、嫖娼的,处五年以下有期徒刑、拘役或者管制,并处罚金。

嫖宿不满十四周岁的幼女的,处五年以上有期徒刑,并处罚金。①

第三百六十一条 **【特定单位的人员组织、强迫、引诱、容留、介绍卖淫的处理规定】**旅馆业、饮食服务业、文化娱乐业、出租汽车业等单位的人员,利用本单位的条件,组织、强迫、引诱、容留、介绍他人卖淫的,依照本法第三百五十八条、第三百五十九条的规定定罪处罚。

前款所列单位的主要负责人,犯前款罪的,从重处罚。

第三百六十二条 **【窝藏、包庇罪】**旅馆业、饮食服务业、文化娱乐业、出租汽车业等单位的人员,在公安机关查处卖淫、嫖娼活动时,为违法犯罪分子通风报信,情节严重的,依照本法第三百一十条的规定定罪处罚。

第九节 制作、贩卖、传播淫秽物品罪

第三百六十三条 **【制作、复制、出版、贩卖、传播淫秽物品牟利罪】**以牟利为目的,制作、复制、出版、贩卖、传播淫秽物品的,处三年以下有期徒刑、拘役或者管制,并处罚金;情节严重的,处三年以上十年以下有期徒刑,并处罚金;情节特别严重的,处十年以上有期徒刑或者无期徒刑,并处罚金或者没收财产。

【为他人提供书号出版淫秽书刊罪】为他人提供书号,出版淫秽书刊的,处三年以下有期徒刑、拘役或者管制,并处或者单处罚金;明知他人用于出版淫秽书刊而提供书号的,依照前款的规定处罚。

第三百六十四条 **【传播淫秽物品罪】**传播淫秽的书刊、影片、音像、图片或者其他淫秽物品,情节严重的,处二年以下有期徒刑、拘役或者管制。

【组织播放淫秽音像制品罪】组织播放淫秽的电影、录像等音像制品的,处三年以下有期徒刑、拘役或者管制,并处罚金;情节严重的,处三年以上十年以下有期徒刑,并处罚金。

制作、复制淫秽的电影、录像等音像制品组织播放的,依照第二款的规定从重处罚。

向不满十八周岁的未成年人传播淫秽物品的,从重处罚。

第三百六十五条 **【组织淫秽表演罪】**组织进行淫秽表演的,处三年以下有期徒刑、拘役或者管制,并处罚金;情节严重的,处三年以上十年以下有期徒刑,并处罚金。

第三百六十六条 **【单位犯制作、贩卖、传播淫秽物品罪的处罚】**单位犯本节第三百六十三条、第三百六十四条、第三百六十五条规定之罪的,对单位判处罚金,并对其直接负责的主管人员和其他直接责

---

① 本款根据 2015 年 8 月 29 日《刑法修正案(九)》删除。

任人员,依照各该条的规定处罚。

第三百六十七条　【淫秽物品的范围】本法所称淫秽物品,是指具体描绘性行为或者露骨宣扬色情的诲淫性的书刊、影片、录像带、录音带、图片及其他淫秽物品。

有关人体生理、医学知识的科学著作不是淫秽物品。

包含有色情内容的有艺术价值的文学、艺术作品不视为淫秽物品。

第七章　危害国防利益罪

第三百六十八条　【阻碍军人执行职务罪】以暴力、威胁方法阻碍军人依法执行职务的,处三年以下有期徒刑、拘役、管制或者罚金。

【阻碍军事行动罪】故意阻碍武装部队军事行动,造成严重后果的,处五年以下有期徒刑或者拘役。

第三百六十九条　【破坏武器装备、军事设施、军事通信罪】破坏武器装备、军事设施、军事通信的,处三年以下有期徒刑、拘役或者管制;破坏重要武器装备、军事设施、军事通信的,处三年以上十年以下有期徒刑;情节特别严重的,处十年以上有期徒刑、无期徒刑或者死刑。

【过失损坏武器装备、军事设施、军事通信罪】过失犯前款罪,造成严重后果的,处三年以下有期徒刑或者拘役;造成特别严重后果的,处三年以上七年以下有期徒刑。

战时犯前两款罪的,从重处罚。

第三百七十条　【故意提供不合格武器装备、军事设施罪】明知是不合格的武器装备、军事设施而提供给武装部队的,处五年以下有期徒刑或者拘役;情节严重的,处五年以上十年以下有期徒刑;情节特别严重的,处十年以上有期徒刑、无期徒刑或者死刑。

【过失提供不合格武器装备、军事设施罪】过失犯前款罪,造成严重后果的,处三年以下有期徒刑或者拘役;造成特别严重后果的,处三年以上七年以下有期徒刑。

单位犯第一款罪的,对单位判处罚金,并对其直接负责的主管人员和其他直接责任人员,依照第一款的规定处罚。

第三百七十一条　【聚众冲击军事禁区罪】聚众冲击军事禁区,严重扰乱军事禁区秩序的,对首要分子,处五年以上十年以下有期徒刑;对其他积极参加的,处五年以下有期徒刑、拘役、管制或者剥夺政治权利。

【聚众扰乱军事管理区秩序罪】聚众扰乱军事管理区秩序,情节严重,致使军事管理区工作无法进行,造成严重损失的,对首要分子,处三年以上七年以下有期徒刑;对其他积极参加的,处三年以下有期徒刑、拘役、管制或者剥夺政治权利。

第三百七十二条　【冒充军人招摇撞骗罪】冒充军人招摇撞骗的,处三年以下有期徒刑、拘役、管制或者剥夺政治权利;情节严重的,处三年以上十年以下有期徒刑。

第三百七十三条　【煽动军人逃离部队罪;雇用逃离部队军人罪】煽动军人逃离部队或者明知是逃离部队的军人而雇用,情节严重的,处三年以下有期徒刑、拘役或者管制。

第三百七十四条　【接送不合格兵员罪】在征兵工作中徇私舞弊,接送不合格兵员,情节严重的,处三年以下有期徒刑或者拘役;造成特别严重后果的,处三年以上七年以下有期徒刑。

第三百七十五条　【伪造、变造、买卖武装部队公文、证件、印章罪;盗窃、抢夺武装部队公文、证件、印章罪】伪造、变造、买卖或者盗窃、抢夺武装部队公文、证件、印章的,处三年以下有期徒刑、拘役、管制或者剥夺政治权利;情节严重的,处三年以上十年以下有期徒刑。

【非法生产、买卖武装部队制式服装罪】非法生产、买卖武装部队制式服装,情节严重的,处三年以下有期徒刑、拘役或者管制,并处或者单处罚金。

【伪造、盗窃、买卖、非法提供、非法使用武装部队专用标志罪】伪造、盗窃、买卖或者非法提供、使用武装部队车辆号牌等专用标志,情节严重的,处三年以下有期徒刑、拘役或者管制,并处或者单处罚金;情节特别严重的,处三年以上七年以下有期徒刑,并处罚金。

单位犯第二款、第三款罪的,对单位判处罚金,并对其直接负责的主管人员和其他直接责任人员,依照各该款的规定处罚。

第三百七十六条 **【战时拒绝、逃避征召、军事训练罪】**预备役人员战时拒绝、逃避征召或者军事训练,情节严重的,处三年以下有期徒刑或者拘役。

【战时拒绝、逃避服役罪】公民战时拒绝、逃避服役,情节严重的,处二年以下有期徒刑或者拘役。

第三百七十七条 **【战时故意提供虚假敌情罪】**战时故意向武装部队提供虚假敌情,造成严重后果的,处三年以上十年以下有期徒刑;造成特别严重后果的,处十年以上有期徒刑或者无期徒刑。

第三百七十八条 **【战时造谣扰乱军心罪】**战时造谣惑众,扰乱军心的,处三年以下有期徒刑、拘役或者管制;情节严重的,处三年以上十年以下有期徒刑。

第三百七十九条 **【战时窝藏逃离部队军人罪】**战时明知是逃离部队的军人而为其提供隐蔽处所、财物,情节严重的,处三年以下有期徒刑或者拘役。

第三百八十条 **【战时拒绝、故意延误军事订货罪】**战时拒绝或者故意延误军事订货,情节严重的,对单位判处罚金,并对其直接负责的主管人员和其他直接责任人员,处五年以下有期徒刑或者拘役;造成严重后果的,处五年以上有期徒刑。

第三百八十一条 **【战时拒绝军事征收、征用罪】**战时拒绝军事征收、征用,情节严重的,处三年以下有期徒刑或者拘役。

第八章 贪污贿赂罪

第三百八十二条 **【贪污罪】**国家工作人员利用职务上的便利,侵吞、窃取、骗取或者以其他手段非法占有公共财物的,是贪污罪。

受国家机关、国有公司、企业、事业单位、人民团体委托管理、经营国有财产的人员,利用职务上的便利,侵吞、窃取、骗取或者以其他手段非法占有国有财物的,以贪污论。

与前两款所列人员勾结,伙同贪污的,以共犯论处。

第三百八十三条 **【贪污罪的处罚规定】**对犯贪污罪的,根据情节轻重,分别依照下列规定处罚:

(一)贪污数额较大或者有其他较重情节的,处三年以下有期徒刑或者拘役,并处罚金。

(二)贪污数额巨大或者有其他严重情节的,处三年以上十年以下有期徒刑,并处罚金或者没收财产。

(三)贪污数额特别巨大或者有其他特别严重情节的,处十年以上有期徒刑或者无期徒刑,并处罚金或者没收财产;数额特别巨大,并使国家和人民利益遭受特别重大损失的,处无期徒刑或者死刑,并处没收财产。

对多次贪污未经处理的,按照累计贪污数额处罚。

犯第一款罪,在提起公诉前如实供述自己罪行、真诚悔罪、积极退赃,避免、减少损害结果的发生,有第一项规定情形的,可以从轻、减轻或者免除处罚;有第二项、第三项规定情形的,可以从轻处罚。

犯第一款罪,有第三项规定情形被判处死刑缓期执行的,人民法院根据犯罪情节等情况可以同时决定在其死刑缓期执行二年期满依法减为无期徒刑后,终身监禁,不得减刑、假释。

第三百八十四条 **【挪用公款罪】**国家工作人员利用职务上的便利,挪用公款归个人使用,进行非法活动的,或者挪用公款数额较大、进行营利活动的,或者挪用公款数额较大、超过三个月未还的,是挪用公款罪,处五年以下有期徒刑或者拘役;情节严重的,处五年以上有期徒刑。挪用公款数额巨大不退还的,处十年以上有期徒刑或者无期徒刑。

挪用用于救灾、抢险、防汛、优抚、扶贫、移民、救济款物归个人使用的,从重处罚。

第三百八十五条　【受贿罪】国家工作人员利用职务上的便利,索取他人财物的,或者非法收受他人财物,为他人谋取利益的,是受贿罪。

国家工作人员在经济往来中,违反国家规定,收受各种名义的回扣、手续费,归个人所有的,以受贿论处。

第三百八十六条　【受贿罪的处罚规定】对犯受贿罪的,根据受贿所得数额及情节,依照本法第三百八十三条的规定处罚。索贿的从重处罚。

第三百八十七条　【单位受贿罪】国家机关、国有公司、企业、事业单位、人民团体,索取、非法收受他人财物,为他人谋取利益,情节严重的,对单位判处罚金,并对其直接负责的主管人员和其他直接责任人员,处三年以下有期徒刑或者拘役;情节特别严重的,处三年以上十年以下有期徒刑。

前款所列单位,在经济往来中,在帐外暗中收受各种名义的回扣、手续费的,以受贿论,依照前款的规定处罚。

第三百八十八条　【斡旋受贿罪】国家工作人员利用本人职权或者地位形成的便利条件,通过其他国家工作人员职务上的行为,为请托人谋取不正当利益,索取请托人财物或者收受请托人财物的,以受贿论处。

第三百八十八条之一　【利用影响力受贿罪】国家工作人员的近亲属或者其他与该国家工作人员关系密切的人,通过该国家工作人员职务上的行为,或者利用该国家工作人员职权或者地位形成的便利条件,通过其他国家工作人员职务上的行为,为请托人谋取不正当利益,索取请托人财物或者收受请托人财物,数额较大或者有其他较重情节的,处三年以下有期徒刑或者拘役,并处罚金;数额巨大或者有其他严重情节的,处三年以上七年以下有期徒刑,并处罚金;数额特别巨大或者有其他特别严重情节的,处七年以上有期徒刑,并处罚金或者没收财产。

离职的国家工作人员或者其近亲属以及其他与其关系密切的人,利用该离职的国家工作人员原职权或者地位形成的便利条件实施前款行为的,依照前款的规定定罪处罚。

第三百八十九条　【行贿罪】为谋取不正当利益,给予国家工作人员以财物的,是行贿罪。

在经济往来中,违反国家规定,给予国家工作人员以财物,数额较大的,或者违反国家规定,给予国家工作人员以各种名义的回扣、手续费的,以行贿论处。

因被勒索给予国家工作人员以财物,没有获得不正当利益的,不是行贿。

第三百九十条　【行贿罪的处罚规定】对犯行贿罪的,处三年以下有期徒刑或者拘役,并处罚金;因行贿谋取不正当利益,情节严重的,或者使国家利益遭受重大损失的,处三年以上十年以下有期徒刑,并处罚金;情节特别严重的,或者使国家利益遭受特别重大损失的,处十年以上有期徒刑或者无期徒刑,并处罚金或者没收财产。

有下列情形之一的,从重处罚:

(一)多次行贿或者向多人行贿的;

(二)国家工作人员行贿的;

(三)在国家重点工程、重大项目中行贿的;

(四)为谋取职务、职级晋升、调整行贿的;

(五)对监察、行政执法、司法工作人员行贿的;

(六)在生态环境、财政金融、安全生产、食品药品、防灾救灾、社会保障、教育、医疗等领域行贿,实施违法犯罪活动的;

(七)将违法所得用于行贿的。

行贿人在被追诉前主动交待行贿行为的,可以从轻或者减轻处罚。其中,犯罪较轻的,对调查突破、侦破重大案件起关键作用的,或者有重大立功表现的,可以减轻或者免除处罚。

第三百九十条之一 【对有影响力的人行贿罪】为谋取不正当利益,向国家工作人员的近亲属或者其他与该国家工作人员关系密切的人,或者向离职的国家工作人员或者其近亲属以及其他与其关系密切的人行贿的,处三年以下有期徒刑或者拘役,并处罚金;情节严重的,或者使国家利益遭受重大损失的,处三年以上七年以下有期徒刑,并处罚金;情节特别严重的,或者使国家利益遭受特别重大损失的,处七年以上十年以下有期徒刑,并处罚金。

单位犯前款罪的,对单位判处罚金,并对其直接负责的主管人员和其他直接责任人员,处三年以下有期徒刑或者拘役,并处罚金。

第三百九十一条 【对单位行贿罪】为谋取不正当利益,给予国家机关、国有公司、企业、事业单位、人民团体以财物的,或者在经济往来中,违反国家规定,给予各种名义的回扣、手续费的,处三年以下有期徒刑或者拘役,并处罚金;情节严重的,处三年以上七年以下有期徒刑,并处罚金。

单位犯前款罪的,对单位判处罚金,并对其直接负责的主管人员和其他直接责任人员,依照前款的规定处罚。

第三百九十二条 【介绍贿赂罪】向国家工作人员介绍贿赂,情节严重的,处三年以下有期徒刑或者拘役,并处罚金。

介绍贿赂人在被追诉前主动交待介绍贿赂行为的,可以减轻处罚或者免除处罚。

第三百九十三条 【单位行贿罪】单位为谋取不正当利益而行贿,或者违反国家规定,给予国家工作人员以回扣、手续费,情节严重的,对单位判处罚金,并对其直接负责的主管人员和其他直接责任人员,处三年以下有期徒刑或者拘役,并处罚金;情节特别严重的,处三年以上十年以下有期徒刑,并处罚金。因行贿取得的违法所得归个人所有的,依照本法第三百八十九条、第三百九十条的规定定罪处罚。

第三百九十四条 【贪污罪】国家工作人员在国内公务活动或者对外交往中接受礼物,依照国家规定应当交公而不交公,数额较大的,依照本法第三百八十二条、第三百八十三条的规定定罪处罚。

第三百九十五条 【巨额财产来源不明罪】国家工作人员的财产、支出明显超过合法收入,差额巨大的,可以责令该国家工作人员说明来源,不能说明来源的,差额部分以非法所得论,处五年以下有期徒刑或者拘役;差额特别巨大的,处五年以上十年以下有期徒刑。财产的差额部分予以追缴。

【隐瞒境外存款罪】国家工作人员在境外的存款,应当依照国家规定申报。数额较大、隐瞒不报的,处二年以下有期徒刑或者拘役;情节较轻的,由其所在单位或者上级主管机关酌情给予行政处分。

第三百九十六条 【私分国有资产罪】国家机关、国有公司、企业、事业单位、人民团体,违反国家规定,以单位名义将国有资产集体私分给个人,数额较大的,对其直接负责的主管人员和其他直接责任人员,处三年以下有期徒刑或者拘役,并处或者单处罚金;数额巨大的,处三年以上七年以下有期徒刑,并处罚金。

【私分罚没财物罪】司法机关、行政执法机关违反国家规定,将应当上缴国家的罚没财物,以单位名义集体私分给个人的,依照前款的规定处罚。

第九章 渎 职 罪

第三百九十七条 【滥用职权罪、玩忽职守罪】国家机关工作人员滥用职权或者玩忽职守,致使公共财产、国家和人民利益遭受重大损失的,处三年以下有期徒刑或者拘役;情节特别严重的,处三年以上七年以下有期徒刑。本法另有规定的,依照规定。

国家机关工作人员徇私舞弊,犯前款罪的,处五年以下有期徒刑或者拘役;情节特别严重的,处五年以上十年以下有期徒刑。本法另有规定的,依照规定。

第三百九十八条 【故意泄露国家秘密罪;过失泄露国家秘密罪】国家机关工作人员违反保守国家

秘密法的规定，故意或者过失泄露国家秘密，情节严重的，处三年以下有期徒刑或者拘役；情节特别严重的，处三年以上七年以下有期徒刑。

非国家机关工作人员犯前款罪的，依照前款的规定酌情处罚。

第三百九十九条　【徇私枉法罪】司法工作人员徇私枉法、徇情枉法，对明知是无罪的人而使他受追诉、对明知是有罪的人而故意包庇不使他受追诉，或者在刑事审判活动中故意违背事实和法律作枉法裁判的，处五年以下有期徒刑或者拘役；情节严重的，处五年以上十年以下有期徒刑；情节特别严重的，处十年以上有期徒刑。

【民事、行政枉法裁判罪】在民事、行政审判活动中故意违背事实和法律作枉法裁判，情节严重的，处五年以下有期徒刑或者拘役；情节特别严重的，处五年以上十年以下有期徒刑。

【执行判决、裁定失职罪；执行判决、裁定滥用职权罪】在执行判决、裁定活动中，严重不负责任或者滥用职权，不依法采取诉讼保全措施、不履行法定执行职责，或者违法采取诉讼保全措施、强制执行措施，致使当事人或者其他人的利益遭受重大损失的，处五年以下有期徒刑或者拘役；致使当事人或者其他人的利益遭受特别重大损失的，处五年以上十年以下有期徒刑。

司法工作人员收受贿赂，有前三款行为的，同时又构成本法第三百八十五条规定之罪的，依照处罚较重的规定定罪处罚。

第三百九十九条之一　【枉法仲裁罪】依法承担仲裁职责的人员，在仲裁活动中故意违背事实和法律作枉法裁决，情节严重的，处三年以下有期徒刑或者拘役；情节特别严重的，处三年以上七年以下有期徒刑。

第四百条　【私放在押人员罪】司法工作人员私放在押的犯罪嫌疑人、被告人或者罪犯的，处五年以下有期徒刑或者拘役；情节严重的，处五年以上十年以下有期徒刑；情节特别严重的，处十年以上有期徒刑。

【失职致使在押人员脱逃罪】司法工作人员由于严重不负责任，致使在押的犯罪嫌疑人、被告人或者罪犯脱逃，造成严重后果的，处三年以下有期徒刑或者拘役；造成特别严重后果的，处三年以上十年以下有期徒刑。

第四百零一条　【徇私舞弊减刑、假释、暂予监外执行罪】司法工作人员徇私舞弊，对不符合减刑、假释、暂予监外执行条件的罪犯，予以减刑、假释或者暂予监外执行的，处三年以下有期徒刑或者拘役；情节严重的，处三年以上七年以下有期徒刑。

第四百零二条　【徇私舞弊不移交刑事案件罪】行政执法人员徇私舞弊，对依法应当移交司法机关追究刑事责任的不移交，情节严重的，处三年以下有期徒刑或者拘役；造成严重后果的，处三年以上七年以下有期徒刑。

第四百零三条　【滥用管理公司、证券职权罪】国家有关主管部门的国家机关工作人员，徇私舞弊，滥用职权，对不符合法律规定条件的公司设立、登记申请或者股票、债券发行、上市申请，予以批准或者登记，致使公共财产、国家和人民利益遭受重大损失的，处五年以下有期徒刑或者拘役。

上级部门强令登记机关及其工作人员实施前款行为的，对其直接负责的主管人员，依照前款的规定处罚。

第四百零四条　【徇私舞弊不征、少征税款罪】税务机关的工作人员徇私舞弊，不征或者少征应征税款，致使国家税收遭受重大损失的，处五年以下有期徒刑或者拘役；造成特别重大损失的，处五年以上有期徒刑。

第四百零五条　【徇私舞弊发售发票、抵扣税款、出口退税罪】税务机关的工作人员违反法律、行政法规的规定，在办理发售发票、抵扣税款、出口退税工作中，徇私舞弊，致使国家利益遭受重大损失的，处五年以下有期徒刑或者拘役；致使国家利益遭受特别重大损失的，处五年以上有期徒刑。

【违法提供出口退税凭证罪】其他国家机关工作人员违反国家规定,在提供出口货物报关单、出口收汇核销单等出口退税凭证的工作中,徇私舞弊,致使国家利益遭受重大损失的,依照前款的规定处罚。

第四百零六条 【国家机关工作人员签订、履行合同失职被骗罪】国家机关工作人员在签订、履行合同过程中,因严重不负责任被诈骗,致使国家利益遭受重大损失的,处三年以下有期徒刑或者拘役;致使国家利益遭受特别重大损失的,处三年以上七年以下有期徒刑。

第四百零七条 【违法发放林木采伐许可证罪】林业主管部门的工作人员违反森林法的规定,超过批准的年采伐限额发放林木采伐许可证或者违反规定滥发林木采伐许可证,情节严重,致使森林遭受严重破坏的,处三年以下有期徒刑或者拘役。

第四百零八条 【环境监管失职罪】负有环境保护监督管理职责的国家机关工作人员严重不负责任,导致发生重大环境污染事故,致使公私财产遭受重大损失或者造成人身伤亡的严重后果的,处三年以下有期徒刑或者拘役。

第四百零八条之一 【食品、药品监管渎职罪】负有食品药品安全监督管理职责的国家机关工作人员,滥用职权或者玩忽职守,有下列情形之一,造成严重后果或者有其他严重情节的,处五年以下有期徒刑或者拘役;造成特别严重后果或者有其他特别严重情节的,处五年以上十年以下有期徒刑:

(一)瞒报、谎报食品安全事故、药品安全事件的;

(二)对发现的严重食品药品安全违法行为未按规定查处的;

(三)在药品和特殊食品审批审评过程中,对不符合条件的申请准予许可的;

(四)依法应当移交司法机关追究刑事责任不移交的;

(五)有其他滥用职权或者玩忽职守行为的。

徇私舞弊犯前款罪的,从重处罚。

第四百零九条 【传染病防治失职罪】从事传染病防治的政府卫生行政部门的工作人员严重不负责任,导致传染病传播或者流行,情节严重的,处三年以下有期徒刑或者拘役。

第四百一十条 【非法批准征收、征用、占用土地罪;非法低价出让国有土地使用权罪】国家机关工作人员徇私舞弊,违反土地管理法规,滥用职权,非法批准征收、征用、占用土地,或者非法低价出让国有土地使用权,情节严重的,处三年以下有期徒刑或者拘役;致使国家或者集体利益遭受特别重大损失的,处三年以上七年以下有期徒刑。

第四百一十一条 【放纵走私罪】海关工作人员徇私舞弊,放纵走私,情节严重的,处五年以下有期徒刑或者拘役;情节特别严重的,处五年以上有期徒刑。

第四百一十二条 【商检徇私舞弊罪】国家商检部门、商检机构的工作人员徇私舞弊,伪造检验结果的,处五年以下有期徒刑或者拘役;造成严重后果的,处五年以上十年以下有期徒刑。

【商检失职罪】前款所列人员严重不负责任,对应当检验的物品不检验,或者延误检验出证、错误出证,致使国家利益遭受重大损失的,处三年以下有期徒刑或者拘役。

第四百一十三条 【动植物检疫徇私舞弊罪】动植物检疫机关的检疫人员徇私舞弊,伪造检疫结果的,处五年以下有期徒刑或者拘役;造成严重后果的,处五年以上十年以下有期徒刑。

【动植物检疫失职罪】前款所列人员严重不负责任,对应当检疫的检疫物不检疫,或者延误检疫出证、错误出证,致使国家利益遭受重大损失的,处三年以下有期徒刑或者拘役。

第四百一十四条 【放纵制售伪劣商品犯罪行为罪】对生产、销售伪劣商品犯罪行为负有追究责任的国家机关工作人员,徇私舞弊,不履行法律规定的追究职责,情节严重的,处五年以下有期徒刑或者拘役。

第四百一十五条 【办理偷越国(边)境人员出入境证件罪;放行偷越国(边)境人员罪】负责办理护照、签证以及其他出入境证件的国家机关工作人员,对明知是企图偷越国(边)境的人员,予以办理出入境证件的，或者边防、海关等国家机关工作人员，对明知是偷越国（边）境的人员，予以放行的，处三年以下有期徒刑或者拘役；情节严重的，处三年以上七年以下有期徒刑。

第四百一十六条　【不解救被拐卖、绑架妇女、儿童罪】对被拐卖、绑架的妇女、儿童负有解救职责的国家机关工作人员，接到被拐卖、绑架的妇女、儿童及其家属的解救要求或者接到其他人的举报，而对被拐卖、绑架的妇女、儿童不进行解救，造成严重后果的，处五年以下有期徒刑或者拘役。

【阻碍解救被拐卖、绑架妇女、儿童罪】负有解救职责的国家机关工作人员利用职务阻碍解救的，处二年以上七年以下有期徒刑；情节较轻的，处二年以下有期徒刑或者拘役。

第四百一十七条　【帮助犯罪分子逃避处罚罪】有查禁犯罪活动职责的国家机关工作人员，向犯罪分子通风报信、提供便利，帮助犯罪分子逃避处罚的，处三年以下有期徒刑或者拘役；情节严重的，处三年以上十年以下有期徒刑。

第四百一十八条　【招收公务员、学生徇私舞弊罪】国家机关工作人员在招收公务员、学生工作中徇私舞弊，情节严重的，处三年以下有期徒刑或者拘役。

第四百一十九条　【失职造成珍贵文物损毁、流失罪】国家机关工作人员严重不负责任，造成珍贵文物损毁或者流失，后果严重的，处三年以下有期徒刑或者拘役。

第十章　军人违反职责罪

第四百二十条　【军人违反职责罪的概念】军人违反职责，危害国家军事利益，依照法律应当受刑罚处罚的行为，是军人违反职责罪。

第四百二十一条　【战时违抗命令罪】战时违抗命令，对作战造成危害的，处三年以上十年以下有期徒刑；致使战斗、战役遭受重大损失的，处十年以上有期徒刑、无期徒刑或者死刑。

第四百二十二条　【隐瞒、谎报军情罪；拒传、假传军令罪】故意隐瞒、谎报军情或者拒传、假传军令，对作战造成危害的，处三年以上十年以下有期徒刑；致使战斗、战役遭受重大损失的，处十年以上有期徒刑、无期徒刑或者死刑。

第四百二十三条　【投降罪】在战场上贪生怕死，自动放下武器投降敌人的，处三年以上十年以下有期徒刑；情节严重的，处十年以上有期徒刑或者无期徒刑。

投降后为敌人效劳的，处十年以上有期徒刑、无期徒刑或者死刑。

第四百二十四条　【战时临阵脱逃罪】战时临阵脱逃的，处三年以下有期徒刑；情节严重的，处三年以上十年以下有期徒刑；致使战斗、战役遭受重大损失的，处十年以上有期徒刑、无期徒刑或者死刑。

第四百二十五条　【擅离、玩忽军事职守罪】指挥人员和值班、值勤人员擅离职守或者玩忽职守，造成严重后果的，处三年以下有期徒刑或者拘役；造成特别严重后果的，处三年以上七年以下有期徒刑。

战时犯前款罪的，处五年以上有期徒刑。

第四百二十六条　【阻碍执行军事职务罪】以暴力、威胁方法，阻碍指挥人员或者值班、值勤人员执行职务的，处五年以下有期徒刑或者拘役；情节严重的，处五年以上十年以下有期徒刑；情节特别严重的，处十年以上有期徒刑或者无期徒刑。战时从重处罚。

第四百二十七条　【指使部属违反职责罪】滥用职权，指使部属进行违反职责的活动，造成严重后果的，处五年以下有期徒刑或者拘役；情节特别严重的，处五年以上十年以下有期徒刑。

第四百二十八条　【违令作战消极罪】指挥人员违抗命令，临阵畏缩，作战消极，造成严重后果的，处五年以下有期徒刑；致使战斗、战役遭受重大损失或者有其他特别严重情节的，处五年以上有期徒刑。

第四百二十九条　【拒不救援友邻部队罪】在战场上明知友邻部队处境危急请求救援，能救援而不救援，致使友邻部队遭受重大损失的，对指挥人员，处五年以下有期徒刑。

第四百三十条　【军人叛逃罪】在履行公务期间，擅离岗位，叛逃境外或者在境外叛逃，危害国家军事利益的,处五年以下有期徒刑或者拘役;情节严重的,处五年以上有期徒刑。

驾驶航空器、舰船叛逃的,或者有其他特别严重情节的,处十年以上有期徒刑、无期徒刑或者死刑。

第四百三十一条　【非法获取军事秘密罪】以窃取、刺探、收买方法,非法获取军事秘密的,处五年以下有期徒刑;情节严重的,处五年以上十年以下有期徒刑;情节特别严重的,处十年以上有期徒刑。

【为境外窃取、刺探、收买、非法提供军事秘密罪】为境外的机构、组织、人员窃取、刺探、收买、非法提供军事秘密的,处五年以上十年以下有期徒刑;情节严重的,处十年以上有期徒刑、无期徒刑或者死刑。

第四百三十二条　【故意泄露军事秘密罪;过失泄露军事秘密罪】违反保守国家秘密法规,故意或者过失泄露军事秘密,情节严重的,处五年以下有期徒刑或者拘役;情节特别严重的,处五年以上十年以下有期徒刑。

战时犯前款罪的,处五年以上十年以下有期徒刑;情节特别严重的,处十年以上有期徒刑或者无期徒刑。

第四百三十三条　【战时造谣惑众罪】战时造谣惑众,动摇军心的,处三年以下有期徒刑;情节严重的,处三年以上十年以下有期徒刑;情节特别严重的,处十年以上有期徒刑或者无期徒刑。

第四百三十四条　【战时自伤罪】战时自伤身体,逃避军事义务的,处三年以下有期徒刑;情节严重的,处三年以上七年以下有期徒刑。

第四百三十五条　【逃离部队罪】违反兵役法规,逃离部队,情节严重的,处三年以下有期徒刑或者拘役。

战时犯前款罪的,处三年以上七年以下有期徒刑。

第四百三十六条　【武器装备肇事罪】违反武器装备使用规定,情节严重,因而发生责任事故,致人重伤、死亡或者造成其他严重后果的,处三年以下有期徒刑或者拘役;后果特别严重的,处三年以上七年以下有期徒刑。

第四百三十七条　【擅自改变武器装备编配用途罪】违反武器装备管理规定,擅自改变武器装备的编配用途,造成严重后果的,处三年以下有期徒刑或者拘役;造成特别严重后果的,处三年以上七年以下有期徒刑。

第四百三十八条　【盗窃、抢夺武器装备、军用物资罪】盗窃、抢夺武器装备或者军用物资的,处五年以下有期徒刑或者拘役;情节严重的,处五年以上十年以下有期徒刑;情节特别严重的,处十年以上有期徒刑、无期徒刑或者死刑。

【盗窃、抢夺枪支、弹药、爆炸物、危险物质罪】盗窃、抢夺枪支、弹药、爆炸物的,依照本法第一百二十七条的规定处罚。

第四百三十九条　【非法出卖、转让武器装备罪】非法出卖、转让军队武器装备的,处三年以上十年以下有期徒刑;出卖、转让大量武器装备或者有其他特别严重情节的,处十年以上有期徒刑、无期徒刑或者死刑。

第四百四十条　【遗弃武器装备罪】违抗命令,遗弃武器装备的,处五年以下有期徒刑或者拘役;遗弃重要或者大量武器装备的,或者有其他严重情节的,处五年以上有期徒刑。

第四百四十一条　【遗失武器装备罪】遗失武器装备,不及时报告或者有其他严重情节的,处三年以下有期徒刑或者拘役。

第四百四十二条　【擅自出卖、转让军队房地产罪】违反规定,擅自出卖、转让军队房地产,情节严重的,对直接责任人员,处三年以下有期徒刑或者拘役;情节特别严重的,处三年以上十年以下有期徒刑。

第四百四十三条　【虐待部属罪】滥用职权,虐待部属,情节恶劣,致人重伤或者造成其他严重后果的，处五年以下有期徒刑或者拘役；致人死亡的，处五年以上有期徒刑。

第四百四十四条　【遗弃伤病军人罪】在战场上故意遗弃伤病军人，情节恶劣的，对直接责任人员，处五年以下有期徒刑。

第四百四十五条　【战时拒不救治伤病军人罪】战时在救护治疗职位上，有条件救治而拒不救治危重伤病军人的，处五年以下有期徒刑或者拘役；造成伤病军人重残、死亡或者有其他严重情节的，处五年以上十年以下有期徒刑。

第四百四十六条　【战时残害居民、掠夺居民财物罪】战时在军事行动地区，残害无辜居民或者掠夺无辜居民财物的，处五年以下有期徒刑；情节严重的，处五年以上十年以下有期徒刑；情节特别严重的，处十年以上有期徒刑、无期徒刑或者死刑。

第四百四十七条　【私放俘虏罪】私放俘虏的，处五年以下有期徒刑；私放重要俘虏、私放俘虏多人或者有其他严重情节的，处五年以上有期徒刑。

第四百四十八条　【虐待俘虏罪】虐待俘虏，情节恶劣的，处三年以下有期徒刑。

第四百四十九条　【战时缓刑】在战时，对被判处三年以下有期徒刑没有现实危险宣告缓刑的犯罪军人，允许其戴罪立功，确有立功表现时，可以撤销原判刑罚，不以犯罪论处。

第四百五十条　【本章适用的主体范围】本章适用于中国人民解放军的现役军官、文职干部、士兵及具有军籍的学员和中国人民武装警察部队的现役警官、文职干部、士兵及具有军籍的学员以及文职人员、执行军事任务的预备役人员和其他人员。

第四百五十一条　【战时的界定】本章所称战时，是指国家宣布进入战争状态、部队受领作战任务或者遭敌突然袭击时。

部队执行戒严任务或者处置突发性暴力事件时，以战时论。

附　　则

第四百五十二条　【施行日期及法律的废止与保留】本法自 1997 年 10 月 1 日起施行。

列于本法附件一的全国人民代表大会常务委员会制定的条例、补充规定和决定，已纳入本法或者已不适用，自本法施行之日起，予以废止。

列于本法附件二的全国人民代表大会常务委员会制定的补充规定和决定予以保留。其中，有关行政处罚和行政措施的规定继续有效；有关刑事责任的规定已纳入本法，自本法施行之日起，适用本法规定。

附件一

全国人民代表大会常务委员会制定的下列条例、补充规定和决定，已纳入本法或者已不适用，自本法施行之日起，予以废止：

1. 中华人民共和国惩治军人违反职责罪暂行条例
2. 关于严惩严重破坏经济的罪犯的决定
3. 关于严惩严重危害社会治安的犯罪分子的决定
4. 关于惩治走私罪的补充规定
5. 关于惩治贪污罪贿赂罪的补充规定
6. 关于惩治泄露国家秘密犯罪的补充规定
7. 关于惩治捕杀国家重点保护的珍贵、濒危野生动物犯罪的补充规定

8. 关于惩治侮辱中华人民共和国国旗国徽罪的决定
9. 关于惩治盗掘古文化遗址古墓葬犯罪的补充规定
10. 关于惩治劫持航空器犯罪分子的决定
11. 关于惩治假冒注册商标犯罪的补充规定
12. 关于惩治生产、销售伪劣商品犯罪的决定
13. 关于惩治侵犯著作权的犯罪的决定
14. 关于惩治违反公司法的犯罪的决定
15. 关于处理逃跑或者重新犯罪的劳改犯和劳教人员的决定

附件二

全国人民代表大会常务委员会制定的下列补充规定和决定予以保留,其中,有关行政处罚和行政措施的规定继续有效;有关刑事责任的规定已纳入本法,自本法施行之日起,适用本法规定:

1. 关于禁毒的决定①
2. 关于惩治走私、制作、贩卖、传播淫秽物品的犯罪分子的决定
3. 关于严禁卖淫嫖娼的决定②
4. 关于严惩拐卖、绑架妇女、儿童的犯罪分子的决定
5. 关于惩治偷税、抗税犯罪的补充规定③
6. 关于严惩组织、运送他人偷越国(边)境犯罪的补充规定④
7. 关于惩治破坏金融秩序犯罪的决定
8. 关于惩治虚开、伪造和非法出售增值税专用发票犯罪的决定

最高人民法院、最高人民检察院关于常见犯罪的量刑指导意见(试行)

(2021年6月16日发布　法发〔2021〕21号　自2021年7月1日起施行)

为进一步规范量刑活动,落实宽严相济刑事政策和认罪认罚从宽制度,增强量刑公开性,实现量刑公正,根据刑法、刑事诉讼法和有关司法解释等规定,结合司法实践,制定本指导意见。

一、量刑的指导原则

(一)量刑应当以事实为根据,以法律为准绳,根据犯罪的事实、性质、情节和对于社会的危害程度,决定判处的刑罚。

(二)量刑既要考虑被告人所犯罪行的轻重,又要考虑被告人应负刑事责任的大小,做到罪责刑相

---

① 根据《中华人民共和国禁毒法》第71条的规定,本决定自2008年6月1日起废止。

② 根据《全国人民代表大会常务委员会关于废止有关收容教育法律规定和制度的决定》,本决定第4条第2款、第4款自2019年12月29日起废止。

③ 根据《全国人民代表大会常务委员会关于废止部分法律的决定》,本决定自2009年6月27日起废止。

④ 根据《全国人民代表大会常务委员会关于废止部分法律的决定》,本决定自2009年6月27日起废止。

适应,实现惩罚和预防犯罪的目的。

(三)量刑应当贯彻宽严相济的刑事政策,做到该宽则宽,当严则严,宽严相济,罚当其罪,确保裁判政治效果、法律效果和社会效果的统一。

(四)量刑要客观、全面把握不同时期不同地区的经济社会发展和治安形势的变化,确保刑法任务的实现;对于同一地区同一时期案情相似的案件,所判处的刑罚应当基本均衡。

二、量刑的基本方法

量刑时,应当以定性分析为主,定量分析为辅,依次确定量刑起点、基准刑和宣告刑。

(一)量刑步骤

1. 根据基本犯罪构成事实在相应的法定刑幅度内确定量刑起点。

2. 根据其他影响犯罪构成的犯罪数额、犯罪次数、犯罪后果等犯罪事实,在量刑起点的基础上增加刑罚量确定基准刑。

3. 根据量刑情节调节基准刑,并综合考虑全案情况,依法确定宣告刑。

(二)调节基准刑的方法

1. 具有单个量刑情节的,根据量刑情节的调节比例直接调节基准刑。

2. 具有多个量刑情节的,一般根据各个量刑情节的调节比例,采用同向相加、逆向相减的方法调节基准刑;具有未成年人犯罪、老年人犯罪、限制行为能力的精神病人犯罪、又聋又哑的人或者盲人犯罪,防卫过当、避险过当、犯罪预备、犯罪未遂、犯罪中止,从犯、胁从犯和教唆犯等量刑情节的,先适用该量刑情节对基准刑进行调节,在此基础上,再适用其他量刑情节进行调节。

3. 被告人犯数罪,同时具有适用于个罪的立功、累犯等量刑情节的,先适用该量刑情节调节个罪的基准刑,确定个罪所应判处的刑罚,再依法实行数罪并罚,决定执行的刑罚。

(三)确定宣告刑的方法

1. 量刑情节对基准刑的调节结果在法定刑幅度内,且罪责刑相适应的,可以直接确定为宣告刑;具有应当减轻处罚情节的,应当依法在法定最低刑以下确定宣告刑。

2. 量刑情节对基准刑的调节结果在法定最低刑以下,具有法定减轻处罚情节,且罪责刑相适应的,可以直接确定为宣告刑;只有从轻处罚情节的,可以依法确定法定最低刑为宣告刑;但是根据案件的特殊情况,经最高人民法院核准,也可以在法定刑以下判处刑罚。

3. 量刑情节对基准刑的调节结果在法定最高刑以上的,可以依法确定法定最高刑为宣告刑。

4. 综合考虑全案情况,独任审判员或合议庭可以在20%的幅度内对调节结果进行调整,确定宣告刑。当调节后的结果仍不符合罪责刑相适应原则的,应当提交审判委员会讨论,依法确定宣告刑。

5. 综合全案犯罪事实和量刑情节,依法应当判处无期徒刑以上刑罚、拘役、管制或者单处附加刑、缓刑、免予刑事处罚的,应当依法适用。

(四)判处罚金刑,应当以犯罪情节为根据,并综合考虑被告人缴纳罚金的能力,依法决定罚金数额。

(五)适用缓刑,应当综合考虑被告人的犯罪情节、悔罪表现、再犯罪的危险以及宣告缓刑对所居住社区的影响,依法作出决定。

三、常见量刑情节的适用

量刑时应当充分考虑各种法定和酌定量刑情节,根据案件的全部犯罪事实以及量刑情节的不同情形,依法确定量刑情节的适用及其调节比例。对黑恶势力犯罪、严重暴力犯罪、毒品犯罪、性侵未成年人犯罪等危害严重的犯罪,在确定从宽的幅度时,应当从严掌握;对犯罪情节较轻的犯罪,应当充分体现从宽。具体确定各个量刑情节的调节比例时,应当综合平衡调节幅度与实际增减刑罚量的关系,确保罪责刑相适应。

(一)对于未成年人犯罪,综合考虑未成年人对犯罪的认知能力、实施犯罪行为的动机和目的、犯罪时的年龄、是否初犯、偶犯、悔罪表现、个人成长经历和一贯表现等情况,应当予以从宽处罚。

1. 已满十二周岁不满十六周岁的未成年人犯罪,减少基准刑的 30% -60%;

2. 已满十六周岁不满十八周岁的未成年人犯罪,减少基准刑的 10% -50%。

(二)对于已满七十五周岁的老年人故意犯罪,综合考虑犯罪的性质、情节、后果等情况,可以减少基准刑的 40% 以下;过失犯罪的,减少基准刑的 20% -50%。

(三)对于又聋又哑的人或者盲人犯罪,综合考虑犯罪性质、情节、后果以及聋哑人或者盲人犯罪时的控制能力等情况,可以减少基准刑的 50% 以下;犯罪较轻的,可以减少基准刑的 50% 以上或者依法免除处罚。

(四)对于未遂犯,综合考虑犯罪行为的实行程度、造成损害的大小、犯罪未得逞的原因等情况,可以比照既遂犯减少基准刑的 50% 以下。

(五)对于从犯,综合考虑其在共同犯罪中的地位、作用等情况,应当予以从宽处罚,减少基准刑的 20% -50%;犯罪较轻的,减少基准刑的 50% 以上或者依法免除处罚。

(六)对于自首情节,综合考虑自首的动机、时间、方式、罪行轻重、如实供述罪行的程度以及悔罪表现等情况,可以减少基准刑的 40% 以下;犯罪较轻的,可以减少基准刑的 40% 以上或者依法免除处罚。恶意利用自首规避法律制裁等不足以从宽处罚的除外。

(七)对于坦白情节,综合考虑如实供述罪行的阶段、程度、罪行轻重以及悔罪表现等情况,确定从宽的幅度。

1. 如实供述自己罪行的,可以减少基准刑的 20% 以下;

2. 如实供述司法机关尚未掌握的同种较重罪行的,可以减少基准刑的 10% -30%;

3. 因如实供述自己罪行,避免特别严重后果发生的,可以减少基准刑的 30% -50%。

(八)对于当庭自愿认罪的,根据犯罪的性质、罪行的轻重、认罪程度以及悔罪表现等情况,可以减少基准刑的 10% 以下。依法认定自首、坦白的除外。

(九)对于立功情节,综合考虑立功的大小、次数、内容、来源、效果以及罪行轻重等情况,确定从宽的幅度。

1. 一般立功的,可以减少基准刑的 20% 以下;

2. 重大立功的,可以减少基准刑的 20% -50%;犯罪较轻的,减少基准刑的 50% 以上或者依法免除处罚。

(十)对于退赃、退赔的,综合考虑犯罪性质,退赃、退赔行为对损害结果所能弥补的程度,退赃、退赔的数额及主动程度等情况,可以减少基准刑的 30% 以下;对抢劫等严重危害社会治安犯罪的,应当从严掌握。

(十一)对于积极赔偿被害人经济损失并取得谅解的,综合考虑犯罪性质、赔偿数额、赔偿能力以及认罪悔罪表现等情况,可以减少基准刑的 40% 以下;积极赔偿但没有取得谅解的,可以减少基准刑的 30% 以下;尽管没有赔偿,但取得谅解的,可以减少基准刑的 20% 以下。对抢劫、强奸等严重危害社会治安犯罪的,应当从严掌握。

(十二)对于当事人根据刑事诉讼法第二百八十八条达成刑事和解协议的,综合考虑犯罪性质、赔偿数额、赔礼道歉以及真诚悔罪等情况,可以减少基准刑的 50% 以下;犯罪较轻的,可以减少基准刑的 50% 以上或者依法免除处罚。

(十三)对于被告人在羁押期间表现好的,可以减少基准刑的 10% 以下。

(十四)对于被告人认罪认罚的,综合考虑犯罪的性质、罪行的轻重、认罪认罚的阶段、程度、价值、悔罪表现等情况,可以减少基准刑的 30% 以下;具有自首、重大坦白、退赃退赔、赔偿谅解、刑事和解等情节的,可以减少基准刑的60%以下,犯罪较轻的,可以减少基准刑的60%以上或者依法免除处罚。认罪认罚与自首、坦白、当庭自愿认罪、退赃退赔、赔偿谅解、刑事和解、羁押期间表现好等量刑情节不作重复评价。

(十五)对于累犯,综合考虑前后罪的性质、刑罚执行完毕或赦免以后至再犯罪时间的长短以及前后罪罪行轻重等情况,应当增加基准刑的10% -40%,一般不少于3个月。

(十六)对于有前科的,综合考虑前科的性质、时间间隔长短、次数、处罚轻重等情况,可以增加基准刑的10%以下。前科犯罪为过失犯罪和未成年人犯罪的除外。

(十七)对于犯罪对象为未成年人、老年人、残疾人、孕妇等弱势人员的,综合考虑犯罪的性质、犯罪的严重程度等情况,可以增加基准刑的20%以下。

(十八)对于在重大自然灾害、预防、控制突发传染病疫情等灾害期间故意犯罪的,根据案件的具体情况,可以增加基准刑的20%以下。

四、常见犯罪的量刑

(一)交通肇事罪

1. 构成交通肇事罪的,根据下列情形在相应的幅度内确定量刑起点:

(1)致人重伤、死亡或者使公私财产遭受重大损失的,在二年以下有期徒刑、拘役幅度内确定量刑起点。

(2)交通运输肇事后逃逸或者有其他特别恶劣情节的,在三年至五年有期徒刑幅度内确定量刑起点。

(3)因逃逸致一人死亡的,在七年至十年有期徒刑幅度内确定量刑起点。

2. 在量刑起点的基础上,根据事故责任、致人重伤、死亡的人数或者财产损失的数额以及逃逸等其他影响犯罪构成的犯罪事实增加刑罚量,确定基准刑。

3. 构成交通肇事罪的,综合考虑事故责任、危害后果、赔偿谅解等犯罪事实、量刑情节,以及被告人的主观恶性、人身危险性、认罪悔罪表现等因素,决定缓刑的适用。

(二)危险驾驶罪

1. 构成危险驾驶罪的,依法在一个月至六个月拘役幅度内确定宣告刑。

2. 构成危险驾驶罪的,根据危险驾驶行为、实际损害后果等犯罪情节,综合考虑被告人缴纳罚金的能力,决定罚金数额。

3. 构成危险驾驶罪的,综合考虑危险驾驶行为、危害后果等犯罪事实、量刑情节,以及被告人主观恶性、人身危险性、认罪悔罪表现等因素,决定缓刑的适用。

(三)非法吸收公众存款罪

1. 构成非法吸收公众存款罪的,根据下列情形在相应的幅度内确定量刑起点:

(1)犯罪情节一般的,在一年以下有期徒刑、拘役幅度内确定量刑起点。

(2)达到数额巨大起点或者有其他严重情节的,在三年至四年有期徒刑幅度内确定量刑起点。

(3)达到数额特别巨大起点或者有其他特别严重情节的,在十年至十二年有期徒刑幅度内确定量刑起点。

2. 在量刑起点的基础上,根据非法吸收存款数额等其他影响犯罪构成的犯罪事实增加刑罚量,确定基准刑。

3. 对于在提起公诉前积极退赃退赔,减少损害结果发生的,可以减少基准刑的40%以下;犯罪较轻的,可以减少基准刑的40%以上或者依法免除处罚。

4. 构成非法吸收公众存款罪的,根据非法吸收公众存款数额、存款人人数、给存款人造成的直接经济损失数额等犯罪情节,综合考虑被告人缴纳罚金的能力,决定罚金数额。

5. 构成非法吸收公众存款罪的,综合考虑非法吸收存款数额、存款人人数、给存款人造成的直接经济损失数额、清退资金数额等犯罪事实、量刑情节,以及被告人主观恶性、人身危险性、认罪悔罪表现等因素,决定缓刑的适用。

(四)集资诈骗罪

1. 构成集资诈骗罪的,根据下列情形在相应的幅度内确定量刑起点:

(1)达到数额较大起点的,在三年至四年有期徒刑幅度内确定量刑起点。

(2)达到数额巨大起点或者有其他严重情节的,在七年至九年有期徒刑幅度内确定量刑起点。依法应当判处无期徒刑的除外。

2. 在量刑起点的基础上,根据集资诈骗数额等其他影响犯罪构成的犯罪事实增加刑罚量,确定基准刑。

3. 构成集资诈骗罪的,根据犯罪数额、危害后果等犯罪情节,综合考虑被告人缴纳罚金的能力,决定罚金数额。

4. 构成集资诈骗罪的,综合考虑犯罪数额、诈骗对象、危害后果、退赃退赔等犯罪事实、量刑情节,以及被告人主观恶性、人身危险性、认罪悔罪表现等因素,决定缓刑的适用。

(五)信用卡诈骗罪

1. 构成信用卡诈骗罪的,根据下列情形在相应的幅度内确定量刑起点:

(1)达到数额较大起点的,在二年以下有期徒刑、拘役幅度内确定量刑起点。

(2)达到数额巨大起点或者有其他严重情节的,在五年至六年有期徒刑幅度内确定量刑起点。

(3)达到数额特别巨大起点或者有其他特别严重情节的,在十年至十二年有期徒刑幅度内确定量刑起点。依法应当判处无期徒刑的除外。

2. 在量刑起点的基础上,根据信用卡诈骗数额等其他影响犯罪构成的犯罪事实增加刑罚量,确定基准刑。

3. 构成信用卡诈骗罪的,根据诈骗手段、犯罪数额、危害后果等犯罪情节,综合考虑被告人缴纳罚金的能力,决定罚金数额。

4. 构成信用卡诈骗罪的,综合考虑诈骗手段、犯罪数额、危害后果、退赃退赔等犯罪事实、量刑情节,以及被告人主观恶性、人身危险性、认罪悔罪表现等因素,决定缓刑的适用。

(六)合同诈骗罪

1. 构成合同诈骗罪的,根据下列情形在相应的幅度内确定量刑起点:

(1)达到数额较大起点的,在一年以下有期徒刑、拘役幅度内确定量刑起点。

(2)达到数额巨大起点或者有其他严重情节的,在三年至四年有期徒刑幅度内确定量刑起点。

(3)达到数额特别巨大起点或者有其他特别严重情节的,在十年至十二年有期徒刑幅度内确定量刑起点。依法应当判处无期徒刑的除外。

2. 在量刑起点的基础上,根据合同诈骗数额等其他影响犯罪构成的犯罪事实增加刑罚量,确定基准刑。

3. 构成合同诈骗罪的,根据诈骗手段、犯罪数额、损失数额、危害后果等犯罪情节,综合考虑被告人缴纳罚金的能力,决定罚金数额。

4. 构成合同诈骗罪的,综合考虑诈骗手段、犯罪数额、危害后果、退赃退赔等犯罪事实、量刑情节,以及被告人主观恶性、人身危险性、认罪悔罪表现等因素,决定缓刑的适用。

(七)故意伤害罪

1. 构成故意伤害罪的,根据下列情形在相应的幅度内确定量刑起点:

(1)故意伤害致一人轻伤的,在二年以下有期徒刑、拘役幅度内确定量刑起点。

(2)故意伤害致一人重伤的,在三年至五年有期徒刑幅度内确定量刑起点。

(3)以特别残忍手段故意伤害致一人重伤,造成六级严重残疾的,在十年至十三年有期徒刑幅度内确定量刑起点。依法应当判处无期徒刑以上刑罚的除外。

2. 在量刑起点的基础上,根据伤害后果、伤残等级、手段残忍程度等其他影响犯罪构成的犯罪事实增加刑罚量,确定基准刑。

故意伤害致人轻伤的,伤残程度可以在确定量刑起点时考虑,或者作为调节基准刑的量刑情节。

3. 构成故意伤害罪的,综合考虑故意伤害的起因、手段、危害后果、赔偿谅解等犯罪事实、量刑情节,以及被告人的主观恶性、人身危险性、认罪悔罪表现等因素,决定缓刑的适用。

(八)强奸罪

1. 构成强奸罪的,根据下列情形在相应的幅度内确定量刑起点:

(1)强奸妇女一人的,在三年至六年有期徒刑幅度内确定量刑起点。

奸淫幼女一人的,在四年至七年有期徒刑幅度内确定量刑起点。

(2)有下列情形之一的,在十年至十三年有期徒刑幅度内确定量刑起点:强奸妇女、奸淫幼女情节恶劣的;强奸妇女、奸淫幼女三人的;在公共场所当众强奸妇女、奸淫幼女的;二人以上轮奸妇女的;奸淫不满十周岁的幼女或者造成幼女伤害的;强奸致被害人重伤或者造成其他严重后果的。依法应当判处无期徒刑以上刑罚的除外。

2. 在量刑起点的基础上,根据强奸妇女、奸淫幼女情节恶劣程度、强奸人数、致人伤害后果等其他影响犯罪构成的犯罪事实增加刑罚量,确定基准刑。

强奸多人多次的,以强奸人数作为增加刑罚量的事实,强奸次数作为调节基准刑的量刑情节。

3. 构成强奸罪的,综合考虑强奸的手段、危害后果等犯罪事实、量刑情节,以及被告人的主观恶性、人身危险性、认罪悔罪表现等因素,从严把握缓刑的适用。

(九)非法拘禁罪

1. 构成非法拘禁罪的,根据下列情形在相应的幅度内确定量刑起点:

(1)犯罪情节一般的,在一年以下有期徒刑、拘役幅度内确定量刑起点。

(2)致一人重伤的,在三年至五年有期徒刑幅度内确定量刑起点。

(3)致一人死亡的,在十年至十三年有期徒刑幅度内确定量刑起点。

2. 在量刑起点的基础上,根据非法拘禁人数、拘禁时间、致人伤亡后果等其他影响犯罪构成的犯罪事实增加刑罚量,确定基准刑。

非法拘禁多人多次的,以非法拘禁人数作为增加刑罚量的事实,非法拘禁次数作为调节基准刑的量刑情节。

3. 有下列情节之一的,增加基准刑的10% -20%:

(1)具有殴打、侮辱情节的;

(2)国家机关工作人员利用职权非法扣押、拘禁他人的。

4. 构成非法拘禁罪的,综合考虑非法拘禁的起因、时间、危害后果等犯罪事实、量刑情节,以及被告人的主观恶性、人身危险性、认罪悔罪表现等因素,决定缓刑的适用。

(十)抢劫罪

1. 构成抢劫罪的,根据下列情形在相应的幅度内确定量刑起点:

(1)抢劫一次的,在三年至六年有期徒刑幅度内确定量刑起点。

(2)有下列情形之一的,在十年至十三年有期徒刑幅度内确定量刑起点:入户抢劫的;在公共交通工具上抢劫的;抢劫银行或者其他金融机构的;抢劫三次或者抢劫数额达到数额巨大起点的;抢劫致一人重伤的;冒充军警人员抢劫的;持枪抢劫的;抢劫军用物资或者抢险、救灾、救济物资的。依法应当判处无期徒刑以上刑罚的除外。

2. 在量刑起点的基础上,根据抢劫情节严重程度、抢劫数额、次数、致人伤害后果等其他影响犯罪构成的犯罪事实增加刑罚量,确定基准刑。

3. 构成抢劫罪的,根据抢劫的数额、次数、手段、危害后果等犯罪情节,综合考虑被告人缴纳罚金的能力,决定罚金数额。

4. 构成抢劫罪的,综合考虑抢劫的起因、手段、危害后果等犯罪事实、量刑情节,以及被告人的主观恶性、人身危险性、认罪悔罪表现等因素,从严把握缓刑的适用。

(十一)盗窃罪

1. 构成盗窃罪的,根据下列情形在相应的幅度内确定量刑起点:

(1)达到数额较大起点的,二年内三次盗窃的,入户盗窃的,携带凶器盗窃的,或者扒窃的,在一年以下有期徒刑、拘役幅度内确定量刑起点。

(2)达到数额巨大起点或者有其他严重情节的,在三年至四年有期徒刑幅度内确定量刑起点。

(3)达到数额特别巨大起点或者有其他特别严重情节的,在十年至十二年有期徒刑幅度内确定量刑起点。依法应当判处无期徒刑的除外。

2. 在量刑起点的基础上,根据盗窃数额、次数、手段等其他影响犯罪构成的犯罪事实增加刑罚量,确定基准刑。

多次盗窃,数额达到较大以上的,以盗窃数额确定量刑起点,盗窃次数可以作为调节基准刑的量刑情节;数额未达到较大的,以盗窃次数确定量刑起点,超过三次的次数作为增加刑罚量的事实。

3. 构成盗窃罪的,根据盗窃的数额、次数、手段、危害后果等犯罪情节,综合考虑被告人缴纳罚金的能力,在一千元以上盗窃数额二倍以下决定罚金数额;没有盗窃数额或者盗窃数额无法计算的,在一千元以上十万元以下判处罚金。

4. 构成盗窃罪的,综合考虑盗窃的起因、数额、次数、手段、退赃退赔等犯罪事实、量刑情节,以及被告人的主观恶性、人身危险性、认罪悔罪表现等因素,决定缓刑的适用。

(十二)诈骗罪

1. 构成诈骗罪的,根据下列情形在相应的幅度内确定量刑起点:

(1)达到数额较大起点的,在一年以下有期徒刑、拘役幅度内确定量刑起点。

(2)达到数额巨大起点或者有其他严重情节的,在三年至四年有期徒刑幅度内确定量刑起点。

(3)达到数额特别巨大起点或者有其他特别严重情节的,在十年至十二年有期徒刑幅度内确定量刑起点。依法应当判处无期徒刑的除外。

2. 在量刑起点的基础上,根据诈骗数额等其他影响犯罪构成的犯罪事实增加刑罚量,确定基准刑。

3. 构成诈骗罪的,根据诈骗的数额、手段、危害后果等犯罪情节,综合考虑被告人缴纳罚金的能力,决定罚金数额。

4. 构成诈骗罪的,综合考虑诈骗的起因、手段、数额、危害后果、退赃退赔等犯罪事实、量刑情节,以及被告人的主观恶性、人身危险性、认罪悔罪表现等因素,决定缓刑的适用。对实施电信网络诈骗的,从严把握缓刑的适用。

(十三)抢夺罪

1. 构成抢夺罪的,根据下列情形在相应的幅度内确定量刑起点:

(1)达到数额较大起点或者二年内三次抢夺的,在一年以下有期徒刑、拘役幅度内确定量刑起点。

(2)达到数额巨大起点或者有其他严重情节的,在三年至五年有期徒刑幅度内确定量刑起点。

(3)达到数额特别巨大起点或者有其他特别严重情节的,在十年至十二年有期徒刑幅度内确定量刑起点。依法应当判处无期徒刑的除外。

2. 在量刑起点的基础上，根据抢夺数额、次数等其他影响犯罪构成的犯罪事实增加刑罚量，确定基准刑。

多次抢夺，数额达到较大以上的，以抢夺数额确定量刑起点，抢夺次数可以作为调节基准刑的量刑情节；数额未达到较大的，以抢夺次数确定量刑起点，超过三次的次数作为增加刑罚量的事实。

3. 构成抢夺罪的，根据抢夺的数额、次数、手段、危害后果等犯罪情节，综合考虑被告人缴纳罚金的能力，决定罚金数额。

4. 构成抢夺罪的，综合考虑抢夺的起因、数额、手段、次数、危害后果、退赃退赔等犯罪事实、量刑情节，以及被告人的主观恶性、人身危险性、认罪悔罪表现等因素，决定缓刑的适用。

（十四）职务侵占罪

1. 构成职务侵占罪的，根据下列情形在相应的幅度内确定量刑起点：

（1）达到数额较大起点的，在一年以下有期徒刑、拘役幅度内确定量刑起点。

（2）达到数额巨大起点的，在三年至四年有期徒刑幅度内确定量刑起点。

（3）达到数额特别巨大起点的，在十年至十一年有期徒刑幅度内确定量刑起点。依法应当判处无期徒刑的除外。

2. 在量刑起点的基础上，根据职务侵占数额等其他影响犯罪构成的犯罪事实增加刑罚量，确定基准刑。

3. 构成职务侵占罪的，根据职务侵占的数额、危害后果等犯罪情节，综合考虑被告人缴纳罚金的能力，决定罚金数额。

4. 构成职务侵占罪的，综合考虑职务侵占的数额、手段、危害后果、退赃退赔等犯罪事实、量刑情节，以及被告人的主观恶性、人身危险性、认罪悔罪表现等因素，决定缓刑的适用。

（十五）敲诈勒索罪

1. 构成敲诈勒索罪的，根据下列情形在相应的幅度内确定量刑起点：

（1）达到数额较大起点的，或者二年内三次敲诈勒索的，在一年以下有期徒刑、拘役幅度内确定量刑起点。

（2）达到数额巨大起点或者有其他严重情节的，在三年至五年有期徒刑幅度内确定量刑起点。

（3）达到数额特别巨大起点或者有其他特别严重情节的，在十年至十二年有期徒刑幅度内确定量刑起点。

2. 在量刑起点的基础上，根据敲诈勒索数额、次数、犯罪情节严重程度等其他影响犯罪构成的犯罪事实增加刑罚量，确定基准刑。

多次敲诈勒索，数额达到较大以上的，以敲诈勒索数额确定量刑起点，敲诈勒索次数可以作为调节基准刑的量刑情节；数额未达到较大的，以敲诈勒索次数确定量刑起点，超过三次的次数作为增加刑罚量的事实。

3. 构成敲诈勒索罪的，根据敲诈勒索的数额、手段、次数、危害后果等犯罪情节，综合考虑被告人缴纳罚金的能力，在二千元以上敲诈勒索数额的二倍以下决定罚金数额；被告人没有获得财物的，在二千元以上十万元以下判处罚金。

4. 构成敲诈勒索罪的，综合考虑敲诈勒索的手段、数额、次数、危害后果、退赃退赔等犯罪事实、量刑情节，以及被告人的主观恶性、人身危险性、认罪悔罪表现等因素，决定缓刑的适用。

（十六）妨害公务罪

1. 构成妨害公务罪的，在二年以下有期徒刑、拘役幅度内确定量刑起点。

2. 在量刑起点的基础上，根据妨害公务造成的后果、犯罪情节严重程度等其他影响犯罪构成的犯罪事实增加刑罚量，确定基准刑。

3. 构成妨害公务罪,依法单处罚金的,根据妨害公务的手段、危害后果、造成的人身伤害以及财物毁损情况等犯罪情节,综合考虑被告人缴纳罚金的能力,决定罚金数额。

4. 构成妨害公务罪的,综合考虑妨害公务的手段、造成的人身伤害、财物的毁损及社会影响等犯罪事实、量刑情节,以及被告人的主观恶性、人身危险性、认罪悔罪表现等因素,决定缓刑的适用。

(十七)聚众斗殴罪

1. 构成聚众斗殴罪的,根据下列情形在相应的幅度内确定量刑起点:

(1)犯罪情节一般的,在二年以下有期徒刑、拘役幅度内确定量刑起点。

(2)有下列情形之一的,在三年至五年有期徒刑幅度内确定量刑起点:聚众斗殴三次的;聚众斗殴人数多,规模大,社会影响恶劣的;在公共场所或者交通要道聚众斗殴,造成社会秩序严重混乱的;持械聚众斗殴的。

2. 在量刑起点的基础上,根据聚众斗殴人数、次数、手段严重程度等其他影响犯罪构成的犯罪事实增加刑罚量,确定基准刑。

3. 构成聚众斗殴罪的,综合考虑聚众斗殴的手段、危害后果等犯罪事实、量刑情节,以及被告人的主观恶性、人身危险性、认罪悔罪表现等因素,决定缓刑的适用。

(十八)寻衅滋事罪

1. 构成寻衅滋事罪的,根据下列情形在相应的幅度内确定量刑起点:

(1)寻衅滋事一次的,在三年以下有期徒刑、拘役幅度内确定量刑起点。

(2)纠集他人三次寻衅滋事(每次都构成犯罪),严重破坏社会秩序的,在五年至七年有期徒刑幅度内确定量刑起点。

2. 在量刑起点的基础上,根据寻衅滋事次数、伤害后果、强拿硬要他人财物或任意损毁、占用公私财物数额等其他影响犯罪构成的犯罪事实增加刑罚量,确定基准刑。

3. 构成寻衅滋事罪,判处五年以上十年以下有期徒刑,并处罚金的,根据寻衅滋事的次数、危害后果、对社会秩序的破坏程度等犯罪情节,综合考虑被告人缴纳罚金的能力,决定罚金数额。

4. 构成寻衅滋事罪的,综合考虑寻衅滋事的具体行为、危害后果、对社会秩序的破坏程度等犯罪事实、量刑情节,以及被告人的主观恶性、人身危险性、认罪悔罪表现等因素,决定缓刑的适用。

(十九)掩饰、隐瞒犯罪所得、犯罪所得收益罪

1. 构成掩饰、隐瞒犯罪所得、犯罪所得收益罪的,根据下列情形在相应的幅度内确定量刑起点:

(1)犯罪情节一般的,在一年以下有期徒刑、拘役幅度内确定量刑起点。

(2)情节严重的,在三年至四年有期徒刑幅度内确定量刑起点。

2. 在量刑起点的基础上,根据犯罪数额等其他影响犯罪构成的犯罪事实增加刑罚量,确定基准刑。

3. 构成掩饰、隐瞒犯罪所得、犯罪所得收益罪的,根据掩饰、隐瞒犯罪所得及其收益的数额、犯罪对象、危害后果等犯罪情节,综合考虑被告人缴纳罚金的能力,决定罚金数额。

4. 构成掩饰、隐瞒犯罪所得、犯罪所得收益罪的,综合考虑掩饰、隐瞒犯罪所得及其收益的数额、危害后果、上游犯罪的危害程度等犯罪事实、量刑情节,以及被告人的主观恶性、人身危险性、认罪悔罪表现等因素,决定缓刑的适用。

(二十)走私、贩卖、运输、制造毒品罪

1. 构成走私、贩卖、运输、制造毒品罪的,根据下列情形在相应的幅度内确定量刑起点:

(1)走私、贩卖、运输、制造鸦片一千克,海洛因、甲基苯丙胺五十克或者其它毒品数量达到数量大起点的,量刑起点为十五年有期徒刑。依法应当判处无期徒刑以上刑罚的除外。

(2)走私、贩卖、运输、制造鸦片二百克,海洛因、甲基苯丙胺十克或者其它毒品数量达到数量较大起点的,在七年至八年有期徒刑幅度内确定量刑起点。

(3)走私、贩卖、运输、制造鸦片不满二百克,海洛因、甲基苯丙胺不满十克或者其他少量毒品的,可以在三年以下有期徒刑、拘役幅度内确定量刑起点;情节严重的,在三年至四年有期徒刑幅度内确定量刑起点。

2. 在量刑起点的基础上,根据毒品犯罪次数、人次、毒品数量等其他影响犯罪构成的犯罪事实增加刑罚量,确定基准刑。

3. 有下列情节之一的,增加基准刑的10% －30%:

(1)利用、教唆未成年人走私、贩卖、运输、制造毒品的;

(2)向未成年人出售毒品的;

(3)毒品再犯。

4. 有下列情节之一的,可以减少基准刑的30%以下:

(1)受雇运输毒品的;

(2)毒品含量明显偏低的;

(3)存在数量引诱情形的。

5. 构成走私、贩卖、运输、制造毒品罪的,根据走私、贩卖、运输、制造毒品的种类、数量、危害后果等犯罪情节,综合考虑被告人缴纳罚金的能力,决定罚金数额。

6. 构成走私、贩卖、运输、制造毒品罪的,综合考虑走私、贩卖、运输、制造毒品的种类、数量、危害后果等犯罪事实、量刑情节,以及被告人的主观恶性、人身危险性、认罪悔罪表现等因素,从严把握缓刑的适用。

(二十一)非法持有毒品罪

1. 构成非法持有毒品罪的,根据下列情形在相应的幅度内确定量刑起点:

(1)非法持有鸦片一千克以上、海洛因或者甲基苯丙胺五十克以上或者其他毒品数量大的,在七年至九年有期徒刑幅度内确定量刑起点。依法应当判处无期徒刑的除外。

(2)非法持有毒品情节严重的,在三年至四年有期徒刑幅度内确定量刑起点。

(3)非法持有鸦片二百克、海洛因或者甲基苯丙胺十克或者其他毒品数量较大的,在一年以下有期徒刑、拘役幅度内确定量刑起点。

2. 在量刑起点的基础上,根据毒品数量等其他影响犯罪构成的犯罪事实增加刑罚量,确定基准刑。

3. 构成非法持有毒品罪的,根据非法持有毒品的种类、数量等犯罪情节,综合考虑被告人缴纳罚金的能力,决定罚金数额。

4. 构成非法持有毒品罪的,综合考虑非法持有毒品的种类、数量等犯罪事实、量刑情节,以及被告人主观恶性、人身危险性、认罪悔罪表现等因素,从严把握缓刑的适用。

(二十二)容留他人吸毒罪

1. 构成容留他人吸毒罪的,在一年以下有期徒刑、拘役幅度内确定量刑起点。

2. 在量刑起点的基础上,根据容留他人吸毒的人数、次数等其他影响犯罪构成的犯罪事实增加刑罚量,确定基准刑。

3. 构成容留他人吸毒罪的,根据容留他人吸毒的人数、次数、违法所得数额、危害后果等犯罪情节,综合考虑被告人缴纳罚金的能力,决定罚金数额。

4. 构成容留他人吸毒罪的,综合考虑容留他人吸毒的人数、次数、危害后果等犯罪事实、量刑情节,以及被告人主观恶性、人身危险性、认罪悔罪表现等因素,决定缓刑的适用。

(二十三)引诱、容留、介绍卖淫罪

1. 构成引诱、容留、介绍卖淫罪的,根据下列情形在相应的幅度内确定量刑起点:

(1)情节一般的,在二年以下有期徒刑、拘役幅度内确定量刑起点。

(2)情节严重的,在五年至七年有期徒刑幅度内确定量刑起点。

2. 在量刑起点的基础上,根据引诱、容留、介绍卖淫的人数等其他影响犯罪构成的犯罪事实增加刑罚量,确定基准刑。

3. 旅馆业、饮食服务业、文化娱乐业、出租汽车业等单位的主要负责人,利用本单位的条件,引诱、容留、介绍他人卖淫的,增加基准刑的10% -20%。

4. 构成引诱、容留、介绍卖淫罪的,根据引诱、容留、介绍卖淫的人数、次数、违法所得数额、危害后果等犯罪情节,综合考虑被告人缴纳罚金的能力,决定罚金数额。

5. 构成引诱、容留、介绍卖淫罪的,综合考虑引诱、容留、介绍卖淫的人数、次数、危害后果等犯罪事实、量刑情节,以及被告人主观恶性、人身危险性、认罪悔罪表现等因素,决定缓刑的适用。

五、附则

(一)本指导意见规范上列二十三种犯罪判处有期徒刑的案件。其他判处有期徒刑的案件,可以参照量刑的指导原则、基本方法和常见量刑情节的适用规范量刑。

(二)各省、自治区、直辖市高级人民法院、人民检察院应当结合当地实际,共同制定实施细则。

(三)本指导意见自2021年7月1日起实施。最高人民法院2017年3月9日《关于实施修订后的〈关于常见犯罪的量刑指导意见〉的通知》(法发〔2017〕7号)同时废止。

最高人民法院关于常见犯罪的量刑指导意见(二)(试行)

(自2017年5月1日起试行　法发〔2017〕74号)

为深入推进量刑规范化改革,进一步扩大量刑规范化范围,根据刑法、刑事司法解释等相关规定,结合刑事审判实践,制定本指导意见。

一、八种常见犯罪的量刑

(一)危险驾驶罪

1. 构成危险驾驶罪的,可以在一个月至二个月拘役幅度内确定量刑起点。

2. 在量刑起点的基础上,可以根据危险驾驶行为等其他影响犯罪构成的犯罪事实增加刑罚量,确定基准刑。

3. 对于醉酒驾驶机动车的被告人,应当综合考虑被告人的醉酒程度、机动车类型、车辆行驶道路、行车速度、是否造成实际损害以及认罪悔罪等情况,准确定罪量刑。对于情节显著轻微危害不大的,不予定罪处罚;犯罪情节轻微不需要判处刑罚的,可以免予刑事处罚。

(二)非法吸收公众存款罪

1. 构成非法吸收公众存款罪的,可以根据下列不同情形在相应的幅度内确定量刑起点:

(1)犯罪情节一般的,可以在一年以下有期徒刑、拘役幅度内确定量刑起点。

(2)达到数额巨大起点或者有其他严重情节的,可以在三年至四年有期徒刑幅度内确定量刑起点。

2. 在量刑起点的基础上,可以根据非法吸收存款数额等其他影响犯罪构成的犯罪事实增加刑罚量,确定基准刑。

(三)集资诈骗罪

1. 构成集资诈骗罪的,可以根据下列不同情形在相应的幅度内确定量刑起点:

(1)达到数额较大起点的,可以在二年以下有期徒刑、拘役幅度内确定量刑起点。

(2)达到数额巨大起点或者有其他严重情节的,可以在五年至六年有期徒刑幅度内确定量刑起点。

(3)达到数额特别巨大起点或者有其他特别严重情节的,可以在十年至十二年有期徒刑幅度内确定量刑起点。依法应当判处无期徒刑的除外。

2. 在量刑起点的基础上,根据集资诈骗数额等其他影响犯罪构成的犯罪事实增加刑罚量,确定基准刑。

(四)信用卡诈骗罪

1. 构成信用卡诈骗罪的,可以根据下列不同情形在相应的幅度内确定量刑起点:

(1)达到数额较大起点的,可以在二年以下有期徒刑、拘役幅度内确定量刑起点。

(2)达到数额巨大起点或者有其他严重情节的,可以在五年至六年有期徒刑幅度内确定量刑起点。

(3)达到数额特别巨大起点或者有其他特别严重情节的,可以在十年至十二年有期徒刑幅度内确定量刑起点。依法应当判处无期徒刑的除外。

2. 在量刑起点的基础上,可以根据信用卡诈骗数额等其他影响犯罪构成的犯罪事实增加刑罚量,确定基准刑。

(五)合同诈骗罪

1. 构成合同诈骗罪的,可以根据下列不同情形在相应的幅度内确定量刑起点:

(1)达到数额较大起点的,可以在一年以下有期徒刑、拘役幅度内确定量刑起点。

(2)达到数额巨大起点或者有其他严重情节的,可以在三年至四年有期徒刑幅度内确定量刑起点。

(3)达到数额特别巨大起点或者有其他特别严重情节的,可以在十年至十二年有期徒刑幅度内确定量刑起点。依法应当判处无期徒刑的除外。

2. 在量刑起点的基础上,可以根据合同诈骗数额等其他影响犯罪构成的犯罪事实增加刑罚量,确定基准刑。

(六)非法持有毒品罪

1. 构成非法持有毒品罪的,可以根据下列不同情形在相应的幅度内确定量刑起点:

(1)非法持有鸦片一千克、海洛因或者甲基苯丙胺五十克或者其他毒品数量大的,可以在七年至九年有期徒刑幅度内确定量刑起点。依法应当判处无期徒刑的除外。

(2)非法持有毒品情节严重的,可以在三年至四年有期徒刑幅度内确定量刑起点。

(3)非法持有鸦片二百克、海洛因或者甲基苯丙胺十克或者其他毒品数量较大的,可以在一年以下有期徒刑、拘役幅度内确定量刑起点。

2. 在量刑起点的基础上,可以根据毒品数量等其他影响犯罪构成的犯罪事实增加刑罚量,确定基准刑。

(七)容留他人吸毒罪

1. 构成容留他人吸毒罪的,可以在一年以下有期徒刑、拘役幅度内确定量刑起点。

2. 在量刑起点的基础上,可以根据容留他人吸毒的人数、次数等其他影响犯罪构成的犯罪事实增加刑罚量,确定基准刑。

(八)引诱、容留、介绍卖淫罪

1. 构成引诱、容留、介绍卖淫罪的,可以根据下列不同情形在相应的幅度内确定量刑起点:

(1)情节一般的,可以在二年以下有期徒刑、拘役幅度内确定量刑起点。

(2)情节严重的,可以在五年至七年有期徒刑幅度内确定量刑起点。

2. 在量刑起点基础上,可以根据引诱、容留、介绍卖淫的人数、次数等其他影响犯罪构成的犯罪事实增加刑罚量,确定基准刑。

3. 旅馆业、饮食服务业、文化娱乐业、出租汽车业等单位的主要负责人,利用本单位的条件,引诱、容留、介绍他人卖淫的,可以增加基准刑的10% -20%。

二、附则

1. 本指导意见规范上列八种犯罪判处有期徒刑、拘役的案件。

2. 各高级人民法院应当结合当地实际制定实施细则。

3. 本指导意见自2017年5月1日起试行。

4. 相关刑法条文:(略)